LES OEUVRES DE MAISTRE GUY COQUILLE SIEUR DE ROMENAY;

CONTENANT PLUSIEURS TRAITEZ TOUCHANT les Libertez de l'Eglise Gallicane, l'Histoire de France & le Droit François.

ENTRE LESQUELS PLUSIEURS N'ONT POINT ENCORE été imprimez, & les autres ont été exactement corrigez,

Et dans cette nouvelle Edition, reveuë, corrigée & augmentée.

TOME II.

A BORDEAUX,
Chez CLAUDE LABOTTIERE.

M. DCC. III.

AVEC PRIVILEGE DU ROY.

DE LA VIE DE MAISTRE GUY COQUILLE, SIEUR DE ROMENAY.

PAR M. GUILL. JOLY, AVOCAT EN PARLEMENT, ET LIEUTENANT GENERAL DE LA Connêtablie & Marêchaussée de France.

ENCORE qu'on dise vulgairement que le bon vin n'a point besoin d'enseigne, étant de soi-même d'assez prompte vente, si prend-on plaisir d'entendre de quelle contrée, & de quel plant il est, principalement quand il se trouve superlativement savoureux, & soüef sur tous les autres vins. De même devons-nous estimer de cet Autheur, étant tel qu'il ne cede à nul de ceux qui se sont éprouvez en cette docte lice d'illustrer nos Coûtumes, si plûtôt il ne les passe tous de bien loin, que chacun desirera de sçavoir de quel climat, & de quelle part on le vient presenter au theatre public, quel personnage ç'a esté, de quelle vie, industrie, & capacité. Et signamment pourquoi c'est qu'il a mieux aimé tracer ce labeur en nôtre langue maternelle, qu'en la Romaine, ayant en main les perfections de l'une & de l'autre également, ainsi qu'il a bien fait paroître par ses autres écrits. Ayant donc accepté la charge, à la priere de ses heritiers, de mettre en lumiere cet Ouvrage, il m'a semblé que je ne m'en acquitterois pas suffisamment, si je ne m'efforçois d'un côté de satisfaire à cet honnête desir des Lecteurs, & de l'autre à lui rendre aprés sa mort quelque partie de l'honneur qu'il a merité par sa bonne vie. Son Païs étoit le Nivernois, le lieu de sa naissance la ville de Desise, l'année 1523. son pere Guillaume Coquille, de tige noble, & de notable antiquité. Car il se trouve par ses titres qu'il y a deux cent vingt ans que ses predecesseurs ont fait profession de noblesse. Sa mere Jeanne Bourgoing fille de M. Guillaume Bourgoing, Lieutenant General à saint Pierre le Monstier, & sœur de M. Guillaume Bourgoing Conseiller en Parlement. Ses premieres études au College de Navarre, auquel il fut mis à l'âge de huit ans. Et depuis ayant connu la Philosophie, & frequenté les leçons qu'on appelle publiques, il prit sa volée en Italie, en la compagnie du Sieur de Neuvis le Barrois, de laquelle ayant fait reveuë, il se vint fermer en la ville de Padouë, pour y fonder ses études de Droit. Mais dix-huit mois aprés, averti que sa maison étoit envelopée de procez, il se rendit à Paris pour les solliciter, & par même moyen se stiler à la pratique, se logeant à cet effet chez un Procureur pour un an. Toutefois voyant qu'un an ne suffisoit pas à s'extriquer de ce labirinte de pratique, il se resolut de faire office & soûmission de Clerc à Monsieur Bourgoing son oncle, comme l'un des plus employez entre les Conseillers du Palais, avec lequel il resida trois ans. Lors se sentant l'esprit merveilleusement ouvert & clarifié pour penetrer toutes affaires, & que rien plus ne lui manquoit que d'affiner la perfection de cette pratique, par l'accomplissement & consommation de la theorique; il retourna s'enfoncer à l'étude en l'Université d'Orleans. Je laisse à penser quelle intelligence il pouvoit avoir des Loix, s'étant initié si solidement avec la clair-voyance de sa naturelle sagacité. Ce neanmoins il s'y tint fiché de pied ferme deux autres années, ne se pouvant rassasier de se baigner en ces claires & limpides fontaines des anciens Jurisconsultes, & de digerer alternativement les plus scabreuses questions, tant de droit Canon que Civil. Ayant fait cette riche provision, & retourné qu'il fut au Palais, il y fut incontinent remarqué pour tel qu'il étoit : homme de profond sçavoir, & de haute esperance, & des plus judicieux à rapporter, opiner & prevoir l'évenement d'un procez. Mais on ne l'y peut pas pour cela retenir, ni pour quelque autre condition & party qu'on lui presentât, soit qu'il se défiât de la force de sa voix, soit qu'il fût piqué de l'amour de sa Patrie, où de quelque autre ardeur qui le fit retirer en sa ville de Desise. Laquelle nous sçavons, pour en être aussi natifs, avoir un air attrayant, pur & serain, & l'assiete fort agreable, relevée en dedans d'une douce colline, & baignée en ses extremitez de la riviere de Loire, de tous côtez en forme d'Isle tirée en ovale, ayant à la gauche une grande contrée de planturcuses forêts devers la Bourgogne, & des campagnes fertiles à la dextre contre le Bourbonnois, avec un vignoble tres-delicieux. Ce que nous cottons plus particulierement, afin que nul ne trouve étrange, qu'il se soit laissé tenter & surmonter aux mêmes fantaisies & élancemens qu'Homere empraint en son divin Ulysse, preferant la douceur de son Itaque, & peut-être l'attrait & merite secret d'une Penelope, à la Reine des Villes de France. En laquelle semblent croître le nectar & l'ambroisie, c'est à dire les delices, felicitez & grandeurs, & les pommes Hesperides, exposées à quiconque n'a point faute de cœur, de les y venir recüeillir. Tant y a qu'il ne fut pas si-tôt renfermé dans ce petit pourpris de Desise, qu'il y fut pris & lié par l'indissoluble nœud de mariage avec Demoiselle Anne le Lievre, niéce de sa belle-mere, qu'il avoit toûjours fort honorée, & de laquelle il extolle les vertus en ses Oeuvres poëtiques. Toutefois ce mariage finit deux ans aprés par le decez de la femme, & qui pis est, la ville de Desise demi brûlée par inconvenient du feu fortuit en l'année 1559. il se laissa desormais plus facilement porter à son destin, & vaincre aux prieres de ses amis, de s'habituer en la ville de Nevers, de laquelle étoient issus ses devanciers. Il n'y fut pas quasi logé, que sa reputation déja grande se dilata davantage és Villes voisines, l'un le prisant pour sa suffisance, l'autre pour son affabilité, l'autre pour sa diligence, & tous pour sa singuliere integrité. Qui ne le faisoit pas seulement honorer & rechercher des cliens, ains aimer de tout le peuple, & cherir des grands, & mêmement du Prince du païs. Lequel le choisit sur tous pour l'envoyer pardevers le Duc de Cleves, afin de terminer leurs differens, esquels il mit fin & plus promptement, & plus avantageusement pour le Prince, qu'il n'avoit esperé lui-même. Ce qui lui fit dés-lors avoir une grande creance en sa dexterité, comme avoient tous les particuliers. Car ils le choisirent aussi de leur part, lors qu'il fut question d'envoyer aux Etats d'Orleans pour le tiers Etat de la Province. Et si le firent à la premiere occasion premier Eschevin tous d'une voix, dont ils ont senti le fruit long-tems aprés, parce qu'il y reforma beaucoup de desordres, & remit un si beau reglement en leur lieu, que cette maison de Ville a depuis esté des mieux gouvernées. D'autre côté l'Etat de Procureur fiscal étant venu à vaquer, & beaucoup de gens d'honneur le poursuivans, lui seul qui ne le poursuivoit point, en fut jugé le plus digne par le Prince sans qu'il y pensât, ni qu'il en fist grand cas, n'ayant intention de s'illustrer que par soy-même. Et de fait il l'exerça tellement que chacun jugeoit de verité, que c'étoit l'Etat qui recevoit ornement de la personne, & non la personne de l'Etat. Quant à sa propre & principale vacation d'Avocat simple, il l'épousoit d'une extrême affection, sollicitude, vigilance, bien-veillance des parties, franchise & rondeur de conscience à leur predire la verité, le tout accompagné d'une merveilleuse promptitude, & d'une incroyable activité. Car il avoit une telle vivacité d'esprit qu'il ne se pouvoit rassasier de travail, & telle agilité de la plume, qu'il écrivoit tout de sa main, & sans rature, & si nettement & de tel sens, que ses écrits servoient aux Juges de leçons. Mais son attrempance & modestie étoit plus admirable que toute autre chose, parce qu'ayant acquis tant de vogue, que presque personne ne tenoit ses affaires asseurées sans son conseil, ce neanmoins il n'en devint onques plus rencheri : ains plûtôt tant plus il étoit importuné tant plus il se rendoit aimable, tant plus il étoit prisé tant moins il faisoit valoir la parade de son industrie. Et certes il se trouvera peu d'Avocats qui se moulent à sa façon, bien que l'honnêteté de ceux qui se contentent de ce qu'on leur presente pour leur honoraire, aprés s'être delectez à perfectionner leur labeur, soit grandement recommandable, pour ne faire point tant de cas du gain, qui ne leur est qu'un abject accessoire, que de l'honneur principal & generosité de leur fonction. Mais quant à lui, il ne se contentoit pas seulement quand on lui donnoit peu, ains rendoit quand on lui donnoit beaucoup, & plus qu'il ne lui faloit, & la regle de ce qu'il lui faloit n'étoit que l'ordinaire des autres, se mesurant volontairement à l'aulne des moindres; quoi qu'il fût reputé par chacun sans contredit le coriphée des plus avancez. Tant il faisoit peu d'état de l'éminence de son sçavoir, qu'il le deprimoit le plus qu'il pouvoit, imitant en cela le Soleil qui jette ses ombres tant plus courtes que plus il est haut élevé. De fait il avoit souvent en la bouche ces beaux proverbes, *ne quid nimis: noli altum sapere*, & si sembloit tenir pour veritable, du moins pratiquoit-il à bon escient l'avertissement du sage Theognis, que les autres n'estimeroient qu'un paradoxe, portant que nous sçavons tous diverses choses également, & reputant celui-là perclus d'entendement, *Qui son voisin pense ne rien sçavoir, & cuide seul toute science avoir.* Dont les vers excellens & singuliers valent bien, ce me semble, l'enchasser en ce propos, sauf à ceux qui ne les voudront lire de sauter de l'œil par dessus, à ce que du moins l'éguillon en demeure en l'ame des plus superlatifs, pour temperer leur science, à l'exemple de nôtre deffunt, de cette contre-science d'humilité.

Ὅστις τοι δοκέει τὸν πλησίον ἴδμεναι οὐδὲν,
Ἀλλ' αὐτὸς μοῦνος ποικίλα δήνε' ἔχειν,
Κεῖνος γ' ἄφρων ἐστὶ νόου βεβλαμμένος ἐσθλοῦ.
Ἴσως γὰρ πάντες ποικίλ' ἐπιστάμεθα.

Il faisoit plus: car il embrassoit fort charitablement les parties indigentes, & plus cordialement que les opulentes, plaidant, écrivant, & consultant gratuitement pour elles, les recommandant aux Procureurs, & leur donnant dequoi lever leurs actes & sentences, s'evertuant de tous ses efforts à les relever quand il les appercevoit indignement oppressées. Encore cette charité passoit-elle plus outre, comme si ç'eût esté peu de distribuer si benignement une partie de son labeur, s'il ne departoit encore une autre partie de sa moisson quand il l'avoit recüeillie. Car il decimoit son gain mis en bourse, pour les pauvres honteux, dont il prenoit bien de la peine de s'enquerir soigneusement, ne manquant point de leur payer cette dixme ainsi qu'une chose deüe, par semaine, ou par mois. Mais si ne se reservoit-il pas pourtant les neuf autres parts sans dechet, ains en debitoit beaucoup au choix qu'il faisoit par fois de quelques pauvres enfans bien nez, pour leur faire apprendre mêtier convenable à leur inclination, lesquels il n'abandonnoit point qu'il ne les eût mis en point de gagner leur vie. Comme il faisoit aussi quelquefois le semblable envers les filles necessiteuses, lesquelles il jugeoit propres à faire un bon ménage, mariant les unes à ses frais entierement, & contribuant aux autres ce qui leur défailloit pour trouver party. Sans mettre en compte les aumônes qui se faisoient à toutes sortes d'autres pauvres indifferemment à sa porte, de laquelle nul n'étoit éconduit frustratoirement; bien qu'il fît des severes remonstrances à ceux qu'il voyoit n'être miserables que par leur faute & lâcheté. Pour le surplus de ses biens, il ne les possedoit point comme siens, ains comme un instrument de bonté, munificence & liberalité, les communiquant gracieusement à ses amis, quand ils en avoient besoin, & dependant le reste gayement à l'entretenement des enfans de ses enfans. Car cela vaut bien le remarquer pour la montre de ses mœurs domestiques, qu'encore qu'il n'eût que trois filles, & qu'il les eût bien dotées, si ne cessoit-il, par maniere de dire, de les redoter tous les jours, en la personne de leurs petits, les prenant en sa charge, & les instruisant en sa maison, ou payant leurs pensions ailleurs, outre les gratifications qu'il faisoit aux meres à toutes occasions. Si qu'il sembloit se dépoüiller (chose que ceux qui ne sont pas de cette humeur n'approuveront que difficilement) pour leur faire par le menu délivrance actuelle de sa succession dés son vivant, ne se reservant que l'esperance & labeur. Soit que sa philostorgie & dilection paternelle fût plus indulgente que celle des autres peres, soit qu'il eût naturellement à mépris les biens fortuits: ainsi que n'ayant pas moins de courage en sa petitesse qu'un Alexandre le Grand, qui distribua la pluspart de son patrimoine avant que passer à la conquête d'Asie. Car il est vray, & tous ceux qui l'ont interieurement connu ne m'en dédiront point, & sa retraite en la ville de Desise en fait la preuve à ceux qui ne l'ont point connu, qu'il n'étoit de rien tant amateur & zelateur que de ce contemnement de soy-même, & contemnement des choses externes, que les Philosophes baptisent du nom d'autarchie. Laquelle rend sans doute les particuliers vrayment heureux, & cent fois plus heureux que les Alexandres & grands Monarques, ni que tous les poursuivans des richesses, voluptez, honneurs & grandeurs, esquelles il ne se trouva jamais assouvissement ni repos, ains tant plus d'inquietude, servitude & tourment, que plus elles se poussent en avant. Ce neanmoins, & nonobstant cette retenuë de prendre, & promptitude de donner, & dépendre, les reliques de sa succession se sont trouvées aprés son decez assez passables pour le païs, & du moins franches de debtes, & bien famées d'être acquises saintement, ou tres-loyalement. Si que la benediction celeste a de toutes sortes abondamment pleu sur lui, l'arrousant perpetuellement comme l'arbre du premier psalme, planté le long des clairs ruisseaux, qui reverdit de bien en mieux, & duquel la fueille ne meurt point. Bien hardiment le puis-je dire de lui, parce qu'il a bien sceu pourvoir que la mort même ne lui pût faire perdre sa verdeur, lui mettant en tête ses immortelles compositions, qui revivront & refleuriront aprés lui mieux que devant. Car il ne laissoit pas pour tant d'occupations de caresser les Muses Grecques, Latines & Françoises, & de dérober des heures pour lire les bons livres, ou pour en ébaucher lui-même de pareils, ou meilleurs. Entre lesquels nous avançons cet ouvrage pour faire le front, qui sera suivi du livre exquis qu'il a fait du Droit François, & des Questions de Droit, puis des Libertez de l'Église Gallicane, aprés de l'Histoire de Nivernois, qui sont autant de chef-d'œuvres & de témoins irrefutables de sa doctrine. Lesquels il a voulu faire parler François, parce qu'ils sont pour le François, afin que toute espece de Praticiens y puissent puiser, & que l'Ecclesiastique & le Noble y trouvent aussi dequoi se resoudre en beaucoup de difficultez, & passer serieusement le tems. Pour l'égard des autres sujets qui concernent toutes les nations, il les a de même traitez en langage commun & Romain. Comme son livre d'Epigrammes, & sa version du neuviéme de l'Odyssée, illustre monument de l'amour & familiarité qu'il avoit avec les Lettres Grecques, que beaucoup se croyans plus qu'assez sçavans negligent, aimans mieux voltiger à l'entour des petits ruisseaux, que se plonger & confire en ces éternelles sources d'esprits surnaturels & miraculeux. Je mets à part les Psalmes qu'il a tous traduits, & fait imprimer de son vivant à Nevers, en vers si pleins de bon suc, qu'encore qu'ils cedent à ceux de Bucanan, si ne voyons-nous en l'Europe personne de sa profession qui se puisse vanter d'en avoir fait autant, ni d'avoir esté tant inspiré, tant échauffé de ces divins enthousiasmes à la contemplation & pratique de la pieté. Toutefois ni tous ces grands labeurs extraordinaires, ni l'exercice journalier de sa charge plus que tres-onereuse, ne l'ont onques empêché, ni retardé de faire des signalez devoirs au public, ayant toûjours esté mis aux champs, non seulement comme deputé, mais comme principal conducteur des autres deputez du païs, és premier & second Etats de Blois convoquez depuis ceux d'Orleans. Esquels il ne s'est point épargné de faire des vigoureuses remonstrances aux chefs des autres Provinces, pour les roidir contre les alarmes & terreurs qu'on leur suscitoit, & leur remplir le cœur de constance & generosité. Mais il fut enfin contraint de reconnoître qu'il étoit en un siecle trop lâche & trop infecté d'avarice, d'ambition & de philautie ou folle amour de soi-même, lesquelles ont tellement détruit l'amour de la Patrie, qu'il ne nous en reste plus que l'ombre & la vanité du son: dont il ne se peut tenir qu'il ne jette des plaintes en l'air parmy les exhortations de ses vers. Ce qui me fait ressouvenir de ce qu'on a dit autrefois de Caton, qu'il devoit naître en un âge mieux moriginé, pour y faire rencontre de ses semblables, & penser de même que cétui-cy, qui n'étoit pas moins ardent à bien faire, mais plus poly de courtoisie & civilité que l'antique Caton, devoit aussi germer en une generation argentée ou dorée, pour y faire rayonner avec plus d'efficace les beautez de ses vertus. Car le jour me defaudroit, & me faudroit franchir bien loin les barrieres d'une preface, si je voulois accumuler toutes les marques insignes de son heureuse & loüable vie, jusques au terme de quatre-vingt ans, auquel il est decedé en l'année mil six cent trois au mois de May, cassé de corps, mais entier d'esprit, travaillant & tenant continuellement le timon en la main, laissant une si fleurissante odeur de sa candeur, prud'homie, sincerité, verité, liberté, magnanimité, providence, sagesse & religion en tous ses déportemens, que je me déporteray d'en parler davantage, prévoyant assez que sa renommée s'en va prendre sa volée de ses propres aîles, sans autre recommandation, par tous les coins de la France, & les recoins de la posterité.

ELOGIUM
VIDI COQUILLII
ROMENÆI
A JACOBO AUGUSTO THUANO
CONSCRIPTUM.

Lib. Historiar. CXXIX. ann. M. DC. III.

HIS senior, & quia voluit obscurior Vidus Coquillius Romeneius Noviodano Æduorum, quod nunc Nivernium dicitur, & illustrissimorum Clivensium seu Gonzagarum principatûs caput est, & civitas Episcopalis, natus, post obitum illustrior, scriptis ejus publicatis quæ vivus presserat, nunc vel invitus in hominum memoriam retrahendus est. Lutetiæ primùm literis humanioribus, dein Juri utique operam dedit; & in foro Parisiensi aliquandiu versatus, Patavium petiit, ut se Mariano Socino juniori, cujus tunc nomen erat celebre, recoquendum daret. Inde patriam repetiit, numquam inde migrare certus, & æquitatis ac doctrinæ laude inter suos clarus consulentibus facilem ad se aditum præbebat, à sordibus alienus & erga tenueis munis. Nec in literis intereà cessabat: nam jus Consuetudinarium, cujus cognitione præcipuè excellebat, dum jus municipale proprium interpretatur, maximè illustravit, & Historiam præterea patriam magnâ fide ac diligentiâ scripsit. Item accuratissimas de Gallicanæ Ecclesiæ juribus, quæ nunc ubique exagitantur, observationes collegerat, quæ plagio perierunt. Dum domi lateret, à popularibus tribus Ordinum Regni Conventibus in lucem productus est, iisque magnam ab omnibus gratiam reportavit. A Principibus suis generali Provinciæ procuratione decoratus fuit, & in eâ mense Maio major octogenario vir de suâ ætate & posteritate optimè meritus decessit.

TABLE
DES CHAPITRES
DE LA COÛTUME DE NIVERNOIS.

TABLE
DES TRAITEZ CONTENUS EN CE SECOND VOLUME.

LES COUSTUMES DU PAYS ET COMTE DE NIVERNOIS; ENCLAVES ET EXEMPTIONS D'ICELUY

AVEC LES ANNOTATIONS DE M^e. GUY COQUILLE sieur de Romenay.

LES Coûtumes des Provinces de France, qu'on appelle Coûtumieres, sont leur vray Droit Civil, & Commun : & peuvent être appellées Droit écrit celles qui selon le consentemēt du peuple des trois Ordres (qu'on dit Etat) ont été arrestées, mises par écrit, & autorisées par les Commissaires que le Roy à deleguez. Comme à Rome étoient les loix que le peuple avoit approuvées aprés la rogation du Consul ou du Tribun du menu peuple : avec cette difference, que le peuple Romain seul donnoit l'autorité & vigueur de loy, parce que c'étoit Republique Democratique : & à nous le Roy y inspire vigueur de loy, parce que cette domination est Monarchique. Et les Coûtumes qui n'ont été accordées & redigées par écrit, sont le Droit Civil non écrit desdites Provinces : comme à Rome étoit le droit non écrit introduit par le tacite consentement du peuple.

Pourquoy j'estime que nos Docteurs François se mécomptent quand ils comparent nos Coûtumes aux Statuts, dont les Docteurs ultramontains ont fait tant de decisions intriquées comme si c'étoit un Labyrinthe sans fil de conduite, auquel on s'égare quand on pense chercher l'issuë, & qui se peut dire alembic à cerveaux. Car en Italie le Droit Commun c'est le même Droit Civil des Romains. Et les loix particulieres que chacune Ville avec son Comtat a voulu avoir contraires ou diverses, ou outre le Droit Commun & Romain, sont les Statuts : lesquels parce qu'ils sont exorbitans dudit Droit Romain & Commun, ont été tenus & reputez de Droit étroit. Qui a donné occasion ausdits Docteurs d'exercer leurs entendemens à faire regles de diverses sortes pour l'interpretation & intelligēce desdits Statuts, & autres que pour le Droit Romain & Commun. Et nous afin de ne nous rendre serfs imitateurs & admirateurs des étrangers, feront bien de n'infrasquer & embroüiller l'intelligence de nos Coûtumes selon lesdites regles perplexes des Statuts : mêmement parce que nos Coûtumes sont nôtre Droit Civil & Commun, & les Statuts ne sont pas Droit Commun.

En consequence de ce, me semble que ne devons reputer nos Coûtumes si fort locales, comme lesdits Docteurs ultramontains ont jugé leurs Statuts. Mais devons dire que nos Coûtumes lient & restrignent les volontez de ceux qui sont domiciliez, sujets à icelles, pour ne pouvoir disposer contre icelles des biens assis en autres Provinces où les Coûtumes permettent de disposer. Car les Coûtumes étans fondées sur les consentemens du peuple des trois Ordres, il faut inferer qu'elles obligent *quasi ex contractu*, & par consequent lient les personnes pour tous les biens qui leur appartiennent. Autrement est quand l'execution de la Coûtume est purement réelle, & ne dépend de la volonté des personnes.

Doncques le Droit Civil Romain n'est pas nôtre Droit Commun, & n'a force de Loy en France : mais y doit être allegué seulement pour la raison. Car de vray cette valereuse & genereuse nation Romaine a été excellentes par dessus toutes autres en l'exercice des armes pour dompter les rebelles : & en établissant de bonnes Loix pour gouverner les peuples en temps paisible par bonne police. Qui fait que les Loix faites par les Romains nous doivent semondre à nous en aider, quand les Constitutions & Ordonnances de nos Rois, ou le Droit general François non écrit, ou nos Coûtumes nous défaillent. Nous en aider (dis-je) par bienseance & pour la raison & non par necessité. A cét égard deux grands personnages de nôtre temps, qui successivement ont été premiers Presidens au Parlement de Paris, maître Pierre Lizet, & Maître Christophe de Thou, se sont trouvez differens en opinions. Car ledit Lizet tenoit le Droit Civil Romain pour nôtre Droit Commun, & y accommodoit en tant qu'il pouvoit nôtre Droit François, & reputoit être de Droit étroit, & à restraindre, ce qui est contraire audit droit Romain : Et ledit de Thou estimoit les Coûtumes & le Droit François, être nôtre Droit Commun, & appelloit le Droit Romain la raison écrite : Comme se void en quelques endroits des Coûtumes de Melun, Estampes & Montfort, à la redactions desquelles il étoit Commissaire. De fait, quand les privileges des Universitez de France, esquelles y a étude de Droit Civil, sont verifiez en Parlement, on y met la modification, que c'est sans reconnoître que le Droit Romain ait force de Loy en France. Et c'est la vraye raison pour laquelle à Paris n'y a étude publique dudit Droit Civil Romain : Paris étant la premiere Ville de France, & sejour ordinaire des Rois. quoy qu'au chap. *Super specula*, au titre *de privilegiis*, és Decretales antiques soit mise autre raison : à sçavoir la faveur de l'étude de Theologie. Mais en la Decretale antique est adjoûtée ladite raison de n'être la France sujette au Droit Civil Romain.

Aussi nous pouvons dire que le Droit Civil Romain ne fut pas du tout banny des Gaules, quand les François les conquêterent sur les Romains. Car ils n'y arriverent pas comme exterminateurs, mais comme vrais conquerans ; & comme se void par la Loy Salique, par la Loy des Bourguignons & les Loix Ripuaires, les Romains des Gaules étans en la sujetions des François, étoient jugez par les François selon les Loix Romaines. Et depuis étant avenu que les deux peuples furent tellement meslez ; qu'il n'y avoit plus de difference entre le Romain & le François, les Coûtumes seules demeurerent en vigeur, esquelles y avoit fort petit nombre de chefs & articles, parce que la France demeura long-tems à exercer les armes plus que la plaidoyrie : & jusques à ce que Vvalnier, Bulgare, & autres mirent en lumiere l'ancien Droit Romain, & en introduirent la pratique en Italie, & en fut faite lecture publique à Bologne où avoit été Docteur lisant Alexandre Pape III. du nom : qui a été le premier Pape qui a commencé a traiter les affaires Ecclesiastiques par les reigles & formalitez de plaidoyrie selon le Droit Romain : & ainsi ont continué ses prochains successeurs Lucius troisiéme, Innocent troisiéme, Honoré troisiéme, & Gregoire neuviéme ; les Decretales desquels au fait de plaidoyrie se trouvent six fois en plus grand nombre que de celles qui concernent la direction des mœurs des Ecclesiastiques : & depuis eux ont continué Innocent quatriéme, Gregoire X. Boniface huictiéme, Clement cinquiéme, & autres Papes. Tous lesquels Papes à commencer dudit Alexandre troisiéme, se sont entremis à connoître & juger toutes sortes de causes non seulement, en Italie, mais aussi en France, en Angleterre, & en Germanie. Causes tant Ecclesiastiques que profanes : tant personnelles que réelles : tant petites que grandes, tant en premiere instance que par appel, comme il se void par la lecture des Decretales antiques, du Sexte & des Clementines. Et à cette occasion le fait de plaidoyrie s'est épanché & accreu en France, & encores plus depuis que les Papes vindrent établir leur siege en Avignon, où ils ont demeuré prés de soixante & dix ans. Et les procez & differends s'étans multipliez, à la decisions desquels les Coûtumes ne suffisoient, on a repris en France l'usage du Droit Romain, non pas pour Loy precise, mais pour s'en aider par bien-seance, & à l'imitation de ceux qui étoient contraints de plaider à Rome, ou par rescripts delegatoires *ad partes*.

Je ferois volontiers distinction desdites Loix Romaines, pour faire plus d'état de celles qui ont été faites par les Empereurs Romains residans à Rome, que de celles des Empereurs residans à Constantinople, mêmement du tems de valentinian III. Martin, Leon, Zenon, Justin & Justinian, auquel tems les François commandoient absolument és Gaules, & ne reconnoissoient la superiorité desdits Empereurs. Aussi que les Loix desdits Empereurs à Rome sont fondées en pures raison politiques, & en peu de paroles comprennent beaucoup de sens : mais les Loix desdits Empereurs Grecs, pour la plûpart accommodées au tems qui lors étoit miserables, sont avec oraison fastueuses & longs discours, tenant plus de l'art Oratoire que de l'art Imperatoire. Doncques selon mon avis, & puisque nous nous aidons de ces Loix Romaines pour la raison, nous devons plus nous arréter ausdites anciennes Loix des Romains.

A la même suite de raison qui nous fait emprunter les Loix Romaines, je croy que chacune Provice peut & doit s'aider des Coûtumes des autres Provinces par bien-seance, quand les Coûtumes domestiques defaillent, même de la Coûtume nouvelle de Paris. Non pas pour reconnoître que Paris au fait des Loix ait quelque superiorité sur nous. Car les Etats de cette Province de Nivernois ont aussi grand pouvoir & autorité en icelle, comme les Etats de Paris ont en la Prévôté & Vicomté de Paris. Aussi és Etats Generaux de France, les Deputez de Paris ont une seule voix, qui n'a pas plus d'effet que la voix de la moindre Province : & non ceux de Paris autre privilege que d'avoir la premiere voix. Car la Presidence est attribuée par élection ; & ainsi fut pratiqué és Etats d'Orleans. Et ne seroit bien à propos de comparer Paris à l'ancienne Rome : car les Citoyens de Rome d'eux-mêmes, & avec leurs propres forces ont étably l'Empire Romain. Mais Paris n'est grand sinon par la faveur des Roys qui y font leur sejour ordinaire, & y ont étably le principal consistoire de Justice, qui est le Parlement, ayant autorité de juger souverainement les causes des particuliers, & non pas de faire des Loix. Mais parce que les Commissaires, & les principaux Auteurs desdites nouvelles Coûtumes de Paris, & autres Provinces étoient personnages tres-doctes & grandement sçavans au Droit François, & avec grande & longue experience ; on a fait grand état des articles nouveaux de la nouvelle Coûtume de Paris. Car lesdits articles de la nouvelle Coûtume pour la pluspart contiennent les decisions de plusieurs difficultez & diversitez d'opinions, qui étoient entre les Jurisconsultes François, même qui ont été decidées par Arrests solemnels. Les anciens articles ne sont pas de si faciles imitation, parce que d'ancienneté chacune Province avoit ses Loix particulieres, venuës par long usage dés le temps que les François n'étoient si adonnez à plaidoyries. Les Coûtumes dont les nouveaux articles peuvent être mis en usage sont selon mon avis, celle d'Auvergne pour le respect de l'un des Commissaires, qui étoit du Prat, né aux même païs, lors premier President à Paris, depuis Chancellier, & encore depuis Cardinal & Legat en France : Celle de Bourbonnois, tant pour le voisinage que pour l'autorité & respect de Me. Roger Barme, lors President en Parlement, qui avoit été Avocat du Roi audit Parlement, & grandement experimenté aux affaires de France : celle de Bourgogne, parce que ce païs est voisin, & parce que Nivernois a été quelque tẽps en la maisõ de Bourgogne, non pas comme appanage (ainsi qu'aucuns peu versez aux affaires ont écrit, car Nivernois par le mariage de Madame Yolande de Nantes ; fut transmis en la maison de Flandres, & quand Philippes le Hardy Duc de Bourgogne, épousa Marguerite heritiere de Flandres, il trouva en la maison de sa veuve le païs de Nivernois.) Et encores parce qu'en la fort grande antiquité avant ce département de Duchez & Comtez, & du tems des Romains, Nivernois faisoit portion du territoire d'Authun, qui en ce même tems de grande antiquité étoit la principale Ville de Bourgogne : Celle de Berry pour le respect du sieur Lizet premier President au Parlement de Paris, qui étoit tres-excellent en la science du Droit Civil Romain, & encores bien sçavans au Droit François, car il avoit été long temps simple Avocat plaidant, & depuis fut Avocat du Roy, & a été long-temps premier President : mais parce qu'il étoit plus excellent en cette science de Droit Romain, aussi il en a toûjours fait plus d'état, & ladite Coûtume de Berry en plusieurs endroits, & les Arrests donnez de son tems en peuvent rendre grand témoignage : Les Coûtumes de Sens, Melun, Vermandois, Tours, & quelques autres pour le même respect des sieur President de Thou, Conseillers Faye & Viole Daigremont qui étoient grands personnages & preud'hommes, & fort experimentez au Droit François, & aux belles decisions faites par les Arrests de la Cour.

Ces Coûtumes anciennes n'étoient écrites pour la plûpart, & ce qui se trouvoit écrit n'étoit authentique, parce qu'il n'étoit fait par personnes ayans autorité publique. Pourquoy pour la preuve d'icelles il convenoit faire examiner témoins en turbes ou turmes ; chacune turbe de dix personnes au moins ; & chacune turbe n'étoit comptée que pour un témoin ; le Roy Charles VII. se trouvant paisible en ce Royaume aprés en avoir chassé les Anglois ordonna que par toutes les Provinces Coûtumieres les Coûtumes fussent arrestées & redigées par écrit par l'avis des Etats & peuple des trois Ordres de chacune Province, & que par cét écrit se feroit la preuve des Coûtumes, avec defenses de ne plus recevoir la preuve par témoins en turbes, ny autrement, que par ledit écrit. Suivant ce la Cour de Parlement a blâmé & corrigé les Juges inferieurs qui appointoient à informer sur la maniere d'user des Coûtumes deja redigées par écrit, & y en a Arrest qu'on appelle jugé, de la prononciation solemnelle du 5. Avril 1541. entre de Savigni & d'Anglure, Seigneur d'Estauges : Ladite Cour s'étant reservé de pouvoir ainsi ordonner de son Office, & quelquesfois a mis au neant les Sentences des inferieurs, & neantmoins en a autant ordonné.

Toutesfois on peut être reçû à prouver par turbes une nouvelle Coûtume qui aura été introduite & prescripte depuis la redaction de l'ancienne : Ainsi fut jugé par Arrest à la prononciation prochaine de la fête S. Mathias en Février, en l'an 1528. entre les Seigneurs de Château-Vilain & Montravel, au rapport du sieur Descuyer Conseiller ; ainsi que j'ay appris des Memoires de M. Guillaume Bourgoin mon oncle, Conseiller en ladite Cour.

Quand nous disons être bien-seant de nous aider des Loix Romaines pour la raison ; cette même raison nous doit semondre à ne nous rendre sujets si exactement ; comme plusieurs trop grands admirateurs des étrangers font, pour croire les opinions des Docteurs Ultramontains, & pour nous confiner à leur maniere de parler, mais devons retenir & le sens & les mots, & l'usance de nôtre Droit François. Lesquels Docteurs Ultramontains, comme ils étoient nez en païs qui produit des entendemens plus aigus, aussi chacun d'eux s'est essayé d'inventer quelque nouvelle opinion, de multiplier les Decisions, de faire grands apparats en leurs lectures, comme si à propos d'une Loy ils eussent voulu faire un amas de tout ce qu'ils sçavoient de bon, d'alleguer infinie multitude d'autoritez, tant des Loix que des autres Docteurs: D'être adherans seulement aux opinions des gloses & des Docteurs de leur party, *etiam* contre leur sentiment, comme se trouve de Balde en l'auth. *Cessante C. de legit. hæred.* où il tient l'opinion de la Glose contre celle d'Azo, quoy qu'il confessât que celle d'Azo luy a toûjours semblé plus convenante à Droit & à Nature. Et quand il y a diversité d'opinions entre les Docteurs, compter le nombre desd. Docteurs, pesle-mesle, pour selon la pluralité, tenir l'opinion du plus grand nombre, sans peser les raisons & l'autorité de chacun Docteur. De vouloir decider les hautes & grandes questions des Empereurs, Royaumes, & autres dignitez souveraines, selon les Gloses & les Docteurs, comme s'ils eussent eu pouvoir de faire Loy. Pourquoy j'estime que nous François ferons mieux de n'encombrer nos cerveaux ny nos écrits, ny nos propos, ny toutes nos autres actions de plaidoyries & de conseil, de cette confusion d'écrits de Docteurs, ultramontains, ny de ceux deçà les monts qui les ont imitez. Mais nous contenter quand aucune question se presente qui se doive juger par raison selon le Droit Romain, d'examiner chacun à part soy selon le sens & sçavoir que Dieu leur a donné, la vraye & fonciere raison des textes; & nous aider avec discretion; non pas de tous Docteurs, mais de ceux qui selon les communes opinions ont eu la lumiere d'entendement plus nette, ont eu meilleures ames, tant en fait de conscience que d'honneur, & qui n'ont pas fait si fort grand état de la gloire, des dignitez & des biens de ce monde: Comme Bartole, Paul de Castre, Jean Fabre, l'Auteur du Specule, M. Guillaume Durand Evêque de Mende, de Pierre Jacobi, & Masuer, M. Charles du Moulin. Depuis long-tems en ce Royaume, nous avons rejetté aucunes opinions des Docteurs d'Italie; comme; Que le serment ait force de valider un contrat nul ou sujet à rescision, ou d'ajoûter à un contrat outre ce qui est de son naturel. Que le fait des usures soit de la connoissance des Juges Ecclesiastiques: que le seul Juge d'Eglise puisse connoître des actions réelles, & autres concernans le domaine ou droit de l'Eglise: que l'Etat & Ordre Ecclesiastique ne soit sujet aux Loix Politiques des Royaumes & dominations temporelles: que les Prelats & Juges d'Eglise ayent pouvoir de contraindre par excommunications & censures les Seigneurs & Juges temporels, d'obeïr ou s'accommoder aux entreprises qu'ils font sur les Jurisdictions & droits des Seigneurs temporels: Et plusieurs autres opinions que lesd. Docteurs d'Italie ont tenuës, parce qu'ils étoient Docteurs Regens à Bologne & Perouse, terres d'Eglise: ou parce qu'ils esperoient d'être avancez aux dignitez d'Eglise, comme plusieurs ont été: ou parce qu'ils craignoient se perdre & leurs maisons, à cause que les censures Ecclesiastiques audit tems étoient redoutées extremément.

Pourquoy me semble que l'intelligence & la pratique de nos Coûtumes doit être traitée simplement, sans grand apparat, sans y appliquer ces fanfares de distinctions, limitations, fallences, & autres discours, qui sont plus de fard que de substance. Non pas que je veuille rejetter ou faire bien peu d'état desdits Docteurs, qui de vray ont été tres-grands personnages en lumiere d'esprit & en sçavoir: mais afin de nous contenir en dedans les bornes de mediocrité, & faire plus d'état du bien faire que du bien dire, & plus du corps que de l'ombre.

Avec cette opinion & projet nous traiterons des Coûtumes du païs de Nivernois; enclaves & exemptions d'iceluy. En ce traité sont quelquefois alleguez aucuns Arrests du Parlement de Paris, que je n'ay pas empruntez du recüeil de Papon, qui par endroits rapporte bon témoignage, en d'autres a sommeillé, & ne s'est pas rendu bien certain de ce qu'il alleguoit. Les Arrests cy-alleguez des années 1526. jusques à 1536. qui sont jugez des Enquestes, ont été tirez des Memoires de M. Guillaume Bourgoin Conseiller en Parlement mon oncle. Ceux des années 1543. 1544. & 1545. ont été tirez des Memoires de Monsieur Senneton lors Avocat, Auditeur en Parlement, depuis Conseiller, & depuis President à Mets. Ceux de l'année 1550. és grands Jours de Moulins, & en Parlement, & des années 1551. 1552. & 1533. ont été recüeillis par moy lors étant jeune Avocat auditeur des plaidoyries: Autres des années 1559. 1567. & 1568. ont été recüeillis par moy lors étant pour affaires à Paris, dont j'ay bien voulu rendre raison, afin que le Lecteur juge quelle foy il devra appliquer à mes allegations.

Pour entendre donc que c'est d'enclaves & exemptions, est à remarquer que par l'ancien établissement de cette Monarchie, qui duroit encores au tems de Charles le Grand, les Provinces de ce Royaume étoient departies selon les Evêchez, comme l'on connoît par les Capitulaires dudit Charles & de Loüis son fils Empereur, où se dit que chacun an l'Empereur déleguoit certains personnages qui étoient dits Envoyez en chacun Diocese, & avoient titres de Comtes, lesquels avec les Evêques des lieux avoient toute charge de la direction; à sçavoir, les Evêques pour les choses spirituelles & des mœurs, & les Envoyez pour le fait des armes, de la punition des criminels, & connoissance des differends en matieres profanes. Cette antiquité peut être recüeillie par la lecture d'un livre intitulé la Notice des Provinces de l'Empire, par lequel on connoît que les sieges principaux des Recteurs & Chefs des Provinces Romaines pour la temporalité, étoient les mêmes Citez Metropolitaines & Episcopales, qui sont aujourd'huy spirituelles. Au tems de la declination & abaissement de la lignée dudit Charlemagne, & au commencement du regne d'Hugues Capet, & confirmation de la Couronne en son lignage, les dignitez & charges publiques, qui auparavant étoient personnelles, & octroyées par les Rois à tems, furent faites hereditaires & patrimoniales en France : Comme environ même-tems furent faites en Germanie, & en l'Empire sous l'Empereur Conrad. Chacun Duc, Comte ou Marquis essaya d'accroître sa Province, le plus fort sur le plus foible voisin : & furent faits aucuns Duchez, Comtez & Marquisats, sans ville Episcopale, comme Bourbonnois, Sancerre, la Marche, Forests, en démembrant partie du territoire des Evêchez : comme aussi les Ducs & Comtes, Seigneurs de Dioceses & villes Episcopales accreurent & agrandirent leurs Seigneuries sur autres Dioceses voisins. Ainsi avint que les Comtes de Nevers s'accrurent de plusieurs Chastellenies, des Evêchez d'Auxerre & Authun, comme Donzy, Entrain, Clamecy, Driene, Chastelneuf au val de Bargis, Corvol, S. Sauveur en Puisaye, démembrez du Diocese d'Auxerre : Mets, Monceaux le Comte, Neuf fontaines, Luzy, Savigny, Poysou, Ganay, Liernais démembrez du Diocese d'Authun. Ainsi le Comté de Champagne fut augmenté des démembremens des Comtez & territoire de Sens, Langres & Reims : & le Duché de Bourgogne desdits Comtez de Langres, Mascon, Châlon & Authun. Ce qui étoit du Diocese de Nevers, & ce qui avoit été démembré des Diocese d'Authun & Auxerre, fut appellé le Païs & Comté de Nivernois. Aussi avint que partie dudit Comté de Nevers fut démembré pour la donner à une fille de la Maison de Nevers, mariée en la Maison de Bourbon, qui sont les Chastellenies de Chastelperron, Jalligny, Chezelles, Germigny en Lexempt, Chasteau-Morand, & autres qui furent annexées à la Seigneurie de Bourbon, laquelle Seigneurie avec autres accroissemens tirez des Comtez de Berry & Clermont en Auvergne, fut érigée en Duché en la personne de Louïs, petit fils du Roy S. Louïs, premier Duc de Bourbonnois. Ce qui d'ancienneté étoit Comté de Nivernois, fut érigé en Duché & Pairie, sous & du tems de la domination de Madame Marie d'Albret, & Monseigneur François de Cleves son fils, en l'an 1538. & dés long-tems auparavant étoit Pairie : mais on douteroit si elle étoit hereditaire.

Tout ce païs & Duché de Nivernois, qui d'ancienneté étoit Comté, étoit & est regy par une seule Coûtume : En quoy est compris le quartier de Donziois, auquel sont les Chastellenies du Diocese d'Auxerre, qui furent unies au Comté de Nevers, lors que Hervé Baron de Donzy fils du Comte de Gyen épousa Mathilde fille de Pierre de Courtenay, depuis Empereur de Constantinople, & d'Agnes Comtesse de Nevers & d'Auxerre, qui fut environ l'an 1190. Et ledit quartier de Donziois ayant été ainsi uny à Nevers, par plus de trois cens ans en fut démembré par le moyen du partage entre Mesdames Marie & Charlote d'Albret, filles de Madame Charlote de Bourgogne en l'an 1525. & depuis fut réüny audit Duché en l'an 1548. par le decez de Madame Claude de Foix, fille de madite Dame Charlote d'Albret. Ce démembrement temporel a été cause que les Officiers Royaux d'Auxerre lors de la redaction de leur Coûtume, ont prétendu que le Donziois deût être sujet à leur Coûtume : quoyque du tems de Monseigneur Jean de Bourgogne Duc de Brabant, Comte de Nevers, à la redaction de la Coûtume de Nivernois & Donziois, ceux de Donziois eussent été declarez sujets à une même & seule Coûtume, ce qui fut en l'an 1490. Mais ceux de Donziois se reglent par ladite Coûtume ancienne de Nivernois & Donziois : car en l'an 1534. cette nouvelle réünion n'étoit encore avenuë. La Cour sur le procez de la Seigneurie de Tretignelles en Donziois, aprés turbes faites de l'Ordonnance d'icelle Cour, jugea que selon la Coûtume de Nivernois le mâle forclôt la femelle en succession collaterale.

Ce qui se dit d'Enclaves & Exemptions, comprend les Seigneuries de l'Evêché & du Chapitre de Nevers, & de quelque autres terres d'Eglise, & des Vassaux d'aucunes Eglises qui sont exemptes de la Jurisdiction & ressort du Duché & Pairie de Nivernois, comme aussi aucuns Seigneurs se disans en franc-aleu, se disent exempts de la Jurisdiction du Duché, & les appellations interjettées de leurs Juges, ressortissent au Siege Royal de saint Pierre le Monstier : Et neanmoins sans aucune difficulté sont regies par la Coûtume de Nivernois, & ainsi le reconnurent à la reddition de l'an 1534. comme aussi la Prévôté de S. Pierre le Monstier (qui est le total de la bien ancienne Jurisdiction dudit lieu) est enclavée dedans le Nivernois de toutes parts, & se regit par la Coûtume dudit païs : Quoyque les Officiers Royaux dudit lieu en l'an 1514. ayent essayé de dresser un cahier de Coûtumes, qu'ils ont appellé du Bailliage de S. Pierre le Monstier. Mais il n'est venu à effet, & ne s'en trouve aucune conclusion ny cahier signé, mais toûjours depuis les habitans du lieu se sont gouvernez par la Coûtume de Nivernois. Outre l'usance la raison y est, qui dépend de la connoissance de l'antiquité : car le mot *Bailliage* ne signifie pas territoire, comme souvent les mots, Païs, Province, Duché, Comté, mais signifie un droit d'exercer jurisdiction en cas d'appel & ressort, & pour cas privilegiez. Le mot *Bail* en ancien langage François, signifie protection, dont sont dits par les Coûtumes les Baillistres. Auparavant le Roy Philippes Auguste, les Rois envoyoient chacun an és Provinces de ce Royaume aucuns personnages notables, pour oüir les plaintes & les appellations de ceux qui se sentoient oppressez par les Seigneurs Justiciers : même si lesdits Seigneurs entreprenoient sur les droits Royaux : Du tems dudit Roy fut avisé d'établir cette Jurisdiction certaine &

arreſtée en certains lieux, & furent ordonnez les Sieges des premiers quatre Bailliages Royaux, qui sont les anciens de France, à Sens, Maſcon, S. Pierre le Monſtier, & Vermandois pour connoître des appellations & des cas Royaux des Provinces des Seigneurs voiſins : comme Sens pour partie de la Champagne, pour Auxerre & pour partie de la Bourgogne, qui lors avoient leurs Ducs & Comtes grands Seigneurs. Le Bailliage de Maſcon fut ordonné pour l'autre partie de la Bourgogne, & pour Foreſts, Beaujolois & Lionnois. Le Bailliage de S. Pierre le Monſtier fut étably pour les Duchez de Berry & d'Auvergne, païs de Bourbonnois, & Comté de Nivernois. Jamais il ne s'eſt dit que ſous le nom des Bailliages de Sens, Maſcon, & S. Pierre le Monſtier, ayent été compris le Duché de Bourgogne, le Comté de Champagne, les Duchez de Berry & d'Auvergne, & les autres, au contraire és Etats Generaux de France, les Deputez de Bourgogne & Champagne ont toûjours precedé les Deputez de Sens : & Maſcon qui eſt du Gouvernement de Bourgogne, eſt le dernier appellé aprés Dijon, Authun, Auxois & Châlons. Et ne ſont aucunement reglez leſdits païs de Bourgogne & Champagne par la Coûtume de Sens. Maſcon eſt païs de droit écrit : Bourgogne a ſa Coûtume ſeparée : Troyes, Vitry & Chaumont en Baſſigny ont leurs Coûtumes qui ne ſe reclament aucunement de celle de Sens. Berry, Auvergne, & Bourbonnois ont toûjours eu leurs Coûtumes, qui n'ont jamais reconnu ny reſpecté à cét égard le Bailliage de ſaint Pierre le Monſtier. Ainſi eſt de Nivernois, qui a été de tout tems païs & Province, ayant ſon peuple, ſes mœurs & ſa Coûtume diſtincts des autres païs voiſins, dés la grande ancienneté, & auparavant que ces quatre Bailliages fuſſent établis ſedentaires : même auparavant que ſaint Pierre le Monſtier fut Ville Royale, ny que le Roy eût moyen d'y établir un Juge. Car du tems du Roy Loüis VII. dit le Jeune, l'Abbé de ſaint Martin d'Authun, chef du Prieuré de S. Pierre le Monſtier, auquel appartenoit nuément la Juſtice de la Prévôté de ſaint Pierre le Monſtier, aſſocia le Roy en ladite Juſtice pour être en ſa protection. Ce fut en l'an 1177. Pour quelque tems la Juſtice fut commune, & avoient chacun un Juge qui jugeoient enſemblement, depuis ils partagerent la Ville, & les Faux-bourgs demeurerent au Roy, les Villages de la Prévôté demeurerent au Prieur : & la Ville ſe trouvant ainſi Royale le Roy y établit un Bailly. Car par l'ancienne Loy, n'étoit loiſible au Roy de mettre Officiers és terres des Seigneurs, comme l'on void en l'Ordonnance du Roy Philippes le Bel, de l'an 1302. article 16. Auparavant leſquels tems d'aſſociation & d'établiſſement de Bailliage, Nivernois étoit païs & Province, ayant ſon peuple & ſa Coûtume diſtincts, comme avoient Berry, Bourbonnois & Auvergne : & encores de preſent au reſſort du Bailliage de ſaint Pierre le Monſtier, ſont Cuſſet, la Charité & Sencoins, qui ſont regis par les Coûtumes d'Auvergne & Lorris. Pourquoy ſemble que la maniere de parler du Palais à Paris, qui appelle Provinces du nom de Bailliages n'eſt à propos, comme quand on dit que l'aîné prend preciput des fiefs en chacun Bailliage, au lieu de dire en chacune Province & Coûtume. Cét erreur a pris ſa ſource és perſonnes de ces grands zelateurs des droits Royaux, qui ont voulu confondre les anciens établiſſemens des Provinces & Coûtumes, & remettre le tout aux nouveaux établiſſemens faits par les Rois des Bailliages & Senéchauſſées: Doncques la verité eſt, que la Ville & Prévôté de ſaint Pierre le Monſtier eſt ſujette à la Coûtume de Nivernois, comme étant de grande ancienneté de la même Province, du même Dioceſe, & de même Election, & parce que leurdit prétendu cahier contient mêmes articles que l'ancienne Coûtume de Nivernois, & parce que les habitans en uſent ſans difficulté, ſinon quand quelqu'un avec mauvaiſe cauſe veut embroüiller l'affaire par difficultez. Comme auſſi Chaſtel-chinon eſt enclave de Nivernois : le chef lieu, qui eſt Chaſtel-chinon eſt du Dioceſe de Nevers, & les Seigneuries qui en dépendent, ſont pour la pluſpart dans ledit Dioceſe, & pour la pluſpart entremêlées dedans les Parroiſſes & Seigneuries qui ſont dudit Duché de Nivernois purement. Auſſi ladite Seigneurie de Chaſtel-chinon, quoy qu'elle ne reconnoiſſe autre mouvance que de la Couronne, toutesfois ſe gouverne par la Coûtume dudit Duché, ayant admis ſur ſoy volontairement, & par le commun conſentement du peuple, la Coûtume de Nivernois.

Le mot Exemption ſignifie qu'il y a privilege, & qu'au contraire eſt la preſomption de droit commun. Auparavant le Roy Philippes le Bel, les Rois avec peu d'occaſion recevoient en leur garde ſpeciale les Egliſes, leur octroyoient lettres de Garde gardienne, par leſquelles ils attribuoient la connoiſſance de leurs cauſes aux Juges Royaux, & par la même conſequence les exemptoient des Juriſdictions ordinaires. Ledit Roy Philippes, par ſon Edit de l'an 1302. declare que d'orénavant il n'octroyera Gardes au préjudice des Seigneurs : qui montre qu'auparavant on en ſouloit octroyer : Quoyque les ſeules Egliſes de fondation Royale ayent ce droit : & par l'Edit de Moulins 1566. eſt défendu aux Chancelleries d'octroyer lettres de Garde gardienne, ſi d'ancienneté les Egliſes n'avoient ce droit. Voilà la ſource des Exemptions, qui étoient pour le ſimple fait de Juriſdiction, & non pour le fait des Coûtumes : car tout le peuple d'une Province, de quelque Juriſdiction qu'il ſoit, étant d'ancienneté de même nation, a vécu auſſi ſous ſemblables Loix.

CHAPITRE I.

DE IUSTICE ET DROITS D'ICELLE.

LORS que les dignitez de Duchez, Comtez & Marquisats furent faites hereditaires & patrimoniales, le droit d'exercer & administrer Justice, fut annexé aux fiefs, & fait aussi patrimonial, qui auparavant étoit personnel & par commission. Par même moyen les profits provenans à l'occasion de la Jurisdiction, comme confiscations, amendes, choses vacantes non reconnuës d'aucun proprietaire, & autres droits de Fisque, furent attribuez aux Seigneurs, pour en percevoir l'utilité sous la reconnoissance de tenir ces droits en fief du Seigneur souverain. Pourquoy se peut dire que les Seigneurs hauts-Justiciers ont droit de Fisque; non pas à cet effet que la pecune de ce Fisque soit sacrée & privilegiée, comme sont les deniers qui entrent aux coffres du Roy, lesquels étans destinez immediatemẽt pour entretenir l'Etat, ont le privilege de choses sacrées: mais les droits fiscaux des Seigneurs sont privez. Balde *in l. 1. in fine C. de hered vel act. vend.* dit que les Seigneurs inferieurs qui ont tels droits sont Procureurs du Fisque *in rem suam*, & en cette qualité prennent les droits tels que le Fisque prendroit. Pourquoy ne faut trouver étrange, si en France les Seigneurs prennent & exercent plusieurs droits, qui de soy sont Royaux, desquels est parlé au livre deuxiéme des Feudes *tit. 56. quæ sint regalia*: car ils ont droit de les prendre utilement, & pour raison de ce en font service au Roy en l'Arriereban, ou hereban. Ainsi aujourd'huy sont les Justices patrimoniales; ce qui ne signifie pas que directement les Seigneurs doivent les exercer pour en tirer profit pecuniaire comme du reste de leur patrimoine: mais parce qu'elles sont adherantes & sont annexées inseparablemẽt à leurs patrimoines: en sorte que ce droit d'administrer Justice est transmis en la personne de celuy à qui avient le fief à titre universel ou particulier. D'ancienneté les Seigneurs Justiciers exerçoient eux-même la Justice, comme l'on peut recüeillir du chap. *Dilecti*, au titre *de Arbitris* és Decrétales antiques. Et en la Chambre des Comptes de Nevers se trouve aucuns jugemens donnez par les Comptes de Nevers tenant leurs grands Jours: même un jugement donné par Loüis Comte de Flandres & de Nevers, tenant ses grands Jours de la Magdelaine, l'an 1329. par lequel il condamna en quelques amendes & reparations le Seigneur de Crux: lequel enfraignant la Garde gardienne que le Comte avoit de l'Abbaye de saint Bernard, avoit outragé un Moine dudit Monastere. De là vient, qu'en Parlement, quand il est appel d'un Jugement donné en Pairie, selon l'ancien stile, le Seigneur Pair devoit être ajourné: & le Roy même par ses lettres l'ajournoit à se trouver en Parlement és jours ordinaires de sa Pairie pour soûtenir le Jugement. Et quand il étoit dit mal jugé par le Juge de Pairie, le Seigneur Pair payoit l'amende. Il y en a quelque mention par l'Edit de Roussillon, article 27. Et encores en plusieurs Provinces les Seigneurs payent l'amende du mal jugé, quand les Sentences de leurs Juges sont infirmées par le superieur, & ainsi s'observe en Berry. Mais depuis quelque-tems a été avisé & ordonné que les Seigneurs ne jugeroient eux-mêmes; *imò*, n'assisteroient aux jugemens, mais commettroient des Juges, qui au peril des Seigneurs oyroient & jugeroient les causes, lesquels pourroient être par eux revoquez à leur volonté, & ainsi est statué audit Edit de Roussillon de l'an 1564. art. 27. Et doit être la revocation ou destitution avec gracieuses paroles, comme de se contenter du service de ce Juge. Car s'il y avoit quelque marque touchant l'honneur du Juge, il pourroit s'en plaindre, & requerir être rétably, sauf au Seigneur à luy faire faire son procez, & le destituer aprés la cause verifiée. Ledit Edit excepte de la revocation, si l'Officier avoit été pourvu pour recompense de services, ou autre titre onereux licite. Ce qui se peut entendre quand c'est office venal, comme un Greffe si l'Officier a donné deniers, ou si c'est office non venal, comme de Judicature ou Procuration d'office, si l'Officier a été pourvû en faveur de son mariage, ou pour recompense de services.

ARTICLE PREMIER.

TOute épave tant soit mouvante qu'autre mobiliaire, apprehendée au territoire & Justice d'aucun, appartient entierement au Seigneur haut-Justicier du lieu: & si la Justice basse appartient à l'un; & la haute à un autre, ladite épave appartiendra au bas Justicier jusques à soixante sols: & le surplus, s'il y en a appartiendra au haut-Justicier.

ARTICLE II.

LA declaration, vente & adjudication de ladite épave compete & appartient au haut-Justicier, qui recouvrera les frais sur le bas Justicier entierement, quand l'épave vaut seulement soixante sols & au dessous : & si plus vaut, les frais se prendront sur lesdits Seigneurs, *pro rata.*

ESpaves, sont choses égarées, quand celuy qui les trouve ne sçait à qui elles appartiennent. Le mot est ancien François, & s'entend selon nôtre Coûtume non seulement des bêtes, mais aussi de toutes autres choses meubles. Aprés les proclamations faites selon la forme prescripte par cette Coûtume en l'article suivant, & que le tems est passé sans qu'aucun soit apparu pour la reconnoître & prouver sienne, elle est tenuë pour derelicte & abandonnée par la raison de la loy, *Si eo tempore C. de remiss. pignor.* & de la loy *diffamari C. de ingenuis manu*, & ainsi dit *Feder. Senens. consf.* 107. Selon le droit Romain les choses abandonnées par le proprietaire, étoient dites n'appartenir à aucun, *nullius in bonis esse*, & commençoient à appartenir à celuy qui premier les apprehendoit & occupoit, comme étans reduites à l'état du premier droit des gens, *§. feræ igitur. Instit. de rerum divis. l. 1. ff. pro derelicto.* Mais selon le droit François, les choses qui se trouvent n'appartenir à aucun, & qui ne sont publiques, ny saintes ny sacrées, appartiennent au Seigneur haut-Justicier, comme ayant les droits du fisque à cét égard. Ainsi se peut dire des mouches à miel, & autres animaux qui de leur nature ne sont privez; que quand ils ont abandonné leur coûtume d'aller & retourner, & se sont remis du tout à leur liberté naturelle, ils delaissent d'appartenir à l'ancien proprietaire, & selon le droit Romain appartiendroient au premier occupant, *§. apiam quoquè. Instit. de rerum divis.* Et selon nôtre droit François appartiennent au Seigneur Justicier. Et ainsi est rapporté par plusieurs Coûtumes. Anjou, art. 17. Tours art. 17. Vray est qu'aucunes Coûtumes ont donné part à celuy qui trouve les mouches, pourvû que de bonne foy & à tems il se declare à Justice. Ainsi Auvergne chap. 26. article 7. Bourbonnois, article 337. Tours article 54.

Quant aux tresors de deniers, & autres choses precieuses qui sont cachées d'ancienneté, dont on ne sçait l'auteur d'avoir caché, selon les loix Romaines, si aucun trouvoit tresor en son heritage, il luy appartenoit entierement : si en l'heritage d'autruy, la moitié appartenoit à l'inventeur, l'autre moitié au proprietaire de l'heritage, pourveu que le tresor n'eût été cherché & trouvé par mauvais art, comme de magie, parce qu'audit cas il devoit appartenir au fisque, *l. 1. juncta glossa. C. de thesaur. lib.* 10. Par nôtre droit François en tous cas il appartiendroit au Seigneur haut-Justicier par la même raison des épaves : Mais puisque nôtre Coûtume n'en dit rien, je trouverois bon de suivre le temperamment que mettent les Coûtumes de Bourbonnois, art. 335. Auxerre, art. 11. & Sens, art. 7. que le Seigneur haut-Justicier prenne le tiers, l'inventeur un tiers, & le proprietaire du lieu un autre tiers. J'ay veu en des anciens memoires la datte d'un Arrest de la prononciation de Septembre l'an 1259. entre le Procureur General du Roy & l'Abbé de S. Pierre le Vif de Sens, par lequel le Tresor fut adjugé au Seigneur haut-Justicier, hormis l'or, qui là est appellé fortune d'or, qui fut adjugé au Roy : Et autre Arrest donné par le Roy à la prononciation S. Martin, l'an 1261. par lequel l'argent trouvé en une maison à Loches fut adjugé au proprietaire de la maison.

LEs minieres d'argent, de fer, de cuivre, d'estain, & autres matieres ne sont pas de la condition du tresor. Car le tresor est mis en son lieu par main d'homme : Les minieres sont portion de la terre naturellement, & sont produites par la terre, partant la proprieté d'icelles appartient au proprietaire de la terre, *l. in lege fundi, ff. de contrah. empt. l. fructus vel l. divortio, §. si vir. ff. soluto matri*, & ne sont au Seigneur haut-Justicier, si ce n'étoit en terre vacante. Bien voudrois-je croire que le detempteur bordelier de la terre n'auroit le droit de ces minieres, parce qu'il est seulement superficiaire, ayant la concession de la terre pour percevoir les fruits que la superficie produit, & selon la face qui étoit lors de la concession : aussi il n'est pas proprietaire, *l. 3. §. penult. ff. de novi oper. nunt. l. si domus, §. ult. ff. de lega. 1.* Le detenteur d'heritage à titre de cens, a plus ample droit & est vray foncier : pourquoy à luy appartiennent les entrailles de la terre, & jusques au centre.

Quant à la proprieté de ces minieres, je ne puis consentir à l'opinion de Paul de Castre, *in consil* 330. *vol.* 2. quand il dit que celuy qui a ouvert la miniere en son heritage peut suivre la veine sous terre, *etiam* en & sous l'heritage d'autruy. Car le proprietaire de la superficie est proprietaire du dedans & jusques au centre, *l. cùm usumfructum, ff. quib. mod. usufs. amitt.* Comme des minieres se dit de l'eau vive en terre, qui fait portion de la terre & du fonds, *l. is qui in puteum ff. quod vi aut clam.* Et n'est à propos pour l'opinion dudit Paul de Castre, ce qui est dit de celuy qui en foüissant en son heritage pour un puits, détourne l'eau du puits de son voisin, que la loy dit ce faire licitement, *l. 1. §. deneque, ff. de aqua plu. arc. l. Proculus, ff. de damno infecto.* Car en ce cas il ne fait œuvre qu'en son heritage. Et l'eau fluë de sa nature d'un lieu en un autre

tre par les veines de la terre sans ministere de l'homme.

Au bas Justicier.] C'est une seule justice en son essence que la haute, la moyenne & la basse, comme nous disons qu'il n'y a qu'une proprieté, une seule cause de se dire Seigneur. Mais pour accommoder les hommes ensemble, les Loix & Coûtumes ont toleré que plusieurs soient Seigneurs d'une même chose par divers respects, chacun d'eux ayant quelque droit en icelle. La basse Justice a été derivée de la haute-Justice, comme un ruisselet d'un grand & naturel ruisseau, pour exercer Justice, & en prendre les profits jusques à soixante sols. Mais parce que le droit d'épave en soy comme tous biens vacans appartiennent à la haute-Justice, qui a le droit de fisque, l'autorité & honneur de juger le fait de l'épave appartient au Seigneur haut-Justicier, & le bas-Justicier doit prendre par les mains du haut-Justicier, & sous son autorité.

Pro rata.] Les frais qui se font en la chose même ou directement; pour icelle acquerir ou conserver, doivent être payez par chacun de ceux qui ont part en la chose selon la portion qu'il y a, *l. sorori, ff. si pars hæred. pet. l. ult. §. ut autem C. de bonis auth. Jud. possid.* Mais les dépens de procez doivent être payez par viriles & égales portions, sans avoir égard au droit & portion que chacun a ou prétend en la chose litigieuse: parce que tels dépens sont adjugez pour la témerité du litigateur, & non directement pour respect de la chose: & parce que toutes adjudications par jugement sont de soy divisibles, *l. Paulus, ff. de re judic. l. si qui separatim, §. quoties, ff. de appellat. & relat.* Vray est qu'un tuteur qui a plusieurs pupilles, & par une seule tutelle, est reputé faire pour une seule personne, parce que c'est un seul patrimoine d'eux tous, & parce que le tuteur represente le défunt pere des pupilles, qui seul étoit pere de famille. De fait en Chancellerie, le tuteur de plusieurs pupilles ne paye émolument du séel que pour un.

ARTICLE III.

Le haut-Justicier avant qu'ordonner la vente de ladite épave, la doit garder: si c'est chose mouvante & posturable; à sçavoir, les chevres, brebis, moutons, cochons, veaux, & autres semblables menuës bêtes, par l'espace de dix jours: pendant lequels il sera tenu les faire crier par deux fois, distans l'un de l'autre de trois jours entiers, l'une d'icelles au lieu du marché de ladite Justice, si marché y a: & s'il n'y a marché, a lieu public & plus apparent de ladite Justice, & l'autre le jour de Dimanche à issuë de la grande Messe Parroissiale de ladite Justice: Et les grosses bêtes, comme bœufs, vaches, jumens, chevaux, poulains, porceaux, & leurs semblables, l'espace de vingt jours: pendant lesquels il sera tenu les faire crier & proclamer par trois diverses fois, distans de trois jours entiers: les deux d'icelles à jour de Dimanche à l'issuë de la grande Messe de la Parroisse de ladite Justice: l'autre au lieu du marché, si marché y a, ou au lieu public & plus apparent d'icelle Justice. Et si dedans ledit tems, il n'appert qu'aucun fasse poursuite desdites bêtes, il peut, ledit tems passé, les faire vendre audit lieu public, au plus offrant & dernier encherisseur.

ARTICLE IV.

Et si dedans quarante jours aprés ledit tems passé, le Maître & Seigneur desdites épaves revient & les veut recouvrer, faire le pourra, si elles ne sont venduës, en faisant aparoir qu'elles luy appartiennent, & payant les postures faites durant les dix jours, & frais raisonnables, quant aux menuës bêtes: & durant vingt jours quant aux grosses bêtes. Et si lesdites bêtes sont venduës, il recouvrera seulement le prix & l'argent issu d'icelles: lequel sera mis entre les mains du Procureur de ladite Justice dés lors de la vendition. Et à ce sera ledit Procureur contraint incontinent par prison, sans prendre aucun profit, hormis lesdites postures & frais raisonnables: lesquels dix jours & vingt jours seront compris & complets esdits quarante jours.

ARTICLE V.

Et quant aux autres choses mobiliaires non posturable ou perissables, le Seigneur les doit garder par quarante jours, & durant ledit tems les faire crier comme dessus : & ne pourront être vendûës que lesdits quarante jours passez. Durant lequel tems le Seigneur ou Maître de l'épave la pourra recouvrer, en faisant apparoir qu'elle luy appartienne, & payant les frais raisonnables. Et en tous lesd. cas le tems susdit de quarante jours passez, y compris les vingt jours, le Seigneur haut-Justicier pourra declarer ladite épave être confisquée. Et jusques à ladite declaration le Maître de ladite épave sera toûjours reçû comme dessus.

LE haut-Justicier.] Cette maniere de parler est demeurée, ayant été introduite du tems que les Seigneurs haut-Justiciers eux-mêmes administroient la Justice : mais aujourd'huy les Juges par eux commis exercent ce devoir, dont a été parlé cy-dessus.

Posturable.] Ce mot selon le dialecte du païs ne signifie pas seulement ce qui est de pasture & amandement, mais aussi ce qui est de foin : suivant ce, on dit pasturer les terres quand on les amende par gresses & fumiers.

Jour de Dimanche.] Aucuns scrupuleux, & trop exacts observateurs des ceremonies de nôtre religion, ont blasmé tous ces actes qui se font à jour de Dimanche pour affaires profanes. Mais la necessité y apporte la dispense, comme il est dit en l'Evangile de la brebis tombée en la fosse le jour du Sabath. La verité est qu'il n'y a meilleur ne si bon moyen de faire publier és villages, & encores és Villes qu'à l'issûë des Messes Parroissialles le Dimanche : parce qu'à ce jour tout le peuple s'assemble à l'occasion de la Messe, & n'y a aucune autre assemblée ordinaire. Les Auteurs de cette Coûtume ont mieux dit à l'issûë de la Messe qu'au Prône, parce qu'il n'est pas bien seant d'embroüiller le cours de la Messe par interposition de ces affaires profanes. L'Edit des Criées de l'an 1551. a suivy ce même expedient de l'issûë de la Messe,

Au plus offrant.] Doncques il est bon, qu'en faisant faire ces proclamations, le jour soit assigné certain avec l'heure, & le lieu auquel les encheres seront reçûës & sera faite l'adjudication.

Quarante jours aprés ledit tems passé.] Ce n'est pas quarante jours aprés les dix & les vingt jours, comme il semble que les mots sonnent. Car les dix & vingt jours sont compris és quarante jours, comme se void à la fin de l'article.

Maistre et Seigneur.] Ce sont divers respects. Maître en fait de bêtail, se doit dire celuy qui a le gouvernement du bêtail, comme celuy qui le tient en chaptel, qui n'est pas proprietaire : Ainsi se dit le maître de la communauté qui n'est pas proprietaire des bien d'icelle, mais a superiorité & administration. Seigneur se dit le proprietaire, selon le dialecte François. Or celuy qui a une chose en garde, peut exercer les actions pour la conservation & recouvrement d'icelle, *l. & ideò, in fine ff. de condict. furt.*

Recouvrera seulement le prix.] Avec semblable raison disent les loix Romaines, quand aucune chose a été vendûë de bonne foy, que le proprietaire n'est pas reçû à la vendiquer : mais doit se contenter de recouvrer le prix, *l. ult. §. ult. ff. de legat. 2.*

Es mains du Procureur.] S'entend s'il s'en veut charger : car son office n'est pas à cét effet. Mais parce qu'ordinairement on commet telles charges à gens de bien, & qui ayent moyen en s'abstenant de mal faire, & bien faisant, de blasmer & faire punir ceux qui font mal, la Coûtume a estimé que le Procureur d'Office est fidele depositaire.

Par prison.] Cette contrainte est generale contre tous depositaires, non seulement s'ils sont depositaires sous la main de justice ; mais aussi s'ils sont depositaires à l'égard de personnes privées. Ainsi fut jugé par Arrest, en plaidant sur l'execution du testament du feu Evêque de Conserans, le Jeudy 22. Janvier 1550. Et la raison y est que le dépôt ne peut être dénié ou refusé de rendre par le depositaire, sans dol, & sans donner touche de furt à son honneur. *l. 3. C. depos.* Et comme disoit ce tres-sçavant & tres-homme de bien Maître Gabriel Marillac Avocat du Roy en Parlement, bon regent des jeunes Avocats qui assistoient aux plaidoyries dudit Parlement : Tout dol merite punition extraordinaire en France, quoy qu'il en soit traité en matiere civile.

Frais raisonnables.] Pour lesquels y a droit de retention par celuy qui a fait les frais : *Imò etiam* il a action sur la chose, si elle est sortie hors de sa puissance, *l. hæreditas, ff. de petit. hæred. l. ex parte, ff. famil. ercisc.* Comme si aucun en faisant poursuite de ses bêtes, ravies par les gens de guerre outre le droit de guerre, en recouvre d'autres qui ne fussent siennes moyennant une somme de deniers, & il avienne que les Officiers de la haute-Justice saisissent ces bêtes qui n'ont point de maître, ils seront tenus de rembourser *pro rata*, ou bien de faire rembourser sur le prix de la vente. Par la même raison que le proprietaire voulant vendiquer ses bêtes ainsi recouvrées comme dessus, seroit tenu de rembourser, par la raison de la *l. mulier, ff. de capt. & postlimi, reversf.* & de la *l. 2. §. si navis, ff. ad leg. Rhodiam de jactu.* Comme pour negoce utilement geré, car sans les deniers ainsi baillez les bêtes eussent été perduës. Qui est une limitation de la *l. 2. C. de furt.*

ARTICLE VI.

CEluy qui trouve épave & la retient & recelle plus de vingt-quatre heures sans le notifier au Seigneur haut-Justicier, ou Officiers de ladite haute-Justice du lieu où elle sera apprehendée, est amendable envers ledit Seigneur haut-Justicier, à la discretion du Juge : & si est condamné à la restitution de lad. épave.

VINGT-QUATRE HEURES.] Faut inferer que dedans ledit tems il peut de bonne foy rendre la chose égarée à celuy qui en est proprietaire. Ainsi se dit cy-dessous des bêtes prises en dommage, que le preneur peut retenir vingt quatre heures, & dedans ledit tems les rendre au proprietaire. Chapitre de prises de bêtes art. 4.

AMENDABLE À DISCRETION.] Car en retenant ce qu'il sçait n'être pas sien, il se charge comme de furt, & n'est pas excusé disant qu'il ne sçait à qui la chose appartient : car il sçait bien qu'elle n'est pas sienne, *l. falsus, §. qui alienum ff. de furt.* Et selon les circonstances l'amende doit être arbitrée grande ou petite.

ARTICLE VII.

PEuple & sujets outre le nombre de dix, s'ils n'ont de ce charte & privilege, ou s'ils n'ont Corps & Communauté approuvée : ne se peuvent assembler, passer procuration, ne imposer ny faire assiette sur eux pour quelque affaire que ce soit, sans l'autorité du Seigneur haut-Justicier : & à son refus ou délay doivent avoir recours au Superieur immédiat. Et s'ils le font l'acte est nul, & sont amendables d'amende arbitraire envers ledit Seigneur haut-Justicier.

L'Ancien cahier de la Coûtume parle de gens de Poté. Ce mot, Poté dont l'e est masculin, signifie un territoire de Seigneurie, comprenant plusieurs familles & villages, qui d'ancienneté étoient de condition serville ou adscriptices, comme on dit la Poté de la Magdelaine de Vezelay, la Poté d'Asnois, la Poté de Sully, & vient du Latin *potestas*, qui en cét endroit signifie Jurisdiction. Dés le tems de Justinian Empereur, combien que nul n'eût Jurisdiction propre à luy, sinon le Prince Chef de l'Empire, & les Magistrats & Seigneurs n'avoient droit de Justice, sinon par commission : Toutesfois ceux qui avoient és champs des familles de serfs, destinées & attachées aux Domaines pour les œuvres rustiques, qui étoient dits adscriptices, colons ou autrement conditionnez, avoient jurisdiction sur eux, comme il est dit *in Novella de quæstore, §. si verò forsan, collat. 6.*

Cét article de Coûtume est tiré du Droit des Romains, selon lequel nuls ne peuvent s'assembler pour faire College sans permission du Prince, sinon pour cause de religion *l. 1. §. sed religione, l. 2 & l. 3. ff. de Colleg. illicitis.* Et si le Corps ou College est approuvé par le Prince, il peut avoir bourse commune : & s'il n'a aucuns deniers communs pour ordonner & faire collecte de deniers sur les particuliers dud. College, & ceux qui sont cottisez y doivent être contraints par le Juge. *Gloss. in l. 1. §. quod si nemo. ff. quod cujusque univers. l. ult. C. de munerib. patrimo. lib.* 10. Les Villes closes en France ont Corps & Communauté approuvée, & sont regies par Eschevins qui representent tout le corps, tant en jugement que dehors. De present est observé qu'il faut impetrer du Roy lettres de congé pour faire closture de Ville avec forteresse : de grande ancienneté les Ducs, Comtes & Barons donnoient ces permissions en leurs détroits, comme l'on connoît par les Chartes de la Chambre des Comptes à Nevers, & du Moulin en l'Annotation sur la Coûtume du Maine article 54. en dit autant des Barons, & allegue *Jo. Fab. in §. sanctæ quoque res Instit. de rerum divis.* Depuis cent ou six vingt ans en çà les gens du Roy ont par divers moyens diminué & affoibly les droits des Seigneurs : L'experience a fait connoître que l'Etat n'en a pas mieux valu. En cette grande ancienneté en France les Corps & Colleges approuvez pouvoient faire assiette de deniers sur eux-mémes, comme on peut recüeillir de cét article, & la verité est telle : Mais depuis que les Rois ont mis les tailles en ordinaire, qui souloient être extraordinaires, & ne se levoient que selon l'accordance des Etats, comme encores aujourd'huy se pratique en Bourgogne, ils ont défendu bien étroitement ces impositions & assiettes de deniers être faites. Et quant aucun besoin survient à une Communauté, comme pour procez ; on obtient Commission de la Chancellerie, qu'on appelle Lettres d'assiette, dont l'émolument du seél est taxé à autant de sols comme on veut imposer de livres, & pour les obtenir faut avoir le consentement de ceux des Corps & Colleges, qui soit autorisé & témoigné par le Juge, qui aura connu sommairement du besoin qui en est, & la lettre de ce consentement doit être presentée en Chancellerie pour être jointe aux lettres sous le contre-seél. Les regles communes au fait des impositions par têtes sont, que quand c'est pour les affaires de l'Etat universel, chacun est imposé à la capitation & taille au lieu où il demeure, en égard à tous ses biens & moyens quelque part qu'il les ait. Et si l'imposition se fait pour la seule utilité & besoin de la Ville où est le domicile, la taille se doit payer selon la valeur des biens qu'il a en ladite Ville, ainsi dit *Guido Papæ Decis.* 5. & allegue la *l.* 1. *C. de mulierib. in quo loco lib.* 10. Mais je croy que si le principal domicile de celuy qui est imposé, est en la même Ville qu'il est tenu de contribuer, non seulement des immeubles & meubles communs qu'il a en ladite Ville, mais aussi de toutes sortes de biens qu'il a en autres parts, dont il fait venir & reposer l'épargne en la Ville dudit domicile : car la conservation de la même Ville emporte la conservation de tous lesd. biens, & de sa personne premierement, pour cause de laquelle lesdits biens sont voüez & destinez selon la raison de la *l. magis puto*, §. *illud. ff. de rebus eorum.* Mais ceux qui ont maison en ladite Ville & n'y demeurent pas, doivent contribuer *pro rata* selon la valeur de ladite maison, & *in dubio* pour la moitié : ainsi dit *Guido Papæ Decis.* 372. Si l'imposition est pour les fortifications de la Ville, & pour les commoditez publiques des habitans, comme pour les murailles & tours, pour les fontaines publiques, pour les pavez, l'horloge, police en tems de peste, & autres tels affaires, tous y sont contribuables, *etiam* Ecclesiastiques & Nobles, & tous autres exempts & non exempts, *l. ad instructionem. C. de sacros. Eccles. l. ult.* §. *patrimoniorum, ff. de munerib. & honor, l. ad portus, l. omnes* 2. *C. de operib. publ.* Ainsi fut jugé par Arrest à la prononciation solemnelle de Pentecoste, le 9. May 1551. contre le Clergé du Mans, & auparavant avoit été jugé contre le Clergé de Laon le 9. Janvier 1405. Par ledit Arrest du 9. May, fut allegué autre Arrest donné contre le Clergé de saint Flour, de l'an 1470. autres disent du 10. Juin 1379. & és grands Jours de Moulins le 7. Octobre 1550. à l'Audience entre le Clergé & les Eschevins de Bourges, fut jugé que lesdits du Clergé seroient sujets au treiziéme du vin en detail, dont les deniers sont destinez aux affaires publiques, telles que dessus, & à l'entretenement des Docteurs de l'Université. Mais fut dit, que quand les Eschevins demanderoient le consentement du peuple pour impetrer du Roy les octrois, les Colleges Ecclesiastiques seroient nommément appellez, & le reste du Clergé, à cry public.

A SON REFUS OU DELAY RECOURIR AU SUPERIEUR.] On a recours en fait de Jurisdiction au Superieur par ressort, non seulement en cas d'appel, mais aussi pour le refus & negligence de l'inferieur : lequel Superieur en ce cas peut évoquer à luy le negoce, *cap. ex tenore, extrà de foro compet. cap. irrefragabili, extrà de offic. ord. in antiq.* Ordonnance du Roy Jean de l'an 1355. art. 3. & du Roy Charles VIII. sous le titre *de suppl. neglig. officiar*, art. 1. *in fine Styli Parlamenti.*

ARTICLE VIII.

SI aucun commet simple larcin, non excedant soixante sols, pour la premiere fois il sera puny selon la discretion & arbitrage du Juge, jusques à mutilation de membres exclusivement : & pour la seconde fois à la discretion du Juge, jusques à mutilation inclusivement : & pour la tierce il sera condamné à mourir, & s'entend quand à chacune desdites fois il a été apprehendé & atteint par Justice : & si le larcin est qualifié ou aggravé de quelque qualité, le délinquant sera puny selon l'exigence du cas, de la peine ordonnée de droit.

LEs Romains ont imposé en cas de simple furt la peine du double & du quadruple : la peine du quadruple, étant établie contre les larrons mal-habiles, se mêlans du mestier qu'ils n'entendent pas bien, quand ils sont surpris en dérobant, ou ayans encores avec eux les choses dérobées : cette aggravation de peine semble avoir pris son origine du statut de Lacedemone en Grece, où le simple larcin étoit impuny, pourveu que le larron ne fût surpris, comme pour blâmer la negligence des mal serrans, & loüer le soin des contrôlleurs de besognes mal serrées. Des larcins simples & des larcins qualifiez, *Auth. sed novo jure, C. de servis fugit.* En France le larcin est puni extraordinairement, & avec grande raison, parce qu'il est contraire à la société humaine, & parce qu'il procede de vilté de cœur & faineantise : qui fait que si un Gentil-homme est convaincu de simple larcin, il est condamné à être pendu, & n'est honoré de la peine de Noblesse, qui est d'avoir la tête tranchée. Quelquesfois les Romains ont puny le simple larcin extraordinairement & autrement que par pecune, comme il est dit, *in l. ult. ff. de furt.* & en leurs loix y a une regle au fait des punitions de crimes que nous pratiquons en France, que quand un délit commence à être fort frequent, il faut exasperer & croître la peine pour servir d'exemple, *l. aut facta*, §. *ult. ff. de pœnis, l.* 1. *ff. de Abigeis.*

La question a été agitée si l'heritier ou les biens du délinquant doivent répondre civilement du délit pour l'interest de celuy qui a souffert dommage. Selon la loy des Romains l'heritier n'est pas tenu sinon que la cause ait été contestée contre le défunt, ou en tant que l'heritier a profité de ce qui est provenu du délit, *l.* 1. *C. ex delictis defunct.* Les Canonistes ont dit que l'heritier en est tenu, quoy qu'il n'y ait contestation, & qu'il n'en soit enrichy, *cap. ult. extrà de.*

sepult. in antiq. cap. tua. extrà, de usur. avec ce temperament, que les seuls biens de l'heredité en sont tenus, & non les autres biens de l'heritier, & audit cas separation en doit être faite, ainsi dit *Jo. And. in cap. quanquam, de usur. in 6. & Fredericus Senensis consil. 21. & glossa in cap. in litteris, extrà de raptor*, Joannes Faber Docteur François tient l'opinion des Canonistes, *in §. ult. Instit. de perpet. & temporalib. actio.* Maître René Chopin au Traité *de privileg. rust. lib. 3. parte 2. cap. 1. num 5.* dit avoir été jugé par Arrest selon le droit Civil Romain. Or il me semble, que nous Chrétiens par raison devons tenir l'opinion des Canonistes, non pour l'autorité : car en ce qui est du temporel, les Papes n'ont pouvoir de faire loy, ny de juger és terres qui ne sont de leur souveraineté temporelle, *cap. novit. extrà de judic. cap. per venerabilem, extrà qui filii sint legit.* Mais parce que selon l'Etat de nous Chrétiens, nôtre Religion nous semond d'adherer à cette opinion : car l'heritier doit être soigneux de décharger l'ame du défunt. L'ordre de charité le semond à ce, parce que s'il est heritier par la voye d'intestat, il est le plus prochain du sang, & selon la proximité de lignage l'amitié doit être plus grande, puis qu'ainsi est qu'il y a des degrez en amitié : s'il est heritier testamentaire le défunt l'a plus aimé, & il doit rendre le devoir reciproque d'amitié. Les loix Romaines ont été faites par Gentils non Chrétiens, auprés desquels, ny la charité, ny l'état de l'autre monde n'étoient si bien connus. Puis il se peut dire que les loix Romaines qui donnoient l'action criminelle aux parties civiles pour la punition du crime, on entendu parler de la peine qui excede l'interest de celuy qui a souffert dommage, laquelle peine regarde l'exemple public. La loy *si pœna ff. de pœnis*, dit que la peine cesse par la mort du délinquant, parce que la peine est ordonnée pour l'amandement des hommes. Mais en France celuy qui a souffert dommage par le délit d'autruy, peut agir seulement pour son interest pecuniaire, & non pour la peine, pourquoy semble qu'il peut agir civilement au simple contre l'heritier du délinquant : ainsi se dit *in l. si pro fure, §. ult. & in l. ult. ff. de condict. furtiva*, où il est dit que l'heritier du larron peut être poursuivy par cette condition, parce que c'est une action civile qui tend à la simple restitution de la chose mal prise : & de fait la condition furtive n'infame pas, *l. cessit, ff. de actionib. & oblig.* Aussi en la *l. si hominem, §. 1. ff. depositi*, il est dit que l'heritier est tenu du dol du défunt, non seulement quand c'est en consequence du contrat : mais aussi quand c'est pour poursuite d'interest civil. Pourquoy quand l'action est pure civile & pecuniaire intentée civilement, & donc ne doit resulter note d'infamie, il se peut dire que l'heritier est tenu civilement de raparer le dommage que le défunt a fait. A plus forte raison se doit ainsi dire és délits que les délinquans ont accoûtumé de commettre pour en tirer profit & utilité, & pour augmenter leurs biens, comme en larcin, en ravissement, en dol, en usure, en fausseté, & autres tels : car en tels délits il faut croire que le défunt a profité : & en tel cas selon le droit Romain, il n'est necessaire que l'heritier ait profit, mais suffit que le defunt ait profité, *l. Prætor. §. ult. & l. seq. ff. de bonis auct. jud. possid. l. quantum, ff. de eo quod vi metusve caus. l. itaque, ff. de dolo.* Et quant aux autres délits dont ne revient aucun profit, comme l'incendie, le meurtre, & autres tels, encores semble qu'outre la raison du Christianisme, selon lequel nous croyons que les ames souffrent peine en l'autre monde, par purgatoire pour les délits commis en celuy-cy, & que l'heritier qui a les biens est d'autant plus tenu par charité pour la décharge de l'ame du défunt : l'honneur de la memoire du défunt doit semondre l'heritier à conserver ce qui reste de luy en ce monde, qui est la bonne renommée & reputation, & s'il ne le fait il se rend indigne de son heredité. *l. 1. C. de his quib. ut indig. Authent. hoc ampliùs, C. de fideicom. l. militis, C. de religios.* A quoy fait l'Auth. *si captivi, C. de Episcop. & Cleric.* qui ôte l'heredité à celuy qui a negligé de racheter de captivité le corps vivant du défunt : *multò magis* celuy qui refuse jusques à la concurrence des biens hereditaires, mettre hors de captivité l'ame & l'honneur du défunt. Que si le corps de celuy qui a commis le délit durant sa vie étoit tenu à la reparation du délit, *etiam* pour satisfaire de son corps au lieu d'amende pecuniaire, quand les biens ne suffisent, *l. si quis id quod, ff. de jurisd. omium jud.* aussi ont été tenus les biens du délinquant qui sont accessoires, & destinez proprement pour la personne. Puis que le corps par le moyen de la mort est soustrait de cette obligation, les biens qui restent aprés la mort, comme subrogez, & comme jadis accessoires du corps en doivent répondre. Aussi puis que tant la peine du corps que la perte des biens sont ordonnez pour servir d'exemple public, & faire terreur à autres personnes de délinquer, *l. bonæ fides ff. depos.* puis que la mort naturelle a soustrait le corps, il est bien à propos que les biens qui restent en répondent, & que le payement du dommage que le défunt a fait serve d'exemple.

ARTICLE IX.

DEsormais aucun ne pourra ériger ou construire de nouvel pilory, ou autre signe patibulaire, s'il n'a haute-Justice.

DE cét article resulte que pilory est marque de haute-Justice. Mais est a noter que de grande ancienneté il y avoit deux degrez en la haute-Justice, comme l'on connoît par les anciennes chartes de la Chambre des Comptes à Nevers : car aucuns Seigneurs hauts-Justiciers avoient seulement droit de juger pour le foüet, pour le bannissement, & pour essoriller : les autres avoient le droit plus ample de juger de meurtre, d'arson qui est l'incendie, & autres crimes capitaux meritans la perte de la vie : aux Seigneurs du premier chef appartenoit d'avoir pilory & échelle : aux autres d'avoir marque de gibet haut élevé à deux, trois ou quatre pilliers selon la dignité de leur Justice. *Petrus Jacobi* en sa Pratique, titre *de jurisd. vers. ex prædictis*, dit que le bas Justicier doit avoir posteau ou pilory : mais selon sa distinction les hauts-Justiciers ont droit de punir les crimes capitaux qui meritent perdre la vie, & les bas Justiciers ont droit de connoître des moindres crimes. Le pilory est proprement ordonné pour le foüet, & pour le carcan, le carcan étant des accessoires necessaire du pilory ou pillier, afin de retenir celuy qui est condamné afin qu'il ne puisse fuïr. On applique aussi le carcan aux délinquans qui meritent une honte publique, & y sont attachez & tenus pour quelques heures pour être veus de tous, & recevoir tous opprobres de paroles qu'on voudra leur faire, sans que par aprés ils s'en puissent ressentir par action d'injures : Ainsi est dit en l'Ordonnance des blasphemes, faite par le Roy Louïs XII. en l'an 1510. & en fait quelque mention Ciceron en l'Action quatriéme contre Verres. Les Docteurs Ultramontains ont tenu que celuy qui a haute-Justice, qu'ils appellent *merum imperium*, a droit d'ériger fourches & gibet. *Decius consil.* 249. *vol.* 2. & allegue *Oldrad. cons.* 161. & dit que pour avoir en son territoire des fourches érigées, la possession de haute-Justice est retenuë, & allegue Bald. *in l. arboribus*, §. *de illo ff. de usuf.* Outre cette allegation on peut alleguer la *l. servitutes* 19. *ff. de servit. præd. urban.* & la *l. qui fundum ff. quemad. servit amitt.* La commune observance en ce Royaume est que le Seigneur haut-Justicier qui a ample territoire, confiné par limites remarquables, peut avoir le gibet à deux piliers. Le Seigneur Châtelain à trois piliers, le Baron à quatre piliers, & outre ce le Baron a droit de porter sa banniere quarrée, & ses armoiries en quarré : le Comte à neuf piliers, & le Duc à douze piliers. Aucunes Coûtumes ont encores fait autres distinctions des piliers à fest & surfest, & à avoir liens dedans & dehors. Or de même, & selon nôtre Coûtume que le pilory soit marque de haute-Justice, est dit par la Coûtume de Melun art. 3. Sens art. 1. Auxerre art. 3. Troyes art. 312. & 128.

ARTICLE X.

CEluy qui a haute-Justice ne peut lever signe patibulaire sans le congé & autorité du Prince du païs : Au refus ou délay duquel Prince, ledit Seigneur Justicier aura recours au souverain Seigneur. Mais pourra ledit Seigneur Justicier pendant ce, faire faire l'execution en sa Justice à un arbre, ou autrement en sadite Justice. Et n'a lieu ladite Coûtume quant aux Justices étans en franc-aleû, ou exemptes du Prince : les Seigneurs desquelles Justices doivent avoir recours pour lever ledit signe patibulaire de leur Justice à leur superieur Seigneur.

IL a été dit que tous Seigneurs haut-Justiciers n'ont pas droit de lever signe patibulaire, qui communément est à deux piliers, & est bien raison qu'il soit connu s'il a haute-Justice, & de quelle qualité est sa Justice. Le Prince du païs est entendu le Duc de Nivernois, qui a toutes marques de grandeur, hormis la souveraineté : Car en son païs il a Cité Episcopale avec son Diocese bien ample, comprenant deux cens soixante Parroisses : Est Seigneur de Province, qui a peuple, païs & Coûtume : A droit de Duché & de Pairie, qui comprennent vingt-huit Châtellenies du même domaine : Et outre ce qui est en ce Diocese, il aprés de cent ou six vingt Parroisses és Dioceses d'Authun & d'Auxerre. En Espagne sont aucuns Royaumes qui n'ont pas si ample territoire. On appelle Princes de France ceux qui sont du sang Royal, descendus par ligne masculine : On appelle aussi Princes tous ceux qui sont nez en maison souveraine, habiles à y succeder. Aucunes Seigneuries sont érigées en titre de Principauté, quoy que les Seigneurs ne soient Princes comme Chabanois, Talemont, Carency. En Espagne Prince se dit la prochaine personne habile à succeder à la Couronne, que nous appellons en France Monsieur, sans y mettre de queuë. Les Rois ont octroyé droit de Principauté à l'Université de Paris, en luy donnant titre de fille aînée de la Couronne de France : de fait l'Avocat en Parlement qui plaide les causes de l'Université, prend place au banc des Princes.

JUSTICE EN FRANC-ALEU.] Franc-aleû noble se dit la Seigneurie dont le Seigneur ne se dit vassal d'autre Seigneur, qui reconnoît seulement la souveraineté de la Couronne. Aucuns tiennent ce mot ALEU, comme qui diroit *alaudium*, *quia neminem agnoscit vel laudat superiorem*. Les autres le tirent de l'ancien mot François LAIDES, qui signifie Vassal, dont Aimoinus use souvent en son histoire. Ces vrais francs-aleux ne doivent quint denier en cas de mutation, & ne sont sujets aux autres conditions de fief. En ce païs nous appellons aussi francs-aleux les Justices qui sont à l'Eglise, ou aux Seigneurs vasseaux de l'Eglise qui sont du ressort du Bailliage de saint Pierre le Monstier, & non du Duché. Tels francs-aleux esquels y a justice sont nobles : comme aussi on appelle nobles ceux qui ont territoire de censive ou des fiefs mouvans d'eux. Autres francs-aleux sont qui sont en la Justice d'un Seigneur, & ne doivent fief, cens ny autre prestation, & se disent roturiers. De tels Aleux est parlé en la Coûtume de Paris art. 68. Orleans art. 255. Troyes art. 53. Vitry art. 19. & 20.

Superieur Seigneur.] Ces mots à la fin de l'article, s'entendent de celuy qui est superieur par ressort en cas d'appel, & non pas du Superieur Seigneur feodal, comme *verbi-gratia* les Barons & autres Vassaux de l'Evêché de Nevers, ne sont pas sujets par ressort au Bailliage de l'Evêché, mais directement du Bailliage Royal de S. Pierre le Monstier, & parce que le fait du signe patibulaire regarde tout purement la Justice, les Vassaux de l'Evêché au cas de cét article doivent avoir recours au Siege Royal. C'est le brocard ancien : *que fief & jurisdiction n'ont rien de commun.*

ARTICLE XI.

LE signe patibulaire cheu par terre par quelque occasion que ce soit, le Seigneur à qui la Justice appartient le peut faire redresser dedans l'an & jour de son autorité, & sans danger : & aprés l'an & jour, ne le peut faire sans congé comme-dessus ; autrement sera amendable arbitrairement envers sondit Seigneur superieur : & outre sera démoly ledit signe patibulaire par autorité dudit Seigneur : & neanmoins ledit Seigneur Justicier pourra le faire relever par le congé ; & se pourvoir commedessus.

SOit noté le mot Cheu par terre. Car s'il avoit été abbatu & démoly par autorité du superieur à cause de faute commise au fait de Justice par l'inferieur, autrement seroit. Sera aussi nottée la maniere de parler, An et jour, qui en plusieurs cas est pratiquée en cette Coûtume, en la saisine des Seigneurs directs en retrait lignager, en acquisition de communauté tacite, en l'execution testamentaire, & autres cas. Le mot Jour est ajoûté pour ôter la difficulté, si le dernier jour de l'an est le vray terme, & pour ôter le scrupule des Bissextes.

Sera demoly.] C'est une forme de reintegrande, pour avant que d'être oüi remettre ce qui a été entrepris au premier état, & le rétablissement fait venir par requête. Car le Seigneur qui a été méprisé, & par maniere de dire spolié de son autorité, doit être reintegré. Ce qui est general en toutes spoliations & mépris de l'autorité du superieur & de justice, *cap. ult. extrà de ord. cognit.* Ainsi se dit que celuy qui méprisant la nonciation de nouvel œuvre bâtit, il n'est recevable à soûtenir par exception qu'il luy a été loisible de bâtir, mais doit rétablir & remettre au premier état, *l. 1. §. sed si is ff. de novi oper. nuntiat.*. Ce qui a une limitation, quand la chose dont est question seroit malaisée à recouvrer, parce qu'en ce cas l'exception de proprieté empêche la reintegrande, comme si c'est une place forte ; ainsi dit Boërius *decis.* 238. Autre limitation est quand il appert promptement du droit de proprieté : ainsi dit *Paul. Castr. consil.* 472. *in fine*, *Marianus Socinus nepos*, mon Precepteur, *consil. 67. vol. 1. & facit, cap. ad decimas, de restit. spoliat. in 6.* Mais au cas de present je ne voudrois admettre ces limitations : car cette démolition est la peine du contemnement, laquelle peut & doit être infligée, quoy qu'au fonds le Seigneur superieur n'y ait aucun interest, c'est-à-dire, que l'inferieur de verité ait droit d'avoir marque patibulaire. *l. si quis rem, l. cum pœna, ff. de recept. arbit.* parce que c'est la peine du contemnement.

ARTICLE XII.

QUand le Seigneur haut-Justicier prend les biens vacans par le decez d'aucun à faute d'hoir ; & aussi quand il prend les biens d'un criminel à luy confisquez ; il est tenu de payer les debtes du decedé ou confiscant, tant que les biens se pourront étendre, les frais sur ce préalablement pris.

SEmble que l'article deût contenir la regle ; que tous biens vacans, meubles & immeubles qui ne sont en la proprieté d'aucun : & les biens meubles & immeubles de celuy qui confisque pour crime appartiennent au Seigneur haut-Justicier, du lieu où ils sont trouvez.

Ce droit de biens vacans est un des droits du Fisque appartenant aux Seigneurs hauts-Justiciers utilement, comme Procureurs à leur profit (*in rem suam*) du Seigneur souverain. Mais il y a difference en confiscation de biens par délit, & en échoite de biens vacans à faute d'hoir : car en cas de confiscation le testament de celuy qui est condamné est fait irrite & sans effet, *l. si quis filio, §. irritum, & §. ejus qui ff. de injusto rupto & irrito test.* Et le Fisque qui prend les biens n'est tenu à l'execution de ce testament : mais le testament de celuy qui meurt sans heritier, demeure ferme, & doit le Fisque l'accomplir, tant que les biens peuvent fournir, déduits les frais, dont sera cy-aprés parlé : *l. quidam testamento, §. quoties, ff. de legat. 1. l. cum fisco, ff. ad Syllani*

& ainsi disent les Coûtumes de Reims, article 348. & Laon, article 87. Et quant aux debtes du défunt en tous les deux cas, le Fisque y est tenu jusques à la valeur des biens : car jusques à tant, & non outre, il est reputé heritier, *l. 1. §. an bona ff. de jure fisci.* S'il y a des biens en diverses Justices, chacun Fisque paye les debtes *pro rata* selon la valeur des biens qu'il prend, & non par viriles portions. Ainsi le decide *Alexand. consil.* 31. *vol.* 1. parce que les Seigneurs y sont tenus à cause des biens qu'ils prennent, & les biens doivent payer. Aucunes Coûtumes disent que le Seigneur qui prend les meubles doit payer toutes les debtes mobilieres, comme Poitou, art. 300. Senlis, art. 199. Ce qui dépend de l'ancienne opinion, que l'heritier des meubles payoit les debtes mobiliaires, laquelle depuis quelques années à bon droit a été rejettée en embrassant l'autre opinion; selon laquelle les heritiers de diverses sortes de biens payent les debtes selon la valeur des biens, dont sera traité ailleurs, & ainsi est ordonné en la nouvelle Coûtume de Paris, article 334. En cette distribution de biens, les frais faits pour la conservation desdits biens, sont pris avant tout : c'est la sorte des frais dont est parlé à la fin de l'article, ce qui est bien raisonnable, car on repute être des biens ce qui reste aprés lesdits frais pris, *l. quod privilegium, ff. depositi, l. quantitas, ff. ad leg. Falcid.* Puis sont payées les debtes hypotecaires sur les immeubles, selon la date & privilege des hypoteques : & s'il reste des immeubles ou du prix provenu de la vente d'iceux, les creanciers chirographaires & personnels qui n'ont hypoteque, seront payez par contribution au sol la livre : & de même sur les meubles, comme en déconfiture, qui est la pratique de la *l. pro debito, C. de bonis auct. jud. possid.* Entre les creanciers en cas de confiscation est la partie civile, à laquelle a été faite adjudication pour son interest civil, & pour les dépens : mais il n'a hypoteque sinon du jour de la Sentence, selon l'Edit de Moulins de l'an 1566. art. 53. & declaration sur iceluy, art. 11. Aprés tous lesdits creanciers, les amendes adjugées au Fisque, & la confiscation, ont lieu de payement, *l. in summa, l. quod placuit, ff. de jure Fisci.* Et quant aux frais du procez criminel, s'il y a partie civile elle les recouvre sous l'adjudication des dépens : s'il n'y a point de partie civile, selon l'ancienne usance des Cours layes de France, on n'adjuge point de dépens au Seigneur Justicier ny à son Procureur; parce que les Seigneurs à cause de leur Justice, sont tenus de faire exercer icelle à leurs dépens, & doivent estimer que tous les droits Seigneuriaux & profits qui leur sont attribuez par les Coûtumes, ont leur destination speciale, à ce que les Seigneurs ayent moyen d'exercer Justice. Et la Cour de Parlement a accoûtumé de corriger les Juges inferieurs qui augmentent les amendes à cause des frais, ou qui chargent les amendes de payer les frais des procez criminels. Par cette distribution de biens cy-dessus declarée, n'est fait préjudice aux creanciers, qui ne sont pourtant empêchez de s'adresser sur telle sorte de biens du défunt, comme durant sa vie ils eussent pû faire : car la survenance d'un heritier *etiam* privilegié, n'immue & ne change rien au droit du creancier, *l. 2. §. ex his, ff. de verbo. oblig. l. Polla. C. de his quibus ut indig. l. Pretoriæ, §. incertum, ff. de prætor. stipul.*

Quand les biens se trouvent vacans sans heritiers, le Fisque ne doit pas incontinent prendre & s'approprier lesdits biens; si ce n'est quand il est notoire & certain qu'il n'y a & ne peut y avoir heritier, comme d'un bâtard qui n'a enfans ou d'un Aubain. Et quant aux autres desquels n'est pas certain s'il y a heritier, le Procureur du Fisque fera faire inventaire avec deux personnes notables, fera faire appretiation & closture, fera établir un gardien ou curateur aux biens vacans pour la conservation d'iceux, qui se chargera selon ledit inventaire, vendra les meubles perissables, accensera les heritages, le tout publiquement & aprés proclamations, & y ménagera comme il est dit *in, l. Aristo. §. ult. & l. seq. ff. de jure delib.* Si promptement nul ne se presente heritier, pourra le Procureur du Seigneur faire faire proclamations publiques à divers tems & divers lieux, pour avertir & semondre si aucun se prétend heritier, de venir avant, dont aucunes Coûtumes donnent la forme. Puis que la nôtre n'en dit rien, sera bon quant aux immeubles faire faire les proclamations *ad instar* des criées : s'il n'y a que des meubles, y observer la forme cydessus mise és Epaves. Et si nul ne se presente, le Juge fera adjudication desdits biens au Seigneur haut-Justicier : lequel aprés lad. adjudication fera les fruits siens des immeubles, comme possesseur de bonne foy, sinon en tant que lors de la survenance de l'heritier, ils soient extans; où le Seigneur en eût été fait plus riche : Et quant aux meubles gagnera ceux qui de bonne foy auront été consommez, & dont ne luy restera aucun profit. Ainsi se dit en la petition d'heredité, *l. sed. et si lege, §. consulit. & seq. ff. de petit. hæred.*

En ce cas de biens vacans les meubles appartiennent au Seigneur au territoire duquel il se trouvent, & ne doivent être censez du lieu où étoit le domicile de la personne, parce qu'il n'y a plus de personne extante, à laquelle les meubles soient destinez & accessoires : & à cette cause faut considerer les meubles de par eux, sans plus respecter la personne, & sans avoir égard à ce qui est dit par le Brocard vulgaire, *Les meubles suivent la personne* : à quoy s'accorde ce qui est dit cy-dessus au chap. des confiscations, art. 2. *in verb.* sont trouvez, & cydessus, art. 1. de l'Epave. Ainsi disent Laon, art. 86. & Reims, art. 346.

A faute d'hoir.] S'entend pourveu que l'échoite des biens vacans ne vienne en consequence de la premiere concession de l'heritage, ou à cause de servitude personnelle : car si la concession est faite à charge de reversion en certains cas, l'heritage vient au au Seigneur concedant, qui est direct, & non Seigneur haut-Justicier, & vient franc de debtes & hypotheques, *l. lex vectigali ff. de pignorib.*

ARTICLE XIII.

AU bas Justicier appartient faire prise de bestes, prises de delinquans en flagrans delit : la connoissance & decision en matiere civile indifferemment, des causes de ses sujets jusques à soixante sols : & aussi és matieres criminelles, és cas où les amandes n'excedent soixante sols tournois tant seulement.

LA question peut être, si le bas Justicier connoitra d'un crime comme d'injure ou furt, dont l'amande pecuniaire n'excedera pas soixante sols, toutesfois l'infamie y est à cause de la qualité du delict. De vray, l'honneur n'est pas sujet à estimation pecuniaire, & la perte de l'honneur selon les anciens Romains étoit estimée peine capitale *l. licet capitalis. ff de verb. signif.* Mais parce que la peine n'est pas directement infligée par le juge, mais par la Loy : car le Juge ne connoit que du simple fait *l. ordine. ff. ad Municipalem*, je crois que le Juge du bas Justicier en connoîtra competemment, & ne sera pas dit qu'il ait infligé l'infamie, mais la Loy. Bien crois je que la condamnation pecuniaire, & non qualifiée, pour une petite injure, ne rend pas infame le condamné : ainsi tiennent aucuns Docteurs par le même texte, *in cap. cum te extra de sent. & re judic.* & à ce se rapporte l'un des sommaires recité en la premiere glosse : & le tient aussi *Ludo. Roma. consil.* 191. qui allegue ledit chap. *cum te.* & je suis de même avis par la raison de la Loy *Divus.* en pesant ces mots ; *atrocis injuriæ damnatus ff. de injur.* & suivant ce, je croy qu'un Juge inferieur en jugeant reparation pour injure, peut dire sans note d'infamie *adjecta causa* attendu la modicité de l'injure, mais non pas simplement.

La question peut être, si les parties litigantes peuvent proroger par consentement exprés la jurisdiction du bas Justicier, pour luy attribuer connoissance outre soixante sols. Et semble que si, en cause civile par le texte, & la glose *in l. inter. ff. ad Municipal.* Toutesfois en France, où l'on a fort étendu l'intelligence de ce mot, *les Jurisdictions sont patrimoniales*, je croy que le Seigneur Justicier pourroit vendiquer son sujet, & le contraindre à venir plaider devant son Juge ; au cas qui n'est de Justice basse.

En tel cas de jurisdiction limitée à certaine somme, faut avoir égard à ce qui est demandé, & non pas à ce qui veritablement est deû. *l. penult. in fine. ff. de jurisd. omn. jud.*

Aucunes Coûtumes limitent autrement le pouvoir de Justice-basse, les unes y attribuans toutes matieres Civiles mobiliaires ou personnelles : les autres des Civiles avec limitation de l'amande de soixante sols ou sept sols dix deniers. Ce qui est plein d'incertitude : car en causes Civiles, la peine du temeraire litigant n'est connuë sinon par la contestation. Et telles amandes sont pareilles en causes grandes & petites.

ARTICLE XIV.

AU moyen Justicier appartient bailler, decerner Tuteurs & Curateurs, faire main-mises, empêchemens, séller huys & coffres, faire inventaire, subhastations, interpositions de decrets & émancipations.

CEtte attribution de moyenne Justice est semblable en plusieurs Coûtumes, & semble être tirée de ce qui est dit au Droit Romain *de mixto imperio.* Mais c'est un ancien erreur venu par faute d'avoir entendu l'établissement de la Justice Romaine, dont n'y avoit que deux chefs, l'un qu'on appelloit *merum imperium*, l'autre jurisdiction. Le Prefect de Ville à Rome, & les Consuls, avoient ce pouvoir, qui se disoit *merum imperium* : car à eux appartenoit de juger sur la vie, sur l'honneur, & sur les biens des criminels. Le Preteur Romain avoit la jurisdiction, & connoissoit des causes Civiles. Es Provinces le Proconsul, Recteur ou *Præses* de la Province, avoit conjointement le pouvoit tel que le Prefet, le Consul & le Preteur avoient à Rome. La propre charge de celuy qui avoit le *merum imperium* étoit de commander & executer avec main-forte : La charge de celuy qui avoit la jurisdiction, étoit ordinairement sedentaire, pour ouïr les differends Civils des parties, & leur dire droit, dont est l'etimologie de jurisdiction : & y avoit trois mots solemnels dont usoit le Preteur *do dico addico* : qui és jours nefastes ne se disoient, parce que la jurisdiction cessoit, és jours fastes on en usoit ; parce qu'il étoit loisible d'agir par la Loy. Souvent avenoit que le Preteur, pour exercer sa jurisdiction procedoit, & executoit de fait, en consequence de ce qui étoit dependant de sa jurisdiction, & quelquesfois avec main-armée contre les rebelles, comme il est dit en la *l. qui restituere. in verb. manu militari. ff. de rei vend.* & quelquesfois par punition & contrainte causative, comme se peut recüeillir de la *l. mandatam. ff. de officio ejus cui est mand. jurisd.* Et ce pouvoir adherent à la jurisdiction qui participoit de l'autre pouvoir & charge appellée *merum imperium*, étoit ce que les Loix Romaines appellent *mixtum imperium*, qui est comme mete entre le *merum imperium*, & jurisdiction, de tant que sans l'execution de fait & par force ou contrainte, la jurisdiction ne pouvoit être bonnement executée comme l'on peut recüeillir de la Loy 3. *ff. de jurisd. omnium jud.* Il ne se trouve point, comme je croy qu'à Rome fût aucun Magistrat qui eût seulement le pouvoir & exercice de mixte empire : mais toûjours étoit adherent à la jurisdiction cōme accessoire d'icelle. Parquoy semble que nos majeurs, trop grands imitateurs du Droit Romain & à faute d'avoir entendu l'établissement de la Republique Romaine, ont attribué à la moyenne justice, ce qui étoit du mixte empire : de tant que moyenne justice en France est un droit de justice, subsistant de par soy, & croy qu'en la grande ancienneté haute-justice se disoit au respect de l'execution d'icelle, qui étoit à faire pendre, ou decapiter, qui toûjours se faisoit en lieu haut & eminent. Et la basse justice se disoit, parce que la connoissance & l'execution étoit en affaire de la plus petite importance, *ad instar* que sont les juges Auditeurs du Châtelet de Paris, & les simples Prévôtez. Et la moyenne justice se disoit celle qui avoit ses droits plus hauts que la basse, & plus bas & moindres que la haute. En sorte que moyenne & basse justice se disent à respect de la haute, & non aux effets de l'empire mixte des Romains. Car grande partie des cas attribuez à la moyenne justice sont purement de jurisdiction, ou pour le moins leur principale fonction est en jurisdiction, avec connoissance de cause, comme criées & subhastations, interpositions de decret, donations de Tuteles. Mais nous ne sommes pas pour corriger : nôtre droit est tel, & le faut observer. Bien semble que s'il y avoit revision de nôtre Coûtume il feroit assez à propos d'attribuer au moyen justicier la connoissance des causes Civiles pures personnelles & mobiliaires, de toutes sortes : car decrets & Tutelles sont au nombre des plus grandes causes Civiles : & semble bien à propos quelles fussent traitées au tribunal & siege de plus haute dignité qui est la haute-justice.

CURATEUR.] Icy doivent être entendus Curateurs qui ont administration, & qui sont *ad instar* des Tuteurs. Car le bas justicier peut donner Curateur à l'adulte en la cause mué pardevant luy.

MAIN-MISES.] & saisies c'est tout-un: & faut icy entendre de la main de justice. Quand le Roy est couronné on luy baille entre les principales ceremonies le sceptre en la main droite, & en la main gauche une longue verge au haut bout de laquelle y a une main qu'on appelle la main de justice. Main-mise donc s'entend quand aucune chose est saisie & apprehendée sous l'autorité de justice pour être gouvernée par celuy que le juge ou autre officiers de justice y établira : auquel mot de main-mise correspond le mot de main-levée, quand on saisit, on met un bâton appellé la main de justice, pour marque de l'autorité de justice : & quand on leve le bâton la chose est remise en la puissance de la personne privée, c'est la main levée.

SUBHASTATIONS, se disent le progrez des criées quand aucun heritage est saisi pour être crié & vendu par decret, & vient le mot des Romains : car à Rome les biens qui étoient vendus par autorité publique étoient exposez en vente en lieu public, sous un long bâton de guerre dit en Latin, *hasta*, qui representoit l'autorité publique.

ARTICLE XV.

Au haut-Justicier appartient la connoissance des cas & crimes punissables de mort, mutilation de membres, & autres peines corporelles, comme fustiger, foüetter, piloriser, escheler, marquer, amande-honorable & publique, bannissement hors sa terre & jurisdiction, bailler asseûrémens & autres semblables.

LA MORT.] naturelle, est par le gibet & échafaut : la mort Civile, est par le bannissement perpetuel, ou condamnation à perpetuité aux œuvres publiques, comme aux galeres ou retrusion en prison perpetuelle.

FUSTIGER.] Est proprement batre avec un bâton, foüeter batre le corps nud, avec verges ou cordes. Le mot Latin *fustis* est un bâton, les Romains en tel cas usoient de bâtons.

PILORISER.] Est pour le carcan, quand aucun est exposé à cette honte publique, & l'on a accoûtumé d'attacher au condamné un écrit ou quelque marque qui fasse connoître la cause de sa condamnation : comme s'il a été condamné pour raisins derobé és vignes, on luy attache un colier de bois de vigne.

ESCHELER.] Est pour une amande honorable publique, aggravée par les circonstances : au haut de l'eschele sont cinq pertuis ronds pour y enserrer la tête, les deux bras, les deux pieds du condamné, & exposer son infamie & sa personne à la veuë de tout le monde. On en use non seulement és jurisdictions temporelles, comme sont à Paris les échelles saint Martin des Champs, & du Temple, qui ont Justice totale en certains détroits, à Paris ; mais aussi l'on en use en jurisdiction Ecclesiastique, pour punir & rendre infames publiquement ceux qui sont convaincus d'avoir à leur écient deux femmes épousées en même tems.

LA MARQUE, se fait en deux sortes. L'une avec le fer chaud qu'on appelle la fleur delis : l'autre en faisant certaines marques de lettres ou figures avec un poinçon sur la chair, és endroits où il y a poulpe & épaisseur de chair, aprés que la chair a été amortie les pertuis que le poinçon a faits s'emplissent de sang meurtry ; & la figure, representée par ces poincts, demeure à jamais : ainsi marque t'on les esclaves. Les Loix Romaines defendent de faire telles marques en la face de l'homme, qui est la semblance de la beauté celeste. *l. si quis in metallum. C. de pœnis* : mais en plusieurs lieux maritimes on marque les fuitifs au visage. La marque qui est ordonnée par sentence, rend temoignage de la condamnation & du banissement, pour rendre sujets à la mort celuy qui derechef est atteint & convaincu de semblable delit.

Amande honorable publique; se doit entendre celle qui est qualifiée & aggravée de circonstances, comme si le condamné doit être en chemise, avoir une torche ardente au poing : ou bien sur un échafaut public. l'Ordonnance du 30. Novembre 1542. qualifie l'amande honorable à Justice & non autre, être du nombre des peines dont les appellans doivent être menez prisonniers tout droit en Parlement ; quoy que l'appel soit d'un Juge inferieur en tiers ou quart degré, pour par les appellans dire leurs griefs par leur bouche, étans assis sur la selette comme un crime capital.

Bannissement hors de sa terre.] Nul Juge ne peut bannir plus avant que de son territoire, même ne peut le Juge Royal que de son Bailliage *l. relegatorum. §. interdicere. ff. de interd. & releg.* Et par ce que le bannissement perpetuel emporte mort civile en la personne de celuy qui est condamné, tel banny confisque ses biens quelque part qu'ils soient, *etiam* hors le territoire du Juge qui a banny, pourvû que lesdits biens soient en païs de confiscation : & comme disoient les Romains tel condamné est reduit à peregrinité, perd le droit de Cité, & toute communion du Droit Civil, qui fait qu'il est inhabile de posseder Biens. *l. 1. C. de hered. instit. l. 1. §. hi quibus. ff. de legat. 3.* Toutesfois Paul de Castre *consilio. 319.* dit que cela est vray, quand le Juge exerce son jugement, principalement sur la personne, & en consequence d'icelle le bien y va quelque part qu'il soit assis, & allegue la *l. propter litem. §. licet. ff. de excus. tut.* Autrement seroit, dit-il, si le Iuge exerçoit son jugement principalement sur les biens, car en ce cas les biens hors de son territoire ne seroient compris, & allegue la *l. cum unus. §. is qui ff. de bonis auctor. jud. possid.* Ce dernier cas se pourroit verifier, si aucun étoit declaré indigne des biens d'une heredité, pour crime qui ne fût capital, comme s'il avoit disposé des biens d'une heredité échoir selon la *l. quidam §. final.* avec la Loy suivante. *ff. de donat* Aussi celuy auquel pour cause infamante est interdite la postulation en un auditoire, ou exercice d'autre acte public, est infame & inhabile à dignité, quelque part qu'il aille, car l'infamie est adherente à sa personne *l. ex ea ff. de postul.* On pratique communement en France ce qui est du Droit Romain que celuy qui est banny à tems, s'il enfreint son bannissement, le tems qui reste luy est doublé : s'il enfreint derechef, le banissement à tems est fait perpetuel : si derechef il enfreint, il est puny de mort naturelle. Ainsi est dit *in l. relegati. in l. capitalium. §. in exulibus. ff. de pœnis*, suivant ce, dit la Coûtume d'Auvergne, chapitre 29. art. 3.

Bailler asseurement, se dit être cas de haute-justice, parce que l'ancienne usance en France portoit la peine de la hart, qui est la corde, pour l'asseurement enfreint. & ainsi dit la Coûtume de Sens article 171. Troyes, article 125. Auvergne, chapitre 10. art. 4. Bourbonnois, art. 57. a temperé cette rigueur de l'usance ancienne, & ce temperament qui semble être raisonnable est bon pour être suivy és Provinces qui n'ont point de Coûtume expresse à ce. Qui est que l'infraction d'asseurement se fait par voye de fait ; & non par injure verbale, & que la peine de l'infraction est corporelle ou pecuniaire, à l'arbitrage du juge, selon les circonstances ; à quoy se rapporte la Coûtume de Sens, art. 172. Selon l'usance comme le Iuge ne donne asseurement au Vassal contre son Seigneur feodal, ny au sujet contre son Seigneur justicier, ny au Moine contre son Abbé, au sujet spirituel contre son Evêque, ny à l'égard d'autres personnes ausquelles on doit obeïssance avec honneur : sinon qu'il y eût information precedente : portant témoignage de menaces qui fussent à redouter. La raison, selon avis est, que l'asseurement a accoûtumé d'être donné par le juge, aprés que le demandeur par serment a affirmé le doute sans s'enquerir plus avant des menaces, & on a estimé que l'honneur du superieur qui doit protection à son inferieur est aucunement offensé, quand on dit que ce superieur a use de menaces, qui est espece d'injustice, pourquoy est besoin qu'il y ait preuve plus forte que de la simple affirmation. Suivant ce fut jugé par Arrest à la plaidoyrie de la Tournelle, le Mercredy 28. juin 1559. entre les Seigneurs de Courtenay & Poliard.

ARTICLE XVI.

Qui a la haute-Justice, il est fondé de la moyenne & basse : & qui a la moyenne, il est fondé de la basse : excepté en chacun desdits cas, s'il y a titre ou chose equipolente à titre au contraire.

Ainsi se dit que celuy à qui est le sol est fondé au Droit de proprieté du fonds, jusques au centre en profond, & jusques au Ciel en haut : parce que selon la presomption de la nature, la cause est semblable du sol ou fonds, & de la superficie, *l. obligationum ferè. §. 1. versic. placet. ff. de act. & oblig. l. numquam. ff. de usucap.* La haute-Justice est comme le fondement, duquel ont été eclipsées les moyenne & basse-justice.

Ou chose equipolente à titre.] Ce peut être la prescription : mais pour prescrire ce droit d'exercer justice, au préjudice du Seigneur qui est fondé en presomption de Droit Commun, ce n'est assez d'avoir eu une simple joüissance, mais faut qu'elle soit avec la science vraye ou vray-semblable du Seigneur, qui y a interest : Et telle est la regle en la prescriptions de tous droits, dont l'exercice n'est pas continuel & ordinairement apparent. *l. 2. C. de servit. & aqua. l. quamvis saltus, ff. de adq. vel omitt. poss.*

ARTICLE XVII.

LEs moyens & bas Justiciers, s'ils ont un prisonnier duquel la connoissance ne leur appartienne, le doivent signifier au haut-Justicier, ou à ses Officiers dans vingt-quatre heures, à compter de l'apprehension, pour le venir querir, & luy être rendu en payant les frais raisonnables : & si ledit Seigneur haut-Justicier délaye ou refuse de ce faire, lesd. moyen & bas Justiciers ne seront tenus de garder ledit prisonnier que deux jours aprés la notification : & pourront avoir recours au superieur dudit haut-Justicier à son délay ou refus.

CY-dessus article 13. a été dit que le bas Justicier peut apprehender les délinquans en flagrant délit : quand cela avient, celuy qui a fait la capture doit informer incontinent, autrement la capture seroit tortionaire, *ad instar* de ce qui est dit *in l. si quis à filio, §. hi quidem, in fine, ff. de injusto rupto.* Par l'information il connoîtra les circonstances du délit, & si la connoissance luy appartient. *Vide Pet. Jacobi in practica. tit. super jurisdict. §. de bassa, fol. 23. verso.*

POUR LE VENIR QUERIR.] Ainsi disent Bourbonnois, article 4. & Blois, article 29. que le Seigneur haut-Justicier doit envoyer querir le prisonnier : Mais Melun, article 16. charge le bas Justicier ou moyen de l'envoyer au haut-Justicier. Le haut-Justicier & tous Justiciers doivent la Justice à leurs dépens : c'est donc bien raison, que celuy qui doit juger le crime fasse les frais. *Vide in Authent. de defensor. civitatum, §. audien. ubi defensores civitatum leviora crimina puniuntur : gravioribus deprehensos detrudunt in carcerem, & ad Præsides Provinciæ mittunt.*

AVOIR RECOURS AU SUPERIEUR.] Le superieur par ressort a droit de connoître, non seulement en cas d'appel, mais aussi en cas de négligence de l'inferieur : & pourra le Seigneur superieur s'il y a contumace frauduleuse du Justicier inferieur, priver ledit inferieur perpetuellement, ou à tems de son droit de Justice, selon la qualité du fait, & évoquer à luy superieur l'exercice de ladite Justice, par les raison notées, *in cap. pastoralis, extrà de officio ordin.*

ARTICLE XVIII.

L'Amende d'une seule desobeïssance est de trois sols tournois. D'une main enfrainte & empêchement signifié est de soixante sols : Sauf en ce le droit des Bourgeois, qui en useront selon leurs privileges & usance. Mais main brisée en maintenue & garde executée reaument & par effet, avec défenses accoûtumées, ou en sauve-garde executée & notifiée avec défenses, est punissable d'amende arbitraire.

CEt article n'est pas ordinairement pratiqué : car nous tenons que toutes amendes pour délit ou quasi délit sont arbitraires, selon la qualité & circonstances du fait. Selon le droit Romain, il étoit loisible à chacun Juge de punir ceux qui étoient desobeïssans à leurs mandemens, & y contredisoient dont est le titre, *si quis jus dicenti non obtemperaverit.* Quelquesfois le Juge contraignoit precisement, & par force, c'est-à-dire, par main forte à obeïr, *l. qui restituere, in fine ff. de rei vend.* Quelquefois en transferant la possession de la chose contentieuse des mains du desobeïssant és mains de son adversaire, & en ce faisant celuy qui étoit possesseur devenoit demandeur, *l. si priusquam, ff. de novi operis nuntiat. l. consentaneum. C. quomodò & quandò judex.* Quelquesfois ordonnoit les biens du contumax être saisis & sequestrez en main tierce, à ce qu'étant attedié il s'avisat d'obeïr, *cap. 2. extrà, de dolo & contumac.* Quelquefois au lieu de sequestre en main tierce, le Juge transferoit la possession des biens du contumax és mains de sa partie adverse, seulement pour deposseder le contumax ; car ce n'étoit que comme une garde : & quelquefois, selon que la contumace étoit grande, pour en faire gagner les fruits à la partie adverse, *l. is cui, ff. ut in possess. leg. l. Fulcinius, §. ult. ff. quib. ex caus. in poss. eatur.* Quelquefois le Juge dénioit & refusoit au contumax sa jurisdiction, ou le declaroit déchou de ses actions, *l. sed etsi. §. sed etsi ff. ex quib. caus. majores, l. 1. §. si cum duobus, ff. de collat. bon.* Mais en France nous ne pratiquons gueres que les amendes & les saisies de biens en main tierce, & selon que la contumace est qualifiée, la prison ; parce qu'une grande contumace contient en soy dol, & selon nôtre usance, tout dol est coërcé extraordinairement, & par prison : ainsi disoit en plaidant ce grand homme de bien, & tres-sçavant Me. Gabriel Marillac Avocat du Roy en Parlement, & suivant ce fut jugé par Arrest le Lundy quatriéme May 1551. Nous pratiquons quelquesfois le sequestre, quand l'un des coheritiers qui seul joüit use de subterfuges pour empêcher le partage des biens communs. Ainsi fut jugé par Arrest solemnel entre les de Gonner le 7. Septembre 1534. & depuis en plaidant le 18. Decembre 1543. & le Vendredy 12. Fevrier 1551.

Main enfrainte.] Est quand il y a saisie par authorité de Justice par un Sergent. Main signifie l'autorité, la puissance & l'execution de Justice. Quand la saisie est faite sous la main de Justice, celuy qui s'oppose peut continuër sa joüissance, car son oppositiõ le conserve: sinon en certains cas, esquels nonobstant l'opposition la main de Justice doit tenir; comme si on execute celuy qui est obligé sous seel autentique, ou si on execute dans l'an un jugement dont n'y a appel, ou en saisie feodale, ou si le Juge l'a ainsi ordonné: Mais celuy qui n'est pas opposant, & toutesfois n'obeït, se montre vray contempteur de l'autorité de Justice.

Main brisée en main tenue et garde executée.] Cecy se rapporte à l'usance ancienne, qui de present est abolie, quand la complainte en cas de saisine & de nouvelleté étoit ramenée sur le lieu. Le Sergent en vertu de lettres Royaux (& lors étoit accoûtumé de prendre lettres Royaux en forme de complainte en la Chancellerie) ou par commission expresse du Juge, ajournoit la partie adverse ayant fait le trouble, à comparoir pardevant luy Sergent sur le lieu contentieux: s'il n'y avoit point de débat le Sergent maintenoit le complaignant en possession: s'il y avoit débat, il renvoyoit les parties pardevant le Iuge, & cependant sequestroit la chose contentieuse, qui étoit ce qu'on appelloit le fournissement de complainte. C'étoit un circuit de peu de fruit, & le sequestre ainsi fait sans connoissance de cause étoit perilleux. Soixante ans sont ou environ, que l'on a aboly cette façon de sequestrer par un temperament, en ordonnant que le Sergent feroit seulement le sequestre verbal, & sur le reél seroient ouïes les parties par le Iuge. Suivant ce le Ieudy 18. Iuin 1551. en plaidant, le sequestre reél fait par un Sergent en vertu de lettres Royaux de complainte, fut declaré tortionnaire, & furent faites défenses aux Secretaires du Roy en Chancellerie, de signer & expedier d'orénavant telles lettres portãs clause de sequestre. Enfint tout a été aboly & vient en droit au Iuge par action, où l'on conclud pour le plein possessoire, pour la recreance, & pour le sequestre.

ARTICLE XIX.

L'Amende d'une presente meslée injurieuse est de soixante sols tournois; & la doit payer l'aggresseur de fait.

L'Amende en ce cas est aujourd'huy arbitraire, parce que le Iuge la peut augmenter selon la gravité & circonstance du délit; mais ne la peut diminuër, parce qu'elle est établie par la loy, *l. si qua pœna, ff. de verb. sign.*

Presente meslée s'appelle quand aucuns sont surpris par les Officiers de Iustice en se battant, & est dûë l'amende, quoy que nul d'eux ne se plaigne. Ie croy qu'il se doit entendre quand la batterie est en public, parce que c'est aucunément offenser le repos public, & en peut avenir plus grand inconvenient, si les amis d'une part & d'autre s'en veulent méler. Ie ne voudrois ainsi dire si aucuns dedans la maison se battoient, à l'effet de cét article, mais en faut juger selon la qualité du délit.

La question a été agitée diversement à quel fermier des amendes doit appartenir l'amende du délit, ou à celuy qui est fermier lors du délit commis, ou à celuy qui est fermier lors du jugement adjudicatif de l'amende. *Guido Papæ decis.* 535. & du Moulin en l'annotation sur le septiéme Conseil d'Alexandre vol. 3. disent qu'elle appartient au fermier lors de la Sentence. Boërius en la Decision cinquiéme ne resolvant bien nettement, selon sa coûtume allegue Bald. Alexand. & autres qui disent qu'elle appartient au fermier qui est au tems du délit: & ainsi dit Ruïnus, *cons.* 193. *vol.* 1. & allegue la *l. quæcunque, ff. de act. & oblig.* mais cette loy est propre pour les contrats: Mais selon mon opinion il faut distinguer des amendes qui sont determinées & limitées à somme certaine par la loy, ou coûtume, ou stile de la Iurisdiction, comme de la garde faite des bêtes en dommage, du fol appel, de la temeraire contestation, qui est l'amende qu'on appelle dongier de Iustice, qui est dûë par demandeur ou défendeur qui a témerairement contesté; celle-cy qui est de la presente meslée, & autres telles, desquelles se doit dire qu'elles sont acquises dés lors du délit commis, ou de la folle contestation, parce que le Iuge n'a autre pouvoir, sinon en la question de fait, pour connoître & juger si le délit a été commis, *l. ordine, ff. ad Municipal.* Et l'arbitrage de la peine n'est pas en sa puissance, *d. l. si qua pœna, ff. de verb. signif.* En ce cas la Sentence n'est que declaratoire, & partant est tirée en arriere, par la raison du chap. *cum secundum, ex. de haret. in* 6. & de la *l. donationes, §. rata ff. de donat.* Mais si l'amende est purement arbitraire, & en la puissance du Iuge, semble que telle amende commence à être acquise quand le Iuge l'a prononcée & arbitrée, & à ce peut servir lad. loy, *quæcumque*, & la *l. ejus qui versic. nec enim, ff. de jure fisci.*

ARTICLE XX.

PArtie formelle pour cas & matiere civile n'a point de lieu; mais seulement en matiere criminelle en trois cas; à sçavoir, pour injure reélle, où il y a grande effusion de sang ou énorme machure : ou pour cas de crime qui requiert détention de personne, & en cas de furt, où le larron se trouvera saisi. Et si ladite partie formelle est faite en autres cas elle est nulle : & celuy qui s'est rendu partie doit être condamné à reparer l'injure faite à sa partie, & en ses dépens, dommages & interests, & en amende de soixante sols envers Justice, sans préjudice toutesfois de l'action qu'il peut avoir par autre voye & moyen.

CE qui est dit que partie formelle n'a point de lieu en matiere civile, se dit pour l'ordinaire, la regle n'en est pas precisement perpetuelle. Ce qui est ordonné par nôtre Coûtume, chap. des execut. art. 22. est une espece de partie formelle, quand aucun a vendu bétail ou autre provision de vivre sans terme, en tant qu'à la seule affirmation par serment du vendeur, l'acheteur est constitué prisonnier. Autre sorte de partie formelle, est quand aucun apprehende son debteur fuyant & fuyard, ou se cachant : en quoy toutesfois est requise l'autorité du Juge, qui sommairement sur le serment du creancier, permet d'arrester le debiteur. Ainsi disent les Docteurs, *in l. ait Prætor. §. si debitorem, ff. quæ in fraudem cred.* Toutesfois quand on ne peut promptement avoir accez au Juge, & qu'il y a peril en l'attente, le creancier peut seul de par soy retenir son debteur. Ainsi dit la glose, *in l. si alius. §. bellissimè, in verb. ex magna. ff. quod vi aut clam. & allegat l. generali C. de Decurionib. lib. 10. Alex. consil. 19. vol. 3. Eo argumento dicitur, quandò mora periculum allatura est, contemni posse operis novi nuntiationem, quæ alioqui opus impedit. l. de pupillo. §. prætereà, ff. de oper. novi nuntiat.* Et se dit pour regle en pratique, *quand le dommage est irreparable, qu'il n'échet aucune provision.* Ce qui se rapporte aucunement à ce qui étoit de l'ancien Droit Romain selon lequel le creancier menoit son debteur de son autorité en sa maison pour le tenir enserré ; comme se void en Terence par ces mots, *ducent damnatum, domum* : & par la loy des douze Tables, *ni judicatum faxit, ducito, vincito, nervo vel compede constringito.* Mais soudain aprés tel exploit rigoureux, il faut aller devers le Juge, & offrir d'ester à droit d'heure à autre.

EFFUSION DE SANG.] Le mot EFFUSION, montre qu'il est requis qu'il y ait grande playe & abondance de sang : & si par un soufflet ou coup de poing mediocre donné sur le nez étoit sorty du sang, je croy que nous ne serions és termes de cette loy, Mais si aucun par mal talent poussoit un autre si rudement qu'il tombât à terre, ou contre une pierre, & se blessat avec grande effusion de sang ; je croy que nous serions és termes de cét article. En pareil cas la loy Romaine ne donne pas l'action directe, mais l'action utile, *in factum*, qui est de même effet, *l. 1. §. generaliter, ff. si quadrupes paup.* Quoyque Salicet en la loy *de precoribus. C. de lege Aquil.* tienne l'opinion contraire : mais il est és termes des statuts d'Italie, dont les Docteurs ultramontains font tant de decisions infrasquées, parce disent-ils qu'ils les faut prendre à l'étroit.

MACHURE.] Vient du Latin *macula*, quand le coup est sans ouverture, & sans solution de continuité, mais est un coup de contusion qui quelquefois est aussi perilleux qu'une playe ouverte.

DETENTION DE PERSONNE.] Dont on peut mettre l'exemple en deux cas ; à sçavoir la gravité du délit, dont la peine doit être corporelle ou exemplaire, & ne s'acquite pas par amende pecuniaire. Ou bien quand le délit n'est pas si grief, mais la personne est utile, & a peu de moyens ; ou n'est pas domiciliée : car telles personnes pour leger délit peuvent être constituées prisonnieres, même jusques à ce qu'elles ayent baillé caution, *l. 1. ff. de custod. reorum.*

REPARER L'INIURE.] Injure se dit être, non seulement par parole, ou en frappant, mais aussi quand le credit & bonne reputation d'aucun est interessé ; & quand aucun est empêché d'exercer sa liberté. Ainsi dit Ciceron en l'Oraison *pro Cecinna*, en ces mots : *Actio injuriarum dolorem imminutæ libertatis mitigat* : comme si aucun est empêché d'user de sa chose librement, *l. injuriarum. 1. §. si quis me, ff. de injur.* Ou si un homme bien solvable est rebuté d'être fidejusseur en le disant non solvable, il peut agir d'injure, *l. si verò, 1. ff. qui satisd. cog. l. si creditores, ff. de privileg. cred.* Pourquoy échet reparation à celuy qui est mené prisonnier à tort.

DOMMAGES ET INTERESTS.] Pour payement desquels aprés qu'ils auront été liquidez, le condamné sera contraint par prison, tout ainsi que pour l'amende pecuniaire : & ainsi est observé quand aucun a été emprisonné injurieusement, & à tort : à quoy se rapporte l'Ordonnance du Roy Louïs XII. de l'an 1499. article 125. & ce qui est dit *in l. 3. ff. quod quisq. juris.* Mais pour les dépens ; on ne tient prison sinon aprés les quatre mois, par l'office du Iuge, comme en toutes autres debtes suivant l'Edit de Moulins.

ARTICLE XXI.

CEluy qui se constituë partie formelle, & sa partie doivent être constituez prisonniers, s'ils ne baillent caution suffisante d'ester à droit & payer l'adjugé, ou caution y échet. Et sera tenu le demandeur en partie formelle faire incontinent information du cas.

S'ILS NE BAILLENT CAUTION.] Aprés sont mis ces mots, Ou CAUTION Y ESCHET.] Dont se peut recüeillir que si le délit est fort grief dont la peine doive être autre que pecuniaire, l'accusé ne doit être relâché à caution : Car aujourd'huy n'est observé de donner pleiges, tels que les Latins appelloient *Vades*, mais seulement tels qu'ils appelloient *Prædes*; car les *Vades* soûmettoient leurs corps à souffrir même peine que le delinquant, & les *Prædes* soûmettoient seulement leurs biens à la fidejussion. Les Grecs ont pratiqué la rigueur des *Vades*, & encores aujourd'huy on la pratique au fait de la guerre, quand on baille ôtages qui se soûmettent au peril de leur vie, si ceux pour lesquels ils sont répondans faillent de leur promesse. Les Romains n'ont pratiqué cette rigueur des *Vades*, ainsi que dit Tite-Live, au troisiéme livre de la premiere Decade. Il est expedient que la caution soit limitée à certaine somme de deniers, à ce que l'obligation passe contre les heritiers du fidejusseur, selon l'opinion de *Ioan. Fab. in*, *§. 3. Inst. de fidejuss.* & ainsi est commandé par l'Ordonnance de l'an 1539. art. 150. qui donne la regle & le moyen pour limiter la somme. Ce qui s'entend quand il est seulement obligé pour representer, car si l'accusé vient à deceder, le crime est éteint par sa mort, & par consequent l'obligation fidejussoire est éteinte par la regle generale, que si l'obligation principale ne subsiste aussi ne fait la fidejussoire *l. si fidejussor. ff. de dolo malo*, *l. verum*, *ff. de compens.* Toutesfois si l'accusé decedoit aprés qu'il y auroit eu demeure de representer l'accusé, & que par le moyen de cette demeure la cause criminelle n'auroit pû être contestée pour la faire transmissible contre les heritiers; le fidejusseur de representer, seroit tenu tout ainsi que si l'accusé n'étoit decedé, *l. si eum §. qui injuriarum*, *ff. si quis Cautionibus.* Pourquoy le plus seur est qu'il y ait promesse de somme certaine par le fidejusseur, ou bien de payer ce que l'adjudication pourroit monter jusques à telle somme, ou à telle autre que le Juge arbitrera selon l'interest du demandeur. C'est pour obliger le fidejusseur pecuniairement, & pour faire les contraintes, tant sur les biens que sur la personne, parce que selon l'observance commune, qui est obligé est obligé pour chose judiciaire est tenu par corps. Que si le fidejusseur a commis dol en ce fait auquel il est intervenu, il sera puny extraordinairement, *l. si quis reum ff. de custod. reorum.*

FAIRE INCONTINENT INFORMATION.] Autrement celuy qui est accusé sera élargy & mis hors de prison : sauf à le reprendre, en cas qu'il y ait par aprés information.

ARTICLE XXII.

UN Sergent ne peut recevoir partie formelle : mais si elle est faite en ses mains, il doit mener les parties prisonnieres aux Juges, ou Officiers de la haute Justice, ou aucun d'eux du lieu, pour ordonner sur ce.

LE Sergent est nud executeur, pour recevoir & mettre à effet les Mandemens du Iuge, & ne peut exercer connoissance de cause, même pour arbitrer si le cas est de la qualité de ceux esquels l'article vingt permet la partie formelle : Bien crois-je si le Sergent ne trouve promptement le Iuge, ny autre Officier de Iustice, pour ordonner sur la reception de la partie formelle & de ce qui s'en ensuit; qu'il peut mener les deux parties en prison fermée pour asseurer la Iustice de leurs personnes, & en avertir incontinent lesdits Officiers; afin qu'ils y pourvoyent. Il est parlé de haute Iustice, parce que les cas de la partie formelle ne sont de basse ny de moyenne Iustice.

ARTICLE XXIII.

CEluy qui succombe en partie formelle, est condamné envers sa partie à reparation, dépens, dommages & interests s'il le requiert, & envers Justice; si c'est le demandeur en amende de soixante sols : si c'est le défendeur en telle peine & amende que le cas le requiert, sur ce oüi le Procureur de la Seigneurie : auquel le procez doit être communiqué pour prendre conclusions si le cas le requiert, & que la matiere y soit sujette.

QUant à la condamnation du défendeur accusé qui succombe, c'est-à-dire, qui est convaincu; il n'y a rien de privilegié ny de special pour la partie formelle, car il doit être condamné selon la qualité du délit, tant envers le public & le fisque, qu'envers la partie civile. Mais si le demandeur succombe, en cas que ce soit à faute d'avoir ses preuves exactement concluantes, & toutesfois soient avec fortes presomptions, je croy que le Iuge peut se contenter de cette amende ordinaire de soixante sols : qui de vray, selon cette Coûtume est ordinaire, tant en matiere civile que criminelle ; quand aprés examen de témoins l'une des deux parties perd sa cause, que l'on appelle dongier de Justice : mais s'il y a calomnie découverte & apparente, je croy que le demandeur doit être puny comme calomniateur : non pas pour recevoir la peine telle que l'accusé souffriroit s'il étoit convaincu, qui est la peine du droit Romain dite Talion, *l. ult. C. de accusat. l. si quis ad se, C. ad legem Jul. de vi.* Car en France nous n'avons pas reçû cette peine de Talion ; aussi nous ne pratiquons pas les accusations selon qu'elles étoient en usage auprés des Romains, avec la necessité d'inscription, sinon en crime de faux, auquel l'inscription est requise, & par consequent la peine de Talion est contre le calomniateur accusant. En un autre cas la peine du Talion a été ordonnée par l'Edit du 27. Juin 1551. art. 31. au tems que le crime d'heresie étoit puny de mort, & le dénonciateur avoit part en la confiscation : audit cas fut ordonné que le dénonciateur convaincu de calomnie seroit puny de Talion. Es autres crimes esquels le Talion n'est en usage en France, c'est à l'arbitrage du Juge de punir le calomniateur par amende pecuniaire ou autre peine selon la gravité & les circonstances de la calomnie, mais tous ceux qui ne preuvent pas le crime, ne sont pas pourtant jugez calomniateurs : comme s'il y a de grandes présomptions, indices & verisimilitudes, toutesfois n'y a preuve concluante : ou si par la necessité de l'affaire aucun a été pressé de dénoncer le crime, qui de vray a été commis, & n'est pas certain par qui : comme se dit de l'heritier qui est tenu de poursuivre la vengeance de l'homicide du défunt, esquels cas l'accusateur ou dénonciateur est excusé de calomnie quand les preuves ne sont entieres : *l. 2. & 3. C. de calumniat. l. 3. ff. ad Turpil. l. qui cum natu, §. si patris ff. de bonis libert.* Aussi il est observé en France quand il y a quelque apparence de preuve en matiere criminelle, que l'on n'absout pas le défendeur accusé, mais le Juge se contente de l'élargir par tout, jusques à ce que plus amples preuves surviennent, ou bien le Juge reçoit les parties en procez ordinaire, à l'issuë duquel si le demandeur ne prouve, il y a adjudication de dommages & interêts contre luy. Ou bien s'il n'y a point de partie civile apparente, le Juge qui void la calomnie, se contente de reserver à l'accusé ses dommages & interêts contre qui il appartiendra : auquel cas l'accusé par nouvelle action se pourvoit contre l'instigateur qui est la partie couverte, le nom de laquelle n'est pas au procez, mais en effet il a fait la poursuite à couvert, ou sous le nom d'un homme emprunté ou à la seule ombre du Procureur du Roy & d'Office, desquels instigateurs est parlé : *in l. 1. §. incidit. ff. ad Turpil.* Ainsi fut jugé pour Baronnat contre Bonnet Juge de Beaujolois le 20. Juin 1544. Ainsi pour Me. Charles Tagnier du Donjon contre Renaut Marchand à Moulins en Bourbonnois. Ainsi par Arrest du 10. May 1552. le feu Roy de Navarre Henry premier, fut declaré partie civile en un procez criminel évoqué du Parlement de Bordeaux, quoyque les lettres d'évocation portassent la clause de propre mouvement & certaine science du Roy, mais se trouvoit que ledit Roy de Navarre étoit porteur & presentateur desdites lettres. C'est pourquoy par l'Edit d'Orleans art. 73. le Procureur du Roy ou Seigneur Justicier est tenu aprés le jugement d'absolution de l'accusé nommer le dénonciateur pour avoir recours de dommages & interêts. Quelquesfois avient que l'accusé absous auquel est reservé le recours, se pourvoit contre le Procureur du Roy ou du Seigneur Justicier en son propre nom, quand il y a eu de la part dudit Procureur vraye calomnie & poursuites autres qu'à point, comme fit le Seigneur de Ragny de la Magdelaine, Bailly d'Auxois contre le Procureur du Roy de Mascon, & y eut jugement contre ledit Procureur en son nom. Ainsi fut jugé par Arrêt pour un la Valette de Ioux sur Tarare en l'an 1546. qui avoit été accusé de sorceleries, & communication avec les mauvais Esprits par illusions nocturnes : parce que la Cour de Parlement en ayant autrefois pris avis de la faculté de Theologie de Paris, n'a accoûtumé de condamner ceux qui en sont accusez. Aprés que la Valette eut prouvé par examen d'office, qu'il faisoit en l'Eglise tout exercices de Chrétien, il fut absous, & luy fut reservé son recours contre qui il appartiendroit ; il fait appeller le Seigneur de Ioux nommé de la Villeneuve, & Maître Anemond Chalan son Bailly, & eut adjudication contre eux de dommages & interêts : comme aussi eut le fils d'une Ieanne Nurarde, qui par même jugement donné à Ioux, avoit été condamnée à être brûlée, & le jugement executé. Or communément le Procureur du Roy ou Seigneur Iusticier n'est pas sujet à dépens, dommages & interêts, parce que la necessité de sa charge le conduit à la poursuite, par la raison de la *l. ex varia, l. omnes, C. de delator. lib.* 10. si ce n'est comme dit est qu'il y eût dol ou male-façon de sa part. Et combien qu'au tems des Romains les accusations fussent reçûës à faire par personnes privées, *etiam* pour conclure à la vindicte publique (ce qui n'est pas en usage en France) toutesfois à Rome il y avoit quelques Officiers publics deputez à la recherche des crimes, *l. 1. in verb. publicæ sollicitudinis cura. C. de custod. reorum. l. ea quidem. C. de accusat. l. 1. C. de curiosis qui, lib. 12.* Aussi on ne paye dépens ausdits Procureurs, quoy que l'accusé soit condamné : parce que les Seigneurs Iusticiers doivent à leurs dépens faire exercer Iustice en leurs territoires. Si ce ne sont dépens de defaux & contumaces de l'accusé, lesquels sont deûs par l'accusé, parce qu'ils ne sont faits directement pour la preuve du crime, & viennent de la pure malice du contumax, qui fait qu'il n'en doit être excusé. Et si le Procureur du Seigneur étoit en cause pour l'interest domanial dudit Seigneur mêlé avec le crime, comme *verbi gratia*, si aucun est accusé de larcin, ou autre forfait, en la forêt dont le Seigneur est proprietaire & Iusticier : en ce cas doivent être adjugez dépens

pens au Procureur du Seigneur s'il gagne sa cause, & au défendeur contre le Procureur, si le Procureur perd sa cause : car il est vraye partie civile.

La question est. Quand aucun ouvertement s'est rendu dénonciateur ou partie civile en fait de crime, a fourny à Justice l'information, & entamé la poursuite, s'il peut se desister sans être tenu de fournir aux frais pour le reste de la poursuite. Sur quoy l'on peut dire que selon les loix Romaines un accusateur ne pouvoit se desister sans grande cause, & à cet effet étoit le Turpilian : mais comme dit a été, nous ne pratiquons en France ces formes d'accusations avec l'inscription, sinon en crime de faux, & ne sont reçûës les personnes privées à dénoncer le crime sinon pour leur interest, & ne concluënt à la peine publique, mais le Procureur du Roy ou du Seigneur conclud pour l'interest public : pourquoy le Turpilian ny la loy *transigere*, *C. de transact.* ne sont en propre usage, & est loisible à la partie civile composer pour son interest civil & se desister. Le Roy ou Seigneur Justicier doivent poursuivre la vindicte publique. Toutesfois si aucun a dénoncé un crime occulte ou qui n'est recent, ou dont les preuves ne sont faciles, semble être raisonnable que le Procureur d'Office puisse contraindre tel dénonciateur de parfournir son accusation, administrer preuves, & fournir aux frais si cette partie civile a dequoy. Ce qui est assez démontré par l'Ordonnance de l'an 1539. art. 166. qui ne remet les frais du procez sur le fisque, sinon à defaut de partie civile, ou si la partie civile est pauvre. Et ce qui est dit par l'Ordonnance d'Orleans, que le Procureur d'Office doit poursuivre sans attendre partie civile, s'entend des délits apparens & recens, dont la preuve est facile : mais quand le dénonciateur est venu volontairement, & a mis en train le Procureur, pour crime qui n'est de facile inquisition, dont le Procureur pouvoit ne faire compte sans se mettre en peril de conscience & d'honneur, tel dénonciateur en est tenu comme de mandat, & doit accomplir, ou tout au moins en est tenu comme de dol : car autrement le Procureur seroit tenu comme à l'aventure poursuivre un affaire à l'obscur, & dont il n'a certitude : & en fait de crime est défendu de vaguer & faire comme à tâtons. Bien crois-je que le Procureur ny le Juge ne doivent indistinctement recevoir les dénonciateurs, mais seulement ceux qui ont interest privé & particulier, lesquels doivent être reçûs tant pauvres & abjects soient-ils, par la raison de la *l. hi tamen, ff. de accusat.* & ceux qui n'ont point d'interest si ce sont personnes honnêtes ayans moyens, qui d'ailleurs ne soient ennemis de l'accusé, comme il est dit au chap. *Item extrà de restitut. spoliat. can. suspectis. 3. q. 5. can. quarendum 2. q. 7. l. qui accusare cum duabus seq. ff. de accusat.*

ARTICLE XXIV.

AUcun en sa Justice n'a droit d'avoir Bailly, tenir Assises, connoître & decider des causes d'appel s'il n'a droit de Châtellenie, ou qu'il ait joüi dudit droit, par tems & moyens suffisans à acquerir iceluy droit : mais seulement a Juge & Garde de Justice.

ARTICLE XXV.

L'On ne peut dire & maintenir avoir droit de Châtellenie si l'on n'a en sa Seigneurie seél aux Contrats autentiques, Prieuré ou Maladerie, Foires ou Marchez, ou desdites cinq choses les trois, dont necessairement faut que le seél autentique en soit l'un, s'il n'y a prescription ou titre valable.

DE grande ancienneté tous Seigneurs Justiciers n'avoient pas droit de fortifier leurs maisons, & y faire Châteaux, mais en prenoient permission desdits Comtes & Princes superieurs du païs, lesquels en donnant la permission bien souvent retenoient ce droit que les Châteaux leur seroint jurables & rendables à grande & petite force, pour par lesdits Seigneurs superieurs s'en aider quand ils en auroient besoin. C'étoit au tems que les Seigneurs de ce Royaume avoient droit de faire guerre les uns aux autres pour le soûtenement de leur honneur ou de leurs droits, & esdites guerres s'aydoient de forteresses de leurs Châteaux, & des Châteaux de leurs Vassaux contre leurs ennemis. Ce droit de faire guerre fut ébranlé du tems du Roy Philippes le Bel, & depuis a été aboly du tout : qui a été cause que la Cour de Parlement par un Arrest entre le Seigneur de Villevaude, simple fiefs sans justice, & le sieur de Mont-Jay du 23. Decembre 1566. solemnellement prononcé, declara ledit sieur de Mont-Jay haut-Justicier être non recevable en sa demande, tendant à ce que ledit sieur de Villevaude eût à abattre les tours & autres forteresses, & combler les fossez de son Château. En ladite grande ancienneté les seuls grands Seigneurs avoient droit de Château, avec grande forteresse, & les vrays Châteaux anciens avoient pour marques de grandeur, basse court, chastel & donjon : la basse-court fortifiée à part pour y recevoir leurs sujets & leurs biens en sauveté : le Château auquel étoit la demeurance du Seigneur ayant sa fortification à part : & au dedans le Château étoit le donjon, qui étoit une grosse tour ronde ou quarrée, ayant aussi forteresse à part. Le moulin à bras étoit ordinairement dans le donjon, & au donjon étoit le dernier refuge, quand la basse-court & Château étoient pris. Ces marques de grandeur étoient accompagnées du droit de créer Notaires, avoir seel autentique. Outre cette marque de grandeur, qui en grande ancienneté étoit des principales, nôtre Coûtume en ajoûte d'autres, comme d'avoir en sa Seigneurie, Prioré ou Maladerie, s'entend de Prieuré conventuel, auquel il y a assemblée de Religieux, & autant faut dire s'il y a College de Chanoines seculiers : & quant à Maladerie, faut entendre non seulement de Leprosies, mais aussi d'Hôpitaux pour recevoir les malades non lepreux. Et se peut encores entendre s'il y a Commanderie de l'Ordre de saint Jean de Jerusalem ; car d'ancienneté toutes ces Commanderies étoient dites Hôpitaux, & en Cour de Rome les Commandeurs sont dits Hôpitaliers, & le tiers chef des huit langues dudit Ordre de saint Jean de Jerusalem, qui est le Grand Prieur de France, est nommé grand Hospitalier. Ces marques de Prieurez, Maladeries, Hôpitaux, Colleges, Commanderies, representent deux considerations. L'une que les fondations de telles maisons de pieté témoignent la grandeur ancienne de la Seigneurie ; car il convenoit donner beaucoup, & pour maintenir la grandeur de la maison convenoit encore retenir beaucoup de revenu à soy. L'autre consideration est, qu'en cette grande ancienneté, qui faisoit beaucoup és œuvres de pieté au spirituel, étoit de tant plus respecté au temporel. Quant aux Foires & Marchez, il faut dire que selon la même grande ancienneté, les Foires & Marchez n'étoient établis sinon én lieux populeux & de grande marque, esquels les étrangers y abordans s'asseuroient d'avoir bien ferme protection du venir, du sejour, & du retour. Et quant les Seigneurs avoient ample territoire sujet à eux, en la grande ancienneté les Princes & Seigneurs des Provinces avoient droit d'octroyer les Foires & Marchez : mais comme les Officiers du Roy pas à pas ont ébranlé, & enfin aboly les droits & prérogatives des Seigneurs, pour exalter la puissance du Roy, ce droit a été aboly avec les autres : & tient-on aujourd'huy qu'au Roy seul appartient d'octroyer Foires & Marchez.

L'ancienne usance de ce Royaume, est que le Seigneur qui a droit de Châtellenie a droit de Jurisdiction en ressort pour connoître des causes d'appel, & par consequent avoir droit de Bailliage. Car comme a été dit ailleurs, Bailliage ne signifie pas territoire ; mais signifie droit de protection pour secourir ceux qui sont oppressez : en fait de Justice cette protection est exercée quand un Seigneur ou son Juge reforme le jugement d'autre Seigneur, ou juge par la voye d'appel, ou par évocation en cas de négligence du Justicier inferieur. Le Seigneur Châtellain a droit d'avoir deux degrez de jurisdiction, l'un pour juger en premiere instance, l'autre pour connoître des causes d'appel & de ressort. Ainsi témoigne le sieur du Moulin sur les Coûtumes de Paris, article 1. gloss. 5. nombr. 51. & ce vingt-quatriéme article represente assez ce droit. Par ancienne observance, quand le Seigneur Châtellain, ou autre Seigneur qui a droit de Bailliage, tient ses assises pour connoître des appellations interjettées de ses inferieurs ; les Seigneurs inferieurs ou leurs Juges y doivent comparoir pour rendre raison de leurs jugemens. Car audit tems de grande ancienneté le Juge étoit obligé de soûtenir ses jugemens : ce que démontre le stile des reliefs d'appel (dont les mots sont demeurez, & l'effet s'en est envolé) en tant qu'il est mandé d'ajourner les Juges pour soûtenir leurs jugemens, & intimer, c'est-à-dire, signifier & avertir les parties qui ont obtenu jugement en leur profit, d'y assister si bon leur semble. Et en Parlement les Pairs de France devoient comparoir és jours ordinaires de leurs Pairies ; & és grands Jours de Parlement. De fait, quand la Cour dit qu'il a été mal jugé par les Juges de Pairie, les Pairs payent l'amende, sauf leurs recours contre leurs Juges, ce qui est rapporté en l'Edit de Roussillon art. 27. Aussi s'observe en ce païs de Nivernois, quand Monsieur le Bailly tient son assise, ou ses grands Jours, nul Juge inferieur y ressortissant ne peut & ne doit tenir ses Jours ordinaires, & de même est statué par la Coûtume de Poitou art. 73. & Bourbonnois art. 6.

Ces deux degrez de jurisdiction ont été aucunement alterez par l'Edit d'Orleans art. 50. & par l'Edit du mois de Janvier 1563. art. 24. en tant qu'il est statué qu'en même ville ou bourg, ou autre lieu, n'y aura qu'un degré de jurisdiction : en quoy faisant le Bailly du Seigneur Châtellain, connoîtra en premiere instance des causes de ses sujets, & n'y aura Juge sous luy, & ne connoîtra des causes d'appel, sinon des Juges des Seigneurs inferieurs de luy. On a fait observer aux Seigneurs cette Ordonnance, de n'avoir qu'un degré de jurisdiction. Mais le Roy s'en est dispensé : car en la pluspart des Villes Royales y a deux degrez de jurisdiction ; sçavoir, de Prévôt ou de Châtellain, & de Bailly ou Senéchal.

Les Seigneurs Châtellains ayans droit de créer Notaires, peuvent empêcher qu'aucuns Notaires Royaux viennent demeurer au détroit de leur territoire pour y recevoir Contrats, selon l'ancienne Ordonnance du Roy Philippes le Bel : selon laquelle fut jugé au profit de Monseigneur & Madame, pour leur Châtellenie de saint Vvalery sur la mer, le 20. Decembre 1575. & de même pour François de Vendosme, Vidasme de Chartres, contre le Duc d'Orleans, au fait de la Châtellenie de Confolant, fut jugé par Arrest en plaidant, le dernier Iuillet 1543. Les Notaires ne peuvent recevoir Contrats hors le lieu & détroit auquel ils sont établis, parce que le pouvoir leur est attribué en ce lieu seulement, & hors le lieu sont personnes privées. Ainsi dit la Coûtume de Poitou article 378. & Orleans article 463.

qui excepte les Notaires du Châtelet de Paris, d'Orleans & de Montpelier. *Vide Boërius decis.* 242. dont la raison peut être, que selon l'ancien établissement, les Gardes des Sceaux à Contrats avoient jurisdiction volontaire : & pour l'autre sorte és grosses des Contrats, le Garde du seél use de ces mots, *sont comparus en droit & jugement pardevant nous.*

ARTICLE XXVI.

UN Prévôt Fermier ne peut être Juge és causes procedans de son office, & esquelles y a amende qui luy peut avenir.

EN la grande ancienneté les Seigneurs Iusticiers vendoient ou bailloient en accense les Prévôtez de leurs Iustices, & tels Prévôts étoient Iuges és causes de Prévôté : mais cette usance fut abolie par Edit du Roy Charles V. de l'an 1358. art. 1. Par Edit du Roy Charles VIII. art. 65. & par Edit du Roy Loüis XII. de l'an 1499. art. 60. & 61. est dit que les Prévôtez seront baillées en garde en ce qui est de l'exercice du Iustice à personnes lettrées, & que tels Iuges n'auront aucune participation ny intelligence avec les Prévôts Fermiers. Cét article donc n'est que pour confirmation desd. Ordonnances, & sans icelles il contient le droit Commun.

ARTICLE XXVII.

SI un appel est interjetté, & non relevé dans trois mois, ou dedans l'assise, s'il y a vingt-quatre jours francs l'appellant est amendable de soixante sols envers Justice, & demeure son appellation deserte.

LE tems de trois mois est ordinaire pour relever appellations, même au Parlement de Paris. Au Parlement de Bourgogne, en la Cour des Aydes & és Sieges Presidiaux, n'y a que quarante jours : & se doit entendre, non seulement d'obtenir la commission de relief, mais aussi de l'executer. Aprés le tems de relever passé, il y a double moyen à celuy qui a obtenu jugement à son profit : l'un de faire ajourner l'appellant pardevant le Iuge superieur, pour faire declarer l'appellation deserte ; l'autre pour requerir l'execution de la Sentence pardevant le Iuge qui l'a donnée, selon l'Ordonnance du Roy Charles VII. article 15. de Charles VIII. art. 59. Ainsi est dit par Clement III. *in cap. directæ extrà, de appellat.* où il dit qu'ainsi fut statué au Concile de Latran, *& in cap. personas, extrà eod.* L'Ordonnance & la Coûtume declarent l'appellation deserte, dont avient que l'effet de la Sentence se tire en arriere au jour qu'elle a été prononcée, comme si on n'avoit point appellé, autrement est quand elle a été confirmée par le Iuge superieur avec connoissance de cause, car en ce cas elle n'a son effet que du jour de la confirmation, *l. furti. §. 1. ff. de his qui notant. infa.* La regle est quand la loy est par paroles de present, comme sont ces mots, DEMEURE DESERTE] qu'elle emporte execution de droit avec soy qui tire son effet en arriere, quoy que la declaration soit faite long-tems aprés. *Bart. in l. jubemus nulli. §. sanè. C. de sacros. Eccles.* Parquoy n'est besoin d'avoir recours au superieur pour declarer l'appellation deserte, si ce n'est de seureté abondante, & pour avoir declaration de l'amende. Ordonnance de Charles VIII. art. 59.

VINGT IOURS FRANCS emportent que le jour de l'appel, ny le jour de l'expedition de l'assise, *imò*, ny le jour de la presentation des causes de l'assise, s'il y a jour destiné pour la presentation, comme il y a au Bailliage & Pairie de Nivernois, ne sont compris és vingt jours : & les deux jours de Bissexte sont comptez pour deux jours. *Hugol. in glossa ultima, l. 2. ff. de divers. & temporal. præscript.*

ARTICLE XXVIII.

LE sujet appellé devant autre Juge en matiere civile, qui demande son renvoy devant son Seigneur Justicier, és cas où renvoy a lieu, & doit être octroyé, doit obtenir ledit renvoy, posé qu'il ne soit avoüé sujet par sondit Seigneur. En matiere criminelle, *secùs.*

QUant aux matieres criminelles, l'Edit de Moulins a tranché le debat de renvoy, en ordonnant que le Iuge du lieu où le délit a été commis connoîtra du délit, suivant l'Auth. *qua in Provincia. C. ubi de criminib.* Auparavant ledit Edit le Iuge du domicile de l'accusé connoissoit du délit, si le renvoy y étoit dûëment requis. Faut excepter si le délit est privilegié, c'est-à-dire, que selon sa qualité & circonstances la connoissance en doive être attribuée à celuy qui communément ne seroit pas Iuge. Comme si quelqu'un est accusé d'avoir commis fausseté, ou avoir déposé faux témoignage en une cause pendante pardevant un Iuge, ou d'avoir offensé l'autorité & jurisdiction d'un Iuge exerçant sa charge, quoy que ce fût un Iuge delegué : car en tel cas le delinquant doit répondre pardevant le même Iuge, & ne peut decliner, quelque privilege qu'il ait. *l. nullum. C. de testib. cap. 1. ex. de offic. deleg.* Ainsi se dit de l'Evêque, qui à cause de sa jurisdiction spirituelle n'a point de territoire, ny droit d'emprisonner, ou d'autre prehension : si toutesfois aucun étant en dedans les barreaux de son Auditoire delinque, l'Evêque ou son Official en connoîtra & jugera, quoy que ce soit un pur lay, & le peut faire prendre prisonnier : ainsi est rapporté en l'Edit du 29. Novembre 1549. & par l'Arrest donné pour le Comte de Nevers, contre l'Evêque de Nevers, par lequel est jugé que la maison de l'Evêché est de la jurisdiction du Comte, est excepté que l'Evêque ou son Official ont jurisdiction sur ceux qui delinquent en leur Pretoire. Ledit Arrest du Parlement est en la Chambre des Comptes à Nevers, en datte du mois de Iuin l'an 1291. Vray est que le Juge decrete sur tels délits privilegiez, la commission doit contenir la cause du privilege : & pour ne l'avoir pas fait par la Cour des Aydes en decretant ajournement personnel contre un qui avoit offensé Me. Thierry du Mont., Conseiller en ladite Cour des Aydes, executant une commission d'icelle Cour des Aydes, fut dit en Parlement qu'il avoit été mal, & nullement decreté, par Arrest du 17. Mars 1543. Sera remarqué qu'il y a appel des Cours Souveraines qui ont leurs jurisdictions limitées *ad certum genus causarum*, quand elles jugent hors les cas de leur attribution. De même fut jugé en Parlement, le 12. Decembre 1544. sur un appel interjetté de Messieurs des Comptes, parce qu'ils ne sont souverains sinon en ligne de Compte.

Es matieres civiles est pratiqué en France, que le Seigneur seul sans son sujet peut demander le renvoy de la cause en laquelle son sujet est défendeur en action personnelle : qui est ce qu'on appelle vendiquer son sujet, parce dit-on que les Jurisdictions sont patrimoniales. Mais s'il le peut faire aprés la cause contestée, fut le debat appointé au Conseil, le Mardy 21. Avril 1551. d'autant qu'on alleguoit diversité d'Arrests. Et toutesfois entre deux Juges qui avoient reglement en l'exercice de leurs jurisdictions, fut jugé que le renvoy peut être demandé aprés contestation, le 21. Avril 1534. pour M. Pierre Noël. Ordinairement celuy qui est appellé pardevant autre que son Juge, doit comparoir devant luy, & demander le renvoy, & appartient audit Juge de connoître si la jurisdiction est sienne. *l. si quis ex aliena. ff. de judic.* Si ce n'est que son incompetence soit notoire, ou que l'accez au lieu soit suspect ou perilleux, ou si on est appellé d'un Parlement à un autre : esquels cas il est loisible d'appeller de l'octroy de la commission, ou de l'ajournement, même quand la comparution emporte le grief, *cap. ex parte, extrà de appell.* Et quant on est distrait d'un Parlement à un autre, l'appellant releve son appel au Parlement duquel il est sujet, & non au Parlement duquel est émanée la commission. Sera aussi noté, quand on demande le renvoy pardevant Messieurs des Requêtes du Palais, & que par privilege ils doivent connoître & juger si le renvoy doit être fait, & non le Juge auquel la cause a été adressée. Aussi en cas que la question du renvoy emporte la proprieté de la jurisdiction du Seigneur ou du Juge pardevant lequel aucun est appellé, comme si on dit qu'il n'a aucune jurisdiction, ou qu'il soit debat si le lieu contentieux est au territoire du Juge auquel la cause est addressée, ou du Juge pardevant lequel on veut évoquer ; en tel cas le Juge n'en doit connoître, mais le Juge superieur des deux jurisdictions. Ainsi est decidé par Panor. & Felin. *in cap. super literis, extrà, de rescript. Alexand. consil. 2. vol. 5.* dit quand le debat concernant la jurisdiction est joint, & ne peut être separé du debat principal ; en ce cas le Juge auquel la cause est addressée ne doit connoître du declinatoire : car il seroit Iuge en sa cause. Comme aussi ne doit connoître du renvoy, quand la cause est telle qu'il luy en doive revenir profit autre que l'exercice de la jurisdiction. Ainsi sur le procez de la terre de Baignaux, prés Marsigny, le debat du declinatoire se trouva être le même debat du principal ; sçavoir, si la terre étoit assise en Forests qui est païs de droit Ecrit dans le Parlement de Paris, ou si elle étoit en Bourgogne qui est païs Coûtumier au ressort de Dijon : si c'étoit en Forests la mere auroit succedé à son fils, quoy que ce luy fut heritage paternel : si en Bourgogne les parens du côté paternel étoient heritiers. Ainsi fut ce debat le tout fût renvoyé au Grand Conseil qui jugea le principal sans s'arrester au renvoy : car la même question du renvoy étoit la question principale. Comme aussi s'il avient qu'un Lay soit appellé à la requeste du Curé en matiere petitoire decimale, qui de soy est de la connoissance du Juge d'Eglise, en cas que le Lay allegue que la dixme soit infeodée, & requiere le renvoy au Juge Lay, le Iuge Ecclesiastique ne connoîtra du debat de renvoy : & selon ce fut dit abusivement procedé par l'Official de Pontoise, le Lundy 18. Janvier 1551. Au fait de ces renvoy, du Moulin en l'annotation sur la Coûtume du Maine art. 75. dit que celuy qui est appellé en premiere instance pardevant le Iuge superieur mediat, ne peut de luy-même demander son renvoy, s'il n'est assisté de son Seigneur immediat : & dit cela être observé generalement en France. Et peut tel Iuge superieur mediat, en renvoyant enjoindre à son inferieur, de donner expedition de quinzaine en quinzaine, ou autre tems competent, & à faute de ce évoquer la cause à luy. Ainsi se pratique en Nivernois, & à ce se rapporte la Coûtume de Poitou article 19. & Touraine article 1. & 56. Aussi s'il est question des droits domaniaux d'un Seigneur Justicier qui sont déniez ou mis en doute : avec grande raison se doit dire, que la cause doit être traitée pardevant le superieur immediat : tant parce que le Iuge est comme Vicaire du Seigneur duquel la cause se traite ; & comme dit a été, les Seigneurs d'ancienneté tenoient eux-même le siege de Iudicature : ce qui est representé au chapitre *dilecti. extrà, de arbit.* comme aussi parce que l'Officier peut être recusé en la cause de son Seigneur, *cap. insinuante, extrà, de offic. deleg.* & à ce se rapporte l'ancienne Coûtume de Bretagne article 30. & 50. & la nouvelle article 28. & 43. Que si on est appellant du dény de renvoy fait par le Iuge inferieur d'une Province, fondant l'appel sur ce que le défendeur n'est domicilié en toute cette Province : ledit appel ne se relevera pas pardevant le Iuge superieur de la même Province, parce que la competence de toute la jurisdiction de la Province est en debat : mais pardevant le Iuge superieur du ressort d'icelle Province, comme est le Parlement, par la raison du chapitre *si à subdelegato, de offic. deleg. in 6.* Ainsi est dit par du Moulin en l'annotation sur les Arrests du Parlement, recüeillis par *Jo. Galli.*

CHAPITRE II.

DES CONFISCATIONS.

ARTICLE I.

QUi confisque le corps, il confisque les biens : qui est à dire que qui est jugé & executé à mort par Justice, ou banny à perpetuel ; il confisque les biens sans autre declaration de ladite confiscation : & neanmoins en cas de bannissement perpetuel, le Juge peut declarer confiscation de tous les biens du condamné, ou de partie d'iceux, ainsi qu'il verra être à faire selon l'exigence du cas.

LA CONFISCATION vient au Seigneur haut-Justicier, comme de biens vacans, & est un fruit de la jurisdiction. Celuy qui est condamné à mort naturelle ou civile, ne peut avoir heritier, qui fait que ses biens comme vacans appartiennent au haut-Iusticier. Cela s'entend en délit commun : car si c'est crime feodal, comme si le vassal a attenté à la personne de son Seigneur ; ou le sujet a entrepris contre l'Etat ou la personne de son Souverain ; en ce cas le fief tenu immediatement du Roy ou du Seigneur feodal luy retourne, par vertu de la premiere concession ; *& sic* franc de debtes & hypoteques.

En cas de leze Majesté, qui est audit cas d'entreprise sur l'Etat ou la personne du Souverain, les fiefs qui ne sont pas tenus du Roy immediatement, viennent à luy par confiscation, à la charge de debtes & hypoteques. Ainsi fut dit par Arrest en la Chambre de la Reine, contre le Maréchal du Biez en l'an 1552. Plusieurs Coûtumes spécialement attribuënt au Roy la confiscation en cas de leze Majesté. Melun article 9. Sens, article 207. qui ajoûte que le Roy doit vuider ses mains dans l'an, ou bailler homme ; ce que je croy être general, car le Seigneur immediat ne doit perdre son fief sans sa faute, & le Roy ne peut être vassal de son sujet. Blois art. 3. Laon art. 11. Reims art. 348. Auxerre, art. 26. Berry, des Iugemens, art. 2. combien qu'en Berry n'y ait confiscation. La reversion audit cas emporte réünion au fief dominant : pourquoy l'usufruitier du fief dominant, ou autre qui n'est plein proprietaire n'a autre droit au fief retourné sinon la joüissance durant son usufruit, ou durant le tems qu'il doit gagner les fruits. Mais en cas de confiscation l'usufruitier de la haute-Iustice en prend la proprieté ; parce que c'est le fruit de la jurisdiction, comme se peut prouver par la *l. si quandò in verb. per Comitem rerum privatarum. C. de bonis vacant. lib.* 10. en tant qu'il est dit que tels biens viennent au patrimoine privé du Prince, & non au Fisque public. A quoy s'accorde Steph. Bertrand. *consil* 119. *vol.* 3. & allegue *Bart. in l. ult. ff. soluto matri. facit tex. in l. usufructu. ff. de usufruct.* Du Moulin sur les Coûtumes de Paris art. 1. glos. 1. nu. 51. *Bart. in l. ult. ff. soluto matrimo.*

LA PEINE DE MORT EST introduite, tant pour exterminer celuy qui est méchant afin qu'il ne fasse plus de mal, comme pour servir d'exemple, & détourner les autres de mal faire, *l.* 1. *C. ad leg. Jul. repetund.* & encores pour expier & purger la compagnie de ceux parmy lesquels ce méchant étoit mêlé, & qui étoit infectée par ce mélange, comme par contagion. Ainsi la personne du delinquant est voüée au public ; comme sont les bien : pourquoy il est bien à propos de dire, que *qui confisque le corps confisque les biens.* Celuy qui est banny à perpetuel, ou qui est condamné perpetuellement aux œuvres publiques ; ou à perpetuelle prison, est reputé mort civilement. Le banny perd le droit de Cité, & les autres perdent la liberté, & par consequent le droit de Cité, *l.* 2. *l. tutelas. §. item. ff. de capite minut. l.* 1. *§. hi quibus. ff. de legat.* 3. qui fait qu'ils ne sont capables pour tenir & posseder aucuns biens.

BANNIR, vient de ban ; qui est ancien mot Tudesque & François, qui signifie une proclamation publique, parce qu'on faisoit sçavoir en public l'exil de celuy qui étoit condamné, comme à Rome étoient les proscriptions. Celuy qui est banny & confisque tous ses biens, ou qui confisque partie d'iceux par quote portion, comme de moitié, tiers ou quart, est quite *ipso jure*, envers ses creanciers, pour le tout, ou pour la même quote portion, *l. si marito. ff. soluto matri* ;

l. 2. C. ad leg. Jul. de vi. Et doivent les creanciers pour ladite portion confisquée s'adresser contre le fisque. Si tel condamné est restitué à ses biens par le Souverain; il rentre en obligation envers ses creanciers pour le tout ou pour cette partie, *l. si debitor. C. de sentent. passis.* Souvent on applique le bannissement perpetuel, ou les œuvres publiques perpetuelles, quand le cas merite mort naturelle, mais les preuves ne sont pas exactement concluantes, mais y sont seulement des presomptions tres-violentes. Ainsi dit Alexandre *consil.* 115. *vol.* 3. & l'ay vû pratiquer en Parlement *etiam* aprés la question, quant l'accusé ne confessoit rien és tourmens. La Cour en ordonnant la question retient *in mente* s'il confesse és tourmens qu'il mourra : s'il ne confesse sera banny à perpetuité, ou aux galeres à jamais. Aussi ay-je vû pratiquer au même Parlement d'un coupeur de bourse surpris en l'Audience durant la plaidoyrie, auquel comme est accoûtumé l'on fait le procez sur le champ en pleine Audience; & parce qu'il n'y avoit preuve que de sa confession, il fut banny à perpetuel : demie heure auparavant un autre coupeur de bourse, convaincu par témoins, fut condamné à être pendu & étranglé. Le premier President Lizet aprés l'Arrest prononcé, di la raison de la diversité des jugemens, parce qu'à ce dernier accusé n'y avoit preuve que de sa confession, selon la decision de la *l. §. Divus ff. de quæstionib.* Si les biens du délinquant sont sujets à substitution ou restitution fideicommissaire, le substitué les prendra, & non le fisque, *l. Imperator. ff. de fideicom. l. peto. §. fratre ff. de legat.* 2. Si le fils ayant son pere vivant, confisque les biens que son pere luy aura donnez, ne seront confisquez, mais retourneront au pere : par la raison de cette Coûtume au chap. des donat. art. 9. & des Success. art. 5. esquels art. la Coûtume use du mot de RETOURNER.] comme si telles donations avoient cette condition tacite. Aussi la cause finale de telle donation, selon la presompte volonté du donateur, est pour la conservation de la dignité de la famille, accroissement de la prosperité & commodité des descendans : & seroit directement contre l'intention du donateur, si les biens étoient transferez au fisque. Cette cause finale, si elle étoit exprimée, sans difficulté feroit la resolution de la donation, *l. 2. in fi. cum l. seq. ff. de don. l. ult. ff. de her. instit.* La loy facilement presume telle cause finale, même a respect des ascendans envers leurs descendans, *l. tale pactum. §. ult. ff. de pact. l. si mater. C. de inof. test.*

La question a été quelquefois agitée, si l'execution faite par Prévôts des Maréchaux au tems qu'ils n'exerçoient leur office par forme judiciaire, car anciennement quand ils trouvoient le soldat en present méfait, ils le faisoient pendre sur le champ; ou bien quand le soldat par délit militaire est arquebusé ou passé par les piques, s'il y a confiscation : Aucuns ont estimé que non, parce que le jugement n'a été donné sur procez fait à la maniere accoûtumée. Mais il se peut dire que la confiscation y est, comme aprés condamnation legitime : car la guerre a ses loix & sa justice, qui est de pareil effet que la justice sedentaire. L'ancien proverbe est, que la justice est bien en la pointe de l'épée, quand l'épée est és mains d'un homme de bien. D'ancienneté c'étoient mêmes Officiers ceux des Armes & de la Justice : comme nous connoissons és Baillifs Royaux qui doivent être Gentils-hommes & de robbe-courte; & par leur premier établissement exerçoient la jurisdiction sedentaire, & étoient Capitaines des Nobles de leur Province en l'Arriereban. Pourquoy je croy que les Prévôts des Maréchaux en ce tems-là étoient, & de present les Capitaines sont Juges legitimes és délits militaires, & la condamnation y échet confiscation.

On a aussi douté si les biens de celuy qui s'est luy-même fait mourir sont confisquez. S'il étoit accusé de crime capital, la loy Romaine le tient pour confessé & convaincu du crime, & dit que la confiscation y est, *l. 3. §. 1. de bonis eorum qui ante sentent.* S'il n'étoit accusé, & s'est fait mourir pour ennuy qu'il avoit de vivre ou impatience de douleur, la loy Romaine l'excuse, *l. si quis filio. §. ejus qui ff. de injusto rupto & irrito.* Vray est, que selon les anciens Decrets & Canons, la sepulture Ecclesiastique luy est déniée, *c. placuit.* 23. *q.* 5. mais ses biens ne sont confisquez : car quoy qu'il fût coupable d'homicide, comme à la verité il est; toutesfois selon les loix tout crime est éteint par la mort de celuy qui l'a commis, & telle est la regle commune que l'on n'enquiert du crime aprés la mort du delinquant, sinon en certains cas privilegiez, dont celuy-cy n'est du nombre, *l. ex judiciorum. ff. de accusat.* Cette question a été traitée és Conseils par Dece *consil.* 438. *vol.* 3. par Corneus *consil.* 195. *vol.* 2. & par Marian Socin le jeune, duquel j'ay été Auditeur à Padoüe *consil.* 51. *vol.* 1. qui tiennent que le crime est éteint par la mort, & par consequent que la confiscation n'y est. Et pour cette opinion, qu'il ne faut punir ou faire ignominie au corps mort, fait la *l. non animadvertimus. C. ubi caus. fiscalis, etiam leges profanæ censent fieri posse injuriam defuncto. §. licet. Instit. Quib. ex causis manumitere non licet.*

ARTICLE II.

LEs biens confisquez, meubles ou immeubles appartiennent au Seigneur haut-Justicier, en la Justice duquel sont trouvez lesdits biens au tems de la prononciation de la Sentence. Et si ladite Justice haute appartient à l'un, la moyenne & la basse, ou la basse seulement à un autre; le moyen & bas Justicier, ou le bas seulement, ont soixante sols sur ladite confiscation, & le haut-Justicier le surplus : & si la haute-Justice de chose confisquée appartient au criminel, la confiscation appartient au Seigneur du ressort immediat.

SONT TROUVEZ.] Quant aux immeubles, c'est sans difficulté : mais aux meubles, semble que la Coûtume ne veut qu'il soit enquis de la destination, comme on enquiert quand les meubles échéent par heredité ou par disposition, mais se contente qu'ils soient trouvez en un lieu, soit fortuitement ou occasionnellement, & remarque le seul fait. Bien me semble qu'on peut y appliquer cette limitation, si aucun par fraude au préjudice du Seigneur Justicier, avoit transporté ses meubles de lieu en autre : car en tous affaires, non seulement és Contrats qui sont de bonne foy, mais en toutes autres affaires, quoy qu'ils soient de droit étroit, l'exception de dol doit être admise avec cette distinction, que selon la subtilité du Droit Romain és Contrats de bonne foy, l'exception de dol se dit être de l'essence, & les Jurisconsultes usent de ce mot *inest contractui. l. sed etsi ideò. §. sed etsi non ff. soluto matri.* & cette exception ôte le droit d'action au demandeur. *l. si hæres ff. de actionib. empti.* & autres Contrats qui ne sont au nombre des Contrats de bonne foy, l'exception de dol n'ôte pas l'action, mais la rend inutile, *l. qui decem. in prin. ff. de solut. l. si opera. ff. de except. doli.* Mais en s'arrestant à l'opinion de Martin ancien glosateur *in l. si res. C. ad exib.* Il faut faire autant d'état des droits & moyens qu'aucun a par voye directe, *ex jure civili*, comme de ceux qu'il a utilement par la benigne interpretation que les Jurisconsultes ont faite. Doncques les meubles du condamné seront censez appartenir au Seigneur haut-Justicier du lieu où ils sont trouvez, *etiam* fortuitement, pourveu qu'ils n'ayent eté transportez par fraude, ce qui est representé par le mot TROUVEZ, qui signifie le seul état present, & ne regarde la destination, ainsi est dit cy-dessus au fait des épaves, chapitre de Justice, article 1. Et ainsi tient Alexand. *consil. 16. vol. 1.* & du Moulin en l'annotation dit que c'est la plus seure opinion. Aussi l'acquisition qui en est faite au Seigneur Justicier, ne procede de volonté expresse ou tacite de celuy qui étoit proprietaire : pourquoy la destination n'est à considerer, procedant de la volonté du proprietaire. Et quand la chose est acquise à autruy par la disposition expresse du proprietaire, comme s'il donne ou legue; ou par la disposition tacite que la loy presume, quand on succede par la voye d'intestat. *l. conficiuntur, ff. de jure codicill.* lors la destination du proprietaire premier est à considerer. *l. si ita legatum. ff. de lega. 3. l. ex facto 35. §. rerum, ff. de hæred. institut. l. quæsitum. §. si quis. ff. de fundo. instruct. l. debitor. ff. de pignor.* mais au cas de present est question du pur fait, pour sçavoir en quel lieu sont les meubles lors du jugement. Es autres cas esquels les meubles sont acquis à aucun par la volonté expresse ou tacite du pere de famille, la question a été grande & fort agitée si les meubles suivent la personne : c'est-à-dire, s'ils doivent être reglez par la Coûtume du lieu où est le domicile du proprietaire. La commune opinion entre les Docteurs praticiens est simplement, que les meubles suivent la personne. Mais il semble qu'il est bien à propos de distinguer & avoir égard à la destination du pere de famille. Et comme se dit aux immeubles qu'une piece d'heritage est censée faire portion d'un domaine ou tenement, si le pere de famille l'a accommodée à iceluy par destination perpetuelle, quoy qu'elle ne soit pas contiguë & attenante. *l. si cui ædes l. prædis. §. Titio & §. balneas. ff. de lega. 3.* & au fait des meubles selon la destination du pere de famille, ils sont censez faire portion & être compris sous la disposition & alienation d'un domaine, *l. quæsitum. §. si quis ff. de fundo instructo.* Mesme les serfs qui étoient destinez pour les œuvres rustiques d'un domaine étoient censez faire portion d'iceluy; en telle sorte qu'ils ne pouvoient être alliennez separément, & sans allienner le même domaine. *l. longè. ff. de divers. & temp. præscript. l. quemadmodum. C. de agricol. & cens. lib. 11. l. si quis inquilinos. ff. de legat. 1.* si grande est la force de la destination du pere de famille; pourquoy me semble qu'un meuble qui est destiné à usage perpetuel d'un domaine, doit être censé en faire portion & reglé par la Coûtume du lieu où il est. *l. fundi. §. Labeo. ff. de action. empti. l. cætera. §. hoc Senatusconsultum. ff. de lega. 1.*

L'autre question est à quel Seigneur appartiennent les debtes actives du confiscant; si au Seigneur du lieu où est le domicile du creancier; ou au Seigneur du lieu où est le domicile du debiteur. *Alexand. consil. 31. vol. 1. & Paul Cast. consil. 319. vol. 1.* disent que telles debtes sont censées être du lieu où est le domicile du creancier, parce que le droit d'intenter l'action est en la puissance d'iceluy creancier. Mais voyons si plûtôt nous devons dire que le droit du debte, qui qui de soy est incorporel, est en la personne du debteur, & adhere à icelle incommutablement, ce qui n'est pas du droit du creancier, qui par delegation ou cession peut être transferé en autre personne : plus le creancier a son droit en action, qui est purement le droit civil, mais l'obligation du debteur étant en sa personne, est de droit naturel & adhere à ses os : & en concurrence des deux droits le naturel est le plus fort, & est preferé au civil. *l. filiò quem. ff. de liber. & posth. l. non putavit. §. si quis emancipatum. ff. de bon. poss. contra tab.* Aussi le droit civil commande que la chose soit demandée au lieu où elle est, soit que l'action soit personnelle ou réelle, *l. quod legatur. ff. de judici. l. si res, cum lege sequenti. ff. de rei vindic.* or le creancier demande & intente son action au lieu du domicile du debteur. *l. 2. Cod. de jurisdict. omnium. jud.* Il faut donc inferer que la chose dûë, ou le droit d'icelle est en ce lieu-là où est le debteur : à quoy fait ce qui est dit *in l. nec ullam. §. ult. ff. de petit. hæred.* que le debteur de l'heredité est quasi possesseur du droit hereditaire : dont resulte que ce droit de debte est en sa personne, sert aussi grandement pour cette opinion, ce qui est dit *in l. Titium. §. tutores. ff. de administ. tut.* où il est dit, que la charge du debte deû par ceux de la Province, est à la charge du tuteur Provincial, & non à la charge du tuteur de Rome où étoit le domicile du pupille creancier : & parce que la debte prend sa source & a son fondement & subsistance en la personne du debteur, & est en icelle presumé. *l. quæcumque. ff. de action. & oblig.* & le creancier n'a autre chose que le droit de demander. A ces raisons me semble que le Seigneur Justicier du lieu où est le debteur, doit avoir la partie dûë, & non le Seigneur du domicile du creancier, & en cas qu'on estimat y avoir conflit de raisons & opinions, faudroit partir par moitié : par l'argument de la loy *& hoc Tiberius. ff. de hæred. instit. l. Titiæ textores. §. 1. ff. de legat. 1.*

Cy-dessus a été dit, qu'en crime de leze Majesté humaine, la confiscation appartient au Roy quand il n'est pas Seigneur feodal immediat (car s'il est Seigneur immediat, ce n'est pas confiscation, mais reversion, de tant que la leze Majesté implique crime feodal) & audit cas de confiscation le Roy est tenu d'en vuider ses mains dedans l'an & jour, & mettre le fief és mains d'homme, qui en fasse le service au Seigneur feodal. Aussi fut ordonné par le Roy Philippes le Bel l'an 1302. & est recité entre les Ordonnances qui sont à la fin du Stile de Parlement sous le titre *de feudis art. 3.* & y en a Ordonnance speciale pour le païs de Nivernois du Roy Louis dit Hutin, du mois de May l'an 1316. qui est en la Chambre des Comptes à Nevers, à quoy se rapporte la Coûtume de Sens article 207. Aucuns ont voulu mettre le crime d'heresie, qui est leze Majesté divine, au même privilege que la leze Majesté humaine, pour en être la confiscation acquise au Roy. Mais *Guido Papæ decis. 76.* dit qu'elle appartient au Seigneur haut-Justicier. Bien se dit que le crime d'heresie est du nombre de ceux esquels la confiscation est acquise du jour du délit commis, & non pas seulement du jour de la Sentence ; comme aussi est ledit crime de leze Majesté humaine. *l. 4. C. de hæret. l. quisquis, §. emancipationis. C. ad leg. Jul. Majest.* lesquels crimes ne sont éteints par la mort du delinquant, & on en enquiert & juge aprés la mort, pour condamner la memoire & pour declarer la confiscation : & ainsi est és crimes de peculat, des repetundes, d'apostasie, & autres qui sont declarez en la gloss. *l. ex judiciorum. ff. de accus.* & en tels crimes les allienations faites par le delinquant aprés le crime commis sont revoquées. *l. donationes. §. rata. ff. donat.* Et fut jugé par un ancien Arrest de la prononciation de Pentecoste, l'an 1264. contre Béatrix, veuve d'Hugues de Serac. A ce que dessus se rapporte ce qui est dit *in cap. cum. secundum de hæret. in 6.* qui est allegué pour raison & non pour autorité : car les Papes n'ont droit de faire loy en ce Royaume, pour le fait des biens & autres affaires temporelles : ce qui est reconnu par Alexandre III. Pape *in cap. causam, extrà, qui filii sint legit.*

Au tems de la prononciation de la Sentence.] Doncques dés-lors est acquis la confiscation sans attendre l'execution d'icelle. Et ainsi est dit *in l. si quis filio §. irritum. §. ejus qui ff. de injusto rupto.* Et s'il y a appel, & aprés la Sentence soit confirmée, avec grande raison se peut dire que l'effet soit du jour de la premiere Sentence, par argument de l'Edit fait sur l'interpretation de l'Edit de Moulins 1566, article 53. qui porte que l'hypoteque est acquise du jour de la Sentence premiere, qui aprés est confirmée : combien que selon le droit Romain semble être autrement *l. furti. §. 1. ff. de his qui not. infa. & l. qui à latronibus. §. ult. ff. de testa.* & selon ce qui est dit, *in l. 1. §. ult. ff. ad Turpil.* que l'appel éteint la Sentence. Surquoy est à considerer que selon les loix Romaines n'y avoit aucun Procureur du fisque qui donnat conclusions pour les biens, mais l'accusateur poursuivoit à ce que l'accusé fût declaré convaincu de tel délit. La peine de chacun étoit ordonnée par la loy, pourquoy se disoit, que l'accusé étant decedé, & le crime étant effacé par sa mort, la publication & confiscation de biens qui étoit en consequence de la condamnation de la personne étoit éteinte selon la regle vulgaire ; *Quand le principal est éteint aussi est l'accessoire.* Mais és délits privez esquels y avoit conclusion par la partie pour son interêt, dés lors que la cause étoit contestée, la question n'étoit éteinte par la mort de l'accusé. *l. 1. C. ex delict. def.* Comme aussi si le Juge par sa Sentence, avoit par condamnation expresse adjugé & confisqué les biens de l'accusé ou partie d'iceux, quoy que par la mort de l'accusé le crime fût éteint, on ne laissoit aprés sa mort de poursuivre la question des biens confisquez. C'est la decision de la *l. si is qui. C. si pendente appel.* la raison peut être que par la Sentence le condamné est comme par contrat obligé, *l. 1. C. si in causa jud. pig. l. licet. §. idem scribit. ff. de pecul.* De même peut être dit en France, aprés qu'il y a eu contestation en l'action criminelle, en laquelle le Procureur d'Office est vraye partie, même aprés qu'il a conclud, tant pour la punition exemplaire de mort naturelle ou civile, comme pour la confiscation ; Quoy que la mort de l'accusé avienne, la question des biens peut être traitée, comme aprés cause contestée, soit comme aprés adjudication des biens expressement faite. Les loix ont tenu la contestation pour avoir force de contrat & pour faire l'action transmissible pour & contre les heritiers *l. ult. in fine ff. de fidejuss. tutorum.* Et en la grande ancienneté de Rome la contestation se faisoit *per stipulationem & per sponsionem*, qui est force de contrat.

Le moyen et bas Justicier ont soixante sols.] C'est-à-dire, en effet que les moyens & bas Justiciers ont droit & portion és fruits de la jurisdiction, desquels est la confiscation, jusques à soixante sols, comme ils ont aux amendes & aux épaves.

Si la haute-Justice appartient au criminel.] Dont resulte que la confiscation est faite de jurisdiction. Car le superieur par ressort est Seigneur Justicier de son inferieur, & a droit de le corriger, non seulement en cas d'appel pour reformer les Sentences de ses Juges : mais aussi en sa personne. Et le territoire de la Justice inferieure est censé être du territoire de la Justice superieure par ressort, comme autrefois derivé & démembré d'icelle, avec reformation de superiorité.

ARTICLE III.

Le criminel executé à mort, ou banny à perpetuel, comme dit est, confisque ses immeubles anciens : & la moitié des meubles, & conquests immeubles de la communauté de luy & de sa femme : & l'autre moitié sadite femme l'aura & prendra, comme à elle appartenant à cause de ladite communauté. Sinon qu'à ladite femme fût reservé par son contrat de mariage, qu'elle se peût tenir à ses convenances : auquel cas en se tenant par elle à ses convenances, elle les aura & prendra premierement, & avant toute œuvre sur les biens de ladite communauté : & le surplus demeurera confisqué, comme dit est. Et si elle ne se tient à sesdites convenances, mais à ladite communauté, outre la moitié desdits meubles & conquests, elle aura & prendra l'heritage de son mary, sur lequel ses deniers de mariage sortissans nature d'heritage sont assignez, à la charge du rachat selon la coûtume dessous declarée : & s'ils sont assignez, elle prendra lesdits deniers, sortissans nature d'heritage, premierement & avant tout partage, sur les biens de ladite communauté, si lesdits biens sont à ce suffisans : & s'ils ne sont suffisans sur l'heritage de son mary. Et le parensus, si aucuns y en a des biens de ladite communauté, se partira par moitié entre le Seigneur, au profit duquel sont confisquez lesdits biens, & ladite femme, comme dit est. Et davantage aura ladite femme son doüaire prefix ou coûtumier.

Cet article ainsi étendu eût été mieux au titre des droits appartenans à gens mariez, où il sera traité de la plupart des particularitez resultantes de cét article, même des assignaux, & où il est montré clairement, que cét article des assignaux ainsi entendu simplement, comme il est couché, seroit tres-inique & déraisonnable. Combien que le mary soit maître & seigneur des meubles & conquests immeubles, toutesfois il ne confisque que la moitié, & le Seigneur prend comme l'heritier du mary prendroit, & aux mêmes charges ; sinon qu'il n'est tenu des debtes que jusques à la concurrence de la valeur des biens qu'il prend. *l. 1. §. an bona. ff. de jure fisci.*

Convenance.] Selon l'usage commun, c'est la restitution de la dot de la femme, & de ce qu'elle a apporté sans charge de debtes de la Communauté ; & s'il y a paction, qu'audit cas elle prendra le parisis au lieu du tournois ; la paction sera observée. Toutefois s'il étoit avenu que la pauvreté & diminution des biens du mary fût sans la faute du mary, qui auroit bien travaillé & bien ménagé, & la femme eût été nonchalante, dépensiere & mauvaise ménagere : & ladite femme voulut se tenir à ses convenances, je croy que l'heritier du mary seroit bien recevable à repousser la femme par exception de dol, pour empêcher qu'elle retirât sa dot mobiliaire, & faire qu'elle deût se contenter de reprendre son heritage, ou ses deniers sortissans nature d'heritage avec le doüaire : même parce qu'en societé chacun des associez doit porter la peine de sa coulpe. *l. socius socio. ff. pro socio.* s'il est convenu que la femme, au cas de dissolution de mariage pourra recouvrer par preciput ses habits, bagues & joyaux, semble que si le mary les a donnez durant le mariage, l'estimation & délivrance en doit être faite avec mediocrité selon l'état honneste de la famille du mary : car s'il y avoit excez notable, ce seroit donation faite par le mary à sa femme durant le mariage, qui seroit nulle : dont il faut prendre le jugement selon les qualitez des personnes, & de la chose donnée. *l. utrùm. ff. de donat. inter vir. & uxor.* Ou bien on devra juger que le mary en ait accommodé sa femme, pour par elle se payer selon le gré de son mary, & non pour être propres à elle ; par la raison de la *l. si ut certo. §. interdum. ff. commod. Bart. in l. penult. §. 1. ff. soluto matri. Ludo. Roma. cons. 146.* à ce fait la *l. si & usufructus, juncta gloss. ff. ad leg. Falcid.* Aussi il ne seroit raisonnable que les bagues données par le défunt mary servissent à la veuve de gluaux pour prendre plus facilement un second mary : La belle parure des femmes mariées est directement pour plaire à leurs maris : ce qui est representé par Ovide en ce distique, *epist. Saphonis Phaoni.*

Cui color infelix aut cui placuisse laborem ?
Ille mei cultus unicus author abest.

ARTICLE IV.

LA femme mariée esdits cas confisque seulement ses heritages, & non les meubles & conquêts qui étoient communs entre son mary & elle, par communauté convenuë ou coûtumiere : & demeurent lesdits meubles & conquêts à sondit mary comme Seigneur d'iceux.

COmme la femme mariée ne peut par contrat, ou quasi contrat disposer des meubles & conquêts de la communauté ; ainsi ne peut-elle par son delit porter tort en iceux au mary, qui durant le mariage en est maître & Seigneur. La maîtrise est pour l'administration legitime ; la Seigneurie represente le droit de proprieté. Ainsi la Coûtume au chapitre des droits appartenans à gens mariez, article trois donne au mary liberté de disposer à son plaisir entre vifs desdits meubles & conquêts, sans le consentement de sa femme. Ce qui se dit icy des conquêts, s'entend de ceux qui ont été fait durant le mariage : car les conquêts faits ou acquis à la femme avant le mariage, ne sont en la puissance ny proprieté du mary, s'il n'est convenu par le contrat. Les Coûtumes de Sens, article 26. & 27. Laon, art. 12. & 13. Auxerre, art. 28. & 29. Montargis des Espaves, art. 3. & 4. disent comme Nivernois. Orleans, art. 209. dit bien que la femme ne confisque pas sa part des meubles & conquêts, mais ne les attribuë pas au mary, mais aux heritiers d'icelle. Quant aux heritages de la femme, si elle est bannie perpetuellement parce que selon la Loy Chrétienne, le mariage n'est pas dissolu, semble que le mary devra joüir & gagner les fruits en qualité de mary tant qu'elle vivra : car le droit qu'il y a ne luy peut pas être ôté sans sa faute : & il est tenu de nourrir & entretenir sa femme tant que le mariage durera. *l. dotis. ff. de jure dot.* a quoy fait la raison de la *l. si maritus. 36. ff. soluto matrimonium.*

ARTICLE V.

L'Homme, de condition servile executé ou banny comme-dessus, par la Justice d'autre Seigneur que celuy dont il est homme, ne confisque rien au Seigneur qui la condamné : mais appartiennent tous ses biens, tant meubles qu'immeubles, au Seigneur duquel il est homme : en payant soixante sols, les frais du procés & procedure d'iceluy.

A cecy faite la *l. 1. C. de bonis proscript.* que le pecule des serfs, condemnez à mort : est délaissé au maître & ne va au fisque.

LEs heritages mouvans de la servitude, & qui sont du tenement servil viennent au Seigneur, francs d'hypotheques & debtes ; parce que c'est cas de reversion procedant en vertu de la premiere concession : mais les autres biens sont sujets aux debtes du fiefs : par l'argument de la loy, *si quis presbyter. C. de sacros. Eccles.* Pourquoy je croy que si le Juge condamnant le serfs à mort adjuge reparation pour l'interest de la partie civile, que les meubles & heritages qui ne sont du tenement servil en seront tenus comme de vraye debte contractée par le delit, & confirmée par la contestation de la cause. Mais ne peut être adjugée amende au fisque qui excede soixante sols : qui est ce que veut dire la fin de l'article.

FRAIS DU PROCEZ.] Cecy sert pour argument que le Seigneur Justicier, auquel la confiscation n'appartient pas, peut licitement demander les frais du procés criminel qu'il a faits : & à ce aide aussi la raison du 17. article au chapitre *de Justice* cy-dessus. Et si plusieurs Seigneurs prennent la confiscation, ils contribueront *pro rata* de la valeur des biens. Il est bien vray que la Cour de Parlement blâme les inferieurs, esquels est dit que les frais du procez criminel se prendront sur l'amende : ou quand l'amende pecuniaire est renforcée à cause desdits frais : car l'amende ne doit avoir son respect qu'à la gravité du delit, & non aux frais. Si est ce que la même Cour & les Juges Royaux, quand ils connoissent que la confiscation des criminels jugez à mort par eux, ne vient au Roy, ils y ajoûtent aux jugemens grosses amendes au Roy. La verité est, que les droits de fisque utiles, sont attribuez aux Seigneurs Justiciers, tant de confiscations que d'amendes, affin qu'ils ayent meilleur moyen de supporter les frais des procez criminels, & faire administrer Justice : mais leur principal regard ne doit être au profit, mais à leur devoir par honneur. De la confiscation des gens serfs parlent les Coûtumes de Bourbonnois, article 349. Sens, article 23. mais Bourgogne donne au Seigneur de la servitude, seulement les heritages de main-morte ; ce qui semble être bien raisonnable ; car lesdits heritages procedent du premier bail & concession.

ARTICLE VI.

LE vassal, Bordelier, Censier, ou autre tenant heritage d'autruy en directe, ou sous autre charge & redevance, confisque l'heritage ainsi par luy tenu au Seigneur haut-Justicier immediat : à la charge de la redevance & droits dont il est chargé. Et est tenu ledit Seigneur haut-Justicier de vuider ses mains de la chose dedans l'an : & à faute de ce ladite chose est Commise, *ipso facto* au profit du Seigneur de fiefs, censier ou bordelier respectivement, & en sera saisi. Et ne sera deû aucun profit audit Seigneur direct, sinon de l'alienation que fera ledit Seigneur haut-Justicier.

CEt article montre que la mort violente par Justice, du detenteur Bordelier ne donne pas lieu à la reversion & échoite comme feroit la mort naturelle : quoyque cet homme executé meure sans heritiers. Cet article est contraire aux opinions d'aucuns Docteurs Ultramontains, qui disent qu'en la confiscation ne sont compris les biens qui ne sont transmis à heritiers communs & étrangers. Ainsi dit Marian Socin le jeune *consil.* 51. *vol.* 2. *Ruinus consil.* 23. *vol.* 5. Puis qu'il n'y a reversion ; il s'ensuit que les hypoteques n'évanoüissent pas. Toutesfois il y a grande raison de distinguer si l'executé à mort a des proches habiles à succeder en bordelage, que l'article ait lieu : car le fisque prend le droit de l'heritier. Mais si l'executé à mort n'a aucun proche habile à succeder en bordelage, que l'heritage soit acquis au Seigneur bordelier : par la reigle, que ce qui ne va à l'heritier étranger, ne va au fisque. *Ruinus cons.* 23. *vol.* 5. & allegue *Bart. in l.* 4. *ff. de jure patronat.*

Vvider ses mains, Se doit entendre par allienation qui apporte au Seigneur direct quint deniers, tiers denier, ou lods & ventes:& il est bien raisonnable, puis qu'il y a mutation d'homme, à autre titre que de vraye heredité du sang : car selon la regle generale dépendante de l'antiquité, le profit est deû au Seigneur pour accepter & agréer à homme le nouvel acquereur. *l. ult. C. de jure emphit.* Pourquoy semble que le Seigneur haut-Justicier ne satisferoit à la Coûtume, s'il en vuidoit ses mains au profit de son enfant par donnation : de tant que la Coûtume n'attribuë profit de bourse pour la donnation faite du Pere à l'enfant. Cette opinion semble être confirmée par la fin de l'article en ces mots, Et n'en sera deu profit sinon de l'allienation que le Seigneur-Justicier en fera. Toutesfois si ledit Seigneur-Justicier vouloit retenir en ses mains, je croy qu'il le pourroit faire, pourvû qu'il se soumît d'en payer profit tel comme il pourroit être deû par alliennation en main tierce. Ce qui se peut recüeillir du soixante sixiéme article, cy-dessous, au chapitre des fiefs, où il est dit que le Seigneur-Justicier sera tenu d'en faire hommage au Seigneur feodal. Je croy aussi que l'on pourroit y mettre une autre limitation ; pourvû que le Seigneur haut-Justicier ne fût Prince, ou autre fort grand Seigneur, eu égard à la qualité du Seigneur direct : pour la dificulté que ledit Seigneur direct auroit, de recüeillir ses droits & profits des mains d'un si grand Seigneur. De la matiere de cet article parle la Coûtume nouvelle d'Orleans, article 20. mais elle ne met là Commise, mais seulement le gain des fruits jusques à ce que le Seigneur-Justicier ait satisfait. Melun art. 75. pour les profits de la mutation : mais Vitry, art. 36. ne donne profit.

Dedans l'an, Se doit compter l'an du jour de la notice & connoissance que le Seigneur haut-Justicier a eüe du jugement portant confiscation, par la raison du chapitre *licet. extra de supplenda neglig. Prælat. cap. quia diversitatem. extra. de concess. præbend.* Ou bien du tems que vray semblablement il la pû sçavoir : selon la *l. fin. ff. quis ordo in honor. poss. leg. Servius. D. quod vi aut clam ubi dicitur quod quis præsumitur scivisse id quod veri similiter scire potuit.*

Est Commise au Seigneur direct, C'est à dire, luy est acquise au prejudice du Seigneur haut-Justicier : qui est la peine de sa faute, qui ne doit nuire à autre qu'à celuy qui la Commise. Pourquoy semble qu'en ce cas les charges réelles & hypoteques qui étoient avant la confiscation, demeurent sur l'heritage:car la Commise n'avient pas au Seigneur direct, soit bordelier, ou d'autre sorte, par le fait ou par la faute de l'ancien detenteur sujette à la Loy de la premiere concession, dont dépend l'échoite Commisse & reversion ; mais de la faute du Seigneur haut-Iusticier,& vient l'heritage au Seigneur direct, aux mêmes charges qu'il étoit avenu au Seigneur haut-Iusticier ; *nempè* des charges & debtes, & est le droit du Seigneur-Iusticier qui luy est ôté & transmis au Seigneur direct selon la raison de la *l. Paulus si certa. ff ad SC. Trebell. cap.* 2. *extra. de his quæ fiunt à majori parte capituli.* Bien crois-je que les hypoteques que le Seigneur haut-Iusticier auroit constituées sur ledit heritage, seroient éteintes & évanoüyes selon la raison de la *l. si ex duobus. §. sed & Marcellus. ff. de in diem addict.*

ARTICLE VII.

AU Seigneur haut-Justicier seul, appartient declarer confiscation contre tous criminels, soient francs ou serfs.

LA raison est, parce que la confiscation n'échet sinon pour crime capital, & le crime capital est de la connoissance de haute-Iustice. Ce que dessus s'entend pour declarer la confiscation par paroles expresses, car quelquesfois ; la confiscation vient tacitement en consequence de la peine de perdition de liberté : comme au cas de l'article prochain, quand le Iuge d'Eglise condamne le Clerc à prison perpetuelle.

ARTICLE VIII.

LE Clerc banny à perpetuel ou condamné à charte perpetuelle, confisque ses meubles au Prelat duquel il est sujet : & ses immeubles au Seigneur haut-Justicier, en la Justice duquel les biens sont assis.

Le condamné à prison perpetuelle est comparé à celuy qui est condamné in metallum. Innocent. in cap. qualiter & quando. circa medium extra, de accus. Comme en cét art. se trouve decidé és questions de Io. Galli, jugées par Arrest, qui est le 109. és nouveaux imprimez.

LA perpetuité de la peine fait que le condamné perd la Cité & la liberté, par consequent la confiscation y est : & ainsi le tient Raphaël Fulgos. *consil.* 44. d'faut que ce qui est legué à tel condamné est nul & tenu pour non écrit : mais il en faut excepter si le legs est fait pour ses alimens & vêtemens. *l. 3. ff. de his, quæ pro non script. l. legatum. ff. de cap. minutis*, où est mise la raison, parce que legs est plus en fait qu'en droit : & outre se peut dire que c'est, parce que tel legs est pour les choses necessaires à nature, laquelle n'est sujette aux raisons de droit civil. *l. eas. ff. de cap. minut.* aussi la loy admet tels legs d'allimens aux serfs, combiens qu'ils ne soient capables de droit civil. *l. quibus diebus. §. Dominus. ff. de condit. & demonst. l. servus. ff. de annuis legatis.*

Les Canonistes ont tenu que l'Evêque peut bannir le Clerc par autorité de sa jurisdiction spirituelle, : mais nous tenons en France le contraire, parce que les Evêques à cause de la spiritualité n'ont aucun territoire. Il faut donc en cét article présupposer que le Clerc ait été banny par le Juge Lay pour délit privilegié.

L'Evêque peut bien condamner son Clerc à prison perpetuell. En ancien langage François, chartre, c'est prison. Cette peine de prison perpetuelle étoit défenduë par le droit Romain, sinon contre le serf ou libert ingrat. *l. aut damnum. §. deniquè. ff. de pœnis. l. 1. C. qui non possunt ad libert. pervenire.* Mais par le droit Canonique, telle peine est permise és délits tres-atroces, comme de fausseté ou heresie, *cap. novimus. in fine, extrà, de verb. signif. cap. quamvis de pœnis, in 6.* Ce qui se dit de la prison perpetuelle doit aussi être entendu si le Clerc est condamné à être retrus perpetuellement en un Monastere ; car il perd sa liberté.

Icy est dit que les meubles du Clerc ainsi condamné sont acquis au Prelat duquel il est sujet. La loy est telle & la faut tenir : mais si elle étoit à faire, ou la Coûtume fût à revoir & corriger, sembleroit être raisonnable de dire autrement, car l'Evêque n'ayant aucun territoire à cause de sa jurisdiction spirituelle, aussi n'a droit de prendre les biens vacans, qui est un droit de haute-Justice, & temporelle. Et ne faut pas dire que ce soient meubles privilegiez ; car telle peine n'est infligée sinon avec la déposition du Prêtre, *cap. penult. extrà, de hæret.* & la personne du Prêtre n'ayant plus son privilege de Clericature, ne peut faire que ses meubles soient privilegiez : car en France par Ordonnance du Roy Philippes le Bel, de l'an 1301. on a tenu que les meubles des Prêtres étoient privilegiez, comme suivans leurs personnes, qui sont privilegiées. De fait, auparavant l'Edit d'Orleans, étoit observé en France, que les Prêtres & Clercs n'étoient executables en leurs meubles en consequence de lad. Ordonnance de l'an 1302. sinon és mêmes cas esquels ils pouvoient être emprisonnez, comme pour délit, ou si par exprés ils avoient obligé leur corps à prison ; car audit cas le corps privilegié étant obligé, par consequent le sont les meubles qui sont privilegiez à cause du corps. Par ledit Edit d'Orleans, article 28. est permis d'executer les Clercs en leurs meubles, autres que leurs habits ordinaires, livres & ornemens d'Eglise. L'Edit de Blois article 57. fait exception plus ample en y comprenant les meuble pour leur usage necessaire & domestique. Par le même Edit les Prêtres sont declarez n'être sujets à l'Edit de l'emprisonnement à faute de payer dans les quatre mois ; mais comme dit est, si par paction expresse ils se sont obligez à prison, ils tiendront prison en la prison de leur Evêque, & non en la Laye. La glosse & les Docteurs *in l. miles ff. de rejudic.* disent que les Clercs ont pareil privilege qu'avoient les Gendarmes Romains, de ne pouvoir être contraints pour leurs debtes, sinon en tant que bonnement ils peuvent faire : mais la Cour de Parlement a interpreté cela être vray és debtes faites pour l'utilité & affaires de l'Eglise ; par Arrest donné pour les Bartons le 9. Mars 1531. au rapport de Mr. Maître Guillaume Bourgoin Conseiller mon oncle. Sur ce sera remarqué, qu'en France les Evêques ou leurs Officiaux ; és crimes qui sont de leur connoissance, ne peuvent condamner les Clercs ou Laiz en amendes pecuniaires : ny en leurs condamnations ajoûter la clause, *salva misericordia Domini, id est Episcopi*, comme il est témoigné en la verification que la Cour de Parlement a faite de l'Edit des heretiques du 29. Novembre 1549. verifié le 30. Decembre en suivant. Dont resulte que la condamnation pour crime doit être tranchée & precise ; & encores à ce que les Evêques ne soient induits à prendre presens pour impartir cette misericorde & relaxation de peine. Aussi par l'ancien Edit du Roy Philippes le Bel, de l'an 1274. est défendu aux Evêques de se retenir & rendre mols & indulgens en la condamnation des Clercs, au préjudice & en fraude des Seigneurs temporels, ausquels la confiscation devroit appartenir.

PRELAT DUQUEL IL EST SUJET. La question est, si c'est le Prelat du lieu de sa naissance ou du lieu de son domicile, ou du lieu où le Clerc a son Benefice. Selon la grande ancienneté, le Clerc ne pouvoit être promû aux Ordres sinon par son Evêque de sa naissance, ce qui est encores observé, aussi ne pouvoit être promû à Prêtrise, sinon que son Evêque luy donnât un Benefice pour son titre, & la promotion faite sans collation de titre fût declarée nulle au Concile de Plaisance, tenu par Urbain II. Pape, rapporté *in can. sanctorum 70. dist.* qui est selon le grand Concile de Calcedoine œcumenique, rapporté *in can. quoniam 32. distinct.* & par Innocent III. *in cap. cum secundum. extrà de pra-*

bend. En la même antiquité le Prêtre promû par son Evêque ne pouvoit se transferer en autre Diocese sans le congé exprés de son Evêque. Ainsi fut statué au grand Concile de Nice premier, chap. 15. 16. & 17. & au Concile de Sardique rapporté *in can. illud.* 71. *dist.* Et le Prêtre ordonné en une Eglise lors de sa promotion ne pouvoit être transferé en autre Eglise, sinon pour necessité urgente ou utilité grande de l'Eglise : ainsi fut statué au grand Concile de Calcedoine, chap. 8. & és Epistres de S. Gregoire *lib.* 3. *epist.* 14. Quand l'Eglise étoit ainsi bien ordonnée, & qu'il n'y avoit point de Prêtres supernumeraires, la dispute eût été superflüe de la sujection du Prêtre à quel Evêque : Car l'Evêque de la naissance étoit l'Evêque du domicile & du Benefice. Quand cette police a cessé, l'on a commencé à donner plusieurs domiciles aux Clercs, l'un de l'origine, l'autre du Benefice, l'autre de la residence, en tant que les Beneficiers se sont mal à propos dispensez de resider en leurs Benefices. Or au cas de present, parce que la verité est que le Beneficier doit residence en son Benefice ; il faut croire que là soit son vray domicile : & ainsi est dit *in cap. dilectus. extrà de rescript.* Et que l'Evêque du lieu doit avoir la dépoüille des meubles dont est parlé en cét article.

CHAPITRE III.

DES DROITS DE BLAIRIE.

ARTICLE I.

GEns d'une Justice peuvent mener ou envoyer leurs bêtes de toutes especes pâturer en vaine pâture, en justice d'autruy, en quelque saison de l'année que ce soit, sans danger d'amende, sinon qu'en ladite Justice y ait droit de Blairie.

ARTICLE II.

AUquel cas quand le Seigneur Justicier a droit de Blairie lesdits gens de justice ne peuvent en saison que ce soit, mener ou envoyer leursdites bêtes vain-pâturer en la Blairie d'autruy. Et si lesdites bêtes y sont prises, ledit sieur Blayer a droit de prendre pour chacune prise, sur chacun maître desdites bêtes, six deniers tournois : Sinon que lesdits forains ayent composé avec ledit Seigneur Blayer ; ou qu'ils ayent procours ou droit de mener ou envoyer pâturer leurs bêtes les uns sur les autres : lequel procours ou droit s'acquiert par tire ou joüissance suffisante à prescription, avec payement de redevance.

ARTICLE III.

ET quant aux sujets dudit Seigneur demeurans és fins de sadite Justice, ils peuvent mener ou envoyer leursdites bêtes pâturer en ladite Blairie sans danger d'amende en payant la redevance accoûtumée de payer pour la Blairie.

NUlle autre Coûtume de France n'a à la moitié prés tant de chapitre & articles pour regler le ménage des champs que la nôtre : comme se void en ce chapitre, & és chapitres des Champars, Dixmes, Vignes, Prez, Bois, Eaux, Etangs ; Prises de bêtes, Chaptels de bêtes, Fours & Moulins. Aussi le grand employ du peuple de ce païs est au ménage des champs, & plus en nourriture de bêtail. L'une des principales polices en ce ménage des champs est le pâcage du bêtail en vaine pâture : lequel droit de vaine pâture est tel, que chacun peut envoyer son bêtail pâcager en heritage d'autruy au tems que par la Coûtume il n'est de défense, *etiam* outre le gré du proprietaire ; sinon que l'heritage soit clos & bouché. Selon le droit des Romains chacun peut défendre à autruy l'entrée de son heritage en quelque-tems que ce soit. *§. planè instit. de rerum divis.* Il y a une exception par l'interdit *de glande legendâ*, quand le fruit d'un arbre étant sur le confin tombe en l'heritage du voisin. Aucunes Coûtumes de France permettent la vaine pâture & champeage de clocher, d'une Parroisse à une autre ; les autres des closeaux d'un village à un autre : ainsi disent Sens, article 146. Auxerre article 266. Orleans pour la

Beausse article 148. Auvergne chapitre 28. art. 1. & 5. Melun art. 303. Troyes art. 169. Vitry article 122. Orleans & Melun limitent pour les bêtes du creu de chacun & pour son usage & nourriture, Nôtre Coûtume parle plus indistinctement, quand elle dit que chacun peut envoyer pâcager son bêtail en autre Justice & territoire que celuy auquel il demeure, sans limiter si c'est Justice voisine ou lointaine : Met toutesfois l'exception, si le Seigneur voisin a droit de Blairie, auquel cas les seuls sujets ont droit de vaine pâture en ladite Justice, sinon qu'ils y ont composition ou procours. Ainsi nôtre Coûtume limite le droit des vaines pâtures par Justices, & non par Parroisses.

Combien que la Coûtume parle generalement, toutesfois se doit entendre & pratiquer ce droit avec civilité : que nul n'envoye pâturer si grande quantité de bêtail tout à une fois que le tout du pâcage soit consommé en peu de tems. Car ce droit de pâcage en vaine pâture est comme public, & chacun doit s'en ayder, en telle sorte qu'il ne fasse incommodité aux autres. *l. Annimum. ff. de damno infecto. l. 2. ff. ne quid in loco publico.* Et seroit assez expedient que la regle fût établie en ce païs, que ceux qui n'ont point de labourage ne pussent nourrir bêtes pour les envoyer en vaine pâture, sinon en fort petit nombre qui seroit limité, comme de deux ou trois vaches. La Coûtume d'Auvergne chap. 38. art. 11. restreint au nombre des bêtes hyvernées, foin & pailles, & aprés, Poitou art. 193. ne permet cette vaine pâture à ceux qui ne sont laboureurs. Orleans article 148. & Melun art. 313. disent pour les bêtes de leur creu, & pour leur usage & nourriture. Et en ce que le second article de cette Coûtume parle de composition avec le Seigneur Blayer, se peut & doit limiter que le Seigneur ne peut y admettre les étrangers en si grande quantité, que la commodité de ses sujets en soit grandement affoiblie, par la raison de la *l. in concedendo. ff. de aqua plu. arc. l. per quem ff. servit. rust. prad.* & encores par la raison de la *l. si cui simplici. ff. de servit.* Et telle est la regle des usages, que le Seigneur peut ajoûter des usagers nouveaux, pourveu que le droit des anciens usages ne soit foulé. *l. latro. ff. de aqua quotid. & æstiva.* Et ceux qui ont des pâcages en commun, y doivent envoyer des bêtes par proportion des heritages qu'ils possedent és mêmes territoires, & peuvent agir entr'eux à cét effet par l'action *communi dividundo.* Ainsi disent *Steph. Bertrandi cons.* 240. *vol.* 3. & *Aimo Craveta. consil* 60. & allegue la *l. si partem. ff. de servit. rust. prad.*

Avec payement de redevance.] Doncques le nud exercice de joüissance ne suffit pas comme de droit en tous cas esquel les actes de possession ne sont pas ordinaires ny connus à tous facilement, la science de celuy contre lequel on veut prescrire est necessaire. *l. 2. C. de servit. & aqua. l. quamvis saltus. ff. de adq. poss.* la Coûtume desire une science plus expresse par payement de redevance. Vray est que par argument des art. 26. au chapitre des maisons & servitudes réelles, & des bois art. 10. s'il y avoit possession immemoriale, elle vaudroit titre, *etiam* sans payement de redevance.

ARTICLE IV.

Ledit droit de Blairie ne peut appartenir à aucun s'il n'a Justice & titre particulier, ou prescription suffisante.

Il a été dit cy-dessus qu'en France les Seigneurs Justiciers qui ont droit de fisque, ont aussi droit de commander en tout ce qui est du public, & y faire reglement, & prendre les profits de ce qui n'appartient pas particulierement à chacun. C'est sur quoy est fondée cette redevance de Blairie, comme si c'étoit pour l'usage d'une chose, qui de soy est publique. Ce droit seroit de haute-Justice à laquelle seule appartiennent les biens & droits qui ne sont en proprieté d'aucuns. Toutesfois aucuns moyens & bas Justiciers ont le droit de Blairie, & se doit entendre des redevances & utilitez pecuniaires, parce que les amendes ne doivent exceder soixante sols : car la moyenne & basse Justice est un éclipsement des droits utils de la haute, en laquelle haute-Iustice reside originairement & directement ce droit de Blairie. Il est parlé de titre particulier ou prescription : parce que par l'article dernier les Seigneurs ne sont fondez en presomption de droit commun pour la Blairie.

ARTICLE V.

Vaine pâture doit être entenduë en Chemins, Prez en prairie dépoüillez, Terres, Bois, & autres Heritages non clos ne fermez : excepté toutesfois où & quand lesdits Heritages sont de défense par la Coûtume.

Les grands Chemins.] sont de droit public, pourquoy les Seigneurs autresfois ont prétendu que l'utilité pecuniaire, qui peut provenir de l'usage d'iceux, leur appartient.

Prez en prairie dépoüillez.] C'est-à-dire, aprés que l'herbe en est dehors, tant la premiere herbe que la seconde herbe, que nous appellons en ce païs, revivre ; & ailleurs se dit regain, & s'entend quant aux prez jusques à la Fête de Nôtre-Dame de Mars, vingt-cinquiéme jour, comme sera dit cy-aprés, chap. des Prez.

Terres déblavées qui ne sont labourées

ny semées. Bois selon le: limitations dites cy-aprés au chapitre de: Bois. Les chapitres cy-aprés des Vignes, des Prez, des Bois, de prises de bêtes, servent pour l'intelligence particuliere que c'est qu'heritage défense, & que c'est que vaine pâture.

ARTICLE VI.

POur droit de Blairie, & permission de vaine pâture, se paye au Seigneur Blayer par ses sujets ou forains, la redevance convenuë ou suffisamment prescripte.

C'Est redevance qui n'est pas pour bail d'heritage ny redevance fonciere, mais est pour reconnoissance de superiorité, & de la protection que le Seigneur doit à ses sujets pour les maintenir en la jouïssance & usage de la Blairie, à ce qu'ils n'y soient troublez par les voisins. Pourquoy me semble si en la haute-Justice d'un Seigneur se trouvent aucuns heritages vacans, qui ont servy de pâcage pour les sujets : que le Seigneur en devra être empêché de les appliquer à son profit, sous pretexte que les sujets luy payent Blairie : car la Blairie n'est pas redevance fonciere, ny destinée particulierement pour l'usage d'un heritage ou autre : mais en general pour les vaines pâtures. Et quand les sujets se sont aidez du pâcage desdites terres vacantes ç'a été par droit de faculté, & non par droit de servitude ou foncier : dont ne peut resulter aucun droit, selon la doctrine mise *in l. altiùs. C. de servit. & aqua.*

ARTICLE VII.

EN plusieurs lieux du païs, Blairie a lieu, en autres non. Et és lieux esquels ladite Blairie a lieu, elle commence à la Nôtre-Dame de Mars, & dure jusques aprés les débleures levées des Prez & Terres.

CEt article ainsi general est obscur, & faut l'interpreter & éclaircir selon les articles qui sont és chapitres cy-dessous, de Vignes, Prez, Bois, prises de bêtes. Sinon que de cét article se peut recüeillir, que le Seigneur Blayer peut faire prendre les bêtes en dommage sans plainte de partie, au tems que les heritages sont de défense, qui est ordinairemét depuis la Nôtre-Dame de Mars jusques aprés les fruits levez. Mais outre ce, il y a autres saisons que les heritages sont de défense, comme est dit ésdits chapitres suivans.

CHAPITRE IV.

DES FIEFS.

LA premiere source de la concession des Fiefs est du tems de l'empire Romain, quand aprés une Province conquêtée par armes, on distribuoit les domaines & heritages aux soldats qui avoient aidé à ladite conquête, & avoient servy le tems ordonné pour la milice. *l. ult. C. de fundis limitrophis lib.* 11. Ces concessions du commencement étoient à vie. Alexandre Empereur commença à les faire aucunement hereditaires, pour les enfans mâles seulement, qui feroient service à l'Empire pour la guerre, comme dit Lampridius en la vie d'Alexandre. Constantin Empereur les fit simplement hereditaires, afin que les soldats eussent plus grand courage de s'employer au fait de la guerre, quand ils seroient assurez de provisions pour leurs enfans, les François dés auparavant qu'ils passassent le Rhin furent employez par les Romains en leurs armées ; même és dignitez militaires, comme dit Ammianus parlant de Bonitius, & Sylvanus, dont l'un fut Maître de la Gendarmerie, tous deux étans François. Et est à croire que les Capitaines François aprés qu'ils eurent conquesté les Gaules sur les Romains, qu'à l'imitation des Romains, ils distribuerent les domaines de leur conqueste aux soldats François. Dont vient que par l'ancienne observance de ce Royaume ; nul ne peut tenir fief s'il n'est Gentil-homme. Les François qui étoient les vainqueurs conquerans retindrent à eux la dignité d'être Gentils-hommes, pour avoir droit de manier les armes : les Gaulois vaincus se trouverent les roturiers. Ainsi fit Diethrich, dit Theodoric Roy des Gots en Italie, qui ôta à tous les Romains & Italiens de nation l'usage des armes, & l'octroya seulement aux Gothis : c'étoient les Ostrogothis. Les Vvisigothis en firent autant en Espagne : dont est qu'audit païs ceux qui veulent être reputez de bien ancienne Noblesse se disent être *los Goths*. L'on ne trouve aucuns anciens écrits contenans les loix des Fiefs en France. Certains personnages hommes de condition privée, redigerent par écrit les loix des Fiefs de Lombardie, qui est le livre des Feudes que l'on a mis à la fin des volumes du droit civil Romain, mais ledit livre ne fait pas loy generale ; tant parce que les Auteurs *Obertus de Orto*, & *Gerardus Cagapisti*, n'étoient personnages ayans charge publique à cét effet : aussi que lesdites loix sont particulieres pour la Lombardie : & ne doit ce livre être allegué pour fermeté, sinon autant que nos Coûtumes s'y accordent. Ainsi dit *Petrus Jacobi* en sa pratique, titre *de jurisdict. §. final.* il est à croire qu'en la grande ancienneté les loix feodales de France avoient grande correspondance à la loy des Lombards, & faisoit on en France fort grand état des Fiefs, au tems que les Seigneurs avoient droit de faire guerre les uns aux autres, pour la manutention de leur honneur, & de leurs biens & droits : auquel tems chacun vassal étoit tenu de servir son Seigneur à la guerre, selon la valeur de son fief. Aucuns fiefs étoient liges, & les vassaux étoient par la nature desdits fiefs obligez de servir leurs Seigneurs contre toutes personnes excepté le Souverain : mais aujourd'huy que ce droit de faire guerre par les Seigneurs est aboly, & commença d'être ébranlé environ le tems de Philippes le Bel Roy, & étoit encores en suspens au tems de Louïs X. son fils, comme se void par une charte en la Chambre des Comptes à Nevers, de l'an 1316. il n'y a plus d'hommages liges sinon envers le Souverain, comme dit *Stephanus Bertrandi, consil. 219. vol. 3.* & ne sont plus les fiefs, sinon avec quelque ombre d'honneur sans service à la guerre, & pour les profits en cas de mutation d'homme. Le service à la guerre se fait au Roy seul, par le moyen de l'Arriereban, qui plus proprement seroit dit Hereban, laquelle diction se trouve és Capitulaires.

ARTICLE I.

LE Seigneur du fief peut saisir & metre en sa main, par faute de foy & hommage non faits, la Seigneurie ou heritage tenu de luy en fief, quarante jours aprés le decez du vassal : & ladite saisie faite & notifiée faire les fruits siens, jusques à ce que les heritiers du vassal ayent presenté la foy & hommage à la personne dudit Seigneur feodal, s'il est au païs, & s'il est absent, au lieu & maison dont le fief est mouvant ; les Officiers & entremetteurs du Seigneur ou aucuns d'eux appellez. Mais avant lesdits quarante jours ne peut faire saisir ny empêcher ledit Fief ouvert, par la maniere devant dite : & si par autre voye ledit Fief est ouvert, ledit Seigneur peut le faire saisir vingt jours aprés l'ouverture, & faire les fruits siens.

DE la grande ancienneté les fiefs étoient personnels, & la vie de celuy auquel la concession avoit été faite. *tit. 1. §. & quia. de his qui feudum dare possunt. in usib. feud.* Depuis la loy fut faite pour y faire succeder les enfans mâles : & encores depuis pour y faire succeder les freres pourveu qu'ils fussent descendus du premier vassal investi. Enfin ils ont été faits hereditaires de tous points, comme il est dit cy-aprés ; article 17. Aucuns vestiges & restes sont demeurez de cette ancienneté, en ce que quand le vassal meurt, le fief est tenu comme vacant & ouvert, & comme s'il étoit retourné au Seigneur, la concession étant faillie. Qui fait que le Seigneur peut le saisir & mettre en sa main comme sien, & à luy retourné : & ce que d'ancienneté le Seigneur faisoit par courtoisie en faisant nouvelle concession au fils, ou autre heritier du sang : par longue observance est venu en necessité d'obligation, & doit le Seigneur recevoir l'heritier à homme, quand il se presente à faire la foy. La representation de l'antiquité est par le mot de REPRISE, qui est la nouvelle reconnoissance que fait le vassal, comme si le Seigneur luy en faisoit bail, & le vassal le reprit de luy. En plusieurs Provinces de France encores est observé, que quand le fief chet en succession collaterale, le Seigneur prend le revenu d'un an, qui s'appelle droit de rachat ou relief : Rachat se dit comme si l'heritier achetoit du Seigneur le fief à luy acquis : Relief se dit comme si le fief étoit versé par terre à faute d'heritier, qui deût être recueilly par le Seigneur, & relevé pour le remettre sus en son ancienne nature de fief. Ce revenu d'un an est comme une honneste recompense, arbitrée autrefois par consentement commun de la Noblesse, & reçûë en Coûtume pour gratifier le Seigneur, qui fait grace à l'heritier collateral de l'investir du fief. Les quints deniers & droits de rachat, & relief en cas d'alliennation autre que par vente, ont pris leur source au tems de cette grande ancienneté, quand il étoit loisible au Seigneur de marchander l'investiture & approbation de nouvel homme : de tant qu'audit tems si l'alliennation étoit faite sans le gré du Seigneur, il y avoit Commise du fief en pure perte : & étoit-on contraint d'acheter ce gré du Seigneur : mais l'honnesteté & la courtoisie, qui toûjours a été és cœurs François a introduit, comme par consentement commun de tout le peuple ces compositions, en abolissant les compositions volontaires, qui étoient comme en forme de marchandise. Et ont été faites certaines & arrestées, dont le Seigneur seroit tenu se contenter en cas d'alliennation & de succession collaterale. Donques à la repetition de cette antiquité, quand le vassal est mort, & le fief est ouvert & comme vacant, le Seigneur peut le mettre en sa main comme chose sienne, gagner les fruits, & faire tous actes de libré bre administration, sauf qu'il ne peut allienner ou empirer le fonds. Cette raison peut être ajoûtée aux raisons que doctement allegue du Moulin sur la Coûtume de Paris, article 1. glos. 1. pour montrer que l'usufruitier ne peut saisir le fief ouvert, ny recevoir l'hommage, qui est comme nouvelle concessiõ du fief qui appartient au seul proprietaire.

L'article dit METTRE EN SA MAIN : ce n'est donc pas saisie sous la main de Justice. En plusieurs lieux est observé que le Seigneur feodal s'il a Justice luy-même decerne sa commission, & mande de saisir sans y employer son Bailly ny son Juge, & le Sergent peut executer quoy que le fief ne soit en la Justice du Seigneur feodal, comme il est dit cy-dessous article 9. Le Seigneur n'est tenu s'il ne veut y établir un Commissaire : mais peut lever par ses mains ou par les mains de son Receveur, quand il saisit pour gagner les fruits : Pourquoy me semble que si le Seigneur s'avise de vouloir établir Commissaire, qu'il le doit prendre volontaire, & ne peut le contraindre à ce. Car ce n'est pas charge publique, comme est d'un Commissaire sous la main de Iustice, qui est charge publique. *l. 1. §. itaquè. ff. de munerib. & honor.* mais la saisie feodale est purement de droit privé & domanial.

Ce tems de quarante jours a été ordonné d'ancienneté aux lamentations & ceremonies des corps morts. En la Genese chapitre 51. *can. quià alii 13. quæst. 2.* Les loix Romaines tiennent pour juste & raisonnable empêchement, quand aucun est empêché en telles ceremonies d'exeques qu'ils appelloient *justa facere. l. 2. ff. de in jus vocando.* Le même-tems par commun usage est attribué pour délay à déliberer si le prochain du défunt voudra se dire heritier. Aucunes Coûtumes plus gratieuses ne donnent le gain des fruits, sinon quarante jours aprés la saisie. Auvergne chapitre 22. article 1. 2. & 3. Senlis article 159. Berry des Fiefs article 9. Melun article 7. Autres Coûtumes permettent de saisir incontinent aprés le decez, mais ne donnent le gain des fruits jusques aprés quarante jours. Bourbonnois art. 368. Laon art. 183. Senlis art. 159.

ET S'IL EST ABSENT, Le vassal doit s'enquerir des Officiers ou entremetteurs du Seigneur sur le lieu : si le Seigneur a laissé charge & pouvoir à aucun, pour la reception des hommages ; car le Seigneur peut commettre, cy-dessous article 49. Et quand le vassal fait la foy au lieu du fief dominant en l'absence du Seigneur, il doit laisser copie de l'acte signée, quoy qu'il n'en soit requis. C'est regle generale qu'il faut laisser copie de l'acte en l'exploit qui se fait quand on ne parle pas à la personne même à qui on a affaire : car il faut rendre l'absent certain : & une dénonciation ou diligence faite legerement & par acquit ne sert de rien, & ne releve. *l. aut qui aliter. ff. quod vi aut clam. l. 2. ff. de nautico fœnore. l. de pupillo. §. 1. in verb. sic ut possit renuntiari. ff. de novi operis nuntiatione.* A quoy se rapporte la nouvelle Coûtume de Paris art. 63. Auvergne chapitre 22. article 46. & 47. Auxerre art. 45. Berry des Fiefs art. 20. Bourbonnois art. 380. Laon art. 187. Reims art. 110.

SEIGNEUR.] Vient du Latin *Senior*, qui est le mot dont usent les anciennes Constitution feodales, & ainsi est mis *in cap. 1.* tiré des Capitulaires de Charlemagne, *extrà, de censibus*, & signifie le superieur du fief. Ce qui peut être tiré du premier établissement des Fiefs, quand ils étoient personnels à tems ou à vie, quand on commettoit le commandement & direction des troupes de plusieurs vassaux faisans service à la guerre au plus ancien & plus experimenté soldat.

DONT LE FIEF EST MOUVANT, La Loy en France est ancienne & generale, que le Seigneur n'est tenu de recevoir son vassal à foy & hommage, sinon au lieu du fief dominant. Ainsi dit Paris art. 64. Melun art. 23. Sens article 182 Bourbonnois art. 378. Poitou art. 3. met cette exception, que si le vassal en l'absence du Seigneur a fait son devoir au lieu du fief dominant : qu'en aprés il peut faire la foy à la personne du Seigneur en quelque part qu'il le trouve. Combien que le service du vassal soit deû, principalement à la personne du Seigneur, toutesfois il est deû par le vassal à cause du fief servant ; & deû au Seigneur à cause du fief dominant, qui fait que le devoir est mêlé de realité & personnalité : de fait si le vassal allienne son fief, il est quitte de sa foy, sinon qu'il fut homme lige : car l'hommage lige oblige irrevocablement la personne en sa personne. De même aussi si le Seigneur allienne le fief dominant, les vassaux sont déchargez de leur foy envers luy. Ce qui s'entend quand le Seigneur allienne tout le fief dominant en université : car il ne peut allienner particulierement, ny deleguer un de ses vassaux en cedant le droit d'hommage, à cause de l'interest du vassal, qui n'est tenu d'aller faire son devoir autre part que là où il a accoûtumé. Aussi n'est il pas raisonnable que l'hommage à cause de l'excellence de la foy, qui est le principal fondement d'iceluy, soit sujet à trafic. Ainsi disent les loix Romaines, que les œuvres du libertin, qui consistent en officiosité & service honneste de la personne, ne peuvent être déleguées, ny cedée, par le patron à un autre: mais celles qui consistent en artifice ou ministere estimable en deniers peuvent être cedées & deleguées *l. si non sortem. §. libertus. ff. de condictione indeb.* Tel service en honneur, quoy qu'il ne puisse être cedé particulierement, toutesfois il est transmis avec l'université quand elle est alliennée : ainsi se dit és loix Romaines, qu'aucunes choses sont, qui seules & de par soy ne peuvent être alliennées, & toutesfois avec l'université peuvent être alliennées. *l. quidam. ff. de adq. rerum dom. l. in modicis. ff. de contrah. empt. cap. ex literis, extrà de jure patronat. in antiq.* Doncques si le Seigneur feodal démembre sa terre, pourquoy tout son territoire, sa justice & son revenu, retenant à luy le chastel, je croy s'il n'est rien dit autrement, que les hommages sont deûs au Seigneur du chastel: de tant que la mouvance est attachée au chaftel, selon cette Coûtume semblable aux autres en ces mots, MAISON DONT LE FIEF EST MOUVANT. La forme de faire la foy & hommage prescripte par la Coûtume de Paris, semble être generale par tout; Que le vassal mette un genoüil en terre, qu'il soit nuë tête, sans épée, sans éperons, & en cét état jure & promette la fidelité : & qu'il declare à quel titre il tient le fief. Touraine article 115. met une ceremonie à remarquer pour être imitée & suivie : si c'est simple fief que le vassal doive faire la foy nuë tête, les mains jointes entre les mains du Seigneur, avec le baiser. Si le fief est lige le vassal doit faire le serment les mains jointes sur les Evangiles, nuë tête, desceint avec le baiser. Poitou article 113. dit quand l'hommage est lige, qu'il faut jurer en touchant de la main sur le livre, c'est-à-dire, sur le livre de l'Evangile. Ce qui a été introduit pour de plus démontrer l'efficace du serment, & pour de plus prés serrer la conscience, & semble avoir pris sa source de ce qui est dit en l'Auth. *Jusjurandum quod præstatur. collat. 2. tit.3.* L'ancienne formule des sermens és Decrets étoit, que celuy qui juroit avoit la main sur le livre de l'Evangile, & aprés sa promesse faite disoit ces mots, AINSI DIEU M'AIDE, ET CES SAINTS EVANGILES DE DIEU, comme il est dit *in cap. ego. extrà. de jure jur.* & encores aujourd'huy les Evêques de France, quand ils pretent le serment de fidelité au Roy, ils ont l'une des mains sur le livre des Evangiles, l'autre sur la poitrine.

VINGT JOURS APRES L'OUVERTURE, C'est quand le fief change de main à titre singulier, comme de vente, donation, legs testamentaire, échange. Mais le seul acte d'allienation ne fait pas l'ouverture à effet de gagner les fruits par l Seigneur, s'il n'y a tradition vraye ou ficte. Car celuy qui a vendu demeure proprietaire avant qu'il ait fait la tradition, en sorte que s'il allienoit envers un autre & fit tradition à ce second, le second acheteur seroit le vray proprietaire. *l. qui tibi. C. de hæred. vel act. vend. l. quoties. C. de rei vendic.* La tradition se fait, non seulement par realité, quand le vendeur introduit en possession l'acheteur, mais aussi quand le vendeur retient l'usufruit; ou prend la chose venduë à loüage, ou confesse tenir à precaire, ou si la vente se fait sur la même chose venduë presente, ou par tradition de titre de la chose venduë. *l. quisquis. C. de donat. l. quædam mulier. ff. de rei vendic. l. 1. §. penult. ff. de adq. poss. l. pecuniam. ff. de solut. l. 1. C. de donat.* Et par regle generale la tradition ficte est censée être faite quand l'allienateur retient aucun droit qui est incompatible avec la proprieté. Cette regle est mise, *per Joan. Fab. in §. inter. dum. institut. de rerum divis.* Doncques semble que le Seigneur feodal ne peut saisir aprés la simple allienation à l'effet de gagner les fruits s'il n'y a tradition vraye ou ficte : parce que l'allienateur demeure cependant proprietaire, & par consequent le fief n'est ouvert : mais bien est fondé le Seigneur pour demander le quint denier qui est attribué par la Coûtume au cas de vendition simple. Aucunes Coûtumes desirent que l'allienateur de fief se devête és mains du Seigneur, & que le Seigneur revête l'acquereur, dont est venuë l'ancienne usance en aucunes Provinces, que le vendeur du fief payoit le quint denier : parce que c'étoit à sa charge de faire agréer la vente au Seigneur, en se devêtant en ses mains. Ce qui a été aboly par la plusplart des Coûtumes.

ARTICLE II.

SI ledit Seigneur feodal revient aprés au païs, il pourra signifier sa venuë audit vassal, & luy donner jour competent pour venir faire lesdites foy & hommage : & s'il ne vient à ladite assignation, derechef ledit Seigneur pourra faire saisir ledit fief, & faire les fruits siens. Et si ledit Seigneur ne compare par luy ou commis, le vassal sera tenu pour diligent : & ne pourra ledit Seigneur plus faire saisir ledit fief pour ladite cause de foy & hommage non fait.

AU PAYS, C'est-à-dire, en la Province où est le fief dominant. Provinces ou païs, sont comme Nivernois, Bourbonnois, Berry qui ont peuples, mœurs & Coûtumes distinctes. De cét article resulte que le Seigneur peut s'il veut, contraindre son vassal à luy faire la foy en un autre part qu'au lieu du fief dominant, pourveu que ce soit en la même Province & païs, sauf des limitations cy aprés. Et toutesfois le vassal ne peut contraindre son Seigneur d'accepter sa foy en autre part qu'au lieu du fief dominant. Les limitations peuvent être, que le vassal peut s'excuser d'aller au fief dominant, si le lieu où l'accez à iceluy luy sont suspects, & en doute de peril de sa personne. Vray est quant à la suspicion du même lieu du fief dominant, que le vassal ne la doit alleguer, sinon avec grande urgente & manifeste cause : car telle suspicion bien à peine se peut alleguer sans toucher l'honneur du Seigneur, qui doit amitié & protection à son vassal, & le vassal luy doit honneur, ce n'est pas ainsi du peril de l'accez, & du chemin, qui est excuse pertinente, selon la glosse, *in cap. ad Apostolicæ in verb. tutum*, où il est parlé du Seigneur & du vassal, *de sentent. & re judic. in 6. cap. ex parte 1. extrà, de appell. l. quid tamen vel. l. si cum dies. §. sed si in aliquem. ff. de recept. qui arbitr. receper.* Ou bien si le Seigneur donnoit assignation en autre part qu'au lieu du fief dominant, & le lieu assigné selon la qualité du vassal ne fût honneste, il pourroit s'en excuser. *d. §. sed si in aliquem.* Il se dit que le vassal ne peut contraindre le Seigneur de le recevoir autre part qu'au fief dominant; dont s'ensuit ce semble, que le fief servant doit être gouverné selon la Coûtume du fief dominant : car aux affaires civiles la regle est, qu'il se faut gouverner selon le lieu auquel on se trouve. *can. illa 12. dist.* Toutesfois aucunes Coûtumes disent que le fief servant doit être reglé par la Coûtume du lieu où il est assis, & non par la Coûtume du lieu du fief dominant. Mante article 44. Reims article 138. Laon article 224. & la commune opinion és Palais est telle. Mais és lieux où la Coûtume n'en dit rien, je croy qu'il faut distinguer;à sçavoir que pour le devoir qui se doit par la personne du vassal à la personne du Seigneur, comme de l'hommage & serment de fidelité, qu'il faut suivre la Coûtume du lieu où est le fief dominant, parce qu'en ce lieu le vassal est tenu se representer, par la raison dudit Canon, *illa*, & de la *l. si fundus. ff. de evict.* Mais s'il est question des profits, qu'il faut suivre la loy & la Coûtume du fief servant : car c'est l'heritage qui doit *l. Imperatores. ff. de publican.* Aussi qu'en la France coûtumiere, c'est la regle presque generale, que Fief & Jurisdiction n'ont rien de commun, & ne faut tirer argument de l'un à l'autre. Ainsi Berry des Fiefs article 57. Bourbonnois, article 1. Auvergne chapitre 2. article 4. & 5. Blois article 65. Ainsi à l'égard du Nivernois, Mont-Faucon, grande Baronnie, est du fief de Nevers ; toutesfois est regy par la Coûtume de Lorris, & est du ressort du Bailliage de Berry. Autrement est en Poitou, où se dit que le Seigneur feodal est fondé de jurisdiction article 108.

JOUR COMPETENT.] Avec assignation de lieu certain, soit du fiefs dominant, soit autre lieu honneste & seur en dedans la même Province & païs ; comme dit a été l'hommage est deû proprement au lieu du fief dominant. En la Chambre des Comptes à Nevers, se voyent plusieurs actes anciens, contenans les protestations des Seigneurs de ne préjudicier à leurs droits à l'avenir, quand l'hommage étoit reçû autre part qu'au fief dominant.

ARTICLE III.

SI les heritiers sont pupilles, leurs tuteurs seront tenus, & pourront valablement faire reconnoissance du fief dans un an, à compter du jour du decez du vassal. Et ne pourront ny ne seront tenus lesdits tuteurs de faire les foy & hommage, ny prester le serment de fidelité pour lesdits mineurs, durant leur minorité & pupillarité.

ARTICLE IV.

L'An octroyé ausdits pupilles, ou à leurs tuteurs pour ladite reconnoissance passé, le Seigneur dudit fief pourra saisir la chose feodale, & faire les fruits siens par faute de ladite reconnoissance.

ARTICLE V.

LEsdits pupilles ayans accomply l'âge de quatorze ans quant aux mâles, & quant aux filles de douze, pourront valablement, & seront tenus de faire hommage, & serment de fidelité audit Seigneur du fief dedans un an aprés ledit âge accomply. Et ledit an passé ledit Seigneur pourra mettre en sa main la chose feodale, & faire les fruits siens jusques à ce que devoir de fief luy ait été fait, comme dit est.

LE serment de fidelité est de l'essence de l'hommage que doit le vassal à son Seigneur : & dit la Loy Romaine que le pupille ne peut jurer, ny le tuteur pour luy, ny aucun pour le fait d'autruy. *l. videamus. ff. de in litem jurando. l. Marcel. ff. rerum amot.* & ailleurs dit la loy, que si le pupille avoit juré contre verité il ne seroit pas tenu pour parjure, parce qu'il ne desfigure la verité à son escient, le mot Latin est *quia sciens fallere non videtur*, qui est tiré de l'ancienne formule du jurement des Romains *si sciens fallo*, aprés lequel mot étoit l'execration *l. qui jurasse. ff. de jurejur.* Et si de fait le Seigneur avoit reçû le tuteur à prester serment de fidelité, le pupille fait pubere ne seroit excusé de prester en personne s'il en étoit semons par le Seigneur. La pluspart des Coûtumes commandent aux Seigneurs de bailler souffrance aux tuteurs pour le tems que les pupilles ne sont en âge competent. Paris article 41. Melun article 34. Auxerre article 78. Orleans article 23. & 24. Laon article 170. Reims article 112. Paris ajoûte & semble être bon de le tenir pour regle generale, qu'en requerant par le tuteur la souffrance, il doit bailler la declaration des noms & âges des pupilles. Orleans & Estampes permettent à un parent des pupilles de demander la souffrance pour eux quand ils n'ont point de tuteur. Autres Coûtumes permettent au tuteur de faire la foy. Tours article 343. Blois article 58. Mais s'il y avoit un profit de quint denier ou de rachat échû au Seigneur, ou du tems du predecesseur du pupille ou pour sa succession, je croy que le Seigneur ne seroit tenu de bailler souffrance, sinon en payant le profit : car ce payement ne desire pas un ministere personnel : par la raison de la *l. apud Julianum. §. 1. ff. ex quibus caus. in possess.* Aussi parce que la survenance du pupille en un affaire déja faite n'apporte aucun privilege. *l. Pollia C. de his quibus ut indignis.* Ce que nôtre Coûtume dit de la reconnoissance par le tuteur est tres-utile : dont la raison est generale au profit du Seigneur pour luy servir de titre & preuve de son fief, & pour empêcher la prescription, comme se fait és Terriers. La Coûtume permet au Seigneur de saisir & gagner les fruits, si le tuteur ne reconnoît dedans l'an : & en ce le pupille n'est aidé de la faveur de son bas âge : mais en reddition de compte il aura recours contre son tuteur. *l. si tutores C. de administ. tut. l. quicquid. C. arbit. tut.* Mais s'il avenoit que le tuteur ne fût solvable, pourtant le mineur ne recouvreroit les fruits, parce qu'il les auroit legitimement perdus. Si ce n'étoit que les fruits fussent encore extans, ou les deniers de la cense d'iceux és mains du Commissaire, auquel cas y auroit grande raison de donner au pupille son recours pour r'avoir les fruits en faisant son devoir, non pas tant du tout pour le privilege de la pupillarité, comme pour l'équité du droit, qui en tel cas donne l'action utile restitutoire *in rem l. ultim. ff. de eo per quem factum erit.* Ce que je voudrois entendre a l'égard des pupilles, & non pas des adultes & puberes qui sont en âge pour porter la foy : car la Coûtume à cét égard les fait majeurs, & n'y a rien à faire sinon par eux sans curateur, mais en autre cas tout est à faire par le tuteur.

Aage de quatorze ans et douze ans.] Semble que nôtre Coûtume, en cét endroit & en quelques autres s'est trop arrestée à la mesure de l'âge selon le droit Romain, & croy que mieux eût été selon la qualité du negoce arbitrer l'âge; ou bien en general déterminer la puberté à la pleine puberté, qui est jugée à dix-huit ans par ledit droit Romain. *l. Mela. ff. de aliment. leg.* En ce cas de foy & hommage, ce n'est pas assez que le vassal ait l'âge & discretion pour jurer : mais il faut qu'il ait la disposition & habileté de corps pour faire service à la guerre : car c'est un des principaux effets de l'hommage, & est la vraye source de la concession des fiefs. Les Romains faisoient prendre aux jeunes hommes la togue & robe virile à l'âge de dix-sept ans. & leur faisoient laisser la robe pretexte, qui étoit la robe de pueritie. En ce même âge de dix-sept ans ils commençoient d'aller à la guerre comme novices & tyrons : & pouvoient étre employez comme procureurs & entremetteurs en affaires d'autruy, autres que les judiciaires en cét âge de dix-sept ans. *l. 1. §. pueritiam. ff. de postul. §. justa autem versic. & servus instit. quibus ex caus. manum non licet.* Les Procureurs pour l'exercice des actes judiciaires ne peuvent étre qu'aprés 25. ans *cap. qui generaliter. §. ult. extra de procurat. in 6.* Et sembleroit bien à propos que ce même âge de dix-sept ou dix-huit ans pour les mâles, & de quinze ou seize ans pour les femelles, qui est l'âge auquel elle sont mariables, fût arbitré & deffiny pour prester l'hommage : & pour les autres actes mis en cette Coûtume où la puberté est arbitrée à quatorze & à douze ans. Et s'il avient cyaprés revision de cette Coûtume, sera assez expedient d'en faire remonstrance aux Etats. Mais pour les femelles au fait des fiefs, la dispense seroit bien seante, qu'elles pourroient prester le serment de fidelité audit âge par Procureur special, ou par le ministere de leurs maris si elles sont mariées, car en faveur du sexe se peut dire, qu'il n'est pas toûjours bien seant que les filles ou femmes voyent au loing, même en la maison d'un Seigneur par la raison de la *l. maritus. C. de procurat.* Aussi les autres Coûtumes ont mis plus haut l'âge de faire hommage que n'a pas fait la nôtre; sçavoir est, dix-huit ou vingt ans quant aux mâles, & quatorze ou quinze ans aux filles. Paris article 32. Laon art. 171. Orleans art. 24. Etampes art. 19. Tours art. 346. Vray est qu'en France le Roy est censé majeur au quatoze an de son âge, ce qui est incontinent aprés les treize ans accomplis : dont y a loy faite par le Roy Charles V. du 21. May 1375. publiée en Parlement luy seant. Suivant cette loy le Roy Charles IX. se declara majeur tenant son Parlement à Roüen le 17. Aoust l'an 1563. avant les quatorze ans accomplis. Mais au Roy y a raison particuliere, tant parce qu'aux grands le sens s'avance plûtôt qu'aux autres. *an nescis virtus Cæsaris, ante diem?* comme aussi parce que le Roy est toûjours assisté de son Conseil ordinaire, qui sont les Princes de son sang, les Pairs de France, & les Officiers Generaux de la Couronne, & du Conseil extraordinaire que son predecesseur Roy luy aura laissé.

ARTICLE VI.

Le Seigneur feodal peut faire saisir son fief quand il y a ouverture : & ce par faute de foy & hommage non faits, droits & devoirs non faits & payez, & pour dénombrement non baillé dans quarante jours, à compter du jour de l'hommage fait.

ARTICLE VII.

Et en chacun desdits trois cas, à ce que la saisie sorte effet, est besoin qu'elle soit faite sur ledit fief ou portion d'iceluy, & notifiée à la personne du vassal s'il est au lieu, sinon à ses Officiers ou entremetteurs, ou l'un d'eux : & où il n'y en aura point; par cry public, & affiche au lieu public dudit fief, où à faute d'iceluy à la porte de l'Eglise Parroissiale.

ARTICLE VIII.

ES deux premiers cas; à sçavoir, par faute de foy & hommage non faits, droits & devoirs non faits & payez : le Seigneur a aprés la saisie & notification faite en la maniere devant dite, fait les fruits siens incontinent aprés ladite notification : & les peut faire lever par commissaire à ce député, ou les laisser lever à son vassal, qui est tenu d'en rendre compte quand il luy sera enjoint. Et au dernier cas; à sçavoir, par faute de dénombrement non baillé, lesdits fruits aprés la notification sont levez par l'autorité dudit Seigneur, si bon luy semble, sans les faire siens. Et en chacun desdits trois cas, le vassal avant la main levée, est tenu de payer audit Seigneur les frais raisonnables de la saisie, & dépendances.

OUverture proprement est, quand le vassal est mort, ou quand actuellement il s'est démis du fief, en transferant la proprieté à autre personne, par tradition ou quasi tradition. En fief le successeur universel peut se dire saisi au préjudice des droits du Seigneur feodal : Qui fait que le Seigneur met en sa main le fief comme vacant. Le Seigneur met le fief en sa main de sa propre autorité, pourveu qu'il ait droit de Justice au lieu de son fief dominant, comme cy-aprés article 9. la saisie du Seigneur feodal a plus de force & d'efficace, que la saisie sous la main de Justice faite à la requeste des creanciers : ainsi disent Melun article 78. Laon article 207. Berry des executions article 81. qui dit contre la regle commune, que nonobstant les criées le Seigneur feodal peut saisir : En sorte que si le Seigneur haut-Justicier avoit saisi pour maintenir le droit de confiscation à luy acquis, & le creancier eût aussi saisi, & le Seigneur feodal eût auparavant ou depuis saisi, la saisie feodale seroit à preferer, car elle est fondée sur la premiere concession du fief, qui est plus ancienne que l'hypoteque du creancier : & le creancier a son droit posterieur, & l'a seulement sur la Seigneurie utile appartenante au vassal, & telle comme elle luy appartient; à sçavoir, chargée & sujette aux droits du Seigneur feodal. *l. si finita. §. si de vectigalibus. ff. de damno infecto.* Mais quand les biens du vassal sont en desordre par son mauvais ménage, ou sont en criées, & le fief est saisi par le Seigneur, la Cour de Parlement a accoûtumé d'ordonner un expedient, que le Seigneur & les creanciers éliront un personnage notable pour curateur aux biens vacans du vassal, lequel curateur devra faire la foy, payera les droits Seigneuriaux, & sera reputé homme & vassal provisionnel : aussi sera tenu le Seigneur le recevoir, & par le decez de tel homme durant les criées y aura ouverture de fief. Ainsi fut ordonné en une plaidoyrie par Arrest du premier Decembre 1544. & ainsi est ordonné par aucunes Coûtumes : Paris article 34. Berry de Fiefs article 82. & 83. Par Coûtume nouvelle d'Orleans, article 4. y a un temperament, qui sembleroit bien raisonnable pour être suivy és Provinces esquelles n'y a Coûtume contraire; a sçavoir, que le Seigneur soit tenu de bailler souffrance à ce curateur, sauf au Seigneur à se pourvoir sur les deniers de l'accense que fait le commissaire, ou sur les deniers du decret, pour être payé de ses profits. Ces expediens ou semblables sont fort consonans à raison & équité, pour éviter que le vassal mal affectionné envers ses creanciers, ou le Seigneur trop rude exacteur en usant de son droit à l'étroit fasse tort aux creanciers. Mais si la saisie des creanciers étoit precedente; Je croy que la saisie du Seigneur ne deposséderoit pas le commissaire des criées, mais le Seigneur pourroit s'opposer pour avoir adjudication des fruits en attendant qu'il ait un homme qui ait fait la foy, & encores pour être payé de ses droits déja écheus : car par regle vulgaire de pratique, saisie sur saisie n'a point de lieu. Toutefois aprés le decez de Maître Jacques Boyer Receveur pour le Roy en la Chambre des Comptes à Paris, la Terre & Seigneurie d'Azy és Avergues ayant été saisie pour le Roy à cause du reliqua des Comptes dudit Boyer : Et saisie aussi par le Seigneur de Chezeaux Seigneur feodal, furent tous les fruits adjugez au Seigneur feodal. Et le brocard *saisie sur saisie n'a point de lieu*, ne doit être consideré : Car la saisie feodale n'est pas proprement saisie, mais est *ad instar* de reversion de fief. Du Moulin sur la Coûtume de Paris article 37. *glosa 6. numero* 8. dit que la saisie feodale, soit qu'elle soit premiere ou suivante, est préferée à autre saisie. En cas de felonie ou autre crime qui apporte reversion ou confiscation de foy *ipso facto* avant la Sentence; encores que le droit soit acquis au Seigneur, toutefois on ne tiendra pas le fief pour ouvert, sinon aprés la Sentence declaratoire. Par la raison du chap. *cum secundum de haeret. in Sexto*, & *cap. licet Episcopus, de praebend. in 6.* Mais la Sentence tire son effet en arriere; comme étant declaratoire.

Quand la saisie est faite sous la main de Iustice le commissaire étably peut être contraint d'accomplir la charge contre son gré comme en charge publique s'il n'a excuse legitime. Mais le commissaire de saisie feodale doit être pris volontaire, parce que telle saisie est proprement domaniale & privati juris. Car la saisie se fait sous la main du Seigneur feodal, qui n'a rien de commun avec la Iurisdiction.

SAISIE FAITE SUR LEDIT FIEF.] C'est regle generale aux saisies qu'elles doivent être faites en & sur la même chose saisie, & l'apprehension de possession desire un acte réel *ad instar* du droit des gens, selon lequel la proprieté étoit acquise à chacun par occupation *l. 1. ff. de adq. possess.* & parce que telles saisies ou grande correspondance avec les saisies sous la main de Justice, qui desirent la realité *l. non est mirum. ff. de pignor. act.* & par l'Edit des Criées de l'an 1551. il suffit que la saisie soit sur partie du fief, en comprenant par parole tout le reste *l. 3. in princip. ff. de adquir. possess.* Et pour la notification à personne, ou aux entremetteurs ou à cry public, quand on ne sçait à qui s'adresser, sera noté ce qui est dit *in l. 4. §. prætor toties ff. de damno infecto. l. aut qui aliter. §. 1. ff. quod vi aut clam.* & afin qu'audit cas de cry public le saisissant puisse dire qu'il n'a pû autrement: le sergent enquerera des voisins s'ils sçavent aucun entremetteur selon la *l. 2. ff. de nautico fœnore.* Cette notification se peut faire au vassal adulte mineur de vingt cinq ans, sans y requerir l'autorité de son curateur *l. operis novi. ff. de oper. novi. nunt.* & parce que la Coûtume le tient pour majeur en cet âge là au fait de la foy & hommage. Mais en tous cas, il faut laisser copie, afin qu'il ne semble que la notification soit faite par acquit, & afin que le vassal soit averti avec certitude *l. de pupillo. §. 1. in verb. sic ut domino possit renuntiari. ff. de novi oper. nunt. l. aut qui aliter ff. quod vi aut clam.* Et audit cas d'absence ou qu'on ne sçait à qui parler, faut afficher l'exploit en lieu public. *l. sed et si §. de quo palam. ff. de institoria. act. l. si eo tempore. C. de remiss. pign.* Aucunes Coûtumes sont tres raisonnables, qui statuent que si la saisie est de durée, elle doit être renouvellée de trois en trois ans, & ne peut avoir effet pour plus de tems, & ce pour éviter les captions & surprises. En autre cas, quand on ne sçait à qui s'adresser, parce que l'adversaire n'y est pas, & n'a point de domicile certain on a accoûtumé d'obtenir lettres Royaux en Chancellerie, qu'on appelle d'autorisation d'ajournement; parce que selon la pratique vulgaire, tous ajournemens doivent être faits à personne ou à domicile, & quand on ne peut faire à personne qui est absente, ou à domicile, parce qu'il n'y en a point, ou on ne le sçait pas, le Roy mande d'ajourner à cry public au lieu où dernierement frequentoit cét absent, & en parlant à aucuns de ses parens ou entremetteurs d'affaires, s'il y en a au lieu, & leur baillant copie d'exploits ou les affichant à lieu public. Et le Roy par ses lettres autorise tel ajournement, comme s'il étoit fait à personne ou à domicile.

Es deux premiers cas, Doncques s'ensuit, puis que ce sont deux cas de saisie, l'un à faute d'homme, & l'autre à faute de droits non payez; que le Seigneur saisissant pour les droits que la foy soit faite, & qu'il y ait homme, fait les fruits siens non payez. quoy qu'aucuns en cette Coûtume ont été d'opinion contraire, mais le texte resiste à leur opinion. De vray aucunes Coûtumes disent quand le Seigneur a reçû la foy qu'il ne peut saisir pour les profits, mais doit venir par action. Melum, article 26. Sens, art. 222. Berry, des fiefs, art. 38. Orleans, art. 66. Laon, art. 223. Reims art. 125. Blois, art. 97. Les unes comme Sens, Reims, & Berry, exceptent si le Seigneur en reçevant la foy n'en a fait reservation; mais Troyes, art. 42. & Auxerre, art. 61. permettent au Seigneur de saisir audit cas, & gagner les fruits. Il est certain en cette Coûtume, que le Seigneur n'est point tenu de reçevoir son vassal à foy, sinon en payant les profits s'ils sont deûs *infra* art. 62. Et si le Seigneur a ignoré, & le vassal luy a celé qu'il fût deû aucun profit, le vassal comme ayant commis dol seroit indigne de la grace du Seigneur, & seroit tout autant que s'il n'étoit reçû en foy, par la raison de la *l. si quasi ff. de pignor. act. & l. cum dominus. ff. de peculio legato.* Le plus seur est que le Seigneur en reçevant son vassal à hommage se reserve d'exercer ses droits en cas qu'aucuns profits seroient deûs.

Les laiser lever a son vassal. Ce n'est pas à interer que le Seigneur puisse faire établir son vassal Commissaire, ce qui seroit dur: même étant le vassal Gentil-homme exempt de telles charges comme des autres publiques, qui consistent en ministere de ménage. Aussi la Coûtume use de ces mots, *les laisser lever*, à son vassal & peut bien le Seigneur faire sçavoir à son vassal que si aprés la main mise, il leve il en rendra compte. Cela se peut pratiquer, quand pour le respect du vassal, qui peut-être craint & redouté, le Seigneur ne peut trouver Commissaire volontaire: ou que le Commissaire ne peut trouver accenseur, ou n'en peut trouver qui encherisse à prix approchant de la vraye valeur. Car ce qui est bien loing de la raison & proportion soit en trop, ou en trop peu, doit être estimé comme impossible, *l. non dubium in fine. ff. de lega. 3. l. alieno. §. si his cujus ff. de fideicom. lib. l. si quis conduxerit. ff. locati.* Et pour charger le vassal de rendre compte est expedient de s'arrester à la plus simple difficulté qui sera faite au commissaire: car si le vassal s'entremet, il est comptable, & par aprés le Seigneur n'est tenu de le recevoir sinon en rendant les fruits.

Faire les fruits siens, Qui emporte de joüir de tout le fief, duquel fait portion le châtel, ou autre bâtiment qui est és champs. Et parce que les châteaux & bâtimens és chãps, ne sont pas destinez pour en tirer profit pecuniaire comme on a accoûtumé és maisons de Ville, dont on tire loüage: La question a été si le Seigneur feodal pourra déposseder son vassal de sa maison, pour par luy Seigneur en joüir, parce qu'elle fait portion du fief. Avant la redaction d'aucunes nouvelles Coûtumes, la Cour avoit jugé par aucuns Arrests que le Seigneur ne devoit deposseder son vassal de son habitation ordinaire. Et en une plaidoyrie du 12. Janvier 1551. entre de Brouiller & Savigny, fut allegué un Arrest du dernier Decembre 1537. par lequel il avoit été ainsi jugé, avec cette limitation, que le vassal payeroit au Seigneur en deniers, ce que la commodité de jouïssance seroit estimée valoir: Les sçavans du Palais fondoient la raison desdits Arrests sur la courtoisie, & sur le respect d'amitié qui doit être entre le Seigneur & le vassal, & parce qu'il est vray semblable que le Seigneur ayant son habitation ordinaire, ne voudroit pas aller demeurer en la maison de son vassal, dont il n'auroit autre avantage que de nuire son vassal. Mais je croy qu'outre ladite raison on en peut alleguer autre: parce que les châteaux & maisons és champs ne sont destinées pour être baillées à loüage, mais sont en pur usage personnel: & la Coûtume ne donne au Seigneur autre droit, sinon de faire les fruits siens *& quæ sunt in usu non dicuntur in fructu. l. 1. ff. de usu & hab.* Surquoy partie des nouvelles Coûtumes ont fait des articles exprés, par lesquels est dit que le Seigneur ou son Commissaire ou Fermier prendront la commodité de granges, caves & greniers pour y serrer & conserver les fruits du fief, avec une chambre pour y loger le receveur ou accenseur. Et ne sera le vassal dépossedé du logis qui sert pour son habitation: ainsi disent Paris, article 58. Etampes article 30. Poitou art. 158. Orleans art. 73. Tours article 134. Et s'il n'y avoit autre bâtiment au fief que pour loger un Receveur, & quelquefois le Maître quand il y vient, le Seigneur saisissant ou son Commissaire en joüiroit: car en ce cas se doit dire que tel bâtiment que les Latins appellent *villa*, est l'accessoire du domaine des champ. *l. fundi. §. quid tamen. ff. quib. mod. usuf. amitt. l. si ita testamento. §. ult. ff. de fundo instructo.* Autrement faudroit dire si c'étoit une maison en ville close ou gros bourg, qui eût accoûtumé d'être ou peut être loüée de par soy comme maison & fût tenuë en fief, parce qu'en tel cas le Seigneur feodal en devroit joüir en la baillant à loüage, ou prenant les loüages si de bonne foy elle avoit été loüée auparavant, & si le vassal y demeuroit on ne le feroit pas sortir: mais il payeroit autant que le loüage seroit arbitré par le dire de preud'hommes, *& pro rata* du tems que la saisie dureroit, selon la *l. prædiorum. ff. de usur. l. cum servus alias. & l. Africanus. §. fructus. ff. de lega.* 1. A quoy se rapporte la nouvelle Coûtume d'Orleans art. 73. La regle generale que le Seigneur qui a saisi le fief en doit user comme un bon pere de famille, & y ménager par saisons, & selon que la nature le requiert. Ainsi dit Paris article 1. Poitou article 119. Auxerre article 63. Blois article 78. Laon article 211. Ainsi est ordonné en l'Edit du Roy Philippes le Bel, de l'an 1302. au fait de la Regale, qui est, *ad instar* d'une saisie feodale: auquel Edit est parlé particulierement de pêcher les étangs en saison, & les rempoissonner, & ne couper bois de haute Fustaye, ny bois taillis, sinon en saison accoûtumée.

Pour denombrement non baillé, En ce cas la saisie se fait seulement pour punir la contumace du vassal, & non pour apporter profit au Seigneur: & est telle saisie ou sequestration pour ennuyer le vassal, afin qu'il se semonne à faire raison: & de telle sequestration est parlé, *in cap. 2. extrà, de dolo & contu. & in l. is cui. ff. ut in possess. leg.* Quand telle saisie est faite, le Seigneur ne doit pas joüir par ses mains: mais par necessité doit établir un Commissaire qui soit comptable, duquel le Seigneur devra répondre si le Commissaire se trouvoit non solvable, d'autant que le Seigneur l'a choisi & preposé, & ce par l'action utile *institoria. l. in eum. ff. de institor actione.*

Les frais de la saisie, Payer avant la main levée, dont resulte qu'il y a retention: combien que les frais ne soient liquidez: mais si les frais ne peuvent être promptement liquidez, le vassal en presentant une somme de deniers, & baillant caution de payer aprés la liquidation des frais, aura main-levée, par la raisō de la *l. statuliber rationem. ff. statulib.* & selon l'Edit de Moulins de l'an 1566. art. 52.

ARTICLE IX.

La saisie de la chose feodale se peut faire par le Sergent du Seigneur du fief, posé que ce soit en Justice d'autruy, & doit ledit Sergent demander assistance au Seigneur Justicier du lieu où il fait sadite saisie. Et quant à lad. notification, il la peut faire quelque part que ce soit sans demander ladite assistance.

Par le Sergent du Seigneur, S'entend s'il a Justice, & droit de créer Sergens, autrement le Seigneur doit s'aider du Sergent de la Justice en laquelle est le fief servant. Car quoy que ce soit exploit domanial, si est ce qu'il y a quelque correspondance à exploit de Justice: & la voye de Justice est de bienseance tirant à necessité pour éviter les perils des voyes de fait, sur quoy est fondée la *l. creditores in fine. C. de pignorib.* La commission du Seigneur feodal doit être particuliere & non generale, comme sera dit cy-aprés article 55. Icy sera repeté que Fief & Jurisdiction n'ont rien de commun, & que pour être Seigneur feodal il n'est pas fondé de Jurisdiction au lieu du fief. Vray est, que si le Seigneur feodal est aussi Seigneur superieur par ressort du fief servant, il pourra de son autorité saisir sans demander assistance. Et ce qui se dit en cét article de demander assistance au Seigneur Justicier du lieu, s'entend quand c'est une Justice du tout étrangere, & appartenante à autre qu'au vassal. Car si le vassal avoit Justice en son fief qui ne fût du ressort du Seigneur feodal, le Sergent du Seigneur feodal pourroit demander permission ou assistance au Seigneur superieur par ressort dudit vassal, sans la demander au vassal contre luy-même. Cette assistance emporte que le Seigneur Justicier du lieu donne son Sergent pour assister le Sergent du Seigneur feodal, qui seul de par soy ne pourroit exploiter en Justice d'autruy. Ainsi est observé, que tous Seigneurs & Officiers de Justice, quand il est question d'exploiter en justice d'autruy, mettent la clause rogatoire, pour prier les Seigneurs Justiciers de souffrir l'exploit être fait en leur Justice, avec cette appendice, *comme eux qui prient voudroient en pareil ou plus grand cas faire pour eux en faveur de justice.* La difference est qu'en autre cas que de saisie de fief, le Sergent de la Justice ou se fait l'exploit, execute en vertu de la commission de son Juge, qui au pied de la commission rogatoire du Juge étranger: & en saisie de fief c'est le même Sergent du Seigneur feodal qui exploite, étant accompagné du Sergent de la Justice. Et si le Sergent à l'étourdie exploite en la Justice d'autruy sans demander congé, l'on peut arrester son cheval, quoy qu'il fût Sergent Royal, sinon qu'il exploitât en cas Royal, ou de ressort. Par l'Ordonnance du Roy Philippes le Bel, de l'an 1302. article 18. se pratique quelquesfois, que le Seigneur feodal qui doute n'être pas assez fort pour faire executer & faire avoir effet à sa saisie feodale, obtient lettres Royaux en la Chancellerie, qu'on appelle de Conforte-main, adressante au Juge Royal, pour par la main & autorité du Roy, renforcer & faire venir à effet la saisie feodale. Telles lettres portent la clause ordinaire des saisies feodales. Et EN CAS D'OPPOSITION LA MAIN FEODALE TENANT. De laquelle clause les Seigneurs inferieurs ne peuvent user : comme fut jugé par Arrest contre les Religieux de saint Denis en France, le Mardy 7. Avril 1551. mais aprés la saisie faite le Juge de la cause aprés avoir oüi les parties, peut ordonner que la main feodale tiendra nonobstant l'opposition. Cette même clause, LA MAIN TENANT NONOBSTANT OPPOSITION, pour les choses tenuës noblement est ordinaire és lettres Royaux en forme de Terrier.

LA NOTIFICATION EN QUELQUE PART QUE CE SOIT, Notification ce n'est pas exploit réel. Ainsi est observé quand le Sergent ou par crainte de violence, ou parce que l'execution n'est aisée à faire, comme si c'est adjournement à faire d'un Parlement à un autre, pourquoy faire les Juges Royaux de la Province ne peuvent donner *pareatis* ny permission, mais doit être prise au Parlement, dedans le ressort duquel on exploite : ou si c'est hors le Royaume, le Sergent sur les limites du territoire auquel il est Sergent, fait & exploite sa charge à cry public, & par quelque contenance, comme il peut, en presence dresse son exploit. Puis luy ou autre personne en presence de Notaire ou autre personne publique avec témoins signifie son exploit à la personne ou au domicile de celuy contre lequel il a exploité, & luy en délivre copie. Cette notification & délivrance de copie purge la faute qui peut être en cét exploit d'ajournement, non fait à personne ny à domicile, à quoy celuy qui est ajourné n'a interest : car il est fait certain.

ARTICLE X.

LE Seigneur du fief pour cause de foy & hommage non faits, droits & devoirs non payez & dénombrement non baillé, ne peut prétendre droit de Commise, mais seulement és autres cas de droit.

IL a été dit, qu'en la grande ancienneté la loy des fiefs étoit fort rigoureuse, même en ce que si le fils demeuroit par an & jour aprés le decez de son pere sans demander investiture, & renouveller la foy, il perdoit & commettoit son fief. *§. 1. cap qua fuit prima causa benef. amitt. in usib. feud.* Encores aujourd'huy en Bourgogne les fiefs sont de danger, c'est-à-dire, si le nouvel acquereur du fief se met à joüir sans s'être presenté au Seigneur feodal pour faire son devoir, il commet & perd son fief; mais par nôtre Coûtume, *infrà* article 17. les fiefs sont reduits *ad instar* des autres choses patrimoniales. Ce qui est icy dit des cas de droit, est selon l'opinion vulgaire, selon laquelle on estime le livre des Feudes qui est à la fin des livres du droit Romain, être droit Commun : mais selon la verité, ny le droit Romain, ny le livre des Feudes, qui a été fait pour la Lombardie, ne sont pas nôtre droit Commun, comme à été dit cy-dessus. Bien est à croire que toutes ces nations Septemtrionales, qui ont conquesté en Europe les Provinces de l'Empire Romain, comme les Goths en Espagne, les François és Gaules, les Lombards en Italie; ont étably quelques loix au fait des fiefs, ayans quelque correspondance & consonance, parce que toutes ces nations ont frequenté les armées Romaines, & aprés que Charlemagne se fut rendu Empereur de l'Occident, & eût conquesté la Germanie, il est à croire que sous son Empire les loix feodales ont été semblables ou approchantes, tant en France qu'en Germanie, en Espagne & en Lombardie : & le Royaume de Naples a été étably par les Normans venus de France, & depuis par les mêmes François de la Maison d'Anjou. Ce livres des Feudes est communement allegué en France à l'imitation des Docteurs Ultramontains, qui ont été les grands maîtres au droit Civil Romain, & peut être en avons nous fait trop grand état, comme a été dit autre part : & ce qui nous a aidé à alleguer ledit livre des Feudes, a été parce qu'il ne se trouve aucun livre si ancien parlant des Fiefs. Le cas de Commise de fief dont parle cét article, sont la felonnie, le faux aveu, le desaveu, & toute ingratitude remarquable, dont sera parlé cy-aprés article. 66.

ARTICLE XI.

EN chose feodale tant que le Seigneur dort le vassal veille : & *econtrà*. Tellement que si le Seigneur du fief est en demeure d'exploiter & saisir son fief, ledit vassal fait les fruits siens, posé qu'il n'ait fait son hommage : & semblablement si le Seigneur feodal fait saisir son fief par faute de foy & hommage non faits, ou droits & devoirs non payez, il acquiert les fruits de ladite chose feodale, selon ce que dit est dessus.

PResque toutes les Coûtumes de France ont cét article: Paris article 61. Melun article 82. Sens article 188. Auxerre article 51. Orleans article 85. Senlis, article 196. Troyes article 23. Vitry article 41. La courtoisie propre aux François, & née avec eux a introduit cét article, à ce que le vassal se fiant de la bonté de son Seigneur, eût occasion de croire que son Seigneur a agreable sa joüissance, pour autant de tems qu'il ne luy demande rien. Aussi le droit que le Seigneur a de saisir en telle saison qu'il voudra, *etiam* la veille des moissons ou de vendanges pour gagner les fruits, doit éveiller le vassal, & luy faire penser qu'il n'est pas bon de mépriser son Seigneur, en abusant de sa patience. Le droit de saisir donc est en la pure faculté du Seigneur, partant on ne prescrit contre iceluy. *Jo. Fab. in l.* 1. *C. de servit. & aqua Innoc. in cap. cum Ecclesia extra de causa poss. & propr.* combien que le quint denier deû par l'alliennation puisse être prescrite par trente ans, *infrà* article 16. toutesfois aprés les trente ans, le Seigneur pourra saisir à faute d'homme, & gagner les fruits sans demander quint denier.

La question a été si les creanciers du Seigneur feodal peuvent le contraindre par Justice à saisir son fief ouvert afin qu'il en gagne les fruits pour les appliquer à ses creanciers. Surquoy me semble que si l'ouverture est sans profit de bourse, & que le vassal ne doive que la bouche & les mains, que le creancier ne peut contraindre le Seigneur ; & n'est reputé le Seigneur faire en fraude s'il s'en abstient : car celuy qui delaisse d'acquerir quand l'acquisition est en sa pure liberté, & quand en s'abstenant on est censé & reputé faire par honneur & courtoisie, n'est pas censé faire en fraude ny diminuer son bien. *l. qui autem. ff. quæ in fraudem credit. l.* 1. *§. utrum. ff. si quid in fraudem patr.* Aussi quand aucun par courtoisie relâche la rigueur de son droit, sans le prendre exactement, n'est pas censé faire en fraude de ses creanciers. *l. patrem, cum. l. seq. ff. quæ in fraudem credit.* Mais si c'est ouverture avec profit, le droit est acquis au Seigneur, *ipso jure & facto*, dés lors du contrat passé, *infrà*, art. 58. & peut le creancier du Seigneur faire arrester le quint denier és mains de l'acquereur, & contraindre le Seigneur de saisir à l'effet de la perception plus facile du quint, & pourra aussi faire saisir les fruits échcus d puis la saisie.

Sur ce propos on demande si le fermier, qui par son bail à cession de tous les profits, ou s'il y a un Commissaire étably, ou si c'est un usufruitier du fief dominant, pourra saisir le fief servant ouvert : & par les raisons, & à la suite de ce que dessus me semble qu'il ne peut saisir quand par l'ouverture n'y a point de profit de bouche : car ce droit de la bouche & des mains est tres-personnel, & n'est cessible ny transmissible, comme consistant plus en honneur, par la raison de la *l. non solum.* 2. *ff. de liberat. leg. l.* 3. *§. si quid minori. C. de minorib. & arg. l. fabriles. ff. de operis servorum.* S'il est deû profit, il peut à l'effet de le recüeillir saisir le fief, en prenant sa qualité comme Procureur du Seigneur proprietaire.

ARTICLE XII.

TOutesfois, si la chose feodale est mise en la main du Seigneur du fief par faute de foy & hommage à luy non faits, droits & devoirs non payez, & dénombrement non baillé : ledit Seigneur ne peut acquerir pendant ladite saisie droit petitoire ou possessoire au fonds de la chose feodale contre son vassal par quelque laps de tems qu'il tienne en sa main ladite chose.

PETITOIRE OU POSSESSOIRE, La possession d'an & jour, qui est la saisine, valant pour le possessoire doit avoir correspondance avec la possession qui est à l'effet de prescrire pour le petitoire : car en l'une & en l'autre est requis que le possesseur joüisse en opinion, & en qualité de proprietaire, qu'on dit en Latin, *pro suo & opinione domini. l. quacumque. §.* 1. *ff. de Publicana in rem act. l. si servus. §.* 1. *ff. de noxal. act.* Et si le commencement de la joüissance a quelque qualité adjacente pour faire croire qu'il n'a pas joui en opinion de proprietaire, cette qualité se continuë de soy-même, *etiam* contre la volonté du possesseur ; qui est censé toûjours posseder avec la même cause. *l. cum nemo. C. adq. possessione.* Si ce n'est qu'il survienne nouvelle cause qui soit apparente & probable pour donner autre qualité à la possession. *l. qui bona. §.* 1. *ff. de adq. poss.* Doncques quand le Seigneur commence sa possession par saisie feodale, il est reputé continuer la même cause de possession, qui fait qu'il ne peut prescrire, ayant été sa premiere volonté de joüir du vassal, qui est la gentille presomption de la *l. merito. ff. pro socio.* Sur cette raison fut fondé l'Arrest, par lequel l'Evêque de Clermont fut évincé du Comté de Clermont par la Reyne mere des Rois, aprés trois cens ans, parce qu'on faisoit connoître par écrit, que le commencement de la joüissance de l'Evêque étoit par dépost & bail en garde.

Mise en la main du Seigneur, En la main, signifie plus que sous la main : autrement est de la main de Justice, qui desire un tiers pour Commissaire & sequestre. La main feodale represente plus la recreance que le sequestre.

Pour empêcher la prescription, & autrement, parce qu'ainsi est la raison, le Seigneur feodal durant sa saisie & joüissance, doit és actes publics concernans le fief saisi prendre la qualité de Seigneur feodal, & le vassal le peut contraindre à ce par Justice, à ce que sa possession ne puisse préjudicier au droit du vassal.

ARTICLE XIII.

Semblablement si le vassal cesse de faire la foy & hommage, reconnoissance ou reprise de son fief, il ne peut acquerir contre son Seigneur liberté de la chose feodale ne aucun droit petitoire ou possessoire d'icelle, par quelque laps de tems que ce soit.

ARTICLE XIV.

Neanmoins, en chacun desdits deux cas, le contredisant soit Seigneur ou vassal respectivement, prescrit par l'espace de trente ans, à compter du jour de la contradiction tolerée.

ARTICLE XV.

Un tiers peut prescrire la directe du fief contre le Seigneur feodal par l'espace de trente ans contre Lais, & quarante ans contre l'Eglise, pourveu qu'il y ait deux diverses ouvertures, avec saisies réelles, & deuëment notifiées.

On a douté si la prescription de cent ans, ou immemoriale pouvoit être admise pour liberer le vassal de la foy, & faire declarer son heritage allodial. On dit pour regle en droit, que la grande vetusté à force de loy, & vaut autant que titre exprés *l. 2. in princip. ff. de aqua plu. arc. cap. 1. de prescript. in 6. infrà*, en cette Coûtume des servitudes réelles art. 26. & des bois art. 10. du Moulin sur la Coûtume de Paris art. 7. n. 12. tient cette opinion, que la prescription centenaire en ce cas est admise. Par aucunes nouvelles Coûtume arrestées sous l'autorité des Seigneurs de Thou, Faye, & Viole d'Aigremont, premiers de leur tems en la Cour de Parlement, la question est tranchée, & est statué precisement que le fief ne se prescrit, *etiam* par cent ans. Paris art. 12. Melun art. 102. Auxerre art. 77. Orleans art. 86. Reims art. 133. Aucunes Coûtumes sont contentes de dire qu'il n'y a prescription : nôtre Coûtume use de ces mots par quelque laps de tems que ce soit. Seront considerez en cét article 13. les mots Vassal, & cesse de faire la foy : qui emportent que le vassal a été en seule cessation, & n'a rien entrepris ny fait de nouveau pour se constituer en possession ou quasi possession de liberté. Il est certain que la seule cessation du vassal ne prive le Seigneur de sa possession de feodalité, car la cessation ne cause trouble *Joan. Fab. in §. retinendæ. instit. de interd.* Aussi pour commencer une possession contraire à l'ancienne, faut qu'il soit intervenu quelque acte exterieur & apparent contraire à ladite possession ancienne. *l. hæc autem ff. de servit. præd. verb. l. si cum alia. §. si cum jus. ff. quemad. servit. amitt.* Et si cela n'est l'ancienne cause de possession est censée durer, & se continuer *l. qui bona. §. 1. ff. de adquir poss.* Et tant que le fief sera venu de main à autre par heredité, me semble qu'il n'y a aucune raison d'admettre une prescription centenaire pour liberer le possesseur du droit de feodalité : même parce que l'heritier est tenu personnellement des faits & des vices personnels de son predecesseur. *l. cum hæres ff. de divers. & tempor. præscript.* partant la possession comme elle étoit qualifiée en la personne de l'ayeul ou bisayeul, aura deû se continuer en la même qualité és mains des descendans ou autres heritiers collateraux d'une personne à autre. Mémement quand les mutations d'hommes au fief ont été sans profit de bourse, & n'y échoit que le devoir de la bouche & des mains : Car la bonté & courtoisie du Seigneur feodal, qui n'a voulu rechercher son vassal à chacune mutation pour gagner les fruits, ne doit être retorquée contre luy pour luy apporter dommage. Mais si c'étoit un acquereur nouveau à titre singulier, qui eût acquis sans charge de fief, & luy & ses successeurs eussent possedé allodialement par cent ans ou tems immemorial, je croy que les successeurs pourroient avoir prescrit, car en eux défaut la qualité de Vassal, laquelle qualité conserve la possession du Seigneur feodal : Si ce n'étoit que cét heritage eût quelque marque de Noblesse, comme Justice, chastel ou maison forte, avec ample territoire & censives : c'est-à-dire, aucuns tenemens au même territoire mouvans de luy, car en tel cas la presomption de droit commun seroit contre le detenteur, & celuy qui auroit voulu posseder allodialement seroit de mauvaise foy & sans excuse, en tant que le droit commun seroit contre luy-même, parce que le Roy auroit interest à cause de ses droits Royaux, entre lesquels l'Arriereban, auquel tant le Seigneur feodal que le vassal: & tant le fief dominant que le fief servant sont sujets selon la valeur d'iceux: & le fief dominant est estimé de tant plus valoir quand il y a des arriere-fiefs, *infrà* au chap. d'assiette de terre art. 10. Et à cét effet peut servir ce qui est dit *in l. comperit. Cod. de præscript.* 30. *vel* 40. *annor. cap. cum instantia, extrà de censib.* Au cas susdit je croy qu'il n'y auroit prescription du fief pour tenir l'heritage allodial. Toutefois on doit faire grand état de la nouvelle Coûtume de Paris, qui en mots exprés dit que le fief ne se prescrit *etiam* par cent ans, mais quand il y a contradiction du vassal; aprés laquelle est demeurée par trente ans sans être inquieté; ou qu'un tiers est entré en possession de la Seigneurie directe feodale, par les moyens declarez en l'art. 15. en ces cas la prescription ordinaire de trente ou quarante ans est sans difficulté. Car la contradiction & interversion engendre la possession de liberté. *l. si quis rem. ff. de adq. poss. l. colonus. ff. de vi & vi armata.* Et s'entend contradiction tolerée par celuy qui l'a sçûë, ou qui vray-semblablement l'a peu sçavoir. Car la loy dit, celuy avoir sçû, qui vray-semblablement a peu sçavoir, *l. ult. ff. quis ordo in bon. possess. cap. servet. quia diversitatem extrà de concess. præb.* A bon droit sont remarquez audit 15. art. les actes y declarez, qui sont apparens, & qui vray-semblablement ont peû venir à la connoissance du Seigneur feodal ayant interest: Car par regle generale la possession ny la prescription ne sont considerables quand les actes ne sont ordinaires, continuels & bien apparens, si la science de celuy qui a interest n'y est, *l. quamvis saltus. ff. de adq. possess. l. 2. C. de servit. & aqua.* Aussi la possession est censée clandestine quand aucun entreprend quelque acte à cachette, & en absence de celuy qu'il sçait y avoir interest, & qui le pourroit empécher. *l. 3. §. clam. ff. quod vi aut clam.* Selon le droit les possessions clandestines sont reputées vitieuses & inutiles, *l. 1. in fine ff. uti. possid.* Pourquoy l'art. dit deux reprises à deux diverses ouvertures; avec saisies réelles & dûëment notifiées: par tels actes la possession doit être acquise, & icelle acquise doivent être passez 30. ans paisibles sans être inquieté pour avoir prescrit le droit de feodalité. En semblable raison est dit *in cap. cum Ecclesia circa finem, extrà, de causa poss. & propriet.*

Reprise, Ce mot vient de la grande antiquité des fiefs quand ils étoient personnels, & retournoient au Seigneur par la mort du vassal: & le fils ou autre heritier venoit comme par grace se presenter au Seigneur pour être investi de nouvel, qui se disoit, Reprise de fief. On appelle aussi fiefs de reprise quand ils ne procedent pas de vraye concession, mais le detenteur allodial se soûmet à la feodalité d'aucun Seigneur.

ARTICLE XVI.

Droit de retenuë de quint & requint sont prescriptibles par semblable prescription de trente ans contre lais; & quarante ans contre l'Eglise: & encores ledit droit de retenuë se prescrit par quarante jours, quand il y a notification de l'acquisition ou nouveau titre du vassal, par le *Vidimus* de la lettre que l'acquereur sera tenu bailler à ses dépens au Seigneur feodal, à compter du jour d'icelle notification & délivrance dudit *Vidimus*.

Quint et requint, N'est pas icy dit comme en aucunes Coûtumes, selon lesquelles en cas de vente de fief le vendeur doit & paye le quint denier. Et si le marché est tel que le vendeur doive recevoir francs deniers, l'acheteur paye quint & requint, c'est-à-dire, la cinquiéme partie du prix convenu: & encore la cinquiéme partie de cette cinquiéme: telle étoit l'ancienne Coûtume de Paris & de Lorris. Mais icy s'entend requint quand le fief se rachete en vertu de la faculté de remeré apposée en contrat de vente: & ainsi en usoient les anciens comme se void par les Registres de la Chambre des Comptes à Nevers.

Trente ans, Qui ne commencent precisement à courir dés le jour de la vente, mais du jour que l'acquereur est entré en possession réelle, & que le Seigneur vray-semblablement a peu sçavoir la mutation. Ainsi le tient du Moulin en l'annotation sur l'art. 7. du titre des prescript. de la Coûtume de Berry. La raison est que de la part du Seigneur n'y a eu aucune negligence, parce qu'il ne sçavoit & n'y avoit moyen vray-semblable de sçavoir qu'il y eût mutation & droit à luy acquis: & de la part de l'acquereur n'y a eu aucun acte par lequel il soit entré en quasi possession de liberté ou liberation de ce droit. Comme *verbi gratia* s'il y avoit vente, & le vendeur ayant repris à titre d'accense renouvellée à diverses fois, avoit continué son ancienne jouïssance.

Vidimus, Ce mot est demeuré en pratique dés le tems que la plûpart des actes judiciaires & autres étoient expediez en Latin. Le garde du séel aux contrats certifioit à tous avoir veu l'original d'un contrat ou autre instrument en bonne forme, & d'iceluy avoir tiré la copie qu'il séelloit, & le Notaire signoit. Il usoit de ces mots *Vidimus instrumentum*, Doncques pour satisfaire à cét article, il faut que la copie que l'acquereur baille au Seigneur soit collationnée & signée de Notaire en presence de témoins: car le Notaires n'est creû de ce qu'il fait s'il n'est assisté de deux témoins, ou s'ils ne sont deux Notaires, par l'Ordonnance du Roy Louïs XII. de l'an 1499. art. 65. & 66. Le 6. article *infrà*, des Cens, dit, VIDIMUS DUEMENT COLLATIONNÉ. Aussi est-il besoin que le Seigneur ait témoignage certain de la vérité de l'allienation, & de toutes les circonstances d'icelle pour deliberer sur ses droits: qui soit témoignage suffisant pour convaincre l'acquereur, si par aprés il vouloit dénier ou defigurer son acquisition. Aussi quand la notification se fait pour gagner quelque effet, la simple science ne suffit, mais est besoin d'appliquer la ceremonie ordonnée par la Loy. C'est la doctrine de *Bart. in l. non solum. §. ult. ff. de novi. oper. nuntiat. l. denuntiasse. §. quid ergò. ff. ad leg. Jul. de adul.* Ce VIDIMUS, & copie fait pleine foy contre celuy qui la baillé, mais non pas contre un autre s'il n'étoit collationné à l'original avec luy: comme dit Bart. *in l. in fraudem. §. neque ff. de jure fisci. & in l. Procurator. C. de edendo. Not. in cap. 1. ex de fide. instr.*

ARTICLE XVII.

CHoses feodales sont reduites à la nature des patrimoniales quant à succession: en maniere que l'on y succede comme en autres choses: & peut-on prendre possession d'icelles sans le consentement du Seigneur, & sans danger de Commise: & aussi quant à allienatio:nen maniere que pour icelle faite sans le consentement du Seigneur n'y a Commise ny autre peine.

IL a été dit cy-dessus qu'en la grande ancieneté les Fiefs étoient personnels, & s'ils etoient hereditaires, ce n'étoient à toutes sortes d'heritiers: & le vassal ne pouvoit vendre son Fief sinon que le Seigneur fût le premier refusant, ny entrer en possession sans étre investi à peine de Commise avec autre rigueurs. Bourgogne a retenu le danger de Commise si l'acquereur prend la possession sans avoir insinué au Seigneur, article 19. Aucunes Coûtumes observent, encore qu'en succession de ligne collaterale le Seigneur prend le revenu d'un an, qui est la composition de la nouvelle concession & investiture, comme si le Fief étoit éteint à faute de décendans, & retourne au Seigneur. Ainsi Paris, article 33. Melun, art. 58. Sens, article 193. Auxerre, article 62. Orleans, 22. Laon, article 66. Blois, art. 84. Aucunes exceptions sont de cét article, à sçavoir que le roturier ne peut tenir Fief sans congé du Roy, & peut le Procureur du Roy contraindre l'acquereur roturier de vuider ses mains: & pour la tolerance de ne l'avoir contraint, le Roy prend en vingt ou trente ans une fois la finance qu'on appelle de francs Fiefs & nouveaux acquêts. Es lettres d'anoblissement que le Roy octroye à un roturier, il y a clause expresse de permission de tenir Fiefs nobles. Les Comtes de Nevers autres-fois ont eu & ont usé de ce droit de permettre aux Bourgois & non nobles de tenir Fiefs, & ce pour remuneration de services sans en prendre finance, lequel droit leur fut confirmé par un Arrest de la prononciation de Pentecôte, l'an 1290. & par le même Arrest leur fut aussi permis d'amortir heritages au profit de l'Eglise charitativement sans finance. L'autre exception est que les Fiefs, sont sujets à droit d'ainesse, & sont sujets à l'arriere-ban du Roy, selon la valeur d'iceux pour servir le Roy en ses guerres six sepmaines hors du Royaume, & trois mois dans le Royaume.

ARTICLE XVIII.

FEmmes succedent és choses feodales comme és autres.

L'Ancien établissement en la concession des Fiefs étoit pour faire service par le vassal à son Seigneur à la guerre: pourquoy les femelles *etiam* les filles du vassal ne succedoient, en Fief. Mais en France les femelles succedent, sinon en certains cas. Les Fiefs d'Empire ne viennent qu'aux masles; & quand la lignée masculine defaut, le Fief retourne au Seigneur feodal. En France comme la Couronne ne vient par succession sinon aux mâles venus de mâles: ainsi les appanages de la Couronne, faits aux enfans de Rois, ne viennent qu'aux mâles: La plûpart des autres Royaumes de la Chretienté viennent à femelles, comme Espagne, Portugal, Angleterre, Naples. Sicile, Escoce. Aucuns ont estimé que les anciennes Pairies de France ne venoient en quenoüille, mais l'Histoire du passé nous fait connoître le contraire. Leonor femme du Roy Loüis VI. étoit Duchesse de Guienne, qui est ancienne Pairie, & étant repudiée par ledit Roy porta la Guyenne en dot au fils du Roy d'Angleterre, qu'elle épousa: & à ce titre les Anglois en ont joüy long-tems, jusques à ce que par felonnie ils l'ont perduë. Le Comté de Champagne appartenoit à Jeanne Reyne de Navarre, qui l'apporta en dot au Roy Philippes le Bel son mary.

Le Comté d'Artois étoit appanage d'un fils de France frere du Roy S. Loüys, & vint depuis par succession à Mahaut d'Artois femme de Othelin Comte de Bourgogne, & en fut exclus son nepveu Robert d'Artois, & depuis vint en la maison de Philippes le Hardy Duc de Bourgogne par le mariage de Marguerite de Flandres. Vray est qu'il y eut debat pour le duché de Bourbonnois entre Charles de Bourbon, Comte de Montpensier, qui depuis fut Connestable de France, & Suzanne de Bourbon fille de Pierre Duc de Bourbonnois, si ladite fille ou ledit Charles devoit succeder au Duché. Pour appaiser le debat, Suzanne fut mariée audit Charles. La commune opinion étoit que Suzanne pouvoit succeder, parce que Bourbonnois n'étoit appanage de la Couronne. Flandres ancienne Pairie, est venuë à diverses fois par succession à filles, & encores est de present en la maison d'Espagne par la succession de Marie de Bourgogne. Vray est que le Roy Charles IX. au mois de Juillet 1566. fit un Edit par lequel tous Duchez & Comtez erigez de nouveau sont sujets à reversion à la Couronne, defaillans les hoirs mâles.

ARTICLE XIX.

PArtage de chose feodale ne fait prejudice au Seigneur, & demeure chacun ayant part & portion vassal dudit Seigneur; envers lequel chacun est tenu de luy en faire l'hommage & devoir de Fief pour sa part & portion & peut prendre possession de sadite part sans le consentement dudit Seigneur.

LEs Fiefs de dignité, comme Duchez, Comtez Marquisats ne sont sujets à partage, *§. prateread. cap. de prohib. feud. alien. per Feder. in usib. feud.* &par consequent n'est pas duë legitime sur iceux aux puinez. Mais *Philippus Decius cons. 389. vol. 3.* dit que cela n'est pas observé sinon és Royaumes; & qu'en Italie & en Alemagne tels Fiefs se divisent, & allegue *Joan. and. in addit. ad speculum in rub. de feudis, versus finem & Oldrad. cons. 237.* Mais s'il y a plusieurs pieces & Seigneuries entieres qui ne soient dependantes l'une de l'autre en une grande maison, les puinez en peuvent avoir chacun une entiere. Ainsi fut fait en la maison de Philippes le Hardy, fils de Jean Roy de France, Duc de Bourgogne, entre ses trois fils: Jean aisné eut le Duché de Bourgogne & Comté de Flandres: Antoine II. eut Brabant, Lotrich, Lambourg & Seigneuries d'Anvers: Philippes III. eut les Comtez de Nevers & de Rethel. Ce partage fut avec la volonté de Marguerite Duchesse de Brabant, grande tante desdits enfans qui étoient ses futurs heritiers, laquelle ne vouloit que ses Seigneuries fussent mêlées, & confuses en la maison de Flandres. Et pour faire que la maison de Brabant fût pour toûjours une maison & Souveraineté separée de la maison de Flandres, voulut que par ledit partage fut convenu, si Antoine decedoit sans enfans, que son partage vint à Philippes son frere puisné, Comte de Nevers. De vray Antoine tué à la bataille d'Azincourt, laissa des enfans, mais ils decederent peu aprés sans enfans. Selon la volonté presompte, & vray semblable de ladite Duchesse de Brabant, le partage devoit venir aux enfans de Philippes, Comte de Nevers. Mais Philippes fils de Jean Duc de Bourgogne, dit le bon Duc, en spolia Charles & Jean de Bourgogne, enfans dudit Philippes Comte de Nevers; & pour plus facilement ce faire il épousa Bonne d'Artois leur mere, & prit l'administration desdits enfans. Charles Comte de Charolois son fils, ayant pris prisonnier de guerre ledit Jean son cousin, le contraignit par rudes traitemens & menaces de mort, de quiter le droit par luy pretendu esdits Duchez de Brabant, Lotrich, & Lambourg: & quand bien ladite clause de substitution n'eût été audit partage, lesdits Charles & Jean, cousins germains des enfans d'Antoine étoiẽt aussi proches que ledit Philippes Duc de Bourgogne, aussi cousin germain, & n'y avoit pas plus de raison que ledit Philippes eût la succession, sous pretexte qu'il étoit fils du frere aisné: car en collaterale le droit d'aisnesse n'est considerable. Puis il y avoit en la maison de Brabant plusieurs pieces, Brabant, Lotric, Lambourg, Anvers, & à chacun en pouvoit être distribuée une. Quant aux simples Fiefs de foy & de leur nature semble être individus, parce que la fonction des Fiefs est *in facto, nempè*, le service en la guerre & le serment de fidelité, qui oblige chacun solidairement, *l. stipulationes non dividuntur. ff. de verb. oblig.* Mais parce que le service est deû *pro rata* de la valeur du Fief, & par consequent le service chet en estimation, la division y peut être. *l. loci. §. si fundus. ff. si servit. vend. l. Scio. ff. de ann. legat.* & à ce peut être appliqué ce qui est dit, *in l. in executione. ff. de verb. oblig.* que chacun d'eux doit le tout, mais la solution de partie apporte liberation, quand la condamnation se resoult en estimation pecuniaire. Donceques à respect des vassaux le Fief se peut diviser & partager: comme aussi le territoire pour l'exercice de Justice, si le Fief a droit de Justice, se peut diviser. Ainsi le tient Alexand. *consil. 18. vol. 2. & consil. 25. vol. 5.* & allegue *Bart. in l. inter tutores. ff. de administr. tut.*

Du Molin en l'annotation sur ledit Conseil 25. & sur les Coûtumes de Paris, article 10. num. 25. tient le contraire, disant que multiplication de Juges est oppression du peuple. Mais cette raison d'inconvenient, n'empeche pas la division en foy, & est à faire au Seigneur superieur par ressort de reigler l'exercice de la Justice inferieure, ou bien ses gens peuvent s'en plaindre, à ce que cette division ne vienne à nouvelle charge du peuple: cependant semble que la division vaut. Ce qui est dit en l'article, que le partage ne fait prejudice au Seigneur, s'entend quant aux droits déja acquis au Seigneur avant le partage, lesquels il peut exercer solidairement: car ce même article fait assez connoître, qu'aprés le partage fait & notifié au Seigneur, les droits qui échéent au Seigneur, doivent être pris sur chacun pour sa part.

ARTICLE XX.

UN bâtard ne succede en fief, & ne le peut tenir. Et n'est tenu le Seigneur de le recevoir, s'il ne luy plaît autrement le faire: sinon que ledit bâtard fût legitimé par mariage subsequent, ou par legitimation du Roy, en laquelle pour la validité d'icelle est besoin faire mention expresse dudit Fief.

CEt article vient des anciennes constitutions feodales. §. *naturales. tit. si de feudo fuerit controvers. interdo. & agn. Vide Molin. in consuet. Parisf.* article 8. gloss. 1. num. 39. Il est à croire que nôtre Coûtume a reçû cét article en haine des conjonctions illegitimes. Si est-ce que selon l'ancienne usance de ce Royaume les bâtards des Princes & des Nobles sont respectez & tenus en reverence approchant la grandeur de la maison de leur pere, même quand ils sont advouez. Les peres bien avisez n'ont accoûtumé de faire cét aveu, sinon au tems que les enfans ja grandelets par leurs actions & mouvemens naturels representent la valeur de celuy que la mere dit être leur pere: & audit cas d'aveu ils prennent le nom & les armes de la maison de leur pere, avec la distinction de la barre és armes pour la bâtardise, & durent lesdits nom & armes à la posterité du bâtard: & le bâtard même durant sa vie prend par honneur le titre de bâtard, comme autrefois a été és maisons d'Orleans, d'Anjou, & de Savoye, & les maisons, & la lignée desdits bâtards ont été respectées: mais les Docteurs Italiens ont estimé que les bâtards des grands Seigneurs devoient être plus à dédains & mépris que les autres, & disent qu'ils sont infames & incapables de dignitez, & ne doivent porter le nom ny les armes, ny la Noblesse de la maison: ainsi disent *Anto. de Butrio. consil.* 54 *Alexand. consil.* 25. & 67. *vol.* 1. & en la Chancelerie Apostolique, les bâtards des Nobles ne sont nommez Nobles. Ainsi dit *Hiero. Paul. in practica Cancell. Apost. fol.* 207. Mais en France, ils sont tenus pour Nobles, & joüissent des privileges de Noblesse, pourvû qu'ils vivent noblement, & ainsi est en Dauphiné, comme dit *Guido Papæ decis.* 580. Nous voyons en la sainte Escriture, & par l'effet qui en est de present, que la promesse faite de Dieu à Abraham de la multiplication de sa lignée plus que du nombre des étoiles du Ciel, s'est étenduë, non seulement à la lignée d'Isaac enfant legitime, duquel sont décendus les Juifs de present; mais aussi en la lignée d'Ismaël bâtard, duquel sont decendus les Arabes, même ceux qui sont en Afrique dits Alarbes: Nous voyons de present que l'un & l'autre peuple multiplie infiniment. En la generation de Jesus-Christ, décrite en l'Evangile, sont nommez aucuns bâtards, & sont ceux desquels les meres sont nommées, & nôtre Seigneur Jesus-Christ ne dédaigne ce lignage. & se dit être la generation d'Abraham & de David. Sur ce propos si le Seigneur est tenu de recevoir un bâtard à vassal, la question est, si le Seigneur feodal est tenu d'admêtre un vassal roturier, veu que les Fiefs ne peuvent être tenus que par Nobles. Selon la grande ancienneté, quand les Seigneurs avoient droit de faire guerre les uns aux autres, auquel tés chacun vassal étoit tenu servir de sa personne, son Seigneur en ses guerres selon la valeur de son Fief, je croy que le Seigneur n'étoit tenu d'admêtre un vassal roturier: ainsi le tient *Petr. Jacobi* en sa pratique. *tit. de actione pro feudo.* §. *& est notamdum*: duquel droit de faire la guerre par les Seigneurs est traité ailleurs, & en est faite mention en une Charte du Roy Loüys X. dit Hutin de l'an 1316. au fait des Gentils-hommes de Nivernois, & Donziois, & est ladite Charte en la Chambre des Comptes à Nevers. Audit tems, les Comtes de Nevers avoient droit de permettre aux roturiers & bourgeois de tenir Fiefs, sans que pour cette grace leur fût loisible de prendre finance, par Arrest de la prononciation de Pentecôte 1290. Mais de present que ce droit de faire guerre est du tout aboly, l'abolition a été cause que le port d'armes, c'est-à-dire, assemblée d'hommes en armes a été dit cas Royal; je croy que le Seigneur feodal ne peût faire cette difficulté: mais c'est à faire au seul Procureur du Roy de contraindre les roturiers à vuider leurs mains des Fiefs qu'ils tiennent, parce que les detenteurs des Fiefs doivent service au Roy en son arriere-ban, qui proprement se doit appeller Herban, ainsi qu'il se voit és Capitulaires de Charlemagne, & audit arriere-ban on ne reçoit au service personnel que les Nobles: Cependant & pour le tems que les roturiers sont endurez posseder les Fiefs, ils contribuënt de leur bourse à l'arriere-ban. Nôtre Coûtume met deux sortes de legitimation en cét article: L'une par mariage subsequent, l'autre par rescrit du Prince. La premiere est bien plus seure, & de plus grande efficace que la seconde, car elle a son effet de droit, & l'autre est par grace & dispense, par consequent moins favorable Decius *consilio* 52. *vol.* 1. met a cet effet une belle decision, disant qu'és lieux où le statut est, que la fille appanée ne vient à la succession de pere tant qu'il y a hoir mâle de son frere, si le frere est legitimé par rescrit, il n'exclud sa sœur. Si par mariage subsequent il est legitimé il exclud sa sœur. La legitimation par mariage subsequent desire aucunes circonstances necessaires, à sçavoir que lors de la conception de l'enfant au ventre de la mere, les pere & mere fussent en tel état & liberté de leurs personnes, qu'ils eussent peu, s'ils eussent voulu s'épouser legitimement. *cap. tanta. extra qui filii sint legit.* Aucunes Coûtumes se contentent de dire que l'enfant soit nay *ex soluto & soluta.* Sens article 92. Troyes article 108. La seconde circonstance est, que la mere fût au concubinat, & en la compagnie ordinaire de l'homme, & de telle façon qu'il ne restat que le Sacrement & dignité du Mariage; qu'ils ne fussent mary & femme, §. *quibus instit. de hæred. ab intestato* en ces mots, *quam in contubernio habuerit. & in Auth. licet* §. *ab intest. C. de natural. lib. in iis verbis, quæ sola fuerit et in dubitato affectu conjuncta.* Suivant ce Decius, *consil.* 153.

vol. 1. dit que l'enfant qui est nay hors la maison du pere, la mere n'étant pas ordinaire en concubinat, n'est pas legitimé par le mariage subsequent, & allegue *Bart. in l. penult. ff. de concub.* Toutesfois il me semble qu'il n'est pas necessaire que la mere fût domestique ordinaire, pourveu qu'il se prouvât qu'elle eût vêcu sans suspicion de s'être abandonnée à autre homme. Si donc il étoit prouvé que la mere s'adonnât à autres hommes, le mariage subsequent ne feroit la legitimation selon les raisons & autoritez susdites : & quand les autoritez cesseroient, nous devons par honneur incliner à cette part : parce que le commencement de telles conjonctions est suspect d'incontinence, & souvent avient que la femelle qui se sent aimée deçoit le mâle qu'elle connoît passionné, & ne laisse pas de prendre ses petits passe-tems à part. Les Romains disoient, qu'entre la femme & la concubine, n'y avoit difference que pour la dignité & l'honneur. *l. item legato. §. item intereſt. ff. de lega. 3.* & en disant ainsi, presupposoient que la concubine fût seule adonnée par affection & conjonction à l'homme qui l'aimoit : mais nous Chrétiens, outre la dignité & l'honneur du mariage, nous ajoûtons le Sacrement, qui fait que la conjonction des mariez, est non seulement pour la propagation du genre humain, mais aussi pour nous representer l'union de foy pour les deux mariez, & pour la lignée. La tierce circonstance requise pour la legitimation par mariage subsequent, est que le mariage ait été solemnisé en face d'Eglise avec les ceremonies accoûtumée & publiques. La loy Romaine dit qu'il y doit avoir lettre pour la constitution de la dot, *dicto. §. quibus juncta glo. in verbo instrumenta. instit. de hæred. ab inteſt.* mais selon nos mœurs & Coûtumes, je desirerois, & me semble être necessaire que le mariage fût celebré publiquement en l'Eglise Parroissiale ordinaire des deux mariez, ou de l'un d'eux, aprés proclamations de bans ; pour témoigner à tous que c'est mariage à bon escient. Selon les loix Canoniques le mariage, pour le lien & obligation des personnes, qui est ce qu'on dit *pro fœdere* est accomply, & vaut par les seules paroles de present : mais en ce qui est pour l'effet du droit Civil public & politique, comme pour la puissance maritale, communauté de biens & doüaire, & pour la legitimité des enfans à l'effet des successions és biens, je croy que ce n'est assez de ce consentement couvert, mais est necessaire la ceremonie publique. Ainsi le tient Marian Socin le jeune, duquel j'ay été Auditeur disciple à Padoüe, en l'an 1542. *consil.* 31. & 86. *vol.* 2. & allegue *Panor. in cap. ex tenore, extrà qui filii sint legit.* Pourquoy je ne voudrois facilement admettre ce qui est dit, *in Auth. si quis c. de natural. lib.* de celuy qui en testament ou autre écrit declare être siens ses bâtards nays en concubinage (le mot Siens represente le Latin *sui*, qui en fait d'enfans a quelque emphase particuliere) que telle declaration suffise pour les legitimer, tant parce que selon nos loix pour l'effet du droit Civil est requis un témoignage & ceremonie publique, même par nôtre Coûtume chapitre des droits appartenans à gens mariez article 1. en ces mots, *solemnisation en face d'Eglise*, & du doüaire art. 1. au mot *solemnisation*, comme aussi parce que ces loix faites par les Empereurs en Grece aprés le declin des forces, de la valeur, & des bonnes mœurs de l'ancien Empire Romain, ne doivent être à nous de si grande efficace, par les raisons touchées vers le commencement de ces annotations ; poutra être veu le Conseil *Caroli Ruini* 211. *vol.* 1. L'autre legitimation qui est par le rescrit du Prince, doit être par lettres de Charte expediées en forme pour memoire pepetuelle. Les marques ordinaires des lettres de Chartes, sont qu'elles sont séellées du Sceau de cire verte sur lacs de soye, sont dattées de mois & an, & non de jour, au pied d'icelles le Chancellier écrit de sa main ce mot, *Visa* ; & de la main de l'Audiencier le mot *Contentor*, l'addresse est au commencement par ces mots : A TOUS PRESENS ET AVENIR, & doivent être verifiées en la Chambre des Comptes, avec payement de finance, & le *Regiſtrata* au dos. Si c'est pour succeder au pere seul qui n'a point d'autres enfans, le seul consentement du pere suffit : mais si le pere a d'autres enfans legitimes, leur consentement y est requis. Et se dit en la Novelle Auth. *quib. mod. nat. effic. legit. cap. verb. liceat igitur collat.* 6. que celuy qui a des enfans legitimes ne peut faire legitimer ses bâtards par rescrit du Prince. Si on veut rendre le bâtard legitime capable pour succeder en collaterale, le consentement des plus proches collateraux y est requis : & s'entend de ceux qui lors de la verification du rescrit se trouvent les plus proches : quoy que lors de la succession avenant, ceux-là étans défaillis autres se trouvassent plus proches. Selon la raison de la *l.* 1. *§. denuntiari. ff. de vent. inspic.* & *l. sententiam. ff. de collusione deteg.* Aucuns ont estimé, que le consentement du Seigneur haut-Justicier y est requis pour son interest de la succession, par argument de la *l.* 2. *in fine* & *l. nec filio. ff. de natal. restit.* Mais je croy le contraire pour la diversité de raison : car le patron qui a main-mis, a droit en la même personne du libertin, & la manumission emporte la condition de succeder : & le Seigneur haut-Justicier, *nec ſpem probabilem habet ; nec jus in ejus persona habet, sed spes est omninò ad extrà, & habet ominosum eventum* : car le bâtard ne peut se marier, & avoir des enfans legitimes. Telle legitimation par rescrit, qui emporte dispense & grace, doit contenir les circonstances & aggravations de l'illegitimité, comme s'ils sont nais de conjonction incestueuse ; L'inceste est, ou par lignage, ou par affinité & alliance ; ou à cause de vœu, qui sont conjonctions punissables. La regle est que toutes dispenses & graces sont nulles & vitieuses, quand on a obmis à exprimer ce qui eût peu mouvoir le Souverain s'il eût sçû la verité, de n'octroyer pas la grace : Pourquoy se dit qu'és graces la moindre subreption gaste tout, & les rend nulles, *cap. ad au-*

dientiam 2. extrà, de rescript. & au fait particulier des legitimations, ainsi le decident *Ludo. Rom. consil.* 194. *Decius consil.* 307. *vol.* 2. Marian Socin jeune, duquel j'ay été Auditeur à Padoüe, *consil.* 100. *vol.* 2. Toutesfois si la legitimation est fondée sur quelque cause de merite, ou envers le lignage, ou envers le public, elle ne sera sujette à ces recherches si exactes : comme si jeunes personnes ont été conjointes en mariage par leurs peres & meres; les conjoints s'attenans de lignage en degré prohibé, & ayans long-tems demeuré ensemble ayent lignée; car en ce cas la dispense d'illegitimé des enfans est favorable. *l. qui in Provincia.* §. *Divus. ff. de ritu nupt.* La question a été : Celuy qui n'avoit point d'enfans legitimes a fait legitimer ses bâtards, & il luy avient aprés d'avoir enfans legitimes; si la legitimation, comme emportant donation, sera revoquée par la raison de la *l. unquam. C. de revoc. donat.* Ledit *Romanus* audit Conseil 194. & *Decius* audit Conseil 307. & du *Moulin* en l'annotation sur le Conseil d'*Alexandre* 187. *vol.* 5. disent que la legitimation n'est pas revoquée. J'ajoûterois volontiers à leur autorité cette raison de droit, que ce qui concerne l'état de la personne ne peut endurer rescision ou restitution en entier. *l.* 4. §. *si is qui. ff. de fideicom. libert. l. si filius.* §. *ult. ff. de jure patro. l. cum ex falsis. ff. de manu. testa. l. si dolo. & l. & eleganter.* §. 1. *ff. de dolo.* On dit que Cynus & Oldradus ont tenu l'opinion contraire : *Sed non ego credulus illis.*

ARTICLE XXI.

En vente & autre alliennation de fief regulierement, & sauf és cas dessous declarez, le Seigneur à droit de quint denier du prix quand il y a vente ou transport en & pour payement de deniers, ou de la valeur de la chose venduë, quand c'est autre allienation, & est le quint en montant; sçavoir est, de vingt livres cent sols tournois, & de plus, plus, & de moins, moins.

Le quint denier est acquis au Seigneur dés lors que la vente est faite, quoy que la tradition ne soit faite, & que le vendeur soit encores demeuré proprietaire selon les regle de droit : & est prouvé par les articles suivans 23. & 58. & en tel cas de vendition avant tradition, le Seigneur peut saisir à l'effet de gagner les fruits à faute de droits non payez, & non pas proprement à faute d'homme : sera consideré que la Coûtume dit qu'en vente est deû profit. Mais en permutation l'on peut dire que le contrat n'est pas parfait jusques aprés tradition. *l.* 1. *ff. de rerum permut.* pourquoy se peut dire que par la seule passation du contrat de permutation n'est deû profit.

Transport en et pour payement de deniers, Qui baille en payement pour s'acquiter d'une somme de deniers certaine & liquide, fait une vraye vente. *l. si prædium. C. de evict.* De même quand l'heritage est transferé à autruy pour une somme. Quoyque l'on n'ait usé du mot de vente, *l. naturalis.* §. 1. *ff. de prescript. verb.* Ou quand le fief est baillé à rente, que le preneur peut racheter pour un prix certain & convenu, dont il y a articles exprés en la Coûtume de Paris article 23. & 78. Sens art. 191. & 229. Orleans art. 168. Ce qui est general, parce qu'il y a prix certain de la rente, & elle est promercale & exposée en vente, qui fait que tel contrat est *ad instar* de vente *l.* 1. *C. de rerum permut.* Mais si le transport étoit fait en acquit ou pour payement d'une espéce dûë qui n'eût son estimation certaine, ce seroit un contrat non nommé qui n'auroit effet que par tradition. Et si l'espece avoit été estimée à prix certain, c'est tout autant que si la même somme de deniers avoit été baillée. *l. si pro mutua. C. si certum pet.* car en ce cas proprement l'estimation fait emption. *l. plerumque ff. de jure dot.* J'en diray autant si on a fait échange d'heritage contre meubles si tant est que ce soient meubles vulgaires qui soient en commerce commun & facile, & en l'achat ou recouvrement desquels y a grande facilité : car il n'y échet aucune affection ou interest qui empêche que l'on n'en puisse autant avoir pour deniers. Autrement seroit d'un meuble fort precieux, rare, ou envers lequel y eût affection probable, car en tel cas l'affection est considerable, & ne chet en estimation commune de deniers *l. libertos.* 36. *ff. de bonis libert.*

L'on a quelquefois douté, si pour la coupe d'un bois de haute Fustaye tenu en fief est deû quint denier. Ce qui fait la difficulté est, que le bois de haute Fustaye debout est immeuble *l. Quintus. ff. de act. empt.* Mais cela s'entend pour le tems qu'il est debout verd, adherent au fonds & y prenant sa nourriture, & parce qu'il n'est pas destiné à coupe ordinaire : mais quand la coupe est venduë il est destiné pour devenir meuble, *l. si post inspectum. ff. de periculo & commodo rei vend.* Et par un Arrest en forme de jugé, que j'ay veu en date du 5. Avril 1569. entre les Dauphins & Hubaille appellans du Bailly de Touraine, & Gaignaud intimé, fut jugé que de la vente & de la coupe n'est deû profit. Mais bien crois-je que si le bois de haute Fustaye faisoit le total ou grande partie du fief & le fonds ne fût propre pour l'entretenir en bois revenant, aprés la coupe de la haute Fustaye, ou pour y faire labourage, parce que la terre selon son naturel ne seroit commode à tel ménage, je croy que le Seigneur feodal pourroit précisément empêcher la coupe, comme contenant diminution perpetuelle de son fief, à la conservation duquel le vassal est tenu par la nature de la concession premiere *l.* 1. *in fine cum l. seq. ff. usufruct. quemad.*

ad. caveat. Le vassal doit entretenir l'heritage feodal en bonne nature. Et n'est loisible au vassal de détruire ny d'y faire grand & perpetuel detriment. Et si le dégat étoit fort grand, le Seigneur pourroit conclure à Commise. Du Moulin sur la Coûtume de Paris art. 30. num. *166*.

Valeur de la chose venduë, Seroit dit plus proprement (allienné'e) car ce n'est pas vente quand il n'y a point de deniers.

Quand c'est autre allienation, Comme échange d'heritage à heritage, quoy qu'ils soient mouvans de même Seigneur, puis que la Coûtume n'en distingue rien : comme donation à étranger : Comme quand l'heritage est transporté pour recompense de chose dûë qui n'a son estimation certaine & liquide. Car en ces cas, l'heritage dont le Seigneur demande le profit est estimé combien il vaut pour une fois : & ne faut pas estimer en cas déchange l'autre heritage, comme si on vouloit dire que l'un des heritages échangez servit & tint lieu du prix de l'autre. Cette estimation se doit faire par personnes desquelles les parties doivent convenir, & à leur refus ou discord le Juge les doit nommer de son office personnes connoissantes non suspectes : Ces experts doivent rendre raison de leur science : ce qui est general quand aucun doit rendre témoignage de chose dont la connoissance consiste au jugement du sens interieur, qui est l'intellect. *Bart. in l. solum. C. de testib.* A ce se rapporte l'Edit de Blois article *162*. Selon mon avis cette évaluation ne se doit pas faire comme communément on dit, que la chose vaut autant qu'elle peut être venduë. Les loix qui parlent de faire ainsi l'estimation, sont en un. cas quand il est question de chose qui est douteuse, ou dont l'évenement est incertain : comme en une debte conditionnelle en une chose litigieuse, & autres semblables, ainsi qu'il se peut recueillir *in l. cum Titiö. l. in quantitate §. magna l. quarebatur. ff. ad legem Falcid. l. 1. §. si hæres. ff. ad Trebell. l. si servus. ff. de condict. furt.* & en tel cas aussi pour s'en expedier faudroit proposer la chose venale pour sçavoir combien elle pourroit être venduë qui engendreroit perplexité & longueur : Mais quand la chose est certaine, & le droit d'icelle n'est sujet à douteux évenement, l'estimation se doit faire communement sur le pied du revenu annuel *l. si fundum 92. ff. de Legat.* 1. Ou bien comme les choses de telle qualité ont accoûtumé d'être venduës. *l. si filius familias. §. si quid alicui. ff. eod.* La commune estimation qui est aujourd'huy, & comme elle étoit du tems des Romains, est d'estimer ce que la chose vaut pour une fois, autant que monte le revenu d'icelle en vingt années, comme il se peut recüeillir en calculant subtilement *in l. Papinianus. §. undè. ff. de inoff. testa.* & plus ouvertement *in Auth. de non alienand. cap. quia verò Leonis* 5. *coll.* 2. & tel est encores aujourd'huy l'usage commun : Si non que ce soient redevances ou droits emportans Seigneuries directes ou partie casuelles, ou si c'est une Seigneurie aux champs qui soit en justice, ou s'il y a chastel ou beau bâtiment, car telles choses sont estimées au denier vingt-cinq, denier trente, même jusques à quarante, selon les circonstances.

Plusieurs Coûtumes n'attribuent quint denier sinon en vente ou contrat simbolisant à vente : & en cas d'échange, donation & autres, tels contrats donnent au Seigneur feodal le revenu d'un an, que l'on appelle droit de relief ou rachat, & aucunes donnent ce droit de relief quand la fille ou femme se marie. Aucunes Coûtumes ne donnent aucun profit en cas déchange quand les heritages sont tenus & mouvans de même Seigneur, soit en fief ou en censive, comme Berry des fiefs art. 41. Laon art. 178. Touraine art. 143. Orleans art. 110. Blois art. 119. Autres Coûtumes, quoy qu'il y ait droit de relief en fief, ne donnent en censives lods & ventes, quand l'échange est but à but & sans retour. Bourbonnois art. *396*. Melun art. 120. Sens art. 228. Bretagne ancienne art. 73. nouvelle art. *66*. Reims art. 152. Bourgogne article 57. & 117. Laon article 139.

Le quint en montant, On estime que le prix de la chose est tout ce que la chose coûte à l'acquereur pour en devenir proprietaire, quoy que ce ne soit le sort principal. *l. debet. ff. de Ædil. Edicto. l. fundi. ff. de contrah. empt.* Selon cette Coûtume *infrà* de trait lignager article 12. le quint denier du Seigneur feodal est compté pour faire portion du prix principal : de vray étant ainsi que le Seigneur direct est Seigneur. *l. si domus. §. ult. ff. de lega.* 1. il doit avoir sa part du prix de la vente, cette part est comptée pour faire portion principale du prix. Doncques si l'heritage est estimé de par soy valoir cent écus, le Seigneur feodal aura vingt écus, & le Seigneur utile quatre-vingt écus : Et si le vassal en vendant a estimé son droit de proprieté valoir quatre-vingt écus, *ex ipso* il a estimé que l'heritage en soy, compris le droit du Seigneur vaut cent écus. C'est ce que l'article dit en montant ; c'est-à-dire, que le droit du Seigneur est un augment du prix. Il a été dit cy-dessus, qu'en aucunes Coûtumes le vendeur paye le quint, parce que selon la grande antiquité, le vassal ne pouvoit vendre sans le congé du Seigneur ; & pour avoir ce congé il falloit marchander au Seigneur : & au lieu de ce marché qui étoit à faire selon le gré du Seigneur on a étably la composition generale, qui est du quint denier, que les autres Coûtumes disent être le quint de ce que le vendeur doit recevoir : & nôtre Coûtume faisant un seul prix & amas de ce que le vendeur & le Seigneur doivent recevoir, dit que de ce total le Seigneur prend le quint ; c'est-à-dire, que ce que le Seigneur prend est le total.

ARTICLE XXII.

VEnte par criées & decret de Justice est sujette à quint denier en chose feodale.

PUis que l'adjudication par decret, qui est vraye vente fait mutation de vassal à prix d'argent, c'est bien raison qu'il en soit deû quint denier. La vente par decret est, comme si le debteur avoit luy-même vendu pour payer ses debtes. Car la justice qui doit à chacun rendre le sien, fait par son office ce que le debteur devoit faire : aussi quand la Justice vend le bien d'aucun pour ses debtes, ce debteur est tenu de l'éviction. *l. si plus. ff. de evictionib.* Si ce n'étoit qu'il y eût faute lourde & grossiere du demandeur poursuivant les Criées, auquel cas il en pourroit être tenu, entant qu'il s'est entremis à gerer le negoce d'autruy avec le sien, *ad instar* de l'action *negotiorum gestorum*, mêlées des considerations qu'on prend en l'action *communi dividundo*. Car le demandeur poursuivant criées quand il arrive à cét affaire, il ne pense qu'à sa debte qu'il desire recouvrer : les autres creanciers surviennent, & comme par force il entre en societé ou communication d'affaires avec les autres creanciers, car sa premiere & principale intention n'étoit pas aux affaires d'autruy, mais aux siennes propres : & en tel cas se doit dire qu'il n'est pas tenu de toute sorte de coulpe, mais seulement de la grossiere, & suffit qu'il ait fait la diligence & devoir tel qu'il feroit en ses affaires, sans être tenu d'exacte diligence, par la raison de la *l. hæredes. §. non tantum. ff. famil. ercisc.* Autrement est de celuy qui s'employe aux affaires d'autruy par amitié, qui n'a autre intention que de faire les affaires de celuy pour lequel il entreprend : car puis que l'amitié le conduit à ce, il doit faire l'office tout entier & à bon escient, *ad instar* de celuy qui prend charge des affaires d'autruy gratuitement, qui est tenu de coulpe legere. *l. in re. C. mand.* Doncques diray-je que celuy qui entreprend de faire les criées n'est tenu si exactement, comme seroit un qui prendroit salaire, ou qui se chargeroit par mandat & amitié : & suffit qu'il n'y ait point en luy de dol ny de coulpe, ou negligence grossiere.

La question a été agitée : Celuy qui a acheté heritage de gré à gré, est évincé par les hypoteques constituées avant son achat par son auteur : S'il doit payer quint denier, ou s'il l'a payé il le puisse repeter : Aucunes Coûtumes nouvelles en ont disposé, & par la raison me semble que leur disposition doit être tenuë pour generale; à sçavoir, que si l'acquereur est évincé par un decret sur criées, il ne sera deû qu'un profit au choix du Seigneur feodal de le prendre, ou sur la premiere vente dont l'acquereur est évincé, ou sur la vente par decret. Ainsi dit Paris article 79. & Orleans article 115. Ainsi avoit été jugé par Arrest sur un appel venant de Nivernois entre Chopin, Baland & Gousset de Moulins Angilberts. C'a été originairement l'opinion de Maître Charles du Moulin bon Auteur : des écrits duquel ont été tirées plusieurs decisions passées en Arrests ou Coûtumes nouvelles. Comme aussi si l'heritage est acheté de gré à gré, à la charge d'être decreté, ou si l'acquereur pour purger les hypoteques fait decreter, il est deû un seul quint denier. Paris article 84. Orleans article 116. Tours article 180. qui met cette limitation, si le prix du decret excedoit le prix convenu, auquel cas le Seigneur prendra son quint denier sur le plus haut prix, mais en tous cas n'en prendra qu'un.

ARTICLE XXIII.

SI l'acquereur baille grace & faculté de rachat au vendeur ou alliennateur de la chose feodale, il y a quint pour ladite alliennation, & si la chose se rachete, il y a un autre quint de semblable valeur, & à le prendre comme dessus, sauf toutesfois, que si les contractans se départent du contrat dedans le même jour de la passation d'iceluy, il n'en est deû aucun quint, sinon que ledit département fût frauduleux.

CEt article est dur & rigoureux si le rachat se fait en vertu de la faculté octroyée par le même traité & au même instant de la vente; & iceluy rachat se fait dedans le tems accordé : Presque toutes les autres Coûtumes sont contraires, qui donnent un quint seulement pour la vente & non pour le rachat. Orleans article 12. Sens article 236. Auxerre article 99. Bourbonnois article 406. Auvergne chapitre 16. article 11. Troyes article 75. Aucunes Coûtumes tirent plus au large, disans quand la faculté de remeré est seulement de trois ans, ou autre brief tems, & le rachat se fait dans le même tems qu'il n'est deû aucun profit. Melun article 122. Berry des Fiefs article 49. & de retenuë, article 9. Tours article 148. Reims article 91. Blois art. 82. Et toutes disent qu'il n'est deû aucun profit pour le rachat, sinon que la faculté eût été accordée hors le contrat de vente. Quand la faculté est accordée par le même traité, la paction fait portion du prix. *l. si fundus. ff. de contrahenda emptione* : & le rachat remet & rétablit la chose au même état auquel étoit auparavant. *l. si unus. §. quod in specie. ff. de pact.* de fait tel heritage racheté n'est pas reputé conquest, mais retient son ancienne nature & qualité. Ainsi disent Decius *Consil.* 81. *vol.* 1. *Marianus Socinus Junior conf.* 20. *vol.* 1. Decius al-

Selon article: decision Pet. J. in præ tit. de bell. pr. emphit. vers. Si pacto.

legue Bart. *in l. diem. ff. de aqua plu. arc.* & ce fait la *l. filio quem. ff. de lib. & posth.* où il est dit quand le negoce retourne en son ancien état, encores que ce soit par le ministere de l'homme, c'est tout autant que s'il n'y avoit eu rien changé. Sera rememoré en passant sur le fait des rachats, que le tems accordé par le majeur, court contre son heritier mineur, sans aucun remede de restitution en entier, sauf le recours au mineur contre son tuteur : car la prescription est conventionnelle, & le mineur heritier est tenu de tout le fait de son predecesseur, & sa minorité ne luy apporte aucun privilege, *l. Polla. Cod. de his quibus ut indignis. §. ex his. ff. de verborum obligationibus.* Aussi l'Edit des mineurs use de ces mots, *quod cum minore gestum erit. Bart. in l. civilius. ff. de minor. & in l. 2. C. si advers. vend. pign.* Coûtume de Bourbonnois art. 33. *Ruinus consil. 54. vol. 5.*

Dans le mesme jour, Semble qu'il faut compter le jour naturel de vingt-quatre heures, & non selon la clarté jusques à Soleil couché. Le mot de Passation montre, que la seule convenance verbale ne suffit. L'Edit de Moulins de l'an 1566. a pourveu pour les contrats excedans cent livres. Cét article parle generalement, & ainsi le faut entendre, & dire que pour l'effet du quint denier il faut que le contrat soit passé par écrit, autrement les parties peuvent s'en retirer : toutesfois si aprés la convenance verbale l'acquereur par la volonté du vendeur étoit entré en jouissance, la vente seroit tenuë pour accomplie sans difficulté. Je trouverois bien raisonnable la limitation de la Coûtume de Bourbonnois article 397. pour être suivie par nous en ce païs, que si avant la possession prise les contractans se départent pour cause (comme d'éviction éminente) qui soit de nouvel venuë à connoissance, ou autre semblable cause, il n'en soit deû aucun profit. Car nôtre Coûtume, qui est nôtre droit Civil, doit être interpretée *ex bono & æquo*, même parce que la vente est contractée de bonne foy, sans que nous fassions état de ces broüilleries des Statuts, dont les Docteurs Italiens ont farcy leurs livres : mais que nous devons juger que les profits soient deûs aux Seigneurs pour les ventes & contrats qui ont leur efficace selon les volontez vray semblables des contractans. Aussi la Loy dit qu'il est loisible de resilir d'une vente comme demeurée nulle ou inutile, quand la cause finale se trouve en défaillance *l. cum te C. de pactis inter empt. & vend.* De même si la chose achetée a été évincée par les hypoteques precedentes, comme a été dit & prouvé cy-dessus. Mais si le contrat qui aura figure exterieure de vente, se trouvoit en effet un simple engagement ou constitution de rente, comme s'il y a vilté du prix en l'achat, en même instant faculté de remeré & bail par l'acheteur au vendeur à la raison du denier douze du sort principal, ou autre raison, selon laquelle on a accoûtumé de constituër rentes à prix d'argent, en ce cas ne seroit deû profit pour la vente, qui seroit audit cas censée constitution de rente à prix d'argent, par les raisons & autoritez rapportées cy-dessous article vingt-cinq : Par Arrest du Jeudy cinquiéme Mars 1550. entre le sieur d'Antragues, d'Azay, & le sieur de l'Estang, fût jugé que tels contrats sont *ad instar* de constitution de rente.

ARTICLE XXIV.

Pour heritage feodal commun, party entre communs, n'est deû aucun quint, s'il n'y a tourne d'autre chose non commune ou partable entre lesdits communs : auquel cas sera deû quint de la chose tournée.

Partage n'est pas contrat : mais est un expedient par lequel à chacun de ceux qui ont part en plusieurs choses communes par indivis, sont attribuées une ou plusieurs pieces divisées & separées qui soient de semblable valeur qu'étoit la portion indivise en subrogeant l'une au lieu de l'autre. Aussi Papinian *in l. cum pater. §. hereditatem 18. ff. de legat. 2.* dit que division est permutation des choses separant la communion, C'est donc de l'essence du negoce que la proportion & analogie y soit : pourquoy la deception d'outre moitié de juste valeur ou prix n'est pas necessaire pour rescinder ou reformer un partage : mais suffit une deception ou lesion notable, & ainsi la Cour de Parlement a interpreté le mot *perperam* qui est en la *l. majoribus. C. commit. utriusque jud.* contre l'opinion de la glosse & commune des Docteurs, on allegue un Arrest du 24. Mars de l'an 1183. entre Maître Jean Charles, & Maître Achilles Jacques. Autre Arrest de la prononciation de la Chandeleur 1524. entre René de Court, & Louse de Serres : & autre entre Tonelier Seigneur de la Mothe d'Esgry, & Maître Estienne la Pice sieur de Courances 1547. Rapporteur Bourgoin. Du Moulin sur la Coûtume de Paris article 22. num. 42. Socin le jeune, duquel j'ay été Auditeur, *consil.* 48. *vol.* 1. tiennent la même opinion. Mais si l'heritage commun ne pouvoit être commodement party, & par l'avis des experts il convint venir à licitation pour l'adjuger à celuy des compartageans qui le liciteroit & encheriroit à plus haut prix, & partir ledit prix entr'eux, selon les portions indivises, il ne seroit deû quint denier pour cette adjudication. Ainsi que dit Rebuffe au Commentaire sur les Ordonances Royaux. *tom. 2. tractatu de præcon. & licitat. art. 3. glos. unic. num. 3.* dit avoir été jugé par Arrest contre le Procureur General du Roy, à la prononciation de Pâques 1538. & suivant ce sont les Coûtumes de Paris art. 80. Orleans art. 15. 16. & 114. & Melun art. 124. qui disent aussi, que si l'étranger est reçû à encherir, & soit adjudicataire, il devra quint. La raison peut être que la licitation n'est pas vente volontaire, mais est un expedient inventé par la loy, comme subrogé par necessité au lieu de partage, pour faire que la chose ne soit plus commune. *l. Mævius. §. arbiter. ff. famil. ercisc. l. ad officium. C. comm. divid.* Et puis que c'est contrainte par Justice, le prix est subrogé au lieu de la chose, & partant est censée vraye division. *l. Lucius Titius. ff. de lega.* 2. aussi la loy ne juge pas à party pareil les alliennations necessaires, & les volontaires. *l.* 1. *ff. de fundo dot. l. alienationes. ff. famil. ercisc.* Joint qu'en tel cas il n'y a mutation d'homme quand le total est adjugé à l'un des partageans. Or le quint denier ou autre profit se paye au Seigneur direct, est afin qu'il approuve le nouvel homme qui se subroge au lieu de l'ancien. *l. ult. C. de jure emphyt. Paul. Castr. consil.* 144. *vol.* 1. dit que telle licitation tient lieu de vraye division, & allegue la *l. item. Labeo. §.* 1. *ff. famil. ercisc.* Toutesfois selon que cét article est conçû, semble que s'il n'y avoit que des heritages communs entre les partageans, il seroit deû quint pour les deniers baillez, car les deniers ne sont pas de la communauté, & est le tout autant, que si l'un achetoit la part de l'autre : Toutesfois mon avis est, qu'audit cas il n'est deû aucun profit, tant parce qu'il n'y a survenance de nouvel homme, comme aussi parce que ce n'est allienatió volontaire : Mais s'ils étoient communs en meubles & immeubles, je croy qu'il n'en seroit deû profit : car il faudroit presumer que celuy qui baille deniers, diminuë d'autant sa part des meubles : ce que les Coûtumes d'Auxerre article 97. & Tours article 151. remarquent : disans qu'en cas de soulte en deniers est deû profit, si la soulte vient d'ailleurs que de la succession. Aussi s'ils étoient communs en meubles & immeubles, & l'un prit toute la part en deniers ou meubles, & à l'autre demeurât tout l'heritage, il n'en seroit deû profit. Car en partage il n'est pas necessaire de partager tous les corps communs, mais on peut attribuer des corps entiers à l'un ou l'autre. *l. potest. ff. de lega.* 1. & sera noté la raison mise, *in l.* 1. *C. de impon. lucrat. descript. lib.* 10. en ces mots, *nam cum personæ conditio non mutatur, nec rei quidem statum immutari convenit.* Les heritages qui sont avenus par partage à l'un des partageans sortissent même nature pour être propres ou conquests à celuy qui les prend, comme étoient les portions indivises qu'il avoit avant le partage : car selon le dire de Papinian la division est une vraye permutation, & la subrogation y est de soy-même : en sorte que l'heritage subrogé est censé de même nature. *l. sed quod. ff. de lega.* 2. *l. pater. ff. de adimend. vel transfer. legat. d. l. cum pater. §. hæreditatem* 18. *ff. de legat.* 2.

ARTICLE XXV.

SI un vassal vend rente en general sur tous ses biens tenus de divers Seigneurs, l'acheteur n'en doit aucun quint. Mais s'il assigne specialement sur un fief, le Seigneur feodal peut contredire & empêcher, ou en prendre le quint denier.

CEt article selon mon avis, se doit entendre au second chef, pour les rentes qui sont foncieres, ou sont *ad instar* de foncieres comme si elles sont crées par pure donation, pour fondation de service d'Eglise, ou si elles étoient constituées au denier vingtiéme ou au dessous, avec paction qu'elles ne soient rachetables. Et ne se doit entendre de ces rentes qu'on appelle volantes, qui sont constituées à prix d'argent, à raison du denier 12. ou 15. ou autre raison au dessous du denier 20. lesquelles de leur nature, même selon leur essence sont rachetables à toûjours, *etiam* aprés trente même cent ans : les deux extravagantes *regimini, de empt. & vendit.* disent que l'une des qualitez essentielles de telles rentes est, qu'elles soient rachetables à toûjours. Il n'y a pas fort long-tems qu'és Palais & Auditoires de ce Royaume, on doutoit si telles rentes étoient rachetables aprés trente ans. Le premier Arrest notable qui les declara rachetables à jamais, & qui a été retenu pour servir de loy, est du 13. Mars 1547. entre Thomas Rapponel Seigneur de Bandeville, & Faron Charpentier. Et depuis a été arresté par plusieurs nouvelles Coûtumes, que telles rentes sont rachetables, *etiam* aprés cent ans. Paris article 119. Orleans article 268. Sens article 123. Pour cette opinion qu'il ne soit deû quint denier pour rente constituée à prix d'argent, assignée specialement sur heritage tenu en fief, ny lods & ventes, si l'heritage est tenu en censive ; fut jugé par Arrest sur un article de l'ancienne Coûtume de Paris, qui étoit le 58. qui portoit en effet, que pour telles rentes assignées specialement sur heritages tenus en censive, lods & ventes étoient deûs ; de l'homologation duquel ancien article, les Prévôts des Marchands & Eschevins de Paris se declarerent appellans, & fut la cause plaidée le 19. May 1556. & par Arrest du 10. May 1557. fut dit que ledit article ancien seroit rayé, & au lieu d'iceluy mis l'article, par lequel est statué, que pour telles rentes ne sont deûs lods & ventes. Cét Arrest est inseré en la fin du procez verbal de la redaction de l'ancienne Coûtume. Le sieur du Moulin en l'annotation sur le 144. article de la Coûtume de Chasteauneuf en Thimerais, & sur le 46. article de la Coûtume de Chartres, dit que ledit Arrest doit être tenu pour loy generale en France : Et suivant ce a été statué és nouvelles Coûtumes d'Orleans article 111. Sens article 123. Touraine article 123. Estampes article 50. Melun article 70. & 123. Reims article 89. & 154. & Poitou article 27. Orleans, Touraine & Sens, mettent la limitation, que si aprés la rente ainsi constituée & assignée specialement, l'heritage eſt vendu à la charge de la rente, que lors en ſera deu profit, parce qu'audit cas la rente fait portion du prix. Ce que la Cour retint *in mente*, quand elle donna ledit Arreſt du 10. May 1557. & eſt ledit retenu imprimé avec l'Arreſt au lieu ſuſdit. J'ay traité ailleurs, que les rentes à prix d'argent conſtituées au denier vingt, ou au deſſus peuvent être faites non rachetables par paction, *infrà* des rentes article 9. Mais quand bien la rente ſeroit non rachetable, & ſeroit *ad inſtar* de fonciere, le Seigneur ſelon cét article la peut contredire & faire ôter. Au texte imprimé y a tranſpoſition en ces mots, CONTREDIRE OU EMPESCHER ET EN PRENDRE LE QUINT DENIER, & faut reformer ainſi; CONTREDIRE ET EMPESCHER OU EN PRENDRE LE QUINT DENIER. Si le Seigneur prend le quint denier il infeode la rente : enſorte que ſi le fief retourne à luy, ou temporellement à faute d'homme, ou perpetuellement par reverſion, il demeurera chargé de ladite rente au prejudice de la Seigneurie feodale. Il eſt bien certain en cas qu'il ſoit deû profit pour aſſignation ſpeciale de rente, que toutesfois n'en eſt deû pour le rachat d'icelle : car en rachetant la rente on l'éteint; & d'*être*, elle eſt reduite à *non être* : ainſi ce n'eſt allienation ny mutation d'homme, ny charge du fief, *imò*; c'eſt la decharge & reduction du fief à meilleure condition, & n'eſt pas comme en cas de rachat de l'heritage vendu, car l'heritage eſt un corps ſolide qui change de main. De ce que deſſus faut inferer, que ſi pour une debte perſonnelle; ou qui ſe doit payer à une fois, l'heritage tenu à fief eſt ſpecialement hypotequé, il n'y a aucun profit deû au Seigneur : car le creancier ne devient proprietaire. *l. cum & ſortis. §. 1. ff. de pignor. act.* par conſequent n'y a mutation d'homme, & l'hypoteque eſt ſeulement acceſſoire à l'obligation perſonnelle, qui eſt la principale, & le Seigneur n'eſt intereſſé, car en cas de reverſion l'hypoteque eſt éteinte. *l. lex veſtigali. ff. de pignor.*

ARTICLE XXVI.

EN permutation & échange de choſe feodale il y a quint denier, & eſt eſtimée la choſe à eſtimation commune.

EN pluſieurs Coûtumes il n'y a profit de quint denier pour le Seigneur en cas d'échange, mais ſeulement droit de relief ou rachat, qui eſt le revenu d'un an : La verité eſt, que par l'échange y a vraye mutation d'homme, pourquoy eſt raiſon que le Seigneur prenne profit pour l'approbation & inveſtiture du nouvel homme. Il a été dit cy-deſſus art. 21. qu'il faut eſtimer la même choſe tenuë du Seigneur, qui demande le profit & non pas la choſe baillée en contréchange. Et à ce fait la loy finale *in verb. aſtimationis. C. de jure emphyt.* de cette eſtimation, & de la forme d'icelle eſt traité cy-deſſus audit art. 21.

ARTICLE XXVII.

POur bail fait de partie de fief, noble ou rural, à cens ou à bordelage, n'eſt deû aucun quint : ſinon que le preneur eût baillé argent d'entrée, ſoulte, ou autre choſe de plus grande valeur que la redevance, eu égard à la valeur de l'heritage : auquel cas il eſt deû quint dudit argent ou choſe baillée.

QUand un heritage accoûtumé d'être baillé d'ancienneté à cens ou à bordelage, retourne au vaſſal Seigneur direct, par echoite ou Commiſe, ou autrement par vertu de la Seigneurie directe, il ne peut faire bail ſous la même charge ancienne, & quoy qu'il en prenne deniers d'entrée excedans la valeur de la redevance, il n'en eſt deû au Seigneur feodal aucun profit, Car tel acte eſt d'adminiſtration, & non pas d'allienation ou deterioration du fief : & de fait eſt permis aux Beneficiers ſans decret du Superieur; *cap. 2. extrà de feudis.* Pourquoy faut entendre cét article, quand le vaſſal baille de nouvel l'heritage qui ſouloit être de ſon domaine; comme ſi c'eſt un heritage deſert, ou ſi ſelon ſa commodité il ne peut le faire valoir par ſes mains. Et s'il en prend quelque entrage moderé, n'en eſt deû profit, parce qu'il ſemble que c'eſt plûtôt ménagement qu'allienation ou deterioration : mais ſi le bailleur prend un grand entrage, parce que moyennant ce il eſt cenſé avoir diminué la redevance; & par conſequent le revenu de ſon fief, le Seigneur prendra quint dudit entrage. La Coûtume a eſtimé l'entrage être exceſſif, quand il excede la valeur de la redevance : & en ce cas, à cauſe de la prevalence, le contrat eſt cenſé plûtôt vente que bail, ſelon les argumens de la *l. queritur. ff. de ſtatu. homi. l. in rem. §. in omnibus. ff. de rei vend. & infra art.* 40. Quand le bail eſt fait avec bon ménagement, le Seigneur feodal eſt tenu d'y eſter, ſi le fief retourne à luy perpetuellement par reverſion, ou temporellement à faute d'homme. Car le vaſſal eſt Seigneur util, & comme Procureur legal du Seigneur direct, *cum libera*, il a la conſervation des droits dudit Seigneur : & en cette qualité de Procureur, peut au prejudice du Seigneur direct exercer tous actes de ménagement perpetuel, pourveu que ce ſoit ſans fraude & ſans deterioration notable du fief : car au mandement, tant ſoit general, *& cum libera*, n'eſt compris ce qui ſe fait avec fraude, *l. creditor. §. Lucius. ff. mandati.* Ce ménagement du vaſſal ſe doit entendre ſelon l'état qui étoit de l'heritage baillé lors du bail, qui eſt regle ordinaire és contrats: *l. Rutilia Polla. ff. de con-*

trah. empt. l. filius familias. ff. de verb. oblig. le Seigneur util est Procureur du Seigneur direct, *in eam rem. l. 1. insi. cùm l. seq. ff. usufruct. quemad. caveat.* & la loy presume être compris au mandat general, ce qui est accoûtumé d'être fait, & que le Seigneur direct vray-semblablement feroit. *l. si hominem. ff. mand. l. vel universorum. ff. de pignor. act.* Sera noté que l'article parle du bail à cens ou à bordelage, pour montrer le bon ménagement à cause des partie casuelles : mais si c'étoit simple rente fonciere, non emportant Seigneurie directe, je croy que le Seigneur pourroit contredire le bail, ou prendre profit pour son indemnité. Si ce n'étoit que la rente fonciere fût grosse, ayant quelque correspondance aux fruits, car en tel cas sembleroit une accense perpetuelle, qui est acte de ménagement & non d'allienation. Plusieurs Coûtumes permettent aux vassaux de se joüer de leurs fiefs, jusques au tiers ou autre portion sans demission de foy, c'est-à-dire, que le vassal est toûjours tenu de porter la foy entiere pour tout le fief, & n'en est deû profit : mais la plusspart desdites Coûtumes disent, que si le fief retourne au Seigneur par reversion, ou en cas d'ouverture, le Seigneur n'est tenu d'ester aux baux que le vassal aura faits, s'il n'y avoit eu infeodation ou approbation du Seigneur. Ainsi Paris article 51. 52. & 59. Melun article 71. & 101. Sens article 208. Auxerre article 82. Blois art. 61. & 62. Reims article 117. Orleans article 7. Toutefois avec grande raison se peut dire, quand le bail est fait avec apparence de bon ménagement, sans diminution ou deterioration notable, que le Seigneur y doit ester, par les raisons cy-dessus.

Au cas qu'il est deû quint denier, l'acquereur qui est le preneur le doit, mais si le bailleur ne l'avertit du fief, iceluy bailleur est tenu de le dédommager : car l'éviction n'est pas moins dûë pour la charge réelle non exprimée, que pour la proprieté, quand elle est pretenduë par un tiers. *l. non dubitatur, & l. si fundum sciens, in verb. vel obligatum. C. de evict.*

ARTICLE XXVIII.

Le vassal ne peut bailler à titre de cens ou bordelage le principal manoir de son domaine, ny la Justice s'il y en a dudit fief noble : Mais le fief rural se peut bailler ausdites charges entierement.

ARTICLE XXIX.

Et est reputé fief noble celuy auquel y a Justice, ou maison fort notable édifice, mote, fossez, ou autres semblables signes de noblesse & d'ancienneté : & tous autres sont reputez ruraux, & non nobles.

La distinction de ce qui se peut bailler ou non, bailler à cens ou à bordelage, fait croire que le bail vaut au préjudice du Seigneur en cas de reversion, pourveu que ce soit sans fraude, comme dessus : Car si le bail valoit pour le seul respect du vassal & à son préjudice, pour neant seroit cette distinction : car chacun fait du sien ce qu'il veut, & *in dubio* le vassal ne contracteroit que sur son droit. *l. si finita. §. si de vectigalibus. ff. de damno infecto. l. qui tabernas. ff. de contrah. empt.* Mais puis que la Coûtume limite le pouvoir du vassal, même en ce que la Seigneurie feodale & la bien-seance du fief ne seroit incommodée ; & encores parce que simplement elle permet de bailler : semble que le bail vaut, *etiam* pour préjudicier au Seigneur en cas de reversion, pourveu qu'il n'y ait point de fraude, & que la redevance ait quelque correspondance aux fruits, & le bail soit sans gros entrage en deniers, pour les raisons déduites en l'article precedent.

Principal manoir, C'est l'interest du Seigneur que le vassal ait occasion de demeurer sur le fief : car l'œil du maître amende l'heritage. Aussi un domaine aux champs est trop défiguré, quand il n'y a point de demeurance pour le maître.

La Justice, Cette consideration semble regarder le bien public, à ce que la Justice étant mise en commerce par bail à cens ou à bordelage ne soit avilie & profanée, & en peril d'être mal administrée.

Entierement, Par la loy des Feudes de Milan, le vassal pouvoit bailler la moitié de son fief à rente, qu'ils appellent libelle ; mais si le vassal meurt sans enfans, la chose baillée retourne au Seigneur, *de alienat. feudi in princip. & §. si verò.* Cette loy étoit au tems que les fiefs n'étoient pas patrimoniaux comme ils sont en France. Doncques au fief rural le Seigneur n'a point d'interest si le tout est baillé, pourveu qu'il soit baillé sous redevance raisonnable.

Fief noble, Tous fief de leur nature sont nobles, parce qu'ils doivent service aux guerres. Et quand tous ces Royaumes furent établis lors de la ruïne de l'Empire Romain par les François, Goths & Lombards ; ces étrangers ôterent l'usage des armes aux anciens habitans, & les reserverent à eux seuls. Ces vainqueurs seuls faisoient la guerre, les anciens habitans s'adonnoient au ménage rustique, & à la marchandise, comme il se connoît és Epistres de Cassiodorus Chancellier du Roy Diethrich, dit Theodoric, qui regnoit avec les Goths en Italie. De ce tems est venuë la distinction des nobles & des roturiers, & la loy par laquelle les roturiers ne peuvent tenir fief. Mais icy sont dits fiefs nobles par antonomasie, à cause des marques de noblesse & d'ancienneté. Soit noté que les tours ny les hautes murailles seules ne font pas marque suffisante de Chastel : mais y sont principalement requis les fossez & les ponts-levis. De grande ancienneté n'étoit permis aux Seigneurs qui n'avoient droit de Chastellenie, d'avoir maison ou Chasteau en forteresse, sans le congé de son grand Seigneur, comme il a été dit cy-dessus : mais la Cour de Parlement a jugé qu'un simple vassal, *etiam* n'ayant Justice peut édifier maison forte. Ainsi dit Chopin au traité *de privileg. rusticorum*, *parte 3. lib. 3. cap. 12. num.* 4. mais Boërius en la Decision 320. dit avoir été autrement jugé au Parlement de Bordeaux. Et en Nivernois a été pratiqué, que le vassal d'un simple fief sans Justice, ne peut faire fossez ny pont-levis sans congé.

ARTICLE XXX.

LE vassal ne peut de son domaine faire son fief, sans le consentement de son Seigneur feodal, & s'il le fait le Seigneur le peut contredire, comme nul. Mais au contraire peut ledit vassal de son fief faire son domaine sans le consentement du Seigneur feodal, & sans ce qu'il soit pour ce tenu à aucun profit : & est ledit fief tenu être réüny au domaine dudit vassal, incontinent qu'il a repris du Seigneur feodal, ou qu'il en a joüi par an & jour.

VEut dire que le vassal ne peut bailler en arriere-fief ce qu'il tient en plein fief, de tant qu'il diminüeroit le plein fief : car le fief n'apporte aucun profit annuel, comme fait le cens & le bordelage. D'ancienneté les Seigneurs de Nivernois usurpoient que l'aîné pouvoit démembrer son fief pour en bailler partie à son frere puisné, qui le tiendroit en fief de l'aîné : mais aprés contradiction, l'aîné en a cessé. Aucunes Coûtumes l'observent encores, comme, Vitry article 24. qui dit que les Barons & Chastelains peuvent bailler partie de leurs fiefs à Gentils-hommes pour les tenir en fief : Mais si c'est par vente le Seigneur en prendra profit, & l'article vingt-cinq permet faire arriere-fief, en mariant ses enfans, & retenant par le pere de son fief à suffisance.

DE SON FIEF FAIRE SON DOMAINE, Comme quand le vassal acquiert de son sous-vassal, que l'arriere-fief luy échet par puissance de fief. Auquel cas il peut tenir le fief separé sans l'unir à son plein fief, pour en faire concession sous l'ancienne charge de fief, quand il voudra : ou le retenir en ses mains, pourveu qu'il en fasse declaration expresse dedans l'an. Ou bien par declaration tacite bien apparente, comme en le ménageant du tout separément, par recepte ou par accense à part, & le nommant toûjours de son ancien nom. Car s'il n'y a declaration ou presomption contraire, la Coûtume fait presumer la réünion par la joüissance d'an & jour, même s'il en a joüi conjointement avec son plein fief sous une même recepte ou accense, qui sont les mêmes conjectures mises *in l. prædiis. §. Titio. & §. balneas. ff. de lega. 3. l. cum fundus. ff. de leg.* 2. Ainsi l'ont pratiqué les Seigneurs de Chastillon en Bazois, quand ils ont acquis les Seigneuries des Vaux & de Barnieres tenuës de Chastillon à titre de fief. De ces presomptions de réünion est traité par *Guido Papæ decis.* 154. *& Bart. in l. ult. C. de bonis vacant. lib.* 10. La question se trouve proposée, mais non definie *in cap. ult. super extrà de rebus eccles. non alien.* mais se contente de dire, que pour le doute qui peut être si la réunion est faite ou non, le Prelat fera mieux de n'aliener pas. Mais *Panor.* sur ledit chap. dit que la presomption est que la chose soit unie à la manse, si elle a été tenuë par le Prelat par an & jour. Le plus seur est *in dubio* d'en juger par les conjectures, Que si le vassal décharge pour le tout de la redevance l'heritage qui étoit tenu de luy, tel heritage liberé envers le vassal est devolu au Seigneur feodal : ainsi dit Bourbonnois article 388. dont la raison semble être generale. Ainsi se dit quand le vassal manumet & affranchit son homme de condition servile, que tel homme abandonné par le vassal est devolu, & devient serf du Seigneur superieur de celuy qui l'a affranchy. Et de ce y en a un article en un traité apocriphe des amortissemens, imprimé avec les Stile de Parlement. Ainsi d'ancienneté étoit observé en Nivernois, & à cet effet celuy qui étoit manumis par le vassal prenoit lettres de manumission du Seigneur feodal. Et s'en trouvent plusieurs expeditions en la Chambre des Comptes à Nevers : & est observé en Bourgogne. Que si le vassal acquiert l'heritage tenu de luy, il peut le rebailler. Bourbonnois article 389. Paris article 53. dit qu'audit cas d'acquisition, l'heritage est tenu pour réüny, si le vassal acquereur ne declare expressement sa volonté : à quoy se rapporte. Orleans article 20. mais Laon article 260. & Reims article 222. disent qu'il n'est tenu pour réüny, sinon que le vassal l'ait employé par son aveu & dénombrement, & qu'il n'est tenu de le réünir, mais le peut tenir en arriere-fief. Quand la Coûtume ne dit point de cas certain, il en faut juger par les conjectures qui dépendent du fait *non enim minus facto quàm verbis voluntas declaratur. l. indebitum C. de condict. indebiti.*

ARTICLE XXXI.

SI un fief est donné purement & simplement en mariage par parent à autre parent, il n'en est deû aucun quint au Seigneur feodal, posé que le donataire ne soit de l'estoc dont ledit fief prossede.

ARTICLE XXXII.

POur bail à années d'une chose feodale n'est deû quint s'il ne passe trente ans.

LA commune opinion des Docteurs est, quand le tems du bail excede dix ans, qu'il emporte allienation : parce que le tems de dix ans est estimé long-tems, *l. si fideicommissa. §. Aristo.* où le mot *diu* est interpreté de dix ans. *ff. qui & à quibus manumissi*, & ainsi le tient la glosse *in l. ult. ff. si ager. vectig. vel emphyt. pet.* où se dit que ceux qui sont conducteurs & fermiers à long-tems ont les actions utiles *in rem*, comme les directes appartiennent aux proprietaires, & les conducteurs à brief tems ne les ont pas. *l. cum in plures. §. messem. ff. locati. Boër. decis. Burdegal.* 234. recite les opinions des Docteurs. Es Provinces esquelles la prescription de dix & vingt ans est reçûë, *ad instar* du droit Civil Romain, il y a plus apparence de dire que dix ans soit long-tems, & que la location à dix ans soit allienation : mais puisque nôtre Coûtume n'a admise autre prescription que de trente ans, par la même suite de raison, elle a statué qu'il n'est deû profit pour bail s'il n'excede trente ans. Encores en ce cas de trente ans, faut dire, que si le bail est fait sous charge de redevance, correspondante à peu prés au revenu de la terre baillé, qu'il n'en est deû profit, comme a été dit cy-dessus.

ARTICLE XXXIII.

SI la chose feodale est donnée à étranger par quelque donation que ce soit, il y a quint pour le Seigneur : mais si c'est de parent à parent n'en est deû aucun quint, sinon que la donation fût don pure & simple, à charge, ou recompensative, auquel cas il en est deû quint.

ARTICLE XXXIV.

TOutesfois audit cas si le donataire pouvoit succeder à la chose feodale, donnée au tems de ladite donation, si le cas avenoit, encores n'en seroit deû aucun quint.

LE 31. article parle de donation faite en faveur de mariage à son parent qui est d'autre ligne que celle dont le fief procede. Le 33. article se doit entendre, quand la donation hors des faveur de mariage est faite à parent de la même ligne dont est le fief. Afin que la faveur de mariage dont est parlé au 31. article soit censée operer quelque chose special par l'argument de la *l. si quandò ff. de lega.* 1. Aussi est à considerer que le parent d'autre ligne est habile à succeder quand il n'y a aucun parent de la même ligne, comme sera dit cy-aprés des Successions article 7. pourquoy ne le faut pas reputer étranger. Quand un parent donne à son parent, la presomption de la loy est que c'est en contemplation du lignage qui concilie l'amitié : qui est la même raison pour laquelle la loy presume, que celuy qui succede par la voye d'intestat succede par la volonté du défunt, *l. conficiuntur. ff. de jure codicill.* Aussi la loy presume que c'est en faveur du lignage quand aucun donne à son parent, *l. sed si plures. §. in arrogato. ff. de vulgari & pupil. substit.*

A CHARGE OU RECOMPENSATIVE, Charge se doit entendre qui regarde le profit d'autre personne que du donataire : car si la donation *verbi gratia* portoit que ce fût pour entretenir le donataire aux études, la cause seroit censée impulsive & non finale ; aussi elle n'obligeroit precisement le donataire. *l. Titiò centum in princip. ff. de condit. & demonst. l. 2. §. ult. & l. 3. ff. de donat.* De même si le donateur parle des merites du donataire sans les specifier, ou de l'esperance qu'il a de services, la donation sera reputée pure & simple, & non onereuse, & la cause est impulsive non finale. Car ce qui est dit indefiniment se doit restreindre & limiter selon la forme ou qualité certaine & speciale, non selon ce qui est vague & incertain. *l. Scio. §. medico. ff. de ann. legat. l. legata. ff. de supell. legata.*

Si la charge ou les merites sont specifiez, Lors sera faite estimation d'iceux en deniers, car sur le pied de cette estimation doit être étably le quint denier, & non sur la valeur de la chose. Car en ce qui est de la valeur de la chose, outre l'estimation de cette charge ou merites, vrayement donation pure & simple, & jusques à la concurrence de la charge ou merites, ce n'est pas tant donation que dation *ob causam*, & comme contrat non nommé. *Bart. in l. si ut proponis. C. de condict. ob caus.* Ainsi disons nous quand c'est une personne envers laquelle la loy ne permet pas de donner librement & absolument, mais avec quelques limitations & restrictions de liberté, que la seule declaration du donateur pour les merites, *etiam* qu'ils soient specifiez ne suffit pas : mais les merites doivent être prouvez par autres bonnes preuves. *l. qui testamentum. ff. de probat. l. cum quis decedens. §. Titia. ff. de lega.* 3. & la donation ne vaut que jusques à la concurrence de ce qui est prouvé *l. 1. §. si quis in fraudem. ff. si quid in fraudem patro.* Mais si la liberté de donner & disposer est entiere

entiere au donateur sans limitation, il n'est besoin au donataire de prouver les merites, & la seule volonté du donateur suffit. *Bart. in l. si fortè. ff. de castrensi pecul.*

Pouvoir succeder, En tout ou partie selon ce qui est dit *infrà*, quelles choses sont reputées meubles, article 14. & en tel cas semble comme un avancement ou anticipation de succession, par la raison de la *l.* 1. *Cod. de imponed. lucrat. escriptione lib.* 10. où sont ces mots, que c'est plûtôt payement de chose dûë, que present de liberté, veu que *etiam* sans la donation cela devoit venir aux donataires par droit de lignage. Or l'heritier est tenu aux charges hereditaires, soit à titre onereux ou lucratif : pourquoy le donateur ne fait rien au préjudice du Seigneur, quand il donne sous la charge, qu'aussi bien son heritier porteroit sans qu'il en fût rien dit.

ARTICLE XXXV.

AU Seigneur feodal regulierement appartient droit de retenuë de la chose feodale venduë ou alliennée, *etiam* par decret de Justice, ou le quint, à son choix. Et dure ladite retenuë quarante jours aprés la notification de l'acquisition du nouveau titre de vassal, par le *Vidimus* de la lettre d'iceluy, qui sera baillé aux dépens de l'acquereur, & s'il n'y a notification ladite retenuë dure trente ans, comme dit est cy-dessus : Sauf és cas cy-aprés declarez.

REtenuë n'est pas le droit *Protimiseos*, que les Docteurs vulgairement disent *Protomiseos*, & mal : car le mot vient du Grec *Protimân*, qui signifie le droit que le Seigneur a d'être preferé en l'achat lors que le vassal l'avertit qu'il a volonté de vendre, & qu'il n'en trouve tel prix, qui est ce qu'on dit le droit d'être le premier refusant : ce qui est en l'emphyteuse. *l. ult. C. de jure emphyt.* mais à nous est autrement : Car le vassal peut vendre sans faire sçavoir au Seigneur, & aprés la vente faite le Seigneur peut avoir l'heritage pour le même prix, dont est parlé au livre des Feudes de Lombardie. *§. porrò cap. qualiter poterat olim Feud. alien.*

Ou allienné'e, S'entend d'allienation faite pour cause qui soit facilement, & par commun usage, & proportionnée, reductible en deniers, comme si l'heritage est allienné pour des meubles qui sont en usage & commerce commun & vulgaire, ainsi qu'il a été dit cy-dessus art. 21. Voyez du Moulin sur l'ancienne Coûtume de Paris article 23. n. 56. où il pese ce, *allienner*. La question est, si la Seigneurie directe appartient à plusieurs. Celuy qui a la moindre part, veut retenir pour sa part : Les autres veulent bien investir. Oldrad. *consil.* 34. dit qu'il peut retenir *nec consensus majoris partis impedit, quià jus competit pluribus ut singulis.* Mais je ne suis pas de cét avis, car puis que la Coûtume donne au proprietaire la science libre de vendre, il peut dire qu'il a entendu vendre tout, & à ce moyen qu'on luy doit laisser tout, ou retenir tout, comme chose individuë à cause de son interest. *l. tutor. §. curator. in verb. quod partem empturus non esset. ff. de minor. & ne invitus incedat in communionem. l. si non sortem. §. si centum. ff. de condict. indeb.* Et si avec les deniers il y a quelque charge réelle de Servitude qui ne soit honneste, ou ne soit aisée au Seigneur, le Seigneur en retenant ne souffrira la charge : mais payera l'estimation d'icelle en deniers. Ainsi tient *Petr. Jacobi* en sa Pratique, *tit. de actione pro re emphyt. in quæstionib. quæst. sed quid erit. vers. sed ne Dominus* : & à ce fait l'argument de la *l. si domus. §. qui confitetur. ff. de legat.* 1.

On a traité avec diversité d'opinions, si la retenuë feodale ou censuelle peut être cedée par le Seigneur. Du Moulin a tenu que non, disant que la retenuë est octroyée au Seigneur, pour réünir & consolider : ainsi dit-il en ses Commentaires, sur la Coûtume de Paris, & en l'annotation sur la Coûtume d'Anjou article 403. Mais la commune opinion du Palais est aujourd'huy, & semble être bien juridique & raisonnable, que le droit de retenuë peut être cedé par le Seigneur. Ainsi dit Bourbonnois art. 457. Auvergne chap. 21. article 20. Melun article 164. Les raisons peuvent être que la retenuë n'est pas précisément octroyée aux Seigneurs pour réünir & consolider, ainsi que ledit du Moulin a estimé, car le Seigneur ayant acquis ou retenu son arriere-fief, peut si bon luy semble le tenir separément sans le consolider, comme il a été dit cy-dessus article 30. Mais est la retenuë octroyée par la vertu & puissance de la premiere concession : c'est donc un droit foncier & domanial, par consequent le Seigneur peut l'exercer pour en tirer profit, comme il est dit de tous autres droits qui sont dits être *in bonis.* Dont resulte la difference entre la retenuë, & le retrait lignager. Car le retrait est fondé sur la seule affection qu'aucun a en l'heritage qui a appartenu à ses ancestres, & n'est pas un droit *in re*, ou foncier, ou adherent au fonds, mais un droit personnel *ad rem*, fondé comme dit est sur l'affection, pourquoy il n'est pas cessible, *l. cum patronus. ff. de lega.* 2. *l. penul. ff. de servit. leg.* mais la retenuë est un droit *in re* & foncier. Aussi est octroyée la retenuë afin qu'il n'avienne au Seigneur d'avoir un vassal qui ne luy soit agreable : & comme dit a été la premiere cause & fondement du quint denier, est pour gagner la bonne grace du Seigneur, afin qu'il ait agreable ce nouveau vassal. Ce droit aussi sert au Seigneur pour éviter la fraude qu'on pourroit luy faire, en vendant à vil prix, afin que le quint denier en fût moindre : ce que facilement on feroit avec pactions occultes, si on ne craignoit la retenuë. Et figurons qu'il n'y eût fraude si en la vente y a eu bon marché, il est bien raison que le Seigneur puisse se servir de cette commodité de bon marché, pour en revendant en tirer profit, *ad instar* de ses autres droits domaniaux. Item l'Eglise a droit de retenuë en fief, & toutesfois par les loix de France elle ne peut unir à son domaine & à sa manse, le fief par elle retenu : car le Procureur du Roy la peut contraindre à en vuider ses mains. Il a été jugé par Arrest, que l'Eglise a retenuë, és Arrests de la Chandeleur 1529. pour de Langlée Prieur de Ponteneuf, & porte l'Arrest cette reservation : Sauf au Procureur du Roy de le contraindre à en vuider ses mains : & depuis pour l'Eglise de Nevers contre Marigot le 24. Janvier 1573. laquelle retenuë n'est pas pour réünir, par consequent peut être cedée, & de droit est permis à l'Eglise ceder son droit de retenuë, ainsi qu'il est prouvé, *in cap. 2. versus finem extrà de feud.* lequel texte je n'ay sçû avoir été posé à cét effet par aucun Docteur.

ARTICLE XXXVI.

LE lignager du vendeur du côté de la chose venduë est preferé au Seigneur feodal, voulant user de retenuë, en payant par ledit lignager, un seul quint, & les frais raisonnables.

ARTICLE XXXVII.

LE Seigneur feodal n'a point de retenuë sur ledit lignager acquereur : & est deû seulement au Seigneur feodal un seul quint denier,

LIgnager se doit icy entendre aux mêmes degrez & conditions que doit être le retrayant lignager ; à sçavoir au sixiéme degré de lignage, selon la computation civile, & qu'il soit descendu en droite ligne de l'acquereur du fief, ou bien qu'il y ait eu un proprietaire du fief qui ait été la souche commune au vendeur & au retrayant, comme est dit cy-dessous au chap. quelles choses sont reputées meubles article 13. Et encores pour y venir dedans l'an, & autres formalitez mises cy-dessous au chapitre de retrait lignager. Cette Coûtume pourroit avoir fallence, si la concession du fief portoit sa condition expresse, qu'en cas d'allienation le Seigneur feodal seroit preferé au lignager. Car il est loisible à chacun en baillant son heritage y apposer telle loy & condition qu'il veut. De cette matiere est parlé au titre des Feudes, *cap. qualiter poterat olim Feudum alienari. vers. in prohibendo.*

ARTICLE XXXVIII.

SI le vassal assigne rente specialement sur son fief, le Seigneur a le quint ou la retenuë à son choix.

LA clause qui est à la fin de l'article suivant 39. en ces mots, EN REMBOURSANT L'ACQUEREUR DE CE QU'IL EN AURA BAILLÉ, semble avoir été transposé, & deût être à la fin de cét article 38. où elle convient bien, & n'est pas à propos audit 39. car le Seigneur qui prend l'heritage *jure feudi* en vertu de sa premiere concession n'est tenu de rien rembourser, parce qu'il méprise toutes les charges faites par son vassal sans son consentement. De la matiere de cét article a été traité cy-dessus article 25. hormis de la retenuë. Et se doit icy entendre retenuë quand la rente est creée à prix d'argent, en telle sorte qu'elle peut tenir lieu de rente fonciere, comme si elle est achetée au denier vingt, qui est le prix commun d'achat d'heritages comme a été dit. Car si c'étoit une rente fonciere creée sans deniers ou meubles, ayans à peu prés semblable fonction que les deniers, elle ne seroit sujette à retenuë : mais le Seigneur pourroit la contredire, & en faire décharger son fief, audit article 25. & là est traitée cette matiere plus amplement.

ARTICLE XXXIX.

UNe terre tenuë de fief ne peut être obligée ne chargée au préjudice du Seigneur feodal : En telle maniere que si ladite chose feodale vient en la main du Seigneur feodal, par Commise ou autrement, il la tiendra & possedera franche & quite de toutes charges, en remboursant l'acquereur de ce qu'il en aura baillé.

OBLIGÉ NY CHARGÉ, S'entend de charges extraordinaires, & qui tendent à diminution notable du fief, & non pas des baux à cens, ou bordélage, ou grosse rente, ou accense à tems, à prix & conditions raisonnables qui se font selon la permission de la Coûtume cy-dessus article 27. & 28. ou pour ménagement ordinaire & accoûtumé : car le vassal outre ce qu'il est Seigneur util, est aussi Procureur legitime, ou legal du Seigneur feodal à ce étably par la loy pour ménager son fief, tant à son profit qu'au profit du Seigneur direct, dont a été parlé cy-dessus article 27. & ce qui a été fait utilement le Seigneur est tenu de l'avoir agreable. *l. Pomponius scribit. vers. & quèmadmodum. ff. de nego. gest.* Mais si le vassal pour ses commoditez ou affaires particulieres ou sans besoin, ou sans apparence de bon ménagement, charge son fief par hypoteques, par rentes, par servitudes réelles, le Seigneur en cas de reversion, soit perpetuelle ou temporelle à faute d'homme, n'est tenu de les supporter : quand le Seigneur saisit le fief à faute d'homme, c'est une espece de reversion temporelle : car le vassal n'a peu obliger sinon le droit tel qu'il l'avoit, & pour le tems qu'il devoit l'avoir. *l. si finita. §. si de vestigalibus. ff. de damno infecto. l. lex vestigali. ff. de pignor. l. si ex duobus. §. sed & Marcellus. ff. de in diem addictione* Sinon que le Seigneur eût approuvé la rente ou autre charge, qui est ce qu'on appelle infeodé en prenant le quint denier, ou son indemnité ou autrement : Ainsi disent les Coûtumes, Paris article 52. & 59. Melun article 7. & 10. Sens article 208. Troyes article 39. L'exception est mise par Touraine article 139. si les charges étoient mises de plus de quarante ans : mais si nous voulions recevoir cette exception, me semble qu'il faudroit entendre que les quarante ans ne commenceroient à courir, sinon du jour de la science du Seigneur vraye ou vray semblable, par la raison de la *l. 2. C. de servit. & aqua.* Encores voudrois-je dire autre science que simple & vulgaire, mais qui simbolisât à notification, & eût les marques de bonne certitude.

La question a été grande, si le Seigneur usant de retenuë feodale reprendra son fief exempt des hypoteques & charges que le vassal y aura mises. Le sieur du Moulin, que je tiens pour tres-suffisant Autheur en ses Commentaires sur la Coûtume de Paris, dit que le Seigneur usant de retenuë se subroge au même droit que l'acquereur avoit, lequel eût été sujet aux hypoteques ; & parce qu'il prend le même bon marché, qui peut être est bon marché, à cause du peril des hypoteques, il doit aussi être sujet au même peril : a quoy se rapporte la Coûtume de Senlis article 198. Mais *Petrus Jacobi* Docteur François en sa pratique, *titulo de act. in rem. pro emphyt. vers. item prædicta sunt & vers. sed si est alter*, tient qu'en cas de retenuë le Seigneur prend l'heritage libre desdites hypoteques & charges : & selon cette opinion fut jugé par Arrest sur une retenuë bordeliere, pour Françoise d'Escolons Dame d'Oigny, contre François de Beau-lieu, tuteur de Marie Richard, du vingtiéme Avril mil cinq cens soixante & dix-sept. De cette même opinion est *Steph. Bertrandi. consil. 192. vol. 3.* & allegue ledit *Jacobi*. Surquoy me semble que si le Seigneur retient pour réunir & consolider à sa Seigneurie directe, & que la chose ait été achetée à prix raisonnable ; Le Seigneur aura son fief sans charge d'hypoteques : parce que c'est le propre cas de la puissance feodale dépendant de la premiere concession. Mais si le Seigneur veut tirer profit pecuniaire de sa retenuë, pour revendre l'heritage à plus haut prix, & mêmement, si pour le doute des hypoteques l'heritage a été acheté à plus vil prix, il est raison que le Seigneur, & celuy qui a droit de luy, soient sujets aux hypoteques : car en ce cas il n'est pas question des droits fonciers, ny de l'utilité & amandement du fief dominant : mais du seul profit de la bourse du Seigneur, & par forme de commerce. Or la faveur du fief dominant fait la reversion franche, afin qu'il se trouve en tel état qu'il étoit lors de la concession : mais tout privilege doit être jugé par sa cause : laquelle cause cessant, le droit commun a lieu, & le privilege cesse. *l. regula. §. & licet. ff. de juris & facti ignor. l. Neratius. ff. de regul. jur.*

ARTICLE XL.

En chose feodale échangée n'y a retenuë, sinon qu'il y eût retour de deniers plus grand que la chose baillée en recompense : ou que l'échange fût fait par fraude, qui se pourra prouver par deux témoins, ou autre preuve de droit, ou par le serment des contractans qui seront tenus d'en jurer si le Seigneur feodal veut s'en rapporter à leur serment.

La retenuë feodale, non plus que le retrait lignager, n'a lieu sinon quand l'allienation est faite en deniers, ou pour autre chose, qui selon l'usage commun reçoit facile fonction en deniers ; par la raison de la *l. si non sortem. §. si centum. ff. de condict. indeb. l. 1. §. prætereà. ff. de separat.* pourquoy la retenuë n'a lieu en vray échange. Mais si l'un des permutateurs baille deniers avec l'heritage, parce que son heritage ne vaut pas tant que celuy qu'il reçoit, en ce cas on juge selon la prévalence & plus-valuë, si c'est vray échange ou vente, c'est-à-dire, si l'heritage baillé avec deniers ne vaut pas tant que valent les deniers qui l'accompagnent, on jugera que c'est vente & non échange, parce qu'il y a plus en deniers qu'en heritage. Ainsi quand deux especes sont mêlées, on juge que le corps mêlé est de la nature de celle espece qui est, & fait le plus, *l. in rem. §. in omnibus. ff. de rei vend. vulgata. l. quæritur. ff. de statu hominum.* C'est ce que cét article veut dire. Mais la question est, si des deux parts y aura retenuë, tant sur celuy qui a baillé heritage & argent, que sur celuy qui a baillé seulement heritage : sur quoy me semble que la retenuë sera seulement sur celuy qui a baillé argent avec heritage : & que l'hequ'il a eu luy sera évincé par le Seigneur direct, en luy payant l'argent qu'il a baillé ; & l'estimation de l'heritage qui a accompagné l'argent : car il se doit dire qu'il a acheté l'heritage, puis que pour l'avoir il a plus d'argent que d'heritage. Mais celuy qui a reçû argent a voulu avoir de l'heritage, & pour ses commoditez a été content d'avoir un heritage de moindre valeur : comme que ce soit celuy-cy n'est pas acheteur car il ne baille point d'argent. Berry de retrait, article 15. & 16. & Poitou, article 355. disent quand il y a retour de deniers plus grand que le total ; est sujet à retenuë, & sera payée l'estimation de l'heritage baillé avec les deniers. Mais Orleans, article 384. dit audit cas que les heritages de part & d'autre sont subjets à retrait ou retenuë.

Eschange fait par fraude) Comme si dedans l'an l'un des permutateurs reprend en ses mains l'heritage qu'il a baillé, qui est une presomption de droit reçûë par aucunes Coûtumes. Bourbonnois article 407. & 459. Melun, article 120. Auxerre article 25. Sens article 228. Vitry, article 30. Et peut cette presomption être reçûë pour generale, comme raisonnable, car l'argument de la proximité du tems, *l. si ventri. in fine. ff. de privileg. cred. l. plerique ff. de ritu nuptiar.* Aussi selon les regles de droit, & le sens commun, la fraude ne peut être prouvée que par conjecture. *l. dolum. C. de dolo.* & parce que ceux qui veulent faire fraude, travaillent de tout leur pouvoir de la couvrir : selon le dire d'Horace, livre 1. de ses Epitres.

Pulchra Laverna.
Da mihi fallere, da justum, sanctumque videri:
Noctem peccatis & fraudibus objice nubem.

Et ne seroit pas fraude si elle n'étoit occulte, car celuy qui sçait ne peut dire avoir été deçû *l. nam si actor ff. de rei vindic.* Et par regle generale se dit qu'és choses qui communement sont de difficile preuve, on doit recevoir les preuves par conjectures, & telles qu'on les peut recouvrer, & peut-on joindre diverses sortes de preuves imparfaites, pour une complete : ainsi dit Alexand. *cons. 24. vol. 2. allegat. cap. cum causam extra de probat. & cap. prætereà. extra de testib.* Autre presomption de fraude est quand le contrat est chargé de clauses & seuretez insolites : ou s'il y a quelque diligence extraordinaire, ou interposition de personnes : ou multitude de contrats ainsi dit le même Alexand. *consil. 28. vol. 5.* & du Molin en l'annotation sur ledit conseil.

Par le serment des contractans si on veut rapporter) Depuis cette Coûtume, est venuë l'Ordonance de l'an 1539. qui contraint les parties de jurer, & répondre cathegoriquement, sans qu'on se rapporte à leur serment : mais l'un des contractans peut n'être pas de la cause, & celuy-là peut être employé comme témoin, & peut être sujets aux conditions des autres témoins. Mais Laon, art. 238. Reims, art. 204. disent qu'aprés, qu'en jugement le demandeur a maintenu la fraude que le vendeur, c'est-à-dire, celuy qui est soupçonné avoir vendu & non échangé est tenu de jurer. Doncques sans se rapporter au serment, aprés que le fait de la fraude à été mis en avant on peut contraindre celuy qui est en cause de jurer, & répondre sans se rapporter à son serment, & celuy qui n'est pas en cause devra jurer comme témoin. Sera icy remarqué en passant ce que dit Salicet, *in l. si quis jusjurandum quæst. ult. C. de reb. cred. & jurejur.* qu'aprés enquête faite, l'une des parties à laquelle est deferé le serment, n'est tenuë de l'accepter, ny le referer : on allegue sur ce propos un Arrest donné en l'Audience, plaidant Dixommes, du 4. Decembre 1511. & à ce fait la raison *cap. sicut. extra de prob.* Ainsi soit noté que celuy auquel est deferé le serment, n'est tenu de l'accepter, sinon que ce soit, tant sur le fait proposé par partie adverse que sur ses exceptions & moyens : à ce fait le 48. article de la Coûtume de Bourbonnois & du Molin en l'annotation sur iceluy, dit la Decision être generale & allegue *Jo. de Imola, & Geminia. in cap. cupientes de elect.* Ainsi est statué par la Coûtume d'Auvergne, chapitre trois art. 1. Ainsi le decide *Boerius decis. 243. nu. 4. & allegat. Joan. Fabri. Instit. de actionib. §. Item si quis postulante.*

ARTICLE XLI.

L'Heritage tenu en Fief ou censive allienné à rachat, peut être retenu par le Seigneur feodal à la charge dudit rachat, en remboursant à l'acquereur le sort principal, & les loyaux frais : & si celuy qui a allienné ledit Fief le veut retraire, faire le peut dedans le tems accordé, en rendant audit Seigneur le sort principal, loyaux frais, & les droits & devoirs si aucuns en sont deûs.

Parce que le vassal & autre Seigneur util peut vendre sans le congé du Seigneur direct ; il donne la loy à sa vente telle qu'il veut, & le Seigneur pour le quint, ou pour la retenuë doit prendre droit par icelle. Or la faculté de rachat accordée au même instant de la vente, fait portion du prix. *l. si fundus ff. de contrah. emp.* Et parce que les pactions apposées en contractant sont censées être de l'essence du contrat, on agit pour l'observation d'icelles par la même action du contrat principal, même en ce cas de faculté de rachat. *l. 2. C. de pact. inter empt. & vend.* Aussi le Seigneur en usant de retenuë se rend sujet aux mêmes vices réels du contrat, comme s'il y a deception d'outre moitié de juste prix, ou s'il y a autre cause de rescision. Mais si le dol du premier acquereur est allegué, le Seigneur le pourra appeller pour en répondre, & en satisfaire seul, en cas que par le moyen de ce dol n'en revint aucun profit ou avantage au Seigneur retenant. Car s'il en devoit profiter, & s'aidoit de la paction du premier acquereur, qui est envelopé de dol; il seroit sujet à la même exception de dol, parce qu'il useroit de l'exception de son Auteur. *l. apud. §. de auctoris. ff. de doli mali & met. except.*

Droits et devoirs, Selon la rigueur de l'article 23. cy-dessus, ce vendeur qui rachete doit payer double quint denier.

ARTICLE XLII.

POur heritage feodal. , ou censier baillé à années, n'y a retenuë, si le bail n'excede trente ans.

REtenuë en ce cas se doit entendre avec temperament. Car il seroit inconvenient que le Seigneur feodal fût rentier ou accenseur de son vassal, parce qu'il ne seroit pas honnête au Seigneur, soit parce qu'ordinairement les Seigneurs feodaux étans plus grands Seigneurs que leurs vassaux, le vassal n'auroit tant de facilité & seureté pour être payé de sa rente, ou accense, comme de celuy qu'il auroit choisi pour rentier. De vray par la Coûtume, *infrà* du retrait lignager, article 18. le bail à cens ou rente d'un heritage est sujet à retrait lignager : aussi de premiere apparence, il y a fonction semblable d'une personne à autre, en payant l'espece ou les deniers annuels convenus : mais selon la qualité des personnes l'analogie & proportion peut n'y être pas. Pourquoy sembleroit être assez à propos de temperer cét article selon ce qui est dit cy-dessus, au chapitre des confiscations, art. 6. que le Seigneur haut-Justicier est tenu de vuider ses mains de l'heritage dedans l'an, & donner homme de pareille condition comme étoit le premier preneur. Et ce faisant le Seigneur par le moyen de la retenuë prendroit le profit du bon marché: car comme dit a été cy-devant, la retenuë n'est pas octroyée aux Seigneurs seulement pour réünir & consolider : mais aussi pour éviter les fraudes que les Seigneurs utils pourroient faire pour ôter ou diminuer les parties casuelles : encores pour prendre le profit du bon marché. Ou bien on pourroit entendre cét article de la retenuë, quand il y a entrage de deniers excedans la valeur de la rente, ou accense à l'estimer pour une fois : qui fit juger que c'est vente, & non bail à rente, comme-dessus, article 27. & en ce faisant audit cas, le Seigneur usant de retenuë rembourseroit les deniers baillez, & encores l'estimation de la rente, qui par ce moyen seroit éteinte. Comme que ce soit, je croy que le Seigneur util qui auroit baillé à rente ne pourroit être en tout cas, & absoluëment contraint à accepter son Seigneur direct pour rentier, même si ledit Seigneur est grand & puissant à l'égard de luy Seigneur util, ou s'il n'étoit de facile convention : & n'est pas comme en vente, dont la fonction s'expedie à une fois par deniers comptans.

ARTICLE XLIII.

EN donation quelle qu'elle soit n'y a retenuë.

QUand c'est vraye donation cét article est indubitable, & sans exception. Car la donation n'a autre cause que la liberalité du donateur : laquelle dependant de sa seule volonté, à laquelle nul autre ne commande, n'est sujete à aucune fonction analogique. Mais si c'est donation pour recompense de services specifiez, ja faits par personne qui eût accoûtumé de loüer, ou prendre recompense en deniers de son labeur, ou bien que ce fussent services vulgaires : estimables facilement en deniers, & que la chose donnée fût correspondante à peu prés en valeur aux services faits, parce que ce n'est vraye donation, mais contrat que les Jurisconsultes appellent non nommé, approchant de vente, je croy qu'il devroit être censé de même nature que la vente : qui est regle generale en ces contrats non nommez, *ut nota Bart. per eum tex. in l.* 1. *§. si quis servum. ff. depos. & l. naturalis. §. at cum do. ff. de præscript. verb.* Et à cause de la fonction en deniers facile & proportionnée seroit sujet à retenuë, en payant ce que les services seroient estimez. A quoy correspond aucunement la Coûtume du Maine, article 431. qui dit que donation faite sous quelque charge, qui facilement se peut accomplir par autruy, est sujete à retrait. Mais si c'étoient services autres que vulgaires, & par personne de grande industrie, ou services executez avec peril, ou que la liberalité du donateur, comme Prince ou grand Seigneur l'eût meu à donner plus que les services ne meritent : car, comme dit S. Gregoire, rapporté au chap. 1. *extra de donat.* les grands Seigneurs donnent comme s'ils étoient obligez, & s'ils ne donnent beaucoup, leur semble qu'ils ne donnent rien; je croy que la donation ne seroit sujete à retenuë, parce que tels services ne sont sujets à estimation commune en deniers, & les dons des grands se mesurent selon la grandeur du donateur, & non selon le merite du donataire. A ce que dessus fait la raison, de la loy, *inter artifices. ff. de solut. l. libertus.* 36. *ff. de bon. libert. cap. ult. extra de offic. deleg.* Et la recompense faite à telles personnes ne doit être appellée loyer. *l. si renumerandi. ff. mandati.*

ARTICLE XLIV.

LE vassal doit en personne presenter la foy & hommage, serment de fidelité, & reconnoissance du fief à son Seigneur : & n'est tenu le Seigneur de le recevoir par Procureur, quelque specialité qu'il y ait en son pouvoir, si le vassal n'est detenu en maladie ou legitime empêchement, dont il fasse apparoir *saltem* par attestation faite pardevant Juge ordinaire.

LE serment doit être presté par la même personne. *l. ad egregias. ff. de jure jur.* & par l'Edit de Roussillon 1564. article 6. Et parce que le serment qui doit être fait avec quelque forme & ceremonie exterieure touche de plus prés la conscience ; il est bien à propos que la même personne qui doit le serment le preste : aussi le vassal doit honneür à son Seigneur, & cét honneur est mieux representé quand la même personne y est, & le Seigneur a juste raison de voir son vassal en face pour le connoître : même en rapportant ce qui est de l'antiquité, selon laquelle, quand les Seigneurs avoient droit de faire guerre les uns aux autres, les vassaux devoient service à leurs Seigneurs en leurs guerres : & au fait de la guerre le Capitaine doit connoître ses Soldats, pour connoître & loüer celuy qui mieux fera. Mais si le vassal est Chevalier & le Seigneur feodal est roturier, ayant droit par acquisition, le vassal ne sera tenu d'aller prester la foy & serment de feodalité en personne. Ainsi fut jugé par Arrest des Octaves de la Chandeleur, l'an 1260. pour Amaury de Meudon.

Legitime empeschement, Pourveu que c'est empêchement n'ait été affecté & pourchassé à escient. *l. 2. §. simili modo. ff. si quis cautionibus l. item hi. ff. ex quib. caus. major.* Justes empêchemens peuvent être s'il n'y a pas seur accez pour le vassal, *cap. ex parte, extrà, de appell.* Si c'est une femme ou fille qui doive la foy : car le sexe la doit excuser de voyager. *l. maritus. C. de procurat.* Si le vassal est absent pour le service du Roy ou du Royaume. *l. Julianus. §. 1. l. si quis Titio. ff. ex quibus caus. major.* Aucunes Coûtumes mettent un expedient qui me semble raisonnable pour le faire general, qui est que le Seigneur peut donner souffrance jusques à ce que l'empêchement soit cessé, afin qu'audit cas de cessation d'empêchement le vassal vienne en personne : comme Paris article 67. Orleans article 65. Bourbonnois article 378. Blois article 57. Autres Coûtumes mettent une exception, de ne venir par le vassal en personne quand le Seigneur fait recevoir ses foy & hommage par Procureur. Ainsi disent Reims article 111. & Laon article 220. Mais en nôtre Coûtume me semble qu'il ne se doit dire ainsi, puis que par icelle article 49. le Seigneur qui n'est en personne doit commettre personnage qualifié de noblesse, office notable ou autrement. Car selon l'usance de ce Royaume, même entre les Princes & Grands semblable honneur & même rang est deû à l'envoyé, comme à celuy qui l'envoye, même és ceremonies solemnelles entre Princes, & n'y a exception, sinon que quand l'envoyé par le Prince n'est pas Prince, le heraut ne baise pas ce qu'il luy presente : mais l'envoyé tient le même rang de seance, & des autres honneurs.

Attestation pardevant Juge ordinaire.) Qui fait plus de foy, & a plus de poids à cause de l'autorité judiciaire, que pardevant un Notaire. Car on presume toûjours pour l'acte judiciaire que tout ait été bien fait, *cap. bonæ. 1. vers. contra, extrà, de elect.*

ARTICLE XLV.

S'Il y a plusieurs Seigneurs d'un même fief, & l'un tient le manoir & chastel dont dépend le fief ; le vassal est quitte en luy faisant ou presentant dûëment l'hommage. Si ledit chastel ou manoir est commun ausdits conseigneurs, où il n'y en a point en la Seigneurie, ledit vassal sera quitte en faisant ou presentant ledit hommage à celuy qui aura la plus grande part en ladite Seigneurie ; & si tous lesd. Seigneurs sont communs par égales portions, en le faisant ou presentant à l'aîné s'ils sont freres : Sinon à celuy ou ceux qui sont demeurans sur ledit fief ; & si aucun n'y demeure aux Officiers du lieu.

ARTICLE XLVI.

ET est tenu le vassal qui veut demeurer quitte, & être reputé pour diligent, presenter ledit hommage pour lesdits conseigneurs : & sa reception & presentation faire signifier ausdits conseigneurs, ou en leurs absences à leurs entremetteurs, ou l'un d'eux sur le lieu, & à defaut d'iceux, par cry public & affiche, comme dit est cy-devant en cas pareil.

LA prestation de foy & serment, est de foy individuë : car elle consiste *in facto l. stipulationes non dividuntur. ff. de verb. oblig.* & ce qui est fait à l'un des ayans interest, est comme fait à tous, pourveu qu'il se fasse à luy au nom de tous. *l. si stipulatus. §. 1. ff. de solutionib. l. hæredes. an ea. ff. famil. ercisc.* En ce quarante-cinquiéme article sont mis les expediens tirez du droit Romain, quand une affaire est commune à plusieurs. Pour le cas de celuy qui a la plus grande part, est la *l. si quæ cautiones. ff. de famil. ercisc. l. 1. ff. de privileg. cred. l. rescriptum. ff. de pact.* Pour les cas de l'aîné, *l. ult. ff. de fide instru.* Pour les cas de ceux qui sont demeurans sur le lieu du fief dominant, parce que la foy se fait à la personne, *ratione rei*, est *l. de pupillo. §. nuntiationem, & §. si plurium. ff. de novi oper. nunt.* Pour le cry public & affiche, quand on ne trouve pas celuy auquel on a affaire. *l. si eo tempore. C. de remiss. pignor. l. sed si pupillus. §. de quo palam ff. de institor. act.* Et soit noté pour regle generale, que toutesfois & quantes qu'on expedie un acte contre un absent, afin d'en avoir quelque effet, il faut laisser copie signée de l'acte, quoy que l'on n'en soit requis, comme a été dit cy-dessus. Au texte de cette Coûtume se rapportent Auvergne chap. 22. article 42. 43. & 44. Bourbonnois art. 391. Berry des fiefs art. 20. Blois art. 55. Et toutesfois est à considerer que le vassal n'est tenu avec si grande anxieté d'enquerir de toutes les circonstances requises en cét article quand il va faire son devoir au lieu du fief dominant : & s'il y a tant soit peu de difficulté en l'inquisition qu'il fera, il suffit de faire la foy à celuy qu'il trouvera sur le lieu. Car la survenance de plusieurs heritiers, même en chose qui de foy est individuë, ne doit alterer la condition du negoce. *l. 2. §. ex his. ff. de verb. oblig.*

ARTICLE XLVII.

S'Il y a controverse entre plusieurs pour raison de la chose feodale, le Seigneur peut les recevoir tous, tels ou tels d'iceux que bon luy semble, sauf son droit & l'autruy.

EN France, selon la commune opinion, le fief & la jurisdiction n'ont rien de commun, & le Seigneur feodal pour cette qualité n'est fondé en jurisdiction pour connoître & juge auquel des deux ou de plusieurs appartiennent le fief. Doncques le Seigneur feodal doit recevoir ceux qui se presentent, pourveu qu'il y ait quelque apparence en leur prétention, & ayant reçû l'un ne doit refuser l'autre : car la clause y est ordinaire, sans préjudice du droit du Seigneur en autres choses, & du droit d'autruy en toutes. Et ce que la Coûtume dit, *peut*, est entendu qu'il doit. Pour le choix qui est donné au Seigneur par cét article, soit notée la *l. si quis servum. §. si inter duos. ff. de lega. 2.* Mais le Seigneur ne doit refuser de recevoir celuy qui se presente avec la clause ordinaire, *sans préjudice de nôtre droit en autres choses, & de l'autruy en toutes.* Et si le Seigneur refusoit sans cause probable ; le vassal refusé pourroit avoir recours au Roy, pour être reçû par main souveraine, lequel expedient se pratique, non seulement quand la Seigneurie feodale directe est en débat, ou que deux Seigneurs ont saisi, mais aussi quand le Seigneur sans juste cause refuse de recevoir son vassal, comme cy-dessous article 50. En Poitou où le Seigneur feodal est fondé en Jurisdiction, il est statué article 123. que le Seigneur doit recevoir celuy qui luy semble avoir le droit plus apparent, mais pendant le débat ne doit saisir. Bien semble qu'il ne doit recevoir les profits de plus d'une main. Et s'il a reçû de la main de l'un des prétendans, qui en aprés soit évincé, il n'est tenu de rendre ce qu'il a reçû : car il a reçû ce qui luy est deû. *l. repetitio. ff. de condict. indeb.* & si on allegue la *l. si pœnæ. §. 1. ff. eod. & l. si à patre. C. eod.* qui donnent l'action à celuy qui a payé ce qu'il ne devoit, pour repeter ce qu'il a payé : La réponse sera, qu'en ce cas la debte n'est pas personnelle, & est autant ou plus *ratione rei quàm ratione personæ. l. Imperatores. ff. de publicam.* Pourquoy celuy qui a payé ce qu'il ne devoit pas, doit avoir son recours sur la chose, ou sur celuy qui veritablement est debiteur, & non pas repeter, par la raison de la *l. de hereditate. C. de petit hæred.* Quoy que Laon article 215. & Reims article 119. donnent le droit de repetition quand il y a eu juste erreur. Ce que dessus s'entend quand de vray est deû un profit au Seigneur, ou la restitution des fruits, à quoy est tenu le vray proprietaire vassal : & plusieurs pretendent la proprieté. Mais si le profit étoit prétendu en vertu d'un contrat d'alliennation nulle ou sujete à rescision, & celuy qui auroit payé étoit évincé, ou celuy qui veut être relevé se voulût excuser de ne payer aucun profit, je croy que le profit payé pourroit être repeté, & s'il n'étoit payé on se pourroit excuser de le payer. Pourquoy celuy qui obtiendroit lettres Royaux pour être restitué en entier, ou pour faire declarer nul ou rescinder le contrat, seroit tenu de faire appeller le Seigneur feodal pour assister à la cause, afin que luy oüi le contrat fût declaré nul ou rescindé : même parce que le profit que le Seigneur prend fait portion du prix, comme il a été dit cy-dessus, pourquoy se peut dire qu'il est partie principale : & puis qu'il est connu qu'il a interest, il le faut appeller, *alioqui*, la Sentence donnée sans luy n'auroit force de chose jugée. *l. si superatus. ff. de pignor. l. de unoquoque. ff. de re jud.*

ARTICLE XLVIII.

TOut ainsi que le Seigneur est tenu de bailler à son vassal ses lettres de reception en foy & hommage : de même & pour reciproque le vassal est tenu de bailler à son Seigneur lettres de reconnoissance de son fief pardevant Notaire, & sous séel authentique. Et n'est tenu bailler ses lettres à son vassal, qu'en baillant par ledit vassal les siennes, *& econtrà.*

D'Ancienneté les Ducs, Comtes, & autres grands Seigneurs, jusques au degré de Châtelain, faisoient les expeditions de leurs affaires sous leurs sceaux, & de plus grande ancienneté se contentoient de séeller sans signer, ny faire signer. Les plus grands Seigneurs avoient séel & contre-séel, & le contre-séel s'appelloit le séel du secret. Les mieux avisez portoient ce contre-séel toûjours sur eux, à ce que nul ne pût s'en aider à leur préjudice. Cét article presupposant que le Seigneur feodal soit pour le moins Seigneur Châtellain, dit que le Seigneur doit bailler ses lettres : comme le Seigneur a droit de créer Notaires, & d'avoir séel authentique à contrats, ainsi se doit dire que, *etiam* en ses propres & domestiques affaires son seel est authentique, & fait foy par tout, même à l'égard de ses vassaux : Mais si le Seigneur n'avoit droit de Châtellenie, je croy qu'il devroit bailler les lettres dont est parlé en cét article, expediées par Notaires avec le séel authentique, en presence de témoins. Et quant au vassal l'article le charge de bailler l'instrument reçû par Notaire en presence de témoins : toutesfois si le vassal avoit droit de Châtellenie, je croy qu'il pourroit bailler la lettre de sa reconnoissance sous son séel. Ce devoir reciproque du Seigneur & du vassal, se rapporte à ce qui est dit, *in l. plures apochis. C. de fide instru.* où il est traité des lettres doubles.

ARTICLE XLIX.

LE Seigneur peut commettre à la reception de ses hommages, serment de fidelité, souffrance, acceptation & blâme de reconnoissance de fief, & dénombrement, tel personnage que bon luy semble : & en ce ne peut être contredit par son vassal, pourveu qu'il soit homme qualifié, comme de noblesse, office, ou homme d'autre qualité, dont il suffira qu'il apparoisse par la teneur du pouvoir : & lequel pouvoir sera inseré en l'acte de reception, si bon semble aud. vassal.

IL a été dit cy-dessus, que les envoyez & commis des Seigneurs en assemblées publiques & solemnelles, ont même rang que les Seigneurs, tant à marcher qu'à seoir, hormis qu'és ceremonies, quant aux Princes, le Herault ne baise pas ce qu'il presente à l'envoyé, & ne s'agenoüille pas comme il feroit au Prince s'il étoit present. Ainsi au Consistoire à Rome en presence du Pape, les Ambassadeurs des Princes Chrétiens ont seance selon la dignité de leurs maîtres : Ainsi és Diettes Imperiales : sauf toutesfois que les Princes presens sont preferez aux envoyez des absens. Ainsi est és pompes funebres des Princes, esquelles les Maîtres des ceremonies & les Heraults déferent l'honneur aux envoyez, au même rang qui appartient aux Princes qui les ont envoyez. Ces envoyez & ces commis dont est parlé en cét article, doivent avoir qualité notable & respectable, à ce que le vassal n'ait occasion de les dédaigner & refuser de s'humilier devant eux : & ce qui est dit d'office en cét article, doit être pour le moins d'office general & de commandement au fait des armes, ou de la Justice en la Province. Ainsi se void que le Pape n'adresse l'execution de ses rescrits, qui gisent en connoissance de cause, sinon à personnes qualifiées en dignité ou degré respectable en l'Eglise, *cap. statutum. de rescript. in 6.* Ainsi d'ancienneté le Roy addressoit l'execution de ses rescrits à Chevaliers ou personnes Ecclesiastiques en dignité, & de present est observé en ce qui gist en connoissance de cause, qu'il ne les addresse qu'à Juges Royaux. Ce qui se dit de la copie de la Commission, est conforme au chap. 2. *extra de dilat.* Et faut que la copie soit signée de Notaire.

ARTICLE L.

LE vassal ne peut se dire saisi de la chose feodale à l'encontre de son Seigneur feodal, exploitant son fief pour droit procedant de sa directe feodale, s'il n'en est reçû en foy & hommage par ledit Seigneur, ou par main souveraine, expediée partie presente ou appellée, quelques offres & presentations que ledit vassal ait faites : pour lesquelles il ne sera reputé pour saisi contre sondit Seigneur.

Par

PAr aucunes Coûtumes le vassal aprés ses offres réelles dûëment faites, se peut dire saisir & former complainte contre son Seigneur. Laon article 186. Reims article 137. Lorris article 52. Berry des Fiefs article 23. Orleans article 68. Auxerre article 46. Mais Poitou article 92. permet au vassal qui a été refusé d'appeller du refus au Juge superieur : & c'est parce qu'en Poitou le Seigneur de fief est fondé en droit de Jurisdiction article 108. Nôtre Coûtume est plus respectueuse envers le Seigneur, & vient cé droit d'une ancienne regle brocardique, qui dit *que le Seigneur ne doit plaider dessaisi*, & s'observe encores par tout à l'égard du Roy, quand son Procureur est en cause pour ses droits domaniaux. La main mise est exploit domanial, qui affecte la même chose au fonds, doncques la main-levée doit être expediée domanialement selon la regle ; Par quelles causes le negoce se fait, par les mêmes il doit être dissous, de là est que la saisie feodale porte la clause. Et en cas d'opposition la main tenant, & est cette clause ordinaire és lettres Royaux de Terrier, parce qu'il est tenu noblement, autant en faut dire en cas qu'il y ait appellation : ainsi du Moulin en l'annotation sur la Coûtume de Blois article 39. En cens est autrement : car aprés les offres réelles bien & dûëment faites, le detenteur peut se dire saisi contre le Seigneur, *infrà*, des cens article 14. & 15. Bald. *in l. si postquam. C. ut in possess. legat.* dit que nul droit réel ne peut être acquis par le vassal sans investiture du Seigneur, le remede de la main souveraine introduit par nôtre Coûtume est mieux seant au vassal que la complainte, laquelle presuppose trouble & injustice, ou acte fait indûëment. Et le vassal doit s'abstenir de dire ou faire chose qui touche tant soit peu l'honneur de son Seigneur. Cét article démontre assez que la main souveraine peut être appliquée, non seulement au cas commun, quand deux Seigneurs contendent sur la superiorité feodale ; mais aussi quand le Seigneur refuse de recevoir son vassal. Ainsi dit Melun article 26. & Sens article 183. qui donne cette execution de main souveraine au superieur immediat. Ainsi du Moulin en l'annotation sur la Coûtume de Bourbonnois article 385. dit quand la superiorité feodale est en contention entre deux Seigneurs, qu'il suffit de s'addresser au Seigneur qui est superieur des deux contendans, sans qu'il soit besoin de s'addresser en Chancellerie, ny au Juge Royal, qui est la provision ordinaire de s'addresser au chef Juge de la Province, quand le debat est entre deux, dont l'un n'a commandement sur l'autre. *l. Divus. ff. de tut. & curat. datis ab his.* Mais si l'un des deux Seigneurs contendans se disoit vassal du Roy immediatement, ou que les deux Seigneurs feodaux contendans fussent de diverses mouvances de fief, en ce cas par necessité faudroit s'addresser au Roy. Cette main souveraine est appliquée, non seulement quand il y a saisie de la part des deux Seigneurs, mais aussi quand il y a pretension par simple action. Le President le Maistre en ses Decisions, dit avoir été ainsi jugé par Arrest entre Tourne-beuf & Pichon le 4. Janvier 1534. La main souveraine est une forme de sequestre : mais c'est un sequêtre plein d'honneur, & accompagné de raison. Car la foy & hommage sont tres-personnels, & ne peuvent être consignez & deposez és mains de personnes vulgaires & communes, ny être deleguez ou transmis à personne étrangere, *ad instar* de ce qui se dit que le service & devoir obsequial & d'honneur que le libertin doit à son patron, ne peut être delegué ny transmis par le patron à autre personne. *l. si non sortem. §. libertus, vers. sed & si ff. de condict. indeb.* Pourquoy ce devoir de vassal envers son Seigneur, qui consiste en honneur & en serment de fidelité, ne peut par forme de sequestre être déposé & consigné sinon és mains de celuy qui a semblable droit de recevoir honneur & service, comme est le Seigneur superieur. De cét expedient de main souveraine est parlé en la Coûtume de Paris article 60. Melun art. 87. Orleans art. 87. Bourbonnois art. 385. Laon art. 202. Reims art. 124. & disent aprés que le débat de la superiorité feodale est jugé, que lors le vassal doit faire la foy au vainqueur.

ARTICLE LI.

TOutesfois où lesdites offres seroient dûëment faites, quoy que ledit Seigneur tienne ledit fief saisi, ne fera les fruits siens depuis lesdites offres : & sera tenu à la restitution d'iceux, avec dommages & interests de la saisie réelle : & sont lesdites offres reputées pour dûëment faites, quand le vassal presente les foy & hommage & serment de fidelité, droits Seigneuriaux & fruits écheus depuis la saisie, ou ce qui en est deû.

DOmmages et interets emportent l'estimation des fruits que le vassal eût peu percevoir s'il eût joüi, & non pas seulement ceux que le Seigneur a perçûs : & selon qu'il est observé, sous le nom de fruits ne sont compris, sinon ceux qui communément & avec moyenne industrie se perçoivent, ceux que le vainqueur eût peu percevoir s'il eût joüi par ses mains, viennent, comme dit est, sous le nom de dommages & interests : ainsi fut jugé par Arrest entre M. Dominique le Cirier, & Maître Claude de Hangest, le 17. Janvier 1544. & à ce fait la *l. 1. §. non solum autem fructuum. ff. de vi & vi armata.* Et en tel cas de dommages & interests, quand la saisie est declarée tortionnaire, j'estime que le vassal n'est tenu de s'addresser au commissaire pour luy faire rendre compte s'il ne veut, car le vassal n'est tenu de tous les frais faits par le Commissaire, qui luy seroient allouëz en son compte : comme de ses salaires, du conseil qu'il a pris, des proclamations & étrousse des fruits : mais seulement des frais qui immediatement ont été faits pour recüeillir & conserver les fruits : car *etiam* le possesseur de mauvaise foy précompte tels frais. *l. fundus qui. ff. famil. ercisc.* & parce que les fruits se disent être ce qui reste par tels frais déduits. *l. si à domino. §. ult. ff. de petit. hæred.* Aucuns alleguent un Arrest entre Mery Dorgemont & le Curé de Carnetin, du 19. Janvier 1547. par lequel fut dit que le vainqueur s'addresseroit au commissaire, & non contre son adversaire vaincu : mais il faudroit sçavoir les circonstances du fait, sur lequel est fondé ledit Arrest : & est vray semblable que, *ab initio* la saisie étoit bien faite, ou bien que c'étoit saisie sous la main de Justice : mais nous parlons icy de saisie feodale qui peut être expediée sans Commissaire, car le Seigneur peut lever par ses mains : & la saisie sous la main de Justice necessairement desire un Commissaire, qui a sa regle de conduite par l'Ordonnance de l'an 1539. article 77.

Offres dûement faites, Doit offrir les fruits s'ils sont liquides, & s'ils ne sont liquides, doit mettre l'affaire en terme pour les liquider dans peu de jours, & si la liquidation ne peut être si promptement faite, offrira une somme, & à parfaire avec caution bourgeoise, pour la seureté du payement de ce qui se trouvera de plus aprés la liquidation : Selon l'Edit de Moulins de l'an 1566. art. 52. & la *l. statuliber rationem. ff. de statulib.*

ARTICLE LII.

MAis si led. Seigneur prétend droit au fief par acquisition, succession ou autre moyen non procedant de ladite directe feodale, le vassal audit cas peut se dire saisi à l'encontre de sondit Seigneur, qui en ce est reputé comme personne étrange, si ledit vassal a la possession par apprehension de fait ou autrement.

PAr divers respects de personnes une chose est permise en une qualité qui n'est pas permise en l'autre. *l. tutorem. ff. de his quibus ut indign. l. item eorum in princip. ff. quod cujusque univers.* C'est pourquoy icy se dit *comme personne étrange*, qui est ce que dit le Jurisconsulte, *quasi quilibet. l. si pater. §. qui duos. ff. de adopt.* Toutesfois parce que le vassal doit par tout honneur à son Seigneur, & non pas seulement quand il est question du fief, le vassal ayant action contre son Seigneur, au cas de present ou autre, comme personne étrange, respectera sondit Seigneur, & quoy que l'action fût pour délit, ou chose infamante, il usera de paroles douces & temperées, pour signifier le fait tout nud sans l'exasperer par paroles aigres, quoy qu'elles soient propres à declarer quel est le fait, par argument du libertin au patron. *l. sed si hac. §. Prætor. ff. de in jus voc. l. non debet. ff. de dolo.*

ARTICLE LIII.

SI ledit Seigneur prend délay pour déliberer, s'il prendra les droits Seigneuriaux ou la retenuë, & le vassal a fait ses offres & presentations dûëment, il ne fait les fruits siens depuis lesdites offres.

SI la mutation d'homme est sans profit, suffit de presenter la foy & serment de fidelité, qui est ce qu'on dit la bouche & les mains, avec les fruits échûs depuis la saisie & les frais de la saisie, pour lesquels il offrira une somme, & à parfaire comme il a été dit cy-dessus : les frais de la saisie doivent être offerts, *infrà*, article 62. Si la mutation est avec profit, il faut presenter le quint denier entier & à découvert, avec numeration d'especes : car le vassal doit tenir prest tout ce qui le peut rendre capable à être investy, si le Seigneur le prenoit au mot, & fût prest de l'investir, par la raison de la *l. servus si hæredi. §. Imperator. ff. de statuliber.* Cét article ne parle point de consignation, & se contente d'offres, pourveu qu'elles soient réelles en tems & en lieu deû. Car tout cela est requis par offres dûëment faites. *l. si soluturus. ff. de solut. l. obsignatione. C. eod.* Le plus seur est de consigner en main tierce, pour éviter les infractions & distinctions que font les Docteurs en telles questions.

ARTICLE LIV.

LE Seigneur feodal *etiam* avant qu'il soit reçû peut faire saisir & exploiter ses fiefs és cas esquels saisie a lieu.

LA raison est, que durant le sommeil du Seigneur qui dort, le vassal est tenu pour proprietaire & legitime possesseur, & par cette patience de son Seigneur est censé posseder selon la volonté precaire du Seigneur : en sorte qu'il peut exercer tous droits appartenans à proprieté & à possession. Aussi si aprés cette saisie d'arriere-fief, le Seigneur fait saisir son plein fief, il s'aidera s'il veut de la saisie déja faite par son vassal, & la fera continuer à son profit, *infrà*, art. 60.

ARTICLE LV.

LE nouveau Seigneur pour recouvrer hommage & reconnoissance de ses fiefs, peut par sa commission s'il a Justice, sinon par la commission du Juge ordinaire haut-Justicier du lieu, faire convoquer & appeller ses vassaux, tous ou en tel nombre qu'il luy plaît, en parlant à leurs personnes, officiers ou entremetteurs en la maison mouvant dudit fief, ou par affiches à la porte de la Parroisse dudit lieu, à certain jour, & leur signifier qu'il est nouveau Seigneur, & qu'ils viennent reprendre de luy, & exhiber & faire apparoir de leurs titres, s'ils y viennent par autre moyen que d'hoirie, & depuis trente ans, & s'ils n'y satisfont pourra saisir les fiefs des refusans ou délayans, & faire les fruits siens jusques à ce qu'ils ayent obeï.

ARTICLE LVI.

ET s'entend ce que dit est, supposé que la foy ne faille que du côté du Seigneur, & que de la part du vassal n'y ait aucune ouverture du fief, auquel cas le vassal ne doit que la bouche & les mains : & où il y a ouverture, ledit nouveau Seigneur peut faire saisir le fief ouvert, l'exploiter & prendre les droits tels que dessus sont designez.

LE NOUVEAU SEIGNEUR, Si c'est un acheteur ou acquereur à titre singulier qui succede à celuy qui a déja reçû les hommages; semble être raisonnable que les vassaux possesseurs des fiefs non ouverts, viennent aux dépens de ce nouveau Seigneur : car le renouvellement de foy est tout purement à sa faveur & pour son profit, & est aussi à son égard purement volontaire, par la raison de la *l. eos. §. si quis autem. C. de appell. l. quoniam. C. de testib.* Mais si c'est l'heritier du défunt Seigneur feodal, le vassal doit venir aux dépens de luy vassal, car la foy est faillie, & le vassal la doit renouveller, par la raison de la *l. quod nisi. ff. de oper. libert.*

PAR SA COMMISSION, Parce que c'est exploit purement domanial, & non de jurisdiction, le Seigneur feodal doit luy-même mander & parler par sa commission, & non faire parler son Bailly ou Juge : & ainsi est observé és Seigneuries bien reglées, pourveu que le Seigneur de par soy soit Seigneur Justicier.

HAUT-JUSTICIER, Par cette Coutume, les moyens & bas Justiciers n'ont droit de connoître, sinon d'affaires de petite importance : & par la raison de l'Edit de Cremieu, le fait des Gentils-hommes, & des fiefs nobles doit être traité pardevant autre qu'un Juge inferieur. Le plus seur seroit de prendre la commission du Juge qui soit superieur.

REPRENDRE, Selon l'usage vulgaire, c'est-à-dire, renouveller la foy, & se dit proprement quand il y a ouverture de la part du vassal, car selon la tres-ancienne usance des fiefs, la concession de fief qui étoit personnelle, expiroit par la mort du vassal, & son heritier venoit reprendre des mains du Seigneur le fief, comme à luy retourné.

EXHIBER LEURS TITRES, Si c'est acquisition à titre singulier depuis trente ans, quoy que le detenteur y vienne, l'hoirie ayant succedé à l'acquereur non investi, il doit exhiber comme seroit tenu le défunt acquereur auquel il succede : Se dit trente ans quant aux lais, & doit être entendu de quarante ans quant à l'Eglise. Ce tems est déterminé, parce que si l'acquisition est plus vieille, les profits deûs pour l'acquisition sont prescrits, & n'est besoin d'exhiber le titre, parce que l'exhibition se fait pour connoître quels profits & droits Seigneuriaux en appartiennent. Doncques s'il y a des minoritez ou autres causes de droit qui empêchent la prescription, on peut requerir l'exhibition des acquisitions faites auparavant trente ans. Ce droit de contraindre d'exhiber est contre la regle commune de droit, qui dit que nul n'est tenu de dire, & moins faire voir le titre en vertu duquel il jouït. *l. cogi. C. de petit. hæred. l. 1. C. de edendo.* Mais en ce cas la raison est particuliere, parce que le vassal est Procureur legal du Seigneur feodal par le moyen de la premiere concession, pourquoy il est tenu de conserver ses droits, & de luy rendre raison de ce qu'il sçait concernant lesdits droits, & l'en instruire, selon la raison de la *l. videamus. §. item prospicere. ff. locati.*

TOUS OU EN TEL NOMBRE, Cét article fait assez connoître qu'ils doivent être appellez un à un. Selon la regle que tiennent les Officiers Royaux, la commission du Seigneur feodal ne doit être generale, mais particuliere pour chacun vassal : car disent-ils, au Roy seul appartient d'octroyer commissions generales qui ne contiennent expression des cas, des choses ou personnes particulieres, selon l'Ordonnance du Roy Louis XII. de l'an 1512. article 60. Suivant ce, par Arrest que j'ay veu, du 3. May 1530. pour M. Augustin de Thou, contre François du Monceau Chevalier, une saisie feodale faite en vertu d'une commission generale, octroyée par le Prévôt d'Estampes, fut declarée tortionnaire, & est allegué par Monsieur le Maître en ses Decision, titre des Fiefs, chap. 6. & de même fut jugé par Arrest à la plaidoyrie, du Jeudy 26. Fevrier 1550. contre un nommé de Meaux. Toutesfois aucunes Coûtumes permettent aux Ducs, Comtes, Barons, Seigneurs Châtelains, de faire les proclamations de leurs fiefs publiques, & pour valoir à l'égard des fiefs assis dedans les territoires de leurs Seigneuries : & quant aux autres, disent que les vassaux doivent être appellez un à un, à personne ou à domicile, ou au lieu du fief servant, à quoy se rapportent Paris article 65. Orleans article 60. 61. & 62. Melun article 43. Sens art. 195. Auxerre article 65. Bourbonnois article 369. Tours article 114. Senlis article 254. Reims article 58. Zabarella *consil.* 74. conformément à l'opinion de Bart. *in l. si eo tempore, C. de remiss. pign.* dit puisque le Seigneur sçait ou doit sçavoir qui sont ses vassaux, il doit les faire appeller specialement & nommément : car dit-il, on ne doit se servir de proclamation generale, sinon quand on ne sçait pas au vray tous ceux qui ont interest. Pour éviter ces difficultez, on peut obtenir en Chancellerie des lettres Royaux en forme de Terrier, par lesquelles est mandé d'appeller tous en general, *etiam* par proclamation publique, le plus seur est de faire appeller nommément ceux qui sont connus.

La bouche et les mains, C'est-à-dire, que le vassal ne doit aucun profit de bourse : mais le simple devoir de foy & serment. L'ancienne ceremonie de la prestation de foy est, que le vassal doit avoir un genoüil en terre, mettre ses mains jointes entre les mains de son Seigneur, & en cét état faire le serment de fidelité, & ce fait le Seigneur doit baiser le vassal en signe d'amitié & speciale confiance : ainsi dit Spécul. *tit. de feudo. nu.* 4. *&* 66. & est rapporté par la Coûtume de Tours article 115. C'est ce qu'on dit la bouche & les mains. Le baiser n'est pas en usage, partant aujourd'huy ce qu'on dit la bouche, c'est pour parler & reconnoître le Seigneur, & luy faire le serment : & les mains enserrées pour témoigner la sujection. Outre ce, comme a été dit cy-dessus, on observe que le vassal doit descendre son épée, ôter ses éperons, & être nuë tête en signe d'honneur & d'obeïssance.

ARTICLE LVII.

Le Seigneur exploite les fruits de son fief tels qu'ils appartenoient à son vassal, en l'état qu'il les trouve à l'instant de la saisie & notification d'icelle : Sinon que le vassal eût prévenu ou commencé comme en Terre de déblayer, en Pré de faucher, en Vigne de vendanger, en Etang de lever la bonde, en Bois d'y mettre les porcs : & de même en tous fruits apparens étans par terre : Pourveu que ladite prévention ne soit frauduleuse ny anticipée avant le tems de maturité raisonnable. Et quant aux redevances, si le terme est écheû avant les saisies & notifications susdites, les fruits appartient au vassal, *& econtrà*, s'ils échéent aprés au Seigneur.

Tels qu'ils appartenoient a son vassal, Il s'ensuit donc que le vassal ne devoit prendre que le champart, parce qu'aucun auroit labouré & ensemencé la terre à ses dépens, comme nôtre Coûtume permet : Que le Seigneur ne prendra que le même champart : Et telle est la regle en ce païs, resultant des regles du droit civil, que quelque cas qui avienne, le Laboureur ne perd son labeur, ses frais & son attente : Aussi c'est l'interest public, que les terres labourables ne chomment, pourquoy la Coûtume chapitre des Champarts article premier permet à chacun de labourer terre d'autruy non labourée, à la charge de payer le champart.

En l'estat qu'il les trouve, Doncques si le Seigneur veut punir l'indevotion de son vassal, ou s'il a le cœur adonné au gain & au profit, il pourra guetter l'occasion en laquelle les fruits seront tous prests à prendre & saisira la veille de la moisson ou de la vendange. Et en tel cas de saisie par ouverture de fief, l'on n'a pas égard si le fruit de l'heritage se proportionne par année, comme il se dit de la pêche des Etangs, & en la coupe des Bois taillis. Car si le Seigneur lors de la saisie, ou durant icelle trouve le fruit prest à prendre, quoy que ce soit le fruit de deux ou trois années, comme en Etang ; ou de douze ou quinze années, comme en taillis, prendra tout le fruit, tel & en telle sorte que le vassal l'eût pris, sans entrer en la proportion des années : à la charge toutesfois du bon ménagement, dont sera parlé cy-aprés. Autrement est és Coûtumes, en cas de relief ou rachapt, le Seigneur prend le revenu d'un an : car en tel cas le Seigneur prend *prorata* du tems, & doit laisser les terres en l'état qu'il les a trouvées, laisser aussi les fourages. Que si audit cas de relief ou rachat le Seigneur avoit saisi le fief ouvert à faute d'homme, il gagneroit les fruits en pur gain sans le précompter sur son droit de rachat : ainsi dit Berry des Fiefs article 33. & 42. & semble être raisonnable pour être tenu en general.

Prevenu ou commencé, En ce cas, qui a commencé avec entremise réelle s'est acquis le droit du total, car en tels negoces le commencement est à considerer, pour connoître à qui le reste appartient : ainsi se dit *in l.* 3. *ff. de adq. possess.* que qui entre en possession en un bout de l'heritage, fait autant que s'il alloit par tout. Et en plusieurs cas le commencement fait la regle à tout le reste *l. nam & Servius. §. si vivo. ff. de nego gest. l. hæres socii. ff. pro socio.* La question est avec doute, si l'un des deux, Seigneur ou vassal a prévenu en l'une des terres labourables, ou en l'un des prez d'une métairie, s'il sera censé avoir prévenu pour toutes les autres pieces de la même métairie ou domaine qui sont du même fief : Surquoy me semble que la prévention en une piece attribuë droit au prévenant pour toutes les autres de semblable qualité, qui sont du même tenement, domaine ou métairie : car quoy que ce soit corps separez & distincts, toutesfois par la destination du pere de famille, le tout est reputé un seul corps. *l. rerum mistura. vers. tertium. ff. de usucap. l. 2. §. cum Stychum. ff. pro emptore* : mais je ne voudrois pas inferer que la prévention en la terre valût prévention en la vigne, ou aux prez, ou au bois : car chacune sorte d'heritage a sa consideration distincte, & n'ont respect l'un à l'autre, & les saisons de percevoir sont du tout distinctes. Il ne faut pas dire ainsi de l'usufruitier, à l'égard duquel il ne faut inferer pour le gain des fruits, sinon à mesure que luy-même, ou autre en son nom a perçû & separé les fruits du fonds : & ne suffit qu'ils soient simplement separez du fonds & faits meubles, quant à l'usufruitier, mais le fait de la main de l'usufruitier, ou d'un autre en son nom y est necessaire. *l. qui scit. ff. de usur. l. si usufructuarius messem. ff. quib. mod. ususf. amitt.* Donc à l'égard de l'usufruitier, doit être dit qu'à mesure qu'il perçoit les fruits & gerbe à gerbe il les fait siens, & faut dire autrement au fait de la saisie feodale.

Prevention frauduleuse avant la maturité. Aucunes fois on cueille le fruit avant la maturité naturelle, parce que la Coûtume & l'usage du pere de famille est d'en tirer plus grand profit quand il est verd, comme de l'olive qu'on veut confire. *l. in fructu. 42. ff. de usufr. leg.* comme si c'est pour faire verjus on cueille le raisin verd : ainsi se peut dire du bois taillis, quand on le coupe dans quatre ou cinq ans pour fagotage, & que par ce moyen on en tire plus de profit qu'en attendant douze ou quinze ans pour en faire bois de moule. Mais en cela l'usage & coûtume, & l'ancienne destination du pere de famille, font juger si c'est bon ou mauvais ménage. *l. et qui. §. ult. ff. de petit. hæred.* Aussi nôtre Coûtume use du mot, frauduleuse.

Redevances si le terme est escheu, Se doit entendre des redevances foncieres qui se payent à jour certain sans avoir respect à la proportion du tems. Car si c'étoit comme *verbi gratia* un moulin baillé à accense ou rente perpetuelle, laquelle rente ait sa proportion correspondante, à raison de tant de bled, ou argent par semaine ou mois, combien que le payement ne se fasse qu'une, ou deux, ou quatre fois l'an ; je diray que les fruits appartiennent *pro rata temporis*, par la raison de la *l. Seio in princip. ibi tam labor quàm pecunia. ff. de ann. leg.* mesme parce que le moulin gagne par chacun jour, & parce que le terme des payemens est pour la commodité du debteur ; mais la chose ne laisse pas d'être dûë selon que le fruit & profit se perçoit. *l. defuncta. ff. de usufr.* Autrement est des redevances qui n'ont aucun respect aux fruits, & n'ont proportion auec le tems : car en icelles se dit que le jour auquel le payement échet, a même effet comme à la perception réelle és fruits naturels. Ainsi dit du Molin sur la Coûtume de Paris art. 1. *glos. 1. nu. 35. & 36.* & en l'annotation sur la Coûtume de Berry, titre des Mariages, article 23. Ladite Coûtume de Berry, des fiefs, article quinze fait vne distinction qui pour la raison peut être observée generalement. Qu'aux baux à ferme au dessous de dix ans, faut avoir égard au tems de la recollection des fruits, & non au jour du payement : qui est l'effet de ladite *l. defuncta.* si au dessus, de dix ans pour Berry, & trente ans pour Nivernois, *ut suprà*, article trente-trois, & quant aux cens & rentes foncieres, faut avoir égard au jour que le payement échet, Reims, article 101. & 102. met une limitation qui semble avoir sa raison generale, que le Seigneur prendra les loyers des fermes & accenses selon le tems, quoy que le vassal en ait reçû le payement par anticipation. Et quant aux domaines du fief s'ils ont esté baillez en accense ou métairie, à la maniere accoûtumée, & sans fraude, semble que le Seigneur doit entretenir l'accense, & étoit trop rude l'ancienne Coûtume de Paris, qui permettoit au Seigneur saisissant de lever les fruits sans avoir égard au bail à ferme, en rendant les labours & semences. Ce qui a été reformé par la nouvelle, article 56. Orleans, article 52. Reims, article 101. & 102. Car ce qui est fait de bonne foy, & à la maniere accoûtumée, par celuy qui avoit joüissance legitime, doit être entretenu, combien qu'il soit évincé de sa joüissance. *l. in venditione. § 1. ff. de bonis auct. jud. possid.* Et ce qui a accoûtumé d'être fait, est reputé bien-fait, & le successeur quoy qu'il n'ait droit & cause de celuy qui l'a ainsi fait doit le tenir. *cap 2. extrà de feud. cap. 2. extrà de precar.* Ainsi si le mary qui n'est pas proprietaire des biens dotaux de sa femme, mais a seulement le droit de faire les fruits siens durant le mariage, baille à ferme & accense l'heritage de sa femme, pour le tems accoûtumé, pour le loüage de tels heritages, la femme est tenuë d'y ester aprés le mariage dissolu. *l. si filio. §. si vir in quinquennium. ff. soluto matri.* Et soit noté que là est parlé de cinq ans, qui est le lustre des Romains tems accoûtumé à faire accenses à Rome en ce tems-là *l. qui quatuor. §. qui hortos. ff. de lega. 3. l. si quis nec causam. ff. si certum pet.* & l'acte & disposition concernant les fruits, fait par celuy qui est legitime possesseur lors doit tenir au prejudice du vray proprietaire, quoy que ce possesseur soit évincé aprés. *cap. querelam. extrà de elect. cap. consultationibus. extrà de jure patro.* Et ce qui est fait selon l'usance & maniere accoûtumée, est censé bien & utilement fait. *l. sine hærede. §,*

Lucius. ff. de administ. tut. Aussi ce qui est fait de bonne foy par celuy qui apparoissoit être legitime possesseur, en ce qui concerne les fruits doit être tenu par le successeur, quoy qu'il n'ait droit & cause de celuy qui l'a fait. *l. si non expedierit. §. si pupillus. ff. de bonis auct. jud. poss.* Sur ce propos sera consideré, combien que le droit de Regale en France ait quelque correspondance avec les saisies feodales, parce que selon le canon *Adrianus. 2. 63. dist.* le Roy a droit d'inuestir les Evesques, & les Evesque doivent prester au Roy le serment de fidelité, ayans l'une des mains *ad pectus*, & l'autre sur les saints Evangiles, & parce que quand l'Evêché vaque, le Roy fait les fruits siens. Toutefois la Cour a jugé que le Roy ne gagne les fruits, sinon *pro rata* du tems que la Regale a été ouverte, jusques au jour de la closture & main-levée ainsi fut dit en la Regale de Meaux, pour du Tillet le 19. Juin l'an 1557. ou 1567. à quoy fait le chap. *præsenti. de offic. ordinar. in 6.* Et peut être que la Cour a eu égard que l'ouverture auroit été en tems que le Roy auroit perçû tous les fruits, & ne resteroit rien pour nourrir le nouveau Evêque jusques aux autres fruits, & par la raison de l'Escriture sainte, & des Canons, *qui sert à l'Auteldoit vivre du revenu de l'Autel.* Combien que le Roy fasse les fruits siens, & que les collations des Benefices soient reputées au rang des fruits, toutesfois durant la Regale le Roy ne confere pas les Cures & Eglises Parroissiales, comme étant telle collation un droit pur spirituel, dépendant de l'imposition des mains, & de l'Ordination que l'Euesque fait des Prêtres: car d'ancienneté nul n'étoit fait Prêtre qu'il n'eût son titre assigné: qui étoit une Eglise à deservir par luy, & par même moyen que l'Evêque le faisoit Prêtre, il luy conferoit une Eglise: ainsi fut statué au grand Concile de Calcedoine, chapitre 6. & depuis fut statué que l'ordination & promotion seroit tenuë pour nulle, si par même moyen l'Evêque ne pourvoyoit le Prêtre d'une Eglise: par Urbain II. Pape au Concile de Plaisance, rapporté *in can. sanctorum. 70. distinct.* dont resulte qu'il faut juger *ad paria*, l'ordination du Prêtre, & la collation d'une Eglise Parroissiale. Or ce qui est d'ordination ne peut être transferé, ny appartenir à autre qu'à un Evêque. *cap. venerabilem. extra, de elect. cap. aqua. extra, de consecrat. Eccles. vel alt.* En ce gain des fruits, faut entendre que le Seigneur doit ménager le fief saisi, comme un bon ménager feroit son heritage, comme en pêchant les étangs y laisser l'allevin & nourrin, & s'il n'y en a en l'étang, en acheter des deniers provenans de la vente du poisson; entretenir le colombier, en laissant les volées des jeunes pigeons en saisons propres, & leur donnant à manger en hyver: en bois taillis laisser les balliveaux, huit ou dix pour chacun arpent, couper en saison dûë, qui soit autre tems qu'entre la mi-May & la mi-Aoust, & faire garder le bois coupé. Si le vassal a ménagé un bois, qui de son ancien établissement étoit bois taillis, mais étant proche de la maison Seigneuriale, l'a destiné pour l'embellissement d'icelle, le Seigneur ne le coupera: Si c'est un domaine labouré aux dépens du vassal, le Seigneur fera continuër le labourage, & fera semer par saisons: s'il est à métairie il fournira la moitié des bleds, & satisfera aux autres charges ordinaires: ainsi est ordonné en general au fait de Regale, par l'Ordonnance du Roy Philippes le Bel, de l'an 1302. art 5.

ARTICLE LVIII.

AU regard des collations & presentations de benefices, quints deniers, lods, ventes, tiers deniers, remuëmens, & autres droits, qui communement ne peuvent si tost venir à la connoissance du Seigneur; ils appartiendront au vassal; à sçavoir, collations, presentations, & semblables droits si la vacation échet: & lesdits quints deniers, lods, ventes, tiers deniers, remuëmens, & semblables droits, si le contrat est passé & arresté, le tout avant lesdites saisie & notification. Et si lesdites vacations échéent, & contrats sont passez aprés lesdites saisie & notification dudit fief, ils appartiennent au Seigneur.

AUcuns Benefices simples, non Cures, peuvent être à la collation d'un Seigneur Lay, *pleno jure*, comme sont Prebendes & Chapelles, & ainsi est observé en France, & n'avons reçû le droit Canonique nouveau, qui défend en tout cas recevoir Benefices par les mains de personnes Layes. Mais tous Benefices, *etiam* Cures & ayans charge d'ames peuvent être à la presentation des personnes layes hereditairement, à cause de la fondation & dotation, *cap. nobis, extrà, de jure patron.* Selon l'ancienne observation, il n'étoit loisible à aucun de bâtir Eglise jusques à ce que l'Evêque eût veu le lieu, y eût planté la Croix publiquement, & qu'il eût pris assurance du fondateur pour la provision du revenu suffisant pour l'entretenement du luminaire, des Clercs qui y devroient servir, & pour la garde d'icelle, *can nemo de consecrat. dist. 1.* Les fondateurs par le moyen de la fondation acquierent droit de Patronage, pour en cas de vacation presenter au superieur le Clerc qui en devra être pourveu, & pour avoir l'honneur de preseance en l'Eglise, & que si luy ou ses enfans viennent à pauvreté, l'Eglise leur doit fournir allimens, *can.*

pia, *can. quicunque 16. quæst. 7. dicto cap. nobis*, *extrà*, *de jure patro.* Auſſi les patrons & leurs heritiers ont la ſurintendance pour pourvoir à la conſervation des biens & droits de ladite Egliſe, *can. filiis*, audit lieu *16. quæſt. 7.* Quand le patronage appartient à perſonnes layes, ou autres à cauſe de leur patrimoine; le Pape ny ſon Legat, & moins l'Ordinaire ne peuvent conferer au préjudice de ce patronage, *cap. dilectus*, *extra*, *de offic. legat.* & par les modifications des facultez du Legat Farneſe en l'an 1539. Si ce n'eſt aprés les quatre mois de la vacation qui doivent être comptez du tems qué la vacation eſt venuë à la notice du patron, *cap. quià diverſitatem*, *extrà de conceſſ. præb.* ou vray-ſemblablement a peu venir, *per l. ult. ff. quis ordo in bonor. poſſ. l. ſi Titius ff. de fidejuſſ.* Et aprés les quatre mois expirez, le droit de collation eſt dévolu à l'Ordinaire ſuperieur qui peut conferer le Benefice *pleno jure cap. quoniam*, *extrà de jure patro.* Le patron Eccleſiaſtique a ſix mois pour preſenter, *cap. cam te. eod.* auſſi il ne peut varier, car s'il preſente au collateur une perſonne indigne, il eſt privé de ſa preſentation pour cette fois, *cap. cum Vuintonenſis*, *ex. de elect.* mais le Patron lay peut varier, & s'il en a preſenté un qui ſoit refuſé, il en peut preſenter un autre. D'ancienneté on doutoit ſi les collations & preſentations de Benefices étoient reputée au rang & droit des fruits, enſorte que celuy qui fait les fruits ſiens, ſoit uſufruitier, ſoit poſſeſſeur legitime, ou comme le Seigneur au cas de preſent avoit droit de conferer ou preſenter: mais depuis la Decretale d'Honoré III. Pape, *in cap. illa*, *extrà*, *ne ſede vacante*, on a tenu qu'elles ſont *in fructu*: & ainſi le tient la gloſe, *in cap. cum olim. extrà. de major. & obed.* & par les argumens qui reſultent du chap. *querelam*, *extrà*, *de elect.* & du chap. *conſultationibus*, *extrà*, *de jure patron.* Doncques le Seigneur feodal ayant ſaiſi a droit de preſenter aux Benefices. Cét article ne parle de la collation des Offices. Sur quoy me ſemble ſi ce ſont Offices venaux, & qui licitement peuvent être & ont accoûtumé d'être vendus, comme les Greffes que le Seigneur ayant ſaiſi les peut vendre: Si ce ſont Offices non venaux, comme de Judicature, le Seigneur feodal pourra s'ils vaquent durant ſa mainmiſe les conferer ſimplement, mais le vaſſal ayant eu mainlevée de ſon fief les pourra revoquer, *cum bona gratia*, *ad inſtar*, que tous Seigneurs peuvent revoquer leurs Officiers, ſelon les loix de France. Et faut excepter certains Offices, l'exercice deſquels eſt deſtiné directement pour la conſervation de la proprieté des droits Domaniaux de la Seigneurie. Comme eſt le Concierge de la maiſon Seigneuriale, ou autre maiſon d'importance, & le Gruyer, ou Garde de Foreſt, dont eſt parlé, *in l. ſi ità. §. Dominus. ff. de uſu. & hab.* ſous les appellations de *inſularius & ſaltuarius*, & ſe dit que le proprietaire, *etiam* outre le gré de l'uſufruitier les peut établir. J'en voudrois dire autant du Procureur Fiſcal, qui a la charge du Domaine & droits Domaniaux de la Seigneurie. Et la même raiſon eſt du Seigneur feodal, ayant ſaiſi comme de l'uſufruitier.

Si la vacation eschet, De fait & de droit, ou de droit ſeulement. La vacation de droit s'entend, quand celuy qui tient le Benefice eſt inhabile ou incapable, ou s'il accepte autre Benefice incompatible: car en tel cas le droit Canonique declare le Benefice vacant, & peut être conferé par le collateur ordinaire, quoy que le Juge n'ait encores declaré la vacation, mais le poſſeſſeur ne ſera depoſſedé juſques aprés ladite declaration, *cap. licet Epiſcopus*, *extrà de præbend. in 6.* La vacation de fait ſeulement, ne ſuffit pas, car c'eſt par privilege & droit ſpecial, qu'en la Regale la vacation de fait ſeulement eſt conſiderée ſelon la Conſtitution Philippine.

Remuemens et semblables droits, La queſtion eſt ſi le Seigneur feodal exercera la retenuë ſur les heritages mouvans du fief ſaiſi, Surquoy me ſemble qu'il peut ce faire, car il a droit plus grand que l'uſufruitier, dont eſt parlé *infra* de Doüaire, article 9. où il eſt dit que l'uſufruitier ne peut retenir, beaucoup moins peut retenir le fermier, ſi ce droit de retenuë ſpecialement ne luy eſt cedé par l'accenſe. Mais le Seigneur feodal eſt *ad inſtar* du proprietaire, comme ſi le fief luy étoit retourné, ſelon la repetition de l'antiquité, dont a été traité cy-deſſus: vray eſt que ce n'eſt pas reverſion immutable. Et la retenuë qu'il fera ne ſera pas pour appliquer l'heritage à ſon Domaine incommutablement: car il ne ſeroit de bienſeance qu'il fût vaſſal ou redevancier de ſon vaſſal: mais ledit Seigneur ayant retenu, pourra en faire bail nouveau gratuitement, ou avec recompenſe de deniers, ſous la charge ancienne, toutesfois ſans diminution ny alteration. Ou bien s'il a encores l'heritage en ſes mains, le vaſſal aprés la main-levée pourra contraindre le Seigneur de le luy rendre, en payant le quint denier: car le Seigneur ayant ſaiſi pouvoit prendre ledit quint, & inveſtir: Ainſi diray-je, que les Echoites, Main-mortes, Commiſes & autres reverſions d'heritages de ſervitude ou bordelage viendront au profit du Seigneur qui aura ſaiſi, pour en joüir tant que la ſaiſie durera, & en faire bail nouveau ſous les charges anciennes: Car tel bail nouveau d'heritage retourné n'eſt pas allienation, mais acte d'adminiſtration, *cap. 2. extrà, de feud.*

Si le Contrat est passe'. Icy eſt argument, que dés lors de la paſſation du contrat, *etiam* avant la tradition ou poſſeſſion priſe, le profit de remuëment eſt deû au Seigneur, dont a été parlé cy-deſſus article 21. & 23. Mais ſi le contrat eſt conditionnel, il eſt certain qu'avant l'évenement de la condition, le Seigneur ne peut exercer ſes droits: car la condition tient tout l'effet en ſuſpens. *l. hæc venditio, in princip. ff. de contrah. empt.* & ſi aprés la main-levée du fief faite au vaſſal, la condition avient, ſous laquelle la vente auroit été faite durant la ſaiſie, le Seigneur prendra le profit; parce qu'en contrats la condition avenant tire son effet en arriere, comme si lors du contrat la vente avoit été pure. *l.potior. ff. qui potiores in pig. hab. l. si filius fam. ff. de verb. oblig.* & ainsi fut jugé par Arrest, entre l'Evêque de Poitiers, & les Fermiers du revenu de l'Evêché le 12. May 1545. mais du contrat qui doit être resolu sous condition, les profits sont deûs incontinent. *l. 2. ff. de in diem addict.* car avant la resolution le contrat est reputé pur.

ARTICLE LIX.

LA saisie de plein fief faite & notifiée au vassal, le Seigneur feodal peut faire saisir les arriere-fiefs, dépendans de sondit plein fief, & faire siens les fruits écheûs & avenus depuis la saisie dudit plein fief, & notification d'icelle dûëment faite, comme eût peu faire son vassal, pourveu qu'il y ait ouverture esdits arriere-fiefs.

ARTICLE LX.

SI le vassal a saisi son fief, il fait les fruits siens jusques à l'instant de la saisie de son fief & notification d'icelle : & depuis icelle notification les fruits dudit arriere-fief saisi, sont & appartiennent audit Seigneur du fief mediat, subrogé au lieu de son vassal : & se peut aider ledit Seigneur de la saisie de sondit vassal, ou faire de nouvel saisir ledit arriere-fief si bon luy semble : auquel cas toutesfois les frais de la seconde saisie ne seront comptez audit riere-vassal par ledit Seigneur mediat.

ARTICLE LXI.

ET sont observez les articles susdits, si la chose feodale échet au Seigneur du fief par Commise, retour, retenuë, ou autrement *jure feudi*.

CEs articles 59. & 60. sont en consequence de ce qui est dit cy-dessus, que le Seigneur feodal fait les fruits siens : & servent aussi pour montrer que le Seigneur feodal durant sa saisie est *ad instar* de Seigneur proprietaire, *& suo jure*, il exerce les droits appartenans à son vassal à cause de son fief. La saisie à faute d'homme quand il n'y a profit est de pur honneur, & tellement personnelle, que ce droit ne peut être transferé ny cedé à autruy. *l. cum patronis. de lega. 2. l. fabriles. ff. de oper. libert.* Si donc le Seigneur feodal n'étoit comme proprietaire, il ne pourroit saisir le fief mouvant de son vassal.

PAR COMMISE, RETOUR, RETENUE, OU AUTREMENT IURE FEUDI, Il a été dit cy-dessus, que l'ouverture du fief par mutation d'homme est reversion temporelle & conditionnée, mais c'est reversion, parce que le Seigneur administre comme proprietaire. Reversion, dis-je, revocable & commutable, qui fait que le vassal ne peut empirer le droit foncier. Ainsi se dit és proprietez commutables. *l. si ex duobus. §. sed & Marcellus. ff. de in diem addict. l. si duobus. §. sed quià. C. communia. de lega.* Si en simple ouverture & reversion commutable, il se dit, *multò magis* és reversions immuables, comme est la Commise, & autres cas mentionnez en ce 61. article. Commise se dit en cas de crime feodal, qui est felonnie, desaveu ou faux aveu, dont sera parlé article *66. infra.* Retour ou reversion est mot general, qui signifie tous cas de consolidation perpetuelle, & se peut appliquer en special quand la concession du fief a été faite pour le preneur & descendans de luy, ou pour la ligne masculine seulement, parce que les heritiers étrangers & d'autre qualité ne succedent : & en ce cas le retour se dit être *ex pacto & conventione, & non ex vi legis.* Sera icy noté que la retenuë est mise au rang & à party pareil que les reversions par Commise, ou autrement *jure feudi*, qui sert à confirmer l'opinion mise cy-dessus art. 39. que la retenuë abolit les hypoteques.

ARTICLE LXII.

LE Seigneur feodal n'est tenu de recevoir son vassal à homme, s'il ne paye les droit Seigneuriaux, loyaux frais, & rend les fruits du fief par luy perçûs depuis la saisie faite & notifiée.

LE vassal qui desire être reçû doit faire ses offres complettes. Car s'il y a defectuosité le Seigneur n'est tenu d'accepter une partie. *l. tutor. §. Lucius. ff. de usur.* Vray est s'il y a quelque partie à liquider, qu'aprés que le vassal s'est mis en devoir de liquider promptement, & l'expedition ne s'en fait pas promptement, sans qu'il y ait de sa faute, le vassal est bien recevable à demander sa main-levée en baillant caution, selon la raison de l'Edit de Moulins article 52. & selon la *l. statu liber. rationem. ff. de statulib.* Mais si le vassal qui se presente offroit les profits de son acquisition & le Seigneur en demandât d'autres

tres allienations precedentes, dont ce nouvel acquereur ne fût tenu personnellement, comme n'étant heritier, je croy que si la saisie étoit faite en general à faute d'homme, droits & devoirs non payez, le Seigneur ne seroit tenu faire main-levée, sinon en payant tous les profits, car c'est l'heritage qui les doit, & il est saisi pour lesdits profits, sauf au vassal son garand. Le Seigneur peut saisir indefiniment pour les profits à luy deûs; vray est selon le remede de l'Edit de Roussillon article 11. aprés que le vassal saisi a declaré à quel titre il est detenteur, le Seigneur doit declarer particulierement quels profits & droits il prétend, afin que le vassal puisse faire offre certaine. Que si cét acquereur sent les charges de profits être excessives, il peut quitter le fief, sauf son recours, comme le tiers détenteur appellé hypothecairement, peut quitter l'heritage & se décharger. A quoy fait la raison de l'article 102. de la nouvelle Coûtume de Paris.

Par luy perceus, Si donc les fruits avoient été perçûs par son auteur, duquel il n'est pas heritier, ce dernier détenteur ne seroit pas tenu de les rendre, ny par moyens personnels, parce qu'il ne les a pas perçûs, ny par moyens réels, parce qu'il n'a point d'hypoteque sur l'heritage.

ARTICLE LXIII.

ET s'il y a débat sur l'évaluation desdits droits Seigneuriaux, frais & fruits, les deux, ou l'un d'iceux, ledit Seigneur sera tenu de recevoir ledit vassal, en luy payant ce dont sera débat, au dire de deux preud'hommes acceptez par les parties, avec un tiers, que lesdits deux pourront élire en cas de discord : Sauf toutes fois ausdites parties de recouvrer le plus ou le moins respectivement, si en fin de cause il est dit que faire se doive.

L'Expedient de cét article pour l'évaluation est provisionnel, pourquoy ce doit être avec sommaire connoissance de cause : Et par l'article appert que la connoissance plus grande & entiere est reservée à la diffinitive & fin de cause. Puisque la Coûtume donne cét expedient provisionnel, il le faut suivre : & l'expedient de caution quand la chose n'est pas liquide, dont est parlé en la *l. statu liber rationem. ff. de statu lib.* ne sera pas pratiqué en cette affaire : Sinon qu'il me semble que si le Juge connoissoit qu'il y eût retardation & demeure faite par l'une des parties, le Juge pourroit ordonner la caution : suivant l'Edit de Moulins article 52. & sous ladite caution faire main-levée. Aussi me semble que si les parties refusent ou délayent, ou soient en discord de nommer experts, ou les accepter, que le Juge de son office en doit nommer, & selon leur rapport ordonner la provision. Selon l'Edit de Blois article 162. & selon la nouvelle Coûtume de Paris article 184. les frais de cette évaluation doivent être supportez en commun, selon ce qui est dit, *in l. 4. §. sed et si mensor. ff. finium regund.* Et sera bien le vassal de faire quelque offre raisonnable d'une somme de deniers, afin si elle n'est acceptée, & qu'il convienne faire des frais, que le vassal recouvre recompense des dépens qu'il aura faits & avancez.

ARTICLE LXIV.

SOuffrance équipolle à foy tant qu'elle dure, pour l'effet seulement, que le vassal n'est tenu pendant icelle faire l'hommage par luy deû : & aussi que le Seigneur ne fait les fruits du fief siens, s'il n'est autrement convenu.

LA souffrance du Seigneur envers son vassal est quelquesfois volontaire & de grace, quelquesfois est necessaire & de contrainte, comme à l'égard des pupilles, & de ceux qui sont absens *reipublicæ causa*, duquel on ne peut recouvrer promptement procuration. Tel absent peut faire la foy par Procureur, *suprà*, article 44. sinon que le Seigneur aime mieux donner souffrance audit absent. Au fait des souffrances pour les pupilles, Paris met une charge, qui semble pour sa raison devoir être generale; à sçavoir, que le tuteur doit nommer les pupilles chacun par son nom, & dire leurs âges, afin que le Seigneur sçache dans quel tems ils seront habiles à porter la foy, afin aussi qu'il ait moyen de s'enquerir de la verité. Mais s'il étoit deû profit de bourse, je croy que le Seigneur ne seroit tenu de bailler souffrance aux pupilles ou à l'absent, sinon en payant le profit : car la fonction de payer deniers ne desire pas la personne-même, mais peut être expediée par un tiers. *l. Arethusa. in fine. ff. de statu hom. l. ult. ff. de condit. instit.* & la difficulté qui survient au debteur qui doit payer ne l'excuse pas, *l. continuus. §. illud. ff. de verb. obligat.*

ARTICLE LXV.

L'Aveu fait par le vassal, le Seigneur est tenu le recevoir à homme, & luy lever la main-mise : & le desaveu fait, le vassal sans autre main-levée, peut de son autorité se remettre en son fief. Sauf toutesfois au-

Seigneur son exploit & action pour la Commise : & pour les fruits depuis le desaveu, s'il est trouvé lad. chose être tenuë de luy.

QUand il y a opposition ou autre débat entre le Seigneur & le vassal, le premier appointement ordinaire est de venir avoüer ou desavoüer par le vassal ou par son garend s'il en a : sauf quand la superiorité feodale est en débat entre deux Seigneurs, auquel cas le vassal n'est tenu d'avoüer ou desavoüer. Or quand le vassal a avoüé, & a fait le reste des devoirs requis, le Seigneur doit le recevoir à hommage : Aussi si le vassal desavoüe, le Seigneur n'a plus aucun privilege de Seigneur feodal, & le vassal entre en possession de pleine liberté de son fief, par la raison de la *l. ordinata. ff. de liberali causa.* Aucunes Coûtumes disent qu'aprés le desaveu, le vassal doit avoir provision de son fief saisi : Paris art. 40. Etampes article 33. Laon article 199. Reims article 126. Mais si le Seigneur vouloit prendre le desaveu pour trouble, & formât sa complainte en cas de saisine & de nouvelleté, & eût moyen de la soûtenir, je croy qu'en faisant apparoir de titre apparent, il pourroit avoir la recreance, & avec cette recreance tenir le fief saisi par provision, & par la même provision gagner les fruits, en baillant caution comme il est accoûtumé en recreance & autres provisions. Cét article parle quand le Seigneur ne s'aide d'autre moyen que de la voye ordinaire de saisie.

ARTICLE LXVI.

LAdite chose tenuë en fief peut être Commise ou confisquée pour double raison; à sçavoir, Commise pour cas ou crime feodal, comme felonnie ou faux aveu : & audit cas il avient au Seigneur de fief, posé qu'il n'ait aucune Justice. Et s'il est confisqué pour délit commun, comme meurtre, larcin, sacrilege, & semblables : audit cas il avient au Seigneur haut-Justicier, selon que cy-devant est declaré au chap. des confiscations, lequel Seigneur haut-Justicier sera tenu en faire les foy & hommage audit Seigneur feodal.

EN cas de Commise la reversion y est *jure feudi*, & en vertu de la premiere concession : pourquoy le fief vient au Seigneur sans charge d'hypotheques, ou allienations faites par le vassal, sinon que ce fussent concessions sous charge des redevances, par ménagement ordinaire, & accoûtumé ainsi qu'il a été dit cy-dessus, article 39. Mais en cas de confiscation pour délit commun, le fief vient avec ses charges, comme il a été dit cy-dessus, chapitre de Justice, article 12. Crime feodal se dit, icy en deux sortes ; felonnie, & faux adveu. Au livre des Feudes sont mis plusieurs cas particuliers de Commise, mais tant ceux-là que ceux-cy sont compris sous la clause generale d'ingratitude : & se rapporte aucunement à ce qui est dit au droit Romain du libertin qui est retrus en servitude, s'il est ingrat envers son patron. *l. 2. C. de libertis eorum lib.* & du donataire qui perd la chose donnée par ingratitude, *l. generaliter. C. de revocand. donat.* Audit livre des Feudes la concession de fief est reputée donation : Aucuns des cas d'ingratitude exprimez au livre des Feudes sont, s'il abandonne son Seigneur en bataille : s'il attente & execute contre la pudicité de la femme, fille, ou sœur de son Seigneur ; s'il fait insulte à la personne de son Seigneur ; s'il tuë le frere ou neveu de son Seigneur : *cap. quib. mod. feud. amitt.* s'il revele le secret de son Seigneur à son dommage ; & autres cas particuliers remarquez és chap. *in quib. caus. feudum amitt. & qua fuit prima causa benef. amitt.* Melun, article 83. specifie la felonnie du vassal, quand par mal-talent il met la main sur son Seigneur, ou forfait à sa femme ou fille. Reims. art. 129. dit si le vassal machine la mort ou détruction de son Seigneur, ou pourchasse son des-honneur, ou autre dommage notable, ou s'il expulse du fief saisi la personne de son Seigneur. Bretagne ancienne, art. 616. & nouv. art. 661. s'il frappe son Seigneur sans que sont Seigneur luy fit excez. Mais tout cela, selon mon avis, doit être reduit à l'arbitrage du Juge, mêmement en France parce que les Seigneurs n'ont pas droit de faire la guerre, comme ils avoient anciennement : & les fiefs ne sont pas personnels, ny de concession gratuite, dont il apparoisse : & parce qu'ils sont reduits en forme de patrimoine. Pourquoy il me semble qu'il est bon de se reduire aux simples termes de felonnie, qui est quand il leve la main contre son Seigneur, avec armes ou autrement injurieusement : ou s'il entreprend contre sa vie ou son honneur. Faut excepter si le vassal étoit assailly par le Seigneur avec armes, & il se deffendit avec pareilles armes : & fit ce qu'il pourroit pour seulement se deffendre, sans tuër ny blesser : Sauf toutefois qu'il n'est pas tenu de fuïr : car la deffense est de droit naturel, qui ne peut être ôtée par le droit positif. *l. ut vim. ff. de justit. & jur.* & sera noté ce que dit Bart. sur ladite loy *ut vim*, du Florentin & Perusin : disant que l'un à qui selon l'humeur de sa nation n'est pas des honneur de fuïr, doit fuïr plûtôt que de tuër : & l'autre qui selon l'humeur de sa nation seroit infame toute sa vie s'il avoit fuï, n'est blâmé s'il tuë celuy qui le vient assaillir. A raison pareille se doit dire que le vassal Gentil-homme n'est pas sujet à la regle de fuïr, plûtôt que de tuër son Seigneur assaillant : & que si étant assailly avec armes, en se deffendant avec pareilles armes il tuë ou blesse son Seigneur feodal ; il ne sera sujet à la Commise pour felonnie, parce qu'il aura ce fait par juste & honnête deffense : mais s'il avoit pris advantage comme si étant assailly avec l'épée, il s'étoit armé de long bois, ou de bâton à feu, ou estant assailly par vn seul, il s'étoit accompagné de trois ou quatre : parce que telle sorte de défense passe les limites de l'ancien honneur, qui étoit és cœurs des Gentilhommes François ; je croy que ce vassal pourroit être sujet à la peine de la felonnie. La loy Romaine, *in l. 1. C. unde vi* use de ces mots, *cum moderamine inculpatæ tutelæ*, qui emportent que la defense soit sans aucun blâme. Aucuns disent que le vassal n'est sujet à la peine de felonnie, s'il n'a prêté le serment de fidelité à son Seigneur. Chopin au traité *de privileg. rustic. part. 3. lib. 3. cap. 12. in margine*, dit avoir été ainsi jugé par Arrest du President d'Opede, entre Pocaire & de Marcilly. Telles questions qui ordinairement dépendent de preuve par témoins, & sont en l'état conjectural, bien à peine peuvent elles être decidées par Arrest qui serve de loy. Selon mon avis la prestation de serment n'est pas si precisément necessaire pour faire la Commise : & nous en France ne devons faire si grand état des sermens, comme les Docteurs Ultramontains ont fait, qui se sont rendus trop & servilement sujets aux decisions des Canonistes, ausquels le seul fait des consciences appartient : je croy que le serment est grandement à respecter, entant que par iceluy Dieu, par semonce speciale, est requis d'être de la partie comme Juge, avec la peine ; mais sans le serment, la seule possession du fief, rend le vassal sujet à la Commise. C'est une obligation plus réelle que personnelle, & qui procede de la vertu efficace de la premiere concession du fief. Le serment de fidelité n'est qu'accessoire, & n'ajoûte rien à ce qui est de l'essence du fief, mais est un aditament de bien-seance, & pour plus grande seureté. *l. 4. §. si ex conventione in fine. ff. de re jud.* & par la Commise il n'est pas question de punir le parjure, mais de priver comme ingrat celuy qui tient le fief, & méprend contre son Seigneur. Pourquoy si le vassal sçait avec certitude qu'il est vassal de tel Seigneur à cause de tel fief, & que par malefaçon il entreprenne sur la vie ou sur l'honneur de son Seigneur, je croy qu'il commet & pert son fief ; quoy qu'il n'ait fait l'hommage : car la charge de fidelité est inherente au corps même du fief : & qui n'accomplit pas la charge sous laquelle le bien fait luy est conferé est indigne du bien fait *l. post legat. §. amittere. ff. de his quib. ut indig. l. quid autem. ff. de excus. tut.* & comme il se dit de celuy qui forfait, en ce qui est de la charge essentielle de la chose. *l. Paulus resp. si certa. ff. ad SC. Treb.* & par l'argument de ce qui se dit de la condition, *causa data, causa non secuta*, & du défaut de la cause finale. *l. ea lege. C. de condict. ob causam dat. l. cum te. C. de pact. inter empt. & vend. compos.* Comme le vassal perd son fief par felonnie commise contre son Seigneur ; ainsi le Seigneur perd sa superiorité feodale, & droit de fief, s'il fait outrage à son vassal, & le fief est attribué & devolu au Seigneur superieur immediat dudit Seigneur feodal. Ainsi fut jugé par Arrest entre Guyon de Lezay, & Jean de Brosses Seigneur des Essars, le 2. Juin l'an 1503. On allegue autre Arrest du 23. Fevrier l'an 1481. autant en est dit par la Coûtume de Melun, art. 84. Laon, art. 197. Reims, art. 130. Bretagne ancienne, art. 617. & nou. art. 662. dit ainsi : SI LE SEIGNEUR FAIT INIURE A SON VASSAL, COMME DE COUCHER AVEC SA FEMME, OU FILLE, IL PERD SA FEODALITÉ. On lit és histoires anciẽnes de France, que la Seigneurie d'Ivetot en Normandie, fut exemptée de la souveraineté de la Couronne pour l'outrage qu'un Roy fit au Seigneur du lieu. A quoy on peut appliquer ce qui est dit au droit Romain, que le patron perd son droit de patronage, s'il offense griévement son libertin. *l. eum. ff. de jure patro.* & le pere qui traitoit rudement son enfant, étoit contraint par justice de l'émanciper, & de perdre les droits de puissance paternelle. *l. Divus. ff. si à parente quis manu.* La raison au fait des fiefs, est comme le vassal doit obeïssance, service, & honneur à son Seigneur ; ainsi le Seigneur doit protection & amitié à son vassal : & le devoir est reciproque. Saint Jerôme au livre de la vie des Clercs, qui est *in can. Esto. 95. dist.* rapporte le mot de Domitius Senateur Romain, qui étoit méprisé par le Consul, auquel il dit, vous dois-je reconnoître pour Consul, quand vous ne me reconnoissez pas pour Senateur? Ainsi S. Paul en declarant l'effet du commandement d'honorer pere & mere, dit que les peres & meres doivent être soigneux de ne donner occasion de mal-talent à leurs enfans.

FAUX AVEU ET DESAVEU SONT CRIMES FEODAUX, Faux adveu est quand le vassal à son écient avouë autre Seigneur. Desaveu est quand le vassal dénie que tel soit son Seigneur. Le desaveu ou faux aveu emporte Commise, si le vassal de certaine science le fait : ainsi est dit au livre 2. des Feudes, *tit. si de feudo defuncti contentio sit inter do. & agnat. §. vasallus si feudum, & in tit. de lege Corradi. §. ult.* Ainsi en plusieurs cas au droit Romain, celuy qui nie & desavouë est privé des bien-faits & faveurs que la loy octroye au contrat ou negoce. Comme en la societé, celuy qui nie être compagnon associé perd le benefice & faveur que les associez ont de ne pouvoir être contrains outre ce que bonnement ils peuvent. *l. sed hoc ita. ff. de re judic.* Ainsi celuy qui nie la chose hereditaire, perd la faveur de la Falcidie. *l. computationi. §. ult. ff. ad leg. Falcid.* & en plusieurs autres cas *l. 1. §. interdum. ff. si quadrupes pauper. l. ult. ff. de rei vend. l. 2. §. si absens. ff. si ex noxali causa.* Mais si le vassal a eu juste occasion d'avouer autre Seigneur ; comme si luy ou son pere ont acheté à la charge du fief envers tel : ou si le vassal aprés s'être purgé par serment qu'il n'a aucun titre faisant mention du fief, & n'a delaissé à avoir par dol ou fraude, & a fait devoir de chercher & s'en enquerir, & ledit serment fait ait requis le Seigneur de luy communiquer ses titres, & il ait refusé de ce faire : le vassal peut desavoüer sans peril de Commise, par protestation de reconnoître si-tôt qu'il aura été enseigné, par la raison de la *l. si quis inficiatus. ff. depos. l. 2. §. circa. ff. de doli mali & metus except.* & à ce fait la decision 24. *in fine* de Guido Pape. Sur ce propos les Coûtumes de Sens, article 215. & Auxerre, article 81. disent aprés l'affirmation susdite & requisition d'être instruit, que le vassal peut desavoüer. Laon, art. 200. & Reims, article 128. disent aprés ledit serment que le Seigneur est tenu d'instruire avant que le vassal soit tenu d'avoüer ou desavoüer. Orleans, article 81. met autre limitation en la Commise, quand le Seigneur est non Châtelains, & que le titre du Seigneur est âgé de plus de cent ans, qu'en ces cas, la Commise n'est pas precise. Sens, en l'article susdit 215. excepte le Roy quand son Procureur pretend le fief. Les raisons d'Orleans & de Sens sont fondées sur la presomption de droit commun. Et parce que lesdits articles semblent être fort raisonnables, & que les peines sont plûtôt à adoucir qu'à aigrir : me semble que nous pouvons pour la raison nous aider desdites Coûtumes. Les loix mêmes excusent celuy qui est en erreur & ignorance probable. *l. justo. §. filius. ff. de vsucap. l. vlt. ff. pro suo.* Mais Auvergne, chapitre 22. article 9. dit que le vassal precisément doit avoüer ou desavoüer, & que le Seigneur n'est tenu de l'instruire. Ce qui dépend de l'ancien brocard usité és matieres feodales, mais les Auteurs des nouvelles Coûtumes avec grande raison ont temperé cette rigueur. Paris, article 44. & Orleans, article 79. retenans quelque chose de cette ancienne rigueur. disent aprés que le vassal a avoüé, que le Seigneur & le vassal doivent communiquer l'un à l'autre. J'ay autrefois oüi alleguer un Arrest solemnel pour la Commise en cas de desaveu, au profit de M. Jean Barton Docteur en Medecine, du quatorziéme Août l'an 1512. Mais on ne recevra pas au desaveu celuy qui n'a pas puissance d'allienner, comme un tuteur, un beneficier, ou un mineur: Monsieur le Maître en ses Decisions, traité des fiefs & hommages, chap. 1. dit avoir été ainsi jugé par Arrêt du 2. Mars 1534. Doncques audit cas le desaveu doit être fait aprés traité quant à l'Eglise, & avis des parens quant aux mineurs. Quant au beneficier s'il desavoüe de par soy, sans avoir appliqué les ceremonies requises à l'alliennation des choses d'Eglise, la Commise nuit audit beneficier pour le tems qu'il tient le benefice. *l. jubemus nullam. C. de sacros. Ecclef.* La question peut être si le vassal de bouche confesse la feodalité, mais par effet & *re ipsa* il la contredit au Seigneur. Comme. *verbi gratia*, le Seigneur a saisi *jure feudi*, & le vassal par moyens couverts ou ouverts empêche la joüissance du Seigneur : & étant interpelé de cesser n'en fait rien. Me semble qu'en tel cas, si la contumance du vassal se trouvoit dûément convaincuë, avec persistence malicieuse, que la Commise y écheroit, comme en cas de vray desaveu. Car il fait injure à son Seigneur, l'empêchant de joüir de ce qui est sien pour le tems de la saisie, & en tel cas la loy donne l'action pour reparation d'injure. *l. qui pendentem. ff. de actionib empt. l. injuriarum. 1. §. si quis me ff. de injur.* L'injure, est surhaussée d'atrocité, quand elle est faite par celuy qui doit honneur, comme quand elle est faite par le libertin à son patron. *l. pretor §. atrocem. ff. de injur.* & l'injure encores plus grieve quand il y a pretexte de belles paroles, & en effet c'est moquerie. La sainte Escriture met en plus grande detestation ceux qui aux paroles ont le miel, & au cœur le fiel, que ceux qui appertement font mal : & met l'imprecation que la mort vienne sur eux, & qu'ils descendent tous vifs és enfers au Pseaume 54. vers. 16. Les loix Romaines mettent à party pareil celuy qui empêche & soûtrait, & celuy qui nie & desavouë. *d. l. computativni. §. vlt. ff. ad leg. falcid.* Aussi se dit qu'aucun ne declare pas moins sa volonté par fait que par parole. *l. indebitum. C. de condict. indeb.* Alex. *consil.* 202. *vol.* 2. dit combien que les loix ayent specifie certains cas d'ingratitude, esquels le donateur peut revoquer la donation, ou exhereder : que toutesfois en autres cas semblables ou plus grands l'exheredation ou revocation de donation peut être pratiquée.

Le Seigneur havt-Justicier sera tenv en faire les foy et hommage, Cy-dessus au chapitre des confiscations, art. 6. est dit que le Seigneur haut-Justicier en doit vuider ses mains dans l'an. Pour accorder ces deux articles, se peut dire, que si le Seigneur Justicier est de telle qualité que le Seigneur feodal par raison ne le doive refuser à vassal, c'est-à-dire, s'il n'est pas Prince ou autre grand Seigneur ; & le Seigneur haut-Justicier vüeille retenir à luy le fief qui luy est acquis par confiscation, il luy soit permis en payant un quint denier, selon l'estimation du fief : lequel quint est deû sans difficulté, car il y a mutation de vassal autrement que par succession ou droit de lignage. Et ce qui est dit audit sixiéme article de vuider ses mains, c'est principalement afin que le Seigneur direct ait un profit de quint pour la mutation. Mais s'il veut en vuider ses mains, il satisfera audit 6. article qui est afin d'en faire alliennation dont soit deû profit. A ce que dessus, fait ce qui est dit cy-aprés au chapitre des servitudes personnelles, article 8.

ARTICLE LXVII.

DEnombrement presenté par le vassal, sert de confession à l'encontre de luy, & ne porte préjudice au Seigneur s'il n'est accepté, ou si ledit Seigneur sans commencer à le blâmer ou contredire n'a laissé passer quarante jours entiers, aprés la presentation dudit aveu & acte d'icelle, faite en jugement ou pardevant Notaires, partie presente ou appellée.

LE dénombrement est comme une reconnoissance qui oblige ainsi qu'une confession faite en presence *l. optimam. C. de contrah. & committ. stipul. l. generaliter. C. de non numerata pecu.* Et ne faut icy avoir égard aux subtilitez du droit Romain en fait de stipulation qui doivent être en presence des deux parties. Car l'obligation faite en absence peut être acceptée *ex intervallo.* Et par tel dénombrement le Seigneur est constitué en quasi possession de superiorité feodale, selon la glo. & Docteurs, *in l. non epistolis. C. de probat.* La Coûtume fait l'acceptation *ex post facto* expresse ou tacite quand le tems est passé sans blâmer.

Sans commencer à le blasmer n'a laissé passer, L'on doit entendre que le vassal est tenu de venir rechercher son Seigneur pour sçavoir s'il a blâmé ou accepté son dénombrement. Ainsi disent plusieurs nouvelles Coûtumes : Paris article 44. Laon article 203. Melun art. 38. Reims article 108. Blois article 106. & parce que cela est raisonnable, semble que nous devons icy nous regler selon icelles, méme parce que le vassal doit honneur à son Seigneur : & puis qu'en ce qui est le principal devoir du fief, le vassal doit aller trouver son Seigneur pour luy prester la foy & serment de fidelité ; il peut & doit en faire autant és autres actes qui dépendent de la foy & hommage : & à ce sert l'argument de la *l. ad egregias. ff. de jure jur. & l. liberto. ff. de obseq. à liberis & libert. patr. prast.* Je croy que le laps de 40. jours n'emporte pas execution de droit, mais est requise declaration de la contumace par sentence : & ce que la Coûtume en dit est comme une commination. En sorte qu'il est loisible de purger par le Seigneur sa demeure, qui auroit été de blâmer, jusques à ce que la contumace soit jugée & declarée ; ou qu'il y ait contestation sur ce, mémement si le vassal est sans interest considerable, par les raisons de la *l. si insulam, & l. si ita quis. §. 1. ff. de verb. oblig. l. etsi post tres. ff. si quis caut.* mémement parce que c'est entre le Seigneur & son vassal, entre lesquels pour l'excellence du devoir & de la bonne foy, rien ne doit être pris d'aigreur, sinon quand il y a mal-talent. A cét effet sera consideré l'article 383. de la Coûtume de Bourbonnois, qui dit que la reception faite par le Seigneur feodal du dénombrement de son vassal pour le voir, ne fait préjudice au Seigneur s'il n'est accepté. Suivant lequel art. l'on peut dire que la simple reception du dénombrement n'est que pour le voir & examiner, & non pas pour s'astreindre precisement à le blâmer dans les quarante jours, si ce n'est qu'il en soit pressé par son vassal. Sera icy averty, qu'en une plaidoyrie du Mardy 28. Avril l'an 1551. des Religieux de S. Denis en France, fut allegué un Arrest autresfois donné pour le Seigneur de Crussol, par lequel fut jugé, que le Seigneur n'est tenu de parfournir à son vassal, ny luy garentir ce qui est porté par le dénombrement du vassal, sinon que ce fut usurpation faite par le Seigneur sur son vassal : par l'Arrest dudit jour 28. Avril, fut jugé que le Seigneur feodal est tenu d'exhiber à son vassal les enseignemens qu'il a concernans le parfournissement de son fief : & fut permis au vassal d'obtenir monitions & censures Ecclesiastiques, *ad finem revelationis.*

ARTICLE LXVIII.

DEnombrement doit contenir tous les droits, prerogatives & préeminences du fief : ensemble les chastel, maison, granges, pourpris & domaines, étans és mains du vassal avec leurs situations & tenans, au moins deux les plus certains. Aussi doit contenir les cens, rentes, bordelages, & autres redevances, sommes d'iceux, personnes & lieux sur qui ils se reçoivent en gros : les hommes & femmes de condition, droits qu'ils ont sur iceux : la situation de leurs mex & tenemens : semblablement le noms de leurs vassaux, & situation de leurs fiefs en gros : & si le vassal par dol recele quelque chose étant dudit fief, elle est Commise audit Seigneur.

ME semble qu'il est bon de suivre l'article 8. de la Coûtume de Paris, qui dit que le dénombrement doit être en forme autentique & probante, & en parchemin, qui est pour la durée : je limiterois sinon que le vassal eût droit de Châtellenie, ou autre degré superieur, auquel cas le vassal peut bailler son dénombrement sous son seing & séel. Car puis que le Seigneur Châtellain a droit de créer Notaires, & d'avoir séel à contrats, il faut inferer que ses seing & séel sont de foy publique. Mais si le vassal avoit sa Justice inferieure de Châtellain, son dénombrement devroit être fait pardevant Notaire & témoins, avec séel autentique. La forme de la description portée par cét article est aucunement representée, *in l. forma. ff. de censib.*

Droits, prerogatives, Comme s'il y a Justice & qu'elle : s'il y a droit de gibet autre que le vulgaire à deux piliers, si au fief y a droit de Châtellenie ou Baronnie, s'il y a droit de guet, de moulin ou four bannal, foires & Marchez.

DOMAINES ETANS ES MAINS DU VASSAL, c'est-à-dire, qui n'ont été baillez à charge de redevance, & que le Seigneur fait valoir par ses mains, ou de valets, ou de métayers, ou les baille à ferme à tems.

SITUATIONS ET TENANS, avec la mesure que chacune piece contient, & declarer toutes les pieces.

PERSONNES ET LIEUX SUR QUI ILS REÇOIVENT EN GROS) Combien que l'article use de ce mot EN GROS, toutesfois ce gros ne doit être si grossier qu'il soit incertain, mais doit être tellement exprimé que le Seigneur en puisse prendre certitude; car *le vassal* selon la regle commune *doit instruire son Seigneur*, parce que par la concession la garde luy en est Commise : ainsi qu'il est dit de l'usufruitier. *l.* 1. *in fine cum l.* 2. *ff. usufr. quemad. caveat.* Pourquoy il declarera en quelle Parroisse, en quel territoire est le fief, ou le tenement servil : si le fief a un nom particulier il le declarera : aussi il declarera quelle quantité de Terres, Vignes, Prez, Bois, & de quelle nature, & autres circonstances au plus prés qu'il pourra du particulier. Et si le Seigneur vouloit avoir declaration particuliere & par le menu des fief & tenemens, je croy qu'il y seroit bien recevable, en offrant de supporter les frais qui se feroient outre & par dessus de ce que la Coûtume desire en cét article.

COMMISE, C'est icy un tiers cas de Commise en fief au préjudice de celuy qui par dol recele aucun heritage ou droit de son fief. Par semblable raison de ce qui est dit, *in l. cum Dominus. ff. de pecul. leg.* La Commise n'est pas de tout le fief, mais seulement de la chose recellée : aussi la peine n'emporte privation que de la chose en laquelle on a forfait : ainsi au chapitre de doüaire cyaprés article 11, vers la fin : & à ce fait la *l.* 1. *§. si duæ res. ff. quod legat. l. Paulus respondit si certa. ff. ad SC. Trebell.* Pour la Commise au cas susdit, sont les Coûtumes de Bretagne, ancienne article 140. & de la nouvelle 133. qui compare ce recellement à desaveu. Bourbonnois article 382. Melun article 39. du Moulin en l'annotation sur l'article 252. de la Coûtume de Senlis, dit que si le Seigneur blâme le dénombrement en quelques articles, il doit faire mainlevée au vassal des art. non blâmez, quand il tient le fief saisi à faute de dénombrement. Autant en dit la Coûtume de Laon article 205.

ARTICLE LXIX.

SI le frere marie sa sœur ou sœurs, ayans droits acquis és choses feodales à elles échûës par succession de leurs pere, mere, ou autres parens : & que par ledit mariage moyennant lad. dot constituée en deniers par ledit frere à sadite sœur ou sœurs, elles renoncent à tous biens ou ausdits biens feodaux au profit desdits freres, ne sont pour ce deûs au Seigneur feodal aucuns profits. Pourveu qu'il n'y eût eu aucun partage precedent fait entre lesdits freres & sœurs.

ARTICLE LXX.

POur cas semblable ne sera deû aucun tiers denier, lods, ventes, ou autres profits des choses tenuës en bordelage, censive ou autre directe.

LA raison de ces articles dépend de la clause (POURVEU QU'IL N'Y EUST EU AUCUN PARTAGE, Car les freres & sœurs étans communs en toute l'heredité de leurs pere & mere, en laquelle sont meubles & immeubles, les freres peuvent bailler part à leur sœur en meubles seulement. Car il n'est pas necessaire de partager tous les corps hereditaires, ny toutes especes de biens. *l. potest. ff. de lega.* 1. & parce qu'ordinairement les filles trouvent mieux leur party en mariage avec dot en deniers, qu'avec leurs droits en blot : aussi la loy en tel cas permet au tuteur d'allienner l'immeuble de la fille pour luy constituer dot. *l. sive generalis. ff. de jure dot.* Qui fait que la fille quoy que mineure, ne doit être facilement relevée pour rescinder la renonciation qu'elle a faite à ses immeubles au profit de ses freres qui luy ont constitué dot si elle n'est grandement deçûë. Et encores parce que l'usance commune en ce païs est, que les peres & meres marient leurs filles par deniers, & ce faisant son excluses de la succession au profit de leurs freres. Ce qui est de la Coûtume du pere de famille vivant, peut être exercé par ceux qui luy succedent, qui en ce sont presumez bien ménager. *l. vel universorum. ff. de pignor. act. l. Dominus. §. testamento. ff. de pecul. legato.* Comme dit cét article, quand la dot est payée en deniers, ainsi faut dire, si la dot est promise en deniers par les freres, & pour s'acquiter ils baillent des heritages en payement, qui sont heritages de l'heredité : qu'il n'en est deû profit : car c'est faire revenir la fille comme à partage, & la chose est remise en son ancien état, par la raison de la *l. si unus. §. quod in specie. ff. de pactis.* De même se dit si le pere a promis dot en deniers à sa fille, & pour s'acquiter de la promesse baille heritage en payement, & fût jugé par Arrest du 9. Juin 1548. recité par du Luc, *lib.* 7. *placitorum. tit.* 5. A quoy se rapportent les Coûtumes de Bourbonnois article 403. Reims article 72. Vitry art. 34.

Comme se dit du frere qui marie sa sœur, ainsi selon mon avis se doit dire, quand le frere marie son frere hors la maison moyennant deniers ou meubles : car il n'y a changement de personne : & la mutation de personne, ou la diminution du fief est la vraye cause du quint denier, lods, ventes, & autres profits que le Seigneur prend pour approuver & avoir agreable un nouvel homme. *l. ult. C. de jure emphyt.* A ce propos fait ce qui est dit, *in l. 1. C. de imponenda lucrat. de scrib. lib.* 10. où il est dit quand la condition de la personne n'est müée, qu'il ne convient pas diminüer l'état de la chose. Joint que le frere ayant part és meubles hereditaires, prend sa part és meubles qui sont deniers, & combien qu'il ne prenne sa part és mêmes meubles communs : toutesfois en fait de communauté, qui est université de biens, la subrogation est facilement admise pour être la chose subrogée, censée de même nature, *l. Lucius Titius ff. de lega.* 2. *l. si & rem ff. de petit. hæred.* A quoy se rapportent la Coûtume de Berry, des Fiefs article 17. des Cens article 30. Bourbonnois article 405. & Auvergne chapitre 16. article 6.

CHAPITRE V.

DES CENS, CENSIVES ET DROITS D'ICEUX.

LA premiere source des Cens est du tems de Servius Tullius VI. Roy de Rome, lequel pour faire distribution bien proportionnée des charges publiques qui seroient à porter par chacun selon ses facultez, tant par sa personne que par la bourse ; fit plusieurs ordres & classes du peuple, prenant le pied de chacune classe sur une quantité de l'estimation des facultez. Aprés la puissance Royale ôtée de Rome, fût étably un Magistrat de Censeurs & étoient deux : leur charge duroit cinq ans, ce tems étoit appellé lustre : la premiere creation fut en l'an de la fondation de Rome 311. Ces Censeurs une fois en cinq ans enqueroient & examinoient les facultez de chacun Citoyen : de là étoit la Coûtume à Rome de faire les loüages & accenses de maisons & heritages pour cinq ans. *l. si quis nec causam. ff. si certum pet. l. qui quatuor. §. qui hortos. ff. de lega.* 3. *l. si filio. §. ult. ff. soluto matri.* Depuis la prestation censuelle fut départie sur les heritages, & s'en faisoit le payement au fisque public pour employer aux frais de la guerre & autres charges publiques. Mais quand les droits de fisque furent attribuez aux Seigneurs hereditairement en ce qui est du droit util, comme il a été dit cy-dessus : les cens commencerent à leur être deûs & payez. En sorte que le droit de prendre cens dépend de la concession des Fiefs. Et en plusieurs Coûtumes il y a distinction des Justices, dont une espece est pour la censive seulement. Nôtre Coûtume en l'article 16. *infrà* represente une espece de justice domaniale appartenante au Seigneur Censier : Pourquoy avec grande raison se pourroit dire, que nul n'a droit de se dire Seigneur Censier, s'il n'a quelque territoire tenu en fief d'autre Seigneur, auquel territoire soient les heritages tenus à cens, si cê n'étoit qu'il eût fait bail d'heritage sous titre de cens, luy tenant ledit heritage allodialement ou en fief, dont sera parlé cy-dessous article premier, des Rentes & hypoteques.

ARTICLE I.

AU Seigneur Censier appartient Seigneurie directe sur la chose tenuë de luy audit titre : & à cause d'icelle lods, ventes, retenuë, défaut & retour, avec amande de vingt sols tournois, des ventes recellées aprés quarante jours.

SEigneurie directe se dit par comparaison de la Seigneurie utile, *ad instar* de ce qui est dit en droit Civil des actions directes & des actions utiles. Car le Seigneur direct comme il est originaire Seigneur ; aussi en droit quand le Seigneur est nommé simplement, est entendu le Seigneur direct. *l. si domus. §. ult. ff. de lega* 1. *l. damni. §. ei qui. ff. de damno infect.* Et selon les loix Romaines, les detenteurs d'un heritage qui en payent prestation annuelle, ne peuvent exercer l'action directe, mais seulement l'utile, *in rem. l. ei qui. ff. de servit. l. 3. §. penult. ff. de novi oper. nunt.* Vray est que les sieurs utils censiers ont plus de droit en la proprieté que n'ont pas les detenteurs bordeliers, qui selon le langage Romain pourroient être dits superficiaires. Aussi le Cens consiste ordinairement en prestation en deniers for basse, comme deniers ou sols, comme se payant les cens, plus pour reconnoissance de superiorité que pour le profit du Seigneur. Et les prestations bordelieres pour la plupart sont grosses, & ont quelque correspondance avec les fruits.

RETOUR, C'est reversion, & n'y a aucun cas exprimé en particulier par la Coûtume qui soit de reversion en cens. Vray est qu'aucuns ont agité la question : s'il avient que celuy qui tient un heritage à cens decede sans heritiers, si l'heritage retournera au Seigneur censier à cause de ce droit de retour, ou au Seigneur haut-Justicier, comme heritage vacant. Surquoy me semble que si par la premiere concession l'heritage avoit été baillé au preneur pour luy & ses descendans, sans ajoûter & ses ayans cause, qu'aprés la ligne defaillie l'heritage doit retourner au bailleur ou à ses heritiers : mais en ce cas le retour seroit en vertu de la concession & paction, & non par disposition de la Coûtume. Que si la clause du bail n'est en faveur du Seigneur censier, l'heritage doit venir au Seigneur haut-Justicier : mais je croy qu'il en doit vuider ses mains afin que le Seigneur censier ait les lods & ventes de la mutation : comme a été dit cy-dessus des confiscations, article six. Ce mot de retour ne doit pas icy être entendu pour la retenuë, tant parce qu'en ce même article la Coûtume parle de retenuë à part, comme aussi parce que le retour signifie *genere neutro* ce qui vient de par soy, & non ce qui se fait par main & ministere d'homme comme est la retenuë. L'on pourroit dire que le droit de retour se verifie en l'article 11. cy-aprés, qui est quand le detenteur neglige son heritage & s'est absenté d'iceluy : car audit cas la Coûtume dit que le Seigneur censier retourne à l'heritage mouvant de luy, & si le détenteur ne vient dans trente ans, que le Seigneur direct le retient incommutablement. Et au cas dudit article, c'est comme si le détenteur avoit quité & déguerpy l'heritage au Seigneur, selon ce qui est dit au 20. article : ce que le laps de trente ans fait presumer, qui est la presomption de la loy, ayant force de tacite consentement. *l. cum. post. ff. de jure dot. l. si sub specie. C. de postul.* esquels textes le laps de tems n'est pas pris pour l'effet de la prescription : mais pour faire presumer le consentement tacite. Car si on disoit simplement que ce fût un heritage abandonné, que les Latins disent *pro derelicto*, selon la loy des Romains, il seroit acquis au premier occupant. Et selon le droit François appartiendroit au Seigneur haut-Justicier, comme heritage vacant.

AMENDE DE VINGT SOLS POUR LES VENTES RECELLE'ES, Bourbonnois, article 394. est bien plus rude, car pour la recellée faut doubler les lods & ventes. Autres Coûtumes font l'amende de soixante sols tournois ou parisis.

ARTICLE II.

POur vente ou autre allienation de chose tenuë à cens regulierement sont deûs par l'acquereur au Seigneur censier, lods & ventes, qui sont de vingt deniers pour livre. Sauf quant à l'Eglise, qui prend deux sols six deniers tournois pour lesdits lods & ventes. Sinon en aucuns lieux où ils levent plus ou moins dont on usera selon qu'ils ont accoûtumé.

VINGT DENIERS, POUR LIVRE, C'est le douziéme denier du prix, quand c'est vente ou autre contrat auquel y a proportion certaine : comme si un heritage est baillé à rente rachetable pour certain prix declaré : car *eo ipso* que les contractans ont arbitré une somme certaine, & que la rente est faite venale pour ce prix, c'est tout autant que si l'heritage étoit vendû pour ce même prix, & qu'il fût dit que jusques au payement du sort, il payeroit la rente à raison de tant par an. *l. si pro mutua. C. si certum pet. l. 1. C. de rerum permut.* à ce se rapporte la nouvelle Coûtume de Paris, article 23. Si c'est autre cõtrat qui n'ait estimation proportionable, comme permutation, donation; en ces cas le douziéme denier est deû de l'estimation qui sera faite par experts. Ces lods & ventes ne sont pareils par toutes les Provinces, car aucunes Coûtumes les arbitrent au sixiéme denier, les autres au huitiéme.

SINON EN AUCUNS LIEUX, Par le decret des Cõmissaires ordonnez par le Roy à la redaction de cette Coûtume, y a clause expresse, par laquelle aux Seigneurs sont reservez leurs droits plus amples sur leurs sujets que ne porte la Coûtume, si par les anciennes concessions, ou par longue usance, ils les ont. Et aux sujets aussi, leurs droits d'exemption ou diminution des prestations pretenduës par les Seigneurs.

ARTICLE III

S'Il y a plusieurs acquisitions & rachats de la chose casuelle, de chacune en sont deûs lods & ventes : & s'en peut le Seigneur pour le tout adresser hypothecairement à la terre ou au détenteur d'icelle à son choix.

CY-dessus des fiefs article 23. il a été traité du riere-quint ou second quint denier qui est deû pour le rachat : de même il en faut dire des lods & ventes en cens. Ce qui est dit icy hypothecairement, s'entend que la Seigneurie utile lors de chacun contrat d'allienation, *eo ipso*, & deslors est hypothequée à la prestation des droits Seigneuriaux : & quand cét art. dit OU AU DETENTEUR, s'entend au dernier acquereur qui est detenteur, lequel est tenu personnellement du profit deû par son acquisition, *condictione ex lege.*, mais pour les profits des autres allienations precedentes, le detenteur n'en est pas tenu personnellement, & le Seigneur n'a que l'action hypothecaire *in rem* : sur laquelle, si ce detenteur se trouvoit trop foulé

foulé, il pourroit en quitant l'heritage s'en rendre exempt, qui est la regle generale quand aucun est convenu *ratione rei quam detinet.* qu'en la delaissant il soit quite. *l. prætor. §. hoc edictum. ff. de damno infecto, l. cum fructuarius. ff. de usufr.* Et quant au profit qu'il doit par le moyen de son acquisition, il ne peut s'en exempter en quitant s'il a acheté à la charge de la directe, où s'il l'a sceuë, où vray-semblablement a peu la sçavoir : parce qu'il en est tenu personnellement. La question est de quelle date ou privilege sera cette hypotheque, que la Coûtume attribuë au Seigneur. La Coûtume de Paris, article 358. titre des Criées, dit que les Seigneurs sont preferez à tous autres creanciers pour les quints reliefs & autres profits Seigneuriaux. Surquoy il me semble qu'il est assez à propos de distinguer quels sont les droits pretendus par le Seigneur : & si lesdit droits dépendent immediatement de la premiere concession, comme est la reversion és cas de droit ou cas stipulé par la concession : qu'en ce cas le droit du Seigneur soit preferé à tous autres creanciers ausquels la Seigneurie vtile est obligée, telle & à telles conditions que le Seigneur vtil la tient. *l. si finita. §. si de vectigalibus. ff. de damno infecto.* Autre chose est de ces parties casuelles qui procedent immediatement par le fait dudit Seigneur vtil, & ne regardent l'essence du fief, ou de l'heritage censuel : pour lesquels droit je crois que le Seigneur direct ne doit entrer en hypotheque que du jour de l'alliennation ou autre acte qui a produit ledit profit ; car de ce jour seulement l'hypoteque est creée, & n'est pas comme si c'étoit une hypoteque pour amendement du fief, ou pour la conservation d'iceluy en son essence, qui pourroit être privilegié à prendre de plus haut que la date d'hypoteque, par la raison de la *l. hujus enim. ff. qui pot. in pign. hab.* Autrement il seroit en la puissance du vassal ou detenteur censuel mauvais ménager ou de mauvaise volonté, par multiplicité de contrats faire évanoüir les hypoteques de ses premiers creanciers : Comme *verbi gratia*, en cette Province, deux allienations & deux rachats du fief emporteroient la valeur du fief, & feroient tous les creanciers frustrez : ce qui seroit tres-inique.

ARTICLE IV.

DRoit de retenuë regulierement compete, & appartient au Seigneur Censier, quand la chose tenuë de luy à titre de Cens est venduë, s'il n'a choisi de prendre les lods & ventes.

ARTICLE V.

DE vente faite par decret de Justice, le Seigneur Censier a lesdits droits de retenuë, ou de lods & ventes à son choix.

CEs art. se rapportent aux 22. & 25. articles cy-dessus au chapitre des Fiefs. Le Seigneur retenant sur vente volontaire, ou vente par decret sera sujet à la nullité ou rescision de la vente (comme y seroit sujet l'acquereur sur lequel il retient : comme *verbi gratia*, si la vente est faite par un mineur sans decret, où s'il y a deception d'outre moitié de juste prix, ou s'il y a quelque vice és criées ou au decret, car il prend le marché dudit acquereur, & se subroge en son lieu. Et si le Seigneur a reçû ses profits de lods & ventes, & la vente soit declarée nulle ou rescindée avec connoissance de cause, il sera sujet à rendre les lods & ventes qu'il aura reçûs, *conditione sine causa*, ou bien si l'allienation se renouvelle & vienne à être amendée pour sortir effet, le Seigneur déduira ce qu'il aura reçû sur les profits de la seconde vente : ainsi fut jugé par Arrest le Jeudy 2. May l'an 1551. entre l'Abbé de sainte Geneviéve de Paris, & Habert Procureur en Parlement. Pourquoy l'acheteur étant appellé sur les lettres Royaux de rescision, devra faire appeller le Seigneur direct, afin de venir assister à défendre le contrat si bon luy semble, non pas precisement, car celuy qui a interest secondaire, qui n'est le premier & principal interest, n'est pas tenu d'assister & defendre s'il ne veut. *l. si suspecta. ff. de inoff. testa. l. si perlusorio. ff. de appellat. & relat.* Aussi étant le Seigneur semons, s'il ne veut y assister, le jugement aura force de chose jugée contre luy pour repeter les profits. *l. sæpè. ff. de re jud.* & esdites loix. Et en le semonnant d'assister si bon luy semble, sera expedient de protester ce que dessus.

ARTICLE VI.

LE Seigneur Censier usant de retenuë, doit rembourser l'acquereur du sort principal & loyaux coûts dedans quarante jours, à compter du jour de la notification à luy faite par l'acquereur : laquelle notification doit être faite par tradition du *Vidimus* de l'acquisition dûëment collationné : & s'il n'y a notification, ledit droit de retenuë duré trente ans.

CEt article se rapporte aux 16. & 35. art. des Fiefs cy-dessus, & soit icy repeté ce qui est dit sur lesdits articles.

SORT PRINCIPAL, Si l'acquereur de bonne foy & pour juste cause fait supplément du vray prix au vendeur avant qu'il soit appellé en retenuë, il en devra être remboursé avec le premier & principal prix : en semblable raison est ainsi ordonné cy-dessous au chapitre du Retrait lignager, article 12. Ce que je croy être vray quoy que la deception ne soit outre moitié de juste prix, pourveu que la deception soit notable. Car celuy qui reconnoît de bonne foy, & ne s'astreint aux rigueurs de droit, n'est pas censé faire fraude, quoy que tel acte fasse préjudice au droit d'autruy. Et à cét effet sont deux textes notables, *in l. patrem. & l. debitorem. ff. quæ in fraudem credit.* mémement quand cette relaxation de rigueur concerne la conscience ou la reputation de celuy qui fait tel acte, *l. Quintus. ff. mandati.*

ARTICLE VII.

ES cas esquels quints deniers & retenuë respectivement ont lieu en matiere feodale : en cas semblable ont pareillement lieu lods & ventes, & retenuë en matiere censuelle, & *econtrà*.

C'Est la correspondance des Seigneuries directs & utiles en fief & en cens : autant est dit pour les bordelages, *infrà* des bordelages art. 25.

ARTICLE VIII.

GEns d'Eglise à cause de leurs Eglises n'ont droit de retenuë en censive, & à la charge de deux sols six deniers pour livre pour les lods & ventes.

DEux SOLS SIX DENIERS, C'est le huitiéme denier du prix de la vente, qui a été une proportion autresfois accordée par commun consentement des Etats pour l'indemnité de l'Eglise ; quand on a trouvé bon qu'elle n'eût le droit de retenuë. Ce qui dépend d'une ancienne loy politique de ce Royaume, selon laquelle l'Eglise & autres Corps & Universitez, qu'on appelle de main-morte, ne peuvent acquerir heritages outre ce qui est de leur premiere fondation & établissement : & est cette loy fondée sur le bien public, parce que l'Eglise est exempte de tous subsides & contributions aux charges publiques : dont il aviendroit que le second & tiers Etat seroient de tant plus foulez, si l'Eglise qui est exempte & ne meurt point, acqueroit & retenoit beaucoup d'heritages. Pourquoy du tems de Charlemagne Roy de France & Empereur, fût statué au Concile de Vvormes, que l'Eglise n'auroit exemption, sinon pour son principal manoir & tenement de sa premiere fondation, & qu'elle payeroit les tributs, censives & autres charges des heritages qu'elle acquerroit outre, *cap. 1. extrà de censibus can. sancitum 23. quæst. 8. l. ult. C. de exactor. tribut. lib.* 10. Mais au commencement du tiers grand an, qui fut environ l'an 1064. quand l'Eglise commença à s'élever & magnifier aux grandeurs temporelles, on commença aussi à étendre les immunitez de l'Eglise, pour la tenir exempte envers tous Seigneurs de toutes prestations. Il est vray qu'en France on n'a pas reçû toutes les Constitutions faites par les Papes, concernant la police & gouvernement des biens & droits temporels de l'Eglise ; mais en plusieurs articles on a retenu en France ces anciens decrets sans nous rendre sujets à toutes ces nouvelles constitutions. C'est ce qu'on appelle les libertez de l'Eglise Gallicane. Même fût établie la loy que l'Eglise n'acquerroit heritage sans permission du Roy, qu'on appelle amortissement: & si elle acqueroit, que le Procureur du Roy, & les Seigneurs directs des heritages pourroient la contraindre precisement de mettre lesdits heritages hors de ses mains. Contre cette Constitution, le Pape Alexandre IV. qui étoit environ l'an 1250. fit la Decretale *quia nonnulli*, qui est inserée au titre *de immunitate Eccles.* au Sexte ; & quelque tems aprés luy Boniface VIII. comme il étoit imperieux, fit la Decretale *clericis*, au même titre : mais parce que ce n'étoient pas statuts faits en Concile Oecumenique, & qu'en France le Roy est chef de tout le corps politique de son Royaume, dont l'Eglise est membre, pourquoy au fait des biens temporels, l'Eglise est sujette aux Constitutions politiques ; les gens du Roy, & les Parlemens ont toûjours mainteuu cette ancienne liberté & le droit Royal. Le temperament a été que les Rois se sont contentez de prendre sur les Eglises la finance des francs-fiefs & nouveaux acquets pour l'indemnité du public, en la tollerence qu'on a faite à l'Eglise de joüir sans que le Procureur du Roy l'ait contrainte à mettre hors de ses mains. De fait és Provinces où la Coûtume n'y resiste, la Cour a jugé que l'Eglise à laquelle appartient la Seigneurie directe, peut user de retenuë, sauf au Procureur du Roy de la contraindre à vuider ses mains. Ainsi fut jugé és Arrests de la Chandeleur l'an 1526. pour de Langlée Prieur de Pont-neuf. Et depuis en bordelage a été jugé pour l'Eglise de Nevers, contre Maître Jean Marigot, par Arrest du 23. Janvier l'an 1573. Mais en *cens* nôtre Coûtume a ôté à l'Eglise le droit de retenuë, & pour son indemnité a augmenté les lods & ventes. Berry de retenuë article 4. & Bourbonnois article 479. ôtent la retenuë à l'Eglise absolument. Poitou article 33. & Touraine article 38. la luy permettent sous ladite condition de contrainte à vuider ses mains. Non seulement le Procureur du Roy peut contraindre l'Eglise de vuider ses mains mais aussi le Seigneur direct feodal & censuel, pour l'interest qu'ils ont d'avoir homme vivant & mourant, & ayant pouvoir d'aliener. Et par plusieurs Coûtumes les Seigneurs directs peuvent contraindre l'Eglise precisement à vuider ses mains dedans l'an de l'acquisition, ou que l'acquisition est venuë à la connoissance des Seigneurs. Et à faute d'y satisfaire dedans l'an faire saisir l'heritage avec le gain des fruits. Mais aprés l'an les Seigneurs ne contraignent pas precisément à vuider, mais peuvent seulement demãder l'indemnité avec homme vivant & mourant. Ainsi Orleans, article 40. & 41. Auxerre, article 48. Berry des fiefs, article 53. Melun, article 28. Auvergne chapitre 21. article 12. & 13. Touraine, article 103. Laon, article 208. & 209. Blois, article 41. Cette indemnité est arbitrée par aucunes Coûtumes au revenu de trois ans, ou de la sixiéme partie de la valeur de l'heritage. Sens, article 6. Auxerre, article 8. Mais Melun, article 29. dit la cinquiéme partie de la valeur. Ce qu'on dit bailler homme vivant & mourant, c'est afin que par le deceds dudit homme soit deû le revenu d'un an, ou une somme convenuë, ainsi Auxerre, & Sens, Orleans, article 41. Tours, art. 142. Reims art. 83. és Coûtumes où le taux n'est pas fait se doit dire, *arbitrio boni viri*. Aucunes Coûtumes dõnent ce droit non seulement aux Seigneurs feodaux, & autres directs : mais aussi aux Seigneurs hauts-Justiciers à cause de l'attente de cõfiscations: & en ces Provinces se dit homme vivant, mourant, & confiscant. Ainsi Auvergne chap. 21. art. 14. Vitry art. 4. Auxerre art. 6. Ce qui semble avoir peu de raison : car l'interest dépend d'une expectation de triste évenement : ce que la loy abhorre & rejette *l. inter stipulantem. §. sacram. ff. de verb. oblig. l. cum tale. ff. de condit. & demonst. l. si in emptione, §. liberum. ff. de contrah. empt.* car nul ne confisque sinon par forfait. Aucunes Coûtumes disent, combien que la contrainte de mettre hors de ses mains se prescrive, toutesfois l'indemnité ne se prescrit que par tems immemorial: comme Tours art. 107. Blois art. 41. Orleans art. 40. 41. & 118. Ce que dessus concerne l'interest des Seigneurs directs : il y a l'autre interest public, dont il a été parlé cy-dessus, qui fait qu'outre le consentement des Seigneurs, est necessaire l'amortissement du Roy. Il a été dit cy-dessus, que les Ducs de Nivernois autresfois Comtes ont droit d'amortir en faveur des Eglises, pourveu qu'ils le fassent charitablement sans finance : par Arrest de la prononciation de Pentecôte l'an 1290.

Un des profits de la retenuë est pour éviter la fraude que les contractans pourroient faire en mettant par le contrat écrit un moindre prix, & sous main fournissant le supplément, afin que le profit du Seigneur fût moindre. Car quand les contractans pensent à la retenuë, ils font le prix plus raisonnable, & approchant de la verité. Doncques si les contractans sçachans que l'Eglise n'a retenuë, s'accordent d'un prix à ce que les lods & ventes soient moindres ; je croy s'il y a diminution notable que l'Eglise demandera son profit selon le vray prix, tel qu'il sera arbitré par personnes connoissantes. A quoy sert ce qui est dit, *in l. 1. §. si quis in fraudem. ff. si quid in fraudem patro.* Car l'interest du Seigneur censier est foncier, *& in re ipsa*, comme est le droit du patron és biens de son libertin. Ce qui se dit de l'Eglise se doit entendre des autres communautez qui ne meurent point, comme Hôpitaux, Maladeries, Colleges, Corps de Villes & Confrairies. Car il y a même raison aux uns qu'aux autres. Aussi on les met à party pareil & même rang. *l. ul. inter. C. de sacros. Eccles.*

ARTICLE IX.

PAr défaut de cens non payé au jour & lieu accoûtumez, le détenteur de l'heritage censuel est amendable de sept sols six deniers tournois : & neanmoins payera le cens.

ARTICLE X.

SI ledit détenteur a failly de payer à diverses fois & années, il ne doit ledit défaut que pour la derniere fois, s'il n'a été convenu ou executé pour les autres precedans défaut ; aucun ou aucuns d'iceux : auquel cas il payera l'amende des défauts, pour lesquels l'ajournement ou exploit aura été fait.

PResque toutes les Coûtumes mettent l'amende pour cens non payé à son jour ; les uns de cinq sols tournois ou parisis, les autres de sept sols six deniers. Et la raison y est, parce que le cens est ordinairement de petites sommes, & se paye plus par honneur & reconnoissance de superiorité, que pour enfler la bourse du Seigneur : & de tant plus le contemnement du debiteur est à blâmer & punir aussi : ainsi en fief la saisie & le gain des fruits : ainsi en bordelage la Commise. Et parce que c'est la peine du contemnement, le Seigneur demande les deux, & l'arrerage & l'amende. Autrement seroit, si la peine tenoit lieu de l'interest : car le Seigneur ne demanderoit pas les deux. *l. id quod. ff. de solut. l. stipulatio ista. §. alteri, ff. de verb. oblig. l. si quis à socio. ff. pro socio.* Mais si le détenteur est en juste cause d'ignorance si le cens est deu comme s'il a acheté allodialement, me semble qu'il n'est pas tenu à l'amende du défaut, ny à l'amende de vingt sols pour la recellée, l'ignorance de fait excuse quand elle n'est pas grossiere, ou de chose que vray-semblablement on peut sçavoir, comme si l'heritage est assis en un territoire sujet à censive. *l. Servius. ff. quod vi aut clam.* Et quoy que le Seigneur censier ne soit au païs, le détenteur doit se presenter au lieu accoûtumé, & avoir acte de son devoir. *l. servus si heredi. §. imperator. ff. de statu lib. Bart. in l. si reus. ff. de procurat.* dit quand le debteur ne trouve pas le creancier, qu'il doit representer l'offre en jugement : mais cela n'est pas necessaire, ainsi que dit & prouve par autoritez Decius, *consil.* 566. *vol.* 4.

ARTICLE XI.

LE Seigneur Censier peut retourner aux heritages mouvans de sa censive par faute de tenementier, & d'iceux lever & appliquer à son profit sans remboursement, les fruits, profits & émolumens, jusques à ce qu'il soit payé de son cens & arrerages d'iceluy : & si dedans trente ans, celuy qui tenoit auparavant lesdits heritages à cens, vient & demande lesdits heritages tenus à cens : ledit Seigneur censier sera tenu de les luy remettre & délivrer, s'il a été satisfait & payé desdits arrerages par la reception des fruits : ou sinon aprés qu'il sera satisfait desdits arrerages, & les trente ans passez lesdits heritages demeurent incommutablement audit Seigneur censier, qui les pourra bailler ou accenser à tel qu'il luy plaira, sans plus être tenu de les remettre ou bailler à celuy qui les tenoit à cens de luy auparavant, s'il ne luy plaît.

SEra noté le mot Retourner, qui emporte comme une injection de main que le Seigneur direct fait à son heritage par droit domanial, ainsi que fait le Seigneur feodal, quand il y a faute d'homme. Ce qui se dit faute de tenementier, se doit entendre quand l'absence est diuturne, sans aucune certitude particuliere, auquel cas selon le droit Romain on pourroit constituër un curateur aux biens de l'absent. *l. idem privilegium. ff. de privileg. cred.* Et au cas de present le Seigneur direct par son droit qui est foncier s'adresse à l'heritage duquel il est Seigneur : & a son droit special, & privilegié plus fort que le droit d'un creancier qui est seulement *ad rem, non in re*, ny par droit de proprieté. Ce droit du Seigneur censier est tel, que s'il se presentoit un gesteur de negoces de l'absent, qui n'eust mandement special, ou qui ne fut de la qualité des personnes qui peuvent agir sans mandement : dont est parlé, *in l. sed & hæ. ff. de procurat.* Et il offre de payer la redevance, le Seigneur censier ne sera tenu de recevoir de ses mains. Car tel payement de redevance n'est pas une simple solution pour liberer le debteur, dont est parlé, *in l. solvendo. ff. de nego. gest.* Mais avec la liberation du debteur sert au Seigneur direct pour reconnoissance de sa redevance, car le Seigneur en recevant peut requerir que la quittance soit double pour servir à luy & au debteur. *l. plures apochis. C. de fide instrum.* de cét interest du Seigneur en la reception de sa redevance est traité & decidé par Bald. & Salic. *in l. acceptum. in fine C. de usur. imò*, s'il y avoit mandement & procuration ou autre charge legitime qui fut de vieille date, le Seigneur ayant ainsi pris en ses mains l'heritage tenu de luy, ne seroit tenu de se retirer & rendre la joüissance audit Procureur, parceque c'est son interest d'avoir un tenementier certain, & à ce que sous pretexte d'une longue absence du tenementier, il n'y ait quelque allienation couverte, & profits celez & cachez. Toutesfois si le proprietaire Seigneur util étoit mineur de vingt-cinq ans, & étant pourveu de tuteur se fût absenté : me semble que le Seigneur pourroit mettre en sa main l'heritage outre le gré du tuteur qui offriroit à payer les arrerages : sinon qu'il y eût témoignage *saltem* vray-semblable de la mort du mineur, selon qu'il est dit par Bart. *in l. 2. §. sed si dubitetur. ff. quemad. testa. aper.* Ou bien que le tems de majorité dudit pupille fût déja arrivé. Anto. Corsetus és annotations qu'il a faites sur le Repertoire des lectures de Panorme, *in verb. emphyteuta*, traite cette question pour les deux parts : & enfin dit que l'opinion de Speculat. qui est pour la faveur du Seigneur est plus équitable, & l'opinion contraire selon la rigueur de droit est plus veritable. Mais la question étant tranchée par cette article onziéme, fait solution de la question avec les considerations cy-dessus. Que si l'heritage demeure vacant pour quelques années, comme trois, quatre, cinq, ou six, & n'y ait point de tuteur de mineurs, ou Procureur du majeur avec pouvoir suffisant. Et le Seigneur vûeille faire bail permanent de son heritage, sans être sujet à éviction, il pourra faire créer un curateur aux biens de l'absent, ou bien à l'heritage vacant, ou bien tuteur pour être defenseur des droits du mineur : & sur ledit curateur ou tuteur faire faire criées selon l'ordre de la Coûtume & de l'Edit : & aprés les solemnitez observées faire adjuger l'heritage au plus offrant, à la charge de sa redevance & arrerages ; de cette vente il prendra les lods & ventes. Ce qui restera du prix apres le Seigneur satisfait sera mis en depôt, pour si dedans les trente ans le proprietaire vient, luy être ledit prix delivré comme tenant lieu de son heritage par subrogation, selon la raison de la *l. si & rem. l. sed et si lege. §. 1. ff. de petit. hæred.* Par le moyen des criées, tous ayans interest sont semonds, & qui n'apparoît est censé avoir abandonné son droit. *l. si eo tempore. C. de remiss. pign.* & celuy qui doute la controverse être faite par aprés peut prevenir, selon le remede de la *l. diffamari C. de ingenuis manu.* Cét expedient des criées est remarqué par les Coûtumes de Sens, article 124. Troyes, article 69. & parce qu'il est fondé en raison generale dépendant de pratique peut être observé par tout. De vray, le Seigneur a interest de s'asseurer sans être par le tems de trente ans en suspens, pendant lequel tems les heritages pourroient décheoir. Aussi bien si le Seigneur ne le fait, il est bien à propos qu'il fasse proclamer & bailler les heritages à ferme au plus offrant, afin que si le tenementier retourne, il soit connu si les fruits auront peu satisfaire le Seigneur des arrerages, & pour les reparations: sans entrer aux difficultez & frais d'enquestes. Toutesfois si les criées susdites se faisoient sur un mineur, je croy qu'il pourroit être relevé en refondant les dépens & les meliorations: selon la pratique de la loy: *si adversus rem judicatam*, pour s'en aider comme il est en usage en France, par la voye d'un appel.

A SON PROFIT SANS REMBOURSEMENT, Dont il s'ensuit que le Seigneur gagne les fruits en pur gain: vray est que ce qui reste aprés ses redevances payées, il le doit employer en reparations, tout au moins mediocres, que les Latins appellent *sarta tecta.* Car quiconque gagne les fruits est tenu à cette impense. *l. ususfructu legato. §. hac ratione. ff. de usufr. l. omninò. ff. de impens. in res dot. fact.* Ce gain des fruits n'est pas avec hazard, car si les fruits ne suffisent, le Seigneur devra être payé des arrerages qui restoient à payer par le tenementier qui reviendra dans les trente ans, ou par le prix de l'heritage s'il est vendu par decret, comme il est dit cy-dessus.

TRENTE ANS, L'ancien Coustumier disoit quinze ans, mais cette Coûtume nouvelle qui a mis toutes prescriptions à trente ans, a ici repeté la même proportion de tems. Pour quoy la même exception qui est és prescriptions d'en déduire & rabatre les minoritez, & les absences *republicâ causa*, doit être icy employée. Ce tems de trente ans fait presumer que le detenteur util a tenu l'heritage pour abandonné & delaissé. *l. si finita. §. non autem. ff. de damno infecto.*

ARTICLE XII.

CEns sur cens ne peut être mis, au préjudice du premier Seigneur censier: & si de fait il y est mis, le contrat est nul.

SEmblables Coûtumes sont Bourgogne, article 114. Auvergne, chap. 21. article 4. Estampes, article 55. Auxerre, article 98. qui dit que le second cens est reputé rente, ce qui semble devoir être general. Berry des cens, article 31. qui dit comme nôtre Coûtume que la nullité est quant au Seigneur premier: Orleans, articles 122. Troyes, article 56. Blois, article 127. Ces mots AU PREJUDICE, montrent que la nullite n'est pas precise: mais qu'elle est causative, si le premier Seigneur censier s'en plaint: selon la raison de la *l. filio. ff. de injusto rupto. l. 2. ff. de lege commiss.* Doncques le Seigneur censier fera ôter le second cens, lequel comme dit-est, subsistera en qualité de rente fonciere: car le detenteur censier peut bailler à rente, *infrà* art. 23. si tant est que le preneur second le veuille ainsi: car s'il en est content le detenteur censier bailleur sous charge de second cens: qui ne peut garentir comme il a voulu, est tenu de garentir comme il peut, parce que la loy presume qu'il a transferé le droit tel qu'il l'avoit. *l. qui tabernas. ff. de contrah. empt. l. cum vir. ff. de usucap.* & si le second preneur ne veut l'accorder, disant que sa volonté n'est d'endurer tant de charges; je croy qu'il pourra faire rescinder ou resoudre ce second bail à luy fait, par la raison de la. *l. cum te. C. de pactis inter empt. & vend.* & de la *l. tutor §. curator. ff. de minorib.* Le vassal a droit plus ample & de plus grande force que le detenteur censier; parce qu'il peut bailler à cens ou à bordelage ce qu'il tient en fiefs, *suprà* des fiefs, article 27. & 28. & n'y a point d'inconvenient que deux soient Seigneurs d'une même chose à divers respects: qui est la limitation de la regle qui est en la *l. si ut certo. §. si duobus. ff. commodati. l. penult. §. pater. ff. de castr. pecul.* Car la distinction de la Seigneurie directe, & de la Seigneurie utile, mise *in l. damni. §. ei qui ff. de damno infecto & l. 2. ff. si ager vectig.* fait l'exception de ladite regle.

ARTICLE XIII.

DEsormais bordelage ny autre redevance portant directe ne pourra être mis sur cens d'autruy.

CEt article a semblé à aucuns être introductif de droit pur nouveau, à cause du mot DESORMAIS: mais non est. Car par les anciens cahiers de la Coûtume il appert que deslors il en étoit controverse: j'ay veu quatre cahiers divers, & l'un ne s'accorde à l'autre sur la question, si bordelage peut être mis sur le cens d'autruy. Puis donc que ce n'estoit pas Coûtume ancienne bien certaine & arrestée; il faut dire que cét article a tranché le doute qui d'ancienneté en étoit, tant pour le passé que pour l'avenir. Et puis que l'incertitude & le doute y étoient, il faut avoir recours aux raisons resultans du droit des Romains, qui sont raisons de sens commun en police, à l'égard des bordelages sur cens créez auparavant l'an 1534. qui sont telles: le Seigneur util est procureur constitué par la loy pour la conservation des droits de la Seigneurie directe *l. in fine*, *& l. 2. ff. usufr. quemad. caveat. l. videamus. §. item prospicere. ff. locati. l. in fraudem. §. conductor. ff. de jure fisci*. Puis qu'il est tenu de conserver, il ne peut par son propre fait, & à son escient alterer & diminuer le droit du Seigneur direct : ce qui seroit, si le bordelage demeuroit sur le cens : parce que l'heritage chargé de bordelage ne se vendroit pas tant, seroit moins prisé, & les parties casuelles moindres & moins frequentes : & auroit le Seigneur direct un compagnon en sa Seigneurie directe, outre son gré. Autre raison est dépendant de cette Coûtume ; L'article CENS SUR CENS, qui est le 12. en ce chap. est sans doute ancien article, tel reconneu par le procez verbal entier. Si le sur-cens est défendu, qui est de beaucoup moindre charge que le bordelage, parce que les profits en sont plus legers, à plus forte raison le bordelage sur cens d'autruy étoit lors défendu. Et est loisible de faire l'interpretation de la Coûtume, *ex presumpta mente*, puis que nos Coûtumes sont nôtre vray droit civil, & non pas statuts, comme nous avons dit autre part, & est loisible d'inferer d'un cas à l'autre par similitude de raison. *l. regula. §. & licet. ff. de juris & facti ignor. l. illud. ff. ad leg. Aquil. l. si quis id quod. ff. de jurisd. om. jud.* Ainsi le mot desormais n'infere pas qu'il fût permis auparavant, mais tranche le doute, & reforme l'abus frequent qui étoit auparavant. Aussi se dit quand la loy défend une chose qui de soy est mauvaise & deraisonnable, & dont il faudroit s'abstenir quand il n'y auroit point de loy ; que telle loy tire son effet aux choses passées, & en arriere. *cap. cum tu. extrà de usur.* Ciceron en la 3. action *in Verrem*, met en avant le même propos, & y allegue des raisons bien pollitique. Pourquoy est bon de juger les bordelages sur cens d'autruy, comme simples rentes foncieres : l'Arrest donné par le feu Roy en son Conseil, pour l'abolition des bordelages de la ville de Nevers, les juge comme rentes, dont sera parlé au chapitre des bordelages, article 30.

ARTICLE XIV.

LE detenteur de la chose censuelle, ny de rente sur icelles ne peut se dire saisi à l'encontre du Seigneur censuel quant à ses droits censuels, jusques à ce qu'il soit revestu par ledit Seigneur, ou qu'il luy ait fait ses offres : & demeure jusques alors le Seigneur censier saisi de la chose censuelle, pour en lever les fruits jusques à la concurrence de ses droits, & pour intenter cas & remedes possessoires : & sont lesdites offres reputées dûëment faites, quand ledit acquereur a presenté audit Seigneur censier son acquisition, baillé le *Vidimus* d'icelle collationné, requis être revestu & offert à découvert les lods & ventes, arrerages, defaux si aucuns sont deûs.

ARTICLE XV.

LEdit detenteur pour acquerir ladite saisine est tenu de faire lesdites exhibitions, offres & presentations audit Seigneur censier, à sa personne, s'il est à trois lieuës de la chose censuelle, sinon à ses receveurs ou entremetteurs : & à faute d'iceux pardevant le Juge du lieu, où la chose est assise expediant ses plaits.

EN ces articles LE DETENTEUR, s'entend le nouvel acquereur à titre singulier, qui commence d'être util. Et non de l'heritier de celuy qui a été investi, comme il se peut reconnoître par le même article, où il est parlé des offres.

L'investiture a été autrefois de si grand effet, que le nouvel acquereur ne se pouvoit dire possesseur, *etiam* quant à un tiers s'il n'étoit investi par le Seigneur. Ainsi dit Guido Pape, *quæst. 46. in fine* : par aucunes Coûtumes le tems du retrait lignager ne court qu'aprés l'investiture. Paris, art. 129. & 130. Melun, art. 145. Senlis, art. 222. Reims, art. 189. Laon, art. 225. & par aucunes Coûtumes y a amande contre celuy qui prend la joüissance avant que d'avoir payé les profits au Seigneur. Senlis, art. 247. & par autres Coûtumes l'acquereur ne peut acquerir droit réel en la chose, sinon aprés que le vendeur s'est dévestu és mains du Seigneur, & que l'acquereur s'est presenté pour être vestu. Senlis, art. 273. Laon, art. 119. & 132. Reims art. 173. Mais Bourbonn. art. 416. met une decision que j'estime devoir être generale, que le detenteur ne doit pas être reputé saisi pour avoir payé la redevance, sinon que ç'ait été aprés l'exhibition de titre : car chacun peut payer pour autruy. *l. solvendo. ff. de nego. gest.* Nôtre Coûtume qui ne donne la saisine pour la seule joüissance, declare que c'est à l'égard du Seigneur direct, & pour ses droits Seigneuriaux : lesquels droits ledit Seigneur pourra exercer possessoirement, *etiam* aprés la joüissance de dix ans de l'acquereur s'il n'y a eu interversion. Comme, *verbi gratia*, requerir être maintenu & gardé en possession de la Seigneurie directe, & au moyen d'icelle en possession de pouvoir apprehender la Seigneurie utile pour en recueillir les fruits jusques à la concurrence de ses droits, & que le detenteur n'est recevable à se dire possesseur au prejudice dudit Seigneur, jusques à ce qu'il ait exhibé son nouveau titre, & fait le devoir. Car le Seigneur pour les années qu'on ne luy paye pas ses redevances, ne laisse pas de conserver sa possession *animo*, & le detenteur n'est pas presumé l'avoir voulu intervertir. *l. malè agitur. C. de prescript. 30. vil 40. ann.* Mais audit cas que le Seigneur voudra apprehender la Seigneurie utile pour s'en dire possesseur, il fera bien d'y employer la main & authorité de Justice, parce qu'il ne doit faire les fruits siens, sinon jusques à concurrence de ses droits: & pour connoître quels fruits seront perçûs, le plus seur est de faire établir un Commissaire qui accensera: En declarant que cét établissement de Commissaire est pour conforter sa possession par la main de Justice, & non pour se départir de sa possession, qu'il a comme Seigneur direct. Et en cas qu'il y aura trouble ou opposition, requerra ledit Seigneur la recreance, ou la provision ordinaire étant fondé en titre. La provision pour les arrerages de trois ans sera fondée sur l'Edit des Censives de l'an 1563. Et quant aux lods & ventes en fournissant par le Seigneur le contrat d'allienation, avec son titre, par lequel il appert qu'il est Seigneur Censier, il obtiendra la provision. Que si la Coûtume donne la saisine au Seigneur avec les remedes possessoires, pour exercer & conserver ses droits Seigneuriaux: à plus forte raison doit être permis au Seigneur de faire saisir sous la main de Justice pour les lods & ventes; *infrà*, article 16. Aucunes autres Coûtumes le permettent, comme Bourbonnois, article 413. Auvergne, chap. 21. art. 6. & 7. Bretagne ancienne, art. 67. & 230. & nouvelle art. 78. Berry des Cens article 12. Blois article 38. Mémement quand les profits sont liquides par la proportion du prix de la vente. Autres Coûtumes commandent venir par action. Melun, art. 119. Paris art. 81. Auxerre, article 83. Reims, art 158.

Offres deüement faites, Presque semblable article, *suprà*, des fiefs, article 51. Il suffit de faire les offres à découvert sans consigner les deniers en main tierce: laquelle consignation est requise quand le payement de deniers est la cause immediate de gagner les fruits, comme en retrait lignager: comme en achat d'heritages, quand le vendeur a fait tradition, & l'acheteur veut offrir le prix de l'achat: ou bien pour empêcher le cours d'une rente constituée, ou bien quand les deniers tiennent lieu d'un sort principal qui doit produire fruits & interests, *verbi gratiâ*, si un Tuteur est reliquataire par le compte qu'il a rendu, parce que les deniers nets doivent être employez en achat d'heritages ou rentes, selon les decisions de la *l. acceptam. C. de usur. l. ult. ff. de lege commiss. l. tutor pro pupillo. §. 1. ff. de administ. tut. l. si reus. ff. de procurat.* esquels cas est besoin de consigner en main tierce d'homme solvable. Au cas de present, l'offre se fait pour montrer sa diligence & son devoir envers le Seigneur: pourquoy me semble qu'apres l'offre faite à decouvert au Seigneur, ou son Procureur ou Entremetteur, que l'acquereur peut retirer ses deniers comme aprés offres bien & dûement faites. Vray est que Bart. *in l. si reus.* cy-dessus dit, quand on ne trouve pas le creancier en sa personne ou domicile, qu'il faut faire son offre en presence du Juge, à quoy se rapporte ce qui est dit vers la fin du 15. article. Mais Decius *cons. 566. vol. 4.* dit que cette offre judiciaire n'est que d'abondante seureté, & n'est pas necessaire, & allegue Alexand. *consil. 92. vol. 1.* qui dit quand le creancier est absent qu'il n'est necessaire d'aller vers le Juge, même quand la simple offre suffit, & que la consignation n'est pas necessaire. Aussi sont les Docteurs d'accord que quand le creancier a fait refus de prendre les deniers qui luy sont offerts, qu'ils n'est besoin de consigner, *etiam* és cas esquels la consignation autrement seroit requise. Ainsi decide *Steph. Bertrandi consil.* 138. *vol. 3. & Carol. Ruinus consil. 113. vol. 1. qui allegat. glos. in cap. pastoralis extra de offic. ordin.* Or cét article ne se contente pas d'une simple excuse quand le debteur dit qu'il ne sçauroit à qui payer: car il doit s'enquerir où est le Seigneur, & qui sont les entremetteurs de ses affaires. Et pour de plus montrer que sa pretenduë diligence & non sçavance, n'est pas affectée ou grossiere; il doit offrir en jugement à jour ordinaire de plaids, parce que là conviennent diverses sortes de personnes, & vray semblablement y peut être quelqu'un qui connoisse le Seigneur censier, & qui pourra donner avertissement à celuy qui est entremetteur de ses affaires.

ARTICLE XVI.

Le Seigneur censier peut par Justice faire saisir & empêcher la chose censuelle pour son cens, défaut ou lods & ventes non payez: Ou en premier lieu peut, si bon luy semble, de son autorite sans requisition de Justice en maisons, abbatre l'huis, pour la premiere fois: & s'il est redressé le peut derechef abbatre & faire enlever: en prez, terres labourables, vignes & autres heritages, il peut prendre les dards, faucilles, socs, aireaux, instrumens de labeur, paniers, couteaux, hotes, harnois & autres semblables gages: faire vendre par autorité de Justice pour recouvrer payement de sesdits cens, lods, ventes ou défaux susdits.

ARTICLE XVII.

Et s'il y a main enfrainte, ou resistance à l'encontre desdits exploits : l'enfraignant ou resistant est condamné en soixante sols tournois d'amende envers le Seigneur justicier : & envers le Seigneur censier à payer ledit cens, & les frais desdits exploits, avec dépens, dommages & interests

ARTICLE XVIII.

Si lesdits exploits faits il y a opposition formée par le detenteur, il y doit être reçû l'exploit tenant, & ne doit le Seigneur plaider dessaisi : Toutesfois lesdits gages seront rendus à l'opposant en baillant caution : & si ledit exploit est tortionnaire ledit Seigneur sera condamné envers le detenteur és dommages & interests tels que de raison.

Ce droit de Seigneur censier est une espece de justice domaniale, quand le Seigneur censier qui n'a droit de justice execute de soy-même pour ses droits. C'est la marque & témoignage que le Seigneur censier a été autresfois Seigneur de la pleine proprieté, & qu'en faisant le bail il s'est retenu ce droit, qui est comme d'injection de main, dont est parlé, *in l. Titius. ff. de servis expor.* Ce droit ne procede pas de simple convenance, comme est ce qui est dit, *in l. creditores. C. de pignor.* où l'autorité du Juge est requise. Mais icy le droit d'injection de main a son origine de la concession, bail & tradition de la chose, en faisant laquelle il est loisible à chacun se reserver tel droit qu'il veut en la même chose. *l. in traditionibus. ff. de pact.* En aucunes Provinces est une espece de justice inferieure, qui s'appelle censiere. La Coûtume de Paris article 86. permet au Seigneur censier la simple gagerie sans transport. Mante article 47. Reims article 144. & Orleans art. 103. sont aucunement correspondantes à cét article, & disent que le Seigneur censier est reputé avoir justice fonciere. Et quant à la main-levée par provision, ne se contentent de caution, mais desirent la consignation des arrerages des trois ans derniers, selon l'Edit des Censives de l'an 1563. au mois de Novembre, & en cette Coûtume nous devons nous aider dudit Edit, parce qu'il est posterieur, & encores parce qu'il y a clause expresse dérogeant aux Coûtumes contraires.

De cét article resulte ce qui a été dit cy-devant que le Seigneur peut faire saisir l'heritage pour les lods & ventes à luy deûs. Et se doit entendre s'ils sont liquidez par le contrat, & s'ils ne sont liquidez comme en échange ou donation, il ne fera pas saisir pour le payement. Mais en cas de contumace d'exhiber, pourra faire saisir & sequestrer, *cap. 2. ex de dolo & contumacia*, où se dit que l'on peut faire saisir pour le seul chef de punir le contumace, *si in l. si is cui. ff. ut in possess. legat.* Toutesfois probablement se peut dire que le Seigneur pourra faire saisir pour ses droits, quoy qu'ils ne soient liquides : mais ne fera vendre sinon aprés la liquidation. Par l'argument de l'article 76. en l'Ordonnance de l'an 1539. & cependant en attendant la liquidation, le saisi pourra demander main-levée en baillant caution, & ce quand il n'est question que du payement. Car si la saisie est pour la contumace, la contumace doit être preallablement purgée.

Dards, faucilles, instrumens de labeur, Se doit entendre s'ils appartiennent au proprietaire Seigneur util : car s'ils appartenoient aux mercenaires, il n'y auroit raison de les saisir, puisque la faute n'est d'iceux mercenaires. Et par le droit Romain conforme au droit des gens, & selon le sens commun, il n'est licite de gagner, & executer une personne pour l'autre. *in Auth. ut non fiant pignorationes pro aliis personis, &c. coll. 5.*

S'il y a main enfrainte, Non seulement en ce cas l'amende y échet de soixante sols, selon cét article & le 18. article *suprà*, des droits de justice : mais aussi faut rétablir & endurer que la main de justice soit garnie réellement & de fait, comme il se dit en spoliation, *etiam* à l'égard de la personne privée *cap. ult. extrà, de ordine cognit. cap. causam extrà qui fil. sint legit.* Mais si aprés l'opposition le detenteur se maintient, il n'est pas reputé avoir enfraint la main de justice ; car selon la regle commune de pratique son opposition le conserve. Toutesfois le Seigneur ou le Sergent sans exercer violence, pourra declarer & faire que la main soit garnie selon l'article, qui dit, l'Exploit tenant. Et sans venir aux voyes de fait, qui toûjours sont perilleuses, & en France sont blâmées, *etiam* en défendant sa chose, sera donné assignation pardevant le Juge pour voir dire que la main de justice sera garnie, & l'exploit tiendra avant que cét opposant soit reçû à dire ses causes d'opposition : & à faute de garnir qu'il soit debouté de son opposition, *ad instar* de ce qui est dit *infrà* chapitre des Criées article trois vers la fin. Laquelle garnison & tenuë d'exploit ne sera ordonnée par le Juge, sinon que le Seigneur fasse apparoir de son droit de censive, ou par preuve particuliere, ou comme fondé *in jure universi*, & promptement.

ART.

ARTICLE XIX.

LE Censier est tenu entretenir & maintenir la chose censuelle bien & suffisamment, ou en l'état convenu: & s'il fait le contraire, il est tenu aux dommages & interests du Seigneur Censier.

IL faut prendre le droit du detenteur Seigneur um censier plus au large que du detenteur bordelier: car le bordelier ne peut pas ôter les amendemens qu'il a faits, *infra* des bordelages article 15. dont la raison est que la paction tacite est censée adherer au bail à bordelage, d'amender l'heritage, *ad instar* de l'emphyteute. Le censier a plus de liberté en l'heritage qu'il tient à cens, & peut changer la face de l'heritage pourveu que ce soit en apparence ouverte de mauvais ménage ou fraude: comme de couper bois de haute fustaye, pourveu que le fonds soit propre à l'employer à autre usage, & qu'il y soit employé aussi: comme à labourage ou à bois taillis, & de revenu: car ce cas est plus ménagement que deterioration. Autrement seroit, si le fonds aprés la coupe devoit être inutile, & que le bois fût le seul article, ou un des principaux articles du tenement, & que par le bail il fût dit être bois; auquel cas je croy que le Seigneur censier pourroit empêcher la coupe: Toutesfois le detenteur en avertissant le Seigneur en tout cas pourroit couper pour bâtir au même tenement, car deteriorant d'un côté il amende de l'autre, même à l'usufruitier est loisible. *l. arboribus verf. materiam. ff. de usufr.* Et quant à la démolition dont ne revient aucun profit de l'heritage, Bourbonnois article 398. la défend précisement. Autres Coûtumes se contentent que l'heritage soit entretenu en bon état, & en telle sorte que la redevance puisse être perçûë. Berry des Cens, article 32. Sens article 242. Troyes article 77. du Moulin en l'annotation sur la Coûtume d'Amiens article 81. dit que si le detenteur a bâty une maison, ou fait autre amendement de sa volonté sans qu'il y fût obligé, il le pourra démolir: Ce qui se dit de l'état convenu, s'entend si le bail a été fait à cette charge de faire quelque melioration, ou si lors du bail la melioration y étoit, comme *verbi gratia*, s'il y avoit une maison, par la nature du bail il doit entretenir l'heritage en l'état qu'il l'a trouvé.

Dommages et interests, Ils sont mal-aisez à liquider en deniers qui doivent entrer en la bourse du Seigneur censier, car son interest git en parties Casuelles & évenemens incertains. Mais l'indemnité du Seigneur pourra être faite en cette sorte. Que le Seigneur fasse condamner le detenteur de reparer & rebâtir dans certain tems, & à faute de ce faire, soit dit exprés, seront nommez & convenus pour estimer à quelle somme pourront revenir les reparations à faire. Et aprés leur rapport oüi, soit le detenteur contraint par saisie & vente de ses biens, même de l'heritage censuel s'il y échet pour le payement de la somme arbitrée qui sera employée en ladite reparation. Et si l'heritage avoit été vendu, & à cause de la démolition il eût été moins vendu, ce seroit un article de dommage & interests pour la diminution des lods & ventes. Je n'acquiesce pas volontiers à l'opinion des Docteurs, qui disent pour la regle que nul n'est tenu précisement *ad factum*, mais qu'il peut se liberer en payant dommages & interests; & que ce sont cas specieux en droit, quand il est dit qu'aucun soit contraint precisement. Au contraire je croy que si celuy qui est obligé *ad factum*, peut l'accomplir; que précisement il peut être contraint à l'accomplir. *l. fideicommissa in fine. ff. de lega. 3. l. qui restituere. ff. de rei vend. l. sed & hæ. ff. de procurat.* & ce qui est dit, *in l. si quis ab alio. ff. de re jud.* que la condemnation de dommages & interests est subrogée à l'obligation de faire, s'entend quand l'accomplissement de l'obligation n'est pas en la puissance de celuy qui a promis. Vray est que le Seigneur censier pourra, s'il veut prendre son indemnité de la démolition en deniers à une fois sans contraindre de reparer.

ARTICLE XX.

LE detenteur peut quand bon luy semble, laisser & renoncer la chose censuelle, en payant les arrerages, défauts, lods, ventes si aucuns en sont deûs: & aussi en délaissant la chose en bon & suffisant état; ou comme il aura été convenu par le bail. Autrement n'est tenu le Seigneur censier le recevoir à ce: & ne se peut faire ledit délaissement ou renonciation qu'à la personne du Seigneur, son Receveur ou Procureur en Jugement; ledit Procureur present ou appellé: & sera en ce faisant tenu ledit detenteur délivrer & bailler ses lettres au Seigneur censier en luy en baillant décharge.

COmbien que l'obligation du preneur & de ses heritiers soit personnelle, & que selon les regles communes de droit elle ne puisse être resoluë & anneantie, sinon par mutuel consentement, ou en satisfaisant à ce que le debteur a promis. *l. Stychum. §. naturalis. ff. de solut.* Toutesfois parce que c'est obligation de la personne qui est principalement à cause de l'heritage, le preneur peut se décharger de l'obligation personnelle en quittant l'heritage, *ad instar* de ce qui est dit *in l. cum fructuarius. ff. de usufr. l. &*

si forte. §. Labeo ff. si servit. vend. l. is cum quo. ff. de aqua. plu. arc. & plus expressément, *in l. pretor. §. hoc Edictum. ff. de damno infecto.* L'autre raison est, & qui a été declarée par le sieur du Moulin, à ce que la liberté des personnes ne puisse être engagée perpetuellement, qui est la question traitée par les Docteurs, *in l. ob. as. C. de act. & oblig.* & sur cette raison est fondée la *l. in hoc. §. si conveniat. ff. comm. divid.* où il se dit que la convention est nulle, par laquelle les associez ou communs promettent l'un à l'autre de ne faire jamais partage. Ainsi en est la condition enjointe à la mere par testament de ne se départir jamais d'avec ses enfans. *l. sed. si hoc ff. de condit. & demonst.* dont la raison est, parce que telles pactions & conditions affoiblissent la liberté des personnes. Sur cette raison est fondée l'opinion des Docteurs, *in l. 3. § ne tamen. ff. de usufr. & l. hominis. ff. de usufr. legato.* Que nul ne peut s'obliger pour loüer ses journées à perpetuel.

Arrerages, lods et ventes, S'entend de ce qui est écheu de son tems, & depuis la date de son acquisition, comme sont les lods & ventes de son acquisition : car il est tenu personnellement des arrerages écheus depuis son acquisition, & des lods & ventes d'icelle. Quant aux lods & ventes des alliennations precedentes & arrerages écheus avant son acquisition, parce qu'il n'en est tenu personnellement, & c'est la chose qui les doit, il en est quitte en abandonnant l'heritage. Ainsi qu'il se dit en l'action hypotecaire, & par la raison de lad. loy *prætor. §. hoc Edictum. ff. de damno infecto.* Aucunes Coûtumes declarent par exprés que tel detenteur qui quitte n'est tenu que pour les arrerages de son tems. Paris article 109. Melun article 126. Auxerre article 92. Reims article 146. Orleans article 412. Aucunes Coûtumes ne reçoivent le preneur ou son heritier à quitter. Auxerre art. 92. Orleans art. 134, Reims art. 146. Autres Coûtumes exceptent si le preneur avoit obligé ses biens à maintenir l'heritage en bon état, ou promis faire valoir : comme Sens article 238. Paris article 109. Orleans article 412. Senlis article 286. Mais cette exception semble ambitieuse ; procedant de la trop grande convoitise de celuy qui est le plus puissant, comme ordinairement est le bailleur, ou qui est le plus fin & plus avisé, qui sçait mieux les subtilitez de la pratique : Pourquoy és Provinces où il y a tel article de Coûtume, je voudrois dire que nonobstant ladite clause le preneur, ou son heritier, pourroit quitter en délaissant l'heritage en l'état convenu, ou autre bon & suffisant. Par aucunes Coûtumes il est dit que celuy qui quitte l'heritage doit payer la redevance du prochain terme à échoir : comme Paris article 109. Poitou article 57, qui met une sous exception, sinon que le detenteur en payant la redevance au même tems qu'elle échet quittoit l'heritage. Ce qui semble être raisonnable pour être general ; même quant aux terres labourables, si lors du délaissement elles ne sont pas embla vées, parce que si le detenteur ne payoit le prochain terme à échoir, le Seigneur seroit en peril de perdre sa redevance pour ledit terme suivant : Mais si l'heritage étoit de telle nature ou tel état que le Seigneur facilement pût être payé de sa redevance pour le prochain terme à échoir sur les fruits de l'heritage ; je croy qu'és Provinces ou tel article de Coûtume n'est pas, il ne seroit besoin de le pratiquer, & suffiroit de quitter l'heritage.

Bailler ses lettres, C'est une espece de tradition quand on baille les lettres & titres de la chose qu'on vend ou donne. *l. 1. C. de donat.* Ainsi en rendant les lettres est remarqué un acte d'abdication, ou comme dessaisinement & retradition de la chose. Aucunes Coûtumes ajoûtent que le preneur qui quitte doit bailler à ses dépens l'acte de déguerpissement, qu'on appelle *gulpine.* Bourbonnois article 399. Auvergne, chap. 21. art. 16. ce qui semble être raisonnable pour être observé en general, puis que c'est la décharge du detenteur, & chacun est tenu aux frais de ce qui se fait pour son utilité, par la raison de la *l. eos. §. si quis autem. C. de appellat.*

ARTICLE XXI.

Le Seigneur Censier n'est tenu de revêtir le nouveau acquereur de la chose censuelle, s'il ne luy paye ses arrerages, défauts, lods, ventes qui luy sont deûs.

Quant aux lods, ventes de son acquisition, arrerages & défauts écheus de son tems, il est sans doute parce que l'acquereur en est tenu personnellement. Et quant aux précedens, parce qu'il n'en est tenu personnellement ; il semble que le Seigneur ne peut & ne doit refuser de l'investir, quoy qu'il ne les paye ny offre, mais bien pourra le Seigneur protester que par l'investiture il n'entend déroger à l'hypoteque, & au droit qu'il a sur l'heritage, pour être payé des arrerages & droits precedens. Laquelle hypoteque audit cas il pourra exercer sur l'heritage, nonobstant l'investiture : & par le moyen d'icelle contraindre l'acquereur à déguerpir par hypoteque ou à payer. En laquelle action hypotecaire, qui est réelle, le detenteur aura garend formel.

ARTICLE XXII.

Cens, lods, ventes & autres droits appartenans au Seigneur censier sont prescriptibles par prescription coûtumiere, qui est de trente ans, sauf quant aux Eglises, contre lesquelles il faut que ladite prescription soit de quarante ans.

Le mot de Cens mis en cét article, a fait croire à plusieurs gens de pratique, non assez sçavans, que la Seigneurie directe censuelle se prescrive par la cessation de payes durant trente ans. Qui me semble être opinion erronée, parce que le mont Cens en cét article s'entend des arrerages du cens : & ainsi est entendu cy-dessus es articles 11. & 16. & se peut recueillir des mots suivans, Et autres droits, qui démontrent que la prescription s'entend des droits adjacens & casuels, & non du cens en soy. Car le mot Autre rapporte choses semblables. *l. si fugitivi. juncta glossa. C. de servis fugit.* Outre se peut & doit dire, que par la seule cessation du payement des arrerages, le Seigneur censier ne perd la possession qu'il a de sa redevance; aussi la cessation ne cause pas le trouble, ainsi que dit Jo. Fab. *in. §. retinendæ instit. de interd.* & sur ce est à propos la Coûtume de Bourbonnois article 92. qui dit que celuy auquel a été payée la redevance, qui par ce moyen est devenu possesseur d'icelle, demeure en sa possession jusques à ce qu'il ait été contredit, nonobstant que le payement ait cessé au dessous de trente ans. Et le detenteur debteur de la rente ne peut entrer en quasi possession de liberté s'il n'est survenu quelque acte ou droit nouvel. Car selon les regles de droit, l'ancienne cause & forme de posseder est censée se continuer quand il ne survient aucune cause pour l'interrompre, *l. cum nemo. C. de aquir. possess. l. qui bona. §. 1. ff. eod.* La possession une fois legitimement acquise, se conserve *animo* tant qu'elle n'est point intervertie par contradiction d'autruy. *l. peregrè. §. ult. ff. eod.* & qui a une fois commencé à joüir comme Seigneur util sous la Seigneurie directe d'autruy, conserve la possession dudit Seigneur. *l. 2. C. de præscriptione 30. vel 40. ann. l. 1. C. commu. de usucap.* Soit icy remarquée la contention entre les deux anciens Docteurs, Martin & Bulgarus rapportée en la *glo. l. cum notissimi. §. ult C. eod. tit. de præscript. 30. vel. 40. ann.* Martin soûtient que par la cessation de payement est prescrit seulement l'arrerage & non la redevance en soy : L'opinion de Martin est suivie par Cynus, qui excepte la prescription de cent ans : & ainsi le tien aussi Guido Pape *decis. 306.* La prescription centenaire ou immemoriale à force de titre, & en icelle n'est besoin de prouver la science de partie adverse : ainsi le decide Alexand. *consi. 16. vol. 5.* & allegue la loy *hoc jure, §. ductus aquæ. ff. de aqua quotid. & æstiva.* Aucunes Coûtumes nouvelles disent au cens, comme au fief qu'il ne se prescrit *etiam* par cent ans. Paris article 124. Sens art. 283. Auxerre article 186. Berry des Prescriptions article 3. Orleans article 263. Blois article 35. Ce qui sembleroit devoir être entendu à l'égard des Seigneurs qui ont territoire de censive, & non de ceux qui ont des censives volantes & épanchées. Doncques en cét article il faut dire que la seule cessation de payement ne cause pas la prescription, parce qu'elle n'engendre pas la quasi possession de liberté. Et si nous voulons nous arrester à ce texte cruëment, se pourroit dire qu'il est à sçavoir quand commencent à courir les trente ans de prescription : & selon les raisons & autoritez susd. le cours commence du tems de la contradiction & interversion de la possession du Seigneur direct, *in l. si quod. ff. de adq. possess.* Aussi se peut dire que celuy qui a reconnu ne peut commencer à prescrire. *l. malè agitur. C. de præscript. 30. vel. 40. ann.* ny de même son heritier en cas qu'il continuät la vitieuse possessiõ de liberté de son predecesseur: car il est successeur de ses vices personnels. *l. cum hæres. ff. de divers. & temp. præscript.* Seroit assez expedient à la revision de la Coûtume d'y faire entrer un article semblable à celuy de Bourbonnois article 44. pour ne pouvoir demander arrerages de redevance fonciere de plus de dix ans, ou bien qu'on suivit l'expedient de la Coûtume de Reims article 147. qui est fondé en grande équité; à sçavoir, que le Seigneur demandant les arrerages de plusieurs années, soit tenu de déferer le serment au debteur pour lesdits arrerages, hormis de la derniere année. Car bien souvent la redevance étant petite, celuy qui paye ne prend pas quittances, ou les peut perdre. Auvergne chapitre 17. article 17. ne donne action que pour trois années.

ARTICLE XXIII.

Quand rente est venduë sur heritages tenus en censive, le Seigneur censier prendra lods & ventes, ou retenuë à son choix. Mais pour bail à rente d'heritage tenu à cens, n'y a lods, ventes ny retenuë s'il n'y a bourse déliée : auquel cas y a lods & ventes seulement des deniers baillez, ou chose équipollente.

Cet article doit être entendu de rente venduë à si haut prix qu'elle puisse être tenuë pour rente fonciere, comme au denier vingt pour le moins : car les rentes venduës au denier douziéme ou quinziéme ne sont sujettes à profit, comme a été dit cy-dessus, des fiefs, article 25. si le Seigneur prend lods & ventes de cette rente tenant lieu de rente fonciere, il l'approuve, en sorte que si l'heritage retourne à luy *etiam* en vertu de sa directe, il le prendra avec cette charge *ad instar* qu'on dit de la rente infeodée. Le premier cas de l'article est quand la rente doit appartenir à un tiers, c'est-à-dire, quand celuy auquel est deuë la rente d'ancienneté la vend à un tiers : le second cas est quand la rente doit appartenir au Seigneur util bailleur, qui est celuy qui fait bail de l'heritage sous charge de rente. Au second cas ne sont deûs lods & ventes, s'il n'y a bourse déliée : car quand on baille à rente sans recevoir entrage, est à presumer que la rente est correspondante à peu prés à l'accense qu'on en pourroit trouver, & que c'est ménagement, & non pas alliennation, pourquoy n'en est deû profit: mais quand avec la creation de la rente, le preneur baille deniers d'entrée, on presume que la rente étant à cette occasion faite moindre, le revenu des fruits est autant diminué; & sont deûs lods & ventes de ces deniers baillez, comme si jusques à la concurrence d'iceux y avoit vente : & audit cas de deniers baillez n'y échet retenuë : Toutefois si les deniers excedoient la valeur de la redevance, je croy *ad instar* de ce qui est dit, *suprà* des fiefs, article 27. & 40. que le bail pourroit être jugé vente, à cause de la prevalence des deniers, & qu'audit cas écheroit retenuë selon qu'il est dit des fiefs, art. 42. & le tout étant estimé vente, le Seigneur retenant seroit quite en baillant deniers, & ne seroit rentier du Seigneur util tenant de luy. Car par les raisons dites sur lesdits articles, il sembleroit inconvenient que le Seigneur censier tint à rente d'autruy le même heritage tenu à cens de luy. Le mot SEULEMENT qui est à la fin de ce 23. article, est à deux ententes ; sçavoir s'il determine que le Seigneur censier prenne seulement lods & ventes, sans user d'autres droits, comme de retenuë : ou s'il determine qu'il prend lods & ventes des deniers baillez d'entrée, & non de l'estimation de la rente. Bien semble que la rente fonciere étant une fois établie, si le Seigneur util la vend, que le Seigneur pourra user de retenuë ; ou prendre les lods & ventes, car la rente est subrogée au lieu du fonds. Les Coûtumes au fait de ces baux à rente d'heritages tenus à cens, ont statué diversement. Bourbonois, article 333. dit que sur le chef cens d'un Seigneur, on ne peut surcharger rente. Autres Coûtumes disent si l'heritage tenu à cens est baillé à rente, qui par le contrat soit faite rachetable, que deslors est deû profit au Seigneur censier. Paris, article 78. Sens, article 229. Orleans, articles 108. Troyes, article 75. Reims, article 156. Ce qui semble devoit être general, par la raison de la *l. si pro mutua. C. si certum pet.* si la rente fonciere n'est pas rachetable, il en est deû profit lors qu'elle est venduë. Paris, art. 87. Sens, art. 231. & 232. Autres disent encore que la rente ne soit rachetable, qu'il en est deû profit selon l'estimation des especes qui sont dûës pour la rente. Berry des cens, article 21. & 22. Orleans, article 108. Auvergne, chapitre 16. art. 19. Troyes, art. 8. Ce qui semble être bien raisonnable pour être suivy par tout, où il n'y a coûtume contraire. Et s'il y a quelque jour revision de cette Coûtume, il feroit bon de reformer ou temperer cét article : car le droit de Seigneurie directe est affoibly par le moyen de la rente, entant qu'il sera moins vendu : Vray est aussi que si le Seigneur n'avoit approuvé la rente, & l'heritage vint à luy, comme par retenuë, il ne seroit tenu de la rente. Et avec raison se peut dire que le Seigneur audit cas de bail à rente simplement fait, peut demander son indemnité, entant que l'heritage chargé de rente sera moins vendu, & les lods & ventes moindres. Car par les raisons de droit cy-devant deduites, le détenteur Seigneur util est tenu de conserver les droits au Seigneur direct, comme son Procureur legal, & ne les peut empirer ny affoiblir.

ARTICLE XXIV.

En tous contrats de vente, eschange ou permutation, & autres allienations ou disposition d'heritages, & choses immeubles, les Notaires doivent inserer & faire mention esdits contracts des fiefs, cens, rentes, & autres charges dûës à cause desdites choses immeubles, & à qui ils sont deûs : & pour ce faire interroger les parties : & si lesdites parties sur ce interrogées, disent & affirment n'en sçavoir aucunes chose, lesdits Notaires de leurs affirmations & interrogatoires, sont tenus de faire mention esdits contrats, sur peine d'amende arbitraire.

ARTICLE XXV.

Aussi tous contractans sont tenus de declarer les fiefs, cens, rentes, charges, & hypotheques speciales, & assignations sur lesdits heritages, & choses immeubles, qu'ils allienent à titre onereux, sur telle peine que dessus.

L'Ordonnance de l'an 1539. article 181. met les peines plus rigoureuses contre les contractans, & contre les Notaires. Celle du Roy Henry II. publiée en Parlement le 4. Mars l'an 1549. adoucit & modifie lesdites peines : même la Cour par son Arrest de la publication, dit les peines avoir lieu si sciemment & malicieusement l'obmission a été faite. La question est, si la declaration du vendeur ou allienateur profite au Seigneur direct, s'il s'en peut ayder pour preuve de sa redevance contre l'acquereur. Guido Papé *decis.* 24. dit que non, & se fonde sur cette regle du droit Romain, que nul ne peut stipuler au profit du tiers absent : Mais je suis de contraire opinion par plusieurs raisons. L'une que pour neant l'Ordonnance & la Coûtume commanderoient si exactement cette declaration, si elle ne devoit servir de quelque chose au Seigneur direct. L'autre raison est, que le vendeur n'est pas personne du tout étrange. Car il est procureur legal, *in eam rem* du Seigneur direct : tenu par la Loy de la premiere concession de conserver les droits du Seigneur. *l. 1. in fi. cum l. seq. ff. de usufructuar. quemad. caveat. l. videamus. §. item prospicere. ff. locati.* Doncques la paction du vendeur peut & doit profiter audit Seigneur, & luy acquerir action, *saltem* utile *in factum. l. cum venderet. ff. de pignor. act.* La tierce raison est, que les loix qui disent que l'on ne peut stipuler pour un tiers, ne luy acquerir action, entendent de l'action directe fondée, *super summo & stricto jure*, mais l'action utile peut appartenir, *ex pacto tertii*. Qui est regle generale qui se peut recueillir du texte bien formel, *in l. si res. C. ad exhib.* Martin ancien glosateur sur ladite loy, dit que c'est pour regle generale. La glose qui selon la Coûtume adhere à l'opinion de Joannes ; dit que tous ces cas où il est parlé de l'action utile acquise par la paction du tiers, sont speciaux, combien qu'ils soient en grand nombre, & presque tous mis par la glose, *in §. si quis alii inst. de inutil. stipul.* mais on n'allegue aucune raison de la specialité : pourquoy est mal à propos de dire que ce sont cas speciaux : même parce que la raison de ladite loy *si res* est generale en distinguant l'action directe de l'utile. Le sieur du Moulin a accoûtumé faire plus d'état des opinions dudit Martin que de Joannes, comme étant mieux fondées en droit. Aussi en la pluspart des lieux où la loy donne l'action utile, elle met une raison generale, fondée sur l'équité, comme en ladite loy *si res* ; ainsi *in. l. 3. & 4. ff. rem pupilli salvam fore.* Ailleurs est dit que l'action utile est octroyée par la loy, à ce que nul ne s'enrichisse avec le dommage d'autruy. *l. rescriptum. §. 1. ff. de distract. ping.* Ou parce que celuy qui est convenu à par devers soy l'émolument & profit de la chose, la loy veut que l'on puisse agir contre luy utilement *l. si alienus. ff. de lega. 2. l. à patre. ff. de lega. 3.* Lesquelles raisons étant generales, faut croire qu'és negoces où elles peuvent être appliquées, il en faut autant dire comme il en est dit specialement esdites loix, *l. regula. §. & licet. ff. de juris & fact. ignor.* La quatriéme raison est que, *etiam si* le vendeur auroit voulu avantager ce tiers pour luy faire appartenir la redevance qui ne luy appartenoit pas, ce seroit une donation : auquel cas qui est special, le droit est acquis au tiers absent. *l. quoties. C. de donat.* que *sub modo.* La cinquiéme raison est, que l'acheteur devroit être repoussé par replication de dol, entant qu'à cause de la charge de redevance à luy exprimée, il a acheté à meilleur marché. Avec ces raisons, je dis que la declaration de redevance faite par le vendeur, profite au Seigneur direct ou rentier, & s'en peut aider pour preuve contre l'acquereur : Ainsi fut jugé par Arrest pour le Chapelain de S. Jean en l'Eglise S. Aré de Nevers, contre Pierre du Pont.

Rentes, cens, charges et hypotheques speciales, Les hypotheques speciales sont remarquées, parce qu'en vertu d'icelles on peut s'addresser sur la chose sans discuter le personnellement obligé : même en rentes *infrà* des executions, article 11. Pourquoy me semble que ce qui est dit, *in l. 3. §. maximè. ff. de crimine stellionat.* que ce soit stellionat, quand en vendant on ne declare pas les hypotheques, se doit entendre des hypotheques speciales. Et quant aux generales, il faut y appliquer le temperament de la *l. si quis in fine ff. de pignor. act.* qu'il n'y a stellionat si les choses hypothequées peuvent satisfaire à tous les creanciers. Toutesfois par un Arrest en l'Audience le 7. Avril 1551. plaidant Ryant & de la Place, un debteur qui avoit hypothequé son heritage à plusieurs, fut condamné à descharger & faire valoir par emprisonnement de sa personne. Ce qui se doit entendre quand il y a doute vray-semblable & peril eminent de l'éviction : autrement ce seroit une voye ouverte pour contraindre les debteurs de rentes constituées à les racheter, contre la nature & essence de telles rentes : & pour mettre en confusion les affaires de toutes personnes qui doivent à plus d'un creancier.

Aliennent a titre onereux, Ladite Ordonnance de l'an 1539. & celle du 4. Mars de l'an 1549. comprennent les Donnations. Et y a bien raison : car en ces articles se parle de l'interest des Seigneurs directs, qui est aussi bien en la donnation qu'en la vente : aussi ces deux articles 24. & 25. sont sous le chapitre des cens. Ladite Ordonnance Royale qui est suivante donne regle à nôtre Coûtume. Cet art. 25. en ce qui touche l'interest des contractans sans toucher à l'interest du Seigneur, peut être fondé sur ce que le donateur n'est tenu de l'éviction, sinon entant que par dol & fraude par luy commise l'éviction surviendroit. *l. ad res. ff. de Ædil. Edicto. l. Aricto ff. de donat.* & celuy qui donne est censé donner le droit tel qu'il l'a, & non autre. *l. si domus. §. ult. ff. de lega. 1.*

CHAPITRE VI.

DES BORDELAGES.

ARTICLE I.

TOutes manieres d'heritages se peuvent bailler à bordelage, soient maisons, granges, cours, hosches, jardins, vignes, terres prez, eauës, estangs, bois buissons, & autre de quelque espece qu'ils soient, pour tel prix & chargez qu'il est convenu entre les parties contractantes.

Borde en ancien langage François est un domaine aux champs destiné pour le ménage, labourage & culture. *Bord* en Aleman signifie une terre ou domaine chargé de revenu de fruits, ainsi que témoigne Gesnerus en l'appendice de la Chronique de Carion, *lib.* 4. & est bien certain que grande partie des dictions Françoises, même celles qui n'ont leur origine de la langue Latine, sont tirées de la langue Tudesque, qui est la langue dont usoient les François quand ils arriverent à la conqueste des Gaules, comme il se reconnoît és noms de tous les Rois de la premiere lignée des François, & és noms des armes & autres choses appartenans à la guerre. Quand un Seigneur ou Citoyen de ville, bailloit son domaine ou heritages qu'il avoit aux champs à un villageois pour les labourer sous la charge de prestation annuelle, la redevance s'est appellée bordelage, comme étant le revenu de la borde. Aussi il se void en l'art. 3. que les redevances bordelieres sont ordinairement en argent, grain, & volaille qui est le ménage des champs. Dont resulte que c'est contre l'établissement & nature ancienne de bordelage, que les maisons de ville, vignes & heritages particuliers soient baillez à bordelage: attendu que par l'etymologie, & par les accessoires appert que le premier établissement fut de domaines entiers. Mais l'avarice d'aucuns, à cause des grands avantages de cette sorte de redevance, a fait entrer les bordelages dans les villes, & il y a asservy tous heritages.

BAILLER, Dont resulte que bordelage ne peut être crée sinon par bail d'heritage en le transferant d'une main à autre: pourquoy quand il n'appaoit point du bail, & qu'il n'y a point de presomption commune pour le Seigneur, comme d'être Seigneur Justicier du lieu, ou ayans territoire: je croy qu'une seule reconnoissance n'est pas titre suffisant pour prouver que ce soit vray bordelage: & y conviendroit avoir autres aides, comme des reconnoissances faites à diverses fois, ou laps de tems suffisant à prescription, en y appliquant la raison de la *l. cum scimus. C. de agricol. & censitis, lib.* 11. joint que par la recherche des anciens protocolles des Notaires, se trouve que la pluspart des creations de bordelages commencent par deniers, & à raison du 12. denier, & aucuns à plus vil prix. Et cela se pratiquoit en cette sorte, le proprietaire vendoit son heritage à vil prix, au même instant le reprenoit à bordelage à raison du 10. 12. ou 15. denier du prix de l'achat: qui est contrat de vraye constitution de rente à prix d'argent. Guido Pape en la decision 272. dit que l'intention des Seigneurs n'est pas fondée par seules reconnoissances: & à cette opinion semble incliner, Bart. *in l. si aliquam rem. ff. de adq. poss.* Petrus Jacobi en sa pratique, *tit. de in rem actione quæ competit pro directo dominio*, dit que la seule reconnoissance ne fait pas la directe Seigneurie, mais qu'elle sert de preuve, & allegue Bart. *in l. Publia. §. ult. ff. depos.* Il me semble qu'il ne faut pas s'arrester à ces decisions indistinctement, mais selon les circonstances en faut juger. Et s'il n'y a presomptions contre celuy qui se dit Seigneur bordelier, laquelle presomption peut être induite par ses circonstances, il me semble que celuy qui a reconnu ou son heritier, ne sont pas recevables à debatre la reconnoissance & confession. Mais en ce qui touche l'interest d'un tiers, comme du creancier qui auroit son hypotheque plus ancienne que la reconnoissance, je croy que tel Seigneur bordelier ne pourroit exercer ses droits Seigneuriaux au préjudice de ce creancier, même pour la reversion à l'effet de faire évanouïr les hypotheques. Et s'il y a moyen de prouver, ou par vraye preuve, ou par urgentes conjectures, que la premiere creation de bordelage ne soit de bail d'heritage, mais ait pris son commencement par deniers; me semble, soit à légard de celuy qui aura reconnu, soit à l'égard du tiers, que la redevance ne devra être reputée bordeliere ny fonciere, mais simple constitution de rente à prix d'argent rachetable à toûjours, *etiam* aprés cent ans pour le prix de la constitution si elle appert, sinon à raison du denier quinze, par argument de l'Ordonnance des rentes sur maisons de Villes, du mois d'Octobre 1539. Si ce n'étoit que le bordelage eût été créé à fort haut prix par celuy qui tenoit son heritage franc & allodial, comme, *verbi gratia*, s'il avoit été créé au denier vingt-cinquiéme ou trentiéme : ainsi que nous avons dit qu'une rente peut être faite fonciere acquise à prix d'argent, quand elle est achetée au denier vingtiéme : qui est la raison commune de l'appreciation des heritages : & parce que le bordelage emporte beaucoup d'advantages & parties casuelles, le moindre prix devroit être au denier vingtcinq, & le commun au denier trente. J'entens aussi que ce prix fût proportionné à la valeur de l'heritage, c'est à dire que le prix baillé en deniers, fût le prix approchant la valeur de l'heritage, comme *verbi gratia*, un heritage vaut pour une fois cent écus, & moyennant cent écus on acquiert sur iceluy une redevance bordeliere de dix ou douze francs : auquel cas mon avis est, que ce seroit vray bordelage. Car comme par bail il est permis de separer en deux la plaine proprieté, en mettant d'un côté la Seigneurie directe, & de l'autre côté l'utile ; ainsi soit permis à prix d'argent qui soit juste & raisonnable acquerir la Seigneurie directe, comme on dit de celuy qui vend ou donne la proprieté, retenu à luy l'usufruit. Et en tout cela la principale regle doit être que le prix de l'acquisition soit juste: car quand il y a vilté de prix, il faut peu de conjectures pour desfigurer une vente ou bail à bordelage.

Hosches, Vient de l'ancien mot Gaulois *Olca*, dont parle Columelle au livre du ménage rustique, & signifie une terre proche de la maison qui n'est pas de grande contenuë, & sert aux commoditez quotidianes de la maison.

Granges, Sont dites du mot Latin *granaria*, parce qu'on y serre & loge les grains en gerbe.

Jardin, Vient du mot Tudesque ou Aleman *garten*, comme plusieurs autres actions usitées en France.

ARTICLE II.

Bordelage emporte directe Seigneurie : & à cause d'icelle Seigneurie tiers denier, retenuë, & retour és cas écheans & dessus declarez.

C'Est proprement en cette sorte de redevance que le Seigneur direct doit être dit le vray Seigneur : car le detenteur Seigneur util n'est que superficiaire. En telle comparaison quand les Loix parlent simplement du Seigneur, elles entendent le Seigneur direct & non le superficiaire. *l. si domus. §. ult. ff. de legat.* 1. *l.* 1. *ff. si ager vectig. vel emphyt. & l. hoc amplius. §. quæsitum. ff. de damno infecto.* Aussi la loy donne les action directes *in rem*, au Seigneur direct & au superficiaire les utiles, parce qu'il n'est pas vray Seigneur. *l.* 3. *§. penult. ff. de nov. oper. nunt. l. ei qui. ff. de servit. l.* 1. *ff. de superf.* Parce que le bordelier est seulement superficiaire, je croy qu'il ne peut sans le congé du Seigneur direct fouiller en terre pour trouver & établir de nouvel minieres ou perrieres : mais bien peut s'aider de celles qui d'ancienneté sont ouvertes, parce qu'il n'est pas Seigneur du fonds. *l. superficiario. & l. seq. ff. de rei vend.* & parce que que *in dubio* le bail qui luy a été fait est censé être selon la nature & état de la chose qui étoit au tems de la concession. *l. Rutilia Polla. ff. de contrah. empt. cap. quanto, extra, de censib.*

Retour, C'est reversion de bordelage en plusieurs cas, à faute d'hoir commun, par cessation de payement, à faute de réünir ce qui a été démembré.

ARTICLE III

POur bordelage est dûë une redevance annuelle qui est constituée en trois choses ; c'est à sçavoir en argent ; bled & plume, ou de trois les deux : & où lesdites trois especes y sont, ou les deux d'icelles, le contrat est reputé bordelier, & s'ils n'y sont il n'est tel reputé s'il n'y a convenance au contraire.

LA presomption de droit contenuë en cet article, fait connoître que les vrais bordelages sont ceux qui sont deûs sur les tenemens des champs. Aussi ordinairement les bordelages sont gros, & ont quelque correspondance avec les fruits, & n'est pas comme des cens, dont la prestation est petite, & plûtôt se paye pour reconnoissance de superiorité que pour la proportion des fruits, ny pour entretenir le Seigneur. La question est, si le detenteur bordelier debiteur de bled doit bailler du meilleur bled, du mediocre ou du moindre. Aucuns personnages de conseil, étant Seigneurs bordeliers, ont fait courir l'opinion vulgaire qu'il faut payer du meilleur. Mais je ne suis pas de cet advis ; mais me semble qu'il se doit dire que si le bordelage est deû sur un heritage qui ne rapporte point de bled comme maison, vigne ou pré, que le debteur se peut acquiter en baillant du bled mediocre : qui est le bled commun, selon la regle vulgaire quand le degré de bonté n'est pas designé qu'il suffit de bailler ce qui est de la mediocre bonté. *l. legato generaliter relicto, ff. de lega.* 1. *l. si quis argentum. §. similique modo. C. de donat. l. si duobus. §.* 1. *versic. censemus. C. commu. delegat.* & si le bordelage est deû sur terre propre à porter bled, il sera quitte en payant le bled tel qu'il sera creu en ladite terre, pourveu qu'il n'y ait rien de déchet en la bonté, venu de la faute dudit detenteur bordelier, c'est-à-dire, que le bled soit bien vanné & nettoyé, & ne soit vitié ny gasté, & à la charge s'il y avoit plusieurs terres qu'il ne choisira le moindre bled de toutes les terres. Car les bordelages, qui ordinairement sont gros, & ayans correspondance avec les fruits doivent être payez des mêmes fruits : & dit la loy que la redevance fonciere est la même charge des fruits, & à parler proprement ce sont les fruits qui doivent la redevance. *l. neque stipendium. ff. de impens. in res dot. fact.* & ne se faut arrester à ce qui est dit en la *l. si fidejussor. D. mandati*, où se dit qu'on est quitte en baillant du moindre bled, quand il n'est parlé de la bonté : mais audit cas le bled est dû *in genere* sans respect à aucun heritage, & icy le bled à correspondance avec les fruits tels que le detenteur peut & doit percevoir, c'est-à-dire, qu'un moyen ménager pourroit percevoir.

ARTICLE IV.

LE detenteur bordelier premier preneur, ou revestu du bordelage, qui cesse de payer la redevance bordeliere par trois ans continuels & consecutifs : pour ladite cessation commet la chose bordeliere au profit du Seigneur bordelier.

ARTICLE V.

DE même l'heritier ou successeur mediat ou immediat qui a commencé de payer par deux ans : depuis lesquels il cesse par trois ans à payer, il commet ledit heritage bordelier.

LEs circonstances mises en ces articles de PRENEUR OU REVESTU, qui a payé deux ans, sont pour démontrer que le detenteur contre lequel on veut exercer la Commise, ne peut être ignorant de la charge ny à qui elle est dûë, ny de quelle somme & quantité elle est : car pour commettre il faut que la demeure de payer soit avec mauvaise foy & vraye contumace. Donques si le maître de communauté a cessé de payer la redevance que luy & ses parsonniers doivent, j'estime que les parts desdits parsonniers ne seront commises, parce qu'il n'y a demeure ny contumace d'eux : & le maître qui n'a puissance d'allienner directement, ne peut obliquement par sa faute allienner les parts que ses parsonniers ont en l'heritage, & est noté *in l. jubemus nullam. C. de sacros. Eccles.* Ainsi se dit du tuteur : la cessation duquel ne produit pas la Commise : comme tient *Guido Papæ decis.* 435. *facit. l. 2. C. de fundis patrimon. lib.* 11. & quant à l'argument de la loy *si tutoris. C. de administ. tut.* on peut dire que ladite loy parle de la contingence du fait, & ne decide pas qu'ainsi se deût faire. Pour ladite opinion de *Guido Papæ* fait là *l. si ex causa. §. penult. ff. de minorib.* en y joignant la loy derniere. *C. in quib. caus. restit. in integr.* de cette Commise pour cessation de payement en emphyteose est traité, *in Auth. qui rem. C. de sacros. Eccl. & in l. 2. C. de jure emphyt.* Ainsi le conducteur d'heritage ou locataire qui defaut de payer par deux ans peut être expulsé. *l. quæro. §. inter & l. cum Domini. ff. locati.* La question est, si aucun a fait nouvelle prise de bordelage pour luy & pour son frere, ou pour autre non commun en biens avec luy absent; & cét absent decedé sans enfans ou sans hoir commun, habile à succeder en bordelage; à sçavoir si sa portion sera acquise au Seigneur. Bart & Alexand. *in l. si mihi & Titio. ff. de verb obligat.* disent si le bail est lucratif, que le droit est acquis au tiers absent par la *l. quoties. C. de donat. quæ sub modo* : & si à titre onereux qu'aucun droit n'est acquis à l'absent, selon la *l. fundus ille ff. de contrah. empt.* Au premier cas la portion du decedé seroit acquise au Seigneur; au second non : mais il me semble qu'en l'un & en l'autre cas tout le droit solidairement est demeuré en la personne de celuy qui present a fait l'acquisition; & que l'absent n'ayant accepté, n'y auroit rien lors de son decez : par consequent n'y a rien d'écheu au Seigneur par sondit decez. Car un bail à bordelage ne se peut dire titre lucratif à cause de la redevance annuelle qui est grosse, & l'obligation d'entretenir en bon état, & quand bien ce seroit titre lucratif, encores cét absent n'auroit droit *in re ipsa* sinon aprés l'acceptation, attendu que ce premier donateur auroit peu revoquer la donnation avant l'acceptation. *l. si quis hac. ff. de servis export.* & ainsi le tient Bart. *in l. fundum. ff. de actio empti. per l. si absentis. C. si certum pet.* & faut croire qu'il aura voulu revoquer plûtôt que de laisser aller la part de son frere au Seigneur. Aussi par l'Ordonnance de l'an 1539. les donnations non acceptées sont nulles, & auparavant ladite Ordonnance avoit été jugé par Arrest solemnel de la prononciation de Pentecôte l'an 1531. entre les Morliers freres, au Rapport du sieur Desnier Conseiller. Aucuns Docteurs ont tenu que si le Seigneur bordelier est debiteur envers le detenteur bordelier de pareille somme à laquelle se monte la redevance bordeliere pour trois ans, que la compensation se fait *ipso jure* pour empêcher la Commise, parce que la Commise est peine, & à cét effet on allegue la *l. si constat.* la *l. etiam. C. compens.* où se dit que la compensation se fait de soy-même, pour éviter le cours des usures qui sont au lieu de peine. Ainsi tient *Guido Pape decis.* 271. *Petr. Jacobi in tit. de act. in rem pro emphit. vers. item est notandum. Carolus Ruinus consil.* 148. *vol.* 1. mais celuy qui a fait l'annotation sur ladite decision *de Jacobi*, dit que *Guilielmus de Cugno*, celebre Docteur François, tient l'opinion contraire par la *l. in ca. C. de compens.* parce dit-il, que la debte du Seigneur est privilegiée, & là sont alleguées plusieurs raisons de ce privilege,

lege, pour montrer que le debat n'emporte de par soy compensation. Mais je croy nonobstant ce prétendu privilege, que la compensation y échet *saltem* par exception de dol : quand celuy qui est creancier comme Seigneur direct, & d'ailleurs est debteur, veut non seulement avoir ses commoditez & avantages, mais aussi avoir la destruction d'autruy en exerçant ce droit rigoureux de Commise, sans de luy-même se semondre à faire raison de ce qu'il doit. Puis les privileges de la *l. in ea* doivent être pris specialement és cas y declarez sans extension, puisque tous privileges sont contraires au droit commun. *l. etiam. ff. de* [illegible]*is libert. l. fideicommissaria. §. etiam. ff. de fideicom. libertat.* L'exception de dol est subsidiaire, & tient lieu de l'exception de convenance expresse ou tacite, *l. rescriptum. §. plerumque ff. de pact.* & faut presumer que celuy qui doit & à qui il est deû, ne demande pas ce qui luy est deû pour l'esperance qu'il a de compenser, & par la raison de la *l. 2. §. & generaliter. ff. de except. doli.* Autre question est si l'usufruitier de la Seigneurie directe pourra exercer la Commise en cas que les trois ans de cessation soient écheus durant le tems de son usufruit. Surquoy me semble puis que la Commise est la peine du contenement & contumace, & aucunement represente & succede au lieu de l'interest que le Seigneur direct a que ses affaires domestiques & sa dépense ordinaire fondée sur son revenu sont retardées & incommodées. Que l'usufruitier exercera ladite Commise, non pas par forme de consolidation, mais pourra faire bail des heritages sous la charge ancienne, & prendre en pur gain le profit de l'heritage par la raison de la *l. usufructu legato. vers. undè etiam. ff. de usufructu*, ou la proprieté de la maison ruïneuse est commise au profit de l'usufruitier de la maison voisine, à cause que l'incommodité & injure est faite personnellement audit usufruitier, & la Commise audit cas est la peine de la contumace. Autrement seroit si la reversion & consolidation étoit à faute d'hoir, ou à faute de reünir, ou en fief par faux aveu : esquels cas la reversion est au profit du proprietaire pour la proprieté, & de l'usufruitier pour joüir de la chose consolidée durant son usufruit. Quoy que le sieur du Moulin sur les Coûtumes de Paris, *§. 1. glo. 1. quest. 4. nu. 37. & seq.* & Guido Pape *quest.* 477. tiennent indistinctement en tous cas que la Commise est acquise au proprietaire. Mais il m'a semblé qu'il y a diversité de raison, & que la Commise à faute de payement est la vraye reparation de l'interest de celuy à qui on ne paye pas : pourquoy se peut dire que c'est le vray cas de ladite loy *usufructu*.

ARTICLE VI.

Et en chacun desdits cas led. Seigneur bordelier peut se dire saisi & possesseur, tout ainsi que s'il avoit possession actuelle de la chose, & pour led. droit à luy écheu par ladite Commise, peut intenter exploits, interdits & actions possessoires au cas pertinentes à lencontre du detenteur de lad. chose bordeliere.

ARTICLE VII.

Et s'il entre en la possession réelle & actuelle de ladite chose à luy commise, la possession dessus declarée sera par ce confirmée : toutesfois ne pourra de fait expulser ledit detenteur sans connoissance de cause, ou ordonnance de Justice, si autrement n'étoit convenu entre les parties

Par les loix de ce Royaume la saisine & possession sans apprehension de fait, à été introduite en plusieurs cas, même par cette Coûtume, contre ce qui est dit au droit Romain. *l. cum haredes. ff. de adq. poss.* & à bonne raison nos ancestres ont bien fait d'éviter les circuits & formalitez, & mettre toutes choses en expedient des promptitude, même quand le droit est apparent. Les cas pour la pluspart sont, en heredité, en commise bordeliere, en échoite bordeliere, en main-morte de servitude, à faute de mettre en main habile heritage de servile condition, en cas de manumission & franchise, droit de communautez entre mariez ; assignaux de la femme faits en particulier, en don mutuel entre mariez, toutes donations en contrat de mariage en faveur de mariez, en doüaire, pour l'executeur testamentaire. Ce qui est dit en cét article de la reversion & possession, s'entend aprés que le Seigneur a declaré sa volonté, *l. 3. ff. de lege commiss. Bart. in l. 2. ff. si ager vectig.* Aprés laquelle declaration l'effet de la Commise sera tiré en arriere, au jour que le cas de Commise est écheu par la raison de la *l. si tibi. §. cum servus. ff. de lega.* 1.

Expulser, Ainsi disent les loix & decrets en certains cas, quoy que la proprieté soit acquise par le ministere de la loy, toutesfois on ne doit expulser le detenteur, sinon aprés connoissance de cause. Comme quand le benefice est vacant de droit par inhabilité ou incapacité, quand les biens sont confisquez, *ipso facto* par la perpetration du delit, & autres *cap. licet Episcopus. de prebent. in 6. cap. cum secundum. de hæret. in 6.* ainsi se dit au fisque qui pretend l'heritage luy être acquis. *l. defensionis. C. de jure fisci. lib. 10.* Par la même raison est défendu à ceux qui ont inpetré benefices par devolut qui sont vacant de droit & non de fait, de s'entremettre en la joüissance jusques à ce qu'il y ait sentence de recreance ou diffinitive à leur profit, à peine d'être declarez décheûs de leur droit, par l'Edit de Blois, art. 46. & n'a-t'on accoûtumé d'ordonner sequestre à la poursuite du devolutaire, par Edit du Roy Henry du mois de Juin l'an 1550. quoy que les actions possessoires selon le style accoûtumé en France, soient sujetes à sequestre : ainsi voudrois-je dire au cas de present qu'en cas de Commise n'eschet sequestre. Chopin au traité *de previleg. rusticor. parte 1. lt. 3. cap. 1. num 2. in marg.* dit avoir été jugé par Arrest du 21. Janvier l'an 1564. que tel detenteur expulsé de fait, peut intenter le remede de reintegrande, qui correspond à l'interdit *unde vi.* Ce qui peut être fondé sur une pratique qui est observée en France, outre les regles du droit Romain, que les voyes de fait *etiam* pour la defense & tuition de sa chose sont defenduës. Ce qui est accompagné de grande raison, de tant que les voyes de fait amenent bien souvent des meurtres & autres perilleux inconveniens. En cét article est excepté, SI AUTREMENT N'ESTOIT CONVENU, mais encores en ce cas si le detenteur bordelier faisoit resistance par voye de fait, il ne faudroit exercer contre luy autre voye de fait sans permission du Juge, & par le ministere d'officiers de Justice, de peur de tomber aux mêmes inconveniens qui ont été rejettez par nos loix de France, & à ce fait la *l. creditores C. de pignor.* Ce que je dis de la permission de justice, quand il y a convenance expresse, n'est pas pour y appliquer connoissance de cause, n'y en faire procez ordinaire; mais pour y répondre par le Juge sur une simple requeste ayant veu la convenance par écrit. Le contenu en ces deux articles fait cesser la dispute des Docteurs, si la Commise a son effet, *ipso jure*, ou s'il faut attendre Sentence declaratoire, dont est traité par le Specul. *tit. de locato. §. nunc aliqua. & per Ludo. Roma. cons. 212.* & leur dispute vient de ce que le droit Romain n'a pas admis ces possessions de droit que nôtre Coûtume a introduites en plusieurs cas, même en celuy-cy de Commise : mais le temperament de la Coûtume est tres-juste qui ne permet l'expulsion de fait sans connoissance de cause. *ad instar*, de ce qui est dit audit chap. *licet Episcopus de prebend. in Sexto.*

ARTICLE VIII.

SI ledit detenteur avant que son Seigneur bordelier ait fait ses diligences, à sçavoir par adjournement sur ladite Commise, ou par prise de possession actuelle de ladite chose bordeliere, ou autrement : vient offrir & presenter payement à découvert desdites trois années échuës : sa demeure ou negligence, quand à ce, sera tenuë pour dûëment purgée.

LA purgation de demeure se fait la chose étant entiere, & quand le droit du Seigneur n'est en rien deterioré. *l. si servum. §. sequitur. & l. si ità quis. §. 1. ff. de verb. oblig. l. sed etsi ff. de constit. pecu.* & sont icy superfluës les questions si la demeure peut être purgée avant contestation : car dessors que le Seigneur a declaré sa volonté pour la commise, le droit luy est acquis, *ipso jure*, non seulement pour la proprieté selon le droit Romain. *l. commissoriæ. C. de pact. inter empt. & vend.* mais aussi pour la possession, car la Coûtume fait le Seigneur saisi. Cette declaration de volonté à sa forme prescrite par la Coûtume, ou par entremise & apprehension réelle, ou par ajournement : j'entens ajournement libellé avec delivrance de copie d'exploit, selon l'Edit de Roussillon, art. 1. & s'entend que pour purger la demeure, il faut offrir tout ce qui est deû, & offrir les especes en especes, car le Seigneur n'est tenu de recevoir partie. *l. tutor §. Lucius. ff. de usur.* Vray est que s'il avoit reçû partie des arrerages sans protestation, il auroit dérogé à la Commise. *l. de lege §. post diem. ff. de lege commiss.*

ARTICLE IX.

LE detenteur qui a commis l'heritage bordelier par ladite cessation triennale : nonobstant la Commise paye les arrerages du têms escheû avant ladit Commise, & s'il est mis en contradiction doit rétablir audit sieur bordelier, les fruits de ladite chose depuis la diligence commencé par ledit Seigneur, à la fin & conservation de ladite Commise.

DOncques la Commise est peine toute pure. Car si la peine étoit au lieu d'interest, le Seigneur outre la Commise ne demanderoit les arrerages. *l. si quis à socio.*

ff. pro socio. Autrement est quand la peine est apposée pour le contemnement & contumace, car audit cas on demande la peine & la chose: *l. si quis rem. ff. de recept. arbit. l. utrum in fine cum l. seq. ff. de petit. hæred.* Au cas de present la peine est pour la contumace & contemnement.

Paye les arrerages, En quoy il n'est pas interessé ny endommagé : car il a perçû les fruits, qui par destination expresse & essentielle sont chargez du payement de la redevance fonciere. *l. neque stipendium. ff. de impens. in res dot. fact.*

Restablir fruits emporte reintegrande, & non pas simple restitution, en sorte que le Seigneur pourra exercer la reintegrande que les Canonistes appellent *restitutionem spoliatorum*, avec les privileges de telle action, ou bien par fin de non recevoir si le bordelier intentoit quelque action, car tel est le privilege de la reintegrande ; que celuy qui a été spolié n'est tenu de répondre sur l'action qu'on intente contre luy, jusques aprés qu'il aura été reintegré, *cap. ult. extrà, de ordine cognit. cap. causam extra qui filii sint legit.*

ARTICLE X.

La redevance bordeliere dûë à certain jour, s'il n'y a lieu convenu, doit être portée en l'hôtel du Seigneur bordelier, pourveu que la chose bordeliere ne soit distante de l'hôtel dudit Seigneur bordelier plus de quatre lieuës : & s'il distoit outre, le detenteur n'est tenu de la porter audit hôtel, s'il n'étoit autrement convenu.

Si le jour du payement n'est apposé en la lettre de bail, il le faut prendre selon l'usance plus commune du lieu, *l. si finita. in princip. ff. de damno infecto.* Le terme plus commun est la Fête saint Martin, qui est aprés tous fruits recüeillis & serrez.

En l'hostel du Seigneur bordelier, C'est-à-dire, l'hôtel qui étoit lors du bail à bordelage. Et si le Seigneur bordelier ou son heritier changent de domicile, où il alliennat la Seigneurie directe à autre personne, j'estime que le detenteur ne seroit tenu porter plus loin qu'à ce premier domicile. Car le lieu du payement & le port de la redevance sont partie des charges du bail, & ne peut le Seigneur par son fait surcharger son tenementier outre son gré. Si la redevance est dépendante d'une Seigneurie ou d'un fief, semble être raisonnable que le bordelier porte & paye sa redevance au lieu Seigneurial, s'il y a manoir. Que si la survenance d'heritier n'a pouvoir d'immuër ou rien alterer de la nature & condition de l'obligation pour la rendre plus difficile au debteur, *l. 2. §. ex his. ff. de verb. oblig.* à plus forte raison la survenance d'un acquereur à titre singulier n'aura moyen de rien changer. Seroit assez expedient à la revision de la Coûtume de temperer cét article, en sorte que le bordelier ne fût tenu payer, sinon en dedans la Parroisse où est le tenement, où à une lieuë ou deux au plus, en distance de l'assiete du tenement, sinon que ce fût redevance dépendante d'une Seigneurie ayant droit de Châtellenie, qui ordinairement a grande étenduë. Selon la decision commune le cens se doit payer en la ville, au territoire de laquelle est l'heritage censier, *l. forma. §. si verò ff. de censib.* mais là est parlé des cens deûs à la Republique & non aux particuliers. Bald. *in l. ult. C. de condit. insert.* met cette distinction, que si la prestation se paye pour reconnoissance de superiorité ou honneur, il la faut porter en l'hôtel du Seigneur. *Vide Bart. in l. item illa. ff. de constit. pecunia.* sinon que le debteur doit payer chez soy : en aucunes Provinces les redevances sont requerables, & sont tenus les Seigneurs les envoyer querir chez ceux qui les doivent.

ARTICLE XI.

Le detenteur bordelier ne peut partir, diviser ou démembrer la chose ou choses bordelieres contenuës en un même bail ; posé qu'elles consistent en plusieurs pieces, s'il n'y a exprés consentement du Seigneur bordelier : & s'il y a partage, division ou démembration faite & attentée au contraire, elle est nulle, *eo ipso.*

ARTICLE XII.

Et peut le Seigneur bordelier enjoindre s[illegible] la Justice, ou s'il n'en a par la Justice du lieu, faire commandement audit detenteur, qu'il remette la chose ou choses en leur premier état dedans l'an & jour.

ARTICLE XIII.

Et ledit tems passé, à compter de la notification d'icelle injonction, lesdites chose ou choses bordelieres sont acquises audit Seigneur bordelier : & s'en peut dire saisi sans apprehension de fait pour intenter exploits & actions possessoires,

& comme en cas pareil est cy-devant declaré.

DEmembrer & partir, s'entend icy allienner une piece ou deux, faisans portion d'un tenement composé de plusieurs pieces, ou diviser une piece en deux ou trois portions, & en allienner l'une. Et semble que par ses articles n'est pas défendu d'allienner une quote portion par indivis, comme une moitié, une tierce ou quatriéme portion, comme *verbi gratia*, si le detenteur bordelier vend son tenement entier à un maître de Communauté en laquelle sont plusieurs parsonniers, (ce qui n'est aucunement défendu, & se pratique ordinairement) chacun des parsonniers ameublans y aura sa portion indivise telle qu'il a aux meubles : & de même si un acquereur de tenement bordelier délaisse plusieurs heritiers. Doncques le partage ou démembrement en pieces separées est défendu, parce qu'il engendre confusion & déreglement en la prestation de la redevance. Ce qui est remarqué *in l. communi. ff. commu. divid.* ou parce qu'avec le tems celuy qui a acheté une piece démembrée, se peut rendre exempt de la redevance qui est payée entierement par ceux qui detiennent le corps & principales pieces du tenement. Cét article s'entend de partage ou démembrement perpetuel, car les detenteurs qui ne sont communs parsonniers, pour plus facilement ménager leur labourage, peuvent faire des divisions & separations à tems au dessous de dix, vingt, ou trente ans : ainsi qu'il est dit, *in l. Cajus. §. Titius. ff. de lega.* 2. & nôtre Coûtume ne juge être allienation ce qui est temporel, au dessous de trente ans, *suprà*, des fiefs, article 32. ainsi dit-on que l'usufruit ne peut être cedé, mais la commodité de la joüissance peut être cedée. *l. si usufructus. ff. de jure dot.* si les detenteurs se sont ainsi accommodez par forme de division, sans prefixion de tems à l'égard d'eux, entr'eux je diray *in dubio*, que c'est une division precaire & revocable à volonté, & non pas perpetuelle & precise, afin qu'on la fasse valoir selon que bonnement elle peut valoir *l. quoties. ff. de verb. oblig. l. ubi. ff. de reb. dub.* En sorte que le premier d'entr'eux qui voudra resilir le puisse faire, pourveu que cela se fasse en tems & saison oportune, & qu'il rapporte son heritage en aussi bon état comme il étoit lors qu'il l'a pris, & ne peuvent ces detenteurs bordeliers alleguer la prescription l'un contre l'autre pour en avoir ainsi joüi par trente ans, parce que c'est de la nature du precaire qu'il se puisse revoquer à volonté, *imò etiam* par paction expresse il ne peut être fait irrevocable. *l. cum precariò. ff. de precar.* Or ce qui ne se peut faire par paction, ne peut être prescrit, car la prescription est fondée sur le consentement tacite de celuy qui tant de tems a enduré la chose en cét état, *l. cum post. ff. de jure dot. l. si sub specie. C. de postul.* aussi la Coûtume declare le partage nul, ce qui s'entend du partage perpetuel, comme dit-est, qui est nullité precise, partant la paction contraire est nulle, *l. non dubium. C. de legib.* ce qui est de la propre essence du contrat ne peut être prescrit.

COMMANDEMENT AU DETENTEUR, S'entend de l'ancien detenteur, & non du nouvel acquereur : car ces mots, AUDIT DETENTEUR, se rapportent au mot LE DETENTEUR, qui est au commencement de l'article precedent, aussi c'est luy qui est obligé au Seigneur direct par la loy du bail de conserver le tenement en son entier, & en démembrant c'est luy qui fait la faute pour laquelle est dûë la peine de Commise. Mais afin que la Commise soit executoire contre ce nouvel acquereur sans autre jugement, le Seigneur pourra le faire sommer pour le faire assister à la poursuite si bon luy semble, selon la raison de la *l. sæpè. ff. de re judic. l. de unoquoque. eod. tit.*

LESDITES CHOSE OU CHOSES BORDELIERES SONT ACQUISES, S'entend par droit de Commise, & tout le tenement n'est pas acquis & commis : mais seulement la piece ou les pieces démembrées, par l'argument de la *l. Paulus respondit si certa. ff. ad Senat. Conf. Trebell. l.* 1. *§. si duæ. ff. quod legat.* & *infrà* de doüaire article 11. si le detenteur qui a démembré remet & restablit ce qui a été demembré, ne sera deû profit au Seigneur bordelier, ny de la premiere allienation, qui est le démembrement, ny de la réunion, parce que le Seigneur n'a pas approuvé le démembrement, & en le reprouvant il se forclôt du profit qui est deû pour l'approbation. Si le Seigneur usant de Commise retient à luy la piece, il diminuera la redevance, *pro rata*, & si le Seigneur vouloit dire que la redevance est individuë, & se doit payer solidairement par chacun des detenteurs, par exception ou replication de dol, quoy que par le moyen de l'action *communi dividundo* le detenteur du reste du tenement, luy diroit que l'heritage qu'il retient à luy par la Commise, doit partie de la redevance, & que si le detenteur payoit le tout, le Seigneur seroit tenu luy faire cession contre les autres detenteurs, *infrà*, au chapitre des Rentes & hypoteques article 10. au nombre desquels detenteurs est le Seigneur, selon la regle vulgaire de la *l. vendicantem. ff. de evictionib.*

ARTICLE XIV.

SI les detenteurs bordeliers tiennent plusieurs choses bordelieres, d'un ou plusieurs Seigneurs, & par divers contrats, ils peuvent partir entr'eux, en maniere qu'à l'un aviendroit par le partage les choses contenuës en un d'iceux, ou plusieurs baux : & à l'autre en cas pareil.

En ce cas le Seigneur bordelier n'a aucun interest, car chacun tenement à sa consideration distincte & separée, & ne faut inferer de la commodité de l'un à l'autre, car ce sont heritages distans de par soy, & par destination du pere de famille n'ont aucune attente l'une à l'autre : laquelle destination de vray, fait que plusieurs corps distans & separez par nature, sont reputez un seul corps, *l. rerum mistura vers. tertium. ff. de usucap. l. si quis inquilinos, ff. de legat.* 1. & parce que les redevances sont distinctes, l'inconvenient representé en la *l. communi. ff. commu. divid.* cesse & ne peut avoir lieu.

ARTICLE XV.

Le detenteur bordelier peut amender, & ne peut empirer ou déteriorer la chose bordeliere, mais la doit tenir, entretenir, & délaisser en bon & suffisant état : en maniere qu'il ne peut transporter les édifices hors dudit bordelage, arracher ou abattre arbres fruitiers : convertir l'heritage en autre nature de pire & de moindre valeur : Supposé qu'il ait bâty lesdits édifices, planté les arbres, & fait les meliorations de son tems : & s'il fait le contraire, le Seigneur bordelier peut vendiquer les choses transportées hors de son heritage : & encores avoir recours à l'encontre dudit detenteur bordelier pour ses dommages & interest.

Cet article selon mon avis, doit être entendu avec temperament : autrement cette nature de redevance bordeliere seroit reputée une miserable & tyrannique servitude. Doncques est à considerer, que ce bordelage a beaucoup de proprietez tirées de l'emphyteose des Romains : Emphyteose est un mot Grec, signifiant l'amendement d'un heritage par plantation d'arbres : & se disoit proprement quand un Seigneur bailloit son heritage desert & inculte, à la charge de l'amander pour utillité perpetuelle, & l'entretenir, & à cette occasion est vraysemblable que les Seigneurs bailleurs faisoient meilleur marché, & prenoient la redevance annuelle moindre pour consideration des journées & frais que le preneur y devoit employer, & étant le bail ainsi fait, ou par paction tacite, resultante de ce qui étoit accoûtumé de faire, à bonne raison se disoit que le preneur emphyteote ne pouvoit ôter ny démolir ce qu'il avoit planté ou édifié : comme ayant fait ce à quoy il étoit obligé par contrats onereux. Quand l'heritage inculte & en friche est ainsi baillé par un beneficier, quoy que ce soit le patrimoine de son Eglise, pourveu que ce ne soit pas la principale & originale manse & dotation de son Eglise, n'y est requis decret du superieur. *cap. ad aures. extrà de reb. Eccles. non alien.* n'y par consequent le mineur ne seroit pas relevé de tel bail : car l'Eglise & le mineur sont comparez *cap.* 1. *extrà de interg. restit.* ainsi diray-je au bordelage que les arbres, les bâtimens, & autres meliorations que le bordelier aura faites selon que vray-semblablement & par avis de gens de bien, experts & connoissans, le tenement peut desirer pour la commodité dudit tenement & état d'iceluy : que le bordelier n'en puisse rien ôter, comme ayant été le detenteur obligé expressement ou tacitement à cette melioration. Mais s'il a fait des amandemens & meliorations de sa volonté, sans y être tenu, & outre son devoir, je croy qu'il en peut disposer librement : pourveu que ce ne soit par forme de mauvais ménage, ny en fraude: mais pour sa commodité particuliere, & en remettant par le bordelier l'heritage auquel il feroit la démolition en son premier & bon état : ainsi se dit du locataire de maison qui a ajoûté, uny & incorporé quelque chose à ladite maison : combien que par le moyen de l'incorporation cette chose ajoûtée fasse portion de la maison : toutesfois il la peut ôter sans endomager le corps *l. sed addes. §. si inquilinus ostium. ff. locat.*. comme s'il avoit dressé un vergier pour planter des sauvageons, & puis les enter pour les vendre, & en fit trafic ordinaire, ce seroit ménagement qui ne devroit être blâmé.

La question a été agitée quand l'heritage bordelier retourne au Seigneur, si le detenteur ou son heritier recouvre les meliorations qu'il a faites (ce que j'entens des meliorations faites outre ce que le detenteur expressement ou tacitement comme dessus, la commune distinction des Docteurs est si l'heritage retourne au Seigneur par la coulpe du detenteur qu'il perd ses meliorations : si par défaillance de ligne, que l'heritier les doit recouvrer. Cét la distinction de Specul. *titulo de locato. vers. nunc verò.* qui est suivy par Paul de Castre *consil.* 227. *vol.* 1. Selon nôtre Coûtume, il sembleroit qu'il n'y échet recompense selon cét. art. 15. à quoy fait ce qui est dit par Raphaël Fulgos. *cons.* 9. Toutesfois si ce detenteur bordelier se trouvoit debiteur non solvable, & il eût amandé l'heritage outre ce qu'il étoit tenu par la loy du bail, ou par la Coûtume, j'estime que les creanciers dudit bordelier, ou autres ayant interest devroient avoir leur recours contre le Seigneur, jusques à la concurrence de la valeur de l'amandement fait par le bordelier, outre ce qu'il étoit tenu, soit que le bordelage retourne à faute d'hoir, ou par Commise. Car quand aucun debteur demeure non solvable, ses creanciers peuvent exercer subsidiairement leurs actions utiles contre ceux qui se sont enrichis aux dépens du debteur non solvable, & outre l'equité naturelle, les autoritez de droit y sont *l. ult. ff. de eo per quem fact. fuerit quo min. & c. l. uxor. marito. ff. de donat. inter vir. & uxor. l. qui occidit. ff. ad legem Aquiliam.* Et par regle generale la loy donne l'action utile à l'effet que nul ne s'enrichisse avec le dommage d'autruy. *l. rescriptum. §. 1. ff. de distract. pign. l. et si quis. §. qui mandato. ff. de religios. & sumpt. fun. &c.*

Transporter les edifices, Quoy qu'ils fussent sur le seul, & ne tinssent à la terre & au fonds par maçonnerie ou autre matiere : car quoy que nôtre Coûtume les repute meubles, *infrà*, quelles choses sont reputées meubles art. 12. (ce que toutesfois il faut entendre avec temperament, comme il sera dit) toutesfois quand tels édifices sont bâtis pour l'utilité perpetuelle de l'heritage, lors ils sont portion du fonds à cause de la destination. *l. fundi. §. Labeo. ff. de actionib. empti.*

Arracher ou abatre arbres fruitiers, Soient de fruits domestiques servans à l'usage de la personne, comme poiriers, pommiers, soient pour la paisson des bestes, comme chénes faux : mais cela doit être entendu avec temperament, *verbi gratia*, si dedans une vigne tenuë à bordelage y a un noyer qui naturellement endommage la vigne, tant par son ombre spatieuse, épaisse & froide, que par la dilatation de ses racines, il pourra abatre ledit noyer, car le *seul* de la vigne n'est pas destiné pour tels arbres, s'il veut abattre de vieux arbres & il en vüeille édifier de jeunes pour substituer au lieu des autres faire le pourra, car l'usufruitier le peut faire. *l. agri. ff. de usufr.* & le simple conducteur. *l. in fraudem. §. conductor. ff. de jure fisci.* si c'est un bois de haute fustaye, qui étant coupé & gardé puisse devenir bois taillis & de coupe, il pourra couper & faire ce ménagement en delaissant huit ou dix bailliveaux pour arpent ; suivant l'Ordonnance : car ordinairement il vient plus de profit du bois taillis que du bois de haute fustaye. Si c'est un pastureau pour les bœufs, auquel de longtems soient survenus des chénes ou faux grands, quoy qu'ils soient en haute fustaye, il les pourra couper, car c'est bon ménage par double raison. L'une parce que l'herbe du pasturage sera meilleure, plus savoureuse & plus nourrissante pour le bêtail, n'ayant pas tant d'ombre : L'autre parce que la nature de l'heritage n'est pour arbres, mais pour herbe. Celuy n'est pas censé mal user qui ménage l'heritage selon son ancienne destination *l. ei qui §. ult. ff. de petit. hered.* aussi si le bois de haute fustaye est trop épais, il pourra couper quelques arbres par-cy & par-la pour l'éclaircir & bailler air : qui est amendement. Il pourra aussi s'il a besoin de bâtir couper de gros arbres, pourveu que le bâtiment soit aux appartenances du même tenement, car l'usufruitier peut ainsi faire, *l. arboribus. vers. materiam. ff. de usufr.* Pour le general sera consideré que l'article met pour regle, qu'il ne peut convertir l'heritage en autre nature de pire & moindre valeur. Dont resulte que toute mutation de la forme & espece de l'heritage ne luy est pas interdite.

Peut vendiquer, Il ne s'entend pas vendiquer par le Seigneur pour appliquer à son profit les matieres transportées, mais pour les faire rétablir au tenement, si c'est chose qui se puisse rétablir comme pierre de maçonnerie, bois de charpenterie & couverture. Si c'est chose non sujete à rétablissement comme gros chénes, ou autres arbres coupez, le Seigneur pourra les faire saisir & vendre par autorité de justice pour être les deniers employez à la satisfaction des dommages & interests du Seigneur, aprés qu'ils seront liquidez, & cependant les deniers être mis en depost : car l'arbre coupé ne pouvant aucunement être replanté, il faut par necessité venir à la satisfaction de dommages & interests. Le mot Vendiquer dépend du droits de Seigneur directe, selon lequel le Seigneur peut agir pour l'heritage tenu de luy, en ce qui concerne l'utilité perpetuelle d'iceluy, *l. inter quos §. damni. ff. de damno infecto.* mais si les materiaux du bâtiment démoly étoient déja appliquez à autre bâtiment qui déja eût forme de bastiment, on ne pourroit conclure à la démolition d'iceluy, selon la loy Romaine, *de tigno injuncto*, qui pour sa raison est digne d'être observée par nous : mais seroit l'action resoluë à dommages & interests ; pour lesquels le proprietaire de ce nouvel bâtiment, seroit tenu s'il avoit sçû que l'ancien bâtiment fût tenu à bordelage. *l. in rem §. tignum. ff. de rei vend. l. 1. ff. de tigno injuncto.* Si le bâtiment a été démoly par force majeure des gens de guerre ou par cas fortuit d'incendie, ou par vetusté, le detenteur ne sera tenu de reparer. Par argument de la *l. usufructu legato. vers. si qua tamen. ff. de usufr. & l. arbores in princip. eod. tit.*

ARTICLE XVI.

La chose bordeliere peut être délaissée par le detenteur bordelier quand il luy plaît, en payant les arrerages, tiers denier, & remuëmens si aucuns sont deûs : & en laissant ladite chose en l'état convenu ; ou en autre bon & suffisant : autrement n'est reçû ledit detenteur à délaisser simplement ladite chose bordeliere.

ARTICLE XVII.

Délaissement & renonciation simple de bordelage se doit faire à la personne du Seigneur bordelier, ou en jugement, appellé le Procureur dudit Seigneur, à ce qu'il serve & vaille au délaissant, & rendant les lettres si aucunes en a, dont il se purgera par serment.

IL a été traité cy-dessus de délaissement & deguerpissement d'heritage, au chapitre des Cens article 20. La question a été si aucun a acheté un heritage avec expression faite par le vendeur qu'il est allodial ou chargé seulement de cens, & il se trouve chargé de bordelage; si cét acquereur pourra quitter & délaisser l'heritage afin de n'être tenu de payer le tiers denier, disant que son intention n'a pas été d'acheter l'heritage comme tenu à bordelage, ou s'il sera tenu précisement payer le tiers denier. Aucuns ont donné avis & jugé qu'il pouvoit être contraint à payer le tiers denier, sauf son recours contre son auteur: mais je suis de contraire opinion, & croy que tel acheteur peut se développer en quittant l'heritage sans être tenu à aucun profit ny arrerages, sinon jusques à la concurrence des fruits par luy perçûs depuis le procez intenté, selon la *l. si fundus. §. in vendicatione, vers. interdum. ff. de pignor.* car étant acheteur de bonne foy, il a fait siens les fruits perçûs avant le procez intenté. Les raisons qui me meuvent sont qu'il est loisible resilir d'un contrat *etiam* qu'il soit de la nature de ceux qui sont dits nommez, quand la cause finale qui a meu d'acheter defaut, & n'est accomplie. *l. cum te. C. de pact. inter empt. & vend.* qui sert de limitation à la loy *incivile. C. de rei vendic.* la declaration de l'intention de l'acheteur a eté faite par exprés, quand il a acheté comme allodial ou tenu à cens, & parce que le dol du vendeur a donné cause au contrat, qui le rend nul. *l. & eleganter. ff. de dolo.* Et cette expression d'acheter un heritage allodial, & la consideration des rigueurs du bordelage font croire que la cause finale de l'achat, a été d'avoir heritage franc, par la raison de la *l. ex empto. §. si quis virginem. ff. de act. empt.* Nul ne dira que cét acheteur soit obligé personnellement, puis qu'il n'a jamais rien sçû de ce bordelage en achetant: le consentement exprés ou tacite est de celuy qui produit l'action personnelle, & n'y a rien plus contraire à consentement que l'erreur. Donques il est seulement tenu réellement comme detenteur, & en quittant l'heritage il devra être quitte, *ad instar* de l'action hypotecaire, à quoy se rapporte la nouvelle Coûtume de Paris article 102. bien crois je que les fruits extans, & non encores consommez par le detenteur, pourroient répondre des arrerages, aprés que le droit du laboureur auroit été pris preallablement, car les fruits doivent la redevance. *l. neque stipendium. ff. de impens. in res dot. fact.*

Arrerages, tiers deniers, Echeus de son tems, & pour le tems precedent n'en étant tenu personnellement, il est quitte en délaissant l'heritage, comme il a été dit sur ledit article 20. des Cens.

Renonciation simple, Est dit ainsi, *ad instar* des Benefices qui sont resignez és mains du superieur, sans dire en faveur de qui, car celuy qui vend ou donne l'heritage tenu à bordelage, le cede & renonce au profit de l'acquereur.

Appellé le Procureur, S'entend quand le Seigneur bordelier est Seigneur haut-Justicier, & à son Procureur Fiscal: car un simple Procureur *ad lites*, n'ayant charge que des procez, ne seroit pas personne capable pour recevoir cette renonciation.

La question a été, quand ce sont plusieurs detenteurs bordeliers, Seigneurs utils qui ont leurs quotes-portions indivises, si l'un pourra être reçû à quiter sans l'autre. Surquoy il me semble, si le bail a été fait à plusieurs preneurs, sans la clause de l'obligation solidaire, que l'un des preneurs pourra quitter sa portion: Mais s'ils sont plusieurs heritiers ou ayans cause d'un seul preneur, l'un ne peut quitter sans l'autre: cette distinction est prise de la *l. cui fundus. ff. de condit. & demonst.* & parce que la survenance de plusieurs heritiers ne divise pas & ne change pas l'obligation qui est faite par un seul, *l. 2. §. ex his. ff. de verb oblig. l. prætoria. §. incertam. ff. de prætor stipul.* mêmement quand la chose qui entre en obligation est individuë comme est un tenement à cause de la destination, & parce que la division ne peut être sans difficulté & sans grande incommodité, qui est autant que s'il ne se pouvoit diviser. *l. non amplius. §. ult. ff. de lega.* 1. & encores à ce que le Seigneur direct ne soit contraint outre son gré d'entrer en communion, & avoir un compagnon, qui est une consideration mise en la *l. si non sortem. §. si centum. ff. de condict. indeb.* Cette distinction peut être prouvée. *in l. quod si nolit. §. si plures. ff. de Ædil. Edicto.* où il est traité de plusieurs heritiers de l'acheteur, les uns desquels ne sont recevables à la red'hibition, & il faut que tous consentent à cause de l'interest du vendeur, auquel seroit incommodité de n'avoir qu'une part, selon la raison de la *l. tutor. §. curator. ff. de minorib.* Pourquoy faut qu'ils s'accordent tous ensemble de quitter, ou que tous s'en abstiennent. S'ils ne s'en peuvent accorder le Juge y pourvoira. *l. hujusmodi. §. ult. ff. de lega.* 1. & au Jugement pourra être appliqué la *l. majorem. ff. de pactis.*

ARTICLE XVIII.

POur succeder en bordelage sont requises deux qualitez à la personne de celuy qui veut y succeder. La premiere, qu'il soit heritier du défunt bordelier: La seconde qu'il ait été au tems de son decez commun avec luy: & s'entend commun par communauté coûtumiere ou conventuë, & en sera le Seigneur saisi, lesdites qualitez defaillans.

HEritier doit être icy entendu, non pas le plus prochain de la chair du défunt : mais le lignager qui avec les qualitez propres pour succeder en bordelage est le plus prochain, *ad instar*, qu'on dit que pour succeder aux heritages propres d'une ligne, le plus prochain qui est de la ligne succede, combien qu'il ne soit pas le plus proche de la chair, *ad instar*, aussi d'une distinction que font les Docteurs Ultramontains des heritiers communs & des heritiers feodaux, appellans les heritiers communs ceux qui sont plus proches à succeder à toutes sortes de biens, quand il n'y a aucun privilege ny particularité, & les heritiers feodaux ceux qui ont une qualité particuliere adjacente, qui les rend capables pour succeder en fief, sans laquelle qualité ils ne seroient capables, comme d'être descendu du premier preneur, à qui la concession du fief a été faite, quoy qu'il ne soit pas plus prochain pour succeder à autres biens. Ainsi en cét article devons nous dire l'heritier bordelier être celuy qui avec la qualité de commun parsonnier du défunt, se trouve le plus prochain lignager : quoy qu'il ne soit le plus prochain de la chair ny habile à succeder aux autres biens du défunt. Selon les loix Romaines, il n'y avoit qu'une sorte d'heritiers, & c'étoit par privilege quand aucun avoit plus d'une sorte d'heritiers, comme il se disoit de l'homme de guerre, qui à cause du privilege militaire, pouvoit avoir un heritier de ses biens castrenses & de milice, & un autre heritier des biens qu'ils appelloient paganiques, & de commun usage qui ne concernoient le fait de la milice, *l. heredes. §. 1. ff. famil. ercisc. l. si certarum. §. Julianus. ff. de militari testam.* cessant le privilege n'y avoit qu'une heredité d'une personne, & le plus prochain de la chair par la voye d'intestat emportoit toutes sortes de biens de quelque part qu'ils fussent procedez : & n'y avoit distinction des biens procedans d'une ligne ou d'autre, & comme dit Ciceron en l'Oraison *pro Cornelio Balbo*, les heritages n'étoient deferez par gent & lignage, selon les loix Romaines. En France est autrement ; car d'une seule personne peuvent être diverses sortes d'heritiers, & divers patrimoines, l'un pour les meubles, l'autre pour les heritages paternels, l'autre pour les maternels, un heritier feodal, un heritier bordelier, chacun avec sa qualité. Doncques celuy se dira heritier bordelier qui est parent de sang, & qui entre ceux qui sont ceux qui sont communs en biens, est le plus proche du défunt, du côté & ligne dont procede l'heritage. Aussi nous définissons l'heritier être celuy qui est le plus prochain habile à succeder, & ne se dit pas simplement le plus prochain, mais il se dit le plus prochain habile. Si donc le detenteur bordelier decede sans enfans, ayant son frere qui soit separé & demeure en autre communauté, & ayant son cousin germain qui soit son commun, ledit cousin sera heritier du bordelage, parce qu'il est le plus prochain habile à succeder en bordelage. En raison semblable Chopin au traité *de privileg. rustic. lib. 3. part. 3. chap. 8. num. 2.* dit avoir été jugé par Arrest, que le parent de regnicole demeurant en France plus éloigné, doit exclure le fisque en la succession d'un aubain étranger, combien qu'il y ait un parent plus proche aubain : ainsi il se dit qu'en la succession des heritages propres qui sont deferez aux lignes ; si la ligne dont ils procedent defaut, que l'heritier de l'autre ligne y succede, & à ce fait la Coûtume de Paris art. 330. La question a été grande entre les Avocats consultans de ce païs, si ce parent plus éloigné qui est heritier du bordelage, devra faire part au parent plus prochain ou aussi prochain qui n'est pas commun. Plusieurs ont été d'avis, & ç'a été la plus commune opinion depuis vingt-deux ans, que cét heritier commun est tenu de faire part à l'heritier non commun ; qui est aussi proche ou plus proche que luy, par ces raisons. L'exclusion du non commun est en faveur du Seigneur bordelier, comme il appert vers la fin de l'article : doncques le Seigneur n'y ayant interest, on y doit succeder comme aux autres heritages : l'autre raison est que la Coûtume de Bourgogne nôtre voisine a un article de cas semblable en main-morte, quand le défunt a laissé deux freres, l'un commun, l'autre non commun. La tierce raison est, que la porte étant ouverte au lignage par le moyen de l'heritier commun, à la suite de luy les autres non communs peuvent entrer *etiam* outre le gré dudit commun, par la raison de la *l. si post mortem. §. ult. ff. de bonor. poss. contra tab.* S'ils sont en pareil degré, comme est le cas de Bourgogne, il y auroit moins de difficulté : mais si le non commun est le plus proche, il sembleroit qu'il deût prendre seul, & le commun ne deût rien prendre : mais parce que le commun doit avoir sa qualité d'heritier avec effet, il faut qu'il ait part aux biens de l'heredité. Or étans tous deux concurrens, & chacun d'eux solidairement, l'un avec sa qualité de commun, l'autre avec sa qualité de plus proche, faut suivre la regle par laquelle il se dit qu'en concurrent chacun pour le tout, ils font part l'un à l'autre, & succedent par moitié. *l. si finita. §. si antè. ff. de damno infecto. l. verum. §. si cum tres. ff. pro socio.* Combien que j'aye long-tems tenu cette opinion entre les raisons susdites, & pour l'autorité de ceux qui l'ont tenuë semblable, toutesfois depuis en méditant à par moy il m'a semblé plus raisonnable de dire que le non commun soit tenu pour exclus précisement. Car cette loy rigoureuse semble être faite en faveur de la famille pour la conserver en union, même en ce païs où les ménages des villages ne peuvent être exercez, sinon avec grand nombre de personnes vivans en commun, & l'experience montre que les partages sont les ruïnes des maisons de village, & puis que la loy parle simplement, & que la presomption de son intention est, que ce soit pour conserver les familles afin qu'elle ne se separent, il semble qu'il faut suivre la loy telle comme elle est, & dire que le seul parent commun succede.

Ces mots Communauté, convenuë ou coûtumiere, ont donné occasion de beaucoup troubler les maisons de village de ce païs: même quand on a voulu mesurer ces communautez par les mêmes regles de la societé, dont est parlé au droit des Romains, titre *pro socio*, où il se dit que par la mort de l'un des associez, toute la societé est dissoluë, quoy que plusieurs restent en vie, & que la societé ne peut être pactionnée pour avoir lieu entre les heritiers, & que le pupille ne peut contracter communauté; mais il m'a toûjours semblé, que mal à propos on applique lesdites regles du droit Romain aux communautez des villages de ce païs. Car les societez dont est parlé au droit Romain, sont de negociation en laquelle la foy, l'industrie, & les moyens de chacun sont considerez essentiellement, pourquoy lesdites societez sont tres-personnelles: Mais les communautez dont parle cét article sont vrayes familles, qui font corps & université, & s'entretiennent par subrogation de personnes qui naissent en icelles, ou y sont appellées d'ailleurs. *l. pronuntiatio. §. familia. ff. de verb. signific. l. cum scimus, versus finem. C. de agricol. & cens. lib.* 11. Aussi en langage vulgaire on appelle communautez de Villes, Communautez de Chapitres, & autres Colleges: qui font corps esquels la subrogation se fait de par soy, sans declaration ou convenance particuliere, & les personnes subrogées ne font pas que ce soit autre Corps ou College, quoy qu'il n'y ait pas une des premieres personnes qui soit de reste: mais est toûjours un même corps & communauté. *l. proponebatur. ff. de judic. l. sicut. §. 2. quod cujuscumque univers. l. rerum mistura. ff. de usucap.* Bald. *in rubrica. C. pro socio* parle des societez Collegiales qui ne sont dissoluës par la mort d'aucuns. Et comme se dit és troupeaux de brebis, moutons, jumens, bœufs & vaches, qu'ils s'entretiennent par la survenance de nouveau croît, ou par bêtes qu'on y ajoûte d'ailleurs, & se disent être les mêmes troupeaux. *l. grege. ff. de pignor. l. grege. & l. seq. ff. de lega.* 1. ainsi en ses familles & communautez les enfans qui y naissent pour l'esperance de l'avenir, & ceux qui sont en âge de vigueur, parce qu'ils s'employent aux affaires de la famille presentement, & les vieux pour la souvenance & recompense du passé: tous sont censez être utiles, même necessaires pour la manutention de ces communautez, & pour être membres des corps d'icelles, & pour succeder en heredité les uns aux autres comme communs, tant qu'ils demeurent en une même famille, qui de soy-même s'entretient & conserve jusques à ce qu'il y ait partage par effet ou dissolution expresse: j'entens partage par effet quand ils tiennent chacun ménage à part, & ont leur pain & leur sel à part, par an & jour, par l'argument *infrà* des servitudes personnelles, article 13. & de la *l. itaque. ff. pro socio.* L'an & jour est à remarquer pour connoître la perseverance & certitude de propos, car quelquesfois surviennent des courroux & refroidissemens de concorde, & quand peu de tems aprés ils se rassemblent ils sont tenus comme non partis. En cas semblable dit la loy Romaine, *in l. plerique. ff. de ritu nupt. l. quod si non divortium. ff. de jure dot.* Doncques si aucuns de la famille étans pupilles par l'occasion d'une tutelle son éloignez de la maison, ou si aucun par étude ou service, ou autre occasion temporelle est absent, il doit être censé de la famille & communauté. *l. quæstum, & l. si ita legatum. ff. de lega.* 3. *l. cum de lanionis. §. Sabinus. ff. de fundo instruct.* Ainsi quand nous disons en cét article communauté convenuë, devons entendre de convention tacite ou expresse entre les de present parsonniers ou les predecesseurs de la même communauté, laquelle est censée se continuër entre leurs enfans de quelque âge qu'ils soient, tant qu'il n'y a point de partage ou chose equipollente à partage qui est de tenir ménage à part comme dessus est dit. La communauté coûtumiere est celle que la Coûtume introduit sans convenance: mais icy se doit entendre la communauté coûtumiere, non pas celle des quatre cas, esquels la Coûtume introduit communauté tacite, qui sont des mariez, des enfans avec le survivant pere ou mere, du gendre ou de la bru avec son beau-pere, & des deux freres majeurs de vingt ans: mais de la forme & maniere de la communauté, qui est ordinairement par la coûtume de meubles & acquests, c'est-à-dire, qu'ils ayent leurs droits mobiliers communs *ad instar*, que les communs ont accoûtumé d'avoir és communautez. Doncques en cét article la communauté coûtumiere doit être entenduë, non pas la tacite seulement qui est introduite par la Coûtume en certains cas: mais la sorte & maniere de communauté, qui selon l'usance commune est de meubles & conquests. Et la communauté commune doit être entenduë, non seulement celle qui a été accordée entre le défunt & le survivant: mais aussi celle qui a été convenuë, & accordée entre leurs predecesseurs, & s'est continuée entre leurs successeurs qui ont demeuré & vécu ensemble, vivans de même pain & sel, travaillans par ensemble, & mêlans leurs fruits & meubles. A cette decision pourra être rapporté ce qui est dit cy-dessous des main mortes, *ad instar* desquelles cét article de bordelage est introduit: car en fait de servitude pour succeder il suffit d'être demeurant en même famille.

ARTICLE XIX.

L'Article precedent n'a lieu quant aux descendans en ligne directe, étans au premier degré qui pourroit desormais succeder, posé qu'ils ne soient communs.

L'Ancienne Coûtume excluoit les enfans au premier degré s'ils étoient separez de leur pere lors de son deceds, *ad instar*, de la main-morte és servitudes, telle est encores la Coûtume de Bourbonnois és tailles réelles & bordelages. Cette nouvelle a temperé & adoucy la rigueur pour les enfans au premier degré : les neveux en ligne directe sont demeurez sujets à la rigueur de l'ancienne Coûtume, si leur pere ou leur mere, ou eux étoient separez d'avec leur ayeul, quoy que selon le droit ils representent : Ainsi fût jugé par Arrest pour M. Michel du Chemin, contre Perruchot tuteur de ses enfans, heritiers de Michel Torillion leur ayeul.

ARTICLE XX.

SI la chose bordeliere est baillée avec cette clause, party & non party, l'heritier non commun pourra succeder audit bordelage.

PARTY NON PARTY, C'est-à dire, quand par le bail ou reconnoissance, il est accordé que toutes sortes d'heritiers communs ou non communs, partis ou non partis, y puissent succeder, qui est la dispense de la rigueur du 18. article.

ARTICLE XXI.

LA chose bordeliere avenant au Seigneur bordelier par faute d'hoir habile, ou par autre voye procedante par voye & puissance de sa directe bordeliere, luy échet avec les fruits en l'état qu'elle est trouvée en l'instant de l'échoite.

SElon mon avis cét article ne se doit pratiquer quand le Seigeur use de retenuë bordeliere, mais audit cas le Seigneur doit être à party pareil, que le retrayant lignager, à l'effet de partir les fruits *pro rata* de tems comme sera dit, *infrà*, de retrait article 8. & se doit entendre cét art. quand par la Commise ou échoite à faute d'hoir, l'heritage retourne au Seigneur. Ce qui se dit icy des fruits se doit entendre de telle portion & droit des fruits que le bordelier eût pris s'il n'y eût eu reversion, car si un métayer avoit labouré à moitié ou un laboureur eût labouré la terre cessante à la charge du champart, le Seigneur ne devroit pas prendre la part & le droit du laboureur. La regle du droit Romain est, que les fruits sont portion du fonds, & ailleurs elle dit que tous fruits sont perçûs & appartiennent à cause du fonds, & non à cause de la semence. *l. qui scit. ff. de usur.* Laquelle loy a consideré tout purement le droit naturel, parce que les fruits sont produits immediatement par la terre, mais nos Coûtumes ont conjoint l'opperation de nature avec ce qui est du labeur, artifice & industrie de l'homme, & les ont mis en proportion pour attribuër à chacune opperation son droit, qui est la vraye justice. Suivant ce il est observé par cette Coûtume, que si aucun laboure terre d'autruy, vague, non labourée, sans avoir convenu avec le Seigneur proprietaire quelle portion du bled & fruits il luy donnera, neantmoins ce laboureur à droit de prendre & retenir par ses mains, ou les deux tiers, ou les trois quarts, ou autre portion de gerbes du bled, selon qu'est la Coûtume du lieu, & est quite en baillant au proprietaire, ou le quart, ou le tiers, ou autre quote-portiõ des gerbes, qui est le champart. Ce droit du laboureur, c'est la recompense de son labeur, du labeur de ses chevaux ou bœufs, & de sa semence. Cette portion qu'il prend ne se demande pas par droit d'action, comme chose à luy dûë, ou par droit d'hypotheque, auquel cas l'hypotheque seroit indubitable. *l. interdum. ff. qui pot. in pig. hab.* mais se prend par luy en droit de proprieté, comme se dit *infrà* des champarts, art. 1. où se dit que le laboureur est quitte en payant le champart, dont resulte que le proprietaire prend par les mains du laboureur. Ce qui a été introduit par nos majeurs en faveur du public pour inviter les bons ménagers de labourer & avertir les proprietaires nonchalans de leur devoir. Cette même faveur du bien public, & cette juste proportion du fruit de la terre, & du fruit du labeur de l'homme, & de son bêtail, & de son grain, fait que le Seigneur direct, qui par la reversion se prétend proprietaire des fruits ne se puisse dire proprietaire, sinon de la portion qui devoit revenir au proprietaire Seigneur util de la terre, sans qu'il ait aucun droit de proprieté sur la part du laboureur, parce que la part du laboureur n'est pas seulement à luy dûë *jure actionis sed jure proprietatis & possessionis.* Cette conjonctiõ des causes immediates & mediates qui produisent les fruits, est la raison de ce qui est dit *infrà*, chapitre de partage de gens communs, art. 2. & 3. qu'aprés les labourages faits les fruits se partent comme meubles entre les communs parsonniers laboureurs, & non selon les portions que chacun a en la proprieté des terres parce qu'on estime que le labeur de l'homme & de ses bœufs & de sa semence en juste estimation sont plus que le seul naturel de la terre, & en concurrence de plusieurs causes ou qualitez, la chose prend sa dénomination ou effet de la cause ou qualité la plus forte par l'argument de la *l. quaritur. ff. de statu hom.* de la *l. in rem. §. in omnibus ff. de rei vend.* Ainsi en aucuns cas la loy n'adjuge pas la proprieté d'un ouvrage au proprietaire de la matiere; mais à l'ouvrier par le labeur & industrie duquel la chose se trouve faite & mise en ouvrage. *l. si frumentum, vel l. idem Pomponius. §. 1. ff. de rei vend. l. adeò §. cum quis ff. de adquir. rer. domi. & §. cum aliena & §. si quis aliena instit. de rerum divis.* & souvent avient que l'œuvre de l'homme est plus que la matiere. *l. §. si quis aliena* : qui est ce que dit le Poëte Ovide d'un excellent ouvrage *materiam superabat opus.* Ce qui se dit proprement quand la chose qui est produite & faite est individuë comme une peinture : Mais au cas de present les fruits sont divisibles facilement & proportionablemẽt par prix & mesures. Pourquoy il me semble que le Seigneur en cas de reversion doit endurer que le laboureur à champart, ou le métayer, ou l'accenseur prenne & retienne le droit, part & portion qu'il a és fruits, & que le Seigneur a peu produire selon l'analogie susd. & selon que le bordelier l'eût prise. Selon la raison susdite, je diray que le commun parsonnier qui a contribué de son labeur, de son bêtail, & de ses bleds pour faire venir le bled qui se trouve lors de l'eschoite en la terre tenuë à bordelage par l'un des communs parsonniers, prendra sa part telle qu'il eût prise, si le défunt bordelier eût vécu. Et encores à cause de son attente & destination conforme à nature & à la societé des hommes, à ce qu'il ne demeure dépourveu de bled pour sa nourriture en l'année suivante. Sera icy remarqué, que *etiam* selon les loix Romaines, les fruits se disent être ce qui reste aprés les impenses deduitesqui se fõt pour faire que la terre produise les fruits pour cueïllir & garder. *l. si à domino §. ult. ff. de petit. hæred. l. fructus ff. soluto matri.* Doncques quand l'article dit que les fruits viennent au Seigneur bordelier, elle entend de ce qui reste pour le droit du detenteur bordelier, aprés la déduction du droit de celuy qui a aidé à les faire venir. Par la même consequence & analogie se peut dire que la veuve du detenteur bordelier decedé, prendra la moitié des fruits comme elle eût eu s'il ne fût avenu échoite, si tant est que le labourage & les semences ayent été faites aux dépens de la communauté, ce que dessus est dit pour la proprieté des fruits. Mais si aucun avoit prêté du bled avec speciale destination pour être semé en cet heritage bordelier qui depuis auroit été acquis au Seigneur, je dis que ce creancier à son hypotheque privilegiée au préjudice du Seigneur bordelier, pour être payé du prix du bled ou pour recevoir la part des fruits qui auroit été convenuë lors du prêt du bled sans fraude selon ladite. *l. interdum*, & la *l. hujus ff. qui pot. in pign. hab.* & par la raison generale que nul ne s'enrichisse avec le dommage d'autruy, *imò etiam*, qu'il n'y eût aucune convenance ; & se trouvât que son bled y eût été employé, & le défunt bordelier fût decedé non solvable, ledit creancier de bled devroit avoir son recours sur les fruits provenus de son bled par action utile subsidiaire. *l. ult. in princip. ff. de eo per quem factum erit. l. Titio centum. §. ult. ff. de cond. & demonst.*

ARTICLE XXII.

L'Heritage bordelier écheant audit Seigneur par ladite voye, le Seigneur bordelier peut avoir son recours contre le detenteur precedent, ou ses heritiers : pour ses interests quand la chose n'est en état suffisant : Et s'il n'y a heritiers il se pourra adresser contre les biens tenans.

CEt article s'entend quand la deterioration est avenuë par la faute du dernier detenteur qui n'a fait ce à quoy il étoit tenu comme si par faute de faire les menuës reparations en tems deû, la grosse ruïne est avenuë, ou s'il n'a fait les bâtimens qu'il a promis faire. Car si la ruïne étoit avenuë par force ou violence majeure, comme de feu du ciel, ou passage de gens de guerre, ou autre cas fortuit, sans la coulpe du detenteur, je croy que le detenteur, ny ses heritiers n'en seroient tenus selon la regle de droit que la perte de chacune chose avenuë par cas fortuit est au peril de celuy à qui elle appartient. *l. si plures in fine. ff. depos. l. pignus C. de pignor. act.* ainsi le Seigneur direct perd le droit qu'il a en la chose, & le Seigneur util perd aussi son droit. Bien seroit raisonnable si le detenteur bordelier vivoit, & joüissoit encore du tenement qu'il peût être contraint d'employer partie de son épargne des fruits du tenement pour reparer ou bien quitter le tout, par l'argument de la *l. cum fructuarius* & la loy suivante *ff. de usufr.* Aussi si la ruïne étoit avenuë avant la joüissance du dernier detenteur, ou de celuy duquel il n'est heritier : c'est-à-dire, que lors de son acquisition à titre particulier, l'heritage étoit déja en ruïne, il me semble que l'heritier de ce dernier detenteur ne seroit tenu de reparer, car par action personnelle le detenteur n'est tenu sinon des ruïnes avenuës de son tems, ou du tems de celuy duquel il est heritier, comme il n'est tenu des arrerages & profits qui ne sont écheus de son tems : & par action réelle il ne peut être tenu, puis qu'au moyen de la reversion il n'est plus detenteur.

CONTRE LES BIENS TENANS) Par action hypothecaire, si tant est que le detenteur eût reconneu, ou a ce se fût obligé pardevant Notaire de Cour Laye : car selon l'usance de ce Royaume, tous contrats reçûs sous séel authentique de Cour Laye, emportent hypotheque & obligation des biens de celuy qui contracte pour accomplir ce qu'il promet. Les Notaires de Cour Ecclesiastique ne peuvent recevoir contrats qui emportent hypotheque expresse ou tacite, car par regle generale en France, la jurisdiction Ecclesiastique n'a droit de s'entremettre en ce qui est de realité. Cessant ladite hypotheque expresse ou tacite, la simple detention des heritages qui auroient appartenu au bordelier, ne causeroit pas une hypoteque, ny un droit réel : mémement si ce detenteur avoit acquis à titre onereux. Car s'il avoit acquis à titre lucratif, l'heritage ayant appartenu au detenteur bordelier, il pourroit être tenu pour les obligations d'iceluy bordelier, par l'action revocatoire de ce qui a été allienné en fraude des creanciers, si ledit bordelier étoit mort sans heritiers, ou fût non solvable, quoy que tel acquereur à titre lucratif ne fût participant de fraude. *l. quod autem. §. simili modo. ff. quæ in fraud. cred. l. ignoti. C. eod.* Ce qui se dit icy s'il n'y a heritiers, doit être entendu, s'il y en avoit qui ne fussent solvables, car cette adresse contre les biens tenans, c'est-à-dire, contre le tiers detenteur par action hypothecaire, desire une discussion preallable suivant l'Auth. *hic si debitor. C. de pignor.*

ARTICLE XXIII.

SI un bordelier vend l'heritage qu'il tient à bordelage, le Seigneur bordelier en a la retenuë en payant le sort principal de la vente, avec les loyaux coûts & frais raisonnables, ou le tiers denier du prix de ladite vente ; c'est à sçavoir, de dix livres tournois, cent sols, parceque le tiers denier se prend outre le prix, & en montant : & de plus plus, & de moins moins.

LE TIERS DENIER, En montant se dit icy selon la proportion, & par la raison du quint denier, dont il est parlé cy-dessus au chap. des Fiefs art. 21. Selon l'établissement des emphyteoses (dont a été beaucoup emprunté pour l'appliquer aux bordelages) le detenteur emphyteote ne pouvoit allienner sans le congé du Seigneur direct, ou sans requisition pour rendre le Seigneur le premier refusant, à peine de Commise. *l. ult. C. de jure emphyt.* Ce qui a été retenu par la Coûtume de Bourbonnois aux bordelages & tailles réelles. Nos ancestres par composition generale ont arbitré le prix selon lequel le Seigneur devroit vendre son consentement : qui en effet est la moitié de ce que le bordelier reçoit en vendant, que l'on appelle tiers en montant. Car les deniers que le vendeur reçoit, & la part que le Seigneur prend, tout cela assemblé, c'est le vray prix de l'hommage, & le Seigneur en prend le tiers : Ce qui est bien rude, mais la loy est telle.

ARTICLE XXIV.

LE Seigneur bordelier usant de retenuë doit rembourser l'acquereur du sort principal & loyaux coûts.

C'Est la repetion de ce qui est dit cy-dessus en l'article prochain. Et au chapitre des Cens, art. 6. & se rapporte *infrà* à l'article prochain.

ARTICLE XXV.

ES cas esquels en matiere feodale & censuelle, quints deniers, lods & ventes, & retenuë respectivement ont lieu : pareillement ont lieu en matiere bordeliere, tiers denier & retenuë respectivement ; *& econtrà.* Sauf quant à l'Eglise, laquelle en matiere censuelle n'a retenuë : & l'a en fief & bordelage.

ON peut excepter que le detenteur bordelier ne peut outre le gré du Seigneur vendre rente sur son tenement, ny le bailler à rente. Et le detenteur censier le peut faire : aussi que le lignager est preferé au Seigneur feodal, ou censier, usant de retenuë ; & en bordelage, le lignager pour le retrait n'y a que voir, *infrà*, de retrait, art. 20. cy-dessus a été traité de la retenuë que l'Eglise a en bordelage & en fief, des cens, art. 8.

ARTICLE XXVI.

QUand aucun a tenu par trente ans la Seigneurie utile d'un heritage à quelque titre que ce soit, le Seigneur direct, ou celuy à qui la redevance appartient ne le peut contraindre de montrer son titre, ou à faute de celuy ôter ledit heritage, ou l'inquieter en iceluy : mais bien le peut contraindre de passer nouveau titre & reconnoissance.

LA raison de cét article est, que par trente ans les parties casuelles des profits Seigneuriaux sont prescrites cy-dessus, des Fiefs, article 16. & des Cens, article 22. pourquoy de cét article faut excepter l'Eglise qui ne reconnoît autre prescription que de quarante ans, & les mineurs & autres privilegiez, non sujets à la commune prescription. Doncques cét article doit être entendu quand le Seigneur requiert exhibition de titre, à l'effet de recouvrer quelque partie casuelle de droits Seigneuriaux ; mais si le Seigneur requiert exhibition de titre pour être instruit, & connoître qu'elles pieces sont tenuës de luy, & à quelles charges, semble que le detenteur peut être contraint d'exhiber au Seigneur les titres qu'il a, & se purger par serment s'il en a, & si par dol ou fraude il a délaiſſé de les avoir. Ce qui ſe peut dire en conſequence de ce qui eſt porté en la fin de l'article, que *etiam* aprés trente ans le Seigneur peut contraindre de reconnoître, & au même effet exhiber titres: laquelle exhibition à l'effet de la reconoiſſance eſt une clauſe ordinaire aux lettres Royaux qu'on obtient en Chancellerie pour faire les terriers, & y eſt ainſi ordinaire la clauſe de contraindre à ce les detenteurs par ſaiſies de biens, même des heritages mouvans de cette Seigneurie directe. De vray c'eſt contre la regle commune de contraindre autruy à declarer & exhiber ſon titre. *l. cogi. C. de petit. hered. l. ult. C. de edendo.* mais en cela les Seigneurs ſont privilegiez, parceque les detenteurs ont droit des Seigneurs à cauſe de l'ancienne & premiere conceſſion, & encores parceque tels titres, encore que les corps d'iceux ſoient propres à ceux qui les ont tirez des mains des Notaires, & les ont payez. *ut per gloſſam in l. diſſolutæ. C. de condict. ex lege.* toutesfois l'utilité & l'effet qui reſulte de tels inſtrumens eſt commun, tant au Seigneur direct qu'au detenteur Seigneur util: pourquoy le Seigneur direct en peut requerir exhibition. Ainſi eſt dit, *in l. prætor. in ff. princip. ff. de edendo.* & comme ſe diroit d'inſtrumens communs. Ce qui s'entend en cas que le Seigneur ſoit reconnu Seigneur, ou qu'il ait moyen d'en verifier promptement: car ceſſant cela il ſeroit ſans privilege, & ſeroit aux termes du droit commun, ſelon lequel nul deffendeur n'eſt tenu de montrer ſes titres à un demandeur.

Luy oster, D'icy peut être tiré un argument, que ſi le detenteur eſt ſans titre: & il n'ait pas joüi trente ans, que le Seigneur peut l'expulſer par autorité de juſtice, avec connoiſſance de cauſe: & que le Seigneur n'eſt tenu le reconnoître pour tenementier, & par conſequent que la joüiſſance nuë ne le continuë pas en poſſeſſion pour ſe dire ſaiſi contre le Seigneurs, & l'empêcher d'exercer ſes droits Seigneuriaux: entre leſquels eſt le pouvoir de ſe remettre en ſon heritage, à faute de tenementier à luy conneu, *ſuprà*, des cens, article 13. & 14.

Reconnoissance, Puis que le Seigneur peut contraindre de reconnoître aprés la joüiſſance de trente ans, reſulte que la ſeule joüiſſance ne ſert pour acquerir par trente ans la liberté de l'heritage, & le rendre exempt de la redevance, dont il a été parlé cy-deſſus, des Cens article 22. Par cette Coûtume le Seigneur peut contraindre le detenteur à reconnoître. A quoy s'accorde Guido Pape *deciſ.* 417. on allegue le *§. emptoribus in Auth. de non alien.* & la gloſ. *in Auth. ſi quas ruinas. C. de ſacro. Eccleſ.* Mais quand il n'y a point de nouvelle mutation de la part du detenteur, & qu'il n'eſt deû profit, la reconnoiſſance doit être aux dépens du Seigneur qui la requiert, parce qu'elle eſt à ſa ſeule utilité, par argument de la *l. eos. §. ſi quis autem. C. de appell. l. prætor. in fine cum lege ſequenti. ff. de edendo.* & ainſi eſt dit en la Coûtume de Bourbonnois article 420. Sera auſſi noté quand le Seigneur reçoit ſa revance, qu'il peut contraindre celuy qui paye de paſſer quittance double, pour ſervir à luy Seigneur de reconnoiſſance & au detenteur de quittance. *l. ſi plures. C. de fide inſtru.* L'expedient eſt, que la quittance ſoit reçuë par Notaire, & que le Notaire en faſſe regiſtre à ce que l'on en puiſſe tirer des extraits, & ſerve de perpetuelle memoire. Dont eſt tirée la doctrine de Bald. & Salicet, *in l. acceptam. C. de uſur.* que le Seigneur peut refuſer le payement qui luy eſt offert par un tiers au nom du detenteur, parce que le tiers peut bien payer au ſimple effet de liberation. *l. ſolvendo. ff. de nego. geſt.* mais non pas payer à l'effet de valoir reconnoiſſance.

ARTICLE XXVII.

Si durant la communauté de pluſieurs communs, ou parſonniers l'un d'iceux prend un heritage à bordelage: les autres communs & parſonniers y ont part, & la peuvent prétendre à l'encontre du preneur: mais non à l'encontre du Seigneur qui n'eſt tenu d'y conſentir ſi bon ne luy ſemble: & en cas de diſſentement dudit Seigneur, ledit preneur eſt tenu de recompenſer ſeſdits autres communs & parſonniers.

Y Ont part, *ipſo jure*, & ſans autre declaration, ceſſion ou tranſlation, par cét article, & l'article 3. *infrà* des Communautez & Aſſociations, non ſeulement pour la proprieté, mais auſſi pour la poſſeſſion, afin que les parſonniers puiſſent ſe dire ſaiſis, ſelon la raiſon de la *l. 2. ff. pro ſocio.* La portion indiviſe étant une fois acquiſe au parſonnier ne peut pas être venduë, *etiam* par le maître de la communauté qui a fait l'acquiſition: car le maître de la communauté n'a puiſſance libre qu'en l'adminiſtration des meubles. La maîtriſe du mary és meubles & conqueſts de la communauté eſt plus forte: car il peut allienner les conqueſts faits durant le mariage ſans le conſentement de ſa femme, *infrà*, des droits appartenans à gens mariez art. 3. mais le mary eſt non ſeulement maître, lequel mot emporte adminiſtration avec ſuperiorité, mais auſſi eſt nommé Seigneur par la Coûtume, *ſuprà*, des confiſcations art. 4. qui emporte droit de proprieté.

A l'encontre du Seigneur, Cét article eſt rude ſi on l'entend en une ſimple inveſtiture, parce que le Seigneur ne prendroit pas ſon tiers denier plus haut, quand pluſieurs ſeroient inveſtis que quand un ſeul: & l'intereſt pourroit être en l'expectation d'un triſte évenement, ſi l'acquereur decede ſans hoir commun: mais la loy eſt telle. Toutesfois ſi le Seigneur vray-ſemblablement ſçait que cét acquereur par luy inveſti ait des communs parsonniers, & qu'il soit maître de la communauté, ou qu'il soit marié, comme pour être le Seigneur voisin, sembleroit que le Seigneur devroit être reputé avoir investi cét acquereur pour luy & ses parsonniers, ou pour luy & sa femme, afin qu'il ne semble que le Seigneur ait voulu aider & participer à la fraude qu'auroit faite le maître de communauté, ou son parsonnier : pour éviter laquelle suspicion les loix ont bien souvent presupposé avoir été fait ce qui n'a pas été fait, & par honneur devoit être fait. *l. rem alienam. in fi. ff. de pignor. act. l. 1. C. de dolo.* & encores parce que tous contrats doivent recevoir interpretation selon que vray semblablement les parties ont entendu, & selon qu'il est accoûtumé d'être fait, & qui doit être fait. *in obscuris. 9. & l. semper 35. ff. de regul. jur.* Ce que dessus a plus d'apparence quand c'est une simple investiture. Mais si c'est un nouveau bail fait par le Seigneur, l'article a moins de rigueur, parce que le Seigneur ne voudroit pas si facilement faire bail à quatre comme à un seul.

Parsonniers, Les Ecrivains qui ont transcrit se sont abusez, estimans que le mot vienne de personne, car le mot d'une ancienne diction Françoise Parson, qui est diminutif de part, comme garçon de gars, enfançon d'enfant; ainsi parsonnier se dit celuy qui a part en la communauté. Ou bien est derivé du Latin *portio* qui signifie part, comme qui diroit portionnaire, portionnier.

ARTICLE XXVIII.

Bordelage, tiers denier, retenuë, & autres droits appartenans au Seigneur direct, sont prescriptibles, comme il a été dit cy-dessus en censive.

Icy faut repeter ce qui a été dit des cens, article 22.

ARTICLE XXIX.

En heritage tenu à bordelage, la veuve, soit franche ou serve, ne peut prétendre doüaire au préjudice du Seigneur.

La raison est que le Seigneur util ne peut obliger ny affecter sa Seigneurie utile sujette à reversion sinon pour autant de tems qu'elle doit durer. *l. lex vectigali. ff. de pignorib. l. si finita. §. si de vectigalibus. ff. de damno infecto* : Doncques si le detenteur decede sans heritiers habiles à succeder en bordelage, la veuve est frustrée de son doüaire. Mais si de plusieurs enfans l'un se dit heritier, *statim* le doüaire sera acquis à la veuve avec toute efficace : & si l'enfant vient aprés à deceder, ou par restitution en entier, soit reçû à repudier l'heredité, le doüaire ayant une fois été acquis à la veuve luy demeurera. Par l'argument de la *l. nec enim. ff. de itinere actuque privato. l. 1. §. prodest. ff. quod legat. & l. si post mortem. §. ult. ff. de bon. poss. contra tab.* Aussi parce que la restitution en entier ne change rien de ce qui a été fait de bonne foy avant qu'elle fût obtenuë. *l. 2. ff. de separ. l. si non expedierit. §. 1. ff. de bonis auct. jud. possid.* Aussi que celuy qui une fois a été heritier, quoy qu'il soit restitué en entier demeure toûjours heritier, quoy que l'on le tienne exempt des charges. *l. ait. §. sed quod Papinianus, in fine. ff. de minorib. l. 3. §. qui fideicommissum ff. de hared. instit.* En ce cas peut être appliqué le remede qui ensuit. Si le pere donne entre vifs à son enfant un heritage tenu à bordelage, il n'est deû profit au Seigneur, *suprà*, des fiefs art. 33. & 34. & au present chap. des bordelages art. 25. mais la donnation doit être insinuée au Seigneur bordelier durant la vie du pere, avec délivrance de copie signée d'icelle, & requisition d'être investy : ce que le Seigneur ne peut refuser. De même diray-je, si le pere insinuë au Seigneur bordelier le contrat de son mariage contenant constitution de ce doüaire coûtumier : les enfans aprés le decez du pere pourront prendre le doüaire sans se dire heritiers de leur pere, comme en cas de donnation (car le doüaire est *ad instar* de donnation faite par le pere à ses enfans, de fait tient lieu de legitime, & est censé heritage paternel, comme sera dit cy-aprés) à cette suite la veuve au préjudice de ses enfans pourra prétendre son doüaire, puis que le Seigneur bordelier n'aura moyen de la contraindre, & selon ce moyen on peut s'asseurer contre la rigueur de cét article.

ARTICLE XXX.

Desormais bordelage ne pourra de nouvel être creé, chargé ny constitué sur maisons, & autres heritages assis en la Ville & Cité de Nevers, ny pareillement les autres Villes du païs de Nivernois : à ce que les detenteurs desdits heritages soient plus enclins à bâtir heritages, & que les ruïnes, démolitions & fautes d'édifices, avenuës au moyen de la grande charge desdits bordelages, soient amandée & reformées par reparations & édifices nouveaux. Toutefois si les bordelages déja creez échéent aux Seigneurs bordeliers par faute d'hoirs ou autrement, ils les pourront bailler à ladite charge, & remettre en l'état qu'ils étoient, si bon leur semble.

LA raison de cét article fait assez connoître que les bordelages sur maisons de Villes sont pernicieux au public, entant que la charge & la rigueur d'iceux est cause que les Villes sont mal bâties. Les Romains ont fait plusieurs loix pour détourner les proprietaires de difformer les édifices, & pour les contraindre à bâtir & reparer les ruïnes. *l. citra. ff. de lega.* 1. *l.* 2. *C. de edif. privat. l. ad curatores. ff. de damno infecto. l. præses* 5. *ff. de offic. præsid.* Mais parce que cét article n'apportoit remede que superficiairement & par apparence, attendu que la Ville de Nevers lors de cette Coûtume étoit déja toute oppressée & foûlée de bordelages, Monseigneur Ludovic de Gonzague Duc de Nivernois, continuant l'excellente & vraye paternelle amour qu'il a toûjours portée envers ses sujets, & desir qu'il a d'embelir cette Ville de Nevers, a obtenu trois Arrests au Privé Conseil du Roy, pour l'extinction de cette redevance bordeliere sur les maisons & places de cette Ville de Nevers, & commutation d'icelle en censive & rente fonciere. Qui sont des 16. Aoust 1577. 14. May 1578. & 2. Juillet 1579. par ce dernier l'indemnité des Seigneurs bordeliers est arbitrée; à sçavoir, quant au bordelage simple qui n'est pas sur cens d'autruy, l'augmentation de la redevance est du tiers, comme de quarante sols de bordelage, soixante sols de cens, ledit tiers rachetable quant aux lais seulement au denier vingt-cinq. Le bordelage party & non party, converty en cens avec augmentation de six à sept, comme de soixante sols à soixante & dix sols. Le bordelage chargé sur cens converty en rente fonciere avec augmentation du tiers, ledit tiers rachetable au denier vingt, sauf à l'Eglise. Et les lods & ventes de ce qui est converty en cens sont mis au sixiéme denier, qui est de trois sols quatre deniers pour vingt sols. Cét Arrest a été donné aprés que les parties ayans interest furent oüies; ce ne doit être estimé autre que devoir de Jurisdiction ordinaire, car quand il est question du bien public, on peut contraindre les particuliers à vendre ou allienner leurs heritages. *l. item si verberatum.* §. *et si fortè. ff. de rei vendic. l. Lucius. ff. de evict.*

CHAPITRE VII.

DES RENTES ET HIPOTHEQUES.

ARTICLE I.

TOus heritages sont censez & presumez francs & allodiaux qui ne montre du contraire.

CEt article lors de l'assemblée des Etats ne fut passé pour Coûtume arrestée, mais sur le contredit, le renvoy en fut fait à la Cour de Parlement pour le decider, comme il appert par le procez verbal entier de la Coûtume. Puis que ce n'est pas Coûtume arrestée en ce païs, il faut sçavoir quel est le commun droit ancien François, sur quoy il est à considerer: quand les François conquirent les Gaules sur les Romains, qu'ils ne se gouvernerent pas comme exterminateurs, mais comme conquerans: & ont continué la police comme les Romains l'avoient établie és Gaules, sauf quelques loix qu'ils ont introduites generales: même pour la manutention de la grandeur & autorité qui étoit desdits François conquerans; dont dépendent les Justices que les Seigneurs ont, le droit de Fisque, & la Noblesse, l'exercice des armes, sauf aussi que chacune Province admit par longue usance aucunes loix; qui est ce que nous appellons les Coûtumes. Selon les loix de Rome les Citoyens Romains n'étoient pas tributaires ny stipendiaires, mais possedoient leurs heritages libres de tous subsides: vray est qu'ils fournissoient leurs personnes pour le fait de la guerre, quand le Consul faisoit le delect, choix des personnes & amas: & étoit un si grand crime d'avoir defailly de se trouver à ce delect, que la peine en étoit d'être privé du droit de la Cité, & de devenir serf, ainsi il est dit, *in l. qui cum uno.* §. *qui post. ff. de re milit.* & il est ainsi rapporté par Ciceron en l'Oraison *pro Cecinna.* Cette contribution que chacun faisoit de sa personne pour la guerre, étoit selon les facultez & moyens de chacun. Les Censeurs étoient établis à Rome pour tout le lustre, qui étoit le tems de cinq ans, & une fois durant le lustre ils faisoient dénombrement de tous les chefs des Citoyens Romains: ce dénombrement s'appelloit le Cens, auquel chacun rapportoit ses facultez, & selon les moyens de chacun les charges publiques étoient imposées, non pas en deniers, mais pour faire service de sa personne. Aussi celuy qui plus étoit opulent, & par consequent plus chargé, recevoit aussi l'honneur des premiers rangs, & étoit mis des premieres classes és assemblées publiques: celuy qui avoit en biens la valeur de quatre cens sesterces avoit droit de seance aux quatorze premiers rangs & ordres aux assemblées publiques : ce qui avoit été introduit par la loy Roscie. La premiere institution de ce Cens fut faite par le Roy Servius Tullius, comme recite Tite Live en la premiere Decade. Les païs & Provinces conquestées par les Romains à force d'armes, devenoient stipendiaires & tributaires au peuple Romain, & étoient employez ces tributs au fait de la guerre & autres affaires publiques, & se disoit que ces tributs étoient les nerfs de la Republique : ainsi dit Ciceron en l'Oraison *pro lege manilia*, & est dit *in l. 1. §. in causa. ff. de quaestionibus*. Les Gaulois qui avoient été nourris & appris en la milice & police Romaine, long-tems avant leur conqueste des Gaules par les François, observerent aux Gaules une partie de la police Romaine. Les François naturels qui étoient les conquerans tindrent les rangs & privileges des Citoyens Romains, qui est l'origine de la Noblesse de France, comme en Espagne est des Goths. Les Nobles sont ceux qui tiennent les fief, & qui à cause d'iceux & selon la valeur & la nature d'iceux doivent fournir leurs personnes au fait des guerres : de là est l'ancienne loy de France, que nul ne peut tenir fief s'il n'est noble, & la force ancienne de nos Rois étoit au service de l'hereban, qu'on appelle arriereban par nom corrompu. Ce mot hereban est aux Capitulaires de Charlemagne, & est une diction Tudesque, qui signifie la proclamation publique que le Seigneur souverain fait faire. Le reste du peuple des Gaules comme il étoit tributaire & stipendiaire aux Romains, pour avoir été le païs conquesté par armes, demeura aussi tributaire aux Rois François, & aux Rois de la lignée de Charlemagne. Et depuis que sous Hugues Capet, & dés le declin de ladite lignée de Charlemagne, la plus grande partie des droits du fisque Royal fut transferée en proprieté pour la Seigneurie utile aux Princes, Seigneurs & Gentils-hommes avec les fiefs. Aussi grande partie de ces prestations, devoirs & redevances annuelles leur furent attribuées, les autres demeurerent à la Couronne. Du discours cy-dessus, il faut inferer qu'en France tous heritages, ou sont tenus noblement pour faire service de sa personne en la guerre, ou sont tenus roturierement pour en payer prestation annuelle au Roy ou aux Seigneurs qui tiennent en fief du Roy : car par regle generale chacun doit contribuer aux guerres & aux charges publiques, ou de sa personne ou de ses biens. Plusieurs Coûtumes de France ont pour article, que nul ne peut tenir terre & heritage sans Seigneur, c'est-à-dire, allodiallement : Comme Poitou article 52. où il excepte l'Eglise, & article 99. Blois article 33. Senlis article 101. & 162. A quoy aide un Arrest solemnel donné le 7. Septembre 1560. pour Gabriel de la Vallée Seigneur du Plessis aux Tournelles, contre les Principal & Boursiers du College du Cardinal le Moine à Paris : les Fondateurs dudit College avoient fait amortir certains domaines assis au territoire du Plessis de fort long-tems : le Seigneur du Plessis en vertu de Lettres de terrier, fait appeller à cry public tous tenans heritages dedans sa Seigneurie & territoire pour declarer à quel titre ils tiennent, ceux du College ne viennent point, le Seigneur fait saisir, ils s'opposent, & alleguent & produisent leur amortissemens. Aux Requêtes fût dit bien saisi & confirmé par Arrest, parce qu'ils devoient en faire apparoir au Seigneur lors qu'ils furent appellez, dont resulte que le Seigneur étoit fondé en presomption de droit commun. Si on dit que les roturiers contribuent par les tailles & autres subsides, la réponse est, que les tailles ne sont pas revenu ordinaire, & auparavant le Roy Charles VII. elles n'étoient imposées & levées sinon par l'accordance des Etats Generaux : ce que les Bourguignon retiennent encores, & ledit Roy ayant chassé les Anglois hors de France établit la Gendarmerie pour être payée en tems de paix & tems de guerre, & pour cét entretenement les tailles furent mises en ordinaire. Puis en ce païs les tailles ne sont réelles, & ne sont imposées à cause des heritages, ny sur iceux, mais sur les personnes selon la valeur de leurs biens. Sera aussi consideré, que comme on tient pour regle que le Cens & le Fief est charge ordinaire, & de l'ancien & commun établissement de la police de ce Royaume, on tient aussi pour regle, que tous heritages mis en criées sont adjugez sous la charge des devoirs Seigneuriaux de fief ou de cens, quoy que les Seigneurs ne se soient opposez pour le demander, ce qui montre que ce sont charges ordinaires & anciennes, puis que le Juge de son pur office les supplée. Et par la loy des Romains, qui vendoit un heritage exempt de toutes charges, n'étoit pas censé le vendre comme allodial, si par exprez il ne le disoit tel, les mots Romains étoient *uti optimus maximusque est. l. penult. ff. de evict.* Pourquoy en concluant, je dis que la presomption est pour les Seigneurs que les heritages de leurs territoires soient tenus d'eux à fief ou à cens, & que c'est la charge du detenteur de prouver qu'ils soient allodiaux, ou par titre, ou par possession immemoriale : & ce quant aux territoires grands & biens Seigneuriaux, ésquels les Seigneurs communément ont accoûtumé d'avoir droit de censive, ou autre droit Seigneurial. Bien crois-je qu'il n'en faudroit pas ainsi dire de ces grosses prestations qui ont quelque correspondance aux fruits comme sont les bordelages, emphyteoses, & autres telles, & qu'à l'égard d'icelles faut employer l'opinion de Hostien. & Joan. And. *in cap. nimis, extrà. de jurejur.* que tous heritages soient presumez libres à l'égard de telles grosses redevances.

Allodiaux, En France sont deux sortes de franc-alleu. L'un est noble, l'autre roturier. Franc-alleu est celuy qui a Justice, fief mouvant de luy ou territoire de censive. Franc-alleu roturier est celuy qui ne doit fief ne cens & reconnoît seulement la Justice du du Seigneur, au territoire duquel il est assis. Ainsi disent Paris, article 68. Orleans, art. 255. Troyes, art. 53. Vitry, art. 19. & 20.

ARTICLE II.

S'Il y a plusieurs rentes, ou autres redevances constituées sur aucun heritage, le premier rentier ou Seigneur est à preferer aux autres.

CE mot, constituées, est general pour toutes sortes de nouvelle creation ou établissement de rente, tant par bail d'heritage, par legs testamentaire, comme par donation, fondation ou numeration de deniers. Mais quand la source & origine de la redevance n'apparoît pas, la presomption sera que le cens est plus ancien que le bordelage: la redevance deuë au Seigneur du territoire sera presumée la plus ancienne. Et si l'heritage se vend par decret sur criées, à la charge des droits Seigneuriaux, & un heritage se trouve chargé de cens & de bordelage, il me semble qu'il faut dire être la charge de cens, & non de bordelage, si ce n'étoit que le Seigneur bordelier se fût opposé. Le cens est presumé être le premier, parce qu'il est de plus ancien établissement, & parce que la charge est plus legere. La Cour a jugé par Arrest que si le Seigneur bordelier ne s'est opposé aux criées que sa Seigneurie directe n'est conservée par la clause, à la charge des droits & devoirs Seigneuriaux.

ARTICLE III

LE creancier à son choix peut pour sa rente ou autre redevance & arrerages agir hypothecairement, ou faire proceder par empêchement sur la chose chargée & hypothequée, fruits d'icelle, & autres meubles y étans trouvez: ou agir & faire proceder par execution à l'encontre des personnellement obligez.

L'Hypothecaire est simple action réelle qui s'intente contre le detenteur à ce qu'il soit condamné à deguerpir & quitter l'heritage hypothequé pour être vendu par decret: si mieux le detenteur n'aime payer la debte. Nos Praticiens faillent souvent en intervertissant l'ordre, & concluant à ce que le detenteur soit condamné payer, si mieux il n'aime déguerpir. Car l'action réelle est directement, afin de quitter la chose, & non afin de payer quand le detenteur n'est pas obligé personnellement. Quand la rente n'est fonciere, ny speciallement assignée, il faut discuter le personnellement obligé avant que s'addresser au tiers detenteur, selon la regle commune des actions hypothecaires.

PAR EMPESCHEMENT SUR LA CHOSE CHARGÉE, FRUITS ET MEUBLES, S'entend quand la rente est fonciere, car autrement les meubles qui y sont ne pourroient être saisis sur un tiers detenteur, si la rente étoit constituée à prix d'argent, quoy que l'hypotheque fût speciale. Autrement est de fruit de l'heritage hypothequé, parce qu'ils sont portion naturelle de l'heritage qui est hypothequé. Mais les meubles qui sont en la maison qui doit la rente fonciere sont hypothequez tacitement à celuy qui est proprietaire ou qui tient lieu de proprietaire de la maison. *l. in prædiis. in fine. ff. in quib. caus. pignus vel hypoth.* Ce qui se dit icy de faire saisir les fruits pour les arrerages, reçoit limitation selon l'article 11. *infrà* chapitre des executions, où il est dit que sur les tiers detenteur, on ne peut saisir les fruits sinon pour les arrerages de la derniere année: & est bien raisonnable, car les fruits des années precedentes ont été perçûs & gagnez, par ce tiers detenteur du proprietaire, qui les a fait siens étant possesseur de bonne foy aussi par l'action hypothecaire le detenteur n'est évincé des fruits, sinon de ceux qui sont perçûs par le procez commencé. *l. si fundius §. invendicatione. vers. sed interdum. ff. de pign.* & selon mon avis tant ledit art. 11. que cestuy-cy doivent être entendus des redevances foncieres, car pour une rente constituée à prix d'argent, n'y a raison de commencer par saisie sur un tiers detenteur, attendu mémement que l'hypotheque quoy qu'elle soit speciale n'est qu'accessoire à l'obligation, personnelle. Et quand la rente est fonciere, la realité de l'hypotheque est la principale obligation, & si emporte privilege. *l. si in lege. §. 1. ff. locati. l. 3. ff. in quib. caus. pig. vel hypoth.* & *infrà* chap. des execut. art. 19.

MEUBLES Y ESTANS TROUVEZ) Donques n'est besoin de faire la distinction du droit Romain, si ce sont heritages de Ville ou des champs: si les meubles ont été apportez en la maison des champs au sçû du Seigneur, comme il est dit, *in l. item quia. ff. de pact. l. certi juris. C. locati*; mais faut dire indistinctement és champs & en la Ville, puis que nôtre article ne distingue rien, pourveu qu'ils appartiennent au Seigneur util, ou à celuy qui tient à loüage de luy, & qu'ils y ayent été apportez pour garnir la maison & y demeurer perpetuellement, c'est-à-dire, pour l'usage quotidien, & non par occasion temporelle ou fortuite. *l. debitor. ff. de pignor. l. si ita legatum. ff. de lega. 3.* Avec cette limitation, que si les meubles appartiennent au sousconducteur ils ne pourront être saisis que jusques à concurrence des loyers qu'il doit. *l. solutum. §. solutum. ff. de pignor. act.* & ainsi dit Berry des execut. art. 35. Ce qui est bien raisonnable, parce que l'hypotheque est fondée *super tacito consensu.* de celuy qui apporte ses meubles, & parceque nul ne peut obliger les meubles qui sont siens : pourquoy je ne puis consentir à l'opinion du sieur du Molin qui en l'annotation sur le 163. art. de l'ancienne Coûtume de Paris, dit que le premier locateur peut saisir les biens du second conducteur pour tout son loüage, & que le *§. solutam*, n'est observé, & pour nôtre opinion semble faire le 162. art. de la nouvelle Coûtume dudit Paris, & si les meubles avoient été transportez hors de la maison tenuë à rente, le Seigneur les pourroit suivre, *infrà* des execut. art. 19 & est un cas excepté de la regle, qui dit que meuble n'a suite par hypotheque. En ce cas de redevance fonciere, ou qui est specialement assignée sur heritage, l'action hypothecaire peut être intentée sans discussion du personnellement obligé, comme cy-dessous, art. 11. audit chap. des executions, & parce qu'on s'addresse à la chose plûtôt qu'à la personne *l. imperatores. ff. de publica. & vestig. imò etiam*, telle action hypothecaire pourroit être exercée contre un mineur par saisie & vente dudit immeuble specialement hypothequé sans discuter ses meubles & autres moyens quand l'hypotheque speciale a été contractée par son predecesseur majeur, car la raison de la *l. 11. C. si adversf. vend. pagn. & l. Polla. C. de his quib. ut ind.* Ce qui se dit en cét article des personnellement obligez, s'entend des preneurs, ou ceux qui ont reconneu, ou leurs heritiers aprés l'obligation declarée executoire, & encores par action personnelle contre ceux qui ont acheté à cette charge, combien qu'ils n'ayent reconneu, car comme il a été dit cy-dessus au chapitre des cens, art. 25. que la declaration de la charge réelle faite par le vendeur en vendant, profite au Seigneur censier ou rentier. Aucunes Coûtumes disent que les detenteus dés le tems qu'ils ont été certiorez des charges foncieres sont obligez personnellement à icelles, tant qu'ils seront detenteurs, & ce jusques à la concurrence de fruits, & pour les arrerages precedens la certioration, sont quittes en delaissant l'heritage. Paris art. 99. & 102. Senlis, art. 206. Bourbonn. art. 414. Berry des execut. art. 33. Sens art. 131. Auxerre, art. 131. ajoûte une limitation qui semble bien raisonnable, que ces nouveaux detenteurs ayent été sommez, & Troyes art. 73. La loy Romaine dit que le tiers detenteur convenu hypothecairement, n'est tenu des fruits sinon depuis le procés commencé. *l. si fundus. §. in vendicatione in fine ff. de pignor.*

ARTICLE IV.

TOutesfois si ledit obligé personnellement nomme le detenteur nouveau, exhibe le contrats de l'alliennation, ledit obligé sera déchargé de ladite rente & arrerages pour l'avenir : & quant aux arrerages du passé, & reparations si aucunes en étoient dûës, l'obligation personnelle demeure toûjours en sa force & vertu.

SOit icy notée une regle, qui je croy se peut dire generale pour les autres Provinces, que l'ancien detenteur personnellement obligé, ne se decharge pas par la seule allienation s'il ne la signifie au Seigneur direct ou rentier. S'entend signifier avec effet & non par acquit. Et combien que l'article ne parle que d'exhiber le contrat d'allienation, il me semble qu'il en doit donner copie signée, afin que le Seigneur soit certain avec certitude, & qu'il ait moyen de s'addresser contre le nouvel detenteur, & le contraindre à reconnoître & payer par la raison de la. *l. aut qui aliter. ff. quod vi aut clam. l. de pupillo. §. 1. ff. de novi oper. nunt.* Vray est que Bourbonnois article 103. & Auvergne, chap. 21. article 21. se contentent de la simple nomination de l'acquereur: Mais Poictou, article 58. desire que l'ancien detenteur vienne quitter és mains du Seigneur, & fournisse le nouvel detenteur qui reconnoîtra le devoir. Ce qui sembleroit raisonnable pour être ajoûté, s'il y a quelque jour revision de cette Coûtume, car l'obligation personnelle à laquelle est tenu le preneur ou son heritier, ou celuy qui a reconnu, le rend plus sujet que n'est pas celuy qui est tenu pour le seul respect d'être detenteur, & est convenu par action pure réelle. La question est: Le proprietaire alliene envers un pauvre non solvable, qui n'ait moyen d'entretenir & payer, si le Seigneur est tenu l'accepter, & de prime face, sembleroit que non, par la raison de la *l. in his quæ C. de prædiis & omnibus rebus navicul. lib. 11.* Mais je croy le contraire, veu qu'il peut quitter simplement és mains du Seigneur. Peut être icy repetée la bien ancienne usance de ce Royaume, qui est encores expresse en aucunes Coûtumes, que nul acquereur ne peut acquérir proprieté, ou autre droit réel, sans que le vendeur se soit devestu és mains du Seigneur, & l'acquereur en ait été investy: ce qui se represente és Coûtumes de Laon, article 126. & 128. Reims 162. & 163. Senlis, 235. & 247. qui sont les Provinces de Vest & Devest.

ARRERAGES, REPARATIONS, C'est *ad instar* de celuy qui quitte & delaisse l'heritage és mains du Seigneur, & sera noté ce que la Coûtume dit de l'obligation personnelle, par laquelle est tenu celuy qui possede un heritage sujet à redevance. Et s'entend des arrerages écheus du tems de sa detention ; & reparations, dont la ruïne aussi est avenuë de son tems ; comme a été dit cy-dessus des cens, art. 20.

ARTICLE V.

LE rentier peut contraindre par justice le detenteur de la chose tenuë à rente de l'entretenir en bon & suffisant état, à ce qu'il puisse sur icelle percevoir sa rente.

SI c'est rente fonciere procedante de bail d'heritage, ce n'est assez d'entretenir l'heritage en tel état que la rente puisse être perçûë : mais doit entretenir en l'état que l'heritage luy a été baillé ou en l'état convenu. Car le Seigneur rentier y a interest à cause de la reversion en cas de quitement, ou d'abandonnement : car le detenteur Seigneur util auquel la garde de l'heritage a été commise, doit être soigneux de la conservation des droits du Seigneur par l'argument de la *l.* 1. *in fine*, *cum l. seq. ff. ususf. quemad. caveat. l. videamus. §. item prospicere. ff. locati* : & pour le moins doit entretenir en l'état qu'il a pris l'heritage. Si c'étoit rente constituée à prix d'argent, assignée specialement, seroit assez d'entretenir l'heritage en tel état que la rente y peut être perçûë.

ARTICLE VI.

LEdit detenteur peut, quand bon luy semble, laisser & renoncer audit rentier la chose sujette à ladite rente : en payant les arrerages, & en delaissent la chose en bon & suffisant état, ou en la maniere qu'il a été convenu. Autrement il n'est tenu le Seigneur rentier recevoir ledit detenteur à ladite renonciation & delaissement, lequel se doit faire à la personne dudit Seigneur, s'il est au lieu ; & s'il n'y est à son receveur ; s'il a receveur : sinon pardevant le Juge ordinaire ; dont ledit detenteur prendra acte qu'il sera tenu aprés exhiber audit Seigneur, ou à sondit receveur.

C'Est *ad instar* des delaissemens dont est parlé au chapitre de cens, article 20. & des bordelages, article 16. Mais si c'est une grosse rente fonciere dont le detenteur acquereur n'a rien sçû & depuis son acquisition a perçû les fruits de bonne foy, il me semble qu'il peut quiter sans être tenu des arrerages, ny même *pro rata* des fruits : car à son égard n'y a eu aucune obligation personnelle, & est tenu tout purement par action hypothecaire en laquelle on ne fait état des fruits, sinon depuis le procés intenté, suivant la *l. si fundus. §. in vendicatione vers. interdum. ff. de pignor.* & parceque les redevances foncieres ont leur direction speciale sur les fruits. *l. neque stipendium. ff. de impens. in res dot. fact.* Ainsi en diposent la nouvelle Coûtume de Paris, article 102. & 103. Melun : art. 176. Orleans, art. 409. lesquelles à cause de l'autorité des Commissaires d'icelles, meritent bien d'être alleguées pour la raison de ladite Coûtume de Paris, qui ajoûte qu'aprés contestation si le detenteur quite, il est tenu des arrerages jusques à la concurrence des fruits qu'il a perçûs : ce qui se rapporte audit *§. in vendicatione*. ç'a été premierement & avant lesdites Coûtumes l'opinion du M. Charles du Molin en l'annotation sur le 72. article de l'ancienne Coûtume, de Paris : comme de ses decisions ont été tirées plusieurs belles decisions étans en ladite nouvelle Coûtume, & autres nouvelles Coûtumes, depuis redigées ou reformées.

RECEVEUR, Ou entremeteur d'affaires ayant charge generale.

PARDEVANT LE JUGE ORDINAIRE ; En y appellant aucuns de ses parens alliez, ou amis sur le lieu, s'il y en a. *l. aut qui aliter. §.* 1. *ff. quod vi aut clam. l. ergò. ff. ex quib. caus. majores. & l. si absens. ff. ubi pupillus educari vel morari deb.*

ARTICLE VII.

POur l'allienation de chose tenuë à rente simple il n'est deû aucun profit au Seigneur rentier, s'il n'est convenu au contraire.

LA Coûtume de Bourbonnois est diverse qui donne droit de Seigneurie directe au premier Seigneur rentier, en cette Coûtume la simple rente est comme une accense perpetuelle des fruits, aussi ordinairement elle est grosse ayant quelque correspondance aux fruits. Le Seigneur direct parce qu'ordinairement la redevance n'est pas grosse ; a plus de droit en l'heritage, dont viennent les parties casuelles. Doncques comme ces rentes simples sont *ad instar* d'accenses de fruits, me semble qu'il se peut dire que si le rentier défaut de payer par deux ans, qu'il peut être expulsé : & neanmoins être contraint à payer les arrerages, *l. cum. domini. l. quaro §.* 1. *ff. locati.* & à ce fait la *l.* 1. *in verb. tandiu pro his vectigal. pendatur. & l.* 2. *ff. si ager vectig. vel emphyt.*

ARTICLE VIII.

LE Seigneur rentier, censier ou bordelier, ou d'autre redevance ; peut contraindre le nouvel acquereur & detenteur de la chose chargée de rente envers luy, de luy passer reconnoissance & nouveau titre

LA reconnoissance est pour conserver au Seigneur la preuve de sa redevance : & est improprement appellée titre nouveau, car ce n'est pas le titre : mais le document & preuve du titre & de la cause pour laquelle aucun pretend la chose luy appartenir. La seule reconoissance ne fait pas l'heritage bordelier, censier ou rentier, par la raison de la *l. nuda. ff. de donat. l. jurisgentium. §. sed cum nulla. ff. de pact.* Mais peut servir de preuve quand il y a autres aydes, mêmes en ces redevances rigoureuses comme est le bordelage, à sçavoir la presomption, qui est pour le Seigneur du territoire, ou le laps de trente ans, avec prestation de la redevance, par l'argument de la *l. cum scimus. C. de agricol. & cens. lib.* 11. & Bart. *in l. si aliquam rem ff. ad adq, possess.* mais Petr. Jacobi en sa Pratique *tit. de rei vendic. vers. secundo dicit*, Tient que la reconnoissance, quoy qu'elle ne vaille disposition & titre, tout au moins vaut preuve par la *l. Publia. §. ult. ff. depos.* Ce que je ne voudrois admettre indistinctement, s'il n'y avoit quelque cause ou apparence de cause : car promesse & obligation sans cause ne vaut *d. §. sed cum nulla. & cap. si cautio. extrà. de fide instru.* Autrement est quand aucun vend ou allienne son heritage à la charge de telle redevance envers un tel, car la charge fait portion du prix, & comme ailleurs il a été dit le detenteur est procureur legal du Seigneur direct, & peut utilement stipuler à son profit : aussi que selon l'opinion de Martin tres-bon Autheur l'action utile est acquise par la paction d'un tiers. *l. si res. C. ad exhib.*

Quand la reconnoissance est requise par le Seigneur pour son seul profit, comme quand il n'y a mutation profitable, elle doit être à ses dépens, par la raison de la *l. eos. §. si quis autem. C. de appell.* mais si c'est aprés nouvelle acquisition, la reconnoissance doit être aux dépens de l'acquereur quand la redevance emporte Seigneurie directe, de tant que l'acquereur est tenu & obligé de prendre investiture, qui doit être à ses dépens, par la raison de la *l. quod nisi. ff. de oper. libert.* Aucuns ont estimé que pour renouveller la preuve des redevances & y contraindre les detenteurs, il fût besoin d'obtenir Lettres en Chancellerie en forme de terrier, qui est abus en pratique : Car l'addresse qu'on y prend n'est à autre fin que pour avoir une commission generale, ainsi que d'ancienneté on faisoit des *debitis* ; lesquelles commissions generales n'étoient permises aux Juges *etiam* Royaux, comme a été dit cy-dessus des Fiefs, article 55. par l'Ordonnance du Roy Louis XII. de 1512. article 60. & au Recüeil des Ordonnances à la fin du Style de Parlement, tit. 2. article 21. & si le Seigneur veut faire appeller tous ceux qui luy sont redevables un à un, il le peut faire, & les contraindre à ce par la Justice ordinaire, avec tel effet que s'il avoit des lettre Royaux de terrier, mais la venalité des Offices Royaux, & le zele trop grand qu'ont eu les Gens du Roy de deprimer les droits des Seigneurs pour accroître la Jurisdiction Royale, ont fait qu'en toutes occasions de tant petit moment fussent elles, on a attiré presque toutes les causes aux Sieges Royaux, même en ce cas d'execution de Lettres de terrier quand aucun débat est avenu entre le Seigneur & le sujet, quoy que par telles Lettres de terrier le Juge Royal n'ait autre pouvoir que de commettre un Notaire pour le terrier & autoriser l'ordination d'iceluy terrier, & non pour connoître des droits des parties en Jurisdiction contentieuse. De fait l'ancien formulaire desdites Lettres de terrier, ne porte pas que le Juge Royal doive commettre un Notaire Royal, mais un Notaire de Cour Laye : Les Juges Royaux indulgens à leur profit, ont accoûtumé de commettre Notaires Royaux, pour sous pretexte du séel Royal attirer les causes à leurs Sieges. Et l'addresse des Lettres de terrier à Juges Royaux, dépend de l'ancienne usance de Chancellerie, selon laquelle on n'addresse les Lettres y expediées qu'à Officiers Royaux.

ARTICLE IX.

RENtes constituées à prix d'argent sur maisons & heritages assis és Villes, sont rachetables à toûjours en payant le sort principal, frais raisonnables, & arrerages.

CEtte Coûtume a été arrestée & accordée au tems que l'on se tenoit encores asseuré que toutes rentes constituées à prix d'argent fussent rachetables à toûjours *etiam* aprés trente ans. Cette Coûtume a prevenu un Edit qui fut fait peu de tems aprés icelle au mois d'Octobre 1539. par lequel est dit que toutes rentes constituées à prix d'argent sur les maisons & places de Villes sont rachetable à toûjours, pour le prix de la constitution si elle appert, sinon au denier quinze: auprés duquel Edit soit vûë l'Ordonnance de la Cour sur la forme de racheter telles rentes dûës à l'Eglise, à Hôpitaux, & à Mineurs, qui est tirée d'une ancienne Ordonnance faite pour les rentes sur les maisons de Paris. Sur le doute qui étoit, si les rentes constituées à prix d'argent assignées hors les Villes closes étoient rachetables aprés trente ans, intervint Arrest de la Cour en forme de jugé, entre Faron Charpentier & Thomas Rapponel Sieur de Bandeville, par lequel telles rentes furent declarées rachetables à toûjours *etiam* aprés trente ans, même aprés cent ans, & ainsi le disent aucunes Coûtumes, comme Sens article 123. Paris article 119. Orleans art. 268. Troyes article 67. Bourbonnois article 418. Ce qui est general, & la raison est, parce que la faculté de racheter est de l'essence de tels contrats, ainsi qu'il est rapporté en l'extravagante *regimini. de empt. & vend.* Ce qui est de l'essence du contrat ne peut être prescrit non plus que par paction, il ne peut être aboly. *l. cum precariò. ff. de precar.* & parce que les prescriptions sont fondées sur de tacite consentement. *l. cum post divortium. ff. de jure dotium.* Bien ay-je quelquefois donné avis que la faculté de racheter telles rentes par parcelles & à plusieurs payemens est prescriptible par trente ans, parce que telles faculté prend sa force directement de la paction, demeurant neanmoins la faculté de racheter tout à une fois perpetuelle. Ce que dessus s'entend des rentes constituées au dessous du denier vingtiéme, comme au 12. 15. & 16. parce que telles rentes ont été introduites pour faciliter & accommoder les commerces & entretenir la societé des hommes. Car les Canonistes par leurs loix trop rigoureuses sur le fait des usures & profits illicites, avoient quasi aboly le trafic & l'aide qu'un homme peut esperer de l'autre en son affaire : & telles rentes ont été tolerées comme un expedient de faire profiter deniers, en sorte toutesfois que le creancier ne puisse repeter le sort principal : mais qu'il soit allienné perpetuellement. Cette perpetuité a fait que l'on a jugé telles rentes être immeubles : non pas pour cette raison qu'elles soient assignées sur heritages, car les rentes que le Roy constituë sur les Gabelles & Huitiéme ne sont assignées sur immeubles, parce que tels subsides ne sont du domaine du Roy, ny de devoir perpetuel, comme se void par l'Ordonnance du Roy Philippes de Valois de l'an 1348. article premier, le texte imprimé porte 1318. & il y a faute : car l'Ordonnance parle du fils du Roy Duc de Normandie, qui étoit Jean fils dudit Philippes & l'an 1318. regnoit Louïs X. dit Hutin. Doncques telles rentes constituées à prix d'argent sont immeubles : mais c'est de la part du creancier qui n'a autre droit à toûjours que de demander une rente, & non de la part du debiteur, à l'egard duquel la rente est vray meuble : pourquoy un mineur à son besoin peut constituër rente sur soy sans decret, comme il peut faire autres contrats mobiliers, car il rachete quand il veut ; & n'allienne son immeuble : la principale obligation est personnelle, & l'hypotheque n'est qu'accessoire. Que si la rente est constituée au denier vingt ou au dessous, je croy que par paction elle peut être faite fonciere & non-rachetable, de tant qu'elle a correspondance à vray achat d'heritage : dont le prix commun dés le tems des Romains, & encores à present est pour être estimé à une fois ce que le revenu monte en vingt ans. *l. Papinianus. §. undè*, en y appliquant le calcul subtilement. *ff. de inoffic. testa. & in Authent. de non allienand. cap. quià verò Leonis colla. 2. & gloss. ult. in Auth. perpetua. C. de sacros. Eccl.* & est ordinaire d'estimer le prix de la chose selon le revenu *l. si fundum. 2. ff. de lega. 1.* Sauf toutesfois, que si telle rente au denier vingt étoit constituée sur maison de Ville, elle ne pourroit par paction être faite non rachetable, parce qu'en lad. Ordonnance il y a raison speciale de la decoration des Villes par bâtimens, qui est le bien public. S'il n'appert que la rente dûë sur Maison de Ville, procede de bail d'heritage, l'on presumera qu'elle ait été constituée à prix d'argent : car ladite Ordonnance de l'an 1539. dit quand il n'appert de la constitution que la rente est rachetable au denier quinze, & Ainsi fut jugé par Arrest contre Jean de Lucenay Escuyer sieur de la Jarrie, au profit de Huguevin Miron Marchand à Nevers, le vingt-quatriéme Mars l'an 1578. De grande ancienneté les rentes étoient tolerées au denier 10. comme il se void par l'ancienne Coûtume de Nivernois ; qui met les interests des deniers dotaux au denier 10. & de même est la Coûtume de Bourgogne, & en Normandie *etiam*, avec le Roy les rentes sont tolerées aujourd'huy au denier 10. L'extravag. *regimini* ne met taux certain, mais s'en remet à l'usage de la Region : aussi le droit Romain remarque qu'en aucunes Regions les usures sont usitées à plus leger profit, en d'autres à plus pesant. *l. ideò. ff. de eo quod certo loco. l. 3. §. consequitur. ff. de contrar. act. tut. l. tutor. qui. §. sed etsi. ff. de administ. tut.* Ainsi és lieux où les rentes sont constituée au denier 12. on ne declare pas usuraires les rentes qui sont au denier 10. & au dessus du denier 12. & au dessous du denier 10. mais on les reduit seulement, & si la rente n'a pas son origine en deniers ou meubles, elle n'est pas sujette à ces regles communes. Ainsi par Arrest conclu és Enquestes, prononcé à la prononciation solemnelle de Pentecôte 1532. entre Turpin & l'Escorieu, au rapport de M. Bourgoing Conseiller mon oncle, la rente à 10. pour cent constituée pour soulte de partage d'immeubles ; fut approuvée. Ces rentes constituées à prix d'argent sont reputées immeubles, selon la commune opinion des Palais, & ainsi disent les Coûtumes de Paris art. 194. Sens. art. 123. Auxerre art. 120. Berry des Mariages art. 25. Orleans articles 191. & 351. Touraine art. 228. Melun art. 264. Mais Troyes art. 66. les fait meubles, & Senlis art. 201. quand elles ne sont infeodées ny ensaisinée : & en tous cas Reims art. 18. Blois art. 157. & Bourgogne art. 48. en presupposant que telles rentes soient rachetables à toûjours. Aussi les deniers procedez de rachat de rentes de mineurs, sont de même nature qu'étoient les rentes, Paris art. 94. Orleans art. 351. qui en dit autant de deniers procedez de vente d'heritage de mineurs. A quoy se rapporte un Arrest recité par Chopin au traité *de privileg. rust. parte 1. num. 3. lib. 1. cap. 5.* de la prononciation solemnelle de Septembre 1570. parlant de l'heritage acheté par le tuteur des deniers procedez de la vente de l'heritage du mineur. La raison me semble être, parce que la loy presuppose avoir été fait par le tuteur, ce qu'un tuteur bon ménager feroit, qui est de n'alterer la nature du patrimoine du pupille. Par les loix on doit presumer l'intention de faire avoir été selon qu'aucun est tenu de faire, quoy qu'il ait declaré sa volonté être nulle. *l. 1. C. de dolo.*

ARTICLE X.

Rentes, Redevances & Hypotheques sont indivisibles, & peut être poursuivy pour le tout, le detenteur de chacune des choses chargées ou hypothequées, son recours toutesfois contre les autres. Et sera tenu le creancier en luy faisant payement, ceder ses actions contre lesdits detenteurs.

En certains cas l'hypotheque est dividuë selon les portions de l'obligation personnelle : qui est l'hypotheque legale, attribuée aux legataires. *l. 1. C. commun. de lega.* ce qu'aucuns ont voulu étendre à toutes hypotheques legales. Ce que je ne croy pas parceque c'est un cas special, qui n'a sa raison adjointe pour par la similitude de raison l'étendre à autre cas : la raison selon mon avis, pour laquelle l'hypotheque est individuë, est parce qu'il n'y a point de proportion & analogie certaine entre les deniers deûs, & l'heritage obligé, qui fait que l'heritage ne peut être déchargé pour partie, c'est la même raison de la *l. si non sortem. §. si centum. ff. de condict. indeb. l. si libertas minorem. ff. de jure patro.*

Selon les opinions d'aucuns Docteurs fondées sur le chap. *constitutus ex. de religios. domib. & l. indictiones. C. de anno. & trib. lib. 10. & l. in his. C. de prad. & omnib. reb. navicular. lib. 11.* quand plusieurs sont detenteurs d'un tenement, chacun est tenu pour la redevance *pro rata* de la valeur de l'heritage qu'il tient. Et de même sembleroit quand plusieurs se trouvent preneurs d'un seul tenement, & n'y a paction expresse, pour les obliger chacun pour le tout, par la raison de la *l. cui fundus. ff. de condit. & demonst.* & de la *l. hujusmodi §. ult. ff. de lega. 1.* En ladite loy *cui fundus* est faite la distinction, quand plusieurs s'obligent premierement, & quand plusieurs heritiers d'un qui premierement est obligé seul : parce qu'au second cas l'obligation solidaire ne doit être divisée par accident survenant. *l. 2. §. ex his. ff. de verb. oblig.* mais comme nôtre Coûtume est écrite, semble que chacun des preneurs pourra être contraint pour toute la redevance. Ce qui s'entend selon mon avis, quand aux fruits de l'heritage hypothequé, & quant aux meubles qui sont és bâtimens. *l. certi juris C. de locato*, mais je croy que chacun des detenteurs ne pourroit être executé pour le tout en ses meubles qu'il a hors le tenement : car l'obligation solidaire est à cause du tenement, & non pas de la personne : Si ce n'étoit que le bail ou reconnoissance portat la clause d'obligation solidaire. Or comme le tenement qui doit la redevance est individu par la destination du pere de famille, comme toutes les pieces & membres ne faisans qu'un corps. *l. rerum mistura. ff. de usucap.* & par la raison de la *l. tutor. §. 1. ff. de minor.* & parce que la loy met à party pareil les chose qui aucunement ne se peuvent diviser, & celles qui mal-aisement & avec incommodité se divisent. *l. non amplius §. ult. ff. de lega. 1.* Ainsi faut dire que la redevance qui est dûë pour le tenement est individuë : parce que le tenement & la redevance ont respect l'un à l'autre : aussi la loy considere l'incommodité que le Seigneur auroit en recevant par parcelles. *l. communi. ff. commu. divid.* Aucunes Coûtumes donnent ainsi la solidaireté pour le payement des redevances. Poictou, art. 102. & 103. Bourbonn. art. 409. Touraine, art. 217. & 218. Senlis, art. 192. & à l'égard des heritiers du preneur, Laon, art. 118. Reims, art. 185. mais aucunes Coûtumes font les prestations censuelles divisibles, selon ledit chap. *constitutus. de relig. domib.* Blois, art. 129. Orleans, art. 121. Estampes, art. 54. Aucuns disent, même Monsieur le Maître en ses decisions au traité des criées chap. 41. quand le creancier s'adresse au tiers detenteur, qu'il doit prendre le plus ancien qui aura son recours contre les posterieurs, & allegue la *l. si quis habens ff. qui & à quib.* mais semble que cette loy n'est à propos. Car quand le serf est insolvable il n'y a plus rien de reste où le creancier puisse s'adresser, mais l'immeuble hypothequé demeure toûjours en son état. Aussi la *l. creditoris. ff. de distr. pign.* donne le choix au creancier de s'adresser à tel heritage qu'il veut. A ce que dessus fait la glose, *in l. Moschis. in verbo possessorem. ff. de jure fisci.*

Ceder ses actions, *Etiam* sans cession celuy qui a payé le tout de la redevance peut agir contre ceux qui ont les autres portions, ou par l'action *familiæ erciscundæ*, s'ils sont coheritiers, ou par l'action *communi dividundo* s'il y a simple communion. *l. hæredes. §. idem juris vers. sine etiam. ff. famil. ercisc. l. si quis putans. §. hoc autem. ff. commu. divid. l. 2. §. jus reipublicæ. ff. de administ. rerum. ad civit. pert.* & quand on desire la cession elle se peut faire, *etiam* aprés le payement fait. *l. si res in fine. ff. de lega. 1.* quoy que le contraire semble être decidé, *in l. Modestinus. ff. de solut.* c'est selon le droit étroit, mais au cas de ladite *l. si res.* la loy par equité presuppose avoir été fait ce qui devoit être fait lors du payement, & que ce qui se fait depuis n'est pas nouvel acte ; mais l'execution ou declaration de ce qui devoit être fait : aussi ladite loy *si res.* dit que le Juge doit interposer son office : & en plusieurs cas les loix presupposent avoir été fait, ce qu'aucun étoit tenu de faire. *l. 2. ff. de distract. ping. l. 1. C. de dolo.* Puis le codetenteur qui n'a payé est sans interest, en quel tems la cession ait été faite : Mais soit qu'il y ait cession, soit qu'il n'y en ait point, celuy qui a payé ne pourra convenir chacun des autres debteurs solidairement : mais seulement chacun pour sa part, selon le texte & la glose, *in*

Pour cession de *l. poss... glo. ... lo ... ff. d... bus.*

l. si plures. 2. in verb. pro parte. ff. de adminiſt. tut. & gloſ. in l. cum pupillus in verb. pro parte. ff. de tutelis, & rat. deſtrah. La raiſon peut être pour éviter le circuit & la vexation qui ſeroit, ſi chacun de ces derniers payeurs alloit rechercher l'autre pour le tout.

La queſtion eſt grande en la matiere hypothecaire, ſi és meubles acquis par le debteur depuis les hypotheques generales conſtituées, tous les creanciers doivent concourir pour être tous en même rang, ou ſi les plus anciens ſeront preferez aux poſterieurs. L'opinion commune & vulgaire eſt, que le plus ancien doit être preferé : mais je ne puis y adherer par les raiſons cy-aprés. La regle de droit eſt, que nul ne peut hypothequer ſinon ce qui eſt ſien au tems de la conſtitution de l'hypotheque. *l. ante omnia. ff. de probat.* Vray eſt que celuy qui oblige & hypotheque ſes biens eſt cenſé obliger ſes biens, preſens & à venir, mais l'hypotheque de ſes biens à venir ne commence à naître ſur les biens aprés acquis, ſinon au même inſtant & moment que le debteur commence à être proprietaire d'iceux biens. Lors de cette naiſſance & creation d'hypotheque, tous les creanciers ſe trouvent en concurrence auſſi prêts l'un que l'autre, par le miniſtere de la loy pour acquerir cette hypotheque, n'étant lors requis aucun nouvel conſentement du debteur. La concurrence deux tous qui ſont auſſi diligens l'un que l'autre, fait qu'en cette concurrence s'empêchans l'un l'autre, ils doivent faire part l'un à l'autre, non pas par viriles portions, mais chacun *pro rata.* de ſa debte. Selon les raiſons de la *l. ſi finita. §. ſi ante ff. de damno infecto. l. Titie textores. ff. de lega.* 1. *l. ſervis. §. ſi alii. ff. de lega.* 3.

L'autre raiſon eſt tirée de la *l. ſi his qui mihi. ff. de jure fiſci*, où il eſt dit qu'és biens aprés acquis, quand le fiſque & la perſonne privée ſe rencontre, le fiſque à cauſe de ſon privilege eſt preferé : quoy que le fiſque fût creancier poſterieur. Il eſt certain qu'és hypotheques ordinaires, le creancier perſonne privée plus ancien eſt preferé au fiſque qui eſt poſterieur en date. *l. ſi fundum. C. qui potiores in pig. hab.* mais parce qu'en ces biens aprés acquis, le fiſque & le privé ſe trouvent concurrens en même moment de date : le fiſque à cauſe de ſon privilege ſe trouve avoir l'avantage *in pari cauſa*: auſſi la loy eſt miſe ſous le titre *de jure fiſci*, & quand pluſieurs creanciers ſe trouvent concurrens en pareil droit, le privilege emporte la preferance. *l. ſed an hic. ff. quod cum eo.* Si c'eſt à cauſe du privilege du fiſque, il faut dire qu'au contraire eſt le droits commun. Dont s'enſuit quand il n'y a aucun privilege comme entre perſonnes privées qu'ils viennent par concurrence ſelon & par proportion de leurs debtes, par la raiſon de la *l. pupilli. §. cum eodem & l. illud. ff. de ſolut.* & la *l. pro debito. C. de bonis auct. jud poſſid.* A cette opinion mienne ay de ce qui eſt dit, *in l. idemque verſ. quod ſi res. & §. ult. ff. qui potior in pig. hab. l. aliena. §.* 1. *de pignor. act.* Sera noté ce qui eſt dit, *in l. Titius. ff. qui pot. in pig. hab.* où il eſt dit que la pupille creditrice pour le reliqua de la tutelle eſt preferée au fiſque : & la gloſe dit que c'eſt parcequ e la pupille avoit double privilege, du tems anterieur de ſon hypotheque, & de la tutelle, & en la *l. ſi is qui. ff. de jure fiſci.* La ſeule conſideration du tems y étoit. Et ſur ce qui eſt dit, *in l. ſi debitor. ff. de pignor.* que quand les creanciers ſe trouvent en concurrence de même tems, *quod occupantis & poſſidentis ſit melior conditio* : ſelon mon avis ſe doit entendre quand l'hypoteque eſt realiſée par tradition *ad inſtar.* de ce qui eſt dit *in l. quoties. C. de rei vendic. nam & dicitur vendicatio pignoris. l. ſi fundus. §. in vendicatione. ff. de ping.* mais quand l'hypotheque eſt purement conventionnelle, je croy que les creanciers, *concurſu invicem ſibi partes faciunt, d. l. ſi finita. §. ſi ante ff. de damno infecto.*

Sera noté és actions hypothecaires, que le creancier ne peut évincer des mains du tiers detenteur l'heritage hypothequé, ſinon en tel état & valeur qu'il étoit lors de la creation de l'hypotheque, & ſi le detenteur a melioré & amandé l'heritage, le creancier ne recevra profit de l'amandement. *l. Paulus. §. domus. ff. de pignor. Hieron. Paulus Barchinonenſ. in practica Cancellaria Apoſt.* A quoy aide la *l. 2. in fine. C. de prædiis & omnibus reb. navicul. lib.* 11.

CHAPITRE VIII.

DES SERVITUDES PERSONNELLES, TAILLES, Pourſuites, Main-mortes, & autres droits d'icelles.

NOus ne pratiquons point en France ny gueres aux païs de Chrêtienté, les ſervitudes commes elles étoient pratiquées par les Romains : ſi ce n'eſt aux païs maritimes qui ſont ſujets aux courſes des infideles Mahometans. Au tems des Romains ceux qui étoient pris en la guerre devenoient ſerfs des vainqueurs, & les Seigneurs avoient puiſſance ſur eux de mort & de vie : & en faiſoit-on trafic comme d'autre marchandiſe pour les vendre, hypothequer, ou échanger. Tels serfs n'avoient rien de propre à eux, & tout ce qu'ils acqueroient étoit propre à leurs Seigneurs, ils en destinoient aucuns pour le service de la maison de Ville, qui étoient nommez *atrienses* ou *mediastins* : les autres étoient envoyez aux champs pour le ménage rustique, & étoient appellez *villiques* : & parce que l'infidelité de serfs croissoit, & le contrôlle de leur labeur & gains étoit mal-aisé à faire, l'usance vint qu'aux domaines des champs étoient établies certaines familles de serfs qui ménageoient selon leurs volontez, & étoient quittes en payant par chacun an certaines prestations en bled, & autres fruits, telles qu'elles étoient convenuës. Et pour le profit public, afin que les labourages fussent entretenus, & les terres ne demeurassent desertes & sans culture, la loy fut faite que tels serfs ainsi destinez au ménage de champs ne pourroient être vendus ny trafiquez sinon en vendant par même moyen le domaine auquel ils étoient attachez : & tels serfs étoient reputez de la nature de l'immeuble, & comme faisans portion du fonds à cause de la destination. *l. si quis inquilinos. ff. de lega.* 1. *l. quemadmodum. C. de agricol. & cens. lib.* 11. *l. longè. ff. de divers. & tempor. præscript.* & ainsi dit la Coûtume de Vitry article 145. que tels serfs sont portion du fonds : & de même *in l. jubemus, nulli. C. de sacrosf. Eccles.* Selon mon avis c'est l'origine des serfs de ce païs, qui autrefois a obeï aux Romains avant la conqueste des Gaules par les François. En ce païs ne sont aucuns serfs sinon par naissance : mais en Bourgogne l'homme franc peut devenir serf, au moins sujet à main-morte, qui est espece de servitude quand il tient par an & jour, feu & lieu en terre main-mortable, & de même condition sont ceux qui y naissent, & audit païs de Bourgogne ne sont aucuns hommes serfs de corps : mais en ce païs la servitude adhere à la personne, & quoy que le serf quitte tout au Seigneur, il demeure serf & de poursuite : mais en Bourgogne s'il quitte tout au Seigneur, meubles & immeubles, il est delivré de la main-morte. En aucunes provinces de France, le Seigneur haut-Justicier prend la taille sur ses sujets aux quatre cas, quoy que les sujets ne soient serfs : les cas sont, *Quand il marie sa fille pour la premiere fois, Quand il est prisonnier de guerre, Quand par devotion il va outre-mer visiter la terre Sainte, Quand il est fait Chevalier.* Ainsi disent Bourbonnois article 344. Bourgogne article 4. Auvergne chapitre 25. article 1. 2. 3. & 4. Mais Touraine article 85. ne met que trois cas, & ne comprend pas le cas du *voyage d'outremer.* En Nivernois ne sont aucuns serfs sinon par naissance.

ARTICLE I.

HOmmes & femmes de condition servile sont taillables par le Seigneur à volonté raisonnable une fois l'an, pour payer la taille à eux imposée au terme saint Barthelemy.

ARTICLE II.

ET pour imposer la taille susdite, le Seigneur ou ses commis doivent appeller deux ou trois preud'hommes, tels que bon leur semblera, de la Paroisse ou village où sont demeurans lesdits hommes & femmes, pour entendre d'eux & soy informer sommairement & sans forme judiciaire des facultez desdits hommes & femmes, pour selon ce qui se trouvera, croître ou diminuer raisonnablement la taille desd. taillables.

D'Ancienneté en France les Rois n'avoient droit de lever tailles sinon sur les sujets de leur domaine aux quatre cas susdits, & le cas de Chevallerie étoit quand le Roy faisoit son fils aîné Chevalier. J'ay lû autrefois aux Registres de Parlement un Arrest donné audit cas contre les habitans d'Annet, Auneau & Monchauvet du païs Chartrain. En cette ancienneté les tailles étoient de bon revenu aux Seigneurs qui étoient seuls à prendre : mais de present que les tailles du Roy sont en ordinaire & excessivement creuës, les Rois prennent tant qu'il n'y a rien de reste pour les Seigneurs.

VOLONTÉ RAISONNABLE, quand il ne seroit dit, il se devroit ainsi entendre que la volonté doit être reglée par l'arbitrage d'un homme de bien. *l. si libertus juraverit. ff. de oper. libert. cap. quintavallis, extrà, de jurejur. l. societatem, in fine, cum duabus seq. ff. pro socio.* Le terme saint Barthelemy est la marque des redevances serviles selon l'ancienne origine. Pour fonder l'arbitrage de ces preud'hommes on demande quel pourra être le pied. Surquoy il me semble qu'il faut enquerir quelle épargne le serf peut faire par chacun an, & sur cette épargne proportionner la taille pour certaine quotité. Cette quotité peut être comme une dixiéme, qui est l'ancienne proportion du droit des Levites sur le peuple d'Israël, & dont les Romains ont usé sur leurs sujets conquis par droit de guerre : comme témoigne Ciceron en l'une des Actions, *in Verrem.*

ARTICLE III.

LAdite Taille s'impose sur les corps desdits taillables, & sur leurs mex & tenemens mouvans de la servitude, & s'ils n'en ont, pourtant n'est moins loisible au Seigneur de de les imposer sur leursdits corps seulement.

Sur leurs corps, C'est-à-dire, sur l'épargne qu'ils peuvent faire par le labeur & industrie de leurs personnes. Et sembleroit de premiere apparence que les serfs ne deussent être imposez à la taille à cause du revenu qu'ils cueillent des heritages qui ne sont mouvans du tenement servil, mais je croy le contraire : car la taille sur le corps emporte toute l'épargne qu'ils peuvent faire à l'usage de leurs personnes : ce qui comprend tous leurs biens, & à cét égard la taille est personnelle, & n'y sont affectez réellement les heritages qui ne sont du tennement : mais les heritages du tennement servil sont affectez à la taille, qui à cét égard est réelle.

ARTICLE IV.

Les Seigneurs, qui par convenance ou prescription suffisante ont plus ample droit de taille qu'une fois l'an, sur les hommes & femmes serfs, de tailler deux ou trois fois l'an, & de quester leurs gens de trois en trois ans, ou autre semblable tems, & d'avoir sur eux corvées ; en useront ainsi qu'il est convenu, ou qu'ils ont accoûtumé d'ancienneté.

ARTICLE V.

De même les gens de condition abômez à certaine taille par composition, convenance, ou prescription suffisante, en useront selon leursdites compositions, convenances & prescriptions.

Ces deux articles correspondent à la reservation generale contenuë au decret de Messieurs les Commissaires à la redaction de la Coûtume qui est à la fin du procez verbal, par laquelle sont reservez aux Seigneurs leurs droits plus amples sur leurs sujets, & aux sujets leurs libertez & franchises, autres qu'ils sont contenus au Coûtumier. Lesquels droits particuliers sont plus fondez en convenance & paction d'entre les Seigneurs & leurs sujets ; lors des baux des heritages, qu'en droit de Coûtume, car le laps de tems & la joüissance font presumer la convenance. *l. cum post. ff. de jure dot.* J'ay dit convenance lors des baux, car une redevance qui est personnelle, & n'a sa source de concession d'heritage ou droit réel, ne pourroit subsister, & tiennent les Gens du Roy en Parlement, qu'au Roy seul appartient de lever prestations personnelles sur ses sujets : lesdits Gens du Roy exceptent si c'est prestation personnelle procedant de servitude de personne, & la raison est que les serfs sont censez immeubles. *l. d. longè. ff. de divers. & tempor. prascript.* A ce que dessus se rapporte aucunement ce qui est dit par Pascal II. Pape, *in cap. pervenit. ex. de censib.* que le cens ne vaut s'il ne se dit à cause dequoy il se paye, & l'appelle cens d'ignorence.

Corve'es, C'est ce que les Latins disent *operas*, l'œuvre d'un homme un jour durant pour le ménagement du Seigneur aux champs, soit de la personne seule, soit avec bœufs & charrette, comme à faucher, moissonner, charroyer. Celuy qui doit la corvée doit se nourrir & ses bœufs, en faisant icelle s'il n'y a Coûtume au contraire, ou convention. *l. suo victu. ff. de oper. libert.* & il ne faut pas icy dire comme des vrays serfs qui étoient de ce tems, qui n'avoient rien à eux : desquels se disoit, que qui les employoit à journées les devoit nourrir. *l. in rebus. §. possunt. ff. commodati.* Car les serfs de ce païs ont leur bien dont ils ont la libre disposition & maniement, sauf en quelques articles. Ces corvées doivent être prises avec temperament, & en sorte que celuy qui les fait ait du tems suffisant pour traiter sa personne & ses bêtes. *l. cum patronus, in fine. ff. de oper. libert.* & és Provinces esquelles il n'y a Coûtume particuliere, semble qu'il est bon s'ayder de la regle que porte la Coûtume d'Auvergne, que si les corvées sont dûës à la volonté du Seigneur, qu'elles ne puissent être demandées que douze par an, à distribuer en sorte que le Seigneur n'en puisse demander que trois pour un mois, & selon la necessité, à diverses semaines, & que la journée soit du soleil levant à soleil couchant. Et que lesdites corvées ne tombent en arrerages, c'est-à-dire, si elles ont été obmises à demander en une année, qu'elles soient tenuës pour quittées & remises. En ladite Coûtume chap. 25. article 18. ces corvées qui consistent en œuvre manuelle peuvent être cedées par le Seigneur à un tiers pour s'en servir en la même sorte que feroit le Seigneur. *l. si non sortem. §. libertus, in fine. ff. de condict. indeb.* En aucune Seigneuries appartenans à Lais ou Ecclesiastiques, sont aucunes pieces de terre grandes & spacieuses, qu'on appelle vulgairement corvées, qui sont ou étoient du domaine des Seigneurs, & souloient être labourées à leur profit par leurs serfs qui y étoient employez par corvées. C'est l'origine du mot de corvées és grandes pieces de terres labourables.

Queste, est une espece de taille quand le Seigneur demande quelque ayde à ses serfs, en deniers ou autres denrées.

Abosmez, Ce mot vient du vulgaire langage de Nivernois, selon lequel bôme signifie une borne ou limite d'un heritage : ainsi devoirs abômez sont ceux qui ont une limitation certaine de somme de deniers ou d'espece, qui ne sont sujets à être arbitrez, moderez ou hauffez. En paffant fera noté, que toutes pierres qui fe trouvent plantées aux confins d'heritages ou Juftices en territoires ne font pas reputées vrayes bornes pour fervir de témoignage certain de limites, s'il n'y a quelques circonftances & marques, dont la principale eft, quand aux pieds d'icelles en dedans terre font trouvez les garends ou témoins, garends font deux ou trois pierres plates ou tuillaux qui font partis d'une feule piece, qui fortuitement a été caffée en deux ou trois pieces, lefquelles pieces font mifes en deux ou trois coins de la groffe pierre en dedans terre, & en les confrontant l'une à l'autre, il eft connu que ç'a été autrefois une feule pierre ou tuille, qui a efcient a été caffée pour fervir à cét effet. Les autres marques de borne font quand toutes les pierres fervans de limite font de même grain & nature l'une comme l'autre, & quand elles font pofées de telle façon, que l'une a fon afpect & addreffe à l'autre.

ARTICLE VI.

LEs hommes & femmes de condition fervile font de pourfuite. C'eft à dire, qu'ils peuvent être pourfuivis pour leur taille impofée, comme deffus eft dit, ou abômée quelque part qu'ils aillent demeurer.

CEt article montre, que la fervitude étant de naiffance tient & adhere à la chair & aux os : enforte que le ferf demeure ferf en quelque part qu'il aille, quoy qu'il quitte tous fes biens, meubles & immeubles : même la dignité Epifcopale ne le délivre de fervitude : ce qui femble contraire à l'Auth. *Epifcopalis. C. de Epifc. & Cler.* La diftinction & temperament peut être que l'Evêque, même le fimple Prêtre ne peut être contraint aux courvées & autres devoirs perfonnels, mais que le Seigneur de la fervitude pourra exercer le droit de mainmorte aprés fa mort. J'ay veu en la Chambre des Comptes à Nevers la manumiffion de Meffire Germain Clerc Evêque de Châlon, par le Seigneur de la Perriere, duquel il étoit ferf de naiffance, ladite manumiffion approuvée par le Comte de Nevers Seigneur feodal de la Perriere, parce que le ferf étant tenu pour immeuble fait portion du fief auquel il eft ferf. Mais fi le ferf étant allé au loin s'étoit marié à femme franche, d'honnefte lieu, & eût des enfans, je croy que par le tems de vingt ans, ou au plus trente ans, que luy & fes enfans auroient demeuré en quafi poffeffion de liberté : la fervitude feroit éteinte par prefcription. La loy Romaine fe contente de vingt ans, pourveu qu'il y ait bonne foy. *l. 2. C. de longi temp. præfcript. quæ pro libert.* Quoy qu'il femble que la bonne foy ne peut être au pere qui s'eft marié celant fa fervitude qu'il fçavoit bien, toutesfois il fe peut dire qu'il ait erré en droit, entant qu'il auroit eftimé qu'en quittant tous fes biens du lieu ferf il fût quitte de la fervitude, & l'erreur & l'ignorence du point de droit excufe de dol. *l. fed. et fi. §. fcire. ff. de petit. hered.* Pourquoy il y auroit apparence en la prefcription, quoy qu'il y eût mauvaife foy de la part du pere, puis que la bonne foy feroit de la part de la mere, & que nul ne peut être libre & ferf par moitié, il faudroit inferer que les enfans fuffent libres ou francs pour le tout, *arg. l. fi communem. ff. quemad. fervit. amitt. & quià in dubiis pro libertate refpondendum eft.* Auffi puis que la Coûtume donne au Seigneur le droit de pourfuite, il fe peut dire que le Seigneur ait abandonné fon homme en le negligeant tant de tems : car c'eft l'un des effets de la prefcription. Vray eft que Bourgogne article 81. & Vitry article 146. ôtent la prefcription de franchife quand le ferf fe retire hors de la Province : Vitry l'appelle en ce cas ferf fugitif. Bourbonnois article 25. dit que l'homme de main-morte ne prefcrit liberté pour tant de tems qu'il demeure hors du lieu de la fervitude. Mais quant aux enfans procréez d'homme ferf qui fe feroit marié au lieu où l'on ne fçavoit qu'il fût ferf, je croy qu'ils fe pourroient dire francs & avoir prefcrit la liberté par vingt ans, à compter du jour de leur naiffance, ayans été nourris & élevez comme francs : car fans difficulté ils font en bonne foy. Auffi il me femble raifonnable en faveur de la liberté d'admettre la loy Romaine, qui défend de mouvoir la queftion de fervitude, & de l'état de la perfonne aprés cinq ans, à compter du jour de fon decez. *l. quod eft, & per totum titulum. C. ne de ftatu defunct.*

ARTICLE VII.

LEfdits hommes & femmes ferfs, taillables à volonté, abômez, queftables ou courveables, font mainmortables ; & au moyen du droit de main-morte s'ils decedent fans hoirs communs, leur fucceffion entierement de meubles & immeubles, & autres efpeces de biens quelque part qu'ils foient, foit en terre main-mortable ou autre, compete & appartient à leur Seigneur, qui s'en peut dire vétu & faifi, finon par privilege, convention ou prefcription fuffifante, ils foient exemptez de ladite main-morte.

LE mot SERFS mis au commencement de l'article determine tous les autres fuivans, car tous courveables, queftables, & taillables ne font pas ferfs, ny par confequent main-mortables, de tant que les tenemens peuvent être affectez à courvées ou tailles reelles; doncques pour faire qu'il y ait main-morte est besoin que la servitude y soit, ou servitude courveable, ou servitude taillable, ou d'autre condition, laquelle servitude soit adherente à la personne.

Main morte en langue Françoise se prend en deux sortes: Car main-morte se dit quelquefois à respect des droits des Seigneurs directs, feodaux, censiers ou Justiciers, qui ne sont tenus admettre & recevoir nouveaux acquereurs qui ne soient de qualité d'hommes vivans & mourans, mais les communautez Ecclesiastiques ou autres, comme Eglises, corps de Villes, Hôpitaux, sont perpetuelles, & par subrogation de personnes sont censées être toûjours les mêmes corps & communautez: & vulgairement on les appelle gens de main-morte, & on appelle amortissement la permission que le Roy ou le Seigneur Justicier ou Seigneur direct leur fait, d'acquerir & retenir biens immeubles: & en ce cas se peut dire main-morte, parce que le droit de proprieté qu'ils ont ne produit aucuns droits Seigneuriaux ny profits, non plus qu'une chose morte; soit parce que tels corps ne peuvent allienner, & n'y a esperance de profits casuels: soit parce qu'il n'y a esperance de reversion par défaut d'homme, & si les Seigneurs ne veulent admortir, les acquereurs sont contraints de donner homme vivant & mourant, par le decez duquel aucuns droits Seigneuriaux soient acquis. L'autre sorte de main-morte est de la servitude dont est parlé en cét article, & le mot peut être tiré de ce que les Romains tenoient les serfs comme morts, quant aux fonctions publiques & civiles, *l. servitutem 209. ff. de regul. jur.* Ou bien parce que le Seigneur met en sa main les biens du serf decedé sans hoir commun. Le Seigneur donc en la main-morte est comme heritier quant aux biens qui ne sont pas mouvans de la servitude, à l'égard desquels il est tenu de payer les debtes faites par contrats entre vifs, tant que lesdits biens peuvent fournir: car à l'égard de tels biens le serf en a la libre administration pour en disposer entre vifs, sans fraude, comme auprés des Romains les serfs par permission de leurs maîtres avoient la libre administration de leur pecule, & sur iceluy contractoient *etiam* par alliennation. *l. si convenerit. 2. §. ult. ff. de pig. actione.* & le serf étoit censé contracter par la volonté de son Seigneur. *l. 3. in fine & l. 4. ff. de minorib.* & se dit sans fraude, parce que tel serf ne peut pas donner, sinon qu'il donnât pour recompense de merites qui fussent connus & prouvez, ou pour autre juste cause. *l. contra. §. ult. ff. de pactis. l. filius fam. ff. de donat.* Bien crois-je que les serfs de ce païs ne devroient pas être tenus si fort à l'étroit, parce qu'il semble que cette Coûtume en leur interdisant de disposer pour cause de mort, sinon jusques à soixante sols, est censée leur permettre tous contrats entre vifs par l'argument de la *l. cum prætor. ff. de judic.* Pourquoy quant aux donnations faites par les serfs de ce païs qui seroient entre vifs, il en fraudroit juger *ex causa*, & selon les circonstances suivant la *l. vivus. ff. si quid in fraudem patro.* Et quant aux autres contrats entre vifs, dire que les biens immeubles qui ne sont de la servitude en sont tenus, & en doivent respondre aprés à la main-morte écheuë. Mais les immeubles qui sont du tenement servil retournent & eschéent au Seigneur en cas de main-morte sans être sujets aux debtes & hypotheques, parce qu'ils retournent en vertu de la premiere concession. *l. lex. vectigali. ff. de pignor.* Bourgogne, article 93. dit que les meubles & heritages qui ne sont de la servitude, payent les frais funeraux, puis ce qui est deû au Seigneur est pris, ce qui est *ad instar* du pecule des serfs Romains, & aprés sont payez tous creanciers. Mais si le serf avoit emprunté deniers specialement, *in eam causam*, pour bâtir ou faire autre melioration perpetuelle en l'heritage serf, & les autres biens non mouvans de la servitude ne fussent suffisans pour payer, le Seigneur prenant la main-morte des heritages de sa servitude, seroit tenu par action utille jusques à la concurrence de ce que son heritage seroit fait de plus grand prix, par les raisons de la *l. hujus. ff. qui pot. in pig. hab. l. rescriptum. §. 1. ff. de distract. pign. l. si pupilli. ff. de solut.* même par l'action subsidiaire que la loy par equité *in rem* quand l'action personnelle est infructueuse, *l. ult. ff. de eo perquem factum erit.*

La saisine qui est icy octroyée au Seigneur de la servitude, dépend de l'usance generale non écrite de ce Royaume, par laquelle les subtilitez superfluës de la forme des possessions du droit Romain n'ont été admises: cette Coûtume en plusieurs cas donne la saisine sans apprehension de fait, quant à la main-morte; ainsi disent Sens, art. 118. Bourbonnois, art. 207. Troyes, art. 91. Vitry, art. 142.

Sans hoirs communs, Aucuns trop rigoureux observateurs ont voulu prendre le mot Hoir, parce que communément quand on dit aucun être decedé sans hoirs, on entend sans enfans. Mais Hoir est le mot François qui proprement represente le mot latin *hæres* dont est dite *hoirie*, & en ce même chapitre, article 24. l'ascendant heritier du serf est dit *hoir*. Doncques il me semble que tous parens du défunt qui sont de la même servitude, & qui lors de son deceds sont demeurans en communion de biens avec luy, & en même famille doivent succeder au serf selon le degré de proximité. Ainsi Bourgogne, article 91. donne l'heredité à tous parens communs: mais aucunes seulement aux enfans des serfs, comme Vitry, article 144. & Troyes, article 5. Aucunes par le moyen du parent commun appellent à la succession le parent non commun qui est au même degré. Bourgogne, article 96. & Troyes, art. 5.

Cét article a été introduit pour inviter les parsonniers des familles de village, de demeurer ensemble, parce qu'en ce païs le ménage des champs ne peut être exercé que par plusieurs personnes, & encores pour éviter les confusions qui aviennent des redevances des Seigneurs quand les tenemens sont departis par pieces & lopins : qui est un inconvenient remarqué en la *l. communi. ff. commu. divid.* d'ancienneté on contraignoit les serfs precisement à demeurer en leurs tenemens, & y étoient retrus quand ils les abandonnoient, comme se lit en l'Epistre 21. livre 3. des Epistre de saint Gregoire Pape, & se disoit qu'ils sont portion du tenement, comme s'ils étoient adherens & joints à icéluy. *l. longè. ff. de divers. & tempor. præscript.*

Prescription suffisante, En ce cas ne faut prendre pour prescription le seul laps de tems que le Seigneur n'aura pris aucune main-morte : car il se peut faire qu'en trente, quarante, même cent ans ne soit écheu aucun cas de main-morte, & en tel cas la prescription ne court, parce qu'il n'y a eu aucune negligence du Seigneur, ny acte valant à possession de liberté de sujet. *l. Et Atilicinus. ff. de servit. rust. præd. l. 1. §. ult. C. de annali præscript. l. cum notissimi. §. illud. C. de præscript. 30. vel 40. ann. imò* & quand le cas de la main-morte seroit écheu, le profit casuel seroit prescrit par trente ans, mais non pas le droit de servitude, par les raisons déduites cy-dessus au chap. des Cens art. 22. Pourquoy pour prescrire la servitude, est necessaire qu'il y ait eu contradiction & interversion du droit du Seigneur, par celuy qui a voulu entrer en possession de liberté, & prescrire, ou bien quelque acte signalé, remarquable & manifeste, par lequel il apparoisse que le serf est entré en possession de liberté, & y ait persisté : & aprés ce soient passez trente ans.

ARTICLE VIII.

SI l'homme ou femme de condition servile tenoit aucun heritage en terre main-mortable chargé envers autres de cens, rente ou autre charge, sauf bordelage, son Seigneur luy succede en la maniere devant dite : & est tenu dedans l'an & jour aprés le trépas de sondit homme ou femme, vendre ledit heritage, ou le mettre hors ses mains, & en main habile. Autrement le Seigneur de cens, rente, ou autre charge, le pourra sans autre solemnité mettre en ses mains pour en faire son profit.

AU cahier imprimé, en la premiere ligne, il est écrit, Ancien heritage, & doit être écrit, Aucun heritage. Et ce rapporte cét article à l'article de l'ancien cahier, qui est le 4. au chapitre des Servitudes.

Terre main-mortable, Ce mot semble avoir été tiré de la Coûtume de Bourgogne, selon laquelle la seule demeurance & habitation de domicile en un territoire & Seigneurie, qui d'ancienneté est habitée par serf, fait être main-mortable celuy qui y tient feu & lieu : en sorte que les servitudes sont plus à cause du tenement que de la naissance de la personne, en ce païs nous pouvons dire terre main-mortable, celle dont les sujets de grande ancienneté sont serf, en sorte que la presomption est pour le Seigneur qu'il soit fondé en droit de servitude & main-morte sur ses sujets : comme étoit autrefois le territoire de Seigny en la Parroisse des Varenes lez Nevers, dont les sujets étoient dits les Charrosts, parce qu'ils étoient sujets à une servitude de certaines condition envers le Seigneur Charrosts en Berry, qui tenoit ce droit en fief des Seigneurs de Nevers : comme sont ou étoient les sujets de la Parroisse de Charrin en la Châtellenie de Ganay, & en plusieurs autres lieux de Nivernois.

Sauf Bordelage, Les Auteurs de nôtre Coûtume en cét endroit, & plusieurs autres ont grandement favorisé les bordelages : vray est qu'ils s'y sont épargnez en un article de semblable raison, qui est cy-dessus au chapitre des Confiscations article 6. auquel il est dit que le Seigneur haut-Justicier prend l'heritage tenu à bordelage, à la charge d'en vuider ses mains, en cas de confiscation.

An et jour aprés le trepas, Ou que le trépas est venu, ou vray-semblablement a peu venir à sa connoissance, car quand la demeure à faute de faire dedans certain tems apporte dommage, le tems de faire n'est compté que du jour de la science ou vray-semblable, *cap. quià diversitatem, extrà, de concess. præbend. l. ult. ff. quis ordo in bon. poss. servetur.*

Vendre ou mettre hors de ses mains, Je croy qu'il le doit mettre hors de ses mains à tel titre qu'il en soit deû profit au Seigneur direct à cause de la mutation d'homme qui desire investiture, & par consequent profit de bourse : doncques il ne satisferoit pas en donnant tel heritage à son enfant, parce que telle donnation n'emporte profit. Par les raisons déduites cy-dessus audit chapitre des Confiscations art. 6.

Main-habile, Icy ne s'entend pas d'homme qui soit de condition servile, si ce n'étoit que le tenement fût servil, comme cy-dessous article 19. Mais s'entend que ce soit homme de pareille condition, état & qualité qu'étoit le défunt. J'entends qualité comme d'homme de village, ou de ville. Car s'il subrogeoit un homme qui fût de plus haute ou pareille qualité que le Seigneur de la main-morte, ou le Seigneur direct, il ne satisferoit pas à cette loy.

ARTICLE IX.

ENtre gens de condition un party, tout est party ; c'est-à-dire, que s'il y a plusieurs gens de condition en une communauté, & l'un se part d'icelle par partage ou division de biens : tout le surplus quant au Seigneur est reputé pour party, en telle maniere, que si aprés ce, l'un d'eux decede sans hoirs communs, le Seigneur luy succede, comme il est dit cy-dessus; nonobstant que le surplus desdits communs, par paction expresse, ait contracté communauté, si ce n'a été fait du consentement dudit Seigneur.

CEt article est fort rude, s'il est entendu selon sa premiere apparence, en tant que la faute de l'un nuiroit à tous les autres qui n'ont failly : pourquoy il me semble qu'avec raison on y peut appliquer deux temperamens resultans & pris des autres articles de cette Coûtume en y joignant ce qui est du droit écrit. L'un que le partage ne préjudicie à l'effet de la succession, sinon à ceux qui sont d'une même branche, & en pareil degré, ou en pareille consideration de lignage, & non à tous les parsonniers. Car si le partage des enfans de même pere qui sont de divers lits, ne préjudicie d'un lit à autre, article 10. cy-dessous : à plus forte raison se peut dire que le partage de plusieurs freres germains, ne préjudiciera aux cousins germains qui sont enfans d'un autre parsonnier : & ainsi des autres branches. L'autre temperament est, que si celuy qui se depart est homme mal-gisant & fâcheux, ou qui par mauvais ménage sans avoir reçû mauvais traitement de ses parsonniers, se retirat & absentat de la communauté, en sorte qu'on fût contraint de luy donner sa part, en ce cas la faute ne deût être imputée aux parsonniers qui luy auroient baillé sa part, en sorte que ceux qui seroient demeurez de bon accord ensemble, ne fussent pas tenus pour partis entr'eux. Suivant ce, cét article deût être entendu quand tous les parsonniers de commun consentement se departent, ou quand les autres font si mauvais traitement à l'un de leurs parsonniers qu'il soit contraint de se departir, car en ce cas étans cause du partage, seroit tout autant que si eux-mêmes demandoient partage. Cette consideration peut être recüeillie & fondée sur la raison des 11. & 12. articles, esquels parce que la separation se fait par bon, honneste & accoûtumé ménage; le partage n'est sujet à la rigueur de l'article. Doncques en effet ledit article rigoureux presuppose, ou le consentement, ou la faute & coulpe de tous les parsonniers; ou de ceux qui demeurent ensemble. Au droit Romain se dit, que celuy qui intempestivement & mal à propos dissout la societé, qu'il est puny des dommages & interests. Quoy que par le même droit soit dit, que nul ne peut être contraint de demeurer en societé outre son gré : & ailleurs il est dit s'il y a peine convenuë & apposée contre celuy qui avant certain tems demandera partage, toutefois celuy est excusé de la peine, qui à cause des fâcheux deportemens de son parsonnier est contraint de dissoudre la societé. *l. si convenerit. l. sed & socius, in fine. ff. pro socio.* Pourra être consideré que la Coûtume de Bourgogne, proche voisine de ce païs en semblable cas, entend que la rigueur de non succeder a lieu, quand tous de commun consentement se separent en l'article 90.

ARTICLE X.

L'Article precedent n'a lieu quand celuy qui se depart est d'autre servitude ou de divers lits, comme si une femme étant de la servitude d'autre Seigneurie aprés le decez de son mary se depart de la communauté : De même s'il y a des enfans de plusieurs lits en une même communauté, s'il en depart quelques-uns de l'un des lits, le Seigneur ne prendra son droit de main-morte sinon sur ceux de même lit, & non sur ceux de l'autre & divers lits.

ARTICLE XI.

PAreillement si la fille ayant droit acquis est mariée femme serve par ses parsonniers meubles portant : audit cas elle ne depart point ses parsonniers desquels elle depart.

ARTICLE XII.

AUssi quand l'homme & la femme serfs constant leur mariage, separent l'un ou aucuns de leurs enfans en le mariant, ou autrement, & en demeurent d'autres avec eux : les separez & departis ne succedent en ladite communauté, mais seulement ceux qui y sont demeurez : & audit cas pour ledit departement le Seigneur ne peut prétendre toute la communauté être departie.

EN l'article 10. il est dit de la femme d'autre servitude, parce que si la femme serve d'un Seigneur prend mary qui soit serf d'autre Seigneur, & étant mariée par pere ou mere ne porte en mariage que des meubles, elle devient serve du Seigneur de son mary, si ce n'est que dedans l'an aprés le decez de son mary elle se retire : cy-dessous article 16. La retraite qu'elle fait aprés le decez de son mary est reputée faite pour juste occasion, comme ne pouvant prendre party en mariage au lignage de feu son mary. Et le second cas qui est des enfans de divers lits sert à l'opinion cy-dessus, que le partage ne préjudicie sinon à la branche du lignage, où sont plusieurs de même degré & qualité.

Ledit article 11. sert d'argument, pour dire que la rigueur du partage n'a lieu sinon quand on fait partage du tenement servil & de la communauté par mauvais ménage, & non si par juste occasion on fait partage ou composition, comme en constituant dot à une fille en la mariant, moyennant laquelle dot elle renonce & quitte sa part de l'heritage.

En l'article 12. en la premiere ligne faut mettre la conjonctive, *&* au lieu de la dis-jonctive, *ou* comme l'on peut recüeillir par les mots suivans, *constant leur mariage*.

ARTICLE XIII.

Gens de condition sont reputez pour partis à l'effet dessus declaré quand ils tiennent par an & jour feu & lieu à part separément & divisément les uns des autres : & qu'ils ont departy pain & sel, posé qu'ils demeurent en, & sous un même toict ou maison, & qu'ils n'ayent fait autre partage de biens entr'eux & lesdits an & jour passez ne peuvent demander partage les uns aux autres.

Cet article parle de la dissolution de communauté, que la loy presume être faite par les actes exterieurs, quoy qu'il n'apparoisse de consentement exprés. Le laps de tems d'an & jour fait croire la perseverance, cét an & jour est remarquable en plusieurs articles de la Coûtume pour induire une presomption de consentement tacite, même en fait de communauté. Cy-dessous chapitre des Communautez & Associations, article 2. & 4. des droits appartenans à gens mariez, article 21. & 22. & en ce chapitre article 16. vers la fin. La loy Romaine presume la dissolution de communauté quand les associez commencent à faire leurs affaires chacun à part. *l. itaque. ff. pro socio.* Et parce que quelquefois interviennent quelques courroux & facheries qui font la separation, la loy n'a pas voulu presumer le partage sinon aprés l'an & jour, qui feroit pour faire connoître la perseverance : la loy Romaine n'a point limité de tems, & s'est contentée de dire indefiniement, quand le courroux s'appaise, & qu'ils retournent ensemble dans peu de tems, que c'est tout autant que s'il n'y avoit point eu de separation. *l. plerique. ff. de ritu nupt. l. 3. ff. de divort.* mais quand il y a dissolution par convenance bien expresse, ou qu'il y a partage de meubles & immeubles du tout accomply, il n'est besoin d'attendre l'an & jour : car és choses certaines, les conjectures ne sont necessaires. *l. continuus. §. cum ita. ff. de verb. oblig.* en cét article le mot REPUTEZ, emporte la presomption de droit.

FEU ET LIEU, Le feu est la marque d'un ménage & famille és villages, car en chacune famille & communauté, quoy qu'ils soient plusieurs mariez, tous n'ont qu'un foyer où s'appreste à manger pour tous, auprés duquel tous dînent & soupent, auprés duquel les femmes accouchent de leurs enfans, & n'y a cheminées és chambres particulieres de chacun marié. De là vient qu'anciennement on appelloit les tailles FUAGES, parce qu'elles sont imposées par feux & ménages, & sont encores ainsi nommées au Duché de Bourgogne. Aussi la vulgaire usance en ce païs, est quand quelqu'un veut changer de domicile, il éteint son feu en presence de personnes publiques au lieu qu'il délaisse, & va l'allumer en son nouveau domicile. LIEU, c'est le domicile. Ainsi tenir feu & lieu, & tenir ménage & famille c'est tout un.

DEPARTY PAIN ET SEL) Qui sont les deux choses plus communément necessaires à la vie de l'homme : icy sera remarquée la frugalité ancienne des gens de village, en tant qu'il n'est parlé que des commoditez precisément necessaires à la vie de l'homme : car nul ne peut vivre sans pain, & le sel sert pour assaisonner les potages d'herbes & de laict, & n'est icy parlé de pitance ny de vin.

NE PEUVENT DEMANDER PARTAGE) Il faut icy suppléer ce qui est en l'ancien cahier de l'an 1490. qui dit que quand ils se sont ainsi separez qu'ils ne peuvent demander partage pour avoir part és meubles & conquests faits aprés cette separation. Car sans doute s'il n'y a eu partage ils peuvent demander part és meubles & conquests qui étoient communs lors de la separation, & qui n'ont été partagez.

ARTICLE XIV.

Si l'enfant de ladite condition va demeurer hors la maison de ses pere & mere, & tient feu & lieu hors la compagnie d'iceux, par an & jour, il perd le droit de la succession de sesdits pere & mere. Autre chose est s'il étoit demeurant autre part par service ou autre semblable occasion.

PAr cét article est demontré que non seulement le partage des biens : mais aussi la separation & distraction de la personne fait le partage & dissolution. Car l'enfant qui a pere & mere n'a aucuns biens : Aussi les personnes ne sont pas moins necessaires au ménage rustique pour le labeur & industrie que sont les biens. Seront remarquez les mots TIENT FEU ET LIEU, pour faire connoître que toute sorte de demeurance hors la maison ne suffit pas. Mais s'il avient qu'une famille des champs ait deux domaines, ou bien un domaine avec un moulin, & une partie de la famille aille demeurer en l'autre domaine ou moulin, neanmoins tous les gains se rapportent en un seul lieu : je diray que pour tenir ménage & feu à part, il n'y a point de separation, parce que la commodité de la jouïssance de leurs heritages les contraint d'ainsi faire. C'est la raison de la *l. Cajus. §. ult. ff. de lega. 2. l. ult. ff. commu. dividundo.*

PAR SERVICE OU AUTRE OCCASION) Comme si un des parsonniers est absent pour le fait de l'étude, ou un homme d'Eglise va deservir des Benefices, comme Vicaire, même qu'il tienne feu & lieu à part, par plus d'an & jour, il ne faut tenir pour separé & inhabile à succeder, ou à être succedé, selon la raison de la *l. quæsitum. ff. de lega. 3. l. Sejæ. §. Pomphilæ. ff. de fundo instr.* mais si tel Ecolier ou Vicaire avoit ainsi demeuré hors par dix ans ou plus, sembleroit qu'il eût là constitué son domicile, & abandonné son domicile originaire, selon la *l. 2. C. de incolis lib.* 10. Joint quant aux études, que selon les anciens statuts des Universitez le privilege de scholarité ne dure que dix ans, qui est le même tems remarqué par la loy pour être dit long-tems. *l. si cum fideicommissa. §. Aristo. ff. qui & à quib.* Toutesfois si par actes exterieurs, bien apparens il a demontré que sa volonté ne fût de se separer, comme s'il a continué de prendre ses commoditez en la maison ancienne commune sans accenser sa part, ou par autres argumens de presomption urgente, je diray que le tems de dix ans ne suffit ; ainsi est dit *per glosam magnam in d. l. 2. C. de incol.* & par l'argument de la *l. debitor. ff. de pignor. l si ita legatum. ff. de lega.* 3. même que le desir d'étudier a accoûtumé de croître avec le sçavoir à ceux qui sont propres aux lettres, & dure jusques au dernier soûpir, comme témoigne Pomponius *in l. apud Julianum. ff. de fideicomm. libert.* Ce qui est dit de dix ans en ladite *l.* 2. est une presomption, & une presomption est effacée par autre presomption plus forte. Que si l'enfant qui se seroit retiré d'avec son pere étoit mineur de 25. ans, & se fût retiré sans congé de son pere, je croy qu'il pourroit être restitué en entier pour reprendre l'esperance de la succession de son pere, en laquelle dés le vivant de son pere, il avoit droit comme fils. *l. cum ratio. ff. de bonis damnat.* & est le mineur relevé quand par l'infirmité de son âge il fait acte invisible à ses droits. Et combien que communement l'attente de succession d'autruy ne soit probable. *l. 2. §. interdum. ff. de vulgar.* toutefois elle est probable à l'égard de l'enfant. *l. nec ei. ff. de adopt.* mais si c'est un Prêtre qui ait Benefice titulé requerant residence, on estimera qu'il ait constitué & acquis son domicile au lieu du Benefice. *cap. dilectus. 2. ex de rescript. in antiq. cap. cum nullus, extrà, de tempor. ordinat. in 6.* & combien que selon la loy Romaine aucun puisse avoir domicile en deux lieux, l'un au lieu de sa naissance, l'autre au lieu de son incolat & demeurance. *l. assumptio. §. juris. l. Labeo. ff. ad municip.* toutesfois parce qu'il semble que la Coûtume requiere residence au lieu du domicile originaire, & qu'elle dit tenir feu & lieu, semble que tel Beneficier ne succederoit à ceux de sa maison, ny eux à luy : si ce n'étoit que par le congé de son Seigneur il se fût fait Prêtre. Car selon les anciens Decrets & Canons, la Prêtrise ne doit être conferée sinon à ceux qui ont Benefice auquel ils sont titulez. *cap. Episcopus, cap. cum secundum, extrà, de prebend.* qui est l'un des statuts du grand Concile Oecumenique de Calcedoine, qui fait que le Seigneur en permettant à son homme d'être promeu à Prêtrise, est censé avoir agreable sa demeurance au Benefice, *arg. l. 2. ff. de jurisd. omn. jud.* Qui fait dire que tel Prêtre n'est exclus de succeder à ses parens, ny ses parens luy succeder, si ce n'étoit qu'il y eût eu partage actuel de biens communs, ou contradiction expresse de communauté.

ARTICLE XV.

COmmunauté de gens de lad. condition une fois departie par les moyens devant dits, ne peut par eux être reassemblée pour succeder les uns aux autres, sans le consentement exprés du Seigneur.

CEt article semble rude, parce que les societez & communautez sont libres, & dépendent de la pure volonté. Mais les gens de condition servile n'ont pas leurs volontez du tout libres & franches. Aussi se peut dire que dés lors qu'ils se sont partis, le droit est acquis au Seigneur pour les tenir inhabiles à succeder l'un à l'autre : lequel droit ne peut être ôté au Seigneur sans son consentement. Et est cét article comme une bride pour retenir les parsonniers, à ce qu'ils ne soient faciles à se mouvoir pour faire partage. Et afin que ce ne leur soit occasion de faire deffaire leurs communautez en fraude du Seigneur. Si on vient cy-aprés à la revision de la Coûtume, seroit assez expedient de temperer la rigueur de cét article, & autres.

ARTICLE XVI.

GEns de condition peuvent marier leurs filles franchement, pere & mere vivans, ou l'un d'eux meubles portans hors la communauté sans retour : En telle maniere que ladite fille ainsi mariée & conjointe par mariage avec un homme franc, elle demeure à toûjours franche : & si elle est mariée à un homme de condition, elle demeure serve au Seigneur de son mary perpetuellement avec sa posterité & lignée. Sauf & reservé és lieux esquels les Seigneurs ne perdent ne gagnent : c'est-à-dire, que lesdites filles ne se marient point franches, & aussi n'acquierrent point lesdites filles, ainsi mariées que dit est, qui en useront ainsi qu'ils ont accoûtumé le tems passé : & pourra ladite femme se retirer si elle veut l'an aprés le trépas de son mary, auquel cas elle demeure franche.

CEt article à pris son origine du privilege octroyée par la Comtesse Mathilde ou Mahault, qui est du mois d'Avril de l'an 1235. és Registres de la Chambre des Comptes à Nevers. Et y en a autre Charte de l'an 1332. & portent que les pucelles serves peuvent se marier par meubles franchement.

Les mots MEUBLES PORTANT, signifient qu'elle n'ait en dot ou bien-fait que des meubles. L'ancienne Coûtume de l'an 1490. desiroit qu'elle fût mariée par pere & mere : cette nouvelle se contente de l'un d'eux.

SANS RETOUR, C'est-à-dire, que ladite fille soit excluse de venir par aprés prendre part aux immeubles, & autres meubles de la maison : quoy qu'aucune succession luy fût escheuë avant son mariage.

A TOUSIOURS FRANCHE, Car la liberté luy étant une fois acquise, elle ne peut par accident survenant retomber en servitude, quand bien elle épouseroit par aprés un homme de condition servile : car en cette Coûtume nul n'est serf que par naissance, qui fait que nul ne peut perdre la liberté déja par luy acquise.

ET SI ELLES EST MARIE'E, Aucuns ont voulu tirer argument que si une fille franche est mariée avec un homme serf qu'elle devienne serve : ce qui n'est pas. Car ce pronom ELLE se rapporte à la premiere clause de l'article qui parle d'une fille qui est serve : comme si cette seconde clause vouloit dire, la fille serve qui est mariée avec homme sefs par meubles, change de servitude, & devient serve du Seigneur de son mary : comme il est dit, nul n'est serf en ce païs sinon par naissance. Que la femme franche ne devient serve par mariage, à ce fait la loy finale *C. de agricol. & censit. lib. 11. Vide Specul. tit. de feudis. cap. quoniam nu. 39. & 40.*

FRANCHE) (A LA FIN DE L'ARTICLE; C'est-à-dire, en ce dernier cas quand la femme serve d'un Seigneur épouse un homme serf d'autre Seigneur, & étant veuve elle se retire dedans l'an, elle demeure franche, quitte & libre de la servitude du Seigneur de feu son mary où elle étoit entrée, & retourne en la servitude du Seigneur duquel auparavant elle étoit serve par naissance.

ARTICLE XVII.

GEns de condition ne peuvent faire leurs enfans Clercs sans l'exprés consentement de leurs Seigneurs : & s'ils le font, lesdits Clercs demeurent serfs : Sauf quant aux courvées, & a le Seigneur son recours pour son interest à l'encontre desdites gens de condition, Clercs ou Prêtres, & autres qu'il appartiendra.

ANciennement quand les servitudes étoient plus personnelles & rigoureuses, le serf qui avoit été promeû aux ordres sacrés sans le congé de son Seigneur, étoit deposé desdits ordres, & rendu à son Seigneur. *cap. consuluit. ex. de servit non ordin.* Mais de present que la servitude est plus gratieuse & moins personnelle, la clericature demeure & le Seigneur doit être satisfait de ses dommages & interests, & neantmoins le Seigneur ne laissera de prendre la mainmorte si elle échet. Ce que la Coûtume dit des corvées s'entend que le Clerc n'est tenu de les faire en personne, mais il les peut faire par substitut. *l. quisquis. C. de Episcop. & Cler.*

ARTICLE XVIII.

PAr ladite Coûtume le franc acquiert & peut acquerir du serf, & le serfs du franc.

ARTICLE XIX.

SI le serf vend ou allienne son mex tenement serfs à personne franche ou homme d'autre servitude : le Seigneur de la servitude peut luy faire faire commandement de le remettre hors de ses mains, & le remettre

en

en main habille : & si l'acquereur ne le fait dedans l'an & jour, les choses venduës sont acquises au Seigneur *ipso facto* : & en est saisi le Seigneur : tellement qu'il peut apprehender la possession sans autorité de Justice, & pour les arrerages de la taille ledit Seigneur pourra avoir recours par action personnelle contre l'acquereur ou par action hypothecaire sur ladite chose.

CEs articles font connoître que l'allienation du tenement serf faite à un homme franc n'est pas nulle de soy, mais demeure en suspens selon la volonté du Seigneur. La Coûtume de Bourbonnois, article 201. met la Commise, *ipso facto* par l'allienation : & article 204. permet au serf tous contrats entre vifs, horsmis l'allienation de son heritage serf à personne franche. Doncques selon nôtre Coûtume pour autant de tems que le Seigneur ne contredit, la vente est valable, & sont les vendeur & acheteur obligez l'un à l'autre selon la nature du contrat. Ce qui se dit icy Main habilles s'entend d'homme qui soit serf, & de la même servitude dont est le vendeur. Dés-lors que le Seigneur contredit, la vente demeure nulle, par nullité qui se tire en arriere au jour du contrat : en sorte que les hypotheques constituées par ce nouvel acquereur s'évanoüissent par la raison de la *l. si ex duobus. §. sed & Marcellus. ff. de in diem addict.* & si l'heritage ainsi allienné étoit chargé d'autre redevance que de taille (car la redevance de taille n'engendre aucun profit de bourse) comme s'il devoit bordelage ou cens, il ne seroit deû aucun profit pour cette allienation : parceque telle allienation ne subsiste & devient à rien : or les lods & ventes, ou le tiers denier sont payez au Seigneur pour l'approbation qu'il fait du contrat d'allienation, & de la mutation d'homme. *l. ult. C. de jure emphyt.* Ainsi en semblable raison dit du Molin, quand l'Eglise ayant acquis est contrainte par le Seigneur direct de vuider ses mains, *in Cons. Paris. art. 22. quæst. 41. n. 129.* & audit cas de contradiction le nouvel acquereur est rejeté. Mais si l'homme serf ou l'acquereur remet l'heritage en main habile d'un serf de la même servitude autre que le vendeur, lors il en est deû profit si la redevance est telle qu'elle emporte profit : & si l'acheteur remet l'hereritage és mains de celuy même qui luy a vendu l'heritage, il n'en est rien deû, parceque l'heritage est remis en son ancien état. L'un des anciens cahiers dit que si cét acquereur homme franc vouloit prendre l'heritage à charge de bordelage que le Seigneur seroit tenu luy en faire bail. Ce qui semble assez raisonnable en cas que cét acquereur ne pourroit trouver homme de qualité habile pour se deffaire de l'heritage en ses mains. Et de vray, l'experience a fait connoître que la grande rigueur que les Seigneurs ont tenuë à leurs hommes & sujets, a été cause de dépeupler leurs terres & d'épancher leursdits hommes deçà & delà, & en rapportant l'état de l'antiquité, il n'y a pas aux villages la quarte partie du peuple qui y souloit être il y a cent ou deux cent ans.

Acquises au Seigneur, S'entend en purgain par forme de Commise, qui est la peine du desobeïssant : & s'en fait le retour sans charge des hypotheques que le vendeur ou l'acheteur auroient crées par la raison de la *l. lex vectigali. ff. de pignor.* & dudit *§. sed & Marcellus.*

Pour les arrerages de la seule action personnelle contre l'acquereur, Cecy s'entend en cas que l'acquereur ait sçû avec certitude que l'heritage fût de telle nature : car l'obligation & l'action personnelle desirent un consentement, *saltem* tacite : cessant lequel il se dit que celuy qui est convenu par action pure réelle, & à cause de l'heritage n'est tenu à la restitution des fruits, sinon depuis le tems qu'il y a eu procez commencé. *l. si fundus. §. in vendicatione. vers. sed interdum. ff. de pignor.* ou depuis cause contestée. *l. certum. C. de rei vend.* & dés lors qu'il a sçû la nature de l'heritage il est tenu personnellement comme par consens tacite, mais c'est jusques à la concurrence des fruits & non plus outre, parce que les fruits doivent la redevance. *l. neque stipendium. ff. de impens. in res dot.* & à ce fait la loy 1. *C. de annonis & tribut. lib.* 10. A quoy se rapporte la nouvelle Coûtume de Paris, art. 102. 103. & 104.

Action hypothecaire sur ladite chose, Se doit entendre au cas que l'heritage est remis en main habile. Car s'il est acquis au Seigneur par Commise, il ne peut être hypotheque envers luy-même.

ARTICLE XX.

LA veuve d'un homme serf, franche ou serve demeure doüée par doüaire coûtumier de la moitié des heritages de servitude de feu son mary & en est saisie *etiam* contre le Seigneur ; en payant la taille par serve dudit heritage ; & non autrement : & est tenuë de bailler declaration & reconnoissance dudit heritage qu'elle tient en doüaire, si elle en est requise par ledit Seigneur : & si elle ne le fait dedans l'an à compter du jour de ladite requisition : le Seigneur pourra prendre & mettre en sa main ledit doüaire pour en faire les fruits siens, jusques à ce que ladite doüairiere ait baillé ladite declaration & reconnoissance.

LE commencement de cét article est pour nôtre opinion cy-dessus que la femme d'un serfs qui est franche de naissance ne devient pas serve : car icy la veuve est nommée franche. En cét article se void que les tenemens serfs à cét égard sont de meilleure condition que les bordelages : car la veuve n'a son doüaire sur le bordelage au préjudice du Seigneur, *suprà* des bordelages, article vingt-neuf & est à croire que les Seigneurs des servitudes ont voulu entretenir les familles de leurs serfs afin qu'ils trouvassent plus facilement party en mariage.

La taille par ferue) S'ensuit que la taille n'est pas individuë & se paye *pro rata* de la detention, & non pas solidairement comme les autres redevances ce qui se rapporte aucunement à l'ancien droit. *in l. indictiones. C. de annonis, trib, lib.* 10. *cap. constitutus. extrà de relig. domib.*

Pour en faire les fruits siens.) C'est la peine de la contumace : laquelle contumace quelquefois produit un simple sequestre comme en fief à faute de denombrement baillé : & la raison en est mise *in cap.* 2. *extrà. de dolo & contumac.* afin que le contumax étant ennuyé & attedié s'avise de faire raison, & de même est dit *in l. is. cui. ff. ut in poss. leg.* Quelquefois produit la translation de possession en la main de l'adversaire avec le gain des fruits comme en cét article, & en fief quand il y a saisie à faute d'homme, à quoy fait ce qui est dit, *in l. Fulcinius. §. ult. ff. ex caus. in poss.* Quelquefois la Commise & perte de la proprieté y est commise à faute de réünir le bordelage démembré, pour le recelement avec dol de partie du fief *suprà* des fiefs, article 68. & à faute de vuider ses mains pour mettre es mains habiles, *suprà* des confiscations, article six, en ce chapitre article dix-neuf. Les Romains pour la contumace transferoient la possession de la main du contumax és mains de son adversaire qu'ils appelloient le premier decret, & croissant la contumace transferoient la proprieté, & en privoient le contumax qu'ils appelloient le second decret. Ainsi se dit, *in l. sed si res. ff. commu. divid. l. usus. uctu legato §. 1. versic. undè etiam ff. de usufr.*

ARTICLE XXI.

GEns de ladite condition sont reçûs en témoignage pour & contre le Seigneur : sauf en matiere criminelle contre leurdit Seigneur : & aussi contre leurdit Seigneur en matiere de franchise prétenduë par aucuns des hommes que ledit Seigneur querele être ses serfs.

EN matiere criminelle) C'est à cause de l'honneur & respect qu'ils doivent à leur Seigneur. Selon les loix Romaines faut excepter le crime de leze Majesté. *l. ult. C. de delat. lib.* 10. & le crime d'avoir fait fraude es provisions publiques de bled : & d'avoir fraudé les subsides, publics, & le crime de fausse monnoye. *l. vix certis ff. de judiciis.*

En matiere de franchise). C'est afin qu'ils ne soient invitez à s'aider l'un l'autre de témoignage pour la pareille : duquel vice Ciceron blâme les Grecs en une Oraison, disant qu'en Grece le Proverbe étoit, *da mihi mutuum testimonium.* Aussi ceux qui ont semblable cause ne sont témoins recevables, *cap. personas, extrà de testib.* Mais bien sont-ils reçûs à deposer pour le Seigneur qui prétend un serf.

ARTICLE XXII.

SI l'homme & femme sont conjoints par mariage dont l'un est de condition servile, & l'autre franc soit l'homme ou la femme, les enfans qui naîtront dudit mariage sont & demeurent de la pire condition, c'est à sçavoir servile envers le Seigneur duquel meut ladite servitude. Et est ce la Coûtume dudit païs, par laquelle on dit que le mauvais emporte le bon.

ARTICLE XXIII.

ET si lesdits mariez sont tous deux serfs de diverses Seigneuries, les enfans procréez dudit mariage seront serfs desdits Seigneurs *pro rata* ; c'est à sçavoir, si le pere est serf d'un Seigneur, & la mere d'un autre, l'enfant sera serf de chacun desdits Seigneurs *pro media* : & si le pere est serfs de deux Seigneurs, & la mere d'un autre, ledit enfant sera serf aux Seigneurs de son pere chacun pour un quart, & au Seigneur de sa mere pour une moitié.

SElon les loix Romaines, en ce qui touche l'état & condition de la personne pour la liberté ou servitude, l'enfant suit la condition de la mere. *l. partum. C. de rei vendic.* & en ce qui est de la dignité & honneur l'enfant suit le pere. *l. liberos. ff. de senat.* ce que nous pratiquons en France au fait de la Noblesse qui vient par lignage : Ailleurs au droit Romain est dit quant à la dignité & honneur, que l'enfant qui est nay hors mariage suit l'état de la mere, & s'il est nay en mariage il suit l'état & dignité du pere. *l. cum legitimæ. ff. de statu hominum.* En cét article est question seulement de l'état de la personne pour la franchise ou servitude. Ainsi dit Bourbonnois art. 199. que l'enfant suit la pire condition de pere ou de mere. Mais Bourgogne art. 82. dit que l'enfant suit la condition du pere & non de la mere en servitude; ce qui peut être fondé en raison de la condition adscriptice dont est parlé au droit Romain, à laquelle se rapportent nos servitudes, car le fait du ménage rustique dépend plus du pere que de la mere. La loy des Lombards recitée par la glose, *in l. ult. C. de Murilegul. lib.* 11. étoit telle que nôtre Coûtume: aussi étoit telle la loy des Tudesques recitée par Isidor. *& gloss. in can. liberi 32. quæst.* 4. que la pire condition emportoit la meilleure. Nous pouvons icy recevoir les distinctions du droit des Romains par similitude de raison; que si la servitude procede du côté du pere il suffit que le pere soit franc lors de la conception de l'enfant, pour faire l'enfant franc, aussi s'il est alors serfs l'enfant est serf, par la raison de la *l. Paulus. ff. de statu. hom.* car aprés la mission de la semence, il n'y a plus rien qui vienne du pere à l'enfant, & si la servitude est de la part de la mere, il suffit qu'elle se trouve franche en quelque moment que ce soit depuis la conception jusques à l'enfantement, tant peu de tems soit. *§. 1. instit. de ingenuis*, dont la raison est, que pour autant de tems que l'enfant est au ventre de la mere, il fait portion d'elle & de ses entrailles. *l. 1. §. ex hoc. ff. de ventre inspic.* & quand il est question du profit & auantage de l'enfant, celuy qui est au ventre de la mere est reputé & tenu comme s'il étoit nay, pourveu que par aprés il naisse vif. *l. qui in utero. ff. de statu hom.* Si donc une fois, même en un moment de tems la mere se trouve franche quand l'enfant est en son ventre, l'enfant est franc. Et ce qui est dit audit *§. 1. instit. de ingenuis, medio tempore*, ne s'entend pas que la mere ait été franche la moitié du tems de sa grossesse, mais qu'il suffit qu'elle ait été franche une fois entre la conception & l'enfantement.

ARTICLE XXIV.

Si l'un des conjoints par mariage serf, va de vie à trépas, delaissant l'autre son conjoint & ses enfans communs: & aprés lesdits enfans vont de vie à trepas, communs avec le survivant desdits pere & mere delaissé seul sans autres communs, les meubles competent audit survivant hoir commun: & l'heritage de servitude appartiendra au Seigneur dont il est mouvant: ou s'il y a divers heritages mouvans de divers Seigneurs, l'heritage mouvant de chacun desdits Seigneurs luy appartiendra en son regard.

La question est: le survivant pere ou mere se trouve franc, & l'enfant qui est decedé se trouve serf, parce que le défunt pere ou mere étoit serf, si le survivant franc succedera au serf, & sembleroit que non par l'article second *infrà* des Successions, qui dit que le franc ne succede au serf: toutesfois puis que cét article parle indistinctement, & que telle succession de meubles n'est pas proprement heredité: mais plûtôt consolation de la perte des enfans: semble assez raisonnable que le survivant de quelque condition qu'il soit, succede aux meubles de son enfant. Sera noté en cét article le mot Hoir commun, qui est verifié de l'ascendant; dont resulte Qu'hoir represente le mot Latin *hæres*, & s'entend non seulement de l'enfant, mais de toutes sortes d'heritiers. Quoy qu'aucuns rigoureux interpretes en fait de servitudes ayent attribué la main-morte quand aucun decede sans enfans, qien qu'il ait d'autres parens communs.

ARTICLE XXV.

Par le decez de l'homme ou femme de ladite condition decedé sans hoir commun, ses meubles appartiennent à ses Seigneurs pour telle part que chacun avoit audit défunt. Quant aux heritages serfs ils appartiennent au Seigneur de la servitude dont ils meuvent: & semblablement les conquests mouvans de la servitude. Mais tous autres heritages & conquests non étans de la servitude se partent entre lesdits Seigneurs pour telle part & portion que chacun avoit au decedé.

Les meubles selon la commune opinion tenuë en pratique, suivent la personne; pourquoy cét article attribuë les meubles aux Seigneurs, selon le droit & portion qu'ils ont en la personne serve.

ARTICLE XXVI.

Si l'homme ou femme de condition deviennent francs par privilége, manumission, ou autrement, leurs heritages mouvans de la servitude, *ipso facto* avienent à leur Seigneur, & en est saisi. Sinon qu'autrement fût convenu entre le Seigneur & son homme.

PAR PRIVILEGE, Comme s'il est fait Evêque, *Authent. Episcopalis. C. de Episcop. & Cler.* Toutesfois a été autrement observé, comme il est dit cy-dessus article 8. Ou si le Prince Souverain pour quelque service signalé luy donne sa franchise, *ut in l. si quis gravi. §. utrum. ff. ad Syllan. & l. Barbarius Philippus. ff. de offic. praetor.* ou s'il a merité franchise pour avoir découvert l'homicide de son Seigneur meurtry. *l. testamento. ff. de hered. instit.* De même se doit dire de celuy qui a été le principal auteur de venger par Justice la mort de son Seigneur. *l. 1. C. quib. ex. caus. libert. pro praemio.* Et n'est mal à propos de pratiquer en cette Coûtume les cas de la loy Romaine, pour la raison qui y est.

Si le vassal affranchit son serf, selon la pratique observée d'ancienneté, le droit est devolu au Seigneur superieur feodal pour reprendre à luy le serf, comme ayant été abandonné par le vassal, car tels serfs sont reputez immeubles. *l. longè. ff. de divers. & tempor. praescript. l. jubemus, nulli. ff. de sacros. Eccles.* & par consequent font portion du fief, & n'est pas comme d'un heritage tenu en fief allienné, car le corps de l'heritage subsiste, mais par la manumission le vassal en tant qu'à luy est éteint la servitude & la rend à neant. De ces devoluts même jusques au Roy comme Souverain, y en a un article en un traité apocriphe des amortissemens: ledit droit de devolu se pratique en Bourgogne & en Nivernois. Je trouverois plus gracieux & à propos de dire qu'il en fût deû quint denier ou indemnité au Seigneur féodal. Comme quand le vassal abat de tous points un bois de haute Fustaye sans le mettre en taillis ou en labourage. La retrusion en servitude a été reprouvée par le droit Romain *etiam* qu'il y eût nullité en la manumission, & s'est contenté de dire que le prix du serf fût payé au Seigneur du serf, quand le serf a été manumis induëment, *l. cum ex falsis. ff. de manu. test. l. 4. §. si is qui. ff. de fideicom. libert.* de même voudrois-je dire, si un Seigneur mineur de vingt-cinq ans, qui toutesfois eût l'administration de ses biens, avoit manumis son homme serf. *l. si ex causa, in fi. ff. de minorib. l. & eleganter de dolo Multomagis*, si la manumission avoit été faite en faveur de mariage, & le mariage eût été accomply: parce qu'à cause de la lignée l'inconvenient seroit irreparable.

IPSO FACTO, AVIENNENT A LEUR SEIGNEUR, Parce que celuy qui est affranchy devient inhabile & incapable de tenir heritage serf: & en tel cas les heritages viennent au Seigneur par droit de reversion en vertu de la Seigneurie directe, par consequent viennent déchargez d'hypotheques. Mais si (comme est la Coûtume) le Seigneur fait bail nouveau à celuy qu'il a affranchy, des mêmes heritages sous charge de cens ou bordelages, la question est si les hypotheques seront censées être remises sus. Selon le droit étroit, ce qui est une fois éteint ne peut revivre sans nouvel consentement. *l. qui res §. aream. ff. de solut.* Mais parce que c'est le même possesseur qui est obligé personnellement, & qu'il est vray-semblable que lors du traité de la manumission, il a été accordé de rebailler les heritages: je croy que par replication de dol, l'action hypothecaire de soy faite inutile, pourroit être renduë efficace utilement, par la raison de la *l. rem alienam, ff. de pignor. act.*

ARTICLE XXVII.

SI l'homme ou femme de condition vont demeurer hors du lieu de leur servitude, le Seigneur peut de son autorité prendre & mettre en sa main leurs heritages de ledite servitude, & appliquer les fruis à son profit: & s'ils demeurent trente ans dehors sans retourner, lesdits heritages sont acquis incommutablement audit Seigneur: & neanmoins demeurent eux & leur posterité à toûjours poursuivables pour les Tailles & autres droits: ensemble pour la main-morte quelque part qu'ils absentent, comme il a été dit cy-dessus.

ARTICLE XXVIII.

MAis si lesdits homme & femme retournent dedans lesdits trente ans pour demeurer en leurdit heritage, ils le recouvreront en payant les frais & reparations necessaires, & arrerages de leurs Tailles, si payées ne les ont. Leur déduisant toutesfois ce qui aura été levé de leur heritage, les impenses defalquées.

CEs deux articles ont correspondance à l'article 11. cy-dessus au chapitre des cens: mais icy la rigueur est plus grande en ce qu'il est dit, si le serf va demeurer hors le tenement de la servitude: aussi le Seigneur a interest que sont tenemens ne soit desert, même pour les bâtimens: pourquoy ce ne luy est assez que sa redevance luy soit payée si son homme ne demeure au lieu.

APPLIQUER LES FRUITS A SON PROFIT, Pour les prendre en pure perte de l'homme serf, sauf toutesfois que si le serf retourne, le Seigneur qui aura pris les fruits ne demandera pas les arrerages de sa redevance, sinon entant que les fruits n'auroient peu y satisfaire, car les fruits doivent payer la redevance comme étant charge inherente à iceux. *l. neque. ff. de impens. in res dot.*

Heritages sont acquis, Parceque cette absence de si long-tems fait croire que le serf a tenu son heritage pour abandonné.

De cét article est tiré l'argument que le serfs ne prescrit pas sa liberté pour avoir demeuré trente ans hors du lieu de servitude, & pour avoir cessé de faire les fonctions appartenans à la servitude, s'il n'y a eu quelque acte apparent valant interversion & contradiction.

Impenses defalquées, Les fruits sont entendus toûjours pour comprendre seulement ce qui reste aprés la défalcation des frais qu'il convient faire pour les acquerir, cüeillir & conserver. *l. si à domino §. ult. ff. de petit. hered. l. fructus. ff. soluto matri.*

ARTICLE XXIX.

SI deux ou plusieurs Seigneurs ont plusieurs hommes de condition communs entr'eux, chacun d'eux peut poursuivre & provoquer l'autre, ou les autres à partages & division: & aura le choix celuy qui aura la plus grande part audit homme & ses heritages: sinon qu'à un seul appartint la servitude sur la personne, auquel cas le Seigneur de ladite personne sera preferé quand audit choix: & s'ils sont par égales portions ledit partage se fera par sort.

ARTICLE XXX.

LEdit partage, fait l'homme ou femme serfs ne tiendront plus l'heritage de servitude mouvant du Seigneur dont ils demeurent serfs: sinon que ce fût du consentement du Seigneur qui leur est avenu par ledit partage.

LE choix se doit entendre aprés que les lots auront été dressez, égalez & proportionnez de commun accord, ou par personnes ordonnées & choisies. Le sort a accoûtumé d'être appliqué quand d'une part & d'autre y a parité de raison, & que l'un n'a pas plus d'avantage que l'autre: & sert pour éviter que le Juge ou autre personne mediatrice n'encoure aucune suspition de grace ou ambition. Ainsi est dit, *in l. generaliter. §. quid ergo. ff. de fideicom. liberat l. sed cum. ff. de judic. l. ult. in princip. C. commu. de legat.*

L'article 30. se doit reformer selon l'article de l'ancien cahier qui porte que l'homme serf ne tiendra plus son heritage qu'il tenoit avant le partage mouvant de l'estoc du Seigneur, dont il n'est plus homme. Car en la sorte que l'article est en ce nouveau cahier, il semble qu'il n'y a raison n'y consonance.

ARTICLE XXXI.

GEns de ladite condition peuvent marier leurs enfans par eschange: & s'ils sont de même servitude les enfans ainsi mariez, au lieu où ils sont mariez, ont droit & succedent au lieu de celuy contre qui ils sont échangez: & s'ils sont de diverses servitudes ils ne pourront acquerir droit és heritages qui sont d'autre servitude que celle dont ils partent, quelque chose qui soit convenu: Si ce n'est de l'exprés consententement du Seigneur dont est mouvant ledit heritage. Mais bien succedent en tous meubles indifferemment, & és conquests qui ne sont de servitude par tête, ou pour telle portion qu'il est convenu entre les parties.

CEt article doit recevoir interpretation par un semblable entre gens francs qui est au chapitre des droits appartenans à gens mariez, article 25. à sçavoir que les enfans échangez viennent aux droits déja écheus, & à l'esperance des droits, à écheoir par succession d'ascendans: & non és successions collaterales à échoir. Aussi il est dit quand les peres & meres marient leurs enfans, car ils disposent de leurs succession à écheoir, & chacun à loy de faire du sien comme il veut, & si cela étoit tiré à succession collaterale, ce seroit faire un heritier à celuy qui peut-être ne le veut pas avoir. Faire des heritiers par convenance en faveur de mariage est de l'ancienne loy Salique, ainsi qu'il est recité, *in cap. unico. in fine de filiis natis ex matrimonio ad Morgan. contracto in usibus feud.* Car selon le droit Romain telles convenances ne valent, *l. ex eo instrumento. C. de inutil. stipul. l. pactum dotali. C. de pactis.* Ces permutations d'esperances de successions à écheoir ne sont pas facilement sujettes à rescision, à cause de l'evenement incertain. *l. de fideicommisso. C. de transact.* Celuy qui est appellé à succession comme enfant doit faire tout bon devoir d'enfant envers celuy qui la comme adopté.

ARTICLE XXXII.

PAr Ordonnance de derniere volonté gens de ladite condition ne peuvent disposer de leurs biens que de la somme de soixante sols tournois.

CEt article s'entend quand les biens doivent avenir au Seigneur par droit de main-morte : car quand le serf a des hoirs communs qui luy doivent succeder à l'exclusion du Seigneur ; il peut disposer par testament comme une autre personne franche, à quoy fait ce qui est dit par la glose, *in l. cum satis in verb. permanere. C. agricol. & censit. lib.* 11. Bourgogne, article 89. dit simplement que le serf ne peut tester Troyes, art. 8. & Vitry, article 7. disent qu'il ne peut tester que jusques à cinq sols, au préjudice du Seigneur. La question est, si un serf peut donner entre vifs tous ses biens. Et semble qu'il le puisse faire ; parceque la Coûtume ne le defend point *imò* en defendant les dispositions de derniere volonté, semble permettre tous contrats, même les donnations entre vifs, par argument de la *l. cum pretor. ff. de judic.* Toutesfois si la donnation étoit faite de l'heritage servil à un homme franc, ou homme d'autre servitude, le Seigneur pourroit contraindre le donataire de vuider ses mains *ut suprà*, article 19. & quand bien elle seroit faite entre vifs à homme de la même servitude qui ne fût habile à succeder au donateur, & qu'elle fût de tous les biens, ou de la plus grande partie, sans grande & urgente cause, & sans merites remarquables prouvez & témoignez ; Je croy que le Seigneur aprés la mort du donateur pourroit la debatre comme faite en fraude de luy par la raison de la loy, *l. vivus. ff. si quid in fraudem patron.* La question est plus forte si le serfs peut instituer un heritier en faveur de mariage, qui semble être disposition entre vifs, parcequ'elle est irrevocable ; & que c'est une paction & convenance : toutesfois en effet, c'est une disposition de derniere volonté qui a des accidens anomaux entant qu'elle est irrevocable, & qu'elle contient paction ; car l'effet en est conferé & remis aprés le decez, & l'esperance n'en est transmissible à toutes sortes d'heritiers, comme seroit d'un contrats entre vifs. Pourquoy il me semble que l'homme serfs ne peut instituër un heritier en faveur de mariage sinon que cét heritier institué fût de qualité pour luy pouvoir succeder, quoy qu'il ne fût le plus prochain : autrement il est à presumer que c'est une disposition faite en fraude du Seigneur qui devroit succeder par main-morte : même si cet instituant n'a aucuns hoirs habiles à luy succeder. Soit veuë la Coûtume de Bourbonnois, art. 204. & 206. & Auvergne, chap. 27. art. 4. & 5.

CHAPITRE IX.

COUSTUME LOCALE DU VAL DE LURCY, en la Châtellenie de Montenoysson, en matiere de servitude.

ARTICLE I.

SI d'un mariage d'entre deux mariez, dont l'un est franc de quelque maniere de franchise ; & l'autre serf soit du Comté ou d'autre Seigneurie, sont procréez plusieurs enfans ; le premier desdits enfans peut élire la franchise ou la servitude, le second demeure serf. Le tiers peut élire comme le premier, le quart demeure serf : & consequemment selon l'ordre susd. tant qu'il y aura des enfans, sinon que le nombre ne fût égal ou pareil : auquel cas le dernier aura semblable élection que dessus.

ESlire franchise ou servitude, On estimeroit être sans difficulté d'élire la franchise, comme étant plus à desirer que la servitude, mais parce qu'en élisant la franchise on perd les heritages de la servitude & les meubles, il est quelquefois plus utile d'élire la servitude. Que dirons-nous des gemeaux ou bessons ? Je croy que selon l'ordre de naissance il en faut juger comme fut fait d'Esau & Jacob : & s'il'un des enfans étoit decedé délaissant plusieurs enfans, tous les enfans representans leur pere entreroient au même rang d'élire, que leur pere vivant eût eu, selon la *l. liberorum in fine. ff. de verb. signif.* à ce propos pourra être veu ce qui est dit, *in Auth. quibus modis naturales. §. ergò sanciendum. vers. si verò aliqui, colla.* 7. *de filiis quorum quidam eligunt conditionem curia, alii refutant.*

ARTICLE II.

PAr ladite Coûtume locale, s'il n'y a qu'un enfant dudit mariage, il pourra élire celle des deux conditions que bon luy semblera : & doit être faite ladite élection en Justice appellé le Seigneur ou le Procureur.

ARTICLE III.

LEsdits enfans és cas susdits, ne sont par icelle Coûtume tenus faire ladite élection jusques l'an revolu aprés le decez de leur pere & mere.

ARTICLE IV.

ET si lesdits enfans sont pupilles à l'heure du decez susdit, ils ne seront tenu d'élire, sinon les mâles à quinze ans parfaits, & les filles ou femelles à quatorze parfaits, comme dit-est.

L'Election étant faite, parce qu'en la faisant le droit est acquis, tant à l'enfant qu'à l'enfant suivant en degré, on ne peut varier; de tant que la chose n'est plus entiere. *l. apud Aufidium. ff. de optione leg.*

Aprez le decez, Par raison se doit entendre à compter du jour que l'enfant a sçû, ou vray-semblablement peu sçavoir le decez. *l. 1. §. semel. ff. de bonor. poss. secund. tab. l. ult. ff. quis ordo in bon. poss. servetur.*

A quinze ans ou quatorze ans, Combien qu'ils soient mineurs ils ne pourront être relevez puis que la Coûtume à cét âge les fait majeurs, & n'est reputé être deçû celuy qui use du droit commun. *l. ult. C. de restit. in integ.* Aussi parce qu'à l'instant de l'élection le droit de servitude ou franchise est acquis, il se dit, que ce qui concerne l'état de la personne n'est sujet à restitution en entier. *l. si ex causa. §. Papinianus. ff. de minor.*

ARTICLE V.

LAdite élection ne sert ausdits enfans, sinon en renonçant à tous les heritages mouvans de la servitude de leursdits pere & mere, & aussi à leurs biens meubles, & délaissant effectuellement à leurs Seigneurs lesdits meubles & heritages, desquels ils seront tenus faire faire inventaire par Justice incontinent aprés le decez de leursdits pere & mere : & lesdites élections & renonciations faites, s'il n'y a qu'un seul enfant, & il choisisse la franchise, lesdits biens appartiendront audit Seigneur : & s'ils sont plusieurs lesdits biens appartiendront à l'enfant ou enfans qui demeureront de la servitude.

A Leurs biens meubles, S'entend des biens meubles des pere & mere, & non des biens meubles qui sont propres aux enfans non procedans de leurs pere ou mere.

Appartiendront a l'enfant qui demeure en servitude, Par droit d'accroissement, comme par défaillance des portions de ceux qui ont élû la franchise, car la franchise les rend incapables de succeder. Cét accroissement se fait *etiam* outre le gré de ceux qui demeurent en la servitude : car la portion défaillante accroît & se joint à la portion reconnuë, & non à la personne. *l. qui ex duabus. §. 1. ff. de adq. hæred. l. si ex pluribus. ff. de suis & legit.* Vray est, parce que ne pensant être heritier que pour un quart ou un sixiéme, ou autre portion selon le nombre d'enfans, il se peut trouver heritier pour la moitié, ou pour le tiers aprés ce choix, & outre son gré; qu'il a le remede par la loy quand il y a des charges hereditaires, d'abandonner cette portion qui luy est accreuë, & la délaisser aux creanciers du défunt pour n'être tenu envers eux que pour sa premiere portion hereditaire. *l. cum hæreditate. ff. de adquir. hæred.*

ARTICLE VI.

PAr ladite Coûtume lesdits enfans ou enfans qui élisent la franchise demeurent Bourgeois de Monsieur le Comte : & sont tenus de payer à mondit Seigneur le Comte ou son Châtellain de Montenoyson, à la saint Remy par chacun an 12. deniers tournois de Bourgeoisie, & ne peuvent avoüer autre Seigneur.

ARTICLE VII.

LEs hommes serfs par ladite Coûtume locale, peuvent à l'effet dessus dit, tenir leurs femmes franches en les avoüant Bourgeoises de mondit Seigneur le Comte : & se doit ledit aveu faire en Justice, le Seigneur de la servitude ou son Procureur appellé.

ARTICLE VIII.

ET s'étend ladite Coûtume en neuf Parroisses seulement ; à sçavoir, Lurcy le Bourg, Lurcy le Châtel, Nolay, Prune-vaux, saint Benin des Bois, Givredy, saint Martin de la Bretonniere, sainte Marie de Flagcolles, & saint Franchy en Archieres.

CEs aveus de Bourgeoisie étoient d'anciènneté fort pratiquez en autres cas que cettuy-cy, même quand aucun pour s'exempter de la Jurisdiction de son Seigneur naturel, s'avoüoit Bourgeois du Roy, en quoy étoient observées aucunes ceremonies, même pour la residence en ville Royale, & payement de redevance au Roy : & l'occasion de la frequence de ces aveus, étoit qu'en cette grande ancienneté les Seigneurs avoient droit de faire guerre les uns aux autres, & de lever subsides sur leurs sujets, & en ce même tems les Tailles, Aydes & Gabelles ne se levoient par les Rois : & les sujets recevans plusieurs oppressions par leurs Seigneurs, & se plaignans que justice ne leur étoit bien administrée, se faisoient Bourgeois du Roy, & à cause de cette Bourgeoisie n'étoient tenus plaider en actions personnelles & criminelles pardevant autre Juge que le Royal, pourveu que le cas fût avenu trois mois aprés l'aveu. Le Roy Philippes le Bel par son Ordonnance faite aux Etats, l'an 1302. promet aux Seigneurs ses sujets, que dés-lors en avant il ne retiendra nouveaux aveus en leurs terres.

CHAPITRE X.

DES MAISONS, MURS, RUES, ECHENEZ, ESGOUTS, Heritages aux champs & servitudes réelles.

ARTICLE I.

EN maisons chacun est tenu de recevoir & soûtenir sur le sien son eau par échenez ou autres instrumens propres, sinon qu'il y eût mur commun, & édifice prochain & contigu, auquel cas chacun se pourra aider de la moitié dudit mur pour y mettre son échene propre, ou les deux communs pourront sur iceluy faire échene commun, pour porter & recevoir leurs eaux.

TOus habitans de Villes & Bourgs où plusieurs maisons sont proches & voisines les unes des autres, sont tenus d'user de leurs heritages, en telle sorte qu'ils ne fassent incommodité à leurs voisins. Et quoy que par la regle commune il soit loisible à chacun d'user & faire du sien ainsi que bon luy semble, quoy qu'il en vienne quelque incommodité au voisin. *l. Proculus. ff. de damno infecto*, & même que l'action comme d'injure est octroyée par la loy à celuy qui est empêché d'user du sien à sa volonté contre celuy qui l'en empêche. *l. qui pendentem. ff. de actionib. empti.* Toutesfois par la regle des Citez & assemblées de plusieurs personnes en un lieu, chacun habitant doit par courtoisie & honneste volonté ne faire rien au sien qui puisse nuire à son voisin : ce qui n'est pas droit de servitude, mais le droit de Cité en laquelle chacun doit vivre en amitié & union. *l. sicuti. §. Aristo. ff. si servit. vendic.* Or combien que l'eau de la pluye tombe naturellement du ciel, toutesfois par le moyen de la couverture de maison, elle tombe en plus grande abondance au bord de la couverture : pourquoy, est fait cét article. C'est donc autrement quand l'eau tôbant tout à plomb & droitement du Ciel en un heritage aprés s'être amassée, se dérive par son égout naturel en l'heritage voisin : auquel cas parce qu'il n'y a rien du fait de l'homme, chacun doit prendre en patience l'incomodité naturelle. *l. 1. §. ult. ff. de aqua plu. arcenda*

arcenda. Encores par main d'homme il est permis aux champs & terres labourables de tirer de petites fosses, conduits & rigoles pour faire écouler l'eau qui nuit au labourage, quoy que telle eau nuise au voisin, pourveu que ce ne soit en intention de nuire, & que celuy qui fait l'œuvre ne puisse bonnement par autre façon faire égouter l'eau de sa terre. *l. 1. §. de eò, & §. Labeo. ff. de aqua plu. arc.* Or cét article parle au fait des maisons & non pas au champs. Auxerre article 108. & Sens article 105. disent semblablement. Sens ajoûte un temperament assez civil, que si l'égout tombe en terre vaine, c'est-à-dire, qui n'est destinée à aucun usage particulier, le voisin doit endurer, sinon qu'il en reçût dommage notable: mais quand il voudra bâtir le voisin devra retenir ses eaux.

ARTICLE II.

EN place vuide de ville ou de champs, aucun n'acquiert droit ou possession de servitude réelle d'égout, évier, veuë, passage, ou autres semblables, par quelques laps de tems que ce soit, s'il n'en a titre ou possession aprés contradiction; en laquelle il soit demeuré par trente ans paisiblement.

VErs la fin de l'article il convient corriger en cette sorte, Ou POSSESSION APRÈS CONTRADICTION, ces mots POSSESSION APREZ, sont obmis au texte imprimé.

Seront notez les mots, PLACE VUIDE: pour montrer qu'autrement seroit si c'étoit une place close, ou servant à quelque usage special, car ce qui se fait és places vuides ne servans à usages particulier, est souvent negligé par le proprietaire, ou enduré par familiarité, & en nul de ces cas n'y a possession n'y prescription. *l. qui jure. ff. de ad. quir. poss.* La seule & nuë detention, & exercice de joüissance, & ne peut acquerir ny la possession, ny la prescription: si celuy qui joüit n'a intention, ne demonstre par actes exterieurs, que ce soit comme de chose sienne, & en opinion d'avoir droit de ce faire. La joüissance doit être formée & qualifiée toute telle pour la possession & saisine par an & jour; comme elle doit être pour la prescription par trente ans. *l. quæcumque. §. 1. ff. de publicana. in rem act. l. si servus. §. 1. ff. de noxal. act. l. ult. ff. quemad. servit. amitt.* & symbolisent l'une à l'autre *l. justo. §. ult. ff. de usucap. l. sed et si §. Marcellus. ff. de publ. in rem act.* Aussi nôtre Coûtume en cet article met à party pareil le droit & la possession: le droit c'est la proprieté par prescription: & ainsi elle fait en aucuns autres articles *infra*, au mêmé chapitre, art. 26. des Bois, art. 9. cy-dessus des fiefs, art. 13. Or celuy qui s'aide d'une place vuide, vray-semblablement n'a pas intention d'usurper le droit de proprietaire, entant qu'il a occasion de croire que le proprietaire en la negligeant, ne se donne pas peine de prendre garde si aucun entreprend. Aucunes autres Coûtumes parlent plus au large, disans que servitude ne peut être acquise par la seule joüissance *etiam* de cent-ans, sans titre: ainsi disent Paris, art. 186. Orleans, art. 225. Melun, art. 188. Reims, art. 350. Les autres limitent & disent cela avoir lieu pour les servitudes de veuës & d'esgouts, comme Sens, art. 97. Berry, des servitudes réelles, art. 2. & 3. Senlis, art. 268. Blois art. 225. Aucunes adjoustent la servitude de passage, Auxerre, art. 114. Berry és articles cy-dessus, Bourbonnois art. 519. Blois, 215. Berry esdits articles, dit en general que par actes occultes, ne peut être acquis le droits de servitude. *cum usucapionem servitutis abrogauit lex Scribonia quæ constituit servitutem non eam quæ præstat libertatem servitutis. l. sequitur. §. ult. ff. de usucap.* Quant aux chevrons ou autres piéces de bois d'un bâtiment voisin qui passent outre la muraille de celuy à qui est le bâtiment, & pendent sur l'heritage vuide du voisin; il se doit dire que la tollerance n'apporte aucune possession, saisine ny droit à celuy à qui sont les chevrons ou pieces de bois, par quelque tems que se soit *etiam* de cent ans, & quand celuy à qui appartient la place vuide qui est sous lesdits chevrons passans voudra bâtir, le voisin doit retrancher ou retirer les chevrons, ou autre bois qui passe. Ainsi dit Melun, art. 192. Laon, art. 146. Reims, art. 367. Troyes, art. 62. ce qui semble pouvoir être dit en general. Ce qui dépend de ce qui sera dit cy-aprés *de proiecto & immisso*, selon le droits Romain.

SERVITUDES REELLE) ne peut être entenduë sinon pour être deuë par un heritage à un autre heritage, & pour être l'usage de ladite servitude determiné & certain. Car les servitudes qui sont declarées en cét art. ne peuvent être deuës par l'heritage à la personne. *l. ergò. ff. de servit. rust. præd l. 1. ff. commun. præd.* & si quelque droit ayant correspondance à servitude, avoit été concedé à aucune personne sur un heritage, & ne fût dit que ce fût pour la commodité d'autre heritage, declaré specialement & en particulier, ce ne seroit pas servitude reelle, mais concession personnelle. *l. pecoris. & l. Lucius. ff. de servit. rust. præd.*

ESGOUT) C'est ce que les Latins disent *Stillicidium*, qui signifie avoir droits de faire égouter l'eau de son bâtiment en l'heritage d'autruy, surquoy semble qu'il faudroit excepter si celuy qui fait égouter ses eaues, avoit fait quelque structure destinée expressement pour les faire ainsi fluer, laquelle structure fût incorporée en l'heritage du voisin ou reposât & portat sur iceluy, car en tels cas n'y a pas simple souffrance, mais y a œuvre destinée pour entreprendre sur autruy: qui est acte de vraye possession & saisine. *l. servitutes quæ. ff. de servit. urb. præd.* & à ce fait la distinction qui est és loix Romaines *de immisso & proiecto: immissum*, c'est ce qui part d'un heritage, & repose sur l'heritage voisin: *projectum*, c'est ce qui s'avance en l'air sur l'heritage voisin ne reposant sur iceluy. Ce qui se dit *immissum* peut être ôtée, & démoly par celuy sur lequel l'entreprise est faite de son autorité dedans l'an, parce qu'il emporte saisine & trouble. Et le *projectum* doit être ôté par autorité du Juge aprés avoir oüy les parties par voye de simple action. *l. quemadmodum. §. si projectum. ff. ad leg. Aquil. l. malum. §. inter. ff. de verb. signif.*

Esvier, est dit du mot ancien François Esve qui est eau : dont aucuns sont nommez Boy-l'esve qui est à dire boy l'eau, *abstemius* : ailleurs dits boy-l'aigue. Esvier est comme un aqueduct pour conduire en la ruë les eaux jectices ou tombantes du Ciel.

Veue, Servitude de veuë & servitude de clarté ou lumiere, sont choses diverses comme en Latin *jus luminum & jus prospectus* sont deux choses. Le droit de veuë est droit d'avoir ouverture sur l'heritage d'autruy pour y regarder, laquelle ouverture commence à la hauteur de l'accoudoir. Le droit de clarté est droit d'avoir ouverture sur l'heritage voisin seulement pour recevoir la lumiere sans regarder, & cette ouverture doit commencer a six pieds par dessus le solier où l'on marche, & doit être close avec barreaux, & verre dormants, afin qu'on ne puisse regarder en l'heritage voisin : duquel droit la nouvelle Coûtume de Paris, raisonne plus politiquement & civilement que ne fait la nôtre, *infrà* article 9. vray est qu'il semble que ladite Coûtume confond les deux droits de veuë & de clarté.

Passage, *Etiam* que la place ne soit vuide, le seul acte d'avoir passé n'acquiert pas possession, comme pour avoir passé au tems que le chemin public étoit empêché ou incommode. *l. 1. §. Julianus rectè. ff. de itinere actuque privato.* Celuy qui a droit de servitude & passage, a droit aussi de remuer la terre, la tourner, la rendre plaine & commode pour le passage. *l. si iter. ff. de servit. l. servitutes. §. 1. ff. de servit. urb. præd.* La question se presente souvent ; Aucun a son heritage enfermé entre heritages appartenans à autruy, & ne peut y aller ny mener bestes pour la besongne sans passer par l'heritage d'autruy, s'il pourra contraindre un de ses voisins à luy donner passage. Les Docteurs, *in l. 1. ff. de servitute legata.* disent que non. Et le cas de la *l. si quis sepulchrum. ff. de religios.* est special. Mais je croy que l'expedient & la pratique mise en ladite loy *si quis sepulchrum* est generale, tant parce que la societé humaine desire par necessité l'aide des uns aux autres : comme aussi parce qu'il y a similitude de raison du sepulchre à heritages privez, à ce qu'à nul ne soit inutile son heritage : & encores parce que ladite loy ne donne point d'action civile, mais permet au Juge d'impartir son office fondé sur équité, avec les remedes d'indemnité envers celuy qui est appellé pour donner passage : & puis que cela est remis à l'office du Juge, il faut inferer que le Juge, quand il y a similitude de raison, peut & doit impartir son office, *argum. l. ult. ff. de petit. hæred.* & encorés parce qu'en cas de semblable raison, la loy permet d'entrer en l'heritage d'autruy pour cueillir le fruit des arbres qui y est tombé, en dédommageant le proprietaire de l'heritage. *l. Julianus. §. glans. vers. sed si extet. ff. ad exhib. l. 1. ff. de glande legenda.* Et si l'un & l'autre heritage a appartenu autrefois à une même famille, qui autrefois s'est partagée, la presomption sera qu'en partage faisant, le droit de passage a été retenu, si tant est que par quelques années on en ait usé. Car puis qu'en legs testamentaires, la loy presume qu'avec le legs d'heritage soit aussi octroyé le passage pour y aller. *l. Dominus. §. qui duos. ff. de usufr. leg.* Il doit ainsi être presumé és contrats & negoce de bonne foy, comme est le partage : les legs sont comparez à contrats de bonne foy, *l. si servus legatus. §. cùm quid. ff. de lega.* Mais en ce dernier cas c'est droit *ad instar* de servitude : mais en l'autre cas precedent, c'est un droit de faculté, car comme il est dit en ladite loy *si sepulchrum*, par courtoisie & par forme de precaire, le passage a accoûtumé d'être demandé & octroyé : & si le voisin est peu courtois, le Juge le peut contraindre, à la charge de luy payer son indemnité.

Laps de tems, Si ce n'étoit que la possession fût immemoriale, car la veusté a force de loy & de contrat. *l. 1. in fine, & l. ult. ff. de aquâ plu. arc. l. hoc jure. §. ductus aquæ. ff. de aqua quot. d. & æstiva.* & par la raison de nôtre Coûtume *infrà* en ce chapitre article 26. & des Bois article 10. ou bien si dés la premiere structure & commencement du bâtiment, la chose avoit été mise en tel état qu'elle est de present, car cela feroit presumer que dés le même commencement les parties en eussent été ainsi d'accord. *l. qui fundum. ff. quemad. servit. amitt.* & par les qualitez des actes on juge si la possession est par droit de servitude, ou par precaire & familiarité. *l. 1. §. Julianus rectè ff. de itinere actuq. privato.*

Ou contradiction, Il faut dire, Ou possession aprez contradiction. La loy Romaine dit que le droit de servitude ne peut être prescrit sinon avec la science de celuy contre lequel on veut prescrire. *l. 2. C. de servit. & aqua.* Autant se dit en toutes autres possessions desquelles l'exercice n'est pas quotidien & qui n'est pas facilement & communément connu à tous. *l. quamvis saltus. ff. de adquir. poss.* Notre Coûtume passe plus outre, & requiert qu'avec la science il y ait contradiction de celuy contre lequel on veut prescrire, afin qu'il soit connu que l'usage n'a pas eté par droit de familiarité ou precaire. Ainsi est dit *in l. si id. §. quod autem. ff. de adquir. poss. id quod animo possidemus etsi alius ingressus sit non desinere nos possidere donec is nos revertentes repellat.* Que si aucune commodité s'est trouvée en une chose selon sa constitution naturelle, comme d'un ruisseau fluant dedans son lit sans artifice de main d'homme : celuy qui s'en est aidé *etiam* par tres-long tems, ne peut dire avoir prescrit la servitude ou droit, pour empêcher que son voisin ne puisse deriver cette eau à l'endroit où elle passe par son heritage, par la raison de la *l. Proculus. ff. de damno infecto.* Et ainsi dit Bart. *in l. quominus. ff. de fluminibus* Alexand. *conf. 69. vol.* 5. & du Moulin, *in annot. ad dictum consil.* L'eau qui passe par l'heritage d'aucun luy est propre, & en peut faire ce qu'il veut, *idem* Alexand. *conf.* 108. *vol.* 2. Ce qui s'entend, pourveu que ce ne soit riviere publique, car en rivieres & autres heritages publics, le droit de chacun est d'en user tellement que l'usage des autres n'en soit empesché, *l. fluminum. ff. de damno infecto.* La question est, si en vendant ou partageant, la servitude est censée avoir été imposée. Ruinus *consil. 90. vol.* 4. distingue ainsi si la servitude a cause continuelle & permanente, elle est censée tacitement imposée à la part allienée ou retenuë, parce que la forme, l'état & la face de l'œuvre font portion de la chose venduë. Autrement est en la servitude qui a sa cause non continuelle, comme passage. En ce cas la servitude n'est censée tacitement imposée en contrats: mais bien en dernieres volontez, *allegat Bart. in l.* 1. *ff. de servit. legata Paul. Castrens. in l. quod conclave. ff. de damno infecto.*

ARTICLE III.

SI une maison commune est tellement divisée, que le bas soit à l'un & le haut à l'autre: celuy à qui est le bas est tenu de maintenir ledit bas & le solier d'iceluy: & celuy à qui est le haut est tenu de maintenir & soûtenir ledit haut, & la couverture d'icelle maison

CEt article parle de maintenir & soûtenir, qui semble ne tirer pas plus avant que de l'entretenement, qu'on appelle en Latin *sarta tecta.* Mais s'il avient que la muraille principale vienne à faillir dés le fondement ou par terremote, ou par vetusté, sans la faute de celuy à qui est le bas, est à demander si le proprietaire du bas sera tenu seul à ses dépens refaire le mur dés les fondemens tout de nouvel. Il est bien certain s'il veut quitter le droit qu'il a en la maison par le bas qu'il ne sera tenu à la reparation: car les choses non animées ne peuvent nous charger plus avant que d'en être privez en les abandonnant. *l. Prætor. §. hoc Edictum. ff. de damno infecto.* Mais si tant est qu'il ne veuille quitter, je croy que tant le proprietaire du haut que le proprietaire du bas, y doivent contribuër chacun par moitié. Car le tout de la maison, tant le haut que le bas avec le sol sont une même & seule chose. *l. obligationum ferè. §. placet. ff. de action. & oblig. l. numquam. & l. rerum mistura. ff. de usucap.* & cette division de haut & de bas n'est pas proprement division de la proprieté & droit foncier: mais est comme un expedient pour la commodité de joüissance durant à perpetuité: ainsi à prendre selon la subtilité de droit, ils sont tous deux seigneurs du total par moitié indivise, pourquoy ce qui concerne la structure nouvelle qui doit être faite *ad instar* de la premiere & essentielle structure, semble être à la charge des deux: joint que cette muraille est le soûtenement necessaire, tant du haut que du bas. Pour le fait de cette question sera noté ce qui est dit, *in l. cum debere. ff. de servit. Vrban. præd.* que si aucun doit servitude de porter le faix du bâtiment d'autruy, ou partie d'iceluy, il doit non seulement la patience, qui est la charge ordinaire des servitudes. *l. quoties. §.* 1. *ff. de servit.* Mais doit faire & construire ce qui est necessaire pour porter ledit faix. Les Coûtumes d'Auxerre article 116. Berry des Servitudes réelles articles 15. & 16. Orleans article 257. Bourbonnois article 517. Bretagne ancienne 649. & nouvelle art. 714. disent presque comme Nivernois, & ajoûtent que celuy à qui est le bas doit fournir poutres, solives & forchis du plancher qui est dessus sa demeure basse, & celuy d'enhaut doit quarreler le plancher sur lequel il marche.

Quand il n'y a point de convenance pour sçavoir à qui est le bas, à qui est le haut, *in dubio*, celuy qui est proprietaire du bas est censé & reputé proprietaire du haut. *l.* 2. *C. de rei vend.* si ce n'étoit que celuy à qui est le haut eût son entrée & issuë sur le public sans passer dedans le bas. *l. si duo. §. Labeo. l. penult. §. sed. si suprà. ff. uti possid.*

ARTICLE IV.

SI le mur commun chet, tombe ou est en danger de ruïne, les seigneurs dudit mur commun seront tenus le refaire à frais communs; sinon que ladite cheute ou danger de ruïne procedat de la faute ou coulpe de l'un, auquel cas celuy qui a fait la faute, ou qui est en coulpe, le doit refaire à ses dépens.

ARTICLE V.

ET audit cas & semblables, où de la chose commune, reparée & refaite, ne se peut prendre aucun fruit & profit, le conseigneur qui requiert ledit mur ou chose commune être refaite & reparée, peut sommer judiciairement l'autre pour contribuër à la reparation de ladite chose commune: & aprés icelle, au refus ou delay dudit autre, faire ladite refection

& reparation, & si un an aprés icelle faite & parfaite, notification de ce, certification des frais de l'ouvrage, & sommation de payer, ledit autre seigneur ne rembourse à son parsonnier sa part desdits frais, le mur ou autre chose dessusdite, entierement appartiendront audit parsonnier qui aura fait lesdites reparations, & s'en pourra dire saisi & vétu.

ARTICLE VI.

ET quant aux heritages communs desquels se peut prendre fruit & profit, comme Moulins, Etangs, & autres semblables: celuy des parsonniers qui requerra lesdites choses communes être mises en nature & reparées, pourra sommer judiciairement son parsonnier d'y entendre & contribuër de sa part: & s'il est refusant ou délayant, pourra faire les reparations, empoissonnemens & refections necessaire: & deux mois aprés icelles parfaites, faire les fruits siens, & s'en dire saisi, jusques à ce que son parsonnier l'ait remboursé: Lesdits fruits perçûs auparavant le remboursement, pour rien comptez.

ARTICLE VII.

SI le parsonnier fait lesdites reparations, refections & empoissonnemens, sans faire les sommations & diligences dessus declarées és deux articles prochains: l'autre parsonnier purgera sa demeure *toties quoties*, en payant actuellement sa part desdites reparations & empoissonnemens: & recouvrera sa portion des fruits s'il y en a sans diminution d'iceux.

SERONT TENUS, EN L'ART. IV. Semble par ces mots que l'un peut contraindre l'autre, & toutesfois par la fin du cinquiéme article, semble que la contrainte n'y soit pas, mais seulement doive le refusant être puny de la privation de son droit de proprieté de la chose: mais je croy que quand le mur est necessaire que la contrainte y peut être, & que le choix est à celuy qui refait, ou de contraindre, ou de faire perdre à l'autre son droit & part de la proprieté, & non pas l'usage seulement. Ainsi est dit *in l. cum duobus vel l. si fratres. §. idem respondit socius qui. ff. pro socio. & l. si ut proponis. C. de aedif. privat.* En la loy *si aedibus. ff. de damno infecto*, celuy qui seul a refait peut agir par l'action *communi dividundo* pour repeter les frais. Cela s'entend quand la refection est déja faite, & que le parsonnier avant l'ouvrage a été interpellé de contribuër, & n'a rien dit: car si lors de l'interpellation *reintegra*, il a dit qu'il aimoit mieux quitter la chose que de reparer, je croy qu'il ne pourroit être contraint à contribuër, par la raison dite cy-dessus, que les choses non animées qui sont nôtres ne peuvent nous obliger plus avant que de les quitter, & en abdiquer la proprieté de nous. *l. Prator. §. hoc Edictum. ff. de damno infecto.* Si ce n'étoit qu'il y eût obligation ou couvenance precedente, ou bien que la ruïne fût avenuë par la faute du commun parsonnier: car en ce cas il seroit precisement tenu par l'action *communi dividundo.* Aucunes Coûtumes mettent la crainte du parsonnier & voisin pour refaire, comme Paris article 205. Bourbonnois article 512. Auxerre art. 102. mais Sens art. 100. Troyes art. 63. Melun art. 197. Reims art. 360. mettent en alternative contrainte de contribuër, ou quitter l'heritage.

DOIT REFAIRE A SES DESPENS, Avant que la ruïne soit avenuë, celuy qui doute la ruïne prochaine n'agira pas par le remede extraordinaire *de damno infecto*, qui a lieu contre le voisin, avec lequel il n'y a rien à partir, mais suivra l'action ordinaire *communi dividundo. d. l. si aedibus. ff. de damno inf.*

AUCUN FRUIT ET PROFIT, EN L'ART. V. S'entend de profit qui soit en estimation commune, ordinaire & facile, comme de loüage de Maison, accense de Moulins, & autres tels. Ce qui ne se peut dire d'une muraille, qui de soy par fonction commune n'apporte point de profit, & n'a accoûtumé d'être baillée à loüage, parce que de par soy elle ne produit & n'est en usage separé & distinct.

CERTIFICATION DES FRAIS, Parce qu'une simple certification ou attestation ne fait foy. *l. solam. C. de testib.* Le plus seur est de sommer l'autre qui a part en la chose, & luy donner assignation à jour, heure & lieu certain, pour voir faire les marchez, avec intimation s'il ne s'y trouve, qu'on passera outre à faire les marchez, qui seront faits pardevant Notaire & témoins, & avec la même ceremonie seront prises quittances des ouvriers: & en ce cas feront pleine foy contre celuy qui aura défailly à l'assignation.

APPARTIENDRONT AU PARSONNIER, Cette peine est tirée du droit Romain, lequel se contente de quatre mois de demeure à rembourser, & aprés ledit tems, fait perdre la proprieté. *l. si ut proponis. C. de aedif. privatis*, qui est suivant la raison de Marc Aurele Empereur. *l. cum duobus vel. l. si fratres. §. idem respondit. socius qui ff. pro socio.*

Faire les fruits siens, art. vi. Icy est un temperament du droit Romain, en ce que le negligent ne perd pas la proprieté : mais seulement les fruits. Que si celuy qui doit offrir le remboursement pour n'avoir contribué, vient en faire offre la veille ou peu de tems avant la pêche de l'étang, ou la moisson de l'heritage desserté, ou de la cueillete d'autre fruit de l'heritage reparé & amandé, je croy qu'il devra être reçû à prendre part aux fruits, mais il devra payer les interêts des den. deboursez au plus haut taux permis, à compter du jour du déboursement. *d. l. si ut proponis. C. de ædific. privat.* qui parle de l'usure centesime, qui revenoit à douze pour cent par an, parce que les Romains stipuloient les usures à raison de tant par mois. Ainsi l'usure centiéme étoit la centiéme partie du fort principal par mois ; c'est douze pour cent par an : mais la plus haute à nous est à huit & tiers par an. Ou bien les fruits devront être partis *pro rata* du tems, selon qu'il est dit cy-dessous, au chapitre de Retrait article 8. vers la fin. Quand il est parlé d'interest, ce n'est pas seulement vray interest : mais aussi la peine de la demeure malicieuse, qui ne devra exceder le denier douziéme.

Toties Quoties, art. vii. Pourveu que ce soit dedans les trente ans. Car par le laps de tel tems semble qu'il ait tenu son heritage pour abandonné, & encores parce que pour l'utilité publique, il n'est pas expedient que la proprieté des choses demeure long tems incertaine : qui est l'une des principales raisons de la prescription.

Recouvrera sa portion des fruits, Parce qu'en ce cas celuy qui a bâty & reparé est reputé avoir simplement voulu faire ses affaires, qu'il ne pouvoit faire sans amander la part de son compagnon : & semble qu'il ait voulu conserver la part de son compagnon sans y vouloir profiter, & semble qu'il ne s'entend pas de tous les fruits perçûs depuis la reparation faite, mais seulement des prochains à percevoir aprés le remboursement, comme il se peut recüeillir de ces mots, S'il y en a. Car les precedens peuvent avoir été gagnez par le reparateur, comme possesseur de bonne foy : Et si tant étoit qu'il deût rendre les precedens, ce ne pourroit être sinon en tant qu'il en auroit été fait plus riche, par l'argument de la *l. sed et si. §. consuluit. ff. de petit. hæred.* Combien que ce reparateur n'ait dénoncé avant les reparations faites, toutesfois il peut aprés icelles faites sommer & contumacer son compagnon, & à faute de remboursement gagner les fruits aprés la contumace précisement, par l'argument de la *l. 1. §. si mulier esse. ff. de liber. agnosc. l. si pecuniæ in fine. ff. ut in poss. legat.* Sera icy noté, que les Officiers ayans charge du public, comme Eschevins peuvent contraindre les proprietaires des maisons de Villes à les reparer. *l. singularum. C. de ædif. privat. l. ad curatoris. ff. de damno infecto* ou bien à quitter l'heritage.

ARTICLE VIII.

Le parsonnier ne peut faire au mur commun fenêtre ou autre ouverture sur son voisin : & s'il le fait il peut être contraint par l'autre commun & parsonnier de la boucher à ses dépens.

Ainsi est dit en la *l. eos qui ff. de servit. Vrban. præd.* qui est selon la raison generale mise, *in l. Sabinus. ff. communi divid.* qu'il n'est loisible de rien faire de nouveau en la chose commune, sans le consentement de celuy qui y a part. L'exception de ladite regle est en la *l. si ædes*, au même titre, sinon que l'un des deux veüille se servir de la chose commune, à l'usage auquel elle est destinée par sa premiere ordonnance & structure.

La boucher a ses despens, S'entend si luy même a fait faire la besogne, ou s'il est heritier de celuy qui l'a fait faire. Mais s'il est simple tiers detenteur du mur où est l'ouverture & besogne faite, il suffit qu'il preste patience & qu'il endure que l'autre à qui elle nuit fasse boucher à ses dépens. Qui est une regle generale en toutes œuvres indûëment faites ; que celuy qui a fait doit reparer à ses dépens : & qui ne l'a pas fait doit endurer & prester patience à celuy qui se plaint de l'œuvre afin qu'il repare. *l. si tertius. §. Celsus. & l. quamquam. §. idem. ff. de aquâ pluviâ arc. l. 3. §. item si ff. de alienat. judic. mut. causa facta. l. 2. §. restituas. ne ff. quid in loco publ.*

ARTICLE IX.

Si en mur propre & non commun est fait vûë, ouverture ou fenêtre au préjudice du voisin, iceluy voisin y peut pourvoir par bâtiment fait au contraire, & par autres voyes de droit, sinon qu'il y eût titre au contraire, ou possession aprés contradiction, en laquelle le contredisant fût demeuré paisiblement par trente ans.

La Coûtume nouvelle de Paris au titre des Servitudes art. 200. est plus civile & politique, quand elle ordonne que *etiam* au mur propre on ne puisse faire ouverture sinon pour faire lumiere & clarté, & que cette ouverture soit à sept ou neuf pieds de haut du solier sur lequel on marche, & qu'il y ait verre dormant, qui est afin que simplement on reçoive la clarté sans avoir moyen de regarder en l'heritage de son voisin : Auxerre art. 105. parle avec plus d'énergie, disant ces mots, *en sorte que l'on ne puisse y passer ny regarder*. Ausdites Coûtumes se rapportent Sens art. 102. Berry des Servitudes réelles, art. 13. Bretagne, Nantes art. 705. de la Coûtume nouvelle reformée en 1580. & ancienne Coûtume art. 640. Paris ajoûte que nul ne peut faire vûes droites sur son voisin, s'il n'y a six pieds de distance entre les deux heritages. Les Auteurs desdites Coûtumes, selon mon avis, n'ont pas usé proprement à cét égard de verre dormant du mot de VEUE: car ce droit dont parlent lesdits articles de Paris, Sens & Auxerre, se doit appeller droit de clarté, ou lumiere, & non pas de vûë pour voir ny regarder. Les Jurisconsultes ont distingué entre le droit de lumiere & de prospect, qui en pur François se peut dire vûë & clarté. Cét article de nôtre Coûtume est moins courtois & civil, car par iceluy le voisin est invité bien souvent de faire ce qui nuit au voisin, & ne profite de rien à celuy qui le fait, qui est un mur ou autre bâtiment au contraire : combien que Laon art. 267. & Bretagne article 706. semble permettre comme Nivernois. La loy Romaine fondée en raison politique & de courtoisie, blâme telles œuvres *etiam* qu'aucun les fasse en son heritage propre quand elles nuisent au voisin, & ne profitent de rien, ou bien peu à celuy qui les fait. *l. 1. §. iidem ajunt. junctaglos. in verb. habere. ff. de aqua plu. arc.* Et plus expressément, *in Authent. de novi operis nuntiat. coll. 5.* où est parlé de celuy qui fait muraille au devant la vûë de son voisin, qui n'est pas muraille d'édifice entier d'habitation, ce qui est prohibé.

AU PREIUDICE DE SON VOISIN, Ce ne doit pas être un interest delicat & avec peu d'importance, comme si un mur où est l'ouverture étoit assez loin du voisin qui se plaint, & il voulut empêcher le regard & prospect aux champs. Car la loy n'est pas indulgente à ceux qui plus pour nuire à autruy que pour profiter à soy-même, veulent exercer leurs droits avec rigueur. *l. in fundo. ff. de rei vend. & dicto. §. iidem ajunt.* Et combien que de droit il soit loisible à chacun faire au sien ce qu'il veut, même de hausser sa muraille. *l. altius. C. de servit. & aqua. l. cum eo. ff. de servit. prad. Vrban.* Toutefois s'il le fait à intention de fâcher son voisin, il en peut être empêché. Ainsi tient Alexand. *consil. 174. vol. 2. & allegat. Cyn. in dicta. l. altius*, & pour regle generale se peut dire, que chacun ayant édifice ou heritage en voisinage d'autruy, doit observer la forme & état ancien des édifices en tout ce qu'il peut, même quand par le nouvel édifice la lumiere, la clarté, ou autre commodité du voisin peut être interessée. *l. qui luminibus. ff. de servit. prad. Vrban.* & par la regle generale on doit és Villes observer cette courtoisie, que nul ne fasse au sien dont le voisin puisse recevoir dommage, même pour la clarté & lumiere, quoy que l'un des heritages ne doive servitude à l'autre. *l. Meniana. C. de adific. privatis.*

TITRE OU CONTRADICTION, Il ne faut pas icy dire comme la Coûtume dit en autres endroits, que la possession immemoriale équipolle à titre, car ce droit de faire par chacun en son heritage ce qu'il veut, ne se prescrit contre luy par quelque tems que l'heritage soit demeuré en un état, comme ne se prescrivent autres choses qui sont de simple faculté. *d. l. altius. C. de servit. & aqua.* Ce qui s'entend de la faculté qui ne procede pas, & qui n'a sa source de quelque contrat & obligation. Car telle faculté se prescrit par trente ans. Bart. *in l. viam. ff. de via publica. Maria. Socinus nepos consil.* 145. *vol.* 1.

ARTICLE X.

En mur commun chacune des parties peut percer outre le mur pour y mettre & asseoir les poutres, solives, & autres bois en refermant les pertuits de bonne massonnerie suffisante pour soûtenir ladite piece de bois, sauf à l'endroit des cheminées & fours, où l'on ne peut mettre aucun bois pour le danger du feu, mais en mur propre à autruy n'est loisible de faire ce que dit est.

La raison de cét article est de la *l. si ades. ff. communi divid.* où il est dit qu'il est loisible à chacun de s'aider de la chose commune à l'usage auquel elle est destinée : & à ce fait la *l. intentum. §. religiosum. ff. de rerum divis.* qui est la limitation de la *l. Sabinus*, au même titre *communi divid.* qui dit qu'il est loisible à l'un des communs d'empêcher l'œuvre nouvelle que fait l'autre commun en la chose commune : ce qui s'entend quand il fait outre la destination de la premiere structure.

PERCER OUTRE LE MUR, Cecy sert pour confirmation de nôtre opinion, que quand à aucun appartient la moitié d'une muraille, ce n'est pas pour diviser la muraille selon l'épaisseur *verbi gratia*, si elle a vingt-quatre pouces d'épaisseur, qu'à chacun appartienne de son côté la muraille jusques à douze pouces d'épaisseur. Mais est la muraille commune par indivis pour chacun se servir de toute l'épaisseur d'icelle, en sorte toutefois qu'il n'endommage ou diminuë l'usage de son voisin. Et si tous deux avoient besoin de mettre poutres, celuy qui préviendra sera preferé. *l. inter eos. ff. de re judic. l. sed dicendum. ff. de in rem verso.* & est presque general quand l'utilité resultant du negoce est individuë, comme en ce cas quand deux en un même endroit du mur ne peuvent asseoir leurs poutres. Car quand l'utilité & usage est divisé, la concurrence fait qu'ils partissent par moitié. *l. si finito. §. si ante. ff. de damno inf.* & quand une chose est commune il ne se faut pas arrester *si quo-*

quo modo, elle peut être divisée : mais faut avoir égard si commodement elle se peut diviser. *l. ad officium. C. commu. divid. §. eadem vers. quod si commodè instit. de offic. judic.* Or il est certain qu'il n'y a pas telle utilité en une moitié considerée à part comme il y en a en une moitié indivise qui demeure unie à l'autre moitié, quand le tout a été assemblé pour faire un seul corps, comme il se dit du serf commun *l. servus 5. ff. de stipul. servor.* Pourquoy en cas de tel mur commun chacun se servira du total à l'endroit où par raison il s'en voudra servir, puis que c'est à l'usage auquel il est destiné, en sorte qu'il n'incommode l'usage de l'autre commun, *d. l. si ædes. ff. commu. divid.* A tant me semble superfluë la distinction de Philippes Decé, au *cons.* 388. *vol.* 3. si la muraille est commune par divis ou indivis. Car la nature de la chose qui est indivise & individuë, fait que chacun y a sa portion indivise, comme il se dit des servitudes réelles.

Refermant les pertuis de bonne massonnerie, S'entend que si la muraille de soy n'est assez épaisse & assez forte pour porter la poutre, il faut mettre dessous des quartiers de pierre en forme de jambes ou chaîsnes : & ainsi est ordonné simplement & en tous cas par la Coûtume de Paris article 207. & 208. Bourbonnois 507. Melun art. 200. Reims art. 305. Aucunes Coûtumes disent percer jusques à la moitié du mur, comme lesd. Coûtumes de Paris art. 208. Bourbonnois art. 508. Melun art. 200. Blois art. 233. permet de percer tout outre, à la charge de ne se servir que de la moitié. Nôtre Coûtume est fondée en meilleure raison, & a plus de droit en civilité & police.

ARTICLE XI.

Entre un four & le mur commun, ou d'autruy, doit avoir demy pied d'espace vuide pour éviter le danger du feu ou chaleur.

C'Est mieux dit d'espace vuide que de contre-mur. Car l'espace vuide fait évaporer la chaleur. Mais le contre-mur par le moyen de la contiguité & assiduité du feu, communique & transmet la chaleur, quoy qu'il y ait épaisseur. Aucunes Coûtumes parlent de contre-mur. Auxerre article 109. Troyes article 64. Reims article 368. Blois article 236. Melun article 206. à cét article s'accordent les *l. quidam hiberus, & l. fistulam. ff. de servit. prad. Vrbanorum.*

ARTICLE XII.

SI l'un des parsonniers du mur commun a de son côté la terre plus haute que l'autre, il est tenu de faire contre-mur commun de son côté de la hauteur de ladite terre.

SE doit entendre de terre jectice & amassée par main d'homme, & non pas de la terre, qui par son assieté naturelle est plus haute d'un côté que d'autre. Car nul n'est tenu de l'incommodité que le voisin souffre par la constitution naturelle du lieu, *l. fluminum. §. vitium. ff. de damno inf. l. 1. §. ult. ff. de aqua plu. arc.*

ARTICLE XIII.

ON ne peut faire retrait ou latrine contre le mur d'autruy ou contre le mur commun sans y faire contre-mur de chaux & sable d'un pied d'épais.

LA raison de l'article est que l'humidité des excrements à cause de l'acrimonie & salure même de l'urine, mange & corrompt la muraille. Ainsi dit Bourbonnois, comme porte nôtre article au 516. art. Touraine art. 213. Sens art. 107. Auxerre art. 110. Paris art. 191. Troyes art. 64. Laon art. 263. Blois art. 235. Les autres Coûtumes parlent de la distance qui doit être entre les latrines & les puits des voisins. Reims art. 367. dit qu'il doit y avoir dix pieds de distance entre les latrines & le puits du voisin, ou bien contre-mur de chaux & sable de deux pieds d'épaisseur de fonds en comble. Orleans art. 246. dit neuf pieds, Melun art. 208. dit dix pieds. Laon art. 268. dit dix-sept pieds de distance. Quoy que nôtre Coûtume n'en dise rien, il est bien à propos que nous suivions ce qui en est decidé par lesd. Coûtumes, ou aucunes d'icelles, par les raisons cy-dessus touchées, que quand une Province n'a point de coûtume sur un fait, d'avoir recours aux autres Coûtumes, *cap. super eo ex. de censibus cap. super eo ex. de cognat. spirit.* & encores, parce que par l'établissement des Villes & Citez, chacun par civilité ne doit faire entreprise en son heritage qui nuise à son voisin. Ce qui est dit du puits & des latrines, doit être entendu quand le puits est fait le premier. Car s'il est fait depuis l'édification des latrines, doit être imputée la faute à celuy qui a bâty le puits.

ARTICLE XIV.

UN mur est reputé moitoyen & commun, posé qu'il n'y ait convenance, contrat ou jouïssance de ce, quand il y a audit mur corbeaux à droit ou fenestres. Et s'il y a corbeaux renversez, c'est signe que ledit mur est commun, & que la partie du côté de laquelle ils sont renversez n'a payé sa part de la construction dudit mur : Pourquoy avant qu'il s'en puisse aider, il doit payer à son parsonnier la moitié des frais raisonnables dudit mur.

C'Est une façon de preuve rapportée de l'état & forme ancienne de l'edifice qui est reçûë de droit. *l. in finalibus. ff. finium regund.* & se doit entendre, que la structure desdits corbeaux & fenestres ait été faite dès la premiere édification de la muraille & de la même ordonnance : ce que les Massons experts peuvent bien connoître par leur art ; quoy que la muraille soit ancienne. Et ce pour éviter à la fraude que l'on pourroit faire en faisant apposer des corbeaux de l'un des côtez en l'absence du voisin de l'autre côté. *Corbeaux à droit*, sont quand le plat du corbeau est par dessus, tout prest à recevoir la charge de poutre, solive ou chevron : *Corbeau renversé* est quand le courbe est contremont, & le plat est contre-bas ; comme si c'étoit pour remarquer que l'on ne peut y rien asseoir sans qu'il soit remué : ce qui ne doit être sans le faire sçavoir au voisin. Les Coûtumes de Sens art. 101. Orleans art. 241. & Auxerre art. 103. disent que les corbeaux pour servir de témoignage doivent avoir été mis d'ancienneté, & en faisant la premiere œuvre. Aucunes Coûtumes disent que toutes murailles entre voisins sont communes entre voisins, en payant par celuy qui n'a contribué à la structure, la moitié de la façon & du fonds, & peut le voisin s'en aider quand elles sont suffisantes pour porter autre bâtiment. Sens art. 103. Auxerre art. 106. Melun art. 193. Blois art. 232. Laon art. 270. mais Orleans art. 234. Bretagne & Nantes art. 709. disent qu'elles sont communes jusques à neuf pieds, dont les deux sont en terre, & sept dehors s'il n'y a titre par lettres ou marque au contraire.

Payer la moitié des frais) S'entend les frais raisonnables & probables, selon que communément on a accoûtumé, & selon l'état des bâtimens. Car si celuy qui a bâty la muraille, l'a faite pour sa commodité de trois pieds d'épaisseur & de trente pieds de haut, & le bâtiment du voisin n'a besoin que de deux pieds d'épaisseur, & quinze pieds de haut, il ne sera tenu de rembourser sinon *pro rata* de son besoin, & par la raison de la *l. inter quos, in fine. ff. de damno infecto. l. hæreditas. ff. de petit. hæred.* & selon l'état ordinaire de tels bâtimens, sans y comprendre les frais superflus & extraordinaires, comme si on avoit bâty de pierre de taille, & on pouvoit faire de menuë pierre, par la raison de la *l. quidam Iberus in fine. ff. de serv. præd. Vrban.* Et faudra estimer ce que la muraille pourroit coûter au tems du remboursement, & non ce qu'elle peut avoir coûté lors de la construction, pour deux raisons : l'une qu'il seroit difficile de rapporter les frais faits peut être vingt ou trente ans, ou plus auparavant. L'autre parce que celuy qui rembourse est *ad instar* de celuy qui achete la moitié de la muraille, & la faut donc considerer selon l'état & estimation qu'elle se trouve lors, par l'argument de la *Rutita. ff. de contrah. empt. & l. quoties. ff. de verb. oblig.*

ARTICLE XV.

TOus manans & habitans ayans maisons en villes, sont tenus d'y faire construire & entretenir latrines si commodément faire se peut, & à ce seront contraints par la Justice du lieu, par prise, vente & exploitation de leurs biens, meubles & immeubles, arrests de rentes, devoirs, loüages & pensions desdites maisons & appartenances, & autres manieres dûës & raisonnables.

EN ce qui concerne l'utilité publique pour la salubrité de l'air en une ville, chacun peut être contraint faire en son heritage ce que le Magistrat luy commande, *l. singularum. C. de ædific. privat. Imò* selon le droit des gens, nul ne peut dire être sien sinon ce qui reste aprés les utilitez publiques prises : car le droit public est plus ancien que le privé.

ARTICLE XVI.

SI aucun fait ou jette immondices ou ordures devant la maison d'autruy, portes des villes, places, ruës ou lieux vuides desdites villes, pour la premiere fois il est amandables de trois sols tournois, pour la seconde & autres fois *arbitrio judicis.*

NOn seulement si devant la maison d'autruy, mais aussi si devant la sienne propre, car les ruës sont publiques & doivent être tenuës nettes. Selon cét article est la *l. Ædiles. ff. de via publica.*

ART.

ARTICLE XVII.

A Rapport de Jurez ou connoissans & experts en un art, fait par autorité de Justice, parties presentes ou appellées, de ce qui gist en leurdit art & industrie, foy est ajoûtée. Toutefois la partie contredisante est reçûë à en requerir l'amandement.

QUand aucun débat se presente, qui gist en la connoissance des ouvriers d'art mechanique, ou d'autres personnes experts en quelque science, le Juge les y doit employer. *l. compartiones. C. de fide instru. l. 1. §. & notandum. ff. de ventre inspic.* & si le Juge connoît être besoin, il doit luy-même se transporter sur les lieux avec lesdits experts. *l. si irruptionis. §. 1. ff. finium regund. cap. quia, extrà, de præscript.* Lesdit experts doivent être nommez par les parties, & à leur discord ou refus de nommer, doivent être pris & choisis par le Juge de son office. *l. ult. §. si autem vers. electione. C. de judic. l. si quis super. C. finium regund.* Le rapport doit être fait par autorité & selon l'examen que le Juge en fera *l. semel. C. de re milit. lib. 12.* Les experts doivent prester serment. *§. quod autem, in Authór. de non alienand. & d. l. comparationes*, & est expedient que le serment soit presté avant la visitation de la besogne ou chose contencieuse, car le serment doit être de bien dûëment & soigneusement visiter, & de bien & fidellement rapporter. Et peuvent être reprochez en cas qu'ils n'ayent été accordez par les parties *cap. causam extrà de probatione.* Ils doivent être deux au moins si on en peut recouvrer autant facilement : sinon le Juge peut se contenter d'un *d. §. quod autem.* Ce que je ne voudrois admettre, sinon en cause legere & de peu de valeur. L'usage commun qui est plus expedient est, qu'ils soient en nombre non pair, à cause de la facilité qui est naturelle aux hommes de dissentir, & d'être d'autre avis l'un de l'autre, & ainsi est dit & conseillé par la loy au fait des arbitres, *l. item si unus. §. principaliter. ff. de recept. arbit.* doncques doit être ordonné, que chacune des parties nommera un ou deux experts, & tous deux conviendront d'un tiers ou d'un cinquiéme, & à leur refus ou discord d'en convenir, le Juge de son office choisira le tiers ou le cinquiéme. La nouvelle Coûtume de Paris article 184. ne dit pas que les parties nommeront separement : mais dit qu'elles doivent convenir d'experts, c'est-à-dire, s'en accorder. Et la Cour de Parlement a quelquefois reformé ce qui étoit dit, que chacun nommeroit un ou deux experts, & tous deux conviendroient d'un tiers ou d'un cinquiéme. Leur rapport & témoignage est reçû quand ils disent qu'ainsi leur semble, pourveu qu'ils rendent raison de leur opinion & creance. Ce qui est general en tous qui deposent de chose qui gist en la connoissance & jugement de l'intellect, & sens interieur *l. 1. §. 1. in verb. sibi videri. ff. de ventre inspic.* à Paris est une bonne usance, & est assez expedient qu'elle soit pratiquée par tout qu'avec les experts en l'art, on y ajoûte deux notables Bourgeois, parce qu'ordinairement les ouvriers, ou par envie qui a accoûtumé d'être entre ouvriers de même art, trouvent à blâmer en la besogne d'autruy, où cherchent de la besogne à faire, ainsi dit Hesiode Poëte Grec *cai cerameys cerameî, cotéei, cai tèctoni tecton.* Le salaire de tels experts doit être payé par les parties *pro rata* de la portion que chacun a ou prétend en la chose *l. 4. §. sed etsi mensor. ff. finium regund.* ou bien par égales portions, sauf à recouvrer en fin de cause. Je n'admettrois pas volontiers ce que dit la loy Romaine, que les mensenrs qui sont arpenteurs, soient seulement tenus de dol & non de coulpe. *l. 1. ff. si mensor. falsum modum.* Aussi je croy qu'il y a autre raison à nous, car à Rome ils étoient employez par honneur, & leur salaire s'appelloit honoraire, mais à nous les ouvriers experts sont vrais mercenaires. Pourquoy je croy qu'ils sont tenus de coulpe & d'imperitie, qui est attribuée à coulpe. *l. si quis fundum. §. Celsus etiam. ff. locati.* La Coûtume de Paris article 184. met aucuns expediens pour éviter les brigues & menées, disant que lesdits experts accordez par les parties ou nommez par le Juge de son office, doivent prester serment pardevant le Juge, & faire & dresser par écrit leur rapport sur le lieu même qu'ils visitent, avant que d'en partir étans assistez du Greffier ou son Commis, ès mains duquel ils mettront ledit rapport.

REQUERERA L'AMANDEMENT) C'est *ad instar* de ce qui est dit, *in l. societatem. §. arbitrorum. ff. pro socio, & in l. si quis arbitratu. ff. verb. obligat.* Je croy que cette revision doit être faite aux dépens du requerant, sauf à recouvrer en fin de cause, par la raison de la *l. eos. §. si quis autem. C. de apell. & argument. l. Prætor in fine. ff. de edendo.* La nouvelle Coûtume de Paris article 184. défend cette requeste d'amandement, & reserve au Juge de l'ordonner de son office. Ce qui a grande raison pour éviter les menées & brigues.

ARTICLE XVIII.

DEdans les murs de la Ville & Cité de Nevers, l'on ne peut nourrir pourceaux, truyes, boucs, chevres, cochons, chevreaux & autres semblables bêtes, sur peine d'amende, & aussi és Villes de Clamecy & Decize.

CEt article concerne l'utilité publique à cause de la salubrité de l'air, car étans les bâtimens des villes serrez, l'air y est facilement infecté & corrompu par le repaire & séjour de telles bêtes, qui de soy sont sales. Pourquoy je croy que le Juge de son office peut outre l'amende y appliquer la confiscation des bêtes en cas de recidive, contumace & desobeïssance : Selon mon avis les amendes & peines en cas d'infraction de police doivent être toûjours rudes, car les inconveniens qui aviennent par la frequence de tels délits, sont bien souvent grands & sans remede. Sur cét article sembleroit assez à propos de recevoir la limitation de la Coûtume de Berry, titre des Servitudes réelles article 18. qui permet de tenir en Ville close des chevres pour la necessité de maladie d'aucuns particuliers, en tant que le laict de chevre est fort propre pour ceux qui ne peuvent prendre la nourriture accoûtumée, ou bien pour la noûrriture des petits enfans, quand la nourrice n'a pas assez de laict ny de bon laict : Mais je voudrois ajoûter à l'article la charge de tenir en la ville la chevre toûjours attachée à une corde, ou enfermée, & aux champs la tenir attachée à une longue corde, parce que le broût de la chevre fait mourir les plantes, & l'haleine infecte les vaisseaux à mettre vin.

Villes, Selon l'usage commun de ce Royaume sont nommées les places, esquelles sont plusieurs maisons, lesquelles places sont closes de murailles & portes, & qui ont droit de Corps & Communauté, ont Eschevins & deniers communs. Citez selon ledit usage commun de Chrétienté, sont appellées seulement les Villes closes, qui ont Eglise Cathedralle & Evêque. Cela procede de l'établissement qui étoit au tems de l'Empire Romain, selon lequel établissement la police de l'Eglise; quant aux Archevêchez & Evêchez a été établie. Car chacune Province avoit son Gouverneur, nommé en Latin *Præses*, la Ville capitale de la Province étoit dite par un mot Grec *Metropolis*, qui est à dire mere Ville, les autres Villes de la même Province qui avoient les premiers rangs d'honneur étoient dites Citez. Cette distinction se connoît par un livre qui contient la notice des Provinces de l'Empire Romain. Les Archevêques ont été établis és meres Villes de chacune Province, & les Evêques és Citez. Ce qui se reconnoît audit livre, quant aux Gaules.

Nevers est Cité, parce qu'il y a Evêque : du tems de Jules Cesar, elle étoit dite *Noviodunum* ou bien *Nivedunum*, dont ledit Cesar parle au septiéme livre de ses Commentaires. Ce qui se connoît par ces marques, il dit que *Noviodunum* est sur la riviere de Loire, & est assis au territoire des Authunois, *Hedui*. Au tems du Paganisme le quartier de Nivernois étoit sous la domination & territoire ds Authunois, comme il se void en la Legende de saint Reverian, qui souffrit passion sous l'Empereur Aurelian, & se dit qu'il souffrit martyre en l'Authunois, le lieu de son martyre, où de present repose & est veneré son corps, est au fonds de Nivernois. *Dunum* en ancien langage Gaulois signifie un fort relevé de terre fait de main d'homme, comme on peut recueillir du Poëme de Hericus Moine qui a écrit la vie de saint Germain d'Auxerre en vers heroïques Latins : Se void aujourd'huy que les anciennes murailles de la Cité de Nevers sont toutes terrassées en dedans, jusques à la hauteur d'icelles murailles. Les textes vulgaires desdits Commentaires de Cesar l'appellent *Noviodunum* : Aimonius Moine l'appelle *Nivedunum*, comme s'il étoit dit à cause de la riviere de Nyevre, qui au pied de la Ville met dedans Loire, & dudit fort & terrasse. J'en ay discouru plus amplement en mon livre de l'Histoire de Nivernois.

Clamecy et Desize.) Ces deux Villes ont long-tems contendu du second rang aprés Nevers és assemblées du païs. Nevers sans difficulté a le premier rang : le débat des deux Villes Clamecy & Desize, a été quelquefois terminé par sort, comme fut és Exeques solemnelles de Madame la Princesse de Condé Marie de Cleves : autresfois, comme és Baptêmes des enfans de la maison de Nevers, les deux Villes ont marché en même rang, l'une à dextre l'autre à senestre, l'un à l'aller, l'autre au retour. Clamecy de vray pour le present est meilleure ville que Desize, il y a Siege d'Election & Recepte des Tailles établie depuis vingt ans : ladite Ville a la commodité de la riviere d'Yonne qui porte voitures jusques à Paris. Mais cette Ville est plus recentement ajoûtée au corps de Nivernois. Aussi elle est au Diocese d'Auxerre : par les plus anciens titres elle est nommée *Clementiarum*. Desize est de toute ancienneté de Nivernois : & est le titre du second Archidiaconat en l'Eglise de Nevers. La Ville est en une Isle en rocher environnée de la riviere de Loire, ce qui avient peu souvent és Villes sur rivieres, qui ordinairement sont toutes plates. Il est à croire que du tems des Romains qui commandoient és Gaules, elle ait été dite du nom Latin *Decisa* comme ayant été tranchée du continent par main d'homme, dont se void quelque apparence entre l'endroit de la Ville, qui se nomme le Bourg de la Magdelaine, & la Baulme vers le Faux-bourg saint Privé : d'icelle Ville est fait mention au livre intitulé *Itinerarium Antonini*, à l'endroit de l'addresse du chemin de Bordeaux à Authun, où elle est nommée *Decide*, & le nombre des milles & l'addresse se rapportent. C'est le lieu de la naissance de moy Guy Coquille Autheur de ces Annotations, comme étoit de mes pere & ayeuls, au premier, second, tiers & quart degré, & auparavant le domicile de mes predecesseurs du même nom étoit à Nevers, en la Parroisse de saint Martin, il y a environ deux cens cinquante ans.

ARTICLE XIX.

LEs grandes ruës de ladite Cité de Nevers & autres Villes dudit païs, l'on ne peut tenir fumiers & ordures plus haut d'un jour sur peine d'amende.

ARTICLE XX.

TOutesfois si aucun bâtit esdites grandes ruës, les voisins seront tenus luy prester patience, de tenir en icelles ruës ses immondices procedans de sondit bâtiment durant le tems convenable, qui s'arbitrera par le Juge ordinaire si débat y échet ; & aprés ledit tems sera contraint de faire place nette, & envoyer lesd. immondices hors la ville, és lieux ou lieu accoûtumez & non nuisibles, & en cas de delay ou refus, il est amendable d'amende arbitraire.

ARTICLE XXI.

AUssi és petites ruës & étroites, chacun peut tenir son fumier par l'espace de huit jours, & ledit tems passé, s'il est sommé, & aprés refusant ou délayant, comme-dessus, il est amendable d'amende arbitraire ; & quant aux autres ordures aucun ne les peut mettre ou laisser en ruë que ce soit ; esdites Cité & Villes, sur peine d'amende arbitraire.

LEs ruës comme dit a été cy-dessus, sont de droit public, & peut chacun s'en aider, en sorte toutesfois que nul autre particulier n'en soit incommodé, & telle est la regle generale des lieux publics. *l. fluminum ff. de damnó infecto*, & en peut agir non seulement le Procureur d'Office pour l'interest public ; mais aussi le particulier, en tant qu'il est incommodé, ou reçoit dommage. *l. licet. ff. de Procurat.* Ce qui est dit des ordures & immondices, se doit étendre à toutes sortes de descombres, qui empêchent & incommodent l'usage du peuple, quoy qu'elles ne soient sales & immondes.

ARTICLE XXII.

DEsormais l'on ne pourra faire avances de bâtimens sur les ruës desdites Cité & Villes, ny éviers, tuyaux de cuisine répondans sur les ruës par le haut, mais seulement par le bas, & sera tenu un chacun recevoir ses eaux & immondices chez luy, ou les faire porter hors & en lieu non nuisible : le tout sur peine de l'amende, comme dit est.

ARTICLE XXIII.

AUssi desormais ne se pourront faire entrées de caves ou degrez aboutissans sur lesdites ruës, sur telles peines que dessus.

ARTICLE XXIV.

ET quant aux avancemens des bâtimens, éviers & tuyaux de cuisine, entrées de caves, ou degrez aboutissans sur les ruës desdites Villes faits par cy-devant, & d'ancienneté ils ne pourront être refaits ny reparez, & quand ils décheront du tout, ils seront mis en l'état dessus declaré.

LE 22. article ne distingue pas assez bien. Car quoy que les éviers ou tuyaux soient par le bas, il n'est permis à aucun de faire fluër ou sortir par iceux en la ruë aucunes eaux croupies & infectes, ny autres choses puantes, & c'est ce que veut dire le second chef du 22. article. Lesdits trois article défendent pour l'avenir, & semblent tolerer les œuvres déja faites. Mais par l'Edit d'Orleans fait és Etats Generaux 1560. art. 95. est ordonné que toutes saillies ou avances de bâtimens faites sur ruës és Villes closes, soient démolies dedans deux ans. Cette loy qui est posterieure, faite par le Roy tenant ses Etats Generaux, déroge à la Coûtume accordée par le consentement des Etats Particuliers de cette Province : & doit être ledit Edit observé, comme concernant l'utilité publique. Vray est qu'à Rome étoient permises les avances, & s'appelloient *Meniana*, dont est parlé *in l. Meniana. C. de ædif. privá.* Encores aujourd'huy en plusieurs belles Villes d'Italie, comme Padouë & Bologne, la plufpart des maisons sont avancées sur les ruës par le haut, & dessous sont portiques, par lesquels en tout tems on chemine à pied sec & à couvert. Pour la démolition de telles avances, non seulement la personne publique, qui est le Procureur d'Office : mais aussi le particulier ayant interest, peut agir pour la démolition comme il a été dit cy-dessus.

ARTICLE XXV.

IL est permis à un chacun d'embellir & reparer lesdites ruës par bâtimens & édifices : mais non de les empirer par ruïnes, démolitions ou autrement.

LEs Romains ont eu en grande recommandation l'embelissement des Villes, mêmes y a une loy qui dit, que les maisons des Villes sont ornées, plus pour la décoration publique que pour les profits que les proprietaires en tirent. *l. 2. C. de prædiis, & omnib. reb. navicul. lib.* II. & étoit défendu tres-étroitement, de ne tirer aucunes pieces, statuës, étoffe ou matiere d'un bâtiment pour les vendre, leguer ou donner, ny en faire aucun commerce. *l. Senatus. ff. de contrah. empt. l. cætera. ff. de leg.* 1. *l.* 2. *& l. nemini. C. de ædif. privat.* Et par autres loix étoit commandé aux Magistrats ayans charge des Villes, comme étoient les Ædiles, de contraindre les proprietaires à tenir leurs maisons en seureté devers la ruë, & de faire reparer les ruïnes & deformitez. *l. Ædiles. ff. de via publ. l. ad curatoris. ff. de damno infecto. l. præses Provinciæ inspectis. ff. de offic. præsid. l. singularum. C. de ædific. privat.* Dont la raison est generale, que nul n'est si avant & entierement proprietaire de son heritage, même és Villes, qu'il ne soit sujet à l'utilité publique, & se peut dire que nul en particulier n'est Seigneur proprietaire, sinon de ce qui reste aprés le public fourny. Aussi s'il avient incendie en une maison de ville, & que le lieu soit dangereux pour le feu, il est loisible, avec autorité du Magistrat d'abattre la maison où le feu est pris, *imò etiam* d'abattre la maison voisine où le feu n'est pas encores, pour arrester le cours du feu. Et en cas d'urgente necessité, il est loisible à un particulier voisin, sans autorité du Magistrat, d'ainsi faire quand on connoît que le feu ne peut autrement être arresté, *l. si alius. §. est & alia. ff. quod vi aut clam. l. 3. §. quod ait. ff. de incend. ruina naufra. l. si quis fumo. §. 1. ff. ad. leg. Aquil. Paul. Castr. consil.* 220. dit qu'en tel cas les maisons plus lointaines sauvées du feu, doivent contribuër à la recompense de celuy duquel on a abbattu la maison *ad instar* de la loy Rhodie *de jactu.* Ce que je croy être raisonnable, pour le regard de ceux en la maison desquels l'incendie n'a pas commencé : car si le feu se prend en une maison par la negligence des habitans d'icelle, ils doivent satisfaire à leurs voisins du dommage qui leur est avenu par action civile. *l. capitalium. §. incendiarii. ff. de pœnis.*

ARTICLE XXVI.

POur aller, venir & mener pasturer ses bêtes en l'heritage d'autruy pour le tems qu'il n'est de garde & de défense, aucun n'acquiert & ne peut acquerir droit ou possession que le Seigneur ne le puisse labourer, cultiver & mettre en garde & défense quand bon luy semble, s'il n'y a titre ou possession suffisante, avec payement de redevance au profit dudit Seigneur proprietaire, ou s'il n'y a possession immemoriale sans titre, ou payement de redevance, laquelle équipolle à titre.

SEns article 147. Auxerre article 261. & Blois article 214. ont presque semblable Coûtume, & la raison de cét article correspond à l'article 2. cy-dessus, & à l'article 9. au chapitre des Bois cy-dessous. Ce pâcage de bêtes en heritage d'autruy pour le tems qu'il n'est de défense, qui est la vaine pâture, dont il est parlé cy-dessus, au chapitre des droits de Blairie article 5. n'est pas servitude, usage ou autre droit : mais est une simple faculté introduite par nos ancestres pour l'utilité publique en la nourriture du bêtail, qui est la principale dotation de ce païs. C'est ce que les Latins disent *fas quidem est, jus non est*, en ces actes qui sont de pure faculté, il n'y a point de prescription, parce qu'il n'y a point de possession valant saisine : car celuy qui exerce tels actes de pâcage en vaine pâture, n'est pas reputé ce faire, comme *pro suo & opinione Domini*, comme proprietaire, ny pour intervertir le droit d'autruy, par les raisons mises, *in l. quacunque. §. 1. ff. de publicana in rem act. l. si servus. §. 1. ff. de noxal. act. l. 1. §. Julianus. ff. de itinere actuque. pri. l. ult. ff. de usucap.* Ce qui est dit icy de payement de redevance ne doit pas être appliqué à la prestation de blairie. Car la redevance de blairie n'est pas payée pour le droit de pâcage en certain particulier & determiné heritage; mais pour la faculté & permission en general de pâcager le bêtail és vaines pâtures. Doncques la redevance dont est parlé en cét article, est celle qui a sa destination speciale à certain heritage, pour démontrer que celuy qui en use le fait *jure suo*, & non par simple faculté. Pourquoy je croy que les Seigneurs hauts-Justiciers peuvent faire bail nouveau des terres vacantes, qui ont été long-tems, même plus de cent ans en vaine pâture, & servans au pâcage commun : quoy que les gens de village les appellent communes : sinon qu'ils payassent redevance qui fût specialement destinée pour tel heritage. Aussi la blairie ne se paye au Seigneur à cause du fonds, ny à cause de Seigneurie directe, mais à cause de la jurisdiction : car en l'art. 4. au chapitre des droits de Blairie cy-dessus, est dit que nul Seigneur n'a droit de blairie, s'il n'a Justice. En consequence de ce que dessus, faut regler ce qui est dit vers la fin de l'article de Possession immemoriale, & l'entendre quand avec l'exercice de pâcage, il y a eu quelque acte servant pour démontrer qu'on a joui *pro suo & opinione Domini*, comme si le Seigneur a fait quelque contenance & effort de l'empêcher, & nonobstant en a joui : car la suite & continuation de toutes possessions, doit être rapportée au commencement de la jouïssance, pour faire dire que la jouïssance est telle au centiéme an, comme elle étoit au premier an, selon ce qui est dit, *in l. cum nemo C. de adquir. possess.*

CHAPITRE XI.

DES CHAMPARTS ET PARTIES.

ARTICLE I.

CHacun peut labourer terres ou vignes d'autruy, non labourées par le proprietaire sans autre requisition, en payant les droits de Champart, ou partie selon la Coûtume & usance du lieu où est l'heritage assis, jusques à ce que par le proprietaire luy soit défendu.

CEtte Coûtume a été introduite pour le bien public, à ce que la cueillete des bleds abondât plus, & pour suppléer la negligence ou impuissance des proprietaires des terres, pourquoy ladite Coûtume doit être favorisée par gracieuse interpretation, comme il est dit, *in l. hoc modo. ff. de condit. & demonst.* & ne faut pas y raisonner selon les subtilitez & rigueurs de droit, comme il est dit, *in l. ita vulneratus. ff. ad leg. Aquil.* Doncques celuy qui s'entremet à labourer l'heritage d'autruy sans congé, ne doit pas être censé avoir fait trouble pour être appellé en complainte possessoire, sinon jusques à ce, qu'en la moisson il défaille d'appeller le proprietaire pour champart : car lors proprement est l'acte de jouïssance & entreprise de possession. Et toute sorte d'entreprise en l'heritage d'autruy n'est pas reputée pour trouble & injure, même quand ce n'est pas en intention de nuire & usurper le droit d'autruy. *l. si servus. §. si olivam. ff. ad legem Aquil.* Aussi le temperament de cét article est de permettre de labourer la terre non labourée, c'est-à-dire, quand selon la saison, on connoît que le proprietaire neglige de labourer. Ce qui est dit, JUSQUES A CE QUE PAR LE PROPRIETAIRE SOIT DEFFENDU, s'entend que la défense soit faite en tems opportun : car si toute la premiere façon de labourage, qu'on appelle sombrer, étoit déja faite, il seroit trop tard de défendre au laboureur qui auroit mis son attenduë à ce labourage pour en recüeillir le fruit, & se seroit abstenu d'autre culture : aussi qu'il est censé avoir ce fait de bonne foy, puis que ç'a été par permission de la loy : A quoy fait ce qui est dit *in l. item quæritur. §. qui impleto, & in l. si in lege, §. colonus. ff. locati l. 1. §. prodest ff. quod legat.* & parce que la chose n'est plus entiere, & est trop tard de se pourvoir autre part; *l. 2. ff. de annuis legat.* & si l'usance est au lieu comme il est au territoire des Angoumois, que celuy qui a fait les gros bleds & a fumé la terre, doive l'année suivante faire des petits bleds en la même terre, que l'on appelle suivre ses fretis ; ce laboureur ne pourra être empêché l'année suivante de faire les petits bleds, car c'est comme une seule culture des deux années, comme il est dit, *in l. fructus, vel l. divortio. §. quod in anno. ff. soluto matri.* & parce que la consequence & continuation est liée avec le commencement, & faut en juger selon ledit commencement, *l. nam. & servus. §. si vivo ff. de negoti gestis.* S'entend aussi que le laboureur doit labourer bien & dûëment, & par saisons propres : car celuy qui gere les negoces d'autruy, luy-même y prenant profit est tenu de coulpe legere. *l. si populi. §. ult. ff. eodem tit. de negot. gest.* Aucunes Coûtumes parlent de terrage & champart autrement que cette-cy, en tant qu'il y a obligation de labourer, semer & faire valoir les terres, & ont été baillées à cette charge, en sorte que le labourage n'est pas en simple faculté. Ainsi Poitou article 104. Berry des droits Prediaux art. 23. Blois art. 130. & y sont mises certaines regles pour contraindre les laboureurs avec la peine de Commise. Berry ajoûte que le droit de terrage se compte aprés la dixme payée, & en cette Coûtume doit être ainsi pratiqué, selon ce qui est dit, *in cap. non est, & in cap. tua 1. extrà de decim.* car c'est la part de Dieu que la terre doit avant toute autre redevance & droit.

ARTICLE II.

CEluy qui laboure terre à champart, est tenu de mener & conduire à ses dépens, le champart en la grange ou maison du Seigneur, pourveu que la distance n'excede demie lieuës, à la prendre de la situation dudit labourage : & pour champartir sera tenu appeller le Seigneur. Et qui laboure vignes à partie, il n'est tenu que de laisser la partie du Seigneur en la vigne, en signifiant audit Seigneur la dépoüille, & est le Seigneur proprietaire tenu d'aller ou envoyer querir ladite partie sur le lieu à ses dépens.

FAut prendre la lieuë selon le païs. Prés Paris la lieuë contient de deux à trois mil pas, icy en Nivernois la lieuë fait bien quatre mil pas, à compter trois pied pour pas. En Bourgogne six mil pas, ou dixhuit mil pieds font la lieuë : car on y compte cinquante portées pour la lieuë, douze cordes pour portée, & trente pieds ou dix pas pour corde. Par la Coûtume de Touraine article 13. la lieuë est de deux mil pas, mais l'on compte cinq pieds pour pas, ce sont dix mil pieds. En Bretagne article 362. de l'ancienne & de la nouvelle Coûtume art. 383. la banlieuë est de six vingts cordes assises par six vingts fois, chacune corde de six vingts pieds.

Appeller le Seigneur) Si le Seigneur ne vient au jour & heure assignez, le laboureur appellera deux témoins voisins, pour voir compter les gerbes, & neanmoins menera la part du Seigneur en sa maison ou grange. Poitou article 64. dit que si le Seigneur ne vient dans les 24. heures, le laboureur comptera en presence de témoins. Berry titre des droits Prediaux article 26. & 27. ajoûte la limitation, pourveu que le proprietaire soit de la même Parroisse ou Justice : & de même Orleans article 141. mais Bourbonnois article 352. ajoûte un expedient, que si le proprietaire n'est sur le lieu, que le laboureur fasse denoncer au Prône de la Parroisse le Dimanche precedent : En cette Province nous pouvons emprunter des autres Coûtumes ce que nous trouvons raisonnable au cas qui n'est exprimé par nôtre Coûtume. Est à noter quand aucun est en demeure, il ne faut pas laisser pour son absence, de faire & expedier tout ainsi qu'on feroit luy present. *l. servus si hæredi. §. Imperator. ff. de statu lib.* Pourquoy en l'absence du proprietaire, faut faire comme on feroit s'il étoit present, qui est de compter & prendre témoignage du compte, & mener les gerbes. La quotité du champart n'est pas pareille par tout ce païs, & est de plus ou de moins, selon la bonté & fertilité des terres, abondance & défaut de laboureurs. Le plus haut est de trois l'un. Le commun est du quart : en autres lieux de cinq, six ou sept gerbes l'une.

En vigne a partie) Il s'entend, que le Vigneron doit couper les raisins à ses dépens.

ARTICLE III.

POur labourer terres à champart & vignes à partie, l'on ne peut acquerir possession ne droit de proprieté par prescription, par quelque laps de tems que ce soit.

LE commencement & la premiere cause de la joüissance & possession, doit être considerée, parce que la premiere cause est reputée pour avoir été consommée en la même sorte, s'il ne survient d'ailleurs nouvelle cause *l. 3. §. illud & l. qui bona. §. 1. ff. de adquir. & omittenda poss.* Quand le laboureur a commencé de payer le champart, il fait connoître qu'il n'a labouré comme proprietaire, que l'on dit *pro suo*, mais precairement pour autruy. *l. quod meo. ff. eod. tit. de adquir. vel omitt. possess.* Le precaire peut être revoqué à volonté, pourveu que ce soit tempestivement. Et comme par paction ne se peut faire que le precaire ne soit revocable à volonté. *l. cum precario. ff. de precar.* Ainsi par laps de tems qu'on appelle prescription ne se peut faire, car la prescription est fondée sur le consentement tacite que le laps de tems fait presumer. *l. cum post. ff. de jure dot.* Aussi dit-on, que ce qui ne se peut faire par paction n'est pas prescriptible. Sera noté, que nôtre Coûtume met à party pareil la possession & la prescription, parce que tant pour le possessoire que pour la prescription, la joüissance doit être *pro suo & opinione Domini. l. 1. §. Julianus. ff. de itinere actuq. privato.*

CHAPITRE XII.

DES DIXMES.

Les Dixmes en l'Eglise Chrétienne ne sont pas *ad instar* des dixmes attribuées à la lignée de Levi en l'ancien Testament : parce que l'Eglise possede plusieurs biens temporels, & autres droits : ce qui n'étoit pas permis aux Levites. Saint Thomas d'Aquin & autres Docteurs Theologiens Scholastiques ont tenu cette opinion, laquelle toutesfois n'a pas pleu à tous les Papes ny aux Prelats, qui ont grande partie de leur revenu en dixmes. Par les Decretales antiques d'Alexandre III. *in cap. Parochianos* & d'Innocent III. *in cap. tua. 2. extrà de decimis.* les dixmes de l'Eglise Chrétienne sont comparées ausdites dixmes de l'ancien Testament, & est dit qu'elles sont non seulement de bien-seance, mais aussi de necessaire obligation, comme retenuë de Dieu en signe de superiorité. Alexand. *consil. 60. vol. 4.* dit qu'Innocent IV. Pape addressa une Decretale aux Freres Prescheurs & Freres Mineurs, par laquelle il leur commande de prêcher fermement que les dixmes sont dûës à l'Eglise. En France on s'est contenu parmy ces opinions avec temperament. On a tenu que par presomption de droit commun les dixmes appartenoient à l'Eglise, même des bleds, & quant aux autres fruits, comme des vignes & des autres arbres que la prescription y pouvoit être admise ; & encores en toutes sortes de fruits ; pour la qualité & maniere de percevoir. Surquoy a été faite la constitution du Roy Philippes le Bel de l'an mil deux cens soixante & quatorze, aussi on a reçû en France, que les lays peuvent en leur patrimoine avoir le droit de dixmes. Vray est que pour y obtenir il faut alleguer l'infeodation auparavant le Concile de Latran qui fut sous Alexandre III. Pape, l'an mil cent soixante & dix neuf, & suffit de prouver la possession immemoriale, qui fait presumer l'infeodation : mais en France la pluspart des dixmes tenuës par les lays, sont mouvantes en fief d'autres Seigneurs lays, qui est contre l'opinion des Canonistes, qui disent que les fiefs des dixmes doivent par necessité être mouvans de l'Eglise. On allegue une Ordonnance du Roy S. Louïs, du mois de Mars mil deux cens soixante & deux, par laquelle il declare être permis à l'Eglise d'acquerir dixmes tenuës par gens lays, & que dés lors elles sont exemptes du fief envers leur Seigneur. Ce que du Moulin dit devoir être entendu, quant au service personnel, mais non quant aux profits & à l'indemnité du Seigneur feodal : la faveur de l'Eglise est en ce que le Seigneur ne la peut contraindre precisement de vuider ses mains, comme il peut faire d'autres heritages mouvans de sa Seigneurie directe. La source de la prestation des dixmes en l'Eglise Chrétienne, & entre Chrétiens peut être double : l'une de ce que les Romains Gentils prenoient les dixmes comme tribut és Provinces qu'ils avoient conquêtées ; comme temoignent Tite-Live & Ciceron en l'action 5. contre Verres : aprés que les François eurent conquesté les Gaules sur les Romains, il est à croire qu'ils continuërent de prendre és Gaules les mêmes tributs que les Romains y prenoient, & que depuis lesdites dixmes ayent été infeodées comme plusieurs autres droits de fisque. L'autre source vient de la devotion, que communément les Chrétiens ont euë envers l'Eglise, laquelle devotion par long usage s'est tournée en obligation, non pas telle obligation qui étoit par la loy de Moïse : car ladi loy à cét égard a été abolie par l'Evangile : mais l'obligation procedée, comme dit est de devotion, a reçû en France les temperamens tels que dessus. Aussi est avenu qu'aprés le Concile susdit de Latran, plusieurs Seigneurs par les saintes exhortations de bons Prelats, ont baillé à l'Eglise les dixmes qu'ils tenoient, que l'Eglise a interpreté comme de restitution, & parce que les lays s'adonnoient plûtôt de les mettre és mains des Religieux reguliers que des gens d'Eglise seculiers, fût ordonné audit Concile de Latran, tenu par Alexandre III. que les reguliers ne les pourroient recevoir sans le consentement de l'Evêque, *cap. cum & plantare, extrà, de privileg.* & est rapporté *in can. Apostolica, extrà de his quæ fiunt à Prælato.* Dont la raison vray-semblablement est telle, parce qu'en l'Eglise on a tenu que les dixmes sont le vray patrimoine des Eglises Parroissiales, *cap. cum in tuâ. & cap. cum contingat. extrà de decimis* : & le Concile a voulu rendre l'Evêque Diocesain mediateur, pour remettre és mains des Curez les dixmes ; plûtôt qu'és mains des Moines. Si est-ce qu'en plusieurs cas on n'a pas tenu en ce Royaume, que les dixmes fussent pures spirituelles : car par l'Arrest de la Regale de Meaux avec du Tillet, en date du dixneuviéme Juin mil cinq cens cinquante-sept ou mil cinq cens soixante-sept, fût jugé que les dixmes appartenans à l'Evêque sont du patrimoine temporel de l'Evêché, & sont sujets à la Regale, quoy que le Roy ne prenne rien au revenu spirituel.

ARTICLE I.

AU Seigneur d'une dixmerie laye ou Ecclesiastique appartient la suite de ses laboureurs, quand ils vont labourer hors de sa dixmerie en lieu sujet à dixme ou exempt d'iceluy, & à cause de ladite suite il prend demie dixme, c'est-à-dire, la moitié de ce qu'il prendroit pour sa dixme, si sondit laboureur avoit labouré chez luy : & l'autre moitié de la dixme appartient au Seigneur foncier. S'il n'y a procours ou droit d'aller labourer l'un sur l'autre, qui s'acquiert par titre ou prescription suffisante.

CE droit de suite n'a aucun fondement certain sur les anciens Decrets, sinon qu'il semble être métif & participant des dixmes réelles & des dixmes personnelles, quoy que les personnelles ne soient en usage en France. Autrefois y a eu contention, & y en a diverses Constitutions & Decrets. Si la dixme doit être payée au Curé du territoire auquel les bleds croissent, ou au Curé de l'Eglise en laquelle le laboureur prend & communique aux Sacremens de l'Eglise, dont il est parlé, *in can. Ecclesias 13. quæst. 1. & in can. si quis laïcus & can. de decimis 16. quæst. 1.* Parce que les bleds viennent, tant par le labeur de l'homme que par le labeur du bœuf ou cheval qui laboure, & que coûtumierement le laboureur hyverne ses bêtes labourantes au lieu de son vray domicile, & le plus proche de soy qu'il peut, car l'œil du maître repaît le cheval ou le bœuf : on a estimé que la dixme du profit qui vient du labeur de l'homme & de ses bêtes doit venir au Curé du domicile ou du lieu où les bêtes sont hyvernées, & la dixme du profit qui vient de la terre doit venir au Seigneur dixmeur du territoire où la terre est située. Ainsi pour temperer cét ancien débat auquel des Curez la dixme appartient, on a party par moitié la dixme, qui est ce qu'on appelle le droit de suite. Le temperament a été pris premierement pour les Curez ausquels les dixmes appartiennent comme leur vray patrimoine, puis a été transferé aux autres Ecclesiastiques prenans dixmes, & par consequence de raison aux lays Seigneurs dixmeurs. Cette façon de temperer & partir par moitié en choses douteuses est pratiquée par les loix, *in l. & hoc Tiberius. ff. de hæred. instit. l. Titio textores. ff. de lega 1. l. si duo. & ibi doct. ff. uti possid.* Ou bien ce droit de suite peut avoir pris son origine des dixmes personnelles, que les Canonistes ont voulu pratiquer sur les gains & profits que chacune personne fait, *cap. non est. ext. de dec. can. decima 16. quæst. 1.* Le profit qui vient d'un bœuf, c'est le labourage, qui est appellé le fruit du bœuf, *l. in venditione. §. 1. ff. de bonis auct. Jud. possid. l. mercedes ff. de petit. hæred.* Ainsi ce droit de suite est la dixme du fruit qui provient du labeur du bœuf.

La Coûtume de Berry parle du droit de suite au titre des droits Prediaux art. 18. & definit le tems d'hyverner, depuis le premier Novembre jusques au premier Mars. En ce païs de Nivernois on le pratique autrement, comme il sera dit cy-aprés.

Ce qui est dit de prescription en cét article, doit être entendu, quant aux lays de trente ans, & quant à l'Eglise quarante ans : avec la science vraye ou vray semblable de celuy contre lequel on veut prescrire, & ne suffit le nud exercice de joüissance ou perception qui quelquefois avient par la connivence, négligence ou collusion de l'accenseur ou receveur, qui ne doit nuire au proprietaire *l. ul. C. adquir. vel omitt. poss. l. peregrè. ff. eod. l. 2. C. de servit. & aqua.*

ARTICLE II.

ET pour avoir & obtenir ledit droit de suite, est requis que les bœufs ou bêtes dont le labourage a été fait ayent été hyvernez l'hyver devant precedent la recollection de la dixme en la dixmerie dudit Seigneur dixmeur. Et suffit que lesdits bœufs ou bêtes ayent été hyvernez en lad. dixmerie, posé que le laboureur ait fait sa demeurance hors d'icelle : En maniere que celuy où lesdits bœufs ou bêtes ont été hyvernez aura le droit de suite, & non celuy où ledit laboureur aura demeuré.

ARTICLE III.

ET sont reputez lesdits bœufs ou bêtes, avoir été hyvernez en une dixmerie, quand ils ont logé, & ont été levans & couchans durant l'hyver, posé qu'ils ayent pris leur pâture autre part.

EN ce païs communément les bœufs aratoires sont tenus aux pâtureaux d'herbes vives, depuis que les herbes nouvelles commencent à être fortes jusques aprés la premiere herbe des prez levée. Et aprés ladite premiere herbe des prez levée, aucuns les mettent aux revivres ou regains des prez, qui est la seconde herbe, ou bien les laissent esdits pâtureaux jusques à la feste S. Martin onziéme Novembre. Et depuis ladite fête on les tient en l'étable à la cresche & au foin jusques aux herbes nouvelles. Ainsi le vray domicile des bœufs, & le tems de leur aise, c'est le tems qu'ils sont en l'étable, qui est ce que la Coûtume dit hyvernage, car en autre tems ils sont comme peregrins prenans leur pâture çà & là. Et à dire proprement, le bœuf est le laboureur, ainsi faut entendre le premier article cy-dessus LA SUITE DE SES LABOUREURS. Quand il est dit des bœufs levans & couchans, posé qu'ils ayent pris leur pâture autre part. La loy parle de ce qui communément avient, car les bons ménagers les nourrissent en l'étable durant l'hyver, & c'est mauvais ménage quand le bœuf laboureur prend en hyver sa pâture hors l'étable. Mais si sans affectation ou collusion & sans mauvais ménage, les bœufs ont été hyvernez moitié de l'hyver en une dixmerie, & la moitié en une autre, la suite de la dixme se partira *pro ratâ* entre les Seigneurs des dixmeries. Car puis que le gain de la suite a sa correspondance à un tems certain, le profit doit être proportionné selon le tems. Et ainsi se dit en toutes choses qui ont relation proportionnée. *l. Sejo. ff. de ann. leg. l. Plautius & l. tales. ff. de condit. & demonst.* Ou bien si la discretion & separation de tems est difficile à connoître, les dixmeurs y devroient venir chacun par moitié, selon la decision commune de droit quand chacun prétend le total : & par la concurrence ils s'empêchent l'un l'autre : car par le moyen de ladite concurrence, ils font portion l'un à l'autre & prennent par moitié, *l. si finita. §. si ante. ff. de damno inf. d. l. Titio textores. §. 1. ff. de lega. 1.*

ARTICLE IV.

SUite de dixme n'a point de lieu, si le laboureur laboure par autruy à prix d'argent.

LA raison est, parce que le fruit & profit du labourage, qui est le bled, ne vient pas au laboureur, mais le laboureur loüe seulement ses journées, & de ses bœufs : Ce qui est dit à prix d'argent (qui est le vray terme de location) se doit dire de même s'il laboure moyennant loyer à luy constitué en autre chose qu'en deniers, comme en bled. Et sera audit cas le contrat jugé par les regles de location, comme il est dit de tous contrats non nommez qui s'approchent & simbolisent à contrats nommez. *l. 1. §. si quis servum & ibi Bart. ff. depositi.*

ARTICLE V.

LEs dixmes des rompeiz appartiennent aux Curez des Parroisses és fins desquelles sont situez lesd. rompeiz, posé qu'ils ne soient dixmeurs des lieux circonvoisins desdits rompeiz. Et quant aux dixmes des ronteiz, ils n'appartiennent ausdits Curez, sinon pour les trois premieres années, si lesdits Curez ne sont dixmeurs des lieux contigus ausdits ronteiz, s'il n'y a titre ou privilege au contraire.

ARTICLE VI.

ROmpeiz sont terres nouvellement cultivées, esquelles n'y a apparence ou memoire de culture faite autrefois. Ronteiz sont terres qui de long-tems n'ont été labourées, & esquelles y a apparence ou memoire de culture ancienne.

LEs Curez sont fondez de droit commun Canonique à prétendre toutes les dixmes des fruits decimables, provenans en dedans les limites de leur Parochiage, *cap. cum contingat, cap. cum in tua, extra de decimis.* Et est presumée l'usurpation & mauvaise foy de celuy qui tient les dixmes en la Parroisse d'autruy, & se dit que le droit commun luy resiste & est contraire *cap. ad decimas, de restit spol. in 6. capite, de praescription. in 6.* Ce droit des Eglises Parroissiales leur a été ôté ou diminué à diverses occasions, l'une par le moyen des infeodations qui se faisoient des dixmes avant led. Concile de Latran sous Alexandre III. Pape, car même audit tems *etiam* les Eglises entieres étoient baillées en fief, & y en a mention en l'histoire de Aimonius Monachus. L'autre occasion fut, parce que les Evêques, Chapitres, Communautez, & Monasteres au tems qu'on commença à faire scrupule de conscience de tenir dixmes par gens lays, furent plus habiles à intimider les consciences des detenteurs, & prendre à leur profit les dixmes que les lays quittoient que ne furent les Curez. Et en ce tems fut interdit aux Moines d'accepter dixmes des mains des lays, sinon par le consentement de l'Evêque, *cap. cum & plantare extrà de privileg. can. decimas iiij. 16. quaestione 7.* L'autre occasion a été par les concessions des Evêques, & par les privileges octroyez par le Siege Apostolique, même aux Monasteres. Et se trouvans les pauvres Curez par ces occasions presque desheritez & dépoüillez de toutes leurs dixmes, enfin leur furent reservées les dixmes des novales que cette Coûtume appelle rompeiz, *cap. cum contingat. dicto capite cum in tua, extrà de decimis*. Vray est que les Moines de Cluny disent avoir privilege de Nicolas III. Pape, de prendre les dixmes des novales & rompeiz és Eglises qui leur sont propres, esquelles ils se disent Curez primitifs, & est recité par Oldrad, *consil*. 109. & parle exprés des Parroisses qui appartiennent aux Moines de Gluny, depuis ils ont impetré autre privilege plus ample d'Alexandre IV. Pape, qui parle en general de toutes les Eglises esquelles ils perçoivent les dixmes anciennes pour le tout, ou pour quelque portion, que pour telle portion ils prennent les novales; le premier privilege use de ces mots *ut in Ecclesiis vestris*, le second dit *ut in Ecclesiis illis*. Mais je croy que ce second privilege est abusif, & que s'il en étoit débat que la Cour de Parlement, par un appel comme d'abus le declareroit tel, parce que les Moines ne peuvent avoir l'exercice de la charge des ames, & le Pape n'a peu étendre sa puissance absolue sur le droit des dixmes appartenant aux Curez comme leur vray patrimoine. En la grande ancienneté les Moines n'étoient faits Clercs ny Prêtres jusques au tems d'Eusebius, Zozimus & Syricius Papes, qui leur permirent d'être promûs aux Ordres sacrez, *canone hinc est 16. quæstione prima*, & quoy que les Evêques en les faisant Prêtres leur donnent pouvoir de baptiser, & faire autres actes de Prêtre, qui est la propre charge des Curez: toutesfois ils n'en ont pas l'execution & exercice: *canone adjicimus 16. quæstione prima*. Mais si l'Autel de la Cure est en dedans l'Eglise des Moines, communément le Prêtre qui a la charge des ames, ne se dit que Vicaire perpetuel, & n'a droit és dixmes ny és autres fruits, mais seulement a sa maison & nourriture des biens du Monastere; qui consiste en certaine quantité de bled, vin & autres especes. Et quand l'Eglise Parroissiale est à part du Monastere, je croy que le Curé ou Vicaire perpetuel est fondé en presomption de droit commun pour prétendre le total des dixmes, mêmement les dixmes des novales entierement, & à prétendre aussi sur les anciennes dixmes des Moines le supplément de sa portion congruë & canonique. Laquelle portion communément est arbitrée au quart des dixmes de la Parroisse *ad instar* des autres quartes pratiquées au droit civil la Falcidie, la Trebellianique, la legitime, la quarte des arrogez. Vray est qu'il y a une Ordonnance du Roy Charles IX. du seiziéme Novembre 1571. par laquelle il est dit, que les Curez qui ont de revenu annuel six vingt livres toutes charges ordinaires déduites, ne pourront demander supplément de portion congruë; ainsi les Moines se disent ou Curez primitifs, ou Patrons de plusieurs Eglises Parroissiales, dont est traité *in cap. 1. de capellis Monach*. & à cause de ce ils ont droit en cas de vacation de presenter à l'Evêque dedans les six mois un Prêtre pour l'instituer Curé ou Vicaire perpetuel, & doivent les Patrons & Presentateurs leur fournir competente provision pour leur entretenement, & si cela n'est fait l'Evêque n'est tenu de recevoir celuy qui luy est presenté, *cap. de Monachis extrà de prabendis*. Les Religieux de l'Ordre de saint Augustin qui sont Chanoines Reguliers, peuuent tenir Benefices Curez en titre, sont dits Prieurs Curez, parce que le même qui est Prieur est aussi Curé, mais c'est des Eglises qui dépendent de leurs Monasteres. Avient quelquesfois que le revenu de la Cure est si petit que le Curé n'a pas moyen de s'en entretenir comme peuvent être les Cures des Villes closes, qui n'ont & ne peuvent avoir droit de dixmes, parce qu'en dedans le Parochiage ne sont aucunes terres labourables: auquel cas le Curé peut contraindre ses parroissiens selon l'ancienne & loüable coûtume, à luy payer somme certaine pour les sepultures & administrations d'autres services spirituels, qui n'est pas directement recevoir salaire pour les choses spirituelles, car ce seroit simonie: mais c'est un expedient pour contraindre les parroissiens à nourrir leur Curé, à quoy ils sont tenus selon la regle de saint Paul, *qui sert à l'Autel, doit vivre de l'Autel*. Suivant ce, faut interpreter & limiter le chapitre *ad Apostolicam, extrà de simon*. qui semble tolerer simplement les loüables coûtumes, selon lesquelles tels droits sont exigez, & étendre aussi le chapitre *abolendæ* au même titre, pour servir de temperament au quinziéme article de l'Edit fait és Etats d'Orleans. Et à l'Arrest de Parlement du 26. Mars 1556. donné entre le Prieur Curé d'Escars, & les parroissiens, sur un appel interjetté du Siege Presidial de Sens, au fait des fuages, à sçavoir quand le Curé n'a & ne peut avoir dixmes pour l'entretenir, comme quand son Parrochiage est en Ville close, qu'il puisse prendre tels droits selon que d'ancienneté, & par la loüable Coûtume a été observé, & à ce se rapporte ce qui est dit par Ludo. Roma. *consil*. 344. Que si le Curé a revenu foncier, ou a droit de dixmes, ou a moyen de demander supplément de portion Canonique sur ceux qui prennent les dixmes de sa Parroisse, en ce cas il ne puisse prendre lesdits droits de loüable Coûtume, ny les fuages, & autres tels droits extraordinaires. Ledit Edit d'Orleans article 15. a été revoqué ou temperé par l'Edit de Blois article 51.

Trois premieres anne'es) Je croy qu'il se doit entendre d'années utiles, qui est à dire trois cüeillettes & perceptions de fruits, & non pas le simple cours de trente-six mois. Car quand il est question de fruits, l'année s'entend de cüeillette, & non pas de nombre de jours. *l. fructus, vel l. divortio. §. quod in anno. ff. soluto matri*.

Ces mots Rompeiz et ronteiz, sont déduits d'une ancienne façon de parler, qui étoit au tems que l'Eglise commença à avoir le dessus pour s'attribuër & recouvrer toutes les dixmes, comme j'ay veu par aucunes chartes datées de ce tems-là, esquelles ces mots sont *de terris ruptis & rumpendis*. *Rumpere*, dont est le mot François rompre, & se rapporte au Latin *proscindere*, c'est labourer une terre pour la premiere fois, & entendoient lors des terres qui étoient rompuës depuis quelque-tems, & de celles qui seroient par aprés rompuës.

Ce qui est dit De long tems selon mon avis, se doit entendre de trente ans, & de quarante ans en cette Coûtume, & non des dix & de vingt ans. Es loix Romaines esquelles la prescription de long-tems étoit dite de dix ans entre presens, & vingt ans entre absens, les Docteurs par commune opinion ont interpreté en tous cas le long-tems, & ce qu'on dit en Latin *diu* être de dix ans. *l. si cum fideicommissa. §. Aristo. ff. qui & aquibus manu.* Mais nôtre Coûtume ne reçoit prescription moindre de trente & de quarante ans, pourquoy me semble que le long tems doit être entendu de trente ans.

Ce qui se dit en l'article 6. De memoire de culture, se doit entendre pour en faire la preuve par les anciens qui deposeront de tout leur tems, & d'avoir oüi dire à leurs predecesseurs gens anciens. *l. si arbiter. ff. de probat. l. 2. §. idem Labeo. ff. de aqua. plu. arc. & glos. in d. cap. Episcopum, de præscript. in 6.* Qui est la prescription immemoriale. La question a été traitée quelquefois, si la terre nouvellement mise en culture, qui est rompeiz ou novale, est sujette à la suite envers le Seigneur dixmeur des bœufs. Aucuns ont estimé que non, disant que le Curé est fondé à la dixme des novales, cy-dessus article 5. Mais parce que la suite se prend à cause des bœufs qui labourent, & que sans les bœufs le bled ne viendroit, ny par consequent la dixme ne se percevroit és rompeiz & novales. Il y a raison de dire que le rompeiz soit sujet à la suite, même que parce que cette suite n'a aucun respect au fonds où croissent les bleds, mais au seul hyvernage des bœuf qui ont labouré, & de fait cy dessus article premier la suite se prend en lieu franc de dixme. La question de vray est douteuse, & parce que ce droit de dixme de novale & rompeiz, se rapporte à l'ancien & premier état des dimes, auquel tems n'étoit parlé du droit de suite, avec grande raison pourroit être dit, que la dixme de rompeiz & novale n'est sujette à suite.

ARTICLE VII.

Gens lays ny d'Eglise en leurs patrimoines & seigneuries propre, ne peuvent posseder sans titre Canonique d'infeodation, ny prescrire droit de dixme. Mais s'ils ont possedé ledit droit par tems immemorial ladite infeodation est presumée, & en montrant d'icelle possession immemoriale, & alleguant icelle infeodation, ils obtiennent possessoirement & petitoirement ledit droit, tout ainsi que s'ils montroient d'icelle infeodation.

Cet article & le suivant ont été accordez selon l'opinion des Canonistes en partie : mais lesdits Canonistes disent que l'infeodation doit être mouvante de l'Eglise : toutefois en France grande partie de dixmes tenuës en fief par personnes layes, sont tenuës d'autres Seigneurs lays, & par degrez meuvent de la Couronne. Aucuns Docteurs ont tenu selon cét article, que l'infeodation Canonique peut être prouvée par la possession immemoriale. *Joan. And. in cap. cum Apostolica extrà de his quæ fiunt à Prælato sine consensu cap. Philip. Francus in cap. statuto. §. fine de decim. in 6. Alexand. Immola. consil. 6. vol. 5. decis. capell. Tholos. num. 439.* De ces infeodations de dixmes és mains de gens lays est traité *in cap. Episcopum Abbatem, in usib. feud.* Et là se dit que la prohibition de plus infeoder dixmes fut faite par Urbain Pape : C'étoit Urbain II. qui en l'an 1097. au Concile de Clermont en Auvergne, incita les Seigneurs François à cette memorable & incomparable entreprise pour la conqueste de Jerusalem, & de la Terre Sainte. Du Moulin sur le 46. article de l'ancienne Coûtume de Paris, nom. 18. dit que ce fut par Alexandre III. Pape au Concile de Latran, en l'an 1179. De fait on allegue communément l'infeodation avant le Concile de Latran, & se peut faire qu'il en ait été ordonné és deux Conciles.

Possessoirement) Soit noté icy un cas auquel la possession est requise de pareil tems pour l'instance possessoire, comme pour la proprieté ou petitoire. La raison est par le même article 7. que les lays ne peuvent posseder dixmes. La Coûtume nouvelle d'Orleans article 487. dit que la possession de dixme par personne laye deût être acquise par an & jour, en prouvant que la dixme soit bien & dûëment infeodée. Ce privilege du possessoire doit être entendu quand le droit de dixme est en debat entre l'Eglise & le lay. Car si la question est entre deux lays, il faut dire que la possession s'acquiert ou se perd par an & jour, comme en toutes autres matieres profanes, & de même le droit de proprieté comme en choses profanes.

ARTICLE VIII.

Dixmes appartenantes à gens lays ou d'Eglise, à cause de leurs patrimoines & seigneuries propres, comme dit est, peuvent être vendus & allienez, tout ainsi que les autres choses profanes, & de telles dixmes la connoissance en appartient au Seigneur haut-Justicier du lieu où ils sont assis.

Selon cét article sont les Coûtumes de Berry, des droits Prediaux article 16. & Bloi articles 63. de vray telles dixmes sont patrimoine vray laïcal, sauf quelques limitation mises cy-aprés. *Imò*, s'il y a debat entre l'Ecclesiastique & le lay pour la dixme petitoirement en Cour d'Eglise (car l'action petitoire decimale est de la Jurisdiction Ecclesiastique, pourveu que ce ne soit dixme laïcale) & au procez le lay allegue qu'il a droit de dixme infeodée, le Juge d'Eglise n'en doit connoître plus avant: car la seule allegation que c'est dixme laïcale infeodée, rend le Juge d'Eglise incompetent. Ainsi fut jugé par Arrest sur un appel comme d'abus interjetté de l'Official de Pontoise, le Lundy 18. Janvier 1551. Quant au possessoire des dixmes Ecclesiastiques, le seul Juge Royal en connoît comme du possessoire des Benefices, privativement à tous autres Juges. Les limitations de la dixme laïcale sont, que si l'Eglise acquiert telle dixme, elle reprend sa nature de dixme Ecclesiastique, & est exempte du fief, & n'y est requis amortissement par l'Ordonnance du Roy S. Louis, du mois de Mars 1262. dont il a été parlé cy-dessus en la Preface du present chapitre. Aussi qu'en telles acquisitions faites par l'Eglise, le retrait lignager n'y est reçû. Ainsi fut jugé és Arrests des Octaves de Toussaints, l'an 1267. On allegue un autre Arrest conforme, du 23. May 1556. En aucunes Seigneuries de ce païs sont droits de dixmes qui sont purs laïcaux, ayans été accordez aux Seigneurs par les sujets pour l'extinction & composition d'aucuns droits, comme est la dixme de Clamecy envers les Ducs de Nivernois, & la dixme de la Poste de Sully en Donziois, qui est la douziéme gerbe, par Charte du mois de Decembre, l'an 1330. mais esdits lieux si la dixme Ecclesiastique est dûë, elle se prend la premiere, & sur ce qui reste le Seigneur prend son droit: dont est traité, *in cap. Pastoralis, extrà de decimis*

CHAPITRE XIII.

DES VIGNES.

ARTICLE I.

L'On ne peut vendanger Vignes, étans en bannie avant l'ouverture du ban sur peine de sept sols six deniers tournois d'amende, & de confiscation de la vendange coupée au profit du Seigneur du ban: S'il n'y a privilege au contraire.

ARTICLE II.

Vergers & Jardins clos & fermez étans hors vignobles peuvent être vendangez quand il plaît au Seigneur d'iceux: & aussi les Vergers & Jardins étans en vignobles prochains, & joignans des maisons, avant l'ouverture du ban sans danger d'amende & de confiscation.

Bannie vient du mot ancien Ban, qui signifie proclamation publique, dont sont dits bans de mariage, en guerre sonner un ban; Bannissement, parce qu'on propose en public le nom de celuy qui est exilé, que les Latins appellent proscription, dont aussi est l'arriere-ban, qui proprement doit être nommé hereban, selon qu'il se trouve és Capitulaires de Charlemagne: qui est quand le Roy à cry public & en general mande tous ses Vassaux pour luy venir faire service en la guerre. Ce droit de bannie és vignes est de double utilité. L'une afin que les voisins ne fassent tort les uns aux autres quand aucuns vendangent avant que les autres soient avertis. L'autre afin que le vin du vignoble ne soit décrié, si aucuns à leurs volontez vendangeoient avant la maturité.

Vergers, Jardins) En ce païs on appelle vulgairement Jardins les vignes que l'on a proche des villes ou villages qui sont hors du vignoble, parce que souvent on les fait servir de jardinage & verger pour herbes & arbres.

ARTICLE III.

Le Seigneur Bannier a privilege de vendanger ses vignes la veille de l'ouverture du ban.

C'Est le privilege du Seigneur, afin que plus aisement il puisse recouvrer des ouvriers. En disant La veille, est signifié qu'il n'a qu'un jour de privilege, & non pas deux jours, comme aucuns se l'attribuënt.

ARTICLE IV.

LE Seigneur du Ban doit faire appeller par cry public à certain jour pardevant luy & ses Officiers & Commis, les sujets audit ban : par l'avis des comparans desquels, ou la plus grande & saine partie d'iceux, il doit faire l'ouverture du ban : & s'il ne le fait, & de ce est requis, chacun peut vendanger sans danger, s'il n'y a privilege au contraire.

CEt article s'entend si le Seigneur Bannier a Justice, & s'il n'a Justice la publication & assemblée doit être faite par autorité du Seigneur haut-Justicier du territoire : car le droit d'assembler peuple est de la haute-Justice, *suprà* au chapitre de Justice, article 7. & audit cas le Juge du Seigneur haut-Justicier doit presider, parce qu'il autorise l'assemblé, & le Seigneur Bannier qui n'a Justice doit avoir auprés de luy siege honorable, s'il y veut être.

ARTICLE V.

CEluy qui prend à faire Vignes à partie ou autrement, est tenu les tailler & adresser en saison dûë, & outre ce les faire fouïr devant le premier jour de May : biner devant la Magdelaine, & rebiner devant vendanges, si les saisons sont à ce convenables, & s'il n'a rebiné pour la cause susdite avant vendanges, il doit recurer incontinent aprés vendanges. Et si faute y a en chacune desdites façons, le preneur sera tenu aux interests du seigneur d'icelle vigne.

FOuïr vient du Latin *fodere*, comme nous tirons courrir de *currere* : Les villageois prés de Paris disent fourre, comme aucuns de *currere* disent courre. Aucuns observent par ce premier labourage de fouïr, que si la vigne est sujette à gelée, de ne remüer la terre passé la my-Avril, parce qu'ordinairement cette saison de la fin d'Avril amene des vents froids, qui en ce païs sont *etesios* & anniversaires : c'est-à-dire, qu'en cette saison ils soufflent ordinairement. Le mot *etesios* vient du Grec, & signifie ce qui avient chacun an en certaine saison, & la terre fraichement remuée attire la gelée. Ainsi le bon vigneron observera les saisons & la nature de sa vigne, comme il est observé de ne labourer la vigne quand elle est en fleur, ny quand la chaleur est extremément cuisante. Ce qui se dit biner avant la Magdelaine, est afin de faire mourir les herbes avant qu'elles soient en graine, car les abattre avec la graine, c'est multiplication d'herbes. Aussi afin que le fruit entrant en maturité ne soit suffoqué des herbes. Communément en ces quartiers on ne rebine pas, si ce n'est quand aprés avoir biné survienment des pluyes qui fassent croître les herbes, mais la commune façon est de recuret aprés vendanges, qui est une bonne façon : car la superficie de la terre maturée par le soleil est mise au pied du cep avec les fueilles de la vigne, qui lors sont tombées, & tout cela sert d'amendement à la vigne pour la nouvelle saison à venir.

CHAPITRE XIV.

DES PREZ ET REVIVRES.

ARTICLE I.

PRé en prairie regulierement est abandonné pour pasturer toutes bêtes, reservé pourceaux, depuis que le foin est entierement dehors dudit pré jusques à la Nôtre-Dame de Mars. Sinon que le pré porte revivre, auquel cas il peut être gardé jusques à la saint Martin d'hyver inclusivement. Et ledit jour passé est abandonné jusques à ladite Fête Nôtre-Dame en Mars.

ARTICLE II.

ET quant aux autres prez non étans en prairie, ils sont de garde &

défense tant qu'il y a foin ou revivre, & aprés lesdits foin & revivre levez, qui bouche il garde, c'est-à-dire, si le seigneur dudit pré le bouche, son pré est de garde & de défense : autrement non.

ARTICLE III.

EN prairie l'on ne peut de nouveau mettre pré en rivivre, sinon que le seigneur fasse une maison audit pré, & qu'il y tienne feu & lieu continuellement, & s'il se départ de la demeurance de ladite maison, le pré retourne à son premier état.

CEs trois articles sont introduits en faveur du public pour la nourriture du bétail, qui est le principal employ & commodité en ce païs : aussi est à remarquer, que la proprieté des heritages n'appartient aux particuliers sinon en tant qu'il reste aprés l'utilité publique fournie. Car avant que les proprietez des choses fussent distinctes, tout étoit public & commun. Et faut croire que les premiers Auteurs des loix qui ont reglé les peuples, pour les faire vivre en paix, étans assemblez, ont reservé au public pour demeurer en sa premiere nature, ce qui étoit necessaire pour tous ensemble : qui étoit l'un des principaux moyens d'entretenir la societé des hommes : comme sont par tout les grands chemins, & particulierement en ce païs, & est de cette condition la commodité de la nourriture du bétail. Suivant ce, il se peut dire que le seigneur d'un pré en prairie n'est pas seigneur de la pleine proprieté, mais seulement pour s'en servir selon que la Coûtume luy en a donné puissance & permission.

La Nostre Dame de Mars, La Fête de Nôtre-Dame de Mars qui est le 25. Mars est remarquée, parce que selon la reformation de l'an, faite par Jules César, avec le Conseil de Sosigenes Mathematicien, l'Equinoxe du Printemps étoit à ce jour : & au Concile de Nice premier, par l'avis de l'école d'Alexandre, l'Equinoxe du Printemps fût reconnu être le 21. de Mars, qui est le même jour remarqué par le Calendrier Gregorien, reformé par Ordonnance de Gregoire XIII. Pape en l'an 1582. & selon cette computation nous addressons aujourd'huy le jour de Pâques. Nos ancestres ont remarqué ce jour 25. Mars, ou pour l'honneur de la Fête comme en autres endroits, nôtre Coûtume remarque les Fêtes de la Nativité de saint Jean & saint Martin ; & la Purification de Nôtre-Dame, & saint Michel : ou parce que c'est le renouvellement de saison, par l'Equinoxe du Printemps. Autres Coûtumes mettent la défense des prez plûtôt. Poitou art. 196. pour les prez de regain (que nous appellons revivre) fait les prez de défense, depuis la Chandeleur jusques à la Fête saint Michel : pour les autres prez, depuis le premier Mars jusques à ce que l'herbe soit hors du pré. Berry des droits Prediaux article 6. commence au premier jour de Mars, & pour le regain finit au 15. Octobre. Orleans art. 147 & Melun art. 302. disent depuis la Fête Nôtre-Dame de Mars jusques à la Fête saint Remy : Orleans ajoûte, ou jusques à ce que l'herbe soit hors du pré. Sens art. 149. & Auxerre art 263. disent depuis la my-Mars jusques à la saint Remy. Bourbonnois art. 525. dit depuis la Nôtre-Dame de Mars jusques à la faux, c'est-à-dire, fauchaison, & si le pré est de revivre, jusques à la saint Martin. Touraine art. 202. commence au 8. Mars. Blois art. 223. jusques à la faux, & si le pré est de regain jusques à la Fête de Toussaints. La diversité procéde, ou de la diversité des regions esquelles les saisons s'avancent ou retardent, ou selon l'usage vulgaire, qui toûjours n'est pas sujet à raison de proportion. Revivre & regain, c'est la seconde herbe qui revient aprés la premiere fauchée.

Ce qui est dit des porcs, est parce que leur naturel est de fouger & remuer la terre avec le groin. Ce qui renverse les racines des herbes, & rend le seul du pré inegal & malaisé à faucher.

De garde et deffense, C'est à-dire la Coûtume les fait être de garde & défense, quoy qu'ils ne soient clos ny bouchez, & si les bêtes y sont prises faisant dommage, l'amende y est avec reparation du dommage.

Qui bouche il garde, Cela est general à l'égard de tous heritages pour le tems qu'ils ne sont de garde & defense par la Coûtume, hormis des prez en prairie que l'on ne peut boucher aprés la premiere herbe levée.

Ce qui est dit au 3. article emporte tant de difficulté, que vray-semblablement peu de personnes seront invitez de mettre un pré en revivre à cette charge, même parce qu'ordinairement les prez ne sont pas en assiete propre pour bâtir & y demeurer. Ainsi la liberté du pâcage est moins restrainte.

ARTICLE IV.

ON ne peut charroyer par prez en saison que ce soit, sinon pour en lever le foin : & qui fait le contraire durant le tems de la garde d'iceux, il est amendable envers Justice de soixante sols tournois, & en autre tems de vingt deniers tournois, excepté en la Prévôté de Nevers, où il y a trois sols tournois, & avec ce en tous les deux cas, on est tenu aux dommages & interests de partie, & s'entend ce que dit est, pourveu qu'esdits prez n'y ait point de grand chemin d'ancienneté.

FAut ajoûter une autre exception, si le grand chemin voisin étoit si fort enfondré & difficile que l'on ne pût y charroyer. *l. si locus. §. ult. ff. quemad. servit amitt.* Ciceron en l'Oraison *pro Cecinna* recite la loy des douze Tables, par laquelle quand le grand chemin est en mauvais état, il est loisible à chacun de mener son charroy ou cheval par tel lieu qu'il veut. Ce qui se doit entendre civilement par l'endroit le moins dommageable, *l. si cui simplicius. ff. de servitut.* Aucunes Coûtumes d'écrivent la largeur des chemins. Senlis art 272. dit que les grands chemins Royaux de Ville à Ville, doivent avoir en bois & forest quarante pieds de largeur, & en terre pleine & labourable hors forest trente pied. Touraine article 59. dit que les grands chemins doivent avoir seize pieds de large, & les chemins voisinaux huit pieds. Ce qui semble être pris de ce qui est écrit, *in l. via latitudo. ff. de servit. rust. præd.* où toutefois semble être traité des voyes dûës par forme de servitude, & là se dit que la voye où elle est droite, doit avoir huit pieds de large, & à l'endroit où il faut tourner seize pieds.

CHAPITRE XV.

DE PRISE DE BESTES.

ARTICLE I.

QUi veut tenir en garde & défense heritages accoûtumez d'être gardez, il les doit tenir clos & bouchez : autrement si bêtes y sont prises, il n'en doit recouvrer aucun dommage, sinon qu'il y ait culture ou labourage : & quant aux prez sera gardé ce qui est dit cy-dessus en leur chapitre.

L'Ancien cahier de la Coûtume met un article bien raisonnable, que nul ne doit envoyer ses bêtes pâturer sans garde : mais que les heritages assez prés & à l'entrée des Villes doivent être bouchez. De vray si on gardoit bien le bêtail les gens des champs n'employeroient pas tant de tems à boucher leurs heritages & feroient autre besogne. Ce premier article en effet emporte, que chacun doit faire garder son bêtail, parce que l'heritage selon la saison est de soy-même en garde & défense : la culture ou le tems de l'année en fait la demonstration.

Clos et bouchez, Ou par haye vive ou morte, ou fossé. Et quand il y a fossé entre deux heritages, le fossé est reputé propre à celuy du côté duquel la terre tirée du fossé a été jettée ; qui est ce qu'on dit le jet du fossé. Telle est la commune usance en ce païs, & ainsi disent les Coûtumes d'Auxerre art. 115. Berry des Servitudes réelles art. 14. Orleans art. 252. Reims art 369. Mais la haye vive entre le pré & la terre est presumée être du pré. Berry des droits Prediaux art. 22. La raison est parce que le pré a plus de tems à faire de boucheure que la terre : par la même raison la haye entre la vigne & la terre, entre le jardin & la terre sera presumée être de la vigne & du jardin.

Recevoir aucun dommage, Faut dire recouvrer estimation du dommage.

Cette Coûtume ne parle point de pasturaux, qui sont terres destinées pour y mettre les bœufs labourcurs, depuis le Printemps, jusques à la Fête saint Martin d'hyver ; quand on les met à la crêche : mais je croy que selon le commun usage ils sont défensables pour le tems que les bœufs y sont, aussi on a accoûtumé de les tenir bouchez, afin que les bœufs ne s'égarent. Berry des droits Prédiaux article 8. les met en défense depuis le 15. de Mars jusques au 15. Juillet, qui est le tems que communément les prez sont fauchez.

ARTICLE II.

LE preneur des bêtes en faisant dommage, ou celuy qui les poursuit promptement & rencontre aprés ledit dommage ; est creu par serment de la prise & suite en montrant de sa diligence : & celuy à qui sont les bêtes est creu du dommage : sinon que le demandeur voulut faire preuve, auquel cas il sera reçû avant le serment.

ARTICLE III.

ET aussi le Sergent est creu par serment de la prise des bêtes qu'il dit avoir trouvées au dommage d'autruy, dedans les fins & limites de la Justice de laquelle il est Sergent, en declarant par luy la quantité & qualité des bêtes qu'il dit avoir prises, l'heure & le lieu de la prise, ensemble la façon & maniere du dommage, autrement à son rapport ne doit être ajoûtée foy : & encores en ce faisant comme dit est, la partie sera reçûë à montrer du contraire, en declarant par elle promptement les moyens, & aussi tel rapport ne peut servir contre celuy à qui appartiennent lesdites bêtes, qui avoit avant la prise d'icelles pouvoir du seigneur de l'heritage auquel elles ont été trouvées, de les mener ou envoyer audit heritage, & aura ledit Sergent pour son salaire de ladite prise six deniers tournois seulement, que sera tenu payer le maître desd. bêtes.

IL est donc requis que le bêtail soit pris & mené prisonnier chez le preneur jusques à vingt-quatre heures, ou au toict de Justice, laquelle prise & prison sert de témoignage. Aucunes Coûtumes, pour faire que le preneur soit creu de la prise, desirent que les bêtes soient menées à Justice, ou que le preneur ait pris gage sur le Pasteur, ou pris pleige. Bourbonnois article 522. Tours art. 203. Auxerre art. 271. Berry des droits Prediaux art. 5. Orleans art. 158. & quant au dommage disent les aucunes que le preneur est creu jusques à trois sols ou cinq sols. Poitou art. 76. dit que le Juge peut arbitrer une somme, & jusques à icelle deferer le serment. L'ancienne Coûtume de Nivernois, chapitre de prise de bêtes, dit que le maître des bête est creu du dommage jusques à cinq sols. Estre creu jusques à cinq sols, est pratiqué en cette Coûtume és chapitres des Hôteliers & des Marchands. Nos ancestres pour l'utilité publique, & pour la difficulté de la preuve ont introduit cette loy que le preneur fût creu de la prise : ce qui se doit entendre quand il est question de peu d'interest, car si on qualifioit la prise comme de garde faite, ou autre circonstance agravante, la preuve ordinaire de deux témoins y seroit requise, ou bien avec un témoin le serment suppletif ; ou bien si par simple action on agissoit pour le dommage sans qu'il y eût prise de bêtes. Et ce qui est dit que le Sergent est creu de la prise, s'entend pourveu qu'il n'y ait cause legitime de reprocher le Sergent, comme s'il y avoit inimitié, & ainsi est dit par l'Ordonnance des Forests de l'an 1516. article 73. Les preuves dont est parlé en cét article doivent être sommaires en faisant venir les témoins en jugement, & sans épices. *Authent. nisi breves. C. de sent. ex perit. recit.* Ainsi est commandé par l'Edit d'Orleans art. 57. & par l'Edit de Blois art. 153. par lequel la cause minime est arbitrée à dix livres. Assez de fois la Cour de Parlement a declaré nulles les grandes procedures faites en question de chose de peu de valeur, avec ajournement personnel contre les Juges.

ARTICLE IV.

IL est permis à un chacun prendre en son dommage toutes manieres de bêtes, & icelles garder vingt-quatre heures, & les peut rendre à partie sans peril d'amende. Mais s'il les garde plus de vingt-quatre heures, il est amendable envers Justice de soixante sols tournois.

EN ce cas aucunement est permis à chacun de se faire justice en sa cause, & pour cette garde de vingt-quatre heures, autant en dit Poitou art. 81. Berry des droits Prediaux art. 1. Orleans art. 159. Auvergne chap. 28. article 12, & 13. Toutefois celuy qui prend les bêtes d'autruy en son dommage ne les doit outrager, mais doit les traiter comme siennes propres. *l. Quintus ff. ad leg. Aquil.* L'ancienne loy des Bourguignons, titre 23. art. 5. permet à celuy qui souffre le dommage de tuër un des porcs, quand les porcs ne sont gardez. Aussi quand ce sont bêtes qui ne sont aisées à prendre, comme poules & oyes, il est loisible de les tuër, parce que la poursuite coûteroit plus qu'elles ne valent, ainsi dit du Moulin en l'Annotation sur la Coûtume de Lodunois chap. d'heritages défensables art. 5. il allegue la *l. Mediteraneæ civitates. C. de annon. & trib. lib.* 10. où il est parlé d'éviter les frais qui sont plus grands que la valeur de la chose, j'en voudrois autant dire d'une bête fuyarde & malaisée à prendre, comme un porc qui étant en un bled ou en une vigne, gâtera & foullera en fuyant plus de bled ou de vigne qu'il ne vaut, Bourbonnois art. 527. permet de tuër les bêtes faisant dommage és vignes quand on ne les peut prendre, ainsi Orleans art. 162. Auvergne chap. 28. art. 24. Tours art. 207. Blois article 222. permettent de tuër une ou deux oyes de la troupe, quand elle fait dommage és prez & bleds, mais il les faut laisser sur le lieu & ne les emporter. La loy permet de faire dommage à autruy quand autrement on ne peut sauver son bien, parce que l'intention de celuy qui fait le dommage n'est pas de nuire à autruy, mais de se garder de dommage. Ainsi est dit, *in l. quemadmodum. §. Idem Labeo & si quis fumo. §. 1. ff. ad leg. Aquil. l. 3. §. quod ait. ff. de incend. ruina, nauf.*

La prison privée est défenduë par les loix Romaines

Romaines *l.* 1. *C. de privat. carcer. inhib.* Mais nôtre Coûtume en ce cas là permet pour vingt-quatre heures.

ARTICLE V.

QUant aux prises de bêtes en garennes, bois revenans, & autres bois de garde & défense : sera gardé ce que cy-aprés est declaré au chapitre des Bois & Forests, Buissons & garennes en plusieurs articles de ce faisans mention.

CEst és articles 2. 4. 5. & 7. dudit chapitre des Bois & Forests.

ARTICLE VI.

SI pourceaux sont trouvez fougeans en étangs vuides & sont pris à bandon, il y a clameur pour le Seigneur Justicier, & cinq sols pour l'interest de partie sur chacun ayant pourceaux : & s'il y a garde faite il y a cinq sols tournois d'amende pour le Seigneur Justicier, & quinze sols tournois pour l'interest du proprietaire de l'étang sur chacun ayant pourceaux.

ABandon se doit entendre par échapée pour les raisons qui seront dites cy-aprés, article 8. Clameur c'est l'amende de vingt deniers, qui autrement est dite claim, quand il y a une plainte procedant de simple faute non qualifiée. Ce qui est de cinq sols pour l'interest de partie, n'est pas une taxe precise : mais se doit entendre que pour le moins l'interest est de cinq sols. Et si la partie qui a souffert dommage veut faire preuve de plus il y sera reçû : & ainsi doivent être entendus plusieurs articles en ce chapitre & és autres suivans. L'amende du fisque pour le public peut bien être taxée à somme certaine, mais l'interest de la partie endommagée est sujette à être arbitré selon la qualité du dommage.

Le porc fougeant en étang vuide, mange le fray & œuf du poisson qui se garde sous & avec le limon.

GARDE FAITE, CINQ SOLS TOURNOIS, Je croy qu'il y a eu erreur de celuy qui a transcrit & ne procede pas de cette nouvelle redaction, mais de l'ancienne de l'an 1490. qui au chapitre des étangs porte cette même taxe de cinq sols pour garde faite. L'amende ordinaire pratiquée en ce païs en cas de garde faite, est de soixante sols. *Infrà* en ce chapitre article 8. & des Bois article 6. & 7. Et par plusieurs Coûtumes l'amende de la garde faite est de soixante sols. Berry des droits Prediaux article 4. Tours article 203. Troyes article 171. Aussi la garde faite, implique une espece de furt, comme sera dit cy-aprés, pourquoy il y échet amende plus forte.

ARTICLE VII.

SI le seigneur de l'heritage & le maître des bêtes prises sont d'accord dedans les vingt-quatre heures & lesdites bêtes n'ayent été renduës à Justice, il n'y a point de clameur pour le Seigneur Justicier. Hormis de bêtes prises és vignes depuis la Fête saint Laurens jusques à ce qu'elles soient vendangées : auquel cas le preneur sera tenu incontinent les rendre à Justice pour être gardées, sçavoir si elles grumeront pour en faire selon qu'il est aprés declaré.

CEt article dépend de la raison du quatriéme article cy-dessus, auquel est permis de garder les bêtes prises vingt-quatre heures. La seconde partie de l'article se rapporte aux dix & onziéme cy-aprés. Durant les vingt-quatre heures la prison privée sert de prison publique. Et si durant ledit tems il y a recousse de bêtes prises & soient emmenées par le proprietaire d'icelles outre le gré du preneur, l'amende sera jugée comme de spoliation de main de Justice.

ARTICLE VIII.

AUcun ne peut mener pourceaux en pré en quelque saison que ce soit en maniere qu'ils fougent : & s'ils sont pris & trouvez à bandon, sans garde & par échapée en fougeant, l'amende est pour chacun ayans porcs de trois sols tournois : & s'ils sont pris à garde faite fougeans au tems de défense, il y a soixante sols tournois d'amende : & en autre tems y a sept sols six deniers pour le Seigneur Justicier, sans l'interest de la partie, qui est deû en tous les cas desusdits.

CEt article meriteroit d'être corrigé à la revision : car par l'article premier au chapitre des Prez cy-dessus, les prez sont de défense pour les porcs en tout tems, & ainsi disent les Coûtumes de Sens article 150.

Berry des droits Prediaux article 10. Orleans article 153. Bourbonnois article 525. Auvergne chapitre 28. art. 22. Melun art. 305. Troyes article 170. Blois article 226. La raison y est bien, car le plus grand dommage que le porc fait au pré est de fouger, renverser la terre, manger la racine des herbes, & rendre le sol inégal : & ce dommage est pareil en tant que les prez ne sont de garde pour le pâcage, comme quand ils sont de garde.

A BANDON SANS GARDE ET PAR ESCHAPE'E, Semble que mal à propos on a mis les trois pour chose pareille. Eschapée se dit quand le bêtail est gardé, & par inadvertance du pasteur ou piqué des mouches, ou par autre occasion il se retire hors de la troupe. Mais à bandon & sans garde, est quand le maître des bêtes les laisse vaguer & ne leur donne point de garde, auquel cas par raison il doit être tenu comme de garde faite ou approchant. La garde faite implique dol & furt, comme sera dit cy-aprés : Tenir son bêtail sans garde est coulpe grossiere, que les Latins disent *lata culpa*, qui est toute prochaine de dol : car le bêtail sans garde par son mouvement naturel ira en dommage, parce qu'il y a toûjours meilleur pâcage és heritages lors qu'ils sont de défense. Celuy qui a escient fait dommage, & celuy qui donne la prochaine occasion du dommage, sont tenus par la loy Aquilie. *l. qui occidit. §. in hac ff. ad leg. Aquil.* La Coûtume de Meaux article 179. punit pareillement le bandon & la garde faite, & faut dire à pareil si on ne donne point de garde, & si la garde est évidemment foible & insuffisante, comme d'une fort jeune personne, parquoy sembleroit bien raisonnable de constituër pareille peine au cas de bandon & sans garde, comme au cas de garde faite, ou tout au moins faire l'amende de la moitié de la garde faite.

La garde faite comme dit a été emporte le crime de furt : car le furt est non seulement quand aucun veut gaguer & approprier à soy le corps même de la chose d'autruy : mais aussi quand il veut faire son profit de l'usage d'icelle outre le gré du maître, *l. cum servus ff. de condict. causa data l.* 1. en la deffinition de furt *& l. qui jumenta ff. de furt.* on allegue un ancien Arrest de l'an 1273. contre les Religieux de Froimont, par lequel sont jugez *ad paria* les deux faits, quand les pasteurs tiennent & gardent leurs bêtes és taillis, & quand les pasteurs étans endormis elles y vont sans suite. Orleans art. 156. deffinit garde faite quand les bêtes sont sans garde, ou quand le pasteur est proche de l'heritage où elles font dommage, & Bourbonnois article 531. dit de même quand le pastre est proche & peut voir les bêtes en dommage. Ou quand il débouche. Sembleroit assez à propos à la revision, de faire l'amende de la garde faite en tous cas à soixante sols. Et ainsi est ordonné par les Coûtumes de Tours art. 203. Bourbonnois art. 529. Auvergne chap. 28. art. 8. & 9. Troyes art. 171.

ARTICLE IX.

QUi garde autres bêtes en prez & bleds durant le tems qu'ils sont de garde par nuit, il est amendable arbitrairement. Si c'est par jour il y à soixante sols tournois d'amende : & si c'est d'échapée ou à bandon, il y a vingt deniers tournois d'amende : & en tous lesdits cas est deû l'interest de partie. Sauf és Prévôtez de Nevers, Marzy & les Amognes, où il y a trois sols tournois.

LE furt ou autre délit commis par nuit est plus grief, de fait les loix anciennes Romaines permettoient de tuër le larron de nuit en le témoignant avec clameur : & étoit aussi permis de tuër le larron de jour s'il se défendoit avec armes *l. 4. ff. ad leg. Aquil.* Celuy est moins puny qui delinque ouvertement, que celuy qui forfait clandestinement *l. ult. ff. de ritu. nupt.* Par la Coûtume de Bourbonnois article 529. & Auvergne chap. 28. art. 8. & 9. la peine de confiscation des bêtes est ordonnée quand elles sont gardées de nuit.

LES AMOGNES, C'est un territoire de sept ou huit Parroisses, dont les Moines de Cluny sont ou disent être Curez primitifs, ou Patrons & grands dixmeurs, comme Montigny & Oroüer, de S. Sauveur de Nevers, S. Jean de Lichy, de S. Esthienne de Nevers, S. Sulpice de la Charité, S. Pere à ville du Prieuré de Lurcy. Et sera noté qu'en tout l'Ordre de Cluny il n'y a qu'un Abbé qui se dit Abbé du Monastere & Ordre, & que de quelque Monastere que ce soit le Religieux se dit Moine de Cluny, & nul audit Ordre ne reçoit des professions sinon l'Abbé ou celuy qui est commis par luy. Les anciens villageois de ce païs appelloient les Moines *Mognes*, & les Parroisses des Moines, *das Mognes*, dont est venu le mot *Amognes*.

La queuë de cét article qui parle de trois sols, se doit entendre seulement au cas susdit de l'amende de vingt deniers.

ARTICLE X.

SI aucunes bêtes sont prises és vignes depuis la Nôtre-Dame de Mars, jusques à la saint Laurens & renduës à Justice, chacun ayant bêtes prises sera amendable de vingt sols tournois au Seigneur Justicier, & payera les interests de partie : & si lesdites bêtes sont prises depuis la saint

Laurent jusques en vendanges inclusivement, l'on les doit garder separément & distinctement l'une de l'autre par vingt-quatre heures : & si elles grument dedans ledit tems, c'est-à-dire, qu'il apparoisse par la fiente qu'elles ayent mangé raisins, lesdites bêtes sont confisquées à la Justice, & celuy à qui sont les bêtes paye le dommage de partie : & sur ladite confiscation le Prévôt prendra son amende de soixante sols tournois.

ARTICLE XI.

ET où lesdites bêtes ne grument, celuy à qui elles appartiennent est amendable envers Justice de trente sols tournois, & tenu au dommage de la partie.

ARTICLE XII.

SI depuis vendanges jusques à la Nôtre-Dame de Mars, bêtes sont prises és vignes, les maîtres d'icelles chacune prise sont amendables envers Justice de trois sols tournois, & tenus au dommage de partie, comme-dessus.

SElon ces articles, les vignes sont deffensables en tout tems. Ainsi disent Poitou article 194. Berry des droits Prediaux article 9. Bourbonnois art. 526. Melun art. 306. le dommage que les bêtes font és vignes depuis qu'elles commencent d'entrer en maturité, en peu de tems est grandement grand : pourquoy il a été besoin d'y appliquer la peine plus rigoureuse de confiscation. Pour cette même raison il y a confiscation de bêtes broutans qui sont prises és taillis au tems de défense, à cause de l'énorme dommage, par l'Ordonnance de Eaux & Forests de l'an 1518. article 14. & par l'article final il est dit, que les Seigneurs peuvent s'ayder des peine contenuës audit article, parce que l'article ne parle que des Forests du Roy. En cét article est une exception de la regle de droit, qui dit, quand la bête a fait dommage, qu'on est quitte en baillant la bête pour le dommage. La raison de l'exception est qu'il y a coulpe procedante de celuy à qui est la bête, qui en tems de peril n'est pas soigneux de bien garder. Cette coulpe fait que precisement & sans déport il est tenu de dommage & de l'amende, *cap. ult extrà de injur. l. 1. §. quod si propter. ff. si quadrupes pauper.* Combien qu'il y ait confiscation de la bête, toutefois si celuy qui a souffert le dommage veut être payé de sondit dommage sur le prix de la bête confisqué, il sera preferé au Seigneur Justicier, qui prendra son recours sur le proprietaire de la bête. Par la regle de droit *pœnis fiscalibus creditores antiferri l. in summa l. quod placuit. ff. de jure fisci.* Sera noté que les bêtes peuvent faire dommage en tout tems aux vignes, soit en rompant les ceps de vigne, ou les paisseaux, ou en broutant le plant même de la vigne blanche, qui est plus tendre. Telles loix rigoureuses contre les bêtes prises és vignes sont entre les loix des Bourguignons, faites & autorisées par le Roy Gontran és Additamens, chap. 2. article 1. Et au titre 20. art. 1. où il est permis de tuër les bêtes.

ARTICLE XIII.

LA Justice peut prendre ou faire prendre bêtes en dommage d'autruy, & pour la prise est deû un claim à la Justice, qui est de vingt deniers : sinon en la Prévôté de Nevers, Marzy & les Amognes, où il y a trois sols tournois

C'Est interest public, que les fruits servans à la vie de l'homme soient conservez, & que nul n'use mal de son bien.

CHAPITRE XVI.

DES EAUX, RIVIERES ET ESTANGS.

ARTICLE I.

ON ne peut tenir riviere en garenne, & défense s'il n'y en a titre ou prescription suffisante.

GArenne ancien langage François s'appelle tout heritage qui de soy est de garde & défense en tout tems, soit riviere comme en cét article, soit bois de haute Fustaye, soit broussailles avec clapiers à connils, comme au chapitre des Bois cy-aprés. Par l'Ordonnance du Roy Jean 1355. article 4. tous accroissemens des garennes anciennes, & tous établissemens de garennes nouvelles sont mis au neant, & là se dit la raison, parce que cela empêche les labourages. Rivieres navigables ne peuvent être aucunement en garenne, parce qu'elles sont de droit vray public. Les petites rivieres non navigables qui ont leur cours perpetuel sont reputées publiques selon le droit Romain, *l. 1. §. fluminum. ff. de fluminib.* Mais en France les Seigneurs les tiennent pour la plûspart en proprieté domaniale. Les eaux mortes qu'on appelle en ce païs gours, ou crots, ou lacs qui aboutissent aux grandes rivieres, & esquelles lesdites rivieres entrent quand elles sont débordées, peuvent être domaniales *etiam* selon le droit Romain, parce qu'ils ne servent à la navigation dont est parlé, *in l. ult. ff. de usucap. l. si quisquam. ff. de divers. & tempor. præscrip.*

Les Rois ont fait aucunes loix qui sont particulieres pour la riviere de Loire, & autres fleuves navigables descendans en icelle; à sçavoir, que les Marchands frequentans icelle pour la navigation peuvent avoir bourse commune, Corps & College pour les affaires commune d'icelle navigation: & sont les causes d'icelle navigation commises au Parlement de Paris, au préjudice des autres Parlemens. Par l'Ordonnance du Roy Louïs XII. de l'an 1499. article 141. peuvent être établis nouveaux peages sur ladite riviere; & ceux qui ne sont de possession immemoriale sont abolis par Edits du 20. Mars 1547. verifié en Parlement le 20. Decembre 1548. & du 9. Octobre 1570. verifié en Parlement le 14. Decembre ensuivant. Les Seigneurs peagers doivent tenir les rivieres nettes pour la navigation. Arrest par *dictum* du 27. Juillet 1555. & ainsi le decide Carolus Ruinus *consil. 116. nu. 17. vol. 4.* Par le même Edit du 20. Mars est défendu de tenir éclùses, paux, roallis, ou faire autre œuvres en ladite riviere, à ce que la navigation soit libre. La verification dudit Edit porte que les Moulins à bâteau qui sont sur ladite riviere, seroient mis cul à cul autre part qu'au plus profond d'icelle riviere. Lequel plus profond & de droit fil en largeur de huit toises, sera laissé libre pour la navigation. La riviere de Loire peut être dite la principale riviere de France, tant parce qu'elle a huit vingt lieuës de navigation: nulle autre riviere n'a la navigation si longue presque à moitié prés: comme aussi parce qu'elle fluë par le milieu de la France, la separant en deux portions presque égales.

ARTICLE II.

L'On ne peut avoir usage en riviere bannale d'autruy, ny droit petitoire ou possessoire par quelque laps de tems qu'on en ait joüi sans avoir titre ou payé redevance.

LA raison est, parce que l'exercice de telles possessions & usurpations, a accoûtumé d'être clandestin, pourquoy la loy Romaine y requiert la science de celuy contre lequel on peut prescrire ou acquerir possession. *l. quamvis saltus. ff. de adq. vel omitt. poss. & not. in l. 2. C. de servit. & aqua.* Aussi les Docteurs par decision commune disent que les servitudes dont l'exercice n'est pas continuel, ne peuvent être prescrites sinon par tems immemorial. *l. hoc jure. §. ductus aquæ. ff. de aqua quotid. & æstiva.* Nôtre Coûtume ne se contente pas de la simple science, mais requiert titre ou payement de redevance: Toutefois je croy que la joüissance de trente ans aprés contradiction vaudroit titre, car par le moyen de la contradiction, la possession de liberté est intervertie, & la possession de servitude d'usage est acquise, comme il a été dit cy-dessus des Servitudes réelles art. 2.

ARTICLE III.

SI aucun pêche en eaux ou rivieres bannales sans le congé du Seigneur ou de son Fermier, il y a amende arbitraire, avec restitution du poisson pour chacune fois : & outre s'il est trouvé & pris en present mesfait avec ses filiers & harnois, il y a confiscation de nasselles, filiers & harnois, outre ladite amende : & s'il y est trouvé outre la troisiéme fois, il est puny comme de furt : & en tous cas sera condamné aux dommages & interests de partie : & s'il est trouvé pêchant de nuit au feu, ou en étangs, fossez, fosses, crots en heritages d'autruy défendus, s'il n'y a convention au contraire, il sera puny comme de furt : & quant à ceux qui mettent chaux & autres appasts, ils seront punis selon droit, les Ordonnances du Roy, & ainsi qu'il appartiendra.

C'Est grace de la Coûtume que cette usurpation de pêcher en riviere domaniale d'autruy n'est reputée furt, sinon avec les circonstances declarées en cét article : mais il est à croire que la grace procede de la commemoration de l'ancien droit, par lequel toutes rivieres ayans flux perpetuel sont reputées publiques. Aussi l'ignorance du droit de bannalité *etiam* que ce fût ignorance de droit commun, qui ne soit ignorance grossiere, excuse de dol. *l. sed et si. §. scire. ff. de petit. hæred.* or le furt ne peut être commis sans dol.

En present mesfait, Ainsi par les loix Romaines le furt manifeste (qui est quand le larron est surpris) étoit plus puny, sçavoir au quadruple, & le simple furt couvert au double.

L'Ordonnance de l'an 1516. art. 89. défend de pêcher de nuit à quelque engin que ce soit és grandes rivieres publiques, depuis la my-Mars jusques à la my-May, parce que le poisson fraye audit tems, & par ladite Ordonnance, & par celle du Roy Philippes le Bel, est ordonné de quel moule doivent être les filiers & engins à pêcher.

Peschant de nuit au feu ou en estangs, Pêcher de nuit au feu dépeuple malément les rivieres, pourquoy le fait n'a excuse. Et pêcher és étangs & fossez n'a aussi excuse, parce que telles eaux n'ont aucune apparence d'être publiques. La Coûtume de Vitry article cent vingt-un dit de même, que c'est furt de pêcher en fossez ou étangs d'autruy.

ARTICLE IV.

LE haut-Justicier peut édifier de nouvel un étang en sa Justice, & dilater son eau sur les heritages assis en sadite Justice, pourveu que la chaussée soit en son fonds & en sadite Justice, en recompensant préalablement, & avant que poser la bonde, ceux à qui appartiennent les heritages qui seroient innondez, d'autres heritages à l'équipollent de semblable qualité & valeur au dit de trois preud'hommes dont les parties conviendront.

ARTICLE V.

IL est loisible à un chacun faire étang en son heritage, & y asseoir bonde ou pilon, pourveu qu'il n'entreprenne sur le chemin & sur le droit d'autruy.

CE qui est dit au 4. article est en faveur de l'utilité publique, parce que plus du tiers de l'an est de jours maigres qu'on ne mange point de chair, & sur trois cens soixante-cinq jours, il y a cent quarante & six jours maigres. Ainsi en quelques autres cas pour l'utilité publique, le bien propre aux particuliers est pris. *l. Lucius. ff. de evict. l. item si verberarum. §. item si fortè. ff. de rei vend. l. si locus. §. cum via. ff. quemad. servit. amitt.* où la glose parle de la recompense, disant que selon la Coûtume elle ne se fait, mais icy l'utilité de l'étang regarde principalement le Seigneur Justicier : & en ladite loy *si locus* est question de l'utilité publique tout purement. La Coûtume de Tours art. 37. en dit autant que nôtre article, & donne pareil droit à celuy qui tient un territoire en fief, quoy qu'il n'ait que basse Justice, & excepte si en l'espace inondé il y avoit maison ou fief. Soit veu Guido Pape *decis. 91.*

CHAPITRE XVII.

DES BOIS ET FORESTS.

ARTICLE I.

BOis sont reputez & presumez garennes quand ils ont clapiers, fossez d'ancienneté, ou ancienne dénomination de garenne.

ARTICLE II.

BOis, buissons & chaume de garenne, sont de garde & défense en toutes saisons de l'an, & n'est permis à aucun d'y mener ou envoyer pâcager, ou autrement en user à jour de l'an que ce soit, sans l'exprés consentement du Seigneur : & qui fait le contraire à garde faite, soit de jour ou de nuit, il est amendable de soixante sols tournois envers le Seigneur Justicier, & envers le Seigneur foncier en deux sols tournois pour chacune bête : & si lesdites bêtes sont prises à bandon en ladite garenne sans garde faite, chacun ayant bêtes doit au Seigneur Justicier vingt deniers pour la clameur, & au Seigneur foncier son dommage, tel qu'il sera estimé : Sauf en la Prévôté de Nevers, où il y a trois sols pour le Seigneur Justicier.

IL a été parlé cy-dessus au chapitre prochain, article premier des heritages en garenne. En cét article sont mises les marques *de bois en garenne*. Clapiers sont les repaires des Connils pour les nourrir & multiplier. *Fossez d'Ancienneté*, s'entend tout à l'entour, & ainsi dit l'ancien cahier : & autant se doit dire si tout à l'entour le bois est clos de haye vive, qui est meilleure marque de closture que le fossé. Ce qui est dit en ce premier article d'ANCIENNETE' doit être entendu de tems excedant la memoire des hommes, ou de cent ans, parce que le préjudice n'est pas à un seul voisin, mais à tous, à cause du pâcage & labourage, même le pâcage en tems de vaine pâture, & parce que le droit commun resiste à tel droit de garennes, comme étant contre la liberté du peuple, ainsi qu'il est dit en l'Ordonnance cy devant alleguée de l'an 1355. & quand le droit commun resiste, & est contraire à une prétension de droit, la possession immemoriale est requise pour la prescription, *cap. 1. de præscript. in 6. l. præscriptio. C. de operib. publ.* Cette ancienneté se peut prouver par anciens titres, quoy qu'il soient avec paroles énonciatives, & non dispositives, & en tels faits antiques les preuves vray semblables suffisent, & ne sont icelles preuves examinées avec rigueur. *Doct. in cap. cum causam. per eum textum. ex. de probat. & in l. cum aliquis. C. de jure delib.* Selon ce premier article disent Poitou art. 198. Berry des droits Prediaux art. 14. Auvergne chap. 28. art. 22. Troyes art. 178. Poitou ajoûte que la garenne est de défense, tant pour la chasse que pour le pâcage, ce qui doit être tenu en general.

ARTICLE III.

AUdit païs sont autres bois appellez de garde, qui ne sont clos ny fossoyez, & portent paisson, & ont accoûtumé être vendus par le Seigneur.

ARTICLE IV.

ESdits bois de garde, ceux de la Justice où lesdits bois sont assis, & autres qui ont droit de pâturage & pâcage, peuvent envoyer pâturer leurs bêtes de toutes manieres en toutes saisons de l'an, sans peril d'amende, sinon depuis la closture desdits bois jusques à l'ouverture d'iceux, auquel tems lesdits bois sont de garde & défense.

ARTICLE V.

LE tems de la closture commence le jour & Fête de saint Michel, & dure jusques à la Purification de Nôtre-Dame : sauf en aucuns lieux où l'ouverture & closture desdits bois a accoûtumé d'être plus avancée ou retardée.

LEs bois dont il est parlé en ces articles sont bois de haute Fustaye. Blois article 78. dit que le bois est reputé de haute Fustaye quand on a demeuré trente ans sans le couper. Sens article 153. dit que haute Fustaye est bois bon & propre à maisonner, qui est en lieu où il n'est memoire de culture. Nôtre Coûtume *infrà* article 8. semble desirer qu'il y ait vingt ans qu'il n'ait été coupé, & que le proprietaire ait fait sçavoir qu'il le veut faire bois de garde. Ce qui est dit au troisiéme article des bois qui ont accoûtumé d'être vendus, s'entend que la glandée & paisson a accoûtumé d'être venduë, & le principal profit qu'on en tire est de la paisson au tems de la closture & défense.

En toutes saisons de l'an, sinon depuis la closture, C'est comme en vaine pâture qui est un droit de pure faculté & non pas droit de servitude, comme il a été dit ailleurs. Si ce n'étoit que les sujets ou voisins payassent une redevance qui eût sa destination speciale pour tel pâcage, comme il a été dit cy-dessus chapitre des Servitudes réelles, article 26. Pourquoy si le Seigneur foncier du bois de haute Fustaye veut tenir son bois en défense pour juste cause, je croy qu'aprés avoir fait sa declaration en Justice & l'avoir fait autoriser par Justice, & publier au Prône de la Parroisse & détroits de l'assiete du bois, que le bois seroit de défense & garde en tout tems *etiam* hors le tems de closture. La juste cause peut être pour repeupler le bois & le renouveller, car le gland & la faisne qui en tems de glandée paisson tombent des arbres en terre, sont enterrez en partie par les porcs qui fougent en hyver, & au tems nouveau amenent revenuë de jeunes chênes ou faux, & si le bêtail y va pâturer en l'année suivante, il broute ce jeune revenu tendre, qui est perdre l'esperance du repeuplement.

Le iour et Feste de saint Michel, Qui est le 29. Septembre. Mais si la saison s'est avancée pour la maturité des fruits hors le tems accoûtumé, le Seigneur foncier pourra faire son bois de défense avant ledit jour aprés sommaire connoissance de cause sur la maturité du gland, & faire autoriser la défense par Justice, & publier és lieux accoûtumez à faire publication. Car ce qui survient de nouvel outre la maniere accoûtumée desire nouveau remede. Les autres Coûtumes limitent autrement le tems de défense. Les unes depuis saint Michel jusques à la saint André : Sens article 151. Auxerre article 269. Troyes article 175. Bourgogne article 122. Mais Berry des droits Prediaux article 12. dit depuis la my-Aoust jusques à Pâques, & Poitou article 197. dit dés que le gland commence à tomber. Orleans article 154. parle plus amplement pour le profit des Seigneurs fonciers, disant qu'il n'est loisible de mener bêtes és bois & forests en quelque tems que ce soit, si on n'a droit d'usage. Et il y raison pour la cause susdite, que le gland ou faisne tombant en terre produit du jeune bois qui peut être brouté par les bêtes. Bien dit ladite Coûtume d'Orleans, qu'és écreuës qui sont bois nouvellement venus és terres labourables, la défense est seulement depuis la Fête S. Remy jusques au premier jour de Janvier.

ARTICLE VI.

SI aucunes bêtes sont prises esdits bois pendant le tems de paisson, garde & défense par jour ou nuit, à garde faite, les maîtres desdites bêtes sont amendables envers le Seigneur Justicier de soixante sols tournois, & envers partie de douze deniers tournois pour chacune bête, & si lesdites bêtes y sont prises par échapée ou à bandon, chacun maître desdites bêtes sera amendable envers le Seigneur Justicier de vingt deniers tournois pour chacune prise & pour tect : & en la Prévôté de Nevers de trois sols tournois, au cas qu'elles seront renduës à Justice, & non autrement : & le seigneur foncier aura pour chacune bête six deniers tournois pour son interest & dommage.

LA garde faite de nuit deût être punie à plus grande rigueur, car le délit est plus grand, & semble être fort sans excuse. En ce cas faut prendre pour garde faite si le pasteur approche ses bêtes du bois, & les bêtes par leur mouvement naturel vont au bois : comme il se dit de celuy qui a commandement sur une personne, s'il sçait que la personne sujette fasse dommage & il ne l'empêche, il est reputé l'avoir voulu & l'avoir commandé. *l. Scientiam. ff. ad leg. Aquil. l. in omnibus. ff. de noxal. act.* Ce qui se dit de 12. deniers & 6. deniers pour le dommage, s'entend si la partie veut s'en contenter, car s'il veut prouver le dommage être plus grand, il y sera reçû, mais il fera sa preuve sommairement. Peut être icy repeté ce qui a été dit cy-dessus, chapitre de Prise de Bêtes article 8. de la difference qui est de prise de bêtes à abandon, & par échapée, ce qui est mal distingué en cette Coûtume.

ARTICLE VII.

EN bois de coupe & de venduë, aucun ne peut mener ou envoyer ses bêtes broutans pâturer ne pâcager, quelque usage qu'il ait jusques à quatre ans aprés la coupe : & s'il fait le contraire chacun ayant bêtes prises à garde faite, soit par jour ou nuit, est amendable envers le Seigneur Justicier de soixante sols tournois : & pour échapée ou bandon, de sept sols six deniers tournois, sauf en la Prévôté de Nevers, où il n'y a que trois sols tournois : & envers le Seigneur foncier chacun desdits maîtres en ses interests & dommages.

LEs autres Coûtumes ne sont pas d'accord de même-tems, Les unes font la défense de cinq ans. Troyes article 179. Vitry art. 118. Autres disent trois ans & un mois de May, comme Berry des droits Prediaux art. 12. Bourbonnois article 524. Auvergne chap. 28. art. 23. dit simplement trois ans. Mais Sens article 148. & Auxerre article 262. tirent les défenses jusques à ce que le bois ait été declaré défensable par Jugement. Poitou article 196. fait les taillis défensables pour les chevres jusques à cinq ans. La raison peut être, parce que les chevres se dressent pour brouter, & pour autres bêtes jusques à quatre ans. Troyes art. 179. les fait défensables pour les chevres en tout tems. Bourgogne art. 121. dit la défense durant quatre ans. Et si le bois par sa constitution naturelle ne revient pas si tôt, qu'il soit de défense à quatre ans, le Seigneur avec sommaire connoissance de cause, peut le faire de défense plus long-tems. Bourbonnois article 528. fait les planssons défensables jusques à quatre ans, de chevres, moutons, asnes & autres bêtes. Par l'Ordonnance des Eaux & Forests de l'an 1518. art. 14. la confiscation est ordonnée des bêtes broutans qui sont prises és taillis en tems de défense. Ce qui est pour les Forests du Roy : mais par l'article 30. de la même Ordonnance, il est permis aux Seigneurs particuliers de s'aider dudit article en leurs bois.

Soit noté quand la coupe d'un bois, soit de haute Fustaye, ou d'autre sorte est venduë, que le gland qui tombe de l'arbre avant la coupe appartient au Seigneur du fonds. Si le gland est encores sur l'arbre lors qu'il est coupé, il appartient à l'acheteur de la coupe. *l. penult. §. Sylva. ff. de contrah. empt.* Et est appellé bois de coupe, non seulement, si d'ancienneté il a été destiné pour être coupé afin de revenir, mais aussi s'il est tel, qu'étant coupé il puisse jetter revenuë. *l. Sylva. ff. de verb. signif.* Car selon que le fonds est bon, le bois de haute Fustaye coupé revient bien. La Forest du Comté d'Eu en Normandie est de haute Fustaye, & maintenant est en coupe ordinaire, selon qu'elle a été autrefois départie par arpents, & le bois coupé revient. En sorte que quand la coupe est au bout de la forest, le commencement d'icelle se trouve prest à couper. Les regles vulgaires des coupes, sont de couper au plus prés de terre qu'on peut, de couper en saison dûë, car la coupe depuis la my-May jusques à la my-Aoust, fait mourir ou endommage grandement les arbres. Or ce qui est accoûtumé, & est de ménage ordinaire, doit être entendu, tout ainsi que si par exprés il avoit été stipulé. *l. quod si nolit. §. quià assidua. ff. de Ædil Edicto. & arg. l. si prius. §. 1. ff. de aqua plu. arc.* Item, doit être entendu de laisser les balliveaux ou étallons jusques à huit ou dix pour arpent. Ordonnance de l'an 1516. art. 37. Et par l'Ordonnance du Roy Henry II. du mois de Février 1554. article 32. qui remet à huit balliveaux, quant aux bois des Seigneurs particuliers, & défend de couper les anciens balliveaux qu'ils n'ayent quarante ans, sinon que le proprietaire en eût necessairement à faire pour son usage, & sans qu'il les puisse vendre. Aussi le marchand acheteur doit clorre ou faire garder les endroits des ventes par luy coupées, à ce que les revenuës demeurent sauves, & ne soient endommagées par le bêtail broutant. Par ladite Ordonnance de l'an 1516. art. 31.

ARTICLE VIII.

SI le seigneur proprietaire d'un bois coupé le veut tenir en sa garde & défense pour l'exploiter, vendre le gland & paisson d'iceluy, il le pourra faire aprés vingt ans passez, à compter du tems de la coupe d'iceluy, en le notifiant & faisant à sçavoir par cry public & affiches aux lieux accoûtumez de la Justice où lesdits bois sont assis, à tous ceux qui ont accoûtumé d'y avoir vaine pâture, à ce qu'ils se gardent de plus mener ou envoyer leurs bêtes pâturer en la saison de paisson, garde & défense.

CEt article doit être entendu *quo magis non quo minus*. Car selon la regle commune chacun peut faire de son heritage ainsi qu'il veut, *imò* les loix octroyent l'action d'injure contre celuy qui empêche le proprietaire de joüir & user de sa chose ainsi qu'il veut

veut, *l. qui pendentem. ff. de actionibus empti.* Sinon és cas esquels la Coûtume expressément dispose au contraire, comme cy-dessus des prez en prairie. Mêmement quand les voisins n'ont autre droit en l'heritage que de vaine pâture, ce n'est pas proprement droit mais faculté : de tant que la vaine pâture n'est pas attribuée sur aucuns heritages en particulier, & le Seigneur qui prend la Blairie n'est pas tenu de fournir aucun heritage, mais les sujets prennent à l'avanture le fruit de la vaine pâture és endroits où elle se rencontre. Autrement seroit si par concession expresse & sous charge de redevance aucun avoit l'usage de pâcage en certain lieu. Toutefois si aucun sans occasion considerable de profit particulier vouloit tenir son heritage en défense sans le clorre & boucher, au tems que par la Coûtume il n'est pas de défense, comme terres labourables aprés qu'elles sont dépoüillées, je croy que pour la declaration & proclamation qu'il feroit, l'heritage ne seroit de défense en tems de vaine pâture s'il n'étoit clos, *ut suprà* des Prez article 2. qui bouche il garde. Même parce que nul n'est reçû à faire au sien ce qui ne luy profite & nuit à autruy. *l. 1. §. denique Marcellus, juncta glos. ff. de aqua plu. arcenda.*

ARTICLE IX.

POur venir ou aller, mener ou envoyer bêtes : couper, prendre bois, ny autrement exploiter en bois & buissons d'autruy, aucun n'acquiert en iceux droit petitoire ou possessoire de servitude ou usage, s'il n'y a titre ou possession avec payement de redevance au profit du seigneur proprietaire : laquelle possession avec ledit payement servira au possessoire : Mais quant au petitoire avec ledit payement, est requis prescription suffisante.

ARTICLE X.

TOutesfois joüissance dudit droit de servitude, ou usage par tems immemorial, *etiam* sans titre ou payement de redevance, équipolle à titre, & vaut possessoire & petitoire.

LA Coûtume de Bourgogne article 120. & Vitry art. 119. en disent autant, mais Vitry met alternativement joüissance de trente ans avec payement de redevance, ou simple joüissance de quarante ans. La raison de ce 9. article est, que tels actes de joüissance communément sont clandestins, en tant que l'on ne repaire pas ordinairement és bois : pourquoy la loy Romaine a requis la science de celuy contre lequel on veut prescrire. *l. quamvis saltus. ff. de adquir. vel omitt. poss.* La même loy Romaine appelle l'acte clandestin qui se fait en absence, & pour se cacher de celuy que l'on a occasion de penser qu'il empêcheroit tel acte. *l. 3. §. clam. ff. quod vi aut clam.* Toutes possessions clandestines ne valent à l'effet de l'acte possessoire *retinenda*, *l. 1. in fine. ff. uti possid.* ny par consequent pour la prescription : nôtre Coûtume outre la science, desire payement de redevance, pour de plus éviter la clandestinité, & remarquer la vraye science.

Payement de redevance, Qui est fait au Seigneur, ou à son receveur comptable qui en ait compté, à ce qu'il se puisse dire que par le moyen du compte le Seigneur l'a sçû ou peu sçavoir : car la verisimilitude & presomption d'avoir sçû, est suffisante pour prouver la science. *l. ult. ff. quis ordo in bon. poss. servet. & not. glo. in cap. quià diversitatem ex. de concess. prab.* Mais si le payement avoit été fait à un accenseur, qui toûjours a la main ouverte pour recevoir, & n'a pas grand interest aux droits fonciers du Seigneur : le fait ou negligence de tel accenseur ne pourroit nuire au Seigneur pour la possession ny pour la prescription. *l. ult. C. de adquir. vel omitt. poss.* car la possession pour le possessoire, & pour la prescription, symbolisent & sont de même nature. *l. quacumque §. 1. ff. de publicana in rem act.*

Couper prendre bois, C'est délit, dont procede l'action du droit Romain *arborum furtim casarum*, & ne seroit pas raison que telle possession criminelle & vitieuse produisît action & attribuât aucun droit, selon la regle du droit Canonique, qui dit que les pechez sont plus griefs esquels on a plus longtems continué, *cap. quantò ex. de consuet.* Par l'Ordonnance des Eaux & Forests de l'an 1518. article 25. sont arbitrées les peines du bois d'autruy mal pris : ledit article parle des Forests du Roy : mais par l'article 30. est permis aux Seigneurs de s'aider dudit article 30.

Tems immemorial, pour prouver la possession immemoriale à l'effet de prescription, il ne suffit pas d'articuler un exercice de possession tout nud, mais est besoin d'articuler quelques actes apparens pour faire connoître que le possesseur ait joüi *pro suo & opinione Domini* : c'est-à dire, par telle maniere de joüissance, qu'il ait donné occasion de croire qu'il joüissoit comme Seigneur proprietaire : car l'origine & premiere cause de joüissance est censée se constituer. *l. cum nemo. C. de adq. vel retin. poss.* pourquoy si la premiere joüissance a été clandestine ou furtive, elle seroit presumée avoir continué en cét état. Et combien qu'aucuns Docteurs disent qu'en la possession immemoriale ne soit besoin de prouver la science de partie adverse, & ainsi dit Alexandre *consil. 18. vol. 5.* & allegue la *l. hoc jure. §. ductus aqua. ff. de aqua quot. & astiva.* Toutefois il semble qu'il est besoin que les actes ayent été apparens, en telle sorte que le proprietaire l'ait peu sçavoir, & à cause de lad. suspicion de clandestinité & furtivité, & parce que la premiere cause de posseder est censée être continuée. La maniere de prouver la possession immemoriale est mise *in l. si arbiter. ff. de probat. & l. 2. §. idem Labeo. 1. ff. de aqua plu. arc.* Les témoins qui en doivent déposer sont âgez pour le moins de cinquante-quatre ans d'âge, à ce qu'il puissent déposer de bonne souvenance de quarante ans, en presuposant que le témoin eût pour le moins l'age de quatorze ans, qui est la puberté, lors du commencement de la connoissance qu'il a eu de l'affaire. Ainsi est decidé *per Stepha. Bertrandi consil. 167. vol. 3. & allegat Geminianum in cap. 1. de præscript. in Sexto.*

La question est si la possession exercée en un article est valable pour servir és autres articles semblables, qui tous dépendent d'un droit universel composé de plusieurs articles particuliers: surquoy les Docteurs distinguent si l'adversaire contre lequel on veut prescrire, à son intention fondée sur le droit commun, celuy qui possede ou prescrit en un article, n'acquiert rien sur l'autre article, *cap. cum auditis. cap. cum olim, extra, de præscript.* Mais si l'adversaire n'a pas son intention fondée sur le droit commun, celuy qui a exercé un acte est censé avoir prescrit en tous les articles compris sous le droit universel, *cap. 1. & ibi Panor. ex de religios. domib.* où l'on allegue une theorique, que quand le droit commun resiste, chacun prescrit tout à l'étroit, qui est ce que dit le brocard *tantum præscriptum quantum possessum.* Voyez la decis. 323. *capellæ Tholos.*

ARTICLE XI.

Usage des bois regulierement est tel que l'usager peut prendre bois mort & mort bois en son espece de bois pour se chauffer, & pour ses autres necessitez: Si ledit usage n'est amplié ou limité par titre ou prescription suffisante au contraire.

ARTICLE XII.

Mort bois est tenu & reputé bois non portant fruit: & bois mort, est bois tombé, abattu, ou sec debout, qui ne peut servir qu'à brûler.

De ces articles resulte que le droit d'usage pris, & dit simplement ne s'étend ny à bâtir ny à paisson pour les porcs: mais seulement pour prendre bois mort & mort bois, & n'est pas seulement pour chauffer, mais est ajoûté pour ses autres necessitez, comme pour boucher ses heritages. L'Ordonnance de l'an 1516. art. 46. dit que les usagers de bois à ardoir n'en peuvent user sinon selon que le bois peut porter, & selon la qualité des personnes. Et en l'article 47. dit que c'est pour ardoir, au lieu pour raison duquel ils sont usagers. Et si l'usage est concedé à une Communauté d'habitans, les ménagers de nouvel survenus ne doivent changer l'usage, & se disent nouvellement venus depuis trente ans, quant aux Seigneurs lays, & quarante ans quant aux Ecclesiastiques. Du Luc en son Recueil d'Arrests *lib. 7. tit. 7. nû. 3.* dit avoir été ainsi jugé par Arrest pour l'Abbé saint Remy de Reims, à la prononciation de Septembre 1545. A ce fait le chapitre *quanto. ex. de censib. & l. non modus. C. de servit. & aqua.* qui servent aussi pour faire juger que si l'usager devient beaucoup plus grand Seigneur, ou qu'il bâtisse une maison plus ample, son usage sera restraint à l'état premier de sa maison, & si un ménage se part en deux, chacun ménage aura son droit, sans toutefois augmenter, & sans charger davantage le bois. *l. si patrem. ff. de servit. rust. præd. & l. damni. §. si is qui vicinas. ff. de damno infecto.* Le Seigneur peut ajoûter nouveaux usagers, si le bois avec raison & bon ménage peut suffire aux uns & aux autres. *l. in concedendo. ff. de aqua plu. arc. l. Lucio. ff. de aqua quotid. & æstiva.* Led. du Luc recite au même endroit un Arrest de reglement entre le Seigneur & les usagers, & aujourd'huy tels reglemens sont souvent pratiquez quand le bois est ample, & selon le nombre des usagers on les réduit à la moitié, au tiers, ou au quart pour les usagers en usage: & le reste demeure au Seigneur libre en toute proprieté, exempt de tout usage & servitude. Ce qui peut être fondé, ou sur ce que d'ancienneté lors des concessions, les bois n'étoient en aucun compte à cause de la rareté du peuple. Ou pour éviter que la proprieté ne demeurat à jamais inutile au Seigneur proprietaire, qui est une raison considerée du droit Romain, *in §. 1. vers. ne tamen, instit. de usufructu.*

Mort bois, Par Edit du Roy François I. du 4. Octobre l'an 1533. est ordonné que la Charte aux Normans sera observée au Parlement de Paris, qui definit que mort bois est saule, marsaulle, épine, puyne, seurs, aulne, genest, genievre, & non autres. Mais par l'Ordonnance de l'an 1518. article 25. le cherme, le boulleau & le tremble sont nommez mort bois. Et toutefois avec grande raison se peut dire, que desdites trois sortes d'arbres, quoy qu'elles ne portent fruit naturel, toutefois on en tire profit d'ouvrages, comme de sabots, cercles, pieces qui sont tournées, & autres, & à cét égard se peut dire que tels arbres apportent fruit, même parce qu'étans coupez ils reviennent en peu de tems, & selon le droit de la coupe des arbres qui reviennent est compté en fruit. *l. divortio. vel l. fructus. §. si fundum. ff. soluto matri.* Pourquoy seroit assez expedient de dire que si les usagers ont autre moyen de se fournir de bois mort, ou du mort bois de la Charte Normande pour leurs necessitez, que le Seigneur peut leur défendre la coupe de cherme, bouleau & tremble. Et d'autre part aussi il est à considerer que l'usage ne doit demeurer inutile aux usagers, & afin qu'il ne soit inutile on peut étendre & amplifier outre la propre signification des mots. *l. Divus. ff. de usu & habit. l. arboribus. in verb. nec materia cum pro lignò usurum. ff. de usufr.* Il sera bien à propos d'en aviser à la revision de cette Coûtume.

Bois mort, Sera noté la modification que met l'article en ces mots, Qui ne peut servir qu'a brusler, Car si aucuns chesnes ou faux sont tombez par l'impetuosité des vents, l'usager ne prendra les troncs, mais seulement le cimeaux & petites branches. Car les troncs & ce qui est prés est bon à faire ouvrage, même l'usufruitier n'y auroit rien qui a son droit plus ample que l'usager, *d. l. arboribus, & d. §. si fundum.* Aussi ladite Charte Normande deffinit le bois mort être bois sec, en étant ou gisant. L'Ordonnance de l'an 1516. article 61. excepte si l'arbre étoit mort & devenu sec pour avoir été feru par le pied ou autrement par le fait des usagers, auquel cas l'arbre mort appartient au Seigneur foncier, & non à l'usager, parce qu'il est devenu sec par main d'homme, & non de soy-même. On allegue un Arrest notable pour le reglement des usagers qui ont ample & plein usage, par lequel ils doivent prendre le bois par marque & montrée, couper & enlever à tire-haire, clorre le bois coupé, & laisser en chacun arpent huit baliveaux. Ce fut entre le Seigneur & habitans de saint Mars, du premier Février l'an 1535. au rapport de M. Berruyer Conseiller.

ARTICLE XIII.

Usagers ayans droit de prendre bois pour bâtir, ne le peuvent prendre sans soy adresser au Seigneur foncier, son Forestier ou Commis, pour venir marquer & délivrer au lieu moins dommageable dudit bois usager que faire se pourra : & si lesdits usagers prent bois à bâtir autrement ils sont amendables envers le Seigneur foncier, posé qu'il n'ait Justice, pour la premiere fois de trente sols tournois : pour la seconde fois arbitrairement, & pour la tierce perdront leurs usages.

ARTICLE XIV.

Et si lesdits usagers requierent la marque & délivrance audit Seigneur, ou son Forestier ou Commis, & il en est refusant ou délayant, ils le pourront sommer en Justice, ou pardevant Notaires : & ce fait huit jours aprés, pourront user de leurs usages franchement sans peril d'amende.

Celuy qui veut bâtir doit declarer au Seigneur proprietaire du bois quel bâtiment il veut faire, afin que le Seigneur connoisse si ce bâtiment est necessaire ou fort util, & s'il est selon la qualité de l'usager, car autrement le Seigneur peut luy refuser, par les raisons de la *l. ergò & l. ex meo. ff. de servit. rust. præd.* & à ce fait l'Ordonnance des Eaux & Forests, de l'an 1516. art. 46. Le Seigneur a interest de connoître quel bâtiment, car s'il vouloit faire bâtiment non necessaire, ou de plus grande étoffe que la qualité de l'usager ne porte, le Seigneur luy pourroit refuser, aussi pour sçavoir qu'elle sorte de bois, & en quelle quantité l'usager en aura besoin. Ce reglement de prendre marque ne peut être prescrit, & quelquefois tenant les Assises du Bailliage de Thianges : j'ay declaré non recevables les possessions des usagers, par lesquelles ils disoient avoir joui par tems immemorial de prendre bois à bâtir sans marque : car telle possession emporteroit droit de proprieté en bois de haute Fustaye : & la qualité d'usagers qu'ils avoient & confessoient resistoit à telle possession & prescription, car la premiere cause & commencement de la possession qui étoit en qualité d'usager regloit toute la suite de leur jouïssance. *l. cum nemo. C. de adq. vel retin. poss.* dont resultoit qu'ils n'avoient joui *pro suo & opinione Domini.*

L'amende de trente sols, Est icy mise pour le moins, & non pour le plus, car si le Seigneur foncier prétend son interest & dommage être plus grand, il pourra en requerir adjudication, & l'avoir en prouvant.

Perdront leurs usages, la question est à qui accroîtra la portion perduë. Je dis que c'est au Seigneur auquel le tort est fait, & ainsi se doit dire en tous autres cas, quand aucun par sa faute perd ce qui luy est acquis, par la raison de la *l. post legatum. §. amittere. ff. de his quibus ut indig. l. si legatarius. C. de legat.* & de la *l. Paulus si certa. ff. ad Senatusc. Trebell. l. computationi. §. ult. ff. ad leg Falcid.*

Franchement sans peril d'amende, Encores qu'il y ait refus de marquer, toutefois l'usager doit être discret, & ne prendre du bois sinon selon son besoin, & en l'endroit le moins dommageable, comme de ne couper plusieurs arbres en un seul endroit, mais par-cy & par là où le bois est plus épais, car c'est profit où il est épais de l'éclaircir. Aussi de couper en saison dûë, & à un pied prés de terre, Car cette liberté se doit entendre civilement, comme est la regle generale en toutes servitudes. *l. si cui simplici. ff. de servit.* Aussi l'autre regle est, que tout usager doit user comme un bon ménager feroit du sien propre. *l. si cujus. ff. de usufr.*

ARTICLE XV.

Usagers de quelque qualité qu'ils soient, ne peuvent vendre bois, herbe ou autre chose quelconque, croissant ou étant en l'heritage duquel ils sont usagers : ne prendre & mener bêtes d'autruy avec les leurs pour user de semblable droit qu'ils ont, ny autrement abuser de leurs usages. Mais leur est seulement permis de prendre lesdites choses pour leurs usages, en user comme bons peres de famille : & s'ils font le contraire ils sont punis arbitrairement selon l'exigeance des cas.

IL ne faut mesurer ces usages selon le droit Romain, au titre *de usu & habit.* qui est servitude personnelle, & est pour la seule commodité de la personne. Car ces usages de nôtre Coûtume sont reels & perpetuels : ils appartiennent aux usagers à cause des heritages desquels ils sont detenteurs : & est à croire qu'ils ont autrefois été concedez par les Seigneurs, afin d'attirer des laboureurs & autres personnes pour peupler leurs Seigneuries & avoir nombre de sujets : pourquoy mon avis est que ce droit d'usage ne doit pas être pris si fort à l'étroit, & à ce moyen l'usager qui a droit de paisson pour tous ses porcs de l'auge de Mars, pourra engresser des porcs, non seulement ce qui luy est besoin pour la nourriture de sa famille : mais aussi pour vendre, pourveu que ce soient porcs de sa nourriture, & non porcs par luy achetez. Car tel ménagement n'est pas vraye marchandise : mais est exercice du ménage rustique, qui pour la plusspart en ce païs consiste en nourriture de bêtail, par argument de ce qui est dit, *in l. pecoris de servit. rust. prædior. l. cum quæreretur in fine. ff. de lega.* 3. Aussi par tels actes le Gentil-homme n'est reputé déroger à Noblesse. Autrement seroit en usage personnel selon le droit Romain, qui doit être restraint à la seule commodité de la personne, à laquelle opinion fait ce qui est dit, *in l. lege. §. quid autem. ff. de verb. signif. & d. l. cum quereretur. §. lana. vers. sed cum probaretur.*

MENER BESTES D'AUTRUY) Cela comprend les pors que les usagers tiennent d'autruy à moitié ou à titre de chaptel ; c'est-à dire, que pour la part du chaptelier ne sera rien deû au Seigneur, sinon la redevance, mais pour la part de celuy qui a baillé le bêtail, sera payée indemnité au Seigneur du bois. Quant à autres pâcages, qui plûtôt sont de vaine pâture que pour engraisser les bêtes, il se peut dire que l'usager n'en doit indemnité particuliere, car il entretient seulement son ménage rustique, & non pas directement pour tirer profit du pâcage, par forme de marchandise.

Le droit & proprieté de l'usage ne peut être vendu & transferé seul, mais bien avec le tenement, pour raison duquel il a été concedé, car le droit d'usage suit le tenement, & adhere à iceluy, par l'argument de ce qui est dit, *in l. si aliena. §. hoc jure. ff. de usucap. l. quadam. ff. de adquir. rerum domi. l. si quis inquilinus in princip. ff. de lega.* 1. & si un ménage se part en deux, les deux ne devront avoir plus de droit qu'avoit le ménage étant tout uny. *l. si partem. ff. de servit. rust. præd.* Ce que je voudrois entendre si les ménages ne multiplioient par survenance de personnes étrangeres, autres que gendres & bru. Car si les mêmes anciens detenteurs par la benediction de Dieu ayant grande lignée & fassent des colonies, je croy que c'est toujours la même famille, combien que ce soient divers feux. Ou bien si la concession de l'usage étoit faite indefiniment aux habitans d'un village sans nommer les particuliers : car les nouveaux survenus se trouveroient compris en la concession.

ARTICLE XVI.

CEux qui sont trouvez chassans en garennes ou conninieres, sont punissables comme larrons.

AInsi disent les Coûtumes de Vitry art. 121. & Orleans art. 167. & en faut dire comme des pigeons d'un colombier. Car quoy que les pigeons & connils soient en leur liberté naturelle : toutefois pour tant de tems qu'ils ont accoûtumé de repairer en un lieu certain à ce destiné par le pere de famille, ils sont censez être propres à luy, & non pas de nature sauvage. *l. Pomponius. §. idem. ff. famil. ercisc. l. naturalium. §. in iis. ff. de adquir. rer. dom.* C'est pourquoy on juge que c'est furt. Selon les loix de France, la chasse des bêtes qui sont purement sauvages, comme bêtes rousses, noires ou gibier est défenduë aux gens du tiers Etat, & est permise seulement aux Nobles, parce que la chasse est un exercice approchant celuy des armes. Edit du 6. Aoust 1533. & si aucun a droit de chasser en forest d'autruy, il ne luy est loisible sinon quand il y est en personne : par l'Ordonnance de l'an 1516. art. 1. & 79. La raison est que tel droit ne se concede pas pour en faire profit estimable en deniers : mais pour l'exercice & passe-tems de la personne. Selon la loy Romaine la bête sauvage prise au filier n'appartient pas à celuy qui a tendu le filier jusques à ce qu'il ait apprehendé la bête, & qu'il la tienne en sa puissance. *l. in laqueum. ff. de adq. rer. dominio.* & ainsi de la bête sauvage blessée. *l. naturalem. §. illud. ff. eodem.* Mais on observe que si le Seigneur est à la poursuite, que nul autre ne doit entreprendre sur luy. La raison de civilité y est.

ARTICLE XVII.

EN bois appartenant à autruy en pleine proprieté, il n'est loisible à aucun de cüeillir, abattre, prendre ou amasser gland, faisne, pommes ou autres fruits, sans le congé & consentement exprés du Seigneur foncier, sur peine la premiere fois de vingt sols d'amende, qui se partiront entre le Seigneur de la Justice & le Seigfoncier, pour la seconde fois, sur peine de soixante sols tournois, qui se partiront comme dessus, & pour la tierce, sur peine d'être puny comme larron, avec dommages & interests du seigneur foncier, s'il n'y a privilege au contraire.

ARTICLE XVIII.

EN bois usagers est observée semblable peine & punition que dessus, & outre ce est reservé aux usagers action & poursuite pour leurs interests & dommages, s'il n'y a privilege, comme dessus.

LE fait de soy est furt, entant qu'aucun prend le bien d'autruy outre son gré, & le furt se commet *etiam* en chose de peu de valeur: car il se juge selon l'affection mauvaise de celuy qui derobe. *Gloss. in §. gallinarum. instit. de rerum divis.* Mais la Coûtume a voulu temperer, afin que les personnes des champs, qui selon leur naturel sont assez prompts à vengeance, ne prissent legerement occasion de se rechercher par actions criminelles. Soit noté qu'icy est parlé des fruits qui sont és bois, & pour la plupart sont sauvages. Autrement seroit si lesdits fruits étoient pris és vergers & autres lieux destinez expressement à fruits domestiques, & y seroit la peine plus rigoureuse comme de vray furt.

ARTICLE XIX.

QUand les usagers ont droit de mettre leurs pourceaux pâcager en tems de paisson & de garde, ils ne peuvent mettre autres pourceaux que de leur nourriture & de l'auge de Mars, qui est à dire, ceux qui étoient à eux à la Nôtre-Dame de Mars precedente la paisson, & qui depuis sont procréez d'iceux, & s'ils font le contraire ils sont amendables envers le Seigneur Justicier de soixante sols tournois, & tenus aux dommages & interests du seigneur foncier, ou proprietaire dudit bois pour chacune fois, s'il n'y a convenance au contraire.

LA question a été si les porcs achetez par l'usager avant la Fête Nôtre-Dame de Mars, peut être quinze jours ou un mois avant, sont reputez être de la nourriture de l'usager, & de l'auge de Mars: aucuns disoient puis que c'est achat, ce n'est pas de la nourriture: je disois au contraire, que la principale consideration de la Coûtume est que les porcs ne soient pas tenus par forme de negociation & marchandise, mais qu'ils soient tenus pour l'exercice accoûtumé du ménage rustique. Car à prendre la source d'un ménage, le commencement d'une troupe de porcs ou autre bêtail est par achat, ou autre titre singulier, & la multiplication se fait avec le tems. Or celuy qui achete des porcs avant la Fête de Nôtre-Dame de Mars est sujet au hazard de la mort des porcs, & aux frais de la nourriture d'iceux durant six mois, dont les trois premiers, Avril, May & Juin, sont mal-aisez pour ladite nourriture: car audit tems le porc ne trouve rien aux champs, & la nourriture de tel bêtail est de grands frais quand il n'y a point de nourriture naturelle, & si on n'est pas asseuré s'il y aura gland & paisson à la Fête saint Michel; qui fait que cét achat fait avant la Nôtre-Dame de Mars ne peut être dit en fraude; & que lors de la Fête de saint Michel que la glandée commence, se doit dire que les porcs sont de sa nourriture, parce qu'il les aura nourris six mois durant, pourveu que l'achat n'ait été en trop grande & excessive quantité, selon le ménage dudit usager: à ce que dessus peuvent être appliquées les decisions de la *l. servos in fine. ff. de lega. 3. l. de grege. l. quæsitum. §. si quis. ff. de fundo instructo*: car cette grande & non accoûtumée quantité, feroit presumer que les porcs eussent été achetez par negociation. Et comme a été dit cy-dessus, il ne faut pas interpreter ces usages si fort à l'etroit, mais faut les regler & interpreter selon la qualité & profession des usagers, *l. plenum. §. Equitii. l. Divus. ff. de usu & habit.* Et selon l'état de ce païs, qui consiste en nourriture de bêtail.

ARTICLE XX.

LE seigneur proprietaire & foncier peut enquerir ou faire enquerir par autorité de Justice, environ le tems de la closture de son bois, quel nombre de pourceaux de la condition sus declarée, à chacun usager ayant tel droit que dessus : à ce que lesdits usagers n'excedent en nombre, ou autrement à son préjudice.

ARTICLE XXI.

LE seigneur proprietaire peut vendre la paisson de son bois usager, en la maniere susdite, à la charge dudit usage.

COmme la Coûtume pourvoit au Seigneur proprietaire du bois, à ce qu'il ne soit frustré du profit qu'il y peut faire : aussi est bien seant & à propos qu'il soit enquis au commencement de la closture du bois, quelle quantité de porcs le bois peut porter, pour éviter que le fermier à qui le Seigneur aura accensé sa paisson, n'y mette plus grande quantité de porcs que de raison, car ledit fermier pourroit le charger si fort qu'à la moitié du tems toute la paisson seroit consommée, & ne resteroit rien pour les usagers. Ainsi est disposé par l'ancienne Coûtume de l'an 1490. chapitre des Bois, art. 13. A quoy sert ce qui est dit, *in l. in concedendo. ff. de aqua plu. arc. l. Lucio, cum ibi not. ff. de aqua quotid. & æstiva.* Même les usagers peuvent entrer les uns avec les autres en reglement, & y être contraints par autorité de Justice, à ce que nul ne charge l'usage sinon par proportion de son tenement, en comparant les tenemens les uns aux autres. Ainsi tient Stepha. Bertrand. *consil.* 240. *vol.* 3. *& allegat. Alberium in l. Imperatores. ff. de servit. rust. præd. & Craveta consil.* 90.

CHAPITRE XVIII.

DES FOURS, MOULINS, ET BANS D'ICEUX.

ARTICLE I.

POur acquerir bannie de Four & Moulin est besoin d'avoir titre : ou aprés prohibition & contradiction, paisible possession de trente ans contre les lays, & de quarante ans contre les Eglises. Et pour aller cuire ou moudre par aisance voisinage ou pure & libre faculté, ne s'acquiert aucun droit de bannie sur celuy qui est allé par la maniere devant dite, *etiam* par tems centenaire & immemorial.

PArce que ce droit de bannie est contre la liberté commune, & que le droit commun luy resiste, il ne faut faire extention d'une famille & maison à l'autre maison voisine, ny d'un village à l'autre : mais se doit dire selon le brocard vulgaire *tantum præscriptum quantum possessum, Pan. in cap.* 1. *extrà de religios. domib.* Et en cét article est une belle limitation pour les prescriptions centenaires, pour montrer qu'elles ne servent à acquerir possession ou droit par les actes qui sont de pure & libre faculté, ou qui sont de familiarité, ou quand la source de la jouïssance apparoît avec telle qualité & forme que ce ne soit pour emporter saisine : de tant que quand le commencement apparoît la loy presume que la continuation se fait en la même forme. Et ainsi le decide & prouve du Moulin sur les Coûtumes de Paris article 1. *glos.* 4. *num.* 12. Suivant ce fut jugé au profit de la Reine Mere des Rois, contre l'Evêque de Clermont, pour la Ville & Comté de Clermont, aprés une possession de 300. ans, mais il apparoissoit par écrit, que le commencement de la jouïssance de l'Evêque nommé Robert, étoit pour cause de dépôt fait en ses mains, par Guy Comte de Clermont son frere nommé Guy. Aucunes Coûtumes donnent aux Seigneurs le droit de bannalité, par la seule raison de la Seigneurie. Poitou art. 34. & 39. Bretagne ancienne art. 361. & nouvelle article 381. ainsi Anjou & le Maine, & Tours article 7. & 8. Poitou ajoûte une belle limitation aux bannalitez, que les seuls roturiers y soient sujets & non les Nobles.

ARTICLE II.

LEs sujets de la bannie ne peuvent s'exempter d'aller cuire ou moudre au Moulin ou Four bannaux, par possession d'avoir moulu & cuit autre-part : si ladite possession n'avoit été continuée & paisible par trente ans, aprés contradiction contre gens lays, & quarante ans contre l'Eglise.

Aprez contradiction) faite au Seigneur ou à ses Officiers en telle façon que vray-semblablement le Seigneur l'ait peu sçavoir : car la negligence ou collusion d'un fermier ne nuyroit au Seigneur. *l. ult. C. de adq. vel retinenda poss.*

ARTICLE III.

Sujets à bannie de four sont sujets de venir cuire tout leur pain : & sujets à bannie de moulin, sont tenus d'y venir moudre tout leur bled destiné à manger. Et s'ils vont autre part cuire ou moudre, leurs pains & farines sont confisquez *ipso facto* au Seigneur bannier : & les peut ledit Seigneur faire prendre de son autorité où il les trouvera : & avec ce sont amendables envers ledit Seigneur bannier de sept sols six deniers tournois pour chacune fois.

ARTICLE IV.

Et s'entend ce qui est, quant au pain & bled que le sujet à la bannie mange ou veut manger és fins de ladite bannie. Car ledit sujet peut faire emporter de son bled hors lesdits limites pour sa dépense en autres lieux; ou pour vendre autre part, soit en pain, farine, ou en bled.

Doncques le pain qui est cuit pour être porté vendre autre part, n'est compris sous la loy de cette bannie, non plus que le pain qui est destiné pour être mangé autre part. A quoy se rapporte Poitou article 47. Mais Tours article 11. dit que le sujet qui achete le bled hors la bannie, en l'amenant peut le faire moudre où il veut, & art. 12. s'il enleve le bled hors le territoire de la bannie, il peut le faire moudre où il voudra pour le vendre hors la bannie. Je croy que l'orge & autre grain destiné pour nourrir porcs, n'est de la sujection de la bannie : parce que cette loy de bannie étant penale & contre la liberté commune, ne doit être étenduë, l'article parle du bled que le sujet doit manger. Aussi se peut dire que le mercenaire & le voyageant pour le tems qu'il est arresté en dedans le détroit de la bannie, est sujet à la loy d'icelle, par la raison de la. *l. hæres. §. proinde, in fine. ff. de judic.*

Sont confisquez) Ce mot sont qui est de temps present emporte execution de droit : & s'il y a débat, la Sentence declaratoire qui s'ensuit est tirée en arriere pour avoir effet du jour de la faute commise. Bart. *in l. jubemus nulli. §. sanè. C. de sacr. Eccles. & in l. Imperator, cum annotatione ibi posita ff. de jure fisci.*

ARTICLE V.

Es fins & metes de la bannie du four ou moulin, aucun ne peut faire ou construire four ou moulin sans le consentement du Seigneur bannier, lequel où il n'y aura consenty, peut faire abattre de son autorité lesdits four ou moulin, hormis que l'on pourra avoir un four jusques à un boisseau mesure de Nevers : auquel on ne pourra cuire pain, sinon goüeres, pastez, & autres fricanderies.

De son autorité) S'entend s'il a Justice, car l'autorité de Justice y doit être afin qu'il ne semble que ce soit violence. *l. creditores. C. de pignor. l. extat. ff. de eo quod vi.* Et s'il n'a Justice il doit employer l'autorité du Juge du lieu. Encores audit cas que le Seigneur a Justice, le Seigneur ne doit pas luy même donner la commission, mais la faire donner par son Juge, car combien que de grande ancienneté en France les Seigneurs Justiciers eux-mêmes exerceassent la Justice, comme il se void par anciennes Chartes, & se peut recüeillir du chapitre, *delicti, extrà, de arbitr.* Toutesfois ou par Edit qui ne se trouve écrit, ou par observance generale de ce Royaume, les Seigneurs n'administrent par eux-mêmes la justice, mais doivent commettre des Juges & Officiers : du jugement desquels ils sont responsables pour payer l'amende du mal jugé : aussi peuvent-ils revoquer leurs Juges quand bon leur semble : ainsi qu'il est porté par l'Edit de Roussillon de 1564. article 27.

Jusques a un boisseau mesure de Nevers) S'entend pour contenir autant d'espace que la paste d'un boisseau de bled pourroit occuper, & selon l'usage vulgaire de la capacité d'un four est ainsi representée. Le mot de bled en la ville de Nevers s'entend de froment : parce que le territoire d'entour pour la pluspart porte froment : A Desize & en quelques autres Villes, bled simplement dit, s'entend de seigle, parce que le territoire d'entour pour la pluspart porte seigle. Les mesures sont diverses en ce païs : autrefois a été fait Edit par le Roy Henry II. pour égaler les mesures : le vray moyen de les proportionner est par le poids. Le boisseau de bled froment mesure de Nevers qui soit le meilleur & choisi peut peser trente livres, à seize onces la livre, poids de marc,

Le froment commun est de 27. à 28. livres, deux boisseaux & un quart de boisseau de bled froment dite mesure, font le minot mesure de Paris. Ainsi les neuf boisseaux mesure de Nevers font le septier de Paris, parce que quatre minots font le septier. Le muid mesure de Paris contient douze septiers, qui font cent huit boisseaux de Nevers. Toutefois par une Ordonnance du Roy François I. de l'an 1539. le tonneau froment doit peser treize cens livres ou treize quintaux, & vaut le tonneaux six septiers mesure de Paris, & selon ce compte le septier froment ne peseroit que deux cens seize livres deux tiers, & à neuf boisseaux de Nevers pour le septier, le boisseau de Nevers ne reviendroit qu'à vingt-quatre livres, & quelque peu plus. Surquoy est à noter, que le bled qui croît és terres prés de Paris, n'est si pesant que le nôtre, parce que les terres étant beaucoup fumées rapportent en beaucoup plus grande quantité que les nôtres, nos terres sont plus fortes, rapportent moins, & le grain est mieux nourry & plus pesant: aussi j'ay appris que le minot de froment mesure de Paris qui soit bled commun ne pese que 55. 56. ou 57. livres : mais du froment de ce païs, à la raison que dessus de deux boisseaux & un quart pour minot, & à prendre le boisseau de trente livres, feroit soixante-sept livres & demie, & du bled commun à vingt-huit livres, feroit soixante-trois livres.

FRICANDERIES, En cét article peuvent être entendus les ouvrages que les paticiers font pour delices.

ARTICLE VI.

DRoit de moulage est tel, que quand on baille au Meunier un boisseau rez de bled, il en doit rendre un comble de farine, bien & convenablement moulüe, outre le droit de moûlure.

CEtte façon de payer le Meunier est plus grossiere qu'en autres lieux où l'on baille le bled au poids, & reçoit-on la farine au poids, & le Meunier est payé en argent : ainsi se fait en Italie. Es Etats d'Orleans, qui furent generaux en 1560. le tiers Etat fit grande instance, qu'il fût ordonné pour regle generale, que les Meuniers prissent & rendissent au poids, & fussent payez en argent. Mais quelque mauvaise ame pour faire évanoüir cét article, en dressant le cahier du tiers Etat, mit la requisition en trois mots à la queuë d'un autre article, au lieu qu'elle devoit faire un article separé, & raisonné au long pour être mieux apperçüë : aussi elle disparut & n'en fut rien ordonné. Vray est qu'il est mal-aisé de se sauver de la méchanceté des Meuniers, car si on les pressoit par le poids, ils méleroient du son, ou feroient autre piperie. L'on tient que le vray salaire du Meunier est la seiziéme partie du bled en ce païs, & ils ont une écuelle qu'ils prennent pleine pour chacun boisseau, qu'ils appellent la raison, & se dit *à rasione* qui vient de *rado* & non pas *à ratione*, cette écuelle fait la 16. partie du boisseau, & le Meunier la prend rase. La Coûtume de Bretagne ancienne art. 366. & de la nouvelle art. 387. fait le droit du Meunier la seiziéme partie. Autres Coûtumes reglent le droit du Meunier autrement. Le Maine article 16. dit que le Meunier doit rendre quatorze boisseaux combles de farine pour douze boisseaux rez de bled. Tours article 14. & Blois article 240. disent que le Meunier rend treize combles pour douze rez. Poitou article 36. dit rendre le boisseau comble pour le rez, mais que de deux boisseaux de farine, l'un peu pressé & caché avec les deux mains en croix, & derechef comblé. Bourbonnois art. 535. dit comme Nivernois. Or parce que le comble emporte plus quand la circonference du boisseau est plus grande, lesdites Coûtumes du Maine, Poitou & Touraine reglent la profondeur & le diametre du boisseau qui emporte la proportion de la circonference, disans que le boisseau doit être au tiers point, c'est-à-dire, que la profondeur du boisseau emporte la moitié du diametre, le diametre est celuy qui separe le rond du boisseau en deux égales portions passant par le centre du rond. Ainsi si ledit diametre a dix-huit pouces, le boisseau sera profond de neuf pouces, qui est ce qu'on dit le tiers point : neuf & dix-huit font vingt-sept, dont neuf est le tiers. L'interest est en ce que tant moins le boisseau est profond, tant plus est grande la circonference, & par consequent le comble tient plus.

ARTICLE VII.

LEs Meuniers peuvent faire mesurer en leurs presences les bleds qui leur sont portez à moudre, ou autrement ils seront tenus de rendre tel nombre de bled, selon ce qui est dit cy-dessus, que ceux qui l'auront porté affirmeront, s'ils sont gens de bonne renommée, & à ce seront contraints lesd. Meuniers par détention de leurs bêtes, & autres leurs biens.

ARTICLE VIII.

LE Meunier du moulin bannier est tenu de rendre la farine moulüe bien & convenablement dedans vingt-quatre heures : autrement le sujet pourra prendre son bled, & le mener moudre ailleurs sans peril d'amende.

ART.

ARTICLE IX.

LE Seigneur bannier est tenu de tenir son moulin en point, rond & bien clos, sur peine d'amende arbitraire.

ARTICLE X.

ET quant au four bannier, le fournier est tenu de cuire si souvent, que les sujets au ban puissent cuire leurs pains & pastes, & s'il ne le fait il est tenu aux interests desdits sujets, dont ils seront creûs, & feront comme cy-dessous sera dit en cas semblable.

ARTICLE XI.

ET si les moulin ou four bannier sont rompus, ou n'étoient en état de moudre, ou cuire par quelque moyen que ce soit, parquoy fût notoire que le bled ne pourroit être moulu, ny le pain cuit dedans le tems susdit : le sujet peut porter son pain cuire, & prendre son bled & le faire moudre ou bon luy semblera, sans peril d'amende.

ARTICLE XII.

LEsdits moulin ou four mis en état deû, le Seigneur bannier est tenu de le faire denoncer au Prône de la Messe Parroissiale, ou à cry public au lieu où les proclamations de la Justice on accoûtumées d'être faites, aprés laquelle dénonciation les sujets au ban sont tenus de venir moudre ou cuire esdits moulin & four, sur peine comme-dessus.

LA question est : le moulin ou four ont été plus de trente ans en ruïne, ou en tel état qu'ils ne fussent propres à moudre ou cuire, & le Seigneur aprés ce tems le remet en bonne nature ; s'il reprendra son droit de bannie ? de prime face sembleroit qu'il devroit le recouvrer, par la raison de la *l. Atilicinus. ff. de servit. rust. præd.* où se dit que si la fontaine sujete à servitude d'acqueduc vient à tarir, & long tems aprés elle vienne à resourdre, que la servitude doit être rétablie : mais il n'y a similitude de raison. Car le nom Usage dont est parlé en lad. loy, vient naturellement sans la faute ou coulpe de celuy auquel la servitude est duë, & par ladite loy se peut recüeillir, que s'il y avoit faute ou coulpe la servitude ne seroit rétablie. Encores ladite loy fait assez juger que la servitude est perduë *ipso jure*; & est prouvé *in l. si locus. ff. quemadmod. serv. amitt.* pourquoy il me semble qu'audit cas le Seigneur aura perdu son droit de bannalité par non usage de trente ans : selon la regle de droit, qui dit que les servitudes sont plus facilement perduës par laps de tems, qu'elles ne sont acquises, & l'autre regle qui dit que les servitudes réelles se perdent par non usage. *l. sequitur. §. ult. ff. de usucap. l. sicut. C. de servit. & aqua. l. ult. in fine. C. de præscriptione longi temporis.* Aussi Bourbonnois art. 544. dit que les sujets acquierent liberté de la bannie, s'ils demeurent trente ans sans y aller.

ARTICLE XIII.

LE moulant ou cuisant en four ou moulin, est creû par son serment à l'encontre du Meunier, Fournier, ou Fermier du four & moulin, de son dommage jusques à cinq sols tournois, s'il est de bonne renommée, pourveu qu'il vienne dedans le jour, aprés le dommage fait : Et s'il vouloit prouver plus ample dommage, il y sera reçû, & le Meunier ou Fournier à prouver le contraire.

DEDANS LE JOUR) La raison de cette prescription d'un jour peut être appliquée en autres cas semblables : comme se pratique en ce païs, que l'on peut agir pour prise de bêtes aprés la seconde ou tierce tenuë des jours, & c'est pour éviter les animositez & recherches. Et est conforme à ce qui est dit par *Bartol. in l. unica ff. de glande legenda*; que les actions pour droits de peu de durée ; sont aussi de peu de durée.

ARTICLE XIV.

SI le moulin bannal n'est propre à faire farine à pain blanc (declaration préalablement faite par la Justice du lieu) le boulanger puplic pourra aller moudre ailleurs. Car le bien public qui est préferé au particulier l'excuse

Ainsi dit Bourbonnois art. 542. & Tours art. 10. & au 49. article dit que les Boulangers publics ne sont sujets au four bannal.

ARTICLE XV.

Qui achete bled hors des limites du moulin ou four bannal & le porte dedans icelles limites pour manger ou faire manger, il est tenu de moudre & cuire esdits four & moulin, s'il n'y a titre ou prescription au contraire.

CHAPITRE XIX.

DES COLOMBIERS.

ARTICLE I.

L'On ne peut faire ny édifier colombier en pied & en fonds de terre de nouvel en Justice d'autruy sans license du Seigneur Justicier. Mais l'on peut faire colombier sur solier sans congé de Justice.

La loy Romaine a deffiny, & nous l'avons reçû, que les pigeons en colombier, combien qu'ils soient en leur naturelle liberté: toutefois tant qu'ils retiennent l'accoûtumance d'aller & retourner & se loger au colombier, ils sont reputez propres au maître du colombier, comme sont autres animaux purement privez, & qui les prend sans le congé du maître commet larcin. *l. Pomponius. §. idem ff. famil. ercisc.* Celuy qui a l'usufruit, ou qui a quelque titre doit prendre les profits d'un colombier, ne doit pas prendre tous les petits de l'année qui semblent être *in fructu*, mais doit laisser une volée ou deux par chacun an pour repeupler & entretenir le colombier. Ainsi dit la loy Romaine des troupeaux de brebis & de vaches. *l. plerumque. ff. de jure dot. l. vetus in fine cum legib. seq. ff. de usuf.* Le bastiment qui est expressément fait & destiné pour loger & entretenir pigeons, & les pigeons qui sont dedans tenans lieu de peres pour la conservation & multiplcation, tout cela semble entendu par une seule consideration, est reputé immeuble, combien que les pigeons d'eux-mêmes soient meubles, ainsi que la loy dit des serf destinez à la culture & ménagement d'un domaine aux champs *l. longa. ff. de divers. & tempor. præscript. l. jubemus nulli. C. de sacros. Eccles.* Mais si au haut du bastiment d'une maison ou grange, le pere de famille fait une voliere à pigeons, ce ménagement sera reputé mobilier & non immeuble *l. lines in fine, cum l. seq. ff. de actionibus empt.* de tant que la destination semble n'être pas perpetuelle, & que le bastiment n'a été fait principalement à cét usage. En cét article colombier en pied est dit ou dés le fonds aprés terre sont les pertuits ou paniers pour y tenir pigeons: & quand il y a un bastiment tellement composé que le bas serve de celier ou à autre usage, & dessus le premier plancher jusques à la couverture, le bastiment soit destiné à loger & tenir pigeons, bien s'appellera-t-il colombier & sera reputé immeuble: & peut tel colombier être construit sans congé du Seigneur Justicier, ainsi que dit cét article. Aucunes Coûtumes ont distingué ce droit de colombiers en trois sortes, que le Seigneur Justicier qui a censive, c'est à-dire, territoire duquel il est Seigneur direct & censier, puisse faire colombier à pied: & de même celuy qui a cent arpens de terre, ou si grande étenduë que les pigeons ayent moyen de se pourvoir sur ses terres, ou qui a ce droit de colombier à pied d'ancienneté. Dont est traité ês Coûtumes de Paris art. 69. Orleans art. 168. Bretagne ancienne Coûtume art. 368. & nouvelle 389. Blois art. 230. Bourgogne art. 127. Et seroit assez à propos que ce reglement fût suivy par tout: car les volées de pigeons au tems qu'on seme & au tems de la maturité des bleds peuvent faire grand dommage.

CHAPITRE XX.

DES BEAUX ET ACCENSES.

ARTICLE I.

LEs meteurs & encherisseurs de Fermes & Accenses ausquels elles ont été étroussées & délivrées, sont tenus de bailler caution suffisante pour le payement de leursdites fermes dedans quatre jours aprés l'étrousse à eux faite: & sont tenus lesdits preneurs & pleges au payement desdites fermes, chacun d'eux seul pour le tout, par prise de corps & de biens, sans y observer ordre de discussion ne benefice de division, posé qu'il ne soit convenu, & lesdits quatre jours passez, sont contraints lesd. principaux preneurs à fournir leursdits pleges, par prise & détention de leurs personnes.

ARTICLE II.

ET neanmoins audit cas peut le Seigneur de la chose affermée faire recrier sa ferme, & la bailler au plus offrant & dernier encherisseur, aux perils & fortunes dudit preneur qui n'auroit baillé plege en la maniere devant dite.

CEs articles selon mon avis, ne doivent être pratiquez en toutes sortes de Fermes & Accenses : mais seulement en celle du fisque, ou d'autres droits publics, & és Fermes qui se font par autorité de Justice, & en Justice, comme les Baux que font les Commissaires à Criées, & que font les Tuteurs des Heritages des mineurs, & en telles autres matieres privilegiées. Et quant aux Accenses que les personnes privées font de leurs heritages : je croy qu'il n'y faut entendre, sinon ce qui est convenu, & comme l'on a de coûtume en tous autres Contrats. Quant aux Fermes du fisque, la loy Romaine dit que les anciens Fermiers ne doivent être reçûs à nouvelles fermes, sinon aprés avoir satisfait entierement aux anciennes. *l. locatio, §. reliquatores. ff. de publica. & vectigal.* En France est observé qu'un Officier comptable n'est reçû à resigner son état qu'il n'ait son *quictus*, c'est-à-dire, qu'il ne soit quite au Roy. Le mot *quictus* vient de l'ancien usage de la Chambre des Comptes du Roy, où d'ancienneté on parloit grossierement Latin, & à la fin du dernier compte étoient écrits ces mots *quictus hic receptor.* Aussi selon ledit droit Romain és fermes publiques du fisque, le fermier qui ne paye au jour prefix peut être déchassé. *l. vectigalia, §. nondum solutis. ff. eod. tit. de public. & vectigal.* mais és Fermes & Accenses des particuliers, il ne peut être déchassé, sinon aprés la cessation de deux ans, *l. quaro, §. inter. ff. locati.* Aussi selon led. droit Romain, tous Baux du domaine & droit du fisque ont la condition tacite, que *etiam* aprés l'étrousse si aucun se presente qui fasse la condition du fisque meilleure, il sera reçû, *l. ult. in princip. ff. de jure fisci.* Ce qui n'a lieu à l'égard des Villes & autres Communautez, *l. Lucius. §. ult. ff. ad Municipal.* En France les Fermes des droits Royaux doivent être baillées à la chandelle éteinte. Ordonnance de Louïs XII. sur le fait des Aydes, art. 20. Vray est que si lesdites fermes étoient étroussées à un Officier de Roy, à un homme de guerre, ou à un Officier du haut Justicier du lieu, elles leur peuvent être ôtées par une simple enchere en quelque tems que ce soit. Ordonnance de François I. sur le fait des Aydes, l'an 1517. art. 20.

Ce qui est icy dit des cautions, est en usage quant aux fermes publiques, & celles qui se font par autorité de Justice : qui n'est que la repetition & renouvellement de l'ancien droit Romain, selon lequel le fidejusseur pouvoit être convenu & contraint avant que discuter le principal obligé ; *l. jure nostro. C. de fidejuss.* La discussion du principal obligé a été introduite par la Novelle de Justinian. Vray est que quant au fisque *etiam* selon le droit ancien, le principal obligé étoit discuté avant que s'addresser au fidejusseur, *l. Moschis, ff. de jure fisci, l. 1. & 3. C. de convenend. fisci debit.* Et parce que l'ordinaire est en ces Baux à ferme, de faire renoncer les pleges à discussion, & tous ensemble à division, nôtre Coûtume l'a introduit pour regle, quoy qu'il ne soit expressement stipulé. La caution doit être baillée s'il est possible de la même qualité qu'est celuy qui la presente. Ainsi se faisoit d'ancienneté à Rome, comme rapporte Ciceron és Topiques, disant que la loy *Ælia Sententia* portoit ces mots *assiduus assiduo vindex vel pres esto:* En France on use de ces mots, caution bourgeoise resseante & solvable. Le mot bourgeoise est pour la facile convention & execution, qui fait que l'on ne reçoit pas volontiers les Gentils-hommes à être cautions. Resseante se dit comme residente au même lieu, & n'est que pour le domicile. Solvable c'est pour les facultez & moyens. Surquoy se peut appliquer la distinction qui est en la loy *fidejussor*, *§. necessaria*, *& l. de die*, *§. tutor. ff. qui satisd. cogantu.* Que si la fidejussion est necessaire, & on ne la puisse bailler sur le lieu, on soit reçû à la bailler en autre Province : si elle est volontaire elle soit baillée au même lieu. Si le fidejusseur meurt ou devient *ex post facto* non solvable on peut requerir être baillée autre caution, même quand la caution est commandée de l'office du Juge, *l. planè. ff. ut in poss. legat. l. qui ab arbitro, ff. qui satisd. cog. Bart. in l. qui satisdare, ff. de fidejuss.*

Ordre de discussion est à l'égard du principal obligé, & du fidejusseur. Le benefice de division est à l'égard de deux ou plusieurs, tous principaux obligez. Le benefice de l'Epistre de l'Empereur Adrian, est à l'égard de deux ou plusieurs fidejusseurs, qui ne peuvent être contraints sinon virilement, & chacun pour sa portion, si ce n'est qu'ils ayent renoncé aux benefices susdits de division, de discussion, & de l'Epistre de l'Empereur Adrian.

ARTICLE III.

LAdite étrousse faite, il n'y a que trois jours de tiercement, & autres trois jours aprés pour le doublement : chacun desquels trois jours passez, l'on n'est pas reçû à tiercer & doubler respectivement.

ARTICLE IV.

ET se mettent lesdits tiercement & doublement sur la premiere mise, c'est-à-dire, que si la premiere mise est de dix livres, le tiercement sera de cent sols, & le doublement de dix livres : & de plus plus, & de moins moins.

ARTICLE V.

ET aprés lesdits six jours pour tiercement & doublement passez, ceux qui ont fait mises, & non autres sont reçûs dedans vingt-quatre heures aprés à encherir lesdites fermes d'un sol pour livre, qui se prend sur toute la somme, tant des premieres mises que des tierces, & doubles si plusieurs y en a sur la premiere mise, & est tenuë ladite ferme pour étroussée au dernier meteur, s'il n'y a aucun encherisseur d'un sol pour livre, ou s'il n'y en a, & que ladite mise & enchere cesse.

ARTICLE VI.

TOus meteurs & encherisseurs se peuvent départir de leurs mises & encheres, tiercemens & doublemens, & du sol pour livre, & y renoncer és mains de celuy qui reçoit les encheres, dedans deux heures aprés la mise par eux faite, en payant comptant leur derniere mise, que l'on appelle folle enchere, & faisant par eux sçavoir au dernier precedent meteur, parlant à sa personne ou domicile : en quoy faisant & non autrement, lesdits meteurs & encherisseurs demeurent quittes, & demeure chargé & obligé ledit dernier precedent meteur de sa mise en la forme & maniere, & par semblable contrainte que celuy qui s'est départy.

ARTICLE VII.

ET est loisible audit dernier precedent meteur, dedans semblable tems de deux heures aprés ladite notification à luy faite, faire le semblable & selon la forme que dessus, & aussi aux autres precedens meteurs, par ordre : & se tienne prest chacun des meteurs, si bon luy semble, pour aller voir au Greffe si son subsequent aura renoncé. Car ladite renonciation faite au Greffe, le precedent est obligé à ladite ferme, comme il est dit cy-dessus du dernier encherisseur.

ARTICLE VIII.

CE que dit est cy-dessus, s'entend si les Seigneurs & preneurs ne convenoient autrement. Car permis leur eſt de faire eſdits Baux à ferme telles convenances, & y appoſer telles conditions que bon leur ſemblera.

REſulte deſdits *6.* & *7.* articles, que le precedent meteur n'eſt pas déchargé entierement par une miſe ſurvenuë deſſus la ſienne : parquoy aucuns meteurs bien aviſez font leurs miſes conditionnées, à la charge que l'étrouſſe à main fermée ſera faite preſentement, ſans remiſe.

A l'effet de cét article il eſt utile, avant que recevoir aucune miſe, de faire élire domicile par les encheriſſeurs au même lieu où ſe font les miſes. Ainſi eſt dit aux encheres qui ſe font pour le decret ſur Criées en l'Edit de l'an 1551. art. *9.* Et doivent étre faites le notifications avec le délaiſſement de copie ſignée, à la perſonne ou domicile, afin qu'il n'y ait pretexte d'ignorance.

Ce qui eſt dit à la fin du *6.* article *par ſemblable contrainte*, s'entend des contraintes ordinaires & accoûtumées. Car s'il y avoit ſubmiſſion ſpeciale, celuy qui ne l'auroit accordée n'en ſeroit tenu.

CHAPITRE XXI.

DES CROISTS ET CHAPTELS DE BESTES.

ARTICLE I.

TOutes manieres de bêtes ſe peuvent bailler à croît & chaptel, ledit chaptel eſtimé par le bail pour tel prix qu'il ſera convenu entre les parties.

LE mot de Chaptel vien du Latin vulgaire Capitale, que l'on uſurpe pour ſort principal, qui eſt la premiere eſtimation que le bailleur & le preneur font du bêtail, & demeure le bêtail propre au bailleur juſques à concurrence de cette eſtimation : & le preneur n'a part ſinon au croît & profit, auquel il a moitié, parquoy ſe peut dire que le contrat de bail à chaptel n'eſt pas pur de ſocieté : mais tient de contrat non nommé approchant de location. Auſſi la loy Romaine en parle en deux divers titres, *l. ſi paſcenda. C. de pact. & l. cum duobus, §. ſi in coëunda ff. pro ſocio.* L'eſtimation qui ſe fait lors du bail ne fait pas que ce ſoit vente & achat, comme communément ſe dit *quod æſtimatio facit emptionem, l. plerumque ff. de jure dot.* car le bailleur demeure proprietaire de ſon chaptel, *ut infrà*, art. *16.* & par la raiſon de la *l. ſi tibi rem. §. 1. vel l. ſi tibi areæ. verſ. ſed ſi puerum, ff. de præſcript. verb.* Et l'eſtimation du bêtail lors du bail ſe fait à deux fins : l'une pour connoître de qu'elle ſomme le preneur ſera tenu s'il fait faute au traitement du bêtail : l'autre pour connoître à quelle ſomme montera le croît & profit, afin qu'aprés le chaptel payé le profit ſoit party par moitié : auſſi au droit Romain eſt dit que l'eſtimation ſe fait à divers effets, *l. ſi inter. C. de jure dot. l. ſervus. ff. famil. erciſc.* Le contrat de chaptel eſt mutuel & reciproque, & deuſſent les Notaires en faire regiſtre, pour en délivrer à chacune des parties une lettre : & a le preneur interêt d'en avoir une pardevers luy, pour faire écrire ſur icelle ce que ſon maître reçoit afin de compter. Ce qui ne s'obſerve pas, & mal, car le bailleur prend la note originelle devers ſoy comme une ſimple obligation perſonnelle.

Ce qui ſe dit de croît, s'entend en deux ſortes, l'une pour la multiplication des chefs qui ſe fait naturellement par generation. L'autre pour l'augmentation de la valeur qui avient tant par l'âge, comme d'une thore ou geniſſe devenuë vache, que de l'amendement que fait le preneur en faiſant engreſſer les bœufs & vaches quand ils ſont vieux.

ARTICLE II.

LE contrat de chaptel eſt de telle nature, que le bailleur baille & fournit le bêtail, & le preneur le prend en garde & en ſa charge pour le nourrir, traiter, garder & gouverner à ſes dépens, comme il fait ou devroit faire le ſien propre.

SEmble que ce contrat deſire bail & tradition réelle, pour être le bêtail transferé d'une main à autre. Et s'il avient que l'homme de village ayant ſon bêtail propre à luy vende ſon bêtail, & au même inſtant le reprenne à chaptel de l'acheteur, il faut juger *ex cauſa* & par les circonſtances ſi c'eſt vray bail à chaptel. A ſçavoir ſi le bêtail eſt acheté à prix raiſonnable & n'y ait aucune paction inſolite & trop avantageuſe, je diray que c'eſt vray bail à chaptel, *l. quædam mulier. ff. de rei vend.* Mais s'il y a vilté de prix ou clauſe deſavantageuſe, je diray que ce ſera engagement, par la raison de la *l. 3. C. plus valere quod agitur, &c.* & en ce cas les profits devront être précomptez au sort principal *l. 1. C. de pignor. act.* comme si c'étoient deniers presté sur gage avec stipulation d'interest.

Comme il fait ou devroit faire, Si c'étoit simple societé le preneur ne seroit tenu sinon de telle diligence & de tel soin qu'il a accoûtumé d'employer à ses propres affaires, *l. socius. ff. pro socio*, & dit la loy que l'on doit imputer à soy-même d'avoir choisi un compagnon peu diligent. Mais la Coûtume par ces mots, devroit faire, semble desirer une diligence exacte : dont la raison est parce que le preneur prend profit & salaire pour la garde & pour le soin. *Argum. l. si ut certo §. nunc videndum vers. custodiam ff. commodati.*

ARTICLE III.

Et doit le preneur telle garde audit bêtail, que s'il se meurt, perd ou deperit par ses dol, fraude ou coulpe, le dommage se prend sur luy, mais si c'étoit par fortune ou inconvenient non prévеûs ou qui ne se pourroient prévoir, il n'en sera tenu : mais est le peril ou perte commune.

Quoy que la perte soit avenuë par cas fortuit ou violence, si la coulpe du preneur a été precedente au cas fortuit, il sera tenu du cas fortuit, comme si le bêtail s'étant égaré il n'a été soigneux de le rechercher, & le loup l'ait mangé. Par la raison de la *l. videamus. §. si hoc ff. locati, l. qui petitorio in fine ff. de rei vend.* Ou bien si le bêtail se perd par simple larcin sans fracture de porte ou autre violence, car le simple larron se dit être la perte des choses mal gardées. Je diray que le preneur en est tenu, car tel larcin n'est pas mis entre les cas fortuits, *l. nauta in fine juncta l. & ita §. at hoc ff. nautæ, caupones, stabul.* car le preneur doit bonne garde *l. cum duobus §. damna ff. pro socio.* Et parce que le preneur par exprés est chargé de la garde du bêtail, je croy qu'en cas de perte ou mort, il est tenu de prouver qu'il n'y ait rien de sa faute *l. si creditor, in verb. vel non probat. C. de pignor. act.* quoy que la glosse en ladite loy, selon les opinions de Martin, Joannes, & Azo anciens glossateurs, disent que le proprietaire doive prouver qu'il y a eu coulpe de la part de celuy qui avoit la garde. Vray est que *Bart. in l. si quis ex argentariis §. 9. versic. an nec heredi ff. de edendo & Alexand. consil 28. vol. 1.* distinguent, disans que si le cas de perte est tel qu'il n'ait accoûtumé d'avenir sans coulpe, comme est le larcin & l'incendie, qu'en ce cas celuy qui est chargé de la garde doit prouver qu'il n'y ait rien de sa faute. Si le cas est tel que communement il avienne sans coulpe. Il suffit au gardien de prouver la perte, & le proprietaire doit prouver la coulpe. La raison du premier chef de la distinction est, parce que la presomption est contre le gardien, & sa presomption transfere la charge de probation *l. sive possidetis. C. de probat.* Mais parce que le preneur de bêtail à chaptel est tenu de diligence exacte, je croy que c'est à luy de prouver qu'il a fait son devoir tout entier, & par consequent doit prouver en tous cas qu'il n'y a point de sa coulpe, *argum. l. 1. §. sed et si ff. de magist. conven.* Aussi il y a difference de raison entre le cas de present & le cas de ladite loy *si creditor*, car le creancier qui tient gage ne reçoit aucun salaire pour la garde, mais le chaptelier en reçoit en tant qu'il prend part au croît & profit. Selon les regles de droit, la charge de prouver aucune chose avoir été bien faite, est sur celuy qui est tenu de le bien faire, *l. non est ff. de probat. d. l. 1. §. sed et si ff. de Magist. conveniendis.*

ARTICLE IV.

Aussi est le peril dudit bêtail commun regulierement entre lesdits preneur & bailleur, tout ainsi que le croît & profit qui en procede : sauf les gresses, labeurs, laictages des bêtes qui appartiennent aux preneurs : hormis en métairies, dont sera usé comme l'on a accoûtumé ou qu'il sera convenu.

En joignant la fin de l'article precedent avec celuy-cy, la question peut être en cas que le total du bêtail soit perdu, comme si en tems d'hostilité les ennemis ou les soldats qui se disans amis sont vrais ennemis, ravissent & enmenent tout le bêtail : ou si tout le bêtail étant en tect de nuit, le feu du ciel tombe & brûle tout : dirons-nous que le preneur soit tenu de satisfaire au bailleur de la moitié du chaptel ? Je sçay que vulgairement on tient que si, même si le preneur à déja pris quelque part au profit. Mais par les raisons suivantes, il me semble quand c'est vray cas fortuit sans coulpe precedente, qu'à chacun d'eux perit ce qui est sien, *l. pignus. C. de pignor. act.* ainsi le bailleur perd son chaptel sans recours, & tant luy que le preneur perdent chacun leur part du profit. Car comme il a été dit cy-dessus, la seule estimation n'a pas transferé la proprieté au preneur, ny par consequent le peril *d. l. cum duobus §. damna. ff. pro socio*, & en l'article *16. infra* se dit que le bailleur demeure proprietaire. Aussi sera consideré qu'en ce quatriéme article sont mis *ad paria* & à proportion le peril & le profit. La comparaison fait que comme il n'y a que le croît & le profit qui soient communs : aussi la perte du croît & du profit doit être seulement commune : cét argument de comparaison est bon

& reçû du droit *in l. 1. ff. de reb. dub. l. si ex toto §. ult. ff. de lega.* 1. Aussi est à considerer la regle du droit, par laquelle la peremption de la chose éteint l'obligation *l. inter stipulantem §. sacram ff. de verb. oblig. l. in ratione 2. §. diligenter ff. ad leg. Falcid.* Sera aussi consideré pour cette opinion, que si le preneur portoit la moitié de la perte du chaptel, la societé seroit leonine, & de la qualité de celles qui sont reprouvées de droit en tant que le preneur porteroit la perte du chaptel auquel il n'a aucune part. A quoy fait ladite *l. si tibi rem in verb. societas non videtur ff. de præscript. verb.* Selon cette opinion tient Corneus *consil.* 108. *vol.* 1. & allegue ladite *l. pignus C. de pig. act.* & soit notée la glosse *in l. 1. C. pro socio*, qui dit quand en la societé l'un confere de l'argent, & l'autre seulement son labeur & industrie, que si l'argent se perd il se perd pour celuy seul qui l'a conferé. Toutefois Alexand. *consilio* 131. *vol. quinto*, semble incliner à l'opinion contraire que la perte soit commune : de vray ce n'est pas un même cas que le present, car le labeur & industrie sont mis en balance pour être de pareil poids que l'argent, qui fait que celuy qui apporte son labeur a la moitié à l'argent. Mais si le total du bêtail ne perit pas, mais seulement quelques chefs, je croy qu'en ce cas la perte se peut dire être commune, en tant que le preneur doit patienter & nourrir ce qui reste du bêtail jusques à ce que le croît & profit puisse parfournir le chaptel, même ne fût-il demeuré qu'une bête femelle, par la raison de la *l. vetus* avec les suivantes *ff. de usuf.*

Au fruit & profit de bêtail sont compris les petits que les femelles font, hormis ceux qui sont retenus pour refaire & entretenir le chaptel *l. in pecudum ff. de usur. l. de ducta §. hæreditatem ff. ad SC. Trebell. & d. l. vetus.* Aussi sous le nom de fruit sont compris la laine, le laict, le poil, *d. l. in pecudum.* Et les fumiers & gresses sont aussi comptez au rang des fruits *l. plenum §. sed si pecoris ff. de usu & habit.* lesquels fruits selon cét article appartiennent au preneur entierement. Et si le bailleur des brebis a chaptel exige & veut ôter les brebis au preneur avant les tondailles, ou avant que les vaches, jumens & brebis auront fait leurs petits, elles étans déja plaines, le preneur aura part au profit & croît *pro rata* de tems *l. fructus vel l. divortio §. non solum ff. soluto matri.*

Le labeur du bœuf est compris sous le nom de fruit & profit, ainsi qu'il se dit des journées des serfs & des loüages & voitures de bêtes *l. mercedes. ff. de petit. hæred. l. in venditione. §. 1. ff. de bonis auctor. jud. possid.*

En mestairies, La question est si le contrat de métairie est societé ou location, ou quelqu'autre contrat. Aucuns disent que c'est societé, par la *l. cum duobus §. si in coëunda in verb. aut agrum colendum ff. pro socio.* Les autres disent que c'est *ad instar* de location, non pas vraye location, parce que le salaire n'est pas en deniers. Mieux semble que c'est un contrat non nommé tout prés approchant de location, en tant que le métayer reçoit le salaire de son labeur en autre chose que deniers : & partant se doit regler selon le contrat de location *per not. in l. 1. §. si quis servum ff. depositi.* en consequence de ce, se peut dire que le contrat de métairie ne finit par la mort du métayer, comme se diroit en societé, mais que les heritiers du preneur de la moitié en sont tenus comme en contrat de location *l. viam. C. locati.* Toutefois si les hommes preneurs de la métairie meurent tous ne laissans que petits enfans & femmes veuves, je croy que l'on ne peut contraindre ces survivans à l'entretenement, à cause de la grande difficulté, qui doit être tenuë pour impossibilité, comme il est dit en la *l. cum hæres §. 1. ff. de statulib.* & parce que le contrat étant de bonne foy, il faut presumer la volonté vray-semblable des défunts *l. quia tantundem ff. de negot. gest.* En ces métairies ou accenses de domaines qui sont aux champs, les années ne sont pas entenduës par le seul compte de 365. jours ou douze mois : car l'année de labourage de terres à bled comprend le tems depuis le premier jour de Septembre jusques à la moisson, qui est de dix-sept ou dix-huit mois, quant aux bons laboureurs, selon les preceptes de Virgile és Georgiques, quand il dit que la terre à faire bleds doit sentir deux fois l'hyver, & deux fois l'esté. Aussi és baux à métairie, ou accense, on a accoûtumé d'user de ces mots, cinq années & cinq débilares ou dépoüilles. Et quand il n'en est rien dit, encores doit-il être entendu, que le métayer ou accenseur doit laisser les terres en l'état qu'il les trouve : car il doit faire chacune besogne du ménage rustique en son tems *l. si merces §. conductor ff. locati.* Et ainsi le tient *Feder. Senens. consil.* 110. *Ruinus consil.* 80. & 88. *vol.* 1. Aussi sera noté, que le bêtail qui est baille en chaptel avec le bail à métairie, ne peut pas être exigé & prisé à volonté, ny és termes que la Coûtume met. Mais seulement à la fin de la métairie, comme étant le bail à chaptel accessoire du bail à métairie, & faisant portion d'icelle *l. sed & socius in fine ff. pro socio.*

Hormis en metairies, La raison de la diversité est, en ce que le bailleur de métairie fournit les terres & les prez où se recüeillent les fourrages & les foins. Et en simple bail à chaptel le bailleur ne les fournit. C'est pourquoy és baux de métairies, les bailleurs stipulent des fromages & du beurre.

ARTICLE V.

En maniere que le preneur qui peut affranchir & acquiter ledit chaptel en payant entierement le prix auquel est estimé ledit chaptel : ayant iceluy entierement payé, & ledit chaptel affranchy, est commun avec ledit bailleur en perte & profit : & se peut faire le payement dudit prix par ledit preneur à une fois, deux, ou plusieurs.

ARTICLE VI.

ET ledit chaptel par ledit preneur entierement affranchy, ou le prix d'iceluy parpayé, le bêtail dudit chaptel, ensemble tout le croît sont communs entre les parties : & en consequence sont communs les dommage & profit.

QUand il est icy parlé de payer le prix du chaptel, il s'entend quand lors de la vente d'aucuns chefs le bailleur a pris tout l'argent de la vente, ou la plufpart, à une ou plusieurs fois, & il se trouve que ledit bailleur en a reçû autant que monte l'estimation de son chaptel sans que le preneur ait rien pris, ou ait pris bien peu. Car en ce cas aprés que le bailleur a reçû tout le prix de son chaptel, il se troue que ce qui reste de son bêtail est croît & profit : qui est commun entre le bailleur & le preneur.

En consequence sont communs les dommage et profit, C'est pour confirmer mon opinion cy-dessus par cette comparaison, qui montre que la perte n'est commune sinon pour la même proportion que le bailleur & le preneur sont communs en la proprieté.

ARTICLE VII.

SI le bailleur prend une bête dudit chaptel pour ses affaires, elle est estimée & appreciée entre les parties, & est compté le prix à la diminution du prix du chaptel : sinon que le preneur en prit un autre de semblable prix : auquel cas pourtant ledit chaptel ne diminuëra, parce qu'il se fait entr'eux compensation, & se fait par consentement des deux parties.

ARTICLE VIII.

ET si ladite compensation n'est égale d'une part & d'autre, si c'est de la part du bailleur qui aura plus pris, audit cas il comptera ledit plus sur led. prix de chaptel en le diminüant: & si c'est de la part du preneur il croîtra le prix de sond. chaptel.

C'Est comme l'execution, exemple & démonstration de l'effet des articles precedens. En la fin du 7. article on peut prendre argument, que ny le bailleur, ny le preneur ne peuvent prendre des bêtes du troupeau, l'un sans le consentement de l'autre. Mais quant au 8. article semble qu'il se doit entendre au cas, & quand le troupeau n'est point creu en valeur. Car s'il y a du croît & du profit outre le chaptel, la raison est que ce que le preneur a reçû luy soit précompté sur sa part du croît & du profit, sans le contraindre à augmenter le prix du chaptel. Cette raison est fondée sur ce qui est dit en droit quand aucun payement se fait & n'est dit sur quelle partie, qu'il doit être entendu fait sur la partie qu'un debteur bon ménager choisiroit de faire, *l. cum ex pluribus. ff. de solut.* Aussi le contrat étant de bonne foy *ex eo capite* qu'il contient societé, il y faut entendre toutes choses, *ex bono & aequo, & sicut vir bonus arbitraretur, l. quia tantundem. ff. de negot. gest.*

ARTICLE IX.

LE bailleur peut exiguer, demander compte & exhibition de son bêtail, & iceluy priser une fois l'an, depuis le dixiéme jour devant la Nativité de saint Jean-Baptiste, jusques audit jour exclus, & non en autre tems : & le preneur peut en cas pareil requerir ledit bêtail être visité, & iceluy priser depuis le dixiéme jour devant la saint Martin d'hyver jusques audit jour exclus, s'il n'y a convenance au contraire : toutefois si ledit preneur traite mal lesdites bêtes, le bailleur les peut exiguer, toutefois qu'il y trouvera faute sans forme de Justice : sauf toutefois au preneur de repeter ses interests, ou ledit bailleur aura exigué à tort en autre tems que le Coûtumier.

L'Ancien cahier de l'an 1490. met le preneur & le bailleur à party pareil de pouvoir priser vers la Fête de saint Martin d'hyver. Selon qu'il est porté par cét article en chacune des deux saisons, le bêtail doit être en bon point, & il y a peu d'interest en la prisée, car à la Fête de saint Jean il a mangé les herbes nouvelles, & s'est refait du mal-aise de l'hyver, à la Fête de S. Martin il a suivy les prez fauchez, & les terres labourables dépoüillées. Vers la Fête de saint Jean le preneur doit avoir sombré ses terres, & avoir commencé à biner. Vers la Fête saint Martin le laboureur bon ménager a achevé ses semailles, vray est que le bailleur peut recevoir incommodité quand le preneur luy rend son bêtail au commencement

ment de l'hyver. Berry au titre du Chaptel & des Bêtes article 1. dit que le bailleur & le preneur à chaptel ne peuvent exiguer avant les trois ans passez, à compter du tems du bail, & si le bêtail est à moitié devant les cinq ans. Ce qui dépend de la regle generale des societez, qui defend de dissoudre intempestivement les societez.

S'il n'y a convenance au contraire, C'est pour une clause que les bailleurs bien souvent, & quasi ordinairement font mettre au contrat de bail à chaptel. Qui est de priser & exiguer, toutesfois & quantes. Et quoy que ladite clause y soit, elle se doit entendre avec temperamment, & que ce soit en saison tempestive : car si le bailleur exiguoit en tems qui fût du tout mal propre, comme par animosité ou mauvaise volonté au fort des moissons ou des labourages, le preneur pourroit demander & avoir son interest, à cause de la dissolution intempestive de la societé, *l. sed & socius, in fin. ff. pro socio.* Et quoy que selon les regles de droit nul ne puisse être contraint de demeurer en societé outre son gré, *l. ult. C. commu. divid.* neanmoins si intempestivement & hors saison dûë, l'on dissout la societé, il est tenu de l'interest. *l. si convenerit, in fine. ff. pro socio.* Aussi les loix quand aucune chose à faire est remise à volonté d'autruy, entendant que ce soit volonté raisonnable, qui telle seroit jugée par un preud'homme, *l. si libertus ita. ff. de oper. libertor, l. sic legatum. ff. de legat.* 1. *l. si fideicommissa. §. sic fidei commissum. ff. de legat.* 3. Quand la faculté d'exiguer à volonté par le contrat est octroyée au bailleur, semble que la raison est que le preneur l'ait pareille, à ce qu'il ne semblat que la societé fût leonine si autrement étoit : la loy blâme la societé leonine, qui est quand il y a plus d'avantage d'un côté que d'autre, *l. si non fuerint. §. Aristo. ff. pro socio.*

Sans forme de Justice, Il faut entendre que ce soit sans attendre une Sentence diffinitive donnée comme sur procez ordinaire, parce que la longueur du tems pourroit donner occasion de tout perdre, quand il y a mauvais gouvernement ; mais pour le moins il y faut quelque connoissance sommaire & Ordonnance du Juge sur Requeste à luy presentée : ainsi qu'il est de Coûtume en affaires requerans prompte expedition. Autrement le bailleur sembleroit être Juge en sa cause, ce qu'il ne doit quoy qu'il soit convenu, *l. creditores. C. de pignor.*

ARTICLE X.

APrés ce que le bailleur aura exigué & prisé lesdites bêtes, le preneur present ou appellé, iceluy preneur a dix jours par la Coûtume, pour à son choix retenir lesdites bêtes pour le prix que ledit bailleur les a prisées en exiguant, ou pour les laisser audit bailleur pour ledit prix : & si ledit preneur s'appreste par son choix à les retenir, il sera tenu de bailler plege dudit prix, obligé comme principal debteur, avec renonciation d'ordre de discussion & benefice de division, de payer ladite somme dedans les dix jours : autrement ledit seigneur pourra prendre & emmener ledit bêtail pour le prix qu'il est prisé.

ARTICLE XI.

ET quand le preneur a prisé lesd. bêtes au tems qu'il luy est permis, le bailleur a semblable tems & choix que dessus pour les retenir ou les laisser.

L'Article 10. n'est pas bien clair s'il y a deux fois dix jours, l'une pour choisir, l'autre pour payer. Selon qu'est le commencement de l'article, semble que les dix jours soient octroyez au preneur pour choisir, & si ainsi étoit ne faudroit point de plege durant les premiers dix jours, & aprés que le preneur a choisi, il y a grande raison de dire qu'il doit avoir dix jours pour payer, mais il doit au jour qu'il choisira de retenir, donner plege ou payer comptant. Ce même terme de dix jours pour payer est ordonné par cette Coûtume au fait des executions, *infrà*, des Executions article 4. Berry titre du Chaptel des Bêtes article 3. dit que si le bêtail demeure à celuy qui exigue & prise, il doit payer comptant : si le bêtail demeure à l'autre qui souffre le prisage, qu'il a huitaine pour payer. Bourbonnois article 553. charge le preneur qui retient de bailler caution du prix ; autrement que les bêtes doivent être mises en main tierce.

ARTICLE XII.

ET en chacun des cas susdits pendant ledit tems de dix jours, le preneur est tenu d'alimenter, garder & nourrir lesdites bêtes comme-dessus.

DE cét article peut être recüeilly, que durant lesdits dix jours, le preneur ne doit être depossedé, & que ce qui est dit à la fin du 10. article, doit être entendu si le preneur ayant retenu ne paye, ou ne donne plege aprés qu'il a choisi de retenir ; La question est à la charge de qui sera le peril du bêtail, s'il se meurt ou se perd durant les dix jours? Je croy que si celuy qui est en son délay de choisir n'a pas encores declaré son choix, la perte est à telle condition, comme elle étoit avant le prisage, & durant le tems que le bail à chaptel étoit en sa vigueur, car audit cas l'obligation n'est pas finie : mais si la perte vient aprés le choix declaré, le peril de la perte est sur celuy à qui le bêtail est demeuré par le choix : car par l'option il est fait sien propre, *l. hujusmodi. §. Stichum. ff. de legat.* 1. *l. apud Aufidium. ff. de optione leg.* & en ce cas se doit dire que l'estimation transfere le peril, *ad instar emptionis, l. plerumque. ff. de jure dot.*

ARTICLE XIII.

SI par lesdits bailleur ou preneur, selon que dessus, lesd. bêtes sont moins prisées que par le bail à chaptel, les parties sont tenuës communément & par moitié au dommage & deterioration dudit bêtail.

AUcuns prennent argument de ce treiziéme article que le preneur est tenu de contribuër à la perte du chaptel, quand tout le bêtail est perdu : mais le cas de cét article est quand le bailleur ou le preneur prise : & se peut entendre de la perte particuliere. Si le bailleur prise intempestivement & sans cause, le preneur a moyen de demander ses dommages & interests, *d. l. sed & socius. ff. pro socio. Multòmagis*, il devra être tenu quitte de la perte en offrant par luy de tenir le bêtail jusques à ce que ledit reste puisse suppléer & parfournir la valeur du chaptel. Si le bailleur a eu juste cause de priser, comme si le preneur traite mal le bêtail ou autrement, le preneur doit imputer à sa faute si le bêtail est decheu. Si le preneur prise de même, il doit imputer sur soy-même le déchet, en tant qu'il s'est avisé de priser au tems qu'il sçavoit que le bêtail ne pouvoit pas fournir le prix du chaptel. Ainsi cét article n'est contraire, à ce qui est dit cy-dessus, article 4.

ARTICLE XIV.

APrés ce que le prix dudit chaptel est payé par le preneur, & ledit chaptel affranchy, & lesdits bailleur & preneur sont communs en tout le bêtail & croît d'iceluy, le preneur est tenu de nourrir, garder & entretenir lesdites bêtes, & ne peuvent icelles parties exiguer & priser sinon comme dessus est declaré.

PAYE' PAR LE PRENEUR) Se doit entendre comme il est dit cy-dessus au 5. article, c'est-à-dire, quand le preneur a consenty que le bailleur prit des bêtes ou les deniers provenans de la vente d'icelles jusques à la valeur du chaptel avant que le preneur ait rien pris, ou aprés avoir précompté ce que le preneur a pris.

ARTICLE XV.

ET s'il y a autres convenances que les dessusdites, accordées ou observées entre les parties par lesquelles il y ait inégalité de profit & dommage, mêmement quand il y a exaction d'autre profit que les dessus declarez, lesdites convenances sont dés à present & pour lors censées & reputées illicites & usuraires : & les bailleurs qui les accorderont, ou en useront seront punis comme usuriers.

L'Inégalité peut être prise en plusieurs sortes, l'une si le bêtail lors du bail est prisé à beaucoup plus haut prix qu'il ne vaut : car par ce moyen le profit que doit prendre le preneur à la moitié du croît est retardé & fait moindre, & le profit du bailleur est plus grand. L'autre sorte d'inégalité est s'il est permis au bailleur de priser le bêtail quand il voudra, en prenant cruëment cette volonté comme plusieurs l'interpretent, c'est-à dire, sans avoir égard si la saison est propre, quoy qu'il n'y ait point de faute du preneur, & que semblable faculté ne fût octroyée au preneur, car comme il a été dit & prouvé, art. 9. cette volonté doit être accompagnée de raison, & selon qu'un homme de bien arbitreroit. L'autre sorte d'inégalité peut être si le preneur est obligé de ne pouvoir priser ny se décharger de fort longtems, comme de six, huit ou dix ans. Et en general l'inégalité se peut prendre, quand par paction le contrat est fait plus grief au preneur que la Coûtume ne permet : Berry titre du Chaptel des Bêtes article 11. met un exemple de paction illicite, s'il est dit que les bêtes seront entierement au peril du preneur, & qu'il sera tenu du cas fortuit, & article 12. met un autre cas, si les bêtes étoient baillées à moison & pension annuelle : dont la raison est, que le preneur est obligé *in genere* & n'est pas déchargé de la pension si les bêtes meurent ou diminuënt de valeur. C'est à bon droit que ces pactions d'inegalité sont reputées usuraires, car la regle est generale, que si les contrats ne sont raisonnablement proportionnez, on presume que la paction est en fraude des usures. En France les vrayes usures sont prohibées entierement tant petit soit le profit *etiam* du denier douziéme ou vingtiéme, par l'Ordonnance du Roy Philippes le Bel, de l'an 1312. qui fut faite pour la declaration de celle de l'an 1311. parce que de prime face sembloit que ladite Ordonnance de l'an 1311. prohibat seulement les usures griéves & grandement excessives : la seconde en declarant, prohibé toutes sortes d'usures, bien dit que la premiere ne punissoit que les griéves, qui de vray sont declarées être sujettes à la perte de la vie & des biens. L'Ordonnance du Roy Louïs XII. de l'an 1512. article 64. & l'Edit de Blois de l'an 1580. art. 202. prohibent les usures simplement. Les Canonistes ont traité le fait des usures avec extreme rigueur, & avec peril si les Cours layes suivoient leur doctrine, de gaster tous les commerces, & pour plus exercer leur riguer ont tenu qu'aux Juges d'Eglises appartient la connoissance des usures privativement à tous autres Juges, & aucuns Docteurs de droit Civil ont adheré à cette opinion, parce que la plus/part d'eux enseignoient à Bologne & à Perouse, qui sont terres d'Eglise. De cette opinion est Alexand. *consil. 59. vol. 1. & consil. 1. vol. 2.* où il dit la raison, parce qu'au droit Canonique appartient l'interpretation du droit Divin, en ce qui touche la Philosophie Morale : mais à bon droit nous n'avons pas tenu cette opinion en France : mais disons qu'aux Juges lays en appartient la connoissance contre les lays. Doncques nous n'observons pas l'ancien droit Romain Civil, qui permettoit les usures, & y a mis certain taux selon la qualité des personnes & qualité des negoces, *l. eos. C. de usur.* Bien avons nous reçû de demander interests en plusieurs cas, & chacun cas avec sa raison particuliere, & en telle sorte que ce soit vray interest, & non vraye usure. L'un est quand quelque chose de soy apportant fruit & profit est venduë & livrée, & l'acheteur ne paye pas le prix comme il est dit, *in l. curabit.* jointe la glose, qui en ce cas l'appelle legitime interest. *C. de actionib. empti.* Aucuns Docteurs ont tenu que cét interest doit être mesuré selon la valeur des fruits de la chose venduë & non par convenance de somme certaine. Ainsi Alexand. *consil. 69. vol. 1. Joann.° de Imola, in l. in insulam. §. usuras. ff. soluto matri. Decius consil.* 119. *&* 183. *vol.* 1. Autres ont tenu que l'interest à faute de payer le prix, peut être stipulé à somme certaine *etiam* excedant les fruits, comme Corneus *consil. 73. vol.* 4. & dit la raison qu'il a été loisible au vendeur de retenir à luy la perception des fruits jusques à ce que le prix fût payé, & cette estimation des fruits est sujette à la volonté des parties ; comme aussi si le vendeur declare que son intention de vendre a été pour employer les deniers en constitution de rentes, ou à quelque cause particuliere qu'il exprimera, & à faute de payer au terme, stipulera les interests tels qu'ils pourroient resulter du negoce qu'il aura exprimé. Ainsi le tient Panor. *consil.* 85. *vol.* 2. en sorte que la stipulation d'interest ne seroit pas fondée sur la simple volonté des parties : mais sur un vray interest. L'autre cas auquel est permis stipuler interest, est pour deniers dotaux qui ne sont payez au mary à jour promis, ou aprés la sommation, dont nôtre Coûtume a fait le taux à huit pour cent par an : La Coûtume de Bourgogne & la nôtre ancienne ont fait le taux à dix pour cent : tel interest est approuvé par le droit Canonique, *in cap. salubriter, extrà, de usur.* De vray c'est legitime interest en tant que le mary porte les charges du mariage, & à cette occasion gagne & fait siens les fruits de la dot de sa femme, *l. dotis. ff. de jure dot.* duquel gain il est privé en retardant le payement. Et tiennent aucuns Docteurs *etiam* en tous cas que ce n'est pas usure quand on demande le profit qui est ordonné par la disposition de la loy. Ainsi le tient Panor. audit Conseil 85. vol. 2. L'autre cas auquel on peut demander interest avec certain taux sans prouver en particulier les causes de son interest, est quand le creancier appelle en jugement son debteur qui est negligent de payer quand la condemnation s'en ensuit, le debteur est condamné à payer interest au creancier ; à sçavoir entre Marchands à raison du denier douze, qui fait huit & tiers pour cent par an, & entre autres personnes au denier quinze, qui fait six & deux tiers pour cent par an. C'est selon l'Edit d'Orleans fait par le Roy tenant ses Etats en 1560. article 60. Mais en ce cas selon mon opinion ne suffit pas qu'il y ait demande ou sommation faite en jugement pour produire les interests, car ce seroit une occasion pour faire fraude aux loix usuraires, mais la poursuite doit être continuée, & la contumace & indevotion du debteur doit être convaincuë aprés contestation ou contumace du défendeur, par jugement diffinitif ou chose équipollente à jugement, comme transaction sans fraude aprés avoir plaidé. Aussi ledit article parle d'adjudication & condemnation, qui emportent Sentence deffinitive ; & semble que ce soit la peine du temeraire litigateur : dont resulte que la seule demande ne suffit pas s'il n'y a condemnation, ou tout au moins contestation, par laquelle soit connuë la mauvaise foy du debteur, *l. sed et si. §. si antè. ff. de petit. hæred.* lequel article de l'Edit d'Orleans semble être l'execution de l'Ordonnance de l'an 1539. article 88. L'autre cas est quand l'interest est stipulé avec raison speciale & particuliere, comme si aucun preste son argent qu'il avoit destiné pour racheter un heritage par luy vendu sous remeré, ou une rente par luy dûë, & l'argent ne luy soit rendu au tems accordé, il aura pû stipuler l'interest selon le dommage qu'il pourroit souffrir : ainsi alleguoit Monsieur Maître Baptiste du Mesnil Avocat du Roy, & disoit avoir été jugé par Arrest, luy plaidant pour le Roy le 13. Juin 1559. & disent les Docteurs que l'interest peut être licitement stipulé en tous contrats : pourveu que la cause speciale soit exprimée, & qu'il en apparoisse autrement que par la convention ou assertion des parties. Alexand. *consil.* 221. *vol.* 2. *Anton. de Butrio. consil.* 17. qui ajoute pourveu que ce soit pour recompense de dommage & non pas de cessation & défaillance de gain. Panor. *consil.* 85. *vol.* 2. *Carolus Ruinus consil.* 104. *vol.* 4. *Gozadinus consil.* 55. qui asseure que les usures qui sont pour recompense de vray intereſt, ſont permiſes *etiam* par le droit Divin. Cette prohibition d'uſures par la loy de France eſt generale, & ne reçoit limitation pour la faveur des pupilles ou autres perſonnes, & ainſi fut jugé par Arreſt ſur plaidoyrie, led. jour 13. Juin 1559. la Cour lors ſeante aux Auguſtins, entre Monſire d'Orleans & le Curateur d'Anne de Vivier veuve de Thibaut Gnoraut infirme de ſens, plaidans Canaye & de la Porte Avocats tous deux fameux, ſur ce que ledit Curateur avoit baillé une ſomme de deniers de lad. du Vivier audit Monſire, payable à certain terme ſous le profit annuel de ſept pour cent, par ledit Arreſt les profits payez furent declarez confiſquez au Roy, les deux parties payante & prenante, condamnées en amendes & ajournement perſonnel, decreté contre le Lieutenant au Bailliage d'Orleans qui avoient autoriſé ce bail de deniers. Ce fut au tems de cette ſolemnelle Mercuriale de Parlement, en laquelle le Roy Henry II. aſſiſta, & que l'on dit avoir donné occaſion des troubles pour le fait de la religion, en laquelle Mercurialle par commandement du Roy, furent pris priſonniers aucuns Conſeillers de la Cour, que l'on diſoit adherer aux nouvelles opinions au fait de la religion, entre leſquelles étoit cette-cy, que les uſures moderées ſont permiſes. Paul de Caſtre au Conſeil 301. vol. 1. tient cette opinion, que *etiam* en faveur des pupilles les uſures ne ſont pas permiſes, & l'Edit d'Orleans article 102. qui commande de faire profiter les deniers des pupilles, ne dit pas de les bailler par preſt pour les rendre à certain tems, mais commande d'en acheter rentes ou heritages: Vray eſt que ſi le tuteur ne les employe par nonchalance, il eſt tenu d'en payer intereſt au mineur, mais en ce cas c'eſt vray intereſt procedant de la coulpe du tuteur, & c'eſt intereſt ſera meſuré au profit que le mineur pourroit recevoir de la rente ou de l'heritage s'il avoit été acheté. Toutefois du Luc en ſon recüeil d'Arreſts en la troiſiéme Edition fol. 306. recite un Arreſt de la troiſiéme Chambre des Enqueſtes, en date du dernier Juin 1557. au rapport de Monſieur Larcher Conſeiller, par lequel les uſures pupillaires furent approuvées, les deniers avoient été baillez pour cinq ans, à la charge de payer profit par chacun an. De vray aucuns Docteurs François n'ont pas tenu exactement les opinions des Canoniques ny des Theologiens Scholaſtiques au fait des uſures. Toutefois puiſque l'autorité de la loy y eſt par ledit Edit du Roy Philippes le Bel, de l'an 1312. & que l'utilité publique y eſt fondée, ſur ce que tel profit d'uſure rend pluſieurs riches pecunieux faineans pour ne s'employer à aucun trafic, & ce deſir de profiter qui a accoûtumé de croître comme la ſoif à l'hydropique, ſemond les creancier à excogiter artifices pour couvrir leur avarice: & les pauvres ayans affaire d'argent ſe precipitent à promettre profits exceſſifs, qui ſont tous moyens contraires à la ſocieté des hommes, qui doit être entretenuë par contrats proportionnez & par le travail de chacun qui a moyen de travailler, il eſt bien à propos de conclure, que les uſures qui ne ſont cauſées ſur aucun intereſt particulier & ſpecial, mais ſur la ſeule convenance des contrats ſont défenduës à toutes perſonnes. Quand on requiert la declaration de nullité ou reformation d'un contrat uſuraire, ou ſuſpect d'uſure, il n'eſt beſoin d'obtenir lettres Royaux en Chancellerie, parce que les uſures ſont défenduë par les loix de France. Les lettres de Chancellerie doivent être obtenuës quand on fonde la nullité ou la reſciſion ſur le droit Civil Romain, comme du chef de minorité, de dol, de crainte, ou à cauſe de Vellejan, parce que le droit Romain n'a force de loy en France, & faut que la reſtitution fondée ſur iceluy ſoit autoriſée par le Roy. Ce que je croy être general en tous cas de reſtitution en entier, ou declaration de nullité introduites par le droit Romain, & non en celles introduites par les Edits Royaux ou Coûtumes des Provinces. Les uſures à Rome pour le tems qu'elles étoient permiſes, étoient ſtipulées à raiſon de tant par mois, & non à raiſon de tant par an comme à nous: ainſi que l'on peut recüeillir de la *l. lecta. ff. ſi cert. pet. & l. Publia. §. 1. ff. depoſ.* & encores aujourd'huy les Juifs auſquels les uſures ſont permiſes en Italie pratiquent ainſi. De là étoit dite l'uſure centeſime qui en cent mois, c'eſt-à-dire, en huit ans quatre mois, égaloit le ſort: elle revient à douze pour cent par an: les communs profits des rentes conſtituées reviennent aujourd'huy en France à environ deux tiers de centiéme, qui ſe dit en Latin *uſura beſſis*, c'eſt huit pour cent. Avant les douze Tables les uſures étoient ſtipulées à volonté; Par les douze Tables elles furent reduites à l'once, qui eſt la douziéme partie du ſort principal par mois, & en un an elle égaloit le ſort principal. Ce qui a induit Accurſe en erreur, quand il dit que l'uſure centeſime égaloit le ſort en un an. Cornelius Tacitus *lib.* 5. de ſon hiſtoire, dit qu'à Rome les Tribuns du peuple reduiſirent les uſures à demie once. Depuis a été faite la *l. eos. C. de uſur.* qui les taxe & modere ſelon la qualité des perſonnes.

ARTICLE XVI.

Si avant le chaptel payé le preneur vend ou allienne, ou ſouffre vendre ou allienner par execution ou autrement par Juſtice ledit bêtail ſans inſiſtance, & ſans en avertir le bailleur ou ſes ayans cauſe, ledit bailleur ſoit avant ou aprés la délivrance dudit bêtail ainſi vendu, pourra le ſuivre, & iceluy faire arreſter ou empêcher pour le vendiquer, & luy ſera rendu en montrant valablement par contrat de bail ou par témoins qu'il luy appartient. Et en montrant promptement dudit contrat de bail en forme probante, ſera & devra être ledit bêtail baillé audit ſeigneur bailleur par proviſion pendant le débat & procez en baillant caution fidejuſſoire pardevant le Juge dudit débat. Et au cas que ledit ſeigneur bailleur obtienne, il ne ſera tenu aux frais & poſtures dudit bêtail que depuis le tems de ladite délivrance jusques au tems dudit arreſt ou empêchement. Le recours pour ledit bêtail ou prix d'iceluy : enſemble des dépens, dommages & intereſts, frais & poſtures dudit bêtail reſervé aud. acheteur contre ſon vendeur, ſoit premier, ſecond ou autre.

De cét article reſulte ce qui a été dit cy-deſſus, que le bailleur demeure proprietaire de ſon chaptel, puis que la reïvendication luy eſt octroyée, & que l'eſtimation ne transfere pas le peril de la perte : à quoy fait la *l. ſi tibi rem. vel l. ſi tibi area. §. 1. verſ. ſed ſi pucrum ff. de praſcript. verb.*

Par Justice) Dont s'enſuit que la vente des meubles par Juſtice n'a pas même effet que la vente d'immeubles par decret ſur criées, pour effacer le droit de celuy qui s'eſt oppoſé : auſſi il n'y a pas tant de ceremonies ; & le tems de dix jours pour la vente aprés la ſaiſie eſt octroyé au debteur afin qu'il faſſe deniers pour empêcher la vente de ſes meubles, ou trouver acheteur qui les faſſe valoir. Mais quoy du bêtail vendu en foire qui eſt aſſemblée publique ? Car l'acheteur en foire doit être réputé de bonne foy, & ſemble par maniere de dire, que la foy publique luy eſt garend, & ne ſe peut dire tel acheteur ce que l'Empereur dit, *in l. incivilem & in l. civile. C. de furt.* où eſt dit que celuy qui achete d'un paſſant, homme non conneu, ſe rend ſuſpect de mauvaiſe foy. Pourquoy j'eſtime qu'avec grande raiſon ſe peut dire que le bêtail vendu en foire publique qui eſt celebre & renommée, & ſi le bêtail a demeuré publiquement en foire, & a été vendu au chaud de la foire, ne peut être évincé par le ſeigneur du chaptel, ou autre proprietaire : car quant au chaptel le bailleur doit être ſoigneux de la fidelité du preneur, & doit l'obſerver & veiller, & ſi c'eſt autre proprietaire à qui on ait dérobé du bêtail, il doit être ſoigneux de ſuivre les foires pour reconnoître ſon bêtail. Tout au moins ſemble que tel proprietaire qui reconnoît ſon bêtail ainſi vendu en foire ne le doit recouvrer ſinon en payant à l'acheteur le prix qu'il luy a coûté, car ſi le bêtail n'eût été vendu à cette foire le larron l'eût tiré plus loin, & eût ôté au proprietaire le moyen de le vendiquer. Suivant la raiſon de la *l. mulier. ff. de cap. & poſtlimin. reverſ.* Ce qui ſe peut dire, ſinon que l'acheteur en foire ſoit voiſin du vendeur, ou vray-ſemblablement ſuivit ſa condition, facultez & moyens pour juger que le vendeur ne ſoit en facultez pour avoir du bêtail propre à luy. Car en ce cas l'acheteur ne pourroit ſe dire être de bonne foy.

Arrester et empescher) Le ſequeſtre de foy n'eſt pas reçû en reïvendication, car le défendeur doit demeurer poſſeſſeur ſelon la nature de l'action *l. 1. C. de alienat. jud. mut.* Cét arreſt dont eſt icy parlé, n'eſt pas vray ſequeſtre, mais ſe fait à l'égard de l'exhibition de la choſe qui eſt preparatoire de la reïvendication, à ce que ladite choſe ne ſoit détournée, & ne ſoit ôté au proprietaire le moyen de verifier qu'elle eſt ſienne : Pourquoy me ſemble aprés l'exhibition faite, & la choſe reconnuë, qu'elle doit être remiſe en la puiſſance du défendeur, à la charge de la repreſenter quand il ſera ordonné. Si ce n'étoit que le poſſeſſeur fût étranger, ou notoirement non ſolvable, auquel cas il devroit bailler caution, *l. ſi fidejuſſor. §. ult. ff. qui ſatiſd. cogantur.*

Par provision) Semble nouveau qu'en action de reïvendication y ait proviſion au profit du demandeur, veu que le défendeur doit être poſſeſſeur : mais c'eſt parce qu'il eſt fondé en contrat, & qu'il eſt queſtion de choſe mobiliaire, qui eſt ſujette à déperiſſement : auſſi que vray-ſemblablement le défendeur n'a pas eu ſi long-tems la choſe en ſa puiſſance qu'il s'en puiſſe dire vray poſſeſſeur.

Ce qui eſt dit que le bêtail ſera rendu au bailleur, s'entend pour le droit qu'il y a, car l'acheteur ou le creancier du chaptelier pourra entrer en compte avec le bailleur pour connoître s'il y a du profit à la part du chaptelier : pour lequel profit la vente tiendra : car le creancier peut exercer les droits de ſon debteur, & en recueillir le profit, *l. penult. C. de non numer. pecu. l. qui occidit. ff. ad leg. Aquil.*

Aux frais et postures) S'entend à l'égard de celuy qui a fait ſaiſir & vendre contre lequel la conteſtation ſe fait, mais à l'egard du depoſitaire qui a nourry & traité les bêtes, ſemble qu'il n'eſt tenu de rendre à qui que ce ſoit, ſinon en payant toutes les poſtures ; pour leſquelles il a droit de retention avec privilege, *l. creditoris, in fine. ff. de furt. l. hareditas. ff. de petit. hared.*

La queſtion eſt : le preneur vend aucunes bêtes du chaptel & en acheté d'autres de même qualité, ſi elles feront cenſées être ſubrogées pour être réputées mêmes bêtes, & ſembleroit de prime face que non, parce que la loy ne fait la ſubrogation, ſinon quand elle eſt faite du croît que la loy dit *ex adnatis*, quand les femelles font des petits, *l. vetus, cum legib. ſeq. ff. de uſufr. l. plerumque. §. ſervit. ff. de jure dot.* Cela ſe dit à l'égard de l'uſufruitier & du mary : mais en cas de chaptel, je dirois autrement, parce que le chaptelier eſt tenu plus avant que les deſſuſdits, & à cét égard me ſemble que la ſubrogation eſt cenſée de ſoy-même avoir été faite comme il eſt ordinaire en toutes univerſitez & collection de pluſieurs chefs compris ſous un même nom, *l. cum tabernam. ff. de pig. l. proponebatur. ff. de judic. Gloſ. in l. gre.*

ge. §. tenebitur. ff. de pignor.

Si le creancier du bailleur proprietaire du chaptel, fait saisir le bêtail tenu de son debteur à chaptel pour être vendu & satisfaire à sa debte; Semble que le preneur chapteliér peut s'opposer & empêcher que la vente soit simplement faite, c'est à-dire, à ce qu'il soit dit que le droit du bailleur seulement sera vendu sans préjudicier, ny toucher au droit du preneur, c'est-à-dire, que celuy qui achetera sera subrogé au droit du bailleur pour être sujet à compte & entrer en même raison avec le preneur comme devroit faire le bailleur, & avec les mêmes circonstance du tems & autres, selon la raison de la *l. si finita. §. si de vectigalibus. ff. de damno infecto*, & de la *l. qui tabernas. ff. de contrah. empt. Imò* le preneur par le moyen de son opposition pourra empêcher le déplacement; car il a son droit *in reipsa*, & és mêmes corps pour y prendre moitié du profit aprés le chaptel payé, & ne doit être depossedé non plus qu'un tiers detenteur: car il n'est pas debteur de celuy qui fait faire l'execution. Et si on veut priser & compter pour sçavoir quelle est la part & quel est le droit du bailleur, il faut venir sur le même lieu où est le bêtail, *l. si res, cum, l. seq. ff. de reivendicatione.*

CHAPITRE XXII.

DES COMMUNAUTEZ ET ASSOCIATIONS.

CE chapitre traite tant des communions de biens qui sont sans societé, qu'on appelle incidentes quand aucunes choses se trouvent commune par indivis entre deux ou plusieurs, comme aussi des communions de biens avec societé, comme entre deux freres mineurs, & des societez qui sont comme Familles, Corps & Colleges qui se continuënt par subrogation de personnes, comme sont les communautez des villages.

ARTICLE I.

COmmunauté de biens ne se contracte taisiblement, entre gens demeurans ensemble par quelque tems que ce soit, s'il n'y a convention expresse.

COmmunauté icy s'entend de societé, que selon les regles de droit n'est acquise sinon par traité & convenance, *l. ut sit. ff. pro socio.* La convenance peut être expresse ou tacite: car la volonté & consentement est aussi bien rapporté, & témoigne par faits que par paroles, *l. indebitum. C. de condict. indeb.* même quand il y a laps de tems, *l. cum post. ff. de jure dotium* & se trouvent plusieurs actes uniformes. Doncques si aucuns qui ne sont de la qualité de ceux entre lesquels la Coûtume introduit la societé tacite par an & jour: communiquans leurs profits, gains & moyens l'un avec l'autre uniformément & sans diversité par long espace de tems, comme de six, huit ou dix ans. Je diray que par convenance tacite ils sont communs; sçavoir, est en tous biens, meubles & conquests, s'ils ont communiqué indistinctement tous leurs biens meubles & droits mobiliers, ou bien en une negociation s'ils ont seulement communiqué les biens & droits d'icelle negociation. Ainsi le tient & decide *Salic. in l. si patruus. C. commu. utriusque jud.* & allegue cette raison, que comme la societé peut être dissoluë par tacite consentement quand chacun commence à faire ses affaires à part, *l. itaque. ff. pro socio.* Ainsi elle peut être contractée tacitement par actes de societé, selon la regle par quelles manieres, par quelles causes aucun contrat est fait: par les mêmes il est dissolu *cap. 1. de regul. jur. in antiq.* Et comme dit a été, les actes avec le laps de tems font presumer le consentement tacite, *d. l. cum post. ff. de jure dot. l. si sub specie. C. de postul.* Cela est plus prompt & facile à presumer és maisons de village en ce païs, esquels les societez sont non seulement frequentes, mais aussi ordinaires même necessaires, selon la constitution de la region, en tant que l'exercice du ménage rustique est non seulement au labourage, mais aussi à la nourriture de bêtail: ce qui desire multitude de personnes: & partant je croy que la societé tacite hors les quatre cas de la societé coûtumiere, devroit être presumée en moindre tems, comme de trois ou quatre ans, car la Coûtume fait aisement presumer avoir été fait ce qui est accoûtumé d'être fait, *l. Magistratus. ff. ad Municipal. l. si fine. §. Lucius. ff. de admi. tut.* Mais és Villes où telles communautez ne sont si frequentes ny ordinaires, je desirerois plus de tems pour presumer la societé de tous meubles, comme de dix ans, qui par la loy Romaine est reputé long-tems, *l. si cum fidei commissa. §. Aristo. ff. qui & à quibus manum.* Et si c'est seulement pour quelque particuliere negociation, je la presumeray tacite entre les habitans de Ville Marchands, si par un an ou deux, ou trois ans, ils sont actes d'associez & compagnons en une negociation : parce que telles societez de negociation & marchandise sont frequentes és villes. Sera consideré que ledit article premier parle de demeurance ensemble, qui est le seul fait d'habitation, & non pas de communication de biens, gains & profits. L'ancien cahier porte ces mots demeurance par amitié, service ou autre semblable occasion, dont resulte quand il y a continuation d'actes symbolisans à societé, qu'il faut juger autrement que cét article.

Si en aucuns contrats les contractans se nomment & disent communs parsonniers, cela sert non seulement pour prouver la communauté déja contractée, par la raison de la *l. optimam. C. de contrah. & committ. stipul. l. Publia. §. ultimo ff. depositi.* Mais aussi pour disposer & introduire communauté, car la societé est au nombre des contrats qui sont parfaits par le seul consentement, *§. 1. instit. de oblig. ex consensu.* Et quant à la preuve la regle en est generale, quand l'énonciation est faite entre personnes, qui lors avoient pouvoir de disposer, *Molin. in annot. ad consil. Alexand. 21. cons. 1.* A quoy je voudrois ajoûter, pourveu que telle énonciation se fasse serieusement & en acte concernant tel negoce, par la raison de la *l. Divus. ff. de milit. testa. & l. si privatus. ff. qui & à quibus manumissi lib. non fiant.*

ARTICLE II.

Mais entre deux freres majeurs de vingt ans, étans hors de puissance de pere, qui ont demeuré ensemble par an & jour, tenans leurs biens par ensemble & faisans communication de gains ; Il y a communauté taisible entre-eux contractée.

Bourbonnois article 267. en dit autant. Les autres Coûtumes sont diverses, les unes disent que toutes personnes usans de leurs droits vivans à commun pot, mêlans leurs biens & gains par an & jour sont censez avoir acquis communauté, Poitou, article 231. Sens article 280. Auxerre article 201. Troyes article 101. Berry des Mariages art. 10. Les autres disent que l'on ne peut acquerir communauté s'il n'y a convention expresse & par écrit. Orleans article 213. Tours article 231. Melun article 224. Laon art. 266. Reims art. 385. C'est à cause de l'Edit de Moulins de l'an 1566. art. 54. Ce second art. requiert quatre choses conjointement, que les deux freres soient majeurs de vingt ans, hors la puissance de pere, qu'ils soient demeurans ensemble, & qu'ils fassent communication de biens, gains & profits. Il ne faut pas ainsi dire entre le frere & la sœur, ou les deux sœurs : il y a diversité de raison. L'industrie & le travail de la femelle, ordinairement ne sont pas tels que du mâle. Ainsi le dit du Moulin en l'annotation sur le 267. article de la Coûtume de Bourbonnois. Cét article doit être entendu quand non seulement ils mettent en commun les biens de l'heredité paternelle ou autres fruits & profits, mais aussi toutes sortes de gains & profits, & en ce cas la societé est universelle des meubles & conquests. Car si ce n'étoit que communication de toutes sortes de gains & profits, la communauté seroit seulement de la negociation dont ils communiqueroient les profits, selon la doctrine de Salic. *in l. si patruus. C. commun. utriusq. judi. Corneus consil. 9. vol. 1.*

Hors de puissance de pere) Soit par émancipation, soit par mariage en âge competent, soit par Prêtrise, soit par promotion à quelque office public, par la volonté ou sans la contradiction du pere. Car en tous ces cas selon la commune usance de ce Royaume l'émancipation est presumée : comme aussi par la majorité en l'âge de 25. ans. Sera consideré qu'en France la puissance paternelle n'est avec tel effet qu'au droit Romain : ce qui est remarqué par la glosse *in §. jus antem. instit. de patria potest.* La Coûtume tient les freres pour majeurs à vingt ans à l'effet de cét article : pourquoy la restitution en entier n'y seroit reçûë pour la simple cause de lesion s'il n'y avoit dol. Car la majorité est de droit positif & civil, & n'est par tout semblable. Même à Rome les 25. ans n'étoient considerez par l'ancien droit mais seulement par le droit honoraire du Preteur : mais la majorité étoit avec la puberté, & en cét âge de puberté étoit permis de tester. Dont est aussi qu'il n'y à point d'action civile nommée pour le pubere qui demande raison à son curateur, comme il y a contre le tuteur pour le pupille. Mais les Jurisconsultes y ont accommodé l'action vulgaire *de negotiis gestis* : en y ajoûtant toutefois les privileges de l'action de tutelle, *l. tutor post. ff. de tutel. & rat. distrah.* Qui fait connoître que les Romains en la grande antiquité ne donnoient curateurs aux adultes.

ARTICLE III.

En communauté de biens expresse ou taisible, les meubles faits paravant & durant icelle : les conquests faits aussi durant icelle, sont compris & communs entre les parsonniers.

Cét article se doit entendre proprement és communautez des maisons de village, qui sont familles & comme fraternitez, & s'entend aussi és maisons de ville, és cas de communauté coûtumiere ; qui est és quatre cas ; à sçavoir, des gens mariez, des freres majeurs de vingt ans ; des enfans aprés la mort de pere ou mere avec le survivant, & du gendre ou de la bru. La communauté dont parle cét article est la communauté coûtumiere, dont est parlé au 18. article des Bordelages cy-dessus, laquelle communauté coûtumiere ayant été une fois établie se continuë & conserve, *etiam* aprés la mort d'aucuns parsonniers, & par subrogation de personnes, jusques à ce qu'il y ait partage ou renonciation ou dissolution de communauté, par volonté expresse ou tacite, & non par la seule mort, comme les societez du droit Romain sont dissoluës par la mort de l'un des associez. En cas de partage de ces communautez, les portions des meubles sont départies selon le nombre des parsonniers ameublans qui se trouvent lors de la dissolution de la communauté & partage, ou quand il faut donner la part à quelqu'un, sans que le reste de la communauté se partage. La raison est que les meubles qui aviennent à un parsonnier par succession ou autrement se communiquent à tous, pourquoy les quotes-portions croissent ou décroissent selon que le nombre des parsonniers croît ou décroît. Mais pour les quotes-portions des conquests, on a égard au nombre des parsonniers qui étoient lors que chacun conquest a été fait : parce que la quote-portion une fois acquise, ne peut *ex post facto* croître ny diminuër par survenance ou diminution de parsonniers. Et quand une portion de conquest vient à défaillir, elle n'accroît pas à tous les parsonniers : mais vient au seul heritier de sang.

Meubles) S'entendent comme université pour contenir non seulement ce qui est meuble en espece & par apparence, mais aussi droits mobiliers & charges mobiliaires, commodité & incommodité, profit & perte, credit & debtes : ainsi qu'il se dit en droit en université de tous biens, ou de quelque sorte de biens, *l. cum pater. §. mensę. ff. de legat.* 2. *l. mulier bona. ff. de jure dot.* La question est si toutes sortes de debtes, impenses, & charges mobiliaires entrent en cette communauté, même quand elles ne regardent directement le fait, & les affaires de la communauté. *Ludovic. Romanus, consil* 145. selon mon avis decide & distingue cette question bien à propos. Que les impenses que l'un des associez fait de sa volonté, dont ne peut revenir aucun profit en communauté, doivent être prises sur luy seul, comme les impenses faites par le pere pour faire étudier son fils, pour luy acheter office, pour marier sa fille, qui n'a aucuns biens ny droits acquis. Autant se peut dire si l'un des associez s'est rendu fidejusseur d'un sien amy, qui soit simple & nuë fidejussion, parce que la cause de fidejussion est le mandat qui procede de pur office d'amitié, & partant est personnellement personnel & est gratuit, *l. 1. ff. mandati.* Vray est quand à l'étude du fils, & dotation de la fille, parce que les charges ne sont pas pures volontaires, à respect du pere à son enfant, le pere pourra prendre des biens communs pour y satisfaire, à la charge de recompenser lors de la dissolution de communauté, qui est l'opinion de *Corneus consil.* 285. *vol.* 1. *& consil.* 85. *vol.* 4. *Alexand. cons.* 154. *vol.* 2. dit simplement que le pere doit doter du sien propre. Les autres Docteurs disent que le pere peut doter sa fille des biens communs, quand ils sont communs universellement en tous biens, parce que c'est une charge necessaire : comme *Paul. Castrens. consil.* 358. *vol.* 2. *Decius consil.* 66. *vol.* 1. *Ruinus consil.* 101. *vol.* 1. du Moulin en l'annotation sur ledit Conseil d'Alexand. 154. rend une bonne raison, que la fille doive être dotée des biens du pere, parce que la dot luy tient lieu de legitime, qui est sa portion hereditaire, à laquelle les biens du pere sont specialement affectez. Me semble que l'opinion de *Ludo. Rom.* est la plus certaine en y appliquant le temperament de Corneus esdits Conseils 285. & 58. Quand la communauté est de tous biens universellement, l'impense faite pour l'honneur des enfans de l'un des associez, doit être des biens communs, *l. si societatem* 73. *ff. pro socio*, pourquoy les dépens du festin des nopces de l'un des enfans ne devroient être recompensez.

Parsonniers) Ce mot est dit & & tiré de l'ancien mot François *parcon*, qui est diminutif de la diction *part* comme de gars on dit garçon, ou bien est déduit de portion. Et n'est pas déduit du mot personne.

ARTICLE IV.

Les enfans mâles âgez de quatorze ans, & femelles de douze, parfaits & accomplis aprés le trépas de leur pere ou mere, ayans biens mêlez avec le survivant, acquierent par an & jour communauté avec le pere ou mere survivant & leurs communs parsonniers en meubles faits, meubles & conquests à faire durant la communauté, s'il n'y a contradiction d'une partie ou d'autre au contraire : & s'ils ne sont âgez de l'âge susdit, ils n'acquierent point de communauté, aussi l'on n'en acquiert point sur eux. Et pour faire ladite contradiction, doivent lesdits pere ou mere faire pourvoir à leurs enfans pupilles de tuteurs, & aux puberes de curateurs, quant à ce seulement : avec lesquels tuteurs ou curateurs se fera inventaire & appreciation des biens de ladite communauté, ensemble l'acte de ladite contradiction : & icelle faite, le pouvoir desdits tuteurs ou curateurs demeure éteint, sans qu'ils soient chargez aucunement desdits biens, qui toûjours doivent demeurer pardevers lesd. pere ou mere, & en répondre.

A cét

A Cét article correspond cé qui est dit cy-dessous au chapitre des Droits appartenans à gens mariez, article 22. & d'iceluy faut prendre & ajoûter à cettuy-cy, que la communauté s'acquiert avec le survivant par les enfans, posé qu'ils ne soient demeurans ensemble. La communauté traitée en ces deux articles est anomale & hors la regle commune des societez, parce qu'il n'y a convenance expresse ou tacite : mais est un droit attribué par la loy en haine du survivant pere ou mere qui ne fait inventaire, & en faveur des mineurs, les droits desquels sont negligez : doncques de la part du mineur la communauté est volontaire pour la prendre par luy si bon luy semble, puis qu'elle est introduite en sa faveur, à ce moyen il y peut renoncer & demander raison & restitution de ses droits écheus, *l. si quis in conscribendo. C. de pact.* Cét article dit que la communauté s'acquiert avec le survivant & ses parsonniers : si donc le survivant se remarie, ce marié survenu sera compté par teste en la communauté. Suivant ce, les nouvelles Coûtumes revûës & arrestées depuis trente ans, disent que si le survivant se remarie, la communauté sera par tiers. Et si le second mary ou la seconde femme du survivant avoit des enfans d'autre mariage, que la communauté sera par quart. Ainsi disent Paris article 240. Poitou article 236. Sens article 93. & 94. Auxerre article 205. Tours article 349. Melun article 222. Ce qui semble assez raisonnable pour être general, afin d'éviter la perplexité & les frais qui se feroient à liquider & distraire les biens & droits que chacun auroit apporté. Mais je voudrois ajoûter une limitation, s'il y avoit une fort grande disparité de biens, afin de temperer le droit du nouveau survenu *arbitrio boni viri*, selon les biens qu'il auroit apportez, sans éplucher par le menu, mais en faire un état en gros, selon la raison de la *l. Mævia. §. 1. ff. de annuis leg.*

Ce qui se dit de l'an & jour & de l'âge de puberté, se doit entendre pour acquerir communauté par testes. Car dés lors du decez du premier mourant, tous les enfans continuënt la communauté tous ensemble pour la même portion du défunt *etiam* avant l'âge de puberté. Aussi presque toutes les Coûtumes de France disent ainsi. Et combien que nôtre Coûtume ne l'exprime, mais semble aucunement contraire, toutefois selon l'opinion de feu Maître Guillaume Rapine Ancien, Lieutenant General de Nivernois, Auteur tres-suffisant, & homme de grand jugement & sçavoir excellent, nous ferons bien de tenir cette opinion. Aussi l'article present en remarque un argument, quand il dit, Faire pourvoir aux pupilles de tuteur pour la contradiction : dont est à inferer que les pupilles & impuberes continuënt la communauté, si elle ne leur est contredite. Et ce qui est dit en l'article qu'avant l'âge de puberté ils n'acquierent communauté, s'entend d'acquerir par testes, & chacun pour une virile portion. Cette Coûtume est presque seule de toutes qui attribuë cette communauté par testes aux enfans puberes : toutes les autres se contentent de leur faire continuer la communauté tous ensemble pour la seule portion du défunt : toutefois avec le choix aux enfans, comme dit est, ou de demander le droit hereditaire ou la communauté. Paris art. 240. Poitou art. 234. Sens art. 93. Auxerre art. 204. Orleans art. 216. Bourbonnois art. 270. Tours art. 349. Melun art. 229. Senlis art. 169. Laon art. 264. Troyes art. 109. Blois art. 183. Aucunes desd. Coûtumes disent ainsi, non seulement pour les enfans, mais aussi des autres heritiers avec le survivant. Poitou article 232. Berry des Mariages article 19. & 20. Orleans art. 216. Toutefois il me semble que tout cela se doit limiter, si les enfans ou heritiers sont mineurs ou absens. Car s'ils sont majeurs & presens, ils ont leur action prompte, & leur doit être imputé s'ils ne l'exercent. Aucuns Docteurs Ultramontains du païs de Droit écrit, ont tenu opinions approchantes desd. Coûtumes. Paul de Castre *consil. 366. vol. 2.* dit que la communauté qui a été entre deux personnes, est presumée se continuer entre le survivant & les heritiers du decedé, quand leurs biens demeurent mêlez, & ce par tacite consentement, *etiam*, si les heritiers sont pupilles, même si la continuation est utile ausdits pupilles. *Decius consil. 255. vol. 2.* dit de même *& Alexander consil. 132. vol. 5.* si de deux freres associez l'un decede délaissant enfans, & le frere survivant continuë le même trafic sans rien protester, que la continuation de societé est presumée au même état, & les mineurs prendront part au profit. Il dit la raison à cause du droit d'université qui admet facilement la subrogation, & allegue la *l. item veniunt. §. fructus. ff. de petit. hared.* vray est que là il parle de l'université *juris* comme est l'heredité, & la societé est université de fait : mais pour l'université *facti* est la *l. qui filium. ff. de legat 3. l. cum tabernam. ff. de pignor.* Toutefois audit cas auquel la Coûtume ne dispose, semble qu'il y auroit raison que les pupilles ne prissent pas portion égale au profit avec le majeur : mais prissent seulement la moitié d'une portion, en laissant l'autre moitié pour l'industrie & travail du frere majeur. Selon l'opinion de Bart. *in l. 1. §. nec Castrense. ff. de collat. bon.* Mais Marian Socin le jeune, duquel j'ay été Auditeur à Padouë en l'an 1542. *consil. 74. vol. 2.* tient contre Bartole, & dit que l'attribution du profit doit être faite *arbitrio boni viri.* En nôtre Coûtume il y a autre raison, car la continuation de communauté se fait en haine du survivant qui ne fait pas inventaire.

Quatorze ans et douze ans, Semble qu'il eût été mieux à propos pour acquerir par les enfans la communauté par testes, de remettre à la pleine puberté, qui est de dix-huit ans, selon le droit Romain *l. arrogato ff. de adopt. l. Mela. ff. de alim. leg.* Car avant cét âge, ny l'industrie, ny le travail des jeunes personnes ne sont pas correspondans & suffisans pour acquerir communauté par testes & viriles portions : Mais nos predecesseurs

Auteurs de ces Coûtumes ont été trop exacts Sectateurs du droit Romain. Encore sembleroit-il assez raisonnable à quelque âge que ce fût de ne comprendre les femelles en cette proportion d'acquerir communauté par testes : mais de les retenir en leur quote portion telle qu'elles avoient lors du decez de leur pere ou mere, ainsi qu'il a été dit cy-dessus des impuberes. Comme *verbi gratia* le défunt pere ou mere aura laissé trois enfans : ces trois feront une portion, qui represente la portion du défunt, c'est à chacun une sixiéme. L'un desdits enfans par sa puberté viendra à acquerir communauté par teste, ainsi sa sixiéme deviendra semblable portion comme celle du survivant : & pour faire la portion juste, il faudra avant tout partage distraire les portions des deux impuberes, qui sont deux sixiémes, vallans un tiers : Et le reste de la masse se partira en deux portions égales entre le survivant & l'enfant puberé ayant acquis communauté par teste. Sera noté que cette communauté par testes ne s'acquiert pas incontinent que les quatorze ans, ou douze ans sont accomplis, mais est besoin que l'an & jour soient passez aprés cêt âge de quatorze & douze ans, car la Coûtume dit que les puberes acquierent communauté par an & jour : c'est donc à quinze & à treize ans.

Ayans biens meslez, Il s'entend d'université de biens, & non pas de quelques biens particuliers & certains, *l. bonorum* 208. *ff. de verb. signif.* pourquoy si le pere défunt avoit appané un ou plusieurs de ses enfans d'une somme ou heritage, comme il est loisible par nôtre Coûtume *infrà* des Donations article 7. Cét enfant ainsi appané n'acquerroit communauté avec le survivant, parce qu'il n'y a point d'inventaire à faire à son égard. Mais cét enfant ainsi appané pourroit demander l'interest & profit de son appanage, qui luy tient lieu de legitime ou de portion hereditaire par la raison de la *l. non est ambiguum. C. famil. ercisc.* Ce profit qui vient aux enfans d'acquerir communauté avec le survivant, dépend aucunement du privilege que les mineurs ont contre ceux qui administrent leur bien, qui est tel que ce qui est acquis de leurs deniers, ils peuvent prétendre leur être propre, quoy qu'il n'ait été acquis en leur nom, *l. 2. ff. quando ex facto tut.* à quoy ne nuit ce qui est dit *in l. si curator. C. arbit. tut. in l. Titium. §. altero ff. de adminis. tut.* car les biens du pupille n'étoient pas demeurez confus & mêlez, l'oncle tuteur avoit fait inventaire (sa qualité de tuteur le fait presumer) cette qualité de tuteur avec l'inventaire le rendoit comptable de chose certaine, pourquoy les profits qu'il avoit faits avec les deniers pupillaires étoient propres à luy : mais au cas de cét article il n'y a inventaire : ce qui fait que le mineur a part aux profits que le survivant fait, que la loy presume être procedez des biens communs, & en haine de celuy qui les a maniez sans inventaire.

Pupilles de Tuteurs, et aux puberes de Curateurs, C'est une distinction superficiaire procedant de la trop grande imitation du droit Romain. Car en effet selon cette coûtume, il n'y a point de difference entre tuteur des pupilles, & curateur des puberes, cy dessous au chapitre des Tutelles article 8. & 9. Les tuteurs & curateurs mentionnez en cét article, n'ont charge generale ny perpetuelle, car ils sont à tems, & à cause certaine : ainsi est *in l. 2. C. de tutor. & curat. datis, l. cum in una. §. 1. ff. de appell.* Et ce qui est dit vers la fin de l'article, que les biens des mineurs inventoriez doivent demeurer pardevers le survivant, s'entend en cas qu'il ait la legitime administration de ses enfans. Car la mere survivante n'est tutrice si elle ne veut. Et si elle se remarie, elle perd la tutelle. Et si elle n'est tutrice, elle ne doit avoir les biens en sa puissance.

L'acte de contradiction, Mais s'il y a inventaire bien & dûëment fait à la poursuite du survivant qui est tuteur, toutefois ledit survivant a obmis de faire expresse contradiction de communauté : Semble que les enfans n'acquierent communauté, & que l'on doit tenir la contradiction pour faite. Car la principale & plus necessaire piece pour la contradiction, est l'inventaire bien & solemnellement fait (& l'inventaire doit être bien & dûëment fait, à ce que la contradiction vaille : ainsi qu'il fut jugé par Arrest entre les Jugez des Enquestes, du 23. Decembre l'an 1529. L'autre raison est, que la charge d'être comptable selon un inventaire est du tout contraire & incompatible avec une communauté de meubles, pourquoy semble que tel devoir d'inventaire par un tuteur a effet de contradiction. Mais s'il y a inventaire & contradiction de communauté, & n'y ait point de partage des biens communs, qui soient toûjours demeurez mêlez & ménagez ensemblement, aucuns ont tenu que les mineurs pourront demander part aux profits que cette masse de biens communs a produits, non pas une portion entiere & virile, telles que les mineurs prétendroient par la Coûtume s'il n'y avoit point d'inventaire, ou s'ils avoient aydé au trafic, & ménagement par leur labeur & industrie : mais seulement la moitié d'une portion, en attribuant icelle moitié au profit que les biens de soy peuvent produire, & attribuant l'autre moitié à l'industrie & labeur de ceux qui ont trafiqué & ménagé : qui a été l'opinion de Bart. cy-dessus recité *in l. 1. §. nec Castrense ff. de collat bon.* & de *Paul. Cast. in l. illud. C. de collat. & de Ludo. Romanus, consil.* 496. Autres Docteurs ont été d'avis de remettre à l'arbitrage de preud'hômes, entre lesquels est Socin mon Precepteur, comme j'ay dit cy-dessus : mais pour éviter l'ambition & brigue des avis de ceux qui devroient arbitrer, les frais des inquisiteurs, & la perplexité dont tels affaires ont accoûtumez d'être enveloppez, je croy qu'audit cas qu'il seroit jugé que les enfans deussent prendre part aux profits, qu'il seroit plus seur de suivre l'opinion de Bartole, & tel fut le jugement de l'Empereur sur une question perplexe, *l. & hos*

Tyberius ff. de hared. instit. Cette façon de partir par moitié, qu'on appelle *Judicium Rustic.* se peut pratiquer non seulement quand les questions de fait sont perplexes : & ainsi fut jugé par la Cour sur une concurrence de preuves, par Arrest du 9. Janvier l'an 1527. entre Gaulteret & François Lyon, habitans de Lyon. Mais aussi quand il y a perplexité és raisons de Droit, & autoritez des Docteurs. Ainsi le tient *Petr. de Anchor. cons.* 216. & ledit Socin *consil.* 33. *vol.* 2. Ou bien si le mineur aime mieux sans s'envelopper, & infrasquer à l'inquisition & verification des profits, il demandera sa part selon l'inventaire & vraye estimation, avec l'interest des deniers qui eussent peu proceder de sa part si les meubles eussent été vendu, & les deniers employez en achapt de rentes ou heritages, selon l'Edit d'Orleans article 102. & cette voye est la plus seure, & que les mineurs selon mon avis doivent tenir, car ce qui est dit, *in d. l. Titium. §. altero. ff. de administr. tut.* resiste à à la demande pour avoir par aux profits que le tuteur a faits, parce qu'à ses perils & fortunes il a trafiqué : & les opinions des Docteurs qui donnent part aux profits peuvent avoir lieu, quand sans rien immuër en la face & état du patrimoine commun, & sans faire inventaire, le survivant continuë la negociation & trafic tel qu'il avoit accoûtumé d'être durant la vie du défunt : Mais la tutelle & l'inventaire font juger par certitude que l'administrateur entend faire ménagement separé pour soy. Or au cas susdit que le mineur se contentera de demander son interest selon l'estimation de sa part des meubles, la question est si l'interest devra être demandé & adjugé à la raison du taux des rentes constituées, qui est le denier douziéme ou quinziéme, ou au denier 20. Surquoy j'estime, parce que l'article de l'Edit d'Orleans charge le tuteur d'employer les deniers, ou en achat d'heritages, ou en achat de rentes, & le choix est à la discretion du tuteur : aussi que les rentes constituées à prix d'argent sont sujettes à beaucoup de perils, & ne doit être le tuteur blâmé s'il aura voulu les éviter : & que l'Edit ne distingue pas s'il a entendu de rentes foncieres ou volantes : je croy que le tuteur satisfera en offrant de payer l'interest à raison du denier vingtiéme, qui est le revenu commun des heritages, *in Authent. de non alienand. cap. quia verò Leonis, & in l. Papinianus. §. undè*, en y appliquant le calcul subtil. *ff. de inoff. testa.* de cette opinion est Paul de Castre *consil.* 301. & allegue Barthelemy Socin *consil.* 48. *vol.* 2. Si ce n'étoit que le tuteur eût trafiqué avec les deniers pupillaires, & eût fait de grands profits, auquel cas je dirois que le tuteur payeroit l'interest, non pas selon lesdits profits, par la raison de lad. *l. Titium. §. altero ff. de admi. tut.* mais à la plus haute raison des interests, qui est du denier douziéme, par les raisons de la *l. qui sine. ff. de nego. gest. l. non existimo. ff. de admi. tut.*

La question est. Le pere survivant n'a point fait d'inventaire, mais il a marié ses filles & leur a baillé dot competente : ou bien a marié ses fils & leur a acheté offices, ou leur a donné autre moyen de vivre ; Sçavoir si les enfans susdits auront continué la communauté. Surquoy j'estime que par le mariage la communauté a été suffisamment contredite : quoy que les enfans n'y ayent expressement renoncé : suivant ce, dit du Moulin en l'annotation sur la Coûtume de Bourbonnois art. 270. & dit avoir été jugé par Arrest entre la veuve & les enfans de Maître Denis Gron qui étoit Procureur en Parlement, demeurant en la Parroisse saint André des Arcs : le livre imprimé est mal correct en ces mots, M. de Nigron, & doit dire Maître Denis Gron. La raison selon mon avis est, que les enfans ne peuvent & ne doivent avoir communauté universelle en deux lieux, quand en l'un des deux la personne n'y est pas & n'y fait rien, & il fait menage & negocie autre part où le pere ne prend rien. Aussi que la communauté se separe par le seul fait, quand l'un des associez fait ses affaires à part, *l. itaque. ff. pro socio*, & encores parce que la dot de la fille, ou le moyen que le pere a donné à son fils tient lieu, & est comme sa part du droit qu'il avoit en la masse de la communauté. Ce qui se doit dire à plus forte raison quand le fils ou la fille majeurs ont demeuré quelque-tems en cét état sans rien remuër & sans rien demander à leur pere ou mere : mais il ne leur est pas défendu de demander ce qu'ils pourront prouver que leurs droits valoient mieux lors du deceds du défunt que ce qu'ils ont reçû. Seulement ils sont exclus de demander part à ce qui a été augmenté par industrie & trafic.

ARTICLE V.

Le chef d'une communauté peut sans procuration de ses communs agir & être convenu pour le fait de la communauté en actions personnelles & possessoires.

Le chef de la communauté vulgairement est appellé le maître : & és maisons de village en ce païs est ordinaire d'en établir ; bien peu se pratique és maisons de villes. De ces maîtres est parlé, *in l. item Magistri. ff. de pact. & in l. quibus ff. de verb. signif.* Celuy est dit maître qui a la principale charge d'un affaire auquel les autres compagnons doivent obeïr, & qui doit avoir plus de soin & employer plus de diligence que les autres. *Magister* est dit de *Magis* : comme *Minister* est dit de *Minus*. Il y a difference entre maître & seigneur : le maître est chef en l'administration & non pas proprietaire, sinon de sa portion : le seigneur se dit celuy qui est proprietaire, cy-dessus au chapitre des Confiscations, article 4. le mary est dit maître & Seigneur des meubles & conquests communs entre luy & sa femme. Ces maîtres de communauté sont établis par les parsonniers, ou avec consentement exprés ou tacite : Le consentement tacite est en les souffrant gouverner & administrer : car en tel cas la patience vaut preposition & mandement, *l. ult. quod cum eo*, & s'il est question de le revoquer & luy ôter la maîtrise, il faut le faire sçavoir en public, ou en la tenuë des Jours, ou au Prône de la Messe Parroissiale, afin que chacun ait moyen de le sçavoir, *l. sed etsi. §. de quo palam. ff. de institor. actio. l. verò. §. 1. ff. de solution.* Le pouvoir de ce maître est general & se peut dire Procureur de ses parsonniers *cum libera*, & peut obliger sesdits parsonniers, en contractans sur meubles ou pour affaires mobiliaires, avec quelque temperament, selon les cõsiderations cy-aprés: à sçavoir qu'il contracte en qualité de maître, ou pour chose qui vray-semblablement implique que c'est pour le fait de la communauté : & à faute de ce est bien à propos de dire qu'il aura obligé luy seul, & non la communauté, *l. ei qui. §. alioqui. C. quod cum eo. l. eum qui. C. si certum pet.* à quoy s'accorde ce qui est dit par Alexand. *consil 139. vol. 5.* & allegue *Bald. in l. jure ff. pro socio.* Sauf toutefois au creancier de pouvoir montrer que l'affaire pour lequel il a contracté est pour le profit de la communauté, *d. §. alioqui, & ad instar de in rem verso.* L'autre consideration est, que cette obligation ou contrat soit avec espece ou apparence de bonne administration, & pour le besoin vray-semblable de la communauté : car le creancier doit être aucunement soigneux à cét égard s'il veut avoir obligez ceux qui ne contractent pas, *l. ult. ff. de exercit. actione, l. cuicumque. §. non tamen. ff. de instit. act.* Aussi le mandement & pouvoir qu'aucun a és affaires d'autruy, tant soit il general & libre ne comprend, & ne s'étend sinon autant que la bonne foy doit desirer, *l. creditor. §. Lucius. ff. mandati.* A cette raison, je croy que si la debte est grosse & pesante, & qui emporte grande ou bonne partie de la substance des parsonniers, que l'obligation n'obligera lesd. parsonniers, sinon qu'ils y soient appellez & y contractent, par la raison de la *l. Servus dotalis. ff. soluto matri. & l. si cum Cornelius. ff. de solut.* & par l'argument de la *l. generali. ff. de ritu nupt. l. procurator tutorum. ff. de procur.* A quoy fait ce qui est dit *per Alex. consil. 1. vol. 4.* que quand un College ou Université, veut expedier quelque acte de grande importance, que les noms de tous ceux qui ont donné avis soient exprimez, & allegue la loy derniere. *C. de vend. rerum civit. lib. 11.* L'autre consideration est que tel maître ne peut faire contrat qui sonne en donation ou mauvaise administration, *l. præses. C. de transact. l. contra. §. ult. ff. de pactis, l. si procurator. §. Celsus. ff. de condict. indeb.* Aussi que l'affaire soit negocié & traité comme il est accoûtumé de faire en cette communauté, ou és autres communautez des villages, *l. vel universorum. ff. de pignor. act.* Car c'est un argument de bon ménage quand on s'accommode à l'usance, & c'est mauvais ménage quand on entreprend avec nouveauté, & autrement qu'il n'est accoûtumé, *l. si negotia. ff. de negot. gest. l. si servus communis. §. circa. ff. de furtis, l. si. fine. §. Modestinus 2. ff. de admi. tut.* La question est : l'un des parsonniers exerce quelque negociation, on prend quelque accense ou emprunte deniers, l'un n'étant pas maître de la communauté, sçavoir si la communauté en sera tenuë. J'ay veu un Arrest de la Cour sur un appel de Bourbonnois, en la maison des Generaux de Trizy, par lequel la communauté fut condamnée à payer la debte du parsonnier qui n'étoit maître, & qui n'avoit été avoüé en cette negociation qu'il avoit faite, ny expressement ny tacitement. Je sçay qu'en ce grand abisme de Parlement beaucoup de surprises peuvent être faites pour circonvenir la religion des Juges : mais je n'ay jamais peu comprendre ny croire que ce jugement fût juridique, selon la seule lecture, & peut être qu'au procez étoient certaines circonstances qui eussent meu la Cour d'ainsi juger. Bien ay-je entendu qu'aucuns inconveniens & étranges évenemens ont suivy. Et de par moy je croy que le parsonnier contractant de par luy ne peut obliger que sa portion, sinon que les parsonniers luy eussent donné charge, ou eussent participé à la negociation, ou que la communauté eût été faite meilleure. Mais si l'un des associez par la volonté du maître ou de la communauté exerce quelque negociation, & en voyageant il soit dévalisé, blessé ou rançonné par brigands, je croy que la communauté devra porter le peril, parce que la societé est universelle de tous meubles, & si elle étoit particuliere en quelque negociation seulement, & le cas avenu soit pur fortuit, non sujet à être preveu, la perte de la marchandise sera commune, mais les frais du traitement pour les blessures, & les autres pertes de son bien particulier, sont à la seule charge de celuy qui a été blessé & volé, *l. inter causas. §. non omnia. ff. mandati*, & ne nuit à cette opinion la *l. cum duobus. §. quidam. ff. pro socio*, car audit §. il y a une raison que les Docteurs n'ont accoûtumé de peser : la marchandise dont est parlé audit lieu étoit une negociation de soy sujette à hazard & peril, à sçavoir de robes militaires, qui s'exerçoient à la suite des armées, *sagum* en Latin étoit une robe militaire, *sagaria negotiatio* c'étoit le trafic de tels vêtemens : ce qui n'a pas été compris par la glose : pourquoy le cas fortuit mentionné audit paragraphe étant ordinaire à telle marchandise, devoit être à la charge de la societé.

Si le maître avec bonne foy & bon ménage, comme-dessus, contracte, il oblige ses parsonniers, non seulement jusques à la concurrence des meubles & conquests communs : mais absoluëment & precisement ; & n'est pas comme il se dit du mary à l'égard de la femme : car la femme est en la puissance de son mary, & ne peut s'en délier ny contredire à son mary, ny le contrôller, & peut le mary contracter sans luy en communiquer *infrà* des droits appartenans à gens mariez article 3. mais les parsonniers peuvent revoquer & ôter la maîtrise au maître, ou contrôller & modifier son pouvoir : &

quand ils ne l'ont pas fait ils sont obligez comme par mandement ou *ad instar* de l'action utile institoire. Ce que dessus s'entend à l'égard du creancier, quand avec bonne foy, & selon les considerations cy-dessus, il contracte avec le maître de communauté. Mais à respect du maître & de ses parsonniers, semble que les parsonniers peuvent demander raison en gros à leur maître de son administration, & s'il a mal ménagé le contraindre à supporter sur sa part le mauvais ménage, & acquiter les parsonniers envers le creancier. Cela est general à tous qui ont administration des affaires d'autruy, qu'ils soient tenus de rendre raison de leur administration, *l. qui proprio, §. procurator. ff. de procur. l. ex mandato. ff. mandati.* Mêmement parce qu'eux tous vivans d'un pain, couchans sous une couverture, & se voyans tous les jous, le maître est mal avisé ou trop superbe s'il ne communique & prend l'avis de ses parsonniers sur les affaires importantes.

Es actions personnelles, Les praticiens communément appellent actions personnelles, celles qui competent pour choses mobiliaires, qui est un erreur qui est suivy par aucuns d'assez grande étoffe : & en cét article il se doit entendre d'actions mobiliaires : car le maître de communauté n'a pouvoir sinon pour meubles & droits mobiliers. Plusieurs actions personnelles sont qui regardent les immeubles & la proprieté d'iceux, comme une rescision de contrat, une action de partage, un retrait lignager, & autres telles qui ne peuvent être valablement exercées par le maître seul, qui n'a puissance d'allienner, *l. ait prætor. §. quid sit. ff. de jure delib.* Et quant aux actions possessoires se doit entendre de celles dont la possession est purement de fait, car si c'étoit un possessoire de droit commun, une maintenuë & garde pour heredité d'immeubles écheuë à l'un des parsonniers, je croy que le maître ne pourroit seul agir, comme il est dit cy-dessous au chapitre des droits appartenans à gens mariez, article 5. & 6. car le possessoire de fait est pur momentanée, & ne fait préjudice au petitoire, mais le possessoire de droit implique en soy la proprieté. Ce qui se dit sans procuration, s'entend de procuration speciale : car sa proposition en la maîtrise est une procuration generale.

ARTICLE VI.

Bastiment fait en conquest de la communauté est commun entre les parsonniers : mais s'il est fait en l'heritage ancien de l'un desdits communs, il luy est propre comme ledit heritage, à la charge de rembourser par le seigneur dudit heritage, ses parsonniers, *pro rata* de la valeur dud. bastiment, qui sera estimé lors de la dissolution de la communauté : toutefois si ledit heritage est seulement reparé, ladite reparation appartient au parsonnier à qui il est, sans charge de remboursement : & n'aura lieu ladite Coûtume entre gens mariez, entre lesquels lesdits édifices ne sont sujets à remboursement.

Tout bastiment qui prend commencement dans terre, est de même proprieté & nature que le sol, *l. adeò. §. cum in suo. ff. de adquir. rerum domi.* Pourquoy qui est Seigneur du sol & du fonds est seigneur du bastiment, car la superficie ne peut être censée d'autre nature que le sol auquel elle est adherante, *l. obligationum ferè. §. placet ff. de actio & obligat.*

Rembourser, Lors de la dissolution de la communauté, & selon la valeur qui lors sera du bastiment : laquelle valeur ne sera pas arbitrée selon les frais qui ont été employez à bastir, mais selon que gens de bien experts arbitreront que le bastiment peut valoir à l'heure que la communauté sera dissoluë. En quoy il ne faut point prendre les considerations qui sont en la *l. in fundo. ff. de rei vend.* pour sçavoir quel est l'état de la maison, & quelle est la commodité de celuy qui doit rembourser, mais faut dire precisement qu'il remboursera l'estimation qui sera faite, ou qu'il quittera le bastiment pour être party comme conquest. Car le consentement & patience que les communs parsonniers ont presté que les frais fussent pris en la communauté, a forme de paction & convenance tacite de rembourser : mais parce que le proprietaire du fonds se trouve obligé à cause de la chose, il se pourra liberer en la quittant, *l. prætor. §. hoc edictum. ff. de damno infecto. l. cum fructuarius. ff. de usufr. & ad instar* de ce qui est dit cy-aprés chapitre des droits appartenans à gens mariez art. 30.

Reparé, Semble qu'il se doit entendre des menuës reparations qui concernent l'entretennement de la chose, que les Latins disent *sarta tecta* dont est parlé *infrà* des doüaires article 4. car les grosses reparations ne sont pas à la charge de celuy qui n'est pas proprietaire, & qui n'a autre droit qu'en la perception desdits fruits, *l. usufructu legato. §. hac ratione. ff. de usufr. l. omninò. ff. de impens. in res dotales*, or le parsonnier n'a autre droit sinon de la joüissance durant la communauté.

Entre gens mariez, Pour les nouveaux bastimens ou refection des vieux qui sont en ruïne ou menacent d'y tomber, cét article est bien rude : car il semble que c'est donation entre mary & femme, *l. in voluptariis. ff. de impens. in res dotal. fact.* mêmement quand le mary bastit en l'heritage de sa femme, parce que telles impenses diminuent la dot *ipso jure*, quand elles sont necessaires, *l. fructus vel divortio. §. ult. ff. soluto matri.* Si le mary bastit en son heritage, & il soit homme qui par son industrie propre sans l'aide de sa femme, fasse de grands gains, comme un Avocat, ou un Procureur, ou autre homme d'excellent sçavoir en son art, il y a moins d'inconvenient & plus de raison & équité en l'observance de cét article, puis qu'il est maistre & seigneur des meubles. Son esprit seul fait les gains, & en ce grand travail d'esprit il diminue d'autant sa vigueur & sa vie, & est bien raison puis que ce travail est de luy seul, que durant sa vie il en reçoive quelque contentement, de fait aucuns bastissent plus pour se donner plaisir que pour l'utilité : s'il avoit pris son passe-tems à jouer & eût perdu ses deniers, on ne luy en demanderoit recompense. Tant y a que la loy est telle qu'il n'y gist remboursement, & quoy quelle soit dure doit étre prise telle, *l. prospexit. ff. qui & à quibus.* Il a été jugé par Arrest en plus grande difficulté & doute, pour Catherine Pierre, veuve de feu M. Jean Veron, sur les Criées des heritages dudit Veron, poursuivies par les heritiers de feu Guillaume de Coing, & audit cas sembloit plus étrange, parce que la femme avoit renoncé à la communauté de son mary, & la distraction du bastiment fait par le mary en l'heritage d'elle, portoit préjudice aux creanciers du mary : mais la Cour jugea *ex summo jure*, suivant la Coûtume, & lors ne se connoissoit pas encores si par l'issuë des Criées, & par le Decret, les creanciers ou aucuns d'eux seroient frustrez & non payez. Aussi je croy que *etiam* aprés ledit Arrest les creanciers qui se trouverent frustrez par le decret, parce que le prix d'iceluy n'arriva jusques à eux, pouvoient exercer l'action revocatoire, *ex cap. de his quæ in fraudem creditorum*, puis que le mary se trouva non solvable, & que la femme prenoit cét avantage à titre lucratif, & par bien fait de son mary elle ayant renoncé à la communauté, *l. qui autem. §. similique modo. ff. de his quæ in fraudem cred. l. ignoti. C. eod.* & sur cette action revocatoire n'eût peu être proposée l'exception *rei judicatæ* : ce ne seroit pas impugner le jugement en reconnoissant que l'heritage ainsi reparé appartient à la femme, & par ledit Arrest il a été distrait à son profit, mais elle est tenuë faire raison de l'amendement fait en son heritage aux dépens de son mary : *imò* aux dépens de ses creanciers, puisque le mary est non solvable : cette allegation n'impugne pas le jugement : car la proprieté de la femme n'est pas débattuë, pourquoy peut être proposée aprés l'Arrest, *l. Mesennius. §. ult. ff. de re judic.* J'ay entendu d'aucuns de nôtre profession, que depuis peu de tems la Cour de Parlement a jugé contre cét article. Et parce que l'article en soy est déraisonnable ; je croy qu'elle a bien jugé. Que si le mary avoit basty en l'heritage de sa femme tenu à bordelage, & ce fût un bastiment auquel la femme n'eût peu être contrainte par le Seigneur bordelier ; & il avint que par le decez de la femme sans hoirs habiles à succeder en bordelage, l'heritage retournat au Seigneur bordelier : je croy que le Seigneur seroit tenu de recompenser le mary de la moitié de la melioration : je ne dis pas des frais faits à bastir, mais de l'estimation qui seroit faite de combien l'heritage seroit melioré, & fait de plus grand prix. Car ce qui est dit en ce sixiéme article, est en la faveur personnelle de la femme, qui ne doit profiter à un tiers, *l. in omnibus 69. ff. de regul. jur. l. penult. ff. de servit. leg.* Aussi la loy donne l'action utile pour repeter ce qui a été déboursé, quand il se trouve déraisonnable qu'aucun s'enrichisse avec le détriment d'autruy. *l. rescriptum. §. 1. ff. de distract. Pig.* & parce que le Seigneur prend ce bastiment en pur gain, en figurant que le detenteur bordelier n'y étoit tenu : sera remarqué en passant, que communément les Docteurs tiennent que quand l'emphiteose retourne au Seigneur sans la coulpe du detenteur, comme quand la generation est faillie, que les heritiers du detenteur recouvrent les meliorations. *Paul. de Castro consil. 227. & allegat. Specul. in tit. de locato. §. nunc verò aliqua, vers. 26. Decius consil. 518. vol. 4.* La Coûtume de Bretagne a quelques articles aucunement correspondans à la queuë de ce sixiéme article. En l'article 375. de l'ancienne, & 602. de la nouvelle, est dit, si le mary bastit en l'heritage de sa femme qui soit fief noble, il n'y écher recompense au mary, & article 536. ancienne, & 603. nouvelle, si durant le mariage est fait bâtiment en l'heritage de l'un des mariez, il échet recompense seulement de la valeur des materiaux, & non de la façon & main de l'ouvrier.

ARTICLE VII.

Si durant la communauté est acquis un heritage mouvant de l'estoc & branche d'un des communs ; ledit heritage luy appartient, & en est saisi aprés remboursement par luy fait à ses comparsonniers, comme-dessus, qu'il est tenu faire dedans un an aprés la dissolution de ladite communauté : jusques auquel remboursement, les fruits appartiennent à ladite communauté : & ledit an passé ledit commun n'est plus reçû à faire ledit remboursement : & dudit remboursement ainsi fait, n'est deû aucun profit aux Seigneurs Feodaux ou Censiers, desquels lesdits heritages sons tenus.

Cet article est *ad instar*, de retrait lignager, & selon qu'il est dit cy-dessous au chapitre des droits appartenans à gens mariez article 28. auquel article sont mis à party pareil, le retrait lignager & l'acquisition qui est faite du lignager. Et icy est parlé de l'an & jour : mais c'est aprés la dissolution de communauté : car tant que la communauté dure, il ne se peut dire que l'heritage soit hors de la ligne, non plus que quand le mariage dure. Aussi sera noté que cét article dit que l'heritage ainsi acquis appartient au commun qui est du lignage, comme si l'acquisition avoit été faite en son nom ; mais ce droit de proprieté est resoluble & extinguible, *sub conditione* si le remboursement ne sera pas fait dedans l'an aprés la dissolution de communauté. Et en cét article faut prendre les mêmes consideration du retrait lignager ; à sçavoir, que le lignager soit dedans le sixiéme degré. Que si en la communauté sont plusieurs lignagers dans le sixiéme degré, que ce droit appartient au plus prochain lignager ; par la raison du 17. article *infr.* de retrait lignager : que l'heritage soit venu de la souche commune comme cy-dessous, quelles choses sont reputées meubles, &c. article 13. que de sa nature il soit sujet à retrait, & que ce ne soit bordelage, parce que bordelage n'est sujet à retrait *infrà* du Retrait article 20. Cessant ces conditions c'est vray conquest de communauté.

Saisi aprez remboursement, La proprieté est acquise au lignager dés lors de l'acquisition : mais il n'a saisine & possession, ny droit de faire les fruits siens, sinon aprés le remboursement.

Dedans un an aprez la dissolution, Il ne s'entend pas à compter du jour que par nud consentement la societé est dissoluë : car comme elle se contracte par nud consentement, par tel consentement elle est dissoluë. Mais s'entend aprés partage des biens communs, mêmes des meubles. car avant le partage il ne pourroit rembourser du sien propre : aussi le retrait lignager compte l'an & jour, à compter de l'apprehension de possession réelle.

Jusques auquel remboursement les fruits, Puis qu'on fait correspondre les fruits au remboursement, il est raison que les fruits se distribuent *pro rata* du tems, & non pas selon la decision de la *l. Julianus. §. si fructibus jam maturis. ff. de act. empti.* où se dit que les fruits appartiennent pour le tout à celuy qui se troue proprietaire lors de la collection. Mais icy les fruits sont gagnez à faute de rembouser, par la raison de la *l. curabit. C. de act. empti.* A quoy fait l'Edit du Roy Charles IX. sur le rachat des biens d'Eglise alliennez, de Janvier 1563. qui porte qu'en cas de rachat les fruits se partissent *pro rata* de tems. Fait aussi la *l. Sejo. §. 1. ff. de ann. legat.*

Ne sera deu profit, Parce que par le remboursement le droit n'est pas acquis au lignager, *ut suprà* en ces mots, luy appartient. Mais luy est confirmé, & asseuré.

ARTICLE VIII.

Bail à rente ou autre charge fait à parent qui pourroit venir à la succession du bailleur, si le cas écheoit lors dudit bail, n'est point reputé acquest : pourquoy les communs ne peuvent y rien prétendre. Toutefois quand il y a entrage ou deniers baillez, le preneur de lad. chose est tenu de rembourser *pro rata* sesd. communs desdits entrages ou deniers baillez.

Cet article à l'égard de l'entrage doit être entendu comme le precedent, & avec mêmes conditions. Quant au bail fait sans entrage, cét article le repute donation, ou comme avancement de succession *ad instar* de ce qui est dit *suprà* des Fiefs art. 34. & *infrà* quelles choses sont reputées meubles, &c. art. 14. Et si le commun n'est parent au proche degré pour succeder, il en faut juger comme il se dit *infrà* quelles choses sont reputées meubles, art. 9. & comme si c'étoit donation. Faut modifier cét article si l'heritage étoit baillé à charge d'y faire de meliorations sans entrage de deniers : car cette charge de meliorer est estimable en deniers : & par consequent échet à faire rembousement ou recompense, en cas de dissolution, si durant la communauté l'heritage est melioré.

ARTICLE IX.

Meubles qui échéent par succession à l'un des communs pendant la communauté, sont communs entre les parsonniers. Mais les heritages qui aviennent par succession appartiennent à celuy à qui ils aviennent, s'il n'y a convenance au contraire.

De même dit Bourbonnois art. 276. Il en faut autant dire des meubles qui aviennent à l'un des communs par donation ou autre titre. Si ce n'étoit que le donateur ajoûtat par exprés la condition, que les parsonniers n'y auroient part, parce qu'il est loisible à chacun d'apposer telle loy qu'il veut à ce qu'il donne : & toutefois audit cas les fruits & profits viendroient à la communauté comme des heritages propres.

Escheent par succession, Faut entendre si ainsi est, que celuy qui se trouve habile à succeder veüille être heritier : car cela dépend de sa volonté : & combien qu'il ne soit question que de meubles, esquels le maître de la communauté a puissance, toutefois le maître ne le peut declarer heritier. A quoy fait la *l. quod si ea. ff. de offic. procur. Cesar.* où le Procureur n'est pas reçu à faire declaration d'heritier sans mandement special, & encore plus la *l. potuit. C. de jure deliber.* où il est dit que le seul tuteur ne peut faire son pupile heritier, & est necessaire la volonté du pupile. Peut être faut dire autrement en France, parce que le mort saisit le vif habile à succeder, La raison pourquoy le mandement exprés est requis, est que la qualité d'heritier peut apporter des charges à l'heritier outre la valeur des meubles de l'heredité : & ce peril passe le pouvoir de maître de communauté. Et ne peut être contraint celuy à qui l'heredité est deferée de se dire heritier : mais il pourra à sa liberté repudier, & ne sera censé le faire en fraude de la communauté. Car c'est autre chose quitter le droit déja acquis, & se desister d'acquerir droit, *l. quod autem. ff. que in fraud. cred. l. nemo. §. 1. ff. pro soc.* Mais si l'heredité est deferée durant la communauté, & aprés la dissolution d'icelle, le jadis commun se declare heritier, cette adition sera tirée en arriere & le profit d'icelle devra accroître à la communauté, tout ainsi que si à l'instant du decez il s'étoit declaré heritier. *l. hæres quandocunque. ff. de adquir. hæred.* Même parce que le mort saisit le vif.

Heritages, Quoy que ce fussent conquests au défunt, ils sont faits heritages propres à l'heritier : *infrà* quelles choses sont reputées meubles, &c. art. 13.

S'il n'y a convenance, Comme si l'association est de tous biens meubles & immeubles, presens à venir, ou de successions à écheoir : car tel commerce general de successions à écheoir est valable, *l. 3. §. de illo ff. pro socio,* mais le commerce pour la succession d'une personne certaine ne vaut, *l. quidam. §. 1. ff. de donat. l. ex eo. C. de inutil. stipul.*

ARTICLE X.

L'Heritage pris à rente ou autre charge perpetuelle ou rachetable par l'un des communs d'autres personnes qui ne sont de son estoc & branche, est commun entre les parsonniers.

LA raison est parce que tel heritage est vray conquest : la charge de la redevance annuelle, ou la charge de meliorer l'heritage est estimable en denier & en faut dire comme s'il y avoit entrage de deniers. Je ne puis consentir à la distinction que font aucuns Docteurs celebres, quand le bail d'heritage à charge emphyteose est fait à quelqu'un, pour luy & son frere absent : que s'il n'y a point d'entrage, le droit soit acquis à l'absent comme en donations, selon la *l. quoties. C. de donat. quæ sub modo ;* & s'il y a entrage de deniers, que le droit ne soit acquis à l'absent : par la regle vulgaire, *alteri stipulari nemo potest :* ainsi dit Alexand. *consil. 24. vol. 5.* & allegue Bart. *in l. si mihi. ff. de verb. oblig.* Car selon mon avis le bail fait à charge annuelle ne peut être titre lucratif, la redevance est *ad instar* du prix, comme le loyer en une location perpetuelle. Mais l'opinion de Martin ancien Glossateur, m'a semblé plus juridique que celle de Joan. & Accurse ; à sçavoir, que par la paction du tiers, l'action utile est acquise, comme il est bien prouvé, *in l. si res. C. ad exhib.* Et les loix qui semblent contraires parlent de l'action directe & civile : & partant ce ne sont pas cas speciaux mais generaux, où il est dit que l'action utile est acquise au tiers absent : non pas précisement & absolument, mais s'il y accommode sa volonté, & en ratifiant, le droit est acquis du jour de la premiere convenance. Mais avant l'acceptation expresse ou tacite du tiers, l'acquereur qui est seul obligé peut revoquer, par la raison de la *l. si quis hac. ff. de servis export. & l. 3. §. 1. vers. sed si tibi. ff. de condict. causa data.*

ARTICLE XI.

SI l'un des parsonniers vend ou hypotheque son propre heritage, & puis le recouvre, le tout durant ladite communauté : pourtant ne sera ledit heritage racheté reputé conquest, & n'y gist aucun remboursement.

DE même disent Bourbonnois article 278. & Poitou article 340. La raison est que si l'heritage est racheté en vertu de la paction apposée au contrat originaire, il retourne au vendeur avec la même nature, qualitez, & conditions que l'heritage avoit auparavant, & est heritage propre comme il étoit, *Decius consil. 88. vol. 1. & allegat. Bart. in l. in diem ff. de aqua plu. arc.* & à ce fait la *l. si unus. §. quod in specie. ff. de pactis l. filio, quem. ff. de lib. & posth. Marianus Socinus junior, cujus ego auditor fui, consil. 20. vol. 1.* Aucuns disent de même, si avant le tems de rachapt passé la faculté est prolongée, comme si c'étoit la premiere faculté. Autrement est si aprés le tems finy il étoit renouvellé. Et suivant ce semble être la decision *in l. sed etsi manent. ff. de precario.* La chose rachetée *quasi postliminio ad dominum reversa prorsus res eadem censetur. Ulp. l. si mater. §. eandem. ff. de except. rei judicat.* En ce qu'il est dit qu'il n'y gist remboursement, il n'y avoit difficulté, & est dit d'abondant, puis que la même communauté qui a reçu deniers les debourse. Mais aussi est à presupposer que les deniers reçûs pour l'engagement ou vente à rachapt, soient entrez en la communauté, & ayent été employez aux affaires d'icelle ; car si le proprietaire

prietaire vendeur avoit employé les deniers pour son affaire propre qui ne touchat la communauté, cét article ne devroit être pratiqué comme il est écrit, & faudroit juger selon les circonstances du negoce. Que si aucun avoit vendu son heritage, ou l'avoit chargé de redevance avant le mariage ou communauté : & il rachete ou décharge durant le mariage ou communauté, ce ne sera conquest, mais y gist remboursement aprés la dissolution, car celuy qui rachete reduit la chose en son premier état, & qui décharge ne fait pas un nouveau corps, mais seulement éteint la charge & meliore l'heritage. Et quant au rachat, se doit entendre quand la faculté de rachat est octroyée par le même contrat de vente, & dedans le tems on rachete, ou bien quand la nature du contrat fait qu'il y a faculté de racheter perpetuelle, comme en contrat pignoratif ou d'engagement, ou s'il y a paction qui soit *ad instar* de la loy commissoire *in pignore* : parce qu'en tel cas *etiam* aprés le tems passé, ou s'il n'y avoit point de rachat accordé, on peut recouvrer en rendant les deniers : & quand on recouvre en vertu de la paction apposée lors du contrat d'alliennation, ou en vertu de la nature du contrat, il n'y a point de mutation. Mais si c'étoit une vente valable, & il rachetat de gré à gré, & non en vertu de la paction ny de la nature du contrat, ce seroit vray conquest. Cette distinction est prouvée *in l. si ex duobus. §. sed & Marcellus, ff. de in diem addict. & l. bovem. §. pignus. ff. de Ædil. edicto. juncta glossa.*

ARTICLE XII.

SI acquest fait à rachat par l'un des parsonniers avant ou pendant la communauté est racheté pendant icelle, les deniers procedans dudit rachat sont communs : & de même si l'acquest est fait a rachat comme dit est, par l'un desdits communs pendant ladite communauté, & ledit rachat se fait aprés la communauté dissoluë : car *etiam* audit cas les deniers sont communs entre les communs vivans, & les heritiers du decedé.

ARTICLE XIII.

AUtre chose est des heritages acquis par l'un des communs paravant la communauté, à la charge de rachat : qui sont rachetez aprés la communauté dissoluë. Car audit cas les deniers appartiennent à l'acquereur ou sesdits heritiers.

AU cas du 12. article les deniers de quelque part qu'ils viennent sont reputez meubles, & entrent en la communauté : *suprà* en ce chapitre article 9. Si ce n'étoit qu'il y eût destination contraire pour les faire sortir & acquerir nature d'heritage propre, ou que l'acquest eût été fait de deniers de mineurs destinez à heritage. Car esdits cas la destination expresse, ou la destination tacite en faveur des mineurs feroit que ce ne seroit vray conquest, les loix soigneuses de l'honneur & devoir de chacun, veulent que l'on presume avoir été fait ce qui devroit être fait : combien que la volonté n'ait été expressément declarée, *l. meritò. ff. pro socio.* Et quelquefois *etiam*, contre la declaration expresse de celuy qui a fait, *l. 1. C. de dolo l. 2. ff. de distract. pignorum.* Au second cas dudit 12. article, il faut dire que l'heritage étant une fois fait conquest de communauté, le profit qui en revient doit en tous cas appartenir à ladite communauté, & à ceux qui y avoient part, & au même second cas; les deniers se partiront selon les portions que chacun avoit és meubles lors que le conquest a été fait. Car comme il a été dit cy-dessus, la portion que chacun parsonnier se trouve avoir és conquests lors qu'ils se font ne croît ny diminuë. Soit noté, quand c'est vraye vente non déguisée, & qui n'a les marques pour être jugée simple engagement, que si le majeur a vendu à faculté de rachat, & durant le tems il decede delaissant un heritier mineur, le tems de rachat courra contre le mineur sans esperance de restitution en entier, *l. Æmilius, & ibi doctores. ff. de minor, l. 2. C. si advers. vend. pign.* La raison est qu'il n'y a rien du fait du mineur, & la survenance d'un heritier n'altere jamais le negoce & contrat fait avec le majeur, *l. Polla. C. de his quib. ut indign. hæred. aufer.* Ainsi fut jugé par Arrest, au rapport de M. Desmier és Arrests de la Magdelaine, l'an 1528. La question est. Le vendeur ayant faculté de rachat fait offres réelles & consignation en main tierce dedans le tems, aprés le refus fait par l'acheteur de reprendre ses deniers. A sçavoir si ce vendeur a seulement l'action personnelle *ex vendito*, ou l'action personnelle *præscriptis verbis ex pacto*, comme il est dit *in l. 2. C. de pact. inter empt. & vend. compos.* Ou s'il a l'action *in rem*, *ad instar* de la loy commissoire, comme il est dit *in l. commissoriè. C. eod.* parce qu'il semble y avoir semblable raison en l'un comme en l'autre, car la loy commissoire est *ex pacto in continent apposito Alexand. consil* 10. *vol.* 1. dispute cette question, & semble incliner à la commune opinion des Docteurs, qu'il n'y a que l'action personnelle Du Moulin en l'annotation dit, que ce n'est pas la proprieté des paroles de la loy commissoire qui ayent cette force de donner l'action *in rem* : mais quand la clause est avec paroles directes & emportantes execution de fait. Et enfin dit que si la vente avec cette paction de rachat est stipulée, qu'au même instant l'action *in factum ad instar* de l'action *in rem*, doit être octroyée. A laquelle autorité dudit du Moulin, on peut ajouter cette raison, que le vendeur n'a éloigné ny abdiqué de soy la proprieté sinon avec cette cause, qui est *ad instar* de condition de r'avoir son heritage en rendant le prix. Condition & cause sont de même effet en ce qui est de l'utilité (combien qu'il y ait difference selon la subtilité, *& in apicibus juris*) même quand il appert qu'autrement on n'entendoit contracter, quoy que le propos n'ait été exprimé conditionnellement, *l. si sic. §. 1. & l. sed si non. ff. de leg. 1. l. 2. in fine cum l. seq. ff. de donat.* Aussi la tradition (qui de soy ne fait rien sinon avec le titre precedent, *l. numquam. ff. de adquir. rerum domi.* doit être reglée selon le titre : dont resulte que l'acheteur n'a pas été fait proprietaire incommutable sinon aprés le tems de rachat passé, & que le vendeur s'est retenu le droit *in rem*, pour l'exercer aprés les deniers offerts. La loy *traditionibus. C. de pact.* parle des pactions nuës, & non de celles qui font portion de contrats legitimes destinez à allienation, *deinde*, la loy a introduit les actions utiles pour remede contre la subtilité de droit, pour être attribuées quand aucun refuse de faire ce à quoy il peut être legitimement contraint, en sorte qu'on doit tenir pour fait ce qui a deû être fait, afin que celuy qui refuse de faire ce qu'il doit ne soit convaincu & blâmé de dol, *l. 1. C. de dolo l. 2. ff. de distract. pign. l. rem alienam, in fine. ff. de pignor. act.* & par la raison generale *in l. quoties. ff. de praescript. verb.* Pourquoy me semble qu'aprés les offres & consignation bien faites, que l'acheteur peut exercer l'action utile *in rem*, comme proprietaire *etiam* contre le tiers detenteur.

ARTICLE XIV.

CEluy des ayans aucune chose indivise ou commune, qui en use ou s'en sert, n'est tenu d'en faire profit à l'autre, sinon qu'il fut sommé de ce, ou de diviser : auquel cas aprés la sommation de l'un ou de l'autre il en sera tenu.

CEt article doit être entendu des choses dont la joüissance & fruit & fruition ne reçoit division de soy proportionnée, comme la joüissance d'une maison pour habitation, d'un pastureau pour engresser bétail ou pâcage, & autres tels, car l'individuité fait que l'usage en appartient à chacun pour le tout, *l. si ut certo. §. ult. vers. usum autem. ff. commod. l. usus pars. ff. de usu & habit.* Cela s'entend pour la seule commodité de l'usage, selon que la loy Romaine distingue *inter usum & usumfructum* : car si celuy qui seul a joüi en a tiré des mains d'un tiers, profit en deniers ou autre chose qui soit *in fructu* & en estimation pecuniaire commune ou vulgaire, & proportionné, quoy qu'il n'y ait point de sommation, il en doit faire raison à son commun, comme *verbi gratia*, s'il a baillé à louage la maison ou le pastureau, il sera tenu de faire part à son commun de ce profit, tout ainsi qu'il seroit si le fruit de sa nature est divisible, & recevant proportion naturelle ou facile, comme le foin d'un pré qui se divise par petits monceaux, le bled qui se divise par gerbes ou boisseaux, & à cét égard seroit utile & propre l'action *communi dividundo*, *l. si quis putans. §. 1. ff. commu. divid.* & si l'un des deux ausquels l'heritage est commun par indivis, est interpellé par l'autre de venir faire valoir sa par de l'heritage commun, & il n'en tienne compte, le diligent pourra prendre une partie dudit heritage commun, selon qu'il estimera que sa part peut monter, & la faire valoir luy seul, sans qu'il soit tenu faire part du profit à l'autre. Ainsi dit Salic *in l. jubemus nulli. C. de sacros. Eccles.* Pourveu qu'en interpellant il ait protesté de labourer sa part, *alioqui* il est tenu de faire part des fruits aprés les empenses deduites, *l. videamus 2. §. ante. ff. de usur.* Soit noté quand un heritage est commun par indivis entre deux ou plusieurs, l'un d'eux qui joüit pour le tout, ne peut prescrire le droit de l'autre, soit en petitoire ou en possessoire, parce qu'il est censé ce faire plûtôt pour conserver son droit, que pour intervertir & usurper le droit de l'autre, *l. merito. ff. pro socio* : & selon ce dit la Coûtume de Bourbonnois article 26. & de Bretagne ancienne art. 275.

A cét article de Coûtume se rapportent Bourbonnois art. 280. Auxerre art. 203. & Sens art. 282.

Sera aussi noté la regle de droit, que celuy qui a part en un heritage, ou autre chose commune, peut s'en aider outre le gré de l'autre, pourveu qu'il s'en aide à l'usage auquel la chose est destinée : autrement il en peut être empêché, qui est ce que les loix Romaines disent *jus prohibendi esse l. Sabinus, & l. si aedes. ff. commu. divid. l. quidam. Iberus. §. parietem. ff. de servit. urb. praed.*

Cét art. peut recevoir limitation si celuy qui s'aide de la chose commune est tuteur, ou a autre charge de celuy avec lequel l'heritage est commun, laquelle charge le rendra sujet à pourchasser le bien de l'autre, car en ce cas il sera reputé avoir fait ce qu'il étoit tenu de faire, & doit rendre compte des profits de la chose commune, *l. quoties. §. item si. ff. de admi. tut.*

CHAPITRE XXIII.

DES DROITS APPARTENANS A GENS MARIEZ.

ARTICLE I.

FEmme mariée, aprés le contrat de mariage par parole de present, & solemnisation en face de l'Eglise, est & demeure du tout en la puissance de son mary : & du tout hors de celle de son pere, & ne peut faire contrats & dispositions entre vifs de ses biens, ny par disposition de testament, ordonnance de derniere volonté, ny autrement : ny ester en Jugement sans autorité de sond. mary, sinon qu'elle fût marchande publique, ou fit autre negociation sondit mary sçachant : auquel cas pour le fait de sa marchandise seulement elle peut contracter, soy obliger, convenir & être convenuë : & desdits contrats, quasi contrats & procedure est tenu sondit mary. Ou sinon que le mary fût refusant de luy bailler autorité : auquel cas elle aura recours à Justice pour l'autoriser.

QUand au fait de l'Eglise & du lien de mariage pour la conscience, les paroles de present font le mariage, *cap. licet, extra, de sponsa duorum.* Paroles de present, sont quand par mots du tems present les deux mâle & femelle se prennent à époux & épouse : & les paroles de futur sont quand ils promettent l'un à l'autre qu'ils se prendront. Or en ce qui est du droit Civil, pour les actes qui en dépendent, comme sont la puissance maritale, la communauté, le doüaire, & autres tels, le mariage n'est reputé pour accomply s'il n'a été celebré publiquement en l'Eglise, c'est ce que nôtre Coûtume a remarqué en cét article. Ce qui est dit en face d'Eglise, s'entend que ce soit au lieu où les fideles Chrétiens s'assemblent, qui s'appelle l'Eglise : & ce soit aussi en assemblée de peuple ; car aussi le mot Eglise signifie l'assemblée des Chrétiens. Il faut donc pour être reputé vray mariage pour les droits civils que le mariage soit celebré au lieu où se dit la Messe Parroissiale, & en grande, pleine & entiere assemblée des Chrétiens ; & aprés bans proclamez. Ainsi le tient Marian Socin le jeune mon Precepteur *consil. 31. & 86. vol. 2.* & allegue *Panor. in cap. ex tenore ex. qui filii sint legit.* Et du Moulin en l'annotation sur la Coûtume d'Angoumois, art. 40. & selon le droit Canonique, quand le mariage a été fait clandestinement sans proclamation de bans, ou autre part qu'en lieu public, comme dit est, la bonne foy & la juste ignorance que l'un des mariez peut avoir de l'empêchement qui seroit au mariage (comme si l'un est marié ailleurs, ou est lié par Vœu, ou est parent ou allié en degré prohibé) ne sert & ne releve de rien, & n'empêche que le mariage ne soit illegitime. *cap. cum inhibitio. ex. de clandest. desp.* Mais quand le mariage a été solemnellement fait, la bonne foy & l'ignorance de l'un des mariez fait que les enfans sont legitimes, tant à l'égard de celuy des mariez qui est en bonne foy, que de l'autre qui est en mauvaise foy, selon la glose audit chapitre *cum inhibitio.* Les Romains Gentils, quoy que leurs loix disent que le consentement fait le mariage : toutefois avoient quelques ceremonies publiques, par lesquelles l'accomplissement & legitimité de mariage étoit témoignée, comme quand le mary menoit en sa maison sa femme, & quand on employoit l'eau & le feu. Ainsi qu'il est dit, *in l. mulierem. ff. de ritu nupt. & l. penult. §. virgini. ff. de donat. inter vir. & ux.* & n'étoient reputez mary & femme jusques aprés lesdites ceremonies accomplies : ce qui est representé par Ovide en ce Vers du liv. 2. *de arte amandi.*

Quos faciet justos & ignis unda viros.

L'Edit de Blois de l'an 1580. art. 40. & 44. défend aux Notaires de recevoir les paroles de present en contrats de mariage, & aux Prêtres de faire épousailles sans proclamation de bans.

EN LA PUISSANCE DE SON MARY, Cesar en ses Commentaires de la guerre Gallique, au livre 6. dit qu'és Gaules les maris avoient puissance de mort & de vie sur leurs femmes : comme à Rome avoient les peres sur leurs enfans, ainsi que recite Aule-gelle rapportant la formule de l'Adoption, livre 5. chapitre 19. Tacite au livre 13. de ses Annales, dit qu'à Rome quand la femme avoit delinqué, que le jugement en étoit delaissé au mary, qui en presence des parens & alliez en connoissoit & jugeoit. Boëtius en ses Commentaires sur les Topiques de Ciceron *loco ab adjunctis*, dit que les femmes qui se mettoient en la main d'un mary & étoient faites meres de familles, etoient tenuës pour diminuées de chef, & changeoient d'état de personne: & celles qui n'étoient ainsi mariées étoient sujettes à perpetuelle tutelle. Ciceron en l'Oraison *pro Murana*, dit en general, que les femmes à cause de l'infirmité de leur sexe étoient en perpetuelle tutelle,

Faire contrats, La question est: si la femme mariée majeure de 25. ans contracte en chose qui de soy est licite: si aprés le mariage dissolu, le contrat qui étoit nul durant le mariage, demeurera nul precisement, & à toûjours. Du Moulin en l'annotation sur l'ancienne Coûtume de Paris article 114. & sur celle de Sens art. 110. & de Poitou article 225. dit que la nullité est precise & dure à toûjours, blâmant ceux qui tiennent l'opinion contraire. La nouvelle Coûtume de Paris article 223. Poitou art. 225. Auxerre art. 207. Berry de l'état des personnes art. 16. & 17. Melun art. 213. Laon art. 19. Reims art. 13. Tours art. 232. Sens art. 111. declarent la nullité precise & perpetuelle. Cette opinion peut être fondée en deux raisons, l'une que la loy parle prohibitivement, & la nôtre par ces mots Ne peut, qui emportent necessité precise *cap. 1. & ibi Doct. de regul. jur. in 6.* L'autre qu'en cas semblable, ce qui est fait par le fils de famille, & est nul à cause de la sujection, ne reprend pas sa vigueur quand il est émancipé, *l. si filius familias ff. de testam.* & par la regle *quod initio. ff. de regul. jur.* Mais il me semble que probablement se peut dire que la nullité n'est pas precise: car ce n'est pas inhabilité qui soit en la personne d'elle, comme si c'étoit un pupille ou un furieux, mais est *ad extrà* pour consideration de sa puissance maritale, au préjudice de laquelle la femme ne peut contracter; & cessant ledit interest, doit aussi cesser la prohibition: ce qui se dit és nullitez causatives, *cap. ult. de offic. ordin. in 6.* & pour cette opinion est la Coûtume de Bourbonnois art. 169. & 171. & ce qui se dit du fils de famille n'est contraire: car le fils de famille étant émancipé est tenu *in quantum facere potest*, qui est privilege personnel, car l'heritier dudit fils de famille est tenu simplement & pour le tout, *l. 2. & l. 4. §. soli. ff. quod cum eo, qui in alien. pot. est.* & ce qui est dit au droit Romain du testament du fils de famille, est à cause de l'exacte & scrupuleuse observation des Romains au fait des testamens qui étoient reglez par les points & subtilitez de droit: mais le fideicommis fait par le fils de famille, reprenoit sa force lors de son émancipation, *l. 1. §. 1. ff. de lega. 3.* Et quoy que la femme *summo jure*, & à cause de sa subtilité de droit ne fût tenuë directement, toutefois par réplication de dol & fraude, l'action de foy inutile seroit renduë utile en tant que le consentement d'elle est intervenu, *l. rem alienam in fine. ff. de pignor. act. l. Jurisgentium. §. Marcellus. ff. de pact. l. si quis mancipiis. §. proculus. ff. de institor. act.* Aussi se dit *quandò agitur de bona fide*, que le serf fait libre est tenu de ce qu'il a fait étant serf, *l. Proculus. ff. de negot. gest. l. 1. §. si apud. ff. depositi.* Et en plusieurs cas de droit les nullitez causatives cessent quand la cause d'icelles cessent, *l. non eo minus. Cod. de procurat. l. si patris. Cod. de interd. matrimonio, l. eos qui. ff. de ritu nupt.* Et que la nullité n'a pas effet sinon entant que touche l'interest de celuy en faveur duquel la nullité est introduite, *l. conditionibus 5. ff. de condit. & demonst. l. filio. ff. de injusto rupto.* Pourquoy j'estimerois qu'és Provinces où les Coûtumes ne font ces nullitez precises, la nullité ne fût que durant le mariage, & pour le respect du mary, & aprés le mariage dissolu, pourveu qu'il n'y eût aucune circonstance reprehensible que la femme deviendroit obligée, ou plûtôt que l'obstacle de la validité étant ôté, l'obligation se trouvât purement valable. Si ce n'étoit qu'on voulut dire que cette interdiction precise de contracter durant le mariage eût son respect à ce qu'une femme mariée par bienseance ne doit avoir communication d'affaires avec autruy, sans le sçû & congé de son mary, pour éviter la suspicion qui a été considerée en la *l. Quintus. ff. de donat. inter. vir. & uxor.* Mais en France nous avons estimé que l'honneur & pudicité des femmes se conserve mieux avec une honneste liberté, qu'avec une sujection servile, en laquelle les femmes ont été & sont tenuës en autres regions.

Disposition de testament, Cela est bien rude, & presque toutes les autres Coûtumes ne prohibent à la femme mariée de tester, & aucunes par exprés leur permettent de tester sans autorité de leurs maris. Poitou article 275. Auxerre article 238. Reims article 12. Berry des Testamens article 3. Aussi de vray le testament n'a aucun effet durant le tems du mariage & de la puissance maritale, qui fait que le mary n'y a aucun interest. La Coûtume de Bourgogne article 20. prohibe de tester comme Nivernois. Sembleroit assez raisonnable si la Coûtume étoit revûë, que cette prohibition de tester fût abrogée du tout, ou au moins y mettre cette bride, que la femme ayant enfans de ce mariage ne pourroit tester au préjudice desdits enfans, sinon avec juste cause, & moderement, ou bien sous l'autorité de son mary. Cependant puisque nôtre Coûtume est ainsi écrite, la femme qui voudra tester prendra autorité de son mary, non pas specialement pour disposer ainsi où ainsi: car la volonté du testateur ne doit avoir aucune dépendance de la volonté d'autruy: mais doit être toute pure issuë de la même personne, *l. illa, l. captatorias. ff. de hæred. instit.* & cette liberté doit être au même-tems de tester, & ne suffit qu'elle se trouve être lors du decez, *l. 1. §. exigit. ff. de bon. possess. secundum tab.* Doncques le mary autorisera sa femme *in genere* pour tester: & si elle vouloit disposer au profit de son mary elle pourroit en cette Coûtume ce faire (car la Coûtume ne prohibe pas à gens mariez de tester l'un au profit de l'autre) & ne se dira pas que le mary ait été Auteur *in rem suam* par la raison de la *l.* 1. *ff. auct. tut.* Toutefois le mary ne devra être present quand elle dictera & fera son testament contenant legs fait au mary, afin d'éviter toute suspition de suggestion. Si le mary ne la veut autoriser, elle aura recours à Justice, comme il est dit à la fin de l'article. Corneus *consil.* 242. *vol.* 4. traite cette question, & allegue Pet. *de bella pertica in d. l.* 1. qui tient que la femme autorisée par son mary peut tester au profit de luy, & met la difference entre l'autorité du tuteur, qui est en faveur du pupille, & l'autorité du mary qui est en faveur du mary, à quoy il peut renoncer, & allegue Salic. *in l.* 1. *C. undè vir & uxor.* & ajoûte que le plus seur est que le mary autorise sa femme en cette sorte pour tester, ainsi que bon luy semblera. Allegue aussi *Pontan. & Ludo. Roma. in l. si quis mihi bona. §. pater filio. ff. de adq. hæred.* qui dit que le plus seûr est d'y employer le Juge qui prestera autorité. Enfin ledit Corneus dit que le testament fait par la femme au profit du mary, vaut quand le consentement du mary & l'autorité du Juge y sont intervenus.

Ester en jugement, Ce qui est limité sinon quād la femme est convenuë pour crime *etiam* civilement, comme pour injures, parce qu'en ce cas l'autorité du mary n'est necessaire. Ainsi dit Poitou article 226. & Berry de l'état des personnes article 11. toutefois si la femme est condamnée, il n'y aura execution sur les biens d'elle durant le mariage : quant aux meubles & conquest, cela est vray simplement par l'argument *suprà* des confiscations article 4. & quant à l'heritage de la femme l'execution n'aura lieu sur les fruits durant le mariage : car le mary les gagne & fait siens à causes des charges de mariage qu'il supporte, *l. dotis* 2. *ff. de jure dot.* mais celuy qui a obtenu adjudication pourra faire vendre la proprieté nuë dudit heritage, parce que le mary n'y a droit.

Marchande publique, La nouvelle Coûtume de Paris article 235. a mis fort à l'étroit l'interpretation & deffinition, quand elle dit si la femme trafique en autre negociation que celle dont son mary s'entremet : voulant inferer que si elle manie la même negociation du mary qu'elle ne sera reputée marchande publique : Nôtre Coûtume parle plus au large quand elle met les deux cas, si elle est marchande publique, ou fait autre negociation son mary sçachant. J'entends ce mot de negociation de toutes affaires, ou de la boutique si le mary est marchand, ou d'une recepte si le mary est Receveur comptable, ou du ménage domestique, ou des champs. Car le mary sçachant & endurant que la femme y negocie ordinairement, doit être reputé de l'avoir preposée és expeditions de tels affaires, & luy en avoir donné charge, *l. ult. ff. quod cum eo.* Même si elle s'y employe selon la Coûtume de son mary, *l. vel universorum. ff. de pignor. act. l. dominus §. testamento. ff. de peculio legato.* A quoy se rapporte ce qui est dit par Paul de Castre *consil.* 242. que la patience du pere de famille vaut preposition, quand c'est un negoce commencé & acheminé par le pere de famille, ou qu'il a accoûtumé d'exercer, car l'entreprise de nouveaux negoces est sujette à être desavoüée si elle ne succede bien à profit, *l. si negotia. ff. de negot. gest.* Cette patience du pere de famille vaut preposition, parce qu'il est facile audit pere de famille en contredisant de l'empêcher, même parce qu'il a puissance & commandement sur telle personne, auquel cas la seule patience vaut consentement, *l. fidejussor. §. pater. ff. de pignor. l.* 1. *§. scientiam. ff. de tribut. act. l.* 1. *§. magistrum. ff. de excit. act. l.* 2. *ad Municip.* Pourquoy és cas susdits & autres semblables, je croy que le mary est tenu de ce qui a été geré, negocié & manié par sa femme, combien que ce soit la même negociation du mary, pourveu que ce soit sans apparence de mauvais ménage, & que l'on ne puisse arguer la mauvaise foy de celuy qui traite avec la femme, selon la consideration de la *l. finale. ff. de exercit. act.* & dont est parlé cy-dessus au chap. des Communautez & Associations, art. 5.

Le mary est tenu, Il est tenu non seulement jusques à la concurrence de la valeur de la negociation que la femme a maniée, mais simplement : pourveu comme dit est qu'il n'y ait point de presomption de mauvaise foy de la part de celuy qui a traité avec la femme : Ce qui se dit *ad instar* de ce qui est dit *in l.* 1. *ff. quod jussu.* car la patience vaut preposition & jussion.

Plusieurs Coûtumes traitent de ce fait des femmes marchandes publiques. Poitou article 227. Auxerre article 207. Touraine article 232. Orleans article 196. & 197. Bretagne ancienne Coûtume article 424. nouvelle 448. Melun article 213. Laon article 19. Reims art. 13. Blois art. 3. Bourgogne art. 20.

Il faut ajoûter une autre exception à cét article, si la femme est separée de biens d'avec son mary & la separation soit executée. Paris article 224. Melun article 213. Blois article 3. Cette separation de biens doit être ordonnée par le Juge aprés sommaire connoissance de cause du mauvais ménage, ou autre juste occasion, & ne doit être sur la simple accordance des mariez. Ainsi dit Berry, de l'état des personnes, article 48. & 49. Et le faut prendre ainsi en general pour être observé par tout : car les mariez n'ayans pouvoir de traiter au profit l'un de l'autre pour leurs affaires, ne doivent passer par leur seul consentement, par la raison de la *l. qui testamentum. ff. de probat.* Aussi la Sentence de separation doit être publiée en jugement à jour ordinaire des plaids, iceux tenans, & être enregistrée. Bourbonnois art. 73. Berry cy-dessus articles 48. & 49. Orleans art. 198. mais Blois art. 3. desire qu'elle soit publiée au Prône de la Parroisse. Il faut prendre ces formes de publication ou autres semblables pour generales. Car puis que le mariage qui de soy emporte communauté de biens a été faite ou deû être fait publiquement & solemnellement, ce qui y déroge doit être publié *l. sed etsi §. de quo palam. ff. de institor act.* Cette separation de biens, qui ordinairement se fait pour le mauvais ménage du mary n'excuse pas la femme, que si elle a de par elle des biens & moyens suffisans qu'elle ne soit tenuë en ayder & secourir son mary necessiteux, & les enfans qu'ils ont de leur mariage, *l. ubi adhuc. in fine. C. de jure dot.*

OU SINON QUE LE MARY FUST REFUSANT D'AUTORISER, Cette clause se refere à ce qui est dit cy-dessus de l'autorité du mary. Depuis quelque-tems on a introduit cette usance, que quand le mary refuse d'autoriser sa femme au fait des procez & des plaidoiries, il doit dire les causes de refus. Et s'il refuse d'autoriser sans alleguer juste cause, & elle soit autorisée par Justice : je croy que le Juge à l'instance de la partie adverse peut declarer les Jugemens executoires sur les biens de la communauté, même en fait civil, quand il est question des biens & droits d'icelle. Car le mary comme chef & legitime administrateur des biens & droits de sa femme, & qui fait siens les fruits & profits des biens d'elle doit s'employer pour elle & faire les frais convenables pour les conserver, & s'il ne le fait il en est responsable, *l. penult. & ult. ff. soluto matri.*

ARTICLE II.

HOmme & femme conjoints par mariage sont communs sans autre convenance, incontinent aprés la consommation dudit mariage, en tous meubles, debtes & credits, & aussi és conquests faits par eux ensemble, ou l'un d'eux constant leur mariage : en maniere que si l'un desdits mariez decede, lesdits meubles, debtes, credits, & conquests se partent par moitié entre le survivant & les heritiers du decedé, & se peut ledit survivant dire saisi de la moitié desdits meubles, credits & conquests sans autre apprehension de fait : s'il n'y a paction ou convenance au contraire.

Selon le droit Romain, il n'y avoit communauté Coûtumiere entre mary & femme. Mais bien pouvoit être par convenance l. alimenta. §. qui societatem. ff. de aliment. vel cibar. lega-

LA consommation du mariage doit être icy entenduë comme en l'article precedent, quand la ceremonie publique est intervenuë : car ce droit de communauté est purement de droit Civil, & n'a sa source du droit Canonique, qui dit le mariage être accomply quand les paroles de present ont été dites. Aucunes Coûtumes remarquent le jour de la benediction nuptiale, comme Paris article 220. Poitou article 229. qui ajoûte ces mots, en face de sainte Eglise : Tours article 230. Melun article 211. Laon article 17. mais selon mon avis n'est pas assez proprement dit, car les hommes ou femmes qui autrefois ont été mariez, ne reçoivent pas la benediction nuptiale en leurs secondes nopces, *cap. 1. cap. vir autem ext. de secundis nupt.* Les autres Coûtumes comme la nôtre, disent plus proprement de la solemnisation du mariage, aucunes de la consommation. Berry des Mariages, article 7. Sens article 272. Auxerre article 190. Bourgogne art. 21. Orleans art. 186. Mais Bourbonnois art. 223. dit aprés le mariage fait par paroles de present.

tis. Et encores aujourd'hui ès Provinces de France qui sont regies par le droit Romain, il n'y a communauté de biens entre les mariez.

Ce droit de communauté de biens a pris son origine du tems des anciens Gaulois, car Jules Cesar au 6. de ses Commentaires, dit que les mariez communiquoient à leurs femmes quelque portion de leurs biens ayant correspondance à la dot de la femme, & les fruits & profits de toute cette masse étoient communs : mais le survivant prenoit à son avantage toute cette masse.

La question est : Il est dit par le contrat (comme il est ordinaire) que la femme pour acquerir la communauté apportera une somme de deniers ; Sçavoir si à faute de les apporter elle aura acquis la communauté ? Surquoy je dis, que si autre que la femme avoit promis de payer la dot, la femme sans difficulté ne seroit empêchée de prendre le droit de communauté, parce que le mary auroit suivy la foy de celuy qui a promis, & il n'y a rien de faute de la part de la femme. Et de même si la femme avoit promis de payer & n'y eût aucun dol ny fraude de la part d'icelle, comme il peut avenir que chacun fait état de son bien plus qu'il ne vaut : Mais si la femme usant de ses droits par dol ou affaiterie avoit promis d'apporter ce qu'elle n'a vaillant, je croy que le droit de communauté luy pourroit être dénié & refusé : Car en tous contrats de bonne foy faut excepter ce qui a été fait par dol, *l. sed etsi ideò §. sed etsi non ff. soluto matri, l. tenetur. §. ult. ff. de act. empti*, Ou bien si la clause du contrat étoit tellement conçuë qu'il apparut que l'intention du mary eût été de n'accorder la communauté sinon en apportant, & son intention se trouvat exprimée, je croy que la communauté ne seroit sinon en apportant. Car cette intention ainsi exprimée tiendroit lieu de cause finale, *l. 2. in fine & l. seq. ff. de donat.* Et la défaillance de la cause finale apporte resolution & aneantissement du contrat *etiam* que ce soit contrat nommé, *l. cum te. C. de pact. inter empt. & vend. compos.* Et telle cause finale a effet de condition, quoy qu'elle ne soit conditionnellement exprimée, *l. sed si non. ff. de legat. 1.* Cessant ces considerations dernieres, mêmes en cas qu'il n'y ait dol ny fraude, il se doit dire, que la femme pour n'avoir apporté sa dot ne laisse d'acquerir communauté, parce que la Coûtume la donne, *etiam* sans paction, & parce que la promesse n'est conditionnelle, mais *ad instar modi* qui ne suspend, *l. libertas. §. hoc scriptura. ff. de manumiss. testa.* & parce que la cause se trouveroit en l'execution, & non en la disposition, *l. ex his. C. quando dies leg.* Si la femme a promis d'apporter, & elle n'ait apporté en cas de dissolution de communauté on luy précomptera sur sa part ce qu'elle n'a payé, si autre qu'elle à promis, elle ne laissera de prendre sa portion, & l'action pour se faire payer demeurera commune à tous les parsonniers pour en faire la poursuite à communs frais, & en prendre le profit ou le déchet.

Debtes et credits, Debtes, s'entendent que les mariez ou l'un d'eux doivent; credits s'entendent quand il leur est dû.

Conquests, Si l'acquisition est faite avant le mariage, & le payement est fait durant iceluy par le mary: Chopin au traité *de privileg. rust. part. 3. lib. 3. cap. 4.* dit avoir été jugé par Arrest que c'est conquest, ou bien que la femme doit être remboursée. Du remboursement, il est sans doute: mais je ne croy pas que la femme ait part au conquest qui n'a été fait au nom d'elle, ny durant le mariage par les *l. 1. 2. & 3. C. si quis alteri vel sibi.* Et n'est pas à propos de dire qu'on presumera que les deniers dotaux ayent été employez à faire le payement; car pourtant la chose achetée n'est pas faite dotale, sinon subsidiairement quand le mary se trouve non solvable, *l. ex pecunia. C. de jure dot. l. uxor marito. ff. de donat. inter vir. & uxor.* Puis il ne se propose pas que les deniers dotaux y ayent été employez, le mary pourroit avoir deniers d'ailleurs. Autrement seroit si le mary par le contrat de mariage avoit promis employer partie de la dot de sa femme en achat d'heritage pour être propre à elle; car si peu de tems aprés la reception des deniers, le mary fait quelque acquisition & paye; la proximité de tems sera presumer que ce soit des mêmes deniers dotaux, *l. si ventri. ff. de privileg. cred.* Et la promesse du mary portée par le contrat, fait presumer que ce soit l'execution d'icelle promesse, *arg. l. cum ex pluribus. ff. de solut.*

Saisi de la moitié, Les Coûtumes de France en plusieurs cas ont introduit la saisine sans aprehension de fait, qui est contre les regles du droit écrit Romain, il est à croire que nos majeurs amateurs d'équité, ont voulu être tenu pour fait ce que chacun doit faire.

S'il n'y a paction, Les mariez en traité de mariage peuvent convenir qu'il n'y aura entr'eux communauté: mais en ce cas pour éviter toute suspicion de fraude, il est besoin que chacun fasse inventaire de ses biens avant que de les mêler ensemble, à quoy se rapporte la nouvelle Coûtume de Paris art. 222. qui pour sa raison & équité peut être tenuë pour generale. Mais quant aux pactions de mariage que l'on pratique aujourd'huy en Bourgogne, & par contagion en quelques païs voisins, qui est que la femme apportant ses meubles & deniers dotaux, le mary n'ait rien en la proprieté d'iceux, ny pour le tout ny pour partie: en sorte que la femme ou ses heritiers les reprennent entierement, & ne laisse la femme de pêcher au plat & avoir part és meubles & conquests de son mary, comme si l'industrie & le travail d'une femme étoit à comparer à celuy d'un homme: j'ay quelquefois estimé & croy en point de droit que telles pactions ne sont valables pour la grande & dereglée inégalité qui est en cette societé semblant à la leonine: c'est vendre trop cherement les doux baiser d'une femme. Pour cette opinion est la *l. si non fuerint. §. ult. ff. pro socio.*

ARTICLE III.

Le mary pendant le mariage peut disposer à son plaisir par contrats entre vifs sans le consentement de sa femme desdits meubles, credits & conquest. Mais par testament ou ordonnance ayant trait à mort, ledit mary ne peut disposer au préjudice de sadite femme de la part d'elle esdits meubles, credits & conquests, sans l'exprés consentement d'elle: & la disposition faite au contraire est nulle.

Disposer a son plaisir, S'entend par disposition, qui en soy & par apparence ou par vray effet ne contienne fraude au préjudice du droit de la femme, & par aucunes Coûtumes nouvelles, le temperament y est mis par ces mots, sans fraude. Paris art. 244. Sens art. 294. Auxerre art. 164. Berry de l'état des personnes art. 18. & 19. Orleans art. 193. Poitou ajoûte autre limitation, pourveu que ce ne soit par allienation generale. Orleans & Bourgogne art. 22. étendent la permission jusques a donation entre vifs. Ce qui n'est pas raisonnable, si ce n'étoit pour merites importans & dignes du don. Tours article 254. permet au mary de vendre & échanger, mais non de donner les conquests outre sa part. Suivant ce me semble que si le mary donne sans merite ou cause apparente, & la chose donnée fût en valeur notable: La donation ne vaudroit au préjudice de la femme, parce que selon droit quelque grande liberté qu'aucun ait à administrer affaires, la condition y est tacite qu'aucune chose ne se fasse par dol & fraude, *l. creditor. §. Lucius. ff. mandati*, même si le mary donnoit aux enfans qu'il a d'autre mariage: sur quoy Chopin au traité *de privileg. rust. lib. 3. suprà citato in margine* allegue un Arrest du 30. Octobre l'an 1555. De vray la fraude doit être éloignée du contrat de mariage, & de tous negoces qui en dépendent, même entre les mariez qui doivent s'aimer d'amitié la plus excellente de toutes. Tous contrats de bonne foy contiennent l'exception de dol & fraude, *l. hujusmodi. & l. qui servum. ff. de leg. 1.* Or est le contrat de mariage entre les contrats de bonne foy. parce que l'action qui en resulte est au nombre des actions de bonne foy. *§. fuerat inst. de action.* Et de même est le contrat de societé qui est mêlé en tel contrat de mariage. Doncques si le mary allienne en fraude les biens de la communauté, si c'est à titre lucratif, la donation sera revoquée pour la part que la femme a en la chose donnée, quoy que le donataire ne soit participant de la fraude, *l. qui autem. §. similique modo. ff. quæ in fraudem cred. l. apud Celsum. §. si quis autem. ff. de except. doli.* Et si c'est à titre onereux que le mary ait allienné en fraude, si l'acquereur est participant de la fraude, la revocation se fera comme dessus, s'il n'en est pas participant l'allienation tiendra : mais le mary ayant fait fraude ou ses heritiers, seront tenu de recompenser la femme, *l. ignoti. C. de revoc. iis quæ in fraudem creditorum alienata sunt.*

Ce qui se dit que le mary peut disposer à son plaisir des conquests, s'entend des conquests faits durant le même mariage & communauté ce que signifie le mot *desdits* en ce troisiéme article, qui se rapporte au precedent article qui parle des conquests faits durant le mariage. Et si les mariez s'étoient associez en leurs acquests faits auparavant le mariage, le mary ne pourroit disposer de la part de sa femme sans le consentement d'icelle, ny des acquests faits par elle avant le mariage.

ARTICLE IV.

De même n'est permis audit mary de disposer entre vifs, ny par disposition de derniere volonté, du doüaire, assignaux propres & heritages de sadite femme sans son exprés consentement : & la disposition desdits propres pendant ledit mariage faite au contraire est nulle.

La nullité de l'allienation est en tant que touche l'interest de la femme. Pourquoy s'il avient que le mary vende sans le consentement de sa femme, l'acheteur devra jouir pour le droit que le mary avoit, qui est de faire les fruits siens tant que le mariage durera : car on dira qu'il a vendu & transferé le droit tel qu'il l'avoit, *l. qui tabernas. ff. de contrah. empt. l. peto. §. prædium. ff. de legat. 2. cap. veniens, ex de transf.* & audit cas quand le mary a vendu la prescription de trente ans ne courra contre la femme tant que le mariage durera, comme aussi si la femme a vendu avec son mary & le contrat soit sujet à rescision, la prescription de dix ans ne courra durant le mariage, non pas seulement par la raison commune de la *l. 1. C. de annali except.* où il est dit que la prescription d'action ne court contre le fils de famille, parce qu'il est en puissance de son pere, & ne peut agir : Mais aussi parce que la femme ne peut commencer & conduire son action sans offenser son mary, ou sans se mettre en peril d'être mal traitée, car son mary étant appellé à garend seroit blâmé d'être faux vendeur, & seroit sujet à dommages & interests : or, les loix mettent à party pareil l'impossibilité de droit, qui est quand on ne peut faire sans offenser celuy à qui on doit honneur, & l'impossibilité de fait, *l. filius. ff. de condit. instit. l. reprehenda. C. de instit. & sub. stit sub cond.* & selon ce qui est decidé par les Docteurs *in l. 1. §. quæ onerandæ. ff. quarum rerum actio non detur.* Cet empechement d'agir fait que durant iceluy la prescription ne court point, *l. in rebus, in fine. C. de jure dot. l. cùm notissimi. §. illud. C. de præscript. 30. vel 40. ann.* Suivant ce est decidé par la Coûtume de Bourbonnois article 28. Reims article 260. mais si le mary a baillé à ferme ou accense l'heritage de sa femme pour un tems qui est ordinaire & accoûtumé, la veuve devra tenir l'accense; *l. si filio. §. si vir in quinquennium. ff. soluto matri-* Auquel lieu doit être consideré le tems de cinq ans : car à Rome la Coûtume étoit de faire les loüages pour cinq ans, & ce tems s'appelloit *lustrum*, *l. si quis nec causam, ff. si certum pet. l. qui quatuor, §. qui hortos, ff. de legat. 3.* & ce tems étoit observé, parce que de grande ancienneté les Censeurs une fois en cinq ans faisoient description des biens, facultez & revenus de chacun Citoyen, pour le rendre sujet aux charges publiques selon ses moyens : dont faut inferer puis que c'est acte d'administration ordinaire, que la veuve doit ester à l'accense que son mary a faite pour le tems & à la maniere accoûtumée, *l. vel. universorum, ff. de pignor. act. l. in venditione, §. 1. ff. de bon. auct. jud. possid.* La Coûtume de Paris article 227. permet au mary de bailler à loüage sans fraude l'heritage de sa femme pour six ou neuf ans. *Idem* Sens article 275. Mais Blois article 179. dit que le bail ne vaut sinon pour le tems du mariage, & peut être se fonde sur la *l. si quis domum §. 1. ff. locati* : laquelle loy toutefois selon mon avis se doit entendre quand l'usufruitier pour sa commodité particuliere fait le loüage, & non quand il loue la chose accoûtumé d'être loüée, & pour le prix & par la maniere ordinaire : auquel cas je croy que le proprietaire doit avoir agreable & tenir le loüage, *quasi ex negotio utiliter gesto, arg. l. qui semisses, §. ult. ff. de usur. & d. l. vel universorum.*

Par semblable raison, je diray que le successeur au benefice doit entretenir l'accense faite par son predecesseur, pourveu qu'elle soit faite à tems accoûtumé, & à prix raisonnable *cap. 1. ext. de precar.* pourveu aussi que ce ne soit le loüage du principal manoir, ny du total du revenu du benefice : car étant ainsi que tout beneficier doit residence, le successeur dira que ce n'a été bon ménage d'ôter au beneficier le moyen de resider, & si c'est l'accense d'un domaine ou membre particulier accoûtumé d'être accensé, le successeur la tiendra, par la raison de lad. *l. vel universorum, & l. si fine, §. Lucius, ff. de administr. tut.* & ainsi doit être entenduë & temperée la glose, *in cap. ult. ext. ne Prælati vices suas*, comme étant tel loüage fait pour l'utilité de l'Eglise, & à la maniere accoûtumée.

ART.

ARTICLE V.

Constant le mariage le mary sans procuration de sa femme, peut en son nom, & au nom de sa femme convenir & être convenu és actions & remedes possessoires & personnels appartenans à & contre sadite femme, & si le mary est négligent de poursuivre lesdits droits personnels & possessoires de sadite femme, elle les pourra poursuivre de l'autorité de sondit mary : & au refus de l'autoriser, sera & pourra être autorisée par Justice.

ARTICLE VI.

Et quant aux droits réels, ladite femme les peut poursuivre de l'autorité de sondit mary sans autre negligence dudit mary precedente : & où il sera refusant de l'autoriser, par autorité de Justice.

Plusieurs Coûtumes disent selon ces deux articles. Poitou article 228. Sens article 119. & 276. Auxerre article 196. Bourbonnois article 235. Orleans article 195. Blois article 180. Bourgogne article 24. Aucunes des dessusdites permettent au mary d'exercer les actions petitoires, & toutes autres actions, comme Orleans, Poitou & Sens. Mais Sens & Laon article 30. & Reims article 14. mettent une limitation : pourveu que le mary intente les actions réelles, & de fonds pour son interest : ce qui peut être suivy pour raison generale, car le mary est reputé seigneur des heritages dotaux de sa femme, comme il sera dit cy-aprés. Quant aux actions possessoires, doit être entendu des possessions de fait, car de telles possessions dépend la question des fruits qui appartiennent au mary. Mais si la possession est de droit, comme d'une heredité, le mary ne pourra pas intenter ny recevoir l'action valablement sans que la femme soit de la partie : tant parce qu'en telles actions possessoires le droit est plus déduit que le fait, & ainsi est en certains cas que la possession emporte la proprieté, *l. 2. §. quadam, ff. de interdictis, l. 3. §. hoc autem, ff. de itinere actuque privato.* Quoy que communément les possessoires soient plus de fait que de droit, *l. denique, ff. ex quibus caus. major.* Aussi en tel cas de possessoire d'heredité est à considerer, que le mary ne peut pas declarer sa femme heritiere quand bien ce seroit seulement une heredité de meubles, car la consequence & le peril d'être heritier peut passer outre la valeur des biens hereditaires, & pour rendre les propres de la femme sujets aux affaires de l'heredité : ce qui passe le pouvoir que le mary a sur les biens de sa femme, aussi en tous cas d'importance, combien qu'il soit question de chose en laquelle le mary a puissance, le mary doit prendre l'avis & consentement de sa femme quand elle y a interest, *l. servus dotalis, ff. soluto matri.*

Personnels, Se doit entendre de droits mobiliers. C'est un erreur inveteré en pratique d'appeller actions & droits personnels ceux qui sont mobiliers, & ainsi l'interprete du Moulin en l'annotation sur la Coûtume nouvelle d'Artois article 88. & ainsi est pris en la nouvelle Coûtume de Paris article 233. Cét erreur peut être procedé de ce brocard vulgaire, *Que les meubles suivent la personne, & se reglent par la Coûtume du lieu où la personne est domiciliée.* Mais selon la proprieté de la diction, l'action personnelle est celle qui procede de paction & convenance expresse ou tacite, tant en fait de meubles que d'immeuble, & peut l'action personnelle être telle qu'elle emporte la proprieté de l'immeuble qui est hors la puissance du mary, comme sont les obligations & actions *ex vendito, ex empto, ex permutatione*, & autres. Et s'il avient qu'il y eût revision de cette Coûtume, semble que l'article pourroit être redressé en cette sorte.

Que le mary seul peut agir & être convenu en Jugement és actions personnelles, possessoires & petitoires, concernans les meubles & conquests de la communauté, & és actions possessoires pour l'heritage propre de sa femme, quand la possession est de fait : mais és actions personnelles & petitoires qui concernent ou importent à la proprieté de l'heritage propre de la femme, le mary seul sans sa femme ne les puisse exercer, ny sur icelles être convenu, & de même és actions possessoires pour l'heritage propre de sa femme quand la possessiō est plus de droit que de fait. Sauf que le mary pourra être en cause seul & par luy, en demandant ou en défendant, pourveu qu'il ajoûte cette qualité, comme mary, & pour son interest de mary.

Car par la fiction de la loy le mary est seigneur des heritages dotaux de la femme, *l. doce ancillam. C. de rei vendicatione*, & à ce moyen peut exercer ou être convenu és actions petitoires utilement avec sa qualité de mary, comme la loy donne les actions réelles utiles au superficiaire, à l'accenseur pour long-tems, & à l'usufruitier, *l. 1. §. 1. ff. de superficieb. l. 1. & 2. ff. si ager vectig. vel emphyt. l. 1. ff. si usufructus pet. l. si usufructus ff. de aquas plu. arcenda*, & ainsi le tient la glose, *in l. 2. C. ubi in rem actio.* Et pour les actions directes la loy dit que celuy qui n'a puissance d'allienner ne les peut exercer, *l. ait prætor. §. quid sit, ff. de jure delib. l. si ad resolvendam. C. de prædiis minorum.* Mais si la partie adverse desire avoir Jugement asseuré pour toûjours, il peut requerir que la femme soit de la partie, & si la femme se trouve mineure de vingt-cinq ans, elle devra nommer un curateur en cause, & ne suffira l'autorité de son mary : car le mary ne peut être curateur de sa femme mineure, *l. maritus. C. qui dare tutor*, on allegue un Arrest donné en l'Audience sur ce fait, le Jeudy 23. Juillet mil cinq cens cinquante & un, pour le Seigneur: plaidans la Porte & le Coigneux.

Refus de l'autoriser, Il a été dit cy-dessus en l'art. 1. que le mary refusant d'autoriser en fait de procez, doit dire causes pertinentes de son refus, autrement le Juge peut ordonner que les jugemens seront executoires sur les biens de la communauté : Ainsi dit on avoir été jugé par Arrest le Mardy 16. Decembre 1544.

Droits reels, S'entendent droits réels immobiliers : car la vendication pour meubles est action réelle, & toutefois le mary seul la peut intenter. Car le mary est seigneur des meubles.

ARTICLE VII.

LE survivant des deux conjoints participant és meubles & conquests aprés le trépas de l'autre, est tenu payer sa part des debtes faites par ledit défunt, ou l'un, ou deux ensemble pour la portion qu'il prend en la communauté. Et esdites debtes ne sont compris les frais funeraux qui se payent par l'heritier du défunt.

OU l'un d'eux, S'entend si c'est la femme, que ce soit és cas esquels elle peut s'obliger, ou bien des debtes qu'elle devoit avant le mariage.

La veuve quoy qu'elle se trouve commune en biens n'est tenuë des debtes de son mary esquels elle n'a pas contracté expressément, sinon jusques à la concurrence de la part qu'elle prend és meubles & conquests de la communauté. Ainsi fut dit par Arrest solemnel, prononcé par M. le President Seguier, le 14. Aoust 1567. pour Anne Spifame, femme de M. Jean Meusnier, j'y étois present, & fut dit qu'elle prendroit ses propres & son doüaire, sans charge de debtes faites par son mary. La raison dudit Arrest est, que si autrement étoit, le mary par voye oblique auroit puissance sur les propres & doüaire de sa femme, desquels toutefois la Coûtume luy défend l'allienation, *suprà*, article 4. Plusieurs Coûtumes nouvellement redigées, ont tranché la question suivant ledit Arrest. Paris article 228. Orleans article 187. Tours article 290. Melun article 217. mais c'est à la charge que la veuve fera inventaire, & qu'il n'y aura de sa part recellement ny fraude. Avant ladite nouvelle Coûtume de Paris, parce que l'ancienne disoit que la femme veuve étoit tenuë payer sa part des debtes mobiliaires, il se jugeoit que la femme n'étoit tenuë des rentes constituées durant le mariage, sinon pour les arrerages échus durant iceluy, & ainsi fut jugé par l'Arrest pour la veuve de la Vernade, du 18. May 1534. Ce qui sembloit sans grande raison, car on prend quelquefois de l'argent à rente pour faire des conquests, ou payer debtes mobiliaires. Les autres Coûtumes pour comparer immeuble à immeuble, disent que la femme prenant part aux conquests est tenuë des rentes constituées, avec le temperament des susdites Coûtumes nouvelles, la femme est tenuë des rentes constituées durant le mariage jusques à la concurrence de sa part des meubles & conquests, comme elle est de toutes autres debtes : Sauf s'ils étoient faites pour cause qui de soy & par sa destination ne concerne le fait de la communauté, comme si le mary dote sa fille d'un autre mariage d'autres biens que des maternels, s'il entretient son fils d'autre mariage aux études, ou s'il est condamné pour son délit. *Ludovic. Roma. cons.* 145. & il met comme une regle que la societé *etiam* de tous biens n'est tenuë des debtes ou impenses, sinon qu'elles soient faites pour choses concernant par effet ou par apparence les affaires de la societé : mais quant à l'impense des études Carol. Ruinus *consil.* 101. *vol.* 1. tient l'opinion contraire, parce que c'est la charge du pere de faire étudier son fils, comme elle est de le nourrir. Pour cette opinion pourroit être allegué la *l. de bonis*, *§. non solum*, *ff. de Carbo. Edicto.* que ledit Ruinus n'allegue pas, où il est montré que pour le respect du pere à l'enfant, les allimens comprennent la dépense des études, combien qu'à autre respect la charge d'allimens ne les comprennent, *l. legatis*, *ff. de alim. & cibariis legat. Corneus consil.* 285. *vol.* 1. distingue & dit que le pere peut prendre tels frais sur les biens de la communauté : mais aprés icelle dissoluë, le pere en doit faire recompense à ses autres associez. Selon mon avis l'opinion de *Ludo. Roma.* est la plus certaine avec le temperament de Corneus : ce que j'ay dit de la dépense des études, j'entends que ce soit hors la maison du pere : car la nourriture & l'entretenement des enfans en la maison du pere est charge ordinaire & domestique, & quand aucuns se marient pour être communs en biens, ils se prennent avec leurs charges ordinaires, & la loy presume facilement entre personnes si proches de sang, ou par alliance, tant en degrez d'ascendans que collateraux, que les allimens ayent été employez par amitié & affection, & non en intention de repeter, *l. si paterno. C. de negot. gest. l. ex duobus. §. ult. ff. eodem.* Et quant à la dot que le pere ou la mere donnent à leurs filles d'autres mariages, laquelle dot est sujette à remboursement aprés le mariage dissolu, est à excepter si les filles avoient des biens déja acquis, & moyennant la dot les quittassent au profit des deux mariez qui leur payent la dot : car c'est comme un commerce & contrat commutatif. Et ainsi est decidé par la Coûtume de Bourbonnois art. 233.

A la suite des raisons cy-dessus, je diray que si le mary a été fidejusseur par pur office d'amitié dont vient l'action *mandati* qui emporte office gratuit: la femme quoy qu'elle soit commune en biens, n'en sera pas tenuë, parce qu'il n'en peut rien revenir à la communauté: mais est par apparence mauvais ménage selon le proverbe ancien, *Sponde, noxa præsto est*: ainsi se dit du serf auquel la libre administration de son pecule est permise, que s'il se rend fidejusseur son pecule même n'en est pas tenu, si ce n'est qu'il ait été fidejusseur au negoce concernant son pecule, ou pour le profit de son seigneur, *l. 3. §. si filius familias l. quoties. §. 1. ff. de pecul.* & si c'étoit une plegerie d'association en une ferme & accense, la femme commune en seroit tenuë. De même diray-je si le mary décharge son heritage propre de quelque redevance ou charge creée auparavant le mariage: ou bien s'il transige & baille deniers ou autres meubles pour assurer & nettoyer son heritage propre qui étoit litigieux: car le corps de l'heritage luy demeure propre; & n'est pas fait conquest. Mais s'il achete un office propre pour luy, & le mariage ait duré quelque tems aprés l'achat, comme de dix ans, je croy que la femme ou ses heritiers ne devroient être recompensez, parce que l'exercice de l'état aura peu apporter profit à la communauté à peu prés correspondant à l'achat, & est à croire que le premier soin de celuy qui a acheté office est de remplir la place vuide qu'il a faite en ses facultez: ce qui est representé par Ciceron en une Oraison parlant de ceux qui ont obtenu magistrat par largitions & presens. Aussi la loy dit que la societé est tenuë des debtes qui dépendent du fait de la negociation pour laquelle la societé est faite: Paul, *l. sed nec est, ff. pro socio.* La question est: le mary a delinqué en l'office qu'il a prenant profits déraisonnables: où il a exercé les usures & commis autre délit, par lequel il ait augmenté ses facultez, ou il a manié les finances du Roy, & s'est englué les doigts comme tels deniers sont sujets à la pince: s'il en est recherché, & soit condamné en amendes ou en reparation pecuniaire? Je croy que la communauté en sera tenuë, quoy que selon la regle des societez l'obligation ou condamnation procedant de délit ne tombe en communauté, *l. cum duobus; vel l. si fratres. §. socium, & l. adeò. §. ult. ff. pro socio.* Car à quiconque vient le profit illicite il luy doit être arraché des mains, *l. Lucius; ff. de jure fisci, l. 1. C. ex delict. defunct.* La forte question est si le quadruple (qui est la peine ordinaire des Financiers comptables qui faillent en leur charge) ou autre amende & reparation adjugée au fisque, outre le simple de la partie de deniers mal prise; sera à la charge de la communauté, ou bien si le seul simple sera à cette charge, & l'outre-plus sera à la seule charge du mary qui a mal versé? sur quoy j'estime que non seulement le simple, mais aussi ce qui est de plus en l'adjudication doit être pris en la communauté: car cette peine du quadruple est au lieu des interests que le fisque a souffert par l'interversion des deniers fiscaux, ou parce qu'on n'a pas peu prouver par le menu, & particulierement tous les torts faits au fisque, ou si c'est autre délit, parce qu'on ne sçait pas en particulier les personnes à qui le tort a été fait par les usures ou autre malversation, le fisque prend la reparation, comme il prend les choses desquelles nul ne se trouve proprietaire. Ce que dessus est és délits dont il a accoûtumé de revenir augmentation de facultez, & s'entend aussi que la femme en sera tenuë jusques à la concurrence des biens de la communauté. Que si c'est délit commis par vengeance & mal-talent, dont ne revient aucun profit pecuniaire, je croy que les biens & droits de la femme en la communauté n'en seront aucunement tenus; *l. 1. C. de periculo eorum qui pro magistratibus intervenerunt lib. 11.*

Souvent en ce païs on charge les contrats de mariage d'une clause, que le survivant des mariez aura par preciput; le mary ses armes, habits & chevaux, & la femme ses habits, bagues & joyaux, ce qui est clair que c'est faveur personnelle du survivant qui est nommé. Et s'il est simplement parlé du preciput sans faire mention du survivant; sçavoir si les heritiers du premier decedé auront cét avantage? mon opinion est, & quelquefois a été ainsi jugé au Bailliage de Nivernois, en grande assemblée du Conseil, que ce preciput est pour le seul survivant; *tum*, parce que tel est le commun usage; *tum*, parce que vray-semblablement il est ainsi convenu en la faveur pure personnelle de celuy qui survit, afin qu'il ne luy soit à contre-cœur de voir partager & voir servir à un autre ce qui étoit destiné & employé à sa personne. Par l'argument de la *l. cum patronus, ff. de legat. 2. l. penult. ff. de servit. legat. l. in omnibus 68. ff. de regul. jur.*

Frais funeraux, Ne peuvent être à la charge de la communauté, parce qu'ils commencent à être deûs & faits aprés la communauté dissoluë par mort de l'un des mariez, & si c'est une famille honneste & de grands moyens, il est raison que la femme porte le düeil aux dépens des heritiers de son mary: car le düeil regarde la memoire & honneur du mary: par la loy Romaine la véuve qui se remarioit avant l'an du düeil finy étoit infame, mais le tems du düeil n'étoit que de dix mois: & au premier tems de la Monarchie de Rome l'année n'étoit que de dix mois, dont est encores l'ancienne appellation de Decembre dernier mois: Cette interdiction de mariage avant l'an finy étoit pour éviter qu'il n'y eût confusion au lignage si la femme accouchoit dedans les dix mois aprés la mort de son mary, car on disoit dix mois pour dix Lunes, & disent les Physiciens que les filles naissent ordinairement au dixiéme mois, c'est-à-dire, en la dixiéme Lune: les Grecs (desquels l'art de Medecine a pris son commencement) comptoient le tems par Lunes, comme les Hebreux: & se peut faire selon l'autorité d'Hypocrate que l'enfant naisse legitimement au septiéme mois, qui a été pris au second jour du septiéme mois, c'est à dire, six mois entiers, & deux jours du septiéme, qui est le 182. jour aprés la conception, *l. 3. §. post decem. ff. de suis & legit.* Cét avancement ou retardation de naissance pourroit engendrer doute, si l'enfant né durant le second mariage, seroit du premier ou second mary. Les Canonistes pour favoriser en tous moyens les mariages ont aboly cette attente de la fin de l'an du düeil & l'infamie ordonnée par la loy Romaine, *cap. penult. & ult. ext. de secund. nupt.* Les femmes de Paris ont volontiers embrassé cette permission, & en usent souvent, aucunes se marient quinze jours ou trois semaines aprés la mort de leurs maris : les femmes de ce païs ordinairement sont plus consciencieuses & soigneuse d'honneur en attendant la fin de l'an. Pour les frais funeraux, & pour les legs testamentaires qui ne sont à la charge de la communauté, sont les Coûtumes de Poitou article 246. Auxerre article 200. Bourbonnois article 241. Tours art. 305. Laon art. 22. Bourgogne article 28.

ARTICLE VIII.

ET peuvent les creanciers agir contre les heritiers du défunt debteur, s'il étoit obligé seul pour toute leur debte, ou contre le survivant pour la moitié, & les heritiers du défunt pour l'autre moitié à leur choix.

ARTICLE IX.

SI lesdits creanciers agissent pour le tout contre les heritiers du défunt : lesdits heritiers auront leur recours pour la moitié de la debte contre la veuve dudit défunt.

ARTICLE X.

SI lesdits conjoints sont obligez ensemble ou à part, lesdits creanciers peuvent agir selon la forme de leur obligation.

SI le mary est seul obligé le creancier ne recherchera pas la veuve s'il ne veut. S'il veut aussi il la recherchera pour la moitié, comme ayant été commune en biens : non pas par execution, si ce n'étoit qu'elle fût expressément obligée, mais par simple action, qui toutefois sera sujette à provision sur les biens qu'elle a eu de la communauté. Si le mary & la femme sont obligez solidairement ayans renoncé à division & discussion, & la femme n'ait renoncé au Vellejan, elle pourra être restituée pour n'être tenuë plus avant que de la moitié, parce qu'elle se trouveroit comme plege de son mary en l'autre moitié. Si ce n'étoit que l'obligation du mary & de la femme fût pour affaire individuë, qui ne peut être expediée pour partie, comme si c'étoit pour reparer la maison commune entre les deux mariez : qui me semble être le vray intellect de la *l. vir uxori. §. mulier, ff. ad SC. Vellejan*, & la raison est audit paragraphe, que la reparation ne pouvoit être faite par moitié, & la nature de telles obligations les fait individuës, *l. stipulationes non dividuntur, ff. de verb. oblig.* Vray est que Bart. sur ledit §. *mulier* raisonne autrement, par la distinction si la cause est necessaire ou volontaire. Autant en diray-je si les deux mariez s'obligent pour une affaire qui ne peut être expediée pour partie, comme pour faire le rachat d'un heritage : qui est une individuité introduite de droit à cause de l'interest de celuy qui doit faire la revente, lequel ne peut être contraint d'entrer en communion, *l. si non sortem. §. si centum, ff. de condict. indeb. l. tutor. §. curator, ff. de minor.* Esquels cas la femme qui s'est obligée solidairement sans avoir renoncé au Vellejan, n'est aidée du Vellejan, & és cas qui sont divisibles si la femme est obligée avec son mary solidairement, quoy qu'elle ait renoncé au Vellejan, & son mary se trouve non solvable, il est à douter si elle sera obligée avec effet en ce qui est de la part de son mary : car en ce cas le mary se trouvant non solvable, l'intercession que la femme fait pour son mary, est en effet donation qui ne vaut entre mary & femme, & ne peuvent les mariez déroger à la prohibition que la loy en fait, de donation entre mary & femme. Ce qui est remarqué par la glose, *in verb. nullatenus, in Auth. si qua mulier. C. ad SC. Vellejan.* Pourquoy j'estime que ces renonciations au benefice des Authentiques, *si qua mulier, & sive à me*, que l'on a enseignées aux Notaires depuis trente ou quarante ans en ça, sont superficiaires & de parade : car ce qui regarde les bonnes mœurs & la conservation de l'honneste amitié entre mary & femme (comme est la prohibition de donner) ne peut être effacé ny dérogé par action, *ut per doct. in rub. C. ne fidejuss. dotium dentur.* (c'est la consideration des bonnes mœurs qui fait que l'on ne puisse déroger, & non pas parce que la loy parle negativement,) & nôtre Coûtume qui prohibe les avantages entre mary & femme, *infrà, eod. capitulo*, article 27. use de ces mots, NE PEUVENT, qui emportent necessité precise, *ut not. in cap. 1. de regul. jur. in 6.*

Au cas de la renonciation au Vellejan, il est besoin que la femme soit avertie specifiquement quel est l'effet du Vellejan, & que l'avertissement que la femme en aura eu soit rapporté par mots exprés, tels que le Notaire aura dits à la femme, & dont la note originale soit chargée, autrement la renonciation n'est pas valable. Ainsi fut jugé par Arrest en plaidant, le 19. Decembre 1544. plaidans le Fevre & Pericard Avocats, & est traité par la glose finale, *in l. ult. ff. ad SC. Vellejanum.*

Si la femme sans renoncer au Vellejan s'oblige pour faire sortir son mary hors de prison, elle ne sera aidée du Vellejan. Ainsi fut jugé par Arrest le Mardy 15. Mars 1551. en l'Audience : plaidans Aleaume & de saint Meloir. La raison est qu'elle s'oblige pour son profit, afin d'avoir son mary auprés d'elle pour conduire son ménage & le faire valoir. A ce fait la *l. mutus. §. manente, ff. de jure dot. l. quamvis & l. seq. ff. soluto matri.*

ARTICLE XI.

ET si l'un desdits conjoints est seul obligé, en cas de partage l'autre conjoint ou ses heritiers seront tenus de payer & satisfaire comptant de leur part de ladite debte, si ladite debte est pure : mais si elle est conditionnelle, ou à payer à jour non écheu, ledit autre conjoint ou ses heritiers seront tenus de laisser des biens jusques à la concurrence de leur part du deû, ou de bailler caution sur le lieu qui fera sa propre debte de lad. part, renonçant au benefice de division & ordre de discussion : & s'entend ce que dit est, quand le debteur fait apparoir de sadite debte, pour laquelle il pourroit être seul convenu & executé.

COmbien que celuy qui est obligé n'ait encores payé, toutefois il peut desirer que la satisfaction ou asseurance soit faite *præsenti pecunia, & in re præsenti, l. his consequenter. §. Celsus, ff. famil. ercisc. l. licet. §. secundum, ff. de jure dot. l. si quis mandato, ff. de negot. gest.* même si l'obligation ou condamnation emporte prompte execution contre luy : mais les cautions sont appliquées quand le jour de payer n'est écheu *l. si socii, & l. pro socio, ff. pro socio.* ou bien quand la debte n'est pas liquide, par la raison de la *l. statuliber rationem, ff. de statulib.* Faut qu'il apparoisse de la debte par prompte foy ou par instrument authentique, autrement on ne seroit tenu payer comptant, mais suffiroit de bailler caution pour l'indemnité. *Glossa & Salic. in l. certum. C. famil. ercisc. per l. sed. etsi damnum. §. penul. ff. de pecul.* Vray est qu'au cas de payer comptant, il est au choix de celuy qui est semons de payer, de faire le payement és mains du creancier pour être acquitté tout à fait, ou és mains du jadis parsonnier seul obligé, qui sera tenu & promettra de l'en acquitter, *arg. l. si stipulatus, ff. de fidejuss.*

ARTICLE XII.

LE mary, ses heritiers ou ayans cause peuvent r'avoir & recouvrer quand bon leur semble, dedans trente ans, les heritages sur lesquels ont été assignez les deniers du mariage de la femme sortissans nature d'heritage, en payant le prix pour lequel ils ont été assignez, & les loyaux frais.

SElon mon avis, nos predecesseurs se sont grandement mécomptez au fait de ces assignaux, en les attribuant aux femmes indistinctement : car si la femme se trouve commune en biens avec son mary, elle trouve en la masse de la communauté ses deniers dotaux sortissans nature d'heritage, ou autre chose qui en est provenuë, & prenant la moitié de cette masse, elle prend en effet la moitié de sesdits deniers dotaux, & si outre cela elle prend entierement l'heritage de son mary sur lequel ses deniers sont assignez, elle prendroit une fois & demie : comme *verbi gratia* ayant mil écus de deniers dotaux nature d'heritage, elle prendroit quinze cens écus ; sçavoir, est cinq cens écus en prenant la moitié de la communauté en laquelle sa dot est entrée, & mil écus en prenant l'heritage propre de son mary pour son assignal. Pourquoy sembleroit tres-raisonnable, que la femme veuve ou ses heritiers se contentassent de prendre sesdits deniers dotaux, par la forme du dixhuitiéme article cy-dessous : ou bien qu'elle ne prit l'assignal particulier à elle fait par son mary, sinon en cas qu'elle ne prit la communauté, ou bien étant commune qu'elle endurat que son mary prit en la masse de la communauté semblable somme de deniers pour lesquels l'assignal est fait. Car étant ainsi que l'assignal sur l'heritage du mary fait en particulier soit *ad instar* d'une vente que le mary fait à sa femme de son heritage moyennant les deniers de sa dot, de tant que la femme devient proprietaire dudit assignal, il est bien raisonnable que les deniers pour lesquels le mary vend son heritage soient propres à luy, comme luy étoit son heritage. Pourquoy à bon droit ceux de Bourbonnois ne pratiquent lesdits assignaux. Combien que les deniers sortissans nature d'heritage que la femme a apportez ne soient plus extans, il est bien à propos de croire qu'au lieu d'iceux ont été subrogez aucuns meubles ou conquests de la communauté en laquelle lesdits deniers sont entrez, & en telles universitez de biens, comme sont communautez, facilement on considere la subrogation, & les corps subrogez sont censez de même nature que ceux au lieu desquels ils ont été mis, *l. Imperator. §. cum autem, & l. seq. ff. de legat. 2. l. qui filium, ff. de legat.* 3. Si on veut dire que cét assignal a été convenu par le traité de mariage, & que toutes sortes d'avantages sont permis en ces traitez. La réponse est en premier lieu, qu'il n'y a point de convenance expresse, par laquelle la femme doive prendre plus qu'elle n'a apporté: aprés on dira qu'il n'a été question, & le mary n'a eu intention de donner à sa femme, mais seulement d'asseurer la dot de sa femme, & la donation n'est presumée s'il n'apparoît bien certainement de la volonté de donner, *l. cum de indebito, ff. de probat.* En tiers lieu se peut dire que cét assignal est subrogé au lieu de l'employ des deniers dotaux, il faut donc le juger de même nature; si l'employ des deniers avoit été fait ils ne seroient plus en la masse de la communauté: & par parité & similitude de raison faut dire, que les deniers pour lesquels l'assignal est fait ne doive pas être en la masse, mais en doivent être distraits. Finallement est à considerer que les contrats de mariage & l'action qui en dépend sont de bonne foy, *§. fuerat. instit. de act.* il faut donc le regler *arbitrio boni viri*, pour estimer qu'il y a été entendu & voulu, ce que la raison & la bonne foy desirent, *l. quià tantundem, ff. de nego. gest.* Pour ces causes si tant est qu'on vueille pratiquer les assignaux, il les faudroit prendre pour simples hypotheques, & non comme ayans force de translation de proprieté, ou bien appliquer le remede pour recompenser le mary. Et semble que la Coûtume de Bourgogne l'ait ainsi jugé, art. 36. quand elle dit que les heritiers de la femme ne gagnent les fruits de l'assignal, mais le précomptent au fort, *ad instar pignoris*, *l.* 1. *C. de pignor. act.* & en ce qu'en l'article 37. elle dit que le mary ou ses heritiers peuvent recouvrer l'assignal toutesfois & quantes, nonobstant le laps de tems, dont resulte que ladite Coûtume a jugé que l'assignal est simple engagement: mais nôtre Coûtume semble donner à l'assignal vertu de translation de proprieté, quand elle limite le tems de le recouvrer à trente ans: car si c'étoit simple hypotheque la faculté de recouvrer & r'avoir seroit *etiam* aprés trente, même cent ans, *leg. pignori, ff. de usucap.* Aussi cét article use du mot Prix, qui selon sa proprieté correspond à vente, dont est l'ancien proverbe que *l'on ne peut plus honnestement vendre son heritage qu'en épousant une femme riche avec grosse dot.* Plaute Poëte Comique, *in Asinar. act.* 1. *sc.* 1. ne parle autrement de ceux qui épousent des femmes riches, disant que la dot est le prix pour lequel l'homme vend son commandement & sa liberté.

Argentum accepi, dote imperium vendidi.

Puis que selon nôtre Coûtume c'est vente d'heritage, il s'ensuit que pour l'assignal particulier il est deû quint denier ou droit de lods & ventes au Seigneur direct: non pas pour en faire demande par ledit Seigneur durant le mariage, car pour tout ce tems il est en suspens, s'il a son effet d'assignal: car le mary peut faire achat d'heritage qui sera propre à sa femme, & y employer les deniers de sa dot ou autres subrogez au lieu d'iceux, en sorte que l'assignal est sous condition, si avant le mariage dissolu le mary ne fera l'employ des deniers dotaux. *Imò*, le premier conquest que le mary fait aprés les deniers dotaux est presumé être l'employ d'iceux. Ainsi dit Chopin au traité *de privileg. rusticorum parte* 3. *lib.* 3. *cap.* 10. *in margine num.* 2. La question seroit si pour le rachat qui se feroit dedans les trente ans dudit assignal, seroit deû profit au Seigneur selon le 23. art. *suprà* des fiefs, & me semble que non: car ce recouvrement est *ad instar* de retrait lignager, en tant que l'heritier du mary recouvre l'heritage qui est sorty hors de la ligne dedans le tems du remeré que la Coûtume donne, & n'est deû profit pour retrait lignager, *infrà*, de retrait article 26. l'heritier du mary est toûjours lignager. Mais si ledit heritier ne rachete dedans les trente ans, le lignager du mary non heritier viendra au retrait dedans l'an aprés les trente ans *infrà* de retrait, article 9. Pour éviter toutes ces difficultez, les maris qui mal avisez ont fait des assignaux particuliers feront bien d'employer les deniers dotaux de leurs femmes en achat d'heritages sans faire leurs autres affaires aux dépens de leurs femmes, car en effet c'est par la suite aux dépens des maris, & bien cherement.

Trente ans, Qui commencent à courir aprés le mariage dissolu. Car durant iceluy, il est loisible au mary de faire devenir l'assignal à neant, en employant les deniers dotaux s'ils sont extans ou autres en semblable quantité pour l'achat d'heritage qui sera propre à la femme, *infrà* en ce chapitre article 32.

En payant le prix, Ce mot Prix montre que l'assignal est vente d'heritage du mary: mais c'est une vente conditionnelle, si le mary durant le mariage n'employe les deniers dotaux de sa femme.

ARTICLE XIII.

La femme aprés le trépas de son mary est saisie des assignaux à elle faits en particulier pour son mary, pour les deniers de son mariage: & aprés elle en sont saisis ses heritiers. Et sont lesdites femmes & heritiers les fruits desdits assignaux leurs, sans être tenus de les compter au sort principal.

Faits en particulier, Se peut recüeillir que nôtre Coûtume ne fait aucun compte de l'assignal fait en general, comme n'étant qu'un simple hypoteque. Et comme dit a été, cét assignal particulier a effet de vente, & en est deû profit au Seigneur direct: mais c'est aprés le mariage dissolu, en figugurant que l'effet de ces assignaux doive être pratiqué cruement.

Apres le trepas de son mary, Ces mots démontrent que l'assignal n'a aucun effet durant le mariage, aussi le mari peut le faire devenir à neant en faisant l'employ des denier dotaux *infrà*, art. 32. Ce qui se dit du trépas du mary doit être entendu aussi-bien de la mort civile du mary, comme de la naturelle. Ainsi fut jugé par Arrest solemnel prononcé par le President Seguier le 14. Aoust 1567. pour Anne Spifame femme de feu M. Jean Meusnier, rapporté sur l'article 7. cy-dessus. Quoy que par la mort civile le mariage ne soit pas dissolu selon la loy des Chrétiens, *l. res uxoris*, qui est de Constantin Empereur Chrétien. *C. de donat. inter vir, & uxor. in Auth. de nuptiis, cap. deportatio. collat.* 4. & auparavant que les Empereurs fussent Chrétiens, il étoit loisible à la femme de tenir le mariage pour dissolu quand son mary étoit condamné à mort civile, *l.* 1. *C. de repud.* qui sert de declaration à la *l. sed si alia ff. de bonis damnat.*

Cét article doit être entendu quand l'assignal est fait par le même traité de mariage, car s'il est fait durant le mariage il semble être suspect de nullité, comme contenant avantage pour la femme, qui est défendu *infrà*, art. 27. & y est la nullité, quoy que ce soit l'execution de la promesse qui en ait été faite par le contrat de mariage, parce que ladite execution se trouveroit conferée à un tems prohibé, *l. quod sponsa. C. de donat. ante nuptias*, & est assez apparent par la déduction sur le douziéme article qu'assignal contient avantage. Encores je croy que si l'assignal est fait par le même traité de mariage, & que l'heritage apporte beaucoup plus de revenu que ne monte le vingtiéme denier de la dot de la femme, qu'il faut reduire l'assignal à sa juste raison, qui est du denier vingtiéme : car le mary n'a pas voulu donner mais vendre son heritage à sa femme. La consideration de bonne foy, qui doit être en tel contrat. *§. fuerat. instit. de actionib.* fait croire que la vente doit être proportionnée & raisonnable. L'estimation ordinaire des heritages se fait en ayant égard au revenu, *l. si fundum* 2. *ff. de legat.* 1. & se prend selon le revenu de vingt ans *in Auth. de non alienand. cap. quia verò Leonis* 5. *Et in*, *l. Papinianus. §. undè*, en calculant subtilement, *ff. de inoff. testa.* Si ce n'étoit que par exprés audit traité de mariage fût dit que l'assignal seroit au denier douze, quinze, ou autre : car en iceluy contrat de mariage peuvent être faits avantages.

ARTICLE XIV.

La veuve demeure quitte des debtes de la communauté, soient faits par les conjoints ou l'un d'eux : quelque hypotheque qu'il y ait quand elle étant au lieu où est decedé son mary, elle renonce dedans vingt-quatre heures aux biens de sondit mary en presence du Juge ordinaire du lieu ou autre competent, & fait serment solemnel de mettre en évidence les biens délaissez par sondit feu mary pour en faire inventaire. Et si elle n'est audit lieu, elle sera tenuë à l'effet dessusdit faire ce que dit est pardevant le Juge ordinaire du lieu où elle sera, dedans vingt-quatre heures aprés que le trépas de sondit mary sera venu à sa connoissance. Et sera tenuë notifier ladite renonciation aux heritiers de sondit mary.

L'Ancienne ceremonie étoit que les femmes renonçans à la communauté jettoient leur ceinture sur la fosse du mary à l'enterrement, & de grande ancienneté se pratiquoit ainsi, *etiam* par les Princesses, comme j'ay veu par une charte ancienne faisant mention de la veuve d'Odes fils aîné du Duc de Bourgogne : qui mourut chargé de debtes, son pere vivant encores. Et l'ancien cahier de cette Coûtume met la même ceremonie de la ceinture pour les femmes non nobles ; car dés ce tems-là étoit la coûtume que les femmes nobles n'accompagnoient les corps morts de leurs maris quand on les portoit en terre, & observent encores de se tenir quarante jours sans sortir. Les veuves des Rois y ajoûtent de se tenir enfermées en une chambre, les fenestre closes avec la seule lumiere de la chandelle durant quarante jours. La renonciation dont est cy-parlé doit être avec effet : qui est à dire que la veuve doit s'abstenir de tous points de toucher aux biens de son mary sinon avec contrôlle ; à sçavoir, qu'elle doit incontinent faire séeller par la Justice les coffres & fermetures, & en bailler les clefs à l'un des Officiers de la Justice, & prendre par compte le linge & autres menus meubles & ustenciles dont elle peut avoir affaire en attendant l'inventaire. Et incontinent aprés le service des trépassez fait en l'Eglise, ou plûtôt s'il ne se fait, promptement faire proceder à l'inventaire. Et si elle n'observe exactement de s'abstenir de tout maniement, sinon avec le contrôlle susdit, je croy que sa renonciation ne luy sert de rien, parce qu'elle a moyen de distraire : & les femmes qui de leur naturel sont avares, ayans la faculté & facilité sont semonses de ce faire, plusieurs Coûtumes permettent cette renonciation : mais c'est à la charge de faire bon & loyal inventaire, & de ne rien distraire, ce qui est raisonnable. Aucunes veulent que la renonciation soit faite le même jour, autres dans trois mois, Paris article 237. Sens article 214. Auxerre article 192. Bourbonnois article 245. Orleans article 204. Bourgogne article 42. Bretagne ancienne article 415. Tours article 270. & 308. Laon articles 26. & 27. Senlis article 147. Vitry article 91. Melun article 217. Aucunes Coûtumes en declarant les femmes quittes par la renonciation exceptent simplement si elles sont obligées expressément, auquel cas la renonciation ne les releve, comme Tours article 294. Senlis article 147. Sens article 214. Auxerre article 192. Les autres Coûtumes disent quand elles sont obligées qu'elles sont tenuës au creancier : mais l'heritier du mary les doit acquitter, Orleans article 205. Bretagne audit article 415. Reims art. 258. Et celle-cy de Nivernois dit simplement qu'elle est quitte quoy qu'elle soit obligée. Quand la Coûtume n'en dit rien, mon avis est qu'elle n'est quitte en renonçant à l'égard des creanciers, pourveu que lors de l'obligation elle fût majeure, & qu'il n'y ait rien eu de malfaçon pour la faire obliger. Bourgogne art. 40. & 41. dit que la femme qui renonce perd son doüaire, ce qui est bien dur, parce que bien souvent avient que la cause de renonciation vient du mauvais ménage du mary. Et se peut dire que ladite Coûtume est fondée sur ce que le doüaire est comme donation faite par le mary à la femme : & la femme qui sans juste cause renonce à la communauté de son mary, deshonore la memoire de son mary, & luy fait injure, qui est plus grande, parce qu'elle est faite à l'absent qui n'a point de defenses. Les autres Coûtumes reservent à la femme qui renonce, son doüaire, & son heritage ou ses deniers dotaux sortissans nature d'heritage. Ce qui semble équitable. Bourbonnois art. 245. & Tours article 293. donnent en outre aux veuves qui renoncent leurs habits quotidiens. Tours ajoûte son lit garny, ses heures & patenostres, une de ses meilleures robes, & une moyenne. Laon art. 27. donne les habits des Dimanches & Fêtes communes. Bretagne ancienne article 416. & nouvelle article 436. luy octroye son lit, son coffre, & deux accoûtremens. Tout cela est plein d'honneur, & si nôtre Coûtume étoit à revoir, sembleroit bien à propos d'en faire quelque decision avec temperament de la rigueur.

Les deux conjoints, Mais si le creancier fait renoncer la femme au benefice de ce 14. article, on a disputé quelquefois si telle renonciation vaut, & a été jugé en ce Bailliage de Nivernois qu'elle vaut, pourveu qu'il n'y ait point de circonstance particuliere, comme de minorité ou de contrainte, parce qu'une femme n'est pas en interdiction.

Quelque hypotheque qu'il y ait, S'entend quand c'est une simple obligation personnelle à payer & que l'hypotheque n'est qu'accessoire. Car si la femme avec son mary, ou avec son autorité avoit vendu son propre heritage avec faculté de rachat (qui est ce que vulgairement on appelle engagement ou hypotheque) je croy que la renonciation ne la déchargeroit de cette vente. Du Moulin en l'annotation sur l'article 245. de la Coûtume de Bourbonnois, dit avoir été jugé par Arrest en plus forts termes, que la femme qui avoit vendu avec son mary, l'heritage de son mary n'étoit relevée par cette renonciation, sauf son recours contre les heritiers de son mary.

Renonce aux biens de son mary, C'est-à-dire aux biens de la communauté dont le mary est seigneur *suprà* des Confiscations article 4. Par cette renonciation la femme perd sa dot mobiliaire destinée pour entrer en la communauté de son mary, & retire seulement son heritage ou ses deniers dotaux sortissans nature d'heritage & son doüaire : si ce n'étoit que par le traité de son mariage luy fût reservé de retirer ses convenances en renonçant par elle à la communauté de son mary : auquel cas choisissant ses convenances elle reprendra tout ce qu'elle aura apporté sans charge de debtes de la communauté, en faisant la renonciation bien & dûëment comme dessus est dit. Et combien que par le traité de mariage elle ait délay de quarante jours, ou autre tems pour renoncer : toutefois pendant ledit tems elle doit s'abstenir de manier les biens cependant, sinon avec le contrôlle susdit, ou autre témoignage bien certain de n'avoir rien distrait desdits biens. Car comme il se dit du fils de famille, qui dès le vivant de son pere est reputé seigneur des biens de la maison, si aprés son decez il s'entremet aux biens de son pere, il n'a plus le benefice de s'abstenir & repudier, *l. 1. sicut. C. de repud. hæred.* Ainsi se doit dire de la femme qui par le traité de mariage, & par la Coûtume est commune, & a le benefice de renoncer à la communauté, si elle s'entremet qu'elle perd ledit benefice : & est utile de dire ainsi & traiter cet affaire avec rigueur, afin d'ôter toute occasion de recellement, & la suspicion aussi

Du Juge ordinaire, Si le Juge ordinaire ou autres Officiers de Justice ne sont residens sur le lieu, comme ordinairement il avient és Justices champêtres ; la veuve fera sa renonciation en presence des personnes notables : & s'il y a quelque Notaire sur le lieu prendra acte de sa renonciation, & de l'absence du Juge : Et à la premiere venuë du Juge repetera sa declaration devant luy, qui luy servira tout autant que si elle étoit faite dans les vingt-quatre heures, *l. à pupillo. §. si quis ipsi, ff. de novi oper. nunt. l. 2. C. de his qui propter metum jud. non appel. l. in Senatusconsultum. §. qui post. ff. ad SC. Turpil.* fait la *l. sed etsi per prætorem. §. ait prætor. in verb. si magistratus copia. ff. ex quib. caus. majores non fiant.* Toutefois si c'est entre personnes de village, il ne faut pas prendre toutes ces ceremonies à l'étroit, pourveu qu'il n'y ait rien de recellement ou autre malengin : car la rusticité excuse de l'observation des formalitez, *l.* 1. *in fine*, *ff. de ventre insp. l.* 2. *in fine*, *ff. de jure fisci*, même si la veuve observe l'ancienne ceremonie de mettre sa ceinture sur la fosse.

Pour en faire inventaire, Ce n'est pas assez selon mon avis qu'elle soit en attendant si on fera inventaire, mais elle même doit pourchasser envers les Officiers de Justice & heritiers du défunt qu'il soit fait : & semble que ces autres Coûtumes nouvelles, qui pour la plusspart ont été forgées sur ce moule sont raisonnables. Lesquelles chargent la veuve de faire faire inventaire, non pas à ses dépens, mais aux dépens de la chose. Et croy que la veuve doit faire cette poursuite si elle demeure en la maison de feu son mary.

Cét article a voulu qu'on employat l'autorité du Juge, qui toûjours est accompagné d'un Greffier afin qu'il soit témoigné avec plus grande certitude, ce qui a été fait afin d'ôter l'occasion de solliciter qulque pauvre ou méchant Notaire de faire un acte apposté.

Venu a sa connoissance, La femme pourra être excusée si elle n'a pas creu la premiere nouvelle & premier bruit de la mort de son mary, si ce n'est que le rapport soit fait avec certitude : tant parce qu'une femme d'honneur aymant son mary ne doit pas être prompte à croire sa mort : comme aussi parce que s'il étoit vray que son mary ne fût pas mort, elle pourroit recevoir mauvais traitement de luy, lors qu'il seroit averty de cette renonciation.

Notifier aux heritiers, S'ils sont majeurs, ou à leur tuteur s'ils sont mineurs. Et s'ils n'ont point de tuteur au Procureur d'Office de la Seigneurie, & de même si les heritiers sont absens. Et par tout bailler copie de l'acte de renonciation & de la signification, ce qui semble être necessaire en toutes notifications, afin que celuy à qui on notifie puisse croire & s'y asseurer, *l. de pupillo.* §. 1. *ff. de novi oper. nunt.*

Il est expedient que la veuve en faisant sa renonciation fasse comparoir quelques personnes pardevant le Juge, pour attester le jour & l'heure de la mort, afin d'avoir certitude des vingt-quatre heures.

ARTICLE XV.

Et s'entend ce que dit est pourveu que ladite veuve ne s'entremette aprés ladite solemnité és biens dudit défunt, sinon pour les mettre en évidence, comme dit est, quand sommée & requise en sera pour faire l'inventaire, ou pour en faire délivrance à qui il appartiendra : & s'il est trouvé que lesdites veuves ayent recellé aucuns biens du défunt, audit cas elles seront tenuës à payer leur part desdites debtes, nonobstant lesdites renonciations : & si seront punies du recellement & du parjure.

Sinon pour le mettre en evidence, Cette clause fait connoître que la veuve ne doit pas avoir les biens délaissez par son mary en sa puissance : avec la clause precedente *ladite veuve ne s'entremette* : ainsi les mots *mettre en évidence*, signifient qu'elle les doit démontrer à la Justice au lieu où ils sont sans les avoir en sa puissance.

Quand sommée et requise en sera, Si la veuve s'abstient du tout, comme si elle va demeurer en autre maison, ou en la même maison elle se retire en une chambre à part avec les meubles necessaires qu'elle aura pris par la main de Justice ; en ce cas elle peut attendre d'être sommée d'exhiber pour faire l'inventaire. Mais si elle demeure en la maison sans que son maniement soit contrôllé, elle doit faire séeller & poursuivre que l'inventaire soit fait au plûtôt.

Faire delivrance, Si les heritiers sont majeurs & ils ne veulent point se rendre sujets aux frais de l'inventaire, ils pourront prendre les biens selon l'exibition que la veuve leur en fera : & fera bien la veuve d'en prendre décharge, & de prester serment, afin qu'elle ne puisse être recherchée à l'avenir.

A payer leur part nonobstant, C'est-à-dire, elles sont tenuës comme communes, & comme si elles n'avoient renoncé. Ce qui semble importer qu'elles ne seront tenuës que jusques à la concurrence des forces & moyens de la communauté, ainsi qu'il a été dit cy-dessus : & sans que leur heritage ny leur doüaire soit sujet aux debtes. Faut excepter si à cause de leur dol elles étoient condamnées à quelque somme certaine, comme sur le serment *in litem* aprés preuve sommaire : car en ce cas, non seulement leur heritage, mais aussi leur propre corps en seroit obligé pour tenir prison, comme pour délit.

Punie du recellement, La peine du recellement est, que la veuve doit perdre sa part de ce qu'elle a recellé, *l. rescriptum*, *ff. de his quib. ut indign. l. Paulus si certarum*, *ff. ad SC. Trebell.* Et ne sera punie plus avant qu'en ce qu'elle a délinqué, *ut infrà*, des Doüaires article 11. *l.* 1. §. *si duares*, *ff. quod legat.* La part dont la veuve sera privée ne sera pas appliquée au Fisque, mais à l'heritier du mary, auquel la veuve a voulu faire tort, *l. post legatum.* §. *amittere*, *ff. de his quib. ut ind. l. computationi.* §. *ult. ff. ad leg. Falcid.* La peine du parjure doit être d'une amende envers le Fisque à l'arbitrage du Juge, & outre pour être dit qu'à l'heritier aprés une legere preuve, sera deferé le serment *in litem*, selon la taxation du Juge à cause du dol, *l.* 2. *l. videamus*, *l. cum furti*, *ff. de in litem jur. l. arbitrio. §. 1. ff. de dolo, l. sed cum dos. §. ult. ff. rerum amot.*

ARTICLE XVI.

AUssi s'entend ce que dit est, que nonobstant lesdites solemnitez & renonciations ladite femme sera tenuë de payer les debtes qu'elle aura faites auparavant le mariage contracté d'entre le défunt & elle.

AUtant en diray-je des debtes & frais que le mary aura faits durant le mariage, directement pour les affaires propres de la femme, dont n'est revenu ny peu revenir aucun profit au mary : mémement si lesdits frais excedent les fruits & profits des biens dotaux de la femme que le mary a deu gagner. Car qui gagne les fruits doit supporter sans recompense les impenses legeres, *l. omninò, ff. de impens. in res dot.* & selon que l'impense se trouve grande ou petite, il faut juger si le mary est tenu comme mary, ou si la femme en doit recompense, *l. utrum, ff. de donat. inter vir & uxor.* De même faut dire s'il est avenu à la femme quelque heredité chargée de debtes qui ayent été acquittées durant le mariage par les meubles & conquests de la communauté.

La question a été quelquefois agitée, si la veuve mineure pourra être relevée de n'avoir renoncé dans les vingt-quatre heures? Mon avis est, pourveu qu'elle ne soit arguée de dol vray, ou grandement vray-semblable qu'elle peut être relevée par lettres Royaux, *l. 3. §. & si hæres, & l. si ex causa. §. nunc videndum, ff. de minor.* Que s'il y avoit dol comme par soubstraction ou recellement, sa minorité ne luy serviroit : car *etiam* l'impubere qui est proche de puberté, est tenu du dol par luy commis, *l. 1. §. in pupillum, ff. depos.* & en délit le mineur n'est pas relevé, *l. auxilium, ff. de minor.*.

Aussi est la question, si la femme qui a renoncé à la communauté, devra avoir ses bagues & joyaux, étant dit par le traité qu'elle survivante aura ses bagues & joyaux? Surquoy sera noté ce que Bart. dit *in l. penult. §. 1. soluto matrim.* que les robes precieuses, & pour les grandes Fêtes que le mary donne à sa femme, demeurent propres au mary & non à la femme, il en faut autant dire des bagues : car tout ce qui sert pour parer une femme luy est approprié afin que plus elle plaise à son mary : à ce propos on allegue la *l. si ut certo. §. interdum, ff. commod.* & les deux Vers d'Ovide dans l'Epistre de Sapho à Phaon, parlant d'une femme à l'absence de son mary :

Cui colar infœlix aut cui placuisse laborem?
Ille mei cultus unicus auctor abest.

Mais les robes quotidiennes & des Dimanches & moyennes Fêtes sont propres à la femme, & elle les retient. A ce fait ce qui est dit par Ludovic. Roman. *consil* 146. Bart. *consil.* 50. Corneus *consil.* 114. *vol.* 4. Pourquoy s'il n'est expressement convenu qu'en tous cas elle devra avoir ses habits, bagues & joyaux, je croy qu'en cas de renonciation elle perd ce qui n'est pas à son usage quotidien & qui est de parade, comme elle perd ses autres meubles : & quoy qu'expressement luy soit accordé de recouvrer ses bagues, joyaux, & habits, je croy qu'il se doit entendre de ce que son mary luy a deu donner avec mediocrité selon sa dot & dignité de la maison du mary. Car ce qui est outre doit être reputé donation, par la raison de la *l. sed si vir. §. si vir uxori, ff. de donat. inter vir, & uxor.* La verité est aussi que la femme qui renonce à la communauté perd ses deniers mobiliers dotaux, & ses meubles comme dit est, & ne recouvre que son heritage & doüaire : si ce n'est que par le traité de mariage elle ait le choix de se tenir à ses convenances.

ARTICLE XVII.

DEniers de mariage sortissans nature d'heritage assignez ou promis d'assigner, sont censez immeubles & heritages pour la femme, ses heritiers ou ayans cause.

LA question a été grandement agitée, si deniers destinez à achat d'heritage doivent être reputez immeubles. Boer. en la decision 209. s'est donné la peine de nombrer les opinions des Docteurs qui ont tenu pour & contre, & nomme leurs noms. Enfin par la seule pluralité sans peser les raisons, il dit que la commune opinion est que ce sont meubles : à laquelle opinion sert ce qui est dit, *in l. à Divo Pio. §. 12. in verb. citra permissum, ff. de re judic.* Du Moulin en l'annotation sur la premiere question de Galli, dit quand il est convenu simplement que partie des deniers dotaux sortira nature d'heritage propre pour la femme, que c'est à l'effet que lesdits deniers n'entrent en la communauté, & non à l'effet de succession, sinon que par exprés fût convenu qu'ils soient propres pour la femme & les siens de son côté & ligne. Nôtre Coûtume met la limitation de DENIERS ASSIGNEZ OU PROMIS D'ASSIGNER : quand ils sont assignez en particulier par le contrat de mariage, *ut suprà*, article 13. il n'y a point de difficulté ny doute : car ce ne sont plus deniers, mais corps d'heritage, étant l'assignal une vente faite par le mary à la femme, mais quand il y a seulement promesse d'assigner, il me semble qu'il est bon de suivre la Coûtume nouvelle de Paris article 93. qui fait tels deniers de nature de propre heritage & immeuble, quand ils sont donnez en traité de mariage par pere, mere, ayeul ou ayeule, & ajoûte ce mot, à cause de la destination. Dont la raison peut être qu'és traitez de mariage les ascendans établissent & reglent leurs maisons pour l'avenir : S'ils ont gagné & épargné quelques deniers, au lieu de les employer en achat d'heritage, ils les mettent en reserve pour doter leurs filles qui plus facilement trouvent party avec deniers comptans qu'avec heritage (ce qui même est remarqué par le droit Romain, *l. sive generalis, ff. de jure dot.*) & toutefois leur intention est, que bonne partie de ces deniers soit asseurée pour leurs maisons à l'avenir, & n'être en peril de fondre en maisons étrangeres : & est à croire que cessant la faveur de l'avancement de leurs filles, ils eussent employé leurs deniers en achat d'immeubles : cette destination du pere de famille pour l'établissement de sa maison entre les siens à force de loy, *l. quod in rerum. §. si quis post. in fine, ff. de legat. 1. l. qui filium, ff. de legat. 3.* Je ne voudrois ainsi dire si la fille d'elle-même s'étoit constituée dot, ou autre pour elle l'eût constituée, parce que nul ne peut se dire & donner loy à soy-même pour alterer la nature de son patrimoine & sa liberté, *l. nemo, ff. de pact.* si ce n'étoit pour le respect du mary qui reçoit les deniers à cette condition, car il est loisible à chacun d'apposer telles pactions qu'il avise en baillant son bien, *l. 1. §. si conveniat, ff. depos.* mais c'est pour le regard du mary & de ses heritiers par voye personnelle, & non pour muër l'essence de la chose. Doncques quand simplement il est dit que ce soient deniers sortissans nature d'heritage pour la femme, & qui n'ont été promis par pere, mere, ayeul ou ayeule, & n'ont été employez ny assignez, ny promis d'assigner : je croy qu'ils sont vrays meubles, sans toutefois qu'ils entrent en la communauté du mary, & qu'on y succede comme à meubles. Si ce n'étoient deniers dotaux sortissans en nature d'heritage d'une fille mineure, à laquelle ses freres ou autres eussent constitué dot, moyennant laquelle elle eût renoncé à ses heritages propres. Car pour la faveur de la minorité lesd. deniers doivent tenir nature de propre quant à tous effets, *l. qui ergò, vers. quid ergò, ff. de contrar. act. tut.* Sur ce propos Chopin au traité *de privileg. rust. part. 1. lib. 1. cap. 5. num. 3.* allegue un Arrest du 7. Septembre de l'an 1570. prononcé par le President de Thou, par lequel fut jugé que l'acquest fait par le tuteur des deniers procedans de la vente de l'heritage d'un mineur, fut jugé être propre de la même ligne dont étoit l'heritage venu à l'effet de succession : La raison est qu'en faveur du mineur on presume avoir été fait & destiné, ce que le tuteur par bon ménage devoit executer pour sa subrogation, qui doit être presumée, *l. Imperator. §. cum autem, cum l. seq. ff. de legat. 2. l. pater, ff. de adim. vel transf. leg.* Ce qui est dit des deniers dotaux sortissans nature d'heritage, qu'ils soient reputez heritage, s'entend pour le tems que les deniers sont deûs, ou par les parens de la femme au mary, ou par le mary à la femme, car si la femme aprés le mariage dissolu avoit reçû lesdits deniers, ils seroient vrays meubles quant à tous effets, à cause du mélange d'iceux avec ses autres biens, *l. si alieni, ff. de solut.* & parce qu'elle ne peut être obligée à soy-même. Sera noté ce que du Moulin dit en l'annotation sur la Coûtume de Dreux art. 89. que si le mary employe les deniers dotaux de sa femme sortissans nature de propre, & en achete heritage, tel heritage sera propre à la femme avec tous effets, même pour la succession. Ce que je croy être vray quand la dot a été promise par l'ascendant ou par le frere prenant les droits de sa sœur mineure, ou par le tuteur d'elle, & non pas quand elle majeure se constituë dot, *quia ipsa sibi legem dicere non potest*, sauf à l'égard de son mary qui reçoit les deniers sous certaine condition.

ARTICLE XVIII.

Deniers de mariage sortissans nature d'heritage, non employez ou assignez par le mary avant son decez ou de sa femme, se prennent sur les biens, meubles & conquests de la communauté avant tout partage, & s'il n'y a aucuns meubles ou conquests en ladite communauté, ou s'ils ne sont suffisans pour le remboursement desdits deniers, ils se prennent sur l'heritage dudit mary, qui pour ce est hypothequé par la Coûtume : & portent arrerages à huit pour cent, à compter aprés les sommations de ce faites, jusques à ce que ledit remboursement soit fait : si autrement n'étoit convenu.

Bourbonnois article 248. & Laon article 111. disent de même, hormis qu'elles ne font mention d'assignaux : aussi la pratique d'iceux assignaux est du tout déraisonnable, comme vulgairement on l'entend en ce païs : ainsi qu'il a été montré cy-dessus.

Avant son decez ou de sa femme, Cette clause emporte ce qui a été dit cy dessus, que l'assignal n'a aucun effet durant le mariage, parce que le mary en employant les mêmes deniers, ou semblable somme de deniers en achat d'heritage qui devra être propre à sa femme (ce qui doit être fait durant le mariage, ou par le mary survivant sa femme) fait cesser tout l'effet d'assignal, comme si l'assignal étoit fait sous condition negative, cy-dessous en ce chapitre article 32.

Sur les biens meubles et conquests de la communauté, C'est bien raison, parce qu'ils y sont entrez : & parce qu'il est bien seant de presumer le bon ménage plûtôt que le mauvais, il faut croire que les mêmes deniers sont encores extans ou autres meubles ou conquests faits d'iceux & subrogez au lieu d'iceux : car en ces universitez que les Docteurs appellent de fait, la subrogation est & doit être admise, *etiam* qu'il n'y ait declaration expresse, *l. cum tabernam, ff. de pignorib. l. vel inutiliam, ff. de usufructu. l. si ipsa, ff. de eo quod vi.* Si doncques il avient que le pere ou la mere du mary qui sera decedé sans enfans veulent être heritiers des meubles de leur fils, & en veulent être heritiers franchement sans payer debtes, suivant cette Coûtume ; neanmoins ils endureront que lesdits deniers dotaux de la femme de leur fils soient distraits des meubles ou de la valeur d'iceux avant qu'ils prennent leur droit d'heredité de meubles. Car ce qui se dit prendre meubles franchement sans payer debtes, s'entend des debtes qui affectent en general tout le patrimoine, & tous les biens de l'enfant, comme ordinairement se dit des debtes, que les Latins appellent *æs alienum, l. 1. §. si hæres, ff. ad Senatusc. Trebell.* mais cette debte est inherente & attachée à la masse de cette communauté, & la diminuë par sa constitution ou destination speciale, *l. si fideicommissum. §. tractatum vers. quid tamen, ff. de judic.* Aussi la regle est que ces universitez de biens contiennent en elles le hazard du profit & de la charge, *l. cum pater. §. mensæ, ff. de legat. 2.*

Sur les biens meubles, La veuve ne sera pas tenuë prendre des meubles en payement, car sa debte est en deniers. L'heritier du mary vendra les meubles si bon luy séble pour faire deniers. Mais bien sera tenuë prendre des corps de conquest, pourveu qu'ils soient à sa commodité raisonnable, comme si c'étoit l'employ de ses deniers, & tel est presumé, ainsi que Chopin, *in tract. de privileg. rust. part. 1. lib. 3. cap. 10. num. 2. in margine* dit avoir été jugé par Arrest. Mémement si l'achat a été fait peu de tems aprés la reception des deniers dotaux, qui fera presumer que ce soient les mémes deniers, *l. si ventri. §. ult. ff. de privileg. cred.*

Hypotheque par la Coustume, La loy Romaine donnoit à la femme hypotheque tacite & privilegiée sur les biens du mary, *l. assiduis. C. qui potiores in pign. hab.* Les contrats de mariage reçûs par Notaires de Cour Laye emportent hypotheque, qu'on tient pour expresse : mais si le contrat avoit été reçû par Notaire d'Eglise, comme autrefois se pratiquoit, ou passé sous les signatures des parties, ou n'y eût contrat par écrit : la femme neanmoins auroit hypotheque tacite introduite par la loy. Cette hypotheque octroyée à la femme est privilegiée, non pas aux propres termes de la *l. assiduis*, qui prefere l'hypotheque de la femme aux hypotheques anterieures, car ladite loy à cét égard n'a été reçûë en France : mais pour la question qui s'ensuit. Quand aucun oblige tous ses biens, il oblige non seulement ceux qu'il a de present, mais aussi ceux à venir, *l. ult. C. quæ res pignori obligat.* Lors que le debteur acquiert & devient proprietaire d'aucuns biens, au même instant tous ses creanciers precedans commencent à acquerir leur hypotheque, & plûtôt ne peuvent, car pour constituer une hypotheque, il faut être proprietaire, *l. ante omnia, ff. de probat.* L'hypotheque étant acquise à tous en un même instant, ils se trouvent en concurrence, & par le moyen de la concurrence doivent faire part les uns aux autres par la *l. si finita §. si ante, ff. de damno infecto, l. 1. §. interdum, ff. de usuf. accresc. l. idemque in fine, ff. qui potior. in pig. hab.* Cette concurrence fait que l'un ne doit être preferé à l'autre : doncques les deniers procedans de la vente de l'heritage hypothequé, doivent être distribuez entre tous les creanciers *pro rata* & par proportion de leurs debtes, selon qu'il est dit *in l. pro debito. C. de bonis auctor. jud. poss. l. illud. ff. de solut.* Cette concurrence se trouvant, si l'un des creanciers est privilegié & l'autre non, en ce cas, *& in pari causa*, le privilegié sera preferé, *l. sed an hic, ff. quod cum eo*, & plus particulierement, *in l. si is qui, ff. de jure fisci*, où il est dit qu'es biens acquis aprés l'hypotheque constituée le fisque est preferé : or est-il que le fisque & la femme pour sa dot sont en pareil privilege, *l. 2. C. de privileg. fisci & notat. in l. dotis. C. de jure dot.* Que le fisque & la femme pour sa dot se trouvent concurrens, ils prendront chacun *pro rata* de leur debte, en cas que tous deux ne puissent être satisfaits : ainsi se dit quand deux privileges concurrent, *l. idemque, ff. qui potiores in pig. hab. l. si hominem, in fine, ff. depos.* & si la femme se trouve concurrente avec autres creanciers non privilegiez, elle sera preferée. Ce que dessus se peut dire és termes de droit, & selon les raisons & authoritez alleguées. Toutefois j'ay entendu que les Cours de France jugent autrement, & que l'ordre des hypotheques sur les biens aprés acquis, est constituée selon la datte des contrats.

Cette hypotheque pour la restitution de la dot de la femme, si elle est stipulée au même contrat reçû par le Notaire, aura son effet de Priorité du jour du contrat passé, sans attendre le jour de l'accomplissement du mariage, ny le jour du payement de la dot, *l. 1. ff. qui pot. in pig. hab.* Parce que le mary dés lors de la promesse acquiert hypotheque sur les biens de celuy qui promet la dot, il est bien raisonnable que dés lors aussi soit acquise hypotheque à la femme sur les biens du mary pour la restitution de la dot. Vray est que toutes convenances au traité de mariage, emporte tacite condition si le mariage s'en ensuit, *l. plerumque, ff. de jure dot.* & selon la regle generale, quand les contrats sont conditionnels, & la condition aprés avient l'effet du contrat est tiré en arriere au jour que les parties ont contracté, *l. si filius fam. ff. de verb. obligat.* Aussi en general se dit que tous contrats doivent être jugez par leur cause & premiere constitution, *l. si procuratorem. §. 1. ff. mand.* mais s'il n'y a point de contrat passé, ny d'hypotheque stipulée, comme quand il n'y a que des articles accordez, & nous soyons aux purs termes d'hypotheque tacite & legale, semble que ladite hypotheque est du jour de l'accomplissement du mariage : car de ce jour la dot commence être dot, *l. exigere, ff. de judic. l. tali. ff. de jure dot.* Mais quant aux interests de la dot non payée ou non restituée, semble qu'ils n'emportent hypotheque s'ils n'ont été stipulez par contrat : car tels interests procedent de la demeure de payer, & non de l'essence de la dot : ainsi decide Ludovic. Roman. *consil. 507. & allegat. l. ult. ff. de fidejuss. & l. 1. ff. de in litem jur.*

Arrerages, Eût été plus proprement dit Interest : Par l'ancienne Coûtume de ce païs, l'interest de la dot non payée étoit au denier dixiéme, comme lors étoit, & encores est en la Coûtume de Bourgogne art. 44. Auparavant cette centaine d'années qui court, les rentes étoient tolerées à dix pour cent, & sont encores de present en Normandie. Cette comparaison des profits au sort qui est de huit pour cent, n'a pas sa proportion analogique : car pour faire le douziéme denier du sort, il faut huit & tiers d'un huitiéme pour cent, comme le quinziéme denier vient à six & deux tiers pour cent : mais cette proportion de huit pour cent correspond à l'usure que les Romains appelloient *bessis* qui fait les deux tiers de la centiéme, huit sur douze : aussi les Romains stipuloient leurs usures à raison de tant par mois, & non à de tant par an comme nous : ainsi la centiéme usure étoit la centiéme partie du sort par mois, qui revient à douze pour cent par an : *bessis*, qui fait huit onces sur douze, revient à huit pour cent par an. Cét interest de huit pour cent semble bien haut en fait de dot, qui a accoûtumé d'être promis & deû par personnes proches, entre lesquelles la douceur & grace est recommendable, & sembleroit bien assez qu'aprés le terme passé, & avant qu'il y eût demande faite en jugement, l'interest fût au denier vingtiéme, & aprés la demande en jugement au denier douziéme ou quinziéme, selon la distinction de l'Edit d'Orleans article 60. & s'il n'y a point demande faite en jugement, je trouverois assez raisonnable que l'on ne peut demander les arrerages de ces interests de plus de cinq ans, suivant l'Ordonnance des Rentes constituées, quand les interests sont à cette haute raison de huit pour cent : car c'est le même profit des rentes constituées, & le gendre qui est en cessation de demander son payement, & a intention de demander les arrerages de plusieurs années, se montre avoir la même mauvaise affection qui est blâmée par l'Edit du Roy Loüis XII. qui parle des cinq ans d'arrerages en rentes constituées. Quant au payement & à la repetition de la dot, puis que nous nous aydons des loix Romaines pour la raison : me semble que l'honneur nous doit commander pour juger que le mary, la femme, les enfans de même mariage, les beaux-peres, les belle-meres ne soient tenus de payement ou restitution de la dot, sinon en tant que bonnement ils peuvent faire, *l. rei in fine, l. quià, l. etiam, l. ex diverso, ff. soluto, matrim*, à la charge de promettre sous leur foy s'ils viennent à meilleure fortune qu'ils parfourniront ce qui défaillera, *l. unica. §. cum autem. C. de rei uxor. act.* Si toutefois le mary par dol a dissipé ses biens, ou mal ménagé les biens de sa femme, il ne joüira de cette grace, *d. §. cum autem.* Me semble que l'on en peut autant dire si les pere & mere de la femme à leur escient, & avec mal engin se sont faits plus riches, & ont fait démonstration de plus grandes facultez qu'ils n'avoient, pour attirer à eux un gendre : car en tous contrats de bonne foy, comme est celuy de mariage, doit être excepté ce qui est fait par dol, *l. tenetur. §. ult. ff. de act. empti.* Et comme se dit en contrat de societé, combien que l'associé ne puisse être contraint de ce dont il est debteur, outre ce que bonnement il peut faire, toutefois s'il a doleusement versé, il est tenu, & peut être contraint pour le tout, *l. sed hoc ita. §. quod autem, ff. de re judic.* Cette grace & faveur que l'on dit, *in quantum*, n'a lieu sinon pour les mêmes personnes, pere, mere, ayeul, ayeule, mary & femme, & n'en joüissent leurs heritiers, fors seulement les enfans du même mariage qui ont le privilege & grace susdite, *l. maritum, d. l. rei. §. ult. & l. etiam, ff. soluto matri.* A l'exemple de ce qui a été dit cy-dessus, que si la femme promettant la dot, ou le pere d'elle promettant pour elle, avoient promis plus grande dot qu'ils ne peuvent payer, & ce à leur escient, & par dol ; que le mary pourroit contredire à sa femme le droit de communauté, car l'exception de dol est inherente, & par maniere de dire de l'essence de tel contrat, qui est de bonne foy, *l. sed. et si ideò. §. sed et si non, ff. soluto matri.* & le dol du pere doit nuire à la fille qui a droit de luy à titre lucratif : car la dot *respectu* du pere à la fille est titre lucratif, *l. apud. §. si quis autem, ff. de except. doli* : Vray est que la dot *respectu* du mary est titre onereux, *l. ex promissione, ff. de act. & oblig.*

Quand il n'y a point de dot certaine constituée à la femme, tous les biens de la femme sont censez être baillez en dot. Ainsi dit Ciceron au livre des Topiques *in loco ab effectis*, & nous l'observons ainsi en France pour les Provinces regies par Coûtumes. Mais si tout le bien de la femme est meuble, ou la pluspart, & par le contrat ne soit convenu qu'une partie sortira nature d'heritage, me semble qu'il en faut juger selon ce qui est accoûtumé d'être fait, eu égard à la qualité des personnes comme du tiers, de la moitié, ou deux tiers : car le contrat étant de bonne foy, il y faut suppléer selon la Coûtume du lieu, *l. quod si nolit. §. quià assidua, ff. de Ædil Edicto.* A tant me semble la Coûtume de Bourbonnois être tres-raisonnable à cét égard, article 221.

qui dit quand il n'en est rien declaré qu'entre Nobles, les deux tiers de la dot doivent être en heritage, & le tiers en meubles, & entre non Nobles, moitié en heritage, moitié en meubles.

ARTICLE XIX.

Autre chose est, si la femme par convenance expresse n'est commune en meubles & conquests avec son mary, car audit cas lesdits deniers se prendront entierement sur les meubles, conquests & heritages dudit mary par ordre.

Soit icinoté que par convenance expresse les mariez peuvent être non communs : mais en ce cas il faut qu'ils ne mêlent leurs biens, ou s'ils les veulent mêler qu'il en soit fait inventaire avant le mariage, ou bien qu'il soit dit qu'elle somme certaine la femme apportera, & ce pour éviter a la collusion qui pourroit être en fraude des creanciers, & ce *ad instar* du 222. article de la Coûtume de Paris, & d'Orleans article 212. Comme il est dit en cét article, quand il n'y a point de communauté : autant en faut dire si aprés le decez du mary la femme se tient à ses convenances.

Par ordre, Cette Coûtume est faite auparavant l'an 1539. auquel tems on observoit la discussion des meubles avant que saisir & vendre les immeubles, selon le droit Romain. *in l. à Divo Pio, ff. de re judic.* & se connoît *infrà* des Executions art. 23. Or par l'Ordonnance dudit an 1539. la perquisition & discussion des meubles est abolie : hormis quant aux mineurs debteurs, parce que les immeubles ne peuvent être vendus sans connoissance de cause. qui gist à sçavoir s'il y a moyen d'ailleurs pour payer la debte.

La femme ou son heritier qui veut repeter la dot aprés le mariage dissolu, doit faire apparoir que la dot ait été payée : & ne suffiroit pas une simple quittance donnée par le mary à sa femme, même quand la femme a promis d'apporter la dot, *l. 1. vers. si dotem à te re ipsa datam. C. de dote cauta non numer.* Paul de Castre *consil. 86. vol. 2.* car telle concession *in dubio* est presumée faite en intention de donner par le mary à sa femme. Bald. *in l. penult. §. mulier, ff. soluto matrim.* & par la regle generale mise, *in l. qui testamentum, ff. de probat. l. cum quis decendens. §. Titia. ff. de legat. 3.* Mais si le pere de la femme, ou son frere, ou autre pour elle, à juste cause avoient promis la dot, la quittance qui luy seroit baillée seroit valable. Aussi est à excepter, que si le tems de payer la dot étoit écheu long-tems auparavant, & il y eût eu negligence du mary de contraindre celuy qui auroit promis la dot, le mary ou ses heritiers devroient tenir pour reçû, ce que par negligence n'auroit pas été reçû, avec la consideration mise par la loy, si le pere est debteur, & le gendre par honneur l'ait respecté, & ne l'ait voulu contraindre comme il est dit. *in l. si extraneus, ff. de jure dot.* car par la regle commune le mary est tenu s'il a eté negligent à poursuivre les droits de sa femme, *l. ob res. §. ult. ff. de pact. dotal. l. Mavia, ff. soluto matrim.*

ARTICLE XX.

En pareil cas, si les parens de la femme ne payent les deniers de son mariage promis à certain jour, ils portent semblables arrerages que dessus, à commencer dudit jour écheu : & s'il n'y a jour, depuis les sommations de ce faites, & jusques au payement desdits deniers, si autrement n'est convenu.

Semble qu'il en faut autant dire si un étranger promet la dot, *etiam* qu'il la promette par liberalité, car quoy que ce soit titre lucratif à l'égard de la femme, c'est titre vray onereux a l'egard du mary qui doit porter les charges du mariage, & est vray & legitime interest, *l. ex promissione, ff. de actionib. & obliga. l. dotis 3. ff. de jure dot.* Quand il n'y a point de jour certain pour le payement, & en cas que la femme ait renoncé & quitté ses droits déja à elle acquis au profit de celuy qui a promis la dot. Encores celuy qui a promis doit payer les interests dés le tems du mariage, non pas à cette haute raison de huit pour cent, mais à raison du denier vingt, ou autre raison, selon que les biens & droits quittez par ladite femme peuvent rapporter de fruit & profit, par la raison de la *l. Julianus. §. ex vendito, ff. de actionibus empti. l. curabit. C. eod.* mais aprés l'interpellation judiciaire l'interest sera à huit pour cent selon l'article. Cét interest est deû en cas que le mary porte les charges du mariage, car si le pere de la femme ou autre supporte lesdites charges, le mary ne doit gagner les fruits & profits de la dot, *l. pater pro filia, ff. de except. doli, l. creditor. §. si inter, ff. mandati, l. in insulam. §. usuras, ff. soluto matri.* Ce qui a donné occasion à aucuns Docteurs de dire que ces interests ne peuvent être stipulez & demandez sinon par le mary durant le mariage, & que si la femme veuve repete sa dot, ou le mary aprés la mort d'elle, comme legitime administrateur de leurs enfans, que les interests ne sont deûs sinon qu'il y ait quelque raison speciale & particuliere, comme si la veuve n'avoit dequoy se nourrir d'ailleurs, & elle eût emprunté deniers. Ainsi le tient *Alexand. consil. 27. vol. 4. & consil. 74. & 141. vol. 5.* & Raphaël Fulgos. *consil. 201.* qui dit que c'est la plus commune opinion. Mais puis que nôtre Coûtume decide la question simplement, les opinions des Docteurs ne sont considerables. Et quand bien nous ne serions és termes de la Coûtume, faudroit excepter, si celuy qui doit la dot jouït des biens & droits ausquels la femme a renoncé, parce qu'il doit les interests à raison des fruits qu'il perçoit.

Certain jour, Sil est simplement dit dans un an, se doit entendre à compter du jour du mariage accomply, & non du contrat passé, *l. tali facta, ff. de jure dot.*

Sera aussi noté, que si par quelque têms, comme de dix ans, le mary s'est contenté de recevoir les interests à cinq ou six pour cent, la loy presume qu'il y a eu paction tacite de n'en pouvoir demander plus, *l. adversus, l. quamvis 1. C. de usur. l. qui semisses, ff. eod.*

Sommations, Une simple sommation hors de jugement ne suffit pas, mais est besoin qu'elle soit judiciaire, *etiam* avec demande, à ce que le debteur ait moyen d'être averty, qu'en cas de délay il devra les interests: & ne s'en doit faire demande perfonctoirement & par acquit, *l. aut qui aliter, ff. quod vi aut clam*, & par l'argument de l'article 60. de l'Edit d'Orleans.

ARTICLE XXI.

Le gendre ou la femme du fils venans demeurer avec leurs beaux-pere & mere, ou l'un d'eux, aprés l'an & jour de leur demeurance avec eux, acquierent communauté par teste avec leursdit beaux-peres & mere, l'un d'eux, & leurs parsonniers en meubles faits, meubles & conquests à faire, en apportant leurs droits en la communauté, s'il n'y a convenance, protestation ou contradiction au contraire.

Celle-cy est une des quatre manieres de communauté tacite, introduite par la Coûtume: mais Bourgogne article 52. dit que la femme du fils n'acquiert communauté avec le pere de son mary, & qu'elle remporte ce qu'elle a apporté. Ce qui est avec raison, parce que les femmes ordinairement ne conferent pas en une communauté tant d'industrie & d'œuvre que fait un homme.

En apportant leurs droits, S'entend si eux-mêmes ont promis d'apporter, car si le pere, la mere, ou autre parent du gendre ou de la belle-fille, ont promis de payer, ce nouveau venu ne laissera d'acquerir communauté, car c'est à la charge du mary ou du maître de communauté de faire la poursuite pour être payé, *l. si extraneus, ff. de jure dot. l. Mævia, ff. soluto matri*, cependant ce nouveau venu aura apporté ce qu'il pouvoit qui est son labeur & son industrie: s'il y a contradiction dedans l'an, en cas de dissolution de communauté, ce nouveau venu remportera ce qu'il aura porté, ou qui aura été payé par luy, sans interest; parce que la communauté aura apporté les charges de mariage auquel cas de contradiction, les mariez neanmoins seront communs ensemble selon la Coûtume.

L'ancien cahier de cette Coûtume dit que les fils & filles n'acquierent communauté du vivant de leurs pere & mere, parce qu'ils n'ont aucuns biens. Suivant ce on a en ce païs tenu cette opinion, que si l'un des parsonniers a des enfans en âge de vigueur qui travaillent au profit de la communauté, & qui de par eux n'ont aucuns biens, il ne les faut compter ny admettre à prendre part és meubles & conquests, parce qu'ils n'ont aucuns biens propres à eux, & parce que leur travail est au respect de leurs peres & meres, ausquels ils doivent service & obeïssance. Toutefois parce que cette nouvelle Coûtume n'en dit rien, me semble qu'il y a grande raison, & raison fondée en droit, que lesdits enfans prennent quelque part en la communauté: & à cét égard nous servir du droit Romain, puis que nos Coûtumes n'y resistent. Selon ledit droit ce que le fils de famille étant en la puissance de son pere, acquiert autre part que de la substance de son pere, est reputé adventice au fils, & luy appartient quant à la proprieté, le seul usufruit demeurant au pere, *l. cùm oportet. C. de bonis quæ lib.* mais si le fils acquiert en partie de la substance du pere, & en partie de son industrie & labeur, la moitié de cét acquest & profit devra être reputé profectice à l'égard de ce qui est de la substance du pere, & doit être propre au pere, & l'autre moitié de ce profit devra être reputé adventice à l'égard de ce qui est de l'industrie & labeur du fils. Cette distribution par moitié a pleu à Bartole, *in l. 1. §. nec Castrense. ff. de collat. bon.* & de même opinion est Ludovic. Roman. *consil. 469.* & alleguent la *l. 1. C. pro socio.* Balde blâme l'opinion de Bart. disant qu'il l'a fondée en son cerveau, & qu'elle se rapporte au jugement des Rustiques qui ont accoûtumé d'appointer les choses douteuses en partageant par moitié, & que cette opinion n'est fondée en droit. Marian Socin le jeune, duquel j'ay été Auditeur à Padouë, de même contredit à Bartole, disant qu'il faut arbitrer les portions en considerant & pesant l'industrie d'une part, & le fonds de la negociation d'autre part. Au Conseil 74. vol. 2. S'il est loisible que je sois de la partie, je diray que l'opinion de Bartole est tres-équitable, fondée en droit civil, & non pas cerebrine, selon lequel droit civil, quand aucune chose est perplexe & difficile à arbitrer, elle doit être partie par moitié ou par égales portions, *l. & hoc Tyberius, ff. de hæred. instit. l. Titiæ textores, ff. de legat. 1. l. servis urbanis. §. ult. in fine, ff. de legat. 3.* & de même dit la loy quand les portions ne sont pas exprimées, *l. etiam, ff. de usufr. & quemadmod.* & quand la distinction & discretion exacte est fort difficile, il y faut trouver expedient avec une simple apparence, *l. usufructuarium venari ff. eod. tit. de usuf.* or il n'y a chose plus perilleuse ny plus incertaine que de se soûmettre à l'arbitrage des hommes és choses qui consistent au pur jugement du sens interieur, quand il doit être fondé sur la ratiocination de chacun des arbitres, tant à cause de la facilité naturelle qui est aux hommes de n'être de même avis l'un que l'autre : ce qui est representé, *in l. item si unus. §. principaliter, ff. de recept. arbit.* & encores parce que tel arbitrage est fort sujet à brigues & à menées : auquel cas la loy permet de soûmettre le negoce au sort *l. generaliter. §. quis ergò, ff. de fidei com. libert.* & est moins perilleux en cas de doute de partir par moitié. De ce partage par moitié quand la chose est perplexe, & la difficulté intriquée est traité & decidé par Dece *consil.* 445. *vol.* 4 & dit qu'Anchoran & de Butrio deux Docteurs fameux ayans communiqué ensemble sur un affaire douteuse en resolurent de partir par moitié, & sur une matiere possessoire en laquelle les preuves ne se trouvoient bien certaines, la Cour en jugea ainsi par Arrest du 9. Janvier 1527. entre Gaulteret & de Lyon. A comparer les deux, l'opinion de Bartole doit être reputée de plus grand poids que celle de Balde : Bartole par le consentement de tous les Docteurs est appellé la lumiere de droit, & par Edit d'un Roy de Portugal, il est statué qu'en concurrence & contradiction des Docteurs, l'opinion de Bartole doit être preferée : ainsi que rapporte Gozadin *consil.* 39. & de Balde se dit que selon sa Coûtume il est souvent contraire à soy-même. Ruinus au Conseil 58. vol. 3. dit que Balde en ses Conseils a souvent failly. Pour revenir au propos & délaissant la question pour quelle portion le fils de famille doit être compté, parce qu'il me semble être bon de suivre l'opinion de Bartole, je dis qu'il est raisõnable que les fils qui ont pere & mere vivant, & sont en l'âge de 18. ans, qui est la pleine puberté, *l. Mela, ff. de alim. vel leg.* & qui travaillent au ménage pour le profit de toute la communauté, soient comptez pour prendre part en icelle communauté, non pas une part & portion virile & égale avec les autres parsonniers, d'autant qu'ils ne conferent aucuns biens en la communauté, mais chacun d'eux pour la moitié d'une portion, les deux faisans pour une portion entiere à cause de leur labeur & industrie qu'ils conferent, qui ne leur doit être inutile, & ne doit on presumer que le pere ait voulu donner à ses parsonniers le profit du labeur de ses enfans. Ainsi dit Alexand. *consil.* 99. *vol.* 2. *Ludovic. Roman. dicto consil.* 469. Aussi n'est à presumer que les descendans veüillent donner aux ascendans, mais plûtôt le contraire. Corneus *consil.* 285. *vol.* 1. *& consil.* 130. *vol.* 2. & outre ces raisons est à considerer ce qui est du mouvement naturel de chacun de nous, d'avoir regret que le profit de nôtre labeur vienne à autruy, *d. l. cùm oportet, vers. sic etenim juncta glos. in verb. ex ejus substantia. C. de bonis quæ lib.* & est bon d'inviter & semondre ces jeunes personnes d'arrester en la maison, & exercer le ménage. Paul Castrens. *consil.* 304. *vol.* 2. opine plus rudement, disant qu'ils ne doivent avoir part, & suffit de leur faire recompense de leur labeur, qui seroit pour entrer en intrication & perplexité, en pesant les circonstances de l'âge, de l'industrie & labeur des personnes & du negoce auquel ils s'employent. L'autre opinion est plus seure, mieux fondée en droit, & plus propre pour entretenir toute la famille en amitié & union. Quand les enfans ont droit & biens acquis, il faut suivre ce qui est dit en l'art. 22. prochain, *& suprà* chap. des Communautez & Associations art. 4.

ARTICLE XXII.

Les enfans des deux mariez, s'ils ont droit acquis aprés le decez de l'un d'iceux mariez, acquierent communauté avec le survivant & ses parsonniers, par teste, par patience d'an & jour avec commistion de leurs biens, posé qu'ils ne soient demeurans ensemble. Pourveu que lesdits enfans soient d'âge de puberté ; à sçavoir, les mâles de quatorze ans accomplis, & s'ils n'ont ledit âge ils n'acquierent & n'acquiert-l'on contre eux aucune communauté.

ARTICLE XXIII.

Toutefois si le survivant desdits mariez ou autre desdits parsonniers faisoit protestation ou contradiction au contraire avec confection d'inventaire, l'effet d'icelle communauté taisible seroit empêchée, & n'auroit lieu.

Ces deux articles se rapportent à ce qui est dit cy dessus au chap. des Communautez & Associations, art. 4. & soit veu ce qui a été dit sur ledit art. Cette clause, posé qu'ils ne soient demeurans ensemble, & pour la seule commistion des biens, est de plus en ce 22. art. & sert d'interpretation & declaration dudit art. 4. Pour la confection des inventaires soit veu ce qui est dit, *in l. tutores 2. C. de adminiſt. tut. l. ult. C. arb. tut. l. ult. ff. de bonis auct. jud. possid. l. ult. juncta glossa & Bart. C. de magistrat. conven.*

ARTICLE XXIV.

Fille mariée & appanée ou dottée par pere & mere vivans, ou l'un d'eux, avec le consentement precedent ou subsequent de l'autre, ne peut retourner à la succession desdits pere & mere, ny de l'un d'eux, tant qu'il y aura hoir mâle, ou hoir descendant de mâle, soit mâle ou femelle. S'il n'y a convenance au contraire par le contrat de mariage : & ne peut ladite fille impugner ladite dotation & appanage par quelque maniere que ce soit, sauf par supplément de sa legitime : eu égard à sadite dot & appanage, & aux biens de sesdits pere & mere délaissez par leur decez.

Fille mariée et appanée, Par premiere apparence, sembleroit que la Coûtume requit les deux conjointement, parce que la Coûtume dit les deux, & parce que la fille peut être mieux mariée par le soing & par le credit de son pere vivant, qu'elle ne pourroit être aprés son decez, par les mains d'un frere ou d'un tuteur. Mais parce que nôtre Coûtume permet aux peres & meres d'avantager aucuns de leurs enfans, sauve la legitime des autres, *etiam* hors contrat de mariage, *infrà* des Donations article 7. & qu'en ce 24. article la legitime est reservée à la fille, je croy que l'appanage fait à la fille hors contrat de mariage doit valoir, combien qu'elle ne soit mariée durant la vie des pere & mere. Bart. *in l. Titio centum. §. Titio genero, ff. de condit. & demonst. & Soci. consil.* 25. *vol.* 1. disent que la dot & appanage peut être constituée par le pere en testament. Je ne voudrois pas dire ainsi en la Coûtume de Bourbonnois, parce qu'elle exclud du supplément de legitime la fille mariée & appanée par pere & mere : & est à croire que le soing & credit des pere & mere tiennent lieu de supplément de legitime. A quoy se rapporte ce qui est dit par Decius *consil.* 26. *vol.* 1. qui ajoûte la limitation pourveu que la fille soit mariée en famille honneste selon sa maison. Bourbonnois article 305. se rapporte à nôtre Coûtume, hormis qu'elle exclud la fille du supplément de legitime. Bourgogne article 72. qui limite aux hoirs mâles descendans de mâle. Auvergne chapitre 12. art. 25. Poitou art. 220. & 221. de même quant aux Nobles, mais quant à roturiers la fille n'est excluse si elle ne renonce. La même Coûtume de Poitou article 221, & Berry des Successions *ab intestat* article 35. permettent aux peres & meres de r'appeller leurs filles appanées à leurs successions. Bretagne ancienne article 225. dit que la fille suffisamment apparagée, quoy qu'elle ait moins ne peut se plaindre, & soit noté le mot apparagée; qui emporte qu'elle soit mariée à party pareil, selon sa maison, qui correspond audit Conseil 26. de Decius, vol. 1. Autres Coûtumes permettent aux peres & meres en mariant leurs enfans de les appaner & faire renoncer, sauve leur legitime. Sens art. 297. Berry *ab intestat* des Successions art. 33.

Ou l'un d'eux, S'entend que chacun d'eux doit appaner de sa succession, pourquoy le pere, quoy qu'il soit seigneur des meubles & conquests, & soit chef de la femme, ne peut appaner la fille en la succession de la mere : car la succession est à échoir en un tems que le mariage est dissolu par la mort : & le mary n'a aucune puissance pour l'étendre à ce tems-là, *suprà* en ce même chapitre art. 3.

Tant qu'il y aura hoir masle, Ces mots emportent condition, *l. Stychum qui meus erit, ff. de lega.* 1. qui fait que l'exclusion n'est pas precise ny perpetuelle, mais temporelle. Pourquoy si le frere vient à deceder sans enfans aprés avoir recüeilly la succession, la fille pourra reprendre la portion d'heredité dont elle aura été excluse en rapportant ce qu'elle a eu. Ainsi le decide Bart. *in l. si filius. §. quandò in pendenti, ff. ad Senatusc. Tertull.* & Marian Socin le jeune mon Precepteur, *consil.* 1. & 3. *vol.* 1. Ce qui s'entend en cas que la portion recüeillie par le frere soit encores extante. Car s'il avoit allienné entre vif avec bonne foy, je croy que l'alliennation tiendroit, par la raison de la *l. his solis. C. de revoc. donat.* mais si le frere avoit disposé par testament la sœur seroit preferée au legataire, & encores selon mon avis devroit être preferée au donataire entre vif, si la donation avoit été faite sans grand & excellent merite du donataire, ou bien s'il avoit vendu à fort vil prix, la revocation se feroit en ce que la chose venduë vaudroit outre les deniers donnez : car telles dispositions devroient être censées, comme faites en fraude de la sœur : Par les raisons de la *l.* 1. *§. si quis in fraudem, & l. vivus, ff. si quid in fraudem patro.* Comme aussi si le frere avoit allienne entre vif par contrat onereux sans apparence de fraude, & selon la proximité de tems, ou par autre argument fût connu qu'il eût subrogé autre heritage par achat au lieu de celuy qu'il auroit allienné, me semble que la sœur devroit prendre sa part en cét heritage subrogé, par la raison de la *l. Imperator. §. ult. cum lege seq. ff. de lega.* 2. *l. pater, ff. de adimend. vel. leg.* Ou bien si le frere avoit allienné de bonne foy, & les deniers de la vente fussent encores deûs, la sœur y devroit avoir part comme en l'heritage s'il étoit extant, par la raison de la loy derniere. *§. ult. ff. de lega.* 2.

Pour l'effet de cette exclusion de la fille, il faut que le fils soit heritier des pere & mere, car le mot Hoir François represente le Latin *hæres*, ainsi qu'on dit *hæreditas*, hoirie, les Anciens disoient Her. Cét appanage de la fille luy tient lieu de legitime, comme on peut recüeillir de cét article, pourquoy le pere & la mere ne le peuvent charger d'aucune condition, comme de retour ou autre qui empéche que la fille en puisse librement disposer, car la legitime est comme debte, *l. cum ratio, ff. de bonis damnat.*, c'est la loy qui attribue la legitime, & non la disposition du pere : legitime est dite *à lege*, comme octroyée par la loy : & celuy qui execute ce qu'il est contraint de faire, ne peut ajoûter aucune charge à la chose qu'il délivre, parce que ce n'est son bien fait, *l. unum ex familia. §. si de Falcidia, ff. de legat. 2.* Aussi la loy commande la legitime être baillée exempte de toutes charges, *l. quoniam 2. C. de inoff. testa.*

La question peut être. Les pere & mere ont disposé de tous leurs biens au profit de leur fils, à la charge qu'il baillera à ses sœurs la dot & appanage ordonné par eux. Le fils donataire vient à confisquer. Si le fisque aura cét avantage de prendre tous les biens en appanant les filles? Semblable question fut jugée par le Roy Charles IX. seant en son lit de Justice, au Parlement de Roüen quand il se declara majeur, le 17. Aoust 1563. par son Arrest il ordonna que les filles prendroient leurs portions contingentes, comme si le fils n'eût eu aucun avantage : mémement si les filles n'étoient pas encore mariées, ny l'appanage executé lors de la confiscation. Cét Arrest se trouve imprimé avec l'Edit de sadite declaration de majorité. Me semble qu'avec grande raison en doit être autant dit aprés l'appanage executé, parce que la faveur de l'appanage est personnelle aux mâles pour la conservation de l'agnation & famille, & de la dignité d'icelle.

S'il n'y a convenance au contraire par le contrat de mariage, Si la convenance n'est par le contrat, & que le pere aprés le mariage veuille r'appeller sa fille à sa succession, on a dispute s'il le peut faire ? Chopin au traité *de privileg. rustic. lib. 3. cap. 7. num. 1. & seq.* dit avoir été jugé par Arrest, que le rappel ne vaut pour faire la fille heritiere : mais seulement pour les legs testamentaire, je ne sçay quel étoit le cas particulier dudit Arrest : il se peut faire que quelques Coûtumes parlent avec plus grande efficace les unes que les autres. Mais és termes de nôtre Coûtume, & selon les raisons du droit Romain, il me semble que si le fils n'étoit intervenu à stipuler cette renonciation, & qu'il n'ait rien conferé de son bien pour faire l'appanage, que le pere peut r'appeller & rendre sa fille habile à succeder : Car l'exclusion de la fille dépendoit premierement & tout purement de la volonté du pere, assistée de la faveur de la Coûtume, par laquelle le droit est acquis au fils absent, *ut in l. quoties. C. de donat. quæ sub modo.* Or au cas de ladite *l. quoties*, le donateur peut revoquer à l'égard du tiers absent avant l'acceptation, ou que le cas sous lequel le droit luy doit être acquis soit avenu. Ainsi que decide Bartole, *in l. qui Romæ. §. Flavius, ff. de verb. oblig. per l. si quis hac, ff. de servis export. & Salic. in d. l. quoties.* Je ne diray pas que ce r'appel soit une institution d'heritier, qui semble être défenduë par nôtre Coûtume pour valoir comme institution, mais peut valoir comme legs testamentaire : je diray que le pere a ôté l'obstacle qui empêchoit la fille de succeder, ledit obstacle dépendent de la seule volonté du pere : Cét obstacle étant ôté, la fille comme fille se trouve habile à succeder, & à plus forte raison se peut dire en nôtre Coûtume qui permet aux peres & meres d'avantager aucuns de leurs enfans au préjudice des autres. Stephan. Bertrandi, *consil. 186. vol. 3.* tient que le pere peut revoquer cette exclusion, selon la *l. fin. C. de pact.* mais je voudrois limiter sinon que le fils eût payé ou promis de payer du sié propre la dot de sa sœur, parce qu'en ce cas il auroit acheté la portion hereditaire de sa sœur à écheoir.

Par supplement de sa legitime, Nôtre Coûtume decide la question qui a été entre les Docteurs, si la legitime en cas de dotation de la fille doit être jugée selon les facultez du pere au tems de la dotation, ou au tems du decez du pere ? Moulin en l'annotation sur le Conseil 180. d'Alexand. vol. 5. dit que la commune opinion est, que le tems du contrat doit être consideré, & ainsi le tient Boër. decis. 62. mais Decius *consil. 276. & 379. vol. 2.* distingue & bien à propos, selon mon avis, que s'il est question de la seule competence de la dot, le tems de la dotation doit être consideré : mais si c'est à l'effet d'exclure la fille de la succession de son pere, il faut avoir égard au tems de son decez, & de vray puis que la Coûtume reserve le supplément de legitime, le tems du decez est à considerer, car la legitime ne commence à avoir lieu sinon aprés le decez, mais si la Coûtume ou aucun statuts parloit en ces termes, que la fille competemment dottée ne peut venir à succession, je croy qu'il faudroit avoir égard au tems de la dotation. Sens article 267. dit comme celle-cy, que la legitime se dit selon les biens du pere lors de son decez. Berry des Successions *ab intestat* article 33. dit simplement la legitime.

S'il avient que par le mauvais ménage du mary la femme n'ait moyen de recouvrer sa dot, en sorte que lors du decez de son pere elle se trouve sans dot, n'y ayant aucune faute d'elle, la fille demandant supplément de sa legitime, devra-elle precompter ce que son mary aura reçû ? Me semble qu'elle demandera sa legitime entiere, sans precompter sa dot qui lors se trouve devenuë à neant, car même si elle venoit à succession elle ne seroit tenuë de rapporter sinon l'action pour la repetition de sa dot telle qu'elle est, & fût elle de nulle valeur. *Auth. quod locum, C. de collationib. l. 1. § cum dos, ff. de collat. dot.* Aussi se dit si la fille perd sa dot sans sa faute, que le pere & les heritiers du pere sont tenus derechef la dotter. Socin le jeune mon Precepteur *consil. 116. vol. 1.* Hiero. Paulus *in practica Cancellariæ Romanæ in quæstionibus sparsis, fol. 136.* A quoy on peut ajoûter cette raison, puis que la dot luy tient lieu de legitime, & que la legitime se mesure selon le tems du decez du pere, il faut audit tems qu'elle ait sa legitime entiere, & ne voudrois prendre à l'étroit la faute qu'on voudroit imputer à la femme, dont est parlé en ladite Auth. *quod locum*, si elle n'a été soigneuse de repeter sa dot voyant son mary venir à pauvreté : Car une femme d'honneur est à excuser si elle s'abstient de fâcher son mary, ce qu'elle feroit en découvrant ses affaires domestiques & le décriant, qui apporteroit blâme à la femme, & cette honneste honte est approuvée par la loy, comme il est traité par les Docteurs, *in l. 1. §. quæ oneranda, ff. quorum rerum actio non datur*, & le contraire est blâmé *in l. reprehendenda. C. de instit. & subst. sub condit.* même si elle est bien traitée de son mary, *per l. si cum dotem. §. eo autem, in verb. non merentem, ff. soluto matri.*

La question a été fort agitée, si la fille peut renoncer au supplément de legitime. Les Docteurs d'Italie trop adherant aux Canonistes, ont dit quand le serment de la fille y est, que la renonciation est valable, par le chapitre *quamvis de pact. in 6.* Les Canonistes ayant reçû cette maxime, que le serment valide toutes pactions qui peuvent être observées sans peril de la salvation de l'ame. Mais nous n'avons reçû en France toutes ces infrascations dépendentes de la force du serment, qui de vray sont contraires à la conservation de la société humaine, & à la proportion qui doit être en tous contrats, mais sans y avoir égard, nous jugeons les contrats de par eux, & selon leur nature sans avoir égard aux sermens qui sont accessoires, & doivent être jugez selon le principal auquel ils adherent, *l. ult. C. de non numer. pecun. l. ult. ff. qui satisd. cog. l. non dubium. C. de legib.* Aussi les Constitutions des Papes hors le fait du spirituel n'ont aucun pouvoir de loy és Cours Layes de France, *cap. novit. ext. de judic.* même les Constitutions de Boniface VIII. qui mal à propos se declare ennemy de cette Couronne, du nombre desquels est led. chap. *quamvis*. Et ce qui est observé en ce Royaume, que les filles mariées ayans renoncé ne reviennent point à successions, ne dépend pas de la force du chap. *quamvis*, comme aucuns ont estimé : mais c'est selon l'ancien établissement & usance de ce Royaume, pour la conservation des maisons & familles, même nobles : & suivant ce, si la fille a été mariée en maison honneste, digne du lieu dont elle est issuë, & par la volonté de son pere qui l'a mariée, elle ait renoncé à la legitime, elle ne peut y retourner. Du Moulin en l'annotation sur le Conseil 180. Alexand. vol. 5. *& consil. 29. vol. 3.* dit avoir été ainsi jugé par Arrest solemnel, conclud les Chambres assemblées, & prononcé le 7. Septembre l'an 1532. contre le Lohans & de Maille, & allegue Paul de Castre *consil. 275.* Ainsi dit aussi Decius *consil. 26. vol. 1. & consil. 616. vol. 5.* & se fonde sur le douteux évenement, parce que le pere peut devenir pauvre, & la fille reçoit presentement & asseurement, & à ce propos est un Arrest sans datte allegué par du Luc au Recüeil des Arrests, *lib. 7. tit. 2. de minorib. num. 1.* & à cét effet servent les decisions des *l. 1. C. de pact. l. fideicommisso. C. de transf. l. oleo, l. si ea lege. C. de usur.* A cét effet sera nottée la loy Voconie qui étoit à Rome, par laquelle pour la conservation des familles étoit défendu de faire fille ou femme heritiere, comme dit Ciceron en l'action troisiéme contre Verres. Et selon les anciennes loix de Bourgogne & de Saxe, les fille ne succedoient sinon à faute de fils : és loix de Bourgogne chap. 14. nomb. 1. & de Saxe nomb. 38. Cette renonciation à la legitime pour la conservation des familles sert de limitation à la *l. si quandò. §. illud. C. de inoff. testa.*

On a disputé si l'action pour supplément étoit sujette à la prescription des cinq ans, *ad instar* de l'action du testament inofficieux. Bart. *consil. 14. vol. 1,* tient que l'action pour supplément ne dure que cinq ans, comme étant subrogée au lieu de la querelle du testament inofficieux. Auprés dudit Conseil est ajoûté un Conseil de Balde, qui tient l'opinion contraire, disant que ce n'est pas subrogation, mais remede : que la querelle est odieuse & contre le testateur, mais le supplément est favorable en faveur du testateur, à ce que sa disposition ne soit subvertie. La commune opinion des Docteurs est que l'action pour le supplément dure trente ans. Ainsi le rapporte Boër. *decis.* 250. Guido Papæ, quest. 82. qui dit que cette opinion a été de Balde *consi.* 204. *vol.* 2. est bien à propos quand l'enfant demande le supplément luy être fait des mêmes corps hereditaires : il doit faire appeller, tant les heritiers que les legataires qui possedent lesdits corps hereditaires s'il se contente de prendre supplément en estimation, il peut s'adresser contre les seuls heritiers, & audit cas les heritiers appelleront les legataires.

La loy dit que le supplément de legitime doit être fait en corps hereditaires, *l. sancimus. §. repletionem. C. de inoff. testa.* Mais si le pere a dotté sa fille en deniers, il y a grande raison que le supplément doive être fait en deniers, afin que l'accessoire suive le principal. Ainsi le decide Guido Papæ, decision 487. Cette opinion a grande apparence de raison au fait de la dotation des filles, qui ordinairement trouvent plus aisement leur party en mariage avec deniers qu'avec heritages. Ce qui est remarqué, *in l. sive generalis, ff. de jure dot.* Si ce n'étoit que le supplément deût être fort grand, eu égard à la premiere dot : auquel cas la fille selon l'état de la maison pourroit requerir son supplément en corps de l'heredité, non pas pour prendre quotte-portion en chacun corps : mais estimant toutes les pieces particulieres de l'heredité, luy bailler un seul corps, ou deux, revenans à l'estimation de sa portion, par la raison de la *l. potest, ff. de legat.* 1.

La portion de la fille mariée & appanée accroît aux seuls mâles ses freres, & non filles qui se trouveroient à marier lors du decez du pere. Ainsi disent Decius *consil.* 433. *vol.* 3. & Socin mon Precepteur *consil* 25. *vol.* 1. La raison peut être recüeillie de ce vingt-quatriéme article qui exclud la fille, non pas simplement : mais en faveur de son frere. *Imò*, si la fille ainsi mariée & dottée avoit renoncé au profit de son pere, il s'entendroit que ce fût au profit des mâles aprés le decez du pere, & les mâles défaillans, la fille viendroit à succession : Alexand. *consil. 29. vol.* 3.

S'il arrive que le pere financier comptable marie sa fille avec dot plus ample que la maison du pere (comme elle étoit originairement) ne peut porter ; & il demeure reliquataire au fisque. La dot sera revoquée en ce qui est de plus, tant au préjudice de la fille que du gendre : de la fille, parce qu'elle tient la dot de son pere à titre lucratif, *l. ult. §. si à socero, vers. at si neuter, ff. quæ in fraudem credit.* Du gendre aussi auquel la dot est à titre onereux, *l. ex promissione, ff. de actionib. & oblig.* Parce qu'il a sçû ou peu sçavoir aisement quelle étoit la maison de son beau-pere, quel mestier il a exercé, & quelles pouvoient être ses facultez raisonnables, & par consequent que cette dot si ample ne pouvoit être sinon en fraude du fisque : car la loy presume qu'aucun a sçû ce que vray-semblablement il a peu sçavoir, *l. ult. ff. quis ordo in bon. poss. servet. l. Servius, ff. quod vi aut clam.* Et la presomption est que ceux qui s'enrichissent grandement lors qu'ils exercent offices esquels il y a maniement de deniers, soient enrichis de ce maniement. Ludovic Roman. *consil.* 246. & allegue la glos. *in l. defensionis. C. de jure fisci, lib.* 6. on y peut ajoûter cette raison en France, que par les Edits des Rois, est défendu aux Financiers de trafiquer & marchander, à quoy est conforme la *l. eos. C. si certum pet.* & s'ils ne montrent que quelque grande succession ou bien-fait leur soit avenu durant ce maniement, la presomption sera qu'ils se sont enrichis aux dépens du fisque : & icy sera rapporté, qu'au tems de la Republique de Rome, celuy qui ne faisoit état par écrit de ses biens & moyens, & de ce qui luy survenoit de gain & profit étoit estimé trompeur, & c'est l'un des reproches que faisoit Ciceron à Antonius en l'une des Philippiques : c'étoit afin que chacun peut rendre raison aux Censeurs de l'augmentation ou diminution de ses biens. Qui est une limitation de la *l. si defunctus. C. arbit. tut.* qui veut que l'on ne presume pas que le bien soit mal acquis. Decius *consil.* 6. *vol.* 1. est de contraire opinion à Ludovic. Roman. Ciceron en l'Oraison *pro Rabirio*, dit que par la loy Julie, & auparavant par les loix Cornelie & Servilie, étoit commandé de repeter les biens qui étoient en main tierce, venus de ceux qui avoient été condamnez de Peculat, qui est le crime d'avoir mal manié les finances publiques.

ARTICLE XXV.

SI gens francs marient leurs enfans par échange, les enfans ainsi mariez ont pareil droit que ceux au lieu desquels ils sont baillez & échangez, en tous les droits qu'ils avoient en l'hôtel dont ils sont sortis, & en la succession des ascendans seulement : & en sont saisis comme les enfans legitimes qu'ils representent : S'il n'y a convenance au contraire, & si l'un desdits échangez decede, sa succession appartiendra à ses propres parens, selon la disposition de la Coûtume.

BOurbonnois art. 265. en dit presque autant, mais ajoûte une limitation qui me semble bien raisonnable pour être bien reçûë en ce païs ; sçavoir, est de succeder aux ascendans qui ont consenty au mariage, & que ladite Coûtume a lieu entre non Nobles. Cette Coûtume dépend de l'ancienne loy Salique, dont il y a un échantillon au chap. *de filiis natis ex matrimon. ad Morgan. contr.* au livre des Feudes, par laquelle les pactions pour futures successions, en faveur de mariage sont approuvées contre les regles du droit Romain, *l. pactum dotali. C. de pact.*

Quant aux successions à échoir aux descendans, les enfans échangez ne peuvent se plaindre si l'échange semble inégal, ou si par l'évenement il se trouve inégal, tant parce que c'est la disposition des peres & meres assistée & favorisée par la Coûtume, comme aussi à cause du douteux évenement : car celuy qui est riche peut devenir pauvre, & l'un mourir plûtôt que l'autre, *l. de fideicommisso. C. de transact.* Mais quant aux biens & droits déja écheus, les mineurs peuvent être relevez s'ils sont deçûs. Soit noté que cét échange n'ôte & n'adjoûte rien aux successions collaterales à échoir : aussi nul ne peut faire un heritier à autruy. Mais bien peuvent les parsonniers s'associer en successions à échoir, comme en tous autres biens, *l. 3. §. de illo, ff. pro socio.* Pourveu que ce ne soient pas successions de certaines personnes.

ARTICLE XXVI.

GEns mariez sont reputez pour émancipez, & usans de leurs droits quant à la puissance & autorité paternelle. Toutefois s'ils sont mineurs de vingt-cinq ans, ils ne peuvent allienner leurs heritages & immeubles sans decret de Justice, & autorité de leurs curateurs, si aucuns en ont.

GEns mariez, Il faut entendre pourveu qu'ils soient mariez en âge competent : & croy que les mariages qui se font de personnes qui ne sont encors en âge, habitude & vigueur pour engendrer, ne peuvent être reputez mariages, & que les Evêques & Officiaux n'en peuvent dispenser, ny peut-être les Superieurs Ecclesiastique de plus haut degré. Car la generation avec le consentement & amitié sont de l'essence du mariage. Et ce qui est dit au droit Canonique, qu'il ne faut mesurer le mariage selon l'âge definy, par les loix Civiles, qui est de la puberté à quatorze & douze ans, se doit entendre sainement, en sorte que si bien les deux qu'on voudroit conjoindre avoient led. âge de puberté & fussent de foible venuë, & non aptes pour engendrer, le mariage leur soit interdit : & soit plus consideré l'habitude & vigueur du corps & du sens que de l'âge, comme il est assez montré, *in cap. puberes, in fine & cap. de illis, ex. de despons. impub.* Ce qui est dit en aucunes Decretales par exception, si la prudence ou malice supplée l'âge, est interpreté par le Cardinal Zabarella *consil.* 4. & 109. pour devoir être non seulement de l'entendement, mais aussi de la vigueur naturelle propre à engendrer, Je desirerois aussi qu'en cét article fût entenduë la limitation, si les enfans ont été mariez du gré & consentement de leurs peres : Ce qui est dit par l'ancienne Coûtume de Bretagne art. 499. & nouvelle 527. & est fondé en raison de droit, parce que l'émancipation doit être du plein gré du pere, *l. filius familias. §. sed si liberos, ff. de legat.* 1. Je desirerois aussi que pour l'effet de cét article, lesdits enfans eussent été mariez solemnellement en face d'Eglise, en assemblée de parens : Ainsi que les lettres de dispense ou benefice d'âge doivent être enterinées par le Juge, avec l'avis des parens, & publiquement : car selon cét article le mariage fait autant que les lettres Royaux de benefice d'âge. Comme cét article dit que le mariage met l'enfant en ses droits ainsi que s'il étoit émancipé, à plus forte raison se doit dire, que celuy qui est marié est hors de la puissance & gouvernement de curateur, car la puissance paternelle est plus forte que la puissance d'un curateur. Aussi est bien raisonnable que le mary qui doit porter les charges du mariage ait l'administration de ses biens & des biens de sa femme, avec le temperament mis par la Coûtume de Melun, qui semble raisonnable pour être general, que si les facultez du mineur marié sont grandes, il soit arbitré par l'avis des parens quel maniement, & jusques à qu'elle quantité le mary devra avoir. Et quant à la femme cy-dessus, en l'article premier, il est dit qu'elle devient par le mariage sous la puissance du mary, & hors de la puissance de son pere. Plusieurs Coûtumes octroyent cette émancipation & usance de droits aux enfans de famille, par mariage d'administrer leurs biens, demander compte à leurs tuteurs, & de contracter, fors pour l'allienation de leurs immeubles, Paris art. 239. Sens art. 160. Auxerre art. 257. Orleans art. 181. & 182. Tours art. 351. Melun art. 119. Troyes art. 21. Reims art. 10. & outre article 7. dit que le fils est tenu pour émancipé quand au veu & sçû de son pere, non contredisant, il exerce marchandise ou charge publique. Bretagne au susdit art. 499. Bourbonnois article 166. dit de même quand le fils est fait Prêtre, *idem Bart. in l. patre furioso, ff. de his qui sunt sui vel alien.* mais selon les saints Decrets, l'Ordre de Prêtrise ne peut être conferé qu'à vingt-cinq ans. Berry de l'état des Personnes art. 3. & 4. Senlis art. 221. dit rondement que la puissance paternelle n'a lieu. Ce qui se rapporte à la glose, aux instit. *de patria potestate*, qui dit que la puissance paternelle n'est usitée entre les François. Ce qui se peut dire, non pas absolument, car les peres en France ont puissance sur leurs enfans : mais non pas de si grand effet & sujection, comme elle est introduite par le droit Romain. Berry de l'Etat des Personnes art. 7. & Orleans art. 185. permettent au pere d'émanciper son enfant à quelque âge que ce soit. La Coûtume de Bourbonnois, article 169. dit que les fils de famille, & ceux qui sont sous la puissance de tuteurs ou curateurs, ne peuvent ester en jugement sans autorité de leurs peres, tuteurs ou curateurs, sinon en matiere d'injures, tant en demandant qu'en défendant. En ce qu'il est dit en demandant est conforme au droit Civil, *l. filius familias* 8. *ff. de act. & obliga. l. si longius. §. 1. ff. de judic.* où sont ajoutez autres cas ; à sçavoir, de tous torts qui sont faits au fils de famille son pere étant absent *etiam* en matiere civile, comme de depôt, prêt, ou de mandat. Ce qui est dit en défendant est general en France pour tous crimes, esquels ny l'autorité du pere, ny du tuteur, ny du mary n'est requise, quand le fils, le mineur ou la femme sont défendeurs, & à cét égard nous n'observons la *l. clarum. C. de author. praestanda. lib.* 5.

Ils ne peuvent allienner, C'est la même restriction qui est de droit Civil Romain, & au Formulaire des lettres Royaux, le benefice d'âge en France, & parce que cette Coûtume est nôtre loy, je croy quand le mineur a allienné son immeuble sans decret, qu'il ne luy est besoin d'obtenir lettres Royaux, & que par le seul benefice de la Coûtume, le Juge en vertu de sa Jurisdiction ordinaire, peut declarer l'allienation nulle : cette Coûtume use de ces mots, Ne peuvent, qui emporte necessité precise, & nullité de ce qui est fait au contraire, *cap. 1. de regul. jur. in 6. l. non dubium C. de legib.* Or selon l'usance commune, nous obtenons lettres Royaux de rescision és cas qui sont introduits par le droit Romain, comme du Vellejan, de dol, de crainte, & autres tels pour autoriser lesdits moyens de rescision par le Roy, parce que la loy Romaine n'a force de loy en France : mais quand la nullité ou rescision sont introduites par les Edits Royaux, ou par les Coûtumes ; il n'est besoin d'obtenir lettres Royaux en Chancellerie. Du Moulin en l'annotation sur la Coûtume d'Anjou, art. 80. dit quand les lettres Royaux sont de pure grace que les Officiers Royaux en doivent connoître privativement à tous autres Juges : & quand les lettres sont de justice & de droit commun, que tous Juges indifferemment en peuvent connoître.

Ordinairement en France on ne releve pas les mineurs qui sont en pleine puberté, & ne sont sous puissance de curateurs quand ils contractent de leurs meubles, ou pour droits reputez mobiliers, comme de location à peu de tems. Si ce n'étoient meubles fort precieux, ou meubles emportans grande partie de leur substance ou université de meubles, comme une heredité, ou s'il n'y avoit dol de la partie adverse : comme aussi pour fait de meubles ou droits mobiliers, on ne reçoit la rescision pour deception d'outre moitié de juste prix, & on n'en octroye lettres en Chancellerie. A quoy se rapportent les Coûtumes, Berry des Jugemens, article 34. Sens article 252. Auxerre article 136.

Bourbonnois article 86. Auvergne chapitre 16. article 9. La loy dit que le mineur ne peut allienner son immeuble, *etiam* en contrat de mariage, *l. pradia. C. de pradiis minorum. Idem* Auvergne chapitre 13. art. 2. Faut excepter si c'est pour constituer doüaire, ou pour assigner deniers dotaux, *l. lex qua. §. C. de admin. tut. l. 1. C. si advers. donat.* Et au cas de la *l. sive generalis, ff. de jure dot.* quand la fille n'a point de meuble, & elle ne peut trouver son party en mariage sans apporter dot en deniers, mais en ce cas il y faut connoissance de cause & decret du Juge.

ARTICLE XXVII.

GEns mariez constant leur mariage ne peuvent contracter au profit l'un de l'autre, ne eux avantager par contrats entre vifs, sinon par don mutuel, en meubles & conquests quand ils n'ont aucuns enfans, & sont franches personnes, sains & non malades, pareils en âge, tout au moins que l'un n'est âgé que de dix ans plus que l'autre : & valent lesdits dons mutuels jusquels à égalité d'iceux : & quant aux anciens heritages lesdits dons mutuels, faits comme dessus, valent pour l'usufruit seulement, & jusques à égalité d'iceux, & saisiront lesdites donations les donataires.

CONTRACTER NE EUX AVANTAGER, Il faut joindre les deux ensemble, car les contrats entre vifs simplement ne sont pas interdits aux mariez, mais seulement ceux qui contiennent avantage pour l'un ou l'autre, comme *verbi gratia*, si le mary & la femme ont vendu l'heritage de la femme pour employer les deniers à l'affranchissement & décharge de l'heritage du mary, ou pour autre cause dont la communauté ne soit tenuë, le mary pourra contracter avec sa femme, & luy delaisser heritage propre de luy mary en recompense, pourveu qu'il ne soit de plus haute valeur, ou à la charge de reduction à pareille valeur. Et c'est à considerer si c'est incontinent, ou si lors de l'allienation la promesse de recompense a été faite, ou si ç'a été aprés long-tems, comme aucunes Coûtumes ont distingué : Mais en quelque tems que ce soit, & quoy qu'il n'y en ait eu promesse ou retenuë, il suffit que la verité du fait & la proportion de la recompense apparoisse, autrement que par la confession & declaration des mariez, selon la disposition de la *l. qui testamentum, ff. de probat. l. cum quis decedens. §. Titia, ff. de legat.* 3. Vray est que si la recompense se fait incontinent, l'apparence sera plus grande pour le contrat, & ne seront pas requises les preuve si exactes, par la raison de la *l. si ventri. §. ult. ff. de privileg. credit.* J'ay autrefois entendu que par un Arrest de la Cour fut approuvé une donation qui n'étoit pas mutuelle, faite par un mary à sa femme en la Coûtume de Paris, dont la cause fut prouvée par la femme, que son mary étoit en telle infirmité de sa personne, qu'il ne pouvoit être pere, soit qu'il fût enuque ou autrement non habile à engendrer, & la femme qui étoit jeune avoit vécu avec luy quinze ou vingt ans pudiquement & patiemment, & par cette donation le mary avoit voulu recompenser l'honnesteté & patience de sa femme. De vray ce n'étoit pas pure donation, mais une tres-juste remuneration faite à la femme. Car en plusieurs cas, quoy qu'il n'y ait action civile & ordinaire pour demander recompense, & qu'en general les donations ne soient permises aux personnes qui donnent, toutefois la loy permet les remunerations & honnestes liberalitez, & proprement ne sont pas appellées donations, *l. 1. §. sed nonnullos, ff. de tutel. & rat. distrah. l. tutor secundù. §. ult. cum plures. §. cum tutor, ff. de administ. tutorum, l. Attilius, ff. de donat. l. Vivus libertus in verb. benè merentibus, ff. si quid in fraudem patro.*

La question a été fort agitée quand les mariez ont leur domicile ancien & ordinaire en une Province où la Coûtume ne permet pas aux mariez de disposer au profit l'un de l'autre, ny par testament, ny entre vif, sinon par don mutuel pour l'usufruit, comme Paris, si la prohibition a son effet pour les biens qui sont assis en autre Province, où telle prohibition n'est pas ? Alexand. *consil. 16. vol. 1. & consil. 41. vol. 5.* dit que tous statuts, soit qu'ils soient conçûs *in rem vel in personam* sont locaux, & n'étendent leur effet pour les biens qui sont hors le même territoire. Du Moulin en l'annotation sur ledit Conseil, dit que c'est la commune opinion, & qu'on en doit autant dire des Coûtumes qu'il dit être réelles. Quoy que Ludovic. Roman. *consil. 39.* distingue si la constitution regarde principalement la personne ou les biens. Mais je ne puis consentir que nos Coûtumes doivent être comparées aux statuts dont traitent les Docteurs d'Italie, comme j'ay dit ailleurs, parce qu'en Italie le droit commun & la vraye loy est le droit civil Romain, & les statuts sont contre ou outre ledit droit, pourquoy devoit être pris étroitement, mais nos Coûtumes sont nôtre vray droit civil & commun en chacune Province. Pourquoy je croy que les dispositions qui procedent tout purement de la volonté de la personne qui dispose, doivent être reglées par la Coûtume du lieu où est le domicile permanent & ancien de la personne qui dispose en quelque part que les biens soient assis. Car étant ainsi que le droit civil donne force & vigueur à nos contrats & dispositions, qui ne valent sinon autant que le droit civil les fait valoir, & leur inspire la vigueur, *l. obligationum ferè. §. placet, ff.*

de actionib. & oblig. Cela fait que la seule volonté des parties ne suffit pas pour faire valoir le contrat, si cette volonté n'est assistée de la loy, *l. nuda, ff. de donat.* Or sont nos personnes sujettes à la loy du lieu où est nôtre domicile ancien & ordinaire, & avec nos personnes nos volontez y sont aussi sujettes pour ne pouvoir vouloir ny disposer de nos biens quelque part qu'ils soient, sinon selon & ainsi que ladite loy le permet, par la raison de la *l. magis puto. §. illud, ff. de rebus eorum qui sub tutela, l. propter litem. §. 1. ff. de excusat. tut.* & nos dispositions quand elles sont assistées & approuvées par la loy, prennent toute leur force de nos personnes, *l. quacumque gerimus, ff. de actionib. & oblig.* il s'ensuit donc que nos volontez qui sont en l'essence de nos personnes, sont ou bridées, ou mises au large par la loy du lieu où nos personnes sont demeurantes. Quand aucun droit est deferé par la disposition de la loy toute nuë, sans la disposition de la personne, comme en fait de successions & heréditez par la voye d'intestat, lors proprement & sans difficulté, il faut suivre la loy du lieu où les biens sont assis. Mais l'opinion que plusieurs Docteurs & gens de Conseil François ont prise que nos Coûtumes soient comme les Statuts d'Italie, & l'autorité qu'on a donnée aux Docteurs dudit païs, ont été cause que l'opinion vulgaire des Palais & Auditoires, a incliné à cette part que les Coûtumes sont entierement locales : laquelle opinion a été tenuë par aucuns des Commissaires à la redaction des nouvelles Coûtumes, comme il se void en celle de Laon article 57. & de Reims art. 325.

En meubles et conquests, La question est s'il s'entend seulement des conquests faits durant le mariage, ou d'autres conquests faits auparavant ? Surquoy je ne voudrois pas resoudre par cette triviale & impertinente distinction qu'on fait des acquests & conquests, comme si ce n'étoit conquest, sinon ce que deux acquierent ensemble, car nos majeurs ont usé du mot de conqueste, conquerant & conquest sans penser aux communautez, & nôtre Coûtume appelle conquest ce qui est acquis par un seul, au chapitre quelles choses sont reputées meubles, &c. article 14. des Testamens article 1. & 2. des Successions article 4. 5. & 16. mais pour autre raison, il me semble que cet article s'entend seulement des conquests faits durant le mariage, à cause de ces mots, Jusques a egalité d'iceux, car en iceux ils ont semblables portions indivises qui sont de pareille valeur, & la proportion y est certaine pour l'égalité, *l. 1. §. item si cum, ff. si pars hæred. petat.* mais aux conquests faits auparavant qui appartiennent les uns pour le tout à l'un, & les autres pour le tout à l'autre, il n'y a point de proportion certaine pour y faire contribution à l'effet d'égalité, *l. si non sortem. §. si centum, ff. de condict. inhib.* Aussi la raison vray-semblable de cét article, est fondée, sur ce que les deux mariez ayant travaillé en semblablement & de commun accord à faire épargne pour acquerir, desirent que le survivant d'eux en ait plûtôt la jouïssance & contentement qu'un heritier étranger.

Quand ils n'ont aucuns enfans, S'entend d'enfans du même mariage, ou d'autre mariage précedent, & sur le débat qui en étoit en l'ancienne Coûtume de Paris, y eût Arrest solemnel, conclud les Chambres assemblées, & prononcé la veille de la Pentecôte l'an 1547. entre Popard, Bouier & l'Huissier Carat.

Si les enfans sont vivans lors de la donation, & ils se trouvent decedez lors de la dissolution du mariage, la donation qui lors de sa creation & naissance s'est trouvée nulle ne revivra pas, car les contrats sont jugez selon l'état du tems auquel ils sont faits, & non pas par ce qui survient aprés, *l. si filius familias, l. continuus. §. cum quis in fine, ff. de verb. obligat.* Et si lors de la donation ils n'avoient enfans ayans été long-tems sans en avoir, & par aprés enfans leur survinssent, la donation seroit revoquée *ipso facto* par la presomption de la *l. si unquam. C. de revocand. donat.* & avenant le decez desdits enfant ou enfans, la donation une fois éteinte ne reprendroit pas sa vigueur, & ne revivroit plus, *l. qui rem. §. aream, ff. de solut.* Du Moulin en l'annotation sur le 221. article de la Coûtume ancienne d'Orleans, dit que par paction expresse la donation peut être conferée pour valoir, au cas que lors de la dissolution du mariage les mariez n'auront enfans. Ce que je ne voudrois admettre indistinctement s'ils n'avoient point d'enfans lors de la donnation, j'estime que cette reservation pourroit valoir : mais s'ils avoient des enfans, je croy que la condition ou attende de ce triste évenement devroit être rejettée comme omineuse & de mauvais presage, & qui doit être à contre-cœur d'y penser, *l. cum tale, ff. de condit. & demonst. l. inter stipulantem. §. sacram, ff. de verb. oblig.* & partant la donation devroit être jugée nulle.

Cette Coûtume permet de disposer de la proprieté des meubles & conquests : de même sont les Coûtumes de Blois article 163. Senlis article 143. Vitry article 113. Laon article 47. Les autres permettent seulement pour l'usufruit des meubles & conquests, comme Paris article 280. Sens article 112. Auxerre article 222. Bourbonnois article 227. Orleans article 281. Melun article 226. Troyes article 85. Les autres pour la proprieté des meubles & usufruit des conquests, comme Tours article 243. Bretagne ancienne article 210. és lieux où le survivant gagne la proprieté, il doit payer les debtes mobiliaires & frais funeraux : és lieux où il prend seulement l'usufruit, il doit avancer, & l'usufruit finy il recouvre la moitié des debtes, & le tout des frais funeraux. Senlis article 144. Laon article 49. Orleans article 281. Reims article 235. Paris article 286. mais dit qu'il ne paye pas les legs testamentaires. Sens article 113. Auxerre article 286. chargent de payer les legs. Et Bourbonnois article 229. & 230. charge le survivant de payer les debtes sur la masse les exeques & legs mobiliers, mais puis qu'audit païs le survivant n'a que l'usufruit, sembleroit être raisonnable que les exeques & legs se prissent sur la part du défunt, car autrement seroit en sa puissance d'épuiser & rendre inutile la donation au survivant.

Franches personnes, La raison est que par la Coûtume les serfs ne peuvent disposer par disposition ayant trait à mort au préjudice de la main-morte qui devroit écheoir au Seigneur : mais quand le Seigneur n'y auroit point d'interest, comme si le donateur avoit des parens communs habiles à succeder, je croy qu'au préjudice d'eux il pourroit disposer. Ainsi se peut dire en bordelage si les mariez ont acquis des heritages tenus à bordelage, ils ne peuvent disposer par don mutuel au préjudice du Seigneur ; mais bien au préjudice des heritiers.

Sains et non malades, S'entend non seulement de maladie aiguë, ou autre qui dedans certaines periodes de tems, a accoûtumé de prendre fin par guerison ou par mort, mais aussi de maladie qui avec langueur & diminution de jour à autre, a accoûtume de faire mourir, & communément n'est sujette à guerison, comme la phtisie, le calcul, l'hydropisie. Car quoy que la mort demeure long-tems à venir, si est-ce que la condition de l'évenement n'est pas pareille, ny en équilibre de balance à l'égard de celuy qui est en pleine santé. La Coûtume desire égalité, non seulement pour les choses données, mais aussi en l'attente, & qu'il n'y ait point plus de doute de mort d'un côté que d'autre. Cette proportion & analogie fondée sur l'évenement incertain quand il n'y a non plus d'attente ou doute d'un côté que d'autre, fait que ce n'est pas vraye donation, mais vraye permutation d'esperance contre esperance, par la raison de la *l. de fideicommisso. C. de transact.* car l'esperance ou attente de chose incertaine peut entrer en commerce, *l. nec emptio, ff. de contrah. empt. l. in quantitate. §. magna. ff. ad leg. Falcid. l. 1. C. de pactis.*

Pareils en aage, Selon la commune usance & constitution des deux sexes, les hommes se marient en plus grand âge que les femmes : les femmes sont habiles à engendrer enfans en moindre âge, aussi la puberté est estimée à douze ans aux filles, & à quatorze ans aux mâles. Et les femelles cessent à faire enfans beaucoup plûtôt que les mâles, car les femmes à cinquante ans sont tenuës pour entierement steriles, & les mâles engendrent à soixante, & soixante & dix ans. En cét article sans distinction des sexes, ils sont estimez pareils quand il n'y a pas plus grande distance de l'âge de l'un à l'autre que de dix ans. Aussi la loy Julie & Papie dont il est parlé, *in l. sancimus. C. de nuptiis*, met à party pareil le mâle à soixante ans, & la femelle à cinquante ans.

Jusques a esgalité d'iceux, Ces mots emportent que tout soit pareil pour éviter la suspicion de l'avantage. Doncques si la part des meubles & conquests du mary se trouve chargée & encombrée de debtes & affaires plus que la part de la femme, comme *verbi gratia*, si le mary durant le mariage a dotté sa fille d'autre lit, s'il a racheté un bordelage, ou autre redevance fonciere dûë sur son heritage, s'il n'a employé les deniers dotaux de sa femme sortissans nature d'heritage, parce qu'en tel cas la femme doit prendre sa satisfaction ou recompense sur les meubles & conquests avant tout partage, & par consequent la part du mary à prendre sur les meubles & conquests, n'est pas si grande que la part de la femme : je diray que le survivant n'aura pas la proprieté des meubles & conquests entierement, mais seulement jusques à concurrence de la part que le défunt y eût prise, égale à celle du survivant, aprés avoir déduit lesdites charges de recompense. Car en effet la part des meubles & conquests du mary, n'est plus grande que ce qui reste aprés les charges déduites. Selon la raison de la *l. mulier bona, ff. de jure dot. l. ult. ff. de usuf. legato.*

Anciens heritages pour l'usufruit, Si la femme étoit doüée de doüaire coûtumier, la question seroit si outre iceluy elle auroit la joüissance de l'autre moitié ? Je croy qu'elle auroit ledit usufruit de l'autre moitié, jusques à la concurrence de l'heritage d'elle, & ne faut icy appliquer ce qui est dit au droit Romain de deux causes lucratives concurrentes, dont l'une efface l'autre, *l. omnes, ff. de actionibus & oblig.* Car le doüaire n'est pas proprement titre lucratif, & le don mutuel à cause de la reciprocité & douteux évenement, n'est pas aussi vraye donation ; *glos. in l. licet. C. de pact.* Joint que si la femme à cause du doüaire n'avoit rien en la donation, elle auroit transmis plus d'esperance à son mary, que son mary ne luy auroit transmis.

Le don mutuel est sujet à insinüation, selon l'Edit verifié en Parlement, le 4. Mars l'an 1549. & par l'Edit de Moulins de l'an 1566. art. 58.

Cét article défend les avantages d'entre mary & femme, par disposition entre vifs : pourquoy semble qu'il permette les donations pour cause de mort & legs testamentaires, par la raison de la *l. cum prætor. ff. de jud.* aussi la loy Romaine qui prohibe les donations entre vif, permet celles pour cause de mort, *l. si eum servum, in fine, & l. sed interim, ff. de don. inter vir. & uxor.* & l'article premier *infrà*, au chapitre des Testamens, permet indistinctement à chacun de donner par testament ses meubles & conquests ; & pour telles donations testamentaires entre mary & femme aux Provinces où la Coûtume ne resiste, fut jugé par Arrest à la prononciation de Noël, l'an 1531. entre Michelle Rollet & Picot, & ainsi est observé en cette Province. Les Docteurs delà les Monts ont traité & decidé avec grande fête & grand apparat la question, quand le mary ayant enfans de son mariage laisse sa femme usufruitiere, dame & maîtresse de tous ses biens, que ce n'est pas délaissement de proprieté ny de vray usufruit, mais seulement des alimens & honneste entretenement d'elle avec préeminence & commandement en

la

la maison de son mary : La question est traitée *in Auth. hoc locum. C. si secundo nupſ.* & disent que cette interpretation a pris son origine en la Cour & auditoire de Bulgarus ancien Docteur : Bart. *consil. 9. vol. 1. & consil. 56.* Gozadinus *consil. 47. & dicit hanc interpretationem esse ex conjecturata mente defuncti.* Corneus *consil. 173. vol. 3.* Ruinus *consil 17. vol. 2. & consil. 41. vol. 3.* Marian Socin le jeune mon Precepteur, *consil. 85. 86. & 94. vol. 1.* Par la même raison je diray, que si le mary ayant enfans de son mariage donne à sa femme tout ce qu'il peut luy donner avec quelque argument & conjecture que l'intention du mary a été qu'elle conservat à leurs enfans ces biens donnez, ou pour les tenir en obeïssance, que la veuve n'en peut pas faire toutes ses volontez, & en doit garder la proprieté & fonds, & encores l'honneste épargne qu'elle en peut faire ausdits enfans : car facilement on doit introduire en ce cas un fideicommis, *l. cum proponebatur, ff. de legat. 2. l. fideicommissa. §. hac verba, ff. de legat 3.*

Le survivant des deux mariez qui prend la proprieté de tous les meubles & conquests universellement, est tenu de payer les debtes de la communauté, tant & si avant que les meubles & conquests pourront fournir, pourveu que lesdites debtes regardent par destination speciale les negoces de la communauté selon la raison de la *l. cum pater. §. mensa, ff. de legat. 2. l. si fideicommissum. §. tractatum in fine, ff. de judic.* Ce n'est pas comme d'un legataire qui prend tous les meubles & conquests, lequel contribuë aux debtes *pro modo emolumenti*, en comprenant en la masse des biens les heritages anciens & propres qui sont sujets aux debtes, comme les meubles & conquests, ainsi qu'il sera dit au chapitre des Testamens article 1. Car il y a diversité de raison ; au cas de present il doit y avoir égalité, proportion, & correspondance aux droits de chacun des mariez, & comme la femme à cause de la communauté est tenuë de la moitié des debtes sans aucun recours, aussi faut-il que sa moitié des biens d'icelle communauté paye la moitié des debtes, & par consequent l'autre moitié de communauté de la part de son mary, paye l'autre moitié des debtes. Au cas du legs testamentaire, n'y a aucune analogie ou proportion à considerer, mais la seule volonté du testateur y commande, & le legataire universel est *ad instar* d'heritier en cette sorte de biens. J'ay dit des debtes de la communauté, car si c'étoit debtes qui eussent leur respect autre part qu'aux affaires de la communauté, comme debtes faites pour meliorer le patrimoine du mary ou de la femme, ou pour les charges qui leur sont particulieres. Je diroit que l'ancien heritage en seroit tenu par proportion avec la part de la communauté. En tout cas le survivant ne peut être tenu des debtes de la communauté, esquelles il n'a pas contracté sinon jusques à concurrence des biens qu'il prend de ladite communauté. Ainsi se dit du fisque qui prend universellement les biens du condamné, mais il les prend à titre particulier, *l. 1. §. an bona, ff. de jure fisci, l. 2. C. ad leg. Juliam de vi*, & n'est comme de l'heritier simple, qui est tenu précisément à toutes les debtes du défunt *etiam* outre la force des biens hereditaires, parce que par l'adition de l'heredité il se fait confusion & mélange des deux patrimoines, comme si c'étoit un seul patrimoine.

ARTICLE XXVIII.

Si le mary pendant le mariage retrait par proximité de lignage un heritage ou rente ancienne venduë par aucun de ses parens, la veuve aprés son trépas sera remboursée de la moitié des deniers déboursez par ledit mary pour le retrait : & jusques à ce que ledit remboursement soit fait, elle tiendra la moitié dudit heritage ou rente retraits, & en fera les fruits siens, sans être tenuë de les compter jusques à ce qu'elle soit remboursée, comme dit est : & sera fait le semblable si les heritages procedans du côté de la femme sont vendus & retrait constant le mariage. Aussi a lieu ce que dit est, quand l'heritage de l'estoc de l'un des mariez a été acquis par lesdits mariez, ou l'un d'eux, pendant ledit mariage.

Les Coûtumes ont traité diversement cét affaire. Aucunes disent que la portion de celuy des deux mariez qui n'est pas lignager est sujette à retrait lignager dedans l'an aprés la dissolution du mariage, pourveu qu'il n'y ait enfans du mariage, & s'il y a enfans du mariage, aucuns disent simplement qu'il n'y a point de retrait, les autres disent que durant les six mois aprés le mariage dissolu, les enfans sont preferez à autres lignagers, & aprés les six mois le lignager le plus diligent emporte : les autres en cas de concurrence ou prévention, disent que les enfans sont preferez. Les autres disent quoy qu'il y ait enfans, si par le partage l'heritage n'avient pas ausdits enfans, que le premier lignager plus diligent l'emporte. Paris article 155. & 156. Sens article 61. Berry du Retrait, articles 22. 23. & 24. Auxerre article 181. Melun article 152. Laon articles 249. & 250. Reims article 217. Senlis article 229. Blois article 207. Auparavant ces nouvelles redactions de Coûtumes, la Cour par un Arrest sur l'interpretation de l'ancienne Coûtume de Paris, donné le Vendredy de relevée 6. May l'an 1552. pour Alaire Procureur au Châtelet, jugea que le lignager, non enfant, n'étoit reçû au retrait dedans l'an aprés la dissolution du mariage, quand il y a enfans du mariage, parce que l'esperance de la succession les regarde. En nôtre Coûtume si le survivant lignager ou l'heritier du défunt lignager, ne tient compte de faire le remboursement dedans l'an aprés la dissolution, & à ce moyen la moitié dudit heritage soit faite conquest au non lignager, *ut infrà*, article 30. je croy qu'il se peut dire, que dedans l'an aprés ce premier an passé, le lignager pourroit exercer l'action de retrait, comme étant ladite moitié sortie hors du lignage par vray effet à la fin de ce premier an, & non plûtôt. Mes raisons que cy-dessus au chapitre des Communautez & Associations, article 7. l'heritage acquis est fait propre à celuy de l'estoc, duquel il est à la charge de remboursement aprés la communauté dissoluë, celuy qui n'est du lignage tient l'heritage, comme sous faculté de rachat dedans un an: or l'an du retrait ne court durant le tems de reemeré *infrà* au chapitre de Retrait, article 9. Si le lignager ne fait le remboursement dedans l'an, il abandonne de tous points l'heritage au non lignager, qui dés lors luy est fait conquest, *infrà*, article 30. C'est tout autant que s'il le luy vendoit, ou cedoit & transportoit: & quand celuy qui a eu un heritage par droit de lignage, le revend à un non lignager, il a retrait *infrà* chapitre de Retrait, article 24. Ainsi soit à cause du reemeré, soit parce qu'il n'y a certitude que l'heritage soit hors du lignage, sinon aprés l'an de la dissolution du mariage, l'an & jour du retrait ne commence à courir sinon aprés l'an passé, à compter de ladite dissolution. Puis se peut dire que l'action de retrait, quoy qu'elle soit annale, ne court sinon à commencer du tems auquel on peut agir, *l. 1. in fine. C. de annali except.* Or à cause de ce remboursement octroyé par la Coûtume dedans l'an, l'autre lignager ne peut exercer son action: que si nôtre Coûtume étoit à revoir, il me semble qu'il seroit assez raisonnable d'accourcir le tems du remboursement à six mois, & octroyer les autres six mois au lignager plus diligent, en cas que dedans les premiers six mois le remboursement ne seroit fait.

Si l'un des coheritiers du decedé lignagner fait seul le remboursement, & ce faisant luy soit cedée toute la moitié, il sera tenu *etiam* aprés l'an faire communication à ses coheritiers selon leurs portions hereditaires, comme s'il avoit geré le negoce commun. Par la raison du texte & de la glose, *in l. ult. §. quatuor, ff. de leg.* 2. & à ce fait un Arrest recité par du Luc en son recüeil d'Arrests, *lib.* 11. *cap.* 7. en datte du quatorziéme Aoust 1526.

Ce qui se dit en cét article que l'heritage acquis est propre à celuy des deux mariez de l'estoc duquel il est, doit être entendu avec les conditions qui sont rapporté au retrait lignager, à sçavoir que ce soit dans le sixiéme degré, & que l'heritage ait appartenu à la souche commune: car ce qui est dit en cét article est *ad instar* du retrait lignager. De ce lieu peut être tiré l'argument, que si un parent donne à son parent au sixiéme degré son heritage ancien, qui en cas de vendition seroit sujet à retrait lignager, que tel heritage donné n'est pas conquest, mais est vray heritage ancien au donataire, quoy qu'il ne fût au proche degré de succeder. Car s'il est heritage propre en cas de vente, où l'argent fait la principale fonction, à plus forte raison sera en cas de donation ou la seule liberalité du donateur fait sa fonction, & laquelle liberalité vray-semblablement est provoquée par l'amour du lignage, *l. sed si plures. §. in arrogato, ff. de vulgari & pupill. subst.* Et soit noté qu'en cét article sont mis *ad paria*, retraire par lignage, & acheter du lignager.

ARTICLE XXIX.

Si l'un des conjoints avoit vendu son heritage, ou sur iceluy constitué rente à rachapt auparavant le mariage & constant ledit mariage, suivant ladite faculté de rachat ledit heritage ou rente sont rachetez ou recouvrez: l'autre conjoint ne participe point audit heritage, charge ou rente rachetée & recouvrée, ou déchargée: mais sera remboursé pour sa part, & jusques audit remboursement ledit conjoint joüira de l'heritage pour telle part qu'il a en la communauté, sans compter les fruits audit remboursement.

Cet article se rapporte à ce qui est dit cy-dessus au chapitre des Communautez & Associations, article 11. & soient notez ces mots qui sont en l'article present, SUIVANT LADITE FACULTÉ DE RACHAT, qui est à dire de celle concedée lors de la vente, & dedans le tems d'icelle, parce que la vente se resout pour cause ancienne & inherente à la premiere allienation, qui fait que la chose retourne à son premier état, *l. si ex duobus. §. sed & Marcellus, ff. de in diem addict.* Mais si la faculté de racheter avoit été concedée *ex intervallo*, la vente ayant été faite purement, & que la faculté fût pure volontaire non dépendente de la necessité ou consequence du premier contrat, ce qui seroit vray conquest, *arg. l. bovem. §. pignus, ff. de Ædil. Edicto.*

Aucunes Coûtumes disent que si durant le mariage est acquise la rente dûë sur l'heritage de l'un des mariez, que c'est conquest: que dedans l'an aprés la dissolution du mariage, celuy de qui est l'heritage pourra recouvrer la moitié en remboursant la moitié du prix. Auxerre art. 199. Troyes art. 82. Poitou art. 344. Mais Paris art. 244. dit simplement que c'est conquest. Or nôtre Coûtume qui ne decide pas cette question, il me semble que ce ne doit être reputé conquest, mais que l'on doit tenir la redevance pour éteinte & supprimée au profit de celuy qui est proprietaire de l'heritage. Tellement que ce n'est plus un corps qui soit au patrimoine, & l'obligation une fois éteinte ne peut plus revivre, *l. si quis ædes, ff. de servit. urb. præd. l. inter stipulantem. §. sacram, ff. de verb. obligat.* Mais que le remboursement de la moitié des deniers donnez pour l'extinction, se peut & doit faire toutesfois & quantes aprés le mariage dissolu, comme il a été dit en autres cas quand aux dépens de la communauté ont été faites les affaires de l'un des conjoints, qui ne sont de la charge de la communauté: & tout ainsi que si celuy des conjoints duquel sont les affaires, avoit emprunté des deniers de la communauté pour faire sesdites affaires, *& sibi soli id negotium gessisset.* Par les raisons de la *l. multum, & l. qui aliena. C. si quis alteri vel sibi, &c.*

ARTICLE XXX.

Es cas dessusdits, esquels remboursement doit être fait, iceluy remboursement sera fait dedans l'an, & en defaut de ce faire, l'heritage demeure conquest.

Dedans l'an, Aprés le mariage dissolu. Mais si le survivant avoit la legitime administration ou tutelle de ses enfans qui doivent faire le remboursement, l'an & jour ne courroit à leur préjudice, car le pere a deû exiger sur les biens de ses enfans, par la *l. quoties. §. item si, ff. de administ. tut.* Du Moulin en l'annotation sur la Coûtume de Poitou art. 340. en dit autant, & allegue la *l. atqui natura, de negot. gest.*

Demeure conquest, C'est la verité que l'heritage acquis par achat du lignager, & l'heritage retiré par droit de lignage, est conquest en son essence, parce qu'il est acquis par deniers qui sont mobiliers, & ne sont pas destinez à être employez en achat d'heritage propre. De fait du Moulin en quelque part de ses écrits, dit que le retrayant en peut disposer par testament comme d'un conquest, & la nouvelle Coûtume de Paris article 139. donne le profit de tel heritage à l'heritier des conquests jusques à la concurrence des deniers de l'acquisition. Mais quoy qu'il soit conquest en son essence, il est affecté & sujet au lignage, & à cét égard cydessus au chapitre des Communautez & Associations article 7. il se dit quand l'heritier sujet au lignage est acquis par la communauté, qu'il est propre au lignager commun parsonnier: qui n'est pas une sujection & charge perpetuelle, car à certaines conditions, & avec le tems elle peut être effacée, & lors l'heritage demeure en qualité de vray conquest: qui est ce que cét article dit.

Que si aprés le mariage dissolu, il se fait partage entre le survivant & les heritiers du decedé, par lequel l'heritage ainsi acquis avienne pour le tout à celuy qui n'est pas lignager, lors il est sujet à retrait dedans l'an au profit du premier lignager qui se presentera, car audit cas il est sorty de la ligne avec entier effet.

ARTICLE XXXI.

L'Heritage acquis constant le mariage, des deniers procedans de la vente ou alliennation de l'heritage ancien de l'un des mariez, est reputé propre à celuy de qui l'heritage a été vendu & allienné: en prouvant que ce soient les mêmes deniers, ou montrant que lors de l'alliennation lesdits mariez ou l'un d'eux alliennant, ont affirmé pardevant le Juge ordinaire du lieu où l'alliennation a été faite, qu'icelle alliennation a été faite pour employer en autre heritage, & en montrant aussi que lors de l'acquisition, l'acquerant a affirmé pardevant le Juge où l'acquisition a été faite, qu'elle a été faite des deniers procedans de l'alliennation susdite: & est subrogé tel heritage acquis au lieu de celuy qui a été allienné jusques à la concurrence des deniers procedans de ladite alliennation.

Les autres Coûtumes donnent divers remedes & expediens. Les unes disent que l'heritage acheté des deniers procedans de la vente de l'heritage de l'un des mariez, est vray conquest, si ce n'est qu'en vendant en ait été fait reserve expresse. Bourbonnois article 293. Sens article 277. & 286. Melun article 225. Mais Auxerre article 197. *etiam* sans reservation permet de subroger, pourveu que l'autre marié y consente sans fraude, à quoy se rapporte Blois article 165. & Reims article trente. La nouvelle Coûtume de Paris article 232. à laquelle se rapporte Orleans art. 192. dit en general, que si durant le mariage est vendu aucun heritage de l'un des mariez qu'aprés la dissolution, doit être fait recompense à celuy de qui l'heritage a été vendu, à prendre sur la masse des meubles & conquests, quoy qu'il n'y ait aucune concurrence. Auparavant la redaction de ces nouvelles Coûtumes, la commune opinion du Palais de Paris, étoit que la femme qui vendoit son heritage simplement, ne devoit être recompensée s'il n'y avoit reserve expresse en vendant par elle, & suivant ce est la Coûtume de Bourbonnois art. 238. mais du Moulin en l'annotation sur ledit article, dit que *etiam* sans reserve & paction, le mary peut *ex intervallo* reconnoître de bonne foy, & faire la recompense de bonne foy. Cette opinion a meu les Autheurs de la nouvelle Coûtume de Paris, à faire ledit article 232. comme plusieurs autres articles nouveaux de ladite Coûtume, ont été tirez de ses opinions, & de vray il étoit Autheur tres-suffisant. Parce que ledit 232. art. est tres-raisonnable, & fondé sur la même raison de la loy, qui prohibe tous avantages entre mary & femme, il me semble que nous faisons bien en cette Province de l'embrasser. Larticle de nôtre Coûtume qui est pour la subrogation parle plus avant, & donne plus de societé à la femme.

En prouvant que ce soient les mesmes deniers, L'un des moyens de prouver est si l'achat ou le payement sont faits en tems prochain aprés la reception des deniers de la vente, *l. si ventri. §. ult. ff. de privileg. cred.* Cela emporte pareil privilege que la loy Romaine donne au pupille quand le tuteur employe les deniers pupillaires à payer le prix de l'heritage que le tuteur a acheté pour luy & en son nom, *l. 2. ff. quando ex facto tut. l. si curator. C. arbit. tut.* & étoit le même privilege de l'homme de guerre Romain par qui que ce fût que ces deniers eussent été employez, *l. si ut proponis. C. de rei vendicat.* La glose dit devoir être ainsi jugé quand l'administrateur de l'Eglise achete en son nom aucun heritage, & en paye le prix des deniers de l'Eglise. Mais nous l'observons autrement en France, car depuis que le Beneficier a recueilly les fruits de son Benefice, aprés les charges ordinaires satisfaites, nous tenons que les fruits & l'épargne qu'il en fait sont de son propre patrimoine, dont il peut disposer à sa volonté, & s'il n'est point lié à vœu Monastiques ses parens y succedent. A quoy se rapporte le 21. article de la Coûtume, *infrà* au chapitre des Successions. Ce qui a été introduit à juste cause depuis qu'on a connu que les Beneficiers n'employoient pas leur épargne au profit de l'Eglise, ou bien s'ils étoient grands amateurs de leurs Eglises, ils employoient leur épargne à augmenter le revenu de leurs Eglises, qui étoit pour faire croître la dissolution & dereglement, & non au vray usage & profit de l'Eglise, qui est de la nourriture des pauvres, à entretenir & faire étudier des pauvres écoliers, marier des pauvres filles, racheter les captifs, & autres œvres pitoyables, & neanmoins ils appelloient le bien de l'Eglise l'augmentation & conservation de ce revenu sans en faire aucun employ aux œuvres pitoyables, sinon des superfluitez qui leur restoient, comme des soupes & morceaux de pain, j'entends parler de ceux qui ont été dereglez & mauvais administrateurs, & non de tous, ny de la plupart. Doncques en France nous avons tenu cette épargne des gens Ecclesiastiques (autres que Moines & Religieux) au même rang que les autres biens temporels, & selon la regle commune qui dit, que ce qui est acheté de mes deniers & n'est pas acheté en mon nom, n'est pas à moy pourtant, ny à moy obligé, s'il n'y en a convention expresse, *l. si ea pecunia. C. de rei vendic*, *l. quamvis 3. C. de pignor.*

Sera noté que cét article a lieu quand le mary achete, car si autre que le mary achetoit, & y employat les deniers venans de la vente de l'heritage de la femme, elle n'auroit le privilege : comme se dit que si autre que le tuteur achete heritage & y employe les deniers pupillaires, en ce cas le pupille n'auroit pas le privilege pour vendiquer & prétendre la chose achetée être sienne ou hypothequée. Ainsi decide Paul de Castre *consil. 289.* & outre dit que pour faire que le pupille ait son privilege, il faut que ce soient les mêmes deniers trouvez au patrimoine du pupille, & ne seroit assez si on disoit que les deniers fussent provenus du trafic, ou autre negociation des biens du pupille, *l. Titium & Mævium. §. altero, ff. de administ. tut.* parce que cette negociation est sujette à compte : & ne peut apparoir sinon aprés le compte rendu s'il y a fonds de deniers au patrimoine du pupille, *l. prædiis in princip. ff. de legat. 3.*

La question peut être si l'heritage ainsi acquis des deniers provenans de l'heritage de la femme est subrogé quant à tous effets, soit de succession, retrait lignager & autres ? Surquoy il me semble puis que la subrogation est faite par la Coûtume, qui est la loy, qu'elle emporte tous effets, quand à ce qui dépend & prend sa force des mêmes personnes qui font la subrogation, parce qu'elle a effet & execution de droit qui opere precisement. Par les raisons de la *l. servitutes. §. si sublatum, ff. de servit. urb. præd. l. Lucius, ff. de legatis 2. l. pater, ff. de adimendis vel transf. legat.* Ainsi cét heritage pour la succession, pour le retrait lignager, pour le partage entre les heritiers sera censé de même nature. Ainsi par nos loix de France se dit des heritages donnez ou reçûs en échange, ou par échange. Mais quant aux qualitez qui sont hors la puissance des personnes qui font la subrogation, comme de la Feodalité ou Seigneurie directe, cette subrogation n'innove rien, & est la distinction que fait du Moulin en l'annotation sur la Coûtume d'Anjou article 273. De même faut dire quant aux hypotheques, parce que par le fait & disposition du debteur elles ne changent leur état, *l. si superatus, ff. de pignor.*

Si les deniers promis pour la vente de l'heritage la femme ou du mary sont encores deûs, ils seront & demeureront propre à celuy de qui l'heritage aura été vendu : ainsi dit du Moulin en l'annotation sur la Coûtume d'Anjou art. 296. & dit que cette decision est generale en France. Aussi dit-il, si les deniers procedans de la vente de l'heritage de l'un des deux mariez, ont été employez immediatement aux affaires de la communauté, que la femme en devra avoir recompense. Ailleurs ledit du Moulin allegue la raison que la bonne foy desire que l'un des deux mariez ne fasse son profit au dommage de l'autre. Je voudrois y ajoûter cette raison, que non seulement aux Universitez de Droit, *ut in l. si & rem & pretium, ff. de petit. hæred.* mais aussi aux affaires singulieres le prix de la chose est censé de même nature que la chose même, *l. si ipsa, ff. de eo quod vi, l. si ex lapidicinis, ff. de jure dot.* Mémement entre mary & femme pour la cause susdite. Car entre autres personnes le mélange des deniers fait avec autres deniers, feroit que l'on n'auroit plus d'égard de quelle part les deniers sont venus, *l. si alieni, ff. de solut.*

ARTICLE XXXII.

L'Heritage acquis par le mary pour l'assignal des deniers sortissans nature d'heritage de sa femme, appartiendra à ladite femme, en afirmant par le mary lors de l'acquisition, & par le contrat d'icelle, que l'acquisition est faite pour ledit assignal.

DE cét article resulte que l'assignal particulier fait à la femme par le contrat de mariage avec les seuretez necessaires, n'a aucun effet de translation de proprieté jusques aprés le decez du mary, puis qu'il est loisible au mary de faire achat d'heritage propre à sa femme, pour servir d'employ de ses deniers dotaux, pourveu que ce soit durant le mariage, & n'est à rechercher si ce sont les mêmes deniers payez au mary pour la dot de sa femme, dautant que lesdits deniers se prennent en la même masse de la communauté où ils étoient entrez, & par subrogation sont censez les mêmes deniers, car cette masse de communauté est université, qui de soy admet subrogation des especes qui y entrent, *l. ex facto. §. rerum, ff. de hæred. instituend. l. qui filium, ff. de legat.* 3. Mais bien semble que si cét heritage étoit grandement à l'incommodité de la femme, ou si c'étoit heritage en divers lieux, ou qu'autrement le mary en faisant l'achat n'y eût employé le soing & prudence qu'un bon ménager deût faire avec témoignage d'amitié envers sa femme, que la femme ne seroit tenuë de l'accepter : car le mary en la dot de sa femme est tenu *etiam* de coulpe legere, *l. ult. ff. soluto matrimonio.*

CHAPITRE XXIV.

DE DOUAIRE.

ARTICLE I.

FEmme mariée est doüée par la Coûtume de la moitié de tous les heritages que tient & possede son mary le jour de la solemnisation des nopces : & de la moitié de ceux qui luy aviennent par ligne directe, jusques à son trépas. Sinon qu'elle soit doüée de doüaire convenu & prefix : auquel cas elle est tenuë de soy arrester à sondit doüaire convenu & prefix.

PAr inadvertance a été obmis és cahiers imprimez, de dire que le doüaire est de la moitié des heritages : l'usage est de la moitié, & se peut recüeillir par conjecture inévitable de la proportion mise en l'art. 5. *infrà.*

HERITAGES, Sont icy entendus toutes sortes d'immeubles que le mary a lors de la celebration du mariage, soient anciens ou conquests : la Coûtume de Paris semblable à la nôtre pour les doüaires dit immeubles. En plusieurs endroits de nôtre Coûtume le mot HERITAGE signifie simplement immeuble de quelque nature qu'il soit : comme au chapitre des Confiscations art. 6. des Fiefs art. 41. & 42. Cens art. 9. 11. 23. & 24. Bordelages art. 1. 22. 23. 27. & 29. Rentes & Hypotheques, art. 1. 2. & 9. Droits appartenans à gens mariez, art. 29. 31. & 32. Communautez & Associations, art. 10. & 13. Quelles choses sont reputées meubles, art. 1. 2. & 6. Executions, Criée & subhast. art. 23. & 24. En autres articles le mot HERITAGE est pris pour heritages anciens ou propres, ausdits titres des Confiscations art. 4. Communautez, art. 9. Droits appartenans à gens mariez art. 4. 17. & 18. Quelles choses sont reputées meubles, art. 9. & 13. Retrait art. 28. Testamens, art. 1. & 4. Successions art. 4. & 7. Pour cette intelligence de tous immeubles sera notée la ceremonie des paroles qui se disent és épousailles à la porte de l'Eglise DE MES BIENS JE TE DOÜE, & ainsi dit l'époux à l'épouse par la semonce du Prêtre.

Que tient et possede, S'entend qu'il en soit proprietaire, & ne suffit pas qu'il en ait la possession de fait, qui vaut à l'effet de saisine pour la maintenuë & garde possessoire: toutefois s'il avoit quelque droit de Seigneurie utile, la femme pourroit prendre son doüaire pour le même droit, & pour durer comme le droit d'un mary doit durer, *l. si finita. §. si de vectigalibus., ff. de damno infecto, l. qui tabernas, ff. de contrah. empt.*

Jusques a son trepas, Dont resulte que si aprés le decez de la femme aviennent au mary aucuns immeubles par succession de ses ascendans, ils seront sujets au doüaire à l'égard des enfans. La raison y est grande, parce que l'esperance & attente de la succession des ascendans est approuvée de droit: *imò* se dit qu'elle est deuë aux enfans, *l. cum ratio, ff. de bonis damnatorum*, & les enfans avec esperance probable la peuvent attendre, *l. nec ei, ff. de adopt.* Et encores parce que le doüaire regarde les enfans qui doivent issir du mariage, autant ou plus qu'il regarde la femme, car il est seul usufruit pour elle, & la proprieté est aux enfans. Aucunes Coûtumes restraignent cette échoite des ascendans si elle avient durant le mariage, Paris article 248. Poitou article 256. Sens article 162. Orleans article 218. Tours article 326. Melun article 235. Blois article 189. Laon articles 32. & 33. Autres Coûtumes attachent le doüaire aux heritages que le mary a lors de son trepas. Berry des Mariages, articles 11. & 14. Bourbonnois article 250. Bourgogne article 25. Autres Coûtumes ne donnent la moitié, mais le tiers pour le doüaire, Poitou article 256. Bretagne ancienne article 433. & nouvelle article 455. Tours art. 326. dit le tiers pour les nobles, & la moitié pour les roturiers.

Le iour de la solemnisation, Mais s'il avient qu'un parent qui n'est ascendant donne heritage par le contrat au mary en faveur de mariage, on demande si c'est heritage sera sujet au doüaire, car il se trouve qu'en un même moment & instant la donation a son effet, & le doüaire commence aussi à avoir son effet, car toutes conventions en faveur de mariage ont la condition tacite inherente, si les nopces ensuivent, *l. plerumque, ff. de jure dot.* mais parce qu'en contrats la condition quand elle est purifiée tire son effet en arriere au jour du contrat, *l. si filius familias, ff. de verb. obliga.* dont resulte que la donation a son effet plus ancien que la célebration du mariage, par consequent les biens donnez sont affectez au doüaire.

Sera icy remarqué, combien que les paroles de present fassent le mariage selon l'Eglise, toutefois pour l'effet des biens, & ce qui dépend du droit Civil, la celebration publique doit être considerée, dont a été traité cy-dessus au chapitre des Droits appartenans à gens mariez, article 1. Bretagne ancienne art. 429. & nouvelle art. 450. est plus attachée au fait qu'au droit, disant que la femme gagne le doüaire quand elle met le pied au lit du mary, quoy que le mary ne la connoisse charnellement. Mais si le mary ayant pere & mere decede avant eux & le doüaire se trouve coûtumier, selon la rigueur la veuve du fils demeure sans doüaire. Mais Poitou article 260. & Bretagne ancienne article 439. ont mis une provision qui semble fort raisonnable pour être suivie ailleurs; à sçavoir si le fils a été marié du gré du pere, que la veuve du fils aura partie & non le total du doüaire qu'elle eût eu si le fils eût survécu, & ce durant la vie des pere & mere: & aprés leur decez aura le doüaire entier. Quelquefois avient que les pere & mere ne veulent pas s'obliger pour le doüaire de la femme de leurs fils. L'expedient en tel cas est, que lesdits pere & mere accordent que ladite femme aprés leur decez prenne le doüaire sur telle portion qui fût avenuë au fils s'il eût survécu son pere: je l'ay quelquefois ainsi conseillé, & lors cét expedient fut cause que le mariage s'accorda, & autrement étoit rompu. Mais si le mary n'a aucuns heritages appartenans à luy, & n'en espére aucuns par succession directe, je trouverois assez raisonnable, afin que la femme ne demeurat sans doüaire, qu'elle fût doüée sur la part du mary és meubles & conquests. Ainsi Bourbonnois art. 256. Orleans art. 221.

Convenu et prefix, Sinon que par le traité de mariage eût été accordé à la femme le choix de prendre le doüaire coûtumier ou prefix. Ce choix quand il est accordé par pa-ction est transmissible aux heritiers des enfans, & non seulement aux enfans du même mariage. Ainsi fut jugé par Arrest solemnellement prononcé par le premier President le Maistre à la prononciation de Noël 1551. entre Gasperne & Massot en la succession de Charlotte Thibaut, j'étois present à la prononciation. La raison est, que par la regle commune, l'effet de toutes pactions est transmissible aux heritiers, *l. si pactum, ff. de probat, l. si necessarias. §. penult. ff. de pignor. act.*

Le doüaire est deû à la femme quoy qu'elle n'ait rien apporté en dot: car la Coûtume ne met aucune correspondance du doüaire à la dot: *imò* elle fait le doüaire, quoy qu'il n'y ait aucune convenance par écrit, mais par le seul respect du mariage: dont est dit le doüaire coûtumier, qui fait que le doüaire ne doit être jugé selon ce qui se dit au droit Romain de la donation *propter nuptias.* Et je ne voudrois suivre l'opinion du sieur du Moulin, en l'annotation sur le 190. article de la Coûtume de Blois, ou avec quelque autorité de Docteurs, il dit, si la femme a elle-même promis apporter sa dot, & elle à son escient n'étant solvable eût trompé son mary, que le doüaire ne luy est deû. Mais bien audit cas serois-je d'avis qu'elle n'eût droit de communauté, en cas que par dol elle eût failly à sa promesse, de tant que selon l'usage ordinaire la dot ou partie d'icelle est destinée pour acquerir communauté par la femme avec le mary. Le contrat de societé est de bonne foy, & contient en soy l'exception de dol, *l. hujusmodi. §. qui servum. ff. de legat. 1. l. tenetur. §. ult. ff. de act. empti.*

La Coûtume de Bourgogne est bien rude, qui ôte à la veuve son doüaire quand elle renonce à la communauté de son mary, veu qu'ordinairement le mauvais ménage du mary est cause de telles renonciations.

ARTICLE II.

Toutefois si ledit doüaire prefix est plus grand que le Coûtumier, ledit doüaire est reduit au Coûtumier: & ne peuvent les parties déroger à ladite Coûtume.

Cet article a une fort grande équité & politique appartenant à bonnes mœurs, à ce que si le mary demeure jeune en viduité ayant enfans, il puisse trouver party honneste en mariage & digne de luy. Ce qu'il ne feroit si le doüaire de la premiere femme étoit excessif, car il n'auroit dequoy doüer sa seconde femme, ny surquoy asseurer sa dot, & peut-être seroit semons de paillarder ne trouvant pas party en mariage digne de luy: aussi que les enfans de ce premier mariage, sentans ce grand avantage de doüaire qui leur est heritage, pourroient mépriser leur pere attendans bien peu de sa succession: (La loy considere l'esperance d'avantage que les enfans ont en faisant service obsequieux à leur pere, *l. nec ei, ff. de adopt.*) Ou bien le pere seroit en peril de n'avoir ses enfans heritiers de luy, qui seroit deshonneur à sa memoire, *l. & quià, ff. de interrog. act.* Aussi n'est-ce pas chose honneste a une femme de demander avantages excessifs en traitant le mariage, & la loy Romaine a voulu juger telles pactions *ex causa*, & ne les a pas approuvées simplement, *l. si ita stipulatus 97. §. si tibi nupsero, ff. de verb. obligat.* Aucuns ont tiré plus avant l'agitation de leur entendement, disans que si cette amitié, qui doit être en mariage la plus excellente de toutes autres de ce monde, se trouve à vendre: il y a grande occasion de penser qu'au cœur de telles femmes l'honneur n'est entier, car un cœur qui a ses volontez venales peut bien s'adonner à faire un corps venal. Si un homme genereux & de valeur prétend épouser une femme qui soit de party pareil, ou approchant; la fille ou femme bien née, doit luy faire connoître qu'elle fait plus d'état de sa valeur & vertu que de ses biens: & doit craindre si elle fait marcher le respect des biens le premier, qu'elle fasse opinion d'elle, que chez elle & auprés d'elle, tout est à vendre: Doit aussi la femme genereuse penser que celuy qui veut gagner ses bonnes graces par dons & donations, est quelque homme de foible cœur, qui ne sent en dedans soy assez de suffisance & de valeur pour meriter un tel party, pourquoy elle doit avoir à dédain tel homme: j'entends quand il y a parité de maison, dignité, âge & biens: car autrement il est mal-aisé que les mariages se portent bien. Ovide en une Epistre *d'Oenone à Paris* representant l'amitié avec l'honneur, dit ces Vers:

> *Nec pretium stupri gemmas, aurumve poposci:*
> *Turpiter ingenuum munera corpus emunt;*

Qui veut dire par Oenone parlant audit Paris, je n'ay point demandé des pierres precieuses, ou bagues d'or, pour être le prix de mon amour ny de mes approches: Un corps libre & honneste ne peut être acheté par presens, sinon avec blâme: Et *lib. 1. amorum, eleg. 10.* parlant plus gayement il dit:

> *Quæ Venus ex æquo ventura est grata duobus,*
> *Altera cur illam vendit, & alter emit?*

Qui veut dire, Ce plaisir qui est également agreable aux deux en la conjonction du mâle & de la femelle, quelle raison y a il que l'un le vende & l'autre l'achete? Le même Ovide faisant parler Heleine à Paris, combien que ce fût amour d'adultere, met ces mots en la bouche d'Heleine, en l'Epistre qu'elle luy écrit:

> *Aut ego perpetuam famam sine labe tenebo,*
> *Aut ego te potius, quàm tua dona sequar.*

Qui est à dire, ou je seray toûjours bien soigneuse de garder mon honneur sans tache, ou bien je voudray t'aimer plûtôt que les dons que tu me presentes. Doncques nôtre Coûtume a voulu brider & restraindre les avantages que les jeunes hommes amoureux voudroient faire à leurs épouses à venir, comme étant chose aucunement contraire à l'honneur de desirer avantages excessifs, & si par quelque artifice étoit convenue & accordée quelque donation ou autre clause mise en fraude de cette prohibition: je la diray être nulle, *ipso jure* comme faite en fraude de la loy, *l. si libertus minorem, ff. de bonis libert.* & sera notée l'efficace de l'art. de la Coûtume en ces mots, NE PEUVENT LES PARTIES DÉROGER: Cette prohibition de faire le doüaire prefix plus grand que le Coûtumier, est aussi mise par les Coûtumes de Poitou article 259. Bourgogne article 27. Auxerre article 211. avec cette limitation, quant à l'heritage propre, mais si le mary n'a heritage propre, le doüaire vaudra pour autant qu'il sera convenu. Touraine article 332. excepte si les ascendans promettent & se chargent de doüaire plus grand. Aucunes Coûtumes me semblent tres-raisonnables pour être suivies ailleurs, qui en cas d'association de tous biens, ou de donation faite par le mary à la femme d'une quote portion de ses biens, ôtent le doüaire. Poitou art. 266. Touraine art. 337. Auxerre art. 209. parce que c'est pour brider les insatiables volontez d'aucunes femmes.

ARTICLE III.

DOüaire constitué en deniers où chose mobiliaire par convention des parties, n'est qu'à la vie de la doüairiere, & retourne aux heritiers du mary, s'il n'est convenu au contraire.

N'EST QU'A LA VIE, Cela s'entend à l'égard de la femme : parce que tel doüaire mobilier est comme heritage aux enfans, & leur appartient. Paris article 259. le declare ainsi; mais par le decez des enfans il est mobilier en leur succession, & ce qui est dit vers la fin de ce troisiéme article, qu'il vient aux heritiers du mary, s'entend quand il n'y a point d'enfans du mariage. Autres Coûtumes disent que doüaire en deniers est propre à la femme sans retour. Sens art. 169. Auxerre art. 214. & Bourbonnois art. 255. mais le doüaire n'est heritage des enfans. Berry des Mariages art. 15. & Melun art. 239. disent que tel doüaire en deniers est seulement à la vie de la doüairiere.

L'expedient pour asseurer tel doüaire qui est en deniers ou meuble est de caution fidejussoire, & selon le remede *infrà*, art. 11. *& toto titulo de usufructu earum rerum quæ usu consumuntur.* Mais si par le traité de mariage le doüaire en heritage est fait rachetable pour une somme de deniers, & le mary decede sans enfans, il faut juger selon le prix constitué au rachat, si les deniers dudit rachat demeureront propres à la femme, ou s'ils seront sujets à restitution par la mort d'elle, comme *verbi gratia*, si dix écus de rente en doüaire sont faits rachetables pour six vingt écus, ou somme approchante, je diray que la femme en cas de rachat, aura seulement l'usufruit des deniers avec caution : Si le rachat est constitué à soixante ou quatre-vingt écus, qui n'est pas prix proportionnable pour la proprieté des dix écus de rente, je diray que c'est le prix de l'usufruit, & que les deniers du rachat seront propres à la femme. Par la raison de la *l. computationi, ff. ad leg. Falcid.* Car l'usufruit peut & doit être estimé en deniers selon l'âge, *dict. tit. de usufructu. & d. l. computationi.*

ARTICLE IV.

LA doüairiere est tenuë de payer les charges réelles des heritages de son doüaire, & iceux soûtenir & maintenir en l'état qu'elle les trouve : & aussi quant aux couvertures, huis, planchers, fenestres, cloisons, & autres semblables menuës reparations : & quant aux fondemens, gros murs, cheminées, poûtres, & autres choses qui comunément durent plus que la vie d'un homme, ils appartiennent à reparer au proprietaire.

CHARGES REELLES, Doit être entendu des foncieres, & qui directement sont dûës par l'heritage, parce que les fruits sont chargez de payer telles redevances, *l. neque stipendium, ff. de impens. in res dot. fact. l. si pendentes. §. si quid cloacarii, ff. de usufr. l. 1. C. de annon. & trib. lib.* 10. Aucunes Coûtumes remarquent par exprés les charges foncieres, & disent comme cet article. Sens article 165. Auxerre article 216. Bourbonnois article 252. Orleans article 218. Touraine article 335. Troyes article 89. Melun article 242. Vitry articles 86. & 87. Laon articles 38. & 39 Reims article 251. Bourgogne article 25. Mais Blois article 189. ajoûte les rentes constituées avant le mariage. Or je croy s'il y avoit une rente constituée à prix d'argent, qui fût assignée specialement sur l'heritage affecté au doüaire que la doüairiere ne seroit tenuë d'en payer les arrerages : car l'obligation de telles rentes est principalement personnelle, & l'hypotheque qui emporte realité est seulement accessoire. Entre les charges réelles dont la doüairiere est tenuë, est la contribution à l'arriere ban, & est exprimée par la Coûtume de Touraine article 335. & de Laon article 39. La charge de l'arriere-ban est, que les hommes Nobles qui tiennent Fiefs, sont tenus faire service en personne aux guerres du Roy, selon la valeur de leurs Fiefs : Les non nobles, & les femmes qui tiennent Fiefs doivent contribuër en deniers selon la valeur de leurs fiefs, & est telle charge reputée fonciere, parce que les fiefs la doivent au Roy à cause de sa Couronne. A quoy fait la *l. quæro, ff. de usufr. legato.* A parler proprement faut dire hereban, comme j'ay dit ailleurs.

EN L'ETAT QU'ELLE LES TROUVE, Pourquoy est expedient qu'au commencemnt de la joüissance la veuve fasse visiter l'état des heritages dont elle doit joüir, & ainsi est ordonné, *in l. 1. ff. usufruct. quemad. caveat.* Et toûjours s'entend que la doüairiere n'est tenuë sinon des reparations d'entretenement, que les Latins appellent *sarta tecta*, & non pas de refection à neuf, ny de grosses reparations, quoy que la ruïne soit venuë depuis l'usufruit commencé & constitué, comme si la muraille ou la couverture vient à cheoir par vetusté ou autre inconvenient, la doüairiere ne seroit pas tenuë de les refaire : mais seroit tenu le proprietaire, *l. usufructu legato, & l. sed cùm fructuarius, ff. de usuf.* Si ce n'étoit qu'à faute d'avoir fait les menuës reparations en tems dû, la grosse ruïne fût avenuë : car en ce cas la doüairiere en seroit tenuë, & ne seroit déchargée en quittant, parce qu'il y auroit eu de sa faute precedente

precedente : & quand il n'y auroit eu aucune coulpe ou faute precedente, la regle est que l'usufruitier peut quitter l'heritage quand bon luy semble, pour n'être tenu aux reparations, *l. cum fructuarius cum lege seq. ff. de usufr.* Aussi la doüairiere n'est tenuë de la déterioration qui est avenuë en se servant de la chose selon l'usage auquel elle est destinée, *l. si ususfructus mihi. §. si vestis, ff. ususfructuar. quemad. caveat.* Doncques ce qui est dit en cét article des couvertures, planchers, & autres reparations, s'entend pour les entretenir de menuës reparations, quand il y est avenu un particulier déchet, & non pas pour les refaire tout à neuf s'ils déperissent durant le doüaire sans la faute de la doüairiere. Ainsi se dit que le conducteur est tenu aux reparations, qui sont pour durer autant ou approchant le tems que sa conduction doit durer : & si ce sont reparations de plus longue durée, le proprietaire en est tenu. *Ita* Bart. *consil* 193. *vol.* 1. Alexand. *consil.* 4. *vol.* 5. & pour le general se doit dire que selon la matiere sujette, & selon la qualité des impenses, il faut juger à la charge de qui elles sont, *per l. utrum, ff. de donat. inter vir. & uxor.* Aucunes Coûtumes parlant de ces reparations à faire par la doüairiere, distinguent autrement. Paris article 262. charge la doüairiere des reparations viageres, qui sont celles d'entretenement excepté les quatre gros murs, les couvertures entieres & voutes. Cette limitation De couvertures entieres, sert en argument pour distinguer les autres sortes de reparations. A ce que dessus correspondent *in genere*, Sens article 164. Auxerre article 216. Bourbonnois article 252. Orleans article 122. Blois article 189. Tours art. 334. Melun art. 242. Troyes art. 86. Vitry art. 87. Bourgogne article 25. Laon article 37.

ARTICLE V.

SI l'homme a été marié à plusieurs femmes, la premiere est doüée par doüaire coûtumier, comme dessus : la seconde du quart des heritages de son mary tels que dessus : la tierce du huitiéme, & ainsi des autres. Qui s'entend quant à celles qui n'on doüaire prefix, ausquelles sera gardé ce que dessus.

CEt article s'entend quand de chacun mariage il y a des enfans qui selon la Coûtume doivent avoir le doüaire de leur mere pour leur être heritage : car à ce moyen le doüaire de chacune femme est la moitié des immeubles qui appartiennent en liberté au mary lors qu'elle l'épouse. Doncques si du premier mariage ne sont aucuns enfans, le doüaire coûtumier de la seconde femme sera la moitié des heritages du mary. Paris en l'article 153. declare encores plus specifiquement, qu'au doüaire de la seconde femme est comprise la part que le mary a aux conquests du premier mariage, & de tous les heritages non sujets au premier doüaire : & ainsi des autres mariages. Et de même dit Senlis article 185. qui fait que les Coûtumes par lesquelles le doüaire n'est heritage des enfans, n'ont que faire de la proportion contenuë en cét article.

ARTICLE VI.

LE doüaire soit coûtumier ou convenu échet, & a lieu par la mort naturelle du mary, si la femme ou ses descendans le survivent, *aliàs* le doüaire est caduc & sans effet : & si le mary vient à pauvreté évidente par mauvais ménage, est banny ou absent par trop longue espace de tems, ou chet en autre évident inconvenient, par lequel vray-semblablement les biens dudit mary soient en voye de perir, la femme pourra se pourvoir par justice, pour avoir & recouvrer provision de sondit doüaire : & en cas de vente ou allienation desdites choses les empêcher sinon à la charge de sondit doüaire.

ESchet, C'est-à-dire, il commence à être doüaire en effet pour la joüissance, & le droit est acquis *in re* à la veuve & aux enfans. Auparavant ladite mort c'est un droit *ad rem*, qui toutefois a racine & produit action efficace pour le conserver. L'ancien cahier donnoit la proprieté du doüaire aux enfans durant la vie du pere, & disoit qu'aprés la mort de la mere le pere avoit seulement l'usufruit. Sur cette ancienne Coûtume est fondé l'Arrest de Bertier du 14. Aoust l'an 1510. allegué par du Moulin en l'annotation sur cét article : il y a bien grande difference entre l'ancien article & le nouveau, car si les enfans étoient proprietaires durant la vie du pere, ils pourroient allienner & hypothequer, ce que toutefois ils ne peuvent faire.

Mort naturelle du mary, De même faut dire par la mort civile du mary, comme de bannissement perpetuel ou galeres perpetuelles. Car quoy que le mariage quant au lien ne soit dissolu, *l. res uxoris. C. de donat. inter vir. & uxor.* toutefois le mari ayant perdu toute communion de droit civil, & tous ses biens, est reputé comme mort, & sa femme comme veuve, entant que touche le fait des biens. Ainsi fut jugé par Arrest prononcé par Monsieur le President Seguier solemnellement, le 14. Aoust 1567. pour Anne Spifame femme de M. Jean Meusnier qui avoit été condamné à mort civile, & fut adjugé à la femme son doüaire, & luy fut aussi adjugé le remboursement de ses deniers dotaux sortissans nature de propre pour en joüir par elle presentement : j'étois present à la prononciation, & à ce fait l'article 3. vers la fin *suprà* des confiscations, où sont mises à party pareil la mort naturelle & la mort civile quant au doüaire. Ce qui est dit aprés en cet article du bannissement doit être entendu du bannissement à tems qui n'emporte pas mort civile, car il met à pareil être banny & être absent pour long-tems. Sembleroit que la *l. Statius Florus. §. Cornelio, ff. de jure fisci*, fût contraire à ce qui a été dit cy-dessus du bannissement perpetuel : car là il se dit que la restitution du fideicommis avec condition du tems de la mort, s'entend de la mort naturelle, mais à bien considerer le texte dudit paragraphe la mort civile n'y étoit pas, car il est dit que la mere chargée du fideicommis pouvoit acquerir autres biens, & ses biens luy avoient été ôtez par jugement special selon le délit : car en ce tems les Gouverneurs des Provinces & autres Juges avoient pouvoir selon les circonstances du délit de publier les biens du condamné pour le tout ou en partie, *l. 2. C. ad leg. Jul. de vi.*

Par mauvais ménage, Si le mauvais ménage du mary est en tenant par luy une concubine, ou autrement paillardant, la femme qui est chaste peut requerir en Cour d'Eglise être separée du lit de son mary, & la separation ainsi faite avec connoissance de cause, la femme peut repeter sa dot, *cap. 1. ex ut lite non contest. l. consensu. §. si verò causam. C. de repud.* mais ce sera pardevant le Juge Lay, & non pas pardevant le Juge d'Eglise. Elle peut aussi demander son doüaire. *d. §. si verò, & in Auth. de nupt. §. mitiores. vers. si igitur mulier. colla.* 4. Decius *consil.* 530. *vol.* 4. & allegue un Conseil de Raphaël Cuman. *num.* 175. qui se commence, *Donna Andriola.* En cette accusation d'adultere est à considerer, que si l'un des deux mariez accuse l'autre d'adultere, celuy qui est accusé peut proposer exception contre l'accusateur pour le rendre non recevable, que ledit accusateur luy-même de sa part à commis adultere ayant rompu la foy de mariage, *cap. penult. & ult. ex. de adult.* & la raison est prise du droit civil que les délits qui sont pareils sont compensez l'un à l'autre, *l. viro atq. uxore, ff. soluto matrim.* Les anciennes loix Romaines n'ont point statué de peine au mary qui s'abandonne à autre femme que la sienne épousée : mais la loy des Chrétiens défend à party pareil, tant à l'homme qu'à la femme de ne paillarder point : & le peché d'adultere est de tant plus grand de la part du mary, parce qu'il est le chef, & doit à sa femme exemple de bien faire, *can. indignantur 32. quæst. 6.* Toutefois la femme adultere est punie plus aigrement, & peut être poursuivie pardevant le Juge Lay, & y est observée pour la plufpart, l'Auth. *sed hodie C. de adult.* On allegue aucuns Arrests de la Cour du 3. Avril 1543. & du 30. May l'an 1562. pour Françoise Clerc femme d'un de Favieres, par lesquels la Cour n'adjugea les convenances à la femme qui repetoit sa dot pour cause de l'adultere de son mary, mais seulement luy fut adjugée une pension par provision. Parce que le fait de la separation *à thoro* n'avoit pas été jugée par le Juge d'Eglise, qui seul en est Juge, ou parce que le procez n'étoit pas parfait, & le débat étoit sur les provisions.

Mais si le mauvais ménage du mary est au fait des biens, dont il est parlé en ce sixiéme article, le remede est à la femme de requerir pardevant le Juge Lay d'être separée de biens, ce qui ne doit être par le seul consentement des mariez, mais avec connoissance de cause, & le jugement doit être publié, à ce qu'il soit conneu à tous, par la raison de la *l. sed et si. §. de quo palam, ff. de institor. act.* d'autant que la communauté par le moyen du mariage a été publique & notoire, & audit cas de separation de biens la femme est mise hors de la puissance de son mary quand à l'administration des biens, laquelle est permise à la femme pour les biens qui sont propres à la femme : & le partage des biens doit être executé realement. Toutefois nonobstant ladite separation, la femme doit honneur, service & secours à son mary. Ce secours est du revenu du bien d'elle selon ses facultez, si le mary est indigent, & tant pour luy que pour les enfans de leur mariage, *l. ubi adhuc. in fine C. de jure dot.* Ainsi fut jugé par Arrest en plaidant, du Mardy 17. Février 1550. combien que la separation de biens eût été faite, tant pour le mauvais traitement fait par le mary à sa femme, que pour le mauvais ménage, & à cét égard comme Chrétiens nous ne suivons le droit Romain, qui avoit agreable que la femme abandonnast du tout son mary quand elle avoit été mal traitée de luy, *l. cùm in fundo, ff. de jure dot.* Quoy qu'ailleurs ledit droit Romain blâme ces rancunes, *l. si venditor, ff. de servis export.* Toutefois quand les sevices & les outrages du mary envers sa femme sont si excessifs, que la femme a occasion de douter de sa vie, le droit Canonique permet la separation de lit & de compagnie, *cap. litteras, in fine. ex. de restit. spol.* Au cas de mauvais ménage des biens, la femme n'est pas tenuë d'attendre le grand inconvenient de la pauvreté de son mary : car lors il est bien tard de repeter : mais peut se pourvoir quand il commence à mal user de ses biens, *in Auth. de æqual. dot. cap. illud. 6. colla.* 7.

Cét article audit cas de mauvais ménage des biens, permet à la femme de demander provision de son doüaire. Aucuns ont douté si elle en devoit joüir incontinent ou seulement en avoir seureté pour en joüir aprés le decez de son mary. Mais je croy qu'elle en doit joüir incontinent aprés qu'elle a fait sa preuve, parce que ce mot de Provision, dont use la Coûtume, sonne en allimens : aussi audit cas de pauvreté du mary, elle est comme destituée du secours de son mary qui n'a plus moyen de l'entretenir, & supporter les charges de mariage, & en ce qui est des biens, elle est comme veuve : Aussi cette provision semble être ajoûtée pour exception & limitation de ce qui est dit auparavant que le doüaire échet par la mort du mary, & l'Authentique *donationem. C. de jure dot.* permet audit cas de la *l. ubi adhuc* de repeter aussi la donation *propter nuptias*, que l'on dit être correspondante au doüaire.

Mais si la femme constant le mariage commet adultere, & en soit accusée & convaincuë par son mary, elle perd sa dot qui doit être adjugée au mary : elle perd aussi son doüaire, & doit être retruse & recluse en un Monastere pour y demeurer toute sa vie, ou tant de tems qu'il plaira à son mary (car ils peuvent se reconcilier,) & son mary est chargé de la nourriture d'elle, & à cét égard est observée ladite Authentique *sed hodie.* Rebuffe en son Commentaire sur les Ordonnances *Tomo* 1. allegue un Arrest semblable contre marie de Quatre-liures, du 23. Decembre l'an 1522. Et fut ainsi jugé par Arrest contre la femme de M. François Thomas Conseiller en Parlement : je ne dis pas le nom d'elle, parce qu'elle étoit d'une treshonneste famille, toutefois les enfans qui sont nais durant le mariage en la maison du mary sont reputez legitimes : quoy que par aprés la femme soit convaincuë & condamnée d'adultere, *l. miles. §. defuncto, ff. de adult.* Decius *consil.* 657. *vol.* 4. *etiam* qu'il s'alleguat que l'enfant ressemblat à celuy qui a commis adultere avec la femme, & qu'auparavant la frequentation elle fût sterile. Ainsi decide Ruinus *consil.* 53. *vol.* 5.

Non seulement le mary peut accuser sa femme d'adultere, mais aussi peut l'accuser l'heritier du mary, s'il allegue que le mary n'en a rien sçû, & sur ce j'ay ouï alleguer l'Arrest contre la veuve de l'Huissier de Tainenay. Alexand. *consil.* 189. *vol.* 6. dit que les heritiers du mary peuvent accuser sa veuve d'adultere à l'effet de luy faire perdre sa dot quand le mary vivant s'en est plaint, & a reprouvé la vie impudique de sa femme (à quoy j'ajoûterois volontiers l'exception, pourveu que le mary sçachant son vice ne luy eût pardonné, ou par parole expresse, ou par traitement gratieux en forme de reconciliation, *l. in ipsius. C. famil. ercisc. juncta dictâ Auth. sed hodie. C. de adult.*) Ou si le mary n'en a rien sçû, ou bien l'a sçû & n'a eu la commodité d'accuser sa femme, & allegue Salic. *in l. ult. C. de adult.* & de ce est traité par Paul de Castre *consil.* 147. *vol.* 2. Stephan. Bertrandi *consil.* 222. *vol.* 3. Ruinus *consil.* 155. *vol.* 3.

Aussi l'heritier du mary peut accuser la veuve d'incontinence pour luy faire perdre dot & doüaire, si dedans l'an du deüil elle vit impudiquement, Paul de Castre *in l. sororem. C. de his quib. ut indig. & consil.* 107. *vol.* 2. Et ainsi le tient du Moulin sur la Coûtume de Paris article 30. num. 142. Alexand. *in d. l. sororem*, tient l'opinion contraire, disant qu'elle ne perd sa dot, parce qu'il ne s'en trouve rien statué expressement par les loix, & ne faut faire extension des loix penales. Me semble qu'à ces opinions se peut appliquer un temperament, si elle vit impudiquement en la maison du mary dedans l'an du deüil, qu'elle perde dot & doüaire : si aprés l'an du deüil, elle perd seulement le doüaire qui luy ait donné par la liberalité de son mary, afin qu'en viduité elle puisse representer l'honneur & dignité de la maison & la memoire de son mary, dont elle se rend indigne quand elle fait directement contre la condition tacite sous laquelle le doüaire luy est accordé, ou par la Coûtume ou par le mary. Par la raison de la *l. fin. C. de revoc. donat.* Ainsi voudrois-je dire, que la femme doit être privée de son doüaire, si elle ayant les moyens, n'avoit secouru d'alimens son mary vivant : car les loix estiment un tel cas pareil que d'avoir tué, *l. necare, ff. de libert. agnosc.* Ou si le mary étant malade elle ne l'a pas secouru & traité, qui puisse avoir été cause de sa mort, ou si elle a commis autres indignitez envers luy, *l. si ab hostibus. §. si vir. ff. soluto matri, l. 3. ff. de his quib. ut indignis.*

ARTICLE VII.

Ledit doüaire écheu, la femme est vestuë & saisie d'iceluy soit coûtumier ou convenu.

Saisie, Cela s'entend si le mary en est saisi lors de son decez : la saisine regarde plus le fait que le droit : & le doüaire ne commence d'être doüaire avec plein effet, sinon par le decez du mary, *suprà* article 6. Si le mary n'est saisi lors de son decez, la veuve se pourvoyra par action : ainsi dit du Moulin en l'annotation sur la Coûtume de Blois article 189. vray est qu'en cette action, la veuve aura provision *etiam* contre le tiers détenteur, pourveu que le mary fût joüissant lors du traité de mariage, & que ce tiers détenteur ait acquis durant le mariage. Ainsi fut jugé par Arrest plaidans Boucherat & ledit du Moulin Avocats, le Mardy 3. Mars l'an 1550. & derechef le Vendredy 8. Avril l'an 1551. (j'étois present aux deux plaidoyries) fut remarqué que l'Ordonnance parlant de la provision des doüaires est conçûë *in rem* par ces mots, en matiere de doüaire. Mais quant à la saisine elle se perd facilement, & n'est pas sujette à provision ny à restitution en entier, parce qu'elle est plus de fait que de droit, *l. denique, ff. ex quib. causi majores.*

ARTICLE VIII.

Doüaire de mere coûtumier ou convenu est heritage des descendans dudit mariage : en telle maniere que les pere & mere ny l'un d'eux ne le peuvent allienner au préjudice & sans le consentement desdits descendans : Toutefois si lesdits descendans décendent sans descendans de leurs corps, ledit doüaire sera & demeurera entierement au pere desd. descendans : Et au défaut de luy aux plus prochains heritiers du pere dont il est venu, en maniere aussi que posé qu'ils n'heritent, ils prennent ledit doüaire, & en seront saisis lesdits enfans aprés le trépas du pere.

AUcunes Coûtumes font le doüaire heritage des enfans du même mariage, comme Paris article 249. Melun article 239. Senlis article 177. Les autres le font viager pour être finy avec la vie de la veuve, comme Sens article 163. Auxerre art. 215. Bourbonnois article 249. Orleans art. 220. Troyes article 90. Laon article 33. Reims article 282. Bourgogne article 25. Berry des Mariages article 14. Poitou article 257. Cette provision de faire le doüaire heritage des enfans est tres-politique, afin que les enfans soient asseurez d'avoir quelques biens pour s'entretenir, & conserver l'honneur de la maison en laquelle ils sont nais, quelque inconvenient de perte de biens qui aviennent à leur pere. L'ancienne loy des Bourguignons ne portoit autant, titre 24. article premier. Il est observé en ce païs, que les enfans de chacun mariage prennent les doüaires de leurs meres par preciput, quoy qu'ils soient heritiers des peres & ne le conferent. Ainsi fut jugé par Arrest confirmatif de la Sentence donnée au Bailliage de Nivernois entre Juillete Nuge, & Maître François Nuge, ledit Arrest du 23. Aoust l'an 1568. Et dit en avoir été autrefois ainsi jugé en la Coûtume de Paris entre les enfans du President Aniorrant : A ce fait *l'Auth. de nuptiis. §. nec illud. colla. 3.* où il est dit que les enfans de chacun mariage prennent les donations avant nuptiales de mariage dont ils sont issûs : Toutefois semblable question fut appointée au Conseil le sixiéme May 1544. Depuis a été tranché par la nouvelle Coûtume de Paris article 251. que nul ne peut etre heritier & douairier. De même Senlis article 176. & Melun article 239. Il y a raison de diversité entre Paris & ce païs, car selon la Coûtume de Paris, le pere ne peut donner par preciput & avantage à aucun de ses enfans, & doit l'enfant donataire, ou se tenir au don sans être heritier, ou s'il veut être heritier doit conferer le don, article 303. Mais nôtre Coûtume permet l'avantage & preciput, chapitre des Donations article 11. Du Moulin en l'annotation sur la Coûtume de Senlis article 186. dit quand l'enfant est heritier du pere qu'il n'est pas exclus du doüaire *ipso jure* mais par voye d'exception, quand les enfans luy disent qu'il n'est pas recevable à l'heredité sans conferer & rapporter le douaire. Bien semble que si quelque jour nôtre Coûtume est revûë, qu'il seroit assez expedient d'y ajoûter un article semblable à celuy de Paris, à cause de la grande inégalité qui peut avenir entre les enfans de plusieurs lits sans qu'il y ait declaration expresse de la volonté du pere pour l'avantage d'aucuns enfans. Et ce faisant remettre les avantages & preciputs à la volonté expresse & disposition des peres. La Cour de Parlement depuis n'agueres a jugé que l'enfant étant heritier ne peut avoir le douaire, en rendant ce païs sujet à la Coûtume de Paris à cét égard.

DEMEURERA AU PERE, Ne dit pas retournera, car le pere est seigneur du douaire tant qu'il est vivant, avec interdiction d'alliener, & n'est pas comme en l'ancienne Coûtume qui le tenoit comme usufructuaire.

PROCHAINS HERITIERS DU PERE, de la resulte que le douaire est heritage paternel, & non maternel. Ainsi fut jugé en la Coûtume de Paris semblable à la nôtre par Arrest que prononça solemnellement Mr. le President le Maître le 23. Decembre l'an 1551. entre Gasperne & Massot en la succession de Charlotte Tibaut. J'étois present à la prononciation.

ARTICLE IX.

LA doüairiere ne autre usufructuaire n'ont droit recevoir hommages, dénombremens, user de retenuë, bailler souffrance aux vassaux, prendre les Commises, faire baux à tems excedant neuf ans, ne pareillement abattre bois de haute Fustaye, sinon pour les reparations des heritages de leur doüaire & usufruit, & pour chauffer & user comme bon pere de famille : Mais peuvent abattre taillis quand ils sont en coupe : & si les ventes ont été faites par le proprietaire, l'usufruit ou doüaire ayant lieu, ledit marché tiendra : mais lesdites doüairieres ou usufructuaires en auront les payemens écheans de leur tems.

EN cét article est comparée la douairiere & l'usufructuaire, & aucuns ont voulu tirer argument, que la douairiere est en toutes choses aux mêmes conditions de l'usufruit, même que si elle decede la veille des moissons ou vendanges, que son heritier ne devra rien avoir és fruits, selon la *l. si usufructuarius messem, ff. quemadmodum usufructu. amitt.* Mais je ne puis être de cét avis, quant au point du gain des fruits *in momento temporis.* Pour la pluspart des autres conditions de l'usufruit, il se peut croire que le douaire ne peut avoir plus propre correspondance aux titres du droit Romain qu'à celuy de l'usufruit. Mes raisons sont que le douaire est octroyé à la femme pour en viduité representer l'honneur & la dignité de la maison de son mary, comme les deux n'ayans été qu'un corps durant le mariage, & afin qu'elle étant destituée de la presence & secours de son mary elle ait moyen de se maintenir. Partant le doüaire luy soit *ad instar* des allimens, & parce que les allimens sont à employer par chacun jour : selon cette proportion elle doive gagner les fruits de son doüaire *pro rata* de l'année, à commencer du jour du decez du mary, & par la même raison que le mary gagne les fruits de la dot de sa femme à cause des charges de mariage qu'il supporte, *l. fructus, vel l. divortio, ff. soluto matrim.* & par la raison generale quand deux choses ont respect l'une à l'autre avec proportion, *l. Sejo, in verb. cùm tam labor. quàm pecunia divisionem recipiant, ff. de ann. legat.* Je ne voudrois pas aussi comparer le doüaire à vraye obligation d'allimens; car les allimens se payent par avance, & sont gagnez dés le commencement de l'année ou du mois, dont est parlé *in l. à vobis, & in l. in singulos, ff. de ann. leg. Et in l. cum hi. §. si annos, ff. de transact.* car les legs de tels allimens se faisoient à personnes miserables : mais le doüaire est octroyé pour tenir lieu de provision honneste à la veuve, selon la dignité de la maison de son mary pour l'entretenement d'elle.

Recevoir hommages, denombremens, Tous les deux importent à la proprieté du fief dominant : l'hommage pour garentir au vassal le fief être de cette mouvance, & le dénombrement pour garentir les pieces particulieres du fief. On peut ajoûter la raison dépendante de l'antiquité, selon laquelle les fiefs étoient personnels, & étoient éteints par le decez du vassal. Et la reception à nouvel hommage de l'heritier, étoit comme nouvelle concession qui appartenoit au seul proprietaire. Joint que l'hommage qui est devoir tres personnel, ne peut être délegué ny cedé : *l. cùm patronus, ff. de legat. 2.* Poitou article 32. permet à la douairiere de prendre les hommages, en quoy il n'y a point d'inconvenient, pourveu qu'elle prenne sa qualité de douairiere, car avec cette qualité le vassal ne peut acquerir possession qui préjudicie au Seigneur proprietaire, mais seulement à la veuve pour le tems que son douaire durera, & pour le regard d'iceluy, *l. item eorum, ff. quod cujusque univers.* Paris article 2. permet à la douairiere de saisir le fief mouvant de la Seigneurie dont elle est usufruitiere pourveu que ce soit sous le nom du proprietaire, & aprés son refus; de vray les actions directes sont pardevers le proprietaire, & les utiles pardevers l'usufruitier, *l. 1. in fine ff. de novi. oper. nunt. l. 1. in fine cum lege seq. ff. usufruct. quemad. caveat.* mais quand de la saisie feodale ne resulte autre profit que la bouche & les mains, & le gain des fruits aprés la saisie, il me semble que *etiam* aprés le refus du proprietaire, la douairiere ne peut saisir, parce que cét interest seul pour gagner les fruits n'est considerable, par l'argument de la *l. 3. §. ult. ff. de legat. 3. & l. si venditor. ff. de servis export.* Comme Nivernois dit Bourbonnois article 557. & Touraine article 331. mais Touraine ajûte que la doüairiere ne peut recevoir le serment du Capitaine du Chastel. Ce qui dépend de la decision de la *l. si ita legatus. §. dominos, ff. de usu & hab.* où ce mot *insularus* represente un Concierge de maison ou Capitaine de Chastel, comme le mot *saltarius* represente le gruyer des forests, duquel faut autant dire que du Capitaine, parce que ces deux sortes d'Officiers sont instituez pour la garde de la proprieté des Maisons, Chasteaux & Forests.

Quant à la souffrance, il y faut dire la raison, parce que la souffrance équipole à foy, *suprà*, des Fiefs article 64.

User de retenue, Bourbonnois article 475. permet à la douairiere user de retenuë : mais dit qu'aprés l'usufruit finy le proprietaire pourra reprendre des mains de la douairiere en payant les profits qui étoient à recevoir si l'acquereur eût été investy. Sera noté que par ladite Coûtume de Bourbonnois article 457. la retenuë est cessible, pourquoy elle semble *in fructu.* Surquoy aux autres Provinces, l'on a long-tems douté si la retenuë étoit octroyée precisement afin de réunir, ou si elle peut être cedée à un tiers. Du Moulin & les Docteurs Feudistes, estiment qu'elle est octroyée seulement afin de réunir, & par consequent qu'elle ne peut être cedée. Depuis quelque-tems le Palais de Paris est resolu, & y tient-on communément que la retenuë est cessible. Tiraqueau en son Commentaire *de retractu* aprés avoir fait un grand amas d'allegations selon sa coûtume, enfin allegue un Arrest donné pour l'Evêque de Chartres par lequel la retenuë est declarée cessible : mais en l'Eglise y a raison particuliere, parce qu'elle peut acquerir, & augmenter son domaine sans permission du Roy, qu'on appelle amortissement, & peut être contrainte par le Procureur du Roy à vuider ses mains de ce qu'elle a acquis, & toutefois elle ne doit pas être privée de ce droit domanial, qui est la retenuë, dont elle ne peut user pour réunir, pourquoy luy est besoin de faire cession ou de la retenuë à executer, ou de la retenuë executée : à quoy se rapporte ce qui est dit *in cap. 2. membro 3. extrà de feudis in antiq.* Aujourd'huy, comme dit est l'opinion commune est, que la retenuë est cessible quant à tous, & qu'elle n'est pas octroyée precisement afin de réunion. La raison peut être que la retenuë est un droit domanial procedant de la premiere concession faite par le Seigneur, & n'est pas comme le retrait lignager, qui n'est pas droit foncier ny domanial, qui n'est pas *in re sed ad rem* par action personnelle. Ce qui est à chacun de nous domanial, nous en pouvons disposer à plaisir, & sans controlle *l. sicuti. §. sed & interdum, ff. si servit. vend.* autre raison y a pour l'interest du Seigneur, de n'avoir pas outre son gré vassal ou censier celuy qui ne luy plaît pas : encore autre raison d'interest y a, la chose pourra être venduë à bon & vil prix, & peut être que ç'aura été par fraude pour diminuër les profits du Seigneur quand l'acquereur sçaura que le Seigneur n'a pas les commoditez ou la volonté de retenir pour réunir. Au cas de present, puis que la douairiere par cette Coûtume n'a pas la retenuë, il semble que si le Seigneur proprietaire veut retenir sans fraude, & à l'effet de réunir & consolider la Seigneurie utile avec la directe, que la douairiere doit endurer simplement la retenuë en luy faisant recompense chacun an de la redevance dûë d'ancienneté sur l'heritage : car en tel cas il n'y a point de profit de bourse venant en compte de fruits : mais si la retenuë se fait par le proprietaire pour en faire cession ou prendre profit de bourse, je croy que la douairiere devra être recompensée du quint denier ou des lods & ventes, par la raison de l'article suivant 10. car en effet le proprietaire prend le profit de la mutation en transportant sa retenuë à un tiers.

Prendre les Commises, Ainsi en dit Bourbonnois art. 257. & ajoûte ce qui me semble être raisonnable à pratiquer par nous, que durant son douaire elle joüira des heritages Commis. La Commise en fief est pour le crime feodal qui est de felonnie, ou de faux aveu. Ainsi faut dire en Bordelage, pour l'échoite à faute d'hoir, & en servitude de main-morte, parce que c'est purement la réunion & consolidation de la Seigneurie utile à la directe, & l'une accroît à l'autre par droit réel ainsi qu'il est dit au droit Romain du droit d'accroissement ou d'alluvion, *l. si totam, ff. de adq. hæred. l.* 1. *Idem. §. ff. de usufruct. adcrescendo. l. si Titio, ff. de usufr.* mais comme il est dit, elle joüira durant son douaire: *l. item si. §. sed si, ff. de usufr.* Suivant ce, dit Oldradus *consil.* 240. que la reversion est au profit du Seigneur direct : mais que l'usufruitier joüira durant son usufruit, & Oldradus ajoûte plusieurs raisons. Il y a plus de doute en la Commise de Bordelage qui est par cessation de payement, car en ce cas la Commise est la peine de celuy qui méprise son Seigneur qui n'a pas reçû son revenu destiné pour sa dépense ordinaire : cét interest pour la Commise étant considerable, il se doit dire que l'usufructuaire a le seul interest & non le proprietaire, & partant que la peine de la contumace, qui est la Commise luy doit appartenir : qui est la même raison de la *l. usufructu legato, ff de usufr. & l. bovem. §. si qui servum, ff. de Ædil. Edicto.* Ladite loy *usufructu* est fondée sur ce que l'usufructuaire d'une maison entiere proche de la maison ruïneuse, avoit le vray interest & le plus prochain pour ne recevoir le dommage avenant par ruïne de la maison voisine, & en ne reparant pas, ou ne baillant caution, le tort luy est fait, & il est méprisé en sa plainte, pourquoy la peine de contenement luy appartient, qui est la mission en possession *ex secundo decreto.* Par similitude de raison, je croy que la douairiere doit avoir le profit de la Commise, qui avient par la cessation de payement, parce que cette cessation est à son seul interest, & qu'elle peut faire bail du tenement sous les charges anciennes. Car par la regle le profit de la peine doit être appliqué à celuy qui souffre le dommage, *l. ult. ff. de litigios. l. at ubi. ff. de petit. hæred.* où la peine adjugée *propter vim factam* n'est pas accessoire de la chose, & n'est restituée par celuy qui est évincé de l'heredité *l. item apud Labeonem. §. penult. ff. de inju.* A quoy fait la regle tirée de la *l. si legatarius. C. de legat. l. post legatum. §. amittere, ff. de his quibus ut indig.* quand aucun est privé de son droit en contemplation de celuy qui souffre dommage, le profit de la privation avient à celuy qui a souffert le dommage. Aucuns Docteurs ont appliqué la raison de ladite *l. usufructu legato*, à autres cas de reversion : en quoy semble qu'ils se sont mécomptez, & à juste cause ont été repris par Me. Charles du Moulin sur la Coûtume de Paris article 1. *glos.* 1. *quæst.* 4. Vray est qu'il parle en general de la Commise même du fief, & non de ce cas particulier de la Commise en Bordelage à faute de payement. Ès autres cas de reversion, la douairiere n'a interest, & son interest ne produit pas la reversion, mais la nature de la premiere concession. Quant aux main-mortes de servitude, il est sans doute que le tenement serf retourne au Seigneur direct pour la proprieté à la charge que la douairiere en joüira son douaire durant : mais quant aux meubles & aux heritages qui ne sont de la servitude, le doute y est plus grand, parce qu'il semble que c'est une partie casuelle *ad instar* de confiscation qui ne regarde le fonds. Toutefois en resolvant je croy que la proprieté desdit meubles & immeubles non étans de condition servile, appartient au Seigneur direct proprietaire, & l'usufruit d'iceux à la douairiere : car c'est comme le pecule du serf, duquel pecule le Seigneur du serf est proprietaire, & par le decez du serf n'est pas censé être acquis au Seigneur de nouvel, mais est censé ne luy avoir été ôté, *l. servum filii in princip. ff. de legat.* 1. *& l.* 1. *§. si is qui bona. ff. de collat.* & les personnes de tels serfs étant adherentes, & comme attachées à l'heritage & reputées même chose que le fonds de l'heritage servil, *l. longa, ff. de divers. & temporal. præscript. l. jubemus nulli. C. de sacros. Eccl. l. si quis inquilinos, ff. de legat.* 1. Il faut dire que leurs meubles qui suivent la personne, & les autres biens sont de même nature que le tenement servil à l'effet d'être acquis au Seigneur. Combien que selon mon avis il y a difference entre le tenement servil, & les autres heritages à l'égard des hypotheques. Comme il a été dit cydessus, chapitre des Servitudes personnelles article 7.

Faire baux excedans neuf ans, Semble donc que la douairiere peut utilement faire baux jusques à neuf ans : La nouvelle Coûtume de Paris article 227. permet au mary faire baux à ferme de l'heritage de sa femme en ce qui est aux champs jusques à neuf ans, & en la ville jusques à six. Le tems de neuf ans & au dessous, selon l'opinion des Docteurs est dit peu de tems : & de dix ans, & au dessus est dit de long-tems, *l. ult. juncta glos. ff. si ager. vectig. & l. sed et si fideicommissa. §. Aristo. ff. qui & à quibus.* Si par la permission de la loy la douairiere peut faire baux à ferme jusques à neuf ans, il faut inferer que si le douaire finit avant les neuf ans, que le proprietaire sera tenu d'ester à l'accense, qui feroit une belle limitation de la *l. si quis domum. §. hic subjungi, ff. locati.* & cette limitation peut être vraye avec un temperament & distinction. Que si la doüairiere fait l'accense des heritages que les proprietaires avoient accoûtumé d'accenser, & par la même façon & pour même-tems, pourveu que le tems n'excede neuf ans, & qu'il n'y ait point de fraude; le proprietaire devra l'entretenir pour le tems qui reste, comme étant acte de simple administration ordinaire & accoûtumée, par la raison de la *l. vel universorum, ff. de pignor. act. leg. si filio. §. si vir in quinquenium, ff. soluto matrim.* Où il est parlé du mary qui n'est pas proprietaire, & a seulement droit de faire les fruits siens, *l. venditione. §. 1. & l. si non expedierit. §. si pupillus, ff. de bon. auct. jud. possid.* Et sur ce sera noté que la doüairiere a plus de droit en la chose que n'a pas un simple usufruitier. Mais si la doüairiere pour sa commodité, ou pour la raison particuliere de son ménage avoit accensé ce qui seroit bien seant au proprietaire pour le retenir en son domaine, ou qui avoit accoûtumé d'être tenu, je croy que le proprietaire aprés le doüaire finy, ne sera pas tenu de continuer le reste de la location, & en ce cas soit pratiquée la decision de ladite *l. si quis domum.* Sauf toutefois en quelque cas que ce soit, que l'année commencée & bien avancée lors du doüaire finy, devra continuer, par l'argument de la *l. tres tutores, ff. de admi. tut. l. nam & Servius. §. si vivo, ff. de negociis gestis.*

Abattre bois de haute Fustaye, sinon pour les reparations, *Etiam* si les bois de haute Fustaye avoient été destinez par le défunt proprietaire pour être employez à une forge de fer, dont revint un profit annuel. Chopin au traité *de privileg. rustic. 1. part. lib. 2. chap. 10. num. 2. & 3.* dit avoit été ainsi jugé contre le Seigneur feodal qui tenoit le fief saisi, & faisoit les fruits siens le 23. Juillet l'an 1573. & ce fut entre la Reine doüairiere, & le Comte de Chasteau-villain: parce que tels arbres, quoy qu'ils soient coupez, *non sunt in fructu. leg. in arboribus, ff. de usufr.*

Si la doüairiere a besoin d'arbres de haute Fustaye pour reparer les bâtimens de son doüaire, elle doit requerir le proprietaire de luy en faire délivrer, & ne doit d'elle-même en prendre, & doit observer ce qui est dit cy-dessus des Usagers au chapitre des Bois & Forests, article 13. & 14. & à ce se rapportent les Coûtumes de Bourbonnois article 262. & Tours article 334. Et pour chauffer faut observer ce qu'un bon ménager feroit, qui est de prendre bois-mort & mort-bois, & ne s'addresser à bois vif, sinon à défaut d'autre bois, & avec moderation. Et si le vent abat aucuns arbres de haute Fustaye la doüairiere ne les aura s'ils sont bons à faire quelque ouvrage, *l. fructus. §. si fundum versic. sed. si vi, ff. soluto matrim. & d. l. arboribus, ff. de usufr.*

Bois taillis, Faut entendre sainement & avec temperament ces mots de la Coûtume, Auront les payemens échûs de leur tems; A sçavoir, que les payemens se départiront selon la proportion du tems qui a été entre la precedente coupe & la presente, en ayant égard que ce soit le tems des coupes ordinaires, & selon le tems que le doüaire aura duré. *Verbi gratia*; si le bois se coupe en quinze ans une fois, & depuis la derniere coupe le doüaire a duré trois ans, c'est-à-dire, quand le doüaire commença il y avoit douze ans depuis la coupe, la doüairiere aura la cinquiéme partie du profit de la coupe, qui sont trois sur quinze, & quant à la prochaine coupe suivante, si elle ne vit pas jusques au tems de la coupe ordinaire, ses heritiers auront part en cette coupe *pro rata* du tems qu'elle aura vécu depuis la derniere coupe jusques à son decez, par les raisons de la *l. fructus, aliàs l. divortio. §. quod in anno, ff. soluto matrim.* & ainsi le tient Feder. Senens. *consil.* 110. & allegue la *l. si in lege. §. colonus, ff. locati, & l. si operas, ff. de usufr.* & n'est pas comme du Seigneur feodal qui saisit: car s'il trouve les bois prests à couper, & il coupe, tout le profit de la coupe est à luy. Et ainsi selon mon avis faut entendre ce qui est dit, les payemens écheans de son tems, autrement n'y auroit aucune proportion certaine & analogique, & seroit le droit de la doüairiere à l'aventure grand ou petit, parce que les termes des payemens sont fondez en la seule volonté des vendeur & acheteur de la coupe: Pour la proportion susd. fait la nouvelle Coûtume de Paris article 48. & la Decision de du Moulin és Commentaires sur l'ancienne Coûtume de Paris article premier, gloss. 8. num. 27. Par aucunes Coûtumes le bois taillis qui est en sa saison ordinaire d'être coupé, est reputé meuble, quoy qu'il ne soit coupé. Laon article 105. & Reims article 19. mais selon mon avis cela est sujet à distinction selon les qualitez des negoces & des personnes.

ARTICLE X.

Aussi ausdites doüairieres & usufruitieres appartiennent les autres fruits des choses chargées de doüaire ou usufruit, esquels sont compris quints deniers, lods, ventes, tiers deniers, collations & presentations de Benefices, & autres semblables.

Cet article correspond à ce qui est dit cy-dessus au chapitre des Fiefs, article 58. Oldrad. Conseil 24. & outre les especes des fruits y declarez, il faut ajoûter les amendes & confiscations, qui sont les fruits civils de la Justice & Jurisdiction, & ainsi le dit Bart. *in l. ult. ff. soluto matrim.* & du Moulin sur la Coûtume de Paris article 1. glos. 1. nu. 51.

Aucuns on estimé que les Beneficiers sont comme usufructuaires, & qu'ils gagnent ou perdent les fruits de leurs Benefices selon le tems de leur decez, s'il avient aprés ou avant les fruits cueillis: en l'Eglise de Nevers il y a une constitution Episcopale sur ce fait qu'on appelle la Bertrandine à cause de l'Evêque Bertrand qui la fit, & deffinit le tems auquel si le Beneficier se trouve vivant il gagne les fruits pour ses heritiers. Mais cette constitution à bon droit a perdu son usage : aussi elle ne peut valoir en Cour Laye, même en la Royale, en laquelle le possessoire des Benefices & la question des fruits doivent être traitez. Pour quel tems on a estimé *ad instar* de l'usufruit, que si le Beneficier se trouve vivant lors de la perception des fruits, qu'il devoit les gagner precisement, selon la *l. si usufructuarius messem, ff. quemad. usus f. amit.* Mais ceux qui ont consideré de plus prés la nature de chacun negoce en ont jugé autrement, Car le Benefice est donné pour consideration de l'office & service. *cap. ult. de rescript. in 6.* Les fruits donc doivent appartenir au Beneficier, *pro rata*, & selon le tems qu'il a déservy son Benefice *ad instar* qu'il se dit du mary qui gagne & fait siens les fruits de la dot de sa femme pour le tems que le mariage a duré, parce qu'il les fait siens à cause des charges du mariage qu'il supporte, *l. dotis fructus, ff. de jure dot. l. fructus. §. Papinianus, vel l. divortio, ff. soluto matrimonio.*

Suivant cette raison la Cour jugea en la Regale de Meaux, que les fruits de l'Evêché appartenoient au Roy, ou à l'Evêque successeur, *pro rata* du tems que la Regale avoit été ouverte, par Arrest du 19. Juin 1557. Or il est bien à propos de dire, même à l'égard des Eglises Parroissiales, que le Curé doit prendre dixmes par anticipation, comme il se dit que la provision d'allimens se paye par avance, & par ce moyen les dixmes soient destinées pour nourrir le Curé depuis le commencement des moissons jusques au commencement des moissons de l'année suivante : & en tous cas en faut juger selon la qualité de celuy à qui la chose est dûë, & selon la cause pour laquelle elle est dûë, *l. nec semel. §. si in habitationem, ff. quandò dies legati vel fideicom. cedat.* Ainsi au Soldat à pied la solde est payée par avance du service à faire, & de mois en mois, & non pour le service fait. Doncques si le Curé meurt trois mois aprés la moisson commencée, ses heritiers ne devront retenir que le quart des dixmes & fruits : les autres trois quarts demeureront pour le Curé successeur, afin qu'il ait moyen de s'entretenir jusques à la prochaine moisson. Et si le Curé défunt a perçû le total des dixmes, ses heritiers restitueront au Curé successeur *pro rata* du tems qui est à écheoir jusques aux moissons suivantes.

ARTICLE XI.

LA doüairiere avant que pouvoir joüir de son doüaire, est tenuë pour les immeubles de bailler telle caution que faire pourra, & si le doüaire consiste en meubles seulement, elle sera tenuë bailler bonne & suffisante caution: & si bailler ne la peut, les heritiers sont tenus de bailler à ladite doüairiere rente à la raison de huit pour cent, jusques à ce qu'elle ait fourny ladite caution : & si ladite doüairiere vend ou allienne les heritages de son doüaire, abat les bois de haute Fustaye d'iceluy en cas non permis, & autrement malverse & administre sondit doüaire, elle perd & sera privée de sondit doüaire pour les choses déteriorées : & pour le residu sera tenuë de bailler caution suffisante.

LA caution que baille l'usufruitier est à double effet, pour promettre par luy qu'il se servira de la chose en bon ménager, & qu'aprés l'usufruit finy. la chose sera renduë au proprietaire, *leg. 1. ff. usufructuar. quemad. caveat, & cap. ult. ex de pignor.* Et là il desire la caution fidejussoire : mais cét article pour les immeubles se contente de la caution telle que l'usufruitier peut bailler : qui est autant que la caution juratoire, quand l'usufruitier jure qu'il ne peut bonnement trouver caution, & promet sous sa foy ce que la caution promettroit, dont est parlé, *in Auth. generaliter. C. de Episcop. & Cler. & in Auth. cui relictum. C. de indicta viduit.* Par les Coûtumes de Paris art. 264. & d'Orleans art. 218. la veuve qui se remarie doit bailler bonne & suffisante caution, ce qui a grande raison, car étant remariée elle n'est plus censée de la maison de son mary, & doit être tenuë pour étrangere. Quant au meuble la caution fidejussoire a été necessaire, parce qu'il se détourne ou déperit facilement, & lors il n'y a plus de recours comme il y a en l'immeuble. Toutefois si la mere étoit doüairiere de meuble, je croy que son fils ou son tuteur ne la pourroient presser de bailler caution bourgeoise & fidejussoire, à cause de l'honneur que l'enfant doit à sa mere, *l. filio vel servo, ff. ut legat. vel fid. nomine* : mais l'inventaire avec estimation seroit necessaire. Toutefois si la mere se remarioit, ou qu'il y eût contre la mere quelque occasion particuliere de suspicion de mauvais ménage, elle pourroit être contrainte de bailler caution, ou de prendre l'expedient de cét article, qui est de vendre les meubles, & colloquer les deniers en rente. Et à ce fait la *l. quæ filium, ff. eod. tit.* & quant aux cas de secondes nopces, fait ce qui est dit, *in l. hac Edictali. §. his illud. verf. mobilium. C. de secund. nupt.* & audit cas de bailler caution, elle ne feroit les fruits siens jusques aprés la caution baillée, *l. uxori 1. ff. de usufr. leg.* Cette caution fidejussoire ne peut être remise & quittée rée par celuy qui donne l'ufufruit : puis qu'il appert qu'il n'a voulu donner que l'ufufruit, *l. si pecunia, ff. ut in poss. legat.* si ce n'est au cas susdit pour le respect de la mere à l'enfant. Voyez l'Auth. *de non eligendo secundò nubentes mulieres. §. aliud verò, coll.* 1. qui fait cette distinction de l'usufruit des immeubles & des meubles. Par ladite Authent. le profit est mis au tiers de la centiéme, qui est quatre pour cent par an. Car la centiéme fait douze pour cent par an, c'est-à-dire, la centiéme partie du sort par mois. Ce qui est dit cy-dessus de ne faire les fruits siens jusques aprés la caution baillée, s'entend si l'usufruit est en deniers ou autre chose, qui par le premier usage se consume tout à fait, comme bled, & vin : car quant à la caution qui se baille pour joüir en bon ménage, le défaut de donner caution n'empêche pas le gain des fruits. Bart. *in l.* 1. *C. de usuf.* Socin le jeune mon Precepteur, *consil.* 72. *vol.* 2.

Bailler rente, Si une fois la prestation prend nom de rente, l'heritier qui la doit ne pourra par aprés être contraint de payer le sort, en offrant par la veuve caution. Car c'est contre la nature de la rente de contraindre à racheter, combien que l'article dise jusques à ce qu'elle ait fourny caution, & seroit vraye usure.

Sera privé de sondit doüaire, Selon les regles de droit la peine doit être mesurée au délit, *l. Paulus si certa, ff. ad Senatusc. Trebell. l. rescriptum, ff. de his quibus ut indignis, leg.* 1. *§. si duæ res, ff. quor. legatorum.* Cette perdition de doüaire en cas de malversation, est aussi ordonnée par les Coûtumes de Tours article 334. Bourbonnois article 264. Bretagne ancienne article 442. & nouvelle article 468. *Facit l. hoc. amplius. §. ult. ff. de damno infecto, l. item si fundi, in princip. ff. de usufr.* L'usufruit ainsi perdu accroître à l'heritier proprietaire tant par la raison generale de l'usufruit, comme aussi parce que le tort est fait audit heritier proprietaire, par la raison de la *l. post legatum. §. amittere, ff. de his quib. ut indig.*

ARTICLE XII.

LA doüairiere n'est tenuë de prendre son doüaire sur chose qui est chargée de son assignal. Sinon que la valeur ou revenu d'icelle excedat les deniers dudit assignal : auquel cas elle prendra le surplus, pour & en déduction de sondit doüaire.

DE l'assignal & des proprietez d'iceluy contre l'opinion commune, a été traité cy-dessus, au chapitre des Droits appartenans à gens mariez, article 12. & 13. L'assignal bien & dûëment constitué se prend en prérogative, parce que c'est l'heritage propre de la femme, qui ne doit être diminué par le doüaire, & ne se prend pas à titre lucratif, car c'est vente que le mary fait de son heritage à sa femme.

ARTICLE XIII.

FEmme doüée sur partie de la maison ou heritage de son mary n'est tenuë de proceder à diviser avant quarante jours aprés le decez de son mary : & quant à la maison où elle ne se pourroit convenablement & sans dommage diviser, elle demeure à l'heritier en recompensant raisonnablement la veuve d'une autre maison & demeurance selon son état.

CEtte quantité de tems a été pratiqué en France en plusieurs cas quand aucune chose est à faire aprés le decez d'aucun. Le délay ordinaire à l'heritier pour déliberer, s'il devra être heritier est de quarante jours. Quand le fief est ouvert par la mort du vassal, le Seigneur ne peut saisir avant les quarante jours. Entre les Nobles le service de l'Eglise solemnel pour les trépassez est à la quarantaine, & la ceremonie de l'ancien Testament pour la lamentation des decedez duroit quarante jours : en la Genese chap. 50. *vers.* 1. *& can. quia alii* 13. *quæst.* 2. En cét article les quarante jours sont octroyez à la veuve pour essuyer ses larmes & pour se r'asseoir de la tristesse qu'elle a ou doit avoir : afin qu'en ce tems d'ennuy recent elle ne soit contrainte de desemparer la maison de son mary.

Convenablement et sans dommage, Cela se doit entendre non seulement pour l'état réel de la maison : mais aussi pour la commodité des personnes. La loy use du mot, *si commodè dividi non potest, l. ad arbitrium. C. commun. divid. §. quod si commodè, instit. de offic. jud.* Et en ce cas faut juger que la division ne peut être faite quand la commodité n'y est pas. Et en autres cas aussi la loy presume la chose ne se pouvoir faire, qui ne peut être faite sans dommage, sans deshonneur, ou sans grande incommodité, *l. plerumque, ff. de Ædil. Edicto, l. filius, ff. de condit. instit. l. non dubium, ff. de legat.* 3. *l. nepos Proculo, ff. de verb. signif.*

En recompensant, Ou bien faut faire venir à la licitation des loüages entre le proprietaire & la doüairiere. Car comme la licitation est admise pour la proprieté, quand il est question de diviser entre proprietaires : ainsi quand la chose est commune pour les fruits seulement, on vient à la licitation des loüages, c'est-à-dire, que l'habitation ou joüissance demeure adjugée à celle des deux parties qui en offre le plus par forme de loüage à raison de tant par an, & celuy qui est vaincu par la licitation, recoit telle portion du loüage comme il a en la chose.

ARTICLE XIV.

SI le doüaire est assigné sur plusieurs choses, ledit doüaire se prendra sur une piece entiere, & si elle n'est suffisante de prochain en prochain.

SUR UNE PIECE ENTIERE, Car il n'est pas toûjours expedient ny profitable aux partageans de partager chacun corps hereditaire, *l. potest, ff. de legat,* 1. & *l. si familia, C. famil. ercis.* Et pour y parvenir on estime tous les heritages à prix d'argent par l'avis d'experts, pour mieux proportionner les lots, ou pour attribuër par divis à la doüairiere ou autre, un seul corps qui vaille autant que vaut sa portion, qu'il a indivise en chacun de tous les corps.

CHAPITRE XXV.

DE PARTAGE DE GENS COMMUNS.

ARTICLE I.

QUi demande partage, il doit faire les lots, & s'il n'a qu'un commun, il choisira: s'il en a plusieurs, ils choisiront par sort. Si tous provoquent & demandent le partage, la Justice du lieu fera ou ordonnera faire lesdit lots, & les choix se feront ainsi comme dit est.

LE partage peut être requis par la seule volonté du commun, parce que nul n'est contraint de demeurer en communion outre son gré, *l. ult. C. commun. divid.* & parce que souvent il avient qu'à cause de la communion sont excitez débats, *l. sancimus. §. ne autem. C. de donat. l. cum pater. §. dulcissimis, ff. de legat.* 2. Aussi la loy dit que la paction n'est valable, par laquelle aucun promet de perpetuellement ne demander partage: mais bien peut valoir de ne demander partage de certain tems, *l. in hoc. §. si conveniat, ff. commun. divid.*

Ce que la Coûtume dit QUI DEMANDE PARTAGE, se peut entendre aussi de celuy qui traite si mal son parsonnier, ou est si mauvais ménager que l'autre est contraint de demander partage: tout au moins à l'effet que celuy qui par cette occasion demande partage, ne soit tenu de faire les lots. Car celuy qui par ses fâcheux déportemens donne occasion de partage est sujet aux mêmes peines introduites contre ceux qui demandent partage, *l. si convenerit in fine, ff. pro socio,* or c'est une sorte de peine d'être sujet à faire les lots, & de laisser le choix.

CHOISIRONT PAR SORT, Aucuns entendent que le sort choisira pour eux. Les autres entendent qu'ils se soûmettront au sort, qui choisira le premier, le second, ou le tiers, selon que le sort luy aviendra *ut in l.* 2. *vers. ut rebus totis, C. quandò & quib. quarta pars, lib.* 10. & semble que le texte de la Coûtume entende que le rang pour choisir sera soûmis au sort, car le mot de choisir emporte cela. Mais quant aucuns des partageans sont mineurs, mon avis est que les lots doivent être dressez par personnes expertes nommées par les parties ou par le Juge de son office, & aprés les lots dressez & communiquez être jettez au sort. Le sort empêchera que les mineurs n'auront moyen de se plaindre qu'il y ait eu grace, ambition ou brigue, auquel effet la loy a introduit le sort, *l. generaliter. §. quis ergò, ff. de fideicom. libert.* Aussi la consideration de commodité ou d'affection qui doit commander pour la pluspart au choix qu'aucun fait, est pure personnelle: & cette consideration n'est pas propre à un tuteur qui fait les affaires du pupille: Mais le sort à cause de son incertitude, fait croire que nul n'a voulu ny peu tromper son compagnon, & que le mineur ne seroit recevable à se plaindre de lesion, *l. de fideicommisso. C. de transact.* Et est à sçavoir que le majeur qui a portion indivise, peut provoquer le mineur à partage d'immeubles, *l. inter omnes. C. de præd. minorum sine decreto non alien.* Et tient-on communément que le mineur ne peut provoquer: à quoy les Docteurs mettent une exception, sinon qu'il fût grandement expedient au pupille. Ainsi tient Alexandre *consil.* 7. *vol.* 5. *Corneus consil,* 252. *vol.* 1. Socin mon Precepteur *consil.* 48. *vol.* 1. *Steph. Bert. consil.* 208. *vol.* 3. dit que l'opinion des Canonistes est, que le plus âgé doit faire les lots, & le plus jeune doit choisir, ainsi que firent Abraham & Loth: mais c'est un argument de bien seance, qui ne presse pas. Autres Docteurs disent, & c'est la plus commune opinion, & le plus équitable, que les lots doivent être dressez par preud'homme experts, dont les parties s'accorderont, & à leur refus, discord ou délay seront nommez par le juge de son office. Et le choix soit baillé par sort, afin que l'égalité soit gardée. Toutefois quand bien les partageans seroient majeurs & l'ordre eût été bien observé, celuy qui se sent deçû peut demander reformation du partage si la lesion est notable, quoy qu'elle ne soit d'outre moitié de juste prix, qui est contre l'opinion de la glosse & des Docteurs *in l. majorib. C. commu. utriusque jud.* mais en examinant la verité & l'essence du negoce, il ne faut appliquer même raison au partage comme aux contrats : car le partage n'est pas contrat mais un expedient par lequel à chacun des partageans doit être baillé une portion divise de même valeur, comme est la portion indivise que chacun avoit, & c'est la vraye essence du partage : contre laquelle si on m'éprend il y échet reformation pour reduire le tout à égalité : non pas pour refaire le partage puis que la nullité n'y est pas, mais pour y faire supplément. La Cour de Parlement par plusieurs Arrests a ainsi jugé en interpretant le mot *perperàm*, qui est en ladite loy *majoribus*, même par un Arrest du mois de Juillet 1547. entre Luillier Seigneur de la Motte Desgry, & la Pite, Seigneur de Courrances, Rapporteur Bourgoing. On allegue autres Arrests, l'un entre Maître Jean Charles, & Achiles Jaques du 24. Mars 1483. l'autre de la Chandeleur 1524. entre René de Cont & Louïse de Silas. Ainsi le tient du Moulin sur la Coûtume de Paris article 22. num. 42. Marian Socin le jeune mon Precepteur au Conseil 48. *vol.* 1. pour confirmer cette opinion allegue cette raison, qu'au partage est exercée une computation & raison pour estimer tous les biens & les départir, mais une computation mal faite par erreur, peut & doit être reduite à droiture, *l. error. C. de tur. & fact. ignor.* S'il avient que l'un des partageans use de fuites & subterfuges pour empêcher le partage, le Juge aprés en avoir connu sommairement peut ordonner un sequestre des heritages communs avec établissement de Commissaire qui baillera à ferme les heritages, & baillera à chacun sa portion contingente des deniers. Ainsi fut jugé par Arrest solemnel entre ceux de Gommer le 7. Septembre 1534. & depuis en plaidant le 18. Decembre l'an 1543. & le Vendredy 12. Février l'an 1551. par la raison mise *in cap. 2. ex. de dolo & contum. ut tædio affectus, is qui est contumax juri parere cogatur.* Et suivant ce est statué par la Coûtume de Berry, titre des partages article 11. 12. & 13. La commune opinion est que si aucuns ayans eu heritages communs ont joüi divisement chacun de quelques heritages par long-tems que l'on estime de dix ans, la presomption est qu'il y ait eu partage, par la gloss. *in l. major. C. Comm. divid.* Ce qui s'entend en cas qu'il y ait quelque proportion approchante d'égalité : car en cas de grande inégalité, autrement seroit. *Bal. in d. l. si major. Alexand. cons. 92. vol. 2. Joan. Faber. in d. l. si. major.* tient l'opinion de la glosse, Boërius *decis.* 58.

ARTICLE II.

Si les communs se départent aprés les labourages parfaits, les fruits se départent entr'eux selon les portions qu'ils ont és meubles : & si lesdits labourages sont commencez, lesdits communs seront tenus de parachever lesdits labourages à frais communs *pro rata* : lesquels parfaits les fruits se départent entr'eux comme dessus.

ARTICLE III.

Et si l'un ou aucun desdits communs ne vouloit contribuër ausdits labourages restans, celuy ou ceux desdits communs qui poursuivront lesdits labourages être faits pourront sommer en justice les autres negligens, & à leur délay ou refus parfaire iceux labourages à leur profit.

Ces deux articles selon mon avis doivent être entendus entre laboureurs, qui par leurs mains ou leurs valets font le labourage, comme il se peut recüeillir par ces mots, SERONT TENUS DE PARACHEVER ET PARFAIRE : autant en diray-je si aucuns non laboureurs font labourer à journées ou par valets domestiques, par la raison qui s'ensuit qui me semble être la raison fondamentale de ces art. & est politique & civile ; à sçavoir, selon le droit pur naturel les fruits pendans font portion du fonds, & il y a une seule consideration du fonds & des fruits *l. obligationum ferè. §. 1. versic. placet. ff. de actio. & oblig. l. si servus communis. §. locavi. ff. de furt.* aussi la loy Romaine qui a consideré le seul fait de nature, dit que le fruit est perçû pour cause du sol & de la terre, & non par le droit de la semence, *l. qui scit. ff. de usuris.* Mais nôtre Coûtume a fait état & a joint les deux considerations, celles du fonds & sol, & celle du labeur. Le fonds seul ny le labeur seul ne font pas venir les fruits : pour les faire venir sont necessaires le labeur de l'homme, le labeur des bœufs & chevaux, lesquels il faut acheter & nourrir, la semence, les fumiers & gresses, & le soin : tout cela est mobilier & monte beaucoup plus en estimation que ne fait la simple fonction de la terre : dont vient qu'en cas de champart le proprietaire ne prend que le tiers ou le quart, & le laboureur prend le reste qui est le plus, doncques pour la prevalence & plus value de ce qui est mobilier, nôtre Coûtume a reputé le tout du profit qu'on en espere être mobilier. C'est l'argument de la prevalence, *l. in rem. §. in omnibus. ff. de rei vend. l. quaeritur. ff. de statu homin.* Cecy dit des labourages commencez non parachevez, est fondé sur la raison de l'attente & destination du laboureur, afin d'être asseuré d'avoir des bleds pour sa nourriture, & seroit trop tard d'aller chercher autres terres à labourer : ainsi raisonne la loy *si in lege. §. colonus, ff. locati.* L'article premier du chapitre suivant peut être entendu entre autres personnes que laboureurs : Et ces 2. & 3. articles qui parlent specialement des laboureurs, dérogent audit article premier qui est general selon la regle de droit que le special déroge au general.

A LEUR PROFIT, A la charge de payer le champart aux proprietaires pour la portion qu'ils ont au fonds ; car le champart c'est le droit & le vray fruit de la terre, separé & distinct du droit que le laboureur doit prendre.

ARTICLE IV.

ES cas esquels cy-dessus a été pourveu pour le partage d'entre gens mariez, la provision aura lieu és partages d'entre aucuns communs.

C'est au chapitre des droits appartenans à gens mariez art. 7. 8. 9. 10. & 11.

CHAPITRE XXVI.

QUELLES CHOSES SONT REPUTÉES MEUBLES, conquests & heritages.

ARTICLE I.

BLeds en terre avant qu'ils soient noüez, sont reputez heritages : aprés qu'ils sont noüez sont reputez meubles.

EN cét article & és deux suivans les fruits sont reputez meubles avant qu'ils soient separez du fonds, & doivent être étendus en autres cas qu'entre les laboureurs comme il a été dit cy-dessus au chapitre precedent. La question a été grande si la fiction de ces trois articles s'entend en tous cas indistinctement autres que le dessusdit des laboureurs ? Aucuns ont estimé que oüi, parce que ces trois articles parlent indefiniment & generalement : Je ne suis pas de cette opinion. Car puis que c'est une fiction que la loy fait contre ce qui est du naturel, il faut prendre la doctrine de *Bart. in l. nec utilem, ff. ex quib. cau. major.* qui dit que l'effet des fictions n'est pas perpetuel ny en tous cas, mais a son respect à quelque cause, cessant laquelle cause la fiction doit cesser, parce qu'il n'est pas vray-semblable que le legislateur ait voulu enfraindre absoluëment ce qui est de nature. Doncques il me semble que cette fiction a lieu seulement pour l'interest des communs parsonniers non laboureurs & de leurs heritiers, ou autres qui ont semblable interest procedant de ce qu'on a fait des frais pour faire venir les fruits, ou pour les conserver, ou parce qu'on y auroit mis son attente pour la provision de l'année. Cessant lequel interest il se faut arrester à ce qui est du naturel qui est que les fruits pendans sont portion du fonds, & sont censez de même nature *l. fructus, ff. de rei vend. l. obligationum ferè. §. 1. versic placet, ff. de act. & oblig.* Comme quand il est question ensemblement du fonds & des fruits, *verbi gratia*, en une heredité en laquelle le seul titre d'heritier est consideré, s'il y a un heritier mobilier & un heritier immobilier, je diray que l'heritier des immeubles aura le fonds avec les fruits pendans pour le droit que le defunt y avoit, comme les fruits faisans portion du fonds. Mais quand les fruits sont considerez separément, comme si le creancier pour sa debte fait saisir les fruits pendans, je diray que tels fruits sont reputez meubles, parce que naturellement ils sont destinez & ordonnez pour être faits meubles, & ainsi est decidé par Paul de Castre *consil. 132. vol. 1.* De même quand durant une communauté ont été faits quelques labourages à frais communs & la communauté se separe avant la cüeillette, je diray que selon cét article les bleds pendans sont reputez meubles dés lors qu'ils sont noüez, qui est ce qu'on dit ailleurs quand ils sont en tuyau, car alors se font des nœuds au tuyau pour tenir le bled plus fort à se soûtenir debout. Paris article 92. dit simplement, que le bled debout non coupé est immeuble. Vitry article 94. & Auxerre article 195. disent que les bleds sont reputez meubles dés lors qu'ils sont semez &

couverts. De même dit Bourbonnois article 284. avec cette limitation entre communs parsonniers : & Blois article 184. entre mariez.

De quelque nature que soient les fruits, quoy qu'ils soient separez du fonds ils ne sont acquis à l'usufruitier jusques à ce que luy-même les ait perçûs ou autre pour luy, & en son nom : Autrement est du possesseur de bonne foy qui les fait siens dés lors qu'ils sont separez du fonds, *l. qui scit. ff. de usur. l. si usufructuarius messem, ff. quibus mod. usuf. amitt.*

ARTICLE II.

VIgnes quant aux fruits avant qu'elles soient foüyes sont reputées heritages : aprés sont reputez meubles.

ARTICLE III.

PRez quant à l'herbe sont reputez heritages avant la Fête Nôtre-Dame de Mars : aprés sont reputez meubles.

FOuyes, foüyrs, *à fodiendo* : c'est le premier labourage de l'année au Printemps, qui ordinairement se fait aprés la taille. En aucuns endroits du païs on fait cette façon avec le fessoüer, en autres avec la pioche : en autres païs avec la marre. Blois art. 184. fait les vignes, quant aux fruits, meubles dés lors qu'elles sont taillées & marrées, Auxerre art. 195. fait les fruits des vignes meubles, le 16. May. Et Reims art. 19. à la my-Septembre.

Nostre-Dame de Mars, Jusques à ce jour les prez sont en vaine pasture, *suprà* des Prez article premier, & en ce tems on a accoûtumé les boucher, & quoy qu'ils ne soient bouchez ils sont de défense depuis ce jour. Reims article 19. dit que les prez pour l'herbe sont reputez meubles à la my-May.

ARTICLE IV.

TOus autres fruits industriaux pendans ne sont reputez meubles jusques à ce qu'ils soient cüeillis & separez du fonds.

INdustriaux, A plus forte raison les naturels, comme sont les fruits des arbres, car aucuns frais ne sont faits pour les faire venir. Aussi quand les cas speciaux de fiction cessent, il faut s'arrester au droit & état naturel des choses sans faire extension de la fiction. Les trois cas particuliers de la fiction sont bleds, vins & foins : parce que ce sont les trois sortes de fruits plus necessaires pour l'entretenement du ménage, & sur lesquels le pere de famille bon ménager a plus de soin pour n'en être dépourveu ; qui fait que tant à cause de l'attente, que des frais qui y sont faits, ils sont reputez meubles avant la cüeillette. Les bleds & vins necessaires pour les personnes, & le foin pour la nourriture du bêtail, en quoy consiste le principal ménage des champs de ce païs. Aucunes Coûtumes tiennent pour immeubles tous fruits sur pied & pendans par les racines, Paris article 92. Sens article 275. Orleans article 354. Melun article 282. Laon article 103. *etiam*, quant aux mariez. Paris article 231. fait les fruits immeubles, & appartenir au proprietaire, à la charge de payer à l'autre des conjoints la moitié des labours & semences. Berry des Mariages article 23. & 24. fait meubles tous fruits ensemencez, & fruits de vignes : mais fait immeubles les fruits naturels & des arbres jusques à ce qu'ils soient cüeillis.

ARTICLE V.

POissons en étang avant les deux premiers ans, à compter de l'empoissonnement, sont reputez heritage : & quant au poisson mis en serve * pour usages & provision de maison est reputé meuble.

ARTICLE VI.

LE Seigneur de l'étang, au cas que le poisson est reputé heritage, est tenu de rendre à ses parsonniers *pro rata* leur part & portion des frais de l'empoissonnement.

LA chaussée, la bonde, le déchargeoir, l'eau & le poisson qui y est, tout cela consideré ensemble, se comprend en une seule condition, & le tout ainsi accumulé est immeuble : Ainsi qu'il se dit des serfs qui sont ordonnez & comme attachez à un domaine des champs pour le labourer, gouverner & faire valoir, lesquels serfs sont reputez immeubles, *l. longa, ff. de divers. & tempor. præscript. l. jubemus nulli. C. de sacros. Eccl.* Ainsi se dit *in l. pecoris, ff. de servit. rust. præd.* que les brebis qui sont mises en un domaine des champs pour en recüeillir les gresses à fumer les terres sont censées être & faire portion du domaine.

Les deux ans sont icy remarquez, parce que communément on pêche les étangs de deux en deux ans. En autres lieux on ne les pêche que de trois ans : les Coûtumes de Vitry article 36. Laon article 103. Reims article 19. disent trois ans. Les autres disent que le poisson est immeuble tant qu'il est en l'étang. Paris article 91. Melun article 281. Orleans article 355. Comme la nôtre est Bourbonnois article 285. Je croy que le poisson doit être reputé immeuble tant de tems qu'il demeure en l'étang pour y profiter, amender & croître, pourveu que le retardement de la pêche se fasse par bon ménage, & selon la Coûtume du lieu : car la Coûtume est un des plus forts argumens du bon ménage *l. fine. §. Lucius versic. Modestinus, ff. de admin. tut. l. si negotia, ff. de nego. gest.* Et pour le tems que le poisson peut multiplier, croître & profiter, il se dit que c'est pour tirer le profit de l'eau : laquelle eau retenuë en étang est heritage, soit que ce soit eau vive, *l. is qui in puteum, ff. quod vi aut clam.* soit que ce soit eau dégoût, parce que le tout de l'étang doit être reputé de même nature qu'est le plus d'iceluy qui est la chaussée & le fonds qui sont immeubles. Quand le tems ordinaire de la pêche est venu, le poisson à cause de la destination est reputé meuble, ainsi qu'il se dit du bois taillis qui est en sa saison d'être coupé. *Arg. l. de grege, & l. quæsitum. §. idem respondit, ff. de fundo instructo.* Et parce qu'aprés le tems ordinaire de la pêche semble que l'étang ne sert plus qu'à garder le poisson. Selon la raison de la *l. fines, ff. de actionibus empti.* Qui est la même raison pour laquelle le poisson tenu en *serve* par ledit article 5. est reputé vray meuble.

Frais de l'empoissonnement, Par la même raison qui a été dite en plusieurs endroits de cette Coûtume, quand l'heritage propre à l'un des parsonniers est amendé, melioré ou déchargé par deniers aux dépens de la communauté.

ARTICLE VII.

Noms & actions pour choses mobiliaires & arrerages de redevances sont reputez meubles.

Les Docteurs de Droit ont fort travaillé pour resoudre si noms & actions sont meubles ou immeubles, & y ont employé plus de subtilité sophistique & de parade que de vraye raison fonciere : car les loix ne sont pas faites pour prendre l'écorce des paroles, mais pour en tirer la moüelle. Cét article a decidé, que les actions qui competent à aucun pour meubles sont meubles, & ainsi disent Paris article 89. Poitou article 247. Berry des Meubles article 1. & 2. Bourbonnois article 281. Auvergne chapitre 16. art. 10. Reims article 18. En decidant l'un des cas, par analogie l'autre est decidé ; à sçavoir, que les actions pour choses appartenantes à immeubles sont immeubles, *l. ait prætor. §. his autem verbis, ff. de jure delib. l. si ad resolvendam. C. de prædiis & aliis reb. minor.* esquels lieux les actions pour immeubles sont mises en même consideration que les immeubles. Ainsi le decide le Cardinal Zabarella *consil.* 72. Toutefois est à considerer, que si quelqu'un donne & legue tous les meubles qu'il a en sa maison, qu'en cette donation ne sont comprises les obligations pour choses mobiliaires, ny même les meubles que le testateur y auroit pour fait de marchandise & trafic, parce qu'ils ne sont pas destinez pour perpetuelle demeure en ce lieu : & les obligations *quæ sunt jura, non dicuntur contineri loco, l. ex facto 35. §. rerum, ff. de hæredib. instit. l. si chorus. §. 1. l. quæsitum in fine, l. si ita legatum ff. de legat.* 3 Mais si aucun donne tous ses meubles en general sans specifier en quel lieu ils sont, les obligations & actions pour choses mobiliaires y sont comprises par la decision de cét article. Si aucun cede une debte moyennant somme de deniers, & il ne soit dit qu'il sera tenu de garentir & faire valoir; on demande s'il est tenu de garentir en cas que le debteur soit non solvable. La commune opinion est que non, par la loy *si nomen, ff. de hæred. vel act. vend.* Mais je croy qu'il ne se doit dire ainsi sans distinction. Car si la debte montant à telle somme est cedée moyennant semblable somme, je croy que le cedant doit garentir : parce que le droit pour demander telle somme est vendu. La vente de sa nature emporte garentie *l. non dubitatur. C. de evict.* Et à ce fait ce qui est dit, *in l. & quidem, ff. De hæred. vel act. vend.* Et la convenance de somme fait croire que le cessionnaire n'a voulu acheter le hazard. Le mot Latin *nomen* signifie le droit que le creancier a de demander une somme de deniers, & non pas la somme même. Car si la cession est faite de la somme dûë moyennant semblable somme, je croy que le cedant doit garentir au cessionnaire qu'il y ait moyen de recevoir la somme, autrement le cessionnaire qui est acheteur perdroit ce qu'il a baillé : & le cedant vendeur gagneroit le prix par luy reçû, ce qui ne doit être, *l. ex empto. alias; l. emptorem. §. qui autem, ff. de actionib. empt.* Sera remarqué ce qui est dit *in l. si plus vel minus. §. ult. de evictionib. in verb. nomen quale fuit.* Mais si le cessionnaire a pris bon marché, je croy qu'il est sujet au peril sans recours, comme ayant pris cession du douteux évenement. Et telles cessions par meilleur marché *causa adjecta* ne sont reprouvées. *Ut per Joan. Fab. in l. per diversas. C. mandati.* Soit noté qu'il y a difference de ceder le nom & de ceder la somme dûë. *Nomen est jus exigendi à debitore, & nomen ejus dicitur qui sub conditione debet, l. multum, ff. de hæred. vel act. vend. quamvis nondum verè debitor est.*

Arrerages de redevance, S'entend des arrerages dont le terme est écheû : car les arrerages à écheoir sont immeubles, si tant est que la redevance en soy se trouve de nature d'immeuble, & ainsi dit Orleans article 207. non seulement des rentes : mais des loyers & pensions de maison.

ARTICLE VIII.

MOulins assis sur bâteaux qui se peuvent mouvoir de place, & pareillement moulins à vent assis sur seul, sont reputez meubles.

QUant à moulins à bâteau de même disent Orleans article 352. Bourbonnois, article 282. Tours article 221. qui met l'exception s'il y avoit attache perpetuelle, ou que le moulin fût banal. Du Moulin en l'annotation sur ledit 282. article de la Coûtume de Bourbonnois met la même exception si le moulin est banal, & rend la raison, parce que ce droit de banalité fait portion de la Seigneurie, qui de soy est immeuble. Quant aux moulins à vent, autres Coûtumes les font immeubles, comme Paris article 90. Orleans article 352. Laon article 102. Reims article 23. Et je croy qu'ainsi dût être à nôtre Coûtume: mais les auteurs d'icelle se sont plus arrestez à l'espece apparente des choses qui ne tiennent au seul par matiere, qu'à la destination, quoy que la destination soit à considerer principalement, *l. fundi. §. Labeo. ff. de actionib. empt.* De vray à considerer les choses de par soy, les choses qui se peuvent remuër de place en autre, sans despecer, quoy qu'elles soient grandes & amples, sont meubles, *l. vi facit. §. quod in nave. ff. quod. vi aut. clam.* Mais la destination les fait immeubles, *l. longe. ff. de divers. & tempor. prescript.*

ARTICLE IX.

CHose immobiliaire leguée ou donnée par contemplation du donataire, est reputée heritage: & n'y ont les communs du donataire part ne portion, s'il n'est convenu au contraire, ou qu'ils fussent communs en tous biens.

PAR CONTEMPLATION DU DONATAIRE, C'est-à-dire, que le donateur ait principalement & précisement dresse son intention de donner à telle personne. La preuve en peut être faite en plusieurs sortes, comme s'il y en a déclaration expresse du donateur: ce qui rend l'affaire sans doute. Si le donateur a exprimé quelque cause speciale d'amitié, d'obligation, comme *verbi gratia* pour l'avoir délivré de peril en un jour de bataille, ou luy avoir sauvé la vie en une querelle. Si le donataire est parent du donateur en degré proche, & par la donation il le nomme son parent, ou autres semblables circonstances. Car en tel cas la loy juge être un bien-fait addressé specialement à la personne du donataire. *l. sed si plures. §. in arrogato ff. de vulgari & pup. subst. cap. requisisti. ex. de testam. l. pater filia. ff. de servit. legata. l. si verò. §. item quicquid. ff. solutò matri. l. qui tutelam. ff. de testam. tutela.* Mais si c'étoit pour recompense de services, en faisant lesquels le donataire eût employé beaucoup de tems, luy étant parsonnier en une communauté où l'industrie & le labeur des parsonniers apporte profit, ou qu'il y eût employé ses moyens, je croy que la donation faite pour recompense de tels services seroit vray conquest, & que les parsonniers y auroient part, tout au moins jusques à la concurrence de ce que son labeur & employ pouvoit meriter, par la raison de la *l. aditio. §. 1. ff. de adq. hered.* parce que cessant ledit employ il eût fait & se fût employé pour la communauté, Alexand. *consil. 16. vol. 6.* dit que *in dubio* la donation est censée avoir été faite en faveur du donataire. *Et facit. l. nec adjecit. & l. & ita. ff. pro socio.* Pourquoy j'estime que le 246. article de la Coûtume de Paris & les semblables en autres Coûtumes, qui disent indistinctement que la chose donnée simplement à l'un des mariez est conquest, sinon que la donation soit faite par un ascendant en ligne directe, ne sont raisonnables, veû qu'acquest ou conquest s'entend de ce qui a été acquis par labeur ou industrie, même en fait de société: *l. coiri. & l. quastus. ff. pro socio.* Mais selon mon avis ou la Coûtume locale ne resiste formellement, il en faut juger par les Coûtumes generales & voisines, comme il a été dit cy-dessus.

ET N'Y ONT LES COMMUNS. Dont resulte que cét article dispose seulement pour l'effet de la communauté, & non pour les successions. COMMUNS EN TOUS BIENS. La question a été quand la communauté est de tous biens, meubles & immeubles, sans ajoûter ces mots presens & à venir, si les heredítez à écheoir ou donations qui en aprés sont faites y sont comprises? Aucuns ont tenu que les biens presens & les conquests à faire durant la communauté y sont seulement compris & non les hereditez de propres à écheoir: par la raison de la *l. si ita esset legatum ff. de auro & argent. leg. l. item eorum. §. 1. versic. sed si ita. ff. quod cujusque univers.* Et parce que la *l. 3. §. cum specialiter ff. pro socio*, semble dire autrement, ils y répondent que là sont verbes du tems préterit & passé, *donatum, acquisitum*, qui emportent que les biens compris en l'association étoient déja acquis, & le mot *obvenerit*, qui est au *§. de illo sequenti*, peut être entendu du préterit comme du futur *obvenerim vel obvenero.* Et qu'en la donation de tous biens soient seulement compris les presens & non les futurs, & ceux qui aprés seront acquis, comme tiennent Decius *consil.* 488. *vol.* 4. & Socin le jeune mon Précepteur, *consil.* 143. *vol.* 1. & allegue Oldrad. *consil.* 139. Les autres disent que les heritages propres à écheoir, soit par heredité ou par donation y sont compris, & alleguent la *l. si societatem universarum. ff. pro socio.* qui semble être formelle pour y comprendre les hereditez à écheoir: mais se peut dire que les mots qui sont en ladite loy *item eorum*, *&c.* font portion de la convention, & ont été exprimez en icelle, & ne sont pas entendus *juris intellectu.* A cét effet sera notée la distinction que la glosse fait en la loy finale. *C. quâ* *respign.* qu'en fait d'hypotheque celuy duquel les biens à venir sont hypothequez, n'est pas plus obligé qu'il étoit avant l'acquisition d'iceux : car toûjours il doit, & au peril de tous ses moyens il doit payer, mais celui qui alliene, vend, donne ou associe ne doit pas être censé vouloir diminuër son bien sans juste cause, & bien specialement declarée. Pourquoy n'est à propos d'étendre la donation aux biens à venir, ausquels le donateur n'a pas pensé. Et selon cette derniere opinion a été jugé par Arrest sur un appel venant de ce païs. L'autorité duquel Arrest m'a meu à changer d'avis : car auparavant je tenois la précedente opinion, toutefois si c'étoit quelque grande & ample heredité qui survint *ex insperato* en collaterale, je croy que l'on pourroit soûtenir qu'elle ne seroit comprise en cette association de tous biens, selon la raison de droit qu'en une disposition generale ne sont pas comprises les choses dont vraysemblablement on ne voudroit disposer par disposition speciale. *l. obligatione. ff. de pignor. l. sed et si quis §. quæsitum. cum ibi notatis ff. si quis caut. in judic. sistendi*, &c. A quoy peut servir la raison qui est au *§. de illo* de ladite loy 3. *ff. pro socio.* que les hereditez testamentaires n'ont aucune certitude d'esperance, comme peuvent avoir les hereditez legitimes qui viennent par la voye d'intestat.

ARTICLE X.

Artillerie & autres choses servans à la tuition d'un Château ou Forteresse, ne sont reputez meubles : mais appartiennent à celuy à qui appartient ledit Châtel.

Artillerie de soy est meuble, mais parce qu'elle est destinée pour la conservation du Château, la destination fait qu'elle soit immeuble, parce qu'elle est pour l'usage perpetuel *l. fundi. §. Labeò. ff. de act. empti.* & qui donne le Château est censé donner tout ce qui sert à la défense du Château. Decius *consil.* 516. *vol.* 4. Ainsi comme Nivernois dit Berry, titre des Meubles, article 4. Bourbonnois article 286. Laon article 102. Reims article 23. & Tours art. 227. qui met la limitation pour les grosses pieces. A semblable raison le droit Romain dit que les serfs qui sont destinez à perpetuité pour labourer & faire valoir un Domaine és champs, sont reputez immeubles *l. longe. ff. de divers. & tempor. præscript.* Et comme il se dit de l'artillerie d'un Château, il se doit dire du moulin à bras, qui selon l'ancienne usance des forteresses de France souloit être posé au donjon du Château pour en cas de siege moudre les bleds : combien que Berry titre des meubles article 3. dise que moulins à bras sont meubles. Ce qui est vray pour le general : mais au cas cy-dessus y a raison particuliere qui est de la destination pour conserver la forteresse. Aucuns ont voulu dire que les meubles servans à l'usage perpetuel d'une maison doivent être reputez immeubles par les raisons cy-dessus : mais il y a difference des meubles qui sont pour l'instruction & commodité de ceux qui demeurent en la maison, car cét usage est personnel ; mais l'artillerie est pour la conservation du Château.

ARTICLE XI.

Toutes choses de maison tenans à ladite maison à fer, clou, cheville, ou par matiere ne sont reputées meubles.

Cecy s'entend s'il est attaché pour usage perpetuel, car quand bien il ne seroit attaché, si toutefois il est destiné à usage perpetuel de la maison, il est reputé faire portion de la maison : comme un plancher qui n'est pas cloüé, & toutefois est posé. *d. l. fundi. §. Labeo ff. de act. empti. l. malum. §. ult. ff. de verb. signif. l. cætera. §. quod ergò de legat.* 1. C'est donc la destination qui est à considerer plus que le seul fait. Pourquoy se dit que le locataire conducteur qui pour sa commodité a ajoûté à la maison qu'il tient à loüage, chose qui est attachée à clou, à cheville, ou à matiere, la peut ôter en remettant l'endroit de la maison en son prémier état *l. sed addes §. si inquilinus ff. locati l. habitator. ff. de rei vend.* à quoy Touraine articles 225. & 226. ajoûte cette exception sinon que le proprietaire vüeille payer le prix & récompense de la chose. Paris article 90. parlant sur le même sujet amplifie, disant être de la maison, ce qui est scellé en plâtre, ce qui est mis pour perpetuelle demeure, & qui ne se peut ôter sans fraction ou deterioration. De cette matiere aussi est traitté en la Coûtume de Berry, titre des Meubles art. 5.

ARTICLE XII.

Edifice assis sur seul, qui n'a fondement en terre, est reputé meuble, soit maison ou pressoir : & aussi les cuves d'un pressoir sont reputées meubles.

Nos gens ont pris cét article de Coûtume trop au large selon mon avis, & croy quant à l'édifice qu'il se doit entendre de bâtimens de peu d'importance, comme quelquesfois on fait des toicts à pourceaux avec des ais, ou des geliniers avec pieces legeres, sans grande structure, & autres tels dont il est parlé *in l. granaria. ff. de act. empti. l. Titius ff. de adq. rerum domi.* Mais si une maison d'habitation ou une grange sont bâtis sur seul en un tenement des champs, parce que peut-être en ce lieu il n'y a commodité de pierre, chaux & sable pour sous-murer, ou bien si un bâtiment ou partie d'iceluy est specialement destiné pour servir de vinée, & il y ait pressoir & cuves qui soient sur seul, n'étans liez par matiere, ny entez de-

dans

dans terre : je croy que tels bâtimens, pressoir & cuves sont censez immeubles, tant à cause de la destination pour l'usage perpetuel, que comme accessions d'un principal bâtiment, & comme le tout ensemble ne faisant qu'un seul corps, *l. fundi. §. Labeo. ff. de act. empti. l. malum. §. ult. ff. de verb. signif. l. si in emptione. ff. de contrah. empt. l. et si non sunt §. perveniamus ff. de auro. & argent. leg.* Par la même raison je diray que si dedans ou prés d'une vigne on a fait un bâtiment destiné exprés pour mettre pressoir & cuves que tout cela est accessoire de la vigne, *l. fundi. ff. quib. mod. ususf. amitt. l. si ita testamento. §. ult. ff. de fundo instr.* Le mot Latin *villa* est un bâtiment ès champs pour y serrer les fruits, & loger ceux qui travaillent aux champs. Autres Coûtumes parlent plus distinctement, disans qu'immeuble se dit ce qui est posé en un lieu pour perpetuelle demeure, & qui ne se peut ôter sans fraction ou déterioration, ou sans desassembler, comme pressoir, cuves, grandes arches à mettre bled, ainsi disent Paris article 90. Poitou art. 250. Orleans artic. 353. Berry des meubles art. 6. Bourbonnois artic. 288. Touraine art. 223. & 224. Melun article 279. Laon art. 101. & 102. Laon en particulier dit les cuves être meubles quand elles peuvent être ôtées du lieu sans desassembler, & Bourbonnois indistinctement les fait meubles.

ARTICLE XIII.

IMmeubles sont réputez heritages qui adviennent par succession de parent, posé que le défunt l'ait acquis, & suivent l'être & côté de l'acquereur quant à succession; & quant à retrait lignager il n'est réputé de l'être s'il n'y a eû descendant qui y ait succedé; & pour y venir est requis que le retrayant soit descendu dudit acquereur.

ARTICLE XIV.

LEs immeubles sont censez & réputez conquests qui adviennent à la personne par acquisition à contract onereux ou lucratif, sinon que ce soit par donation faite à celuy qui eût pû succeder au donateur en tout, ou partie de la chose donnée lors de la donation si le cas fût advenu.

QUant à l'article 13. au fait de succession plusieurs Coûtumes y consentent. Paris art. 230. Orleans art. 303. Bourbonnois article 275. Melun art. 265. Reims art. 24. Mais Lorris de Montargis desire que l'heritage ait appartenu à la souche commune du défunt, & de l'heritier. Autrement le plus prochain de la chair y succede comme si c'étoient conquests, & telle étoit l'ancienne Coûtume d'Orleans dite aussi de Loris. Quant au chef de retrait lignager aucunes Coûtumes se contentent que l'heritage soit une fois échеu par succession directe ou collaterale; quoy que le retrayant ne soit descendu de celuy qui a été proprietaire. Paris art. 141. Laon article 255. Reims article 191. Berry de retrait article 5. Bourbonnois article 435. Mais Orleans art. 380. reçoit les seuls descendans de celuy qui a été proprietaire; & Melun article 137. dit qu'aux heritages acquis par le pere, les seuls descendans de luy sont reçeus & non les collateraux: Nôtre Coûtume dit plus clairement que le retrayant doit être descendu en droite ligne de celuy qui autrefois a été proprietaire, & y a plus de raison, tant par ce que le retrait est à restraindre entant qu'il empêche les commerces libres, & est fondé en seul interêt d'affection: comme aussi parce que telle affection de lignage doit seulement être considerée en ce qui a appartenu à nos ascendans, *l. lex quæ. vers. nec verò C. de admi. tut. l. in fundo. in verb. laribus avitis ff. de rei vend. l. si in emptione ff. de minor.* Ce qui est dit en cet article Descendu de l'acquereur, est par démonstration: car il suffit que le vendeur & le retrayant soient descendus en droite ligne de celuy auquel l'heritage a appartenu, quoy qu'il l'ait eû par succession collaterale, & n'en soit acquereur.

Ce qui est dit par succession doit être étendu pour avoir lieu si aucun avoit eû l'heritage par retrait lignager, ou s'il l'avoit eû par échange contre un heritage qui luy appartenoit par lignage: car par loy generale reçûë en France, les heritages reçûs par permutation sont censez, & sortissent même nature que ceux que l'on a baillez, & ainsi disent les Coûtumes de Paris article 143. Sens article 38. Melun article 140. Auxerre article 159. Bourbonnois article 462. Senlis article 231. Vitry article 115. Laon article 115. Reims article 36. De même si en faisant partage d'immeubles de diverses natures advient à aucun un heritage qui originairement ne soit pas de son estoc; & ce par subrogation au lieu des portions indivises qu'il avoit en autres heritages de son estoc. Car la division est *ad instar* de permutation d'heritages servant à separer la communauté. Ainsi dit Papinian, *in l. cum pater. §. hereditatem post mortem ff. de legat.* 2. La subrogation selon la fixion de droit, fait juger que c'est même heritage, *l. pater. ff. de adimend. vel transf. leg. l. sed quod. ff. de legat.* 2. & ainsi audit cas de partage disent, Sens article 44. Auxerre article 166. & Troyes article 154.

A Contract onereux ou lucratif, Cecy ne doit pas être entendu pour tous effets, car nôtre Coûtume veut que si un heritage a été acheté d'un parent qui soit de la même ligne dont il est parent, & dont procede l'heritage, que ce soit propre heritage à l'acquereur, tout ainsi que s'il l'avoit eû par retrait lignager, *suprà* au chapitre des droits appartenans à gens mariez article 28. en joignant le commencement de l'article à la fin, & au chapitre des communautez article 7. & en l'alienant par l'acquereur il sera sujet à retrait lignager, *infrà* de retrait article 24. par la même consequence aprés le deceds dudit acquereur, l'heritage viendra à la ligne dont il est procedé : si cela se dit en l'heritage acquis moyennant deniers, à plus forte raison devra être dit en l'heritage acquis par donation, où la seule amitié commande, que l'on présumera toûjours être à cause du lignage de parent à parent. *cap. tuam. ex de ætate & qualit. l. sed si plures §. in arrogato in fine ff. de vulgari & pupillari subst.* à ce fait l'argument tiré de la *l. suggestioni vers. nullo. C. de verb. & rerum signif.* même si c'est entre ascendans & descendans, *l. 1. C. de imponenda lucrat. descript.* & ainsi le tient Marian Socin mon Precepteur, *consil. 77. vol. 2.* mettant cette exception, sinon qu'il apparût que la donation eût été faite pour les merites particuliers du donataire hors le fait du lignage, ce qui est dit aprés la donation faite à celuy qui eût pû succeder est dit *quò magis, non quò minus*, c'est à-dire quand la donation est faite à celuy qui eût pû succeder, que ce soit comme une anticipation de succession, pourquoy la chose immobiliaire donnée à un parent qui n'est pas si prochain, & toutefois est du lignage dont procede l'heritage, sera reputée heritage propre pour le donataire, *facit gloss. in Auth. licentiam, in verb. jure cognationis. Cod. de Episcop. & Cler.* même si c'est donation faite par un ascendant à un descendant. Mais si c'étoit un conquest du donateur, il ne sera reputé heritage propre au donataire, sinon que le donataire fût au plus proche degré pour succeder : car on en jugeroit tout ainsi que s'il l'avoit eû par succession. Les Arrests qu'on allegue au contraire, l'un en la maison des Anjorrants de Paris, de la prononciation d'entre Saint Martin & Noël, au rapport de M. Erault l'an 1536. par lequel la donation faite à l'un des mariez, fut jugée être conquest ; & un autre du 21. Juillet l'an 1517, au rapport de M. Courtin, ne peuvent faire de loy generale, parce que nous ne sçavons pas les circonstances particulieres des procez, ny en quelle Coûtume c'étoit. Bien est à noter la Décision du sieur du Moulin en l'annotation sur la Coûtume de Troyes article 141, qui dit, que la donation faite par un ascendant aux deux mariez en traité de mariage est censée faite au profit de celuy des deux, qui est descendant du donateur, sinon que la volonté du donateur apparoisse bien formelle au contraire. Et à ce fait la *l. ut liberis Cod. de Collat.* La donation peut avoir son effet pour celuy des mariez qui n'est parent, entant qu'il a profit en la joüissance durant le mariage, même si c'est le pere ou l'ayeul de la femme qui fasse la donation, il sera censé avoir donné en dot, qui de soy est propre à la femme, & toutefois le mary en est dit seigneur, *l. doce ancillam C. de rei vend.* Ainsi le mary se trouvera donataire pour en joüir *jure mariti*. Aucunes Coûtumes ne font les heritages donnez sortir nature de propre aux donataires, sinon quand la donation est faite à descendans en droite ligne, ou à l'heritier presomptif. Paris article 246, Orleans article 211, Bourbonnois article 274, Melun article 237, Sens article 41, Vitry article 116, Laon article 112, Reims article 26, Mêmes quand c'est en faveur de mariage, quoy que la donation soit faite par l'ayeul au fils de son fils qui n'est pas le plus proche à succeder, l'heritage donné sera censé être heritage propre au pere & au fils donataire. Car ce qui est donné au fils est censé avoir été donné au pere, *l. penult. §. 2. versic. facilior. ff. de bonis libert. l. dotem. ff. de collat. bonorum.*

CHAPITRE XXVII.

DES DONATIONS.

ARTICLE I.

DOnner & retenir ne vaut, s'il n'y a tradition actuelle des choses données, ou chose équipollente à tradition, comme rétention d'usufruit.

ARTICLE II.

AUssi donner une chose, & retenir la disposition d'icelle à son plaisir, ne vaut, parce que c'est taisiblement donner & retenir.

CEtte Coûtume est presque generale en France, que donner sans tradition ne vaut, qui s'entend non seulement de tradition réelle, mais aussi de tradition fiéte, qui est quand il y a clause translative de possession, comme retention d'usufruit, *l. quisquis, C. de donat.* & quand le donateur prend du donataire la chose donnée à titre de loüage, *l. quædam mulier. ff. de rei vend.* Ou quand le donateur constituë tenir du donataire, *l. quod meo. ff. de adq. poss.* Ainsi disent Paris article 273. & 275. Sens article 108. Auxerre article 217. Berry des donations articles 1. 2. & 3. Orleans articles 283. & 284. Auvergne chap. 14. article 21. Bourbonnois articles 212. & 214. Melun articles 167. & 231. Troyes article 137. Blois article 169. Vitry article 111. Laon art. 53. 54. & 55. Reims article 229. Aucunes exceptent si c'est donation en faveur de mariage, comme Auvergne chapitre 14. article 25. Bourbonnois article 212. & Rebuffe au Commentaire sur les Ordonnances vol. 1. fol. 256. dit avoir été jugé par Arrest comme pour regle generale. En nôtre Coûtume il y a moins de difficulté : car toutes donations & dispositions en faveur des mariez par contrat de mariage saisissent les donataires *infrà*, en ce chapitre article 12. Du Moulin en l'annotation sur l'ancienne Coûtume de Paris art. 160. dit de même quand la donation est pour recompense dûë, ou autrement sans suspicion de fraude, qu'elle n'est moins valable, quoy qu'il n'y ait tradition. Tours art. 240. ne fait pas ce scrupule : car elle dit que l'heritier du donateur doit faire tradition si elle n'a été faite par le donateur, réelle ou fixe. Nos prédecesseurs François francs & libres ont dédaigné toutes fixions & simulations, & à cette occasion ont reprouvé l'artifice & finesse de ceux qui faignans de donner se retiennent le pouvoir de revoquer, & ne donnent pas tout-à-fait, & s'entend les donations entre vifs & non de celles pour cause de mort, esquelles donner & retenir vaut, car de leur nature elles sont revocables, *infrà*, en ce même chapitre article 5.

Equipollents a tradition, *Joan. Fab. in §. interdum institutionibus de rerum divis.* met une regle generale quand on fait contrat propre & destiné pour transferer la proprieté, & que l'alliennateur retient un droit incompatible avec le droit de pleine proprieté, que telle retention vaut tradition. Aucuns exemples sont cy-dessus, comme de l'usufruit qui est une espece de servitude, la regle est, que nulle chose ne peut devoir servitude à celuy qui en est proprietaire, *l. quicquid. ff. communia præd.* & la conduction de la chose dont on est proprietaire est nulle, *l. qui rem. C. locati.* & la concession de precaire transfere la possession, *l. ult. ff. de precar.* Autres especes sont de ficte tradition des titres de la chose alliennée, *l. 1. C. de donat.* Si déja la chose donnée ou alliennée est en la puissance de celuy qui l'a acquise avant ladite acquisition, *l. sive autem ff. de publiciana in rem act.* Si la donation ou allienation est faite sur la même chose, les parties ayans en leur face & aspect la même chose alliennée, que les Latins disent, *in re præsenti. l. 1. §. si jusserim. ff. de adq. poss. l. hæc si res. ff. de rei. vend.* Ces traditions fictes sont reputées pour bonnes traditions, pourveu qu'il n'y ait point de suspicion de fraude : car en ce cas la tradition réelle est requise. Ainsi est noté *in l. unica. C. de suffragio. & in l. per diversas. C. mandati.* Aussi est à considerer une notable Decision en ces fixes traditions qui sont adherentes & accessoires à quelques Contrats, qu'elles doivent être jugées selon la nature desdits Contrats, en sorte que si le Contrat principal est vicieux ou inutile, comme si c'est un engagement voilé & déguisé en forme de vente, ou que la donation soit nulle, la tradition ficte y adjacente ne transfere la possession, *ut notant doct. in l. quod meo. ff. de adquir. poss.* Paul de Castre *consil.* 452. & ne vaudroit pas *etiam* pour le simple possessoire. Ainsi fut jugé par Arrest que le President Bertrand prononça le 23. Decembre l'an 1550. entre du Mesines, & François de Lion, sur un appel venu de Pontoise : le Contrat principal étoit nul, & contenoit une retention d'usufruit. Ainsi le Jeudy 5. Mars l'an 1550. entre le Seigneur d'Antragues Dazay, & le Seigneur de l'Estang, sur une vente d'heritages, qui par ses circonstances apparoissoit être engagement, vente à vil prix, réemeré, bail à ferme par l'acheteur au vendeur, ladite ferme à raison du denier douze du prix de ladite vente, ledit de l'Estang fut declaré non recevable en ses conclusions possessoires, & fut ledit de l'Estang debouté sur le champ de la récreance par luy requise. Faut noter pour regle és fictes traditions, que le constitut ou autre telle clause ne transfere la possession si le constituant n'est possesseur *re verâ*. Steph. Bertrandi *consil.* 117. *vol.* 3. *& allegat. Angel. in l. 2. C. de adquir. poss. & in l. quædam mulier. ff. de rei vend.* Ruinus *cons.* 47. *vol.* 4.

ARTICLE III.

Par même raison donner à la charge de payer les debtes que le donateur doit & devra à l'heure de son trépas ne vaut rien. De même si telle donation se fait à charge de payer les frais funeraux, & accomplir le testament du donateur, si lesdits frais ou disposition ne sont limitez par ladite donation. Autre chose est si c'est à la charge de payer les debtes que le donateur devoit lors de la donation.

Ce qui est en cét article & en l'autre précedent, est par forme de demonstration & exemple, pour connoître que c'est que donner & retenir, & n'exclud pas autres cas qui peuvent survenir, esquels y auroit pareille raison.

Frais funeraux, et accomplir le Testament, Faut entendre les deux conjointement & non séparement : car la charge des frais funeraux considerée à part soy, a sa mesure certaine, & emporte tout autant que s'il y avoit une somme exprimée, d'autant que cela est sujet à l'arbitrage d'un preud'homme selon la dignité du défunt, selon la famille dont il est & coûtume du païs, *l. hæreditas. §. 1. ff. de petit. hæred. l. etsi quis §. hæc actio. ff. de Religios. & sumpt. funer.* & ne peut le donataire être chargé pour lesdits frais, outre ce qui sera arbitré par preud'hommes qui ne peut être dit somme incertaine : mêmement en matiere favorable comme sont frais funeraux, *l. 1. §. quidam. ff. de legatis 2. l. cum post. §. gener. ff. de jure dot. l. penult. ff. de aliment. & cibar. legat. l. Stychus. ff. de legat.* 3. Auvergne chapitre 14. article 20. dit que la seule charge des frais funeraux, sans exprimer la somme ne vitie pas la donation, parce que cela ne tombe pas au peril de donner & retenir, il y a autre raison des legs testamentaires qui purement dépendent de la volonté du testateur. Encores se peut dire, que si la donation ne comprenoit que l'heritage ancien du donateur, la charge d'accomplir le testament ne tomberoit pas au vice de donner

& retenir, sinon pour la cinquiéme dudit heritage, car il ne peut par testament dispo- ser plus avant.

ARTICLE IV.

PAr donation entre vifs, chacun peut disposer de tous ses biens: mais par donation pour cause de mort ne peut plus avant que par testament, dont cy-dessous sera parlé au chapitre des Testamens.

FAut excepter de la donation entre vifs, si le donateur a des enfans ou des ascendans, car il ne pourroit disposer au préjudice de la légitime qui est dûë aux ascendans, comme aux descendans, *l. nam etsi parentibus, ff. de inoff. testam.* & se prend la legitime autant bien sur les biens donnez entre vifs, comme sur les biens donnez par testament, *l. 1. l. si totas. C. de inoff. donat.* Plusieurs Coûtumes permettent comme celle-cy donner entre vifs tous ses biens. Paris article 272. Sens article 109. Auxerre article 218. Orleans article 275. Melun article 232. Troye article 138. Par autres Coûtumes on ne peut donner entre vifs que le tiers de son heritage propre, Poitou article 203. Tours article 233. Bretagne ancienne article 218. & nouvelle article 199. Autres ne permettent de donner que la moitié du propre. Reims article 232. Blois article 167. Laon article 51. dit que celuy qui n'a enfans peut donner tout, mais qui a enfans ne peut donner que ses meubles, conquests, & moitié de son propre. La commune opinion des Docteurs est que la donation de tous biens, presens & à venir ne vaut, parce qu'elle ôte la liberté de tester, si ce n'est que le donateur se reserve quelque chose pour tester qui soit chose notable. Bart. *in l. stipulatio hoc modo, ff. de verb. oblig.* Du Moulin en l'annotation sur le Conseil 59. d'Alexand. vol. 5. Aucunes donations sont prohibées par les Ordonnances, comme de mineurs envers leurs tuteurs ou administrateurs. Ordonnances de l'an 1539. & du 4. Mars de l'an 1549. La Coûtume de Paris article 276. avec grande raison l'a étendu aux Pedagogues, & autres tels. Es n'a voulu comprendre les donations faites aux ascendans, parce qu'en iceux la suspicion de suggestion ou crainte cesse, *arg. l. ult. ff. qui petant tut. vel curator.* Aussi est défendu aux Prêtres de donner à leurs concubines *ad instar* des Soldats Romains, *glos. & doct. in l. 2. C. de donat. inter vir. & uxor.* & si le Prêtre pour couvrir la donation, avoit cherché prétexte d'un contrat onereux, comme debte, sa seule declaration ne suffiroit, mais en devroit apparoir par autre preuve entiere, *l. cum quis decedens. §. Titia, ff. de legat. 3.*

ARTICLE V.

DOnation est censée & reputée à cause de mort, quand elle est faite par malade de maladie dont il meurt aprés, ou de maladie vray-semblablement dangereuse de mort : de même quand elle est faite par personne étant en vray-semblable danger de mort : *Idem* quand elle est faite par toutes autres personnes pour doute de mort, remettant l'execution & effet d'icelle aprés son decez, & telle donation est revocable, nonobstant la clause d'irrevocabilité mise & apposée en ladite donation.

LA Coûtume, qui est nôtre loy & droit Civil, usant de ce mot CENSÉ n'a pas simple effet de presomption, mais vray effet de jugement & sanction. Pourquoy si le donateur és cas de cét article concevoit la donation en termes exprés de donation entre vifs : toutefois elle ne vaudroit sinon pour cause de mort. En la prononciation solemnelle de la Pentecoste, le 14. Juin de l'an 1568. fut donné Arrest en la succession de Thioust Avocat en Parlement ; auquel fut rapporté que la Cour avoit jugé en la même succession que la donation entre vifs, faite par ledit Thioust malade dont il mourut, n'avoit effet que de testament. Ainsi dit Paris article 277. Orleans article 297. Blois article 171. Auvergne chapitre 14. article 13. & 14. en dit autant, *etiam* qu'il y eût serment de non revoquer, à quoy fait la *l. nemo potest, ff. de legat. 1. & l. si quis in principio, ff. de legat. 3.* PARCE QUE C'EST CONTRE L'ESSENCE des dispositions de derniere volonté, qui de leur nature SONT REVOCABLES, & quelque artifice qu'on y puisse rechercher, on ne peut les FAIRE IRREVOCABLES. Ainsi le tient Paul de Castre *consil.* 207. Ludovicus Roman. *consil.* 293. Du Moulin en l'annotation sur le Conseil 25. d'Alexandre vol. 3. Quoy que selon les opinions des Ultramontains, le serment soit de telle force qu'il valide tous actes nuls dont l'observation n'emporte pas le salut de l'ame, & a plus forte raison se doit dire auprés de nous en France, qui n'avons pas reçû cette opinion des Canonistes qui étendent si avant la force du serment, mais nous sommes tenus à ce qui est dit, *in l. non dubium. C. de legib. l. ult. C. de non numer. pecun. & in l. ult. ff. qui satisd. cog.* à la suite de ce propos en un procez d'entre les fils & les filles de feus Claude Jacob, & Françoise Decolons Dame d'Ogny, je soûtins que ladite Decolons veuve avoit peu revoquer pour sa part la disposition de derniere volonté, contenant partage & appanage entre leurs enfans, qu'eux deux mariez avoient fait ensemblement, & suivant ce fut jugé à S. Pierre le Monstier. Et semble ainsi le tenir Oldrad. *consil* 174. & du Moulin en l'annotation sur la Coûtume d'Anjou article 332. Doncques les dispositions faites par malades de maladie dont ils decedent, ne peuvent valoir entre vifs, quoy que le donateur les conçoive en cette forme. Et n'est pas bien au contraire l'argument tiré de la *l. Seja. §. ult. ff. de mortis causa donat.* & ce qui est dit en la Coûtume de Berry titre des Testamens article 18. où se dit qu'en mourant ou prochain de mort, on peut faire donation entre vifs : car par le droit Romain la puissance de disposer de tous biens par testament, ou par cause de mort n'est pas limitée, comme par nos Coûtumes qui n'ont permis de disposer de l'heritage ancien pour cause de mort, sinon de partie : & la fraude faite à la loy est tout autant comme si directement étoit contre la loy, *l. si libertus minorem, ff. de jure patron.* Sens article 109. & Auxerre 218. jugent la donation être pour cause de mort, si le malade decede dans quarante jours. En la *l. ubi ita donatur, ff. de mort. causa donat.* la mention de mort n'est pas en termes de cause finale de donner, mais parle de mort occasionnellement, & és clauses executoires & accessoires, qui ne donnent pas loy & forme à la disposition principale, *l. ex his, C. quandò dies legati vel fideicom. cedat.*

ARTICLE VI.

DOnation à cause de mort ne saisit, mais faut l'avoir par la main de l'heritier.

LEs donations pour cause de mort sont censées avoir tous effets de derniere volonté, *l. ult. C. de donat. causa mort. l. Marcellus, & l. et si debitor. ff. eodem tit.* Et comme le legataire n'est pas saisi, ainsi n'est pas le donataire pour cause de mort, & n'y servent les fictes traditions : parce qu'au tems que la donation doit avoir son effet, qui est par la mort, l'heritier se trouve saisi par le ministere de droit, qui est la coûtume. Laquelle saisine ayant plein effet emporte la saisine ficte. Bien crois-je que si le donateur pour cause de mort avoit transferé au donataire la possession réelle & corporelle durant sa vie (ce qui n'est pas incompatible à la donation pour cause de mort, *l. Seja, in princip. in verb. traditionibus factis, ff. de mort. causa donat.*) en ce cas le donataire se pourroit tenir saisi *etiam* aprés la mort : car la possession de fait est plus forte en ce qui est du possessoire que l'execution de droit, *l. denique, ff. ex quib. caus. major.* sauf à l'heritier ses remedes par action.

ARTICLE VII.

PEre & mere ne peuvent avantager par donation quelconque l'un de leurs enfans, au préjudice de la legitime des autres : & la donation autrement faite est reputée inofficieuse, & doit être revoquée jusques à ladite legitime, & pour le surplus vaudra.

AUcunes Coûtumes de France ne permettent pas aux peres & meres de faire avantage à l'un de leurs enfans plus qu'à l'autre, quand ils doivent être leurs heritiers : c'est-à-dire, qu'on ne peut leur donner en preciput, mais l'enfant donataire doit se tenir à son don sans être heritier, ou doit rapporter venant à succession. Ainsi Paris article 303. & 304. Auxerre article 344. Sens article 89. Laon article 88. Blois article 167. Orleans article 273. & 286. Tours article 304. pour le regard des roturiers. Melun article 274. Senlis article 213. Aucunes Coûtumes ne permettent pas aux peres & meres donner aux enfans, sinon en faveur de mariage. Poitou article 218. Bourbonnois article 217. Orleans article 272. qui ajoûte un autre cas qui est d'émancipation, Vitry article 73. Peu de Coûtumes permettent de donner par preciput. Celle-cy en ce chapitre article 11. Reims article 288. Bourbonnois en faveur de mariage article 308. La raison de ces Coûtumes qui défendent les avantages, est fondée sur ce que par l'égalité la concorde est conservée, & par l'inégalité les, discordes & envies sont excitées. Mais s'il est loisible en cette matiere de raisonner, il me semble que l'inconvenient est plus grand de mettre les peres & meres en cette miserable servitude & subjection envers leurs enfans, qu'ils ne puissent disposer en pleine liberté de leurs biens entre leurs enfans, comme ils peuvent à l'égard des étrangers, & comme la liberté est en recommendation à chacun de nous pour faire du sien ce qui luy plaît, même que les loix Romaines ont introduit plusieurs remedes & actions contre ceux qui nous empêchent de disposer de nôtre bien ainsi que bon nous semble, comme l'action possessoire, *uti possidetis*, & l'action d'injure, *l. qui pendentem, ff. de act. empti l. injuriarum. §. si quis me, ff. de injur.* Ainsi est-il plus grief de n'en pouvoir disposer à l'égard de ceux qui nous doivent obeïssance, & sur lesquels les loix anciennes donnoient puissance de mort & de vie. Et est l'inconvenient plus grand, en ce que les enfans se sentans asseurez qu'on ne peut leur diminuër la portion hereditaire, n'auront soin de gagner & entretenir les bonnes graces de leurs peres & meres par services obsequieux, pour esperer d'eux honneste recompense, laquelle esperance est approuvée par la loy Romaine, *l. nec ei, ff. de adopt. l. si quandò. §. illud*, tiré du dire de Papinian. *C. de inoff. testa.* & les peres qui ont travaillé pour amasser & conserver beaucoup de biens seroient en pire condition que les mauvais ménagers, & les enfans pourroient dire ne tenir rien par bienfait de leurs peres qui leur auroient laissé ce qu'ils ne pouvoient leur ôter, *l. si servo ff. de hæred. instit. l. unum ex familia, §. si de Falcidia, ff. de legat. 2.* Nous voyons en l'ancien Testament, que par la volonté de Jacob pere, la ligné de Joseph fut avantagée, & elle seule eût autant d'heritages que deux des autres, & fait deux tributs d'Ephraim & Manassé, *Genes. cap. 48. vers. ult.* Doncques est loüable nôtre Coûtume qui conserve aux peres & meres leur liberté naturelle de pouvoir disposer de leurs biens entre leurs enfans, sauve la legitime.

La legitime selon le droit ancien Romain étoit la quatriéme partie de ce que chacun des enfans eût deû avoir s'il n'y eût eu avantage : cette même proportion de quatre étoit aussi pratiqué en la Falcidie, en la Trebellianique, & en la part de ceux qui étoient adoptez par arrogation. Justinian en ses Nouvelles Constitutions a mis la legitime au tiers, quand les enfans sont au nombre de quatre ou au dessous : & à la moitié quand ils sont cinq ou plus *Auth. novissima. C. inoff. testam.* Qui est une proportion sans juste & analogique proportion : car les proportions se trouvent pareilles quand ils sont quatre enfans, comme quand ils sont six. Et en chacun desdits cas c'est une douziéme pour chacun. On dit avoir été jugé par Arrest, en la cause de Guillaume le Gras, que la legitime en païs Coûtumier est selon le droit Romain : l'Arrest est du Lundy premier Juin l'an 1545. Aucuns ont estimé que les quatre cinquiémes des heritages propres tiennent lieu de legitime, parce qu'on n'en peut disposer par testament, & que par necessité ils viennent aux heritiers. Mais cette opinion n'a apparence, parce que la legitime n'est dûë qu'aux descendans & ascendans, & les quatre cinquiémes des propres sont affectez à toutes sortes d'heritiers, *etiam* collateraux, ausquel la legitime n'est dûë. Aussi si cette opinion étoit reçûë, quand les pere & mere ne délaissent autres biens que des meubles & conquests, les enfans pourroient être frustrez de la legitime. Ce qui ne doit être : car la legitime est dûë sur toutes sortes de biens, soient meubles ou immeubles, conquests ou anciens. Bien semble que si nôtre Coûtume étoit à revoir & à reformer, que nous ferions bien de recevoir la même proportion de la nouvelle Coûtume de Paris à l'égard de la legitime, en ce que par l'article 198. la legitime en tous cas est reduite à la moitié au lieu de la quatriéme qui étoit par l'ancien droit Romain : au tems duquel la puissance des peres & meres envers leurs enfans étoit à volonté & jusques sur la vie : mais nous Chrétiens avons la loy qui commande aux enfans d'honorer peres & meres, & aux peres & meres de ne donner cause à leurs enfans de se fâcher. Le droit Romain plus nouveau fait en Grece a mis quatorze cas ou causes pour lesquels les peres & meres peuvent exhereder leurs enfans, *in Auth. ut cùm de appellat. cap. aliud. 3. versic. causas, collat. 8.* Auparavant ce droit nouveau, le pere pour sa seule volonté pouvoit exhereder son enfant, pourveu que par exprés & nomément il le desheritat ; & s'il l'oublioit sans l'instituer ou desheriter, son testament étoit nul, *l. 1. & 3. ff. de lib. & posthum.* Par ce nouveau droit la cause d'exheredation doit être exprimée & declarée par le pere, & outre doit être prouvée aprés la mort du pere, autrement l'exheredation n'a son effet *l. ult. C. de secundis nupt. Auth. in testamento, C. ad SC. Tertyl.* Par Edit du Roy Henry II. de l'an 1556. a été introduite une autre cause d'exheredation d'enfans, si le fils moindre de trente ans, & la fille moindre de vingt-cinq ans se marient sans le gré de leurs pere & mere, outre l'exheredation, sont privez de tous avantages, qui par les Coûtumes ou par les dispositions faites en leurs familles leur sont attribuez. Les Docteurs disent que non seulement és quatorze cas : mais aussi en tous autres pareils ou plus grands l'exheredation peut être faite, comme aussi peut être revoquée la donation, *etiam* outre les cas declarez en la loy finale, *C. de revoc. donat.* Ainsi dit Alexand. *consil. 202. vol. 2.* Auquel cas d'exheredation la legitime n'est pas dûë, & neanmoins est dûë aux enfans du fils exheredé, comme dit Paul de Castre *consil. 171.* car le neveu en ligne directe, son pere étant mis dehors vient à la succession de son ayeul *suo jure.* Pour la computation de la legitime faut rapporter actuellement la valeur de ce que les peres & meres ont donné durant leur vie à leurs enfans ou autres, si c'est donation de chose notable, quoy que ce soit donation entre vifs, & comprendre aussi en la méme masse ce que les peres & meres ont délaissé par leur decez : Paris article 198. dit qu'il faut comprendre en la masse les donations entre vifs, ou par testament : qui a été auparavant l'opinion de Maître Charles du Moulin en ses Conseils *consil. 35. num. 20. & seq. vol. 1.* Et la raison y est bien apparente, parce que toutes donations *etiam*, faites entre vifs, *etiam* faites à étrangers, par le droit Romain, étoient sujettes à la querelle & plainte d'inofficiosité comme les testamentaires, *l. 1. C. inoff. donat.* & le supplément de legitime a succedé à ladite plainte d'inofficiosité. J'ay dit donation de chose notable. Car si elle est de peu de chose, il n'y auroit raison de rechercher toutes les dispositions d'un pere de famille. Et ainsi se dit de la revocation de donation pour survenance d'enfans *Decius Consil. 366. vol. 3.* Socin le jeune mon Precepteur *consil. 113. vol. 1.* Gozadinus *cons. 80.* qui alleguent Alexand. *consil. 162. vol. 6.* Aussi pour la computation de la legitime, faut en cette Coûtume faire état des filles mariées & appanées, pour les compter au nombre des enfans, d'autant qu'elles sont reçûës à demander supplément de legitime, & ne sont pas excluses precisement & en haine d'elles. Ainsi dit Paul de Castre *consil. 286. vol.*

1. & parce que la dot leur tient lieu de legitime : Mais si elles étoient excluses simplement & precisement elles ne seroient comptées. Ainsi distingue Corneus *consil.* 197. *vol.* 1. Et combien qu'en Bourbonnois la fille dottée & appanée ne soit reçûë à demander supplément de legitime : toutefois il me semble qu'à l'égard des autres enfans elle doit être comptée pour proportionner la valeur de la legitime des autres enfans. Car sa dot est sa legitime, & la loy du païs a mis en l'arbitrage du pere cette legitime, lequel pere selon le vœu commun des parens a aimé sa fille, & en la dottant luy a donné sa legitime. Et ainsi est dit au 310. article de ladite Coûtume. La legitime ne peut être demandée par l'enfant qui simplement repudie l'heredité de son pere. Ainsi dit *Cynus in*, *l. hæres instituta. C. de impub. & aliis subst.* Et afin que se disant heritier simple, il ne soit pas encombré des charges hereditaires outre la portée de l'heredité, en sorte ques ses autres biens y soient mélez, il pourra se dire heritier en sa legitime même, parce que selon le droit des Novelles, la legitime doit être accompignée du titre & honneur d'heritier *in Authentica ut cùm de appellat. cognos. cap. aliud quoque 3. colla.* 8. Laquelle étant suivante déroge à la nouvelle precedente *de triente & semisse*, *cap.* 1. *colla.* 3. qui est rapportée en ladite Authentique *novissima*, qui dit que la legitime peut être délaissée à quelque titre que ce soit. Du Moulin en l'annotation sur la Coûtume de Berry titre des Coûtumes article 3. dit que la legitime peut être demandée non seulement par simple action, mais aussi par maintenuë & garde possessoire, comme étant l'enfant saisi *ad instar* de l'heritier & qu'il sera favorisé des provisions ordinaires de sequestre & de recreance. Cette qualité d'heritier luy peut aussi profiter pour le droit d'accroissement des portions défaillantes : & se dira heritier non pas simplement, mais heritier en sa legitime. Si la donation faite à étrangers, c'est-à-dire, à autres qu'à celuy à qui est dûë la legitime se trouve inofficieuse *re & consilio* elle sera revoquée pour le tout, & ne seront tenus les enfans se contenter de leur legitime. Si elle est inofficieuse seulement *re*, sans que le donateur & le donataire ayent medité & projetté la fraude pour faire tort aux enfans ; la donation sera revoquée jusques à la legitime seulement : ainsi decide *Bart. in l.* 1. *C. de inoff. donat. Socinus cons.* 67. *vol.* 2. dit que c'est la plus commune opinion des Docteurs. On a beaucoup disputé si l'enfant peut choisir & retenir à luy une piece entiere de l'heredité pour sa legitime, & en sont diversitez d'opinions. Selon mon avis il se peut ainsi resoudre, que l'enfant ne peut choisir : mais que la distribution des biens doit être par arbitrage de gens de bien experts *ad instar* de la division *in judicio familiæ ercifcundæ.* Que si l'enfant avant le procez meu, ou avant les donation découvertes & conneuës avoit allienné de bonne foy un heritage de la succession, l'allienation tiendra, & luy sera imputée en sa legitime, par la raison de la *l. Marcellus*, *§. res quæ*, *ff. ad Senatusconf. Trebel. imò* audit cas s'il avoit allienné plus que sa legitime, encores ne seroit revoquée l'allienation, mais il rétabliroit le prix, par la raison de la *l. fin. §. ult. ff. de legat.* 2. Et est à noter que lesdits experts ne feroient pas tenu de bailler part en chacune piece : mais pourroit être baillée en une seule piece *l. potest*, *ff. de leg.* 1. Ce qui est vray quand tous les biens sont és mains des heritiers : mais s'ils ont été alliennez & sont en plusieurs mains, l'enfant agira contre tous *pro rata. Ruinus consilio* 17. *vol.* 5. & allegue *Bart. in l. in quartam*, *ff. ad legem Fal. Paul. Castr. cons.* 204. *vol.* 2. dit quand l'enfant veut avoir sa legitime és mêmes corps hereditaires, qu'il doit agir contre heritiers & contre legataires. S'il se contente d'avoir le supplément en estimation, il peut agir contre les seuls heritiers.

ARTICLE VIII.

En donations à quelque somme & valeur quelles montent, n'est requise insinüation.

Depuis la redaction de cette Coûtume, qui fut en l'an 1534. est survenuë l'Ordonnance de l'an 1539. qui commande toutes donations être insinuées, à peine de nullité. On douta aprés cette Ordonnance, si les donations en faveur de mariage étoient sujettes à insinüation à cause de *l'Auth. eò decursum. C. de donat. ante nupt.* & de même les mutuelles & remuneratoires, parce que ce ne sont pas vrayes liberalitez. Surquoy sont survenuës les Ordonnances du 4. Mars de l'an 1549. & de Moulins de l'an 1566. qui ont declaré que toutes telles donations sont sujettes à insinüation. Mais l'avantage que le mary reçoit en vertu de la paction apposée au contrat en gagnant partie de la dot, n'est reputé donation, parce que la cause principale est onereuse, *l. si donaturus. §. ult. in fine*, *ff. de cond. causa data.* Pourquoy n'est sujet à l'insinüation. Ainsi pour quelque tems a été douté si le seul creancier pouvoit débattre la donation à faute d'insinüation, & si l'heritier du donateur y étoit recevable. Ceux qui disoient l'heritier non recevable, se fondoient sur ce que l'heritier est tenu personnellement des convenances du défunt, & represente sa personne. Et comme le donateur ne peut revoquer la donation non insinüée, comme fut jugé par Arrest solemnel du 23. Decembre l'an 1551. entre les de Caluse, Monsieur le President le Maistre prononçant : ainsi disoient-ils, l'heritier ne peut impugner. Mais par ladite Ordonnance de Moulins l'heritier a été declaré bien recevable à impugner aussi bien que le creancier. Et de vray l'heritier a interest d'être averty s'il y a des donations, car en se disant heritier, il méle ses propres biens avec les biens hereditaires, & le tout ensemble est tenu aux charges hereditaires, &

partant à interest de sçavoir ce qui est en l'heredité & ce qui a été distrait par le défunt en donnant de ses biens, afin que témerairement il ne s'embroüille esd. charges hereditaires. Aussi la loy Romaine a estimé que l'adition d'heredité étoit titre onereux, *l. si hereditatem, ff. mandati.* Et le pupille qui peut sans son tuteur stipuler à son profit, toutefois ne peut sans son autorité se faire heritier, quoy que l'heredité soit profitable, *l. obligari, ff. de auth. tut.* Or l'insinüation se fait pour faire sçavoir publiquement à tous la donation, & n'est assez qu'elle soit publiée en Jugement pardevant le Juge Royal, mais outre faut qu'elle soit enregistrée, qui est une notification permanente, parce que ce registre peut & doit être communiqué à tous ceux qui le requierent en cotant leur interest. Ce n'est donc pas assez qu'il soit rapporté qu'elle a été publiée en Jugement, & qu'il a été ordonné qu'elle seroit enregistrée, mais doit être rapporté qu'elle a été enregistrée. Poitou article 320. met un beau reglement pour ces insinüations, que le Greffier ne doit endosser la donation, que le registre auquel elle doit être inserée n'en ait été fait, & audit endossement doit coter le feüillet du registre auquel elle est inserée. Ce qui est bien raisonnable pour être observé par tout. Et sera noté que toutes les Ordonnances commandent d'enregistrer. Et parce que cette publication & insinüation se fait pour faire sçavoir à tous y ayans interest, & non à autre effet, j'ay quelquefois donné avis, que celuy qui a été present à la donation, soit comme témoin, ou autrement n'est recevable à debattre la donation à faute d'insinüation, par la regle *eum qui certus, de regul. jur. in 6.* Parce que l'insinüation se fait pour l'interest des creanciers, heritiers & autres, ausquels touche de sçavoir la donation, je dis que les donateur & donataire ne peuvent renoncer ny déroger à l'insinüation *etiam* avec serment, quoy que *Guido Papa quaest. 350. & Alexander, consil. 4. vol. 1.* tiennent que les parties y peuvent renoncer, & se fondent sur la force du serment. Enquoy luy & tous les Docteurs Ultramontains se sont abusez, étans trop adherans aux Canonistes, qui disent que le serment oblige précisement quand il peut être observé sans peril de la damnation de l'ame. Mais en France nous mesurons le serment accessoire à la même mesure du contrat principal, duquel il s'approche, *l. ult. C. de non numer. pecu. l. ult. ff. qui satisd. cog.* Et ainsi dit Decius *consil. 408. vol. 3.* & allegue Oldrade *consil. 238.* disant que le serment ne peut augmenter la valeur & force de l'obligation, mais qu'il lie la conscience davantage à cause de la religion. Or l'insinüation se fait pour l'interest d'un tiers, pourquoy les donateur & donataire ne peuvent par leurs pactions déroger aux loix qui concernent cét interest. La même Ordonnance des insinüations parle aussi des acceptations, & doit ladite acceptation être faite durant la vie du donateur par ladite Ordonnance du 4. Mars de l'an 1549. à laquelle se rapporte la Coûtume d'Orleans article 276. Et étoit observé *etiam*, avant l'Ordonnance de l'an 1539. ainsi qu'il fut jugé par un Arrest entre les Mothiers freres, de la prononciation de Pentecoste, l'an 1531. Monsieur Desmier Rapporteur. De vray avant l'acceptation faite par le donataire ou Procureur special, pour luy le donateur peut revoquer, parce que les volontez des deux ne sont pas encores liées l'une à l'autre. Et ainsi le tient Bart. *in l. qui Romae. §. Flavius, ff. de verb. oblig.* & allegue la *l. si quis hac, ff. de servis export.* qui est une belle limitation de la *l. 2. C. de donat. quae sub modo*, pour faire connoître que le droit acquis au tiers n'est pas irrevocablement acquis. Et de même dit Paul de Castre *consil. 165. vol. 2.* Autres Docteurs, même Marian Socin tient l'opinion contraire quand le Notaire a stipulé pour l'absent : & se fondent sur un vieil erreur, selon lequel le Notaire est tenu pour serf public, qui partant peut acquerir au profit des absens. L'erreur se découvre en ce qu'au tems de l'ancien Empire Romain, il n'y avoit point de Notaires Officiers publics : les gens riches avoient bien une sorte de serfs qui étoient employez à écrire sous eux par caracteres & abbreviations, que les Latins appellent notes, & tels serfs étoient dits Notaires. Le serf public dont est parlé, *in l. 2. ff. rem pupilli salvam fore, & in l. 2. C. de adopt.* étoit vray serf de la republique, & prestoit sa personne au premier Citoyen de la ville qui en avoit affaire : & selon les anciennes regles du droit Romain, le serf acqueroit à son maître l'action directe avec titre efficace de la subtilité de droit, comme si le maître eût été present : mais une personne libre ne pouvoit acquerir droit ou action à une autre personne, *l. cum unus, ff. de bonis. auct. jud. possid.* sinon par la raison d'équité l'action utile. Pourquoy je croy que le droit n'est acquis irrevocablement au tiers absent quand le Notaire stipule ou accepte pour luy, jusques à ce que luy même qui est la partie ou Procureur special pour luy ait accepté. Et à ce se rapporte ledit Edit du Roy Henry II. du 4. Mars de l'an 1549. parlant des acceptations. Et avec ces raisons il me semble qu'avant l'acceptation le donateur peut revoquer la donation, ou donner à un autre. Ainsi tient Decius *consil. 598. vol. 4.* Par ledit Edit du 4. Mars de l'an 1549. l'acceptation peut être faite en l'absence du donateur. Ainsi se dit de la ratification, parce que cela dépend de la pure & simple volonté du ratifiant. *Bart. in l. qui eum, ff. rem ratam hab. Ruinus consil. 130. vol. 5.*

ARTICLE IX.

DOnation d'heritage faite par pere ou mere en accroissement de mariage sortit nature de propre. Neanmoins si le donataire va de vie à tré-

pas

pas, sans hoirs de son corps, ledit heritage retourne au donateur

AUtant en faut-il dire si la donation est faite hors contrat de mariage : mais cét article a été emprunté de la Coûtume de Bourbonnois article 217. qui ne permet donation de pere à fils, sinon en faveur de mariage, & ainsi dit Poictou article 218. Orleans article 272. Vitry article 73. La question est : la donation est faite à l'enfant, à condition si le donataire decedé sans enfans que les choses données viennent à un tiers nommé par le donateur ; Sçavoir, si les enfans du prémier donateur sont reputez être substituez ? Les Docteurs ont disputé cette question, & en ont opiné diversement, même es dispositions de derniere volonté. La glosse, Bart. & autres *in l. Lucius* 85. *ff. de hæred. instit.* ont tenu qu'il n'y a substitution, parce que selon la regle commune ceux qui sont nommez en condition ne sont pas en disposition, *l. si quis sub conditione ff. quis omissa causa testam.* de cette opinion est *Guido Papæ decis.* 39. & dit que c'est la commune opinion des Docteurs. Mais Paul de Castre *consil.* 86. & 410. dit que l'opinion de ladite glosse n'est fondée en droit, & que le texte de ladite loy *Lucius* y resiste : & dit vray, & outre dit que l'opinion contraire à la glosse luy a toûjours pleû. Marian Socin le jeune mon Précepteur és Conseils 141. 158. & 174. dit que Oldrad. & Salicet *in l. 1. C. de condit. instit.* ont tenu contre la glosse. Reconnoît que l'opinion contraire à la glosse est plus conforme à droit & raison, que toutefois il a toûjours douté de tenir contre la glosse, sauf audit Conseil 158. où il se resoût contre la glosse. A quoy fait ce qui est dit *in l. conditionibus & l. pater Severianam, in princip. & §. conditionum. ff. de Condit. & Demonst.* qu'és conditions est plus à considerer la presompte volonté que les paroles & la forme de parler. Et je croy cette opinion de Paul de Castre être la plus seure. Même si la donation est faite par un ascendant à descendant. Et à plus forte raison si c'est en traité & faveur de mariage, où l'on pense principalement à sa posterité.

Nature de propre, c'est à-dire comme si c'étoit heritage venu par succession de pere ou autre ascendant, & comme par anticipation d'heredité, *l. 1. C. de impon. lucra. descript. lib.* 10. Paris art. 278. & Orleans article 272. & 273. disent que meubles ou immeubles donnez par pere ou mere sont censez être donnez en avancement d'hoirie. Aucunes Coûtumes disent en general que tous biens donnez par ascendans à leurs descendans, retournent aux donateurs quand les donataires decedent sans enfans : Paris article 313. Auxerre article 241. Berry des successions article 5. Orleans article 315. Bourbonnois article 314. Bourgogne article 65. La nôtre ne parle que des immeubles : mais je croy qu'il est bien à propos d'entendre aussi des meubles : car quand le pere donne à son enfant, il est à croire qu'il entend pour son enfant & pour sa posterité, & non pour venir en main étrangere, & pour en être frustré si contre son vœu son enfant meurt le premier sans enfans, comme si le pere donne dot à sa fille qui meurt avant son pere laissant un enfant, & cét enfant vient aprés à deceder, délaissant son pere gendre du donateur, je dis que l'ayeul devra avoir les meubles qu'il a donnez en dot à sa fille, & non le gendre pere de la petite fille : car en telles donations la presompte volonté du donateur doit commander, *l. tale pactum. §. ult. ff. de pact.*

Retourne au Donateur, Du Moulin en l'annotation sur la Coûtume de Montargis des successions article 9. dit que la Coûtume est generale en France, que les biens donnez par ascendans leur retournent quand les descendans decedent sans enfans. Ce mot retourner fait douter si le Donataire en peut disposer au préjudice de la reversion. Surquoy se peut dire que l'enfant donataire en peut disposer utilement & avec plein effet pour les convenances de son mariage : car la loy le permet, *etiam* en cas de retour expressément disposé, *Auth. res quæ. C. commu. de legat.* Je croy aussi que cét enfant donataire en peut disposer par contrats entre vifs, hormis par donation, si ce n'étoit donation fondée pour recompense de grands & excellens merites ; & ce par la raison & argument de la *l. vivus ff. si quid in fraud. patro.* pourveu que desdits merites apparoisse autrement que par l'énonciation ou confession du donateur, *l. cùm quis decedens §. Titia. ff. de legat.* 3. Et si le fils avoit vendu lesdits heritages à luy donnez sans fraude, & le prix ou portion d'iceluy fût encores dû lors de son decés, ou bien que des deniers provenus de la vente il en eût acheté autres heritages, ou qu'autrement par apparence certaine & speciale fût connu que son heredité en fût enrichie, je croy que le pere devroit prendre les corps qui se trouveroient subrogez ; par la raison de la *l. Imperator. §. cum autem. cum lege seq. ff. de legat.* 2. *l. pater. ff. de admi. vel transfer. leg.* Ou bien prendre l'estimation de la chose venduë par le fils, *l. ult. §. ult. ff. de legat.* 2. Mais je croy que tels heritages donnés par le pere, le fils ne pourroit disposer par testament ny autrement par derniere volonté au préjudice dudit retour, *d. l. vivus.* Et encores parce que le pere à cause du retour se trouve saisi *ordine intellectus*, avant que le legataire puisse dire y avoir droit, joint que le pere ne prend pas proprement comme heritier, mais par une succession extraordinaire & particuliere, fondée sur la presompte volonté que le pere avoit lors de la donation de donner à son fils & à sa posterité, & non à autre. Berry des successions *ab intestat*, article 5. dit que ce retour au pere est sans charge de debtes mobiliaires, sinon subsidiairement, & jusques à concurrence de biens ; & quant aux charges réelles que le pere en est tenu. En consequence de ce que dessus, nous pouvons dire que si le fils confisque durant la vie de son pere, que les biens à luy donnés par son pere ne seront confisquez comme étans profectices, ny même les biens adventices dudit fils, combien que le fils en soit proprietaire, parce que le fils ne les peut allienner sans le consentement du pere. Ainsi dit *Bart. in l. si finita §. si de vectigalibus ff. de damn. infect. Ruinus consilio* 117. *vol.* 1. dit que c'est la commune opinion des Docteurs. En nostre Coûtume y a raison particuliere quand la donation est faite au fils en traité & faveur de mariage : car le pere a directement fondé son intention, & la cause finale de sa disposition pour la conservation & accroissement de sa maison & posterité, qui est raison suffisante pour donner regle & limitation à sa disposition, & pour la transferer de personne à autre, *d. l. tale pactum §. ult. ff. de hered. inst. Arg. l. si mater. C. de inoff. test.* soit noté que Auxerre art. 242. dit que les heritages donnés par parens collateraux leur retournent quand le donataire decede sans enfans. Ce qui est fondé en grande raison d'équité.

ARTICLE X.

LEs enfans ausquels ont été donnez quelques biens par leurs peres & meres, voulans venir à leurs successions, sont tenus de rapporter ; à sçavoir si le don est fait par lesdits pere & mere conjointement, & ils veulent venir à la succession de l'un, ils rapporteront la moitié des choses données ; & s'ils veulent venir à la succession des deux, ils rapporteront en chacune succession la moitié. Sinon que l'heritage donné fût du propre de l'un desdits pere ou mere : car audit cas ils le rapporteront seulement en la succession de celuy dont il procede ; & si la donation est faite par l'un desdits pere & mere, ils rapporteront la chose donnée à la succession du donateur.

ARTICLE XI.

ET s'entend ce que dit est, sinon que ledit enfant donataire se voulût tenir à son don sans venir à succession : ou sinon que lesdits peres & meres eussent donné par précipur ou inhibé le rapport & collation de la chose donnée.

SElon le droit Romain les collations & rapports étant à faire par les enfans étoient plus à l'érroit : car les émancipez rapportoient à l'égard des enfans qui étoient en la puissance paternelle seulement, *l.* 1. *ff. de collat.* Nos Coûtumes ont commandé les rapports entre les enfans indistinctement ; aussi en France on fait peu d'état de la puissance paternelle. Le rapport doit être fait de toutes sortes de biens, tant meubles qu'immeubles, pourveu que les dons & bienfaits ayent été de sommes notables. On excepte du rapport quelques sortes de bienfaits, & pour la plûpart ces exceptions sont fondées sur le droit Romain, comme sont les frais faits par le pere pour faire étudier ou apprendre métier à ses enfans : car comme les allimens ne se rapportent pas, parce que le pere par devoir de nature les doit à ses enfans, aussi ne se rapportent les frais d'érudition, & pour apprendre métier ou science, combien que selon la regle commune sous le nom d'allimens, ne soient compris les frais pour apprendre science ou métier, *l. legatis ff. de aliment. & cibariis leg.* toutefois pour cas special quand les qualitez de pere & fils se respectent, sous le nom des allimens que le pere doit, sont compris les frais d'étude, de science ou métier, *l. de bonis §. non solum ff. de Carbo. Edicto.* A cette raison la loy Romaine dit que le fils n'est tenu de conferer les frais que son pere a faits pour ses études, en venant par le fils à la succession du pere, *l. qua pater.* 2. *ff. famil. ercisc.* Et ainsi disent les Coûtumes de Laon article 95. Reims article 322. Orleans article 309. Melun article 275. Mais si le pere ayant peu de biens fait de grands frais pour les études de son fils, qui surpassent le revenu de la part qui pourroit avenir à son fils en sa succession, & lesquels frais puissent entamer & diminuër le fonds de la substance du pere : ausquels frais il aura été meu, voyant le gentil esprit & le desir de son fils, je croy qu'en ce cas le fils sera tenu de rapporter les frais de ses études *quatenus* ils excedent la facile commodité que le pere avoit. Aussi la loy selon la qualité & maniere de l'impense, présume quelle a été l'intention de celuy qui a fait les frais si c'est pour donner ou repeter, *l. utrum ff. de donat. inter vir. & uxor.* En tout faut excepter si le pere avoit declaré son intention qui est une limitation de ladite loy *qua pater.* Mais si le pere a donné à son fils un Office venal, ou bien s'il l'a acheté pour son fils, le fils venant à la succession rapportera la valeur de l'Office. *Bart. in leg.* 1. *§. nec Castrensis ff. de collat. bon. & in leg. commodo. §. imputari. Cod. de inofficioso testamento.* Ainsi fut jugé pour un Office de grenetier de Nogent sur Seine entre les Gayots de Patrats & Guerard par Arrest solemnel du 14. Août de l'an 1564. Et ainsi disent Laon article 95. & Reims article 382. Par le même Arrest du 14. Aoust fut jugé que les enfans dudit fils donataire de l'office rapporteroient la valeur dudit état en la succession de l'ayeul, ledit fils donataire étant décedé avant son pere, & les enfans de luy ne se disans heritiers de leur pere, & disans n'être tenus de rapporter, parce que l'Office avoit été perdu par le décés de leur pere, & qu'ils devoient succeder à leur ayeul *suo jure* sans representer leur pere. Ledit Arrest pour ce chef est conforme à la *l. illam. C. de collat.* & ainsi disent Paris article 306. & Orleans, articles 307. & 308. Et autant en faut dire de tous autres bien-faits du pere envers ses enfans, que les enfans desdits enfans sont tenus les precompter ou rapporter en venant à la succession de leur ayeul, quoy qu'ils y viennent *suo jure*, & ne soient heritiers de leur pere. Ainsi dit du Moulin contre l'opinion d'Alexand. *in consil.* 142. *vol.* 2. *Multò magis*, si le petit fils est heritier de son pere auquel le don a été fait, comme dit le même Alexand. *consilio* 24. *vol.* 1. & du Moulin en l'annot. Paul de Castre *consil.* 109. *vol.* 1. De même si le pere en mariant son fils a constitué doüaire à sa bru, ou s'est obligé pour la restitution de la dot d'elle, le fils sera tenu de rapporter ou moins prendre : car c'est un avantage que le pere fait à son fils ; de même quant aux habits nuptiaux donnez par le pere à son fils ou à sa fille : mais non pas les habits quotidiens : car ils sont compris sous le nom des alimens, *l. quos nos. §. ult. ff. de verb. signif.* Mais les frais du festin des nopces ne sont pas sujets à rapport pour deux raisons. L'une, parce qu'il n'en demeure rien de reste aux mariez dõt ils se puissent dire plus riches. L'autre, parce que tels frais regardent l'hõneur de la maison du pere: ainsi dit la loy que la donation faite par la femme à son mary, pour acquerir quelque degré d'honneur n'est pas reputée vraye donation, & n'est prohibée entre mary & femme parce que la femme a part à cét honneur, *l. quod adipiscendo. & l. nuper. ff. de donat. inter vir. & uxor.* De tels frais d'habits & de festin est statué par les Coûtumes de Sens art. 269. & Auxerre article 253. Toutefois les frais d'office d'achats, frais de maîtrise de métier & de doctorat se rapportent par les enfans. Ainsi disent Laon article 95. Reims article 322. Melun article 295. Reims adjoûte le payement d'une rançon de guerre, parce que tels frais passent outre la consideration des allimens & entretenemens. Si le pere acquiert un heritage au nom de son fils, le fils non present, la loy presume que le pere a voulu qu'il eût cét heritage en préciput. *l. filiæ. C. famil. ercisc.* Mais tel advantage est censé pour cause de mort & est revocable par le pere, comme il est prouvé en ladite loy *in verb. si non posteà contrarium.* Aussi selon nos loix elle ne pourroit valoir entre vifs à faute d'acceptation par l'Ordonnance de l'an 1539. & celle du 4. Mars de l'an 1549. Quant au rapport des heritages donnez par peres ou meres à leurs enfans, se doit dire que les mêmes heritages s'ils sont extans en la possession de l'enfant se doivent rapporter en l'état qu'ils étoient lors de la donation : car l'enfant qui y a fait des meliorations doit être recompensé. Si l'enfant a allienné, il rapportera la valeur qui est selon la loy derniere, *§. ult. ff. de legat.* 2. De ce rapport est statué par les Coûtumes de Paris articles 304. 305. 306. 308. & 309. Laon article 88. Sens article 271. Reims article 317. Tours article 304. Melun article 275. Auxerre article 252. Mais lesdites Coûtumes ne sont d'accord de quel tems doit être considerée la valeur. Paris 305. dit que la valeur doit être considerée lors du partage ; & les autres disent au tems du don qui en a été fait. Je croy que l'on y peut prendre ce temperamment que pour la bonté intrinseque, il faut avoir égard au tems du partage, comme si l'heritage étoit demeuré au patrimoine, & que le fils n'eût eû autre advantage que pour la perception des fruits, & que la valeur extrinseque, qui est en ce que les choses selon la varieté du tems & des circonstances sont plus ou moins estimées en deniers, ne doit tourner au profit ny à la perte du donataire.

Par preciput, plusieurs Coûtumes tacitement prohibent les donations par préciput, quand elles disent qu'on ne peut advantager ses enfans l'un plus que l'autre, & que l'enfant donataire doit l'un des deux, ou se tenir à son don sans être heritier, ou s'il veut être heritier doit rapporter. La nôtre donne plus de liberté aux peres. Poitou article 215. permet advantager ses heritiers en meubles & conquests pour le tout, quand il y a des propres : s'il n'y en a point, seulement la moitié. Audit cas de donation par préciput, celuy qui est donataire par préciput n'est tenu aux charges hereditaires plus avant que l'un des autres heritiers *l.* 1. *C. si cert. pet.* Ce que je croy devoir avoir lieu quand l'avantage est en corps certain: mais s'il étoit en quote portion comme de la moitié des meubles ou des conquests, ou du cinquiéme des propres, je croy que les enfans seroient tenus *pro modo emolumenti, quia videtur esse juris divisio*, & parce que selon nos Coûtumes plusieurs patrimoines peuvent être d'une seule personne, par la raison de la *l. quoties. ff. hæredes. Instit.* & chacune sorte de biens fait son patrimoine separé.

ARTICLE XII.

Donations universelles ou particulieres, faites en contrat de mariage en faveur des mariez, l'un d'eux ou leurs descendans soit entre vifs ou à cause de mort, posé qu'il y ait convenance de succeder, sont bonnes valables, tiennent & sont irrevocables, & saisissent les cas avenans : Sauve la legitime aux autres enfans ausquels elle appartiendra.

En cét article est une limitation de l'article cinquiéme chapitre des Donations cy-dessus : entant que les donations pour cause de mort, faites en faveur de mariage sont irrevocables, comme aussi est la convenance de succeder : quoy que de leur nature elles soient revocables, comme sont toutes dispositions pour cause de mort.

Convenance de succeder, Selon les loix Romaines, les hereditez ne pouvoient être baillées ny ôtées par pactions ne convenances, *l. ex eo, C. de inutil. stipul.*, *l. pactum quod dotali, C. de pact. & l. pactum dotali, C. de collat.* Bien avoient les Romains en usage les adoptions, qui se faisoient comme par forme de loy publique és Comices & Assemblées du peuple, avec la même ceremonie comme quand étoit à faire une loy : l'enfant adopté prenoit le nom second, qui étoit le nom de la gent, & le tiers nom qui étoit le nom de la famille & marque de noblesse de celuy qui l'adoptoit, & s'appelloit son fils legitime, habile à succeder, & en cette adoption on appliquoit ce qui étoit du naturel au plus prés qu'on pouvoit, car nul ne pouvoit adopter qu'il n'eût pour le moins dix-huit ans plus que son fils adoptif, *l. adoptio, l. arrogato, ff. de adopt.* & que l'adoptant ne fût en âge viril pour ne pouvoir avoir enfans, & qu'il n'eût essayé en la vigueur de son âge d'avoir enfans naturels & legitimes. Et étoit enquis de la dignité & égalité des personnes & maisons. Ainsi que dit Ciceron en l'Oraison *pro domo sua ad Pontifices.* Et quand aucun étoit adopté par arrogation, le pere adoptif étoit contraint de luy laisser la quarte partie de ses biens, comme pour sa legitime, *l. ult. ff. si quid in fraudem patro.* Encores sans adoption, pour perpetuer la memoire de leurs maisons, les Romains faisoient des institutions d'heritiers, legs ou fideicommis, à la charge de porter le nom du testateur ou bienfacteur, *l. facta, §. si in danda, ff. ad Senatusconsult. Trebell.* Ce qui s'est autrefois pratiqué en France, tant en païs de droit Ecrit que Coûtumier, & se trouvent aucunes Seigneuries qui sont affectées à certains noms; dont nul ne peut heriter quoy qu'il soit proche de lignage, sans prendre & porter ce nom. Le Dauphiné est affecté au premier Fils de France, qui doit porter le nom de *Dauphin* : nul ne peut être Comte de Laval sans porter le nom de *Guy de Laval*, ledit Comté étant écheu à Jeanne de Rieux niepce de Guy Comte de Laval, elle commença à prendre le titre, Jeanne de Rieux dite Guyonne de Laval : la Seigneurie de Salligny en Bourbonnois, doit porter le nom de Lourdin de Salligny. Celuy que j'ay connu avoit nom avant l'échoite Marc de Colligny, & la succession luy étant avenuë, il se dit Marc de Lourdin de Salligny. Or cette usance de France de faire des heritiers par contrats de mariage, dépend de l'ancienne loy Salique rapportée au livre second des Feudes *in cap. unico de filiis natis ex matrimo. ad Morgan. contr. tit. 29.* Et est tenuë pour loy, *etiam* que les Coûtumes n'en ordonnent rien. Par l'ancienne Coûtume de ce païs n'étoit anciennement parlé des convenances de succeder, & l'ancien article étoit, *institution d'heritier ne vaut* : toutefois la Cour jugea valable une convenance de succeder qui avoit été faite en traité de mariage l'an 1526. avant la redaction de cette nouvelle Coûtume, pour Anne Renaud veuve Bourrachot. La Coûtume de Berry des Mariages, articles 5. & 6. ne permet pas les convenances de succeder, ny les donations universelles en faveur de mariage : mais l'Auteur d'icelle Coûtume étoit Monsieur le President Lizet grand Sectateur du droit Romain, & au contraire Bourbonnois article 219. & Auvergne chapitre 14. articles 26. & 27. permettent les convenances de succeder en faveur de mariage : & encores Auvergne chapitre 15. articles 1. & 2. permet lesdites convenances en associations universelles. Ce qui est particulier en Auvergne. De vray par le droit Romain telles convenances ne valent, d'autant qu'à Rome on faisoit tres-grand état des testamens & de la liberté d'iceux, entre lesquelles libertez étoit celle là de pouvoir revoquer à plaisir, & de ne pouvoir être adstraint à ne revoquer, *l. si quis in principio, ff. de legat. 1. & l. stipulatio hoc modo, ff. de verb. obligat.* Par les conventions & contrats les volontez sont obligées, pourquoy les Romains ont estimé que les heredítez ne pouvoient être délaissées par contrats. Mais nous François en païs Coûtumier n'avons fait si grand état des Testamens, ny de la forme d'iceux; & les testamens qui y sont pratiquez sont plûtôt codicilles, & au contraire on a fait grand état de la faveur des mariages. Boër. *decis.* 155. & 204. allegue plusieurs Docteurs qui disputent cette question, même Aufrer. *ad decis.* 452. *Capella Tholosana*, & semble se resoudre qu'en ce Royaume les pactions de succeder valent entre Nobles, se fondant qu'audit chap. *de filiis natis ex matri. ad morgoni. contracto* est parlé entre Nobles, comme si le livre des Feudes avoit force de loy en France. Ce qu'il n'a pas, car c'est la loy locale de Lombardie : mais ledit chap. est allegué par moy, parce que vers la fin se dit que cela dépend de la loy Salique, qui est l'ancienne loy des François, & c'est par contingence de fait qu'audit chapitre est parlé des meubles, aussi lors les seuls nobles tenoient les fiefs. Et ne se faut arrester à ce que la pluspart desdits Docteurs disent que telles convenances valent quand elles sont faites avec serment : car le serment, comme il a été dit cy-dessus n'ajoûte rien à la validité du contrat ou acte : mais lesdits Docteurs du droit Civil Ultramontains, se sont rendus trop serfs aux Constitutions du droit Canonique. De ces convenances de succeder est traité, *in l. licet, C. de pact.* Decius *consil.* 203. *vol.* 1. alleguant Oldrad. *consil.* 139. dit que la convention entre freres vaut, que les biens du premier decedé appartiennent au survivant, non pas par voye de succession & heredité, mais par contrat : toutefois il semble tenir le contraire, *consil.* 225. *vol.* 2. si ce n'est qu'on vüeille dire qu'il entend en l'un comme en contrat, & en l'autre comme en heredité. Or je croy que hors contrat & faveur de mariage, telles convenances de succeder par le survivant ne valent, parce qu'elles induisent à pour chasser, tout au moins à souhaiter la mort l'un de l'autre. Ce qui a été consideré par la *l. de fideicommisso. C. de transf.* La question a été si cette convenance de succeder, ou institution d'heritier en faveur de mariage est sujette à insinuation, comme sont les donations : j'ay plusieurs fois dit par avis que le non, & que le titre d'heredité n'est pas titre lucratif à cause du peril des charges, *leg. si hæreditatem, ff. mandati.* L'Edit de Moulins parle expressément des donations entre vifs : mais la convenance de succeder est purement disposition pour cause de mort, car il faut survivre : Vray est qu'elle perd sa qualité d'être revocable en faveur du mariage, lequel étant accomply demeure irrevocable, & de même doit être la donation qui y est adjointe. Aussi les creanciers ny les heritiers *ab intestat*, n'ont interest à la publication de cette institution d'heritier. Car si cét heritier conventionnel est heritier, les creanciers du défunt sont de tant plus asseurez : car les biens dudit heritier sont ajoûtez pour aide aux biens hereditaires. Aussi l'heritier *ab intestat* n'y a que voir parce qu'il est exclus de l'heredité, & partant la ceremonie de l'insinuation ne luy est à aucun interest.

L'autre question est par le contrat de mariage, non seulement les mariez, mais aussi autres personnes sont instituez heritiers, comme devra valoir cette convenance. Il est certain qu'à l'égard des autres qui ne contractent mariage, que c'est une simple donation pour cause de mort, qui de sa nature est revocable, & ne peut valoir sinon comme legs testamentaire, comme il a été dit cy-dessus article 6. Mais la difficulté peut être, si entr'eux y aura droit d'accroissement, & si la disposition vaudra pour le tout au profit des mariez, entant qu'elle ne vaudroit à l'égard des autres. Ou si la disposition vaudra seulement pour les portions viriles des mariez : il est certain qu'és contrats entre vifs n'y a droit d'accroissement, *l. si mihi & Titio, ff. de verb. oblig.* Aussi ne peut avoir accroissement entre ceux qui *diverso jure succedunt, leg. sed cum patrono, in princip. ff. de bonor. poss. Deindè* pour le droit d'accroissement est besoin que tous deux soient capables, car si l'un est incapable, l'autre capable aura sa seule part, *leg. si Titio & ei, ff. de legat.* 2. Pourquoy il me semble que si cét instituteur d'heritier ne revoque point à l'égard de ceux qui lors ne se marioient pas (car il peut revoquer à cét égard) ils prendront aprés sa mort comme legataires, & jusques à la concurrence de ce que la Coûtume permet de disposer par testament, & le surplus appartiendra aux mariez comme heritier. S'il revoque, ou que les legataires n'acceptent, les mariez prendront tout, comme le legs étant devenu à rien & fait caduc, *ut in l. unica. §. sin autem, C. de caduc. toll.*

Cét heritier institué en faveur de mariage doit suivre celuy qui l'a institué, selon le droit Romain cette esperance de succeder n'est pas transmise aux heritiers de l'institué. Mais parce que ces institutions d'heritier en faveur des mariez sont conventionnelles, je croy que l'esperance de succeder est transmise aux enfans du même mariage, & non à autres heritiers, parce que la validité de telle convenance est en pure faveur dudit mariage, laquelle faveur regarde la lignée qui en doit issir, qui est la cause finale de mariage : or l'esperance de l'évenement des conditions qui sont en contrat sont transmissibles, *§. ex conditionali. instit. de verb. obligat.* mais non pas de conditions qui sont en disposition de derniere volonté, *l. unica, §. sin autem aliquid, C. de caduc toll.* Si le fils est institué heritier par son pere en faveur de mariage, avec condition s'il decede sans enfans mâles de restituer l'heredité à son frere : l'on peut dire que si ledit fils institué délaisse seulement une fille, qu'elle retirera sa legitime, & encores la Trebellianique selon le chapitre *Rainutius, extrà, de testam.* La legitime sera tirée la premiere, & le quart du reste sera la Trebellianique. Puis que nôtre Coûtume a reçû en ce cas l'institution d'heritier, il n'est pas mal à propos d'y appliquer les mêmes remedes du droit Romain puis qu'ils sont fondez en raison. Les Docteurs du droit Civil Romain, ont suivy communément la Decision dudit chap. *Rainutius*, non pas par l'autorité du droit Canonique qui n'a aucune puissance és Cours Layes & affaires prophanes, mais comme par commun consentement & usage, combien que ladite Decision pour la detraction des deux quartes ne soit consonante au droit Civil. Ainsi que tient du Moulin en l'annotation sur le 42. Conseil d'Alexand. vol. 2. Et la commune opinion des Docteurs est que le testateur ne peut interdire la detraction de la Trebellianique, à l'égard des descendans qui sont chargez de restituer. Socinus *consil.* 170. *vol.* 2.

OU LEURS DESCENDANS, L'on peut donner à ceux qui ne sont encores nais ny conçûs au ventre de la mere, *l. Divi, C. de natural. lib.* car l'esperance de leur naissance est naturelle & consonante à honneste souhait qui fait qu'elle est considerable & chet en commerce, & toute disposition, *l. 1. §. si ex tribus, ff. de bon. poss. contra tab. l. id quod, ff. de legat.* 1. En autres cas quand l'esperance n'est honneste, ny la chose bien seante à souhaiter, elle est reprouvée de droit, *l. inter stipulantem, §. sacram, ff. de verb. oblig.*

Communément on estime selon cét article que toutes donations en contrat de mariage, même des mariez l'un envers l'autre soient valables : mais je croy qu'il ne se doit pas dire indistinctement. La loy Romaine veut que telles donations soient jugées bonnes ou non, par les circonstances, & comme ladite loy dit *ex causa, l. si ita stipulatus, 97. §. si tibi nupsero, ff. de verb. oblig.* Comme si une vieille hors d'âge de faire enfans épousoit un jeune homme : A part moy je ne puis croire que ce soit vray mariage : car les biens de mariage n'y sont pas, au moins il est mal-aisé qu'ils y soient. L'espoir de lignée n'y est pas : l'amitié bien à peine y est-elle de la part du jeune homme, & sera avanture s'il s'abstiendra d'aller chercher ses plaisirs ailleurs, car il sera facilement & bien-tôt las de la vieille. Les loix Romaines Papie & Julie défendoient les mariages de la femme âgée de cinquante ans à homme moins jeune de soixante, & bien que l'on reputât telle conjonction d'une vieille à un jeune homme être mariage, si est-ce que la cause de donner par elle vieille au jeune homme n'est pas honneste, car c'est acheter par elle à prix d'argent son fol plaisir, qui de tant plus est mal-seant : car les appetits d'elle ne peuvent être que dereglez, & contre le mouvement naturel : & quant au jeune c'est vendre la vigueur de sa jeunesse, & comme jetter contre le mur ce qui deût servir à generation. Pourquoy j'estime telles donations être nulles, comme deshonnestes, & de tant plus deshonnestes, parce que l'on y fait servir de pretexte le mariage, qui de soy est tres-saint & tres-honneste, & en ce je voudrois me servir de ce qui est dit audit *§. si tibi nupsero*, qui dit que telles donations en faveur de mariage doivent être jugées *ex causa*, Et pour le tirer aussi en argument pour juger les donations que les deux mariez se font en traité de mariage, & sur cette consideration, selon mon avis sont fondez les Arrests donnéz par la Cour qui reprouvent les donations & avantages que les futurs mariez se font l'un à l'autre clandestinement hors le contrat de mariage, méme quand le contrat a été passé solemnellement avec les parens, & que ces futurs mariez sont jeunes personnes, ausquels l'amour commande plus que la raison : Chopin allegue un Arrest au traité *de privileg. rust. parte 3. num. 6. lib. 3. cap.* 10. & de ce y a article en la Coûtume d'Orleans article 223. Touraine article 236. Bretagne ancienne article 220. & nouvelle article 205. & Blois article 161. permettent aux futurs mariez en traité de mariage, de donner tous les meubles & conquest, & moitié ou tiers des propres. Orleans article 202. permet indistinctement de donner avant la foy baillée.

Quand c'est un tiers qui donne aux mariez ou à l'un d'eux, ou aux descendans du mariage, la donation est digne de toute faveur, & selon mon avis, c'est proprement celle qui est approuvée & tant favorisée par cét article, & de même quand les futurs mariez disposent au profit de ceux qui descendront de leur mariage, & si au traité de mariage il y a donation ou avantage au profit du survivant, la condition tacite y doit être entenduë, quoy qu'elle ne soit exprimée si le mariage est dissolu sans enfans, par la raison de la loy, *cùm acutissimi, C. de fideicom. & l. tale pactum, §. ult ff. de pact.*

Si le pere en faveur de mariage instituë son enfant qui se marie son heritier, il bride sa volonté seulement pour les biens qu'il a lors, pour n'en pouvoir disposer par derniere volonté au préjudice de cette convenance de succeder. Mais quant aux biens qu'il acquiert par aprés, je croy que sa volonté est libre. Ainsi dit du Moulin en pareil cas, en l'annotation sur la Coûtume d'Anjou article 245. & si on disoit autrement, cette institution d'heritier seroit une donation de tous biens, presens & à venir, qui ne vaut selon la commune opinion des Docteurs, parce qu'elle ôte la liberté de tester, *l. stipulatio hoc modo, ff. de verb. oblig.* Aussi la convenance de succeder est en effet un testament en ajoûtant cette condition; qu'il n'est pas revocable : or les dispositions testamentaires se rapportent à l'état des biens qui étoient lors du testament, *leg. si ita legatum, ff. de auro & arg. leg.* & par le texte bien exprés, *in leg. §. testator, qui indivisum, ff. de legatis* 2. Il est bien prouvé que l'estimation & disposition que le testateur fait de ses biens, se rapporte au tems du testament, & non au tems de la mort. Encores se doit dire que les dispositions valent selon la vray-semblable volonté & intention du disposant : qui lors ne pense pas aux biens qu'il n'a pas, & qu'il ne se peut asseurer d'avoir; *arg. leg. item eorum, §. sed si ita, ff. quod cujusq. univers.*

Quant aux donations que les femmes veuves ayans enfans de leurs premiers mariages font à leurs seconds maris, l'Edit du Roy François II. du mois de Juillet 1560. y a pourveu en introduisant en France la vigueur de la *l. hac ædictali, C. de secundis nupt.* & est repeté par les Coûtumes de Paris article 279. & Orleans article 203. Et quant aux avantages que la femme a eu de son premier mary, conformément audit Edit, est statué par les Coûtumes de Reims article 293. & Laon article 29. Pour l'effet de ladite prohibition de donner, & pour faire la reduction, ne faut pas s'arrester précisement aux paroles, si la veuve a usé du mot de DONATION, mais juger si par pretexte d'une association, le second mary se trouve grandement avantagé, comme si la veuve grandement riche en meubles & conquests, associe son second mary qui a beaucoup moindres facultez & moyens : je dis facultez & moyens pour ne considerer pas seulement ce qu'il a lors du mariage, mais aussi considerer s'il est homme de grande industrie & sçavoir. Car s'il y a fort grande inégalité en considerant toutes les circonstances, je diray que l'outre-plus sera donation. Et ainsi se doit dire à l'égard de toutes personnes qui n'ont pas faculté libre de disposer de tous leurs biens envers certaines sortes de personnes, *leg.* 1. *§. si quis in fraudem, ff. si quid in fraudem patroni, leg. cum quis decedens, §. Titia, ff. de legatis* 3. Aussi à l'effet dudit Edit des femmes veuves pour faire l'égalité & proportion entre le second mary & les enfans du premier lit, la legitime d'iceux enfans és biens de la mere doit être distraite & mise hors de l'heredité avant toute œuvre, *quasi as alienum*. Et en ce qui reste le second mary prendra égale portion avec lesdits enfans. Decius *consil.* 246. *vol.* 2. Aymo. Craveta *consil.* 194. Aucuns Docteurs ajoûtent encores, qu'aprés qu'on aura ôté au second mary ce qu'il a plus que n'a celuy des enfans du premier lit qui en a le moins, que cette dêtraction & diminution doit être appliquée à tous les enfans pour augmenter leurs portions : mais aprés cette application & distribution, le second mary ne viendra pas les rechercher pour se faire égal à celuy des enfans qui en a le moins de tous, & qui aura reçû cét augmentation au moyen de la diminution faite au second mary. Ainsi le tient Corneus, *consil.* 44. & *consil.* 118. *vol,*

1. Ruinus, *consil.* 58. *vol.* 1. *& allegat Salic. in l. hac adictali quaest.* 7. C'est-à-dire, que le second mary doit se contenter de prendre pareille part que le moindre des enfans; moindre, dis-je, selon la disposition de la mere, & non pas selon que les portions viennent aprés à être augmentées. Ce qui est défendu de l'avantage à faire aux seconds maris, n'empéche pas que la femme ne puisse faire avantage aux enfans de son second mariage. Ainsi dit Bald. *in leg. hac edictali*, *nu.* 19. *C. de secundis nupt. &* Decius *consil.* 246. *vol.* 2. car les enfans du second lit sont ses enfans à pareil droit que ceux du premier, & on presumera que l'affection maternelle plûtôt l'aura meuë à donner, que l'amitié de son mary. A quoy sert l'argument du 279. article de la Coûtume de Paris, qui met les enfans du second mariage à party pareil avec les enfans du premier pour la succession des conquests de la mere faits durant le premier mariage, combien qu'elle n'en puisse faire aucun avantage à son second mary.

ARTICLE XIII.

SI le donateur qui n'a aucuns enfans au tems de la donation en procrée aprés en loyal mariage, ladite donation par luy faite *ipso facto* est revoquée, & ne peut le donataire prétendre aucune chose en ce qui a été donné.

CEt article est tiré du droit Romain, *in l. unquam*, *C. de revoc. donat.* & la raison est fondée sur la presompte volonté, que si celuy qui donne s'asseuroit d'avoir en aprés des enfans il ne donneroit. La question a été grande, si la donation faite en faveur de mariage par un tiers, sera revoquée par la naissance d'un enfant survenu à ce tiers: on dit que ce n'est pas donation pure gratuite, à cause du mariage qui est accordé par le moyen de cette donation: il y a eu sur ce un Arrest prononcé solemnellement, moy present, entre M. Charles du Moulin tres-docte Docteur, & M. Ferry du Moulin freres, que Monsieur le President de saint André prononça és Arrests de Pâques le 12. Avril de l'an 1551. par lequel fut declaré que dés lors de la naissance de l'enfant dudit M. Charles, la donation par luy faite avoit été revoquée: avec cette reserve & exception, que si les biens dudit M. Ferry ne suffisoient pour les convenances matrimoniales de sa femme, les biens dudit M. Charles qui avoit donné à son frere M. Ferry en faveur de mariage en répondroient *in subsidium*: car l'interest de la femme dudit M. Ferry, étoit la seule cause qui pouvoit faire que ce fût contrat onereux: pour le surplus en ce qui étoit de l'interest de M. Ferry, c'étoit contrat pur lucratif & de liberalité, & par consequent sujet à la *l. si unquam*.

Les Docteurs disputent si les donations mutuelles & remuneratoires sont sujettes à cette revocation. Quant aux donations mutuelles, je croy simplement quelles sont sujettes à la revocation, parce que l'évenement de la survenance d'enfans à l'un des donateurs, montre que l'esperance n'étoit pas égale & pareille des deux parts. Quant aux donations remuneratoires, il en faut juger selon la valeur des merites qui seront estimez selon la verité, avec connoissance de cause, & non par le seul dire du donateur, par les raisons dudit §. *Titia* & de la *l. qui testamentum*, *ff. de probat.* & de la *l.* 1. §. *si quis infraudem*, *ff. si quid in fraudem patroni*, & ainsi dit Decius, *consil.* 366. *vol.* 3. Alexand. *consil.* 54. *vol.* 1. *qui allegat.* Bart. *in l. etsi fortè*, *ff. de castr. pecul. & cap. relatum* 2. §. *licet*, *ex de testam.* 10. *And. in addit. ad specul. tit. de rebus Eccles. non alien.* Ruinus *consil.* 140. *vol.* 4. *& allegat* Bart. *in l. frater fratre*, *ff. de condict. indebiti.*

Cette revocation s'entend des donations de choses qui sont en valeur notable, ou bien qui sont de quote-portion: car la donation de chose de petite valeur ne seroit pas sujette à revocation. Decius audit Conseil 366. & Socinus Junior *consil.* 113. *vol.* 1. Ruinus *consil.* 124. *vol.* 1. qui dit qu'en ce il faut considerer les facultez du donateur, & la dilection envers le donataire.

Aussi on a disputé si le donateur en faisant la donation peut renoncer & déroger au benefice de cette revocation. Aucuns tiennent qu'il y peut déroger, parce que la revocation se fait selon la volonté presompte du donateur, que l'on croit qu'il n'eût pas donné s'il eût pensé qu'il eût deû avoir enfans: de cette opinion sont Bart. *in l. Titia*, §. *Imperator*, *ff. de lega.* 2. Steph. Bertrandi, *consil.* 220. *vol.* 3. Socin le jeune, *consil.* 128. *vol.* 1. mémement si elle est faite par ceux qui se marient en faveur l'un de l'autre, car lors proprement ils pensent qu'ils auront des enfans. Autres Docteurs tiennent l'opinion contraire, que l'on ne peut y renoncer, comme Joan. And. *in addit. ad specul. tit. de instru. edit.* §. *porrò*, *Roman. consil.* 269. Oldrad. *consil.* 173. *in fi.* Salic. *in l.* 1. *C. de inoff. donat.* Leur principale raison est, que la revocation est introduite en faveur des enfans qui ne leur peut être ôtée, mais cette raison n'est pas necessaire: car les peres & meres peuvent donner selon leur plaisir, sauve la legitime des enfans, il me semble que cette raison seroit plus urgente, que celuy qui n'a point d'enfans ne peut juger combien est grande l'affection paternelle, qui plus se connoît par l'essay, *& in re ipsa*, que non pas par opinion *in futurum*: selon ce qui est dit par Terence *in andria*, *actu* 2. *sc.* 2. *Tu si hic sis, aliter sentias*: & est à croire si le pere eût senty en soy cette affection de l'amour paternelle envers les enfans lors de la donation, qu'il ne se fût jamais abandonné à donner. Aucuns ont tenu que les donations pour cause de mort ne sont sujettes à cette revocation, même Ruinus *consil.* 123. qui allegue une raison superficiaire, disant que telle donation n'est pas vraye donation : mais je suis d'opinion contraire : car puis que les donations pour cause de mort sont comparées à legs & à dernieres volontez, *l. ult. C. de mort. causa donat.* & les legs se revoquent par tacite volonté, qui se presume pour legere cause, *l. 3. §. ult. ff. de adm. vel transfer. legatis*, il faut inferer qu'à plus forte raison les donations pour cause de mort sont revoquées par survenance d'enfans, puis que les donations entre vifs, esquelles les volontez sont liées, & qui de leur nature ne sont revocables, sont par ce moyen revoquées, & à cette opinion semble incliner Paul de Castre *consil. 434. vol. 1.* Mais si l'enfant par la naissance duquel la revocation est faite vient à deceder, on demande si la donation reprendra sa force ? La resolution commune des Docteurs est que non, parce que la naissance de l'enfant a revoqué, *ipso jure* : & l'obligation éteinte ne peut revivre sans nouveau consentement, *l. qui res §. arcam, ff. de solut.* La *l. posthumus, ff. de injusto rupto test.* ne fait contre, car c'est en testament, & la reintegration se fait, *jure pratorio.* Bart. *in l. Titia, §. Imperator nu. 10. ff. de legatis 2.*

CHAPITRE XXVIII.

DES HOSTELLIERS ET TAVERNIERS.

ARTICLE I.

Un Hostellier ou Tavernier public bien renommé est creû par son serment de la dépense faite en son hostel jusques à cinq sols tournois.

L'Etat & condition des Taverniers étoit vile & abjecte en l'Empire Romain, & encores aujourd'huy l'est en Italie, *l. humilem, C. de incest. nupt.* & est remarquée leur improbité, *l. 1. & 3. verss. miratur, ff. nautæ, caupones, stabularii.* Mais en France est autrement, parce que les Hostelliers pour la plufpart, même sur les grands chemins, & és bonnes Villes sont honnestes, & és hôtelleries la reception y est avec beaucoup de civilité, pourquoy n'en faut juger selon le droit Romain. Ce qui se dit de cinq sols pourroit bien être étendu jusques à quinze ou vingt sols : car aujourd'huy vingt sols ne font pas plus que faisoient cinq sols en l'an 1534. & encores en l'an 1490. quand l'ancien cahier de Coûtume fut compilé, lequel parle de cinq sols. En cette centaine d'années l'argent a été fait plus commun, & par consequent le prix des denrées est augmenté : Soit parce que les navigations és Terres Neuves ont apporté en Chrétienté grande quantité d'or, qui facilement s'est épanché par le moyen des Espagnols navigateurs, qui étans tous riches ont été plus acheteurs que vendeurs, & par le moyen du grand nombre de minieres d'argent en Allemagne ; Soit parce que la vente des offices, les rentes constituées à prix d'argent, les partis & Finances du Roy, & les daces & subsides nouveaux & frequens ont déniché tout ce qui étoit d'or & d'argent en reserve & tresor. Soit parce que la monnoye blanche est grandement affoiblie de bonté intrinseque. Soit parce que le menu peuple qui porte les grosses charges des tailles & subsides démesurément augmentées, a été contraint vendre ses denrées & ses journées plus cherement.

Bien renommé') Cette qualité ne va pas avec la presomption commune du chapitre, *dudum, ex. de præsump.* qui porte que chacun est presumé homme de bien, s'il n'appert du contraire. Mais en faut faire quelque preuve sommaire, puis que la loy ajoûte cette qualité. Socin *consil. 22. per cap. licet, ex. de testib.*

ARTICLE II.

Le Tavernier qui vend vin en taverne, s'il reçoit gage pour vin vendu & délivré : il peut vendre ledit gage tantôt aprés que le tonneau de vin est vendu, sans offense de justice, & sans qu'il soit tenu faire à sçavoir ladite vente à ceux qui l'ont mis en gage.

Vendre le gage) S'entend à toutes les bonnes conditions qu'il pourra, & y fera comme bon ménager & homme de bien : & s'il est plus vendu rendra l'outre-plus, *leg. 1. C. si vendito pignore, l. ult. C. de jure dominii impetr.* Et ne seroit valable la paction faite en baillant gage, qu'à faute de payer dans certain jour, le gage seroit acquis au creancier pour le même prix de la somme

somme dûë, car c'est la loy commissoire, *in pignore* qui est reprouvée de droit, *leg. 3. C. de pactis pignorum.* Mais bien est valable la paction, qu'à faute de payer dans le terme, le gage ou la chose hypothequée demeurera venduë & acquise au creancier, pour le prix qui lors du terme sera jugé être juste par personnes connoissantes, *leg. si fundus, §. potest, ff. de pignor.*

ARTICLE III.

LE Tavernier, Hostellier, ou autre qui aura mis & exposé en vente un vaisseau de vin, ne pourra le surcharger d'autre vin : ne en iceluy vaisseau mettre autre vin, ny faire aucune brasserie, sur peine de perdition & confiscation desdits vin & vaisseau, & amende arbitraire envers Justice.

FAut excepter si c'étoit un vaisseau servant à rapé, car il est expressement pour mettre les baissieres & rebut de vin : aussi on y laisse du raisin en vendanges pour purifier & amender le vin qu'on y met. Doncques cét article s'entend de ne faire broüillerie par male-façon.

ARTICLE IV.

AUcuns Hostelliers, Taverniers, Revendeurs ou autres personnes, ne pourront aller au devant des vivres & denrées qui seront apportées pour vendre és Villes, Foires & Marchez dudit païs : mais les prendront és Marchez, lieux & heures de marchez accoûtumez ou ordonnez à vendre en public. Autrement ils confisquent lesdites denrées, & sont condamnables en amendes arbitraires.

ARTICLE V.

ET est inhibé aux forains de ne vendre lesdits vivres en autres lieux & heures que dessus, sur semblable peine.

EN la ville de Paris, & autres villes bien policées, les Hostelliers & Revendeurs n'oseroient entrer au marché avant l'heure de midy, ou une heure : avant lequel tems les Bourgeois ont accoûtumé d'acheter leurs provisions.

CHAPITRE XXIX.

DES MARCHANDS PUBLICS.

ARTICLE I.

MArchands & marchandes publiques bien renommez sont creûs de ce qu'ils ont presté de leur marchandise, jusques à la somme de cinq sols tournois.

CE qui est dit de cinq sols pourroit être étendu jusques à vingt sols pour les causes touchées au précedent chapitre : & en ce cas le marchand est creu simplement en jurant, sans autre preuve. L'ancien cahier ajoûte ces mots, à l'égard de ceux qui ont accoûtumé prendre denrées à creance. Mais si le marchand a accoûtumé de faire papier journal, il pourra être creû en plus grande somme dedans les six mois de l'ordonnance, pourveu qu'il soit marchand de bonne reputation, & que son papier journal soit bien reglé par ordre d'années, mois & jours, & par nombre de feüillets : & qu'il contienne aussi bien ce qui est au desavantage & contre le marchand, comme ce qui est à son profit, & qu'il soit reconnu, ou prouvé que le debteur avoit accoûtumé de prendre de la marchandise chez luy. Ainsi le decide Guido Pape *decis.* 441. Par l'Ordonnance du Roy François I. du 10. Octobre de l'an 1536. est commandé aux Juges de proceder sommairement, & de plain entre marchands, la seule verité du fait regardée. Depuis ont été établis en plusieurs bonnes Villes, Juge & Consuls des Marchands pour juger entre Marchands, *ad instar* que jugent les Conservateurs des Foires de Lyon, Brie & Champagne.

ARTICLE II.

LEs mary & pere de famille sont tenus des contrats faits par leurs femmes, enfans de famille & facteurs preposez par eux à leurs marchandises publiques, pour le fait d'icelles marchandises.

LA proposition se fait, non seulement par volonté expresse, mais aussi tacitement, quand le mary & pere de famille endure à son veu & sçû, que sa femme, son fils, ou autre personne domestique s'entremette comme facteur, & ne s'entend pas que c'ait été à une seule fois, mais à plusieurs & ordinairement, *l. ult. ff. quòd cum eo, l. 1. §. magistrum, ff. de exercit. act.* A quoy aide la Theorique des Docteurs, que quand aucun en contredisant peut empêcher aucun acte être fait, si luy voyant & sçachant ne contredit & ne l'empêche, il est tenu pour consentant, & donnant charge de le faire, même si c'est un negoce qui le touche, *l. sæpè, ff. de re jud. l. semper qui non. 60. ff. de regul. jur.* De cette matiere a été traité cy-dessus au chap. des Droits appartenans à gens mariez, article 1.

La question est si le pere ou mary sont tenus des délits commis par leurs femmes, fils & serviteur? Surquoy il faut dire s'ils ont mandé ou commandé, ou avoüé, ils en sont tenus criminellement, & de la même peine, *l. si quis id quod, ff. de jurisd. omn. jud. l. 2. §. Divus Pius, ff. de jure fisci, l. et si certus, ff. ad SC. Sylla.* S'ils n'en ont rien commandé, & sçachans ils n'ayent empêché le délit ils en sont tenus civilement, *l. scientiam, ff. ad leg. Aquil.* & comme dit Ciceron en l'action 4. *in Verrem*, si nous voulons être estimez innocens, ce n'est pas assez de nous abstenir du mal, mais aussi nous devons faire que ceux qui sont à nôtre suite s'abstiennent de mal faire, & à ce fait la *l. si post, C. de Adsessor.* Comme aussi le maître est tenu civilement, si à son escient il retient avec luy un serviteur qu'il sçait être vitieux & mal-faisant, *l. 3. ff. de publican. & vect. l. videamus in princip. ff. locati, l. ex maleficiis, §. ult. de action. & obligat. l. si servus, §. si furnum. ff. ad leg. Aquil.* Ainsi qu'on dit de ceux qui tiennent en leur puissance des chiens ou autres bêtes qu'ils sçavent être mal-faisantes, *cap. ult. extr. de injur.* Bretagne ancienne article 611. & nouvelle article 656. dit avec grande raison, que si l'enfant qui est au pouvoir de son pere delinque, que le pere doit payer l'amende civile, parce qu'il a deû châtier ses enfans. Quant au serviteur ou autre domestique, s'il delinque en la charge que son maître luy a commise, le maître en est tenu civilement. Bart. *in l. 1. §. familiæ, ff. eod. tit. de publican. & vectig.* & en l'appostil est allegué la *l. cuicumque, §. sed. & cum fullo, ff. de institutor. actio. & Ludovic. Roman. consil.* 11. où il ajoûte qu'en tel cas le maître est quitte en representant son serviteur: laquelle exception je ne voudrois pas admettre indistinctement, même si le maître vraysemblablement a conneu le vice de son valet: car si ainsi étoit le maître seroit recherché de sa propre faute, *d. l. ex maleficiis, §. ult. ff. de act. & oblig. l. debet, §. hac autem, ff. nautæ caupo. stabularii & ad instar* de ce qui est dit cy-dessus, de ceux qui tiennent à leur escient des bêtes vitieuses, *d. cap. ult. de injur.* Les loix Romaines ont fait une distinction qui me plaît assez, que plus est à excuser le maître quand son serf esclave delinque, que quand un serviteur mercenaire étant à son service delinque: la raison de diversité est qu'il ne peut pas se passer de son serf, & tel qu'il est il est contraint de l'endurer, mais il se peut deffaire d'un mercenaire, *l. ult. §. servorum ff. nautæ compones stabul.* Et de même voudrois-je dire qu'un pere ou mary est plus à excuser quand sa femme ou son fils delinquent, qu'il ne seroit si son serviteur mercenaire delinque en la charge qui luy a été commise, par la raison susdite, *& in l. 1. vers. cur ergò, ff. furti adversus nautas, caupones, stabularios.*

CHAPITRE XXX.

DE TUTELLES ET CURATELLES.

ARTICLE I.

TUtelles testamentaires ordonnées par les peres des mineurs, sont valables & preferées à toutes autres: & à défaut d'icelles à lieu la legitime tutelle: & aprés à défaut desdites testamentaire & legitime la dative a lieu.

PResque autant en disent Auxerre article 258. Bourbonnois article 177. Auvergne chapitre 11. article 1. Bretagne ancienne article 474. & nouvelle article 501. Ce que la Coûtume dit par le pere *ad instar* du droit Romain, par lequel au seul pere à cause de la puissance paternelle appartient d'ordonner tuteur à ses enfans. Et ne pouvoit la mere donner tuteur à ses enfans, sinon avec le remede & dispense de la loy pour les biens que la mere délaissoit à ses enfans, & se disoient être plûtôt donnez aux biens qu'à la personne, & tel tuteur donné par la mere devoit être confirmé par le Juge, *l. pater, ff. de testamentaria tut. l. mater. C. eod. l. 2. ff. de confirm. tutor.* Le pere en ordonnant un tuteur à son enfant ne peut remettre & relascher le devoir auquel le tuteur est tenu même de faire inventaire & rendre compte *l. quidam decedens, ff. de admin. tut.* Aussi quelquefois pour occasions survenantes ou dont la connoissance survient de nouveau, le Juge peut ne suivre pas la volonté du pere qui a ordonné un tuteur *l. in confirmando, ff. de confir. tutore vel curatore.*

ARTICLE II.

TUtelle ou administration legitime à défaut de pere est deferée à la mere des mineurs, comme cy-aprés sera dit, & à défaut d'eux aux ayeuls ou ayeules paternels où maternels, & sont preferez les ayeuls aux ayeules, paternels aux maternels: & n'a lieu ladite tutelle legitime à autres parens.

LEgitime tutelle est dite parce qu'elle est ordonnée par la loy sans élection de parens, & par cette Coûtume n'est deferée qu'aux ascendans. En plusieurs Coûtumes sont pratiquées les gardes nobles entre nobles, qui sont déferées aux peres & meres pour gagner les fruits, & à la charge d'entretenir les enfans jusques à la puberté. Aucunes Coûtumes donnent au survivant pere ou mere les meubles, à la charge de payer les debtes, acquiter les charges réelles & entretenir les enfans : aucunes Coûtumes font finir lesdites gardes par le second mariage. Tutelle legitime & administration legitime à parler proprement sont deux choses diverses. Le pere se dit legitime administrateur de son enfant qui est en sa puissance, & quand l'enfant est émancipé, le pere devient legitime tuteur : mais selon le commun usage, & comme il est dit cy-dessous article 6. les deux sont confondus. Selon cette proprieté, la mere ne peut avoir la legitime administration : car elle n'a pas ses enfans en sa puissance ; mais bien peut avoir la tutelle legitime. Selon le droit Romain le pere legitime administrateur a l'usufruit des biens adventices de son fils, lequel usufruit ne perit *etiam* par la mort du fils ny par les secondes nopces du pere, *l. si quis in fine & ibi Bartol. C. ad Senatusconsul. Tertyllian. l. ultima, C. de bonis mater.* Et sont les biens du pere tacitement hypothequez pour cette administration legitime, à commencer du jour qu'il a commencé d'administrer, *l. cum oportet, §. non autem & §. ultim. C. de bonis qua liber.* Mais en ce païs nous ne pratiquons ce gain des fruits, & tenons les peres comme tuteurs.

Aucuns ont doute si le pere ou l'ayeul peuvent être contraints de prendre la tutelle legitime, qui leur est deferée par cette Coûtume. J'ay donné avis qu'ils y peuvent être contraints comme les tuteurs datifs s'ils n'ont excuse reçûë de droit : comme il est prouvé *in l. 1. C. de legit. tut.* Et n'est pas comme de la mere ou ayeule qui ne prennent la tutelle legitime sinon de leur plein gré : *Authentica matri. C. quando mulier tutelæ offic.* Et lesdits pere ou ayeul ne doivent être reçûs à s'excuser pour le nombre d'enfans, à cause de leur qualité de pere & ayeul, *l. amicissimos in fine, ff. de excus. tutor.*

ARTICLE III.

TUtelle dative doit être donnée par élection de parens & affins des mineurs de chacun côté, & à faute d'iceux, des voisins & amis jusques au nombre de sept pour le moins.

IL est expedient que le Procureur du Roy ou de la Seigneurie s'entremettent à cette vacation : car si quelque personne privée en entreprend la charge, il peut avenir qu'il y ait brigue, ou pour être tuteur ou pour ne l'être pas, & pour y parvenir que les parens choisis à poste soient appellez. Le Procureur doit faire appeller les plus proches parens qui sont aisez à recouvrer avant que de s'addresser aux degrez plus lointains, & qu'il en soit appellé du côté paternel & du maternel. A quoy se rapporte Berry de l'état des Personnes, article 4. & la raison y est bien afin que soit pour la seureté des personnes des mineurs, qui est la principale charge du tuteur, soit pour la conservation des biens ; que ceux qui par nature doivent aymer & lesquels biens regardent soient appellez. Les Romains quoy qu'ils reprouvassent l'attente qu'aucun a des biens d'autruy par succession collaterale *l. 2. §. interdum, ff. de vulgari & pupillari subst.* Toutefois ils ont consideré la proximité de lignage habile à succeder en fait de tutelles *l. quo tutela, ff. de regul. jur.* Mais il n'est pas necessaire d'élire le plus prochain, mais est en la discrétion des électeurs de nommer celuy qu'ils estiment le plus idoine : Toutefois Orleans article 173. dit que le parent plus proche habile à succeder doit être élû s'il est idoine ; & qu'il n'est besoin d'appeller ceux qui sont hors la Province : s'ils ne sont les plus proches, & ne peut être élû celuy qui n'a été appellé pour élire. C'est la loy pour eux, & nous l'observons par bien-seance.

Nous avons reçû au païs Coûtumier, la plufpart des excuses de tutelle introduite par le droit Romain : comme du nombre d'enfans: les loix Romaines disent de trois enfans dans Rome, quatre enfans en Italie, & cinq és Provinces hors d'Italie, mais je suis content de croire que nos majeurs n'ont pas accepté ce nombre de cinq, parce qu'au tems que les François conquirent la Gaule elle étoit Province sujette à eux. Mais selon mon avis nosdits majeurs par ce plus haut nombre, ont voulu reconnoître la benediction de Dieu qui est en la multitude d'enfans, & de vray la Gaule y est plus fertile que l'Italie, comme ordinairement sont les païs moins chauds. Les Romains étans au comble des delices aprés avoir vaincu tout le monde, & gagné les dépoüilles des Provinces n'avoient cure de se marier, & s'abandonnoient à foles voluptez, & fut faite la loy par laquelle étoient proposées plusieurs immunitez à ceux qui auroient trois enfans, & entr'autres de n'être tenus aux tutelles ny aux charges publiques. Et que pour chacun enfant qui leur naissoit un an leur étoit accreu de leur âge pour parvenir aux dignitez & Magistrats *l. 2. ff. de minor.* Et si deux étoient élûs à une dignité ou Magistrat, celuy qui avoit le plus d'enfans étoit preferé au rang d'honneur à l'autre, comme dit Tacite au second livre de ses Annales. Aussi étoient certaines loix penales contre ceux qui ne se marioient ou se marioient mal à propos comme étoient les loix Papie, Popée, & Julie dont parle ledit Tacite au livre 3. Pour toutes ces loix la ville de Rome n'étoit pas plus abondante en lignée, en sorte que les Empereurs pour l'entretenir en sa grandeur donnerent le droit de Cité de Rome à tous leurs sujets, comme est recüeilly de la loy *in orbe, ff. de statu homin.* selon l'opinion d'Alciat, nous François qui par bonne inclination naturelle aydée par la Chrétienté avons toûjours honoré les mariages, n'avons eu si grand besoin de ces loix penales ou remuneratoires, & toutefois pour bien-seans nous avons reçû cette excuse de cinq enfans: comme aussi nous avons reçû autres causes d'excuse introduite par le droit Romain, comme de ceux qui sont au Conseil du Roy, prés de luy & en ses Cours Souveraines, *l. ult. C. de excus. tut. l. jurisperitis, l. Geometræ, ff. eodem, tit.* comme pour être excusé de l'administration des biens assis en autre Province, pourveu que ce soient biens qui meritent grand soin, *l. 2. C. eod. l. non solum, §. & qui, ff. eodem, tit.* Comme de ceux qui reçoivent les deniers Royaux & en sont comptables, *l. exactores, C. eod. etiam* les Fermiers des Grosses Fermes des subsides : ce qui ne leur est pas octroyé par bien-fait & honneur : mais pour la commodité & seureté du fisc, que afin que leurs facultez ne soient diminuées & abaissées, *l. semper, §. conductores, ff. de jure immunit. l. in honoribus, §. non alios, ff. de vacat. muner.* Comme de ceux qui sont absens hors du Royaume pour affaires & par mandement du Roy, *l. Geometra, ff. de excus. tut. l. 1. C. si tutor reipub. causa.* Comme les aveugles, muets, & sourds, ou qui sont atteints de maladie perpetuelle qui leur empêche les fonctions, lesquels sont excusez non seulement pour n'être tenus de les accepter, mais aussi pour en être déchargez aprés l'acceptation, *l. 1. C. qui morbo se excus. l. non solum, §. adversa, & l. post susceptam, ff. de excus. tutor.* Comme ceux qui ont soixante & dix ans, *l. unica, C. qui ætate se excusant.* Comme pour avoir trois tuteles non affectées, ou bien une seule si negocieuse & étenduë qu'elle en vaille bien trois, *l. unica, C. qui numero tutel. si is qui tres, §. cum qui, ff. de excus. tut.* & au nombre des tutelles est comptée la charge de tutelle, qui est aux perils & fortunes de celuy qui en a deux autres, *l. si is qui, ff. eod. tit.*

ARTICLE IV.

Les tuteurs testamentaires & legitimes, ne peuvent administrer sans être confirmez par Justice : & si la Justice a notice & connoissance qu'il y ait tels tuteurs, incontinent doit les faire appeller & confirmer : & s'il n'en appert à ladite Justice, fera au plûtôt que faire se pourra appeller les parens, affins & principaux amis & voisins des mineurs, desquels sera enquis par ladite Justice s'il y a aucun tuteur testamentaire ou legitime, pour s'il y en a aprés le testament veu & trouvez valables, les confirmer, comme dit est : & s'il ne s'en trouve par le rapport desdits parens, affins, voisins & amis, fera icelle Justice proceder les dessusdits par creation de tuteurs, & celuy qui sera élû *à majori parte*, le confirmer par le Juge : & neanmoins ou dedans quarante jours aprés le tuteur testamentaire ou legitime s'apparoîtra le confirmer aprés le testament veu & trouvé bon, comme dit est.

Sembleroit que le pere legitime administrateur n'auroit besoin de cette confirmation à cause de l'excellence du pouvoir qu'il a sur son enfant, & la presomption naturelle qui fait croire qu'il a sa volonté assez jurée, par les raisons de la *l. cum furiosus, C. de curat. furiosi, l. Aurelius, §. Titius testamento, ff. de liber. legat.* mais quant à la mere il y a plus de raison à cause de l'infirmité du sexe, & parce qu'elle n'est tutrice si elle ne veut. Bourbonnois article 178.

dit que les tutelles testamentaire & legitime n'ont besoin de confirmation.

Outre la confirmation, le tuteur avant que d'administrer doit faire faire inventaire, même la mere tutrice, & n'a l'on accoûtumé de presser le pere de faire inventaire, sinon qu'il y ait quelque occasion émergente, comme de mauvais ménage. Et quoy que le pere testateur eût défendu inventaire être fait, neanmoins *le* Juge *ex causa* le peut ordonner : car on ne suit pas toûjours la volonté du pere, *l. in confirmando. ff. de confir. tut.* Poitou article 306. dit que la confection d'inventaire ne peut être prohibée par le testament du pere, ny autrement. Toutefois si les parens & alliez assemblez par autorité de Justice trouvent n'être pas expedient aux pupilles de faire inventaire, le Juge pourra autoriser cét avis, *text. & Bart. in l. tutor qui repertorium. ff. de administ. tut.* comme *verbi gratia*, s'il y a quelque cause particuliere qui doive faire craindre de manifester le secret de la maison des pupilles : aucunes causes sont mises *in l. 2. C. quandò & quibus quarta pars lib. 10. & l. 2. C. de alim. pupillo præst. imò*, & quelquefois est expedient de ne donner tuteur au mineur, & par consequent de ne faire inventaire comme és maisons de village de ce païs qui consistent en familles, & communautez, parce que la tutelle & l'inventaire font cause d'une administration separée, qui engendre partage, & les partages comme l'on voit ordinairement avenir, ruïnent les maisons des villages, & ameinent un autre inconvenient qu'elle rend les parens inhabiles de succeder les uns aux autres quant aux bordelages dont ce païs est tout remply. Pourquoy les Juges ne doivent facilement se laisser aller aux requestes & sollicitations des Seigneurs Justiciers, Procureurs Fiscaux & Greffiers qui souvent recherchent telles pratiques pour voir le secret des maisons, & les uns & les autres pour avoir des taxes. Et quand telles sollicitations se presentent és maisons de village, le Juge doit prendre l'avis des parens alliez, voisins & amis, pour si le bon ménage du maître de communauté & des autres parsonniers est raporté, s'abstenir de faire inventaire. Toutefois si en la communauté n'y a que des mineurs il est besoin de pourvoir de tuteur & de faire inventaire, de peur que tout ne se perde ou aille en confusion. La loy Romaine excuse quelquefois si pour cause on s'abstient de donner tuteur à un pupille, & sont aucunes causes mises, *in l. 2. §. quod si pater. & §. tractari. ff. ad Senatusconsult. Tertill.*

Quant l'inventaire est à faire, il est expedient qu'il soit fait par autorité de Justice, & l'article 164. de l'Edit de Blois peut être entendu quand les heritiers sont majeurs & presens : car à l'égard des mineurs il est bon que les Officiers de la Justice s'en empêchent, non pas pour y faire des frais : car quand il y a tuteur, le Juge ny le Procureur ne doivent assister à l'inventaire, mais le seul Greffier avec deux notables pris pour appréciateurs : ainsi dit Berry de l'état des personnes article 42. Bourbonn. article 182. Auvergne chap. 11. article 7. La glosse *in l. tutores. 2. in verbo. publicarum. C. de admi. tut.* dit que l'inventaire doit être fait par l'autorité du Magistrat & Juge ordinaire du lieu. Et semble être prouvé, *in l. ult. §. illo. C. arbit. tut.* par ces mots *inventario publicè facto secundum morem solitum res ei tradantur.* Cette tradition ne peut être faite par le Notaire. Ainsi dit-on que ce qui est statué en general ne déroge à ce qui est statué par faveur particuliere, si par exprés il n'en est fait mention, *arg. l. obligatione. ff. de pignor.*

Le Juge du domicile du pupille luy doit pourvoir de tuteur, parce que le tuteur est donné principalement à la personne, *l. 1. in fine. ff. de tut. & curat. datis ab his.* & s'entend le domicile du pupille être celuy de feu son pere qui est l'originaire : car le pupille ne peut avoir aucun domicile constitué à cause de son bas âge. Le tuteur qui est donné à la personne est censé être donné pour tout le patrimoine du pupille, *etiam* qu'il soit en autre Province : mais le tuteur ainsi donné peut desirer d'être excusé d'administrer les biens qui sont en autre Province, & sont grandement éloignez du domicile, *l. propter litem. §. licet. ff. de excusat. tut.* & audit cas peuvent être donnez divers tuteurs si le pupille a ample patrimoine en deux ou trois Provinces, *d. l. propter & l. 2. C. eod. tit.* & le Juge de chacune Province donnera le tuteur pour les biens d'icelle, *l. 1. ff. de tut. & curat. datis ab his. l. pupillo. & l. jurisperitos. §. 1. ff. de excusat. tut.* A la fin du recueil d'Arrests fait par Galli est allegué un Arrest donné entre Bouchard & le Lievre de Paris du 10. Mars 1514. par lequel fut ordonné qu'au pupille seroit pourveu d'un tuteur pour les biens paternels, & d'un autre pour les biens maternels.

Ce n'est pas loy generale, & en faut juger *ex causa.*

De cét article peut être recueilly que les Officiers de Justice doivent promouvoir la dation des tuteurs. Mais aussi les parens y sont tenus, même ceux à qui touche la prochaine esperance de la succession du pupille. Et s'ils n'en sont soigneux & les pupilles décedent en bas âge de pupillarité, tels parens negligeans sont privez de l'heredité du pupille, *l. sciant. C. de legit. hæred.* Vray est que cette loy Romaine remarque le deceds du mineur en pupillarité, *l. matres. C. ad Senatusc. Tertyll.* mais celà est, parce que selon le droit Romain les mineurs adultes & puberes peuvent tester & faire heritier qui bon leur semble, & quant ils ne testent point, la loy présume que par tacite volonté ils delaissent leurs heréditez aux plus proches de leur lignage, *l. conficiuntur. ff. de codic.* Et quand le mineur décede en pupillarité, la loy fait pour luy ce que luy majeur feroit & pourroit faire, qui est de déclarer indigne de l'heredité celuy qui a negligé le mineur en son besoin & en l'infirmité de son âge. Toutefois puisque quasi par commun consentement à l'exemple de quelques Provinces, nous n'avons trouvé bon que les mineurs adultes testent en si bas âge comme il sera dit cy-aprés, & que par nôtre Coûtume la tutelle & curatelle sont de même effet, & durent jusques à vingt-cinq ans. Je croy que probablement l'on peut dire que si le mineur décede avant vingt-cinq ans, ou tout au moins avant l'âge de pouvoir tester, & par la négligence de ses parens il n'ait tuteur, que son prochain parent soit privé de son heredité. Cette peine de privation est trés-juste & est bien à propos qu'elle soit receuë en usage pour punir la cruauté & inhumanité de tels parens ausquels la loy donne les biens d'un defunt, parce qu'il est à croire que le défunt a plus aymé ses plus proches; & ceux sont indignes d'être aimez & recevoir bien, lesquels n'ont pas aymé: mais au contraire abandonné leur parent en l'âge & état auquel il en avoit plus de besoin; & à ce propos dit la loy que le maître perd son serf s'il le delaisse & abandonne lors qu'il est malade, ou qu'il est en autre infirmité, *l. ult. ff. pro derel. l. 1. §. sed scimus. C. de latina liber. tol. l. 2. C. de infant. expositis.* Les loix Romaines ont parlé plus amplement à l'égard de la mere qui a été tutrice de ses enfans: car si elle se remarie avant que de leur avoir fait pourvoir de tuteur, & avant que d'avoir rendu compte & payé le reliqua, elle est privée de l'heredité, *l. omnem. C. ad Senatusconsultum Tertyll.* Et quoy qu'elle n'ait été tutrice elle doit procurer non seulement la donation du tuteur, mais aussi faire que le tuteur administre. Ce qui s'entend quand au tuteur datif, & non quant au testamentaire ou legitime. Ainsi dit Socin le Jeune mon Précepteur, *consil. 16. vol. 2.* Aussi la mere mineure de 25. ans n'est pas sujette à la privation d'heredité, si elle n'a pas été soigneuse de faire pourvoir de tuteur à ses enfans. Ludovico Roman. *consil. 279.* & ledit Socin *consil. 8. vol. 1.* Selon le droit ancien Romain, les meres ne succedoient pas à leurs enfans, & leur fut octroyé ce droit de succeder par les Empereurs Claudius & Adrianus, pour consolation de la perte de leurs enfans, *§. 1. instit. de senatusc. Tertyll.* & quand elles se remarient elles prennent consolation nouvelle, avec esperance d'autres enfans. Et se remariant sans leur faire pourvoir de tuteur, il semble qu'elles les abandonnent, pourquoy sont reputées indignes des heréditez, *l. 2. ff. qui petant tutor.* Et ailleurs la loy présume qu'elles abandonnent la vie & les biens de leurs enfans à leur seconds maris, *l. lex quæ vers. lex enim. C. de administ. tut.* Les loix Penales contre les femmes qui se remarient sans faire pourvoir de tuteur à leurs enfans, ne sont pas abolies par le droit Canonique, parce qu'elles ne sont pas en haine des mariages, mais en faveur des enfans *Innocent. Hostiensis in cap. ult. ex. de secund. nuptiis. Vide infrà* article 7.

ARTICLE V.

LEsdites tutelles durent jusques à 14. ans quant aux mâles, & 12. ans quant aux filles: & lesdits âges parfaits icelles tutelles sont finies.

CEtte distinction de tutelle aux impubéres & de curatelle aux adultes est superficiaire & sans aucun effet au fonds. Car tutelle & curatelle est une même charge: mais nos majeurs trop grands imitateurs du droit Romain, ont voulu faire cette distinction. De vray selon la grande antiquité dudit droit Romain, on ne donnoit des curateurs aux adultes: Aussi il n'y a point d'action civile ordinaire & particuliere contre le curateur: mais les Jurisconsultes y ont employé le nom de l'action generale *negotiorum, gestorum* en y appliquant toutefois les privileges de l'action de tutelle. Jul. Capitolinus en la vie de Marc Antonin Empereur dit que luy prémier ordonna que curateurs seroient donnez aux adultes, quoy qu'auparavant par la loy Lectorie on en baillat seulemens aux prodigues & furieux. Audit tems ancien les jeunes personnes étoient majeures de tous points à la puberté: & d'effet à cét âge pouvoient tester qui étoit l'acte le plus remarquable entre les Citoyens Romains. Et le benefice de restitution en entier pour les adultes, mineurs de 25. ans, est par l'Edit du preteur & non par l'ancienne loy civile. Doncques quand cét article parle de la tutelle finie, il s'entend *verbo* & par apparence: car la même administration se continuë jusques à 25. ans, le nom seulement étant changé *infrà* article 8.

ARTICLE VI.

LEs pere & mere sont legitimes administrateurs des corps & biens de leurs enfans pupilles. Qui s'entend si lesdits pere & mere respectivement sont d'âge competent: qui est par la Coûtume de vingt ans parfaits: car s'ils étoient de moindre âge, ils ne seroient pas capables de ladite administration; & sera ausdits pupilles pourveû de tuteur par Justice. Mais lesdits pere & mere ayans accompli ledit âge prendront & auront respectivement si bon leur semble ladite administration, & cessera la dative auparavant decretée.

SElon le droit Romain, le mineur de 25. ans ne peut être tuteur quand bien il voudroit, & n'a besoin de s'excuser, car la dation est nulle, *l. ult. C. de legit. tut. l. non solum. §. si libertus. ff. de excus. tut.* Puisque nôtre Coûtume fait les pere & mere majeurs de 20. ans capables pour être tuteurs, il faut inferer que leurs immeubles sont efficacement obligez & hypothequez à l'administration comme en cas de vraye tutelle. *l. pro officio. Cod. de administr. tut. l. ult. C. de bonis quæ liberis.*

Il a été dit cy-dessus sur l'article 4. que le pere legitime administrateur de ses enfans, n'est pas contraint par justice à faire inventaire: & ainsi dit Masuer. *in praxi, tit. de tutore in princip.* si ce n'est qu'il y ait quelque cause particuliere qui meuve la Justice de le contraindre à ce. *Specul. in tit. instr. edit. §. ult. verf. quia in patre. & in annotat. ad decis. Guidonis Papæ* 351. Bourgogne article 57. dit que le pere legitime administrateur de ses enfans doit prendre les meubles par inventaire : & qu'il en est comptable : mais qu'il gagne les fruits des heritages, à la charge d'entretenir les heritages, & nourrir les enfans. De même ou à peu prés disent Tours article 346. & Orleans article 178.

ARTICLE VII.

LAdite tutelle legitime prise par ladite mere, finit & expire perpetuellement si elle convole à secondes nopces, avant lesquelles elle est tenuë de faire pourvoir de tuteur aux pupilles. Autrement est quant au pere qui demeure toûjours en l'administration legitime en viduité, & aprés qu'il s'est remarié.

CE qui se dit de la mere qui perd la tutelle par le second mariage, se doit entendre aussi si elle vit impudiquement en viduité. *Bart. in l. his solis C. de revocam. donat. Auth. eisdem. C. de secund. nupt. Panor. in cap. uxoratis ex. de convers. conjugat. Gloss. in Auth. sacramentum. C. quandò mulier tutelæ off.* Aussi dit la loy que les biens du second mary sont hypothequez si la mere ayant été tutrice se remarie sans avoir fait pourvoir de tuteur à ses enfans & leur avoir rendu compte, *l. si mater. C. in quib. caus. pignor. vel. hypoth. tacitè cont.* Auvergne chapitre 11. article 5. dit que la mere doit rendre compte avant que se remarier, autrement elle perd tous ses gains nuptiaux. Et article 11. dit qu'elle perd la tutelle dés-lors qu'elle est fiancée ; & de même Bourbonn. art. 176. Ce qui est avec grande raison : car dés-lors que cette nouvelle amour a pris siege au cœur d'unë femme, elle en chasse l'ancienne amour, & le feu d'amour peut être plus grand pour le tems des fiançailles qu'aprés le mariage, parce que l'usage & la fruition quotidienne d'un mary diminuë sa vivacité. Berry de l'état des personnes article 31. ôte à la mere la succession de ses enfans, & autres droits à écheoir par le décez de ses enfans, si elle ne leur fait pourvoir de tuteur avant son second mariage. *Vide suprà* article 4.

Perpetuellement) en sorte que si elle devient veuve elle ne pourroit être tutrice de ses enfans du prémier lict. *Cynus in Auth. matri & avia in fine. C. quandò. mulier tut. off. Stephanus Bertrandi consil.* 275. *vol.* 3. *Ruinus. consil.* 86. *vol.* 5.

Autrement est quant au pere) La mere est de Sexe plus infirme & venant en secondes nopces, elle n'est plus à ses droits : mais en la puissance d'un mary. Le pere est toûjours chef de sa famille. Mais si le pere en second mariage fait mauvais ménage, ou traite mal ses enfans du prémier lit par les inductions de la belle mere, ou par autre occasion, l'administration legitime peut luy être ôtée sans infamie par la raison de la *l. Divus ff. si à parente quis manum. l.* 1. *&* 3. *ff. de liber. exhib. l. si emancipatos C. de bon. poss. contra tab.*

ARTICLE VIII.

LEs tuteurs testamentaires, legitimes ou datifs decretez par Justice, aprés ladite tutelle finie, & la puberté avenuës desdits mineurs, sont & demeurent curateurs d'iceux mineurs jusques à l'âge de vingt-cinq ans parfaits.

DE cet article peut être recüeilly que c'est une même & seule charge tuteur & curateur, puisque sans nouvelle dation, confirmation ou declaration la charge dure, & partant la distinction des charges de tuteur & curateur est umbratile & superficiaire. Auxerre article 259. dit qu'entre tutelle & curatelle, il n'y a aucune difference.

ARTICLE IX.

ET si les enfans sont puperes à l'heure du décedz de leurs pere ou mere, le survivant desdits pere ou mere demeurera curateur, ou legitime administrateur. Et à faute ou refus d'iceux, leur sera par la Justice pourveu de curateur, les parens appellez comme dessus, posé que lesdits mineurs ne le requierent. Lesquels curateurs, ou legitimes administrateurs administreront jusques à ce que lesdits puberes soient hors de minorité.

CEt article est la ceremonie du droit Romain selon lequel on ne baille curateur à l'adulte ou pubere outre son gré, sinon quand il est question de plaidoyrie. *§. item inviti. instit. de curat.* Et de plus se reconnoît que tutelle & curatelle en effet est une même charge. La Coûtume de Sens article 159. dit rondement que la tutelle dure jusques à 25. ans.

La question se traite souvent, si le tuteur aprés sa charge finie est tenu de répondre en jugement pour le mineur és affaires qui ont été commencées du tems de sa charge ? Aucuns disent qu'il est tenu de répondre jusques à ce qu'il ait rendu compte, par la raison de la *l. tutor. ff. de appel.* Ce que je ne puis croire, & me semble qu'en cét affaire on peut appliquer un temperamment. A sçavoir en general que le jadis tuteur ou ses heritiers sont tenus aprés la tutelle finie, de parachever les negoces particuliers encommencez durant la charge & deja bien avancez; comme ce parachevement faisant portion individuë de la prémiere administration, même si ce qui reste à faire est inseparablement joint avec ce qui est commencé, ou qui difficilement se puisse separer. *l. ita autem. §. si tutor. ff. de administ. tut. l. tutor post. C. arbit. tut. l. 1. ff. de fidejuss. l. eum actum. ff. de nego. gest.* Et quant aux causes intentées durant la charge de tutelle, ce tuteur qui n'a plus cette qualité n'est pas personne legitime pour representer en jugement la personne du pupille. Aussi la loy ne dit pas qu'il estera en jugement comme principale partie: mais qu'il y assistera, qui présuppose qu'il sera proche d'un autre. *l. unica. C. ut causæ post pubert. adsit tutor.* & ainsi doit être interprété le verbe *adesse. l. si suspecta. ff. de inoff. testa.* Aussi le Juge aprés quelque sommaire connoissance de cause, peut commander au tuteur qui n'a encores rendu compte, & ne s'est du tout déchargé de mettre à fin la cause par luy commencée pour la notice qu'il a des merites d'icelle. *l. tutores qui post. §. tutor. ff. de admist. tut.* non pas pour agir en qualité de tuteur, ny pour representer en jugement la personne du mineur, car il n'est plus tuteur: mais pour assister au mineur s'il est fait majeur ou au tuteur subrogé pour les instruire & solliciter en la cause. Et ainsi me semble pouvoir être accordées la *l. negotiorum. §. ult.* la *l. tutor.* & la loy derniere. *§. ult. ff. de appell.* Combien que le tuteur aprés la tutelle finie n'ait plus pouvoir de representer en jugement son jadis pupille, toutefois si par le compte le tuteur est demeuré débiteur envers le pupille, & se soit chargé de quelque partie qu'il ait fait bonne au pupille, il en peut agir en son nom contre le tiers qui en est débteur, & autant s'en peut dire en tous autres administrateurs: ainsi fut jugé par Arrest en plaidant contre les marguilliers de Bray le 5. Janvier 1550. & la loy par équité donne souvent l'action utile, *etiam* sans cession quand aucun a payé ou fait bon ce qu'un autre devoit *ut l. 1. §. nunc tractemus. ff. de tutel. & rat. distrah. l. si res in fine. ff. de legat. 1.* Mais les Eschevins anciens quoy qu'ils aïent contesté la cause, ne sont pas tenus d'y demeurer aprés leur charge finie: mais seulement assister s'ils en sont requis. Ainsi fut jugé par Arrest pour les Eschevins anciens d'Orleans és grands jours de Moulins le 11. Septembre 1550.

Par l'Edit d'Orleans article 102. les tuteurs sont tenus d'employer les deniers pupillaires en achat d'heritages ou rentes, & à faute de les employer sont tenus payer l'interest. On demande à quelle proportion doit être payé cét interest? Surquoy je dis en premier lieu, que ledit article d'Edit ne commande pas en general de vendre toutes sortes de meubles, mais seulement les meubles perissables: Cette qualité peut être entenduë en deux sortes. L'une des meubles qui en gardant ne se gardent pas comme bled, vin & autres especes. L'autre des meubles dont la garde n'apporte aucun profit ny croist, & dont le commerce est vulgaire, comme sont licts, vaisselle d'étain & de cuivre, & ustensiles communs. Ces deux sortes de meubles doivent être vendus sinon qu'aucun des mineurs fût en âge avancé pour bien tôt se metre en ménage, & luy fût plus utile de reserver ces meubles qu'aprés les avoir vendus être en peine d'en acheter d'autres pareils. Mais si ce sont meubles pretieux qui ne sont en commerce comme tapisserie, linge délié excellent, bagues, pierreries, orfévrerie excellente, & que la maison des pupilles ne fût affairée ny endetée, & selon ses facultez puisse porter quelque parade; je croy que le tuteur ne doit pas les vendre, parce que tels meubles sont comme heritage en une maison. Les Grecs les appellent *ceimylia*, & ainsi sont nommez les joyaux de l'Eglise *in cap. 3. extra de offic. archid. & in can. apostolicos. 12. quest. 2.* Aussi la loy commande au tuteur de faire dépense qui ne sert qu'à honneur, & pour la conservation de la dignité de la maison dont il ne revient aucun profit pecuniaire. *l. cum plures. §. 3. ff. de administ. tut. l. 1. §. sed nonnullos. ff. de tu. & rat. dist.* Mais quant aux meubles vrais perissables, s'il ne les vend & n'employe les deniers, l'Ordonnance le condamne aux interests, qui emportent ce que l'heritage ou la rente eussent pû apporter de revenu, si l'employ eût été fait. Et parce que le tuteur eût pû s'il eût voulu employer les deniers en achat d'heritage ou de rente fonciere: car l'Edit ne distingue pas s'il entend de rente fonciere, ou de rente constituée à prix d'argent. Et encores parce que les tuteurs ne doivent être traitez avec rigueur quand il n'y a de leur part ny dol ny grande negligence, il me semble qu'on se doit contenter d'adjuger l'interest à raison du denier vingt qui est le revenu commun des heritages, & comme il se dit de celuy qui joüit de l'heritage par luy acheté, & ne paye pas le prix selon la *l. curabit. ff. de act. empt.* Et aussi ledit Paul de Castre. *cons. 301.* dit que les usures pupillaires ne sont en usage, de même Alexand. *consil. 66. vol. 1.* Decius. *con. 119. & 183. vol. 1. Ruin. cons. 92. vol. 5.* Cette raison d'interest doit être jugée par l'office du Juge selon les circonstances, parce qu'aucuns Docteurs disent en la *l. curabit*, de arbitrer l'interest selon la valeur du revenu de la chose venduë. Car celuy qui vend son heritage c'est vray-semblablement pour marchander ou pour acquiter ses debtes, ou pour faire profit plus grand que le revenu de son heritage. Sera noté que le pupille ne peut demander sinon en qualité d'interest: car les usures pupillaires ne sont permises *Paulus Castrens. cons. 301. & allegat. Bart. in l. tutor qui repertorium §. si deponi. ff. de admin. tut.*

CHAPITRE XXXI.

DE RETRAIT LIGNAGER.

ARTICLE I.

Retrait d'heritage ancien vendu, compete & appartient aux parens de la ligne, & être du vendeur, & chose venduë jusques au sixiéme degré de consanguinité inclus, & non plus.

LE Retrait lignager est proprement du droit François, Ciceron en l'Oraison *pro Cornelio Balbo*, dit qu'à Rome les heritages n'étoient sujets à lignage, en ces mots latins *prædiorum nullam esse gentem.* En France les heritages sont si fort sujets au lignage, que d'ancienneté les surnoms des Gentils-hommes se prenoient des noms de leurs Seigneuries: & encores aujourd'huy, quoy qu'en leurs titres & affaires permanentes ils prennent le nom de leur naissance, si est-ce que communément & par le nom d'honneur on les reconnoît par les noms de leurs Seigneuries. Nous voyons que les enfans issus des fils de Roy puisnez prennent le surnom du Duché ou du Comté qui a été donné en appanage de la Couronne ausdits fils puisnez, dont sont les noms d'Artois, d'Alençon, de Bourgogne, d'Anjou, d'Orleans.

Heritage ancien, ce mot d'heritage ancien est autrement consideré en fait de succession qu'en retrait lignager; comme il est distingué *suprà* au chapitre, quelles choses sont reputées Meubles, article 13. duquel article le second membre devoit être transferé en ce chapitre, comme étant l'une des clefs principales de cette matiere. Or par le retrait lignager il faut que le vendeur & le retrayant soient descendus en droite ligne de celuy auquel autrefois l'heritage a appartenu. Doncques si l'heritage acquis par le pere est vendu par l'enfant à qui il est échen, les seuls freres & sœurs du vendeur seront reçûs au retrait.

Sixiéme degré de consanguinité, Il faut entendre selon la computation du droit Civil, par lequel chacune personne du nombre de ceux qui servent au compte, fait un degré, hormis la souche commune qui n'est comptée : & ainsi faut compter en toutes affaires, même de successions & autres hormis au fait des mariages; auquel seul fait, & non en autre, on compte les degrez selon le droit Canonique qui compte deux personnes pour un degré, *can. ad sedem* 35. *quæst.* 5. L'on dit icy heritage ancien, non seulement celuy qui est écheu par succession, mais aussi celuy qu'aucun a reçû en contre-échange de son heritage ancien, & telle est l'usance de ce Royaume, à laquelle se rapportent Paris article 143. Sens article 38. Berry de Retrait, article 14. Orleans article 385. Melun article 141. Troyes article 154. & autant faut dire de celuy avenu par partage : car partage est permutation, *l. cum pater, §. hæreditatem* 2. *ff. de legat.* 2. Aussi est reputé heritage ancien celuy qu'on a recouvré par retrait lignager. Et celuy qui a été donné par le parent de même estoc, par contemplation d'amitié à cause du lignage, comme il a été dit cy-dessus audit chapitre, quelles choses sont reputées Meubles, article 14. Quoy qu'aucunes Coûtumes ne reputent l'heritage donné être propre, sinon qu'il ait été donné par un ascendant. Sens article 41. Auxerre article 162. Bourbonnois article 468. Melun article 131. Troye article 153. Reims article 224. Autres Coûtumes declarent les degrez pour venir au retrait, les unes au septiéme degré. Sens article 146. & Bourbonnois article 434. qui est l'ancienne limite de succession par cognation, *§. ult. instit. de success. cognat.* Bretagne ancienne article 284. & nouvelle, article 298. donne le retrait jusques au neuviéme degré, & appelle ce droit de retrait lignager, droit de premesse, qui n'est pas tiré du droit *protimiseos*, comme aucuns ont pensé, & mal, mais est tiré d'un ancien mot François Presme, qui represente le mot Latin *proximus.* Tours article 152. donne le retrait aux lignagers habiles à succeder au vendeur, quoy qu'ils ne fussent nais ny conçûs lors de la vente; pourveu qu'ils se trouvent au ventre de la mere dedans l'an. Aucunes Coûtumes decident le doute qui a été autrefois, & de present on le tient pour certain, que les enfans durant la vie de leur pere peuvent retraire ce que leur pere a vendu, & de même les heritiers du vendeur. Paris article 142. Orleans article 402. Melun article 144. Bourbonnois article 485. Laon article 253. Reims article 193. Laon & Reims ajoûtent que le pere peut retraire au profit de son enfant qui est au ventre de la mere; quoy qu'il ne fût conçû lors de la vente. La raison est de droit, que l'enfant qui est au ventre est tenu comme s'il étoit nay quand il est question de ses commoditez; *l. qui utero, ff. de statu homin.* Ce qui doit être entendu, pourveu que par aprés l'enfant naisse en vie : car autrement on ne fera aucun état de luy, *l. is cui ita, ff. quandò dies legati, l. utrum, ff. de rebus dubiis, l.* 2. *C. de posth. hæred.* & suffit qu'il ait été au ventre de la mere dedans l'an du retrait, *etiam* par un moment de tems, comme il se dit de l'enfant duquel la mere s'est trouvée franche personne en un moment de tems quand l'enfant étoit encores en son ventre, *l. & servorum in fine, ff. de statu hominum,* combien que lors de la conception, & lors de son enfantement elle fût de servile condition.

On demande si l'enfant legitimé qui est nay naturel ou bâtard est recevable au retrait lignager. Surquoy il me semble que s'il est legitimé par mariage subsequent avec les circonstances & qualitez requises, dont il a été traité cy-dessus des Fiefs article 20. qu'il y peut venir sans difficulté, car il est legitimé par le benefice de la loy qui a tout pouvoir sur la legitimité des mariages & des enfans, & est reputé legitime quant à tous effets. Mais s'il est legitimé par rescrit du Prince, qui ne peut être qu'avec dispense, je croy qu'il ne vient au retrait, ny à autres droits de lignage, sinon à l'égard & au préjudice des parens qui ont consenty à la legitimation, ou de leurs descendans: car toutes dispenses & graces doivent être prises étroitement sans aucune extension, *cap. si gratiose, de rescript. in 6.* Decius *consil.* 275. *vol.* 2. tient indistinctement que les legitimez ne viennent au retrait lignager.

ARTICLE II.

LE retrayant lignager doit faire ajourner l'acheteur dedans l'an & jour, à compter de la possession réelle & actuelle prise par l'acquereur, par commission & exploits libellez à deux fins; à sçavoir, de retrait dudit heritage vendu, & de l'exhibition de son titre d'acquisition: & doit être l'assignation dans dix jours pour le plus, le tout dedans ledit an & jour.

POSSESSION RE'ELLE) Cette possession doit être publique, & dont la connoissance vray-semblablement soit venuë à tous, & s'il y avoit quelque artifice pour couvrir la vente, l'an & jour ne courreroit, comme s'il y avoit eu un loüage precedent, & durant le tems d'iceluy le conducteur eût acheté l'heritage: car pour l'effet de la vente à tel acheteur n'est requise autre tradition ny apprehension de possession, puis qu'il tient le même heritage, *l. sive autem, §. 1. ff. de publiciana in rem actione.* Ce qui s'entend à l'égard de l'acheteur & du vendeur: Mais à l'égard du lignager il est besoin qu'il y ait quelque acte public apparent & nouveau, pour faire connoître que cét acheteur joüit comme proprietaire, & non comme conducteur. Ainsi és dévoluts de Benefices, le tems de la negligence ne court dés la vacation du Benefice, qui est de droit ou de fait; mais du jour que le collateur a sçû, ou vray-semblablement peu sçavoir la vacation, *cap. quià diversitatem extra de concess. preb. cap. licet juncta glo. ex de supplenda neglig. Prelat. l. ult. ff. quis ordo in bon poss.* Aussi s'il y a quelque fraude converte, comme d'un échange simulé, & la fraude se soit découverte quatre ou cinq ans aprés l'an & jour, ne courrera que du tems de la decouverte. Chopin au traité *de privileg. rust. parte 1. lib. 3. cap. 5. num. oct.* dit avoir été ainsi jugé par Arrest du 1. Decembre 1569. vulgairement dit l'Arrest de Courbetoisse. A quoy servir j'ay allegué la *l. sed & ad eos, ff. ex quib. cau. major. & l. cum quis, ff. de dolo.* Et encores qu'il se dit que par subtilité de droit, *& summo jure* l'action de retrait fût perie, le lignager par le subside & aide de l'action *de dolo*, contraindroit celuy qui auroit commis fraude à luy délaisser l'heritage, *l. 1. §. Idem Pomponius, ff. de dolo.* Ou bien l'action qui directement ne se pourroit intenter aprés l'an, par replication de dol deviendroit utile, *leg. rem alienam, in fine, ff. de pignor. act. & arg. l. si fidejussor, §. in omnibus, ff. mandati.*

Aucunes Coûtumes comtent l'an & jour du tems du contrat de vente, comme Sens article 32. Auxerre article 154. Berry de Retrait, article 1. n'octroye que soixante jours. Orleans en roture article 363. Blois article 193. Bourgogne article 106. Les autres Coûtumes comptent l'an du jour de la reception en foy, si c'est fief, ou en saisinement, si c'est roture. Paris article 129. & 130. Bourbonnois article 422. en laquelle Coûtume il n'y a que trois mois, Melun article 145. Senlis article 222. Troyes article 144. Vitry article 126. Laon art. 225. & Reims article 189. Mais selon mon avis ces deux manieres de compter le tems pour le retrait sont captieuses, parce que les ventes & les receptions en foy ou ensaisinement, peuvent être faits occultement, & entre les parois privez: Le compte du tems de la reception & ensaisinement dépend d'une fort ancienne Coûtume, qui encores est pratiquée en plusieurs lieux que le nouvel acquereur ne se pouvoit dire possesseur, que le vendeur ne se fût devêtu és mains du Seigneur direct, & que le Seigneur n'eût investy le nouvel acquereur. Les Coûtumes qui comptent du tems de la possession réelle, sont plus raisonnables, comme celle-cy de Nivernois. Tours article 153. Auvergne chapitre 23. articles 1. & 2.

COMMISSION ET EXPLOITS LIBELLEZ) Cecy est du tems que les Sergens ne pouvoient exploiter sans commission: cette formalité pour le general à bon droit a été abolie: mais les Exploits libellez avec délivrance d'iceux sont necessaires par l'Ordonnance de l'an 1539. & par celle de Roussillon de l'an 1564. qui y met la peine de nullité. Et quand il y a ajournement avec exploits libellez & délivrance de copie: je croy qu'il suffit.

DANS DIX JOURS) La nullité n'est pas precise si l'ajournement est aprés les dix jours, pourveu que le tout soit dans l'an: mais si l'assignation étoit plus longue que de dix jours, & avant le jour écheu survint un autre lignager qui abregeat l'assignation, il seroit preferé. *Infrà*, article 17. car le terme des dix est introduit *ex causa*, & non pas precisement, pourquoy il en faut juger *quatenus interest*. Orleans article 366. dit que le lignager doit élire domicile au lieu de la cause, autrement l'ajournement est nul. Ce que je trouve raisonnable pour être observé par tout quand le retrayant est étranger.

LE TOUT DEDANS LESDITS AN ET IOUR.) Ainsi Paris article 130. & Bourbonnois article 441. A ce fait la raison de la *l. petendæ*, *C. de tempor. in integ. restit.* Où se dit que celuy qui est proche du terme de son action, ne doit avoir délay parce qu'il pouvoit s'avancer. Or il me semble que ce n'est assez que l'ajournement échée dedans l'an & jour : mais dedans l'an & jour la demande doit être revétuë & accompagnée d'offres réelles & à découvert, & doit le retrayant se presenter en Jugement, en tel état que si l'acheteur se rendoit prest pour accepter les offres, le retrait peut être accomply à la même heure, *leg. servus si heredi*, *§. Imperator*, *ff. de statu liber.* Ce qui se rapporte assez par les trois & cinq articles suivans, qui desirent que les deniers soient joints avec la parole, & ne se doit pas dire que la prescription de l'an & jour soit interrompuë par les exploits libellez, comme il se dit en la prescription de trente ans, *l. sicut*, *C. de præscript. 30. vel 40. ann.* la glosse audit lieu dit que cela est special pour lad. prescription, & qu'autrement est és autres, *l. mora*, *C. de rei vend.* Ce que dessus est representé par aucunes Coûtumes qui desirent que les offres à découvert soient faites dedans l'an. Troyes article 143. Vitry article 126. Laon article 231. passe plus outre, & dit que les offres doivent être faites lors de l'ajournement. Autres Coûtumes se contentent que l'ajournement soit dedans l'an, quoy que l'assignation échée aprés l'an, pourveu qu'il n'y ait grande distance, les unes de quinze jours, les autres de quarante jours. Sens article 32. Auxerre article 157. Vitry article 126. Laon article 232. Reims article 197. Lesdites Coûtumes de Reims & Laon permettent au defendeur d'accepter l'assignation. La Coûtume de Tours article 191. desire que le retrait soit fait en jugement au lieu ordinaire, autrement il est reputé comme vendition faite de gré à gré : à quoy correspond aucunement Bretagne ancienne article 287. & nouvelle article 301.

On a disputé qui est le Juge competent du retrait, ou le Juge de la chose, ou le Juge du domicile du défendeur. Aucunes Coûtumes donnent le choix au demandeur. Bourbonnois article 427. Tours article 169. Poitou article 327. Laon article 233. Reims article 198. Ce qui semble être fondé en raison de droit, car quoy que l'action soit personnelle, *conditio ex lege*, toutefois elle est *in rem scripta*, & on tient que la loy finale, *C. ubi in rem actio exerceri debeat.*, qui donne le choix au demandeur, a lieu és actions personnelles écrites *in rem*, & ainsi l'ay oüi dire à Monsieur le President le Maître seant en l'Audience. Toutefois sur le débat d'entre le Prévôt de la Ville de Senlis & le Prévôt Forain, fut jugé par Arrest le Mardy 3. Fevrier de l'an 1550. que le Prévôt de la Ville connoîtroit des retraits lignagers des choses assises és champs, entre les habitans de la Ville : mais ces Arrests donnez sur reglement des Jurisdictions entre les Juges, que l'on estime pour la pluspart être ambitieux, ne doivent servir de préjugé pour les particuliers plaideurs, qui cherchent leurs commoditez, & qui peuvent se passer des débats qui sont entre les Juges.

ARTICLE III.

ET à ladite assignation, si ledit acquereur exhibe son titrre, ledit retrayant doit offrir comptant audit acquereur le prix & le sort principal y contenu, avec quelque somme pour les loyaux frais, offrant parfaire : & si l'acquereur délaye ou refuse ladite exhibition, ou fait défaut à ladite assignation, ledit retrayant ne sera tenu de faire offre prefixe & certaine dudit sort principal : mais seulement pour icelluy, d'une somme, offrant parfaire, quand il apperra par l'exhibition du titre : & aussi sera tenu d'offrir une somme pour les loyaux coûts, offrant parfaire comme-dessus.

OFFRIR COMPTANT, Ce mot COMPTANT emporte qu'il ne suffit pas d'offrir deniers en gros & en bloq (ce mot BLOQ est tiré du Latin, *in globo* par metathese) mais offrir & nombrer deniers, & les compter. Autrement ne se peut dire quelle somme a été offerte, A cét article se rapporte Paris article 140. & Auxerre article 154.

SON TITRE, En cét endroit & en plusieurs autres de cette Coûtume, & en l'usage vulgaire, titre est appellé l'enseignement par écrit, pour montrer quel est le droit d'aucun en un heritage : dont est cette abusive façon de parler, passer reconnoissance & nouveau titre : car la reconnoissance n'est pas titre, & n'attribuë aucun nouveau droit : mais témoigne & declare quel est le droit de chacun. Mais titre proprement c'est le moyen par lequel aucun se dit proprietaire comme d'achat, de donation, d'heredité.

D'UNE SOMME, Ce doit être d'une somme vray-semblablement approchante, la raison & le vray prix, *ut infrà* article 6.

Plusieurs Coûtumes desirent que le défendeur ajourné en retrait, affirme le vray prix, & que le retrayant affirme aussi s'il demande le retrait en faveur du lignage, & sans fraude, ce qui s'entend s'ils en font requis. Ainsi Poitou articles 323. & 324. Sens article 33. Auxerre articles 154. & 155. Berry de Retrait articles 9. & 10. Bretagne ancienne article 296. & nouvelle article 310. Bourbonnois article 455. Auvergne chapitre 23. article 33. Melun article 154. Troyes articles 151. & 152. Laon articles 237. & 238. & ajoûte qu'aprés que le défendeur a maintenu qu'il y a fraude, que le vendeur quoy qu'il ne soit en cause est contraint de jurer : & de même Reims article 204.

ARTICLE IV.

ET sera en outre tenu de continuër lesdites offres à toutes les assignations de ladite cause jusques à contestation incluse.

A La premiere fois il faut offrir deniers nombrez & comptez, és autres assignations, suffit de faire les offres en bloq & en bourse.

ARTICLE V.

ET si avant ou aprés contestation l'acquereur accepte les offres, ou s'il y a Sentence adjudicative dudit retrait, iceluy retrayant sera tenu de fournir à sesdites offres dedans vingt jours, à compter du jour desdites acceptation ou Sentence. Autrement à faute de faire & continuër lesdits exploits & offres en la maniere devant dite, ou de fournir à icelles offres selon que cy-prochainement est declaré, iceluy retrayant est & sera debouté dudit retrait.

EN cét article sont deux cas de décheance du retrait : L'un à faute de faire & continuër les offres avant contestation : L'autre à faute de fournir aprés que le retrait a été accepté ou adjugé. Quant au premier cas, ainsi disent Paris article 140. Laon art. 221. Reims article 196. Bourbonnois article 428. Senlis article 223. Troyes article 151. Vitry article 126. Senlis & Vitry exceptent si les deniers ont été consignez en main tierce (ce qui est general par tout) car la consignation & deposition represente à toutes heures les deniers comptans. Melun article 159. ajoûte limitation de la décheance, pourveu qu'à la même assignation le défendeur requiere la décheance de retrait, autrement le retrayant peut purger sa demeure. Ce qui est conforme au droit, & doit être observé par tout, parce qu'és affaires judiciaires, on peut purger sa demeure, pourveu que partie adverse soit sans interest, *l. etsi post tres, ff. si quis caut. l. mancipiorum, ff. de optione legata.*

Quant au second cas de décheance aucunes Coûtumes ne donnent au retrayant que vingt-quatre heures, s'il y a acceptation incontinent, & si l'acceptation est faite aprés qu'il y a eu délay ou contredit, y a huitaine, & si le retrayant est absent c'est au Juge d'arbitrer le tems. Auxerre article 185. Orleans article 370. Sens article 69. Melun article 153. Aucunes disent simplement vingt-quatre heures : Paris article 136. Poitou article 325. Bourbonnois article 428. Senlis article 223. Laon article 236. Reims article 202. Blois article 194. Bretagne ancienne article 293. & nouvelle article 307. dit dedans huit jours. Nôtre Coûtume benignement, & pour éviter toute caption & surprise donne vingt jours.

EST ET SERA DEBOUTÉ, Ce mot EST, qui est de tems present, emporte execution de droit. Bart. *in l. jubemus nulli, §. sanè, C. de sacro. Eccl. & in l. si quis in tantam 7. C. unde unde vi, & in l. Imperator, cum annotatione ibi posita, ff. de jure fisci.* Qui fait qu'en ce second cas qui est des vingt jours, le retrayant n'est pas recevable à purger sa demeure. Bart. *in l. si quis, §. si plures ff. judicat. solvi, & in l. si insulam, nu. 19. ff. de verb. oblig.* Ainsi fut jugé par Arrest de la Cour pour Magdelaine Peron veuve de Pierre Desprez, contre Jacques Bourgoin Sieur de Cogny, sur un appel venant de Nivernois, nonobstant que ledit Bourgoin s'aidat de l'Edit qui étoit lors de pacification, par lequel le tems des troubles étoit déduit des prescriptions. Aussi és prescriptions annales, selon l'usance de ce Royaume, on ne reçoit aucune restitution en entier. Mais si l'acheteur défendeur en retrait aprés avoir contredit le retrait guette quelque occasion d'absence, ou autre empêchement du retrayant, & vienne *ex abrupto* accorder le retrait, le Juge connoissant cette affectation pourra proroger le tems. Ainsi jugea la Cour, plaidans Aubert & de Monthelon, en la cause de Gaucher de sainte Marthe, sur un appel venant de Lodunois, le Lundy 5. Juillet de l'an 1568. où j'étois present. Que si aprés le retrait adjugé le retrayant dit qu'il ne s'en veut aider, le défendeur en retrait le contraindra d'y ester. Ainsi dit Chopin avoir été jugé par Arrest du 11. Juillet 1551. *in tract. de privileg. rust. parte 3. lib. 3. cap. 5. num. 2.* Aussi une Sentence a effet d'obligation personnelle, *l. 1. C. si in causa jud. pignus captum sit.*

ARTICLE VI.

SI l'acquereur ajourné en retrait & exhibition de titre est défaillant par trois defaux continuels, ledit retrait sera adjugé au demandeur en montrant qu'il est du lignage, & être dont l'heritage procede : aussi en consignant réellement lesdits sort principal & loyaux coûts, s'ils sont certains & conneus, sinon quelque somme vray-semblablement approchante de la raison, comme dit est, pour lesdits sort principal & loyaux coûts.

ARTICLE VII.

ET l'acquereur étant retourné, & aprés avoir par luy exhibé son titre, le retrayant sera tenu dedans dix jours, bailler, délivrer & parfournir le prix de ladite acquisition : autrement sera debouté dudit retrait : aussi retirera le retrayant ce qu'il aura consigné outre le prix principal.

TROIS DEFAUX, Cecy est avant l'Ordonnance de l'an 1539. laquelle se contente de deux defaux, & pour le profit du second, le defendeur est débouté de deffenses, & est permis au demandeur de verifier le contenu en sa demande, & par ladite Ordonnance est dit quelque défaut que fasse le défendeur que l'on ne doit adjuger au demandeur ses conclusions, sinon en verifiant le contenu en icelles. Que si l'acquereur défendeur en retrait n'a aucun domicile, au lieu ou en la Province, & on ne le puisse trouver en personne, faut prendre permission du Juge pour l'ajourner à cry public, en le signifiant & baillant copie à ses parens, amis ou entremetteurs au lieu s'il en a aucuns, *leg. aut qualiter, §. 1. ff. quod vi aut clam.* Et sera bon de prendre attestation judiciaire de ceux qui le connoissent, qui diront ne sçavoir son domicile, *leg. 2. ff. de nautico fœnore.* Aucuns pour plus grande seureté impetrent en Chancellerie Lettres qu'on appelle d'autorisation d'ajournement, par lesquelles le Roy autorise les ajournemens ainsi faits à cry public, pour valoir comme s'ils étoient faits à personne ou à domicile : je trouve la permission du Juge aussi suffisante. Et en tels cas faut que l'ajournement soit donné avec délay competent dedans lequel les amis ou entremetteurs le puissent faire sçavoir. Encores audit cas est assez expedient d'attacher les exploits à l'heritage dont le retrait est demandé, *arg. l. dies, §. toties, ff. de damno infecto, & l. 1. ff. de liber. agnosc.* De cette forme d'ajourner les absens est parlé par les Coûtumes de Sens article 53. Auxerre article 174. Poitou article 329. Berry du Retrait article 7. & 8. Bourbonnois art. 429. Melun article 146. Troyes article 159. Laon article 256. Reims article 219. Aucunes ajoûtent de faire signifier au Prône de la Messe Parroissiale.

EN CONSIGNANT RE'ELLEMENT, En ce cas la seule offre réelle ne suffit pas, parce qu'il n'y a personne à qui la faire, ny qui la puisse accepter : mais est besoin de deposer en main tierce : comme en autres cas quand la partie est absente, *l. si reus, ff. de procurat. l. ult. ff. de lege commiss.*

DEDANS DIX IOURS, En ce cas on a abregé le tems de vingt jours porté par le cinquiéme article, & est à croire que c'est parce qu'il y a déja consignation en main tierce, & n'est question que de parfournir.

ARTICLE VIII.

SI le retrayant és cas où offre simple suffit, fait outre lesdits offres consignation réelle, lesdites offres & consignation valent, afin d'obtenir en la cause, & gagner les fruits depuis icelle consignation : & au regard desdites offres simples, elles valent pour obtenir en la cause simplement.

MAître Charles du Moulin tres-docte Jurisconsulte François a tenu l'opinion que les seules offres réelles sans consignation suffisent pour gagner les fruits, parce dit-il, qu'avant contestation, le retrayant doit tenir ses deniers prests à toutes heures: il le dit en l'annotation sur la Coûtume de Blois article 198. Les Doctes du Palais de Paris, même les Juges des Chambres de Parlement ont pour la plufpart adheré aux opinions dudit du Moulin, & la plufpart de ces notables Arrests qu'on allegue, & des articles nouveaux des Coûtumes nouvelles que l'on tient comme generaux és païs Coûtumiers, sont fondez & tirez des opinions & resolutions dudit du Moulin, & suivant ce grande partie desdites Coûtumes donnent les fruits depuis les offres réelles sans consignation : Paris article 134. Poitou article 338. Tours article 168. Melun article 160. & 161. Reims article 201. qui toutes sont nouvelles, & celle de Bourbonnois article 428. Blois article 198. (de laquelle M. Rogier Barme, tres-sçavant Avocat de son tems, depuis Avocat du Roy & President, a été Autheur, comme de celle de Bourbonnois) dit que le retrayant n'est tenu de consigner, sinon aprés le contrat veu. Autres Coûtumes ne donnent les fruits sinon depuis la consignation, comme celle-cy, & Berry de Retrait article 6. Auxerre article 168. Troyes article 166. Mais en quelque Coûtume que ce soit les fruits sont deûs depuis contestation, qui rend toûjours le défendeur de mauvaise foy, *l. 2. C. de fructib. & lit. imp. leg. certum, C. de rei vend.* La raison des Coûtumes qui donnent les fruits depuis les offres réelles, peut être à cause du brief tems de vingt-quatre heures pour fournir deniers à l'acquereur, car par ce moyen le retrayant doit tenir les deniers par luy offerts tous prests, & comme en dépost. Mais en nôtre Coûtume où il y a vingt jours pour fournir les offres, qui est tems suffisant pour recouvrer deniers de ses amis quand on ne les a pas comptans, il n'y a pas occasion de dire qu'il les faille tenir en dépost tout prests, pourquoy la consignation est requise. Aussi selon les Theoriques communes des Docteurs, quand on veut gagner quelque effet, outre le témoignage d'une simple diligence, comme pour éviter les interests promis, ou pour gagner les fruits, le debteur doit se déposseder des deniers qu'il offre, & les mettre en main tierce, *leg. acceptam. C. de usur. leg. tutor pro pupillo. §. 1. ff. de admi. tut. l. ult. ff. de lege commiss.* Combien que les Docteurs disent quand il y a refus exprés de celuy à qui l'offre se fait, que l'offre verbal suffit. Steph. Bertrandi *consil.* 138. *vol.* 3. Ruinus *consil.* 113. *vol.* 1. & fait la *l. si ita hæres. ff. de conditionib. instit.* Toutefois je croy que pour l'effet du retrait il faut faire offre à découvert : car le retrayant doit se semondre de soy-même à representer la chose en tel état que sur le champ le negoce puisse être accomply, si l'adversaire y consentoit, *l. servus si hæredi. §. Imperator. ff. de statu liber.*

La consignation doit être faite és mains de quelques notables Bourgeois ou Marchands élûs par les parties, & à défaut d'en convenir par les parties, és mains des Greffiers qui n'en doivent prendre aucun salaire. Ordonnance de Louis XII. 1499. article 67. Par l'Ordonnance sur la reformation des Justices de Normandie article 33. Toutefois je trouve assez perilleux és mains des Greffiers qui ordinairement sont fermiers, & ne baillent caution que pour le payement de leurs fermes ; pourquoy le plus seur est en cas que partie adverse ne veüille convenir de depositaire, que le consignant à ses perils & fortunes, nomme un dépositaire homme notable, & qui par opinion commune soit suffisant.

La question est à quelle proportion & raison les fruits de l'année doivent être gagnez, même s'il advient que le retrayant intente son action la veille des moissons, ou du jour de la perception des redevances, ou peu auparavant ? Aucuns ont tenu que celuy doit gagner les fruits simplement, & pour le tout, qui se trouve en état & devoir pour se pretendre proprietaire le jour qu'ils échéent, par la raison de la *l. qui scit. ff. de usur.* que les fruits sont perçeus pour consideration du sol, & non de la semence, ou du labeur : mais je croy qu'il y échet temperamment, soit par les raisons de droit, soit par équité & remede util pour éviter les malices de ceux qui guettent les articles de tems. De vray le retrayant a une année entiere en sa faveur pour à sa liberté agir quand il luy plaist : l'acquereur est toûjours en doute, si & quand on le voudra assaillir, & est bien seant de le favoriser, parce qu'il est acquereur de bonne foy, & qu'il est défendeur, & afin qu'il ne néglige la culture & le soin. Doncques si avant que d'être appellé en retrait les fruits sont cueillis, ou le payement des redevances écheu : je croy qu'il les prend simplement, & en pur gain, par la raison de ladite *l. qui scit. ff. de usur.* qui donne les fruits à l'acheteur de bonne foy, & par la raison de la *l. Julianus. §. si fructibus ff. de act. empti.* & a ce sont les Coûtumes de Poitou article 369. Berry de retrait article 6. Auxerre article 168. Orleans article 375. Bourbonnois article 482. Tours article 168. Laon art. 246. Blois article 198. Si lors qu'il est appellé en retrait il n'a encores rien perçeu, & qu'il y ait distance de tems notable entre son acquisition, accompagnée de déboursement de deniers, & l'introduction de la cause du retrait, il me semble que les fruits prochains à cueillir devroient être partis entre l'acquereur & le retrayant, *pro rata* du tems ; j'entends fruits ce qui reste aprés avoir précompté les frais faits pour faire venir lesdits fruits (car les fruits sont dits ce qui reste aprés cette déduction, *leg. si à domino. §. ult. ff. de petit. hæred.* l. 1. *Cod. de fruct. & lit. impens.*) Pour cette opinion du partage des fruits *pro rata* est l'Edit du mois de Janvier 1563. sur le rachat du temporel de l'Eglise art. 7. & par le préambule est dit que led. rachat est accordé *ad instar.* de retrait lignager. Fait aussi ce qui est dit, *in leg. curabit. Cod. de act. empti.* où sont mis en comparaison les fruits de la chose venduë, & l'interest des deniers du prix. Aussi est à considerer que l'acquereur a fait état en sa maison des fruits de l'heritage acheté, & y a fondé l'attente de sa provision dont il ne doit être frustré ; qui est une consideration prise par la *l. si in lege. §. colonus. ff. locati.* Et n'est pas raison qu'il soit frustré de cette attente par un qui survient, qui n'a interest foncier, mais un seul interest d'affection. Pour le partage des fruits, *pro rata* du tems, sont les Coûtumes de Poitou article 369 Berry de retrait article 6. Orleans article 376. quant aux arrerages de rente & loyers.

ARTICLE IX.

S'Il y a clause de faculté de rachat en la vente, l'an & jour dessusdits qui sont octroyez au retrayant pour faire & commencer ses diligences, ne commencent à courir à l'encontre du retrayant, sinon aprés ledit rachat expiré.

CEt article a été pris d'un Arrest, prononcé solemnellement le 7. Septembre 1532. pour le Seigneur de la Trimoüille, appellant du Senéchal de Poitou, ainsi que j'ay appris par les Memoires de Monf. M. Guillaume Bourgoin Conseiller en la Cour de Parlement, mon Oncle, qui a été l'un des Commissaires de la redaction de cette Coûtume. La raison de l'article peut être que pour le tems que le vendeur à son remede pour recouvrer l'heritage vendu, & le remettre au lignage, l'heritage n'est reputé être sorti hors de la famille selon le vulgaire brocard, que qui a action pour recouvrer la chose, est reputé avoir la même chose. *l. idem Julianus ff. de petit. hared.* & pour l'effet de cét art. il faut que la faculté de rachat soit incorporée dedans le même contrat de vente, en sorte qu'elle fasse portion d'iceluy. Selon cét article sont les Coûtumes de Sens article *63*. Orleans article *393*. Bourbonnois article *423*. Tours article 157. Blois article *206*. Autres Coûtumes font courir le tems du retrait sans attendre la fin du réemeré. Poitou article 220. Berry de retrait article 3. Auxerre art. 185. Auvergne chap. 23. art. 13. Bourgogne art. 10*6*.

ARTICLE X.

LE tems ordonné au retrayant court à l'encontre des mineurs, ignorans, absens, & tous autres sans remede de restitution.

ON allegue un Arrest suivant cét art. du 11. Avril 1537. Et ainsi dit Paris article 131. Poitou article *362*. Berry de retrait art. 1. Bourbonnois art. 425. & ajoûte, *etiam* quant aux femmes mariées. Auvergne chap. 23. art. 3. Tours article 197. & dit de même en la retenuë du Seigneur direct. Laon art. *229*. Reims article 190. Le droit Canonique en a autrement decidé en faveur des mineurs, & leur a octroyé le benefice de restitution en entier *cap. constitutus extra de restit. in integ.* Mais nôtre Coûtume a consideré que celuy qui est exclus du retrait ne perd rien de son patrimoine. Et la loy dit que celuy qui est empêché de quelque gain n'est reputé recevoir dommage, *l. Proculus ff. de damno infecto.* & la restitution en entier n'est octroyée sinon à ceux qui reçoivent dommage en leur patrimoine, & non à ceux qui veulent gagner avec le dommage & incommodité d'autruy, *l. sciendum. ff. ex quibus caus. majores.* & n'est pas comme du gain des marchands dont on fait état pour leur interest, parce que leur profession est de gagner en la marchandise, *l. 3. in fine. ff. de eo quod certo loco.* & parce que le fait de marchandise est sujet à hazard de perte, qui fait que le gain sert de proportion pour recompenser la perte. En ce fait de retrait il n'y a rien de semblable. Aussi l'affaire n'auroit jamais issuë, & les commerces seroient mis en trop grande difficulté si ce retrait étoit étendu plus d'un an. Ainsi ce dit qu'en l'action sur l'état du défunt, qui se doit mouvoir dans les cinq ans. le mineur n'est pas restitué, quoy qu'il n'ait point de tuteur, *l. 2. ff. ne de statu defunct.* Toutefois s'il y avoit dol de la part de l'acquereur qui eût donné cause à l'expiration de l'an, je croy que par replication de dol; l'exception & fin de non recevoir de l'acquereur pourroit être élidée, *l. 1. in fi. l. & eleganter. ff. de dolo:* comme il a été dit cy-dessus. A ce propos se peut dire si le tuteur avoit acquis un heritage qui ne fût de l'estoc du tuteur, & fût de l'estoc du pupille, & fût grandement commode au pupille, & ledit tuteur ayant deniers comptans de son pupille, ne les eût employez en l'achat ou au retrait sur luy-même, que le tuteur seroit tenu en aprés de le remettre és mains de son pupille: car il doit faire contre soy-même, ce qu'il feroit contre un autre, *l. quoties. §. item si. ff. administ. tut. l. quicquid. C. arbitr. tutel.*

ARTICLE XI.

LOyaux cousts sont entendus lettres, contrats, labourages, semences, reparations necessaires, & non autres

ON peut adjoûter avec les loyaux cousts, le voyage que l'acquereur a fait devers le vendeur demeurant autre part, & les frais qu'il a faits pour se conseiller sur les seuretez du contrat, même si l'acquereur est hôme marchand ou n'est pas de pratique, par la raison de la *l. quantitas. ff. ad leg. Falcid.*

Labourages semences, s'entend si les fruits doivent appartenir au retrayant, & outre ledit droit de remboursement qui est par voye d'exception, l'acquereur qui a fait lesdits frais peut faire saisir les fruits pour sur iceux en être satisfait, & par privilege: car le retrayant prenant les fruits ne doit prendre sous le nom d'iceux sinon ce qui reste aprés lesdits frais déduits, *l. fructus, vel l. divortio. §. ult. ff. soluto matrim.* Si les fruits doivent être perçeus par les deux *pro rata temporis*, l'acquereur doit être remboursé sur les fruits des frais qu'il a fait, & l'outre plus doit être party. Ou bien s'ils partent les fruits sans ladite déduction des frais, le retrayant remboursera lesdits frais pour la quote portion qu'il prendra aux fruits.

Reparations necessaires et non autres, Cecy a été ordonné pour éviter la fraude que les acquereurs pourroient faire, pour empêcher le retrait en faisant réparations de grands frais, qui neanmoins seroient utiles, mais non necessaires. Et de même cette Coûtume, disent Paris article 14*6*. Poitou article 371. Auxerre article 158. Blois article 202. Laon art. 243. Reims art. 211. Bourbonnois art. 481. Sens art. 43*6*. Orleans art. 372. Tours artic. 170. Melun article 165. Aucunes comme Poictou, Laon & Reims disent que si l'acquereur fait autres reparations qu'il les peut ôter sans détorioration de la chose dont sera parlé cy-aprés. Comme aussi l'acquereur ne peut déteriorer l'heritage, *etiam* avant l'ajournement, Paris art. 14*6*. Sens article 309. Auxerre art. 160. Laon art. 244. Reims article 213. Blois art. 202. Orleans art. *373*. Bourbonnois art. 482. Troyes art. 152. Tours art. 170. & ajoûte de ne faire nouvel édifice dedans l'an sans autorité de Justice.

Reparations necessaires sont entenduës celles, que si elles n'étoient faites la chose periroit, ou seroit faite grandement déterieure, *l. impensa. ff. de verb. signif.* Les exemples sont, si un bâtiment déja fait, & qui étoit utile, a été par reparation empêché de choir, faire des levées de terre pour empêcher que les eauës fluantes ne nuisent au labourage, refaire le chemin, planter arbres fruitiers au lieu des vieux qui se meurent, *l. 1. 2. & 3. & l. impensæ. ff. de impens. in res dot.* De même si c'étoit un domaine aux champs, & il y eût faute de grange où de toits à heberger & metre à couvert les fruits & le bestail: *Angel. in l. 1. ff. eod. tit. de impens. in reb. dot. Ruinus consilio 157. vol. 1.* Doncques les impenses sont necessaires combien qu'elles soient utiles, ne sont à la charge du retrayant: mais celuy qui les a faites peut les démolir, & ôter ce qu'il a fait en remettant la chose au premier état, & pourveu qu'il puisse faire profit des choses qu'il ôtera: car si étans ôtées elles se trouvoient inutiles comme d'une blanchissure sur le même enduit de la muraille, on le pourroit empêcher de l'ôter, parce qu'il nuiroit à autruy sans en recevoir profit. Et audit cas qu'étant ôtées elles fussent de quelque profit, le retrayant pourra empêcher la démolition en offrant de payer ce que les materiaux valent sans compter la main de l'ouvrier qui les a mis en œuvre; ces distinctions sont prouvées *in l. domum. C. de rei vendic. l. in fundo. l. Julianus si in aliena. ff. eodem. tit.* Et en ce cas les impenses qui autrement seroient utiles, sont reputées voluptuaires, desquelles est traité *in l. pro voluptuariis & l. seq. ff. de impens. in reb. dot. l. si fine §. interposito. ff. de administ. tutor.* Et toutefois si ce retrayant exposoit en vente l'heritage par luy retrait, comme *verbi gratia*, à un autre lignager, il seroit tenu simplement de payer l'estimation, en tant qu'il vendroit la chose plus cherement pour cause de ces reparations utiles ou voluptuaires, *l. sin autem. §. ult. ff. de reivend. & d. l. pro voluptuariis.* Car le retrayant ne doit rien gagner avec le dommage d'autruy. Si ces reparations necessaires ou autres frais qui sont à rembourser ne sont liquides, le retrayant entrera en joüissance en baillant caution fidejussoire de payer lesdits frais aprés la liquidation, *l. statuliber rationem. ff. de statulib.* & par la raison de l'Edit de Moulins 1566. art. 52.

Ce qui se dit de la demolition peut recevoir exception si c'est un bâtimét fait en ville close, même sur la ruë, parce que par les loix est défendu de démolir ce qui est à l'embellissemét des villes, *Ruinus consi. 165. vol. 4.* Et à ce fait la *l. cetera ff. de leg. 1. l. 2. C. de ædif. privat.* Et en ce cas par l'intervention des Eschevins ou du Procureur Fiscal, le retrayant peut être précisément côtraint à payer le prix des materiaux sans la main de l'ouvrier.

ARTICLE XII.

SUpplément de juste prix, achapt de droit de remeré, lods, ventes, quints, requints & autres semblables frais qui en dépendent, faits sans fraude avant l'ajournement baillé en retrait, sont comptez en sort principal. Autrement non.

SUPPLEMENT DE JUSTE PRIX, pourveu que la deception soit notable, quoy qu'elle ne fût d'outre moitié de juste prix, il ne devra être remboursé: car celuy est censé bien faire, & ne faire en fraude qui reconnoissant bonne foy, n'exerce pas la rigueur de droit, *l. patrem cum l. seq. ff. quæ in fraudem credit.* Celuy qui supplée ce qui défaut du juste prix ou de la mesure de la chose venduë, n'est pas reputé faire de nouveau: mais parfournit le même negoce *cap. per tuas. ex. de donat.* Selon cét article, il faut dire que le supplément fait portion du prix de l'achapt: car à la fin est dit que tels frais sont comptez en sort principal, pourquoy il en est deû quint denier, ou lods & ventes, au Seigneur direct.

ACHAPT DE DROIT DE RE'EMERE, C'est en effet un supplément: car la chose a été moins venduë à cause de cette faculté, & cette faculté fait portion du prix, *l. fundi. ff. de contrah. empt.* & le retrayant en reçoit profit, car seroit sujet au rachat. Et faut dire faculté de rachat accordée au même traitté de la vente & inserée au contrat.

LOTS, VENTES, QUINTS, REQUINTS, Icy appert la raison pour laquelle le quint denier en fief se dit en montant selon cette Coûtume, le Seigneur prend part au prix de la vente comme s'il vendoit avec le detenteur, & est reputé être prix de la vente, non seulement ce qui vient en la bourse du vendeur, mais aussi la part qui doit venir au Seigneur; vray est que le detenteur Seigneur util établit le pied & fondement sur lequel faut que le Seigneur prenne sa quote portion. Ainsi quand le Seigneur util vassal reçoit quatre cens écus, & le Seigneur feodal en reçoit cent écus, cinq cens écus font le prix de la vente, dont le quint appartient au Seigneur.

Si le Seigneur direct fait grace à l'acquereur de luy quitter le tiers ou le quart de son droit, le retrayant n'aura pas cette grace, mais payera tout du long le quint denier au lods & ventes. Ainsi dit du Moulin és commentaires sur la Coûtume de Paris article 15. & Tiraquel au livre *de retractu. §. 6. glossa. 4.* La raison est, parce que les concessions gratuites *in dubio* sont reputées personnelles, *l. Lucius* au mot Grec *Carizomai, ff. de servit. rust. præd. l. tum patronus. ff. de legat. 2.* Ainsi fut jugé par Arrest sur le retrait lignager des terres de Savigny & S. Gratien en Nivernois, au profit des Seigneurs de Chanvigny & Rugny, contre François de Chaugy retrayant, & fut confirmée par Arrest la Sentence donnée au Baillage de Nivernois. Et ainsi disent Poitou article 354. & Berry de retrait article 12.

FAITS SANS FRAUDE AVANT L'AJOURNEMENT, Et si c'est aprés l'ajournement sera censé être fait en fraude: Si ce n'est quand aux lods, ventes, & quint denier, car l'acquereur en est tenu personnellement, & peut être contraint au payement par le Seigneur: mais il ne doit payer sans avertir & sommer le retrayant.

ARTICLE

ARTICLE XIII.

LE retrayant n'est tenu de payer que le prix, sort principal & loyaux cousts de la premiere vente, quoy que la chose dont est question ait été venduë à plusieurs fois durant l'an & jour du retrait.

IL s'ensuit que durant l'an & jour l'heritage n'est pas en libre commerce. Ce qui s'entend selon mon avis si l'achepteur sçait, ou vray-semblablement a pû sçavoir que l'heritage fût sujet à retrait: Et en cas qu'il eût juste occasion de ne sçavoir ladite sujetion de retrait, & il vende durant l'an à plus haut prix & sans fraude, il ne sera tenu en cas d'éviction par retrait aux dommages & interests envers le second acheteur: mais à la simple restitution du prix ou de l'outreplus de ce que le second acheteur aura receu par le moyen du retrait: car l'éviction vient par la puissance de la loy & non de son fait, *l. Lucius l. si servus. ff. de evict.* Et ne sera deû profit au Seigneur direct pour cette seconde vente, parce qu'elle est resoluë par la loy outre le gré des deux contractans, par la raison de l'article 26. *infrà.* Plusieurs Coûtumes sont consonantes à cét article. Et aucunes donnent le choix au retrayant de s'adresser au detenteur ou au premier acheteur, & si on s'adresse au premier acheteur, il sera tenu faire comparoir le second. De ce que dessus est traité és Coûtumes de Sens article 57. Auxerre art. 177. & 178. Berry art. 17. & 18. qui excepte si la seconde vente est faite à un lignager. Poitou art. 332. & 352. Bourgogne art. 111. Melun art. 148. Troyes article 163. Reims art. 295. & 296. Blois art. 205. & 210. A ce fait la *l. postliminium 19. § si is qui emerat. ff. de captivis & postlim. reverss.*

ARTICLE XIV.

LE retrayant satisfait en payant le sort principal en or ou monnoye, posé que ce ne soient semblables especes que les contenuës ou déclarées au contrat, si l'acquereur n'a interest à ce.

D'Ancienneté en France quand les Roys pour survenance d'affaires ou par mauvais conseil affoiblissoient leurs monnoyes, les sujets chargeoient leurs contrats pour faire les payemens en forte ou en foible monnoye. En ces mêmes tems plusieurs Seigneurs avoient droit de faire batre monoye, & sçavoit-on quelle étoit la loy de chacune monnoye: par consequent il étoit loisible aux sujets d'enquerir sur la bonté intrinseque des monoyes. Mais avenu le tems que les Roys furent mis hors de page (c'étoit le proverbe du Roy François I. disant que le Roy Louis XI. étoit celuy qui avoit mis les Roys hors de page, parce qu'il commença à abaisser les Princes & les Estats de son Royaume, pour faire que sa seule volonté servît de raison) il ne fut pas loisible de chercher la bonté intrinseque, mais fut commandé de s'arrêter précisément au cours que les Roys donnent aux monnoyes, pour faire que la seule marque & coing du Roy fût le témoignage de la bonté. Les monnoyes blanches qui sont celles du billon ont été grandement affoiblies d'éloy, qui a fait que les écus & les testons ont valu plus de sols qu'ils ne souloient; vray est qu'il se dit que les écus au soleil sont toûjours en leur ancienne loy, qui est de 23. quarats d'or fin, n'y ayant qu'une 24. partie de blanc ou de rouge, c'est-à-dire d'argent ou de cuivre: mais plusieurs doutent que les écus forgez depuis 25. ou 30. ans en çà soient de cette loy. Tant y a puisqu'ils sont à la marque & coing du Roy, nous les devons tenir pour bons, & ne seroit recevable l'acquereur à vouloir être payé en écus au porc épy ou autres anciens, quoy que son contrat d'achat portât que le payement eût été fait en écus de telle marque: mais devroit se contenter d'écus au soleil au coing de France, de quelque taille ou tems qu'ils ayent été monnoyez. Et si la rente avoit été constituée de fort grande ancienneté en espece de monnoye, qui de present n'eût cours comme en deniers noirs: il faudroit avoir recours à la Chambre des monnoyes à Paris, pour sçavoir de quelle valeur & bonté intrinseque étoit ladite monnoye lors du contrat, en la rapportant au marc d'argent d'éloy. Ainsi fut jugé par Arrest entre la maison de Nevers & le chapitre de Beauvais, pour une rente autrefois constituée en deniers noirs: car le tems du contrat doit être consideré pour la valeur de la monnoye par l'Ordonnance de Philippes le Bel au fait des usûres de l'an 1311. *& cap. olim. ext. de censib.* Bien crois-je que si l'acquereur avoit payé en monnoye d'or, & le contrat en fût chargé, qu'au retrait il ne seroit tenu de recevoir son remboursement en testons ny en monnoye blanche, parce qu'il y peut avoir interest pour la difficulté du port & le peril de la garde, ou pour autres circonstances particulieres. Et ce qui est dit vers la fin de l'article, *si l'acquereur n'a interest à ce*, se rapporte à la *l. Paulus. ff. de solution.* On allegue un Arrest solemnel de la prononciation de Pâques 1520. entre le Seigneur de Pontdormy & les Celestins d'Amiens, par lequel fut dit que le remboursement seroit fait és mêmes especes qu'avoit été fait le déboursement. A quoy semble contraire ledit Chapitre. *olim. ex. de censib.* La resolution est, si celuy qui doit recevoir le payement allegue quelque interest considerable autre que de la bonté intrinseque, & toutefois s'il avoit payement à faire en païs étrange, ou à étrangers qui ne sont sujets aux loix de France, je croy que la consideration & inquisition de la bonté intrinseque seroit receuë. Au tems de Justinian Empereur 72. pieces d'or faisoient la livre d'or qui étoit de 12. onces. C'étoit chacune piece quatre deniers de poids, qui est le poids de l'angelot d'Angleterre, de cette proportion est dit *in l. quoties. C. de susceptor. lib.* 10. du tems de Bartole les Ducats de Venise & de Florence étoient de 96. à la livre, la livre pour 12. onces, c'étoit 3. deniers la piece qui est le poids de l'écu viel de France, & du demy noble à la rose. Et quand on a fait en France les écus à deux deniers seize grains piece pesant, c'étoit pour avoir autant de pieces au marc de 8. onces, comme les Romains avoient de sols d'or à la l. de 12. onces.

La question avient souvent quand l'acquereur a terme de payer, si le retrayant aura semblable terme ? il est certain que le retrait a les mêmes conditions & faveurs qu'a le premier achat, car le retrayant est subrogé. Mais la difficulté est sur l'indemnité de l'acqueteur qui est obligé personnellement. Troyes article 161. & Reims art. 225. disent que le retrayant doit payer contant, sinon que le vendeur vüeille accepter la subrogation du retrayant, ou une caution pour payer au terme. Autres Coûtumes donnent au retrayant le même terme en baillant par luy caution ou gage ; ainsi Auxerre art. 175. Berry de retrait art. 19. Bourbonnois art. 470. Tours art. 155. Melun art. 156. Mais Vitry article 126. dit simplement même terme. Puisque nôtre Coûtume n'en dit rien, je croy que le vendeur doit être fait contant, & l'acquereur qui est son débiteur doit avoir une indemnité entiere, pourquoy avec l'allegation de quelque interest, je croy que le retrayant doit s'expedier par deniers contans, ou faire décharger l'acquereur envers le vendeur, car les cautions engendrent des actions qui ne sont pas deniers contans.

ARTICLE XV.

NOttaires sont tenus d'exhiber au lignager, & de même au Seigneur feodal, censier ou bordelier, les notes des allienations par eux receuës, esquelles lesdits retrayans & Seigneurs directs ont interest pour le retrait & retenuë : & leur en bailler copie signée à leurs dépens si requis en sont.

PAr l'Ordonnance de l'an 1539. art. 178. les Nottaires ne doivent communiquer les contrats qu'ils ont receus sinon aux contractans, leurs heritiers ou ayans cause, & si aucun étranger requiert la communication, ce doit être avec ordonnance de Justice, aprés sommaire connoissance de cause : car c'est l'interest de chacun que le secret de sa maison ne soit point manifesté, *l. 2. C. quandò. & quib. quarta pars lib.* 10. *l. 2. C. de alimentis pupil. l. præst.* Pourquoy semble qu'au cas de cet article le Nottaire fera mieux d'endurer d'être compulsé, afin que le juge avec connoissance sommaire de l'interest en ordonne, & suffit qu'il en apparoisse sommairement, *l. 3. §. sciendum. ff. ad exhibendum.* La regle est que ceux qui ont interest probable peuvent requerir exhibition d'instrumens leur être faite par personnes publiques, *l. Argentarius. ff. de edendo. cap. contingit. ex. de fid. instru.* Aussi tous compulsoires portent de compulser personnes publiques. Ce n'est pas ainsi au fait des donations : car celuy qui tient le registre des insinuations doit communiquer à toutes personnes, d'autant que l'insinuation se fait afin de publier & faire sçavoir à tous. Et quant aux personnes privées, la regle est que nul n'est tenu d'exhiber à autruy ses titres & enseignemens, ny même de declarer à quel titre il possede *l. 1. & ult. C. de edendo l. cogi. C. de petit. hæred.* Sinon que celuy duquel on desire l'exhibition ait droit & cause du requerant, comme en cas de Seigneurie directe. Ou que les instrumens ou l'utilité resultant d'iceux soient communs au requerant & à celuy qui les a en sa puissance, *l. 3. §. solent. ff. de tab. exhib.*

ARTICLE XVI.

SI un lignager vend à un autre lignager de l'estre & costé dont l'heritage vendu procede, iceluy heritage ne peut être retrait par autre du lignage, quoy qu'il soit plus prochain que l'acquereur. Autre chose est si ledit heritage est vendu à un étranger : car le plus prochain l'aura par retrait.

CEt article s'entend pourveu que la vente soit faite à un lignager dans le sixiéme degré : car il doit avoir la qualité requise à un retrayant puisqu'il veut joüir des faveurs du retrait lignager, ce qui est dit aprés que *le plus prochain l'aura par retrait*, doit être entendu selon qu'il est dit en l'article prochain suivant.

ARTICLE XVII.

S'Il y plusieurs parens voulans user de retrait, celuy qui prévient par ajournement libellé comme dessus, dont l'assignation est dix jours aprés l'exploit, est préferé aux autres, posé qu'il soit plus lointain, & s'ils sont en pareille diligence, le plus prochain est préferé ; toutefois où ils seroient en pareil degré, ils retireront par égales portions.

LE retrait est introduit *in genere* en faveur du lignage, pourquoy le premier qui vient diligent ayant sa qualité de lignager, doit être preferé selon la regle de droit ; en cause pareille la condition de celuy qui prévient est à préferer, *l. inter eos. ff. de re judic. l. sed dicendum. ff. de in rem verso.* Autres Coûtumes semblables à celle-cy préferent le plus diligent, quoy qu'il soit le plus lointain. Paris, art. 141. Sens art. 52. Auxerre art. 153. Berry de retrait art. 5. Laon art. 230. Reims art. 195. Orleans art. 378. Bourbonnois art. 439. Melun art. 150. Senlis art. 225. Lesdites Coûtumes de Sens, Auxerre, Laon, Reims & Melun mettent la parité de diligence quand c'est de même jour sans avoir égard à l'heure. Et il y a grande raison pour dire ainsi, afin de ne faire enquêtes & grands frais sur un affaire auquel il n'y a autre interest que d'affection, & n'est pas expedient en fait de procez de chercher toutes les circonstances exactement, *ne lites ex litibus oriantur.* Ladite Coûtume d'Orleans art. 378. admet les enfans, freres & sœurs du vendeur à exclure le diligent, quand ils ont part en l'heritage, pourveu qu'ils viennent avant l'adjudication. Ce qui a grande raison : car outre l'interest d'affection qui procede de lignage, il y a autre interest qui est de l'heritage en communion. Qui est un interest qui a été consideré par les loix d'aucuns Empereurs Grecs depuis Justinian, par le recit qui en est fait *in Prochiro Harmenopuli*, à quoy peut être appliquée la décision de la *l. arbor. §. de vestibulo. ff. commun. divid.* La Coûtume de Tours article 183. admet les enfans & les freres du vendeur à recouvrer l'heritage sur le premier retrayant qui n'a cette proximité dedans trois mois, pourveu que ce soit dedans l'an. Autres Coûtumes préferent le plus prochain, pourveu qu'il vienne avant l'adjudication du retrait. Poitou article 332. Blois art. 199. Bourgogne art. 103. Tours art. 154. Troyes art. 145. Auvergne chapitre 23. art. 16. mais selon mon avis c'est trop étendre cette faveur du lignage qui n'est pas interest foncier, mais interest de seulle affection. Autres Coûtumes donnent le retrait au plus prochain pour l'ôter des mains du plus lointain qui a prévenu. Bourgogne art. 103.

L'assignation de dix jours, Cette clause fait connoître à quel effet est la fin de l'article 2. cy-dessus parlant de l'assignation dans dix jours.

Le plus prochain est preferé, Ainsi se dit quand un fideicommis est ordonné en faveur de la famille que les plus proches sont les premiers appellez *l. peto. §. fratre. ff. de legat.* 2. Ainsi en parité de droit, la loy veut que la qualité des personnes soit considerée pour préferer l'une à l'autre, *l. ult. ff. de fide instrumentor.*

Par égales portions, Quand toutes choses sont pareilles & qu'il n'y a pas plus de raison d'un côté que d'autre, il se dit és termes de droit, que chacun a droit en la chose solidairement & pour le tout ; & se trouvans en concurrence ils font part l'un à l'autre & viennent tous également & par viriles portions, *l. si functa. §. si antè ff. de no infecto. l. si pluribus. ff. de legat.* 1. Ce qui s'entend à l'égard desdits lignagers pour l'interest qui est entr'eux: car à l'égard de l'acquereur défendeur en retrait il ne sera tenu se desister au profit de l'un pour partie. Mais si tous ne se presentent ensemblement pour retraire le tout, celuy des lignagers qui voudra être reputé diligent, doit offrir le tout de l'argent, & l'acquereur luy délaissera le tout. Ainsi fut jugé par Arrest solemnellement prononcé par Monsieur le President de Harlay le 14. Aoust de l'an 1568. & étois present. La raison est en la *l. tutor. §. 1. ff. de minor.* car comme l'acquereur n'eût voulu acheter partie de l'heritage sans avoir le tout : aussi ne peut-il être contraint de retenir une partie & laisser l'autre, afin qu'outre son gré il ne vienne à communion des biens avec autruy, *si non sortem. §. si centum. ff. de condict. indeb.* Vray est que celuy qui par ce moyen a été contraint de retraire le tout, devra faire part du profit dudit retrait à ceux qui étoient en pareille diligence comme luy, en le remboursant & le satisfaisant de ses interests par la raison de la Loy finale, *§. quatuor. ff. de legat.* 2. Si ce n'étoit que celuy-cy qui a avancé eût semons les autres, & les eût rendus contumax : car audit cas il n'y auroit raison qu'aprés la contumace il leur fist part. *Arg. l. 1. §. si cum duob. ff. de collat. bonor.* Selon les raisons du droit civil Romain, quand plusieurs se presentent pour recouvrer un heritage, il est loisible au défendeur de se désister és mains de l'un qui promettra le desdommager contre les autres, *l. cum idem. ff. de petitione Hæreditatis, l. is à quo ff. de rei vendicat.*

ARTICLE XVIII.

Retrait a lieu en vendition de rente ou autre charge sur l'heritage. Aussi a lieu quand l'heritage ancien est baillé à titre de cens, rentes ou autre charge: & sera tenu le retrayant payer lesdites charges.

Vendition de rente, Ne se peut entendre des rentes constituées à prix d'argent, qu'on appelle volantes: car l'interest du lignage n'y peut être à cause de la faculté de rachat perpetuel qui est de l'essence de tels contrats. Se doit donc entendre de la rente fonciere qui déja est en être auparavant la volante ; ou de la rente qui est acheptée au denier vingtiéme ou plus haut, qui par convenance peut être faite fonciere, & non rachetable, si elle est assignée specialement sur aucun heritage : parce que le prix commun d'achat d'heritage, est selon que le revenu de l'heritage peut monter en vingt années, *leg. Papinianus. §. undè. ff. de inoffic. testam. Et in Autentic. de non alien. cap. quià verò Leonis. 5. coll.* 2. Aussi quand aucun achete un heritage à prix qui n'est pas entier & juste, & au même instant baille reemeré au vendeur, & le vendeur le reprend en accense qui correspond au taux commun des rentes constituées ou approchant, on a accoûtumé de juger tels contrats être constitutions de rentes rachetables à toûjours, comme si c'étoit contrat d'engagement. *l. 3. C. plus valere quod agitur,*

&c. Et ainsi fut jugé par Arrest à la plaidoyrie le Jeudy 5. Mars 1556. entre le Seigneur d'Antrages d'Azay, & le sieur de l'Estang. Vray est que le seul réemeré ne défigure pas une vente, *l. 2. C. de pact. inter empt. & vend. compos.* comme aussi la reprise à loüage que fait le vendeur de l'heritage par luy vendu ne défigure pas la vente, *imò* vaut tradition, *l. quædam mulier, ff. de rei vend.* Mais quand il y a vilté de prix, & que l'accense ne correspond pas aux frais de l'heritage, mais plûtôt au profit & interest que l'argent a accoûtumé d'apporter & qu'il y a réemeré, cét amas de presomptions fait juger que ce n'est pas vraye vente d'heritages, & comme dit est, cét article ne peut être entendu de telles rentes.

Ou autre charge, Se doit entendre de charge qui soit comme corps d'heritage, & qui soit en commerce commun. Car si c'étoit une charge, comme de servitude de vûë ou passage au voisin pour la commodité de la maison voisine, le lignager ne seroit recevable parce qu'il ne luy en reviendroit aucun profit, & n'y auroit autre interest que pour nuire.

Heritage ancien baillé a titre de cens, Pourveu que ce soit bail tout pur : car si le bailleur desirant gratifier & recompenser le preneur, duquel il auroit reçû service ou plaisir signalé, luy avoit fait le bail sous charge legere, ce bail qui seroit alloyé & mêlé de donation plus que de bail, ne seroit sujet à retrait. Ou si le bailleur avoit fait bail d'heritage à charge de bâtir ou faire frais, ayans trait successif, comme d'un moulin à la charge de le maintenir en bon état, & dont il se seroit fié au premier homme riche & bon ménager, & propre à cette charge, je croy que le lignager seroit non-recevable sinon avec le gré du bailleur, & pourroit être refusé par luy. Encores seroit à douter si le lignager seroit recevable, *etiam* en offrant caution d'accomplir les charges. Car és cas esquels la foy & l'industrie des personnes ont été choisies la délegation & subrogation de personnes n'est pas admise *cap. ult. extra de offic. de leg. l. inter artifices, ff. de solution. & arg. l. si creditores, ff. de privileg. cred. l. pro socio, ff. pro socio.* Et à ce propos Bretagne ancienne art. 298. & nouvelle art. 312. met une belle raison qui peut être employée pour generale, qu'en bail à fief n'y a promesse, c'est-à-dire, retrait par proximité, parce que le parent ne feroit les services comme un étranger. Plusieurs Coûtumes disent qu'il n'y a retrait en bail à rente. Auxerre art. 164. Orleans art. 388. Sens art. 64. Bourbonnois art 442. Bretagne ancienne art. 299. & nouvelle art. 313. Blois art. 205. Tours art. 175. Troyes art. 148. Laon art. 242. Reims art. 209. Aucunes exceptent si la rente étoit rachetable: comme Paris art. 137. Sens art. 43. Orleans art. 390. Blois art. 209. Tours art. 166. & avec grande raison : car la rente rachetable est tout autant que si l'heritage avoit été vendu pour le même prix du rachapt, *l. si pro mutua, ff. si certum petatur.* Ou bien s'il y a entrage de deniers. Tours art. 167. Sens art. 64. Orleans art. 389. Melun art. 143. Selon mon avis cét art. de nôtre Coûtume n'a pas grande raison, parce que le retrait n'a lieu sinon quand le prix de l'alliennation ou la charge reçoivent fonction facile, proportionnable & de commun commerce, comme de deniers, bled, ou autre espece.

ARTICLE XIX.

En échange il n'y a point de retrait si ledit échange n'est frauduleux, laquelle fraude se pourra montrer par le parent voulant retraire, par forme de preuve, ou par le serment des contractans, qui seront tenus d'en jurer, si la partie s'en veut rapporter à leur serment.

Le retrait, comme il a été dit, ne doit avoir lieu sinon quand la charge de l'allienation est sujette a proportion, & reçoit fonction facile & en commun usage (fonction s'appelle quand on baille une chose au lieu de l'autre) comme sont deniers dont la proportion est toûjours certaine, *l. nummis, ff. de in litem jur.* & ce à cause du poids des degrez de bonté de l'or ou argent, & du nombre, qui sont toutes choses analogiques. Autant se doit dire de meubles qui sont en vulgaire commerce, & aisez à recouvrer, lesquels à cause de la facilité doivent être considerez comme s'ils étoient estimez, & comme si c'étoit autant d'argent, par la raison de la *l. si pro mutua, C. si certum petat, & l. 1. C. de rerum permut.* Aussi aucunes Coûtumes disent quand l'heritage est changé contre meubles ou baille en recompense de deniers, qu'il y échet retrait. Sens article 49. & 50. Auxerre article 171. & 180. Bourbonnis article 452. Auvergne, chapitre 23. article 30. Melun article 136. Troyes article 157. Mais si c'étoient meubles qui ne fussent en vulgaire & facile commerce, comme une tapisserie excellente, un cheval de bataille, une pierre pretieuse de haut prix, il me semble que, *etiam* esdites Coûtumes il n'y écheroit retrait, parce que la proportion n'est facile ny commune, & que l'affection y peut beaucoup commander. C'est pourquoy l'échange d'heritages n'est sujet à retrait, parce que les heritages ne peuvent facilement être proportionnez & comparez de valeur l'un à l'autre, *l. si non sortem, §. si centum, ff. de condictione indeb. l. 1. §. præterea, ff. de separat.* Mais si ce n'est pur échange d'heritages, & que d'une part y ait heritage avec deniers, on considerera la prévalence, pour en cas que les deniers baillez avec l'heritage soient de plus haut prix que l'heritage; juger que ce soit vente, par l'argument de la *l. quæritur, ff. de statu homi. l. in rem, §. in omnibus, ff. de rei vend.* Dont il a été traité cy-dessus au chapitre des Fiefs, article

40. Les autres Coûtumes parlent diversement quand en échange y a soulte de deniers. Les unes disent qu'il y a retrait *pro rata* de la soulte, comme Paris article 145. Sens article 38. Auxerre article 159. Tours article 177. Melun article 142. Ce qui me semble n'être pas consonant à la raison, à cause de la difficulté d'évaluer, & du peril de tomber en communion d'heritage, ce qui est consideré par ladite loy *si non sortem*, *§. si centum*, *ff. de condict. indeb.* Les autres Coûtumes disent que si la soulte en deniers excede la valeur de la moitié, c'est à dire, que d'une part il y ait plus en deniers qu'en heritage, qu'il y a retrait pour le tout & sera estimé l'heritage en deniers. Ainsi disent Poitou article 355. Berry de Retrait articles 15. & 16. Orleans article 384. Bourbonnois article 453. Ces Coûtumes selon mon avis sont plus consonantes à raison, que ne sont les autres qui attribuënt le retrait pour partie.

Eschange frauduleux, Aucunes Coûtumes ont exprimé les moyens de fraude, comme si dedans l'an la chose permutée est achetée par le compermutant, ou si le permutateur se trouve joüissant dedans l'an. Bourbonnois articles 454. & 459. Auxerre article 159. Orleans article 387. Tours article 176. Selon les raisons de droit par la proximité du tems, on juge qu'elle a été l'intention des parties au premier traité, *l. plerique*, *ff. de ritu nupt.*

Si on s'en veut rapporter, Cecy est dit avant l'Ordonnance de l'an 1539. laquelle sans qu'il soit besoin de se rapporter au serment, permet aux parties de contraindre l'une l'autre à répondre par serment, & précisément sur les faits qui sont de la science de celuy qui doit répondre : toutefois, Tours article 18. dit que pour prouver la fraude on pourra deferer le serment : Mais la difficulté est du vendeur, car il n'est pas partie en la cause du retrait lignager : ainsi l'Ordonnance de l'an 1539. ne luy peut pas être appliquée, toutesfois on le peut employer comme témoin : Aucunes Coûtumes permettent simplement de faire jurer le vendeur aprés que le retrayant a maintenu la fraude. Laon article 238. & Reims article 204.

Aucunes Coûtumes punissent avec rigueur ceux qui sont decouverts avoir commis fraude, & qui ont juré le contraire ; à sçavoir, de la perdition du prix par l'acheteur, quand il a affirmé le prix être plus haut que de vray il n'est : & ainsi disent les Coûtumes de Sens, Melun & Auxerre. Tours art. 172. 173. & 174. met la peine de payer au retrayant le double de l'outre-plus du vray prix. A nous est assez que le Juge punisse le parjure par amende à son arbitrage.

ARTICLE XX.

Entre gens de condition servile retrait n'a point de lieu, n'y pareillement en bordelage.

Gens de condition servile, Ce n'est pas par la raison du droit Romain, qui dit qu'entre serfs il n'y a point de cognation & lignage, *l. 1. §. 1. ff. undè cognati* : car les serfs de ce païs ne sont tels, & les degrez de lignage y sont respectez en mariages & en successions. Mais c'est parce qu'entre gens de condition servile, les successions ne vont pas selon les regles communes, & y est requise la condition de communauté : & encores parce que les immeubles qu'ils tiennent ne leur sont pas vrais propres à cause de plusieurs cas de reversion. Or le retrait lignager symbolise à successions, *infrà* en ce chapitre, art. 25. Mais si aucun à un seul prix a acheté tout un tenement & domaine composé d'heritages, les uns tenus à cens, les autres à bordelage ; & l'acheteur appellé en retrait, soit content & accorde de délaisser le tout, le lignager ne sera pas recevable à demander ce qui est tenu de cens, & laisser ce qui est tenu de bordelage, sous pretexte que par cét article les bordelages ne sont sujets à retrait. Ainsi fut jugé par Arrest pour Claude Gascoing de Nevers, contre Vincent Peluchon de Garchisi : & la raison y est grande, parce que c'étoient heritages tenus de divers Seigneurs, qui tous étoient accommodez à un seul tenement, & l'acheteur n'eût voulu acheter une partie, qui est un interest consideré par la loy, *in l. tutor*, *§. curator*, *ff. de minoribus*.

ARTICLE XXI.

Le vendeur & acheteur, & autres contractans ne peuvent par leurs pactions empêcher ledit droit de retrait lignager.

C'est selon la regle de droit, que nul ne peut faire qu'en ses contrats & affaires les loix n'ayent lieu, & celuy qui se plaint de la fraude n'est pas recevable d'icelle alleguer, s'il ne dit qu'elle a été excogitée & pourpensée à son préjudice, *leg. etiam*, *§. licet*, *ff. soluto matrim. l. filius*, *§. ult. ff. ad leg. Cornel. de fal.*

ARTICLE XXII.

Si le Seigneur Feodal ou Censier veut user de retenuë, & le lignager de retrait, ledit lignager pour le retrait est preferé au Seigneur direct.

AUssi par le droit des Fiefs de Lombardie, que l'on appelle *usus feudorum* : Le prochain lignager par ligne masculine étoit preferé au Seigneur du Fief, pour empêcher l'allienation ou pour faire le rachat, *lib. 2. feud. cap. qualiter olim feudem poterat alien. verbo, præscriptione.* En la retenuë le Seigneur a cét avantage, que si on ne luy signifie l'allienation bien & dûëment, selon la forme de la Coûtume, la retenuë dure trente ans, & le lignager sans notification n'a qu'un an.

Selon cét article, disent les coûtumes de Paris article 159. Sens article 42. Auxerre article 163. Berry de Retrait, article 13. Orleans article 365. Tours article 164. Melun article 163. Bourbonnois article 438. Vitry article 124. Laon article 259. Blois art. 208. Bourgogne article 110. & si le Seigneur avoit retenu sur l'acquereur, le lignager luy ôtera l'heritage par retrait, pourveu que ce soit dans le tems de retrait. Paris & Melun disent dedans l'an de la retenuë, & de même Senlis art. 226.

ARTICLE XXIII.

DRoit de retrait ne peut être cedé ou transporté à autre s'il n'étoit du lignage : & par telle cession n'a le cessionnaire lignager plus grand avantage que si luy-même l'eût retiré, mais demeure en son degré de lignage.

S'Entend de retrait aprés l'action intentée, car auparavant le cessionnaire y pouvoit venir de son chef : & à l'effet de cette cession, faut que le cessionnaire soit parent dans le sixiéme degré de lignage, & ait les autres qualitez de retrayant. Ainsi cette cession n'ajoûte aucun droit nouveau au cessionnaire, le cedant quitte seulement sa place, afin que le cessionnaire la trouvant vuide y entre sans obstacle.

ARTICLE XXIV.

LE parent qui a retrait par proximité de lignage aucun heritage, le peut vendre à autre personne qui n'est du lignage. Mais audit cas ledit heritage pourra être derechef retrait par autre parent dudit lignage.

AUtant en faut-il dire si aucun a acheté d'un sien lignager un heritage qui eût été sujet à retrait le cas avenant : tel heritage est en même condition que si on l'avoit retiré par le droit de lignage, *ut suprà* des Droits appartenans à gens mariez, art. 28. mais si tel retrayant vend à un non lignager, ce premier vendeur qui l'auroit mis hors du lignage, ne seroit pas recevable au retrait, par la raison de la *l. cum pater*, *§. libertis*, *ff. de legat.* 2. où il est parlé de l'heritage legué à un lignage, avec défense d'allienner. Et celuy qui auroit vendu à un lignager seroit bien reçû au retrait si cét acheteur lignager l'avoit mis hors du lignage. Car celuy qui vend à un lignager conserve l'heritage au lignage, & ne se rend pas indigne de la faveur du lignage. Ainsi dit Paris art. 133. Sens art. 51. Orleans art. 379. Comme aussi au propos de cét art. sont Auxerre art. 172. Melun art. 135. Bourbonnois art. 434. Troyes art. 158. Laon art. 247. Reims art 215.

La question est : Si l'heritage qu'aucun a recouvré par droit de lignage est reputé conquest ou heritage propre, quant à tous effets ? La nouvelle Coûtume de Paris a mis un temperament fondé en raison tres-civile pour la succession pour être suivy par tout : c'est en l'art. 139. que tel heritage retrait par droit de lignage viendra à l'heritier des propres, à la charge de payer à l'heritier des conquests le prix qu'il aura coûté à retraire : il est donc mestif de conquest & de propre ; de vray c'est conquest en soy, eu égard qu'il a été acquis moyennant deniers qui étoient à l'acquereur retrayant en pleine liberté, & qui n'étoient destinez pour être employez en achat d'heritage propre, & qu'il pouvoit employer en achat d'heritage qui ne fut du lignage, qui luy eût été vray & pur conquest. Du Moulin tres-docte Jurisconsulte, & qui a accoûtumé d'alleguer raisons foncieres, en l'annotation sur la Coûtume de Reims art. 215. dit que ce retrayant en peut disposer par testament pour le tout en pleine liberté comme de vray conquest provenant de son ménage & épargne.

ARTICLE XXV.

QUI n'est habile à succeder ne peut venir à retrait si l'inhabilité ou incapacité est perpetuelle, comme en bâtards & Religieux de quelque Religion que ce soit.

COmme il a été dit, le retrait lignager symbolise à succession. Ce qui est dit des bâtards & Religieux profez, doit être aussi dit des bannis à perpetuité, ou qui sont confinez ou condamnez aux galeres, prison perpetuelle, ou és œuvres publiques perpetuellement, parce qu'ils ont perdu toute communion de droit civil, *l. quidam*, *ff.*

de pœnis, *l.* 1. *§. hi quibus*, *ff. de legat.* 3. Autant en faut-il dire d'un aubain nay hors du Royaume, j'entends auba n fils de celuy qui étoit étranger de ce Royaume : car si en voyageant, ou à cause du bannissement à tems, la mere étoit accouchée d'enfant hors du Royaume, l'enfant ne seroit aubain par la raison de la *l. quæsitum in princip. ff. de legat.* 3. *l. Sejæ*, *§. Pamphila*, *ff. de fundo instr. l.* 2. *C. de incol. lib.* 10. Comme aussi ne doit être dit aubain, le pere qui étant natif de France se seroit marié hors du Royaume, & eu des enfans de la femme étrangere, car les droits de cité & de dignité sont de la part du pere ; mais quant à la servitude ou franchise, ils sont de la part de la mere, *l. cum legitimæ*, *ff. de statu hom.* Ce qui se dit des Religieux doit être entendu des Chevaliers & Freres de l'Ordre de S. Jean de Jerusalem : car ils ne succedent pas pour la proprieté, mais seulemẽt pour joüir par usufruit leur vie naturelle durant, & par forme de provision pour leur entretenement : Aussi-bien selon le droit Romain telle provision d'allimens peut appartenir à ceux qui sont diminuez d'état, qui sont bannis à perpetuité, & ont perdu les droits de Cité, *l. eas*, *& l. legatum*, *ff. de capite minut.* comme toutes choses qui consistent en pur droit naturel ne leur sont ôtées, entre lesquelles est la fonction de volonté, & les allimens, *l. cum pater*, *§. hereditatem*, *ff. de legat.* 2. *l. ex facto*, *§. si quis rogatus*, *ff. ad Senatusconsf. Trebell. l. si in metallum*, *ff. de his quæ pro non scriptis.* Quant à ceux qui sont nais bâtards & sont legitimez, il me semble qu'il faut distinguer si la legitimation est par mariage legitime subsequent, ou par rescrit du Prince, dont il est parlé cy-dessus art. 1. & des Fiefs art. 20. Selon cét art. il est dit és Coûtumes de Paris art. 158. Sens art. 46. Orleans art. 404. Bourbonnois art. 436. Melun art. 139. Troyes art. 155. & Reims art. 227.

ARTICLE XXVI.

POur retrait lignager n'est deû aucun quint denier, lods & ventes au Seigneur Feodal ou Censier.

IL n'est point deû de quint, parce que ce n'est pas alliennation volontaire. *Imò*, ce n'est pas alliennation, mais subrogation de personne, qui vray-semblablement est faite par le gré du Seigneur direct ou de ses predecesseurs à ce que les heritages contenus en la premiere concession, ou en celle qui est renouvellée demeurent au lignage en faveur duquel la concession a été faite, par l'argument de la *l. filiæ. §.* 1. *ff. de condit. & demonst.*

Selon cét article disent les Coûtumes d'Auxerre art. 182. Berry de Retrait art. 11. Orleans art. 405. Bourbonnois art. 445. Auvergne chapitre 23. art. 20. Melun art. 157. Reims art. 68. Mais s'il avenoit que le Seigneur Feodal ou Censier eût acquis, & le lignager retirat sur luy, il seroit deû profit. Car par le moyen de la subrogation le lignager est reputé le vray acquereur.

ARTICLE XXVII.

SI plusieurs heritages sont vendus par même vendition, le lignager ou le Seigneur direct ne sont reçûs à demander la retenuë ou retrait de partie des heritages. Mais faut qu'il retire tout ce qui est compris en ladite vente, pourveu que lesdites choses venduës soient tenuës d'un même Seigneur, ou mouvans d'un même estre : que si lesdites choses sont mouvantes de diverses directes & de divers estres, chacun des Seigneurs ou parens respectivement pourra retenir & retirer ce qui sera de sa directe ou estre, & si l'un d'eux ne veut user de son droit, le diligent retirera & recouvrera ce qui est de sa directe & de son estre, & seront les prix desdites choses estimez par le Juge, ou par deux preud'hommes élûs par les parties.

EN ce cas on separe les heritages acquis par une seule vente au préjudice de l'acheteur qui n'eût pas voulu acheter une partie sans acheter le tout, contre ce qui est dit, *in l. tutor*, *§. curator*, *ff. de minorib.* C'est la nature des heritages qui fait la separation : & à cét inconvenient aucunes Coûtumes pourvoyent, disant que si l'acquereur defendeur en retrait veut délaisser tous les heritages, que le lignager est tenu de les prendre tous. Poitou art. 348. Bourbonnois art. 447. & 448. Auvergne chap. 23. art. 29. Touraine art. 178. Melun art. 146. Orleans art. 395. & 396. qui y met quelque modification. Selon celle-cy de Nivernois sont les Coûtumes de Laon art. 239. Reims art. 206. Nonobstant cette Coûtume, me semble que si c'étoit un seul domaine & tenement composé de plusieurs pieces, ou bien si c'étoit une maison à laquelle on eût accommodé un jardin, une étable ou autre appartenance utile : & partie de ce corps total ainsi agencé fût heritage ancien sujet à retrait, partie fût conquest du vendeur, ou fût conquest de son pere ou de son ayeul, duquel le retrayant ne fût descendu : & le vendeur par bon & util ménage & destination eût fait du tout comme un corps composé de plusieurs membres & pieces distantes, l'une desquelles sans l'autre seroit inutile, je croy qu'en tel cas pour le regard du retrait lignager, le retrayant seroit tenu de prendre le tout, en y comprenant ce qui selon la rigueur ne seroit sujet à retrait, & ce à cause de l'individuité qui est considerée en droit, non seulement en ce qui est individu de sa nature, mais aussi en ce qui ne se peut diviser sans grande incommodité ou sans rendre inutiles aucunes des portions, par les raisons de la loy *cum ejusdem*, *leg. plerumque*, *ff. de Ædil. Edicto*, *leg. si quis inquilinos*, *ff. de legat.* 1. *l. longe*, *ff. de divers. & tempor. præscript.* & à ce fait la *l. arbor*, *§. de vestibulo*, *ff. communi divid. l. non amplius*, *§.* 1. *ff. de legat.* 1. & la destination de celuy qui a été Seigneur de toutes lesdites pieces doit être considerée, tant à l'égard du retrayant qui est son parent, & a aucunement droit & cause de luy, comme aussi de l'acquereur qui a acheté de luy; même parce que sa destination a été executée, & l'union & agencement fait au tems qu'il n'y avoit aucun doute ou suspicion qu'il y deût avoir retrait lignager, laquelle destination fait que le tout doit être censé comme un seul corps, *l. prædiis*, *§. Titio*, *& §. Balneas*, *ff. de legat.* 3. Aussi quand plusieurs choses sont unies, ce qui est principal, à cause de sa prévalance attire à soy ce qui est accessoire, & le fait être même chose, *l. in rem*, *§. in omnibus*, *ff. de rei vendic.* Aussi la loy défend de recevoir l'allegation de ceux qui se fondans és subtilitez de droit essayent de nuire à autruy sans profiter à soy-même. *l. in fundo*, *ff. de rei vendic.* Suivant ce la Coûtume de Laon art. 239. dit au cas de cét article, que si l'acheteur avoit notable interest & incommodité à retenir une partie & laisser l'autre, que le retrayant est tenu de tout prendre: & je croy qu'il se peut ainsi dire en general és lieux où les Coûtumes ne resistent ouvertement. Autrement il me semble devoir être dit, quant au Seigneur direct, car son interest de la retenuë est foncier, procedant de la premiere concession: pourquoy il ne peut être contraint de retenir, sinon ce qui est mouvant de luy, le lignager n'a qu'un interest superficiaire & d'affection, qui ne naît sinon lors de l'allienation, & n'est pas incorporé à la chose. Guido Pape en la question 508. tient l'opinion contraire: mais par la raison cy-dessus, je ne suis pas de son avis, sauf l'honneur d'un si grand Personnage, même parce que le Seigneur util qui est tenu de conserver les droits du Seigneur direct, n'a peu par voye oblique rendre deterieur le droit du Seigneur direct. Vray est qu'Auvergne, chap. 20. & 21. art. 9. & 10. & chap. 22. art. 23. & 24. dit que si l'acquereur offre la totalité des choses venduës, le Seigneur est tenu de prendre tout, mais si par même contrat il y a vente de meubles & immeubles pour un seul prix, j'estime raisonnable que l'acquereur ait le choix de délaisser le tout, ou seulement l'immeuble, parce que l'individuité est à cause du seul interest de l'acheteur.

ARTICLE XXVIII.

Heritages criez, subhastez & vendus par decret sont sujet à retrait.

Ainsi fut jugé par Arrest, plaidans Ryant & Benedicti, le Vendredy premier Decembre 1542. & par le même arrest fut dit que l'acquereur n'étoit tenu d'affirmer la verité du prix, parce qu'il en apparoissoit par le decret qui n'est pas sujet à suspicion de fraude. Comme cét article disent Paris art. 150. Sens art. 45. Auxerre art. 167. Melun art. 138. Bourbonnois art. 450. Auvergne chapitre 23. art. 37. Troyes art. 147. Laon art. 252. Reims art. 192. Bourgogne art. 110. Autres ne donnent retrait sur decret, comme Orleans art. 400. Touraine art. 180. & il y a grande raison, car le lignager par les criées a été averty que l'heritage étoit à vendre, & devoit encherir. Berry de Retrait art. 25. ne donne que huitaine aprés l'adjudication, Paris art. 153. octroye le retrait quand l'heritage est vendu sur un curateur à biens vacans. Mais article 151. n'octroye pas le retrait quand l'heritage est vendu sur curateur à chose abandonnée. L'heritage vendu par executeur de testament est sujet à retrait, Sens art. 55. Auxerre art. 176. Bourbonnois art. 471. Troyes art. 160. Les raisons sont que le curateur à biens vacans, & l'executeur testamentaire representent l'heredité: mais le curateur à la chose abandonnée represente la seule chose, comme si elle n'avoit appartenu à aucun. Par consequent ne se peut dire qu'elle sorte du lignage.

ARTICLE XXIX.

En matiere de retrait il n'y a point d'éviction contre celuy sur lequel est fait le retrait.

Celuy sur lequel on exerce le retrait lignager ne se départ pas de gré ny volontairement, mais par la contrainte de la loy. Pourquoy il n'est pas tenu à garentie, ny par convenance, ny par la nature du contrat, parce qu'il n'est pas vendeur, qui est la même cause pour laquelle il n'est deû profit aux Seigneurs directs pour délaissement qui est fait par l'acquereur au lignagner: car comme dit est, c'est subrogation qui est faite d'une personne au lieu d'une autre. Aussi dit la loy, que quand le creancier vend ou fait vendre l'heritage de son debteur, il n'est tenu de garentie ny d'éviction, *leg.* 1. *C. creditorem evictionem pignoris non debere.* Vitry art. 30. dit que celuy sur lequel on retrait n'est tenu de garentie, sinon de ses faits & obligations: mais bien semble que le vendeur est tenu de garentie: car la vente qu'il a faite est la source & l'origine du titre & droit que le retrayant peut avoir, & à cause de la subrogation.

CHAPITRE XXXII.

DES EXECUTIONS, CRIÉES ET SUBHASTATIONS.

ARTICLE I.

LE creancier, son heritier ou cessionnaire, ayant certioré le debteur de la cession, peuvent faire proceder contre le debteur par execution, prise, empêchemens, arrest de biens, meubles & immeubles, détention de personne, & autres voyes de droit, quand le debteur est à ce obligé ou condamné.

AUcuns non bien connoissans le droit des François, & indiscretement, je ne diray pas servilement imitateurs du droit Romain & des opinions des Docteurs Ultramontains, ont estimé que cette execution, parce qu'elle se fait en vertu d'obligations sous scel autentique, est contre le droit commun, & doit être prise & jugée à l'étroit, & y ont appliqué je ne sçay quelle façon de parler, dont lesdits Docteurs Ultramontains usent d'instrumens garentigiez, comme si ce mot nouveau venu étoit quelque chose de meilleur que nôtre maniere ancienne de parler. J'ay veu autrefois un écrit en forme de *Factum*, fourny au procez de Colommiers, dressé par un grand Personnage President en Parlement, auquel pour montrer que par le droit Romain les instrumens n'ont execution parée, il alleguoit la *l. minor cui fideicommissum., in verb. ad initium nova petitionis redegerat, ff. de minor*, & inferoit que les executions en vertu d'instrumens sont contre le droit commun, ainsi appelloit-il le droit écrit Romain, & partant qu'elles sont de droit étroit: mais comme il a été dit ailleurs, le droit écrit Romain n'est pas nôtre droit commun: & Monsieur le President de Thou appelloit le droit Romain, la raison écrite. Or ces executions qui sont faites en vertu d'instrumens reçûs sous scel autentique, ne sont pas fondées sur l'instrument comme instrument: mais sur la vertu du scel à cause de l'ancienne observance qui étoit en France, que les contractans alloient en personne devers les Gardes des Sceaux aux contrats, lesquels Gardes étoient fondez en Jurisdiction volontaire, & pardevant eux passoient leurs convenances, & lesdits Gardes les condamnoient à l'accomplissement; dont reste encore le Stile de la Prévôté de Paris, de Poitou & de Touraine, qu'és instrumens scellez les Gardes des Sceaux usent de ces mots; SONT COMPARUS EN DROIT ET JUGEMENT PARDEVANT NOUS. Et en Bourgogne il y a un Juge de la Chancellerie qui connoît de tous débats resultans des contrats, comme Lieutenant du Garde du Scel. Doncques selon cette antiquité l'execution étoit preste & parée comme en vertu de Sentence & Jugement, qui a cela de plus que les Jugemens donnez en contradiction, parce que sur lesdits instrumens autentiques on adjuge provision à cause du consentement. Et se rapporte aucunement au droit Romain, qui dit que ceux qui ont confessé en jugement sont tenus pour jugez & condamnez, *leg. debitoribus, ff. de re jud.* & par le droit Romain en certain cas l'execution est permise sans jugement, *leg. cum quasi, §. hi autem, ff. de fideicomm. libert.* où la loy supplée la force de la Sentence. Doncques les executions dont il est icy parlé se font *ad instar* d'execution de Sentence.

Ce qui se dit du même creancier, a lieu aussi en faveur de son heritier, qui peut faire executer le debteur de son predecesseur, dont est le brocard mis en aucunes Coûtumes que *le mort execute le vifs, mais le vifs n'execute pas le mort*, dont il est parlé en l'art. second cy-dessous.

Quant au cessionnaire, parce que les actions directes ne passent pas franchement à luy, la Coûtume requiert que le debteur soit certioré de la cession. Nous avons observé dés auparavant la redaction de la nouvelle Coûtume de Paris, que la certioration n'est pas suffisamment faite sinon avec délivrance de copie signée de la cession avec quelque intervalle de tems. Depuis est survenuë ladite nouvelle Coûtume de Paris art. 108. qui dit que le simple transport ne saisit, & faut signifier le transport & bailler copie. Du Moulin en l'annotation sur la Coûtume de Bourbonnois art. 127. dit que certioration doit être faite quelque tems avant l'execution, si ce n'étoit que le debteur fût fuitif. Ce qui est fondé en grande raison, afin que le debteur ayant copie de la cession qui soit signée, puisse se conseiller si en payant à ce cessionnaire il payera seurement, & soit asseuré aussi que la cession est veritable. Melun art. 311. parle plus étroitement, disant que le cessionnaire doit faire declarer l'obligation executoire; & Blois art. 263. encores plus à l'étroit, disant que le cessionnaire doit commencer par action, & informer le debteur. Bald. *in l. per diversas, C. mandati*, & Alexand. *cons. 95. vol. 2. & cons. 96. vol. 4.* disent qu'il est besoin que le cessionnaire fasse appeller le debteur en jugement pour être discuté si la cession est bonne ou vitieuse. Ce que nous n'observons pas : car ce seroit remettre en action ce qui est en prompte execution. Vray est que s'il y a opposition la cession peut être débatuë, comme si elle est faite à plus puissante personne : qui s'entend par office ou magistrature, car telles cessions sont prohibées, *l.* 2. *C. ne liceat potent.* & par l'Ordonnance du Roy Charles V. art. 4. tels transports sont declarez nuls. De même si le transport est fait à un privilegié avec terme de payer quand le procez sera gagné, parce qu'il semble que ce soit achat de procez, qui est la cause mise en ladite *l. per diversas*, *C. mand.* & ainsi fut jugé par Arrest le Vendredy de relevée 29. Janvier 1551. Aussi est la cession blâmée & nulle, qui est faite à un Juge ou Officier du Siege où le procez est pendant, ou à l'Avocat, ou au Procureur, ou au Sollicitéur de la cause : par l'Edit d'Orleans art. 54. De même la cession est nulle & punissable quand elle contient paction *super quota litis*, ainsi se dit communément quand le profit de l'évenement du procez est à partager, dont sont les textes, *in leg.* 1. *§. si cui, ff. de var. & extraord. cognit. leg. contra C. mandati*, *l. si remunerandi*, *§. ult. ff. eod. leg. sumptus*, *C. de pact.*

Si la cession est faite de chose litigieuse, & n'y ait autre vice concurrent, on ne declare pas en Fance la cession nulle : mais on se contente d'obtenir en Chancellerie Lettres de subrogation avec dispense du vice de litige.

La question est. Si le cedant qui a transporté une debte est tenu de la garentir en cas que le debteur se trouve non solvable ? On dit communément qu'il suffit de garentir que la somme ou autre chose soit dûë, & allegue-t'on la *l. si nomen*, *ff. de hared. vel, act. vend. l. inter causas*, *§. abesse*, *ff. mandati*. De cette opinion est Paul de Castre *consil.* 170. *vol.* 2. mais je ne puis admettre cette decision indistinctement, il est certain que la cession de par soy n'est pas titre s'il n'y a cause adjacente de vendition, donation ou autre. Si la debte est cedée de gré à gré moyennant deniers, c'est vraye vente. Si le cedant a reçû pour la cession autant que monte la debte, soit en deniers ou autre chose équipollente à deniers : je diray qu'il est tenu de garentir & faire valoir la partie, mais sans dommages & interests, par la raison de la *l. ex empto*, *vel l. emptorem*, *§. qui autem*, *vers. ibidem*, *ff. de act. empti*. Que si le cedant a fait bon marché de la debte : je presumeray que le cessionnaire en a pris sur soy le hazard & peril, & partant que le cedent n'est tenu de faire valoir la partie *ad instar* de celuy qui achete du pêcheur le coup du fillier, *l. nec emptio*, *ff. de contrah. emp. leg in quantitate*, *§. magna. ff. ad leg. Falcid.* Car la loy reçoit bien une estimation à l'aventure d'une chose incertaine & douteuse ; & en tel cas se dit que la chose vaut autant comme elle peut être venduë, & peut trouver acheteur, & audit cas on n'a égard à la vraye valeur, *l. cum Titio*, *leg. quærebatur*, *ff. ad leg. Falcid. l. si servus*, *ff. de condict. furt.* Et audit cas en achetant une debte à moindre prix qu'elle ne monte, ce n'est pas encourir les peines de ladite *l. per diversas*, car à cause des difficultez on peut faire meilleur marché, & neanmoins le cessionnaire est bien recevable à agir pour toute la somme. Joan. Fab. *in d. l. per diversas*, & Paul de Castre *cons.* 392. *vol.* 2. Doncques *ex causa*, & par les circonstances je jugeray s'il y échet garentie quand il n'en est rien convenu, ou si c'est un simple achat de hazard & droit douteux.

Biens meubles et immeubles, Auparavant l'Ordonnance de l'an 1539. on observoit les discussions des meubles avant que saisir & faire vendre les immeubles, comme cy-dessous art. 24. mais par ladite Ordonnance la perquisition des meubles est ôtée. Ce qui ne déroge au droit special & au privilege des mineurs, qui est tel que l'on ne peut vendre leurs immeubles sans avoir discuté leurs autres moyens, même les meubles. Toutesfois se trouvent aucuns privileges au fait de ces executions, comme de ne prendre les bœufs, chevaux, & autres instrumens aratoires du laboureur, sans avoir discuté ses autres meubles, *text. & gloss. in l. executores*, *C. quæ res pignori oblig.* & par l'Edit sur la reformation des Justices de Normandie de l'an 1540. art. 29. à quoy se rapporte une ancienne Ordonnance de Guy Comte de Nevers, & de Matilde sa femme, par l'avis de leurs feaux Barons, en datte du mois d'Avril 1235. Anciennement aussi les Prêtres & personnes Ecclesiastiques n'étoient executables en leurs meubles, selon l'Ordonnance du Roy Philippes le Bel de l'an 1302. mais par les Edits d'Orleans art. 28. & de Blois art. 57. ils peuvent être executez en leurs meubles hormis les meubles destinez pour le service Divin, leurs livres, vêtemens, & autres meubles qui sont necessaires pour leur usage quotidien. Leur privilege s'étend aussi, que si par convenance expresse ils sont obligez à tenir prison, ils doivent tenir prison en la prison de leur Evêque, & par ledit Edit de Blois ils sont exempts de la prison introduite par l'Edit de Moulins, à faute de payer dans les quatre mois, mais non pas de la prison convenuë par l'obligation.

Le droit Romain défend l'execution & contrainte d'une personne pour la debte d'un autre : mais par droit commun en Chrétienté qui n'est écrit, si aucun sujet d'une Souveraineté fait tort au sujet d'autre Souveraineté, & le Souverain de celuy qui a fait le tort refuse ou délaye de faire justice : le Souverain de celuy qui a reçû le tort octroye lettres de marque, qu'on appelle en Italie droit de represailles, pour prendre sa raison sur le premier qu'on pourra apprehender sujet de l'autre Souveraineté, dont est parlé, *in can. dominus noster* 23. *quæst.* 2. Et ce qui est dit, *in cap.* 1. *de injur. in 6.* est en faveur des personnes Ecclesiastiques, qui ne peuvent être gagées par droit de marque pour les fautes des lays : mais ne se dit pas qu'ils ne puissent être gagé pour le fait d'autres personnes Ecclesiastiques. De ces represailles est traité par Guido Pape, decis. 32. 33. & 34.

ARTICLE II.

TOutes executions en biens meubles cessent par la mort du debteur, sinon que l'obligation, condamnation ou cedule, verifiée ou reconnuë fût contre l'heritier dudit défunt declarée executoire par Sentence, ou que la succession fût jacente; c'est à sçavoir, qu'il n'y eût heritier apparent. Esquels cas à sçavoir au premier, peut être procedé par execution sur les biens dudit heritier, & au second sur les biens dudit défunt, jacens & non occupez.

EN l'execution de biens sont deux chefs, l'un est de la saisie sous la main de Justice & sequestration de biens meubles. L'autre de la vente d'iceux. Quant à la saisie pour par le creancier s'asseurer des meubles, tant afin de gagner le privilege de la diligence, comme pour éviter la distraction & déperissement d'iceux; elle n'est pas défenduë par cét article, pourveu que ce soient meubles hereditaires. *Imò* tant par cét article vers la fin que par le 12. article, *infrà*, elle est facilement permise; & le pretendu heritier n'a dequoy se plaindre : car s'il est heritier il doit & n'est recevable à se plaindre : S'il n'est pas heritier, il n'y a point d'interest. Mais quant à l'autre chef de l'execution, qui est pour la vente des meubles & distribution des deniers, elle est précisément défenduë jusques à ce qu'il y ait un legitime défenseur de l'heredité, soit heritier ou curateur à biens vacans. Aucunes autres Coûtumes permettent en cas d'heredité jacente, ou d'heritier absent, de saisir les biens de l'heredité, Orleans articles 438. & 441. Blois art. 253. & 254. Paul de Castre & Alexandre *in l. postulante, ff. ad Senatusconsult. Trebell.* disent que l'execution ne doit être faite avant la declaration d'heritier. Doncques l'effet de cét article est que pour executer l'heritier pêle-mêle és biens hereditaires, & és biens qui sont propres à luy d'autre part que de l'heredité (parce que par l'addition d'heredité, les deux patrimoines sont mêlez, & est reputé un seul patrimoine) il faut que la declaration d'heritier precede. Pourquoy à juste cause par l'Edit du 4. Mars 1549. a été aboly l'article 72. de l'Ordonnance de l'an 1539. qui permettoit d'executer le maintenu heritier. Mais quand il est question de la saisie des biens hereditaires, nul ne peut y avoir interest : car c'est l'heredité qui doit : mais comme dit est pour la vente des meubles, & distribution des deniers est bien necessaire de s'addresser à personne legitime. Un curateur aux biens vacans, peut être creé non seulement quand les proches heritiers ont repudié : mais aussi quand il demeure long-tems incertain s'il y aura un heritier, *l. si diu, ff. quibus ex causis in poss. eatur.* Et pour la creation dudit curateur, doivent être appellez non seulement les parens, mais aussi & principalement les creanciers *l. 2. ff. de curat. bonis dando*; *imò etiam*, un des creanciers peut être constitué curateur, *l. unius, & l. Fulcinius, §. planè, versic. Labeo, ff. quib. ex caus. in possess.*

ARTICLE III.

OBligations sous Scels Royaux & autentiques, & cedules pures & simples, & reconnuës ou verifiées emportent garnison de main, & peut ladite garnison être faite par le Sergent executeur, ou ordonnée par Juge nonobstant oppositions ou appellations quelconques, suivant les Ordonnances Royaux. Et celuy qui est condamné à garnir, doit y satisfaire dedans deux délais qui luy seront prefix & arbitrez par le Juge : autrement doit être debouté de son opposition. Et sera faite ladite garnison és mains du creancier en baillant caution.

SOus Scels Royaux, Les Officiers Royaux ont été toûjours favorisez és Cours Souveraines par l'intervention des Procureurs Generaux du Roy, qui pour renforcer les droits de Souveraineté ont toûjours essayé de déprimer l'autorité & la Jurisdiction des Seigneurs Justiciers. L'évenement a fait connoître que le ménagement en a été si fort utile au Royaume. Et par ce moyen ont prétendu que le Scel Royal emporte submission des contractans à la Jurisdiction Royale, & que les executions ou demandes fondées sur contrat passé sous scel Royal, peuvent être tirées au Siege Royal sans être sujettes à renvoy : & de fait *quo jure, quaque injuria*, ils en usent ainsi, & pour Arrests qui se donnent ils n'en croyent rien, & faudroit en chacune cause un Arrest, quoy que selon l'usance ancienne de ce Royaume, le Scel de la Prévôté de Paris, le petit Scel de Montpellier, & le Scel des Foires de Champagne & Brye seuls & non autres ayent ce privilege : aucuns y ajoûtent le Scel du Châtelet d'Orleans. J'étois present à la plaidoyrie sur un appel interjetté par les Religieuses de Chelles appellantes du Bailly de Valoys au Siege de Crespy, qui avoit refusé le renvoy de la cause d'un des sujets desdites Dames, parce qu'il étoit obligé sous scel Royal, contre le Procureur General du Roy prenant la cause pour son Substitut à Crespy. Et fût jugé par Arrest que le renvoy avoit été mal refusé. Ce fut le Lundy 9. Février 1550. Aprés l'Arrest donné Monsieur le President le Maître, dit qu'il avoit été appointé au Conseil si la submission expresse faite par l'obligé au scel Royal avoit pouvoir d'attribuër la jurisdiction au préjudice du Seigneur Justicier : mais quand il n'y a point de submission expresse qu'il n'y a point de difficulté, & c'est ce qui avoit été presentement jugé. Par la charte du Roy Louïs X. dit Hutin, du mois de May 1316. sur les plaintes faites au Roy par le Comte & par les Seigneurs Justiciers de Nivernois, de Donziois, fut ordonné que les Juges Royaux ne connoîtroient de l'execution des Lettres passées sous scel Royal, ny de ce qui en dépend, mais les Seigneurs Justiciers des lieux, si ce n'étoit qu'il fût question de debte Royale, ou si les Seigneurs sont défaillans de faire droit, ou s'il étoit question de falsification de scel Royal, ou de l'écriture qui est prés iceluy. Par Arrest de la Cour ès grands Jours de Moulins, du 25. Octobre 1550. furent faites défenses à tous Notaires de mettre la clause de submission à la jurisdiction du scel Royal, ou autre jurisdiction que la naturelle du debteur, sinon qu'expressément ils en soient requis par les parties, & que la clause de la submission soit étenduë en la minute tout du long sans la comprendre sous le *& cætera*. Ce qui se dit des submissions, ou expresses ou par privilege, s'entend à l'égard des mêmes contractans ou leurs heritiers : mais non à l'égard d'un tiers qui seroit convenu hypothecairement comme detenteur. Ainsi fut jugé par Arrest du sixiéme Mars 1542. Soit noté que d'ancienneté, & jusques à dix ans sont, l'on disoit le scel aux Contrats de la Prévôté de Saint Pierre le Monstier, mais depuis dix ans on a commencé à dire, le scel du Bailliage de Saint Pierre le Monstier, & mal à propos : car le scel aux Contrats regarde la jurisdiction de la Prévôté, & la jurisdiction contentieuse, & le ressort concernant le Bailliage. Et le mot de Bailliage ne signifie pas territoire : mais le droit de jurisdiction en cas de ressort, ou pour les cas Royaux : comme il a été dit cy-dessus au commencement de ce Commentaire.

Scels autentiques, L'Ordonnance de l'an 1539. article 66. declare le scel autentique emporter force d'execution à l'égard de ceux qui lors de la passation du contrat étoient domiciliez au détroit de la Jurisdiction du Seigneur duquel est le scel, ce qui se rapporte a ce qui a été dit cy-dessus, que les obligations sous scel autentique sont *ad instar* des choses jugées, & par les regles de droit, nul ne peut juger sinon sur les sujets de son territoire, *l. ult. ff. de jurisd. omnium jud.* Selon cette Ordonnance, dit la Coûtume de Paris art. 165. Mais tout cela dépend de cette ancienne cabale des Officiers Royaux pour abaisser la jurisdiction des Seigneurs & exalter la Royale, quoy que selon les regles de droit, ce qui est de jurisdiction volontaire puisse être expedié par le Juge hors son territoire : *lege emancipari, ff. de adoptionib. l. 2. ff. de offic. Proconf.* Toutefois les Coûtumes de Poitou art. 378. & d'Orleans art. 463. défendent aux Notaires d'instrumenter hors le territoire auquel ils sont établis, à peine de nullité. Ce que je ne voudrois pas tenir pour general : mais bien voudrois-je dire que l'instrument ne feroit foy s'il n'étoit scellé du Scel du Seigneur qui a fait le Notaire, & vaudroit seulement pour faire foy, & non pas être executoire. L'on tient en France pour regle generale, que le contrat passé sous le Scel de Cour Ecclesiastique, n'emporte hypoteque ny execution : & la raison est qu'en France les Juges d'Eglise n'ont aucun pouvoir en ce qui est réel, soit meuble ou immeuble. Et en particulier est statué par la Coûtume de Sens art. 133. Troyes art. 74. Berry des Notaires art. 2. qui ajoûte que les Notaires de Cour d'Eglise ne doivent recevoir contrats entre lays. Orleans art. 431. qui excepte quant à l'execution, sinon aprés la permission du Juge lay. Toutefois si un Notaire de Cour d'Eglise avoit reçû un Testament ou bien un Contrat, qui de sa nature & par la vertu de la loy emporte hypoteque, comme contrat de mariage ou loüage, le droit d'hypoteque y seroit, non pas en vertu du scel : mais en vertu de la loy qui donne hypoteque tacite, *etiam* sans convenance. Et on ne peut nier que l'instrument de soy ne fasse foy, parce que l'Evêque a droit de scel. Par Arrest donné és grands Jours de Moulins, le 14. Octobre 1550. fut jugé que les obligations ne sont executoires si elles ne sont scellées, faut excepter sinon que l'execution se fit au même lieu où est la residence du Notaire, & où son seing est notoirement connu : comme dedans Paris & en la Banlieuë, on execute en vertu du brevet des Notaires, sans que l'obligation ait été grossoyée & scellée.

Cedules pures et simples, Ainsi faut dire des obligations, qu'elles soient pures & simples pour être executoires. Car si l'Obligation est conditionnelle, ou le marché est reciproque, ou s'il y a quelque modification en la chose promise, l'on ne doit executer, & la provision n'y échet, sinon aprés sommaire connoissance de cause que la charge soit purifiée. Ainsi fut jugé par Arrest du 19. Février 1544. L'obligation ou cedule doit être causée avec expression de cause speciale propre pour engendrer action, autrement elle n'est executoire, & ne produit action, *l. cum de indebito, §. sin autem, ff. de probat, l. jurisgentium, §. sed cum nulla ff. de pact. cap. si cautio, extra de fide instru.* Si ce n'étoit que par les qualitez des parties ou autres circonstances apparoissantes *prima specie* on peut presumer la cause de la cedule ou obligation. Ainsi fut jugé par Arrest du 2. Decembre de l'an 1544. sur une cedule d'un Gentil-homme de Poitou, par laquelle il confessoit devoir telle somme à un hostellier de Paris sans expression de cause. La presomption étoit que ce fût pour dépense faite en l'hostellerie, & fut l'obligation declarée valable.

La Coûtume d'Orleans art. 462. & Bourbonnois art. 97. disent que si la cedule est conditionnelle, que le Juge ordonnera sur la garnison. Ladite Coûtume d'Orleans audit art. 462. & Blois art. 296. & Berry des Executions article onze, disent que les cedules reconnuës ou verifiées emportent garnison.

Reconnues ou verifie'es, L'Ordonnance qui fait tous Juges competens pour reconnoissance de cedules, s'entend quand les debteurs sont trouvez sur le lieu, ainsi fut dit par Arrest en plaidant le Mardy 2. Juin de l'an 1545. Toutefois les cedules des Princes & grands Seigneurs bien conneus, & de personnes qui ont charges publiques de haute qualité ne sont sujettes à reconnoissance, *cap. cum dilectus ex. de fide instrum.* Aucuns y ajoûtent les Seigneurs qui ont droit de Châtellenie, parce qu'ils ont puissance de créer Notaires & avoir scel à contrats, pourquoy leur écriture ne doit pas être tenuë pure privée, & ainsi le tient-on, & l'ay veu juger au Châtelet de Paris. Ce que je voudrois limiter pour avoir lieu seulement és Provinces esquelles ils sont Seigneurs Châtellains.

On a douté si les cedules verifiées par témoins emportent provision, & dit-on avoir été jugé par Arrest, que non, parce que c'est par enqueste avec témoins sujets à reproches, mais nôtre Coûtume vaut loy, & autant en disent lesdites Coûtumes d'Orleans, Blois & Berry *ut suprà.* Soit noté que l'heritier ou autre successeur n'est pas tenu de précisement reconnoître ou nier, parce que ce n'est pas son fait, mais seulement est tenu de declarer s'il reconnoît l'écriture & seing du défunt. Ainsi fut jugé par Arrest en plaidant pour le Comte de Sancerre le Vendredy de relevée premier Avril de l'an 1551.

Fait la loy *abstinendum Cod. quorum appell. non recip. quod etiam in privatis debitis qua sunt evidentia vel confessa, non admittatur appellatio.*

Emportent garnison de main, Auparavant l'Ordonnance de l'an 1539. on ne pratiquoit communément autre garnison de main sinon de la main de Justice, par saisie & sequestration des biens meubles du debteur. Par ladite Ordonnance est introduite autre garnison de main, qui est la main du creancier, & est une forme de recreance, quand les deniers procedans de la vente des meubles saisis sont mis par provision és mains du creancier : & sur ce sera consideré que l'ancienne garnison de la main de Justice seule pouvoit être cause que les meubles saisis deperissoient quand les parties étoient long-tems à plaider. Et pour éviter ce deperissement, a été expedient d'ordonner la vente d'iceux par provision, & au lieu de deposer les deniers en main tierce, ils sont mis és mains du creancier en baillant caution, & se constitüant depositaire de biens de Justice, qui emporte la prison. En quoy l'Ordonnance a montré un bon expedient pour éviter la perte des meubles, qui seroient long-tems sequestrez, la seureté des deniers par la caution, & que le creancier peut faire son profit des deniers, ce que ne feroit pas un depositaire, & ne bailleroit caution. L'une & l'autre garnison de main, a le privilege que si le debteur ne garnit & ne satisfait par provision, il est debouté de son opposition. Quant à la premiere garnison dont parle nôtre Coûtume, l'article l'ordonne ainsi. Quant à l'autre garnison & provision qui est ordonnée par le Juge avec sommaire connoissance de cause, il y en a ordonnance du Roy Charles IX. faite à Amboise au mois de Janvier 1572. quand il y a resistance à l'execution de la provision, & y est la rigueur de prison & décheance de défenses au principal.

La premiere garnison se fait par le Sergent, mémement quand il besogne en vertu d'une obligation scellée & en forme. La seconde est ordonnée par le Juge avec sommaire connoissance de cause, par l'Ordonnance de l'an 1539. article 68. & n'y reçoit-on exception, sinon qu'il en apparoisse promptement, *l. 3. §. ibidem, ff. ad exhib.* & ce jugement sommaire ne fait préjudice au principal, *l. 3. §. missum, ff. de Carbon. edicto*, même on ne doit surseoir pour la requisition du serment du creancier, s'il est en lieu lointain distant de plus de vingt lieuës. Ainsi fut jugé par Arrest sur un appel venant des Presidiaux de Bourges le Vendredy 21. Juin 1568. Berry des Executions article 12. dit que *etiam* pour la delation du serment faite par le debteur au creancier, n'est empêchée la provision, sinon que le creancier fût sur le lieu, ou peût venir dedans huitaine. Les gens du Roy en Parlement soigneux des droits du Roy avec anxieté, comme ils disent, soûtiennent qu'il n'est loisible à autres Juges que Royaux d'ordonner l'execution de ces provisions fondées sur contrats, nonobstant & sans préjudice de l'appel, & croy qu'ils se fondent sur ce que par les Ordonnances des Rois Charles VIII. articles 48. & 51. & de Loüis XII. de l'an 1499. article 80. les provisions y declarées ne sont executoires nonobstant l'appel, sinon qu'elles soient données par Juges Royaux. Mais ladite Ordonnance de l'an 1539. article 68. semble attribuër le jugement de la provision, nonobstant l'appel à tous Juges qui sont competens, & ausquels est addressée la connoissance de l'execution & de l'opposition. Et si autrement étoit il y auroit inconvenient que le creancier fût frustré du remede de cette provision, s'il n'addressoit la cause principale au Juge Royal, & seroit une manifeste injustice envers les Seigneurs Justiciers pour leur ôter l'exercice de leur jurisdiction. Ou bien faudroit faire division de l'instance pour plaider en principal devant le Juge ordinaire, & sur la provision pardevant le Juge Royal : ce que les Presidiaux de Saint Pierre le Monstier ont autrefois entrepris : mais ils en furent corrigez avec aigreur, par Arrest de la Cour entre l'Auverjon Seigneur de Pains, & Salonnier de Moulins Angilberts. Bien me sembleroit assez raisonnable, que ces provisions nonobstant l'appel ne fussent jugées par Juges Royaux, sinon qu'ils fussent Juges chefs d'une Province, ou Juges de quelque grande Jurisdiction établie en Ville close, ou Juges graduëz, parce que les provisions emportent quelquefois la ruïne d'une mediocre maison. Par la *l. abstinendum, C. quorum appellat. non recipiuntur*, est dit que *etiam*, és debtes de personnes privées qui sont évidentes ou bien prouvées, l'appel ne doit être reçû. D'autre part au fait de ces provisions est à considerer, que si le vice du contrat ou de l'obligation apparoît à l'œil par la lecture, comme s'il y a quelque clause usuraire, ou s'il y a la clause commissoire *in pignore*, ou si c'est allienation d'heritage fait par un qui apparoisse mineur de vingt-cinq ans, ou autre vice de nullité, le Juge ne devra adjuger la provision sur iceluy : pas même si c'étoit une instance de rescision de contrat, en laquelle l'ordinaire est que durant le procez de rescision, les contrats doivent être entretenus, & rien ne doit être innové, & ainsi porte le droit Romain, *l. unica, C. in integrum rest. postulata, ne quid novi fiat.* Ainsi quand le vice est apparent, ne doit être fait provision, par la raison de la *l. si is à quo, ff. ut in possess. legat.* & ainsi fut jugé par Arrest plaidans Robert & du Puy, le Mardy 8. Juillet 1544. Aussi n'a t'on accoûtumé d'adjuger provision sur une obligation ou contrat qui est prescrit, si ce n'est que l'on fasse apparoir promptement de l'interruption. Ainsi fut jugé par Arrest de relevée du 25. Janvier 1543. J'ay quelquefois estimé qu'aucunes provisions sont, esquelles quelque Juge inferieur que ce soit, & de tant basse Jurisdiction soit-il, pourveu qu'il soit competent en la cause, il peut passer outre nonobstant l'appel. Comme sont les provisions que j'appelle necessaires, parce qu'elles importent à la conservation de la chose, ou parce que faute de pourvoir promptement il aviendroit dommage irreparable ou fort difficile à reparer : comme d'un inventaire, comme de la coupe d'un bois de haute Fustaye, comme d'allimens & autres tels. Autres provisions sont de bien-seance & de commodité : & non de necessité, comme pour faire payer le creancier de sa debte durant le procez. Et cette sorte de provision selon mon avis ne doit être executée nonobstant l'appel, sinon que le Jugement soit donné par Juge Royal, ou par Juge de Pairie, ou par autre Juge qui soit gradué ou qui ait jugé par conseil de graduez en droit.

ARTICLE IV.

SI le debteur executé n'est opposant, le Sergent luy doit signifier la vente des biens sur luy pris par execution au dixiéme jour ensuivant, à compter du jour d'icelle execution inclus. Et ladite vente assignée à heure dûë au lieu accoûtumé à faire en la justice, criées, subhastations & vente de biens.

ARTICLE V.

ET audit dixiéme jour ledit Sergent sur peine de l'amende envers Justice, & de payer la debte au creancier doit proceder à ladite vente : sinon que ce soit du consentement exprés des deux parties : Laquelle il fera (s'il n'y a opposition ou appellation) à haute voix par plusieurs proclamations non accelerées, soit present ledit debteur ou non : mettra en son rapport les noms des metteurs, & le prix auquel par chacun desdits metteurs chacune chose sera mise : Et au dernier plus haut metteur étroussera chacune desdites choses, & la luy livrera en fournissant deniers promptement. Et ne pourra le Sergent recevoir aucun à être acheteur de gages, soit le debteur ou autre sans fournir promptement les deniers : sinon que ce soit du consentement exprés du creancier. Aussi Sergens quels qu'ils soient ne pourront être acheteurs de gages, directement ou indirectement, ny gardiens d'iceux gages.

ASSIGNÉE A HEURE DEÜE, L'assignation doit être de jour, heure & lieu certains, & doit le Sergent donner cette assignation lors qu'il saisit. Et s'il ne parle au debteur à sa personne, il doit laisser en son domicile copie de son Exploit, afin que le debteur ait moyen d'être certain dudit jour, soit qu'il parle au debteur, soit que non, il doit laisser copie. Et faut prendre pour regle generale, que toutes & quantes fois qu'on ne parle aux mêmes personnes, il faut laisser copie de l'Exploit ou Acte au domicile : car une notification faite par acquit n'est valable *l. aut qui aliter, ff. quod vi aut clam.* Et ailleurs dit la loy qu'elle doit être faite en telle sorte que celuy qui doit être averty puisse être averty au vray, *l. de pupillo, §. 1. ff. de novi oper. nunt.*

AU DIXIÉME JOUR, C'est le délay de justice octroyé au debteur pour faire deniers ou pour trouver acheteur de ses meubles : lequel délay ne peut être abregé sinon par la volonté du debteur, mais bien peut être prolongé par le creancier, pourveu que la vente soit signifiée avec délay competent, & à jour, heure & lieu certains.

AU LIEU ACCOUSTUMÉ, Pourveu qu'en cette justice & en ce lieu il y ait frequence de peuple, car telles ventes se doivent faire aux meilleures conditions qu'on peut au profit du debteur, & desirent le soin & la bonne foy du Sergent. Et si en ce lieu n'y a frequence de peuple, peut assigner autre lieu prochain avec signification düe comme dessus. Aucunes Coûtumes desirent que la vente soit assignée devant le Juge pour la confirmer : Bourbonnois art. 111. Auvergne chap. 24. art. 47. Ce qui est pour éviter les fraudes & abus que les Sergens ordinairement commettent.

Fournissant deniers promptement, Le Sergent ny autres Officiers de Justice, ny même un Procureur ou administrateur d'affaires d'autruy, qui a charge de vendre, ne peut faire credit, & quoy qu'il fasse tradition & délivrance de la chose venduë, il ne transfere pas la proprieté sinon en payant comptant, & peut la chose être vendiquée sur l'acheteur pour la vendre derechef, *l. à Divo Pio, §. sed si emptor. ff. de re judic. l. si procurator, ff. de jure fisci.* Par consequent quand l'acheteur n'a pas payé comptant, on peut rencherir sur luy comme la vente n'ayant été parfaite. Car telles ventes qui se font par autorité de Justice ne sont pas parfaites par le seul consentement, comme entre personnes privées en leurs noms. Surquoy sera noté ce qui est en cét article, *ne pourra recevoir aucun à être acheteur, sinon en fournissant deniers promptement.*

Ces mots, ne pourra, emportent necessité precise, & nullité de ce qui se fait au contraire, *cap. beneficium, de regul. jur. in 6.* Et neanmoins l'acheteur de biens de Justice peut être contraint par corps à payer : comme aussi les depositaires de biens saisis par autorité de Justice. Ce qui est generalement observé en France, & est rapporté par les Coûtumes de Bourbonnois art. 112. Orleans art. 439. Blois art. 255. Berry des Executions art. 18. Melun articles 315. & 316. Si le Sergent a commis quelque faute, comme si par male-façon il a étroussé à vil prix, il en doit répondre par l'action *de dolo, l. si pignora, ff. de evictione.* Et disoit feu Monsieur Maître Gabriel Marillac Avocat du Roy en Parlement, homme tres-docte & tres-homme de bien, qu'il étoit observé en France, que la peine du dol est toûjours exercée extraordinairement, & par corps. Aussi selon les loix l'action *de dolo* est infamante.

Les Sergens ayant saisi des meubles doivent faire un inventaire & briéve description d'iceux, & laisser ledit inventaire en la maison où ils les saisissent. A quoy se rapporte l'Ordonnance du Châtelet de Paris, sous le titre des Sergens, article 6. Et quoy que ledit article use de ces mots, Si avoir le veut ; Je croy que les Sergens non requis doivent ainsi faire, afin que le debteur executé ait témoignage quels meubles ont été pris, afin de contrôller l'improbité & friponnerie trop ordinaire des Sergens, nommément de villages.

Sergens ne peuvent estre acheteurs de gages, Ces mots ne peuvent, emportent comme il a été dit cy-dessus, nullité precise de ce qui est fait au contraire *l. non dubium, C. de legib.* mais la nullité est au préjudice du Sergent, qui fait qu'un autre encherisseur seroit reçû, comme l'étrousse n'étant faite ; mais la nullité n'est pas en sa faveur, car si nul ne s'en plaint il se trouvera valablement obligé, comme acheteur de biens de Justice. *Arg. l. post mortem, ff. de adopt.*

Gage, C'est un ancien mot François, qui signifie asseurance, & aucunement represente le mot Latin *sponsio.* Et croy que le mot de gage que les gros Latineurs appellent *Vadium* vient du bon mot Latin, *vas, vadis*, qui signifie celuy qui est plege de l'accusé en cause criminelle ou civile. Quant aucun est contraint de payer, il donne ou l'on prend sur luy des meubles, qui sont comme pleges pour luy, que dedans les dix jours il payera : & comme la plegerie se fait par parole, aussi peut elle être faite par consignation de meubles qu'on appelle gages, & en Normandie on appelle nampts, dont vient le mot de namptir, qui signifie faire asseurance réelle & garnir. Souvent avient qu'en la langue Françoise le v, consonante Latine est transformé en g. comme de *Vadium*, gage : de *Vadum* gué : de *vespa*, guespe : de *vastare*, gaster : de *vagus* gay : de *Vitus*, nom propre, Guy. Si le creancier a fait saisir & par collusion avec le debteur, ou par négligence il n'a fait vendre, il doit imputer en payement la valeur desdit gages, *l. adversus in verb. de pretio servari potuit, C. de actionibus & obligat.*

ARTICLE VI.

Pour les frais d'une execution ne seront comptez ny taxez aux Sergens que deux voyages ; à sçavoir, l'un pour ladite execution & prise de biens, & l'autre pour ladite vente.

Icy faut appliquer ce qui est porté par l'Ordonnance de l'an 1539. art. 183. si les Sergens font plusieurs Exploits en un jour, de les payer *pro rata.*

ARTICLE VII.

Le creancier ou son Procureur, & aussi le debteur ou son Procureur, s'ils sont plus offrans, ou l'un d'eux, ou s'il n'y a autre metteur, sont comme personne étranges, receus à mettre prix esdits biens meubles : & leur seront estroussez & livrez aux charges & conditions que dessus.

LEs conditions sont de payer comptant, sauf que le creancier qui se trouve seul poursuivant peut employer sa debte pour deniers comptans comme cydessous article 52. Soit noté qu'il n'est pas défendu au tuteur quand les meubles ou fruits des immeubles, ou autres biens de son pupille sont vendus de les acheter, pourveu que ce soit à découvert, par luy-même, & non par personne interposée : car l'interposition de personne *eo ipso* fait juger qu'il y a fraude, *l. pupillos.* §. *Item ipse. ff. de auct. tut. l. non existimo. ff. de administ. tut.*

ARTICLE VIII.

UN debteur obligé par prise de biens & de corps peut être pris & arresté prisonnier à la requête de son creancier, sans ce que ledit creancier soit tenu faire préalablement discussion sur les biens meubles ou immeubles dudit debteur obligé : mais en fournissant par ledit debteur, ou autre pour luy, de gages vendables aisément & sans déchet, jusques à la concurrence de la debte, ledit debteur sera mis hors de prison.

ARTICLE IX.

CE neanmoins que le debteur soit prisonnier, le creancier pourra pour sa debte faire saisir & vendre les biens dudit debteur.

SElon le huitiéme article sont les Coûtumes du Bourbonnois article 104. Berry des executions art. 15. Melun article 314. Troyes art. 129. en ce qui est de la prison sans discuter meubles. Ladite Coûtume de Berry art. 16. desire que le commandement soit fait en lieu oportun, & si le debteur est hors sa maison il peut requerir le sergent d'aller en sa maison pour bailler argent ou meubles. L'obligation de prison pour debte civile étoit en usage à Rome, & par la loy des douze tables il étoit loisible au creancier d'emmener son debteur prisonnier en sa maison, l'empieger ou autrement le lier ; ainsi que recite Aule Gelle *lib.* 20. *cap.* 1. & à ce se rapporte le fait recite *in lib. ult.* §. *si fœnerator. ff. de eo quod vi metusve causa.* Et à cause de la cruauté que les creanciers pouvoient exercer contre les debteurs, furent à Rome excitées plusieurs seditions, & faites plusieurs loix pour adoucir cette rigoureuse loy, comme recite Tite-Live *lib.* 2. *&* 6. *prima decadis.* Et enfin fut dit que nul ne pourroit être lié & detenu prisonnier sinon pour delit, *lib.* 8. *prima decadis.* Toutefois cette ancienne contrainte par prison fut remise sus, & le remede y fut appliqué que le debteur en quittant ses biens seroit delivré de prison, ainsi qu'il est dit *in l.* 1. *C. qui bonis cedere possunt.* Ce qui est répeté en l'Ordonnance de Moulins de l'an 1566. art. 48. Ce qui est dit en la *l. ob as. C. de act. & oblig.* s'entend de la prison privée quand le debteur étoit adjugé en servitude à son creancier, & laquelle servitude étoit temporelle comme dit ledit Aule Gelle, ce qui est défendu par ladite loy *ob as.* Et ailleurs il est dit que les prisons privées sont défenduës, *l.* 1. *C. de privat. carcer. inhibendis.* Mais si le debteur est fraudateur qui ait détourné & latité ses biens, ou qui à escient ait affronté marchands, la cession de biens ne les delivre de prison, & en ce cas la prison est pour peine, *l. ult.* §. *ult. juncta glosa ff. quæ in fraudem cred.* Et en France sont Ordonnances qui commandent punir par corps ceux qui par mauvaise foy font banqueroutte & faillite, même l'Edit d'Orleans art. 142. Blois art. 205. & l'Edit d'Henry IV. du mois de May de l'an 1609. & par Arrest en plaidant le Lundy 3. May 1551. contre un qui aprés avoir obtenu répit avoit emprunté grosse somme de deniers d'un creancier non sçachant led. répit, fut dit que son procez luy seroit fait extraordinairement, & étant present à l'Audience fut envoyé prisonnier, j'étois present. La regle generale est en France que le dol est coercé par prison & extraordinairement. Et quant au tuteur qui verse mal és biens du pupille, & se trouve non solvable, il y en a exemple, *in l. ob fœnus. ff. de admi. tut. & l. quamvis ff. de rebus eorum*, & se dit qu'il doit être contraint extraordinairement. En France aussi est observé que toutes debtes du fisque sont payables par corps, non seulement si c'est un officier ou fermier, ou autre expressement obligé au fisque, mais aussi pour le simple maniement : ainsi l'ay-je appris dudit sieur Marillac Avocat General en Parlement plaidant en l'Audience. Mais selon le droit Romain, les contraintes des debteurs du fisque par corps n'étoient, sinon en cas de contumace, *l.* 2. *C. de exact. tribut. lib.* 10. Ce qui se dit de la debte du fisque privilegiée, s'entend des deniers ou autres choses qui déja sont acquises au fisque, & ont été payées par le particulier au Receveur ou Fermier, & non pas de ce qui est deû au fisque par le particulier, pour son taux comme de Taille ou Huitiéme. Doncques ce sont les Receveurs, Fermiers, ou Porteurs de deniers déja payez au fisque ou pour le fisque, qui sont tenus par corps. Car les Tailles, Huitiéme de vin & autres Subsides se payent par les particuliers par forme d'Ayde au Roy, & non que ce soit debte precisement dûë. Aux prisonniers pour debte, les creanciers doivent fournir de vivres à l'Ordonnance du Juge, & aux prisonniers criminels le Geollier doit fournir pain & eau, par l'Ordonnance du Châtelet de Paris, au chapitre du Geollier art. 28. Pour la cumulation des contraintes, & que pour avoir commencé par une voye on n'est pas exclus de l'autre, est l'Ordonnance de Moulins de l'an 1566. art. 48. *Decius consil. 562. vol. 4.* qui allegue plusieurs autorité. La Coûtume de Berry des Executions, art. 17. Et doit le Sergent bien avisé quand il ajoûte une autre contrainte dire par son rapport, que c'est en continuant les exploits déja par luy commencez. Mais Bourbonnois art. 104. & Auvergne chap. 24. art. 59. ne permettent la cumulation des contraintes s'il n'a été convenu. Ce qui est particulier esdites Provinces, & croy que ledit Edit de Moulins y déroge : car les Coûtumes prennent leur force de loy par l'autorisation que le Roy en fait par ses Commissaires.

ARTICLE X.

LE creancier qui a plusieurs debteurs à luy obligez un seul & pour le tout pour une même debte, ou un debteur & un ou plusieurs pleges qui se sont constituez principaux payeurs chacun d'eux pour le tout, se peut adresser contre celuy qu'il luy plaira pour toute la somme, sans qu'ils puissent s'ayder du benefice de division, combien qu'à icelles ils n'eussent expressement renoncé.

CEt article ôte le doute que plusieurs Docteurs font, si pour faire l'obligation solidaire avec tous effets, il est necessaire que les obligez renoncent expressement au benefice de division & ordre de discussion? La commune opinion des Docteurs est, que si par exprés ils ne renoncent à division & à discussion, quoy qu'ils s'obligent solidairement, qu'ils ont le benefice de division. Pour cette opinion est le texte *in l. non rectè vers. nam licet. C. de fidejuss.* Mais cét article & le 114. de Bourbonnois sont au contraire. Division se dit à l'égard de plusieurs qui selon la verité sont principaux obligez; discussion se dit quand l'un est principal obligé, & l'autre plege, parce qu'il faut discuter principalement le principal debteur avant que s'adresser au plege. Le benefice de l'Epistre de l'Empereur Adrian est entre plusieurs pleges à l'égard l'un de l'autre, à ce qu'ils soient contraints pour leurs viriles portions, & non chacun d'eux solidairement. Selon le droit ancien plusieurs principaux obligez étoient tenus chacun solidairement, sur quoy est survenu le benefice de division. Aussi selon ledit droit ancien le principal debteur & les fidejusseurs pouvoient être contraints aussi-tôt l'un que l'autre, & chacun pour le tout. Sur quoy il a été appliqué l'ordre de discussion : ainsi plusieurs fidejusseurs à l'égard l'un de l'autre pouvoient être tenus chacun d'eux solidairement, & l'Empereur Adrian leur a octroyé que la debte se divisast entr'eux. Soit noté que ce qui se dit des fidejusseurs pour la discussion, s'entend aussi à l'égard des mandateurs, & de ceux qui se sont constituez debteurs pour autruy. Par l'Auth. *præsente in fine, juncta glos. C. de fidejuss.* Bourbonnois art. 114. permet d'executer le plege sans discussion quand il s'est constitué principal debteur, ou si le principal debteur est demeurant hors du païs. Mais Bretagne ancienne art. 212. & nouvelle art. 195. ne se contente de l'obligation d'un seul pour le tout, s'il n'y a renonciation à division.

S'il est notoire que le principal debteur est non solvable, ou qu'il soit fort difficile de le discuter, le creancier peut s'addresser contre le fidejusseur sans discussion precedente. Bart. *in leg. ult. ff. si certum petat.* Toutefois Ludovicus Roman. *consil.* 210. requiert qu'il y ait Sentence du Juge, par laquelle le principal debteur soit déclaré non solvable. Ce que je ne voudrois pas admettre, veu que l'Auth. *præsente, C. de fidejuss.* semble se contenter qu'il y ait difficulté en la convention du principal debteur pour s'adresser au plege : non pas pour executer led. plege en ses biens: car pour ce faire il faut qu'il y ait eu connoissance sommaire : mais pour s'adresser contre ledit plege par action.

Que si le creancier aprés le terme écheu donne autre terme au principal debteur, le fidejusseur pourra se défendre par exception, combien que ce ne soit vraye novation, à cause de la *l. fin. C. de novat.* mais és cas esquels par le droit ancien la novation se faisoit facilement sans la ceremonie de ladite *l. fin.* aujourd'huy ladite loy finale ayant lieu, & hors les cas d'icelle loy, la novation se fait pour s'en aider par voye d'exception. Raphaël Fulgos. *consil.* 129. & allegue la *l. Valerianus, ff. de præt. stipul.* Ainsi Joannes Faber, *instit. quibus mod. tollitur obligat. §. ult.* Aussi il se peut dire que si le creancier est negligent de poursuivre son principal debteur, & il soit devenu non solvable, le fidejusseur étant poursuivy se défendra par exception pour n'en être tenu non seulement quand le fidejusseur a fidejussion limitée pour être tenu en cas que le debteur principal ne puisse payer, qui est le cas de la *l. si fidejussores, ff. de fidejuss.* mais aussi quand le fidejusseur a simplement cautionné. Ainsi decide *Ruinus consil. 45. vol. 5.*

UN SEUL POUR LE TOUT, Par convenance expresse. Et certains cas, *etiam* sans convenance expresse chacun est tenu pour le tout, comme si ce sont plusieurs associez en une negociation. Ainsi fut jugé par Arrest en plaidant, le Mardy de relevée le premier Decembre de l'an 1551. Comme aussi si plusieurs sont obligez pour une affaire qui de sa nature est individuë, comme pour ouvrage à faire, pour servitudes réelles, ou pour redevances, *l. stipulationes non dividuntur, ff. de verb. oblig.* & cy-dessus au chapitre des Rentes & Hypoteques, article dernier. Vray est qu'en ces obligations qui sont *ad factum*, quoy que chacun soit convenu pour le tout, & y soit condamné; toutefois quand l'execution deviendra à dommages & interests dont la fonction est en deniers, chacun de condamnez ne sera executé que pour sa portion, *leg. cum ex causa, ff. de verb. obligat. l. hæredes, §. an ea, ff. famil. ercisc.*

L'on dit communément quand plusieurs sont obligez solidairement, si le creancier en reçoit un à payer pour sa part proportionnée, que le creancier est censé avoir divisé sa debte, *quasi ex tacito pacto, leg. si creditores, C. de pact.* Mais est à noter que ladite loy est faite au tems que deux obligez, qu'on appelloit *reos debendi*, étoient sans autre convenance tenus solidairement, auquel cas la division étoit facilement presumée. Que si par convenance expresse avec renonciation à division deux sont obligez chacun pour le tout, la division ne doit pas si facilement être presumée, & à cét effet sera noté que ladite loy est au titre *de pactis*, & fondée sur paction tacite & presumée, pourquoy profite seulement à celuy qui a payé, & non aux autres debteurs, qui neanmoins demeurent obligez solidairement. Du Moulin en l'annotation sur la Coûtume du Maine art. 477. dit que la division ne doit pas être facilement presumée és rentes & prestations annuelles : & il me semble parce qu'il y a diversité de raison qu'il ne la faut presumer, sinon que par long espace de tems le Seigneur ait reçû ses tenementiers à payer leurs portions de la rente uniformément, & avec proportion. Car la rente de sa nature est indivi-duë, & n'est pas comme d'une simple debte personnelle en deniers qui se doit acquiter à une ou à deux fois.

ARTICLE XI.

Contre un tiers detenteur de la chose obligée, les lettres obligatoires ne sont executoires sur les biens d'iceluy detenteur. Mais peut le creancier en vertu desdites lettres faire arrester & empêcher les loyers, pensions, ou fruits pendans de la chose specialement obligé : & ce quant aux rentes ou autres redevances pour les arrerages de la derniere année seulement, & n'en aura le detenteur pour son opposition, recreance, ny délivrance, sinon en faisant rapporter la main de Justice garnie de la debte qui apparoîtra être dûë par lesdites lettres obligatoires, ou de valeur desdits fruits à son choix.

Les obligations qui sont purement personnelles, quoy qu'il y ait une hypoteque accessoire pour seureté desdites obligations, ne passent contre le singulier successeur, *l. 1. §. si hæres, ff. ad Senatusconsf. Trebell.* Et n'est la nature de l'obligation changée par le moyen de l'hypoteque, parce qu'elle n'est qu'accessoire. Mais quand l'obligation réelle est la principale avec la personnelle, comme quand un heritage est baillé sous charge de redevance, auquel cas l'hypoteque n'est pas accessoire, il se dit que l'heritage en quelque main qu'il passe va avec sa charge, *l. via, §. si fundus, ff. de servit. rust. præd.* & autant se peut dire quand la charge est specialement couchée sur certain heritage, quoy que ce ne soit redevance, & se peut-on adresser audit heritage, *l. si fideicommissum, §. tractatum, ff. de judic.* Et quant aux redevances foncieres, la loy dit que ce ne sont pas tant les personnes qui sont convenuës, comme les heritages sont convenus & recherchez, *l. Imperatores, ff. de publican. & vect.* Pourquoy en ce cas n'est besoin de discuter les personnellement obligez, car le Seigneur direct n'est pas comme simple creancier, *imò* est Seigneur, & en comparaison des deux Seigneuries directe & utile quand elles se rencontrent, le Seigneur (dit simplement) est entendu Seigneur direct, *l. si domus, §. ult. ff. de legat. 1. l. damni, §. ei qui, ff. de damno inf.* Or cét art. qui permet de saisir pour la redevance, selon mon avis doit être entendu des redevances foncieres, ausquelles les fruits sont specialement tenus, *imò* les fruits doivent lesdites redevances, & se disent les fruits, ce qui reste aprés les redevances foncieres payées, *l. neque stipendium, ff. de impens. in reb. dot.* & suivant ce dit la Coûtume de Sens art. 120. mais quant aux autres rentes qui ne sont foncieres, & qui sont specialement assignées sur aucun heritage, le creancier ne fera pas saisir sur un tiers detenteur, mais se contentera de le poursuivre par action sans être tenu de discuter le personnellement obligé. Et il me semble qu'à cét égard nous pouvons nous aider des Coûtumes de Sens art. 134. Auxerre art. 132. Orleans art. 436. Auvergne chap. 24. art. 2. & 3. Laon art. 116. Reims art. 183. Blois art. 248.

La question a été quand le principal debteur personnellement obligé se trouve non solvable, & que le creancier est en voye de s'adresser aux tiers detenteurs. S'il peut s'adresser à tel d'eux qu'il voudra choisir, ou s'il doit s'adresser contre chacun *pro rata*, ou s'il doit s'adresser au dernier acquereur, Mr. le Maître en ses decisions traité des Criées, chap. 41. dit qu'il doit s'adresser au dernier acquereur, & allegue la *l. si quis habens, ff. qui & à quibus manumissi* : A quoy je ne puis acquiescer, tant parce que ladite loy parle en cas de manumission & liberté de serfs, auquel cas le droit Civil a introduit plusieurs Decisions contre la rigueur, *leg. generaliter, §. si quis servo, ff. de fideicom. libert.* & parce que la liberté une fois baillée ne peut plus être revoquée, & par consequent l'hypoteque est éteinte à l'égard de celuy qui est affranchy & manumis. Autrement est és corps d'heritage qui toûjours subsiste, & l'hypoteque est inherente, & demeure attachée à la chose : comme aussi parce qu'expressement la loy permet au creancier choisir tel heritage qu'il voudra, *l. creditoris, ff. de distract. pig.* &

ainsi le tient Bart. *in leg. Moschis. ff. de jure fisci*, & Guido Pape, *quæst.* 432. & la nouvelle Authent. *hoc si debitor*, n'a plus d'effet quand le debteur est non solvable, & faut recourir au droit ancien, qui est en ladite *l. creditoris.* Quant à la poursuite *pro rata*, il n'y a raison pour cause de l'individuité de l'hypoteque, & parce ce ne sont choses proportionnables, heritages & sommes de deniers, *l. si non sortem, §. si centum ff. de cond. indeb.* & par nôtre Coûtume, *supra* des Rentes & Hypoteques, art. dernier. Ce qui est dit icy d'un an a été étendu jusques aux trois dernieres années pour les Censives & Rentes foncieres, par l'Edit des Censives du mois de Novembre de l'an 1563. verifié en Parlement le 23. Decembre en suivant : lequel Edit porte expressement clause dérogatoire aux Coûtumes des lieux.

Main de Justice garnie, Ainsi s'est dit selon le tems de cette Coûtume, mais aujourd'huy non seulement la main de Justice, mais la main du Seigneur de la redevance fonciere doit être garnie par ledit Edit de l'an 1563. & seront notez les mots qui sont à la fin de l'article, Garny de la debte ou de la valeur des fruits, Car le tiers detenteur qui n'est personnellement obligé, ne peut être tenu plus avant que jusques à la concurrence des fruits : car ce sont les fruits qui doivent & non le detenteur, *d. l. Imperatores, ff. de publ. & vectig. & d. l. neque stipendium, ff. de impens. in reb. dot. fact.*

ARTICLE XII.

Le creancier peut faire proceder par voye d'arrest, sur les biens, meubles de son debteur decedé, si les heritiers sont demeurans hors du païs, en faisant apparoir promptement de son deû par contrat, témoins, ou autre maniere de preuve suffisante.

Voye d'arrest, C'est pour la seule saisie & sequestration en main tierce, qui se fait, tant pour gagner la préference par le plus diligent (ce qui est ordinaire en meubles) que pour la conservation des meubles à ce qu'ils ne déperissent & ne soient detournez : mais comme il a été dit cy-dessus art. 2. la vente doit être differée jusques à ce qu'il y ait un legitime défenseur heritier, ou curateur aux biens vacans. Par la raison de cét article il en faut autant dire quand il n'y a point d'heritier apparent, comme si le prochain habile est mineur n'ayant tuteur, ou si l'heritier délibere, & tels autres cas. Cét article se rapporte audit 2. art. vers la fin.

En faisant apparoir, S'il n'y a point d'obligation par écrit le Juge en connoîtra sommairement *de plano*, luy seul, à cét effet seulement de saisir qui desire prompt remede. Ainsi dit-on quand un debteur est en voye de s'absenter & emporter ses meubles, que pour le retenir le Juge en peut ordonner par connoissance sommaire, même par le seul serment du creancier à cause du peril en la demeure, mais aprés la saisie faite il faut connoître de la verité & validité de la debte pleinement, & bien au long. Ainsi dit Alexand, *consil.* 19. *vol.* 3. & la regle est generale quand il y a doute de perte qui seroit irreparable étant avenuë, que les provisions peuvent être faites promptement, même qu'il est loisible à chacun de son autorité conserver son droit. Par la raison de la *l.* 1. *&* 2. *C. quandò liceat unicuique sine judice se vendicare, &c.*

ARTICLE XIII.

Ceux qui ont fait les moissons & cüeillette de grains, bleds, vendanges & vins : aussi Voituriers par eau & par terre, peuvent pour leurs salaires faire arrester & empêcher les bleds, vendanges, vins, charrettes & chevaux, marchandise & biens de leurs debteurs, à la requeste desquels ils y ont besogné : & tiennent tels arrests & empêchemens jusques à plein payement, & s'il y a opposition le creancier en cas de dény informera de sa debte, dedans un seul & brief délay qui luy sera prefix par le Juge, & auront les ouvriers & mercenaires leur action contre ceux qui les auront mis en besogne, & non contre autres.

De même dit Melun art. 182. ajoûtant quoy qu'il y ait déplacement, Blois art. 267. Orleans art. 445. Bretagne ancienne, art. 193. & nouvelle art. 183. qui dit que tels mercenaires sont préferez à tous autres creanciers. Ainsi disent quelques Coûtumes, que les dépens d'hôtellage sont privilegiez sur les chevaux & biens hôtellez, & que l'hôte en a retention pour se faire payer. Paris art. 175. Berry des Executions art. 19. & 20. ajoûtant que ce privilege est pour la dépense de la derniere fois que l'étranger y a logé. Bourbonnois art. 135. Reims art. 395. La saisie & arrest icy mentionnez est à l'effet de la retention que la loy octroye en tous cas à celuy qui a employé son bien ou son labeur à faire quelque besogne, ou à conserver la chose d'autruy, en laquelle il veut user de retention. Nos loix de France qui ont bien souvent reprouvé toutes voyes de fait, & qu'aucun de son autorité se fasse droit &

prenne sa raison par ses mains, ont trouvé meilleur de faire saisir sous l'autorité de Justice. Toutefois si la chose étoit en la puissance du mercenaire sans vice ny fraude, je croy que sans faire saisir il pourroit user de retention : & est la retention octroyée par le droit Romain, non pas pour apprehender, mais pour retenir de son autorité sans le Juge, si la chose est en sa puissance, *leg. si is qui rem, ff. de furt. l. si non sortem, §. si centum juncta glossa, ff. de condict. indeb.* Selon le droit Romain étoit, la retention étoit octroyée en certains cas pour recouvrer les impenses faites : mais l'action n'étoit pas octroyée s'il étoit décheu de sa detention pour repeter lesdits frais & salaires, *leg. si rem quam, ff. de evictionib.* comme si aucun avoit frayé és choses d'autruy pensant qu'elles fussent siennes, parce qu'il n'auroit eu intention d'obliger aucun à luy, *leg. in hoc, ff. commun. divid.* ou si étant possesseur de mauvaise foy, il avoit fait des frais en la chose d'autruy, il ne repeteroit & n'auroit retention comme indigne d'en être recompensé, *§. certè instit. de rerum divisione.* Ce droit de retention étoit exercé par voye d'exception de dol qui se proposoit contre celuy qui demandoit restitution de sa chose, sans offrir de rembourser les frais faits pour l'amandement ou conservation d'icelle, comme desirant de s'enrichir avec le dommage d'autruy, *leg. hæreditas, ff. de petit. hæred.* Joannes, Azo & Martinus anciens Glossateurs ont été en contredit, si en tels cas de retention octroyée par le droit, il y avoit autre droit d'exercer action pour repeter les frais, parce que la loy dit que la retention y est, la petition n'y est pas, *l. & non tantum, §. veniunt. ff. de petit. hæred. d. l. in hoc, ff. commu. divid.* Joannes a soûtenu qu'il n'y avoit point d'actiõ, Martin & Azo ont dit que de vray l'action directe & civile n'y est pas, mais que l'action utile y est. Les opinions de Martin en cét endroit & en plusieurs autres, même pour l'action utile *ex pacto tertii, l. si res, C. ad exhib.* sont beaucoup plus équitables, & est l'équité fondée en l'autorité des loix, même pour le cas de present, *l. si pupilli, §. sed & si quis, ff. de nego. gest.* Outre ladite loy j'allegue la *l. rescriptum, §. 1. ff. de distract. pign. l. at si quis. §. mandato, ff. de religios.* où l'action utile est accommodée avec cette raison generale, que nul ne doit s'enrichir avec la perte d'autruy. Et à ce fait ce qui est dit, *in l. si & me & Titium, ff. si certum pet.* si quelque chose de mon bien est parvenu à un tiers, & n'y ait aucune raison & titre pourquoy elle luy doive demeurer, que par la condition je le puis repeter. Au cas de present les ouvriers & mercenaires ont non seulement la retention par leurs mains, en cas que la chose soit en leur puissance, mais aussi la simple action, & encores l'apprehension & saisie sous l'autorité de Justice, & en tout cela ils sont privilegiez, & est leur privilege réel, *l. quod quis, & l. qui in navem, ff. de privileg. cred. l. interdum, cum l. seq. ff. qui potiores in pign. hab.*

A LA REQUESTE DESQUELS) *Imò etiam* si sans en être requis ils s'y sont employez, pourveu qu'ils ayent fait utilement.

ET AURONT LES OUVRIERS) Cecy est pour l'action *locati* qui peut être exercée contre celuy qui a mis l'ouvrier en besogne avec promesse de salaire certain, & s'il n'y a salaire certain l'action *præscriptis verbis ad instar* de celle *locati, l. 1. §. si quis servum, ff. depositi, l. naturalis, §. at cum do. ff. de præscript. verb.* Et quoy que celuy à qui est la marchandise ne les ait mis en besogne, ils ont l'action *negotiorum gestorum* contre luy. Et ce qui se dit, ET NON CONTRE AUTRES, n'est pas precis, mais pour montrer que la propre action est seulement contre celuy qui a mis en besogne. Ce qui n'exclud pas la subsidiaire quand le proprietaire n'a pas mis en besogne.

ARTICLE XIV.

Execution faite pour debte mobiliere, où il y a enlevement & transport est préferée à celle où il n'y a transport & enlevement de biens, & n'aura le poursuivant l'execution dernierement declarée, suite sur les meubles executez, posé qu'il soit le premier quant à l'execution & exploit.

EN France nous n'avons point fait d'état des hypoteques sur les meubles qui sont par nuë convention, quoy que le droit Romain ait dit sans distinction, que l'hypoteque est constituée par la seule convention, *leg. 1. ff. de pignor. act.* Aussi n'avons nous pas fait état des fictes traditions de meubles : mais nos ancestres en l'un & en l'autre ont desiré une realisation. Il est à croire que ç'a été pour éviter les fraudes, & pour éviter la multiplication des débats, de tant que les meubles sont sujets à changer souvent de main & de lieu : & encores parce qu'ordinairement ils sont de peu de valeur & importance, & selon la proprieté de la langue Latine *pignus* est proprement de meuble dit *à pugno.* & est ce dont le creancier devient possesseur l'ayant en sa puissance, *l. si rem §. propriè, ff. de pignor. act.* Dont vient le brocard vulgaire de pratique, *Meuble n'a suite par hypoteque* : ce qui a quelques exceptions, comme il sera dit cy-aprés en certains cas privilegiez : au cas de cét article, il est dit que le meuble n'est reputé saisi sous la main de Justice, s'il n'y a apprehension réelle d'iceluy, & sequestration en main tierce : ce qui dépend du droit Romain, qui dit que la pignoration judiciaire ne peut être sans apprehension réelle, & de fait *l. non est mirum, ff. de pignor. act.*

Si le meuble que le Sergent doit saisir est tel qu'il ne se puisse transporter par sa nature, comme sont bleds en terre, il suffit de faire ce qu'on peut *in re ipsa*, & doit le Sergent se transporter sur les lieux, & chacun d'iceux, & pour marque de la saisie & main de Justice, il y doit mettre un brandon, ou autre enseigne apparente, avec établissement de commissaire, ce qui a même effet comme en vrays meubles, le transport y étant censé & reputé, à cause de la garde qu'on y met. Selon ce qui est dit, *in leg. quorundam, ff. de adquir poss.* Les fruits pendans de leur nature sont immeubles, & tels sont considerez par le droit Romain, qui a eu seulement égard à ce qui est de nature, *leg. fructus, ff. de rei vend.* Ce qui s'entend quand le fonds & les fruits y pendans sont considerez par une seule fonction d'intellect, *leg. nunquam, ff. de usucap. leg obligationum ferè. §. placet, ff. de act. & oblig.* mais quand les fruits sont considerez à part, ils sont reputez meubles à cause de la destination naturelle, qui fait autant comme si déja ils étoient vrayement meubles. Ainsi dit Paul de Castre *consil.* 132. *vol.* 1. & en a été traité cy-dessus au chapitre, quelles choses sont reputées meubles. Pourquoy s'il n'y a saisie que des fruits pendans, on en jugera comme des meubles; Si le fonds avec les fruits pendans sont saisis, comme en criées pour être vendus lors desdits fruits pendans, seront reputez immeubles : & en consequence de ce, le reliqua qui se trouve és mains du commissaire des criées est distribué entre les creanciers, selon l'ordre des hypoteques qu'ils ont au fonds, & lors la saisie des fruits faite à part à la requeste d'un creancier, si lors de la saisie du fonds pour criées, ils ne sont encores cüeillis ny vendus, est couverte, & n'a son privilege de préference par la raison susdite, & que le sol & la superficie naturellement sont une même chose. Doncques la regle commune est qu'en saisie de meubles, quand il y a eu transport & deplacement, ou chose qui équipole à realité, le plus diligent est préferé, & en ce cas se dit proprement, qu'en pareille cause la condition est meilleure de celuy qui a occupé le premier, *leg. ex facto, ff. de pecul. leg. inter eos. ff. de re jud.* Ainsi comme en cét article disent les Coûtumes de Paris art. 178. Auxerre art. 130. Orleans art. 447. Sauf en cas de déconfiture. Déconfiture se dit quand le debteur n'a que des meubles qui ne suffisent à tous ses creanciers, ou bien s'il a des immeubles, & que ses meuble & immeubles ne suffisent à tous. Ainsi dit Paris art. 180. & Orleans art. 449. Et audit cas de déconfiture tous creanciers diligens ou non diligens viennent par contribution au sol la livre, qui est ce que la loy dit *pro rata debiti quantitate, leg. pro debito, C. de bonis auct. jud. possid.* Ainsi disent Paris art. 179. Orleans art. 448. Senlis art. 291. Reims art. 396. Mais ne sont compris en la déconfiture aucunes debtes privilegiées, comme le dépôt. Si le creancier a en sa puissance le gage que son debteur luy a baillé pour seureté de sa debte. Si le creancier pour vente de marchandise, qui est encores extante se presente. Si ce sont meubles de maison baillée à loüage. Ainsi disent les Coûtumes de Paris art. 181. & 182. Auxerre art. 130. Orleans art. 450. A quoy se rapporte ce qui est dit au droit Romain, *leg. si ventri, §. in bonis, & leg. quod quis, in verb. vel ob navem, ff. de privileg. cred. leg. eo jure, ff. in quibus caus. pig. vel hypoth.* Et quant au loüage sera notée la raison particuliere; Que le proprietaire de la maison est censé être saisi réellement des meubles du conducteur pour seureté de son loüage, & les possede par le ministere du conducteur, & dit la loy que le creancier saisi du gage, en est vray possesseur quant à tous effets, fors pour l'usucaption, *leg. servi, ff. de usu. cap. leg.* 1. *§. per servum, ff. de adq. poss.* Ce qui a été dit que meuble n'a suite, par hypoteque a quelques exceptions; à sçavoir, quand le meuble est hors la puissance du debteur. Ainsi disent Paris art. 170. & 171. Sens art. 170. Auxerre art. 129. Berry des Executions art. 9. Bourbonnois art. 116. Orleans art. 447. qui excepte s'il n'y a privilege. Auvergne chap. 24. art. 52. Melun art. 313. Troyes art. 72. Reims art. 186. Blois art: 268. Bourgogne art. 50. Reims & Blois exceptent si c'est pour loüage de maison, & Bourgogne excepte sinon pour la plus valuë : & quant à cette plus valuë semble qu'il y a raison, si le gage baillé à un creancier vaut plus que la somme prestée, car à cause de la prohibition de la loy commissoire *in pignore*, le creancier ne peut prétendre le gage être sien, sinon en l'estimant à sa juste valeur, *leg. si fundus, §. ult. ff. de pignor. leg. ult. C. de pact. pignorum.* Cy-dessous en l'art. 19. est un autre cas, auquel meuble a suite par hypoteque, quand les fruits d'un heritage tenu à redevance fonciere ou accensé sont deplacez, & [illegible] Seigneur rentier ou proprietaire les poursuit. Combien que meuble n'ait suite par hypoteque, toutefois si le debteur en fraude de ses creanciers a vendu, ou autrement allienné ses meubles, je croy que l'action revocatoire peut être pratiquée; à sçavo[ir], quand l'allienation a été faite à titre onereux, & l'acheteur ou acquereur sçait la fraude; & quand l'allienation a été faite à titre lucratif, quoy que le donataire ne soit participant de la fraude, & par telle allienation le creancier est fraudé, & n'a moyen d'être payé, il peut contraindre celuy qui a les meubles de les rétablir pour être vendu, & s'ils ne sont extans, rétablir la valeur pour être les deniers employez à payer les debtes de cét allienateur non solvable, *l. ignoti, C. de revocand. iis qua in fraud. cred. l. qui autem, §. simili, ff. eòd.* Ce que je n'ay encores veu pratiquer, mais parce que cela est fondé en grande raison, & au droit Romain, je croy qu'il peut être pratiqué, car celuy qui est participant de fraude merite d'en être puny; & celuy qui a droit à titre lucratif ne reçoit dommage étant privé de ce gain, & est mieux à propos que le creancier soit gardé de dommage, que de faire gagner autruy avec son dommage, & n'est censé recevoir dommage celuy qui est privé d'un gain, *l. Proculus, ff. de damno inf. l. si is cui, in fine, ff. de furt. d. l. qui autem, §. simili vers. nec videtur.* Au fait de la déconfiture sera noté, que si la déconfiture est sur un marchand qui a diverses sortes de marchandise ou mercerie, chacun creancier sera preferé sur la sorte de marchandise en la negociation de laquelle il est crediteur : & si la creance n'a été à respect special & certain, ou a été en plusieurs sortes de marchandises, la contribution aura lieu, comme en déconfiture, *l. Procuratoris*, *§. si plures*, *ff. de tribut. act.* Paul de Castre *consil* 285. *vol.* 1.

ARTICLE XV.

LE Seigneur Justicier peut faire proceder par execution pour ses droits domaniaux, anciens & accoûtumez sans autre commission par écrit : & le Juge peut ordonner la garnison, si faite n'est par le Sergent, en faisant par ledit Seigneur sommairement apparoir de sondit droit domanial.

CE mot, Ancien, doit être pesé, même quant aux droits personnels, & qui ne sont deûs déterminément & specialement pour aucun heritage. Car les gens du Roy en Parlement quand la question se presente de tels droits personnels, ont accoûtumé d'y contredire, si ce n'est qu'on allegue & prouve joüissance de tems immemorial, tels droits sont Cens, Abonnages, Festages, Bourgeoisies, Taille és quatre cas, Corvées, droit de servitude personnelle, & autres tels, ou si ce n'est que soient droits subrogez par le moyen de la manumission, au lieu de droits de servitude personnelle. Car disent lesdits gens du Roy, au Roy seul appartient de prendre tribut sur les personnes. Surquoy sera noté ce qui est dit, *in cap. pervenit. ex de censib.* où est rejettée la prestation de cens quand on ne sçait surquoy & pourquoy il se paye. Ce qui se dit Accoustumez, s'entend qu'ils soient tenus pour notoires, & il ne faut pas inferer de cét article que le Seigneur Justicier soit fondé en presomption de se dire Seigneur direct de tout ce qui est en son territoire : car la Justice est marque de protection, & non de proprieté : toutefois cette qualité de Seigneur Justicier sert d'ayde. Soit veu ce qui est dit cy-dessus, chapitre des Rentes & Hypoteques, art. 1.

ARTICLE XVI.

IL est loisible à un proprietaire locateur de maison, ou autres heritages par luy baillez à titre de loyer, faire proceder par voye d'execution, pour les termes des payemens à luy deûs pour ledit loüage sur les biens du conducteur étans en icelle maison, ou fruits desdits heritages : quoy qu'il n'ait obligation par écrit.

ARTICLE XVII.

SI ledit conducteur emportoit & enlevoit les biens étans en l'hôtel baillez à loüage sans le consentement du locateur : iceluy locateur peut contraindre ledit conducteur à rétablir lesdits biens audit hôtel pour la seureté du payement dudit loüage pour la derniere année ; & outre peut faire contraindre ledit conducteur à garnir ladite maison pour un an à venir durant ledit loüage.

ARTICLE XVIII.

LE conducteur d'une maison qui aura loüé icelle maison en partie à un autre, peut dedans le tems de sa tenuë & conduction user de tels droits sur iceluy auquel il a loüé ladite maison ; que le Seigneur dudit hôtel duquel il le tient à loüage eût peu faire, lesquels droits sont cy-dessus declarez és precedens articles.

C'Est un privilege du locateur de pouvoir faire executer sans avoir obligation par écrit : le droit Romain a bien introduit l'hypoteque tacite & legale sans convenance, *leg. certi*, *C. locati*, *leg. eo jure*, *ff. in quibus cauß. pign. vel hypotheca tacitè contrah.* Du Moulin en l'annotation sur le 117. art. de la Coûtume de Bourbonnois, dit que telle execution sans obligation ne peut être faite quand le loüage est dénié : Mais je croy que si la proprieté & possession de la maison est confessée à celuy qui se dit locateur, qu'il peut faire saisir pour s'asseurer des meubles de la maison, quoy que le loüage soit dénié, & toutefois ne les fera pas vendre sans que le Juge en ait ordonné, parties ouïes. Selon cét article disent Paris art. 161. Berry des Executions, art. 37. Bourbonnois art. 117. Orleans art. 408. Senlis art. 288. Laon art. 272. Aucunes Coûtumes ajoûtent que le locateur est preferé à tous autres creanciers sur les deniers procedans de la vente desd. meubles. Berry des Executions, art. 39. Melun art. 180. Laon art. 273. Ce qui est bien raisonnable, tant à cause du privilege, qu'au moyen de ce que le locateur a été fait possesseur du gage étant en sa maison, comme il a été dit cy-dessus art. 14.

SUR LES BIENS DU CONDUCTEUR, Paris art. 161. dit simplement sur les biens étans en la maison, mais se doit entendre des appartenans au conducteur : car nul ne peut engager ce qui n'est pas sien, *l. ante omnia*, *ff. de probat.* Le doute est si le premier conducteur fait une sous-conduction de tout ou partie de la maison : de quelle somme seront tenus les biens du sous-conducteur ? Du Moulin en l'annotation sur le 163. art. de l'ancienne Coûtume de Paris, dit que le locateur peut faire executer pour tout le loüage, & dit que le *§. solutam, in l. solutum*, *ff. de pignor. act.* n'est pas observé. La nouvelle Coûtume de Paris 162. decide la question autrement, disant que le sous-conducteur ne peut être executé que jusques à la concurrence de la pension de son loüage, il me semble que nous devons ainsi dire en cette Coûtume, même ayant égard à ces mots, SUR LES BIENS DU CONDUCTEUR, qui peuvent emporter les droits qu'il a sur les sous-conducteur, & tels qu'il les a, jointe l'autorité dudit *§. solutam.* Joint aussi que ce privilege est en vertu de la paction tacite, & presumée par la loy, *leg. licet*, *ff. in quibus cauf. pign. vel hypoth.* Cette paction tacite ne peut operer, sinon autant que vraysemblablement feroit l'expresse. Or le premier locateur ne peut transferer le droit d'hypoteque qu'il a sur le sous-conducteur, sinon tel qu'il l'a. Toutefois s'il y avoit fraude ou grande suspicion de fraude, dont le sous-conducteur fût participant, comme s'il avoit pris le total du loüage à meilleur prix que le premier conducteur sçachant bien le prix du premier loüage ; je croy que par le remede d'exception ou replication de dol les meubles du sous-conducteur pourroient être sujets à l'hypoteque pour le tout : car telle exception ou replication de dol peut faire utile le droit d'hypoteque qui de soy n'est pas, *leg. rem alienam*, *in fine*, *ff. de pignor. act.*

CONTRAINDRE A RESTABLIR, Non seulement par action, mais aussi par saisie réelle en poursuivant les mêmes meubles transportez, qui est un cas auquel meuble a suite par hypotheque : & la raison est, parce que le creancier locateur a eu une fois les gages en sa puissance, qui est ce que les Latins disent, *semel incubuit pignori*, & en a été fait legitime possesseur, *l. servi*, *ff. de usucap. & leg. si ego*, *§. planè*, *ff. de jure dot.* & en ayant été spolié, il peut par forme de reintegrande en poursuivre le rétablissement pour être remis au même lieu où ils étoient, pourveu que ce soit incontinent, & s'entend incontinent qu'il a été averty, *cap. olim*, 1. *ex. de restit. spoliat. leg. qui possessionem*, *ff. de vi & vi armata* : de cette suite de meubles transportez parlent les Coûtumes d'Orleans art. 419. Paris art. 171. Melun art. 179. Laon art. 273. qui met la limitation, pourveu qu'ils n'ayent été vendus, & faut ajoûter que la vente ait été faite de bonne foy & sans fraude. Reims art. 387. Autres Coûtumes disent, non seulement la contrainte de garnir : mais aussi permettent d'expulser le conducteur à faute de garnir la maison des meubles. Berry des Executoires, art. 41. Bourbonnois art. 118. Melun art. 179. Reims art. 388. Blois art. 265.

Le conducteur aprés avoir sommé le locateur peut faire la repartition necessaire en la maison loüée, & retenir les frais par ses mains à rabattre sur les loyers : *l. Ædiles*, *§. quicumque*, *ff. de via publ. colonus*, *§. 1. ff. locati.* Ainsi disent Auxerre art. 152. Berry des Executions, art. 40. Troyes art. 202. Bourbonnois art. 120. Le mot de la charge ordinaire est, que le locateur doit tenir le conducteur clos & couvert.

La decision vulgaire est que l'acheteur ou autre successeur à titre singulier n'est pas tenu d'être à la location faite par son auteur, *l. emptorem*, *C. locati.* On a disputé si le successeur au benefice est tenu de continuër la location faite par son predecesseur. La commune opinion est que non, parce qu'il n'a pas droit de son predecesseur, *etiam* qu'il ait resigné ; mais a droit du superieur qui luy a conferé le benefice. Car le benefice ne passe pas des mains du resignant au resignataire, comme il se fait en donation ou autre alliennation de chose profane. Mais le beneficier resigne, c'est-à-dire, quitte & remet és mains de son superieur le benefice, lequel superieur l'en décharge, & le superieur le confere à un autre. Cela se peut dire és resignations simples, mais és resignations *in favorem* (qui sont admises par le Pape seul & non par autre) il se peut dire que le resignataire est donataire du resignant, parce que le Pape par necessité, & selon la volonté du resignant doit conferer le benefice à celuy que le resignant a nommé ; qui emporte autant comme si le benefice passoit directement des mains du resignant és mains du resignataire, *l. unum ex familia*, *§. si*, *de Falcidia*, *ff. de legat.* 2. Pourquoy tel resignataire *in favorem*, comme donataire par l'exception de dol, est tenu d'accomplir la promesse du resignant son auteur, *l. apud Celsum*, *§. si qui autem*, *ff. de except. doli.* Mais si c'est un simple successeur au benefice, qu'il a eu comme vacant par mort, ou par resignation simple ; selon mon avis il faut distinguer ; si la chose baillée à ferme n'est pas tout le corps du benefice ny le principal manoir & tenement, ou niex du benefice, mais un membre accoûtumé d'être accencé, & l'accense ait été faite à conditions raisonnables, le successeur sera tenu d'entretenir le bail comme étant acte d'administration ordinaire, par la raison de la *l. si filio*, *§. vir. in quinquennium*, *ff. soluto matri*, *l. vel universorum*, *ff. de pignor. act. cap.* 2. *ext. de precar.* Zabarella Cardinal, *consil.* 95. dit que la location à bref tems est permise au beneficier, & que le successeur y doit ester, ajoûtant que le beneficier a l'administration plus libre que l'usufruitier. A quoy on peut ajoûter cette raison. Si le beneficier peut bailler à perpetuité l'heritage retourné à l'Eglise le tems du bail finy, en le baillant sous la même charge ancienne, quand la chose a accoûtumé d'être baillée, *cap. 2. ex. de feud.* à plus forte raison peut bailler à brief tems. Et combien que Zabarella dise simplement : toutefois je croy que si le predeceſſeur avoit baillé le corps du benefice, ou le principal manoir, que le ſucceſſeur pourroit rompre le bail à ferme : comme étant par mauvais ménage, empêchant le beneficier de reſider & ménager par ſes mains, pourveu que ce ſucceſſeur ne fût reſignataire *in favorem*, comme il a été dit. Ce que deſſus ſert pour limitation à la gloſe vulgaire *in cap. ult. ne Pralati vices ſuas, Raphaël Fulgoſ. conſil.* 125. dit que ces accenſes à la maniere accoûtumée doivent être tenuës par le ſucceſſeur au benefice, combien que l'accenſe ſoit faite és termes, & au cas que le ſucceſſeur ne ſoit tenu d'eſter au bail, ſi eſt ce que l'année commencée, & déja bien avancée lors du decez du beneficier, doit être parachevée par le fermier à cauſe de la connexité neceſſaire du ménage d'une partie de l'année avec l'autre, par l'argument de ce qui eſt dit, que la tutelle finit par la mort du tuteur : toutefois l'heritier du tuteur eſt tenu de parachever ce que le défunt a commencé : *l. 1. ff. de fidejuſſ. tut. Arg. l. cùm actum, ff. de nego, geſt. l. ſi quis ità libertatem, §. ſi duo ſervi, ff. de ſtatulib.* Et ſuivant ce fut jugé par Arreſt en plaidant, le Mardy 21. May de l'an 1542. On met quelques limitations à cette deciſion, que le ſucceſſeur ſingulier n'eſt tenu d'eſter à la location déja faite par un ſeculier d'un heritage à luy appartenant. A ſçavoir ſi le conducteur a ſtipulé hypoteque pour l'entretenement de ſon loüage, parce diſent les Docteurs qu'il a droit *in re ipſa*, & diſent que l'hypoteque generale ſuffit : ainſi dit Socin le jeune *conſil.* 129. *vol.* 2. & allegue *Bart. in l. qui fundum, ff. locati* : mais je ne puis adherer à cét avis : même parce qu'on ne peut exercer l'action hypotecaire contre le tiers ſans avoir diſcuté le perſonnellement obligé. Mais je croy que l'hypoteque ſpeciale eſt requiſe : auſſi il ſe dit au droit Romain, que l'hypoteque generale n'empêche pas l'allienation de la choſe hypotequée, mais bien la ſpeciale, *l. 4. & l. generaliter, ff. qui & à quibus manu, l. 2. C. de ſervo pig. dat manu.* Et pour le plus ſeur eſt que par le bail à loüage le locateur promette n'allienner, & qu'à cét effet il hypoteque l'heritage. Car en ce cas l'alliennation ſeroit nulle, *lege ſi creditor, §. ult.* ſelon la lecture de Piſe verifiée par Bartole. (C'eſt des Pandectes Florentines) *ff. de diſtract. pig.* Ce qui ſe dit de l'hypoteque ſpeciale convenuë, peut être étendu à une hypoteque legale comme s'enſuit. Si le conducteur aprés avoir ſommé le locateur a fait quelques impenſes neceſſaires pour la reparation de l'heritage (ce qu'il peut faire comme il a été dit cy-deſſus) ou bien s'il a payé quelques arrerages de rentes foncieres excedans le loyer, parce qu'en ce cas il a non ſeulement hypoteque tacite & privilegiée, *l. 1. ff. in quibus cauſ. pig. vel hypothet.* mais auſſi a droit de retention de l'heritage reparé, *l. ſi is qui rem, & l. creditori, ff. de furt.* Je croy qu'il ne peut être déchaſſé, ſinon en le rembourſant. Aucunes Coûtumes ſe ſont aidées des cas de droit *in l. ade C. locati*, pour déchaſſer le conducteur avant le terme, & croy que nous pouvons auſſi nous en aider comme s'il verſe mal & déteriore l'heritage baillé à loüage, ou quand il eſt en demeure de payer : Ou quand le locateur en a neceſſairement affaire pour ſon uſage, à la charge toutefois d'y employer l'autorité de Juſtice, avec ſommaire connoiſſance de cauſe : Berry des Executions, art. 48. Orleans art. 417. Bourbonnois art. 121. qui ajoûte l'autre cas quand il ne garnit la main de meubles.

Dedans le tems de sa tenue et conduction, En l'art. 18. C'eſt argument pour montrer que le fermier ou accenſeur n'a le privilege du Seigneur proprietaire ſur les biens des debteurs de ſa ferme, ſinon durant le tems de ſa ferme. Et le tems d'icelle expiré, n'a que la ſimple action. Car la ferme étant temporelle, auſſi ſont les droits qui en dependent comme acceſſoires, *l. 2. ff. de peculio legato.*

ARTICLE XIX.

Les fruits d'une métairie, pour les fermes & rentes foncieres d'icelle, peuvent être empêchez par le Seigneur de la métairie, ſoit qu'elle ſoit de ſon heritage ou de l'heritage de ſa femme, & tient tel arreſt & empêchement juſques à plein payement deſdites fermes & rentes : & ſemblablement peuvent être empêchez les fourrages & pailles pour le nourriſſement du bêtail de ladite métairie, & auſſi pour faire des fumiers afin de les convertir à l'amendement des terres d'icelle métairie, poſé que ledit Seigneur n'eût lettres obligatoires expreſſement quant à ce : & ſi leſd. fruits, pailles, & fourrages étoient enlevez & emportez, ledit Seigneur peut les pourſuivre & faire arreſter & rapporter, & ſera préferé à tous autres : & en cas d'oppoſition, l'arreſt tenant juſques à caution, ſera baillée aſſignation pardevant le Juge ordinaire.

En cét article eſt un autre cas auquel l'execution eſt octroyée ſans qu'il y ait obligation par écrit ou condamnation. Selon le droit Romain les fruits ſont tacitement hypotequez pour les loüages & fermes avec privilege, *l. in prædiis, ff. in quibus cauſ. pign. vel hypoth., l. ſi in lege, §. 1. ff. lo-*

cati

tat. Idem quant aux rentes foncieres, car les fruits doivent lesdites rentes, *l. neque stipendium, ff. de impens. in reb. dot fact.* Or en fruits qui sont aisez à détourner & transporter, la saisie & le sequestre sont necessaires, autrement l'hypoteque seroit inutile. Par même raison il se dit en reivendication de meubles, en laquelle l'exhibition des meubles qu'on veut vendiquer est prealable, & pour asseurer l'exhibition on commence par sequestre. Et telle est la pratique de France en telles executions, le commandement de payer n'est pas précisément necessaire, parce qu'elles se font plûtôt *in rem quam in personam*, *l. Imperatores*, *ff. de publican. & vectig.* Pourquoy on peut saisir sur un pupille & sur un furieux sans autorité de tuteur ou curateur, *l. operis novi*, *ff. de novi oper. nunt. l. si à furioso ff. de act. & oblig.* pourveu qu'aprés la saisie il y ait signification faite à celuy qui est sur le lieu personne intelligente, *l. cuilibet*, *ff. eod. tit. de novi oper. nunt.* & que des exploits soit délaissée copie signé, par la raison de la *l. de pupillo*, *§. 1. ff. eod. tit.* Aucunes Coûtumes attribuënt ce droit de saisie pour la derniere année seulement, comme Berry des Executions, art. 33. & 47. Ce qui semble raisonnable à l'égard du tiers detenteur qui n'est obligé personnellement, car étant ainsi que les fruits doivent la redevance, il est bien seant de ne rechercher que les fruits de l'année, toutefois l'Edit des Censives non seulement pour les redevances de Seigneurie directe, mais aussi pour les rentes foncieres donne la provision pour les trois années dernieres. Et ainsi dit Orleans art. 406.

Ce qui se dit des fruits peut & doit être étendu aux meubles étans en la maison qui doit la redevance : car tels meubles en la maison principale d'habitation sont obligez aux redevances foncieres, *l. eo jure & l. licet*, *ff. in quibus caus. pig. vel hypoth.* & par cette Coûtume *suprà* au chapitre des Rentes & Hypoteques, art. 3. Et de même Sens art. 120. Paris art. 171. Auxerre art. 118. Blois art. 246.

Fourrages et pailles, C'est à l'égard des métairies & fermes. Selon l'usage commun les pailles & fourrages sont destinez pour faire valoir le domaine : & ne sont pas seulement pour la nourriture du bêtail ; mais aussi pour leur faire litiere, & pour les tenir netement, qui est l'un des principaux moyens, & non le moindre bien pratiqué en ce païs pour l'entretenement du bêtail ; & en aprés pour faire des fumiers & gresses. Peut être consideré en accense de domaine aux champs, ou bail à métairie, quoy qu'il n'en soit rien dit ny convenu, l'accenseur ou métayer doit les entretenir & laisser en l'état qu'il les a trouvez, & en general de bien ménager l'heritage qui leur est baillé, & bien gouverner le tout, *l. videamus*, *§. item prospicere l. in lege & l. dominus*, *ff. locati.* Et la nature du contrat emporte qu'il doit faire les labourages & cultures en tems & saisons dûës, & même de laisser les heritages en l'état qu'il les a trouvez, quoy qu'il n'y en ait convenance expresse. *Feder. Senensis*, *consil.* 110. & allegue la *l. si merces*, *§. conductor*, *ff. locati*, & de même *Ruinus consil.* 80. *vol.* 1. & és contrats de bonne foy, comme est la location, ce qui est accoûtumé à faire doit être entendu tacitement, quoy qu'il n'en soit rien exprimé, *l. quod si nolit*, *§. quia assiduè*, *ff. de Ædilitio edicto.*

Poursuivre, Icy est un autre cas auquel meuble a suite par hypoteque, mais le Seigneur foncier n'est pas simple creancier, mais est originairement Seigneur des fruits, & son droit est attaché en la même essence des fruits. Ainsi dit Paris art. 171. Bourbonnois art. 125. Orleans art. 415.

Sera preferé à tous autres, Pour les raisons cy dessus, & ainsi dit Bretagne ancienne art. 192. & nouvelle art. 182. & Melun art. 181.

La question est si le fermier general d'une Seigneurie ou chevance pourra exercer semblables droits de saisie, & avec tel privilege ? Surquoy il me semble que pour le tems de sa ferme & durant icelle, il a le privilege du Seigneur, étant comme Procureur du Seigneur *in rem*, de luy fermier. Mais aprés la ferme finie, je croy qu'il n'a que la simple action : Car étant Procureur *adjecta causa*, parce qu'il est fermier, son pouvoir ne doit durer sinon durant sa ferme, par argument de la *l. item legato*, *§. penult. ff. de legat. 3. l. 2. §. actio autem*, *ff. de administ. rer. ad civit. pert.* & parce que le privilege étant accessoire à la ferme, doit être reglé selon le tems de la ferme, les accessoires suivans la nature de leur principal, *l. 2. ff. de peculio legat.*

Jusques a caution, Par l'Edit des Censives du mois de Novembre de l'an 1563. ne doit être fait main-levée des fruits saisis pour redevances foncieres, sinon en consignant les arrerages de trois années és mains du Seigneur rentier qui a fait saisir. Et ladite Ordonnance par clause expresse déroge aux Coûtumes locales.

ARTICLE XX.

Pour vin, bled & autres choses que deniers nombrez, se peut faire execution en vertu de condamnation ou obligation, ou debte privilegiée sur les biens du debteur, & jusques à la vray-semblable valeur de la chose dûë, y a garnison de main : & si l'executé est refusant ou opposant, luy sera baillé assignation pardevant son Juge pour dire ses causes d'opposition ou refus, & pour voir apprecier la chose dûë : & s'il n'y a opposition, luy sera semblablement baillé assignation pardevant ledit Juge, pour voir faire ladite appreciation, avant que pouvoir proceder à la vente : laquelle appreciation se fera sommairement par l'avis des assistans, ou aucuns apparens à ce connoissans.

Acét article est conforme le 76. article de l'Ordonnance de l'an 1539. & par la même Ordonnance est commandé de faire regîstre public de la valeur des bleds par chacun jour de marché sur le rapport des Marchands. Selon cét article dit Paris art. 166. Bourbonnois art. 126. Melun art. 330. qui dit que l'appreciation de grains doit être faite selon la valeur commune de l'anné en laquelle ils sont deûs, & qu'en moissons & rentes foncieres, il faut avoir égard au plus haut prix de l'année, à commencer l'année au terme du payement. Ce que je ne voudrois admettre en ce païs puis que la Coûtume ne le dit pas. Mais il me semble qu'en debte commune en laquelle il n'y a privilege ny circonstance particuliere, qu'il faut prendre le prix commun de tout le cours de l'année, a commencer l'année à la Fête de Saint Martin, qui est le tems ordinaire & accoûtumé que les bleds viennent des champs en la Ville, ou és maisons des Seigneurs, & non pas l'estimation d'une seule saison, ny de deux ou trois Marchez, selon la *l. pratia*, *§. ult. ff. ad leg. Falcidiam.* Que si la debte est pour les arrerages d'une redevance échens de plusieurs années, il ne faut prendre l'estimation de l'année en laquelle le payement est demandé, mais l'estimation commune qui a été en chacune des années, *l. nulli*, *C. de erogat. milit. annona lib.* 11. Ce qui a été introduit pour éviter l'improbite de ceux qui ne demandent leur debtes en l'année de vilté, & attendent à les demander en l'année de cherté. Que si le bled, vin, ou autre espece est dûë pour vray trafic de marchandise entre Marchands sans deguisement, l'estimation du plus haut prix commun est dûë, à compter du jour & terme du payement échen quand il y a simple demeure, car entre Marchands la consideration du gain cessant est admise, *l.* 2. *in fine*, *ff. de eo quod certo loco*, *l. unica*, *C. de sentent. quæ pro eo quod interest*, c'est-à-dire, selon la valeur de la prochaine vente commode, & non pas selon l'attente qu'aucuns Marchands cendriers & regretiers, souhaiteurs de mauvais tems ont accoûtumé de pratiquer pour le mauvais tems à venir. Car tout interest doit être pris selon la consideration plus prochaine, & non si fort au loin, *l. si sterilis*, *§. cum per venditorem*, *ff. de act. empti.* Mais si le bled ou vin est deû pour prest ou pour achat de bled ou vin, à livrer par un qui ne fait pas trafic de marchandise, ou à livrer par un laboureur à un marchand riche (ce qui me semble être prest de deniers plûtôt que marchandise) je diray que le debteur pourra payer en espece selon sa commodité : & si le prix est grandement augmenté depuis l'achat, le debteur pourra s'acquiter en deniers selon l'estimation commune de l'année prochaine aprés le marché fait. Es cas communs qui ne sont de vraye marchandise, quand il échet à faire estimation de plus haut prix, qu'on appelle vulgairement *quanti plurimi*, on ne considere pas la simple demeure par le laps de jour, mais on prend la demeure, à compter du jour qu'il y en a eu demande faite en Jugement. Ainsi dit Joan. Galli avoir été jugé par Arrest, en ses questions decidées par Arrests *quæst.* 54. és nouvelles : & en l'annotation sur ladite question, du Moulin dit qu'ainsi fut jugé par Arrest és grands Jours de Rion le 10. Novembre 1546. Quand il se dit le plus haut prix, il ne se doit entendre de plusieurs années, mais d'une seule ou deux au plus, qui est le tems commun de garder les especes, pour la raison cy-dessus, que l'interest doit être pris au plus prochain sans le tirer au loin : *d. §. cùm per venditorem & l. quemadmodum*, *§. idemque Labeo*, *ff. ad leg. Aquil.* Encores ne faut-il pas prendre la valeur d'un Marché ou deux, mais le plus haut prix commun de toute l'année, *d. l. pretia*. *§. ult. ff. ad leg. Falcid.*

La question est, si l'hypoteque qui est pour le principal, doit être étenduë à cette augmentation de plus haut prix. *Ludovic. Roman. consil.* 507. dit que non, parce que cét augment ne procede pas immediatement de la vertu de l'obligation, mais de la demeure du debteur. Ainsi il dit que celuy qui est fidejusseur pour le principal, n'est pas tenu de cét augment, & allegue la *l. fin. ff. de fidejuss.* Mais il me semble qu'il y a diversité de raison, car le fidejusseur est tenu par stipulation qui est de droit étroit, puis est à considerer qu'il est tenu pour affaire d'autruy qui ne le touche que par amitié : Et quant à l'hypoteque si la nature de l'obligation a trait, pour de sa nature croître par la demeure, comme entre marchands, il faut croire que le debteur s'est obligé *in omnem causam*, & que l'hypoteque s'étend aussi avant que l'obligation personnelle, comme étant accessoire d'icelle, par l'argument de la *l. in tantum*, *ff. de liberali causa.*

ARTICLE XXI.

Proxenetes, courratiers, & autres commis à vendre marchandises à eux baillées, seront contraints rendre les marchandises & le prix qu'ils en auront reçû par prise & détention de leurs personnes, aprés la chose connûë sommairement ou confessée.

Ainsi dit Berry des Executions, art. 31. Bourbonnois art. 131. Orleans art. 429. Cét art. parlant de la coërtion par prison est à cause du dol qui est presumé, & comme il a été dit cy-dessus, tout ce qui est fait par dol est sujet à coërtion extraordinaire. Le courratier & proxenete qui a pris charge de vendre, ne doit vendre qu'à denier comptans, & n'a pouvoir de faire credit, comme il a été dit cy-dessus par la *l. si procurator, ff. de jure fisci.* S'il a vendu à deniers comptans il ne les peut retenir sans commettre dol. Que si la chose est donnée estimée au revendeur avec paction s'il la vend à plus haut prix, que ce plus soit à luy, portant le peril du cas fortuit avenu sans sa coulpe n'est à sa charge, car l'estimation ne se fait pas à l'effet de vendition, *l. si tibi rem & l. gratuitam, §. 1. ff. de præscript. verb.* de fait s'il ne trouve point d'acheteur, il est quitte en rendant la chose. Le simple proxenete qui n'a pas pris charge de vendre, mais seulement a été mediateur pour trouver acheteur, n'est aucunement tenu, s'il n'y a dol de sa part, *l, 2. ff. de proxenet.*

ARTICLE XXII.

TOus acheteurs de bêtail, vins, bleds & autres vituailles, s'ils ne payent comptant ou si on ne leur baille terme & délay de payer, seront contraints aprés la délivrance, par prison, promptement & sans commission par écrit, sous le simple congé du Juge & à l'assertion de partie faite par serment pardevant ledit Juge, ou si terme y a, au bout du terme payer le prix convenu & accordé entr'eux, sans pour ce pouvoir user & jouir de répits à un ou cinq ans, ne de cession de biens : & s'il y a contradiction sur ladite vente, prix ou délivrance de ladite marchandise, se doit vuider sommairement & de plain sans figure de procez, & sera le prisonnier délivré à faute de montrer par le vendeur de ladite vente, prix & délivrance, dedans vingt-quatre heures, avec dommages & interests : sans préjudice toutefois de l'action à iceluy vendeur en autre Jugement.

A Cét article se rapportent les Coûtumes de Berry, titre des Executions, art. 22. Bourbonnois art. 192. avec la limitation quand il n'y a point de terme. Mais Orleans art. 428. donne ce privilege quand l'achat a été fait en marché public, & la prison aprés huitaine. Ainsi est à noter que celuy qui a vendu sans terme peut poursuivre la chose venduë comme si elle étoit toûjours sienne, & comme ayant fait la tradition sous esperance d'être payé promptement, comme cette esperance en étant la cause finale *l. quod vendidi, ff. de contrah. empt.* & par la raison de la *l. si quasi, ff. de pignor. act.* Et s'il y a terme que la chose soit saisie par un autre creancier, il sera préferé. Paris art. 177. Orleans art. 458. Reims art. 398.

Autres vituailles, Ce mot autres, qui se refere à choses semblables, fait juger que la rigueur de cét article n'a lieu sinon au bêtail, qui lors de la vente & achat est destiné à la vie de l'homme, comme quand le boucher l'achete. Doncques l'homme de village qui est obligé pour mesperte du bêtail tenu à chaptel, ou qui a acheté bœufs de labourage, ou qui est obligé pour bêtail non destiné à la vie de l'homme, n'est sujet à cét article. Aussi quant au chaptelier, il se peut dire qu'il n'est pas acheteur, car le bailleur demeure proprietaire, *suprà* des croîts & chaptels de bêtes, art. dernier : cét art. parle d'acheteurs. Cette rigueur de l'article est introduite en faveur des allimens des hommes : car si les vendeurs ne sont bien payez, ils n'ameneront plus de denrées au marché. Les Romains ont puny avec grande rigueur ceux qui commettent fraude ou faute au fait des vivres d'une Republique, même des bleds, qui se dit en Latin *annona l. annona, ff. de extraord. crimi.* Aussi celuy qui a acheté & emmené la marchandise comme devant payer comptant, & ne paye pas, est vray fraudateur & trompeur, & peut-on vendiquer la chose venduë, *arg. l. si quasi & d. l. quod vendidi* Aussi celuy qui a terme & ne paye pas au terme, est censé avoir extorqué par dol & fraude le terme & le credit qui luy a été donné, même s'il se trouve non solvable, ou quelqu'autre apparence de faillite : pourquoy si la marchandise est encore extante en sa puissance le vendeur la peut vendiquer, *quasi nec venditione facta.* Ainsi dit Angel. *in l. si cum dotem, §. si mulier 2. ff. soluto matri. & d. l. quod vendidi.*

A l'assertion de partie, Le Juge avant que d'octroyer ce congé de capture de la personne, employera son office pour connoître les qualitez des parties & du negoce, & si l'assertion de celuy qui se plaint est vray-semblable, autrement il seroit perilleux d'indifferemment faire emprisonner un homme de qualité notable, ou honneste marchand, peut être voyageant pour affaires necessaire, à la simple assertion d'un coquin. De cette permission d'emprisonnement à la simple affirmation par serment du creancier est traité *per Alexand. consil. 19. vol. 3.*

Jouir de respits a un ou cinq ans, ou cession de biens, La cession de biens est le remede pour éviter la prison, *l. 1. C. qui bonis ced. poss.* & par l'Edit de Moulins, de l'an 1566. art. 48. celuy qui est fraudateur & qui peche contre l'utilité publique est indigne de cette faveur, & la prison luy doit être pour peine, *l. ult. §. ult. ff. quæ in fraud. cred.* & par l'Edit du Roy François I. du 10. Octobre de l'an 1536. il est mandé de proceder extraordinairement contre les fraudateurs, faillits & banqueroutiers. L'Edit d'Orleans art. 142. y met la peine capitale. *Idem* Blois art. 205. Sont plusieurs cas esquels selon plusieurs Coûtumes de France on refuse les respits, & la pluspart desdits cas sont observez generalement, parce que la raison en est politique & équitable. Comme de debte adjugée par Sentence. Paris art. 111. Sens art. 259. Auxerre art. 150. Bourbonnois art. 68. Rebuffe és Commentaires sur les Ordonnances Royaux, *tom. 2. titre de litteris dilatoris art. 1. gloss. 1. num. 17.* dit que l'art. 68. de la Coûtume de Bourbonnois est observé presque par tout en France. Auvergne chap. 19. art. premier, Senlis art. 290. Laon art. 278. Reims art. 392. Mais selon mon avis faut entendre contre celuy qui à escient par mauvaise foy à plaidé contre sa debte, & par Sentence aprés contradiction a été condamné. Les loix Romaines ont appliqué peines contre les menteurs & denegateurs de la verité, même quand il y a persistance jusques à contestation, comme du double en la loy Aquilie, *l. 2. ff. ad leg. Aquil.* de n'avoir la faveur de societez par celuy qui nie être associé, *l. & hoc ita, ff. de re judic.* de transferer la charge de preuve, *l. ult. ff. de rei vend. l. cum de indebito ff. de probat.* d'être tenu solidairement, qui pouvoit s'acquiter à moins, *l. sed. si ex parte, §. interdum, ff. quod cum eo leg. 2. §. si absens, ff. si ex noxali causa, leg. 1. §. interdum, ff. si quoad. pauper. fecisse dic. l. si debitor, §. ita demum, ff. de fidejuss.* Ainsi en l'action *quod metus causa*, le défendeur qui persiste jusques à la Sentẽce inclusive doit le quadruple : s'il acquiesce auparavant il évite la peine du quadruple, *l. si cum exceptione, §. si quis nam, & §. hæc autem, ff. de eo quod metus causa.* Et la peine du double pour l'inficiation n'est pas quand la cause est vuidée par serment, parce que le demandeur est relevé de preuve, *l. eum qui in princip. ff. de jurejur.* Soit noté la *l. si quis suo, C. de inoff. test.* contre celuy qui se laisse poursuivre jusques à Sentence sur le payement de la legitime dûë à l'enfant, qu'il doit être condamné à un tiers plus. Soit aussi à cét effet vûë la *l. alia, C. de his quibus ut indig.* où l'accusation du testament faux, & non prononcé ne prive pas l'accusateur de l'heredité ou legs, sinon ayant persisté jusques à Sentence inclusive. Et l'Edit d'Orleans qui adjuge dommages & interests, ou au denier douze ou quinze, met expressément les mots, *contre les condamnez.*

L'autre cas auquel n'échet répit ou cession est la debte pour loüage de maison, bail à ferme d'heritages à moissons, ou autrement par lesdites Coûtumes de Paris, Auxerre, Sens, Laon & Reims, Berry des Executions art. 21. Bourbonnois art. 78. Melun art. 322. Senlis art. 291. Dont la raison est que le revenu des heritages est destiné pour la nourriture du proprietaire, & il n'est pas raison qu'il jeûne auprés de son bien, & que celuy qui en a fait sont profit soit en repos. L'autre cas est de debte pour arrerages de rentes foncieres : ainsi le disent toutes les Coûtumes susdites, & Orleans art. 424. Dont la raison est semblable à l'article precedent. L'autre cas est de debtes de mineurs contractées avec eux ou leurs tuteurs durant leur minorité. Ainsi disent lesdites Coûtumes de Sens, Auxerre, Melun, Bourbonnois & Reims. La raison dépend de l'ancienne formule des répits quand on en prenoit lettres en Chancellerie, qui portoient ces mots, à l'égard de leurs creanciers puissans d'attendre, c'est-à-dire, qui facilement & sans grande incommodité peuvent s'en passer. On figure que le mineur ne gagne rien, & que la joüissance de ses facultez luy est necessaire pour vivre. Debte pour dépôt. Ainsi disent lesdites Coûtumes de Sens, Auxerre, Bourbonnois, Orleans, Melun & Senlis. La raison est que le dépositaire employant à ses affaires la chose deposée commet larcin, & ne peut nier le dépôt sans dol, *l. si sacculum, ff. depos. l. 3. l. qui depositum, C. eod. tit.* Et tout ce qui est deû pour crime n'est sujet à répit ny à cession. Debte pour marchandise prise en plein marché, par lesdites Coûtumes de Sens & Laon. La raison a été mise cy-dessus à cause de l'utilité publique, & à ce que les marchez soient fournis. Si la debte est dûë pour condamnation de délit, soit envers le fisque ou envers la partie interessée : lesdites Coûtumes de Sens, Auxerre, Berry, Bourbonnois, Orleans. Melun, Reims. Par l'Edit du Roy Henry II. sur le reglement de la Justice criminelle du mois de Mars de l'an 1549. art. 7. il est permis aux Juges de commuër l'amende pecuniaire en peine corporelle, quand le condamné est trouvé non solvable. Ce qui se rapporte au droit Romain, *l. 1. in fine, ff. de pœnis, l. quicumque, C. de servis fugit.* Debte dûë à Precepteurs ou autres pour nourritures de jeunes personnes : par lesdites Coûtumes de Sens, Auxerre, Berry, Bourbonnois & Orleans. La raison peut être tant de la faveur de la debte, que de la qualité de ceux qui prennent enfans en pension, qui ordinairement ne sont pas riches, & n'ont moyen d'attendre long-tems le payement de ce qui leur est deû : aussi selon l'usage commun, toutes pensions d'allimens se payent par avance. Debte dûë pour reliqua de compte par celuy qui a administré les bien de mineurs, de pupilles & de l'Eglise : ainsi disent Bourbonnois, Berry, Orleans & Melun. La raison est, tant de la faveur de ceux à qui il est deû, que pour la presomption de mauvaise foy, d'avoir employé à ses affaires les deniers d'autruy, que le comptable devoit tenir comme en dépôt, à ce fait la *l. ob fœnus, ff. de admi. tut. Chopin. in tractatu de privi. rust. 1. parte, lib. 1. cap. 5. num. 1.* allegue un Arrest du 2. Septembre de l'an 1566. Aubry & de Villiers plaidans ; j'ay oüi alleguer un autre Arrest du 19. May de l'an 1530. plaidans Roseau & Capel. Les acheteurs de vivres & vitnailles, en cét art. 22. de Nivernois. Bourbonnois, Laon & Reims comme-dessus, la raison est cy-dessus. Salaires de serviteurs & mercenaires, Bourbonnois, Orleans & Melun. Cette sorte de debte est si favorable, qu'és saintes Ecritures, la retention du loyer du mercenaire est au nombre des quatre pechez, qui de la terre crient & demandent vengeance à Dieu : aussi que mercenaires ordinairement sont pauvres & n'ont pas moyen d'attendre. La dot de la femme qui est repetée ou demandée. Bourbonnois art. 69. Auvergne chap. 19. art. 3. parce que la dot est le patrimoine de la femme, sur lequel elle est assignée pour sa nourriture. Ce qui se doit entendre avec limitation de la faveur de certaines sortes de personnes qui ne peuvent être contraintes, sinon en tant qu'elles peuvent faire commodement, dont il est parlé cy-dessus au chapitre des Droits appartenans à gens mariez, art. 18. Debte dûë par l'acheteur qui a encores en sa puissance la marchandise: Auvergne chap. 19. art. 5. Reims art. 392. La raison est, qu'il ne peut sans mauvaise foy differer puis qu'il a moyen de vendre la marchandise, & faire deniers. Debte dûë pour vendition d'heritage, Melun art. 322. Laon art. 278. celuy qui vend est pressé d'affaires, celuy qui achete, est ou doit être à son aise: s'il achete n'ayant moyen de payer, il est fraudateur. Debte pour frais funeraux, Berry des Executions, art. 21. cette debte est tellement privilegiée, qu'elle precede tous creanciers, quoy que l'heredité ne soit pas solvable, *l. penul. ff. de religios.* ce qui s'entend de frais raisonnables selon la qualité & faculté des défunts. Aussi n'a lieu le répit quand le fidejusseur poursuit celuy pour lequel il est plege, afin d'être acquité. Car même la cession de biens n'y seroit pas reçûë. Ainsi fût jugé par Arrest plaidant Lamognon pour M. Philbert Pion de Nevers, contre M. Guillaume Godard Conseiller de Saint Pierre le Monstier. La raison est que celuy qui par amitié à employé son amy pour être son plege, ne peut qu'avec dol & fraude refuser de l'acquiter. Or il est generalement observé en France, que celuy qui a commis dol & fraude, *etiam* en affaire civile, est tenu pour criminel, & peut être traité & puny extraordinairement, ainsi que j'ay appris de M. Gabriel Marillac Avocat du Roy en Parlement, tres-excellent en preud'hommie, en sçavoir, & en zele d'honneur avec vertu, soigneux en ses plaidoyries d'enseigner les jeunes Avocats Auditeurs, en une plaidoyrie du 22. Janvier de l'an 1550. Les loix Romaines ont ordonné la prison en tel cas de dol, & la punition exemplaire, *l. quamvis, ff. de rebus eorum, l. ob fœnus, ff. de administ. tut. l. 1. §. ult. l. 3. §. tutores qui, de suspect. tut. & in l. ossa, ff. de relig.* est dit que le dol peut être puny extraordinairement: & cy-dessus il a été dit, qu'au debteur la prison doit être appliquée pour peine, *l. ult. §. ult. juncta glos. ff. quæ in fraud. cred.* pourquoy celuy qui a commis dol est indigne du benefice de répit, & de la cession de biens.

Quant à la cession de biens, parce que cét inconvenient ne peut avenir sans grande faute du debteur qui a été trop facile à emprunter, trop prompt à dépendre, trop s'aimant, & n'aimant point autruy, il a été fait Ordonnance par le Roy Loüis XII. en l'an 1512. art. 70. que la cession ne peut être faite par Procureur, mais doit être faite en personne judiciairement à heure ordinaire de plaids, le debteur étant desceint, & nuë tête: en autres lieux la cession se fait par le debteur ayant ses brayes avalées, & frappant du cul nud sur la terre ou sur une pierre. Et combien que la cession de biens ne rende pas infame le cedant, *l. debitores, C. ex quibus caus. infamia irrog.* toutefois son honneur reçoit tache en l'opinion des gens de bien. La loy Roscie à Rome rendoit aucunement ignominieux ceux qui avoient fait faillite à leurs creanciers, & les appelloit decocteurs, par la translation prise des Alchimistes, qui par la fonte des métaux en font devenir une partie en fumée. Et combien que par fortune & non par leur faute cét inconvenient fût avenu, toutefois ils avoient place certaine assignée au theatre où tout le peuple Romain s'assembloit afin d'être conneus par tous pour *faillits* Ainsi dit Ciceron en la seconde Philippique. Je ne puis croire ce que dit Guido Pape en la decision 342. que telle cession ignominieuse délivre le debteur de ses debtes de tous points, en sorte que s'il vient à meilleure fortune de biens, il ne rentre en obligation. Ce qui se dit par luy est contre la decision de la *l. qui bonis, C. qui bonis cedere possunt.* Led. G. Pape allegue pour son opinion la *gloss. in cap. sicut dignum ext. de homicid.* Mais cette ignominie que reçoit le debteur lors de la cession, n'est pas peine à l'égard du creancier qui n'en est de rien mieux satisfait, mais est comme une peine publique pour servir d'exemple, à ce que chacun soit plus soigneux de ses affaires, & moins hardy sur le bien d'autruy.

Sera consideré, que celuy qui fait cession doit confesser la debte, *l. penult. ff. de cessi. bonor*, & n'est pas raison qu'il joüisse de ce benefice, en niant la debte comme il se dit de l'associé, qui ne doit joüir du benefice de n'être tenu, sinon en tant que bonnement il peut faire, quand il a nié d'être associé & compagnon, *l. si unus, §. ult. ff. pro socio*: & cy-dessus ont été alleguez aucuns cas de peine contre ceux qui nient la verité & sont mensongers.

Les gens d'Eglise debteurs ne sont pas sujets à ce remede ignominieux de cession de biens; mais ont expedient par un simple serment & repromission de payer quand ils seront venus à meilleure fortune, selon qu'il est porté au chap. *Odoardus, extra, de solutio.* Aussi par l'Edit de Blois art. 57. les Ecclesiastiques sont declarez exempts de la prison, à laquelle par l'Edit de Moulins art. 48. sont sujets ceux qui ne payent pas dans les quatre mois aprés les commandemens & la condamnation. Ce qui est dit en droit, que les gens d'Eglise *ad instar* des soldats de Milice Romaine, ne sont tenus à payer leurs debtes, sinon en tant que bonnement ils peuvent faire, *l. miles, ff. de re judic.* jointe la glose, se doit entendre de debtes faites pour les affaires de leurs Eglises. Ainsi fut jugé par Arrest pour les Bartons, le neuviéme Mars de l'an 1531. au rapport de Monsieur Bourgoin mon oncle.

Auparavant l'Edit d'Orleans les debteurs desirans avoir répit pour payer leurs debtes, s'adressoient à la Chancellerie du petit Scel du Roy, qui est auprés de chacun Parlement: la formule étoit telle que le répit à un an étoit adressé à toutes sortes d'Officiers, *etiam* non Royaux, & le répit à cinq ans aux seuls

Officiers Royaux, qui est le Stile ordinaire de ladite Chancellerie, de n'adresser lettres Patentes sinon à Officiers Royaux. La clause du répit à cinq ans, étoit à la charge que la plusPart des creanciers, non pas en nombre de personnes, mais en quantité de debtes y fussent consentans, selon la loy derniere, *C. qui bonis ced. poss.* Au répit à un an étoit la clause pour éviter la distraction des biens du debteur à vil prix. Au répit à cinq ans pour éviter le miserable remede de cession de biens. Aucunes Coûtumes disent que la cession n'est reçûë en condamnation d'interest civil pour délit. Laon art. 279. Reims art. 393. ny en achat de biens de Justice : Melun article 318.

ARTICLE XXIII.

LE creancier ou son heritier pour le payement de ce en quoy on luy est tenu par obligation ou condamnation : avant que commencer exploit d'execution, arrest ou empêchement d'heritages, pour les mettre en criées & subhastations : doit par le Sergent executeur, faire faire commandement au debteur ou à son heritier, ou au detenteur de l'heritage obligé, si la debte est réelle au choix d'icelluy creancier, de payer la debte ou rente pour lesquelles on veut faire faire lesdites criées, ou luy fournir meubles valans icelle debte : & si l'executé ou celuy sur lequel se fait ledit exploit d'arrest, execution & commandement (soit principal debteur obligé, ou tiers detenteur de l'heritage obligé) fournit biens meubles exploitables sans déchet, comme dit est, valans ladite debte : ledit Sergent executeur surseoira de faire lesdites criées & subhastations, jusques à ce que lesdits gages soient vendus, pour sçavoir si l'argent qui en viendra fournira au payement de ladite debte.

EN cét article & autres suivans, est traité la matiere des Criées d'heritages, sur laquelle il y a eu Edit du Roy Henry II. de l'an 1551. auquel ont été representez plusieurs expediens & regles tirées de cette Coûtume; en aucuns endroits y a des differences, comme il sera remarqué cy-aprés.

La pratique & l'effet des Criées sont tirez de ce qui est dit en la *l. si eo tempore*, & par les Docteurs sur icelle, *C. de remiss. pign.* & en d'autres endroits : dont le sommaire est quand on veut faire un acte pour s'asseurer contre plusieurs personnes qui y peuvent avoir interest : Si on connoît en particulier ceux qui y ont interest, il faut les appeller nommément, & un à un : si on ne les connoît pas il les faut appeller à cry public, és lieux dont vray-semblablement la connoissance pourra leur venir, auquel cas s'ils ne comparent au jour assigné, la contumace jugée contre-eux leur nuit : comme si en particulier ils avoient été appellez, ainsi qu'il est traité, *in Auth. si omnes, C. si minor ad hered. & l. ergò, ff. ex quib. caus. major.* Car la regle de droit est que les Jugemens n'ont force de chose jugée, sinon à l'égard de ceux qui ont été appellez, *l. de unquoq. ff. de re judic.* & parce que les Jugemens donnez sur les criées doivent préjudicier à tous creanciers presens ou absens, & comme se dit en droit, *sententia sic lata facit jus quoad omnes*, il a été bien raisonnable & expedient que les Edits des Rois & les Coûtumes ayent prescript une forme & regle certaine, par laquelle ces criées & proclamations publiques se feroient. Cette forme ainsi prescripte doit être jugée essentielle, parce qu'il est question de jugement qui doit préjudicier à tous, & l'obmission de partie de ladite forme doit rendre le tout nul, *l. testamdi, C. de testamento.*

Quant à cét art. 23. est à sçavoir, que par l'Ordonnance de l'an 1539. qui est posterieure à la redaction de cette Coûtume, il n'est besoin à l'égard des majeurs debteur de faire perquisition des meubles, ny s'arrester à la discussion d'iceux, quoy que les debteurs les presentent, car les debteurs ont peu s'executer eux-mêmes, & durant le cours des quatre criées qui durent huit semaines, vendre leurs meubles & payer la somme dûë pour faire cesser les criées. Par ladite Ordonnance de l'an 1539. aprés le commandement de payer, le Sergent peut aller tout droit saisir les immeubles pour les mettre en criées. Encores dit ladite Ordonnance quand il y a terme certain de payer, que l'on ne doit recevoir le débat de la validité ou invalidité du commandement, comme si on vouloit dire qu'il n'a été fait en tems & lieu opportun : mais toûjours faut-il qu'il y ait commandement à personne ou domicile.

SI LA DEBTE EST RE'ELLE, Cecy se doit entendre quand l'obligation est principalement réelle, comme de redevance fonciere. Car si la debte est personnelle principalement & l'hypoteque *etiam* speciale y est accessoire, comme en obligation personnelle, ou constitution de rente à prix d'argent, il faut discuter les personnellement obligez avant que s'adresser aux tiers detenteurs, suivant l'Authen. *hoc si debitor, C. de pignorib.* La discution portée par l'Authentique, s'entend en ce que le creancier veut conclure pour le déguerpissement, qui est l'execution de l'hypoteque, afin de faire vendre les heritages hypotequez pour venir au payement, car si le creancier pour éviter qu'il n'y ait prescription contre son hypoteque par le tiers detenteur, ou pour éviter le doute d'autre inconvenient, qui à l'avenir pourroit survenir, fait ajourner le detenteur pour voir declarer l'heritage être hypotequé à sa debte, il est bien recevable sans discussion precedente : & est bien certain si le tiers detenteur avoit joui trente ans sans être inquieté de l'hypoteque, qu'il s'ayderoit de la prescription. Doncques pour la pratique est à considerer que l'action hypotecaire a deux chefs : L'un à ce que les heritages soient declarez hypotequez, l'autre à ce que le detenteur les déguerpisse & délaisse pour être vendus afin de satisfaire aux debtes, qui est l'execution de l'hypoteque. Quand la debte est principalement réelle, comme de rente fonciere, n'est besoin de discuter, parce que c'est l'heritage qui doit, *l. Imperatores, ff. de publicanis & vectigal.*

ARTICLE XXIV.

AU contraire, si l'obligé, son heritier, ou detenteur de l'heritage obligé, audit cas est refusant ou délayant, payer ou bailler gages, est requis faire perquisition des meubles du debteur principal, & s'il n'en trouve aucuns en l'hôtel & domicile de l'obligé, ledit Sergent pourra saisir l'heritage, & iceluy mettre en criées pour être vendu jusques à la concurrence de la debte, & est à l'option du creancier de s'adresser à tels heritages specialement hypotequez que bon luy semblera, pour iceux mettre en criées : & où les heritages hypotequez specialement ne suffiront pour la debte, audit cas le creancier pourra faire saisir des heritages hypotequez generalement avec lesdits heritages specialement obligez, & n'est le detenteur reçû à declarer autres heritages obligez pour empêcher l'effet des criées commencées.

IL a été dit cy-dessus, que la perquisition de meubles n'est plus necessaire par l'Ordonnance de l'an 1539. toutefois en ce païs nous observons de faire faire par le Sergent une sommaire perquisition de meubles, pour aucunement satisfaire à la Coûtume, en ce qu'elle ne contredit à l'Ordonnance, ce qui est de bien-seance est non necessaire. Cy-dessus a été mise l'exception à l'égard des mineurs debteurs, car il faut enquerir, & qu'il soit conneu par le Juge s'il y a moyen de satisfaire des meubles avant que de proceder à la vente des heritages, ce qui se fait par l'exhibition que fait le tuteur de l'inventaire, avec un état ou compte sommaire de l'administration : ainsi l'Ordonnance de l'an 1539. qui est generale, ne déroge pas au droit special des mineurs, & n'est besoin que cette discussion de meubles soit faite avant les criées, il suffit que ce soit avant les encheres & la vente des heritages, car l'interdiction n'est pas faite par la loy de saisir, mais de vendre l'heritage du mineur sans connoissance de cause, *l. 1. ff. de rebus eorum.* Vray est que si par la discussion il aparoissoit que le mineur eût moyen de payer d'ailleurs que par la vente de son heritage, il ne seroit tenu aux frais qui jusques alors auroient été faits pour les criées. Si le défunt pere ou predecesseur du mineur avoit specialement hypotequé aucun heritage, le creancier pourra le faire vendre sur le mineur sans discussion de ses meubles, & sans autre connoissance de cause, *leg. 1. §. si communis in verb. aut creditor qui pignori agrum, &c. ff. de rebus eorum.*

SPECIALEMENT HYPOTEQUEZ, L'hypoteque speciale feroit dommage au creancier, s'il falloit premierement discuter & faire vendre les heritages specialement hypotequez, comme il semble être requis de droit, *in l. quamvis 1. C. de pignor.* Pourquoy les bien avisez, quand il y a speciale hypoteque, mettent la clause que la speciale ne dérogera à la generale : pour éviter cette difficulté, on peut mettre en criées tous les heritages, & requerir que les encheres soient faites separément sur les heritages specialement hypotequez, afin que si les encheres peuvent suffire, que l'on s'abstienne de vendre les autres : sinon tous soient encheris & vendus, qui est un expedient pour éviter les grands frais & longueurs qui seroient s'il convenoit faire diverses criées : & il semble que cét article ne requiert pas la discussion préalable des heritages specialement hypotequez : mais se remette à la discretion & option du creancier, si les heritages specialement hypotequez suffiront, en tant qu'il dit faire saisir les heritages generalement hypotequez, avec les hypotequez specialement. De fait il est observé que le creancier peut à une fois faire saisir & crier, tant les heritages specialement hypotequez que generalement. Car la datte des hypoteques est celle qui donne la préference & non la specialité. Même quand le debteur se trouve possesseur des uns & des autres heritages.

DECLARER AUTRES HERITAGES, Parce que le creancier à cause de l'hypoteque individuë, peut s'adresser pour le tout à tel heritage qu'il voudra choisir, *l. creditoris, ff. de distract. pig. suprà* des Rentes & Hypoteques, article dernier.

ARTICLE XXV.

ET si aprés l'exhibition ou perquisition desdits meubles, il appert qu'ils ne soient suffisans pour satisfaire à la debte, audit cas le Sergent pourra proceder à la vente desdits meubles, & neanmoins proceder ausdites criées pour le surplus de ladite debte : & s'entend quant aux condamnations, que pour condamnation procedant de cause de rente & arrerages, le creancier a son choix de faire executer sa Sentence sur les meubles, ou s'adresser aux heritages, & les faire saisir & crier sans discussion desdits meubles. Mais si la condamnation procede de la debte personnelle, sera tenu le creancier de faire discussion desdits meubles avant que proceder à la saisie & criées desdits heritages.

S'Adresser aux heritages, S'entend des heritages affectez à la rente ou redevance qui soit fonciere, comme il a été dit cy-dessus : auquel cas non seulement n'est necessaire la discussion des meubles, *etiam* que ce soit contre un mineur, parce que c'est l'heritage qui doit, *d. l. Imperatores, ff. de publican. & vect.* & la survenance du mineur en un negoce qui se trouve parfait lors du decez du majeur, n'immue rien de ce qui est de l'essence du negoce, *l. Polla. C. de his quibus ut indig.* & parce que telle debte n'est pas au nombre de celles qui simplement regardent tout le patrimoine du mineur; mais certains heritages sont specialement & principalement affectez à iceluy, *l. si fideicommissum, §. tractatum in fine, ff. de judic.* Comme aussi en ce cas de redevances foncieres n'est necessaire la discussion des personnellement obligez, parce que c'est la même chose qui doit, comme dit est.

ARTICLE XXVI.

LE Sergent par son exploit témoigné selon l'Ordonnance, sera creu de ladite perquisition & choses susdites.

TE'moigne', De deux témoins, *ad instar* des Notaires qui ne peuvent instrumenter sans être assistez de deux témoins : toutefois le Stile de ce Bailliage est quand il est question de simple ajournement, & qu'il n'y a point d'exploit réel, qu'un témoin avec le Sergent suffit. Qui est un abus, car les Edits parlent de témoins en pluriel nombre.

La regle est, que foy est ajoûtée à l'exploit du Sergent, quand il rapporte avoir fait ce qui est de sa charge, comme saisie, déplacement de meubles, dépôt d'iceux, établissement de Commissaire, & autres semblables actes. Mais n'est ajoûtée foy à son rapport s'il rapporte violences, rebellion, blasphemes commis lors de son execution. Ainsi fut jugé par Arrest le Mardy 15. Mars de l'an 1551. pour Robidon. Depuis est survenu l'Edit du mois de Janvier de l'an 1572. fait à Amboise, par lequel il est permis aux Juges de decreter adjournement personnel, sur le rapport de rebellion fait par le Sergent, pourveu que son exploit soit bien témoigné. Et sauf à decreter prise de corps selon la gravité du délit en rapportant information.

ARTICLE XXVII.

ET peut le creancier faire saisir avec lesdits heritages les fruits d'iceux, sans que ledit debteur ou son heritier, ou le tiers detenteur non opposant en joüisse pendant lesdites criées, car l'exploit tiendra en la proprieté & fruits; durant lesquelles criées seront lesdits fruits baillez à ferme, au plus offrant & dernier encherisseur, en déduction & diminution de ladite debte & frais de criées, & à defaut de fermier, & que l'on n'en pourroit trouver, seront lesdits heritages regis & gouvernez sous la main de la Justice, par Commissaire ou Commissaires, qui doivent être & seront commis par le Juge, ou par ledit Sergent; & si lesdits fruits n'avoient été saisis, & le creancier ou creanciers ou opposans le requeroient, il sera dit par le Juge, que pendant le procez des criées les heritages seront baillez à ferme, ou regis & gouvernez par Commissaires, ainsi qu'il est dit cy-dessus.

LA pluspart de cét article est reformé ou corrigé par l'Ordonnance de l'an 1539. & par l'Edit des Criées de l'an 1551. car le Sergent incontinent aprés la saisie doit necessairement établir Commissaire au regime des heritages criez, à peine de nullité des criées, lequel Commissaire n'est pas étably pour percevoir les fruits par ses mains, mais doit les bailler à ferme par autorité de Justice au plus offrant aprés proclamations. La nullité à faute d'établissement de Commissaire est declarée par ledit Edit de criées de l'an 1551. article 4. Ce sequestre & établissement de Commissaire est ordonné à plusieurs fins, l'une afin que par le moyen de la sequestration chacun soit mieux averty que les heritages sont en criées. Ainsi dit du Moulin en en l'annotation sur le 95. article de la Coûtume de Montreüil. L'autre cause du sequestre est pour attedier le proprietaire afin s'il a moyen qu'il fasse devoir de payer, & soit meu d'endurer l'effet des criées quand il se verra hors la joüissance de son bien: selon la raison du chap. 2. *ex de dolo & contumac.* L'autre raison est afin que les fruits aident à payer les debtes: & ce qui provient des fruits, qui est le reliqua du compte à rendre par le Commissaire, ne se regle pas comme les meubles pris par execution, pour être affectez au plus diligent en saisie, mais pour être distribuez selon l'antiquité des hypoteques des opposans *ad instar* du prix du decret. Ainsi se doit dire quand l'heritage & fonds est saisi pour être crié & vendu: en ce cas proprement est vray ce que dit le droit Romain que les fruits sont portion du fonds, *l. fructus, ff. de rei vend.* & que c'est une seule consideration du fonds & de la superficie, *l. obligationum ferè. §. placet, ff. de act. & oblig.* Pourquoy j'estime que si aprés la saisie des seuls fruits pendans survient la saisie du fonds avant que les fruits soient cüeillis ou vendus, ladite saisie de fruits est converte & doivent les fruits être regis par le Commissaire des criées pour être distribuez selon le rang des hypoteques. Mais quand les fruits sont saisis seulement, & sont considerez separément, ils sont reputez meubles à cause de la destination naturelle, par laquelle ils sont pour necessairement devenir meubles, combien qu'ils soient pendans, ainsi dit Paul de Castre, *consil.* 132. *vol.* 1. pour ce dernier membre il allegue la loy derniere, *ff. de requir. reis.* Pour cette distinction de fruits, considerez avec le fonds; & des fruits considerez separément & de par soy, j'allegue l'argument de la femme grosse d'enfant, car il se dit que l'enfant fait portion d'elle & de ses entrailles, & est censé même chose que la mere, *l.* 1. *§. ex hoc, ff. de ventre inspic.* mais quand on considere à part l'enfant en ce qui touche son profit & ses commoditez, il est censé être chose à part de sa mere, *l. qui in utero, ff. de statu hominum, l. curator, ff. de ventre in poss. mitt.* parce que selon la destination & ordre naturel, l'enfant dedans quelque tems sera separé de la mere par l'enfantement.

Par lesdits Edits le Commissaire ne doit pas lever les fruits par ses mains, mais doit les bailler à ferme.

Ce qui est dit des frais des criées, à prendre sur le reliqua des fruits, est abrogé par ledit Edit des Criées de l'an 1551. car l'adjudication par decret se doit faire à la chargeque l'adjudicataire payera les frais des criées: auparavant les frais souloient être pris sur les deniers du decret.

TIERS DETENTEUR NON OPPOSANT, L'Edit des Criées art. 4. défend de troubler le Commissaire en la joüissance, à peine de perdre par le turbateur son droit. La Cour avec juste raison en publiant ledit Edit a modifié ledit article, pour n'avoir lieu à l'égard du tiers detenteur, qui auparavant les criées joüissoit actuellement: La raison est, parce que ce tiers detenteur n'est obligé ny condamné, & n'y a raison d'executer le sequestre contre luy, non oüi: doncques ce tiers detenteur qui sera opposant afin de distraire, sera enduré joüir durant les criées. Mais il sera sujet à la restitution des fruits, si aprés avoir examiné les hypoteques, & par le prix du decret il se trouve que les creanciers qui sont plus anciens que n'est l'acquisition de ce tiers detenteur ne sont satisfaits: car audit cas sera dit, que l'heritage par luy detenu sera vendu pour satisfaire les creanciers qui le precedent: & en ce cas il restituera les fruits par luy perçûs depuis les criées rapportées en Jugement, *ad instar* que le tiers detenteur evincé par l'action hypotecaire, est tenu à la restitution des fruits depuis le procez en action hypotecaire commencé, *leg. si fundus, §. in vendicatione, vers. interdum, ff. de pignor.* Pourquoy me semble que ce tiers detenteur (qui est enduré joüir durant les criées) ne doit se formaliser sur la distraction durant le cours du procez avant le decret, pourveu qu'on luy propose cette condition, que les heritages pour lesquels la distraction n'est pas requise, soient exposez en vente les premiers & separément, & si le prix d'iceux peut satisfaire aux creanciers qui precedent en datte d'hypoteque ce tiers detenteur, la distraction & main-levée luy soit faite, & il aura perçû les fruits sans être depossedé, qui le rendra sans interest, & si le prix du decret ne suffit, soient lesdits heritages vendus sans faire nouvelles criées. Cét expedient épargnera les frais de nouvelles criées, lesquelles il faudroit faire si la distraction se faisoit tout à coup, & est bien à propos de pratiquer cét expedient, même quand on voit un grand amas de creanciers, & qu'il se presente comme une déconfiture, & ne doit être oüi ce tiers detenteur, qui sans legitime interest, & se fondant en formalitez, voudroit dire la saisie être mal faite sur luy qui n'étoit obligé ny condamné, veu que n'y ayant sequestre, la saisie est *ad instar* de simple action hypotecaire.

Les Commissaires aux biens criez doivent être pris sur le même lieu, ou au lieu plus proche, sans les aller chercher au loin, fut jugé par Arrest en plaidant, le Jeudy 4. Mars 1534. Sauf que le sujet ne doit être étably Commissaire és biens de son Seigneur Justicier, par l'Edit de Blois 1580. art. 176. & si les criées étoient de longue durée le Commissaire peut requerir être déchargé *ad instar*, de ce qui se dit és loix Romaines des charges publiques qui étoient annales, & aprés l'an finy y avoit vacation pour se reposer trois ans pour une autre charge, & cinq ans pour la même charge, *leg. ad honores, C. de munerib. non continuandis lib.* 10. & l'on doit pourvoir à ce qu'és charges publiques aucuns ne soient trop vexez, *l. & qui §. Præses, ff. de munerib. & honor.*

L'ancien Commissaire ne peut retenir par ses mains la joüissance des heritages pour être payé de ce qui luy est deû par le reliqua de son compte, mais sera payé des plus clairs deniers qui se trouveront és mains du second

Commissaire. Par Arrest du 28. Juin 1546. entre Lyme & Malery.

S'il y a des beaux à ferme faits par le proprietaire avant la saisie & les criées, de bonne foy & sans fraude, le Commissaire les entretiendra & recevra les loyers, *leg. in venditione, §. 1. ff. de bonis auct. jud. possid.* Le Commissaire qui se trouve suspect en son administration peut être dépossedé de la charge *ad instar* d'un tuteur, *l. tutor quoque §. non tantum, ff. de suspect. tut.* Le poursuivant criées doit être soigneux de faire établir un Commissaire solvable : autrement il sera tenu de satisfaire *ad instar* du creancier qui tient un gage ou hypoteque de son debteur, est tenu de coulpe *etiam* legere de l'inconvenient qui est avenu audit gage, *l. ea quæ, ff. de pignor. act. l. sicut vim, C. de pignor*, & si lors de l'établissement il étoit bien solvable, & depuis se soit affoibly : en cas que le poursuivant en ait été ou vraysemblablent peu être averty, luy sera imputé s'il n'en a fait subroger un autre, car la diligence & soin doit continuër au creancier qui une fois a commencé, puis que le negoce a trait. Par les raisons de la *l. nam & Servius, §. si vivo, ff. de nego. gest. l. in commodato, §. sicut, ff. commodati.*

ARTICLE XXVIII.

EN telle maniere que durant les criées le debteur principal, ny son heritier ny les tiers detenteur non opposant, ne autres parties opposantes, & ayans interest ausdites criées, directement ou indirectement ne joüiront desdits heritages, par quelque caution qu'ils puissent bailler, si ce n'est du consentement du poursuivant desdites criées & des autres parties opposantes.

PAR QUELQUE CAUTION, En plusieurs cas la sequestration est ordonnée à faute de pouvoir ou vouloir bailler caution, mémement quant la personne est suspecte. *l. 1. l. postquam §. 1. ff. ut legat. vel fideicommiss. nomin, l. si fidejussor, §. ult. ff. qui satisa. cog.* En certains cas le sequestre est ordonné pour attedier & renger à raison celuy qui n'a cure de la faire, & en ce cas la caution n'empêche le sequestre, *cap. 2. ex. de dolo & contu. l. is cui, ff, ut in poss. legat.* mais icy le sequestre se fait à plusieurs fins qui concernent l'interest de plusieurs personnes, qui peut être ne sont pas encore connuës, & comme dit a été la Sentence donnée sur criées fait droit quant à tous, le mot Latin est, *facit jus quoad omnes*, pourquoy les formalitez & ceremonies qui y sont ordonnées, ne peuvent être relâchées par le consentement des parties, mais précisement doivent être observées à peine de nullité, *l, 3. ff. de collus. deteg. l. qui repudiantis in fine, ff. de inoff. testa, l. si servus plurium, §. 1. ff. de legat. 1.* Pourquoy il me semble que la fin de cét article ne peut être en usage pour relâcher le sequestre & établissement & joüissance du Commissaire, car c'est l'interest de tous, soit pour faire connoistre publiquement que les heritages sont saisis, soit pour attedier le debteur afin qu'il s'excite à faire raison, soit pour faire épargne des fruits afin de payer les creanciers en leur ordre : mais précisement le sequestre & établissement de Commissaire doit être effectué, nonobstant le consentement des parties. Aussi l'Ordonnance de l'an 1539. art. 82. commande expressement de bailler à ferme les heritages criez.

ARTICLE XXIX.

AUssi au regime & gouvernement desdits heritages ne peuvent être Commis, ny être Fermiers d'iceux; le Juge, son Greffier, Sergens executeurs desdites criées, Avocat ou Procureur desdites parties, les enfans ou freres des dessusdits & desdits poursuivans & opposans.

PAr l'Edit de Blois art. 132. est dit que nuls Officiers de Judicature, Avocats, Procureurs, Solliciteurs, Greffier, leurs Commis ny Sergens ne peuvent etre adjudicataires ny fermiers des fruits saisis par Justice, ny cautions pour les fermiers. Ce qui sert de grande extension à cét article : quant aux Greffiers & Clercs de Greffe, dés auparavant y en avoit Arrest entre Lyme & de Malery, du 28. Juin 1546. & quant aux Juges, Procureurs & avocats du Roy, y avoit eu Arrest en plaidant, du Mardy 21. Octobre de relevée 1550. és grands Jours de Moulins pour la Dame de Ville-perduë. Si toutefois les personnes de la qualité susdite succedent par heredité à un fermier, ils pourront retenir la ferme pour le tems qui reste d'icelle, *l. Decurio, ff. de Decurionib.* & ce qui se dit des personnes ainsi qualifiées, à plus forte raison doit avoir lieu, quand par personne interposée il se fait, *& eo ipso*, la loy repute avoir été fait en fraude, ce qui se fait par personne interposée, *qui alioqui* seroit chose licite, *l. 2. §. 1. ff. de administ. rerum ad civit. pert. l. non existimo, ff. de administ. tut. l. pupillus, §. item ipse, ff. de auct. tut.* Le mot SUBJECTAM qui est en ladite loy 2. n'emporte la sujection sous commandement, mais signifie personne supposée, comme s'il disoit *suppositam* : ainsi est mis le mot *subjicere in l. ac qui natura, §. si cum me, ff. de negot. gestis.*

ARTICLE XXX.

LEs Fermiers & accenseurs desdits heritages & fruits d'iceux, ou ceux qui à défaut de Fermiers & Accenseurs auront été commis au regime & gouvernement d'iceux, seront tenus rendre compte, & payer le reliqua ou payer les accenses chacun an, ou quand il sera ordonné par Justice, & à ce pourront être contraints, comme acheteurs de biens en Justice, par prise & emprisonnement de leurs personnes.

QUand l'on dit rendre compte, s'entend payer le reliqua, *l. cum servus, ff. de condit. & demonst. l. qui libertatis, §. servus ff. de evict.* Celuy qui rend compte doit bailler copie du cahier de son compte à celuy qui doit l'oüir, *l. non solum 2. §. is qui, ff. de liber. legata*, & ne doit-on adjuger provision à celuy qui oit le compte, durant l'exament d'iceluy, *etiam* si c'étoit pour les allimens du pupille, *l. Imperatores, ff. de tutel. & rat. distrah.* Mais aprés le compte clos on peut adjuger provision, nonobstant qu'il y ait requeste de revision fondée sur erreur de calcul : par Arrest contre Bullioud, du 7. Janvier de l'an 1538. Le Commissaire durant son administration doit payer les redevances foncieres qui emportent Seigneurie directe, mais non pas les rentes foncieres, *l. inter quos, §. si dominus, ff. de damno inf.* Car même en criée & en l'adjudication par decret, le Juge de son office, & sans requisition du Seigneur direct conserve les droits dudit Seigneur, en adjugeant les heritages sous la charges des droits & devoirs Seigneuriaux. C'est autrement des simples rentes foncieres qui ne sont les premieres apres le fonds : car il faut s'opposer pour en avoir adjudication, & durant le procez on n'en adjuge point de provision, sinon aprés connoissance de cause : comme si c'est redevance procedante du premier & principal bail & concession.

Il a été dit cy-dessus article 27. que le poursuivant criées doit être soigneux de faire rétablir un Commissaire idoine, & que s'il y a eu quelque coulpe en y mettant un mauvais ménager, dissipateur des biens, & il se trouve non solvable, le poursuivant en doit répondre aux creanciers qui seroient en rang pour recevoir : *Imo etiam* au proprietaire, parce qu'il n'est pas acquité, car le poursuivant ne fait pas le negoce pour luy seul, mais executant son droit fait le negoce de tous les creanciers, *l. cum unus, ff. de bonis auct. jud. poss. l. creditor 1. in verb. percipere debuit, C. de pignor. act.* Vray est que les creanciers devront s'adresser au Commissaire, & le discuter pour s'adresser subsidiairement au poursuivant. Que si la saisie a été declarée tortionnaire, & le proprietaire ait eu mainlevée, le proprietaire peut se passer de discuter le Commissaire, mais de droite voye pourra s'adresser au poursuivant qui a fait saisir, qui a commis la faute, & en doit répondre personnellement sans garend ny subrogation.

ARTICLE XXXI.

LE Sergent executeur procedant aux criées, peut du consentement des creanciers & opposans, à la requeste desquels elles sont faites, recevoir les cautions des Commissaires : & où il y auroit contradiction, le Sergent remettra les parties sur ladite reception de caution pardevant le Juge auquel la connoissance de ladite matiere de criées appartient, & ce sans interruption de ladite matiere ny desd. criées.

CEt article est aboly par lesdites Ordonnances de l'an 1551. qui commandent precisement d'établir un Commissaire, & au Commissaire de bailler à ferme les heritages criez au plus offrant par autorité de Justice, & faire bailler caution aux fermiers. Et cét article a été fait pour le tems que les Commissaires joüissoient par leurs mains.

ARTICLE XXXII.

ESquelles criées sera & doit être observé l'ordre & solemnité qui s'ensuit.

ARTICLE XXXIII.

C'Est à sçavoir, que le Sergent executeur desdites criées en vertu des lettres de commission du Juge competent, & des lettres obligatoires passées sous scel Royal, ou du Comte de Nevers, ou autre scel autentique de Cour Laye, ou en vertu de condamnation de Cour Seculiere : peut & doit prendre, saisir & mettre en main de Justice les heritages du debteur, ou le principal manoir d'iceux, quand ce sont Seigneuries, Métairies, ou autres pieces obligées pour

& en comprenant les appartenances d'icelles pieces, & semblablement les fruits d'icelles : aprés commandement & perquisition faite comme dit est : & signifiera audit debteur ou à son heritier, & audit tiers detenteur ladite main-mise & saisie, ensemble lesdites criées & jours introduits par la Coûtume cy-aprés declarée.

D'Ancienneté & au tems de la rodaction de cette Coûtume, étoit requis d'avoir commission avec l'obligation, ou bien avoir condamnation. Aujourd'huy le Sergent peut en vertu de l'obligation en forme authentique, saisir & crier : car selon qu'il a été dit cy-dessus en ce chapitre article premier, les obligations sous scel authentique ont force de chose jugée. Par l'Edit des criées de l'an 1551. le Sergent doit saisir réellement en se transportant sur les lieux & sur chacune piece, quoy que ce soit un domaine ou métairie composée de plusieurs pieces. Par ledit Edit seulement est excepté, si c'est une Seigneurie & Fief, parce qu'en ce cas suffit saisir le principal manoir réellement en y comprenant ses appartenances, & hors le cas dudit Edit, & sans avoir égard à cét article, faut se transporter & saisir chacune piece, & par l'exploit les declarer avec les tenans & aboutissans ; & pour marque de la saisie réelle, le Sergent doit apposer un brandon à chacune piece. La saisie, l'établissement de Commissaire, & le jour de la premiere criée, avec la continuation des autres criées, doivent être dûëment signifiez au proprietaire sur lequel on crie, & au tiers detenteur avec délivrance de copie d'exploits.

Scel authentique de Cour Laye, Le scel Ecclesiastique fait bien foy, mais n'emporte pas hypoteque ny execution parée. Car pour regle generale en France la Jurisdiction Ecclesiastique n'a & ne peut connoître, soit volontairement ou contentieusement d'aucune affaire qui consiste en realité, soit de meuble ou immeuble. Toutefois s'il y a un testament reçû sous scel d'Eglise, le legataire pourra exercer l'action hypotecaire, non pas en vertu du scel, mais par la force de la loy qui donne la tacite hypoteque, *l.* 1. *C. de legat.* Vray est que cette hypoteque n'est pas individuë comme sont les hypoteques conventionnelles, mais doit être exercée sur chacun heritier pour la portion qu'il est tenu personnellement, *d. l.* 1. *vers. in omnibus.*

Appartenances, L'Edit des Criées en dit autant quant aux Fiefs & Seigneuries, & se doit entendre sous le nom d'appartenances, non seulement ce qui est de la mouvance du fief, mais aussi les pieces particulieres, si aucunes sont tenuë en roture, qui de grande ancienneté ont été agencées & accommodées par le proprietaire à cette Seigneurie, avec destination & execution d'icelles, pour du tout faire un seul corps. Pourveu que le plus & le principal de ce corps soit Seigneurie ou Fief. Car la destination du pere de famille donne loy pour la composition de tels corps, *l. quod in rerum*, *§. penult. ff. de legat.* 1. Pourveu aussi que cette destination soit à effet perpetuel & non pas pour quelque commodité temporelle qui ne seroit pas considerable, *l. Cajus*, *ff. de legat.* 2. *l. Seja*, *§. Tyranna*, *ff. de fundo instructo.* Les moyens pour connoître la destination & l'execution d'icelles sont; Si le tout a été compris sous une même Ferme, Accense ou Recepte, & les revenus ont été mêlez confusement, ou si les pieces particulieres ont été achetées pour accommoder l'ancien corps, qui sans cela étoit inutile ou moins commode, *l. prædiis*, *§. Titio*, *§. balneas*, *& §. qui domum. ff. de leg.* 3. Et n'est pas necessaire que ce soient pieces joignantes & contiguës car *etiam*, les pieces éloignées peuvent être des appartenances, *Bart. in d. l. Seja*, *§. Tyranna*, & Marian Socin mon Precepteur *consil.* 65. La regle vulgaire de droit est, que les accessoires viennent avec le principal, quoy qu'il n'en soit rien exprimé, non seulement és contrats, *l. si venditor*, *in fine*, *ff. de act. empt.* mais aussi és dernieres volontez, *d. l. prædiis*, & és concessions des Princes, *l. si quandò* 1. *C. de bonis vacant. lib.* 10. Soit en l'usucaption, *l. si aliena*, *§. hoc jure*, *ff. de usucap.* Mais si le proprietaire a démembré son Fief ou sa Seigneurie, & l'acheteur a joüi par quelque-tems, même devant les criées, & n'a été inquieté par le Commissaire ny par l'Accenseur ou Fermier, je croy que l'adjudicataire par decret ne peut pretendre que ces pieces démembrées soient comprises en son adjudication. Car en effet elles n'ont pas été saisies puis que le Commissaire & le Fermier n'ont pas joüi, selon la *l. non est mirum*, *ff. de pignor. act.* Et puis qu'il y avoit un detenteur, qui par sa joüissance réelle pouvoit être connu, il falloit l'appeller nommément, & ne suffisoit de l'appeller à cry public, selon la doctrine de *Bart. in*, *l. si eo tempore*, *C. de remiss. pignor.* Suivant ce fut préjugé par un Arrest en plaidant le 26. Novembre 1543. par lequel l'appellant d'un decret, fut reçû à prouver le fait qu'il alleguoit, que lors de la saisie il avoit la possession naturelle de partie de l'heritage saisi, & n'avoit été nommément appellé au procez des criées.

ARTICLE XXXIV.

CE fait le Sergent fera les criées desdits heritages saisis en la maniere qui ensuit. C'est à sçavoir, que ledit Sergent fera quatre criées & proclamations. La premiere sera quinze jours aprés ladite saisie, & les autres trois de quinzaine en quinzaine, comme de Lundy à Lundy, compris esdites quinzaines, le jour des saisies & criées : & seront lesdits jours desdites criées certains & determinez sans qu'on les puisse prolonger ny abreger.

ARTICLE XXXV.

ET si le jour de Lundy ensuivant est ferie, l'assignation se ramenera & écherra au Mardy ensuivant; & sera lors compté de Mardy en Mardy : & sera ainsi fait és autres criées ensuivant.

ARTICLE XXXVI.

ET sont les jours feriez esquels l'on ne peut faire ne passer lesdites criées, le jour de Dimanche, Noël, Pâques, Pentecôte, & les deux jours suivans lesdites fêtes. Les jours de la Circoncision, des Rois, l'Ascension, la Fête-Dieu, de Toussaints, des fêtes de l'Assomption, de la Nativité, de la Conception, Purification & Annonciation de Nôtre-Dame, des fêtes principales des Apostres, des Evangelistes, & de la Nativité saint Jean Baptiste tant seulement, fête du Patron de l'Eglise Cathedrale, & de la Parroisse du lieu où se font les criées.

CEs trois articles sont corrigez par l'Edit des criées de l'an 1551. qui commande qu'elles soient faites à jour de Dimanche issuë de Messe Parroissiale du lieu où les heritages sont assis. A quoy il y a grande raison : car c'est le lieu & l'heure où tout le peuple Chrétien a accoûtumé de s'assembler; nôtre Coûtume en a ainsi dit pour la proclamation des Epaves cy-dessus au chap. de Justice, article 3. Mais si l'Eglise Parroissiale est ruïnée, ou à faute de Curé on n'y dit point de Messe, il est expedient de pratiquer ce qui est mis pour remede en l'Edit de Pacification des troubles de l'an 1577. de faire les criées és marchez des prochaines Villes, & en la Parroisse voisine, & il est bon que le poursuivant ait sur ce la permission du Juge des Criées.

FESTES PRINCIPALES DES APOSTRES, Es autres Dioceses le commun peuple solemnise seulement les fêtes principales : mais en ce Diocese de Nevers sont trois fêtes de saint Pierre, deux de saint Paul, deux de saint Jean Baptiste, deux de saint Jean Evangeliste, deux de saint Martin, deux de sainte Croix.

L'EGLISE CATHEDRALE, C'est la grande Parroisse de tout le Diocese, & de grande ancienneté, tout le Diocese se nomme la Parroisse de l'Evêque. Par le stile de Cour de Rome & entre ceux qui parlent correctement quand on parle de l'Eglise Cathedrale, on ne nomme pas le Patron de l'Eglise, mais dit-on absolument & simplement l'Eglise de Nevers, l'Eglise de Paris : autrement est des Eglises Collegiales ou Abbatiales, ou d'autre qualité esquelles on nomme les saints Patrons d'icelle, comme l'Eglise Nôtre-Dame de la Charité, l'Eglise de saint Martin de Clamecy. *Glos. in cap. quamvis, de præbend. in 6.*

La question est souvent agitée, si on peut faire execution ou autres executions de Justice à jour ferié. La *l. omnes C. de feriis*, défend toutes executions judiciaires à jour de Dimanche & autres Fêtes. La loy *dies festos*, au même titre parle seulement du Dimanche, & défend à ce jour toutes executions extrajudiciaires, mêmes de saisie de biens. *Guido Papa consil.* 215. dit que l'execution n'est pas nulle faite à jour de fête autre que le Dimanche : *Panor. in cap. ult. ext. de jud.* dit indistinctement, que les executions faites à jour de fête ne sont pas nulles : mais celuy qui les fait, fait mal, & doit être puny. Ainsi dit aussi *Feder. Senens. consil.* 144. Rebuffe au contraire sur les Ordonnances *tomo.* 1. *tract. de litter. obligat. glos.* 3. *num.* 5. dit avoir été jugé par Arrest, que la partie executée à jour de fête, n'est pas recevable à s'en plaindre seule sans l'ayde du Procureur d'Office. Or je croy que l'execution en laquelle y a bruit & apprehension réelle & transport de meubles ou emprisonnement de personnes à jour de Dimanche ou autre fête solemnelle, est nulle de soy : car l'Eglise défend à ces jours là les operations manuelles. Sauf qu'en fait de crime on peut apprehender l'accusé à jour de Dimanche ou autre fête. Encores peut-on avec la permission du Juge prendre à jour de fête un debteur fuyard. *Bart. in l. ait prætor, §. si debitorem, ff. quæ in fraudem cred. & facit. glo. in d. l. dies festos in verb. fidejussionis, & Alexand. consil.* 159. *vol.* 2. Or les proclamations qui se font par le Sergent executeur des criées à jour de Dimanche n'emportent aucune operation manuelle, & n'y a que la fonction de la voix, & cét acte n'empêche le service Divin, ny la devotion des Parroissiens : car il se fait à l'issuë de la Messe. Aussi est observé que le jour de Dimanche & autre fête, le Sergent peut faire ajournement.

ARTICLE XXXVII.

ET à la premiere criée le Sergent executeur sera tenu mettre & afficher au portal de l'Eglise Paroissiale du lieu, un brevet contenant ladite criée : de laquelle affiche ledit Sergent sera creû par son rapport, s'il est fait par la maniere que dessus.

CEt article a été emprunté & transferé audit Edit de Criées avec quelque amplification ; à sçavoir, qu'en l'écrit affiché doit être la declaration des heritages saisis, & à la requeste de qui, & sur qui, & pour quelle cause la saisie & les criées sont faites. Cette affiche doit être écrite de bonne lettre grosse & aisée à lire, & mise en tel endroit que facilement celuy qui a pied sur terre la puisse lire, & que ce soit en lieu apparent, & demeure continuellement, *l. sed etsi pupillus*, *§. de quo palam*, *ff. de institor act.* & pour sommaire, le Sergent ne s'en doit acquiter à la legere, mais faire avec le plus grand soin qu'il peut afin que chacun puisse être averty, *l. aut qui aliter*, *ff. quod vi aut clam.*

ARTICLE XXXVIII.

LEsdites criées seront faites és lieux accoûtumez de faire criées en la Justice où les heritages sont assis : & outre ledit Sergent executeur en ladite premiere criée & rapport d'icelle, nommera & declarera par le menu les heritages par luy mis en criées, & les lieux esquels ils sont assis. Signifiera les assignations de ventes & mises si aucunes y en a, à ceux qui y prétendent interest par notification & signification generale & publique en la place publique, en laquelle se doivent faire lesdites criées, comme dit est à cry public & à haute voix, comme lesdites criées : & pendant les deux premieres criées le Sergent sera tenu de proclamer lesdites criées, une fois pour le moins en la prochaine Ville (à jour de marché) du lieu où les heritages sont assis, en mettant autres affiches contenantes lesdites criées au lieu public, accoûtumé pour mettre affiches.

ARTICLE XXXIX.

ET où les heritages seront assis en diverses Jurisdictions, les criées se feront au lieu où sont les principaux heritages, avec proclamations & affiches en la Ville prochaine, comme dessus est dit.

LE contenu en ces deux articles est aboly par ledit Edit des Criées de 1551. qui veut que les criées soient faites à la porte des Eglises Parroissiales. Mais en ce païs nous avons retenu ce qui est à la fin du 38. article, qu'entre la premiere & seconde criée doit être faite une criée au marché de la Ville plus prochaine du lieu où les heritages sont assis, avec affiches mises au lieu public & accoûtumé, contenant la declaration des heritages, les causes de la saisie, sur qui & à la requeste de qui elles sont faites. Ce qui doit être à l'heure du plus grand cours du marché, & au lieu le plus frequent afin que plusieurs le sçachent. Par Arrest du Vendredy de relevée huitiéme Avril de l'an 1551. parce que les affiches ne contenoient pas la declaration des heritages par le menu & y avoit appel du decret : le proprietaire sur lequel on avoit crié & vendu, fut reçû à rembourser dedans certain tems, & fut dit qu'iceluy tems passé le decret sortiroit son effet.

Si redevances foncieres sont saisies & mises en criées, les criées se feront en la Parroisse où sont assis les heritages sujets ausdites redevances. Si rentes constituées à prix d'argent sont saisies, les criées se feront en l'Eglise Parroissiale de celuy auquel la rente est dûë & de celuy sur qui elle est saisie. Paris art. 348. & Orleans art. 482.

ARTICLE XL.

ET si l'heritage du Seigneur est crié, les criées se feront en la Justice superieure par ressort, & la solemnité dessusdite sera observée.

CEt article aussi est corrigé par ledit Edit des Criées, & doivent être faites les criées en l'Eglise Parroissiale du lieu où les heritages sont assis ; mais quand la Seigneurie du lieu est en criée, elles se doivent rapporter, & le decret doit être adjugé en la Cour du Juge superieur, par ressort d'icelle Seigneurie qui a droit de Justice : & s'il n'y a Justice, pardevant le Juge haut Justicier d'icelle.

ARTICLE XLI.

ET seront poursuivies lesdites criées nonobstant oppositions ou appellations quelconques, jusques au quart peremptoire inclusivement, en presence d'un Notaire de Cour Laye, à la maniere devant dite, & de deux témoins, afin que qui voudra s'opposer ausdites criées, ou y pretendre interest ou droit, il n'en puisse prétendre cause d'ignorence: & à celuy sur lequel on crie, sera faite une seule notification à personne ou à domicile, comme dit est: car autrement lesdites criées seroient nulles, & aussi le decret qui s'en ensuivroit.

ARTICLE XLII.

ET si pendant lesdites criées surviennent aucuns opposans, ledit Sergent les doit recevoir à opposition: & pour dire les causes de leur opposition, leur doit assigner jour pardevant ledit Juge, & pour voir confirmer lesdites criées, ainsi & au jour qui sera cy-aprés dit.

SElon le 41. article pour le nonobstant l'appel, sont les Coûtumes de Poitou article 443. Bourbonnois art. 143. Melun art. 254. Auvergne chapitre 24. art. 34. Cette provision de nonobstant, est tres-raisonnable & necessaire. Car un debteur fuyard (comme sont ordinairement ceux qui endurent les criées, & qui par leur mauvais ménage voudroient mettre tout en confusion, contre le devoir de la charité Chrétienne & de la societé des hommes) traverseroit toûjours les criées & aprés une traverse jugée faudroit recommencer. Aussi s'il y a grief il est reparable, car le proprietaire peut s'opposer à fin de nullité, ou bien à la certification des criées faire ses remonstrances.

En presence d'un Notaire de Cour Laye, Nous avons en ce païs retenu cette formalité que le Sergent executeur de criées soit accompagné d'un Notaire, combien que l'Edit n'en parle. Et à bonne raison à cause de l'importance du negoce, & parce que bien souvent les Sergens sçavent peu, ou n'écrivent pas bien, & le Notaire peut avertir & redresser le Sergent, & parce que cela ne contredit à l'Edit des Criées. De même cét article dit Bourbonnois art. 143. mais Auvergne chapitre 24. art. 25. ne desire un Notaire, sinon quand le Sergent n'est pas lettré. Sens art. 108. & Auxerre art. 126. desirent deux témoins, à peine de nullité, ce que j'estime general.

Et a celuy sur lequel on crie, Aprés que les quatre criées sont parfaites, le Sergent doit donner assignation au debteur proprietaire sur lequel on crie, & au tiers detenteur qui s'est apparu opposant pour voir certifier les criées, & encores pour les voir confirmer & interposer le decret. Et aux opposans qui seront apparus au Sergent, pour venir dire les causes de leur opposition. Doit le Sergent bailler copie du total de ses exploits au debteur proprietaire sur lequel se font les criées, quoy qu'il ne la requierre; & aux opposans doit bailler copie du simple exploit d'assignation, & si les criées se font des heritages d'une femme mariée, elle doit être expressemnt ajournée, & doit être en cause, & ne suffit que son mary soit ajourné & qu'il soit en cause. Ainsi fut dit par Arrest és grands Jours de Moulins, le 11. Octobre l'an 1550. La raison est puis que le mary n'a pas puissance d'allieuner l'heritage de sa femme: aussi ne peut-il exercer ne recevoir l'action qui tend à allienation, *l. ait prætor, §. quid sit, ff. de jure delib.*

Le Sergent doit être soigneux si durant le cours des criées se presente à luy un opposant, de luy faire élire ou declarer son domicile sur le lieu, ou pour le moins en une Ville de la Province, & autrement ne doit le recevoir opposant. Ainsi dit Paris art. 360. Sens art. 126. si c'est un étranger, & ajoûte qu'à faute d'élire domicile il doit être debouté de son opposition (le plus seur est de ne le recevoir opposant sans élire domicile, car autrement pour le contumacer il faudroit l'ajourner) Auxerre art. 124. Troyes art. 70. Par l'Edit de Blois art. 175. le Sergent par le même exploit de criées, ou autre saisie doit déclarer le domicile que le creancier poursuivant aura élû au lieu où se fait l'execution & saisie, à peine de nullité.

ARTICLE XLIII.

LEs opposans ne seront tenus de former leurs oppositions, sinon à la personne du Sergent pendant les criées, & neanmoins peuvent les former en Jugement parlant à la personne du Juge d'icelles, ou au Greffe de sa Jurisdiction, & aprés icelles oppositions faites & formées, suffit faire les ajournemens necessaires & requis en cette partie, en parlant aux personnes des Procureurs, qui auront fait & formé lesdites oppositions.

A La personne du Juge, luy seant en jugement en la presence des Procureurs des poursuivant & proprietaire, & s'ils n'y sont presens ou qu'il forme son opposition au Greffe, ce sera à la charge de leur faire notifier & bailler copie, pourquoy il est necessaire que ces opposans survenans en la cause, constituënt leurs Procureurs & élisent domicile au lieu où la cause se traite, & il est expedient que le domicile soit élû, non seulement pour la cause principale, mais aussi pour la cause d'appel, & tout ce qui dépend des criées, même si c'est un étranger : car l'élection de domicile simplement faite pour la cause, ne sert pas pour la cause d'appel, *l. cum apud. ff. judicatum solvi.* Parce que ce sont deux instances qui doivent être traitées en divers Sieges.

ARTICLE XLIV.

Lesdites criées, proclamations & peremptoires faites, le Sergent doit bailler à la derniere criée assignation au poursuivant, au debteur, & aux opposans, pardevant le Juge, pour voir confirmer lesdites criées, à la charge des droits & devoirs Seigneuriaux, feodaux, & directs seulement, sans aucuns arrerages des redevances, si les Seigneurs pour raison d'iceux ne s'étoient opposez ; & aussi à la charge des frais desdites criées qui seront préalablement payez; Aussi à la charge de payer les debtes adjugées aux opposans selon l'ordre de priorité & posteriorité, eu égard à l'antiquité, privilege & qualité desdites debtes, selon la disposition de raison.

Pardevant les Juges, Quant à la certification des criées dont il est parlé cy-dessous art. 55. c'est le Juge de la Province où les criées ont été faites : ou le Juge du lieu, pourveu qu'en son siege il ait nombre suffisant de praticiens, qui doit être de dix pour le moins, & si le nombre de praticiens n'y est, on en peut emprunter des Sieges voisins, sujets à la même Coûtume. Quant à la procedure sur les criées, discussion d'ordre & adjudication par decret, on a accoûtumé d'adresser la cause hors la Province : quand le poursuivant ou aucun des opposans a le privilege de committimus ou de scholarité. Ou bien quand les criées se font en vertu d'un Jugement *etiam*, d'un executoire de dépens emané d'une Cour souveraine, après que les criées sont faites & certifiées sur les lieux, on les fait renvoyer pardevant le Juge du privilege, ou pardevant le Juge duquel le Jugement est émané, en vertu duquel on a executé, qui est selon mon avis une iniquité manifeste : car puis qu'ainsi est que les Jugemens donnez sur les criées, *faciunt jus quoad omnes*, il semble être necessaire que les causes soient traitées pardevant les Juges ordinaires des lieux. Car les Juges des privilegiez, comme sont Messieurs des Requestes du Palais, & les Conservateurs qui sont Juges déleguez, ne peuvent connoître des causes qui concernent l'interest public, qui fait qu'ils ne connoissent de causes criminelles, ny de fait de Police, comme fut jugé és Grands Jours de Moulins le 7. Octobre 1550. plaidans Robert & du Mesnil Avocats. Et quant aux renvoys des criées qui sont faites pardevant les Juges desquels sont émanez les Jugemens en vertu desquels on crie, comme si les criées sont faites en vertu d'un executoire de dépens, ou en vertu d'un reliqua de compte, ou en vertu d'un Jugement sur liquidation de fruits ou de dommages & interests, il n'y a aucune apparence de renvoyer pardevant ces Juges extraordinaires : car quoy que ce soit accessoires, ils ne concernent en rien la question principale qui a été jugée, mais sont nouvelles instances. Aussi voyons-nous que tous Juges, *etiam* des Parlemens quand ils adjugent des dépens, ou des dommages & interests, par mots exprés, s'en reservent la taxation & liquidation, ce qu'ils ne feroient si de plain droit *& ipso jure*, cette execution leur appartenoit. Qui fait connoître que tous les accessoires & dépendances d'un Jugement diffinitif n'appartiennent pas au Juge qui a jugé le principal, si ce n'est qu'en cette execution il soit question de declarer, ou interpreter, ou autrement remuer la même question principale, & pour decider les questions qui dépendent du merite principal de la cause, Et pour le fait des criées il semble être necessaire (quelque privilege qu'il y ait) qu'elles doivent être traitées, decidées & mise à fin, és Provinces où les heritages sont assis, par la raison de la *l. sed etsi susceperit. §. si ca res. ff. de judic.* Et pour la qualité du negoce, car la vraye essence des criées & du decret, est en ce que tous ayans interest soient avertis, & que les heritages soient vendus au plus haut prix qu'ils pourront trouver acheteur, & sur les lieux peuvent plus facilement être trouvez acheteurs, qui sçachans la valeur des heritages, les encheriront à juste prix. Pour y parvenir faut que le procez des criées, les encheres & le decret soient traitez en la même Province : & si l'affaire est traité ailleurs, c'est proprement pour obscurcir & mettre en confusion & desordre, un affaire, auquel principalement se traite pour mettre l'interest de plusieurs en bon ordre. Toutefois cela a été mal observé & beaucoup d'inconveniens sont advenus de créanciers oubliez, & d'heritages vendus à vil prix.

Pour voir confirmer a la charge des droits, semble qu'il a été obmis quelque chose au texte : car le sergent en donnant assignation se doit contenter de la simple execution, sans entreprendre de declarer qu'il fera l'office du Juge, pourquoy semble que l'article d'eût être ainsi : *que le Sergent donnera*

nera l'assignation pardevant le Juge pour voir confirmer, & que le Juge aprés avoir oüy les parties, s'il ne trouve qu'il y ait juste cause pour empécher la confirmation des criées, doit ordonner en icelles confirmant, que les heritages criez seront vendus à la charge des droits & devoirs seigneuriaux, &c.

A LA CHARGE DES DROITS ET DEVOIRS SEIGNEURIAUX FEAUDAUX ET DIRECTS, Ainsi conformément à l'Edit de l'an 1551. disent les Coûtumes de Paris articles 355. & 357. Berry des executions art. 70. Bourbonnois article 150. Orleans, art. 480. Auvergne chapitre 24. art. 41. qui ajoûte ces mots, *directe Seigneurie, précedents les obligations des creanciers.* Troyes art. 127. Laon article 144. ces charges sont dites par le Juge de son office, lors qu'il ordonne que les heritages seront vendus, quoy que les Seigneurs directs ne le requierent, dont resulte que ce sont charges ordinaires qui sont entenduës, quoy qu'elles n'ayent été exprimées. Pourquoy si aucun vend un heritage sans charges ny hypotheques, il n'est pas tenu de le garantir sans charge de fief ou de cens, si ce n'est que par exprés, il l'ait vendu franc & allodial. Ce mot, ALLODIAL represente ce que les Jurisconsultes Romains disent *uti est optimus maximus.* Car les charges ordinaires suivent le fonds & sont adherentes à iceluy, comme naturellement, & quand on dit sans charges, s'entend des extraordinaires, comme il se peut récüeillir de la *l. pennl. ff. de evict.* Que si sur un même heritage, il y a cens & bordelage, je croy que cette charge du decret sera entenduë seulement du cens pourquoy le Seigneur bordelier devra s'opposer pour la conservation de son bordelage, *ad instar* que par l'Edit des criées, est ordonné que pour conserver les rentes foncieres il faut s'opposer. La présomption est que le cens est le premier aprés le fonds, & que le bordelage y est survenu depuis. Et si le Seigneur bordelier ne s'oppose, l'adjudicataire ne sera tenu réconnoître que le cens. Il a été rapporté par personnes dignes de foy, que la Cour a jugé que sous la reservation de droits seigneuriaux ne sont entendués les redevances bordelieres, & qu'il se faut opposer pour la conservation d'icelles. Ce qui a grande raison, parce que c'est un droit rigoureux, droit qui ne doit être présumé quoy qu'il soit frequent en ce païs, droit qui peut être inconnu à ceux qui ne sont de la Province. Et par argument des loix qui disent que les droits rigoureux ne sont à presumer.

SANS AUCUNS ARRERAGES, De même il en faut dire pour les lods & ventes, quints deniers, tiers deniers & autres parties casuelles auparavant échevës: la commune opinion est quand les Seigneurs directs se sont opposez pour ces profits casuels, & arrerages qui sont préferez à tous créanciers, & ainsi dit la nouvelle Coûtume de Paris art. 358. Tours art. 216. & Auvergne chap. 24. art. 42. en dit autant pour les arrerages du cens. Mais la question est forte si pour les profits de vente & allienation, le Seigneur sera préferé à tous créanciers, ou s'il entrera seulement en rang à compter du jour de l'allienation. Ceux qui préferent le Seigneur indistinctement pour toutes sortes de profits, disent que cette obligation procede de la premiere concession de fief ou de cens: Et il semble que du Moulin est de cette opinion *au Commentaire sur le 50. art. de l'ancienne Coûtume de Paris:* mais il me semble quant aux arrerages de redevances que cette opinion peut être soûtenuë: car l'obligation d'iceux est produite du tout immediatement; & quant aux profits casuels qui procedent du fait & de la pure volonté du Seigneur, util detenteur, parce qu'il commence à naître & à être produits au tems de l'allienation, il me semble qu'ils ne sont pas en ce privilege pour être préferez aux hypotheques anciennes: car nulle cause ne peut produire un effet plus ancien qu'elle; aussi tels droits sont déüs par l'acquereur *ad extra*, & non pas à cause du fonds: mais pour faire que le nouvel acquereur soit approuvé & investi par le Seigneur. C'est autrement du droit de reversion: car en icelle est question du fonds en son essence, entant que la proprieté de la Seigneurie utile doit être consolidée avec la proprieté de la seigneurie directe: Mais ces droits de parties casuelles de quints deniers, tiers, lods & ventes, ne sont deûs que par forme d'hypotheque sur la seigneurie utile, & ne touchent à la proprieté. Et cette hypotheque étant sur la seigneurie utile doit être considerée au même état qu'elle est és mains du detenteur qui n'a peu icelle hypothequer au préjudice de son créancier plus ancien en hypotheque. Aussi nous voyons que la Coûtume a admis facilement la prescription de ces parties casuelles *suprà* des fiefs art. 16. & tels droits se perdent par des criées à faute de s'opposer: comme en cét article il ne les faut donc pas mesurer au même privilege du fief & du cens en foy qui ne sont sujets à prescription, sinon aprés la contradiction, & demeurent conservez aux Seigneurs, quoy qu'ils ne s'opposent aux criées. Ce qui est dit cy-dessus des fiefs article 39. que le Seigneur util ne peut charger au préjudice du Seigneur direct. *Direct*, s'entend que ce soit au préjudice de la reversion, & il est exprimé audit article. Aussi si cette opinion avoit lieu, il seroit en la puissance du Seigneur util, vasal ou censier de frauder ses créanciers en colludant avec le Seigneur direct, & faisant à diverses personnes plusieurs allienations, & en fief, n'en faudroit que quatre pour emporter la valeur du fief. Pourquoy il me semble que le Seigneur direct ne peut prétendre son hypotheque pour les quints & tiers deniers, & lods & ventes sinon du jour de l'allienation, parce que lors & non plûtôt le droit luy est acquis pour cause qui à l'heure même survient par la pure volonté du Seigneur util, lequel Seigneur util peut alliener sans congé du Seigneur direct. Et le Seigneur direct ne peut prétendre ses profits de quints deniers ou lods & ventes, sinon selon la mesure du prix de la vente que le Seigneur util a établie de par soy sans la licence du Seigneur direct. Quand aux arrerages de redevances procedans de seigneurie directe ; le Seigneur peut contraindre le Commissaire de les luy payer durant les criées. Berry des executions art. 75. & 76. Ce que je croy quant aux arrerages qui échéent durant les criées , & non des vieux arrerages.

Frais des criées, Auparavant ledit Edit des criées on prénoit les frais des criées sur le prix de l'adjudication par decret, & il y avoit quelque raison , parce que tels frais se font en faveur & pour le profit de tous les créanciers & du proprietaire aussi, qui aussi bien devroit payer les frais de l'execution. Selon le droit le prix se dit être ce qui reste aprés tels frais deduits. *l. quantitas. ff. ad legem Falcid. l. ult. §. in computat. C. de jure delib.* Par ledit Edit l'adjudicataire est tenu pour lesdits frais au poursuivant, outre & pardessus le prix de son enchere, dont s'ensuit qu'ils font portion du prix. *l. debet. ff. de Ædil. edicto.* Doncques le quint denier ou lods & ventes doivent être proportionnez tant sur le prix de l'adjudication , que sur la somme à laquelle se montent lesdits frais comme faisans portion du prix. *l. fundi. ff. de contrah. empt.*

Ordre de Priorité et posteriorité, Communément en fait de criées pour la discussion, on use de ces mots : mais selon mon avis au lieu de posteriorité , il faut dire potiorité , & est pris le mot du titre de droit *qui potiores in pignore habeantur.* Car quelquesfois il avient que la debte qui n'a pas la proprieté de temps , a la potiorité à cause du privilege , & la potiorité sera préferée à la priorité comme de celuy qui a fourni les deniers pour reparer le bâtiment qui menaçoit de ruïne. Aussi par le Jugement de discution on n'use point du mot, tel est posterieur : mais on se contente de dire que les debtes sont en priorité, les unes à l'égard des autres.

ARTICLE XLV.

LE Juge aprés lesdites criées confirmées & les parties oüies sur leurs oppositions & défenses au contraire, & les procez desdites oppositions instruits , procedera à adjuger par decret lesdits heritages criez au plus offrant & dernier encherisseur.

PAr l'Edit des criées, trois sortes d'oppositions doivent être jugées avant que le Juge ordonne que les heritages seront vendus , à sçavoir quand il y a opposition , afin de nullité de criées quand il y a opsition, afin de distraire tout ou partie des heritages criez que l'opposant dit luy appartenir & non au debteur sur lequel on crie : ou quand il y a opposition pour rente fonciere prétenduë sur les heritages criez. Pour les autres oppositions (qu'on appelle afin de conserver, & mieux seroit dit afin d'être payé de ce qui est deû : mais on a voulu mettre à comparaison des oppositions afin de distraire , si est-ce que l'opposant afin de distraire , en effet est opposant afin de conserver son droit de proprieté) le Juge ne differe d'ordonner que les heritages seront vendus : mais quand aucune opposition se presente de la qualité de celles qui retardent la vente , c'est bien fait par même moyen & instance d'instruire le procez pour le rang & ordre des creanciers qui est le Jugement de discution. Causes d'opposition & production des opposans doivent être communiquées tant au poursuivant criées, qu'au proprietaire, quoy qu'ils ne le requierent. Et aux autres opposans s'ils le requierent : Berry des executions article 54. Mais selon mon avis pour bien instruire le procez il doit être dit que toutes les parties prendront communication des productions les unes des autres dedans certain delay pour contredire & sauver : car un opposant peut avoir autant d'interest que le poursuivant , & il advient quelquefois que le poursuivant se trouve des derniers. Ou bien se trouvant des prémiers , il ne se souciera quel rang les autres auront. Et à le bien prendre, tous : hormis le proprietaire , sont demandeurs., car ils concluënt afin qu'adjudication leur soit faite de leurs prétentions.

ARTICLE XLVI.

ET sont lesdits frais des criées , ceux qui sont faits pour la prise & saisie , peremptoires & ventes , façon de peremptoires , interposition , expedition & délivrance du decret.

LA Coûtume de Berry titre des executions article 70. tire plus au large les frais des criées y cōprenant non seulement les frais de la saisie & de l'établissement de Commissaire avec la signification , & la certification des criées : mais aussi les frais faits pour le jugement de discution , & les actes precedens iceluy : Mais je ne voudrois ainsi juger : car les frais qui se font pour instruire & juger les oppositions regardent les opposans , & ils doivent porter ces frais , ou bien le debteur proprietaire qui est tenu aux frais des contraintes qui se font par son creancier. On allegue un Arrest du 11. Decembre 1534. Ou bien si les parties entrent en contestation pour leur ordre ou autrement , le vaincu doit être condamné aux dépens. Que s'il convient faire des frais qui regardent le negoce universel des criées, & par consequent l'interest de tous les creanciers, comme pour pourvoir de tuteur au debteur mineur , ou pour discuter ses meubles & moyens mobiliers pour parvenir à l'asseurance de la vente des immeubles , qui sont frais necessaires, sans lesquels faire on ne peut valablement faire les criées & decret ; il semble que tels frais doivent être compris aux frais des criées , comme faits *in rem ipsam. leg. ult. C. de bonis auct. jud. possid. l. ex parte. ff. famil. ercisc. l. quod privilegium in fine. ff. depos.* Ainsi se dit que le creancier qui a été contraint de discuter le principal debteur,

& en a retiré quelques deniers, n'est tenu de préconter au fidejusseur, sinon ce qui luy reste de net aprés les frais de la discution deduits. Paul de Castre, *consil. 239. vol. 1.*

Interposition, expedition et delivrance du decret, Le decret est le titre de l'adjudicataire, lequel il doit lever à ses dépens: car il ne sert à autre qu'à luy. Pourquoy j'estime qu'à la revision de la Coûtume cét article à cét égard devroit être reformé, & être dit *qu'és frais de criées ne doivent être compris sinon les frais de la saisie, de l'établissement de Commissaire, des criées & affiches aux portes de l'Eglise, & au marché, signification, assignation, & délivrance d'exploits au proprietaire, certification de criées, l'ordonnance du Juge que les heritages seront vendus, & la publication du jour de la vente au quarantiéme jour*, & non les frais des autres procedures qui sont faites pour l'interest particulier des demandeurs poursuivants, proprietaire défendeur & opposans; lesquels frais dernierement declarez doivent être supportez par chacun de ceux qui en reçoivent profit, ou bien par celuy qui a contesté, & a été vaincu.

ARTICLE XLVII.

Et auparavant que proceder à l'adjudication par decret desdits heritages criez, il convient faire publier quinze jours devant, icelle adjudication és jours de plaids, au siege auquel ledit decret se doit adjuger, qu'iceluy decret sera, & se doit adjuger à ladite quinzaine.

L'Edit des criées de 1551. porte que le Juge en ordonnant que les heritages seront vendus, doit assigner la vente au quarantiéme jour; lesquels quarante jours ne commencent à courir que du jour que l'affiche aura été mise à la porte de l'Auditoire, où le procez des criées est pendant. Ainsi dit Paris art. 359. & Orleans art. 471. mais Berry des execut. art. 61. veut que l'enchere soit publiée par attache, non seulement à la porte dudit Auditoire, mais aussi à la porte de l'Eglise parochiale du lieu où les heritages sont assis. Ce qui me semble trés-raisonnable, en presuposant que les criées se font, non seulement pour avertir tous pretendans interest aux heritages criez, mais aussi pour semondre des acheteurs, afin que les heritages soient vendus au plus haut prix que faire se pourra. Pourquoy me semble qu'il seroit bon d'ajoûter qu'aprés que le Juge a ordonné la vente des heritages au quarantiéme jour; qu'il se fist une criée d'abondant, à jour de Dimanche à l'issuë de la Messe parochiale du lieu où les heritages sont assis, avec affiches par écrit pour signifier que la vente se fera à tel jour qui sera le quarantiéme.

ARTICLE XLVIII.

Le decret à ce qu'il soit valable, & que l'on s'en puisse aider doit contenir la cause du saisissement, pour quelles années & termes écheus avec les subhastions ventes, exploits, proclamations & ordre desdites criées, & que le tout soit narré esdites lettres de decret, autrement ne sont valables, & ne sortissent effet.

Le decret doit contenir une sommaire narration de la saisie & des criées, de la cause d'icelles, à la poursuite de qui, & sur qui; de la certification des criées qu'on appelle icy verification, du Jugement par lequel il est dit que les heritages seront vendus, des affiches & publications à cét effet, des encheres & de l'adjudication au plus offrant aux charges ordinaires, & encore aux charges particulieres, si aucunes ont été jugées, & tout cela sommairement, par l'Ordonnance de l'an 1539. article 85.

Le mot Ventes, qui est en la troisiéme ligne de l'article, semble superflu.

ARTICLE XLIX.

Si pendant le procez de criées le poursuivant desdites criées va de vie à trepas, son heritier ou ayant cause, en procedant sans nouvel adjournement ou commission, peut reprendre le procez, & iceluy continuër contre celuy sur lequel on crie, & contre autres opposans: car par le deceds dudit poursuivant ne sont interrompuës lesdites criées: mais si ledit poursuivant par appointement ou negligence, ou intelligence, avec celuy sur lequel on crie est negligent de poursuivre le procez des criées; l'un des opposans se peut faire subroger au lieu dudit poursuivant, & sera tenu le premier poursuivant, bailler lesdites criées audit subrogé en le remboursant des frais d'icelles criées, desquels en la fin il sera remboursé & satisfait par le proprietaire.

De cette subrogation parlent les Coûtumes de Berry des execut. art. 59. Bourbonnois, art. 147. Orleans art. 477. Auvergne chap. 24. art. 65. Melun art. 337.

Ce qui est dit au commencement de l'art. est general en tous procez à l'égard de l'heritier, qui aprés le deceds de l'une des parties, peut reprendre le procez en procedant selon les derniers erremens, & se peut subroger de soy-même : mais celuy qui succede à titre singulier, comme l'acheteur du droit, le donataire ou legataire, doit requerir être subrogé par le ministere du Juge, les parties oüies ; & si l'acquisition qu'il a faite est volontaire & de chose litigieuse, il doit obtenir en Chancellerie Lettres de subrogation qui contiendront la clause de dispense, nonobstant le vice de litige. Or en criées quand l'un des opposans, pour le deceds ou negligence du poursuivant desire être subrogé, il ne luy est besoin obtenir Lettres, parce qu'il n'est pas nouveau venu, mais est de la partie, même parce qu'en criées tous opposans en effet sont demandeurs, & chacun d'eux conclud à fin d'adjudication : aussi il se dit que ce que l'un poursuit sert & profite à tous, *l. cum unus. ff. de bonis auct. jud. poss.* pourquoy facilement l'un peut être subrogé au lieu de l'autre.

En remboursant les frais, Et n'est tenu de delivrer l'exploit de criées, & les pieces qu'il a, sinon en luy faisant le remboursement réel : car il a droit de retention, puisque les frais sont faits *in rem ipsam. l. quæ omnia. §. ult. ff. de procuratoribus l. si is qui rem. ff. de furt.* & si celuy qui doit être remboursé par sa faveur, ou à cause de privilege pour son office a eu plusieurs expeditions gratuitement, il devra être satisfait de semblable somme qu'il eût coûté à un autre : car si son office l'a exempté de frais, cette exemption est une partie des profits de son office qui sont propres à luy : Et si par faveur ou amitié il a été quité, il s'est d'autant obligé à la pareille, & le benefice personnel ne passe pas outre la personne, & ne se communique pas, *l. cum patronus. ff. de legat. 2.*

Par le proprietaire, Sur lequel on crie s'il obtient main-levée aprés avoir satisfait ses creanciers ; ou par l'adjudicataire, comme il a été dit cy-dessus.

ARTICLE L.

En matiere de criées on peut encherir pendant le procez, en quelque état que la cause soit jusques à l'expedition & delivrance des Lettres de decret signées & scellées.

Par l'Edit de Moulins de l'an 1566. article 49. aprés les quarante jours passez, & la quinzaine d'abondant, l'adjudication par decret est tenuë pour clause & arrêtée, sans qu'elle soit tenuë pour suspenduë à faute de seel. La nouvelle Coûtume de Paris article 356. semble tenir en suspend le decret jusques à ce qu'il soit seellé. Puisque l'Edit de Moulins ne déroge par exprés à nôtre Coûtume, & que cette Coûtume est favorable, & a l'avantage tant du proprietaire que des debteurs opposans, en attendant si plus haute enchere surviendra, il me semble que nous ferons bien de suivre cét article, & que les encheres soient reçeuës, même si elles sont de somme notable, jusques à ce que le decret soit délivré, signé & seellé. Sinon qu'il y eût demeure suspecte de la part du Juge, si à écient & sans cause legitime il differoit de faire l'adjudication, ou si le Greffier qui fait l'expedition, & a le seel étoit en demeure suspecte, on pourroit requerir l'office du Juge pour pratiquer ledit Edit de Moulins.

ARTICLE LI.

Le dernier encherisseur est contraint par detention & emprisonnement de sa personne, sans autre discution, consigner actuellement au Greffe les deniers de son enchere dedans huit jours aprés ladite enchere faite, & délivrance dudit decret, sinon que de l'adjudication & délivrance du decret y eût appel ; & où il ne consignera dedans ladite huitaine comme dit est, soit qu'il tienne prison, soit qu'il soit fugitif ou absent, sera procedé à la vente de ses meubles & immeubles par ordre sans solemnité ; & neanmoins pourront les poursuivans faire recrier les heritages déja criez, aux perils, fortunes & dépens dudit dernier encherisseur.

Selon l'usage ordinaire du Royaume, tous acheteurs de bien de Justice sont obligez par corps à payer le prix. Aussi l'adjudicataire ne se peut dire proprietaire, ny faire les fruits siens, jusqu'à ce qu'il ait consigné réellement les deniers de son enchere. Ainsi fut jugé par Arrest en plaidant le Vendredy de relevée 8. Avril 1551. selon l'authorité de droit que celuy qui achete en Justice, quoy qu'il y ait tradition ne devient pas proprietaire jusqu'à ce qu'il ait payé, & ne peut la Justice luy faire credit, qu'on dit en Latin *fidem habere de pretio. l. à Divo Pio. §. sed si emptor. ff. de re judic. l. si procurator, juncta glos. ff. de jure fisci*, & quoy que cét adjudicataire propose & verifie la nullité du decret, disant que par iceluy il n'a aucune seureté, neanmoins il sera contraint de payer à la charge que ceux qui reçevront les deniers bailleront caution pour les representer en cas d'éviction. Ainsi fut jugé par Arrest plaidant Brisson, le jeudy 29. Juillet 1568. Toutefois si la Sentence de discution étoit donnée, par laquelle l'ordre des creanciers apparût, ledit adjudicataire seroit reçeu à fournir quittance des premiers creanciers qui tiendroit lieu d'autant de deniers comptans.

Au Greffe, Parce qu'il n'advient pas

souvent que les Greffiers soient bien solvables, aussi ne baillent-ils caution quand ils sont fermiers, sinon par le payement de leur ferme. Le plus seur est de consigner és mains d'un notable Marchand ou Bourgeois : comme a été dit cy-dessus chap. de retrait art. 8. La Coûtume de Berry titre des executions art. *64. 65.* & *66.* dit que si le dernier encherisseur ne satisfait, les precedens encherisseurs pourront reprendre leurs encheres ; & s'ils ne veulent reprendre, que l'heritage sera recrié. Aussi je croy pour le general qu'ils ne sont pas contraints d'ester à leurs precedentes encheres, même quand il y a quelque intervalle de tems. Parce qu'ils peuvent avoir dressé autre entreprise en leurs affaires domestiques pour employer leurs deniers, & seroit trop tard de les semondre à entretenir leurs encheres : par l'argument de la *l. si in leg. §. colonus. ff. locati.*

ARTICLE LII.

QUand l'acheteur dernier encherisseur, est creancier, & que son deû luy est adjugé en tel ordre qu'il en peut & doit avoir payement, il ne sera tenu consigner que la somme qui excedera son deû.

C'Est un expedient trés-raisonnable pour épargner la peine & les difficultez qui surviennent en la numeration des deniers : & ne seroit le Greffier reçevable en ce cas, à demander son salaire comme si les deniers avoient été nombrez, & à luy baillez en depost, parce qu'il n'a pas deservi le salaire, & le salaire n'est deû que pour le labeur.

ARTICLE LIII.

EN procez de criées, garent formel n'a lieu quant au debteur principal, ou heritier declaré, ou tiers detenteur s'il y a Sentence, ou declaration précedente contre le tiers detenteur.

A L'égard du debteur ou son heritier, n'y a aucune raison de garend formel, à cause de l'obligation personnelle qui est attachée à la personne, & n'est sujette à subrogation, *leg. actionum. §. in personam, in verb. semper. ff. de actio. & oblig.* Mais quant au tiers detenteur qu'on veut évincer par les hypotheques qui precedent son acquisition, il y peut avoir & y échet garend formel : car l'action hypothecaire contre le tiers est pure réelle, & *ad instar* de l'action petitoire, *l. si fundus. §. in vindicatione. ff. de pignor.* Aussi cét article dit quand il y a Sentence ou declaration précedente contre le tiers detenteur : car la Sentence le tient comme obligé personnellement, *ex judicato. l. licet. §. idem scribit. ff. de pecul.*

ARTICLE LIV.

EN chose venduë & adjugée par decret aprés les peremptoires, éviction n'a point de lieu.

A Uvergne chapitre 24. article 38. dit que d'ancienneté en criées échéoit éviction, & à cette cause on rabatoit à l'acheteur un quart du prix pour le peril & interest de ladite éviction : mais par la nouvelle Coûtume il n'y échet éviction. La raison en ladite Coûtume & en celle-cy, & en toutes autres ; est que par les criées & proclamations solemnellement faites selon le prescrit de la Coûtume, tous creanciers & autres ayans interest, ont été appellez pour venir exercer leurs actions, & pour demander leurs droits, & n'étans comparus, ils ont été legitimement décheus d'iceux, par contumace, & le Jugement par lequel a été dit que les heritages seront vendus, & le Jugement de Decret par lequel ils ont été adjugez au plus offrant, ont force de chose jugée quant à tous, *l. si eo tempore. C. de remiss. pignor.* & n'est tenu le poursuivant criées de garentir à l'adjudicataire, *leg. emptorem. §. denique ff. de act. empti. l. etsi is. ff. de distract. pignor.* Si ce n'étoit qu'il y eût és criés quelque lourde faute qui les fist declarer nulles : car il en répondroit *ad instar* de celuy qui sans mandement s'entremet à gerer les negoces d'autruy, *l. 2. ff. de nego. gest.* & si l'adjudicataire par le moyen de la nullité des criées, ou du décret est évincé, il pourra avoir son recours contre le debteur proprietaire qui a été aquité des deniers dudit adjudicataire, *quasi actione ex empto*, comme s'il avoit acheté de luy, *l. rescriptum. §. 1. ff. de distract. pignor. l. si ob causam. C. de evict. l. si plus. ff. eod.*

On a disputé si la vente par décret est sujette à recision pour deception d'outre moitié de juste prix. Du Moulin en l'annotation sur la Coûtume de la Marche art. 122. dit que la Coûtume qui dit que non, est inique, & qu'il est raisonnable que le proprietaire soit reçeu par ladite voye de deception pour son interest, & des creanciers. Combien que la Cour (dit-il) ait jugé par Arrest au contraire en la cause du Bouchage. La raison de l'Arrest peut être de ce brocard vulgaire, que la chose vaut autant comme est le prix pour lequel elle peut être venduë. *leg. cum Titio. & l. quærebatur. ff. ad leg. Falcid.* Et en la question de deception d'outre moitié, on a expressément égard à la valeur de la chose, telle qu'elle étoit lors qu'elle a été venduë, *l. si voluntate. C. de rescind. vend. cum Titio. & quærebatur*, & les semblables qui sont, *l. si servus. ff. de condict. furt. leg. si quis uxori. §. ult. ff. de furt. l. mortis 18. ff. causa donat.* & autres semblables où il est dit que la chose vaut autant comme elle peut être venduë, parlent toutes quant la chose venduë est incertaine & en doute ;

comme en une debte conditionnelle ou quand il n'y a rien de liquidé : mais quand tout eſt bien certain, comme il ſe trouve être par le moyen des criées & du décret, il faut eſtimer la choſe valoir ſelon le revenu d'icelle, ou ſelon que communément tels heritages ont accoûtumé d'être vendus, *l. ſi fundum. 92. & l. filius fam. §. quid alicui. ff. de legat.* 1. En criées pluſieurs accidens peuvent ſurvenir, pourquoy les acheteurs ne ſe feront preſentez, même ſi le décret n'eſt pas adjugé en la Province où ſont les heritages. Pourquoy j'eſtime que la deception d'outre moitié de juſte prix y eſt recevable, par le moyen d'un appel à cauſe du décret qui eſt jugement.

ARTICLE LV.

DEſormais avant que proceder à l'adjudication & interpoſition de decret ſur aucunes criées : le procez verbal & rapport deſdites criées, ſera leû en jugement & auditoire le plus apparent du païs, pardevant le Juge ou ſon Lieutenant à jour de plaids, & durant iceux en preſence des Avocats, Procureurs & Praticiens aſſiſtans, & icelles oüies ſeront par ledit Juge ou ſon Lieutenant certifiées, par l'advis des Praticiens ſi elles ſont bien & deuëmene faites ſelon les uz & Coûtumes dudit païs, ſans que leſdits Juges & Praticiens en prennent aucune choſe : & auſſi à ce faire, & y aſſiſter ſeront leſdits Praticiens contraints par toutes voyes deûes & raiſonnables.

EN ce païs nous appellons verification de criées. L'Ordonnance de l'an *1539.* article *79.* a introduit pour loy la certification des criées, & eſt confirmé par l'Edit des criées de 1551. art. 5. La premiere pratique en fut introduite par un Arreſt du 24. Février 1523. pour Me. Lambert de Vity. Nonobſtant cette certification, le debteur proprietaire oppoſant pourra alleguer moyens de nullité contre les criées au cours du procez, comme auſſi lors de la certification il les pourra propoſer, & y ſera receu pourveu qu'il en apparoiſſe ſur le champ : Aucuns ont eſtimé quand on crie ſur un mineur que la diſcution de ſes meubles & moyens mobiliers fût préciſément neceſſaire avant les criées, & qu'à faute de ce les criées ne doivent être certifiées bien faites. J'ay tenu l'opinion contraire, & dit que c'eſt aſſez que la diſcution ſoit faite avant que le Juge ordonne la vente de l'heritage du mineur : car la loy défend ſeulement l'allienation ſans connoiſſance de cauſe, Toutesfois c'eſt le plus expedient quand faire ce peut bonnement que la diſcution précede les criées, & que le Juge après ladite diſcution permette de ſaiſir & crier les heritages du mineur.

CHAPITRE XXXIII.

DES TESTAMENS ET CODICILES.

EN païs coûtumier nous n'avons point de vrais Teſtamens, *ad inſtar* de ceux qui ſont introduits par le droit Romain : ſelon lequel nul Teſtament ne vaut, s'il ne contient inſtitution d'heritier, & nul inſtitution d'heritier ne vaut ſinon faite en Teſtament, qui ſoit fait ſelō la forme preſcrite. Pourquoi c'eſt ſuperfluité à nous de faire diſtinction de Teſtamens & Codicilles, mais toutes diſpoſitions de derniere volonté, faites par perſonnes capables & en forme probante, doivent être réputées Teſtamens, à l'effet de nôtre Coûtume.

ARTICLE I.

UN chacun peut diſpoſer par ſon Teſtament, Codicille & derniere volonté, de tous ſes biens meubles, & conqueſts, & de la cinquiême partie de ſon heritage, *& non ultrà.*

NOs prédeceſſeurs trop grands ſectateurs & imitateurs du droit Romain, que l'on appelloit le droit commun ont eſtimé que les adultes & puberes qui ſont mâles âgez de quatorze ans, & femelles de douze ans, pouvoient teſter, *l. qua ætate. ff. de teſtam.* Pluſieurs Coûtumes de France avec grande raiſon ont modifié cét âge, les unes à la pleine puberté qui eſt 18. ans ſelon le droit Romain, *l. arrogato. ff. de adopt. l. Mela. ff. de alim. vel cibariis leg.* comme Berry des Teſtamens art. 1. Les autres ont conſtitué l'âge de vingt ans pour teſter des meubles & conqueſts, comme Paris art. 293. Orleans article 239. Melun art. 246. Laon art. 59. Reims art. 29?. Laon & Reims exceptent ſi le Teſtateur étoit marié, diſans que le mariage ſupplée l'âge : mais je deſirerois que ce fût en cas qu'ils euſſent été mariez en habilité de corps pour engendrer. Les autres Coûtumes diſent à 20. ans les mâles, & à 18. ans les femelles : comme Poitou art. 276. Sens art. 68. Auxerre art. 225. qui eſt l'âge auquel les mineurs peuvent obtenir Lettres de benefice d'âge. Touraine art. 324. Puiſque nôtre Coûtume n'en a rien disposé, & que notoirement cét âge de 14. & 12. ans est trop infirme pour bien juger sur la disposition des biens; il me semble qu'il est bon que nous nous aydions de ladite Coûtume de Paris, non pas pour l'authorité : car les Estats de la Prevôté & Vicomté de Paris n'ont droit de nous faire loy : mais pour la raison & pour le respect des personnages qui ont été Autheurs de la redaction d'icelle. Soit noté que par l'ancien droit Romain, la pubetté pour les mâles n'étoit pas à 14. ans : mais par l'aspect du corps, si le poil au menton ou au penil commençoit à sortir. *§. 1. instit. quib. mod. tutela finiatur.* & en cette même ancienneté l'usage de donner curateur aux adultes n'étoient pas : mais les puberes *omni modo* avoient l'administration de leurs droits : dont est qu'il n'y aucune action directe & ordinaire contre le curateur, comme est l'action de tutele contre le tuteur : mais est la seule action generale utile, *negotiorum gestorum* : Puisque cette Coûtume *suprà* des tutelles article dernier, desire un curateur à l'adulte, aussi necessairement qu'un tuteur au pupille : il y a bien raison d'abandonner cette permission octroyée par le droit Romain aux puberes de tester en si bas âge, & si grande infirmité de jugement. Mais je ne puis acquiesser à la restriction que fait ladite Coûtume de Paris, que le mineur de 25. ans, quoy qu'il ait 20. ans, ne puisse disposer du quint de ses heritages, sinon quand il n'a point de meubles & conquests, à laquelle restriction, lesdites Coûtumes d'Orleans, Tours, Melun, Laon & Reims s'accordent, sinon que Melun art. 246. permet au mineur de 25. ans de disposer de ses propres en œuvre pitoyable, ou autre cause juste : aussi ont été mêmes Commissaires à la redaction desdites Coûtumes. La raison qui me meut pour n'être de cét avis, puisque nôtre Coûtume n'en dispose, est que la prohibition au mineur d'allienner avant les 25. ans, regarde la faveur personnelle dudit mineur, à ce qu'il ne soit dépoüillé de ce qui est le plus certain & le plus ferme en son patrimoine, & qui represente la memoire de ses ancestres. Laquelle consideration cesse quand il en ordonne par testament : car jamais durant sa vie & pour son interest il n'en est exproprié : & l'interest de son heritier cesse, en ce que ledit heritier est asseuré des quatre cinquiêmes desdits heritages propres. Aussi que le mineur en testant ne lie, *imò* ne peut lier sa volonté pour être obligé, *l. si quis in principio. ff. de legat. 3.* & le testateur peut revoquer son testament quand il veut. Les Docteurs Ultramontains ont traité cette question, si le mineur de 25. ans peut par testament allienner son heritage, & resolvent que quand il est en âge de tester, il peut faire tout autant qu'un majeur peut faire en testant, Bart. *in l. Aurelio. §. Cajus. ff. de liberat. legata. Bald. in l. illud. Cod. quandò decreto opùs non est. & in l. si frater. C. qui testam. facere poss.* & alleguent la *l. cum pater. §. curatoris. ff. de legat. 2.* Et plus à propos est le texte. *in l. fundum. §. minor. ff. de fundo instr.* où est representé le legs d'heritage fait par un mineur de 20. ans. Et seroit mal à propos de dire que l'authorité d'un curateur, ou le decret du Juge avec connoissance de cause fussent requis à l'égard du mineur adulte qui voudroit tester : car le testament doit dépendre tout purement de la volonté du testateur, sans avoir aucune attenduë à consentement ny volonté d'autruy, dont est que les dispositions captatoires sont précisément défenduës par le droit Romain, *l. illa l. captatorias. ff. de hæred. instit.* Aussi du Moulin dit que la cause pourquoy aucunes Coûtumes défendent de tester par les mineurs est pour éviter les suggestions & inductions qui sont plus faciles à pratiquer en un âge tendre, auquel le jugement n'est pas encore assez ferme; c'est en l'annotation sur la Coûtume du Perche, art. 131. & ledit du Moulin ne dit pas que ce soit pour cause d'inhabilité de la personne.

Plusieurs Coûtumes sont semblables à celle cy qui permettent de disposer par testament des meubles, conquests & cinquiême d'heritage propre. Paris article 292. Sens art. 68. Auxerre art. 225. Orleans art. 293. Melun art. 246. Senlis art. 217. & 218. & reserve la legitime aux enfans. Les autres disent disposer par testament du quart de tous biens. Bourbonnois art. 291. Auvergne chapitre 12. articles 41. & 42. les autres disent de meubles & conquests, & moitié ou tiers des propres. Poitou art. 203. Troyes article 95. Vitry art. 100. Laon art. 60. Reims 292. & apellent naissant, ce qu'aucunes Coûtumes disent propre, & nous disons heritage ancien. Blois art. 173. dit le quart des patrimoniaux, & le quint des fiefs. Berry des testamens article 1. & art. 5. permet à celuy qui n'a enfans de tester de tous ses biens, & à celuy qui a enfans de la moitié envers étrangers.

Quant aux meubles par ancienne usance de ce Royaume, on en a fait peu de compte; & de fait en Chancellerie on octroye lettres de relievement pour meubles *etiam* aux mineurs, ny même pour deception d'outre moitié. Quant aux conquests, la faculté de disposer est favorable, parce qu'il est bien raison que chacun ait liberté de disposer de ce qui luy a coûté peine & soin à acquerir. Nos ancestres François ont fait grand état pour le lignage des heritages qui sont acquis à aucun par succession de ses parens, & donation faite par les ascendans, dont vient le droit des retraits lignagers, & de la regle en succession *paterna paternis, materna maternis*, mais les Romains ne prenoient pas cette consideration du lignage quant aux heritages. Ciceron dit en l'Oraison *pro Cornelio Balbo*, qu'à Rome les heritages n'étoient à la ligne : les mots Latins sont *nullam esse gentem prædiorum.* Doncques nos ancestres voulans conserver les heritages au lignage, n'ont pas permis de disposer d'iceux par testament, sinon de la cinquiême, les quatre cinquiêmes viennent aux heritiers de sang *ad instar* de la Falcidie que les Romains pratiquoient, qui étoit la part qui devoit venir à l'heritier, dont le testateur ne le pouvoit frustrer, & luy venoit franche de tous legs testamentaires. Aucuns ont estimé que ces quatre cinquièmes tiennent lieu de legitime, ce qui ne peut être : car la legitime n'est deuë qu'aux descendans, & ce droit des quatre cinquièmes vient aux collateraux, qui n'ont droit de prétendre legitime : aussi que la legitime est doüé aux enfans, non seulement sur l'heritage ancien & propre : mais aussi sur les meubles & conquests, & sur toutes sortes de biens ; & si aucun pere n'avoit que des meubles & conquests, les enfans y prendroient leur legitime. Estant ainsi que ces quatre cinquiêmes sont *ad instar* de la Falcidie : il faut inferer quand aucun dispose par testament de tous ses meubles conquests, & de la cinquième partie de ses propres, ou de quote portion desdites natures de biens, qui sont droits universels ; que tels droits leguez sont sujets aux debtes: c'est-à-dire que sur toute la masse des biens, & sur chacune sorte & nature d'iceux, & *pro rata* seront prises & payées les debtes ; & aprés les debtes & charges hereditaires ainsi distraites, l'heritier & le legataire respectivement prendront & distribuëront entr'eux ce qui restera de chacune sorte de biens : comme *verbi gratia*, si aucun est debteur de 100. écus ; & ses meubles valent 50. écus, ses conquests 50. écus, & ses heritages propres 200. écus ; se trouve que ses debtes emportent le tiers de ses biens. Ainsi le legataire des meubles payera 50. livres, ou bien on prendra sur les meubles la valeur de ladite somme, qui est le tiers des meubles, d'autant que le total des debtes emporte la valeur du tiers des biens, l'autre sixiême se prendra sur les conquests, & les deux tiers desdites debtes se prendront sur les propres. Par cette même raison se doit dire si aucun avoit legué l'usufruit de tous ses biens és lieux où est permis de leguer ainsi, ou bien l'usufruit de tous ses meubles & conquests, que les debtes doivent être payées sur toute la masse, & l'usufruit s'entend de ce qui reste aprés les debtes déduites. Ainsi dit Steph. Bertrandi, *consil. 3. & 162. vol. 3.* selon la regle, que les biens sont dits consister en ce qui reste aprés les debtes payées. *l. mulier bona. ff. de jure dot.* Or la computation de la Falcidie se fait ainsi : aprés que sur toute la masse on a deduit ou réellement ou intellectuellement les sommes des debtes, que l'heritier prend pour la Falcidie, le quart de ce qui reste. *§. cum autem. instit. de lege Falcid.* & parce qu'il se dit que les legs universels sont comparez à fideicommis universels : *gloss. & Bart. in l. si quis servum. §. ult. ff. de legat. 2.* & que selon nos Coûtumes plusieurs patrimoines & hereditez peuvent être d'une seule personne, l'une des meubles, l'autre des conquests, l'autre des propres, les uns paternels, les autres maternels, il est bien raison que chacun patrimoine porte les charges & debtes de l'heredité *pro rata*, comme tel legataire d'université de biens tenant lieu d'heritier en cette sorte de biens. Pour cette opinion que les debtes soient prises sur chacun heritage *pro rata*, même quand il n'est pas question d'heredité, fait ce qui est dit, *in l. si peculium §. 1. ff. de pecul. legat.* Cette opinion fut premierement mise sus par moy en ce pays, il y a plus de 25. ans & fut trouvée paradoxe, parce qu'on trouvoit étrange qu'autre fût tenu aux debtes que l'heritier : mais aprés que mes raisons furent oüies & pesées ensuivit Jugement selon mon opinion, au procez d'entre l'heritier & le legataire de Jeanne de Tasches, femme de M. Louys Fournier. Peu de temps aprés survint la redaction de la nouvelle Coûtume de Paris, qui par les articles 295. & 334. a confirmé cette opinion, & nous en usons ainsi. Cela se dit quant universellement meubles & conquests sont leguez, ou bien la quote portion d'iceux, comme la moitié, tiers ou quart : autrement seroit si aucuns biens en particulier étoient leguez, quoy qu'ils fussent de grande valeur ; pour cette distinction fait ce qui est dit, *in l. si debitor. C. de sentent. passis, lib. 9.*

On a douté si le testateur peut leguer l'usufruit de tous ses heritages propres, en cas que l'estimation dudit usufruit du total ne monteroit pas plus que l'estimation de la proprieté de la cinquième : car l'estimation de la valeur de l'usufruit pour une fois se fait selon l'âge de l'usufruictier. *l. computationi. ff. ad legem Falcid.* Aucuns ont estimé tels legs valoir, parce qu'en effet ce n'est que la cinquième : mais je croy le contraire, parce que les quatre cinquiêmes ne sont aucunement en la puissance du testateur, & l'article use de ses mots, *& non ultrà* : & celuy qui est prohibé d'alienner ne peut constituër usufruit. *l. ult. C. de rebus alien. non alien.* Aussi par le moyen de la Falcidie l'heritier doit avoir & le principal de la Falcidie & les fruits d'icelle, à compter du jour du decez du testateur, & de même en la quarte Trebellianique, *l. quod de bonis. §. fructus. ff. ad leg. Falcid. l. mulier. qua §. si hæres. ff. ad Senatusconsult. Trebell. vide glo. in Auth. novissima. Cod. de inoff. testam.* Sera noté que le testateur ne peut indirectement & obliquement par opposition de peine, par commination, ny autrement empêcher que son heritier ne debate la nullité de sa disposition ; estant qu'il auroit disposé de plus qu'il ne luy est permis. Bald. *in l. 1. C. de his quæ pœnæ nomine*, Socinus *consil. 115. vol. 1. Imò*, & si le presomptif heritier durant la vie du testateur avoit consenti à ce legs des quatre cinquiêmes, il ne seroit exclus de pouvoir debattre le legs : car le consentement prêté avant l'heredité écheuë & defferée n'est obligatoire, *leg. nec nos. C. de capt. & postli. revers. leg. 1. §. quod Prætor ait voluntati. ff. quod legat. l. fi. is qui in princip. & §. 1. ff. de aquir. hæred.* Du Moulin en l'annotation sur la Coûtume d'Auvergne, chap. 11. art. 5. dit autre raison que tel consentement est présumé avoir été extorqué : mais la vray raison de droit est que l'on ne peut traitter sur les hereditez, non encore écheuës. *l. qui superstitis. ff. de adq. hæred.* & nul ne peut faire que les loix n'ayent lieu en son testament. *l. nemo potest. ff. de legat. 1.* & à cét égard nous n'observons l'Auth. *sed cum testator. Cod. ad leg. Falcid.* qui permet au testateur de déroger par volonté expresse à la Falcidie ; Aussi ladite Authentique est tirée d'une Novelle de Justinian faite au tems que la Monarchie des François étoit plainement établie és Gaules, & les Romains n'y avoient plus que voir. Aussi que cette reservation des quatre cinquiémes est en faveur du lignage, à quoy le testateur ne peut déroger non plus que le vendeur au retrait lignager. Les Docteurs ont disputé si le testateur pouvoit prohiber la Trebellianique, & la commune opinion a été que non : ainsi que recite *Marian Socin consil.* 170. *vol.* 2.

Le doute a été si celuy qui par retrait lignager a recouvré un heritage & remis en son lignage, peut disposer dudit heritage par testament comme de conquest. Du Moulin a tenu que oui, parce que l'heritage est acquis de ses meubles immediatement & le droit de lignage ne luy a servy que comme d'une planche. Surquoy me semble qu'il seroit assez à propos d'y appliquer le temperamment dont use la nouvelle Coûtume de Paris, quand telle sorte d'heritages avient par succession art. 139. à sçavoir que l'heritier prenne propre à luy ledit heritage en payant au legataire le prix que ledit testateur en a deboursé, & ce dedans l'an & jour du decez : Reims art. 37. & 225. repute tel heritage être conquest.

ARTICLE II.

Executeurs de testamens sont saisis durant l'an & jour du trépas du defunt, de tous les biens meubles délaissez par son decez, jusques à la concurrence des legs testamentaires aprés inventaire desdits biens faits par autorité de justice : & s'il n'y a assez de meubles, ils seront saisis des conquests jusques à ladite concurrence.

Cette saisine de l'executeur qui est particuliere & ordonnée de droit special, est à preferer à celle de l'heritier qui est de droit general : aussi c'est une dérogation au droit de l'heritier de tant que le testateur se fie plus à l'executeur qu'il nomme qu'à l'heritier. Et parce que l'executeur peut contraindre l'heritier, au lieu que l'autorité publique, selon le droit Romain devroit contraindre l'heritier, *l. hareditas, ff. de petit. hared.* Cette saisine ne subsiste pas de par soy & est sujette à quelque sommaire connoissance de cause, en tant qu'il est dit jusques à concurrence des legs testamentaires & aprés inventaire fait. Plusieurs Coûtumes disent de même : Paris art. 299. Poitou art. 271. Sens art. 75. Auxerre art. 232. Berry des Testamens art. 22. Orleans art. 290. Melun art. 251. Troyes art. 98. Vitry art. 105. Laon art. 61. Reims art. 297. Blois art. 177. Et la pluspart d'icelles exceptent si l'heritier baille deniers comptans ou meubles exploitables, & ne suffit pas que l'heritier baille caution. Ce qui est bien raisonnable, car l'execution doit être faite promptement sans dilation, parce que les frais & les legs pour l'ordinaire sont en œuvres pies : & doit l'inventaire être fait avec l'heritier, s'il y est, ou avec le Procureur de la Seigneurie. Ainsi disent Paris, Sens, Auxerre, Melun, Troyes, Vitry, Laon & Reims. Ces executeurs doivent être discrets à la délivrance des legs. Car si ce sont legs d'importance & autres que pitoyables, & pour les frais funeraux, ils ne doivent délivrer sans appeller les heritiers. Ainsi fut jugé par Arrest en plaidant le 31. Juillet 1522. Les heritiers ont interest d'être appellez, pour connoître s'ils ont rien à dire contre le testament, & si les legs sont si grands qu'ils épuisent l'heredité qui se trouveroit chargée de plusieurs debtes, car les debtes doivent être payées avant les legs, *l. 1. C. de bonis auct. jud. poss.* Et que les heritiers doivent être appellez, il est dit par Orleans art. 291. Sens art. 74. Et si les heritiers étans appellez, faisoient quelque debat qui fût pour prendre long trait, le legataire pourroit requerir & obtenir provision au préjudice de l'heritier en baillant caution, *ad instar* de ce qui est dit, *in l. 2. & 3. C. de Edicto Divi Adriani toll.* Et pourroit l'executeur nonobstant ledit débat faire délivrance du legs par provision. Ainsi dit du Moulin en l'annotation sur la Coûtume de Blois article 177. sinon que lesdits heritiers alleguassent & verifiassent promptement de raisons pertinentes, même quant aux legs pitoyables : & quant aux autres pourroit temporiser jusques à ce que le Juge en eût ordonné.

Une femme peut être executrice d'un testament, *l. mortis causa, §. Titia, ff. de mortis causa donat.* Aussi un Religieux peut être executeur avec le congé de son Superieur, *cap. ult. ff. de testam. in 6.* Et là aussi est dit qu'un executeur peut en l'absence ou refus de l'autre executer le testament. Et si l'executeur depuis sa charge prise étoit devenu insolvable, ou bien fût tel auparavant & le testateur n'en sçût rien, il ne peut être contraint de bailler caution, *l. liberto, §. largius, ff. de ann. legat. l. Firmio, §. 1. ff. quandò dies legati.* Cét article dit que l'inventaire doit être fait par autorité de justice. Pourquoy ne doit y être pratiqué ce qui est dit par l'Edit de Blois art. 164.

ARTICLE III.

Si les executeurs testamentaires ne veulent accepter la charge de l'execution, le Juge peut y subroger : si les heritiers ne vouloient en prendre la charge & bailler caution de ce faire dedans l'an & jour.

Bailler caution, *Summo jure*, ne se peut dire que cette caution se doive bailler par l'heritier, parce que l'heritier represente l'heredité, & l'execution du testament se fait *ad opus hereditatis*, ainsi l'heritier bailleroit caution à soy-même, & luy-même auroit à poursuivre soy-même. Pourquoy il faut dire, *ad instar*, de la *l. hereditas, ff. de petit. hæred.* & de la *l. Quintus. Mutius, ff. de ann. leg.* que la caution sera stipulée par le Procureur d'Office : car c'est l'interest public que les volontez des défunts soient accomplies, *l. vel negare, ff. quemad. testa. aper.* Vray est que pour l'occasion de ce qui est dit *in d. l. hereditas* en ces mots *pontificali anctoritate*, que les Evêques ont prétendu l'execution des testamens, & en est touché en aucunes Coûtumes : mais ladite loy a été faite au tems de la gentillité, & parle des Pontifes de la superstition gentille. Aussi les gens du Roy ont contredit ce droit aux Evêques, sinon à l'égard des testateurs personnes Ecclesiastiques, & encores avec temperamment pour y employer le simple soin, mais non le commandement en ce qui concerne les biens.

ARTICLE IV.

S'Il n'y a meubles en la succession du testateur, l'executeur doit dénoncer en Justice aux heritiers du défunt, qu'ils fournissent deniers ou meubles : & s'ils sont délayans ou refusans, il pourra ayant permission de Justice, qui luy doit audit cas être baillée, vendre à rachat, les heritages dudit défunt : & s'il ne trouve qui les veüille acheter à ladite charge les pourra vendre simplement.

TOut ce qui est dit en cét article doit être traité sommairement puis que la charge de l'executeur ne dure qu'un an : & je croy que le Juge y peut ordonner la provision nonobstant l'appel quand il y a refus ou demeure de l'heritier avec contumace, attendu que l'executeur est fondé en instrument authentique, & en la disposition de la Coûtume, & que la chose de soy est favorable. Si l'executeur ayant cette permission de Justice vend aucun heritage de l'heredité, en cette qualité promettra de garentir, & obligera valablement l'heredité à cette garentie, non seulement pour la restitution du prix, *l. si plus, ff. de evict.* mais aussi pour les dommages & interest en cas d'éviction, comme si l'heritier même avoit vendu. A quoy fait la *l. eleganter, ff. de pignorat. act.* Aussi l'executeur a vendu comme Procureur de l'heredité.

ARTICLE V.

LEgataires ne sont saisis des legs à eux faits pour les prendre par leurs mains : mais si ce sont meubles & conquests, ils doivent dedans l'an & jour de l'execution les prendre par la main de l'executeur, & aprés ledit an par les mains de l'heritier : & quant aux immeubles anciens toûjours par les mains dudit heritier, si le testateur n'en a autrement disposé : & si lesdits executeurs & heritiers sont refusans ou délayans de leur faire délivrance, lesdits legataires auront recours à la Justice ; laquelle aprés ledit refus ou délay fera la délivrance.

LEGATAIRES NE SONT SAISIS, C'est-à-dire, ne sont reputez possesseurs sans apprehension de fait, & si ne peuvent d'eux-mêmes prendre la possession. La loy Romaine deffinit le legs être donation faite par le testateur, qui doit être fournie par l'heritier, *§. legatum instit. de legat.* Et combien que la proprieté de la chose leguée vienne par droite voye au legataire incontinent par le decez du testateur, *l. à Titio, ff. de Furtis* : dont vient qu'au legataire compete l'action petitoire pour vendiquer la chose leguée comme sienne, *l. 1. C. commu. de legat.* Toutefois a ce que l'heritier puisse par ses mains retenir la Falcidie, la loy Romaine ordonne que le legataire viendra demander le legs à l'heritier, & entrera en compte avec luy de l'estimation des biens hereditaires sans prendre la chose leguée de soy-même, *l. 1. C. quod legatorum.* Si toutefois le legataire se trouvoit saisi de la chose leguée sans vice, comme si dés le vivant du testateur elle étoit en sa puissance, il pourra repousser par exception de dol l'heritier qui la vendiqueroit, & en voudroit avoir restitution, *l. si peculium, §. 1. vers. planè, ff. de pecul. leg.* & à ce fait la regle *in cap. dolo facit, de regul. jur. in 6.* Selon cette raison, si l'heritier veut être saisi réellement pour aprés faire délivrance au legataire, le legataire qui aura le testament en bonne forme, & contre lequel l'heritier ne feroit aucun débat dont il apparût promptement, pourroit soûtenir n'être tenu de quiter réellement sa joüissance. Mais en accordant verbalement à l'heritier sa saisine que la Coûtume luy donne, soûtenir que l'heritier est tenu promptement luy accorder, qu'il retienne ladite chose leguée ; ce que les loix disent *brevi manu*, pour éviter le circuit, par la raison de la *l. si is à quo, ff. ut in poss. legat.* Les opinions des Docteurs ont été diverses, si celuy qui est convenu en maintenuë & garde possessoire, peut exciper de la proprieté. *Dynus, in cap. qui ad agendum, de regul. jur. in 6. & Cynus in l. 2. C. de Edicto Divi Adria toll.* tiennent qu'il peut, pourveu qu'il en fasse apparoir promptement.

Nous ne pratiquons en France ce qui est du droit Romain que les legs ne soient deûs sinon aprés l'adition d'heredité, & s'il n'y a adition que les legs demeurent caduques. Ainsi que dit du Moulin en l'annotation sur le Conseil d'Alexand. 209. *vol.* 2. La raison est, parce qu'en France les possessions & saisines des heréditez sont deferées *ipso jure*, sans apprehension de fait : *le mort saisit le vif.* Pourquoy la ceremonie de l'adition n'est requise, & sont tous *ad instar sui heredis.* Mais bien crois-je que nous pouvons pratiquer aucunes regles du droit Romain au fait des legs, comme si le legs d'une même chose est fait à deux, & il avienne que l'un repudie, le tout appartiendra à l'autre par droit d'accroissement, *l. conjunctim, ff. de legat.* 3. *l. nam sicut, ff. ad leg. Aquil.* Et si le legataire decede avant le testateur, & il soit seul n'ayant point de collegataire, le legs devient à rien : comme aussi si le legs est fait sous condition, & le legataire decla-re avant l'évenement de la condition, *l. unica, §. fin. Item aliquid, C. de caduc. toll.* Si ce n'étoit que le legs fut fait par le pere à sa fille quand elle se mariera, car tel legs tient lieu de legitime, & combien que sa fille decede avant que d'être mariée, elle transmettra ledit legs à ses heritiers. Ainsi dit du Moulin en l'annotation sur le Conseil 77. d'Alexand. *vol.* 5.

SI LE TESTATEUR N'EN A AUTREMENT ORDONNÉ. Cela se peut entendre quant à l'apprehension de possession à faire par le legataire, & non pas pour faire que le legataire de par soy & en vertu du seul testament soit saisi : doncques le testateur peut ordonner que le legataire prendra le legs de son autorité, sans demander délivrance à l'heritier. *Notat Bart. in l. Titia* 34. *§.* 1. *ff. de legat.* 2. Et encores le testateur le peut ainsi ordonner par volonté tacite, comme en faisant le legataire executeur du testament. *Decius apud Socinum consil.* 86. *vol.* 1.

Aucunes Coûtumes disent que l'executeur ne peut délivrer immeubles, mais que c'est à l'heritier. Reims. art. 296. Melun art. 250. Autres disent que l'executeur ne peut delivrer immeubles sans l'heritier. Troyes art. 114. Laon art. 63. Mais Orleans art. 298. dit qu'au refus ou délay de l'executeur, le legataire aura recours à Justice, l'heritier appellé. Bourbonnois art. 297. dit qu'aprés la délivrance verbale faite par l'executeur, le legataire est saisi, ce que je ne voudrois dire en nôtre Coûtume, car quoy que par telle délivrance il ait pouvoir d'apprehender la chose leguée, pourtant il ne se peut dire possesseur jusques à ce qu'il l'ait apprehendée. Car en ce cas la Coûtume n'octroye la saisine, *ipso jure*, & faut avoir recours au droit Romain, qui n'octroye la possession sans tradition ou apprehension de fait.

ARTICLE VI.

LEs heritiers qui demandent main-levée des biens du défunt, sont tenus de mettre és mains des executeurs, argent, ou biens exploitables pour l'execution du testament, & payement des debtes, ce faisant & non autrement ils auront main-levée du residu.

MAin-levée presuppose qu'il y ait eu saisie sous la main de Justice, des biens hereditaires pour la conservation des droits de chacun : ou bien quand l'executeur aprés l'inventaire fait est saisi. La détention de l'executeur n'est pas vraye possession, *quia non sibi possidet*, & est comme gardien avec administration : & quand l'executeur rend les biens non vendus dont il a été saisi, il leve sa main qui est sur iceux.

ARTICLE VII.

LEsdits executeurs, doivent & sont tenus dedans les an & jour payer les debtes du testateur clairs & conneus par lettres & loyaux enseignemens : l'heritier ou heritiers préalablement sommez de prendre la cause pour eux, ou leur administrer défenses & preuves pour ce empêcher.

DE même disent Sens art. 77. Berry des Testamens, article 22. Auxerre art. 234. Melun art. 254. Troyes art. 115. Cét article ne se pratique pas ordinairement, si ce n'est que le testateur par disposition bien expresse & particuliere en ait chargé les executeurs : & quand ce sont grosses parties, ou envers personnes esquelles n'y a aucune consideration speciale de pitié, il semble que l'executeur ne se doit haster à l'execution de sa charge, pour le payement, même s'il void que l'heritier procede rondement, & sans traverse contre les creanciers du défunt.

ARTICLE VIII.

LEs executeurs peuvent dedans lesdits an & jour, sans le sçû & consentement des heritiers, recevoir les debtes actives personnelles dudit défunt, dont les briefs obligez ou cedules leur auront été baillez par inventaire, & non autrement.

Comme dit a été l'executeur n'est pas saisi sinon aprés l'inventaire fait & jusques à concurrence des legs *suprà* art. 2. la délivrance des briefs&obligations doit être faite par l'heritier ou par la Justice aprés l'inventaire fait, & ne peut l'executeur de soy-même s'en emparer, la délivrance de l'obligation ou titre vaut tradition de la chose ou droit contenu en l'instrument, *l.* 1. *ff. de donat. l. servum filii*, *§. cum*, *ff. de legat.* 1.

ARTICLE IX.

Lesdits an & jour expirez, lesdits executeurs sont tenus rendre compte, & payer le reliqua de leur execution à l'heritier : & à ce sont & peuvent être contraints par Justice.

Si le testateur n'a ordonné salaire ou recompense à l'executeur, le Juge qui orra le compte pour l'arbitrer selon la qualité de la personne, difficulté des affaires, & le tems employé, & neanmoins ayant égard aux facultez du défunt : car quoy que ce ne soit location ny *instar*, parce que l'executeur n'a accoûtumé de loüer ses journées, & telles charges sont déferées & acceptées par honneur, toutefois par bienseance doit être fait quelque recompense, par argument de la *l.* 1. *ff. si mensor falsum modum*, *& l. si remunerandi*, *ff. mandati.* Bourbonnois article 296. dit que l'executeur par son serment est creû des frais des exeques & funerailles, Messes, & aumônes, ce qu'il faut entendre pourveu que le frais soient selon la Coûtume du lieu & qualité du défunt, *l. si quis sepulchrum*, *§. sumptus*, *ff. de religios.*

ARTICLE X.

Institution ne substitution d'heritier par testament n'autrement n'ont point de lieu : en maniere que nonobstant lesd. institutions ou substitution, l'heritier habile à succeder heritera & sera saisi de la succession : en maniere aussi qu'un testament est valable posé qu'il n'y ait institution d'heritier : & combien que ladite institution ne vaille, ne sera pourtant vicié le testament és autres choses.

Cet article veut dire en somme, que nous en ce païs coûtumier ne sommes sujets aux subtilitez, formules & facheuses superstitions introduites par le droit Romain au fait des testamens : & il a été bien avisé par nos predecesseurs de nous délivrer de cette servile sujection, par laquelle les plus fins & les mieux avisez faisoient bien leurs affaires, & ceux qui besognoient rondement étoient surpris : ce que même se trouve remarqué par le propos d'un testateur recité *in l. codicilis*, *§. ult. ff. de legat.* 2. qui porte qu'il a voulu suivre la raison de son jugement, plûtôt que cette miserable & trop grande diligence, & veut s'il avoit dit quelque chose avec moins de peritie, & autrement que les loix commandent que la volonté d'un homme sain d'entendement doit être tenuë pour loy & droit legitime, & toutefois cette declaration ne fait valoir directement la disposition du testateur, mais seulement par voye de fideicommis utilement. Selon le droit Romain, nulle institution d'heritier ne pouvoit être sans testament solemnel, *l.* 2. *C. de codic.* & nul testament ne pouvoit valoir sans institution d'heritier, *l.* 1. *ff. de vulgari & pupill. substit.* Mais selon nos Coûtumes qui ont grandement favorisé les lignages, nuls ne sont vrais heritiers sinon les heritiers du sang, qui doivent succeder par la voye d'intestat : excepté un seul cas en faveur de mariage, dont il a été parlé au chapitre des Donations, article 12. Toutefois si aucun par testament institue heritier celuy qui n'est pas habile pour succeder par la voye d'intestat la disposition ne sera pas absoluëment nulle, mais sera obliquée & détournée à côté par benigne interpretation, pour valoir comme legs testamentaire, & jusques à la concurrence de ce que la Coûtume permet leguer : ainsi se dit au droit Romain, *in l. Scævola*, *ff. ad Senatusconsf. Trebell. l. pater*, *§. ult. ff. de legat.* 3. Chopin au traité de *privileg. rustic. cap.* 7. *lib.* 3. allegue quelques Arrests donnez par la Cour suivant ce, & du Moulin en l'annotation sur l'ancienne Coûtume de Paris art. 120. est de même avis. Plusieurs nouvelles Coûtumes ont ainsi decidé, même Paris art. 299. disant que l'institution d'heritier n'est requise pour la validité du testament, & s'il y a institution qu'elle vaut comme legs. De même Sens art. 70. Auxerre art. 227. Auvergne chap. 12. art. 30. Touraine art. 258. Reims art. 285. autres Coûtumes disent simplement qu'institution d'heritier ne vaut, comme Troyes art. 96. Vitry art. 101. Senlis art. 165. ajoûtant cette raison parce que c'est païs Coûtumier. Blois art. 137. Mais Bourbonnois art. 324. & Auvergne chap. 12. art. 55. disent absolument que substitution d'heritier ne vaut, *etiam* pour legs testamentaires. Berry des Testamens, art. 1. & 5. permet les vrayes institutions d'heritiers par testament & y met la forme certaine. Ce qui se dit de l'institution d'heritier qu'elle est transformée en legs testamentaire, se peut aussi appliquer à substitution : car la substitution peut être faite en legs comme en heredité, *l. ut hæredibus ff. de legat. 2. l. 1. §. sin autem aliquid C. de cadut. toll.* Surquoy en Bourbonnois & en Auvergne sera observé comme il a été dit cy-dessus. Par l'Edit de Moulins de 1566. art. 57. les substitutions sont défenduës outre le quatriéme degré, soit par contrats entre vifs, ou disposition pour cause de mort, & encores doivent être insinuées, ce qui a été ordonné avec grande raison: l'une afin que les hommes ne se parforçassent, tant à éterniser leurs maisons, que Dieu aussi bien ne laisse pas de ruiner quand les biens sont mal acquis: c'est proprement benefice de Dieu, que la durée des maisons plûtôt que la prudence des hommes. L'autre raison à ce que la proprieté des choses ne demeure à toûjours incertaine ou en suspens; car celuy qui a une chevance substituée, n'est pas maître & seigneur de son bien: & l'autre raison est à ce que les creanciers ou gendres ne soient fraudez quand ils voyent un pere de famille joüissant de grands biens venus de ses pere & ayeul, ne sçavent pas ces substitutions, l'évenement desquelles fait quelquefois l'heredité coquine de celuy que l'on pensoit être bien riche.

N'autrement, Il faut excepter si l'heritier est institué en faveur de mariage, lors qu'il contracte mariage, car la convenance de succeder ainsi fait, vaut comme institution d'heritier, *suprà*, des Donations art. 12. *infrà*, des Successions art. 29.

ARTICLE XI.

AUcun ne peut être heritier & legataire d'une même personne.

SElon mon avis cét article est entré en ce cahier par mégarde, sans considerer l'effet des autres articles, qui permettent faire avantage à l'un de ses enfans ou autres heritiers plus qu'à l'autre, & a été tiré d'aucunes Coûtumes qui ne permettent pas cét avantage à faire, ny de préleguer à l'un de ses heritiers, comme Paris article 300. Sens art. 73. Auxerre art. 230. Troyes art. 113. quant aux enfans, soit par testament ou autrement. Tours art. 302. qui excepte si on fait recompense de merites bien prouvez, & jusques à la valeur d'iceux merites. Aucunes Coûtumes permettent bien aux parens collateraux d'être donataires entre vifs & heritiers, comme Paris audit art. 300. Orleans art. 288. dont la raison est qu'en succession collaterale, on ne rapporte les choses données comme en succession directe. Aucunes Coûtumes permettent de préleguer aux heritiers. Auvergne chapitre 12. art. 46. Reims art. 302. Mais nôtre Coûtume permet de donner aux enfans par preciput & sans rapport, permet aussi d'avantager les enfans sauve la legitime des autres: *suprà* des Donations art. 7. & 11. pourquoy me semble qu'à la revision de cette Coûtume l'article pourroit être ôté, sinon que l'on voulut interpreter cét article aux termes du droit Romain, suivant lequel le prélegs ne consiste pas en la personne du legataire pour la portion dont il est heritier: car il ne peut prendre sur soy-même, mais en la portion de ses coheritiers, *l. legatum 119. & l. qui filiabus. §. ult. ff. de legat. 1.*

Es lieux où l'article a lieu, sans difficulté il faut mettre une limitation selon l'annotation de du Moulin sur la Coûtume de Montfort art. 92. que l'article a lieu quand tous les biens sont sous une même Coûtume, & qu'il a été jugé par Arrest du mois de Janvier 1563. que le legataire de tous les meubles & conquests assis en la Coûtume de Paris peut être heritier des propres en la Coûtume de Montfort.

ARTICLE XII.

LE testateur par Testament, Codicile ou autre disposition de derniere volonté, ne peut aucune chose leguer ny donner au Notaire qui les reçoit ny aux témoins desdites dispositions: & sont nuls les legs & donations faits aux dessusdits.

AUtrement est du droit Romain, *l. qui testamento, §. 2. ff. de testam.* Et par le même droit si au testament le legataire écrit aucune chose en sa faveur le legs est nul, & si est tenu de fausseté, *l. Divus Claudius, ad leg. Cornel. de fals.* Suivant ce, Bretagne ancienne art. 571. & nouvelle art. 616. dit que foy ne doit être ajoûtée, à celuy qui de sa main écrit legats pour luy ou ses enfans: autres Coûtumes disent que les legataires ne peuvent être témoins, & enfans ou proches parens des Notaires ne peuvent être legataires, Paris art. 289. Berry des Testamens, art. 17. Bourbonnois art. 289. Et comme cét art. est celuy d'Auvergne chapitre 12. art. 49. & selon que cét art. parle, le legs demeurant nul, le reste du testament vaudra.

ARTICLE XIII.

A Ce qu'un Testament ou Codicille soit reputé valable, il est requis qu'il soit écrit & signé de la main du testateur, ou passé pardevant deux Notaires; ou un Notaire & deux témoins, ou signé de la main du testateur en presence de deux témoins; & où ne sera trouvé Notaire, en cas de necessité, en la presence du Curé ou son Vicaire, & de deux témoins.

De cét article resulte, que les testamens qu'on appelle nuncupatifs, ne sont reçûs & doivent être par écrit, & la raison est afin qu'on soit de plus asseuré que les paroles du testateur ont été dites à bon escient, & non à la volée. Et la loy ne veut pas que tous propos dits par aucuns soient pris pour disposition, sinon qu'il apparoisse bien au vray qu'ils ayent été dits serieusement en intention de disposer, *l. Divus, ff. de militari testa.* quand il a écrit avec datte, signature & autres formules accoûtumées, on s'asseure que ç'a été serieusement & à bon escient. Aussi que les testamens ne devans être publiez qu'aprés la mort de ceux qui les ont faits, quand ceux qui peuvent contredire n'y sont plus; il est bien raisonnable que les volontez des testateurs soient bien témoignées. Pourquoy les Romains y desiroient sept témoins puberes mâles, Citoyens Romains. Les nouvelles Coûtumes pour la plûpart mettent les mêmes formules comme la nôtre, & y en ajoûtent d'autres que je trouve raisonnables d'être observées, parce qu'elles servent grandement à éviter les faussetez & les sugestions: comme que le testateur ait dicté le testament, c'est à dire, que de sa bouche & de son propre mouvement, il ait fait entendre au Notaire sa volonté. Et aprés ce le Notaire ait écrit, & aprés iceluy écrit, qu'il soit lû & relû au testateur: Ainsi disent Paris art. 289. Poitou art. 268. & ajoûte ces mots, sans sugestion, Sens art. 69. Auxerre art. 226. Orleans art. 289. Touraine art. 322. Melun art. 244. Laon art. 58. Reims art. 289. Aucunes Coûtumes mettent simplement le Curé avec deux témoins. Les autres ne l'admettent sinon en cas que facilement on ne puisse trouver Notaire, comme celle cy, Sens art. 69. Auxerre art. 226. Poitou art. 268. Aucunes mettent la qualité des témoins qu'ils soient idoines âgez de vingt ans non legataires, & non ayans interest: ainsi disent Paris, Tours, Melun Laon, Reims, és articles cy dessus cottez.

Du Moulin en l'annotation sur cét article met les exceptions si c'est un homme de guerre, qui soit sur le point de combattre, ou qui soit blessé à mort. Ou si c'est en tems de peste, auquel cas suffit la preuve commune, qui est de deux témoins. Aucuns ajoûtent si c'est pour causes pitoyables *ut in cap. relatum.* 1. *ext. de testamen.* Ce que je ne voudrois admettre indistinctement, mais je voudrois en juger par les circonstances, si le legs est de somme ou chose mediocre, & si c'est envers personnes ausquelles le défunt portât quelque affection particuliere.

En cas de necessité, Et que le testateur n'arreste pas beaucoup à mourir: car si le peril de mort étoit cessé avec quelque espace de tems, ou le testateur venoit à convalescence ou meilleure disposition: en ce cas puis que la necessité seroit passée, je desirerois que le testateur appellât un Notaire & deux témoins: car la necessité ou empêchement ne doit pas servir d'excuse sinon pour autant de tems qu'elle dure, *l. sed & si §. quoties, ff. ex quibus caus. major.*

Les solemnitez du testament doivent être observées selon la Coûtume du lieu où il se fait comme de tous instrumens, *l. si fundus ff. de evict.* Et ne peut le testateur déroger à ces solemnitez, *l. nemo ff. de legat.* 1. *Salic. in l. super. C. si certum pet. & l. codicilis, §. ult. ff. de legat.* 2. Et dit le droit Romain que qui ne peut être témoin en Jugement, ne peut être témoin en testament, *l. qui testamento, 2. §. eum qui ff. de testam.* toutefois nous n'observons pas en France que la prohibition soit pareille en fait de contrats & instrumens, comme en Jugement: & à ce fait la *l. quoniam in fine, C. de haeret.* L'Edit de Blois art. 165. & 166. ajoûte quelques autres formes; à sçavoir, que le testateur & témoins signent s'ils sçavent signer, & dont ils soient interrogez, & si c'est en Ville ou gros bourg, que l'on prenne tout au moins un témoin qui sçache signer quand le testateur ne sçait signer. Que la seule souscription non témoignée, d'ailleurs ne doit faire foy: *in Authentica de triente & semisse, cap. & quod saepe 7. verb. si verò aliquis colla 3. tit. 5.*

La question a été entre les Docteurs, quand le testateur étant interrogé s'il veut faire tel son heritier ou leguer telle chose à un tel, répond oüi, si telle disposition est valable? Aucuns ont dit qu'elle vaut selon la Glose, *in l. jubemus, C. de testam.* Autres disent que non, même quand le testateur est fort malade, & que craignant être délaissé, il est facilement induit à consentir à ce qu'on luy demande, & pour éviter les sugestions & faussetez *Cornaeus consil.* 1. *vol.* 4. *& consil* 86. *vol.* 3. allegue aucuns Docteurs anciens qui sont de cette opinion: Pileus *in quaestionibus Jacob. de Are. in l. haeredes palam. ff. de test. Anto. in cap. cum liberum ext. de sepult. Joan. Andr. in addition. ad Specul. tit. de testa. §.* 1. *vers. is qui ex sententia, Albertus Papiensis Roma. in l. gerit, ff. de adq. haered.* Mêmement si autre que le testateur a fait écrire le testament: ainsi dit *Ruinus consil.* 8. *vol.* 3. *n.* 9. & allegue *Bald. in d. l. jubemus, & Paulum Castrensem cons.* 366. *viso puncto*: Du Moulin en l'annotation sur le conseil d'Alexand. 12. *vol.* 1. La Cour de Parlement a accoûtumé de declarer nuls les testamens faits par sugestion, comme quand on apporte le testament tout écrit: & quant à moy, parce que les loix ont reprouvé les dispositions captatoires, *l. illa, & l. captatorias, l. de haered. instit.* je croy qu'il faut que le premier mouvement vienne du testateur, qu'il mande le Notaire, & que de luy-même il luy fasse entendre sa volonté, & que le Notaire l'ayant entenduë, l'écrive, puis la lise au testateur. Ce que les Auteurs de ces nouvelles Coûtumes de Paris, Poitou, Sens, Auxerre, Orleans & Tours ont bien remarqué, comme il est dit cy-dessus: & parce que la raison y est, il me semble que nous les devons tenir pour generales. J'allegue à cét effet la *l.* 1. *§. qui quaestionem, ff. de quaestio.* quand on interroge specialement de tel ou de tel que c'est sugestion.

CHAPITRE XXXIV.

DES SUCCESSIONS.

ARTICLE I.

LE mort saisit le vif, son plus prochain habile à luy succeder *ab intestat*, sans apprension de fait.

SElon le droit Romain, quoy que l'heritier devienne proprietaire par l'adition d'heredité, toutefois il ne devient possesseur s'il n'apprehende la joüissance naturellement, *l. cùm hæredes, ff. de adquir. poss.* Et ce qui est dit *in l. cum miles, ff. ex quibus causis major.* que la possession du defunt descend & vient à l'heritier comme conjointement s'entend quand l'heritier a pris la possession réelle, que lors la possession du défunt se joint, & est comme collée & jointe avec la sienne, & est reputée une seule possession. Ce qui est general non seulement en succession universelle, mais aussi en succession à titre singulier, pourveu qu'entre les deux possessions il n'y ait point de possession d'un tiers : car cét acte intermediaire empêcheroit la conjonction & union, *l. de accessionibus & l. ult. ff. de divers. & tempor. præscript.* Mais en France non seulement és Provinces coûtumieres, mais aussi és Provinces de droit Ecrit, l'heritier *ab intestat*, & l'heritier testamentaire sont saisis *ipso jure*, ainsi dit du Moulin és annotations sur le recueil des Arrest de Galli, *imò etiam* le substitué heritier en païs de droit Ecrit, est saisi contre le prochain lignager. Ainsi fut jugé és Arrests de Pâques de l'an 1527. en la cause de Jean du Pin & consors habitans de Lyon, Monsieur Gayant Rapporteur. Puisque la possession est ainsi acquise *ipso jure*, il s'ensuit que l'heritier decedant transmet l'heredité à ses plus proches, quoy qu'il ne l'ait reconnuë ny sçû qu'elle luy appartint : ainsi dit du Moulin en l'annotation sur le Conseil d'Alexand. 89. *vol.* 2. Ce qui est contre les regles du droit Romain, *leg. quoniam, C. de jure delib.* qui dit que l'heredité non reconnuë n'est transmise sinon qu'elle soit écheuë à l'enfant qui peut se dire *suus hæres, l. 1. C. de his qui ante apertas tab.* mais selon l'opinion d'aucuns à cause de cette regle *le mort saisit le vifs*, tous heritiers *etiam* non enfans peuvent être dits *sui hæredes.* Presque toutes les Coûtumes de France ont la même regle, *le mort saisit le vif*, Paris, Poitou, Sens, Auxerre, Berry. Orleans, Bourbonnois, Auvergne, Bretagne, Touraine, Bourgogne, Melun, Senlis, Troyes, Laon, Vitry, Reims, Blois.

La question a été si l'heritier prochain habile perd sa possession acquise par la Coûtume en cas qu'il laisse joüir par an & jour. Du Moulin en l'annotation sur la Coûtume d'Angers art. 272. dit que celuy qui est heritier en partie laissant joüir son coheritier du total de l'heredité, par plus d'an & jour ne perd sa possession, car ledit coheritier n'est pas censé l'avoir voulu troubler, & intervertir sa possession, mais plûtôt la luy avoir voulu conserver : outre les autoritez qu'il allegue, il me semble que la *l. meritò, ff. pro socio*, y est bien à propos, *& l. 1. ff. de distr. pign.* & autrement, dit-il, feroit s'il laissoit joüir un étranger ou heritier d'autre ligne, je voudrois dire, non pas un étranger, qui n'auroit & ne pourroit prendre qualité d'heritier, car pour acquerir possession d'heritier il faut avoir l'intention d'être heritier, & avoir quelque qualité de parentage qui y corresponde, car la possession se juge, non pas seulement par le fait de joüissance, mais principalement par la volonté, *l. quacumque, §. 1. ff. de publiciana in rem act. l. si servus, ff. de noxal. act.* Pourquoy je voudrois seulement dire que le parent d'autre ligne, ou en autre degré acquerroit par an & jour la possession de l'heredité, au préjudice du vray heritier, & non pas l'étranger non parent : mais seulement cét étranger acquerroit la possession des corps particuliers dont il joüiroit, & non de l'heredité.

Plus prochain habile, Ce n'est donc pas assez d'être le plus prochain, mais il faut que l'habilité y soit, non seulement *in genere* pour succeder, mais *in specie*, pour succeder à telle sorte de biens, dont l'exemple a été mis cy dessus és Bordelages que le cousin germain commun en biens avec le défunt, succedera à l'exclusion du frere ou oncle non commun, parce qu'il est le plus proche avec cette qualité d'habile à succeder.

Il faut excepter de la regle, *le mort saisit le vif*, si le pere a exheredé son enfant pour l'une des quatorze causes exprimées en l'Authen. *ut cùm de appell. cognos. cap. aliud cum seq. collat.* 8. Non seulement és cas particuliers y exprimez, mais aussi pour autres causes de semblable ou plus grande importance. Ainsi dit Alexand. *consil.* 202. *vol.* 2. Comme si la fille avant les vingt-cinq ans se marie outre le gré de son pere, ou si elle forfait en son corps. Par l'Edit du Roy Henry II. de l'an 1556. & à ce sont les Coûtumes de Bourbonnois art. 312. Auvergne chap. 12.

art. 36. qui ajoûte quand elle épouse homme indigne de sa qualité, & Tours art. 286. qui limite à vingt-quatre ans. En l'Auth. *ut cùm de appell. d. cap. aliud, §. 11. vers. si verò usque* est mis le terme de vingt-cinq ans. Doncques la simple exheredation ne suffit pas, mais il est necessaire que la cause speciale soit exprimée par le testateur, & prouvée par l'heritier, *l. omnimodò, C. de inoff. testam. & in Auth. non licet, C. de liber. præter.*

ARTICLE II.

HOmme ou femme de condition servile ne succede à son parent franc, *& econtrà* homme ou femme francs ne succedent à leur parens de ladite condition servile.

LA raison de cét article a peu prendre son origine du droit Romain, selon lequel nul ne pouvoit succeder à titre universel ou singulier au Citoyen Romain, s'il n'étoit Citoyen Romain, & les peregrins qui sont étrangers, non Citoyens de Rome n'y étoient admis, *l. 1. ff. ad leg. Falcid. l. sed et si, §. solemus, ff. de hæred instit. l. 1. C. eodem tit.* Ainsi voyons nous en France que l'étranger ou Aubain ne succede à son parent habitant du Royaume. Les serfs à nous ne sont reputez Bourgeois, & la clause ordinaire des manumissions, est que les affranchis sont faits Bourgeois & Citoyens de la Ville capitale du païs, ou de la Châtellenie dont ils sont. Aussi par cette Coûtume celuy qui est manumis perd *eo ipso*, les biens qu'il a à cause de la servitude, *suprà* des servitudes personnelles, &c. art. 26. comme si un franc étoit inhabile de les tenir, & par consequent perd l'esperance d'y succeder. Au même chap. art. 16. la fille serve qui est mariée avec meubles en lieu franc, perd toute esperance de venir succeder en la maison dont elle part, par ces mots étans en l'article, Sans retour, qui montrent qu'étant affranchie elle devient inhabile à succeder à ses parens serfs, & encores cecy se dit en faveur du Seigneur, afin que son droit de main-morte luy soit conservé quand nul ne succedera à ses hommes, sinon ceux de la même condition, que si le plus prochain de celuy qui est franc se trouve serf, l'autre parent plus éloigné qui se trouvera franc sera heritier : & de même en la succession du serf si son plus prochain est franc, le serf plus éloigné succedera. Selon ce qui a été dit en l'article premier, en ces mots Plus procain habile : En cas semblable pour fait d'aubenage, le parent regnicole plus éloigné exclurra le fisque quand les parens plus proches sont aubains. Ainsi dit Chopin au traité *de privileg. rustic. lib. 3. parte 3. cap. 8. numero 2.*

ARTICLE III.

TAnt qu'il y a hoirs du corps du défunt, enfans ou descendans, toutes autres successions d'ascendans & collateraux cessent, en quelque espece de biens que ce soit, selon qu'il sera cy-aprés dit.

LA succession des peres & autres ascendans est dûë aux descendans, *l. cum ratio, ff. de bonis damnat.* Qui fait que la legitime se tire de l'heredité, comme debte, *& ut æs alienum*, & les enfans sont dits comme proprietaires des biens paternels dés le vivant de leur pere, *l. in suis, ff. de lib. & posth.* & le vœu & desir commun & naturel de tous peres, est de laisser tous leurs biens à leurs enfans, pourquoy qui donne au fils est censé donner au pere, *l. penult. §. facilior ff. de bon. liber.*

ARTICLE IV.

QUand les enfans descendans défaillent, les pere, mere & autres ascendans du défunt *gradatim* succedent en ses biens, meubles & conquest, à la charge des debtes & frais funeraux, tant que lesdits meubles & conquests se pourront étendre. Toutefois ils auront le choix de prendre seulement lesdits meubles franchement, & sans payer debtes & frais funeraux, au cas que lesdits conquests & heritages pourront à ce fournir, & à défaut desdits ascendans les plus prochains parens du défunt y succedent selon les limitations toutefois cy-dessous declarées.

CEt article a été accordé du tems que l'opinion commune és Palais & Auditoires du païs coûtumier de France, étoit que l'heritier des meubles devoit payer les debtes mobiliaires du défunt, & aucunes Coûtumes disent ainsi : Bourbonnois article 316. Poitou art. 248. Melun art. 268. Sens art 95. Depuis avec grande raison on a reçû l'autre opinion, que les debtes doivent être payées par toutes sortes d'heritiers, selon la valeur des biens que chacun heritier prend, quand il y a des heritiers de diverses natures de biens : & ainsi en est decidé par la nouvelle Coûtume de Paris art. 334. Auxerre art. 246. Berry des Successions *ab intestat* art.

article 32. Orleans art. 360. Troyes (qui toutesfois est de l'an 1509.) art. 111. Vitry art. 82. Laon art. 65. & 83. Reims art. 301. & ainsi dit Alexand. *consil.* 31. *vol.* 1. & allegue la *l. si vir uxori. ff. ad leg. Falcid.* L'inclination commune à cette opinion a été en l'an 1550. & le 17. Mars audit an en une cause entre le Procureur General du Roy, prenant la cause pour les pauvres, & Michel Bouchard, sur ce qu'on alleguoit diversité d'Arrests sur cette question, le principal fut appointé au Conseil, & par provision jugé que les debtes seroient payées par toutes sortes d'heritiers. Cela n'est pas contraire à la Decision de la *l.* 1. *C. si certum pet.* où il se dit que les debtes ne se payent pas, *pro modo emolumenti*, mais c'est un cas divers, & fondé en autre raison. Selon le droit Romain il n'y avoit qu'un seul patrimoine, & une seule sorte d'heredité d'une personne, qui comprenoit toutes sortes de biens; & c'étoit par privilege militaire qu'une personne eût deux patrimoines, l'un des biens castrenses, l'autre des biens paganiques, & aussi diverses heréditez. *leg. si certarum. ff. de militari testam.* Or és Provinces Coûtumieres de France, peuvent être plusieurs patrimoines & plusieurs heréditez d'une seule personne; l'une des meubles, l'autre des conquests, l'autre des propres paternels, l'autre des propres maternels; & parce que chacun de tels heritiers porte qualité d'heritier au patrimoine qui luy avient, il est tenu des debtes. Or un creancier en faisant un sien debteur, regarde & jette l'œil sur toutes sortes de biens que ledit debteur a, à quoy sert par argument ce qui est dit, *in l. si ex duobus in verbis, cui cum servo contrahit. universum peculium, ejus quod ubicumque est veluti patrimonium intuetur. ff. de peculio.* Pourquoy on ne peut mieux ny plus analogiquement faire la distribution de cette charge de debtes, que selon la valeur des biens que chacun heritier prend: car chacun prend *titulo universali.* A quoy fait la *l. Titius. ff. ad Senatusconsult. Trebell. l.* 3. *§. nonnunquam. ff. de usur.* Fait aussi ce qui est dit, *in l. si vir uxori. ff. ad legem Falcid.* où il se dit que le mary qui gagne la dot de sa femme, & qui outre ce est institué heritier par elle, doit contribuër aux frais funeraux *pro ratâ*, de chacun des patrimoines: car la dot est le patrimoine de la femme, *leg.* 3. *§. sed utrum. ff. de minoribus.* Si toutefois aucune debte avoit sa destination speciale & expresse sur une sorte de biens: comme, *verbi gratia.* s'il apparoissoit certainement que la partie fût deuë à cause d'une acquisition tenant lieu de conquest, je croy que l'heritier des conquests seuls payeroit cette debte par la raison de la *l. si fideicommissum. §. tractatum in fine. ff. de judic. l. cum pater. §. mense. ff. de legat.* 2. *& leg. hinc queritur vers. sin autem. ff. de peculio*, où il est dit quand le serf a deux pecules, que si ce qui est deû regarde le negoce de l'un & de l'autre pecule, la debte doit être prise *pro rata* sur chacun pecule; si la debte concerne seulement l'un des pecules, la debte doit être prise sur iceluy seulement. Cessant ces considerations la debte doit être prise sur tous les pecules, *d. l. si ex duobus. in verb. qui cum servo contrahit. universum peculium quod ubicumque est, velut patrimonium intuetur. ff. de peculio.*

Ce qui se dit cy-dessus de payer les debtes par chacun heritier *pro modo emolumenti*, s'entend à l'égard des heritiers entr'eux, & pour les proportionner par les comptes qu'ils ont à faire ensemble. Car le creancier n'est tenu d'entrer en cette discution: mais pourra s'adresser à chacun heritier pour sa virile portion personnellement (sans préjudice de son hypotheque solidaire contre chacun detenteur) c'est-à-dire autant d'heritiers; autant de portions selon la forme du droit Romain, *l.* 2. *Cod. de hared. act.* comme étant chacun d'eux heritier, qui se dit successeur du droit hereditaire, & non des biens. Ainsi tient du Moulin en l'annotation sur la Coûtume de Vitry art. 81. La raison est que la condition du creancier ne doit être empirée pour la survenance des debats ou des affaires entre les heritiers, *l.* 2. *§. ex his. ff. de verb. obligat.* & la regle est que chacun heritier represente le défunt pour sa portion hereditaire, *l. cum à matre. C. de rei vend. & d. l.* 2. Sauf aux heritiers d'avoir leur recours l'un à l'encontre de l'autre, selon la valeur des biens que chacun prend. Toutefois avec grande raison, se peut dire que si le creancier recherche & s'adresse aux seuls biens hereditaires, extans & bien apparens, pour n'avoir été mêlez avec les biens de l'heritier, qu'il puisse s'adresser pour toute sa debte à celuy des heritiers qui a lesdits biens en sa puissance, & jusqu'à la concurrence de la valeur d'iceux, ainsi qu'il eût pû faire durant la vie du debteur: car l'évenement de la mort d'iceluy ne doit empirer la condition du creancier, *d. l.* 2. *§. ex his, & l. pratoria. §. incertum. ff. de prator. stipul.* Ainsi faisant faudroit entendre ladite loy *pro hareditariis*, qui est la *l.* 2. *C. de hared. act.* avoir lieu quand les deux patrimoines sont mêlez, & quand les creanciers s'adressent sur tous les biens, tant de l'heritier que du défunt. Doncques selon cét art. & au seul cas d'iceluy, sans l'étendre à autres cas; nous dirons que les ascendant qui prennent conjoîntement les meubles & les conquests de leurs enfans doivent payer leurs debtes: non pas comme simplement & absolument heritiers: car il les payeroient *etiam* outre la valeur des biens par eux pris, mais jusqu'à la concurrence des biens qu'ils prennent, & cét article quatriéme le dit ainsi, comme s'ils avoient lesdits biens, *jure peculii vel in consolationem amissorum liberorum*, comme il est dit. *§.* 1. *instit. de Senatusc. Tertyll.*

Plusieurs Coûtumes donnent aux ascendans la succession des meubles & conquêts de leurs enfans decedez sans enfans, comme Paris art. 311. Auxerre art. 241. Reims article 313. Blois art. 149. Auvergne chap. 12. art. 2. & 3. Tours art. 311. Melun art. 258. Senlis art. 141. Troyes art. 103. Vitry art. 81. Laon art. 77. Aucunes disent à la charge de payer les debtes & frais funeraux: comme Senlis, Tours: mais Vitry dit jusqu'à la concurrence des biens qu'ils prennent, & avec les autres heritiers. Aucunes Coûtumes admettent les freres & sœurs desdits enfans à succeder avec les pere & mere, & autres ascendans. Bourbonnois art. 314. Bourgogne art. 66. qui est selon le droit Romain, *in Auth. defunctio. C. ad Senatusconf. Tertyll.*

Ce qui se dit prendre les meubles franchement sans payer debtes est de même en Berry des successions *ab intestat* art. 3. & s'entend, & ainsi nous les pratiquons, que s'est à l'égard des autres heritiers : car le creancier peut s'adresser aux meubles, & n'a que faire du privilege des ascendans qui surviennent; par la raison de ladite loy 2. *§. ex his. ff. de verb. oblig. & l. Polla. C. de his quibus ut ind.* & audit cas les autres heritiers doivent recompenser l'ascendant de ce que les creanciers luy ont ôté : mais si l'enfant se trouve commun parsonnier en une communauté pour une sixiéme ou autre portion, le pere ou ayeul ne prendra pas la sixiéme partie des meubles de la communauté : mais la sixiéme partie de ce qui restera aprés les charges & affaires de la communauté acquitées : car ce reste c'est le fonds de la communauté. *leg. Mutius. ff. pro socio. leg. cum pater. §. mensa. ff. de legat.* 2. car telles debtes sont de la même masse de la communauté.

ARTICLE V.

Et quant aux conquests & heritages, défaillans lesdits descendans & ascendans respectivement, les freres ou sœurs du trépassé en sont heritiers, & y succedent, & en défaut d'eux lesdits conquests appartiennent aux plus prochains collateraux du défunt, & quant aux anciens heritages, ils appartiennent & retournent aux ascendans en ligne directe, dont ils sont procedez, & s'ils n'en sont procedez ils appartiennent aux plus prochains du sang venans & descendans de l'estre, tronc & ligne dont lesdits heritages sont venus & procedez : sauf toutefois les limitations cy-dessous declarées.

Aux plus prochains collateraux, C'est une regle que les heritages acquis par le défunt ne suivent aucune ligne, mais appartiennent au plus prochain du sang de quelque côté qu'il soit parent.

Aux ascendans en ligne directe dont ils sont procedez, C'est-à-dire aux ascendans, qui en ont fait donation aux descendans : dont il est parlé cy-dessus, au chapitre des donations art. 9.

Descendans de l'estre, tronc et ligne, Cét article & le septiéme cy-aprés, ne doivent pas être entendus comme en retrait lignager, à sçavoir qu'il n'est pas requis que l'heritier qui y veut succeder, soit descendu en droite ligne de l'acquereur, ou de celuy qui en a été proprietaire. Mais pour être dit heritage propre, paternel ou maternel, sujet au lignage quant à succession, il suffit que l'heritage soit une fois échû par succession *etiam* collaterale, quoy que le défunt l'eût acquis; & ainsi est distingué cy-dessus au chapitre, quelles choses sont reputées meubles art. 13. pour la difference d'entre heritage propre en retrait lignager, & heritage propre en succession. A quoy se rapportent plusieurs Coûtumes pour le regard du chef de la succession. Paris article 329. Orleans art. 325. Aucunes autres disent que pour être dits propres en succession, il faut être descendu de l'acquereur. Tours art. 388. Melun art. 264.

Et s'ils n'en sont procedez ils appartiennent aux plus prochains du sang descendans, Ce mot descendans signifie ce que les autres Coûtumes disent plus clairement que les heritages propres en succession ne remontent point, & les ascendans n'y succedent, sinon qu'ils ayent été donnez par eux. Paris article 312. Orleans, art. 314. Melun art. 269. Laon art. 81. Tours art. 310. Senlis art. 141. Troyes art. 103. Reims art. 29. Bourgogne art. 64. Aucunes Coûtumes exceptent qu'à défaut de collateraux les ascendans succedent, comme Tours, Melun & Poitou art. 284. Ce qui me semble devoir être tenu en cette Coûtume, & pour general : car les ascendans ne sont pas exclus, *odio sui*, mais en faveur des collateraux descendans. Cessant laquelle faveur ils tiennent leur degré de parens pour succeder selon le droit Romain. Aucunes Coûtumes exceptent aussi les propres conventionels, c'est-à-dire, que d'eux mêmes ne sont pas propres : mais par convention fortissent nature de propre, ausquels les ascendans succedent. Poitou art. 185. Laon article 109. Tours art. 311. Melun art. 270.

ARTICLE VI.

Les enfans de divers licts succedent à leurs pere & mere par têtes.

Ainsi disent Orleans art. 361. Bourbonnois art. 300. & Bourgogne article 67. l'un des anciens cahiers de Nivernois, excepte en cet article, le doüaire qui doit être le preciput aux enfans de chacun lit. Nous avons cy-devant observé en ce pais que le doüaire fut le preciput comme a été dit cy-dessus sur le chap. de doüaire art. 8. mais les enfans ne prennent pas le doüaire par droit d'heredité & succession : mais comme un avantage fait au mariage dont les enfans sont issus, aussi le doüaire ne les oblige pas aux charges hereditaires, de pere ou de mere : mais la Cour a jugé au contraire selon la Coûtume de Paris art. 251. & en a été traité cy-dessus audit chapitre de doüaire article 8.

ARTICLE VII.

LEs heritages en ſucceſſion enſuivent la ligne du tronc & eſtre dont ils ſont iſſus : en maniere que les heritages procedans du côté paternel, retournent & appartiennent ſeulement aux heritiers du défunt d'iceluy côté; & ceux qui procedent du côté & ligne maternelle de mémes ; & deſdits heritages eſt exclus le plus prochain parent de l'autre côté par le parent du côté dont procede l'heritage, poſé qu'il ſoit plus lointain en degré.

CEt article comme il a été dit, reçoit ſon interpretation ſelon le 13. art. *ſuprà* quelles choſes ſont reputées meubles : meubles ; c'eſt proprement du droit François ſelon lequel les immeubles venus par ſucceſſion & par droit de lignage ſont affectez au lignage, tant au fait de ſucceſſion que de retrait lignager, & en diſpoſition teſtamentaire, ſelon le droit Romain le plus prochain du ſang, de quelque côté qu'il fût, prenoit tous les biens du defunt. Toutefois il ſe trouve au droit Romain un cas auquel les biens ſont ſujets de retourner à la ligne dont ils ſont procedez, quand aucun decede delaiſſant d'une part des freres paternels, & de l'autre par des freres uterins. *l. de emancipatis. C. de legit. hæred. gloſſa & Bart. in Auth. itaque C. communia de ſucceſſ. & in l. quod ſcitis. §. fin autem. C. de bonis quæ liber.* Conformément à cét article diſent les Coûtumes de Paris, art. 326. Orleans art. 324. Auvergne chapitre 12. article 4. Senlis art. 162. Laon art. 78. Bourgogne art. 68. Reims article 315.

Ce qui eſt dit en cét article eſt en faveur de la ligne, & eſt l'excluſion de l'autre ligne cauſative, & non pas préciſe & abſoluë ; pourquoy quand il n'y a parent de l'une des lignes qui puiſſe ou vüeille ſucceder, le parent de l'autre ligne viendra à ſucceſſion des heritages qui ne ſont de ſa ligne. Du Moulin dit que la loy en eſt generale en France en l'annotation ſur la Coûtume de Reims art. 316. & de Bourbonnois article 328. & en l'annotation ſur les Arreſts recüeillis par Joan. Galli quæſt. 87. Chopin *in privileg. ruſtic. parte 3. lib. 3. cap. 3. nu. 3.* Quoy que d'ancienneté on tenoit que défaillant une ligne le fiſque y venoit. Selon cette limitation il eſt decidé par les Coûtumes de Paris art. 330. Orleans article 326. Berry des ſucceſſions *ab inteſtat* art. 1. Laon art. 82. Reims article 316.

ARTICLE VIII.

EScheoite d'heritage ancien ne monte pas en ſucceſſion collaterale, en maniere que les oncles & autres aſcendans collateraux ne ſuccedent eſdits heritages, tant qu'il y a des aſcendans collateraux, poſé qu'ils ſoient plus lointains en degré.

CEt article a été long-tems mal entendu & mal pratiqué, en ce que l'on eſtimoit que le couſin germain ou iſſu de germain devoit plûtôt ſucceder que l'oncle ou tante. L'autorité des anciens, gens de conſeil de ce païs m'a tenu quelque tems en cét erreur, auquel j'ay adheré pour leur autorité, & non ſelon mon ſens, parce qu'il me ſembloit que l'article ainſi entendu comme il étoit pratiqué, n'étoit accompagné d'aucune raiſon ; enfin l'Arreſt donné entre Jean de Maraſin Seigneur de Ceſſy, & les filles de Magdelaine & Marguerite de Maraſin nieces dudit Jean, pour la ſucceſſion de François de Maraſin, fils de Claude, neveu dudit Jean, & couſin germain deſdites filles en la maiſon de Guercliy & Viel-molin en Nivernois, a éclairci cét article, & par iceluy la ſucceſſion dudit François a été declarée appartenir audit Jean de Maraſin oncle, & non aux couſines germaines dudit François. L'Arreſt eſt du dernier Juillet 1575. & il y a eu autre Arreſt depuis donné en la ſucceſſion de Jacques Bolacre le jeune : au profit des grandes tantes, contre les iſſus de germain, en datte du vingt Juillet 1577. Doncques le vray cas de cét article eſt qu'en ſucceſſion d'heritage ancien, le neveu du défunt exclud l'oncle du défunt, combien que tous deux ſoient en pareil degré, qui eſt le tiers degré, & que l'article a lieu non ſeulement en parité de degré, comme tous deux étans au tiers : mais auſſi en diſparité ſi le défunt a laiſſé un enfant de ſon neveu, lequel enfant tient au défunt au quart degré, & d'autre côté a laiſſé un oncle qui eſt au tiers ; auquel cas l'arriere-neveu qui eſt au quart exclura l'oncle qui eſt au tiers : & en ce cas ſe verifie la fin de l'article en ces mots, POSÉ QU'ILS SOIENT PLUS LOINTAINS EN DEGRÉ. Or le couſin germain du défunt n'eſt pas à ſon égard deſcendant collateral : car les cellules des couſins germains ſont en pareil & égal degré quand on dreſſe une genealogie, *idque* au reſpect de la ſouche, dont tous deux ſont deſcendus, & ſi on vouloit entendre & étendre cét article au couſin remüé de germain, qui eſt un degré plus bas, ce ſeroit contre la raiſon des ſucceſſions qui ſont deferées ſelon l'amour que les défunts vray-ſemblablement ont porté à leur lignage, & plus aux proches qu'aux lointains ; *leg. conficiuntur. ff. de codicillis.* Ce couſin iſſu de germain a pour ſouche commune ſon biſayeul ; les heritages qui ont appartenu à l'ayeul du défunt, par raiſon ne doivent pas ſortir hors de la ligne des deſcendans de cét ayeul, tant qu'il y en aura ; pour les transferer à un qui ne ſera pas deſcendu de celuy à qui ils ont appartenu ; à quoy fait ce qui eſt decidé par Socin, *in conſil. 126.* & allegue le chapitre *de natura ſucceſſ. feudi.* car le deſir commun de tous, eſt de laiſſer les biens que chacun a à ſes deſcendans, *l. penult. verf. facilior. ff. de bonis libert.*

Hors le cas de la fucceffion d'heritage ancien, comme en conquefts ou meubles; nôtre Coûtume ne difpofe rien particulierement: Il faut donc fuivre le droit commun, *infrà* art. 14. afin que chacun parent fuccede felon fa proximité. Les Coûtumes de Paris art. 339. Orleans art. 329. difent que l'oncle & le neveu fuccedent également: mais Auxerre article 243. Reims art. 328. & Melun article 267. difent que les neveux excluënt l'oncle, & que l'oncle exclud le coufin germain; & parlent lefdites Coûtumes en toutes fortes de biens. De vray aucuns Docteurs ont eftimé que par le droit des Novelles & Authentiques de Juftinian, le neveu doit exclure l'oncle; ce qui eft par erreur & faute des interpretes Latins qui n'ont pas bien entendu ny reprefenté la phrafe & le ftyle de la langue Grecque en laquelle font écrites les Novelles Conftitutions de Juftinian: car ils ont pris pour une decifion diftincte & feparée, ce qui n'étoit qu'une appendice & repetition ou épilogue de la decifion precedente. En l'Authentique Novele *de hæredibus ab inteftato. cap. 3. verfic. fi autem cum fratribus. colla. 9. tit. 1.* Il faut tenir la fentence & oraifon complette jufqu'à ces mots, QUANDÒ QUIDEM IGITUR FRATRIS; & audit endroit *quandòquidem*, commencer une fentence de par foy; & puis en ces mots qui font aprés ILLUD PALAM EST, ne fe figurer pas que ce foit le commencement d'une fentence ou decifion feparée, mais la fuite, & comme repetition de la decifion & fentence precedante qui fe commence *quandòquidem*: comme fi on vouloit traduire en cette forte: *Puis qu'ainfi eft que nous avons octroyé ce privilege aux neveux du défunt enfans de fon frere, qu'ils viennent à la fucceffion de leur oncle avec leur autre oncle frere du défunt, combien qu'eux neveux foient conftituez au tiers degré, & ce faifant ils viennent à fucceffion avec leurdit oncle, frere du défunt, qui eft au fecond degré, il eft certain qu'iceux neveux du défunt font préferez aux oncles du défunt, quoy que lefdits oncles foient au tiers degré, comme aux neveux*, & en langue Latine commencer en cette forte. *Quandòquidem igitur fratris & fororis filiis tale privilegium dedimus, ut in propriorum parentum fuccedentes locum, foli in tertio conftituti gradu, cum iis qui in fecundo gradu funt ad hæreditatem vocentur: illud palam eft quia Thiis * defuncti*: Il faut lire *defuncti*, & non pas *defunctis*, comme porte l'edition vulgaire) *mafculis & fæminis, five à patre, five à matre, præponuntur; fi etiam illi tertium cognationis fimiliter obtineant gradum.* En la verfion de Haloander c'eft un paragraphe féparé qui fe commence *quandò quidem*, & le verficule *illud palam*, eft de la même haleinée de parole, comme s'il vouloit dire, c'eft par privilege que les neveux étans au tiers dégré viennent à fucceffion avec les freres du défunt, étans au fecond dégré: mais ce privilege ne s'étend pas aux autres parens du défunt, qui auffi font au tiers dégré comme font les oncles du défunt: car lefdits oncles ne viennent en concurrence avec ceux du fecond degré. Or les Docteurs ont penfé que ce verficule *illud palam*, étoit le commencement d'un paragraphe, & que c'étoit une fentence diftincte & à part, qui devoit fignifier que quand les oncles du défunt, & les neveux du même défunt fe trouvent en concurrence que les neveux font préferez aux oncles, Bartole, Salicet, & autres ont tenu cette opinion, qui felon mon avis eft erronée. Cette phrafe & façon de parler Grecque, dépend de la verbofité des Grecs qui ne fe contentent d'avoir dit bien au long un propos: mais aprés ce long propos en font à la fin comme un brief épilogue. Cette même phrafe eft reprefentée és inftitutions du même Empereur Juftinian, *in §. æquè verf. fanè. inftit. de actionib.* où les Docteurs eftimans que ce verficule *fanè* fût une decifion & fentence de par foy, ont alembiqué leurs cerveaux pour deviner quel étoit ce feul cas; quoy que ce foit une decifion de par foy: mais une repetition du cas précedent, qui eft de l'action négatoire de fervitude, comme s'il vouloit dire, certainement en ce feul cas cydeffus declaré, qui eft de l'action négatoire, celuy qui eft poffeffeur eft demandeur, comme s'il étoit dit *fanè uno illo cafu actionis negatoriæ.* Pour reprendre le propos il me femble en nôtre Coûtume que hors le cas d'échoite d'heritage ancien, en tous autres cas l'oncle du défunt, & le neveu du défunt viennent concurremment à la fucceffion, comme étans en pareil degré qui eft le tiers, ce qui s'entend quand ils viennent feuls: car fi le frere du défunt venoit à fucceffion, & le neveu enfant de l'autre frere decedé y venoit auffi par reprefentation de fon pere, l'oncle du défunt n'y auroit que voir: & c'eft le feul & vray cas dudit *verfic. quandòquidem.* Ludovicus Roman. *confil.* 166. tient cette opinion que l'oncle & le neveu viennent enfemblement. A quoy s'accorde la Coûtume de Paris art. 338. & 339.

ARTICLE IX.

LEs pere & mere, & autres afcendans en ligne directe, combien qu'ils ne fuccedent és anciens heritages, neanmoins ils ont l'ufufruit des heritages procedans de leur eftre, & écheus à leurs enfans par fucceffion collaterale.

CEt article a aydé à entretenir l'erreur qui a été remarqué en l'article precedent, parce qu'on a eftimé que c'eft la verification du cas auquel l'oncle eft exclus par fon enfant, coufin germain du défunt. Mais cét article a fa difpofition de par foy, qui peut être verifié en plufieurs cas, autres que dudit erreur: comme fi un enfant meurt ayant meubles & conquefts; le pere doutant fes debtes fe tient aux meubles, le frere du défunt accepte les conquefts dont il fe dit heritier. Ces conquests luy sont faits heritages, parce qu'ils viennent par successiõ de parent *suprà* quelles choses sont reputées meubles art. 13. Quand ce frere heritier decedera sans enfans, son autre frere sera heritier, car l'heritage ne remonte point en succession, *suprà*, art. 5. En ce cas le pere aura l'usufruit; ou bien l'ayeul donne un heritage à son petit-fils : le petit-fils vient à deceder, le pere ne sera heritier de son fils, mais le frere : car cét heritage donné par ascendant n'est pas conquest au donataire, mais vray heritage propre, qui comme dit est ne remonte point, ou bien si le fils a eu par retrait lignager un heritage qui luy est fait propre; il decede sans enfans, son frere est heritier & non le pere. Ou bien une succession est deferée au pere qui se trouve le plus prochain, il la repudie, ou pour doutes des charges, ou pour faire place à son fils qui se dit heritier; le fils decedé son frere est heritier en tous ces cas ou autres semblables, le pere aura l'usufruit de l'heritage avenu par succession collaterale à son enfant. Ces mots Heritages anciens n'emportent pas que l'heritage soit écheu par succession d'ascendant: mais suffit qu'il soit avenu par succession de parent, ou *ad instar* pour être dit ancien. La Coûtume en plusieurs lieux use du mot Heritage *in genere*, pour signifier simplement immeuble. Au chap. des fiefs art. 24. 27. 41. & 43. des cens art. 9. 11. 16. 23. & 24. des bordelages, 1. 9. 22. 23. & 30. des communautez art. 7. 10. & 13. où le mot Heritage est pris pour conquest; les droits appartenans à gens mariez article 31. quelles choses sont reputées meubles art. 1. 2. & 5. des executions art. 16. & 23. En autres lieux de la Coûtume, heritage se dit ce qui est ancien à la seule distinction de conquest. Au chap. des communautez & associations art. 6. des droits appartenans à gens mariez art. 27. des testamens art. 5. des successions art. 5. & 16. En autres endroits l'heritage est dit ancien, qui est venu de la souche commune d'un ascendant comme en retrait lignager, de retrait lignager art. 1. des droits appartenans à gens mariez art. 28.

ARTICLE X.

EN succession collaterale dedans les termes de representation, on y succede par ligne, & hors les termes de representation par teste.

PAr ligne, c'est ce que les Latins disent *per stirpes*, c'est-à-dire que tous les enfans d'un pere sont comptez pour une seule teste & portion, comme leur pere s'il vivoit ne seroit compté que pour un. Par teste qu'on dit en Latin *in capita*, est quand chacune personne est comptée pour une portion, qui est quand chacun vient de par soy, & de son droit, sans s'aider du droit d'autre personne par representation.

ARTICLE XI.

EN toutes successions directes de descendans, representation a lieu *in infinitum*.

CEcy est conforme au droit Romain. *§. cum filius. instit. de hæred. quæ ab intest. defer.* Toutes les Coûtumes de France sont pareilles, & d'ancienneté n'étoient pas comme l'ancienne de Lorris, l'ancienne de Blois ainsi qu'il est recité art. 138. & 139. en Flandres & en Artois, encores de present la representation en ligne directe n'y est pas. Aprés le deceds de Robert d'Artois, Robert son petit-fils, fils de Philippes decedé avant, fut exclus du Comté d'Artois, par Mahault d'Artois sa tante. Jason & autres Docteurs recitent que du temps de l'Empereur Othon, la question fut soûmise au jugement des armes, par combat & par la victoire fut jugé que le petit-fils representeroit son pere; soit veuë la dispute que fait sur cette question, Joan. Andr. *in addit. ad Speculator. super tit de feud. in preambulo.* Sera icy noté ce que dit du Moulin en l'annotation sur la Coûtume du Maine art. 241. que si des deux enfans l'un repudie la succession du pere, que l'enfant du repudiant ne viendra à la succession de son ayeul avec son oncle, par representation, parce, dit-il, qu'il n'y a point de representation, sinon de personne decedée naturellement ou civilement : on peut ajoûter cette autre raison que quand de deux en pareil degré, l'un s'est dit heritier, & l'autre a repudié, au même instant la portion repudiée accroît & se joint *ipso jure* à la portion acceptée, & comme il se dit *portio portioni accrescit & quidem ipso jure, & invito etiam eo qui agnovit. l. unica. §. his ita. C. de caduc. toll. l. si totam. ff. de adq. hæred. l. si ex pluribus. ff. de suis & legit.* En cét article pour les successions directes representation a lieu, non seulement en immeubles, mais aussi en meubles : car ce qui est dit, art. 13. qu'il n'y a point de representation en meubles, s'entend & ainsi est exprimé que c'est pour les successions collaterales.

ARTICLE XII.

EN succession ascendante representation n'a point de lieu.

VEut dire que quand les ascendans succedent les plus prochains, succedent précisément sans qu'une personne soit reçeuë à representer l'autre, & est le plus éloigné exclus par le plus prochain, l'ayeul par le pere.

ARTICLE XIII.

EN succession collaterale representation a lieu entre freres & sœurs,

& enfans de freres & sœurs du défunt, & *non ultrà*. Sauf és meubles ésquels representation n'a lieu : mais aviennent au plus prochain de la chair.

SElon le droit Romain, il n'y avoit aucune répresentation en succession collaterale, & le plus prochain emportoit tout, *l. consanguinitatis. C. de legit. hæred.* mais Justinian en ses Novelles Constitutions dites Authentiques *in Authent. ut fratrum filii succed. cap. 1. collat. 9. & in Auth. de hæredibus ab intestato. cap. 2. versic. & cap. sequenti, reliquum ead. collat. 9.* a introduite la répresentation en ligne collaterale en un seul cas, quand aucun est decedé sans enfans, delaissant son frere & les enfans d'un autre frere decedé. La dispute a été grande quand le défunt n'a delaissé que des neveux enfans de divers freres decedez ; si tous ces neveux viendront à la succession de leur oncle par tête sans répresentation, ou s'ils viendront par branches qu'on dit *per stirpes*, comme répresentans leurs peres. Accurse, Bart. Balde, & communément les Docteurs tiennent que ces neveux succederont *in stirpes*, comme répresentans. Du Moulin tient cette opinion en l'annotation sur le Conseil 55. d'Alexand. *vol.* 4. & dit que Cantiuncula disciple de Zazius, a été de même opinion contre son Précepteur ; & en l'annotation sur la Coûtume d'Auvergne chapitre des successions art. 9. & sur la Coûtume de Bourgogne art. *69.* Mais Azo Précepteur d'Accurse a tenu l'opinion contraire que les neveux audit cas succedent par têtes sans répresentation. L'opinion d'Azo a été suivie & approuvée par la Cour de Parlement de Paris, les Chambres assemblées en la cause d'entre René Collet & Marguerite de Quatreliures ; l'Arrest est de la prononciation de Noël le 25. Decembre de l'an 1526. En concluant lequel Arrest fut retenu *in mente curiæ*, que doresvant quand telle question se presenteroit, & que les Coûtumes ne seroient contraires, qu'ainsi se jugeroit. La rétention porte ces mêmes mots suivant l'opinion d'Azo ; Et par Arrest qui est és Registres du Conseil sur la requeste d'Adrian de Launay, fut ordonné qu'à toutes les parties ce requerans seroit délivré extrait dudit retenu ou retention. Et est ledit retenu inseré audit Arrest qui est en datte du 14. Mars de l'an 1558. Ainsi dit-on avoir été jugé auparavant par autre Arrest entre Camusat & la veuve Gaucher de Fais, au rapport de M. de Louviers le 13. Mars 1522. *Balde in Auth. cessante. C. de legit. hæred.* dit combien qu'il suive l'opiniõ de la glose pour l'autorité, toutefois selon son opinion particuliere, l'opinion d'Azo luy a toûjours semblé plus convenante à droit & à nature. Un certain Docteur Barbatias Sicilien duquel le conseil est inseré entre les conseils d'Alexandre sous le nombre 55. *vol.* 4. se dresse aigrement contre Balde qui a tenu l'opinion d'Azo, & mal à propos fait cét insulte. Ce Barbatias comme on void par ses écrits, étoit un grand causeur, & présumant beaucoup de soy, comme il se void en un œuvre qu'il a composé & nommé la Johannine, sur le chap. *Rainaldus. ext. de testam.* Mais la verité se peut reçüeillir par le texte du corps de ladite *Auth. de hæred. ab intestato. cap. 3. versic. colla. 9.* qui met la représentation en un seul cas en corrigeant le droit ancien. Et à prendre les paroles proprement quand tous sont en pareil degré, ils n'ont que faire de représentation, parce que chacun de son chef y est bien reçevable sans l'aide d'autruy, & tous étans en pareil degré, sans que l'un ait plus de droit que l'autre, par concurrence ils font tous part les uns aux autres, & succedent également. Aucuns estiment que nôtre Coûtume ne decide pas nettement selon l'opinion d'Azo ; mais si fait : car elle met d'une part freres du défunt, & de l'autre part enfans du frere, puis ajoûte ce mot *non ultrà*. Puis *in dubio*, nous faisons bien de suivre l'Arrest de la Cour. Selon lequel aucunes Coûtumes ont decidé la questiõ, Paris art. 320. & 321. Auxerre art. 247. Berry des successions, *ab intestat* art. 43. Orleans art. 318. & 319. Melun art. *263.* Troyes article 92. Laon art. 75. & 76. Aucunes Coûtumes retenans l'ancien droit Romain n'admettent représentation en collaterale : Senlis art. 140. Blois art. 139. les anciennes de Lorris, d'Orleans & de Montargis. Autres disent qu'en collaterale il y a représentation infiniement. Poitou art. 277. Auvergne chap. 12. article 9. Tours art. 287. Reims article *309.* en roture. Bourgogne art. 70.

Freres et soeurs du de'funt, Ces mots du de'funt sont bien à considerer afin que nous n'étendions pas la représentation à toutes successions collaterales, quand ceux qui se présentent sont entr'eux freres & neveux. Car si c'est la succession d'un cousin germain, le cousin seul succedera & exclûra ses neveux qui sont enfans de l'autre cousin germain du défunt. Cela est consonant au droit Ecrit Romain. La Coûtume du Bourbonnois ne met pas la limitation de ces mots *du défunt*, & quelquefois étant interrogé sur ladite Coûtume, je dis qu'il étoit bien-seant de la restreindre selon le droit Ecrit Romain, & Arrests de la Cour. Ce qui est dit qu'en succession collaterale n'y a représentation pour les meubles, est droit singulier en Nivernois. Aucuns en grand nombre, mauvais praticiens, en on dit autant des conquests, fondans leur erreur sur ce que meubles & conquests sont jugez à party pareil : mais puisque la Coûtume parle seulement des meubles, & que c'est loy extraordinaire, il la faut prendre en ses termes, *l. prospexit ff. qui & à quibus.* Le mot meubles est reputé au même effet en l'article suivant.

ARTICLE XIV.

EN succession collaterale, le frere forclôt sa sœur, & aussi les enfans, soient mâles ou femelles, forclônt leur tante sœur de leur pere, & les enfans descendans d'elle, soient mâles ou femelles ; à ſçavoir, forclôent leuſdites tantes, des immeubles, & non pas des meubles qui appartiennent à leurdite tante comme plus prochaine de la chair du défunt ; & quant aux enfans d'elle décedez lors du trépas d'iceluy défunt, ils ſont forclos par leurs couſins & couſines deſcendans du frere, tant des meubles que des immeubles, comme répréſentans leur pere ; & en toutes autres ſucceſſions collaterales ſera gardé & obſervé le droit commun.

L'Ancienne Coûtume étoit qu'en ſucceſſion collaterale, le mâle forclôoit la femelle en pareil degré. Cette nouvelle Coûtume a reſtreint la generalité aux freres à l'égard des ſœurs. Mais la grande queſtion a été que cét article s'entend ſeulement quand ceux qui ſe repréſentent à la ſucceſſion ſont freres & ſœurs, ou enfans de freres & ſœurs du défunt. Ou bien indiſtinctement quand ceux qui ſe préſentent à la ſucceſſion ſont entr'eux freres & ſœurs, ou enfans de freres & ſœurs, combien qu'ils ſoient envers le défunt, & à ſon égard couſins germains, ou en autre degré plus éloigné. Aucuns ont pris l'article ſans diſtinction & en general comme il eſt. Les autres ont eſtimé qu'il le faut reſtreindre aux freres, ſœurs, neveux & nieces du défunt par les raiſons ſuivantes ; l'une que cét article eſt tout prochain du treiziéme qui met repréſentation entre freres & ſœurs, & enfans de freres & ſœurs du défunt, & non autres, & ſemble qu'il ſoit mis pour l'imitation d'iceluy ; l'autre raiſon eſt que vers la fin de l'article eſt faite mention de repréſentation, & par le conſentement de tous la repréſentation en collaterale ne paſſe outre les perſonnes des neveux & nieces du défunt. La tierce raiſon eſt qu'en ce même article eſt repeté ce qui eſt dit au précedent, que les meubles appartiennent à la tante, comme plus prochaine de la chair du défunt : qui fait croire que la repetion eſt au même cas de l'article précedent. La quatriéme raiſon eſt qu'aucuns des nôtres plus anciens diſent avoir entendu de ceux qui furent directeurs de cette redaction de Coûtume, que lors d'icelle il avoit été entendu que cét article devoit avoir lieu ſeulement dedans les degrez de repréſentation. La cinquiéme raiſon eſt, puiſqu'il n'eſt pas queſtion de conſerver le nom de la famille par les mâles (car la femelle fille du mâle eſt au privilege de ſon pere) il ne faut prendre cét article pour favorable & en faire extenſion : mais le reſtreindre comme odieux & contraire au droit commun. De fait nous l'entendons & pratiquons en cette ſorte pour n'avoir lieu ſinon dedans les degrez de repréſentation. Maiſtre Charles du Moulin en l'annotation ſur cét article, ſe faiſant mal à propos cenſeur de nôtre Coûtume, & nul ne luy en a donné le pouvoir, dit que cette Coûtume eſt ſotte, ſi elle ne s'entend des freres conjoints des deux côtez, de tant, dit-il, que la maſculinité eſt conſiderée icy : Mais par l'article 16. *infrà* il ſe connoît que la germanité & conjonction des deux côtez eſt conſiderée en privilege pour le ſeul fait des meubles & conqueſts, toutefois cét article eſt general : puis en admettant les filles du fils en privilege, fait aſſez connoître que ce n'eſt la faveur de la maſculinité. Ledit du Moulin eût mieux fait en cette annotation & en l'annotation ſur le 1. article des doüaires *ſuprà*, de s'abſtenir de médire de Monſieur Maiſtre Guillaume Bourgoin Conſeiller en la Cour, l'un des Commiſſaires de cette redaction, qui étoit homme de bien, entier & intelligent : je ſçay comme neveu dudit Bourgoin fils de ſa ſœur qu'il n'avoit aucun intereſt particulier en ces articles où ledit du Moulin le blâme aigrement : mais ledit du Moulin qui pour ſon grand & excellent ſçavoir merite d'être loüé, merite d'être auſſi blâmé pour ſa grande & accoûtumée médiſance en cét endroit, & en pluſieurs autres. Ledit du Moulin avoit été ſectateur des nouvelles opinions de la Religion, non pas de Calvin, mais de Luther, & pouvoit avoir quelque animoſité contre ledit ſieur Bourgoin, qui étoit adverſaire deſdites nouvelles opinions *ex profeſſo*.

Comme representans, C'eſt pour les degrez de repréſentation, & non pour le cas dépréſentation : car le texte de l'article fait aſſez connoître que quand il n'y a que des neveux du défunt, & n'y a aucun frere, que neanmoins les enfans du frere excluent les enfans de la ſœur, quoy que ce ne ſoit le cas de repréſentation, mais c'eſt dedans les degrez d'icelle.

Pluſieurs Coûtumes de France diſent qu'en ſucceſſion collaterale des fiefs, le mâle exclud la femelle en pareil degré : ainſi Paris art. 25. Melun art. 98. Orleans art. 99. qui repreſente l'ancienne Coûtume de Lorris, & telle eſt celle de Montargis. Sens article 202. Senlis art. 134. Troyes art. 15. Vitry art. 59. & 67. Blois article 152. La Coûtume locale de Chaſtelchinon qui eſt du baillage de S. Pierre le Moûtier pour le reſſort, mais uſe de la Coûtume de Nivernois, eſt qu'en ſucceſſion collaterale entre nobles, le mâle exclud la femelle en pareil degré entre non nobles, la femelle ſuccede comme le mâle.

ARTICLE XV.

En la ville & Prevôté de Clamecy : és Châtellenies de Mets, Monceaux le Comte, & Neuffontaines, ville, fauxbourgs & Prevôté de Saint Leonard, les Coûtumes excluans les femelles en faveur des mâles, & leurs deſcendans mâles & femelles n'ont lieu, & ne ſont obſervées, & ſuccedent les femelles comme les mâles.

SEra en cét article considerée la distinction de Prevôté & de Châtellenie : car le mot de PREVÔTÉ comprend seulement ce qui est de la Jurisdiction, en premiere instance, & non pas les territoires & Justices des Seigneurs qui sont de la Châtellenie & ancien ressort, comme sont à Clamecy le Plessis, Pressures, Ris, Chammorot, Saligny & Ponsseaux. Il a été jugé par Arrest en la maison des Garrobles pour ladite Seigneurie de Pleisseis qui est de la Châtellenie de Clamecy & non pas de la Prevôté, que la femelle en succession collaterale étoit excluse par le mâle selon l'article general : mais les Châtellenies de Mets, Monceaux le Comte, & Neuffontaines, comprennent non seulement ce qui est de Jurisdiction du Duché en prémiere instance, mais aussi les terres qui sont de l'ancien ressort desdites Châtellenies, comme sont Domecy, Chastelhiz, Chalement, Bazoches, Lie & autres. Le mot de CHASTELENIE, emporte droit de Bailliage & Ressort pour connoître des causes d'appel, & tel est l'usage de France ainsi que dit du Moulin és Commentaires sur la Coûtume de Paris *article* 1. *glosse* 5. *numero* 51. & à ce se rapporte ce qui est dit en nôtre Coûtume, *suprà*, de justice & d'icelle droits, article 24. que nul n'a droit de Bailliage s'il n'a droit de Châtellenie en sa terre. Sera noté qu'auparavant l'an 1564. avant que les Sieges de Justice du Duché de Nivernois fussent reformez, Monsieur le Bailly de Nivernois avoit un Lieutenant en chacune Châtellenie du Duché, qui connoissoit des appellations du Ressort de la Châtellenie; sauf qu'une fois ou deux dans l'an, le Lieutenant General dudit Bailliage de Nivernois alloit tenir son Assise en chacune Châtellenie, & lors d'icelle Assise connoissoit de toutes causes d'appel qui y étoient presentes. Au même tems en chacune Châtellenie étoit un Juge & Garde de la Prevôté qui connoissoit des causes personnelles de peu d'importance : & quand par l'Edit fut ordonné qu'en chacune ville ou lieu n'y auroit qu'un degré de Jurisdiction, il y eut un Reglement nouveau en chacune Châtellenie, en supprimant l'office de Lieutenant du Bailly, fut étably un Juge ordinaire, avec pouvoir de connoître de toutes causes en premiere instance ; & par même moyen toutes les causes d'appel de tout le Bailliage furent attribuées au Lieutenant du Bailly ayant son Siege à Nevers, qui devroit tenir audit lieu de Nevers quatre fois l'an son Assise ; par même moyen fut suprimée la Jurisdiction des Auditeurs Juges des causes d'appel de la Pairie, & fut cette Jurisdiction unie au Bailliage de Nivernois; Aussi les Assises de mondit sieur le Bailly sont nommées Grands Jours, parce que l'on y juge en Pairie, & ressortissent les appellations droitement à la Cour de Parlement; ainsi à Nevers où étoient trois degrez de Jurisdiction, Juge & Garde de la Prevôté, Lieutenant du Bailly, & Auditeurs des causes d'appel de la Pairie, ne resta qu'un Siege de Jurisdiction du Bailly ou son Lieutenant, pour satisfaire à l'Edit. Mais quoy qu'esdites Châtellenies de Mets, Monceaux le Comte & Neuffontaines n'y ait plus de connoissance de causes d'appel, qui est la marque de Châtellenie, toutefois on se souvient toûjours de l'ancien Ressort, pour l'effet de cét article quinziême.

La diversité des Coûtumes locales mentionnées audit quinziême article, procede selon mon avis de ce que lesdits lieux ne sont du Diocese de Nevers, & n'étoient du premier établissement de Comté : car le premier établissement des Comtez étoient selon les Dioceses, comme on peut connoître és capitulaires de Charlemagne. Clamecy est de l'Evêché d'Auxerre, Mets, Monceaux & Neuffontaines sont de l'Evêché d'Authun, par les Coûtumes de Bourgogne & d'Auxerre les femelles ne sont excluses par les mâles en succession collaterale. Se dit aussi Ville, Fauxbourgs & Prevôté de saint Leonard, sans parler du Bailliage ; toutefois au procez d'entre Julite Mige vefve de feu Maître Paul Tixier & Felice Tixier pour la succession de feu Denis Tixier frere, fut jugé par Arrest que les heritages étans és Justices du Doyen, de l'Enfermier & Aumônier de l'Abbaye de saint Leonard, sont sujets à cette limitation de Coûtume, comme s'ils étoient de la Prevôté de Saint Leonard, & comme si ce n'étoit qu'une même Justice, celle de l'Abbé & des Religieux.

ARTICLE XVI.

FReres germains en succession l'un de l'autre sont préferez à freres uterins & paternels, entant que touche les meubles & conquests, & pareillement les enfans desdits freres germains forcloent pour l'égard desdits meubles & conquests, leurs cousins enfans desdits autres freres paternels ou uterins, en la succession de leur oncle ou tante ; & en défaut desdits mâles les femelles ou les descendans desdites femelles succederont ausdits meubles & conquests par la maniere devant dite ; & quant est des heritages anciens ils appartiennent toûjours aux plus prochains de la ligne & estre dont ils sont partis.

LA comparaison est faite en cét article du mâle au mâle, & de la femelle à la femelle ; à sçavoir de freres germains à freres paternels ou uterins, & de sœurs germaines à sœurs paternelles ou uterines. Dont l'on peut recueillir que si aucun decede delaissant une sœur germaine & un frere paternel ou uterin, que ce frere d'un côté exclurra la sœur germaine quant aux meubles & conquests selon la regle du 14. article cy-dessus, qui dit qu'en succession collaterale le frere forclôt

forclôt ſa ſœur : car le frere qui eſt ſeulement conjoint d'un côté eſt vray frere, *l. jurecon ſult. §. ſecundo gradu. ff. de gradibus.* Vray eſt qu'en une matiere où eſt la faveur de la maſculinité & de l'agnation, ſous le nom de frere n'eſt pas compris le frere uterin, qui ne porte le nom de la maiſon : ainſi le tient Marianus Socinus le jeune mon Précepteur, *conſil.* 23. *num.* 32. *vol.* 1. mais c'eſt la nature particuliere du negoce qui reſtreint la raiſon generale : or en l'article 14. les filles venuës de mâles ſont en conſideration comme leur pere, qui montre que ce n'eſt en faveur du nom de la maſculinité ny de l'agnation. Du Moulin en l'annotation ſur la Coûtume de Blois article 155. dit que la conjonction des deux côtez n'eſt conſiderée en ſucceſſion collaterale, outre ny plus avant que le degré des neveux enfans de frere ou de ſœur du défunt.

ET QUANT EST DES HERITAGES ANCIENS, En tels immeubles on regarde la ſeule attinence de la ligne & côté dont ils procedent, & non la proximité du ſang ; pourquoy és heritages paternels viendra le frere paternel également avec le frere conjoint des deux côtez, nonobſtant que le frere germain ſoit eſtimé le plus proche de la chair, parce qu'il tient des deux côtez : mais du côté paternel dont vient l'heritage, il n'attient pas plus que le frere paternel, & ſemble que la fin de cét article le decide ainſi, en y joignant ce qui eſt dit cy deſſus article 7. du Moulin en l'annotation ſur le conſeil 9. d'Alexand. *vol.* 5. dit qu'en la ſucceſſion des heritages affectez à la ligne, la germanité & attenance des deux côtez n'eſt conſiderable.

Sur ce droit de preference pour la germanité & conjonction des deux côtez, les Coûtumes parlent diverſement : aucunes ne donnent aucune préference au frere germain, Paris art. 340. Sens art. 84. Auxerre article 240. Laon art. 80. Melun art. 260. Senlis art. 168. Vitry art. 83. Autres diſent que le germain exclud le frere conjoint d'un côté. Poictou art. 295. Bourbonnois art. 317. Blois art. 155. Bourgogne art. 71. Aucunes diſent que les propres retournent à chacun côté. Orleans art. 330. Troyes art. 92. & leſd. Coûtumes de Sens, Auxerre, Vitry & Laon. Mais Berry des ſucceſſ. *ab inteſtat* article 6. donne la preference au frere conjoint des deux côtez pour les propres, comme la nôtre ; que freres germains ſont preferez és meubles & conqueſts, ſont les Coûtumes de Tours article 289. Troyes article 93. Orleans art. 330.

ARTICLE XVII.

PArtage ou aſſignation faite par pere, mere, ou l'un d'eux, ladite mere authoriſée de ſon mary, & auſſi par le ſurvivant d'eux, de ſes biens entre leurs enfans, ou par autres de ſes biens entre ſes proches heritiers capables à luy ſucceder *ad inteſtat* ; tient & vaut ; & ſont leſdits enfans ou heritiers, aprés le trépas deſdits défunts ſaiſis & vêtus des biens d'iceux défunts, ſelon ledit partage ou aſſignation, le cas avenant ; toutefois tel partage ou aſſignation eſt ambulatoire & revocable juſqu'à la mort.

CEt article corespond au droit Romain, *l. ſi filia. §. ſi pater ff. famil. erciſc. & l. ſi cogitatione. C. eodem tit.* Et la diſtribution faite par le pere entre ſes enfans à effet de partage, combien qu'il ait uſé du mot de legs, *l. quid ergò. ff. de legat.* 1. *l. cum pater. §. evictis. ff. de legat.* 2. Toutefois eſt bon d'y recevoir la diſtinction miſe en ladite *l. quid ergò & l. filio. cum ſeq. ff. de legat.* 1. *& l. Sextiam. ff. de legat.* 3. que ſi le teſtateur a diviſé & diſtribué tous ſes biens, quoy que ce ſoit par forme de legs, il ſoit reputé avoir diviſé ſon heredité, & chacun prendra en qualité d'heritier, & s'il ne prend qualité d'heritier il n'aura rien : mais s'il a legué ou prélegué ſeulement quelques biens, le legataire pourra accepter ſon legs ſans prendre qualité & titre d'heritier.

En cette diviſion & partage n'eſt pas neceſſaire que l'égalité y ſoit ſi proportionnément gardée, comme ſi les coheritiers partageoient entr'eux de gré à gré, même en cette Coûtume qui permet aux peres & meres d'avantager aucuns de leurs enfans, ſauve la legitime des autres. *Suprà* des donations art. 7.

Le bien qui reſulte de cét article entant que ceux qui doivent être heritiers, ſont tenus de prendre leurs portions en titre & qualité d'heritiers : eſt, qu'ils ont le droit d'accroiſſement de l'un à l'autre, & pour avoir les proviſions & avantages qui ſont au poſſeſſoire, comme de la maintenuë & recreance, ce que n'a pas un legataire & quoy que les portions ne ſoient égales ; toutefois les debtes & charges ſe payeront également, ſi ce n'eſt que le teſtateur en ait autrement diſpoſé, *l. cum ab uno. ff. de legat.* 2. *l.* 1. *C. ſi certum petatur.* Mais ſi la femme étant decedée ſans diſpoſer entre ſes enfans, le pere ſurvivant s'aviſe de faire partage entr'eux, tant des biens paternels que maternels ; il eſt certain que la diſpoſition ne vaut pas directement pour la ſucceſſion maternelle déja écheuë, mais obliquement & *ad inſtar* de fideicommis, la diſpoſition du pere devra être entretenuë comme s'enſuit ; c'eſt à ſçavoir, que les enfans voulant avoir la ſucceſſion entiere de leur mere pour la partager à leur volonté, ſe contentent de la legitime en la ſucceſſion de leur pere, ou bien qu'ils obſervent la volonté de leur pere : car le teſtateur comme par voye de fideicommis peut diſpoſer des biens propres de celuy qui doit être ſon heritier, *l. unum ex familia. §. ſi rem. ff. de legat.* 2. & le fideicommis eſt valable qui enjoint de communiquer les biens & droits avec un autre, *leg. Lucius.* 1. *ff. ad Senatuſconſ. Treb. l. ult. §. Lucius. ff. de legat.* 2.

Bourb. artic. 216. permet aux peres & meres de faire partage entre leurs quatre enfans, pourveu que ce soit quarante jours avant leur decez, & permet de faire avantage sauve la legitime.

ARTICLE XVIII.

MOines & Religieux de quelque Religion que ce soit, ne succedent point, ny le Monastere & Religion pour eux.

MOines proprement sont ceux qui sont de l'Ordre de saint Benoist, ou qui en ont pris leur orgine comme Cisteaux, Cluny, la Chartreuse, Grandmont. Ceux qui font profession en l'Ordre de Saint Augustin, ne sont proprement Moines, mais sont nommez Chanoines réguliers, de la difference est parlé *in cap. quod Dei extrà de statu Monach.* Sous le nom de Religieux sont aussi compris les freres Chevaliers, Prestres, & servans de l'Ordre de saint Jean de Hierusalem; les Jesuites & tous autres qui font vœux perpetuels és mains d'un Superieur. Les trois vœux ordinaires sont chasteté, pauvreté & obeïssance. Pauvreté ne s'entend pas que le college & corps du Monastere soit pauvre, & n'ait rien de propre: car la plûpart sont grandement riches, & peut-être trop: mais s'entend que nul d'eux en particulier ne peut avoir rien de propre. Tous ces Religieux aprés la profession faite, deviennent comme morts civilement, pourquoy ils ne succedent point; & n'est receu en France le privilege que ceux de Cisteaux disent avoir, que le Monastere auquel ils sont profez succede pour eux; & n'avons receu en France toutes ces constitutions Canoniques, ny les opinions des Canonistes, ny des Legistes qui leur ont adheré, disans que le Monastere tient lieu de fils & autres telles. Par Arrest solemnel du 23. Decembre de l'an 1551. prononcé par Monsieur le Président le Maistre, entre Gaspere Massot & les Maistres de l'Hôpital du saint Esprit à Paris, lesdits Maistres furent declarez non recevables en la possession qu'ils prétendoient avoir, que ledit Hôpital eût droit de succeder aux enfans qui mouroient audit Hôpital avant l'âge de puberté, quoy qu'ils alleguassent possession immemoriale, & quelques Jugemens du Châtelet de Paris. Monsieur Seneton Rapporteur; j'étois present à la prononciation.

Cét article s'entend de ceux qui sont profez, & non pas de ceux qui sont encores en l'an de probation.

ARTICLE XIX.

LEs biens de ceux qui font profession en Religion, appartiennent à leurs plus prochains heritiers habiles à succeder, & sont saisis tout ainsi que si lesdits Religieux étoient decedez par mort naturelle.

SElon le droit Romain de Justinian, que les Canonistes ont volontiers receu, ceux qui font profession Monastique sont censez voüer & dedier leurs biens au Monastere *Authent. ingressi. C. de sacros. eccles.* Nos prédecesseurs François n'ont pas receu cette dedication tacite, ils prévoyoient bien ce qui est depuis avenu que les grands biens amassez és Monasteres en chasseroient la pieté & la discipline reguliere. Et toutefois beaucoup de personnes par donation pour être participans à leurs prieres au tems que la sainteté y étoit, leur ont donné de grands biens. Les Abbez, Prieurs & Moines ont aussi par leurs épargnes amassé de grãdes richesses temporelles, & plus ils y en ont accumulé, plus ils ont dissipé & chassé d'avec eux la sainteté, dont est le proverbe vulguaire que *la fille a suffoqué la mere.* Les grands biens qu'on a veûs esdits Monasteres ont donné envie & desir aux grands d'avoir en leurs maisons les Abbayes & Prieurez. Et les Papes qui se sont accommodez à ce déréglement, ont admis les Commendes pour faire regir les maisons Monastiques par Prestres ou Clercs seculiers, & nous voyons aujourd'huy comme tout y va. Par la regle de l'Ordre de Cisteaux, les Abbayes dudit ordre ne peuvent tenir Seigneuries, Hommages, Justices, villages, Eglises Paroissiales ou autres, ainsi qu'il est dit *in cap. recolentes extrà de statu monach.* Et tout leur employ étoit à travailler de leurs mains aprés le service Divin; pourquoy leur fut octroyé privilege de ne païer dîme des terres qu'ils labouroient de leurs propres mains, *cap. ex parte. extra de decimis.* Mais cõme l'esprit de l'homme n'est jamais content & desire davantage, ils ont audit Ordre étably tant de domaines, métairies, étangs & autres ménages des champs qu'ils sont devenus riches, & se sont perdus comme les autres. Dés le tems de S. Bernard qui fut presque au commencement dudit ordre de Cisteaux, ceux de Cluny & de S. Benoist étoient déja si riches, que ce bon saint en une Epistre se plaint que la sainteté & simplicité Religieuse n'y étoit plus. De vray ceux de Cluny ont mis la main bien avant aux grandeurs de ce monde: car ils n'ont voulu recevoir des fondations, sinon qu'on leur octroyât la Justice & Seigneurie au même lieu de leur monastere, & il y en a bien peu d'autres.

Plusieurs Coûtumes sont semblables à ce 19. art. Poitou art. 287. Sens art. 87. Orleans art. 333. Bourbonnois art. 318. Auvergne chap. 12. art. 12. Tours art. 296. Reims art. 326. Blois art. 147. Lesdites Coûtumes de Poitou & Blois, & celle de Berry des successions, *ab intestat*, art. 36. disent, profession expresse ou tacite. Mais Tours dit profession expresse, & dit bien selon qu'il sera dit cy-aprés. Aucunes Coûtumes limitent s'il n'y a dedication de biens, expresse pour celuy qui fait profession. Bourbonnois art. 318. Auvergne chap. 13. art. 12. Sens art. 87. Mais Berry des Successions *ab intestat* art. 38. dit qu'il ne peut donner au Monastere sinon le tiers de ses biens. Se doit entendre par tant que la profession se fasse en Religion approuvée par l'Eglise.

Selon les anciennes Constitutions Canoniques, les jeunes personnes à l'âge de puberté, qui est de 14. ans aux mâles, & 12. ans aux filles, pouvoient faire profession en Religion, *can. 1. 20. quæst. 1. cap. ad nostram. extrà de regularibus*, hormis és Monasteres où l'exercice étoit grandement penible, & mal-aisé à porter, esquels nul n'étoit receu à la profession avant l'âge de 18. ans *cap. quia extra. eodem tit.* Par l'Edit d'Orleans art. 19. l'âge de 20. ans pour les mâles, & de 25. ans pour les filles, fut déterminé pour la profession. Cét Edit d'Orleans ne plût pas a beaucoup des Ecclesiastiques, qui ont estimé les Estats tenus audit lieu n'avoir été bien legitimes, & encores pour quelques causes qui ne se publient pas. Par l'Edit de Blois de l'an 1580. art. 28. l'âge de profession tant pour les mâles que femelles, a été remis à 16. ans selon la constitution du Concile de Trente. Et par l'Edit de Blois est dit que la profession ne pourra être faite sinon aprés l'an de probation accomply. Le droit Canonique qui reconnoist bien que cét an de probation est necessaire à deux fins; l'une afin que les freres du Monastere connoissent les mœurs de celuy qui veut être en leur congregation. L'autre afin que celuy qui y arrive puisse connoître ce qui est âpre & difficile, & juger s'il le pourra ou voudra porter. Et toutefois ledit droit Canonique a toleré la profession faite avant l'an: *cap. apostolicam. extrà de regul.* Mais ledit art. de Blois 28. dispense celuy qui a fait profession devant l'âge de 16. ans de pouvoir disposer de ses biens, & declare nulles les dispositions de biens, faites à cause de la profession quand elle est faite avant l'an; toutefois ledit Edit n'infirme pas le vœu, mais ôte le profit que les solliciteurs du vœu auroient peû esperer. Les mêmes constitutions Canoniques ont admis plusieurs cas de profession tacite, *cap. ex parte de regul. in antiq. cap. 1. eod. tit. in 6. clement. eos qui eod. tit. in clem.* Mais parce que tout cela git en presomptions & conjectures, & veû l'importance de l'affaire, qui est de l'état de la personne & de la perpetuité, nous n'avons receu en France l'effet de ces professions tacites au moins pour exclure des biens ceux que l'on pretend être profez. Si ce n'est que par actes bien asseurez & certains, & par long-tems tels Religieux ayant fait demonstration ouverte de leur volonté comme s'ils ont été faits Prestres au même Monastere, où s'ils ont tenu Benefices ou offices reguliers qui n'ont accoûtumé d'être tenus que par profez. Toutefois par l'Edit de Moulins de l'an 1566. art. 55. les professions Monachales doivent être prouvées par écrit. Dont se peut recüeillir que les professions tacites qui ne pourroient être prouvées que par témoins, ne sont receuës en France. Du Moulin en l'annotation sur la Coûtume de Blois article 147. dit que contre la profession tacite pour en être dispensé, suffit de prouver le simple dissentement & contradiction: mais contre la profession expresse faut outre prouver la contrainte, les menaces & mauvais traitemens des parens. Quand aucune personne mâle ou femelle a été quelque tems en Cloître aprés profession, s'il pretend avoir fait la profession par force & impression, il n'est receu à en déduire les moyens que premierement le Monastere ne soit réintegré & remis en possession de sa personne. Ainsi fut jugé par Arrest en l'Audiance le mardy 13. Juillet 1568. entre Marie Builier mere de Meraude Laurencin sa fille, de Lyon. Mais fut ordonné provision à la fille sur les biens paternels, pour plaider. Ainsi avoit été jugé auparavant le Jeudy 17. Juillet de l'an 1567. & cét Arrest avoit l'adjonction que la Religieuse seroit réintegrée au Monastere dont elle étoit sortie ou autre.

Celuy qui est en voye de faire profession peut avant icelle faite, donner & disposer de ses biens, par donations entre vifs s'il a 25. ans accomplis, & s'il ne les a accomplis & soit en âge de tester, il en peut disposer pour cause de mort, tant & si avant que la Coûtume permet de donner par testament. Cette disposition pour cause de mort sera confirmée avec plein effet par sa profession comme elle seroit par mort naturelle. Et ne puis adherer à l'opinion de *Barth. in l. sed & si mors vers. cum ignor. ff. de donat. inter. vir. & uxor.* quand il dit que celuy qui a testé avant que faire profession, ne peut revoquer aprés qu'il est profez: car par sa profession le droit est acquis pleinement au donataire, tout ainsi que par sa mort naturelle; est prouvé en cét article 19. si ce n'étoit au cas dudit 28. art. de l'Edit de Blois: mais si aucune chose étoit à faire qui fût purement d'exercice naturel sans requerir le ministere du droit civil, comme si une donation étoit faite à l'un d'entre plusieurs enfans qui seroit choisi par un tel, je croy que le Moine profez qui se trouveroit nommé pour choisir, pourra choisir: car cela consiste en pur fait de volonté naturelle, *l. cum pater. §. hereditatem. ff. de legat. 2. l. ex facto. §. si quis rogatus. ff. ad Senatusconsultum Trebell.* où il est parlé de celuy qui est déporté ou banny à perpetuité.

ARTICLE XX.

Collation & rapport ont lieu en succession directe, & non en collaterale.

SElon le droit Romain, la collation & rapport entre enfans, n'étoit pratiqué sinon quand les émancipez venoient à succeder avec leurs freres qui étoient en la puissance du pere, qui en Latin sont appellez *sui*: mais les émancipez venans à succession ne conferoient rien entr'eux, même les autres enfans ne conferoient pas ce qui leur avoit été donné comme à étrangers, *l. filium. §. videamus. ff. de bon. poss. contra. tab. l. 1. ff. de collat. l. à patre. & l. illud. C. eodem titulo*: Mais en France les enfans conferent indistinctement entre toutes sortes d'enfans, soient en puissance ou émancipez. Sinon que la donation soit faite par préciput és lieux où il est permis, dont il a été traité cy-dessus au chapitre des donations art. 10. & 11. La collation n'a lieu en succession collaterale, parce que celuy qui n'a point d'enfans ne doit rien à ses heritiers collateraux : mais le pere doit ses biens à ses enfans, *l. cum ratio. ff. de bonis. damnat.*

ARTICLE XXI.

LEs prochains lignagers de gens d'Eglise seculiers leur succedent *ab intestat* comme l'on succede à autres personnes.

LEs Canonistes ont tenu opinion contraire, que l'épargne qu'un Prêtre seculier fait du revenu de son Eglise, & les acquisitions qu'il en fait appartiennent à l'Eglise aprés sa mort, combien qu'il n'ait acquis au nom de son Eglise, *cap. inquirendum & cap. ult. ex. de pecul. Cleric.* & jugent des acquisitions, *ad instar*, du tuteur qui des deniers pupillaires achete un heritage en son nom ; *l. si curatorem. C. ar[illegible]tela. leg. 2. ff. quandò ex facto tut.* Mais [illegible]s n'avons reçeu en France ce moyen d'accroissement des biens d'Eglise, & tenons pour regle que l'épargne que fait l'homme d'Eglise seculier, des revenus de son benefice, sont propres au beneficier & à ses heritiers. Ainsi fut jugé par Arrest du 22. Mars de l'an 1526. entre l'Abbé de Colon & les heritiers de Pigeat, qui étoit Prieur Commendataire d'un Prieuré dépendant de ladite Abbaye. Plusieurs autres Coûtumes disposent comme la nôtre. Paris art. 336. Poitou art. 288. Berry des Successions *ab intestat* art. 40. Bourbonnois art. 319. Auvergne chap. 12. art. 55. Senlis art. 170. Troyes art. 106. Vitry art. 85. Reims art. 327. Blois art. 48.

Mais si le Beneficier avoit fait l'acquisition au nom de son Eglise, ou bien s'il avoit acquis en son nom, & y eût employé les deniers procedans du rachat d'une rente deuë à son Eglise, ou de deniers destinez pour être employez au profit de son Eglise, esdits cas je dirois que l'acquisition appartiendroit à l'Eglise *ad instar* des deniers pupillaires, même parce que le tuteur est tenu d'employer les deniers nets qu'il a de son pupille en achat d'heritages ou rentes. Edit d'Orleans art. 102. Les heritiers succedans à leurs parens Beneficiers, sont tenus des démolitions & autres mauvais ménagemens avenus par la faute desdits Beneficiers. *Auth. qui res, vers. sed advers. Cod. de sacros. Eccl.* Et quant aux reparations il y a Arrest en forme de Jugé du 12. Juillet 1544. entre Valeran de la Haye & Nicolas d'Origny, & le 22. Février 1536. en plaidant fut jugé que l'Evêque d'Angers bailleroit le quart de son revenu pour reparer les démolitions avenuës de son tems, & feroit poursuite contre les heritiers de son prédecesseur pour reparer les ruïnes du tems dudit predecesseur, & que le Chapitre côtribuëroit à la même proportion : Autant en avoit été dit entre l'Evêque & Chapitre de Beauvais le 27. Novembre 1512. & quant aux autres Benefices, comme Eglises Parochiales, les Curez doivent contribuer aux reparations selon le revenu de leurs Eglises, en ce qui peut leur rester aprés leur entretenement honnête pris, *cap. de his. extrà de Eccl. ædif.*

Il est icy decidé des gens d'Eglise seculiers, & quant aux reguliers & Religieux, leur Superieur succede à leurs dépouilles, (ainsi s'appelle l'épargne d'un Moine, comme d'un serf le pecule ou la main morte,) & en ce il faut distinguer des simples Moines qui n'ont aucun Benefice titulé, ou office perpetuel, & des Moines qui ont office ou benefice. Il est défendu au simple Moine d'avoir pecule, *cap. 2. ex. de statu Monach.* & s'il est trouvé lors de son deceds avoir quelque chose de propre, la sépulture Ecclesiastique luy doit être déniée, *d. cap. 2. & cap. super quodam, & cap. cùm ad Monasterium. eodem tit.* Mais le Moine ou Religieux qui a benefice, ou qui a administration par la volonté de son Superieur peut faire épargne & avoir pecule. *d. cap. 2. vers. qui peculium.* La raison y peut être, parce qu'il est chargé des réparations, hospitalitez, aumônes, & autres charges attachées au benefice, & peut tel Religieux sur son épargne & pecule faire contrats entre vifs, pourveu qu'ils n'ayent apparence de mauvais ménage, & encores peut donner entre vifs par forme d'hospitalité, aumône ou bien fait, mêmes à personnes qui ont merité de l'Eglise, & aux vrais pauvres ; & s'il y a des parens fort pauvres, il peut leur donner mediocrement. Saint Ambroise, *in can. probanda. 86. dist.* loüe l'aumône faite des biens de l'Eglise par le beneficier à ses pauvres parens, non pas pour les faire riches, mais pour soulager leur indigence. Toutefois il ne peut donner pour cause de mort, parce que ce seroit reputé fait en fraude de son Superieur qui doit avoir la dépoüille. Ainsi il se dit du fils de famille, auquel le pere a concedé l'administration de son pecule. *lég. filius familias. ff. de donat. leg. contra. §. si filius ff. de pact. leg. vivus. ff. si quid in fraudem patro.* & quant aux Contrats entre vifs fait par le Religieux en l'administration de son pecule sans fraude, quand le Religieux a administration d'office ou benefice, le Superieur doit les entretenir, *leg. quam Tuberonis ff. de pecul. leg. 4. ff. de minor.* & le Superieur endurant que son Religieux ait benefice ou office, *eo ipso* est censé luy permettre l'administration. Panor. *in d. cap. cùm ad monasterium de statu monach. cap. cum deputati. ex. de judic.* & à cét égard peut ester en jugement sás autorité de son Superieur. Aussi le simple Religieux est aux études d'Université, par le cōgé de son Superieur, il peut ester en jugement, & agir pour tout ce qui concerne ses necessitez & commoditez, & peut aussi emprunter moderement, & obliger son Superieur qui luy a donné congé par la raison de la *l. si longius §. 1. ff. de judic. Felinus. in cap. cum dilecta. num. 15. fallentia 6. ex. de rescript.* Les Canonistes ont aucunement rendu les Beneficiez seculiers de pareille condition, quant aux dispositions pour cause de mort.

les tenant à cét égard comme ayant le ſimple uſage perſonel, comme les Juriſconſultes diſent *de uſu*, & quant aux diſpoſitions entre vifs les ont tenus pour uſufruitieres. Ainſi dit Steph. Bertrandi *conſil. 296. vol. 3.* mais en France nous tenons que leur épargne du revenu de leurs Benefices eſt proprement à eux, & en peuvent diſpoſer entre vifs, & pour cauſe de mort.

Si le Beneficier a été condamné en qualité de Beneficier, luy plaidant pour les droits de ſon Benefice, il laiſſe obliger ſon ſucceſſeur au Benefice, ſauf audit ſucceſſeur ſon recours contre l'heritier du predeceſſeur, ſi on prétend qu'il y ait eu mauvaiſe adminiſtration Arreſt par Jugé entre Bonaire & Bourſault du 9. Fevrier de l'an 1537. Monſieur Bourgoing Rapporteur.

ARTICLE XXII.

Batards de quelque qualité qu'ils ſoient ne ſuccedent point à leurs parens en ligne directe ou collaterale : mais bien ſuccedent à leurs enfans & deſcendans, comme les autres peres ou meres ; auſſi leſdits parens ne leur ſuccedent s'ils ne ſont deſcendus de leur corps.

ARTICLE XXIII.

Si leſdits bâtards decedent ſans hoirs de leurs corps, le Seigneur haut Juſticier leur ſuccede.

ARTICLE XXIV.

Leſdits bâtards peuvent acquerir toutes eſpeces de biens feodeaux, cenſuels, bordeliers ou allodiaux : & d'iceux diſpoſer entre vifs, & par diſpoſition de derniere volonté.

Cy-deſſus au chapitre des fiefs art. 20. il a été traité aſſez amplement des bâtards, dont il ne ſera icy faite repetition, ſi ce n'eſt par aventure en paſſant, ſelon que la matiere le requerra.

Selon le droit Romain les bâtards qui ſont ſimplement dits naturels, qu'on dit *ex ſoluto & ſoluta*, & qui ne ſont procréez de conjonction inceſtueuſe ou puniſſable, ſuccedoient à leur pere en la ſixiéme partie de ſes biens, en cas qu'il n'y eût enfans legitimes, *Auth. licet. C. de natural. lib.* & ſuccedoient à leur mere avec les autres enfans legitimes, pourveu qu'ils fuſſent nais en concubinat, c'eſt-à-dire la mere étant en la compagnie ordinaire d'un homme, duquel audit tems elle eût peu être femme legitime, ſi leurs volontez y euſſent été accordantes. *l. penult. C. ad Senatuſc. conſ. Orficianum* : mais en France ils ne ſuccedent par la voye d'inteſtat, ny à pere ny à mere en aucune part, ſoit qu'ils ſoient ſimples, naturels ou ſpuries (ainſi appelle-t'on ceux qui ſont nais de conjonction puniſſable) c'eſt ce que l'art. a voulu dire par ces mots, De quelque qualité qu'ils soient.

La queſtion a été grande ſi les peres & meres peuvent donner à leurs bâtards : ceux qui ont écrit des droits Domaniaux du Roy, dont on a accoûtumé de plaider en la Chambre du Treſor à Paris, alleguent diverſité d'Arrêts. Il me ſemble être aſſez à propos de ſuivre la diſtinction du droit Romain avec le temperament des Canoniſtes, & incliner de la part des Arrêts qui ſe conforment auſdits droits. C'eſt à ſçavoir quand l'enfant eſt nay en concubinat, c'eſt-à-dire quand lors de la conception les pere & mere étoient ſoluts, & euſſent peu s'épouſer, & que les pere & mere n'ont aucuns autres enfans legitimes, il ſoit loiſible aux pere & mere de donner à leurs bâtards tant qu'ils voudront de leurs biens, ſoit par donation entre vifs, ou pour cauſe de mort & teſtament, ſelon que la Coûtume permet à toutes autres perſonnes ; ainſi qu'il eſt dit en Authent. *licet. C. de natural. lib.* & à plus forte raiſon peut-on donner aux enfans legitimes de ces bâtards, ſoient leſd. bâtards vivans ou decedez, voire donner tous ſes biens quand le donateur ayeul n'a aucuns enfans legitimes. Ainſi dit du Moulin en l'annotation ſur le 74. conſeil d'Alexand. *vol. 3.* & là ſe dit que quand le donateur a enfans legitimes, qu'il ne peut donner à l'enfant de ſon bâtard, ſinon autant qu'il pourroit donner au bâtard. Mais ſi l'enfant eſt procréé de conjonction inceſtueuſe ou puniſſable, les pere & mere ne leur peuvent donner entre vifs, ou pour cauſe de mort, ſinon pour les alimens. *Auth. ex complexu. C. de inceſt. nupt.* en y joignant le chap. *cùm haberet. ex de eo qui duxit in matrim. quam polluit per adult.* Ce qui ſe dit des alimens ſe doit étendre à la dot de la fille bâtarde, pourveu que la dot ſoit moderée. Ainſi le préjugea la Cour par un Arrêt interlocutoire entre Iſaac Barat heritier & Jean Chopine, mary de Barbe Cadeau, bâtarde de M. Gaudry Cadeau Prêtre Chanoine de Nevers, & par ledit Arrêt fut infirmé le jugement donné à Saint Pierre le Monſtier : par lequel étoit approuvé le legs de meubles fait audit Chopine par ledit Cadeau Chanoine, outre & par deſſus la dot baillée à ladite Barbe bâtarde, & partant les bâtards des Prêtres furent declarez ſujets à ladite Auth. *ex complexu*, en y ajoûtant le remede du chap. *cùm haberet.* Ce qui ſe dit des alimens peut être étendu aux frais moderez, pour faire apprendre au bâtard ſcience ou métier. Car quand le reſpect eſt de pere à fils, ſous le nom d'alimens ſont compris les frais pour apprendre art ou ſcience. *l. de bonis. §. non ſolum. ff. de Carbon. Edicto.* Leſquels frais doivent être mediocres, & moderez ſelon la dignité de la maiſon & les facultez. *l. 3. ff. de annuis legat. l. ſi inſtituta. §. de inofficioſ. ff. de inoff. teſta.* & ainſi eſt decidé par du Moulin en l'annotation sur le 74. conseil d'Alexand. *vol. 3.*

Comme aussi en cas que l'état de legitimité & d'heredité soient contredits à un enfant que l'on maintient être bâtard, doit être faite provision audit enfant durant le procez, non seulement pour ses alimens & entretenement honnête selon la maison, mais aussi pour les frais du procez, à prendre sur les biens du pere, jusques à la quarte partie de la portion que le fils prendroit s'il étoit legitime sans contredit, & à prendre contre l'un des détenteurs des biens pour le tout, sauf son recours. Ladite PROVISION à commencer du jour du decez du pere, & à payer en aprés par QUARTIER ET PAR AVANCE. Ainsi fut jugé par Arrêt entre de Chapes & Taverny curateurs de Claude de sainte Maure, & Jude Beau-fils, tuteur de Loüis de sainte Maure le 30. Juillet de l'an 1540. A quoy sert ladite loy, *si instituta*. Telles provisions sont adjugées s'il appert, *saltem* sommairement, de la qualité de fils. *leg. 3. §. causæ. ff. de Carbon. edicto.* Mais cela n'est pratiqué en succession collaterale par Arrêt du 11. Decembre 1538. plaidans le Fevre & Bouguier Avocats.

Pourra avenir que *re vera & ipsa*, l'enfant sera bâtard, & toutefois sera tenu pour legitime, à cause de la bonne foy des deux mariez, ou de l'un des deux, comme si une femme a eu juste cause de croire que son mary fut mort, par le rapport qui luy auroit eté fait par personnes dignes de foy, ou si la femme a épousé un homme qu'elle ne sçavoit pas être marié autre part; ou quand tous deux ou l'un d'eux ne sçavoient pas le lignage dont ils s'attenoient en degré empêchant le mariage : Mais cette bonne foy ne profite pas si les mariez n'ont observé les ceremonies accoûtumées, qui sont de la proclamation des bans & mariage solemnisé publiquement en l'Eglise Parochiale. *cap. cùm inhibitio. §. si quis vero extrà de clan. despons.* & si la bonne foy ainsi formée comme dessus y est de l'un des deux mariez seulement, l'enfant sera tenu pour legitime, non seulement de la part de celuy des pere & mere qui aura eu bonne foy, mais aussi de l'autre part, *ut per gloss. in d. §. si quis vero & cap. ex tenore. ext. qui filij sint legit.* J'allegue en argument la *l. si sponsus. §. generaliter. ff. de donat. inter vir. & uxor.* que quand il y a mélange de nullité & validité, & la separation n'en est aisée à faire, que le tout doit valoir comme utile.

Aucunes Coûtumes disposent des donations qui peuvent être faites à bâtards. Poitou art. 297. permet de donner pour l'entretenement. Melun art. 297. permet de donner, pourveu que la donation ne soit immense. Auvergne chap. 14. art. 47. permet de donner au bâtard qui se marie, & en faveur de mariage tant qu'on veut. Tours art. 242. permet de donner au bâtard quart des conquêts à vie, & quart des meubles en proprieté.

Les Gens du Roy prétendent qu'au Roy seul appartient la succession des Bâtards & Aubains (Aubains sont étrangers nais hors du Royaume, que les Latins disent Peregrins.) Quant aux bâtards, il y a un Arrêt prononcé solemnellement par Monsieur le President Mynard le 7. Septembre de l'an 1545. entre le Procureur General du Roy prenant la cause pour son Substitut au Tresor & le Seigneur de Culant en la succession d'un bâtard de la maison des Barres; selon une ancienne Ordonnance de l'an 1372. qui porte que les Seigneurs Justiciers ne succedent aux bâtards, sinon trois choses concurrentes, que les bâtards soient nais en leurs terres, qu'ils y fussent domiciliez & y soient decedez. Mais cette Coûtume & presque toutes les autres Coûtumes de France donnent la succession des bâtards aux Seigneurs hauts-Justiciers, par la même raison qu'à eux appartiennent les biens vacans, non pas pour prendre tous les biens des bâtards qui étoient domiciliez en leurs terres; mais seulement les biens meubles & immeubles qui se trouvent en icelles Justices lors du decez, comme il est dit cy-dessus au chap. de Justice art. 12. & des Confiscations art. 2. Plusieurs autres Coûtumes, conformément à la nôtre, donnent les biens des bâtards aux Seigneurs hauts-Justiciers. Berry des Successions *ab intestat* art. 29. Melun art. 301. Bretagne ancienne art. 446. & 447. & nouvelle art. 473. & 474. Sens art. 30. mais contredit par les Gens du Roy. Aucunes Coûtumes suivent la modification des trois cas portez par ledit Arrêt du 7. Septembre de l'an 1545. comme Laon art. 4. Reims art. 33. & Bourgogne art. 75. donne la succession des bâtards au Duc de Bourgogne.

Par la même raison des bâtards & biens vacans, les biens des Aubains étrangers du Royaume dûssent appartenir aux Seigneurs hauts-Justiciers des lieux où ils sont trouvez lors du decez desdits Aubains, comme il se dit des biens vacans. Ainsi fut jugé par Arrêt pour l'Abbé de Sainte Genevieve de Paris contre le Procureur General du Roy en l'aubaine d'un Ecossois decedé au Mont Saint Hilaire à Paris en la haute-Justice dudit Abbé le 30. Mars de l'an 1506. l'extrait dudit Arrêt signé est en la Chambre des Comptes à Nevers. Du Moulin est de ce même avis en l'annotation sur la Coûtume d'Anjou art. 41. & dit que les Gens du Roy depuis quelque tems ont ainsi en ce cas & plusieurs autres restraint les droits des Seigneurs; car, dit-il, il y a même raison aux biens des Aubains & Bâtards comme de simples biens vacans, & en effet sont tous biens vacans, parce qu'il ne se trouve aucun habile à y succeder. Aucunes nouvelles Coûtumes, dont les Commissaires étoient ces grands zelateurs des droits du Roy, ont tranché que les aubaines absolument appartiennent au Roy, & les successions des Bâtards sous la modification dudit Arrêt, comme Melun art. 5. Valois art. 3. Laon art. 3. & 10. Reims art. 342.

Mais si un étranger est naturalisé, c'est-à dire que le Roy luy donne privilege d'être comme naturel François, & ledit naturalisé n'ait aucuns parens François ou naturalisez, le Roy ne devra avoir ses biens ny le parent non naturalisé, mais le Seigneur haut-Justicier. Ainsi fut jugé par Arrêt pour Charles de Guerlay Seigneur d'Osnay en Nivernois, en la succession de Favie Clementine Italien naturalisé, contre Clement Clementine son frere non naturalisé, & contre le Procureur

General du Roy, l'Arrêt eſt du 8. Janvier 1575.

La loy du Royaume de France eſt telle, qu'un étranger ne ſuccede pas à ſon parent regnicole : Les étrangers appellez Aubains qui ſont nais en païs hors l'obeïſſance du Roy, ce qui eſt *ad inſtar* de la loy Romaine, ſelon laquelle un étranger n'avoit droit de ſucceder à un Citoyen Romain, à cauſe de la peregrinité. *l.* 1. *ff. ad leg. Falcid.* l. 1. *C. de hered. inſtit.* Tite live en la cinquiéme Decade liv. 5. dit qu'aucuns Soldats Citoyens Romains s'étoient accointez avec femmes Eſpagnoles, avec leſquelles ils ne pouvoient avoir mariage legitime, & que par la loy faite à Rome les enfans qui iſſirent de ces conjonctions furent faits libertins & Citoyens Romains, & leur fut aſſignée la Cité de Carteja qui fut faite Colonie Latine. Les Etrangers qui veulent conſtituer leur domicile & leurs fortunes en France, ont accoûtumé d'obtenir lettres de naturalité qui ſont expediées en forme de charte, & ſcellées ſur cire verte, par leſquelles leur eſt permis acquerir biens en France, & en diſpoſer par teſtament, & pour y ſucceder par leurs enfans, & doivent être verifiées en la Chambre des Comptes à Paris qui a accoûtumé d'y ajoûter la modification, pourveu que leurs enfans & autres qui voudront leur ſucceder ſoient regnicoles : comme auſſi les étrangers ne peuvent tenir Benefices en France ſans avoir lettres de naturalité, dont il y a Ordonnance du Roy Charles VII. publiée en Parlement, lors ſeant à Poitiers le 8. Avril 1431. avant Pâques, & és modifications de l'Ordonnance du Roy Loüis XII. de l'an 1499. art. penultiéme. Telles lettres doivent porter juſques à quel revenu annuel ils devront tenir benefices, & quand la verification en eſt faite en Parlement, la clauſe & charge y eſt miſe, que tels benefices ne pourront être conferez comme vacans, *in curia*, c'eſt un privilege que le Pape dit avoir, que nul autre que luy ne peut conferer les benefices vacans en Cour de Rome, ſoit par mort ou autrement : je l'appris ainſi en une plaidoirie du Parlement le Jeudy 19. Mars 1550. Par l'Edit de Blois de l'an 1580. art. 4. il eſt dit que nul étranger quelques lettres de naturalité qu'il ait ne pourra tenir Evêché, ny Archevêché, ny Abbaye qui ſoit chef d'Ordre, & ceux qui ſont pourveus ne pourront avoir Vicaires ny Fermiers autres que naturels François.

Aucunes Villes de ce Royaume ont lettres de privilege general, par leſquels les étrangers y venant demeurer ſont naturaliſez ; leur eſt permis d'acquerir biens en ce Royaume, & en diſpoſer par teſtament, & leurs parens peuvent leur ſucceder ſous la modification ſuſdite, pourveu que ceux qui veulent ſucceder ſoient regnicoles, Ces Villes ſont Lyon, Toulouſe, Bordeaux. Aucunes Coûtumes diſent que l'Aubain étranger peut bien diſpoſer entre vifs, mais non pour cauſe de mort, ſinon moderément pour ſes obſeques & frais funeraux : ainſi diſent Laon art. 8. & 9. & Reims art. 340. & 341. & je croy que c'eſt regle generale, entant qu'on eſtime que les Aubains étrangers ne ſont vrais proprietaires des biens qu'ils ont à tous effets, ainſi qu'on dit des perſonnes de condition ſervile, qui au préjudice de la main-morte qui peut avenir par leur decez à leur Seigneur, ne peuvent diſpoſer par teſtament, ſinon par les frais funeraux : car tels Aubains n'ayant pas la communion de nôtre droit civil François, n'ont pas droit de retenir en pleine liberté les biens qu'ils ont acquis en France.

En certains cas ſans lettres de naturalité les enfans ſuccedent à leurs peres & meres étrangers : comme ſi l'étranger vient demeurer en France, & le mâle y prend femme, ou la femelle y prend mary qui ſoient natifs de France & y font leur reſidence ; les enfans qui naîtront de tel mariage nais en ce Royaume, & y demeurans, ſuccedent à leurs pere & mere, mais non pas les enfans qui demeurent ou ſont nais hors du Royaume : Ainſi fut jugé par Arreſt en la Chambre du Domaine entre le Procureur General du Roy & un nommé de la Riviere en l'an 1548.

Que ſi les Aubains ont des parens Aubains plus prochains de ſang, & autres parens regnicoles plus éloignez en degré de lignage ; ces regnicoles excluront les étrangers & le fiſque auſſi. Chopin au traité *de privileg. ruſt. parte* 3. *lib.* 3. *cap.* 8. *num.* 2. allegue un Arreſt à ce propos, & y fait auſſi la Coûtume de Sens art. 91.

Ceux de Flandre & d'Artois n'ont beſoin en France de lettres de naturalité, car quoy que le Roy ne joüiſſe de la Souveraineté deſd. païs, parce qu'elle fut quittée au traité de Madrid fait avec le Roy François I. étant priſonnier de guerre de l'Empereur Charles V, toutefois on prétend que ladite Souveraineté étant des droits de la Couronne de France n'a peu être quittée par le Roy, ſans le conſentement des Etats de France, & qu'à ce moyen leſdits Païs ſont toûjours de cette Souveraineté, & ainſi ſe pratique. Quant à la Franche-Comté de Bourgogne & Païs de ſaint Claude, il y a declaration par Lettres Patentes du Roy Loüis XI. du mois de Septembre 1482. que les habitans dud. païs ſont naturels de France, les Lettres ſont enregiſtrées en la Chambre des Comptes à Paris au Livre des Chartes fol. 297.

En ces articles eſt dit que le Bâtard étant marié legitimement ſuccede à ſes enfans, & ſes enfans luy ſuccedent qui ſon procréez en loyal mariage. Ainſi diſent les Coûtumes de Laon art. 5. Reims art. 337. Auxerre art. 32. Sens art. 29. Bourbonnois art. 186. & 187. ſauf que ſelon ladite Coûtume les pere & mere ſuccedent avec les freres. Orleans art. 311. Auvergne chap. 12. art. 11. Tours art. 320. Melun art. 300. Troyes art. 117. Blois art. 146. Aucunes diſent ſeulement que les enfans legitimes des bâtards ſuccedent à leurs peres, mais ne diſent pas que leurs peres leur ſuccedent, ce qui toutefois doit être entendu.

La queſtion eſt. Le bâtard marié legitimement, a des enfans legitimes qui viennent à ſucceder à pere & mere ; leſdits enfans ayant recueilli les conqueſts de leur pere, qui par la Coûtume leur ſont faits heritages, viennent à deceder ſans enfans. On demande ſi le fiſque succedera, parce que lesd. enfans n'ont aucuns parens habiles à succeder du côté paternel ? Mais la decision doit être faite selon ce qui est dit cy-dessus art. 7. que puis qu'il n'y a aucun parent habile à succeder du côté paternel, que les parens legitimes du côté maternel y succederont : car comme dit est, la regle *paterna paternis* n'a lieu sinon en faveur de la ligne : cette faveur défaillant, reste le droit commun qui défere l'heredité au parent de quelque côté qu'il soit. Ainsi fut jugé par Arrest pour Jean Chopine qui avoit un fils en legitime mariage de Barbe Cadeau sa femme qui étoit bâtarde, l'enfant succeda à sa mere, puis deceda ; le conquest de la mere qui fut fait heritage maternel à l'enfant fut adjugé au pere, & en fut débouté le fisque, *fiscus post omnes*.

Biens feodaux, Faut mettre l'exception qui est cy-dessus au chap. des fiefs art. 20. & toutefois à la revision de la Coûtume, sembleroit assez expedient de rayer la prohibition contenuë audit article qui a été tirée de la loy des fiefs des Lombards ; & de vray les Docteurs d'Italie en leurs écrits mettent les bâtards en degré abjet & bas : mais en France, même entre nobles, on en fait état approchant bien prés des legitimes, & les bâtards des nobles sont reputez nobles. Aussi les Grands Seigneurs n'ont accoûtumé de les avoüer leurs enfans, sinon aprés avoir connu leur vertu & naturel digne.

Disposer entre vifs et pour cause de mort, Ainsi fut jugé par Arrest pour M. Estienne de Vernoilles és Arrests solemnels de la my-Aoust 1527. Mr. Bourgoin Rapporteur, & par autre Arrest en plaidant le 6. Juillet 1545. On allegue un ancien Arrest pour le testament de Jean de Vendôme de l'an 1270. de la prononciation de Chandeleur. A ce que dessus sont conformes les Coûtumes de Laon art. 5. Reims art. 336. Sens art. 28. Auxerre art. 31. Berry des successions *ab intestat* art. 30. Orleans art. 311. Tours art. 245. Melun art. 299. Mais Bourbonnois art. 184. dit seulement de disposer entre vifs, ce qui est bien rude.

ARTICLE XXV.

Bannis à perpetuel ne succedent point.

Ainsi dit Sens art. 97. Auxerre art. 248. Bourbonnois art. 322. & ajoûte que les plus prochains aprés eux succedent : ce qui se doit entendre en general, car tels bannis sont reputez morts civilement, & par le droit Romain sont tenus pour n'avoir droit de Citoyen, & n'avoir aucune communion de droit civil, étans *ad instar* des déportez, & de ceux ausquels l'eau & le feu étoient interdits par le droit Romain, *l. 1. §. ij. quibus. ff. de legat. 3. l. quædam ff. de pœnis l. 1. §. ult ff. de bon. poss. contra tab.* Et si à tels bannis à perpetuité aucune chose est leguée par testament, ou s'ils sont instituez heritiers, cela est tenu pour non écrit ; sauf quant aux legs des alimens, & autres choses qui sont pures naturelles, dont les bannis sont capables, *leg. legatum ff. de capite minut. l. cum pater §. hæreditatem ff. de legat. 2.* comme des bannis à perpetuel, ainsi faut dire des condamnez aux galeres perpetuelles ou autres œuvres publiques, ou qui sont condamnez à chartre perpetuelle, ou à être reclus perpetuellement en un Monastere, dont est parlé cy-dessus au chapitre des confiscations article dernier.

ARTICLE XXVI.

Qui paie les dettes & frais funeraux du défunt, ou s'entremet à l'administration de ses biens aprés son decez s'il est habile à luy succeder, & fait lesd. actes simplement, il est tenu & reputé heritier, & ne peut aprés repudier la succession, quelque protestation ou modification qu'aprés il fasse ou veuille faire au contraire.

La loy Romaine dit que le seul fait ne fait pas heritier celuy qui est habile si la volonté & intention n'y est jointe ; & dit en Latin ces mots, *gerere pro hærede magis est animi quàm facti l. pro hærede l. gerit ff. de adquir. hæred.* quand la parole y est, par laquelle aucun se dit heritier, la demonstration y est toute certaine, & la loy dit que la volonté & le consentement peut être aussi bien démontré par fait que par parole, *l. indebitum Cod. de condict. indeb. l. de quibus ff. de legib.* mais il faut que le fait soit tel que l'on ne puisse ou doive penser que ce soit à autre fin que d'être heritier, comme *verbi gratia*, si le fidejusseur ou posterieur creancier hypotecaire paye la debte du défunt pour s'acquitter ou acquerir priorité d'hypoteque, ou autre cause juste ; je ne voudrois pas dire qu'il eût fait acte d'heritier, car il faut que l'acte soit tel que l'on ne le puisse faire selon la presomption commune, sinon en qualité d'heritier, *d. l. pro hærede §. Papinianus ff. de adq. hæred.* Toutefois le plus seur est de protester avant que rien faire, & declarer pardevant le Juge son intention, & en avoir acte, *l. at si quis. §. sed interdum. ff. de religios.* & toute protestation de volonté doit être interposée au commencement de l'acte, *cap. consulti ex. de regular.* & quand l'acte subsequent se trouve directement contraire à la protestation precedente, la protestation ne releve de rien. *cap. cum M. Ferrariensis ex. de constitut*, & celuy qui a protesté si aprés il s'entremet en aucun acte qui ne puisse être expedié sans qualité d'heritier, il devient heritier, nonobstant sa protestation. Marian Socin mon Precepteur *consil.* 107. *vol. 2. Imò*, s'il avoit repudié l'heredité, & sans autre titre il occupât les biens hereditaires, il seroit censé heritier. Alexand. *consil.* 185. *vol. 6.* Ce qui doit être entendu quand il n'a aucune excuse considerable, & selon les circonstances, parce qu'en tel cas la repudiation eſt cenſée faite en fraude. Anchoran. *conſil.* 27. pour conſiderer plus ce qui de verité eſt fait, que ce qui eſt ſimulé de faire. Mais en ce je voudrois diſtinguer quel eſt l'acte ſubſequent quand il y a proteſtation precedente : car ſi aprés la proteſtation de nôtre heritier, celuy qui eſt habile a être tel, employe de ſon propre bien pour les affaires de l'heredité, comme pour payer les debtes & frais funeraux, ſans toucher aux biens dicelle heredité ; je croy que ſa proteſtation le conſerve entierement : mais s'il touche aux biens de l'heredité, même avant que l'inventaire en ſoit fait, & ſans authorité de Juſtice, je croy que ſa proteſtation precedente ne l'empéchera pas d'être heritier comme étant l'acte ſubſequent contraire à la proteſtation precedente. Toutefois durant le tems à deliberer, celuy qui eſt habile à être heritier, peut avec permiſſion de Juſtice, prendre ſoin que les biens hereditaires ne periſſent ſans en rien appliquer à ſon profit, voire les faire vendre s'il y a peril à la garde, ſans toucher les deniers, *l. Ariſto. ff. de jure delib. l. pro herede. §. ſervos. ff. de adq. hered.* mais il doit ce faire avec grande diſcretion, & ſi c'eſt l'enfant qui prenne ſon delay à deliberer s'il devra être heritier, il devra cependant être nourry des biens hereditaires, *leg. filius ff. de jure delib.* Ce qui a lieu *etiam* ſi les biens hereditaires étoient ſaiſis à requête des creanciers pour la contumace, ou non comparution des enfans non défendus, *l. ſi pupillus & l. ult. ff. de privileg. cred. l. quæ legatorum ff. ut in poſſeſſ. legat.* Quant au payement des frais funeraux, l'article eſt bien rude, parce que la preſomption de pieté doit être plûtôt priſe que l'intention d'être heritier, *l. ſcriptus & l. at ſi quis §. plerique ff. de religioſ.* Quant au payement des debtes, il ſe dit en droit qu'on peut payer pour autruy, & l'acquiter, & en ce faiſant on acquiert l'action *negotiorum geſtorum l. ſolvendo ff. de negot. geſt.* & quand il y a preſomption faiſant d'une-part, il ne faut s'arrêter à la preſomption contraire. Pourquoy je croy que cette clauſe payer les frais funeraux, & payer les debtes ; doit être entenduë quand on fait leſdits frais, à prendre ſur les biens hereditaires, ou que par autres circonſtances on peut juger de l'intention de la perſonne qui fait tels actes, & non pas de prendre ainſi cruëment les deux cas de cét article.

Habile a succeder, La ſimple entremiſe ne fait pas heritier celuy qui n'eſt pas le plus proche habile à l'être. Autrement eſt de celuy qui par parole expreſſe ſe dit heritier étant ſur ce interrogé en jugement : car quoy qu'il ne ſoit habile il eſt tenu pour heritier, *l. ult. ff. de interrog. act.*

Lesdits actes simplement, C'eſt-à-dire ſans proteſtation precedente, ce qui eſt ſignifié par les mots qui enſuivent : Quelque protestation qu'aprés il passe.

Repudier, Celuy qui a repudié les choſes étant entieres, ne peut aprés retourner à l'heredité pour la reprendre, *leg. ſicut. C. de repud. hered.* ſi ce n'étoit le fils qui a ce privilege d'y retourner dedans trois ans aprés la repudiation, *l. ult. C. eod. tit.* Pour repudier ce n'eſt pas aſſez de dire, je ne ſuis pas heritier : mais il faut paſſer outre, & dire par paroles expreſſes, je repudie. *Gloſſa & Salicet. in l. qui ſe patris. C. undè liberi.*

Sera noté quand aucun eſt chargé de prouver que quelqu'un eſt heritier, parce qu'il a fait acte d'heritier, que ces actes qui ſont réiterables & de diverſes ſortes, de divers tems, & avec diverſes circonſtances, peuvent être prouvées par témoins ſinguliers : car quoy qu'ils ſoient ſinguliers en chacun fait, ils concordent *in genere.* Ainſi diſent Bartol. & Socinus *conſil.* 295. *verſ. poſtremo. vol.* 1. Ce qui eſt general quand ce ſont actes réiterables qui tendent à même fin : mais parce qu'il y peut avoir ſurpriſe à cette preuve d'être heritier, il ſemble expedient même neceſſaire que les faits ſoient articulez diſtinctement & fort par le menu avec les circonſtances, & que celuy que l'on pretend être heritier y réponde, & tous deux informent, parce que par les circonſtances peut-être que cét acte d'heritier ſera prouvé, & peut-être que non.

Aucunes Coûtumes declarent ces actes d'heritier plus particulierement. Paris article 317. dit que celuy qui apprehende les biens & n'a autre qualité ou droit, quoy qu'il luy ſoit deû par l'heredité, eſt reputé heritier, parce qu'il doit faire demande par voye de Juſtice. De la ſimple apprehenſion il eſt dit par les Coûtumes d'Orleans art. 336. Senlis article 150. Melun art. 272. Bourbonnois art. 325. & ajoûte qui paye creanciers ou legats ; & par tout s'entend, pourveu qu'il ſoit habile à être heritier.

ARTICLE XXVII.

Qui declare en Jugement être heritier d'un défunt, ladite declaration profite au pourſuivant, & à tous autres ; de même s'il fait declaration judiciaire de n'être heritier, telle declaration vaut & profite à tous autres. Autrement eſt quand aucun eſt reputé heritier par contumace : car telle declaration ſert ſeulement au pourſuivant d'icelle.

Celuy qui par parole expreſſe declare être heritier, s'il eſt habile à heriter *eo ipſo* fait acte d'heritier, & partant eſt heritier quant à tous ; mais s'il n'eſt proche habile, ſa declaration profite ſeulement à celuy qui l'a pourſuivi pour declarer. *l. ult. ff. de interrogat. act.* Celuy qui eſt declaré heritier par contumace eſt detenu heritier ſeulement à l'égard de celuy qui le pourſuit : car les Sentences données par contumace ne font pas droit quant à tous, mais ſeulement à l'égard de ceux qui les ont pourſuivies, *l.* 2. *§. ſi duo fratres ff. de collat. l. qui repudiantes §.* 1. *in fine ff. de inof. teſtam.* & par cét article celuy qui eſt declaré heritier par contumace, peut être receu avec benefice de lettres Royaux, à purger sa contumace en refondant les dépens d'icelle contumace qui sont prejudiciaux, *arg. l. 1. §. si frater ff. de collat. cap. qua fronte. ex. de appell.* & à ce fait la *l. et si post tres. ff. si quis caut. in judic. sistendi causa facta non obtemp.*

De même cét art. dit Bourbonnois art. 326.

Selon la pratique de France celuy qui est appellé pour declarer s'il est heritier doit avoir delay de quarente jours pour deliberer, & ainsi disent Sens article 90. Auxerre art. 245. Orleans art. 337. & pour deliberer plus seurement, peut requerir inventaire être fait : mais ce doit être aux dépens du réquerant, ainsi dit Auxerre art. susdit 245. & Troyes art. 107. Ce qui est bien raisonnable pour être general par tout.

ARTICLE XXVIII.

CEluy qui se porte heritier simplement est preferé à l'heritier par benefice d'inventaire, qui s'entend quand il est lignager, autrement non ; & a lieu ladite exclusion posé que l'heritier simple soit plus lointain en degré que celuy qui se porte heritier par benefice d'inventaire.

LE benefice d'inventaire a été introduit pour loy generale par Justinian Empereur *ad instar* que l'Empereur Gordian l'avoit introduit auparavant en faveur des Soldats Romains, *l. scimus C. de jure delib.* Et est tel ledit benefice que celuy qui est habile à succeder, s'il doute les facultez de l'heredité être suffisantes pour les debtes, il fait faire inventaire des biens d'icelle heredité, avant que de soy entremettre à les prendre, & ce faisant n'est tenu aux debtes & charges, sinon jusques à la concurrence de la valeur des biens hereditaires, même s'il est creancier il est payé en son rang. On a accoûtumé d'obtenir lettres Royaux en Chancellerie pour être receu à se declarer heritier par benefice d'inventaire. Du Moulin en l'annotation sur la Coûtume de Berry des successions *ab intestat* art. 7. dit que les lettres ne sont necessaires. Et me semble que nous le pouvons pratiquer sans lettres, puisque la Coûtume le permet : car les lettres sont besoin quand nous nous voulons aider du droit Romain, entant qu'il n'est receu par les constitutions de nos Roys, ou par les Coûtumes, attendu que le droit Romain n'a force de loy en France. Pour la forme de cét inventaire, je trouve bon d'observer ce que la Coûtume de Berry au titre des successions *ab intestat* art. 9. prescrit pour la forme. Que ce pretendant dedans 40. jours declare pardevant le Juge ordinaire qu'il entend être heritier par benefice d'inventaire. Qu'avant que soy entremettre il fasse faire inventaire des biens de l'heredité dedans 40. jours, qu'aprés l'inventaire fait il baille caution de la valeur des biens. Qu'à voir faire l'inventaire il appelle nommément les creanciers connus & appelle les non connus à cry public. A quoy se rapporte le texte : *in Authent. de hæred. & Falcid. cap. 2. versic. sancimus juncta glo. in verbo fidei commissarios colla. 1.* où il est ajoûté qu'il faut faire appeller les legataires avec les creanciers. Et outre que le poursuivant & les domestiques fassent serment d'exhiber tout ce qu'ils sçavent des biens hereditaires. Que si ce pretendant s'immisse & entremet avant que l'inventaire soit fait ou laisse passer le tems, ou s'il soustrait & recele aucuns biens, il sera tenu pour heritier simple. A quoy fait ce qui est dit *in l. si servum quis §. prætor. & l. si is qui bonis ff. de adq. hered.* Paris art. 344. & Orleans art. 342. & 344. disent que l'heritier doit vendre les meubles publiquement, & aprés proclamations & solemnellement ; ce qui est bien raisonnable, parce qu'il gere le negoce de plusieurs, & il y doit employer le soin & diligence exacte. Bien crois-je que durant l'inventaire il peut avec permission de Justice, & jusqu'à certaine somme vendre quelques meubles pour employer aux frais funeraux & frais de l'inventaire : mais le plus seur est qu'il y employe un tiers homme notable amy de la maison, qui soit à ce commis par le Juge : car l'entremise par ses mêmes mains ne peut être sans suspicion. En ce qui est dit que l'heritier simple plus lointain est preferé à l'heritier par benefice d'inventaire plus prochain, de même disent Bourbonnois art. 329. Auvergne chapitre 12. article 38. Laon article 72. qui ajoûte à la charge de venir dans l'an de l'inventaire. Reims art. 308. idem. Et si cét heritier par benefice d'inventaire veut quiter ladite qualité pour se dire heritier simple, il y sera receu, & s'il est plus proche exclûra l'autre qui s'est presenté plus lointain. Et s'ils sont en pareil degré viendront par concurrence. Ainsi dit Berry des successions *ab intestat* art. 23. Orleans art. 341. Melun art. 271. Ce qui est bien raisonnable pour être observé par tout. Aussi les Coûtumes de Paris art. 342. & Orleans art. 338. mettent une belle limitation qui doit être tenuë pour generale, que si l'enfant ou descendant en ligne directe est heritier par benefice d'inventaire il ne sera exclus par le parent collateral qui voudra se dire heritier simple.

Les mêmes Coûtumes de Paris & Orleans art. 343. & art. 339. disent que si un mineur plus lointain se presente heritier simple pour exclure le plus prochain heritier par benefice d'inventaire, il n'y sera receu. La raison qui y est me fait croire qu'il est bon de l'observer par tout : car un mineur en effet n'est pas plus qu'un heritier par benefice d'inventaire, & encores pas tant, d'autant qu'il peut être facilement relevé de la gestion d'heritier en rendant les biens hereditaires selon la forme mise, *in Authent. si omnes C. si minor. ab hæred. se abstineat. l. unica. in fine C. de reputation. quæ fiunt. in judic.* & étant heritier simple ne baille caution comme l'heritier par benefice d'inventaire. Aussi la Coûtume de Berry des successions *ab intestat* art. 16. dit quand il y a un mineur heritier simple qui veut exclûre l'heritier par benefice d'inventaire (ce qui peut être par lesd. autres Coûtumes quand il est plus prochain) qu'il est commandé au tuteur de ne mêler les biens de l'heredité avec les biens propres dudit mineur, à peine d'en répondre par le tuteur en son propre nom, ce qui est trés-raisonnable; parce que les mineurs se joüent des hereditez, à cause du benefice de restitution en entier.

Par l'Edit de Roussion de 1564. article 16. les parens des financiers comptables ne sont receus à se dire heritiers par benefice d'inventaire.

ARTICLE XXIX.

L'Heritier conventionnel fait en côtrat de mariage, posé qu'il ne soit lignager, peut se porter heritier par benefice d'inventaire & y sera receu, pourveu qu'il n'y ait lignager qui veüille être heritier simple, ou en ladite qualité.

DIsent ainsi les Coûtumes de Bourbonnois art. 329. & 330. Auvergne chap. 12. art. 34. & 39. Et encores Bourbonnois art. 223.

De ces heritiers conventionnels a été traité cy-dessus au chapitre des donnations art. 12. Du Moulin en l'annotation sur ledit art. 223. de Bourbonnois dit que le fils heritier conventionnel qui se voudroit dire heritier par benefice d'inventaire, seroit exclûs par l'heritier simple collateral, sauf audit fils de reprendre la voye de succession *ab intestato*. Ce que je ne voudrois pas suivre même aprés l'authorité desdites Coûtumes de Paris & Orleans, qui preferent le fils heritier par benefice d'inventaire à l'heritier collateral simple. Et encores parce que quand le fils est institué heritier conventionnel, il semble que ce qui est de droit de nature par lequel la succession des peres est deuë aux enfans, n'est pas offusqué ny aboly, mais plûtôt renforcé & confirmé par la convenance de succeder; & comme il se dit de la donnation entre vifs faite à celuy qui est le plus proche habile à succeder *sup.* des fiefs art. 34. & quelles choses sont reputées meubles art. 14. vers la fin. Et ce qui est de nature est plus à considerer que ce qui est d'artifice, & du ministere de l'homme, comme il est dit quand l'enfant émancipé est adopté par son pere, *l. filio quem ff. de liber. & posth. l. non patant. §. si quis emancipatum ff. de bon. possess. contra tabul.*

CHAPITRE XXXV.

DU DROIT D'AINESSE.

ARTICLE PREMIER.

DRoit d'aînesse a lieu entre gens Nobles, vivans noblement en ligne directe seulement; & quant la chevance du défunt vaut cent livres de rente par commune estimation, & non autrement.

DRoit d'aînesse n'est pas tout pareil au droit de primogeniture, qui semble avoir pris sa source des saintes Ecritures: car la primogeniture regarde précisément la naissance, dont esdites saintes Ecritures est dit du premier mâle ouvrant la matrice de sa mere, qu'il étoit voüé à Dieu, & à luy étoient les benedictions. *Exode chapitre 13. vers. 1. Luca cap. 2. vers. 23.* Mais à nous l'aînesse regarde le tems du deceds du pere, & aîné se dit être celuy qui lors dudit deceds se trouve être le plus âgé des enfans, combien qu'il ne soit pas le premier nay, même s'il y a une fille née avant luy, ou que le mâle premier nay soit mort. AINS en ancien langage François signifie AVANT dont le mot Latin est *ante*, comme qui diroit nay avant les autres; & ainsi puisné celuy qui est nay plus aprés; puis en François represente le Latin *post. Imò* si le plus âgé lors du deceds du pere repudie la succession du pere, le prochain fils aprés luy se disant heritier, prendra le droit d'aînesse; ainsi fut jugé par Arrêt prononcé solemnellement par Monsieur le Président Seguier, en l'heredité de feu Me. Bertrand Rat de Poitiers le Jeudy 14. Août 1567. dont resulte que pour être capable du droit d'aînesse il faut avoir qualité d'heritier. Toutefois la Coûtume de Paris art. 310. & Orleans art. 359. disent que la portion de l'enfant qui repudie la succession de pere & mere, accroît aux autres enfans sans aucune prerogative d'aînesse de la portion qui accroît: mais où la Coûtume ne determine la question, je voudrois suivre l'Arrest; car étant ainsi que le droit d'aînesse est attaché necessairement à la qualité d'heritier, il faut reputer celuy qui n'est pas heritier, comme si du tout il n'étoit point; par argument de ce qui se dit que l'enfant exheredé est tenu comme s'il étoit mort, *l. 1. §. si pater ff. de conjungend. cum emancip. lib.* & en la *l. exheredatum ff. de re jud.* l'enfant exheredé est comparé à celuy qui repudie & s'abstient de l'heredité de son pere.

On a douté s'il y a droit d'aînesse en doüaire quand il est heritage des enfans, & que les enfans ont repudié la succession du pere.

La Coûtume de Melun art. 97. dit qu'il y a droit d'aînesse, ailleurs où l'on ne peut être heritier & doüairier, sembleroit que celui qui repudie l'heredité ne peut prendre droit d'aînesse : toutefois on allegue un Arrest au contraire de la prononciation de Noël de l'an 1532. Monsieur Dague Rapporteur en la cause des Gentians, dits de l'hermitage ; en nôtre Coûtume où l'on peut être heritier & doüairier, comme il a été dit cy-dessus, parce que le doüaire se prend par preciput, je croy que le droit d'aînesse peut avoir lieu en doüaire.

La plûpart des Coûtumes de France donnent le droit d'aînesse pour la Noblesse de l'heritage, combien que le predecesseur ny ses heritiers ne soient Nobles : mais la nôtre ne donne le droit d'aînesse sinon aux personnes Nobles ; en sorte que si un fief Noble est en maison roturiere en cette Province, il sera parti également.

Gens nobles vivans noblement, S'entend Noblesse de naissance ou acquise par grands merites de services faits au Roy & au public, laquelle acquisition de Noblesse doit être témoignée par Lettres Patentes du Roy, expediées en forme de Charte, scellées de cire verte sur lacs de soye, verifiées en la Chambre des Comptes. Ainsi il plût au Roy Charles VI. en l'an 1391. donner la dignité de Noblesse à Hugues Coquille pere de mon trisayeul, pour luy & sa posterité de mâles & femelles, ayant Sa Majesté eu agreable les services que ledit Coquille luy avoit faits en la guerre de Bretagne. Ce témoignage est plus certain que de plusieurs qui acquierent leur prétenduë Noblesse par violence & oppression, accompagnée de grands biens, aucuns desquels s'ils recherchoient jusques à leurs ayeuls ou bis-ayeuls, ils y trouveroient des Marchands, des gens de pratique, des Receveurs, même des Notaires, & ceux-là n'ont garde de montrer leurs Lettres, & se contentent de faire bonne mine. La Noblesse est acquise par l'enfant du côté de son pere, quoy que la mere soit roturiere ; car ce qui est de dignité vient à l'enfant du côté du pere, & luy est acquis dés l'instant qu'il est conçû au ventre de la mere : mais ce qui est de condition franche ou serve est du côté de la mere. En certain cas la Noblesse est requise des deux côtez de pere & mere, comme au privilege du temps d'étude pour les graduez és Concordats. Mais Sens art. 161. & Troyes art. 1. se contentent que pere & mere soient Nobles.

La Noblesse dont il est parlé en cét article ne doit être entenduë de celle qui est acquise par états & offices, car elle est à la vie de l'Officier & ne passe aux heritiers, pourquoy il n'en faut faire état en l'heredité, *l. cum patronus ff. de legat.* 2.

Ces mots vivans noblement, Sont à cét effet que si un qui fût nay noblement en noblesse hereditaire exerçoit fait de marchandise, ou tenoit des fermes & accenses, ou exerçoit état de Procureur de plaidoirie pour les particuliers, ou état de Notaire ou métier d'artisan, il ne joüiroit des privileges & droits de Noblesse, & seroit sa Noblesse offusquée jusques à ce qu'il fût rétabli par le Roy ; car tels actes dérogent à Noblesse, *l. nobiliores C. de commerciis & mercator. Guid. Papa quæstione* 391. Par Edit du Roy François I. du 4. Avril de l'an 1540. Edit d'Orleans art. 126. ancienne Coûtume de Bretagne art. 720. dit que tel Noble délaissant la marchandise, il reprend l'exemption par Noblesse. Voy d'Argentré en ses avis sur les Partages des Nobles *quæst.* 34. *nomb.* 1. Ce rétablissement dont il est parlé cy-dessus est octroyé facilement, & en mes jeunes ans j'en ay veu octroyer des Lettres au petit seel de la Chancellerie à Paris sans qu'on en fit difficulté : depuis j'ay veu quelques semblables Lettres qui portoient la charge de payer les Tailles & subsides pour le temps que l'impetrant avoit exercé la marchandise si déja il ne les avoit payez.

Que si un Gentilhomme, pour être pressé de pauvreté, laboure ses heritages par ses mains, ou si ayant des terres destinées à pâcage de bétail propre à luy, ou des bois portans paisson de gland & fayne, & il ne trouve à les bailler à ferme avec prix raisonnable, pourquoy il achete du bétail maigre pour l'engraisser en sesdits bois & pâcages & le revendre gras, je croy qu'il ne fait acte dérogeant à Noblesse. Quant au premier cas du labourage ainsi decidé, *Guido Papa quæst.* 41. & 391. & Tite-Live au 3. Livre de la premiere Decade parle de ce grand Capitaine Quintius Cincinnatus, qui aprés avoir été Consul fut appellé à la dictature en un extrême besoin de la Republique, & fut trouvé labourant un champ de quatre journaux : quant au second cas, la loy dit que c'est la recollection du fruit de son heritage, qui autrement ne se peut percevoir & non pas negotiation, *l. cùm quæreretur in fine & l. servos autem, in fine ff. de legat.* 3. *l. pecoris ff. de servit. rust. præd. l. patronus ff. de operis libert.* & plus exprés, *in l. de grege ff. de fundo instructo.* Ainsi fut jugé par la Cour des Aydes pour Jean Salonnier sieur du Peron, contre les Echevins de Moulins Angilberts : au fait de la Noblesse seront notez les cas cy-aprés. Si le pere perd sa Noblesse aprés la conception de l'enfant au ventre de la mere, l'enfant demeure noble, *l. generali* §. *ult. ff. de ritu nupt. l. emancipatum ff. de senat. l.* 2. §. *in avo ff. de Decurion.* & les enfans qui sont conçûs durant le procez & débat de la Noblesse sont sujets à l'évenement du procez, *l. ult. C. de liber. causa*, quand le procez est intenté contre le pere qui est legitime contradicteur : car si autre étoit en cause, se pourroit dire que la Sentence ne feroit droit en une cause d'état, *l. cùm non justo ff. de collus. deteg.* Toutefois si l'enfant déja conçû au ventre de sa mere vouloit par aprés prouver que le jugement donné contre la Noblesse de son pere eût été donné par contumace ou negligence de son pere, il seroit reçû à remuer la question pour son interest, & appeller de la Sentence, *l. si servus plurimum ff. de legat.* 1. *l. à sententia ff. de appellat.*

La véuve qui de naissance est roturiere, si elle épouse un noble, est tenuë pour Noble tant que le mariage dure, & pour autant de tems qu'elle demeure en viduité, *l. fæ.*

mina ff. de senat. l. filii. §. vidua. ff. ad municipal. Ainsi disent les Coûtumes de Tours art. 317. Melun art. 294. Troyes art. 13. Vitry art. 68. Laon art. 15. & 16. Reims art. 3. & 4. Mais si la femme Noble de naissance épouse un roturier, il est certain tant que le mariage dure qu'elle est tenuë pour roturiere ; & si devenuë véuve elle commence à reprendre l'exercice de Noblesse en s'abstenant d'actes roturiers, la question a éte en difficulté. *Guido Papæ quæst.* 349. a tenu qu'elle demeure roturiere, parce qu'elle est tenuë pour être de la maison de feu son mary ainsi qu'il est dit *in Auth. de nuptiis cap.* 201 *versic. soluto collat.* 4. je ne suis pas de cette opinion, & le contraire me semble veritable : car selon les loix des Chrêtiens dés-lors que le mary est mort, la femme est délivrée de la loy & puissance du mary : le mary roturier, tant qu'il est mary à cause de son autorité & puissance maritale, offusque & couvre la Noblesse de sa femme & fait qu'elle n'aparoît pas ; le mary mort, le voile étant ôté & l'empêchement cessé, ce qui est de nature & de naissance en elle, reprend sa vigueur & lueur. *Arg. l. senatoris in fine* où il faut lire *adeptione* & non pas *adoptione & l. fœminæ in fine. ff. de Senat. & arg. l. cui eorum §. affinitates ff. de postulando.* Ainsi se dit de celuy qui exerce marchandise étant Noble, que pour le tems de l'exercice il ne joüit des privileges de Noblesse, (laquelle comme il est dit cy-dessus coté de Monsieur d'Argentré, *dort pour un tems.*) & l'exercice cessé il les reprend. A la suite de ce propos il m'a semblé que l'opinion d'aucuns est avec erreur, qui disent qu'une femme qui ayant épousé un Chevalier a acquis le titre de Madame, & aprés elle épouse un simple Ecuyer, que l'on doit continuer à l'appeller Madame : car une femme mariée de quelque maison qu'elle soit, suit la qualité de son mary, & à plus forte raison quand ce n'est pas une qualité née avec elle, mais qui luy est acquise à cause du mariage & de la dignité de son mary. A quoy fait la *l. cum te. C. de nupt.* où est faite distinction de la dignité acquise à la femme par naissance ou par mariage.

Mais si le Noble perd sa Noblesse pour crime, ou commun, ou militaire, comme s'il est condamné pour simple larcin, qui ne peut proceder que de lâcheté & vilté de cœur, (& de fait en tel cas la Justice ne le condamne pas à être décapité, mais à être pendu, qui est la peine des roturiers,) ou pour avoir fuy lâchement & sans combatre à un jour de bataille, ou ayant accepté la garde d'une place forte, & ayant pris l'effroy, il l'ait rendue à l'ennemy mal à propos, ou qui avec armes auroit fait force aux officiers de Justice exerceans leur charge, en ce cas la Noblesse est perduë pour luy & sa posterité sans remede, & s'entend pour les enfans qui aprés sont conçeus de sa semence, & non pour ceux conçeus auparavant, *d. l. 2. §. in avo. ff. de Decurion.* Par Arrest contre un Gentilhomme du païs Chartrain du 23. Novembre 1528. parce qu'il avoit rescous des mains de Justice une fille de joye, il fut dégradé de Noblesse, & sa posterité declarée roturiere. Arrest tiré des memoires dud. feu Me. Etienne Bourgoin Conseiller au Parlement.

Chevance vaut cent livres) J'ay quelquefois donné avis qu'il se doit entendre quand toute la Chevance, ou la principale partie d'icelle est tenuë Noblement & en fief, tant parce que les Nobles ordinairement tiennent fiefs; *Imò* par les anciennes loix de France, les seuls Nobles peuvent tenir fiefs, & de là est que par la plûpart des Coûtumes les fiefs se partent Noblement, ayant égard à leur premiere nature, combien qu'ils soient possedez par roturiers, & les roturiers ne les peuvent tenir sans permission du Roy, dont vient la finance des franc-fiefs & nouveaux acquests. Les Gentils-hômes tiennent à honneür d'être reconnus & nommez des noms de leurs Seigneuries, qui est leur tiers nom, dont ils font plus d'état pour l'honneur que du second nom qui est le nom de la famille & naissance. Ainsi faisoient les Romains de grande maison, qui outre le prénom, avoient le second & tiers nom ; le second étoit le nom Gentil, c'est-à-dire le nom de l'ancienne race ; le tiers nom étoit le nom de la famille particuliere, qui avoit été acquis par valeur ou par quelque acte insigne & remarquable, comme Cajus Julius Cesar, Publius Cornelius Scipio, Quintus Luctatius Catulus. Ils communiquoient facilement leur second nom, à ceux qui par leur bien-fait étoient faits Citoyens Romains, comme à leurs serfs affranchis & à leurs cliens : Mais le tiers nom qui étoit nom d'honneur, n'étoit transferé par eux, sinon à leurs enfans naturels & legitimes, ou simples legitimes par adoption : comme il se reconnoît par la lecture des écrits Romains en une Oraison de Ciceron, où il parle d'un Luctatius Diodotus qui étoit Client de Luctatius Catulus, par le benefice duquel il avoit éte fait Citoyen Romain, & n'avoit pas le tiers nom de Catulus ; c'est en l'action cinquiéme contre Verres. Or en France nul ne se peut dire Seigneur d'une terre s'il n'y a Justice, ou qu'il la tienne en fief, ou que ce soit terroire allodial ayant son nom particulier. L'autre raison qui me meut à dire que cette Chevance doit être tenuë noblement, est que la plûpart des Coûtumes de France attachent le droit d'aînesse au fief, *etiam* entre roturiers & non à la personne Noble. Et quand il y a doute à une Coûtume, il est bien à propos d'emprunter l'interpretation d'icelle, des Coûtumes voisines, *cap. super eo. extrà de censibus cap. super eo. ex. de cognat. spirit.*

Commune estimation, Laquelle ne se fera pas à la raison qui est cy-dessous au chap. d'assiette de terre : car cette estimation excede de beaucoup la commune, mais se prendra selon que personnes expertes en aviseront, ou selon le revenu de dix années dernieres, en accumulant en une masse le revenu desdites dix années, & la dixiéme partie de cette masse sera reputée l'année commune.

ARTICLE II.

EN succession de femme, droit d'aînesse n'a point de lieu, ny pareillement entre filles venans à succession.

CEt article peut être fondé en la raison pour conserver le nom & l'agnation qui se perd aux femmes. Aussi par l'ancienne pratique de France, outre le fait des biens, l'aîné a les armes, le cry de la maison, & ce qui ne peut convenir aux femmes qui ne vont à la guerre ; armes sont pour l'écu & le caparasson qui ne sont en usage qu'à la guerre ; & le cry de même est pour être reconnu aux batailles. Nôtre Coûtume en autres cas, *etiam* entre roturiers, fait plus de compte des mâles que des femelles ; au chap. des Droits appartenans à gens mariez article 24. des Tutelles, art. 2. des successions, art. 14. l'ancien Testament ne donne le privilege de la benediction & sanctification, sinon au premier mâle, yssant du ventre de la mere, qui est le premier nay *Exode chap.* 13. *vers.* 1. plusieurs Coûtumes disent qu'entre filles il n'y a droit d'aînesse. Paris art. 19. Melun art. 96. Sens art. 20. Auxerre art. 59. Orleans art. 89. Senlis art. 132. Troyes art. 14. Vitry art. 58. Laon art. 153. Reims art. 41. Blois art. 145. Bourbonnois art. 304. Auvergne chap. 12. art. 62. Aucunes Coûtumes en petit nombre octroyent droit d'aînesse entre filles, comme Tours art. 273. Poitou article 296. Aucunes Coûtumes donnent droit d'aînesse en succession tant de pere que de mere, comme Reims art. 42. Paris art. 15. & 16. Melun art. 88. Senlis art. 127. Vitry article 53. Sens art. 16. Autres donnent ledit droit en une succession seulement. Auxerre art. 55. Orleans art. 97. Bourbonnois art. 301. donne à l'aîné par preciput la principale maison, soit paternelle ou maternelle. Aucunes Coûtumes disent que l'aîné prend en chacune Province ou Bailliage droit d'aînesse, comme Reims art. 43. Vitry art. 53. communément on juge ainsi se devoir faire par tout ; ce qui depend d'une opinion qu'aucuns Jurisconsultes François ont prise que les Coûtumes sont précisément locales, & cette opinion dépend d'une autre opinion qui compare nos Coûtumes aux statuts, dont les Docteurs d'Italie ont farcy leurs livres pour les interpretations d'iceux, qui est opinion erronée selon mon avis : car nos Coûtumes sont nôtre vray droit civil & commun, mais en Italie le droit Romain, & ces statuts sont contre ou outre ledit droit Romain & commun. Pourquoy il me semble qu'és Provinces esquelles il n'en est rien disposé que le preciput & droit d'aînesse, ne doit être pris qu'une fois en une maison, & que l'aîné doit se contenter d'avoir la principale maison & ordinaire domicile du défunt pere.

ARTICLE III.

EN succession collaterale droit d'aînesse n'a point de lieu.

MAis si en succession collaterale plusieurs enfans viennent à succession de leur oncle, comme representans leur pere, audit cas de representation, l'aîné desdits enfans prendra le droit d'aînesse. Chopin au traité *de privileg. rustic. parte* 3. *lib.* 3. *cap.* 9. *num.* 2. dit avoir été ainsi jugé par deux Arrests, l'un du 14. Avril 1537. pour Gilles Jourdain, l'autre du 16. May 1567. pour Catherine de Baugy. La raison peut être comme si leur pere lequel ils representent avoit *in intellectu*, recueilly cette succession, & que les enfans la prissent comme de la main de leur pere ; ce que je ne voudrois pas soûtenir en cette Coûtume : car par effet c'est une succession collaterale.

ARTICLE IV.

DRoit d'aînesse appartient à l'aîné mâle sur ses freres & sœurs ; & s'il decede, delaissez des enfans mâles, un ou plusieurs, soit avant le trépas du pere, ou aprés, pourveu que ce soit avant partage, l'aîné desdits enfans comme representant son pere, prendra ledit droit d'aînesse.

EN aucunes Coûtumes on a estimé que la fille du fils aîné doive representer son pere au droit d'aînesse. De cette representation au droit d'aînesse soit veuë la dispuration qu'en fait, *in utramque partem Joan. Andreas in addit ad Specu. tit. de feudis in preambulo.* J'en ay autrefois demandé avis sur un tel cas en la Coûtume de Chartres, l'ayeule étoit decedée aprés ses deux fils, chacun des deux fils avoit délaissé une fille ; on me répondit que la fille de l'aîné devoit prendre le droit d'aînesse ; ce qui est tres-inique & contre la disposition de la même Coûtume de Chartres, qui dit qu'entre filles venans à succession en pareil degré, droit d'aînesse n'a point de lieu : mais aucuns de Messieurs les consultans, *in forma communi*, sans distinction, apportent un seul remede à toutes sortes de maladies qui ont quelques accidens semblables, sans considerer en particulier toutes les circonstances. Mais pour juger l'affaire, est à considerer ce que disent *Bartol. in l. liberorum* 2. *ff. de verb. signif. Paul. Castrens. consil.* 47. *vol.* 1. *Cynus. in l.* 1. *C. ad leg. jul. de adult.* & Marian Socin *cons.* 1. *&* 31. *v.* 1. *& cons.* 168. *n.* 46. *vol.* 2. traitant la question si la fille du fils comme representant son pere decedé devra exclure sa tante sœur de son pere en la succession de l'ayeul, étant le statut tel quand il y a un fils, que la fille soit excluse de l'heredité de son pere, surquoy ils resolvent que la fille du fils n'a pas le privilege de son pere. Bartole dit la raison : quoy que l'enfant represente en ligne directe son pere en cette qualité d'enfant, toutefois la fille ne peut representer son pere en qualité de masculinité, avec laquelle qualité son pere a le privilege. En cette Coûtume de Chartres est à considerer que le droit d'aînesse est par exprés donné au mâle; dont s'ensuit que la masculinité est requise en celuy qui represente. Aussi selon l'usage & presomption commune le privilege d'aînesse est octroyé au mâle, parce que par luy le nom & les armes & la dignité de la famille sont conservez. Ainsi l'aînesse est comme representant le droit de primogeniture, dont il est parlé en l'ancien Testament, & ce droit n'appartenoit qu'au mâle. Item par la Coûtume generale de France à l'aîné noble appartient d'avoir les armes pleines & le cry de la maison; ce qui ne peut être és filles qui ne vont à la guerre, ou selon l'ancienne usance se pratique le fait des armes & du cry. Et quant aux armes en peinture les filles mariées les portent my-parties, & par leur mort les armes se perdent & le nom de la maison. Aussi ce qui est dit de representation en ladite Coûtume de Chartres est au chapitre general des successions : mais ce qui est d'aînesse pour le mâle est special au chapitre des fiefs; & en ladite Coûtume il y a un article qui dit qu'entre filles venans à succession en pareil degré, il n'y a droit d'aînesse : pourquoy je disois nonobstant cette raison generale de representation, & l'avis en forme commune des consultans, que la fille du fils aîné venant à la succession de son ayeule, ne devoit prendre le droit d'aînesse au préjudice de la fille du fils puîné, veu que les deux filles venoient *pari jure & gradu* à la succession de leur ayeule : cette question s'est presentée, mais il n'en a été meu procez entre Anne le Lievre (fille de feu Me. Gaillard le Lievre) ma premiere femme, & Valentine le Lievre femme de Mr. Me. Jacques le Clerc Conseiller en Parlement & és Requêtes du Palais, fille de Mr. Me. Bertrand le Lievre aussi Conseiller en ladite Cour frere aîné dudit Me. Gaillard, en la succession d'Anne Framberge leur ayeule veuve de Me. Jean le Lievre Conseiller & Avocat General du Roy en Parlement, pour la Terre & Seigneurie de Taneuse au païs Chartrain.

ARTICLE V.

A L'aîné ou son hoir mâle representant, comme dessus est dit, appartient pour ledit droit d'aînesse, la meilleure maison soit forte ou non, ainsi qu'elle se comporte avec les fossez, si fossez y a, le meilleur fief & le meilleur homme de condition, si aucuns y a, au choix dudit aîné quant ausdits fiefs & homme, & non autre chose.

LEs fossez és maisons des champs sont destinez principalement pour la forteresse d'icelles maisons; & comme les murailles & tours sont portion des mêmes maisons (comme si le tout n'étoit qu'un corps composé de plusieurs membres) ainsi les fossez sont portion de ce total, à cause de la destination du pere de famille qui a voulu édifier une maison forte, qui bonnement ny seurement ne peut être forte aux champs sans être environnée de fossez. Doncques je ne diray pas les fossez être accessoires, mais être portion essentielle de la maison forte. Aucunes Coûtumes outre la maison donnent en preciput à l'aîné le vol du chapon, qui est un arpent ou autre quantité de terre hors le Château au plus prochain, sans y comprendre les fossez, autres ajoûtent à l'aîné la basse-court, comme Paris art. 13. Troyes art. 14. La plûpart des Coûtumes, outre le preciput du Château, donnent à l'aîné quand ils sont deux freres les deux tiers de tout ce qui est en fiefs, s'ils sont trois ou plus la moitié : Paris art. 16. Melun art. 4. & 28. Orleans art. 89. Laon art. 150. Reims art. 42. & 47.

LE MEILLEUR FIEF, Ce n'est pas la meilleurs Seigneurie qui fût en la proprieté & domaine du pere : mais c'est la feodalité & superiorité du meilleur fief mouvant de l'heredité du pere. Dont resulte que les heritiers peuvent partir entr'eux les fiefs mouvans de la maison, combien que la maison demeure à l'aîné pour son droit d'aînesse, & partant lesdites mouvances de fief ne sont pas attachées inseparablement à la Seigneurie du Château. Vray parce que les vassaux ne peuvent être contraints de faire la foy & hommage en autre lieu qu'au lieu du fief dominant, l'aîné auquel sera demeuré le Château dont sont les mouvances sera tenu d'accommoder ses freres puînez de son Château, & leur prêter patience & lieu audit Château, pour au jour assigné y recevoir les hommages de leurs vassaux.

ARTICLE VI.

TOutefois s'il y avoit aucuns heritages joignans & contigus à ladite maison, comme grange, verger, colombier, prez & autres choses sans interposition d'autres heritages, ledit aîné les peut avoir en recompensant ses autres freres par heritage à estimation, *arbitrio boni viri.*

SElon mon avis ces mots joignans & contigus ne doivent pas être pris si à l'étroit : car si lesdites appartenances ne touchent pas corps à corps, comme s'il y a un chemin entre deux ou quelque espace vuide qui ne soit destiné à aucun usage particulier, ou s'il y a douve outre & par de-là le fossé : je croy qu'avec la recompense l'aîné aura ce qui est accessoire au principal manoir, comme s'il étoit joignant & contigu. A quoy sert ce qui est dit, *in l.*

notionem §. 1. ff. de verb. signif. La question est de la basse-court si elle sera censée faire portion de la maison pour appartenir à l'aîné en precipu sans recompense, ou s'il devra la recompenser. Surquoy il est à considerer que la Coûtume ne donne precipu à l'aîné sinon de maison qui est dit du Latin *mansio*, qui est la demeurance & habitation ; & n'en faut pas juger selon que les loix Romaines disent *villa* qui signifie un bâtiment aux champs, dont les loix Romaines disent que tel bâtiment est accession & des appartenances du domaine : le mot Latin *villa*, qui est un bâtiment és champs pour la commodité du domaine, est *fundi accessio l. fundi ff. quib. mod. ususf. amit.* & ailleurs se dit que c'est portion du domaine, *l. si ita testamento §. ult. ff. de fund. instructo, &c.* car les Romains avoient leurs principales habitations à Rome où és Villes closes, dites colonies ou municipies ; & les bâtimens qu'ils avoient és champs n'étoient que pour leur sejour de passe temps, ou pour les loger quand ils alloient voir leurs domaines pour les ménager. Ce n'est pas ainsi des Gentilshommes en France qui ont és champs les principales maisons de leur habitation qui sont comme leurs Palais, & il semble que la Coûtume n'ait voulu donner à l'aîné sinon ce qui est d'habitation, comme seroit une maison de Ville pour un Citoyen. En la basse-court ordinairement sont les granges pour serrer les bleds & foins, les bergeries, vacheries & toits pour le bétail, le colombier, le verger qui a sa principale destination pour arbres fruitiers, & autres telles commoditez concernant le ménage rustique : Pourquoy je croy que telle basse-court en ce païs n'est comprise avec le precipu de l'aîné, quoy qu'aucunes Coûtumes la donnent à l'aîné, comme Paris art. 13. Sens art. 201. Laon art. 147. Bourbonnois art. 302. pourveu que la basse-court soit dedans le même enclos. Mais si c'étoit un Château de grande marque & une fort grande Seigneurie, dont la basse-court fut destinée pour partie de la forteresse, comme en grande ancienneté les grandes maisons étoient composées de basse-court, Château & donjon, la basse-court y servant pour les écuries & pour le logis des valets & domestiques, & pour servir de retraite & seureté aux sujets : je croy en ce cas que l'aîné devroit avoir non seulement le Château & donjon, mais aussi la basse-court, comme le tout étant un seul corps destiné pour loger le Seigneur magnifiquement & seurement, par la raison de la *l. prædiis §. qui domum ff. de legat. 3. l. si quandò ff. de auro & arg. leg.* Quant au jardin pour les herbes, je croy qu'il doit être censé faire portion de la maison en tous les cas susdits, *d. §. qui domum*, si ce n'étoit qu'il fût si ample qu'il servit pour vendre les herbes.

Mais si à la douve du fossé il y a moulin qui tourne de l'eau vive qui est tenuë en grenier dedans les fossez, je diray que le moulin n'est compris au precipu, quoy que le moulin étant incorporé dans la douve du fossé, & l'eau des fossez qui le fait tourner ne soient qu'une même chose, car la principale destination du fossé est pour la forteresse de la maison, & par l'occasion de la reserve d'eau le moulin a été fait, ne servant de rien à la forteresse ; toutefois l'aîné pourra l'avoir en recompensant *ad instar* des heritages du sixiéme article. Ainsi disant il ne faut distinguer si le moulin est bannal ou non bannal & questuaire à volonté, qui est la distinction que met du Moulin en l'annotation sur la Coûtume de Troyes art. 14. & aucunes nouvelles Coûtumes font la même distinction, comme Paris art. 14. Sens art. 20. Auxerre art. 54. Orleans art. 42. mais esdites Coûtumes le precipu de l'aîné est plus ample qu'en la nôtre. Que si le moulin étoit de si peu d'expedition qu'il fut seulement destiné pour faire moudre les bleds servant pour la nourriture du maître & de ses domestiques, en ce cas je dirois qu'il feroit portion de la maison, comme un moulin à bras en un donjon : Et quant au parc ou garenne qui sont tout proche de la maison, & sont environnez de muraille ou haye vive & de la touche de bois ainsi proche, qui sert pour decoration, embellissement & amœnité, je dirois que l'aîné les aura en recompensant selon ce sixiéme art. car ce qui est destiné pour embellissement & amœnité est censé & reputé accessoire, & faire portion de la maison, & comme étant fruit d'icelle, *l. competit §. 1. ff. quod vi aut clam. leg. si cujus §. sed si inter ff. de usufr. d. l. prædiis §. qui domum ff. de legat. 3.*

Outre lesdits droits d'aînesse, autres sont par l'usance generale de ce Royaume, qu'à l'aîné appartient porter les armes pleines de la maison ; ce que rapporte Sens art. 209. Auxerre art. 53. Bourbonnois art. 301. Auvergne chap. 12. art. 51. Troyes art. 14. Les puînez doivent porter les armes de la maison avec quelque difference & diminution, comme écartelées, en y mêlant en cartier les armes de la mere, ou autre maison d'honneur à laquelle on atteint, ou en chargeant les armes de lambeaux, de bord simple, de bord dentelé ou découpé, ou par quelqu'autre façon. Ainsi le voit-on en la Maison de France que les puînez qui ont eu pour apannage Orleans ont chargé leur écu de lambeaux d'argent. Les premiers Angevins à commencer de Charles frere du Roy S. Loüis Roy de Sicile de lambeaux de gueule. Les seconds Angevins à commencer de Loüis fils du Roy Jean d'un simple bord de gueule, qui étoit la même marque & difference qu'avoit prise auparavant la maison de Valois, à commencer de Charles frere du Roy Philippes le Bel. Du même bord de gueule chargé de bezans d'argent en la maison d'Alençon qui étoit du puîné de ladite maison de Valois d'un bord dentelé en la maison de Berry, à commencer de Jean Duc de Berry fils dudit Roy Jean : En l'appanage de Bourgogne d'un bord découpé d'argent & de gueule. En l'appanage d'Artois trois lambeaux de gueule chargez de neuf Châteaux à trois pour chacun. La maison de Bourbon a un bâton sur les fleurs de lys qui ne touche aux bords & est de gueule. A l'imitation de la maison de France, il a été pratiqué és grandes maisons de ce Royaume.

Est à sçavoir que l'avantage que l'aîné prend ne le charge pas des debtes hereditaires outre ſa virile portion, par la raiſon de la *l.* 1. *C. ſi certum pet.* & eſt rapporté par Paris art. 334. Orleans art. 361. Senlis art. 163. Laon art. 69.

Parce qu'il a été parlé d'heritages contigus, j'ai aviſé de traiter ici la queſtion de l'arbre qui ſe trouve ſurgiſſant en un confin d'heritages à qui il appartient, & comme ſe doivent partir les fruits. La commune regle du droit Romain eſt que l'arbre eſt à celuy en l'heritage duquel le principal tronc de l'arbre ſurgit hors de terre, quoy qu'une partie des racines ſoit en l'heritage voiſin. *l. ſi plures §. ult. ff. arborum furtim cæſarum Origo*, diction Latine, c'eſt la premiere apparence hors de terre, venant du verbe *oriri*, comme ſe dit *origo fontis*, *ſol oriens*; & parce que les racines ſont acceſſoires au tronc, *leg. ſi vitem in fine ff. quod vi aut clam.* Ailleurs ſe dit que l'arbre ne doit être cenſé appartenir à autre, ſinon à celuy en l'heritage duquel les racines ſont aſſiſes, *leg. adeò §. ult. ff. de adq. rer. domi*; ce qui ſe doit entendre des principales racines, & non des filets d'icelles, *in dubio* quand par le dehors il n'en apparoît rien, il faut preſumer que les principales racines ſont droites en terre au lieu dont le tronc ſort de terre, & s'il ſort directement au confin l'arbre ſera commun, *leg. arbor. ff. commun. divid.* Quant aux fruits, on obſerve en ce païs que ſi l'arbre a bonne partie de ſes branches ſur l'heritage voiſin, que le voiſin prend les fruits qui tombent chez luy, ce qui a quelque raiſon, parce que le voiſin eſt incommodé de l'ombre dudit arbre, & parce qu'il eſt vray-ſemblable que partie des racines ſont chez luy; car pluſieurs arbres jettent leurs racines à côté, & ne vont pas toutes droites contre-bas, ceſſant lequel droit celuy à qui l'ombre nuit pourroit contraindre le voiſin de retrancher les branches à quinze pieds hauts de terre, *l.* 1. *§. deindè & l. ult. ff. de arborib. cæd.* Auſſi audit cas ſelon le droit Romain, le voiſin ſeroit tenu prêter patience à ſon voiſin d'aller amaſſer ſes fruits chûs en l'heritage voiſin de trois jours l'un, en payant l'interêt & indemnité, *leg. Julianus §. glans. ff. ad exhib. l.* 1. *ff. de glande leg.* parce que cette connoiſſance des racines qui ſont dedans terre eſt mal-aiſée à apprendre, pour juger ſi le tout ou partie d'un arbre, ou quelle partie appartenir à chacun des voiſins, nôtre uſance eſt à loüer & obſerver de partir les fruits ſelon qu'ils tombent en l'heritage de chacun.

CHAPITRE XXXVI.

DES PRESCRIPTIONS.

LEs preſcriptions ſont introduites pour le bien public, à ce que les proprietez des choſes & les droits ne demeuraſſent toûjours ou fort long-temps en incertitude qui engendreroit une confuſion & deſordre en la ſocieté des hommes; pourquoy il a été prefix un temps certain, dedans lequel chacun dût être ſoigneux de rechercher ſes droits, *l.* 1. *ff. de uſucap. cap. vigilanti extrà de præſcrip.* Ciceron en l'Oraiſon *pro Cæcinna*, dit que l'uſucapion & preſcription eſt la fin de toute ſollicitude, & de peril de procez. Suivant cette raiſon à la premiere plaidoirie de l'ouverture des Grands Jours à Clermont en Auvergne de l'an 1582. en Septembre où j'étois preſent, fut jugé que nonobſtant la paction expreſſe, contenant que nulle preſcription ne pourroit être objectée, neanmoins le temps de preſcription avoit couru utilement. La commune opinion des Docteurs eſt que par paction on ne peut renoncer à la preſcription de tres-long temps; ainſi que rapporte Marian Socin le Jeune mon Precepteur, *conſil.* 145. & allegue Bart. *in l. nemo ff. de legat.* 1.

La loy Romaine dit que le temps n'eſt pas une maniere reçûë & admiſe en droit pour acquerir ou perdre la proprieté d'une choſe, mais y eſt requis un titre legitime, *l. obligationum ferè §. placet ff. de act. & obligat.* Pourquoy ſelon les anciennes loix la poſſeſſion de tres-long-temps ſans titre n'acqueroit pas l'action pour demander, mais l'exception pour ſe défendre; auſſi le mot PRESCRIPTION en ſa propre ſignification ſignifie exception, ou fin de non recevoir: mais par la loy de Juſtinian, outre l'exception eſt octroyée l'action à celuy qui a joüi par tres-long-temps, qui eſt de trente ans, *l. ſi quis emptionis C. de præſcript.* 30. *vel* 40. *ann.* Les Docteurs ont diſputé ſi par la preſcription eſt acquiſe la proprieté par droit direct ou par droit utile ſeulement. Burgar. Azo. Joan. & Accurſe ont tenu que ſeulement la proprieté utile eſt acquiſe. Martin ancien gloſſateur a ſoûtenu que la directe proprieté étoit acquiſe: mais attendu que ce ſont diſputes, *de apicibus juris*, & de ſubtilité dont la difference n'eſt d'aucun fruit & effet, la diſpute doit être renvoyée aux écoles pour exercer les eſprits, & rechaſſée des Palais & Auditoires de plaidoirie.

ARTICLE I.

TOutes preſcriptions ſont reduites à trente ans contre gens lais, & contre l'Egliſe à quarante ans, ſinon és cas particuliers, autrement decidez cy-deſſus.

PAr la loy Romaine ſont deux ſortes de preſcriptions, principalement l'une qui eſt dite de long-temps, qui eſt de dix ans entre preſens, & vingt ans entre abſens, quand aucun a acquis avec titre legitime & de bonne foy, pensant que celuy duquel il acqueroit fût vray proprietaire : l'autre est la prescription qu'on appelle de tres-long-temps qui est de trente ans, en laquelle le titre n'est pas necessaire. Nôtre Coûtume en cét article n'a reçû que la prescription de trente ans, & à bonne raison pour éviter plusieurs disputes intriquées qui sont en la distinction des deux prescriptions. Cette prescription de long-temps qui est de dix ou vingt ans, avec titre & bonne foy a été reçûë par aucunes Coûtumes qui ont aussi reçû la prescription de trente ans sans titre. Paris art. 113. & 118. Poitou art. 372. Auxerre art. 128. Melun art. 170. & 171. Orleans art. 261. pour la prescription de trente ans. Vitry art. 134. Laon art. 141. & 142. Blois art. 192. Senlis art. 188. Reims art. 380. & 381. Autres Coûtumes comme la nôtre ont seulement admis la prescription de trente ans en tous cas contre laïs, & quarante ans contre l'Eglise. Bourbonnois art. 23. Orleans art. 260. Auvergne chap. 17. art. 2. & 3. Bourgogne art. 126. Mais Berry des prescriptions art. 1. n'admet autre prescription que de trente ans *etiam* contre l'Eglise.

Aucunes Coûtumes ont reçû la même prescription de dix & vingt ans contre l'hipoteque d'un tiers, quand il y a possession réelle & publique. Paris art. 115. Poitou art. 372. Senlis art. 193. Reims art. 384.

Aucunes Coûtumes disent en particulier que l'action personnelle se prescrit par trente ans. Melun art. 74. Vitry art. 137. Senlis art. 189. Reims art. 383. & l'action hipotecaire par quarante ans, lesdites Coûtumes de Vitry & Melun, Laon art. 143. Reims art. 381.

Les Canonistes ont tenu pour regle generale que nul possesseur de mauvaise foy ne peut prescrire, soit que la mauvaise foi soit dés le commencement, ou qu'elle survienne aprés, *d. cap. vigilanti, & cap. possessor. de regul. jur. in 6.* Le droit civil a approuvé la prescription de trente ans, *etiam* avec mauvaise foy, non pas en faveur du prescrivant : mais en haine de celuy qui est paresseux & nonchalant à poursuivre ses droits. Du Moulin en temperant cette diversité d'opinions, & bien selon mon avis, dit que s'il y a mauvaise foy bien formelle avec mauvaise conscience sans excuse, que tel possesseur ne peut prescrire, mais si c'est une simple mauvaise foy qui procede d'ignorance de droit ou de non-chalance, que telle mauvaise foy n'empêche pas la prescription de trente ans : car quoy que l'ignorance de droit ne serve d'excuse sinon à quelques personnes privilegiées, toutefois quant à tous elle excuse de dol & mauvaise foy, *l. sed etsi §. scire ff. de petit. hæred.* Suivant ce fut jugé par Arrest entre le Seigneur de saint Gratian descendu d'Erard de Digoine, & le Seigneur de Faye de Trousse-bois en Nivernois, le pere dudit de Trousse-bois & le fils avoient joüi trente ans d'une rente constituée à prix d'argent dûë par les Seigneurs de Nevers, qui appartenoit à Isabelle de Digoine fille dudit Erard : lad. Isabelle avoit épousé ledit Seigneur de Faye pere, & par le traité de mariage elle luy avoit donné tous ses meubles : le mary aprés son decez, & le fils de luy (elle étant decedée sans enfans) avoient joüi de cette rente plus de trente ans, estimans en être proprietaires, & que telles rentes constituées à prix d'argent fussent comprises sous le nom de meubles, selon qu'est la vulgaire opinion, non toutefois consonante à droit : Le Lieutenant au Baillage de Nivernois avoit jugé contre la prescription : La Cour par son Arrest jugea pour la prescription, & est à croire que la Cour se fonda sur ce qu'il n'y avoit mauvaise foy formelle, & que c'étoit ignorance de la subtilité de droit. Mais pour la prescription des choses Ecclesiastiques entre personnes Ecclesiastiques, le titre & la bonne foy ensemblement sont requises *etiam* en la prescription commune de quarante ans, *cap. si diligenti ex. de præscript.* Ce qui est vray quand le droit commun resiste au prescrivant, ou que la presomption dudit droit est contre luy : car si le droit commun ne resiste pas au prescrivant, la seule bonne foy sans titre suffit, *cap. Episcopum de præscript. in 6.* & là est mise l'exception de la prescription immemoriale qui couvre & efface tous ces vices, cela se dit entre Ecclesiastiques : car si le lay a à prescrire contre l'Eglise, il ne sera sujet à cette loy qui ne peut lier les lays & prescrira contre l'Eglise par quarante ans, quoy qu'il n'ait titre de bonne foy si expresse, laquelle prescription de quarante ans & non autre a lieu contre l'Eglise *etiam*, que ce soit l'Eglise qui prescrive contre l'Eglise, *cap. illud, & cap. seq. ex de præscript.* aud. chap. *illud* est remarqué qu'aucuns anciens Canons recevoient la prescription de trente ans en l'Eglise : ce qui est encore remarqué & observé en la Coûtume de Berry. Vray est qu'il faut rabatre dudit tems de quarante ans le tems que l'Eglise a vaqué, & le tems d'hostilité, *cap. 1. cap. de quarta cap. ex. transmissa ex eodem tit.* Faut aussi rabatre le tems auquel le mauvais administrateur qui a aliené a joüi du benefice, *can. si sacerdotes 16. quæst. 3. Innocent. in cap. ex. literis ex. de rest. in integr. Guido Papæ quæst.* 150.

Ce qui se dit de l'Eglise pour les quarante ans a lieu aussi és Citez & Republiques, *l. ut inter, & l. illud C. de sacros. Eccles.* & à tous Colleges & lieux pitoyables, comme Hôpitaux.

Comme dit a été les prescriptions ne se reglent pas és Cours Layes, selon les regles du droit Canonique. Doncques nous dirons que par cette Coûtume la seule prescription de trente ans étant en usage, que pour prescrire n'est requis titre ny bonne foy si expresse, parce que cette prescription est introduite en haine des nonchalans, *d. cap. vigilanti*, & pour le bien public, pour éviter la confusion & incertitude en la proprieté des choses, & le long tems fait presumer que le proprietaire a tenu sa chose pour délaissée & abandonnée, ou bien qu'il y a eu titre qui s'est perdu, & ce quant aux droits réels, ou qu'il y a eu payement, & la quittance ou les preuves sont perduës, quant aux droits personnels. Ainsi dit Raphaël Cumanus *cons. 67.* disant que la regle du droit Canonique, *possessor malæ fidei ullo tempore non præscribit* n'a lieu en Cour

Laye. Ce qu'il faut entendre avec la distinction dudit du Moulin sur la mauvaise foy, partant quand les Avocats soigneux & bien avisez veulent fonder le droit de leur partie en prescription, ils n'alleguent pas nuement le laps de tems : mais alleguent quelque titre ou cause vray semblable, & pour la preuve employent la joüissance de si long-tems qu'il fait presumer le titre : ainsi est traité par Bart. *& doct. in leg. cum de in rem verso ff. de usur.* & en plusieurs lieux de droit le laps de tems fait presumer le consentement ou paction, que l'on dit paction tacite, *l. cum post. ff. de jure dot. l. si sub specie C. de postul.* & quand on veut articuler & prouver les faits de possession valans à prescription, il ne suffit pas que ce soit d'une joüissance nuë, mais doit être de celuy qui pensoit & avoit juste occasion de croire que la chose fût sienne : ce que les Latins disent, *possidere pro suo & opinione domini, l. ult. ff. quemad. servit. amitt. l. 1. §. Aristo. ff. de aqua quotid. & æstiva.* Que si la possession dés le commencement a été precaire ou pignoratrice ou de dépôt, ou autre que d'opinion de proprieté, par quelque laps de tems qu'elle ait duré, elle ne peut servir à prescription, parce que l'on presume que la premiere cause de joüissance se soit de soy même continuée d'an en an, & soit telle la seconde année que la premiere, & la trentiéme année comme la premiere, *l. cùm nemo C. de adq. poss.* Pourquoy est quelquefois meilleur de ne produire le bien ancien titre, & se contenter de prouver sa possession à l'effet de la prescription, parce que la possession & la prescription qui s'en ensuit doivent se raporter au commencement de la joüissance, & quand elle apparoît de son commencement vicieuse, elle dure-t'elle. Aussi en cas que le commencement de la possession ait été avec mauvaise foy formelle & bien expresse, il a été dit cy-dessus qu'elle ne peut servir à prescription, & l'heritier de ce vicieux possesseur, quoy qu'il n'ait cette mauvaise foy, ne pourra prescrire, soit qu'il veuille joindre la possession de son predecesseur avec la sienne; soit qu'il veuille commencer la prescription de son tems : Quant au premier cas la regle est generale, que non seulement l'heritier, mais aussi le successeur à titre singulier ne pût joindre la possession de son predecesseur & auteur avec la sienne, sinon en l'employant avec ses vices, *l. Pomponius §. 1. ff. de adq. possess. leg. de accessionibus ff. de divers. & tempor. præscript.* Au second cas l'heritier du possesseur de mauvaise foy si formelle, quoy qu'il ne veuille joindre la possession de son predecesseur avec la sienne; néanmoins ne pourra commencer à prescrire, car l'heritier qui est censé la même personne que le défunt succede à tous ses vices personnels, & quoy qu'il les ignore il n'en est pourtant excusé, *l. cum hæres ff. de divers. & tempor. præscript.* Ainsi le tient Marian Socin mon Precepteur, *consil.* 144. *vol.* 1. & allegue Anto. de Butrio. *in d. cap, si diligenti de præscript.* & dit que c'est l'opinion commune contre Dynus. Les Canonistes n'ont pas été de cét avis, car ils disent que la mauvaise foy du défunt ne nuit à l'heritier qui a bonne foy, mais leurs opinions sont bonnes pour la Cour d'Eglise. Ce qui se dit de l'heritier & successeur universel qui est tenu des vices personnels du défunt, peut être étendu au donataire & autres successeurs singuliers à titre lucratif, non pas directement, *& ipso jure*, mais utilement & par voye d'exception, *leg. apud Celsum §. si quis autem ff. de except. doli.*

ARTICLE II.

LE Seigneur util, comme censier, bordelier ou rentier qui a payé partie de la redevance par luy dûë par payement uniforme par l'espace de tems dessusdit, a acquis liberté du surplus d'icelle redevance.

SOit icy repeté ce qu'aucunes Coûtumes disent, que le cens ne peut être prescrit en foy, mais bien la quotité & la façon de payer peuvent être prescrits, la Coûtume de Lorris use de ces mots, *non à toto sed à tanto.* La Coûtume nouvelle de Paris art. 124. & Reims art. 382. disent que *etiam* par cent ans le cens ne se prescrit, les autres disent simplement que le cens ne se prescrit, Senlis art. 191. Sens art. 263. Auxerre art. 186. ajoûtent ces mots, SINON DEPUIS CONTRADICTION. Berry des prescriptions art. 3. Orleans art. 263. Tours art. 209. Melun art. 173. Blois art. 35. Nous avons dit cy-dessus au chapitre des cens art. 21. que la seule cessation de payement n'intervertit pas la possession du Seigneur direct, & par consequent n'acquiert possession de liberté au debiteur, & ne peut produire prescription : car pour commencer la quasi possession de liberté, il faut qu'il y ait quelque acte exterieur & apparent pour troubler la possession du Seigneur, *quæ animo retinetur, l. si quis alia §. ult. ff. quemad. servit. amitt. l. malè agitur C. de præscript.* 30. *vel* 40. *ann.* Or au cas de cét article il y a acte exterieur bien apparent qui se traite par le Seigneur util avec le Seigneur direct, en payant par l'un & recevant par l'autre, pourquoy la prescription y est, aussi il n'est pas question de prescrire la Seigneurie directe en foy. A cét article se rapportent Paris art. 124. Berry des prescriptions art. 12. Orleans art. 263. Auvergne chap. 17. art. 6.

ARTICLE III.

FAculté de racheter *toties quoties*, se prescrit comme dessus.

IDem, Paris art, 120. Berry des prescriptions art. 11. Bourbonnois art. 20. Orleans art. 269. Auvergne chap. 17. art. 11.

Quand la faculté de racheter est de l'essence & originaire nature du contrat, comme en constitution de rente à prix d'argent, ladite faculté ne peut être prescrite, *etiam* par trente, soixante, voire cent ans, tant qu'il apparoîtra de l'origine. Ainsi fut jugé par Arrest du 13. Mars 1547. entre Faron Charpentier & Thomas Rapponel sieur de Bandeville, auparavant lequel Arrest le Palais doutoit si après trente ans la rente constituée à prix d'argent étoit rachetable, mais par l'extravagante *Regimini de empt. & vend.* où il est parlé de telles rentes, l'une des qualitez essentielles d'icelles est qu'elles soient rachetables à toûjours, & depuis il a été decidé par toutes ces Coûtumes nouvelles. Paris art. 119. Orleans art. 268. Sens art. 123. Troyes art. 67. Bourbonnois art. 418. Mais si c'est un contrat de vraye vente d'heritage qui n'ait les marques pour être jugé pignoratif ou usuraire, & tel que cessant la paction la faculté de rachat n'y soit pas, en ce cas proprement la decision de cét article a lieu, Marian Socin mon Precepteur *consf.* 145. *vol.* 1. fait cette distinction, que si c'est une simple faculté subsistant de par soy que contre icelle on ne prescrit, mais si elle dépend d'obligation & paction elle est sujette à prescription.

La question est : Le majeur a vendu son heritage par vraye vente, & luy a été accordé faculté de rachat pour six ans, ou autre tems ; avant le tems fini il decede, délaissant un heritier pupille : si ce qui reste de tems courra contre le pupille, & s'il pourra être restitué en entier ? La commune opinion est que non, parce que c'est chose dépendante de contrat fait avec un majeur, *l. 2. & ibi notant doctores C. si advers. vendit. pign.* l. *Æmilius Largianus ff. de minorib.* Ainsi fut jugé par Arrest à la prononciation de la Magdelaine 1528. pour les Flamans, Monsieur Desmier Rapporteur, tiré des Memoires de Monsieur Bourgoin Conseiller en Parlement.

On demande quand la faculté de racheter en vraye vente est de trente ans, ou autre tems, s'il suffit pour interrompre la prescription conventionnelle de faire un ajournement libellé, *ad instar* qu'il est dit, *in l. sicut C. de præscrit. 30. vel 40. ann.* sans faire offre réelle de deniers ? J'ay quelquefois donné avis par conseil, que si les offres réelles ne sont faites dedans le tems prefix pour le rachat, qu'il n'y avoit rien fait, & que l'ajournement n'empêchoit la prescription de courir. En la loy *sicut* est question du seul exercice d'action, où les paroles & plaidoiries devant le Juge suffisent, mais icy est question de faire un rachat, & faire voir des deniers pour le faire : il faut donc que les paroles soient accompagnées d'offres réelles en deniers, & rendre le negoce en tel état, que si la partie adverse se rendoit prête, tout soit aussi prêt de la part du demandeur pour executer à l'heure même, *leg. servus si heredi. §. Imperator. ff. de statulib.*

ARTICLE IV.

La façon & maniere de lever dîme, aussi la quote d'iceluy, sont prescriptible comme dessus.

Cy dessus au chapitre des dîmes article 7. a été parlé de la prescription du droit de dîme en soy : icy est parlé de la quotité & de la maniere de le percevoir. Selon cét article, disent les Coûtumes de Bourbonnois, art. 21. Auvergne chap. 17. art. 18. qui y met la prescription de trente ans. Les purs Canonistes ont tenu l'opinion que la dîme ne peut être prescrite, *in jure vel in quantitate.* Mais S. Thomas & autres Docteurs Theologiens Scholastiques ont tenu que les dîmes pouvoient être prescriptes en la quotité & en la maniere de les percevoir, & qu'il suffit que la reconnoissance de superiorité soit faite à l'Eglise par la prestation tant petite soit elle, & la raison est, parce que l'Eglise Chrétienne a plusieurs autres biens, mais la lignée de Levi en l'ancien Testament n'avoit autres biens que les dîmes. Alexand. *de Immola consil.* 60. *vol.* 4. dit que Innocent IV. Pape fit une decretale, par laquelle il commanda aux Freres Prescheurs (duquel Ordre étoit Saint Thomas) & aux Freres Mineurs de prêcher au peuple precisément que les dîmes sont dûës. Nous avons en France la constitution du Roy Philippes le Bel de l'an 1274. par laquelle il autorise la prestation des dîmes accoûtumées d'être payées, & reçoit la liberté & exemption d'en payer, selon qu'il a été accoûtumé. Sera icy noté un Arrest donné en la plaidoirie du 12. May 1545. par lequel les possessions d'aucuns Paroissiens furent declarées abusives de payer dîme quand bon leur sembleroit, & à leur volonté, à quoy se rapporte l'Edit de Blois art. 51.

ARTICLE V.

Interruption de prescription faite contre l'un des freres ou communs possedans par indivis aucunes choses, nuit aux autres freres ou communs.

Il est icy traité de l'action réelle, comme il se reconnoît par ces mots, Possedans par indivis, Quand on s'adresse contre l'un des possesseurs par indivis, l'adresse est faite, *potius in rem quàm in personam*, & nuit à tous ceux qui y ont part, *l. de pupillo §. si plurium ff. de oper. novi nunt.* Du Moulin en l'annotation sur le 13. article de la Coûtume de Berry titre des prescriptions qui decide comme celuy-cy, ajoûte une limitation quand le défendeur est convenu pour le total, & autrement feroit s'il étoit convenu pour sa part seulement ; ce que je ne voudrois dire indistinctement, mais considerer qu'elle est la nature de l'action & du droit qui est déduit en icelle, si c'est droit dividu ou individu. En semblable raison de cét article la loy dit que l'interruption faite contre l'un des obligez solidairement à l'autre, *l. ult. C. de duobus reis.* Mais l'interruption faite contre le principal obligé ne nuit pas au fidejusseur, parce qu'ils ne sont obligez d'une même forme d'obligation, Bart. *in l. cum quis §. si quis pro reo ff. de solut.* & ainsi dit Alexand. *consil. 98. vol. 7.* toutefois il est dit en ce lieu que l'interruption civile qui est par ajournement ne passe pas outre la personne contre laquelle elle est faite, & allegue la glos. *in l. 1. C. de prascript. longi temp.* ce qui se peut entendre és actions personnelles : mais l'interruption naturelle réelle, *& in re ipsa*, vaut quant à tous, *l. naturaliter ff. de usucap.* Pourquoy j'ay autrefois conseillé que celuy qui dedans les dix ans de l'alienation par luy faite s'étoit entremis à joüir réellement, & avoit joüi par an & jour, & aprés les dix ans avoit obtenu lettres de rescision étoit bien recevable a en requerir l'enterinement, parce que les lettres ne sont obtenuës que pour exciter l'office du Juge.

Sera icy ramentû l'Edit de Roussillon de l'an 1564. art. 15. par lequel il est dit que l'interruption de prescription faite par procez *etiam*, qu'il y ait contestation, ne peut servir si l'instance est discontinuée par trois ans sans poursuite, quoy que selon l'opinion des Docteurs de droit l'action par la contestation soit perpetuée à trente ans, laquelle opinion est fondée sur ce que la contestation a force & vigueur de contrat, comme il est dit en droit, *judicio quasi contrahitur*, *l. licet §. idem scribit ff. de pecul.* & que les actions qui de soy n'étoient pas censées être *in bonis*, qui n'étoient pas censées perpetuelles, qui n'étoient pas censées transitoires *ad hæredes*, sont censées être au patrimoine, sont reputées perpetuelles & transitoires, *ad hæredes l. injuriarum 13. ff. de injuriis & famos. libel. l. ult. in fine ff. de fidejuss. tutorum, leg. sciendum ff. de action. & oblig.* Mais avec grande raison cette peremption d'instance a été introduite, à ce que sous pretexte de contestation les procez ne fussent immortels.

ARTICLE VI.

Si aucun vend ou transporte heritages, ou choses immeubles par luy tenuës à cens, rentes ou autre devoir d'aucun Seigneur, & tel alienant aprés ladite alienation continuë, le payement dudit devoir & charge dudit heritage ainsi vendu, en ce cas ne court prescription dudit devoir ou charge au profit de l'acquereur, ou autre ayant de luy cause pour quelque laps de tems qu'il les possede, jusques à ce que ledit Seigneur direct soit dûëment informé de lad. alienation.

De même dit Bourbonnois art. 32. Berry des prescritions art. 14. Auxerre art. 187. qui use de ces mots, *que le détenteur d'heritage chargé de rente fonciere ne prescrit tant que l'obligé paye la rente.*

La raison de cét article est que le Seigneur direct en percevant sa redevance conserve la possession qu'il a d'être & se dire Seigneur direct du tenement entier, tel qu'il étoit hors du bail. Le tenementier par la loy de la concession est tenu de conserver les droits du Seigneur, *l. 1. in fine ff. de novi oper. nunt. l. 1. in fine cum l. seq. ff. usufruct. quemad. caveat*, *l. videamus §. item prospicere ff. locati.* Que si le tenementier Seigneur util veut colluder avec un tiers, cela ne peut apporter interest au Seigneur direct, *l. ult. C. de adq. poss.* à ce fait la loy *qui universus §. ult. ff. de adq. poss.* qui parle au fait de simple possession, *& leg. quamvis 1. §. 1. Eod. tit.* qui parle au conducteur qui paye le loyer de sa conduction à deux personnes. Fait aussi la *l. cum scimus §. illud quoque C. de agricol. & cens. lib. 11.* où se dit que la prescription ne peut courir contre le Seigneur, entant que sa redevance luy en est payée, & il n'en peut deviner les cas particuliers ; & les possessions occultes & non pas apparentes ne peuvent porter préjudice à celuy qui a été possesseur, & n'a pas sçû, ny vray-semblablement eu moyen de sçavoir les entreprises nouvelles, *l. quamvis saltus ff. de adquir. poss.* La loy *omnes C. sine censu vel reliquis*, repute en fraude quand le vendeur retient à luy la charge de payer la redevance, & declare la paction être illicite.

CHAPITRE XXXVII.

D'ASSIETTE DE TERRE.

Ce chapitre ne se pratique guéres aujourd'huy, parce que toutes especes & denrées sont excessivement creuës de prix, & sont aujourd'huy à trois, quatre, cinq ou six fois plus cheres qu'elles ne souloient être il y a cent ans, qui est le tems auquel l'ancien cahier de ces Coûtumes fut compilé, & cette matiere d'assiette en a été tirée, & avoit auparavant été tirée de la Coûtume de Bourgogne. La cause de l'augmentation a été, ou parce qu'à cause de la creuë excessive des tailles & subsides, les Laboureurs & Artisans

Vide l. Pom. ponius ff. quib. mo. l. usuf. amitt.

ont été contraints d'augmenter le prix de leurs denrées, ou parce que l'or & l'argent a été plus commun depuis la découverte des terres Neuves, & que les Espagnols devenus riches & faineans, & étant le païs d'Espagne pour la plus grande partie sec & sterile, led. païs a été contraint de se fournir des manufa-ctures & denrées de France, ou parce que le trafic & commerce des monnoyes à été plus frequent depuis, que par force on a été contraint de bannir les loix Tyranniques des Canonistes au fait des usures : ou parce que par le moyen du grand cours des rentes constituées, des partis & de la multiplication des Offices, on a contraint l'or & l'argent de sortir en lumiere, & de changer souvent de place & domicile, passer de main à autre, & d'errer & vaguer parmy le monde, sans qu'il demeurât en prison és bourses des avares. Or selon que les especes & denrées sont icy apreciées, cent livres de rente vaudroient trois cens livres de rente, ou plus de present.

ARTICLE PREMIER.

QUi est tenu, obligé ou condamné à bailler & payer rente simplement, n'est tenu d'en faire assiette par le menu, mais seulement de payer ladite rente par ses mains. Et qui est tenu, obligé ou condamné de bailler rente en assiette, ou d'asseoir rente, il sera tenu de l'assigner & asseoir selon ce que dessous est declaré.

CEluy qui a promis ou qui autrement doit rente, & n'a sur quoy l'assigner, il doit payer l'estimation du sort principal d'icelle, à raison de quinze pour un ; c'est six & deux tiers pour cent par an, *l. si quis argentum §. sin autem C. de donat.* Qui est la même raison à laquelle l'Ordonnance du Roy François I. de l'an 1539. met le rachapt des rentes constituées sur maisons de Ville quand le prix de la constitution n'appert pas. Ce qui s'entend quand les rentes ne sont pas foncieres, procedans de bail d'heritage : mais si la rente est fonciere, elle doit être estimée au denier vingt, *in Authent. de non alienand. cap. quia verò Leonis 5. colla. 2. tit. 1. Et in l. Papinianus §. undè*, en calculant subtilement, *ff. de inof. test.*

Par ladite loy *si quis argentum §. 1. C. de donat.* semble être prouvé que si le debteur a heritages, il est tenu d'en bailler au creancier qui fassent le revenu dont le debteur est tenu. Soit veuë la *l. defuncto §. Sempronio ff. de usuf. & l. fundi Trebatiani ff. de usuf. leg.*

Ce qui est dit en cét article premier de bailler rente en assiette, selon mon avis ne doit pas être entendu simplement & cruëment pour en bailler selon le taux mis en ce chapitre : Et je voudrois qu'en la promesse de bail & rente en assiette fût exprimé specialement que l'assiette se dût faire selon les articles de la Coûtume : car ce grand & excessif augment de la valeur & estimation de toutes choses doit faire croire que nul n'a entendu de s'y soûmettre, si specialement il ne l'a declaré, suivant les presomptions & conjectures de droit, *l. obligatione ff. de pignor. l. legato generaliter ff. de legat. 1.* & parce que cette maniere de bailler rente en assiette selon ce chapitre n'est plus en usage ; & la promesse *In dubio*, doit être entenduë selon l'usance commune, *l. quod si nolit. §. quia assidua ff. de Ædilit. edict.*

ARTICLE II.

QUi est tenu de faire assiette doit la faire de prochain en prochain, tant qu'il aura dequoy l'asseoir en lad. maniere ; & aussi est tenu le creancier de l'accepter.

TOus negoces d'entre les hommes, quoy qu'ils procedent de contrat de droit étroit doivent être expediez avec quelque civilité & honnêteté, *l. si tui simplici ff. de servitut.* avec tel temperament de courtoisie que chacun ait occasion de se contenter. Si le creancier bailloit des redevances épanchées & au loin l'une de l'autre, il y auroit diminution de valeur, & se pourroit dire qu'on auroit choisi les moindres. Quand il faut suivre de rang & de prochain en prochain tout vient pêle & mêle, & c'est pour ôter à chacun des creancier & debteur le moyen d'estriver.

ARTICLE III.

JUstice haute, moyenne & basse se prise en assiette le dixiéme de ce que le revenu de la terre vaut par chacun an, qui est de dix livres vingt sols.

ARTICLE IV.

JUstice haute seulement, ou moyenne & basse ensemble, sont prises en assiette pour le vingtiéme du revenu de la terre qui est de vingt livres vingt sols,

ARTICLE V.

ET au regard de la basse seulement, vaudra la quarantiéme qui est de vingt livres dix sols.

ARTICLE VI.

LE ressort n'est pour rien compté en l'assiette, & est tenu le debteur faisant l'assiette de bailler ledit ressort avec la Justice en premier degré.

LEs profits de la Justice sont icy estimez trop haut, & semble qu'il y ait eu peu de raison. Cela peut proceder du tems ancien, auquel les Seigneurs vendoient ou bailloient à ferme les Sergenteries, les Mairies & Prevôtez. Tels profits de la Justice, si ce n'est pour les Greffes, ne deussent être considerez à cause de l'incertitude, & parce que l'on ne peut en faire attente sinon avec le mal d'autruy, à cause des amandes des procez civils, & des amandes & confiscations à cause de rixes & delits. Cette attente de profits quelquefois est cause que l'on semond & avance le mal, ou bien qu'on le souhaite & desire, & la pensée, & encore plus le desir sont de mauvais presage & à blâmer, *l. cùm tale in principio ff. de condit. & demonst. l. inter stipulantem §. sacram. ff. de verbor. oblig.* Mieux eût été d'estimer ces profits selon qu'il est dit des rentes muables, *infrà* art. 15. A cét effet pourra être icy consideré, que quand la Baronnie de Montmorency fut érigée en Duché & Pairie, & auparavant étoit du ressort de la Prevôté de Paris, & devenoit du ressort du Parlement immediatement, le Procureur General du Roy ne requit, & la Cour n'adjugea autre recompense & indemnité au Roy, sinon de la diminution des émolumens du Greffe de lad. Prevôté, & sans faire aucune mention des profits des amandes, confiscations, & tels autres profits de Justice ; qui montre que tels profits ne doivent venir en estimation. J'étois present lors à la plaidoirie & jugement.

L'inegalité & disproportion est grande au quatriéme article, quand il met les profits de la moyenne & basse Justice ensemble aussi haut que les profits de la haute Justice à part : car la haute a les confiscations, les épaves, les biens vacans & les amandes arbitraires qui excedent soixante sols. La moyenne & basse Justice n'apportent que petites amandes arbitraires, & rien des autres profits ; sinon soixante sols sur les épaves & sur les confiscations ; & les Greffes desdites moyenne & basse Justice ne peuvent être de grand profit, parce que peu de causes civiles selon cette Coûtume y sont adressées, *suprà* au chapitre de Justice art. 13. & 14.

ARTICLE VII.

LA forteresse, Château ou maison forte en état suffisant est estimée en assiette la dixiéme partie du revenu de la terre, & ne sera tenu le creancier de la prendre si la moitié pour le moins de la terre ne luy est baillée. Et quant aux autres édifices, maisons, granges, bergeries, étables, vergers, jardins & heritages étant des appartenances dudit Château ou maison forte, & joignant icelles, ils seront estimez pour la dixiéme partie du revenu de dix années, apprecié par gens à ce connoissans.

CEcy se doit entendre des bâtimens qui sont aux champs par ces mots Château, maison forte, granges, bergeries. Les maisons des champs ne sont estimées de par elles, parce qu'elles n'ont accoûtumé d'être baillées à loüage seules, comme les maisons de Villes ou Bourgs. Le bâtiment qui est aux champs servant de principale habitation au Seigneur, doit être estimé selon le revenu de la Seigneurie à laquelle il est destiné : si c'est un grand & magnifique bâtiment dont la cuisine soit mal fournie, parce que le revenu est petit, le bâtiment n'en sera pas estimé davantage ; pourquoy à juste cause nôtre Coûtume dit que le Château ou maison forte sont estimez valoir en assiette selon la proportion du revenu de la terre. Cette estimation commune en l'article 7. semble devoir être suivie simplement, parce que selon le sens commun on ne peut y appliquer estimation certaine & proportionnée.

La seconde partie de cét article semble être manqué, & qu'il doit être dit pour la dixiéme partie du revenu de dix années apprecié par gens à ce connoissans. Deux raisons me meuvent de dire ainsi, l'une qu'en l'ancien cahier de l'an 1491. il est ainsi dit ; l'autre que le mot, *années*, qui est aprés, *de*, semble desirer quelque signification de nombre entre deux : joint que l'estimation seroit trop haute d'estimer le Château qui est le principal manoir la dixiéme partie du revenu de la terre, & encore une autre dixiéme le revenu des granges, bergeries & basse-court, qui seroit deux dixiémes, valans une cinquiéme ; & si la terre valoit mil livres de rente le Château & bassecourt seroient estimez deux cens livres, dont ne revient rien pour dîner & s'entretenir.

ARTICLE VIII.

AUtres maisons & édifices sont prisez en l'assiette la quarantiéme portion de ce qu'ils valent à acheter pour une fois.

CEt article doit être entendu des maisons qui sont és Villes & Bourgs qui sont considerées seules & de par elles, & qui ont aussi accoûtumé, & facilement peuvent être loüées seules, & non des maisons aux champs qui sont avec domaine ou revenu adjacent : car ordinairement les maisons qui sont seules & de par elles ne sont pas loüées à proportion de ce qu'elles peuvent être venduës pour une fois. En ce païs communement une maison de Ville qui pourra être venduë deux mil liv. ne sera loüée que quarante ou cinquante liv. c'est la raison susdite du denier quarantiéme. Toutefois quand il est question de bailler en assiette, sembleroit y avoir grande raison que la maison fût estimée en revenu la vingt-cinquiéme ou trentiéme portion de ce qu'elle pourroit être venduë ; car le plus haut achat de rente ou revenu qui n'a autre qualité adjacente est au denier vingt, vingt-cinq ou trente.

La commune opinion pour le prix des heritages aux champs qui sont à vendre, est si c'est un domaine roturier, n'ayant aucune censive ou Seigneurie directe, ou parties casuelles qui soit sans bâtiment notable, il soit estimé valoir pour une fois ce que vaut le revenu en vingt ans ; s'il y a bâtiment notable, ou bien qu'il y ait des censives & redevances avec parties casuelles sans Justice, l'estimation soit de vingt-cinq fois autant que monte le revenu ; s'il y a Justice avec censives & redevances de Seigneurie directe sans bâtiment, l'estimation soit au denier trente ; si c'est Seigneurie avec Justice totale & territoire ample, censives & bâtiment notable, & fort digne du revenu, l'estimation soit au denier quarante, qui seroit mil livres de rente quarante mil livres.

ARTICLE IX.

PLein fief est prisé en assiette la dixiéme partie du revenu dudit fief.

ARTICLE X.

L'Arriere-fief la vingtiéme.

CEtte appretiation est trop haute selon que sont aujourd'huy les fiefs : car le fief en ce païs n'est pas si fructueux comme en plusieurs autres Provinces, esquelles en toutes successions collaterales, ou quand la Dame de fief servant se marie, & en certains autres cas le Seigneur feodal prend le revenu d'un an, que l'on appelle droit de relief ou rachat, & en ce païs n'y a aucun profit en tel cas. De vray le quint denier est plus haut qu'és autres païs, mais il ne vient pas souvent, & pourra avenir qu'une terre sera cent, sept vingts ou deux cens ans sans changer de main, autrement que par succession. Mais ces deux articles, selon mon avis, ont été tirez des tres anciens cahiers, du tems que les Seigneurs de France avoient droit de faire guerre les uns aux autres, même les nobles de ce païs usoient de ce droit. & requeroient ledit droit leur être confirmé, comme il appert par une Charte du Roy Loüis X. dit Hutin de l'an 1316. En ce tems-là les vassaux servoient leurs Seigneurs en leurs guerres, & le service étoit aux dépens des vassaux, selon la valeur de leurs fiefs, & les Seigneurs faisoient état de ce service quand ils estimoient leur revenu. Dés le tems de ladite Charte, ce droit de faire guerre commençoit d'être ébranlé : car par le moyen des Bailliages Royaux les gens du Roy faisoient plusieurs molestes aux Seigneurs qui entreprenoient de faire guerre. Enfin le droit a été aboli du tout, qui a été cause qu'on a fait le crime de port d'armes, cas Royal, qui n'est pas le simple port d'armes qui sont défenduës, comme les gens du Roy faciles à croire ce qui sert à leur intention se persuadent ; mais le port d'armes est le fait de guerre, quand aucun assemble plusieurs hommes en armes, & dix pour le moins pour faire insulte à un autre ; & ceux qui parlent plus correctement disent les deux ensemble, PORT D'ARMES ET ASSEMBLE'E ILLICITE. Pourquoy n'étant plus en usage ce droit de faire guerre, seroit bien expedient à la revision de cette Coûtume de temperer ces deux articles comme au 30. & au 60. & s'entend des fiefs mouvans du debteur, & non de ceux qu'il a en ses mains & domaine.

ARTICLE XI.

LE franc-alleu est estimé & prisé le dixiéme plus que le fief ; en maniere que qui doit cent livres de rente en franc-alleu, sera tenu pour y satisfaire bailler cent dix livres en fief.

EN cét article le fief n'est pas entendu pour la mouvance, mais pour la Seigneurie & proprieté qui est en la main & domaine du debiteur de la rente. Franc-alleu est de deux sortes, l'un Noble & Seigneurial auquel y a Justice, & autres marques de Noblesse qui ne reconnoît aucun Seigneur feodal, mais seulement la souveraineté du Roy, & ne doit aucun profit de quint denier en cas de mutation d'homme, l'autre franc-alleu est roturier, quand aucun tient un heritage sans aucune charge de fief, cens ou autre redevance emportant Seigneurie directe, & reconnoît seulement la Justice du Seigneur, au territoire duquel est l'heritage ; ce qui est dit en cét article de franc-alleu me semble devoir être entendu de franc-alleu Noble, & non de franc-alleu roturier, parce que l'article met en comparaison franc-alleu & fief.

ARTICLE XII.

CEns en assiette double & bordelage tierce, qui est à dire que cent sols de cens sont pris en assiette pour dix livres de rente, & cent sols de bordelage pour sept livres dix sols tournois de rente.

IL faut entendre des censives qui sont *ad instar* de l'ancien établissement, selon lequel que les redevances censuelles sont de petites sommes de deniers ; & parce que la redevance annuelle est petite, & que le cens de sa nature n'est sujet à dures conditions, aussi il advient qu'en cas d'alienation les lots & ventes sont plus grands, car l'heritage peu chargé se vend à plus haut prix : Pourquoy si c'étoient redevances censuelles de fort grosses sommes, & comme fit un qui avoit à faire assiette de rente, & commua plusieurs bordelages en cens sans diminuer la prestation, qui de soy étoit grosse, je croy que telles redevances ne devoient doubler : A quoy s'accorde la Coûtume de Poitou art. 192. qui dit que le cens ne double pas si l'article de cens excede douze deniers ; & s'il excede douze deniers il ne doublera que jusques à douze deniers. Le bordelage a sa prestation ordinairement grande, & contient plusieurs cas de reversion, & en cas d'alienation le profit du Seigneur est du tiers denier : ces parties casuelles font estimer ces redevances de plus haut prix que les simples rentes.

ARTICLE XIII.

Taille d'homme ou femme serfs est évaluée la dixiéme partie de ce qu'elle a valu ou peu valoir en dix ans, & le mex sera baillé pour la dixiéme partie de la taille.

Les redevances & prestations qui ne sont semblables tous les ans, & sont sujetes à croître ou décroître ont accoûtumé d'être estimées en cette maniere que l'on met en un amas les sommes ausquelles sont revenuës les prestation durant les dix années dernieres, & la dixiéme partie de tout cét amas est reputée l'année commune, qui est ce que l'article veut dire, & ainsi se pratique quand on estime ce qui est du domaine du Roy, quand le Roy commande de l'aliener. Cét article s'entend des tailles à volonté qui d'an en an sont sujetes à changement, selon les facultez des gens de condition servile dont il est parlé cy-dessus au chapitre des servitudes personnelles articles un & deux ; mais les tailles abosinées, c'est-à-dire qui par convenance ou prescription sont arrêtées & limitées à somme certaine sans mutation, & ne croissent ny décroissent, doivent être estimées pour autant qu'elles montent, & ne faut doubler ny tiercer, car la simple taille en cas d'alienation n'emporte lots, ventes ny autre profit, & il n'y a autre difficulté sinon qu'il faut aliener a homme de la même condition. Ce qui est dit à la fin de l'article *du mex servil* qu'il est mis en estimation, est à cause de l'esperance de reversion par main-morte.

ARTICLE XIV.

Rentes qui ne croissent ne décroissent sont baillées pour autant qu'elles montent.

S'Entend de la rente simple ; car quoy qu'elle soit fonciere, elle n'apporte aucun profit casuel.

ARTICLE XV.

Rentes muables qui croissent & décroissent sont baillées en assiette pour la dixiéme partie de ce qu'elles ont valu ou peu valoir en dix ans, les impenses necessaires déduites.

ARTICLE XVI.

DE même quant aux Moulins, fours, pressoirs, rivieres bannales ou non bannales, garennes, colombiers & semblables.

IL faut faire la computation de dix années pour en faire une commune, ainsi qu'il a été dit cy-dessus art. 13. & se peut pratiquer en étangs, en dîmes, en ferme de Greffes, & autres tels ; & en toutes telles redevances, faut préalablement déduire les frais necessaires : car fruit se dit ce qui reste aprés la déduction des impenses, *l. fructus ff. soluto matrimonio*.

ARTICLE XVII.

PLace de Moulin vague est prisée cinq sols.

ARTICLE XVIII.

LA seule d'une charretée de foin est estimée la dixiéme partie de ce qu'elle a valu ou peu valoir en dix ans, eu égard à l'assiette.

CEs deux articles ont été tirez tout cruëment de l'ancien cahier. Et quant au pré, il est à considerer s'il est en prairie, s'il porte revivre, s'il est en plat païs ou entre montagnes ; car l'herbe de pré de montagnes qui n'a pas le Soleil de tout le jour, & qui provient avec l'aide des ruisseaux, dont par artifice elle est arrosée est moins savoureuse & profite moins au bétail, & le bétail en vaut moins, soit en graisse ou en chair.

ARTICLE XIX.

CHacun saule portant branches à perches ou à paisseau est prisé un obole par an.

L'Ancien cahier estime à deux deniers, mais il met trois années pour ces deux deniers, car la saule ordinairement n'est ébranché que de trois années l'une ; mais cét article parle chacun an, pourquoy il met le prix à moins.

ARTICLE XX.

L'Arpent de bois de coupe & revenant, est prisé la quinziéme partie de ce qu'il a été ou peu être vendu en quinze ans.

L'Ancien cahier ajoûte la raison, parce que le bois taillis en ce païs n'a accoûtumé d'être coupé qu'une fois en quinze ans ; si donc la coupe ordinaire est de douze, dix-huit ou vingt ans, il faut prendre la 12. 18. ou 20. partie du prix de la coupe.

ARTICLE XXI.

BOis de forêt portant paisson ou non, est estimé en assiette la trentiéme partie de ce qu'il peut valoir à vendre pour une fois.

L'Ancien cahier met une autre estimation du bois de haute futaye portant paisson, disant qu'il est estimé la dixiéme partie de ce que le paisson a valu en dix ans, qui n'est pas estimation bien proportionnée, de tant que quelquefois avient qu'il n'y a pas paisson deux fois en dix ans. Cette nouvelle estimation est plus raisonnable à estimer le bois à vendre pour une, pour les raisons dites *suprà* art. 8. d'autant que le revenu ordinaire n'est pas bien correspondant à la valeur pour une fois.

ARTICLE XXII.

EStang qui n'assouve point de luy-même, s'il est d'égoût est prisé chacun arpent vingt sols, s'il est de fontaine vingt-cinq sols, & s'il assouve de luy-même trente sols, déduits toutefois les frais & mises necessaires.

ASSOUVER se dit quand l'étang de soy-même produit poisson, ce qui avient quand une riviere passe dedans. L'ancien cahier declare quels sont les frais necessaires à être faits pour l'entretenement de la chaussée & appartenances de l'étang ; car si on entendoit les frais de l'empoissonnement, il faudroit faire l'estimation en autre sorte, & sçavoir combien auroit valu la pesche en dix ans, tous frais déduits, & la dixiéme partie être le revenu.

ARTICLE XXIII.

L'Arpent est de quatre quartiers en quarré, le quartier de dix toises, la toise de six pieds, le pied de douze poulces ; & par ainsi faut que chacun quartier contienne quarante toises en circuit & dix toises en chacune quarrure ; & ainsi sera-t'il du plus, plus, & du moins, moins.

L'Arpent de Roy qui est usité à Paris est de vingt-deux pieds pour perche, & chacun pied de douze poulces, & de cent perches pour arpent ; ainsi l'arpent de Roy contient deux mil deux cens pieds quarrez. Nôtre arpent icy décrit est plus grand, car il revient à vingt-quatre pieds pour perche, & cent perches pour arpent, qui font deux mil quatre cens pieds selon cette supputation. Si le quartier a dix toises en chacun quarré, l'arpent a vingt toises en chacun quarré. ; c'est en circuit quatre-vingt toises : vingt multipliées par vingt font quatre cens qui sont quatre cens toises à six pieds pour toise, six fois quatre cens font pieds deux mil quatre cens pieds ; c'est donc pour chacune perche vingt-quatre pieds à prendre cent perches pour arpent. En Poitou art. 190. & 197. l'arpent est de quatre-vingt pas en quarré. En Bourbonnois art. 36. l'arpent est de quarante toises en quarré.

La question est : Aucun a vendu une piece de terre & a declaré les confins, & a ajoûté qu'elle contient six arpens : sçavoir s'il est tenu de garentir qu'elle contienne six arpens. La resolution est que le nombre d'arpens est apposé *demonstrationis causa* : & que le vray effet de la vente est d'avoir vendu tout ce qui est contenu en dedans les confins, soit plus ou moins : *Socinus nepos consil. 42. vol. 2. Ruinus consil. 83. vol. 1. allegat. l. si venditor hominis ff. de act. empti & Oldrad. consil. 197. incip. in concressione.*

ARTICLE XXIV.

L'Arpent de vigne en vignoble est prisé 40. sols, & autre part 30. sols.

ARTICLE XXV.

L'Arpent de terre en nature ou en friche à froment, seigle ou autre bled sera prisé à ce qu'il pourra être baillé un tiers moins.

L'Article de l'ancien cahier estime les terres selon que l'on a accoûtumé de payer le champart au tiers ou au quart. Mais de present ce païs étant dénué d'hommes & de bœufs, on ne trouve pas facilement à bailler les terres à labourer à champart, & le champart se paye à moindre quantité.

ARTICLE XXVI.

EN rentes de bleds les mesures seront évaluées à la mesure de Nevers, & sera faite la prisée en la forme qui s'ensuit.

Boisseau froment trois sols.
Boisseau seigle deux sols six deniers.
Boisseau orge vingt deniers.
Boisseau avoine dix deniers.
Boisseau de pois deux sols six deniers.
Boisseau de feves deux sols six deniers.
Boisseau de millet deux sols six deniers.
Le tonneau de vin soixante sols.
Le muid de vin à lad. raison quarante s.

ARTICLE XXVII.

ET est à noter que le tonneau vaut & doit contenir deux poinsons; le poinson cinq coterets, le coteret quarante-huit pintes mesure de Nevers, & les trois muids valent deux tonneaux: par ainsi le poinson doit contenir douze vingt pintes; le tonneau quatre cens quatre-vingt pintes, & le muid trois cens pintes: Et si lesd. coterets, poinsons, tonneaux & muids en contiennent moins que dessus, ils sont faux, & sont les vendeurs à autres mesures & les Tonneliers qui ont fait les vaisseaux punissables d'amende arbitraire: & sera tenu chacun Tonnelier avoir une marque, de laquelle il marquera les tonneaux par luy faits.

Geline en assiette est prisée douze deniers tournois.
Le chapon vingt deniers tournois.
Oye deux sols tournois.
Livre de cire quatre sols deux deniers tournois.
Pinte d'huile vingt deniers tournois.
Mouton gras treize sols quatre deniers tournois.
Mouton commun dix sols tournois,
Brebis sept sols six deniers tournois.
L'aigneau trois sols.
Veau quinze sols tournois.
Pourceau d'un an gras quarante sols.
Pourceau commun vingt-cinq sols.
Cochon vingt deniers.
Chevrau deux sols six deniers.

Les autres especes qui ne sont cy declarées seront prisées par deux preudshommes acceptez par les parties.

FIN DU TEXTE DE LA COUTUME.

LE boisseau du meilleur froment mesure de Nevers pese trente liv. la livre de seize onces poids de marc. Le commun froment pese 26. 27. & 28. livres; le poids est le vray & le plus certain & aisé moyen pour égaler, proportionner & comparer les mesures. Le Boisseau Romain qu'on appelle en Latin *modius* étoit pesant 27. livres deux tiers de livre Romaine, laquelle livre Romaine n'étoit que de douze onces, comme est aujourd'huy la livre medicinale, & la livre à laquelle à Venise on vend les épiceries & marchandises étrangeres. ainsi le Boisseau Romain revient à 20. l. une once à 16. onces pour l. poids de marc. C'est environ le boisseau de Desize dont les trois font les deux de Nevers. Il y a une Ordonnance du Roy François I. du 8. Mars 1539. par laquelle le tonneau froment faisant six septiers mesure de Paris est dit peser 1300. livres ou environ: ainsi le septier pese 216. livres deux tiers de livre, le septier fait environ neuf boisseaux mesure de Nevers; c'est le boisseau de Nevers pesant environ 24. livres; mais le bled de ce païs est plus pesant que celuy de France, soit parce que les terres sont plus fortes, ou parce qu'elles sont moins fumées, ou parce qu'elles ne rapportent pas tant que les terres de la France qui est cause que le grain a plus de substance.

Es Capitulaires de Charlemagne lib. 1. art. 32. le seigle & l'orge sont mis aux deux tiers de la valeur du froment & l'avoine au tiers du froment, Comme le froment à six sols, seigle & orge à quatre sols, avoine deux sols.

Au tems de la redaction de cette Coûtume les bleds, grains & autres denrées étoient à beaucoup meilleur marché qu'elles ne sont de present, c'est pourquoy ils sont mis à si bas prix. Par l'ancien cahier elles étoient encore à plus bas prix environ d'une sixiéme portion, dont se peut recuillir que s'il y avoit assiette à faire de present, il seroit assez à propos d'augmenter le prix desdites denrées, *arbitrio boni viri.*

Le tonneau & le muid de vin sont icy à plus grande mesure qu'à Paris, étant ainsi comme l'on dit que la mesure de la pinte est pareille icy qu'à Paris ; car à Paris le muid de vin est de 37. septiers & demi, compris le marc & la lye, chacun septier est de huit pintes revient à 300. pintes ; & selon nôtre Coûtume le muid contient 320. pintes. A Orleans le poinson contient douze jalayes, chacun jalaye 16. pintes de la grande mesure d'Orleans, en la Coûtume d'Orleans article 492. A Tours la pippe de vin contient trente-six jalayes, chacune jalaye douze pintes à la grande mesure, Coûtume de Touraine article 63.

Soit noté que par la Coûtume de Poitou art. 190. le seigle est estimé les trois quarts de la valeur du froment, l'avoine & orge la moitié. De même dit Tours articles 354. 355. & 356. hormis qu'il met l'avoine au tiers du froment. En cette Coûtume le seigle fait cinq portions de six du froment.

FIN.

TABLE

DES PRINCIPALES MATIERES contenuës dans la Coûtume de Nivernois, & dans les Instituts, Questions & Réponses sur la même Coûtume.

Le C, signifie que la matiere remarquée est dans les Coûtumes : l'I, dans les Instituts, & le Q, dans les Questions & Réponses.

A

B

C

coûtumes.

D

E

F

&

G

I

Juges

M

sans

Prisonniers

Q

R

T

Tutelle

FIN.

INSTITUTION AU DROIT DES FRANÇOIS.

LA France est gouvernée par Monarchie dés le commencement que les François se firent Seigneurs d'une partie des Gaules : Qui est le gouvernement le plus assûré ; tant par l'experience du passé, que par la comparaison & exemple des corps superieurs entre lesquels est le soleil commandant à tous les autres & loge au milieu d'eux ; & de l'œconomie & ménage, qui est comme un petit Royaume ; & de ces petits animaux les plus industrieux de tous, les mouches à miel. De fait cette Monarchie dure sont ja onze cens ans & plus ; a reçû des afflictions, mais n'a eu de subversion; a toûjours été gouvernée par hommes, sans y admettre la succession ni commandement des femmes ; a été attribuée par lignage & non par élection, qui est une marque de bonheur ; par ce que les élections souvent engendrent des guerres Civiles, & se gouvernent ordinairement par menées & brigues, où les plus fins, les plus forts, les plus riches & puissans ont ordinairement la faveur pardessus les plus genereux & plus gens de bien. Nous voyons encore aujourd'huy la lignée du Roy Hugues dit Capet, qui dure sont six cens ans en ligne masculine, qui est un témoignage tres certain de la benediction de Dieu, parce que peut-être n'advint jamais en Royaume que la ligne masculine durât si long-temps: Lequel Hugues fut Roy par vocation legitime, qui fut le consentement des Princes & Seigneurs, & du peuple des trois Ordres de France; lors que ceux qui restoient de la lignée de Charles le Grand essayerent par tous moyens de rendre la France sujette aux Alemans, & mettre à neant cette Couronne ; & qu'on eût moyen de reconnoître l'usurpation que Charles Martel bas Alemand & sa posterité avoit fait de ladite Couronne sur les vrais François ; & s'en venger aussi, en remettant icelle Couronne sur la teste dudit Hugues, descendu en droite ligne masculine des anciens Seigneurs de Saxe, auteurs & ancêtres des Rois de France de la premiere lignée, qui avoient par vraye conquête établi cette Manarchie. Cette Monarchie donc, établie par les anciens François Saxons, a été gouvernée par certaines loix, qui par la plûpart n'ont été écrites, parce que les anciens François grands guerriers & bons Politiques s'adonnoient plus à faire & bien faire, qu'à dire ni à écrire. Aucunes desdites loix se trouvent écrites és Constitutions anciennes de nos Rois. Les autres se trouvent aussi écrites és livres Coûtumiers des Provinces, qui ont été redigez & arrêtez depuis le temps du Roy Charles VII. qui ainsi le commanda en l'an 1453. aprés avoir chassé les Anglois de France, & s'être rendu Roy paisible de tout ce Royaume, à la Couronne duquel il étoit arrivé avec le surnom de petit Roy de Bourges, Aussi à bon droit il acquit le titre de victorieux, Et par ladite Ordonnance est défendu aprés la redaction des Coûtumes d'alleguer & prouver autres Coûtumes ; comme aussi la Cour a blâmé les Juges inferieurs qui appointent les parties à informer par turbes sur la maniere d'user des Coûtumes redigées. Et il y en a un Arrêt entre de Savigny & d'Anglure à la prononciation solemnelle du 5. Avril 1541. avant Pâques. Toutefois si on pretend que la Coûtume ait été de nouvel introduite, & prescrite depuis la redaction du caïer Coûtumier, les parties peuvent être reçûës à en informer par turbes de témoins. Ainsi fut jugé és Arrêts de S. Mathias de 1528. entre de Château-vilain & Monstravel, au rapport de M. Desmier. Aucunes desdites loix sont non écrites, qui sont apprises par long usage & experience. De toutes ces sortes de loix, principalement de celles qui sont par les Coûtumes, j'entends parler sommairement en ce Traité.

Du Droit de Royauté.

LE Roy est Monarque, & n'a point de compagnon en sa Majesté Royale. Les honneurs exteriurs peuvent être communiquez par les Rois à leurs femmes ; mais ce qui est de Majesté representant sa puissance & dignité, reside inseparablement en sa seule personne. Aussi en l'assemblée des Etats à Orleans, les gens du tiers Etat n'estimerent raisonnable que le titre de Majesté fut attribé à la Reine, veuve & mere du Roy. Vray est que selon l'ancien établissement il a des Conseillers, les uns nez, les autres faits, sans l'assistance desquels il ne doit rien faire; puis qu'en sa personne il reconnoît toutes les infirmitez qu'ont les autres hommes. Les Conseillers nez sont les Princes de son sang, & les Pairs de France, tant Laïs qu'Ecclesiastiques. Les Conseillers faits sont les Officiers generaux de la Couronne, comme Connêtable, Grand Chambellan, Grand Maître, Grand Echanson, Chancelier, & les quatre Maréchaux de France; la charge desquels Maréchaux est aide ou compagne de celle du Connêtable. Ces dignitez sont à vie & ne sont pas hereditaires ni adherentes à Duchez & Comtez, comme sont les Pairies. Au temps de Philippes Auguste Roy, & jusques au Roy Philippes le Bel, lesdits Officiers generaux de la Couronne assistoient & sous-signoient à toutes les expeditions d'importance que les Rois faisoient, même quand ils ordonnoient quelques loix.

L'un des principaux droits de la Majesté & autorité du Roy est de faire loix & Ordonnances generales pour la police universelle de son Royaume. Les loix & Ordonnances des Rois doivent être publiées & verifiées en Parlement, ou en autre Cour souveraine, selon le sujet de l'affaire; autrement les sujets n'en sont liez; Et quand la Cour ajoûte à l'acte de publication, que ç'a été de l'exprés mandement du Roy, c'est une marque que la Cour n'a pas trouvé l'Edit raisonnable. Et combien que selon les decisions du droit Canonique & des Docteurs, il soit loisible à tous Colleges & Communautez approuvées de faire Statuts concernant les affaires communes; toutefois la Cour de Parlement a accoûtumé de les reprouver & mettre au neant. Ainsi elle jugea le Mardy 3. May 1552. C'est la premiere partie de la Justice, consistant à si bien regler les actions des hommes, qu'ils soient avisez de rendre à chacun le sien, & de ne faire tort à autruy; ce qu'étant, ne se trouveroient aucuns procez ni noises. Quand les Rois veulent ordonner loix perpetuelles, importantes à l'Etat du Royaume, ils ont accoûtumé de convoquer les trois Ordres de leur peuple, qu'on appelle Etats, & sont l'Eglise, la Noblesse; & les Bourgeois dits le tiers Etat. En chacune Province sont élûs aucuns personnages desdits trois Ordres, ausquels tout le peuple desdits trois Ordres donne pouvoir de representer le corps duditpeuple és Etats generaux, y proposer les articles, dont les cahiers leur sont donnez, & accorder ce qu'ils verront bon être. Esdits Etats generaux le Roi propose la cause pour laquelle il a appellé son peuple, & commande aux Deputez de s'assembler, conferer entr'eux, & dresser des cahiers generaux, sur lesquels il promet faire réponse, & ordonner loix salutaires à l'Etat. En cette assemblée d'Etats generaux, le Roy seant en son trône de Majesté Royale, est assisté des Princes de son sang, des Pairs de France tant Laïs qu'Ecclesiastiques, & des Officiers generaux de la Couronne, oit les propositions qui luy sont faites de vive voix par les Orateurs de chacun Ordre, & aprés avoir reçû leurs cahiers, ordonne loix qui sont dites loix faites par le Roy tenant ses Etats, qui sont loix stables & permanentes, & qui par raison sont irrevocables, sinon qu'elles soient changées en pareille ceremonie de convocation d'Estats. Toutefois plusieurs Rois s'en sont dispensez.

L'autre partie de la Justice, parce que les hommes issus d'Adam ne sont pas assez sages pour toûjours bien faire, consiste à rendre Justice, & faire raison à ceux qui ont reçû tort d'autruy. Auquel effet sont établies les Cours souveraines, même les Parlemens, lesquels d'ancienneté étoient souverains pour toutes causes.

De plus grande ancienneté étoit un seul Parlement, celuy de Paris, qui est le vray consistoire du Roy, où il a accoûtumé de seoir & tenir son lit de Justice, avec les Princes du sang Royal & Pairs; Et encore aujourd'huy ledit Parlement est nommé la Cour des Pairs. Depuis a été érigé le Parlement de Tolose pour le Languedoc, celuy de Bordeaux pour la Guyenne; celuy de Roüen, qui souloit être Echiquier, pour la Normandie; celuy de Dijon pour la Bourgogne, aprés que la Duché de Bourgogne fut rëuni à la Couronne; celuy de Grenoble pour le Dauphiné; celuy d'Aix pour la Provence; Celuy de Renes, que l'on souloit nommer Grand jours, dits Parlement en Bretagne, pour la Bretagne. Ces Parlemens sont établis par forme de contrats faits par le Roy avec le peuple, & pour le soulagement d'iceluy. Pourquoy és commissions extraordinaires que le Roy octroye, la clause y doit être mise, nonobstant l'établissement de nos Parlemens, sans laquelle les procez seroient nuls, à cause des clauses & decrets irritans. En ces Parlemens ressortissent les appellations des Juges Royaux des Provinces. Car les appellations interjettées des Juges des Seigneurs doivent passer par l'estamine des Juges Royaux, chefs desdites Provinces, avant que venir au Parlement; horsmis des Juges de Pairies, dont les appellations vont droit au Parlement, & au seul Parlement de Paris, jaçoit que les Pairies soient assises en dedans le territoire d'autre Parlement. Les Parlemens sont fondez en Jurisdiction souveraine de toutes sortes de causes. Vray est que les Rois par occasions ont éclipsé aucuns articles & sortes de causes & affaires, dont ils ont attribué la connoissance souveraine à autres Cours établies à cet effet; comme les Cours des Aides, où se traitent en souveraineté les causes des Tailles, Aides, Gabelles & Finances extraordinaires qui ne sont du Domaine du Roy, les Chambres des Comptes, où se traitent en souveraineté les comptes que doivent rendre tous Officiers manians les Finances du Roy, tant du Domaine, & ordinaires qu'extraordinaires, qui s'entend de tout ce qui passe en ligne de compte. Et si aucunes desdites Cours entreprend de connoître d'autres affaires que de son attribution, on en peut appeller; & le Parlement en reçoit les appellations, & les juge. Ainsi fut fait en une plaidoirie du 17. Mars 1543. & fut dit mal decreté par les Generaux contre un qui étoit accusé d'avoir offensé le general du Mont étant en commission, sans avoir exprimé par le decret le cas privilegié, qui étoit que l'offense avoit été faite au contempt de sa commission. Et le 12. Decembre 1544. fut dit nullement procedé par les gens des Comptes, qui avoient entrepris la connoissance d'un appel interjetté de l'emprisonnement par eux decerné. Car leur pouvoir souverain n'est qu'en ligne de compte. Le grand Conseil est embulatoire & suit la Cour, & le sejour du Roy. Sa principale fonction est pour juger les débats qui sont entre deux Parlemens. Quand chacun d'eux pretend la connoissance d'une cause, le grand Conseil juge auquel elle doit appartenir. Connoit aussi des débats mûs pour raison des Prelatures, qui sont à la nomination du Roy, & des benefices sujets aux indults des Cardinaux.

L'autre chef de la Majesté, autorité & dignité Royale, est d'indire & commander la guerre contre autres Seigneurs souverains, qui est une forme de Justice. Quand un Seigneur souverain refuse de faire raison à l'autre Souverain, il est loisible de le contraindre à cette raison par la force des armes. Et comme quand les Juges sedentaires condamnent aucun à mort, & le font mourir pour son forfait, ils ne sont pas reputez homicides; ainsi quand la guerre est commandée par le Roy, ses sujets qui tuent les étrangers en guerre ne sont pas coupables d'homicide. Dont resulte que les sujets du Roy ne peuvent prendre les armes, & s'assembler armez, sans pecher contre le commandement de Dieu, qui défend de tuer. De là resulte aussi, qu'en France par loy ancienne le crime de port d'armes est cas Royal; duquel les seuls Juges Royaux connoissent. Le port d'armes n'est pas pour être garny d'arquebuzes, halebardes, cuyrasses ou autres armes offensives & défensives, mais est quand aucuns s'assemblent en nombre de dix ou plus, étant armez avec propos déliberé pour faire insulte & outrage à autruy. Ainsi le crime de port d'armes, cas Royal, implique en soy l'assemblée illicite d'hommes en armes. De grande ancienneté les Seigneurs de France avoient droit de faire guerre les uns aux autres, & faire confederations à offense & défense, pour la conservation de leurs droits & reparations de torts & injures; & à cet effet employoient leurs vassaux, qui à cause de leurs fiefs devoient leur faire service en leurs guerres. Philippe IV. Roy dit le Bel, fut le premier qui ébranla ce droit; Et du temps de Loüis X. son fils dit Hutin les nobles de Nivernois & Donziois firent grande instance, à ce que ce droit leur fût rétably & conservé; surquoy leur fut répondu par le Roy, qu'il feroit enquerir comme on en avoit usé auparavant. Ce fut l'an 1316. dont il y a Charte en la Chambre des Comptes à Nevers. Mais à la fin ce droit s'est trouvé aboly de tous points. Les marques de cette ancienneté, sont que plusieurs Baronnies mouvans de Duché ou Comté retiennent encore le titre de Maréchal ou Senéchal de Province; & par leurs anciens advûs denombroient avoir droit de mener la premiere bataille en l'armée du Duc ou du Comte, comme le Baron de la Ferté Chauderon en Nivernois.

L'autre droit Royal est le Domaine de la Couronne. Et ainsi s'appellent les Duchez, Comtez & autres Seigneuries, qui de toute ancienneté sont unies à la Couronne; comme Paris, Orleans, Tours. Aussi sont du même Domaine les Duchez & Comtez & autres Seigneuries, qui par reversion & droit de fief sont échûës aux Roys, tant par felonnie, que par défaillance de ligne masculine & par mariages, comme Bourgogne, Normandie, Guyenne, Champagne, Languedoc, Bretagne & Poitou. Aussi sont du Domaine Royal les Comté de Blois & Seigneurie de Coucy, qui furent acquis par Loüis fils du Roy Charles V. Duc d'Orleans, & étoient vrais propres hereditaires en la maison d'Orleans, avec pouvoir d'aliener. Mais aprés que les Roys Loüis XII. & François I. nez en la maison d'Orleans, sont venus à la Couronne, ils les ont unis pour être du Domaine de la Couronne. Ce Domaine est non alienable, si non en deux cas; l'un pour appanage des enfans de France, l'autre pour les necessitez urgentes des guerres. L'appanage est de deux sortes; aux enfans mâles des Roys, pour leur être propre & hereditaire à eux & aux descendans d'eux en ligne masculine seulement, & à défaut des mâles est sujet à reversion, & au prejudice de cette reversion ne peut être aliené; Et aux filles des Roys, pour être rachetable en deniers à toûjours, sans aucune prescription. Car la dot ou appanage d'une fille de France est originairement en deniers. Ainsi fut allegué par M. Lizet Advocat du Roy le 30. Juillet 1528. sur la publication des Lettres patentes du Roy, par lesquelles Chartres avec Montargis & Gisors furent érigez en Duché, pour être appanage de France, & baillez à Madame Renée de France mariée au Duc de Ferrare, pour deux cens cinquante mille écus; & aprés la publication, la Cour ordonna que ce seroit par angagement seulement; & de même fut jugé contre François de Tardes, pour la terre de S. Laurens du Pont, le 2. Juin 1534. L'alienation du Domaine pour les necessitez urgentes de la guerre est aussi à rachapt perpetuel sans prescription. En tous ces cas d'alienation les Lettres patentes du Roy doivent être verifiée en la Cour de Parlement, à peine de nullité. Ainsi fut jugé par arrest le lundy 5. May 1544. en plaidant, & le 27. Juin audit an, & encore elles doivent être verifiées en la Chambre des Comptes. L'on tient communément que le rachat ne se peut faire sinon pour consolider & réünir au Domaine. Toutefois à cause de la grande deception, fut receu le rachat pour en faire bail nouveau, par Arrest en plaidant du vendredy 12. Juin 1551. Toutefois selon mon avis, que l'évenement de plusieurs inconveniens m'ont fait prendre, les gens du Roy ont été trop exacts observateurs en ce point de Domaine non alienable. La verité est, que le droit de Souveraineté, qui répresente la Majesté Royale, & est le vray droit de la Couronne, est non alienable. Mais ce qui est de la Seigneurie utile pour les profits & honneurs, semble être alienable, pourvû que la directe Seigneurie, la Souveraineté & le ressort demeurent au Roy. Et il est plus à propos que les Rois par cet expedient recompensent les grands & excellens services des Princes & grands Seigneurs, que par deniers. Car les deniers ne se levent sans l'oppression du peuple, & n'étanchent jamais la soif d'un avaricieux, & le benefice n'apparoit pas à la veuë de tous, pour semondre tous gentils cœurs à faire service à leur Roy; ains tels bienfaits demeurent couverts, & ordinairement font peu de profit à ceux qui les reçoivent. Nos Histoires témoignent que la Normandie fut ainsi alienée à la Couronne, pour un grand bien de Royaume, retenu au Roy la souveraineté & le ressort. Et eût été mieux d'ainsi juger au fait du Comte de Dreux, contre la maison de Nevers ; car les merites de la maison d'Albret sont bien remarquez par l'Arrest. Ainsi se doit dire du Comte d'Auxerre, qui aida à faire le traité d'Arras, qui a remis sus la Couronne.

C'est aussi droit Royal l'investiture que tous Evêques nouvellement instituez doivent prendre du Roy, en luy prêtant serment de fidelité, ayant l'une des mains sur la poitrine, & l'autre sur les saints Evangiles ; ledit Evêque ayant l'étole au col, le Chambellan du Roy luy dit la forme du serment, & le serment fait, l'Evêque baise le livre. Ce droit d'Investiture fut premierement concedé à Charles le Grand, à cause de ses grands merites envers l'Eglise, du temps du Pape Adrien, ainsi qu'il est recité au grand Decret en la soixante-troisieme distinction *can. Adrianus.* 2. En consequence de cette investiture & serment de fidelité, quand un Evêché vient à vaquer de fait ou de droit le Roy prend en sa main & gagne tous les fruits & revenus de l'Evêché, hormis les fruits purement spirituels. Les fruits purement spirituls sont les collations des Eglises Parochiales ayant charge des ames, & l'émolument du séel Episcopal. Les autres fruits que le Roy prend, sont le revenu des Seigneuries & autre revenu temporel, la collation des prebendes & autres benefices non ayant charge d'ames, & des Offices, les dîmes annexées à l'Evêché & autres tels. Ce droit est appellé vulgairement Regale, & des differens qui en sourdent, le seul Parlement de Paris connoît & juge, & ce privativement à tous autres Parlemens & Cours Royales.

Depuis soixante-dix ans en ça les Rois de France ont obtenu un autre droit és benefices Ecclesiastiques, qui est la nomination qu'ils peuvent faire au Pape, pour la provision & institution des personnes qualifiées aux Prelatures électives, soit Archevêchez, Evêchez, Abbayes, Prieurez & autres, quand vacation en advient, pourvû qu'elles n'ayent privilege d'élire. Ce droit fut octroyé par le Pape Leon X. au nom du Siége Apostolique, au Roy François I. & ses successeurs Rois. Et sur ce furent faits les Concordats en l'an 1516. & la Pragmatique Sanction abolie qui avoit été tant odieuse aux Papes, comme tirée du Concile de Basle ; auquel fut arresté, conformement au Concile de Constance œcumenique, que le Concile universel légitimement assemblé tient sa puissance & autorité immediatement de Dieu, & que ledit Concile a droit de reformer l'Eglise au chef & és membres, en quoy est compris le Pape. Et par le même Concile de Basle furent abolies les Annates & vacans des benefices consistoriaux. Par les mêmes Concordats furent rétablies lesdites Annates, & abolies les élections que les Ecclesiastiques faisoient des personnes, pour être pourvûës desdites Prelatures ; sauf, comme dit est, quant aux Eglises ayant privilege d'élire, à l'égard desquelles le Pape octroya un indult personnel à la vie dudit Roy François I. pour pouvoir nommer ausdites Prelatures ayant privilege d'élection, & les Rois ses successeurs à leur avenement ont fait renouveller ledit indult pour leur vie. Vray est qu'on en a excepté les Monasteres qui sont chef d'Ordre, comme Cluny, Premonstré, Cisteaux, Grandmont, le Val des Ecolliers, S. Antoine de Viennois, la Trinité dite des Mathurins le Val des Choux, & cinq Abbayes de la reformation de Chezau-Benoist, qui sont Chezau-Benoît S. Sulpice de Bourges, S. Vincent du Mans, S. Martin de Seez, & S. Allire de Clermont, ausquelles Abbayes a été conservé le droit d'élire. Aussi a été conservé le droit d'élire aux quatre premieres filles de Cisteaux, qui sont les Abbayes de Pontigny, la Ferté, Clervaux, & Morimont.

L'autre droit de Royauté est, que le Roy est protecteur & conservateur des Eglises de son Royaume, non pas pour y faire loix en ce qui concerne le fait des consciences & la spiritualité, mais pour maintenir l'Eglise en ses droits & anciennes libertez. Ce droit de protection & conservation est témoigné en la Pragmatique Sanction, qui à cet égard recite le Decret du Concile de Constance, par lequel est attribué au Roy & à sa Cour de Parlement de faire garder les saints Decrets. Ces libertez qu'on dit vulgairement les libertez de l'Eglise de France, ne sont pas privileges qui ayent été octroyés par les Papes à icelle Eglise, comme se figuroit un deputé du tiers Ordre ez seconds Estats de Blois, qui en une conference particuliere d'aucuns choisis des trois Ordres au nombre de douze de chacun Ordre, osa dire que ces libertez, qu'il appelloit privileges, étoient comme chimeres, sans substance de corps, parce, disoit-il, qu'il n'y en a rien écrit. Ains la verité est, que ces libertez consistent en ce que l'Eglise de France, en s'arrestant aux biens anciens Decrets, n'a pas admis & receu beaucoup de Constitutions Papales faites depuis quatre cens ans, qui ne concernent l'entretenement des bonnes mœurs, & de la sainte & loüable police de l'Eglise ; mais tendent à enrichir la Cour de Rome & les Officiers d'icelle, & à exalter la puissance du Pape sur les Empereurs, Rois, & Seigneurs temporels ; aucunes desquelles Constitutions par simplicité d'obeïssance ont été reçûës en France, les autres refusées. Celles qui ont été reçûës sont les preventions dont le Pape use pour conferer les benefices qui ne sont électifs, concurremment avec les collateurs ordinaires. De conferer les benefices vacans en Cour de Rome privativement à tous collateurs. De créer pensions sur benefices. De recevoir des resignations *in favorem.* De bailler benefices en Commendes perpetuelles. Les regles de la Chancellerie Romaine, qui semblent être inventées pour donner cause aux dispenses qui se font contre icelles. Ces Constitutions & inventions sont depuis les Decretales anciennes autorisées par le Pape Gregoire IX. Celles qui ont été refusées sont les preventions és causes Civiles, non seulement des Ecclesiastiques, mais aussi des Laïs, dont les Papes ont autrefois usé, comme il se connoît par la lecture des Decretales antiques ; La connoissance que les Papes ont prise, & qu'ils ont attribuée aux Cours Ecclesiastiques de connoître des causes laïcales entre laïs sous pretexte du serment qui a été prêté en faisant contrats ; disans que l'observation du serment est fait de conscience, dont à l'Eglise appartient la connoissance ; jaçoit que tel serment soit seulement accessoire, qui se doit regler selon la même nature du contrat principal. *Lege ult. C. de non numerata pecul. L. non dubium. C. de legibus.* La connoiſsance de l'execution des testamens ; La connoissance Surintendance & commendement precis sur les Hôpitaux, maladeries, fabriques des Eglises & autres lieux pitoyables ; La connoissance de toutes causes d'immeubles & droits appartenans aux Eglises, *etiam* par action petitoire & réelle, Les graces expectatives par lesquelles les impetrans prenoient assurance d'obtenir certains benefices, quand ils viendroient à vaquer ; Les reservations que les Papes faisoient à eux de la collation de certains benefices, même des Evêchez, Abbayes & autres gras benefices, en ôtant les voyes ordinaires des élections & collations, qu'ils declaroient nulles par la clause du decret irritant, lesquelles reservations étoient colorées d'un beau pretexte, pour conferer tels benefices par le Pape, selon le conseil & avis des Cardinaux ses freres assemblez en Consistoire, pourquoy on les a appellez benefices consistoriaux ; les dispenses des regrés, qui sont quand aucun resigne son benefice, & luy est reservé de le reprendre, si le resignataire meurt avant luy ; la superiorité que les Papes ont dit avoir sur la temporalité des Royaumes, même de les ôter & donner selon les occurences, surquoy est la decretale *Ad Apostolicæ de sent. & re judic. in 6.* La puissance souveraine absoluë, qu'on appelle plenitude de puissance, que les Papes ont dit avoir en toute l'Eglise Chrêtienne, ne se contentans de la puissance souveraine ordinaire, reglée selon les anciens Conciles oecumeniques & sains Decrets. Aucunes de ces constitutions refusées en France, ont été repetées & confirmées par le Concile de Trente : ce qui a été cause en partie, que ledit Concile n'a été reçû en France, comme dérogeant aux droits du Roy, & aux libertez de l'Eglise de France. Ces Constitutions faites ou introduites depuis quatre cens ans en ça, n'ont été reçûës en France, mais ouvertement contredites ; se tenant l'Eglise de France aux anciens decrets, & refusant ces nouveaux grandement suspects d'avarice & d'ambition, par lesquels le nerf de la discipline Ecclesiastique étoit affoibli & corrompu. Cette retention d'obeïssance aux decrets anciens, & refus de s'assujetir à ces nouvelles inventions & Constitutions plus bursales que saintes, est ce qu'on dit, les libertez de l'Eglise Gallicane, desquelles le Roy est protecteur & conservateur. Et quand il y a quelque entreprise contre les libertez par les Superieurs ou Juges Ecclesiastiques, on a recours au Roy en ses Cours de Parlement, par appellations comme d'abus, dont lesdits Parlemens connoissent. Et quand l'abus est en l'impetration d'aucun rescrit du Pape, par honneur on ne se dit pas appellant de l'octroy du rescrit, ains seulement de l'execution, comme pour blâmer seulement l'impetrant, sans toucher au concedant. Et quand l'abus est en l'octroy ou jugement fait par un Evêque ou son Official, on se declare appellant de l'octroy du jugement & de l'execution. Et si le Parlement juge qu'il y ait entreprise contre les anciens decrets, ausquels l'Eglise de France s'est tenuë, il dit que mal & abusivement a été octroyé, executé & procedé, & revoqué tout ce qui a été fait, & par ce moyen fait joüir l'Eglise, les Ecclesiastiques, & le reste du peuple de France, de l'ancienne liberté de l'Eglise. Dont dépend, qu'ores que se soient causes pures spirituelles, dont sans contredit la connoissance appartient aux Evêques ou à leurs Officiaux ; toutefois ceux d'un Parlement ne sont pas tenus d'aller plaider en la Cour d'Eglise, dont le siege est en autre Parlement, & doit l'Evêque donner Vicaire ou Official, au dedans du Parlement duquel sont les parties. Ainsi fut jugé par Arrest à l'égard de l'Archevêque de Bordeaux, le 27. May 1544. & à son refus permis de s'adresser à autre Metropolitain. Aucunes Eglises sont en la protection & garde speciale du Roy, comme celles qui sont de fondation Royale ; & celles que les Rois de grande ancienneté ont cheries & aimées, & leur ont octroyé privilege de n'être tenuës de plaider pardevant aucun Juge sinon Royal ; & leur sont deputez Juges par lettres du Roy qu'on appelle lettres de Garde-gardienne.

Faire monnoye d'or & d'argent, ou de metaux mêlez & alloyez est aussi droit de Royauté ; jaçoit que d'ancienneté plusieurs Seigneurs de France eussent droit de faire monnoye autre que d'or, lequel droit ils tenoient en fief du Roy, & étoit leur monnoye reglée par certaines loix. Peu à peu les Seigneurs ont perdu ce droit, qui est demeuré au Roy seul. Et à cette occasion on a fait le crime de fausse monnoye cas Royal. Même les gens du Roy ont étendu si avant ce droit, que par aucunes coûtumes les confiscations des condamnez pour fausse monnoye sont attribuées au Roy. Et combien que d'ancienneté fut loisible au commun peuple d'entrer en la consideration de la bonté intrinseque des monnoyes, quand les marchez se faisoient à forte & à foible monnoye, ce qui semble bien raisonnable, même à l'égard de ceux qui ont à trafiquer avec les étrangers ; toutefois depuis soixante ou quatrevingt ans en ça on a voulu que le peuple se contentât de reconnoître le coin du Roy, & tenir la monnoye pour bonne & loyale qui seroit de ce coin, ce qui a été cause d'augmenter la licence de ceux qui ont voulu profiter sur l'affoiblissement des monnoyes. Même fut fait un Edit de ne faire marchez autres qu'à sols & à livres, sans les faire en or pour payer en or. Depuis a été fait l'Edit de faire toutes convenances excedans un écu, à écus, & non en livres. Mais l'experience nous fait voir qu'il y a grande empirance & diminution de bonté és écus qui se font de present.

L'autre droit Royal est, que le Roy est juge en la cause qu'il a contre son sujet ; ce qui est contre la regle commune, selon laquelle nul ne doit être juge en sa cause. Et suivant ce est observé en plusieurs Provinces, quand la proprieté de la chose est contentieuse entre le Seigneur & son sujet, que le sujet peut decliner la jurisdiction de son Seigneur ; ce qui semble bien raisonnable. Et ainsi il est dit par la Coûtume de Bretagne, articles 30. 50. 51. & 52. excepté le Roy & le Duc de Bretagne. Mais l'excellence de cette Majesté & dignité Royale est le serment que le Roy prête à son sacre és mains des Pairs, qui est de faire justice à ses sujets ; aprés lequel serment il n'en prête plus d'autre, ores qu'il fut appellé en témoignage. Et l'assistance ordinaire qu'il a de conseil, & conseil choisi, sont causes suffisantes pour croire qu'il ne jugera rien que justement.

Il y a une autre sorte de Droit Royal, qui consiste en octroy de graces & dispenses contre le droit commun; comme sont les legitimations des bâtards, naturalizations des aubains & étrangers, annoblissemens de roturiers, amortissemens, remissions pour homicides, concessions de privileges à villes, communautez & universitez; concessions de foires & marchez concessions de faire ville close, avec forteresses, & d'avoir corps & communauté. A quoy fait l'Ordonnance du Roy Loüis XII. de l'an 1499. article 70. Aucuns desdits droits appartiennent d'ancienneté aux grands Seigneurs, comme des remmissions que le Comte de Champagne souloit octroyer. Et par ce que les gens du Roy ne laissoient de poursuivre les homicides, on souloit outre la remission du Comte, obtenir remission du Roy; & à tous les deux étoit payé l'émolument du séel. Quand le Comté de Champagne a été uni à la Couronne, on a fait payer en la Chancellerie du Roy double émolument de séel aux impetrans de remissions en Champagne, & encore est observé aujourd'huy en Chancellerie. Aucuns disent que les Champenois payent double séel és remissions, parce qu'ils sont chauds & prompts à fraper, qui est mauvaise raison, car lors de la colere on ne pense pas à tous ces inconveniens. Aussi il y auroit plus grande raison d'ainsi dire à l'égard des Picard & Gascons, qui en menaçant de frapper frappent quant-&-quant. C'est encore un droit Royal d'amortir au profit des Eglises, & permettre aux roturiers de tenir fiefs-nobles, lequel droit fut declaré appartenir au Comte de Nevers, pourvû qu'il n'en prît finance, par Arrêt du Roy donné en son Parlement de Pentecôte, l'an 1290 L'Arrest porte ces mots, *pouvû que ce soit par charité, sans en prendre finance:* Et par le même Arrest fut permis au Comte de Nevers de permettre aux non-nobles de tenir fiefs, pourvû que ce fust pour remuneration de services ou autre grace, sans reception de deniers. Toutes ces graces & privileges sont expediés en Chancelleries par lettre en forme de Charte, qui son scellées sur cire verte, pendante à las de soye rouge & verte, & sur le reply d'icelles est écrit *Visa*, de la main du Chancelier, outre la signature du Secretaire, & au dessous du *Visa*, la quittance de l'Audiancier de France, qui est le Receveur de l'emolument du séel de Chancellerie, par ce mot *Contentor*, lequel émolument & pour les legitimations, souloit être de huit livres, huit sols parisis, qui est le seau de Charte, & par l'Edit de l'an 1570. est augmenté à quatorze livres huit sols parisis, Lettres de naturalité payent vingt livres huit sols parisis; Annoblissement souloit payer vingt livres huit sols parisis, est augmenté à trente huit livres huit sols parisis: Remission qui étoient de huit livres huit sols parisis, sont augmentez à quatorze livres huit sols parisis. Les pardons ne sont en forme de Charte, mais à double queuë, étoient à cinquante-sept sols parisis, & de present doublent. Pour les simples communautez, & de plusieurs personnes particulieres, au nombre de quatre ou plus de quatre seaux, des simples villes closes, de six seaux des villes Episcopales ou Presidiales, huit seaux, des villes Parlementaires, douze seaux, & de Paris vingt-quatre seaux. Et doivent telles lettres être verifiées ez Cours souveraines, selon le sujet, méme en la Chambre des Comptes quand il y a finance de composition à payer, comme ez legitimations, annoblissemens, amortissemens, naturalizations. Comme aussi tous octrois faits par le Roy qui sont de dix ans ou plus ou perpetuels doivent être verifiez és Cours souveraines de Parlement des Comptes ou des Aydes, selon le sujet. Ordonnance du Roy Charles VII. sur le fait des finances du 10. Fevrier 1444. art. 18. Si au dessous de dix ans suffit la verification des Generaux des Finances. Aussi on a mis entre droits Royaux les restitutions en entier, fondées sur minorité, sur dol, sur crainte ou force, & à cause du Velleïan, ou à cause de juste erreur, ou pour promesse faite induëment & sans cause, ou pour deception d'outre moitié de juste prix, jaçoit que les lettres soient de Justice, sans grace dont le remede par raison dût être demandé pardevant le Juge ordinaire selon son office de jurisdiction. Mais je croy que l'introduction de tel droit est fondée sur ce que les remedes de restitutions dependent du droit civil des Romains, qui n'a force de Loy en France; & pour autoriser & faire valoir l'allegation qui s'en fait, on a recours à la Chancellerie du Roy pour obtenir lettres. Car en France nous n'observons pas les loix Romaines comme vrayes loix, mais pour la cause qui y est. Dont vient qu'à Paris, Ville Capitale de France, il n'y a Etude publique de droit civil Romain; dont est parlé *in cap. super specula ext. de privileg.* Et quand les privileges des Universitez de loix sont verifiez en Parlement on y met la modification, sans reconnoître que ledit droit ait force de loix en France. Ce qui n'est requis pour faire rescinder ou declarer nuls les contrats ou dispositions qui sont interdites par les Constitutions de nos Rois, ou par nos Coûtumes, qui sont nôtre droit civil; esquels cas le seul office du Juge suffit, comme en obligation de femme mariée non autorisée, en donation faite à tuteur, en fait d'usures.

Aussi par ancienne usance au Roy seul en sa Chancellerie appartient d'octroïer commission & autres expeditions generales, & en est défendu l'octroy *etiam* aux Juges Royaux, ores que ce soit en pures termes de justice, comme la commission en forme de terrier, pour contraindre les sujets d'un Seigneur à venir reconnoître les redevances qu'ils doivent, commission pour executer tous debiteurs, qu'on appelle *Debitis*, sauve-gardes maintenuës & gardes generales. Et sans difficulté telles commissions & expeditions pouvent être faites par les Juges ordinaires, ores qu'ils ne soient Royaux, pourvû quelles soient particulieres & non generales.

A la fauce de cette usance, la Cour de Parlement par Arrest du 13. May 1530. entre Maître Augustin de Thou & François de Montereau, declara nulle une saisie feodale faite en vertu d'une commission octroyée par le Lieutenant d'Estampes en termes generaux. A quoy fait l'Ordonnance du Roy Loüis XII. de l'an 1512. art. 60. qui défend à tous Juges Royaux d'octroïer *debitis*, & sauve-gardes en termes generaux; & autant en est dit par l'Edit de Cremieu, parce que le Roy n'adresse ses lettres de Chancellerie sinon à officiers Royaux. Les Juges Royaux ausquels sont adressées les lettres de terrier pour la commission d'un Notaire, prennent connoissance de tous les differens qui surviennent sur l'execution des terriers. En quoy &

en plusieurs autres cas ils ont été favorisez par les gens du Roy en Parlement, qui ont estimé faire grand service aux Rois de deprimer & affoiblir la Jurisdiction & autorité des Seigneurs pour augmenter la Royale. L'experience a fait connoître que le service a été plus specieux en apparence, que profitable en effet.

Comme aussi a été pratiqué en plusieurs cas, qui ne sont pas ordinaires, d'avoir recours à la Chancellerie du Roy, jaçoit qu'ils soient de Jurisdiction ordinaire, & dont l'addresse est toûjours aux Juges Royaux, comme pour faire examiner témoins avant qu'il y ait contestation & appointement d'informer, quand les témoins sont de grand âge, sont valetudinaires, & sont en voye de s'absenter, qu'on dit en Latin *absfuturi*, dont vient le mot d'examen à futur, parceque c'est une regle de pratique, de ne faire examiner témoins avant contestation en cause, *in rubrica ext. ut lite non contestata non recipiantur testes* comme, pour être par le cessionnaire subrogé au procez au lieu de son cedant sous pretexte de la dispense du vice de litige, comme pour addresser une complainte en cas de saisine & nouvelleté au Juge Royal, sur quoy sous pretexte de la maintenue & garde, pour laquelle d'ancienneté tous sujets avoient recours au Roy, on prenoit lettre en Chancelerie, & enfin l'usage a emporté, que sans lettres Royaux, les Juges Royaux connoissent des matieres possessoires par prevention, qui est à dire si premierement on s'adresse à eux, ils retiennent.

Les Juges Royaux seuls, privativement à tous autres Juges, connoissent des matieres possessoires beneficiales, & possessoires decimales; quand les dîmes sont purement Ecclesiastiques: Et ce droit a été reconnu aux Rois par la Constitution du Pape Martin V. inserée en la premiere decision de Guido Pape. Et combien que ladite constitution semble parler des possessions de fait, afinque le Roy par sa main de Justice forte puisse empêcher les violences & voyes de fait, toutefois les Juges Royaux connoissent des titres & capacitez de ceux qui plaident possessoirement pour benefices, par ce pretexte, la possession de benefice sans titres n'est pas reputée possession, *cap. 1. de regul. jur. in 6.* Et ne peuvent les parties se pourvoir pardevant le Juge Ecclesiastique pour le petitoire du benefice ou de la dîme (où ledit petitoire se doit traiter comme matiere pure spirituelle) jusques à ce que le possessoir soit jugé & executé, non seulement en principal, mais aussi és accessoires. Ce qui a lieu non seulement en matieres Ecclesiastiques, mais aussi ez profanes. Car celuy qui est vaincu au possessoire, n'est reçû à se rendre demandeur en petitoire, jusques à ce que le possessoire soit satisfait en principal, & en la liquidation & payement des fruits, dommages & interêts. Et en tel cas, à ce que le petitoire ne soit trop retardé, est enjoint par le Juge à celuy qui a vaincu en possessoire de liquider dans certain temps qui luy est prefix, autrement le temps passé, est dit qu'il passera outre au petitoire. Ou bien si la liquidation est longue à faire, il est dit que le demandeur en petitoire baillera caution de payer aprés la liquidation, & à deffaut de payer dans la huitaine aprés la liquidation, que l'instance petitoire surseoira. Ainsi fut dit par Arrêt en plaidant du Lundy 26. Janvier 1550. & du 13. May 1544. suivant la *l. statuliber 5. ff. de statulib.* Et par l'Ordonnance du Roy Charles VII. art. 72. il est défendu de cumuler le petitoire avec le possessoire, contre les decisions du droit Canonique. Et quant aux dîmes, si l'action est petitoire, & le demandeur pretende que la dîme soit pure Ecclesiastique, & le deffendeur dise que c'est dîme laïcale infeodée, & que le debat se fasse seulement à l'effet du declinatoire, pour être jugé si le Juge Ecclesiastique ou Laïc en doit connoître; le Juge Ecclesiastique n'en connoîtra pas, combien qu'ordinairement au Juge appartienne de connoître si la Jurisdiction est sienne ou non. Ainsi fut jugé par Arrêt sur un appel comme d'abus de l'Official de Pontoise, le Lundy 18. Janvier 1551. Tant a été favorisée la Jurisdiction laïcale, & l'Ecclesiastique affoiblie, qui autrefois par certains pretextes avoit voulu tout embrasser, comme a été dit cy-dessus.

Aussi les Juges Royaux connoissent par délegation des causes de ceux qui ont privileges octroyez par les Rois; comme des domestiques Officiers de la maison du Roy & de la Reine, & Officiers generaux de la Couronne, Officiers des Cours Souveraines, qui tous ont leurs causes personnelles & possessoires commises aux Requêtes du Palais, laquelle Jurisdiction est exercée par aucuns Conseillers du Parlement, commis en cette partie. Et lesdits Conseillers commis pour les causes qu'ils ont, plaident pardevant Messieurs des Requêtes de l'Hôtel commis en cette partie, qui ont leur auditoire au Palais à Paris, comme les Docteurs, Regens, Ecoliers, & Officiers des Universitez d'étude, qui ont leurs causes commises pardevant le Juge Royal de la Ville où est établie l'Université. Mais le corps de l'Université de Paris a ses causes commises droit en Parlement, avec ce titre de fille aînée de la Maison & Couronne de France; & avec ce même titre son Avocat plaide au banc des Princes du sang, & Pairs.

L'autre grand droit Royal est, qu'au Roy seul appartient lever deniers & especes sur ses sujets, dont est venuë l'indiction des tailles, l'imposition du huitiéme, du vingtiéme, & du quart de vin; l'imposition sur les marchandises & denrées qui sont venduës en gros ou en détail, au lieu de laquelle en plusieurs Provinces a été mise la taille qu'on appelle l'équivalent; la gabelle du sel, l'entrée du vin ez Villes. D'ancienneté nos bons Rois ne mettoient sus les subsides sans le consentement du peuple, que le Roy assembloit par forme d'Estats generaux, & en iceux proposoit la necessité des affaires du Royaume. Et en cette ancienneté lesdits subsides n'étoient ordinaires comme ils sont de present. Ceux du Duché de Bourgogne ont retenu sagement leur liberté, & ne payent les tailles qu'on appelle foüaiges, sinon qu'en trois ans une fois, aprés que lesdits foüaiges sont accordés par les Etats du païs, qui sont tenus de trois en trois ans. Et souloient en cette ancienneté les Rois promettre à leur peuple, si-tôt que le besoin seroit cessé, de faire cesser lesdits subsides. Cela se voit par une Ordonnance du Roy Philippe sixiéme, dit de Valois de l'an 1348. article premier, qui est mal cottée ez livres imprimez de l'an 1318. car en l'article second le Roy nomme son fils le Duc de Normandie, qui depuis fut le Roy Jean. Le peuple de France, qui toûjours a été bien obeïssant, a facilement enduré la continuation; & les Rois se sont avancez à mettre & à croître tous ces subsides, selon qu'il leur a plû, & jusques à ce que le peuple accablé n'a plus moyen de fournir. Les deniers Royaux, soient du domaine, soient de ses finances extraordinaires, sont tellement privilegiez, que le seul maniement desdits deniers, aprés qu'ils sont reçûs du peuple, vaut obligation par corps, & emporte hypotheque délors qu'on les manie, encore que ce ne soit pas un Officier Royal. J'ay dit, aprés qu'il est reçû du peuple; car le particulier pour son taulx des tailles, ou pour sa cottité d'autres subsides, ne peut être contraint par corps, & doit être poursuivi par les voyes & remédes ordinaires; dont la raison dépend de l'ancienneté, selon laquelle le Roy n'avoit droit de par soy d'indire & lever, ains luy étoit accordé par le peuple. Qui fait que ce ne sont deniers Royaux, jusques à ce qu'ils soient reçûs; outre que par la regle de droit, le donataire ne peut être contraint outre ce que bonnement il peut faire. Et quant aux deniers dûs par les particuliers, l'ancienne regle étoit, que le Receveur ou le fermier n'étoit recevable à demander aprés les six mois sequens à l'année en laquelle ils étoient dûs.

Autre droit du Roy est, que le Roy a droit de mettre ez Monasteres électifs un soldat estropié aux guerres, pour être nourri comme Religieux laïc; ce qu'on a étendu aux Monasteres collatifs, qui sont conventuels & opulens. Ainsi fut allegué par l'Avocat du Roy, en une plaidoirie du Lundy 14. Juin 1568. L'ancien droit étoit qu'és Monasteres de la garde du Roy, le Roy avoit droit de mettre un Religieux ou une Nonain, par Arrêt de la Chandeleur en l'an 1274.

DES PAIRS DE FRANCE.

PAR l'ancien établissement sont en France douze Pairs, six Ecclesiastiques, & six Laïs. L'Archevêque & Duc de Rheims, l'Evêque & Duc de Langres, l'Evêque & Duc de Laon, l'Evêque & Comte de Beauvais, l'Evêque & Comte de Châlons, l'Evêque & Comte de Noyon; le Duc de Bourgogne Doyen des Pairs, le Duc de Normandie, le Duc de Guyenne, le Comte de Champagne, le Comte de Flandres, le Comte de Tholose. Les Pairies Ecclesiastiques sont demeurées en leur entier & en leur nombre. Les Pairies laïcales ont reçû changement. Car Bourgogne, Normandie, Guyenne, Champagne & Tholose, ont été réünies à la Couronne; Flandres a été éclipsée de la Souveraineté de France par le traité de Madrid, quand l'Empereur Charles V. tenoit prisonnier le Roy François premier. Les Rois au lieu desdites anciennes Pairies Laïcales en nombre de six, ont érigé autres Pairies en beaucoup plus grand nombre, tant en titre de Duché que Comté; entr'autres Nivernois, Eu, Guise, Aumale, Mayenne, Vendôme, Rethelois, Monmorency, Montpensier & autres. L'une des principales fonctions desdits Pairs est d'assister le Roy à son Sacre à Reims, où châcun d'eux a son office & devoir particulier. Ils reçoivent le serment solemnel que le Roy fait d'être protecteur de l'Eglise & de ses droits, être protecteur du reste de son peuple, le garder d'oppression & luy faire Justice; Et les Pairs au nom du peuple promettent obeïssance & service au Roy. L'autre fonction est, d'assister le Roy, le conseiller quand il tient ses Etats Generaux, pour faire Loix à la conservation universelle du Royaume. L'autre fonction est d'assister le Roy, & le conseiller quand il sied en Parlement, tenant son lit de Justice. Les Pairs ont ce droit, que les appellations interjettées de leurs Juges de Pairie vont droit au Parlement, sans passer pardevant les Juges Royaux des Provinces; parce que les Pairs ne sont tenus de plaider ailleurs qu'en Parlement, qui s'entend du Parlement de Paris, qui à cause de ce est nommé la Cour des Pairs. Et selon l'ancienne observance, les Pairs devoient répondre des jugemens donnez par leurs Juges de Pairie; & s'il étoit dit mal jugé, les Pairs payoient l'amende au Roy. Et à ce moyen, par les reliefs d'appel pris en Chancellerie, le Roy adjournoit en cas d'appel les Pairs, & leur enjoignoit d'avoir avec eux leurs Juges qui avoient donné le jugement. L'état des choses étoit tel. Il étoit bien raison, puis que les Pairs n'avoient autre Juge superieur que le Parlement, que les appellations interjettées de leurs Juges ressortissent droit au Parlement. Et est observé, que quand il est dit mal appellé, que l'apellant ne paye l'amende ordinaire de soixante livres parisis, mais la paye telle qu'il eût payé au siége Royal, qui est de soixante sols parisis. Les appellations interjettées des Juges d'autres Seigneurs doivent passer au Siége Royal, avant que venir au Parlement; si ce n'est és matieres criminelles, quand il y a appel de jugement de mort, de bannissement, de fustigation, ou autre peine corporelle, de question avec tourmens, d'amende honorable à Justice, esquels cas l'appel va droit au Parlement de quelque bas Juge que ce soit, par Edit du 20. Novembre 1542.

DES DUCS, COMTES, BARONS, Seigneurs Chastelains.

AU temps de la grandeur de la maison & lignée de Charlemagne Roy de France, les Duchés & Comtés n'étoient hereditaires, ains étoient dignitez à vie, comme sont aujourd'huy les Gouvernemens en France; ou bien étoient envoyez par les Provinces, pour y exercer leurs charges durant certain temps. Les Ducs & Comtes avoient droit d'administrer Justice, tant en civil que criminel; mais c'étoit sous le nom & autorité du Roy. Comme ladite lignée commença à decliner & s'affoiblir, à l'exemple de ce qui au même temps fut fait en Allemagne, les Duchés & Comtez furent faits hereditaires

ditaires & patrimoniaux ; & leur fut attribué le droit de faire & administrer Justice, qui fut annexé & uni inseparablement ausdits Duchez & Comtez ; & par même moyen leur furent attribuez plusieurs droits de Fisque, comme le droit des biens vacans, des Espaves, des confiscations, des amendes, des péages, les gardes des Eglises ; hormis des Evêchez. Car les Gardes des Evêchez sont toûjours demeurées unies à la Couronne en consequence du droit de Regale. Et à la suitte desdites grandeurs & dignitez, les Barons, les Seigneurs Chastelains & autres Seigneurs eurent la même attribution de droit de Justice & droit de fisque, hereditaires & annexés aux Seigneuries ; de telle sorte, que à quiconque venoit la proprieté de la Seigneurie fût par heredité ou acquisition, il avoit le même droit de Justice & de fisque. D'où vient qu'en France on dit, les Jurisdictions & Justices être patrimoniales ; ce qui ne s'entend pas pour en tirer profit, comme de son patrimoine (car les autres grands droits & revenus attribuez aux Seigneurs, leur ont été donnez, afin qu'ils eussent meilleur moyen de faire faire Justice) mais parce que le droit est hereditaire, comme les autres biens que chacun a en son patrimoine. Aucuns s'abusent, disans simplement que le Roi seul a fisque, & que le droit de fisque est inseparable de la Couronne. Le Roy de vrai seul a le vrai droit de foncier & direct de fisque, mais les Seigneurs en fief de lui, & comme Procureurs de lui en leur propre affaire, exercent les droits de fisque utilement ; parce qu'ils en prennent les profits, & pour cause d'iceux font service au Roi de leurs personnes. Les Comtes par l'ancien établissement étoient preposez és Villes Episcopales ; & les Ducs aussi és Villes Episcopales ou Archiepiscopales, qui étoient superieures, quant à la temporalité de plusieurs autres Villes Episcopales, & se disoit, que le Duc avoit douze Comtez sous son obeïssance. Cét ordre a depuis été interverti, & ont été établis Duchez & Comtez en Villes non Episcopales. Les Ducs sont ornez en la tête de chapeaux ou couronnes à gros fleurons. Les Comtes ont leurs chapeaux ornez de rang de perles toutes de suite. Les Marquis qu'on estime être plus que Comtes, ont leurs chapeaux aussi ornez de perles, qui ont en surhaussement autres perles. La marque de Justice Ducale, qui est le gibet où se font les executions à mort, est à douze piliers, trois par rang, & quatre rangs, quand ce sont Duchez superieures de toute une Province. La marque de Justice Comtale, quand le Comte est Seigneur d'une Province entiere, est à neuf piliers, si c'est un Comte de moindre qualité, la marque de Justice est à six piliers. La marque de Justice du Baron est à quatre piliers, qui peuvent être à liens dedans & dehors, & le Baron a droit de porter baniere à ses armes en carré. Les autres Seigneurs moindres portent leurs armoiries en écusson. Le Baron par vraye marque de Baronnie doit avoir sous lui & en son ressort deux ou trois Chastelenies, une Ville close, Abbaïe ou Eglise Collegiale. Ce qui n'est perpetuel, mais pour le plus commun. Le Seigneur Chastelain a droit d'avoir Châtel avec forteresse entiere, qui est de Châtel avec fossez & pont-levis, basse-court fermée & fortifiée, & donjon dans le Châtel ; a droit d'avoir séel authentique à contrats, & de créer Notaires pour le détroit de sa Jurisdiction ; a droit de Bailliage qui emporte ressort & connoissance des causes d'appel ; & à cét effet de tenir Assises, esquelles les Juges inferieurs doivent comparoir. Et par ancienne observance, le Seigneur en son Assise souloit prendre pour con-Juges ses vassaux, qui étoient nommez Pairs de sa Cour ; lequel mot *Pairs* n'emporte pas parité & égalité avec son Seigneur, mais ainsi sont dits, parce qu'entr'eux ils sont pareils. Et encore aujourd'hui est observé, qu'au temps que le Seigneur superieur tient son Assise, les Seigneurs inferieurs par ressort ne peuvent tenir leurs plaids & jours ordinaires. Qui est une observance generale, qui est raportée en particulier par la Coûtume de Bourbonnois, art. 6. & Poitou, art. 73. Du temps de Charlemagne & Loüis Empereur son fils étoient diverses sortes de Juges, les centeniers qui jugeoient des causes civiles & des criminelles, sauf de la mort ou liberté, les Comtes jugeoient des causes arduës, même de la vie & de la liberté, & de fonds d'heritage, *lib.* 4. *cap.* 26. Et par chacun an, en chacune Province, étoient deleguez un Evêque & un Comte, pour oüir & juger les plaintes qui étoient à faire contre les Juges ordinaires. Les deleguez ou envoyez tenoient une forme d'Assise ou grands-Jours, és mois de Janvier, Avril, Juillet, & Octobre, ainsi qu'il se void és Capitulaires desdits Charlemagne & Loüis, *lib.* 2. *cap.* 25. & *lib.* 3. *cap.* 79. & 83. Les grands-Jours de la Pairie de Nivernois sont aussi departis, Mardy aprés les Rois ; aprés Quasimodo, aprés saint Jean, aprés saint Denis, qui se rapporte au susdit département. Et par la même consequence ledit Seigneur Châtelain a droit d'avoir en sa terre deux degrez de Jurisdition, l'un pour la premiere instance, l'autre pour les causes d'appel. Mais par l'Edit de Roussillon de l'an 1564. art. 24. a été ordonné qu'en chacune Ville, Bourg, ou lieu, n'y auroit qu'un degré & siége de Jurisdiction, & que les Seigneurs qui avoient Juges de deux degrez opteroient. Ce qui a été executé à l'égard des Seigneurs ; mais le Roi n'a executé la Loi en ses Justices, combien qu'elle fût generale. Qui fait que les Ducs, Comtes, Barons, Châtelains, n'ont plus deux degrez de Jurisdiction, à l'égard de leurs sujets immediats ; Et leur droit de Bailliage & ressort n'est plus que pour les Jurisdictions des Seigneurs inferieurs, sur lesquelles ils ont droit de ressort. Aussi le Seigneur Châtelain a droit d'avoir la marque de Justice à trois piliers, avec liens dehors & dedans ; a droit d'avoir Prieuré, maladerie, Foires, Marchez, qui sont les droits communs de Châtelenie ; mais non pas tous necessaires. Le séel authentique & le droit du ressort pour connoître de causes d'appel, sont les plus communs & presque necessaires.

DES DROITS DE JUSTICE en commun.

LEs Seigneurs Justiciers qui n'ont dignité de Duché, Comté, Baronnie & Châtellenie, & sont simples Justiciers, sont de trois sortes, hauts-Justiciers, moyens Justiciers, bas-Justiciers. En plusieurs lieux les Seigneurs ont les trois sortes de Justice sous un seul titre. En d'autres lieux en même territoire y a haut-Justicier, moyen Justicier, & bas-Justicier; les droits de moyenne & basse Justice ayant été éclipsez & tirez de la Justice entiere. Nos coûtumes ont accommodé ce qui est de la moyenne Justice aux mêmes fonctions, que le droit civil Romain attribue à ce qui est nommé *mistum imperium*; qui semble être mal à propos. Car à Rome n'y avoit aucun Magistrat, ni office ou dignité, à laquelle fût attribuée cette puissance qu'ils appelloient *mistum imperium*; ains par ces mots étoit signifiée la fonction de Magistrat, auquel competoit & *merum imperium & mistum imperium & jurisdictio*; comme étoient les Recteurs des Provinces, dont les uns étoient nommez Proconsuls, les autres de nom general, Presidens des Provinces, lesquels en leurs Provinces avoient semblable pouvoir, comme avoient à Rome les Consuls, les Prefets de la Ville de Rome, les Preteurs; les Ediles. Comme que ce soit, puisque nos Coûtumes ont ainsi distribué les pouvoirs & fonctions des hautes, moyennes & basses Justices, il s'y faut arrêter. Car nos Coûtumes sont nôtre droit Civil, de même force & vigueur comme étoit à Rome le droit civil des Romains selon mon avis, c'est erreur de comparer nos Coûtumes aux statuts, dont parlent tant les Docteurs Italiens. Car en Italie le droit commun est droit civil Romain; Et si és Villes & territoires se trouvent quelques loix particulieres qui soient contraires ou diverses au droit civil Romain, ce sont statuts qui sont interpretez étroitement, parce qu'ils sont contre ou outre le droit commun. Mais en la France Coûtumiere de droit civil Romain n'est pas le droit commun, il n'a pas force de loy, mais sert seulement pour la raison & nos Coûtumes sont nôtre vrai droit civil. Pourquoy n'est besoin d'y faire l'interpretation à l'étroit, comme les Docteurs Italiens font à leurs statuts.

Toutes les coûtumes de France s'accordent, qu'à la haute Justice appartient la connoissance, jugement & punition des crimes sujets à perte de vie naturelle, à perte de vie civile, comme est le bannissement perpetuel, ou condamnation aux œuvres publiques à toûjours, le bannissement à temps, peine de mutilation de membres, ou affliction corporelle, ou peine exemplaire, ou publique, comme de foüeter, essoriller, exposer à l'échelle, ou pilory ou carcan en public, marque du corps par fer chaud, amende honorable, qualifiée & publique. Selon plusieurs Coûtumes il y a distinction és Justices hautes. Car à aucunes est permis le jugement & execution de tous crimes capitaux, hormis de certains privilegiez, comme d'homicides commis par insidiation, qu'on appelle de guet-à-pend, de femme forcée & de boutefeu, lesquels cas sont reservez au Seigneur superieur du simple haut-Justicier. A autres hauts-Justiciers appartient seulement la marque du pilory, de ceps & du carcan, & non droit d'avoir marque de Justice à deux piliers. Ce qui est ordinaire és Justices qui n'ont grand & ample territoire, ou qui sont Justices volantes, épanchées selon les heritages qui sont tenus des Seigneurs en directe Seigneurie; ou qui sont en leurs Domaines, & qui n'ont pas limites certaines de grands chemins, rivieres, & autres apparentes. Mais à tous hauts-Justiciers appartient la confiscation des biens, meubles & immeubles de ceux qui sont condamnez à mort naturelle ou civile; (mort civile est bannissement perpetuel; ou condamnation à œuvres publiques à toujours, ou condamnation de prison perpetuelle, ou retrusion à perpetuité en un Monastere) La confiscation des biens de ceux qui sont executez à mort, est de l'ancien droit François, ainsi qu'il est rapporté és Capitulaires de Charlemagne, *lib. 3. cap. 77*. ce qui s'entend des biens immeubles assis au territoire de leur haute Justice, & des meubles qui y sont trouvez lors de la condamnation, car en ce cas les meubles ne suivent la personne, dautant qu'ils ne sont acquis aux Seigneurs par le moyen ou ministere de la personne condamnée, mais sont pris par le Seigneur comme biens vacans, qui ne sont en la proprieté d'aucun. Ainsi disent les Coûtumes de Nivernois des confiscations, art. 2. Troyes, art. 120. Laon, art. 86. qui dit par exprés, que les meubles ne suivent le domicile en ce cas, Reims art. 343. & 346. Aucunes Coûtumes, comme Vitry, donnent les meubles, quelque part qu'ils soient, au Seigneur du domicile. Toutefois à l'égard de ceux qui sont executez à mort, le geollier de la prison a droit de prendre la ceinture du condamné, ores qu'elle soit d'argent, non excedant le poids d'un marc, & sa bourse, son argent monnoyé jusques à dix livres, & ce qui est au dessus de la ceinture appartient au bourreau. Par aucunes Coûtumes n'y a confiscation des biens de ceux qui sont jugez à mort, sinon en certains crimes, comme en Berry, en Touraine, & en Bretagne. Berry excepte le crime de léze-Majesté humaine au premier chef. Touraine excepte le crime de léze-Majesté divine & humaine, & crime de fausse monnoye. Bretagne octroye la confiscation des meubles & fruits des immeubles, durant la vie du condamné, quand il est banni par contumace; & si aprés le bannissement il commettoit crime capital, lors il confisque la proprieté des immeubles. Et esdits païs où par les coûtumes la confiscation a lieu au profit des Seigneurs hauts-Justiciers, sont exceptez en aucunes seulement le crime de leze-Majesté humaine; en autres de leze-Majesté divine & humaine, & és autres est adjoûté le crime de fabrication de fausse monnoye. Esquels crimes la confiscation appartient au Roi, au prejudice des hauts-Justiciers. Au crime de leze-Majesté humaine; si le fief du condamné est mouvant immediatement du Roi, il ne vient au Roi par confiscation, mais par reversion & union à la Couronne, sans charge de debtes ni hipotheques. Si pour autres crimes Royaux, les biens appartiennent au Roi à la charge des debtes, comme il sera dit cy-aprés des confiscations. Et audit cas, si le fief est mouvant du Roi immediatement, il le peut unir à la Couronne; ou bien le mettre hors de ses mains, comme conquêt & fruit & émolument de sa Justice. Et si le fief ou autre heritage acquis au Roi par confiscation est mouvant d'autre Seigneur que de lui, il en doit vuider ses mains; car il ne peut être vassal de son vassal, ni redevancier de son sujet. On a excepté si le fief confisqué au Roi étoit tenu de l'Eglise; car les Rois n'ont pas dédaigné de tenir terres en fief de l'Eglise par devotion.

Aussi aux Seigneurs hauts-Justiciers appartiennent les biens vacans qui se trouvent sans proprietaire. Quand ce sont meubles, on les appelle espaves. Selon le droit des Romains les choses meubles & immeubles étant en commerce, qui se trouvoient sans proprietaire, étoient acquises au premier qui les occupoit, & en prenoit la joüissance, *l. 1. ff. pro derelicto.* Mais selon le droit des François, telles choses sont acquises aux Seigneurs hauts-Justiciers. Et si au même territoire il y a un bas-Justicier, il prendra sur lesdites choses la somme de soixante sols pour son droit de Justice. Les biens se trouvent vacans en diverses sortes; comme quand aucun meurt sans heritiers habiles à succeder, soit d'une ligne ou d'autre; quand aucune chose est abandonnée par le proprietaire, que les Latins disent tenuë pour derelicte; car délors il perd la proprieté de la chose abandonnée, *d. l.* quand une bête ou autre chose mobiliaire est égarée, & dans certain temps le propretaire ne la vient reclamer; quand aucunes terres hermes, & sans culture ni soin ne sont reconnuës par aucun proprietaire; quand les rivieres publiques par amas de terre, que les Latins appellent *Alluvion*, font une isle ou mothe de nouvel; quand un tresor caché de si long-temps, qu'il n'y a memoire de la disposition d'icelui, est découvert. Au premier cas, parce que peut-être y aura heritier, demeurant en lointain païs, & ne sera averti de la mort de son parent, le Seigneur haut-Justicier doit faire inventaire des meubles, avec appretiation, & les donner en garde à quelque personne notable; doit faire proclamer & bailler en accense & ferme les heritages au plus offrant, avec cautions, pour conserver le bien de l'absent, & à qui il appartiendra. Et fera bien de temporiser pour un an, & n'appliquer à lui lesdits biens, en attendant si aucun heritier se presentera. Aucunes Coûtumes mettent un temps certain dans lequel l'heritier est recevable à venir demander les biens de l'heredité; comme celle de Vermandois à Laon, qui donne dix ans pour recouvrer par l'heritier les meubles & fruits des immeubles. Aprés dix ans jusques à vingt ans pour recouvrer les immeubles, & perdre les meubles & fruits des immeubles; aprés les vingt ans que le Seigneur haut-Justicier garde tout, & ne rend rien. Autres Coûtumes mettent moins de temps, pourvû que les proclamations ayent été faites. Ez Provinces esquelles les Coûtumes sont arrêtées, il les faut suivre. Et quand il n'y a point de Coûtume particuliere pour ce fait, il me semble que l'expedient mis par la Coûtume d'Orleans, art. 474. est consonant à la raison, qui se peut tirer du droit des Romains, & à la raison du sens commun; à sçavoir, que le Procureur du Seigneur de la Justice fasse créer un curateur ausdits biens, dont nul ne se presente proprietaire, & sur lui fasse faire la saisie & les criées desdits biens par la forme introduite par l'Edit des criées; & aprés les criées rapportées en Justice, si aucun ne se presente pour vendiquer lesdits biens, & les reclamer comme à lui appartenans, ils soient adjugez en proprieté au Seigneur haut-Justicier, comme biens vrayement vacans, ou comme delaissez & abandonnez par les proprietaires. Les loix Romaines & le droit Canonique, & les Docteurs qui ont medité sur ce, ont donné la regle, quand on veut s'assurer contre un tiers qui peut pretendre droit. Si on sçait qui il est, il faut nommément & particulierement l'appeller & semondre pour venir faire demande de son droit dans certain temps avec declaration que le temps passé il en demeurera déchû, selon la pratique de la *l. diffamari. C. de ingenuis manu.* Si on ne sçait qui il est, il suffit de l'appeller avec proclamation & cry public en mettant le terme assez long; & les jugemens donnez aprés telles proclamations & semonce ont force de choses jugées contre toutes personnes qui ne sont apparuës. Ainsi est dit par Bartole *in l. si eo tempore. C. de remiss. pig.* Et si les Canonistes *in cap. ult. extra de electione in 6.* Et si ladite forme de criées n'a été observée, le proprietaire sera reçû dans les trente ans à recouvrer son bien, si ce n'est que les Coûtumes abregent le temps. Il y peut avoir difference quand les heritages sont acquis au Seigneur haut-Justicier à faute d'heritiers apparens simplement, ou quand ils sont acquis par confiscation. Car au premier cas il y a heredité qui est censée proprietaire, & represente la personne du defunt *l. non minus. ff. de hered. instit. 116. l. legatum §. servo. ff. de legatis primo.* Mais quand il y a confiscation, il n'y a point d'heritier; car le fisque prend les biens & non l'heredité, *l. ejus qui. ff. de testam. l. si quis filio. §. irritum. ff. de injusto rupto.* Pourquoy au premier cas si les heritages sont vendus par decret sur le curateur aux biens vacans, il y échet retrait; car c'est le curateur de l'heredité jacente. Ainsi dit Paris, art. 151. 152. & 153. Mais au second cas il n'y échet retrait; car il n'y a aucune heredité, & les biens sont acquis au Seigneur Justicier par titre, qui n'est sujet à retrait; car l'acquisition ne se fait pas moyenant deniers. *Vide infra.* En tous les cas susdits faut excepter les mineurs, & ceux qui sont absens pour les affaires publiques par le commandement du Roi, ausquels par raison doit être octroyée la restitution en entier selon le droit Romain. L'aure cas de biens vacans est, quand aucun proprietaire d'une chose mobiliaire ou immobiliaire se sent chargé de l'avoir, & aime mieux la quitter & abandonner, dont il est parlé au droit Romain sous le titre *pro derelicto*; car celui qui abandonne, délors perd la proprieté, *l. 1. ff. pro derelicto.* Et en est parlé en la nouvelle Coûtume de Paris, art. 153. L'autre cas est des Espaves, qui est un mot François, signifiant les choses mobiliaires égarées, desquelles on ne sçait le maître & proprietaire. Ce mot a donné occasion à aucuns Chrétiens de facile creance, de s'addresser par prieres à S. Antoine de Padoüe de l'ordre de S. François, pour recouvrer les choses égarées; parce qu'en ancien langage Italien, que les Contadins retiennent encore, on appelloit Pava ce qu'aujourd'hui on appelle Padoüa, en laquelle ville repose & est grandement veneré le corps de S. Antoine, dit de Padoüe ou de Pade; que d'ancienneté on appelloit saint Antoine de Pave. Les Coûtumes presque toutes s'accordent, que telles choses égarées, aprés que la proclamation en a été faite en l'Eglise parochiale & és marchez, si aucun ne les vient reclamer, demander & prouver être siennes, sont adjugées aux Seigneurs hauts-Justiciers des lieux où elles sont trouvées & apprehendées, dans quarante jours aprés la premiere publication, qui est le terme prefix presque par toutes les Coûtumes. Et la raison est, que le proprietaire est reputé d'avoir tenu la chose pour derelicte & abandonné, qui a demeuré tant de temps sans la rechercher, & par la raison de ladite loi *si eo tempore.* Et si cette Espave est chose mouvante, pâturable ou perissable, le Juge peut ordonner aprés la premiere ou seconde publication, qu'elle sera venduë au plus offrant, & les deniers deposez, pour être delivrez à celui qui dans les quarante jours & avant l'adjudication au Seigneur, viendra reconnoître la chose venduë, ledit prix en ce cas tenant le lieu de l'Espave. Ainsi dit la loi Romaine, quand la chose a été venduë de bonne foi par le non proprietaire, qu'il est quitte en rendant le prix, *l. ult. §. ult. ff. de lega.* 2. Aucunes Coûtumes ont donné à celui qui a trouvé l'Espave, le tiers du profit qui en vient, quand il a revelé à Justice de bonne heure; comme Bretagne, article 60. Autres Coûtumes, quant aux mouches à miel en abeillon, qui sont Espaves, & ne sont poursuivies par le proprietaire, ont donné à l'inventeur & revelateur la moitié du profit; comme Bourbonnois, artic. 337. Auvergne, chap. 26. artic. 7. & Touraine, article 54. Mais aussi quand aucun trouve une Espave, & ne la revele pas à Justice dans les vingt-quatre heures ou autre temps ordonné par la Coûtume, il est condamné en l'amende, qui par la plûpart des Coûtumes est arbitraire, & par aucunes est de soixante sols. De vrai c'est delit correspondant à furt; car ores que l'inventeur ne sçache à qui l'Espave appartient, qui est l'excuse vulgaire; il sçait bien qu'elle ne lui appartient pas, & en retenant le bien d'autruy, il commet larcin, selon la loi Romaine *in l. falsus §. qui alienum. ff. de furt.* L'autre sorte de biens vacans est des terres, pâturages & autres héritages, qui sont hermes, incultes, & non reconnus en la proprieté d'aucun. Vrai est que les gens de village les appellent vulgairement communes, comme si elles appartenoient à l'université d'un Village en commun. Ce qui ne se peut dire, sinon qu'ils en ayent titre, ou que particulierement ils payent redevance pour lesdites terres; car la redevance qu'ils payent pour la blairie és lieux où la blairie a lieu à cause des vaines pâtures, n'est pas pour certains heritages, mais confusement pour le pâcage de leur bétail, és heritages qui ne sont defensables. Le cinquiéme cas est d'accroissement de terre, que les Latins appellent *alluvion*, que font les rivieres publiques, en augmentant les rivages & les isles qui se sont au milieu desdites rivieres, lesquels accroissemens & isles appartiennent aux Seigneurs hauts-Justiciers, comme terres vacantes & sans Seigneur. En quoi nous ne suivons pas le droit Romain, qui donne le droit d'*alluvion* aux proprietaires des terres ausquelles les rivieres ajoûtent, & donne les isles aux proprietaires des terres qui sont sur la rive plus proche desdites isles. Vrai est que ledit droit Romain *in l. in agris ff. de acquir. rer. dom. & l.* 1. *§. si insula. ff. de fluminib.* n'attribuë lesdits droits d'isle & de *alluvion* aux proprietaires ausquels ont été baillées terres limitées, c'est à dire avec une mesure d'arpens certaine & arrêtée, ainsi que l'on avoit accoûtumé d'en donner aux vieux soldats qui avoient achevé leur service de guerre, & étoient distribuez, *verbi gratia*, à chacun soldat dix ou vingt arpens du territoire conquêté sur les ennemis. La Coûtume de Bourbonn. art. 340. 341. & 342. donne les isles & accroissemens au Seigneur haut-Justicier, avec un temperament, que la motte ferme conserve au proprietaire ce qui y accroît; comme si la riviere inonde partie d'une terre, & l'autre non, & quelque temps aprés la riviere abandonne ce qu'elle avoit inondé. Et me semble bien raisonnable d'ainsi observer quand il n'y a Coûtume contraire; & ce selon le droit Romain, qui presume que ce soit l'ancienne forme rétablie en son état, plûtôt qu'une forme nouvelle, par les raisons de la *l. Attilicinus. ff. be serv. rust. pred. & l. si unus §. quod in specie. ff. de pact.* La sixiéme sorte de biens vacans est des tresors cachez en terre; sur quoy le droit Romain disoit, que si aucun trouvoit tresor en son heritage, qu'il ne prenoit comme sien. S'il se trouvoit en l'heritage d'autrui, la moitié étoit au proprietaire de la terre, l'autre moitié à l'inventeur. En chacun cas étoit excepté, si le tresor avoit été trouvé par art magique, auquel cas il étoit appliqué au fisque. Selon la regle ordinaire de nôtre droit François, si par la vision de pieces d'or ou d'argent, ou autres choses trouvées en tresor, il ne se peut connoître de quel temps elles ont été cachées, pour juger si audit temps les predecesseurs du proprietaire étoient Seigneurs de la terre; car si c'est monnoye, on connoît par écriture de quel temps elle a été faite, & si les predecesseurs des proprietaires du lieu étoient lors Seigneurs; En ce cas d'incertitude les Seigneurs hauts-Justiciers devroient avoir les tresors, desquels n'est certain à qui ils appartiennent. On allegue un Arrêt donné en Parlement à la prononciation de la Nativité de Nôtre-Dame, l'an 1259. entre l'Abbé de saint Pierre le Vif de Sens, & le Procureur general du Roy, par lequel fut dit que ce qui est d'or, que ledit Arrêt appelle fortune d'or, appartient au Roi seul; les autres pieces du tresor appartiennent au Seigneur haut-Justicier. Et és Arrêts de la fête saint Martin 1261. le Roi ordonna que le tresor trouvé à Loches en bâtissant fût rendu au proprietaire, & néanmoins ordonna, quand en aprés aucun tresor seroit trouvé, qu'il lui fût rapporté, avant que d'en rien faire. Aucunes Coûtumes comme Bourbonnois, Sens, Auxerre, ont mis un temperament qui semble tres-équitable, à sçavoir que des tresors trouvez le tiers soit au proprietaire du lieu, le tiers à l'inventeur, le tiers au Seigneur haut-Justicier ; & si aucun trouve en son heritage, il soit par moitié à lui & au Seigneur haut-Justicier. C'est autre droit des minieres d'or, d'argent, & autres metaux & mineraux ; car ce sont matieres purement naturelles, esquelles n'y a rien eu de main ni de mistere d'homme, sinon pour les chercher & trouver ; car tels mineraux sont portion de la terre, & sont dits comme entrailles de la terre, *l. in lege fundi. ff. de contrah. empt. l. fructus §. si vir in fundo. ff. soluto matri.* Ainsi se dit de l'eau vive qui est en terre, *l. Is qui in puteum. ff. quod vi aut clam.* Pourquoi je crois que le Seigneur proprietaire de la terre, au fonds de laquelle sont les mineraux, est Seigneur d'iceux mineraux, ores qu'il ne soit Seigneur Justicier ; pourvû qu'il soit vrai proprietaire, tenant ou en fief ou en censive, ou allodialement. Je voudrois excepter le detenteur superficiaire, comme l'emphyteote, le bordelier, le conducteur à longues années ; car tels ayant le droit de la superficie n'ont pas droit de muër & changer la forme d'icelle, & doivent seulement prendre les profits qui apparoissent en la superficie, & non prendre les minieres dans la terre. Si ce n'étoit que la miniere ou perriere eût été ouverte de long-temps auparavant le bail, ou depuis icelui trente ans durant, le Seigneur direct le sçachant bien ; car en ce cas les mineraux & pierres seroient jugées au rang des fruits, *l. fructus, vel l. divort.* 10. *§. si vir in fundo in fine. ff. soluto matri.*

Aux Seigneurs hauts-Justiciers & non à autres, appartient donner assurement. Nivernois, de Justice, art. 15. Sens, art. 8. Melun, art. 3. Auxerre, art. 12. Sens, art. 171. L'assûrément est quand aucun doute d'être offensé par autrui ; aprés qu'il a juré le doute, le Juge contraint celui duquel on se doute, de promettre toute sureté à celui qui se doute ; & outre le Juge met le douteux en la sauve-garde de Justice, & fait défenses à l'autre de lui méfaire en sa personne & biens, à peine de la hart, qui est à dire de la corde. Et d'ancienneté telle étoit la peine de l'assurement enfraint, comme est raporté par les Coûtumes de Sens, article 171. Auvergne chap. 10. article 4. Troyes, article 125. L'usage & aucunes Coûtumes ont temperé cette peine rigoureuse, pour arbitrer la peine ou corporelle sans mort, ou pecuniaire, selon la gravité de l'offense. Bourbonnois, art. 57. Et presque toutes sont d'accord que l'assurement n'est pas enfraint par injures verbales, ains seulement par voye de fait. Bourbonnois article 57. Auvergne, chapitre 10. article 6. met une notable presomption, qui a grande apparence de raison ; Que si celui qui a été assûré se trouve mort ou blessé, celui qui a donné assurement soit tenu purger son innocence. Autrefois a été pratiqué en donnant assûrément, que le Juge commettoit la personne du douteux à la garde de celui duquel il se doutoit. Qui fait que l'assûrément ne se donne sinon avec sommaire connoissance de cause. En quoi l'on a pratiqué de se contenter du serment ; hormis quand l'assûrément est requis par le sujet contre le Seigneur Justicier ; par le Moine contre son Abbé ; par le Clerc contre son Evêque, par le vassal contre son Seigneur, par le parent le plus jeune contre son parent plus âgé. Esquels cas & autres semblables on n'applique l'assûrément, sinon qu'il y ait information de pleine creance des menaces & occasions de douter, parce que l'assûrément touche aucunement l'honneur de celui duquel on se doute ; & parce que la presomption n'est pas que le superieur veuille emploïer sa grandeur pour offenser celui qui est son sujet. Quant au Seigneur Justicier, il est observé pour loi generale en France, que s'il fait injustice par malice, ou s'il offense son sujet en sa personne, ou en son honneur sans cause, ou s'il lui dénie, faire droit ; le sujet peut & doit être exempté de sa Justice, pour être sujet à la Justice superieure. Comme aussi si un Seigneur ayant Justice offense le Sergent de son Seigneur qui exploite en sa terre, ce Seigneur Justicier inferieur perd sa Justice, qui est réünie à la Justice superieure. Pour la denegation de droit, y en a rapport en particulier par la Coûtume d'Auvergne, chap. 30. art. 10. & 12. Et Bretagne, art. 37. & 38. Et s'observe en general. Cette rigueur ancienne de la peine de la hart qui est capitale, a été cause d'attribuer la connoissance des assûrémens aux hauts-Justiciers. Presque toutes les Coûtumes de France interdisent au Seigneur haut-Justicier de relever les piliers de la marque de sa Justice, quand ils sont versez & chûs par terre y a plus d'un an, sans congé du Seigneur superieur, comme si par sa negligence d'an & jour il avoit perdu sa possession d'avoir telle marque de Justice. Mais pourtant il n'est pas déchû de sa possession en l'exercice de la haute-Justice, car le Juge peut juger à mort, & faire executer en un arbre. Nivernois de Justice, articles 9. 10. & 11. Melun, artic. 1. & 2. Bourgogne, art. 8. Sens, art. 3. Troyes, art. 123. Comme aussi interdisent aux Seigneurs, quelque degré de Jurisdiction qu'ils ayent, de n'ériger de nouveau la marque de la justice sans le congé du Roi, ou du superieur de la Province, auquel appartient d'enquerir & connoître si le Seigneur a droit de Justice, & en quel degré de dignité, & quelle marque doit être le signe patibulaire.

Le Seigneur haut-Justicier qui prend la confiscation, paye les dettes de celui qui a confisqué, tant des deniers dotaux & droits de la femme, qu'envers autres creanciers. Nivernois chap. de Justice, art. 12. Reims, art. 348. Orleans, art. 331. Bourbonnois, art. 350. Et s'il y a des biens en plusieurs Justices, chacun Seigneur paye les dettes selon la valeur des biens qu'il prend. Poitou, article 202. Laon, article 87. Reims, article 347. *Alex. Consil. 31. vol.* 1. Sans que pour ce il soit dérogé au droit de creancier, lequel nonobstant cette proportion, peut s'adresser à tels biens du défunt qu'il avisera pour sa commodité, sauf aux Seigneurs leur recours l'un contre l'autre. Et semble impertinente la distinction d'aucunes Coûtumes, comme Poitou, article 300. Senlis, art. 199. qui chargent le Seigneur prenant les meubles, de payer les dettes mobiliaires, ce qui dépend de l'ancienne opinion erronée, qui chargeoit ainsi l'heritier mobilier, dont sera parlé cy-aprés au tit. des sucessions, Dieu aidant. Comme se dit de la confiscation, ainsi se dit quand les Seigneurs prennent les biens vacans de celui qui meurt sans heritiers, pour payer les dettes. Mais il y a de plus en ces cas cy, que le Seigneur qui prend les biens vacans, accomplit le testament du défunt, & paye les frais de ses exeques & funerailles, selon la dignité & état du défunt. Reims, article 347. Laon, article 87. Ce qui ne se dit pas en la confiscation. car le testament de celui qui est condamné à mort, devient à neant, *l. si quis filio. §. Irritum. ff. de injusto, rupto & irrito. l. si aliquis. ff. de mortis causa donat.* Et en tous les cas susdits faut entendre que les Seigneurs ne payent les dettes, sinon jusques à la concurrence de la valeur des biens, & non pas précisement comme sont tenus les heritiers simples. Ainsi dit le droit Romain *in l. 1. §. in bona ff. de jure fisci.* Ainsi dit Poitou, art. 202. Nivernois, chap. de Justice, art. 12. Aussi nous observons ce qui est dit par le doit Romain *in l. in summa, l. quod placuit ff. eodem titulo*, que les creanciers en la discussion des biens de celui qui confisque, sont preferez aux peines & amendes ajugées au fisque. Ce que je voudrois entendre, quand telles amendes sont vrayes & pures peines. Car si un Financier étoit accusé de peculat & confisquât, je crois que le quadruple, qui par les Ordonnances doit être ajugé au fisque, n'est pas pure peine, mais est le vrai interêt public, entant que les fonctions & affaires publiques ont été retardées par l'interversion de la pecune fiscale : & à cet moyen avec grande raison se peut dire, que le fisque a son hypotheque du jour que le Financier est entré en charge, *l. 2. C. in quib. caus. pig. vel hypoth.* Et ce non seulement pour le sort principal interverti, mais aussi pour les dommages & interêts du fisque, qui sont arbitrez & liquidez par le quadruple ; lesquels dommages & interêts sont dûs comme somme principale, & comme subrogez, *per l. si ab alio. in fine ff. de re jud.* Aucunes Coûtumes; comme Senlins, art. 200. disent que les frais de Justice faits pour faire déclarer la confiscation, sont preferez aux creanciers. Ce qui semble non raisonnable ; car les Seigneurs doivent Justice à leurs propres frais, sans récompense. Bien croy-je que les Seigneurs Justiciers, qui prennent part aux biens confisquez, doivent contribuër aux frais que l'un d'eux a faits pour faire le procez & le jugement ; & ainsi le montre la Coûtume de Nivernois au titre des confiscations, art. 5. Et la raison y est bien ; car de tels frais resulte le profit que les hauts-Justiciers prennent, qui est la confiscation, qui ne seroit, si le procez n'avoit été fait, par la raison de la *l. quantitas. ff. ad leg. falcild. & l. quod privilegium. ff. de pos.* Mais ne revient aucun profit au creancier, à cause de tels frais, car soit que son debiteur confisque, ou qu'il échappe, le droit du creancier est toûjours pareil. Bien croy-je que le creancier est tenu aux frais faits pour la conservation des biens, par la *l. soror. ff. si pars hered. pet.* Au fait des confiscations plusieurs Coûtumes de France ont été avec raison favorables aux maris, à cause de la Seigneurie qu'ils ont és biens meubles & conquêts de la communauté d'eux & de leurs femmes, entant qu'elles ont ordonné que la femme confisquant perdît seulement ses propres, & ne perdît sa part des meubles & conquêts qui doivent demeurer au mari comme Seigneurs d'iceux. Ainsi disent Nivernois, titre des confiscations, art. 4. Sens, art. 26. & 27. Laon, art. 12. & 13. Auxerre, art. 28. & 29. Troïes, art. 135. Melun, art. 10. & 11. de même, ajoûtant la modification, si la femme est executée par mort naturelle. Orleans, art. 209. modifie aussi, disant que la part des meubles & conquêts de la femme vient aux heritiers d'elle. Ce qui semble bien raisonnable, quand les enfans sont les heritiers. Mais quand sont heritiers autres qu'enfans, il y a plus de raison que le mari ait les meubles & conquêts parce qu'il en est Seigneur en effet, ayant pouvoir de les alliener sans le consentement de sa femme durant le mariage. Et comme sa femme durant le mariage. Et comme la femme par paction & volonté expresse ne peut empêcher ce droit de son mari, ainsi par son delit elle ne lui peut ôter. Autres Coûtumes disent que la femme confisque sa part des meubles & conquêts ; comme Bourbonnois, article 266. & Touraine, article 255. Aussi quand un homme ou femme de condition servile confisque, il ne s'en acquiert rien au Seigneur haut-Justicier ; mais tous les biens viennent au Seigneur de la servitude, comme en main-morte ; parce que le serf en delinquant ne peut faire perdre à son Seigneur le droit qu'il a en ses biens. Ainsi dit Nivernois, titre des confiscations, art. 5. Sens, art. 23. Bourbonnois, art. 349. Quand c'est un serf de main-morte ou mortaillable, Bourgogne, art. 11. donne aux Seigneurs de main-morte les heritages main-mortables. Si un homme d'Eglise seculier est és termes de confiscations, comme si pour l'atrocité & grande énormité du délit il est dégradé & deposé de l'Ordre Ecclesiastique, & delaissé à la Cour seculiere qui le condamne à mort. La degradation & tradition au bras seculier doit être non seulement quand le clerc se trouve incorrigible, qui est le cas mis *in cap. cum non ab homine extrad. judic.* qu'aucuns Canonistes disent être cas special, comme ils disent de la falsification des lettres Apostoliques, *cap. ad falsariorum. extra de crimine falsi.* en cas d'heresie. *cap. ad abolendam. extra de heret.* mais aussi en tous cas de grande énormité & atrocité. Ainsi qu'il est dit *in can. istud. 11. qu. 1.* De fait les Parlemens contraignent les Evêques Diocesains par saisie de leur temporel à degrader les gens d'Eglise convaincus de tels délits tres-atroces & énormes, combien qu'ils ne soient du nombre de ceux que les Decretales specialement ont rendu sujets à degradation. Du Moulin en l'annotation sur le conseil 8. d'Alexandre, *vol. 1.* dit qu'és délits tres-atroces le Juge seculier peut prendre le Clerc, lui faire son procés, & l'executer à mort, & allegue *Joan. And. in cap. cum non ab homine ext. de judic. Germin. in cap. 1. de ho-*

mic. in 6. Audit cas de degradation, celui qui est condamné par le Juge Laïc, sans difficulté confisque tous ses biens meubles & immeubles au Seigneur haut-Justicier, parce qu'il est privé de tous droits de Clericature. Mais quand le Juge d'Eglise jugeant Ecclesiastiquement, condamne un Prêtre à chartre ou prison perpetuelle, ou le condamne d'être retrus en un monastere pour toute sa vie ; il est certain que la confiscation y est, car tel condamné perd sa liberté & les droits de cité, qui le fait tenir comme mort civilement, *l. 2. l. tutelas §. item ff. de capite minutis l. 1. §. hi quibus ff. de lega. 3.* Mais aucunes Coûtumes ont dit qu'en ce cas les meubles du Clerc ainsi condamné appartiennent à son Evêque, comme la nôtre de Nivernois au chap. des confiscations, art. 8. ce qui semble avoir été introduit par erreur, sous pretexte de l'ancienne Ordonnance du Roi Philippe le Bel, qui fait les meubles des Ecclesiastiques exempts de la Jurisdiction seculiere, comme les personnes en sont exemptés. Ez Capitulaires, livre 4. article 15. la composition du Prêtre meurtri appartient à l'Eglise, pour en être la moitié employée pour l'Eglise, l'autre moitié à l'aumône de l'Evêque. Mais quand le Clerc perd sa liberté & toute communion du droit civil, le fisque qui est representé par le Seigneur haut-Justicier, prend ses biens comme vacans, à cause de la Jurisdiction, entant que les biens se trouvent en son territoire. Or les Evêques à cause de leur Jurisdiction Ecclesiastique, n'ont aucun territoire ni droit de prehension réelle ; dont il s'ensuit qu'ils n'ont aucun droit esdits meubles des Clercs ; parce que ce ne sont plus meubles appartenans à Clercs, ains se trouvent vacans ; ce qui fait que le privilege de la personne n'est considerable.

Au fait des confiscations, si le Seigneur haut-Justicier prend l'heritage qui ne sera tenu de lui, ains d'autre Seigneur, soit en fief, soit en cens, ou autre redevance emportant Seigneurie directe : aucunes Coûtumes disent que ledit Seigneur haut-Justicier doit mettre tel heritage hors de ses mains dans l'an & jour, comme Nivernois, chap. des confiscations article 6. Melun, article 75. Et toutes deux disent la cause de vuider ses mains afin que de telle alienation le Seigneur feodal reçoive profit, car il ne lui en est point dû pour la confiscation. Nivernois met la peine de Commise & perte de fief, à faute de vuider dans l'an & jour de la confiscation acquise. Orleans, article 21. dit l'an & jour, à compter de la requisition faite au Seigneur, & ne met autre peine que le gain des fruits. Vitry, article 39. & Orleans, article 21. disent que le Seigneur haut-Justicier peut retenir à lui le fief en payant droit de rachapt. Sens, article 207. & Auxerre, article 74. disent que ledit Seigneur haut-Justicier en fera hommage au Seigneur feodal. Mais il semble bien raisonable, puis qu'il y a mutation d'homme autrement que par succession & d'heredité, que le Seigneur feodal ou censier en ait profit, pour l'approbation de ce nouvel homme. Car les profits du quint, denier de rachapt, & de lods & ventes, sont attribuez aux Seigneurs directs pour leur indemnité, & recompense de la mutation d'homme, *l. ult. C. de jure emphyth.* Aussi peut advenir, comme plus communement advient que le Seigneur haut-Justicier soit superieur feodal du Seigneur feodal de ce fief confisqué, ou qu'il soit Seigneur en plus haut degré de grandeur. Parquoi est l'interêt du Seigneur feodal immediat de n'avoir un vassal plus grand que soi ; & d'autre part est mal-seant au Seigneur haut-Justicier d'être vassal d'un moindre que soi, & peut être de son vassal. Pourquoi les Coûtumes semblent plus raisonnables, qui commandent au Seigneur haut-Justicier précisement de vuider ses mains. Vrai est que la commise du fief est bien rude. Le gain des fruits est une peine plus tolerable. Semblable raison est, si l'heritage tenu à cens, ou à bordelage est confisqué au Seigneur haut-Justicier. Et ainsi dit Nivernois, chap. des confiscations, art. 6.

La moyenne & la basse Justice n'ont pas les regles certaines & communes, comme à la haute Justice ; hormis que presque toutes les Coûtumes attribuent au moyen Justicier le droit de bailler & confirmer tuteurs & curateurs ; faire main-mises & saisies, séeller huis & coffres ; faire inventaires, faire subhastations, criées & adjudications par decret, faire émancipations. Ainsi disent les Coûtumes de Nivernois chap. de Justice, article 14. Sens, article 13. & 15. Auxerre, article 16. Bourbonnois, article 3. Senlis, art. 112. Poitou, art. 16. Touraine, art. 51. Aucunes Coûtumes attribuent au moyen Justicier la connoissance de toutes causes civiles, dont l'amende n'excede soixante sols. Ainsi dit Touraine, artic. 69. Blois, artic. 21. Melun, art. 1. & 5. Valois, art. 4. & Poitou, art. 16. Et quant aux causes criminelles, aucunes Coûtumes attribuent au moyen Justicier de connoître des crimes autres que capitaux, & qui ne sont commis par insidiation. Les autres rétraignent aux crimes dont l'amende ne doit exceder soixante sols. Poitou, Touraine, & Troyes attribuent au moyen Justicier le droit de bailler & ajuster mesures. Aussi les Coûtumes varient au fait de la basse Justice. Les unes y attribuent la connoissance de toutes matieres civiles ; comme Bourbonnois & Sens. Les autres des causes civiles jusques à soixante sols, & des causes criminelles, dont les amendes n'excedent soixante sols ; & les autres jusques à sept sols six deniers d'amende. Aussi presque toutes les Coûtumes octroyent aux moyens & bas Justiciers de prendre les delinquans mêmes en flagrant delit, & l'en reserrer ; non pas pour les juger, si le crime excede le pouvoir de leur jurisdiction : mais pour les rendre és mains du haut-Justicier dans les 24. hures, ou pour le moins lui denoncer dans vingt-quatre heures. Aucunes Coûtumes disent qu'après la denonciation, le haut-Justicier doit envoyer querir le prisonnier, comme Nivernois, chap. de Justice, art. 17. Bourbonnois, art. 4. Blois, art. 29. Autres Coûtumes disent que les moyens ou bas Justiciers doivent mener le prisonnier audit haut-Justicier, comme Melun, art. 16. Touraine, art. 46. Auvergne chap. 6. art. 5. dit que le Seigneur haut-Justicier demandant le renvoi du prisonnier, doit payer les frais faits en la Justice inferieure.

Cette distinction de haute, basse & moyenne Justice, a pris sa source dés le temps de Charlemagne, auquel les Juges dits Centeniers, ne connoissent des causes de mort ou liberté ; mais en connoissent les Comtes, ou les envoyez de l'Empereur : Ez capitulaires, *lib.* 3. *c.* 78.

DES FIEFS.

LA plus commune institution des fiefs a été du temps que plusieurs droits Royaux ont été octroyez aux Seigneurs inferieurs ; non pas pour les exercer en souveraineté, & de leur propre droit ; mais utilement pour en recevoir le profit, & comme Procureur des Seigneurs souverains. Auparavant étoit bien quelque forme de fief, mais c'étoit directement pour les tenir du Souverain, & pour lui faire service en ses guerres, quand il convoquoit son Hereban, que depuis par nom corrompu on a appellé Arriere-ban. De cét Hereban, avec ce nom est parlé és Capitulaires de Loüis Empereur, fils de Charlemagne, *lib.* 4. *c.* 70. *&* *lib.* 3. *c.* 14. où est mise la taxe que chacun doit porter selon la valeur de son bien. Depuis ces droits Royaux étant octroyez aux Seigneurs hereditairement. lesdits Seigneurs commencerent à mouvoir & faire guerre les uns aux autres pour la conservation de leurs droits, & à cét effet bailloient des Seigneuries ou Domaines en fief, ou bien à prix d'argent, ou par autre composition acqueroient le droit de féodalité, pour être servis par leurs vassaux en leurs guerres ; & nonobstant ce, devoient service à leur souverain en son Hereban pour lequel faire ils délaissoient le service de leurs Seigneurs immediats. Cette institution ancienne des fiefs étoit cause que les fiefs ne pouvoient être tenus que par mâles. Et au commencement les fiefs étoient concedez seulement pour les descendans, & étoit interdit de les aliener sans permission du Seigneur, à peine de Commise. La frequence & l'utilité publique & commune des fiefs ont été cause d'introduire certains remedes contre ces rigueurs anciennes, qui sont compositions arrêtées & certaines par consentement commun de tout le peuple, à sçavoir de payer le quint denier du prix, ou du revenu d'un an, quand aucun aliene son fief. Aussi il peut l'aliener sans le congé du Seigneur. En plusieurs Provinces on doit payer le revenu d'un an quand le fief échet en succession collaterale : Les femelles sont reçûës à succeder aux fiefs ; mais les mâles en succession directe ont avantage, & en succession collaterale les excluent. Et par ces moyens les fiefs qui étoient presque personnels & masculins, ont été faits patrimoniaux, avec quelques regles & modifications particulieres, dont sera traité cy-aprés. De cette tres-ancienne usance est venu le mot de *reprise*, qui signifie le renouvellement d'hommage ; comme si le fief étoit failli & retourné au Seigneur par le decés du vassal & que le vassal le reprît du Seigneur, comme par nouvelle concession.

Tout vassal tenant fief doit faire la foi, & prêter le serment de fidelité à son Seigneur féodal. Ce serment est si exactement personnel, qu'il doit être renouvellé à chacune mutation de personne, & fût de pere à fils. Et si le vassal auquel est échû le fief par succession, ores que la succession soit telle qu'il n'en doive profit, & doive seulement la bouche & les mains, il doit venir rechercher son Seigneur féodal, pour lui faire la foi & hommage ; & s'il ne le fait, le Seigneur peut saisir le fief ouvert à faute d'homme, & faire les fruits siens en pure perte du vassal. La plûpart des Coûtumes disent que le Seigneur ne peut saisir, sinon quarante jours aprés le decés du vassal ancien, & incontinent par la saisie fait les fruits siens. Ainsi disent Nivernois, chapitre des fiefs, art. 1. Paris, art. 1. & 7. Orleans, art. 50. Troyes, art. 24. Auxerre, art. 42. Touraine, art. 22. Blois, art. 53. & 76. Reims, 99. Autres Coûtumes permettent de saisir incontinent aprés le decés, mais ne faire les fruits siens sinon aprés quarante jours, comme Melun, article 22. Auvergne, chapitre 22. article 1. 2. & 3. Senlis, article 159. Laon, art. 183. Autres Coûtumes octroyent au vassal quarante jours aprés la saisie pour faire la foi, & empêcher le gain des fruits ; comme Berry, chap. des fiefs, art. 9. Auvergne, art. 45. Vitry, art. 41. Bourgogne, art. 12. n'octroye au Seigneur feodal de saisir pour gagner les fruits, sinon aprés l'an & jour du decés. Quand le fief change de main par autre voye que de succession ; aucunes Coûtumes donnent vingt jours à l'acquereur pour faire son devoir, comme Nivernois, chapitre des fiefs, art. 1. Blois, art. 53. Autres disent quarante jours par tout ; comme Melun, art. 21. Estampes, art. 11. Les autres permettent de saisir incontinent aprés l'alienation ; Orleans, art. 43. Troyes, art. 28. Reims, art. 99. Ce sont droits particuliers. Mais la regle generale est, qu'en cas d'ouverture de fief, qui est quand le fief change de main, soit par succession ou alienation, le Seigneur feodal peut saisir & mettre en sa main feodale le fief mouvant de lui, à faute d'homme, droits & devoirs non faits, & non payez ; & par le moïen de sa saisie gagner à lui les fruits en pure perte du vassal, jusques à ce que ledit vassal ait fait son devoir. Peut ledit Seigneur ayant saisi, joüir par ses mains, s'il veut ; parce qu'il prend le fief comme sien, & comme à lui retourné. Ce qui dépend de la tres-ancienne usance des fiefs, selon laquelle la concession étoit finie par la mort du vassal, & le Seigneur mettoit en sa main son fief. Ce qui a été aboli, quant à la proprieté : mais est demeuré en usage, quant au gain des fruits. La Coûtume de Touraine, art. 22. permet au Seigneur lever par ses mains, ou bien s'il veut, il y fera établir un commissaire comptable, duquel il sera réponsable, ou bien aprés avoir saisi réellement, & notifié sa saisie au vassal, il peut temporiser pour connoître si le vassal continuera sa joüissance ; & si le vassal continuë à joüir, il se rend comptable à son Seigneur ; parce qu'en aprés le vassal se presentant à son devoir, le Seigneur n'est tenu de le recevoir ni lui faire main levée, sinon en rétablissant les fruits que le vassal a perçûs dépuis sa saisie. Et non seulement par voïe d'execution, comme dessus ; mais aussi par voïe d'action, le Seigneur pourra contraindre son vassal à lui rendre les fruits, par la condiction generale dont il est parlé *in l. si & me & Titium.*

tium. ff. si certum petatur. En quelque façon que le Seigneur joüisse, il doit user du fief comme bon pere de famille, comme *verbi gratia*, ne doit moissonner ni vendanger sinon en temps de maturité competente, ne doit pêcher les étangs, ni couper les bois taillis sinon en saison dûë, doit empoissonner ou laisser l'alluin és étangs pêchez, garder le bois coupé, labourer & façonner les terres & vignes en temps dû. Ainsi disent les Coûtumes de Paris, art. 1. Poitou, art. 119. Auxerre, art. 64. Orleans, 70. Laon, art. 221. Et par l'Ordonnance du Roi Philippe le Bel, de l'an 1302. art. 3. 4. & 5. où il est parlé de la Regale qui est, *ad instar*, de saisie feodale, & d'autres saisies feodales. Vrai est qu'il prend les fruits en l'état qu'il les trouve, & fussent-ils prêts à cueillir, sans être tenu de païer les labours, semences & autres amendemens, en ce qui touche l'interêt du vassal. Mais si un metayers, laboureur ou autre, y emploïe son labour & ses semences ou autres frais, le Seigneur ne levera les fruits au prejudice de tel laboureur ou mercenaire. Car il ne doit prendre sinon ainsi que le vassal eût pris, s'il n'y eût eu saisie. Ce qui dépend & de la raison du sens commun, & du droit Romain, qui dit que les fruits sont entendus ce qui reste aprés les frais du labourage, semence & conservation déduits & précomptez, & que nul cas ne peut intervenir qui empêche cette déduction, *l. si à domino. §. ult. ff. de petitione hered. l. fundus qui. ff. famil. ercisc.*

Le vassal qui veut avoir main-levée de son fief saisi, ou qui veut prevenir la saisie en faisant son devoir, doit aller trouver son Seigneur feodal au lieu du fief dominant, pour en faire la foi & hommage, & n'est tenu de l'aller chercher ailleurs. Aucunes Coûtumes disent que le vassal est tenu d'aller trouver son Seigneur à sa personne, s'il est en la même Province; comme Nivernois, art. 1. Poitou, art. 100. Bourgogne, art. 12. Orleans, art. 45. dit quand le fief est saisi, que le vassal doit aller chercher le Seigneur jusques à dix lieües. S'il n'y a point de saisie, il suffit d'aller au fief dominant. Mais puisque le devoir de fief est à cause de la chose, le plus commun est d'aller au lieu du fief dominant, car aussi-bien le Seigneur n'est pas tenu de recevoir son vassal se presentant en autre lieu. Ainsi dit Paris, art. 64. & Bourbonnois, art. 378. Poitou, art. 111. met une limitation qui semble raisonnable, que si le vassal a une fois fait son devoir au lieu du fief dominant en l'absence du Seigneur, qu'aprés il peut faire la foi à la personne du Seigneur quelque part qu'il le trouve. Ce qui se rapporte au droit Romain, quand il est question des droits d'un heritage de s'adresser au lieu où il est assis, *l. dies. §. toties. ff. de damno infecto.* Le vassal doit s'enquerir si le Seigneur y est, ou s'il y a aucun commis pour lui en recevoir les hommages. S'il ne trouve à qui s'adresser, il doit requerir les Officiers ou entremetteurs des affaires du Seigneur sur le lieu d'assister au devoir qu'icelui vassal entend faire. Et soit qu'ils y comparent ou non, ou que le vassal ne trouve personne de cette qualité, ledit vassal fera au devant de la porte de la maison ou lieu Seigneurial le devoir tel qu'il feroit au Seigneur s'il étoit present; à sçavoir, être nuë tête, mettre un genoüil en terre, ôter son épée & ses éperons, & en cét état déclarer & reconnoître que tel fief lui est échû par succession de tel, ou qu'il l'a acquis, ou lui a été donné, qu'à cause dudit fief il est vassal dudit Seigneur, lui en fait hommage, jure & promet lui être fidele; & d'accomplir tout ce à quoi la nature de son fief est tenu. La Coûtume de Touraine, art. 115. fait une distinction qui semble raisonnable pour être generale: que si l'hommage est simple, il se fera par le vassal, nuë tête, les mains jointes avec le baiser. Si l'hommage est lige, il se doit faire les mains jointes sur les Evangiles, nuë tête, l'épée déceinte, avec le baiser. A quoi se rapporte Bretagne, art. 328. & 329. & Poitoü, art. 113. Si le vassal a acquis le fief, ou lui a été donné, il doit exhiber le contrat. Si aucuns profits sont dûs, soit de quint ou de rachat, il en doit faire offre à découvert avec une somme de deniers pour les frais de la saisie, s'il y a eu saisie; & pour l'estimation des fruits, si le vassal les a perçûs depuis la saisie, & à parfaire. Et du tout requerir acte par écrit au Notaire qu'il doit avoir avec lui en presence des témoins. Et ores qu'il n'en soit requis, doit laisser copie du titre si aucun il exhibe & de l'acte contenant son devoir; parce que le vassal doit instruire son Seigneur, & le Seigneur doit être assuré, & avoir témoignage devers lui de la reconnoissance que son vassal a faite. Ainsi dit Bourbonnois, art. 380. Auvergne, art. 50. Paris, art. 63. Etampes, art. 11. Berry, des fiefs, art. 20. Laon, art. 187. Reims, art. 110. Et je tiens pour regle que toutes, & quantes-fois qu'on ne parle à la personne à qui on a affaire, & qu'on veut avoir acte de son devoir, il faut laisser copie, ores qu'elle ne soit requise; car autrement se feroit un devoir fait par acquit, & en telle sorte que celui à qui on a affaire ne pourroit être certioré, qui est autant que si on ne faisoit rien. *l. aut qui aliter. ff. quod vi aut clam.* Si le vassal ne trouve personne à qui parler & laisser copie, il la délaissera au proche voisin, ou bien l'attachera à la porte du lieu Seigneurial s'il est habitable, ou à la porte de l'Eglise Parochiale du lieu. Mais aprés, le Seigneur étant de retour, il peut signifier sa venuë au vassal, & lui assigner jour competent pour venir faire son devoir: & s'il y défaut, le Seigneur pourra saisir. Ainsi dit Nivernois des fiefs, art. 2. Sens. art. 182. Et Poitou, 112. dit que le Juge ou officier du Seigneur en son absence pourra donner surséance au vassal jusques au retour du Seigneur; & lui de retour, le vassal doit venir à peine de la saisie & perte des fruits. Touraine, art. 110. dit que le vassal étant averti du retour doit venir trouver le Seigneur. Orleans, art. 46. dit que si le Seigneur saisi derechef, le vassal aura quarante jours aprés la saisie. Il a été dit cy-dessus, que s'il est dû profit de bourse par la mutation, que le vassal le doit offrir, soit en absence ou presence. Car l'offre doit être si accomplie, que si celui à qui elle est faite étoit present, & voulut accepter, il est dût à la même heure recevoir, ores qu'il y eût demeure de la part de celui à qui l'offre est faite. *l. servus si heredi. §. Imperator. ff. de statu lib. l. ult. ff. de lege commissoria.* S'il n'y a point de profit, lors se pratique le mot vulgaire observé par tout, que le vassal ne doit, & ne doit offrir que la bouche & les mains. Aucuns ont estimé que la bouche signifie la parole du vassal qui se reconnoît tel, & fait le serment de fidelité, mais la verité est, que la bouche signifie le baiser; & telle étoit l'usance ancienne, que le Seigneur en recevant son vassal l'honoroit du baiser en signe d'amitié. Ce qui est representé par la Coûtume de Bretagne, art. 322. & 327. & Touraine, art. 115. Les mains signifient que le vassal doit joindre les mains, & le Seigneur les prend & serre entre les deux siennes, & en cét état le vassal fait la foi, & prête le serment. Audit cas, quand le vassal ne doit que la bouche & les mains, il doit chambellage, qui est une piece d'or que le vassal donne aux officiers ou serviteurs du Seigneur feodal. Et ainsi dit Laon, art. 158. & est general en France.

Si le vassal est pupille, & n'est en âge de faire la foi, & prêter le serment de fidelité, presque toutes les Coûtumes s'accordent, que le Seigneur est tenu de bailler souffrance au tuteur jusques à l'âge accompli des mineurs. Ainsi disent Paris, article 41. Melun art. 34. Auxerre art. 78. Orleans, art. 23. & 24. Laon, artic. 170. Reims, artic. 112. Nivernois, artic 3. & 4. dit que le tuteur doit faire reconnoissance de fief & non d'hommage. Autres Coûtumes permettent au tuteur de faire l'hommage. Sens, art. 157. Orleans 23. Touraine, art. 343. Mais Bourbonnois, artic. 379. donne au Seigneur le choix, ou de recevoir le tuteur à la foi, ou bailler souffrance. Orleans, art. 34. Estampes, artic. 18. & 19. disent, s'il n'y a tuteur, qu'un parent des mineurs peut demander la souffrance. Paris, art. 41. ajoûte une seureté, qui est raisonnable par tout, que le tuteur demandant souffrance, doit declarer les noms & âges des mineurs; afin que le Seigneur soit assuré en quel tems ils devront l'hommage. Aucunes Coûtumes definissent l'âge des mâles à quatorze ans, & des femelles à douze, qui est l'âge de puberté declaré par le droit Romain; comme Nivernois, art. 15. Reims, art. 113. Berry des fiefs, art. 37. Troyes, art. 18. Laon, art. 260. Blois, art. 8. Bourgogne, entre nobles, art. 54. Autres Coûtumes disent des mâles à vingt ans, & quinze ans aux filles. Paris, art. 32. Estampes, art. 19. Montfort, art. 21. Laon, art. 171. Les autres disent à dix-huit & à quatorze ans; Melun, art. 31. Sens, art. 219. Touraine, art. 346. Les autres à vingt, & à quatorze ans; Orleans, art. 24. Selon la raison de l'antiquité & la vraye doctrine, l'âge doit être au mâle de porter les armes, qui est le devoir des fiefs; & à la femelle d'être nubile, afin que son mari fasse le service pour elle. Ainsi seroit bien par tout à dix-huit & quinze ans. Dix-huit ans est la pleine puberté selon le droit Romain, *l. Mela. ff. de alim. l. arrogato. ff. de adopt. Paul. lib. 3. sent. tit. de testam.*

Les Seigneurs feodaux accordent souffrance ou surseance de faire la foi non seulement au cas susdit de pupillarité, mais aussi en cas d'absence, maladie ou legitime empêchement du vassal. Car le Seigneur n'est tenu de recevoir l'hommage de son vassal par Procureur, s'il ne lui plaît. Et audit cas d'empêchement bien témoigné, le Seigneur doit faire l'un des deux ou recevoir l'hommage par Procureur, ou accorder souffrance jusques aprés l'empêchement cesse. Ainsi disent presque toutes les Coûtumes; Nivernois, chapitre des fiefs, art. 44. Paris, art. 67. Melun, art. 26. Sens art. 181. Poitou, art. 114. Auxerre, art. 43. Berry des fiefs, art. 19. Orleans, art. 65. Bourbonnois, art. 378. Auvergne, ch. 22. art. 26. Troyes, art. 40. Touraine, art. 115. Laon, art. 217. Blois, art. 57. Reims, art. 11. & Laon, article 220. mettent une exception qui a grande apparence de raison; que si le Seigneur feodal n'est en personne à la reception de ses fiefs, & y ait Commis, le vassal peut faire devoir par Procureur. Aussi les Seigneurs quelque fois par grace accordent souffrance à leurs vassaux. Et tant que cette souffrance dure, elle équipolle à foy, à cét effet que le Seigneur ne fasse les fruits siens, & que le vassal joüisse. Ainsi disent presque toutes les Coûtumes. Estampes, art. 22. ajoûte une belle limitation, qui a sa raison generale pour être observée par tout que si le pupille de son chef est tenu à quelque profit de bourse, le Seigneur n'est tenu de bailler souffrance sinon en payant. Vrai est que cette Coûtume dit aprés. Que si le profit est dû d'autre chef que du mineur, le Seigneur neanmoins doit donner souffrance, sans être payé, sauf au Seigneur de poursuivre par action son droit. Ce qui ne me semble pas raisonnable; car le Seigneur de son droit, & plein droit ayant saisi à faute d'homme, peut retenir en sa main le fief jusques à ce qu'il soit payé des profits, & n'est tenu de recevoir la foi, & faire main-levée du fief, sinon en payant; comme disent Nivernois, art. 62. Melun 26. Orleans, article 2. & est general. Or la survenance du mineur heritier du majeur ne doit rien immüer du droit d'autrui, *l. Polla. C. de his quib. ut indign. l. 31. ff. de verb. oblig.*

Aucunes Coûtumes ont prescrit la forme de la saisie feodale. Et combien que ce soient loix particulieres, elles sont fondées en raisons generales, pour être étenduës par tout. A sçavoir si le Seigneur feodal a droit de Justice au fief dominant; & il ne l'a pas au fief servant, il peut faire saisir le fief mouvant de lui en autre Justice, en demandant permission au Seigneur d'icelle; s'il n'a Justice, il doit faire saisir par le Sergent de la Justice du lieu où est le fief. Et en tous cas le Sergent doit avoir commission particuliere du Seigneur; car les commissions generales sont interdites aux Seigneurs & aux Juges Royaux, comme il a été dit cy-dessus, & est declaré par la Coûtume de Touraine; art. 19. La saisie doit être réalisée, c'est à dire, faite sur le même lieu du fief, au principal manoir, s'il y en a, sinon en quelque lieu apparent du fief. Touraine, art. 20. dit qu'il faut apposer un brandon pour marque de saisie (ce qui semble avoir raison generale) ou apposer quelque autre marque apparente; ce qui est conforme au droit Romain, qui veut les pignorations en forme judiciaire être faites en la même chose, & non par paroles seulement, *l. non est mirum. ff. de pignor. act.* Et n'est assez d'avoir fait la saisie sur le lieu, ains convient la notifier au vassal, & lui en bailler copie, ensemble de la commission; & se doit faire à sa personne, ou à son domicile, s'il en a au lieu du fief saisi; sinon en parlant à quelqu'un de ses officiers, ou entremetteurs d'affaires; au lieu & à deffaut d'iceux par affiche au lieu public du fief, ou à la porte de l'Eglise

Parochiale. Ce qui a quelque conformité au droit Romain, *l. aut qui aliter. §. 1. ff. quod vi aut clam. l. dies. §. toties, ff. de damno infecto. l. sed etsi. §. de quo palam. ff. de instit. act.* Et suivant ce sont les Coûtumes de Nivernois, chap. des fiefs, art. 7. Paris, art. 30. Blois, article 101. Bourbonnois, art. 371. Auvergne, chap. 22. artic. 4. Touraine, art. 20. Paris, article 31. met une belle limitation, qui semble bien raisonnable pour être generale, à sçavoir, que les saisies soient renouvellées de trois en trois ans, autrement n'ayent effet que pour trois ans. Autant en dit Orleans, article 51. La raison est tant en faveur du Commissaire, pour n'être perpetuellement obligé, qu'en faveur du vassal; afin que la longueur du temps qui apporte oubliance ne soit captieuse.

Or est la saisie necessaire pour attribuer au Seigneur le gain des fruits. Car presque toutes les Coûtumes s'accordent à une regle brocardique, *Tant que le Seigneur dort*, le vassal veille. Comme aussi se dit au contraire, *Tant que le vassal dort, le Seigneur veille*; Qui est à dire, tant de temps que le Seigneur n'a saisi, le vassal jouit & gagne les fruits. Aussi du temps que le Seigneur tient le fief saisi, le vassal qui ne fait son devoir perd les fruits; hormis qu'Estampes, article 17. dit que le Seigneur, aprés les quarante jours du decés du vassal, gagne les fruits de la premiere année, sans saisie; pour les autres années il doit saisir. La raison du brocard, est que le Seigneur en temporisant fait assez entendre qu'il se contente de son vassal; & le vassal aprés la saisie ne faisant devoir, montre par effet qu'il méprise son Seigneur; & avec juste cause perd les fruits.

La principale cause de saisie feodale est, quand le fief est ouvert par défaillance du vassal decedé, ou qui a aliené. Le commun usage és saisies est, que l'on y cumule trois cas, à faute de foi & hommage non faits, droits & devoirs non payez, & dénombrement non baillé. La saisie au premier cas, sans difficulté attribuë les fruits au Seigneur. Mais les Coûtumes ne sont d'accod au second cas, quand le vassal est reçû en foi, si le Seigneur peut saisir & faire les fruits siens, à faute des profits non payez. Nivernois, chap. des fiefs, article 8. Auxerre, article 61. Troyes, article 42. permettent la saisie, & le gain des fruits en ce second cas. Mais Melun art. 26. Sens, art. 22. Laon, article 223. Reims, art. 25. Blois, art. 97. n'octroyent au Seigneur la saisie ni le gain des fruits, si par exprés il n'en a fait reservation en recevant le vassal à hommage, & disent qu'il doit demander ses profits par action. Berry, des fiefs, art. 38. dit de même, & excepte encore s'il y avoit quelque ouverture avec profit que le vassal eût cachée. Auquel cas, selon le droit Romain se peut dire que par dol il a extorqué du Seigneur la reception en foi, quitant ne lui doit servir; par la raison de la Loi *si quasi. ff. de pignor. act.* La saisie pour dénombrement non baillé n'attribuë les fruits au Seigneur, mais punit seulement la contumace du vassal par sequestration des fruits de son fief, afin qu'étant ennuyé & molesté, il se contraigne à son devoir qui est la raison mise *in cap. 2. extra de dolo & contu.* Pourquoi aprés que le vassal a satisfait à bailler son dénombrement, le Commissaire lui doit rendre compte, & payer le reliqua; à quoi presque toutes les Coûtumes s'accordent, hormis Troyes, article 30. qui dit: Si le vassal aprés le temps prefix demeure plus d'un an sans bailler son denombrement, que le Seigneur gagne les fruits, & Poitou article 85. donne les fruits au Seigneur, si le vassal condamné par Justice à bailler son adveu dans certain temps ne le fournit.

La saisie feodale, qui est à faute d'homme, & foi non faite, est tellement privilegiée, qu'elle est preferée à la saisie que les creanciers du vassal feroient pour les hypotheques, & à l'acquisition qui pourroit être faite au Seigneur haut-Justicier & non feodal, par confiscation. Et la raison y est, en ce que le droit du Seigneur est foncier, procedant de la premiere & originaire concession; & le vassal ne peut hypothequer à ses creanciers, ni transmettre par confiscation au Seigneur Justicier, sinon le droit de Seigneurie utile tel qu'il l'a, & aux charges qu'il la tient, *l. lex vectig. ff. de pig. l. si. finita. §. si de vectig. ff. de damno infect.* A quoi s'accordent aucunes Coûtumes; Melun, art. 78. Berry, des fiefs, art. 82. Laon, art. 207. Vrai est que quand un fief est saisi sous la main feodale, & les creanciers du vassal veulent poursuivre l'execution de leurs hypotheques par criées, la Cour de Parlement a donné remede; premierement par un Arrêt donné en plaidant le premier Decembre 1544. qui porte, que le Seigneur & les creanciers nommeront un curateur qui fera la foi, payera les profits si aucuns sont dûs, & par son decés y aura ouverture de fief, en attendant qu'il y ait homme certain par l'adjudication par decret. Et depuis la nouvelle Coûtume de Paris, art. 34. en a dit autant en effet. Et auparavant celle de Berry, des fiefs, art. 82. & 83. qui adjoûte, que tel curateur payera les profits, à prendre sur les fruits des heritages criez. Orleans, art. 4. parle avec plus de temperament, disant que le Seigneur est tenu de bailler souffrance à ce curateur, sauf au Seigneur à se pourvoir sur les deniers de l'accense que fait le Commissaire, pour être payé de ses profits, ou sur les deniers du decret. Cet expedient semble être fondé en raison plus juridique. Autre privilege y a en la saisie feodale, que le Seigneur ne doit plaider dessaisi, & quelque opposition ou appellation qu'il y ait, sa main feodale doit tenir. Ce qui est representé és lettres Royaux de terrier, que l'on prend en Chancellerie, esquelles la clause est ordinaire telle, & en cas d'opposition, la main tenant quant aux heritages tenus noblement. L'exception est, si le vassal desavoüe à Seigneur celui qui a fait saisir. Car en ce cas, le desavoüant a main levée par provision durant le procés. Touraine, art. 22. met une autre exception, si le vassal montre promptement le devoir par lui fait. A quoi s'accorde Orleans, art. 80. & Laon de Vermandois, art. 218.

De ce que dessus dépend autre regle mise par plusieurs Coûtumes, qui porte que le vassal ne se peut dire saisi du fief contre son Seigneur par contraire saisine à celle dudit Seigneur qui a saisi, quelque devoir qu'il ait fait envers icelui Seigneur, sinon aprés qu'il a été reçû en foi par lui, ou qu'il ait été reçû en main souveraine par le Seigneur suprieur. Ainsi dit Nivernois, titre des fiefs, art. 50. Sens, art. 183. Troyes, art. 41. Autres Coûtumes disent, aprés que le vassal a fait son devoir entier, qu'il se peut dire saisi contre le Seigneur feodal, & joüir de son fief sans offense. Et aucunes desdites Coûtumes disent qu'il peut former complainte contre le Seigneur qui l'empêche de joüir; comme Auxerre, article 46. Orleans, art. 45. 68. & 88. Melun, art. 23. Berry, des fiefs, art. 23. Laon, article 186. Mais Poitou, article 92. permet au vassal qui a fait son devoir, d'appeller du refus que fait son Seigneur de le recevoir. Mais cela dépend de la Coûtume particuliere de Poitou, qui donne la jurisdiction au Seigneur feodal sur les fiefs mouvans de lui, article 108. Pourquoi l'appel est à propos. quand celui qui a Justice refuse faire justice. Mais presque toutes autres Coûtumes disent que le fief & jurisdiction n'ont rien de commun, comme sera dit cy-aprés. En tout ce que dessus est à excepter, quand le fief est saisi sous la main du Roi, qui se pretend Seigneur feodal immediat. Car celui qui est fondé de droit commun, & qui est la source originaire des fiefs, ne plaide jamais dessaisi. Le temperament, à l'égard des autres Seigneurs que du Roi, est de s'addresser par lettres Royaux au Juge Royal, ou au Seigneur superieur du Seigneur feodal, pour aprés connoissance de cause sommaire du devoir que le vassal a fait recevoir ledit vassal, comme en main souveraine. Et y en a formulaire en Chancellerie, non seulement quand il y a contention de la superiorité feodale entre deux Seigneurs: mais aussi quand le Seigneur sans juste cause refuse d'admettre son vassal à sa foi, & lui faire main-levée, & y en a article en Nivernois, des fiefs, art. 50.

Les lettres & la provision de main souveraine, comme dit a été, peuvent être obtenues esdits deux cas, à sçavoir pour la contention de deux Seigneurs, & quand le Seigneur sans juste cause refuse. Au premier cas parlent les Coûtumes de Paris, art. 60. Melun, article 87. Estampes, article 36. Montfort, article 38. Orleans, article 87. Bourbonnois, article 385. Laon, article 202. Reims, article 124. Maître Charles du Molin dit qu'il n'est besoin d'obtenir lettres Royaux, ni de s'addresser au Juge Royal, si ce n'est que l'un des pretendans soit vassal du Roi immediatement. Car, dit-il, si tous les deux Seigneurs pretendant la feodalité sont vassaux d'un Duc, d'un Comte, ou autre Seigneur, ce Seigneur superieur de tous deux, connoîtra de la main souveraine, & recevra le vassal en main souveraine, comme étant superieur des deux Seigneurs pretendans la feodalité. Celui qui requiert être reçû par main souveraine au premier cas, doit offrir & consigner pardevant le Juge de la cause les profits, si aucuns sont dûs, & les fruits, s'il en a perçû depuis la saisie. Ce fait, il est reçû à faire & consigner la foi par provision, en forme de sequestre és mains du Juge qui connoît de la cause, lequel octroye main-levée du fief saisi: Et à la charge de rétablir ladite foi & l'hommage de celui des deux Seigneurs, qui en fin de cause sera vainqueur. Et le vassal qui ainsi est reçû doit se soûmettre à ce faire. Au second cas, avant que recevoir le vassal, le Juge doit connoître de la suffisance de son devoir qu'il a presenté, & s'il le trouve suffisant, il le recevra comme par main-souveraine, sans le renvoyer au Seigneur feodal.

Le Seigneur qui saisit à faute d'homme, droits, & devoirs non faits & non payez, gagne les fruits du fief saisi, en pure perte du vassal (comme dit est.) Les Coûtumes s'accordent qu'il prend les fruits en tel état qu'il les trouve lors de la saisie, & tels que le vassal les devroit prendre, ores que ce soient les fruits de plusieurs années; comme s'il se trouve un bois taillis prêt à couper, étang prêt à pêcher. Et n'est pas comme quand le Seigneur prend les fruits d'un an pour son droit de relief ou rachapt; car en ce cas il prendra les fruits du bois taillis, ou de l'étang, *pro rata* des temps. Quand il prend à faute d'homme, il n'entre point en cette raison de proportion. Vrai est que le Seigneur ne les gagne, sinon qu'il ait fait separer les fruits du fonds, jaçoit qu'il ne les ait encore enlevez, ou quant à l'étang, qu'il ait levé la bonde. Ainsi disent Nivernois, titre des fiefs, artic. 57. Melun, article 79. Orleans, art. 5. Montfort, art. 35. Berry des fiefs, art. 42. où il fait distinction, telle que dessus, si le Seigneur prend les fruits à faute d'homme, ou s'il les prend pour son droit de relief, Bourbonnois, art. 374. Blois, article 100. & sera pris pour general, ce que dit Orleans, art. 71. que si le Seigneur prend les fruits, à faute d'homme, il n'en precompte rien sur les fruits à lui dûs pour le rachapt: toutefois en la regale qui est *ad instar* des matieres feodales, quand le Seigneur feodal saisit, le Roi ne prend pas les fruits, selon qu'ils se presentent à prendre, mais les prend *pro rata* du temps que l'ouverture a duré. Ainsi fut jugé par Arrêt, en la regale de Meaux, du 19. Juin 1557. ou 1567. Prendra le Seigneur, dis-je, les fruits, sans rembourser au vassal les frais qu'il aura faits: mais si un métayer, laboureur ou autre mercenaire y avoit employé son labeur, ses grains à semer, ou autres frais, le Seigneur devroit le rembourser, ou bien se contenter de prendre la part & droit, que le vassal y eût pris. Et si le domaine ou autre revenu avoit été baillé à ferme, & accense à petit nombre d'années, & sans fraude, le Seigneur feodal devroit se contenter de prendre la ferme ou maison. Ainsi dit la Coûtume de Paris, art. 56. Auxerre, art. 64. Orleans, art. 72. Reims, art. 101. & 102. Ce qui est bien raisonnable, & non pas aucunes Coûtumes anciennes, & aucunes nouvelles: permettans au Seigneur de lever la dépoüille entiere, en rendant au laboureur ou au Fermier ses labours & semences; car puisque le vassal a administré par bon ménage à la maniere accoûtumée, celui qui vient en son lieu, ores qu'il n'ait droit & cause de lui, doit être au marché que le vassal a fait, ainsi est dit *in l. in venditione §. 1. ff. de bon. aut jud. possid.* Aussi le laboureur ou fermier qui a employé ses moyens & son labeur à faire venir les fruits, a sur iceux & dans iceux hypotheque & droit avec privilege, au prejudice de tous autres, par la raison de la *l. interdum l. hujus enim ff. qui pot. in pig. hab.* Et il n'est pas recompensé suffisamment quand il est rembourſé en deniers, car ſon attente & eſperance, pour ſa proviſion y eſt couchée, dont il n'eſt recompenſé, en lui payant ſes journées & ſemences, car deniers ne ſont pas du bled, & n'eſt raiſon que le Seigneur qui prend en pur gain, ſoit enrichi avec le dommage d'autrui; *Multòmagis*, puiſque toutes les Coûtumes s'accordent que le Seigneur doit uſer comme un bon pere de famille, en quoi eſt compris d'obſerver la Coûtume & uſance *l. ſi ſine §. Lucius ff. de adminiſt. tut.* Et quand le Seigneur prend la ferme ou moiſſon, qui ſe paye *verbi gratia* à la fête S. Martin, ſi les fruits ont été ſeparez du fonds au temps de la ſaiſie, le Seigneur prend la ferme ou moiſſon, jaçoit que lors du terme échû, le fief ſoit rempli, & la ſaiſie levée. Car de vrai la moiſſon délors de la perception, & le terme eſt pour la commodité du debiteur. A quoi s'accorde ce qui eſt dit, *in l. defuncta. ff. de uſufr.* Et ſi le Seigneur doit prendre les mêmes corps des fruits, la prevention & commencement de cueillir attribuë le droit pour tous les fruits de la même piece d'heritage, pourvû que ce ſoit en maturité raiſonnable & accoûtumée, & de même à l'étang ſi la bonde eſt levée. Ainſi dit Nivernois des fiefs, art. 57. Bourbonnois, art. 374. mais Blois, art. 100. & Orleans, article 69. ſemblent donner les fruits au Seigneur ou au vaſſal, ſelon qu'ils ſe trouvent pendans ou ſeparez du fonds lors du devoir fait par le vaſſal à ſon Seigneur feodal. Reims, art. 102. adjoûte une limitation, que ſi le Fermier a payé par anticipation au vaſſal, il ne laiſſera de payer derechef au Seigneur. Ce qui ſemble dur, vû que le fermier a payé à celui qui lors étoit proprietaire: mais auſſi eſt à conſiderer que ſi le Seigneur vouloit *ſummo jure*, il prendroit les fruits qui ſont pendans lors de la ſaiſie. Et c'eſt par temperament qu'on fait contenter le Seigneur de prendre la ferme. Pourquoi je penſe que ſi le fermier aimoit mieux de laiſſer prendre les fruits, que de payer la ferme, le Seigneur devroit s'en contenter. Audit cas d'avance faite le Seigneur ayant ſaiſi, prend non ſeulement les fruits naturels & induſtriaux qui corporellement ſe perçoivent; mais auſſi les fruits qu'on appelle civils ou caſuels. Comme la preſentation de benefices & collation d'offices qui ſont comptez en fruits, depuis la conſtitution d'Honoré III. Pape *in cap. illa extra. ne ſede vacante*, ſelon la gloſe, *in cap. cum olim. extra de major. & obed.* A ce titre, durant l'ouverture de regale, le Roi non ſeulement prend les fruits, qui ſont vrais fruits de l'Evêché, mais auſſi confere les prebendes, & autres benefices qui n'ont charge d'ames; les quints deniers, les lods & ventes, & autres tels droits, ſi les vacations écheent, & les alienations ſont faites du temps de la ſaiſie. Ainſi dit Nivernois des fiefs, article 58. qui doit valoir en general. Par la même conſequence, ſi l'arriere-fief ſous le fief ſaiſi, ſe trouve du ouvert au temps de la ſaiſie, le Seigneur plein fief ſaiſi, pourra ſaiſir l'arriere-fief, & y exploiter & gagner les fruits, tout ainſi que de ſon plein fief, même recevoir l'hommage de l'arriere-vaſſal & les profits. Ainſi diſent les Coûtumes de Nivernois, des fiefs, article 59. Paris, art. 54. & 55. Melun, article 81. Sens, article 197. Eſtampes, article 32. Senlis, art. 259. Troyes, art. 45. Reims, art. 131. Blois, art. 77. Mais je crois quant aux profits, qu'il ſe doit entendre, s'ils écheent durant le temps de la ſaiſie du Seigneur ſuperieur. Car s'ils ſont échûs auparavant, ils ont appartenu au vaſſal qui joüiſſoit & veilloit quand le Seigneur dormoit. Et ſi le vaſſal avoit ſaiſi cet arriere-fief avant que ſon Seigneur du plein fief eût ſaiſi le ſien, ledit Seigneur de plein fief pourra s'aider de la ſaiſie de ſon vaſſal, & prendre les fruits & profits écheans durant ſa ſaiſie. Ainſi dit Bourbonnois, art. 373. Il a été dit cy-deſſus, que le Seigneur feodal exploitant ſon fief, doit en uſer comme bon pere de famille. Doit être auſſi entendu qu'il doit ſe comporter ſelon l'amitié & devoir reciproque d'entre le Seigneur & le vaſſal. Pourquoi ſelon que la Cour avoit de longtemps ordonné par aucuns Arrêts, même le dernier Decembre 1537. & en plaidant le 12. Janvier 1551. entre les Seigneurs de Broüiller & Savigny; en certaines Provinces a été accordé pour Coûtume, que le Seigneur ſaiſiſſant ne délogera ſon vaſſal ni de ſa famille, & ſe contentera d'avoir à ſon uſage les caves, granges, & autres bâtimens ſervans à recüeillir les fruits, avec une chambre pour loger ledit Seigneur feodal, quand il y voudra aller. Ainſi dit Paris, art. 58. Orleans, art. 73. qui ajoûte, que ſi la maiſon eſt loüée, le Seigneur feodal prendra les loüages, ou bien le dire de Prud'hommes, quand au fief n'y a autre heritage qu'une maiſon. Et Touraine, artic. 134. qui uſe de plus grande civilité: car elle ne dit pas une chambre pour loger le Seigneur feodal, mais pour loger ſon ſerviteur ou commis avec cette condition, ſi le logis peut commodement porter. Poitou, art. 158. dit que maiſons ne tombent en rachat, mais le vaſſal doit donner hôtel pour loger les fruits. Bretagne, art. 77. en dit autant en cas de rachat, de ne déloger le ſurvivant des mariez, ni les enfans, ni les heritiers du defunt, dont reſulte, que ſi le fief eſt baillé à ferme de bonne foi, & que le Seigneur ſoit tenu de eſter à la ferme, ledit Seigneur n'a que faire de rien retenir.

En la grande ancienneté, les Seigneurs feodaux n'étoient tenus de recevoir toutes ſortes de perſonnes pour vaſſaux. Même n'étoient tenus de recevoir à leur hommage les roturiers, parce que ſelon cette même ancienneté les roturiers ne pouvoient tenir fiefs. Ce qui eſt rapporté par la Coûtume de Vitry, article 46. & de Troyes, article 16. Bretagne, article 345. ne permet au roturier de tenir fief ſans en payer rachat, qui eſt la compoſition qui ſe fait avec le Seigneur feodal pour le ſouffrir. Pour le jourd'huy l'on tient que c'eſt au Roi ſeul à diſpenſer le roturier de tenir fief, & pour la ſouffrance du paſſé, de n'avoir contraint le roturier à mettre le fief hors de ſes mains, le Roi en vingt ou en trente ans une fois, prend la finance des roturiers, qu'on appelle des francs-fiefs & nouveaux acquêts. Les Comtes de Nevers par ancien droit, pouvoient diſpenſer les roturiers à tenir fiefs, & les Egliſes à tenir heritages par Amortiſſement, pourvû que ce fût ſans prendre finance. Se void és regiſtres de Parlement un Arrêt donné au profit d'Amaury de Meudon, de l'octave de Chandeleur, de l'an 1260. par lequel fut jugé que le vassal Chevalier n'étoit tenu de faire hommige au Seigneur féodal roturier, qui avoit acquis le fief dominant. En la plus grande ancienneté, les fiefs étoient encore plus à l'étroit, car nul ne les pouvoit tenir, sinon les mâles qui peuvent faire service en guerre. Le vassal ne pouvoit aliener sans congé du Seigneur, à peine de Commise. Mais enfin les fiefs ont été faits patrimoniaux & hereditaires pour y succeder indistinctement, pour être tenus par femelles, & pouvoir être alienez librement sous les modifications des Coûtumes. Ainsi dit Nivernois des fiefs, art. 17. & 18. Poitou, art. 29. Berry, des fiefs, art. 2. Bourbonnois, art. 365. & 367. Auvergne, chap. 21. art. 3. chap. 22. art. 33. Troyes, art. 37. & 48. Blois, art. 46. & 60. La Coûtume de Bourgogne, art. 19. attribuë la Commise au Seigneur, si l'acquereur prend la possession sans le consentement du Seigneur: Art. 16. & 17. dit qu'autrement est en succession & partage; pourquoy on dit qu'en Bourgogne les fiefs sont de danger.

Cy-aprés est traité des droits des Seigneurs en cas de mutation d'homme, quand par ladite mutation est dû profit de bourse. Presque toutes les Coûtumes s'accordent que quand le fief est vendu à prix d'argent, le Seigneur féodal a droit de prendre le quint denier ou la retenuë, qui est la composition, qui autrefois a été faite par consentement commun des Etats, afin de se redimer du droit de Commise, qui étoit quand le vassal vendoit sans congé du Seigneur, & sans l'en faire le premier refusant. Par aucunes Coûtumes, la charge de payer le quint étoit au vendeur, parce que selon la nature du contrat de vente le vendeur ores qu'il n'en soit rien dit, est tenu de garantir à l'acheteur, & le faire joüir de la chose venduë. Ainsi dit le droit Romain. *In l. non dubitatur C. de evict.* Et parce que selon cette tres-ancienne usance, la vente du fief ne pouvoit consister sans le consentement du Seigneur féodal, c'étoit à faire au vendeur de composer avec luy pour la valider. Aucunes Coûtumes ont retenu cette usance, que le vendeur dût payer le quint, comme Senlis, art. 235. Melun art. 67. Sens, art. 191. Vitry, art. 15. Laon, art. 174. Reims, art. 93. Blois, art. 80. Esquelles Coûtumes, si le vendeur se chargeoit du quint, & il stipulât d'avoir francs deniers; en ce cas l'acheteur doit quint & requint, c'est à dire le quint denier du sort principal, & encore le quint du quint; comme s'il y a cent écus, le quint est de vingt écus, & le requint de quatre écus. Paris, art. 23. & Orleans, art. 1. ont abandonné cette vieille usance, & ont voulu que l'acheteur payât sans requint. Autres Coûtumes d'ancienneté donnent la charge du quint à l'acheteur. Nivernois, chap. des fiefs, art. 21. Estampes, art. 7. Auxerre, art. 61. Mais Troyes, art. 27. donne la charge du quint au vendeur, & à l'acheteur par moitié. Bourbonnois & Bourgogne n'ont en Coûtume le quint denier. Bourbonnois attribuë au Seigneur la retenuë; & en Bourgogne les fiefs sont de danger, & sujets à Commise, si les acquereurs entrent en joüissance sans le consentement du Seigneur. En Berry, des fiefs, art. 3. en vente de fief n'y a quint denier, mais droit de rachat. Nivernois attribuë le quint denier en toute alienations, horsmis en certains cas de donations; & fait le quint denier en montant, c'est à dire que le prix que le vendeur reçoit, & la part que le Seigneur doit recevoir, comme faisant portion du prix, tout cela est compté au prix, tout ainsi que si le Seigneur féodal & le vassal vendoient par ensemble par un seul prix. Qui fait que quand le vendeur doit recevoir cent francs, le Seigneur a vingt-cinq francs, comme si le vray prix étoit de six vingts-cinq francs Et quand l'alienation n'est à deniers, le prix se prend selon l'estimation de l'heritage. La plûpart des autres Coûtumes attribuënt au Seigneur le rachat, qui est le revenu d'un an, és autres alienations, qui ne sont à prix d'argent, comme sera dit cy-aprés. Paris, art. 23. attribuë le quint denier quand le fief est baillé à rente rachetable, *etiam* devant que le rachat soit fait; & il y a bien raison, car le prix est certain en deniers. Autant en voudrois-je dire quand une rente constituée à prix d'argent est baillée en contre-échange d'un fief; parce que le prix de cette rente est certain, & la rente est rachetable à toûjours, & le debiteur de la rente la convertira en deniers quand il voudra; & partant reçoit fonction en son genre, comme il se dit de l'espece qui est baillée avec estimation, *l. si pro mutua C. si cert. pet.* Mais ceux de Paris le pratiquent autrement, & le reputent vray échange.

Non seulement la vente de gré à gré, mais aussi la vente par decret sur criées est sujete à quint denier. Et Paris, art. 83. dit que si le decret est adjugé à la charge d'une rente qui de soy soit rachetable, comme si c'est rente constituée à prix d'argent, que le sort est compté au prix, & en est dû quint denier. C'est suivant un retentum de la Cour sur un Arrest donné le 10. May 1557. sur la reformation du 58. article de l'ancienne Coûtume de Paris, lequel Arrest est imprimé au grand Coûtumier adnoté par du Molin, & est à la fin du procez verbal de ladite Coûtume de Paris. Et si la vente se fait de gré, à la charge que l'heritage sera decreté pour purger les hypotheques, il en est dû un seul profit, au choix du Seigneur, ou de prendre son profit sur le prix convenu entre les contrahans, ou sur le prix du decret. Ainsi dit Paris, article 84. Aussi s'il advient que l'acheteur aprés avoir payé le profit soit évincé par le moyen des hypotheques constituées par son Auteur, & l'heritage soit vendu par decret, en sera dû un seul quint, au choix du Seigneur comme dessus. Ainsi dit Paris, article 79. & Orleans, és cens, article 115. Ce qui doit être tenu pour general en France, parce que la raison est generale; & de cette opinion a été du Molin avant la redaction desdites deux Coûtumes, disant que des deux ventes n'y en a que l'une avec effet & efficace. Ledit du Molin étoit tres-docte au droit Romain & au droit François, autant ou peut-être plus qu'aucun autre Docteur, qui ait été durant cette centaine d'années; & és Coûtumes qui ont été redigées de nouvel depuis 30. ans en ça, les articles nouveaux ont été pour la plûpart tirez des opinions qu'il a tenuës; comme aussi en ont été tirez plusieurs Arrests servans de loy. Vray est que quelquefois ledit du Molin s'est rendu trop grand sectateur des opinions communes des Docteurs ultramontains, comme sur la succession des neveux anfans de divers freres à leurs oncles, contre l'opinion d'Azo approuvée par ladite Cour & par la plûpart des Coûtumes, & en quelques autres cas.

Si le fief est vendu à faculté de rachat, Nivernois art. 23. donne le quint denier, tant pour la vente que pour le rachat s'il est fait. Ce qui est fort dur, & non bien consonant avec la raison du sens commun & du droit Romain, qui dit que la paction de rachat fait portion du prix, & que le rachat n'est que l'accomplissement des convenances faites lors du contrat; & de fait pour iceluy on agit *Actione ex contractu*, parce que la paction fait portion du contrat, *l. 2. C. de pact. inter emp. & vend. l. Jurisgentium §. Adeo ff. de pactis l. fundi partem ff. de cont. empt.* Ce qui s'entend quand la faculté de rachat est accordée au même traité de la vente, auquel cas plusieurs Coûtumes n'attribuënt qu'un quint denier pour la vente, rien pour le rachat; comme Melun, artic. 122. Sens, article 236. Auxerre, art. 99. Orleans, art. 12. Bourbonnois, article 406. Auvergne, chap. 16. art. 11. Mais si la faculté de rachat étoit accordée aprés le contrat de vente du tout accompli, seroit du profit pour la vente & pour le rachat. Ainsi dit Sens, art. 236. Orleans, article 12. Bourbonnois, article 406. Aucunes Coûtumes n'attribuënt aucun profit au Seigneur, ni pour la vente, ni pour le rachat, quand la faculté est pour trois ou cinq ans, ou moins de dix ans, & le rachat est fait dans le temps. Ainsi dit Berry, des fiefs, art. 49. Touraine, art. 148. Troyes, art. 34. Vitry, art. 22. Reims, art. 91. Blois, art. 82. Bretagne, article 63. & 66. Ces Coûtumes sont fondées en grande équité & douceur, parce que le brief temps & le rachat montrent que le vassal n'a eu volonté de vendre, mais seulement de s'accommoder en ses affaires par forme d'engagement.

La vente selon le droit Romain est dite parfaite en deux sortes; l'une délors que les parties sont d'accord de la chose venduë, & du prix certain, l'autre quand il y a tradition. Avant la tradition le vendeur demeûre proprietaire, en sorte qu'il se vend à un autre, & lui fait tradition, le second acheteur sera preferé au premier, *l. qui tibi C. de her. vel act. vend. l. quoties C. de rei vend.* Vrai est qu'avant la tradition les profits & le peril de la chose venduë sont à la charge de l'acheteur, *l. 1. C. de periculo & commodo rei vend.* Aussi les Coûtumes se trouvent diverses, en cas que les contrahans se départent de la vente incontinent ou peu de temps aprés qu'elle est concluë, s'il y a quint denier. Nivernois, ch. des fiefs, art. 23. dit s'ils se départent dans le même jour, sans fraude n'en est dû profit. Auxerre, artic. 73. pour les fiefs, & artic. 90. pour les cens dedans 24. heures. Autres disent s'ils se desistent avant de partir du lieu. Les autres si avant les lettres passées. Les autres si avant la possession prise Ainsi Sens, art. 206. 273. & 274. Troyes, artic. 77. Bourbonnois, art. 367. Touraine, art. 149. qui semblent être fondées sur la *l. ab emptione ff. de pact.* Mais Laon, art. 138. & Reims, art. 157. donnent 8. jours. Bourbonnois, art. 397. y met une limitation qui a grande apparence, pourvû qu'ils se départent pour cause raisonnable, comme pour éviction imminente. Orleans, artic. 112. met un cas presque semblable. Si l'acheteur n'ayant moyen de payer, remet l'heritage és mains du vendeur pour le même prix, il en est dû un seul profit, qui est de la vente & non du resistement. Mais si en passant la vente avoit été accordée par exprés, qu'à faute de payer le prix dans certain temps, l'heritage seroit pour non acheté; je crois qu'il ne seroit dû profit, ni de la vente, ni de la resolution, parce que la resolution se fait en vertu de la paction originaire & essentielle, comme il est dit par Bart. *in l. si ex duob. §. sed & Marcellus ff. de in diem addict.* Et au cas de la Coûtume d'Orleans, la resolution se fait par nouvelle volonté hors le contrat contre le gré du vendeur qui desiroit de recevoir deniers, & ne pouvant ce faire est contraint de reprendre son heritage.

Comme dit a été, en cas de vente du fief le Seigneur prend le quint denier, on retient le fief pour le même prix, à son choix. Les Coûtumes d'Orleans, art. 49. & Blois, art. 18. octroyent la retenuë aux Seigneurs Châtelains, & non à inferieurs. Aucunes Coûtumes disent que le Seigneur feodal ne peut retenir, sinon pour reünir à son fief. Vitry, art. 38. Touraine, art. 181 & 188. dit que ce droit ne peut être cedé à un autre. Mais Bourbonnois, article 457. & Auvergne, chap. 21. art. 20. disent que la retenuë peut être cedée. Melun, artic. 164. semble en dire autant, même à l'égard des Colleges & corps de main-morte. Du Molin tient cette opinion, que la retenuë n'est octroyée aux Seigneurs, sinon pour réünir, partant ne peut être cedée. Mais la commune opinion du Palais est aujourd'hui que la retenuë peut être transportée par le Seigneur à un tiers, parce que la retenuë est droit domanial & profitable, entant que le Seigneur desire avoir pour lui le profit du bon marché, pourquoi est cessible. Peut-être n'a-t'il pas agreable d'avoir pour vassal l'aquereur, & aime mieux avoir un autre. Peut-être ne lui est commode de réünir, & il voit que l'heritage est vendu à vil prix en fraude de lui. Quant aux Eglises & corps de main-morte, sans difficulté ils peuvent ceder la retenuë. Car le Procureur du Roi peut les contraindre à en vuider leurs mains; & semble qu'il y en a decision formelle, *in cap. 2. in tertio capite extra de feudis.* Aucunes Coûtumes à cette occasion ont été la retenuë aux Eglises & corps de main-morte; comme Nivernois en cens, titre des cens, article 8. Bourbonnois, article 479. Berry de retenuë, article 4. Estampes, article 26. commande à l'Eglise precisement de vuider ses mains dans an & jour aprés qu'elle a retenu, autrement le fief retourne au premier aquereur. Et Poitou, art. 33. & Touraine, art. 38. concedent à l'Eglise le droit de retenuë, à la charge d'en vuider les mains dans l'an s'ils en sont requis. Le Parlement de Paris par un Arrêt de la Chandeleur, l'an 1526. pour de l'Anglée Prieur de Pont-neuf, adjugea à l'Eglise droit de retenuë, sans préjudice au Procureur du Roi de la contraindre à vuider ses mains. Et depuis jugea sans cette charge au profit du Chap. de Nevers en fait de Bordelage, contre Maître Jean Marigot, par jugé du 24. Janvier 1573. Le temps octroyé au Seigneur pour retenir, est pour le plus commun de quarante jours, aprés l'exhibition à lui faite par l'aquereur du contrat d'aquisition. Ainsi disent Nivernois chapitre des fiefs, article 16. & 35. Paris, article 20. Sens article 186. Auxerre; article 49. Berry, des prescriptions, article 7. Vitry, art 54. Laon, article 257. Reims, article 220. La forme de cette exhibition & notification au Seigneur, qui est mise par la Coûtume de Nivernois, est fondée en grande raison, & est à propos de la tenir pour generale; à sçavoir de faire voir au Seigneur la lettre d'aquisition, & lui en bailler copie signée de Notaire (car le mot de *Vidimus* emporte cela) aux dépens de l'aquereur. De vrai le Seigneur a interêt d'avoir témoignage certain par écrit de la verité de la vente; pour éviter les fraudes qui lui pourroient être faites, s'il croyoit en simple parole, & à ce qu'il ait moyen de contraindre l'aquereur de lui payer ses profits, à la raison du vrai prix, & sçache aussi en cas qu'il veüille retenir, quelle somme de deniers il doit offrir. Vitry, article 45. dit de même. Touraine, art. 34. dit que le Seigneur peut garder le contrat quinze jours, sinon que l'aquereur lui en baille copie collationnée. Les autres Coûtumes disent simplement exhibition & notification. Bourbonnois, article 424. & Auvergne, ch. 22. art. 29. & ch. 21. art. 1. & 2. donne trois mois pour la retenuë. Partant est à excepter si l'aquereur est lignager du vendeur, du côté & ligne dont meut l'heritage; car le Seigneur n'a retenuë sur le lignager. Le retrait lignager est preferé à la retenuë, *imo* & si le Seigneur avoit retenu, le lignager retraira de lui. A quoi s'accordent toutes les Coûtumes. Aussi est à excepter de la retenuë, si le Seigneur avoit pris le quint denier; & par aucunes Coûtumes est excepté si le Seigneur avoit donné souffrance. Paris, art. 21. & Troyes, article. 27. Aucunes Coûtumes disent que le temps de retenuë court contre mineurs & absens, sans restitution. Auvergne, ch. 21. art. 1. & 2. Touraine, art. 197. Mais Berry, de retenuë, art. 10. dit que le Seigneur ne peut user de retenuë sur l'heritage vendu par decret, sinon dans les 8. jours qui sont octroyez à l'adjudicataire pour consigner. Et Touraine, artic. 180. ôte du tout la retenuë sur decret sinon qu'auparavant y eût eu prix convenu. Ce qui peut être fondé sur le droit ancien des fiefs, selon lequel il falloit rendre le Seigneur le premier refusant, quand le vassal vouloit vendre, & le Seigneur est assez semonς de venir acheter, si bon lui semble, quand l'heritage est en criées.

Il a été dit, que par plusieurs Coûtumes n'est dû quint denier, sinon en cas de vente: & pour autres alienations qui ne sont à prix d'argent, est dû droit de relief ou rachat, qui est le reveu d'un an. Le mot de rachat dépend de la tres-ancienne usance des fiefs, selon laquelle les fiefs en plusieurs cas retournoient au Seigneur feodal; comme si le vassal mouroit sans enfans, ou s'il alienoit sans congé de son Seigneur feodal. Et pour racheter cette reversion, fut par composition generale des Estats de chacune Province accordé aux Seigneurs le revenu d'un an, qui s'appelle rachat, comme en cas de vente on paye le quint denier. En aucuns lieux on l'appelle droit de relief, comme si de nouveau on reprenoit le fief, & qu'on relevât le fief étant tombé en caducité par la reversion. Doncques par plusieurs Coûtumes est dû au Seigneur feodal relief ou rachat, quand le vassal meurt sans enfans, & que la succession vient en ligne collaterale. Paris, article 33. Melun, art. 58. Sens, artic. 193. Estampes, art. 24. Auxerre, art. 62. Orleans, artic. 22. Senlis, art. 157. Troyes, art. 26. Vitry, art. 29. Laon, art. 166. Reims, art. 78. Blois, art. 84. Touraine, art. 133. dit qu'il n'y a rachat en succession de freres & de sœurs: mais en autres collaterales y a rachat. En Nivernois n'y a aucun profit au Seigneur pour succession de lignage, & ne doit l'heritier que la bouche & les mains. Aussi par plusieurs Coûtumes est dû droit de relief ou rachat, quand le vassal donne son fief; sauf quand l'ascendant donne au décendant, en avancement d'hoirie, ou en faveur de mariage, auquel cas n'est dû aucun profit. Ainsi dit Paris, art. 26. Melun, article 52. & 53. Sens, artic. 200. & 221. Auxerre, art. 70. & 79. Berry, des fiefs, art. 16. & 41. Orleans, art. 14. Touraine, art. [illegible]. & 190. Blois, art. 87. Troyes, art. 33. Vitry, art. 30. Laon, art. 179. Reims, art. 82. Mais Orleans audit art. 14. dit qu'il n'est dû rachat, si la donation est faite pour Dieu, & en aumône. Aussi Estampes, art. 2. Montfort, art. 17. Reims, article 75. exceptent si le décendant donataire se tient à son don sans être heritier, qu'il doit rachat, en ce que son don excede la portion hereditaire qu'il eût prise s'il eût été heritier; dont la raison peut être en ce que cét excez n'est pas avancement d'hoirie, mais est comme si on donnoit à un étranger. Mais Laon, art. 179. dit qu'il n'est dû de relief, ores que le don n'excedât le droit, qui viendroit par la voye d'*intestat*. Bretegne, article 78. dit quand aucun vassal décede avec hoirs, en quelque âge que ce soit, le Seigneur prend le revenu d'un an, qui est le droit de rachat. Et fut ainsi ordonné par le Duc Jean, en muant le bail en rachat, & art. 81. est dit que celui qui décede delaisse la garde de ses enfans à qui bon lui semble. Sera consideré qu'en quelques Provinces, même en Normandie, le Seigneur feodal a le bail de ses vassaux pupilles, & à cause du bail fait les fruits siens. Il est à croire, qu'au lieu dudit bail, ledit Duc Jean mit sus le droit de rachat. En aucunes Coutumes, même à Pontoise, les fiefs relevent de toutes mains, c'est à dire, qu'à chacune mutation y a droit de relief. Aussi Senlis, article 214. & Vitry, article 30. disent que si la donation est recompensative, qu'il en dû quint denier, parce que la recompense est estimable, & peut être faite en deniers. Et Vitry 39. si la donation est faite pour être nourri le donateur par le donataire. Mais Nivernois, chap. des fiefs, art. 31. 33. & 34. dit que pour donation en faveur de mariage, de parent à autre parent, ores qu'il ne soit de la ligne, n'est dû quint denier. Aussi n'est dû quint denier de donation simple de parent à parent de la ligne, sauf si elle est à charge ou pour recompense. Encore audit cas n'en est rien dû, si le donataire est au proche degré pour succeder. Et sera consideré qu'en Nivernois ny a droit de relief ou rachat, ains le seul profit est de quint denier,

nier, selon le prix ou selon l'estimation de la chose.

Par lesdites Coutumes où le droit de rachat est pratiqué, en échange n'est dû quint denier, mais droit de rachat. Aucunes Coutumes disent simplement qu'en échange est dû rachat. Paris, article 33. Sens, art. 213. Melun, art. 66. Orleans, art. 13. Senlis, art. 257. Troyes, article 32. Blois, art. 87. Mais autres Coutumes ajoûtent modification; quand les fiefs échangez sont de diverses mouvances, & s'ils sont de même mouvance, n'est rien dû. Ainsi dit Estampes, article 6. Berry, chap. des fiefs, artic. 41. Touraine, art. 143. Laon, artic. 178. dont la raison est, que le Seigneur ne change de vassaux, & a toûjours les mêmes vassaux qu'il souloit avoir. Or le profit est dû aux Seigneurs pour l'approbation qu'ils font d'un nouveau vassal au lieu de l'ancien. Aussi l'exception y est quand il y a soulte de deniers, qu'il est dû quint denier pour la soulte. Reims, article 84. Laon, article 177. Melun, article 66. Auxerre, article 80. En Nivernois y a quint denier en échange, qui est pris selon l'estimation du fief, chap. des fiefs, art. 21. Soit vû ce qui sera dit cy-aprés au chapitre du retrait lignager, quand l'échange est présumé frauduleux, auquel cas on le tient pour vente sujette à retenuë ou retrait.

Selon plusieurs Coutumes est dû au Seigneur droit de rachat, quand la Dame du fief servant se marie. Aucunes disent que pour le premier mariage d'une fille, à qui le fief est échû en ligne directe, n'est dû rachat; comme Paris, article 37. Orleans, article 36. & 37. Melun, artic. 64. Sens, artic. 211. Troyes, art. 46. Vitry, art. 27. Laon, article 168. Et par les mêmes Coutumes elles doivent rachat, quand elles se remarient en secondes ou tierces nopces. Par autres Coutumes elles doivent rachat de premier & autres mariages. Senlis, article 132. Poitou, art. 116. quand elle est Dame d'un fief separé. Melun, article 64. Les autres disent que si le frere aîné a porté la foi pour lui & ses sœurs, qu'il les garantit de rachat pour leur premier mariage. Ainsi Paris, article 35. & 36. Melun, article 60. Estampes, article 5. Monfort, article 23. Et si le frere n'a fait la foi, elle doit rachat.

Le droit de rachat ou relief est le revenu d'un an. Et quand tel droit échet, le vassal doit aller vers son Seigneur lui faire trois offres, pour le Seigneur en accepter l'une; A sçavoir de joüir par le Seigneur du revenu du fief, un an durant par ses mains, ou ce que deux Prud'hommes arbitreront, ou une somme de deniers. L'an commence du jour des offres duëment faites, & a le Seigneur quatante jours pour choisir. Ainsi dit Paris, artic. 47. & 49. Sens, artic. 193. Estampes, art. 12. Auxerre, art. 62. Orleans, art. 52. Mais Senlis, art. 158. Troyes, art. 26. Laon art. 166. Reims, art. 76. ne disent pas simplement le revenu d'un an; mais l'année commune des trois années precedentes, c'est à dire, qu'on fera amas du revenu de trois années, & le tiers de cét amas sera reputé l'année commune. Ce qui est bien raisonnable, afin que ni le Seigneur ni le vassal ne soient endommagez, si l'année courante se trouvoit ou grandement fertile, ou grandement sterile. Et quant aux fruits qui se perçoivent à une fois pour plusieurs années; comme de pêches d'étangs, ou coupe de bois taillis, le Seigneur ne prendra que *pro rata* d'un an. Et si le fruit est tel qu'il se perçoive deux fois en un an; comme si vendanges sont tardives ou avancées de trois semaines ou un mois, le Seigneur ne prendra qu'un fruit. Aussi si le Seigneur trouve les terres emblavées, ou autre façon faite pour les fruits; il laissera les heritages en pareille façon, & laissera aussi les pailles & fourages, selon qu'il est accoûtumé; car il doit user en bon pere de famille, & selon la Coutume & usance. Et si les heritages sont baillez à ferme de bonne foi, le Seigneur tiendra la ferme, pour les raisons cy-dessus. Et afin que si le Seigneur qui voudra joüir par ses mains, sçache quel est le revenu, le vassal devra lui communiquer ses terriers & papiers de recepte, & endurer qu'il en prenne copie. Ainsi dit Estampes, art. 13. Monfort, art. 31. Poitou, art. 157. Orleans, art. 56. Et si le Seigneur a saisi à faute d'homme, quand y a rachat pour la mutation, les fruits que le Seigneur gagne en vertu de saisie, à faute d'homme, n'aquitent & ne déchargent en rien le rachat: Berry, des fiefs, art. 33. & Orleans, artic. 71. Car quand le Seigneur gagne les fruits par la saisie à faute d'homme, c'est pour la peine de la contumace de son vassal; & les fruits dûs en cas de rachat ou relief sont pour l'approbation du nouvel homme. Ainsi disent les loix Romaines, quand y a peine stipulée pour punir le contemnement, on peut demander les deux la peine & l'interêt, *l. non distinguemus. in princip. ff. de arbit. & not. in l. si quis à socio. ff. pro socio.* S'il advient qu'en une même année le fief chée en rachat plusieurs fois par mort, en est dû un seul rachat. Ainsi dit Orleans, art. 17. Touraine, art. 137. dit que tous rachats échûs en un an auront lieu: mais le premier finira par l'offre réelle du second. Blois, article 92. semble exposer bien clairement en cette sorte: si en une même échoite y a double profit, comme si à femme mariée échet une succession collaterale, sera dû un seul profit. Si durant l'année que le sieur joüit advient autre profit, la joüissance de sa seconde année commencera au temps de l'échoite dudit second profit, & le premier cessera.

Les Coutumes sont fort diverses au fait des baux perpetuels à cens & rente que font les vassaux de leurs fiefs entiers, ou de partie d'iceux. Nivernois, art. 27. 28. & 29. a traité cét affaire bien civilement; que le total du fief noble, ni le principal manoir, ni la Justice ne peuvent être baillez à cens, ou sous autre prestation, disant être fief noble celui auquel y a Justice, ou maison forte, ou notable édifice, ou mote avec fossez, ou autre marque de Noblesse & ancienneté. Et que le fief Rural qui n'a pas ces marques de Noble, ou partie du fief Noble, peuvent être baillez à cens, ou à bordelage, sans qu'il soit dû quint denier; sinon que le bailleur eût pris argent d'entrée, qui fût de plus grande valeur que la redevance, auquel cas est dû quint de l'entrée: quant au fief Noble, il y a raison d'honneur, parce qu'il n'est pas bienséant, que ce qui est marque de grandeur, comme la Justice & le châtel soient profanez par redevance roturiere & ménagement, qui est en usage au plus viles personnes. Et est l'interêt du Seigneur feodal, que ce qu'il a baillé noblement soit exercé & ménagé noblement. Quant au fief Rural ou partie du fief Noble, qui consiste en pur ménagement de labour, il y a bien raison que le vassal qui n'a pas moyen ou volonté de ménager par ses mains, reçoive le profit par perception de redevance, qui correspond à plus prés au revenu des fruits. Plusieurs Coutumes permettent au vassal se joüer & ébatre de son fief, sans qu'il se démette de la foi, c'est à dire, qu'il demeurera toûjours chargé de l'hommage envers son Seigneur. Ebatre & joüer s'entend d'en faire bail, pourvû qu'il ne baille pas plus des deux tiers, & en ce cas n'est dû aucun profit au Seigneur. Ainsi disent Paris, art. 51. Melun, art. 79. & 100. Estampes, art. 34. Les autres disent en gros, bailler le tout ou partie sans demission de foi; comme Sens, art. 209. Auxerre, art. 82. Senlis, art. 251. Reims, art. 117. Autres permettent jusques à la tierce partie, comme Blois, art. 61. Du Molin dit quelque part en une annotation, que lesdites Coûtumes doivent être entenduës, pourvû qu'il retienne en ses mains partie de son fief en suffisance pour maintenir le devoir de vassal, & l'honneur du fief; car retenir la foi nuëment, sans avoir subsistance d'aucun corps pour la manutention du vassal, seroit plûtôt irrision que ménage.

Mais en tous les cas susdits, & selon toutes lesdites Coutumes, si le Seigneur feodal vient à exploiter son fief en cas d'ouverture ou de reversion, il n'aura aucun égard aus-dites rentes, sinon qu'elles soient infeodées, c'est à dire, que ledit Seigneur les ait approuvées. Reims, art. 90. dit que s'il y a bail à plus de neuf ans, avec bourse déliée, qu'il en est dû quint; & s'il n'y a bourse déliée, est dû relief. La même Coutume, art. 117. permet au vassal se joüer de son fief, sans démission de foi, en le baillant à cens & rente, mais à la charge susdite, que le Seigneur exploitant le fief n'y a égard. Orleans, article 7. permet au vassal bailler son domaine, sous charge de prestation, retenant à lui la foi, & sous la même charge, de ne préjudicier au Seigneur. Bourbonnois, article 333. deffend au vassal de charger rente sur le chef fief; mais si le Seigneur en étant averti demeure trente ans sans se plaindre, la charge demeurera, & permet de surcharger les membres du fief. Auvergne, chap. 22. article 14. dit que le vassal ne peut charger le fief de cens ou prestation. Touraine, article 119. & 122. dit qu'il est dû hommage, qui signifie profit, quand le vassal transporte partie de son fief, sans retention de devoir, ou transporte plus du tiers en retenant devoir. Vitry, art. 23. met une belle modification, qui merite d'être prise pour generale; à sçavoir que le vassal peut bailler à cens partie de son fief, pourvû que le cens ou prestation soit raisonnable, & qu'il n'ait pris argent pour la faire plus petite. Car de vrai tel bail gît plus en ménagement & administration, qu'en alienation ou diminution; parce qu'il n'advient pas toûjours que les Gentils-hommes suivans les armes, ou étant au service des Rois & Princes, ayent la commodité de faire valoir par leurs mains les domaines qu'ils ont: & la prestation qu'ils recüeillent, quand il n'y a point d'argent d'entrée, vrai-semblablement rapporte ce que le vassal pourroit percevoir par ses mains, tous frais faits. Et ce que le vassal fait en bonne administration, sans apparence de mauvais ménage, ne peut être contredit par le Seigneur, puisque le vassal, ores qu'il soit Seigneur utile, toutefois est proprietaire, & plus que superficiaire: mais je ne trouve pas que ce remede introduit par aucunes Coutumes d'en prendre quint denier ou relief, soit de bon ménage. Car en ce faisant le Seigneur approuve la charge, & cela vaut infeodation. Pourquoi est meilleur au Seigneur de rejetter entierement cette surcharge, si le fief en est diminué notablement; & si la prestation est raisonnable, sans entrée de deniers, de l'endurer comme acte de ménagement.

Nôtre Coûtume de Nivernois, titre des fiefs, article 27. a temperé cette consideration, disant, s'il y a argent d'entrée, excedant l'estimation & valeur pour une fois de la redevance, qu'il est dû quint denier de cét entrage; comme presumant à cause de la prevalence, que ce soit plûtôt vente que bail, comme se dit en échange. Mais sembleroit raisonnable de dire, quand il n'y a autre charge que la redevance, que ce soit acte de vrai ménagement, dont ne soit dû profit. S'il y a entrage, qu'il soit reputé pour avoir autant diminué le revenu annuel, & en fût dû profit indistinctement, *ad instar* de ce qui est dit des cens, art. 23.

Les vassaux, ores qu'ils soient Seigneurs utiles proprietaires, toutefois ils n'ont pas la disposition libre. Car de ce qu'ils tiennent en leur domaine, qui est incorporé en leur fief, ils n'en peuvent faire arrierefief. Mais bien peuvent en aquerant l'arrierefief, ou autre heritage tenu d'eux sous charge, le reünir à leur fief, pour être plein fief. Ainsi dit Nivernois, chap. des fiefs, art. 30. Sens, art. 180. Vitry, article 24. permet aux Barons & Châtelains bailler partie de leur heritage à Gentils-hommes en fief, & art. 25. dit pour autant que le vassal ne peut de son fief faire son arrierefief, sinon en mariant ses enfans, & retenant à lui de son fief à suffisance. Et quant au second chef de la reünion, Orleans, art. 18. & 19. dit que le vassal aquereur de l'arrierefief, n'est tenu de le reünir, mais son heritier y est tenu; & par le decés dudit aquereur il est tenu pour reüni. Laon, art. 260. & Reims, article 221. disent que l'arriere-fief retenu par puissance de fief n'est tenu pour reüni, sinon que le vassal en baillant son aveu, l'ait employé avec son plein fief: Et n'est tenu le reünir, s'il ne veut, mais le peut tenir en arriere-fief. Blois, art. 67. dit qu'avant que d'en avoir fait la foi à son Seigneur, il peut en disposer en arriere-fief. Bourbonnois art. 388. dit que si le vassal aquiert ce qui est tenu de lui, qu'il devient plein fief: mais il le peut aliener, retenu à lui le fief. Ainsi dit Melun, art. 49. ores qu'il ait reüni, si aprés il vend retenant la foi, qu'il n'en doit rien au Seigneur superieur. Mais, art. 74. Melun dit qu'il doit le mettre en autre main, ou l'unir à son fief. Et si le plein fief est tenu du Roi, Sens, art. 205. dit que le vassal doit unir l'arriere-fief, ou le mettre hors de ses mains. Auxerre, art. 72. en dit autant. Et quant à ce qui est en roture, si le vassal aquiert ce qui est tenu de lui en censive, il est tenu pour reüni à son fief, si par exprés il ne declare qu'il le veüille tenir en roture. Ainsi dit Paris, art. 53. Orleans, art. 20. desire que la declaration en soit faite en l'aquerant. Dont resulte que pour éviter toutes difficultez le vassal ayant aquis ce qui est mouvant de lui en fief ou en roture, doit declarer avant l'an & jour passé de son aquisition, qu'il entend le tenir en arriere-fief ou en roture, sans le reünir, & signifier sa declaration à son Seigneur feodal; car la joüissance d'an & jour fait presumer la reünion. Ainsi dit Nivernois, art. 30. Ainsi disent les Canonistes quand un Beneficier aquiert de ses deniers ce qui est mouvant de son Eglise. Par l'Edit du Roi Charles IX. sur le fait du domaine Royal, du mois de Fevrier 1566. est dit que les heritages & droits qui ont été tenus & administrez par les Receveurs du domaine par l'espace de dix ans, & sont entrez en ligne de compte, sont reputez être du domaine du Roi. Et au chap. 2. *extra de feudis*, est dit, quand un fief ou une emphyteose retourne à l'Eglise, que le Beneficier en peut faire bail nouveau, sous les charges anciennes, & que tel bail n'est pas alienation, & n'y est requis le decret du superieur.

Quant à la succession des fiefs en ligne directe, presque toutes les Coûtumes de France donnent droit d'aînesse, qui n'est pas proprement le droit de primogeniture: car ce mot regarde le premier ordre de naissance : mais l'aînesse regarde le plus grand âge, qui est lorsque la succession est deferée combien qu'il soit né le troisiéme ou quatriéme, les autres étant decedez avant le pere. Et s'il y a des filles plus âgées, le plus âgé entre les mâles aura droit d'aînesse. Ainsi dit Laon, article 152. & Reims, article 41. Ains en l'ancien langage François signifie Avant, le Latin *Ante*. Comme Puis represente le Latin, *post vel posteà* Aîné, *antè natus*, Puisné, *posteà natus*. Aucunes Coutumes en petit nombre ne donnent le droit d'aînesse, sinon entre Nobles. Ainsi dit Nivernois de droit d'aînesse, art. 1. & ajoûte la modification, si la chevance du deffunt vaut cent livres de revenu. Bourbonnois, article 301. Troyes, article 14. Poitou article 289. Auvergne, chapitre 12. article 51. Mais Touraine, article 297. dit que si l'heritage noble aquis par roturiers, est en tierce foi, c'est à dire, que par succession il a continué jusques au tiers, dont l'aquereur fait le premier, il doit être partagé noblement ; à quoy s'accorde Poitou, article 280. Les autres Coûtumes attribuënt le droit d'aînesse au partage de l'heritage noble, combien que ce soit entre roturiers. Sera consideré, que d'ancienneté nul ne pouvoit tenir fiefs, qui ne fût noble ; d'où vient que le Roi fait payer aux roturiers tenant fiefs, la finance des francs-fiefs & nouveaux aquêts. Et l'une des clauses des lettres d'annoblissement est la permission de tenir fiefs & Justices. Communement pour le droit d'aînesse appartient à l'aîné en preciput & hors part, le Châtel ou manoir principal avec tout ce qui est clos de murailles & fossez, compris lesdits fossez. Et outre lui appartient le vol du chapon qu'aucunes Coutumes disent être un arpent de terre, les autres une seiterée, les autres trois seiterées, les autres quarante toises à prendre du bord du fossé en dehors. Touraine, art. 260. donne à l'aîné le Chezé, qui est de deux arpens, outre le principal manoir & pourpris. Aucunes ajoûtent la basse-court, jaçoit que le fossé ou chemin fût entre-deux. Si ce qui est hors le fossé, & qui est enclos de murs, autres fossez, ou hayes vives contient plus d'un arpent, ou des mesures susdites, l'aîné pourra l'avoir, en recompensant ses freres ou sœurs en autres heritages à leur commodité, selon l'avis de leurs parens ou de prud'hommes. Ainsi dit Nivernois, de droit d'aînesse, article 5. Paris, art. 13. Melun, art. 88. Sens, art. 201. Estampes, art. 8. Poitou, art. 289. Auxerre, article 53. Orleans, article 89. Blois, article 143. Laon, article 147. Vitry, art. 55. & 56. Reims, article 44. Berry, des successions, article 31. Senlis, article 127. & 128. Auvergne chapitre 12. article 51. Et si dans ledit enclos d'un arpent qui est hors le principal manoir, y a moulin, four, ou pressoir bannaux, le coprs des bâtimens appartient à l'aîné par la regle de droit, que l'édifice cede au sol : mais le profit est commun, & à partir comme le reste du fief ; & toutefois l'aîné pourra avoir ledit profit en recompensant ses puisnés. Paris, article 14. Sens article 101. Auxerre, art. 54. Orleans, art. 92. Laon, art. 149. Reims, art. 43. Berry des successions, article 31. ajoûte que si dans l'arpent y a garenne, colombier, grange, l'aîné l'aura jusques à la concurrence de l'arpent, mais non pas l'étang, moulin, ou four bannal. Bourbonnois, art. 302. & 303. dit simplement, si dedans l'enclos, ou les quarante toises, qui sont en lieu de l'arpent, sont moulin, pressoir ou fours bannaux, l'aîné pourra les avoir dedans l'an en recompensant ; s'ils ne sont bannaux, sont à lui sans recompense. Nivernois, article 6. dit si joignant la maison sans interposition d'autres heritages étoient grange, verger, colombier, pré ou autre chose, l'aîné peut les avoir en recompensant ; car en Nivernois n'est attribué à l'aîné, ni l'arpent, ni le vol du chapon. Et Touraine, art. 261. dit que si dans le Chezé, qui est de deux arpens entour le châtel, y a étang, pêcherie, moulin, fuye, qui est colombier, garenne, clos de vigne, l'aîné pourra l'avoir en recompensant. Paris, article 14. veut que le moulin, ores qu'il soit bannal, soit sujet à recompense. La raison de la bannalité est parce que ce droit regarde l'universel de la Seigneurie, & non le seul corps du châtel, ni du pourpris. Et quant au moulin non bannal, parce qu'on en tire profit autre que de la moulture, pour la provision de la maison, il y a bien raison qu'il ne soit reputé du corps essentiel de la maison ; bien sembleroit raisonnable qu'à l'aîné demeurât en preciput, sans entrer en partage ou recompense, le droit de moulture franc pour la provision de sa maison. En toutes ces appartenances y auroit grande raison de dire, que ce qui est pour le seul usage & commodité du Seigneur & de sa famille, comme le jardin, le verger, le colombier, la garenne à conils, pour ce qui est de la provision domestique, d'alimens & jusques à la concurrence, appartînt à l'aîné sans aucune recompense, comme étant accessoires, destinez specialement & directement pour les personnes. Mais en ce que le pere de famille auroit accoûtumé de ménager pour vendre ou bailler à ferme, comme d'un tres-bon colombier, d'une bonne garenne, d'une basse-court fructueuse, comme j'ay vû celle de Choisi aux Loges en la forêt d'Orleans; je crois que le profit venant outre la provision ordinaire de la maison, viendroit en partage. Blois, art. 143. dit que si en dedans l'arpent y a four bannal, moulin ou chaussée d'étang separez du manoir, qu'ils ne sont compris au preciput de l'aîné; & y a bien raison, car le revenu n'est directement destiné pour la provision de la maison.

Outre lesdits droits, l'aîné par plusieurs Coutumes, & crois que l'observance en est generale, doit avoir le nom, le cry & les armes pleines de la maison. Ainsi dit Sens, art. 201. & ajoûte le titre de Seigneur. Auxerre, art. 54. Bourbonnois, art. 302. Auvergne, ch. 12. art. 51. Troyes, art. 14. mais Bretagne, art. 522. ajoûte que les harnois de guerre & l'élite des chevaux avec les harnois, appartiennent à l'hoir principal. Nivernois, artic. 5. ajoûte au preciput de l'aîné le meilleur fief mouvant de la Seigneurie, & le meilleur homme de condition servile. Touraine, artic. 260. ajoûte avec le preciput une foi & hommage, si elle y est, sinon un arpent de terre, ou cinq sols de rente. Ainsi voyons-nous en la maison de France, que le seul aîné, qui est le Roi, porte les armes pleines de France. Les autres enfans de Roi, & leurs décendans portent les fleurs de Lis, avec quelque charge & difference. Les uns d'un bord, & bord de diverses façons: les autres de lambeaux d'argent ou de gueulles. Les autres d'un bâton sur les fleurs de Lis, comme Bourbonnois. Et ainsi se pratique en toutes maisons nobles.

Aucunes Coutumes attribuënt à l'aîné le droit d'aînesse en chacune succession de pere & mere; comme Blois, article 143. Reims, article 42. Senlis, article 127. Vitry, artic. 53. Paris, article 15. & 16. Melun, article 88. Sens article 216. Autres attribuënt ce preciput en chacune Province ou Balliage. Reims, article 49. Vitry, article 53. Nivernois, article 2. dit qu'en succession de mere n'y a droit d'aînesse. Bourbonnois, article 301. donne à l'aîné la maison soit paternelle ou maternelle. Vitry, article 69. dit que si la mere est noble, le fils aîné aura droit d'aînesse en la succession d'elle. Autres disent que l'aîné ne prend preciput sinon en l'une des successions de pere ou de mere. Auxerre, art. 55. Orleans, art. 97. Reims, article 42.

Selon aucunes Coutumes l'aîné n'a autre avantage pour son droit d'aînesse, que le principal manoir & pourpris, le nom & armes pleines, le meilleur fief; & le reste se partage également; comme Nivernois, Bourbonnois, & Auvergne. Selon autres Coutumes outre son preciput du principal manoir, pourpris & vol de chapon, l'aîné a les deux tiers de tout le reste des heritages & droits feodaux, quand ils sont seulement deux enfans. Et s'ils sont plusieurs enfans, il a la moitié. Ainsi dit Paris, artic. 15. & 16. Melun, artic. 88. Estampes article 8. Orleans, art. 89. & 90. Blois, art. 143. & 144. Laon, art. 150. Reims, art. 42. & 47. Laon, Reims & Vitry, art. 57. disent que deux filles ne prennent que telle part qu'un seul puîné. Poitou, en tout nombre d'enfans donne à l'aîné les deux tiers, article 290. Ainsi semble dire Touraine, article 260. Bretagne, article 567 dit que tous les Juveneurs qui sont les puînez, en succession noble gouvernée noblement ne prennent qu'une tierce partie; & la part des mâles est à leur vie durant, & la part des femelles en heritage propre. Les principales raisons du grand avantage des aînez sont à l'égard des nobles, pour la conservation de la dignité des maisons, car la noblesse est bien souvent abbaissée par pauvreté, & quand il faut partir également, la part de chacun est bien petite. Les puînez qui n'ont point d'attendue aux grands biens de leurs maisons, pourchassent de s'avancer aux armes ou autrement; & souvent advient qu'ils deviennent plus valeureux; & leurs maisons durent davantage.

Presque toutes les Coutumes disent, quand il n'y a que filles venans à la succession, qu'il n'y a droit d'aînesse, ains succedent toutes également. Ainsi dit Paris, art. 19. Melun, art. 66. Sens, art. 203. Estampes, article 10. Auxerre, article 58. Orleans, artic. 89. Senlis, article 123. Troyes, article 14. Vitry, article 58. Laon, article 153. Reims, article 41. Blois, article 145. Nivernois de droit d'aînesse, art. 2. Bourbonnois, article 304. Auvergne, chapitre 12. article 52. Mais la diversité est grande, si la fille du fils aîné, le fils aîné étant mort avant son pere, represente ledit fils aîné audit droit d'aînesse. Nivernois, de droit d'aînesse, article 4. Troyes, article 92. Reims article 50. Vitry, article 66. Laon, article 156. Melun, article 93. Auxerre, article 56. disent que la fille du fils aîné ne represente son pere, ains seulement l'aîné mâle dudit aîné. Aucunes desdites Coutumes ajoûtent la limitation, que la fille du fils aîné ne represente son pere, quand le pere d'icelle a delaissé des freres puînez, ains vient le droit d'aînesse au plus âgé desdits freres, oncles de ladite fille; comme Melun, article 93. Troyes article 92. Reims, article 50. Vitry, article 66. Mais s'il n'y a que des filles, tantes de ladite fille, qui est fille du fils aîné, ladite fille de l'aîné representera son pere. Melun, article 93. Auxerre, article 57. Laon, article 156. Lesdites Coutumes qui font avantage à la fille de l'aîné, ont pris la representation trop à l'écorce, sans considerer la raison fonciere du droit d'aînesse. Car la masculinité est specialement & directement considerée au droit d'aînesse; à cause du nom & des armes ce qui défaut és filles. Et les Docteurs du droit Romain sont bien d'accord, que sous le nom d'enfans ne viennent pas les neveux en ligne directe, sinon que la même qualité sous laquelle les enfans sont appellez, se trouve esdits neveux en ligne directe. Le droit Romain en soi n'a rien distingué au fait de representation, mais l'a admise simplement, parceque le droit d'aînesse n'y étoit en usage. La Coutume de Paris, art. 324. dit que tous les enfans de l'aîné, soit mâles ou femelles, representent leur pere au droit d'aînesse. Et s'il n'y a que filles de l'aîné, toutes ensemble prennent ce droit d'aînesse, sans prerogative entr'elles. Orleans, article 305. dit comme Paris: mais ajoûte, que s'il y a des mâles enfans de l'aîné, l'aîné desdits enfans prendra sur ses freres & sœurs le droit d'aînesse. Berry, des successions, art. 31. donne aux enfans du fils aîné le droit d'aînesse. Aucunes des Coûtumes susdites, qui excluent de l'aînesse la fille du fils aîné, disent que ladite fille ainsi excluse prendra une portion entiere telle qu'un puîné prend; car par lesdites Coûtumes deux filles ne prennent qu'une portion de puîné. Ainsi dit Vitry, art. *69*. Reims, art. 50. Trois, art. *92*. Blois, art. 141.

Aussi presque toutes les Coûtumes disent qu'en succession collaterale n'y a droit d'aînesse. Ainsi dit Nivernois ch. de droit d'aînesse, art. 3. Paris, art. 331. Auvergne, ch. 12. art. 52. Melun, art. *98*. Sens, art. 203. sauf qu'elle dit que l'aîné des heritiers collateraux prend le cry & les armes pleines. Auxerre, art. 59. Orleans, art. 98. Senlis, art. 136. & 137. Vitri, art. 59. Laon, art 162. Reims, art 52. Blois, art. 153. Mais Bretagne, art. 562. dit que les successions collaterales qui se gouvernent noblement, viennent au principal heritier. Aussi Touraine, art. 273. dit s'il n'y a que filles venant à succession collaterale de nobles, que l'aînée à l'hôtel principal avec le chezé, qui est de deux arpens, comme il est dit art. 260. & le reste se partit par têtes. Et art. *267*. dit que si l'aîné decede sans enfans, que l'aîné des puînez prend les deux tiers de sa succession avec l'avantage, comme en ligne directe. Et art. 282. dit qu'entre nobles les successions collaterales viennent à l'aîné ou aîné, sinon quand tous les puînez tiennent leurs portions indivises, & l'un d'eux decede sans enfans.

Par plusieurs Coûtumes le fils aîné peut porter la foy pour luy, & pour tous ses freres & sœurs, & les garantir en parage, & ce faisant les freres & sœurs reprendront & reconnoîtront leur aîné à Seigneur. Ainsi dit Poitou, article 125 & 126. Blois, article *69*. Touraine, article 264. Et dure ledit garantage jusques à ce qu'il y ait partage, ou que les Parageurs soient si éloignez, qu'ils puissent se prendre en mariage. Ainsi disent lesdites Coûtumes. Et peuvent les puînez, s'ils veulent, faire la foy au superieur. Ainsi dit Blois, art. 73. & Vitry, art. *62*. dit que dans l'an les puînez peuvent reprendre de leur aîné, aprés l'an doivent reprendre du Seigneur. En Poitou l'aîné est dit Chemier, & les puînez sont dits parageurs.

Aussi presque toutes les Coûtumes s'accordent, que quand les coheritiers ou communs partagent la chose feodale, il n'en est dû aucun quint. La raison est, que partage n'est pas alienation, mais une attribution qui se fait à chacun des partageans, de telle valeur d'heritage par divis, comme étoit sa portion indivise; pourquoy se dit au droit Romain, que le mineur étant provoqué peut faire partage sans decret, *l. inter omnes C. de prædiis minor.* Et que pour faire reformer un partage n'est pas requise la deception d'outre moitié de juste prix, parce que ce n'est alienation par commerce, mais suffit une lesion notable, dautant que l'égalité & juste proportion est de l'essence du partage. Ainsi la Cour de Parlement a interpreté la *l. majoribus C. Communia utriusque jud.* contre l'opinion de la Glose & des Docteurs. Aucunes Coûtumes disent s'il y a tourne & soulte de chose non commune, qu'il est dû profit de cette soulte. Nivernois chap. des fiefs, art. 24. Laon, art. 160. Auxerre, art. *97*. Touraine, art. 151. en disant qu'il n'est dû profit en soulte de chose mobiliaire, qui soit de la même succession, infere que si la soulte n'est de l'heredité, qu'il en est dû profit. Autres Coûtumes disent simplement que de soulte n'est dû profit. Melun, art. 125. & Troyes, art. *36*. ajoûtent cette limitation, quand c'est partage d'heritages échûs en ligne directe; excepté si les soultes étoient si grandes qu'il semblât plûtôt vendition que partage. Orleans, art. 15. & *16*. dit que pour partage n'est dû profit, ores qu'il y ait tourne pour égaler les lots. Et en l'art. 113. en cens, qu'entre coheritiers n'est dû profit, ores qu'il y ait tourne, mais en autres personnes en est dû pour les tournes seulement. Ce qui a grande raison, quand les choses communes se trouvent telles, que l'on ne peut les partager commodement, parce qu'en ce cas y a même raison, comme il est dit cy-aprés en la licitation. Blois, art. 88. dit qu'il n'est dû profit, ores qu'il y ait soulte, pourvû que le retour n'excede la moitié de la valeur du fief. Mais si la chose ou choses communes ne peuvent bonnement être partagées, & conviennent venir à licitation qui soit ordonnée en Justice, n'est dû profit, si ce n'étoit que l'étranger reçû à licitation fut adjudicataire; Paris, art. 80. Melun, art. 124. Orleans, art. *16*. & 114. Et sera consideré que la Coûtume de Paris, art. 79. parle de licitation faite par autorité de justice, sans fraude; dont resulte que le simple consentement ou convenance des partageans ne suffit, mais convient que par raport d'experts, & à bon écient soit connu que l'heritage ne se puisse commodement partir, parce qu'en tel cas la licitation est necessaire, & n'étant pas vente volontaire est plûtôt estimée expedient de partage, que vente, *l. ad officium. C. com. divid.* Et le partage de la chose féodale ne prejudicie au Seigneur, & demeure chacun des partageans vassal pour sa part. Nivernois chap. des fiefs art. 19. Bourgogne, art. 18. Auxerre, art. 52. Bourbonnois, art. *366*. Les autres Coûtumes disent que le vassal ne peut démembrer son fief, sans le consentement du Seigneur, sinon par partage. Laon, art 161. Sens, art. 217. Mais Senlis dit simplement, que le vassal ne peut démembrer son fief par division réelle, au préjudice du Seigneur, art. 204. Reims, art. 115. en dit autant, mais excepte si les puînez optent de reprendre leur portion de l'aîné, ou si le pere l'ordonne entre ses enfans. Auvergne, chap. 22. art. 38. dit que le frere ou coheritier aîné demeure, en cas de partage, chargé de la foy & des services, sauf son recours; & art. 41. excepte, si le Seigneur a consenty le partage.

Le vassal doit fournir au Seigneur feodal le dénombrement & description de tout ce qu'il tient de luy en fief, dans quarante jours aprés qu'il est reçû en foy & hommage. Le dénombrement doit contenir tous les droits du fief, à sçavoir les heritages que le vassal tient en domaine avec tenans & confins; les heritages tenus de luy à fief, à cens, ou à autres redevances, par les sommes & especes qui en sont dûës par les personnes qui les tiennent, & par les lieux où ils sont assis en gros; Et les hommes de condition servile, les droits que le vassal à sur iceux, avec la situation des mez & tenemens; Les noms des vassaux, & situation de leurs fiefs aussi en gros. Ainsi dit Nivernois, chap. des fiefs, art. *68*. & Bourbonnois, art. 382. Poitou, art. 142. dit si c'est fief lige, chef d'hommage, qu'il suffit au vassal de dénombrer en gros, *sinon qu'il soit requis par son Seigneur de dénombrer par le menu.* Cette exception semble raisonnable pour servir de regle par tout. Et ès articles 143. & 180. dit si c'est fief plein, que le vassal doit dénombrer par le menu tout ce qu'il tient, & tout ce qui est tenu de lui. De vrai y a grande raison que le vassal ne soit quite en dénombrant si fort en gros, comme il semble que Nivernois permet. Et est l'interêt du Seigneur feodal, à cause des reversions & ouvertures, de sçavoir au vrai ce qui est mouvant de lui, & que les nouveaux confins soient mis au dénombrement en les rapportant, & faisant convenir aux anciens. Et croy, combien que Nivernois se contente de dire en gros, toutefois le Seigneur peut requerir & contraindre le vassal de dire par le menu. Aussi c'est le profit du vassal, car le dénombrement sert de titre autant au vassal comme au Seigneur. Paris art. 8. dit que le dénombrement doit être en forme authentique, & en parchemin. Idem Poitou, art. 135. Il a été dit cy-dessus que le dénombrement doit être baillé dans quarante jours aprés que le vassal a été reçû en hommage. Berry dit soixante jours. Et à faute de bailler dénombrement dans ledit temps, le Seigneur peut saisir le fief sous sa main; mais il ne gagne les fruits; dont resulte que par necessité il doit établir un commissaire comptable, combien que les Coutumes n'en disent rien. De ces quarante jours & de la saisie, parlent les Coutumes de Nivernois, chap. des fiefs, art. 6. Paris, art. 8. Melun, art. 38. Poitou, art. 135. qui outre la saisie ajoûte une amende. Berry, des fiefs, art. 24. Auvergne, chap. 22. art. 6. 7. & 8. Troyes, artic. 30. mais elle ajoûte que si le vassal est en demeure un an durant, le Seigneur par le moyen de la saisie gagne les fruits. Vitry, artic. 42. Auxerre, art. 50. Bourbonnois, art. 381. Senlis, art. 252. Bourgogne, art. 15. Blois, art. 102. 103. & 105.

Aucunes Coutumes disent qu'aprés la presentation du dénombrement, parce que le Seigneur a quarante jours pour le blâmer, le vassal est tenu d'aller vers son Seigneur, reclamer & querir le blâme. Ainsi dit Paris, art. 10. Melun, art. 38. Blois, art. 106. Laon, art. 203. Reims, art. 108. Et semble puis que la raison en est bonne, que l'on le doit tenir pour regle generale. De vrai le vassal qui doit honneur à son Seigneur, doit l'aller rechercher, & non attendre que le Seigneur vienne & envoye vers lui. Plusieurs Coutumes disent que le dénombrement est tenu pour reçû & accepté, si le Seigneur laisse passer quarante jours sans le blâmer. Ainsi Nivernois, chap. des fiefs, art. 67. Paris, art. 10. Melun, art. 38. Orleans, art. 82. Reims, art. 108. Blois, art. 106. Laon, art. 203. Mais Bourbonnois, art. 383. dit que la reception que le Seigneur fait de l'aveu pour le voir, ne lui préjudicie, s'il ne l'a accepté. Ce qui se dit qu'il est tenu pour accepté, se doit entendre avec temperament, à ce qu'en aprés le Seigneur n'ait pas les privileges octroyez par la Coûtume, comme de saisie. Mais je croy que par voye ordinaire, & comme entre toutes autres personnes, peut requerir l'amendement: car ce seroit chose bien rude, que sous ce pretexte des quarante jours passez, le Seigneur fût tenu à son vassal, de lui garantir le contenu en son dénombrement, ou que le Seigneur fût exclus de contraindre le vassal à remplir son dénombrement, qui seroit defectueux. Ce seroit contre la bonne foi, qui excellemment doit abonder en tout ce qui est à faire entre le Seigneur & le vassal. Pourquoi si le vassal veut entierement s'assurer, il doit plus amplement contumacer son Seigneur, & lui faire des sommations & protestations expresses. Cette obligation de bailler dénombrement montre que le vassal doit instruire son Seigneur, & la raison y est bien, puisque le Seigneur, en faisant la premiere concession du fief, a icelui fief commis à la garde du vassal, qui partant est tenu à la conservation des droits du Seigneur, *l. 1. in fine, cum l. seq. ff. usufr. quemad. caveat l. videamus §. item prospicere. ff. locati.* La question a été grande, si le Seigneur doit instruire son vassal, en cas que le vassal ait affirmé n'avoir aucuns enseignemens, & avoir fait devoir d'en chercher. Sur quoi les Coutumes se trouvent diverses. L'ancienne opinion des praticiens est que le vassal doit précisement avoüer ou desavoüer par lui ou son garant, & que le vassal doit instruction à son Seigneur, & non le Seigneur au vassal. Paris, art. 44. dit aprés que le vassal aura avoüé, le Seigneur & le vassal doivent communiquer l'un à l'autre aveus & titres, & doit le vassal satisfaire le premier. Ainsi Orleans, art. 79. Mais Sens, article 215. dit aprés que le vassal a affirmé ne sçavoir que l'heritage soit tenu en fief, & qu'il a requis le Seigneur de l'instruire, s'il ne le fait, le vassal peut desavoüer sans peril de Commise, sauf quant au Roi saisissant. Estampes, art. 42. dit simplement qu'ils sont tenus communiquer l'un à l'autre. Et Laon, art. 200. & Reims, art. 128. disent aprés que le vassal a affirmé n'avoir titres, le Seigneur doit communiquer, avant que le vassal soit tenu d'avoüer ou desavoüer. Melun, art. 85. & 86. dit que le vassal est tenu d'avoüer ou desavoüer, toutefois peut requerir être instruit par le Seigneur. Mais Auvergne, chap. 22. article 9. 10. & 11. dit que le vassal doit avoüer ou desavoüer, sans que le Seigneur soit tenu de l'instruire; & si le vassal est sommé par un Seigneur, il pourra l'avoüer sous protestation de ne faire faux aveu. Ez lieux où les Coutumes ne décident la question, me semble qu'il est raisonnable que le vassal ne soit précisement contraint d'avoüer ou desavoüer, aprés qu'il a affirmé par serment avoir fait diligence d'enquerir; & qu'il n'a trouvé aucune instruction. Et audit cas soit le Seigneur tenu de lui communiquer les titres qu'il a; *saltem* que ce soit aux dépens du vassal, & que le vassal soit tenu aller prendre la communication en la maison du Seigneur, sans que le Seigneur soit tenu d'apporter en jugement ses titres. Pour cette communication sera noté que les titres, aveus & dénombremens concernans le fief, quant à l'utilité d'iceux, sont communs, parce qu'ils ont été faits pour l'interêt & profit tant du Seigneur que du vassal, entre lesquels il y a devoir & obligation reciproque. Vrai est que le corps desdits titres & instrumens sont propres au

Seigneur, puis qu'ils lui ont été délivrez. Pourquoi étant l'effet & l'utilité d'iceux instrumens communs, il est raison qu'il en soit fait édition au vassal par la raison de la *l. Prætor ait., in princip. ff. de edendo. l. 3. in §. si mecum. ff. ad exhib. & l. procurator. C. de edendo.*

En la grande antiquité étoient plusieurs cas de Commise & reversion de fief. Nos Coûtumes n'ent ont gueres retenu que deux, la felonnie, & le faux aveu ou desaveu. Aucunes y ont mis le tiers cas, quand le vassal à son écient recéle aucuns heritages ou droits en son dénombrement. Quant à la felonnie: aucunes Coûtumes disent que la felonnie est, quand le vassal par mal-talent met la main à son Seigneur, comme Melun, art. 83. & Bretagne, art. 142. Reims, art. 129. dit quand le vassal machine la mort & destruction de son Seigneur, ou pourchasse son des-honneur, ou autre dommage notable, ou expulse son Seigneur de son fief aprés qu'il l'a saisi. Selon les anciennes loix rapportés és Capitulaires de Charlemagne, *lib. 3. cap. 71.* si un vassal abandonne en bataille un autre vassal son pair, (*parem suum*) il perd son fief avec son honneur. Melun, art. susdit 84. ajoûte: si le vassal forfait à la femme ou fille de son Seigneur, Sont cas de felonnie, esquels le vassal commet son fief en pure perte au profit du Seigneur. Aussi si le Seigneur excede son vassal, ou couche avec sa femme ou sa fille, ou fait autre méfait notable, il perd l'hommage & fief, qui est devolu au Seigneur superieur immediat dudit Seigneur; & tel delit s'appelle aussi felonnie. Ainsi dit Melun, art. 84. Bretagne, art. 621. Laon, art. 197. Reims, art. 130. Ce cas de Commise est fondé sur ce que la premiere concession du fief est ou doit être gratuite comme une donation, & la donation est revoquée par l'ingratitude du donataire; aussi que la principale obligation du fief consiste en honneur, fidelité, & excellente amitié, à sçavoir protection & amitié de la part du Seigneur, & service, honneur, fidelité & amitié de la part du vassal. Et quand és contrats reciproques l'un des contractans défaut en ce qui est de l'essence ou cause finale du contrat, il y échet resolution du contrat, *l. cum te. C. de pact. inter empt. & vend. compos. Multòmagis* en cas de donation & bien fait *l. 2. in fin. ff. de donat.* L'autre cas de Commise est de desaveu, ou faux aveu. Desaveu proprement est, quand le vassal nie tenir son fief de tel Seigneur. Le faux aveu est, quand à son écient il avoüe autre Seigneur feodal. De la Commise en ce cas parlent les Coûtumes, Paris, article 43. Melun, art. 85. Estampes, art. 33. Sens, art. 199. Auxerre, art. 69. Nivernois, chap. des fiefs, art. 66. Berry, des fiefs, art. 29. & parle de denegation judiciaire. Orleans, art. 81. Bourbonnois, art. 389. Auvergne, chap. 22. art. 18. Touraine, art. 117. Vitry, art. 40. Laon, art. 199. Blois, art. 101. Et disent la plûpart desdites Coûtumes, qu'aprés le desaveu fait par le vassal, il doit avoir main-levée par provision de son fief saisi. Paris, article 43. Estampes, 33. Laon, art. 199. & 200. dit avant que le vassal soit tenu avoüer ou desavoüer, en affirmant qu'il n'a aucune instruction, peut requerir le Seigneur de l'informer de ses titres, ce que le Seigneur doit faire de bonne foi. Sens, art. 215. en dit autant, & ajoûte si le Seigneur fait refus, que le vassal peut desavoüer, sans peril de Commise.

Le tiers cas de Commise de fief est, quand le vassal à écient par dol recele aucun heritage ou droit à son Seigneur, ne le comprenant en son dénombrement. Ainsi dit Nivernois, chap. des fiefs, art. 68. Melun, art. 39. Bourbonnois, art. 381. Bretagne, art. 142. Ainsi disent les Loix Romaines de celui qui a recelé aucuns biens, esquels il avoit droit, dont il étoit tenu faire déclaration, *l. rescriptum ff. de his quib. ut indign. l. Paulus si certa. ff. ad Trebell.*

La regle commune des Coûtumes est que le vassal ne prescrit contre son Seigneur, par quelque temps que le Seigneur ait dormi, sans faire renouveller son hommage. Comme aussi le Seigneur ne prescrit contre son vassal, par quelque temps que le Seigneur ait joüy en vertu de sa saisie. Aucuns disent la raison, à cause de l'axcellence de la foi & devoir reciproque qui est entr'eux. Les autres disent que la patience du Seigneur qui ne saisit en cas d'ouverture, étant le droit de pure faculté, ne peut apporter préjudice au Seigneur. Car és choses qui sont de pure faculté, on ne prescrit contre celui qui n'a exercé ladite faculté, *l. viam ff. de via publ.* Aussi pour prescrire est besoin qu'il y ait quelque acte contraire. Autrement se doit dire que celui qui une fois commence à posseder, retient sa possession *solo animo.* Comme aussi quand le Seigneur commence à joüir à cause de saisie feodale, telle cause de joüissance est censée durer & continuër, pourquoi ne peut attribuër droit *l. cum nemo C. de acq. poss.* Aucunes Coûtumes disent simplement qu'il n'y a prescription, par quelque temps que ce soit. Ainsi dit Nivernois, chap. des fiefs, art. 13. Sens, art. 218. & 263. Estampes, art. 25. Berry des prescriptions, art. 3. Bourbonnois, art. 31. & 387. Auvergne, chap. 17. art. 72. Le sieur du Molin a excepté la prescription centenaire, qu'il dit en ce cas avoir lieu. Aucunes Coûtumes ont dit que la prescription de cent ans n'a lieu en ce cas; comme Paris, art. 12. Melun, art. 102. Auxerre, art. 77. Orleans, art. 86. Reims, art. 133. La Cour, il y a environ 40. ans, jugea contre une joüissance de 300. ans, faite par l'Evêque de Clermont, de la Ville, Cité & Comté de Clermont, au profit de la Reine mere de trois Rois, issus de la maison de Boulogne; parce que par écrit apparoissoit que l'Evêque de Clermont avoit commencé sa joüissance par dépôt, que son frere Guy Comte de Clermont avoit fait en ses mains, & de ce dépôt apparoissoit par écrit. Parquoi si par les anciennes lettres il appert du droit de feodalité, la presomption sera que le detenteur a toûjours joüi en qualité de vassal, & le Seigneur en qualité de Seigneur feodal. Vrai est que s'il y a eu contradiction d'une part ou d'autre, en déniant ladite qualité, délors le contredisant commencera à posseder *pro suo*, & prescrira par trente ans, parce qu'il y a eu interversion de la premiere cause. Ainsi dit Nivernois, ch. des fiefs, art. 14. & Bourbonnois, art. 387. Aussi un tiers peut prescrire le droit de feodalité par trente ans, comme un autre Seigneur feodal. Ainsi dit Nivernois, chap. des fiefs, art. 15. Estampes, art. 25. Berry des prescriptions, art. 9. Auvergne, chap. 17. art. 13. Reims, art. 134.

Mais Nivernois assez à propos met la forme de la prescription, à sçavoir qu'il y ait eu deux reprises à deux diverses ouvertures de fief avec saisies réelles duëment notifiées. Berry, des prescriptions, art. 9. dit que les 30. ans commencent depuis la premiere exploitation de fief. De vrai, s'il n'y a eu acte & exploit exterieur apparent, qui vrai-semblablement puisse être venu à la connoissance de celui qui y a interêt, la possession devroit être presumée clandestine, & non efficace pour la prescription. Ainsi dit le droit Romain és actes de joüissance, qui communément ne sont pas apparens à tous, que la science de celui qui a interêt, est requise, *l. 2. C. de serv. & aqua l. quamvis saltus ff. de acqu. poss.* Mais les profits de fiefs, & les parties casuelles qui dépendent des mutations, peuvent être prescrites par trente ans. Ainsi dit Nivernois, ch. des fiefs, art. 16. Paris, art. 12. Melun, art. 102. Berry des prescriptions, art. 7. Orleans, art. 86. Troyes, art. 23. Laon, art. 213. Reims, art. 133. Le sieur du Molin a mis une belle limitation, pourvû que la mutation soit apparente. Car s'il y avoit vente, & que le vendeur eût continué sa joüissance par forme d'accense sous l'acheteur; le Seigneur, qui vrai-semblablement a ignoré, ne sera exclus de son profit par les trente ans. La prescription étant fondée ou sur la negligence du créancier ou autre à qui le droit appartient, ou sur le tacite consentement, qui est presumé par le laps de temps, *l. cum post. ff. de jure dotium.* Et celui qui n'a pas sçû ni eu moyen facile de sçavoir, n'est pas reputé negligent, *cap. licet extra de suppl. neglig. prælat.*

S'il y a mutation du Seigneur feodal, ou par succession, ou par aquisition à titre particulier, & il veüille renouveller les hommages dûs à sa Seigneurie, en cas qu'il y ait ouverture du fief-servant, ledit nouveau Seigneur peut saisir comme subrogé au lieu de l'ancien. En cas qu'il n'y ait point d'ouverture, le Seigneur feodal doit faire sçavoir aux vassaux tenans fiefs mouvans de lui, qu'ils viennent reconnoître & reprendre de lui, & leur donner terme pour ce faire, qui ne soit moindre de quarante jours, avec assignation de jour & lieu certains. Le lieu doit être au châtel ou manoir du fief dominant, car le vassal n'est tenu de faire la foi autre-part. Et s'ils y faillent, le Seigneur peut saisir & gagner les fruits. La maniere de les convoquer n'est pas semblable en toutes les Coûtumes. Aucunes disent quant aux fiefs qui sont assis & sont mouvans de Duchez, Comtez, Baronies, & Châtellenies, qu'il suffit que la convocation soit faite à son de trompe & cry public. Et si les fiefs sont hors lesdits lieux, que la signification doit être particuliere de chacun vassal à sa personne, ou au lieu de son fief, en parlant aux Officiers ou entremetteurs d'affaires. Ainsi Paris, art. 65. Melun, art. 43. Sens, art. 195. Poitou, art. 109. Auxerre, art. 65. Orleans, art. 60. 61. & 62. qui dit que les quarante jours commencent à courir de la derniere publication. Touraine, article 114. Senlis, article 254. Reims, art. 58. Blois, art. 50. & 51. Autres Coûtumes disent simplement que le Seigneur doit faire signifier & assigner jour à ses vassaux en particulier; comme Nivernois, chap. des fiefs, article 55. Bourbonnois, art. 369. sauf pour les fiefs qui sont en la même Justice du Seigneur feodal, esquels la proclamation publique suffit. Laon, art. 219. & 221. Mais Berry des fiefs, article 35. dit ores qu'il y ait ouverture du fief, & qu'il soit dû profit, que le nouveau Seigneur doit signifier au vassal de venir faire son devoir.

Aucuns ont estimé quand le vassal enfraint la main feodale mise au fief, qu'il commet & perd son fief, comme pour cas de felonnie. Mais comme il ne faut éteindre les loix penales, plusieurs Coûtumes ont decidé qu'il a Commise, ains que le vassal avant que d'être reçû, est tenu de rétablir les fruits. Ainsi Sens, article 184. Estampes, article 31. Poitou art. 120. Auxerre, article 47. Orleans, article 77. Reims, article 104. Mais Orleans & Poitou y ajoûtent l'amende.

Si plusieurs se trouvent Seigneurs du fief dominant, la question est si le nouveau vassal doit aller les rechercher tous. Nivernois, ch. des fiefs, article 45. & 46. dit que le vassal doit premierement s'addresser à celui qui joüit du châtel, dont dépend le fief dominant. Et si le châtel est commun, doit s'addresser à celui qui a la plus grande part. S'ils sont égaux, à l'aîné, & faire signifier aux autres. Blois, art. 55. Berry, des fiefs, art. 20. Poitou, article 115. disent à l'aîné. Bourbonnois, art. 391. & Auvergne, chap. 22. art. 42. 43. & 44. disent premierement à celui qui a la plus grande part, puis à l'aîné. Mais le plus seur est de s'enquerir au fief dominant, qui est celui à qui appartient recevoir la foi, & s'il est au lieu du fief s'addresser à lui; s'il n'y est, faire le devoir au lieu du fief dominant, avec delaissement de copie, comme a été dit cy-dessus.

Aussi a été souvent agitée la question, selon quelle Coûtume se gouverne le fief servant, ou de la Province en laquelle il est assis; ou de la Province en laquelle est assis le fief dominant. Sur quoi Mante, article 44. Laon, article 224. & Reims, article 138. disent indistinctement qu'il faut avoir égard à l'assiete du fief servant. Ce qui dépend d'une regle brocardique, qui est communément és cerveaux des praticiens, que toutes Coûtumes sont réelles. Ce qui semble ne se pouvoir soûtenir indistinctement; parce que nos Coûtumes ne sont pas statuts, ains sont nôtre vrai droit civil, comme a été dit ailleurs; & avons été trop prompts à suivre les opinions des Docteurs Italiens à cét égard. Car en Italie le droit Romain est le droit commun; & là les Statuts qui sont contraires ou divers, sont du droit étroit. Mais à nous le droit Romain ne sert que pour raison, & le droit Coûtumier peut & doit être entendu & étendu au large avec benigne interpretation. Or sur la question il me semble, puis qu'ainsi est que fief & jurisdiction n'ont rien de commun, qu'il est assez à propos en ce qui est des profits & autres droits de fief estimables en argent, de suivre la Coûtume du lieu où ils sont assis. Mais en ce qui est du devoir personnel, soit de l'honneur ou du service, que le vassal doit à son Seigneur, parce qu'il doit aller rechercher la personne de son Seigneur au lieu du fief dominant; que pour ces devoirs personnels il doit suivre la loi du lieu où il les doit par l'argument de la *l. contraxisse. ff. de actionib. & oblig.*

Le

Le Seigneur peut commettre autre personne à la reception de ses hommages, pourvû que ce soit personne qualifiée de noblesse, office ou autre charge notable. Ainsi dit Nivernois, art. 46. & Poitou, article 114. qui ajoûte la limitation, pourvû que le commis ne soit personne vile. Bourbonnois, art. 378. ne permet au Seigneur feodal de commettre, si ce n'est le Duc de Bourbonnois pour ses fiefs. Reims, art. 111. dit que si le Seigneur reçoit ses hommages par Procureur, le vassal peut faire hommage par Procureur.

DES CENS, BORDELAGES, & autres redevances qui emportent Seigneurie directe.

CY-dessus a été traité des fiefs, esquels l'un se dit Seigneur direct, & le vassal se dit Seigneur utile. Le devoir envers le Seigneur direct feodal est personnel & noble, consistant en honneur & service és guerres. Autres heritages sont, dont le devoir est appellé roturier, parce qu'il consiste en prestations de deniers, grains & autres especes estimable en deniers. Le plus commun & le plus ancien est le Cens, dont la prestation ordinairement est petite, & se paye par reconnoissance de superiorité, & non pas pour avoir profit qui ait quelque proportion aux fruits de l'heritage chargé de cette redevance. Le Seigneur censier est reputé avoir Seigneurie directe, comme ayant été le premier Seigneur qui en a fait concession sous cette charge. Si est-ce que le Seigneur utile est reputé proprietaire du fonds, avec plus de droit que n'est pas celui qui tient à titre de Bordelage, taille réelle ou emphyteose; car tel detenteur n'est reputé que superficiaire. Et quand le droit Romain parle des deux, sous le nom du Seigneur dit simplement, il entend le Seigneur direct, & non le superficiaire, *l. si domus §. ult. ff. de lega.* 1. *l. damni §. ei qui ff. de damno infecto.* L'origine du mot de CENS est du droit Romain & de fort grande antiquité. Car chacun Citoyen contribuoit aux charges publiques selon ses facultez, & étoit cette contribution tant des personnes, qui par delit étoient enrôllez pour faire service és guerres, que de la bourse pour fournir l'entretenement des soldats. Les Censeurs une fois en cinq ans faisoient la recherche, tant du nombre & âge des personnes, que des facultez de chacun. Icelle recherche étoit appellée CENS, & selon icelle les charges étoient distribuées. Depuis cette contribution fut mise sur les heritages, qui est la source des Cens. La prestation censuelle est communément en deniers qui se payent à jour certain, ou de la fête nôtre Dame en Mars, ou le premier Octobre, ou autre jour. Et selon plusieurs Coûtumes y a amende contre celui qui ne paye pas au jour, qui est la peine du contemnement, & n'est en diminution de la redevance. En aucuns lieux l'amende est de 7. sols six deniers; comme Nivernois, des cens, art. 9. En autres est de cinq sols tournois, ou parisis; Paris art. 85. Estampes, art. 49. Orleans, art. 102. Laon, art. 135. Reims, art. 148. Blois, art. 111. Et ne peut être demandée l'amende que de l'année derniere, s'il n'y a eu interpellation.

Quand l'heritage tenu à titre de Cens est vendu, par la plûpart des Coûtumes sont dûs lods & ventes au Seigneur censier par l'acheteur; qui sont le douziéme denier du prix, qu'on dit vingt deniers pour livre. Ainsi dit Nivernois, des cens, art. 2. Paris, art. 76. & 78. quand il y a bail à rente rachetable. Estampes, art. 47. Touraine, art. 147. Senlis, art. 246. Laon, art. 137. Reims, art. 143. Blois, art. 115. En d'autres Coûtumes les lods & ventes sont du sixiéme denier, qui est trois sols quatre deniers pour livre; comme Bourbonnois, art. 395. Melun, art. 114. dont le vendeur doit la moitié, & l'acheteur l'autre. Poitou, art. 21. & les appelle ventes & honneurs. Orleans, art. 106. qui dit que si le cens est à lods & ventes, le sixiéme denier y est; si à ventes seulement le douziéme, Troyes, art. 52. & à payer par le vendeur & acheteur à moitié. Mais Bretagne article 74. dit que le vendeur doit les deux tiers des ventes, & l'acheteur le tiers. Berry, des Cens, art. 6. dit que l'Eglise a deux sols pour livre, & les autres vingt deniers. Senlis, article 246. ajoûte deux deniers parisis pour les gads; & Touraine, art. 147. quinze deniers pour les gads sur tout le marché. Cy-dessus, sous le titre des fiefs, est mise la cause pourquoi en grande ancienneté c'étoit à la charge du vendeur d'aquiter les profits envers le Seigneur direct.

En aucunes Coûtumes sont dûs lods & ventes pour toutes alienations. Et est la chose alienée, quand l'alienation est autre que vente, estimée par personnes connoissantes. Ainsi Nivernois, ch. des Cens, art. 2. Berry, des Cens art. 6. En autres Coûtumes ne sont dûs lods & ventes en échange, & en donation, & autres contrats esquels n'y a fonction de prix, comme sera dit cy-aprés, ains seulement en vente; comme Paris, art. 78. Auvergne, chap. 16. art. 1. Cette diversité vient de la diversité des opinions des Docteurs en la *l. fin. C. de jure emphyt.* si l'emphyteote, auquel est deffendu de vendre sans le congé du Seigneur l'heritage emphyteotique, peut le donner. Mais il me semble qu'il y a même raison en l'un des cas qu'en l'autre. Car ores qu'en donation & en échange le Seigneur ne soit és termes de récouvrer l'heritage pour le prix, comme il se dit en vente, si est-ce qu'il a interêt à la mutation d'homme; & le profit qui se paye est pour l'approbation que le Seigneur fait du nouvel homme; qui est la raison mise en ladite Loi finale. *vers. & ne avaritia.*

Selon la plûpart des Coûtumes y a amende dûë au Seigneur censier, quand l'aquisition nouvelle n'est pas signifiée au Seigneur dans les vingt jours, ou quarante jours, ou autre temps prescrit par lesdites Coûtumes; Paris, art. 77. Melun, art. 111. Estampes, art. 47. & Senlis, art. 246. font l'amende de soixante sols parisis, qui valent soixante & quinze sols tournois. Sens, art. 226. Poitou, art. 24. & 25. Orleans, art. 107. soixante sols tournois. Blois, art. 118. met l'amende de cinq sols, s'il n'y a notification dans les huit jours, & de soixante sols s'il y a un an. Bourbonnois, art. 394. fait doubler les lods & ventes pour défaut de payer dans les quarante jours. Nivernois, chap. des Cens, art. 1. met l'amende de vingt sols aprés les quarante jours passez de l'aquisition.

En cas de vente le Seigneur censier a le choix de prendre les lods & ventes, ou retenir l'heritage pour le prix qu'il a été vendu ; Nivernois, chap. des Cens, art. 4. & 5. Vitry, art. 18. Poitou, art. 23. Mais Sens, art. 240. & Melun, art. 228. disent que le Seigneur censier n'a retenuë, s'il n'y a convenance. L'Eglise n'a retenuë en Cens aux Coûtumes de Berry, chap. de Retenuë, art. 4. & Nivernois, chap. des Cens, art. 2. & 8. Vrai est que Nivernois pour recompense de la retenuë, octroye à l'Eglise le huitiéme denier pour les lods & ventes, qui est deux sols six deniers pour vingt sols, & Berry lui donne le dixiéme : mais ne dit pas que ce soit pour recompense. Poitou article 33. donne la retenuë à l'Eglise, à la charge d'en vuider ses mains dedans l'an, si elle en est requise. Soit icy repeté ce qui est dit cy-dessus au chapitre des Fiefs. Selon la Coûtume de Nivernois la retenuë ne dure que quarante jours, à compter du jour que l'aquereur a exhibé le contrat de son aquisition au Seigneur, & lui en a baillé copie collationnée à ses dépens. Et s'il n'a exhibé & baillé copie, la retenuë dure trente ans, au chap. des Cens, article 6. Poitou, article 23. ne donne que huit jours, aprés l'exhibition du contrat, & affirmation de la verité du prix, & art. 26. pour les trente ans, en cas qu'il n'y ait exhibition.

Plusieurs Coûtumes n'attribuënt au Seigneur censier lods & ventes pour donation faite par liberalité & bonne amour. Sens, art. 229. Blois, art. 121. Estampes, art. 53. Bretagne, art. 75. Auxerre, art. 86. dit que lods sont dûs de deux sols pour une fois & pour tout, mais non ventes. Autres disent que si la donation est faite pour recompense ou rémuneration de services, ou à la charge qu'il en est dû profit. Ainsi dit Touraine, article 147. Blois, article 121. Orleans, art. 117. La raison peut être, parce que les services ou les charges sont facilement estimables en deniers. Pourquoi on estime n'être pas vraye donation, mais recompense, comme si on donnoit un heritage en payement, ce qui équipolle à vendition, *l. si prædium. C. de evictionib.* Mais Auvergne, chap. 16. art. 16. dit que si aucun donne à charge de payer ses dettes, qu'il en est dû profit. Aussi en tel cas, c'est autant que vente, puisque la fonction est en deniers. Et Reims, art. 151. dit que pour donation soit gratuite ou rémuneratoire, n'est dû profit, s'il n'y a bourse déliée, auquel cas est dû profit selon les deniers. Nivernois donne lods & ventes en donation faite à étranger.

Sont aussi les Coûtumes diverses au fait de l'échange, s'il en est dû profit. Les unes disent, que si l'échange est fait but à but sans soulte, n'y a lods ni ventes ; & s'il y a soulte en deniers, sont dûs lods & ventes pour la soulte. Ainsi disent Estampes, article 57. Sens, article 227. & 228. Bretagne, article 75. Senlis, article 257. Bourbonnois, article 396. & dit soulte en deniers ou meubles. Auvergne, chapitre 16. article 2. Bourgogne, article 117. Melun, article 120. Troyes, article 55. Laon, article 139. Reims, article 152. Les autres Coûtumes distinguent, si les heritages échangez sont de même Censive, que lods & ventes ne sont dûs ; Si de diverses Censives, ou étant de même Censive s'il y a tourne en deniers, que lods & ventes en sont dûs, comme Touraine, article 143. & 147. Orleans, article 110. Blois, art. 120. Quand les heritages échangez sont de même Censive, le Seigneur a toûjours les mêmes hommes. Et comme dit a été, les lods & ventes sont dûs pour l'approbation du nouvel homme qui se présente au Seigneur. Mais Auxerre, article 85. dit qu'en échange sont dûs lods, qui sont de deux sols pour tout, & pour une fois, mais ne sont dûes ventes, s'il n'y a soulte. Aussi Nivernois, chap. des Cens, art. 2. attribuë au Seigneur lods & ventes en échange, comme en toutes alienations. Et doit être l'heritage estimé par personnes connoissantes, pour selon l'estimation proportionner les lods. Par tout on excepte si l'échange est frauduleux ; comme quand les contractans feignent d'échanger, pour empêcher les lods & ventes, ou la retenuë, ou le retrait lignager. Et en effet c'est vendition ou translation de proprieté moyenant deniers. La preuve de laquelle fraude est declarée par aucunes Coûtumes ; comme si dans l'an du contrat qui apparoît échange, l'un des contractans rachete l'heritage par lui baillé en échange. Melun, article 120. Sens, art. 228. Auxerre, art. 25. Bourbonnois, art. 407. & 459. Vitry, art. 30. Auvergne, chap. 16. art. 12. 13. & 14. Sens & Auxerre és lieux susdits ajoûtent autres cas, si dans l'an l'un des deux contractans se trouve possesseur de l'heritage par lui baillé en échange. Aussi toutes deux disent qu'audit cas de fraude sont dûs doubles lods & ventes. Pour les autres cas de fraude & moyens de la prouver, sera traité cy-dessous, sous le titre de retrait lignager.

Aucunes Coûtumes permettent au Seigneur censier faire saisir l'heritage pour lods & ventes non payez ; comme Nivernois, chap. des Cens, art. 16. Bourbonnois, art. 413. Auvergne, chap. 21. art. 6. & 7. Bretagne, art. 69. & 233. ajoûte quand les ventes sont liquidées avec l'aquereur, ou son heritier. Berry, des Cens, art. 12. 13. 14. 15. & 16. & ajoûte, que si l'aquereur aprés la saisie demeure plus d'un an sans satisfaire, que le Seigneur gagne les fruits; Blois, art. 38. Senlis, art. 248. Cette saisie de l'heritage pour les lods & ventes non payez, se doit entendre quand le prix de l'alienation est certain, & en apparoît par écrit, en forme probante. Autrement il n'y auroit pas raison de saisir pour une chose incertaine & non liquide. Mais plusieurs autres Coûtumes veulent que le Seigneur demande ses lods, ventes & profits par action, & non par saisie. Ainsi Paris, article 81. Mente, article 49. Melun, article 119. Auxerre, article 83. Laon, article 149. Reims, article 158.

Les Coûtumes sont diverses, si pour bail à rente par le détenteur censier, Seigneur utile, sont dûs lods & ventes au Seigneur direct censier. Nivernois, chap. des Cens, art. 23. dit qu'il n'en est dû quand le bail est fait sans bourse déliée, & s'il y a bourse déliée, sont dûs lods & ventes des deniers baillez. Ainsi dit Reims, art. 153. & Blois, art. 123. Autres Coûtumes disent que pour bail à rente, ores qu'il n'y ait bourse déliée, sont dûs lods & ventes, selon l'estimation de la rente, qu'aucunes Coûtumes mettent au denier quinze, comme Berry, des Cens, art. 21. & 22. Les autres au denier vingt, comme Troyes, art. 58. Et si la rente est en espece de grain ou autres fruits, en sera faite l'estimation. Auvergne, chap. 16. art. 19. dit que pour bail excedant vingt-neuf ans sont dûs lods & ventes, mais non retenuë. Autres Coûtumes disent, si le bail est fait à rente qui soit rachetable pour certain prix, que dèslors les lods & ventes sont dûs selon ledit prix, sans attendre le rachat. Ainsi dit Paris, art. 78. Sens, art. 229. Orleans, art. 108. Troyes, article 75. Reims, art. 159. Les autres disent que les lods & ventes sont dûs lors du rachat, & non plûtôt; comme Melun, art. 121. Auxerre, article 88. La raison de tout ce que dessus semble être, parce qu'il est vrai-semblable quand aucun baille son heritage à charge de rente, sans recevoir deniers d'entrée, qu'il en retire ce que vrai-semblablement il en pourroit retirer de net en ménageant par ses mains. Et quand il prend argent d'entrée, il faut croire qu'il diminuë d'autant la redevance, & affoiblit le revenu qu'il devroit prendre de l'heritage, qui affoiblit le droit du Seigneur en cas de mutation. Les Coûtumes qui ne donnent lods & ventes, pour bail fait à charge de rente non rachetable, disent que si lesdites rentes sont venduës, en est dû profit au Seigneur; comme Paris, art. 87. Sens, art. 231. Ce qui me semble bien raisonnable, pour être general; car audit cas la rente tient lieu de l'heritage, representant le revenu d'icelui. Mais Orleans, art. 108. dit que si la rente est venduë à autre qu'au preneur, qu'il en est dû profit au Seigneur censier. Sens, article 232. dit que si l'heritage est baillé à charge de rente non rachetable, & est vendu sous la charge de la rente, sera dû profit du prix de l'achat; & encore de l'estimation de la rente, qui sera faite au denier dix; & de même dit Auxerre, article 89. Ce qui semble bien être raisonnable pour servir de regle generale; car si autrement étoit, le détenteur censier, qui par la nature du bail est tenu de conserver les droits du Seigneur direct par l'argument de la *l. 1. in fi. cum l. 2. ff. usufruct. quemad. caveat*, pourroit diminuër & affoiblir le droit du Seigneur direct, entant que l'heritage chargé de rente seroit vendu à beaucoup moindre prix, & les profits du Seigneur seroient moindres. Et sur semblable raison est fondé le retentum *in mente curiæ*, sur l'Arrêt du 10. May 1557. recité par du Molin à la fin du procez verbal de l'ancienne Coûtume de Paris, par lequel Arrêt fut jugé, qu'il n'étoit dû profit au Seigneur censier pour rente constituée à prix d'argent, & assignée specialement sur un heritage tenu à Cens. Et par le retentum de la Cour est dit, que si l'heritage est vendu à la charge de ladite rente, lors sont dûs lods & ventes tant du prix de la vente de l'heritage, que du prix de la constitution de la rente. La raison y est bien, car la rente fait portion du prix, & l'heritage en est tant moins vendu. Nivernois en l'article cy-dessus, dit qu'en bail à rente n'y a retenuë. Mais Bourgogne, art. 114. dit que si l'heritage baillé à rente, est vendu, que le Seigneur censier aura la retenuë dans quarante jours, & dans l'an pourra racheter la rente, si l'heritage est en bonne ville, au denier vingt, & en plat païs, au denier quinze: Qui est un reméde tres-équitable, à ce que le Seigneur direct, par tels moyens de bail à rente, ne soit privé de ses droits, ou ses droits soient affoiblis. Mais si sans faire bail d'heritage, & sans que l'heritage change de main, le détenteur censier charge son heritage de rente envers un tiers, le doute a été grand quels sont les droits du Seigneur. Si la rente assignée specialement est constituée à prix d'argent, il n'en est dû aucun profit, selon ledit Arrêt 10. May 1557. sauf la limitation du retentum de la Cour cy-dessus. Et à ce s'accordent les Coutumes de Melun, article 70. & 123. Estampes, art. 50. Poitou, article 27. Sens, article 123. Reims, article 154. Auxerre, art. 120. Orleans, article 111. Touraine, article 123. Et ainsi faut entendre & rétraindre, selon mon avis, les articles 25. & 38. au chapitre des Fiefs, & 23. au chapitre des Cens, de la Coutume de Nivernois, pour n'avoir lieu és rentes constituées à prix d'argent, quand la constitution est à la raison accoutumée du denier douze ou denier quinze, qui de leur nature sont rachetables à toujours. Et si la rente assignée sur l'heritage tenu à cens ou fief est telle qu'elle ne soit rachetable; comme si le vassal ou détenteur censier fait une fondation de service en l'Eglise, pour laquelle il assigne rente; ou si par donation ou liberalité il transporte tant de rente sur son heritage, ou s'il vend une rente à raison du denier vingt, ou à plus haut prix, & il l'assigne sur son heritage, avec paction expresse qu'elle ne sera rachetable, laquelle paction en ce cas j'estime être licite, parce que le denier vingt est le prix ordinaire & accoutumé, auquel sont estimez les heritages, ou les rentes foncieres sur iceux, ainsi que de present il se pratique, & étoit en usage auprez des Romains, *l. Papinianus. §. undè*, en y appliquant le calcul subtilement. *ff. de inoff. test. Et in auth. de non àlienan. §. quia verò Leonis.* Et en ces cas je croy que l'expedient mis par ladite Coutume de Nivernois, au chap. des fiefs, art. 25. peut être pris pour regle generale par tout, parce qu'il est fondé en raison juridique; à sçavoir que le Seigneur peut contredire ladite rente & l'empêcher, pour en faire décharger l'heritage, ou en l'approuvant prendre le quint denier, ou lods & ventes. Et n'y a pas assez d'indamnité au Seigneur, quand on dit qu'advenant ouverture du fief, ou reversion, ou que la Seigneurie utile soit aquise par lui, que le Seigneur exploitera, & tiendra l'heritage sans charge de ladite rente. Et ainsi disent Sens, art. 190. Auxerre, article 60. Orleans, article 6. Blois, art. 62. Reims, art. 117. Paris, art. 51. Car cependant si le vassal ou détenteur censier vend son heritage ou son fief, il le vendra tant moins, & seront les lods & ventes & le quint denier moindres. Pourquoi le Seigneur, pour son interêt, peut contredire & poursuivre à ce que la rente soit ôtée. A quoi s'accordent Bourbonnois, article 333. & Auvergne chapitre 22. article 14. Ou bien si le Seigneur veut prendre le quint denier, ou les lods & ventes du prix de la rente, il sera tenu en ce faisant l'approuver. Et si c'est fief la rente sera pour infeodée, & sera tenuë en fief; & quant au ténement censuel, sera tenuë à cens du Seigneur censier, en sorte que par l'alienation d'icelle rente y aura profit envers le Seignenr feodal ou censier ; car le profit que le Seigneur prend, est pour l'approbation qu'il fait de la mutation d'homme, comme il est dit *in l. ult. C. de jure emphyt.* Ainsi dit Reims, article 89. que pour assignation de rente n'est dû profit, si elle n'est infeodée ; & Blois, art. 68. que rente sur fief n'est feodale jusques à ce que la foi en soit faite. Berry, des Cens, article 9. donne au Seigneur censier lods & ventes, quand la rente est specialement assignée.

Le nouvel aquereur des heritages tenus à titre de Cens, doit exhiber au Seigneur censier les lettres de son aquisition, bailler & délaisser copie signée d'icelles, offrir les lods & ventes & les arrerages ; & ce fait, requerir être investi par lui. Et jusques à ce, ne se peut dire saisi contre le Seigneur, quant à ses droits. Ainsi dit Nivernois, chap. des Cens article 14. & Bourbonnois, art. 416. qui ajoûte, ores que le détenteur ait auparavant payé la redevance, pourtant il n'est pas saisi. Melun, art. 109. dit que le Seigneur censier peut contraindre l'aquereur d'exhiber son titre par saisie de l'heritage. Senlis, art. 247. dit que l'acheteur ne peut prendre la joüissance, jusques à ce qu'il ait payé les profits, à peine de soixante sols parisis d'amende. Par cette même Coutume, article 235. le vendeur doit se dessaisir és mains du Seigneur direct, en lui notifiant la vendition, & lui payer le quint denier, ou lods & ventes ; & l'aquereur ne peut prendre la saisine, sinonpar les mains du Seigneur. En Vermandois nul ne peut aquerir la proprieté d'un heritage à lui vendu ou transporté, jusques à ce que le vendeur se soit dévétu és mains de la Justice fonciere du lieu, & que l'aquereur en soit vétu par elle. Ce vétement ou saisine se fait par la tradition d'un petit bâton. Et se dit qu'en francaleu n'est requis vest ni dévest, ains suffit la possession commune. Aussi n'est requis vest ni dévest en succession, en legs testamentaire, en don mutuel, en donation par avancement d'hoirie, ou en faveur de mariage. Ainsi disent Laon, art. 126. 128. 129. & 130. Reims, art. 162. 163. & 171. Ce que dessus vient des Coûtumes qui disent, que le vendeur doit payer le quint denier ou lods & ventes ; selon qu'il a été dit cy-dessus.

Si le détenteur censier abandonne l'heritage, & soit l'heritage sans tenancier, le Seigneur censier peut de son autorité reprendre en sa main cét heritage, le faire valoir, & prendre les fruits. Ainsi dit Nivernois, chapitre des Cens, art. 14. Bourgogne, art. 115. Berry, des Cens, art. 26. Touraine, art. 15. Sens, art. 124. Auxerre, article 122. Mais Sens, & Auxerre ajoûtent par autorité de Justice ; & disent que le Seigneur ne fait les fruits siens, sinon jusques à concurrence des arrerages à lui dûs. Nivernois semble donner les fruits simplement au Seigneur censier ; & ainsi dit Berry, des Cens, article 26. quand l'heritage est demeuré vacant un an durant. Et si le tenancier ou son heritier vient dans trente ans, dit Nivernois au lieu susdit, & Touraine, article 25. & dans dix ans, comme disent Bourgogne, article 115. & Auxerre, article 122. & demande son heritage, le Seigneur lui rendra en payant les arrerages & reparations necessaires, si tant est que le Seigneur par la perception des fruits n'en ait été satisfait. Mais si le Seigneur censier veut s'asseurer pour toûjours, il doit faire créer un curateur à l'heritage vacant, & sur lui faire saisir & crier l'heritage, pour être payé de ses arrerages sur le prix de l'adjudication par decret. Ainsi dit Sens, art. 124. & 125. Troyes, art. 69. Touraine, art. 25. se contente d'attribuër les fruits au Seigneur censier, aprés les bannies & proclamations. Vrai est qu'en ce cas peuvent se trouver en concurrence le Seigneur censier & le Seigneur haut-Justicier ; parce qu'au Seigneur haut-Justicier appartiennent les biens vacans ; non pas pour faire perdre au Seigneur censier ses droits, mais pour prendre par le Seigneur haut-Justicier le profit qui peut revenir de l'heritage, aprés les droits du Seigneur censier satisfaits. Pourquoi j'estime quand la concurrence y est, que le Seigneur censier doit endurer que le Seigneur haut-Justicier exerce ses droits qui sont de vendre les heritages sous la charge du Cens pour du prix être les arrerages & autres droits dûs payez au Seigneur censier, & les reparations faites ; qui est l'indemnité dudit Seigneur censier. Et l'outre-plus du profit du decret être pris par le Seigneur haut-Justicier, & audit cas l'aquereur de l'heritage payera les lods & ventes de son aquisition au Seigneur censier. Mais pour se liberer par le Seigneur haut-Justicier de la garantie, & des dommages & interêts ausquels il seroit tenu, si le proprietaire revenoit dans les dix ou trente ans, comme il est dit cy-dessus ; Le plus seur est de faire créer un curateur audit heritage, & sur lui faire les criées, pour semondre tous ceux qui ont interêt ; car par le decret tout sera purgé. Je croy avant que donner tel curateur aux biens de l'absent, qu'il est besoin que l'absence ait été de quelque long-temps, comme de deux ou trois ans, selon la glose *in l. si diu. ff. ex quibus causis in poss.* & que l'on ait enquis des parens, alliez voisins, ou amis de cét absent, en quel lieu il est, pour si facilement on peut avoir accez à lui, le faire appeller, *l. ergò. ff. ex quib. caus. majores. l. aut qui §. 1. ff. quod vi aut clam.* Cette création de curateur aux biens de l'absent se rapporte au droit Romain *in l. idem privilegium. ff. de privileg. cred.*

Presque toutes les Coûtumes de France permettent au détenteur censier, ou bordelier ou sous autre charge, de quitter & délaisser l'heritage au Seigneur direct, en payant au Seigneur ses arrerages & droits. Ainsi dit Nivernois, chap. des Cens, art. 20. & des bordelages, art. 16. & 17. & des rentes, art. 6. Melun, art. 126. qui dit de payer les arrerages de son temps. Sens, art. 237. Senlis, art. 286. qui excepte si le preneur s'est obligé de maintenir en bon état. Paris, art. 109. Poitou, art. 57. & 59. qui charge de payer les arrerages du prochain terme à échoir, si ce n'étoit que le quitement se fist le même jour du terme ; & excepte si le preneur avoit promis fournir & faire valoir la redevance, auquel cas il ne pourroit quitter. Bourbonnois, art. 399. met l'exception, sinon que le preneur eût assigné la rente sur certaine chose, & generalement sur tous ses biens. Et Orleans, art. 412. met autre exception, si le preneur avoit promis faire quelque amandement qu'il n'eût fait. Mais Auxerre, art. 92. Berry des executions, art. 34. & Orleans, art. 134. disent que le preneur, ni son heritier, ne peuvent quitter. La raison est ajoûtée par Orleans; parce qu'ils sont obligez personnellement avec hypotheque de tous leurs biens. Ainsi Touraine, article 199. semble ne permettre le quittement, sinon à ceux qui ne sont pas personnellement obligez, ou qui n'ont acheté l'heritage à cette charge. Toutefois Paris, article 58. dit que cette obligation personnelle n'oblige sinon pour autant de temps que le preneur sera détenteur. A quoi fait ce qui est dit au droit Romain *in l. cum fructuarius. ff. de usufruct.* Le sieur du Molin, bon Auteur, dit que nos majeurs ont introduit cette faculté de quitter pour le respect de la liberté humaine, selon laquelle nul ne peut s'obliger à perpetuité, qu'il n'ait quelque moyen de se liberer. Et ainsi en traittent les Docteurs *in l. ob æs. C. de actionib. & oblig.* Autres Coûtumes mettent les charges du délaissement outre les dessusdites, de laisser l'heritage en bon & suffisant état, ou en l'état convenu par le bail. Ainsi dit Nivernois, chapitre des Cens, article 20. des Bordelages, article 16. des Rentes, article 6. Bourbonnois, art. 399. Auvergne, chap. 21. article 16. Melun, article 116. Lesdites Coûtumes de Bourbonnois & Auvergne ajoûtent autre charge, de bailler au Seigneur la lettre du délaissement & gulpine. Nivernois dit, baillant au Seigneur les lettres que le détenteur a en sa puissance, concernant ledit heritage. Nos Coûtumes ont introduit une autre sorte de quitement & délaissement d'heritage hypotequé, qui est la vraye execution de l'action hypothecaire réelle; de laquelle execution le détenteur se peut liberer en quitant l'heritage hypothequé, quand il n'est pas personnellement obligé. Ce qui est general, quand aucun est tenu comme détenteur de la chose, qu'en quitant icelle on ne peut plus s'addresser à luy, *l. Prætor. §. hoc editum ff. de damno infect.* Doncques si aucun étant détenteur d'un heritage chargé de cens ou autre redevance, qui n'a pas acheté à la charge d'icelle, est convenu par la redevance ou arrerages, il peut avant contestation quiter l'heritage, sans être tenu des arrerages, ores qu'ils soient échûs de son temps. Mais aprés contestation, s'il quite, il sera tenu des arrerages échûs de son temps seulement jusques à la concurence des fruits par luy perçûs, si mieux il n'aime rendre les fruits. Ainsi dit Paris, art. 102. & 103. Melun, art. 176. Orleans, art. 409. & 410. Ce qui est conforme au droit écrit des Romains *in l. si fundus. §. in vendicatione. vers. interdum. ff. de pignorib.* où il est parlé *de lite inchoata.* Mais lesdites Coutumes ont parlé *de lite contestata.* Ce qui est *ad instar* de l'action petitoire *de rei vendicatione*, en laquelle se dit que le possesseur acquereur de bonne foy n'est tenu à restitution des fruits, sinon depuis contestation en cause *l. certum. Cod de rei vend.* Ce qui se dit de contestation doit recevoir temperamment; que quand la cause est intentée par exploits libellez, qui rendent le defendeur certain, la cause doit être tenuë pour contestée au préjudice du defendeur, quand il y a eu de sa part des delays superflus & frustratoires; pour ce que sa demeure fait que l'on tient pour chose faite ce qui devoit être fait, *l. qui decem in princip. ff. de solut.* Aussi il semble que selon les loix nouvelles de Justinien, le même effet de la contestation soit quand le defendeur est ajourné par exploits libellez *l. sicut. C. de præscript. 30. vel 40. annorum.* & *l. 2. ubi in rem actio.* J'ay dit de celuy qui n'a acheté à cette charge: car s'il a acheté à la charge de la redevance, il est tenu personnellement envers le Seigneur, ores que le Seigneur ne fut present à stipuler; car le vendeur Seigneur utile étant procureur du Seigneur direct *in eam rem.* & tenu de conserver ses droits, luy a pû aquerir cette action. Aussi la regle du droit Romain de n'aquerir action par un à un autre, s'entend de l'action directe, & non de l'action utile qui est octroyée par la paction d'un autre; selon l'opinion de Martin ancien Glossateur, fondée sur le même texte *in l. res. C. ad exhib.* Or celuy qui est obligé personnellement est tenu de payer precisément les arrerages de la redevance, échûs du temps qu'il a été detenteur, & pour l'avenir tant de temps qu'il sera détenteur. Et quant aux arrerages échûs avant sa détention, il en est quitte en délaissant les heritages. Ainsi dit Paris, article 99. Sens, article 131. Auxerre, art. 131. qui ajoûtent des détenteurs sommez & certiorez. Troyes, art. 73. Berry, des executions, article 33. Bourbonnois, art. 414. qui rétraint les arrerages des redevances foncieres à dix ans, & des constituées à cinq ans. Senlis, article 206. Berry ajoûte que ces détenteurs ne peuvent être executez que pour la derniere année. Encore selon mon avis doit être entenduë cette execution, quand elle est faite sur les fruits de l'heritage chargé, car sur les autres biens du détenteur n'y a execution; s'il n'est obligé authentiquement.

Aucunes Coûtumes permettent au Seigneur censier de saisir par son autorité, ores qu'il n'ait Justice, les meubles ou outils trouvez en l'heritage tenu de lui, pour le payement de ses arrerages, à la charge de les faire vendre par autorité de Justice. Ainsi dit Nivernois, chap. des Cens, art. 16. Paris, art. 86. qui toutefois défend le transport, sinon par autorité de Justice. Mante, art. 47. qui dit que le Seigneur censier est reputé avoir Justice fonciere; & ainsi le dit Reims, art. 144. Orleans, article 103. desire que le Seigneur censier execute par un Sergent. Et toutes disent, s'il y a opposition, avoir recours à Justice. Et sur ce sera noté, que par aucunes Coûtumes y a une sorte de Justice, qui est appellée fonciere & censiere, qui n'a autre pouvoir que de contraindre pour les Cens. Auxerre, art. 20. Sens, art. 20. Poitou, art. 21. attribuë le droit de Censive à la Justice basse, & dit que le bas Justicier est fondé d'avoir Censive.

Cens ni autre redevance emportant Seigneurie directe, ne peut être mis sur le premier Cens, au préjudice du Seigneur premier. Ainsi dit Nivernois, chap. des Cens, art. 12. & 13. Estampes, art. 55. Auxerre, article 98. & ajoûte que le second Cens est reputé rente. Berry des Cens, art. 31. dit que le second Cens est nul. Orleans, art. 122. Cens ne peut être mis sur Cens. Ainsi Bourgogne, art. 114. Troyes, art. 56. Blois, art. 127. Ces Coûtumes qui parlent avec prohibition de faire, emportent nullité précise de ce qui est fait au contraire, *l. non dubium. C. de legib.* Mais Bourbonnois, art. 333. dit que sur la Censive du Seigneur censier on ne peut surcharger rente. Auvergne, chap. 21. article 4. & chap. 29. art. 5. & ajoûte que le surcens est commis au Seigneur aprés déclaration de Justice.

Aucunes Coutumes ont prescrit de combien d'années on peut demander les arrerages des redevances foncieres. Bourbonnois, art. 414. a prefix le terme de dix ans. Berry, des Prescriptions, art. 8. a mis le terme de cinq ans. Reims, art. 147. dit que le Seigneur demande plusieurs années, il sera tenû de déferer le serment au debiteur pour les années échûës, sauf la derniere. Cette Coutume de Reims est fondée en une tres-grande équité, parce que bien souvent on ne prend pas quitance, & on se contente de l'écrit que fait le Seigneur sur son papier de recepte. De vrai où il n'y a telle Coutume, je ne voudrois pas ainsi juger. Mais avec tant soit peu d'aide, de preuve & de verisimilitude, je trouverois bon de déferer ce serment selon la doctrine de la *l. admonendi. ff. de jurejur.* Sens, article 120. dit quant au tiers détenteur pour la derniere année; comme Nivernois, chapitre des Executions, article 11. Berry, des Executions, article 33.

La question si l'heritage doit être presumé franc & allodial, en cas que le Seigneur ne montre le contraire; ou s'il doit être présumé tenu du Seigneur au territoire duquel il est, a été traitée diversement és Coutumes. Nivernois, chap. des Rentes, art. 1. dit que tous heritages sont présumez allodiaux. Vrai est que par le procez verbal l'article est contredit, & le renvoy du contredit est fait à la Cour. Auxerre, art. 23. dit ainsi, & met l'exception, si les heritages ne sont au territoire où le Seigneur a accoutumé de prendre censive. Troyes art. 51. dit que tout heritage est présumé de franc-aleu. Mais Poitou, art. 52. dit que la Justice basse & fonciere est fondée d'avoir hommage & redevance de tout ce qui est dans le territoire d'icelle, & que nul ne peut tenir Aleu, sinon l'Eglise. Ce qui se dit de l'Eglise est sujet à temperament. Car selon les anciens decrets, l'Eglise ne doit avoir que son principal manoir & ténement qui soit exempt des charges foncieres. Ce qu'elle a outre plus est sujet aux charges foncieres envers les Seigneurs temporels, *cap. 1. extra de censib.* qui est tiré d'un Concile National fait à Vvormes, du tems de Charlemagne. Et article 99. dit que tous domaines de Poitou sont ou doivent être tenus noblement ou roturierement. Touraine, article 5. dit que le Seigneur de territoire tenu en fief est fondé d'avoir un denier de Cens pour quartier de terre, pré, vigne, ou autre heritage. Blois, art. 108. dit que toutes Censives doivent être infeodées, & avoüées être tenuës en foi d'aucun Seigneur, sinon qu'elles fussent amorties; & art. 33. dit que nul ne peut tenir heritage sans le reconnoître à l'un des trois droits, Fiefs, Cens, ou Terrage; & article 35. dit que tels droits ne peuvent être prescrits. Et Senlis, article 262. dit que nul ne peut tenir terre sans Seigneur. Selon mon avis, si la Coutume n'y resiste, la présomption doit être pour le Seigneur, par cette raison, chacun doit service au public ou de sa personne, comme sont les Nobles à cause de leurs Fiefs, ou de sa bourse, comme les roturiers; car les tailles & autres subsides ne sont ordinaires ni fort anciennes. Et selon cette grande ancienneté, quand les tailles n'étoient point, les Cens ou autres redevances foncieres étoient payées au Roi, ou à ceux qui tiennent en fief du Roi, qui doivent service personnel au Roi, à cause de leurs Fiefs, qui étoit l'aide que chacun faisoit de ses biens au Roi, pour supporter l'entretenement de son Etat. Et la clause que le Juge de son office met és adjudications par decret sur criées, des droits Seigneuriaux, montre que la présomption commune est pour tels droits, puis qu'on les adjuge sans qu'ils soient requis. Comme en aucunes Provinces la regle est, que nulle terre ne peut être tenuë sans Seigneur, sinon qu'il y ait titre ou droit équipolent à titre. Et je croy que cela est general és lieux où il n'y a Coutume au contraire. Ainsi se dit que les Seigneurs n'ont droit de lever prestations annuelles sur leurs sujets, sinon cause d'heritages que les sujets tiennent. Et disent les gens du Roi, qu'au Roi seul appartient de lever prestations personnelles; si ce n'est sur les sujets qui autrefois étoient de condition servile, parce qu'en affranchissant, les Seigneurs ont pû retenir droits personnels.

Es Provinces de Nivernois & Bourbonnois, sont aucunes redevances dites Bordelages ou tailles réelles sujettes à plusieurs rigueurs, & participent de l'emphyteose & de la mainmorte servile. Le mot de *Bordelage* vient de l'ancien mot François *Borde*, tiré de l'Alemand *Bor*, qui signifie un domaine aux champs, parce que d'ancienneté les Seigneurs bailloient les tenemens qu'ils avoient, sous la charge d'en payer par le preneur grain, volailles & argent, ou des trois les deux. Ainsi disent Nivernois, chap. des Bordelages, art. 3. & Bourbonnois, art. 489. & 498. dit que les Bordelages de Bourbonnois sont comme les tailles réelles. Les conditions de ces redevances sont; que le détenteur ne peut partir ne démembrer son tenement, s'il le fait le Seigneur, selon Nivernois, chap. des Bordelages, art 11. 12. & 13. peut enjoindre de réünir dans l'an à peine de Commise. Selon Bourbonnois, art. 490, la Commise est de soy par l'alienation, *ipso facto*, sans interpellation. Cette rigueur a été introduite pour éviter l'inconvenient qui avient de tels démembremens, par lesquels la prestation de la redevance peut être dereglée & confuse; ce qui est remarqué par la loy Romaine, *l. Communi. ff. commu. dividundo.* On ne peut ajoûter autre raison, sinon que quand un tenement est composé de plusieurs pieces d'heritages, le tout ensemble étant lié peut être ménagé en sa vraye valeur; mais les pieces demembrées ne peuvent pas valoir chacune de par soy, par égale proportion, comme elles valent toutes ensemble, selon la consideration de la *l. cum ejusdem. l. plerumque. ff. de Ædil. Edicto.*

Si le Bordelier qui a reconnu ou payé deux ans, cesse apres de payer par trois ans, il perd son heritage par Commise. Nivernois chap. des Bordelages, art. 4. 5. 6. & 7. Ce qui a été tiré de l'emphyteose, *l. 2. C. de jure emphyt.* Selon Nivernois quand l'heritage est vendu ou autrement alienė, le Seigneur prend le tiers denier du prix ou de l'estimation, & si c'est vente, il a le choix de l'avoir par retenuë. Le tiers denier se prend en montant, c'est à dire que le droit du Seigneur est reputé faire portion du prix, en sorte que la somme que reçoit le vendeur soit estimée faire les deux tiers du prix, & la somme que reçoit le Seigneur l'autre tiers, qui est de cent francs au vendeur, cinquante francs au Seigneur, chapitre des Bordelages, article 23. C'est une composition accordée d'ancienneté, pour se rédimer de la Commise & perte de l'heritage tenu à emphyteose, si le détenteur alienoit sans le congé du Seigneur. Mais Bourbonnois, article 490. a retenu la Commise, & n'a reçû la composition; tellement qu'avant la vente il faut marchander au Seigneur.

Selon lesdites Coutumes, nul ne peut succeder en Bordelage, s'il n'est commun en biens avec le défunt lors de son decés. Nivernois, chap. des Bordelages, article 18. & 19. qui excepte les enfans au premier degré, lesquels ores qu'ils soient separez de leur pere & mere, leur succedent. Bourbonnois, art. 492. n'admet *etiam* les enfans, s'ils ne sont communs, & demeurans avec leur pere; excepté s'ils sont hors par service, ou par rixe ou mauvais traitement ou pour cause d'étude. Et en faut autant dire en Nivernois, par l'argument des mains-mortes, chap. des Servitudes personnelles, article 14. Celui qui est absent par occasion temporelle, est reputé être toûjours au lieu dont il est originaire, *quæsitum in princip. ff. de lega. 3. l. Seiæ. §. Pamphilæ. ff. de fundo inst. l. 2. C. de incolis lib.* 10. où il excepte, sinon qu'il fût absent par dix ans, lequel temps fait présumer en ce lieu, une intention de demeure perpetuelle.

Selon la Coûtume de Troyes, article 59. l'heritage redevable de Coûtume, comme de chair, pain, grain, est échéable & main-mortable, quand le détenteur meurt sans hoirs, étans en celle, c'est à dire demeurans au même ménage. Mais si avec lesdites especes y a argent, l'échoite n'y est pas; car l'argent rachete la main-morte.

Selon ladite Coutume de Nivernois, nul ne prend part en l'heritage tenu à Bordelage, s'il n'est nommé au bail ou reconnoissance, ou hoir commun de celui qui y est nommé. En sorte que la veuve ne prend doüaire, ni le commun parsonnier portion, à cause de la communauté, quand l'heritage vient au Seigneur, s'il n'est nommé au bail. Nivernois, ch. des Bordelages, art. 27. & 29. Et Bourbonnois quant aux communs de même, art. 417. jaçoit qu'en servitude, nonobstant la main-morte, la veuve prenne son doüaire sur les biens de son mari. Nivernois des Servitudes personnelles, article 20. Le détenteur Bordelier ne peut empirer les heritages, comme ôter les édifices ou arbres, ores qu'il ait fait l'amendement, & peut le Seigneur vendiquer ce qui aura été transporté. Nivernois, chapitre des Bordelages, art. 15. S'entend vendiquer, non pour par le Seigneur se les approprier; mais pour les faire rétablir au lieu dont ils ont été distraits. La raison de ce que dessus est tirée de l'étymologie d'emphiteose, qui est dite d'amender un heritage en y plantant. Puisque l'heritage est baillé pour amender, le détenteur fait ce qu'il doit, quand il amende, & ayant une fois fait cette melioration, il ne peut ôter ce qui fait portion de l'heritage; Car les arbres & les bâtimens sont portion du fonds, *l. adeò. §. cum in suo. ff. de acq. rer. dom. l. quintus. ff. de act. emp.* Ainsi se dit de l'usufructier, qu'il ne peut ôter ce qu'il a bâti, *l. sed si quid. ff. de usufr.* Les autres Coûtumes disent que le détenteur ne peut deteriorer, ains doit entretenir en bon & suffisant état, Sens, article 242. Bourbonnois, 398. Troyes, art. 78. Berry, des Cens, article 32. Aucuns ont douté, si le Seigneur feodal peut contraindre son vassal d'entretenir le fief en bonne nature. Surquoy me semble que si la deterioration est par main d'homme, comme de couper bois de haute fustaye, qui ne soit pour revenir, & que la deterioration soit notable, comme de la démolition du principal manoir, je croy que le Seigneur peut contraindre le vassal: A quoy fait la constitution de Loys Empereur és Capitul. *lib. 4. cap.* 38. qui ajoûte la peine de Commise, à faute de réparer.

DE PLUSIEURS DROITS communs aux Teneures feodales, censuelles, bordelieres, & autres.

CELUY qui est Seigneur utile, tenant heritage sous la Seigneurie directe d'autrui, est Procureur établi par la Loi, à la conservation des droits du Seigneur direct; de tant que par le bail il lui a commis la garde & le soin, ainsi qu'il a été dit cy-dessus, par la raison de la Loi 1. vers la fin, avec la Loi 2. *ff. usufruct. quemad. caveat l. videamus §. Item prospicere. ff. locati.* Pourquoi tel Seigneur utile doit être soigneux de ne rien faire au préjudice du Seigneur direct. S'il le fait la nullité y est; & néanmoins est tenu aux dommages & interêts, en tant que le Seigneur en recevroit perte.

De ce que dessus dépend, que si le vassal, détenteur, censier ou bordelier s'obligent & constituent rente ou autre hypotheque sur leurs biens, la Seigneurie utile n'en est tenuë, sinon pour le droit tel que le Seigneur utile y a. En sorte que si l'heritage retourne au Seigneur direct, par vertu & puissance de sa directe Seigneurie, soit par reversion perpetuelle ou à temps; le Seigneur prend l'heritage sans cette charge. Ainsi est dit au droit Romain. *l. lex vectigal. ff. de pignorib. l. si finita. §. si de vectigalibus. ff. de damno infecto.* Ainsi dit Nivernois, chap. des Fiefs, art. 39. Paris, art. 52. & 59. Melun, art. 79. & 100. Sens, art. 208. Estampes, art. 34. & 35. Senlis, art. 203. & 205. Troyes, art. 39. Idem Touraine, art 139. Mais elle excepte, si les charges étoient anciennes de plus de quarante ans; A quoi je voudrois ajoûter que les charges fussent apparentes, & telles que le Seigneur direct ait pû vrai-semblablement les sçavoir. Car en toutes possessions dont les exercices sont occultes, & non facilement connûs à tous, la science de celui contre lequel on veut prescrire est requise, *l. 2. C. de servit. & aqua. l. quamvis saltus ff. de acquir. poss.* Et Senlis, art. 198. dit que le Seigneur feodal retenant par puissance de fief, sera sujet aux rentes & hypotheques: mais *Petrus Jacobi* en sa pratique tient le contraire.

Et fut jugé par Arrêt entre Françoise de Colon, Dame d'Oigny, contre le tuteur de Marie Richard, sur un appel venant de Nivernois. Ce qui a plus d'apparence, si le Seigneur retient pour réünir la Seigneurie utile à la Seigneurie directe. Mais si c'est pour en faire plaisir à un autre, ou en tirer profit; je croy qu'en ce cas l'hypotheque suit l'heritage; car en ce cas le Seigneur exerce la retenuë par forme de commerce pour y gagner, & se doit contenter d'avoir cét avantage d'avoir l'heritage pour le prix; & au surplus tenir rang de simple aquereur.

Si le frere ayant les biens communs avec sa sœur, & avant le partage promet à sa sœur une somme de deniers en dot, moyenant laquelle dot la sœur renonce à tous les droits qu'elle a en commun avec son frere, au profit de sondit frere; N'en est dû aucun profit au Seigneur direct, soit feodal, censier ou bordelier. Ainsi dit Nivernois, chap. des Fiefs, art. 69. & 70. Berry des Fiefs, art. 17. & dit indistinctement si la sœur ou le frere renoncent au profit de leur frere, & chap. des Cens, art. 30. Bourbonnois, art. 405. qui étend à tous coheritiers. Auvergne, chap. 16. art. 6. comme Berry. Vitry, art. 47. dit que si c'est aprés partage, qu'il en est dû quint. La raison desdites Coûtumes peut être qu'en une heredité écheant à plusieurs freres & sœurs, ou autres coheritiers, il y a vrai-semblablement des meubles, comme des immeubles; & en partage l'un des coheritiers peut prendre sa part en meubles, car il n'est pas necessaire de partager toutes sortes & natures de biens, ni tous les corps hereditaires, *l. potest. ff. de lega.* 1. Puis le Seigneur est sans interêt; car il n'y a mutation d'homme & de Seigneur utile, seulement y a diminution du nombre; & le profit du quint denier, ou de lods & ventes est payé pour approuver par le Seigneur le nouvel homme.

Le détenteur, qui une fois a été obligé personnellement à payer la redevance, combien que telle obligation soit entenduë pour durer autant de temps qu'il sera détenteur, toutefois il demeurera obligé pour les arrerages & reparations, ores qu'il ait aliené, jusques à ce qu'il ait nommé le nouveau détenteur, & exhibé ce contrat d'alienation. Ainsi dit Nivernois des Rentes, article 4. Poitou, article 58. dit si aucun aliene sans avoir fait exponsion & quittement il est toûjours chargé jusques à ce qu'il ait fourni de tenancier, reconnoissant ledit devoir. Bourbonnois, article 103. & Auvergne, chap. 21. article 21. dit de même Nivernois, mais se contente de la nomination du nouvel aquereur. Aucunes Coûtumes, qui sont és pays de nantissement, n'attribuënt aucun droit réel à l'aquereur, jusques à ce que l'ancien détenteur se soit dévéti, & l'aquereur soit vétu par le Seigneur, ou par le Juge foncier; mais pour les autres Provinces je croy qu'en general se peut dire que celui qui a été obligé personnellement, ne peut se dire être délié & absous, jusques à ce que le Seigneur soit averti, & dûëment averti par le témoignage écrit, que l'heritage a changé de main, & pour avoir moyen & certitude pour s'addresser à ce nouveau aquereur. Pourquoi me semble que ce n'est assez de nommer le nouveau aquereur.

Le Seigneur auquel est duë la redevance fonciere peut contraindre le détenteur de reconnoître icelle redevance, pardevant Notaire en bonne forme, & encore d'exhiber le titre de son aquisition, ou de son prédecesseur, si elle est faite depuis trente ans, pour connoître par le Seigneur, si aucuns profits & droits Seigneuriaux lui sont dûs. Ainsi dit Nivernois au chap. des Fiefs, art. 55. des Rentes, art. 8. des Bordelages, article 26. Sens, art. 192. Auxerre, art. 63. Paris, art. 73. Berry des Cens, art. 29. Qui est une exception de la regle du droit Romain, qui veut que nul ne soit tenu de dire le titre de sa joüissance, ni l'exhiber en sa partie adverse. *l. cogi. C. de peti. hare. l.* 1. *& ult. C. de eden.* Mais icy il y a raison particuliere, parce qu'à cause de la premiere concession le Seigneur utile est tenu à la conservation des droits du Seigneur direct, comme a été dit cy-dessus. Ce qui s'entend, quand le détenteur a aquis à la charge de la redevance, car cela l'oblige personnellement, ou si le Seigneur est fondé en présomption de droit commun, comme si c'est en sa Justice & territoire, où communément les heritages sont tenus dudit Seigneur; mais s'il n'a ces avantages pour lui, ou qu'il ne montre par écrit promptement être Seigneur direct, je croy que le Seigneur est au rang de la regle commune, selon laquelle nul n'est tenu declarer le titre de sa possession, ni l'exhiber. *d. l. cogi. C. de petit. hered. l.* 1. *& ult. C. de edend.* Que si le Seigneur demande exhibition de titre & reconnoissance pour sa seure utilité afin de renouveller ses preuves, comme s'il fait faire un livre terrier ou censier, je croy que le Seigneur util doit faire la reconnoissance & exhibition aux dépens du Seigneur ce requerant, par la raison de la *l. eos. §. si quis autem. Cod. de appellatione lib. l. quoniam. C. de testimon.* Mais si le détenteur est nouveau aquereur, & n'a encore été investi, il doit à ses dépens faire l'exhibition & la reconnoissance avec l'investiture, parce que la Coûtume l'oblige à ce. Et la regle de droit est, que chacun doit à ses dépens faire ce qu'il a promis faire. *l. quod nisi ff. de operis libert.*

Les redevances & les hypotheques sur les heritages sont individuës, & peut être poursuivi pour le tout le détenteur de chacune piece obligée & hypothequée. Son recours reservé contre les autres détenteurs. Ainsi dit Nivernois des Rentes, art. 10. Melun, article 177. qui ajoûte que l'action se peut addresser contre celui qui par dol ou fraude a délaissé de posseder. Ce qui est conforme au droit Romain, selon lequel celui qui par dol a délaissé à posseder, peut être convenu par action réelle utile, tout ainsi que s'il possedoit. *l. sin autem. §. sed & is. ff. de rei vend. l. si fundus. §. in vendicatione. ff. de pignor.* Poitou, article 102. & 103. Bourbonnois, art. 409. & 410. Senlis, art. 492. Reims, art. 185. & Laon, art. 118. disent de même, & ajoûtent la solidarité, non seulement pour l'hypotheque, mais aussi pour l'action personnelle, quand ce sont les heritiers de celui qui a reconnu. A quoi se rapporte le droit Romain *in l. haredes. §. in illa. ff. famil. ercisc.* Et parce que c'est l'interêt du Seigneur, de ne recevoir sa redevance par parcelles, pour éviter le déreglement & la confusion en la prestation, qui est la raison

mise

mise *in l. communi. ff. communi divid.* Aucunes Coûtumes font les Cens & autres prestations divisibles, comme Estampes, article 54. Orleans, art. 121. Blois, art. 129. A quoi s'accorde ce qui est dit *in cap. constitutus, finem circa extra de religios. domib.*

Quand aucun a acheté un heritage à prix certain, mais est convenu que pour purger les hypotheques, il sera saisi, crié & adjugé par decret, ou bien si l'acheteur, de soi-même, pour purger les hypotheques, le fait crier & decreter. Combien que ce soient deux ventes, toutefois en est dû un seul profit, & est au choix du Seigneur de prendre son profit sur la vente faite de gré à gré, ou sur l'adjudication par decret, Ainsi Paris, article 84. Orleans, article 116. Touraine, article 180. Telle avoit été l'opinion du sieur du Molin avant la redaction desdites Coûtumes, qui dit cette belle raison, qu'en effet ce n'est qu'une vente, & le decret y est appliqué pour confirmer & assurer la vente faite de gré à gré. Et celui qui confirme ne fait rien de nouveau, *l. heredes palam §. si quid post ff. de testam.* Ledit du Molin dit de même, si celui qui a acheté de gré à gré est évincé incontinent aprés, par les créanciers hypothecaires de son auteur, avant qu'il a payé le quint deniers, ou lods & ventes, qu'il peut s'excuser de les payer, même si par le decret, qui bien-tôt se doit ensuivre, le Seigneur est en voye de recevoir le profit que l'adjudicataire devra; parceque cette premiere vente revient à rien, & est sans aucune efficace, comme si l'heritage n'avoit appartenu à celui qui l'a vendu.

Deux sortes sont de franc-alleus. L'un noble & l'autre roturier. Si le franc-alleu a droit de Justice ou territoire de censive, ou a des fiefs en dépendans, il est reputé noble, & y sont pratiquées les regles des fiefs, pour le partage. S'il n'a les marques susdites, il est reputé roturier. Et est dit franc, parce qu'il n'est mouvant d'aucun Seigneur foncier, mais reconnoît la Justice du Seigneur du lieu où il est assis, ou s'il a Justice, il reconnoît la superiorité de la Justice Royale. Ainsi dit Paris, art. 68. Orleans, art. 255. Troyes, art. 53. & Vitry, art. 19. & 20. Et en est fait mention par la Coûtume de Nivernois, chapitre de Justice, article 20. Et pour alienation de tels heritages en franc-alleu, n'est dû quint denier, ni rachat, ni lods & ventes, ni autre profit.

Si pour transactions & autres tels contrats est dû profit aux Seigneurs directs, y a eu doute & diversité d'opinions, parceque les transactions se font sur un droit incertain, & bien souvent pour se redimer de vexation. Bourbonnois, article 401. Auvergne, chapitre 16. article 4. & 5. disent qu'en supplément de juste prix, & aquisition de plus-valuë, par transaction ou autrement, lods & ventes sont dûs: Mais en donation de plus-valuë n'en est rien dû pour cette plus-valuë. Touraine, article 150. dit qu'en transaction faite d'immeubles ou droits, en laquelle y a deniers baillez, ou équipolent sont dûs ventes pour ce qui est baillé. Reims, art. 210. dit que la transaction où n'y a bourse déliée, n'equipole à vendition. Mais je croy qu'il en faut juger selon le sujet particulier, & selon les circonstances qui sont au negoce, sans qu'on en puisse donner regle certaine. Car si le debat, procez ou difficulté est sur la validité du contrat d'alienation, comme si on pretend nullité, à cause du bas âge du vendeur ou contrainte, ou bien deception d'outre-moitié, ou autre cause de rescision; en cas que l'aquereur baille deniers, je croy qu'il doit profit, car c'est comme un supplément & additament, au prix du premier contrat. qui doit être censé de même nature, *l. inter §. cum inter. ff. de fundo dot. l. si cum §. qui injuriarum ff. si quis cautionib.* Mais si c'est une échoite hereditaire, qui soit en controverse ou autre droit, qui ne procede de contrat d'alienation, pourvû que la chose soit vraisemblablement douteuse; & en difficulté, je croy que celui qui baille argent pour asseurer son droit, ne doit aucun profit, parce qu'il rachete l'incertitude & doute de l'évenement, ce qui ne s'appelle pas alienation, *l. de fidei commisso C. de transact.*

DE PLUSIEURS DROITS *Seigneuriaux, ayant lieu en aucunes Provinces, & en aucuns territoires, ou generalement.*

SELON l'observance generale de ce Royaume les Eglises, lieux pitoyables, Communautez layes ou Ecclesiastiques, & autres qu'on appelle gens de main-morte; Ne peuvent aquerir ni tenir aucuns heritages ou droits temporels sans la permission du Roi, qui est octroïée par lettres d'amortissement, qui sont expediées en forme de charte, avec verification en la Chambre des Comptes; & peut le Procureur du Roi les contraindre d'en vuider leurs mains; dont la raison est parceque telles personnes ne font service au Roi en ses guerres, & ne contribuënt aux subsides, en quoi l'état public est interessé & d'autant diminué: toutefois par les anciennes Loix de France, dont est fait mention és Capitulaires de Charlemagne, & Louis son fils, & selon qu'il est dit *in cap. 1. extra de censibus*, és decretales antiques, qui est tiré d'un Concile national tenu à Vvormes, du temps dudit Charlemagne, chacune Eglise peut & doit avoir son principal domaine & manoir exempt de toute contribution, & pour les autres biens, se dit que l'Eglise est sujette aux droits Seigneuriaux. Et si les Eglises, corps & Colleges n'ont amorti, ils doivent payer au Roi la finance des francs-fiefs & nouveaux aquets, pour la tolerance que le Roi a eu de ne les contraindre à vuider leurs mains. Ce payement de finance ne sert pas pour l'avenir, ains seulement pour le passé. Depuis trente ans en çà fut faite une composition generale avec l'Eglise d'une decime extraordinaire, au lieu de ladite finance des francs-fiefs. Soit noté ce qui est dit és Capitulaires de Charlemagne, *lib. 3. art. 86.* que si l'Eglise aquiert heritage redevable de Cens envers le Roi, que l'heritage doit être rendu aux heritiers de celui qui a aliené, ou l'Eglise être sujette à la charge. Tout l'interêt de ces aquisitions faites par l'Eglise, n'est pas au Roi, pour l'état universel; car les Seigneurs directs, feodaux, & censiers, & les hauts-Justiciers y ont interêt, parceque telles personnes de main-morte ne peuvent aliener, & ne meurent point, car les corps & Colleges se conservent par subrogation, qu'il n'y a aucune partie casuelle envers les Seigneurs directs. Aussi elles ne confisquent point, & tels biens ne se trouvent jamais vacans, qui est l'interêt des hauts-Justiciers. Surquoi plusieurs Coûtumes ont pourvû. Et disent que le Seigneur feodal, censier, ou autre ayant Seigneurie directe peut contraindre par Justice les gens de main-morte à vuider leurs mains dedans l'an du commandement, des heritages aquis mouvans de sa directe. Et s'ils n'y satisfont dedans l'an, aucunes Coûtumes font perdre & commettre ausdites gens de main-morte leur aquisition, au profit du Seigneur direct; comme Auxerre, article *6.* & 48. Sens, article 5. 23. & 185. Les autres Coûtumes se contentent d'attribuër au Seigneur direct les fruits en pur gain, à faute d'obeïr dedans l'an, & jusques à ce qu'ils ayent obeï. Ainsi dit Melun, article 22. Orleans, article 40. 41. & 118. Berry, des Fiefs, article 53. Touraine, article 103. Laon, article 2. 108. & 209. Blois, article 41. modifie aucunement quant aux fruits, disant que le Seigneur les aura enfin de cause. Auvergne, chapitre 22. article *6.* Presque toutes lesdites Coûtumes prescrivent le terme de quarante ans aux Seigneurs directs pour contraindre l'Eglise à vuider ses mains, hormis Auxerre, art. *6.* & 48. & Sens, art. *6.* & 23. & Berry, des Fiefs, art. 53. qui donnent aux Seigneurs un an seulement, aprés que l'aquisition leur a été signifiée; & Orleans, art. 118. donne *6*0. ans. Et si dedans ledit temps de 40. ou *6*0. ans, ou un an, les Seigneurs ne font le commandement & la contrainte, ils peuvent seulement demander leur indemnité. Ainsi Melun, art. 28. Touraine, art. 105. Blois, art. 41. Aucunes Coûtumes disent quand les gens de main-morte ont amorti du Roi qu'ils ne peuvent être contraints de vuider leurs mains, mais seulement de bailler indemnité. Ainsi Montfort, article 4*6*. Laon, art. 210. Reims, art. 83. Ez Provinces où n'est admise telle Coûtume, je croy que nonobstant l'amortissement du Roi, les Seigneurs directs peuvent dedans le temps octroyé contraindre l'Eglise à vuider ses mains précisement, sans se contenter de l'indemnité, parceque l'interêt des parties casuelles ne peut pas être bonnement arbitré, & le Roi, en quittant le droit qu'il a concernant l'état universel de son Royaume, ne peut déroger aux droits de ses vassaux, qui sont fonciers, & pour lesquels droits ils lui font service. Cette indemnité est arbitrée diversément par les Coûtumes. Les unes disent que c'est le revenu de trois ans, ou la sixiéme partie de la valeur de l'heritage, & outre ce baillent un homme vivant & mourant, par le decés duquel soit dû le revenu d'un an, qu'on appelle droit de rachat. Ainsi Auxerre, art. 8. & Sens, article *6.* Touraine, article 105. arbitre l'indemnité à païer la cinquiéme partie de la valeur de l'heritage, ou cinquiéme du revenu à toûjours, ou lever le revenu de l'heritage pour cinq ans, au choix du Seigneur. Les autres Coûtumes disent que l'Eglise doit bailler Vicaire, qui est à dire homme vivant & mourant, par le decés duquel sera dû rachat; comme Orleans, art. 41. & 118. Melun, article 28. Berry, art. 53. Touraine art. 142. Reims, art. 83. Laon, art. 210. Blois, art. 41. Ez Provinces où les Coûtumes ne disposent point, l'indemnité est arbitrée par gens de bien, dont les parties conviennent, qui prennent pied de leur arbitrage sur les autres Coûtumes. Mais Poitou, article 52. dit que l'Eglise peut tenir en Alleu, l'heritage duquel elle a joüi quarante ans, sauf les droits du Roi. Ainsi semble dire Sens, article 185. Toutefois Touraine, article 107. dit que l'indemnité ne se prescrit que par temps immemorial, Auxerre, article 189. dit que l'indemnité se prescrit par trente ans. Bretagne, article 348. dit que gens d'Eglise ne peuvent s'accroître en Fiefs seculiers, sans volonté de ceux de qui ils sont tenus, & l'autorité du Prince auquel seul appartient d'amortir. Touraine, article 141. dit, si le beneficier resigne son benefice, ou s'il meurt qu'il est dû rachat du fief amorti; c'est une forme d'indemnité.

Aucunes Coûtumes donnent aussi ce droit aux Seigneurs hauts-Justiciers, ores qu'ils ne soient Seigneurs feodaux ni directs, comme dit a été. Ainsi Vitry, article 4. qui ajoûte la raison, parce que les gens de main-morte ne peuvent confisquer. Auvergne, chapitre 12. article 14. Sens, article 4. Auxerre, art. *6.* Mais il semble que cét interêt est peu considerable, parce qu'il consiste en expectation de triste évenement, & auquel est bien-séant de ne penser point. Les Loix Romaines n'ont reçû la consideration de tel interêt *l. cum tale in princip. ff. de condi. & demonst. l. inter stipulantem. §. sacram. ff. de verb. oblig. l. si in emptione. §. liberum ff. de contrah. empt.*

Autres ont en leurs Seigneuries droit de moulins, fours & pressoirs bannaux, qui est tel que les sujets sont tenus faire moudre leur blé, cuire leur pain, & pressoirer leur vendange en ce lieu, à peine de l'amende; & en aucuns lieux la peine est de la confiscation des denrées. Ce droit de bannalité en aucunes Coûtumes est ordinaire, comme adherant au droit de Justice ou de Fief; comme Poitou, art. 34. & 39. Touraine, art. 7. & 8. Bretagne, art. 362. & limitent la bannalité à la banlieüe, qui est une lieuë de distance du moulin. Ez autres Coûtumes le droit de bannalité n'est ordinaire. Ains est requis que le Seigneur en ait titre particulier. Nivernois des fours, art. 1. Orleans, art. 110. Bourbonnois, art. 544. Paris, art. 71. Et ne suffit la joüissance de quelque temps que ce soit. Nivernois excepte la possession de trente ans aprés qu'il a eu contradiction; & cessant ledit cas, exclud la possession, *etiam* centenaire: Paris, art. 71. excepte s'il y a dénombrement ancien. Et quant au titre dit qu'il n'est valable s'il n'est de plus de vingt-cinq ans. Mais Bourbonnois, article 544. dit que les sujets peuvent s'exempter en cessant d'y aller par trente ans. Poitou, article 42. dit que le sujet à moulin bannal doit être roturier, & tenir son lieu roturiérement. Touraine, article 7. & 8. n'attribuë la bannalité si le moulin n'a eau perpetuelle.

La bannalité s'entend pour le blé & pain que le sujet veut manger és fins & limites de sa bannie. Nivernois, des fours, article 4. Bourbonnois, article 545. dit le même, ores que le blé soit acheté hors la bannie. Mais Touraine, article 11. dit que si le sujet a acheté blé hors la bannie, que par le chemin en l'amenant en sa maison, il peut le faire moudre où il veut. Et article 12. dit que si le sujet enléve le blé hors la bannie pour le vendre hors icelle, il peut le faire moudre où il veut.

Autre ne peut construire four ni moulin és metes & limites de la bannie, sans le congé du Seigneur d'icelle. Nivernois, des fours, art. 5. Berry, des moulins, art. 1. & 2.

Le droit de moulage est tel, que d'un boisseau rez de blé, le moulnier doit rendre un boisseau comble de farine, aprés le droit de moulture payé. Nivernois, des fours, art. 6. Bourbonnois, art. 535. Mais Touraine, art. 14. & Blois, art. 240. disent que d'un boisseau rez de blé bien netoyé, le moulnier doit rendre un boisseau comble de farine; & outre treize pour douze. Et le boisseau doit avoir de profond le tiers de son large. Cette profondité & diamétre de la circonference du boisseau sont à considerer pour l'un & pour l'autre: Car si le boisseau est moins profond, il a la circonference plus grande, & le comble en est plus grand aussi: si le boisseau est plus profond, le comble sera tant moindre. Pourquoi lesdites Coûtumes, avec raison ont ordonné une proportion certaine, qui est que la profondeur doit contenir autant que la moitié du diamétre; lequel diametre est la ligne qui separe le rond & circonference en deux portions égales. Poitou, article 36. dit de rendre un boisseau comble de farine pour un boisseau rez de blé; & outre de deux boisseaux, l'un peut être pressé & caché avec les deux mains en croix, & derechef comble, & le boisseau avoir de profond le tiers de son large.

Ez Etats à Orleans, le tiers Etat fit requête, à ce que doresnavant les moulniers fussent payez en argent, prissent le blé au poids, & le rendissent au poids. Mais aucuns malicieux cacherent l'article à la queüe d'un autre, pour être passé par mégarde. Bretagne art. 369. dit que le droit de moulture est la seiziéme partie du blé moulu.

Le moulnier doit rendre la farine mouluë dans vingt-quatre heures. Nivernois des fours art. 8. Poitou, art. 34. qui dit outre, que le moulnier est tenu aller querir les farines, & les rendre és hôtels des sujets. Bourbonnois, article 538. & Touraine, article 13. donnent au moulnier deux jours & une nuit, ou deux nuits & un jour. Bretagne, art. 368. donnent trois jours & trois nuits.

Si le moulin bannal n'est propre à faire farine à pain blanc, le boulanger public aprés sommaire connoissance par Justice, peut aller moudre autre-part. Nivernois, des fours, article 14. Bourbonnois, art. 542. Touraine, art. 10. & 49. dit que les boulangers publics ne sont sujets au four bannal.

La peine du sujet qui va moudre ou cuire autre-part, est de la confiscation des pains & farines, avec l'amende de sept sols six deniers. Nivernois *ibid.* art. 3. Mais Touraine, article 8. dit que le Seigneur dans sa Justice peut prendre & confisquer la farine; si hors la Justice doit venir par action, pour avoir l'amende de sept sols six deniers.

Colombier à pied & en fonds de terre, ne peut être édifié de nouvel en Justice d'autrui sans congé du Seigneur. Nivernois, chapitre des Colombiers, art. 1. Bourgogne, article 127. Mais Paris, article 69. & Orleans, art. 168. disent que le Seigneur Justicier qui a Censive, peut avoir Colombier à pied avec moulins, jusques à rez de terre. Paris, article 70. qui n'a haute Justice, & a fief, censive & domaine jusques à cinquante arpens, peut avoir Colombier à pied. Mais Orleans, audit art. 168. dit, qui a fief, censive & terres labourables jusques à cent arpens en domaine, peut avoir colombier à pied, & qui a cent arpens de terre labourable, peut faire voliere és champs, jusques à deux cens boulins sans trape. Bretagne, art. 371. & Blois, art. 239. disent que nul ne peut avoir colombier, si d'ancienneté il ne l'a eu: Bretagne ajoûte, ou s'il n'a si grande étenduë de terre, que les colombes se puissent pourvoir sur lui & sur ses hommes. Blois dit de garenne, comme de colombier. Touraine, article 37. dit que le Seigneur de fief peut faire en son fief fuye, qui est colombier & garenne. Ces regles ont été établies d'ancienneté, parce que les pigeons peuvent manger le grain, quand il est nouvellement semé, ou quand il est en épy avec la maturité. Pourquoi n'y a raison que celui qui a peu ou point de terres labourables, fasse colombier pour faire dommage à ses voisins.

Le Seigneur haut-Justicier édifiant étang de nouvel, peut dilater son eau sur les heritages d'autrui en sa Justice; pourvû que la chaussée soit en son fonds, c'est en dire en son domaine. A la charge de recompenser les proprietaires avant que poser la bonde. Ainsi dit Nivernois, chap. des eaux, art. 4. Troyes, art. 180. mais Touraine, art. 37. en permet autant au bas-Justicier, excepté si és heritages inondez y avoit maison ou fief. Berry, des moulins, art. 3. dit que chacun peut faire étang en son heritage, sans préjudice du droit de son Seigneur & d'autrui. *Idem*, Orleans, article 170. Ladite Coûtume d'Orleans, art. 171. 172. 173. 174. 175. 176. & 177. & Blois, art. 228. mettent la forme de suivre le poisson qui sort de l'étang contremont, & de s'accommoder par les voisins au temps de la pêche.

Riviere en garenne ne peut être tenuë par aucun, sans en avoir titre ou prescription suffisant. Nivernois, des eaux, art. 1. Garenne s'appelle ce qui est éclipsé du droit ancien public, pour être attribüé à un particulier en son domaine, & est défensable en tout temps. Par une ancienne ordonnance du Roi Jean, de l'an 1555. est deffendu de faire nouvelles garennes, ni accroissement des anciennes, parce que les garennes empêchent les labourages. Si aucun pêche en riviere bannale ou en garenne, doit amende arbitraire avec restitution du poisson. Nivernois, *ibid.* article 3. Vitry, article 121. met soixante sols d'amende. Qui pêche en étangs, ou fossez en heritage d'autrui, est puni comme de furt. Nivernois audit article 3. & Vitry, article 12. La raison de la difference est, que les rivieres fluantes perpetuellement sont d'ancienneté publiques. *l. 1. §. fluminum. §. d. fluminib.* Pourquoi est aucunément excusable ce qui y pêche ; mais étangs & fossez sont purement de droit privé, & n'y a poisson sinon celui qu'on y met, & ont leur retenuë par œuvre de main d'homme. Aussi qui chasse en garenne d'autrui est puni de furt. Nivernois, chapitre des bois & forêts, art. 16. & Orleans, art. 167.

Dîmes Ecclesiastiques sont le vrai patrimoine de l'Eglise ; mais non pas avec tous les privileges que le droit Canonique y a établis, ni selon qu'ils étoient attribuez à l'ancien Testament à la lignée de Levi ; car la lignée de Levi n'avoit autre patrimoine que les Dîmes : mais l'Eglise Chrétienne possede plusieurs biens temporels. De fait en France, ainsi qu'il est declaré par la Constitution Philippine, les Dîmes ne sont dûës à l'Eglise, sinon en la forme que d'ancienneté on a accoûtumé, & la prescription a lieu en la quotité, & en la forme de lever ; & l'Eglise ne prend Dîme en plusieurs territoires és vignes, ni des animaux. Aussi voyons-nous que plusieurs Dîmeries sont au patrimoine de personnes Laïcs, & ne sont pas mouvantes de l'Eglise, mais d'autres Seigneurs Laïcs : Qui a donné occasion à aucuns de croire que les Dîmes que l'on leve aujourd'hui procédent de l'établissement qui étoit és Gaules au temps des Romains ; car és Provinces par eux conquêtées ils prenoient Dîmes, mêmément des grains pour nourrir leurs armées ; & que par devotion la plûpart des Seigneurs ont délaissé les Dîmes à l'Eglise, & le reste est demeuré és mains des personnes Laïcs. Toutefois nous tenons en France que les Eglises, même les Parochiales sont fondées en présomption de droit commun pour prendre les Dîmes de blés ; & quant aux autres Dîmes, l'Eglise prend selon que d'ancienneté elle a accoûtumé, & n'est fondée sinon, selon l'usance. Berry, tit. des droits prediaux, article 17. Ez Capitulaires de Charlemagne, *lib.* 1. *cap.* 163. *& lib.* 5. *art.* 127. semble qu'il se connoît qu'en ce temps-là les Dîmes étoient dûës seulement des fruits des heritages mouvans de l'Eglise. Quant aux Dîmes que tiennent les Laïcs en leurs patrimoines a été observé en France par devotion envers l'Eglise, que depuis le Concile de Latran, qui fut en l'an 1179. sous Alexandre III. Pape on n'a plus infeodé de Dîmes ; & s'est-on contenté des Dîmes qui lors étoient. De fait quand les Laïcs plaidant contre les Ecclesiastiques pour les Dîmes articulent leurs faits de possession & leurs droits, ils alleguent leurs Dîmes avoir été infeodées avant le Concile de Latran, & en prouvant la possession immemoriale, l'infeodation est présumée & tenuë pour Canonique, & est requise sembable preuve au possessoire, comme au petitoire. Nivernois des Dîmes, article 7. Orleans, art. 487. parle de l'infeodation. Ces Dîmes qui sont au patrimoine de personnes Laïcs, pour la plûpart ne sont pas mouvantes ni tenuës de l'Eglise en fief, ains de personnes Laïcs, qui est contre la doctrine des Canonistes. Et sont censées en France comme tout autre patrimoine Laïcal, & en appartient la connoissance au Juge Laïc. Ainsi dit Nivernois, des Dîmes, art. 8. Berry, des droits prediaux, art. 16. Blois article 63. Soit noté combien que durant l'ouverture de Regale le Roi ne prenne les fruits de l'Evêché, qui sont purs spirituels ; toutefois en la Regale de Meaux par Arrêt du 19. Juin 1557. ou 1567. les Dîmes appartenantes à l'Evêché furent adjugées au Roi ; qui fait croire que la Cour n'a pas jugé que les Dîmes fussent purement spirituelles. Toutefois est observé en Nivernois, que les Dîmes des Rompeiz, qui son terres nouvellement deffrichées & mises en culture, appartiennent aux Curez, combien qu'ils ne soient Dîmeurs du territoire. Nivernois des Dîmes, article 5. En aucunes Coûtumes y a droit de suite en Dîmes, soient Dîmes Laïcs, soient Ecclesiastiques. Ce droit est tel, que le Seigneur de la Dîmerie en laquelle les bœufs qui ont fait le labourage, ont été hyvernez, nourris & hebergez en l'hyver prochain avant la recollection du Dîme ; suit son laboureur qui est allé labourer en autre Dîmerie que la sienne, & prend la moitié de la Dîme, non pas à la raison qu'elle se paye au territoire où la Dîme est provenuë ; mais à la raison qu'il prendroit en son territoire, & sans avoir égard si le lieu oú la Dîme est cüeillie est privilegié ou non. Ainsi dit Nivernois au chapitre des Dîmes, article 1. & 2. & Berry des droits prediaux, article 18. & limite le temps d'hyverner, depuis le premier jour de Novembre, jusques au premier de Mars.

Selon l'usance commune de France, le Fief & la Justice n'ont rien de commun, en sorte que du Fief il ne faut inferer la présomption de Justice ou ressort, ni de la Justice & ressort, le Fief. Ainsi dit Berry, des Fiefs, art. 57. Bourbonnois, art. 1. Auvergne chapitre 2. art. 4. & 5. Blois, article 65. Mais Poitou, article 108. dit, que qui a hommage est fondé de Jurisdiction, si ce n'étoit hommage de devotion.

En aucunes Provinces de France les Seigneurs Justiciers ont droit de tailler leurs sujets en quatre cas. A sçavoir quand le Seigneur va outre-mer visiter la Terre-Sainte. Quand il est prisonnier de guerre. Quand il marie sa fille. Quand il est fait Chevalier. Ainsi disent Bourbonnois, article 344. Auvergne chapitre 25. article 1. 2. 3. & 4. Bourgogne, article 4. Bourbonnois dit que pour sa fille en premieres nôces. Auvergne parle du mariage des filles. Bourgogne dit une fille tant seulement. Bourbonnois dit que le cas de prison est reïterable ; les autres non. Bretagne, article 89. met les cas, pour marier l'une de ses filles ; & lors la taille, c'est le double de la rente. Et quand le Seigneur ou son fils aîné est fait Chevalier. Article 81. quand le Seigneur est pris en guerre, & ses meubles ne peuvent suffire. Item quand le Seigneur achete terre de son lignage, ses sujets lui avancent l'année de leurs redevances. Article 94. le sujet doit aider à fortifier la maison de son Seigneur en temps de guerre, afin que le sujet y puisse retirer sa personne & ses biens. Auvergne dit que la taille est de trente sols pour feu, le fort portant le foible. Et article 6. dit qu'au nombre des taillables ne sont comptez pupilles, pauvres femmes veuves, & mendians. Article 12. si plusieurs cas aviennent en un an, ne s'en levera que l'un, & les autres, és autres années. Touraine, art. 85. dit que le vassal doit faire loyale aide à son Seigneur en trois cas.

Quand il est prisonnier des ennemis de la

Foi ou du Royaume. Quand le pere marie sa fille aînée, & quand le Seigneur se fait Chevalier suivant les armes. Article 92. dit comme Auvergne, si plusieurs cas aviennent en un an, l'un se paye, les autres se different aux autres années. Ce cas du voyage d'outre-mer fait croire que ces droits ne sont de la tres-grande ancienneté de France; Car le premier & grand voyage des François sous la conduite de Godefroy de Boüillon fut en l'an 1097. Avant que les tailles du Roi fussent en ordinaire. Le Roi avoit droit de tailler les sujets en son domaine, quand il faisoit son premier fils Chevalier. Ainsi que j'ay vû és Registres de Parlement, où est un Arrêt donné contre les habitans d'Annet, Anneau & Monchauvet; Dont resulte, que nul ne naît Chevalier, mais doit être fait Chevalier.

Les Rois ou Lieutenans generaux du Roi en une armée ont accoûtumé faire Chevaliers un jour de bataille aprés le combat, qui est la vraye Chevalerie; & quelques-fois avant le combat, quand les armées sont prêtes à combatre. Le Roi donne à tous Chevaliers ce titre de *Nôtre amé & feal*, les autres que le Roi nomment le Chevalier *Messire*, & la femme du Chevalier *Madame*. La fille non mariée de quelque grand lieu qu'elle soit, est nommée *Mademoiselle*; hormis la fille du Roi, ou la fille du fils aîné de Roi. Aprés le decés du Duc Charles de Bourgogne, sa fille & heritiere, combien qu'elle fût Dame de plusieurs terres souveraines, n'eut autre titre que de *Madamoiselle*, jusques à ce qu'elle fut mariée.

La plûpart des Seigneurs qui ont places fortes, ont droit de Guet, sur lequel droit est l'Ordonnance du Roi Loüis XII. de l'an 1504. qui desire que ce droit ne soit exercé sinon par les Seigneurs, & és lieux où l'on a accoûtumé d'ancienneté. Et si les places sont en être de forteresse, & en cas d'imminent peril. A cause de ce droit les sujets sont tenus à certains jours, & pour le plus, une fois le mois aller un jour durant faire guet & garde, en quoi ne sont comprises les femmes veuves, qui n'ont enfans âgez de dix-huit ans au plus; ni ceux qui sont cottisez de cinq sols de taille seulement. Auvergne, chapitre 25. article 17. dit que les sujets guettables, qui ont droit de retraite en un Châtel, sont tenus seulement aux legeres reparations du Châtel.

Ban à vin, est un droit que plusieurs Seigneurs ont, qu'en certaines saisons de l'année nul en dedans leur territoire ne peut vendre vin: La Cour de Parlement tenant les grands-Jours à Moulins, en 1550. le 10. Septembre, entre l'Archevêque & les Consuls de Lyon; jugea provisionnellement, ce droit n'appartenir aux Seigneurs, sinon pour vendre le vin de leur crû; le droit de ban de l'Archevêque est depuis le 4. Aoust jusqu'au dernier jour. Touraine, article 102. dit que les Seigneurs n'ont ce droit, sinon pour le vin de leur crû en la même Seigneurie, qu'ils doivent vendre bon vin & net, à prix raisonnable, & par les mains de leurs serviteurs, sans bailler ce droit à ferme, & que ledit ban ne peut durer plus de quarante jours.

Peage & Barrage, sont droits que plusieurs Seigneurs ont, tant par terre que par eau, pour prendre quelque somme sur les marchandises qui passent par le détroit où ils ont ce droit. Ez Capitulaires de Charlemagne, *lib. 3. cap.* 54. est deffendu de lever peage en lieu plein, où il n'y a ni pont ni traject, qui est à dire, passage à bâteau ou bac. *Et li.* 4. *art.* 31. & 36. & ajoûte quand il n'y a eau ni marécage, ni pont ou telle autre chose. Les Seigneurs ayans ce droit, doivent entretenir les chemins & voyes publiques, esquelles ils prennent peage, en bonne seureté & reparation, autrement sont tenus aux dommages & interêts des passans. Ainsi disent Bourbonnois, art. 360. & 361. Auvergne chap. 25. article 16. & parle expressément de la seureté des passans. Touraine, art. 84. & 85. dit qu'à faute de ce faire les fruits de la Seigneurie doivent être saisis, article 81. dit qu'au chef de la peagerie doit être mis un poteau avec la pancarte, contenant quels sont les droits du peage, & doivent la faire verifier par le Juge Royal. Selon mon avis, le mot de Pancarte est dit d'une carte écrite, qui est penduë en un lieu apparent pour apparoir & être connu à tous le contenu en icelle. De cét entretenement des rivieres & chemins, par les Seigneurs peagers, y a ordonnance du 15. Novembre 1535. verifiée en Parlement. Et suivant cét Arrêt du 27. Juillet 1555. A quoi se rapporte ce qui est dit par Dece, *consil.* 534. *vol.* 4. & allegue Hostiense, *in summa. titulo de censib. §. ex quib. vers. breviter puto.* Et par Edit du 20. Mars 1547. verifié en Parlement le 20. Decembre 1548. sont cassez & abolis, tous nouveaux peages sur la riviere de Loire, établis depuis cent ans.

DES SERVITUDES PERSONnelles & main-mortes.

Les Servitudes qui sont en France, ne sont pas semblables à celles qui étoient en usage auprés des anciens Romains, qui faisoient trafic des personnes serves comme d'animaux brutes; les serfs n'ayant rien propre à eux, ne pouvans ester en jugement, ne pouvans contracter, & qui tels devenoient de personnes franches, quand ils étoient prisonniers de guerre. Mais bien sont semblables aux servitudes ascriptices & colonaires, qui rendoient les personnes attachées & liées aux domaines des champs pour les faire valoir, & y étoient tellement attachées, que le proprietaire du domaine & des serfs y destinez ne pouvoit vendre les serfs, sans vendre le domaine par une seule vente. Ainsi qu'il est dit *in l. longa ff. de divers. & tempor. prescript. l. si quis inquilinos ff. de legat.* 1. l'origine des serfs, que nous avons en quelques Provinces de France, procede de cette usance ancienne des Romains, au temps qu'ils seigneurioient les Gaules. Les Coûtumes de Nivernois, Bourbonnois, Bourgogne, Troyes & Vitry sont celles qui traittent de ces Servitudes. Selon cette Coûtume de Nivernois nul n'est serf, sinon par naissance, & est la personne serve. En Bourgogne nul n'est serf de corps, mais qui par an & jour tient feu & lieu, en terre main-mortable; doivent sujet à la main-morte.

Gens de condition servile en Nivernois, sont taillables par leur Seigneur, à volonté raisonnable une fois l'an. Des servit. personn. &c. art. 1. De même Bourbonnois, article 190. qui outre ce les charge de quatre charrois, ou quatre corvées par chacun an. Nivernois & Troyes mettent diverses sortes de servitudes, taillables, de poursuite, de fort-mariage, qui est quand le serf épouse personne franche ou personne d'autre servitude, qui est à Troyes, de taille abônée, main-mortables en meubles seulement, ou en immeubles seulement. Selon Nivernois, la taille servile se paye à la fête saint Barthelemy. La taille abônée est celle qui est arrêtée à certaine somme, & l'autre taille est à volonté. La taille est imposée sur le corps du serf, & sur son mex mouvant de servit. & s'il n'y a mex sur le corps seul du serf. Nivernois des servit. perf. art. 3. Gens serfs sont de poursuite pour leur taille en quelque lieu qu'ils aillent demeurer. Nivern. audit chap. art. 6. Vitry, art. 145. disent la raison, parce que tels hommes sont portion du fonds. Vrai est que Berry, de l'état des personnes, art. 1. dit que sur les habitans de Bourges n'y a droit de suite pour condition servile : mais parce que ceux de Berry n'avoient pouvoir de faire la loy à leurs voisins, ni ôter le droit d'autrui ; il faut dire que ledit article a lieu seulement à l'égard des serfs du païs de Berry, qui viennent demeurer à Bourges, & non à l'égard des serfs de Nivernois, qui portent avec eux leur servitude attachée à leurs os, qui ne peut tomber pour secoüer. Gens de condition servile sont main-mortables, & à cause de la mainmorte, s'ils decedent sans hoirs communs, tous leurs biens meubles & immeubles, quelque part qu'ils soient, appartiennent à leur Seigneur, qui en est saisi. Nivernois, audit chapitre, art. 7. Bourbonnois art. 207. & appelle mortaille, & non main-morte, & dit communs en biens, & demeurans ensemble. Vitry, article 141. & dit sans hoirs de son corps étans en sa voulrie, qui est à dire en sa puissance, & sous le gouvernement, article 142. & est le Seigneur saisi. Bourgogne, art. 91. & dit demeurans ensemble, étans en commun de biens. Troyes, article 5. dit que la main-morte est quand le serf decede sans enfant né en mariage, étant de sa condition, & en Celle qui est domicile. Auvergne, chap. 27. art. 3. dit que le Seigneur succede à l'heritage conditionné, & non aux meubles, ni autres biens. Bourgogne, article 93. dit en cas de main-morte, que le Seigneur prend les heritages main-mortables, sans payer dettes, & que les meubles & autres heritages payent les frais funeraux, puis ce qui est dû au Seigneur, & aprés tous les autres dettes, selon les biens : ce qui a quelque correspondance au droit Romain, selon lequel les frais funeraux sont privilegiez & preferez à tous creanciers *l. penult. ff. de rel. &c.* Et selon le même droit sur le pecule du serf étoit déduit avant tout autre dette, ce que le serf devoit à son Seigneur, *l. 1. ff. de tribut. act. l. ex facto. ff. de peculio.* Et croy aussi qu'il faut tenir pour general en cas de mainmorte, que le tenement serf revient au Seigneur franc de tous dettes & hypotheques, selon la regle que quand l'heritage retourne en vertu de la Seigneurie directe, le Seigneur le prend franc d'ypotheques, *l. lex vestigali ff. de pign. l. si finita §. si de vestigalibus ff. de damno infecto.* Pour reprendre le propos ; si l'enfant est demeurant hors la maison de son pere, & tient feu & lieu hors la compagnie d'iceux par an & jour, il ne succede à son pere, sinon qu'il fût absent par service, pour cause de l'étude, ou mauvais traitement. Bourbonnois, art. 202. Et Nivernois des servit. person. art. 14. Ce qui se rapporte au droit civil Romain, *l. quæsitum in princ. ff. de leg. 3.* En Nivernois hoir commun s'entend non seulement de l'enfant, mais aussi d'autre parent, comme se peut recüeillir par l'article 24. du même chapitre où l'ascendant est appellé hoir commun. Si l'homme de main-morte a un parent commun en biens & autre parent en même degré non commun, le commun appellera le non commun à prendre part. Bourgogne, article 96. Ainsi Troyes, art. 5. pour les enfans, en celle qui appellent ceux qui ne sont en elle.

Ez lieux où la Coûtume n'est pas telle, la difficulté est si le commun fera lieu au non commun : d'une part se peut dire quand le commun empêche par tout la reversion du Seigneur, que le Seigneur étant hors de rang, le frere ne peut pas exclure son frere qui trouve la planche faite, par l'argument de la *l. si post mortem §. hi qui ff. de bonor. poss. contra tabul.* D'autre part se peut dire que celui qui s'est separé de la communauté, a soûtrait sa personne, & a d'autant affoibli le ménage & communauté, ce qui le doit rendre indigne de venir prendre part en la communauté qu'il a dédaignée par l'argument de la *l. cum pater. §. libertis ff. de lega.*

Les gens de condition sont reputez être partis, quand ils tiennent par an & jour feu & lieu à part, & qu'ils ont departi pain & sel, ores qu'ils demeurent sous un même toit. Nivernois, ch. des Servit. person. &c. art. 13. Bourgogne, art. 90. Mais Auvergne, ch. 27. art. 7. & 8. desire qu'il y ait partage formel, ou commencement de partage par partement de chanteau. Vitry, article 141. dit que les enfans se partent par âge, par mariage, & par tenir feu & lieu.

Entre gens de condition, un parti, tout est parti, quant au Seigneur, & ne peuvent aprés se r'assembler, pour succeder, sans le consentement du Seigneur. Selon Nivernois, art. 10. 11. & 12. Ce que dessus n'a lieu quand sont enfans de divers lits, & que l'on se départ. Et si une fille est mariée hors la communauté, n'emportant que meubles, ou quand les pere & mere marient leurs enfans hors. Et selon Nivernois, article 16. pere & mere, ou l'un d'eux peuvent marier leurs filles serves en lieu franc, & deviennent franches, pourvû qu'elles n'emportent que meubles. Pourquoi j'estime qu'en Nivernois, il ne se doit entendre indistinctement qu'un parti, tout soit tenu pour parti, ains avec ce temperament, quand par la volonté de tous, l'un se separe sans occasion urgente ; car si l'un des personniers étoit si mal-gisant & mal-complexionné, que par raison ses personniers ne le dûssent endurer, & on lui donne sa part, que ceux qui demeurent en communauté ne sont tenus pour partis, ains celui seul qui est cause du partage. De même si un personnier par mauvaise volonté ou débauche se separe, que ce partage ne nuise aux autres. Ainsi en tous autres cas, quand il y a cause necessaire ou urgente & probable. Bourgogne, art. 86. dit simplement que femme de main-morte, qui se marie à homme franc, devient franche. Et si femme franche se marie à homme serf, elle est serve durant le mariage, & son mari mort, en allant demeurer au lieu franc, & délaissant les heritages de son mari, elle devient franche. Mais Vitry, article 144. dit qu'homme de corps, qui est à dire serf, ne peut prendre par mariage femme d'autre condition que la sienne, sans le congé de son Seigneur. Et si sans congé il se formarie, il doit à son Seigneur le tiers de ses biens, sujets à morte-main. Bourgogne, art. 100. dit qu'és lieux où formariage a lieu, le Seigneur pour le formariage de la femme prend l'heritage qu'elle a sous ledit Seigneur, ou autant vaillant qu'elle emporte en mariage.

Si l'un des deux mariez est serf, & l'autre franc, les enfans sont de la pire condition. Nivernois, chap. des Servitudes Personnelles, &c. art. 22. & Bourbonnois, article 199. Mais Bourgogne, art. 82. dit que l'enfant ensuit la condition du pere, & non de la mere. Troyes, art. 7. dit qu'il y a diversité, selon les territoires, en aucuns l'enfant choisit l'une des conditions, en autres les enfans suivent la franche condition, veüillent ou non, & ne succedent au serf. En d'autres le fruit ensuit le ventre. Au val de Curcy, Châtelenie de Montenoison en Nivernois, s'ils sont plusieurs enfans, le premier choisit la servitude ou la franchise, le second est serf, & ainsi de suite. Et s'il n'y a qu'un enfant, il choisit. Et l'enfant qui choisit la franchise doit délaisser les heritages de la servitude, & les meubles qui accroissent à l'enfant qui demeure serf, Vitry, art. 69. dit si le pere est serf & la mere noble, que le fils en renonçant à tout ce qui est du côté serf, prendra aînesse en la succession de sa mere. Et article 84. dit si l'un des deux, pere ou mere est noble, & l'autre serf, que l'enfant pourra demeurer noble, en quittant les biens du côté serf. Selon le droit Romain, quant à la condition du corps, l'enfant ensuit la mere. *l. partum. C. de rei vend.* & en ce qui est de la dignité & honneur, l'enfant ensuit le pere. *l. liber. ff. de Senat.* Ce qui se dit icy que la pire condition est semblable à la loi des Lombards, recitée par la glosse *in l. ult. C. de Murileg. lib.* 11. & de loi Theutonique, recitée *in tex. & glossa in can. liberi* 32. *quæst.* 4.

Gens de condition servile ne succedent à leurs parens francs, & les francs ne succedent à leurs parens serfs. Nivernois, des successions, article 2. Bourbonnois, article 200. dit que le franc ne succede au serf, mais bien le serf au franc. Troyes, art. 94. dit comme Nivernois.

Le franc peut aquerir du serf, & le serf du franc. Nivernois des Servitudes Personnelles, &c. art. 18. Mais si le serf aliene son ténement serf à personne franche, ou homme d'autre servitude, le Seigneur peut commander à l'aquereur de le mettre en main habile d'homme serf dans an & jour, & à faute de ce faire l'heritage est commis & aquis au Seigneur. Nivernois, chap. des Servitudes, &c. art. 19. Bourgogne, art. 88. dit simplement que l'homme de main-morte ne peut vendre son mex à homme franc, ou homme d'autre Seigneurie. Cette prohibition, ainsi simplement faite, emporte nullité de l'alienation. *l. non dubium. cum de legib.* Mais Bourbonnois, article 201. donne la Commise au Seigneur par la seule alienation, aprés possession prise par l'aquereur.

Tous contrats d'alienation, & autres entre vifs, sont permis à gens serfs. Sauf d'alienation de leurs heritages à personnes franches. Bourbonnois art. 204. & 206. & Auvergne, ch. 27. art. 4. & 5. Et Nivernois, chap. des Servitudes personn. &c. art. 32. en leur deffendant de disposer en derniere volonté, de plus de soixante sols, semble leur permettre la disposition entre vifs. Toutefois je croy, que si c'étoit donation universelle entre vifs, ou institution d'heritier, en faveur de mariage, qui fût au profit d'un qui ne fut de la servitude, & habile à succeder: Que le Seigneur pourroit contredire telle disposition, comme faite en fraude de lui: par la raison de la prohibition que faisoit la Loi Romaine, au libertin de disposer en fraude de son patron, qui devoit avoir le tiers en ses biens. Et quant à la donation universelle, sera noté le texte *in l. omnes. §. Lucius. ff. quæ in fraudem cred.* Et la glosse *in l. patronus. ff. de probat.* Et quant à la constitution d'heritier, ores que ce soit redevance irrévocable, toutefois en effet c'est disposition pour cause de mort avec cette exception, qu'elle n'est revocable. A quoi fait la *l. vivus ff. si quid in fraud. patroni.* Troyes, article 6. & Vitry, art. 70. ne permettent tester que jusques à cinq sols. Mais Vitry, art. 103. semble restraindre cette prohibition, quant aux biens qui chéent en main-morte. Bourgogne, article 89. défend simplement de tester. Auvergne, chap. 27. art. 5. dit que gens serfs ne peuvent entre vifs, ni par testament, faire disposition pour succeder.

La veuve d'un homme serf est doüée de doüaire coûtumier és heritages de servitude. Nivernois au susdit chap. des Servitudes Personnelles, article 20.

Si aucun est serf de plusieurs Seigneurs, comme si le pere est serf d'un Seigneur, & la mere est serve d'un autre Seigneur, les meubles & conquêts, qui ne sont de la servitude, sont aquis aux Seigneurs par droit de main-morte, pour les portions qu'ils ont au serf, par la raison Brocardique reçûë en France, que les meubles suivent la personne. Les heritages & conquêts de servitude viennent au Seigneur d'icelle servitude. Ainsi Nivernois, au même chapitre, article 25. Bourgogne, article 95. dit que chacun Seigneur, prend ce qui est en sa Seigneurie main-mortable, tant en meubles qu'heritages. Et ce qui est en lieu franc, appartient au Seigneur de la main-morte originelle.

Si aucun de condition servile devient franc par privilege, manumission ou autrement, les heritages mouvans de servitude sont aquis au Seigneur. Nivernois même chapitre, art. 26. par la raison qu'un homme franc ne peut tenir heritage mouvant de servitude, sans congé du Seigneur. Vitry, article 70. dit que le clerc, mari de femme serve, l'affranchit durant son mariage & viduité: mais si elle n'a enfans, le Seigneur prend la morte-main par son decés, à la charge des dettes, des legs & frais funeraux. Et article 140. si le vassal affranchit son homme de corps, il retourne au Roi en pareille condition qu'il étoit à son Seigneur, & doit payer finance au Roi selon la composition des Commissaires des francs-fiefs. En Bourgogne & en Nivernois il se pratique, que si le vassal affranchit son homme serf, le Seigneur superieur feodal prend ledit homme par droit dévolut, comme s'il avoit été abandonné par son premier Seigneur. Pourquoy ceux qui sont affranchis pour s'assurer vont prendre confirmation de leur manumission par devers le Seigneur superieur, en lui payant finance. Mais en Bourgogne, article 87. l'homme de main-morte peut devenir franc, en s'avoüant homme franc du Roi, & quittant meubles & immeubles au Seigneur de main-morte. Ce qui dépend de ce qui est dit cy-dessus : qu'en Bourgogne nul n'est serf de corps. Et ce qui est dit dans l'article 85. que l'homme franc, qui va demeurer en lieu de main-morte, & y tient feu & lieu par an & jour, & paye les devoirs comme les autres, devient lui & sa posterité main-mortable. Dont resulte qu'étans faits serfs à cause du lieu, ils peuvent devenir francs en quittant tout ce qu'ils y ont.

Par la même Coûtume de Bourgogne un mex assis en lieu de main-morte, & entremex main-mortables, est reputé de la même condition, article 83.

Selon la Coûtume d'Auvergne, chap. 25. article 18. Charrois & corvées à volonté, sont limitées à douze par an, doivent être faites d'un soleil à l'autre, à l'usage honnête, peuvent être prises trois pour un mois, selon la necessité du Seigneur, & à diverses semaines, ne chéent en arrerages. Mais en l'article 22. semble excepter si les corvées sont assises sur heritages. Et parce que ce département & proportion semble fondé en grande raison, & comme un homme de bien arbitreroit, le réglement peut être tenu pour general. Et ainsi dit le droit Romain, quand le libertin a promis & juré d'emploïer pour son Patron tant de journées que le Patron voudra. *l. si libertus juraverit. ff. de operis libert.*

Selon la Coûtume de Vitry, article 146. homme ou femme de corps, qui n'est reclamé par son Seigneur, & a joüi de franchise par vingt ans ; demeurant en la même Province, a aquis franchise. Mais s'il se retire hors la Province, il ne prescrit la franchise comme étant fugitif. Bourgogne, article 81. dit que l'homme de main-morte ne peut prescrire franchise par quelque temps qu'il demeure hors du lieu de main-morte.

Selon les Loix Romaines, le serf qui par vingt ans de bonne foi, demeureroit en possession de liberté, sans être inquieté, aqueroit liberté. *l. 2. C. de longitemp. prescript. quæ pro libertate.* Comme aussi la franchise ne se perd pas, ores que par soixante ans un Seigneur eût exercé droit de servitude sur un homme franc. *l. ult. C. eodem tit.*

DES SERVITUDES REELLES & Droits Prediaux és Villes & Champs.

SELON plusieurs Coûtumes le droit de servitude n'est aquis par la seule joüissance de quelque temps que ce soit, *etiam*, de cent ans, s'il n'y a titres ; & aucunes expriment de vûë, égoûts, & passage. Ainsi disent Paris, article 186. Sens, article 98. & 99. parle de chévrons d'un bâtiment, avancez sur l'heritage voisin. Et ainsi dit Berry, chapitre des Maisons, &c. & Servitudes, article 17. quand le voisin veut bâtir, que l'autre doit retrancher ses chévrons, Auxerre comme Sens art. 100. & 101. & encore, article 114. Auxerre pour le droit de passage. Orleans, article 225. Bretagne, art. 644. Melun, art. 188. Senlis, art. 267. Troyes pour la Ville de Troyes, art. 61. Reims, art. 350. parlant comme Paris, ajoûte, ou chose équipollente à titre ; comme est la destination du pere de famille. Blois, art. 215. & 230. Mais Nivernois, chap. des Maisons, &c. & Servitudes, art. 2. & Bourbonnois, art. 519. Et Berry des Servitudes, article 2. & 3. rétreignent cette regle, quand la joüissance de vûë, égoût ou passage a été en place vuide de ville ou des champs. Nivernois excepte s'il y a eu possession paisible aprés contredit. Touraine, art. 212. dit comme Paris quant aux vûës ; & quant à l'égoût met la limitation quand il n'y a point de goutiere ; comme voulant inferer que la goutiere mise de main d'homme, qui jette l'eau sur l'heritage voisin emporte saisine ; quant à la vûë, dont aucun fait l'ouverture en son heritage, & quant à l'égoût de l'eau du ciel, qui de soi-même fluë ; il se peut dire que celui qui a fait cette œuvre, n'a rien fait en l'heritage d'autrui. Autrement seroit si l'échûë ou goutiere qui décharge, étoit appuyée, portoit ou reposoit sur l'heritage du voisin ; qui est la distinction que fait la Loi Romaine *de immisso & projecto. In l. malum. §. 1. ff. de verb. signif.* Aussi est dit qu'il est loisible au voisin de son autorité ôter ce que son voisin a avancé, qui repose sur l'heritage d'autrui. Et quant à ce qui ne repose pas, & néanmoins est avancé ; le voisin a seulement action pour le faire ôter par autorité de Juge. *l. quemadmodum. §. 1. ff. ad legem Aquil.* quant au passage la présomption est, qu'il a été enduré par droit de familiarité, dont ne resulte possession, ni par consequent prescription. *l. qui jure ff. de adq. vel amitt. poss.* Tours ajoûte une autre belle limitation, que si lors du partage l'état des choses étoit tel, il demeurera ainsi, qui emporte, comme si par tacite consentement les partageans auroient accordé la servitude. Car avant le partage, la servitude n'y étoit pas, & si aucune avoit été autrefois, elle avoit été éteinte par confusion, & selon le droit étroit, il la falloit remettre de nouvel. *l. quicquid. ff. commu. pred.* Mais selon l'opinion de Papinian, *In l. Papinianus. ff. de servit.* par l'exception de dol, la servitude devoit être remise. Cette Coûtume a fait en action directe & legitime, ce qui étoit en remede d'exception ; & croy partant qu'elle doit être tenuë pour generale. Berry chap. des Maisons, &c. & Servitudes, art. 1. dit qu'on ne peut aquerir possession de servitudes par actes occultes. Ce qui se rapporte à la *l. 11. de servit. & aqu. in verb. adversario sciente.* Mais la liberté de servitude peut être aquise par trente ans. Paris, art. 186. Orleans, art. 225. Laon, art. 145. Ce que dessus se rapporte à ce qui est dit *In l. sequitur. §. ult. ff. de usucap.* que l'on peut prescrire la liberté de servitude ; & que la Loi Scribonie a ôté les prescriptions qui constituoient & établissoient la servitude, & non celles qui en apportoient la liberté. Aussi dit Nivernois, chap. des Maisons, &c. & Servitudes, article 1. que chacun doit soûtenir & recevoir sur le sien propre les eaux fluantes de ses édifices, pour les conduire en la ruë publique. Ainsi Auxerre, art. 108. Sens, art. 105. met limitation, que si l'égoût chet en terre vaine, qu'on n'est tenu de l'ôter s'il ne porte dommage notable. Aussi Orleans, article 251. dit que pour passer par l'heritage d'autrui à cause des grands chemins empirez, que par quelque temps que ce soit, on n'aquiert delit de servitude. A quoi se rapporte ce qui est dit. *In l. 1. §. Julianus. ff. de itinere actuque privato.*

Jaçoit que selon les regles vulgaires chacun puisse faire en son heritage ce que bon lui semble. Toutefois les Coûtumes ayant égard que les droits de Cité qui conservent la société des hommes, sont à préferer aux interêts ou volonté des particuliers : ont introduit plusieurs Loix qui reglent les bâtimens, & autres œuvres de chacun au voisinage d'autrui. Comme en Ville, nul ne peut au mur propre à lui, qui joint sans moyen à l'heritage d'autrui faire ouverture, sinon avec treillis de fer & verre dormant de neuf pieds de haut, à prendre du rez de chaussée au premier étage, & aux autres étages de sept pieds. Les autres disent de huit & sept pieds. Ainsi Paris, article 200. Sens, article 102. Auxerre, article 105. qui ajoûte, en sorte qu'on ne puisse passer ni regarder par ladite ouverture. Melun, article 102. Bretagne, art. 645. Mais Orleans, art. 229. & 230. & Berry des Servitudes Réelles, art. 13. parlent de celui qui a droit de vûë sur l'heritage voisin. Laon, art. 267. parle du mur moitoyen. Mais Reims, article 356. dit que si l'égoût du bâtiment chet entierement sur l'heritage de celui qui bâtit, il peut faire en son bâtiment tant de vûës qu'il veut. Et article 357. ne peut le voisin bâtir pour offusquer, à plus prés que de deux pieds & demy. Nivernois, chap. des Servitudes, art. 9. permet à chacun en son mur propre faire ouverture sur son voisin. Aussi permet au voisin de faire bâtiment au contraire sur le sien. Et aussi Bretagne, article 646. & Laon, article 267. Et Reims, art. 364. dit que si le voisin a percé le mur moitoyen pour clarté à neuf & à sept pieds, que l'autre voisin peut bâtir pour l'offusquer. Mais la Coûtume de Paris & les semblables, ont beaucoup plus de civilité pour faire vivre les voisins en commodité chacun de sa maison & amitié : car le bâtiment contraire pour offusquer la vûë de son voisin plus communément est par animosité. Aussi peut être blâmé d'animosité ou hautaineté, celui qui prend sa vûë sur son voisin : & puisque le voisin à cause de la hauteur de neuf & sept pieds, & du verre dormant est sans incommodité, c'est bien raison qu'il endure que son voisin ait commodité de clarté, sans vûë & regard. Et combien qu'en aucunes desdites Coûtumes, soit permis de pourvoir par bâtiment : toutefois j'appliquerois volontiers le reméde qui est aux Loix Romaines, de n'être libre à chacun de faire au sien ce qui ne lui sert de rien, & nuit à autrui. *ut in l. 1. §. denique Marcellus.* Jointe la glosse. *ff. de aqua pluvia. arc.* Sauf si celui qui a fait l'ouverture en sa muraille, l'a faite directement au préjudice & incommodité de son voisin : car en ce cas le voisin en offusquant par muraille contraire, seroit censé le faire pour sa commodité, & non directement pour nuire.

Quand le mur est moitoyen & commun entre deux voisins, chacun d'eux s'en peut aider à l'usage auquel il est destiné, en sorte toutefois qu'il n'incommode son voisin. Ainsi dit le droit Romain. *In l. si ædes & in l. Sabinus. ff. communi divid.* Pourquoi se dit que l'on ne peut faire au mur commun, fenêtre ou autre ouverture ou égoût sur son voisin. Nivernois, chap. des Maisons, &c. & Servitudes réelles, article 8. Paris, art. 199. ajoûtant *etiam*, que l'ouverture soit à verre dormant. Bourbonnois, art. 503. Bretagne, art. 647. Blois art. 231. Berry, des Droits Prediaux, article 4. Orleans, art. 231. Mais és choses à quoi le mur est destiné, les Coûtumes ont reglé cét usage en diverses sortes : comme le voisin peut percer le mur pour y asseoir poutres & solives, pourvû que ce ne soit à l'endroit des cheminées de l'autre voisin : & à la charge de refermer le pertuis de bonne massonnerie. Ainsi dit Nivernois, chap. des Maisons, &c. & Servitudes réelles, art. 10. Paris, art. 207. & 208. & ajoûte autre charge de mettre sous les poutres jambes & corbeaux de pierre de taille. Orleans, art. 232. Bourbonnois, art. 505. & 507. sous la même charge que Paris, Bretagne, article 654. & 656. comme Paris. Melun, article 200. & 201. Reims, art. 365. comme Paris. Blois art. 233. Mais aucunes desdites Coûtumes disent qu'il ne doit s'aider du mur que jusques au milieu de l'épaisseur, combien qu'il ait percé tout outre. Paris, article 208. Bourbonnois, art. 508. Melun, art. 199. & 200. Berry, des Servitudes réelles, article 10. Mais Auxerre, art. 112. permet aussi d'y mettre jambages de cheminée, & passer tout outre à fleur de mur : & art. 111. dit que pour le contre-feu de son côté, il doit laisser la moitié du mur, & une chantille. Et Orleans, art. 238. dit que le voisin ne peut asseoir poutres au même endroit où l'autre voisin a déja prévenu. Et Blois, art. 234. & Reims, art. 371. disent qu'en mur commun on ne peut prendre creux à faire cheminées, sinon jusqu'au tiers.

Aussi le voisin peut hausser le mur moitoyen si haut qu'il veut à ses dépens, pour accommoder son bâtiment, sans congé de l'autre voisin, pourvû que le mur soit suffisant.

Ainsi disent Paris, article 195. Reims, article 362. Berry des Servitudes réelles, article 5. & 6. à la charge de laisser corbeaux pour marque que le voisin n'a payé sa part : dont sera parlé cy-aprés.

Le mur est reputé commun & moitoyen, quand en icelui sont corbeaux à droit, fenêtres, jambages, lanciers mis d'ancienneté, & de la premiere construction de la muraille, & ayans saillie. Nivernois, des Maisons, &c. & Servitudes réelles, art. 14. Sens, art. 101. Auxerre art. 103. Bretagne, art. 649. Orleans, art. 241. & 242. Mais si les corbeaux sont renversez ou accamusez par dessus, ils montrent bien que la muraille est commune, & que le voisin de ce côté n'a pas payé la moitié de la muraille, & doit rembourser avant que s'en aider. Nivernois audit art. 14. Orleans, art. 241. Quand le corbeau est à droit, & a son naturel tout prêt à recevoir le faix qu'on y voudroit charger ; c'est la marque que le voisin peut s'en aider sans aucun empêchement quand il voudra. Et cela montre qu'il a payé la moitié des frais de la muraille : mais quand le corbeau est renversé, c'est à dire que la partie dudit corbeau qui est plate, sur laquelle la poutre ou autre faix doit reposer, est dessous & non dessus : c'est la marque qu'il y a quelque empêchement au voisin de s'en aider : c'est à dire qu'il n'a pas payé sa moitié des frais de la muraille. Ce sont des expediens que nos ancêtres ont inventez, pour servir de témoignage perpetuel, & sont témoins muëts, comme és bornes servans de limites, ont met au pied d'icelles des garans ou témoins qui sont deux ou trois pieces, faites d'une pierre plate ou tuile cassée ; & en met-on l'une des pieces en bas, au pied de la borne d'un côté, & l'autre piece de l'autre. Et quand on doute, si la pierre a été mise pour borne, on la découvre jusques au pied ; & si au pied on trouve ces garans, on s'assure que c'est borne. Autres Coûtumes disent, que toutes murailles entre voisins sont reputées communes. Melun, article 193. Laon, article 270. Orleans, art. 234. Blois, art. 232. Mais Paris, art. 294. Sens, art. 103. Auxerre, art. 106. Blois, art. 232. Orleans, art. 235. interprétent en cette sorte, que le voisin s'en peut aider en payant la moitié du fonds du fondement & du mur, jusques à la hauteur de son heberge avant que rien entamer. Sens, article 103. ajoûte une limitation necessaire, pourvû que la muraille soit suffisante pour porter l'autre bâtiment.

Aucunes Coûtumes disent que toutes murailles separans cours & jardins sont réputées moitoyennes. Paris, art. 211. Auxerre, art. 106. Reims, art. 355. sinon qu'elles portassent entierement le corps d'hôtel du voisin.

Aussi est la régle, qui veut bâtir un four, forge, ou fourneau contre le mur propre à autrui ou commun, il doit laisser espace vuide entre les deux murailles, pour éviter l'inconvenient du feu. Aucunes Coûtumes disent demy-pied, les autres un pied, les autres pied & demy d'espace vuide. Ainsi Nivernois, des Maisons, &c. & Servitudes réelles, art. 11. Berry, des Servitudes réelles, art. 12. Orleans, art. 247. Bourbonnois, art. 511. Troyes, art. 64. Bretagne, art. 666. Paris, art. 190. Mais autres parlent de contre-mur, & non d'espace vuide. Reims, art. 368. Blois art. 236. Paris, art. 190. Sens, art. 106. Auxerre, art. 109. Melun, art. 206. Le plus seur est de l'espace vuide, ores qu'il y ait moins de distance ; car quand la liaison de matiere y est, la chaleur s'étend assez, & l'espace vuide évapore & empêche que la chaleur ne suive. Paris, art. 189. dit que qui veut faire cheminée contre-mur moitoyen doit faire contremur de demy-pied d'épaisseur.

Quant à latrines, cisternes ou fosses de cuisine & autres receptacles d'eaux immondes, qu'on veut bâtir contre un mur propre à autrui ou moitoyen. Celui qui bâtit doit faire un contre-mur de bonne massonnerie à chaux & sable. Aucunes Coûtumes disent d'un pied d'épaisseur, autres de pied & demy, autres de deux pieds & demy. Ainsi dit Nivernois, chap. des Maisons, &c. & Servitudes réelles, art. 13. Sens, art. 107. Auxerre, art. 110. Orleans, art. 243. Bretagne, art. 662. Melun, article 207. Troyes, art. 64. Laon, art. 268. Blois, art. 235. Paris, art. 191. C'est parce que l'urine & autres excremens qui coulent & s'attachent à la muraille, par leur acrimonie gâtent avec le temps icelle muraille.

Et si les latrines ou fosses de cuisine sont faites prés le puis du voisin, il y doit avoir distance de neuf ou dix pieds. Orleans, art. 246. Bretagne, article 663. ajoûtant, pourvû que le puis soit le premier édifié. Melun, article 208. Reims, article 367. & ajoûte, ou faire contre-mur de chaux & sable de deux pieds d'épaisseur de fonds en comble. Bourbonnois, article 509. dit simplement que nul ne peut avoir égoût qui nuise au puis ou cave de son voisin auparavant édifiez. Laon, article 268. desire dix-sept pieds de distance entre la latrine & le puis. C'est parce que les puis ordinairement sont plus profonds que les latrines, & l'humidité sale & immonde procedant desdites latrines, peut penetrer la terre, qui de soi est poreuse & creuse, & se mêler parmi l'eau du puis, & la gâter. Aussi que communément la muraille des puis est de pierre seiche, & non liée de massonnerie, qui peut causer la transmission de cette humidité sale.

S'il est besoin de réparer l'heritage commun, qui est en ruine ; les Coûtumes de Nivernois audit chapitre, art. 5. 6. & 7. & Bourbonnois, art. 113. & 114. Bretagne, art. 352. ordonnent que celui qui veut réparer, doit sommer en jugement son personnier, de contribuër. S'il refuse, ou s'il ne rembourse dans l'an, celui qui seul a fait les frais devient proprietaire, quant aux choses qui ne portent fruit, comme sont murailles. Et quant aux choses qui rendent fruit, comme moulins, étangs, celui qui a frayé gagne les fruits, à faute d'être remboursé dans deux mois aprés les réparations parfaites. S'il n'y a eu sommation, il peut demander part, toutefois & quantes en remboursant. Berry, des Maisons, &c. & Servitudes réelles, art. 7. 8. & 9. dit aprés la sommation & visitation, celui qui repare fait les fruits siens, & ajoûte qu'il n'y a prescription contre celui qui a part. Quant aux murailles moitoyennes ruïneuses aucunes Coûtumes disent simplement que l'un des voisins peut contraindre l'autre à contribuër à la réparation, comme Paris, art. 205. Melun, art. 197. Reims, art. 360. Les autres disent alternativement de contribuër à la réparation, ou quiter & perdre le droit qu'il y a. Sens, art. 100. Auxerre, art. 102. Troyes, art. 63. Laon, art. 271. Mais Melun, art. 197. semble donner le choix au bâtisseur de contraindre l'autre à payer sa part, ou de prendre le mur propre à lui. Selon le droit Romain semble que la contrainte précise n'y est pas, car nul est obligé pour causes de choses non animées, plus avant que de les quiter & abandonner. *l. Prætor. §. hoc edictum. ff. de damno infecto.* Jaçoit qu'il semble par la *l. cum duobus. §. idem respondit socius. ff. pro soc.* que le réparateur ait le choix de demander les frais, ou la proprieté de la chose, mais là il parle de celui qui est en societé. Les Coûtumes de Sens, article 100. & Auxerre, article 102. disent que nul ne peut être contraint de fermer & clore son heritage de nouvel s'il ne veut. Mais Melun, article 196. pour les villes & faux-bourgs met la contrainte.

On ne peut faire avances de bâtimens ni éviers, & tuyaux par le haut, pour vuider les eaux de cuisine, ni faire entrées de caves ou degrez, entreprenans sur la ruë publique, & ceux qui sont ja faits, ne pourront être refaits. Nivernois, art. 24. Bretagne, art. 998. & Reims, article 374. permet de refaire, pourvû que ce ne soit dés le pied, & commande de prendre témoignage, avant que de démolir : mais par l'Edit d'Orleans, art. 96. est commandé d'abatre toutes saillies & avancemens sur ruës publiques dans deux ans.

Par aucunes Coûtumes, pour la salubrité des villes, est défendu d'y nourrir porcs; chévres, & autres telles bêtes. Ainsi dit Nivernois, art. 18. & Bourges des Servitudes réelles, article 18. qui excepte les chévres, en cas de necessité de maladie, ou nourriture de petits enfans.

S'il y a different qui se presente au fait des bâtimens, ou autres heritages voisins, en la ville ou aux champs, qui consiste au jugement de l'art des massons, charpentiers, couvreurs ou autres artisans. Le Juge de son office doit ordonner que les parties nommeront experts pour visiter & donner avis. Si les parties refusent ou délayent de nommer, le Juge de son office les peut & doit nommer. A quoi se rapporte ce qui est dit *in l. ult. §. si autem. vers. electione C. de judic. & in l. si quis super. C. finium regund.* Et s'ils n'ont été accordez par les parties, on peut donner reproches contre eux, *cap. causam extra de probat.* Ils doivent prêter serment pardevant le Juge, & étant assemblez sur le lieu, dresser leur rapport par écrit és mains du Greffier, ou Clerc du Greffe, & le rapporter. C'est la forme prescrite par la Coûtume de Paris tres-bien avisée, ainsi pour éviter les menées & subornations. Et ainsi dit Paris, article 184. & 185. Melun, art. 187. dit presque ainsi, & veulent que ces experts prêtent serment devant le Juge, préalablement avant que de visiter. Ce qui est bien à propos, afin que par le serment ils soient invitez à bien faire leur devoir de visiter, juger & fidellement rapporter. Nivernois, chap. des Maisons, &c. & Servitudes réelles, art. 17. dit presque le pareil; mais dit que la partie contredisante est reçûë à enquerir l'amendement. A quoi se raporte Bretagne, art. 262. disant que si l'appretiation pour partage a été faite, que l'un des partageans en peut requerir la revûë, & doit être faite à ses dépens. Paris, art. 184. dit que les parties ne sont reçûës à requerir l'amendement, mais que le Juge de son office peut ordonner autre visitation. Ce qui est tres-raisonnable, pour éviter les inconveniens que les loix & decretales doutent quand elles défendent d'examiner autres sur les mêmes faits, dont y a ja enquête. *cap. fraternitatis, extra de testib.* & en la Clement. *testibus. eodem tit.* Et selon le rapport de tels experts doit être jugé. A ce se rapporte le droit Romain, *in l. comparationes. C. de fide instru. cap. quia extra de prescript. l. ult. §. si autem vers. electione. C. de judic. §. quod autem. in authent. de non alien.* On observe en quelques lieux avec les artisans experts de nommer deux notables bourgeois, & ainsi fut ordonné par Arrêt en plaidant du Mardy 10. Mars 1550. & y a grande raison, parce que les artisans sont plus sujets à corruption, & quelque-fois pour leur profit estiment la besogne à faire plus qu'elle ne vaut.

Si le bas d'une maison appartient à l'un, & le haut à un autre. Le proprietaire du bas doit entretenir tout le tour d'embas, avec les poutres & plancher, qui sont dessus cette partie d'embas. Et le proprietaire doit carreler le plancher sur lequel il marche, & tout ce qui est du bâtiment pardessus le solier, avec la couverture. Ainsi dit Auxerre, article 116. Nivernois, des Maisons, &c. & Servitudes réelles, article 3. Berry, des Servitudes réelles, art. 15. & 16. Orleans, art. 257. Bourbonnois, art. 517. Bretagne, art. 653.

A qui appartient le sol & rez de chaussée, à lui appartient le dessus & le dessous, tant haut & tant bas qu'il veut. S'il n'y a convenance au contraire. Ainsi dit Melun, art. 191. & 192. Troyes, art. 62. Laon, art. 146. Reims article 367. C'est selon le droit Romain, *in l. ult. ff. de servitud. l. altius. C. de servit. & aqua. l. penult. §. penult. ff. quod vi aut clam.* Pourquoi si le voisin faisoit passer le bout de ses chévrons, outre le plomb de sa muraille, l'autre voisin voulant bâtir, peut le contraindre à rétrancher, nonobstant le laps de temps, *etiam*, de cent ans. Melun, article 192. Laon, art. 146. Mais le voisin ne peut pas de son autorité rétrancher les bouts qui passent le plomb de la muraille de son voisin, si tant est que lesdits bouts soient en l'air, & ne reposent pas sur l'heritage du voisin. Auquel cas le voisin doit agir, afin que par autorité de Justice le retranchement soit fait. Et si lesdits bouts reposent sur le fonds du voisin, il peut dans l'an les rétrancher. *l. quemadmodùm. §. 1. ff. ad leg. Aquil.* Et aprés l'an doit agir par action negatoire dans trente ans, dont les moyens de conclure sont qu'il n'est loisible de tenir ses chévrons, pourquoi soit condamnable à les ôter.

Si le feu est ébrandi en plusieurs maisons, l'on peut abatre les maisons prochaines, pour arrêter & appaiser le feu, & tous ceux de qui les maisons vrai-semblablement auront été sauvées par ce moyen, doivent contribuër au dédommagement. Ainsi dit Bretagne, article 604. Ce qui est fondé és raisons du droit Romain, quant au premier chef. *l. 3. §. quod ait. ff. de incendio, ruina & naufragio. l. si alius. §. est & alia. ff. quod vi aut clam. l. si quis fumo. §. 1. ff. ad leg. Aquil.* Pour le second chef, *in l. 2. §. æquissimum. ff. ad leg. Rhod. de jactu.*

Si aucun bâtissant ou réparant son édifice, ne peut ce faire, sans passer par l'heritage de son voisin, ou sans l'endommager. le voisin doit prêter patience, à la charge de réparer ce qui auroit été endommagé. Bretagne, article 659. Melun, article 203. Et est fondé en la raison du droit Romain, par argument *in l. si quis sepulchrum. ff. de religios. & sumpt. fun. leg. Julianus. §. glans. in fi. ff. ad exhib.*

Cy-aprés sera traité du ménagement des champs, & des regles & usances qui sont introduites par les Coûtumes.

La Coûtume de Nivernois est celle de toutes les Coûtumes de France, qui contient plus de loix pour le ménage des champs, même du bétail, parce que le païs étant en grand'partie couvert de bois, & en pâcages & marécages, est plus propre à la nourriture du bétail. En premier lieu, audit païs est accoûtumé de mener pâcager bêtes és vaines pâtures où bon semble à chacun : sinon qu'en aucune Justice y ait droit de blairie ; car s'il y a blairie les sujets d'une autre Justice ne peuvent envoyer leur bêtes pâcager en la Justice de blairie sans congé du Seigneur blayer, auquel ce droit ne peut appartenir, s'il n'a Justice & titre particulier. Au chapitre des droits de blairie, art. 1. & 2. Ledit pâcage s'entend pour les vaines pâtures qui sont és grands chemins, prés en prairie, aprés qu'ils sont dépoüillez, terres, bois, & autres heritages, qui ne sont fermez ni clos, & quand selon la Coûtume ils ne sont défensables, audit chap. article 5. Auvergne, chap. 28. article 3. & 4. ajoûte, ou que le temps de lever les fruits est passé. Troyes article 170. Par autres Coûtumes les habitans des villes & villages peuvent mener leurs bêtes grosses & menuës pâturer, & champayer és lieux de vaine pâture, de leurs finages, & des Paroisses à eux contiguës & joignantes de Clocher à autre Clocher. Ainsi Sens, article 146. Auxerre, article 260. Orleans, article 148. qui dit que le droit de vaine pâture n'a lieu qu'en la Beausse, & article 144. où il ne dit jusques au Clocher, mais jusques aux Closeaux des Paroisses voisines, Melun, article 302. Troyes, article 169. Vitry, article 122. Châlons, article 266. Ces deux dernieres disent expressément les vaines pâtures, & exceptent les grasses pâtures, esquelles nul n'envoye, s'il n'a droit particulier. Orleans audit article 144. Melun, article 303. dit pour les bêtes de leur crû, & pour leur usage : en quoi sont exceptées les bêtes de marchandise, excepté aussi le temps de cüeillir le chaume, c'est ce qui reste de la paille aprés la moisson, que ailleurs on appelle esteulle, dont ils font ménage en Beausse, n'ayant point de bois. Excepté aussi les terres proches le manoir tenu en Fief. Auvergne, audit chap. 28. art. 1. & 5. dit qu'en aucuns endroits les pâcages sont limitez par Justices, en autres par mas & villages, & n'est loisible d'envoyer pâcager l'un sur l'autre. Ce droit de vaines pâtures est fondé tout purement sur l'utilité publique : car à prendre la rigueur du droit Romain, chacun peut interdire & défendre à son voisin d'entrer, ni prendre aucune commodité en son heritage, & si le voisin fait le contraire, on peut former contre lui l'interdit *uti possidetis*, qui est *ad instar* de la complainte, & maintenuë, & garde. *l. Arist. §. sed & interdictum. ff. de servit. vend.* Mais nos Coûtumes qui ont force de Loi & de Droit civil, peuvent regler l'usage que chacun doit avoir en son heritage, en sorte que nul ne puisse dire être son propre, sinon ce qui reste aprés le public fourni. Pour mener pâturer bêtes en terres d'autrui, pour le temps que l'heritage n'est de garde & défense, on n'aquiert droit au préjudice du proprietaire, s'il n'y a titre ou prescription, avec payement de redevance ou possession immemoriale. Nivernois, chapitre des Maisons, &c. & Servitudes réelles, article 26. Sens, article 147. de même, & modifie qu'il ne peut prétendre pâturage outre la vaine pâture. Ainsi Auxerre, article 261. Blois, article 214. Mais Troyes, article 168. parle de n'aquerir droit d'usage, ou pâcage en Seigneurie & haute Justice d'autrui, sans titre, ou sans payer redevance, ou joüir par temps suffisant à prescription. Toutefois quant à la possession immemoriale, je croy qu'à l'égard des terres & heritages qui sont en friche & desert, que pour tout le temps qu'elles sont en cét état, nul en y envoyant son bétail pâcager ne peut aquerir droit pour empêcher le proprietaire de les clorre ou labourer, *etiam* par temps immemorial ; car la qualité *de pâcage en vaine pâture* a toûjours accompagné la joüissance, & la joüissance s'est continuée en cette qualité, laquelle qualité & cause n'a pû produire en la personne du joüissant l'opinion de joüir *pro suo*, ains seulement le droit de joüir par simple faculté, & en vaine pâture, & tant que la premiere source & cause de joüissance apparoît, toute la joüissance retient toûjours la même forme, par la raison de la *l. cum nemo. C. de adq. poss.* Et parce qu'il y a prescription és choses dont la joüissance est de pure faculté. *l. ult. ff. de usucap.*

Aucunes Coûtumes ont donné regle pour le nombre du bétail que chacun laboureur peut envoyer és pâcages communs, & de vaine pâture. Comme Poitou, article 193. qui dit que ceux qui ne sont laboureurs ne peuvent tenir bêtes, s'ils n'ont terres à eux, ou en loüage, & ne les peuvent envoyer sur le Commun, & ceux qui sont laboureurs doivent se contenter de tenir bêtes, tant qu'il leur en est de besoin selon la quantité des terres qu'ils ont, & peuvent envoyer leurs bêtes les uns sur les autres. Mais ne peuvent tenir Chévres, sinon deux pour chacun couple de bœufs en païs de bôcage, & une en plaine. Auvergne, chapitre 28. article 11. dit que nul ne peut faire pâcager bétail és pâcages Communs, en plus grand nombre que ce qu'il a hyverné des foins & pailles provenus des heritages qu'il tient en la même Justice. Ces Coûtumes sont fondées en raison suffisante, pour les tenir comme generales. Car ce droit de vaines pâtures est pour l'utilité publique, & à cét effet retranche la liberté que chacun a en son heritage, entant qu'aprés l'heritage dépoüillé, icelui heritage est abandonné à chacun pour la pâture, & la seule interdiction que feroit le proprietaire à son voisin, d'y mener son bétail, ne seroit suffisante, si ledit proprietaire ne le tenoit clos & fermé. Pourquoi a été bien à propos de regler cette faculté & permission d'envoyer bétail pâcager és terres, afin qu'elle soit à ceux seulement qui profitent au public en labourant les terres, & afin qu'il y eût quelque mesure, pour éviter la confusion. Comme, *verbi gratia*, si quelqu'un ayant peu de labourage, mettoit tous ses moyens en achat de bétail, qu'il feroit vivre sur le Commun: & en seroient les autres laboureurs enserrez, & seroit cette incommodité cause de diminuër le labourage. Car cette faculté des vaines pâtures est principalement en faveur du labourage, sans lequel la societé des hommes ne pourroit subsister. Et parce que tel pâcage est comme de droit public, il faut dire que le droit de chacun est limité, pour n'en pouvoir user, avec l'incommodité d'autrui. *l. fluminum. ff. de damno infecto. leg. Imperatores. ff. de servitu. rust. pred.* Pourquoi je croy que le Juge de son office, avec le Procureur, ou bien à la requête d'un particulier, peut regler quelle quantité de bêtail chacun pourra envoyer és vaines pâtures. A quoi se rapporte ce qui est dit *per Stephanum Bertrand. consil.* 240. *vol.* 3.

La Coûtume de Nivernois a introduit une autre faculté & permission pour avoir abondance de blé, quand elle permet à chacun de labourer terres d'autrui non labourées par le proprietaire, sans autre requisition, à la charge de payer le champart, & de même les vignes, à la charge de payer la partie, au chapitre des Champars, article 1. & 2. En autres Provinces les terres sont baillées à la charge de champart ou terrage, dont le labourage est en necessité & obligation, & non pas en volonté ni faculté, car le Seigneur peut contraindre de labourer; & le Seigneur bailleur doit prendre la sixiéme, huitiéme, ou douziéme gerbe. Ceux qui tiennent terres à cette charge, sont tenus de labourer, & s'ils demeurent quelque temps sans labourer, le Seigneur les leur peut ôter, & n'en peuvent tenir en pâturage qu'un tiers ou autre portion. Ainsi disent Poitou, article 104. Berry, des droits Prediaux, article 23. & Blois, article 130. Berry, article 25. dit que la Dîme se paye la premiere, les gerbes qui restent sont comptées pour le terrage; car la Dîme se prend tant sur la part qui revient au proprietaire, que sur la part qui doit appartenir au laboureur, *cap. tua extra de decimis.* Soit le labourage à volonté, ou par obligation à cause du bail, le laboureur doit appeller le proprietaire pour venir compter les gerbes au temps de la moisson, & par aucunes Coûtumes, s'il ne vient dans vingt-quatre heures: Le laboureur aprés avoir compté les gerbes en presence de gens peut emmener sa part; & par aucunes Coûtumes le laboureur doit à ses dépens mener le champart ou terrage en la grange du Seigneur non distante de plus de demi-lieüe, l'une & l'autre dit de deux lieües. L'une des Coûtumes met la peine de payer double champart, les autres mettent l'amende, l'autre ne charge de mener le champart. Nivernois, des Champars, article 2. Poitou, article 64. Berry, des droits Prediaux, article 26. & 27. Orleans, art. 141. Bourbonnois, art. 352. Soit le labourage volontaire, ou par obligation de bail: il s'entend que le laboureur doit bien & dûëment labourer en temps & saison dûë, & par bonne façon, & ne surcharger la terre, c'est à dire qu'il doit la laisser reposer selon la coûtume du lieu; car la regle generale est à quiconque manie les affaires d'autrui, ou par mandement ou sans mandement, qu'il y doit faire comme un bon ménager. *l. in re C. mand. l. si pupilli. §. videamus. ff. de nego. gest.* Et parce qu'il negocie est *ad instar* de location. *l. videamus §. Item prospicere. ff. locati.*

Vignes qui sont sujettes à bannies, ne peuvent être vendangées avant l'ouverture du ban: laquelle ouverture doit être par l'autorité de Justice, au rapport des vignerons, & autres frequentans les vignes, si le raisin est en maturité. Nivernois, des vignes, art. 1. & 3. & Berry, des Vignerons, art. 6. Nivernois met la peine, la confiscation de la vendange & l'amende: Berry se contente de l'amende. Le Seigneur bannier a privilege de vendanger le jour devant l'ouverture, selon Nivernois.

Vignes sont de défense en tout temps, & est interdit d'y mener bêtes pâcager. Nivernois de prises de bêtes, article 10. 11. & 12. Poitou, art. 194. Berry, des droits Prediaux, art. 9. Bourbonnois, art. 526. & ajoûte, soient les vignes closes ou non. Melun, art. 306. Orleans, art. 153. Blois, art. 226. pour les porcs. Nivernois met les amendes des prises de bêtes és vignes diverses, selon les saisons: Et en particulier, si bêtes sont prises depuis la fête saint Laurens 10. Aoust, jusques en vendanges, & il apparoisse qu'elles ayent mangé raisins, elles sont confisquées. A cét effet est commandé aprés la prise de les mener en Justice, & les mettre separément: afin de connoître par la fiente, lesquelles bêtes ont mangé raisins, qui est ce qu'on peut grumer. Audit chapitre de Nivernois, article 10. Bourbonnois, article 527. met la confiscation de Chévres & Porcs, & si on ne les peut prendre, permet de tuër. Selon la regle, qui ne peut réparer son dommage par voye ordinaire, peut le réparer par force & voye extraordinaire: comme on peut, *toto titulo. C. quando liceat unicuique sine judice se vindicare. l. 3. §. quod ait ff. de incendio, ruina, naufrag. l. qui foveas. l. quemadmodum. §. Item Labeo. ff. ad leg. Aquil.* Troyes, art. 172. met l'amende arbitraire pour les porcs pris és vignes.

Les prés sont défensables pour les porcs en toutes saisons de l'an, parce qu'en foüillant du museau ils gâtent le sol. Nivernois, de prises de bêtes, art. 8. Sens, article 150. Berry, des droits Prediaux, art. 10. Orleans, art. 153. & ajoûte pastis & vignes. Bourbonnois, art. 525. Auvergne, chap. 28. art. 22. Melun, art. 205. Troyes, art. 170. Blois, art. 226. Pour autres bêtes les prés sont défensables, ou de vaine pâture, ainsi que s'ensuit.

Prés en prairie sont abandonnez en vaine pâture, depuis que l'herbe fauchée est dehors, jusques à la fête Nôtre-Dame de Mars, sinon que les prés portent revivre, qu'ailleurs on appelle regrain, qui est la seconde herbe, auquel cas ils sont de défense jusques à la fête saint Martin 11. Novembre. Mais en prairie on ne peut mettre de nouvel un pré en revivre, sinon en bâtissant une maison au pré, & y demeurant. La raison est, que la vaine pâture és prés en prairie, est comme de droit public, & les détenteurs ne sont proprietaires de pleine proprieté; mais seulement à effet d'y prendre la premiere herbe. Mais quand il y bâtit, & fait sa demeurance, il fait connoître qu'il a besoin de s'accommoder au même lieu: pourquoi la Coûtume lui permet cette commodité, comme par dispense, outre le droit commun, & parce qu'il se connoît que ce n'est en intention de reserrer l'usage public. Et les prés qui ne sont en prairie, peuvent être tenus clos & fermés toute l'année: d'iceux se dit, *qui bouche, il garde.* Ce sont les regles des prés en Nivernois, au chapitre des Prés, article 1.

2. & 3. Bourbonnois, art. 525. dit comme Nivernois, hormis qu'il ne met la défense de boûcher prés en prairie. Berry, des droits Prediaux, article 7. & Touraine, article 202. les prés qui sont clos de muraille, haye ou fossez, sont de défense en tout temps. Aucunes Coûtumes commencent la défense des prés plûtôt : les unes au premier Mars, comme Poitou és prés qui ne portent regain, article 196. Berry, des droits Prediaux, article 6. Melun, article 302. Les autres au huitiéme Mars. Touraine, article 202. Les autres à la my-Mars. Blois, article 223. Sens, article 149. Auxerre, article 263. Les autres à Nôtre-Dame de Mars ; comme Nivernois & Bourbonnois, comme dessus. Troyes, article 170. Orleans, article 147. Poitou, article 196. distingue le commencement de la défense des prés qui portent regain à la Chandeleur, second jour de Fevrier, & des autres non portans regain ou revivre au premier Mars. Quant à la fin de la défense & commencement de vaine pâture, pour les prés portans revivre. Nivernois & Bourbonnois disent saint Martin. Blois, art. 223. dit la fête de Toussaints. Berry, des droits Prediaux, article 6. jusques au quinziéme Octobre. Poitou article 196. jusques à ce que la seconde herbe soit emmenée. Et pour les prés non portans revivre ou regain, les Coûtumes disent jusques à ce que l'herbe soit emmenée : aucunes disent jusques à la faux. Troyes, article 170. Bourbonnois, article 525. Touraine, article 202. Blois, article 223. Les autres disent jusques à la fête saint Michel, comme Poitou, article 196. Les autres à la saint Remy. Sens, article 149. Auxerre, article 263. Orleans, article 147. Melun, article 303.

Berry, des droits Prediaux, art. 8. dit que pâturaux sont défensables dépuis le quinziéme Mars, jusques au quinziéme Juillet. Pâturaux sont ceux qui sont destinez pour faire pâcager les bœufs au temps que coûtumiérement il n'y a point de foin és granges. En Nivernois on tient les bœufs aux Pâturaux jusques à la saint Martin, & n'y a point d'article qui fasse les pâturaux défensables : mais ordinairement ils sont boûchez. Toutefois je croy que *ex bono & æquo*, ils sont défensables pour tout le temps qu'on a accoûtumé d'y mettre les bœufs.

Orleans, art. 152. met la défense de mener bœufs, vaches, porcs, brebis, oyes & chevalines és gaignages, vignes, closeaux, vergers, plants d'arbres fruitiers, chénayes, ormoyes, saulsayes d'autrui, ni d'y entrer pour cüeillir feüilles ou herbes.

Bourbonnois, art. 526. de même quant aux fruitiers, jardins & vergers clos. Auvergne, chapitre 28. art. 9. pour les vergers & fruitiers clos. Et quant aux planssons, Bourbonnois, article 528. les fait défensables à chévres, moutons, ânes, & autres bêtes jusques à quatre ans.

Orleans, article 259. défend de planter ormes, noyers ou chênes au vignoble d'Orleans, plus prés des vignes des voisins, que de quatre toises ; ni de planter haye vive plus prés que d'un pied & demy. Et doit être la haye d'épine blanche, & non de noire. C'est parce que l'ombre de ces gros arbres nuit à la vigne, & empêche la maturité ; & l'épine noire jette abondamment à la racine, & en peu de temps s'étend bien loin, & mange le suc de la terre.

Poitou, article 195. fait les terres labourables défensables jusques à un mois aprés la cüeillette.

Orleans, art. 146. & Bourbonnois, article 534. disent qu'au temps que les blés sont sur terre, coupez & non serrez ; il est défendu de mener bêtes és grands chemins joignans lesdites terres avant jour, ni aprés jour failli, à peine d'amende.

Nous observons en France ce qui est du droit Romain, que les bêtes qui font dommage en l'heritage d'autrui, répondent pour le dommage ; & est loisible de les prendre ou faire prendre pour les mener à Justice, afin d'avoir condamnation pour la réparation du dommage & seureté sur les bêtes. Par la plûpart des Coûtumes, chacun peut prendre bêtes en son dommage, & les garder jusques à vingt-quatre heures ; & dedans ledit temps les rendre au proprietaire. Et s'il ne les rend dans ledit temps, les doit rendre en la prison de Justice. Ainsi disent Nivernois, chap. de prises de bêtes, art. 4. Poitou, art. 81. Auvergne, ch. 28. art. 12. & 13. Bourbonnois, art. 522. Auvergne, chap. 28. art. 15. Bretagne, art. 382. Auxerre, art. 271. permet seulement garder douze heures. Berry, des droits Prediaux, art. 1. Orleans, art. 158. & outre permet prendre pan ou gage pour preuve de la prise ; comme Auxerre, art. 271. Aucunes Coûtumes disent que le preneur est crû de la prise avec son serment. Comme Nivernois, audit ch. art. 2. Poitou, art. 81 Auxerre, article 271. dit que le preneur est crû de la prise jusques à trois sols d'amende, & de son dommage, jusques à cinq sols. Orleans, art. 158. & Touraine, article 203. pour le dommage jusques à cinq sols. Et de même Berry, article 1. des droits Prediaux. Sens, article 155. parle de la prise faite par le sergent messier ou forêtier, qui est crû jusques à cinq sols. Nivernois audit chapitre de prises, article 10. excepte les prises faites és vignes dépuis saint Laurent, jusques à vendanges, parce que le preneur doit rendre les bêtes à Justice, pour être mises separément, & connoître si elles ont mangé raisins, pour les causes, & ainsi qu'il a été dit cy-dessus.

Par la plûpart des Coûtumes l'amende de prises en dommage à garde faite est de soixante sols. Nivernois des prises de bêtes, article 9. Berry des droits Prediaux, article 4. Touraine, article 203. Troyes, art. 171. Mais Bourbonnois, art. 529. & Auvergne, chap. 28. art. 8. & 9. disent bien l'amende de soixante sols, mais donnent la moitié à la Justice, & l'autre moitié à la partie interessée outre son dommage, si c'est de jour, & si c'est de nuit, mettent la confiscation du bétail par moitié, comme dessus. La garde faite de nuit est vrai furt, & furt qualifié : pourquoi je croy qu'il y échet, outre la peine de la Coûtume, amende arbitraire. Auvergne audit ch. art. 18. ajoûte, qu'audit cas de confiscation le preneur n'est pas crû de la prise, & je croy être general que la garde faite doit être prouvée par deux témoins, comme tous autres delits ; & la garde faite implique furt ; car furt se dit aussi-bien de celui qui use du bien d'autrui outre son gré, que celui qui veut gagner le même corps, & la même chose d'autrui. Orleans, article 156. met à parti pareil quand le pasteur garde ses bêtes en l'heritage d'autrui; & quand les bêtes sont sans garde, & que le berger soit proche du lieu où les bêtes sont en dommage, excepté si les bêtes étoient effarouchées, & que le pasteur les poursuivît. Bourbonnois, article 531. deffinit la garde faite, si le pasteur de fait garde ses bêtes en l'heritage défensable, ou s'il est proche du lieu & les puisse voir, ou s'il a débouché l'heritage où ses bêtes sont en dommage; & je croy que cette décision doit être tenuë pour generale, car chacun doit garde à son bétail, celui qui est negligent à garder, & sçait bien que la bête selon son naturel ne faillira pas d'aller en dommage, est la vraye cause du dommage; & selon la subtilité du droit Romain, ores que l'action Aquilie ne compete pas, l'action *In factum*, qui est de même efficace est octroyée. *l. si servum in fin. ff. ad leg. Aquil.* Aussi Melun, article 309. dit quand il y a garde faite que le proprietaire n'est reçû à quiter la bête pour le dommage. La raison de ce dernier dit & des precedens est, que la garde faite de vrai implique dol & furt, & les autres cas sont de coulpe trop large, laquelle selon la présomption de droit est reputée dol, & quand la coulpe est précedente, on n'est pas liberé en quitant la bête pour le dommage, *cap. ult. extra de injuriis. l. 1. juncta glossa ff. si quadrupes paup.* Et à cause de cette coulpe large, l'amende doit croître.

Si les bêtes sont telles qu'on ne les puisse facilement apprehender pour les rendre à Justice, comme oyes & volailles. Il est permis d'en tuër une ou deux, & les laisser sur le lieu, ou bien intenter action. Orleans, article 162. Touraine, article 207. & Blois, art. 222. disent de même quant aux oyes qui sont és blés ou prés. Auvergne, chap. 28. art. 24. dit s'il y a vingt oyes ou plus és prés, il est permis d'en tuër deux, si moins une. Par la Loi des Bourguignons faite par Gondebaud Roi, chap. 23, art. 5. est dit des porcs faisans dommage, que si le maître d'iceux admonêté par deux fois de les bien garder, n'en est soigneux: il est loisible à celui qui souffre dommage, de tuër le meilleur, & l'appliquer à son profit. Semble qu'il y ait quelque raison de permettre de tuër ou offenser les bêtes qui sont fuyardes & mal-aisées à arrêter comme porcs, parce qu'en les poursuivant ils font tant plus de dommage. Et si ce n'est de tuër, pour le moins de les blesser à une des jambes, afin qu'ils cessent de courir, & soient remarquez pour demander réparation du dommage.

Aucunes Coûtumes mettent temps certain pour intenter action de dommage, comme de vingt jours. Orleans, article 151. En Nivernois est observé sans loi écrite, qu'il en faut intenter action dedans la seconde ou tierce expedition des jours de la Justice ordinaire du lieu, autrement on n'y est plus recevable.

Combien que ce soit personne privée qui ait pris les bêtes en dommage, toutefois celui qui rescoût & ravit les bêtes, empêchant qu'elles ne soient menées à Justice est amendable, comme s'il avoit spolié la Justice; car pour l'utilité publique & pour la necessité de l'affaire a été permis à chacun d'être sergent en sa cause, parce qu'en allant chercher un sergent la bête échaperoit. A quoi se rapporte ce qui est dit par le texte & la glosse *in l. ait Prætor. §. si debitorem. ff. quæ in fraud. cred.*

Berry, des droits Prediaux, article 19. dit que les heritages étans sur les grands chemins, & à l'issuë des Villes & Villages, doivent être dûement boûchez, autrement n'y échet prise sinon à garde faite. Bourbonnois, art. 533. dit que les voisins peuvent contraindre le proprietaire à boûcher son heritage. Ce que dessus ne doit pas être reçû indifferemment, car chacun doit donner garde à son bétail. Et en plusieurs contrées, comme en Beausse, Sologne & autres, les campagnes & varennes ne sont pas boûchées. Il est donc bien à propos d'étendre ce que dessus, és terres & heritages qui sont environnées de hayes, qui peuvent être avec peu de frais entretenuës.

Le gect d'un fossé étant entre deux heritages, montre que le fossé appartient à celui du côté duquel est le gect. Et si le gect est des deux côtez, le fossé est commun. Auxerre, article 115. Orleans, article 252. Reims, article 369. Berry, des Servitudes réelles, article 14. & ajoûte, s'il n'y a aparence de gect, que le fossé est commun. Et si une haye vive ou buisson est entre le pré d'une part, & terre, vigne ou bois d'autre part, elle est censée du pré. Berry, titre des droits Prediaux, article 22. Ce que je ne voudrois tirer en consequence pour autre Province, quant à la vigne: parce qu'elle est de défense en tout temps, & selon l'usage commun on est aussi soigneux de boûcher la vigne comme le pré. quant à la terre labourable, la raison dudit article de Berry est generale. Comme se dit de la vigne ou pré, aussi faut dire du jardin.

Auxerre, article 117. permet prendre passage par l'heritage du voisin au plus proche du chemin, & au lieu moins dommageable, pour cultiver & dépoüiller heritages enclavez en dedans les heritages d'autrui: sans pour ce aquerir saisine. La raison de cét article est generale & consonante à la police, par laquelle la societé des hommes est conservée: & ainsi dit le droit Romain. *In l. si quis sepulchrum. ff. de religios.* que les Docteurs disent être cas special, mais avec grande raison la Loi doit être dite generale aux charges portées par la Loi, de satisfaire le voisin du dommage qu'il peut souffrir en passant; & en cas qu'on ne s'en puisse accorder de gré à gré, que le Juge en ordonne. A quoi fait la *l. 1. ff. de glande legenda. & l. Julianus. §. glans in fine. ff. ad exhib.* où est permis d'entrer en l'heritage d'autrui pour sa necessité, & à la charge de réparer le dommage s'il en advient.

DES BOIS ET USAGES en iceux.

LA Coûtume de Nivernois met trois sortes de bois, & cette distinction est presque generale en France: Les uns sont bois de garenne, les autres bois sont dits gros bois, bois de garde, ou bois de haute fustaye; les autres sont bois taillis & de coupe.

Garenne par ancienne appellation Françoise signifie un heritage, qui en tout temps est de défense, ores qu'il ne soit clos, & suivant ce dit-on riviere en garenne, en laquelle n'est permis de pêcher en quelque temps que ce soit. Selon l'usage plus commun, garennes sont bois & buissons, destinez à nourrir & multiplier connils. Garennes en general, sont défensables en tout temps. Nivernois, chapitre des Bois & Forêts, article 1. & 2. Berry, titre des droits Prediaux, article 14. Auvergne, chap. 28. art. 22. parlant des anciennes Garennes. Troyes, article 178. Mais Poitou, article 198. dit que Garennes à Connils sont défensables en toutes saisons de l'an, non seulement pour la chasse, mais aussi pour le pâturage des bêtes. Et qui chasse en Garenne à Connils sans le gré du maître, est puni comme de furt. Nivernois, chapitre des Bois & Forêts, article 16. Orleans, article 167. Par Ordonnance du Roi Jean, de l'an 1355. est défendu de faire nouvelles Garennes, ni faire accroissement des anciennes, parce qu'elles empêchent les labourages, & par ladite Ordonnance est permis de chasser esdites nouvelles Garennes, sans peril d'amende. Ez Capitulaires de Loüis Empereur, *lib.* 4. *art.* 65. est défendu de faire nouvelles forêts, & celles qui seront faites est commandé les abolir. Selon ladite Coûtume de Nivernois audit article bois sont présumez Garennes, esquels sont clapiers, fossez d'ancienneté, ou ancien nom de Garenne. Selon la Coûtume de Bretagne, article 391. les nobles peuvent faire faux à connils en leurs terres, au cas qu'il n'y auroit Garenne à connils à autre Seigneur és lieux prochains.

Les autres bois qui sont dits de haute fustaye, & portent paisson, sont défensables & de garde en certain temps, Sens, art. 153. & Auxerre, art. 267. disent que bois sont reputez de haute fustaye, qui sont bons à maisonner, qui portent glandées, & n'y a en iceux memoire de culture, ni qu'ils ayent été coupez. La plûpart des Coûtumes font lesdits bois défensables depuis saint Michel, ou saint Remy, qui sont à deux jours prés, jusques à la fête saint André, dernier Novembre, comme Sens, art. 151. Auxerre, art. 169. Troyes, art. 175. Bourgogne, art. 122. La Coûtume de Nivernois fait la défense depuis saint Michel jusques à la Chandeleur, second de Fevrier, au chapitre des Bois, article 3. & 4. Mais Poitou, article 197. les fait de défense, dés que le gland commence à chéoir, jusques à la fête saint André. Et je croy qu'és Provinces où la défense commence à saint Michel, si l'année se trouve plus avancée que de Coûtume, que le proprietaire peut par Justice, avec sommaire connoissance de cause faire avancer la défense, & aprés la publication, les prises seront de telle efficace, pour le dommage & pour l'amende, comme si c'étoit aprés la fête saint Michel. Berry, des droits Prediaux, article 12. commence la défense à la my-Aoust, & la fait durer jusques à Pâques. Les Coûtumes, pour la plûpart ordonnent l'amende & le dommage, quand aucun y méne ses bêtes en temps de défense : mais Auxerre, article 266. y met la confiscation des porcs, qui sont pris à garde faite. Orleans, article 154. défend mener bêtes és bois & forêts anciennes en toutes saisons de l'année, si on n'a titre d'usage; & permet és écrûës de bois, venus és terres labourables, d'y mener bêtes, depuis saint Remy, jusques au premier Janvier. La Coûtume de Nivernois, chapitre des Bois, article 4. & de Blairie, art. 5. permet mener les bêtes en vaine pâture, hors ledit temps de glandée & défense és bois de haute fustaye. Mais je croy que cette permission vient dés le temps ancien, que le païs étoit fort couvert de bois, & que l'on n'en tenoit compte. Car en permettant à toutes bêtes, même aux bêtes broutans d'y aller depuis la Chandeleur; c'est ôter tout moyen de repeupler un bois ancien par le gland ou faîne qui chet des arbres, & est enterré par les porcs, en fougeant au temps de paisson. Pourquoi je croy que les proprietaires des bois de haute fustaye peuvent tenir à cette occasion leursdits bois en défenses en toutes saisons de l'an, en le faisant publier par autorité de Justice, si ce n'étoit que les sujets ou voisins y eussent droit d'usage, dont ils payassent redevance particuliere; car la redevance qui se paye pour la Blairie, n'a sa destination en aucun lieu particulier, ains est en general & confusément pour tous heritages qui sont en vaine pâture. La Coûtume de Nivernois, chapitre des Bois, art. 8. dit si aucun veut mettre un bois de coupe en titre de bois de haute fustaye, qu'il le peut faire aprés vingt ans, depuis la derniere coupe, en le faisant sçavoir par cry public & affiches és lieux accoûtumez. Troyes, article 78. dit qu'il est reputé de haute fustaye, quand il a été trente ans sans couper.

La tierce sorte de bois est bois taillis, ou de coupe, qui a accoûtumé d'être coupé de dix, douze, ou quinze ans, & revient. quand il est nouvellement coupé, il est défendu d'y envoyer bêtes, même celles qui broutent, ores que ce ne fût un usager qui y envoyât. Aucunes Coûtumes disent jusques aprés quatre ans, comme Nivernois des Bois article 7. Blois, article 225. qui dit ainsi pour les usagers, car les non usagers ne peuvent y envoyer en quelque temps que ce soit. Bourgogne, article 121. dit jusques aprés la quarte feüille. Les autres disent trois ans, & un mois de May, comme Berry, titre des droits Prediaux, art. 12. & de même des bois brûlez, Bourbonnois, art. 524. Les autres disent cinq ans, comme Vitry, art. 118. si ce n'étoit que le bois fût si fertile, qu'il pût se défendre avant cinq ans. Troyes, article 179. Mais Poitou, art. 196. dit qu'il est défensable quant aux Chévres pour cinq ans, & quant aux autres bêtes pour quatre ans. Auvergne chap. 28. art. 23. ne met la defense que pour trois ans aprés la coupe. Sens, art. 148. & Auxerre, art. 262. mettent le terme jusques à ce que le bois ait été déclaré défensable par sentence du Juge. Troyes, art. 179. dit qu'il est défensable pour les Chévres à toûjours. Les peines des contrevenans sont diverses selon les Coûtumes; mais par l'Ordonnance du Roi François premier, du mois de Janvier 1518. article 14. la confiscation est ordonnée des bêtes prises és taillis, & par le 30. article est permis aux Seigneurs de s'aider dudit 14. article, qui

est

est fait pour les forêts du Roi. L'usance ordinaire en vente de coupe de bois entenduë, ores qu'il n'en soit rien dit, est de couper en saison dûë, qui est depuis la my-Aoust, jusques à la my-May, car la coupe depuis la my-May jusques à la my-Aoust, quand le bois est au fort de la seve, fait mourir, ou diminuë la vigueur du bois.

Le commun droit d'usage est de prendre bois mort & mort-bois, tant pour chauffer que pour autres necessitez, comme pour boûcher ses heritages. Mort-bois est bois vif, non portant fruit. Bois mort est bois abbatu & chû, ou qui est sec debout, qui ne peut servir qu'à brûler. Ainsi dit Nivernois des Bois & Forêts, article 11. & 12. Quant au mort-bois se trouve une Ordonnance dudit Roi François du 4. Octobre 1533. par laquelle il veut qu'au Parlement de Paris soit observée la definition qui est en la Charte Normande, que mort-bois soit entendu bois de saule, morsaule, épine, puyne, seuz, aulne, genest, genévre, & non autres arbres, mais par ladite Ordonnance de l'an 1518. article 25. vers le milieu le tremble, le charme & le bouleau ou boulas, sont reputez mort-bois, parce qu'ils ne portent aucun fruit servant à usage, & ainsi est observé en ce païs de Nivernois. Et quant au bois mort, il ne faut pas interpreter ainsi cruëment : car si le vent a abatu quelque arbre, qui ne prenne plus de vie en terre, ou si un tiers, par mégarde ou autrement, avoit coupé un arbre, qui de vrai fût bois mort : il n'appartiendroit pas à l'usager, non plus qu'à l'usufruictier ; combien que de vrai ce soit bois mort. *l. arborib. ff. de usu.* Car tel bois peut servir à faire ouvrage. Et nôtre coûtume prudemment ajoûte à bois-mort ce mot, *qui ne peut servir qu'à brûler.* Par l'Ordonnance de l'an 1516. article 47. les usagers ne peuvent se servir du bois, sinon au lieu pour lequel ils sont usagers ; Et ne peuvent vendre leur droit d'usage à personne qui en dût emploïer & user plus largement, ores qu'ils vendent les maisons pour lesquelles ils sont usagers, ladite Ordonnance, art. 88. Et si l'usager devient en beaucoup plus grandes facultez & moyens, en sorte qu'il doive faire plus grande dépense de bois, son usage sera reglé selon l'état qui étoit au temps de la concession, par la raison du chapitre, *quantò. extra de censib. l. damni 18. §. si is qui unas. ff. de damno infect.*

Aucuns usages sont pour prendre bois à bâtir, & tels usagers n'en peuvent prendre sans qu'il leur ait été marqué par le Seigneur ou son forêtier, & si la marque est refusée aprés sommation judiciaire & huit jours passez l'usager en peut prendre. Nivernois des Bois & Forêts, art. 13. & 14. Ladite Ordonnance de l'an mil cinq cens seize, article 46. veut en délivrant du bois, qu'on ait égard à l'état de la Forêt, & à ce qu'elle peut souffrir. Et en toutes servitudes faut appliquer temperament pour en user, avec le moins d'incommodité du fonds servant que faire se peut. *l. si cui simplici. ff. de servitut.* Donceques doit l'usager déclarer quel bâtiment il veut faire, car s'il ne lui étoit necessaire, ou grandement utile, ou s'il le vouloit faire plus grand que n'est la portée du ténement, le Seigneur pourroit refuser par la raison de la *l. ergò. in fine. ff. de servit. prædior. rust.* Et ores que la coûtume permette à l'usager de prendre du bois aprés le refus, il s'entend qu'il en doit prendre avec bon ménage, non tout à un lieu, mais par cy & par là où le bois est plus épais, & bois qui commence à se gâter par la cime, s'il y en a, par la raison de ladite *l. si cui simplici.*

Les usagers ne peuvent vendre ni donner bois, herbe ou autre chose croissant au bois, ni mener bêtes d'autrui avec leurs bêtes. Nivernois, chapitre des Bois, article 15. Troyes, article 147. dit que si l'usager vend à non usager, ou transporte hors le lieu d'usage, il y a confiscation de la chose enlevée, amende de six sols, & privation de l'usage pour un an.

Les usagers ayans droit de paisson, ne peuvent en temps de garde mener au bois autres porcs que de leur nourriture, & qui soient de l'Auge de Mars, c'est à dire ceux qui leur appartenoient, le jour de Nôtre-Dame en Mars auparavant, & qui depuis ce temps jusques à la paisson en son procréez. Nivernois, chapitre des Bois, article 19. Et peut le Seigneur proprietaire du Bois, environ le temps de la paisson, faire enquerir le nombre des porcs que chacun usager a, & vendre la paisson de son bois, à la charge de l'usage, art. 20. & 21. du même chapitre. Ce ménagement a été introduit pour éviter les fraudes que les usagers eussent pû faire en achetant quantité de porcs, au temps que l'on peut juger le gland être asseuré, qui est vers la my-Aoust, pour surcharger l'usage : mais au mois de Mars il n'y a aucun moyen de s'asseurer s'il y aura du gland, & depuis le mois de Mars jusques à la paisson, il y a six mois, dont les trois premiers sont les plus difficiles & incommodes de toute l'année, à nourrir porcs ; qui fait qu'il n'y a si grand moyen à l'usager de faire fraude au proprietaire, quand il est dit qu'il ne peut mener en l'usage autres porcs, sinon ceux qui lui appartenoient le 25. Mars.

La possession qui doive être valable & legitime pour la saisine & afin de maintenuë & garde, ou pour aquerir droit par prescription en droit d'usage de bois, n'est pas comme les vulgaires & communes possessions, esquelles le simple fait de joüissance suffit, mais en ce droit d'usage est requis d'avoir titre, ou bien joüissance avec payement de redevance, ou bien joüissance par temps immemorial, qui vaut titre. Ainsi dit Nivernois, chap. des Bois, art. 9. & 10. Et Bourgogne, art. 120. Vitry, art. 199. dit de même, hormis quant à la possession immemoriale, mais dit au lieu de titre, si on a aquis l'usage auparavant quarante ans. La raison de ce que dessus, est que les bois ne sont frequentez ordinairement ni souvent ; qui fait que les joüissances doivent être tenuës pour clandestines ; qui sont regentées, & du possessoire, & de la prescription. Cela est remarqué au droit Romain, *in l. quamvis saltus. ff. de adq. poss.* Aussi selon ledit droit és servitudes, qui n'ont cause continuelle, la possession de temps immemorial est requise pour la prescription. *l. hoc jure. §. ductus aquæ. ff. de aqua quotid. & æstiva.* Sinon que la science & connoissance y soit de celui contre lequel on veut prescrire. *l. 2. C. de servit. & aqua.*

Nôtre Coûtume a voulu donner une marque certaine à cette science, qui est le payement de la redevance : lequel payement, outre l'effet de science produit une tacite convention, car le payement de redevance a son effet reciproque. *l. plures. C. de fide instrum.* Ez choses corporelles la science de l'adversaire n'est requise. *l. ult. C. de prescrip. longi temp.*

DES COMMUNAUTEZ & Societez.

SELON la Coûtume de Nivernois, chap. des Communautez & Societez, art. 1. Communauté n'est aquise tacitement par demeurance qu'aucunes personnes font ensemble, s'il n'y a convenance expresse. Ainsi dit Bourbonnois, art. 267. Laon, art. 266. Reims, art. 385. Orleans, art. 213. ajoûte convention expresse & par écrit. Ces mots par écrit, semblent avoir été ajoûtez en consequence de l'Edit de Moulins 1566. qui veut tous contrats excedans cent livres, être passez par écrit. Touraine, article 231. de même & excepte le mariage. Autres Coûtumes tirent plus au large, disans quand aucunes personnes majeures de vingt-cinq ans, usans de leurs droits vivent ensemble, à commun pot, sel & dépense, faisant communication de leurs gains & profits par an & jour, que la Communauté & Societé de meubles & conquêts est aquise entr'eux. Ainsi dit Poitou, article 231. Sens article 280. Auxerre, article 201. Berry, des Mariages, art. 10. Troyes, art. 101. Sinon qu'il apparût que ce fût par familiarité, ou amitié, ou si c'étoient parens, serviteurs, & autres personnes nourries par affection ou service. Ainsi dit Sens, art. 281. Auxerre, art. 202. Poitou, art. 231. Troyes, art. 102. Surquoi, pour la difference sera consideré que Nivernois & Bourbonnois parlent de demeurance ensemble, & non de communication de gains & profits. Cette communication de gains est le plus fort argument de Communauté & Societé ; car comme tacitement elle est dissoûte, quand les associez commencent à faire chacun ses affaires à part. *l. itaque. ff. pro soc.* Ainsi se peut dire, que par tacite consentement elle est contractée, selon la regle *per quas causas. Salicet. in l. si patruus. C. comm. utriusque jud.* use de cét argument ; & parce que cette Communauté tacite est fondée en présomption, il se peut dire que la présomption contraire doit faire juger autrement. Pourquoi il est bon d'en juger par les circonstances, quand la Coûtume n'y est pas formelle.

Deux freres majeurs de vingt ans étans hors de puissance de pere, demeurent ensemble par an & jour, ayans leurs biens mêlez, & faisans communication de gains, sont reputez communs. Ainsi dit Nivernois des Communautez, article 2. & Bourbonnois, art. 267. qui ne parle de communication de gains.

Le gendre, ou la femme du fils venans demeurer avec leurs beau-pere & belle-mere, ou l'un d'eux, & apportans leurs droits en la Communauté, aquierent par an & jour Communauté avec leursdits beau-pere & belle-mere, & leurs personniers. Ainsi Nivernois des droits appartenans à gens mariez, art. 21. Mais Bourgogne Duché, chap. 6. art. 5. dit que la femme du fils n'aquiert Communauté, ains doit seulement remporter ce qu'elle a apporté. Cét article de Nivernois est singulier pour le païs, & se doit entendre simplement quant aux maisons des villages, qui selon la constitution du païs, consistent toutes en familles & assemblées de plusieurs personnes en une Communauté. Mais quant aux maisons de ville en Nivernois, je croy qu'il en faut juger *ex causa*, selon les circonstances & présomptions, parce que les Communautez ne sont pas ordinaires és maisons de ville, comme és champs.

Si aprés le decés de l'un des deux conjoints par mariage, le survivant ne fait inventaire des biens de la Communauté, qui soit bien & solemnellement fait avec personne capable, les enfans aquierent Communauté avec ledit survivant, si bon leur semble, & est à leur choix de prendre la Communauté, ou de prendre leur part des biens tels qu'ils étoient lors de la dissolution du mariage. Et tous les enfans ne font que pour une portion, telle que le défunt avoit. Ainsi dit Paris, art. 240. Poitou, art. 234. & 236. Sens, art. 93. & 94. & art. 283. & 284. Auxerre, 204. & 205. Berry, des Mariages, art. 19. & 20. qui ajoûte qu'autant en faut dire pour les heritiers du défunt autres que les enfans; & autant en dit Poitou, art. 232. Orleans, art. 216. comme Berry. Touraine, art. 348. & 349. Bourbonnois, art. 270. Melun, art. 221. 222. & 223. Senlis, art. 109. Laon, art. 264. Troyes, art. 109. Blois, art. 183. Mais toutes lesdites Coûtumes ne s'arrêtent pas à l'inventaire, car aucunes disent alternativement inventaire, ou partage, ou autre acte solemnel, dérogeant à Communauté. Ainsi Sens, art. 283. Auxerre, article 206. Berry, des Mariages, article 20. Orleans, article 216. Bourbonnois, article 270. Laon, article 264. Mais esdites Coûtumes est à entendre, que si les enfans ou autres heritiers sont mineurs, qu'un tuteur ou curateur y est necessaire, & la tutelle emporte avec soi la necessité d'inventaire, sans lequel un tuteur ne doit administrer. Aussi cette continuation de Communauté est en haine du survivant, qui ne fait pas inventaire, & à ce moyen est ôtée aux enfans la preuve certaine des biens délaissez. Doncques me semble, quand les enfans ou autres heritiers sont mineurs, que l'inventaire bien & dûëment fait, est necessairement requis pour empêcher la continuation de Communauté. Si les enfans ou autres heritiers sont majeurs, se peut dire que la Societé est dissoluë par la seule & nuë déclaration de volonté de l'un des associez, *l. verum in fine. ff. pro socio.* Aucunes desdites Coûtumes mettent le temps de faire l'inventaire. Bourbonnois, art. 270. Poitou, article 232. disent de quarante jours. Paris, art. 241. desire qu'il soit clos trois mois aprés qu'il aura été fait. Aucunes aussi desdites Coûtumes disent, que si le survivant se remarie, que la Communauté se fait par tiers, & si tous les deux qui se remarient avoient enfans de leurs premiers mariages, la Communauté se fait par quart. Paris, article 240. Poitou, article 236. Sens, article 93. & 94. & ajoûte ces mots, *soit que l'un des mariez y ait assez ou peu apporté* Auxerre, article 205. Touraine, article 349. Melun, article 222.

Et si plusieurs enfans de l'un desdits mariages son reduits à un, lui seul prendra autant que tous eussent pris. Paris, article 243. Poitou, art. 237. dont resulte que l'aquisition de telle Communauté est pour la seule commission de biens, & non à cause des personnes. Mais la Coûtume de ce païs de Nivernois, seule entre toutes les autres, a ordonné autrement au fait de ces Communautez; car au chap. des Communautez, art. 4. & des droits appartenans à gens mariez, article 22. & 23. dit que les enfans mâles âgez de quatorze ans, & femelles de douze ans, ayant droit aquis, aprés le decés de pere ou de mere, aquierent Communauté de biens par têtes & égales portions avec le survivant & ses personniers par an & jour, quand leurs biens sont mêlez, jaçoit qu'ils ne demeurent ensemble, sinon qu'il y ait contradiction de Communauté, qui se doit faire aprés inventaire bien & dûëment fait avec un tuteur ou curateur, qui sera donné ausdits enfans mineurs, & sera noté qu'elle parle seulement des enfans, & non d'autres heritiers du décedé. Du Molin en l'annotation sur la Coûtume de Bourbonnois, article 270. dit que la fille ayant droit aquis par le decés de sa mere, qui a été mariée & dotée competemment par son pere, ne peut pretendre Communauté contre son pere; & dit avoir ainsi été jugé par Arrêt en la maison de Maître Denys Pron, Procureur en Parlement. Selon mon avis nos ancêtres ont introduit cét article, & quelques autres avec grande observation du droit Romain, qui à cét âge définit la puberté, & eussent mieux fait de tirer jusques à la pleine puberté, qui selon le même droit Romain est à dix-huit ans. *l. arrogato. ff. de adopt. l. Mela. ff. de aliment. lega.* Car à cét âge de quatorze & douze ans les ieunes personnes ne sont pas encore en valeur ni en vigueur pour travailler de corps ou d'esprit en une Communauté, à l'effet d'aquerir Communauté par têtes. Aussi eussent mieux fait d'éclaircir quel doit être le droit desdits enfans avant la puberté. Et s'il m'est loisible d'y interposer mon jugement, je dirois selon toutes les autres Coûtumes, que tous les enfans ensemble, jusques à pleine puberté, qui est l'âge de dix-huit ans, ne fussent comptez que pour une tête, & portion semblable en quotité, à la portion du défunt; auquel ils ont succedé, comme continüans la Communauté; & avec cette modification, si bon leur semble, en leur donnant le choix, ou de prendre cette Communauté qui procede du seul mélange de biens, & en haine du survivant, qui ne fait inventaire, ou de demander leur droit, tel qu'il étoit lors du decés de celui auquel ils ont succedé. Et qu'audit âge de 18. ans, qui est de pleine puberté, si la maison & ménage sont tellement établis, qu'avec le labeur ou industrie; comme les biens d'icelle maison s'augmentent; comme és maisons de village indistinctement, & és maisons de ville qui sont d'artisans & marchandise vulgaire, lesdits enfans dûssent aquerir Communauté par têtes. Sinon en cas que le labeur desdits enfans ne puisse vrai-semblablement rien, ou bien peu ajoûter, comme és maisons d'Officiers, Avôcats & autres tels, il n'y ait autre avantage pour lesdits enfans, sinon continuation de Communauté à eux tous, pour la même portion du défunt. Or puisque nôtre Loi est telle, il la faut observer telle: mais à entendre que l'an & jour est requis outre la puberté, tellement qu'à la fin du quinziéme & du treiziéme an, la Communauté par têtes est aquise.

Selon ladite Coûtume de Nivernois audit chapitre des Communautez, art. 3. la Communauté expresse ou tacite comprend les meubles faits auparavant & durant icelle, & les conquêts faits durant icelle. Mais Orleans, article 214. dit des meubles & conquêts faits durant la Societé, qui peut engendrer confusion quant aux meubles, si ce n'étoit qu'à l'entrée de la Societé y eût inventaire. Les Docteurs Ultramontains, ausquels le droit Romain est droit commun, disent que selon la communication de biens & gains, il faut juger quelle est la Societé, & s'il y a seulement communication en quelque sorte de gains & profits, la Societé ne soit étendüe plus avant qu'en cette sorte de trafic & de biens. Ce qui a grande raison és Societez tacites, qui sont introduites par présomptions & conjectures de volonté; & selon ledit droit Romain qui a pris les Societez plus à l'étroit, que nous ne les observons en France.

La même Coûtume de Nivernois parlant de ces Communautez & associations, dit que les meubles qui échéent par succession à l'un des communs personniers, sont communs à tous les autres, & les immeubles écheans par succession, sont propres à celui auquel ils échéent. Au chap. des Communautez & associations, art. 9. Bourbonnois, art. 276. quant aux immeubles s'entend par la proprieté: car les fruits entrent en la Communauté pour le temps qu'elle dure. S'entend aussi que celui auquel échet la succession de meubles, doit lui-même déclarer s'il veut être heritier. Et ne peut le maître de Communauté faire son personnier heritier outre son gré: jaçoit qu'en l'heredité n'y ait que des meubles, & que le maître ait la pleine administration des meubles; car l'adition d'heredité peut avoir son effet plus avant que des meubles, & autres biens qui sont en icelle, & ne peuvent dire les personniers que fraude leur soit faite en repudiant une heredité, non plus que le créancier quand son debiteur repudie. Ainsi dit la *l. qui autem. ff. quæ in fraudem cred. l. 1. §. utrum. ff. si quid in frudem patroni.* Est à excepter, si par convenance expresse la Communauté est de tous biens; car en ce cas les heredités d'immeubles sont comprises.

Le chef & maître d'une Communauté peut sans autre procuration de ses communs agir & être convenu pour le fait de la Communauté en actions personnelles & possessoires. Ainsi dit Nivernois audit chapitre, article 5. & Bourbonnois, article 268. Berry, des Mariages, article 22. dit que les contrats faits par les administrateurs de Communautez pour les meubles d'icelles, profitent & nuisent à tous les associez. Sera consideré que selon l'erreur ancienne des Praticiens, les actions personnelles sont icy entenduës pour actions mobiliaires, & non pour toutes personnelles, même pour les personnelles qui concernent directement immeubles, qui ne peuvent être exercées, sinon par celui qui a pouvoir d'aliener. *l. ait Prætor. §. quid autem. ff. de jure delib.* Ce pouvoir des maîtres de Communautez peut recevoir temperamment par le même texte de Nivernois en ces mots, *pour le fait de la Communauté* ; afin de ne comprendre pas en ce pouvoir toutes sortes d'obligations mobiliaires, ains seulement celles qui vrai-semblablement, selon la quantité, la qualité de ce qui est contenu en l'obligation, & selon la saison sont pour l'utilité & affaires d'icelle Communauté. Et en ce le créancier doit avoir quelque mediocre soin s'il veut aquerir obligation sur tous les personniers. Et à ce propos sert le beau discours fait par le Jurisconsulte. *In l. ult. ff. de exercit. act.* mêmément quand la somme de deniers est grosse, le plus seur est d'avoir les consentemens de tous les personniers ou de la plûpart. Aussi la même Loi Romaine limite le pouvoir, tant ample soit-il, à ce qu'il est de bonne foi. *l. creditor. §. Lucius. ff. mandati.*

Le bâtiment fait en l'heritage propre à l'un des communs, est propre à lui, comme est le fonds, à la charge de rembourser les frais aprés la Communauté dissolué, selon l'estimation qui sera faite lors d'icelle dissolution. Mais s'il n'y a que réparation, n'y gît remboursement. Nivernois audit chapitre, article 6. & Bourbonnois, article 271. & 272. & se doit entendre le remboursement à ceux qui étoient communs lors de la construction, & selon la portion qu'ils avoient és meubles. Aussi se doit entendre, non pas pour compter tous les frais faits : mais pour estimer en gros ce que le bâtiment peut valoir, & de combien l'heritage en est fait de plus haut prix : qui est ce que remarquent lesdites Coûtumes, de faire l'estimation lors de la dissolution. Car le bâtiment n'est pas fait directement à intention pour enrichir le proprietaire : la Loi ne présume pas la donation, mais pour servir à la Communauté. Il faut donc considerer ce qui reste de profit au proprietaire aprés ladite dissolution. Et quant aux réparations, ce qui est d'entretenement, que les Latins appellent *sarta tecta*, l'article est sans difficulté. Mais és grosses réparations il en faut juger selon la grandeur de l'impense s'il y échet, remboursement ou non. *l. utrum ff. de donat. inter vir. & uxor.* La Coûtume de Nivernois audit article 6. met une exception, qu'entre mariez les bâtimens ne sont sujets à remboursement. Ce qui est peu raisonnable étant pris indistinctement : car c'est un moyen de donner par les mariez l'un à l'autre contre la prohibition de la Loi : Pourquoi me semble qu'il est bien à propos d'y appliquer temperamment, comme si le mary se trouve non solvable, qui a bâti en l'heritage de sa femme, & sa veuve renonce à la Communauté. Je croy que les créanciers pourroient repeter sur la femme ce dont elle est faite plus riche par ce bâtiment : car étant une espece de donation à la femme, les créanciers peuvent tirer d'elle ce en quoi elle est plus riche. *l. qui autem. §. similique modo. §. in hos. ff. quæ in fraudem cred.* Et en autres cas en soit jugé selon la grandeur de l'impense & autres circonstances. *d. l. utrum.* Bretagne, article 603. dit, quand durant le mariage les mariez bâtissent en l'heritage de l'un d'eux, que l'autre doit être recompensé de la moitié de la valeur des materiaux, sans compter la façon. Et article 602. dit si le mari bâtit en l'heritage de sa femme, qui soit fief noble, que le mari ni ses hoirs n'y auront rien.

Si durant la Communauté est aquis ou retrait par lignage un heritage qui soit de l'estoc de l'un des communs, l'heritage lui appartient, à la charge de rembourser aprés la Communauté dissoluë, les autres personniers dans l'an, & à faute de rembourser dans l'an, l'heritage demeure conquêt. Nivernois, des Communautez, article 7. Bourbonnois, article 273. parle de l'aquisition & non du retrait. Auxerre, article 181. entre mariez.

PLUS AMPLE DISCOURS sur ce sera vû cy aprés sous le titre de gens mariez, & de retrait lignager, parce qu'à peu prés les décisions sont semblables à l'égard des mariez, & à l'égard des autres communs.

Si durant la Communauté est fait bail d'heritage à rente ou autre charge à un parent en degré plus proche, habile à succeder au bailleur. Tel heritage est propre au preneur : mais s'il y a entrage de deniers, sera faite recompense aprés la dissolution de la Communauté. Nivernois, chap. des Communautez, article 8. Bourbonnois, article 274. qui ajoûte la raison, parce que tel bail est reputé avancement de succession. Laon, article 114. & Reims, article 39. dit que le seul preneur y a droit. Laon excepte si le preneur étoit marié, auquel cas l'autre conjoint par mariage y est à part.

Si l'heritage propre à l'un des communs a été vendu & racheté, il ne devient conquêt : mais si la vente avoit été faite avant la Communauté, & le rachat durant icelle, gît remboursement aprés la dissolution de Communauté. Si vente & rachat sont durant la Communauté, n'y gît remboursement. Nivernois, chap. des Communautez, art. 11. des droits appartenans à gens mariez, article 29. Bourbonnois, article 278. Poitou, article 345.

Celui qui se sert de la chose commune & indivise n'en doit faire profit aux autres ayans part, sinon aprés sommation de diviser & faire part. Nivernois, chap. des Communautez article 14. Sens, article 282. Auxerre, article 203. Bourbonnois, article 280. Ce qui se doit entendre des choses qui sont en pur usage, selon le mot Latin mis au droit Romain, *Usus*, & quand le profit qui en revient n'est pas de soi divisible, comme demeurer en une maison, envoyer des bêtes pâcager, & autres tels cas. Ce qui est remarqué par ces mots en l'article, *Se sert & indivise.* Aussi la Loi des Romains dit que l'usufruit peut recevoir division. *l. 1. §. si usufructus. ff. ad legem falcid.* Mais l'usage ne reçoit division. *l. usus pars. ff. de usu & hab.* Qui fait que celui qui use & se sert de la chose commune pour son seul usage personnel, n'est tenu d'en faire recompense. Mais si le fruit ou profit est divisible par proportion naturelle, comme de la perception de Dimes, Champarts, de l'herbe d'un pré, & autres telles : Je croy que celui qui a perçû le tout, sçachant bien qu'il n'étoit seul proprietaire & avoit des compagnons, leur doit faire part dudit fruit & profit. Selon l'opinion de la Glosse, *In l. non est ambiguum. C. famil. ercisc. & l. per hoc. §. sicut ff. communi divid.* Même quand ce sont fruits naturels qui viennent sans industrie. *l. fructus. ff. de usuris.*

Selon la Coûtume de Nivernois, chapitre de partage de gens communs, art. 1. Celui qui demande partage doit faire les lods. S'ils ne sont que deux communs, celui qui est provoqué à partage choisira : s'ils sont plusieurs, ils choisiront par sort. Si tous provoquent, la Justice ordonnera faire les lods, & le choix se fera comme dessus. Mais le plus commun usage de France est, que les parties s'accordent de personnes connoissantes pour dresser les lods, elles-mêmes les dressent : puis l'attribution en est faite à chacun par sort. Ainsi dit Berry, titre des partages, &c. art. 1. De vrai le geét à sort ôte toute suspition de malengin ou d'ambition, ou de grace, & chacun des partageans ne sçachant quel lod lui devra avenir, est soigneux que tous soient bien faits. A quoi se rapporte ce qui est dit *In l. generaliter. §. quis ergò. ff. de fideicom. libert. & in l. ult. C. commun. de lega.* En aucuns lieux est pratiqué aprés que les lods sont dressez & accordez de mettre le choix à l'enchere entre les partageans : en sorte que celui qui se trouve le plus haut metteur choisit, & il paye à l'autre la somme à quoi se monte l'enchere. Berry, titre susdit, article 11. 12. & 13. met un expedient, que la Cour de Parlement a suivi par quelques Arrêts. Que si celui qui est joüissant use de delais & subterfuges pour empêcher le partage, le Juge aprés sommaire connoissance ordonne le sequestre de tous les biens communs, desquels le commissaire doit faire bail par accense au plus offrant, & bailler à chacun sa contingente portion de deniers de la ferme. Il y en a un Arrêt de la prononciation solemnelle du septiéme Septembre 1534. entre ceux de Gompner. Autre Arrêt en plaidant, du dix-huitiéme Decembre 1543. & autre du Vendredi de relevée douziéme Fevrier, mil cinq cens cinquante & un.

Convenances de succeder sont pratiquées en Nivernois, Bourbonnois, & Auvergne, en traité de mariage, & faveur des mariez, comme sera dit cy-aprés. Et outre ce Auvergne, chap. 15. art. 1. & 2. a reçû telles convenances de succeder en contrat d'association universelle de tous biens ; & en est parlé par Masuer docte Praticien d'Auverghe en sa pratique, titre des successions, article 47. Dont ne sera parlé plus avant icy, parce qu'il en est parlé plus amplement cy-aprés.

DES DROITS DE MARIEZ.

LA femme mariée, aprés les paroles de present & solemnisation du mariage en face de l'Eglise, est en la puissance de son mary, & hors de la puissance de son pere, & ne peut contracter ni ester en jugement, sans autorité de son mari. Nivernois, ch. des droits appartenans à gens mariez, art. 1. Paris, art. 223. Poitou, article 225. Sens, art. 111. Auxerre, art. 221. Melun, art. 213. Bourbonnois, art. 232. Orleans, art. 194. Troyes, art. 80. Laon, art. 19. Reims, art. 12. & 15. Blois, art. 3. Bourgogne, art. 20. Aucunes desdites Coûtumes mettent la nullité des contrats que la femme fait sans autorité, tant à l'égard de son mari que d'elle, ou ses heritiers, aprés la dissolution du mariage, Paris, art. 223. Poitou, art. 225. Auxerre, art. 207. Berry, de l'état & qualité des personnes, art. 16. & 17. Laon, art. 19. Reims, art. 13. Touraine, art. 232. Cette décision de nullité absoluë a été tirée des subtilitez du droit Romain, en ce que l'acte fait par le fils de famille, étant en puissance, demeure nul, *etiam* aprés son émancipation. *l. si filius famil. ff. de testam. l. 1. §. certè. ff. ad Maced n.* & ainsi a-t'on voulu inferer de la femme étant en puissance de mari : mais il semble, puisque la seule puissance du mari rend la femme inhabile à disposer, que le seul respect du mari doit faire la nullité, & non pas que la nullité y soit de par soi. La femme considerée de par soi, qui est en âge de majorité, peut sans difficulté faire toutes sortes de contrats, parce que sa personne n'est en aucune prohibition : la survivance du mari, qui a la femme en sa puissance, offusque, & couvre cette liberté de la femme. C'est donc pour le seul respect de ladite puissance que la prohibition y est, qui est empêchement temporel, non-inherent à la personne, mais etant en dehors & causatif, qui doit cesser quand la cause cesse.

La plûpart desdites Coûtumes exceptent trois cas, esquels la femme peut ester en jugement, & contracter sans l'autorité de son mari. L'un si la femme est appellée en jugement pour injures, ou autre delit. L'autre que la femme ne peut contracter, & ester en jugement sans autorité de son mari, si la femme est marchande publique, au sçû, & avec la permission ou tolerance de son mari. Le tiers cas est si la femme est separée de biens. Au premier cas parle Poitou, art. 226. Berry, de l'état & qualité des personnes, art. 11. Bourbonnois, article 169. & ajoûte tant en demandant qu'en défendant, & que le mari n'en est tenu durant le mariage, mais le mariage étant dissolu, elle en est tenuë. En semblable cas, nous n'observons pas en France la *l. clarum. C. de auct. prest.* par laquelle est dit qu'en matiere criminelle le mineur accusé doit être autorisé. Ce qui dépend de l'observation generale, que celui qui est accusé, doit répondre par sa bouche sur le delit, sans ministere d'Avôcat, Procureur, ni conseil. Orleans, article 200. Pour le cas en demandant en action d'injure ou autre criminelle, fait ce qui est dit au droit Romain du fils de famille, *l. filius fam l. ff. de act. & oblig. l. si longius. §. 1. ff. de judic.* Quant au second cas, si elle est marchande publique. Paris, article 235. définit que marchande publique est celle qui fait marchandise separée, & autre que celle dont son mari se mêle. Nivernois, chap. des droits appartenans à gens mariez, art. 1. définit un peu plus au large, si elle fait negociation, son mari le sçachant, & ainsi disent Poitou, art. 227. Auxerre, art. 207. Melun, art. 213. Laon, art. 19. Reims, article 13. Bourgogne, article 20. Comme advient quelque-fois que les maris se fient à leurs femmes, non seulement pour vendre en détail la marchandise de la boutique, mais aussi de conduire tout le fait de la marchandise, tant en gros qu'en détail, tant à acheter qu'à vendre. Auquel cas je croy que le mari est tenu du fait de sa femme, ores que la femme negotie en la même marchandise de son mari : car le mari par sa sçience & tolerance est censé l'avoir préposée à toute cette marchandise, encore que ce soit la même marchandise, où il s'employe, comme il est geral, à l'égard de toutes personnes, dont l'une a commandement sur l'autre. Le maître est tenu civilement des delits commis par ses serviteurs, en la charge qu'il leur a commise, *Bart. in l. 1. §. familiæ. ff. de publican. & vest. glos. in l. observare. §. proficisci. ff. de offic. proconf.* Ainsi est dit és Capitulaires de Charlemagne, *lib. 4. cap. & lib. 5. cap.* 189. & s'impute à la faute du maître, qui ne les a corrigez. Ce qui se rapporte à la *l. videamus ff. locati.* Soit vûë la distinction. *in l. ult. §. servorum. ff. nautæ, caupon.* entre les serviteurs mercenaires, & les domestiques necessaires, comme femme, enfans, serfs. Aucunes Coûtumes en ce cas de marchandise publique disent que la femme peut être convenuë, mais non pas agir sans autorité. Poitou, art. 227. Laon, art. 19. & Reims, art. 13. disent qu'audit cas elle ne peut ester en jugement. Mais Nivernois au lieu susdit, Touraine, art. 232. Auxerre, art. 207. Melun, art. 213. disent que la femme marchande publique peut contracter, convenir en jugement, & être convenuë sans autorité de son mari, pour le fait de la marchandise, & que son mari en est tenu. Blois, art. 3. & 181. dit que les biens de la Communauté en sont tenus. Berry, de l'état & qualité des personnes, art. 7. & 8. dit que si elle exerce la marchandise sans l'aveu de son mari, qu'elle peut agir & être convenuë, mais le mari n'en est tenu. Si avec son aveu exprés & & tecite, qui s'entend quand la science & patience du mari y sont : car celui qui a commandement, quand il endure sans contredit, est censé consentir, *l. 1. §. scientiam. ff. de tribut.* le mari en sera tenu, & des dettes par elle faits à cette occasion, & de même Bourbonnois, art. 168. Le tiers cas est, si la femme est separée de biens d'avec son mari, auquel cas elle peut contracter, & ester en jugement, Paris, art. 224. 234. & 236. & ajoûte que la separation soit executée par effet. Blois, art. 3. Melun, art. 213. laquelle separation de biens doit être faite par autorité de Justice, avec sommaire connoissance, autre que par le consentement des mariez, & publication en jugement, comme sera dit ailleurs. Auvergne, chap. 14. art. 1. & 9. met la femme en puissance de son mari, & de son fiancé, & nonobstant icelle lui permet de disposer de ses biens parafernaux. Ce sont les biens qu'elle a outre sa dot, sans congé de son mari, à l'égard desquels biens elle est Dame de ses droits, & en peut disposer envers autre qu'envers son mari, ou les enfans de lui d'autre lit, ou ceux à qui le mari peut succeder. Que si le mari refuse d'autoriser sa femme és cas où l'autorité est requise, elle peut avoir recours à Justice pour être autorisée. Ce qui s'entend mêmément pour les actes judiciaires. Troyes, art. 80. & Nivernois, chap. des droits appartenans à gens mariez, art. 6. Bourbonnois, art. 237. Car pour contracter & s'obliger, je croy que la Justice ne la doit autoriser, sinon aprés avoir oüy le mari, & si la disposition qu'elle veut faire, lui est necessaire ou utile & honnête, car la puissance du mary n'est pas un droit superficiaire, comme on dit des personnes, desquelles par honneur il faut prendre l'avis, jaçoit qu'on ne soit tenu de le suivre, *ut in cap. cum olim. extra. de arbit. l. quidam decedens, vel l. ita autem. §. Papinianus. ff. de administ. tut.* Ains le mari, pour l'interêt qu'il a comme chef de mariage, a droit de contrôller toutes les actions de sa femme ; pourquoi en tel cas de contracter, la femme ne doit être autorisée par Justice, au simple refus du mari, ains aprés que la Justice a connu que le mari n'a aucune juste cause de refuser ; & quant au fait de Justice, Orleans, art. 201. dit que le mari ne sera tenu des jugemens durant le mariage, sinon pour le profit qu'il en auroit reçû, ou sinon qu'il ait autorisé sa femme.

Les Coûtumes de Nivernois audit chap. art. 1. & Bourgogne, art. 20. ne permettent à la femme de tester sans autorité de son mari. Mais Poitou, art. 275. Auxerre, art. 238. Berry, des testamens, art. 3. & Reims, art. 12. permettent à la femme mariée de tester sans autorité de son mary. De vrai le testament ne peut & ne doit être sujet à autorité, ni aucunément dépendre de la volonté d'autrui, ains doit mouvoir de la pure & entiere liberté du testateur. *l. illa. ff. de hered. instit.* Pourquoi semble que cessant la prohibition de la Coûtume, ou bien quand le mari ne s'en plaint, on n'a occasion de s'en plaindre ; que le testament de la femme sans autorité de mari est valable és Provinces, où il est prohibé à la femme de tester sans autorité.

Homme & femme mariez sont communs, sans qu'il y ait autre convenance en meubles, dettes, & credits mobiliers, faits & à faire, & és conquêts faits durant le mariage. Ainsi disent presque toutes les Coûtumes de France. Nivernois, des droits appartenans à gens mariez, art. 2. & en l'article premier dit solemnisation en face de l'Eglise. Paris, art. 220. dit dés le jour de la benediction nuptiale. Poitou, art. 229. & dit de la benediction nuptiale en face de sainte Eglise. Nivernois en parlant de solemnisation de mariage en face de sainte Eglise, dit avec plus grande efficace que Paris, qui parle simplement de la benediction nuptiale pour deux raisons. L'une que la benediction nuptiale peut être faite par le Prêtre en maison privée, ou clandestinement sans assemblée. L'autre raison est que toutes nôces ne sont pas sujettes à benediction ; car les secondes & tierces nôces ne reçoivent la ceremonie de la benediction, & y est la benediction défenduë, *cap. 1. cap. vir autem. extra de secundis nupt.* Et que cette ceremonie publique soit requise, est decidé par Marian Socin jeune mon Precepteur, *consil. 31. & consil. 86. vol. 1. & allegat Abbat. in cap. ex tenore. extra qui filii sunt legit. Et hoc decidit idem Abbas, consil. 1. vol. 1.* disant quand il n'y a eu que les paroles de present, sont dits *sponsalia de præsenti & verbum matrimonium importat, sunt verba maritus & uxor, ut sit matrimonium plenè consummatum.* Cette modification de la solemnité publique doit être generale ; car combien que les paroles de present fassent le mariage selon le droit canonique, quant au lien de mariage : toutefois en ce qui dépend du droit civil, comme est la puissance maritale, la communauté & le doüaire, la publication & solemnisation est necessaire, qui n'est pas seulement au ministere du Prêtre par la benediction nuptiale : mais aussi en la grande & notable assemblée des Chrétiens, & au lieu où ils s'assemblent. Sens, article 272. Auxerre, article 190. Berry, chap. des mariages, art. 7. qui dit délors de la solemnisation ou consommation, mais Poitou & Nivernois parlent plus proprement. Bourbonnois, art. 223. se contente de paroles de present. Orleans, art. 186. Touraine art. 230. comme Paris, idem Melun, art. 211. Bourges, art. 21. Troyes, art. 83. Laon, art. 17. Bretagne, art. 421. 446. & 448. dit qu'ils ne sont communs en conquêts, s'ils n'ont été en mariage par an & jour ; & s'ils n'ont été an & jour, la femme emporte ce qu'elle a apporté. Reims, article 239. ne fait les mariez communs : mais aprés le decés du mari est au choix de la femme de partir en meubles & conquêts, quoi faisant son apport mobilier (apport c'est comme la dot) demeure confus, & mêle, ou prend son apport & doüaire, ou le testament de son mari, outre sa moitié prend hors part ses habits des Dimanches & Fêtes ; & ainsi dit Laon, article 21. quant aux vêtemens. Cette Communauté d'entre mariez, dont l'effet est proprement aprés le mariage dissolu (car durant icelui le mari est maître & Seigneur des meubles & conquêts, comme sera dit cy-aprés) fait qu'aprés la dissolution les meubles & conquêts se partagent par moitié entre le survivant & heritiers du decedé, & payent aussi par moitié les dettes. Sauf en aucunes Provinces, esquelles à l'égard des mariez nobles le survivant prend tous meubles & dettes, actives mobiliaires. Aussi doit payer les dettes & les frais des exseques. Senlis, article 146. Vitry, article 74. & 104. dit que les heritiers doivent accomplir le testament, & met la condition s'il n'y a enfans, Laon, article 20. parle du mari noble survivant, de même Reims, article 279. & disent que le mari survivant paye les dettes. Et Reims, article 284. dit que le survivant des deux mariez nobles, qui prend les meubles, doit payer les frais funeraux, mais n'est tenu des legs. Mais és autres Provinces, même entre roturiers les meubles & conquêts se partagent par moitié, & les dettes aussi sont payés par moitié. Touraine, article 307. met une belle & honnête limitation qui meriteroit bien être generale par tout, que le survivant en a devantage, ses habits quotidians, & des Dimanches ; & s'il est noble, il a aussi en preciput ses armes, & s'il est de lettres ses livres ; dont la raison est qu'il y a affection particuliere envers tels meubles, & c'est contre-cœur au survivant de les voir partager, & selon la raison du droit Romain ce qui est attribué à aucun par affection particuliere, n'est transmis à autres personnes, ores qu'ils soient heritiers. *l. cum patronus. ff. de lega. 2. l. penult. ff. de servit. legata.* Et quant aux autres vêtemens, Touraine, audit article 307. & Laon, article 21. disent que le survivant les pourra & devra avoir en recompensant : mais les frais funeraux & exseques du défunt, ni les legs testamentaires ne sont de la Communauté, & le survivant ne doit y contribuer, sinon en aucunes Provinces où le survivant prend tous les meubles, dont a été parlé cy-dessus. Ainsi dit Nivernois des droits appartenans à gens mariez, article 7. Mais Reims, art. 227. dit que le mari qui prend tous les meubles, doit faire inhumer sa femme. Ce qui correspond au droit Romain. *l. in eum. l. Celsus. ff. de religios.* Cy-aprés au titre de l'état des personnes & tutelles sera parlé de la garde noble que le survivant des deux mariez a pour cause de laquelle il gagne les meubles.

Le mari durant le mariage peut par contrats entre-vifs disposer à son plaisir sans le consentement de sa femme des meubles & droits mobiliers, & des conquêts faits durant le mariage : mais par ordonnance de derniere volonté ne peut disposer que de la moitié. Paris, 225. & ajoûte ces mots, *disposer envers personne capable & sans fraude.* & article 269. pour le second chef. Sens, art. 274. Auxerre, article 194. Nivernois, art. 3. Poitou, art. 244. & 245. comme Paris, & quant au premier chef excepte, pourvû que ce ne soit par contrat d'alienation generale de tous ses biens, le contrat d'alienation generale par cette seule raison de generalité est suspect de fraude. *l. omnes. §. Lucius. ff. quæ in fraud. cred.* Berry de l'état & qualité des personnes mariez, art. 18. & 19. Touraine, art. 254. Laon, art. 18. Melun, art. 212. Bourbonnois, art. 236. Orleans art. 193. & ajoûte *etiam* par donation entre-vifs. Senlis, art 271. Troyes, art. 81. & 84. Blois, art. 178. & ajoûte ces mots, *comme vrai Seigneur de sa propre chose.* Bourgogne, art. 22. & dit par donation, vendage, permutation, ou autres contrats entre-vifs, presque toutes lesdites Coûtumes mettent l'exception, *disposer entre-vifs sans fraude.* Et se doit ainsi entendre generalement par tout, selon la raison mise *in l. creditor. §. Lucius. ff. mandati,* où est parlé du pouvoir donné à aucun de disposer de tout à sa volonté & plaisir, & est dit que cette generalité doit être restrainte, selon la consideration de bonne foi, sans l'étendre plus avant.

Mais le mari ne peut aliener, ni autrement disposer par contrat, emportant alienation des doüaires, assignaux, & heritages propres de sa femme, sans le consentement d'elle. Nivernois, chap. des droits appartenans à gens mariez, art. 4. Paris, art. 226. & ajoûte échanger, partager, liciter, obliger, Poitou, art. 230. & dit que l'alienation ne vaut au préjudice d'elle, comme voulant dire qu'elle vaut au préjudice du mari, pour être tenu de l'éviction, & pour valoir l'alienation autant de temps que le mariage durera, parce que les fruits sont siens, & il est censé avoir vendu le droit qu'il y a. *l. qui tabernas. ff. de contrh. empt.* Sens, article 274. Auxerre, art. 194. & ajoûte qu'il ne peut disposer des aquêts de sa femme faits avant le mariage. Ce qui est general par tout : car les conquêts faits durant le mariage sont faits des meubles communs, desquels le mari étoit Seigneur, & pouvoit s'abstenir de faire les conquêts : Mais les conquêts faits par la femme avant leur mariage, ne regardent aucunement le mari. Bourbonnois, art. 225. Senlis, article 207. Mais Paris, article 227. dit que le mari peut faire baux à loyer, & ferme pour six ou neuf ans sans fraude, & de même Sens, article 275. Ce qui correspond au droit Romain, *l. si filio. §. si vir in quinquennium. ff. soluto matrim.* Blois, article 179. parle plus cruëment, disant que le mari ne peut bailler à ferme, sinon pour le temps du mariage, qui correspond à ce qui est dit de l'usufruictier, *in l. si quis domum. ff. locati.* Mais par raison, puisque le mari est administrateur des immeubles de sa femme, la femme doit tenir le bail qui est fait en forme d'administration : ainsi se dit que le pupille doit observer le loüage fait par son tuteur, ores que partie du temps du loüage échée aprés la tutellle finie : qui est une limitation de la régle, qui dit que le successeur n'est pas tenu d'ester à la location faite par son prédecesseur. Et est cette limitation fondée sur la raison de la *l. si tutela. ff. de admini. tut.*

Berry, de l'état & qualité des personnes, art. 20. Bourbonnois, art. 235. & Blois, article 179. & Bretagne, article 412. disent que le mari est administrateur, & gagne durant le mariage les fruits de tous les immeubles & propres de sa femme. Aussi Senlis, article 250. dit que le mari peut recevoir les hommages, & ensaisiner des heritages roturiers mouvans de la Seigneurie de sa femme sans elle. Toutefois on allegue un Arrêt pour Charlotte de Châlon du 4. Juin 1515. par lequel fut jugé que nonobstant l'investiture faite par le mari, la femme pourroit retenir. Mais Auvergne, chapitre 14. article 3. dit que le mari & la femme ne peuvent disposer des biens dotaux d'elle, & l'alienation est nulle : ce qui se rapporte au droit Romain, selon lequel par la Loi Julie, l'alienation de l'heritage dotal étoit défenduë. *l. lex Julia. ff. de fundo dot.* & article 4. dit que si le mari lui avoit fait recompense de l'alienation, la femme dans l'an aprés le mariage dissolu aura le choix de se tenir à la recompense, ou reprendre ses biens dotaux, article 6. dit que la femme peut aliener le quart de ses biens dotaux pour marier ses filles, quand le mari n'a dequoi, article 7. la femme peut aliener ses biens dotaux pour les alimens de son mari & d'elle, & pour racheter son mari de prison sans recompense, aprés connoissance de cause & decret. Ce qui correspond à ce qui est dit *in l. mutus. 73. §. 1. ff. de jure dot.* article 8. dit que tous les biens qu'une femme a lors des fiançailles ou mariage, sont reputez dotaux, s'il n'y a dot particuliere. Soit noté qu'il est pratiqué au païs d'Auvergne, que la femme retient partie de ses biens pour être parafernaux, dont elle peut disposer, & qui n'entrent en la puissance du mari, au chap. 14. art. 1. & 9.

Le mari durant le mariage peut agir, & être convenu és actions personnelles & possessoires de sa femme, sans mandement d'elle. Et quant aux droits réels, elle les peut poursuivre avec l'autorité de son mari, & à son refus par autorité de Justice. Nivernois, des droits appartenans à gens mariez, art. 5. & 6. & sera remarqué le vieil erreur dont est parlé cy-dessus, que les droits personnels sont entendus pour droits mobiliers & droits réels pour immobiliers. Car selon la propre signification, l'action personnelle en plusieurs cas peut être intentée pour immeubles, & l'action réelle pour meubles, comme la reivendication. Auxerre, article 196. Bourbonnois, article 235. Bourgogne, art. 24. Melun, article 214. & Blois, article 180. disent comme Nivernois. Mais Paris, article 232. & 233. dit plus correctément, les actions mobiliaires & possessoires. Poitou, article 228. Melun, art. 214. disent en general toutes actions personnelles, possessoires & petitoires : ce qui est aucunement exorbitant, car nul ne peut intenter action pour immeuble, sinon celui qui a puissance d'aliener. *l. ait Prætor. §. quid sit. ff. de jure deliber.* Sens, article 279. Laon, art. 30. Reims, article 14. parlent plus distinctement, disans que le mari peut intenter les actions réelles pour l'heritage de sa femme, entant que touche l'interêt de lui mari : car le mari durant le mariage est reputé comme Seigneur des biens dotaux de sa femme, hormis qu'il n'a pouvoir d'aliener. *l. doce ancillam. C. de rei vend.* Pour les actions possessoires parlent toutes lesdites Coûtumes, même Paris, art. 233. Nivernois des droits appartenans à gens mariez, art. 5. Sens, art. 119. Auxerre, art. 196. Bourbonnois, art. 163. Troyes, art. 136. Mais Orleans, art. 195. dit que le mari est Seigneur des actions, & peut les déduire en jugement sans elle. Je croy qu'il se doit entendre avec la limitation cy-dessus, entant que touche l'interêt du mari, qui est legitime administrateur des biens dotaux de sa femme, avec telle efficace que la Loi Romaine dit qu'il en est Seigneur. *d. l. doce ancillam* : Mais selon nos Coûtumes nous pouvons dire qu'il peut exercer les actions utiles pour l'interêt réel qu'il y a, ainsi qu'il se dit du superficiaire. *l. 3. §. penult. ff. de novi oper. nunt.* Mais la femme aprés le mariage dissolu, a néanmoins ses droits entiers : même si le mari n'a pas exercé ou soûtenu les actions assez soigneusement.

Nôtre Coûtume de Nivernois audit chap. des droits appartenans à gens mariez, art. 12. & 13. & celle de Bourgogne, article 36. & 37. ont fait état des assignaux que les maris font à leurs femmes pour les deniers dotaux d'elles, qui doivent sortir nature d'heritage propre pour elles, & on dit que la femme est saisie de son assignal fait en particulier, pour en joüir aprés la mort de son mari. Nivernois dit que tant elle que ses heritiers gagnent les fruits. Bourgogne dit que la veuve gagne les fruits : mais les heritiers d'elle les doivent précompter au sort. Nivernois fait l'assignal rachetable dans trente ans. Et Bourgogne dit toutefois & quantes, nonobstant le laps de temps. De cette diversité resulte que Bourgogne a tenu ses assignaux pour être simples hypotheques, avec joüissance de la chose hypothequée, dont les fruits tiennent lieu des interêts, que la Coûtume a estimé être vrais interêts, quant à la femme qui n'est sustentée de sa dot & vrai patrimoine. Et quant à l'heritier d'elle, a jugé que ce n'est interêt : mais *ad instar* des fruits de la chose hypothequée, qui sont précomptez au sort principal. *l. 1. C. de pignor. act.* Nivernois a jugé que ces assignaux emportent translation de proprieté, entant que la femme & ses heritiers prennent les fruits comme de leur

leur chose propre. Or selon la raison du sens commun & de l'usage politique, me semble que tels assignaux ne doivent avoir lieu, sinon que la femme veuve ou ses heritiers renoncent à la communauté du mari, ou quand les meubles & conquêts d'icelle communauté ne sont pas suffisans pour rembourser à la femme desdits deniers dotaux. Car la premiere destination de tels deniers sortissans nature d'heritage propre, est pour les employer en achat d'heritage qui soit propre à la femme, & au cas d'emploi l'assignal cesse. C'est dont il est parlé en l'article 32. de la Coûtume de Nivernois audit chapitre. Si les deniers n'ont pas été employez à cét effet, ils sont demeurez en la masse des biens communs, ou autre chose subrogée au lieu d'iceux : qui est autant que si les mêmes deniers étoient encore extans en ladite masse. *l. Imperator. §. cum autem & l. seq. Lucius. ff. de lega. 2. l. pater. ff. de adim. leg.* Estans en cette masse, ils y doivent être repris, & baillez à la femme avant tout partage, selon qu'il est dit au 18. article dudit chapitre des droits appartenans à gens mariez, & si nous permettions à la veuve qui prend la communauté de prendre son assignal sur l'heritage de son mari, outre son droit de communauté, elle prendroit un tiers plus qu'elle n'a apporté : Estant ainsi que l'assignal particulier étoit l'heritage propre du mari, & par le contrat de mariage est destiné pour être heritage propre à la femme, en cas que le mari n'employe lesdits deniers dotaux en achat d'heritage pour elle, *verbi gratia*, si les deniers de la femme sortissans nature d'heritage, & assignez par le mari sur son heritage, sont de mille écus : la femme prenant la communauté, prendroit la moitié de ces mille écus en la masse de la communauté où ils sont entrez. Et derechef prendroit de l'heritage de son mari & sur son mari seul mille écus, ce seroit quinze cens écus au lieu de mille écus, chose déraisonnable, vû qu'il n'appert que le mari ait voulu donner cinq cens écus à sa femme ; & la donation, qui de soi est mauvais ménage, n'est à présumer si la volonté du donateur n'est bien certaine. *l. cum de indebito. ff. de probat. Imò*, la vraye intention des contractans est d'assurer à la femme sa dot, & non autre chose. Aussi la Coûtume de Bourbonnois & autres plusieurs Coûtumes ne parlent d'assignaux.

Ordinairement quand la dot d'une femme est constituée en deniers seulement : Il est convenu qu'une partie demeurera en sa nature de meubles, pour être mêlée, & entrer en la communauté du mari. L'autre partie est destinée pour sortir nature d'heritage propre pour la femme, & l'on a accoûtumé d'y mettre la clause, que le mari sera tenu employer tels deniers en achat d'heritage propre pour sa femme. La Coûtume de Bourbonnois, article 221. dit quand il n'en est rien convenu qu'entre nobles, les deux tiers de la dot en deniers doivent sortir nature d'heritage. Et entre non nobles, la moitié en nature d'heritage : l'autre moitié demeurant en sa nature de meubles. Ce qui s'entend quand toute la dot est en deniers : mais si partie est en meubles, partie en heritage, chacun bien demeure en sa nature. Ez Provinces où ordinairement on a accoûtumé de destiner partie de la dot en deniers, en heritage, comme en Nivernois. Si par le contrat il n'en est rien convenu : je croy qu'il est bien à propos de la suppléer, & tenir comme s'il avoit été accordé selon la regle du droit Romain, qui est tres-raisonnable, qu'és contrats de bonne foi, ce qui est accoûtumé & en usance doit être entendu, ores qu'il ne soit exprimé : *l. quod si nolit. §. quia assidua. ff. de Ædil. edicto.* Or quand il est convenu, ou qu'on supplée la convenance. Aprés le mariage dissolu, la veuve ou ses heritiers, en cas que les deniers sortissans nature d'heritage n'ayent été employez, ils sont pris avant tout partage sur les biens meubles & conquêts de la Communauté, & s'ils ne suffisent, sont pris sur l'heritage propre du mari, qui pour ce est hypotequé par la Coûtume. Ainsi dit Nivernois des droits appartenans à gens mariez, article 18. & Bourbonnois, article 248. qui dit, premierement sur les meubles, puis sur les conquêts. Et Laon, article 11. qui dit que les heritages du mari sont hypothequés du jour de la reception de deniers. Ce qui se peut entendre quand il n'y a contrat passé avec hypotheque. Car s'il y avoit contrat avec hypotheque, l'hypotheque seroit du jour des convenances, & non du jour du payement : comme il est prouvé *in l. 1.* Jointe la glosse, *ff. qui potiores in pignore hab.* Chopin au Traité de *privileg. rustic.* dit avoir été jugé par Arrêt de la Cour, que le premier conquêt fait par le mari aprés la reception des deniers de telle nature, est reputé l'employ d'iceux deniers, & peut la femme le prétendre comme son heritage. Ce qui a grande raison, en présumant selon la Loi que le mary ait voulu faire, & ait fait ce à quoi il étoit tenu : combien qu'il n'ait déclaré sa volonté expresse par l'argument de la *l. 2. ff. de distract. pignor. & l. 1. C. de dolo.*

Ces deniers dotaux, soit qu'ils demeurent en leur nature de meubles, soit qu'ils fortissent nature d'heritage portent interêt au profit du mari, délors que le terme de payer est échû ; & s'il n'y a terme certain, compter du jour qu'il y a eu sommation judiciaire. Ainsi dit Nivernois audit chap. art. 20. Ce qui est fondé en raison : car ce n'est pas usure, ains vrai interêt à l'égard du mari, entant qu'il supporte les charges du mariage, par la raison du chapitre *salubriter extra de usuris in antiquis.* Ainsi Bourbonnois, article 248. & Bourgogne, article 44. Et s'il étoit ainsi que le mari ne portât les charges de mariage, comme si le pere de la femme ou autre parent tenoit & nourrissoit les mariez en sa maison par amitié, le mari ne seroit recevable à demander les interêts de la dot non payée. *l. pater pro filia. ff. de except. doli. l. creditor. §. si inter. ff. mandati.* Nivernois taxe les profits à huit pour cent par an : Bourgogne les taxe à dix pour cent, comme aussi faisoit l'ancienne Coûtume de Nivernois, & toutes deux sont de date avant l'an 1500. auquel temps on commença à moderer les interêts, qui auparavant étoient tolerez à dix pour cent, & encore de present sont tolerez en Normandie. Bourbonnois ne taxe les interêts, pourquoi les faut arbitrer selon l'Edit d'Orleans, article 60. entre marchands au douziéme denier du sort principal , qui est huit & tiers pour cent. Et entre autres au denier quinze, qui est six & deux tiers pour cent. Mais quant à la restitution des deniers dotaux , qui est à faire à la femme ou à ses heritiers. Nivernois met l'interêt à la même raison de huit pour cent par an , à compter de la sommation. Ce qui est bien rude , car ce n'est semblable interêt que celui du mari , aussi les Docteurs Ultramontains en la restitution de la dot, n'ont attribué les intrêts, sinon avec difficultez & circonstances ; & à cét effet pourra être vû ce qui en est raisonné *per Alex. Consil.* 27. *vol.* 4. & *Consil.* 74. & 141. *vol.* 5.

Deniers dotaux qui sont destinez pour sortir nature d'heritage pour la femme , & sont assignez ou promis d'assigner : sont censez immeubles & heritages pour la femme , ses heritiers & ayans cause. Ainsi dit Nivernois ch. des droits appartenans à gens mariez , art. 17. & Bourgogne , article 45. Paris , article 93. y a ajoûté une belle limitation , quand la somme de deniers est promise par pere & mere , ou autre ascendant , à cause de la destination. Et je croy que cette limitation doit être prise esdites autres Coûtumes. Quant aux deniers promis d'assigner , dont l'assignal n'a encore été réalisé , ni l'emploi fait. Car si la femme usant de ses droits se constitué dot d'elle - même. Je croy que telle condition de sortir nature d'heritage , est à ce seul effet, que les deniers n'antrent en la Communauté du mari : car nul ne peut se donner loi à soi-même , ni s'adstraindre que son bien ne soit sien en toute liberté , & de la condition , dont naturellement il est , *l. nemo ff. de pact.* Et parce qu'à chacun de nous la volonté est libre , qui fait que selon les Grammairiens l'Imperatif n'a point de premiere personne, Orleans , article 350. Laon , article 108. & 109. Reims , article 27. 29. & 109. disent que l'heritage qui est acheté de tels deniers , devient en nature de naissant & propre : Mais parce que c'est un naissant ou propre conventionnel , & non de par soi , il ne remonte aux ascendans , & n'est reputé vrai propre , tenant plus de la nature d'aquêt.

Si par le traité de mariage est convenu que les mariez payeront séparément leurs dettes faites auparavant leur mariage , est besoin pour faire sortir effet à telle convenance qu'il y ait inventaire des biens de l'un & de l'autre , fait auparavant leur mariage : auquel cas l'un demeure quitte des dettes de l'autre, en representant les biens dudit inventaire , ou l'estimation. Et à faute d'inventaire ils sont tenus des dettes , comme si telle convenance n'avoit été. Paris , article 122. Orleans , article 212. La raison en est generale , & peut être observée par tout , pour éviter la fraude qui se feroit aux créanciers , qui selon la présomption de la Coûtume , qui est le droit commun , ont juste occasion de croire que les mariez sont communs en biens & dettes. A quoi fait ce qui est dit *in l.* 1. *§. preterea ff. de separat.* que la séparation doit être requise avant le mélange & commixtion.

Toutes contre-lettres faites à part , & hors la presence des parens qui ont assisté aux contrats de mariage sont nulles. Ainsi dit Orleans , article 223. Chopin en son livre *de privilegio rusticorum* , dit auparavant ladite Coûtume redigée , qu'ainsi avoit été jugé par un Arrêt qu'il allegue. La raison peut être fondée sur ce que les pactions qu'on craint de manifester à ses parens , sont ordinairement ou peu honnêtes , ou déraisonnables : & afin d'ôter occasion aux jeunes personnes frappées d'amour de s'ababandonner à promettre facilement. Les anciens ont remarqué , que la bourse des amoureux est liée de feüilles de poreau; & semble qu'il y ait quelque correspondance , avec ce qui est dit *in l. si ita stipulatus quae est.* 97. *§. si tibi nupsero. ff. de verbor. oblig.* qui blâme quand on marchande les mariages.

Par les Loix nouvelles de France , & par aucunes Coûtumes ont été restraintes les donations & avantages que les femmes veuves ayans enfans de leurs premiers mariages , voudroient faire à leurs seconds maris. L'Edit du Roi François II. du mois de Juillet 1560. remettant en vigueur la Loi Romaine , *hac edictali. C. de secundis nupt.* défend aux femmes veuves de donner à leurs seconds maris plus qu'à l'un de leurs enfans de leur premier mariage. Et quant aux biens que lesdites femmes ont par bien-fait de leurs premiers maris , ou que les maris ont par bien-fait de leurs défuntes femmes , les maris & les femmes se rémarians n'en peuvent rien donner au second parti de mariage , ains sont tenus les réserver aux enfans dudit premier mariage. Ce qui a été rechargé pour le premier chef par les Coûtumes de Paris , art. 279. & d'Orleans , art. 203. Reims , art. 393. & 236. & Laon , art. 29. ont renouvellé le second chef de ladite Ordonnance. Et Reims a ajoûté ce qu'aucuns Docteurs Ultramontains ont decidé que les enfans du premier mariage prennent leur legitime és biens de la mere avant tout œuvre , & sur ce qui reste le second mari & les enfans du premier mariage viennent par égales portions. Et ainsi le tient *Philippus Decius. Consil.* 246. *vol.* 2. Et si la mere avoit laissé à l'un de ses enfans bien petite part , & ledit enfant par le moyen de sa legitime eût fait sa part plus grande : le second mari ne prendra pas selon cette part ainsi remplie : mais se contentera de la part, telle que la mere avoit taxée. Ainsi disent Alex. & du Molin en l'annotation , *sur le cons.* 158. *vol.* 5. Paris audit article 279. Et Orleans audit article 23. ont apposé une autre bride aux femmes veuves de ne pouvoir avantager leurs seconds maris de la part qu'elles ont aux conquêts de leurs premiers maris , en reservant à tous les enfans d'elles du premier & second mariage , d'y succeder également. Ces Coûtumes & Loix sont fondées en tres-juste raison , parce qu'ordinairement les femmes demeurans veuves & en moyen âge , ou âge plus abbaissé , sont plus ardentes à désirer les mâles qu'en plus bas âge. Ce qu'Ovide a remarqué , parlant entr'autres du trente - cinquiéme an , ou plus grand âge:

La Coûtume est presque generale en France , conforme au droit Romain que gens mariez durant leur mariage ne peuvent donner l'un à l'autre , ni eux avantager par contrats entre-vifs. La raison du droit Romain est pleine d'honneur , à ce qu'il ne semble que l'amitié , concorde , & gratieux traitemement soit à vendre , & pour faire connoitre qu'au cœur est la vraye amour, & non en l'exterieur. Aucunes Coûtumes ont passé outre le droit Romain, en défendant les donations testamentaires, & pour cause de mort, comme Berry, des Mariages, article 1. Paris, article 282. Sens, article 71. Auxerre, article 228. Orleans, article 280. Blois, art. 174. Bourgogne, article 26. & met l'exception si autrement par le traité de mariage n'étoit convenu. Bretagne, article 225. Touraine, art. 243. Melun, art. 234. Senlis, article 143. & 144. Troyes, art. 84. Laon, art. 50. Auvergne, ch. 12. art. 16. & chap. 14. art. 9. 39. & 46. permet au mari de donner à sa femme, mais défend à la femme de donner à son mari. Autres Coûtumes permettent aux mariez de donner l'un à l'autre par testament, & autres en ne prohibant que les contrats & avantages entre-vifs, semblent permettre les testamentaires. Comme Reims, article 291. Nivernois, des droits appartenans à gens mariez, article 27. Bourbonnois, article 226. Poitou, article 209. Mais presque toutes défendent les donations entre-vifs des mariez, sinon par don mutuel, quand ils n'ont point d'enfans d'un ou d'autre mariage, & sont en santé, les unes ajoûtent quand ils sont pareils en âge, ou à dix ans ou quinze ans prés : les autres ajoûtent quand ils sont franches personnes. Les unes Coûtumes permettent ce don mutuel pour les meubles & conquêts en proprieté. Les autres en usufruit seulement. Pour la proprieté sont les Coûtumes de Nivernois, des droits appartenans à gens mariez, article 27. Blois, art. 163. Senlis art. 143. & 144. Laon, article 47. Pour l'usufruit seulement des meubles & conquêts sont les Coûtumes de Paris, article 280. & dit pour les conquêts faits durant leur mariage, & qu'ils, ou l'un d'eux n'ont enfans de ce mariage, ou d'autre, & à la charge de bailler caution, article 285. & le survivant ne gagne les fruits jusques aprés la caution presentée. Sens, article 112. & dit que le survivant est saisi : mais l'heritier peut requerir la surseance à faute de caution. Auxerre, article 222. Bourbonnois, article 227. & 228. & à la charge de vivre quarante jours aprés le don mutuel, faire inventaire avant qu'être saisi, & bailler caution, qui ne peut être remise. Orleans, art. 281. Melun, art. 226. & 227. Troyes, art. 85. Les autres permettent donner mutuellement la proprieté des meubles, & l'usufruit des conquêts, & l'usufruit de portion des propres. Touraine, art. 243. Vitry, art. 113. Laon, art. 47. Bretagne, art. 223. Mais Berry, des mariages, art. 1. permet donner mutuellement le tiers des meubles en proprieté, & l'usufruit des conquêts. Nivernois audit art. 27. outre la proprieté des meubles & conquêts permet donner mutuellement l'usufruit des heritages propres, mais limite jusques à concurrence, c'est à dire si le mari a des heritages pour cent livres de rente, & la femme pour cinquante livres, la femme survivante ne joüira que de la moitié des heritages de son mari. De vrai l'égalité est de l'essence des donations mutuelles. Poitou, article 209. dit que mari & femme soit mutuellement ou simplement, ou par testament, ayans enfans ou non, peuvent donner l'un à l'autre tous meubles, conquêts & biens d'heritage propre : Mais si le survivant se remarie, & y ait enfans du précedent mariage, les aquêts & heritages seront en usufruit seulement, & article 211. dit que don mutuel ne vaut rien fait par malades qui décedent dans quarante jours, art. 212. que la donation simple est revoquée, si le donataire décede le premier, art. 213. dit que donation simple entre mari & femme peut être revoquée, & se confirme par mort, n'étant revoquée, & que la mutuelle se peut revoquer en faisant sçavoir à l'autre. Reims, article 291. permet aux mariez, ores qu'ils ayent enfans, de disposer par testament, l'un au profit de l'autre de tous leurs meubles & conquêts faits durant leur mariage en proprieté, & en usufruit de la moitié de leur heritage naissant & moitié des aquêts faits auparavant ledit mariage. Et art. 234. permet donner par don mutuel la proprieté des meubles & usufruit des conquêts, soit qu'il y ait enfans ou non, à la charge de faire inventaire des titres, & baillant caution de rendre les conquêts en bon état. Blois, article 163. permet aux mariez qui ont enfans de donner en usufruit meubles & conquêts mutuellement, sans caution, sinon en cas de secondes nôces, ou mauvais ménage. Bourgogne, article 26. permet au mariez de disposer par donation l'un au profit de l'autre, soit entre-vifs, ou pour cause de mort, quand il a été convenu en traité de mariage, & non autrement. Troyes, article 85. qui n'octroye le don mutuel que pour l'usufruit dit, que si le survivant par grand cas fortuit perdoit ses biens, & n'eût à suffisance, il pourroit s'aider des biens du premier décedé. A quoi correspond aucunement l'Authentique *præterea. C. unde vir & uxor.* En toutes ces Coûtumes de don mutuel doit être entendu qu'il doit être égal, & qu'il n'y ait pas plus d'avantage d'un côté que d'autre : pourquoi si les mariez n'étoient pas communs par moitié, je croy que le don mutuel ne vaudroit que jusques à la concurrence de la moindre portion. Et pour faire la parité & égalité par tout, la plûpart desdites Coûtumes ont requis parité d'âge ; & toutes, que les mariez soient en santé. Car quand la parité est par tout, ce n'est pas proprement donation : mais permutation d'esperance, à quoi sert la décision de la *l. de fideicommisso. Cod. de transact.* Lesdites Coûtumes qui parlent du don mutuel pour l'usufruit, chargent le survivant d'avancer les frais des exseques, & moitié des dettes du defunt, pour en faire déduction sur la portion dudit defunt, lors de la restitution, aprés l'usufruit fini. Chargent aussi le survivant d'entretenir les heritages, payer les rentes foncieres, & les rentes constituées durant la Communauté. Paris, article 286. & 287. & ne charge le survivant de payer les legs du defunt. Sens, article 113. & charge d'avancer les legs. Auxerre, article 286. & charge d'accomplir le testament. Bourbonnois, art. 227. 228. & 230. charge de payer les dettes sur la masse, les exseques & les legs mobiliers. Orleans, art. 281. Senlis, article 144. comme Paris, Melun, article 227. & 228. Laon, art. 49. charge le survivant de payer les dettes personnelles, frais funeraux, & legs mobiliers, Reims, article 235. mais je croy que le tout ne doit pas être jugé entierement de même façon : le survivant paye la moitié des dettes ; car il les doit, & il avance l'autre moitié, qui est la part du defunt pour la recouvrer ou tant moins rendre aprés l'usufruit fini. Mais quant aux frais funeraux & legs testamentaires du defunt, l'heritier les doit entierement. Le survivant donataire les doit avancer, & les recouvrer pour le tout, aprés l'usufruit fini. Sera noté ce que Touraine, article 244. dit que toutes autres donations, hormis le don mutuel, faites constant le mariage, ont trait à mort, & sont revocables. Et article 243. approuve le don mutuel, ores qu'ils ne soient égaux en biens.

Si durant le mariage est vendu aucun heritage, ou rente propre à l'un des deux mariez, ou la rente propre à l'un d'eux est rachetée. Le prix de la vente ou rachat est repris sur le bien de la Communauté, par celui auquel appartenoit l'heritage ou rente. Ores qu'il n'y ait eu convenance ou protestation de r'employer. Paris, article 232. Orleans, article 192. Bretagne, article 422. presque autant, disant que la recompense doit être sur l'heritage du mari, ou sur les conquêts, & si c'est sur l'heritage du mari. Il sera d'autant recompensé sur les conquêts. Reims, article 259. dit comme Paris, ajoûtant, si la femme se tient à son apport, qui est à sa dot, à son doüaire. Sens, article 286. & Auxerre article 198. disent que la recompense est dûë, si en vendant, ou auparavant elle a été stipulée par celui qui vendoit son heritage, & non si long-temps aprés. Bourbonnois, art. 239. met presque pareille charge, & art. 238. dit que la femme peut aliener son heritage avec l'autorité de son mari, sans être recompensée. Vrai est que la même Coûtume de Bourbonnois, article 240. dit que si lors de la dissolution du mariage sont encore dûs aucuns deniers procedans de la vente de l'heritage de l'un des mariez, que les deniers sont propres à celui de qui l'heritage a été vendu. Mais il semble que la Coûtume de Paris est fondée en raison generale, qui dût avoir lieu par tout ; car si autrement étoit, ce seroit indirectement donner par l'un des mariez à l'autre, en faisant entrer en la Communauté le prix de l'heritage propre de l'un des mariez, qui est en effet donner par l'un des mariez à l'autre la moitié de son heritage, car en tel cas le prix est subrogé au lieu de l'heritage. Ce qui a lieu non seulement és droits universels. *l. si & rem. ff. de petit. hæred.* mais aussi en droits singuliers. *l. si ipsa res. ff. quod vi metus-ve causa. l. Imperator. §. cum autem & l. sequenti. ff. de lega. 2. l. quia qui pretio. ff. de usufr.* Ce qui se doit dire à plus forte raison en ce cas où il est question d'empêcher que fraude ne soit faite à la Loi : ce qui feroit si le mari ne pouvant directement donner cinq cens écus à sa femme, vendoit son heritage de mille écus, dont le prix entrât en la Communauté, en laquelle la femme a la moitié, pourquoy je croy que la Coûtume de Paris pour sa raison doit être observée par tout ; & tant s'en faut qu'en dissimulant la recompense ne soit pas dûë, comme disent Bourbonnois, Sens, & Auxerre, que *etiam* par paction expresse la recompense ne peut être empêchée ; car la nullité est aussibien en ce qui se fait en fraude de la Loi, comme en ce qui se fait directement contre icelle, *l. si libertus minorem. ff. de jure patron.*

Si durant le mariage l'un des mariez marie son enfant d'autre lit, & luy paye dot ou autre bienfait : la moitié de ce qui a été baillé sera remboursé aprés le mariage dissolu à celui de qui l'enfant n'est pas issu, sinon que ledit enfant eût renoncé à ses droits, au profit des deux mariez, qui payent la dot. Ainsi dit Bourbonnois, article 233. Et parce que la raison est generale, semble qu'il en faut ainsi juger par tout. Car la donation d'une fille est la propre charge du pere. *l. ult. Cod. de dotis promiss.* Et telle charge de doter ne tombe en Communauté, ores qu'elle soit de tous biens, selon la plus commune opinion des Docteurs, qui alleguent la *l. si socius pro filia. ff. pro socio. Ludo. Romanus*, au conseil 145. donne une regle generale, que les affaires dont ne peut rien revenir de profit en la Communauté, & regardent le seul interêt de l'un des associez, ne sont à la Communauté, ores que la Communauté soit de tous biens.

Si durant le mariage les mariez ou l'un d'eux rachetent une rente, dont l'heritage de l'un d'eux fût specialement chargé avant le mariage, les Coûtumes sont diverses, si telle rente demeure simplement éteinte, au profit de celui qui la devoit, à la charge de rembourser l'autre de la moitié aprés le mariage dissolu. Ou si la rente demeure en sa nature ancienne de rente, pour être conquêt. Paris, article 244. dit simplement que c'est conquêt. Mais Sens, article 278. Auxerre, article 199. Melun, article 220. disent bien que c'est conquêt, & qu'aprés la dissolution du mariage, le proprietaire de l'heritage qui étoit chargé, pourra recouvrer en rendant la moitié du prix. Auxerre ajoûte dedans l'an aprés la dissolution. Melun ajoûte, si mieux n'aime le proprietaire continuër la moitié de la rente. Troyes, article 82. Poitou, article 31. ne disent pas que ce soit conquêt, mais disent que dans l'an aprés la dissolution le proprietaire de l'heritage peut recouvrer. Poitou dit recouvrer la moitié, comme présupposant que la rente soit éteinte & confuse, seulement pour la moitié du proprietaire. Laon passe plus outre, disant qu'il y a confusion & extinction de la rente durant le mariage : aprés le mariage dissolu l'autre prendra la moitié : mais le proprietaire de l'heritage pourra rembourser. Nivernois, chap. des droits appartenans à gens mariez, art. 29. & 30. dit que celui des deux mariez qui n'avoit rien en l'heritage déchargé ne participera en la rente : mais sera remboursé dans l'an de la moitié du prix, & cependant joüira. Et à faute de rembourser dans l'an, ce qui a été aquis demeure conquêt. Me semble que Nivernois est fondé en meilleure raison que les autres : car si le mari a racheté la rente, dont son heritage étoit chargé : il faut dire que la rente est éteinte, car il étoit maître & Seigneur des meubles & deniers qu'il a employez, & en a pû disposer sans le consentement de sa femme, & ne reste à la femme que son indemnité, qui est le remboursement aprés la dissolution du mariage. Mais si le mari a racheté la rente, dont l'heritage de sa femme étoit chargé, je dirai aussi que la rente est éteinte, ayant le mari à cét égard geré le negoce de sa femme, des biens & droits de laquelle il étoit legitime administrateur : & cette gestion de negoces ne tombe pas en donation, car aprés la dissolution lui ou ses heritiers seront rembourfez. Ce que dessus semble être bien ainsi dit, quand c'est une rente rachetée, qui étant une fois éteinte & amortie, ne peut pas revivre. Mais si c'est un corps d'heritage vendu à rachat, qui ait été racheté, aprés le temps du rachat expiré, me semble être assez raisonnable qu'à faute de rembourser dans l'an, il soit conquêt, & voudrois ainsi entendre les vingt-neuf & trentiéme articles de Nivernois : mais s'il avoit été racheté durant le temps de rachat accordé au même traité du contrat, je croy que l'heritage devroit demeurer en sa nature ancienne d'heritage propre & patrimonial, à celui même de qui il étoit propre : ainsi le tient *Decius consil.* 813. *volum.* 1. & allegue la *l. si unus. §. quod in specie. ff. de pactis.* De même Socin le jeune mon Precepteur, *consil.* 20. *vol.* 1. Et en ce cas l'autre des mariez ne peut y avoir autre droit, *etiam* aprés l'an que le remboursement, & avec hypotheque speciale.

Si durant le mariage est retrait par proximité de lignage, ou racheté d'un lignager aucun heritage qui soit de l'estoc & ligne de l'un desdits mariez. Ledit heritage est propre au marié lignager, à la charge de rembourser dans l'an aprés le mariage dissolu le marié, qui n'est lignager ou son heritier. Et à faute de faire le remboursement dans l'an, l'heritage demeure conquêt. Nivernois, des droits appartenans à gens mariez, article 28. & 30. Et en dit autant entr'autres communs, au chapitre des Communautez, article 7. Ainsi dit Bourbonnois, article 273. en chacun desdits cas. Mais Poitou, article 242. & 351. ne donne ce remede sinon entre mariez, & és articles 339. 340. & 341. dit que c'est conquêt, mais que dans l'an aprés le mariage dissolu, le remboursement de la moitié pourra être fait : de vrai ce qu'aucun aquiert par retrait lignager lui est conquêt, parce que l'aquisition se fait des deniers de son épargne, qu'il pouvoit employer en aquisition d'autre heritage, ou le tenir en meuble : mais il retient quelque faveur du lignage. Sens, article 62. comme Nivernois pour le retrait lignager, & ne parle de l'an & jour. Auxerre, article 181. comme Nivernois és deux cas : mais outre la restitution du prix les meliorations doivent être renduës pour la moitié. Ainsi disent Auxerre, article 181. & Sens, article 60. Laon, article 251, & Reims, article 217. disent les réparations, non seulement utiles, mais aussi les voluptuaires ou volontaires. Et outre Sens & Auxerre ajoûtent que s'il y a des enfans du mariage, ils auront six mois en prérogative pour rembourser. Et s'ils ne remboursent dans ledit temps, un autre Lignager pourra dans autres six mois retraire la moitié qui est sortie de la ligne. Bourgogne, article 47. dit comme Nivernois, & ne parle de Laon. Toutes les Coûtumes s'accordent que durant le mariage il n'y échet retrait. : mais aucune disent que dans l'an aprés le mariage dissolu la moitié du marié non lignager est sujette à retrait envers le lignager. Ainsi Paris, article 155. Berry de retrait, article 22. 23. & 24. & ajoûte que le survivant lignager doit être preferé à un autre lignager. Senlis, article 229. & 230. Laon, article 249. 250. & 251. excepte s'il y a des enfans du mariage. Aussi dit que le marié lignager ou son heritier, est préferé à autre lignager durant les six mois aprés la dissolution. Reims, art. 217. Blois, article 207. Orleans, article 381. donne le retrait aux heritiers du trépassé lignager ou autres parens, & dit que les heritiers sont preferez à autres parens. Et article 382. reçoit le survivant lignager ou ses heritiers, à rembourser dans l'an le marié non lignager ou ses heritiers. Bretagne, article 306. 309. & 310. dit comme Nivernois, & à faute de rembourser dans l'an, la moitié demeure propre au non lignager. Bourbonnois és deux cas de retrait ou achat, donne trois mois pour rembourser par le survivant lignager, ou les heritiers du ligager. Et à faute de rembourser dans trois mois, donne autres trois mois à un autre lignager. Mais s'il y a enfans du mariage de ses aquereurs ou retrayans, il n'y a retrait lignager sur le survivant non lignager. Paris, article 156. Laon article 250. & 251. qui ajoûte la raison pour l'esperance qui est, que l'heritage leur viendra. Reims, article 217. Mais Sens, art. 61. Auxerre, article 181. donnent six mois aux enfans, & les autres six mois aux autres lignagers, comme a été dit cy-dessus. Berry, de retrait, article 24. ordonne le remboursement dans soixante jours aprés le decés. Paris, art. 157. dit que si l'heritage étant demeuré en la maison des mariez, comme dit est, sort hors de la ligne par le moyen du partage, qu'il est sujet à retrait par moitié : pourvû que le lignager ait intenté son action, ou protesté dans l'an du decés de celui des deux mariez qui est lignager. Le but de toutes ces Coûtumes est pour faire que l'heritage demeure en la ligne, pourquoi je pense qu'il y faut prendre les mêmes considerations du retrait lignager. Et pour temperer les diversitez, me semble que Nivernois, Bourbonnois & autres semblables ne parlent assez amplement, entant que la faveur du lignager est délaissée pour le tout en la puissance du survivant. Aussi me semble que Paris, Laon, & Reims se sont trop étendus en excluant les autres lignagers, quand il y a des enfans du mariage, à cause de l'esperance que les enfans succederont : car en attendant cét évenement, l'heritage demeure conquêt au survivant non lignager. La moyenne voye mise par Auxerre & Sens me semble plus raisonnable, entant que six mois sont donnez aux enfans, & aprés lesdits six mois, les autres six mois sont donnez aux lignagers selon la regle commune de retrait. Ce qui se dit des enfans, me sembleroit être bon à dire pour le survivant lignager, ou ses heritiers lignagers, parce que la moitié leur est déja asseurée, & il est raison qu'ils soient preferez aux autres lignagers *saltem* durant les six mois, pour joindre les deux moitiés, & ne tomber és inconveniens que les communions ont acoûtumé d'apporter.

L'heritage aquis constant le mariage des deniers procedez de la vente de l'heritage ancien de l'un des mariez est propre à lui, en prouvant que le payement de l'achat ait été fait des mêmes deniers procedez de la vente. Ou bien montrant que lors de l'aliénation & lors du remploi, les mariez ou l'un d'eux ont affirmé pardevant le Juge, que l'alienation a été faite pour employer en autre heritage, & que l'aquisition a été faite des deniers procedans de la vente. Ainsi dit Nivernois des droits appartenans à gens mariez, article 31. Mais Blois, article 164. Sens, art. 277. Auxerre, article 197. Bourbonnois, art. 239. Melun, art. 225. disent que si en vendant l'heritage, il n'est dit que ce soit pour employer en autre heritage, que l'heritage acheté est repnté conquêt. Bourbonnois, audit art. 239. desire que l'emploi soit fait tôt aprés la vente, & affirmant lors dudit emploi, que c'est des deniers procedez de la vente : car la proximité du temps fait présumer que ce soient les mêmes deniers. *l. si ventri. §. ult. ff. de privileg. credit.* Melun audit art. desire que la déclaration faite en vendant, soit faite par écrit devant Notaires, Blois, art. 165. met une extension qui est tres-raisonnable, qu'ores que l'accordance n'ait été faite à l'instant que la recompense : peut néanmoins être faite sans fraude. Reims, article 30. dit encore plus au large, que l'heritage que le mari achete ou baille en recompense à sa femme, au lieu de celui qu'il a vendu, étant du naissant ou propre de sadite femme, sortit nature de naissant pour la même ligne. Ce qui est fondé sur la même raison, par laquelle l'heritage pris en échange sortit même nature d'heritage propre, comme étoit celui qui a été baillé. Ces deux Coûtumes ont traité cette affaire avec raison, & les autres trop à la rigueur : car lesdites autres Coûtumes prenans trop à l'étroit les contrats & promesses d'entre mari & femme, mettent telle affaire au peril, que toutes les Coûtumes ont voulu éviter, qui est de l'avantage des mariez l'un à l'autre : entant que si celui de qui l'heritage a été vendu n'est recompensé, l'autre marié amende de la moitié du prix de l'heritage vendu avec le dommage de son conjoint, qui est une espece de donation. Et au contraire ces Coûtumes de Blois & Reims, mettans hors les formalitez, & excluans la seule fraude, ont desiré l'indemnité de celui qui a vendu son heritage. A laquelle provision correspond ce qui est cy-dessus de la Coûtume de Paris, article 232. Aussi du Molin tres-bon Auteur dit quelque part en quelque temps, que la convenance de recompenser celui de qui l'heritage est vendu soit faite, & en quelque temps que la recompense se fasse, pourvû qu'il ne se découvre aucune fraude, que la recompense est valable. C'est en l'annotation sur lesdits articles de Blois, 164. & Bourbonnois, art. 238. A la suite de la même raison est le 33. article de la Coûtume de Nivernois, des droits appartenans à gens mariez, & de Bourbonnois, article 239. que l'heritage aquis par le mari pour l'employ des deniers dotaux de sa femme, destinez à l'heritage, appartient & est propre à la femme, en déclarant par le mari lors de l'emploi, que c'est audit effet. Ce qui est tres-raisonnable, ores qu'il ne soit pas prouvé que ce soient les mêmes deniers : Car puisque le mari les a reçûs, ores qu'il les ait mélez parmi ses autres deniers, ou qu'il les ait employez : la masse de la Communauté d'entre le mari & la femme en est enflée & enrichie, & là doivent être repris pour être employez ; & par subrogation sont censez les mêmes deniers. *l. pater. ff. de adimend. leg.* Et cecy n'est pas és termes de l'heritage acheté des deniers dotaux, qui n'est pas fait dotal, sinon subsidiairement quand le mari n'est pas solvable. *l. ex pecunia. C. de jure dot. l. uxor. marito. ff. de donat. inter vir. & uxor.* Car esdites Loix est parlé, quand le seul fait de l'emploi y est sans déclaration de volonté ; autrement est quand la volonté des mariez, ou du seul mari y est : Aussi qu'esdites Loix n'est pas question de deniers destinez pour être employez en achat d'heritage : mais d'une dot qui est nuëment en deniers. Joint que ce n'est aucun avantage à la femme : ains est le profit du mari, pour décharger son heritage qui est hypothequé pour la dot de sa femme.

Quand le mari est mauvais ménager, & & que la femme a doute de perdre sa dot : le droit Romain à diverses fois a introduit divers remedes de Provision à la femme pour conserver sa dot, *in l. si constante. ff. soluto matri. l. ubi adhuc. C. de jure dot. in authent. de æqualitate dotis. §. Illud collat.* 7. En la France coûtumiere il y a autres considerations à prendre ; car les femmes sont communes en biens avec leurs maris, & pour aquerir cette communauté, ordinairement une partie de leur dot y est employée. Et audit cas de mauvais ménage, est pratiquée la séparation de biens entre mari & femme, qui se traite pardevant le Juge laïc, parce qu'il est seulement question des biens ; & s'il étoit question de séparer les mariez du lit, la connoissance en seroit au Juge d'Eglise. Cette séparation de biens, ores que les mariez l'accordent ; doit être autorisée par le Juge aprés sommaire connoissance de cause. Ainsi disent Berry des mariages, de l'état & qualité des personnes, article 48. & 49. Orleans, article 198. Paris, article 224 & le faut tenir pour general. De cette séparation est aussi ordonné par les Coûtumes de Bourbonnois, article 73. Blois, article 3. Toutes les susdites Coûtumes desirent que ladite séparation soit insinuée & publiée en jugement pardevant le Juge du lieu, séant judiciairement à jour ordinaire durant lesdits plaids, & soit enregistrée. Blois ajoûte qu'elle soit publiée au Prône de la Paroisse où les mariez demeurent. Paris & Orleans desirent que la séparation soit executée sans fraude, c'est à dire qu'il y ait partage des meubles & conquêts faits à bon escient. Toutes ces ceremonies sont pour éviter les fraudes qui facilement seroient entre mariez, & à ce que la Communauté, qui a été publiquement connuë, comme a été le mariage : ne soit tenuë pour dissoluë, sinon aprés publication & signification à tous par la raison de la *l. sed etsi. §. de quo palam. ff. de instit. act.* Orleans, article 199. ajoûte que si aprés ils se r'assemblent, ce sera comme s'il n'y avoit eu séparation : néanmoins ce qui aura été fait durant icelle tiendra. Ez lieux où j'ay pratiqué, j'ay donné avis d'ajoûter aux sentences de séparation, que nonobstant icelle la femme soit tenue au séance & traitement de son mari ; & de secourir de ses biens son mari, & les enfans de leur mariage selon les facultez de la femme : Selon qu'il est dit *in l. ubi adhuc.* vers la fin. *C. de jure dot.* Et ainsi fut jugé par Arrêt, moi present en la plaidoirie du Mardi dix-septiéme Fevrier, mil cinq cens cinquante.

A été dit cy-dessus, que le mari & la femme sont communs en dettes & credits, & qu'aprés la dissolution du mariage, la femme ou ses heritiers sont tenus de payer la moitié des dettes. Selon les anciennes Coûtumes on prenoit cela si cruëment, que la femme étoit précisement tenuë à la moitié, *etiam* outre la valeur des biens qu'elle prenoit en la Communauté : Pourquoi aucunes Coûtumes octroyent faculté aux femmes veuves aprés le decés de leurs maris de renoncer à la Communauté, c'est à dire, quitter toute la part qu'elles avoient aux meubles & conquêts d'icelle : & ce faisant demeurer quittes des dettes, en faisant serment par elles, de mettre tous les biens en évidence, pour être fait inventaire : Et si elles receloient ou distrayoient aucuns biens, de perdre le benefice de la renonciation. Ainsi Nivernois des droits appartenans à gens mariez article 14. & 15. qui donne terme de vingt-quatre heures aprés le decés. Ainsi Bourbonnois, article 245. qui donne quarante jours. Paris, article 237. Orleans, art. 204. Sens, article 214. Auxerre, art. 192. Bourgogne, art. 38. 39. 40. 41. & 42. qui fait distinction de la forme de renoncer entre les femmes nobles & roturieres. Touraine, art. 308. Melun, art. 217. Senlis, art. 147. Troyes, article 12. & Laon, art. 26. & 27. mettent distinction de la forme & du temps entre nobles & roturiers. *Idem*, Touraine, article 270. & 290. Bretagne, article 416. & 418. Mais aucunes Coûtumes ont mis cette affaire plus au large, & ont ordonné que la femme qui s'est expressément obligée, n'est tenuë des dettes faites par son mari, plus avant que jusques à la concurrence de ce qu'elle ou ses heritiers amendent de la Communauté, pourvû qu'aprés le decés du mari soit fait loyal inventaire, & qu'il n'y ait fraude de la part de la veuve ou de ses heritiers. Ainsi Paris, article 228. Orleans, article 187. Sens, article 214. Auxerre, article 192. Touraine, article 270. Toutefois Sens, art. 214. excepte si la femme est specialement obligée. De même dit Auxerre, art. 192. & met autre exception, si la veuve a fait acte approbatif de la Communauté. Mais Orleans art. 205. & Reims, art. 258. disent que si la femme étoit obligée par sa parole, & elle fût poursuivie, elle aura son recours contre les heritiers de son mari. Nivernois, audit art. 14. & Bretagne, art. 416. tiennent la veuve quitte, ores qu'elle fût obligée.

Quand la femme veuve renonce à la Communauté, elle prend son heritage propre, & son doüaire francs de dettes. Bourbonnois, article 245. ajoûte qu'elle prend un de ses habits moyens, & que durant quarante jours elle peut vivre en son ménage, & Orleans, article 206. Mais Touraine, art. 293. dit qu'outre son doüaire, elle doit avoir un lit garni, ses heures & patenostres, une de ses meilleures robes, & une moyenne. Laon, article 27. lui donne ses habits des Dimanches & Fêtes communes. Bretagne, art. 418. lui donne son lit, son coffre, deux accoûtremens. Ce qui est aucunement consonant à ce qui est dit par les Docteurs du droit Romain, que les robes précieuses des femmes & leurs joyaux sont propres au mari, & est censé le mari en avoir accommodé sa femme, pour se parer en faveur de lui : Mais les vêtemens quotidiens sont censez du tout propres à celui pour qui ils sont faits, & n'être de la Communauté. Ainsi dit *Ludo. Roma. consil.* 146. & Socin le jeune, duquel j'ay été auditeur à Padoüe. *Consil.* 134. *vol.* 1. Mais Bourgogne, art. 41. dit que la veuve qui renonce à la Communauté, perd son doüaire.

La plûpart desdites Coûtumes ôtent à la veuve le benefice de renonciation, ou le benefice de n'être tenuë plus avant que de la Communauté, quand elle recele & distrait aucuns biens d'icelle Communauté aprés le decés de son mari ou durant sa maladie dont il est decedé. Nivernois, audit article 15. Paris, art. 228. Bourbonnois, article 245. Bourgogne, art. 42. Reims, art. 274. Melun, art. 217. Laon, article 27. Ce qui se rapporte aux décisions du droit Romain, *In l. rescriptum. ff. de his quæ. ut indig. & in l. Paulus si certarum. ff. ad Trebell. & in l. si servum quis. §. Prætor. versic. si suus. ff. de acq. hered.* Ou si de son autorité elle s'est immiscée & entremise aux biens avant inventaire. Tours, article 290. Reims, article 270.

La forme & le temps de la renonciation ne sont d'une même sorte. Aucunes Coûtumes donnent quarante jours. Bourbonnois, article 245. Sens, art. 214. Troyes, article 12. Mais Bourgogne, article 38. & 39. dit que la veuve noble doit declarer pardevant le Juge, avant que le corps mort du mari soit enlevé du logis ; & la roturiere doit se déceindre & laisser sa ceinture sur la fosse, ou declarer dans 24. heures. Nivernois, audit art. 14. dans 24. heures pardevant le Juge. Il y a plus de raison en ces Coûtumes, qui donnent le temps court, afin que les creanciers du mari ayent moyen d'être soigneux que rien ne soit transporté ni distrait. Senlis, article 147. donne trois mois à la veuve noble. Vitry, article 91. dit que la veuve roturiere doit mettre les clefs sur la fosse de son mari le jour du trépas. Laon, article 26. & 27. la noble dans trois mois : La roturiere dans six semaines. Touraine, article 290. femme noble dans quarante-trois jours, la roturiere dans vingt jours.

Berry des mariages, art. 9. dit que la convenance, qui par le traité de mariage est accordée à la femme pour choisir, vaut contre le mari ou ses heritiers : mais non contre les creanciers, entant qu'il y a aucun avantage fait à la femme, mais vaut contre tous pour la reception de ce que la femme a apporté. Ce qui sembleroit tres-raisonnable pour être observé par tout : car il n'est pas raison que la femme qui a dû être compagne de toutes les fortunes de son mari, profite auprés de lui, au préjudice de ses creanciers, & se doit estimer être bien, quand elle ne gagne rien, & ne perd rien aussi : & l'action revocatoire est facilement octroyée contre un donataire. *l. ignoti. C. de revocand. iis quæ in fraud. cred.*

Nonobstant la renonciation, la veuve est

tenuë des dettes qu'elle devoit auparavant le mariage. Nivernois des droits appartenans à gens mariez, art. 16. Bourgogne, article 42. Reims, art. 255. & ajoûte les dettes à cause des successions qui lui seroient avenuës. Et article 266. charge la veuve, ayant renoncé de payer les dettes que le mari auroit faits : à cette cause me semble raisonnable d'en dire autant si le mari a fait de grands frais, excedans le revenu du bien de sa femme, pour démêler procez ou autres affaires venans de par elle.

Touraine, art. 291. permet à la femme durant le mariage de repeter ses droits & biens si le mari vient à pauvreté, ou és autres cas de droit. Iceux sommairement verifiés avec le mari, dont a été parlé cy-dessus. Et de même Nivernois de doüaire, article 6. pour demander provision de son doüaire.

Poitou, article 252. dit que la femme prenant part en la Communauté de son mari, est tenuë des rentes constituées par le mari durant le mariage, tant du principal qu'arrerages, jusques à la concurrence des biens de la Communauté : Autant en dit Auxerre, art. 121. Mais Berry des mariages, article 26. dit que la femme n'est tenuë que des dettes mobiliaires, & non des rentes constituées, sinon jusques à la concurrence des conquêts. Quoi faisant les Auteurs de cette Coûtume, selon mon avis, ont mal comparé dettes mobiliaires aux meubles, & les rentes constituées aux conquêts : car bien souvent on constituë des rentes pour affaires qu'on a qui sont pures mobiliaires, & non pas toûjours pour aquerir immeubles. Parquoi je croy que les articles de Poitou & Auxerre doivent être tenus pour generaux.

DE DOUAIRE.

LES Coûtumes de France ont attribué aux femmes veuves le doüaire, qui est la joüissance de leur vie durant, aprés le decés de leurs maris, de la moitié, ou du tiers, ou autre portion des immeubles de leurs maris, comme pour conserver la memoire de la dignité & honneur de leursdits maris. Et en est l'établissement si ancien, qu'en la formule des paroles de present, qui sont dites à la porte de l'Eglise par le ministere du Prêtre lors des épousailles solemnelles, ces mots y sont *de mes biens te doüe*. Aucuns ont estimé que le doüaire correspond à ce qui est du droit des Romains, *donatio propter nuptias*. Jaçoit qu'il y ait plusieurs differences, si estce que nos predecesseurs, qui faisoient leurs contrats en Latin, appelloient ainsi le doüaire, & je l'ay vû en la Chambre des Comptes à Nevers au contrat de mariage de Jean fils du Roi saint Louys, & de Yoland Comtesse de Nevers, en date du mois de Janvier, mil deux cens soixante-cinq, dont l'original est en ladite Chambre des Comptes. Selon la plûpart des Coûtumes le doüaire est de la moitié des immeubles que le mari a lors de la benediction nuptiale, ou solemnisation des nôces, & de la moitié des immeubles qui échéent au mari, par succession directe durant le mariage. Ainsi disent Paris article 247. & 248. Sens, article 262. Auxerre, article 208. Orleans, art. 218. Senlis, article 175. Troyes, article 86. Blois, article 189. Vitry, art. 86. & 87. Laon, art. 32. & 33. Mais Nivernois de doüaire, art. 1. étend cette échoite en ligne directe, & dit jusques au trépas du mari. Aucunes Coûtumes donnent la moitié ou le tiers des immeubles que le mari a lors de son decés. Berry des mariages, article 11. & 14. Bourbonnois, art. 250. Bourgogne, article 25. Les autres donnent le tiers des immeubles que le mari a lors de la benediction nuptiale, & de ceux qui échéent en ligne directe ou collaterale durant le mariage, comme Touraine, article 326. pour les femmes nobles, & article 238. les femmes roturieres ont la moitié des heritages qui appartiennent à leurs maris lors de leur decés. Bretagne, article 436. donne à la veuve pour son doüaire le tiers de l'heritage, dont son mari a eu, ou dû avoir la saisine durant le mariage, & article 433. dit que la femme gagne son doüaire, quand étant épousée elle met son pied au lit, jaçoit que son mari n'ait affaire avec elle. Cette Coûtume plus charnelle que spirituelle a fait plus d'état de la copulation de la chair, ou des actes prochains d'icelle, que du Sacrement. Car quand il se dit la femme avoir un pied dans le lit, il faut croire qu'il est mal-aisé que le reste ne s'en ensuive. Poitou, article 256. ne donne que le tiers des immeubles que le mari a lors du mariage, & de ceux qui lui échéent en ligne directe durant le mariage. Aucunes Coûtumes, outre la quotité de la moitié ou du tiers de l'heritage, donnent à la veuve la joüissance de l'une des maisons du mari, & s'il n'y en a qu'une, la moitié, comme Vitry, art. 87. Laon, article 24. dit de même entre nobles : mais ajoûte un beau mot, *durant la viduité*. Et seroit assez expedient que tous doüaires fussent restraints à la viduité de la femme, pour finir par son second mariage, & accroître aux enfans és lieux où doüaire est heritage d'enfans, accroître au proprietaire, és lieux où le doüaire est viager. Car depuis que la femme est remariée, il ne lui faut plus de consolation de la perte de son premier mari, & la dignité de la maison de son premier mari n'est plus representée par elle. Et comme Laon dit aussi Reims, article 282. Et Bretagne, art. 438. excepte du doüaire le manoir de fief noble : mais il dit que l'heritier doit bailler à la veuve maison competente.

Le doüaire peut être préfix & convenu par contrat de mariage, pour être autre que le doüaire coûtumier. Selon aucunes Coûtumes on ne peut faire le doüaire convenu plus grand que le doüaire coûtumier. Ainsi dit Nivernois de doüaire, art. 2. Auxerre, art. 211. Poitou, art. 259. Touraine, article 372. Bourgogne, art. 27. Sur quoi Nivernois ajoûte que les contractans ne peuvent y déroger, Auxerre en dit presque autant, quand le mari a heritage propre, mais s'il n'en a point le prefix vaudra pour autant qu'il monte. Touraine excepte si les ascendans du mari avoient promis le doüaire plus grand que le coûtumier. Ces Coûtumes sont fondées en grande raison, afin que le mari lors de la grande chaleur de son amour ne se dépouille par trop, & laisse des enfans coquins : ou bien és lieux esquels le douaire est heritage des enfans, s'il

advient

advient que la mere desdits enfans meure, le pere soit en peril de paillarder, pour ne trouver parti en mariage digne de lui, ayant épuisé ses facultez par un doüaire excessif. Les loix Romaines n'ont pas approuvé indistinctement tous avantages que les mariez se font l'un à l'autre en traité de mariage, mais ont voulu que le Juge de son office en jugeât. *l. si ita stipulatus. §. si tibi nupsero. ff. de verb. oblig.*

Si le doüaire est constitué en deniers ou chose mobiliaire par convenance, il n'est qu'à la vie de la veuve par usufruit, & aprés le decés d'elle retourne aux heritiers du mari. Ainsi disent Nivernois de doüaire, article 3. Berry des mariages, article 15. Melun, article 239. Auquel cas par necessité le doüaire est sujet à caution fidejussoire : car autrement ne peut être constitué l'usufruit en deniers. *l. 1. ff. de usufr. earum rerum quæ usu consu.* Mais Bourbonnois, article 255. Sens, article 169. & Auxerre, art. 214. disent que le doüaire constitué en deniers est propre à la femme veuve, & n'est sujet à restitution, ni à retour. Paris, article 259. dit que le doüaire constitué en deniers vient aux enfans du même mariage, comme feroit le doüaire en heritage, & neanmoins demeure en sa nature de meuble, & succedent en icelui les heritiers mobiliers des enfans, ausquels le doüaire a été fait heritage. Selon mon avis és Provinces où la Coûtume ne dispose en particulier, semble qu'il est raisonnable de dire si la Coûtume est telle que le doüaire ne soit heritage des enfans, ou si du mariage ne sont aucuns enfans, que le douaire en deniers soit propre à la femme, comme lesdits deniers tenans lieu de l'estimation de l'usufruit que la veuve auroit si le mari eût eu de l'heritage, selon que les Loix Romaines trouvent bon d'estimer l'usufruit en deniers pour une fois. *l. computationi. ff. ad leg. falcid.* Et si c'est en Province où le doüaire est heritage des enfans, & que du mariage soient enfans survivans, ledit doüaire en deniers leur appartienne selon ladite Coûtume de Paris.

Selon aucunes Coûtumes le doüaire de la femme est purement en usufruit pour la veuve, & ne vient aux enfans. Selon autres Coûtumes le doüaire appartient à la veuve en usufruit, & est heritage aux enfans du même mariage. Les Coûtumes qui font le doüaire à la seule vie de la veuve sont Poitou, art. 257. Sens, art. 163. Auxerre, art. 215. Bourbonnois, art. 249. Orleans, art. 220. Troyes, art. 90. Laon, art. 33. Reims, art. 282. Bourgogne art. 25. combien que par l'ancienne Loi des Bourguignons faite par Gondebaud, chap. 24. le doüaire aprés la mort de la veuve soit attribué aux enfans de chacun mariage, si la femme a été mariée plusieurs fois. Berry des mariages, article 14. Les Coûtumes qui font le doüaire heritage des enfans du même mariage, sont Nivernois de doüaire, article 8. Paris, article 249. Melun, art. 239. Senlis, art. 177. Ces Coûtumes en moindre nombre semblent être fondées en une raison fort politique & humaine, entant que les enfans sont asseurez d'avoir quelque bien de reste, quelque male fortune qui advienne à leurs pere ou mere. Ceux qui raisonnent au contraire, sont trop amateurs d'eux-mêmes, & font trop peu de compte de leurs enfans & de la posterité & de l'immortalité. La plûpart desdites Coûtumes qui font le doüaire l'heritage des enfans, disent que si l'enfant est heritier de son pere, il ne prendra pas le doüaire. Ainsi dit Paris, art. 250. & 251. Melun, art. 239. Senlis, art. 176. Et Paris, art. 252. dit que l'enfant prenant le doüaire, doit rendre ou précompter les avantages qu'il a eûs de son pere. Bien est certain que l'enfant qui prend le doüaire sans être heritier, n'est tenu aux dettes de ses pere & mere, & que ses pere & mere ne peuvent aliener le doüaire au préjudice dudit enfant : car ils ont le doüaire par le bienfait de la Coûtume, & non comme heritiers : mais Nivernois a admis que les enfans puissent être heritiers, & prendre le doüaire en preciput contre les autres Coûtumes, & ainsi est observé. Et la raison peut être que Nivernois permet aux peres & meres d'avantager leurs enfans, & leur donner en preciput, pourquoi l'enfant peut prendre l'avantage du doüaire, & outre ce être heritier. Ce que la Coûtume de Paris & autres Coûtumes ne permettent. Audit cas, quand le doüaire est heritage des enfans, il se part entr'eux sans droit d'aînesse, ou prérogative. Ainsi dit Paris, art. 250. la raison peut être que nul ne prend droit d'aînesse sans être heritier. Et ladite Coûtume ne donne le doüaire à celui qui est heritier, & qui prend le doüaire n'est pas heritier. Et si l'un des enfans accepte le doüaire, renonçant à la succession du pere, & l'autre se dit heritier. Celui qui prend le doüaire aura seulement telle portion au doüaire, comme il eût eu si l'autre eût pris le doüaire. Ainsi dit Senlis, article 189. Du Molin en l'annotation dit la raison être parce que l'enfant heritier ne perd pas sa part du doüaire directement, mais par droit d'exception, parce qu'il est heritier, & qu'il ne peut prendre double avantage. Ce qui correspond à ce qui a été dit cy-dessus, que l'empêchement d'être doüairier & heritier procede de la prohibition que fait la Coûtume, que l'un des enfans heritiers soit avantagé plus que l'autre. Ez Provinces où doüaire est l'heritage des enfans, si les enfans décedent sans décendans, le doüaire retourne, ou bien demeure au pere. Aucuns ont estimé que le pere ne fût qu'usufruitier du doüaire, & que dés son vivant les enfans soient proprietaires. Ce qui ne se peut dire bonnement : car le doüaire n'échet que par la mort du mari ; vrai est que le pere ne peut aliener, non pas précisément, mais au préjudice de ses enfans. De fait si les enfans décedent avant lui, ou que ses enfans soient ses heritiers, l'alienation se trouve ferme, parce qu'il n'y a personne qui la puisse revoquer. Ainsi dit-on de celui qui est institué heritier, ou fait legataire, sous condition de restituer en certain cas, *l. ult. §. sin autem. Cod. commun. de legat.* Et si le pere est décedé avant ses enfans, & le doüaire soit aquis aux enfans, ledit doüaire par le decés desdits enfans sans décendans, vient aux proches heritiets du côté paternel. Ainsi Nivernois de doüaire, article 8. Melun, art. 240. dit que le doüaire est heritage paternel aux enfans. Et ainsi fut jugé en la Coûtume de Paris par Arrêt solemnel de la prononciation de Noel faite par le President le Maître, le Mercredy 23. Decembre

1551. entre de Gasperne, Massot, & le Grand, en la succession de Charlotte fille de Florent Thibaut. Au même cas des Provinces qui font le doüaire heritage des enfans. Si l'homme a été marié plusieurs fois. Nivernois dit en general, art. 5. qué le doüaire coûtumier de la premiere femme est la moitié ; de la seconde le quart ; de la tierce la huitiéme partie des heritages du mari ; Et ainsi des autres, en quoi faut présupposer que des premier & second mariage y ait des enfans, parce que les secondes & tierces femmes sont doüées de la moitié de ce qui reste en l'heritage du mari. Mais Paris, art. 253. & Senlis, art. 185. expriment plus clairement, disans que la seconde femme est doüée de la moitié de la part des conquêts que le mari a faits durant son premier mariage, & moitié des immeubles qui ne sont sujets au premier doüaire, & ainsi des autres mariages. Et Pàris, art. 254. dit que si les enfans du premier mariage meurent durant le second, il n'en accroît rien aux enfans dudit second mariage, qui est une décision sur chose sans doute, car le doüaire se mesure selon les biens que le mari a au temps qu'il épouse une femme, & non de ce qui survient aprés, s'il ne vient en ligne directe. Dont resulte que ce soit en premier, second, ou tiers mariage, la femme est doüée de la moitié des immeubles, de quelque nature qu'ils soient, que le mari a lors qu'il épouse ladite femme, & qu'ils ne sont sujets à aucun doüaire précedent, ains sont en pleine proprieté du mari. Si le mari n'a aucuns heritage, & qu'il n'y ait doüaire préfix, la veuve aura pour son doüaire l'usufruit de la moitié de la part que le mari a és meubles & conquêts de leur Communauté, qui est le quart du total. Bourbonnois, art. 256. Orleans approchant dudit remède, art. 221. dit que la veuve aura l'usufruit du quart des conquêts. Et s'il n'y a conquêt aura en proprieté le quart des meubles, en ce qui restera aprés les dettes prises & déduites sur la masse. Ez Provinces où n'y a aucune disposition de Coûtume pour tel cas. Je croy qu'il est assez à propos d'y pratiquer cét expedient, afin que la veuve ne demeure sans doüaire, qui est l'honneur d'une femme. Et afin que la parole d'ancienne ceremonie, qui se dit lors du Sacrement de Mariage *de mes biens te doüe*, ne soit inutile & sans efficace.

Le doüaire échet par la mort naturelle ou civile du mari. Ainsi dit Melun, art. 236. Vrai est que Nivernois chap. de doüaire, art. 6. parle seulement de mort naturelle, mais je croy qu'il se doit entendre *etiam* de mort civile, car combien que le mariage ne soit pas dissolu par mort civile entre nous Chrétiens, comme il étoit par la Loi Romaine. *l. si quis sic stipuletur. ff. soluto matrimonio.* Toutefois en tout ce qui concerne les biens & droits de civilité, c'est comme si le mari n'y étoit plus. *l. quidam. ff. de pœnis.* Et ainsi fut jugé par Arrêt solemnel au profit d'A. de Spifame, femme de Maître Jean Moulinier, le 14. Aoust 1567. lequel Arrêt, à la prononciation duquel j'étois present, porte deux belles décisions. L'une que par la mort civile du mari la femme étoit bien recevable à demander restitution de ses deniers dotaux, fortissans nature de propre : en quoi y avoit peu de difficulté, puisque son mari étoit mort civilement, & qu'elle étoit aussi-bien recevable à demander son doüaire pour en joüir délors, combien que le mariage ne fût dissolu, & usa le President Seguier de ces mots *præsenti pecunia*, combien que l'écrit de l'extrait que j'ay depuis vû signé, ne porte ces mots. L'autre décision étoit que sesdits deniers dotaux, en nature de propre ni son doüaire n'étoient sujets aux dettes du mari, combien qu'elle fût commune en biens, mais elle n'étoit expressément obligée.

Quand le doüaire échet soit coûtumier ou prefix, & convenu, la veuve en est saisie, & peut pour icelui intenter remedes possessoires. Ainsi disent Nivernois de doüaire, article 7. Paris, article 256. qui dit que les fruits du doüaire sont dûs du jour du decés du mari. Poitou, art. 254. Sens, art. 167. Auxerre, art. 211. Berry des mariages, art. 19. Melun, article 237. Senlis, article 179. Troyes, article 86. & Vitry, article 88. & 89. ces trois disent de même pour le doüaire coûtumier, mais quant au doüaire préfix & convenu, disent qu'elle n'est pas saisie, sinon aprés qu'elle a fait sa déclaration du choix ou demande. Laon, article 34. comme Nivernois, Reims, article 248. & Bourgogne, article 34. Auvergne, chap. 14. article 11. dit que la femme est saisie du doüaire constitué.

La douairiere pour joüir de son douaire doit bailler caution, à sçavoir pour les immeubles, telle qu'elle peut ; & pour les meubles, bonne & suffisante caution. Ainsi dit Nivernois, de doüaire, article 11. Mais Paris article 264. & Orleans, article 218. disent si elle se remarie, doit bailler caution suffisante, si elle demeure veuve, caution juratoire : la caution juratoire, & la caution telle qu'elle peut, c'est tout un ; car celui qui doit bailler caution, doit jurer qu'il ne peut trouver caution Bourgeoise, & doit promettre avec serment qu'il satisfera à ce qui doit être fait : la forme de cette caution juratoire est mise *in auth. generaliter. Cod. de Episc. & Cler.* La promesse & la caution d'un usufruictier doit être de joüir, &c. de joüir bonnement sans deterioration, & de rendre la chose aprés l'usufruit fini. Car l'usufruictier doit bailler caution à ces deux fins. *l. 1. ff. ususfr. quemadmod. caveat. leg. usufructu 4. C. de usufr.* Et la veuve tant qu'elle demeure veuve retient toûjours l'honneur & la faveur de la maison de son mari, pourquoi ne doit être contrainte à caution Bourgeoise, & se doit-on asseurer de sa foi, par argument de la *l. testamento 17. in fi. ff. de test. tut. l. Firmio. §. 1. ff. quando dies leg.* Mais si ce doüaire consistoit en meubles la caution fidejussoire seroit requise indistinctement : car l'usufruit de deniers & autres meubles perissables ne peut être constitué sans caution. *l. 1. ff. de usufr. earum rerum.* Et en un autre cas la veuve doit bailler caution fidejussoire pour l'immeuble, ores qu'elle ne se marie : à sçavoir quand elle a mal-versé & mal-verse en son usufruit, en tout ou partie. Et outre ce doit perdre l'usufruit de la chose en laquelle elle a mal-versé. Ainsi disent Nivernois, de doüaire, article 11. Bourbonnois, art. 264. Bretagne, art. 445. & outre ce doit réparer le dommage, Touraine, article 334. Vitry, art. 96. traite la veuve plus doucement, disant qu'elle ne perd son doüaire, mais doit être contrainte de réparer. Pour la perdition de l'usufruit en cas de malversation, fait la *l. hoc amplius. §. ult. ff. de damno infecto.*

La doüairiere doit payer les charges réelles & foncieres dûës sur l'heritage de son doüaire. Ainsi dit Nivernois de doüaire, article 4. Sens, art. 165. pour les charges foncieres, & non pour rentes constituées. Auxerre, art. 216. Bourbonnois, art. 252. Orleans, art. 218. Touraine, article 335. même de l'arriere-ban. Troyes, article 89. comme Sens, Melun, art. 242. Vitry, article 86. & 87. Laon, art. 38. & 39. & pour l'arriere-ban. Bourgogne article 25. Reims, article 251. Blois, art. 189. & ajoûte les rentes constituées avant le mariage. Je croy qu'il se doit entendre des rentes qui sont *ad instar*, de foncieres, comme si constituées au denier vingt, ou créées par partage ou par fondation : car le mot de *constituër* se peut adapter à toutes creations de rentes. Mais si c'étoit une rente constituée à prix d'argent à la vulgaire raison, comme du denier douze ou quinze. Jaçoit qu'elle fût assignée specialement · je croy que la doüairiere n'en seroit tenuë simplement ; mais bien par hypotheque, à la charge d'avoir son recours contre l'heritier de son mari : car en ce cas l'hypotheque n'est qu'accessoire.

Aussi la doüairiere doit entretenir les heritages de son doüaire, en l'état qu'elle les trouve, & faire les menuës réparations : mais les grosses réparations qui durent plus que la vie de l'homme, sont à la charge du proprietaire. Ce qui est écrit particulierement par aucunes Coûtumes. Nivernois de doüaire, art. 4. dit menuës réparations être les couvertures, huys & planchers, & les grosses réparations, être les murs, cheminées & poutres. Paris, article 262. dit réparations viageres & d'entretenement, & que la doüairiere n'est tenuë aux quatre gros murs, poutres & couvertures entieres & voutes. Sens, article 164. Auxerre, article 216. Bourbonnois, article 252. disent que cheminées sont grosses réparations, mais non le contre-feu. Orleans, article 222. comme Paris, Blois, article 189. dit entretenir en bon état. Touraine, article 334. Melun, article 342. dit que cheminées contre gros mur, sont grosses réparations : mais cheminées contre cloisons non. Troyes, article 86. Vitry, article 86. & 87. en l'état qu'ils lui ont été baillez. Laon, article 37. tenir clos & couvert. Reims, article 251. & Bourgogne, article 25. Le sommaire de tout ce que dessus, est que la doüairiere est tenuë aux réparations telles qu'un usufruictier doit, que les Latins appellent *sarta tecta*, qui est à dire, réparations telles, dont l'usage communément ne dure que la vie d'un homme.

La doüairiere, comme ayant l'usufruit, peut percevoir tous les fruits de l'heritage dont elle joüit par doüaire, non seulement les fruits que la nature produit de par soi, & avec l'industrie & labeur de l'homme : mais aussi les fruits civils, qui sont introduits par le droit civil, comme sont quints deniers, lods & ventes, tiers deniers, collations d'offices, & présentations de benefices, si les mutations ou vocations adviennent de son temps. Ainsi dit Nivernois, de doüaire, art. 10. Poitou, art. 32. Touraine, art. 331.

Quant aux bois taillis, Nivernois, chap. de doüaire, art. 9. & Vitry, art. 93. disent si le défunt a vendu la coupe à années, qu'elle prendra les payemens échéans de son temps. Mais cette distribution est mal proportionnée ; car il se pourra faire, si le bois se coupe de quinze ans, que les payemens se feront en deux ans : pourquoi il est mieux à propos de distribuër, comme a été dit cy-dessus, au fait de rachat ou reliefen fiefs, à sçavoir qu'elle prenne sur le prix de la coupe, *pro rata* des années que son doüaire aura duré : car ores que toute la coupe se fasse en an, c'est néanmoins le fruit de quinze ans. Ainsi se doit dire des étangs, & autres choses dont le fruit ne se perçoit tous les ans. Nivernois audit art. 9. Bourbonnois, article 257. & Touraine, article 331. ne permettent pas à la doüairiere de recevoir les hommages des fiefs dépendans de son doüaire : dont la raison peut être, parce que l'hommage consiste en honneur, qui n'est estimable en deniers : & partant n'est pas fruit. Touraine ajoûte qu'elle ne peut recevoir le serment du Capitaine du Châtel, duquel elle joüit en doüaire. Ce qui se rapporte au droit Romain, *In l. si ita legatus. ff. de usu & habit.* Où il est parlé de *saltuario & insulario*, qui sont comme le gruyer des forêts, & Capitaine ou concierge de la maison : parce que la charge de tels Officiers est principalement pour la conservation de la proprieté. Aussi Nivernois ne permet aux doüairieres de recevoir dénombremens, parce que l'acceptation d'iceux concerne le droit de proprieté. Ne permet pas aussi de bailler souffrances, qui ont même effet que les hommages. Mais Poitou article 32. permet à la doüairiere de recevoir les hommages, & prendre les profits. Paris, article 2. permet à l'usufruictier de saisir le fief mouvant de la Seigneurie dont il a l'usufruit, aprés avoir sommé le proprietaire ; & à la charge de nommer le proprietaire par la saisie. Ce qui est necessaire, afin qu'il soit connu que l'usufruictier veut conserver le droit de proprieté & possession du proprietaire, & qu'il ne veut aquerir aucune saisine. Cette décision a été tirée des commentaires dudit sieur du Molin.

Selon la Coûtume de Nivernois audit article 9. la doüairiere ne peut exercer le droit de retenuë des heritages vendus, mouvans de la Seigneurie dont elle joüit. Ce qui est consonant à l'opinion dudit sieur du Molin, qui dit que la retenuë est octroyée seulement à l'effet de consolider & réunir ; & partant ne peut être cedée & transportée. Mais és Palais on tient aujourd'hui pour opinion commune, que la retenuë peut être cedée, comme étant un droit domanial & foncier, non seulement à l'effet de la réunion, mais pour avoir le profit ou commodité du bon marché, & pour avoir moyen de choisir un vassal. Pourquoi selon la raison elle pourroit être exercée par la doüairiere, à la charge de remettre és mains du proprietaire aprés l'usufruit fini, en remboursant : & ainsi dit Bourbonnois, article 474. & 475. tant à l'égard du fermier, que de la doüairiere. Ce qui s'entend, en cas que le proprietaire le veüille avoir pour réunir ; car s'il aime mieux laisſer la Seigneurie utile és mains de l'uſufruictier, pour la tenir de lui proprietaire, il y ſera oüy.

Auſſi la doüairiere n'a droit de prendre les Commiſes d'heritages mouvans de la Seigneurie directe. Nivernois, audit art. 9. Ce qui s'entend à effet d'en faire bail nouveau & prendre l'entrage, ou pour s'approprier les heritages commis. Mais peut durant ſon uſufruit joüir & prendre les fruits des heritages commis. Ainſi dit Bourbonnois, article 257. qui eſt fondé en raiſon generale.

Nivernois audit art. 9. dit que la doüairiere ne peut faire baux excedans neuf ans. Selon le droit Romain, elle ne peut bailler à loüage, ſinon pour le temps de ſon doüaire. *l. ſi quis demum §. hic ſubjurgi. ff. locati.* Mais ſi c'eſt un heritage accoûtumé d'être baillé à ferme, & qui n'a accoûtumé d'être tenu par le proprietaire en ſes mains. Je croy que le bail à ferme fait par la doüairiere, à trois ou cinq ans, ſans fraude doit tenir : car l'uſufruictier eſt Procureur du proprietaire, conſtitué par la Loi. *l. 1. in fine cum lege ſeq. ff. uſuſfruct. quemad. caveat :* pourquoi le proprietaire doit avoir agréable ce qu'il a fait, qui gît en adminiſtration ordinaire & accoûtumée. *l. vel univerſorum. ff. de pignor. act.*

La doüairiere ni autre uſufruictiere ne peut abbatre bois de haute fuſtaye, ſinon pour la réparation des heritages de ſon doüaire. Ainſi dit Nivernois audit article 9. & ainſi Bourbonnois, des doüaires, art. 262. & Touraine, article 334. qui ajoûtent une limitation (qui peut être ſuivie par tout) que ce ſoit appellant le proprietaire. Ce qui ſe rapporte à ce qui eſt dit *In l. arboribus. verſ. materiam. ff. de uſufr.* Mais en ce que Nivernois met une autre exception pour *chauffer*, faut entendre ſainement par les mots ſuivans, comme un bon pere de famille : à ſçavoir que la doüairiere prendra bois mort & mort-bois. Et s'il n'y en a aucun de cette qualité, elle aviſera avec le proprietaire ; & à ſon refus avec la Juſtice, ſelon l'avis de perſonnes connoiſſantes, quel bois elle devra prendre pour être moins dommageable, & ſe peut recüeillir de ladite Loi *arboribus in principio.*

Selon la Loi Romaine l'uſufruictier prend les fruits en l'état qu'il les trouve quand l'uſufruit commence, & le proprietaire auſſi les prend en l'état qu'ils ſont lors que l'uſufruit prend fin : voire que s'ils étoient ſéparez du fonds autrement que par la main & au nom de l'uſufruictier lors qu'il decéde, l'heritier de l'uſufruictier ne les auroit pas. *l. ſi uſufructuarius meſſem. ff. quib. mod. uſuf. amitt. l. qui ſcit. verſ. prætereà. ff. de uſuf.* Suivant ce Bourbonnois, article 263. en ordonne & ajoûte ſans recompenſer d'une part & d'autre les frais & labours. Ainſi en dit Vitry, article 94. pour le ſecond chef, & Troyes, article 86. Mais Laon, article 40. & Reims, article 252. chargent le proprietaire de rembourſer les labours & ſemences. Ce qui me ſemble tres-raiſonnable : ſi ce n'étoit que la doüairiere commençant ſa joüiſſance, eût trouvé les heritages prêts à dépoüiller, auquel cas il y a apparence qu'elle doive les délaiſſer en pareil état. Mais je croy que les Coûtumes ont trop étroitement comparé le doüaire à l'uſufruit : car en l'uſufruit ne ſe conſidere aucune circonſtance, ains le ſimple fait de joüiſſance. Au doüaire y a conſideration particuliere que cét uſufruit eſt attribué à la veuve pour ſes alimens & entretenement en repreſentant l'honneur & la dignité de la maiſon de ſon mari. Pourquoi je croy qu'elle doit gagner les fruits *pro rata* du temps que ſon doüaire a duré : comme ſe dit du mari qui gagne les fruits des biens dotaux de ſa femme *pro rata* du temps que le mariage a duré, parce qu'il gagne les fruits avec cauſe, entant qu'il ſupporte les charges du mariage. *l. fructus vel l. divortio. ff. ſoluto matri.* & ainſi ſe doit dire en general, quand le profit a ſon reſpect directement à la charge. *l. Seio. ff. de annuis legatis.*

Nivernois, chap. de doüaire, art. 6. met une proviſion en faveur de la femme pour avoir ſon doüaire du vivant de ſon mari. Si ſon mari vient à pauvreté évidente par mauvais ménage. S'il eſt banni, s'il eſt abſent par long eſpace de temps, s'il chet en autre évident inconvenient, par lequel les biens du mari ſoient en voye de perir. Laquelle proviſion eſt fondée en tres-grande équité pour être pratiquée par tout : car le doüaire eſt un ſecours à la femme, quand elle eſt deſtituée par le decés de ſon mari, de l'aide qu'une femme attend de ſon mari. Et la même raiſon y eſt, quand lui vivant n'a aucun moyen de luy faire ſecours. Auſſi nous voyons qu'en ce même cas la Loi permet à la femme de demander reſtitution de ſa dot.

Poitou, article 260. met auſſi une autre belle & raiſonnable proviſion, pour un cas auquel la veuve ſeroit en peril de n'avoir point de doüaire, ſi le fils ayant pere & mere vivans, & marié de leur gré vient à déceder avant eux. La veuve du fils aura durant la vie des pere & mere, la moitié du doüaire qu'elle eût eu, ſi ſon mari eût ſurvécu : Et aprés la mort deſdits pere & mere aura le doüaire entier. Et ſi les pere & mere n'ont conſenti, ladite veuve n'aura rien ſur leurs biens. Quant au premier chef, il eſt aucunement dur d'ôter aux pere & mere ſur leur vieil âge la joüiſſance de partie de leur bien, quand plus ils en ont affaire. Au ſecond cas, ſemble qu'il y a grande apparence pour être obſervé par tout : car l'eſperance que le fils a de ſucceder à ſon pere, eſt conſonante à nature & à droit, & n'eſt pas au rang des eſperances des ſucceſſions que le droit civil reprouve. *l. nec ei §. prætereà. ff. de adopt. l. cum ratio. ff. de bonis damnat.* & la femme du fils par le mariage fait avec la volonté du pere entre par ſubrogation en cette eſperance, qui eſt *ad inſtar* des conditions par contrat, qui ſont tranſmiſſibles. *§. ex conditionali. Inſt. de verb. obliga.* Au tiers cas quand le mariage eſt ſans le gré du pere, le fils & ſa femme ſont indignes de faveur. Bretagne approchant de cette proviſion dit, article 442. ſi le fils marié meurt avant ſon pere, que la veuve du fils aura le tiers de la tierce partie de la terre du pere. Et ſoit noté qu'en Bretagne le doüaire eſt du tiers & non de la moitié. Aux raiſons cy-deſſus on peut ajoûter, parce que le contrat de mariage eſt de bonne foy, qu'il faut ſuppléer ce que les contrahans ont vrai-ſemblablement entendu, & qui eſt accoûtumé d'être fait, combien qu'il n'ait été exprimé. *l. quod ſi* *nolit §. quià assidua. ff. de Ædil. edicto.* La Coûtume est d'asseurer un doüaire à la femme.

Aucunes Coûtumes avec grande raison n'attribuënt point de doüaire à la femme, quand par le contrat de mariage le mari lui a fait fort grand avantage de ses biens, qui peut emporter autant ou plus que son doüaire. Comme Auxerre, art. 209 dit que s'il y a association entre les mariez, de toutes sortes de biens, meubles, conquêts & propre; & Poitou, art. 266. & 267. dit si le mari donne à sa femme le tiers de son heritage, elle n'aura le don & le doüaire: Mais s'il donnoit un corps immeuble qui ne fut le tiers de son bien: elle aura son doüaire sur le reste, jusques à la concurrence du tiers. Et soit noté qu'en Poitou le doüaire n'est que du tiers. Touraine, article 337. dit que la veuve ne peut avoir don & doüaire, quelque convenance qu'il y ait, mais doit opter. Ce qui se rapporte, à ce qui est dit par Nivernois, qu'on ne peut faire le doüaire prefix plus grand que le Coûtumier, & que les contrahans ne peuvent y déroger. Et ce seroit obliquement y déroger, si outre le doüaire le mari faisoit donation à sa femme, & seroit faire fraude à la loy, dont est parlé cy-dessus. La loy Romaine a tenu pour suspectes les pactions avantageuses que les femmes stipulent de leurs maris, avant que de les épouser. *l. si ità stipulatus. §. si tibi nupsero. ff. de verb. oblig.* & afin que les mariages ne semblent être sujets à venalité. *l. 1. 2. & 3. ff. de donat. inter vir & uxor.*

La femme perd son doüaire qui se forfait par adultaire durant le mariage; où qui laisse son mari, & ne fait devoir de le servir si elle le peut faire, & le mari ne la refuse. Mais si elle avoit adulteré, & son mari la retient avec lui, elle aura son doüaire. Ainsi dit Bretagne, articles 433. & 435. Nul autre que le mari n'est recevable à accuser la femme d'adultere. *l. constante. ff. ad legem Jul. de adult.* Aussi quand le mari accuse & rend sa femme convaincuë, elle perd non seulement son doüaire, mais aussi sa dot, qui est adjugée au mari, & elle doit être recluse, & son mari lui doit donner pension. Ainsi fut jugé contre une Marie de quatre livres, par Arrêt du 23. Decembre 1522. recité par Rebuffe, és Commentaires sur les Ordonnances, *tomo.* 1. Et depuis fut jugé contre la femme de M. François Thomas Seigneur de la Roche. Autant en dit Touraine, art. 336. pour le premier chef, s'il y a eu plainte du mari en Justice. A quoy se rapporte ce qui est dit *in cap. plerùmque, extra de donat. inter vir. & uxor.*, Mais si le mari n'en a rien sçû, & partant n'a eu moyen de s'en plaindre. Je croy que l'heritier en pourroit faire objet. Et ainsi dit Alexand. *de Immola. consil.* 189. *vol. 6.* & allegue Salicet. *In l. ult. ff. ad leg. Jul. de adult.* Autrement est, si le mari l'a sçû, & ne s'en est plaint: par la raison de la *l. constante. ff. ad leg. Jul. de adult.* Ainsi se doit entendre la *l. rei §. 1. ff. soluto matrim.* De fait si la veuve dedans l'an du duëil, vit impudiquement l'heritier du défunt mari, peut la faire priver de tous les avantages nuptiaux qui lui ont été faits, *auth. eisdem C. de secund. nupt. Et in auth. de restitut. & ea quæ parit. §. ult collat.* 7. Et ainsi est decidé *per Paul. Castr. Consil.* 147. *vol.* 2. & parle outre de la perdition de la dot.. Et *in l. sororem. C. de his quib. ut. indig. Steph. Bertrand. cons.* 222. *vol.* 3. & quand au mari qui sçait l'adultere de sa femme, & s'en plaint pour être separé de lit, est à noter que si le mari, lui même s'est abandonné à autre femme, il n'est pas recevable d'accuser sa femme d'dultere. *cap. significasti, extra. de divort.* A quoy fait la *l. viro ff. soluto matrim.*

Laon, art. 42. & Reims art. 278. disent que si le mari du consentement de sa femme, vend l'heritage sujet au douaire d'elle: Elle doit être recompensée sur les autres biens du mari: sinon que le prix fut tourné au profit de la Communauté: parce que si elle n'étoit recompensée, ou par le moyen de la communauté du mari ou par l'heritier, elle auroit fait donation & avantage à son mari. Ce qui est défendu. Reims ajoûte, que si les heritages du mari ne suffisent, la fortune tombera sur la femme, à cause de son consentement: car en ce faisant le mari, n'en est de rien avantagé.

QUELLES CHOSES SONT Meubles, Conquêts, ou propres.

LA connoissance de la nature des choses est necessaire pour les Coûtumes de France, & non pas tant pour le droit Romain: car selon les Romains tout le patrimoine d'une personne étoit reputé une même université composée de plusieurs especes, mais en la France coûtumiere, d'une même personne sont divers patrimoines, & l'un ne se gouverne pas comme l'autre, soit en successions, en communautez, en testamens, en rettait lignager, & pour autres effets.

Noms & actions pour choses mobiliaires, & arrerages de redevances, qui sont échûs, sont reputez meubles. Ainsi disent Nivernois chap. qu'elles choses sont reputées meubles, &c. art. 7. Paris, art. 89. Bourbonnois, art. 281. Reims, art. 18. Orleans, art 207. dit que les arrerages de rentes foncieres, ou constituées, & loyers de maison ne sont meubles. sinon aprés le terme échû. Poitou, art. 247. Auvergne, chap. 16. art. 10. dit simplement noms, dettes & actions sont meubles. Berry, tit. quelles choses sont meubles, dit de même, & ajoûte que noms & actions à immeubles, sont reputez immeubles, & pour les deux, dit tant en contrats qu'en testament. Ainsi selon nos Coûtumes est apppaisée cette fâcheuse & sophistique question, si les noms & dettes sont meubles en une tierce espece de biens, en laquelle question les Docteurs se sont exercez, comme joûtans contre l'ombre.

Selon aucunes Coûtumes les fruits de terre, qui encore pendans sont reputez meubles en certaines saisons de l'année. Nivernois quelles choses sont reputées meubles, art. 1. dit simplement que les bleds, depuis qu'ils sont noüez, c'est à dire en tuyau, sont reputez meubles, Vitry, art. 94. dit que délors que lors que les bleds sont semez & couverts, ils sont meubles. Blois, art. 184. Berry des meubles, art. 23. Auxerre, art 195. & Bourbonnois, art. 284. disent qu'entre mariez & communs personniers, les bleds & autres fruits industrieux sont meubles, délors qu'ils sont semez. Ce qui a grande raison à cause de la destination & attente, pour la provision de la maison, que chacun en faisant labourer & semer ; & parce que le profit qu'on en attend par nature, & par l'industrie de l'homme, est ordonné à être meuble. C'est la raison de Paul Castrense. *consil. 133. vol. 1.* Quant aux vignes, Nivernois audit chapitre, art. 2. dit que les fruits des vignes, aprés qu'elles sont labourées & foüyes, sont meubles. Bourbonnois, art. 284. dit aprés la taille. Vitry, art. 94. aprés la Fête saint Jean. Blois, art. 184. aprés qu'elles sont macrées & taillées. Reims, article 19. à la my-Septembre, Auxerre, article 195. le 16. May, Berry, article 23. dit meubles entre survivans & heritiers du decedé. Les prés, quant à l'herbe sont meubles aprés la Fête Nôtre-Dame en Mars, selon Nivernois audit chapitre art. 3. & Reims, article 19. à la my-May, & de même Vitry, article 94. mais Berry, des meubles, art. 24. ne fait les foins meubles, sinon aprés la cueillette, de vrai quant aux prés y a raison autre que des terres & vignes, quand l'herbe des prés est purement naturelle sans industrie de l'homme. Mais Paris, art. 92. Melun, art. 282. Laon, article 103. Sens, article 275. & Orleans, article 354. disent que les fruits d'immeubles, tant qu'ils sont sur pied, & pendans par la racine sont immeubles. Vrai est que Paris, art. 231. & Orleans, art. 208. disent que les fruits de l'heritage propre de l'un des mariez, appartiennent à son heritier, à la charge de payer la moitié des labours & semenses. Laon article 23. octroye au survivant des deux mariez, ou heritier du premier decedé proprietaire, le choix de laisser prendre à l'autre moitié des fruits, ou de reprendre le tout en recompensant moitié des frais. Mais Troyes article 88. dit que tous fruits industriaux pendans lors du decés de l'un des mariez se partent par moitié entre le survivant & les heritiers du decedé, à la charge de fournir par moitié les frais qui sont à faire. Ce qui sembleroit être bien raisonnable, pour être observé par tout, même ez Provinces où n'y a Coûtume expresse au contraire ; & non seulement entre mariez, mais aussi contre tous autres communs personniers, tant à cause de la destination, comme aussi parce que la provision de la maison a son fondement sur cette attente. Reims, art. 19. dit que tous fruits pendans par racines, hormis foins & raisins, sont meubles aprés la Nativité de S. Jean. Presque toutes les Coûtumes parlans des fruits, disent que les fruits naturels, comme sont ceux des arbres, ne sont meubles sinon aprés la cueillette. Bourbonnois, article 224. Berry, des meubles, art. 24. Nivernois quelles choses sont reputées meubles, article 4. Mais au chapitre de partage, article 2. & 3. dit que si aucuns qui soient communs en biens, se départent aprés les labourages faits ou ja commencez, les fruits de la prochaine cueillette se départent entr'eux comme meubles, à la charge de parachever ce qui reste à faire à frais communs. Ces fictions introduites par les Coûtumes sont fondées en grande raison, pour avoir lieu quand la culture ou labourage a été faite aux dépens de ceux qui sont en communauté de biens. Car il est certain qu'en fruits industriaux, même des blés, l'estimation de l'impense, qui se fait pour les faire venir, monte plus que ne monte l'estimation de la seule production de la terre, en comprenant en ladite impense les journées des hommes, l'achat & nourriture des chevaux ou bœufs, les semences, le sarclement & autres façons : tout cela est mobilier, puisque pour faire venir les blés il y va plus de meuble que d'immeuble ; & c'est raison de juger les fruits meubles à cause de la prévalence & selon les regles brocardiques de droit, qu'en toutes choses composées de mélange, il en faut juger selon l'espece qui est de plus grand prix & valeur. *l. in rem §. in omnibus ff. de rei vend. l. quaeritur. ff. de statu boni.* Aussi l'attente que chacun des communs personniers a de recueillir la provision pour sa nourriture ne lui doit être frustratoire, & il n'en est suffisamment recompensé quand on lui rembourse ses frais & impenses.

Quant aux fruits qui ne sont perçûs tous les ans, comme la coupe d'un bois taillis, la pêche d'un etang & autres tels, aucunes Coûtumes les ont estimez meubles en le saison propre & accoûtumée à cueillir les fruits. Comme Laon, art. 105. & Reims, art. 19. ont dit quand le temps de la coupe ordinaire du taillis est venu, que la taille est meuble, ores que le bois ne soit coupé. Comme Nivernois quelles choses sont reputées meubles article 5. Bourbonnois, art. 285. font le poisson d'étang être meuble aprés les deux ans de l'empoissonnement. Vitry, art. 36. & 114. Laon, art. 104. & Reims, art. 19. font le poisson meuble aprés les trois ans : la diversité des deux & trois ans vient de la coûtume de pêcher les étangs, comme Vitry le declare, art. 114. dont la raison est que l'attente qu'on fait de pêcher, est pour la commodité du proprietaire, & non pour faire profiter le poisson davantage, & partant le poisson est comme en reservoir. Aussi Laon, article 106. dit que le survivant des deux mariez participera avec les heritiers du decedé és profits de la pêche des étangs, fossez & viviers, & de la coupe des bois taillis, pour raison & portion du temps combien que les profits soient perçûs aprés le mariage dissolu. Ce qui a grande raison, à cause de la destination & attente. Mais Paris, article 91. Orleans, article 355. Melun, article 281. disent que le poisson est reputé immeuble tant de temps qu'il est en l'étang ou fossé, & qu'il est meuble, quand il est mis en boutique ou reservoir. Blois, art. 185. dit que si l'étang étoit en pêche lors du decés de l'un des mariez, que la pêche se partira par moitié.

Artillerie, & autres engins servans & destinez à la tuition & défense d'un châtel & place forte, ne sont pas meubles, & appartiennent au proprietaire du châtel. Ainsi disent Nivernois, quelles choses sont reputées meubles, art. 10. Bourbonnois, art. 286. Berry des meubles, art. 4. & dit qu'ils sont reputez immeubles. Ainsi disent Laon, art. 102. & Touraine, art. 227. qui parle des grosses pieces. Dont resulte qu'à cause de la destination telles pieces sont immeubles : car selon leur naturel elles sont meubles, combien qu'elles soient difficiles à mouvoir ; car pour être censée la chose faire portion de l'immeuble, non seulement est à considerer si elle est attachée par fer, cloud, cheville, ou matiere : mais aussi si elle est mise pour perpetuelle demeure *l. fundi.*

§. *Labeo. ff. de actionib. empt.*

L'édifice assis sur seul, qui n'a fondement en terre, soit maison ou pressoir sont reputez meubles: comme aussi sont les cuves d'un pressoir. Ainsi dit Nivernois audit chap. art. 12. La plûpart des Coûtumes disent autrement Paris, article 90. Poitou, art. 250. Berry des meubles, art. 6. Orleans, article 353. Bourbonnois, art. 288. Touraine, art. 223. & 224. Melun, article 279. Laon, art. 102. & Reims, art. 123. disent que les pressoirs, & autres choses qui sont mises en un lieu pour perpetuelle demeure, & ne peuvent être ôtées sans fraction, ou deterioration, ou sans des-assembler, sont reputez immeubles: Laon & Reims disent pressoirs à vis: mais aucunes desdites Coûtumes reputent les cuves servans auprés du pressoir être meubles, comme Nivernois audit article 12. Bourbonnois, art. 288. & Laon article 101. mêmément quand elles peuvent être déplacées sans grande deterioration. Les autres les reputent immeubles, comme Poitou, article 250. Berry, art. 6. Touraine, art. 224. Melun, article 279. Sur quoi me semble que l'état qui se void à l'œil n'est pas tant à considerer comme la destination & l'usage du pere de famille. Car si en un endroit de maison, expressément à ce destiné sont posez, le pressoir & les cuves, & ledit endroit est appellé pressoir, vinée, ou d'autre nom semblable, il faut croire que tout cela y est mis pour demeure perpetuelle. Qui est le vrai & le plus certain argument, parce que cela fait portion de la maison, & par consequent est immeuble. Ainsi est dit *in l. fundi. §. Labeo. ff. de action. empt.* Ainsi se dit par argument plus fort des serfs destinez à un domaine des champs. *in l. longè. ff. de divers. & tempor. præscrip. & in l. jubemus nulli. Cod. de sacros. Eccl.* Pourquoi j'estime que l'article de Nivernois, parlant des édifices sur seule, des pressoirs & des cuves est trop vague. Et quant aux édifices qu'il faut entendre de quelque leger bâtiment, qui aisément se peut mouvoir de la qualité dont est parlé *in l. Titius. ff. de acq. rer. domi. & in l. granaria. ff. de act. empt.* Ou comme des pressoirs tels qu'on en void à Paris, que l'on transporte és places pour pressoirer des verjus. Et non pour ce qui est bâti en un lieu en intention d'y demeurer toûjours.

Toutes choses de maison tenans à icelle avec clou, cheville, ou par matiere, ne sont pas reputées meubles. Ainsi dit Paris, article 90. & ajoûte ce qui est séellé en plâtre, & qui est mis pour perpetuelle demeure. Et qui ne peut être transporté sans fraction ou déterioration. Ainsi Orleans, article 356. Laon art. 100. Reims, art. 20. Bourbonnois, art. 207. Melun, art. 288. remarque seulement si pour perpetuelle demeure. Berry chapitre, quelles choses sont reputées meubles, & Touraine, article 225. & 226. exceptent si le locataire ou usufruictier avoit fait apposer quelque ouvrage, qu'ils le pourroient ôter sans deteriorer l'édifice. Sinon que le proprietaire voulût recompenser, à quoi faut ce qui est dit *in l. sed addes. §. si inquilinus. 1. ff. locati.*

Moulins à eau qui sont posez sur paux fichez, ou qui ont fondement en terre, sont immeubles. Mais quant aux moulins à vent, les Coûtumes sont diverses. Paris, article 90. Orleans, art. 352. Berry, chap. quelles choses sont reputées meubles, art. 3. Laon, art. 102. Reims, art. 23. disent que moulins à vent sont immeubles. Mais Nivernois chap. quelles choses sont reputées meubles, art. 8. Bourbonnois art. 282. disent s'ils sont posez sur seule, qu'ils sont meubles: mais me semble qu'il en faut dire comme cy-dessus a été dit des édifices assis sur seule. Quant aux moulins à eau qui sont posez sur bâteaux aucunes Coûtumes les font meubles, comme Nivernois audit article 8. Orleans, article 352. Bourbonnois, article 282. Touraine, article 221. Touraine y met une exception, qui pour sa raison semble devoir être generale, sinon qu'il y eut attache ou affiche perpetuelle, ou qu'ils fussent bannaux, esquels cas ils sont immeubles. Berry quelles choses sont reputées meubles, art. 3. dit simplement que moulins sur bâteaux sont immeubles, & que moulins à bras sont meubles.

Rentes constituées à prix d'argent sont immeubles, jusques à ce qu'elles soient rachetées, & aprés le rachat les deniers qui en procedent sont meubles. Ainsi Paris, article 94. Sens, article 123. Auxerre, art. 120. Orleans, art. 191. & 351. Touraine, art. 228 Melun, art. 264. Berry des mariages, article 25. Laon, art. 107. La distinction me sembleroit avoir beaucoup de raison que lesdites rentes de la part du creancier fussent reputées immeubles: car il n'a autre droit que de demander sa rente, & ne peut la convertir en deniers. Mais de la part du debteur soient les rentes reputées meubles, car il s'en libere, & les éteint quand il veut moyenant deniers.

Mais les autres Coûtumes simplement les reputent meubles, tant que le temps du rachat dure (c'est donc à toûjours, car elles sont rachetables à toûjours, comme sera dit cy-aprés) Ainsi disent Troyes, article 66. Reims, article 18. ores qu'elles soient nanties. Blois, article 157. Bourgogne, article 48. Senlis, article 201. & 273. les repute meubles tant qu'elles ne sont infeodées ni ensaisinées. Monfort, article 53. & Mante, article 51. disent qu'elles sont immeubles, quand elles sont specialement assignées sur heritages. Reims, article 18. & Touraine, article 229. mettent les huitiémes & autres aides achetez du Roi, en même rang que les rentes constituées, parce que en effet ce sont rentes constituées à prix d'argent: car combien que dés le commencement on eût vendu les huitiémes, selon l'année commune des dix dernieres, & que le surcroît de la valeur vînt aux acheteurs. Toutefois depuis on a restraint les acheteurs au petit pied à prendre le profit de leurs deniers à raison du douziéme, & que le surplus reviendroit au Roi: mais on n'a pas pourvû de recompense quand les huitiémes sont venus en déchet, pour rapporter moins du denier douziéme. Ainsi le Conseil des Finances a traité les sujets de cette couronne. Et combien que Reims les fasse meubles, toutefois dit qu'elles ne peuvent être alienées par un tuteur sans decret. Suivant ce Paris, article 94. Orleans, article 351. disent que les deniers procedez de rachats de rentes appartenans à mineurs durant leur minorité où le remploi d'iceux, sont censez de même nature & qualité d'immeubles qu'étoient les rentes pour le fait de succession. Ces rentes constituées à prix d'argent, ores qu'elles soient immeubles, sont rachetables à toûjours, *etiam* aprés cent ans. Ainsi Paris, article 119. Orleans, article 268. Sens, article 123. Troyes, article 67. Vitry, article 131. qui excepte si elles n'étoient amorties, à l'égard de l'Eglise, ou infeodées quant aux nobles. Bourbonnois, art. 418. & ajoûte à quelque prix qu'elle soit constituée : mais Berry des cens & rentes. &c. & art. 33. restraint ce rachat perpetuel quant aux rentes constituées depuis trente ans. Et Troyes, art. 67. dit qu'on ne peut déroger par paction à cette faculté de rachat perpetuel. Ce qui est general en la France, & est pris de *l'extravag. regimini, de empt. & vend.* Ce qui se doit entendre quant aux rentes constituées à la raison du denier douziéme ou quinziéme, ou à autre proportion au dessous du denier vingt. Car si la rente étoit achetée à raison du denier vingt, & assignée specialement sur heritage, avec paction, qu'elle ne fût rachetable, ou fût rachetable dans certain temps seulement. Je croy que la paction seroit valable, comme en rente fonciere, de tant que le prix commun & ordinaire de la valeur des heritages est à raison de vingt années du revenu annuel d'iceux, & telle est l'opinion commune aujourd'hui, & telle étoit du temps des Romains, comme se peut recueillir avec un calcul subtil *in l. Papinianus. §. undè. ff. de inoff. test.* & plus clairement *in Authent. de non alien. §. quià verò Leonis.* Et ce qu'on dit que telles rentes sont immeubles, est plus fondé en autorité de ceux qui ont tenu cette opinion, y ayant interêt pour leurs affaires domestiques, qu'en raison fonciere. Car ce qu'on allegue de la *l. jubemus nulli. C. de sacros. Eccles.* & autres textes, peut aussi-bien être entendu des rentes foncieres que des rentes constituées, qu'on appelle volantes, & le sieur du Molin a plus incliné à cette opinion qu'elles soient meubles : aussi on les appelle volantes. Et si tant est qu'il les faille juger immeubles, il se doit dire que c'est de la part de celui à qui elles sont dûës, parce qu'à son égard elles sont perpetuelles, & non à l'égard de celui qui les doit, parce qu'il s'en peut développer quand il veut, comme il a été dit cy-dessus.

Mais rentes créées par bail d'heritage, par partage en supplément, ou par licitation d'heritage sont censées foncieres : ores qu'il y ait faculté de rachat. Ainsi dit Orleans, article 349. & croy que la Loi doit être tenuë pour generale, parce que la source & origine procede de translation d'heritage.

L'usance est presque generale en ce Royaume, que si aucun échange son heritage propre à autre heritage, l'heritage pris par lui en contre-échange devient & sortit même nature d'heritage propre, comme étoit celui qu'il a baillé, tant en succession qu'en retrait. Ainsi dit Paris, article 143. Sens, article 38. Auxerre, article 159. Senlis, article 231. Bourbonnois, article 462. Vitry, art. 115. qui dit, s'il y a soulte en deniers qu'il sera conquêt jusques à concurrence de la soulte. Reims, art. 36. comme Vitry, & ajoûte que l'heritier de celui à qui ce n'est pas heritage naissant ou propre, prendra en deniers la moitié de la soulte. Laon, article 115. dit comme Paris : mais s'il y a soulte, & que l'échange soit fait par mariez, il ne laissera d'être heritage propre : mais l'autre sera recompensé de la moitié des deniers de la soulte. Berry de retrait, art. 14. comme Paris, Orleans, art. 385. comme Paris & comme Laon en cas de soulte. Melun, article 141. La subrogation se fait par le ministere de la Coûtume à l'effet de distinguer les natures des immeubles, qui sont ou propres ou conquêts. Conquêts ne peuvent être s'ils ne sont aquis moyenant deniers, ou autre chose équipollente à deniers, comme meubles ou services. L'immeuble qui n'est tel, doit être reputé propre ; & partant l'heritage aquis par échange d'heritage propre est reputé propre, parce qu'il n'a la nature de conquêt. Cette subrogation est à l'effet de la qualité de propre ou conquêt ; & non à l'effet de changer les hypotheques & autres droits réels : car tels droits sont toûjours adherans à l'heritage qui une fois y a été affecté.

A la suite de cette décision doit être dit que si par partage d'une succession entre heritiers de diverses lignes, échet à l'un des heritiers un heritage qui ne soit de sa ligne : neanmoins il lui sera propre comme s'il étoit venu de sa ligne, tant en retrait que succession. Ainsi disent Sens, article 44. Auxerre, article 166. & Troyes, art. 154. Ce qui doit être tenu pour general. De vrai y a même raison en ce cas qu'en échange. Papinian dit que le partage est une permutation de choses, & droits pour séparer la communion. *In l. cum pater. §. hæreditatem. 2. ff. de lega. 2.* dont appert que partage & échange sont à parti pareil.

Immeubles sont reputez heritages propres, pour être affectez à la ligne quand ils adviennent par succession de parent. Jaçoit que le defunt les ait aquis. Et ce quant à succession, & suit la ligne de l'aquereur. Ainsi dit Nivernois, chapitre, quelles choses sont reputées meubles, art. 13. Paris, art. 230. Orleans, art. 303. Bourbonnois, art. 275. Melun, article 264. & 265. Reims, article 24. qui exprime, soit par succession directe, soit par collaterale : quant à retrait lignager les Coûtumes sont diverses, comme sera dit cy-aprés titre de retrait.

Immeubles sont reputez aquêts, qui adviennent à aucun par aquisition particuliere à titre onereux ou lucratif. Sinon que ce soit par donation faite à celui qui eût pû succeder à la chose donnée lors de la donation, si le cas de succession fût advenu. Ainsi dit Nivernois, quelles choses sont reputées meubles, art. 14. Presque toutes les Coûtumes s'accordent que la donation qui est faite à l'heritier présomptif, ou par ascendant au décendant, ou par parent en faveur de mariage, est reputée propre heritage au donataire & non aquêt. Ainsi dit Paris, art. 246. Sens, art. 41. Orleans, art. 211. Melun, art. 233. Ez Capitulaires de Charlemagne, *lib. 4. art. 9.* la femme a part, non seulement és aquisitions à titre onereux, mais aussi à ce qui a été donné au mari par ses amis. Vitry, art. 116. Laon, art. 112. Reims, article 25. & 26. Blois. art. 172. Cessant lesquelles circonstances, les donations sont reputées aquêts : soit qu'elles qu'elles soient faites simplement, soit qu'elles soient faites en remuneration de services. Paris, art. 246. Poitou, art. 233. Orleans, art. 211. Melun, article 233. Senlis, article 232. Reims article 33. & Vitry, article 116. parlent de donations faites à personnes étranges, & Reims appelle personne étrange qui n'est habile à succeder. Laon, article 112. Reims, art. 25. 26. & 38. Mais Nivernois audit chapitre, quelles choses sont reputées meubles, art. 9. dit que l'heritage legué ou donné par contemplation du donataire, est heritage propre pour lui; & les communs n'y ont aucune part. Qui me semble être la vraye distinction pour accorder lesdites Coûtumes qui sont diverses. Car si le don est fait à celui qui est prochain habile à succeder, il est censé fait en avancement d'hoirie. Et ainsi dit Bourbonnois, art. 274. S'il est fait à l'un des mariez en faveur de mariage, il est censé fait en faveur du donataire, & de la lignée qui viendra de ce mariage: même s'il est fait par un parent. Et ainsi dit Blois, art. 172. De même s'il est fait par un parent sans autre respect que de l'amitié qu'il porte au parent à cause du parentage. Je dirai selon cét article de Nivernois, que c'est en contemplation du donataire, & que les communs personniers du donataire n'y ont rien. Que si le don est fait pour recompense de services faits, ou attente de services à faire. Je dirai que c'est aquêt: car ces services sont estimables en deniers. Selon ces circonstances me semble qu'il se doit juger, si le don est propre ou conquêt: Et qu'il ne faut pas dire simplement & indistinctement, que donations faites par autres que ascendans soient conquêts, comme aucunes Coûtumes disent. Ains il en faut juger par les circonstances, & par quelle contemplation la donation est faite. Et à ce fait ce qui est dit *In l. quæstus, in l. nec adjecit. cum sequentibus. ff. pro socio. Et in dubio*, on doit penser que ce qui est donné par un parent, est par contemplation du parentage. *l. sed si plures. §. in arrogato in fine ff. de vulgari.*

Paris, art. 95. & Orleans, art. 485. disent qu'un office venal est reputé immeuble, & a suite par hypotheque, tant qu'il est és mains du debteur; & peut être adjugé par decret. Mais les deniers provenans de la vente sont sujets à contribution comme meubles: De vrai le droit des offices est pur mobilier, parce que les concessions d'offices de leur nature sont precaires, combien qu'on tienne que les offices Royaux ne sont recevables à volonté du Roi: si est-ce que la clause des provisions est ordinaire, tant qu'il nous plaira. Et tels offices n'admettent hypotheque de suite non plus que les meubles. Ainsi fut jugé par un notable Arrêt, moi present, au fait du Greffe de la Reole, sur les plaidoyeries des Jeudis troisiéme & dixiéme Decembre, l'an 1551. plaidant le Maître Avôcat, & son pere, President à l'Audiance.

Reims, art. 21. 22. & 238. dit que le meuble ou ce qui est censé meuble, se reglent par la Coûtume du domicile de celui par le decés duquel ils sont délaissez. Jaçoit qu'ailleurs ils soient reputez immeubles, & que les immeubles se reglent par la Coûtume des lieux où ils sont assis, & non selon la Coûtume du domicile de ceux qui disposent. Cecy peut être tiré des décisions des Docteurs Ultramontains, qui tiennent que tous statuts sont locaux, se fondans sur ce que le droit Romain est leur vrai droit commun, & que les statuts qui sont contre, ou outre ledit droit, doivent pour cette cause être pris à l'étroit, & n'avoir effet qu'à l'égard des biens qui sont assis au même territoire; & aucuns de nos Docteurs François ont comparé nos Coûtumes à statuts. Ce qui est mal à propos selon mon avis: car le droit Romain n'est pas Loi à nous, & ne nous sert que de raison, & nôtre vrai droit civil & nos Loix sont nos Coûtumes: qui fait que les Coûtumes lient les volontez des personnes qui sont domiciliées au territoire desdites Coûtumes; & qu'és affaires qui dépendent des seules volontez & dispositions des personnes, il faut suivre les Coûtumes des lieux où les personnes sont domiciliées; & non la Coûtume des lieux où les biens sont assis. Et quant aux meubles qui sont destinez à usage ou ornement perpetuel d'un lieu, il les faut juger faire portion dudit lieu, & les regler par la Coûtume d'icelui lieu, à cause de la destination, suivant la *l. longè ff. de divers. & tempor. præscript. & l fundi §. Labeo. ff. de act. empt. l. quæsitum. §. si quis. & §. Idem respondit. ff. de fundo instr.*

DES DONATIONS.

Toutes les Coûtumes de France disent pour regle, que donner & retenir ne vaut. Ce qui procede, comme il est vrai-semblable du naturel des vrais François, qui est de faire franchement & à cœur ouvert, sans retenir à couvert. Mais la plûpart desdites Coûtumes ont étendu la validité des donations; non seulement s'il y a tradition réelle, qui doit être durant la vie du donateur, comme dit Berry des donations, article 1. ains aussi quand il y a ficte tradition par retension d'usufruit precaire ou constitut, qui sont remédes introduits par le droit Romain, pour valoir comme vraye tradition. *l. quisquis. C. de donat. l. quædam mulier. ff. de rei vend.* & selon la doctrine de *Joan. Fab. in §. venditæ instit. de rerum divis.* Ainsi disent Paris, article 273. & 275. Nivernois des donations, article 1. Sens, article 108. & 115. Auxerre, article 217. Berry des donations, article 1. 2. & 3. Orleans, article 283. & 284. Auvergne, chapitre 14. article 21. Bourbonois article 214. Melun, article 167. & 231. Troyes article 137. Blois, article 169. Vitry, art. 111. & ajoûte bail à accense valoir tradition. Reims article 229. Vrai est que les Docteurs tiennent communément quand le negoce est sujet à suspition de fraude, que la tradition ou translation doit être réelle, & la ficte tradition n'est suffisante. *Per eosdem textus in l. unica C. de suffragio & in l. per diversas. C. mandati.* Aucunes desdites Coûtumes interpretent donner & retenir, quand le donateur se reserve faculté de pouvoir disposer de la chose donnée, soit par convention expresse ou par moyen oblique, comme s'il donne à charge de payer les dettes que le donateur devra lors de son decés, ou d'accomplir le testament du donateur sans limitation. Ainsi dit Nivernois pour les trois cas, article 2. & 3. Melun, article 230. pour le premier chef. Reims, article 229. Auvergne, chapitre 14. article 19. & 20. Mais en ce que Nivernois, article 3. met entre les cas de donner & retenir, payer les frais funeraux du donateur. Auvergne audit article 20. y contredit, & dit par exprés, que la charge de payer les legs & funerailles n'infirme la donation. Et dit bien quant aux funerailles : car tels frais son sujets à réglement & moderation selon l'état & dignité du défunt ; qui est tout autant que s'il y avoit somme limitée. *l. si quis sepulchrum. §. sumptus. ff. de relig.* Et quant aux legs la raison est particuliere en Auvergne, parce que nul ne peut disposer par testament que du quart de ses biens. Aucunes Coûtumes mettent autres limitations. Comme Vitry, art. 111. dit qu'en fief le donataire pour être saisi, doit faire la foi, & instituer officiers. Laon, art. 54. & 55. Reims, article 231. Senlis, article 211. ne se contentent d'une fiéte tradition par le consentement des contractans : mais désirent Vest & Devest & ensaisinement, qui sont certaines formalitez requises par lesdites Coûtumes pour aquerir la proprieté. Orleans, art. 278. dit que saisine & dessaisine en presence de témoins vaut tradition, sans apprehension de fait.

Auvergne, chap. 14. article 25. dit, que donner & retenir vaut en mariage & en association universelle. Autant en dit Bourbonnois, article 212. quant à faveur de mariage. Du Molin en l'annotation sur le 160. article de l'ancienne Coûtume de Paris, dit cela être general, parce que la prohibition de donner & retenir n'est que pour éviter les fraudes. Rebuffe sur les Ordonnances, *vol.* 1. dit avoir été jugé que donner & retenir en contrat de mariage vaut, par Arrêt du 24. Mars 1521. entre de Fouquesoues & de Sorze. J'y disois une autre raison selon nôtre Coûtume, parce que la donation en faveur de mariage saisit, pourquoi n'est besoin de tradition.

Touraine, article 240. dit que l'heritier du donateur est tenu de faire tradition au donataire, si le donateur ne l'a faite de son vivant, ou s'il n'y a retention d'usufruit, ou autre clause de fiéte tradition.

Par donation entre-vifs, chacune personne habile à aliener, peut disposer de tous ses biens. La disposition testamentaire, ou pour cause de mort est limitée, comme sera dit au chapitre des Testamens. Ainsi disent Nivernois des donations, art. 4 & quant au premier chef, Paris, article 272. Sens, article 109. Auxerre, article 218. Orleans, art. 275. Auvergne, chap. 14. art. 42. Melun, article 232. Vitry, art. 122. Laon, art. 51. qui met la limitation pour celui qui n'a enfans. Laquelle limitation est generale, & doit servir à toutes les autres Coûtumes. Car nonobstant la donation universelle *etiam* entre-vifs, les enfans peuvent demander leur legitime sur les biens donnez. Berry, article 9. & 10. dit que celui qui a enfans ne peut donner à étranger outre la moitié de ses biens. Poitou, article 203. ne permet donner entre-vifs que le tiers des immeubles échûs par succession. Et s'il n'a que meubles & conquêts, ne peut donner que le tiers : si ce n'étoit que ce fût pour sa nourriture : auquel cas on peut tout donner, sinon qu'il fût malade de maladie, dont il décedât dans quarante jours. Mais Laon, article 51. Reims, article 232. & Blois article 163. ne permettent donner entre-vifs que meubles & conquêts, & moitié du naissant ou heritage propre. Bretagne, article 220. ne permet donner plus du tiers de l'heritage propre, si ce n'est à ses hoirs. Touraine, article 233. permet à roturiers qui n'ont enfans, donner à étrangers qui ne sont heritiers présomptifs, tous aquêts & tiers du patrimoine par usufruit, & tous meubles à perpetuité. S'ils ont enfans, moitié des meubles à perpetuité, moitié d'aquêts à vie.

Donation pour cause de mort & legs testamentaires sont de même nature & effet, tant par les Coûtumes, que par le droit Romain. *l. ult. C. de donat. causa mort.* Par la plûpart des Coûtumes la donation est censée & reputée à cause de mort, ores qu'elle ne soit nommée telle, quand elle est faite par malade de maladie dont il meurt, ou par personne étant en danger & peril de mort: Ou quand pour doute de mort elle est faite, en remettant l'execution & effet aprés la mort. Ainsi disent Nivernois des donations, article 5. Paris, article 277. & ajoûte Paris par mots exprés nonobstant qu'elle soit conçûë entre-vifs, quand elle est faite par malade de maladie dont il meurt. Orleans, art. 297. comme Paris. Auvergne, chap. 14. art. 13. & 14. Celle de Paris audit art. use de ces mots, *gisant au lit malade.* Blois, article 171. Sens, article 106. & Auxerre, article 218. disent comme Paris, avec la limitation si le donateur décede dans quarante jours. Auxerre ajoûte, si elle est conçûë entre-vifs, elle peut être revoquée dans quarante jours, non aprés. Avoit été jugé par Arrêt en la succession de Maître Jean Thioust, que la donation entre-vifs faite par malade, n'a effet que de donation pour cause de mort, & sur l'execution dudit Arrêt y eut autre Arrêt à la prononciation solemnelle de Pentecôte, le Vendredi 4. Juin 1568. Mais Berry des testamens, article 18. dit que donation entre-vifs faite par malade qui en meurt, est vraye donation entre-vifs. Cette Coûtume a été dressée par le sieur President Lizet, tres-grand observateur du droit Romain, & qui de tout son pouvoir a voulu rendre le droit François sujet du droit Romain. Selon le droit Romain la donation entre-vifs, faite par un qui se meurt, vaut entre-vifs. *l. Seia. §. ult. ff. de donat. causa mort.* La difference d'entre le droit Romain & le nôtre, à cét égard est, que les heritages propres d'aucun sont affectez à la ligne : & n'en peut le proprietaire disposer en pleine liberté. Mais le droit Romain mettoit toutes sortes de biens à parti pareil. Ces donations pour cause de mort sont revocables, nonobstant qu'il y ait clause d'irrevocabilité. Et ne saisissent, ains faut prendre par les mains de l'heritier comme un leg. Nivernois audit article 5. & 6. Poitou, article 274. disent qu'en telles donations la tradition fiéte ne sert de rien. Auvergné, chapitre 14. article 35. & 36.

Si les peres & meres peuvent faire avantage à l'un de leurs enfans plus qu'à l'autre, les Coûtumes sont fort diverses. La plûpart disent, qu'on ne peut avantager les enfans venans à succession, c'est à dire qu'on ne peut leur donner par preciput, mais doivent se tenir au don sans être heritiers, ou étans heritiers rapporter le don. Les autres Coûtumes en plus petit nombre permettent les avantages. On dit que les Coûtumes qui défendent les avantages, sont pour éviter les mécontentemens & les envies entre les enfans, dont bien souvent adviennent les discordes. Mais aussi c'est une grande servitude & misere aux peres & meres de n'avoir pas la liberté de leurs biens, & n'avoir moyen de recompenser les services & officiositez de leurs enfans, & de tenir en sujection & crainte de ceux qui ne sont pas obsequieux. Avoir la liberté de disposer de ses biens envers un étranger, & ne l'avoir pas envers ses enfans, qui doivent toute sujection & obeïssance. Se reconnoître être sujet en l'endroit où l'on doit commander. Et tant bons & obeïssans que soient les enfans, c'est grand annui à un bon & honnête cœur de sentir sa servitude & privation de liberté. Les Coûtumes qui défendent les donations aux enfans, sinon en faveur de mariage ou pour cause raisonnable sont Bourbonnois, article 217. Sens, art. 110. Orleans, art. 272. qui dit en faveur de mariage, ou émancipation, Bretagne, art. 230. entre roturiers, si ce n'est avec cause raisonnable. Les autres Coûtumes permettent bien les donations à faire par les pere & mere à leurs enfans, mais si lesdits enfans veulent venir à succession & heredité, ils doivent rapporter, parce que la donation ne peut être faite par preciput & sans rapport. Vrai est que les enfans donataires peuvent s'arrêter à leur don, sans venir à succession. Ainsi disent Paris, article 303. 304. & 307. Auxerre, art. 244. Poitou, art. 218. Sens, art. 270. Laon, art. 52. & 88. Blois, art. 167. Orleans, art. 273. Touraine, art. 314. Melun, art. 274. Senlis, art. 171. Troyes, art. 142. Vitry, art. 73. qui ajoûte cette limitation, pourvû que le don fait en mariage n'excede la portion contingente que l'enfant eût dû avoir en la succession des pere ou mere. Aucunes Coûtumes permettent aux peres & meres de donner à leurs enfans en preciput, & sans qu'ils soient tenus de rapporter les choses données. Comme Bourbonnois, article 308. quand la donation est faite en faveur de mariage, Reims article 288. & ajoûte que l'enfant prenant le preciput ne paye des dettes que pour sa portion hereditaire. Ce qui est conforme au droit Romain. *l. 1. C. si certum petatur.* Nivernois chap. des donations, art. 10. & 11. Et article 7. permet aux peres & meres d'avantager aucuns leurs enfans, sauve la legitime des autres. Par tout faut excepter le droit de legitime aux autres enfans : car en quelque sorte, ou faveur que les peres & meres donnent à leurs enfans, la legitime doit être reservée aux autres enfans. Communément on a suivi le droit Romain és Novelles & Autentiques, pour la proportion de la legitime. Selon les Digestes & le Code, la legitime étoit du quart de la portion entiere que l'enfant eût eu, s'il n'y avoit point de donation. Justinian és Novelles a fait la legitime le tiers de la portion contingente, quand ils sont quatre enfans ou moins. Et s'ils sont plus, la moitié. Paris, art. 298. en rejettant avec grande raison cette distribution de Justinian, comme mal proportionnée, a dit indistinctement que la legitime est la moitié de la portion contingente. A quoi se rapporte aucunément Berry des testamens, article 5. disant que celui qui a enfans ne peut donner à l'étranger plus que la moitié de ses biens. Cette legitime se prend non seulement sur les biens, & à l'égard des biens qui appartenoient au défunt lors de son decés, mais aussi à l'égard des biens donnez, soit que la donation ait été faite aux autres enfans, ou à étrangers, pourvû que la donation soit de chose en notable valeur. Et de tous ces biens en faut faire une masse par évaluation, pour sur icelle prendre le pied de la legitime. Aussi nous voyons au Code que les deux titres y sont des testamens inofficieux, & des donations inofficieuses. Poitou, article 215. permet à chacun d'avantager ses heritiers en meubles & conquêts quand le donateur a des heritages propres, esquels propres il ne peut avantager. Et s'il n'avoit des propres il doit laisser à ses heritiers la moitié de ses meubles & conquêts.

Les rapports ou collations furent introduites par le droit Romain, quand l'enfant émancipé par le benefice du Préteur venoit à succeder au pere avec les enfans, étans en sa puissance. Mais en France nous observons que les enfans venans à succession des peres, meres, ou autres ascendans sont tenus indistinctement de rapporter les avantages qu'ils ont reçûs, ou tant moins prendre. Si ce n'est és Coûtumes où est permis de donner en preciput & sans rapport. Ce rapport ou collation est pour les faire tous égaux. Paris, art. 278. Orleans, art. 272. & 273. disent que les meubles ou immeubles donnez par pere & mere à leurs enfans sont reputez être donnez en avancement d'hoirie. Lesdites Coûtumes se sont étenduës à deviser en particulier de la maniere de ce rapport, & y ont mis des regles grandement équitables & aucunes correspondantes au droit Romain. A sçavoir que les enfans doivent rapporter les choses données, si elles sont extantes en bonne valeur, & sont en leur puissance, & à la charge de les recompenser, ou autrement leur faire faire raison des meliorations faites par lesdits enfans esdites choses données. Et si les choses données sont hors de leur puissance lors de la succession échûë, doivent rapporter la valeur & estimation. Aucunes Coûtumes disent la valeur qui étoit lors que la donation a été faite, les autres disent lors du partage. Paris, article 305. dit la valeur lors du partage. Mais Sens, article 271. Auxerre, art. 252. Reims, art. 317. Touraine, art. 304. Melun, art. 274. disent la valeur lors du don. Je croy que par temperamment se peut dire que si la chose donnée est déteriorée par la faute du donataire, l'estimation soit faite selon le temps du don. Si la déterioration est par cas fortuit sans sa faute, lors du partage. S'il n'y a rien de déterioré, & soit en même état de bonté naturelle & intrinseque, comme elle étoit lors de la donation. Je croy être raisonnable d'avoir égard au temps du partage : car la diminution ou augmentation de la bonté extrinseque, qui est en ce que selon le cours des commerces, les prix des choses croît ou diminuë, ne doit tourner au profit ni à la perte du donataire, & doit être le tout representé, comme s'il fût toûjours demeuré en la puissance des pere & mere donateurs, & se trouvât en leur heredité. Auxerre, article 251. & Sens, art. 268. disent si l'heritage a été baillé, prise & estimé qu'il suffit de rapporter la prisée. Ce qui semble être de peu d'effet, puis qu'il faut faire état de la vraye valeur, attendu que l'un des enfans ne peut être avantagé plus que l'autre. Auxerre, article 253. & Sens, art. 269. Troyes art. 143. disent que robes nuptiales & trousseaux doivent être rapportez. Troyes ajoûte frais de nôces. Les mêmes Coûtumes de Sens & Auxerre, Laon, article 95. Blois, article 159. & Reims, art. 323. disent que les frais du festin des nôces ne se rapportent. Et avec grande raison: car il n'en demeure aucun reste ni profit aux mariez. Aussi les peres & meres en traitans leurs parens, font l'honneur de leur maison. Ne doivent être rapportez frais de nourriture & entretenement des enfans, les frais d'école & apprentissage, livres & outils, dont la raison est que les alimens sont dûs par les peres, comme peres. *l. si quis à liberis. §. idem rescripsit. ff. de liber. agnosc.* Et sont censez en obligation, & non en donation. Et combien que sous le nom d'alimens ne soit comprise l'impense pour l'étude, ou pour apprendre art. *l. legatis. ff. de aliment. leg.* Toutefois quand c'est à respect de paternité & de filiation, sous le nom d'alimens est comprise telle impense. *l. de bonis. §. non solum ff. de Carbo. Edicto. l. 3. §. sed si non. ff. ubi pupillus educari.* Mais frais de Maîtrise ou Doctorat, ou achat d'office, ou payement de rançon de guerre doivent être rapportez. Auxerre, art. 253. Berry, des successions, art. 42. Orleans, art. 309. Tours article 304. Melun, article 278. Blois, article 159. Laon, article 89. 90. & 95. De même quant aux frais de gendarmerie faits moderément, jusques à ce que les enfans soient mariez, & pour faire l'enfant Chevalier. Berry audit article 42., Laon, article 85. Melun art. 278. Aussi se doivent rapporter les donations faites aux enfans des enfans heritiers. Paris, art. 306. Et Orleans, article 307. & 308 qui ajoûte, comme fait Paris, article 308. que le neveu en ligne directe venant à la succession de son ayeul, de son chef doit rapporter ce qui a été donné à son pere, ores qu'il ne soit heritier de son pere: ainsi fut jugé par un Arrêt solemnel du 14. Aoust 1564. entre les Gayetes de Patras, Guerard de Nogent sur Seine, suivant la Loi *illam Cod. de collat.* Et par même Arrêt fut jugé que l'office de grenetier, qui est venal, donné par le pere à son fils, qui avoit été perdu par le decés du fils, seroit rapporté par le petit-fils. Les fruits des choses données, perçûs par les enfans du vivant du donateur ne sont rapportez, ains seulement ceux qui sont perçûs depuis le decés. Ainsi dit Paris, article 309. Mais Orleans, article 309. dit que les fruits ne sont rapportez, sinon depuis provocation à partage. Bretagne, article 531. dit depuis la demande faite en Cour. Selon la raison du droit Romain les fruits doivent être rapportez depuis la succession écheüe. *l. non est ambiguum, junctâ gloss. Cod fam il. ercisc.* Paris audit article 309. dit que si deniers ont été donnez, doivent être rapportez les profits, à raison du denier vingt depuis le decés. Le denier vingt, c'est le profit correspondant à fruit d'heritage, & non à profit de deniers, & est à croire que le fils à qui le pere a donné, n'a laissé ses deniers oisifs sans les employer.

L'heritage que le pere ou la mere donnent à leur enfant en faveur de mariage, ou autrement, sortit nature de propre audit enfant. Et si le donataire va de vie à trépas sans enfans, l'heritage retourne au donateur. Ainsi dit Nivernois des donations, art. 9. & des successions, art. 5. Paris, art. 313. Auxerre, art. 241. Orleans, art. 315. Laon, art. 110. Bourbonnois, art. 114. qui parle de tous biens donnez par ascendans, & non seulment d'immeubles. Ce qui a grande raison, afin que le pere, outre la perte de son enfant, ne voye durant sa vie le bien provenu de son labeur être transferé en famille étrange. Touraine, article 311. Melun, art. 270. Bourgogne, art. 65. Sens, art. 114. Auxerre, art. 224. Troyes, art. 141. Berry des successions, art. 5. & ajoûte que le retour d'heritages donnez venant au pere, est avec charge des dettes réelles du fils, mais sans charge de dettes personnelles, sinon subsidiairement en cas que les autres biens ne suffisent, & jusques à la concurrence des biens retournez. Ce qui semble devoir être observé par tout, parce que le pere prend ces biens non pas proprement comme heritier, mais par droit de retour. Et la Coûtume de Nivernois és articles susdits, & la plûpart des autres Coûtumes usent du mot de retour, de vrai quand la donation se fait en trait de mariage, la présomption est, que c'est directement pour la posterité de lignée que le pere espere par le mariage de son enfant. Cette succession est aucunément *ad instar* de ce qui est dit au droit Romain, que les peres en émancipant leurs enfans stipuloient par forme de fiducie, que les biens des enfans leur viendroient. *§. ad legitimam instit. de legit. agnat. success.*

La plûpart des Coûtumes ont favorisé les donations en faveur de mariage au profit des mariez, les unes non seulement par donation, mais aussi par institution d'heritier, & convenance de succeder, tant en faveur des mariez que de leurs décendans, comme Bourbonnois, art. 19. Nivernois des donations, art. 12. Auvergne, chap. 14. art. 26. 27. 29. & 33. Jaçoit que selon le droit Romain les pactions de succeder ne valent *etiam* en faveur de mariage. *l. pactum quod dotali. C. de pact. l. ex eo C. de instit. stipul.* Mais en France, comme par Coûtume generale non écrite, les pactions de succeder en faveur des mariez valent, à quoi fait ce qui est dit *in cap. unico de filiis natis ex matrim. ad morgan. contracto in usib. feud.* où est faite mention de la Loi Salique. Orleans, art. 202. permet toutes donations en traité de mariage avant la foi baillée. Et de même Berry, des donations, article 7. mais au titre des mariages, article 2. 5. & 6. défend les institutions d'heritier, & les donations universelles, & permet les donations au profit du survivant en certains biens: Monsieur le President Lizet Commissaire à la redaction de ladite Coûtume, étoit grand sectateur du droit Romain, ſelon lequel les ſucceſſions ne peuvent être données par pactions. Blois, article 161. permet de donner tous meubles & conquêts & moitié des patrimoniaux, & ajoûte s'il n'y a enfans, que l'heritage retourne au donateur ou à ſes heritiers. Touraine, article 236 permet de donner tous les meubles à perpetuité, & moitié des conquêts à vie. Bretagne article 222. dit que les mariez en traité de mariage peuvent donner l'un à l'autre le tiers des heritages, & tous les meubles qui seront lors du decés, à la charge des exſeques & dettes du premier decedé.

Si lors de la donation le donateur n'avoit enfans, & en procrée par aprés en loyal mariage, la donation eſt revoquée : *ipſo facto.* Nivernois, art. 13. des donations. Bourbonnois article 225. de même quant aux donations univerſelles, ou par quotte portion des biens. Auvergne, chapitre 14. article 32. Bourbonnois & Auvergne exceptent ſi la donation étoit faite en faveur de mariage, auquel cas n'y auroit revocation que pour la legitime. Par Arrêt ſolemnel donné entre maître Charles & maître Ferry du Molin freres, du 12. Avril 1551. avant Pâques, prononcé par le Preſident Saint André, fut jugé pour la revocation de donation faite en faveur de mariage, avec cette exception, ſi les biens du mari ne ſuffiſoient pour répondre des droits matrimoniaux de la femme, que les biens du donateur en répondroient ſubſidiairement. Cette revocation eſt fondée au droit Romain en la *l. ſi unquàm C. de revocand. donat.* & ledit droit Romain eſt fondé ſur la préſompte volonté du donateur, qui n'eût donné, s'il eût penſé avoir aprés des enfans, & à ce fait ce qui eſt dit *in l. tale pactum. §. ult. ff. de pact. & in l. ult. ff. de hered. inſt.*

Mineurs & autres perſonnes étans ſous l'adminiſtration d'autrui ne peuvent donner ni teſter au profit de leurs tuteurs, curateurs, ou autres adminiſtrateurs pendant leur adminiſtration. Selon l'Ordonnance de l'an 1539 & celle du 4. Mars 1549. Paris, article 276. Orleans, article 295. diſent de même, & ajoûtent au profit des pedagogues, ni au profit des enfans deſdits adminiſtrateurs, & juſques à ce qu'ils ayent rendu compte. Peuvent toutefois diſpoſer au profit de leurs aſcendans non remariez, dont la raiſon eſt qu'à cauſe de l'excellent amour des aſcendans, il n'eſt vrai-ſemblable qu'ils ayent ſollicité la donation par mal-façon.

Donations entre-vifs, ores qu'elles ſoient mutuelles, remuneratoires, ou en faveur de mariage, doivent être inſinuées au ſiege Royal, & enregiſtrées dedans les quatre mois de la paſſation d'icelles, & peuvent être débatuës à faute d'inſinuation, tant par les créanciers, que par les heritiers du donateur. Edit de l'an 1539. & Edit de Moulins 1566. article 58. Les inſinuations ſe font principalement pour éviter les fraudes : au commencement on a eſtimé que cela regardoit le ſeul interêt des créanciers du donateur, & doutoit-on ſi l'heritier étoit recevable à débatre la donation faite par ſon prédeceſſeur : par faute d'inſinuation, parce, diſoit-on, que l'heritier eſt tenu des faits & promeſſes de ſon prédeceſſeur ; mais parce que l'heritier en ſe diſant heritier oblige ſa perſonne, & les biens qu'il a d'ailleurs que de l'heredité ; pour payer les dettes du défunt *etiam* outre les moyens & la valeur des biens hereditaires ; il ſe doit dire qu'il a juſte interêt d'avoir moyen de connoître ſi le défunt avoit donné, & quels ſont les moyens demeurez en ſon heredité : pour s'il connoît qu'il y ait des donations grandes s'abſtenir de l'heredité. Poitou, art. 320. parlant des inſinuations à autre effet, met une belle regle & utile pour éviter les ſuppoſitions des dates, & qui ſeroit bonne à être obſervée par tout, que le Greffier n'écrive au dos du contrat l'inſinuation, juſques à ce que le regiſtre en ait été fait, & par l'endoſſement doit quotter le feüillet du regiſtre. Auſſi les Ordonnances des années 1539. 1549. & 1566. commandent expreſſément que le regiſtre ſoit fait : la lecture & publication qui ſe fait en jugement peut être inconnuë à pluſieurs. Le regiſtre eſt permanent, & peut chacun qui a interêt, y avoir recours pour voir que c'eſt : car tel regiſtre eſt communicable à toutes perſonnes.

DE L'ESTAT DES PERSONNES *Tutelles & Curatelles.*

LEs enfans mariez ſont reputez pour émancipez, & uſans de leurs droits, & ont l'adminiſtration de leurs biens meubles, & fruits de leurs immeubles, combien qu'ils ne ſoient âgez de 25. ans : mais ne peuvent aliener leurs immeubles ſans decret, avant l'âge de 25. ans accompli. Paris, article 239. Nivernois des droits appartenans à gens mariez, art. 26. Sens, article 160. Auxerre, art. 257. Orleans, art. 181. & 182. Bourbonnois, art. 166. & dit de même des enfans Prêtres : mais ſoit noté que par les ſtatuts Canoniques ils ne doivent être Prêtres avant les vingt-cinq ans. Touraine, article 351. & ajoûte qu'ils peuvent eſter en jugement, & demander compte à leurs tuteurs, étans aſſiſtez de deux parens. Melun, art. 119. Troyes, art. 21. Reims art. 10. Blois, article 1. & 2. Ce qui ſe dit de l'exemption de la puiſſance paternelle, peut être étendu pour ſortir de tutelle ; car la puiſſance paternelle eſt de plus grande efficace que la tutelle : mais Senlis, art. 221. dit que puiſſance paternelle n'eſt en uſage. Poitou, art. 312. quant aux nobles, dit que par mariage la puiſſance paternelle ne ceſſe, s'il n'y a expreſſe émancipation. Et quant aux roturiers, que les enfans ſont tenus pour émancipez, quand ils ont tenu ménage à part par an & jour. Bretagne, art. 503. & 504. dit que l'enfant par mariage eſt tenu pour émancipé, quand il a été marié de l'aſſentement de ſon pere ; & que le fils ayant vingt-cinq ans ne demeurant avec ſon pere, eſt tenu pour émancipé. A tout ce que deſſus je voudrois faire limitation, pourvû que le mâle fût en pleine puberté, qui eſt ſelon le droit Romain de dix-huit ans : Ou bien de vingt ans, parce que c'eſt l'âge avant lequel le Prince n'octroye diſpenſe d'âge par ſes lettres. Car s'il étoit en âge de quatorze ou quinze ans, ſemble qu'il n'y auroit raiſon de lui donner le maniement de ſon bien.

L'enfant procreé en mariage de pere noble, est noble : jaçoit que la mere soit roturiere. Melun, art. 294. Laon, art. 14. Reims article 2. La femme roturiere, femme du noble, ou veuve du noble, est noble tant qu'elle est en mariage ou en viduité. Touraine, art. 317. Melun, article 294. Troyes, art. 13. Vitry art. 68. Laon, art. 14. & 15. Reims, article 3. & 4. Et si la femme noble est mariée à roturier, est roturiere durant le mariage : mais étant veuve, elle peut reprendre sa noblesse, en declarant pardevant Juge competent qu'elle entend vivre noblement. Ces décisions semblent devoir être generales, & correspondent au droit Romain. *l. emancipatum.* & *l. fœminæ. ff. de Senat.* Quant à la femme noble veuve d'un roturier, Guido Pape a tenu l'opinion contraire, qu'elle est roturiere, & ne reprend sa noblesse. Mais je croy le contraire être veritable : car le mariage du roturier n'ôte pas la noblesse : mais l'obscurcit & couvre seulement tant que le mariage dure, & l'empêchement ôte la noblesse qui est en elle, & en sa chair reprend ses effets. Sens, article 161. & Troyes, article 1. disent que l'enfant qui est né de pere ou mere noble, jacoit que l'autre soit roturier, est noble; & Poitou, article 286. dit si l'un des mariez est noble, que les enfans partiront l'heritage de celui qui est noble, noblement; & du roturier, roturierement. Et quant aux meubles & conquêts, se partiront selon la condition du pere, soit noble ou roturier. Bretagne, article 720. dit que gens nobles exerçans le fait de marchandise sont contribuables aux tailles, & peuvent reprendre l'exemption en cessant le fait de marchandise. J'ay vû pratiquer d'obtenir en tel cas lettres de Chancellerie au petit séel, addressées aux Eslûs pour rétablir en noblesse ceux qui ont exercé la marchandise, en délaissant le trafic. Et depuis j'ay vû qu'en telles lettres on ajoûtoit la clause, à la charge de payer les tailles & subsides, pour le temps qu'il a fait acte dérogeant à noblesse. En tout ce que dessus faut excepter s'il avoit perdu sa noblesse par forfait ou acte infamant, ou par vilité & lâcheté de cœur en exploits de guerre : car en tel cas la noblesse est perduë perpetuellement sans remede, sinon avec abolition du Prince de sa certaine science. Vitry, article 7. & article 13. dit qu'és cas esquels l'amende contre un roturier seroit de soixante sols, comme en cause d'appel : elle sera arbitraire contre noble, ou contre un Chapitre & College.

Les fils de famille sont en la puissance de leurs peres jusques à ce qu'ils soient émancipez. Qu'ils soient mariez ou Prêtres. Ou soient majeurs de vingt-cinq ans en aucuns lieux, en autres de vingt ans. Comme a été dit cy-dessus. Reims, art. 6. & 9. met l'âge de vingt ans, & article 7. dit que l'enfant est tenu pour émancipé, quand au vû & sçû de son pere il exerce marchandise ou charge publique. Tout ce que dessus n'est consonant au droit Romain, selon lequel le fils par mariage ou âge de vingt-cinq ans n'étoit hors de la puissance paternelle. Aussi les François n'ont ajoûté la puissance paternelle avec telle efficace que les Romains; & la Loi Romaine dit que c'est un droit propre aux Romains, *l. 3. ff. de his qui sunt sui vel alieni Juris.* Selon lesdits Romains le pere avoit droit de mort & vie sur son enfant, pouvoit le vendre en servitude pour sa necessité, tout ce que le fils aqueroit appartenoit au pere. Mais cette puissance paternelle n'est que superficiaire en France, & par nos Coûtumes en ont seulement été retenuës quelques petites marques avec peu d'effet: Pourquoi ne faut trouver étrange si les Coûtumes en ont parlé diversement, & si les ceremonies requises par le droit Romain és émancipations, ne sont observées. Le pere peut émanciper son enfant, present ou absent, en quelque âge qu'il soit : pourvû que ce ne soit pour son dommage. Berry de l'état & qualité des personnes, article 7. Orleans, art. 185. Ce que le fils étant en puissance de pere avant les vingt-cinq ans aquiert en meubles, il aquiert à son pere. Ce qu'il aquiert aprés les vingt-cinq ans est à lui, & en tous cas les immeubles appartiennent au fils. Poitou, article 318. Et Bretagne, article 305. presqu'autant : & excepte si aucuns biens viennent au fils par mariage, par succéssion, par donation, ou s'il aquiert par service ou promesse : esquels cas ils appartiennent au fils. Semble que cét article est raisonnable, pour être observé par tout, & en general quand les biens sont aquis au fils, d'ailleurs que par le moyen, en faveur, par le credit, ou par les moyens du pere. Et ce qui est dit au texte *promesse :* je croy qu'il doit dire *premesse :* Car selon le dialecte de Bretagne premesse c'est proximité, & s'entend de retrait lignager par proximité de sang. Fils de famille ni celui qui est en puissance de tuteur ou curateur ne peut ester en jugement sans autorité de pere ou tuteur : sinon en matiere d'injures, tant en demandant qu'en défendant. Et en cas de condamnation les jugemens seront executez contr'eux aprés la puissance finie. Bourbonnois, article 169. Ce qui a quelque correspondance au droit Romain. *l. clarum. C. de auct. præst.* Toutefois si l'action pour injures est intentée civilement, & se puisse plaider par Procureur, je croy qu'il faut autorité en demandant & en défendant : mais quand la cause est intentée criminellement contre le fils de famille ou mineur, l'autorité n'est requise, de tant que l'accusé répond par sa bouche. Et selon le droit Romain le fils de famille en absence de son pere peut agir sans autorité pour injure à lui faite, & en autres affaires qui requierent celerité. *l. si longius. §. 1. ff. de judic. l. cum filius. ff. si cert. pet.* si le fils de famille exerce marchandise au vû de son pere & de son consentement exprés ou tacite, le tacite consentement est quand le pere sçachant, ne le contredit, & ne fait. *l. Item si. §. quamquam. ff. ad SC. Macedon. l. ult. ff. quod cum eo.* Le pere sera tenu même des dettes contractez pour le fait. Berry de l'état & qualité des personnes, article 9. & 10. Bourbonnois, art. 168. Cela peut être entendu quand il exerce cette marchandise en la maison paternelle. Les contrats faits par le fils de famille ou autres, étans en puissance de tuteur ou curateur, sans autorité sont nuls, & n'ont effet *etiam* aprés la puissance ou tutelle finie. Berry de l'état & qualité des personnes, art. 17. Bourbonnois, art. 171. Troyes, art. 139. pour le premier chef. Reims, art. 15. & pour le second chef. Pour la nullité des contrats faits par les adultes sans autorité de curateur, est la *l. si curatorem C. de restit. in integ. minorum.* Et est bien raison que la nullité demeure *etiam* aprés la tutelle finie : parce que lors du contrat l'infirmité de jugement pour le bas âge du mineur y étoit. Mais en la nullité du contrat de la femme mariée sans autorité du mari, si elle est majeure y a autre raison : car la prohibition n'est pas à cause de la personne de la femme de par soi : mais à cause de la puissance de son mari. Pourquoi cydessus j'ay dit que la nullité n'est perpetuelle. Bretagne, article 615. dit que si l'enfant étant au pouvoir de son pere fait tort à autrui, le pere doit payer l'amende civile, parce qu'il doit châtier ses enfans. Senlis, article 221. dit que la puissance paternelle n'a lieu. Ce qui se rapporte à ce que dit la glosse *Institutionib. de patria potestate*, que les François n'usent de puissance paternelle. De fait pour le general en France le droit de la puissance paternelle n'est qu'imaginaire.

Tutelles testamentaires ordonnées par les peres des mineurs sont valables, & préferées à autres tutelles. Nivernois, de Tutelles & Curatelles, art. 1. Bourbonnois, art. 177. Auvergne, chap. 11. art. 1. Bretagne, art. 478. Auxerre, art. 258. & ajoûte la charge de faire inventaire & rendre compte. Le droit des Romains à cause de la puissance patenrelle en a raisonné plus exactement : que le pere ne donnoit tuteur à son fils, qui étoit en sa puissance, non autrement : Ne donnoit curateur à son fils adulte : que la mere ne donnoit tuteur à son fils, sinon pour l'administration des biens que le fils devoit avoir de sa mere. *l. 1. pater. ff. de testa. tut. l. 1. in fine. ff. de confir. tut.* Mais Reims, art. 329. dit que toutes Tutelles sont datives, & que la testamentaire doit être confirmée par le Juge, les parens oüys.

A défaut de la Tutelle testamentaire, la Tutelle legitime a lieu qui n'est déferée, sinon aux ascendans, pere, mere, ayeul ou ayeulle. Le pere se dit proprement legitime administrateur de son enfant non émancipé. Et quand l'enfant est émancipé, le pere est legitime tuteur : comme aussi la mere tutrice legitime, l'ayeul & l'ayeulle. Cette administration des ascendans en la plûpart des Coûtumes est appellée entre nobles, garde noble ou bail : & en aucuns lieux les ascendans sont dits gardiens bourgeois entre roturiers. Entre nobles les pere, mere, ayeul, ayeulle, à faute de pere ou mere ont la garde noble ou bail de leurs enfans, & par la plûpart d'icelles Coûtumes gagnent à eux les meubles de la part de leurs enfans, & les fruits de leurs immeubles, jusques à ce que la garde ou bail soit fini. Et ce gain est à la charge de payer les dettes, aquiter les charges réelles dûës sur les heritages ; entretenir iceux heritages en bon état, nourrir & entretenir les enfans. Ainsi disent Paris, article 267. Melun, article 287. & article 289. ajoûte autre charge de poursuivre les actions. Senlis, article 152. qui donne la garde aux pere & mere, & non aux ayeuls, & ajoûte autre charge de payer les frais funeraux. Troyes, article 27. pour les pere ou mere. Reims, article 330. & 331. Touraine, art. 339. & 340. pour les pere ou mere. Laon, article 260. Blois, article 4. pour le gain des fruits des immeubles, mais non pas des meubles ; & ajoûte autre charge de monter de chevaux le mâle à la fin de la garde, & vêtir la fille. Bourgogne, article 54. & 55. & charge de bailler caution. Sens, art. 156. Berry de l'état & qualité des personnes, article 22. 23. 24. & 26. Bourbonnois, article 174. Cette garde finit par second mariage desdits ascendans. Paris, art. 268. Sens, art. 156. Berry, de l'état & qualité des personnes, article 30. Bourbonnois, art. 174. Touraine, article 319. Laon, article 260. Auvergne, chap. 11. article 2. Melun, article 218. Senlis, article 152. Troyes, article 17. Reims, article 332. Mais Orleans, article 25. & Vitry, art. 63. ne font finir la garde par second mariage. Mais le gardien doit bailler caution audit cas, pour satisfaire à ce qu'il est tenu.

Aussi la garde finit advenant certain âge des enfans. Paris, article 268. & Touraine, article 540. disent à vingt ans des mâles, & à quinze ans des femelles. Orleans, article 24. fait finir la garde à vingt ans, & quatorze ans, & ajoûte, article 28. que l'un des enfans venant à vingt-cinq ans, aquiert le bail des autres. Sens, article 158. & Bourbonnois, article 173. font finir la garde à dix-huit ans, & à quatorze ans. Berry de l'état & qualité des personnes, article 37. Troyes, article 18. Laon, art. 260. Reims, article 332. Blois, article 8. Bourgogne, article 54. & Melun, article 290. font finir la garde à quatorze ans, & à douze ans, qui est le temps de puberté, remarqué par le droit Romain. Mais Vitry, article 65. dit quinze & douze ans. Melun ajoûte qu'audit âge les gardiens deviennent tuteurs comptables.

Aussi finit la garde, si le gardien devient mauvais ménager, & gouverne mal le bien des enfans. Bretagne, art. 477. Melun, art. 293. Entre non nobles, les pere ou mere, ayeul ou ayeulle ont la legitime administration ou tutelle des décendans. Nivernois des Tutelles & Curatelles, art. 6. & Bourbonnois, art. 174. dispensent les pere & mere de l'âge disans qu'à l'âge de vingt ans ils peuvent accepter cette tutelle legitime. Aucunes Coûtumes donnent le gain des fruits au pere & mere jusques à la puberté : à la charge de nourrir les enfans, aquiter les charges réelles, & payer les dettes : comme Paris, article 267. Touraine, article 346. Auvergne, chapitre 11. article 2. Bourgogne, article 57. Berry de l'état & qualité des personnes, art. 22. & 23. jusques à valeur des fruits. Les autres ne leur donnent les gains des fruits, & les rendent comptables : comme Blois, article 6. Auxerre art. 254. Orleans, article 32. & 178. Reims, article 333. Nivernois n'en dit rien, qui fait croire qu'ils sont comptables, & ne gagnent les fruits. Aucunes Coûtumes chargent le pere de faire inventaire : comme Auxerre, article 254. Tours, article 348. Blois, article 6. Reims, article 333. Berry de l'état & qualité des personnes, art. 26. Les autres ne chargent le pere de faire inventaire s'il ne veut. Poitou, article 308. Auvergne, chapitre 11. article 2. Mais la mere tutrice doit faire inventaire. Bourbonnois, article 174. Auvergne, chapitre 11. article 4. Bourgogne, article 56. & outre de bailler caution. Aucunes Coûtumes délaissent la legitime administration au pere, ores qu'il se remarie. Nivernois de Tutelles, article 7. Orleans, article 180. Touraine, article 350. Mais presque toutes ôtent la tutelle legitime à la mere qui se remarie. Nivernois audit article 7. qui ajoûte perpetuellement, qui emporte, ores qu'elle devienne veuve la seconde fois, qu'elle ne peut la reprendre. Berry de l'état & qualité des personnes, art. 31. Orleans, art. 32. & 180. Bretagne, art. 484. Blois, art. 9. Auvergne, chap. 11. art. 11. & ajoûte qu'elle perd la tutelle délors qu'elle est fiancée. Ce qui semble bien raisonnable : car l'amour qui est encore en ses prétentions, est aussi ardent que l'amour est en joüissance. Touraine, art. 350. Les aucunes desdites Coûtumes chargent la mere qui est tutrice de faire pourvoir de tuteur à ses enfans avant que se remarier : & ainsi dit Nivernois simplement des Tutelles article 7. Auvergne, chapitre 11. article 5. charge la mere de rendre compte avant que se remarier, à peine de perdre les gains nuptiaux. Berry de l'état & qualité des personnes, art. 31. prive la mere de la succession de ses enfans, & d'autres droits à écheoir par leur decés. Bourgogne, article 176. commande simplement de faire pourvoir de tuteur avant les fiançailles ou mariage. La privation de succession est selon le droit Romain. *In l. omnem. C. ad SC. Tertull.* & n'est pas assez de faire pourvoir de tuteur, mais doit rendre compte, & payer le reliqua. Ce qui semble être raisonnable, pour être observé par tout où il n'y a Coûtume contraire : car la mere qui va en puissance d'autre mari, sans faire pourvoir de tuteur à ses enfans, semble abandonner ses enfans, ou bien les mettre à la mercy d'un beau-pere : ce qui la rend indigne de succeder par l'argument de la *l. 2. C. de infant. expos.* & sera notée la *l. lex quæ vers. lex enim. C. de admi. tut.* Et ne faut pas dire que par cette indignité la succession soit aquise au fisque, comme est la regle commune des indignes, ains vient à l'autre parent plus proche. *l. 2. §. ult. ff. ad Tertull.* Et par la raison de la *l. post legatum. §. amittere. ff. de his quib. ut indig.*

Quand la Tutelle testamentaire ou legitime défaut, la Tutelle dative a lieu, qui se doit confirmer par le Juge selon l'élection faite par les parens & alliez des mineurs de chacun côté. Et à défaut de parens & alliez par élection de voisins & amis ; & doivent être les électeurs au nombre de sept pour le moins. Ainsi dit Nivernois des Tutelles, article 3. Bourbonnois, article 180. Auxerre, article 255. qui dit indistinctement parens, amis & voisins. Berry de l'état & qualité des personnes art. 4. dit appellez trois parens du côté paternel, & trois du côté maternel. Et à défaut de parens, les voisins de la qualité des mineurs. Par la Loi des Romains on doit s'adresser aux amis, en absence de celui contre lequel on a affaire. *l. aut qui §. 1. quod vi aut clam. l. ergo. ff. ex quib. caus. major.* Orleans, article 183. dit cinq parens proches, à défaut d'eux, des voisins. Sera élû le plus prochain habile à succeder idoine. Et outre dit que l'on n'appellera les parens hors la Province, s'ils ne sont les plus proches, & que celui qui n'aura été appellé ne peut être élû.

Nivernois des Tutelles, article 4. dit que les Tutelles testamentaires, legitimes & datives, sont sujettes à être confirmées par le Juge, & jusques à ce le tuteur ne doit administrer. Bourbonnois, article 178. dit que les testamentaires & legitimes n'ont besoin de confirmation. Reims, article 329. dit que toutes Tutelles sont datives ; & que la testamentaire doit être confirmée aprés les parens oüys. Auvergne, chapitre 11. article 12. dit comme Nivernois. Le temperament entre ces diversitez peut être que le tuteur soit testamentaire, ou legitime, ou datif, doit prêter serment devant le Juge qui est ordinaire, de bien administrer, faire inventaire, & rendre compte. Le Juge ne doit differer à recevoir ce serment, qui est la confirmation de la Tutelle testamentaire & legitime. Si ce n'est que les parens fassent quelques rémonstrances, pour faire connoître que ce n'est pas l'utilité des mineurs, que tel soit tuteur, & peut le Juge avec quelque connoissance de cause rejetter le tuteur testamentaire ou legitime. *l. in confirmando. l. utilitatem. ff. de confir. tutore.* Et peut le Juge avant que recevoir le serment, prendre l'avis de deux ou trois parens.

Aucunes Coûtumes trop abstreintes au droit Romain, ont distingué les Tutelles & Curatelles, disans que les Tutelles finissent à la puberté de quatorze ans des mâles, & douze ans des femelles. Ainsi Nivernois des Tutelles, article 5. Orleans, art. 182. Nivernois dit audit chap. article 8. quand la Tutelle est finie par la puberté survenante que le tuteur devient curateur jusques à vingt-cinq ans. Orleans dit que la puberté avenuë, le tuteur doit faire la diligence de faire pourvoir de curateur, & jusques à ce n'est déchargé. Auxerre, art. 259. a parlé plus proprement selon le droit François, disant qu'entre Tutelle & Curatelle n'y a difference : mais pour dire encore plus clairement, il falloit exprimer de la Curatelle, qui consiste en administration generale, & qui est comptable; car aucunes Curatelles sont pour négoces particuliers, & qui ne sont comptables, comme quand le tuteur a des affaires à démêler contre son pupille, ou quand celui qui est marié, ou a obtenu dispense d'âge a à traiter pour l'alienation de son immeuble, & ne sont telles Curatelles à comparer aux Tutelles. La Loi Romaine a comparé la puissance du curateur donné à l'adulte, à la puissance du tuteur donné au pupille. *l. si curatorem. ff. de in integ. rest. min.* Aucunes Coûtumes ont fait finir les Tutelles ou Curatelles à moindre âge que de vingt-cinq ans. Comme Bourbonnois, article 180. des mâles à vingt-cinq ans, des filles à seize ans. Bretagne, art. 461. & 474. fait les mâles & les femelles majeurs à vingt ans, *etiam* pour alienet immeubles, & pour l'administration de biens, les roturiers à dix-sept ans. Nivernois, chapitre des Tutelles & Curatelles, art. 8. Auxerre, art. 256. Melun, art. 295. & Sens, article 159. ne font finir la Tutelle ou Curatelle qu'à vingt-cinq ans. Cy-dessus a été dit que ceux qui sont mariez, ores qu'ils soient mineurs de vingt-cinq ans, ont l'administration de leurs biens, & ainsi faut dire de ceux qui ont obtenu lettres de dispense d'âge : aux uns & aux autres aux autres est interdite l'alienation de leurs immeubles, jusques aprés vingt-cinq ans. Vitry article 65. dit bien que la Tutelle finit à quinze ans, & à douze ans : mais *novo more* dit que la Curatelle finit à vingt-quatre ans accomplis, le vingt-cinquiéme entamé. Senlis, art. 155. fait les nobles majeurs à vingt ans les mâles, & à seize ans les filles : mais ne peuvent aliener immeubles avant vingt-cinq ans.

Tous tuteurs sont tenus de faire inventaire des biens des mineurs par autorité de Justice; avec appreciation, & avec un curateur, & ce dans quarante jours. Ainsi disent Poitou, article 306. & ajoûte que l'inventaire ne peut être prohibé par testament ni autrement. Sens, article 159. Berry de l'état & qualité des personnes, article 42. & 44. & ajoûte que l'inventaire doit être fait par le Juge & Greffier, appellez deux notables, & être clos dans quarante jours, & les appreciateurs élûs par les parens. Bourbonnois article 182. Ce qui semble tres-raisonnable pour être suivi par tout, nonobstant l'Edit de Blois, article 164. qui avec grande raison ne se doit entendre des mineurs, ains seulement des majeurs. Car le choix d'un Notaire, & autres personnes que le tuteur feroit, emporteroit quasi autant que s'il y procedoit tout seul sans Contrerôleur : mais cette limitation d'Auvergne, avec moindres frais que faire se pourra, est tres-juste. Auvergne chapitre 11. article 7. & avec moindres frais que faire se pourra, selon la qualité des mineurs & valeur des biens. Bretagne, article 481. non seulement faire inventaire, mais aussi bailler caution. Melun, article 295. Touraine, article 348. charge *etiam* les pere & mere de faire inventaire. Et ores que les administrateurs portent titre de gardiens, ils doivent faire inventaire. Paris, article 269. Sens, article 156.

Aucunes Coûtumes ont suivi le droit Romain à l'égard des aquisitions faites par les fils de famille : comme Vitry, article 110. Laon, article 56. Reims, article 8. qui disent que la donation faite à fils de famille (que Vitry dit être en vouloir & puissance) est pour en joüir par les pere & mere : Vitry dit leur vie durant. Laon dit jusques à ce que l'enfant ait vingt ans, soit marié ou émancipé. Reims, art. 35. ajoûte, ou si le fils est entré aux saints Ordres, & la fille ait dix-huit ans. Sinon que le don eût été fait à la charge que le pere n'en joüiroit. Berry des donations, article 5. & 6. dit que donation faite à fils de famille est nulle (& croy qu'il veut dire faite par le pere) mais est confirmée par mort, s'il y a tradition vraye ou ficte. Excepté si elle est faite par ascendant ou décendant en contrat de mariage. Et article 8. si elle est faite par le pere au fils, en faveur d'étude. Le sieur President Lizet, Auteur de cette Coûtume de Berry étoit exact observateur du droit Romain, comme a été dit cy-dessus, & ces articles en sont tirez tout purement. *l. si pater. C. de inoff. donat. l. si donatione C. de collat.* & autres endroits : mais à nous, en France la puissance paternelle n'est presque qu'imaginaire, pourquoy n'est à propos d'appliquer en tel cas le droit Romain.

DE RETRAIT LIGNAGER.

Le droit de retrait lignager est propre des François, qui ont en recommandation de conserver en la famille & lignage les biens immeubles; & ce qui plus y a aidé est que les nobles & autres qui ont quelques Seigneuries, sont soigneux d'être appellez du nom de leurs Seigneuries, & les enfans décendus des fils de France, par ancienne observation prennent le surnom du principal appanage, qui leur est donné, & ne retiennent le nom du lignage. Comme Anjou, Bourgogne, Orleans, Valois. Les Romains avoient quelque soin de conserver les heritages anciens de leurs maisons, comme se void *in l. si in emptionem. ff. de minorib. l. in fundo. ff. de rei vend.* Mais Ciceron dit qu'en succession les heritages ne suivoient la ligne, les mots Latins sont, *non esse gentem prædiorum* : car le plus prochain lignager prenoit tous les biens, ores qu'ils fussent venus d'autre ligne : mais nous François observons que les heritages retournent par succession à la ligne dont ils sont procedez. Doncques si aucun a vendu hors la ligne, l'heritage qui lui est propre, & venu par lignage : le parent de la ligne du vendeur & de la chose venduë pourra retraire pour le même prix qu'il a été vendu. Aucunes Coûtumes limitent le degré de lignage, dans lequel on est reçu au retrait. Nivernois, chapitre de retrait lignager, article 1. dit jusques au sixiéme inclus. Et Bourbonnois, article 434. dit jusques au septiéme exclus, qui est tout un. Sens, article 46. dit dans le septiéme degré. Bretagne, article 286. dit dans le neuviéme degré du ramage, dont procede l'heritage. Vitry, art. 126. dit en quel degré que ce soit. Paris, article 129. Auxerre, art. 154. Berry, du retrait lignager. art. 1. Orleans, art. 363. disent simplement du lignage. Touraine, art. 152. parle de lignagers habiles à succeder au vendeur, ores qu'ils ne fussent nés ni conçûs lors de la vendition (mais pourvû qu'ils se trouvent avoir été au ventre de la mere dedans le temps du retrait, car ceux qui sont au ventre de la mere sont reputez pour nés, quand il est question de leur profit. *l. qui in utero ff. de statu hominum.* Ainsi dit Laon, art. 253. & 254. & Reims, art. 193. & 194.) La même Coûtume, art. 156. donne le retrait en aquêt au lignager de l'aquereur. Et Poitou, article 336. reçoit le lignager d'un estoc à retraire l'heritage d'autre estoc, pourvû qu'il ne soit vendu à un du branchage. Se dit d'heritage vendu, parce que les deniers reçoivent fonction. Et autant en faut dire s'il est baillé en payement de dette. Orleans, article 397 Ce qui est general. Autant en faut dire s'il y a échange d'heritage à meubles, pourvû que ce ne soient meubles vulgaires, & en commun commerce, qui sont aisément recouvrez par deniers.

Selon aucunes Coûtumes l'heritage n'est reputé propre pour être sujet à retrait, s'il n'y a eu décendant qui y ait succedé, & est requis que le retrayant soit décendu de l'aquereur, ou de celui à qui l'heritage a appartenu. Ainsi dit Nivernois, quelles choses sont reputées meubles, article 13. Melun, art. 137. qui ne reçoit les collateraux, non décendus de l'aquereur. Orleans, article 380. dit en heritage échû par succession ou donation d'ascendant qui l'avoit aquis, les seuls décendans sont reçûs au retrait, & non les oncles & cousins. Autres Coûtumes se contentent que l'heritage soit venu par succession directe ou collaterale au vendeur, sans qu'il soit besoin que le retrayant soit décendu de celui à qui l'heritage a appartenu. Paris, article 141. Berry du retrait lignager, article 5. Bourbonnois, art. 435. Laon, art. 255. Reims, art. 191. Melun, article 130.

Le temps plus commun attribué par les Coûtumes pour venir au retrait est d'an & jour, lequel an & jour aucunes Coûtumes font courir du jour de la vente, comme Blois, art. 193. Bourgogne, art. 106. Sens, art. 32. Auxerre, art. 154. Orleans, art. 365. quant à roture: & quant au fief du jour de l'hommage, ou offres, ou souffrance. Les autres font courir l'an à compter du jour de l'ensaisinement du Seigneur feodal ou censier. Paris, art. 129. & 130 Melun, art. 145. Senlis, article 222. Troyes, art. 144. Vitry, art. 126. Reims, art. 189. Laon article 225. Ces deux exceptent si l'aquereur avoit joüy dix ans, qui vaut investiture. Et quant aux heritages allodiaux, à compter du jour de la possession réelle. Troyes, art. 144. Vitry, art. 126. Laon, art. 225. Paris, art. 132 dit du jour que l'aquisition a été publiée en jugement au siege Royal, quant à l'heritage allodial. Poitou, article 319. dit l'an & jour, à compter de l'aquisition notifiée & insinuée au Greffe du lieu où l'heritage est assis. Les autres Coûtumes en toutes sortes d'heritages comptent l'an & jour de la possession réelle & actuelle, comme Nivernois, chap. de retrait lignager, art. 7. Touraine, art. 153. qui desire que la possession soit prise en presence de Notaire & témoins, ou bien s'il a joüy dix ans. Aucunes Coûtumes ne donnent que trois mois pour le retrait, comme Bourbonnois & Auvergne: mais Bourbonnois, article 422. dit les trois mois aprés l'investiture en fief, ou en censive, & si c'est heritage allodial corporel, dans trois mois aprés la possession réelle, prise en presence de Notaire & témoins, & si c'est allodial incorporel, dans six mois aprés la possession telle que dessus. Et Auvergne, chap. 23. art. 1. & 2. dit dans trois mois à compter du jour de la possession réelle prise en presence de témoins. Berry, titre du retrait lignager, art. 1. n'octroye que 60. jours, à compter du jour de la vente. Ces Coûtumes qui commencent le temps du retrait, à compter du jour de l'investiture, sont fondées sur la tres-ancienne observance des fiefs & censives, qui portoit que l'alienation ne pouvoit être faite sans le congé du Seigneur direct, à peine de commise, & que l'aquereur ne pouvoit se dire saisi, jusques à ce qu'il fût investi par le Seigneur: dont les vestiges sont demeurez és Provinces de nantissement, comme sont Senlis, Laon, & Reims: mais és Provinces où telles ceremonies de vestir & dévestir ne sont pas en usage, me semble que mal à propos on a retenu que l'an & jour ne courût que du jour de l'investiture, & que telles Coûtumes sont captieuses, parce que bien souvent l'investiture se fait en secret. Et mieux seroit de faire courir l'an du jour de la possession réelle, publique & connuë. Comme aussi est captieux de faire courir l'an à compter du jour de la vente, car les contrats peuvent demeurer long-temps couverts & cachez, sans être connus aux lignagers. Melun, article 142. met une exception à cét an & jour, en cas qu'il y ait quelque fraude exquise contre le retrait, que ledit an & jour ne court que du temps que la fraude est découverte. Ce qui est aucunement conforme au droit Romain *in l. 1. §. idem Pomponius in fine, & §. seq. ff. de dolo.*

L'action pour le retrait lignager est de la nature de celles dont le droit Romain parle, action personnelle écrite *in rem*: & en telle action le choix du demandeur est de s'addresser pardevant le Juge de la chose, ou pardevant le Juge du domicile du défendeur, selon qu'il est traité *in l. ult. Cod. ubi in rem actio.* Ce choix est expressément octroyé par aucunes Coûtumes au demandeur. Bourbonnois, art. 427. Touraine, art. 169. Poitou, article 327. Laon, art. 233. Reims, art. 198.

Nivernois au titre du retrait lignager, article 2. requiert que le retrait soit demandé par action: ce qui semble avoir quelque raison pour éviter les fraudes & collusions qui pourroient être. Suivant ce Touraine, art. 191. dit que le retrait doit être fait en jugement & pleine Audience, & autrement fait est reputé vendition. Bretagne, art. 289. en dit autant, si c'est hors les plaids, que ce soit au lieu accoûtumé à tenir jurisdiction.

Aucunes Coûtumes outre l'an & jour ont donné certaine forme, pour le delay, depuis le jour de l'ajournement, jusques au jour que l'assignation échet: comme Nivernois du retrait lignager, article 2. & Bourbonnois, article 441. disent que l'assignation ne doit être plus lointaine de dix jours, & le tout dans l'an & jour. Blois, article 198. met le delay de quinzaine. Autres Coûtumes se contentent que le jour de l'ajournement soit dans l'an, jaçoit que le jour de l'assignation soit aprés l'an, non éloigné toutefois de plus de quarante jours. Comme Laon, article 232. Reims, art. 197. Vitry, art. 126. qui ajoûte la limitation, pourvû que les deniers soient offerts à découvert dans l'an. Je croy que cette limitation doit être generale par tout, & n'en faut dire comme és simples actions, esquelles le seul ajournement libellé interrompt, car l'action de retrait doit être accompagnée de deniers, autrement n'a aucun effet d'action, comme se connoît par les Coûtumes qui disent que le demandeur à faute de continuër les offres à chacune expedition de la cause, avant contestation, déchet du reretrait. Celui donc qui fait ajourner dans l'an, sans offrir deniers à découvert dans l'an, n'a rien fait, & ne se peut dire l'action avoir été intentée. Paris, article 130. se contente que l'assignation échée dans l'an. Sens, art. 32 se contente que l'ajournement soit dans l'an, & l'assignation peut être d'un mois aprés l'an. Auxerre, article 157. dit de même, hormis qu'il met quarante jours. Troyes, article 143. desire par exprés que les offres soient faites réellement dans l'an & jour, & article 151. dit que si l'assignation est plus lointaine du mois, qu'un autre lignager sera reçû, nonobſtant la préventiõ. Laon, art. 232. permet à l'acheteur d'anticiper l'aſſignation lointaine.

A l'aſſignation premiere ſur le retrait, le retrayant doit offrir à deniers découverts le prix de l'achat, s'il le ſçait, avec quelque ſomme pour les loyaux couſts, & à parfaire. Et ſi le contrat n'a été exhibé, doit offrir une ſomme vrai-ſemblable. Ainſi Nivernois, du retrait lignager, article 3. Paris, article 140. Auvergne, chap. 23. art. 10. Aucunes deſirent que lors de l'ajournement l'offre ſoit faite à découvert. Laon, article 231. Reims, art. 196. Aucunes Coûtumes deſirent que l'aquereur, en exhibant le contrat affirme la verité du prix, les autres que le vendeur & l'acheteur affirment. Et auſſi que le retrayant affirme que c'eſt en ſon nom & profit, & ſans fraude, & pour demeurer en la famille, & de ſes propres deniers. Ce qui s'entend, s'ils en ſont requis. Poitou, article 323. & 324. Sens, article 33. Auxerre, article 154. 155. & 156. Berry du retrait lignager, article 9. & 10. Bretagne, art. 298. Bourbonnois, article 455. Auvergne, chapitre 23. art. 33. Melun, art. 154. Troyes, art. 151. & 162. Laon, art. 237. & 238. mais ne contraint le vendeur de jurer, ſinon aprés que le retrayant a maintenu qu'il y a fraude. Et ainſi dit Reims, art. 204. Les offres doivent être continuées à toutes aſſignations de la cauſe, juſques à conteſtation incluſe, & à faute de ce le retrayant ſera débouté du retrait. Nivernois, du retrait lignager, art. 4. & 5. Paris, art. 140. & ajoûte de continuer les offres en cauſe d'appel, juſques à concluſion ſur l'appel. Bourbonnois, article 428. Senlis, art. 223. Troyes, art. 151. Vitry, art. 126. Laon, art. 231. & 235. dit qu'il n'eſt requis d'offrir tous les deniers aprés la premiere fois: mais ſuffit offrir une piece, & à parfaire. Melun, article 159. attribuë la décheance contre le retrayant, ſi en la même Audience le défendeur le requiert, ſinon le retrayant pour purger ſa demeure *re integra*. Ce que deſſus s'entend en cas qu'il n'y ait conſignation en main tierce, car la conſignation ſupplée les offres. Sens, art. 34. ſe contente des offres à la premiere journée. Auvergne, chap. 23. article 4. & 38. ſemble ne ſe contenter de la ſimple offre, & deſire la conſignation en main tierce. Auſſi dit que par la conſignation faite en main tierce, partie appellée, le droit du lignager eſt conſervé & perpetué.

S'il y a acceptation des offres faites par le lignager pour le retrait, ou s'il y a ſentence adjudicative du retrait, le retrayant doit fournir les deniers dans certain temps, qui eſt prefix : mais n'eſt ſemblable par toutes les Coûtumes. Aucunes Coûtumes diſent dans vingt-quatre heures aprés l'acceptation ou adjudication. Comme Paris, article 136. & ajoûte, pourvû que le contrat ait été exhibé, & aprés affirmation faite du vray prix, ſi elle eſt requiſe. Orleans, article 370. Bourbonnois, art. 428. Auxerre, art. 183. Melun, art. 153. Senlis, art. 223. Laon, article 236. Reims, art. 212. Vrai eſt qu'Auxerre, Orleans & Melun diſent que s'il y a eu empêchement, conteſtation ou delay pris par l'aquereur, il eſt à l'arbitrage du Juge de préfinir le delay, ou le delay eſt de huitaine. Poitou, article 325. & Bretagne, art. 295. octroyent huitaine aprés l'acceptation. Sens, art. 63. donne trois jours aprés l'acceptation ; & s'il y a eu contredit, donne huitaine, ou l'arbitrage du Juge. Blois, article 194. donne huitaine aprés le delay que l'aquereur a fait, pourvû que le contrat ait été exhibé. Nivernois du retrait lignager, article 5. ſoit en acceptation, ou aprés ſentence, donne vingt jours : autrement la décheance de retrait, qui eſt déclarée par la Coûtume en ces mots, *eſt & ſera*.

Outre le prix de l'achat, il faut offrir les frais & loyaux couſts : s'ils ſont liquides, il les faut offrir en deniers comptans : S'ils ne ſont liquides, il faut offrir quelque ſomme de deniers, & à parfaire. Melun, article 154. dit aprés les loyaux couſts liquidez, il les faut payer dans huitaine, à peine [illegible] être déchû de retrait. Berry, du retrait lignager, article 12. dit qu'il les faut payer promptement, s'il en appert promptement. Nivernois audit chap. art. 11. & 12. met en loyaux couſts lettres, contrats, labourages, ſemences, & réparations neceſſaires. Et quant aux lods & ventes, quints deniers, ſupplément de juſte prix, rachat de faculté de rachat, & autres tels frais faits ſans fraude avant l'ajournement en retrait, les met en fort principal. La raiſon pour laquelle quint denier, lods & ventes, ſont portion du prix, a été miſe cy-deſſus au titre des fiefs, où eſt parlé du quint en montant. Quant aux profits Seigneuriaux payez, en eſt ainſi décidé par Poitou, article 354. Berry du retrait lignager, art. 12. Bourbonnois, art. 433. Auxerre, art. 158. & mettent leſdits profits au rang des loyaux couſts. Aucunes Coûtumes diſent que ſi le Seigneur a fait grace des profits à l'aquereur, que néanmoins le retrayant doit rembourſer, comme Poitou article 154. Berry du retrait lignager, article 12. Et telle a été l'opinion du ſieur du Molin pour le general ; & a été jugé par Arrêt ſur appel, venant du Bailliage de Nivernois, entre François de Chargy, Charles de Reugny, & Claude de Coſſy Eſcuyers. Quant aux réparations les Coûtumes en ont parlé diverſement. La plûpart permettent à l'aquereur faire les neceſſaires pour les recouvrer. Comme Nivernois, audit chap. art. 11. Paris, article 148. Orleans, article 372. Melun, article 165. Poitou, article 371. Auxerre, article 158. Sens, article 36. & Troyes, art. 151. mais veulent Sens & Troyes, que les fruits perçûs ſoient précomptez. Bourbonnois, article 430. dit réparations neceſſaires & utiles faites par autorité de Juſtice : Mais, article 481. ſemble dire indiſtinctement que les neceſſaires ſont à rembourſer. Laon, article 243. pour les neceſſaires faites avant l'ajournement. Vitry, article 128. ne permet réparer, quelque neceſſité qu'il y ait ſans autorité de Juſtice. Blois, art. 202. pour les neceſſaires faite avant ou depuis l'ajournement. Ainſi Touraine, article 170. Reims, article 211. dit comme Laon, & ajoûte des neceſſaires faites par autorité de Juſtice, aprés que l'ajournement a été poſé. Mais où la Coûtume ne diſpoſe en particulier : il faut dire qu'en tous cas les réparations neceſſaires ſont à rembourſer : car *etiam* le poſſeſſeur de mauvaiſe foi les recouvre. *l. dominum. C. de rei vend.* Et ſi bien il n'avoit action pour les repeter, il auroit retention de l'heritage, juſques à ce qu'il fût rembourſé. *l. ſi in area. ff. de condict.*

indeb. Laquelle retention est fondée sur l'exception de dol de celui qui se veut enrichir avec le dommage d'autrui. *l. hæreditas. ff. de petit. hæred. l. in hoc ff. communi divid.*

Presque toutes les Coûtumes défendent à l'aquereur d'empirer l'heritage durant l'an du retrait. Paris, article 146. Sens, article 29. Troyes, article 152. Vitry, article 128. Auxerre, article 160. Laon, article 244. qui ajoûte qu'il ne peut changer la forme. Reims, art. 213 Blois, article 202. dit, ne peut faire démolition ni nouvel édifice. Orleans, article 373. Bourbonnois, article 482.

Quant aux impenses utiles, aucunes Coûtumes disent, parce que l'aquereur n'en est remboursé, qu'il peut les ôter sans deterioration de l'heritage, sinon que le retrayant veüille payer le prix des matieres, sans la main de l'ouvrier. Ainsi Poitou, art. 371. Laon article 243. Reims, article 211. Ce qui se rapporte au droit Romain parlant du possesseur de mauvaise foi, qui fait impenses utiles. *dicta l. domum. C. de rei vend.* Toutefois és bâtimens des Villes ne doit être permis de démolir par la raison de la *l. cætera. §. 1. ff. de legat. 1. Vide Ruinum consil. 24. volu. 1. & consil. 165. volu. 4.*

De quel temps le retrayant doit gagner les fruits, les Coûtumes ne sont semblables. Aucunes donnent les fruits au retrayant dépuis la consignation par lui faite, & non plûtôt. Nivernois du retrait lignager, art. 8. Auxerre, art. 168. Berry de retrait lignager, art. 6. Troyes, article 166. Les autres donnent les fruits au retrayant dépuis les offres réelles duëment faites. Paris, art. 134. Poitou, art. 338. Bourbonnois, article 428. & semble ajoûter la raison, parce qu'il doit continuër les offres à toutes assignations. Melun, article 160. Reims, art. 201. Blois, article 198. qui ajoûte que le retrayant n'est tenu de consigner, sinon aprés le contrat vû. Le sieur du Molin dit la raison, parce que n'étant tenu de representer les derniers à toutes assignations, il ne peut s'en joüer, ni en faire son profit, & en est comme dépositaire. Le plus seur est de consigner : car il semble que les Loix ne se contentent d'une simple offre : quand il est question de gagner quelque avantage, ains requierent la consignation en main tierce. *l. acceptam. C. de usur. l. ult. de lege commiss. l. tutor pro pupillo. §. 1. ff. de administ. tut.*

Aucunes desdites Coûtumes disent que les fruits perçûs par l'aquereur avant l'ajournement en retrait lui appartiennent. Poitou, article 369. Auxerre, article 168. Orleans, art. 375. Bourbonnois, art. 482. avec ces mots, *cüeillis en saison dûë.* Touraine, art. 168. qui ajoûte le choix à l'aquereur de laisser les fruits, en lui remboursant par le retrayant les frais. Melun, article 161. Troyes, article 168. Laon article 246. Reims, article 214. Blois, article 198. avec le choix que Touraine met. Mais Berry de retrait lignager, article 6. dit que les fruits perçûs avant la consignation & dépuis, doivent être partis *pro rata* du temps entre l'aquereur & le retrayant. Orleans, article 376. dit qu'en rentes foncieres & loyers de maison, les fruits avant les offres *pro rata.* Et Poitou, art. 369. dit que les fruits prochains à cueillir lors du retrait, doivent être partis *pro rata* de temps. Orleans, article 374. dit que les fruits pendans lors des offres, sont au retrayant en remboursant culture & semence. Troyes, article 166. dit que si l'acheteur avant la consignation a fait semences : il doit lever les fruits. Laon, article 245. qui donne à l'aquereur les fruits perçûs avant le retrait, dit que si les impenses faites pour lesdits fruits excedent la valeur d'iceux, & apportent profit à l'avenir, que l'aquereur recouvre les impenses. L'aquereur qui a perçû aucuns fruits avant que d'être appellé en retrait les a fait siens : parce que *re vera* il étoit proprietaire, & n'y a aucune raison pourquoi on les lui doive ôter.

Quant aux fruits pendans lors de l'introduction du retrait, il y a grande raison de les partir *pro rata* de l'an à commencer l'an du jour que l'aquereur a payé le prix de la vente, ou du jour que par convenance il a dû les faire siens, ayant terme de payer selon la raison de la *l. curabit, C. de act. empti.* Et ainsi est porté par l'Edit du rachat des biens temporels des Ecclesiastiques.

Si l'aquereur a dépuis son achat vendu l'heritage à un autre, le retrayant sera seulement tenu de payer le prix, frais & loyaux cousts de la premiere vente. Nivernois du retrait lignager, art. 13. Bourbonnois, art. 460. Vitry, art. 127. Melun, article 248. Laon, article 248 Reims, art. 205. & 215. Blois, art. 205. Auxerre, art. 178. Berry de retrait lignager, art. 17 & art. 18. excepté si la seconde vente étoit faite à un lignager, ores qu'il fût plus éloigné. La raison de ce qui se dit de la premiere vente est, que délors de la vente le droit de retrait est aquis au lignage, & ne peut-on rien faire pour déroger à ce droit aquis.

Aucunes Coûtumes disent qu'audit cas il est loisible au retrayant de s'addresser au premier ou au second aquereur, qui est détenteur. Bourgogne, art. 111. Sens, art. 57. qui ajoûte, ou à tous deux. Auxerre, article 177 Berry, art. 17. Troyes, art. 163. comme Sens, Reims, art. 205. Blois, art. 205. Les autres disent que le premier aquereur qui a aliené, doit faire venir & fournir partie au retrayant, c'est à dire faire venir en jeu le second aquereur. Ainsi dit Poitou, article 332. 352. & 353. & presque de même Melun, article 148. & Blois article 205.

Si plusieurs lignagers se presentent au retrait, la question est lequel doit être preferé. Aucunes Coûtumes préferent le plus diligent, ores qu'il soit plus lointain en degré, comme Paris, article 141. Orleans, article 378. Bourbonnois, article 439. Melun, article 150. Senlis, article 225. Nivernois du retrait lignager, article 17. pourvû que l'assignation ne soit de plus de dix jours. Sens, article 52. Auxerre, article 173. Berry de retrait lignager art. 5. & excepte si le moins diligent étoit enfant ou frere du vendeur, ou s'il avoit portion indivise en l'heritage. Orleans, art. 378. comme Berry, & requiert les deux, proximité, & avoir part indivise. Laon, art. 230. Reims, article 195. & aucunes disent que le jour est seulement à considerer, & non l'heure, comme Sens, Auxerre, Laon, & Reims. Les autres Coûtumes préferent le plus prochain, ores qu'il ne soit le plus diligent. Poitou, article 332 Auvergne, chap. 23. art. 16. & 17. Touraine, art. 154. Troyes, art. 145. Bourgogne, art. 103

Blois, art. 199. S'ils sont en preille proximité ou diligence, ils viendront par égales portions. Ainsi disent Nivernois, Poitou, Auxerre, Blois, Auvergne, Melun & Troyes. C'est selon les regles du droit Romain, que quand plusieurs se trouvent en concurrence, chacun d'eux ayant droit pour le tout : ils font part l'un à l'autre, & viennent par égales portions *l. si finita §. si ante. ff. de damno infect. l. Titio ff. de lega.* 1. Ce qui se dit de la concurrence, se dit pour le respect des lignagers de l'un à l'autre : car à l'égard de l'aquereur, il n'est tenu de diviser, & ne recevra l'un pour sa portion s'il ne veut. Ainsi fut jugé par Arrêt solemnel du 14. Aoust 1568. Mr. du Harlay President. Mais Laon, article 230. audit cas de concurrence permet à l'aquereur de choisir celui à qui il voudra faire le délaissement. Berry préfere le plus ancien, & le mâle à la femelle. Bourgogne, art. 105. dit que le parent qui n'est de la ligne, peut venir au retrait, si aucun parent de la ligne ne se presente.

Les Coûtumes s'accordent qu'en concurrence de Seigneur feodal ou censier pour la retenuë : & du lignager pour le retrait, que le lignager est préferé. Et si le Seigneur avoit prévenu, le lignager le pourroit retraire sur lui. Ainsi Paris, article 159. Nivernois de retrait lignager, article 22. Poitou, art. 349. Sens, article 42. Auxerre, art. 163. Berry du retrait lignager, art. 13. Orleans, article 365 Bourbonnois, art. 438. Touraine, art. 164. Melun, art. 163. Senlis, art. 226 & 227. Vitry, article 124. Laon, art. 259. Blois, art. 208. Bourgogne, art. 110. Auvergne, chap. 21 article 15. & chapitre 23. article 15. excepte si le Seigneur aquiert la chose tenuë de lui à cens sans fraude. Bretagne, article 293. dit que le Seigneur direct vient à retenuë à faute de lignager.

Pour ce retrait lignager n'est dû quint denier, ni profits des lods & ventes, ains seulement du premier achat. Nivernois de retrait lignager, art. 26. Auxerre, art. 182. Berry du retrait lignager, art. 11. Orleans, article 405. Bourbonnois, art. 445. Auvergne, chap. 23. art. 20. Melun, art. 157. Reims, art. 68. & article 95. dit que si le lignager retrait sur le Seigneur feodal qui avoit retenu, qu'il payera le quint. Ce qui est bien raisonable : car en ce cas le lignager tient lieu d'acheteur, & il y a mutation de personne qui doit profit une fois pour le moins.

Le temps de retrait court sans reméde de restitution contre mineurs, ignorans, absens furieux & autres personnes privilegiées. Paris, art. 131. Nivernois de retrait lignager, art. 10. Poitou, art. 362. Berry du retrait lignager, art. 1. Orleans, art. 366. Bourbonnois, art. 425 & ajoûte de femmes mariées. Auvergne chap. 23. art. 3. Comme Bourbonnois, Laon art. 229 Reims, art. 190. Touraine, art. 197. de même, & en dit autant à l'égard de la retenuë du Seigneur direct. La raison au retrait est que le lignager n'est censé rien diminuër de son droit qui est en défaillance d'aquerir. *l. qui autem ff. quæ in fraudem cred.* Le droit Romain dit autrement. *in cap. constitutus extra de restit. in integrum.*

S'il y a faculté de rachat par la vente, aucunes Coûtumes disent que le temps du retrait ne court, sinon aprés le temps dudit rachat passé. Ainsi Nivernois de retrait lignager art. 9. Sens, art. 63. Orleans, art. 393. Bourbonnois, article 423. Touraine, art. 157. Blois art. 206. Et ainsi avoit été jugé par Arrêt solemnel du 7. Septembre 1532. en la maison de la Tremalle de Sully. Et néanmoins le lignager peut venir dans le temps de réemeré, & à la charge d'icelui. Touraine, art. 158. ajoûte que la grace de rachat doit être par écrit, & par même forme & instrument que la vente.

Les autres Coûtumes font courir le temps délors de la vente, ou possession, ou ensaisinement, ou notification au Greffe : nonobstant qu'il y ait faculté de rachat, comme Poitou, art. 320. Auxerre, art. 185. Bourgogne, art. 16. Berry du retrait lignager, art. 3. Auvergne, chap. 23. art. 13. Touraine, art. 189 & au susdit article 158. dit que si avant la possession prise y a resolution de retrait, sans fraude du gré des parties, n'y a retrait.

Le retrayant peut payer le prix en autres especes de monnoye que celles contenuës au contrat de vente. Bourbonnois, art. 332. Nivernois de retrait lignager, article 14. qui met l'exception, si l'aquereur n'a interêt à ce. C'est suivant la *l. Paulus. ff. de solut.* L'interêt peut être, si l'aquereur est marchand, qui trafique en païs étrange, & a affaire de monnoye d'or telle qu'il a payée : ou si on le paye en monnoye blanche qui en grand nombre est mal-aisée à transporter.

Celui qui n'est habile à succeder par inhabilité perpetuelle, comme un Relgieux profés, bâtard, ou banny à perpetuité, ne peut venir à retrait lignager. Nivernois de retrait lignager, article 25. Paris, art. 158. Sens, art. 46. Orleans, art. 404. Bourbonnois, art. 436. Melun, art. 139. Troyes, art. 155. Reims, art. 227. Quant au bâtard legitimé, me semble que s'il est legitimé à la requête, ou par le consentement seul de son pere, qu'il n'a droit de retrait, sinon à l'égard de ses freres & sœurs ou leurs décendans. S'il est legitimé par le consentement des collateraux il peut venir au retrait à leur égard : car la legitimation par rescrit qui est dispensé, doit être prise à l'étroit. Autrement est de la legitimation par mariage subsequent, car elle vaut pour tous respects.

L'heritage vendu par decret sur criées est sujet à retrait lignager, ainsi dit Paris, art. 150 Nivernois de retrait lignager, art. 28. Sens, art. 45. Auxerre, art. 167. Melun, art. 138. Berry de retrait lignager, art. 25. Bourbonnois, art. 450. Auvergne, chap. 23. art. 27. Troyes, art. 147. Laon, art. 252. Reims, art. 190. Bourgogne, art. 110. Mais Troyes & Bourg. disent que l'an commence du jour de l'interposition du decret. Auxerre & Auvergne du jour de la délivrance & séel du decret. Berry ne donne que huitaine du jour de l'adjudication. Mais Orleans, article 400. dit que l'heritage vendu par decret n'est sujet à retrait. Et Tours article 180. ne donne retrait sur decret, sinon qu'auparavant y eut prix convenu. La raison desdites deux Coûtumes est, parce que le lignager a pû s'il a voulu encherir, & être adjudicataire, puisque l'heritage étoit exposé en vente, & ayant une fois negligé on ne le doit pas recevoir à la grace. L'heritage vendu sur un curateur aux biens vacans chet en retrait. Paris, article 151. & 153. Aussi heritage propre vendu par l'executeur du testament est sujet à retrait. Bourbonnois article 471. Sens, article 55. Auxerre, article 176. Troyes, article 160. Parce qu'esdits deux cas l'heritage est de l'heredité du défunt qui est censée dame & maîtresse des biens comme representant le défunt. *l. 1. §. 1. ff. si quis test. lib. &c.* Et sur la question qui me fut proposée, qu'un proprietaire avoit confisqué pour crime au profit du Roi, les biens n'ayans été apprehendez par le Procureur du Roi, est créé un curateur aux biens vacans, sur lequel les créanciers font crier les heritages, & sont adjugez par decret. J'ay répondu qu'en ce cas on a retrait: car celui qui est executé à mort ne laisse point d'heredité, & les heritages sont aquis au Seigneur haut-Justicier par titre non sujet à retrait: mais heritage vendu sur un curateur à la chose abandonnée n'est pas sujet à retrait. Paris, art. 151. & 153. Parce qu'elle est censée être hors du lignage, n'appartenant plus au proprietaire dés lors de l'abandonnement. *l. 1. ff. pro derelict.* Et l'alienation n'est pas faite à prix d'argent.

Si l'heritage propre & ancien est baillé à un étranger, sous charge de cens, rente, ou autre prestation. Aucunes Coûtumes ne donnent le retrait, sinon que la rente soit rachetable par le contrat de bail. Ainsi dit Paris, art. 137. & dit que le retrayant doit payer le prix. Poitou, art. 359. donne le retrait, quand la rente est rachetée. Sens, art. 43. Auxerre, article 164. Orleans, art. 388. & 390. Blois, art. 205. & 209. Touraine, art. 169. & 175. Troyes, art. 148. Reims, art. 209. Laon, art. 242. disent qu'il n'y a retrait, sinon que la rente soit rachetable, ou que la rente soit venduë, & aucunes disent, ores que la vente soit rachetable, qu'il n'y a retrait sinon lors du rachat. Aucunes admettent le lignager à retraire l'heritage, sous la charge de la rente. Comme Nivernois de retrait lignager, article 18. Bourgogne, art. 109. Paris, article 149. dit que le bail a quatre-vingts dix-neuf ans, ou à longues années est sujet à retrait. Aucunes Coûtumes qui ne donnent le retrait à bail à rente, octroyent le retrait si la rente est venduë ou rachetée. Poitou, article 359. Auxerre, article 164. Orleans, art. 388. Blois, art. 209. Tours, art. 166. Et s'il y a entrage de deniers en faisant le bail, il y a retrait. Tours, art. 167. Orleans, art. 389. Melun, art. 143. est vû en dire autant par argument. Sens, art. 64. Blois, art. 205. par argument. Mais Bourbonnois, art. 442. ne donne audit cas le retrait, sinon que l'heritage excede la valeur de la redevance: à quoi se rapporte par argument le 27. art. des fiefs de Nivernois. Melun, article 132. dit si l'heritage est vendu en retenant cens, ou autre prestation, il y échet retrait. Bretagne, art. 300. dit qu'il n'y a premesse ou retrait en pur bail à feage de noble fief, quand le bailleur retient l'obeïssance, car le parent ne feroit les servitudes comme l'étranger, & art. 301. dit qu'en tout autre contrat d'engaige ou censuel premesse a lieu: premesse c'est droit de proximité ou de lignage; car ladite Coûtume use de ce mot *presme* pour lignager, comme si presme étoit le François de *proximus.* Mais si rente ou autre charge est venduë sur heritage propre, le lignager pourra avoir la rente par retrait. Nivernois de retrait lignager article 18. Poitou, article 357. Sens article 40. *etiam* en rente constituée à prix d'argent, ores que l'hipotheque fût generale, ce qui n'a pas grande raison: car en telles rentes n'échet affection de lignage. Bourbonnois, article 423. Troyes, article 148. Blois article 193. Touraine, article 192. distingue, & dit que rente fonciere créée avant dix ans; aquitée sur soi, n'est sujette à retrait: si depuis dix ans est sujette à retrait. Mais Auxerre, article 161. Orleans, article 399. disent que rente constituée à prix d'argent, *etiam* assignée specialement, n'est sujette à retrait. Ce qui semble devoir être general: car la rente constituée ne peut être faite perpetuelle, parce qu'elle peut être rachetée *etiam* aprés cent ans, & n'y peut chéoir affection de lignage, parce que telles rentes sont en commerce vulgaire.

Droit de retrait lignager ne peut être cedé à un étranger de la ligne, mais bien à un lignager. Ainsi dit Nivernois du retrait lignager, art. 23. qui ajoûte que le cessionnaire n'a autre avantage, que si luy-même eût retrait. Poitou, article 351. Melun, article 164. Bourgogne, article 107. Touraine, article 181 dit simplement que le retrait ne peut être cedé. Auxerre, article 169. dit que si l'acheteur revend dedans l'an à un du lignage, sans fraude, & avant l'ajournement qu'il n'y échet retrait.

Si aucun a acheté un heritage propre de son lignager, & aprés il le revend à un étranger, il y a retrait lignager, & audit retrait sera reçû le premier vendeur, car il n'a mis l'heritage hors de la ligne. Paris, art. 133. Sens article 51. Auxerre, article 172. Orleans, article 369. Bourbonnois, art. 434. Ainsi faut dire que l'heritage qu'aucun a retrait par droit de lignage, est sujet à retrait, si le retrayant le vend à un étranger. Nivernois du retrait lignager, article 24. Sens, art. 50. & 51. Melun article 135. Troyes, art. 158. Laon, art. 247. qui ajoûte ces mots, *combien qu'il soit conquêt.* Reims, art. 215. Bourgogne, art. 108. Touraine, article 171.

Les heritiers du vendeur qui se trouvent dedans l'an du retrait aprés le decés, & les enfans du vendeur durant la vie de leur pere, peuvent retraire l'heritage vendu qui est de leur ligne: car ils n'y viennent comme heritiers, ains par le seul droit de lignage, & les deux qualitez n'ont rien de commun l'une à l'autre. *l. filii ff. de jure patro. l. si maritus ff. famil. ercisc.* Paris, art. 142. Melun, art. 144 Orleans: art. 402. Bourbonnois, art. 485. Auvergne, chap. 23. art. 22. dit qu'ascendans & décendans sont reçûs au retrait lignager. Laon art. 253. & 254. dit que l'enfant peut retraire, ores qu'il ne soit émancipé, & que le retrait peut être fait au nom de l'enfant qui est au ventre de la mere, combien qu'il ne fût conçû lors de la vente, pourvû qu'il soit conçû dedans le temps octroyé pour le retrait. Reims art. 193. & 194. comme Laon. *l. qui in utero ff. de statu hominum.*

L'heritage qu'aucun a eu par échange d'autre heritage, sortit même nature pour le retrait, comme avoit l'heritage qu'il a baillé, Paris, art. 143. Sens, art. 38. Berry de retrait lignager, art. 14. Melun, art. 141. Troyes art. 154. & de même si par partage d'heritages est advenu heritage d'autre ligne : c'est une subrogation introduite par la Coûtume qui a son effet ample : Et en est la Coûtume generale en France. Orleans, art. 385. comme Paris, & ajoûte s'il y a tourne de deniers que c'est conquêt, jusques à concurrence des deniers ; & néanmoins que l'heritier des propres peut avoir le tout en remboursant, à ce qu'il ne soit contraint d'entrer en communion outre son gré. *l. si non sortem §. si centum. ff. de condictione indeb.*

Si plusieurs heritages de divers lignages sont vendus par une seule vente, & un seul prix, les Coûtumes en ordonnent diversement. Les unes disent que chacun lignager doit retraire ce qui est de sa ligne & estoc, & doit retraire aussi tout ce qui en est. Ainsi dit Nivernois du retrait lignager, art. 27. Bourbon. art. 447. & 448. & ajoûte si les heritages sont de divers estocs, que l'aquereur a le choix de laisser tout à un, ou à chacun lignager le sien. Touraine, art. 178. Melun, art. 140. comme Bourbonnois, Laon, art. 239. & Reims, art. 206. dit que le retrayant n'est tenu de prendre sinon ce qui est de son propre. Les autres Coûtumes disent que le lignager est tenu de retraire tous les heritages & immeubles vendus, soient de son estoc, ou autres, ou conquêts, Poitou, art. 348. Orleans, art. 395. Auvergne, chap. 23. article 29. dit que si l'acheteur veut tout délaisser, le lignager sera tenu de prendre tout. C'est la raison que le droit a considéré, en faisant le tout individu à cause de l'interêt de l'acheteur qui n'eût pas voulu acheter une partie. *l. tutor. §. curator. ff. de minor.* Orleans ajoûte une belle limitation, article 396. que s'il y a du propre & du conquêt, & la moindre partie soit du propre, le lignager ne pourra user de retrait à cause de la prévalence du conquêt, non sujet à retrait, la moindre partie doit sortir la même nature. *l. in rem. §. in omnibus ff. de rei vend.* Laon audit article 239. met une belle limitation, à ce qui est dit que le lignager n'est tenu de prendre sinon ce qui est de son naissant & propre. Si ce n'étoit que l'acheteur eût notable interêt & incommodité à retenir une partie, & laisser l'autre, laquelle limitation me semble devoir être tenuë pour generale, à cause de sa raison : *tum*, parce que de la part du lignager sembleroit être animosité, à laquelle ne faut prêter aucune faveur. *l. in fundo. ff. de rei vend. Tum* parce que la grande incommodité doit faire juger la chose impossible de diviser. *l. plerumque. ff. de Ædil. Edicto.* Bretagne, article 296. met une limitation fort avantageuse pour le lignager, disant que le proesme & lignager n'est tenu de retraire, sinon ce que commodément il peut ce qui semble sans raison. La plûpart desdites Coûtumes parlent par même moyen de la retenuë des Seigneurs, les unes disent que le Seigneur direct n'est reçû, & n'est tenu aussi à retenir, sinon ce qui est mouvant de lui. Ainsi dit Poitou, art. 348. Touraine, art. 178. Mais Auvergne, chap. 21. art. 9. & 10. & chap. 22. art. 23. & 24. dit que si l'acheteur offre la totalité des choses venduës, le Seigneur est tenu de prendre tout.

Celui sur lequel est fait le retrait n'est tenu d'éviction envers le retrayant. Nivernois, du retrait lignager, art. 29. Vitry, art. 130. qui ajoûte, sinon de ses faits & obligations.

L'usufruit de propre heritage vendu à étranger n'échet en retrait, parce que la proprieté demeure au lignage. Paris, art. 147. Bourbonnois, art. 463. Reims, art. 226. Melun, art. 133. qui met l'exception, sinon aprés que la proprieté fut venduë au même acheteur, car en ce cas tout sera sujet à retrait. Et Touraine, art. 188. dit qu'en vendition de fruits d'heritages pendans, ou de pension d'heritage, ou de doüaire, n'y a retrait. Bretagne, article 303. dit qu'il n'y a premesse au retrait, quand l'heritage est baillé à joüir pour certain temps en payement de dette.

Si en la vente y a donation de plus de valuë, l'heritage est sujet à retrait, en rendant le prix de la vente seulement. Bourbonnois, art. 451. Auvergne, chapitre 23. art. 35. & 36. que si la plus-valuë excede, il n'y a retrait, si elle est moindre, retrait a lieu, & sera payée l'estimation de la plus-valuë.

Si par même contrat, & pour un seul prix y a vente de meubles & d'immeubles, le choix de l'aquereur est de délaisser tout, ou de délaisser seulement l'immeuble. Ainsi dit Bourbonnois, art. 472.

L'échange n'est sujet à retrait. Senlis, art. 224. Blois, article 204. Sinon qu'il y ait fraude qui fasse présumer que ce soit vendition. Ou s'il y a retour de deniers, plus grand que l'heritage baillé avec lesdits deniers : les Coûtumes mettent certains cas de présomption de fraude, qui rend l'échange sujet à retrait. Si dedans l'an l'un des compermutans rachete l'heritage qu'il a baillé, ou si dedans l'an il en est trouvé possesseur. Auxerre, art. 159. Orleans, art. 387. Bourbonnois, art. 454. & 459. Touraine, art. 176. Audit cas qu'il y a soulte de deniers, si la soulte excede la valeur de la moitié de l'heritage, aucunes Coûtumes disent que le tout de l'heritage est sujet à retrait, & sera payée en deniers l'estimation de l'heritage baillé en contr'échange. Ainsi Berry de retrait, art. 15. & 16. Poitou, art. 355 Orleans, art. 384. Les autres disent qu'il y a retrait pour portion de la soulte, *etiam* que la soulte soit plus grande que l'heritage. Paris, article 145. Melun, article 142. Bourbonnois article 453. Touraine, article 177. Les autres disent simplement qu'il y a retrait *pro rata* de la soulte, Sens, article 38. Auxerre, article 159. Ces Coûtumes ont peu de raison, qui font l'heritage sujet à retrait pour partie. Car le retrait n'étant que volontaire, & pour bien-seance dépendant d'affection, il semble n'être pas raisonnable de contraindre une personne d'avoir part seulement à l'heritage, & y avoir compagnon. Autres disent ores qu'il y ait soulte en deniers grande ou petite qu'il n'y a retrait. Auvergne, chapitre 23. article 31. Si en fraude du lignager on a mis au contrat plus haut prix que n'est le vrai prix convenu, aucunes Coûtumes disent que si aprés la confirmation par serment le retrayant prouve le contraire de l'affirmation, l'acheteur confisque ses deniers au Seigneur Justicier, & l'heritage sera adjugé au retrayant sans payer cousts. Ainsi disent Sens, article 58. Auxerre, art. 179. Melun, art. 158. Tours, article 172. dit que ce qui abonde outre le vrai prix sera payé au double au lignager avec l'amende à Justice, art. 173. & 174. Celui qui nie avoir aquis, ou qui nie avoir baillé deniers ou meubles, & succombe perd la chose au profit du lignager. Ce sont Coûtumes pœnales, qu'il ne faut étendre hors la Province.

Si l'aquereur se trouve absent de la Châtelenie où l'heritage est assis, & il n'ait domicile, il peut être ajourné à la personne de l'entremetteur de ses affaires ou à cry public, ou à issuë de la Messe Paroissiale. Et par deux défauts aprés demande verifiée, le retrait est adjugé en consignant les deniers. Sens, art. 53 Nivernois du retrait lignager, art. 6. & 7. & parle de celui qui s'absente aprés l'ajournement. Auxerre, art. 174. Bourbonnois, art. 429. Melun, art. 146. qui dit publication par trois Dimanches au Prône de la Messe parochiale. Troyes, art. 159. Laon, art. 256. Reims art. 219. pour interrompre la prescription d'an & jour. Autres Coûtumes donnent le reméde de saisir l'heritage sous la main de Justice, pour interrompre la prescription, faire offre & consigner : comme Berry du retrait lignager, art. 6. & 8. Touraine, article 194. Poitou, art. 329. dit faire offre sur les lieux vendus en presence de Sergens & témoins.

Si l'aquereur a terme de payer, le retrayant aura même terme en baillant bonne seureté à l'acheteur. Sens, art. 54. Auxerre, art. 175. dit pour la seureté, bailler caution au vendeur, ou bien gage à l'acheteur ou vendeur. Berry du retrait lignager, art. 19. comme Auxerre. Bourbonnois, art. 470. & dit seureté, argent, ou gage. Melun, art. 156. & ajoûte que le vendeur ne quittera son debteur, si bon ne lui semble. Touraine, article 155. dit bailler caution & l'heritage specialement hipothequé. Vitry, article 126. dit simplement, que le retrayant a sembable terme. Troyes, article 161. dit que le retrayant doit payer comptant, Reims, art. 225. dit de même que le retrayant doit payer comptant, sinon que le vendeur veüille décharger l'acheteur. De vrai ils doivent être contentez tous deux, & l'aquereur qui desire être déchargé; car il est obligé, & le vendeur qui a suivi la foi de l'aquereur, & peut alleguer difficulté au change.

Donations remuneratoires de services, ou pour recompense, faites sans fraude, ne sont sujettes à retrait. Bourbonnois, article 443. Autres Coûtumes disent qu'il y échet retrait lignager. Troyes, article 165. donation pour recompense, ou pour payement de deniers. Reims, article 210. parle en general qu'en dons gratuits & remuneratoires, ou pour cause en transaction, & autres contrats où n'y a bourse déliée, & qui n'équipollent à vendition n'échet retrait lignager.

Pourroit être distingué si ce sont services vulgaires qui communément se recompensent ou dont la recompense est facilement estimable en deniers : qu'il y échée retrait. (Si ce sont services graves & importans, qui facilement & communément ne peuvent être estimez comme si un Gentil'homme par sa valeur & dexterité a délivré un Prince de mort ou de prison un jour de bataille, telle donation ne soit sujette à retrait.

En vente de coupe de bois de haute-fustaye ou taillis n'y échet retrait, Sens, article 66. Parce quand l'acheteur execute son droit, ce qu'il a acheté se trouve meuble, à sçavoir bois coupé non sujet à retrait.

Si aucun n'étant de lignage aquiert un heritage, & il ait enfans lignagers, le retrait n'a lieu, sinon en cas qu'il revendît l'heritage. Paris, art. 156. Orleans, art. 403.

Echange d'heritage à meubles, ou s'il est baillé en recompense & payement de deniers, est sujet à retrait, Sens, article 49. & 59. Auxerre, article 171. & 180. Bourbonnois, art. 452. & dit en payant l'estimation des meubles. Auvergne, chap. 23. art. 30. & dit que tel contrat est reputé vente, Melun, art. 136. Troyes, article 153.

Heritage donné par pere ou mere à son enfant en mariage, ores que ce soit conquêt au donateur, est propre audit enfant & sujet à retrait, si ledit enfant l'aliene. Sens, art. 41. Auxerre, art. 192. & ajoûte qu'il échet en retrait au pere & mere, & à leurs successeurs. Bourbonnois, article 468. Melun, article 131 Troyes, article 153. comme Auxerre, Reims article 224. & ajoûte, ausquels lesdits pere & mere pourroient succeder. La raison est, parce que telle donation est reputée de tel effet, comme si l'heritage étoit venu par succession, & comme donné en avancement d'icelle.

Le mari peut requerir le retrait lignager au profit de sa femme, sans qu'il ait mandement special d'elle. Poitou, art. 331. Bourbonnois, article 465. Reims, article 223. & ajoûte ces mots, *en qualité de mary.* Mais aprés le mariage dissolu lors qu'il faudra rembourser, je croy que si la femme ou son heritier trouve incommodité, il ne sera tenu d'accepter ; car le retrait est hors le pouvoir d'un maître de communauté.

Entre gens de condition servile ni en bordelage n'échet retrait lignager. Nivernois de retrait lignager, article 20. Berry du retrait lignager, article 21. dit que terres chargées de terrage ne sont sujettes à retrait. Bourbonnois, article 461. dit que le franc ne peut retraire ce que son lignager serf a vendu : mais le serf peut retraire ce que le franc a vendu.

Si le retrayant decede delaissant un heritier des conquêts, & autre heritier des propres, l'heritier des propres aura l'heritage en remboursant l'heritier des conquêts du prix de l'achat dans l'an du decés. Paris, article 139. Orleans article 383. La raison est, que de vrai c'est conquêt, parce qu'il est aquis moyenant deniers, & partant en ce que les deniers ont pû faire, il vient à l'heritier des conquêts. Et en ce que le lignage a fait, il est propre sujet à la ligne.

DES TESTAMENS.

PResque toutes les Coûtumes ont limité le pouvoir de tester, en ne permettant pas de disposer de tous biens par le testateur, qui est en faveur des heritiers : afin que l'heredité ne soit sans profit, qui est *ad instar* de la Falcidie : Vrai est qu'aucunes Coûtumes limitent, & restraignent la puissance de tester à toutes sortes de biens, comme

Bourbonnois

Bourbonnois & Auvergne. Les autres limitent seulement pour l'heritage propre, laissant en pleine liberté au testateur les meubles & conquêts : Et ces Coûtumes ont fait en faveur du lignage, les autres purement en faveur de l'heritier. Et en tout cas cela a correspondance à la Falcidie. La plûpart desdites Coûtumes permettent de disposer de tous meubles & conquêts, & de la cinquiéme partie de l'heritage ancien ou propre. Comme Paris, article 292. qui ajoûte ces mots, *etiam*, pour cause pitoyable. Nivernois des Testamens, article 1. Sens, art. 68. ajoûtant, si le testateur n'a que des meubles, il ne peut disposer que du quart. Auxerre, article 225. Orleans, article 292. Tours, article 324. Melun, article 246. Senlis, article 217. & 218. qui excepte la legitime des enfans, qui doit être sauve, & doit être ainsi entendu par tout.

Les autres Coûtumes permettent de disposer de tous les meubles & conquêts, & du tiers ou de la moitié du naissant ou propre. Troyes article 95. qui dit *etiam* au préjudice des enfans, à la charge que les deux tiers du naissant viennent aux enfans ou autres heritiers francs de dettes & legs, si tant est que les autres biens y puissent fournir, sinon les deux tiers seront chargez de dettes & legs par portion. Vitry, article 100. qui dit que les deux tiers du naissant doivent venir franchement aux enfans ou heritiers ; & dit que le testateur peut laisser le tiers en une ou plusieurs pieces. Laon, art. 60. permet de disposer de tous meubles & conquêts, & de la moitié du naissant roturier, & tiers du naissant en fief. Reims, article 292. permet de tous les meubles & conquêts, & de la moitié du naissant. Laon, article 67. met une exception quant aux meubles, qui par raison doit être generale, à sçavoir si c'étoit meuble precieux, qui de long-temps fût de la maison, & fût legué par l'un des mariez, le survivant pourroit le retenir en payant l'estimation. On a estimé ces joyaux precieux tenir lieu d'heritage, & és Eglises, la vente en est défenduë, comme des immeubles *in can. Apostolicos* 12. *quæsti.* 2. où se trouve faute au texte en ce mot *ciminilia*, qui dût être *cimelia* du mot Grec Κειμιλια.

Autres Coûtumes permettent seulement de disposer du quart de toutes sortes de biens, ledit quart chargé de legs & funerailles, & s'entend le quart des biens qui restent aprés dettes payées. Bourbonnois, article 291. Auvergne, ch. 12. art. 16. 41. & 42. & dit le quart chargé du quart des dettes. Berry des testamens, art. 1. & 5. celui qui n'a enfans peut disposer de tous ses biens, *etiam*, par institution d'heritier, & tel heritier est saisi. S'il a enfans, ne peut disposer que de la moitié envers étranger. Poitou, article 203. permet de donner le tiers des immeubles échûs par succession. Blois, art. 173. pour le quart des biens patrimoniaux en censive, & le quint en fief. En toutes les Coûtumes susdites est à entendre, que quand le legs est d'université ou de quote portion d'icelle université, comme de tous meubles ou moitié de meubles, troisiéme ou cinquiéme d'heritage propre, le legataire est sujet aux dettes du défunt *pro rata* des biens qu'il prend. C'est à dire qu'il ne prend sinon la portion de ce qui reste aprés que les dettes ont été prises & écumées sur toutes sortes de biens. Car en ces pays coûtumiers, au contraire du droit Romain, nous faisons plusieurs patrimoines & hereditez d'une seule personne, l'heredité des meubles, l'heredité des conquêts, l'heredité des propres paternels, l'heredité des propres maternels : celui qui est legataire de tout un patrimoine, ou de quote portion, doit sa part des dettes, selon & à raison de l'émolument qu'il prend, comme s'il étoit heritier en cette portion : *verbi gratia*, si les meubles du testateur valent mille écus, les conquêtes cinq cens écus, & les propres quinze cens écus : & lors de son decés il devoit mille écus, c'est le tiers de son bien. On prendra & écumera sur les meubles mille francs, sur les conquêts cinq cens francs, & sur les propres quinze cens francs. Cela étant retiré, le legataire des meubles se trouvera avoir deux mille francs. Le legataire du quint des propres aura six cens livres, qui est le quint de trois mille francs ou mille écus.

L'âge pour tester est défini par aucunes Coûtumes, par les autres non : Aucuns ont estimé és lieux où l'âge n'est défini, qu'il se faut regler par le droit Romain, qui permet de tester la puberté advenuë, qui est de quatorze ans aux mâles, & de douze ans aux filles. Mais selon mon avis, cét âge est trop tendre, & avec trop peu de sens & experience pour tester : aussi qu'en tel âge les inductions & suggestions sont plus faciles, & est presque necessaire qu'un testament soit fait avec meure & certaine déliberation. Pourquoi és lieux où l'âge n'est défini, je desirerois que pour le moins ce fût en pleine puberté, qui est selon le droit Romain à dix-huit ans. *l. Mela ff. de alim. leg.*

Aucunes Coûtumes ont défini l'âge de tester à vingt ans pour les meubles & conquêts, & pour les propres à vingt-cinq ans. Ainsi dit Paris, article 293. & 294. Orleans, art. 293. Melun, art. 246. Laon, art. 59. Reims, art. 290. Toutefois si le testateur n'avoit aucuns meubles & conquêts, il pourroit disposer du quint des propres à vingt ans, dit Paris, art. 293. & Orleans, art. 294. Mais Melun, article 246. desire qu'en ce cas le legs soit pour cause pitoyable, ou autre juste.

Autres Coûtumes mettent l'âge de disposer aux mâles de vingt ans, aux femelles de dix-huit ans, comme Sens, art. 68. Auxerre, art. 225. Touraine, art. 328. Mais Laon, art. 56. & Reims, article 290. mettent exception quant à l'âge, si les testateurs étoient mariez, ils pourroient disposer comme à vingt ans. Berry des Testamens, article 1. met l'âge de tester à dix-huit ans, qui est la pleine puberté. Poitou, article 276. met l'âge pour tester des immeubles à vingt ans le mâle, dix-huit ans la fille : Et quant aux meubles dix-sept & quinze ans. Je n'ay pû comprendre pourquoy ils ont requis vingt-cinq ans pour tester des immeubles ainsi qu'ils sont requis à l'alienation par contrats entre-vifs : car le mineur n'a jamais interêt à cette disposition testamentaire de propres, parce qu'elle n'a effet qu'aprés sa mort. Ce qui fait cesser la cause de la prohibition d'alienation entre-vifs. Et puisque les Coûtumes ont bridé la volonté de tous testateurs, de ne pouvoir disposer que du quint ou tiers des propres. Semble que ce quint ou tiers dût être en la puissance des mineurs qui sont en âge de tester d'autres biens. Aussi les Romains sans aucune distinction ont permis aux puberes de tester, tant & si avant que les majeurs peuvent tester. Paris, art. 295. met un reméde bien expedient, quand le testateur a legué plus qu'il ne peut, & plus qu'il ne lui est permis par la Coûtume. Que l'heritier peut quitter aux legataires tous les meubles, aquêts & conquêts, immeubles, & cinquiémes. Aprés que sur toute la masse des biens, les dettes auront été prises & payées. Ainsi Orleans, article 295. qui est la vraye pratique de la Falcidie, *ut in §. cum autem ratio. institut. de lege Falcid.*

Les executeurs de testamens nommez par les testateurs sont saisis des biens meubles délaissez jusques à la concurrence de l'execution testamentaire, aprés inventaire par eux fait, qui doit être fait l'heritier present ou appellé. Ainsi Paris, article 297. Nivernois, des testamens, article 2. & 4. Berry des testamens, article 22. qui ajoûte pour les legs pitoyables, frais funeraux, salaires des serviteurs déclarez par le testament, payer les dettes du défunt connuës par lui. Orleans, article 290. & 291. dit qu'ils doivent délivrer les legs, les heritiers presens ou appellez. Bourbonnois, art. 29. Melun, art. 251. & dit que s'il n'y a heritier apparent, que l'inventaire se doit faire avec le Procureur de la Seigneurie. Sens, art. 75. comme Melun & Auxerre, art. 232. Troyes, art. 98. Vitry, art. 105 & 106. Laon, art. 61. Reims, art. 297. Blois, art. 177. Cét expedient d'ordonner des executeurs est, parce que bien souvent les heritiers se trouvans seuls sans contrôlle, n'ont cure d'accomplir les volontez de leurs prédecesseurs, & n'y auroit aucune contrainte; car elle seroit de l'heritier contre soi-même. A cette cause les Romains y appliquoient l'autorité des Pontifes, pour contraindre les heritiers. *l. hareditas. §. 1. ff. de petit. hared.* Les executeurs suppléent ce devoir, & à cét effet la Coûtume les fait saisis des biens du défunt. S'il n'y a assez de meubles pour executer le testament, les executeurs sont saisis des conquêts, & s'ils ne suffisent aprés qu'ils auront dénoncé aux heritiers, peuvent par autorité de Justice vendre à rachat ou simplement les heritages propres du défunt. Nivernois dés testamens, article 4. Troyes, art. 100. Vitry, art. 107. Blois, article 177. Mais Poitou, art. 271. dit indistinctement des immeubles. Sens, article 74. dit que l'executeur ne peut délivrer les immeubles leguez sans appeller l'heritier. Auxerre, article 131 en dit autant. Il est bien à propos d'en dire autant de tous legs d'importance : car il se pourra faire que l'heritier dira contre le testament ou contre le legataire, raison pertinente pour empêcher la délivrance du legs. Reims, art. 299. dit que l'executeur peut prendre par ses mains les deniers ou meubles à lui leguez : mais doit prendre l'immeuble legué par les mains de l'heritier ou de Justice. Peut l'executeur dedans l'an payer les dettes du defunt, bien connus aprés avoir sommé les heritiers. Nivernois des testamens, art. 7. & 9. Sens, art. 77. Auxerre, art. 234. Berry des testamens, art. 22. Melun, art. 254. Troyes, art. 115. qui dit, qu'il peut & doit payer des dettes. Combien que l'heritier fasse offre d'executer le testament & bailler caution pour ce faire, néanmoins l'executeur sera saisi & executera. Ainsi disent Poitou, art. 271. Sens, art. 76. qui excepte si l'heritier bailloit argent, ou meubles exploitables suffisans pour l'execution. Auxerre, art. 233. Berry des testamens, art. 23. qui dit seulement en baillant deniers comptans, Bourbonnois, art. 295. Laon, art. 61. Reims, art. 297. Melun, art. 252. Vitry, art. 106. & Troïes, art. 99. desirent deniers comptans. Le plus seur est deniers comptans car bailler caution, c'est occasion de double procez, & la délivrance des legs en est retardée : & quelquefois le legataire frustré qui aime mieux quiter que de plaider. Cét inconvenient qui resulte de se contenter de caution est remarqué *in l. suspectus. cum lege seq. ff. de susp. tut.* Et Melun, art. 253. dit qu'à faute de bailler deniers comptans, l'executeur pourra faire vendre les meubles en public.

Les executeurs peuvent dedans l'an & jour recevoir sans l'heritier, les dettes actives du défunt, dont les obligations lui auront été baillées par inventaire. Nivernois de testam. art. 8. Auxerre, art. 235. Bourbonn. art. 298. Melun, art. 255. Le pouvoir desdits executeurs dure un an & jour, & aprés ledit temps passé, doivent rendre compte. Nivernois des testamens, art. 9. Sens, art. 79. Auxerre, art. 236. Berry des testamens, art. 24. Troyes, article 116. & en attribuë la contrainte aux officiers du Roi ou du Diocesain. C'est un ancien erreur, qui autrefois a commencé de prendre racine en France, au temps du grand regne des Ecclesiastiques, qui par divers pretextes mettoient la main par tout, & croy que ladite loi *hareditas* y a donné occasion, qui parle de l'autorité Pontificale : Mais ladite loy est faite par auteurs Gentils, non Chrétiens : & n'y a aucune correspondance pour en tirer argument par nous. Cette entreprise & erreur a été effacée en plusieurs Provinces. Mais elle est en vigueur és païs d'obeïssance, qu'ils appellent, qui sont celles qui sans aucun examen de Justice & raison, ont tenu indistinctement tout ce que les Papes ont ordonné. Jaçoit que depuis quatre cens ans ils se soient fait croire qu'ils avoient toute puissance au spirituel & au temporel. Bourbonnois, art. 296. ajoûte que l'executeur est crû par serment des frais d'exeques, Messes & aumônes. Nivernois audit chapitre des testamens, art. 3. dit si les executeurs ne veulent accepter la charge, le Juge en peut subroger, si ce n'est que les heritiers s'en veulent charger & bailler caution pour accomplir.

Legataires ne sont saisis, & ne peuvent prendre par leurs mains ce qui leur est legué : ains doivent prendre par les mains des executeurs ou des heritiers, & à leur refus par la main de Justice. Ainsi disent Nivernois des testamens, art. 5. qui ajoûte ces mots *si le testateur n'en avoit autrement disposé.* Sens, art. 73. Auxerre, art. 231. Orleans, art. 291 & 298. Bourbonnois, article 293. & ajoûte qu'aprés délivrance verbalement faite il sont saisis,

Melun, article 250. qui dit que l'immeuble toûjours ſe doit délivrer par l'heritier. Troyes, article 114. comme Melun, Laon, article 63. qui dit, délivrer meubles ſans l'heritier: immeubles par l'heritier. Idem. Reims, art. 396. Ceci a quelque correſpondance avec le droit Romain qui défend aux legataires de prendre les legs de leur autorité & la raiſon, afin que l'heritier puiſſe par ſes mains prendre la Falcidie ſans être ſujet d'aller rechercher les legataires pour lui remplir ſa Falcidie, & à cét effet eſt l'interdit, *quod legatorum. l. unica. In fine, in verb. retentione. C. quod legatorum.* Et là dit la Gloſſe, que quand l'heritier n'y a point d'interêt à cauſe de la Falcidie, que ledit interdit n'eſt reçû.

Aucun ne peut être heritier ni legataire d'une même perſonne. Paris, art. 300. & ajoûte art. 301. qu'aucun peut être donataire entre-vifs & heritier en ligne collaterale. Orleans, art. 288. & dit legataire ou donataire pour cauſe de mort, & comme Paris, Nivern. art. 11. ce qui ſemble nouveau & étrange en ladite Coûtume, qui permet en l'art. 11. des donat. de donner en preciput aux enfans de faire partage par diſpoſition pour cauſe de mort entre heritiers. Auxerre, art. 245. & 229. Melun, article 249. Senlis, article 160. Troyes, art. 112. Blois, article 158. Mais Sens, article 72. dit que le legataire peut accepter le legs en repudiant l'heredité, pourvû que le legs n'excede ſa portion contingente hereditaire. A quoy ſe rapporte ce qui eſt dit par aucunes Coûtumes, que l'on ne peut par teſtament avantager l'un de ſes heritiers venans à ſucceſſion plus que l'autre. Sens, article 73. Auxerre, art. 230. Troyes, art. 113. Touraine, art. 302. entre roturiers: ſinon pour ſervices bien prouvez, & juſques à valeur d'iceux. Auvergne, chap. 12. art. 46. dit que s'il eſt prelegué à l'un des heritiers. Il pourra prendre ſon legs ſur le quart, comme feroit un autre legataire. Reims, art. 302. permet être heritier & legataire, & art. 303. dit que l'heritier & legataire ne paye pas de dettes davantage, parce qu'il prend plus, ſi ce n'eſt les charges foncieres anciennes ſur l'heritage prelegué: qui eſt ſuivant le doit Romain. *in l. 1. C. ſi certum petatur.* J'ay quelquefois eſtimé que cét Article n'étoit à propos en nôtre Coûtume de Nivernois, qui permet au chap. de ſucceſſions, art. 17. aux aſcendans & à tous autres, de partager & faire aſſignation de leurs biens entre leurs futurs heritiers: qui ſemble emporter permiſſion de faire une portion hereditaire plus groſſe que l'autre: ce qui emporte l'effet d'un prelegs. La même Coûtume au chap. des donations, article 7. permet aux Peres & meres d'avantager aucuns de leurs enfans ſauve la legitime. La même Coûtume au ch. des donat. art. 11. permet de donner aux enfans par preciput. Si entre les enfans eſt permis d'avantager, à plus forte raiſon pourra être permis à l'égard des collateraux. Pourquoy j'eſtime qu'il faut prendre cét Article és termes du droit Romain: qui eſt en la ſubtilité, que pour la portion qu'aucun eſt heritier, il n'eſt pas legataire, ains pour la portion de ſes coheritiers: car il ne peut prendre legs ſur ſoy-même *l. legatum eſt delibatio. §. 1. ff. de lega. 1.* Ou bien prendre l'article en cette ſorte, que ſi le teſtateur a legué à ſon heritier, que le legataire ſoit tenu de prendre ce legs en qualité d'heritier, & comme faiſant partie de ſa portion hereditaire, en augmentation d'icelle. *ut in l. Titia §. Lucius ff. de legat. 2.* en ſorte que combien que par apparence il ſoit legataire en effet il ne ſoit qu'heritier en prenant comme heritier ce qui lui a été délaiſſé en forme de legs.

Inſtitution ni ſubſtitution d'heritier par teſtament ni autrement n'ont point de lieu, & nonobſtant icelles, l'heritier par la voye d'*inteſtat*, ſuccede & eſt ſaiſi. Nivernois des teſtamens, article 10. Paris, 299. interprete cette Coûtume, diſant que l'inſtitution n'eſt requiſe pour la validité d'un teſtament, & neanmoins que l'inſtitution peut valoir, comme legs, juſques à concurrence de ce qu'il eſt loiſible de diſpoſer par teſtament. Poitou, art. 272. Sens, art. 70. Auxerre, art. 227. Auvergne, chap. 12. art. 30. Orleans, art. 287. qui diſent comme Paris. Et de même Touraine, art. 258. Reims, art. 285. Les autres diſent ſimplement qu'inſtitution d'heritier n'a lieu. Senlis, art. 165. ajoûtant cette raiſon, parce que c'eſt païs coûtumier. Troyes, art. 96. Vitry, art. 101. qui ajoûte ces mots, *au préjudice de l'heritier prochain habile.* Blois, art. 137. Selon le droit Romain, nul teſtament ne pouvoit valoir ſans inſtitution d'heritier, ni l'inſtitution d'heritier être faite autrement que par teſtament *l. 1. in fine ff. de vulgari.* En païs coûtumier il n'y a point d'heritiers teſtamentaires tous le ſont par la voïe d'*inteſt.* entant qu'on veut prendre d'heritier proprement heritier. C'eſt pourquoy l'article eſt ainſi mis. Mais par benigne interpretation, on prend la diſpoſition directe pour oblique, que l'heritier inſtitué ſoit tenu comme legataire, *ut in l. pater. §. ult. ff. de legat. 3. l. Scævola ff. ad Trebell.* Bourbonnois, art. 324. dit que ſubſtitution d'heritier n'a lieu par aucune diſpoſition de derniere volonté, & ne vaut *etiam*, pour legs teſtamentaire. Autant en dit Auvergne, chap. 12. art. 53. Mais Berry des teſtamens, art. 1. & 5. permet d'inſtituër heritier par teſtament. Bourgog. art. 61. & 62. dit que le teſtateur peut inſtituër l'heritier és deux tiers de ſes biens, & doit laiſſer à ſes heritiers de ſang, la legitime qui eſt un tiers. La forme des teſtamens pour faire preuve entiere, a été ordonnée diverſement par les Coûtumes, mais preſque toutes concourent ſur la forme qui a été preſcrite par la Coût. de Paris, art. 289. que le teſtament ſoit écrit tout du long, & ſigné de la main du teſtateur: Ou paſſé pardevant deux Notaires, ou pardevant un Notaire & deux témoins: Ou pardevant le Curé ou Vicaire principal de la Paroiſſe, avec trois témoins. Et que leſdits témoins ſoient mâles, idoines, âgez de vingt-ans, non legataires. Et que le teſtament ait été dicté par le teſtateur, & depuis à lui relû dont ſoit fait mention par l'écrit. Auxerre, art. 226. *idem*, mais ſe contente de deux témoins avec le Curé. Sens, art. 69. & ne reçoit le Curé, ſinon quand il n'y a Notaire, reſident au lieu actuellement. Poitou, art. 268. comme Paris & Sens, & ajoûte ſans ſuggeſtion, excepté és cauſes pitoyables, eſquelles ſuffit du Curé, avec deux témoins. Nivernois des teſtamens, art. 13. & ne parle de dicter ni de relire, & dit du Curé ou Vicaire, avec deux témoins, en cas de necessité : Et met un autre cas ou signé du testateur, en presence de deux témoins. Blois, art. 175. Troyes article 97. de même que Paris, & dit Curé & un Notaire ou Curé & deux témoins. Ou quatre témoims, Orleans, article 389. comme Paris, Bourbonnois, article 289. comme Paris & Nivernois, & met trois témoins, quand il est seulement signé du testateur, & comme Troyes. Et pour legs pitoyables le droit Canon. Touraine, art. 322. comme Paris & Poitou, & que les témoins soient connus & residens, au lieu non ayans interêt. Melun, article 244. comme Bourbonnois, Senlis, article 173. comme Orleans & Bourbonnois. Vitry, article 102 comme Troyes, Laon, art. 58. & Reims, art. 289. comme Bourbonnois, & Laon ajoûte, ou pardevant le Juge ou Greffier avec deux témoins. Auvergne, chapitre 12. article 48. ne requiert autre solemnité que d'un Notaire & deux témoins, ou quatre témoins, Berry des testamens article 8. 9. & 10. quand le testament contient institution d'heritier ou disposition de la moitié des biens requiert avec le Notaire trois témoins, non infamez âgez de 20. ans, & aprés la lecture que le testateur soit interrogé s'il veut ainsi. Et article 16. pour la forme commune deux Notaires, ou un Notaire & deux témoins, ou le Curé ou deux témoins. Bretagne anc. Coût. art. 570. distingue si le testament est fait en santé, suffit qu'il soit écrit & signé du testateur. Si en maladie ou que le testateur ne sçache écrire : Le Curé & un Notaire ou deux Notaires, ou un Notaire & deux témoins. Toutes ces ceremonies ont été introduites pour éviter les faussetez, Et ainsi est abolie la solemnité du droit Romain, qui requiert sept témoins.

Legs & donations faites au Notaire ou aux témoins du testament sont nulles. Nivernois des testamens, art. 13. Berry des testamens, art. 17. & ajoûte des enfans ou femmes des Notaires, Bourbonnois, art. 292. Auvergne, chap. 12. art. 49. Bretagne, article 616. dit qu'à celui qui a écrit legats, pour lui ou ses adherans, foy ne doit être ajoûtée. Mais Paris, Sens, Auxerre, Tours, Melun, Laon & Reims, disent simplement que les legataires ou autres ayant interêt, ne peuvent être témoins. Selon le droit Romain, si aucun étant appellé pour écrire un testament, écrivoit les legs à lui faits, ores que le testateur dictât ; étoit puni de faux, comme par la loi Cornelie *de Falsis. l. 3. Cod. his qui sibi adscribunt.*

Exheredation est permise és cas de droit Orleans, article 287. Berry des testamens, article 5. Touraine, 303. parle d'hexeredadation de toutes sortes d'heritiers. Et pendant le debat sur la verité des causes d'exheredation, l'heritier legitime est saisi. Berry audit titre des testamens, article 5.

DES SUCCESSIONS ET HEREDITEZ.

SElon la Coûtume generale de France. Le mort saisi le vif : qui est à dire que l'heritier par voye d'*intestat* est saisi de l'heredité du défunt, ores qu'il n'ait apprehendé de fait. Ainsi dit Paris, article 318. Nivernois des successions, article 1. Poitou, art. 279. & permet de former complainte. Sens art. 82. & 118. Auxerre, article 239. Berry des successions *ab intestat.* article 28. Orleans, art. 301. Bourbonnois, article 299. Auvergne, chap. 12. art. 1. Bretagne, art. 538. Touraine, art. 71. Vitry, art. 259. Melun, art. 166. Senlis, art. 142. Troyes, art. 90. Laon, art. 71. Reims, art. 307. Blois, art. 136. Bourg. art. 59. Selon le droit Romain si l'heritier étoit fils de famille en la puissance du pere qui étoit dit *suus hærés.* C'étoit assez qu'il s'entremît en la joüissance, sans autre ceremonie, & par cette entremise étoit fait heritier. Mais l'adition étoit requise à tous autres heritiers pour les faire heritiers, qui étoit une ceremonie introduite par le droit, par laquelle ils étoient faits heritiers pour la proprieté : mais la possession n'étoit acquise à l'heritier, sinon que de fait il l'eût apprehendée. *l. cum hæredes. ff. de adq. vel omitt. poss.*

Tant qu'il y a descendant du corps du défunt, ou autres descendans, la succession n'est deferée aux ascendans, ni aux collateraux. Nivernois des successions, article 3. Et cela est general.

Par aucunes Coûtumes les filles qui sont mariées par pere & mere : ou l'un d'eux, & dotées ne viennent à la succession desdits pere & mere qui ont doté, ou de l'un d'eux, tant qu'il y aura hoir mâle, ou hoir descendant de mâle, soit mâle ou femelle, si autrement n'est convenu. Ainsi dit Nivern. des droits apart. à gens mariez, art. 24. Bourb. art. 305. Bourgogne, art. 72. qui limite aux hoirs mâles décendus de mâle. Auvergne chap. 12. art. 25. Poitou, art. 221. entre roturiers, n'exclud la fille si elle ne renonce, selon Nivernois ladite fille peut demander supplément de legitime, selon les biens des pere & mere lors de leur decés. Ainsi dit Sens, art. 267. Mais Bourbonnois & Auverge l'exclüent dudit supplément & des successions collaterales dedans represantation. Toutes lesdites Coûtumes donnent pouvoir ausdits pere & mere, de leur reserver le droit de succeder en les mariant. Bourgogne, art. 72. Bourb. art. 311. Auvergne chap. 12. art. 30. défendent de les rappeller à hoirie : mais bien permettent de donner en particulier : mais Berry des successions *ab intestat.* art. 35. & Poitou audit art. 221. permettent de rappeller la fille qui a renoncé. Ez provinces où la Coûtume ne défend de rappeller : La question a été si les pere & mere peuvent rappeller, & y a grande raison de dire, quand en cette dotation & appanage, il n'y a eu que le seul fait des pere & mere, sans que les fils soient intervenus pour doter & stipuler la forclusion : Que lesdits pere & mere puissent revoquer leur volonté qui n'a été liée avec autre volonté. Selon la raison de la *l. si quis hac ff. de servis export.* Et comme il est traité *in l. quoties C. de donat. quæ sub modo.* Bourb. art. 307. & Auvergne, ch. 12. art. 31, disent que la renonciation & exclusion de la fille appanée profite aux seuls mâles ou leurs descendans. Aussi ils sont tenus de payer la dot de la fille, ou ce qui en reste à payer. Auvergne ajoûte que le mâle venant à succession doit conferer la dot, comme la fille feroit si elle venoit à succession. Auvergne, art. 37. met une belle limitation que la fille n'est excluse pour avoir été fiancée, si elle n'est mariée du vivant de sesdits pere & mere : & autant en disent en effet Bourbonnois & Nivernois, qui disent ces mots, *fille mariée & dotée*. A quoy y a grande raison : car les pere & mere, pour l'excellente amour & soin envers leurs enfans, avisent de plus prés pour bien colloquer leurs filles en mariage. Et avec ce soin une fille pourra être mieux mariée pour cinq cens écus de dot, que sans ce soin pour mil écus. Autres Coûtumes limitent cette exclusion de filles pour avoir lieu és mains nobles, pour la conservation de la dignité, & nom des familles. Poitou, article 220. dit que fille mariée par pere ou autre ascendant noble ne vient à succession de celui qui la dotée, *etiam*, par supplément de legitime. Bretagne, article 557. dit que la fille noble, qui a moins que ce qui lui appartient, ne se peut plaindre, pourvû qu'elle soit suffisamment apparagée, c'est à dire en maison noble, ou de pareille qualité & dignité, ou approchant, comme est la maison oú elle est née. Et à cét effet soit vûë l'annotation du sieur du Molin, sur le 29. conseil d'Alexandre, vol. 3. & sur le conseil 180. vol. 5. Touraine, article 284. dit que la fille noble qui a eu don de mariage, n'eût-elle eu qu'un chappel de roses, est excluse des successions & hereditez des ascendans qui l'ont dotée. Anjou, art. 241. & le Maine, article 258. mettent une notable limitation, pourvû qu'elle soit emparagée noblement. Du Moulin interprete qu'elle soit mariée en maison digne de celle dont elle est issuë. De vrai ce mot *emparager*, semble avoir quelque efficace pour montrer que ce doit être parti pareil. La fille qui est ainsi excluse, ores qu'elle ne prenne part, est compté au nombre des enfans, pour la computation de la legitime. Ainsi dit Bourbonnois, art. 310.

Enfans de divers lits succedent à leurs peres & meres par têtes. Nivernois des successions, article 6. Orleans, article 361. Bourbonnois, article 300. Bourgogne, article 67.

Gens francs peuvent marier leurs enfans par échange, & les enfans échangez ont pareils droits en la maison oú ils viennent, quant aux biens ja acquis, comme avoient ceux au lieu desquels ils viennent. Et encore viennent en pareil droit aux successions à écheoir des ascendans. En autres successions les parens succedent les uns aux autres, selon le degré de lignage. Nivernois des droits apparten. à gens mariez, art. 23. Bourbonnois, art. 295. qui met limitation, en la succession des ascendans, qui ont consenti le mariage. Et outre dit qu'ils sont tenus pour appanez en la maison, dont ils partent en la succession d'ascendans. Et a lieu entre non nobles.

Quand aucun decede sans enfans & descendans de son corps, les pere & mere, & autres ascendans, selon les degrez succedent en ses meubles & conquêts. Paris, article 311. Nivernois des successions, article 4. Auxerre, art. 241. Reims, article 313. Blois, article 149. Sens, article 81. Auvergne, chapitre 12. article 2. & 5. Touraine, article 310. Melun, article 258. Senlis, article 141. Troyes, article 103. Vitry, article 85. Laon, article 77. Reims, article 313. Aucunes Coûtumes admettent les freres & sœurs du trépassé avec les ascendans, Bourbonnois, article 314. Bourgogne, art. 66. c'est suivant le droit Romain és nouvelles de Justinian, *Auth. defuncto. Cod. ad SC. Tertyll.* Autres Coûtumes donnent aux ascendans les meubles en proprieté, & l'usufruit des conquêts du défunt. Berry des successions *ab intestat.* art. 3. Orleans, art. 313. Poitou, art. 284. Mais Poitou & Orleans limitent, en cas que le défunt ait laissé freres & sœurs, ausquels la proprieté desdits conquêts doit venir. Les Coûtumes parlent diversement de la charge des dettes, quand les ascendans succedent. Nivernois des successions, article 4. dit si les ascendans prennent les meubles seulement, ils les prennent francs de dettes, en cas que les autres biens y puissent satisfaire. S'ils prennent meubles & conquêts, ils payent dettes & frais funeraux, jusques à la concurrence des biens. Touraine article 310. & Senlis, article 141. disent que les ascendans qui prennent meubles & conquêts payent dettes mobiliers, qu'ils disent personnels, frais funeraux & legs testamentaires mobiliers, Bretagne, art. 565. à charge de dettes & frais funeraux. Vitry, art. 81. parle plus temperément, disant que lesdits ascendans doivent satisfaire aux charges susdites, *pro rata* des biens qu'ils prennent, avec les autres heritiers, qui est la regle commune, mise cyaprés. Aucunes Coûtumes disent en general, quiconque prend les meubles & conquêts par succession doit payer les dettes mobiliaires. Ainsi Bourbonnois, article 316. & ajoûte par sucession au contract. Melun, article 368. Auvergne, chapitre 12. art. 19. Poitou, art. 248. dit quiconque prend les meubles à titre universel ou particulier doit payer les dettes mobiliaires & est censé heritier. Mais Berry des successions *ab intestat.* article 3 dit que les ascendans prennent les meubles en pur gain sans payer dettes sinon subsidiairement à faute d'autres biens. Aussi les ascendans succedent à leurs descendans decedés sans hoirs pour les heritages qu'ils ont donnez ausdits descendans. Paris, aricle 313. qui dit des biens donnez. Nivernois des successions, article 5. & des donations, article 9. Auxerre, article 241. Berry des successions *ab intestat.* article 5. & dit qu'ils retournent sans charge de dettes personnelles, mais bien sous charges réelles & encore subsidiairement pour personnelles, à faute d'autres biens & jusques à concurrence des biens retournez. Orleans, article 315. Laon, art. 110. Bourbonnois, article 314. pour tous les biens donnez. Touraine, article 311. Melun, article 270. Bourgone, article 65. Mais quant aux autres heritages propres anciens, & venus par succession ausdits enfans, les ascendans n'y succedent par la regle : qui dit propre heritage ne remonte point, ains viennent aux parens collateraux du côté dont ils sont procedez. Ainsi dit Paris, art. 312. Sens, art. 85. qui ajoûte une limitation que les ayeuls succedent aux propres de leur côté avant les cousins germains, Auxerre, article 141. Orleans, article 314. Melun, article 269. Laon, article 81. Touraine, art. 310. Senlis, article 141. Troyes article 103. Reims, article 29. Blois, art. 150. Bourgogne, article 64. Aucunes Coûtumes exceptent, sinon à défaut de collateraux, auquel cas les ascendans succedent plûtôt que le fisque. Poitou, article 184. Melun, article 269. Touraine, article 310. Reims, article 29. Ce qui est fondé en une raison generale quand aucun est exclus d'une sorte de succession non pas en haine de soy ni pour inhabilité qui soit en sa personne : mais en faveur d'autre personne. Que quand cette faveur cesse : Il reprend son habilité à succeder. Autres Coûtumes exceptent si c'étoient propres conventionels, c'est à dire heritages achetez des deniers baillez & destinez par les ascendans pour employer en heritages, lesquels retournent ausdits ascendans. Poitou, article 185. Tours, article 311. Melun, article 270. Reims, article 29. Laon, article 109. Ce qui a grande raison : car tel heritage est comme subrogé au lieu des deniers, & est profectrice venant en effet de la substance de l'ascendant. Autres Coûtumes disent quand aucun decede sans descendans & sans ascendans, que la moitié de ses meubles & conquêts vient aux plus proches du côté paternel, & l'autre moitié aux plus proches du côté maternel. Bourbonnois, article 315. Bretagne, article, 565. Auxerre, article 242. dit si un parent collateral donne aucuns immeubles à son parent, & le donataire decede sans hoirs, les choses données retournent au donateur.

Les heritages propres procedans du côté paternel viennent en succession collaterale aux heritiers de ce côté, ores qu'ils soient plus lointains. Et ainsi les heritages propres maternels au côté maternel. Nivernois des successions, article 7. Paris, article 326. qui dit qu'ils sont reputez propres d'un côté, ores que lesdits heritiers ne soient descendus de l'aquereur. Et ainsi dit Nivernois, quelles choses sont reputées meubles, article 13. & Laon, article 79. Orleans, article 524. & 325. selon l'interpretation de Paris & Nivernois. Auvergne, chapitre 12. article 4. Senlis, article 162. Laon, article 78. Bourgogne, article 68. Reims, article 315. Mais Touraine, article 288. & Melun, article 284. disent que les heritiers ne sont reputez de l'estoc, s'ils ne sont descendus du premier aquereur, ou de celui à qui l'heritage a autrefois appartenu. Aucunes Coûtumes disent, que s'il n'y a point de parens du côté & ligne dont procedent les heritages, que les proches parens de l'autre côté y peuvent succeder & exclure le fisque. Paris, article 330. Orleans, article 326. Berry des successions, *ab intestat.* article 1. Laon, article 82. Reims, article 316. Ce qui doit être observé en general en païs Coûtumier. Ainsi le tient du Molin; en l'annotation sur ledit article 316. de Reims & de Monstreüil, article 10. & de Berry des successions *ab intestat.* article 1. Berry audit article met une belle decision, que je croy devoir être tenuë pour generale. Que les collateraux succedent en quelque degré qu'ils soient. Et ainsi le tient du Molin, en l'annotation sur le 434. article de la Coûtume de Bourbonnois, nonobstant le droit Romain, qui parle du septiéme & dixiéme degré.

La Coûtume de Nivernois au chapitre des successions, article 8. à une decision particuliere qu'échoite d'heritage ancien, ne monte point en succession collaterale, & y succedent plûtôt les descendans collateraux, ores qu'ils soient plus lointains en degré que les ascendans, qui aussi sont collateraux plus prochains. L'exemple en est, si aucun decede delaissant son oncle d'un côté, & de l'autre côté delaisse son néveu ou l'enfant de son néveu, qui tous sont ses parens du même côté dont procede l'heritage. Le néveu qui est au tiers degré & le fils du néveu qui est au quart degré excluëront l'oncle qui est au tiers degré. Auparavant l'an 1573. on avoit avancé la pratique de cét Article en autres termes, à sçavoir que le cousin germain du défunt étant au quart degré, excluöit l'oncle qui est au tiers degré. Et étoit mal à propos : car le cousin germain n'est pas descendant collateral : & ainsi l'a déclaré la Cour par deux Arrêts, l'un en la maison de Guerchy de Marrafin, en datte du dernier Juillet, 1575. & l'autre en la maison de Monsieur Bolacre Lieutenant general de Nivernois, du 20. Juillet, 1577. Encore cét intellect, par lequel le néveu exclud l'oncle, procede d'un ancien erreur des Docteurs Ultramontains, qui en la lecture de l'Auth. *de hered. ab intestato §. si autem cum fratribus colla.* 9. n'ont pas bien compris quelle étoit la façon de parler des Grecs qui étant copieux en paroles & sentences, ont accoûtumé aprés avoir exprimé une sentence au long, de faire une repetition à la fin comme par épilogue. Et ont estimé que le Versicule *Illud palam*, fût une décision de par soy, qui n'est qu'une appendice & comme repetition du precedent, & selon cette opinion, ont tenu en general, que le néveu exclud l'oncle : & nôtre Coûtume à la suite de cét erreur ne s'est abandonnée que pour les heritages anciens & propres, & n'a rien dit quant aux meubles & conquêts. Pourquoy és meubles & conquêts, l'oncle & le néveu du défunt succederont par moitié, comme tous deux étant en pareil degré, qui est le troisiéme degré. Auxerre, art. 243. a dit qu'en tous biens les néveux exclüent les oncles du défunt, même és propres de leur estoc. Mais Paris, article 339. Orleans, art. 329. disent que l'oncle & le néveu du défunt succedent également, comme étant en pareil degré, & qu'il n'y a representation, & Paris, art. 338. Orleans, art. 328. & Melun, art. 267. disent que l'oncle succede à son néveu avant le cousin germain.

Nivernois des successions, article 9. dit que les pere & mere, & autres ascendans en ligne directe, combien qu'ils ne succedent és anciens heritages : néanmoins ont l'usufruit des heritages procedez de leurs estocs, échûs à leurs enfans par succession collaterale. A quoy peut être aucunement rapporté ce qui est dit en la Coûtume de Paris, article 230. que la part des conquêts des deux mariez, qui avint à l'heritier de l'un d'eux est propre heritage à lui, & ſuit cette ligne en ſucceſſion, & toutefois les pere & mere & autres aſcendans, ſuccedans à leurs enfans, en joüiront pour uſufruit leur vie durant, au cas qu'il n'y ait aucuns deſcendans de l'aquereur. Autant en dit Orleans, art. 316. Et ce qui eſt dit au 314. article de ladite Coûtume de Paris, que les pere & mere joüiſſent par uſufruit des biens délaiſſez par leurs enfafans, qui ont été acquis par leſdits pere & mere, & par le decés de l'un d'eux, ont été faits propres à leurſdits enfans, qui ſont decedés ſans enfans.

Quand deſcendant ſuccedent à leurs aſcendans en ligne directe, repreſentation a lieu en infini, ſans aucune limitation de degré, qui eſt Coûtume preſque generale, conforme au droit Romain. Paris, art. 319. Sens, article 96. Nivernois des ſucceſſions, article 11. Auxerre, art. 247. Orleans, art. 304. Vitry, art. 66. Melun, art. 261. Blois, art. 138. & 139. qui dit, que d'ancienneté n'y avoit repreſentation en ligne directe & de preſent y eſt. Bourbonnois, art. 306. Auvergne, chap. 12. art. 9. Senlis, art. 139. Troyes, art. 92. Laon, art. 74. Flandres & Artois, n'admettent repreſentation en ligne directe. A ce titre le Comté d'Artois fut ajugé à Mahaut d'Artois, fille de Robert, & en fut exclus Robert fils de Philippes, ledit Philippes decedé avant le premier Robert ſon pere. A la fin de la loi Salique eſt la conſtitution de Childebert Roy, faite par lui, tenant ſes Etats le 20. an de ſon regne, par laquelle eſt dit, qu'en la ligne directe, y aura repreſentation, mais en ligne collaterale non.

En ſucceſſion collaterale pluſieurs Coûtumes anciennes ne recevoient repreſentation, & ſuivoient le droit Romain ancien des Digeſtes & du Code, ſelon lequel n'y avoit repreſentation en collaterale. Mais la plûpart d'icellles Coûtumes à la nouvelle reviſion ont admis repreſentation au cas du droit de Novelles de Juſtinian, quand le défunt eſt decedé délaiſſant ſon frere & ſes néveux, enfans de ſon autre frere decedé : qui eſt le ſeul cas de repreſentation en collaterale. Et ainſi a été jugé par Arrêt ſolemnel de Parlement du 23. Decembre, 1526. & par le retenu *In mente* de la Cour, fut arrêté pour ſervir de loi, ſelon l'opinion d'Azo, ainſi qu'il eſt porté par un Arrêt és regiſtres du conſeil du 14. Mars, 1550. Et ainſi faut entendre les Coûtumes, qui ne determinent pas autrement. Pour ladite repreſentation ſont les Coûtumes de Paris, art. 320. & 321. qui dit quand le défunt n'a délaiſſé que néveux de divers freres, qu'ils ſuccedent par têtes ſans repreſentation. Auxerre, art. 247. Sens, art. 96. Nivernois des ſucceſſions, art. 13. Berry des ſucceſſions *ab inteſt.* art. 43. Orleans, art. 318. & 319. comme Paris. Melun, art. 26. & 263. comme Paris, Troyes, art. 92. Vitry, art. 66. Laon, art. 75. & 76. comme Paris, Bourbonnois, art. 306.

Aucunes Coûtumes ont dit qu'en collaterale n'y avoit repreſentation, comme Senlis, art. 140. Blois, art. 139. qui met l'exception ſi elle n'a été accordée.

Autres Coûtumes mettent la repreſentation infiniment, comme Auvergne chap. 12. article 9. Poitou, art. 277. Touraine, art. 287. Reims, art. 309. en roture avec déclaration que quand tous ſont en pareil degré ils ſuccedent par têtes. Bourgogne, art. 69. & 70. Nivernois audit art. 13. excepte de la repreſentation, la ſucceſſion des meubles qui va au plus prochain ſans repreſentation. En ſucceſſion collaterale dans les termes de repreſentation on ſuccede par lignes : hors icelle on ſuccede par têtes. Ainſi diſent Nivernois, art. 10. Paris, art. 320. 321. & 327. Sens, article 88. Orleans, article 327. Bourbonnois, art. 306. Sera noté quand on dit freres & ſœurs, & enfans de freres & ſœurs, qu'il s'entend freres & ſœurs du défunt. Nivernois le déclare expreſſément. Bourbonnois ne l'exprime, mais il ſe doit ainſi entendre.

Selon aucunes Coûtumes en ſucceſſion collaterale, le frere forclôt ſa ſœur, & les enfans du frere forcloent leur tante, ſœur du défunt, & les enfans d'elle : Comme Nivernois des ſucceſſions, article 14. & 15. ſont exceptées quelques contrées de Nivernois eſquelles la ſœur ſuccede comme le frere. La forcluſion a été tenuë pour avoir lieu dedans les termes de repreſentation. Et en a été pris l'argument du même texte du quatorſiéme article vers la fin, où il eſt parlé de repreſentation : & encore au milieu en ces mots, *plus prochaine de la chair du défunt.* Et encore, parce que l'article pris plus generalement ſeroit du tout odieux. Et parce que nôtre Coûtume voiſine de Bourbonnois, n'exclus la fille appanée, ſinon és termes de repreſentation. L'argument de la Coûtume voiſine eſt bon. *cap. ſuper eo. extra. de cenſib. cap. ſuper eo. extra de cognat. ſpirit.* Bourbonnois, art. 305. n'exclud la ſœur, ſinon quand elle a été mariée & appanée, & ce dans les termes de repreſentation.

Pluſieurs Coûtumes en ſucceſſion de fiefs, exclüent les ſœurs & autres femelles, en faveur de leurs freres, ou autres mâles en pareil degré. Paris, article 25. Melun, art. 98. Sens, art. 202. Orleans, art. 99. Senlis, art. 134. Troyes, art. 15. Vitry, art. 59. & 67. Laon, art. 163. Reims, art. 51. 55. & 56. Blois, art. 152. Paris, art. 123. dit que les néveux enfans du frere n'exclüent leur tante en fiefs, ains leur tante ſuccede avec ſes néveux enfans de ſon frere : tous leſquels enfans ne font que pour une tête. Orleans, art. 321. dit que la fille venant du mâle repreſentant ſon pere prend avec ſon oncle.

Freres germains qui ſont conjoints des deux côtez, en ſucceſſion l'un de l'autre quant aux meubles & conquêts, ſont preferez à freres uterins & paternels. Ainſi les enfans des freres germains aux enfans des freres uterins ou paternels. Et à défaut des mâles ainſi des femelles. Nivernois des ſucceſſions, art. 16. Poitou, art. 295. Berry des ſucceſſions ab inteſtat. art. 6. Orleans, art. 330. qui limite juſques aux degrez d'oncles, tantes, néveux & nieces du défunt. Bourbonnois, art. 317. étend bien avant cette faveur de germanité diſant, tant que la ligne du germain dure, ſoit en repreſentation ou non : que ceux conjoints d'un côté ſont exclus. Touraine, art. 289. Troyes, art. 93. Blois, art. 155. Bourgogne, art. 71. qui dit, pour toutes ſortes de biens, que les germains ſont preferez juſques aux enfans des freres

& sœurs germains.

Aucunes Coûtumes admettent également és meubles & conquêts, les freres & sœurs de l'un des côtez avec les freres & sœurs conjoints des deux côtez. Comme Paris, article 240. Sens article 84. Auxerre, article 240. Melun, article 260. Senlis, article 168. Vitry, article 83.

Mais quant aux heritages anciens, la plûpart des Coûtumes disent, qu'ils appartiennent aux plus prochains de la ligne & estoc, dont ils sont procedez sans distinction de germanité. Ainsi dit Nivernois des successions, art. 16. vers la fin. Sens, art. 84. Auxerre, art. 240. Blois, art. 155. Orleans, art. 330. Auvergne, chap. 12. art. 5. Troyes, art. 92. Laon, art. 80. Du Molin en l'annotation sur le 245 art. de l'ancienne Coûtume d'Orleans dit que la Coûtume est generale en France, que la conjonction des deux côtez n'est considerable en la succession des propres. Mais Berry des successions ab intestat, art. 6. dit que le frere des deux côtez est preferé és heritages propres, au frere du côté dont les heritages sont venus. Et en toutes autres successions collaterales, la conjonction des deux côtez n'a point de privilege par dessus la conjonction d'un côté.

Collation & rapport ont lieu en succession directe, & non en succession collaterale. Nivernois des successions, art. 20. Sens, art. 264. & 265. Auxerre, art. 250. Bourbonnois, art. 313. Laon, art. 98. Reims, art. 324. Cy-dessus au titre des donations à été traitté quelles choses sont sujettes à rapport, quelles non.

Les pere, mere & autres, qui ont à laisser heredité, peuvent faire partage ou assignation de leurs biens, entre ceux qui leur doivent succeder : & sont les heritiers saisis selon ledit partage aprés la mort. Et est tel partage revocable & ambulatoire jusques à la mort. Nivernois des successions, article 17. Bourbonnois, art. 216. met la limitation, pourvû que ce soit quarante jours avant le trépas, & ne parle que de pere & de mere, & permet d'avantager, sauve la legitime : & le reste comme Nivernois. De ce partage par le pere entre ses enfans, qui est valable, & n'est pas donation, mais disposition testamentaire : Est dit *in l. si filia §. si pater ff. famil. ercisc. l. quoties C. eodem tit.* Cét article ne seroit à propos és Provinces où les pere & mere & autres ne peuvent avantager aucuns de leurs heritiers plus que les autres. Car un d'entre eux hargneux, auroit occasion de dire l'un des lots être de plus grande valeur ou plus grande commodité que l'autre.

Moines & Religieux profez, de quelque Religion qu'ils soient, ne succedent à leurs parens, ni Monastere pour eux. Nivernois des successions, article 18. Paris, art. 337. Poitou, art, 287. & parle de profession expresse ou tacite. Auxerre, art. 249. & parle de Religion approuvée. Berry des successions ab intestat. art. 36. & dit de profession expresse ou tacite. Senlis, art. 171. Orleans, art. 334. Bourbonnois, art. 318. qui excepte, s'il n'y avoit expresse dedication à l'Eglise. Auvergne, chap. 12. art. 13. Troyes, article 104. Vitry, art. 77. Reims, art. 326. Par l'Edit d'Orleans fait és Etats, 1560. est défendu de recevoir profession des mâles avant 25. ans, & des filles avant 20. ans. La profession avant cét âge n'est pas déclarée nulle : mais est permis aux profez de disposer de leur bien. Par l'Edit des Etats de Blois, art. 28. on a suivi le Concile de Trente, qui permet les professions à 16. ans. Par l'Edit de Moulins, 1566. les professions monachales doivent être prouvées par écrit, art. 55. *undè sequitur*, que les professions tacites ne sont admises, & sont necessaires expresses professions. Et Capitulaires de Charlemagne, *lib.* 1. *cap.* 46. & 107. les filles ne doivent être voilées avant les 25. ans d'âge.

Les biens de ceux qui font profession en Religion appartiennent à l'instant de leur profession à leurs plus proches habiles à succeder, comme si lors ils mouroient par mort naturelle. Ainsi Nivernois des successions, art. 19. Poitou, art. 287. qui ajoûte, Religion approuvée & en pleine liberté. Sens, art. 87. & ajoûte s'ils n'avoient disposé au profit de la Religion ou autre personne capable aux états en âge, & comme il est permis par la Coûtume. Berry des successions ab intestat. art. 23. & ne permet de disposer au profit du Monastere que du tiers. Orleans, art. 333. Bourbonnois, art. 318. Auvergne, chapitre 12. art. 12. qui dit que les biens ne sont dediés à l'Eglise, s'il n'y a expresse dedication. Tours, art. 296. & parle de Religion approuvée & de profession expresse, sans force ou contrainte, Reims, art. 326. Blois, art. 147. & dit profession expresse ou tacite. Nous n'avons reçû en France l'*Authent. ingressi* C. *de sacros. eccl.* selon laquelle les biens de ceux qui font profession sont aquis aux Monasteres esquels ils font profession, de vrai ce seroit chose importante à l'Etat : car depuis cinq cens ans le tiers de tous les biens eût été aquis aux Monasteres, & le second & tiers Etat affoiblis d'autant.

Les prochains lignagers des gens d'Eglise, seculier leur succedent par la voïe d'intestat, comme on succede à personnes laïes. Nivernois des successions, art. 21. Paris, art. 336. Poitou, art. 288. Berry des successions ab intestat, art. 40. sans distinguer si ce sont biens patrimoniaux, ou épargne des biens d'Eglise. Bourbonnois, art. 319. Senlis, art. 170. Auvergne, chapitre 12. art. 55. Troyes, art. 106. Vitry, art. 85, Reims, art. 327. Blois, art. 148. C'est Coûtume generale en France contraire aux decisions des canonistes, qui disent que les biens que les gens d'Eglise ont en leur puissance provenus de l'épargne, du revenu qu'ils ont perçû de leurs benefices, appartiennent à l'Eglise, & de même les immeubles qu'ils en ont aquis. *capite* 1. *&* 4. *extra. de pecul. Clericorum.* Selon cét article de Coûtume a été jugé par Arrêt de la prononciation de my-Carême, 1526. entre Pigeart & l'Abbé de Colon.

Bannis à perpetuité ne succederont point. Nivernois des successions, art. 25. Sens, art. 97. Auxerre, art. 248. Bourbonnois, art. 322. & dit que les plus proches aprés eux succedent. Les bannis sont reputez comme morts, & se dit de la mort civile, qui les rend incapables de succeder, & les plus prochains aprés leur degré succedent, *l.* 1. *§. ultim. ff.* de *de bon. poſſ. contr. tab.* Autrement eſt des bannis à temps : car ils retiennent leurs biens, & le droit de ſucceder. *l.* 1. *&* 4. *ff. de interd. & releg.*

Eſt obſervé preſque generalement en France, que les pere & mere qui ont enfans ne peuvent faire donations, que ce ne ſoit à charge de portion legitime envers leurs enfans. Et quant aux donations faites à étrangers, il eſt plus commun, mais, quand les peres & meres, mêmement nobles, marient leurs filles, & leur conſtituent dot. Selon pluſieurs coûtumes les filles ne peuvent demander ſuplément de legitime, dont a été parlé cy-deſſus. Communément on a eſtimé la legitime être ſelon la portion que Juſtinian en ſes Novelles a établie, qui eſt du tiers ou de la moitié, ſelon le nombre des enfans, qui auparavant étoit du quart : laquelle portion ſemble n'avoir aucune raiſonable proportion, & analogie : car au nombre des quatre enfans, la legitime eſt la douziéme, & au nombre de ſix, la legitime eſt auſſi la douziéme. Qui fait croire que c'eſt une proportion regie par l'eſprit de Tribonian, que Suidas dit avoir été un marchand de loix. La coûtume de Paris, art. 198. & Orleans, art. 274. avec grande raiſon on dit que la legitime eſt la moitié de telle portion que chacun enfant eût euë en la ſucceſſion de l'aſcendant, s'il n'eût diſpoſé par donation entre-vifs, ou de derniere volonté. Aprés que ſur la maſſe totale des biens ont été déduits les dettes & frais funeraux. Mais ſi l'enfant étoit exheredé ou deſ-heredité pour juſte cauſe (Juſtinian en ſes Novelles, met quatorze cauſes) il ne peut demander legitime. Mais cette exheredation n'empêche pas que l'enfant ne ſoit ſaiſi de l'heredité de ſon pere, juſques à ce que la cauſe d'exheredation aura été dûëment verifiée. Ainſi dit Berry des teſtamens, art. 5. la raiſon dépend de la Novelle de Juſtinian, qui ne permet pas au pere par ſa ſeule volonté d'exhereder ſon enfant : mais deſire qu'il y ait cauſe, & que la cauſe ſoit verifiée. *Auth. non licet. C. de liber. præterit.* Aucunes coûtumes mettent des cas particuliers d'exheredation, comme ſi la fille forfait en ſon coprs auparavant l'âge de 24. ans. Ainſi dit Touraine, art. 286. Si elle ſe marie avant les vingt-cinq ans de ſon âge, ſans le ſçû, & outre le gré de ſon pere, ou aprés le trépas de ſon pere, ſans le gré de ſa mere. Ainſi dit Bourbonnois, art. 312. Mais Auvergne chap. 12. art. 36. dit de la fille qui ſe marie outre le gré de ſes pere & mere, à homme qui ne ſoit de qualité digne de ſon lignage. Mais l'Edit du Roi Henry II. du mois de Février 1556. permet aux peres & meres d'exhereder leurs enfans, qui mâles avant l'âge de trente ans, ou femelles avant l'âge de vingt-cinq ans, ſe feront mariez ſans leur gré & conſentement, & audit cas d'exheredation les déclare privez & exclus de tous avantages, qu'ils pouvoient eſperer és maiſons de leurſdits peres & meres.

Peres & meres peuvent en mariant leurs enfans leur donner ce que bon leur ſemble de leurs biens pour les droits ſucceſſifs, & les faire renoncer à leurs ſucceſſions, ſauf le droit legitime aux donataires & autres enfans à prendre ladite legitime, ſelon les biens délaiſſez par le decés deſdits peres & meres. Sens, art. 267. Berry des ſucceſſions ab inteſtat, art. 33. & ajoûte que ces enfans ſont inhabiles à ſucceder. Et art. 35. peuvent être rappellez à ſucceſſion, & audit cas ſeront ſaiſis comme heritiers.

Celui qui eſt habile à ſucceder, s'il eſt appellé pour déclarer s'il eſt heritier, doit avoir quarante jours pour déliberer. Ce qui eſt preſque general en la pratique judiciaire, & ainſi diſent Sens, art. 90. Auxerre, art. 145. Orleans, art. 337. & ajoûte s'il n'eſt ajourné, que ce ſera du jour qui lui aura été ordonné par le Juge. Troyes, art. 107. de même s'il eſt appellé dedans l'an. Et pour déliberer plus ſeurement ledit prochain habile peut requerir inventaire être fait aux dépens de la ſucceſſion. Et ſi celui qui eſt decedé étoit marié, les frais ſeront par moitié. Ainſi diſent Sens, art. 90. & Troyes, art. 107. Auxerre, art. 245. dit que l'inventaire doit être fait aux dépens du requerant. La loi des Romains n'impute pas à être acte d'heritier, ce que l'heritier préſomptif fait pour connoître les facultez de l'heredité, afin de déliberer plus ſeurement, ou bien ce qu'il fait pour conſerver les biens de l'heredité, durant le temps qu'il a pris pour deliberer, pourvû qu'il le faſſe avec autorité de Juſtice. *l. pro hærede §. ſervos. ff. de adq. hæred. l. Ariſto. ff. de jure delib.*

Le benefice de ſe déclarer heritier ſous inventaire, pour n'être tenu des dettes & charges hereditaires, plus avant que ſelon les biens, introduit par le droit nouvel Romain, eſt reçû en France, & l'on a accoûtumé d'obtenir lettres Royaux en Chancellerie, à cét effet, jaçoit que du Molin diſe que c'eſt ceremonie ſuperfluë, & que la voïe ordinaire ſuffit. Ce benefice d'inventaire a été reglé par diverſes deciſions, les unes en nos Coûtumes, les autres reſultantes dudit droit Romain. Berry des ſucceſſions ab inteſtat. art. 9. & ſuivans, met la forme d'y proceder, que je croy devoir être obſervée generalement. Que celui qui eſt habile à être heritier doit déclarer dans quarante jours pardevant le Juge ordinaire du lieu, qu'il entend être heritier par benefice d'inventaire. Et dedans quarante jours, & avant que s'immiſcer & entremettre, il doit faire inventaire, bailler caution de la valeur des biens, appeller audit inventaire expreſſément & nommément les créanciers connûs : les non connûs à cri publi, avec le delai competent, qui eſt la pratique priſe de la *l. ſi eo tempore. C. de remiſſ. pignor.* Lui & ſes domeſtiques doivent faire ſerment d'exhiber tous les biens. S'il ne ſatisfait à ce que deſſus, ou s'immiſce és biens avant la clôture, ou ſoûtrait aucuns biens, perdra le benefice dudit inventaire, & ſera tenu pour heritier ſimple. La regle commune eſt que le lignager qui ſe dit heritier ſimple, ores qu'il ſoit plus lointain en degré de lignage doit exclurre l'heritier par benefice d'inventaire. Ainſi dit Nivernois des ſucceſſions, article 28. Bourbonnois, art. 339. Auvergne, chap. 12. article 38. & dit qu'en ce cas l'heritier ſimple doit bailler caution. Laon, article 72. Reims, article 308. Orleans, article 340. Ces trois disent pourvû que ce heritier simple vienne dedans l'an, Reims dit dedans l'an de la presentation des lettres : Laon dedans l'an de l'inventaire : Orleans dit dedans l'an aprés l'appehension des biens par inventaire. Mais Berry des successions ab intestat. art. 16. donne dix ans aprés la succession déferée. Paris, art. 342. Orleans, art. 338. & Berry des successions ab intestat. art. 27. dit que l'heritier par benefice d'inventaire qui est en ligne directe, n'est exclus par autre parent heritier simple, & Berry dit que l'enfant heritier simple exclud l'heritier testamentaire, par benefice d'inventare. Le mineur qui se dit heritier simple étant plus lointain, n'exclud l'heritier par benefice d'inventaire qui est plus proche, ainsi disent Paris. art. 343. Orleans, art. 339. à quoy y a grande raison : car le mineur, à cause du benefice de restitution en entier, peut facilement être relevé de la gestion d'heritier simple, & partant en effet est comme heritier par benefice d'inventaire. Berry des successions ab intestat, art. 17. dit que si le pere ou tuteur fait le mineur heritier simple, il prendra les biens par inventaire, & ne les mêlera avec les autres biens du mineur, jusques aprés les créanciers & legataires satisfaits, & art. 21. dit que si les pere & tuteur font autrement, ils en répondront tant au mineur qu'aux créanciers & legataires. Ce qui a grande raison pour être observé par tout pour éviter les fraudes. Celui qui s'est déclaré heritier par benefice d'inventaire, peut se déclarer heritier simple, si autre lignager survient se disant heritier simple, & lui sera gardé son degré de lignage : en sorte que s'il est en pareil degré, il viendra en concurrence : s'il est plus éloigné, sera exclus. Berry des successions ab intestat, article 23. Orleans, art. 341. Melun, art. 271. Mais Orleans dit pourvû qu'il se déclare dans quarante jours aprés que l'heritier simple sera apparu. L'heritier par benefice d'inventaire, ou curateur aux biens vacans, doit vendre les meubles publiquement, & au plus offrant, aprés publications faites : mais ne peut vendre les immeubles, sinon aprés la solemnité de criées : Orleans, art. 342. & 343. Paris, art. 344. Bourgogne, art. 73. dit qu'il faut impetrer du Prince le benefice d'inventaire. Celui qui est étranger, ne peut se dire heritier simple pour exclurre l'heritier par benefice d'inventaite. Berry des successions ab intestat, art. 22. Auvergne, chap. 12. art. 39. Bourbonnois, art. 330. L'heritier conventionel fait en contrat & faveur de mariage, ores qu'il ne soit lignager, peut se déclarer heritier par benefice d'inventaire, pourvû qu'il n'y ait lignager du défunt, qui veüille être heritier simple. Nivernois des successions, art. 29. Bourbonnois, art. 225. & 330 Auvergne, chap. 12. art. 34. 35. & 39. Bourbonnois excepte si ledit heritier institué vouloit délaisser la qualité d'heritier par benefice d'inventaire, & prendre la qualité d'heritier simple. Et Bourbonnois & Auvergne disent que la qualité d'heritier institué & conventionel peut repudier. Auvergne ajoûte qu'un lignager qui se dira heritier simple ou par benefice d'inventaire exclurra l'heritier conventionel étranger qui se dira heritier par benefice d'inventaire.

Les heritiers seront tenus personnellement payer les dettes du défunt pour les portions qu'ils sont heritiers. Et chacun detenteur des heritages du défunt, hipothequez au dettes, peut être poursuivi hipothecairement pour le tout. Paris, art. 332. & 333. Ce qui se peut prendre pour general en France. Et en tel cas, quand aucun est obligé personnellement pour sa portion hereditaire, & comme detenteur d'immeubles peut être poursuivi pour le tout, il ne peut se sauver de l'hipothecaire, en remettant le créancier à discuter les personnellement obligez, mais doit répondre sans discussion, à cause de l'obligation personnelle qui le tient. vrai est quant à l'hipothecaire, qui est action réelle qu'il peut appeller garant formel, qui est son coheritier detenteur d'autres heritages, & aux charges dites par l'ordonnance, que le jugement donné contre le garant est executoire contre le garanti. Mais quand les heritiers succedent, les uns aux meubles, les autres aux conquêts, les autres aux propres, ils sont tenus contribuër aux dettes pour telle part & profit qu'ils y prennent. Paris, art. 334. Auxerre, art. 246. & ajoûte qu'ils sont tenus faire apretier les biens qu'ils prennent dans quinzaine, autrement sont tenus par égale portion, sauf leur recours. Berry des successions ab intestat, article 32. & ajoûte qu'ils ne laissent d'être tenus outre la valeur des biens hereditaires. Orleans, art. 360. Troyes, article 111. Vitry, art. 82. qui ajoûte la raison, parce que chacun y vient par droit d'heredité. Laon, art. 65. & 83. Reims, art. 301. Dont resulte que cette distribution du payement des dettes sur les heritiers de chacune espece de biens, est pour le respect & interêt des heritiers entr'eux, & non au respect des créanciers, la condition desquels ne doit être alterée par la survenance d'heritiers *l. 1. §. ex his ff. de verborum obligationib. l. praetoria §. incertum. ff. de praetor. stipul.* Paris & Orleans en disent autant des legataires universels pour être tenus aux dettes, selon la valeur des biens qu'ils prennent : car selon nos Coûtumes sont plusieurs patrimoines & heredirez d'une seule personne contre les regles du droit Romain. Donc celui qui est legataire de tous les meubles est comme heritier des meubles, étant legataire de l'université de biens, & partant tenu des dettes, par la raison de la *l. cum filius §. Lucio*, & de la *l. cum pater. §. mense. ff. de legatis secundo* : Mais Sens, article 75. dit que l'heritier mobilier doit payer les dettes personnelles du défunt (il entend dettes mobiliaires) toutesfois le créancier peut s'adresser contre l'heritier, du meuble ou immeuble, sauf son recours. Autant en dit Poitou, art. 291. Bourbonnois, art. 316. & Melun, art. 268. disent que l'heritier des meubles & conquêts doit payer les dettes mobiliaires : Bourbonnois ajoûte, ores qu'il prenne lesdits meubles & conquêts en vertu de contrat. Melun ajoûte que tel heritier de meubles & conquêts paye les frais funeraux, & accomplit le testament, & néanmoins que le creancier s'adresse où il veut. Auvergne chap. 12. art. 16. 21. & 22. dit presque de même, mais restraint aux dettes que le défunt a faites : mais les dettes dont le défunt étoit tenu comme heritier de pere & mere & les legs sont payez par toutes sortes d'heritiers *pro rata*. Le fils aîné, ores que par le moyen de son droit d'aînesse il prenne plus, toutefois ne paye des dettes, non plus que les autres heritiers, Paris, art. 334. Orleans, art. 360. & dit dettes & rentes constituées. Senlis, art. 163. Laon, art. 68. & 69. & excepte les charges foncieres & anciennes faites auparavant le temps des pere & mere. Ce qui correspond au droit Romain, qui dit que celui des heritiers, qui par prelegs ou avantage, prend plus que son coheritier pourvû que ce ne soit pas avantage, en quote portion de toute l'heredité, ne paye des dettes, non plus que l'autre heritier qui prend moins. *l. 1. Cod. si certum pet.* Poitou, art. 291. dit que tous les enfans qui partent les meubles également doivent payer les dettes mobiliaires.

Quand aucun déclare en jugement être heritier ou déclare n'être pas heritier, cette déclaration profite à tous : mais celui qui est déclaré par contumace est heritier, quant au poursuivant seulement. Nivernois des successions, art. 27. Bourbonnois, art. 326. Car les contumaces profitent seulement à celui qui les a poursuivies. Par argument de la loi derniere. *ff. de interrog. act. l. ult. §. quod si C. de fide instru.*

Celui qui prend les biens du decedé, ou partie d'iceux, s'il est habile à être heritier, & n'ait autre qualité au droit : il fait acte d'heritier, Paris, art. 317. qui ajoûte, ores qu'il lui fût dû, parce qu'en ce cas, il doit demander par Justice. Orleans, art. 336. Senlis, art. 150. & dit s'il prend des biens, jusques à cinq sols parisis. Melun, art. 272. & ajoûte ces mots, *quelque potestation qu'il fasse*. Nivernois des successions, art. 26. & Bourbonnois, art. 325. tirent plus avant, disans qui paye les dettes du défunt & legs, paye les frais funeraux, ou s'entremet à l'administration des biens. Bourbonnois dit ou fait autre acte d'heritier. S'il est habile à succeder, & fait lesdits actes simplement sans protestation précedente : Est reputé heritier, & ne peut aprés repudier : toutefois semble que Nivernois parle trop au large. Quant à payer dettes parce que les deniers peuvent appartenir à celui qui paye : la regle de droit est que l'on peut, en payant pour autruy sans son sçû & gré le liberer du dette, *leg. solvendo. ff. de nego. gest.* Pourquoy semble que payer le dette hereditaire, n'est pas faire acte d'heritier. Aussi frais funeraux peuvent être payez par l'enfant pour le seul devoir de pieté en tirant les deniers de sa bourse, ce qui n'est pas faite acte d'heritier. *l. at si quis §. plerique. ff. de religios. & sumpt. funerum.* Pourquoy je croy que pour faire acte d'heritier, il faut toucher aux biens hereditaires.

La portion de l'un des habiles à être heritiers, qui repudie, accroît aux autres qui se disent heritiers. Paris, art. 310. qui ajoûte, sans prerogative d'aînesse (entre les enfans) de la portion qui accroît. Orleans, art 359. Bourbonnois, art. 323. Le droit d'accroissement est du droit Romain, & est de telle sorte que la portion quitée accroît à l'autre portion qui a été acceptée, *etiam* outre le gré de celui qui a accepté. *l. si ex pluribus. Cod. de suis & legit. leg. ex testamento. Cod. de impub. & aliis substit. l. unica. §. his autem ita. Cod. de caduc. tollend.*

Aucunes Coûtumes adherentes au droit Romain, disent si aucun decede sans heritier de l'une ou de l'autre ligne, les mariez succedent l'un à l'autre plûtôt que les biens soient dit vacans. Ainsi Poitou, art. 299. Berry des successions ab intestat, art. 8.

DES PRESCRIPTIONS.

Les Coûtumes ont parlé des prescriptions diversement, les unes ont suivi le droit Romain pour la prescription de dix & de vingt ans. Les autres ont reduit toutes prescriptions à trente ans. Selon lesdites Coûtumes semblables au droit Romain, si aucun ayant aquis un heritage à juste titre, & de bonne foi en a joüi paisiblement dix ans entre presens, & vingt-ans entre absens, il a moïen de se défendre de la demande qu'un tiers feroit contre lui pour l'évincer de la proprieté ou par hipoteque. Pourvû que la possession soit réelle & publique. Ainsi disent Paris, artcle 313. 114. & 115. Poitou, art. 373. qui excepte l'Eglise, mineurs, Seigneurs féodaux & censuels, & les Seigneurs rentiers quand c'est la premiere rente fonciere aprés le fonds. Auxerre, art. 188. Vitry, art. 134. & 135. Laon, art. 141. Blois, art. 192. Senlis, art. 188. Melun, art. 170. & 171. Reims art. 180. La plûpart desdites Coûtumes mettent en usage la prescription de trente-ans quand le possesseur n'a titre comme Paris, art. 118. Auxerre, art. 188. Melun, art. 172. Laon, art. 142. Blois, art. 192. Reims, art. 381. autres Coûtumes mettent indistinctement toutes prescriptions à trente-ans entre laïs, & quarante-ans contre l'Eglise. Nivernois des prescriptions, art. 1. Orleans, art. 260. Berry des prescriptions, art. 1. & dit de trente-ans. *etiam* contre l'Eglise, & à la charge de restitution en entier. Auvergne, chap. 17. art. 1. 2. & 3. mettant la limitation pourvû que ce soit contre personnes qui ont puissance d'agir en jugement contradictoire qui est la limitation *in l. 1. C. de annali exceptione*. Bourgogne, article 126. Bourbonnois, article 23. avec la limitation d'Auvergne, aucunes Coûtumes distinguent, disans que les actions personnelles sont prescrites par trente-ans, & les hipotecaires par quarante-ans. Melun, article 74. Vitry, article 137. Senlis, art. 189. pour les actions personnelles, & 190. pour rente ou charge réelle par quarante-ans. Reims, art. 381. l'hipoteque par quarante-ans, & 383. la personnelle par trente-ans. Laon, art. 143. que l'hipoteque nantie se prescrit par l'obligé ou ses heritiers, par quarante-ans. Orleans, art. 261. dit qui joüit d'un heritage ou droit incorporel, sans titre par trente-ans, est fait Seigneur, sauf le vendeur & obligé, ou son heritier qui aquiert par quarante-ans.

Selon plusieurs Coûtumes le droit de cens ne se prescrit par le detenteur contre le Seigneur. Paris, art. 124. qui dit *etian*, par cent ans. Sens, art 263. & parle du chef-cens. Auxerre, art. 186. qui excepte sinon aprés contradiction. Berry des prescriptions, art. 3. Orleans, art 263. Melun, art. 173. Senlis, art. 191. & 279. dit que le cens ne se perd par criées, ores que le Seigneur ne soit opposant, ce qui est general. Car le decret est toûjours ajugé à cette charge. Reims, art. 382. Blois, art. 35. Mais la quotité ou maniere de payer le cens, & les arrerages se prescrivent par trente ans. Paris, art. 124. Nivern. des prescript. art. 2. Berry des prescript. art. 12. Orleans, art. 263. Auvergne, chap. 17. art. 6. horsmis dit Auvergne, art. 7. & Bourbonnois, art. 16. que arrerages sont prescrits par dix ans, autres Coûtumes disent que le cens est prescrit par trente ans. Touraine, article, 209. Bourbonnois, article 22. qui excepte celui qui a reconnu, mais non pas son heritier, & semble que Nivernois des cens, art. 22. met la prescription du cens à trente ans : mais je croy que ledit art. ne parle de la directe Seigneurie, ou bien se doit entendre que les trente ans ne commencent pas du temps de la cessation du payement : car la seule cessation, la possession du Seigneur n'est intervertie, ains commence du temps de l'interversion & contradiction. Mais un Seigneur peut prescrire contre un autre Seigneur, la Seigneurie directe censuelle par trente ans. S'il n'y a titre ou reconnoissance, ou que l'aquereur ait acheté à charge du cens. Paris, art. 123. A quoy se rapporte ce que dit Nivernois chapitre des fiefs, art. 15. que le Seigneur peut prescrire contre Seigneur la Seigneurie directe de fief par trente ans, pourvû qu'il y ait eu deux reprises avec deux diverses ouvertures, & saisies réelles dûëment notifiées. Ainsi dit Berry des prescriptions art. 6. que le droit d'être & se dire Seigneur censier peut être prescrit par celui qui par trente. ans. aura perçû la censive & droits Seigneuriaux, comme Seigneur, & tout cela se doit entendre quand celui qui veut prescrire a exercé actes de joüissance publiquement & apparamment: Car les autres ocultes, & qui ne sont pas d'exercice quotidien, n'attribuent vraye possession. *l. quamvis saltus. ff. de ad. poss.* Bret. ancienne Coût. art. 271. dit que droiture & Seigneurie se prescrit sans titre par quarante ans. & art. 277. de l'ancienne dit que si un Seigneur a accoûtumé lever certains subsides en sa Seigneurie, & aucuns s'en veulent dire exempts, ils doivent prouver leur exemption. C'est selon la theorique vulgaire des Docteurs, que quand aucun est fondé en droit universel, qui n'est point droit exorbitant & odieux en prouvant sa possession en aucuns endroits, il est en presomption de possession par tout. Mais si c'est un droit exorbitant & odieux auquel le droit commun resiste, il se dit que sa prescription ne s'étend plus avant que sa possession, & à l'étroit selon le brocard, *tantum praescriptum quantum possessum ut per Panor. in cap. cum venerabilis. extra. de relig. domib.*

Si aucun detenteur d'un lieu composé de plusieurs pieces, aliene une ou plusieurs desdites pieces, & le Seigneur est payé de sa redevance comme il souloit. Ce nouvel aquereur qui n'a rien payé, & a tenû la piece, ou pieces comme franches : n'a pû prescrire la liberté de la redevance par quelque temps qu'il ait joüi jusques à ce que le Seigneur ait été dûëment informé de l'alienation. Nivernois des prescriptions, art. 6. Auxerre, art. 187. qui dit tant en rente fonciere que constituée. Berry des prescriptions, art. 14. qui dit de même, soit que tout l'heritage ou partie ait été aliénée. Bourbonnois, art. 32. La raison peut être que le Seigneur direct ayant une fois été joüissant de la Seigneurie directe de tout le tenement, est censé, avoir conservé sa possession sur le tout, par le payement de la redevance & la possession de ses pieces démembrées n'a interverti son droit jusques à ce qu'il est sçû le démembrement, parce qu'elle est clandestine à son égard.

L'homme de main-morte ne peut prescrire franchise par quelque temps qu'il demeure hors du lieu de servitude. S'il n'y a privilege au contraire. Bourbonnois, art. 25. Mais Bourgogne, art. 81. dit simplement sans reserve. Et Vitry, art. 146. dit que l'homme de corps qui n'est reclamé par son Seigneur & a joüi de franchise par vingt ans, en la Province dont il est homme, a aquis franchise, s'il se retire hors la Province, il ne prescrit cōme étant fugitif. Droit de tailles & corvées dûës à volonté, ne se prescrit sinon aprés contradiction. Mais tailles & corvées certaines dûës sur heritages se prescrivent par trente ans. Auvergne, chapitre 17. articles 15. & 16. La raison de la diversité est que la corvée dûë sur heritage certain, est comme redevance annuelle payable chacun an. La corvée dit l'exaction gît en la volonté du Seigneur, est de faculté, & partant ne se prescrit sinon aprés contradiction.

La faculté octroyée pour racheter un heritage vendu, toutefois & quantes se prescrit par trente ans. Ainsi Paris, art. 120. Nivernois des prescriptions, art. 3. Berry des prescriptions, art. 11. Bourbonnois, art. 20. Orleans, art. 269. Auvergne, chapitre 17. art. 11. La raison est que telle faculté de racheter est purement par convention, & ce qui est de convention hors la nature du contrat est sujet à prescription comme sont toutes convenances. Autrement est du rachat des rentes constituées à prix d'argent : car la faculté n'en est pas octroyée par convention, mais par la nature qui est de l'essence du contrat, pourquoy le rachat s'en peut faire aprés cent ans. Paris, art 119. Et Orleans, art 268. qui ajoûte que s'il n'apert du prix de la constitution, le rachat en doit être fait au denier douze. Jaçoit que l'Ordonnance sur le rachat des rentes dûës sur maisons de Villes closes, du mois d'Octobre 1539. fasse audit cas le rachat au denier quinze.

La maniere de lever dîme & la quotité de dîsme sont prescriptibles contre laïs, par trente ans, contre l'Eglise par quarante ans. Nivernois des prescriptions, art. 4. Bourbonnois, art. 21. Auvergne, chap. 17. art. 18. & parle de trente ans. Ceci est contraire à l'opinion des canonistes, qui disent que ni la dîme ni la quotité, ni aucuns accidens qui y appartiennent, en peuvent être prescrits. Mais en France selon la constitution de Philippes le Bel Roy, nous tenons que le droit du dîme & tout ce qui y appartient peut être prescrit par long usage. Vray est qu'il s'y observe quant aux dîmes de gros blés, que la seule cessation ne suffit pour la prescription si ce n'est que le proprietaire des terres mette en avant le Concile de Latran, & pour l'effet d'icelle prenne sa possession immemoriale de n'avoir payé dîme comme l'ayant retenuë à lui. Mais pour les dîmes d'autres fruits, la prescription commune de quarante ans suffit : comme aussi suffit pour la prescription de la quotité & forme de percevoir. Et de cette opinion ont été les Doctes Theologiens Scolastiques, & encore on allegue un Docteur canoniste, *Anton. de Butrio in cap. parochianos extra. de decimis.*

Ez biens propres ou autres immeubles appartenans à la femme mariée qui ne sont de la cõmunauté, & dont le mari a l'administration: La prescription ne cours contre la femme durant le mariage. Berri des prescriptions, art. 16. Reims, art. 260. C'est selon la raison mise, *in l. 1. in fine. C. de annali except.* Mais Auvergne, chap. 17. art. 5. dit que la prescription court durant le mariage. Sauf si le mari ne fût solvable pour répondre de la negligence. Ceci est pris selon la rigueur de la loi *si maritus. ff. de fundo dotali.* Si le mari aliene les biens dotaux de sa femme durant le mariage, sans le consentement d'elle, la prescription ne court durant le mariage. Bourbonnois, art. 28. La raison est que la femme tant que le mariage dure ne peut avec le respect qu'elle doit à son mari faire appeller l'acheteur qui appelleroit le mari d'elle à garant, & la femme se mettroit en peril d'offenser son mari. Et la loi estime être impossible, non seulement ce qui de fait ne se peut faire, mais aussi ce qui se peut faire sans offenser la pieté, l'honneur & le respect que l'on doit à aucun *l. filius qui. ff. de condict. inst.* Et en particulier à l'égard de mari & femme. *in l. reprehendenda. C. de institut. & substitut. sub condition. fact.* Reims, art. 260. semble donner à la femme, l'action possessoire dedans l'an aprés le mariage dissolu.

Quand aucunes choses sont tenuës en commun & par indivis l'un ne peut prescrire le droit de l'autre, soit en possessoire ou en petitoire. Bourbonnois, art. 26. La raison est *in l. merito. ff. pro socio.* Et Bretagne, art. 277. dit que nulle longue tenuë ne nuit entre freres & sœurs vivans, quant au fait de leur partage.

La prescription ne court contre le mineur, soit qu'on la veüille commencer contre luy, ou qu'elle soit commencée contre son predecesseur majeur. *in l. supervacuum. C. in quib. caus. restit. in integ.* Mais le temps & faculté de rachat accordé au majeur contractant court contre les mineurs successeurs. Sauf leur recours contre leur tuteur. Bourbonnois, art. 33. Car en ce cas la faculté de racheter est par convention faite avec le majeur, & la survenance de l'heritier mineur n'ajoûte rien de privilege ni de faveur. *l. Polla. C. de his quib. ut indig.* Et pour le general *in l. 2. §. ex his ff. de verb. obligat. l. pretoriæ §. incertum. ff. de pretor. stipul.* Cette question est traitée & ainsi decidée par Bart. *in l. Æmilius ff. de minor. & in l. 2. C. si advers. vendit. pignor.*

Interruption de prescription contre l'un des freres ou communs possedans par indivis, aucun heritage, nuit aux autres freres ou communs. Nivernois des prescriptions, article. 5. Bourbonnois, art. 35. Berry des prescriptions, art. 13. de même, & parle d'interruption civile par ajournement ou convention judiciaire. Il semble que ceci s'entend d'interruption par action réelle, en ces mots, *possedans par indivis, aucun heritage,* du Molin en l'annotation sur ledit article 13. de Berry, dit cela être vray quand l'un des possesseurs est convenu pour le tout. Quand l'interruption est naturelle par possession réelle, je croy que indistinctement elle sert contre tous *l. naturalem. ff. de usucap.*

DES EXECUTIONS DES BIENS, *meubles & immeubles, & personnes, respits, cession, de biens hypothequez.*

Les obligations sous séel Royal ou autre séel authentique de Cour laïe, emportent execution & garnison de main, & peut le Sergent executeur garnir nonobstant opposition ou apppellation, & sans préjudice. Et à faute de garnir le Juge de la cause, pourra débouter l'opposant de son opposition. Ainsi dit Nivernois des executions, art. 3. Paris, art 165. Quand aux obligations qui ne sont passées sous séel Royal, ajoûte si lors de l'obligation l'obligé étoit demeurant au lieu où elle a été passée, mais l'Ordonnance de l'an 1539. dit demeurant au détroit où le séel est authentique. Orleans, art. 430. Auvergne, chap. 24. article 51. & excepte s'il n'étoit inhibé, parties oüies. Blois, art. 262. dit que l'opposant ne sera oüi en son opposition, jusques à ce qu'il est fait rapporter la main de Justice pleine. Berry des executions, art 1. 13. & 14. Bourbonnois, art. 97. & excepte si l'obligation est conditionnelle, auquel cas le Juge n'ordonnera sur la garnison. Ceci semble contraire au droit Ramain qui défend de commencer par execution. *l. 1. C. de execut. rei jud.* mais en effet & en repetant l'antiquité, il n'est contraire : Car l'ancienne observance étoit que les contractans alloient devers le Garde du Séel qui avoit Jurisdiction, & aprés avoir oüi leurs convenances les condamnoit à l'observation d'icelles. Encore les Notaires de Paris, Orleans & Poitou és contrats grossoyez esquels le Garde du Séel parle, mettent ces mots, *sont comparus en droit & jugement pardevant nous :* Et selon le Droit Romain, qui a confessé en jugement est tenu pour jugé & condamné. *l. debitoribus. ff. de re judic.*

La cedule reconnuë ou verifiée dûëment emporte garnison de main. Nivernois des executions, art. 3. Orleans, art. 462. & dit garnison & hipotheque, & si elle est conditionnelle le Juge ordonnera de la garnison. De vray cela gît en connoissance de cause si la condition est accomplie. Blois, art 296. Berry des executions, art. 11. pourvû que la chose dûë soit liquide, & la cedule non conditionnelle. La cedule reconnuë en jugement, ou pardevant Notaire ou tenuë pour confessée, ou verifiée aprés dénegation emporte hipotheque. Paris, art. 107. Berry des executions, art. 34.

La garnison ou provision de la chose dûë és mains du creancier, pourra être ordonnée par le Juge, parties oüis en baillant caution. Nivernois, audit. art. 3. & plus amplement l'Ordonnance de l'an 1539. Berry des executions, art. 11. & 12. qui dit que sur ladite provision ne sont reçûës exceptions dont la preuve n'est pas prompte : ni même la delation de serment fait par le detteur au creancier, sinon qu'il fût proche & pût venir dans huitaine. Ce qui se rapporte à la regle de la loi. 3. §. *ibid. ff. de exhib.* Bret. anc. art. 233. dit que les bêtes prises par execution doivent être venduës & les deniers mis és mains du créancier en se constituant acheteur de biens de Justice & baillant caution. Auparavant l'ordonnance de l'an 1539. on pratiquoit seulement la garnison de main de Justice, par saisie de meubles deposez en main tierce. Mais par ladite ordonnance a été introduite la garnison & provision és mains du créancier, non pas des meubles saisis, mais des deniers procedans de la vente d'iceux. La garnison de la main de Justice se fait par le Sergent aprés la seule vision de l'obligation authentique. La provision és mains du créancier, est ordonnée par le Juge aprés sommaire connoissance de cause. L'une des provisions est *ad instar*, du sequestre en complainte. L'autre *ad instar*, de la recreance.

Le Sergent executeur d'obligation ou sentence doit être accompagné de deux témoins, doit bailler les meubles par lui saisis en la garde du personnage resséant sur les lieux qui soit majeur de 25. ans à peine de nullité. Berry des executions, art. 26. ce qui est general. La vente des meubles pris par execution, en cas qu'il n'y ait opposition sera assigné par le Sergent, au dixiéme jour à l'heure dûë & au lieu accoûtumé, lieu public dit l'encant, & au dixiéme jour le Sergent doit proceder à la vente aprés proclamations : fera rapport des noms des meteurs & des sommes & prix des encheres. Et ne fera l'adjudication au plus offrant, sinon en payant comptant, Nivernois des executions, article 4. & 5. cela est general. Poitou, article 428. dit que les meubles doivent être portez au marché de la châtelenie & s'il n'y en a, au marché plus proche, à cause de la frequence du peuple, à ce qu'ils soient vendus à juste prix. Berry des executions art. 3. dit portez au lieu public de la justice, aprés 9. heures du matin, & devant dix, étrousse une heure aprés midi. Bourbonnois, art. 111. dit que la vente de meubles doit être assignée à quinzaine, pardevant le Juge du lieu. Auvergne, chapitre 24. article 46. & 47. dit assigner la vente à huitaine ou autre jour plus long, le Sergent fera la vente : mais ne délivrera, sinon aprés la confirmation du Juge, & consignation du prix, & art. 50. la vente se fera dedans un mois, autrement sera l'execution nulle. Bretagne, anc. art. 241. dit que les meubles, qui aisément peuvent être déplacez seront portez au lieu public, si non facilement déplacez seront vendus sur le lieu, & art. 237. de ladite anc. dit que le detteur peut recouvrer ses biens vendus dans huitaine, en rendant le prix & douze deniers pour livre avec les fraix. Melun, art. 319. la vente, avec huit jours francs à jour certain & lieu accoûtumé. Ces solemnitez semblent diverses, mais en effet, c'est afin qu'il se trouve prix raisonnable des meubles, afin d'éviter les fraudes & méchancetez des Sergens, & afin que le detteur puisse y faire trouver acheteurs raisonnables.

L'acheteur de biens en Justice doit être contraint par corps à payer, Bourbonnois, art. 112. Orleans, art. 439. Blois, art. 255. dedans 3. Samedis, payer, & par prison. Berry des execut. art. 18. & dit de même des gardiens de biens de Justice. Melun, art. 315. & 316. comme Berry des exec. art. 317. dit avant que contraindre que le Sergent doit faire commandement au domicile : le plus seur, est d'y pratiquer ce que la loi Romaine commande, qui est de délivrer à l'acheteur sinon en payant comptant : car aussi bien le Sergent vendeur ne peut transferer la proprieté, *etiam*, par tradition, sinon en payant comptant *l. à divo Pio. §. sed si emptor in fine ff. de re jud.* car les personnes publiques ne peuvent donner terme, ni faire credit. *l. si procurator. 2. ff. de jure fisci.* Sergens ne peuvent être gardiens ni acheteurs de gages pris par execution, directement ou autrement. Nivern. des executions, art. 5. Ce qui est bien raisonnable pour être general. Le créancier qui premier fait saisir meubles valablement doit être preferé & premier payé. Paris, art. 178. Auxerre, art. 130. qui dit que si tous sont en pareille diligence, de même jour ils viennent par contribution. Orleans, article 447. Selon la regle du droit Romain, qu'entre les créanciers non privilegiez, la cause de celui qui occupe & qui premier fait sa diligence est à preferer. *l. inter omnes. ff. de re jud. l. sed an hic. ff. quod cum eo.* Mais l'execution sur chose mobiliaire, desire enlevement & transport. Et si le meuble n'est déplacé, la seconde execution avec déplacement, sera preferée à la premiere. Nivernois des executions, art. 14. Orleans, art. 452. qui excepte si les créanciers ne sont privilegiez, la raison est parce qu'en meuble n'y a hipoteque par convention, ains seulement par apprehension réelle. *l. non est mirum. de pignor. act.* Auvergne, chap. 24. art. 53. parle de la prevention, nonobstant que les autres créanciers soient plus anciens en hipoteque. Melun, ar. 312. & dit que l'execution où n'y a transport est presumée être simulée, & ne préjudicie au créancier qui a trouvé les meubles en la puissance du detteur, *imò* doit être jugée n'avoir rien de réalité. Toutefois en cas du déconfiture, chacun créancier vient à contribution au sol la livre sur les biens meubles du detteur, nonobstant qu'aucuns créanciers fussent plus diligens. Ainsi dit Paris, art. 179. Orleans, art. 448. Senlis, art. 291. Reims, art. 396. La déconfiture est quand les meubles & immeubles du detteur ne suffisent pour payer tous ses créanciers apparens, ce retenu toutefois qu'à l'égard des immeubles, toûjours les créanciers hipotecaires sont payez les premiers. Et ceux qui ne sont payez par la vente des immeubles, sont proprement ceux qui viennent à contribution par déconfiture. Et s'il y a difficulté, les premiers saisissans recevront en baillant caution de rapporter si les autres biens ne suffisent. Ainsi dit Paris, art. 180. & Orleans, art. 447. La déconfiture n'a lieu au préjudice du créancier trouvé saisi du meuble à lui baillé en gage par son detteur. Ainsi dit Paris, art. 181. Orleans, art. 450. parce que le gage est réalisé par apprehension de fait. Auxerre, art. 130. dit que déconfiture n'a lieu quand les meubles étans en une maison sont saisis pour le loüage d'icelle : quand le meuble est en la maison du locateur proprietaire, le gage aussi est réalisé, entant qu'il est chez lui ; ou pour la marchandise extante venduë, sans terme qui est poursuivie par le vendeur : parce qu'en cas le vendeur peut la vendiquer, comme s'il n'y avoit tradition. *l. quod vendidi, ff. de contrah. empt. l. si quasi. ff. de pignor. act.* Aussi n'a lieu la déconfiture en matiere de dépôt, si le dépôt se trouve en nature, Paris, art. 182. Orleans, art. 451. Selon la même raison : car le dépositeur a non seulement l'action personnelle de dépôt : mais aussi à la revendication, car il demeure proprietaire. Aussi la dette du dépôt est privilegié. *l. si ventri §. in bonis ff. de privileg. cred. l. si hominem. §. ult. ff. depos.*

A la suite du propos cy-dessus est à remarquer une regle en forme de brocard du droit François, que meubles n'ont suite par hipoteque, quand ils sont hors de la possession du detteur. Ainsi disent Paris, art. 170. Sens, art. 131. qui ajoûte ces mots, *mis sans fraude hors la puissance du detteur.* Auxerre, art. 126. Berry des executions, art. 9. Bourbonnois, art. 116. Orleans, art. 447. & dit que le plus diligent est preferé, sauf s'il y a privilege ou déconfiture. Auvergne, chap. 24. art. 52. Melun, art. 313. Troyes, art. 72. Reims, art. 186. qui excepte sauf pour loyer de maison. Blois, art. 268. qui met l'exception comme Reims, & ajoûte ou autres dettes privilegiées, pour lesquelles les créanciers seront preferez, jusques à ce que les meubles soient vendus, & aprés la vente solemnellement faite, nul ne sera reçû, si ce n'étoit chose furtive, Bourgogne, art. 50. met une exception à meuble n'a suite, sinon pour la plus-valuë. Ce qu'on dit meuble n'a suite par hipoteque, s'entend que l'hipoteque n'est aquise par la seule convention, ainsi que dit le droit Romain. *l. 1. ff. de pignor. act.* mais est requis qu'il y ait apprehension réelle, auquel cas l'hipoteque y est, & peut-on suivre le gage; qui montre que c'est la distinction que les anciens Romains faisoient, disans que le gage qui s'appelle en Latin *pignus* est proprement de chose meuble, comme si on la prenoit avec la main, ou le poing. *l. si rem. §. propria. ff. de pignor. act.*

Aucunes dettes sont privilegiées, tant pour n'être sujetes à respit à un ou cinq ans : Comme pour n'être sujetes à cession, & pour n'être sujetes à la déconfiture. Quant aux respits, plusieurs Coûtumes remarquent certains cas, esquels les detteurs ne peuvent joüir du benefice de respit à un ou à cinq ans. Comme quand aucune chose est ajugée par sentence diffinitive donnée contradictoirement, & ainsi dit Paris, art. 111. Sens, art. 259. & dit de même és sentences données du consentement des parties. Auxerre, art. 150. & ajoûte comme Sens. Bourbonnois, art. 68. Auvergne, chap. 19. art. 1. Senlis, art. 290. & ajoûte dépens ajugez & taxez, Laon, art. 278. Reims, art. 392. Semble que la raison peut être ou pour l'autorité des choses jugées, qui de grande ancienneté emportoient contrainte précise & par corps, sinon que le condamné fit cession de biens *l. 1. C. qui bonis cedere possunt.* Ou parce que celui qui a plaidé & contesté est indigne de grace, ainsi comme est celui qui a nié la societé. *l. sed hoc ita ff. de re jud.* & comme se dit *in actione quod metus causa, in quadruplo.*

Le second cas : quand c'est dette pour loüage de maison ou arrérages de rentes foncieres : ou moisson de grain, ou ferme & accense d'heritages : tous lesquels cas sont de pareille raison. Paris, art. 111 Sens, art. 259. Auxerre, art. 150. Berry des executions, art. 21. Bourbonnois, art. 68. Melun, art. 322. Senlis, art. 291. Laon, art. 278. Reims, art. 392. Orleans, art. 424. Auvergne, chap. 19. art. 6. & art. 4. qui excepte si ce n'étoit trois ans aprés les baux, à titre de ferme & accense. C'est parce que telles dettes ne sont de trafic & commerce, ains est le revenu ordinaire de chacun destiné à sa nourriture & entretenement. Et n'est pas raison que celui qui l'aperçû ait fermé la bourse pour faire jeûner celui qui avoit son attente audit revenu.

Le tiers cas est de dettes de mineurs, contractées avec eux ou leurs tuteurs durant leur minorité, & de même d'autres personnes qui sont en curatelle. Paris, article 111. Sens, article 259. Auxerre, article 150. Bourbonnois, article 68. Melun, article 322. Reims, article 392. Cela dépend de l'ancienne formule des lettres de respit, que l'on prenoit en Chancellerie, qui portoient charge expresse aux créanciers puissans d'attendre, c'est à dire qui avec la commodité peuvent attendre le payement de leurs dettes.

Le quatriéme cas pour chose deposée. Sens, article 259. Auxerre, article 150. & ajoûte pour gage non rendu. Bourbonnois, article 68. Orleans, article 424. Melun, article 322. Senlis, art. 291. parce que celui qui ne rend le dépôt, commet dol & délit, & est tenu de furt. *l. 3. l. qui depositum. Cod. depos.* En France tout dol est coërcé extraordinairement, & par prison.

Le cinquiéme pour dette, procedant le délit, Sens, art. 259. Auxerre, audit article 150. Berry des executions, art. 21. Bourbonnois, art. 68. Orleans, art. 424. Melun, article 322. Laon, art. 378. Reims, art. 392. La raison est que l'ajudication procedant du délit, est sujete à coërtion par prison, sans qu'on en soit délivré par cession de biens & si la pauvreté y est évidente le Juge doit commuër la peine pecuniaire en corporelle. Par l'Edit du mois de Mars 1549. article 7. & selon le droit Romain. *l. si quis id quod. ff. de jurisd. omn. jud.* Ez Capitulaires de Charlemagne *lib. 3. cap. 65.* est dit que celui qui condamne par délit, n'a moyen de satisfaire, doit constituër serf en gage, jusques en payement. *idem cap. 67.* Et il decede, ses heritiers auront sa succession. *Et lib. quarto. capite decimo quarto.*

Le sixiéme cas, pour marchandise prise en plein marché. Sens, article 259. Laon, art. 278. C'est le privilege des marchez, afin qu'ils soient plus frequentez, & abondent de marchandise.

Le septiéme cas, pour Pensions de nourriture d'enfans, & écoliers. Berry des executions, article 21. Bourbonnois, art. 68. Orleans, art. 424. qui ajoûte & d'apprentifs. Le privilege est en ce que le bien de l'un a été employé pour nourrir la personne qui doit.

Le huitiéme cas de celui qui est obligé ou condamné pour reddition de compte, de biens du public ou de l'Eglise. Berry des executions, art. 21. Bourbonnois, art. 68. Orleans, art. 424. Melun, art. 322. C'est la même cause de privilege cy-dessus touchée au 3. cas, de dette contractée avec mineurs durant leur minorité. La chose publique & l'Eglise sont en même privilege que les mineurs. *cap. 1. extra de integ. restit.*

Le neufviéme cas. Obligation ou condamnation pour frais funeraux. Berry des executions, art. 21. Selon le droit Romain dont l'Auteur de ladite Coûtume étoit zelateur, les frais funeraux sont privilegiez par dessus toutes dettes. *l. penult. ff. de relig. l. at si quis. §. 1. ff. eod.*

Le dixiéme cas. Pour alimens dûs à enfans mineurs & pauvres. Berry des executions, art. 21. parce que telle dette n'endure dilation, & la formule des respits est pour les créanciers puissans d'attendre.

L'onziéme cas. Quand aucun doit pour achât de vivres & victuailles, soit en gros comme de blé, vin & bétail, soit par le menu. Nivernois des executions, article 22. dit qu'outre ce tels acheteurs ne sont reçûs à cession de biens. Orleans, art. 418. qui dit quand l'achât est fait en marché public & donne terme de huitaine à payer. Auxerre, article 150. pour vente de vins. Berry des executions, article 22. Reims, art. 392. & ajoûte quand c'est pour la provision de l'acheteur detteur. Bourbonnois, art. 68. Laon, art. 278. Reims, art. 292. La raison dépend de ce qui a été dit au 7. cas cy-dessus, que ce qui est pour la nourriture de la personne est privilegié, Car la premiere consideration de toutes les affaires de ce monde, en ce monde est pour les hommes, pour l'utilité desquels nôtre Seigneur a tout créé. Au pseaume huitiéme, *vers.* 7.

Le douziéme cas. Pour salaire de serviteurs & mercenaires. Bourbonnois, art. 68. Oaleans, art. 424. Melun, art. 322. La raison dépend de la sainte Ecriture qui défend avec grande communication, de retenir le salaire du mercenaire.

Le treiziéme cas, si le mari poursuit le payement de la dot de sa femme, ou la femme la restitution de sa dot. Bourbonnois, art. 69. Auvergne, chap. 19. art. 3. Parce que le mari doit prendre les fruits & profits de la dot de sa femme, eu égard qu'il la nourrit & supporte les charges du mariage. Ce qui tient lieu d'alimens. Et la dot de la femme est son propre patrimoine, dont elle doit être nourrie quand elle est veûve.

Le quatorziéme cas est quand le detteur a expressément renoncé à impetration de respit. Ainsi dit Auvergne, audit chap. 19. art. 3. Ce cas est plus à douter. Car le respit est une commemoration, à chacun de nous de la condition humaine qui est sujete à vicissitudes & a inconveniens.

Le quinziéme cas, si l'acheteur a encore la marchandise en sa puissance. Auvergne, audit chap. 19. art. 5. La raison est que s'il a la marchandise, il est fraudateur, & le fraudateur est indigne de toute faveur. *leg. ult. §. ult. ff. quæ in fraud. cred.*

Le seiziéme cas : deniers dûs à cause de vendition d'heritages, Melun. art. 322. Laon, article 278. C'est bien raison que celui qui joüit de l'heritage paye. Et seroit chose injuste, que le vendeur n'eût argent ni heritage.

Le dix-septiéme cas : le dette dû à aucun pour alimens & medicamens. Reims, art. 392. Les raisons ont été dites cy-dessus, sur l'onziéme cas.

Cession de biens n'est reçûë en certains cas. Comme quand aucun est condamné en reparation d'interêt civil, procedant de délit. Laon, art. 279. Reims, art. 393. Si aucun est acheteur de biens de Justice. Melun, art. 318. Acheteur de victuailles, Nivernois, au chap. des executions, art. 22. Autant en faut dire de toutes condamnations & obligations qui procedent du délit, dol ou fraude : car en tels cas la prison doit servir de peine au fraudateur, & délinquant. *l. ult. §. ult. ff. de his quæ in fraudem credit.* La cession a été inventée pour éviter la prison. *l. 1. C. qui bonis cedere poss.*

Celui qui a vendu sa marchandise sans terme, peut poursuivre la chose venduë pour être payé. Et ores qu'il eût donné terme, si la même chose est saisie par un autre créancier, il peut intervenir, & être preferé. Paris, article 176. & 167. Orleans, art. 458. Reims, art. 398. Qui a vendu sans terme, peut vendiquer. *l. quod vendidi. ff. de contrah. empt.* Qui a vendu avec terme, il a privilege comme si le credit avoit été extorqué de lui, par dol.

Dépens d'hôtelage livrez aux hôtes ou à leurs chevaux sont privilegiez, & sont à préferer à tous créanciers, sur les biens & chevaux hôtelez. Et l'hôtelier en a retention. Paris, article 175. Berry des executions, articles 19. & 20. & ajoûte pour la dépense faite à la derniere fois, que l'étranger y a logé. Bourbonnois, article 135. Reims, article 395. La regle de droit est que chacun a retention de la chose pour la conservation de laquelle il a frayé. *l. creditoris in fine ff. de furt. l. in hoc ff. communi divid.* Mais Melun. art. 328. dit que taverniers, qui sont cabaretiers, n'ont action ni retention de gager, & ne peuvent prendre obligation des habitans des lieux, esquels ils sont taverne.

Chevaux, armes, & bagage des Gentils-hommes, gens d'Ordonnance, ou de ban & arriere-ban, qui sont en voïe pour aller au service du Roy, ne peuvent être arrêtez, ores que ce soit en vertu du privilege des Bourgeois de Ville privilegiée. Berry des executions, art. 7. Il y en a Ordonnance du Roy Henri II. du 20. Avril, 1553. Qui excepte s'il est question de dette procedante de vente de chevaux & d'armes & de vivres. Bretagne, anc. art. 124. & nouv. art. 119. parle plus avant, & dit qu'on ne peut faire arrêter le cheval du Gentil-homme ni d'autre homme d'Etat, qui est pour son usage à chevaucher, s'il n'est obligé par corps. Et encore audit cas ne peut-on saisir si on peut trouver meubles. Quelquefois la Cour de Parlement a jugé des executions injurieuses, ores que de soi elles ne fussent tortionaires. Comme quand sur une personne de qualité respectable on saisit son cheval lui étant hors de sa maison, si tant est qu'on ait moyen d'executer sa maison. La Cour par Arrêt du premier Février,

1550.

1550. déclara injurieuse l'execution faite sur un Conseiller au temps qu'il étoit en sa séance de Parlement, sans avoir fait commandement à sa personne.

On ne doit prendre par execution bêtes de charruë & de labeur, ni les vêtemens à l'usage quotidien du detteur, ni le lit où il repose, ni le pain ni la pâte quand on trouve autres meubles. Bretagne ancienne, art. 239. & nouvelle, art. 226. Soit vûë la *l. pignorum*, avec l'Authent. *agricultores C. quæ res pignori.*

Femme ne doit être mise en prison pour dette civile, ni pour la dette & fait de son mari, ores qu'elle y fût accordée. Bretagne ancienne, art. 422. nouvelle, art. 445.

Executions en biens meubles cessent par la mort du detteur obligé. Sinon que l'obligation eût été déclarée executoire contre l'heritier, ou que la succession & heredité fût jacente, auquel dernier cas on peut executer sur les biens du défunt jacens & non occupez. Nivernois des executions, art. 2. Paris, art. 168. Orleans, art. 433. Melun, art. 131. & exprime ces mots, *executer sur l'heritier de l'obligé quand l'obligation est déclarée executoire.* Auvergne, chapitre 24. art. 5. dit qu'on peut executer sur les biens du detteur ou de son heritier, déclaration préalablement faite qu'il est heritier. Blois, art. 252. dit qu'on ne peut executer les biens de l'heritier, ains faut venir par action. Et articles 253. & 254. dit s'il n'y a heritier apparent, ou est absent, on peut faire arrêter les biens du défunt. Paris, article 169. dit que les biens du mari & de la communauté peuvent être saisis pour la conservation du dû des créanciers, aprés commandemenr fait à la veûve & heritiers. La distinction & resolution de la diversité peut être en cette sorte. Quand le créancier saisit des biens hereditaires, qui sans difficulté sont reconnus être de l'heredité, il ne peut faire tort à personne pour la seule saisie : car s'il y a heritier il doit; si celui qui se plaint n'est pas heritier, il n'a point d'interêt. Et le créancier a interêt tant pour la conservation des biens, que pour avoir le privilege de sa diligence. Mais avant que de vendre, il faut qu'il y ait un défenseur legitime, soit l'heritier ou curateur à biens vacans. Cela se dit quant aux biens hereditaires : mais quand on veut executer les biens de l'heritier, sans distinction, si ce sont les biens hereditaires ou les biens propres de l'heritier, car par l'adition d'heredité ce n'est plus qu'une sorte de biens : en ce cas faut préalablement faire déclarer l'obligation executoire avant que saisir. Selon mon avis ainsi doivent être entenduës les Ordonnances & les Coûtumes. Si l'heritier est absent, le créancier peut faire saisir les biens du défunt en faisant apparoir promptement de sa dette. Nivernois des executions, aricle 12. Orleans, art. 441. ajoûtant si la preuve n'est pas par écrit, qu'il en doit faire apparoir dans bref delai. Berry des executions, art. 14. dit quand l'heritier est étranger que le créancier peut faire arrêter les meubles hereditaires jusques à ce qu'il y ait caution baillée. Et que l'heritier étranger doit répondre pardevant le Juge du lieu des dettes dûës en la même Province. La raison est bonne : car tout cela ne tend qu'à fin de conservation de droit & ne nuit à personne.

Celui qui a transport & cession d'une dette ne peut faire executer le detteur, sinon aprés l'avoir certioré de la cession. Nivernois des executions, article 1. Paris, art. 108. dit que le simple transport ne saisit, & faut signifier le transport au detteur, & lui en bailler copie. Melun, article 311. & blois, article 263. disent que le cessionaire ne peut faire executer, ains doit faire déclarer l'obligation executoire, & informer le detteur. Mais Bourbonnois, article 127. permet faire proceder par execution, en justifiant du transport. Le plus seur est d'informer le detteur & lui bailler copie signée avant que d'executer, afin qu'il ait assurance s'il pourra bien payer au cessionaire.

On ne peut proceder par execution, si la somme ou espece dûë n'est liquide & claire. Paris, article 166. Et peut être faite execution pour vin, blé, ou autre espece contenuë en la condamnation, ou obligation : car l'espece est liquide en soi : mais la valeur extrinseque n'est pas reconnuë. Toutefois avant que proceder à la vente des biens pris, faut faire appretier l'espece pardevant le Juge, partie presente ou appellée. Nivernois des executions, art. 20. Paris, art. 166. Bourbonnois, art. 126. Melun, art. 330. dit que appretiation de grains, doit être faite à l'estimation comme de l'année en laquelle ils étoient dûs. Mais en moissons & rentes foncieres, au plus haut prix de l'année commençant au terme du payement. Ainsi Bourbonnois, article 128. Du Molin en l'annotation, dit plus haut prix commun. Ce qui se rapporte au droit Romain, & à la raison du sens commun. Afin que le créancier ne guéte l'occasion de deux ou trois semaines ou marchez, que le blé aura valu extraordinairement. Ce qui seroit vraïe fraude & caption reprouvée par la loi. *l. pretia §. ult. ff. ad leg. Falcid.* Mais en rapportant la valeur de toute l'année, il soit connu quel prix le plus haut aura été le plus commun.

Proxenetes & commis à vendre marchandise d'autrui peuvent être contraints par corps, à rendre le prix de la vente ou la chose baillée à vendre. Nivernois des executions, article 21. Berry des executions, article 31. Bourbonnois, article 131. Orleans, article 429. pour la prison sans y recevoir respit ni cession. Parce qu'ils ne peuvent retenir le prix sans dol dont la coërtion est par prison.

Celui qui est obligé par corps peut être emprisonné sans faire auparavant discussion de ses biens. Et aprés l'emprisonnement, le créancier peut faire saisir, & vendre ses biens. Nivernois des executions, art. 8. & 9. Berry des executions, art. 15. & ajoûte apres commandement fait à personne en lieu oportun. Et si le detteur est laï doit tenir prison laïe : S'il est d'Eglise, la prison du Juge d'Eglise. Cela est general par tout en France, à cause du privilege des Clercs : & art. 16. dit si le detteur est trouvé en la ruë, & il requiert le Sergent d'aller en sa maison, il y doit aller, les executions doivent être faites avec modestie sans animosité. Chacun ne porte pas toûjours argent sur soi pour payer tous ses dettes : Et art. 17. dit que le creancier peut cumuler diverses sortes de contraintes, l'une non cessante pour l'autre. C'est suivant l'Edit de Moulins de l'an 1566. art. 48. Bourbonnois, art. 104. mais ne permet la cumulation s'il n'a été accordé que l'une des contraintes ne cessera pour l'autre. Auvergne chap. 24. art. 59. & 60. dit comme Bourbonnois, & dit comme Nivernois des executions, art. 8. qu'en fournissant meubles exploitables il sera élargi. Melun, art. 314. comme Nivernois. Et pour la cumulation. Troïes, art. 129.

Si plusieurs sont obligez pour même dette, chacun d'eux seuls pour le tout : ou si un ou plusieurs pleiges se sont constituez principaux payeurs chacun d'eux pour le tout, ils sont executables directement sans qu'ils se puissent aider de division ni discussion, jaçoit qu'ils n'y ayent renoncé expressémenr. Nivernois des executions, art. 10. & Bourbonnois, art. 114. pour les principaux obligez : Mais art. 115. dit quant aux pleiges qu'il faut discuter le principal detteur, sinon que le pleige se fût constitué principal detteur, ou que le detteur fût demeurant hors du païs. Bourgogne, art. 49. dit que le créancier peut s'adresser au detteur ou au pleige lequel il voudra choisir. Bretagne anc. Coût. art. 212. & 213. & nouvelle, art. 195. & 196. ne se contente qu'ils soient obligez chacun pour le tout, mais desire qu'ils ayent renoncé à division. De vrai semble que les Docteurs ayent recherché trop exactement ces ceremonies de renoncer à division & discussion, nos majeurs François se sont contentez qu'il y ait déclaration, par laquelle se connoisse que la volonté du detteur a été d'être obligé, principalement & pour le tout.

Mercenaires, ouvriers & autres qui ont employé leur labeur ou industrie à culture de terres, cueillette de fruits, voiture de marchandise ou autre besogne pour autrui, peuvent saisir les fruits, la marchandise ou ce qui est revenu, ou a été conservé par leur labeur pour être payez de leurs salaires, & tient la saisie jusques à payemenr. Et outre ont action contre ceux qui les ont mis en besogne. Nivernois des executions, art. 13. Orleans, art. 445. & ajoûte qu'ils n'ont action, sinon contre ceux qui les ont mis en besogne. Melun, art. 182. & ajoûte faire saisir les fruits, ores qu'ils soient déplacez. Blois, art. 267. qui ajoûte que s'ils ont baillé la marchandise sans la retenir, ou faire saisir qu'ils doivent agir dans quarante jours. Autrement le Marchand sera crû par serment. Bretagne anc. art. 193. & nouvelle art. 185. dit, comme Nivernois, & que tels mercenaires sont préferez à tous autres créanciers en ladite chose. Et Bretagne anc. art. 243 & nouvelle 229. dit que les mercenaires peuvent dedans le jour ou le lendemain de leur besogne prendre des biens pour leur loyer, & les vendre. Ces privileges & faveurs octroyez aux mercenaires, sont tres-justes consonans à la loi divine, & la raison de sens commun, parce que ordinairement ce sont pauvres gens qui vivent au jour la journée.

Le locateur d'une maison ou autre heritage peut faire proceder par execution sur les biens, meubles du conducteur étans en la maison & sur les fruits d'heritage baillé à loüage. Jaçoit qu'il n'ait obligation par écrit. Et peut le locateur contraindre le conducteur à garnir la maison de meubles. Nivernois des executions, art. 16. & 17. Paris, art. 161. & 162. ajoûte *etiam* des biens de sous-locatifs qui leur seront rendus en payant le loyer de la sous-location. Berry des executions, art. 37. & 38. & art. 41. pour la contrainte de garnir ou de payer un an, & à faute de ce expulser par Justice. Bourbonnois, art. 117. Orleans, art. 408. & 419. dit garnir pour un an & pour rétablir les meubles enlevez pour la seureté de trois termes. Melun, art. 179. Senlis, art. 288. qui permet au locateur de gager de soi-même quand il trouve le conducteur qui s'en va emportant ses biens, à la charge de le dénoncer incontinent à Justice. C'est suivant ce que disent les Docteurs se fondans sur le texte, *in l. ait prætor. §. si debitorem ff. quæ in fraud. cred.* Laon, art. 273. Reims, art. 387. & 388. Blois, art. 265. Le Locateur est preferé à tous autres créanciers, sur les meubles étant en sa maison. Melun, art. 180. Berry des executions, art. 39. Bourbonnois, art. 119. qui excepte s'il n'y a eu novation. Laon, art. 273. Reims, art. 387. Peut le locateur poursuivre les meubles transportez. Melun, art. 179. Laon, art. 173. qui met l'exception pourvû qu'ils n'ayent été vendus. Reims, article 387. faisant recueil de toutes les exceptions & limitations cy-dessus, qui se peuvent accorder, toutes semblent bien raisonnables.

Les fruits d'un domaine ou d'un heritage peuvent être saisis & arrêtez, à la requête du proprietaire ou Seigneur rentier, pour les loüages, fermes, accenses & rentes foncieres. Ores qu'il n'y ait obligation expresse par écrit. Et s'ils étoient transportez & déplacez, le Seigneur les peut poursuivre & faire rapporter : Et sera preferé à tous autres créanciers, & en cas d'opposition l'exploit tiendra. Nivernois des executions, article 19. Paris, article 74. 75. & 171. pour le second chef, & pour trois années, Sens, article 120. & 241. & ajoûte pour la derniere année, quant au tiers detenteur. Ce qui est bien raisonnable en se representant, ce qui est dit au droit Romain, que les personnes ne sont pas tant recherchées que les choses *l. imperatores. ff. de publica.* de vrai les fruits doivent, mais ce sont les fruits de la même année, parce que fruit est ce qui reste aprés les charges foncieres payées. *l. neque stipendium. ff. de impens. in res dot. fact.* & quand au personnellement obligé pour les trois années. Auxerre, art. 118. Berry des executions, art. 33. 44. 45. 46. & 47. & au 4. chef ajoûte jusques à caution baillée. Bourbonnois, art. 125. comme Nivernois, sauf le dernier chef de l'exploit tenant. Orleans, art. 46. de même pour les trois années ou trois quartiers ; 415. & 416. pour les meubles transportez, & 421. Bretagne 193. pour la préference à tous créanciers. Melun, article 181. & 107. pour l'année derniere, les autres par action. Laon, art. 275. horsmis qu'il en doit apparoir par écrit, & art. 136. dit que la saisie ne tiendra que pour la derniere année. Reims, art. 389. Blois, art. 246. & 249.

etiam sur le tiers detenteur. Orleans, article 434. dit que pour rente fonciere on peut executer l'obligé personnellement pour les arrerages de trente ans. Mais Bourbonnois, article 415. ne donne execution & provision que pour dix ans en rentes foncieres. Et peut être faite execution non seulement sur les fruits de l'heritage, mais aussi sur les meubles étant en la maison. Auxerre, art. 118. Nivernois des rentes & hipoteques art. 3. Blois, art. 246. Sens, art. 120. c'est selon le droit Romain qui parle de *de invectis & illatis*. Bourgogne, article 116. permet au Seigneur de s'adresser à la chose sans discuter le personnellement obligé *quid magis res quam persone conveniuntur. L. Imperatores ff. de publicanis.* Si le fermier est en demeure de payer la ferme de toute l'année précedente ou la plûpart, le locateur peut faire saisir pour l'année suivante non échûë sans toutefois transporter les fruits saisis hors du lieu. Laon, art. 276. dit que si c'est l'année derniere de la ferme, & le fermier ne donne assurance au Seigneur, le Seigneur peut saisir les fruits pour le terme non échû: Autant en dit Reims, art. 391. Mais Blois, art. 249. semble permettre simplement de saisir les fruits pour le terme prochain à venir. Me semble que par tout le Juge pourroit avec sommaire connoissance de cause, s'il lui appert que ce rentier ou fermier soit un mauvais payeur, un broüilleur, un mauvais ménager, ordonner la saisie jusques à ce qu'il eût baillé caution, selon la *l. in omnib. ff. de judic. leg. si fidejussor. §. ult. ff. qui satisd. cog.* Si c'est simple rente ou redevance qui ne soit premiere fonciere, & soit assignée specialement sur certain heritage qui est és mains d'un tiers detenteur, le créancier pourra faire saisir les loyers, pensions & fruits dudit heritage pour la derniere année seulement. Ainsi dit Nivernois, des executions, article 11. Berry des executions, article 33. Orleans, art. 438. Ce que je voudrois entendre en rentes foncieres & non rentes constituées à prix d'argent, jaçoit qu'il y ait hipoteque speciale: car l'hipoteque speciale n'est qu'accessoire, & la dette est personnelle principalement. Mais autres coûtumes donnent seulement l'action hipotecaire contre le tiers detenteur de l'heritage specialement obligé sans discussion du principal detteur. Laon, art. 116. Reims, art. 183. Blois, art. 248. Sens, art. 134. & art. 121. dit que pour rentes volantes on ne peut s'adresser contre le tiers detenteur s'il n'y a déclaration ou reconnoissance. Auxerre, art. 119. & 133. Bourbonnois, art. 136. Orleans, art. 436. Auvergne, chap. 24. art. 2. & 3. & art. 7. dit que le tiers detenteur ne doit être dépossedé en promettant de rendre les fruits depuis la main-mise: & art. 8. dit de même du tiers opposant afin de distraire qui est joüissant. Ce qui semble devoir être general par tout, car on ne doit sequestrer sur le tiers detenteur non obligé & quand il est legitime possesseur de plus d'an & jour il doit être tenu comme un défenseur en action petitoire pour joüir durant le procez & être sujet à restitution de fruits depuis le procez intenté *leg. si fundus. §. in vendicatione. vers. interdum. ff. de pignor.* Sens, art. 135. dit que le créancier de rente assignée generalement doit discuter le coustituant avant que s'adresser au tiers detenteur. Mais pour interrompre la prescription peut agir contre le tiers detenteur en déclaration d'hipoteque. Ce qui est gneral par tout. Ceux qui ont acheté blés, vins & autres victuailles aprés délivrance à eux faite, peuvent être contraints par corps au payement sous le simple congé du Juge, qu'il octroyera à l'assertion du vendeur. Et s'il y a terme, au bout du terme. Et s'il y a contradiction le vendeur doit faire apparoir du marché dans ving-quatre heures. Nivernois des executions, art. 22. Berry des executions, article 32. [illegible] dit seulement quand il n'y a point de terme. Bourbonnois, art. 232. quand il n'y a terme, & que le tout doit être vuidé sommairement. Orleans, article 428. pour ce qui est acheté en marché public & la prison aprés huitaine. C'est comme dit a été à cause de la faveur de la marchandise destinée pour la necessité de l'hôme.

Ceux qui vont à foires & à marchez & en jugement pour leurs causes, ou qui en viennent, ne doivent être arrêtez pour dette civile, ores qu'elle soit privilegiée. Bourbonnois, art. 133. Auvergne, chapitre 24. art. 62. & dit qu'ils en sont crûs par serment. A quoi se rapporte ce qui est en la loi des Alemans, faite par Clotaire, Roi de France, chapitre 28. article 1. & ajoûte de n'inquieter celui qui va vers le Roi, ou en vient, *etiam* pour crime.

Le Seigneur haut-justicier peut faire proceder par execution pour ses droits domaniaux anciens & accoûtumez. Et y peut être ordonnée garnison en faisant sommairement apparoir du droit, Nivernois des executions, art. 15. Bourbonnois, art. 110. qui ajoûte aprés que les sujets ont été déclarez detenteurs des heritages chargez de la redevance. Bretagne ancienne, art. 230. ne permet l'execution si le Seigneur n'est de trois années dernieres. Autrement doit venir par action, sinon qu'il y eût obligation ou jugement.

Auparavant l'Ordonnance de l'an 1539. le créancier ne pouvoit faire vendre les immeubles de son detteur, sinon aprés avoir discuté ses meubles, au moins sans avoir fait perquisition desdits meubles, pour connoître si par la vente d'iceux, il pourroit être satisfait, & cét ordre de discussion dépend de ce qui est dit *in l. à Divo Pio. ff. de re judicata.* Mais par ladite Ordonnance cette ceremonie est abrogée. Et encore plus par l'Edit de Moulins de l'an 1566. par lequel il est permis de cumuler plusieurs sortes de contraintes. Ce qui a été introduit avec juste raison, pour empêcher les difficultez & subterfuges que les detteurs avoient accoûtumé de pratiquer par cette occasion. Cette discussion de meubles a été retenuë seulement quand les mineurs sont detteurs, parce que selon la regle du droit Romain, on ne peut faire vendre l'immeuble d'un mineur, sans connoissance de cause & decret du Juge, laquelle connoissance de cause gît, à sçavoir s'il y a autre moyen de payer la dette du mineur, sans vendre son heritage, auquel effet on contraint le tuteur d'exhiber l'inventaire, & rendre un compte sommaire,

& si par ce compte sommaire, appert qu'il n'y ait moyen de payer des meubles, ou du *reliqua*, le Juge permet de vendre l'heritage du mineur. Or quand le créancier veut faire vendre l'immeuble de son detteur, par autorité de Justice, l'office du Juge est d'y employer son soin, afin que la vente soit avec toute seureté, pour l'acheteur adjudicataire, & afin que l'autorité de Justice ne soit illusoire, auquel effet les Coûtumes & les Ordonnances ont introduit certaines formalitez qui sont necessaires à observer. Aussi quand elles ont été observées, l'acheteur est assuré de l'heritage qui lui a été ajugé par decret, & ne peut être poursuivi pour dettes, hipoteques & charges, sinon pour celles contenuës au decret. La principale ceremonie est de faire sçavoir & appeller tous ceux qui peuvent pretendre interêt és heritages qu'on veut faire vendre, à sçavoir qu'il faut appeller nommément, & par exprés ceux qui sont connûs, comme sont les proprietaires & les detenteurs des heritages. Et ceux qui ne sont pas connûs, doivent être appellez à cri public à diverses fois. Qui est selon la pratique enseignée par *Bart. in l. si eo tempore. C. de remiss. pignoris.* Et les ceremonies étant observées, le jugement qui s'ensuit, qui est l'ajudication par decret, à force de chose jugée. Quant à tous les Juges du decret, les plus exacts observateurs, aprés le rapport des criées en jugement donnent défaut contre tous ayant interêt, & pour le profit ordonnent, que sans plus les appeller sera passé outre, & le jugement qui sera donné, aura force de chose jugée contre tous. Qui est *ad instar* des sentences dont est parlé au droit Romain, qui font droit quant à tous *ut in l. de ætate ff. minorib. l. 1. §. ult. ff. de liber. agnos.* Doncques la premiere ceremonie est que les heritages qu'on veut faire vendre soient saisis & mis sous la main de Justice, & pour ce faire que le Sergent se transporte sur les lieux pour saisir réellement, & en soit le proprietaire depossedé. Et pour mettre à effet cette dépossession, qu'un commissaire soit établi au regime desdits biens qui les baillera à ferme & à cense sous l'autorité de Justice, au plus offrant & dernier encherisseur, pour autant de temps que les criées dureront. Ce qui se fait à trois fins, l'une afin que le proprietaire étant dépossedé soit connû à tous, que ses biens sont en la main de Justice, pour être vendus. L'autre, afin qu'étant depossedé, les moyens lui soient ôtez de retarder les criées, & par attediation il soit semons d'obeïr à droit & raison, comme il est dit *in cap. 2. extra de dolo & contumacia.* Et la tierce fin, à ce que les fruits qui seront recueillis des heritages, soient employez à payer les creanciers. L'Edit des criées met la nullité en cas qu'il n'y aura commissaire établi, & le detteur ne sera dépossedé. Doncques se dit que durant les criées le detteur proprietaire, ni le tiers detenteur qui n'est pas opposant, ni autres opposans, ne doivent joüir des heritages, quelque caution qu'ils offrent, ains doivent être regis par commissaires. Ainsi dit Nivernois des executions, art. 28. Berry des executions, art. 71. Bourbonnois, art. 140. & ne parle que du detteur ou ses heritiers. Il y faut mettre l'exception cy-dessus, sauf si c'est un tiers detenteur, joüissant réellement, lequel peut se maintenir en joüissance, sans se laisser déposseder, comme il est porté par la verification que la Cour a faite sur l'Edit des criées, & à la charge s'il est évincé par l'issuë des criées, d'être sujet à restitution des fruits. Au regime & gouvernement d'heritages criez ne peuvent être commis & établis, commissaires, & ne peuvent aussi être fermiers desdits heritages, le Juge, son Greffier, Sergent executeur des criées, Avocats, ou Procureurs du Siege freres ou enfans des parties. Nivernois des executions, art. 29. Berry des executions, art. 71. & dit outre les Sergens des lieux, les enfans, freres ou neveux, ou fermiers du proprietaire. Bourbonnois, art. 141. cela est introduit pour éviter les fraudes & collusions, & à ce que les heritages soient accensez à prix raisonnable : car telles sortes de personnes peuvent pratiquer plusieurs inventions, & guéter des occasions pour avoir meilleur marché. Auvergne chap. 24. art. 6. reçoit le detteur proprietaire à prendre la ferme en baillant caution. Cela ne semble pas raisonnable, car l'établissement de Commissaire n'est pas seulement pour les fruits, mais aussi pour déposseder & attedier le detteur. Et encore afin de faire connoître à tous que l'heritage est en criées. Les criées doivent être faites les Dimanches, à issuë de la Messe Paroissiale de la Paroisse en laquelle les heritages sont assis, de quinzaine en quinzaine, jusques à quatre fois, & que affiche soit mise à la porte d'icelle Eglise Paroissiale, contenant la declaration des heritages, avec un panonceau à la porte de la maison, s'il y a maison. Et en ce faut suivre ce qui est ordonné par l'Edit des criées de l'an 1551. auquel Edit aucunes Coûtumes ont ajoûté ou modifié, & est bien à propos si les Coûtumes ordonnent quelque chose, outre l'Edit qui se puisse compatir avec l'Edit, de le suivre : mais je croy que les formes portées par l'Edit sont necessaires, & que l'on ne peut y déroger. La Coûtume de Nivernois chap. des executions, art. 38. desire que durant les deux premieres criées, le Sergent fasse une proclamation en la plus prochaine Ville de l'assiete des heritages à jour de marché, & y mette des affiches. Cela est bon à faire, & nous observons en Nivernois de le faire, afin que la connoissance en vienne à plus de personnes. Le Sergent executeur des criées doit être accompagné d'un Notaire de Cour laye, & de deux témoins. Nivernois des executions, art. 41. Bourbonnois, art. 143. Auvergne chap. 24. art. 25. dit que si le Sergent n'est pas lettré, il doit être accompagné d'un Notaire & d'un témoin. Les Coûtumes de Sens, art. 128. Auxerre. art. 126. & Troyes, art. 71. se contentent de deux témoins : & Sens ajoûte à peine de nullité. Le Sergent peut poursuivre & continuer les criées, jusques à la quatriéme incluse, nonobstant oppositions ou appellations. Nivernois audit art. 41. Poitou, art. 443. Bourbonnois, art. 143. Auvergne chap. 24. art. 74. & excepte, sinon qu'il fût inhibé par le Juge, parties oüies, de passer outre. Melun, art. 334. Un Sergent peut continuer les criées encommencées à faire par un autre Sergent. Sens, art. 127. Auvergne chap. 24. art. 45. Si par aucun accident l'une des criées ne se fait pas au même jour, auquel elle échet : il n'est pas besoin de recommencer tout, mais sera recommencé à reprendre du lieu & temps où a commencé la faute. Ainsi dit Sens, art. 127. Mais Auxerre, art. 125. distingue que s'il y a continuation & prolongation outre les jours ordinaires destinez pour les criées qu'il ne faut recommencer, & s'il y a anticipation desdits jours, il faut recommencer. Cela, selon mon avis gît en l'office du Juge.

Si une rente fonciere est mise en criées, les criées doivent être faites au même lieu, & par la même façon que seroient criez les heritages sujets à ladite rente : car la rente fonciere fait portion du fonds. Mais si une rente constituée à prix d'argent dûë par un particulier est saisie sur le creancier d'icelle, les criées doivent être faites à la porte de l'Eglise Paroissiale de celui sur lequel on saisit, qui est le creancier de ladite rente, & les panonceaux mis en sa maison. Ainsi disent Paris. articles 348. & 349. & Orleans, art. 482. & 483.

S'il y a eu Jugement de provision contre le detteur obligé par instrument authentique, ou condamnation à faute de garnir la main de Justice, & ait été dit nonobstant l'appel, & sans préjudice, le creancier pourra faire saisir, crier & vendre les immeubles du detteur en vertu de ce jugement. Berry des executions, art. 49. Cela est general, car autrement la provision n'auroit effet, & pourroit le detteur distraire ses meubles & rendre la provision illusoire. Et il peut empêcher la vente des heritages, en consignant la somme és mains du creancier.

Les baux à ferme des heritages saisis par criées, doivent être faits pardevant le Juge des criées, & doivent être lesdits baux à la charge d'entretenir les heritages en bon état, & de bailler caution. Berry des executions, art. 73. C'est suivant l'Ordonnance de l'an 1539. art. 82. toutefois le Juge des criées, pour faciliter l'accense, peut déleguer le Juge des lieux pour faire ladite accense à la charge s'il y a opposition, qui emporte difficulté de renvoyer padevers lui. Et Auvergne chap. 24. art. 5. dit que le bail à ferme doit être fait au plus offrant, & que les deniers ne doivent être employez en déduction & diminution de ce qui est dû. Cela se dit bien en foy. : mais l'execution n'en peut pas être faite sinon par la discussion : car lesdits deniers doivent être distribuez selon le rang des hipoteques.

Le Commissaire à biens criez doit payer les cens dûs sur les heritages criez durant les criées (Je croy qu'il se doit entendre des arrerages qui échéent durant les criées, & non les precedens.) Mais les rentes foncieres ne seront payées durant les criées sinon aprés sommaire connoissance de cause, par laquelle soit apparu qu'il n'y ait hipoteque precedente le bail à rente. Berry dés executions, art. 75. & 76. quant aux arrérages des cens & redevances emportant Seigneurie directe, fut jugé par Arrêt és criées des heritages des Verons à Nevers, contre Antoine Vaillant, Commissaire.

Office venal peut être saisi & vendu sur l'officier qui le tient, à la requête de ses creanciers, & est reputé immeuble à effet, qu'il a suite par hipoteque quand il est saisi sur le detteur avant resignation admise, & peut être ajugé par decret : mais les deniers qui en proviennent sont sujets à contribution comme meubles. Ainsi dit Paris, art. 95.

Les oppositions, afin de distraire des criées aucuns heritages saisis, ou afin de nullité des criées, ou afin de faire ajuger les heritages, sous charge de rente fonciere ou autre réelle, doivent être formées avāt l'ajudication par decret : mais l'opposition, afin de conserver droit pour être mis en ordre, ou pour être payé sur le prix, quand on ne s'est opposé à temps pour distraire, ou pour charge fonciere, est reçûë jusques à ce que le decret soit levé & séellé. Paris, art. 354. & 356. Auvergne chap. 24. art. 8. dit que l'opposant, afin de distraire joüissant, ne doit être dépossedé en promettant de rendre les fruits, dont a été parlé cy-dessus. Cette façon de parler d'opposition afin de conserver a été inventée par forme de contr'aposition, & non par forme de proprieté de parler : car celui qui est opposant afin de distraire, desire son droit lui être conservé, comme aussi fait celui qui est opposant pour être payé de ce qui lui est dû : mais parce que l'un se dit afin de distraire, on a dit l'autre afin de conserver.

Tous opposans à criées doivent élire domicile au lieu où les criées sont poursuivies : tel domicile élû ne finit pas par la mort du Procureur, ou de celui, en la maison duquel est élû domicile, Paris, art. 360. Auxerre, art. 124. Sens, art. 126. ajoûtant, si l'opposant est étranger, & qu'à faute d'élire domicile, il doit être debouté de son opposition. Troyes, article 70. qui dit de même pour l'étranger, & que c'est la charge du Sergent de faire élire domicile. Tout cela peut être tenu en general : car il n'est pas raison que les criées demeurent en surséance. Ce qui seroit si on ne sçavoit à qui s'adresser.

Causes d'opposition & production de tous opposans doivent être communiquées au demandeur poursuivant & au proprietaire, sur lequel se font les criées, ores qu'ils ne le requierent. Et aux autres opposans s'ils le requierent. Berry des executions, article 54. Mais il me semble qu'il est expedient qu'il y ait appointement commun à tous, pour contredire & sauver, non seulement aux poursuivans & proprietaires : mais aussi à tous les opposans, car en effet tous opposans sont demandeurs, & requerans ajudication.

Si le demandeur poursuivant criées decede, & son heritier ne reprenne le procés, Ou si le poursuivant délaisse la poursuite. L'un des opposans peut se faire subroger, & retirer les pieces des mains du poursuivant, en le remboursant des frais raisonnables qu'il a faits. Ainsi disent Nivernois des executions, article 49. Berry des executions, art. 59. Bourbonnois, art. 147. Orleans, art. 477. Auvergne, chapitre 24. article 65. Melun, article 337.

Le decret doit être ajugé quarante jours aprés le jugement donné, lesquels quarante jours ne courent que du jour de la premiere affiche mise, Paris, aticle 359. Orleans, art. 471. Les encheres pour l'ajudication par decret doivent être attachées à la porte de l'Auditoire. Et encore à la porte de l'Eglise Paroissiale du lieu où sont les heritages assis : & doivent être publiées en jugement les plaids ordinaires tenans. Berry des executions, art. 61. Et Senlis, art. 383. dit que l'on est reçû à encherir, jusques à ce que le decret soit signé & scellé en jugement du scel du Juge : & avant qu'il soit scellé, aprés qu'il sera grossoyé, sera apporté en jugement, & sera signifié à tous, qu'à huitaine en suivant, il sera scellé : toutefois par l'Edit de Moulins, art. 49. est enjoint à tous Greffiers de clorre les ajudications sans tenir les decrets en suspens, & est déclaré que par faute de scel, les ajudications ne seront suspenduës, ains seront tenuës pour parfaites, aprés les delais expirez. Tous encherisseurs doivent déclarer les lieux de leurs demeurances, état & qualité. Berry des executions, art. 67. Mais par l'Edit des criées, de l'an 1551. art. 9. tous encherisseurs doivent constituer un Procureur au même lieu, & y élire domicile, & que ledit Procureur le connoisse, autrement son enchere ne sera reçûë.

Toutes ajudications par decret doivent être faites à la charge du fief, & de la censive combien que les Seigneurs ne soient opposez à cette fin : mais doivent les Seigneurs s'opposer pour les arrerages & profits si aucuns leur sont dûs. Et pour lesdits profits & droits seigneuriaux sont preferez à tous autres créanciers. Paris, art. 355. & 358. & art. 357. dit de chef cens. Orleans, 480. Nivernois des executions, art. 44. pour le premier & second chef. Berry des executions, art. 70. pour le premier chef. Bourbonnois, art. 150. pour le premier & second chef. Auvergne, chap. 24. art. 41. pour le premier chef. & ajoûte, pourvû que lesdits droits soient plus anciens que les obligations des créanciers, & art. 42. pour les arrerages faut s'opposer. Troyes, article 127. pour le premier chef, & ajoûte des rentes foncieres. Laon, article 144. Aussi par le decret sont purgées & perdues toutes les rentes constituées, hipoteques & charges qui étoient sur les heritages si l'ajudication n'est faite à la charge d'icelles. Troyes, article 127. Laon, article 144.

L'ajudication se fait à la charge des frais des criées, lesquels doivent être supportez par l'ajudicataire, outre le prix du decret. Dont resulte que les frais des criées font portion du prix de l'achât, par la raison de la loi *debet ff. de Ædil. edicto.* par consequent est dû profit au Seigneur direct non seulement sur le prix de l'enchere, mais aussi pour la somme de deniers, à quoy se montent les frais des criées. Frais de criées sont ceux qui sont faits pour la saisie réelle, établissement de commissaire, criées & affiches, façon de peremptoires. Nivernois des executions, article quarante six. Bourbonnois, article cent cinquante, Nivernois, ajoûte interposition & délivrance du decret, Berry des executions, article septante-neuf s'étend plus avant : car outre lesdits frais de saisie, criées & établissement, il met la signification, la certification des criées, le jugement de discussion, & les actes precedens icelui. Mais article septante, dit que les dépens faits à l'occasion des criées ne doivent y être compris. Je croy que les frais des criées avec ce privilege doivent être dits, ceux qui profitent en general à toutes les parties, & sans lesquels on n'eût pû parvenir au decret. Et parce que l'ajudicataire achete à la charge de les payer, il se doit dire qu'ils font portion du prix du decret. *l. quantitas. ff. ad leg. Falcid.*

Le dernier encherisseur peut être contraint par emprisonnement de sa personne & vente de ses biens, à consigner le prix de son enchere : & néanmoins à faute de consigner pourront les heritages être recriez à ses perils & fortunes. Nivernois des executions, article 51. Bourbonnois, article 149. & donne le terme de huitaine. Berry des executions, article 64. 65. & 66. & ajoûte que les precedens encherisseurs pourront être reçûs à reprendre leurs encheres : demeurant le dernier encherisseur obligé pour sa folle enchere. Et s'ils ne veulent reprendre l'heritage sera recrié à la charge de la folle enchere.

Ajudicataires par decret sur criées, aprés avoir payé le prix de leur enchere, sont faits proprietaires, ores qu'ils n'ayent pris possession, Orleans, article 478. Melun, article 338. dit aprés le decret scellé & délivré par le Juge, selon le droit écrit Romain comme par la seule vendition, la proprieté n'étoit transferée, & étoit requise la tradition. Ainsi aprés la chose jugée étoit requise apprehension de possession, *l. 3. in fine. ff. de publiciana in rem act.*

Les créanciers opposans à criées qui n'ont aucun droit d'hipoteque. Si aprés les créanciers hipotecaires payez n'y a assez d'argent pour les payer tous, doivent être payez comme en déconfiture par contribution au sol la livre. Bourbonnois, article 152. Suivant la loi *pro debito. C. de bonis auctor. jud. possid.*

En heritages vendus & ajugez par decret éviction n'a lieu. Nivernois des executions art. 54. Auvergne, chap. 24. art. 38. dit qu'auparavant la redaction de la Coûtume éviction y écheoit, & que lors on rabatoit à l'acheteur un quart du prix pour l'interêt de l'éviction. Et que dorénavant n'y aura éviction. Aussi n'a lieu le remede de deception d'outre moitié de juste prix. Bourbonnois, article 487. Auvergne, chap. 16. art. 22. pour nouvelle coûtume, parce qu'auparavant y en avoit doute.

La chose mobiliaire vûë à l'œil peut être saisie par autorité de justice, à l'effet de vendication. Et si elle n'est vûë le detenteur sera appellé pour l'exhiber. Melun, art. 325. Reims, art. 406. La saisie & sequestration du meuble qu'on veut vendiquer n'est pas vrai sequestre, lequel ne seroit à propos en une action petitoire. Mais ce fait pour la necessité de l'exhibition, tant pour asseurer le demandeur que pour les témoins & le Juge. Pourquoi aprés la reconnoissance, il faut remettre la chose és mains du possesseur. Et Bretagne ancienne, art. 128. & nouvelle, art. 120. dit que la chose mobiliaire que l'on craint être détournée ou déguisée, peut être arrêtée, & tiendra l'Arrêt jusques à ce que celui sur lequel l'Arrêt est fait, ait baillé plege.

Quand le detteur a fait cession de biens, les biens pris sur lui seront vendus à l'encant, sans garder autre solemnité de Justice. Orleans, art. 446.

Dix jours termes de Justice.

Jugemens donnez contre les garants sont

executoires contre les garantis sauf des dépens, dommages & interêts, dont l'execution ne se fera contre les garantis sinon aprés discussion sur les meubles du garant. Orleans, article 457. Melun, article 320. L'Ordonnance de l'an 1539. article 20. dit que l'execution de dépens, dommages & interêts, se fera contre le garant seulement, *Vide Molin.* sur la coûtume de Bourbonnois, art. 99.

Compensation a lieu d'une dette claire & liquide à autre dette claire & liquide: non autrement. Paris, art. 105. Bourbonnois, art. 37. Auvergne, chap. 18. art. 6. Melun, art. 326. Reims, art. 397.

Reconvention en cour laye n'a lieu, si elle ne dépend de l'action. Et que la demande en reconvention soit la défense contre l'action premierement intentée. Paris, art. 106.

DES CONTRATS ET CONVENANCES.

Les Notaires ne peuvent recevoir aucuns contrats hors les fins & metes du lieu où ils ont été instituez Notaires à peine de nullité & de dommages & interêts. Poitou, article 378. Orleans, 463. la raison peut être parce que le pouvoir leur est donné seulement en ce territoire, où chacun doit observer son mandement, & commission exactement. Orleans excepte les Notaires du Châtelet de Paris & d'Orleans, & du petit scel de Montpellier, qui ont pouvoir de recevoir contrats par tout le Royaume. J'en ay autrefois oüi alleguer un Edit du Roi Loüis XII. du mois d'Avril 1510. Les Notaires aprés avoir écrit les contrats les doivent relire aux parties, & leur donner à entendre, les renonciations de division, discussion, & du Vellеïan & autres qui ne sont entenduës par simples gens. Poitou, article 381. Berry des Notaires, art. 1. dit que les Notaires doivent dresser la minute avant que de prendre la main & serment, & en faire lecture en presence des parties & témoins, à ce fait l'Ordonnance du Châtelet de Paris des Notaires, article 3. & 7. Bourbonnois, article 77. comme Poitou, pour le premier chef, & les clauses qui ne sont ordinaires & qui importent, doivent être étenduës tout du long en la minute, sans les comprendre au stile sous le, &c. Afin que les contractans oïans la lecture de la minute, oïent lesdites clauses tout du long. Ainsi fut ordonné par Arrêt és grands jours de Moulins le Samedi 25. Octobre 1550. en la cause de Monsieur de Montpensier. Les témoins nommez en l'instrument reçû par un Notaire, doivent être mâles, & doivent être nommez leurs noms, qualitez & demeurances, Sens article 246. Auxerre, art. 135. & ajoûte témoins non domestiques du Notaire. Bourbonnois, art. 75. & outre que les témoins doivent être majeurs de vingt-ans, & qui soient connûs par les Notaires. Et doivent les Notaires déclarer le lieu où ils reçoivent les contrats. A quoi se rapporte l'Edit de Blois, art. 167. Bretagne, art. 715. de même quand à ce dernier point, & même déclarer la maison où ils reçoivent les contrats. Prêtres & Religieux ne peuvent être Notaires en Cour seculiere, & si de fait ils passoient quelques contrats, on ne devroit y ajoûter foi. Poitou, article 384. long-temps auparavant avoit été ainsi ordonné par Arrêt de la Cour és grands jours de Moulins, 1540. & à ce fait le chapitre *sicut. extra. ne. cleric. vel monach.* Contrat passé sous le scel de la Cour Ecclesiastique ne porte hipoteque ni execution. Sens, article 133. Orleans, article 431. qui met exception quant à l'execution sinon aprés la permission du Juge laï. Berri des Notaires, article 2. dit en general que Notaires de Cour d'Eglise ne doivent recevoir contrats entre laïs, ni pour choses réelles ou mixtes, & leur instrument ne porte aucun effet de réalité. Cela est general par tout, parce que la jurisdiction Ecclesiastique n'est competente, *etiam inter volentes*, pour connoître ou produire aucun effet de réalité. Ainsi fut jugé par Arrêt en plaidant le lundy douziéme May 133. entre Corbin & Pelisson. Soit vûë l'annotation de du Molin, sur les Arrêts *de Galli. qu.* 45. Troïes, article 74. & ajoûte qu'ils ne peuvent faire inventaires.

Si le contrat porte faculté de rachats l'acheteur prendra à lui tous les fruits cueillis depuis le jour de son àquisition jusques au rachat. Et quant aux fruits prochains à cueillir, il les aura par proportion de temps. Ainsi dit Poitou, article 369. Soit veu cy-dessus de Retrait lignager. Mais Auvergne chap 16. art. 21. dit si le rachat ou la consignation se fait avant les fruits cueillis, que celui qui rachete aura les fruits en payant les labourages. La commune opinion est que les fruits doivent être partis *pro rata* du temps, selon que l'un avoit les deniers en sa bourse, & l'autre ne les avoit en la sienne. Car il y a proportion entre les fruits, & les profits des deniers qui sont le vray interêt. *l. curabit. C. de act. empt.* Le vendeur auquel a été accordée faculté de rachat par l'acheteur, doit en cas de refus faire ajourner l'acheteur formellement, & consigner le prix en main de justice: Autrement le retrait n'est fait suffisamment. Poitou, art. 366. La consignation est necessaire à l'effet de gagner les fruits, mais pour interrompre suffit d'offrir réellement & à découvert dedans le temps du rachat, même s'il y a refus de recevoir.

L'action pour être reçû à racheter suivant la faculté octroyée. Le remede pour deception d'outre moitié de juste prix. Ou l'action pour autre cas de rescision, peuvent être adressées contre le premier aquereur, ou contre le detenteur. Auvergne audit chap. 16. art. 18. Ceci emporte la decision d'une question faite par les Docteurs, *in leg.* 2. *C. de pact. inter empt. & vend. compos.* parce qu'il semble par ladite loy que l'action soit purement personnelle. Mais parce que la paction est accessoire à un contrat habile à transferer proprieté, l'on doit dire que la paction est non seulement personnelle, mais réelle, par la raison de la loy 3. *§. ult. ff. qui potiores in pign. habeantur.* Ce qui a lieu mêmement quand les contrats sont reçûs sous séel authentique qui emporte hipoteque.

En vendition & autre alienation de chose mobiliaire, n'échet rescision de contrat pou deception d'outre moitié de juste prix. Sens article 252. Auxerre, article 136. Berri des ju, gemens, article 33. & ajoûte de même pour bail à loüage au dessous de dix ans, sinon qu'il y ait dol ou fraude, ou qu'il fût question d'alienation d'université de meubles ou de meubles précieux. Bourbonnois, article 88. de même hormis qu'il dit de loüage de trois ans : Et ajoûte que ni autres remedes de restitution en entier. Auvergne, chap. 16. art. 9. Ce que dessus est general selon l'usance de ce Royaume, de fait en Chancelerie sont ordinairement refusées lettres de rescision és cas cy-dessus.

Le mineur ayant quatorze ans accomplis, non ayant curateur peut contracter sur son meuble, & bailler à loüage au dessous de dix ans. Mais s'il est deçû notablement par sa facilité, il sera restitué. Berri des jugemens, article 34. & en tous cas sera relevé s'il y a dol de partie adverse. Et combien que par la Coûtume de Bourbonnois, art. 173. & 180. les mâles en l'âge de vingt ans, & les femelles en l'âge de seize ans, soient reputez majeurs : toutefois s'ils sont deçûs avant vingt-cinq ans, ils peuvent être relevez : cela s'entend és cas esquels on reçoit restitution de mineurs, comme dessus. Mais le mineur de vingt-cinq ans, ne peut disposer de son immeuble, *etiam*, en contrat de mariage, ni faire association avec convenance de succeder sans autorité de curateur, & decret de Juge. Auvergne, chapitre 13. article 2. & 3.

Délivrance de marchandise mobiliaire arguë payement, si on ne montre la créance, ou promesse au contraire. Sens, article 254. Auxerre, art. 138. qui ajoûte si le vendeur ne veut se rapporter au serment de l'acheteur.

Si aucun tenant à loüage une maison, défaut de payer la premiere année, & quinze jours aprés sommation, peut être expulsé de son loüage, s'il ne baille caution. Auxerre, art. 135. selon le droit Romain, qui défaut de payer par deux ans peut être expulsé du loüage. *leg. quæro §. inter ff. locati.* Le conducteur d'une maison aprés avoir sommé le locateur qui refuse faire, peut faire les reparations necessaires, & les rabatre par ses mains sur les loüages. Auxerre, article 152. Troyes, art. 202. Berri des executions, article 48. & dit des reparations necessaires ou convenuës. Bourbonnois, article 120 à ce fait la loi, *ædiles. §. quicunque ff. de via publica. & l. Dominus. §. 1. ff. locati. l. Colonus. in princip. eod. tit.* Le conducteur d'une maison, ne la peut bailler à autre, au préjudice du locateur, comme s'il la bailloit à personne qui la pût endommager ou qui menât train deshonnête. Berri des executions, article 43. Bourbonnois, article 123. la regle est generale que le conducteur doit être soigneux de n'endommager l'heritage, ni les droits d'icelui *l. videamus. §. item prospicere. ff. locati.* Entre les droits de l'heritage est que l'honneur de la maison soit conservé. *l. non aliter. ff. de usu. & habitat.* Conducteurs de domaines & métayers qui malversent & deteriorent l'heritage peuvent être expulsez par autorité de Justice aprés sommaire connoissance de cause. Berri des executions, article 48. *l. æ. de C. locati.* Conducteur de maison qui n'a dequoi ou refuse de payer le loüage, on ne garnit l'hôtel de biens meubles pour le loyer d'un an : peut être expulsé avec autorite de Justice. Bourbonnois, aricle 121. Orleans, article 417. & dit quand il y a deux termes de loyer échûs. Si durant la ferme & accense d'une Seigneurie, le Seigneur direct bailleur aquiert la Seigneurie utile d'un heritage mouvant de ladite Seigneurie baillée à ferme, il doit au fermier les lots & ventes. Et si le fermier aquiert la Seigneurie utile, le Seigneur pourra retraire trois mois aprés la ferme finie en remboursant, & payant les lots & ventes. Bourbonnois, article 476. Il y a grande raison : car les lots & ventes sont au rang des fruits, *ut suprà* des cens Bordelages, &c.

Celui qui a quittance de redevance pour trois années consecutives est quite des arrerages precedans, en affirmant par lui avoir payé. Bourbonnois, art. 419. Auvergne, chapitre 17. article 8. qui ajoûte *etiam*, si le payement de trois ans étoit fait tout à une fois. Conforme au droit Romain. *l. quicunque. C. de apoch. publicis. lib.* 10. Le Seigneur auquel est payé une redevance peut requerir à ses dépens lui être faite lettre, par le detteur qui paye la redevance. Bourbonnois, article 420. *leg. plures apochis. C. de fide instrument.*

Femme ne se peut obliger pour autrui si ce n'est pour son pere ou sa mere, ou pour son Seigneur époux, ou pour ses enfans. Bretagne ancienne, 216. & nouvelle, 197. Et autres provinces on observe le velleïan, *etiam*, si elle est obligée pour son mari ou pour ses enfans. Ce qui toutefois se doit dire avec temperament. Comme si le mari qui est homme de métier ou Etat, est prisonnier pour dette, & la femme s'oblige pour lui, elle ne s'aidera du velleïan. Car elle doit recevoir profit de la liberté de son mari pour gagner leur vie. Ainsi fut jugé par Arrêt en plaidant le Mardi 15. Mars 1551. j'y étois present, de même si elle s'oblige pour son fils accusé d'homicide afin qu'il ait moyen de payer l'interêt civil & faire les frais de la remission. Ou pour le racheter de prison de guerre, car à cause de son honneur & pieté naturelle, se doit dire que c'est sa cause, aussi bien que celle de son fils. A quoi sert la raison de la *l. cum is qui §. si mulier ff. de condict. indeb.*

Si l'un des detteurs d'une rente fonciere amortit la rente, ceux qui ont part en l'heritage chargé de la rente, peuvent recouvrer leur part, en remboursant *pro rata* les deniers de l'amortissement. Touraine, art. 192. C'est selon la decision du texte & de la glosse *in l. ult. §. quatuor. ff. de lega.* 2.

Aprés le vin vendu, rempli & marqué, le vin demeure aux perils & fortunes de l'acheteur, ores qu'il soit en la puissance du vendeur. Auxerre, art. 142.

Vendeur de chevaux n'est tenu des vices d'iceux, excepte de morve, pousse ou courbature, sinon qu'il les ait vendus sains & nets, auquel cas il est tenu des vices apparens, & non apparens. Auxerre, article 151. Bourbonnois, art. 87. & ajoûte qu'il en est tenu huit jours aprés la tradition. C'est selon l'ancienne Ordonnance de la police de Paris.

Paris.

Les rentes constituées à moindre prix que du denier quinze, pourvû qu'elles soient au dessus du denier dix, doivent être reduites au denier quinze, & ne seront jugées nulles & illicites. Berri des cens, article 24. Mais Troyes, art. 58. dit que le franc de rente fonciere & perpetuelle est estimé vingt francs. Et en rente constituée, le franc est estimé dix francs. Anciennement les rentes constituées étoient permises au denier dix, comme se vit par la Coûtume de Bourgogne, & par l'ancienne de Nivernois. Encore aujourd'huy sont tolerées en Normandie à cette raison. Pour l'estimation des heritages au denier vingt, soit notée la *l. Papinianus. §. undè* avec le calcul un peu subtil. *ff. de inofficios. testam.*

Celui auquel est deferé le serment n'est tenu jurer ni referer, si on ne le veut croire, tant sur la delation, que sur ses réponses peremptoires qu'il doit déclarer promptement. Auvergne, chap. 3. art. 1. Bourbonnois, article 48.

Quand il y a deception d'outre moitié de juste prix en la vente de l'heritage, avec faculté de racheter, & le vendeur demeure detenteur de l'heritage, le contrat est reputé nul, & les fruits perçûs par loüage, sont comptez au sort. Cét article peut être general, parce qu'un amas de présomption vaut preuve entiere. Qui est la vraïe décision de la *l. Procula. ff. de probat.* & non pour la restraindre aux trois cas déclarez par Bartole. Auvergne, chap. 16. art. 18. Les usures sont défenduës à tous, ainsi est dit és Capitulaires de Charlemagne, *lib. 1. cap. 5. & lib. 5. cap. 36.* Et par les deux Ordonnances du Roi Philippes le Bel, des années 1311. & 1312. & comme l'usure ouverte est défenduë, ainsi sont les contrats qui sous le voile de contrat licite donnent moyen de prendre profits *ad instar* d'usure. Aussi est défendu d'acheter blés ou autres denrées à lucre, ains seulement quand la chose venduë est presente. En l'Appendice deuziéme des Capitulaires *post lib. 4. nu. 16. fol. 178. & num. 25. fol. 179.* Semble pour le general, qu'il n'est pas besoin que la deception soit d'outre moitié, & suffit qu'elle soit notable.

En aucunes Provinces de ce Royaume, la proprieté ne peut être aquise, ni hipoteque constituée sur heritage, sans qu'il y ait réalization & ensaisinement ou vêtement, par les Seigneurs directs, ou par les Juges ordinaires des lieux, avec enregistrement: & y a certaine ceremonie qu'on appelle nantissement ou vêt, & devêt: & si ladite ceremonie n'est interposée on aquiert seulement droit personnel & non réel. Ainsi se dit en la coûtume de Senlis, art. 273. Laon, art. 119. 120. & 132. Reims, art. 173. & autres suivans. Ce que dessus n'a lieu en successions par legs testamentaire, délivré par l'heritier ou par Justice, en don mutuel, en donation par avancement d'hoirie, ou en faveur de mariage, ni en retrait lignager, ni en francalû, ni en hipoteque de biens de tuteurs envers leurs pupilles, ni de maris envers leurs femmes. Reims, art. 136. 137. 171. & 182. Laon, art. 124. Reims, art. 325.

DES BATARDS ET AUBAINS.

Le Seigneur haut-justicier succede aux bâtards decedez pour les biens qui sont en sa terre & Seigneurie, quand lesdits bâtards decedent sans enfans procréez d'eux en loyal mariage. Nivernois des success. art. 23. Berri des success. ab intestat. art. 29. Melun, art. 301. Vitri, article 1. Sens, art. 30. en dit autant, mais y a contredit par le Procureur du Roi. Aucunes Coûtumes conformes à un ancien Arrêt de Parlement ou Ordonnance de l'an 1372. repete par un Arrêt solemnel du 7. Septembre 1545. contre le sieur du Culant, mettent certaines conditions, avec lesquelles les Seigneurs succedent: à sçavoir que les bâtards soient naîs & domiciliez en la haute-justice des Seigneurs, y soient decedez & leurs biens y soient assis: cessans lesquels cas le Roi leur succede. Ainsi disent Laon. article 4. Reims, article 335. Touraine, art. 321. Mais Valois, art. 3. dit que le Roi succede aux bâtards. Et Bretagne ancienne. art. 446. 447. & 448. & nouv. 474. donne la succession des bâtards au Seigneur moïen justicier, pourvû qu'il ait obeïssance, & les meubles du bâtard quelque part qu'ils soient appartiennent au Seigneur justicier au territoire duquel le bâtard a son domicile, & s'il n'a point de domicile, appartiennent lesdits meubles au Seigneur suzerain, sous lequel le bâtard a gagné ses meubles. Bourgogne, art. 75. donne les biens du bâtard au Duc de Bougogne, soient lesdits biens, en lieu de main-morte ou franc, aussi il paye les dettes, & doit le Duc vuider ses mains dans l'an. Et art. 79. le Duc succede aux immeubles du Prêtre bâtard, & son Prélat succede aux meubles, cela procede d'un ancien brocard usité en France, *que les meubles suivent la personne.* Mais les biens sont aquis aux Seigneurs haut-justiciers, à cause de leur Jurisdiction & territoire, & les Prélats, à cause de leur Justice Ecclesiastique n'ont aucun territoire, soit vûs *suprà* des droits de Justice, &c. Et art. 76. dudit Bourgogne si les enfans legitimes du bâtard decedent sans enfans, le Duc prend les heritages & les heritiers collateraux les autres biens. Bretagne ancienne, art. 452. & nouvelle, art. 478. dit si le bâtard delaisse des enfans bâtards, qui n'ayent moyen, ils doivent être pourvûs sur les biens du pere.

Bâtards peuvent se marier. Et les enfans procréez d'eux, en mariage leur succedent. Aussi ils succedent à leurs enfans legitimes. Nivernois des successions, art. 22. Orleans, art. 311. Auvergne, chapitre 12. article 11. Melun, article 300. Laon, article 5. Reims, article 337. Sens, article 29. Bourbonnois, article 186. & 187. Senlis, art. 172. Troyes, art. 117. Blois, art. 146. Bretagne anc. art. 455. & nouv. art. 481. Mais Auxerre, art. 32. dit que les peres succedent à leurs enfans, sinon en meubles & conquêts, & peuvent succeder aux propres à l'exclusion du fisque. Et Bourbonnois, art. 187. dit que si l'enfant du bâtard decede sans pere ni frere, le Seigneur haut-justicier succede, pour la moitié des meubles & conquêts. Et les parens maternels pour l'autre moitié (soit noté que par ladite Coûtume, les meubles & conquêts ne vont au plus prochain, mais se départent aux deux lignes) Touraine, art. 320. dit que la succession du bâtard se depart roturierement.

Bâtard, de quelque qualité qu'ils soient, ne succedent point à leurs parens en ligne directe ou collaterale (sinon ainsi que dit est à leurs enfans legitimes.) Nivernois des successions, article 22. Sens, article 31. Orleans. article 310. Auvergne, chapitre 12. article 10. Bretagne ancienne, art. 450. Bourgogne, art. 77. Melun, art. 297. qui ajoûte que le bâtard peut recevoir donation entre-vifs, ou par testament de pere, mere & parens, pourvû que le don ne soit immense. Et Poitou, article 297. dit que pere & mere peuvent faire donation au bâtard pour son entretenement selon son état. Bourbonnois, article 185. dit que bâtard ne succede *ab intestat*, ni par testament. Auvergne, chapitre 14. article 47. permet de donner tant qu'on veut au bâtard qui se marie en faveur de mariage, sauve la legitime aux autres enfans. Touraine, art. 242. permet de donner au bâtard entre-vifs, ou par testament le quart des aquêts à vie & tous meubles à perpetuité. Le droit Romain, en la novelle Authentique. *licet C. de natural. lib.* permet de donner au bâtard par son pere, tant qu'il veut, quand le pere n'a aucuns enfans legitimes, sur quoi on allegue diversité d'Arrêts : mais je croy quand c'est un bâtard qui n'est pas né de conjonction incestueuse ou punissable, & qu'il n'y a point d'enfans legitimes, que ladite Authentique peut avoir lieu. S'il est bâtard né de conjonction punissable que les pere & mere ne lui puissent donner sinon pour ses alimens, pour lui faire apprendre métier ou science, & si c'est une fille pour la doter, & non plus avant, selon le temperament mis par les Canonistes *in cap. cum haberet extra. de eo qui dixit in matri. quam polluit per adult.* qui limite l'Authentique *Ex complexu. C. de incest. nupt.* Et nous l'observons ainsi en France.

Bâtards peuvent aquerir toutes sortes de biens, & peuvent aussi disposer de leurs biens entre-vifs, & par derniere volonté. Nivernois des successions, article 24. (mais des fiefs, article 20. ne peut tenir fiefs sans congé du Seigneur féodal.) Laon, art. 5. Sens, article 28. Auxerre, article 31. Berri des successions ab intestat, article 30. Orleans, article 311. Touraine, article 245. selon que les legitimes peuvent disposer. Melun, article 299. Reims article 336. Mais Bourbonnois leur permet seulement de disposer entre-vifs, article 184. Bretagne ancienne, article 451. & nouvelle, art. 477. dit qu'ils peuvent donner par testament leurs meubles, sinon que ce fût en fraude du Seigneur.

Les bâtards peuvent être legitimes par rescrit du Roi, ou par mariage subsequent. Celui qui est legitimé par mariage subsequent, succede comme legitime. Nivernois des fiefs, article 20. Auxerre, article 33. Sens, article 92. & ajoûte, pourvû que le bâtard soit né *ex soluto & soluta*, & qu'il succede à toutes sortes de parens, *etiam* avec les enfans nais depuis le mariage. Troïes, article 108. avec la limitation de Sens. Cela est general en france, pourvû que les pere & mere, lors de leur conjonction fussent en liberté de pouvoir s'épouser, autrement le mariage subsequent ne feroit la legitimation, *cap. tanta. extra qui filii sint legit.* il est requis que le pere eût la mere en sa compagnie, comme est une femme mariée, sauf la dignité & Sacrement, & qu'elle ne s'abandonnât à autre, *dicta Auth. licet, & l. cum quis C. de natural. lib.*

Aubains sont étrangers naîs hors le Royaume, & quand ils decedent, leurs biens appartiennent au Roi. Sinon qu'ils aïent été naturalisez, ou que les hauts-justiciers, ayent privilege de leur succeder. Melun, art. 5. Laon, art. 10. Reims, article 342. Poitou, article 398. Mais Bourbonnois, article 188. dit que la succession des Aubains, appartient au Duc de Bourbonnois. Aubains peuvent aquerir biens en ce Royaume, & disposer d'iceux entre-vifs. Et pour cause de mort moderément pour leurs exeques. Laon, article 8. & 9. Reims, article 340. & 341. Sens, article 91. dit qu'un étranger demeurant hors du Royaume, ne succede à son parent regnicole, natif en ce Royaume mais lui succedent les autres parens natifs en ce Royaume, & y demeurans, ores qu'ils ne soient si proches. Vitri, article 72. dit qu'en Noblesse ne gît épavité, c'est à dire aubainage, parce que les Nobles étrangers succedent à leurs parens, au Royaume.

SAISINE.

Complaintes n'ont lieu pour chose mobiliaire seule. Mais quand le meuble vient en consequence de l'immeuble, par un droit & moïen, comme d'une maison, en laquelle sont meubles, ou en cas de succession de meubles, ou si en la Justice d'autrui est pris aucun meuble, dont il fût troublé en sa jurisdiction : La complainte en ce cas a lieu. Poitou, art. 401. Sens, art. 117. Bourbonnois, art. 91. Orleans, art. 489. Auvergne, chap. 2. art. 8. dit simplement que complainte n'a lieu pour meubles. Faut excepter *nisi fundo, vel rei immobili accedant. l. 1. §. planè l. 3. §. consequenter. ff. de vi, & vi armata.*

Celui auquel le devoir annuel a été payé, demeure en possession & saisine, contre celui qui a payé, jusques à ce qu'il y ait contradiction, ores que le detteur eût cessé par long-temps au dessous de trente ans. Bourbonnois, art. 92. *Jo. Fabr. §. retinendæ, instit. de interdict.* dit que la seule cessation de payement ne cause pas trouble de possession, dont s'ensuit que le Seigneur conserve, & retient sa possession *animo*, tant qu'elle ne lui est point contredite.

Le proprietaire demeure possesseur, tant de temps qu'il est payé par son colon, jaçoit que ledit colon ait voulu intervertir, pourvû qu'il intente sa complainte, dedans l'an aprés le bail fini. Melun, art. 168. Voyez la loi derniere. *C. de adq. poss.*

Joüissance & exploits faits en choses cachées & latentes, qui ne se peuvent facilement connoître n'aquierent possession. Blois, art. 116. Ainsi se dit és choses dont l'exercice & joüissance n'est pas quotidienne ni apparente à tous par la raison de la *l. quamvis saltus. & l. peregrè. ff. de adq. poss.*

CHATELS DE BESTES.

LA Coûtume de Nivernois traite abondamment de cette matiere, parce que le principal ménage des champs est en nourriture de bétail. Doncques elle dit que toutes sortes de bêtes peuvent être baillées à chatel, pour le prix dont les parties sont d'accord par le bail. Nivernois des chatels, art. 1. Le preneur de bétail doit garde, nourriture & traitement au bétail. Et s'il y a perte par sa faute, il en est tenu seul. Nivernois audit chap. art. 2. & 3. Berri des chatels, art. 4. Si aucunes bêtes meurent, ou autrement déperissent sans la faute du preneur, il faut attendre que le reste des bêtes puisse refaire le chatel, *qui à ex agnatis supplendus est grex. l. vetus, cum legib. seq. ff. de usuf. Sed si totus grex perierit per incursum hostium, vel vim majorem sine culpa*: chacun perd ce qu'il a au troupeau, à sçavoir le bailleur son chatel, & la moitié du profit, & le preneur, l'autre moitié du profit, & n'est tenu le preneur de satisfaire du chatel en tout ou partie. *Quia cuique res sua perit, & pro ea parte, & eo jure quo sua est. l. pignus. C. de pignor. act.* Le peril & la perte du bétail est en commun, comme est le croît, & le profit commun. Toutefois les gresses, labeurs & laitages appartiennent au preneur. Nivernois, art. 3. & 4. Bourbonnois, art. 554. dit que le bailleur & le preneur sont tenus par moitié de la deterioration & perte, sinon qu'elle soit avenuë par la faute du preneur. Berri des chatels, article 11. dit que la paction est nulle & illicite, s'il est dit que le peril sera entierement sur le preneur, & art. 12. jaçoit que les bêtes fussent baillées à moisson & pension annuelle. Le bailleur peut exiguer & priser le bétail, depuis le dixiéme jour avant la nativité de saint Jean, jusques audit jour. Et le preneur dix jours avant la fête saint Martin. Nivernois des chatels, art. 9. Berri des chatels, art. 1. dit que le bailleur & le preneur ne peuvent exiguer devant trois ans, à compter du bail, art. 2. & si le bétail est à moitié, devant cinq ans.

Aprés que le bailleur a prisé, le preneur a dix jours pour retenir ou laisser: & si le preneur prise, le bailleur a semblable temps. Nivernois des chatels, article 10. Berri des chatels, article 3. dit que celui qui prise doit payer comptant, si les bêtes lui demeurent, & si ellesdemeurent à celui qui n'a pas prisé, il a huitaine pour payer. Bourbonnois, art. 533. ne baille que huit jours aprés le prisage: mais charge le preneur de bailler caution du prix, autrement les bêtes seront mises en main tierce.

S'il y a convenance par laquelle il y ait inégalité de profit ou dommage, elle est usuraire. Nivernois des chatels, article 15. Bourbonnois, article 555. Berri des chatels, article 11. met un exemple s'il est dit que les bêtes seront entierement au peril du preneur, & qu'il sera tenu du cas fortuit, la paction est illicite.

Si le preneur vend, ou laisse par execution sur lui faite, vendre le bétail, ou autrement le laisse emmener, le bailleur peut le suivre & vendiquer. Et lui sera faite provision, en faisant apparoir du bail, & baillant caution. Nivernois des chatels, article 16. Berri des chatels, articles 7. 8. & 10.

Fin de l'Institution au Droit François.

QUESTIONS, REPONSES, ET MEDITATIONS SUR LES ARTICLES DES COUTUMES,

Par Maître GUY COQUILLE, Seigneur de Romenay, Procureur General en Nivernois de Monseigneur Ludovic de Gonzague & Madame Henriete de Cleves, Duc & Duchesse de Nivernois.

QUE NOS COUTUMES NE SONT PAS STATUTS, ains sont le vrai Droit Civil. Et en quel respect nous devons avoir la Coûtume de Paris.

I.

DE'S le commencement le peuple a établi les Rois comme par voïe de compromis, pour éviter la confusion qui seroit, si en chacune affaire d'importance il faloit rechercher l'avis de tous, pour deliberer & conclure. Cét établissement autorisé de Dieu, est entretenu par lui-même, qui met és cœurs des sujets la volonté d'obeïr aux Rois. Nos prédecesseurs François à ce premier établissement n'ont pas transferé aux Rois indistinctement & incommutablement tout pouvoir : dont nous appercevons aujourd'hui quelque ombre demeurée de reste, qui est de l'assemblée des Etats : avec lesquels de tout temps les Rois avoient accoûtumé de déliberer és affaires, étans de l'essence de la Couronne : & fut pratiqué étant la Couronne en debat entre Philippes de Valois cousin germain, & Edoüard d'Angleterre, néveu de Charles le Bel, Roi decedé sans enfans : car és Etats la question fut deliberée & resoluë. Autre reste en est demeuré en ce que le peuple de chacune Province a droit d'établir loi sur soi : qui sont les Coûtumes & droit non écrit. Car nos prédecesseurs plus adonnez à faire & bien faire, qu'à écrire & dire, n'ont fait leurs loix par écrit ; mais par long usage les ont admises & reçûës, pour regler toutes leurs actions. Le Roi Charles VII. voyant que la preuve qui en étoit à faire par turbes, apportoit beaucoup de perplexitez, incommoditez & frais, ordonna que par l'avis des Etats de chacune Province de son Royaume, les Coûtumes fussent arrêtées & redigées par écrit. Ce qui a été executé en la plûpart des Provinces coûtumieres, & selon que les Etats ont été d'accord, tant à rapporter les anciennes Coûtumes que pour en établir de nouvelles. Ainsi les Commissaires ordonnez par le Roi, pour présider en ces assemblées d'Etats, les ont autorisées, en y inspirant la puissance de loi. Mais en effet, c'est le peuple qui fait la loi : qui est une marque de l'ancien établissement de cette Republique Françoise, mêlée de Democratie, Aristocratie & Monarchie. Car faire loi est droit de souveraineté : qui n'est pas pour déroger à l'autorité & Majesté du Roi, auquel le peuple François a toûjours mieux obeï que nulle autre nation du monde : mais le peuple obeït plus volontiers à la loi, que lui même a eu agreable. Puis chacune Province a ses mœurs & humeurs diverses ; & partant les loix, comme elles ne sont semblables, aussi doiventelles être faites selon le goût & sens de chacun peuple. Aussi la suprême souveraineté du Roi y est reconnuë, en ce que les Etats sont assemblez par l'autorité du Roi, & les Commissaires députez par lui y président. Doncques nos Coûtumes sont nôtre vrai droit Civil, & sur icelles faut raisonner & interpreter *ex bono & æquo*, ainsi que faisoient les Jurisconsultes Romains sur les Loix & Edits : & faut dire *quòd si ars boni & æqui*, & non pas une officine de subtilité & rigueur ; selon que les Docteurs Italiens ont voulu regler leurs statuts, qu'ils ont dits être de droit étroit, & y ont fait une infinité de regles, distinctions & décisions, qui sont vrais alembics à cerveaux sans resolution certaine. Et aucuns Docteurs François, par la trop grande facilité qui est en plusieurs de nous, d'amirer ce qui est étranger, ont tenu pour choses semblables les statuts & nos Coûtumes. La principale raison de diversité est, que l'Italie a le droit des Romains pour droit commun : & parce que chacune Ville ou Province a eu besoin de loix particulieres selon les nouvelles occurrences, on a avisé de faire des statuts, lesquels ils ont dit être *stricti juris* : parce qu'ils sont ou contre, ou autrement que le droit commun. Ce qui ne se doit dire de nos Coûtumes, qui sont nôtre vrai Droit Civil ; Droit Commun & originaire, & non survenu ou adventice. Aussi nous n'alleguons les loix des Romains sinon pour la raison qui y est, entant que la nation des Romains brave, genereuse, amatrice de la societé humaine, de grand sens & jugement a constitué certaines loix propres pour la conservation d'icelle societé humaine : & quand nos loix particulieres nous défaillent, nous avons recours aux Romaines, non pas pour nous obliger précisément ; mais parce que nous connoissons qu'elles sont accompagnées, *imò* fondées en toute raison. De là est que la Cour de Parlement en verifiant les Privileges octroyez par les Rois aux Universitez esquelles on lit le Droit Civil des Romains, a ajoûté cette modification, *Sans reconnoître que ce soient Loix & Droit Civil à nôtre égard.* Aussi par ancienne observance en la Ville capitale de ce Royaume qui est Paris, n'a oncques été admise la faculté & étude du Droit Civil Romain : qu'aucuns ont dit être en faveur de l'étude de Theologie ; ainsi qu'il est dit *in cap. super specula. ext. de privileg.* Mais la vraie raison est, pour ne reconnoître en la Ville capitale aucun respect de superiorité & autorité des loix comme loix. Pourquoy doivent ceux qui veulent faire profession de Conseiller ou juger en France, dresser leur étude fixe & arrêtée pour apprendre les Coûtumes, mediter sur icelles, & y exercer leur entendement, à aussi bon escient comme peuvent faire ceux qui és Universitez étudient au Droit Civil des Romains : en retenant toutefois l'aide dudit Droit Civil des Romains, qui est fort propre pour exciter, exercer, & renforcer le sens, & jugement de chacun, afin de mieux entendre nos Coûtumes, & pour nous en servir és cas dont nos Coûtumes ne parlent, afin de regler nos avis. Feu Monsieur le Président de Thou ; quand il parloit du Droit écrit des Romains, il l'appelloit la raison écrite. Ez Coûtumes de Melun, Etampes & Sens, au titre *des Successions.*

Me sembleroit être assez à propos que les Coûtumes nouvelles de Paris, redigées en l'an 1580. fussent ainsi alleguées par nous pour la raison, és cas esquels nôtre Coûtume ne dispose, comme nous alleguons le Droit Civil des Romains. Non pas pour reconnoître que ladite Ville de Paris, ni le peuple d'icelle ait aucune superiorité sur nous. Et est mal séant de comparer Paris à Rome : car le peuple de Rome est celui qui a dompté tout le reste du monde de ses propres forces, & a donné loi aux vaincus : ce qui n'est pas ainsi du peuple de Paris. Car nos Rois François premiers venus étrangers, ont conquêté les Gaules par les forces des François de leur nation, & de leur volonté ont établi leur principal siege à Paris ; qui de vrai est la premiere. Et és Etats generaux de France, les deputez d'icelle sont les premiers, non pas pour commander aux autres ; mais pour avoir le premer honneur comme ont les Présidens és Cours souveraines qui ont l'honneur de la presence & de la parole ; mais ils n'ont que leur voix, comme un autre des Conseillers. Doncques il me semble que les Coûtumes de Paris n'ont force & vigueur de loi, sinon en la Prévôté & Vicomté de Paris : tout ainsi que nos Coûtumes n'ont force de loi, sinon en dedans ce païs & Duché de Nivernois. Mais parce qu'en la Ville de Paris est le Parlement, & y sont Gens doctes, de grand sens & experience, en grand nombre : je croy qu'il est bien séant d'alleguer les articles de ladite Coûtume, même ceux de la nouvelle redaction pour servir de raison, quand nôtre Coûtume ou usance de ce païs n'en dispose rien. Aussi n'est-il mal à propos, quand la Coûtume d'une Province ne dispose rien au cas particulier qui s'offre que l'on ait recours aux Coûtumes des Provinces voisines, si elles apparoissent raisonnables, *cap. super eo. ext. de censib. cap. super eo. ext. de cognat. spirit.* Et ainsi le dit du Molin en l'annotation sur le 54. article de la Coûtume de Vitry.

DU DROIT DES FRANCOIS, & quelle force doivent avoir en France les Loix des Romains ?

I I.

En France sont plusieurs loix generales, que chacune Province particulierement a rapportées en ses Coûtumes, comme est celle, *le mort saisit le vif.* Le retrait lignager. Le droit des Seigneurs Justiciers, pour appliquer à eux ce dont nul ne se trouve proprietaire, qu'on appelle, *épaves & biens vacans.* Les Justices patrimoniales. Communautez entre mariez. La puissance du mari sur sa femme. Doüaire des femmes veûves. Donner & retenir ne vaut. Executer en vertu d'instrumens Authentiques. La succession des propres heritages *paterna paternis, materna, maternis.* Que les Monasteres ne succedent aux Religieux ; & plusieurs autres qui sont aux contraires, ou diverses au Droit Civil des Romains. Et plusieurs autres telles qui plus s'apprenent par long usage que par doctrine. Autres loix sont contenuës és constitutions & Edits de nos Rois, dont aucuns se trouvent entiers, à commencer depuis le Roi Charles VII. Autres se trouvent seulement rapportez par articles, pieces & lopins, comme en un petit traité qui est exprimé avec le Stile du Parlement, & en un extrait ou recueil des Ordonnances, concernans les Tailles & Gabelles. Et partie sont en usage, partie ne sont plus observez. Pourquoy seroit grand profit aux jeunes-hommes, & à toutes sortes de personnes, qui sont employez au fait de Judicature s'il plaisoit au Roi commander & bailler autorité à auçuns sçavans personnages, de bon âge, & de grande experience aquise és Cours de Parlement, gens de bien & craignans Dieu pour recueillir & mettre en ordre les loix de nos Rois qui sont en usage, & autres loix qui de tout temps sont observées par tout ce Royame, qui peuvent être dites *Jus non scriptum, sive quòd nunquam scriptum fuerit pro lege; sive quòd aliquandò scriptum sit, & scriptura evanuerit, solusque usus permanserit.* De vrai tant que ce droit François nous peut administrer autorité, pour conseiller ou juger, nous ne devons avoir recours au Droit Civil des Romains; ainsi qu'il a été dit au chapitre precedent. Et quand nous y voulons avoir recours, je ferois volontiers distinction des temps esquels les loix des Romains ont été faites; afin d'avoir plus de respect aux loix faites avant que le siege de l'Empire fût transferé en Constantinople, lieu participant de la Grece & de l'Asie; pour deux raisons. L'une parce que tant que le siege de l'Empire a été à Rome, les Empereurs & gens de leur Conseil étoient élevez, nourris & appris en l'air, humeur & doctrine de Rome: leur servant de beaucoup à incliner & diriger les humeurs des hommes, dont est le vers.

Bœotum in crasso jurasses aëre natum.

Et depuis qu'il a été transferé en Grece, la valeur, le sens, & la prud'hommie des principaux de cét Empire ont été alterez, & toûjours depuis la grandeur dudit Empire est allée en declinant. Et nous voyons aussi par le stile des loix faites depuis & dés le temps de Constantin qu'elles sont avec paroles fastueuses, propos longs, & plûtôt d'orateur que d'Empereur, comme sont celles mêmement de Martian, Zeno, Leo, Anastase, Justin & Justinian. Le stile des loix faites avant ledit Constantin est avec peu de paroles, toutes bien signifiantes, rapportées des écrits des Jurisconsultes, toutes pleines d'efficace, & les loix grandement équitables. Ciceron en l'Oraison *pro Valerio Flacco* parlant des Grecs, dit que de vrai ils étoient excellens en plusieurs sciences, bien disans, ayans l'esprit vif & aigu, mais qu'ils ne furent jamais soigneux de vraïe religion, ni de bonne conscience. Et là étoit le proverbe, d'emprunter le témoignage l'un de l'autre, pour rendre le pareil. Et Tite-Live au premier livre de la quatriéme Decade dit, que dés ce temps-là les Grecs ne retenoient plus rien de leur ancienne valeur, sinon les sciences & les paroles, avec un grand cœur sans pouvoir. Et au quatriéme livre de ladite Decade comme predicteur de ce qui est depuis avenu, dit que les richesses & delices de la Grece & de l'Orient ont pris & subjugué les Romains, plûtôt que les Romains n'en ont été vainqueurs. Ainsi dit Horace, *lib. 2. epistolarum.*

Græcia capta ferum victorem cepit.----

S. Gregoire en l'épître XIV. du livre V. se plaignant de la falsification que l'Eglise de Constantinople avoit faite en un article du Concile de Chalcedoine dit, que de vrai les Romains n'ont pas l'esprit si aigu que les Grec; aussi ne sont-ils pas imposteurs. Et comme dit Ciceron en ladite Oraison *pro Flacco*; le vrai soin des Romains étoit de procurer & executer en leur Empire tout ce qui appartenoit à honneur & grandeur, avec justice & continence: comme Virgile *lib. 6. Æneid.* les a representez à ces vers:

Tu regere Imperio populos, Romane, memento;
Hæ tibi erunt artes; pacique imponere morem:
Parcere subjectis, & debellare superbos.

Qui est la premiere raison, pour laquelle il me semble que nous devons faire plus d'état de ces loix, qui sont vraïes Romaines, faites à Rome par cœurs & cerveaux Romains; que de celles faites en Grece. L'autre raison est, que du temps desdites loix Romaines, les Romains étoient encore Seigneurs des Gaules, & y commandoient avec toute autorité & superiorité. Et est à croire, quand les François arriverent és Gaules, comme conquerans & non comme destructeurs, qu'ils n'exterminerent pas de tous points les loix des Romains, dont les Gaules usoient: & se contenterent d'introduire quelques loix, qu'ils avoient particulieres en petit nombre: même se voit en ces loix des anciens Rois François, comme est la Salique & celle des Ripuaires, que les Romains étans sous leur Empire étoient jugez par les loix Romaines, & les François par les loix Françoises. Et enfin le mélange des deux peuples en un, a pû aussi engendrer un mélange de loix. Mais du temps des dessusdits Empereurs Martian, Leo, Zeno, Anastase, Justin, Justinian les Gaules ne reconnoissoient aucune superiorité des Romains: pourquoy les loix desdits Empereurs doivent avoir peu d'efficace auprés de nous, & n'en faut faire tel état que des autres précedentes: si ce n'est que par grande urgente & politique raison nous soyons mûs à ce faire. Pourquoy il me semble avoir été improprement inscrit un petit livret, *Des loix abrogées*; J'eusse mieux aimé dire, *Des loix des Romains non reçûës en France.* Bien se peut dire que nous sommes beaucoup mieux reglez par nos Coûtumes, que ne sont pas les Provinces qui se gouvernent par le droit écrit des Romains, auquel se trouvent ces grands abîmes des substitutions, des transmissions, suites, preteritions, formes de testamens & d'actions, subtilitez au fait des servitudes. Plus les grandes varietez és opinions des Docteurs sur plusieurs points resultans dudit droit écrit: & la grande indiscretion qui est de s'amuser à compter la pluralité des opinions, pour reconnoître laquelle est la plus commune, sans s'arrêter au fonds des raisons que chacun Docteur allegue. Et le fondement que lesdits Docteurs ont accoûtumé de prendre de l'autorité des glosses: comme si ceux qui ont fait lesdites glosses eussent eu quelque pouvoir public, ce qu'ils n'avoient pas: & quelquefois jusques à reconnoître par les Docteurs que selon la verité de droit leur opinion est contre la glosse; & toutefois contre ladite connoissance ils suivent la glosse;

comme en la question, *An liberi in conditione positi, censeantur tacitè instituti ; & in successione patrui, quæ defertur solis fratrum filiis, an succedatur in capita, vel in stirpes.* La subtilité & acuité d'esprit, qui s'est trouvée és Docteurs Italiens, selon que cette nation se trouve née a inventé des raisons, a recherché des allegations de loix, glosses & autres Docteurs, en les accumulant tedieusement en leurs conseils : voire jusques à employer les opinions desdites glosses & desdits Docteurs pour les questions des droits souverains. Et en ont fait un amas si excessif comme une mer Oceane, qu'il se peut dire que trois vies ne suffiront pas, pour se rendre resolu és questions qu'ils ont agitées. Et nous bienheureux en nos loix courtes & substantieuses de nos Coûtumes, qui ne sont sujettes à tant d'anxietes & incertitudes. Jean de Seissel és annotations sur la pratique de petr. Jacobi au titre *De statu Curiæ Romanæ*, se plaint de cette vastitude & abîme resultant du droit écrit, & y desire un remede ; & sur plusieurs autres points necessaires à la police de la societé des Chretiens. Et est recité *per Hieronymum Paulum Barchinonensem, in practica cancellariæ Apostolicæ fol.* 106.

AVIS POUR LA FORME d'enseigner le droit és Universitez qui sont en France.

III.

LA bonne institution de la jeunesse & la direction d'icelle, fait partie du reglement d'une Republique : Même des jeunes, qui doivent un jour être appellez aux charges publiques, pour conseiller les Princes, & administrer la justice. En quoi est grandement à plaindre le long, bigarré & mal ordonné étude qu'ils sont contraints de faire, quand aprés avoir employé bonne partie de leur temps és Universitez des loix, & quand il leur semble être bien sçavans Docteurs ils se trouvent tous apprentifs & novices, non seulement en la pratique judiciaire, mais aussi en l'intelligence des loix de nôtre France, qui sont contenuës partie és constitutions & Ordonnances des Rois, partie és Coûtumes, partie en cabale non écrite, qui s'apprend en exerçant & maniant. Pourquoi je desirerois qu'és Universitez, esquelles on lit le Droit Civil des Romains, & le Droit Canonique, fussent proposez Docteurs, personnages sçavans tant esdits Droits, qu'en nôtre Droit François ; & qui fussent chargez d'enseigner conjointement tous lesdits droits ; & avec aussi grand, ou plus grand soin nôtre droit François, que celui des Romains. Aussi la plûpart de ceux qui enseignent és Universitez font leur lecture plus parées & ornées de belle apparence & admiration à ce jeune peuple, que fructueuses & profitables. Je croy que peu se trouveroient de personnages qui voulussent ou pûssent enseigner les deux par ensemble exactement bien. Car selon que nous sommes de present, chacun des deux études est long, & desire un homme entier : & ceux qui par long travail & usage sçavent exactement bien ce droit François, pour la plûpart sont és Palais & Auditoires, où l'on gagne plus qu'és écoles des Universitez. S'il plaisoit à nos Rois de destiner le revenu de quelques Abbaïes ; (j'entens le revenu qui resteroit aprés les Moines nourris & entretenus, aumônes ordinaires faites, & reparations de bâtimens,) pour en tirer gages amples, la faveur desquels appellât de toutes parts les plus doctes en tous lesdits droits, pour prétendre les Doctorats ; & être les regences baillées à ceux qui aprés disputes publiques seroient trouvez les plus suffisans tant au droit Romain, que François : ce seroit une entreprise vraïement heroïque, digne de la Majesté d'un bon Roi, & qui rendroit sa memoire perpetuelle à la posterité.

QUE C'EST QUE LE BAILLIAGE de saint Pierre le Monstier & enclaves ?

IV.

DE grande ancienneté & dés le temps de Charlemagne, les Rois de France avoient accoûtumé d'envoyer en chacune Province deux personnages notables, l'un d'Eglise, l'autre laï, pour commander, gouverner & exercer la jurisdiction. L'un pour la direction des mœurs ; l'autre pour la justice, & pour tenir la main forte. Comme se voit par les Capitulaires recueillis par Ansegisus : celui qui étoit laï, prenoit titre de *Comte.* En ce temps les jurisdictions & justice n'étoient pas patrimoniales, ains étoient attribuées par commission. Avenant le declin de la lignée de Charlemagne, (qui est celle des trois lignées des Rois qui a le moins duré, & qui a reçû de plus grandes afflictions) commença d'être pratiqué en France ce qui environ le même temps fut pratiqué és fiefs de l'Empire en Allemagne, & depuis en Italie. Que comme les simples fiefs étoient hereditaires, avec certaines limitations : Ainsi les dignitez Ducales, Comtales, de Marquisat & autres fussent hereditaires, qui auparavant étoient personnelles, comme sont aujourd'hui les gouvernemens de ce Royaume. Et par le même fut octroyé aux Seigneurs, qui tenoient les fiefs tant simples, que de dignité qu'ils eussent droit d'exercer, ou faire exercer justice : lequel droit fut attribué hereditaire, pour être uni à la Seigneurie & fief. Cette concession accrût grandement l'autorité & puissance des Seigneurs de ce Royaume, & diminua d'autant celle des Rois, jaçoit que la souveraineté par ressort leur fut reservée. Dont est avenu, aprés que la Couronne se trouva bien confirmée en la lignée de Hugues Capet (& à bon droit fut confirmée, parce que la plûpart des Rois de cette lignée ont été bons justiciers, amateurs de leur peuple, aussi nous voyons qu'elle dure en ligne masculine approchant de six-cens ans) Que les Rois ayans peu de terres & Seigneuries en leur domaine & patrimoine, firent des associations avec les Ecclesiastiques ayans Justices patrimoniales

moniales de leurs Eglises, pour avoir occasion d'établir des Juges Royaux en ces lieux-là, & és Villes & lieux de leur domaine, qui étoient en petit nombre ; en établir aussi pour oüir les causes, & rendre droit tant aux sujets du Roi en son domaine, qu'aux sujets des Seigneurs en certains cas, qui en ce temps-là commencerent d'être appellez cas Royaux. Car d'ancienneté les Seigneurs en leurs Justices connoissent de tous cas ; mêmes ils avoient droit de tailler leurs sujets: dont est encore la taille és quatre cas, de faire monnoïe, de bailler remissions & graces, de faire guerre, d'octroyer privileges & autres. Mais comme les Rois bons Justiciers se sont par cette occasion accrûs de puissance, aussi peu à peu s'est accrû le nombre & le privilege de ces cas Royaux : les sujets s'accommodans selon leur pouvoir d'aller chercher justice auprés des Juges Royaux. A ce premier établissement de Baillifs, qui fut environ le regne du Roy Saint Loüis, furent seulement établis quatre Bailliages, qui sont les anciens quatre Bailliages de France, à sçavoir, Sens, Mascon, Saint Pierre-le-Monstier, & Vermandois. Sens pour toute la Champagne & Brie, & païs ajacens. Mascon, pour la Bourgogne, Lionnois & Forêts. Saint Pierre-le-Monstier pour Auvergne, Berri, Bourbonnois & Nivernois. Vermandois pour la Picardie & Vermandois, & partie de Champagne. Avant cét établissement, & du temps du Roi Loüis le Jeune, environ l'an 1177. l'Abbé de Saint Martin d'Authun, chef du Prieuré de Saint Pierre-le-Monstier, lequel Prieuré avoit droit de Prieuré & Justice, se voyant mal-traité d'aucuns Seigneurs voisins, pria le Roi de prendre ledit Prieuré avec ses droits en sa protection speciale ; & pour de plus assûrer ladite protection, de s'associer en ladite Justice. Ce que le Roi lui accorda ; & à ce moïen Saint Pierre-le-Monstier devint Ville Royale. Depuis le Roi & le Prieur firent partage ; la Ville & Fauxbourgs demeurerent au Roi, les Villages de la Prévôté au Prieur. Retenu au Prieur le droit de justice en l'enclos de son Prieuré, & d'exercer le cas de haute-justice és prochains lieux de la porte de son Prieuré. Et encore de present les amendes ordinaires de la Prévôté de Saint Pierre-le-Monstier se partissent entre le Roy & le Prieur. Le Roi par cette occasion ayant le pied à Saint Pierre-le-Monstieur, y établit un Bailli pour connoître des cas Royaux des Provinces susdites, Berri, Auvergne, Bourbonnois & Nivernois ; car c'est quasi au milieu de tous ces païs : vrai est que pour Berri on gagna un siege particulier à Sancoins, qui étoit terre de Moine ; & pour l'Auvergne un siege à Cusset, qui aussi étoit terre de Religieuses. Par laquelle déduction appert que le nom de Bailliage n'est pas nom de territoire ; (de fait en ce Bailliage il y avoit, & à cinq ou six divers peuples, divers païs, Provinces, territoires & Coûtumes sous icelui, comme d'Auvergne de Berri, de Bourbonnois, de Nivernois, de Lorriz) ains est nom d'attribution de Jurisdiction pour certains cas. Les Baillis d'ancienneté étoient mis à temps certain, & n'étoient perpetuels à leur vie, comme ils sont aujourd'hui ; ainsi qu'il se voit par les Ordonnances du Roi S. Loüis, de l'an 1254. esquelles il est commandé aux Baillis d'arrêter cinquante jours aprés leur office fini, pour répondre aux plaintes. Leur est défendu d'acheter heritage, contracter mariage pour eux, ou leurs enfans en la Province durant leur charge. Depuis, tels états ont été faits perpetuels à la vie, & non revocables sinon par mort, resignation ou forfaiture jugée. La charge de Baillis étoit d'exercer la justice, & pouvoient commettre des Lieutenans pour les conseiller és affaires douteuses des procés. Leur charge étoit aussi de conduire les forces de l'arriere-ban de leurs Provinces és guerres du Roi. Depuis, les Rois leur ont donné des Lieutenans de robe longue, ausquels seuls appartient l'administration de la Justice, sans que les Baillis s'en entremettent ; & doivent lesdits Lieutenans avoir la quatriéme partie des gages du Bailli. Au Bailli est demeuré la seule execution à main-forte, sans connoissance de cause, & la conduite de l'arriere-ban, Aussi le Bailli doit être Gentil-homme & de robe courte. Doncques ce qui se dit Bailliage de S. Pierre-le-Monstier, n'est pas territoire, ni Province. Et se voit que la Ville & Prévôté est de la Coûtume & Election de Nivernois ; & y ressortissent plusieurs Villes & contrées sujetes aux Coûtumes de Berri, Lorriz, & autres.

QUE C'EST DES ETATS de France & du pouvoir & autorité d'iceux ?

V.

LA premiere ligne des Rois de France a été grandement soüillée d'incestes, parricides, & autres crimes. Depuis est survenuë la seconde dont Charles Martel a été le chef; sage & vaillant Prince, qui a eû ses fils Pepin, & petit fils Charlemagne, tous deux dignes successeurs. Aprés lesquels, ou soit qu'il ait plû à Dieu exercer la vengeance d'aucunes fautes commises par ledit Charlemagne en ses mariages, pour affliger sa posterité ; ou soit que cette grandeur si-tôt venuë, n'ait dû durer & subsister, (& tels en voit-on plusieurs exemples és saintes Lettres & autres histoires ;) ou soit que Nôtre-Seigneur ait fait jugement contre les enfans de Loüis le Debonnaire, qui firent la guerre & plusieurs maux à leur pere, puis se guerroïerent l'un l'autre : Comme que ce soit, cette seconde lignée dura peu en valeur & vigueur, & eut d'étranges afflictions, & enfin fut du tout éteinte aprés deux-cens tant d'ans. Survint la tierce lignée de Hugues Capet, qui legitimement fut appellé à la Couronne, par la voix des Etats de la France, & n'y entra par force comme Charles Martel. Les Rois de cette lignée ont bien gouverné, ont été bons Chrétiens, ont été amateurs du peuple, ont établi & fait observer plusieurs bonnes loix, ont fait regner justice. Aussi Nôtre-Seigneur a fait prosperer cette lignée, qui encore aujourd'hui dure sont prés de sixcens ans, & dure en ligne masculine, continuée de mâle en mâle. Ce qui peut-être ne pourra être remarqué pour si long-temps en quelque autre nation que ce soit. L'un des moyens qui a fait durer cette lignée, a été que les Rois d'icelle ont fait les grandeurs, & le droit d'exercer justice, hereditaires, qui auparavant étoient à vie, & par commissions personnelles. Aucuns ont estimé que c'étoit chose pernicieuse en une Monarchie qu'il y eût si grand nombre de grands Seigneurs : & de fait, aucuns Rois ont essayé de supprimer ces grandeurs, estimans que c'étoient autant d'ennemis, ou contrerôleurs. Mais tant que les Rois ont été bons Rois, bons justiciers & amateurs du peuple, ces grandeurs leur ont servi d'aide pour dompter les méchans, & vaincre leurs ennemis. Et au contraire quand lesdites grandeurs ont été supprimées, les Rois ont pris plaisirs d'elever aucuns de bas lieu aux grands Etats ; & ont estimé avoir meilleur compte de faire, & défaire. Mais comme il n'avient pas toûjours que ceux qui s'insinuënt aux bonnes graces des Rois, soient les plus vertueux, ni qu'ils y parviennent par actes genereux ; aussi tels serviteurs ne font pas les services avec cœur heroïque, parce qu'ils ne sont pas naïs ni appris. Et au contraire le cœur genereux, l'ame haïssante tout ce qui est de vilté & lâcheté, l'amour de la noblesse & du peuple, est ordinairement & hereditairement és personnes des grands, naïs & élevez en grandeur, qui outre leur bon naturel, sont stimulez par l'exemple de leurs prédecesseurs, & honnête crainte de mal faire & défigurer leur reputation, *splendor natalium, non mediocre calcar ad virtutem*, dit Ciceron. Donques cette lignée de Hugues Capet, a prospere par l'occasion de ce que les Rois ont communiqué portion de leur grandeur & autorité hereditairement aux Seigneurs, retenuë aux Rois la souveraineté. L'autre moyen a été, parce qu'ils se sont plus communiquez à leur peuple par assemblée des Etats. Les Etats sont de trois ordres & degrez. Le premier est de l'Eglise ; le second de la Noblesse, le tiers des Bourgeois & menu Peuple. Desquels Etats d'ancienneté, l'autorité étoit telle que le Roi n'avoit droit de lever aucun subside sur son peuple, sinon qu'il fût accordé par les Etats ; aprés que le Roi avoit fait entendre son besoin. Les Bourguignons ont retenu partie de cette liberté au fait des fuages & autres subsides. En ce temps on faisoit etat en France de deux millions quatre cens soixante-neuf mil feux, chacun ménage compté pour un feu, & chacune Ville franche, comme Paris, pour un feu. Aussi étoient comptées vingt-sept mil Paroisses, chacune Ville taillable comptée pour une seule Paroisse, & selon que les Etats accordoient au Roi grande ou petite somme, sur le pied du nombre general des feux en toute la France, on faisoit la proportion, que ce seroit à raison de telle somme pour chacun feu, le fort portant le foible : & selon le rapport qui étoit fait du nombre de feux de chacune élection, les deputez du tiers Etat de chacune Province emportoient la commission du Roi, contenant la somme totale. Et cette commission reçûë en chacune Province, les gens du tiers Etat élisoient deux ou trois bons personnages, qui départoient cette somme par les Paroisses, selon la portée de chacune ; dont est venu le nom d'Elûs : mais depuis on a fait ces offices venaux. Au temps du Roi Loüis XI. (qui comme disoit le Roi François premier, mit les Rois de France hors de page) on n'a plus attendu le consentement des Etats. Les subsides & augmentations d'iceux ont été mis sus par la seule volonté & commandement des Rois. Du temps de Charles VII. lors de son decés, les tailles du Royaume étoient à douze cens mil francs, qui étoit pour l'entretenement de la gendarmerie, qui lors étoit de quinze cens lances. Lors du decés du Roi Loüis XI. les tailles étoient à deux millions de francs. L'an 1517. du temps du Roi François premier, se trouverent à deux millions neuf cens mille livres : l'an 1521. furent reduites à deux millions quatre cens mil livres. L'an 1535. augmentées à trois millions six cens mil livres. L'an 1537. les tailles furent mises à un compte rond de quatre millions de francs : qui est ce qu'on a appellé depuis, jusques sont cinq ou six ans, la grande Taille, ou le principal de la Taille ; sur le sur & pied de laquelle les autres Tailles étoient imposées. Depuis l'an 1537. on y a ajoûté des crûës, une de six cens mil francs en l'an 1542. l'autre de trois cens mil francs en l'an 1552. Les fortifications des places frontieres ; les reparations des levées, chaussées & Turcies. Et depuis encore un autre subside qu'on appelle Taillon, qui est pour l'augmentation de la solde de la gendarmerie : & revient environ le tiers du principal de la Taille : & ce fut par Edit du 12. Novembre 1549. par lequel, au lieu de neuf-vingts francs de solde, que souloit avoir l'Homme-d'armes, lui fut faite augmentation jusques à quatre cens francs : & au lieu de quatre-vingt dix livres, que l'Archer souloit avoir, lui fut sa solde augmentée jusques à deux cens livres. Et de present comme il plaît à Dieu que ce pauvre peuple soit affligé, toutes les Tailles accumulées montent à trois fois autant, que les quatre millions de francs, & plus. Or en cette ancienneté que les Rois en affaires importantes, & pour les subsides assembloient leurs Etats ; l'honneur, l'obeïssance & l'amitié du peuple envers le Roi étoient plus grands. L'autorité des Etats fut reconnuë, quand au debat de la Couronne entre Philippes de Valois & Edoüard d'Angleterre, icelle Couronne par les Etats fut déclarée appartenir audit Philippes de Valois.

QUEL EST LE DROIT DES *Seigneurs Justiciers, & s'ils ont droit de fisque, & autres droits Royaux ?*

VI.

De vrai, le droit d'exercer ou faire justice, même pour condamner à mort les criminels, est de soi droit de souveraineté. Comme aussi est le droit de prendre les biens de celui qui est condamné à mort naturelle, ou civile ; & les biens vacans, & plusieurs autres droits que les Seigneurs Justiciers ont. Mais lors de la déchéance de la lignée de Charlemagne fut pratiqué en France ce qui au même temps fut introduit & pratiqué en Allemagne sous l'Empire des Saxons ; que les dignitez de Ducs, Comtez, Marquis & autres qui souloient être personnelles & à vie, fussent faites hereditaires. Cela retenu és vrais fiefs de l'Empire, que les femelles n'y succederoient. Et par même moïen furent concedez aux Seigneurs les droits utiles de souveraineté, que l'on appelle *droits Royaux*; dont il est parlé au titre *Quæ sunt Regalia, in usibus feudorum* : qui sont, les péages sur les rivieres, droit de faire monnoïe, amendes & confiscations, biens vacans, droit d'établir Juges & Magistrats ; les pêches és rivieres, droit de bannalité, & autres tels, qui sont vrais droits Royaux : car de la grande ancienneté nul autre que le Souverain n'auroit droit de les prendre. Et quand les Souverains ont octroyé à leurs inferieurs ces droits, ils n'en ont concedé que l'utilité & commodité, & non pas le droit en soi, & de par soi ; *Bart. in l. cunctos populos, circa finem, C. de sacros. Eccles. & Bald. in l. 1. in fi. C. de hæred. vel act. vend.* disent que tels Seigneurs inferieurs, qui ont les droits de fisque, sont Procureurs *in rem suam* du fisque souverain. Et est recité *per Philipp. Corneum, cons. 299. vol. 1.* Ainsi qu'on fait la distinction du Seigneur direct, & du Seigneur util : en comparaison desquels quand on parle simplement du Seigneur, on entend le Seigneur direct : aussi le Seigneur util est appellé superficiaire, & n'a que les actions utiles, *l. si domus. §. ult. ff. de legat. 1. l. 3. §. penult ff. de novi oper. nuntiat. l. 2. ff. si ager vectigal. vel emphyt. pet.* Et par ce moïen se doit dire que les droits Royaux en soi ne sont transferez. Car de vrai ils sont inalienables, & inseparables de la Couronne en ce qui est de la proprieté & Seigneurie directe. Aussi ceux qui en perçoivent les profits en font le fief au Roi, & à cause du fief doivent service au Roi de leurs personnes en l'arriere-ban, qui est la prestation qui se fait au Roi pour reconnoissance de superiorité. Et quant à la Justice reconnoissent aussi la superiorité du Roi : car les Parlemens & les Juges Royaux jugent par appel les causes traitées devant les Juges desdits Seigneurs. Parquoi quelquefois m'a semblé que les gens du Roi en étendant si avant les droits du Roi au préjudice des Seigneurs, ont peut-être fait contre le premier établissement que la lignée de Hugues Capet avoit fait, avec lequel elle a si longuement & si heureusement regné : & toutes mutations qui dérogent aux premiers établissemens sont perilleuses. Les Seigneurs de France, aprés plusieurs retranchemens & diminutions de leurs anciens droits, ont retenu le droit de faire admministrer justice, & juger à mort, prendre les confiscations, prendre les amendes arbitraires, avoir le droit des pêches & des peages en plusieurs lieux ; qui sont droits de fisque. Pourquoi je n'approuve l'opinion de quelques-uns, qui disent que nul Seigneur n'a droit d'avoir Procureur Fiscal, parce que nul n'a fisque que le Roi : Car puis qu'ils ont l'utilité des droits du fisque avec justice, leurs Procureurs peuvent être appellez Fiscaux. Dés la grande ancienneté les Seigneurs ayans droit de justice, eux-mêmes exerçoient la justice · & se voïent és chartes anciennes aucuns jugemens donnez par les Seigneurs, & se reconnoît *in cap. dilecti, ext. de arbitr. in Antiq.* Mais depuis fut introduite la loi, qu'ils commettoient des Juges, lesquels jugeroient aux perils, & fortunes des Seigneurs. Et de fait en plusieurs Provinces est observé quand le Juge Royal sur l'appel, dit qu'il a été mal jugé par un Juge inferieur, le Seigneur paie l'amende. Et en Parlement quand il est dit, mal jugé par les Juges de Pairie ; les Seigneurs Pairs payent l'amende au Roi. Ces mêmes Seigneurs doivent à leurs dépens faire faire les procez aux criminels ; & s'il y a appel, les faire mener en Parlement, s'il n'y a partie civile qui se trouve suffisante pour fournir aux frais. Aussi quand les Procureurs des Seigneurs sont parties en cas de délit pardevant le Juge de leurs Seigneurs ; ils ne sont condamnez en aucuns dépens : & de pareil on ne leur en ajuge point ; & si ne doivent les Juges des Seigneurs faire les amendes plus grosses, sous prétexte des frais du procez ; ni ordonner que sur les amendes seront pris les frais du procez, parce que les Seigneurs à cause de leurs Justices doivent fournir lesdits frais ; & doivent croire que les autres droits domaniaux, même ceux qui ressentent superiorité, leur sont attribuez en patrimoine, à cette fin principale, qu'ils ayent moïen de supporter les frais de Justice. Suivant ce, la Cour par plusieurs de ses Arrêts a blâme telles ajudications pour les frais des procez criminels faites par les Juges inferieurs. Aussi est à blâmer l'intellect qu'aucuns praticiens ont donné à ce brocard, *Qu'en France les Justices sont patrimoniales.* Et de là ont inferé que les Seigneurs doivent tirer en ligne & article de domaine les profits extraordinaires de Justice, comme d'accenser les Greffes, les Geolles, empêcher que leurs sujets ne plaident en autre Justice que la leur ; qui est ce qu'on dit qu'ils peuvent vendiquer leurs sujets, & sans leur requisition demander le renvoi de la cause. Mais je croy que le mot de *Justice patrimoniale* s'entend ainsi ; que les Seigneurs, à cause de leurs terres & patrimoines, & hereditairement, ont droit de faire exercer Justice, & de prendre les profits des parties casuelles de confiscations & amendes : & non pas de faire état certain en leur domaine & patrimoine des profits qui en viennent ; ains se contenter de les prendre selon qu'ils sont ajugez.

DES ESPAVES, ET AUTRES *Choses qui se disent selon le droit des Romains*, in nullius bonis esse.

VII.

SELON le droit des Romains toutes choses qui n'avoient point de Seigneur, qu'en Latin on dit, *nullius in bonis sunt*, appartiennent au premier qui les peut apprehender & occuper ; pourvû que ce soient choses qui de leur nature, & constitution puissent être en la proprieté des particuliers, *§. feræ. vers. quod enim Instit. de rerum divis.* soit qu'ils n'ayent oncques eû Seigneur, soit que le Seigneur les ait abandonnées, qu'on dit en Latii, *habuerit pro derelicto. §. penult. Instit. eod. tit.* Mais selon le droit des François telles choses appartiennent au Seigneur Haut-Justicier. Surquoi est fondé le droit des Espaves, qui sont choses égarées; & aprés que les proclamations en ont été faites en public, si les proprietaires ne les viennent reconnoître, ils sont censez les avoir abandonnées, par les raisons de la loi. *si eo tempore. C. de remiss. pign. l. si finita. §. non autem. & l. prætor. in fine. ff. de damno infecto: & quòd is qui admonitus est videatur habuisse rem pro derelicta, tenet Feder. Senensis consil.* 107. *& quòd publicum programma sufficit, si nesciatur cujus sit; l. 3. §. toties. ff. de damn. infect. & l. hoc autem. §. 1. ff. ex quibus causis in poss.* La glosse *in l. falsis. §. qui alienum. ff. de furtis*, dit que par la loi des Lombards, si aucune chose étoit trouvée, & on ne sçût à qui elle appartenoit, l'inventeur devoit l'apporter devant le Juge. Quand aux trésors trouvez, aucuns François ont tenu par la raison susdite qu'ils appartiennent aux Seigneurs Hauts-Justiciers. Trésor s'entend or, argent, ou autre chose précieuse déposée en terre, ou muraille de si grande ancienneté, qu'il n'y en a memoire, *l. nunquam. §. primo. ff. de adquir. rerum dominio:* & si par la marque de la monnoïe se connoissoit de quel temps elle est faite, & par titres apparût à qui la maison ou lieu du trésor appartenoit audit temps, le trésor seroit à ses heritiers, & n'y auroit prescription par la loi *à tutore. ff. de rei vend. l. peregrè. ff. de adquir. possess.* Selon les loix Romaines la moitié des trésors appartient à l'inventeur, l'autre moitié au proprietaire du lieu, où ils sont trouvez. Sinon que le trésor fût trouvé par magie, ou mauvaise art; auquel cas la part de l'inventeur doit être confisquée. *l. 1. juncta glossa, in verb. arte. C. de thesaur. libro decimo. §. thesauros. Instit. de rerum divis.* Aucunes Coûtumes de France, comme Sens & Bourbonnois, ont temperé cette distribution du trésor en concedant le tiers au Seigneur Justicier, le tiers à l'inventeur, & le tiers au proprietaire du lieu. Ce temperament est mêlé du droit des Romains, & du droit des François. On allegue un ancien Arrêt de la Cour de la prononciation de la Nativité de N. Dame l'an 1259. entre l'Abbé de S. Pierre le Vif de Sens, & le Procureur du Roi: par lequel le trésor fut déclaré appartenir au Seigneur Haut-Justicier; horsmis l'or qui fut déclaré appartenir au Roi. Par autre Arrêt de la fête de saint Martin 1261. le Roi ajugea au proprietaire d'une maison à Loches l'argent qui avoit été trouvé en icelle. Puisque nôtre Coûtume n'en dit rien, je croy que le trésor appartient au Seigneur Haut-Justicier.

Quant aux minieres qui se trouvent en terre; parce que naturellement elles sont portion de la terre, je croy qu'elles appartiennent aux Seigneurs proprietaires de la terre, & non aux Seigneurs Hauts-Justiciers. Car n'y ayant point de terme & proportion jusques à quelle profodeur la terre appartienne au possesseur, il faut dire qu'elle lui appartient jusques au centre: sinon qu'il fût possesseur superficiaire, comme bordelier ou emphyteute, qui a le seul droit des fruits & de la superficie. Toutefois *Paulus de Castro in consilio* 330. volume second dit, Que si aucun commence à ouvrir la terre en lieu public, ou en son propre heritage pour trouver miniere, ou veines de pierres à éguiser qu'on appelle *cotes*, il peut suivre la veine jusques sous l'heritage d'autrui, & que les pierres trouvées au fonds de l'heritage d'autrui sont à lui, & non au proprietaire du fond: & allegue le texte & la glosse *in l. quosdam. C. de metal. lib.* 11. & dit que à cause de l'utilité publique esdites pierres, il en faut juger comme des metaux. Mais je croy que si l'œuvre ne se fait de l'autorité & mandement du Souverain, qu'il n'est loisible à aucun de foüiller & prendre au fonds de l'heritage d'autrui.

Les Isles & accroissement de terre, qui se font prés des rivieres *jure alluvionis*, selon le droit des Romains, appartenoient aux plus proches voisins, Mais je croy qu'en France ils appartiennent au Seigneur Haut-Justicier; tant parce que *re vera nullius singularis personæ in bonis sunt*, comme parce que les heritages roturiers ont accoûtumé d'être baillez par confins & limites, auquel cas le droit d'alluvion, selon les loix Romaines, n'a lieu, *l. in agris. ff. de adquir. rerum dom.*

Quant aux mouches à miel qui ont délaissé leur repaire, & dont le proprietaire a quité la poursuite, elles deviennent espaves; parce que selon le droit des Romains elles sont en leur liberté naturelle, *& incipiunt in nullius bonis esse, §. apium quoque versic. examen. Instit. de rerum divis.* & selon la loi des François appartiennent au Seigneur Haut-Justicier. Ainsi le dit *Jo. Fab. in d. versic. examen*; & plusieurs Coûtumes de France s'y accordent.

SI L'HERITIER DU DELINquant doit satisfaire de l'interest & dommage avenu par le moyen du delit, ores que l'heredité n'en soit plus riche, ni la cause contestée?

VIII.

SElon les loix des Romains l'heritier n'est tenu de satisfaire de ses biens pour le delit du défunt: sinon entant que l'heredité est enrichie, à cause du delit, ou si la cause criminelle a été contestée avec le défunt, *l. unica C. ex delictis defunctorum. Nam litiscontestatio efficit ut pœnales actiones transmittantur ab utraque parte, l. ult. in fine. ff. de fidejuss. tut. vel curat. l. omnes. & l. sciendum. ff. de actionibus & oblig.* Selon le droit Canonique l'heritier en est tenu, *cap. in litteris, ext. de raptorib. cap. ult. ext. de sepult. cap. tua. ext. de usur. Joan. Fab.* tres-docte Praticien François suit l'opinion des Canonistes *in §. ult. Instit. de perpet. & temporal. act.* Ce qui se doit entendre, que l'heritier soit tenu jusques à concurrence des biens hereditaires, & non pas comme en dette pure civile, pour rendre l'heritier obligé *etiam* pour les biens qu'il a d'ailleurs. *Idem tenet Joan. Andr. in cap. quanquam. de usur. in Sexto, & Federic. Senens. cons. 21. & glo. in d. cap. in litteris. ext. de raptorib.* Et en ce cas seroit admise la pratique du titre *de separationibus.* Maître René Chopin en son traité *de privileg. rusticorum, parte 2. lib 3. cap. 8. num. 5.* dit avoir été jugé par la Cour de Parlement selon le droit civil. *Sed quia multæ species accidere possunt, & efficere ne ubique idem judicium esse debeat, videamus num hæc quæstio temperamentum admittere debeat ex bono & æquo, etiam fundato super decisionibus juris civilis, & super ea ratione quæ nos Christianos movere debeat, quæ non movebat eos, qui ejusmodi leges civiles sanxerunt, quia Christiani non erant. Illa lex prima, C. ex delictis defunct. est Diocletiani.* Premierement soit faite distinction des delits qui se commettent pour augmenter les biens du delinquant, comme le furt, le ravissement, le dol, l'usure, le faux, le peculat, les repetundes, l'abigeat, & autres tels. Secondement des delits qui portent dommage pecuniaire à autruy, sans qu'il en revienne rien au delinquant, comme l'incendie, la blessure, le meurtre. Tiercement des delits qui sont en pure vengeance, esquels *nec delinquenti quidquam adest, nec delictum passo abest, ut in injuria vel convitio.* Quant au premier cas, sembleroit que l'heritier en tout cas seroit tenu de répondre pecuniairement du delit pour le simple, & jusques à la concurrence des biens hereditaires, ores qu'il n'y ait eû contestation: (*& obiter* j'estime que ladite loi *ex delictis*, entend que l'heritier, aprés contestation faite avec le défunt, soit tenu *in duplum, triplum, vel quadruplum*; selon que la peine est établie par les loix) car ceux qui commettent tels delits du premier ordre, ont leur premier mouvement de se faire plus riches, & faire en telle façon qu'ils ne soient surpris; *furtum enim à furvo dictum est, & dolus non est nisi cum callididate. Et notus est versus Horatij, lib. 1. epist.*

------- Pulchra Laverna,
Da mihi fallere, da justum, sanctúmque videri.
Noctem peccatis, & fraudibus objice nubem.

Pourquoi, ores qu'il ne se puisse prouver ouvertement, il est assez à propos de croire que le delinquant soit enrichi par le delit. Sera noté ce qui est dit en la loi *si pœna ff. de pœnis; quòd ideò non agitur de crimine contra hæredem, quià pœna constituitur in emendationem hominum, quæ desinit mortuo eo, qui deliquit. Quare videtur non extingui accusationem, quatenus interest ejus, qui damnum passus est.* Sera aussi consideré qu'en France celui à qui a été fait tort, ne conclud que civilement pour son interêt, *& quatenus ejus interest*: Le Procureur Fiscal conclud pour la peine. Or quand on agit civilement pour le delit, l'heritier en est tenu, ores qu'il n'en soit rien parvenu à lui, & que la chose fût perduë sans sa coulpe, par la raison de la loi *si pro fure. §. ult. ff. de condict. furt. & §. ult. Instit. de obligat. quæ ex delicto. Et quia fur semper in mora esse dicitur, ideò ejus periculo semper est res furtiva; l. ult. ff. de condict. furt. Sed & si quid ad defunctum pervenit, licet hæres non sit factus locupletior*, l'heritier en seroit tenu *per l. prætor. §. ult. cum lege sequenti, notando dictionem* Eum, *quæ referri non potest nisi ad delinquentem; quià de hæredibus loquitur numero plurali, ff. de bonis auct. jud. possidendis.* A quoi fait la loi *quantum. in iis verbis: Si illius qui vim intulit in corpus, patrimonii aliquid pervenit. ff. de eo quod vi metusve causa. l. Itaque. in verb. quià delinquenti accepto lata erat pecunia. ff. de dolo.* Quant au second ordre des delits, qui portent dommage, & n'en revient rien au delinquant comme l'incendie; je croy, parce que nous sommes Chrêtiens, qui devons croire que les ames des delinquans aprés la mort sont affligées, quand du vivant on n'a satisfait du dommage; Qu'il se peut soûtenir que l'heritier est tenu de reparer le dommage jusques à concurrence des biens hereditaires, pour retirer de peine l'ame du défunt: *Cùm etiam leges profanæ judicaverint eum indignum esse hæreditate, qui necem defuncti non vindicavit, qui ea quæ ad defuncti honorem & existimationem pertinent non procuravit, qui ea quæ defunctus jussit non implevit; & filium indignum qui patrem captivum non redemit, l. 1. C. de his quibus ut indig. Authent. hoc amplius. C. de fideicommissis, l. militis. C. de religios. Authent. si captivi. C. de Episc. & cler.* Et qu'en ce cas le droit Canonique doive être suivi. Quant au tiers ordre des delits, qui n'apportent profit au delinquant, ni dommage pecuniaire à celuy qui a souffert l'injure, sembleroit que l'heritier n'en fût tenu; parce qu'il est bien seant de pardonner aux morts: & parce que la principale & vraïe reparation, qui est à faire, est par la reconnoissance que fait celui qui a delinqué.

SI L'HERITAGE TENU A CENS *se trouve vacant sans proprietaire; si ledit heritage viendra au Seigneur censier, ou au Seigneur Justicier?*

IX.

LA Coûtume au chapitre *Des cens*, article 1. dit, *Que le cens emporte directe Seigneurie; & à cause d'icelle, retenuë & retour, Retour*, c'est ce que les Latins disent *reversionem, quæ gratuitò fit sine pecuniæ numeratione.* On demande si l'heritage tenu à cens se trouve vacant sans proprietaire, s'il appartiendra au Seigneur haut-Justicier, ou au Seigneur censier. Quant à la confiscation par delit, la Coûtume au chapitre *Des confiscations*, art. 6. attribuë l'heritage au Seigneur haut-Justicier, à la charge d'en vuider ses mains. La même Coûtume au chap. *De Justice*, art. 12. donne les biens vacans à faute d'hoir au Seigneur haut-Justicier. Ce qu'étant dit en general ne dérogeroit à la particularité du droit du Seigneur censier. Et de prime face semble que par le moïen de ce retour attribué par la Coûtume au Seigneur censier, il dût avoir l'heritage qui se trouve vacant. Mais pour la plus seure opinion, semble que le retour au profit du Seigneur censier se doit entendre au cas de la Coûtume, en l'article 11. au chapitre *Des cens*; quand le tenancier abandonne le tenement, & que le Seigneur n'est payé de ses droits: auquel cas le Seigneur n'est payé de ses droits: auquel cas le Seigneur peut en apprehender la joüissance, & en prendre les fruits en pur gain: sauf qu'il doit précompter les arrérages de sa redevance, comme cy-dessous question 48. Ou bien ce retour se peut entendre, quand l'heritage est baillé avec limitation, que ce soit pour le preneur, & ceux de son lignage seulement, ou à certaines pactions commissoires. Que si l'heritage se trouve simplement baillé à cens, & le detenteur vient à mourir sans heritiers, qui est le vrai cas de vacance, ou en cas de confiscation ; ledit heritage vient au Seigneur Justicier; lequel en chacun desdits cas est tenu d'en vuider ses mains, selon la même raison en cas de biens vacans comme la Coûtume dit en confiscation audit art. 6. qui est d'en vuider ses mains dans l'an, à peine de Commise, quand le Seigneur censier est autre Seigneur, que Seigneur Haut-Justicier. Et se doit entendre d'en vuider ses mains és mains d'un autre, qui soit de pareille qualité que l'ancien detenteur, *ne conditio domini directi fiat deterior propter difficultatem conveniendi* : & que ce ne soit és mains de Colleges, Universitez, ou personnes de main-morte, qui ne peuvent aliener. Aussi s'entend que le Seigneur Haut-Justicier doit aliener en telle sorte, que le Seigneur censier prenne profit : & croy qu'il doit vendre, afin que le Seigneur censier puisse avoir lots & ventes, ou retenuë. A quoi fait par argument l'art. 8. au chap. *Des servitudes personnelles* : pourquoi il ne pourroit donner à ses enfans. Et la raison de la Coûtume est, afin que le Seigneur censier n'ait un detenteur plus puissant que lui ; & puis que l'heritage change de main sans profit, quand le Seigneur Justicier le prend, que cette mutation ne soit inutile au Seigneur direct : consideré mêmement que selon la nature des Seigneuries directes chacune mutation d'homme, par autre voïe que d'heredité, doit apporter profit au Seigneur, pour l'approbation qu'il fait d'un nouvel homme, selon la loi derniere, *C. de jure emphyt.*

EN CAS QUE LE FILS CONfisque, si les biens à lui donnez par son pere seront confisquez ; & si les portions de ses sœurs, qui sont excluses par appanage, seront aquises au fisque, ou retournent à elles ?

X.

LES Docteurs ultramontains, & autres purs sectateurs du droit Civil des Romains ont traité avec diverses opinions la question. Si par la confiscation du fils est aquise au fisque la proprieté qu'il a és biens aventices, & son pecule soit castrense, ou autre ? parce que selon le droit des Romains le pere a l'usufruit & administration des biens adventices de son fils qui est en sa puissance, & se dit que le pecule castrense *jure ipso* est en la proprieté du pere ; mais le fils en a l'administration libre : tellement que si le fils n'en dispose, *lex judicat patrem retrò habuisse dominium in re peculari ; & non tam acquiritur patri, quàm non adimitur, l. servum filii in princip. ff. de leg. 1. l. 1. §. si is qui bona. ff. de collat. bon. Ruinus consil.* 117. *vol.* 1. dit, quand les biens du fils de famille sont confisquez, que la proprieté des biens aventices du fils de famille ne sont confisquez, jaçoit que le fils en soit proprietaire, & le pere n'en ait que l'usufruit : & allegue Bart. *in l. si finita. §. si de vectigalibus. ff. de damno infecto.* Et dit que c'est la commune opinion. Et Azo dit de même, Que les biens profectices du fils ne sont confisquez, parce qu'ils doivent retourner au pere. Comme aussi n'est confisqué le pecule castrense du fils, ains demeure au pere, *l. 3. C. de bonis damnat.* & la loi ne permet au fils d'aliener ses biens adventices sans le consentement du pere, *l. cùm non solùm. §. filii. C. de bonis quæ liber.* Je n'entens traiter cette question par les raisons que lesdits Docteurs alleguent aussi ne sontils d'accord en leurs opinions, ainsi que recite Boërius decision septiéme. Et d'ailleurs, en France nous ne pratiquons la puissance paternelle selon les regles du droit écrit des Romains. Mais j'en traiteray par l'occasion de deux articles, qui sont en nôtre Coûtume au chapitre *Des donations*, article 9. & au chapitre *Des successions*, article 5. verb. *Et quant aux anciens, &c.* où se dit, que les heritages donnez par les ascendans, leur renournent en cas que les descendans donataires meurent sans enfans. Et là ne se parle de puissance paternelle, ni de pecule, ni de biens adventices : mais se dit d'heritages en general. Maître Charles du Molins (que j'allegueray toûjours volontiers pour auteur, & bon auteur, parce qu'il est doctissime Docteur tant au droit Civil des Romains, qu'au Droit François) en une annotation sur la Coûtume de Montargis, au chapitre *des successions* art. 9. dit que la Coûtume est generale en France, que les biens donnez par les ascendans retournent à eux, si les descendans descendent sans enfans. Ce qui est bien raisonnable à dire en general de tous biens ; combien que nôtre Coûtume ne parle que d'heritages. Car quand l'ascendant donne au descendant, il est censé donner par anticipation & avancement de sa future succession, & selon le vœu & desir ordinaire des parens, qui est de laisser à leurs enfans tout ce qu'ils aquierent & ont : & autrement n'est pas leur intention de se dépoüiller tout-à-fait, pour se mettre en peril d'avoir necessité, & voir de leur vivant joüir un autre du fruit de leur liberalité. Selon les loix des Romains toutes sortes de biens du descendant émancipé mort sans enfans, viennent au pere, *ea ratione, quià emancipabat contractat fiducia* ; ou à la mere ou l'ayeul. Mais nos Loix de France quasi par regle generale n'ont donné aux ascendans que les meubles & conquêts, & les biens d'iceux ascendans ; dont le brocard est *Heritage propre ne monte point en ligne directe.* La forte question est si le descendant donataire peut aliener les heritages à lui donnez par son ascendant. Et ce qui fait la difficulté, est que la Coûtume en tous les susdits deux art. 9. du chapitre *des Donations*, & 5. du chapitre *des Successions*, use du mot de *retourner*, qui semble emporter un droit de substitution, fideicommis, ou regrés. Pourquoi je croy que le fils ne peut indistinctement aliener ces tiers à lui donnez mêmement par donation soit entre-vifs, ou pour cause de mort ; si ce n'étoit *ad effectum dotis, vel donationis propter nuptias*, par la raison de l'Auth. *res quæ. C. comm. de legat.* Et parce que l'alienation en ce cas *respicit honorem & propagationem familiæ in matrimonio filii* ; par consequent je croy si le fils confiſque, que ces heritages à lui donnez ne ſont confiſquez ; parce qu'il eſt à croire que la cauſe finale de la donation par le pere à ſon enfant, eſt pour la conſervation de ſa famille, accroiſſement de proſperité, & commodité aux deſcendans : & ſeroit directement contre l'intention du pere ou ayeul, ſi les biens donnez venoient au fiſque ; & ſeroit ſur charge de double douleur, ſi avec l'ennui de la perte de la vie & honneur de l'enfant, les biens outre cela étoient perdus pour le donateur & pour la famille. Laquelle cauſe finale, ſi elle étoit exprimée, ſans difficulté auroit force de reſolution de donation : & ores qu'elle ne ſoit exprimée, par veriſimilitude doit être entenduë, *l. tale pactum. §. ult. ff. de pact. l. ult. ff. de hæred. inſt. l. 2. §. ult. ff. de donat. Sed cùm donatio facta ſit ab aſcendente ; cauſa illa ſubintelligenda eſt, cùm expreſſa non eſt, arg. l. ſi mater. C. de inoff. teſt.*

Quand à l'autre chef, *Si les portions des ſœurs accruës au frere par l'appanage d'icelles, doivent retourner aux ſœurs, ou venir au fiſque?* Sera noté qu'il ſe trouve un Arrêt donné par le Roi Charles IX. ſéant en ſon lit de Juſtice au Parlement de Roüen le 17. Aouſt de l'an 1563. ſur la Coûtume de Normandie ; qui veut que le frere aîné puiſſe appaner ſes ſœurs, ſans qu'elles viennent partager. Et fut jugé que le fiſque ayant les droits du fils aîné qui avoit confiſqué, ne prendroit le profit de cét appanage ; ains que les filles prendroient leurs portions hereditaires. Vrai eſt que la queſtion étoit en appanage non encore fait ni executé. & ici on demande ſi cela a lieu en appanage ja fait. Surquoi ſera noté que le 24. article, au chapitre *Des droits appartenans à gens mariez*, où il eſt parlé de l'excluſion de la fille appanée en faveur des mâles, porte ces mots, *Tant qu'il y aura hoir mâle : quæ verba importunt conditionem, & videntur habere tractum* ; que cette excluſion a lieu pour autant de temps que la lignée du mâle dure, & non préciſément. *Sic per Bart. in l. ult. ff. ad Senatuſconſult. Tertyll. & Marianum Socinum Juniorem, qui mihi doctor fuit, conſil. 1. & 31.* Pourquoi il me ſemble que les filles devroient venir aux portions par elles quitées, avant que le fiſque.

QUEL EST L'EFFET DU Banniſſement hors le territoire du Seigneur Juſticier. Et, en cas que le banniſſement ſoit à temps, ſi aprés le temps, le banni rentrera en toutes ſortes de droits?

XI.

LA regle de droit eſt, *quòd extrà territorium jus dicenti impunè non paretur, l. ult. ff. de juriſd. omn. jud.* Ce qui s'entend, ſoit que le Juge ſéant en autre territoire juge, ſoit qu'il juge de choſe, qui n'eſt en ſon territoire ; *l. cum unus. §. penult. ff. de bonis auct. jud. poſſ.* Pourquoi le Juge qui bannit ne peut étendre ſa défenſe plus avant que le territoire, auquel il commande. Ainſi il ſe dit és loix des Romains, *l. relegatorum. §. interdicere. ff. de interdict. & releg.* Ce qui eſt plus propre à dire de preſent (aprés l'Edit de Moulins de l'an 1566. art. 35. par lequel il eſt ordonné, que le Juge du lieu où le délit a été commis, doit connoître du délit) qu'il n'étoit pas auparavant, quand la regle étoit en pratique, que le Juge du domicile du delinquant devoit connoître & punir ſon délit. Car il eſt bien ſéant que la Province en laquelle le délit a été commis ſoit purgée de la perſonne qui a delinqué, tant pour lui ôter l'occaſion de plus delinquer en ſemblable délit, à cauſe des connoiſſances qu'il y a, que pour ſervir d'exemple & détourner de malfaire ceux qui ont vû le délit, & qui voïent la peine, *l. 1. C. ad leg. Jul. repetund.* Aucuns ſont bannis pour pouvoir repairer en toute autre part, horſmis en la Province dont ils ſont bannis : & c'eſt là le banniſſement vulgaire. Aucuns ſont confinez (quand ils ſont condamnez à demeurer en un ſeul lieu déterminé, & tous autres lieux leur ſont interdits. Cette ſorte de peine eſt ordonnée par le ſeul Prince ſouverain, ou ſes Cours ſouveraines. Soit banniſſement ou confinement ; ou condamnation à œuvres publiques, comme aux galeres ; ſoit condamnation à chartre & priſon ; quand c'eſt pour toute la vie du condamné, telle condamnation emporte mort civile ; & par conſequent confiſcation de biens au profit du Seigneur haut-Juſticier és Provinces eſquelles confiſcation a lieu : car en aucunes elle n'eſt pratiquée, comme en Berri, ſinon en cas de leze-Majeſté. Celui qui eſt banni ou ſouffre autre condamnation perpetuelle, eſt en même condition qu'étoient ceux entre les Romains, qui perdoient le droit de la Cité, c'eſt à dire, étoient privez, & leur étoit ôtée la communion de tout ce qui dépend du Droit Civil : comme de puiſſance paternelle ; de faire teſtamens ; faire contrats, & perdre les dignitez, & eſperance d'y parvenir : ne pouvoir être inſtituez heritiers, ni recevoir legs teſtamentaires : & étoient reduits à peregrinité, & faits ſans cité, dont il eſt parlé *in l. 1. C. de hæred. inſtit. l. ſed ſi hac. §. liberos. ff. de in jus vocando, l. 1. §. ij quibus. ff. de legat. 3.* Même la déportation, qui emportoit banniſſement perpetuel, annulloit le mariage, *l. ſi quis ſic ſtipuletur. ff. ſoluto matrim.* Vrai eſt que les Empereurs ont ajoûté ce temperament, que le mariage pouvoit conſiſter, ſi la femme demeuroit en ſon affection de mariage envers ſon mari banni, *l. 1. C. de repud.* Mais l'Egliſe à laquelle appartient la connoiſſance & jugement des mariages, comme de Sacrement inſtitué de Dieu, n'a trouvé bon que le mariage fût diſſolu par le banniſſement ; ſelon la regle de l'Evangile, *Ce que Dieu a conjoint, l'homme ne peut le ſeparer* : pourquoi la ſeule mort naturelle peut diſſoudre le mariage : & la ſentence du Juge laï ne peut étendre ſon effet, ſoit directement, ou en conſequence ſur ce qui eſt des Sacremens & choſes ſpirituelles. Bien ſe peut croire que par le banniſſement la communauté d'entre mari & femme eſt diſſoluë la puiſſance que le mari a ſur ſa femme au fait des contrats lui eſt ôtée, le gain des fruits de la dot lui eſt ôté ; & la joüissance du doüaire est aquise à la femme ou aux enfans. *Nam hæc omnia sunt à jure civili, neque tangunt causam fœderis conjugalis.* Toutefois la femme doit obeïssance, amitié & service à son mari, & lui doit secours de ses biens en sa necessité: car tout cela est uni & inseparable du fruit du mariage, qui principalement consiste en amitié ; comme il se voit en la Genese, *chap.* 2. *vers.* 18. en ces mots, *Il n'est pas bon que l'homme demeure seul ; faisons-lui un aide semblable à lui.*

Aussi est à sçavoir que celui qui est banni, & duquel les biens sont confisquez en tout, ou partie, devient quite envers ses créanciers pour le tout, ou pour partie, selon que ses biens sont confisquez, *l.* 2. *C. ad leg. Juliam de vi, l. si marito. ff. soluto matrim.* Mais s'il est restitué par le Prince souverain, comme il recouvre ses biens, aussi il rentre en obligation. Autrement est, si le Prince lui octroye une simple relâche ou indulgence de la peine : car il ne recouvre ses biens, *l.* 2. *ff. de sentent. pass. l. si deditor. C. eodem.* Et si le Roi de puissance absoluë, & pour cause qui ne fût de droit, restituoit aucun banni, qui est ce qu'on dit *rappel de ban* ; je croy que tel restitué ne rentreroit en ses biens, qui une fois legitimement auroient été aquis au Seigneur haut-Justicier autre que le Roi.

Il est dit cy-dessus que celui qui est banni, est banni seulement du territoire du Juge, qui l'a condamné. Mais s'il est banni pour crime qui emporte infamie, comme sont tous crimes, dont la punition est exemplaire, & appartenant à l'interêt public, *l. infamem. ff. de publicis. jud.* je croy qu'en quelque part qu'il aille son infamie le suit : parce que c'est une tâche de sa personne, qui accompagne & est adherente à sa personne ; tellement qu'il ne pourra avoir dignité, être admis en témoignage, & sera rejetté de tous actes, & choses dont les infames sont privez & deboutez. Dont dépend l'autre question, si celui qui est banni à temps pour cause emportant infamie, devra demeurer infame aprés le temps fini. Je croy que la tâche une fois imprimée en son honneur demeure perpetuelle, *l. ad tempus ff. de Decurionib.* Aucuns Docteurs font distinction, si aucun est condamné par délit, qui par tout est reputé crime capital, ou si c'est pour délit, qui en aucunes jurisdictions est capital, en autres ne l'est pas : comme il se dit des bannis d'Italie, qui selon la rigueur d'aucun statuts de Ville sont défiez & abandonnez ; & disent qu'au premier cas tels criminels condamnez sont tenus par tout comme intestables, & morts civilement : & au second cas sont tenus tels seulement au territoire, où la loi est telle. Mais Paul de Castre au conseil 319. *num.* III. *vol.* I. reprouve cette distinction, & estime qu'ils sont par tout, & quant à tous morts civilement. Et il semble qu'il dit bien ; car puis que la personne est sujete à cette loi ou statut, la peine infligée à la personne suit par tout la personne, comme adherente à icelle. Ledit Paul de Castre fait une belle distinction audit conseil 319. Si le Juge, de qui la personne est sujete, exerce un acte qui principalement concerne la personne, & en consequence concerne son bien, son jugement s'étend aux biens quelque part qu'ils soient, *sicut in tutore, l. propter litem. §. licet. ff. de excus. tut. Sic in collecta quæ imponitur personæ pro rebus, l. scripto. C. de muner. & honor. Si exercet actum principaliter circa bona, veluti in confiscatione (quod intellige de locis ubi confiscatio non sequitur pœnam ipso jure) tunc non extenditur ad bona extra suum territorium, l. cùm unus. §. is qui. ff. de bonis auct. jud. poss. Si in volentem exerceat jurisdictionem, & universaliter extenditur ad bona ubique sita, l. magis puto. §. illud. ff. de rebus eorum.*

SI CELUI QUI S'EST RENDU *dénonciateur en crime, peut se desister, pour n'être tenu aux frais ? Et en quelle sorte un dénonciateur est tenu ? Et des frais des procez criminels ?*

XII.

Selon les loix des Romains les crimes, qui s'appelloient publics, se traitoient & jugeoient par accusations, dont la forme étoit telle, que l'accusateur se presentoit pour prouver le crime, & faire condamner le coupable : aussi il s'inscrivoit, c'est à dire que par acte judiciaire il proposoit le crime avec ses circonstances, & se soûmettoit à la peine de talion, c'est à dire, au peril de subir & endurer semblable peine, que le crime meritoit, en cas qu'il ne prouvât le fait mis en avant : qui étoit la peine des calomniateurs *l. ult. C. da accusat. l. ult. C. de calum. l. si quis ad Sc. C. ad leg. Jul. de vi publ.* Aucuns accusateurs étoient excusez de cette peine, quand l'affection, la pieté, ou la necessité de leur charge les pressoit & contraignoit de venger le crime ; pourvû qu'il ne se trouvât rien de leur part de mâle-façon, *l.* 2. *C. de his qui accus. non poss. l.* 2. *l. non probasse. l. calumniæ. C. de calum.* Aussi quelquefois étoit observé à Rome que les Officiers publics par leur office & sollicitude faisoient enquerir, & poursuivoient la punition des crimes, *l.* 1. *in princ. C. de custod. reorum, l. ea quidem. C. de accusa. l.* 2. *de curiosis, lib.* 12. *l.* I. *vers. & fine ff. de offic. præfect. urbi.* Par les loix Canoniques ont été introduites deux autres façons d'enquerir des crimes, & les faire punir, à sçavoir la voïe de dénonciation, & la voïe d'inquisition. Inquisition est quand aucun par commune clameur est diffamé d'aucun crime, *cap. inquisitionis. cap. qualiter. ext. de accus.* Pour la dénonciation, avant que d'y parvenir, est requise la monition fraternelle, & par charité, afin qu'il se corrige, selon ce qui est dit en l'Evangile, *Si peccaverit in te frater tuus, &c.* Et les mêmes Decretales disent que l'accusation est afin de faire déposer & destituer celui qui est accusé, & la dénonciation est afin de correction, *cap. super his. & d. cap. qualiter. ext. de accusat.* En France nous n'avons reçû la vraïe accusation, sinon au crime de faux ; car l'inscription y est requise. En tous les autres crimes on y procede, ou à la requête du seul Procureur d'office, ou bien à la requête de partie civile, qui a interêt, & se rend dénonciateur :

nonciateur : & toûjours avec lui doit être le Procureur d'Office, qui seul peut conclure pour la peine publique ; car le dénonciateur ne conclud que pour son interêt civil & pecuniaire. L'Edit d'Orleans, article 63. commande à tous Officiers de Justice d'enquerir des crimes, & faire les procés incontinent que les crimes sont venus à leur connoissance : sans attendre la plainte de partie civile. Mais si le délit est occulte, ou bien le délit a été commis aux champs, ou de nuit, & on ne sçait qui est le coupable, le Procureur d'Office n'est à blâmer, s'il sursied ; puis qu'il n'a aucune preuve prompte, ni aisée. Sinon qu'on peut dire qu'il doit obtenir monitions & censures Ecclesiastiques, & les faire publier, afin de revelation.

Que si aucun est venu dénoncer un crime au Procureur Fiscal, & lui a fourni information ; on demande s'il peut se desister sans être tenu de fournir aux frais ? Je croy que si le délit est occulte, ou occultement commis, ou si de long-temps il a été commis, que tel dénonciateur ne peut impunément se desister sans souffrir la peine de calomniateur, *& ad instar* du Turpilian. Car n'étant pas accusateur découvert, & ayant fait tout devoir d'industrie l'accusation, & pousser à icelle le Procureur d'Office, il est reputé comme accusateur, & tenu aux mêmes peines, *l. 1. §. incidit. l. ab accusatione. §. nunciatores. ff. ad Senatusconsultum Turpilianum l. Divus. 2. ff. de custod. reorum.* De fait, est observé és Cours laïes de France, quand il n'y a autre partie que le Procureur Fiscal, & par l'issuë de l'accusation ne se trouve preuve ni conviction ; que l'on reserve à l'accusé son recours contre qui il appartiendra. C'est qu'on lui montre au doigt celui qui a été partie secrete, qu'on appelle *instigateur* pour le faire appeller, afin qu'il soit condamné aux dommages & interêts de la fausse accusation. Ou bien le même Procureur d'Office peut être pris à partie, si on a moïen de prouver que par animosité, ou autre maléfaçon il a procedé : auquel cas il est tenu en son propre nom. A ce que dessus sert ce qui est dit en l'Edit d'Orleans, article 73. Doncques quand aucun par sa dénonciation a fait commencer une poursuite extraordinaire, pour crime dont la punition doit être exemplaire, & qu'il a fourni information ; on le peut contraindre de persister & de fournir les frais du procés, si tant est qu'il en ait les moïens. Car ayant mis en train le Procureur d'Office, qui pour son devoir ne peut se desister d'une poursuite criminelle encommencée ; il se peut faire que les témoins de l'information retracteront au recolement, ou les témoins se trouveront tels que bonnement le Procureur ne les pourra recouvrer ; ou bien la poursuite se trouvera n'être de grands frais : il n'y a pas raison que tel dénonciateur ait illudé justice impunement ; même ainsi que dit est, si le délit est occulte & non recent. Car le susdit article 73. de l'Edit d'Orleans, parle des délits recentement commis, qui sont venus à la connoissance de Justice. Toutefois si cette partie civile est pauvre, & notoirement ne puisse porter les frais, je croy qu'elle se peut excuser de les faire ; & doit le Roi ou le Seigneur de la Justice les faire & supporter ; ainsi qu'il est dit au 166. article de l'Ordonnance de l'an 1539. Par lequel même article se peut recueillir, que si la partie civile a le moïen, qu'elle est tenuë faire les frais : & si elle est pauvre, tout au moins elle doit fournir ses diligences. *Alioqui* elle peut y être contrainte, ou bien être recherchée du crime de calomnie, *l. spurii. §. qui judicij. ff. de Decurionib.* En un cas on peut contraindre celui qui ne s'est rendu dénonciateur, de poursuivre le crime. Comme s'il est heritier de celui qui a été tué ; car s'il n'en poursuit la vengeance par Justice, il doit être déclaré indigne de l'heredité : qui est selon les loix des Romains, *l. 1. C. de his quibus ut indignis.* Toutefois sur une appellation plaidée à la Tournelle, le Samedi 3. Juillet 1568. en laquelle le sieur de Rivarennes étoit intimé, fut appointée au Conseil la question, si l'heritier de celui qui avoit été tué, & ne s'étoit rendu partie civile, pouvoit être contraint à fournir les frais de la procedure extraordinaire. Toutefois fut ordonné par provision que la saisie des biens hereditaires, faite à la requête du Procureur du Seigneur Justicier, tiendroit pour les frais necessaires à la confection du procés. Mais il est à demander si toutes sortes de personnes sont admises à dénoncer & faire poursuite d'un crime ? Surquoi se peut dire, si celui qui se presente, a le vrai interêt ; comme s'il a été blessé ou volé, ou est proche parent de celui qui a été tué, il doit être reçû, quelque personne qu'il soit, *l. hi tamen. ff. de accusat.* Et quand ils n'y ont interêt considerable, ils peuvent être rejettez pour plusieurs causes, comme s'ils sont ennemis de celui qu'ils defferent : *cap. item. ext. de restit. spol. Pontianus Papa in can. suspectus. 3. quæst. 5.* Comme, s'ils sont infames ; s'ils sont pauvres & indigens ; s'ils sont de mauvaise reputation ; ou si personne de bas état veut accuser un de haute qualité. *l. qui accusare, cum duabus seq. ff. de accus. Calistus in can. quarendum. 2. quæst. 7.*

SI EN TOUS CAS LES AMENDES ajugées au fisque sont mises en rang & ordre aprés tous créanciers ?

XIII.

LA rigueur & grandeur des amendes pecuniaires, pour reparation de crimes, a pris sa source des anciennes loix Françoises rapportées en la loi Salique, & la loi des Ripuaires, esquelles se voit que les crimes étoient punis, & compensez par certaines sommes de deniers. Aprés que les Jurisdictions furent faites patrimoniales aux Seigneurs, & par cette occasion les confiscations leur appartinrent, les Parlemens, & tous autres Juges Royaux ne se sont pas oubliez en jugeant les procés criminels, d'ajuger au Roi grosses & fortes amendes, qui se prennent sur les biens du delinquant avant la confiscation. La regle vulgaire est, que tous créanciers sont preferez aux peines qui s'ajugent au fisque ; par la rubrique du Code *pœnis fiscalibus creditores anteferri, l. quod placuit. l. in summa. ff. de jure fisci.* Mais si quelqu'un est accusé du crime de peculat, & selon les loix de France, il est condamné au quadruple, comme ceux qui ont mal manié les finances du Roi; ou si aucun est condamné pour usures exercées sur le pauvre peuple, ou pour avoir vendu à faux poids, ou à fausses mesures, & autres semblables; en ces cas l'amende pecuniaire *mera pœna non est; sed magis respicit id quod interest; & videtur Respublica, vel Rex qui Rempublicam representat, esse loco creditoris: qui id quod sibi abest, persequitur:* même quant au quadruple en cas de peculat; *nam interversio pecuniæ publicæ potuit multa damna & incommoda afferre negotiis & expeditionibus Regii. Quarè posset dici quod in ejusmodi adjudicationibus causa fisci non sit adeò postponenda.* Maître Charles du Molin, tres-docte Jurisconsulte François en quelque endroit de ses écrits se plaint que les Juges déleguez en la Tour quarrée du Palais, pour juger sans appel les financiers du temps du Roi François premier, avoient déclaré telles amendes avoir leur hipoteque du jour que le financier avoit commencé d'administrer selon le privilege. du fisque, *l. 2. C in quib. caus. pig. vel hypoth. l. 3. C. de privileg. fisci*: & estime qu'ils avoient mal jugé: Mais par les raisons cy-dessus il se peut dire que ce qui est outre le simple, pour faire le quadruple, *non tam pœna est, quàm verum interesse fisci. Quod ego tamen sine distinctione admittere nollem: nempe ut fiscus etiam in quadruplo præferatur creditori, qui lucrativam causam habet; à quo si totum, quod donatum est, extorqueatur à lucro arcetur, damnum non patitur: non autem creditori ex causa onerosa, qui bona fide contraxit, cujus respectu solum simplum referatur ad datam suscepti officii & administrationis.*

DE QUEL TEMPS L'AMENDE EST aquise, ou du temps du jugement, ou du temps du délit commis?

XIV.

SOnt aucuns délits, dont la peine est aquise & commise délors du délit, comme il se dit au crime de leze-Majesté, d'heresie, de peculat, & autres qui ne sont pas éteints par la mort; lesquels sont narrez en la glosse *in l. ex judiciorum ff. de accus.* Et en tels crimes la sentence est déclaratoire, *& retrotrahitur,* & est aquise délors du délit commis. Il semble qu'il en faut dire autant és amendes qui sont taxées par la Coûtume ou par le stile des Jurisdictions, qu'elles soient dûës *eo tempore* que la faute a été commise, comme de la garde faite, de l'amende du fol appel, de la temeraire contestation en cause, quand il y a production literale, & témoins jurez. *His enim casibus pœna à lege infligitur, & certa est, nec à judice temperari potest: quare nihil restat in officio judicis, nisi ut declaret, tale delictum commissum sit; an appellatio, vel contestatio in jure fundata sit: & hoc casu facti quæstio est in potestate judicantis, juris auctoritas & potestas non est, l. ordine ff. ad Municipalem: pœna autem à lege statuta non est in potestate judicantis, l. si qua pœna ff. de verb. signif.* Mais quand l'amende est arbitraire au Juge, il semble qu'elle est aquise, & appartient à celui à qui sont les fruits au temps de la sentence prononcée: parce que la source & l'origine est de la volonté du Juge qui a ainsi arbitré par la raison de la loi *quacunque ff. de actionib. & oblig. & quia in vicem justæ obligationis succedit auctoritas jubentis, l. 1. C. si in causam judic. Guido Papæ decis.* 535. dit que les amendes & profits de Justice appartiennent à celui qui fait les fruits siens au tems de la sentence. *Boër. decis. 5. non resolvit suo more, sed allegat Bald. Alex. & alios in l. ult. ff. de jurisd. omn. judicium, tenentes quòd mulcta & emenda spectat ad eum, qui facit fructus suos tempore commissi delicti.* Et ainsi le tient *Carolus Ruinus cons. 193. vol. 1. & allegat l. quacumque actiones. ff. de act. & oblig. & Cynum. in l. ult. ff. de jurisd. omnium jud. Sed Molinæus in annot. ad cons. 7. Alex. de Imola vol. 3. resolvit inspiciendum esse tempus sententiæ; quia non priùs debetur pœna, & conductor nullum jus habet ante sententiam. Sed addit, Quòd si appellatum sit, & sententia confirmetur, tempus primæ sententiæ attendi debeat; quod maximam habet æquitatem quamvis contrarium videatur colligi ex decisione, l. furti. §. 1. ff. de his qui not. inf. Sed ratio diversitatis in eo est, quòd infamia, de qua fit mentio in d. l. furti. non potest afficere condemnatum revocabiliter; sed aut nullo modo afficit, aut irrevocabiliter afficit; quare speciale est ut expectari debeat sententia, quæ omninò vim rei judicatæ habeat.*

DE LA PARTIE FORMELLE.

XV.

LEs Praticiens du Palais tiennent communément que les parties formelles sont défenduës: on allegue des Arrêts du 5. d'Avril & 14. Decembre 1514. Les autres distinguent que partie formelle n'a lieu contre domiciliez, ains seulement contre vagabonds. Nôtre Coûtume a distingué prudemment, que partie formelle pour matiere civile n'a lieu, ains seulement en cas de crime, quand il y a blessure énorme, ou pour crime qui requiert detention de personne: ou en cas de fait, si le larron se trouve saisi; & tous deux doivent être menez prisonniers. Mais le demandeur qui a souffert la blessure ou dommage, doit être élargi en baillant caution; & le défendeur aussi, si ce n'étoit qu'il fût chargé de crime emportant peine capitale, ou exemplaire. Or quant au premier cas de matiere civile; il seroit bon d'excepter, si ce n'étoit que ce fût un detteur fuyard & fraudateur, selon ce qui est dit par les Docteurs, *in l. ait prætor. §. si debitorem. ff. quæ in fraudem credit.* à la charge que si facilement on peut avoir accez au Juge que permission soit prise de lui. Et doit le Juge octroïer la permission sous connoissance sommaire, *etiam* par le serment du créancier, à cause du peril de l'évasion; & à la charge d'informer par aprés amplement. *Alexand. cons. 19. vol. 3. & allegat. Angel. in l. nemo. Cod. de exact. tribut. lib. 10.* Et audit cas la capture se peut faire à jour fêté, *etiam in honorem Dei:* jaçoit alioqui que l'emprisonnement ni même la recommandation en prison ne se puisse faire à jour fêté. *Alex.*

conf. 159. *vol.* 2. & *allegat. Bald. in Auth. ci qui. C. de bon. aut. jud. poss.* Et si on ne peut promptement avoir recours au Juge, & qu'il y ait peril en l'attente; il est loisible d'y pourvoir de soi-même, pourvû qu'incontinent aprés, & sans discontinuation on fasse devoir d'averer & faire approuver par le Juge la cause de l'emprisonnement; *ut per gloss. in l. si alius. §. bellissimè in verb. ex magna ff. quod vi aut clam.* & *allegat l. generali. C. de Decurionib. lib.* 10. Je desirerois aussi en ce cas de partie formelle, que les parties fussent de semblable qualité, ou approchant. Car il ne seroit pas raisonnable de tolerer qu'une personne de basse condition, fit cét écorne à une personne de qualité notable; si ce n'étoit en cas de flagrant délit. Aussi la Coûtume desire que tous deux soient menez devers le Juge qui y doit appliquer une connoissance sommaire. Il y a une espece de partie formelle introduite par la Coûtume, au cahier de 1534. chapitre *Des executions*, article 22. quand aucun a acheté bétail, ou autre marchandise destinée pour le vivre de l'homme, & aprés la livraison de la marchandise, il ne païe comptant. Car à la simple assertion du vendeur le Juge permet d'emprisonner l'acheteur, à la charge de faire apparoir de la dette dans vingt-quatre heures. Et de vrai c'est espece de furt, quand on a vendu & livré, esperant être païé comptant, si l'acheteur emmene, ou emporte la marchandise sans païer: *nam eo casu per traditionem non est translatum dominium, l. quod vendidi. ff. de contrah. empt.* & *furtum facit, qui rem alienam contrectat invito domino.* A quoi fait la loi *si quasi ff. de pignor. act.* Et si la capture se trouve avoir été mal faite, le prisonnier doit être rétabli par la forme de réintegrande en sa pleine liberté, & lui être donné tant de temps avec liberté dedans lequel il puisse retourner en sa maison. *Bart. in l. qui in carcerem. ff. de eo quod metus causa. Paul. Cast. conf.* 315. *vol.* 2. Doncques moins peut-il être recommandé, si à cause de la formalité non observée, il est dit qu'il a été mal emprisonné; *Alex. conf.* 159. *vol.* 2.

CONFISCATION SI ELLE A lieu à l'égard de ceux qui sont condamnez pour délits militaires, & punis en l'armée par les peines militaires? Et si celui qui se tuë, doit être condamné comme homicide, avec confiscation?

XVI.

ON a long-temps disputé au Palais s'il y a confiscation, quand un soldat tenant les champs, ou pour sedition, ou autre délit militaire est pendu par le Prévôt de Camp, ou est passé par les piques, ou arquebuzé. D'ancienneté les Prévôts des Maréchaux *ad instar* des Prévôts de Camp, quand ils trouvoient le soldat pillant, débandé, opprimant le bon homme, ou en autre flagrant délit, ils le faisoient pendre sur le champ, sans autre formalité de procés. Aussi de même en une armée, quand le soldat est trouvé delinquant, il est puni de mort par jugement sommaire, qui est donné par le Prévôt de Camp, par l'avis des Capitaines. Et si c'est délit militaire, comme d'avoir abandonné le guet, ou écouté où le soldat est institué; ne se trouver à l'alarme aussi promptement que son Enseigne; tirer l'épée contre le soldat qui est en guet, ou faction; en querelle donner cri de nation; en ce cas le soldat est passé par les piques, ou arquebuzé. Mais si c'est délit hors le fait de milice, comme piller les Eglises, forcer femmes, piper au jeu, détrousser vivandiers; le soldat est puni de peines vulgaires, & est pendu & étranglé, comme n'étant délit militaire. Et en un chacun de ces cas, quand le jugement se donne militairement, aucuns disent qu'il n'y échet confiscation; parce que le jugement n'est pas donné en forme judiciaire; & la commune opinion est telle. Mais je croy que le plus seur est de dire que la confiscation y est; puis que la sentence de mort a été legitimement donnée par celui qui a puissance de la donner, & selon les loix militaires. Et il n'est pas à propos de nous astraindre si fort à la Justice sedentaire, qui est exercée par personnes de robe-longue. Car de grande ancienneté en France les états de judicature étoient és mains de Gentilshommes de robe courte, qui exerçoient eux-mêmes la Justice: & encore aujourd'hui est observé que les Baillifs Royaux des Provinces principales ne peuvent être que de robe courte. Ammian Marcellin en son histoire, recite que les Alains n'admettoient aucuns à l'exercice de Justice, qu'il n'eût pratiqué & commandé aux armées. Et il se peut dire assez à propos que la Justice est bien en la pointe de l'épée, pourvû que l'épée soit és mains d'un homme de bien. Les Romains faisoient distinction d'Impere & de Jurisdiction. La Jurisdiction qui s'exerçoit sedentairement étoit pour les causes civiles, dont le Preteur connoissoit assis. L'Impere qui gisoit plus en commandement & execution qu'en Jurisdiction, étoit pour punir les méchans, *l. 3. ff. de jurisd. omnium jud Imperium*, c'est droit de commander. Aussi il ne seroit pas à propos de dire que les peines sont rigoureuses & infligées plûtôt pour éviter un plus grand mal, que pour le merite. Car qui est soldat se soûmet aux loix militaires; & doit penser qu'il n'y a rien de rigoureux; quand c'est la loi qui le commande: *quæ etsi dura est, qualis est; ferenda est, l. prospexit. ff. qui & à quib.*

Quant à l'autre question, si celui qui se fait mourir par ses mains doit être condamné aprés sa mort, comme homicide, avec confiscation de ses biens? De vrai par les saints Decrets la sepulture Ecclesiastique leur est déniée; & ne doit-on prier pour eux, comme s'ils étoient damnez: car ils sont morts en peché, *can. placuit.* 23. *quæst.* 5. dont resulte qu'on les tient comme meurtriers. Les loix civiles font distinction. Si quelqu'un étant deferé & accusé de crime capital se fait mourir, *eo ipso* il est tenu pour confessé & convaincu du crime, & sont ses biens confisquez, *l. 3. §. primo. ff. de bonis eorum qui ante sentent. mort. sibi consciverunt.* Mais si quelqu'un par ennui de vivre, ou impatience de douleur se fait mourir; il n'y a confiscation, *d. l. 3. §. si quis au-*

tem. l. si quis filio. §. ejus qui. ff. de injusto rupto & irrito testa. Aucuns ont estimé qu'entre nous Chrétiens indistinctement on doit faire le procez aprés la mort, & faire l'execution au corps mort. Et je croy, parce que l'Eglise leur dénie la sepulture, comme étans morts en peché & damnez, que la Justice seculiere peut pour l'exemple ordonner que le corps sera pendu, ou jetté à la voirie. Mais je croy qu'on ne leur doit faire le procez, pour les condamner comme meurtriers, & confisquer leurs biens; si ce n'est qu'ils fussent accusez de crime capital : car celui-ci n'est pas au nombre des crimes, dont on enquiert aprés la mort pour condamner la memoire. Ainsi le tiennent *Decius consf.* 438. *vol.*3. *Corneus consil.* 195. *vol.* 2. *Marian. Socin. Nepos consf.* 51. *vol.* 1.

SI LA FEMME A TOUS LES Privileges octroyez à deniers dotaux ; quand elle demãde les avantages qui lui sont accordez au traité de son mariage.

XVII.

SElon mon avis, on a étendu en trop grande generalité la faveur des dispositions, qui sont en faveur de mariage, sous pretexte que par l'ancien droit des François les convenances de succeder sont tolerées en faveur de mariage, contre les regles du droit Civil des Romains, dont il est parlé *in cap. un. de filiis nat. ex matrim. ad Morgan. contracto. in usib. feud.* où est faite mention de la loi Salique. Aussi que les partages des peres entre leurs enfans, en faveur de mariage sont irrevocable contre les mêmes regles du droit Civil des Romains. Mais je croi que les avantages que les deux mariez se font l'un à l'autre en faveur de mariage, doivent être jugez *ex causa*, sans les approuver indistinctement, selon qu'il est dit *in l. si ita stipulatus.* 97. *§. si tibi nupsero. ff. de verb. obbig. ne videantur matrimonia venalia, quæ sanctè, sobriè & religiosè aptari & procurari debent* : comme si une vieille hors d'âge de faire enfans épouse un jeune homme, & lui fait de grandes donations. *Imò* je croy que ce n'est mariage ; parce que les principaux & essentiels moïens de mariage n'y peuvent être, qui sont la foi & l'amitié, la generation, & éviter l'occasion de pecher. Et en ce je desirerois qu'aucuns chefs de la loi Papie des Romains fussent remis sus. Ains faut croire que d'une part est le fol & débordé plaisir de la vieille, & l'avarice du jeune ; qui sont les principaux mouvemens & cause finale de leurs mariages. Les donations qui sont faites par un tiers aux deux mariez, ou à l'un d'eux, ou à ceux qui naîtront du mariage, sont proprement celles qui sont à favoriser & étendre : parce que la raison vrai-semblablement commande plus à un tiers, qu'à l'un des deux mariez, qui est passionné ou de folle amour ou d'avarice, ou d'autre cause qui a accoûtumé de dépraver le bons sens. Doncques il semble que les clauses des contrats de mariage, autres que les ordinaires & accoûtumées, que les mariez accordent l'un au profit de l'autre, ne doivent avoir la faveur & privilege du mariage. Car par icelles souvent advient que les enfans du mariage demeurent pauvres & coquins : comme si leur mere demeurée jeune veuve passe à de secondes noces, tirant tous ses droits; ou le mari se trouvant jeune est contraint d'arrêter en cœlibat, ne trouvant pas parti digne de soi, à cause des grands avantages que ses enfans ont, & il est en peril de paillarder. Pourquoi en ce qui est outre la simple restitution de la dot & le douaire ; je serois d'avis de reduire la femme & ses enfans au petit pied, pour ne prendre ces avantages extraordinaires au prejudice des creanciers du mari ; même quand telles clauses avantageuses ne sont insinuées : car il les faut reputer être donations subsistantes de par soi, & non appendices ou accessoires du contrat de mariage, qui de soi ne requiert insinuation, pour ses clauses ordinaires & accoûtumées. Que si par les raisons susdites on les repute vraïes donations; il se dira qu'elles ne peuvent, & ne doivent prejudicier aux creanciers, qui sont à titre onereux ; à l'égard desquels il suffit que le seul évenement leur apporte dommage, quand le detteur se trouve non solvable ; combien que la donataire ne soit coupable de la fraude, *l. qui autem §. simili modo. ff. de his quæ in fraudem cred. l. ignoti. C. eod.* Encore me semble-t'il qu'au fait de la simple restitution de dot & du doüaire on peut & doit pratiquer que le mari ni les enfans du même mariage ne soient tenus, sinon entant que bonnement & commodement ils peuvent faire ; en pratiquant le droit des Romais, qui à cet égard semble tres-raisonnable & plein d'honneur, *l. maritum. l. alia §. eleganter. & l. etiam. ff. soluto matrim.*

QUAND LE SEIGNEUR JUSTICIER commet l'heritage à lui acquis par confiscation, à faute d'en vuider ses mains dans l'an, c'est au préjudice des creanciers du confiscant ? Et si en mettant l'heritage hors de ses mains, il est tenu de faire alienation, qui apporte profit au Seigneur direct ?

XVIII.

NOstre Coûtume dit que le Seigneur haut-Justicier prend pour confiscation les fiefs tenus par celui qui est condamné à mort & confisqué, combien qu'il ne soit Seigneur feodal. Et parce qu'il y a mutation d'homme & de vassal, il sembleroit qu'il en dût être payé profit de quint denier au Seigneur feodal. Mais parce que ce n'est aquisition par contrat de gré à gré, ains est une obvention qui avient fortuitement ; nôtre Coûtume excuse le Seigneur Justicier du quint denier ; toutefois commande audit Seigneur Justicier d'en vuider ses mains dedans l'an. Et je croi que l'alienation que le Seigneur Justicier en fait, doit être telle qu'il en soit dû quint denier au Seigneur feodal, soit de vendition, ou donation à étranger : & ne lui devroit être toleré, s'il en faisoit donation à son enfant, ou autre proche ; dont ne fût dû profit. Car ce seroit un trop grand prejudice au Seigneur feodal de souffrir deux mutations d'homme sans profit. Aussi que les Seigneurs hauts-Justiciers ordinairement sont grands Seigneurs, & les Seigneurs feodaux ont interêt de n'avoir point de vassaux plus grands qu'eux.

Or la Coûtume dit, qu'à faute de mettre par le Seigneur Justicier le fief hors de ses mains dedans l'an, il est commis & aquis au Seigneur feodal en pur gain. On demande, si cette Commise est au prejudice des creanciers de l'ancien vassal confiscant ; parce que l'effet ordinaire des Commises est d'operer une reversion sans charge des hipoteques. Mais je croi que la Commise ne peut nuire, sinon à celui qui a falli, *ne extendatur pœna ultra personam delinquentis*. Et ne se doit dire (combien que le Seigneur Justicier ait été Seigneur dudit fief confisqué) que les hipoteques faites par lui soient évanoüis, *l. si ex duobus. §. Marcellus. ff. de in diem addict. l. lex vectigali. ff. de pignorib.* Ce faisant le Seigneur feodal prendra en ses mains son fief par le même droit que le Seigneur Justicier le prenoit à titre de confiscation, sujete aux dettes du confiscant, *l. non possunt. ff. de jure fisci.*

DE CHARTRE PERPETUELLE

XIX.

SELON les loix Romaines, la prison ou chartre n'est pas établie pour peine, mais pour s'asseurer des personnes de ceux qui sont accusez ; afin qu'ils n'évadent & évitent la punition exemplaire, qui est dûë. Pourquoi par les mêmes loix est défendu de condamner aucun à prison perpetuelle, *l. aut damnum. §. solent. & l. mandatis. ff. de pœnis :* sinon à l'égard de la personne serve, *l. servus. C. e d. & l. aut damnum. §. ult.* Toutefois en certain cas se trouve que la prison est au lieu de peine ; comme au debiteur frauduleux, qui a tellement détourné ses biens, que les creanciers ne les peuvent recouvrer pour les faire vendre, *l. ult §. ult. ff. quæ in fraudem cred.* Les Constitutions Canoniques des Papes ont reçû en Cour d'Eglise la condamnation des clercs à chartre perpetuelle, quand le delit est grandement atroce ; comme en fausseté de rescrits Apostoliques, ou heresie, *cap. novimus, in fine, extrà de verb. signif. in cap. quamvis de pœnis, in Sexto.* Où se dit que tels condamnez doivent être substantez en la prison avec le pain de douleur, & l'eau d'angoisse. Tels condamnez sont dépoüillez & deposez de leurs benefices, & de l'execution des ordres sacrez. La Coûtume de l'an 1534. dit que les biens meubles de tels condamnez sont aquis à leur Evêque, & les immeubles au Seigneur haut-Justicier ; parce que telle chartre équipolle à bannissement ou confinement perpetuel. Et la perpetuité de la peine les rends privez de la communion de droit civil, comme morts civilement, *l. quidam de pœnis.* Mais je croy que mieux seroit de dire que les biens de tels condamnez meubles & immeubles sont aquis au Seigneur haut-Justicier du lieu : où ils sont trouvez ; comme il se dit des bannis. Et c'est par erreur inveteré qu'on a fait distinction des meubles pour l'Evêque, à cause de l'ancien brocard, *Que les meubles suivent la condition de la personne.* Dont est procedé l'article de la Costitution Philippine, qui a défendu aux laïs de prendre & saisir les meubles des Clercs, tout ainsi qu'ils ne peuvent saisir leurs personnes. Ce qui a esté observé jusques à l'Edit d'Orleans, par lequel les meubles des Clercs peuvent être pris par execution, sauf leurs habits ordinaires, & meubles destinez au service de l'Eglise. Mais en ce cas la raison est toute autre, tant parce que le Prêtre ou Clerc ainsi deposé n'est plus au rang ni au privilege des personnes Ecclesiastiques ; comme aussi parce que la confiscation vient à cause de la Jurisdiction & territoire, *cùm sint bona vacantia quæ fiscus occupat.* Or l'Evêque à cause de sa Jurisdiction spirituelle, n'a aucun territoire.

On peut leguer aux bannis à perpetuité ce qui est pour alimens, *cùm sint juris naturalis, l. legatum. ff. de cap. minutis.* Mais à ces condamnez à chartre perpetuelle, ne peut être ainsi leguez ; car leur vivre doit être pain & eau, *d. cap. novimus.*

EN CAS QUE LA SEIGNEURIE *feodale dominante soit démembrée, auquel des Seigneurs le droit des fiefs servans doit appartenir ?*

XX.

SI le fief dominant est aquis à plusieurs enfans, ou autres heritiers, l'on demande auquel des Seigneurs le vassal se doit presenter, pour faire son devoir, & auquel appartiennent les profits. Je croy que si le Châtel, dont le fief est mouvant, échet à l'un, que le vassal n'est tenu d'aller chercher les autres Seigneurs ; sinon qu'ils se fussent accordez du partage des fiefs : car selon la presomption commune, qui est Seigneur du Châtel, est Seigneur des accessoires & dependances : or communément se dit que les fiefs sont mouvans de certain Châtel & lieu ; & la regle est, que les accessoires suivent le principal. Surquoi sera consideré que d'ancienneté les Seigneurs nobles de France avoient droit de faire guerre les uns aux autres, pour la manutention de leurs droits : auquel temps les Seigneurs feodaux contraignoient leurs vassaux de leur faire service esdites guerres ; même s'ils étoient assaillis en leurs Châtaux ; afin de les venir défendre : pourquoi se disoit que les fiefs servans étoient mouvans des Châteaux, comme sujets à la défense du Seigneur, & de son habitation. Bien peuvent les coheritiers de commun consentement diviser entr'eux les feodalitez & droits de Seigneurie dominante, qui sont en leur heredité en sorte qu'à l'un appartienne la domination d'un seul fief, à l'autre d'un autre. Ce qui se tire de l'argument de la Coûtume, au chapitre *Du droit d'aînesse*, que le meilleur fief appartient à l'aîné, auquel appartient le Châtel ; doncques les autres fiefs ne lui appartiennent pas. Et aprés leur partage fait doivent faire signifier icelui aux vassaux. Toutefois, que les vassaux peuvent contredire ledit partage, si ce n'est que les Seigneurs se soûmettent à recevoir la foi au même Châtel & lieu ancien du fief dominant. Car c'est l'interêt du vassal de n'aller en autre lieu. Et se trouvent és anciennes chartes de la Chambre des Comptes à Nevers, les protestations que les Seigneurs & vassaux faisoient, quand la reception étoit faite en autre lieu, qu'au lieu ancien du fief dominant. Qui est ce qu'on dit, qu'aucuns droits Seigneuriaux, comme de patronage, & fief ne peuvent être alienez sinon avec l'unniversité de la Seigneurie, dont ils dépendent, *cap. ex literis. cap. cùm sæculum. ext. de jure patron. l. quædam. ff. de adquir. rerum dom.* Et ce qui se dit du droit de l'aîné qui a le meilleur fief, n'est contraire : car audit aîné demeure le Châtel : puis le partage se fait selon le droit qu'ont les partageans, & sans prejudicier au droit du tiers. Et avant le partage & la signification, je croy que les vassaux sont assés d'aller au Châtel du fief dominant, comme dessus est dit. Mais si les Seigneurs du fief dominant avoient laissé leurs fiefs indivis, le vassal ne seroit tenu de les aller chercher tous, ores qu'ils fussent au païs. Et à ce fait le *§. præterea. in cap. de prohib. feudi alien. per Freder. in usib. feud. Nec debet ergà plures adstringi ex accidenti qui cum uno contraxit, l. & ancillarum. §. si quis cum servo. ff. de pecul. neque fieri deterior conditio ejus qui defuncto obligatus erat ex supervenientia plurium hæredum, l. 2. §. ex his. ff. de verb. oblig. l. Prætoriæ. §. incertum. ff. de Prætor. stipul. Et in dubio*, quand il n'en est rien exprimé, se doit entendre qu'à celui qui est proprietaire du Châtel appartiennent aussi les fiefs qui en dependent, qui doivent être censez des appartenances, encore qu'ils en soient bien éloignez ; puis que selon leur ancienne nature ils y sont destinez, *ut per Bart. in l. Seiæ. §. Tyrannæ. ff. de fundo instruct. & per Decium consil. 516. vol. 4. & per Marianum Socinum, quem ego docentem discipulus audivi Patavii, consil. 65. vol. 1.*

SI LA SAISIE FEODALE est préferée à la saisie des créanciers. Et en cas que l'un des deux previenne, si néanmoins l'autre pourra saisir ?

XXI.

IL y a plusieurs sortes de saisie : L'une d'un fief en la main feodale d'un Seigneur : L'autre sous la main de Justice, à l'instance des creanciers, qui est vraïe sequestration : & l'autre aussi sous la main de Justice, quand aucun est decedé, & les heritiers ne sont apparens : ou autrement une chose se trouve sans possesseur. Et je croy qu'en bons termes de pratique, & par raison d'icelle, une saisie peut être faite sur & au prejudice de l'autre ; attendu que leurs causes & les effets sont divers : mais j'estime qu'il seroit mal-aisé de vaincre en cette opinion, à cause de cette maxime inveterée en pratique, *Que saisie sur saisie n'a lieu :* & contre les protecteurs de telles maximes bien souvent les raisons sont peu considerées. Mes raisons sont, quant à la saisie qui se fait en cas de biens vacans, Qu'elle se fait pour la conservation du droit de qui il appartient, *& ad rei custodiam*, & non afin d'acquerir droit à aucun. Pourquoi si aprés telle saisie un creancier de celui à qui sont, où étoient les biens, s'apparoit ; je croy que nonobstant telle saisie, il seroit bien recevable à faire saisir, pour être payé, & pour s'aquerir droit, *& jus pignoris Prætorii* sur lesdits biens : lequel droit ne lui peut être aquis par le moïen de cette premiere saisie, qui ne tend qu'à conserver, & ne lui serviroit de rien son opposition à icelle pour être païé ; parce qu'en vertu de telle saisie on ne fait pas vendre. Et quand à la saisie feodale, elle est du tout autre, que la saisie sous la main de Justice : car le Seigneur feodal saisit & met en sa main feodale le fief mouvant de lui, le reprenant en sa puissance, comme il étoit lors, & auparavant la premiere concession ; qui est un exploit domanial, & comme de Jurisdiction domestique. En sorte que s'il veut, il n'établira aucun commissaire, & ne fera aucun sequestre ; ains fera lever les fruits par ses gens, serviteurs & receveurs, si bon lui semble. Pourquoi semble que si la saisie feodale est precedente ; que le creancier du vassal, en faisant saisir & établir commissaire, ne devra & ne pourra deposseder le Seigneur feodal, & son commissaire : mais pourra s'aider de l'expedient que la Cour de Parlement a autrefois ordonné en tel cas, par Arrêt en plaidant, du premier Decembre 1544. Que par la nomination du Seigneur feodal & du creancier sera élû un curateur, comme à biens vacans, personne notable, qui presentera & fera la foi & hommage, & païera les devoirs, si aucuns sont dûs, & sera reputé comme vassal provisionnal : en sorte que par son decés y aura mutation & profit, comme par le decés d'un vrai vassal. A quoi ledit curateur satisfera dedans le temps prefix, autrement le temps passé, le Seigneur exercera ses droits. Telle est la substance de l'Arrêt. Je croy aussi que si ni le vassal, ni tel curateur ne font leur devoir, les criées ne laisseront de se continuer, sans toutefois deposseder le Seigneur, ni lui ôter les fruits. Et par le Decret l'heritage tenu en fief se vendra ; à la charge de satisfaire au Seigneur feodal de ses devoirs, qui seront les premiers païez : & l'ajudicataire en son nom fera la foi, en païant le quint denier de son achat, comme nouvel homme. Surquoi sera consideré que la saisie feodale est plus forte & plus puissante que la saisie sous la main de Justice, faite à la requête d'un creancier; Car la saisie feodale est fondée sur un droit foncier & de proprieté originaire ; ayant sa source de la premiere concession du fief : mais la saisie du creancier est fondée sur une hipoteque, qui n'affecte que la Seigneurie utile, & pour le droit tel qu'il appartient au vassal, droit *inquam* sujet au privilege de la main feodale, *l. si finita. §. si de vectigalibus. ff. de damno infecto :* qui fait que le creancier saisissant doit être sujet aux mêmes charges & rigueurs, que seroit le vassal ; car il n'a autre, ni plus grand droit que le vassal. Que si le creancier avoit prevenu par saisie sous la main de Justice, avec établissement de commissaire, & le tout bien realisé ; je croy que le Seigneur feodal en saisissant ne deposséderoit pas ledit commissaire ; mais bien pourroit s'opposer aux criées, tant afin d'avoir ajudication des fruits, selon qu'ils se trouveroient és mains du commissaire des criées par l'issuë de son compte, qui auroient été perçus depuis sa saisie feodale ; & encore pour être païé de ses quints deniers & profits, si aucuns lui étoient dûs. Et ainsi fut jugé par Arrêt, environ l'an 1314. entre le Procureur General du Roi, pourſuivant la confiſcation d'un vaſſal du Roi, contre l'Evêque d'Auxerre Seigneur feodal. Lequel Arrêt porte la diſtinction, Si la ſaiſie feodale a precedé la ſaiſie ſous la main de Juſtice.

SI LE COMMISSAIRE EN *ſaiſie feodale doit être volontaire: ou s'il peut être contraint, comme en ſaiſie ſous main de Juſtice?*

XXII.

IL a été dit ci-deſſus que les ſaiſies feodales ſont exploits domaniaux, & de Juriſdiction domeſtique, qui concernent le ſeul interêt privé des Seigneurs feodaux; en ſorte que ni par autorité, ni par utilité elles ne ſont publiques. Les ſaiſies ſous la main de Juſtice, qui ſe font à la requête des creanciers, ſont publiques d'autorité, & privées quant à l'utilité: ainſi que les loix diſent des tutelles. Auſſi nous obſervons en France, que les Commiſſaires à ſaiſies de Juſtice, peuvent être contraints de les accepter, s'ils n'ont quelque excuſe legitime & tres-raiſonnable. En ce païs nous y avons reçû les excuſes du nombre de cinq enfans: & quant à l'âge, nous n'y avons pas requis les ſoixante & dix ans, comme és tutelles; ains nous ſommes contentez des cinquante-cinq ans, *ad inſtar* de l'excuſe introduite par le droit des Romains, pour les charges publiques d'autorité, *l. 3. C. qui ætate vel profeſſione ſe excuſ. lib. 10. & l. 2. §. ult. ff. de Decurionib.* Nous avons auſſi reçû l'excuſe du laboureur établi Commiſſaire à la terre d'un Gentil-homme, *ex eo capite quaſi ſit impar oneri*: car il n'oſeroit, & ne ſçauroit faire tête au Gentil-homme, à cauſe de la grande diſparité. Item de ceux qui reçoivent les deniers du Roi, ſoient charges perpetuelles, ou temporelles, pour le temps qu'elles durent, *l. exactores. C. de excuſat. tut.* Il eſt vrai que par le droit des Romains la contrainte n'eſt pas d'accepter telles charges, *l. 2. ff. de curat. bonis dando*, où il ſe dit, *voluntarium quærendum eſſe, niſi ex magna neceſſitate.* Mais il ſera conſideré que par le droit des Romains telles ſaiſies ne ſe feiſoient ſous l'autorité & main de Juſtice: car le creancier requeroit, & lui étoit octroyé d'être mis en poſſeſſion des biens de ſon detteur; & cette miſſion ſervoit à tous autres creanciers, *l. cùm unus. ff. de bon. auct. jud. poſſid.* Et cette loi *de curatore bonis dando*, étoit quand les biens ſe trouvoient vacans ſans poſſeſſeur. Mais quand aux ſaiſies feodales; je croy que l'on ne peut contraindre aucun d'accepter la Commiſſion; & que le Seigneur feodal preciſément doit trouver un volontaire pour la cauſe cy-deſſus.

SI LE SEIGNEUR FEODAL *ſaiſiſſant doit entretenir les baux à ferme & à cenſe faits par ſon vaſſal? Et du ſucceſſeur au benefice.*

XXIII.

L'ANCIENNE Coûtume de Paris permettoit au Seigneur feodal ſaiſiſſant, ou autrement exploitant ſon fief, de prendre tous les blés & fruits au préjudice du Fermier, en lui rendant les frais du labouragege, & les ſemences. La Coûtume nouvelle dudit lieu és articles 56. 57. & 58. eſt plus gracieuſe. Et puis que nôtre Coûtume n'en dit rien, mais indiſtinctement permet au vaſſal d'exploiter les fruits de ſon fief en l'état qu'ils ſont; il ſembleroit ſelon la rigueur, que le Seigneur ne ſeroit pas tenu d'avoir égard au bail à ferme: car quand il prend ſon fief, il le prend ſans aucune charge miſe ſus par ſon vaſſal. Mais il y a bien de la difference entre un bail ou autre ménagement perpetuel, qui a eſpece d'alienation, ou diminution du fonds; & un bail temporel, au deſſous de neuf ans, qui a eſpece de ſimple adminiſtration. Car au premier cas ſe peut dire que le vaſſal ne peut rien faire au prejudice de la reverſion, & autres droits du Seigneur feodal, *l. lex vectigali. ff. de pignorib. l. ſi finita. §. ſi de vectigalibus. ff. de damno infecto.* Mais au ſecond cas, puis que le vaſſal avant la main-miſe, étoit comme proprietaire par la volonté du Seigneur feodal, ledit Seigneur doit avoir agreable le ménagement conſiſtant en ſimple adminiſtration, telle que les Seigneurs coûtumierement ont accoûtumé de faire. Ainſi diſons-nous au mari qui a baillé à ferme l'heritage de ſa femme pour cinq ans, qui étoit un luſtre, temps accoûtumé à Rome pour faire les locations; ores qu'il decedât, ou le mariage fût diſſolu avant le terme fini, la femme, ou les ſiens étoient tenus obſerver le bail, *l. ſi filio familias 25. §. ſi vir. ſoluto matrim.* Et ce qui eſt fait ſelon l'uſance & maniere accoûtumée du pere de famille eſt cenſé être fait par bon ménage, *& quaſi utiliter geſtum; debet habere ratum is ad quem re vera negotium pertinet, l. ſine §. Lucius. ff. de adminiſt. tut. imò vaſſalus qui habet utile dominium, videtur à lege conſtitutus, quaſi procurator domini directi ad ea omnia expedienda, quæ ad conſervationem jurium domini directi pertinent, l. videamus. §. item proſpicere. ff. locati. l. 1. in fi. cum l. ſeq. ff. uſusfructuar. quemadm. caveat. Porrò ſi quod procurator fecerit, vel alius adminiſtrator, quod dominus ſolitus eſt facere, id ratum haberi debet, l. vel univerſorum. ff. de pignorat. act.* D'autre part à conſiderer, quand bien le vaſſal n'eût été proprietaire lors du bail, mais ſeulement poſſeſſeur de bonne foi, celui qui l'évinceroit ſeroit tenu d'avoir agreable le ménagement & location *ad tempus*, faite par tel poſſeſſeur de bonne foi, comme auſſi tous autres actes concernans le ſeul fait des fruits, & la perception temporelle d'iceux, *l. ſi non expedierit. §. ſi pupillus. ff. de bon. auct. jud. poſſid. l. quoties. ff. de adq. hæred*

Sic etiam dicitur in eo qui possessor est, vel quasi, juris patronatus, vel juris eligendi si durante possessione præsentaverit, vel elegerit: quia hi actus sunt in fructu, non revocatur jus acquisitum electo vel præsentato, etsi possessor posteà evincatur, cap. quarelam. ex de elect. cap. consultationibus. ex de jure patron. Ainsi se dit du créancier qui fait saisir l'heritage de son detteur par hipoteque: toutefois il est tenu d'ester à la location faite par le detteur, *l. in venditione. §. ff. de bonis auct. jud. possid.* Pourquoi je pense que le Seigneur saisissant doit s'arrêter à tel bail à ferme. Ce qui se doit entendre, pourvû que la location ait été faite de bonne foi, c'est à dire sous les conditions, & pour les loïers ordinaires & raisonnables. Car si sous ce pretexte d'avoir avancé deniers la ferme avoit été baillée à vil prix, le Seigneur ne seroit tenu d'observer la ferme; en baillant toutefois le choix au Fermier de s'en desister, ou d'en païer le prix raisonnable, par la raison de la loi 1. *§. si quis in fraudem. ff. si quid in fraud. patroni.* Aussi doit le bail avoir été fait pour un temps qui ne soit trop long, ains ordinaire, comme de trois, cinq, ou six ans. Quant au successeur au benefice, s'il est tenu d'ester au bail à ferme fait par son predecesseur? la commune & vulgaire opinion est que non; & allegue-t-on la glose *in cap. ult. ext. ne prælati vices suas*: & ainsi le tient Alex. *consil. 160. vol. 6.* Laquelle toutefois met limitation, sinon que la concession & location soit pour l'utilité de l'Eglise. Mais je desirerois distinguer plus particulierement, à sçavoir, si le successeur a droit au benefice par la resignation *in favorem* de celui qui a fait le bail; *quia causam lucrativam habet ejus beneficio, ut teneatur, etsi sit successor singularis remedio exceptionis vel replicationis doli, l. qui autem. §. simili. ff. quæ in fraud. cred. l. apud Celsum. §. si quis autem ff. de except. doli. Donatarius enim est, licet immediatè jus habeat à summo Pontifice conferente (non enim alius ab eo admittit resignationes in favorem) quia cùm summus Pontifex arctetur conferre ei, in cujus favorem Pontifex non censetur donare, l. unum ex familia §. si de Falcidia. ff. de legat. 2.* Mais s'il est successeur simplement, ayant la collation *per obitum, vel simplicem resignationem, vel causa permutationis*; je croy qu'il n'est tenu ester au bail à ferme, sinon qu'il soit fait par forme d'administration ordinaire, & de bon ménage, comme si c'est un domaine, ou une seigneurie au loin, dépendante du benefice que les predecesseurs bons ménagers avoient accoûtumé de bailler à ferme; je croy que le successeur sera tenu d'avoir agreable le bail à ferme fait à prix raisonnable, & à la maniere accoûtumée, pour les raisons touchées cydessus en la question du Seigneur & du vassal. Et il est prouvé *in capit. 1. & 2. in verb. irrationabiliter, ext. de precariis.* Et si c'est le principal manoir, ou le total du benefice qui a été baillé par les predecesseurs non residens, semble que le successeur qui voudra resider, & le ménager, pourra rompre le bail, comme non raisonnable.

SI LE SEIGNEUR FEODAL ayant saisi devra joüir de la maison Seigneuriale du fief servant?

XXIV.

SELON la rigueur & droit étroit, le Seigneur feodal ayant saisi son fief doit joüir de tout ce qui est tenu en fief de lui; car il reprend son fief en sa main. Mais la Cour de Parlement par aucuns Arrêts, & depuis la Coûtume nouvelle de Paris ont modifié cette joüissance, pour ne pas mettre le vassal hors de sa maison, si sa demeurance ordinaire avec sa famille est au lieu du fief. Dont on peut alleguer deux raisons: L'une que l'obligation d'entre le Seigneur & le vassal est reciproque, consistant en amitié & honnêteté; le Seigneur devant protection, & le vassal honneur & service: pourquoi ne doit le Seigneur exercer son droit amerément, ni comme entre barbares & étrangers: L'autre raison est, que le Seigneur saisit pour gagner les fruits: pourquoi il se doit contenter de la fruition des choses, qui rapportent fruit estimable en deniers. Or les maisons des Gentilshommes és champs sont pour le seul fait d'habitation & retraite des fruits, & non pour en retirer fruit par loüage; & en dépossedant le vassal le Seigneur nuiroit au vassal, & à lui Seigneur n'aquerroit aucun profit; *malitiis autem eorum non solet indulgeri, qui dum summum jus sectari volunt, aliis nocent, & sibi non prosunt, l. in fundo. ff. de rei vend.* Que si une maison de Ville ou de gros Bourg, accoûtumée d'être loüée, ou qui est en état vrai semblable de loüage, se trouvoit tenuë en fief; je croy que le Seigneur feodal en pourroit & devroit recueillir le fruit par le loüage; & que si c'étoit la demeurance ordinaire du vassal, le vassal y étant souffert seroit tenu de païer au Seigneur autant que le loüage pourroit monter, *l. prædiorum. ff. de usur. l. cùm servus. §. fructus. ff. de leg. 1.* Car il est certain que le Seigneur doit avoir tous les fruits de son fief pour les gagner. Et quant aux Châteaux & maisons des champs, qui n'ont accoûtumé d'être loüez, le temperament mis par la Coûtume nouvelle de Paris, est tres-humain & honnête, que le Seigneur se contente des greniers, granges, caves & autres édifices destinez pour resserrer & garder les fruits: *ea enim ædificia loco villæ sunt; villæ autem fundi accessio est, vel pars, l. si ita testamenti. §. ult. ff. de fundo instr. fundi. ff. quid mod. ususfr. amitt.* Et je croy que par raison il le faut ainsi dire en nôtre Coûtume.

SI LE VASSAL DE BOUCHE reconnoît le fief, mais par effet empêche & enfraint la main feodale, s'il commet?

XXV.

COMMUNEMENT il se dit, qu'il ne faut faire extension és peines, mais simplement & precisément les faut appliquer selon

qu'elles

qu'elles sont ordonnées : pourquoi on dit, que la Commise n'a lieu, sinon quand il y a desavû formel. Mais je croy que si le vassal de fait empêche le Seigneur, ou ses gens de joüir & percevoir les fruits du fief saisi, que si étant interpellé de cesser l'empêchement, il continuë à le faire, que le Seigneur peut user de Commise. Car outre la contumace & refus, il y a de la moquerie du vassal contre son Seigneur. Tous les cas de Commise du fief sont tirez d'ingratitude, comme source de tous lesdits cas : comme étant le fief par son ancienne appellation dit benefice, ou bienfait, ou concession par bonne volonté ; & selon les loix l'une des causes de revoquer la donation & l'ingratitude. Et combien que la loi ait mis certain nombre de causes, pour lesquelles l'enfant peut être desherité, *cap. cum aliud. 3. versic. causas in Auth. ut cùm de appell. tit. 16.* & certain nombre de cas pour revoquer la donation : toutefois l'exheredation ou revocation se peut aussi faire pour autres causes, ayans semblable ou plus grande raison, *Alexand. consil. 202. vol. 2. & allegat. Guil. de Cugno in Authent. non licet. C. de liberis præter.* Quand le Seigneur saisit & met son fief en sa main feodale, il le prend comme sien, *& suo jure*, pour y exercer tous les droits de proprietaire, sinon entant que le vassal pour bon devoir viendra semondre le Seigneur de le reconnoître pour son vassal. Les loix disant que c'est faire injure, & qu'à cét égard l'action pour injure peut être intentée, si aucun est empêché de joüir librement de ce qui est sien, *l. qui pendentem. ff. de act. empt. l. injuriarum. 1. §. si quis me. ff. de injur.* L'injure est surhaussée d'atrocité, quand elle est faite par celui qui doit honneur ; *veluti si patrono facta sit, l. Prætor. §. atrocem. ff. de injuriis.* Et encore à personnes de bon cœur & genereux l'injure est reputée plus griéve, quand avec un pretexte de belles paroles & belles contenances exterieures se trouve l'effet d'un mépris & moquerie. Les saintes Ecritures mettent en detestation telles sortes de personnes, qui en la bouche ont du miel, & le cœur en fiel ; & en font la detestation plus grande que l'ennemi déclaré : même au Pseaume 54. *vers. 16.* cette imprecation griéve est contre telle sorte de personnes, *Que la mort vienne sur eux, & que tout vivans ils descendent aux enfers.* Aussi les loix Romaines en plusieurs endroits punissent celui qui desavoüe & nie ce dont il est semons, & lui ôtent tout l'avantage & faveur qu'il pourroit avoir, *ut in eo qui negavit se socium, l. sed hoc ita. ff. de re jud.* & en autres cas, *l. si debitor. §. ita demum. ff. de fidejuss. l. 1. §. interdum ff. si quadr. paup.* Les mêmes loix mettent à parti pareil celui qui empêche & soûtrait, & celui qui nie & desavoüe, *l. computationi. §. ult. ff. ad leg. Falcid.* Et parce que la volonté n'est pas moins bien déclarée par fait, que par paroles, *l. indebitum. C. de condict. indeb.* je croy que le vassal, qui avec contumace empêche la joüissance de son Seigneur feodal qui a saisi, est sujet à Commise, aussi bien comme celui qui de bouche desavoüe à Seigneur.

SI LES CREANCIERS DU Seigneur feodal peuvent par Justice le contraindre à saisir son fief servant, pour gagner les fruits ?

XXVI.

LA volonté à chacun est libre, & si grandement adherente à la personne, que la liberté d'icelle ne se perd, ni par bannissement perpetuel, ou autre mort civile, ni même par la servitude, *etiam* d'un esclave, *l. cùm pater. §. hæreditatem. ff. de lega. 2. l. servus. & l. si ita stipulatus fuere. ff. de verbor. oblig.* Pourquoi je croy que le Seigneur feodal debiteur ne peut être contraint par son creancier de saisir son fief, pour en gagner les fruits ; c'est à dire, quand il y a mutation, qui ne doit que la bouche & les mains, sans profit de bourse ; car telle saisie est purement volontaire au Seigneur, s'il se ressent être méprisé par son vassal. Et s'il differe de saisir audit cas, il ne doit être censé avoir fait en fraude des creanciers ; car celui qui obmet à aquerir ce qui dépend de sa seule volonté, ne diminuë pas son bien, *l. qui autem. ff. quæ in fraud. cred. l. 1. §. utrum. ff. si quid in fraudem patroni.* Aussi les courtoisies, quand aucun n'exerce pas la rigueur de son droit, ne sont pas reputées avoir conseil de fraude, *l. patrem. cum l. seq. ff. quæ in fraudem credit. l. cum filio. §. denique. ff. de leg. 1.* Mais s'il y a ouverture de fief avec profit de bourse ; il faut dire que par le benefice de la Coûtume, qu'on dit *ipso jure*, sans le ministere ni déclaration du Seigneur, le profit est aquis audit Seigneur, au chapitre *Des fiefs*, de la Coûtume de mil cinq cens trente-quatre article 58. Le droit de ce profit donc délors du contrat passé, ou du cas échû commence d'être és biens du Seigneur feodal : pourquoi le creancier dudit Seigneur y peut jetter l'œil, & aprés les sommations au Seigneur, peut le creancier faire appeller l'aquereur nouvel homme, & sur lui saisir le profit qu'il doit, *ad instar* que le creancier peut poursuivre le detteur de son detteur. Toutefois ledit creancier ne saisira pas le fief : car tel droit n'est pas en commerce, & ne peut être exercé sinon par le Seigneur même, ou par le ministere du Juge, qui de son office supléera ce que le Seigneur feodal devroit faire. Pourquoi le creancier pourra faire appeller en Justice ledit Seigneur son detteur, à ce qu'il soit condamné passer procuration pour saisir, afin que par la rigueur de la saisie le payement du quint denier soit facilité, & à ce soit contraint ledit Seigneur par saisie de ses biens.

SI L'HYPOTEQUE DEMEURE SUR la portion indivise, nonobstant la division faite par les proprietaires?

XXVII.

SELON les loix des Romains, si l'hipoteque a été constituée par un detteur, qui avoit sa portion indivise en un, ou plusieurs heritages, & par aprés ce detteur vienne à partager, l'hipoteque demeure toûjours sur ladite portion indivise, & ne se transfere pas sur la portion baillée divisément au detteur, *l. si consensir. §. ult. ff. quib. mod. pig. vel hypoth. sol. l. creditor. §. ult. ff. qui pot. in pignore hab. l. is qui fundum. ff. de usufr. legato.* Et toutefois il se dit audit droit civil, que si celui qui avoit la portion indivise en un heritage, en fait vente, & avant la tradition il soit semons à partage par son compagnon, il est quite envers l'acheteur, & est tenu aussi de lui faire tradition de la part, qui lui est avenuë; voire *etiamsi* l'heritage n'a pû être parti, il est quite en lui baillant les deniers de la licitation ou ajudication, *l. Julianus. §. idem Celsus. ff. de act. empti.* Paul de Castre *in d. §. idem Celsus*, donne la raison de la difference, à sçavoir qu'au cas d'hipoteque le creancier *habet jus in re, quod cùm semel rei infixum sit, eam sequitur in quascumque manus venerit*: mais au cas de vente *emptor ante traditionem habet tantùm jus ad rem, & venditor dominus manet, & actiones ob rem competentes solus exercet, l. qui tibi. C. de hæred. vel act. vend. l. is qui in puteum. §. si posteà. & §. si fundus. ff. quod vi, aut clam.* Toutefois la Cour de Parlement par grande équité a jugé par aucuns Arrêts, qu'aprés le partage & division l'hipoteque est transferée sur la portion divisée, avenuë à celui qui avoit hipotequé sa portion indivise; ainsi que dit Chopin *in privileg. rustic. lib. 3. cap. 3. Quod magna ratione nititur, dummodò ea divisio ritè & sine fraude facta sit. Nam qui partem indivisam persequi vult, vix est quin animosè facere videatur, ut alteri noceat, sibi non prosit, cùm habeat prædium divisum ejusdem valoris, cujus erat portio prædii indivisa. Et quia sicut venditor ante traditionem ea ratione ritè agit & divisionem exercet, quia custodiam & diligentiam debet, l. damni. §. empta. ff. de damno infecto: Sic etiam debitor qui dominus est rei pignoratæ, & quicquid accidat, manet semper obligatus creditori, potest videri legitima persona ad divisionem exercendam, quatenus nihil creditori deperiturum est.* Sera noté qu'en ladite loi, *is qui fundum. ff. de usuf. leg.* se voit qu'aucuns Jurisconsultes, même Trebatius, n'étoient de cét avis, qu'aprés la division le droit demeurât sur la portion indivise.

DES LEGITIMATIONS PAR subsequent mariage, & par rescrit du Prince; & quels consentemens y sont requis?

XXVIII.

LES loix des Romains, & les constitutions Canoniques ont déclaré être legitimes les enfans naîs en concubinat, si par aprés il avient que le pere épouse la mere, & leur donne loi de succeder, soit qu'ils se trouvent seuls, soit que depuis le mariage accompli autres enfans surviennent, *§. ult. Instit. de nupt. §. quibus. Instit. de hæred. quæ ab intestato. l. cum quis. C. de natural. lib.* & par la Coûtume de l'an 1534. au chapitre Des fiefs, article 20. *cap. 1. & cap. tanta. extra qui filii sint legitimi.* Mais aucunes circonstances sont requises pour cette legitimation; à sçavoir que cette femme fût en la compagnie de l'homme, tenuë par lui pour être à lui seul. Ce que les loix des Romains appelloient concubine; dont se disoit qu'entre la femme & la concubine n'y avoit autre difference qu'en la dignité, & aux honneurs, *l. item legato. §. item interest. ff. de leg. 3.* Et nous Chrétiens disons non seulement pour la dignité; mais aussi pour le Sacrement & foi promise en face de sainte Eglise. Car si c'étoit une femme qui s'abandonnât à plusieurs, & ne fût en l'affection particuliere & seule d'un homme; je croy que le subsequent mariage ne feroit pas legitime l'enfant né durant la paillardise. Et qu'il soit requis que la mere demeurât en la même maison, Bartole le dit *in l. penult. ff. de concub. & Decius consf. 155. vol. 1.* qui allegue *Specul. tit. de success. ab intest. 3. charta.* & le *§. si quis autem, in Auth. quib. mod. natur. effic. sui.* jaçoit que les Canons loüent ceux qui épousent ces femmes publiques; & disent que c'est œuvre de charité de retirer une pauvre pecheresse de son peché, *cap. inter opera ext. de sponsal. & matrim.* Mais nous traitons ici de legitimation, & non de la simple validité de mariage. Aussi audit *§. quibus.* sont ces mots, *quam in contubernio habuerit*: & selon le sens commun n'y auroit raison de legitimer l'enfant, dont on ne se peut assurer qu'il soit enfant de celui qu'on dit être pere; *cùm sit vulgò conceptus.* Et soit vû ce qui est dit *in Auth. licet §. ab intestato. C. de natural. lib.* La seconde circonstance requise est, que lors de la conjonction, dont est procreé l'enfant, le pere & la mere fussent en état & qualité pour se pouvoir assembler par loyal mariage; car si c'étoit adultere, & le mari aprés fût mort ou la femme, le mariage suivant, ores qu'il fût legitime, ne legitimeroit celui qui seroit né en adultere. *d. cap. tanta. ext. qui filii sint legit. d. l. cùm quis. C. de natural. lib. & d. §. quibus.* La troisiéme circonstance est, qu'il y ait eu instrument & lettre passée au traité de ce mariage. Car lesdites loix Romaines usent de ces mots, *dotalibus, vel nuptialibus instrumentis confectis.* Ce qui se dit à bonne raison, afin qu'il se connoisse publiquement & notoirement, que ç'a été de propos deliberé & à bon écient que le pere a voulu que la mere fût sa femme legitime, & pour éviter l'inconvenient qui peut avenir qu'un pauvre homme, enyvré d'affection d'amour usât de propos de mariage à sa concubine. *Expedit enim ne in re seria, qualibet verba habeantur pro dispositione completa; l. Divus ff. de milit. test. l. in totum. de regul. jur.* Je desirerois, outre le traité de mariage, qu'il y eût solemnisation en face d'Eglise, *quò magis sacramento matrimonium confirmetur, & publicè notum sit.* Pourquoi je n'admettrois pas volontiers ce qui se dit *in Auth. si quis. C. de natural. lib.* si aucun étant proche de la mort déclare ses enfans naîs en concubinat être ses enfans legitimes, & leur mere être sa femme legitime, qu'ils doivent être reputez tels. Car selon nos loix de France le mariage desire la solemnisation accoûtumée en face d'Eglise; parce que c'est Sacrement: & parce que nos Coûtumes desirent cette marque pour témoignage public, & que ce soit vrai mariage, comme il se voit au fait de la puissance maritale & du doüaire. Et il ne se dit point être le mariage fait en face d'Eglise, sinon aprés proclamations de bans & publiquement en presence des parens en assemblée selon la Coûtume du pais. Ainsi dit *Marian. Socinus nepos consil. 31. & 86. vol. 2. & allegat Abbat. in cap. ex tenore. ext. qui fil. sint legit. & glo. in cap. ult. ex. de cland. despons.* Les Canonistes tiennent le contraire, *ut Joan. And. in cap. tanta. ext qui fil.. sint legit.* Vrai est qu'ils disent que telle legitimation ne vaut, sinon à défaut d'enfans legitimement naîs, *ut per Hostiens. in summa. qui filii sint legit. §. ultim. in fine, & Joan. And. in cap. per tuas, ext. eod. tit.* Mais le mariage peut être consideré par les Canonistes, *ad effectum fœderis & vinculi*: neanmoins pour ce qui est de Droit Civil, comme sont les successions, les solemnitez accoûtumées sont requises. Ainsi le tient *Carolus Ruinus consil. 211. vol. 1.*

Quant à la legitimation qui se fait par rescrit du Prince souverain qui a accoûtumé d'être expediée en forme de chartre, dont les marques sont, *Quòd sint ad perpetuam rei memoriam*; aussi l'intitulé est, *A tous presens & avenir*, que le séel soit empraint en cire verte, pendant à lacs de soïe, que le mois de l'expedition y soit & non le jour, que le Chancelier écrive de sa main *Visa*, & l'Audiencier y écrive ce mot, *Contentor*, avec son sein; qu'elle soit enregistrée en Chancelerie, dont le témoignage est au dos. Et la verification en doit être faite en la Chambre des Comptes du Roi. Sera consideré que le formulaire commun de telle legitimation est, que le consentement de proches parens du pere y doive intervenir; & s'entend des proches, c'est à dire ceux à qui en premier lieu la succession du pere pourroit avenir, si le cas avenoit de mort lors & auparavant la legitimation, & non pas de ceux qui par accident aprés survenu se trouveroient plus proches lors du decés; comme, *verbi gratia*, si les plus proches mouroient aprés la legitimation, par la raison de la loi 1. *§. denuntiari. ff. de ventre inspic. l. sententiam ff. de collus. deteg.* Mêmement si le pere a de enfans legitimes, leur consentement y est requis, *Auth. prætereà. C. de natural. liberis l. 2. ff. de natal. restit. vel si qui sint qui habent spem radicatam propter conditionem restitutionis, Paul. Castren. consil. 461. num. 3.* Or je croy que si le pere n'a ancuns enfans legitimes, & qu'il veüille faire legitimer son bâtard, seulement pour lui succeder, que le consentement du pere seul suffit; pourvû que ce ne soit un bâtard né d'incestueuse ou punissable conjonction: car étant ainsi que le pere par donation entre-vifs, ou testamentaire ne puisse donner à tel bâtard, sinon pour les alimens, comme il sera dit sur question prochaine; je croy que le consentement des proches habiles à succeder au pere seroit requis; sinon que le Roi de grace speciale & certaine science en dispensât. Mais si on veut legitimer le bâtard pour succeder en collaterale le consentement de ceux, ausquels on veut qu'il puisse succeder y est requis, *ne iis invitis fiat hæres, quem habere noluerint.* Les Docteurs Italiens ont consideré plusieurs circonstances en ces legitimations par rescrit, qui ont grande raison, à sçavoir, si le bâtard est né de conjonction illicite & punissable, que la qualité des pere & mere soit exprimée, parce que telle legitimation est vraïe dispensation & grace; & la moindre subreption rend la grace nulle; mêmement parce que le Souverain ne dispense si facilement en faveur de tels bâtards. Et de même soit exprimé, si le pere a des enfans legitimes, ausquels seroit fait tort. Ainsi disent *Decius cons. 55. vol. 1. cons. 307. vol. 2. & allegat Paul. Castrens. cons. 219. & cons. 338. vol. 3. & allegat Butrium in cap. per. venerabilem. ext. qui filii sint legit. Sic & Mar. Socinus junior. cons. 100. vol. 2. & Ludovic. Roman. cons. 194.* Aussi lesdits Docteurs ont tenu que la legitimation étant une fois faite & accomplie à la poursuite du pere qui n'a point d'enfans, n'est pas revoquée par survenance d'enfans en loyal mariage. Ainsi le tient *Ludovic. Roman. d. cons. 194. Decius consil. 307. vol. 2. Molin. in annotat. ad Cons. 187. Alex. vol. 5. ubi dicit eo casu legitimatum non habere jus primogenituræ, licet Cynus & Oldradus existimaverint revocari legitimationem quasi donatio fuerit.* Voyez Chopin en une annotation à la fin du chapitre 9. au livre troisiéme, *De privileg. rustic.* Vrai est qu'il ne fait pas ladite distinction du bâtard né de conjonction punissable.

S'IL EST INTERDIT INdistinctement de donner aux bâtards, soit entre-vifs, ou pour cause de mort?

XXIX.

PAR nôtre Coûtume de l'an 1534. au chapitre *Des successions*, article 24. les bâtards peuvent aquerir toutes sortes de biens; qui s'entend aussi bien par donation & titre lucratif, comme par titre onereux d'achat, ou autre. Toutefois les loix Romaines, que nous avons reçûës en France à cét égard, ont fait distinction des bâtards à plusieurs effets; même des donations que les peres & meres leur peuvent faire. Car par icelles est interdit de donner ou leguer aux bâtards qui sont naîs de conjonction incestueuse, ou qui est punissable, *Auth. de complexu. C. de incestis nupt.* Les constitutions Canoniques ont appliqué un temperament, que la donation puisse être faite au bâtard pour ses alimens, *cap. cùm haberet in fi. ext. de eo qui duxit in matrim. quam ante polluit per adult.* Ce qui se doit entendre, si c'est une fille que les pere ou mere lui puissent donner pour sa dot; *tum quià est vice alimentorum, tum quià publicè expedit, ne puellæ occasionem prostituendi se habeant.* Et quant aux alimens, & à la dot, ce doit être avec moderation selon les facultez, & la maison. La Cour de Parlement par un Arrêt donné entre les heritiers de Maître Gaudri Cadeau, Prêtre Chanoine de Nevers, & le mari de sa bâtarde; jugea que cette Authentique, avec ledit temperament pour le dot mediocre, avoit lieu és bâtards des Prêtres. Maître Charles du Molin en l'annotation sur le 74. conseil d'*Alexand. vol.* 3. dit que ledit chapitre *cùm haberet.* est observé en France, non pas pour le restraindre aux termes & limites de necessité, mais avec commodité & bien-séance, *arbitrio boni viri*, en ayant égard à la maison & aux facultez. La Cour ordonna en une maison noble de quatre ou cinq mil livres de rente, provision de quatre cens livres de rente aux bâtards, en proprieté, & non pas seulement pour leur vie. Et ores que le bâtard ait art ou science pour se nourrir, on ne laissera de lui ajuger provision; car la maladie lui peut ôter ses moïens. Aussi ce qui se dit des alimens, se doit étendre aux frais, pour faire apprendre art ou science; *quamvis communiter nomine alimentorum non veniant ejusmodi impensæ, l. legatis. ff. de alim. leg. Sed speciale est ut impensæ in studia veniant nomine alimentorum; cùm est respectus descendentium erga ascendentes, l. de bonis. §. non solùm. ff. de Carbon. edicto, l. 3. §. sed si non. ff. ubi pup. educ. Et quòd modus patrimonii, reditus & facultates sint considerandæ, l. 3. ff. de ann. leg.* Et selon l'âge & qualité du bâtard, *l. cùm hi. §. modus. ff. de transact.* De vrai les alimens sont de droit naturel, *& magis in facto, quàm in jure consistunt.* Ainsi disent les loix des Romains que ceux qui autrement & par regle commune sont incapables d'accepter legs testamentaires, comme sont les bannis à perpetuité, & les serfs; neanmoins peuvent recevoir les legs, qui leur sont faits pour alimens & vêtemens, *l. eas. l. legatum. ff. de capite minutis, l. si in metallum. ff. de his quæ pro non script. l. quidam ff. de pœnis, l. servo. §. 1. ff. de legat.* 1. Mais si c'est un bâtard qui ne soit né de conjonction incestueuse ou punissable; je voudrois distinguer si le pere a des enfans legitimes, ou s'il n'en a point, & dire, que s'il y a des enfans naîs en loïal mariage, que le pere ne puisse pas donner au bâtard tant qu'il voudroit bien, *etiam* en reservant la portion legitime aux enfans legitimes; ains il ne puisse au prejudice desdits enfans legitimes leguer, ou donner à ses bâtards plus que la douziéme partie de sa substance, comme il est dit *in l. matre. C. de natural. lib.* Mais s'il n'a aucuns enfans legitimes; je croi qu'il peut donner à son bâtard simple naturel, comme dit est, tant qu'il voudra, à sçavoir par donation entre-vifs le tout, & par donation testamentaire les meubles, les conquêts, & la cinquiéme de l'heritage ancien; *Authent. licet. C. eod. de natur. lib.* La question a été si le bâtard né de conjonction punissable a des enfans naîs en loyal mariage, si l'ayeul pourra donner ausdits enfans librement. *Bart. in l. Gallus. §. quod si his. ff. de lib. & posth.* dit que la donation vaut, pourvû que par icelle ne soit rien aquis au pere desdits enfans bâtards, *etiam* par usufruit. Du Molin en l'annotation sur le 74. conseil d'Alexandre, *vol.* 3. dit qu'il est loisible de donner par l'ayeul, pourvû que ledit ayeul n'ait aucuns enfans legitimes: & allegue *Guidon. Papa decis.* 94. *Et idem Decius, cons.* 462. *vol.* 4. & ajoûte que si l'aïeul a des enfans legitimes, il ne peut laisser & donner à ces enfans legitimes, fils de son bâtard, sinon autant qu'il pourroit donner à leur pere. L'autre question est, si le pere donne à son enfant né de conjonction punissable, autrement que pour alimens, & plus que la loi ne permet, si ce plus viendra au fisque, comme donné à personne indigne. Surquoi il se dit que si apertement sans interposition de personne la donation est faite au bâtard incapable, elle est reputée comme nulle, & accroît au plus prochain parent legitime, ou à celui qui est chargé de legs. Mais si pour couvrir la fraude il y a personne interposée, qui tacitement prête son nom, le fisque se prend. *Bart. in l. non intelligitur. ff. de jure fisci. Decius consil.* 311. *vol.* 2. *& Ruinus consil.* 310. *vol.* 1. *& allegat. Bart. in. l.* 1. *C. de natural. lib.* Les Docteurs Italiens ont estimé que les bâtards des nobles sont plus odieux, que les bâtards d'autres personnes, disans qu'ils sont à plus grand deshonneur à leurs peres, parce que les peres sont en plus grande dignité; & qu'ils ne sont pas dits être de la maison, & ne portent les noms apellatifs de leurs ascendans, ni les armes, & sont infames *infamia facti.* Ainsi disent *Ant. de Butrio, cons.* 54. *Alex. consil.* 25. *&* 26. *vol.* 1. De fait en la Chancelerie Apostolique de Rome les bâtards des Nobles ne sont intitules Nobles, & il ne se dit d'eux, *quòd in eis sit nobilitas generis*, ainsi que recite *Hieronymus Paulus Barchinonensis in practica Cancellariæ, fol.* 207. Mais en France nous ne sommes pas de cette opinion: car les bâtards des Princes & des Nobles, quand ils sont avoüez par leurs peres, prennent le nom de la maison avec l'ajection des bâtards; & les enfans legitimes, qui viennent aprés retiennent le nom de la maison, sans l'ajection de bâtard. Toutefois les armes tant de bâtard, que des descendans legitimes sont avec la barre de bâtardise, comme nous voïons aujourd'hui en la maison de Longueville, venuë du bâtard d'Orleans, & n'agueres en la maison de Maizieres, venuë du bâtard d'Anjou. Vrai est que les peres, avant que les avoüer pour leurs enfans bâtards, les laissent croître, pour remarquer s'ils retiennent la generosité de la race, dont la mere dit être le pere de son enfant. Et cette marque & reconnoissance a grande raison; puis que le témoignage de la naissance n'est tel qu'au mariage.

SI LE QUINT DENIER EST DEU au Seigneur feodal, pour vente de la coupe de bois de haute-fustaye; ou indemnité.

XXX.

PAR cette Coûtume de Nivernois, qui est generale en France, les fiefs sont patrimoniaux tant pour les successions que les alienations. Et quand par la loi generale ce point a esté gagné, la même loi a ordonné l'indemnité des Seigneurs feodaux, à sçavoir des quints deniers pour la permission d'aliener. De la retenuë au lieu de la preference en cas d'alienation, & du droit de rachat ou relief, qui est le revenu d'un an en certaines sortes de succession: auparavant cette conversion de droit personnel à droit hereditaire, l'indemnité du Seigneur estoit en sa volonté. Doncques l'on tient pour regle, que le vassal peut disposer, comme bon lui semble, de son fief; sauf le droit du Seigneur, arbitré par la Coûtume; & par consequent qu'il peut abbatre le bois de haute-fustaye, & vendre la coupe. La coupe du bois de haute-fustaye, considerée selon sa destination de couper, est chose pure mobiliaire; car le bois coupé est vrai meuble. Quand il est debout, & adhere au fonds, il est reputé immeuble. En chose meuble il n'y a quint denier, ni retenuë; par consequent la coupe, considerée comme coupe, n'est sujete à l'un ni à l'autre droit. Et ainsi dit-on avoir esté jugé par Arrest, que j'ay vû par extrait, & est un jugé des Enquêtes, du cinquiéme d'Avril de l'an 1569. entre Martin & Toussaints les Dauphins, & Estienne Hubaille, appellans du Bailly de Touraine, & Maître Gilles Guignaut intimé. Et depuis il a été ainsi jugé pour Claude de la Perriere, Seigneur de Champ-court; & le Seigneur de Chastillon en Bazois de Pontaillier. Mais si le fief consiste en une seule piece d'heritage, qui soit forest, ou moindre bois de haute-fustaye; ou bien tel bois fasse la meilleure partie du fief; & qu'aprés la coupe du bois, le seul & fonds soit inutile ou à labourage: ou à revenuë de bois taillis; je croi que le Seigneur feodal peut precisément empêcher la coupe, entant que par icelle le fief en sa principale essence se perd & éteint: or le Seigneur util *ex natura concessionis* est tenu de conserver les droits du Seigneur direct, même doit conserver la chose que son Seigneur lui a commise, *l. 1. in fin. cum. l. seq. ff. usufr. quemad. caveat. l. videamus. §. item prospicere. ff. locati.* A plus forte raison peut estre empêché d'éteindre ou deteriorer par deterioration perpetuelle le fief, duquel il est gardien sous son Seigneur feodal. Et en tel cas le Seigneur peut stipuler de son vassal telle indemnité, dont eux deux pourront être d'accord.

EN CAS QUE RENTE CONSTITUÉE à prix d'argent soit baillée pour heritage, si c'est vray échange, ou vente?

XXXI.

SELON les Arrests de la Cour de Parlement, que nous tenons pour loi, les rentes constituées à prix d'argent sont immeubles, & y succede-t'on comme en heritages. Pourquoy il sembleroit par premiere opinion, quand aucun baille en autre main son heritage, & pour recompense & contreéchange reçoit une rente constituée, que ce soit vrai échange; & à ce moïen, qu'il n'y échée retrait lignager; & qu'és Coûtumes, où le fief échangé ne doit quint denier, mais seulement le relief, qui est le revenu d'un an, il n'en soit dû quint denier. Quant au fait de relief, je n'en diray rien, parce qu'il n'est en usage en nôtre Coûtume: mais seulement je diray, quant au retrait lignager, qu'il me semble que l'heritage en fonds, baillé pour rente constituée, est sujet à retrait lignager. La cause pour laquelle l'échange n'est sujete à retrait, est parce que l'heritage *functionem non recipit, & affectionis rationem admittit, quæ res pecunia facilè expediri non possunt, l. si non sortem. §. si centum. ff. de condict. indeb. & prædia contribui non possunt, l. præterea. ff. de separat.* Et est vraisemblable que la cause finale de chacun des compermuttans, est d'avoir heritage propre à lui, comme estoit celui qu'il a baillé. Mais ce n'est pareil de la rente constituée à prix d'argent; car elle reçoit fonction en deniers, non seulement par la volonté des parties, mais de son essence; à son estimation certaine en deniers; est rachetable à toûjours; & pour ces causes ne chet en icelle aucune consideration d'affection. Selon le droit *res æstimata pecunia certa, habetur quasi tantundem pecuniæ esset, l. si pro mutua. C. si cert. pet. & licet permutatio prædiorum intercedat, si tamen prædium ex una parte promercale fuit & venale, habetur is contractus ut emptio, non ut permutatio, l. 1. C. de rerum permut.* Ainsi il se peut dire que celui qui au lieu de son heritage a reçû une rente constituée à prix d'argent, a exposé son heritage en vente pour le même prix, qu'est le sort principal de la rente; car le detteur de la rente, quand il voudra, convertira sa rente en deniers par le rachat qu'il en fera. Pourquoi il faut dire qu'il n'a eu aucune affection d'heritage. Et quant à celuy qui a baillé la rente, il est sans interest: car ce qu'il a baillé estoit estimable, & estimé en deniers. Pourquoi je croi que le lignager peut offrir à celui qui a aquis l'heritage propre par échange, les deniers du sort principal de la rente, pour retraire l'heritage. Et ne lui est fait non plus de tort, que si le detteur de la rente la rachetoit. Et soit noté que la Coûtume nouvelle de Paris, article 137. dit en plus forts termes, *Que l'heritage baillé à rente rachetable est sujet à retrait.*

S'IL EST DEU QUINT DENIER pour licitation d'heritage commun?

XXXII.

QUAND l'heritage est partagé ou une seule piece divisée en portions, ou plusieurs pieces entieres, distribuées à chacun partageant une ou deux, c'est vrai partage, dont il n'est dû profit. Si l'heritage ne peut être commodément parti & divisé en portions, la loi commande de venir à licitation & enchere, pour y recevoir seulement les portionnaires, & ajuger au plus offrant; & faire distribution des deniers, *l. ad officium. C. communi divid.* Et soit noté le mot *commodè*, qui à même effet & propos est mis *in §. eadem. Instit. de offic. judic.* Or en ce cas de licitation, parce que l'affaire s'expedie par deniers aucuns des nôtres ont estimé qu'il en est dû profit au Seigneur direct, pour les portions qui fondent en deniers. Mais on allegue un Arrêt de la prononciation solemnelle de Pâques de l'an 1538. donné entre Monsieur le Procureur General du Roi, prenant la cause pour son Substitut au Trésor, qui est recité par Rebuffe en ses Commentaires sur les Ordonnances, *tomo. 2. tract. de præconiis & licitat. art. 3. glos. unica. num.* 3. par lequel il est jugé qu'il n'y a aucun profit. Bien dit-on que si l'étranger y est admis à liciter & encherir, il devra profit. La raison de cét Arrêt peut être, que ce n'est pas vendition volontaire, ni venant du gré des parties, ains de l'office du Juge. Aussi il est parlé de cette licitation és Institutes, sous le titre *de officio judicis, d. §. eadem.* Aussi que c'est une division & partage *fictione juris, quandò in ipsis corporibus divisio expediri non potest.* Et à ce fait ce que dit Paul de Chastre *consil. 144. vol.* 1. & dit la raison *quia adjudicatio loco divisionis habetur, l. Labeo. ff. famil. ercisc.* Toutefois selon que nôtre Coûtume est conçûë, je croi qu'il est dû profit en cas de licitation en certain cas, & en certain cas, non. En partage soit noté, que si aucuns biens immeubles de diverses natures; les uns étans conquêts, les autres propres sont à partager, & il avienne qu'à l'un des partageans soient distribuez des conquêts pour sa part des propres, tels biens lui tiendront nature & lieu de propres, comme subrogez; & ainsi qu'il se dit en permutation: car la division a l'effet de permutation, *Papin. in l. cùm pater. §. hæreditatem. 2. ff. de legat. 2.* Et à cause de la subrogation, par la raison de la loi *sed quod. ff. eod. tit. l. pater. ff. de adim. vel transfer. leg.* Si coheritiers viennent à licitation, qui ont des meubles & immeubles communs, & ils viennent à licitation pour les immeubles, ores que par exprés il ne soit pas dit que le prix de la licitation se païera desdits meubles communs; toutefois il est raisonnable de presumer que le dernier licitateur entend plûtôt y emploïer sa part des meubles, ou la valeur, que des moïens qu'il a venans d'ailleurs: si tant est que sa part des meubles puisse fournir sa licitation. Et en ce cas je croi qu'il n'en soit rien dû. Mais s'ils n'ont que des immeubles à partir, ou que la part des immeubles du dernier licitateur ne puisse fournir son enchere; je croi qu'il est dû profit au Seigneur, selon le 24. art. au chapitre *Des fiefs*, où il se dit, *S'il y a soulte, ou tourne de chose non commune, qu'il est dû quint denier.* Ne nous doit mouvoir que l'alienation n'est pas volontaire: car de vrai c'est l'office du Juge qui aliene: mais l'enchere est pure volontaire à celui qui la fait: car s'il ne veut encherir, l'étranger sera reçû *dicta l. ad officium.* Nôtre Coûtume en certains cas d'alienation necessaire & contrainte attribuée le quint denier, comme en vente par Decret, chapitre *Des fiefs*, article 22. & quand le Seigneur haut-Justicier aliene le fief à lui confisqué, au chapitre *Des confiscations*, article 6.

S'IL EST DEU QUINT DENIER pour rente assignée specialement sur le fief? Et si la rente est au profit de l'Eglise? Et si pour le rachat de la rente est dû quint denier?

XXXIII.

EN l'ancienne Coûtume de Paris, au chapitre *Des cens*, articles 58. & 59. étoit dit que pour constitution de rente assignée specialement sur l'heritage tenu à cens, sont dûs lods & ventes, pour le rachat qui s'en fait sont aussi dûs lods & ventes. Nôtre Coûtume de l'an 1534. au chap. *Des fiefs*, art. 25. semble en dire autant pour la constitution; mais ne parle du rachat, Maître Charles du Molin en l'annotation sur lesdits articles de la Coûtume de Paris dit que les Prevôts des Marchands & Eschevins de Paris se déclarerent appellans de l'homologation desdits articles contre les Seigneurs censiers de la Ville de Paris. Fut la cause plaidée, & appointée au Conseil le dix-neufviéme Mai de l'an 1556. & transcrit l'Arrêt donné sur ledit appointé au Conseil du dixiéme Mai de l'an 1557. par lequel fut dit, que ledit cinquante huitiéme article seroit raié, & au lieu d'icelui seroit mis l'article par lequel est dit, *Que pour rentes constituées à prix d'argent sur heritages tenus à cens, ne sont dûs aucuns lods & ventes, soit pour la constitution ou rachat.* Il transcrit aussi le *retentum in mente Curiæ*, que le prix de telles rentes constituées à prix d'argent est censé faire portion du prix de l'heritage, quand l'heritage est vendu sous la charge de telle rente, soit par Decret, ou volontairement: Et qu'audit cas de vente d'heritage sous la charge de telles rentes, sont dûs lods & ventes, tant du prix lors déboursé, que du prix desdites rentes. Puis que l'article de nôtre Coûtume est pareil, comme étoit l'ancien de Paris; il faut croire que si debat en avenoit, la Cour en jugeroit autant comme elle a jugé sur celui de Paris. Vrai est que nôtre Coûtume n'est pas expresse pour les rentes constituées à prix d'agent, comme étoit celle de Paris. Pourquoi seroit bien seant pour l'interpretation d'icelle, en se conformant audit

Arrêt de la Cour, de dire, que ledit article vingt-cinq se doit entendre des rentes constituées autrement qu'à prix d'argent, & outre la raison du taux commun des rentes volantes, lesquelles sont ordinairement au denier douze, treize, quatorze & quinze. C'est à dire, que si la rente étoit au denier vingt, & fût convenu qu'elle ne seroit rachetable, & tiendroit lieu de rente fonciere (ce que je croi se pouvoir licitement, comme il sera dit ci-aprés, parce que le denier vingt est le prix juste & commun d'achat d'heritages, *l. Papinianus. §. undè. ff. de inoff. testam.* ou bien si c'étoit rente qui fût créée par fondation, par donation, ou autre titre selon lequel de sa nature elle ne fût rachetable, en ce cas fût dû au Seigneur feodal ou censier profit de la constitution, comme d'autre alienation, ou bien, comme dit ledit vingt-cinquiéme article Seigneur direct pourroit le contraindre & empêcher. Et sera consideré en passant qu'au Palais de Paris on n'a pas toûjours tenu pour bien certain que les rentes constituées à prix d'argent fussent de leur nature rachetables à toûjours; & même aprés trente-ans: & en consultant j'en ay oüi douter aux plus anciens & fameux Avocats, qui lors étoient, jusques à ce que par Arrêt notable du 13. Mars de l'an 1547. entre Faron Charpentier, & Thomas Rapponel sieur de Bandeville fut jugé, que telles rentes constituées au taux commun sont rachetables à toûjours, *etiam* aprés trante & soixante ans, & plus, quand il appert de lorigine. Mais quand au rachat de telles rentes constituées à prix d'argent au taux commun, il semble qu'il est sans doute qu'il n'en est dû aucun profit de quint denier ou lods & ventes: & il ne faut tirer en argument le 33. art. au chapitre *Des fiefs*, par lequel il est dit que pour rachat d'heritage vendu à faculté de réemeré est dû profit, parce que revendition c'est vente; & le corps vendu, qui est l'heritage, subsiste toûjours, & est transferé d'une main à autre. C'est autrement de la rente; car par le rachat elle est éteinte & amortie, & ne subsiste plus. Ainsi ce n'est pas revendition, ni translation de main à autre; ains c'est faire que ce qui étoit ne soit plus. Aussi il y a diversité de raison en la constitution de rente, & au rachat. Car par la creation de la rente le fief est chargé au prejudice du Seigneur: pourquoi la Coûtume dit que le Seigneur peut contredire la rente: ou en prendre son quint denier, qui est son indemnité: mais par le rachat, ou plûtôt amortissement le fief est déchargé à l'avantage du Seigneur, auquel partant ne faut païer aucune indemnité.

SI L'HERITAGE EST VENDU franc, & il se trouve chargé de bordelage, si l'acheteur peut resilir sans être tenu à droits Seigneuriaux.

XXXIV.

LA regle commune de droit est, *Quòd in contractibus nominatis non licet resilire, & agere ad resolvendum, ob non impletum contractum; sed agendum est ad implementum, l. incivile. C. de rei vendicat. Tamen si pactum sit in continenti adpositum; quod sit ejusmodi, ut sit loco causæ finalis, sine quo alioqui non erat contracturus is qui contraxit; tunc ob non impletum pactum licet recedere à contractu, l. cùm te. C. de pact. inter empt. & vend. compos. l. arboribus. ff. de contrah. empt. Cùm etiam causa finalis habeat vim & effectum conditionis, etsi non conditionaliter, nec sub figura conditionis expressa sit, l. 2. in fi. & l. 3. ff. de donat. l. sed si non ff. de legat.* 1. je croi qu'il est loisible à l'acheteur de resilir de tel contrat, & le resoudre comme s'il n'étoit avenu: je dis principalement en bordelage; car pour ses duretez & rigueurs beaucoup de personnes, à quelque condition que ce soit, n'en veulent point. Je n'ay pas entendu dire que le contrat de soi fût nul, *quia consenserunt in corpore, sed in qualitate dissenserunt: quo casu emptio quidem consistit, l. aliequi. §. quòd si ego. ff. de contrah. empt.* mais que l'acheteur peut s'en développer *ex capite doli, vel juris ignorantiæ, vel ex defectu causæ finalis.* Et à ce fait la loi *ex empto. §. si quis virginem. ff. de act. empti; quòd ex empto competit actio ad resolvendam emptionem, si quis vendiderit ut virginem, quæ mulier erat. Quamvis etiam dici posset, quia dolus dedit causam contractui, si venditor sciens reticuerit conditionem fundi, eum contractum nullum esse, l. eleganter. ff. de dolo. Sed & dici potest quòd redhibitio hoc casu competat, quæ locum habet in prædiis, sicut in animalibus, vel mobilibus, l. si prædium. C. de Ædilitiis actionib.* Or en ce cas, parce que la resolution du contrat ne se fait pas de gré à gré & de pure volonté, mais par forme de rescision, *vel ob defectum causæ finalis, vel ob dolum adversarii*, il faut inferer que tel aquereur n'est tenu de païer le tiers denier au Seigneur bordelier: *nemo enim obligari potest ex contractu, nisi consensus ejus & voluntas adsuerit, l. quæcumque ff. de actionibus & oblig.* qui fait que l'acheteur n'a onceques été obligé envers le Seigneur bordelier; puis qu'il n'a prêté consentement à un heritage tenu à bordelage. Car nôtre Coûtume donne le tiers denier, comme faisant portion du prix, & comme si on avoit contracté avec le Seigneur. Et ne se peut dire que l'acheteur ait entendu contracter pour être obligé envers le Seigneur bordelier, puis qu'il ne croïoit pas qu'il y eût aucun Seigneur bordelier. Que si on veut dire que la chose y est affectée, bien soit; car l'acheteur qui ne la veut avoir, en la quitant doit être quite: *hoc enim generale est, ut qui ratione rei tenetur si eam derelinquat, liberetur, l. cùm fructuarius. ff. de usufr.*

EN CAS QUE LE VASSAL baille partie de son domaine à cens, bordelage, ou rente, si le Seigneur feodal saisissant tiendra le bail?

XXXV.

COMBIEN que le vassal soit tenu de conserver le fief en bon état, pour le moins tel qui lui a été baillé, ou qu'il l'a reconnu, par la regle assez de fois repetée, que le Seigneur util est Procureur legal du Seigneur direct, tenu à la conservation des droits de la Seigneurie directe, *l. 1. in fin. cum l. seq. ff. usufructuar. quemadm. caveat. & argum. l. videamus. §. item prospicere. ff. locati*: Toutefois il ne faut pas le tenir si fort enserré & adstraint, qu'il n'ait quelque liberté correspondante à proprieté és heritages & droits de son fief. Aucunes Coûtumes disent que le vassal peut se joüer de son fief jusques à demission de foi; c'est à dire qu'il peut démembrer, pourvû qu'il retienne sur soi la charge de foi & du service: qui est une liberté bien generale, & assez captieuse. Nôtre Coûtume de l'an 1534. au chapitre *Des fiefs*, articles 27. 28. 32. & 42. permet au vassal de faire baux particuliers des membres de son fief noble, & du total de son fief rural, sous charge de bordelage, cens ou rente. La même Coûtume au chapitre *Des cens*, art. 23. permet au Seigneur util censier, de faire bail à rente des heritages qu'il tient à cens. Sembleroit donc, puis que la Coûtume le permet, que les baux qui sont faits doivent tenir perpetuellement & precisément, *etiam* au prejudice du Seigneur feodal; *cùm lex indefinitè loquatur*: Mais je croi qu'il n'est pas mal à propos d'y appliquer temperament, qui pourra être fondé sur le 39. article, de ladite Coûtume au chapitre *Des fiefs*: A sçavoir: que si le bail est fait à charge raisonnable, & aucunement correspondante au revenu de la chose baillée, selon les circonstances du temps, des personnes & des lieux, ledit bail doive tenir precisément, & ne puisse être enfraint par le Seigneur feodal en cas de reversion, comme étant tel bail plûtôt acte d'administration, ou de bon ou mediocre ménage, que non pas d'alienation ou dissipation. *Verbi gratia*, si le vassal est addonné aux armes ou au service des Rois ou Princes, ne peut & ne veut faire valoir par ses mains ses domaines; ou bien ses sujets sont diminuez de nombre; ou par autre occasion ne trouve pas à qui bailler bonnement à métairie ou à cense; on estimera n'être pas acte de mauvais ménage, s'il baille son domaine à cens, bordelage, ou rente qui ait quelque correspondance avec les fruits. Mais si c'étoit avec prestation fort legere, sans entrée de deniers, je croi que le Seigneur en cas de reversion, ou saisie de fief ouvert, ne seroit tenu de l'avoir agreable, & pourroit prendre le domaine en son essence, comme étant l'alienation faite à son prejudice, & notable diminution de son fief. Ou bien, sans attendre la reversion ou saisie, pourroit à l'instant contredire ledit bail, & pour chasser la réünion, afin que le laps de temps n'en efface la memoire; ou bien en demander quint denier, comme en alienation: car ce bail à fort vil prix est vraïe donation, ou fait croire qu'il y a eu numeration de deniers sous main & à couvert. Que si le bail sous charge de legere prestation étoit fait avec entrage de deniers, le Seigneur pourra pretendre un quint denier pour ce qui est des deniers baillez, ou chose équipolente: *non eatenus & usque ad concurrentem quantitatem pecuniæ numeratæ censetur venditio*. Aussi prenant le quint denier, il approuveroit le bail, & ne le pourroit par aprés impugner en cas de reversion. La question seroit, si audit cas de deniers baillez d'entrée, le Seigneur feodal auroit retenuë, étant ainsi que les deniers excedassent la valeur de la redevance mise sus; parce qu'en tel cas à cause de la prepollance de deniers, il semble être vente, plûtôt que bail; par l'argument vulgaire de la loi *quæritur ff. de statu hominum*. Sembleroit de prime face que non; parce que la Coûtume au chapitre *Des fiefs*, art. 23. à la fin attribuë seulement quint deniers & lods & ventes. Aussi qu'il sembleroit absurde que le Seigneur feodal fût bordelier, censier ou rentier de son vassal. Mais nonobstant, je croi que le Seigneur feodal ou censier peut user de retenuë, non pas pour retenir l'heritage à soi, mais pour être tenu d'en vuider ses mains. Car de vrai ce seroit inconvenient au vassal d'avoir son Seigneur qui lui dût bordelage ou rente, pour la difficulté de la convention: aussi ne seroit-ce pas honneur au Seigneur feodal de tenir heritages roturierement. Or la retenuë n'est pas octroyée seulement aux Seigneurs, pour réünir à leur domaine; mais aussi afin qu'ils ayent l'avantage & gain, qui est au bon marché, & pour empêcher les fraudes que les detenteurs Seigneurs utils pourroient faire en la vilté du prix. Joint que la Coûtume en tel cas semble octroïer la retenuë, au chapitre *Des fiefs*, art. 42. Auquel cas je trouverois bon que le Seigneur feodal usant de retenuë sur un bail, fût tenu d'en vuider ses mains, & bailler à son vassal, homme roturier; ou autre de mediocre qualité.

SI DONATION EST FAITE pour cause speciale de recompense de services estimables en deniers; s'il y a retenuë ou retrait lignager?

XXXVI.

LE retrait lignager ni la retenuë n'ont lieu sinon quand il y a numeration de deniers en aquerant, ou autre chose qui reçoit fonction *in genere suo*, comme blé froment, pur blé froment, dont il est parlé *in l. 2. §. mutui. ff. si certum pet.* parce que la proportion étant certaine & sans aucune affection particuliere, celui qui reçoit autant de deniers, comme il en a baillé, n'est aucunement interessé. Autant en faut-il dire, si un heritage ou rente a été baillée en échange, étant estimée à une somme de deniers: *nam si species æstimata sit certa pecunia, perinde est ac si pecunia data esset, l. si pro mutua. C. si certum pet.* Pourquoi en plusieurs Coûtumes les rentes foncieres créées par bail d'heritage sont sujetes à retrait, quand par le bail elles sont faites rachetables pour une somme certaine de deniers. Et à cét argument la loi n'estime pas être vraïe permutation d'heritages, quand de l'une des parts il y a heritage baillé, que le bailleur avoit proposé à vendre, ains l'estime comme vente & achat, *l. 1. C. de rerum permut.* Aucunes Coûtumes ont dit, quand meubles sont baillez pour heritages, qu'il y échet retrait. Ce que je n'estime pas être vrai indistinctement: car si ce sont ce sont meubles precieux qui ne sont en commun & en facile commerce ; parce qu'il y peut avoir affection considerable de la part de celui qui les reçoit ; je croi qu'il n'y échet retrait. Mais si ce sont meubles vulgaires, & qui sont en commerce facile & ordinaire ; je croi qu'il y échet retrait : parce que la subrogation de l'un au lieu de l'autre de même qualité est aisée, ou parce qu'avec de l'argent on en peut aisément recouvrer. A la suite de ce que dessus, me semble que si un Seigneur, ou autre qui a reçû services d'aucun, lui baille quelque heritage pour le recompenser, que tel heritage pourroit être sujet à retrait, ou retenuë. Les conditions cy-aprés concurrentes, à sçavoir que ce soient services vulgaires, faits par personne qui ait accoûtumé de loüer ses oeuvres & services ; *eò quòd merces ad effectum locationis consistit in pecunia numerata*. Et que nul autre cause de liberalité & bien-fait n'ait mû le donateur de faire cette disposition. Mais si le donataire étoit personne qui sçût quelque art non vulgaire, en laquelle il eût fait service, ou eût fait quelque service insigne & signalé, & autre que vulgaire, ou bien que le donateur par sa munificence eût donné plus que le service ne meritoit ; je croi qu'en tel cas n'y auroit lieu à retrait, ni à retenuë : parce que la cause de disposer, ou partie d'icelle n'est sujete à estimation commune & facile, ni à fonction en deniers, par la raison de la loi *inter artifices. ff. de solut & quia plerumque affectus erga personas consideratur, l. libertus. 36. ff. de bonis libert.*

SI LE DROIT DE RETENUE se peut ceder ? & de la diversité de retenuë, & retrait lignager.

XXXVII.

MAISTRE Charles du Molin, tres-docte Jurisconsulte, & tres-intelligent Docteur és loix & pratique de France, la memoire duquel nous devons tous honorer, a estimé que la retenuë étoit octroyée aux Seigneurs feodaux & censiers, afin de réünir & consolider la seigneurie utile à la seigneurie directe ; & en consequence de ce a tenu l'opinion que le droit de retenuë ne pouvoit être cedé par le Seigneur direct ; & que lui-même pour soi le devoit exercer. En quoi il a suivi la tradition des Docteurs feudistes. qui pour la plûpart sont Italiens ultramontains. Laquelle opinion a été long-temps en branle au Palais à Paris, & Tiraqueau en son livre *De retrait*, aprés avoir fait un grand amas de decisions de Docteurs & de raisons qui tiennent cette opinion, que la retenuë ne se peut ceder ; allegue un Arrêt de la Cour pour l'Evêque de Chartres, Seigneur de Pompoinct, de l'an 1520. par lequel la retenuë a été declarée cessible. Mais cét Arrêt ne peut pas servir de regle generale ; parce qu'il y a raison particuliere à l'Eglise, en ce que par les anciennes Constitutions de France est défendu aux Ecclesiastiques d'aquerir nouveaux domaines & heritages pour les Eglises, sans amortissement du Roi : & peut le Procureur du Roi, aprés qu'ils ont aquis, les contraindre à en vuider leurs mains. Doncques quand l'Eglise, par vertu de sa seigneurie directe, retient un heritage, elle ne peut absolûment l'unir pour en faire son domaine, d'autant qu'elle peut être contrainte à en vuider ses mains : doncques par la même raison elle peut retenir, pour en faire bail à autrui, ou pour accommoder autrui de ce droit de retenuë. A quoi s'accorde ce qui est dit *in cap. 2. vers. alia quoque. ext. de feudis, in Antiq.* qu'aucun Docteur, que je sçache, n'a pensé à cét effet, où il est dit, Quand un fief tenu d'Eglise est alienê, & que le Recteur de l'Eglise ne le peut aisément recouvrer pour son Eglise, qu'il le peut ceder à un laï, qui le recouvrera & le tiendra en fief de l'Eglise. Et sur le doute qui étoit, si l'Eglise avoit retenuë à cause de sa seigneurie directe, obstant ladite loi encienne de France, qui lui défend de faire nouveaux aquêts : La Cour par Arrêt a ajugé le droit de retenuë à l'Eglise, avec cette reserve de pouvoir par le Procureur du Roi la contraindre à en vuider ses mains. Ez Arrêts de la Chandeleur 1526. pour de l'Anglée Prieur de Pont-neuf, & suivant ce fut jugé pour l'Eglise de Nevers, contre Maître Jean Marigot sur un appel venant de Saint Pierre-le-Monstier, en fait de bordelage, du 24. Janvier 1573. jaçoit que par la Coûtume de Nivernois l'Eglise n'ait retenuë en cens. Mais je croi que la retenuë peut être cedée non seulement par le Seigneur direct, feodal ou censier Ecclesiastique, mais aussi par le Seigneur direct laïcal. Car la retenuë a autres effets que de la consolidation & union ; à sçavoir que le Seigneur direct, même le feodal, ne soit contraint d'avoir un vassal, qui ne lui sera pas agreable, en repetant ce qui est des anciennes loix des Fiefs en France : selon lesquelles les Seigneurs avoient droit de faire guerre les uns aux autres, & en icelles se servoient de leurs vassaux. L'autre raison est, que par le moïen de la retenuë le Seigneur a moïen d'éluder les fraudes, que les Seigneurs utils feroient en vendant à vil prix ; afin que les profits fussent moindres envers le Seigneur, & prenant sous main leur indemnité, dont ils sont empêchez, quand en cas de bon marché ils craignent la retenuë. La tierce raison est, parce que ce droit de retenuë est foncier, procedant de la premiere concession faite par le Seigneur à titre de fief : ou de cens. Et étant patrimonial ; il faut inferer que le Seigneur le peut mettre en commerce, pour en faire son profit. Et n'est pas, comme du retrait lignager, qui n'est pas un droit foncier & réel, ains personnel, regardant directement la commodité & l'affection des personnes du lignage : pourquoi n'est cessible ni transmissible, selon les raisons du droit des Romains, *l. cùm patronus. ff. de leg. 2. l. pecoris. ff. de servit. rust. præd. l. Lucius eod. tit.* Encore au fait de retrait lignager il se dit, qu'il peut être cedé à un du lignage ; parce que la même faveur y est.

EN CAS DE RETENUE FEODALE *ou bordeliere, si l'heritage vient au Seigneur, franc des hypoteques constituées par le Seigneur util?*

XXXVIII.

LE même tres-docte Docteur Maître Charles du Molin en ses Commentaires sur le titre *Des fiefs* en la Coûtume de Paris, tient quand le Seigneur use de retenuë feodale, qu'il est sujet aux hipoteques & charges mises sus par le vassal, tout ainsi que le feroit l'acheteur, sur lequel il retient: & allegue une tres-grande raison; que son privilege n'est que pour avoir le même bon marché que l'aquereur avoit; pourquoi il doit être subrogé à tout le hazard, auquel feroit sujet celui auquel il ôte l'heritage; même parce qu'il se peut faire que la doute des hipoteques ait été cause du bon marché en la vente. Il dit encore plus sur le 22. art. de ladite Coûtume de Paris; Que quand le fief retourne au Seigneur purement en vertu de sa directe, comme par Commise, qu'il retourne avec les hipoteques faites par le vassal; & ce qui se dit & lit au contraire, avoir lieu és anciens fiefs, qui étoient personnels & non patrimoniaux. Toutefois Chopin au traité *De domanio. lib. 3. tit. 12. num. 14.* allegue un Arrêt au contraire pour Jean Racappe Seigneur de Meignangnes contre les creanciers de René de la Rouvraïe, du 7. Septembre 1574. En la maison de Bourbon, aprés le partement de France de Charles de Bourbon, chargé de felonnie, fut jugé, Que les fiefs qu'il tenoit de la Couronne, étoient retournez sans charge des hipoteques, *etiam* sans charge des substitutions. On allegue un ancien Arrêt, qui porte *etiam* sans charge du doüaire de la veûve, de l'an 1269. contre la veûve Estienne de la Porte; & à ce fait la loi *lex vectigali. ff. de pignorib.* Ce que dessus a lieu quand la reversion est *ex sola vi feudi*; comme en cas de felonnie, ou faux adveu, ou les lignées contenuës en la concession étant faillies; esquels cas je croi être sans difficulté que le fief retourne franc des hipoteques. Mais le cas de retenuë a quelque raison de diversité; parce qu'il y a mélange de commerce & de la puissance de fief, & la seule puissance de fief n'y est pas considerée. Or pour m'en resoudre, je croi que si le Seigneur retient directement & principalement, pour réünir au fief dominant; en ce cas il doive avoir son fief franc des hipoteques & charges constituées par son vassal. A quoi est conforme nôtre Coûtume de l'an 1534. chapitre *Des fiefs*, article 29. qui parle avec ces mots, *par Commise ou autrement*, & à la fin dit *en remboursement*, *&c.* qui ne se peut appliquer qu'à la retenuë. Aussi que ledit article est au milieu des articles, qui parlent de retenuë. Mais s'il retient pour le mettre hors de ses mains, & pour en faire trafic, je croi que le cessionnaire sera sujet aux hipoteques, comme le premier aquereur feroit, s'il n'étoit évincé. La raison de diversité est, qu'en ce dernier cas le Seigneur y vient par vrai commerce, & traite sa cause pecuniairement, *nec agit causam feudi*. Et au second cas il traite proprement la cause du fief dominant; & partant est censé exercer les privileges procedans de la pecuniaire concession, & pour l'augmentation perpetuelle du fief. Ces mêmes raisons du fief, je les voudrois appliquer au cens. Mais quand au bordelage, il y peut avoir autre raison: car le detenteur n'est que superficiaire, & ne peut dire proprement que l'heritage soit en son patrimoine; à cause de plusieurs cas de reversion introduits par nôtre Coûtume. De fait la Cour de Parlement sans distinction ajugea la retenuë bordeliere sans charge d'hipoteques à Françoise d'Escolons, Dame d'Oigny, contre François de Beaulieu tuteur de Marie Richard, par Arrêt du 20. d'Avril 1577. Et ainsi le tient *Pet. Jacobi* en sa pratique *tit. de actione in rem pro emphyteusi, vers. Item prædicta vera sont, & vers. Sed si est alter contractus*: & ainsi le tient *Steph. Bertr. consil. 192. vol. 3. & ibi allegat dictum Petrum Jacobi.*

EN QUEL CAS LA MAIN *Souveraine est pratiquée és fiefs, & si par necessité il faut s'adresser au Roy?*

XXXIX.

AUCUNS estiment que le mot *Souverain* signifie seulement celui qui est le chef, ne reconnoissant aucun superieur, comme est le Roi de France, comme est le Pape. Mais selon l'usage des Anciens ce mot quelquefois signifie le premier chef, quelquefois signifie celui qui est superieur à plusieurs, combien qu'il ne soit chef en premier degré de souveraineté. L'étimologie du mot est tirée du Latin *supremus*; comme se voit en plusieurs Coûtumes de la France, que le Seigneur suzerain ou souverain se dit celui qui a plusieurs autres Seigneurs Justiciers sujets à lui; & ses Seigneurs sujets ont autres Seigneurs sujets à eux. Comme *verbi gratia*, le Seigneur Baron aura des Seigneurs Châtelains de son fief & ressort; & le Seigneur Châtelain aura des vassaux sujets à lui, qui ont toute Justice en leur détroit. Au respect de ces Seigneurs Châtelains & vassaux en tiers degré, le Baron est souverain, parce qu'il est le plus haut d'eux tous. Quand on prend en consideration l'Universel de la France, le Seigneur souverain est le Roi; qui ne reconnoît aucun superieur en ce Roïaume, ni ailleurs. Selon la distinction cy-dessus, il faut entendre & regler la reception d'un vassal par main souveraine; à sçavoir, si des deux Seigneurs, pretendans la feodalité, l'un tient en fief de Nivernois, l'autre n'est de la superiorité du Duché; soit qu'on die le fief contentieux être en franc-allen: ou tenu d'aucun Seigneur qui ne releve de Nivernois. En ce cas pour la main souveraine, il faut avoir recours au Roi, qui est superieur des uns & des autres, qui est le vrai souverain. Mais si deux Seigneurs tous deux ayans leur mouvance du Duché de Nivernois sont en debat de la superiorité feodale d'un fief ; le vassal qui est abbaïé par deux Seigneurs, peut s'adresser pardevers Monseigneur le Duc de Nivernois, pour être reçû par main souveraine ; parce que mondit Seigneur est souverain & superieur, à l'égard de tous les contendans. Surquoi sera consideré que la reception par main souveraine est une provision avisée & ordonnée par nos predecesseurs Auteurs des Coûtumes, *ad instar* d'un sequestre. Mais c'est un sequestre plein d'honneur : car ce n'est pas aux parties de le choisir ; ains se trouve sequestre celui qui est superieur de tous deux, & qui par la loi des fiefs aime les deux contendans, comme tous deux ses feaux ; & és mains dudit superieur est consignée, deposée, & comme mise en sequestre la foi & fidelité pour la tenir par ledit Seigneur superieur en depôt & garde ; afin de la representer & rendre à celui des deux, qui par l'issuë de la contention se trouvera vainqueur. Et à bonne raison a été ainsi autrefois ordonné ; parce que le principal fruit que les Seigneurs de grande ancienneté prenoient és fiefs, étoit le service du vassal à la guerre de son Seigneur : car en cette grande ancienneté les Seigneurs avoient droit d'assembler leurs vassaux & hommes, & faire guerre les uns aux autres ; & étoit bien raison que le Seigneur superieur de tous ces contendans reçût en ses mains le service que le vassal doit, pour l'emploïer avec discretion, sans faire tort à l'un ou à l'autre. Ce que ne pourroit pas faire un sequestre choisi par les parties, qui peut-être ne seroit pas de la qualité, & bien à peine auroit l'affection telle envers l'un & l'autre vassal, comme le Seigneur feodal superieur de l'un & l'autre pourroit avoir. De vrai cette reception par main souveraine est un sequestre ; & se fait au cas auquel selon droit le sequestre se doit ordonner, *nempè custodiæ causa* ; & afin que les Seigneurs contendans n'ayent occasion de venir aux armes : & encore afin que le vassal demeurant en doute ne soit long-temps depossedé de son fief.

Ordinairement on ne pratique la main souveraine, sinon quand deux Seigneurs feodaux sont contendans de la superiorité feodale. Mais elle se peut aussi pratiquer, quand le vassal a fait tous les devoirs requis par la Coûtume, & le Seigneur ne le veut pas recevoir. Aucunes Coûtumes de France permettent au vassal de se pourvoir par complainte possessoire contre son Seigneur, qui fait refus de le recevoir aprés tout devoir fait. Mais nôtre Coûtume au chapitre *Des fiefs*, article 1. à laquelle plusieurs autres sont conformes, ne donne aucun remede au vassal, qui est saisi, sinon d'avoir main-levée, ou de son Seigneur feodal qui a saisi, ou du Seigneur souverain. Pourquoi au cas du refus du Seigneur immediat, le vassal peut avoir recours au Seigneur souverain, afin de le recevoir en consignant les droits & devoirs ; & le tout par provision, en forme de depôt & sequestre.

PAR QUELLE PROPORTION doivent être distribuez les fruits en cas de retenuë, en cas de saisie feodale, & en cas de rètrait lignager ?

XL.

IL n'y a semblable raison en tous les cas dessusdits ; aussi n'y a-t'il semblable réponse & decision. Quand à la saisie feodale, semble que le Seigneur qui a saisi son fief, prend tous les fruits qui sont propres, selon leur destination naturelle, à percevoir au temps que la saisie dure : tellement que s'il avoit saisi la veille des moissons, le vassal eût fait son devoir le lendemain des moissons, le Seigneur auroit gagné tous les blés moissonnez. Et à cét égard ne se fait distribution de fruits *pro rata temporis*. De même, si durant la saisie feodale, l'étang qui ne se pêche que de trois ans l'un se trouvoit prêt à pêcher, ou le bois taillis qui ne se coupe que de quinze ans, l'un se trouvoit en son année & en sa saison d'être coupé ; le Seigneur prendroit le profit entier, & de la pêche & de la coupe. Aussi nôtre Coûtume au chapitre *Des fiefs*, article 57. dit que le Seigneur prend les fruits en l'état qu'il les trouve. Et la raison est, *quia jure suo occupat, & quasi dominus repetita die, ac si prima concessio abolita esset : deindè occupat propter contumaciam, & in pœnam contumaciæ vassali.* Ce qui s'entend pour tout le droit que le vassal y eût pris : car s'il avoit baillé les terres à titre de métairie, le Seigneur ne prendroit que la moitié des fruits. Et si le vassal avoit des communs parsonniers autres que sa femme, lesquels n'eussent droit en la proprieté du fief ; je croi qu'ils devroient prendre leur part des fruits, si les terres avoient été labourées, cultivées & ensemencées à leurs dépens, comme du vassal ; ou bien devroient être recompensez par le Seigneur des labours, cultures & semences ; & ce par privilege sur les fruits, & des fruits mêmes : car dit la loi, nul cas ne peut intervenir, qui empêche la déduction de tels frais, qui se font directement, pour faire venir les fruits ; *imò* les fruits se disent, ce qui demeure de reste, aprés que tels frais ont été satisfaits, *l. fundus qui in fine. ff. famil. hercisc. l. si à domino. §. ult. ff. de petit. hæred. l. fructus. ff. soluto matrim.* J'ay dit parsonniers autres que sa femme ; parce que je croi que la femme ne pourroit demander sa part des fruits : d'autant que durant le mariage le mari est non seulement maître, mais aussi Seigneur & proprietaire des fruits & autres meubles communs entre lui & sa femme. Toutefois, si la saisie feodale étoit faite aprés le decés du mari ; il y auroit grande raison de dire, que sa femme devroit avoir la moitié, qui ja lui étoit acquise *ipso jure*, à l'instant de la mort de son mari, à cause de la communauté ; ou bien qu'elle devroit être recompensée de la moitié des frais faits pour labourer, cultiver & semer. Ce qui s'entend és fruits industriaux, & non és fruits naturels, qui viennent sans culture, & sans

V ij

semence. Esdits cas que le Seigneur prend les fruits, il doit être soigneux de faire ce qui sert pour la continuation du ménagement & administration de la chose, dont il prend les fruits ; à sçavoir en pêchant l'étang y laisser l'allevin & nourrin, pour repeupler l'étang ; & s'il n'y en a assez, en doit acheter, à la charge d'être recompensé de l'achât, si la main-levée est faite avant l'autre pêche. Doit conserver le bois coupé, afin qu'il revienne ; doit au colombier delaisser les volées de pigeons qui ont accoûtumé d'être laissées pour repeupler, selon qu'il est dit *in l. deducta. §. hereditatem. ff. ad senatusconsult. Trebell. & in l. vetus, l. seq. ff. de usufructu.* Et par l'Ordonnance du Roi Philippes le Bel de l'an 1302. au fait des Regales.

En cas de retenuë, ou de retrait lignager, il y a autre raison ; parce que les fruits ne se peuvent gagner par le Seigneur retenant, ou le lignager retraïant, sinon en païant, ou consignant deniers. Comme aussi l'acheteur ne doit avoir les fruits de la chose achetée, sinon aprés avoir paié le prix de l'achât, *l. curabit. C. de actio. empti.* Puis donc que la loi fait comparaison des fruits avec le prix de l'achât, il est raison que les fruits se departent *pro rata temporis.* Comme, *verbi gratia*, si les fruits se perçoivent une fois l'an, & l'acquereur, aprés avoir montré ses deniers, & demeuré six mois sans être remboursé par le Seigneur, ou par le lignager ; il y a raison que ledit aquereur prenne la moitié des fruits : & pour éviter aux fraudes que les Seigneurs ou lignagers pourroient faire en exerçant leurs droits, la veille de moissons ou de vendanges, *cùm in eorum fuerit potestate quando agerent, & ad se revocarent prædium venditum.* Mais si avant la retenuë ou retrait exercez, la moisson ou autre perception des fruits s'étoit presentée, qui eût été recueïllie par l'aquereur ; je croi qu'il ne seroit tenu en restituer aucune chose ; parce que de bon & plein droit, comme vrai Seigneur proprietaire, il les auroit gagnez. Qui est proprement le cas de la loi *Julianus. §. si fructus. ff. de actionib. empti.* Mais si le fruit est de la coupe d'un bois taillis, je croi que le Seigneur feodal prendra tout à lui, si durant sa saisie le bois se trouve en sa maturité & saison, pour être coupé ; parce que son droit n'a aucun respect de proportion. Et quand aux autres qui sont sujets à proportion, & qui font les fruits à eux, selon l'interêt qu'ils ont, je croi que les profits de la coupe doivent être partis *pro rata temporis*, pour les raisons cy-dessus. *Ita decidit Fed. Senens. consil.* 110. *& allegat. l. si operas. ff. de usufr.*

SI LA COMMISE DE BORDELAGE, à faute de payement, appartient à l'usufruictier, à l'accenseur, ou au proprietaire?

XLI.

JE croi être sans doute que quand l'heritage bordelier échet au Seigneur à faute d'hoir habile à succeder en bordelage, ou à faute de réünir le bordelage démembré ; que le profit en est au proprietaire pour la consolidation, & la joüissance & perception des fruits à l'usufruictier, pour le temps de son usufruit ; ainsi que doctement le decide ledit sieur du Molin sur les Coûtumes de Paris *art.* 1. *glo.* 1. *in verb.* Le Seigneur, *quæst.* 4. *&* 5. *& Guido Papæ quæst.* 477. *& Oldradus de Ponte consil.* 240. Mais la difficulté que je fais est, s'il en faut autant dire en la Commise, qui est à faute de païement triennal, quand les trois ans sont échûs durant l'usufruit ; vû qu'en ce cas la Commise ne se fait pas directement *ex vi primariæ concessionis, sed propter contumaciam & indevotionem emphyteutæ non solventis ; & quia interest domini ut suâ die pensionem rei suæ percipiat, quæ destinata est sumptibus rei domesticæ.* Or l'interêt qui se trouve en cette cessation regarde directement l'usufruictier qui doit percevoir la redevance pour l'emploïer à l'entretenement de sa maison & de ses affaires, & en est incommodé par la cessation du detenteur bordelier. Sembleroit donc raison que la peine, qui est attribuée pour cette faute, appartienne à celui qui en reçoit le dommage. Ainsi est dit *in l. post legatum. §. amittere. in fi. ff. de his quib. ut indig. l. si legatarius. in fine. C. de legat.* Ainsi est dit *in l. usufructu legato. in princip. ff. de usuf. quòd si fructuario ædium non caveatur damni infecti ob vicinas ædes ruinam minantes, & perseveretur non caveri, ipse fructuarius dominium acquirit, nec quidquam amittit finito usufructu. Quòd fit ideò, quià dominii acquisitio non habet originem & causam propinquam ab ædibus, quæ timent damnum ; sed ab injuria quæ fit ei qui domum inhabitat, eò quòd est in continuo metu, ne ruina vicinarum ædium opprimatur.* A ce fait ce qui est dit par Decius *cons.* 4. *vol* 1. que les fermiers des gabelles gagnent les amendes, esquelles sont condamnez ceux qui fraudent les gabelles : *& allegat. Bald in l.* 1. *C. de fruct. & lit. imp.* Et serois bien d'avis, avec ledit sieur du Molin, que ladite loi *usufructu* ne seroit propre pour les autres cas de reversion, comme à faute d'hoir ; vû que directement la consolidation est par la nature & condition de la chose, *& eo casu vera est reversio ex vi primariæ concessionis.* Mais quand la peine est à cause de l'injure reçûë par l'usufruictier, ou par celui qui doit gagner les fruits, c'est raison que celui qui est endommagé, reçoivent la peine qui est établie pour reparation de cette injure, *l. at ubi ff. de petit. hæred. l. item apud Labeonem. §. penult. ff. de injur. l. bovem. §. si quis servum. ff. de Ædil. edicto.* Ainsi dit la loi en la peine du double, qui est ordonnée contre celui qui met en autre main la chose litigieuse, qu'elle n'est pas appliquée au fisque, mais à la partie adverse, afin qu'il ait cette consolation du tort qu'on lui fait, de les mettre és mains d'un adversaire plus puissant, *l. ult. ff. de litigiosis.* Je ne voudrois ainsi dire à l'accenseur ; parce qu'il n'a aucun droit réel, & ne peut pretendre autre chose que la simple perception des fruits. Aussi il ne peut exercer aucunes actions utiles contre celui qui le trouble, mais à la seule action personnelle contre le locateur pour le faire joüir, *l. cùm in plures.*

§. messem. ff. locati. Mais l'usufruictier peut exercer les actions utiles pour les droits de l'heritage, dont il joüit, l. si usufructus. ff. de aqua pluvia arcenda. Pourquoi l'utilité qui vient de l'action & poursuite, comme est la Commise, à faute de païement, lui doit appartenir, & non à l'accenseur : & pourra l'usufruictier en faire bail sous les charges anciennes, & sans diminution d'icelles, & prendre à son profit les entrages de deniers; ou bien s'il veut retenir la Seigneurie utile en ses mains, faire le pourra, en reconnoissant au proprietaire la redevance ancienne.

SI DURANT LA SAISIE feodale vient une échoite bordeliere, si le Seigneur saisissant en prendra le profit?

XLII.

LE Seigneur qui saisit son fief à faute d'homme a plus de droit que l'usufruictier; car il joüit *jure suo*, comme si le fief lui étoit retourné. Et de fait quand la foi faut, le fief est vacant ; & selon l'ancienne usance il se dit reprendre le fief, comme s'il avoit été perdu par le vassal ; jaçoit qu'il n'y ait qu'une simple reconnoissance. Et és Provinces esquelles en succession collaterale, ou par le mariage le Seigneur gagne le revenu d'un an ; tel droit s'appelle rachat, comme si le vassal rachetoit de son Seigneur le fief à lui acquis par défaillance d'homme. Ce qui vient de l'ancienne nature des fiefs, quand ils étoient personnels, & étoient éteints par la mort des vassaux, ausquels ils étoient concedez. Pourquoi il me sembleroit, quand aucune échoite d'heritage dépendant du fief saisi avient durant la saisie feodale, que le Seigneur la dût avoir en pur gain. Mais je croi pour la plus seure opinion, & comme il a été dit en la question precedente ; que si la reversion vient de la nature de la Seigneurie directe principalement, le Seigneur en prendra les fruits durant sa saisie, & en faisant main-levée du fief au vassal ; il lui remettra en main cét heritage ainsi échû & aquis ; si tant étoit qu'il n'en eût ja fait bail sous les charges anciennes. Ce qu'il peut faire : car son droit est plus fort que celui de l'usufruictier. Mais ne pourra le retenir en ses mains ; car il sembleroit être inconvenient & chose absurde, que le Seigneur feodal tint à bordelage de son vassal, & pour la raison de l'article 6. au chapitre *Des confiscations*, qui est de n'avoir un detenteur bordelier plus grand Seigneur que soi : ains pour par ledit Seigneur vendre ladite échoite, sous la charge de la redevance ancienne, & sans diminution ni alteration d'icelle. Et encore avec grande raison se pourroit dire que *etiam* és autres cas de reversion, qui procedent directement par la puissance de la Seigneurie directe, comme d'échoite de bordelage, à faute d'hoir, que le Seigneur feodal en peut faire bail sous la même charge de bordelage ancienne. Parce que tel bail est acte d'administration, & non pas d'alienation, *quandò prædium est consuetum dari in emphyteusim*, ainsi qu'il est dit *in cap. 2. extr. de feudis*, & par les raisons déduites ci-dessous en la Question 309.

SI LE DENOMBREMENT non blâmé dans quarante jours, est tenu pour reçû quant à tous effets?

XLIII.

LA Coûtume de l'an 1534. au chapitre *Des fiefs*, article 67. dit que le dénombrement présenté porte préjudice au Seigneur, si le Seigneur a laissé passer quarante jours sans le blâmer. Ce qui seroit bien dur, étant entendu ainsi cruement, mêmement au respect d'entre le Seigneur & le vassal qui desire toutes choses en équité & bonne foi. Pourquoi je croi que cette acceptation qui est presumée par laps de temps, ne doit avoir son effet, sinon quand il y a contumace bien convaincue & expresse du Seigneur, qui vaille comme un refus de blâmer. *Alioqui* le simple laps de temps pourroit causer infinité de surprises, qui pourroient être faites aux Seigneurs ; mêmes aux grands Seigneurs, qui en tels affaires emploient leurs Officiers, ou qui sont distraits és affaires de guerre ou de Cour. Doncques j'estime être raisonnable, que le vassal vienne, ou envoie par Procureur rechercher son Seigneur, pour sçavoir de lui s'il a blâmé le dénombrement à lui presenté. Car le Seigneur à l'égard de son vassal doit être reputé personne égregie, qui fait que le vassal le doive venir rechercher, *argum. l. ad egregias. ff. de jurejur. & l. liberto. ff. de obseq. à liber. & libert. patri & patrono præstand.* Aussi que le vassal, qui en la foi & au dénombrement doit venir vers le Seigneur, est par consequent tenu de le venir trouver pour l'entier accomplissement de ce qui est à faire ; car faire à demi n'est pas faire. La nouvelle Coûtume de Paris, article 44. veut que le vassal vienne vers son Seigneur audit cas. Et si le Seigneur n'a son blâme prêt, soit qu'il ait excuse urgente ou volontaire, je croi qu'il peut prolonger le delai de blâmer, ou accepter selon sa commodité. Mais aussi crois-je qu'à ce second delai le vassal n'est pas tenu de venir reclamer le blâme ; mais le Seigneur doit le lui envoïer en sa maison, ou au domicile qu'il aura élû au lieu du fief dominant. Et si sur ces dilations de la part du Seigneur, le vassal ne se contentoit, je croi que le vassal devroit faire juger par le Juge de jurisdiction contentieuse la contumace du Seigneur pour en recueillir le profit, que son dénombrement fût tenu pour accepté. *Nam etsi consuetudo videatur trahere secum executionem ob lapsum diei ; tamen quia multa possunt intervenire, quæ causæ cognitionem desiderant, videtur necessaria Judicis sententia, l. ejus qui ff. de jurefisci. Et quia etiam in negotiis stricti juris moræ purgatio admittitur, l. si servum §. sequitur. ff. de verb. oblig. Verum inter dominum & vassallum omnia ex bono & æquo tractari debent, non amarè, neque tanquam inter infestos.*

SI LE SEIGNEUR FEODAL peut de soi-même prolonger le temps à bailler dénombrement & à recevoir le blâme, sans requisition du vassal?

XLIV.

PAR la Coûtume au chapitre *Des fiefs*, article 6. le vassal étant reçû en foi, doit bailler son dénombrement dedans quarante jours aprés la reception en foi. Et par la même Coûtume article 67. le Seigneur doit dans quarante jours aprés le dénombrement presenté, le blâmer. Le delai du vassal n'est pas si précis & absolu, qu'il ne puisse purger sa demeure toutefois & quantes; & quand le Seigneur fait saisir pour la demeure du vassal il ne gagne les fruits: ainsi c'est une simple sequestration pour ennuïer le vassal; afin qu'il se presse de satisfaire, selon ce qui est dit *in cap. 2. ext. de dolo & contumacia.* Aussi faut dire reciproquement que le delai octroïé au Seigneur, pour blâmer le dénombrement du vassal, n'est pas si précis qu'il ne soit loisible au Seigneur de le blâmer toutefois & quantes; jusques à ce que par contumace jugée, ou tout au moins par contestation sur la contumace il en soit forclos. Car cette loi ne tire pas avec soi l'execution de droit, pour avoir son effet accompli incontinent aprés le jour passé par la raison de la loi *ejus qui vers. nec enim. ff. de jure fisci. Et quia regulariter purgatio moræ admittitur usque ad litiscontestationem, l. si insulam. ff. de verb. oblig.* car par la contestation se montre la vraïe contumace du refusant. Or avant que le Seigneur ait contumacé son vassal, ou que le vassal ait contumacé son Seigneur, je croi que le Seigneur pour justes causes peut prolonger le delai à son vassal, pour venir rechercher le blâme ou l'acceptation de son dénombrement; *etiam* que le vassal ne veüeille acquiescer à ce delai; mêmement si le Seigneur, aprés le vassal reçû en foi, ne l'a pas poursuivi par saisie, à faute de bailler dénombrement incontinent aprés quarante jours. Car il est bien raisonnable que le Seigneur qui a fait grace du temps, doive aussi recevoir grace du temps, si le Seigneur allegue quelque empêchement probable.

SI LE VASSAL, SEIGNEUR de la moitié du fief, alienant envers son compagnon, qui a l'autre moitié, doit le quint denier; & s'il y a retenuë?

XLV.

IL a été dit que le quint denier & le droit de retenuë sont compositions qui furent arbitrées du consentement commun de la Noblesse, quand les fiefs furent faits patrimoniaux; au lieu qu'auparavant ils étoient à vie, ou vies, & pour les descendans, & que le vassal ne pouvoit aliener sans requerir le Seigneur s'il vouloit acheter le fief à peine de Commise. Donc le quint denier c'est la recompense qui se fait au Seigneur, pour l'approbation qu'il fait d'un nouvel homme, lequel il reçoit à sa foi. Pourquoi sembleroit, quand l'un des freres alieneroit & transporteroit sa part du fief à son frere ja reçû, connû & approuvé par le Seigneur, qu'il n'en fût dû aucun profit au Seigneur, qui est sans interêt; attendu qu'il n'y a mutation d'hommes. Mais je croi qu'en ce cas est dû quint denier, quand le transport de la moitié, ou autre portion est fait autrement que par partage. Car c'est vraïe alienation; & la Coûtume attribuë le quint denier à toutes venditions & alienations, horsmis és donations en certains cas. Et se peut dire que le Seigneur y a interêt: car mieux lui est, & plus honorable quand il a des vassaux en plus grand nombre: aussi qu'en plus grand nombre de vassaux il y a plus d'occasion & de moïens de parties casuelles. Et quant à la retenuë, je croi aussi que le Seigneur la peut exercer, si ce n'étoit que l'heritage vint de lignage, & le vendeur & aquereur fussent lignagers. Car le privilege du lignage emporte la retenuë du Seigneur feodal. Et le Seigneur a interêt en la retenuë, soit qu'il veüille reünir à son fief, soit qu'il veüille éviter & punir la fraude de ceux qui par collusion auroient établi un vil prix en l'achat, pour faire le quint denier moindre. Mais si le fief étoit acheté à prix raisonnable, & que le Seigneur ne voulût pas retenir pour reünir, il y auroit grande raison de dire qu'il ne pourroit ôter cette part à celui qui ja avoit autre part, pour la donner à un tiers; *cùm videatur id fieri nocendi causa potiùs, quàm sibi proficiendi.*

SI LE SEIGNEUR DIRECT est tenu de discuter l'obligé personnellement; avant que s'adresser au tiers detenteur?

XLVI.

L'AUTHENTIQUE *Hoc si debitor. C. de pignorib.* parle és simples hipoteques, qui sont accessoires; & pour la seureté des obligations personnelles. Le droit que le Seigneur direct a en & sur la chose mouvante de lui, est plûtôt droit de proprieté, que droit d'hipoteque: *nam in comparatione domini directi & utilis, dominus simpliciter dictus intelligitur directus, l. si domus. §. ult. ff. de legat. 2.* Donceques quand le Seigneur direct recherche ses droits, il peut tout droitement s'adresser à l'heritage sien; & en ce cas c'est proprement ce qui est dit *in l. Imperatores. ff. de publican. & vectig. quod magis res, quàm persona conveniuntur.* Et l'obligation par laquelle le detenteur est obligé aux redevances & droits du Seigneur direct, est originairement & principalement réelle, procedant de bail d'heritage. Pourquoi je croi que pour les arrérages ou profits qui sont dûs du temps d'autres detenteurs, que ceux qui ſont de preſent, le Seigneur n'eſt tenu de diſcuter leſdits anciens detenteurs, qui ſont obligez perſonnellement ; mais peut tout droit s'adreſſer aux heritages mouvans de lui, & faire ſaiſir les fruits d'iceux, ou les heritages, même pour les mettre en criées, afin d'être païé de ſedits droits. Et partant me ſemble impertinent le ſtile qui eſt en pluſieurs Cours laïes, où l'on mêle confuſément & par une ſeule façon de libeller demande, l'action & pourſuite hipotecaire pour une ſimple dette, & pour une redevance, ou autre droit Seigneurial. Car le droit du Seigneur n'eſt pas hipotequé ; *nemini enim res ſua obligata eſſe poteſt, l. non ſolum. §. ſi rem. ff. de uſucap.* Qui fait qu'il n'eſt pas ſujet aux regles des hipoteques : & peut par voïe de Juſtice faire ſaiſir l'heritage mouvant de lui, pour ſeſdits droits, *etiam* ſur les tiers detenteurs.

L'EGLISE N'A RETENUE en cens ; & ſi en fraude d'elle on aliene à vil prix, quel remede ?

XLVII.

CET article que l'Egliſe n'a retenuë en cens, eſt de la Coûtume de l'an 1534. & étoit demeuré diſcorde en la Coûtume de l'an 1491. La raiſon de cét article procede d'une ancienne uſance de ce Roïaume, par laquelle eſt défendu à l'Egliſe d'aquerir heritages ſans congé du Roi par lettres d'amortiſſement. Les gens du Roi tiennent qu'au Roi ſeul appartient d'amortir. Il y a Arrêt du Parlement de la prononciation de Pentecôte l'an 1290. par lequel il eſt permis au Comte de Nevers, d'amortir au profit de l'Egliſe charitativement ſans prendre finance. La défenſe à l'Egliſe d'aquerir eſt fondée, ſur ce que l'Egliſe ne meurt point, & n'aliene point, & n'eſt ſujete aux charges de ſubſides envers le Roi. Et à cette cauſe ſeroient les Seigneurs fraudez de leurs profits, & le Roi du ſervice & aide qui lui eſt dû. Or les Auteurs de nôtre Coûtume ont eſtimé que la défenſe fût preciſe : mais les gens du Roi, (pour favoriſer la finance que le Roi prend en vingt ou trente ans une fois des franc-fiefs, & nouveaux aquêts) n'ont pas tenu la défenſe être préciſe : ains ſe ſont contentez de dire, que l'Egliſe tiendroit ce qu'elle auroit aquis, juſques à ce que le Procureur du Roi lui eût fait commander d'en vuider ſes mains, & mettre l'heritage en main habile. Et ainſi fut jugé & arrêté, en ajugeant la retenuë au Prieur de Pont-neuf, dit de Langlée, à la prononciation de la Chandeleur, l'an 1526. avec cette reſervation au Procureur du Roi d'en faire vuider les mains. Et à la ſaulce de cét Arrêt le Chapitre de Nevers obtint ajudication de la retenuë contre Maître Jean Marigot en vente d'heritage tenu à bordelage ; par Arrêt du 24. de Janvier, l'an 1573. combien qu'il y ait ſemblable raiſon en cens & bordelage.

Mais ſi aucun mal affectionné, s'aſſurant que l'Egliſe n'a retenuë en cens, achetoit un heritage à fort vil prix, pour être quitte des lods & ventes à bon marché ; je croi que ſi la vilté étoit fort grande & remarquable, que l'Egliſe pourroit demander les lods & ventes, ſelon la vraïe & commune valeur. Car la retenuë eſt octroïée aux Seigneurs pour bride aux fraudes des acheteurs à trop bon marché ; & à nul ne doit profiter la fraude.

DE L'HERITAGE QUI SE trouve ſans tenementier, ſi le tuteur ou geſteur de negoces pourra empêcher le Seigneur direct ?

XLVIII.

NOSTRE Coûtume de l'an 1534. article II. permet au Seigneur cenſier, quand l'heritage mouvant de lui ſe trouve ſans tenementier, & ſans detenteur, de le reprendre en ſes mains, & en percevoir les fruits pour ſon indemnité & païement des arrerages à lui dûs, & autres droits : il en faut autant dire du Seigneur bordelier. Or s'il avient que le proprietaire & Seigneur util s'abſente, & demeure abſent par abſence diuturne, ſans qu'on ait nouvelle de lui, & on ne ſçait s'il eſt vivant, ou mort, on demande ſi le Seigneur cenſier ou bordelier pourra s'y entremettre, & déchaſſer celui qui au nom dudit abſent le fait valoir. Si c'eſt un tuteur ou curateur, l'abſent étant mineur ; je croi que le Seigneur le doit ſouffrir, juſques à ce que le temps ſoit venu que l'abſent, s'il vivoit, auroit accompli vingt-cinq ans : car on preſumera qu'il eſt vivant, ſi on ne fait preuve de ſa mort ou certaine, ou vrai-ſemblable : comme s'il eſt allé à la guerre, ou ſur la mer, & il vienne quelque preuve qu'il y ait eu bataille, ou aſſaut, ou priſe de ville, ou fortune ſur mer ; la preſomption ſera de la mort, *ut per Bart. in l. 2. §. ſi dubitetur. ff. quemad. teſta. aper.* Et audit cas le Seigneur pourra exploiter comme aprés ſa mort, nonobſtant que le temps de la tutelle ou curatelle ne fût fini. Et s'il ne vient aucune preuve vraïe ou prealable de ſa mort ; je croi aprés les vingt-cinq ans, ſi c'eſt un mineur, ou ſi c'eſt un majeur, aprés trois ans d'abſence ſans certitude, que le Seigneur voulant joüir ſera preferé au tuteur ou à l'entremetteur ayant eu charge, ou au geſteur de negoces ; car le Seigneur a interêt de ſçavoir s'il y a un tenementier, & n'eſt tenu de recevoir ſa redevance d'un tiers qui voudra le païer : car en tel cas la loi, qui dit, *ſolvendo quis pro alio invito & ignorante eum liberat*, ne doit avoir lieu ; d'autant qu'il n'eſt queſtion de ſimple liberation ; mais a le Seigneur interêt qu'en païant il ſoit reconnu à Seigneur par celui qui le païe, qui ſoit Seigneur util : *& ita tradunt Bald. & Salic. in l. acceptam, in fi. Apparatûs, C. de uſur.* Joint que le Seigneur direct en recevant ſa redevance peut deſirer que la quitance ſoit paſſée double, pour ſervir de quittance au detteur, & de reconnoiſſance au Seigneur, *l. plures*

C. de fide istrument. Antonius Corsetus és annotations qu'il a faites sur le Repertoire des lectures de Panorme, *in verbo, Emphyteuta*, traite cette question *in utramque partem*, & allegue raisons & autoritez. Enfin il se resout que l'opinion de Speculator, qui est pour la faveur du Seigneur, est plus équitable, & l'opinion contraire selon rigueur de droit est plus veritable.

SI BORDELAGE D'ANCIENNETÉ a pû être mis sur cens d'autruy?

XLIX.

Le treiziéme article de nôtre Coûtume de l'an 1534. au chapitre *Des cens*, porte que desormais bordelage, ni autre redevance portant directe, ne pourra être mis sur le cens d'autrui. Aucuns ont voulu inferer qu'auparavant il étoit permis : mais il n'est pas ainsi. Car dés la tradition de l'an 1490. il y en eût debat, & se trouverent trois articles proposez sur ce fait, qui furent discordez. Pourquoi faut dire que ce mot *desormais* fait entendre que délors en avant bordelage ne pourra être mis sur cens, & que pour le temps les choses demeurerent en l'état auquel elles étoient, c'est à dire, en doute, & pour être loisible à chacun de debatre, si en ce temps-là étoit permis de mettre bordelage sur le cens d'autrui. Car puis qu'auparavant ladite Coûtume de l'an 1534. le doute & la contradiction y étoit; il faut inferer que la Coûtume audit temps precedent n'a été prescrit pour tolerer bordelage sur cens. Par consequent faut avoir recours au droit commun, pour juger si le detenteur censier peut mettre bordelage sur le sens du Seigneur, duquel il tient. Selon le droit commun il est certain que le Seigneur util, qui tient un heritage sous charge de cens, est Procureur legal établi par la loi, pour conserver les droits du Seigneur direct, ne les peut diminuër; & s'il les diminuë, il est tenu *actione ex eo contractu* de reparer ce qui est en sa puissance; & pour ce qui n'est en sa puissance, aux dommages & interêts du Seigneur direct, *l. 1. in fi. ff. de novi operis nunt. l. 1. in fi. cùm l. seq. ff. usufructuar. quemad. caveat. l. in fraudem. §. conductor. ff. de jure fisci, l. videamus. §. item prospicere. ff. locati.* Doncques tel detenteur Seigneur util n'a pû surcharger de bordelage l'heritage qu'il tient à cens : car par le moïen du bordelage, l'heritage ne sera tant vendu, & seront moindres les lods & ventes du Seigneur censier; l'heritage ne sera tenu en si bon état, à cause des grandes duretez du bordelage; & à cause du bordelage ne sera tant desiré, & ne changera si souvent de main. *Secundò*, il faut considerer que la Coûtume est ancienne, & de tout temps observée : Que *cens ne peut être mis sur le cens d'autrui au prejudice du premier Seigneur censier.* Si le cens n'est à tolerer, moins devra être bordelage, qui diminuë & altere de beaucoup plus les droits du premier Seigneur censier, que ne feroit un second cens. Et si ce qui est le moins a été par Coûtume ancienne & sans difficulté interdit; à plus forte raison a été interdite la surcharge de bordelage. *Tertiò*, il se peut dire que tout ainsi que ce qui est mien ne peut être ôté sans mon consentement; aussi ne peut être diminué de valeur à mon préjudice : or est-il que la surcharge de bordelage diminuë de beaucoup la Seigneurie directe censuelle. J'ay vû trois cahiers anciens de nôtre Coûtume, dont les articles sur cette question sont divers : L'un dit que bordelage ne peut être mis sur cens d'autrui; & ajoûte qu'aprés les commandemens faits de décharger & ôter le bordelage, que le Seigneur peut saisir & faire siens les fruits; & met une exception, Sinon qu'il y eût trente ou quarante ans que cette surcharge de bordelage eût été faite; ce entendu, & que le Seigneur censier l'eût sçûë & endurée : car au negoce qui peut être caché à celui qui a interêt, la prescription ne court sinon du jour de la science, *l. 2. C. de servit. & aqua, l. quamvis saltus. ff. de adq. poss.* L'autre cahier plus hardi dit, Que comme le vassal peut bailler à bordelage ce qui tient en fief; ainsi peut le detenteur censier; & quand l'heritage sera vendu, le Seigneur bordelier prendra les profits. Et si la Seigneurie directe bordeliere est venduë, lors le Seigneur censier exercera ses droits Seigneuriaux. L'autre cahier dit, Que si le detenteur sous charge de cens vend son heritage, & le reprend à bordelage, ou charge bordelage sur icelui, qu'il n'y a prescription contre le Seigneur censier, qui est païé de son cens.

CENS, OU BORDELAGE, quant à la Seigneurie directe ne se prescrit par cessation de payement.

L.

Aucuns on estimé que la Seigneurie directe censuelle ou bordeliere, se peut prescrire & abolir par cessation de païement de trente ans quant à lais & quarante ans quant à l'Eglise : parce qu'en l'article 22. au chapitre *Des cens* est dit, Que cens, lots, ventes & autres droits appartenans au Seigneur censier se prescrivent par trente & quarante ans : mais selon bonne raison il faut dire autrement. Car la seule cessation de païement de celui qui doit la redevance ne la constituë pas en quasi possession de liberté de ladite redevance, & n'intervertit pas la possession en laquelle le Seigneur est de percevoir sa redevance. Et à ce moïen *Jo. Fab. in §. retinendæ. instit. de interd.* dit que la seule cessation ne cause pas le trouble, & pour icelle on ne peut intenter complainte. Si donc le Seigneur direct ne perd pas sa possession, il s'ensuit que le detenteur qui est debiteur, & n'est entré en possession de liberté ne prescrit pas; *quia sine præscriptione præscriptio non procedit, cap. sine possessione. de regul. jur. in Sexto : quod est intelligendum in rebus, vel juribus quæ possideri possunt, vel quasi. Nam si quid debetur actione*

actione personali, præscribitur triginta annis ob solam negligentiam non petentis. Doncques quand on dit que le sens & le bordelage se prescrit par trente ans ; il faut entendre que les trente ans commencent du temps que le debiteur a interverti & contredit la possession & le droit du Seigneur direct, & non du jour qu'il a cessé de païer : *& ita tenet glo. in l. malè agitur. C. de præscript. trig. vel quadr. annorum.* Et sur ce propos a été la contention *inter Martinum & Bulgarum antiquos glossatores, an jus ipsum præstationis prescriberetur per cessationem triginta annorum*, qui est recitée *in l. cùm notissimi. §. ult. C. eod. de prescript. trig. vel quadr. an.* L'opinion de Martin a été que le seul arrerage de la trentiéme année en arriere se prescrit, & non le droit de la redevance. Cinus a suivi l'opinion de Martin ; mais il met cette exception, Sinon que la cessation fût de cent ans : *quia vetustas vim legis habet, & plenissimam libertatem tribuit non præstantibus. Hanc etiam opinionem tenet Guido Papæ decis. 306. Alex. cons. 16. vol. 5.* dit qu'en telle prescription n'est besoin de prouver la science & patience de celui contre lequel on prescrit ; *& allegat l. hoc jure. §. ductus aquæ. ff. de aqua quot. & æst. & cap. super quibusdam. §. præterea. ext. de verb. signif.* Et sera noté que plusieurs Coûtumes de ce Roïaume disent ouvertement, Que le cens ne se prescrit point. Les unes disent qu'il ne se prescrit *à toto* ; mais bien *à tanto* : c'est à dire que la Seigneurie directe en soi ne se prescrit, mais bien la cotité, ou façon de la prestation. Quand au fief la Coûtume de l'an 1534. au chapitre *Des fiefs*, article 13. dit, Que le vassal ne prescrit la liberté du fief par quelque laps de temps que ce soit. Du Molin sur l'ancienne Coûtume de Paris, qui parle ainsi, *excepté la prescription de temps immemorial, & de cent ans.* Mais par la nouvelle Coûtume de Paris, aticle 12. la prescription de cent ans ne sert en fief. *Marianus Socinus junior præceptor meus consil. 76. vol. 1. tradit, quòd quandò lex resistit præscriptioni in feudis, videtur etiam sublata præscriptio centum annorum, & cujus initii memoria non extat ; & allegat Abbatem in cap. sanè. ext. de paroch. & in cap. cùm ex officii, extr. de prescript.* Qui fait qu'aucuns en ce 22. article, au chapitre *Des cens*, interpretent ce mot *Cens*, pour les droits particuliers dépendans de cens ; comme arrérages, lods, ventes, retenuë : comme se peut recueillir par ces mots, *& autres droits appartenans au Seigneur censier :* car le mot, *autre*, est relatif de choses semblables, *l. si fugitivi. juncta glo. C. de servis fugit.*

EN CAS QUE L'HERITAGE *soit vendu sous charge de Seigneurie directe, si le Seigneur direct par telle déclaration a preuve suffisante ?*

LI.

La regle du droit civil des Romains est, que l'obligation, droit & action ne peuvent être aquises à aucun par un tiers, si non qu'il soit en la puissance paternelle, ou dominique de celui à qui il veut aquerir. Suivant ce, *Guido Papa quæstione 24.* & avec autres dit, que le Seigneur direct n'a action aquise, quand le vendeur vend l'heritage sous charge de redevance envers ledit Seigneur. Mais je croi qu'il en faut dire autrement, pour deux raisons ; l'une que cette regle *alteri per alterum*, parle pour les actions directes, *quæ ex summo jure civili competunt* ; mais les actions utiles peuvent être aquises par la stipulation du tiers, ainsi quil se dit assez ouvertement *in l. si res. C. ad exhib.* Martin ancien glossateur a mis la regle generale en distinguant, *ut alteri per alterum actio directa non acquiratur ; sed actio utilis fundata super naturali æquitate competat. Joannes* autre glossateur ancien, qu'Accurse a suivi, dit que la regle est, *alteri per alterum non acquiri* ; & que ce sont cas spacieux és loix qui disent, *quòd utilis acquiratur.* Mais les loix qui donnent l'utile n'assignent aucune raison speciale en ce cas : pourquoi faut croire qu'elles parlent generalement. Et assez se peut recueillir par le texte de ladite loi *si res* : qui parle avec raison generale, *nempè propter æquitatis rationem* : & se prouve aussi *in l. 3. & 4. ff. rem pupilli salvam fore.* Et ailleurs, quand la loi donne l'action utile, elle ajoûte une raison generale & non speciale, à sçavoir, afin qu'il ne fasse profit avec le dommage d'autrui, *l. rescriptum. §. 1. ff. de distract. pign.* Et ailleurs est dit qu'il est sujet à l'action utile ; parce que l'émolument de l'heredité est devers lui, *l. si alienis. ff. de leg. 2. l. à patre. ff. de leg. 3.* L'autre raison principale est, que le detenteur Seigneur util est Procureur du Seigneur direct, sujet à la conservation de tous les droits de la Seigneurie directe, *procurator, inquam, à lege constitutus ex vi primariæ concessionis, l. videamus. §. item prospicere. ff. locati. l. 1. in fi. ff. de oper. novi nunt. l. 1. in fine, cum l. seq. ff. ususfruct. quemad. caveat.* Pourquoi se doit dire que la stipulation de tel Procureur peut aquerir droit & action utile au Seigneur direct. *Preterea.* nôtre Coûtume au chapitre *Des cens*, art. 24. & l'Ordonnance de l'an 1539. avec celle du quatriéme Mars 1549. enjoignent étroitement aux contractans de déclarer les charges foncieres, & aux Notaires de les interpeller. Qui fait croire que cette déclaration doit servir au Seigneur : *non enim solet lex jubere quæ superflua futura sunt.* Pourquoi je croi que la déclaration du vendeur sert de preuve entiere au Seigneur direct.

LA PROPRIETE' DU NOM *de bordelage : & quels doivent être reputez vrais bordelages ?*

LII.

Bordelage est dit de *borde*, qui en ancien langage François signifie un domaine ou tenement és champs, que les Latins disent *fundus* : & le mot *borde* originairement est diction Tudesque & Germaine, qui signifie une terre ou domaine chargé de revenu de fruits. Aussi d'ancienneté bordelage se disoit, quand aucun Seigneur avoit un domaine és champs, & il le bailloit à un laboureur pour lui & les siens, à la charge d'en païer tous les ans une certaine prestation de redevance, qui à cette raison a été appellée bordelage : aussi nous voïons qu'en la Coûtume au chapitre *Des bordelages*, article 3. il est dit, que telle redevance consiste en trois choses, deniers, grains, & plume, c'est à dire poule, ou oïe ; ou des trois les deux : qui montre que telle redevance se païe à cause du ménagement, qui se fait és champs à labourer & semer terres, & à nourriture de volaille. Toutefois par long usage est avenu que les maisons & autres heritages assis és Villes, & des heritages particuliers és champs, comme vignes, prés & bois, ont été baillez à bordelage. Ce qui est contre le premier & vrai établissement de bordelage ; & si aucunement faire se pouvoit, seroit tres-expedient à la premiere assemblée des Etats du païs pour la revision de la Coûtume de reformer les bordelages selon leur antiquité & premier établissement : qui est qu'ils ne fussent dûs sinon sur domaines és champs, domaines *inquam* propres, pour rapporter la redevance. Car c'est mal à propos qu'une vigne, ou un pré, ou un bois doive du froment & des poules.

Semble aussi que bordelage ne peut être sinon par bail d'heritage : & ainsi parle la Coûtume au chapitre *Des bordelages*, article 1. Heritages se peuvent bailler. *Bailler* signifie proprement ce que les Latins disent *tradere* ; quand l'heritage est transferé d'une main à autre. Et ne suffiroit si aucun possesseur d'un heritage franc reconnoissoit d'un tiers le tenir de lui à bordelage ; & ne seroit moïen de faire un vrai bordelage : ainsi le tient Bartole, *in l. si aliquam. ff. de adq. possess.* Et quand il n'y a autres titres, que des reconnoissances l'intention du Seigneur n'est pas fondée pour se dire Seigneur direct. Ainsi le tient & decide par plusieurs raisons *Guido Papæ. decis.* 272. Mais il me semble que lesdites decisions sont sujetes à temperament, & à limitation. De vrai qui simplement reconnoît son heritage, le voulant rendre sujet à bordelage, ne fait rien, s'il n'y a cause legitime precedente, qui soit reçûë de droit, *ad transferendum dominium :* car nul ne perd la proprieté de la chose par sa volonté nuë, *l. si quis vi. §. 1. ff. de adq. possess. l. nunquam. ff. de adq. rer. dominio, l. nullo. C. de rei vend.* mais s'il y a cause & titre habile ; comme si moïenant une somme de deniers que recevra le proprietaire de l'heritage franc, il fait & rend son heritage sujet à bordelage & prestation annuelle, je croi que le bordelage subsistera vrai & legitime, pourvû que les deniers soient correspondans à la valeur de la chose. Car s'il y avoit vilté ou si la prestation stipulée & créée de nouveau correspondoit au denier douziéme, ou quinziéme, ou moindre du sort principal, je dirois que ce seroit simple constitution de rente à prix d'argent ; non emportant Seigneurie directe, & rachetable à toûjours ; *ut magis inspiciatur quod actum est, quàm quod scriptum, l. 3. C. plus valere quod agitur, &c.* Mais si le prix étoit au denier vingt-cinq, qui est le prix commun & le moindre de l'achat des vrais bordelages bien assis, ou pour le moins au dessus du denier vingt, je croi que ce seroit vrai bordelage comme de vrai achat ; *ea ratione*, que comme l'usance permet de separer en deux la peine proprieté par bail d'heritage, pour mettre d'une part la Seigneurie directe, & de l'autre part la Seigneurie utile : ainsi par titre d'achât soit permis à aucun d'acheter la Seigneurie directe d'un heritage, demeurant au vendeur la Seigeurie utile. De même dirai-je, si aucun voulant faire une fondation de service divin en une Eglise, pour icelui entretenir, se constitué porter son heritage de l'Eglise à titre de cens ou bordelage sous telle prestation, je croi que le constitut est valable ; & ainsi peut être limitée & entenduë l'opinion de Bartole, *in l. si aliquam.* Or quand il n'y a que des reconnoissances, & qu'il n'apparoît de l'origine du titre, je croi que si l'heritage est en la Justice, Seigneurie, ou territoire appartenant à aucun, que par le moïen de la presomption commune, la reconnoissance du bordelage suffira de preuve au Seigneur. Mais si c'est un territoire d'autrui, parce que tel pretendant bordelage n'est fondé en aucune presomption ; je croi que la seule reconnoissance ne vaudroit preuve, & faudroit prouver le titre originel, ou la possession immemoriale, qui vaut titre ; mêmement en ce païs, où par les anciens registres des Notaires se voit infinité de bordelages constituez à prix d'argent, & à vil prix.

SI POUR LA REDEVANCE *bordeliere on doit bailler du meilleur blé, ou mediocre, ou tel qu'il est crû en l'heritage bordelier ?*

LIII.

Les Seigneurs bordeliers se font croire que le blé de bordelage doit être du meilleur : mais je croi qu'il suffit de le bailler tel qu'il croît en l'heritage, si tant est que le bordelage soit assis sur terre labourable, pourvû qu'il n'y ait rien de la faute du laboureur, c'est à dire, que le blé soit bien vanné & nettoïé, ne soit gâté, ni pourri. Car puis que les bordelages sont ordinairement gros, & ont quelque correspondance avec les fruits, il faut qu'ils soient païez des fruits : *Hæc enim sunt fructuum impendia, & fructus minuunt, l. neque stipendium. ff. de impens. in res dot. fact.* Mais si l'heritage est tel qu'il ne rapporte du blé ou grain tel qu'il est dû ; je croi qu'il suffit de bailler du blé, qui ne soit ni le moindre, ni le meilleur ; pourvû qu'il ne soit vicié ni gâté. Jaçoit que *in l. fidejussorem. aliàs, l. si fidejussor. ff. mandati*, soit dit que celui qui a promis du froment est quite en baillant du moindre ; & que la valeur mediocre doit être considerée. Il y a plus de raison : car par ce moïen est temperée la trop grande avarice, qui pourroit être au Seigneur bordelier, qui voudroit presser son obligé de lui bailler du meilleur ; & l'indevotion du debiteur, qui peut être à escient voudroit hors de sa maison chercher du moindre blé : comme quelquefois avient qu'il y a des personnes qui ont un naturel rebours, qui prennent plaisir à faire choses qui doivent déplaire ; desquels parle le proverbe ancien vulgaire, *Oignez vilain, il vous poindra ; poignez vilain, il vous oindra.* La mediocrité en ce fait est meilleure par la loi, *si quis argentum. §. 1. C. de donat. l. ult. §. sed & si quis. C. comm. de legatis.*

SI LE DETENTEUR PEUT alleguer & opposer compensation d'autre dette, dont le Seigneur est debiteur, pour éviter la Commise?

LIV.

La compensation n'a été reçûë en France és Cours laïes, selon qu'elle est introduite par le droit des Romains. Car les anciens Praticiens, pour la plûpart vieux rêveurs, n'ayans le sens naturel bien accommodé aux choses politiques, ont estimé qu'il falloit avoir lettres de Chancelerie : jaçoit que la compensation soit fondée sur l'office du Juge, quand il ordonne la compensation, pour obvier à la malice des hommes, & aux aigreurs ; en ce que le detteur malicieux voudra contraindre celui qui lui doit, & auquel il doit aussi ; & trouvera moïen par subtilité & cautelle de ne païer ce qu'il doit, & par importunité fera païer ce qui lui est dû. Ou bien poursuivra avec aigreur son debiteur, ne se souciant que ce debiteur, qui est son creancier, lui rende la pareille. Etant le propre office du Juge de faire ce qu'un mediateur homme de bien feroit entre deux contendans, *l. quidam. ff. si cert. pet. l. 1. §. indè. ff. de novi oper. nuntiat.* Et combien que la commune regle des compensations, soit que ce doit être de liquide à liquide, & de chose qui reçoivent fonction & aquit l'une pour l'autre, & non pas d'espece contre autre espece, *l. ultim. C. de compensat.* toutefois les loix reçoivent la compensation, quand de l'une des parts la dette n'est pas tout promptement liquidée, mais dans peu de jours se peut facilement liquider, *l. aufertur. §. qui compensationem. ff. de jure fisci.* Or la question qui se presente est, si le detenteur bordelier, qui a cessé de païer par trois ans, & se trouve creancier de même Seigneur, auquel il doit le bordelage, pourra, pour empêcher la Commise, dire & soûtenir que son Seigneur bordelier lui devoit autant, ou plus que ce qui lui est dû à cause de son bordelage. *Guido Papæ* traite cette question *decis.* 271. & en l'annotation est allegué *Specul. in tit. de locato, §. nunc aliqua vers.* 79. & dit qu'en ce cas la Commise est empêchée ; puis qu'il y a moïen de compenser, ores que la compensation n'ait été proposée avant l'échéance de la Commise *quià ad pœnam evitandam* ; car en tel cas la compensation se fait *ipso jure ; l. si constat. & l. etiam. C. de compensat. l. cùm alter. ff. eod. Idem tenet Ruinus. consil.* 148. *volumine* 1.

SI PAR LA CESSATION DE payer par le mari ou maître de communauté, la femme, ou parsonniers commettent?

LV.

La Commise est la peine de la contumace & indevotion de celui qui doit, & ne païe. Et pour induire cette contumace, il faut que le detteur soit bien sçachant qu'il doit. Aussi la Coûtume desire qu'avant la cessation il y ait eu reconnoissance, ou paiement de deux années par le detenteur ; qui sont argumens certains de sa science. Or se peut dire que la femme est en puissance de mari, & le parsonnier sous le gouvernement du maître ; & que partant ils sont à excuser, parce qu'il n'y a contumace de leur part. Mais selon le droit étroit, je croi que si le mari ou maître de communauté bien sçachant, comme dit est, cesse de païer, que la Commise y est, sauf au proprietaire, Seigneur util, son recours contre celui qui a cessé. Car la Commise, *etsi puniat contumaciam non solventis, & in eo videatur mera pœna, tamen etiam respicit interesse domini directi, qui carere cogitur fructu prædiorum suorum, undè se & familiam solet exhibere. Nam dolus, vel factum procuratoris, cui omnium rerum administratio commissa, nocet ei qui eum constituit, l. apud. §. quæsitum. ff. de except. doli, l. non solum. ff. de liber. causa.* Aussi la loi dit que la cessation du tuteur fait que la Commise a lieu contre le pupille, sauf au pupille son recours contre le tuteur, *l. si tutoris. Cod. de admi. tut.* Vrai est que le pupille ou autre mineur peut être restitué en entier contre la Commise *l. si ex causa. §. penult. ff. de minorib.* Et selon le droit nouveau du Code, sans qu'il lui soit besoin de restitution, il peut *ipso jure* se tenir en défense contre la Commise par la loi derniere, *C. in qui. caus. rest. in integrum non est necess. & ita decidit Guido Papæ, quæst.* 435. Et quant ausdits parsonniers & femmes, s'ils sont mineurs, par même raison ils pourront être relevez. Mais s'ils sont majeurs, encore croi-je qu'ils pourroient être relevez *ex illa clausula generali, Si qua mihi justa causa videbitur* ; mêmement si ceux contre lesquels ils devroient avoir leur recours, sont non solvables, *quià eo casu lex dat utilem restitutionem in rem, l. ult. in princip. ff. de eo per quem factum erit, l. uxor marito. ff. de donat. inter. vir. & uxor.* Ou bien si ceux contre lesquels on doit avoir recours, sont de telle qualité que bonnement on ne doive agir contre eux, comme si c'est le mari, le pere ou aïeul. *Nam quo casu fieret contra officium pietatis, id nec nos posse consendum est, l. filius. ff. de condit. instit.* Mais parce que la Commise est odieuse, & est pour punir la contumace frauduleuse & sans excuse de celui qui doit ; je croi être plus seur de dire que les proprietaires ignorans ne soient punis pour la faute d'autrui, *l. crimen. ff. de pœnis, l. sancimus. C. eod. cap.* 2. *de iis quæ fiunt à majori.*

QUAND LES DETENEURS ont divisé entre eux le tenement bordelier, ores que la Coûtume déclare la division nulle, si néanmoins ils sont obligez l'un à l'autre?

LVI.

LA division s'entend, quand à chacun de ceux qui avoient leurs portions indivises aviennent quelques pieces entieres, separées par limites; ou bien quand le detenteur vend ou aliene une piece d'heritage, faisant portion de son tenement. La Coûtume de Bourbonnois plus rigoureuse à cét égard declare la Commise, délors que le dénombrement est fait & executé. Nôtre Coûtume plus gracieuse veut qu'il y ait semonce de réünir & contumace d'an & jour. La Coûtume de ce païs au chapitre *De bordelage*, article 2. declare la division ou démembrement être nuls de soi. *Et quià absolutè loquitur*; il faut croire que la nullité est precise, non seulement à l'égard du Seigneur, mais aussi à l'égard des detenteurs, *l. non dubium C. de legib.* Pourquoi je croi que ceux-là même qui ont divisé & partagé entre eux le tenement, peuvent en réünir & requerir l'un contre l'autre, que le tout soit remis en union. Si ce n'étoit que leur division eût été pour quelque brief temps, comme il est permis pour la commodité de la culture; car telle assignation à temps ne vaut pas division, selon qu'il est dit *in l. Caius §. filius ff. de leg.* 2. Donceques si simplement ils ont partagé, puis que la Coûtume déclare le partage nul; il faut dire qu'à leur égard la division a été precaire, & pour y ester par eux, pour le temps que chacun d'eux se trouveroit bien: *quæ possessio precaria etiam per longum tempus continuata non habuit effectum obligandi, etiam per præscriptionem: quià cum pacto fieri non possit quin precarium sit revocabile, l. cum precario. ff. de precar. etiam nec per lapsum temporis: cùm ea quæ pacto fieri non possunt, etiam nec præscribi possunt. Nam præscriptio fundatur super tacito consensu, qui ex lapsu temporis præsumitur, l. cùm post. ff. de jure dot.* Aussi les bordeliers y ont interêt: car si l'un ménageoit mal sa portion divise, le Seigneur pourroit s'adresser aux autres, & à chacun d'eux pour le tout, pour reparer. L'interêt du Seigneur est que quand il y a partage, ordinairement les heritages sont mal cultivez; & il se peut égarer quelque piece, & la prestation de la redevance venir en confusion; qui est la raison mise *in l. communi ff. communi divid.* Quand la sommation de réünir a été faite, & par contumace la Commise y est, le total du tenement n'est pas commis & aquis au Seigneur; mais seulement la portion démembrée. Ainsi le tient *Cornæus conf. 67. vol. 2. & allegat caput unicum, De vassallo. qui contra constit. Lotarii, &c.*

SI LE PARSONNIER QUI est plus lointain en degré de lignage, exclûra le Seigneur, quand le plus proche n'est commun?

LVII.

PAR nos Coûtumes peuvent être divers patrimoines & diverses hereditez d'une même personne: qui est contre les loix des Romains, qui font un seul patrimoine & une seule heredité d'une personne, qui est recueillie par celui qui se trouve le plus prochain en degré de lignage; jaçoit que les biens ne soient venus de son côté. Qui est ce que dit Ciceron en l'oraison *pro Cornelio Balbo, Prædiorum nullam esse gentem; ea sæpè ad alienos homines non sicut ac tutelas deferri.* Aussi par nos Coûtumes, quand on définit qui est l'heritier, on ne dit pas simplement que ce soit le plus prochain; mais se dit le plus prochain habile à succeder, c'est à dire, qui ayant l'habilité à succeder, se trouve avec cette habilité le plus prochain. Donceques si aucun ayant heritage tenu à bordelage decede sans enfans, & ait un frere qui ne soit commun en biens avec lui; aussi ait un néveu, ou cousin germain, qui soit commun avec lui; je dirai que ce néveu, ou cousin est le plus proche habile à succeder en cette sorte de biens qui sont bordelages; & par consequent, qu'il en est heritier, jaçoit qu'il ne soit heritier des autres immeubles, qui ne sont tenus à bordalage, qui viennent au frere non commun és biens. Ainsi se voit és heritages paternels & maternels, que celui qui n'est pas de la ligne, dont sont procedez les heritages, ores qu'il soit plus prochain en degré de lignage, est exclus par celui qui est parent du côté, dont procedent les heritages; jaçoit qu'il soit plus lointain en degré; car il est plus prochain habile. Bien se trouve és loix des Romains un cas, auquel les heritages suivent la ligne, dont ils sont procedez, & non pas precisément la proximité de sang, *l. de emancipatis C. de legit. hered.* Et dont parle la glosse *in Auth. itaque. C. communia de success. & Bart. in prima lectura in l. quod scitis. §. fin autem. C. de bonis quæ liberis.* En un autre endroit desdites loix se trouvent divers patrimoines & hereditez d'une même personne: mais c'est par le privilege militaire, en tant que l'homme de guerre pouvoit avoir un heritier de ses biens castrenses, & un autre heritier de ses autres biens, *l. si certarum. ff. de milit. testam. l. hæredes. §. 1. ff. famil. hercisc.*

QUELLE COMMUNAUTÉ EST *requise pour succeder en bordelage ?*

LVIII.

SELON l'ancien établissement du ménage des champs en ce païs de Nivernois ; lequel ménage des champs est le vray siege & origine des bordelages, selon qu'il a esté cy-dessus, Question 52. plusieurs personnes doivent être assemblées en une famille, pour deméner ce ménage, qui est fort labourieux ; & consiste en plusieurs fonctions en ce païs, qui de soy est de culture malaisée : les uns servans pour labourer, & pour toucher les boeufs, animaux tardifs, & communement faut que les charruës soient tirées de six boeufs ; les autres, pour menerles vaches & les jumens en champ, les autres, pour mener les brebis & moutons ; les autres pour conduire les porcs. Ces familles ainsi composées de plusieurs personnes, qui toutes sont emploïées chacune selon son âge, sexe & moyens, sont regies par un seul, qui se nomme, Maître de Communauté, élû à cette charge par les autres, lequel commande à tous les autres, va aux affaires, qui se presentent és villes, ou és foires, & ailleurs, a pouvoir d'obliger ses parsonniers en choses mobiliaires, qui concernent le fait de la Communauté ; & lui seul est nommé és rôles des tailles, & autres subsides. Par ces argumens se peut connoître que ces Communautez sont vraïes familles, & college, ; qui par consideration de l'intellect sont comme un corps, composé de plusieurs membres ; combien que les membres soient separez l'un de l'autre : mais par fraternité, amitié & liaison œconomique sont un seul corps, dont est parlé en la loi *rerum mistura. ff. de usucap. & in l. proponebatur. ff. de judic. l. pro nuntiatio. §. familia ff. de verb. signif.* Ainsi en langage vulgaire on appelle communautez, les Colleges approuvez composez de plusieurs personnes, comme la Communauté d'une Ville close, d'un Chapitre. Et à cette même raison ont été apellées les Universitez des études, qui sont composées de Recteur, Regens, Ecoliers & Officiers. Tous ces Corps, Colleges, Communautez & Universitez demeurent en leur être, se continuent & se perpetuent par subrogation de personnes de diverses fonctions ; & combien qu'il y ait mutation de personnes, *etiam* de toutes, toutefois se dit que c'est toûjours le même Corps, College, Communauté & Université ; ainsi qu'il se dit en ladite *l. proponebatur. ff. de judic. l. sicut. §. 1. ff. quod cujusque univers.* Pour ces causes il m'a toûjours semblé que c'étoit fort mal à propos de comparer ces Communautez des maisons de village aux societez, dont il est parlé au droit civil des Romains, au titre *pro socio* Car esdites societez il se dit que l'un estant decedé, ores que plusieurs restent vivans, toute la societé est dissoluë ; il se dit que *etiam* par paction expresse elle n'est transmissible aux heritiers ; parce que l'industrie & la foi de chacun est choisie, *l. actione §. morte. l. cùm duobus §. idem respondit. ff. pro socio.* Mais en ces Communautez on fait compte des enfans qui ne sçavent encore rien faire, pour esperance qu'on a qu'à l'avenir ils feront ; on fait compte de ceux qui sont en vigueur d'âge, pour ce qu'ils font, on fait compte des vieux, & pour le conseil, & pour la souvenance qu'on a qu'ils ont bien fait. Et ainsi de tous âges, & de toutes façons ils s'entretiennent, comme un corps politique, qui par subrogation doit durer à toûjours. Or parce que la vraïe & certaine ruïne de ces maisons de village, est quand elles se partagent & separent, par les anciennes loix de ce païs, tant és ménages & familles de gens serfs qu'és ménages, dont les heritages sont tenus à bordelage, a esté constitué, pour les retenir en communauté, que ceux qui ne seroient en la communauté, ne succederoient aux autres, & on ne leur succederoit aussi. Les articles de la servitude personnelle declarent plus politiquement cette communauté, à sçavoir *quand tous vivent d'un pain & d'un sel.* L'article des bordelages a été subtilisé par ces mots, *communauté convenuë, ou coûtumiere* ; la coûtumiere n'estant qu'en quatre cas, & la convenuë n'estant propre pour les enfans, qui n'ont point de consentement. Qui a donné occasion de croire que ces Communautés desiroient que ceux qui sont nais en la famille, qui d'eux-mêmes par la naissance sont entez & subrogez ; outre cela accordassent une Communauté. Ce qui ne peut estre aux enfans & impuberes : & à ce moyen aucuns les ont voulu exclure des successions en bordelage. Qui a esté une interpretation Judaïque & tyrannique : & si elle n'eût esté temperée, non pas par équité forgée par chacun en son cerveau, mais par raison fondée en droit & argumens necessaires, il n'y a maison de village, qui une fois en dix ans ne fût renversée & ruïnée. Doncques pour conclusion il me semble que pour succeder en bordelage suffit d'estre en la même famille & ménage, en quelque âge que soient les succedans & les succedez ; & être parent de celui auquel on veut succeder.

DU BORDELAGE PARTI ET *non parti, & s'il s'entend seulement pour la lignée des premiers preneurs, & s'il retient cette nature, quand il est aliéné à autres personnes étrangeres ?*

LIX.

L'UNE des conditions du bordelage, est que nul parent ne peut y succeder, quand il est parti d'avec celui auquel il veut succeder ; & il faut qu'il soit commun. Quelquefois les Seigneurs par le bail qu'ils font, accordent la clause *de parti*, & *non parti* ; c'est à dire, que les parens y succedent, soient *partis ou non partis.* La question est, si cette faveur s'étend à autres parens qu'à ceux qui sont descendus en droite ligne des premiers preneurs ? Coûtumierement les baux à bordelage se font pour les preneurs & leurs hoirs. & n'y met-on pas la clause, *hoirs & ayans cause.* Le mot *hoirs* selon la vulgaire signification s'entend des enfans & descendans, combien qu'il semble que ce mot François represente le mot Latin *hæres* ; mais aussi bien les anciens Latins ont appliqué le mot *hæres*, pour signifier les enfans. Les mots, *ayans cause*, s'étendent aux successeurs à titre singulier, comme sont acheteurs donataires. Doncques il me semble que si le bail à bordelage est fait, *aucun parti, & non parti*, pour lui, ses hoirs & ayans cause, que le bordelage demeurera de cette nature en quelque main qu'il passe, & à toûjours sera tel; ores qu'il sorte hors de la ligne des preneurs. Mais si le bail est fait pour le preneur & ses hoirs, je croi que la faveur *de parti & non parti* est seulement en faveur des descendans & parens des preneurs. Et que si les preneurs ou leurs successeurs vendent le bordelage, ou qu'il sorte hors de leurs mains, ces aquereurs & successeurs singuliers le posséderont avec la nature du bordelage simple. *Quæ enim in favorem personarum concessa sunt, non solent ad extraneos transire, l. pecoris. ff. de servit. rust. præd. l. cùm patronus. ff. de legat. 2.*

QUAND LES FRUITS DE *l'heritage viennent au Seigneur par échoite, s'il les prend tous au préjudice du laboureur, de la femme, du commun, & du creancier,* qui in eam rem credidit ?

LX.

LE vingt-uniéme article de la Coûtume de l'an 1534. au chapitre *Des bordelages*, porte que quand le Seigneur prend l'heritage par droit de revetsion, il le prend avec les fruits en l'état qu'il le trouve. Aucuns, trop grands fauteurs de la rigueur des bordelages, ont interpreté & pratiqué cét article sans distinction & sans temperament. Mais je croi qu'il le faut prendre avec la raison prise des loix des Romains conformes à sens naturel & politique. Pourquoi en premier lieu je croi que si aucun a labouré la terre, qui étoit sans culture & sans attente d'être cultivée (ce que la Coûtume permet, à la charge du champart envers le proprietaire, le Seigneur prenant l'échoite prendra seulement le droit de champart. Ou bien si le detenteur bordelier a baillé la terre en accense, sous charge de païer moisson de grain, voire *etiam* sous charge de pension en deniers, & sans fraude; le Seigneur se contentera de prendre la moisson, ou deniers de l'accense. Et se doit dire non pas tant en faveur du detenteur bordelier, comme en faveur du laboureur, qui à ses dépens par son labeur, son industrie, ses bœufs & ses semences a fait venir les blés & fruits, dont lui est aquise hipoteque privilegiée au prejudice de tous autres, *l. interdum. & l. hujus enim. ff. qui potiores in pignore hab.* Et encore parce que selon la raison civile & politique les fruits se disent être, ce qui reste aprés avoir precompté tous les frais qui se font pour cultiver, semer, cueillir & conserver, *l. si à domino. §. ult. ff. de petit. hæred. l. 1. C. de fructib. & lit. impens. l. fructus. ff. soluto matrim.* Et comme il est dit ailleurs, nul cas ne peut intervenir, qui puisse empêcher cette déduction d'impenses & frais, *l. fundus qui ff. famil. hercisc.* La question sembleroit plus forte, si l'heritage bordelier appartient au mari, il est labouré, cultivé & semé durant le mariage aux dépens de la communauté d'entre le mari & la femme: le mari decede sans hoirs commun, habile à succeder en bordelage avant la moisson; sçavoir si la femme prendra la moitié au prejudice du Seigneur bordelier? Ce qui sembleroit faire la question plus forte, est que le mari durant le mariage est maître & Seigneur des meubles, & en peut disposer à son plaisir. Mais nonobstant ce, je croi que la femme doit avoir sa moitié és fruits. Car ce qui se dit, le mari être Seigneur des meubles de la communauté, c'est plûtôt par administration *cum libera potestate*, que non pas par vraïe proprieté. De fait il n'en peut disposer par testament, ni à titre lucratif, ayant suspicion de fraude, ni en faire aquisition pour son seul profit. Car la Coûtume le rend sujet à remboursement, quand il aquiert l'heritage de son estoc & lignage, ou qu'il décharge son heritage moïennant deniers. Or selon la verité & raison de la communauté, la femme a fourni la moitié des frais qui ont été faits pour faire venir ces fruits. Et faut estimer d'elle tout autant, comme si elle avoit aidé à labourer & semer. Car quand les hommes exercent le labeur appartenant aux hommes, les femmes s'employent au ménage, à faire ce que les femmes doivent faire. Doncques la moitié est aquise à la femme à tel & aussi bon droit, qu'elle seroit aquise à un métayer ou accenseur. Ainsi il est decidé *in capitular. Ludovici pij & Lotarij lib. 4. cap. 9.* qui est loi en France. Autant à plus forte raison voudrois-je dire si l'heritage bordelier appartenant à un des communs parsonniers d'une communauté, échet au Seigneur, ayant été labouré & semé aux dépens de la communauté. Quant au creancier, qui a prêté, ou autrement employé de ses biens & moyens, pour faire venir ces blés & autres fruits; comme s'il a baillé à loüage ses bœufs pour faire le labourage de telle terre, ou s'il a prêté du blé, ou prêté de l'argent pour acheter du blé pour la semer: combien qu'il se dise que le detenteur bordelier ne peut hipotequer ni charger son heritage au préjudice de la reversion à écheoir au Seigneur bordelier: toutefois je croi que tel creancier, qui a ainsi employé son bien avec destination expresse, doit être payé avant que le Seigneur prenne; car ce n'est pas une hipoteque superficiaire *ex pacto & conventione*; mais vraye charge essentielle & fonciere produite *à re ipsa*, par la raison de ladite Loi, *interdum, & l. hujus enim. Imò* quand le prêt n'auroit esté fait avec destination speciale, si toutefois de vrai, le blé ou deniers prêtez avoient esté employez pour faire venir lesdits fruits, & le debiteur ou son heredité se trouvât non solvable, je croi que *in subsidium* tel creancier pourroit avoir recours sur les fruits, par la raison de la loi finale, *in princ. ff. de eo per quem factum erit, l. Titio centum. §. ult. ff. de condit. & demonstr. l. uxore marito. ff de donat. inter vir. & uxorem.*

SI LE DOUAIRE EN BORdelage a une fois conſiſté le fils étant heritier ; & que par aprés il repudie, ſi le doüaire durera au prejudice du Seigneur ?

LXI.

LA Coûtume de l'an 1534. au chapitre *Des bordelages*, article 29. dit, que la femme veûve ne peut pretendre doüaire au prejudice du Seigneur, c'eſt à dire, ſi le mari decede ſans enfans, ou que ſes enfans ne ſoient heritiers, ou qu'il n'y ait heritier commun, l'heritage tenu à bordelage viendra au Seigneur ſans la charge du doüaire de la femme : & ne dit pas ſi les enfans prendront le doüaire. Mais je croi qu'il y a même raiſon en l'un qu'en l'autre, à cauſe de la regle, que quand aucun decede ſans enfans heritiers, ou ſans autre heritier commun, l'heritage tenu à bordelage vient au Seigneur. Toutefois s'il y a un enfant, qui ſe diſe heritier, délors & à l'inſtant le doüaire ſera confirmé à la veûve : & ſi ledit enfant vient par aprés à deceder ſans enfans, ou ſans heritier commun ; il ſemble que la veûve, qui une fois legitimement aura aquis, & ſera entrée en poſſeſſion de ſon doüaire, conſervera ſon uſufruit pour ſa vie durant : *nam jus ſemel quæſitum ex accidenti non convellitur, arg. l. 1. §. prodeſt. ff. quorum legat.* Mais ſi cét enfant qui ſera dit heritier, obtient lettres Roïaux pour être reſtitué en entier, & repudier, la queſtion eſt ſi la veûve ſera privée de ſon doüaire : *quià reſtitutio in integrum omnia reponit in eum ſtatum in quo anteà erant, l. ſi minor. §. reſtitutio. ff. de minoribus.* Je croi en ce cas que la veûve ne ſera privée de ſon uſufruit, *quià filius qui ad repudiandum admittitur, cùm ſemel hæres fuerit, hæres eſſe non deſinit, ſed tantùm ab oneribus hæreditariis excuſatur, l. ſervus. §. qui fideicommiſſam. ff. de hæred. inſtit. l. ei qui ſolvendo, eod. tit. l. etſi ſine. §. ſed quod ff. de minorib.* Auſſi je croi que ſi le mari vivant preſentoit ſon contrat de mariage au Seigneur bordelier, & le requît d'inveſtir les enfans naîs, ou qui naîtront du mariage, pour le doüaire, le Seigneur ne le pourroit refuſer, ni en demander profit. Car c'eſt comme une donation faite par le pere à ſon enfant ; dont il n'eſt dû au Seigneur aucun profit : mêmement parce qu'il eſt habile à ſucceder en cette ſorte de biens, au chapitre *Des fiefs*, articles 33. & 34. & *Des bordelages*, article 25. Et il faudroit que le pere pour ſes enfans offrît de reconnoître, & ſi le Seigneur refuſoit d'inveſtir les enfans, en prenant acte des offres & du refus ; je croi que les enfans, aprés le decés de leur pere, ores qu'ils ne fuſſent heritiers, pourroient pretendre le doüaire par la raiſon de l'article 14. au chapitre *Des cens.*

SI LE SEIGNEUR BORDELIER, auquel échet l'heritage par reverſion eſt tenu rembourſer les meliorations extraordinaires, & s'il prend au prejudice du creancier, qui a prêté deſtinément pour les meliorations ?

LXII.

PAR la Coûtume de ce païs de l'an 1534. chapitre *Des bordelages*, art. 21. il eſt dit, quand l'heritage bordelier échet au Seigneur à faute d'hoir, ou par autre voïe, procedant de ſa directe Seigneurie, que le Seigneur le prend en l'état qu'il eſt. On demande, le cas étant que le detenteur ait fait des meliorations pour l'utilité perpetuelle, auſquelles il n'étoit pas tenu, mais les a faites de gré, ſi le Seigneur prenant en ſes mains ſera tenu rendre les impenſes. Les Docteurs ont diſtingué ſi l'heritage retourne ſans la faute du detenteur, comme à faute d'hoir ; ou s'il retourne par ſa faute, comme par Commiſe, à cauſe de ceſſation de payement, ou de réünir. Et ont dit, qu'au premier cas le Seigneur doit payer les meliorations ; au ſecond, non. Ainſi le dit *Guido Papæ. quæſt. 296. & allegat. §. ſi vaſſallus in tit. hic finitur lex. in uſib. feud. & Doctores ibi nominatos ; & Ruinum conſil. 132. vol. 1.* Avec ce temperament de payer les meliorations, ou endurer que le detenteur ou ſon heritier les ôte, en remettant la choſe au premier état ſans deterioration, *ad inſtar* qu'il ſe dit *de eo qui malà fide ædificavit ; vel cùm eſſet bonæ fidei, impenſas voluptuarias fecit, l. domum. C. de rei vend. l. utiles ff. de petit. hæred.* Laquelle eſtimation d'impenſes je croi devoir être priſe non pas ſelon les deniers qui ont été déboursez, mais autant que la choſe eſt faite de plus grand prix & valeur : qui eſt ce qu'emporte le mot de *melioration.* Encore il eſt bon d'ajoûter que ſi le Seigneur, auquel l'heritage eſt retourné, l'expoſe en vente pour faire bail, qu'il ſoit tenu faire raiſon de toutes les impenſes tant utiles, que voluptuaires, entant que l'heritage en eſt vendu à plus haut prix. Car en tel cas les voluptuaires ſont comptées pour utiles, *l. pro voluptuariis, cum l. ſeq. ff. de impenſ. in res dot. fact.* Du Molin ſur les Coûtumes de Paris, *art. 1. gloſ. 5. num. 69. & 70.* & autres, dit, que ſi les impenſes ont été faites outre ce que le Seigneur util étoit tenu, que le Seigneur direct en tous cas eſt tenu d'en faire recompenſe ; ou bien endurer la démolition des reparations, ſi mieux il n'aime en bailler autant que les materiaux étans démolis ſeroient eſtimez, ſelon l'expedient de la loi *in fundo. ff. de rei vendic.* Ce que deſſus il ſe dit à l'égard du detenteur Seigneur util, ou de ſon heritier : mais ſi le créancier dudit detenteur bordelier peut avoir ſon hipoteque ſur ces meliorations, la queſtion eſt plus forte. Il eſt certain que le Seigneur reprenant ſon heritage par puiſſance de ſa directe, le reprend franc & quitte de toutes hipoteques faites par le detenteur Seigneur util, *l. lex vectigali. ff. de pignorib.* Mais les meliorations, ores que par union & consolidation elles soient reputées une même chose avec le fonds, *quia omne ædificium, & omnis superficies solo cedit, & per rerum naturam non potest intelligi alia res esse, l. obligationum ferè. §. placet. ff. de act. & obligat.* toutefois en intellect & par consideration civile il en faut faire état à part, pour l'interêt de celui qui les a faites, ou aux dépens de qui elles ont été faites. Doncques si le creancier a prêté argent au detenteur bordelier, en intention expressément declarée pour emploïer en telle melioration; ou bien a prêté en même temps que le detenteur bâtissoit & melioroit, je croi qu'il a l'hipoteque, & le privilege sur l'heritage melioré, jusques à la concurrence de ce que les meliorations seront estimées; c'est à dire, que l'heritage en est fait de plus grand prix. *Nam vel ex pacto, vel ex proximitate temporis* on presumera que son argent a été emploïé en la melioration, *l. si ventri. §. ult ff. de privil. cred.* & en cette melioration il a son droit en anteriorité & potiorité au prejudice du Seigneur direct, attendu que cette melioration n'étoit pas du temps de la premiere concession; & n'est pas provenuë par la raison de la loi *interdum. & l. hujus. ff. qui potior. in pig. hab. multò magis*, si ce detenteur, ou ses heritiers se trouvent non solvables pour païer les dettes. Car en ce cas l'action utile, ou *in factum* seroit octroïée au creancier contre le Seigneur direct, *ne ex aliena jactura fiat locupletior l. rescriptum. §. 1. ff. de distract. pig. l. si pupilli. ff. de solut.* Et encore parce que quand celui qui étoit principalement tenu se trouve non solvable, l'action restitutoire est octroïée contre celui, qui par le fait dudit detteur est enrichi, *l. ult. in princip. ff. de eo per quem factum erit, l. uxor marito. ff. de donat. inter vir. & uxor. Nam & creditor potest exercere actiones debitori suo competentes, in subsidium, quandò is debitor solvendo non est, l. qui occidit. ff. ad leg. Aquil.*

QUEL EFFET A LE MOT *vulgaire*, meuble n'a suite par hipoteque. *Et si cela est indistinctement vrai ?*

LXIII.

SELON les loix des Romains la poursuite du gage, ou de l'hipoteque sur le tiers possesseur est permise sans distinction, si c'est meuble ou immeuble. Il est vrai qu'en leur langue, le meuble baillé en gage s'appelle proprement *pignus*; & se faisoit par tradition, comme si avec la main ou poing on l'apprehendoit, *l. plebs §. pignus. ff. de verb. signif. l. si rem. §. propriè. ff. de pignor. act.* mais indistinctement ils usoient des deux pour meuble ou immeuble: & se faisoit l'obligation par seule convenance, *l. 1. ff. de pignor. act.* Or nous avons reçû en France la distinction; & tenons que la seule convenance ne fait la pignoration en meuble, dont dépend cette regle; *Meuble n'a suite par hipoteque*, qui s'entend, *hipoteque convenuë.* Mais quand il y a tradition és mains du creancier du meuble baillé en gage, lors c'est vrai gage; & peut le creancier poursuivre ledit gage, s'il vient en main tierce, quand par quelque façon outre son gré, il est sorti hors de ses mains. Qui est une exception de ladite regle, *Meuble n'a suite.* Car en tel cas le creancier qui une fois a eu la possession réelle peut poursuive son gage *ad instar* de reïvendication. Aussi les loix des Romains ont introduit l'action hipotecaire, avec le même mot de *vendicatio, l. si fundus. §. in vendicatione. ff. de pignor.* Et il se dit que le creancier, qui a le gage en sa puissance, est censé possesseur, quant à tous efforts, horsmis de l'usucapion, *l. servi. ff. de usucap. l. sciendum. §. creditor. ff. qui satisd. cog.* Et combien que le creancier n'aït action hipotecaire contre celui qui a en sa puissance tous les meubles de son detteur, & lui ont été baillez depuis l'obligation dudit creancier; toutefois si l'alienation a été faite en fraude des creanciers, l'acheteur desdits meubles ayant participation de fraude avec le detteur, quand l'aquisition est à titre onereux, & sans paricipation de fraude, quand l'aquisition est à titre lucratif; le creancier qui par telle alienation est fraudé de sa dette, pour exercer l'action revocatoire, *ex edicto, de his quæ in fraudem creditorum:* & par cette façon indirectement aura suite sur les meubles de son detteur, mais ce n'est pas en vertu de l'hipoteque: car ladite action revocatoire peut être exercée, *etiam* pour une simple dette personnelle & chirographaire; ains est à cause de la fraude, qui a été pratiquée audit cas de titre onereux: ou qui par le seul évenement se trouve au cas de titre lucratif, *l. 1. & l. qui autem. §. simili. ff. quæ in fraud. cred. l. ignoti. C. de revocand. iis quæ in fraud. cred.* Nôtre Coûtume a introduit deux autres cas, esquels meuble peut être suivi par le creancier; à sçavoir, quand ce sont les fruits d'un heritage baillé en accense, ou tenu sous redevance fonciere; car le Seigneur peut poursuivre lesdits fruits, ores qu'ils soient transportez hors l'heritage, pourvû qu'ils puissent être reconnûs; au chapitre *Des executions*, article 9. L'autre cas est quand une maison baillée à loüage a été garnie de meubles, qui depuis ont été transportez; au même chapitre article 17. Mais en chacun desdits cas peut être renduë raison particuliere; *nempè* au premier, que le proprietaire des heritages, qui ont produit les fruits, les poursuit *magis jure proprietatis, quàm pignoris.* Car à parler proprement, les fruits à la part du conducteur, ou rentier se disent être ce qui reste aprés la cense, ou redevance païée, *l. neque stipendium. ff. de impens. in res dot. fact.* Et au second cas, parce que les meubles ayans été une fois en la maison loüée, sont censez avoir été en la puissance & possession du locateur, qui est possesseur de la maison, *ministerio* du conducteur; & à cause de sa possession en la suite.

SI

SI LA COMMUNAUTÉ EST aquise par la femme, sans apporter sa dot, soit qu'elle l'ait promise, ou autre pour elle?

LXIV.

CESAR en ses Commentaires de la guerre Gallique au livre 6. dit que de ce temps-là la Coûtume étoit és Gaules, que le mari communiquoit à sa femme quelque portion de ses biens, en pareille valeur & estimation comme étoit la dot: & que de toute cette masse les fruits & profits étoient conservez pour eux deux; & que celui qui venoit à survivre, prenoit toute cette masse avec les profits. Il se peut faire que de là vient l'origine des communautez d'entre mari & femme. Car en la France qui est gouvernée par le droit écrit des Romains, il n'y a communauté de biens entre homme & femme mariez. Nos ancêtres ont introduit par coûtume la communauté d'entre gens mariez en meubles & conquêts: & est vrai-semblable que ç'a été pour rendre les femmes plus soigneuses à conserver le bien de la maison, quand elles sçavent y avoir part & profit; & afin que comme leurs esprits & leurs corps sont conjoints par union excellente, ainsi leurs biens soient en union. Cette consideration de communauté fait qu'ordinairement és traitez de mariage, soit que la dot soit toute en deniers, soit toute en heritage, soit partie en heritage, partie en meubles, il est convenu quelle portion du bien de la femme sera en nature de meubles, quelle partion sera en nature d'heritage, propre pour la femme. Ce qui est en nature de meubles, entre & est confondu en cette communauté, afin que la femme la puisse aquerir: car ce seroit une societé leonine & reprouvée, qu'aucun prît part en la societé sans y rien conferer: aussi disent les loix que la societé ne se peut contracter par forme de donation, *l. in causæ. 2. §. ff. de minorib.* Pourquoi quelquefois en conseil j'ay donné avis que les convenances, qui depuis quelque temps se pratiquent en Bourgogne, que les femmes ne portent en la communauté de leurs maris que les fruits & profits de leurs meubles & immeubles, & qu'en cas de dissolution la femme reprend tous ses meubles, ou la valeur; sont telles convenances illicites pour leur grande inégalité; & parce que c'est acheter trop cherement les doux baiser d'une femme, en lui laissant prendre part en tous les meubles d'un mari, & en son labeur, qui communément est sans comparaison de plus grand profit, que tout le soin qu'une femme sçauroit emploïer en un ménage; & parce qu'il n'y a chose plus contraire à l'amitié, qui doit être excellente entre mari & femme, que quand l'un des deux se trouve deçû. Ce qui s'apperçoit incontinent aprés que ces premieres chaleurs d'amour passionnée viennent à se rasseoir & alentir. Ce qui est directement contre l'essence du mariage, qui consiste en une amitié de plus haut degré que nulle autre. Ce qui est remarqué par les loix *in l. si ita stipulatus. §. si tibi nupsero. ff. de verb. oblig.* Nôtre question est si la femme, à laquelle a été promise dot, dont partie doit être en nature de meuble, pour aquerir communauté, à faute qu'elle ne soit païée, aura droit de communauté; mêmement quand il est dit, que pour aquerir communauté, elle doit apporter. Aucuns disent, parce que cette disposition n'est pas conditionnelle, *sed in vim modi*, qu'elle ne laisse d'aquerir communauté. Mais je croi qu'il ne faut pas tant considerer la figure de parler conditionnelle, comme l'intention des parties: car quand bien la clause ne seroit pas exprimée conditionnellement: si toutefois il appert que l'intention des parties n'ait pas été, que l'une des choses fût, si l'autre n'étoit; qui est ce qu'on appelle *la cause finale*, il faut dire que la défaillance de telle cause a tel effet, que la défaillance de condition, *l. 2. in fi. cum l. seq. ff. de donat. l. cùm te C. de pactis inter empt. & vendit. compos. Et plerumque dispositio vim conditionis habet quæ conditionaliter expressa non est, l. sed si non ff. de leg. 1. Sicut & quædam conditionaliter exprimuntur, quæ vim conditionis non habent, l. Cornel. ff. de hæred. instit.* Doncques par les circonstances je voudrois juger cét affaire, si la femme veûve, ou fille dame de ses droits promet une dot ample, dont partie soit pour entrer en la communauté, n'ayant le moïen, ni les facultez pour la fournir, je dirai, parce qu'il y a dol avec mauvaise conscience, qui est contre la nature de societé, contrat de bonne foi, que la femme n'aquerra pas communauté. *Nam in omnibus bonæ fidei judiciis doli exceptio inest, maximè in hoc contractu, l. sed etsi id:ò. §. sed etsi non ff. soluto matrim. quemadmod. dos rep.* De même, si le pere, ou autre ascendant sciemment promet la dot plus ample qu'il ne la peut païer, s'assurant qu'on ne le contraindra, sinon entant que commodément il pourra faire; qui est ce que les loix disent, *in quantum facere potest*, parce qu'il y a du dol, je croi que l'exception du dol, pourra être opposée contre la fille, pour l'empêcher de prendre communauté: car la fille qui a titre lucratif est sujete à l'exception de dol, comme seroit son pere, *l. apud Celsum. §. si quis autem. ff. de except. doli.* Mais s'il n'y a rien de dol, ni de presomption d'icelui, soit de la femme, ou de celui qui promet la dot pour elle; je croi qu'elle ne laissera d'aquerir communauté, ores que la dot ne soit pas payée. Car la Coûtume attribuë le droit de communauté à la femme simplement, sans ajoûter le respect de la dot.

SI LES FILS, AYANS PERE & mere, qui sont en âge de valeur, doivent prendre part en la communauté, ou eux; ou leur pere pour eux; à cause du labeur & industrie?

LXV.

NOSTRE Coûtume n'attribuë aucun droit de communauté aux enfans qui ont pere & mere, & n'ont aucun droit aquis: ains seulement l'attribuë quand l'un des deux pere ou mere est decedé, en cas que le survivant ne fasse inventaire : & audit cas donne la communauté ausdits enfans, ou tout ensemble pour une portion & tête, s'ils sont impuberes, ou à chacun des puberes pour une portion, si dedans l'an & jour de la puberté ils ne sont contredits. Cette communauté est attribuée pour la seule commistion des biens, ores que lesdits enfans demeurent ailleurs, comme il se dit au chapitre *Des droits appartenans à gens mariez*, art. 22. en ces mots, *posé qu'ils ne soient demeurans ensemble.* Aussi c'est en haine du survivant, qui ne fait point d'inventaire, & ôte aux jeunes enfans le moyen de prouver quels étoient les biens du decedé pere ou mere. Et en ce cas telle est la loi, & comme telle la faut prendre. Si est-ce que nôtre Coûtume remarque assez que l'industrie, œuvre & travail doit venir en quelque consideration, en tant qu'elle donne aux puberes la communauté par têtes, comme étant en l'âge qu'ils ont moyen de s'employer. Vray est, comme j'ay dit ailleurs, qu'il sembleroit raisonnable de n'attribuer la communauté par têtes en si bas âge ; car l'âge de quatorze ou douze ans n'est pas pour guere faire La question en laquelle nous sommes, est des enfans qui ont pere & mere vivans, soit en âge de dix-huit, vingt, ou vingt-cinq ans ; ont moyen de travailler & s'employer aux champs, s'ils sont laboureurs ; en la ville, s'ils sont marchands ; & de fait travaillent & s'employent ; & par leur industrie & labeur les biens de la communauté croissent & multiplient ; sçavoir s'ils devront prendre part en cette augmentation, ou si par autre raison ils devront être recompensez. Par commune opinion en ce païs on a estimé qu'ils ne devoient être comptez, & ne devoient recevoir aucune recompense. Et dit-on cette raison ; qu'étans sous la sujection, & en la compagnie de leurs peres & meres, ausquels ils doivent obéïssance & hôneur; pour ce respect ils s'emploient comme faisans service à leurs peres & meres : qui est un devoir auquel Nature les oblige. Mais la verité est *etiam* en presupposant la puissance paternelle, selon le droit des Romains, que le gain que fait l'enfant de la pecune, ou biens de son pere, sans l'industrie du fils, que ledit gain est aquis au pere. Mais si le fils aquiert purement de son labeur & industrie sans l'argent de son pere, ce profit est avantice, & en appartient la proprieté au fils, & l'usufruit au pere, *l. cùm oportet. C. de bonis quæ liber.* Si du bien de son pere, & de son industrie il aquiert, ou gagne, partie sera censée avantice, & partie profectice, *Bart. in l. 1. §. nec castrense. ff. de collat. bonorum*, fait la part par moitié. Romanus le suit *consil. 469.* Balde reprouve l'opinion de Bartole, disant qu'elle n'est pas fondée en droit, dont il sera parlé cy-aprés. Paul de Castre au conseil 304. *vol. 2.* est d'avis qu'il ne faut pas attribuer part aux enfans, aux profits faits ; ains seulement les recompenser de leur labeur. Mais parce qu'en France la puissance paternelle est avec peu d'effet, il semble avec grande raison qu'il faut dire que les enfans, même les mâles qui sont en âge, valeur & vigueur pour labourer, ou negocier, en sorte que par leur moyen la communauté puisse être enrichie, autant bien comme par le labeur & industrie d'un autre parsonnier ameublant, deussent prendre quelque portion aux profits qui se font en la communauté ; non pas une portion entiere, comme l'un des ameublans parsonniers, qui conferent leurs biens & leur labeur ; mais chacun desdits enfans une demie portion à cause de leur labeur, & parce qu'ils ne conferent aucuns biens, selon l'opinion dudit Bartole *in d. l. 1. nec castrense. num. 5. ff. de collat bonorum.* Et soit attribuée la moitié du profit aux biens & sort principal que chacun confere, & l'autre moitié au labeur & industrie qui son conferez. Jaçoit que Balde reprouve cette proportion, disant qu'elle n'est fondée en droit, mais sur l'équité que Bartole a trouvée en son cerveau, & sur le jugement des gens des champs, qui en cas de doute partissent par moitié : & dit qu'il faut considerer & peser qu'elle est l'industrie, & quel est le sort & le fonds de la communauté. Et de cette opinion est *Mariam Socin.* le jeune, que j'ay oüi lors qu'il lisoit à Padoüe en l'an 1542. au conseil 74. *num. 9. vol. 2.* Ludovicus Romanus audit conseil 469. aprés avoir allegué les autoritez & opinions, dit qu'il suit l'opinion de Bartole, disant qu'en lui est toûjours la substance de verité, & allegue pour cette opinion la loi premiere, *C. pro socio.* Et ne doit-on presumer que le fils ait voulu negocier, pour faire don de son labeur & industrie à son pere, parce que la loi ne presume donation du descendant à l'ascendant, *l. alimenta. C. de negot. gest.* Et ainsi Corneus *Consil. 225. vol. 1. & consil. 130. vol. 2.* Comme aussi il n'est pas à presumer que le pere ait voulu donner à ses autres parsonniers le labeur de ses fils ; *Alex. de Imola consil. 99. vol. 2.* Or il me semble que l'opinion de Bartole est la plus certaine ; & non seulement équitable, mais politique & necessaire, à cause des perplexitez & difficultez qui peuvent survenir en voulant liquider ce que l'industrie de chacun peut apporter de profit. Ainsi ce n'est pas une équité forgée en la tête de Bartole, mais fondée en raison de droit, qui est que pour la perplexité & difficulté, le partage se fait par moitié : qui n'est pas jugement des rustiques, mais des plus sages Jurisconsultes, qui ont estimé être meilleur prendre cette voye, que de se soûmettre aux inconveniens de l'incertitude des preuves, *l. servis. §. si alij. ff. de legat. 3. l. Titiæ textores. ff. de legat. 1.* Et ainsi se doit pratiquer ce qui est dit, *in l. si duo. in princip. in verb. neuter nostrûm vincatur. ff. uti possid.* Car en tel cas la Cour de Parlement a ajugé le possessoire aux deux litigans par moitié ; par Arrêt du neuviéme Janvier 1527. entre Gaulteret & Lyon, suivant la Loi *& hoc Tiberius. ff. de hæred. instituend.* Doncques puisque les enfans ayans pere & mere ne conferent aucuns biens, ains seulement leur labeur, il est raison de leur faire quelque part du profit, afin que par cette esperance de renumeration, ils travaillent plus volontiers, & ne leur vienne point à contre-cœur que les autres parsonniers, leurs parens & cousins prennnent le profit de leur labeur ; ce qui leur seroit plus grief. Et à cet effet sera noté ce qui est dit en ladite loi *cùm oportet. in princip. & vers. sic etenim. juncta glos. in verb. ex ejus substantia. C de bonis quæ liberis in potest. patris constit.*

S'IL EST LOISIBLE TUER OU bleſſer les bêtes en dommage, ſi ce ſont bêtes fugitives ou volantes, qui malaiſément peuvent être aprehendées.

LXVI.

LEs loix Romaines ont ordonné, ſi quelqu'un aperçoit les bêtes d'autrui en ſon dommage, qu'il les chaſſe ſans leur faire outrage : tout ainſi qu'il feroit ſes bêtes propres; & que par action il ſe pourvoye pour ſon dommage, *l. Quintus Mutius. & l. quamvis. ff. ad legem Aquil.* Nôtre coûtume fondée ſur l'état naturel du païs, plus propre à nourriture de bêtail, a permis à celui qui reçoit dommage de prendre les bêtes d'autrui en ſon dommage, & les mener au toict & priſon de juſtice, avec ce privilege, qu'il eſt crû de la priſe ; & encore il peut retenir leſdites bêtes en ſa puiſſance, juſques à vingt-quatre heures, comme en priſon privée, & pendant ledit temps peut compoſer de ſon dommage. Ce qui eſt bien neceſſaire en ce païs à cauſe de la frequence du bêtail, & parce que le païs eſt couvert, & peu peuplé. Mais s'il avient que celui qui reçoit le dommege ne puiſſe apprehender les bêtes, qui font dommage, ou parce qu'elles ſont fougaſſes, comme porcs, taureaux, ou vaches en amour, piqués de moûches, ou parce que ce ſont bêtes volantes, comme oïes & poules ; la queſtion eſt, s'il eſt loiſible de les tirer d'arquebuſe, arbaleſte, ou arc pour les bleſſer, ou peut-être tuer. De prime-face, il ſembleroit que non ; parce que les loix ne veulent pas que le dommage ſoit pourſuivi par action, ſans offenſer les bêtes ; auſſi que par l'outrage qui ſe fait auſdites bêtes, le dommage n'eſt pas reparé ; & cette bleſſeure ſemble être en pure vindicte, ſans qu'il en revienne profit. Mais ſi leſdites bêtes ſont coûtumieres de faire dommage, ou que le Maître d'icelles ayant eſté averti par ſon voiſin, ne tienne compte de donner bonne garde à ſes bêtes pour les empêcher de faire dommage ; je croi que celui qui reçoit dommage, ne pouvant les apprehender facilement, peut ſe venger de ſon autorité, & tirer ſur l'une d'icelles, non pas pour tuer s'il peut, ains ſeulement pour la bleſſer, & s'il la bleſſe en ſorte qu'elle ſoit arrêtée, la laiſſer ſur le lieu, pour témoignage qu'elle eſtoit en dommage : & ſur tout ſe garder de la prendre, pour en faire ſon profit ; car la preſomption feroit, que ce fût pour dérober ; car quand on ne peut avoir ſa raiſon par la voye ordinaire de juſtice, ou aiſément on ne la peut avoir, il eſt loiſible de faire la vengeance de ſoi-même. *Sic in l. 1. C. quandò liceat ſine judice ſe vindic. & l. 4. ff. ad leg. Aquil.*

SI PAR LA PRESOMPTION commune tous heritiers ſont preſumez allodiaux, ou chargez du fief, ou autre redevance emportant Seigneurie directe.

LXVII.

COmbien que les loix des Romains n'ayent force de loix auprés de nous, parce que les François ne leur obeïrent jamais, jaçoit que les Romains ayent commandé és Gaules, avant la venuë des François : toutefois il eſt bien ſeant de croire que les François ayans fait de nouveaux cette conquête des Gaules, n'en ont pas banni entierement la police que des Romains y tenoient ; car ils y vindrent en façon de conquerans. & non d'exterminateurs ; qui fait croire auſſi qu'ils leverent les tributs & autres ſubſides, que les ſujets doivent à leur Souverain, pour la manutention de ſon Etat. Les Romains ne levoient aucun tribut ſur les Citoyens Romains ; mais leſdits Citoyens auſſi étoient tenus de ſervir és guerres, chacun ſelon ſes facultez : qui n'étoit pas contribution en deniers, mais de leur perſonnes propres ; & de cinq en cinq ans ſe faiſoit le luſtre par les Cenſeurs, qui contenoit deſcription tant du nombre des Citoyens, que des facultez de chacune maiſon. Le mot de *Cens*, dont nous uſons encore, eſt venu de là : car en ce luſtre les Cenſeurs commandoient, & ſe diſoit ainſi, *Que tant de mil & de centaines de chefs de Citoyens avoient été cenſez.* Les autres peuples ſujets aux Romains, qui n'avoient le droit de la Cité de Rome, payoient les tributs, ſtipendies, indictions, dîmes de blés, & autres ſubſides; parce qu'ils n'avoient ce droit de ſervir à la guerre és legions; n'étans Citoyens de Rome. & de ſes ſubſides, nul n'en étoit exempt ; & ſe payoient ordinairemet ſur les terres & autres heritages, qui y étoient affectez par deſtination ſpeciale & particuliere, ſans décharge ni deport ; comme ſe lit *in l. ult. ſine cenſu vel reliq. & l. 1. C. ſi propter publicas penſit.* Pourquoi je croi que les François retinrent ces droits és Gaules tels que les Romains y ſouloient prendre. Et par cette raiſon je croi auſſi que nulle terre, ou heritage ne ſe peut dire exempte du cens, ou autre prêtation, ſoit envers le Roi, ou envers aucun Seigneur, qui tienne en fief, du Roi mediatement ou immediatement. Les fiefs, comme il eſt vrai-ſemblable, furent attribuez aux vrais & premiers originaires François, qui ſelon la valeur d'iceux devoient faire ſervice aux Rois en leurs guerres : ſervice, dis-je de leurs perſonnes, *ad inſtard* que à Rome faiſoient les Citoyens Romains, qui auſſi étoient exempts de tous autres ſubſides. Les anciens Goulois, qui avoient été ſujets aux Romains, aprés ladite conquête des François, continuerent à payer aux Rois de France les tributs, indictions, & autres ſubſides, qu'ils ſouloient auparavant payer aux Romains. Et comme ſur le declin de la valeur & vigueur de la lignée de Charlemagne, & au temps de la lignée de Hugues Capet ; pluſieurs droits, qui de grande ancienneté étoient

Roïaux ont été attribuez aux Seigneurs pour les tenir en fief du Roi mediatement, ou immediatement, par le ministere desquels Seigneurs faisans le service au Roi en son Hereban, que vulgairement on appelle Arriereban, les Rois percevoient quelque profit desdits droits jadis Roïaux, concedez en utilité aux vassaux, la Seigneurie directe demeurant au Roi. Ainsi, & par consequent de raison, il faut dire qu'en ce Roïoume nul ne peut tenir heritage franc, libre & allodial, & qui ne soit tenu, ou en fief, ou en cens, ou sous quelque autre prestation revenant au Roi, ou aux vassaux mediats, ou immediats du Roi. Joint que tous doivent service & secours au Roi, les uns de leurs personnes, comme sont les nobles, les autres de leurs biens, comme les roturiers. Et ne nous doit mouvoir ce qu'on dit, que par le moïen des tailles tous roturiers sont secours au Roi; car en ces quartiers les tailles ne sont pas réelles. Puis elles ne sont en ordinaire que depuis le Roi Charles VII. auparavant ne se levoient sinon aprés avoir été accordées par les Etats. Aussi grande partie des Coûtumes de France tiennent pour regle, *que nulle terre ne peut être tenuë sans Seigneur*, qui est à dire, sans être sujete à quelque redevance. Et qui vend un heritage, promettant le garantir de toutes charges, ne le vend pas pourtant allodial; ains en ces mots sont comprises les charges anciennes Seigneuriales, comme de fief, ou cens, si ce n'étoit que par exprés il eût été vendu allodial : qui est ce que disoient les Romains, *Uti optimus maximusque est*, *l. penult. ff. de evictionib.* Et sur ce sera consideré qu'en criées le Juge de son office vend, à la charge des droits Seigneuriaux; & le Seigneur n'a besoin de s'opposer : qui montre que ce sont charges ordinaires. Et au procez verbal de la Coûtume de ce païs de l'an 1534. l'article, *Tous heritages sont presumez francs & allodiaux*, n'est passé sans contredit. Pourquoi en concluant je dis que la presomption est pour les Seigneurs de pretendre redevance censuelle, ou autre sur les heritages assis en leurs territoires : Et que ceux qui les pretendent allodiaux, doivent prouver ou par titre, ou par possession immemoriale. Bien crois-je qu'on peut pretendre les heritages être libres de ces grosses & fâcheuses prestations qui ont quelque correspondance aux fruits, comme bordelages, emphyteoses, & rentes foncieres : & qu'à cét égard la présomption commune est, que tous heritages soient francs & allodiaux. Mais non pas pour s'excuser de fief, ou cens, qui sont les anciennes charges vraïes Seigneuriales, qui sont proprement en reconnoissance de superiorité. Et ainsi se doit entendre l'opinion des Docteurs, que tous heritages soient présumez francs; même de Host. & Jo. And. *in cap. minus. ext. de jurejur.* ladite opinion fondée sur ce qu'on presume contre les servitudes. Car le fief & le corps sont charges inherentes au fonds *ab ipsa constitutione superioritatis* : & de fait sont entenduës, ores qu'elles ne soient exprimées, comme se voit és criées.

LA RENTE CONSTITUE'E, étant par convenance rachetable par parcelles lors de la constitution, si telle faculté se prescrit par trente ans ?

LXVIII.

LA rente constituée à prix d'argent à raison du denier douziéme, ou quinziéme, ou environ est de son essence & précise necessité rachetable à toûjours, *etiam* aprés trente & soixante ans; voire cent ans, *quandiu de origine constare potest.* Car il n'y a prescription contre ce qui est de l'essence & propre nature du contrat : par la même raison qu'on dit les pactions contre l'essence du contrat, être nulles & de nul effet, *l. cum precario. ff. de precario. Nam præscriptio fundatur super tacito consensu qui ex lapsu temporis præsumitur*; *l. cùm post ff. de jure dot. l. si sub specie. C. de postul. Undè dicimus ea quæ pacto fieri non possunt, etiam nec præscribi posse.* La rente étant rachetable, s'entend que le creancier d'icelle n'est tenu d'en recevoir le rachât par parcelles, par la raison generale; que nul creancier n'est tenu recevoir ce qui lui est dû, s'il ne le reçoit tout à la fois, *l. tutor. §. Lucius ff. de usur. & quià solutio partium non minima habet in incommoda, l. planè. ff. famil. herciscſ.* Toutefois la paction est bonne & reçûë, si le creancier accorde que la rente puisse être rachetée par parcelles : car chacun peut renoncer à ce qui est purement introduit en sa faveur; *nec est contra essentiam contractus.* La question est, si telle faculté de racheter par parcelles est sujete à prescription de trente ans; ou est non prescriptible. Et de prime-face sembleroit qu'elle fût non prescriptible, comme la faculté de racheter simplement est non prescriptible; attendu que les pactions accessoires sont de même nature, que le contrat; *imò ei insunt, & partem ejus faciunt, l. jurisgentium. §. adeò. & §. qui nimò. ff. de pact.* Toutefois je croi que telle faculté de racheter par parcelles peut être prescrite par trente ans; ainsi qu'on dit que la faculté de rachât *toties quoties*; en vraïe vente d'heritages se prescrit par trente ans, d'autant que cette concession de racheter par parcelles est purement *ex pacto & conventione, & non de essentia, vel propria natura contractus.*

SI E'S BIENS ACQUIS APRE'S Les hipoteques constituées, tous les creanciers concurrent pour être en semblable droit ; ou si les anciens sont preferez ?

LXIX.

LA commune opinion est, qu'és biens acquis par le detteur, aprés plusieurs hipoteques par lui constituées; les creanciers doivent être preferez, qui se trouvent plus anciens en date d'hipoteque; tout ainsi qu'és biens qui lui estoient anciens, & lui appartenoient avant les hipoteques créées. Et se fondent ceux qui tiennent cette opinion fur ce qui eft dit, *in l. ult. C. quæ res pignori. quòd in obligatione generali bonorum veniunt non folùm præfentia, fed etiam futura.* Mais je croi la verité eftre au contraire par deux moyens principaux : l'un fondé en la raifon, qui refulte du negoce & de la nature des actes ; *conftat.* que nul ne peut hipotequer finon l'heritage, qui eft fien propre, *l. fi fuper actus. ff. de pignorib. non ergò prius confiftit hypotheca in bonis posteà quæfitis, nifi eo momento & inftanti temporis, quo res incipit effe in dominio debitoris. Eo autem momento quo debitor fit proprietarius, omnes creditores præcedentes concurrunt, & eodem illo momento incipiunt acquirere hypothecas : nam ea res non confiderat novam voluntatem debitoris ; fed id jus hipothecæ fponte fua, & fine novo minifterio & nova difpofitione acquiritur cuique creditori.* Pourquoi faut dire neceffairement, que tous acquierent ce droit affemblement, & en un feul moment & article de temps : & ne fe peut difcerner *etiam* avec la fubtilité & celerité de l'intellect, que l'un des creanciers aquiere ce droit devant l'autre ; puis qu'il n'y a aucune nouvelle declaration de volonté. Or les Regles de droit font ; & ceffant les regles de droit, la neceffité nous contraint, pour éviter la perplexité & confufion, (qui autrement fe trouveroit) que quand plufieurs concurrent en un negoce, que par concurrence ils font part l'un à l'autre, & y font reçûs chacun pour une portion virile, ou par contribution, *l. fi finita §. fi antè. ff. de damno infecto, l. Titia textores. ff. de lega.* 1. *l. fervis. §. fi alij ff. de lega.* 3. où fe dit, qu'à caufe de la perplexité, parce qu'il y a pareille raifon à l'un, qu'à l'autre, ils font mis en concurrence. L'autre moyen eft fondé en autorité & en exemple. Il eft dit, *in l. fi is qui mihi ff. de jure fifci, Quòd in bonis posteà quæfitis, fi concurrant fifcus & privatus creditores ambo, præfertur fifcus ratione privilegij. In caufa concurfus, nec præfertur fifcus, quòd effet antiquior creditor : imò fecundum fpeciem legis pofterior erat creditor. Quòd fi privilegium eft in fifco, ut in cafu concurfus & par is juris præferatur ; fequitur quòd in contrarium eft jus commune, & quòd ceffante privilegio, concurfui, & paritati caufæ locus eft. Nam alioqui in bonis antiquis, & ante omnia debita quæfitis, fifcus obnoxius eft rationi temporis ; & fi privatus in hypotheca prior eft tempore, etiam potior eft jure ante fifcum, l. fi fundum. C. qui potiores in pignore hab.* Ainfi fe dit *in l. idemque. verf. quòd fi res. ff. eod. quòd fi res empta fit partim ex nummis pupilli partim ex nummis creditoris non privilegiati qui pignus non habet, quòd concurrunt pupillus qui propter privilegium habet tacitam hypothecam, & antiquius creditor qui habet expreffam in bonis acquirendis. Cujus ea ratio eft, quia ambæ hypothecæ eodem momento temporis creantur ; nec præfertur antiquior. Sic in §. ult. d. l. idémque, ubi admittitur concurfus duarum creditorum hypothecariorum in bonis poftea quæfitis, non attento ordine temporis, quo debitum creatum eft.* Par ces raifons il me femble quand les creanciers ne font pas privilegiez en leurs hipoteques, qu'il doivent être reçûs en concurrence d'hipoteque fur les biens, qui font par aprés aquis par le detteur : auffi je croi que ce n'eft pas *in viriles, & æquales portiones, fed in tributum vocantur, & prorata debiti cujufque quantitate : arg. l. pro debito. C. de bonis auct. jud. poffid. l. illud ff. de folut.*

QUEL EFFET A L'ARTICLE de la Coûtume, Entre gens de condition fervile, un parti, tout eft parti.

LXX.

CET article pris generalement & fans diftinction feroit plein d'iniquité, entant que par la faute d'un parfonnier tous les autres n'ayans rien fait de mal feroient punis. Mais par les articles tant de l'ancien Coûtumier de l'an 1491. au chapitre *Des fervitudes perfonnelles*, que du Coûtumier de l'an 1534. articles 10. 11. & 12. fe peut recueillir l'intelligence de cette regle, *un parti, tout eft parti* avec limitation & modification. A fçavoir que ladite regle fe doit entendre à l'égard de ceux qui font d'une même branche, & pareille conjonction ; comme *verbi gratia*, en une communauté auront efté autrefois trois freres, chacun defquels a des enfans ; ce font trois branches. Si l'un de ces enfans fe départ d'avec fes freres, il partira cette feule branche, & non les autres deux branches, dont les defcendans font demeurez en union. Mais fi tous ceux qui font d'une branche faifoient partage avec les deux autres, les trois branches feroient parties. Auffi femble que la Coûtume remarque la volonté de tous les parfonniers ; quand tous par le partage liquident leurs portions, & les feparent : comme fe voit en l'article 10. où fe dit, *S'il y a des enfans de divers lits, l'enfant d'un lit fe partageant, ne départ pas ceux qui font de l'autre lit : undè fequitur*, que partage d'un pour partager tous, s'entend quand tous font en pareille, & auffi prochaine conjonction les uns que les autres. Et la loi des Romains en certains cas met à parti pareil les conjoincts d'une femblable, & auffi prochaine conjonction, & les fepare de ceux dont la conjonction eft plus éloignée, *l. 1. §. fi ex nepotibus. ff. de de conjungendis cum emancip. lib.* comme auffi s'il avient que l'un des parfonniers trouve fon parti en mariage hors la communauté, & que fes parfonniers lui donnent par forme d'appanage une fomme de deniers, ou autre meuble, fans venir à l'eftimation, liquidation & divifion des biens communs ; je croi en ce cas que les autres parfonniers ne doivent être reputez partis entre eux, par l'argument de l'article 11. au Coûtumier de l'an 1534. Ou bien s'il avient que l'un des parfonniers foit mauvvais ménager, faineant, ou quereleux, taverniers, & les autres parfonniers le veüillent mettre à part, comme malgifant, & comme Virgile dit des moûches à miel, *lib. 4. Georgic.*

Ignavum fucos pecus à præfepibus arcent ;

Je croi en ce cas, ores qu'ils lui donnent fa part en meubles & en immeubles par eftimation proportionnée de tous les biens de la communauté, que les autres parfonniers demeurans enfemble ne feront tenus pour partis ; car ils ont efté mûs de jufte caufe. Car cette peine appofée en la Coûtume, eft pour mouvoir les gens de condition fervile à fe tenir unis en une même famille ; parce qu'il fe connoît par experience és maifons de village de ce païs, qu'ordinairement les partages ruinent les maiſons. Et de grande ancienneté ces colonies & maignies de gens ſerfs étoient contraintes par contrainte preciſe de ſe tenir enſemble en union, comme ſe voit és Epitres de S. Gregoire, *Epiſtola 21. lib.* III. Et és loix des Romains ſe dit que les ſerfs, qui étoient deſtinez & aſcrits à un domaine des champs pour le labourer & faire valoir, ne pouvoient être vendus, alienez où diſtraits ſinon tous enſemble avec leur tenement, & n'étoient en commerce pour être alienez ſeparément, *l. ſi quis inquilinus. §. 1. ff. de leg. 1. l. quemadmodum. C. de agricol. & cenſit. lib. 11. & l. longæ. ff. de diverſ. & tempor. præſcript.* Or pour reſolution generale, il me ſemble que cette regle penale, *un parti, tout eſt parti*, ne doit avoir lieu ſinon au préjudice de ceux qui ſans provocation à partage, & ſans cauſe legitime ſe diviſent & ſeparent de la famille. Et ne doit avoir lieu à l'égard de ceux, qui outre leur gré ſont provoquez à partage, & qui n'ont donné occaſion d'icelui ; ou qui par contrainte, ou cauſe urgente ſe ſeparent, ſelon qu'il eſt dit *in l. ſi convenerit. in fin. ff. pro ſocio.*

QUAND LE VASSAL AFFRANchit ſes gens de condition ſervile, quel eſt le droit du Seigneur ſuperieur?

LXXI.

L'Affranchissement & manumiſſion d'un homme de condition ſervile n'eſt pas comme une alienation de tout le fief, ou partie d'icelui. Car quand le vaſſal aliene, mettant ſon fief ou partie d'icelui en autre main, c'eſt un nouveau vaſſal ſubrogé au lieu de l'ancien : & le fief en ſoi ne ſe diminuë. Mais quand l'homme ſerf, faiſant portion du fief, eſt affranchi, ce droit de ſervitude eſt éteint, & ne reſte plus rien de ce droit de ſervitude, qui en ſoi eſt immobilier ; combien que le ſerf ſoit choſe mouvante, *l. longæ. ff. de diverſ. & temporal. præſcript. l. jubemus nulli. C. de ſacroſ. Eccleſ.* Pourquoi le Seigneur feodal, s'il en eſt averti avant la manumiſſion, peut icelle contredire & empêcher, comme emportant diminution perpetuelle par la même raiſon qui eſt en la Coûtume de l'an 1534. au chapitre *Des fiefs*, art. 25. quand une rente perpetuelle eſt miſe ſpecialement ſur le fief : & par la même raiſon que le Seigneur feodal peut empêcher la coupe d'un bois de haute-fûtaïe, quand le fief conſiſte en cette ſeule piece, ou qu'elle fait partie principale du fief; mêmement quand le fonds où eſt le bois, eſt infructueux, & aprés la coupe doit être de nul, ou bien petit profit. Or quand le vaſſal a manumis ſon ſerf, la ſervitude une fois éteinte ne peut être miſe ſus au profit dudit vaſſal, qui a aliené ſelon les regles du droit civil des Romains, qui portent que la manumiſſion n'eſt ſujete à reſtitution en entier : & ne reſte que d'ajuger le prix du ſerf à celui qui eût pû debattre la manumiſſion, *l. & eleganter. ff. de dolo malo. Nec revocatur manumiſſus in ſervitutem etiam ſi ex falſo teſtamento, vel falſis codicillis manumiſſus ſit, vel teſtamentum inofficioſum declaratum ſit ; quæ declaratio efficit ut nec teſtatus eſſe cenſeatur paterfamilias ; ſed ſolo teſtamento infertur, l. cùm ex falſis. ff. de manum. teſtam. l. ſi filius. §. ult. ff. de jure patro. l. Papinianus. §. ult. ff. de inoff. teſtam.* Ces allegations du droit des Romains ont lieu, quand le ſerf appartient de plein droit à celui qui l'affranchit, ou qui commande de l'affranchir. Mais le ſerf qui eſt tenu en fief, & qui tient lieu d'immeuble, comme dit eſt, n'appartient pas de plein droit au vaſſal : ains le Seigneur feodal y a ſon droit foncier, comme étant Seigneur direct, & à cauſe des cas de reverſion introduits par la loi des fiefs ; eſquels cas le fief avec toutes ſes appartenances retourne au Seigneur entier, comme il étoit lors de la conceſſion. Pourquoi ſe doit dire que la ſervitude eſt éteinte pour le droit que le vaſſal y a ; mais demeure en ſa vigueur, pour le droit du Seigneur feodal : lequel Seigneur feodal n'attendra pas le cas de reverſion du fief, pour exercer ſes droits de ſervitude ſur ce ſerf manumis ; mais délors de la manumiſſion le reprendra en ſes mains, comme ayant été abandonné par ſon vaſſal. Ce que nos majeurs appelloient *droit de devolut* ; parce que le droit de ſuperiorité en la ſervitude eſt devolu & transferé de la perſonne du vaſſal à la perſonne de ſon Seigneur feodal. Ce droit de *devolut* a été de tout temps, & encore de preſent eſt pratiqué au Duché de Bourgogne, & au Duché de Nivernois, en cette ſorte que ceux qui ont été manumis viennent chevir & compoſer en la Chambre des Comptes à Dijon, ou à Nevers, afin de faire approuver la manumiſſion, & pour éviter l'exercice du droit de *devolut*, Ainſi en droit Canon ſe dit, quand l'Evêque collateur ordinaire demeure ſix mois ſans conferer le benefice vacant, le droit de collation eſt devolu au ſuperieur Metropolitain. Et s'il eſt negligent, par autres ſix mois eſt devolu au Primat ; & aprés autres ſix mois au Pape, *cap. licet. ext. de ſupplenda neglig. prælat. cap. nulla. cap. quià diverſitatem. ext. de conceſſ. preb.*

SI UN HOMME SERF, QUI n'a point d'hoir commun avec lui, peut donner par donation entre-vifs tous ſes biens, ou partie d'iceux?

LXXII.

Nostre Coûtume ne défend à l'homme ſerf de diſpoſer entre-vifs : ſeulement lui défend de diſpoſer par teſtament & derniere volonté outre la ſomme de ſoixante ſols. Pourquoi ſembleroit que tous contrats entre-vifs leur ſeroient permis : quant aux contrats à titre onereux il y a moins de difficulté ; vrai eſt ſi celui qui n'eſt ſerf aquiert du ſerf ; le Seigneur peut le contraindre d'en vuider ſes mains dedans l'an, à peine de Commiſe. Mais la donation eſt plus ſuſpecte, & de prime-face peut ſembler être frauduleuſe au préjudice du Seigneur de la main-morte, qui par le moïen d'icelle eſt frustré de son attente de la main-morte. D'autre part se peut dire, que cette esperance, ou simple expectation de main-morte n'est considerable; ains reprouvée du droit, *l. 2. §. interdum. ff. de vulgari & pupill. subst.* A quoi se peut repliquer par le Seigneur, que son attente est fondée & prend son commencement du droit de servitude, qui est foncier, *& afficit personam servi, & per consequens voluntates & actiones ejus.* Et n'est pas comme de l'heredité d'un homme franc, dont la disposition est en sa pleine liberté, *sicut persona, & voluntas ejus libera est.* Aussi les loix des Romains n'ont pas permis au libertin, qui avoit été affranchi, combien qu'il fût franc, de disposer à titre lucratif entre-vifs, ou par testament en fraude de son patron. A sçavoir que les donations entre-vifs sont sujetes à être contrerôlées, si le libertin a eu quelque juste cause de donner, *l. vivus. ff. siquid in fraudem patro.* Mais par testament, ou pour cause de mort, il ne peut donner au préjudice de la portion, que le patron doit avoir és biens de son libertin aprés sa mort, qui est un tiers, *§. sed nostra. Instit. de success. libert. Et facit l. patronum. ff. de probat.* Par l'argument de ce que dessus, & parce que nos serfs ne sont vrais serfs, il me semble que si le serf qui n'a aucuns *hoirs* communs avec lui habiles à lui succeder, donne tous ses biens, ou la plûpart d'iceux par donation entre-vifs, *eo ipso videtur donare in fraudem domini, arg. l. omnes. §. Lucius. ff. quæ in fraud. cred.* Mais s'il donne entre-vifs particulierement aucuns de ses biens, ou par cotité qui n'excede la moitié, même s'il donne pour cause favorable, je croi que la donation vaut, par la raison de la loi *vivus. ff. siquid in fraud. patrone, & d. l. patronum.*

QUE C'EST, HOIR COMMUN en servitude?

LXXIII.

LA Coûtume, si aucun homme, ou femme de condition servile decede sans hoir commun, que son bien chet en main-morte; & appartient au Seigneur de la servitude. Aucuns trop rigoureux ont estimé que ce mot *hoir* se dût entendre d'enfans; parce que selon une façon de parler vulgaire, *decedé sans hoirs*, s'entend sans enfans. Mais la vraïe signification du nom est autre. Et puis que nous sommes en matiere rigoureuse, il faut prendre les mots en leur propre étimologie & signification. Le mot *hoir* François represente le mot Latin *hæres*, dont est le mot *hoirie*, qui signifie *heredité*. Et est à noter qu'en ancien langage François, on disoit *her* pour *hoir*, comme se voit és vieux Romans; & parce que la plûpart de nos dictions Françoises sont tirées du langage Romain, dont vient que les nations, qui parlent langage Tudesque, appellent langage *Roman* le François, le Bourguignon, le Savoisien; il est assez à propos par l'analogie de rapporter ce mot *her* ou *hoir* au Latin *hæres*, & entendre en ce fait de servitude que *hoir commun*, soit non seulement l'enfant, mais aussi le frere, l'oncle, le néveu, le cousin, qui est de la même communauté & famille. Se peut montrer par le texte de la même Coûtume de l'an mil cinq cens trente quatre, article vingt-quatre, au chapitre *Des servitudes*, où il appelle le pere & la mere, qui survivent leurs enfans, & doivent être heritiers de leurs meubles, *hoirs communs*; combien qu'ils ne soient enfans, mais ascendans. Aussi l'ancienne Coûtume de l'an 1491. appelle *hoir* indistinctement l'heritier en collaterale, aussi bien que l'heritier en succession directe: comme quand elle parle de l'échoite bordeliere, qui correspond à la main-morte de servitude.

SI LE VOISIN EST TENU d'octroyer chemin à son voisin par dedans son heritage, quand le voisin n'a autre chemin?

LXXIV.

IL avient souvent en ce païs, selon que les partages des heritages ont été faits d'ancienneté, qu'un heritage se trouvera enclos de toutes parts, d'autres heritages appartenans à des particuliers, sans qu'il aboutisse en aucun endroit au chemin public; & le proprietaire de tel heritage enfermé se sera accommodé de prendre son passage par dedans les terres, qui pour le temps se sont trouvées n'être en labourage, & en culture, & par consequent n'être de défense. Aviendra que tous les voisins auront labouré, & emblavé leurs heritages, ou les auront bouchez & tenus clos. On demande si celui qui a son heritage enclos de toutes parts pourra contraindre ses voisins de lui bailler passage, ou si de soi-même il le peut prendre. Surquoi me semble en premier lieu que pour avoir été enduré & souffert de passer par dedans un champ, pour le temps qu'il n'étoit en culture & en défense, par quelque laps de temps que la tolerance ait été, n'a été aquis droit de servitude, ni possessoirement, ni pour la proprieté, *eò quòd potiùs jure facultatis, quàm jure servitutis videatur fecisse, vel jure familiaritatis; quibus casibus nec possessio, nec per consequens præscriptio introduci potest: quia opinione domini, nec pro suo se facere credidit, l. qui jure. ff. de adq. possess. l. 1. §. Julianus rectè. ff. de itinere actuque privato, l. si servus. §. 1. ff. de noxal. act.* Mais si d'ancienneté tous ces heritages voisins, ou une grande partie d'iceux ont été & appartenu à une même famille & communauté, laquelle depuis se soit départie en plusieurs branches; je croi que celui qui a son heritage enfermé de toutes parts, peut demander passage *jure suo* à ceux qui ont des heritages voisins, aboutissans sur le grand chemin; pourvû que lesdits heritages aïent appartenu autrefois à la même famille, dont le sien est parti. Car la communion sans societé, & la societé étans negoces de bonne foi, comme sont les actions qui en proviennent *pro socio, vel communi dividundo*, on y doit entendre & appliquer tout ce qui par raison, équité, & bien-séance est propre, apte & commode à tel negoce, & ce qui est vrai-semblable avoir été traité lors du partage; ores qu'il n'apparoisse de la convenance, *l. quià tantundem. ff. de negot. gest.* & ce qui est en usance & accoûtumance y doit être entendu, *l. quòd si nolit. §. quià tantundem. ff. de Ædil. edicto.* Or les gens de bien jugeront toûjours, & arbitreront que lors du partage il étoit raisonnable, & est vrai-semblable qu'il ait été convenu, que celui à qui la piece enfermée demeureroit, auroit son passage par l'une des pieces de ses compartageans; parce qu'autrement sa terre lui seroit inutile. Pour cette decision fait ce qui est dit, *in l. via. §. ult. in fi. ff. de servit. rust. præd. quamvis gloss. censeat hoc pendere ex voluntate eorum, qui communem fundum habebant.* Et comme en cas de legs testamentaires, on le présume ainsi, *l. 1. ff. de servit. leg. & l. 1. §. 1. ff. si usufr. pet.* où sera notée la distinction, *si omninò sine ea via uti non potest, vel si cum aliquo incommodo.* Ainsi faut presumer és negoces & contrats de bonne foi, *cùm sint ad instar, l. si servus legatus. §. cùm quid. ff. de legat.* 1. Et si tant étoit que les pieces d'heritage n'eussent appartenu à une même famille, & n'eussent été partagées ensemble, ou qu'il n'y eût moïen de le montrer; je croi que celui qui a sa piece enfermée, peut par action en forme d'impartition d'office du Juge, contraindre celui qui a la piece de terre plus proche du grand chemin, & plus commode pour se rendre en icelui, de bailler passage par dedans la terre, en lui païant pour son indemnité ce que le Juge arbitrera, mais non pas gratuitement; pour la raison de la loi *si quis sepulchrum. ff. de religiosis & sumpt. funerum.* Et combien qu'aucuns Docteurs disent que ladite loi est speciale au fait de sepulchres, à cause de la faveur de la religion; je croi que la raison est generale. Et ainsi se dit *de glande legenda in alieno agro: quem agrum licet extraneo ingredi, dummodò damni infecti caveat, l. Julianus. §. glans. in fine. ff. ad exhib. Et quià natura comparatum est ex jure gentium, ut unus ager alteri serviat secundum situm agrorum, l. 1. §. ult. ff. de aqua pluv. arc.* Et sera arbitré par le Juge, que le passage sera donné par l'endroit du champ, qui moins portera de dommage au proprietaire, *l. si cui. ff. de servitut. & toto titulo.*

SI LE VOISIN PEUT ESTRE contraint par son voisin, refaire, ou reparer l'heritage commun; ou bien s'il est tenu seulement de s'abstenir du fruit & usage de l'heritage commun: & comme se doivent partir les fruits en l'année du remboursement?

LXXV.

LA loi des Romains a donné un remede à celui qui refait l'heritage & bâtiment commun, que si aprés avoir sommé & interpellé son compagnon de contribuer aux frais, il est refusant, ou delaïant; celui qui a ses frais a refait, devient proprietaire incommutable de l'édifice refait; *ex oratione Divi Marci relata in l. si ut proponis. C. de ædificiis privatis, & l. cùm ex duobus. aliàs l. si fratres. §. idem respondit socius. ff. pro socio.* Et semble que nôtre Coûtume de l'an 1534. au chapitre *Des servitudes réelles*, incline à cette part és articles 5. & 6. Mais la question est, si outre ledit remede, qui est une contrainte causative & non précise, celui qui seul a refait à ses propres dépens, peut contraindre par execution son compagnon de le rembourser. Sembleroit par premiere apparence, que la contrainte précise n'y fût pas, mêmement que la muraille, ou bâtiment est déchû & ruiné par vetusté, sans la faute expresse de celui à qui il appartient; *cùm sit regula, Res inanimatas quæ ad nos pertinent, non onerare nos ultra quàm ut eis careamus; sicut dicimus in animalibus, quæ noxam dederunt. Ideòque sufficere ut alternativè cogatur vel reficere, vel re carere, l. Prætor. §. hoc edictum. & §. ult. cum l. seq. ff. de damno infecto.* Et semble que ledit cinquiéme article incline à ce. Mais je croi que l'élection & choix est à celui qui veut refaire & user du remede de ladite oraison *Divi Marci*, recitée en ladite loi *si ut proponis*; ou bien de contraindre celui qui a part en l'édifice de contribuer, ou rembourser les frais de la refection, pour la portion qu'il y a. Et ce par l'action *pro socio*, s'ils sont compagnons associez; ou par l'action *communi dividundo.* Et ainsi est dit *in l. cùm duobus. §. idem respondit socius. ff. pro socio:* où il parle de celui qui aime mieux être remboursé que d'avoir la proprieté de l'heritage reparé. *Maximè*, si le bâtiment est en vile close: car *etiam* par l'office du Magistrat les particuliers peuvent être contraints de reparer & refaire les ruines des bâtimens, qui sont és Villes, *l. singularum. C. de ædific. privatis, ad curatoris. ff. de dam. infecto, l. Præses 5. ff. de offic. Præsidis* Et quand bien le bâtiment ne seroit en Ville close, & que nous en serions és termes du privilege des Villes closes, esquelles se dit que c'est l'interêt public, qu'elles ne soient difformées par ruines; je croi que celui qui a portion peut être contraint à reparer, ou à rembourser les frais qui auront été faits à la reparation, par l'une desdites actions, *pro socio, vel communi dividundo.* Et à ce, semble y avoir decision expresse *in l. si ædibus. ff. de damno infecto, & d. l. cùm duobus. §. idem respondit socius. ff. pro socio.* Mêmement quand la refection est telle, qu'une partie ne peut être faite pour servir bien à propos, sans que le tout soit fait, *l. si quis putans. §. hoc autem. ff. communi divid.* Toutefois me sembleroit bon d'y appliquer temperament. Que si la ruine est avenuë par la seule occasion de la vetusté & antiquité, ou par terre-mote, ou par autre cause non procedant de la faute du proprietaire, & la refection fût de si grands frais, que le proprietaire ne pût porter facilement & commodément la contribution selon ses facultez, ou bien que l'heritage ne fût de valeur pour les porter, ledit proprietaire en quittant sa part de la proprie-

té

té demeurât quitte desdits frais, par la raison de la loi *in fundo. ff. de rei vendic.* & de ladite loi *Prætor. §. hoc edictum. & §. ult. cum l. seq. ff. de damno inf.* Mais si la ruine étoit avenuë par sa faute, (car quelquefois à faute de faire les menuës reparations en temps & saison, les grandes démolitions & ruines s'en ensuivent) je croi que precisément il seroit tenu à contribuer, ou rembourser, par l'action *communi dividundo.* Ce que dessus s'entend, quand on veut remettre l'heritage en son état ancien, & selon son ancienne forme & destination. Car si l'un vouloit refaire en autre forme plus somptueuse & non necessaire; je croi que son compagnon ne seroit sujet à ces frais de nouvelle & plus somptueuse édification, par la raison de la loi *parietem. ff. de servit. urban. præd. & l. Sabinus. ff. communi dividundo*: ains seulement seroit tenu de prêter patience, en cas que cette nouvelle structure fût utile, & non nuisible à celui, qui est semons de contribuer.

Ladite Coûtume de l'an 1534. és articles 6. & 7. permet de faire le remboursement dedans deux mois, quand il y a eu interpellation; & à toûjours, quand il n'y a eu interpellation. Mais s'il avient que celui qui a part, vienne offrir le remboursement, la veille de la pêche de l'étang, ou de la perception du profit, qui doit provenir de la chose reparée, ou peu de temps auparavant, je croi qu'il sera sujet à païer les interests à la plus haute raison; ainsi qu'il est dit *in d. l. si ut proponis.* en ces mots, *cum centesimis usuris. C. de ædif. privatis.*

LE CHAMPART EST UN EXPEDIENT, pour éviter les frais & difficulté en liquidation de fruits.

LXXVI.

Nos majeurs aimans le bien public & la police, parce qu'ils voïoient le peuple des villages plus adonné à la nourriture du bêtail, selon le naturel du païs qu'au labourage, avec grande raison ont introduit la Coûtume, par laquelle il est permis à chacun laboureur de labourer terre d'autrui non labourée, sans le congé du proprietaire à la charge de païer le Champart audit proprietaire. Le Champart n'est pas de pareille quantité par tout, selon la multitude des laboureurs & bonté des terres: en aucuns lieux il est de la tierce gerbe, en autres de la 4. 5. 6. & 7. & se faut regler selon l'usance du lieu. Et s'entend que tel laboureur doit labourer bien & dûëment, & y faire comme un bon ménager feroit; *cùm accedat ad alienum negotium sui lucri causa, l. si pupilli. §. ult. ff. de negot. gest.* Et ce que la Coûtume dit, qu'il peut labourer jusques à ce qui lui ait esté défendu, se doit entendre, pourvû que la défense soit faite tempestivement; pourvû aussi que le laboureur n'ait prévenu par acceleration de sombrer la terre. Car si le laboureur étranger s'étoit entremis en la premiere saison qu'on a accoûtumé de sombrer & labourer la terre de sa premiere façon; le proprietaire pourroit le contredire dedans le temps de la même saison de sombrer. Mais si le laboureur avoit ja sombré en saison sans s'avancer; je croi que le proprietaire ne seroit recevable pour l'empêcher à tout ce qui reste de labourer, semer & recueillir, par la raison de la loi, *si in lege §. colonus. ff. locati.* Aussi si le laboureur avoit labouré & fumé pour les gros blés, en attente, selon la Coûtume du lieu, d'y faire l'année d'aprés des menus blés à cause des grêles, qu'on appelle, suivre ses fretis; je croi qu'il ne pourroit être empêché par le proprietaire. Par la proportion du Champart se connoît que le labeur de l'homme, le labeur des bœufs, la semence & le soin de conserver le blé, font plus que la terre de soi ne fait: pourquoi le droit du laboureur est plus grand, que le droit du proprietaire. Et à cet égard nous ne suivons pas ce qui est dit en subtilité de droit, *quòd fructus non ex jure seminis, sed ex jure soli censentur, l. qui scit §. in alieno. ff. de usur.* En consequence de ce que dessus me semble la pratique être tres-équitable, qui a été reçûë entre nous d'arbitrer & liquider les fruits d'une terre labourable selon le Champart, sans entrer en la connoissance de la valeur des labourages & semences, dont les frais peuvent exceder la valeur de la chose. Mais cette estimation des fruits faite par le Champart est plus expediente.

QUE C'EST DE SUITE EN Dîme; si tel droit est personnel ou predial?

LXXVII.

Communément en France les dîmes dûës au Curé, ou autre Beneficier, ou Seigneur dîmant, quand les terres labourées & portans fruit decimable sont assises en son Paroissiage, ou territoire de la dîmerie. Autrefois a esté disputé, si les dîmes appartenoient au Curé, au Paroissiage duquel sont les terres, ou au Curé qui administre les Sacremens au laboureur: les allegations d'une part & d'autre sont *in can. Ecclesia. 13. quæst. 1. & in cap. ad Apostolicæ. ext. de decimis*, se dit que la dîme doit être païée au Curé qui administre les Sacremens. Et là il parle des dîmes personnelles, qui sont celles qu'anciennement on payoit de tous gains & profits qu'on faisoit, dont est parlé *in cap. non est. ext. eod.* Mais les dîmes des fruits provenans des terres appartiennent au Curé au Paroissiage duquel sont les terres, *cap. cùm contingat. ex eod.* Or ce droit de suite en dîme semble participer des deux sortes de dîmes. Et je n'ay vû Coûtume en France, qui en parle, sinon celle de Berri & la nôtre de Nivernois. Nos predecesseurs bonnes gens craignans Dieu, & aimans ses serviteurs & ministres de l'Eglise, parce que lors ils feisoient leur plein devoir envers leurs paroissiens, se sont rendus sujets à païer dîme du profit qui leur venoit du labourage de leurs bœufs, parce que les anciens decrets disent que les dîmes sont dûës de toute negotiation, profit & gain qu'aucun fait, *can. decimæ. 16. quæst. 1. cap. non est. ex. de decim.* Le fruit & profit qui provient d'un bœuf c'est le labourage : *non etiam fructuum nomine comprehenditur id quod ex opere animalium commoditatis provenit, l. in venditione. §. primo ff. de bonis auctor. jud. possid. l. mercedes. ff. de petit. hared.* Pourquoi se trouvans en concurrence le Seigneur dîmeur du territoire où les fruits proviennent, disant les dîmes être siennes, parce qu'elles proviennent en son territoire, & par le benefice de la terre; & d'autre part le Seigneur dîmeur du lieu, où les bœufs labourans sont nourris, disant que les fruits & dîmes ne fussent provenus sans le labourage des bœufs : on n'a pû mieux faire que de les admettre à partir la dîme par moitié. Car telle est la regle de droit, qu'en la concurrence de deux, qui tous deux pretendent & sont fondez en droit, les portions égales leur sont attribuées, c'est à dire, à chacune par moitié, quand ils sont deux, *l. si finita. §. si ante ff. de damno infecto, l. cùm pater. §. rogo. ff. de legatis* 1. *l. & hic Tiberius. ff. de hared. instit. l. legata §. ult. ff. de legatis* 1. C'est ce qu'on appelle *le droit de suite* : parce que le Seigneur dîmeur du lieu, où son laboureur demeure, suit son laboureur quand il va labourer autre part, pour prendre le fruit de son labeur. Communément & vulgairement on dit que le Seigneur suit son laboureur : qui semble être dit de la personne qui conduit le labourage; mais le laboureur, c'est le bœuf. La demeurance se dit être au lieu où il est hiverné en l'hiver prochain aprés son labourage, & prochain avant la moisson. Et à bonne raison est parlé du lieu où il est hiverné : car en Esté, & jusques à la saint Martin d'hiver on tient les bœufs de nuit & de jour és pâtureaux clos, & à ce destinez pour le pacage des bœufs. En quoi n'y a aucune certitude. Pourquoi la vraïe retraite, demeurance, & comme domicile du bœuf, c'est le lieu où l'on le retire en hiver, aprés ses labourages, & comme à son repos aprés tous ses travaux; comme il se dit des hommes, être leur domicile au lieu, où ils se retirent aprés leur peregrination achevée, *l. cives. C. de incol. lib.* 10.

SI LES ROMPEIS ET NOVALES sont sujets à suite au préjudice du Curé?

LXXVIII.

Les anciens decrets disent que nonobstant les privileges & concessions des dîmes octroïées aux Eglises, autres que paroissiales, & aux laïcs; les dîmes des novales, c'est à dire, des terres reduites de nouvel à culture, qui de memoire d'homme, ni par apparence exterieure n'avoient jamais été labourées, qui est ce que nôtre Coûtume appelle *rompeis* appartiennent aux Curez au paroissiage desquels sont lesdites terres, *cap. cum contingat. cap. cùm in tua. ext. de decimis.* Jaçoit que tels rompeis & novales soient enclos dedans la dîmerie d'autre Seigneur Ecclesiastique, ou laï. La question s'est trouvée grande; si cette dîme de novale & rompeis est sujete à suite, comme sont les autres dîmes. Aucuns ont estimé que non, parce que le Curé prend la dîme de rompeis, *veteri jure repetitio*; selon lequel toutes dîmes appartenoient aux Curez; & sans avoir égard aux concessions & privileges faits au profit d'autres que des Curez. Mais je croi que la dîme de rompeis est sujete à la suite : Car le droit de suite est fondé au même ancien droit; par lequel les Seigneurs dîmeurs prenoient part au profit, qui provient du labourage des bœufs hivernez en leur dîmerie. Et la faveur du Curé dîmeur foncier ne pourroit rien operer sans l'aide des bœufs; car sans eux il ne trouveroit aucune dîme à prendre en son rompeis. Aussi que nôtre Coûtume mesure & juge le droit de suite selon la loi du territoire, auquel les bœufs sont hivernez, & non selon la loi du lieu où croissent les blés; pourquoi la faveur du Curé n'est considerable. La Coûtume en l'article 1. *Des dîmes* dit, que la suite a lieu *etiam* sur les terres franches des dîmes; & que la cotité de la suite se prend selon la cotité accoûtumée au lieu où les bœufs sont hivernez, & non selon la Coûtume de la dîmerie, où est la terre emblavée. Donques n'y a aucune consideration, ou argument à prendre de la terre novale, ou rompeis. Par consequent elle est sujete à suite.

DES VICAIRES PERPEtuels, des Patrons, & de la portion Canonique.

LXXIX.

Environ le temps de la déchéance de la lignée de Charlemagne en valeur & vigueur, les Eglises furent fort affoiblies & décolorées de leur ancienne splendeur, en ce que les grands Seigneurs laïs occupoient les Abbaïes riches, & se contentoient d'attribuër partie du revenu aux Moines, sur lesquels ils établissoient un Doïen ou Prieur, & les Evêques concedoient & bailloient en fief à leurs parens & autres personnes laïes les Eglises paroissiales : lesquels laïs prenoient les dîmes & autres revenus meilleurs, & laissoient aux Curez titulaires les devotions & bienfaits. Sur le commencement du tiers grand an aprés l'incarnation de Nôtre-Seigneur, qui fut l'an 1064. les Papes & Prelats de l'Eglise travaillerent fort, & continuerent à rétablir les biens en l'Eglise; mais ce rétablissement, selon mon avis ne fut pas avec toute integrité de l'ancien état, comme le succés a montré depuis. Car Urbain II. Pape, qui tint un Concile a Clermont en l'an 5094. auquel fut deliberé & entrepris le voyage des François pour la conquête de Jerusalem, Alexandre III. & innocent III. és Conciles celebrez de leur temps remirent en l'Eglise la plûpart des biens, qui en avoient été alienez, même y remirent les dîmes pour la plûpart, & non pas toutes. Ce qui ne fut pas par commandement & autorité précise, mais par exhortations & menaces du courroux de

Dieu qui furent faites par plusieurs bons & saints Religieux qui étoient en ce même temps. De fait, en cette centaine d'années plusieurs ordres de Religion furent établis, comme de Cluny, Citeaux, Grandmont, Chartreux, Premonstre, & plusieurs Monasteres fondez. Or les Seigneurs, qui frappez de devôtion, ou de crainte du jugement de Dieu se proposerent de mettre les dîmes hors de leurs mains, ne les remirent pas és mains des Curez; comme par raison devoit être; mais desirans faire des fondations de services pour le salut de leurs ames, mirent lesdites dîmes pour la plûpart és mains des Colleges Ecclesiastiques tant seculiers que monachaux. Même aucuns d'eux remirent entierement les Eglises, qu'ils tenoient en fief. Comme aussi les Evêques donnerent ausdits Colleges Ecclesiastiques plusieurs Eglises paroissiales, même aux Abbaïes & Prieurez de saint Augustin & saint Benoît. Les Religieux de saint Benoît, sous lesquels je comprens l'ordre de Cluny, & sont proprement Moines, ne pouvans par les anciens decrets exercer la charge des ames és Eglises paroissiales, *cap. secundo, ext. de statu monach.* ne laisserent pas de retenir à eux lesdites Eglises paroissiales pour les dire propres à eux, en prendre tous les revenus, & se dire Curez primitifs. Et pour la charge des ames leur fut ordonné & accordé par le Pape Urbain, qu'ils pussent nommer ou presenter à l'Evêque Diocesain un Prêtre, ou Chappellain, *cap. 1. ext. de capell. monach.* Ce Prêtre ou Chappellain par succés de temps a été nommé Vicaire perpetuel, *respectu habito* à la qualité du Curé primitif, & comme disent les Logiciens, *ad aliquid.* Depuis cét établissement les Moines qui se disoient Seigneurs proprietaires de l'Eglise, prenoient tout le revenu de l'Eglise, même les dîmes. Ce qui a été cause que tant d'Abbaïes & de Prieurez de Moines noirs sont si riches; & en toutes telles Eglises paroissiales les Curez sont fort pauvres. Ce qui a donné le commencement aux portions Canoniques & congruës, que les pauvres Curez ont été contraints de demander par voïe d'action: l'ordre étant perverti, en ce que toutes autres personnes Ecclesiastiques, horsmis les Evêques, leurs Chapitres, & les Curez ne dûssent rien avoir de tel revenu Ecclesiastique, sinon aprés la commodité des Curez bien fournie. C'est pourquoi j'ay dit cy-dessus, que le rétablissement des dîmes en l'Eglise n'avoit pas été fait avec toute integrité de l'ancien Estat. Ces Vicaires perpetuels sont de deux sortes; les uns sont és mêmes Eglises *sub eodem tecto*, & qui sont Colleges & Congregations des Moines: ceux-là *ab antiquo* sont nourris & entretenus és Monasteres, comme doit être un Religieux; & sont plus enserrez en l'arbitrage de leur portion Canonique; & dit-on qu'ils n'ont droit de demander les dîmes des novales & rompeis. Les autres sont és Eglises separées de l'Abaïe, ou du Prieuré, dont ils dépendent, & tels ont le droit des dîmes de novales, & sont plus élargis en leur portion Canonique, qu'ils peuvent demander sur les anciennes dîmes, & sur tout autre revenu Ecclesiastique. D'ancienneté tels Curez, ou Vicaires perpetuels avoient moïen de se pourvoir pardevant le Juge Roïal en possessoire sujet à recréance pour leurs portions canoniques. Mais à la postulation des Ecclesiastiques, c'est à dire des Prelats; desquels les grands revenus consistent és dîmes & autres revenus, pris au préjudice des Curez, l'arbitrage & liquidation des portions Canoniques fut remise aux Superieurs Ecclesiastiques, par Edit du 16. d'Avril 1571. art. 9. Les Religieux de saint Augustin, qui ne sont pas compris sous le nom de Moines *cap. quod Dei, ext. de statu monach.* ont retenu à eux les Eglises paroissiales en titre & en exercice, & se disent Prieurs Curez pourquoi ne sont sujets à Vicaires perpetuels, ni à portions Canoniques.

Les Patrons laïs sont ceux qui sont fondateurs ou donateurs des Eglises, & à cause de ce patronage ils ont droit de presenter une personne d'Eglise au collateur Ecclesiastique ordinaire, qui est tenu de lui conferer le benefice, si le personnage en est digne, & s'il est refusé, il en peut presenter un autre dedans les quatre mois. Et si dedans les quatre mois le Patron ne fait son devoir; le Collateur Ecclesiastique peut pour cette fois conferer le benefice, sans attendre autre presentation. Mais le Patron Ecclesiastique a six mois pour presenter, aussi il ne peut varier; & aprés les six mois le collateur ordinaire est en pleine liberté de conferer. Le Patron fondateur ne peut rien retenir en l'Eglise sinon l'honneur de preseance; & que si lui ou ses enfans viennent en necessité, l'Eglise est tenuë de lui fournir alimens, *can. pia. can. quecunque. 16. quest. 7. Clemens III. in cap. nobis. ext. de jure patron.* La défense anciennne, qu'on ne soit admis à bâtir Eglise jusques à ce que l'Evêque ait vû le lieu; & y ait fiché la croix publiquement, & qu'il ait esté avisé & pourvû pour l'entretenement des luminaires, pour la garde & pour la nourriture de ceux qui doivent desservir; *ex Concil. Aurel. in can. nemo. de consecrat. dist. 1.*

DE L'INFEODATION DE DISMES.

LXXX.

Nous ne devons pas tenir le droit des dîmes de fruits dont l'Eglise joüit, être avec privilege & faveur, comme étoient les dîmes attribuées à la lignée de Levi par l'ancien Testament. Car c'étoit une loi de police pour le peuple des Hebreux, qui a esté abolie, cõme les autres par le nouveau, Testament, loi de grace. Vrai est que les dîmes que les Ecclesiastiques prennent en l'Eglise des Chrêtiens sont grandement favorables; mais non pas en necessité precise, comme elles étoient auprés des Hebreux. Les Levites en la distribution de la terre promise n'eurent autre part, que la dîme des fruits. Mais entre les Chrêtiens l'Eglise a plusieurs biens temporels; Terres, Seigneuries & heritages. Saint Thomas d'Aquin, excellent Docteur en Theologie, à tenu qu'aujourd'hui les dîmes ne sont dûës par necessité precise, pour la raison susdite; & que par usance & coûtume le droit de les païer peut être prescrit. Mais l'Eglise Romaine a reprouvé ladite opinion ; & se trouve une Decretale d'Innocent IV. Pape, par laquelle il commande aux Freres Mineurs & Prêcheurs de prêcher au peuple, que les dîmes sont dûës. Mais au contraire est la constitution Philippine, qui permet la prescription des dîmes ; & dit du Molin *in annot. consil. 60. Alex. vol. 4.* qu'il faut plûtôt croire les doctes de Theologie en ce fait, que les Canonistes. Aussi grande partie des dîmes appartient à personnes laïs, à cause de leur patrimoine, sans qu'ils les tiennent en fief de l'Eglise ; ains les tiennent d'autres Seigneurs laïs. Qui montre que *ab antiquo tempore*, les laïs tenoient les dîmes en leur patrimoine. Ce qui se peut recueillir par cette raison. Les Romains levoient les dîmes des grands és païs de leur conquête ; qui estoit un droit Seigneurial, comme se lit és actions de Ciceron *In Verrem* : & est à croire qu'ils levoient ainsi les dîmes és Gaules, aprés la conquête d'icelles. Et quand les François eurent conquêté les Gaules sur les Romains ; ils retinrent les droits Seigneuriaux, que les Romains avoient accoûtumé d'y lever. Ces droits Seigneuriaux, qui dés leur premier établissement étoient droits Royaux, furent distribuez aux Seigneurs inferieurs au temps de la décheance de la lignée de Charlemagne, quand les justices & dignitez furent faites hereditaires : & par même moien les Seigneurs temporels commencerent à tenir les dîmes en fief du Roi mediatement, ou immediatement, comme ils tenoient les autres droits Seigneuriaux. Vrai est que les Ecclesiastiques, même depuis le milliéme an aprés l'Incarnation de Nôtre Seigneur, ont soûtenu fermement que les dîmes estoient purement droit spirituel, & ne pouvoient être tenuës par les laïcs. Et à la suite de cette opinion, les Docteurs Canonistes parlans de l'infeodation des dîmes, mettent pour maxime, que la teneure & mouvance desdites dîmes doit être de l'Eglise : mais nous l'observons autrement en France. Or du temps du Pape Urbain II. environ l'an 1097. & depuis au Concile de Latran, du temps d'Alexandre III. Pape, environ l'an 1180. fut ordonné franchement que délors en avant l'Eglise ne bailleroit plus de dîmes en fief : aussi les infeodations faites auparavant demeuroient en cet état. Et se prenoit fondement & pied, que toutes dîmes fussent originairement du domaine de l'Eglise : mais l'observance generale de ce Royaume resiste à ce fondement ; car la plûpart des dîmes sont mouvantes en fief de Seigneurs laïs, mediatement ou immediatement. Et sur ce propos sera rameutu qu'en la Regale de Meaux contre le Procureur du Roi & du Tillet, combien que la regle soit, que le Roi à cause de la Regale ne prend les fruits du revenu spirituel des Evêchez, ains seulement du temporel ; toutefois les revenus des dîmes appartenans à l'Evêché de Meaux furent ajugez au Roi. L'Arrêt est du 19. Juin de l'an 1557. ou 1567. Vrai est comme les François ont toûjours esté enfans obeïssans de l'Eglise, craintif de méprendre contre les droits d'icelle, ont reçû en pratique cette usance ; que nul lay n'est recevable en petitoire, ou en possessoire de pretendre droits és dîmes, sinon qu'il allegue son infeodation auparavant le Concile de Latran ; & pour la prouver, il employe sa possession immemoriale, qui fait presumer le titre. *Verbo tenus* cela se dit, pour complaire aux Canonistes : mais en effet le contraire est en usage ; attendu que les dîmes ne sont mouvantes en fief de l'Eglise. De la constitution d'Urbain Pape au fait des dîmes est parlé *in tit. Episcopum vel Abbatem, &c. lib. 1. in usib. feudorum.* Du Molin sur les Coûtumes de Paris, *art. 46. num. 18.* dit, que ce Concile de Latran fut *sub Alex. III. anno* 1179. De la preuve par possession immemoriale, est traité *per Ant. de Butrio in cap. cum Apostolica. ext. de iis quæ fiunt à prælato sine cons. cap. Et recitat approbando Alex. de Imola. cons. 6. vol. 5. & vide decis. capellæ Tholosanæ, 439. Philipp. Francum, in cap. statuto. §. sanè ext. de decimis in Sexto. Et vide etiam glo. in cap. quamvis in verb. concesserit. ext. de decimis, Antiq.* Le Roi S. Loüis qui est Loüis IX. amateur excellent de l'Eglise, a octroyé par privilege aux Eglises qu'elles pûssent aquerir les dîmes des gens laïs, sans être tenus d'amortir. Et qu'en ce cas les dîmes sont affranchises de la charge du fief ; sauf au Seigneur Feodal de faire décharger son fief à cet égard du service qu'il doit. Et allegue-t'on à cet effet un Arrêt de la Pentecôte de l'an 1280. pour l'Hôpital de saint Loüis. Aussi dîmes acquises par l'Eglise des gens laïs ne sont sujetes à retrait lignager. Ez Arrêts des Octaves de Toussaints de l'an 1267. Soit aussi vû un Arrêt du 21. May de l'an 1550.

QUE C'EST MORT-BOIS NON portant fruit en usages ?

LXXXI.

LA Coûtume de l'an 1534. au chapitre *Des bois*, article 12. definit *mort-bois*, être le bois-vif, qui ne porte fruit. Nos gens par commune opinion entendent fruit, que l'arbre porte chacun an, qui est propre à nourrir & engraisser porcs ; & partant disent que le charme, le bouleau, le tremble, l'orme & autres tels arbres sont mort-bois. Et pour eux semble faire l'ordonnance des eaux & forêts de l'an 1518. article 25. auquel article, tremble, charme & bouleau sont dits être mort-bois. Mais est à considerer qu'au fait des usages la signification de mort-bois doit être restrainte par l'Ordonnance du Roi François I. du 4. d'Octobre de l'an 1533. où se dit, que mort-bois au parlement de Paris, se doit entendre selon la charte aux Normans, pour comprendre seulement, saule, mort-saule, épine, puîne, seur, aulne, genest, genieure, & non autre. De vrai il y a grande raison que le droit des usagers, qui est pour autre bois à brûler, ne s'étende és bois de charme, tremble & bouleau ; parce que les arbres coupez rejettent facilement, & en peu de temps ; *atqui ea duæ arbores sunt in fructu, l. divortio. §. si fundum. ff. soluto matr.* Le bois coupé peut servir à faire ouvrage de sabots, & autres ouvrages dont les tourneurs besongnent, & à faire cercles. Et partant se peut dire que c'est bois portant fruit & profit annuellement, ou par certaines années, comme un bois taillis, qui pourtant n'est sujet à usage. Car comme la Coûtume audit article 12. dit, que bois mort est bois sec, qui ne peut servir qu'à brûler : cela montre que les usagers ne peuvent pas prendre indifferemment tout bois sec & mort, mêmement quand il peut servir à faire ouvrage, ou à autre usage de profit. De fait, la loi dit que l'usufruictier, qui a droit plus grand que l'usager, ne doit pas prendre les grands arbres que le vent a abbatus, j'açoit que ce soit bois-mort, qui n'a plus de vie ni de nourriture; *l. arboribus. ff. de usufr. d. l. divortio. §. si fundum. ff. soluto matrim.* Ainsi par comparaison faut dire, que l'usager ne doit prendre mort-bois, qui peut servir à autre usage que de brûler: mêmement ne doit prendre le bois qui se peut couper, & revient, & dont la coupe peut être emploïée à faire ouvrage, *d. l. arboribus. in verb. nec materia eum pro ligno usurum. ff. de usuf. gloss. ibi dicit materiam esse, quæ apta est ad ædificandum, lignum ad comburendum, & allegat. l. ligni. ff. de legat. 3. Nota tamen in dict. l. arboribus, hanc exceptionem. Si habeat unde ligno utatur. Nam si non habeat, fortè etiam vivas arbores & operi aptas succidet, per l. Divus. ff. de usu & habit.* Car pour regle generale, & l'usufruictier & l'usager doivent se servir & user à la façon qu'un pere de famille bon ménager useroit, ou devroit user du sien, *l. si cujus. ff. de usufr.* En passant sera consideré que l'usager, qui a usage pour brûler, n'en peut user sinon selon que l'état du bois peut porter, & selon la qualité des personnes usageres; *en l'Ordonnance des eaux & forêts*, de l'an 1515. & verifiée en Parlement l'11. Février 1516. article 46. & pour s'en aider au lieu pour lequel il est usager, & non ailleurs, article 47. Aussi quant au bois mort, faut excepter l'arbre, qui seroit devenu sec, pour avoir été feru par le pied, ou autrement par le fait des usagers: car en ce cas doit être appliqué au proprietaire, en ladite Ordonnance article 61. Si l'usage est concedé à communautez, le bois ne doit être chargé, si les feux & ménages augmentent, *cap. quanto. ext. de censib. l. non modus. C. de servitut.* Et si un ménage se part en deux, tous deux n'auront que le droit d'un ménage, *l. si partem. ff. de servit. rust. præd.*

SI LA CHARGE DE PRENDRE marque en usage pour bâtir, se peut prescrire contre le Seigneur foncier?

LXXXII.

LA Coûtume de l'an 1534. au chapitre *Des bois*, article 13. ordonne, que les usagers ayans droit de prendre bois pour bâtir, soient tenus de prendre marque. En plusieurs endroits de ce païs qui est fort couvert de bois, le nonchaloir a été si grand, que les Seigneurs n'ont pas fait contrerôler les usagers, qui prenoient bois sans marque; & les usagers ayant été tolerez par fort long-temps ont pretendu n'être tenus de prendre la marque, comme ayant prescrit. Mais je dis que cette charge de prendre marque ne peut être prescrite, *etiam* par possession de liberté immemoriale, tant que la qualité d'usager est reconnuë en la personne de celui qui dit avoir droit de prendre bois pour bâtir. Car tant qu'il porte sa qualité d'usager, il ne peut aquerir droit de proprietaire: ce seroit droit de proprietaire, s'il prenoit bois à tort & travers à son plaisir; mêmemêt bois de haute fûtaye; car il est requis tel pour bâtir. Sa qualité d'usager le rend sujet à prendre pour son usage avec discretion, & en telle sorte que la proprieté ne soit endommagée. Or la regle est que les conditions & charges qui sont de la propre essence du contrat ne se prescrivent point; comme il se dit *in jure luendi hypothecam, in jure reposcendi depositum.* Et ainsi fut jugé contre l'Evêque de Clermont, pour la Reine mere du Roi, aprés trois cens ans, *in jure redimendi reditum pecunia constitutum.* Aussi est-ce la regle, *quòd ea quæ pacto fieri non possunt, non admittunt præscriptionem: quia præscriptio fundatur super tacito consensu, qui ex lapsu temporis præsumitur, l. cùm post. ff. de jure dot. l. si sub. specie. C. de postul. Porrò non valent pacta, quæ sunt contra essentiam contractus, l. cùm precario. ff. de precar.* Et pour la marque, l'usager doit exposer au Seigneur foncier du bois, ou à ses Officiers quel bâtiment il veut faire, afin que le Seigneur puisse connoître, quelle quantité de bois il lui faut, & de quelle grosseur & qualité. Et si l'usager vouloit faire un bâtiment trop somptueux & superflu selon la qualité de son tenement; le Seigneur lui peut refuser ce qui seroit outre la moderation. A quoi fait la loi *ergò, l. ex meo. ff. de servit. rust. præd.* Et dit-on avoir été jugé en la Chambre des eaux & & forêts, que si l'usager a commodité passable de recouvrer pierre, chaux & tuile, le Seigneur lui pourra refuser bois à faire murailles de bois, & à couvrir de chaume

QUE C'EST EN USAGE DE *Paisson*, Porcs de sa nourriture?

LXXXIII.

LA question s'est presentée en ce Bailliage de Nivernois d'un laboureur, qui le sept ou huitiéme jour de Mars achete des porcs, les garde & nourrit jusques au temps de la paisson, qui est à la saint Michel: si tels porcs peuvent être mis par lui à la glandée dont il est usager? Et de prime-face il sembleroit que non: parce qu'au 9. article au chapitre *Des bois*, deux choses sont requises conjoinctement, que les porcs soient de sa nourriture, & de l'auge de Mars: ces porcs sont bien de l'auge de Mars, parce qu'ils appartiennent au laboureur le jour de la Nôtre-Dame de Mars, qui est le vingt-cinquiéme; mais ils ne sont pas de nourriture, ains d'achât. Mais je croi que si le laboureur, de qui peut être les porcs seront morts, ou qui voudra renforcer son ménage, achete les porcs avant la Nôtre-Dame de Mars en quantité moderée, selon que vrai-semblablement son ménage & son tenement peut porter; que tels porcs peuvent être envoyez à la paisson, dont il est usager. Car le laps de temps depuis la fête de Nôtre-Dame en Mars, jusques à la paisson, qui est de six mois entiers, & la difficulté de la nourriture des porcs en ce temps ; car és mois d'Avril, Mai & Juin, le porc ne trouve rien aux champs en Juillet, Aoust & Septembre, le porc se nourrit aisément à la suite de la moisson & des fruits des arbres ; mais aussi le peril de la mortalité y est. Ces deux considerations, dis-je, font cesser la suspicion que l'achât ait été fait en fraude du Seigneur foncier du bois ; & se peut dire que les porcs sont de sa nourriture à l'entrée de la paisson ; car il les aura nourris six mois pour le moins avec frais, difficulté & peril. Aussi qu'à l'entrée de ladite paisson se trouvera qu'il les aura nourris la plûpart de l'année, & en la saison plus difficile. J'ay dit cy-dessus, pourvû que le nombre de porcs soit moderé selon l'ancien ménage du proprietaire. Car s'il surpassoit ce nombre, on presumeroit que ce fût par negotiation, non sujete à l'usage, & non par ménage rustique. Et en telles servitudes *etiam* les usagers entre eux peuvent contraindre l'un à l'autre à ce que nul d'eux ne charge l'usage, sinon selon que son tenement peut vrai-semblablement porter, en comparant les tenemens les uns aux autres, *per l. si partem. ff. de servit. rust. præd.* Ainsi le tiennent & decident *Steph. Bertrand. consil.* 240. *vol.* 3. & Cravette *consil.* 60. *& allegat dictus Bertr. Albericum in l. Imperatores. ff. de servit. rust. præd. & in l. testatrix.* §. 1. *ff. si servit. vendit.*

QUAND LE TOTAL DU BETAIL tenu à chatel se perit, si le preneur est tenu de porter moitié de la perte ?

LXXXIV.

CE que j'entens dire sur cette question semblera paradoxe à plusieurs ; parce que la vulgaire opinion est, que la perte du chatel est commune, comme seroit la perte du croît & du profit. Or mon avis est, que si le total du bétail, tant chatel, que croît & profit, se perit sans la faute & coulpe de celui qui le tient ; comme s'il est ravi par hostilité, ou meurt par pestilence ; la perte du chatel est sur le bailleur seul, & la perte du croît & profit est sur le bailleur & preneur chacun par moitié. Mes raisons sont, le contrat de chatel est de telle nature, que le bailleur demeure proprietaire du chatel ; comme il se voit en l'article 16. au chapitre *Des chatels*, entend qu'il peut vendiquer les bêtes alienées par le preneur. Et ne fait au contraire que le bétail est baillé estimé à prix d'argent, *quià non semper æstimatio facit emptionem, neque transfert dominium & periculum in eum, cui res æstimata data est, l. si inter. C. de jure dot. l. servus. ff. famil. hercisc.* Et en fait de chatel l'estimation se fait *ad eum effectum*, afin de connoître par aprés s'il y a du profit, ou de la perte. Et ce qu'on dit que tel contrat de bail à chatel est contrat de societé, *l. cum duobus.* §. *si in coeunda. ff. pro socio ; quamvis alibi videatur dici contractus innominatus, l. si pascenda. C. de pact.* s'entend que la societé est contractée entre le bailleur & le preneur seulement pour le croît & profit, & non pour le chatel. Aussi le mot de *chatel*, qui est tiré du vulgaire Latin, *capitale*, montre que le tout ne va pas par même regle, & que le chatel demeure en autre nature que le croît & le profit. *Nempè* le chatel demeure propre au bailleur, le croît & le profit sont communs entre le bailleur & le preneur. Et à ce fait la loi *si tibi rem in iis verbis, Societas non videtur in eo contracta qui te non admisit socium distractionis, sed sibi certum pretium excepit, ff. de præscript. verb.* Et dit Salicete *in l. si pascenda. Cod. de pactis*, que quand tout le bétail n'est pas commun, ains seulement le croît & profit, que quand au chatel *est contractus innominatus* ; & quant au croît & profit, que c'est societé. *Ita allegat Corneus, consil.* 108. *vol.* 1. Or est la regle de droit *quòd quæque res suo domino perit, l. pignus. C. de pignor. act. nisi quatenus res periisset per dolum, vel culpam ejus qui custodiam rei habet, l. quæ fortuitis. C. eod.* Pourquoi l'illation est bonne, que quand tout le bétail perit, que le chatel perit pour le bailleur, & que le preneur n'est tenu d'ester à la perte de la moitié. *Ita decidit dictus Philipp. Corneus, consilio* 108. *volum.* 1. Ne nuit ce qui est dit en l'article 3. au chapitre *Des chatels*, que le peril & perte sont communs. Car par le même texte de la Coûtume au 4. article se voit qu'il met en comparaison le profit & la perte en ces mots, *Comme le croît & le profit sont communs, ainsi est commun le peril & la perte.* Il s'entend donc que *eatenus* la perte est commune, *quatenus* le profit est commun ; *nec ultra : & sic*, puis que le chatel n'est commun, la perte d'icelui ne chet en communauté. De vrai ce seroit societé leonine que l'un des associez portât la perte de ce en quoi il n'est commun. Semblable comparaison est mise en l'article 6. vers la fin. Vrai est que le bétail étant baillé estimé, il semble que le peril est au preneur : *sed hæc æstimatio non facit emptionem* ; car le bailleur demeure proprietaire. Et semble que la loi *cùm duobus.* §. *damna. ff. pro socio*, dit que quand le bétail est baillé estimé, que la perte fortuite est commune. Et là il est dit *pro socio esse actionem, si societatis contrahendæ causa pascenda data sint, quamvis æstimata d.* §. *damna. in fine.* Aussi se peut entendre ledit article 3. quand aucunes bêtes du chatel se perdent, ou perissent par cas fortuit ; auquel cas se peut dire que la perte est commune, entant que le premier est tenu de garder & nourrir le reste du bétail, jusques à ce que par le croît & le profit il puisse refaire & fournir le prix du chatel. Car je croi que le bailleur peut audit cas contraindre le preneur de tenir le bétail jusques à ce ; & s'il ne le vouloit tenir, je croi en ce cas qu'il pourroit être contraint à supporter la moitié de la perte du chatel, *ex eo capite quòd intempestivè dissolveret societatem.* Et quelque paction qu'il y ait, ou quoi que la Coûtume permette d'exiguer & priser le bétail ; je croi que cela doit être *ex bona fide*, & tempestivement, & non à tous plaisirs, & à toutes volontez indistinctement. On demande quand le bétail est peri sur ce qui est la charge de prouver que ce soit cas fortuit, ou par coulpe. *Corneus dicto consilio tenet, quòd dominus debet probare culpam. Sed ego credo con-*

trarium, quòd is qui rei custodiam habet, debet probare casum fortuitum & culpam à se abesse, eò quòd debet omnem diligentiam, & contra eum est præsumptio; præsumptio autem transfert probationem, l. si pactum. ff. de probat. Sed quià plerumque casus contingit fortuitus, & culpa præcessit casum fortuitum, & hunc casus non excusat, nec liberat eum qui fuit in culpa, l. qui petitorio. in fine ff. de rei vend. cap. 1. ext. de commod. Et si sit ejusmodi casus qui de facili contingit absque culpa, sufficit ei qui custos est, probare casum, nec habet necesse probare quòd culpa absuerit. Si verò ejusmodi sit casus, qui non facilè contingat sine culpa, tunc custos probare debet culpam abesse. Corneus consil. 136. vol. 1. & allegat Bart. in l. si quis ex argentariis. §. penult. ff. de edendo.

SI LA CONVENANCE D'Exiguer le bétail par le bailleur, quand bon lui semble, est licite. Et en cas qu'il soit permis à l'un, s'il doit être permis à l'autre?

LXXXVI.

LA Coûtume arbitre certain temps pour priser le bétail par le bailleur, & autre temps pour le priser par le preneur; à sçavoir au bailleur à la Nativité de S. Jean, & au preneur à la fête de S. Martin. Qui semble être mal distingué. Car si le preneur se défait du bétail en ce temps de S. Martin approchant l'hiver, le bailleur, qui ordinairement n'est pas laboureur sera incommodé, & ne trouvera où le mettre: car c'est sur l'hiver que le bétail ne fait que dépendre, & profite peu. Pourquoi si la Coûtume étoit revûë, il sembleroit bon de reformer; & d'une part & d'autre du bailleur & du preneur, mettre le temps de priser à dix jours devant la Nativité de S. Jean, & dix jours aprés. Aussi l'ancien Coûtumier de l'an 1490. ne met qu'une saison pour les deux, qui est la S. Martin. La plûpart des bailleurs de bêtes à chetel y font mettre la close d'exiguer toutefois & quantes; c'est à dire que le bailleur peut quand bon lui semble priser le bétail, & contraindre le preneur de le laisser ou retenir pour le prix. Ce qui semble n'être raisonnable; si ce n'est avec ce temperament, que le bailleur ne pourra exiguer en hiver, ni en saison intempestive, comme si c'étoit au fort de ses labourages, ou autres besongnes. Sauf aussi que s'il y avoit du mauvais ménage de la part du preneur; comme s'il gouvernoit mal le bétail; le bailleur sans distinction de temps pourroit exiguer, quand bon lui sembleroit. Tel bail à chetel est *ad instar societatis, l. cùm duobus. §. si in coeunda ff. pro socio. Intempestiva autem dissolutio societatis non est toleranda, nisi ex causa procedente ex dolo, vel culpa socii, l. sed & socius. §. ult. & l. si convenerit. ff. pro socio.* Or puis que ce contrat est de societé, afin qu'elle ne semble leonine, & contenir inégalité, il sembleroit être raisonnable que si le bailleur a retenu la faculté d'exiguer quand bon lui semblera, que le preneur ait semblable choix, *arg. l. si non fuerint. §. Aristo. ff. eod.*

SI LE BETAIL TENU A chatel peut être saisi & vendu par le créancier du bailleur?

LXXXVII.

PAR le contrat de chatel le bailleur & le preneur sont respectivement obligez l'un à l'autre *ad instar societatis, ne liceat societatem intempestivè dissolvere.* Le chatel de vrai demeure propre au bailleur; mais le preneur a son droit en & sur le même bétail, pour prendre la moitié au croît & profit, & pour en prendre les commoditez du lait, des gresses & du labourage, pour ce droit à lui appartenant, qui n'est pas simple droit personnel contre le bailleur, mais droit réel en la même chose, *sive dicamus jus proprietatis,* pour la moitié du croît & profit; *sive jus hypothecæ, vel retentionis* sur le reste du bétail, qu'il a pris en sa charge & garde, & pour ne lui pouvoir être ôté intempestivement. Doncques si le créancier du bailleur fait saisir le bétail, qui est en la puissance du preneur, ledit preneur en premier lieu peut empêcher le déplacement; car il est tiers non obligé, *& jure suo insistit rei:* & encore pour empêcher la vente, sinon que l'acheteur se charge & se rende sujet aux mêmes conditions, qu'étoit le bailleur, qui sont entre autres d'être sujet à compte, & de ne pouvoir exiguer & lui ôter le bétail, sinon en temps opportun. Car le créancier ne peut avoir plus de droit en ce bétail, qu'avoit le detteur sur lequel il le fait saisir: & ne peut faire saisir & vendre sinon tel droit qui appartient à son detteur. Ainsi se dit *in l. à Divo Pio. §. quòd si res. ff. de re judicata.* Aussi se dit que la chose qui tient pour gage, est estimée pour le proprietaire valoit autant, comme monte la somme qui reste aprés le créancier païé, *l. si quis putans. §. arbitrum. §. idem Julianus. ff. communi divid.* A pareille raison se dit, quand on saisit sur aucun la chose qui n'est pas sienne en pleine & libre proprieté, que le droit tel qu'il appartient au possesseur est censé avoir été saisi, *l. si finita. §. si de vectigalibus. ff. de damno infecto.*

QUEL EST LE POUVOIR du Maître de Communauté, pour obliger ses parsonniers. Et si les parsonniers sont obligez outre la valeur des meubles & conquêts?

LXXXVIII.

L'ANCIENNE œconomie des maisons de village en ce païs, est que tous les parsonniers élisent l'un d'entre eux pour maître & gouverneur, qui commande aux autres, qui est le premier assis à table, qui va aux foires & marchez, & autres affaires de la maison, & seul est nommé és rôles des tailles du Roi. Par la Coûtume au chapitre *Des communautez & associations*, article 5. se dit, qu'il peut agir seul, ou être convenu pour tous les autres és actions personnelles & possessoires. Ce que je voudrois entendre en actions personnelles mobiliaires, & actions possessoires pour heritages particuliers, & non en un possessoire d'heredité, *ubi magis est quæstio juris, quàm facti* : ni aussi és actions personnelles, dont l'execution peut emporter alienation de la proprieté des heritages. Car pour le general, tel maître est seulement administrateur, & non Seigneur. Pourquoi se dit, quand il fait des dettes mobiliaires, qu'il oblige tous ses parsonniers ; & ainsi vulgairement se pratique. Mais par raison il ne le faut pas dire ainsi indistinctement ; & outre que la raison fondée en droit y contredit, beaucoup d'inconveniens en pourroient avenir avec la ruine des maisons. On est assez d'accord que si le maître emprunte est obligé, ou condamné, pour crime, dol, ou fraude par lui commis, ou pour autre cause de soi illicite, que ses parsonniers n'en sont tenus, *l. cùm duobus. aliàs, l. si fratres. §. ult. & l. adeò. §. ult. ff. pro socio.* Item s'il est plege d'aucuns sans être compagnon en la marchandise, ains par pur office d'amitié ; *undè est mandati actio* ; la communauté n'en est tenuë : car l'amitié est purement attachée à la personne, & est *extra causam societatis. Mandatum est gratuitum, & ex officio amicitiæ proficiscitur, l. 1. ff. mandati.* Item si le pere marie sa fille, & lui donne dot, quand elle n'a aucun droit aquis, *cùm sit officium paternum dotare filiam, l. si socius pro filia. ff. pro socio, l. ult. C. de dot. promiss.* Qui sont cas particuliers. Vrai est que les Docteurs ont disputé sur cette question. *Alexand. cons. 154. vol. 2.* aprés avoir recité les opinions, se resout que le pere doit dot, & de son propre patrimoine. Du Molin en l'annotation est de même avis, & dit cette raison, que la dot de la fille tient lieu de legitime, ou de portion hereditaire ; & doit être la dot prise sur les biens communs durant la societé : mais icelle dissoluë doit être reprise sur la part du pere. Cette même distinction est faite *per Corneum cons. 285. vol. 1. Ludo. Romanus cons. 145.* tient indistinctement, que la fille peut être dotée aux dépens du pere. *Paul. Castr. cons. 358. & Decius consil. 66. vol. 1.* tiennent l'opinion contraire, quand ils sont associez en tous biens : parce, dit-il, que c'est une charge que Nature produit sans la faute & coulpe du pere. L'opinion d'Alexandre est la plus seure, & ainsi nous l'observons. Vrai est, que si la fille a droit aquis par la succcession de sa mere, ou qu'elle ait autres droits en la communauté, & que moïenant la dont elle renonce à droits échûs & à échoir, on prendra partie de sa dot, pour ses droits mobiliers, qui ne sont sujets à recompense : parce que sa part des meubles accroît à toute la communauté ; & l'autre partie sera supportée par ses freres, qui seuls prennent le profit de sa renonciation ; car la portion hereditaire de la fille appanée vient à ses freres. Mais pour le general, il semble que si le creancier veut avoir obligez tous les parsonniers par l'obligation du Maître de communauté, il doit faire que ledit Maître s'oblige en qualité de Maître, *ne videatur creditor secutus esse fidem illius, nec credidisse contemplatione cæterorum de familia* ; par la raison de la loi, *ei qui. §. alioqui. C. quod cum eo. & l. cum qui C. si certum petatur.* Et ainsi le tient *Alex. consil. 139. vol. 5. & allegat Bald. in l. jure societatis. ff. pro socio.* Si ce n'étoit que le créancier voulût se charger de prouver, ou que par le texte de l'obligation peut resulter que la dette se fit pour la cause, & au profit de la communauté ; *quo casu competeret utilis actio, d. §. alioqui.* Item le creancier doit être aucunement soigneux d'enquerir & sçavoir si le contrat qu'il fait de prêt, ou vente de choses mobiliaires est pour cause dont vrai-semblablement la communauté ait affaire, & que ce soit avec apparence de bonne administration du Maître, *per l. cuicumque. §. non tamen. ff. de institor. act. l. ult. ff. de exercit. act.* Et selon que cette communauté, & autres communautez ont accoûtumé de s'accommoder, *l. vel universorum. ff. de pignor. act. Quatenus quis curiosus esse debeat, an pecuniæ quas credidit sint versæ in rem eorum quorum interest, vide glo. in l. quòd si servus. §. sed si sic accepit. in verb. quò vertatur. ff. de in rem verso. Nempè in mutuo facto servo in rem domini, & in emptione rei Ecclesiasticæ, Auth. hoc jus. C. de sacros. Eccl. ut exacta diligentia & curiositas requiratur. Idem puto in re minoris. Mediocris curiositas in eo qui mutuat institori, vel exercitori, ut testibus suprà allegatis. In aliis negotiis vel media, vel nulla, l. doli. in fine. ff. de novat.* Item si la somme étoit fort grosse & importante, ou especes de grains, vin, ou autres en grande quantité, me semble que l'obligation du seul maître ne suffiroit, & seroit besoin de faire obliger tous les parsonniers ; car le pouvoir des maîtres est pour les affaires survenantes, qui s'expedient par le menu, esquelles seroit mal-aisé & incommode de rechercher tous les parsonniers. *Nam quæ sunt magni & gravis momenti non comprehenduntur sub generali mandato, l. si cùm Cornelius. ff. de solut. & quià mandato hoc continetur, ut omnia cum bona fide fiant, l. creditor. §. Lucius. ff. mandati.* Et quand bien le maître, selon les considerations susdites, auroit contracté pour obliger ses parsonniers ; néanmoins je croi que ses parsonniers lui peuvent demander raison de sa gestion en gros ; *hoc enim desiderat causa mandati, l. ex mandato. ff. mandati, l. qui proprio. §. procurator. ff. de procurat.*

L'autre question est, quand le maître a contracté en telle sorte, que ses parsonniers soient obligez, si lesdits parsonniers seront tenus plus avant que monte le fonds des meubles & conquêts, qui sont en communauté. Selon qu'il se dit, & est vrai de la femme mariée, qui n'est tenuë des dettes de son mari plus avant ? Mais il y a diversité de raison. Car la femme est en la puissance de son mari, & tel qu'il est, elle le doit endurer, & ne peut pas secoüer ce joug. Aussi la Coûtume fait le mari non seulement maître, mais aussi seigneur des meubles & conquêts. Le parsonnier peut, quand il veut, ou contredire & revoquer

la

la maîtriſe, ou la contrerôler, oû ſe ſeparer de la communauté. Pourquoi je croi qu'il eſt préciſément tenu des dettes faites par le maître és cas permis.

La ſeule patience des parſonniers, que l'un d'eux adminiſtre, vaut prepoſition & mandement, *l. ult. ff. quod cum eo, &c.*

Quand un Maître eſt revoqué de la maîtriſe, il eſt expedient que la revocation ſoit publiée, comme au prône, ou en jugement, *l. ſed etſi. §. de quo palam. ff. de inſtitor. act. l. verò. §. 1. ff. de ſolut.*

Parſonniers ſe doivent dire, & non perſonniers. Il n'y a aucune raiſon de déduire à perſonne. En ancien langage François, parſon ſignifie par, ou portion; comme diminutif de part. Ainſi de gars ſe dit garſon; de enfant, enfançon.

melles. Et parce qu'elles ſont deſtinées pour entrer en autre famille par mariage; il eſt bien ſéant que cependant elles demeurent en la maiſon avec leurs freres, mais non pour aquerir ſur leurs freres. Soit vû du Molin en l'annotation ſur la Coûtume de Bourbonnois, article 267. Ce qui ſe dit entre freres par an & jour, j'en voudrois dire autant entre autres perſonnes, ſi par quelque plus long-temps elles avoient uniformement & par même façon tenu tous leurs biens meubles mêlez; & communiqué les fruits de leurs immeubles, & tous gains & profits. *Quià enim ſocietas tacito conſenſu diſſolvitur, l. itaque. ff. pro ſocio; ſic tacito conſenſu poteſt contrahi. Vide Salicet. in l. ſi patruus. C. communia utriuſque judic. & infra proxima quæſt.*

SI LA COMMUNAUTÉ QUI *s'aquiert entre freres par an & jour, eſt de tous biens, ou ſeulement de la negotiation qu'ils exercent?*

LXXXVIII.

QUAND la Coûtume introduit la communauté tacite par an & jour, elle preſume un tacite conſentement: vrai eſt que ce n'a pas été entre toutes perſonnes; mais és perſonnes, deſquelles il y a plus grande veriſimilitude que leur volonté ſoit telle. *Conſenſus enim non minùs facto, quàm verbis demonſtratur, l. ſi indebitum. C. de condict. indeb.* Si donc par les faits avec le laps de temps le conſentement eſt preſumé; ce conſentement ne ſe doit pas étendre plus avant, que les frais ont été. Pourquoi ſi les freres majeurs de vingt ans ont ſeulement trafiqué enſemble en une ſorte de marchandiſe, ou autre negotiation, & n'aïent pas communiqué & mis enſemble tous leurs meubles, ou fruits de leurs immeubles, ou aïent fait quelque negotiation chacun à part; je ne dirai pas, que leur communauté ait été generale en meubles & conquêts; ſelon qu'elle eſt décrite en l'article troiſiéme, au chapitre *Des communautez* du cahier de l'an 1534. ains ſeulement en la negotiation ou affaires, qu'ils ont demenez par enſemble. Pourquoi cét article ſe doit entendre, quand ils mêlent tous leurs biens meubles, gains & profits: & quand la communauté tacite eſt ainſi preſumée; elle s'entend ſeulement des profits qui viennent par trafic, induſtrie, épargne, ou œuvre de la perſonne, & non des choſes qui ſont leguées ou données. Ainſi le tient *Decius conſil. 21. vol. 1. & allegat l. coiri. ff. pro ſocio. & Alexand. in conſ. 48. vol. 2.* On demande ſi ce que la Coûtume dit de deux freres, ſe peut entendre du frere & de la ſœur, ou de deux ſœurs? je croi que non, parce qu'il y a diverſité de raiſon, entant que l'induſtrie & le labeur d'une femelle, ordinairement ne correſpond pas à ce qui eſt du mâle. Auſſi les femelles y pourroient avoir interêt; car la frequentation parmi les hommes, pour contrerôler les actions de leurs freres, n'eſt pas propre aux fe-

EN CAS QU'OUTRE LA DE*meurance enſemble, il y ait commiſtion de biens & profits entre nos freres, ſi la communauté s'aquiert?*

LXXXIX.

LA Coûtume de l'an 1534. au chapitre *Des communautez*, article 1. dit, que la communauté s'aquiert par demeurance de quelque laps de temps que ce ſoit: mais ſi outre la demeurance les perſonnes majeures de vingt-cinq ans mettent tous leurs biens meubles, gains & profits en commun par long-temps, comme de dix ans, ores que ce ne ſoit és cas eſquels nôtre Coûtume introduit communauté tacite, devra-t'on preſumer qu'il y ait communauté de biens? De vrai l'ancienne Coûtume de l'an 1490. ſemble parler plus diſtinctement que cette-cy en ces mots: *Si aucun fait demeurance en l'hôtel de ſon parent, ami, ou autre, par nourriture, ſervice, ou autrement, il n'aquiert communauté par quelque temps, &c.* Eſt à conſiderer que la ſocieté dont eſt parlé au droit civil des Romains, *deſiderat conſenſum & tractatum habitum, l. ut ſit. ff. pro ſocio. Sed conſenſus non minùs facto, quàm verbis demonſtratur, l. indebitum. C. de condict. indeb. Et ex lapſu temporis conſenſus præſumitur interveniſſe ejus qui rem ita paſſus eſt ſe habere, l. cùm poſt. ff. de jure dot. l. ſi ſub ſpecie. C. de poſtul. Lex autem præſumit, diu, vel multum tempus eſſe decem annorum, l. ſi cùm fideicommiſſa. §. Ariſto. ff. qui & à quib. manumiſſ.* Pourquoi me ſemble que ſi uniformément & par même façon aucuns ont mêlé ſans diſtinction tous leurs meubles, fruits de leurs immeubles, gains & profits enſemble par long-temps, que la communauté de tous biens meubles eſt aquiſe entre eux. Mais ſi le mélange a été d'aucune ſorte de biens, ou marchandiſe, comme ſi aucuns ont fait trafic enſemble de bleds, vins, draps, mercerie, & que ce ait duré par quelque temps, la preſomption ſera, qu'il y ait ſocieté entre eux contractée en cette ſorte de marchandiſe. Ainſi le decide Salicet, *in l. ſi patruus. C. communia utriuſque judic.* Et allegue par argument *à contrario ſenſu, cùm ſocietas dissolvatur, si separatim socii agere cœpirint, l. itaque ff. pro socio : quòd etiam si tanquam socii simul agant & negotientur, societas contracta videatur. Regula est enim per quas causas, per quos modos aliquid contrahitur, per easdem causas & modos dissolvitur, cap. 1. de regul. jur. in Antiq. Et est la societé telle, comme les actes d'icelle la demontrent pour la limiter, ou amplifier.* Ainsi dit Corneus *consil. 9. vol. 1.* Et en toutes ces societez tacites, il est necessaire qu'ils se soient fiez l'un à l'autre sans rendre compte. *Ita Decius, cons. 21. vol. 1. Decius hoc amplius addit ibi, quòd etiam si sit unus pupillus, cujus bona cum fratre mista sint, dummodò frater ejus non sit tutor, ipsum acquirere societatem. Et allegat Bald. in addit. ad tractatum de duobus fratrib. Sed hoc non temerè credendum, cùm nullam industriam afferat : sed potius dicendum quod habeat partem in lucris habita ratione partis, quam habet in capitali, ut infra quæst. 94.* Et quant à la communauté universelle de meubles & conquêts, il la faut presumer plus facilement és maisons de village, ores qu'il n'apparoisse de convention expresse, quand aucun a demeuré long-temps en une communauté ; parce que coûtumierement ceux qui demeurent és maisons des villages sont communs, *& quod consuetum est, facilè præsumitur actum, l. semper. 35. ff. de regul. jur.* Cessant cette usance, & ce qui est dit par la Coûtume, il s'entend que la societé tacite ne comprend sinon ce qui vient par negotiation, trafic, œuvre, industrie, ou épargne ; & non ce qui vient par legs & donation. Autrement est en la societé convenuë ; *idem Decius in dicto cons. 21. vol. 1. & allegat l. 3. §. 1. ff. pro socio. & glo. in l. cùm duobus. §. socium. universorum. in verb. omnium ff. eod.*

SI POUR EMPESCHER AQUIsition de communauté, suffit l'Inventaire sans contradiction expresse?

XC.

ENTRE majeurs de vingt-cinq ans, la seule declaration de volonté suffit, pour dissoudre une communauté & societé : *contractus enim est, qui consensu contrahitur ; Instit. de oblig. ex consensu, in princip.* Mais quand le mineur a aquis, ou qu'il a conservé communauté és cas de la Coûtume, ou par convenance, la seule declaration de volonté ne suffit, ains necessairement est requis un Inventaire bien & dûëment fait, & clos, pour témoigner à l'avenir quels biens étoient communs lors de la dissolution : car le mineur n'est pas en suffisance de sens & de jugement, pour connoître & mettre à point ce qui est sien. Il aviendra que le pere, ou la mere survivant se rendra tuteur, ou tutrice de ses enfans ; & à l'effet de son administration fera faire Inventaire bien & dûëment ; mais omettra de faire la contradiction de communauté expresse. La question est, si les enfans mineurs continueront, ou aquerront communauté. Je croi que la qualité de tuteur avec Inventaire vaut suffisante contradiction : car par le titre il se rend comptable ; être comptable est chose contraire à communauté ; d'autant qu'une communauté est sujete à hazard de perte, ou de gain ; & le comptable rend raison des mêmes especes, avec les fruits & profits, tels qu'ils sont, étant seulement tenu de diligence, soin & bonne foi. Pourquoi semble qu'en ce cas n'y a contribution, ni aquisition de communauté ; & le survivant doit prendre à son seul profit tout ce qu'il a gagné & accrû par son ménage, & rendre compte de la part des enfans, avec les fruits & profits, selon l'Ordonnance. Ce qui semble être decidé *in l. Titium & Mævium. §. altero. ff. de admin. tut.* Aussi l'aquisition de communauté avec le survivant est introduite *in odium* du survivant qui ne fait Inventaire, quand les enfans ont biens communs avec lui.

SI LE FILS OU LA FILLE sont appanez par le predecedé ; ils n'aquierent communauté avec le survivant pere ou mere.

XCI.

IL a été cy-devant par l'aquisition, ou continuation de communauté entre les enfans de deux mariez & le survivant, a été introduite en haine du survivant, qui ne fait Inventaire des biens communs. Ce qui ne peut être qu'en fraude & perte des enfans mineurs, qui en ce bas âge n'ont pas moïen de prendre soin de leurs affaires. Cette raison cesse quand les enfans, ou l'un d'eux a été appané par le défunt pere, ou mere, d'une somme certaine, ou de certain heritage. Car en ce cas son droit est clair & certain ; & ne se peut plaindre qu'on lui ait fait tort, ou fraude és biens délaissez par le défunt. Aussi le 4. article au chapitre *Des communautez & associations*, & le 22. au chapitre *Des droits appartenans à gens mariez*, portent ces mots, *ayans biens mêlez, & ayans droit aquis* : tous les deux emportent université de biens, & non pas especes, ou qualitez certaines, *l. bonorum. 208. ff. de verb. signif. Deindè*, la Coûtume fait assez connoître qu'elle entend d'une masse & université composée de plusieurs especes & sortes de biens, quand elle requiert Inventaire, pour empêcher l'aquisition, ou contribution de communauté. Car quand il y a une somme certaine, ou heritage certain ordonné pour appanage aux enfans, ou à l'un d'eux, nul ne dira que l'inventaire fût à propos d'être fait, vû que la description en est *uno vel duobus verbis*, par la disposition contenant l'appanage. Et est bien à propos de prendre garde non seulement aux paroles, mais aussi à l'intention de la loi, que les Latins appellent *mentem legis, l. nominis. §. 1. ff. de verb. signif. l. illud. ff. ad leg. Aquil.* Vrai est que le survivant est tenu de faire profit à l'enfant appané pour la part que le survivant a ordonné de ses biens audit enfant. Car tel appanage tient lieu de sa portion hereditaire, ou de legitime ; *hæreditas autem etiam fructuum incrementum continet, l.*

non est ambiguum. C. famil. hercisc. & parce que le survivant étant tuteur, ou administrateur des biens de ses enfans, est tenu par l'Edit d'Orleans article 102. d'emploïer les deniers & autres meubles, qui de soi ne croissent & ne fructifient, pour en tirer profit, afin que le sort principal ne demeure inutile.

SI LA SECONDE FEMME du survivant aquiert communauté avec les enfans de son mari d'un autre lit?

XCII.

PLUSIEURS Coûtumes de la France reviies depuis vingt-cinq ans, même par la commission adressée aux sieurs President de Thou, Viole, d'Aigremont, & Faye d'Espesses, même la nouvelle de Paris de l'an 1581. article 242. ont decidé, que la seconde femme survenante à un mari qui a des enfans de son premier lit, est comptée pour un tiers en la communauté. Et si les deux, qui se marient, ont chacun d'eux enfans d'autre mariage, que la communauté se fait par quart, à sçavoir les deux mariez chacun pour une portion, les enfans du mari pour un quart, les enfans de la femme pour un autre quart. Et auparavant du Molin l'avoit noté sur l'ancienne Coûtume, article 118. disant qu'il avoit été ainsi jugé par plusieurs Arrêts. Mais je ne voudrois ainsi le dire & tenir indistinctement. *Quid enim* si le premier mariage a été, & étoit lors de la dissolution en grande opulence de biens, meubles, & autres moïens; & le survivant vienne à prendre mari ou femme qui n'ait des biens & moïens correspondans aux biens de la premiere communauté, ou à peu prés, ou tout au moins avec approche de proportion soit en biens ou industrie? Je ne voudrois que ce survenant, ni ses enfans aquissent communauté par tiers, ou quart. Ains je croi que la portion seroit sujete à être arbitrée par avis de gens de bien, pour ne la faire égale, mais la reduire à quelque cotité moindre par comparaison des biens, moïens & industrie des survenans, & de ceux qui sont du mariage plus opulent. Je ne dis pas pour y rechercher si exactement jusques à la derniere maille; car la perplexité apporteroit trop de frais, longueurs, & autres inconveniens: mais, comme disent les loix, *arbitrio boni viri, ut in l. Mævia. §. 1. ff. de ann. legatis.* Et ne seroit raisonnable d'objecter aux enfans du mariage plus opulent, qu'ils peuvent pourvoir à leur indemnité en demandant leurs droits & biens tels qu'ils étoient, quand leur pere, ou mere est decedé; avec les fruits & profits. Car çela est introduit en leur faveur, quand ils connoissent n'y avoir rien à profiter en la communauté; laquelle faveur ils peuvent quiter, & se tenir au benefice de la Coûtume, d'avoir aquis communauté avec le survivant pere, ou mere, lequel survivant par son fait n'a pû leur ôter cét avantage, sinon en faisant Inventaire. Et n'y a raison que celui qui est survenu de nouveau leur diminuë leur droit, *nisi quatenus ratio & æquitas pati possint.*

EN CAS DE CONTRADICtion; s'il n'y a partage aprés Inventaire, & les biens sont demeurez mêlez, quels profits prendront les mineurs?

XCIII.

LA Coûtume attribuë la continuation de communauté aux enfans avec le survivant pere, ou mere, quand il n'y a point de contradiction avec Inventaire. Ce qui est pour punir ledit survivant, qui ne fait Inventaire. Mais s'il y a Inventaire avec contradiction, & qu'il n'y ait point de partage, & les biens demeurent mêlez, on demande, quels profits & interêts pourront être dûs ausdits enfans? S'il y avoit partage, le survivant tuteur, ou autre tuteur devroit vendre les meubles perissables, pour emploïer les deniers en achât d'heritages, ou rentes; & à faute de ce, seroit tenu de païer le profit des deniers selon l'Edit d'Orleans, article 102. Est à sçavoir à quelle raison le tuteur doit audit cas faire profit? Aucuns disent au denier douze, qui est le taux auquel on achete rentes constituées à prix d'argent. Autres disent à raison du denier vingt; qui est le profit commun, que les heritages, qui sont propres, ont acoûtumé de rapporter, *l. Papinianus. §. undè. ff. de inoff. test. in Auth. de non alienand. cap. quià verò Leonis. 5. collat. 2.* Et pour cette seconde opinion se peut dire qu'étant le choix au tuteur d'acheter heritages, ou rentes, puis qu'il est debiteur tenu & chargé de faire l'un & l'autre, *l. plerumque. in fi. ff. de jure dot.* & puis que le tuteur à faute d'emploïer est tenu à l'interêt, se peut dire que cét interêt doit être selon le profit que le mineur prendroit de l'heritage, si les deniers étoient emploïez en achât d'heritages: car l'interêt se dit l'utilité & profit, qu'on eût pû prendre, si le negoce eût été fait & accompli, *l. 4. §. in eum. ff. de damno infecto, l. 1. §. hac verba. ff. ne vis fiat ei.* Mais quand il n'y a point de partage, l'on ne peut dire en quelle somme, ou chose certaine consiste la substance des mineurs; & n'y ayant point de sort principal certain, on ne peut prendre pied, ni fondement pour en tirer un interêt proportioné & analogique. Car il n'y a raison de s'arrêter à l'appretiation, qui est par l'Inventaire: parce qu'elle ne se fait pas à l'effet que ce soit la vraïe estimation; ains seulement pour prendre quelque argument de la valeur des choses en cas qu'elles se perdent, & ne puissent être representées. Et ainsi disent les loix que toutes estimations ne font pas le prix certain, pour selon icelui faire tenir quite celui qui a fait faire l'appretiation, *l. si inter. C. de jure dot. l. cùm pater. §. pater. qui. ff. de legatis. 2.* Doncques en ce cas, quand il n'y a partage de choses communes,

& qu'il n'y a que l'appretiation de l'Inventaire, je croi que les mineurs, ausquels la communauté a été contredite, pourront, si bon leur semble, demander part au profit, qui a été fait en la negotiation desdits biens communs; si tant est que lesdits biens communs consistassent en marchandise & negotiation; à sçavoir si les mineurs sont en âge & industrie, pour valoir & servir en la negotiation, qu'ils y aïent aidé, comme l'un des autres associez; tous devront prendre une portion entiere, telle que le défunt eût prise. Et si lesdits mineurs étoient en bas âge, & sans industrie, & qu'ils n'y aïent aidé, que tous ensemble prennent la moitié du profit que le défunt eût pris, en attribuant l'une des moitiez dudit profit à l'industrie & travail de ceux qui negotient, & l'autre moitié au fonds & capital, qui appartient ausdits mineurs. C'est l'opinion de Bartole, *in l.* 1. *§. nec castrense. ff. de collat. bonor.* & de Paul de Castre, *in l. illud. C. de collat. Aliter censet Marianus Socinus junior, quem ego discipulus doctorem audivi Patavii, anno* 1542. *consil.* 74. *num.* 9. *vol.* 2. *qui existimat distributionem commodorum & lucrorum relinquendam esse arbitrio boni viri, qui ex circumstantiis judicet, quæ pars sit attribuenda capitali, quæ pars industriæ & operæ: & ita videtur censere Alex. de Imola cons.* 19. *vol.* 2. *Sed quià ejusmodi inquisitio, etsi videatur magis tendere ad proportionem & analogiam, tamen quià de facto plus perplexitatis parere potest propter naturalem hominum in dissentiendo facilitatem, & quià vera probatio severè exquisita plerumque fumos parit, l. ult. ff. de prætor. stipul. ego existimo opinionem Bartoli potius sequendam esse; & ei consonat. Lud. Romanus cons.* 469. Tout ce que dessus s'entend, en cas que les mineurs veulent avoir part à ces profits casuels. Car si bon leur semble, ils pourront demander leur principal, tel qu'il est porté par l'Inventaire, avec tel augment pour la tare de l'appretiation, & pour les interêts, comme ils pourront prouver. Mais si la communauté a été entre les predecesseurs, & que leurs enfans, ou autres successeurs continuent la même negotiation & le même fait dont les predecesseurs étant associez se mêloient facilement on presumera le renouvellement de la societé; *etiam* que l'un des successeurs fût pupille; pourvû qu'il eût tuteur qui ait enduré cette continuation de trafic. Ainsi le tient *Paulus Castr. consil.* 366. *vol.* 2.

SI LES BASTIMENS FAITS en l'heritage de l'un des communs, doivent être recompensez, ou selon qu'ils coûtent, ou selon que l'heritage est fait de plus haut prix?

XCIV.

QUAND plusieurs sont en une communauté autres que gens mariez à l'égard l'un de l'autre; celui qui n'a aucune part au fonds de l'heritage, dedans lequel un bâtiment est fait de nouveau, peut empêcher que le bâtiment ne soit fait à ses dépens: car le maître de communauté n'est qu'administrateur pour disposer des meubles *in causam societatis: causa societatis non est*, ce qui est de l'heritage des uns, auquel les autres n'ont point de part. Et s'il endure que le bâtiment soit fait sans y contredire; semble qu'il approuve l'emploi des meubles de la communauté, qui se fait en bâtissant. Je ne veux dire approuver pour quiter son droit de recompense dudit bâtiment, aprés la societé dissoluë; *donatio enim & jactatio sui juris non præsumitur, nisi manifestè appareat, l. cùm de indebito. ff. de probat.* mais pour faire croire que cét emploi n'est pas fait de mauvaise foi, pour rendre obligez ceux qui ont amendé leur heritage avec dommages & interêts. Doncques quand la societé est dissoluë, celui qui n'a point de part au fonds, où le bâtiment est, ni par consequent au bâtiment, *quià ædificium solo credit*; ne sera pas recompensé de la vraïe valeur des sommes de deniers, & autres choses emploïées en ce bâtiment; mais selon l'estimation qui sera faite (lors de ladite dissolution) de la valeur du bâtiment, & de combien l'heritage des proprietaires en a été fait de plus grand prix: & ainsi se doit entendre ce qui est au 6. article de la Coûtume de l'an 1534. au chapitre *Des communautez.* Que le bâtiment sera estimé lors de la dissolution: car il est certain que les bâtimens ne sont jamais estimez à tant comme ils ont coûté en materiaux, voitures, & la main de l'ouvrier. Et parce que les proprietaires ayant bâti sont censez avoir bâti de bonne foi, à cause de la tolerance & permission de leurs parsonniers, il est raison qu'ils soient tenus seulement *quatenus locupletiores facti sunt; id est, quatenus prædium factum est majoris pretii, l.* 3. *in fi. ff. de condict. indeb.* Comme se dit de recompenser les parsonniers qui n'avoient part au fonds où le bâtiment est fait: ainsi il échet recompense à faire aux parsonniers qui avoient plus grande part aux meubles, & moindre part au fonds où l'on a bâti. Car à leurs dépens a été amendée la portion de ceux qui avoient plus grande part au fonds, moindre part aux meubles.

SI L'ARTICLE, QUE BASTIMENS faits durant le mariage, ne sont sujets à recompense, doit être entendu indistinctement. Et quoy, si la femme renonce à la communauté?

XCV.

NOSTRE Coûtume au chapitre *Des communautez & associations*, article 6. vers la fin dit, que les bâtimens faits durant le mariage en l'heritage de l'un des mariez ne sont sujets à remboursement. Ce qui semble de prime-face être déraisonable, parce que cela emporte donation, *sed ita lex scripta est.* Et se peut dire qu'en semblable raison les loix n'ont pas défendu la donation *inter virum & uxorem, si maritus donaverit uxori ad reficiendas ædes, quæ incendio consumptæ* erant, *l. quòd ſi vir uxori. ff. de donat. inter vir. & uxor.* Auſſi le mari en peut recevoir quelque profit, parce qu'il doit joüir de la maiſon, tant que le mariage durera. Mais s'il avient que la femme ſurvivante renonce à la communauté de ſon mari; eſt à demander ſi les heritiers du mari ſeront recevables à repeter les frais que le mari a faits pour bâtir en l'heritage de ſa femme? Et ſemble être bien raiſonnable: car la femme qui renonce à la communauté ne doit remporter autre choſe que ſes convenances; & n'y a raiſon, puis qu'elle fait ce deshoneur à ſon mari, qu'elle profite du bien de lui. Toutefois la Cour de Parlement en la grand' Chambre jugea autrement pour Catherine Pierre, veûve de feu Maître Jean Veron ſieur de Bornai, contre les heritiers de feu Guillaume du Coing, deſquels ledit Veron avoit été tuteur; & fut diſtraite des criées une maiſon que ledit Veron avoit bâtie en l'heritage de ladite Pierre ſa femme. Et n'étoit l'autorité de la Cour, il ne pourroit entrer en ma tête que cela ſoit raiſonnable. Toutefois étant ainſi jugé; je croi que leſdits heritiers euſſent pû, & pourroient avoir recours contre ladite femme, ou ſes heritiers, ſi par l'iſſuë des criées ſe trouvoit que les biens du mari ne fuſſent ſuffiſans pour aquiter la dette; *per actionem revocatoriam: quia ex eventu apparet fraudem factam eſſe creditoribus ab eo, qui cùm ſolvendo non eſſet, donavit vel expendit in utilitatem uxoris. Porrò cùm titulus eſt lucrativus, ſufficit hoc probare, quod donatarius locupletior ſit, etſi fraudem ignoraverit, l. qui autem. §. ſimilique modo. ff. quæ in fraud. credit.*

LE MARI MESME EN SUCceſſion de meubles, ne peut declarer ſa femme heritiere; ni le Maître de communauté, ſon parſonnier. Et ſi la femme, ou le parſonnier peuvent repudier l'heredité en fraude du mari, ou de la communauté?

XCVI.

LE mari eſt maître & ſeigneur des meubles & conquêts de la communauté, pour en diſpoſer à ſon plaiſir ſans le conſentement de ſa femme, par la Coûtume au chapitre *Des droits appartenans à gens mariez*, article 3. *Des confiſcations*, article 4. Ce qui s'entend des meubles en eſpece, ou droits particuliers. Car ſi le mari diſpoſoit univerſellement des meubles de la communauté ou faiſoit des donations aux enfans qu'il auroit d'un autre mariage, ou par autre façon diſpoſât qui ſembleroit être en fraude de ſa femme, la diſpoſition ne vaudroit. Car la Seigneurie lui eſt attribuée, *quatenus bona fides patitur, non etiam ut fraudibus via aperiatur.* Qui fait que toutes les obligations du mari ne tombent pas en la communauté: comme s'il eſt fidejuſſeur pour un tiers *ex puro officio amicitiæ*, s'il promet dot à la fille qu'il a d'autre mariage, s'il achete un office, ou fait dépenſe aux études pour ſon fils d'autre mariage; s'il décharge ſon heritage de quelque redevance, ou ſervitude réelle moïenant deniers; s'il eſt obligé pour ſon délit. En tous leſquels cas la femme n'eſt pas tenuë, *etiam* qu'elle ſoit arrêtée à la communauté aprés le decés de ſon mari; parce que tels negoces *ſunt extra cauſam ſocietatis.* Par la même raiſon ſi à la femme avient une heredité mobiliaire de ſon parent; combien qu'il ne ſoit queſtion que de meubles, le mari ne pourra pas declarer & faire ſa femme heritiere ſans l'exprés conſentement d'elle: attendu que la qualité d'heritier une fois priſe par elle, peut la charger plus avant que ne montent les meubles de l'heredité. Car les autres biens de l'heritier ſont affectez aux charges hereditaires; qui fait que la geſtion d'heritier ſurpaſſe le pouvoir que le mari a és biens de ſa femme. Ainſi dirai-je que le maître de communauté és villages, qui a puiſſance en l'adminiſtration des meubles de tous ſes parſonniers, ne peut accepter une heredité échûë à l'un deſdits parſonniers ſans le conſentement de lui. Par argument de ce, il ſe dit, qu'un pupille ne ſe peut dire heritier avec ſa ſeule autorité; mais par neceſſité eſt requis l'autorité d'un tuteur, *l. obligari. ff. de auct. tut. ſicut in cæteris, quæ ſolemnitatem juris deſiderant l. curatorem. cod. tit. Ideò quia tutor loco domini eſt, curator non eſt, l. interdum. §. qui tutelam. ff. de furt. Et facit l. cùm in una. §. 1. ff. de appell.* Qui montre que pour la declaration d'heritier, le conſentement d'un ſimple adminiſtrateur ne ſuffit pas. Or puis que cela dépend de la ſeule volonté de celui qui eſt habile à ſucceder, je croi qu'il peut repudier; & ne peut la femme être contrainte par ſon mari, ni le parſonnier par le maître, de dire heritier: *neque cauſari poſſunt id fieri in fraudem; quia fraudem non facit, qui omittit jus quod ſola voluntate acquirere poterat, l. qui autem. ff. quæ in fraud. cred.* A ce que deſſus fait la loi, *quòd ſi ea. ff. de officio procurat Cæſ.*

SI L'ASSOCIATION DE TOUS biens, comprend les ſucceſſions à écheoir, quand il n'eſt dit, biens preſens & à venir Et ſi elle ſe continuë entre les heritiers de ceux qui ont convenu?

XCVII.

LEs paroles generales doivent être entenduës ſelon que vrai-ſemblablement eſt l'intention de celui qui parle, *ne videatur liberalitas captioſa, l. cùm Aquiliana. ff. de tranſact.* Et quand quelqu'un diſpoſe ſans uſer du verbe du temps futur; il eſt reputé diſpoſer ſeulement de ce qui preſentement & à l'heure de la diſpoſition eſt ſien, *neque videtur de futuris cogitare, l. ſi ita legatum. ff. de auro & arg. legato. l. uxorem. §. teſtamento. ff. de legat. 3. & l. nomen. §. filio. eod. nec ſolùm in teſtamentis, ſed etiam in contractibus tempus contrahendi inſpicitur; non quod poſteà accidit, l. Rutilia Polla. ff. de contrah. empt. l. ſi filiusfam. ff. de verb. oblig.* Pourquoi il semble, que quand aucuns font association de tous biens, sans ajoûter ces mots, *presens & à venir*, les successions à écheoir ne sont comprises; mêmement parce qu'il ne doit être vrai-semblable qu'on veüille traiter des successions non échûës; *cùm lex dicat improbum esse eum qui sollicitus sit hæreditate viventis, l. 2. §. interdum. ff. de vulg. & pupil. subst.* Et parce que ordinairement on n'a accoûtumé de faire association de successions à écheoir : ce qui fait *quòd in generali sermone non comprehendantur*; par la raison de la loi *vel universorum. ff. de pignor. act.* Le contraire sembleroit être decidé *in l. 3. §. cùm specialiter. ff. pro socio*, en ces mots, *cùm specialiter omnium bonorum societas coita est, tunc & hæreditas & legatum, & quod donatum est, aut quacumque ratione acquisitum, communioni acquiritur.* Mais il faut noter que ces mots, *donatum & acquisitum*, sont participes du temps preterit, qui signifient les choses données & aquises auparavant; & non pas celles qui doivent être données à l'avenir. Comme s'il vouloit dire, quand il y a societé de tous biens, non seulement les choses venuës par labeur & industrie des associez (*nam ad ejusmodi bona videtur aptari societas, l. coiri. eod. titulo*) mais aussi les biens qui sont venus par donation ou succession, sont compris : & ne fait ledit *§. cum specialiter.* aucune mention des successions à écheoir. Et quant au *§. de illo.* qui est suivant, il n'est contraire : car la paction est speciale & expresse pour les successions à écheoir; en ces mots, *si qua justa hæreditas obvenerit.* Bien crois-je que la societé étoit de tous biens & successions, ores qu'il ne fût dit, à venir, qu'il se pourroit entendre des successions à venir. Car celles qui sont ja échûës, à parler proprement, ne sont plus successions, mais par confusion sont faites une même masse & même patrimoine, que celui que l'heritier avoit auparavant.

Nous avons dit ailleurs qu'és familles de village, que nous appellons *communautez*; il n'y a pas dissolution par la mort d'un ou deux parsonniers; ains que la societé se continuë *etiam* avec mineurs, & par subrogation de personnes, tant qu'il n'y a point de dissolution expresse, ou partage : parce que ce ne sont societez telles; comme celles du droit des Romains, *quæ morte unius ex sociis dissolvuntur, etsi plures supersint, l. actione §. morte. ff. pro socio.* Ains se sont comme corps, colleges, familles & Universitez, *l. pronuntiatio. §. familiæ. ff. de verb. signif.* Or si la communauté & societé a été contractée entre aucuns, de tous biens presens & à venir (en quoi sont compris les immeubles presens, & les successions à écheoir) la question seroit si cette communauté ainsi ample, devroit être transmise aux successeurs, & autres qui n'ont contracté ? Mais je croi que non : parce que cette sorte de communauté est extraordinaire, & non accoûtumée. Pourquoi il est à propos de la restraindre, & faire qu'elle soit personnelle, & non transmissible aux heritiers; *quia verisimile, quòd quisque sociorum personam elegerit affectione speciali, cum qua talem societatem voluerit contrahere, l. cùm patronus. ff. de legat. 2. l. cùm unus. ff. de aliment. legat.* Pourquoi je dis que la continuation des societez est seulement pour les biens, qui ordinairement sont communicables; meubles faits, meubles & conquêts à faire.

Mais si la societé est de tous biens meubles & immeubles faits & à faire, comme il se voit souvent és contrats de mariage des gens de village; j'ay conseillé quelquefois, & suis encore d'avis, que les successions à écheoir n'y sont pas comprises. Car les mots, *faits & à faire*, regardent l'opération & ministere des personnes, comme sont conquêts : mais les successions échéent & aviennent sans le labeur, industrie ni operation des personnes.

EN CAS QUE DURANT LA communauté soit acheté le bordelage dû sur l'heritage de l'un des parsonniers, si c'est conquêts?

XCVIII.

SE pourroit dire que pour la part que le parsonnier Seigneur util bordelager a és deniers de l'achat du bordelage, que le bordelage est éteint; & que pour les portions, que les autres parsonniers ont és deniers de l'achât, que c'est conquêts pour eux. Mais je croi qu'il se doit dire que le bordelage est éteint pour le tout, à la charge que le parsonnier, au profit duquel l'extinction est faite, remboursera ses parsonniers, pour leur part des deniers déboursez; *ad instar* que la Coûtume dit, quand durant la communauté est aquis un heritage, qui est de l'estoc de l'un des parsonniers. Aussi le droit de societé qui est comme un droit de fraternité, *l. verum. in princip. ff. pro socio.* doit faire croire que ce qui a été geré, ait été geré par la façon la plus honnête & bienséante, que faire se peut *ut etiam si vivus sibi soli gerere voluerit, tamen in utilitatem aliorum gessisse censeatur, l. ult. §. quatuor. ff. de legat. 2. Et quia inter reum & fidejussorem nascitur actio mandati, quod in mero officio amicitiæ consistit, l. 1. ff. mandati, & Cicero in oratione pro Roscio Amerino ; ideò dicimus quòd fidejussor, si emerit pignus à creditore, etiamsi maximè suo nomine emerit, tamen lex censet quòd in utilitatem ejus pro quo fide jusserat, pignus luerit, non autem sibi emerit l. 1. C. de dolo, l. 2. & l. cùm secundus. §. 1. ff. de distract. pignor. l. si mandato. 2. §. 1. ff. mandati. Sic & aliàs propter pudorem & existimationem lex præsumit aliquid factum esse, etsi mens facientis contraria fuerit præsumptioni legis, l. Quintus Mutius. ff. de donat. inter vir & uxor.*

S'IL EST DEU RECOMPENSE, quand l'un de ceux qui a part en l'heritage a joüi du total?

XCIX.

LA Coûtume de l'an 1534. au chapitre *Des communautez*, article 114. dit, que celui qui se sert de la chose commune & indivise, n'est tenu d'en faire profit à l'autre, sinon qu'il ait été sommé de ce, ou de diviser. Ce qui doit être entendu avec temperament; à sçavoir que si l'usage & fruit de la chose est individu, & les parts n'en soient pas analogiques, comme d'une maison, en ce cas l'article se doive pratiquer. Car celui qui a un tiers en une maison, s'il y va demeurer, ne sera tenu d'en faire profit aux autres, *quia parte sua uti non potuit, quin promiscuè uteretur; nec enim est certa proportio unius cubiculi, vel cœnaculi ad alterum. Ita etiam decidit Corneus consil.* 186. *vol.* 1. *& allegat l. usus pars. ff. de usu & habit. & glo. in l. Sabinus. ff. commu. divid. & Angel. Imolam, & Ponta. in l. duo fratres. ff. de adq. hered. Et vera decisio est in d. l. usus pars, iis verbis, frui pro parte possumus, uti pro parte non possumus. Et satis aptè facit l. si ut certo. §. si duobus. ff. commod. in iis verbis, Usum balnei, vel campi uniuscujusque in solidum esse; neque enim minus me uti, quod & alius uteretur.* Mais si le fruit & usage peut recevoir division de sa nature; en sorte qu'une part ait proportion certaine avec l'autre, comme és gerbes de blé crû en un champ labourable, en la vendange, és prés, és redevances; je croi que celui qui n'a qu'un tiers; qui prend le tout est tenu d'en faire raison & restitution à chacun des autres, ayans part pour sa portion; *quia potuit frui pro parte, & cæteras partes non attingere. Maximè, si sciebat se coheredem, vel socium in eo prædio habere; quo casu non posset sine mala fide præripere sibi portionem cæterorum, quod lex non præsumit, l. merito. ff. pro socio.* Encore si celui qui joüit de la maison, ou autre heritage, dont le fruit & usage est individu, porte quelque qualité qui le rende tenu & obligé de procurer le profit des autres ayans part; comme si c'est un tuteur, qui a portion en une maison avec son pupille; je croi qu'il est tenu de rendre compte des profits qu'il en eût pû retirer en la baillant à loüage, *nam à se ipso exigere debuit hoc officium, l. quoties. §. item si. ff. de administ. tut.* Aussi si c'est un bois de paisson pour les porcs, ou un pâtureau propre pour engraisser bœufs & vaches, si celui qui n'y a qu'un tiers; n'y a mis que le tiers des porcs, bœufs, & vaches que le bois ou pâtureau pouvoit raisonnablement porter, je croi qu'il ne doit faire part. Mais s'il a chargé le bois, ou le pâtureau de toute la quantité de bêtes, qu'il pouvoit porter, je croi qu'il est tenu de satisfaire aux autres de la portion que le loüage & accense du bois, ou pâtureau eût pû porter; *eò quod non solùm usus, sed etiam fruitus sit pro toto. Nam fructus qui de se indivisus est, per numerum animalium dividi potest, l.* 1. *§. item quæritur. ff. de aqua quotid. & æstiva, l. usufructuarium venari. ff. de usufr. & quemadmod. &c.*

SI LA FEMME OBLIGÉE sans autorité de son mari, est tenuë aprés le mariage dissolu?

C.

CETTE question a été agitée & traitée diversement. Les uns disant que l'obligation d'une femme mariée sans autorité de son mari est nulle precisément & absoluëment: en sorte qu'aprés le mariage dissolu la femme n'en est tenuë, non plus que si un pupille s'obligeoit sans l'autorité de son tuteur. Les autres disans que la nullité n'est pas precise, mais causative, entant que touche l'interêt du mari; parce que la femme est sous sa puissance. Les nouvelles Coûtumes, reçûës depuis ving-cinq ans, tiennent la premiere opinion, que la nullité est precise & perpetuelle; même la nouvelle Coûtume de Paris, article 223. & auparavant lesdites Coûtumes, du Molin avoit tenu cette opinion en l'annotation sur l'ancienne Coûtume de Paris, article 114. & sur la Coûtume de Sens, article 110. & blâme de temerité de jeunesse ceux qui tiennent le contraire. Ceux qui soûtiennent cette opinion prennent argument en subtilité de droit sur ces mots, *La femme ne peut*, qui emportent necessité precise, selon ce qui est dit *in cap.* 1. *de regul. jur. in Sexto.* Et peut-être se pourroit alleguer ce qui étoit de l'ancienne loi des Romains, que les femmes qui entroient en mariage par convenance en la main du mari, & étoient faites meres de famille, étoient diminuées de chef, c'est à dire n'étoient reputées faire chef en la Republique, & changeoient d'état; qui les rendoit inhabiles de traiter, comme étoit inhabile un fils de famille, ou un qui étoit adopté: & celles qui n'toient mariées, étoient sujetes à tutelle perpetuelle; ainsi que dit Boëtius sur les Topiques de Ciceron *in loco, Ab adjunctis.* Et Ciceron en l'oraison *pro Murena* dit, que les femmes étoient pour toûjours en la puissance de tuteurs, à cause de l'infirmité de leur jugement. Cesar és Commentaires de la guerre Gallique, *lib.* 6. dit que la puissance des maris sur les femmes és Gaules étoit si grande, que les maris avoient sur elles puissance de mort & de vie. Qui est la même puissance que les peres, selon le droit des Romains, avoient sur leurs enfans de famille. Et suivant ce étoit la formule de l'adoption qui se faisoit à Rome *lege curiata*, ainsi que recite Aule-Gelle. Toutefois il me semble que l'autre opinion est plus probable, que la nullité n'est pas precise, ains causative, entant que touche l'interêt du mari. Car la personne de la femme est libre, & si elle n'étoit mariée, & fût en âge competent pour contracter, nul ne douteroit qu'elle ne pût valablement contracter & s'obliger. Pourquoi nous ne devons nous aider de cette ancienne loi des Romains, que les femmes fussent en perpetuelle tutelle. Car si ce n'est en minorité, ou en mariage, les femmes au fait des contrats, sont en liberté comme les hommes. C'est donc la puissance du mari, qui les empêche de contracter. Cette puissance n'est pas empêchement essentiel, & en la même personne de la femme; mais en dehors & par accident. La femme donc en soi est habile à contracter; & l'accident qui l'empêche étant ôté, son obligation qui a pris source de sa volonté (en laquelle elle étoit libre) reprend sa vigueur, qui étoit obombrée & couverte par la puissance de son mari. Pour cette distinction des nullitez precises ou causatives, peut être ramentû ce qui est dit *in l. 4. §. planè si non. ff. de fideicom. libert. & in cap. ult. de officio ordinar. in Sexto.*

SI LA FEMME POUR LA puissance du mari, pour la communauté, & pour le doüaire est reputée femme par les paroles de present, & par le mariage en Eglise autre que sa paroissiale?

CI.

EN ce qui est du fait de conscience, & devant Dieu, le mariage est reputé accompli, quand les deux (mâle & femelle) ont dit l'un à l'autre, qu'ils se prennent à mari & à femme, qui est ce qu'on appelle les paroles de present, *Je te prens à femme, Je te prens à mari.* Qui est en comparaison des paroles de futur, *Je te promets de te prendre à femme. cap. licet. ext. de sponsa duorum. cap. ex parte. ext. de sponsal.* Les Canonistes ont étendu ce propos en ce que si aucun, aprés les paroles de futur, connoît charnellement celle à qui il a promis, le mariage est tenu pour accompli, *cap. is qui ext. de sponsal.* Mais en ce qui est du droit civil & politique, pour le fait des biens & autres accidens dépendans du mariage, ils ne sont tenus pour mari & femme jusques à ce que le mariage ait été publié & solemnisé publiquement en face de la sainte Eglise. Et ainsi dit nôtre Coûtume au chapitre *Des droits appartenans à gens mariez*, article 1. & *Des Doüaires*, article 1. la sainte Eglise signifie deux choses; le lieu saint où les Chrétiens s'assemblent, pour les choses saintes, & l'assemblée des Chrétiens. Je croi que pour cette solemnisation les deux sont requis, afin que publiquement il soit témoigné qu'ils sont mari & femme, & que ce soit chose notoire. Et n'est assez que le mariage soit celebré en presence de plusieurs personnes, mais faut que ce soit en lieu public à heure d'assemblée ordinaire de peuple avec les ceremonies accoûtumées; autrement il est reputé fait clandestinement, *Abb. in cap. ex tenore. ext. qui filii sint legitimi, & in cap. ult. ext. de cland. despons. Et facit quod tradit Bart. in l. ult. ff. de ritu nupt. Marian. Socinus, consil. 31. & 86. vol. 2. Et facit quod tradit Molin. in annot. ad Consuet. Angolis.* article 40. Qui est cause qu'en France n'est pas usité de prendre instrument pardevant Notaire, pour le témoignage de l'accomplissement de mariage; parce que la notorieté & la publication y sont. En autres Provinces, où l'on ne pratique d'aller à l'Eglise en assemblée, ils pratiquent de faire instrument pardevant Notaire pour témoigner le mariage. Par l'Edit de Blois, article 40. est défendu aux Notaires de recevoir en contrats de mariage les paroles *de present*; parce qu'elles doivent être dites & executées en assemblée publique, au lieu accoûtumé, & aprés proclamations de bans. Pourquoi je croi que les mariages, qui sont faits en autre Eglise que la paroissiale des mariez, qui sont faits à heures induës & non accoûtumées pour l'assemblée du peuple Chrétien, & en presence de peu de personnes, ne doivent être reputez mariages, pour l'effet des cas de droit civil; à sçavoir pour la puissance du mari, pour la communauté & pour le doüaire; voire aussi pour la legitimité des enfans. Même quand il n'y a eu proclamation de bans, contenans quelque certitude pour avertir ceux qui y peuvent avoir interêt. Auquel cas quand il n'y a eu proclamation de bans, & qu'il y a quelque empêchement secret, celui des deux mariez qui pourroit être en bonne foi, n'est excusé par son ignorance de fait, & sont les enfans non legitimes: lesquels autrement seroient legitimes en cas de proclamations de bans, à cause de la bonne foi de l'un des deux mariez, qui ne sçauroit pas l'empêchement, *cap. cùm inhibitio. §. si quis verò. ext. de clandest. despons.* Les Romains avant le Christianisme avoient une ceremonie de l'eau & du feu, qui témoignoient que lors, & non autrement, ils devenoient mari & femme legitimes, *l. Seia. §. 1. ff. de donat. inter vir. & ux.* Et Ovide au livre 2. de *arte amandi* met ces vers:

Quos faciet justos, ignis & unda viros.

Vrai est quand l'obligation, qu'on appelle *fœderis*, que les paroles *de present* font le mari & la femme, pour les obliger en conscience; mais non quant au fait des biens, & autres choses, qui sont du droit civil.

SI TOUTES DONATIONS de mari à femme en traité de mariage valent, si une vieille épouse un fort jeune homme, & lui donne, ou si un tiers donne aux mariez?

CII.

LEs anciens Romains, amateurs du vrai & solide honneur, qui toûjours est accompagné de vertu, on estime que la vraïe peste, ou poison de l'amitié, qui doit être en mariage, est quand l'un des deux mariez desire s'enrichir au dépens de l'autre, comme si l'amitié estoit venale. Et disoient que l'amitié honnête avoit proprement son siege au cœur. Ainsi se dit *in l. 1. 2. & 3. in princip. ff. de donat. inter vir. & ux.* Vrai est que lesdites loix parlent des donations qui se font durant le maria-

ge:

ge : mais la même raison est en celles qui se font au traité ; car c'est comme qui diroit, *Je ne vous aimeray point, je ne vous épouseray point, si vous ne me donnez tant* : dont il y a quelque propos en la derniere Question cy-aprés. C'est exposer l'amitié en vente : & celle qui une fois aura declaré son cœur tel ; faut connoître que durant le mariage elle ne voudra s'abstenir de profiter : car ce desir d'avoir ne s'appaise pas pour avoir esté une fois accompli, & va toûjours en croissant.

Quo plus sunt potæ, plus sitiuntur aquæ

Dit le même Ovide *lib.* 1. *Fastor.* Et outre ce, y a peril qu'en prenant d'un homme pour s'enrichir, on se laisse aller pour prendre d'un autre ; si l'occasion se presente. Aussi les mêmes loix des Romains n'ont pas approuvé indistinctement les avantages que l'un des mariez fait à l'autre en traité de mariage, & avant icelui accompli ; ains ont voulu qu'il en fut jugé, *ex causa, l. si ita stipulatus. §. si tibi nupsero. ff. de verb. oblig.* Selon ce, je voudrois dire que si une vieille étant hors d'âge de faire enfant, épouse un jeune-homme, ou de moïen âge, gaillard & bien dispos, & que par le traité de mariage elle lui fasse des donations & avantages ; ou bien sans faire donation de paroles, elle l'associe avec elle en communauté de grands biens qu'elle a, lui étant pauvre ; que le mariage n'est point vrai mariage, ains concubinage, de tant plus infame ; parce que cette vieille, en démangeaison de fole amour, achete des conditions pour son seul plaisir, sans esperance de lignée : & est de tant plus detestable qu'une putain ; parce qu'une putain peut être étant pauvre, ou avaricieuse cherche à gagner & profiter en s'abandonnant ; & cellecy s'appauvrît pour être caressée. Et de tant plus encore detestable, parce qu'elle se sert du pretexte honnête du mariage pour violer & couvrir ses ordes & sales concupiscences ; esquelles elle se veut asseurer, pour ne pouvoir être abandonnée quand ce jeune-homme commenceroit à s'ennuyer de la vieille, & du bas ; qui fait qu'elle l'achete cherement. Les Romains avoient la loi Papie, qui declaroit nuls les mariages des femmes âgées de plus de cinquante ans, si elles épousoient un homme âgé de moins de soixante ans. Je ne voudrois blâmer indistictemẽt & simplemẽt le mariage des vieilles, ores qu'elles fussent hors d'âge de faire enfans, quand elles épousent hommes de pareil, ou plus grand âge, ou approchant. Car le premier & principal bien du mariage est l'amitié & le secours que l'un attend de l'autre ; la lignée est le second bien ; & ce n'est pas le seul bien. Aussi nôtre Coûtume parlant des donations mutuelles d'entre mari & femme, desire que l'un deux ne soit âgé plus, ou moins que l'autre de dix ans. Il est fort malaisé que le jeune homme, ayant épousé la vieille, aprés quelque temps ne soit ennuyé d'être couché toûjours auprés d'une bûche de bois, & que cet ennuy ne lui donne envie d'aller chercher conditions plus avantageuses pour son plaisir. La vielle en grognera, & le jeune adulterera ; & il est impossible que l'amitié soit en ce ménage. Pourquoi j'estime que les donations, qu'on dit être tant favorables en faveur de mariage, sont celles que les tiers font en faveur des mariez, ou l'un d'eux, & non celles que les mariez se font l'un à l'autre.

QUE C'EST DE FEMME MARchande publique ?

CIII.

LA Coûtume de l'an 1534. au chapitre *des droits appartenans à gens mariez*, article premier, dit que la femme mariée ne peut contracter, ny ester en jugement, sinon qu'elle fût marchande publique, ou fit autre negotiation son mari le sçachant. Sur la dispute, qui, estoit de l'interpretation de *Marchande publique*, il a esté fait un article en la nouvelle Coûtume de Paris, qui est le deux cens trente cinquiéme qui porte, que la femme n'est reputée marchande publique, quand elle debite la marchandise, dont son mari se mêle ; ains quand elle fait marchandise separée, & autre que celle de son mari. Nôtre Coûtume parle plus simplement : aussi sa raison & son effet sont plus amples. Car és maisons de gens mariez peuvent être affaires autres que de marchandise ; & le maniément d'une femme en la marchandise du mari, peut être autre que de debiter ; c'est à dire, distribuer par le menu la marchandise, dont son mari se mêle. *Quid enim* si le mari est receveur du Roy, ou d'aucun Seigneur, & fermier & accenseur ; est Seigneur de grands biens, dont il fait la recepte par ses mains ; ou a en sa proprieté aucuns domaines aux champs qu'il exerce non seulement par le labourage, mais aussi par nourriture & amendement de bétail pour le vendre ; ou a accoûtumé de faire achat & amas de blés, vins & autres denrées, qu'il achete par le menu & les revend en gros, comme à fournitures, ou à tonenaux, ou à muids ; & telles autres negotiations ou ménagemens ? Et à son sçû & patience, sa femme s'entremet de faire la recepte, écrire en son journal, bailler quittance, compter avec ceux qui doivent, acheter bétail pour l'exercice des domaines, ou pour la negotiation, acheter blé, vin & autres especes, & faire les reventes, ou y assister ? Tous lesquels actes sont le même exercice de son mari : dirons-nous que la femme ne puisse en tels actes, obliger son mari ? Je croi qu'il ne faut pas desirer qu'en chacun desdits actes, ou une fois pour tous le mari vienne à autoriser sa femme, & en faire declaration ou publique, ou à ceux qui ont à traiter avec elle ; ains suffit à celui qui a traité avec elle, de montrer & prouver que le mari a accoûtumé d'employer sa femme en tels actes, ou à son vû & sçû endurer qu'elle les exerce. Car la seule patience de celui qui commande en tout le negoce, & qui a en sa sujetion celui qui exerce le negoce, a semblable effet, comme si par exprés il l'avoit proposé & commis, *l. ult. ff. quod cum eo qui in alien. pot.* Et mêmement si cet exercice de negoces, auquel cette personne sujete s'employe, est selon la coûtume & usance du pere de famille, *l. vel universorum. ff. de pignor. act. l. dominus §. testamento. ff. de pecul. leg.* Et en general il se dit de ceux qui ont puissance de commander, & en commandant d'empêcher, que leur science & patience sans l'empêcher vaut consentement & commandement, *l.* 2. *&* 3. *ff. de noxal. act. l. scientiam. in princip. ff. ad leg. Aquil. Etiam*, aux autres qui n'ont point de commandement & superiorité, mais en contredisant peuvent empêcher, il se dit que leur patience emporte consentement, *l. Sabianus. ff. communi divid. l. sæpè. ff. de re jud. l. cùm ostendimus. §. ult. ff. de fidejuss. aut. l. fidejussor. §. pater. ff. de pignor.* Doncques en prouvant que la femme a accoûtumé au vû, sçû & patience de son mari de s'entremettre en tels negoces; je croi que le mari est tenu *utili actione institoria* de la negotiation & autres actes faits en icelle; mêmement si avec verisimilitude & probabilité l'apparence est que le negoce, dont est question, soit avec bonne foi, & n'excede pas les termes raisonnables de la même negotiation. Car la loi desire quelque soin & quelque diligence avec bonne foi en celui qui traite avec un institeur pour sçavoir par lui la cause; & si la clause desire bien telle dépense; comme il est bien declaré par le menu, *in l. ult. ff. de exercit. actione.*

QUELLE AUTORITÉ EST *requise à la femme pour tester, & si la femme autorisée par son mari peut tester au profit de lui?*

C I V.

NOSTRE Coûtume, qui défend à la femme mariée de tester sans autorité de son mari, semble déraisonnable, & est presque seule en France. De vrai selon la subtilité de droit, le testament ne doit aucunement dépendre de la puissance & autorité d'autrui; ains faut que la volonté soit toute & de tous points libre à celui qui teste, *ut in nullo pendeat ex alieno arbitrio, l. illa, l. captatorias. ff. de hæred. instit.* Et faut que telle liberté & état de volonté soit au même temps que le testament se fait, & ne suffit pas que ce soit au temps que le testament meurt, *l. 1. §. exigit. ff. de bonor. poss. secundum tab.* De là vient que selon les loix des Romains, si le fils de famille fait testament, puis avant mourir il soit émancipé, ou autrement vienne à ses droits, le testament n'est pas confirmé, qui dés le commencement estoit nul, *l. si filiusfam. ff. de testam.* Que si nous tenons que la femme soit si étroitement en la puissance de son mari, comme le fils de famille est en la puissance de son pere, ou le pupille en la puissance de son tuteur, il faut inferer que la femme ne peut aucunement tester: car selon les raisons susdites: qui est en puissance d'autrui, ne peut aucunement tester; & ne lui peut aider l'autorité du mari, non plus que l'autorité du tuteur au pupille pour tester. Mais cy-dessus Qustion 100. j'ay dit, que cette puissance du mari sur sa femme n'est point si exacte; que ce qui est fait par la femme sans autorité de son mari soit precisément nul, ains doit être nul, entant que touche l'interest du mari; car *alioqui & remoto obstaculo potestatis maritalis*, la femme est en état & liberté de disposer par contrat ou testament: & parce que l'effet du testament de la femme ne peut jamais porter interest, perte ou prejudice au Mari, entant que ledit effet se rapporte aprés le decés de la femme, auquel temps les biens d'elle sont du tout hors de la puissance du mari, il semble que le mari n'a que voir, ni que faire au testament de sa femme pour l'autoriser. Mais nôtre Coûtume étant telle, la femme doit requerir l'autorité de son mari; & s'il refuse, la Justice peut l'autoriser. Et si le mari l'autorise; neanmoins elle peut tester au profit du mari. Mais le mari l'autorisera simplement pour faire testament, *neque dicetur in rem suam auctor fieri, l. 1. ff. de auct. tut.* toutefois il fera mieux de n'être present au testament; & que l'acte porte, qu'aprés l'autorité prêtée il s'est retiré, à ce que sa presence ne semble avoir servi d'induction.

QUAND LE MARI VEND *les heritages propres de sa femme, ou les accense à longues années, quel droit aquiert l'accenseur, ou aquereur?*

C V.

PAR la Coûtume au chapitre *Des droits appartenans à gens mariez*, article 4. n'est permis au mari de disposer entre-vifs; ou pour cause de mort des propres heritages de sa femme, sans l'exprés consentement d'elle, & la disposition faite au contraire est declarée nulle. Mais si de fait il aliene, ou baille en accense à longues années, qui est espece d'alienation, on demande, si la femme constant le mariage pourra agir par action petitoire pour revoquer cette alienation; & contraindre l'aquereur, ou preneur de se desister. Ce qui sembleroit de prime-face: puis que la Coûtume declare la nullité. Toutefois pour deux raisons se doit dire que la femme ne peut, & ne doit, durant le mariage, intenter cette action; L'une, parce qu'elle offenseroit l'amitié & l'honneur qu'elle doit à son mari, qui par l'occasion de telle action pourroit être recherché de crime, comme ayant vendu chose non sienne, & qu'il ne peut garantir; & la loi blâme les femmes qui preferent leur profit à l'amitié maritale, *l. reprehendenda. c. de instit. & subst. sub cond. fact.* En consequence aussi de cette raison, je voudrois dire que la prescription ne commenceroit à courir contre la femme, pour autant de temps que le mariage; d'autant qu'elle n'auroit pû agir. Car selon la doctrine des Jurisconsultes, les choses, qui ne se peuvent faire sans offenser l'honneur, pieté & bonne reputation, sont reputées impossibles, autant bien que si de fait elles ne pouvoient être faites, *l. filius ff. de condit. instit.* Or jamais la prescription ne court contre celui qui ne peut agir, *vel de jure, vel de facto, l. 1. in fin. C. de annali except.* De même diray-je, si le mari & la femme ont vendu ensemble l'heritage de la femme avec obligation solidaire, & la femme soit mineure, que le temps de dix ans aprés les vingt-cinq ans, qui revient au trente-cinq ans, de l'Ordonnance de l'an 1539. ne coura contre la femme durant le mariage. Car si elle se faisoit relever, son mari seroit appellé à garant, à cause de l'obligation solidaire, & elle seroit en la même peine d'offenser son mari *per indirectum.* Jaçoit que en tel cas se puisse probablement dire, que quand la femme mineure a vendu avec ſon mari majeur, icelle femme ſe faiſant relever *ex capite minoris ætatis*, le mari doive auſſi eſtre relevé par conſequence neceſſaire. Car s'il n'eſt relevé, il ſera condamné aux dommages & intereſts à faute de pouvoir garantir. Ces dommages & intereſts qui ſe doivent liquider en deniers, *l. ſi quis ab alio §. 1. ff. de re jud.* ſe prendront en la communauté d'entre le mari & la femme: partant la femme ne ſeroit relevée avec effet, puis qu'elle porteroit la moitié de ces dommages & intereſts. L'autre raiſon, pour laquelle la femme n'eſt recevable durant le mariage, eſt que la vente faite par le mari peut valoir pour le droit que le mari a en l'heritage, qui eſt de faire les fruits ſiens *jure mariti*, tant que le mariage durera; *& cum qui rem non propriè ſuam vendit, videtur vendere jus quod in ea re habet*; *l. qui tabernas. ff. de contrah. empt. l. ſi domus. §. ult. ff. de legat.* 1. Partant quand bien elle intenteroit action petitoire, il ne ſeroit pas dit que l'aquereur ſe départiroit preſentement; car il pourroit ſoûtenir avoir droit de joüir pour autant de temps que le mariage dureroit; & l'execution de la ſentence, qui ſeroit donnée ſur cette action petitoire, ſeroit differée aprés le mariage diſſolu. De même quant à l'accenſe à longues années. Mais ſi le mari durant le mariage a baillé à ferme & accenſé l'heritage de ſa femme pour trois, ſix, ou neuf années, & que l'uſance ſoit de faire les baux pour tel temps, la femme tiendra l'abſenſe, *etiam* aprés le mariage diſſolu: car tels baux ſont actes d'adminiſtration & ménage ordinaire, *l. ſi filio. §. ſi vir in quinquennium. ff. ſoluto matrim. l. vel univerſorum. ff. de pignor. act. facit l. in venditione. §. 1. ff. de bonis auct. jud. poſſ.*

QUEL EST L'EFFET DE CE que la Coûtume dit, Que le mari peut diſpoſer des meubles & conquêts à ſon plaiſir, ſans le conſentement de ſa femme?

CVI.

LA Coûtume de l'an 1534. au chapitre, *Des droits appartenans à gens mariez*, article 3. permet au mari de diſpoſer par contrats entre-vifs à ſon plaiſir, ſans le conſentement de ſa femme, des meubles, credits & conquêts. Et au chapitre *Des confiſcations*, article 4. ſe dit, que le mari eſt ſeigneur des meubles & conquêts; ce qui emporte droit de proprieté, le mot de Seigneurie ſignifiant ce que les Latins diſent *dominium*. On demande, ſi le mari & la femme par convenance expreſſe au traité de leur mariage, ſont faits communs aux conquêts, qui auparavant auroient été par eux faits, ſi le mari pourra diſpoſer ainſi librement de la part de ſa femme ſans le conſentement d'elle. Je croi que non. Car en conferant ledit troiſiéme article avec le ſecond, au chapitre *Des droits appartenans à gens mariez*, ſe connoît que ladite liberté eſt ſeulement pour les conquêts faits par les deux mariez enſemble. Et il y a grande raiſon, parce que le mari vraiſemblablement apporte plus d'induſtrie & moïens pour augmenter la communauté que ne fait la femme, qui doit être cenſée y avoir part par le bienfait de ſon mari, interpreté & reçû par la Coûtume; & partant la libre diſpoſition lui en eſt permiſe. Ce qui ne ſe peut pas dire à l'égard des conquêts, qui ont été faits auparavant leur mariage. Cette liberté n'eſt pas en immenſité, & ſans regle: car le contrat de mariage eſt de bonne foi. Ce qui eſt prouvé en ce que l'action qui en reſulte, *quæ eſt rei uxoriæ actio*, eſt de bonne foi; *§. fuerat. Inſtit. de actionib.* Il y faut entendre & ſuppléer tout ce qui eſt *ex bono & æquo*, & en telle ſorte *ut ſemper abſit dolus malus*; *& quia judicia bonæ fidei ſemper in ſe continent doli mali exceptionem*; *l. ſed etſi ideò. §. ſed & ſi non, ff. ſoluto matrim. l. hujuſmodi. §. qui ſervum. ff. de leg. 1. l. tenetur. §. ult. ff. de actionib. empti.* Pourquoi faut dire, que le mari ne peut, & ne doit exercer cette puiſſance & ſeigneurie, qu'il a és meubles & conquêts, ſinon avec équité, moderation & raiſon. A quoi fait ce qui eſt dit, *in l. creditor. §. Lucius. ff. mandati*: où le mandement étoit tres-ſimple en ces mots, *Comme tu voudras, & comme ſeigneur de mes biens*; toutefois le mandement ſe doit exercer avec bonne foi. Et s'il le fait autrement, en cas que ce ſoit par contrat qui n'ait apparence d'être frauduleux, le contrat tiendra à l'égard de celui, avec lequel le mari a contracté: mais ſi le mari a fait fraude à ſa femme, je croi qu'il ſera tenu recompenſer ſa femme ſur le propre d'icelui mari *ratione doli*. Et ſi le contrat eſt tel, que celui qui a traité avec le mari, ait été participant de la fraude, ores que ce ſoit contrat onereux, ou bien ſi c'eſt contrat lucratif, & qu'il n'y ait participation de fraude de la part du donataire; je croi que la femme pourra en demander raiſon contre le tiers, qui a traité avec ſon mari. *Nam qui lucrativam cauſam habent doli exceptionem ex perſona auctoris patiuntur; etſi ſint ſingulares ſucceſſores*, *l. apud Celſum §. ſi quis autem. ff. de excepi. doli. Sic etiam revocatur ab eo qui donationem accepit, etſi ipſe fraudis exors ſit, ſi modò eventus fraudem habeat, l. qui autem. §. ſimilique modo. ff. quæ in fraudem cred. Porrò is qui fraudis particeps fuit, ex ſuo capite tenetur propter dolum.* Les cas particuliers dépendans des regles generales ſuſdites peuvent être, ſi le mari donne, ou vend le conquêt, ou donne ſomme notable, ou autre meuble de prix à l'un de ſes enfans qu'il a d'autre mariage, ou à quelqu'un de ſes proches parens, ſans le conſentement de ſa femme; s'il entretient aux études hors la maiſon les enfans qu'il a de ſon premier lit. Car je croi que la nourriture & entretenement des enfans que l'un ou l'autre des mariez a d'autre mariage, en ce qui ſe dépenſe en la maiſon, eſt des charges de la communauté, & n'y échet repetition, s'il n'y en a eu proteſtation. D'autant que le reſpet de pieté & amitié, qui a accoûtumé d'empêcher la repetition des alimens, a lieu non ſeulement en parentelle, mais auſſi en alliance & affinité, quand c'eſt à l'égard des deſcendans, *l. ſi paternis. C. de negot. geſt.* où il eſt parlé du beau-pere qui nourrit les enfans de ſa femme. Et peut avoir lieu auſſi en la parentele collaterale, *l. duobus. §. ult. ff. de negot. gest.* De même si le mari achete un office à son fils du premier lit ; si sondit fils a commis quelque délit, & il convienne faire grands frais pour le défendre, ou pour composer avec la partie civile qui a été endommagée : Si le mari constitué dot à sa fille, qu'il a d'autre mariage : S'il rachete quelque rente, qu'il eût constitué sur son heritage auparavant ce mariage, ou moïennant deniers décharge son heritage de quelque redevance, ou servitude : S'il se trouve plege & fidejusseur pour un sien ami par pur office d'amitié, & ne soit pas une plegerie d'association ou commerce, étant le mari compagnon au marché, ou à la ferme dont il est plege ; car en ce cas il est comme principal obligé. En tous ces cas, & autres semblables je croi que l'emploi des deniers communs, que le mari fait, est sujet à remboursement envers la femme. Et s'il en est encore dû quelque somme lors de la dissolution, la femme, ores qu'elle se trouve commune en biens, n'en sera tenuë, ni ses heritiers; *eò quòd ex ejusmodi negotiis nulla utilitas societati quæri potest.* Ainsi le tient & decide *Ludo Romanus consil.* 145. Et à ce font les textes de la loi, *si socius pro filia. ff. pro socio.* Pour la donation, *l. filiusfamilias ff. de donat.* & Chopin au traité *de privileg. rustic. lib. 3. cap. 4. in margine*, dit avoir été jugé par Arrêt le 30. Octobre 1555. Mr. le President Seguier prononçant; & par la fidejussion, *l. 1. ff. mandati.* Et la nouvelle Coûtume de Paris, article 225. parlant de cette liberté du mari, ajoûte ces mots, *Sans fraude.*

SI LE MARI PEUT EXERCER *les actions réelles pour l'heritage de sa femme ; & s'il peut être convenu en action petitoire, ou hypotecaire ?*

CVII.

COMME il a été dit cy-devant, le mari est maître & seigneur des meubles de la communauté de lui & de sa femme, & des conquêts faits durant icelle communauté, pour en disposer à son plaisir, avec raison & temperament. Et quant aux heritages propres de sa femme, il en est simple administrateur, ayant droit de les regir, en prendre les fruits, & les faire siens *jure mariti*, entant qu'il supporte les charges de mariage. Les loix des Romains disent qu'à nul n'appartient d'intenter & exercer les actions concernant la proprieté, sinon à celui qui a puissance d'aliener, *l. ait Prætor. §. quid sit autem. ff. de jure delib.* Pourquoi la mari seul ne pourroit se rendre demandeur en action petitoire pour l'heritage propre de sa femme, parce qu'il n'en est Seigneur. Mais en prenant sa qualité de mari, & donnant forme à son action que ce fût pour le droit qu'il y a comme mari ; je croi qu'il seroit bien recevable à l'action utile: *cùm lex dicat maritum esse dominum dotis, & posse rem dotalem vendicare, l. doce ancillam. C. de rei vend.* Aussi la loi dit *quòd utilis rei vendicatio competit ei qui jus in re habet ad instar domini ; licet verè dominus non sit, ut dicitur in superficiario, l. 3. §. penult. ff. de novi operis nuntiat.* Nostre Coûtume de l'an 1534. au chapitre *Des droits appartenans à gens mariez*, articles 5. & 6. n'a pas distingué assez apartement, selon mon avis, qu'elles actions le mari peut exercer, qu'elles non. Car ces mots, *droits réels*, sont trop genereux : entant qu'une action est réelle, qui est de reivendication pour meubles ; & toutefois le mari la peut exercer, côme aussi est dit trop distinctement, *actions personnelles & possessoires* : car si l'action est personnelle *in rem scripta*, l'issuë de laquelle emporte alienation, ou confirmation de la proprieté de l'heritage de la femme, comme une rescision de vente d'heritage, un retrait lignager, une action pour avoir delaissement d'un heritage fondée sur contrat ; je croi que le mari seul ne l'a peut exercer, & faut que la femme soit nommée, & soit partie en la cause. Comme aussi si l'action possessoire emporte le droit de proprieté, *ut sunt possessiones juris*, comme d'une heredité, je croi que le mari ne la pourroit exercer seul, sans l'assistance de sa femme. Doncques il me semble qu'il seroit assez à propos de reformer ces articles en cette sorte, *Que le mari seul peut agir & être convenu és actions personnelles, possessoires & petitoires concernant les meubles & conquêts de la communauté ; & és actions possessoires, pour l'heritage propre de la femme quand la possession est de fait. Mais és actions personnelles ou petitoires, qui concernent la proprieté de l'heritage de la femme, la femme à l'autorité de son mari ou de justice les peut exercer, & le mari seul ne peut.*

On demande si le mari peut être convenu en action petitoire, ou hipotecaire, comme detenteur des heritages appartenans en proprieté à sa femme. Aucuns on tenu l'opinion que non, prenans à raison de parti pareil que le mari ne peut exercer les actions réelles. Mais il y a bien de la difference d'agir, ou d'être convenu. *Nam qui agit rei vendicatione dominum se dicit. Sed reus in actione petitoria, vel hypothecaria possessor simpliciter dicitur : & debent ejusmodi actiones intendi contra possessores ea ratione quià possident : cùm utraque realis sit, l. 1. C. de alienat. jud. mut. causa facta : & Serviana nudam possessionem avocat, l. si cùm venditor. in princ. ff. de evictionib. l. si fundus. §. in vendicatione. ff. de pignorib. Et in hypothecaria non agitur de constituenda hypotheca, sed de declaranda. Et si quis egerit contra maritum vel actione petitoria, vel hypothecaria, cùm prædium uxoris esset, sententia nocebit marito tantùm pro eo jure, quod ipse habet in ea re ; nec fiet prajudicium uxori, quin iterum super ea re quæstionem movere possit, per l. si superactus. ff de pignorib.* Or puis que le mari peut exercer les actions possessoires pour l'heritage de sa femme, *sequitur quòd sit possessor. ; ideò contra eum actione in rem agi potest.* La glosse *in l. 2. ubi in rem actio*, dit que le mari peut agir & défendre en l'action réelle, pour l'heritage de sa femme, *Sed hoc intelligendum est ratione juris, quod habet in ea re ; non ut res judicata noceat juri proprietatis, quam habet uxor.*

SI LA FEMME COMMUNE en biens eſt tenuë pour la fidejuſſion de ſon mari, pour l'amende du delit commis en office, & pour achat d'office ?

CVIII.

LE negoce entre le principal obligé & ſon fidejuſſeur *eſt ex mandato : ideòque fidejuſſor conventus habet actionem mandati contra eum cujus nomine fide ſua eſſe juſſit, l. ſi hæreditatem. ff. mandati. Mandatum autem originem ex officio & amicitia trahit, l. 1. ff. mandati.* Pourquoi dit Ciceron en l'oraiſon *pro Roſcio Amerino*, que celui qui execute le mandement, dont il s'eſt chargé lui-même, ou malicieuſement, ou negligemment, eſt ſujet à infamie, autant bien que celui qui eſt convaincu de larcin, parce qu'il enfraint la loi d'amitié, qui eſt le principal moyen pour la conſervation de la ſocieté humaine. Et ainſi ſe dit *l. in re mandata. C. mandati.* Si donc le mari par pur office d'amitié eſt plege pour ſon ami, ſe doit dire que ce n'eſt pas negoce qui puiſſe, ou doive venir en la cauſe de la ſocieté ; parce qu'aucune utilité n'en peut revenir. *Imò* ſelon le proverbe ancien, Le dommage eſt toûjours prochain à la fidejuſſion ; *Sponde, noxa præſto eſt :* pourquoi la femme aprés la diſſolution du mariage n'en eſt tenuë. Ainſi ſe dit *de ſervo, cui libera peculij adminiſtratio conceſſa eſt, ut dominus non teneatur, etiam de peculio, ſi ſervus fidejuſſerit, niſi in rem domini, vel in rem peculiarem fidejuſſerit, l. 3. §. ſi filiusfamilias. l. quoties. §. 1. ff. de peculio.* Mais ſi le mari, moyenant la fidejuſſion ſe fait compagnon & aſſocié en la marchandiſe, ou negotiation ; cela eſt hors les termes de ſimple mandement ; pourquoi je penſe que la communauté en eſt tenuë, comme de tout autre contrat de negotiation.

Se dit auſſi que la cõmunauté n'eſt tenuë des amendes, & dépens en quoi l'un des aſſociez eſt condamné pour ſon delit ; parce que le fait des delits & crimes ne tombe en communauté, *l. cùm duobus. aliàs, l. ſi fratres. §. ſocium. & l. adeò §. ult. ff. pro ſocio.* Mais ſi le mari ou maître de communauté a exercé les uſures, dont le profit eſt venu en la communauté ; s'il a eu un état & office, auquel il ait voulu gagner par concuſſions ou profits déraiſonnables, s'il a manié les finances du Roi, & s'il ſe ſoit englué les doigts, comme ſouvent il avient que tels deniers ſont ſujets à la pince ; & étant recherché de ſes fautes, il ſoit condamné non ſeulement à la reſtitution de ce qu'il a mal pris ; mais encore en groſſes amendes, comme du quadruple, ou autre amende arbitraire ; je croi que la femme à l'égard du mari, & les parſonniers à l'égard du maître de communauté, ſeront tenus non ſeulement du principal, mais auſſi de l'amende. Quand au principal, qui ſe trouve avoir eſté mal pris, il eſt ſans doute ; *quià quod ſcelere quæſitum eſt, ab iis eſt extorquendum, qui poſſident, & eo locupletiores facti ſunt, l. Lucius ff. de jure fiſci, l. 1. C. ex delictis defuncti.* Quand à l'amende, eſt à conſiderer, que tout ce qui a eſté mal pris ne ſe peut pas averer ; & l'ancien proverbe eſt, *Qui a dérobé un boiſſeau d'écus, eſt quite en payant plein un picotin.* Et parce qu'on ne peut pas prouver & connoître particulierement & par le menu à qui tous les torts ont eſté faits, ni de quelle ſomme à chacun ; l'expedient eſt d'ajuger l'amende au fiſque, pour reparations des fautes commiſes : qui eſt comme une ſatisfaction des torts qui ont eſté faits, que l'on ne ſçait à qui reparer ; & pour l'incertitude on l'adreſſe au fiſque, qui repreſente le public. Auſſi que ſelon l'uſance de ce Royaume, *ea quæ neſciuntur cujus ſint, fiſco applicantur, nec fiunt occupantis, ſicut conſtitutum erat in jure Romanorum.* Doncques cette amende, qui eſt arbitraire, doit être cenſée comme pour ſatisfaction des torts faits, & non bien connus, & doit être païée ſur les biens de la communauté qui en eſt enrichie. J'entens des delits, dont la ſource eſt de profit en deniers, ou autres biens, comme de concuſſions, uſures, repetundes, peculat ; & non des droits dont la ſource eſt la vengeance, ou le mal-talent, comme d'un homicide, d'un adultere, & autres tels.

Quant à l'achat d'office fait par le mari ; je voudrois diſtinguer, ſi le mari a eſté long-tems en cet office, comme de dix ans, ou plus, que la femme fût tenuë des deniers, qui ſeroient dûs pour l'achat, Car nul n'achete office, ſinon pour y profiter & s'enrichir. Et eſt à croire que les profits ſoient entrez en la communauté. Ciceron dit, & nous le connoiſſons être veritable, que celui qui par dons & largitions a obtenu un état, eſt ſoigneux premierement de remplacer & rétablir en ſa maiſon ce qui en a eſté ôté ; & outre ce, veut augmenter. Mais s'il a duré en l'office peu de temps, & l'office ſoit perdu ; je croi que la femme ne ſera tenuë de la dette, qui a eſté faite pour l'achat dudit office.

SI LA FEMME EST TENUE des rentes conſtituées à prix d'argent pour ſon mari durant le mariage ?

CIX.

L'ANCIENNE Coûtume de Paris dit, que la femme, à cauſe de la communauté, eſt tenuë pour la moitié des dettes mobiliaires faites par ſon mari. De long-temps le Parlement de Paris a jugé que rentes conſtituées à prix d'argent ſont immeubles ; jaçoit que ce ſemble eſtre contre les raiſons communes ; même en ce que par nulle façon elles ne peuvent eſtre perpetuelles, ains ſont à toûjours, mais ſujetes à rachat, *etiam* aprés trente ans. Pourquoi on a dit que les femmes ne ſont tenuës aux rentes conſtituées par leurs maris, ſinon pour lees arrerages échûs durant le mariage. Surquoi on allegue l'Arreſt de la Vernade, qui eſt du 18. May 1534. Environ ce temps fut mis ſus un expedient au Palais en comparant les meubles avec les meubles, & les immeubles avec les immeubles: que les femmes, qui participoient aux conquêts immeubles de leurs maris, ſeroient tenuës des rentes conſtituées par leurs maris, juſques à la concurrence de la valeur de leur part des conquêts. Et ſuivant ce, ſe trouve un article en la nouvelle Coûtume de Berri, au titre *Des mariages*, article 26. à la redaction de laquelle en l'an 1539. estoit Commissaire Monsieur Lizet premier President au Parlement de Paris. Depuis avec bonnes, grandes & foncieres raisons ladite Cour de Parlement a jugé que la femme veuve, ores qu'elle fût commune en biens avec son mari, n'est tenuë des dettes de son mari, esquelles elle ne s'est obligée, sinon jusques à la concurrence de la part, qu'elle prend és meubles & conquêts de la communauté; & a loi de retirer franchement son heritage, ou deniers dotaux hereditaires avec son doüaire. Et fut ainsi jugé par Arrest solemnel du 14. d'Aoust 1567. pour Anne Spifame conformément à autre Arrest precedent. Auparavant lesquels Arrests on disoit indefiniment & sans distinction, que la femme veuve estoit tenuë à la moitié des dettes de son mari; & inferoit-on qu'on se pouvoit adresser à toutes sortes de biens d'elle. Ce qui seroit tres-inique: car le mari, qui n'a aucun pouvoir d'aliener l'heritage de sa femme eût pû indirectement le faire alienable à la merci de son creancier. Or depuis ces Arrests, il n'est plus besoin de faire cette distinction des dettes mobiliaires, & des rentes constituées, qui sont immobiliaires; ni s'il y a des conquêts en la communauté; pour sur iceux prendre les rentes. Ains faut dire indistinctement, que la part que la femme a en la communauté est sujete à toutes sortes de dettes du mari, sauf les limitations du Chapitre precedent. Car le mari estant Seigneur, & non seulement maître des meubles & conquêts; peut les charger de telles sortes de dettes que bon lui semble. Et n'est à propos de faire distinction des rentes constituées; car les deniers que le mari en reçoit sont meubles, qui entrent en la masse des meubles de la communauté; pourquoi se doit dire que les meubles en sont tenus. Et en constitution de rentes, le principal de l'obligation n'est personnel, & non réel: & ce qui est de realité pour l'hipoteque & seureté n'est qu'accessoire. Ainsi en effet se peut dire que la dette est mobiliaire *respectu* du detteur, qui ne reçoit autre chose que deniers; mais est immeuble *respectu* du creancier qui veut avoir rente correspondante à heritage. Et quand bien seroit immeuble de deux parts, le mari a pû affecter les meubles de la communauté à telle sorte d'affaire & ménagement que bon lui a semblé. Car comme dit est, *il est Seigneur des meubles.*

SI LE MARI ET LA FEMME *sont obligez un seul & pour le tout, sans qu'elle ait renoncé au Velleïan, comme sera tenuë la femme?*

CX.

LA question a été, si en cas d'obligation de deux principaux obligez, qui prennent chacun la moitié és deniers, ou autre chose, pour laquelle l'obligation est faite, & neanmoins sont obligez chacun pour le tout, l'un doit être censé fidejusseur de l'autre en ce qui excede la moitié: Cette question gît plus en subtilité de droit, que pour servir à usage commun. Si est-ce qu'en effet, à cause du benefice de division, chacun est tenu seulement pour sa part, sinon qu'il ait renoncé audit benefice de division. Cela se dit en general pour les personnes qui sont en pleine liberté de s'obliger les uns pour les autres. Mais parce que la femme, soit mariée ou non, ne peut pas s'obliger pour les affaires d'autrui, ni même son mari, à cause du Velleïan, & de l'Autentique *Si qua mulier*; je croi que ce qui se dit en general de plusieurs obligez chacun pour le tout, qui ont renoncé à division, si par aprés elle n'a renoncé au Velleïan, & autres benefices introduits en faveur des femmes. Car une dérogation generale ne peut porter préjudice aux negoces, qui ont privilege particulier, s'il n'y en a expresse mention, *per rationem l. item apud. §. hoc edictum. ff. de injuriis. l. fideicommissoria. §. etiam. ff. de fideicomm. libert. & l. obligatione. ff. de pignorib. l. emptor. §. Lucius. ff. de pact.* Ce que j'entens és obligations, qui sont pour choses dividuës; comme en un prêt de deniers tout pur; *quia quæ in pecunia consistunt, ipso jure; imò natura ipsa dividua sunt.* Toutefois si la femme s'est obligée avec son mari, avec toutes les renonciations susdites, & que ce soit pour une affaire volontaire, & qui n'emporte necessité à l'égard de la femme; je croi que l'obligation de la femme pour plus de sa moitié, est nulle *ea ratione qua probibitæ sunt donationes inter virum & uxorem: cui prohibitioni renuntiari non potest. Hæc est opinio glossæ per eum text. in verb. nullatenus. Auth. si qua mulier. C. ad senatusconsultum Velleïanum.* Mais si l'obligation est faite pour chose individuë de sa nature, comme pour faire un bâtiment, *quæ obligatio operis individua est, l. fideicommissa. §. si in opera. ff. de leg. 3. l. stipulationes non dividuntur. ff. de verb. oblig.* ou si l'obligation est faite pour chose qui de sa nature n'est individuë, mais à cause de la consequence, ou de l'interêt est individuë: comme, si les deniers sont empruntez pour faire le rachât d'un heritage; ou pour reparer un bâtiment commun; je croi que la femme qui a part au negoce principal, est valablement obligée pour le tout, ores qu'elle ne renonce au Velleïan, *l. vir uxori. §. mulier. vers. nam etsi. ff. ad senatusc. Velleianum.* Lequel paragraphe n'est pas fondé, selon mon avis, sur ce que l'affaire, pour laquelle on emprunte, soit necessaire, ou volontaire, comme est le sommaire de Bartole; mais sur ce que l'affaire étoit individuë, & ne se pouvoit faire la reparation pour partie.

QUAND LE MARI SEUL A *vendu son heritage, si la femme, à cause de la communauté est tenuë à la garantie?*

CXI.

LE Mari est maître & seigneur, non seulement des biens meubles, & conquêts de la communauté; mais aussi des heritages qui lui sont propres, pour en disposer à son plaisir. Et s'il vend son heritage propre, ou qu'il tient pour estre propre à lui, avec promesse de garantie, & aprés l'acheteur en soit évincé, & le mari vendeur soit condamné aux dommages & interests; lesquels dommages & interests s'expedient par deniers; on demande si la femme est tenuë en la moitié desdits dommages & interests, à cause de la communauté? Je croi bien que si le mariage & la communauté durent, lors que ces dommages & interests se payent, que la femme doit prendre à gré ce mauvais ménage, comme ayant pris son origine & consommation durant le mariage; ledit mauvais ménage n'étant pas en apparence d'avoir esté projetté en fraude de la femme. Mais si le mariage, ou la communauté viennent à estre dissous avant que l'éviction se fasse, & que la condamnation de dommages & interests ait esté faite; je croi que la femme estant commune en biens, ou ses heritiers prenans la coûtume, seront tenus pour la moitié de ces dommages & interests, jusques à la concurrence des deniers, qui par le moïen de la vente faite par le mari sont entrez, ou ont pû entrer en la communauté, & non pour l'outre-plus. *Quià eatenus potuit venditio utilitatem afferre societati; & id quod ultra est, rejicit debet in meram culpam mariti, qui sciens, vel cum supina & crassa ignorantia vendidit rem quam sciebat se præstare non posse. Porrò culpa omnis personais est, & cuique socio nocet, non toti societati, l. & ideò & l. de illo ff. pro soc.*

QUEL EFFET A L'ASSIGNAL *des deniers dotaux d'une femme, & quand il est fait par le contrat de mariage, ou durant le mariage?*

CXII.

ORDINAIREMENT les femmes apportent leur dot en deniers, & la Coûtume est de convenir par partie de ces deniers dotaux sera employée en achat d'heritage propre pour elle, & les siens; ou bien est dit simplement, qu'ils sortiront nature d'heritage propre. D'ancienneté il a esté pratiqué en ce païs de Nivernois de faire par le même contrat assignal particulier à la femme sur les biens du mari, à defaut que les deniers ne seroient employez. Lequel assignal, comme a esté cydevant mis en usage est tres-déraisonnable. Car quand les deniers de la femme n'ont pas esté employez durant le mariage, lesdits deniers, ou autres biens subrogez au lieu d'iceux, sont demeurez en la masse de la communauté. En laquelle masse, soit pour les meubles, ou pour les conquêts, la femme prend sa moitié; Et par consequent, la moitié de sesdits deniers dotaux hereditaires, & de rechef elle prenoit son assignal sur les heritages du mari au lieu du total de sesdits deniers hereditaires; qui est prendre une fois & demie. Et parce que par tels contrats il ne se traite rien en forme de donation, il ne faut pas croire que le mari ait voulu faire cet avantage à sa femme; ains faut reduire cette affaire à un contrat analogique & proportionné; à sçavoir que si la femme veut avoir la joüissance de l'heritage de son mari pour son assignal, elle doit endurer que l'heritier de son mari prenne avant tout partage[1], sur la masse de ladite communauté des meubles & conquês, autant que montent lesdits deniers hereditaires. Car si le mari eût voulu employer les deniers de sa femme, il les eût tirez hors de ladite masse où ils sont entrez. Et puis qu'il subroge & met son heritage au lieu dudit emploi, c'est bien raison que comme vendeur de son heritage, qui lui estoit propre, il reçoive propres & pour lui seul les deniers, qui sont le prix de ladite vente. Pour éviter cet inconvenient, ceux de Bourbonnois n'ont pratiqué & ne pratiquent tels assignaux. Et il est bien plus raisonnable l'indemnité de la femme mise au 18. article dudit chapitre *Des droits appartenans à gens mariez*, qui est de prendre par elle sur les meubles & conquêts avant tout partage, lesd. deniers hereditaires. Et si lesdits meubles & conquêts ne suffisent, lors soit pris recours sur l'heritage du mari. Ce qui est bien raisonnable audit cas; car c'est lui qui a mal ménagé lesdits deniers. Ainsi la Cour par son Arrêt sur une plaidoirie du Mardi 10. Mars 1550. en ce que la femme avoit fait appeller hipotecairement un detenteur des heritages de son mari, pour être païée de cinq cens écus pour ses deniers dotaux, l'hipoteque lui fut ajugée pour deux cens cinquante écus, & pour l'autre moitié furent les parties appointées sur le droit de pretenduë communauté. Or audit cas d'assignal particulier, bien que les heritiers du mari soient recompensez sur la masse des meubles & conquêts, si est-ce que c'est avantage à la femme de joüir par ses mains. Mais si le revenu de l'assignal étoit beaucoup plus grand, que ne pourroit monter le revenu & interest raisonnable des deniers dotaux hereditaires, je croi que le mari survivant, ou ses heritiers seroient bien recevables à demander reduction *arbitrio boni viri*, ou à raison du denier vingt, qui est le prix commun des heritages, *l. Papinianus. §. undè ff. de inoff. testa. & in Authent. de non alienad. cap. quià verò Leonis. 5. collat.* 2. Car il est à croire qu'en ce traité de mariage, quand principalement estoit question d'assembler deux personnes mâle & femelle, pour les faire vivre en grande & parfaite amitié; (la raison entretient l'amitié, la déraison & tromperie la dissipe;) les contractans n'ont voulu rechercher que choses raisonnables & proportionnées; & que l'on ne s'est voulu aider du barguinement, qu'on a accoûtumé de pratiquer au contrat de vente, pour par l'un vendre au plus qu'il peut, & par l'autre recevoir au plus qu'il peut, dont est parlé en la loi *si voluntate. C. de rescind. vend.* Tels contrats qui sont de bonne foi, admettent toutes considerations *ex bono & æquo*, & comme entre grands amis:

Quant aux assignaux faits constant le mariage, si c'est une simple execution de la promesse du mari, contenuë au traité de mariage, le mari ayant par icelui promis d'assigner, il se peut tolerer, pourvû qu'il ne fasse rien que le simple assignal proportionné comme dessus, & sans aucun avantage pour la femme, autre que la joüissance par ses mains aprés la dissolution du mariage: qui est tout ce qu'un assignal peut & doit emporter de faveur pour la femme. Mais s'il y a quelque avantage pour la femme, la constitution d'assignal est nulle, pour ce qui est d'avantage : car c'est donation, & sera reduit à sa portion. Si par le contrat n'y a promesse d'assigner ; la constitution faite constant le mariage est du tout nulle, & se faut tenir à la regle dudit 18. article de la Coûtume audit chapitre *Des droits appartenans à gens mariez.*

SI POUR ASSIGNAL PARTIculier est dû quint denier, & lods & ventes ; & de quel temps il est dû, en cas qu'il soit dû ; & si pour le rachat en est dû ; & dans quel temps il peut être racheté ?

CXIII.

L'Assignal general sans difficulté emporte une seulle hipoteque. Aussi nôtre Coûtume ne donne à la femme la saisine de ses assignaux, sinon quand ils sont faits en particulier, au chapitre *Des droits appartenans à gens mariez,* article 13. Quant à l'assignal particulier, aucuns Docteurs François ont dit qu'il emportoit translation de proprieté. Et semble que la Coûtume de l'an 1534. audit chapitre, art. 12. en veüille autant dire, entant qu'elle ne donne la faculté de rachat & recouvrement, que dedans trente ans. Car si c'étoit simple hipoteque, la faculté de recouvrer seroit perpetuelle, *neque tempore prascriberetur, eò quòd est de essentia contractus, cui pacto derogari non potest, l. cùm precario. ff. de precario. Pactum autem & prascriptio sibi invicem correspondent; quià prascriptio est fundata super tacito consensu, qui ex lapsu temporis prasumitur, l. cùm post. ff de jure dot.* Doncques si tel assignal emporte translation de proprieté, il en est dû quint denier, ou lods & ventes au Seigneur feodal ou censier, comme en cas d'alienation : mais ce ne sera dés l'instant de la solemnité du mariage, ains aprés icelui dissolu; car tant que le mariage dure, le mari peut faire l'emploi des deniers dotaux de sa femme, soit en y emploïant les mêmes deniers, soit en y emploïant autres deniers de la communauté. Car l'assignal n'a effet sinon subsidiairement, en cas & à faute que les deniers, fortissans nature d'heritage, ne soient emploïez en heritage propre pour la femme. *Imò*, le premier conquêt que le mari fait, aprés la reception de tels deniers, est présumé estre l'emploi d'iceux deniers. Ainsi qu'on dit avoir esté jugé par Arrêt de la Cour, recité par Chopin *in privil. rust. parte 3. lib. 3. cap. 10. in margine, multò magis si statim post receptionem nummorum, l. si ventri. §. ult. ff. de privilg. cred.* Doncques l'effet de l'assignal est en suspens tant que le mariage dure, *& tacitam & essentialem conditionem habet, si constante matrimonio dotales collocati non sint in emptionem prædiorum.* Et aprés le mariage dissolu l'intention du Seigneur feodal est fondée, pour pretendre quint denier ou lods & ventes. Ce qui s'entend pourvû que l'assignal soit bien & dûëment fait par le traité de mariage ; ainsi qu'il est raisonné en la question precedente. Car si la nullité ou excessiveté apparoissoit à l'œil, l'intention du Seigneur ne seroit fondée sinon en temps que l'assignal se trouveroit efficace pour transferer la proprieté envers la femme. Et sera noté ce que dit *Alex. consil. 40. vol. 4.* que le mot *assigner* doit estre censé emporter translation de proprieté, ou non, selon que le negoce est disposé, & que la raison de droit se peut compatir ; & allegue Balde *in l. 2. C. commun. de legatis.* La grande question pourroit estre, si en cas que cet assignal soit acheté, ou recouvré, il en dû autre quint denier, ou lods & ventes ? Ce qui sembleroit de prime-face, en tenant cette opinion, que l'assignal emporte translation de proprieté : car ce seroit vente, selon ce qui est dit en l'article 23. au chapitre *Des fiefs.* Mais je voudrois distinguer, que si c'est l'enfant du mariage, ou autre heritier proche du pere dedans le sixiéme degré qui rachetât, ce fût censé estre retrait lignager ; car de vrai heritage estant és mains de la femme, est en main étrangere : duquel retrait n'est dû quint denier. Et l'an & jour du retrait ne court durant le tems du réemeré ; *Imo* dure un an aprés le réemeré fini. Et en ce cas la faculté de réemeré est octroyée à trente ans par la Coûtume. Mais si les heritiers du mari avoient cedé cette faculté de rachat à un étranger & cet étranger rachetât ; je croi selon la rigueur dud. article 23. qu'il en seroit dû quint denier, ou lods & ventes. De ce que dessus resulte estre vrai le proverbe commun, que nul ne peut avec plus grand honneur, ou moins de blâme vendre son heritage, qu'en épousant une femme riche. Car il est à croire que les parens d'elle, au traité de mariage, n'oublient rien pour les seuretez & avantages d'elle, comme il est dit en la derniere de ces questions cy-aprés.

QUEL EST L'EFFET DE LA renonciation de la veuve dans les vingt-quatre heures, selon la Coûtume. Ou s'il est dit, qu'elle pourra choisir ses convenances ?

CXIV.

Il y a grande difference, quand la veuve renonce à la communauté par le seul benefice de la Coûtume, dedans les vingt-quatre heures, selon le 14. article du chapitre *Des droits appartenans à gens mariez* ; ou quand elle renonce selon la faculté qui lui est accordée par le traité de son mariage, pour recouvrer ses convenances, c'est à dire, pour repeter ce qu'elle a apporté en dot, sans charge de dettes. Car la veuve n'a autre avantage que celui de la Coûtume ; en renonçant à la communauté, elle pert sa part des meubles & conquêts faits en la communauté, & retire seulement son heritage, ou ses deniers fortissans nature d'heritage propre, & son doüaire. Vrai est qu'aucunes Coûtumes detestans telle renonciation, ont privé la femme de son doüaire, quand elle renonce à la communauté de son mari, comme est celle de Bourgogne. Auparavant la Coûtume de l'an 1534. la forme de la renonciation de la veuve étoit, qu'aprés avoir conduit le corps de son mari en l'Eglise, ou au cimetiere, elle laissoit sa ceinture sur la fosse de son mari. Ce qui étoit pratiqué de grande anciennеté, *etiam* aux plus grandes maisons, qui portoient titre de Comté, comme j'ay vû par aucunes chartes de trois cens ans ou environ. Aucunes Coûtumes ont fait distinction des nobles & des roturiers pour la forme de la renonciation. Cette renonciation qui se fait selon ledit 14. article, sembleroit estre de peu de fruit aujourd'hui, quand selon les jugemens de la Cour souveraine, qui nous servent de loi, la femme étant demeurée commune en biens avec son mari, n'est tenuë des dettes de son mari, sinon jusques à la concurrence des meubles & conquêts; en sorte que quand bien elle ne renonceroit point à la communauté par declaration expresse, les creanciers n'auroient moïen de la contraindre outre les meubles & conquêts; & elle retiendroit franc à elle son heritage propre, & son doüaire. Lesquels Arrêts s'entendent, quand la femme n'est pas obligée, & que le mari seul a contracté. Mais ledit 14. article ajoûte quelque faveur à la femme d'avantage; car en renonçant elle est liberée, ores qu'elle ait parlé & contracté. Ce qui semble avoir grande raison: car la femme étant en la puissance de son mari, ou par crainte & reverence de lui, ou par beaux propos & blandices, que j'estime devoir valoir autant pour l'effet de la rescision, que la crainte (vû l'infirmité du sexe) ou par persuasions de belle apparence, que le mari fera à sa femme du grand profit qui pourra revenir de ces deniers empruntez, pourra icelle femme être induite à s'obliger avec son mari.

Mais quand par le traité de mariage, il est reservé à la femme le choix de prendre la communauté, ou se tenir à ses convenances en renonçant à la communauté; si elle renonce, elle ne perd pas ses meubles, & autres biens qu'elle a apportez; ains les reprend franc des dettes qui sont en communauté. Je voudrois excepter, sinon que les dettes eussent esté faites pour les affaires de la femme, qui viennent d'ailleurs que de la communauté.

SI LA FEMME MINEURE, n'ayant renoncé dans les vingt-quatre heures, peut estre relevée par lettres du Roy?

CXV.

LE mineur facilement est relevé de ce qu'il fait, ou de ce qu'il obmet à faire par la facilité & infirmité de son âge, dont il reçoit dommage, pourvû qu'il n'y ait de son dol & mauvaise foi. Car les loix des Romains disent, & la raison commande de le croire, que délors que le mineur, fût-il impubere, mais prochain de la puberté, est capable de dol, pour sçavoir discerner que c'est mal-fait de tromper, il est tenu & obligé; s'il commet dol, sans qu'il en puisse estre relevé, *l. 1. §. an in pupillum. ff. depositi, l. sed et si quis §. 1. in fi. ff. ad leg. Aquil.* Or s'il avient que la veuve soit mineure de vingt-cinq ans, & n'ait observé tout ce que la Coûtume desire être fait pour la renonciation; comme si elle ne renonce dedans les vingt-quatre heures, si elle s'entremet au maniement des biens delaissez par son mari, je croi qu'elle en pourra & devra être relevée, pourvû qu'elle n'ait rien détourné, caché ou latité. Car s'il y avoit du dol, ou mauvaise-foi; je croi qu'elle ne devroit estre restituée en entier, & que la peine mise par la Coûtume devroit être exercée contre elle. Et ainsi se dit en la loi, qu'à nul ne doit servir l'excusation de l'âge contre le commandement de la loi, quand celui qui invoque l'aide de la loi, commet contre la loi, *l. Auxilium. in fi. ff. de minorib.* Mais s'il y avoit seulement coulpe, ou demeure à faute d'estre bien avisée ou bien conseillée; elle pourroit estre relevée, afin de n'encourir les peines attribuées par la Coûtume, *l. si ex causa. §. nunc. videndùm ff. de minorib. l. 1. C. si adversus delictum.*

SI LES PRECIPUTS DE ROBES, bagues & avantages des parisis doivent être pris par la femme au prejudice des creanciers?

CXVI.

CY-dessus en la question 17. & ailleurs parmi ces questions j'ai traité du peu de bienseance & honneur qui est és grands avantages, que l'un des deux mariez fait à l'autre, ores que ce soit en traité de mariage. Cette question est des appendices. Les loix ont fait distinction des creanciers, parce que les uns sont à titre oneraux, les autres à titre lucratif, comme sont donataire. Ceux qui sont à titre onereux, comme à cause de prêt, à cause de vente d'heritage, la femme à l'égard de son mari à cause de sa dot, marchent selon leurs rangs de priorité d'hipoteque, s'il y a hipoteque; ou bien demeurent saisis de ce qui leur est transporté; sinon qu'il y ait eu fraude, dont le creancier soit participant. Car en ce cas les autres creanciers fraudez font revoquer & revenir ce qui a esté aliené, payé, ou promis en fraude d'eux. Mais quand les creanciers sont à titre lucratif, comme donataires, il n'est requis que le donataire soit participant & complice à la fraude, ains quand l'évenement montre & fait connoître que les autres creanciers sont fraudez, ils font revoquer ce qui a esté aliené en fraude d'eux. & tels donataires sont sujets à toutes exceptions, non seulement réelles, mais aussi personnelles, qui pourroient estre proposées contre leur auteur, qui est le donateur. Jaçoit que communément les exceptions personnelles ne puissent estre proposées contre celui qui a droit & cause d'autrui à titre singulier, *l. qui autem. §. similique modo. ff. quæ in fraud. credit. l. apud Celsum. §. si quis autem. & §. auctoris ff. de except. doli.* Or les pactions en traité de mariage, qui sont pour la restitution de la dot & seuretez d'icelle, sont vrayes onereuses. Mais les avantages que l'on met pour gagner par la femme les parisis, en cas de restitution de dot, & renonciation à la communauté, & les preciputs des habits & joyaux pour le survivant, sont selon mon avis, vrais avantages & donations: qui partant desirent insinuation, & sont sujets aux mêmes formalitez & regles que sont les pures donations, sans les dire pactions accessoires. Mêmement quant aux bagues & habits autres que les ordinaires, car la femme veuve par raison n'en a que faire, si ce n'est pour trouver un nouveau mari. Et n'est pas bien seant qu'elle en recouvre un aux dépens du défunt, ni qu'elle se pare pour plaire à autre qu'à son mari, qui les lui a données, disoit Sappho dans Ovide, en l'Epitre à Phaon.

Cui colar infœlix, aut cui placuisse laborem?
Ille mei cultus unicus author abest.

QUAND LA FEMME EST obligée avec san mari, en cas quelle renonce à la communauté, si elle est quitte?

CXVII.

NOSTRE Coûtume de l'an 1534. article 14. du chapitre *Des droits appartenans à gens mariez*, octroye à la femme qui renonce dans vingt-quatre heures, qu'elle soit quitte des dettes esquelles elle s'est obligée avec son mari: Mais il est à considerer qu'au cas de telle renonciation la femme pert toute sa part des meubles & conquêts, & reprend seulement son heritage & son doüaire: car meubles & conquêts sont censez avoir esté en la proprieté & seigneurie du mari. Et il y a grande raison qu'en ce cas elle soit quite des obligations qu'elle a faites avec son mari; afin que sa dot lui soit sauve, parce que l'évenement montre qu'elle a intercedé pour son mari, attendu qu'il n'en peut revenir aucun profit à la femme. Puis n'agueres on a introduit és obligations des femmes mariées, qu'elles renoncent à ce 14. article, & on a disputé si la renonciation est valable; & il a esté jugé en ce Bailliage de Nivernois qu'elle vaut. Que si la femme par le traité de son mariage a stipulé le choix de retirer ses convenances franchement sans païer dettes, & qu'elle renonce à la communauté dedans les vingt-quatre heures, je croi qu'elle n'est quitte des dettes & affaires, esquelles elle aura baillé la main, & se sera obligée. Car en ce cas elle n'est pas és termes de la Coûtume, qui au cas de renonciation lui fait perdre ses meubles & conquêts: pourquoi il faudroit qu'elle se mit au rang des femmes, qui ont la seule aide de la Coûtume, qui en renonçant dans les vingt-quatre heures perdent leurs meubles & conquêts. La question seroit, si le mari & la femme par quelque bon espace de temps avoient fait trafic, ou autre bon ménage avec profit, & fût avenu par cas fortuit, sans la faute & coulpe du mari, tel inconvenient en leurs biens, que la femme ne trouvât rien à y profiter; si elle seroit reçûë à renoncer: car en ce cas la societé auroit semblé estre leonine, quand l'un seroit sujet à aucun peril, & seroit asseuré du gain; telle sorte de societé est reprouvée de droit, *l. si non fuerint. §. ult. ff. pro socio.* Je croi que la renonciation d'elle ne devroit pas estre reçûë pour retirer ses meubles & conquêts; ains seulement pour son heritage & doüaire. D'autre part, si le mari étant bon ménager, la femme fût mal soigneuse, mal épargnante & dépensiere, & par cette occasion fut avenu le déchet de la communauté, je croi qu'elle ne devroit être reçûë à repeter ses convenances, ores qu'il y eût clause par son contrat: *Iniquum est enim maritum ex culpa aliena prægravari; & in societate debet præstari culpa, l. socius. ff. pro socio.*

LA FEMME QUI RENONCE, doit s'abstenir de tous points, & doit faire Inventaire incontnient?

CXVIII.

SOUVENT avient que les femmes veuves, sous pretexte qu'elles ont quarante jours accordez par le traité de mariage, pour declarer leur choix; si elles veulent accepter la communauté ou la repudier, attendent à faire leur declaration proche de la fin du terme; & cependant manient les biens delaissez par le défunt. Mais je croi qu'aprés ce maniement sans Inventaire, elles ne doivent joüir du benefice de renonciation, à cause des fraudes, qui sous ce pretexte pourroient être commises en soûtrayant, ou détournant par lesdites veuves aucuns biens aisez à cacher. Aussi la Coûtume, au chapitre *Des droits appartenans à gens mariez*, article 15. en parlant de la renonciation ordinaire, qui est dedans les vingt-quatre heures, met la condition expresse, *Pourvû qu'elles ne s'entremettent és biens, sinon pour les mettre en évidence, à l'effet de l'Inventaire.* Doncques il est besoin qu'incontinent aprés le decés de leurs maris elle fassent faire Inventaire, qui soit suivi sans discontinuation jusques à la clôture, ou bien qu'elles changent de demeurance. Car en demeurant en la même maison sans avoir fait Inventaire, il leur seroit aisé de distraire les biens de la communauté en fraude des heritiers ou creanciers. & sont plus les femmes à douter à cet égard, parce qu'elles sont avares ordinairement.

LA FEMME QUI RECELE, ou distrait, doit estre privée de la part qu'elle avoit en ce qui est recelé.

CXIX.

LA Coûtume de l'an 1534. article 15. au chapitre *Des droits appartenans à gans mariez*, dit, que la femme veuve qui a renoncé à la communauté de son mari, & a recelé quelque chose des biens communs, est reputée commune, & neanmoins est punie du recelement & du parjure. Doncques il y a double peine du recelement; l'une en ce que nonobstant sa renonciation, elle est reputée commune en biens. Ce qui est selon les regles de droit écrit des Romains, par lequel qui a son écient ment en une affaire, il pert tout le privilege qui lui étoit octroyé en cette affaire; comme il se dit. Que l'heritier ne retient pas la Falcidie sur la chose qu'il a niée estre hereditaire; non plus que de la chose qu'il a recelée & distraite, *l. computationi. §. ult. ff. ad leg. Falcid.* Celui qui est associé, qui a le privilege de n'être tenu, sinon entant que bonnement il peut faire, perd ce privilege, s'il nie être associé, *l. sed hoc ita. ff. de re jud.* Celui qui pour le dommage que la bête a fait, peut être quitte en délaissant la bête pour le dommage, perd cét avantage, s'il nie la bête être sienne, *l. 1. §. interdum. ff. si quadrupes pauper. fecisse dicatur.* Celui qui a nié être possesseur, pour éviter d'être convenu par reivendication, perd le privilege de la possession, qui est transferé à sa partie adverse, s'il est prouvé qu'il fût possesseur, *l. ult. ff. de rei vend.* L'autre peine du recelement est particuliere, au cas & prise dudit droit des Romains, selon lequel celui qui a part & portion en une chose, s'il la recele & cache, pour frustrer celui qui y a portion, il perd la portion qu'il y avoit, *l. rescriptum. l. heres qui ff. de his quib. ut indig. l. Paulus si certarum. ff. ad Senatusconsult. Trebell.* Doncques il semble que la veûve qui a recelé & détourné aucun des biens, doit être privée de la part qu'elle a esdits biens recelez, non pas de la part qu'elle a en tous les autres, *d. l. Paulus, & l. 1. §. si duæ res. ff. quorum. legat. l. ex facto. §. ult. ff. de vulgari & pupill. substit.* Et par l'argument de la Coûtume de l'an 1534. au chapitre *Des doüaires*, article deux. Laquelle portion perduë par la femme ne devra pas venir au fisque, mais à l'heritier du mari, auquel elle a voulu faire tort, *arg. l. post legatum. §. amittere. ff. de his quib. ut indignis.*

SI LA QUITANCE, DONnée par le mari à la femme des deniers dotaux durant le mariage, est valable.

CXX.

PAR nôtre Coûtume au chapitre *Des droits appartenans à gens mariez*, article 27. Tous contrats entre mariez au profit l'un de l'autre durant leur mariage sont prohibez. Et parle plus generalement que ne fait la loi des Romains, qui prohibe les donations, & non les autres contrats à titre onereux. Mais nôtre Coûtume a consideré, qu'il est facile de donner couleur & pretexte, pour faire apparoir un contrat onereux, qui de soi est lucratif. Même que plusieurs Coûtumes ont défendu les legs testamentaires entre mariez. Et le tout fondé sur la même raison de la loi des Romains, qui a estimé qu'il n'y a chose, qui plus soüille & profane l'amitié, que quand elle se fait venale. Or la regle de droit est, quand la liberté n'est pas entiere & pure volontaire à une personne, de disposer au profit d'un autre, & pour certain respect de l'un à l'autre; que la seule volonté, & les seules confessions & declarations ne suffisent; mais faut d'ailleurs enquerir & prouver la verité du fait. Ainsi se dit *in l. qui testamentum. ff. de probat.* de lui auquel ne pouvoit être legué par testament, sinon jusques à certaine quantité, si le testateur declare qu'il lui devoit pour cause onereuse, sa declaration ne fait foi. Ainsi se dit *in l. cùm quis decedens. §. Titia. ff. de legat. 3.* esquels textes la presomption de la loi est, que telles declarations soient faites en fraude de la prohibition. Ainsi du testateur qui ne peut leguer au prejudice de la Falcidie, s'il fait estimation à prix certain des choses par lui leguées, on n'aura égard à son estimation, *l. si fundum sub conditione. §. si libertus. ff. de legat. 1.* par ces raisons il semble, que si le mari durant le mariage, fait quitance au profit de sa femme, par laquelle il confesse avoir reçû d'elle une somme de deniers pour sa dot promise, ou provenant des biens d'elle; que telle quitance ne fait pas preuve; mais doit la femme, ou son heritier prouver la verité de la reception par preuve certaine, ou par conjectures vehementes, comme en prouvant, que telle somme étoit dûë à la femme pour telle cause, & ledit tel montre sa quitance. Ainsi le tient *Paul. Castr. in cons. 86. parte 2. & allegat. l. per diversas. C. mandati : ubi propter suspicionem fraudis non sufficit sola confessio de recepto, sed numeratio realis probari debet. Et facit. l. 1. Cod. de dote cauta non numerata*, en ces mots, *si dotem à te reipsa datam probare potes. Et quod tradit Bald. in l. unica, C. de suffrag. quòd ubicumque est aliqua suspicio fraudis, traditio realis requiritur. Et per Bart. in l. si fortè. ff. de castrens. pecul. Et quòd ejusmodi confessio facta constante matrimonio, in dubio videatur facta animo donandi, tradit Bald. in l. penult. §. mulier. ff. soluto matrim. Alex. in l. si divortio. ff. de verbor. oblig.* Autrement voudrois-je dire si le pere, ou autre parent, ou creancier de la femme avoit promis la dot. Car je croi que la simple quittance que le mari feroit durant le mariage à ce prometteur, d'avoir reçû la dot de lui, seroit valable, & feroit foi; parce que la suspicion & presomption de donation cesse. Et une simple convenance à l'effet de liberation, *etiam* sans cause, vaut quitance, *l. tale pactum, profiteor te non teneri. ff. de pactis, per rationem l. Arrianus. ff. de actionib. & oblig.*

SI DENIERS DE MARIAge, sortissans nature d'heritage propre non assignez, sont propres quant à tous effets, même de succession?

CXXI.

MAISTRE Charles du Molin, chef des Jurisconsultes François, nous a appris cette distinction, que quand en traité de mariage il est dit, que partie des deniers dotaux sortiroit nature d'heritage propre pour la femme, sans autre chose dire; que cette clause opere seulement pour faire que ces deniers n'entrent en la communauté, maîtrise & commandement du mari, qui autrement est maître des meubles, & que quant à succession on y succede comme en meubles. Et que si on veut que cette clause opere pour succession, il faut ajoûter ces mots, *Heritage propre pour la femme & les siens de son côté & ligne.* Et comme on peut presumer, il se fonde sur ce brocard vulgaire des Docteurs, *qu'une fiction ne peut operer deux fin-*

gularitez. Certainement l'autorité dudit sieur du Molin est grande, comme son sçavoir étoit excellent ; mais je ne puis consentir à lui, ni aux autres Docteurs du droit Civil au fait de ces regles, qu'ils ont voulu tirer du droit ; pour la confirmation desquelles ils ont distilé leurs cerveaux ; & la source en vient de ceux desdits Docteurs, qui s'adonnerent à étudier en Logique & és Arts, qui lors étoit une science ayant grand cours aiguisant les esprits, mais avec peu de fruit. Ains je croi que horsmis les regles certaines du droit Civil, qui sont fondées sur les anciens axiomes des Jurisconsultes, les autres decisions d'iceux Jurisconsultes sont fondées sur les volontez presomptes de ceux qui contractent, ou qui disposent par testament, & non pour en faire des regles methodiques. Pouquoi je serois content de ne m'arrêter à ce brocard. *Qu'une fiction ne doit operer deux specialitez* ; ains que mieux est de dire, que cette convenance, *fortiffant nature d'heritage propre*, se doit étendre tant & si avant, comme il est vrai-semblable, qu'ait été l'intention de celui qui a disposé. *Verbi gratia*, en France les dots des femmes mariées, que les peres & autres leurs ascendans constituent, pour la plûpart sont en deniers, soit que la fille soit appanée, soit qu'elle doive retourner à succession en rapportant. Les peres & ascendans, qui tirent les plus nets de leurs meubles, pour mieux loger leurs filles, ne veulent pas pourtant que ces deniers fondent entierement en meubles: mais comme l'établissement de nôtre Republique est de conserver les heritages és maisons, par lesquels bien souvent les maisons sont appellées, reconnuës & remarquées, & dont vient que la plûpart sont nommez par leurs Seigneuries ; dont vient la succession *paterna paternis*, & le retrait lignager, qui n'étoient choses convenuës aux Romains : ainsi vrai-semblablement les peres en dotant leurs filles veulent qu'une partie de leur dot soit emploïée en achât d'heritage : & si par le mauvais ménage du mari elle n'est emploïée, que les droits & actions soient de même nature d'heritage ; pour representer toûjours l'origine, dont ladite dot est partie, & afin que les enfans descendans du mariage aïent toûjours quelque marque & souvenance de la maison de leur mere, & de l'heritage qui en est provenu. En consequence de ce, je croi que l'heritage acheté de tels deniers est heritage propre à la femme, avec toutes les conditions & effets, que seroit un heritage à elle échû par succession de ses pere & mere. Et de même soient les deniers non emploïez, tant pour écheoir par succession à ceux à qui l'heritage propre viendroit, comme aussi pour n'en pouvoir disposer par elle en testament, sinon du quint. Mais non pas quant à retrait lignager, parce qu'il n'y échet aucune affection en deniers *eò quòd functionem communiter recipiunt.* Et je fonde mon opinion sur la destination du pere de famille, laquelle doit valoir loi, pour operer tout autant que vrai-semblablement la destination s'est étenduë, sans l'enserrer par des regles & brocards non connûs au commun peuple, qui serviroient de piege pour surprendre chacun en ses actions. Les loix des Romains ont attribué grande force à la simple destination du pere de famille, même à l'égard de ceux qui ont droit & cause de lui, *l. qui filium. ff. de leg. 3. l. quæsitum. §. si quis. ff. de fundo instructo, vulg. l. quod in reum. §. si quis post. ff. de legat. 1.*

SI LE MARI, OU LES ENFANS du même mariage sont tenus à la restitution de la dot, outre ce que bonnement ils peuvent faire. Et quoi du pere de la femme, qui a promis la dot?

CXXII.

JE n'ay point encore vû pratiquer en la France coûtumiere ce qui est dit és loix des Romains, Que le mari, sur lequel est repetée la dot de la femme, n'en peut être contraint, sinon entant que bonnement il peut faire & en telle sorte, que la paction ne vaut, si le mari promet & s'oblige de pouvoir estre contraint precisement sans cette déduction de sa commodité, *l. maritum, l. alia §. eleganter. ff. soluto matrim.* Les mêmes loix exceptent, sinon que le mari par dol & malefaçon eût détourné ses moïens. Et a le mari cet avantage en promettant sous sa parole & foi, que s'il vient à meilleure fortune, il parfournira ce qui defaut du payement total, *l. unica. §. cùm autem. C. de rei uxor. act.* Et ont lesdites loix fait grand état de l'honneur & respect que la femme doit au mari, à cause de la societé entr'eux en choses humaines & divines, *l. adversus. C. de crimine expil. hæred.* Qui fait que *etiam* aprés le mariage dissolu, les actions qui emportent blâme de l'honneur, ne peuvent estre intentées par les heritiers du defunt contre le survivant, *l. hæres. ff. de neg. gestis. l. 3. ff. rerum amot.* De même disent lesdites loix, que si la femme par le contrat a promis apporter dot, ou le pere d'elle l'a promis, que la femme, ni son pere ne pourront estre contraints sinon selon leur commodité, tant que le mariage dure, *l. sicut. §. ult. cum. l. seq. ff. de re judic. l. ex diverso. ff. soluto matrim.* Et il se dit autant des enfans du mari naïs au même mariage, qui ne peuvent être contraints par leur mere à restituer sa dot, sinon selon leur commodité. Ce qui n'est pas octroïé aux enfans d'autre mariage, mais heritiers étrangers, *d. l. maritum. in fin. & l. etiam. ff. soluto matrim.* Car telles graces sont pures personnelles. Et parce que les loix des Romains n'ont force de loi precise auprés de nous, ains seulement pour la raison qui est en icelles, il semble, puis que les constitutions de nos Rois, ni les Coûtumes ne resistent à cette équité & bien-seance, que nous devons embrasser cette honnêteté, & nous regler par icelle ; & à plus forte raison, parce que nous sommes Chrêtiens, auprés desquels le mariage est Sacrement, & emporte amitié si excellente, que les deux sont reputez une seule chair, & le lien est indissoluble, sinon par la mort : partant devons-nous avoir en plus grand respect cette amitié, que n'avoient les Romains legislateurs, qui étoient Gentils. Toutefois en consequence de ce qui est dit cy-dessus, que tel benefice n'appartient au mari, qui doleusement s'est emporté, *d. l. un. §. cùm autem. Cod. de rei ux. act.* & ainsi il se dit *in scio, qui etsi non teneatur, nisi in quantum, &c.* toutefois s'il est convenu pour dol & fraude, il sera contraint pour le tout, *l. sed hoc ità §. quod autem. ff. de re judic.* je croi que si la femme à son écient s'étoit faite plus riche, que ses facultez ne portent, ou le pere d'elle avoit promis plus grande dot qu'il ne pût payer, le mari seroit recevable à definir à la femme les avantages qui sont accoûtumez en mariage, comme de la communauté de biens meubles & conquêts, & du doüaire. Car la fille qui a cet égard est donataire, doit être sujete à la même exception du dol commis par son pere, *l. apud §. si quis autem. ff. de excep. doli.* Mais pourtant ne pourroit le mari contraindre le pere de sa femme outre sa commodité & pouvoir.

DE L'INTEREST DES DENIERS dotaux à huit pour cent.

CXXIII.

SELON la grande ancienneté il n'y avoit taux certain és interests, ni és rentes constituées à prix d'argent, ainsi qu'il est rapporporté és deux Extravagantes *regimini. de emptione & venditione.* Et dés le temps des Romains il se disoit, qu'en quelques regions & Provinces les usures & interests étoient à meilleur compte qu'és autres, *l. Africanus. §. ij. ff. de legat. 1. l. tutor. qui. §. sed etsi. ff. de administ. tut. l. 3. §. consequitur. ff. de contrar. act. tut.* En l'Ordonnance des usures faite par le Roi Philippes le Bel de l'an 1311. il se dit, qu'en ce temps-là l'interest és foires de Champagne étoit à deux & demi pour cent de foire en foire. Par la même Ordonnance il appert que les foires estoient six fois l'an; c'est à quinze pour cent par an. Depuis l'interest és cas permis & les rentes constituées à prix d'argent ont eu cours à dix pour cent par an. Cela se retient encore aujourd'hui au païs de Normandie. Et quand le Roi aliene son domaine, il y observe le profit de dix pour cent pour les acheteurs. Encore aujourd'hui en Bourgogne par la Coûtume les profits des deniers dotaux & les assignaux d'iceux courent à dix pour cent. Et nôtre ancienne Coûtume de l'an 1490. les met à la même raison de dix pour cent. Depuis la date de l'an 1550. le taux des rentes à prix d'argent s'est trouvé arrêté à huit & tiers pour cent par an, qui est le denier douziéme du fort principal, revenant à cinq sols pour écu, que cy-devant on disoit vingt deniers pour livre. L'interest qui se paye és foires de Lion n'a son taux certain. Car estant, lesdites foires tellement établies, qu'en icelles se rapporte l'état du commerce des deniers de toutes les bonnes villes de Chrétienté & d'ailleurs, les Marchands vers la fin de chacune foire s'assemblent au lieu à ce destiné, & selon le rapport qui se fait de divers endroits, les Marchands par avis commun arrêtent combien vaut l'argent, c'est à dire quel est l'interest du sejour des deniers, Cet Arrest est rapporté pardevant le Conservateur des privileges des foires, qui suivant cet rapport établit le dit interest, qui se trouve quelquefois à deux pour cent par foire, qui est huit pour cent par an; car il y a quatre foires ordinaires par chacun an: quelquefois à deux & demi, quelquefois à trois. Aucuns ont disputé, si tels interests sont legitimes; parce que selon les definitions tiranniques des Canonistes c'est usure; & selon les definitions des Theologiens Scholastiques, qui en ont raisonné plus politiquement, tel interest n'est pas reprouvé, quand c'est marchandise étrangere, & qu'on a affaire avec marchands étrangers, ou qu'autrement les marchands ont correspondance de l'un à l'autre. Car le delay de payer apporte perte évidente à celui qui s'attend de recevoir à ce jour. Même les Docteurs, qui à la suite des Canonistes ont adheré à cette rigueur des usures, ont tenu, qu'en quelque contrat que ce soit l'usure ne peut estre stipulée jusques à la concurrence du vrai interest; & que cet interest soit prouvé autrement que par la confession du deteur. *Alex. cons. 221. vol. 2. & Anton. de Butrio, cons. 17. ubi eleganter ponit quinque casus de subveniendo proximo suo. Idem Alex. cons. 80. vol. 3.* dit qu'il est permis de bailler argent aux marchands avec stipulation de certaine part du profit, *& alleg. cap. per vestras. ext. de donat. inter vir. & ux.* pourvû que le profit ne soit pas stipulé de certaine quantité; & pourvû aussi que le fort principal ne soit pas au peril du detteur. Voi l'annotation de du Molin sur ledit conseil. Les Canonistes ont approuvé les interests en deniers dotaux, *cap. salubriter, ext. de usur.* parce que le mari qui supporte les charges du mariage est en vrai interest, quand il ne reçoit pas la dot au jour promis. Ainsi dit la glosse *in l. curabit. C. de act. empti,* que quand l'acheteur joüit de la chose venduë, & il ne paye pas le prix, qu'il doit l'usure comme vrai interest, *etiam* par le droit Canonique. Or nôtre Coûtume de l'an 1534. a reduit l'interest, qui étoit d'ancienneté a dix pour cent, l'a moderé à huit pour cent par an compte grossier, qui n'a pas sa proportion correspondante si analogiquement, comme est le denier douziéme, qui fait huit & trois pour cent, c'est à dire, huit livres, & le tiers d'une livre, qui sont six sols huit deniers. Du temps des Romains les usures se comptoient & païoient de mois en mois, comme il se connoît par la loi *lecta. ff. si cert. pet.* Et quand l'usure en cent mois fournissoit & égaloit le fort principal, elle étoit dite centésime; parce que par chacun mois se païoit la centiéme partie du fort, les douze pour cent par an. Or il me sembleroit assez équitable que l'interêt des deniers dotaux non païez fust moderé à moindre taux. Car ce n'est pas trafic, ni marchandise, pour y chercher le plus haut profit, que marchands communément prennent. Aussi que les traitez de mariage sont ordinairement entre personnes, qui par alliance doivent entrer en grande amitié. Parquoi je croi que l'interêt commun seroit bien au sol la livre, qui est au denier vingt, à faute de païer au jour promis, & que si outre la demeure du jour promis, le mari faisoit poursuite judiciaire pour être païé, dés ce jour de la demande, l'interêt fut ajugé au denier quinze, suivant l'Edit d'Orleans, qui est six & deux tiers pour cent par an. Encore durant le mariage le mari n'est recevable à demander les interêts de la dot non païez, si ce n'est qu'il supporte les chargez de mariage, comme *verbi gratia*, si la femme & les enfans étoient nourris par le pere, ou autre parent d'elle, *l. in insulam. §. usuras. ff. soluto matrim. l. creditor. §. si inter. ff. mandati*, *l. pater pro filia. ff. de except. doli.* Et en ce fait des usures ne faut alleguer le privilege des personnes, comme des pupilles. Car à leur égard les usures sont défenduës, comme à l'égard des majeurs: car la prohibition est generale, *& spectat ad bonos mores*; & ce qui est dit que le tuteur qui n'emploïe les deniers est tenu, s'entend *ex capite veri interesse*; *& quatenus prædia empta possent referre. Paul. Castrens. consil.* 301. *vol.* 1. Comme les purs Canonistes ont traité le fait des usures avec extrême rigueur, & par regles contraires à la conservation de la societé humaine, & du commerce: ainsi plusieurs Docteurs de droit Civil Italiens en ont raisonné avec rigueur; même ont tenu l'opinion que la connoissance des usures appartenoit seulement aux Juges d'Eglise, ainsi que dit *Alexand. consil.* 59. *vol.* 1. *& consil.* 1. *vol.* 2. où il dit, que l'interpretation du droit divin, en ce qui est de la vie morale, appartient aux Canonistes. La plûpart de ces Docteurs étoient de Bologne, & de Perouse, Universitez en terre d'Eglise: mais à bon droit nous n'avons pas reçû cette doctrine en France; car le fait de la police publique, telle qu'à Chrétiens appartient, est aux Juges laïs; car ils sont Chrétiens. Vrai est que lesdits Docteurs Italiens ont enseigné quelques regles bonnes & politiques au fait des usures; comme quand ils ont dit, ores que ce fût en cas de vrai interêt, que la mesure de l'interêt ne doit être stipulée à raison de tant pour livre par an, ni délors du premier contrat, avant que le detteur soit en demeure; ains que l'interêt se doit mesurer selon la proportion du cas particulier & special, & selon le dommage que le creancier peut alleguer specialement. Comme le vendeur, qui n'est pas païé du prix, mesurera son interêt selon les fruits de la chose venduë, & non pas selon la stipulation qui en aura été faite. Si le tuteur n'emploïe les deniers pupillaires destinez à achât d'heritages, il païera l'interêt selon que les fruits d'un heritage peuvent monter, *Paul. de Castro. consil.* 301. *vol.* 1. Ainsi le tient *Alexand. consil.* 69. *vol.* 1. *Idem Decius consil.* 119. *& consil.* 183. *vol.* 1. Et à la suite de cette raison, ils disent que le mari demande les usures de la dot, parce qu'il porte les charges du mariage. La femme aprés le mariage dissolu ne les peut demander, si elle a d'ailleurs dequoi se nourrir, *Bart. in l. in insulam. §. usuras. ff. soluto matrim. Alexand. consil.* 27. *vol.* 4. *& cons.* 74. *vol.* 5. Or puis que nôtre Coûtume a établi l'interêt certain des deniers dotaux, je croi qu'il est bien à propos de le suivre, sauf qu'il sembleroit expedient de le moderer. Mais je croi qu'il n'est pas raisonnable qu'autre que le mari le demande, si ce n'est *post moram in judicio contractam per petitionem.*

SI LA DATE DE L'HYPOTEQUE des deniers dotaux est du jour du contrat, ou du jour que le mariage est solemnisé, ou du jour qu'ils sont payez?

CXXIV.

PAR l'usance generale de France tous contrats passez sous le séel authentique de Cour laïe emportent hipoteque. Aussi les Notaires par leur stile sous le *& cætera*, aprés le mot *obligeant*, ont accoûtumé d'étendre l'obligation & hipoteque de tous biens meubles & immeubles. Et ores qu'il n'y eût contrat par écrit, la loi donne hipoteque tacite aux femmes, pour la seureté & restitution de leur dot. La question est, si la date de l'hipoteque est du jour du contrat, ou du jour que le mariage est accompli, ou du jour que la dot est païée? Les causes de douter sont, que toutes pactions pour un futur mariage sont chargées d'une condition tacite, si le mariage s'en ensuit, *l. plerumque. ff. de jure dot.* & que le mari n'est pas obligé à la restitution de la dot, sinon du jour qu'il la reçoit: & si l'obligation principale ne subsiste pas avant la reception, aussi ne fait pas l'hipoteque, qui est accessoire. Nonobstant lesquelles raisons, je croi que la date de l'hipoteque se doit prendre du jour que les promesses de mariage ont été faites, & que la dot a été stipulée. Car quand bien l'obligation seroit conditionnelle, puis que c'est par contrat, la condition par aprés avenant, & étant purifiée, elle est tirée en arriere, pour avoir son effet du jour de la promesse, *l. si filiusfamilias. ff. de verb. oblig.* Vrai est qu'en matiere testamentaire les dispositions conditionelles ne commencent à avoir leur effet, sinon du jour que la condition avient, *l. si legati. ff. de pignorib.* La regle commune est és contrats, que pour l'effet d'iceux l'origine, la cause & le commencement sont considerez, & non pas l'évenement; *quia in ipso tempore contrahendi, voluntates contrahentium in unum consensum concurrunt, ut invicem obligentur*, *l. si procuratorem. §.* 1. *ff. mandati.* Or délors que les promesses sont faites, comme le mari s'asseure pour le païement de la dot contre les parens de sa future épouse, il est bien raison qu'au même temps la femme prononce son asseurance pour la restitution de sa dot, & accomplissement des autres convenances, sans lesquelles le mariage n'eût été accordé. Et si autrement on disoit il seroit en la puissance du mari par dettes & obligations subsequentes de mettre la dot en peril d'être perduë. A ce que dessus fait la loi premiere, *ff. qui potiores in pign. hab.* La question est, si les interêts de la dot non païée, entreront en même rang d'hipoteque que la dot même. Surquoi je croi que si les interêts ne sont stipulez par exprés, que l'hipoteque n'y est pas; parce qu'ils ne viennent pas en vertu de l'obligation, mais par la negligence du detteur. Ainsi le tient *Ludovic.*

Roman. consil. 507. *& allegat. l.* 1. *ff. de in litem jur. & dicit quòd nec fidejussor tenetur pro eo incremento : & allegat. l. ult. ff. de fidejuss. & l. libertus. §.* 1. *ff. ad municip. & l. pignoribus. C. de usur.*

SI LE GENDRE, OU LA FEMME du fils n'apportent ce qu'ils ont promis apporter pour leurs droits, aquerront-ils droit de communauté ?

CXXV.

LA Coûtume établit quatre sortes de communauté tacite ; l'une d'entre mari & femme, qui est aquise dés l'instant qu'ils sont mariez en face d'Eglise ; ores que la femme n'ait apporté sa dot, ou n'ait rien promis. L'autre est des enfans avec le survivant des deux mariez ; laquelle est en haine dudit survivant, qui ne fait Inventaire. L'autre est de deux freres majeurs de vingt ans, qui requiert concurrence des quatre circonstances mentionnées en l'article 2. du chapitre 22. des communautez & associations. L'autre est du gendre, ou de la femme du fils, qui est le cas present, Et la Coûtume y met la charge ou condition, *en apportant ses droits.* Pour le reste la Coûtume dit, que la communauté ne s'aquiert par seule demeurance, & n'y auroit raison aussi : & lesdits quatre cas ne sont pas d'exception ; car tous parlent de commistion de biens. En ce cas-ci est requis que le gendre, ou la belle fille apporte ses droits. Mais si le pere, frere, ou autre parent du gendre, ou belle fille a promis la dot, & il ne paie pas, ledit gendre, ou belle fille ne laissera pas d'aquerir communauté. Car par la promesse, l'action est aquise à la communauté : & si le chef d'icelle est negligent d'en faire la poursuite, il n'en doit être rien imputé à ces mariez, par la raison de la loi *si extraneus. ff. de jure dot.* Mais si ces mariez avoient promis d'apporter leur dot, ou appanage, je croi qu'à faute de paier, ou fournir ils n'aquerreroient communauté avec les autres parsonniers ; mais bien les deux mariez l'un avec l'autre. Car la Coûtume les fait communs *statim* lors de la solemnité de leur mariage. Et audit cas que ce marié survenant ne se trouve commun, avenant dissolution de la communauté, il reprendra ce qu'il aura apporté avant tout partage ; mais non pas les fruits, ni les interêts. Car il aura été nourri & entretenu aux dépens de la communauté, *l. creditor. §. si inter. ff. mandati, l. pater pro filia. ff. de except. doli.* & ce qui aura été retiré au nom dudit marié se mêlera avec les biens de son conjoint par mariage ; car sans doute ils sont communs.

SI LE FRERE AUQUEL SONT accruës les portions des sœurs appanées, decede sans enfans ; lesdites portions retourneront-elles aux sœurs ? & quid *aux bordelages ?*

CXXVI.

PAR nôtre Coûtume de l'an 1534. au chap. *Des droits appartenans à gens mariez*, art. 24. se dit que la fille appanée, ou dotée par pere ou mere, ne peut revenir à leur succession, tant qu'il y a hoir mâle, ou hoir descendant de mâle. Ce qui montre qu'elle n'est pas excluse precisement, ni en haine d'elle ; mais en faveur de son frere, & descendans de son frere. Doncques, quand la faveur du frere cesse, c'est à dire, si le frere ayant recueilli ces portions de ses sœurs, vient à deceder sans enfans, les sœurs doivent rentrer au droit qu'elles ont quitté, par la regle *in l. in omnib.* 69. *ff. de regul. jur. in omnib. causis ubi personæ conditio locum facit beneficio, deficiẽte ea, beneficiũ quoq; deficit.* Et par les argumens de la loi *cùm patron. ff. de legat.* 2. *l. penult. ff. de servit. leg. l. non solum.* 2. *ff. de liberat. legata.* Aussi sera consideré le texte de nôtre Coûtume, qui tout d'une suite, en parlant de l'exclusion de la fille, met la clause conditionnelle, *tant qu'il y aura hoir mâle : Nam hæc verba conditionalia sunt, l. Stichum qui meus erit. ff. de legat.* 1. Cette condition apposée *in ipsa dispositione, dat formam ipsi dispositioni, & efficit ut exclusio filiæ habeat suum effectum suspensum sub conditione. Bart. in l. si filius. §. quandò in pendenti. ff. ad senatusconf. Tertull. tractat hanc quæstionem, & revocat filiam ad partem à qua excusa erat : & Marianus Socinus junior præceptor meus, consf.* 1. *&* 31. *vol.* 1. La question qui en dépend est forte, Si le fils ayant apprehendé la succession de ses pere & mere, est en interdiction d'aliener au prejudice de sa sœur. Bartole en ladite loi *si filius*, met la question, Si la sœur peut requerir caution de son frere de n'aliener & dissiper ; & la remet à y penser, sans la decider. Or je croi que le frere n'est pas en interdiction d'aliener simplement ; car de vrai il est proprietaire : & je voudrois prendre en argument ce qui se dit en la loi *his solis. C. de revocand. donat.* que les alienations faites par le donataire ne sont pas revoquées, en revoquant la donation. Mais bien crois-je que toute sorte d'alienation ne lui est pas permise ; mêmement si par testament il leguoit & donnoit la même portion qu'il a gagnée par l'exclusion de sa sœur : car l'effet du legs a son effet au même temps que le droit est aquis à la sœur par le decés de son frere sans enfans ; *& cùm duæ causæ concurrunt, antiquior præferenda est, l. quoties utriusque. ff. de regul. jur. & quià persona sororis proximior est, & favorabilior, l. si post mortem. ff. de legat.* 1. *l. peto. §. fratre. ff. de legat.* 2. Autant me semble-t'il si entre-vifs il avoit donné pour son plaisir, & sans grand & excellent merite du donataire, ou bien s'il avoit vendu à vil prix ; *quæ res spectat ad donationem, quandò is qui disponit non habet liberam potestatem, l.* 1. *§. si quis in fraudem patroni.* Mais si selon l'occurrence des affaires survenues, & sans qu'il y eût suspicion d'affectation, même s'il avoit aliené à titre onereux, au temps auquel il n'étoit hors d'espoir d'avoir enfans ; je croi que l'alienation tiendroit, & que la sœur ne prendroit que la portion de ce qui resteroit des biens paternels & maternels lors du decés de son frere ; ou ce qui auroit esté subrogé au lieu d'iceux ; comme si les deniers de la vente étoient extans, ou que d'iceux il en eût fait quelque aquisition, ou qu'autrement son patrimoine en fût enflé. Car je croi que la sœur devroit avoir ce qui se trouveroit subrogé, par les raisons de la loi *Imperator. §. cùm autem. cum lege sequenti, ff. de legat. 2. l. pater. ff. de adim. vel transfer. leg. etiam.* que l'alienation faite par le frere ait esté faite de bonne foi, le prix de la chose venduë seroit dû à la sœur, *l. ult. §. ult. ff. de legat. 2.*

SI LA RENONCIATION DE LA fille nuit à ses enfans, pour empécher qu'aprés le decés d'elle ils ne viennent à la succession de l'ayeul ?

CXXVII.

COMMUNEMENT se dit, que quand le fils au premier degré est decedé avant son pere, que le neveu en ligne directe succede à son ayeul *proprio jure*, sans qu'il lui soit besoin de representer son pere ; & ores que son pere eût été exheredé, *l. 3. §. si emancipatus. ff. de bonor. poss. contra tab.* Pourquoi sembleroit que quand la fille au premier degré a renoncé à la succession de son pere, ou de sa mere, moyenant la dot à elle constituée, & elle vienne à deceder avant sesdits pere ou mere, que l'enfant d'elle pourra venir à la succession de l'ayeul ou ayeule. Cette question fut plaidée en l'Audience du Parlement, & appointée au Conseil entre Prunier & Bulliond de Lion, le Mardi 25. Juin 1566. plaidans Canaye & Mangot Avocats pour les parties ; & aprés eux le Sieur de Pibrac Avocat du Roi disputa la question tres-doctement. Chopin au traité *de privil. rust. lib. 3. cap. 7. num. 5.* allegue un Arrest solemnel du 5. Avril 1568. par lequel la niece fut excluse de la succession de l'ayeule, à cause de la renonciation. Je ne sçai si c'est la decision de l'appointé au Conseil ; mais c'est la même question. J'étois present à ladite plaidoirie du 25. Juin 1566. & fut allegué un fait, que je croi avoit été suffisant sans le point de droit, pour exclure la mere. Car lmere de cette niece avoit été dotée lors de cette renonciation, & la niece estoit heritiere de sa mere ; & en cette succession elle avoit trouvé le prix de cette renonciation, c'est à dire la dot, moyenant laquelle sa mere avoit renoncé : ainsi, comme heritiere de sa mere elle étoit tenuë à la paction faite par sa mere. Ainsi le tient du Molin en l'annotation *in 24. consf. Alex. vol. 1.* & contre l'opinion dudit Alexandre ; *& allegat. Paulum Castr. in l. illam. C. de collat. Et idem tenet Paul. Castr. consil. 109. & 165. vol. 1. & allegat Bart. in l. 1. in quarta. ff. ad leg. Falcid.* La question seroit plus grande, si cette fille, n'eût esté heritiere de sa mere. Surquoi me semble, que si la renonciation de la fille est au profit de son frere, ou bien qu'elle ait des freres, & que ce soit en nôtre Coûtume de Nivernois ; selon laquelle la fille appanée, ores qu'elle n'ait renoncé, est excluse de la succession paternelle & maternelle, en faveur de l'hoir mâle : Que les enfans de ladite fille ne peuvent venir à la succession de leur ayeul & ayeule, tant qu'il y aura frere de leur mere, ou enfant descendant dudit frere : Car l'exclusion de la fille est en faveur du mâle ; & tant que la faveur du mâle dure, l'exclusion doit avoir son effet. Aussi que la dot, ou donation provenuë du pere envers son enfant, tient lieu à l'enfant de sa portion legitime, *l. quoniam novella. Cod. de inoff. testa.* & doit estre conferée par le neveu en ligne directe, qui veut venir à la succession de l'aïeul, son pere étant decedé, *l. illam, C. de Collationibus* : conferée, *inquam*, ores qu'il ne se die heritier de son pere ou de sa mere qui a reçû ladite dot ou donation : ainsi qu'il fut jugé par Arrest solemnel du 14. Aoust 1564. entre les Gayots du Patras & Guerard. Par Consequence de raison, si la fille par prevention & du vivant de son pere a eu sa portion hereditaire, qui est sa legitime, l'enfant d'elle s'en doit contenter, comme s'il l'avoit euë. Car il ne seroit raisonnable que deux portions hereditaires fussent tirées pour une seule branche d'enfant. Surquoi sera consideré qu'il y a bien difference entre repudiation & renonciation : car la repudiation se fait par volonté nuë, aprés que l'heredité est deferée, quand celui qui est habile, dit qu'il ne veut être heritier ; & de telle repudiation est parlé *in l. qui superstitis. ff. de adq. hæredit.* mais la renonciation se fait au profit de quelqu'un, & moyenant deniers, ou autres convenances ; qui ne vaut selon le droit civil des Romains, *l. ex eo C. de inutil. stipul. l. pactum dotali. C. de pact.* Sinon que ce soit du consentement de celui duquel sera la succession, *l. ult C. de pact.* Et selon le droit des François telles renonciations de successions à écheoir valent même, quand c'est par la sœur au profit de son frere pour la conservation des familles. Et la validité ne dépend pas du serment que la fille auroit prêté faisant ladite renonciation, *juxta cap. quamvis. de pactis, in Sexto.* Car en France nous n'avons reçû les frasqueries esquelles les Canonistes enveloppent leurs decisions pour l'observation du serment ; qui ont esté suivies par la plûpart des Docteurs de droit civil : ains nous tenons la loi *non dubium. Cod. de legib.* Aussi que ledit chapitre *quamvis*, estant en fait de successions & heredítez, ne peut lier ceux qui ne sont de la jurisdiction temporelle de l'Eglise *cap. causam quæ. 2. cap. per. venerabilem. ext. qui filij sint legit.* La question est plus forte en cas que le fils au premier degré est exheredé par son pere, & le neveu enfant dudit fils soit preterit, si ledit neveu rompra le testament. : surquoi semble la decision *in l. si quis filio. ff. de injusto rupto. & in l. si quis posthumus. ff. de lib. & posth.* qu'il ne peut rompre, parce que son pere le precedoit ; & n'y a pas eu necessité de l'instituer. Mais ledit neveu petit-fils *ex successorio edicto* pourra quereller le testament comme inofficieux, & demander sa legitime. Ainsi dit la glose, *in d. l. si quis filio. in verb. non rumpi. & allegat. l. si quis filium. C. de inoff. testam.*

QUAND

QUAND LA FILLE EST SIMplement appanée sans renoncer au profit des mâles, si sa part accroît aux seuls mâles, ou si les filles non mariées, ni appanées y auront part ; & si les fils seuls payeront les dots des filles mariées.

CXXVIII.

LA Coûtume de l'an 1534. au chapitre *Des droits appartenans à gens mariez*, article 24. se contente que la fille ait été mariée, appanée & dotée par ses pere & mere, pour être excluse de leurs successions en faveur des mâles, & ne requiert que la fille renonce. S'il avient, qu'aprés l'une des filles mariées & appanées, les pere & mere meurent, & laissent des fils & des filles non mariées, la question est, si au partage des biens hereditaires, lesdites filles non mariées prendront autant que les fils ; ou bien si les portions des filles ja mariées accroîtront à leurs freres seuls? Aucuns ont estimé que les filles non mariées, ni dotées succedent également avec leurs freres en tous les biens hereditaires, qui se trouvent en la maison du pere lors de son decés. Mais à prendre la raison de la loi pour servir de loi, *l. scire. §. aliud. ff. de excus. tut.* semble que nous devons dire que les portions hereditaires, que les filles ja appanées prendroient, si elles n'avoient esté appanées, doivent accroître aux freres. Et ainsi le tient *Marianus Socinus junior cons. 25. vol. 1. & allegat Bart. in l. pater filium ff. de inoff. test.* Ou bien dire que les filles non mariées, ni appanées ne prendront en l'heredité de leur pere sinon telles portions qu'elles prendroient si toutes les filles ja mariées & appanées venoient à succession. Car nous voyons que l'article 24. exclud les filles mariées & appanées de la succession en faveur de leurs freres, &, non pas simplement, ni absolûment. Il faut donc que le profit vienne ausdits freres. *Sic in simili dicitur*, *l. post legatum §. amittere. ff. de his quib. ut indig. & l. penult. C. de legatis : quòd si legatario aufertur legatum ob causam datum, redit ad eum cujus favore, & in cujus utilitatem factum erat, & ei dicitur aliquid adquiri, vel tanquam ab ipso factum esse, si quid ab alio ejus contemplatione factum est, l. aditio. ff. de adquir. hered. l. dotem ff. de collat. l. sed si plures. §. in arrogato. ff. de vulgari & pupill. subst.* Et comme les freres seuls prennent le profit de l'exclusion de leurs sœurs, aussi doivent-ils seuls païer ce qui reste à païer de la dot & appanage qui leur a été promis, sans qu'il soit pris sur la masse de l'heredité. Ainsi dit la loi, quand une portion hereditaire se trouve défaillante & non recueillie, elle accroît au coheritier avec sa charge, & ne doit être oüi celui qui desire avoir profit, sans se rendre sujet à la charge, *l. 1. §. sed omnes personas. C. de caduc. toll. l. si Titio & Mævio. §. Julianus. l. cùm pater. ff. de legat. 2.* Et si les pere & mere avoient païé, & pour faire le païement eussent emprunté deniers, ou constitué rente sur eux, je croi par même raison que lesdits fils en seroient tenus : j'entens si les pere & mere en creant la dette ou la rente avoient expressément declaré que ce fût pour païer la dot ; ou bien si par la proximité du temps, & convenance des sommes se pouvoit connoître que les deniers eussent eté empruntez à cét effet. La proximité du temps entre l'emprunt & le païement est un bon argument reçû en droit, *l. si ventri. ff. de privileg. credit.* Et s'il avient que le pere, moïenant la dot par lui constituée, fasse renoncer sa fille à son profit, de prime-face il sembleroit telle renonciation être inutile pour la succession future du pere, mais afin que la disposition serve, on presumera que la renonciation doive servir aux mâles, & aux défaillans la renonciation est sans effet. *Alex. consil. 29. vol. 3.* On demande si la fille dotée & appanée par son pere peut retourner si ses freres legitimes decedent au prejudice des bâtards legitimes, qui sont ses freres. Decius traite cette question, *cons. 52. vol. 1.* & dit s'ils sont legitimez par rescrit du Prince, qu'ils n'excluent pas leur sœur ; & allegue *Ant. de Butrio in cap. per venerabilem. ext. qui filii sint legit.* mais s'ils sont legitimez par subsequent mariage, qu'elle est excluse, selon le chap. *per tuas eod. tit.*

SI LA FILLE DOTE'E ET APpanée sans reservation, peut être rappellé par ses pere & mere à succession?

CXXIX.

LA fille mariée & appanée, ou dotée par ses pere & mere ne peut venir à leur succession, tant qu'il y aura hoir mâle, s'il n'y a convenance au contraire par le contrat de mariage selon la Coûtume de 1534. au chapitre *Des droits appartenans à gens mariez*, article 24. La question a été, si les pere & mere peuvent rappeller leur fille à leur succession, ou de l'un d'eux. Aucuns disent que le rappel ne vaut, sinon par forme de legs testamentaire, & jusques à la concurrence de ce que la Coûtume permet de disposer par testament ; & que la fille ne peut se dire saisie pour former complainte comme heritiere. Et selon cét avis Chopin *in tract. de privileg. rustic. lib. 3. cap. 7.* dit aucuns Arrêts de la Cour avoir été donnez. L'autorité des Arrêts est grande, & a force de loi : mais parce que les Arrêts se donnent sur les negoces particuliers des litigateurs, esquels ordinairement se trouvent plusieurs circonstances, dont les aucunes ont pû mouvoir la Cour ; aussi que les Coûtumes des Provinces ne sont semblables, & les unes sont conçûës en disposition plus forte, efficace & urgente que les autres ; il sembleroit fort perilleux d'en faire une loi precise, necessaire & generale. Or, selon que nôtre Coûtume parle, il me semble que l'exclusion de la fille n'est pas simple & absoluë, & n'est introduite par haine d'elle, ains en faveur des mâles : & outre requiert la volonté expresse, ou tacite du pere ; entant que la Coûtume veut que le pere marie &

appane ou dote sa fille. Et il est bien certain que si ce fait du pere n'intervenoit, la fille succederoit à son pere comme le fils. C'est donc la Coûtume qui assiste, & qui donne force à la volonté du pere; quand le pere par exprés declare que moïenant la dot la fille ne viendra à la succession; ou tacitement, & par volonté presumée le declare, en appanant sa fille. Ainsi il se voit que l'exclusion de la fille prend sa source & origine de la volonté du pere, & que la loi ne l'exclud pas de par soi; & par consequent le fils prend cét avantage par bienfait de son pere: bienfait, dis-je, qui n'est affectée par obligation du pere envers le fils; mais consistant en la nuë volonté du pere: *quæ voluntas patris cum voluntate filii juncta & colligata non sit, manet in mera libertate patris; sicut dicimus in testamento, sicut dicimus etiam in donatione facta sub modo & conditione, ut certo casu res donata acquiratur tertio, ut in l. quoties. Cod. de donat. quæ sub modo. Nam etsi per eam donationem lex dicat acquiri jus & actionem tertio etiam non præsenti, nec stipulanti; tamen antequam casus acciderit, potest donator sine consensu illius tertii revocare beneficium quod illi contulit; ut tradit Bart. in l. qui Romæ §. Flavius. ff. de verb. obligat. & allegat auctoritatem. l. 3. ff. de servis exportand. Latiùs tractat Salicetus in d. l. quoties.* Par ces raisons il me semble qu'il peut revoquer cette exclusion par sa seule volonté, & rendre sa fille capable de succeder. Je ne dirai pas qu'il l'institüe, ou la fasse son heritier; car si cela étoit, nous pourrions être és termes de faire valoir la disposition, comme legs testamentaire, *obliquando & detorquendo directam dispositionem ad fideicommissariam, secundum l. Scævola. ff. ad senatusconsf. Trebell.* Mais je dirai que le pere ôte l'obstacle qui l'empêchoit de succeder; lequel obstacle est la volonté du pere; & ledit obstacle ôté se trouve la fille avec sa qualité de fille habile à succeder à son pere, qui sera saisie par la regle, *Le mort saisit le vif*, à la charge de rapporter sa dot. Ce qui se peut & doit dire par nôtre Coûtume: *multo magis*, puis qu'elle permet aux peres & meres d'avantager leurs enfans, selon qu'ils veulent, sauf la legitime, au chapitre *Des donations*, article 7. Ainsi le tient & decide *Steph. Bertrandi consf. 186. vol. 3.* & allegue la raison; *l. ult. C. de pact.* que le consentement du pere est revocable, *& Bald. in cap. ad nostram. 2. ext. de jurejur.* Ce que dessus s'entend, quand il n'y va que du fait du pere, ou de la mere. Car si le fils étoit intervenu en la donation, eût contribué à icelle, & eût stipulé la renonciation de la fille; je croi que le pere seul ne la pourroit rendre, capable de succeder, & ne dirois pas que nous fussions és termes de la loi finale, *Cod. de pactis*, en ces mots, *si in eadem voluntatem perstiterit*; Parce que le fils *præsenti pecunia censeretur emisse spem futuræ hæreditatis, & conditionis incertum, lege permittente & assistente.* On demande si outre la disposition de la Coûtume, la fille mariée par son pere & dotée, a par exprés renoncé à l'heredité de sondit pere, & à suplément de legitime; elle pourra neanmoins demander suplément? *Molin in annot. ad consil. 180. Alex. vol. 5.* dit qu'elle ne peut retourner; pourvû qu'elle soit mariée en maison honnête selon la maison dont elle est: parce, dit-il que telle renonciation est raisonnable, qui tend à la conservation des maisons: & ainsi dit *Decius consil. 26. vol 1.* Surquoi seront notées les Coûtumes d'Anjou, article 141. & du Maine, article 258. qui disent que la fille noble, qui est emparagée noblement, ne peut demander parts hereditaires, ores qu'elle n'eût eû qu'un chapeau de fleurs: Et du Molin sur lesdits articles *que la raison n'est pareille au fils qui renonceroit.* Ledit du Molin en dit autant *in annot. ad consil. 29. Alex. vol. 3.* Et dit qu'ainsi fut jugé par Arrêt, les Chambres assemblées, le 7. Septembre de l'an 1532. entre de Loüan & de Maillé. *Allegat Paul. Castr. consf. 275.* & dit qu'en France n'est en aucune consideration le chapitre *quàmvis de pactis in Sexto.* parce que nous n'avons reçû la doctrine des Ultramontains, qui disent, le serment avoir force de valider ce qui de soi est nul, ou sujet à rescision; ains nous tenons la loi *non dubium C. de legibus.*

SI LA FILLE MARIE'E ET APpanée, peut outre son appanage, demander la part du doüaire de sa mere, qui est heritage aux enfans?

CXXX.

LE doüaire Coûtumier est aquis aux enfans du mariage par le benefice de la Coûtume & non par la disposition du pere. Pourquoi il sembleroit quand le pere dote sa fille *ex officio paterno* (car à ce il est tenu, *l. ult. C. de dot. promiss.*) que nonobstant la dot, la fille puisse demander sa part du doüaire de sa mere. *Pater enim de propriis bonis censetur dotare, non de iis quæ alio jure ad filiam pertinent, d. l. ult.* Aussi que le pere & la mere ne peuvent aliener le doüaire au prejudice de leurs enfans, ni le diminuer. Toutefois je croi que quand la fille est appanée & dotée par son pere, qu'elle ne sçauroit outre sa dot demander le doüaire de sa mere. Je soûtins cette opinion au procés pendant au Bailliage de Nivernois entre Jacques Aurrousseau & Leonard & Estiennette Bodaux; & la plûpart des opinions des consultans inclina à ce, & suivant ce fut jugé, & le jugement confirmé par Arrêt du vingt-quatriéme Decembre de l'an 1579. Mes raisons étoient, & sont qu'encore que le doüaire soit introduit par la Coûtume, toutefois il vient originairement de la volonté & promesse du pere; car les paroles solemnelles & accoûtumées, lors des paroles de present à la porte de l'Eglise font que le mari doüe sa femme de ses biens: & parce que telle est l'usance, il est mis pour coûtume. *Deindè* par convention expresse se peut faire qu'il n'y ait point de doüaire, ou qu'il soit moindre que le coûtumier; il faut donc dire quand il est, que c'est par la volonté du mari pere de ses enfans, selon la raison de la loi *conficiuntur. ff. de codic.* & étant bienfait du pere; il doit être compté en la legitime. Or la dot tient lieu de legitime, & est comptée à la fille pour remplir ſa legitime, *l. quoniam novella. C. de inoff. teſtam.* Comme auſſi le doüaire de la mere, quand il eſt fait heritage d'enfant, doit tenir lieu de legitime, car il eſt profectice, & procedant de la ſubſtance du pere, & ſelon la volonté du pere eſt heritage aux enfans. Nôtre Coûtume reſerve à la fille appanée le ſupplément de legitime; & dit par exprés, que c'eſt en ayant égard aux biens que le pere avoit lors de ſon decés. De vrai la legitime ſe prend proprement en ce temps-là car elle eſt tirée de l'heredité. Toutefois aucuns Docteurs diſent, que la legitime doit être comptée & priſe ſelon la valeur des biens du pere lors de la donation. *Molin. in annot. ad conſ. Alex.* 180. dit que la plus commune & veritable opinion des Docteurs eſt telle; *& allegat Bald. in l. quamvis C. de fideicomm. & ita tenet Boër. deciſ. 62.* Mais s'il avient que la fille ſe trouve ſans dot; parce qu'elle aura été mariée à un mari mauvais ménager, & qui peut-être délors du mariage n'étoit pas ſolvable, ou qu'autrement ſans la faute d'elle ſa dot ſoit perduë, elle demandera ſa legitime entiere, ſans rapporter ou precompter la dot ja par elle reçûë ſelon la deciſion de l'Auth. *quod locum. C. de collat. & Bald. ibi decidit, quòd pater eo caſu tenetur iterum dotare filiam. Marianus Socinus conſil. 116. vol. 2. hoc plus ait, quod etiam hæredes patris tenentur rurſus eam dotare.*

SI LA FILLE APPANÉE PAR ſon pere qui a ſon domicile en Nivernois, & a des biens en Nivernois & Bourbonnois eſt excluſe de demander ſupplément pour les biens de Bourbonnois?

CXXXI.

PAR la Coûtume de Nivernois, la fille dotée & appanée eſt excluſe de la ſucceſſion de ſes pere & mere, qui l'ont dotée; & neanmoins peût demander ſupplément de ſa legitime, eu égard aux biens que leſdits pere & mere laiſſent par leur decés. Par la Coûtume de Bourbonnois la fille ainſi appanée ne peut demander ſupplément de legitime. La queſtion ſur le fait propoſé dépend de la queſtion generale tant agitée par les Docteurs, ſi les ſtatuts perſonnels, ou réels & locaux, dont le domicile a accoûtumé d'être en l'apparat de la loi *l. cunctos populos C. de ſumma Trinit.* Et comme ce domicile ſemble avoir été mal élû & choiſi, parce que le texte n'y eſt aucunement à propos, auſſi la queſtion y eſt traitée trop prolixement, pour y être bien traitée. Mais le deſſein du premier Docteur qui a commencé, a été ſuivi comme par ſingerie & indiſcrete imitation par les autres ſuivans: tous leſquels à la fille aïans diviſé chacun de trois volumes des Digeſtes, & le Code en deux parties; ont travaillé de tout leur pouvoir d'enrichir les premieres lectures de chacune partie, en y ramaſſant pêle-mêle toutes les belles queſtions qu'ils ſçavoient; & au milieu & à la fin de chacune deſdites parties ont paſſé comme en courant diſans peu, ou du tout n'y ont rien dit. Et ſelon mon avis ils euſſent mieux fait de dire mediocrement à l'entrée, & ſuivre par tout avec la même mediocrité & ſtile, pour enſeigner par tout. Car le vrai enſeignement des textes; les gloſes & les apparats des Docteurs ne ſervans que pour aide. Doncques les Docteurs y ont fait cette commune diſtinction, que ſi les ſtatuts ſont perſonnels, & comme ils diſent, conçûs *in perſonam*, ils ont effet ſur les biens appartenans à cette perſonne en quelque part qu'ils ſoient. Que ſi les ſtatuts ſont conçûs *in rem*, comme en fait de ſucceſſions, venans par la voïe d'inteſtat, le ſtatut de chacun lieu, où ſont les biens, doit être ſuivi. Autres indiſtinctement ont dit, que tous ſtatuts ſont locaux, & que les biens doivent être reglez ſelon la loi du lieu où ils ſont aſſis, *Alex. de imola, in conſil. 16. vol. 1.* & du Molin en l'annotation ſur icelui diſent, que la commune opinion des Docteurs eſt, que tous ſtatuts & coûtumes ſont locaux; ſans y obſerver la diſtinction s'ils ſont *in rem, vel in perſonam*: & le même en l'annotation ſur le conſeil 41. vol. 5. Le même Alexandre *conſil.* 128. decide la queſtion de preſent, diſant que la fille mariée & appanée, au lieu où elle ne peut demander ſupplément de legitime; neanmoins peut demander ledit ſupplément ſur les biens, qui ſont aſſis és lieux où cette prohibition de demander ſupplément n'a point de lieu. Mais il ſembleroit que pour la queſtion generale, ne ſeroit mal à propos de diſtinguer (ce que je dis, non pour refuter, ou reprouver les opinions de ſi grands Docteurs, mais pour y apporter mon ſuffrage *diſpoſitionis cauſa, & ut diſputando facilius veritas eluceſcat*) à ſçavoir ſi les ſtatuts ſont perſonnels, ou réels: ce que je n'entens pas pour s'arrêter à l'écorce des paroles; mais à l'intention, ſelon laquelle vrai-ſemblablement les ſtatuans ſe ſont reglez: c'eſt à dire, pour ne regarder quelles ſont les paroles, ni de quel ſtile, ou ſignifiance: mais à la raiſon preſumée & vrai-ſemblable de ceux qui ont dicté le ſtatut, ou Coûtume. Comme *verbi gratia*, la loi Romaine & les Coûtumes de France défendent les donations entre-vifs du mari à femme. La raiſon tant expreſſe, que tacite eſt, afin que l'amitié ne ſemble venale entre eux, & afin qu'ils ſoient addonnez à s'entr'aimer par vertu & par honneur, & non pour les biens. Pluſieurs Coûtumes de France ont étendu cette loi aux donations teſtamentaires, & pour cauſe de mort, & ſont fondées ſur la même raiſon. Or parce que telles loix regardent directement le bien & l'honneur des perſonnes, je voudrois dire que les mariez, qui ont leur domicile ſous la Coûtume qui prohibe les donations teſtamentaires, ne peuvent diſpoſer des biens aſſis ſous la Coûtume qui les permet, entant que la loi du domicile lie & enſerre la volonté & le pouvoir de celui qui y eſt domicilié; & eſt faite pour ſon bien, profit & honneur. Si la volonté eſt liée, toutes les diſpoſitions prenans fondement ſur cette volonté, ne peuvent avoir aucun effet en quelque part que ſoient les biens; car la nature des choſes n'y fait rien; ains la ſeule volonté y domine & commande. Mais ſi la raison de la loi ne regarde directement les personnes, je croi qu'il faut suivre la loi du lieu, où les biens sont assis. Au cas qui se presente, l'exclusion de la fille mariée & dotée par le pere, semble plus proceder de la force de la loi, que de la volonté du pere : car encore que le pere n'en declare rien en mariant sa fille, la loi entend qu'elle soit exclu-se en faveur des mâles. Pourquoi je croi que cette exclusion opere sur les biens de chacune Province, selon qu'est la loi d'icelle Province. Et parce qu'en Bourbonnois la fille mariée & appanée par pere & mere, ne peut demander supplément de legitime, je croi qu'audit païs les deux sont requis conjointement, qu'elle soit mariée, & appanée; & ne suffiroit le seul appanage : car il faut croire que le pere par son credit, par sa faveur, par sa prudence, & par l'amitié qu'il porte à sa fille, la mariera honnêtement selon le lieu dont elle est ; & plus fera avec mediocre dot, qu'aprés sa mort les freres d'elle ne feroient avec plus grande dot. Cette raison a été considerée par du Molin, *in annot. ad cons. 29. Alex. vol. 3. & ad consil. 180. vol. 5.* Autrement seroit en Nivernois : auquel païs la femme n'est pas exclose de la legitime par l'appanage : & est loisible aux peres & meres d'avantager leurs enfans *salva legitima.* Pourquoi en Nivernois je croi qu'il suffit que les pere & mere aïent ordonné l'appanage, combien qu'ils n'aïent marié leur fille.

SI LA PORTION DE LA FILLE appanée, accroît autant bien aux freres paternels ou uterins ; comme aux freres germains ?

CXXXII.

L'EXCLUSION de la fille dotée & appanée par pere & mere, ou l'un d'eux, n'est pas en haine de la fille, mais en faveur de ses freres, ou leurs descendans ; comme il se voit par le texte de la Coûtume de 1534. *Des droits appartenans à gens mariez*, article 24. qui met ces mots, *tant qu'il y auroit hoir mâle, ou hoir descendant de mâle*, lesquels mots emportent condition, *l. Stichum qui meus erit ff. de legat.* 1. Et puis que c'est condition, ils signifient ce qui est d'essence de l'acte. *Conditio enim à condendo, dicta est, & essentia rei inest.* Pourquoi faut dire que l'exclusion de la fille est directemēt & essentiellement en faveur de son frere, & pour faire la portion hereditaire de son frere plus ample & grasse ; & que cet avantage regarde la succession & l'heredité des pere & mere; & comme si le frere devoit prendre la part qui aviendroit à sa sœur par succession. Dont faut inferer qu'es meubles qui sont en l'heredité du pere & de la mere, le frere germain de la fille appanée prendra la part des meubles qui aviendroient à sa sœur, si elle n'est appanée. Car nôtre Coûtume en succession de meubles prefere le frere germain au frere paternel, au Chapitre *Des successions*, article 16. Aussi que *ex præsumpta voluntate videntur prius vocari, qui sunt proximè, & majori vinculo conjuncti, quàm qui minori, l. cohæredi. §. qui discretas. ff. de vulgari & pupill. substit. l. si ductus ff. de bonor. poss. contra tab. l. 1. §. si quis ex nepotibus. ff. de conjungen. cum emancip. lib.* Mais quand à l'heritage, qui échet par succession desdits pere & mere, parce que nôtre Coûtume au fait de l'heritage ne donne aucune preference à la germanité audit article 16. Je croi qu'és heritages du côté paternel, les freres paternels prendront part avec les germains en la part, dont la fille est exclusé ; & és heritages du côté maternel, les freres uterins semblablement.

QUAND LE PERE AYANT mangé les Finances du Roy marie & dote sa fille, si cette dôt est sujete à recherche ?

CXXXIII.

LE privilege du fisque est tel, qu'il n'est sujet aux regles étroites du droit civil : qui est ce qu'on dit, *Princeps legibus solutus est.* Et les droits du fisque sont fondez sur la seule équité naturelle, & droit de gens. Ou bien pour iceux il a tous les privileges qui sont introduits en faveur des mineurs & de la dot des femmes. Ou bien se dit que toutes les seuretez, dont on a accoûtumé de s'aider par pactions expresses, sont tacitement entenduës, quant on contracte avec le fisque, comme se dit *quòd ipso contractu acquiritur fisco hipotheca, etsi expressum non sit, l. 2. C. in quib. caus. pig. vel hipoth. l. 3. C. de privileg. fisci. Ut cum partis dominus est, solidam rem vendere possit, l. 2. C. de comm. rerum alienat. ut fiscus non satis det, l. 1. §. si ad fiscum. ff. ut legat. vel fideicomm. nomine. ut in concursu hipothecarum & pari causa fiscus præferatur. l. si is qui mihi ff. de jure fisci. Ut cùm succedit universaliter in omnia bona, non teneatur debitoribus ultra valorem bonorum, l. 1. §. an bona. l. non possum ff. eod. tit. de jure fisci. ut pecuniam sibi debitam alii creditori solutam à communi debitore, auferat illi creditori ; etiam si consumpserit, & ignoravit cùm consumeret, l. deferre §. ult. cùm tribus. leg. seq. ff. eod.* Selon ce dernier privilege semble que si le pere, au temps qu'il manie les finances du Roi, marie sa fille, & lui paye dot ample, & par aprés il avienne que le pere soit reliquataire envers le fisque, le fisque pourra avoir recours sur cette dot & contraindre le mari à la restituer, comme ayant esté la dot payée des deniers du fisque. *Quod etiam jure communi dici potest, non solùm in præjudicium filiæ, quæ dotem à patre titulo lucrativo accepit, & ideò ab ea auferri potest, si pater solvendo non sit ; sicut dicimus in cæteris qui donationem & liberalitatem acceperunt, ut ab eis auferatur, etsi fraudis participes non sint, l. qui autem §. similique modo. ff. quæ in fraud. cred. & l. ignoti. C. eod. filia autem censetur habere dotem à patre titulo lucrativo, l. ult. §. 1. vers. at si neuter. ff. eod. tit. Sed etiam dici potest idem in præjudicium mariti, qui dotem censetur accepisse titulo oneroso, l. ex promissione. ff. de act. & oblig. eò quòd maritus sciens socerum pecunias fisci tractare, non videtur carere fraude, qui dotem accepit ampliorem, quàm facultates soceri præstare possent ; & satis videtur probari in d. l. ult. §. 1. ff. quæ in fraud. cred.* Aussi toutes personnes bien avisées, quand ils veulent traiter mariage, ne se doivent pas arrêter à la premiere apparence, qu'ils voyent des biens qui sont és mains de celui, duquel ils demandent la fille ; mais doivent s'enquerir quels moyens honêtes a eu ce pere pour amasser tant de biens : car aussi bien si le fisque, ou les pauvres oppressez ne faisoient l'éviction du mal acquis, le jugement de Dieu par autre ministere secret le feroit. Le proverbe est, *Malè parta, malè dilabi*. Pourquoi tel gendre doit estre censé participant de la fraude, ou bien doit imputer à sa facilité de ne s'être bien enquis, & ne s'être bien conseillé. Les Poëtes ont representé les deux freres Prometheus & Epimetheus, l'un prévoyant & l'autre jugeant sur le champ, & sur la premiere apparence. *Ludo. Romanus conf. 346.* dit que la presomption est, si aucun est arrivé pauvre en l'administration des finances publiques, & il devienne riche, que sa richesse soit desdites finances. Et allegue la glose *in l. defensionis facultas. C. de jure fisci, lib.* 10. parce que durant son office il ne doit negocier, *l. eos C. si cert. pet. Sic in uxore, si quid constante matrimonio acquirat, l. Quintus. ff. de donat. inter vir & uxor. Sic in sacerdote, cap.* 1. *ex de pecul. clericorum.*

S'IL EST VRAY INDISTINCTEMENT, qu'enfant mariez soient à leurs droits : Et s'ils estoient en tutelle ? Et de la police pour l'âge des mariez ; & de la distinction du droit Civil & Canonique.

CXXXIV.

NY les loix des Romains, ny les nôtres de France n'ont établi temps certain pour la majorité. Selon les loix anciennes des Romains la majorité estoit avec la puberté ; & en cette ancienneté, la puberté se jugeoit par l'aspect du corps, si le poil és parties honteuses commençoit à venir. Mais depuis pour éviter ce regard peu honnête, la puberté a esté definie aux mâles à quatorze ans, és femelles à douze ans, *§. 1. Instit. quib. mod. tut. finitur.* Par lesdites anciennes loix la tutelle finissoit par la puberté ; & les puberes étoient censez usans de leurs droits. Et ne se parloit de curateurs pour administration generale ; mais l'invention en a esté par le droit plus nouveau pour les puberes & adultes. De fait, il n'y a aucune action particuliere, pour contraindre le curateur à rendre compte ; ains y est appliquée l'action generale *negotiorum gestorum* : jaçoit que l'action contre le tuteur ait son nom particulier introduit par le droit civil, *quæ est actio tutelæ*. Les mêmes loix Romaines ont fait une distinction de la premiere puberté, & de la pleine puberté, disans que la pleine puberté est à dix-huit ans, *l. Mela. ff. de alimentis vel cibar. leg. & §. minorem. Instit. de adopt. quæ est prima ætas apta in maribus ad generationem.* Aussi à Rome à dix-sept ans les enfans de bonne maison prenoient la togue ou robe virile, & deposoient le pretexte, qui étoit la robe de la pueritie, & à ce même âge commençoient d'estre admis és charges publiques & aux affaires, *l. 1. §. pueritiam. ff. de postul.* Et combien que les puberes fussent en cette ancienneté reputez peres de famille, & usans de leurs droits, *l. cum filio ff. de legat.* 3. toutefois les Preteurs Romains, ausquels appartenoit la jurisdiction, aviserent qu'en cét âge de puberté le jugement estoit encore infirme ; pourquoi ils firent l'Edit, par lequel est ordonné remede aux mineurs de vingt-cinq ans puberes & adultes, qui sont deçûs par la facilité de leur âge. Cet Edit ne porte pas que les contrats faits par eux soient nuls ; ains seulement dit le Preteur, qu'il verra que c'est, s'il avient que le mineur de vingt-cinq ans se plaigne, *l. 1. §. 1. ff. de minorib.* & ailleurs se dit, que tous contrats faits avec le mineur pubere ne sont pas nuls, ny rescindibles ; ains seulement quand il y a lesion, *l. quòd si minor. §. non semper. ff. de minorib.* jaçoit que lesdites loix disent precisement & absolument que les impuberes ne peuvent contracter, ny s'obliger, *l. quod pupillus. ff. de condict. indeb. l. more. ff. de adquid hæred.* Qui fait connoître qu'il y a deux temps de minorité, qui ont diverses considerations & regles ; l'un de pupillarité & l'autre de puberté. Aussi nos loix de France, qui sont les Coûtumes, ont declaré les majoritez en divers âges, pour les affaires & fonctions du monde, les unes à la puberté de quatorze & douze ans ; les autres à seize ans pour les femelles, & dix-huit ans pour les mâles ; les autres à vingt ans pour les mâles, & dix-huit ans pour les femelles. A laquelle raison se rapportent les lettres de benefice d'âge, qu'on obtient en Chancelerie, conformes à cét égard au droit des Romains, au titre *De his qui veniam ætatis impetraverunt.* Le Roi Charles V. par Edit qu'il fit publier en Parlement en sa presence, declara que les fils aînez des Rois successeurs de la Couronne sont capables à administrer au quatorziéme an ; qui n'est pas la puberté selon les loix des Romains ; car la puberté est à quatorze ans accomplis ; & le quatorziéme an se peut dire le premier jour aprés que les treize ans sont accomplis, *l. si ità fuerit. ff. de manum. testam.* Et selon les Romains au fait des honneurs & dignitez, l'an commencé étoit compté, comme s'il étoit accompli, *l. ad Rempublicam. ff. de munerib. & honorib.* Nôtre question est, si la personne mariée n'ayant l'âge de vingt-cinq ans est faite à ses droits ? La Coûtume de ce païs au chapitre *Des droits appartenans à gens mariez*, article 26. veut que les enfans mariez soient tenus pour émancipez de la puissance paternele, & usans de leurs droits. Si le mariage delivre de la puissance paternelle, *multò magis*, il doit delivrer de la tutelle ; car la tutelle est comme subsidiaire de la puissance paternelle. Aussi puis qu'une femme est baillée en la puissance d'un mari, & que le mari commence à supporter les charges du mariage ; il semble qu'il est raisonnable, voire necessaire ; qu'il administre les biens de sa femme, pour en gagner les fruits *jure mariti* ; & par consequent, qu'il administre son bien propre. Car puis que sa personne est en liberté pour lui-même se gouverner, comme pere de famille, il est bien consequent qu'il ait liberté en l'administration de ses biens, *cùm primaria consideratio sit personarum, & secundaria bonorum* ; &

cui persona regenda committitur, multò magis bona regenda committi debent, l. ult. C. ne fidejuss. vel mandat. dot dentur. Pourquoi je croi que les jeunes gens mariez sont hors de tutelle, comme s'ils avoient obtenu lettres de benefice d'âge. Mais je désirerois que les mariages ne fussent permis en si bas âge, comme les superieurs Ecclesiastiques se font accroire avoir droit d'en dispenser : en quoi je pense qu'il faillent grandement. Car quand le droit Canon a dit, que pour la puberté au fait de mariage, n'étoit besoin de considerer l'âge de douze & quatorze ans selon le droit des Romains, il a entendu *quò magis, non quò minùs.* C'est à dire, combien que la loi des Romains permît le mariage en cét âge; toutefois si les deux, qui veulent se marier, ne sont en telle disposition & vigueur, que le mâle puisse engendrer, & la femelle concevoir, & porter enfans, ils ne soient mariez. Et ainsi est decidé *in cap. puberes. ext. de spons. impub. in Antiq.* Et en la glose finale est faite la distinction du droit civil & canon au fait de la puberté; à sçavoir que pour les tutelles & autres affaires du droit civil, les douze & quatorze ans soient considerez; & pour les mariages, la vigueur & habitudes du corps, si les mariez sont propres à engendrer.

SI LES PERSONNES MARIE'ES en ce païs peuvent donner la proprieté des meubles & conquêts assis és pays, où l'usufruit seulement peut être donné. Et contrà?

CXXXV.

PAR la Coûtume de ce païs de Nivernois, & par celle de Bourbonnois il n'est prohibé aux mariez de faire donation l'un à l'autre pour cause de mort; pourquoi est observé que telle donation est permise jusques à la concurrence de ce que les mêmes Coûtumes permettent à toutes personnes donner par testament: & encore celle de Nivernois permet de donner par don mutuel entre-vifs la proprieté des meubles & conquêts. Par la Coûtume de Paris, de Lorris, & plusieurs autres, les mariez ne peuvent donner l'un à l'autre, sinon par don mutuel, à faute d'enfans, & pour l'usufruit seulement. La question est, si celui qui a son domicile en Nivernois peut donner à sa femme par don mutuel la proprieté de ses conquêts assis sous la Coûtume de Lorris, ou autre Coûtume semblable? Surquoi est à considerer quelle est l'intention vrai-semblable de la loi, qui est nôtre Coûtume & nôtre droit Civil. Et est à croire que les Coûtumes qui permettent par don mutuel de donner seulement l'usufruit, ont eu égard à la raison mise par le droit des Romains, que l'amitié d'entre mari & femme doit être au cœur, & doit être entretenuë par honneur, sans la faire venale. Et toutefois quand le mariage est dissolu sans enfans, ont estimé raisonnable que le survivant ait moïen honnête de s'entretenir, & se ressente du labeur & soin que les deux mariez ont pris ensemblément durant leur mariage, pour aquerirr & conserver des biens. Pourquoi en temperant la rigueur de la loi prohibitive, la loi a permis la donation d'usufruit au survivant. Et si cette raison est considerée, elle se trouvera purement en faveur des personnes: & partant il faut dire que les volontez des mariez doivent être reglées selon la loi du lieu, où est le domicile d'icelles personnes; ainsi qu'il est dit cidessus en la question 131. Mais d'ailleurs peut être consideré que la loi a voulu pourvoir aux heritiers du premier decedé, afin qu'ils ne soient heritiers sans profit, & que la famille & lignage soit maintenu, en y conservant les biens du predecesseur. Ce que les loix Romaines ont approuvé, en introduisant la Falcidie, & la quarte Trebellianique. Et si cette raison a lieu, les biens doivent être reglez par la Coûtume du lieu où ils sont assis; comme étans tels biens affectez au lignage, *saltem* pour la proprieté. Car en ce cas la raison de la Coûtume se trouveroit réelle, & non pure personnelle. Toutefois je croi que cette derniere raison n'est considerable. Car la même Coûtume pourvoit par autre façon au lignage, entant qu'elle prohibe la donation par testament des quatre cinquiémes de l'heritage propre, en affectant lesdits quatre cinquiémes au lignage, *ad instar* de la Falcidie. Aussi que la même Coûtume permet à un testateur de donner à un étranger la proprieté de tous les meubles & conquêts; dont resulte que la Coûtume n'entend affecter les conquêts au lignage, & les met en la pleine liberté de celui à qui ils appartiennent. Et de vrai ce seroit une miserable servitude & sujetion à celui qui a travaillé pour amasser des biens, s'il n'en pouvoit disposer à son plaisir, & fût contraint les delaisser à un heritier peut-être ingrat, & non meritant. Pourquoi mon avis est que si le domicile des mariez est en la Coûtume de Nivernois, selon laquelle ou par don mutuel, ou par donation pour cause de mort, les mariez peuvent disposer l'un envers l'autre des meubles & conquêts pour la proprieté, que la donation vaudra pour les conquêts assis sous les autres Coûtumes: entant que la permission que fait nôtre Coûtume, & la prohibition que font les autres Coûtumes regardent directement la volonté, l'honneur, & le profit des personnes mariées, & ne regardent l'interêt des heritiers que secondairement. Je fonde mon opinion sur la raison du droit des Romains, qui conformément au sens naturel ordonne, que ce qui est attribué directement au profit & à l'honneur de la personne, soit étendu sur tous les biens d'icelle personne. Ainsi se dit au tuteur, qui étant donné premierement & principalement à la personne, a pouvoir d'administrer les biens en quelque part qu'ils soient, *etiam* hors la Province, & Jurisdiction du Juge, qui l'a confirmé, *l. propter litem. §. licet. ff. de excus. tut.* A quoi fait la loi *quià ff. de testament. tut. l. cùm plures. §. cùm tutor. ff. de administ. tut.* Ainsi il se dit que le libertin doit honneur à son patron, en quelque qualité que son patron se presente; & ores qu'il demene les affaires d'autrui, *l. sed si hac. §. ult. ff. de in jus voc.* Ainsi se dit, que les fonctions qui sont en la pure volonté de la personne, ne sont sujetes aux regles du droit Civil, ains au seul droit naturel : parce que la volonté est libre à chacun, *etiam* au serf, & à celui qui est banni à perpetuité : jaçoit qu'ils soient exclus de tout ce qui dépend du droit Civil, *l. si servus.* 141. *& l. si ita stipulatus fuero. ff. de verb. obligat. l. cùm pater. §. hareditatem. ff. de legat.* 2. Or selon le droit naturel, sans avoir égard au droit Civil, chacun peut disposer de son bien envers telle personne qu'il lui plaît.

EN DON MUTUEL, SI DONATION de conquêts comprend autres conquêts, que ceux faits durant le même mariage ?

CXXXVI.

PAR nôtre Coûtume de l'an 1534. au chapitre *Des droits appartenans à gens mariez*, article 27. est disposé, que gens mariez, qui n'ont enfans, peuvent faire donation mutuelle de leurs meubles & conquêts en proprieté, & de l'usufruit de leur heritage ancien, jusques à la concurrence du revenu dudit heritage ancien, de l'un à l'égard de l'autre. Il ne se dit pas si c'est de tous conquêts, soient faits durant le mariage, ou auparavant, & il sembleroit de prime-face que ce fût de tous aquêts ou conquêts, (& sera noté que nôtre Coûtume ne fait difference entre aquêts & conquêts, comme font autres Coûtumes plus scrupuleuses à l'écorce des paroles ; car nôtre Coûtume appelle conquêts soit qu'ils soient faits par deux, ou par un seul, & pour lui seul, au chapitre, *Quelles choses sont reputées meubles*, article 14. *Des tastamens*, article 1. *Des successions*, article 4. & 16.) Mais je croi que la Coûtume s'entend & se doit entendre seulement des conquêts faits par les deux mariez durant leur communauté, & non pas des aquêts ou conquêts faits auparavant leur mariage. Car la donation entre gens mariez, ausquels par regle est interdit d'avantager l'un l'autre, ne seroit permise, s'il n'y avoit esperance égale d'une part & d'autre ; & partant il ne se peut dire, que l'un transfere plus de droit à l'autre que ce qu'il en reçoit ; *& quià in ea permutatione spei cum spe, neuter tempore donandi potest dici fieri pauperior, vel alter locupletior, cùm sit incertum quid serus vesper vecturus sit, & quis esse debeat eventus mortalitatis. Quo fit ut sit contractus onerosus, non lucrativus ; & potiùs permutatio, vel contractus innominatus, quàm donatio. Sic per glos. in l. licet. C. de pact. & per rationem l. de fideicommisso. C. de transact.* Doncques pour empêcher que ce ne soit donation, il ne faut pas que l'évenement puisse apporter plus de profit à l'un des deux mariez, qu'à l'autre. Ce qui est proprement pratiqué & executé quand le don mutuel est des conquêts faits durant le même mariage. Aussi plusieurs Coûtumes, même celles qui ont été revûës & arrêtées depuis vingt-cinq ans en ça sous l'autorité de Messieurs les Presidens de Thou & Conseillers Viole d'Aigremont & Faïé, portent expressément des conquêts faits durant le mariage des deux mariez. Sera aussi consideré que les autres cahiers des Coûtumes usent du mot ancien *don isnel*, qui signifie égal. Cette égalité est assez remarquée par nôtre Coûtume és autres proprietez mises par nôtre Coûtume, qu'ils soient pareils d'âge, & qu'ils soient en santé, *ne spes ex una parte videatur claudicare.* Et quant à l'heritage ancien pour la valeur jusques à la concurrence du revenu l'un de l'autre. Pourquoi j'estime que si les deux mariez n'étoient communs par moitié, que le don ne vaudroit que jusques à égalité : c'est à dire, que si celui qui n'auroit qu'un quart en la communauté survivoit, il ne pourroit avoir que semblable part és meubles & conquêts du survivant. Et si tant étoit que par convention expresse les conquêts faits auparavant le mariage, fussent donnez, le don ne vaudroit au profit du survivant, sinon jusques à la concurrence de la valeur des conquêts de celui qui en auroit le moins pour faire égalité.

La question seroit plus grande, si la part des meubles & conquêts du mari étoit encombrée de dettes & affaires, dont la part de la femme ne fût tenuë. Comme, si le mari durant le mariage avoit marié sa fille d'un autre lit, & lui eût païé dot en deniers ou meubles ; s'il avoit éteint ou amorti quelque redevance bordeliere dûë sur ses heritages propres ; ou s'il devroit faire autre remboursement ou recompense à sa femme ; ou si le doüaire de sa femme étoit en meubles ; car il se devroit prendre sur la seule part du mari. Surquoi, selon les raisons ci-dessus touchées, & par la même analogie & proportion, je croi que le mari survivant ne prendroit sur la part des meubles & conquêts de la femme, sinon autant que la femme survivante eût pû prendre utilement és meubles & conquêts du mari.

SI TOUS CONTRATS OU TOUTES donations sont interdites entre mari & femme durant le mariage : Et si le mari fait recompense à sa femme, qui a vendu son heritage durant le mariage ?

CXXXVII.

LES Romains tres-excellens és deux arts politique & militaire, ont eu en leur police l'honneur en fort grande recommandation, & beaucoup plus que les biens. Et en concurrence des deux ont par leurs loix ordonné qu'en concurrence de la consideration des biens & de la consideration de l'honneur, la consideration de l'honneur fût preferée à la conservation des biens ; & que plûtôt fût soufferte la perte des biens, que de l'honneur, *etiam* contre la volonté de la personne, à qui en est l'interêt. Ainsi il se dit, que si la femme qui n'est commune en biens avec son mari se trouve avoir aquis quelque chose outre ses droits dotaux & parafernaux, la loi veut qu'on presume que son mari la lui a donnée; auquel cas elle la perdra & que la femme ne soit reçûë à prouver qu'elle l'ait eu d'ailleurs, de peur que ce ne soit quelque suspicion ou tache à l'honneur de la femme, *l. Quintus Mutius. ff. de donat. inter vir. & uxorem.* Ainsi il se dit que le fidejusseur (qui au peril de son honneur doit garder bonne foi à celui auquel il a fait ce plaisir, *propter infamiam quam actio mandati directa importat*) ne peut en son nom acheter la chose hipotequée, que le creancier fait vendre; mais ores qu'il l'ait achetée en son propre nom, est reputé comme s'il l'avoit seulement dégagée, & est tenu de la rendre au detteur principal en le remboursant, *l. 1. C. de dolo, l. si mandato. 2. §. Paulus. ff. mand. l. 2. ff. de distr. pign.* Ainsi il se dit, que la femme qui est en peril de perdre son bien, faisant chose mal agreable à son mari, doit preferer l'amitié maritale à son propre bien, *l. reprehendenda. C. de instit. & substit. sub cond. factis.* Sur cette même consideration d'honneur est fondée la prohibition faite par les loix Romaines de la donation entre mari & femme; à ce qu'il ne semble que l'amitié soit à vendre, & à ce qu'en cuidant aquerir plus grande amitié en donnant, enfin soit engendré mécontentement: & parce que la vraïe amitié est au cœur, & l'honneur est interessé, quand on aime pour avoir des biens: qui sont les raisons recitées, *in l. 1. 2. & 3. ff. de donat. inter vir. & uxorem.* Doncques cette prohibition de donner entre mari & femme doit être mesurée & jugée par honneur, & comme dit le Jurisconsulte *Paulus in l. si id quod. §. si quas. eod. tit.* cette affaire ne se doit traiter, comme entre personnes éloignées & adversaires; mais comme entre personnes conjointes par tres-grande amitié, & qui doivent craindre que l'un s'appauvrisse en enrichissant l'autre. Aussi lesdites loix Romaines ont seulement defendu les donations, & non les autres contrats, qui sont vrais commutatifs avec juste proportion. Pourquoi si le mari par juste raison, aidée du droit Civil, étoit tenu de faire recompense à sa femme, je croi qu'il pourroit le faire sans peril. Comme, *verbi gratia*, si un homme vieil & impuissant d'engendrer avoit épousé une jeune femme, qui se fût gouvernée pudiquement & avec toute honnête amitié auprés de son mari par long espace de temps; je croi qu'il pourroit faire avantage à sadite femme, qui ne seroit pas reputée donation, mais recompense raisonnale; même si cette disposition n'étoit pas faite incontinent aprés leur mariage; car en ce cas il sembleroit que ce fût un bon traitement acheté & païé par avance; mais assés long-temps aprés, quand le mari auroit connu que par seul respect d'honneur & d'amitié sa femme l'auroit bien traité, & se seroit bien comportée. Car ores que tel devoir ne se puisse & ne se doive estimer en deniers; si est-ce que *etiam* en l'école d'honneur celui qui a reçû bien & plaisir doit recompense telle qu'il la peut faire. Et puis qu'un mari de la qualité susdite ne la peut faire autre que de ses biens, la recompense doit être jugée bonnement & honnêtement faite. *Nam enim dicitur donatio, si officium aliquod quadam mercede remuneretur, l. hoc jure. §. 1. l. Aquilius. & l. si pater. §. 1. ff. de donat. Et merces quidem non est, quia ea res pecunia estimari solet: sed maritus ejusmodi renumeratione testatur se gratum habuisse officium, gratam pudicitiam uxoris, & alias mulieres movet, ut castè vivendo, beneficentiam mariti promercantur: quæ considerationes honestissimæ sunt, nec cadunt in vitium, quod lex prohibens donationes detestatur.* Aussi les mêmes loix permettent les honnêtes renumerations & honnêtes presens être faits par ceux qui autrement n'ont puissance de donner, *l. cùm plures. §. cum tutor. ff. de adminis. tut.* A plus forte raison se doit dire si le mari, par le consentement de sa femme, a vendu l'heritage propre d'elle, & les deniers ont été par lui maniez, & soit vraisemblable qu'il les ait emploïez és affaires de la communauté; Que valablement il en peut faire recompense à sa femme, à prendre sur la masse des biens communs, jusques à la concurrence des deniers qui ont été reçûs: ou si la communauté ne le peut porter, à prendre sur l'heritage de lui; *hoc enim nullo modo cadit in speciem donationis, sed est bonæ fidei agnitio, quæ maximè abundare debet inter maxima amicitia conjunctos.*

SI LE DONATAIRE PAR DON mutuel doit seul payer les dettes de la communauté?

CXXXVIII.

CHOPIN au traité *de privileg. rustic. parte 3. lib. 3. cap. 10. numero 5.* recite un Arrêt au profit de Jeanne Clausse, veuve de Robertet sieur d'Alluïe, du vingt-troisiéme Decembre, de l'an 1571. par lequel il a été jugé, que la femme prenant les meubles en vertu de la paction apposée au traité de mariage en faveur du survivant, n'est tenuë des dettes: & allegue pour la confirmation la loi *æris alieni. C. de donationibus.* Et au même propos on a accoûtumé d'alleguer la loi premiere, *§. si heres. ff. ad senatusc. Trebell.* Et il pose le fait, comme la convenance étant faite par le traité de mariage: & la question seroit, si on en devroit autant dire au don mutuel fait par les mariez constant le mariage? Or en ce dernier cas, qui n'est pas celui compris en l'Arrêt, il me semble que le survivant doit aquiter les dettes de la communauté *pro rata*, & par proportion, selon la valeur des biens que prend ledit survivant, à cause de ladite donation: si tant est que la donation soit de tous les meubles & conquêts; ou de quote portion d'iceux: & il y a semblable raison, comme quand aucun est legataire de tous meubles & conquêts, ou de quote portion d'iceux. Car jaçoit que le titre soit singulier, & que selon les regles du droit Civil des Romains, *æs alienum non sequatur singulares successores; sed ad hæredes pro portionibus hæreditariis transeat, l. 1. C. si certum petatur, l. si fideicommissum. §. tractatum. ff. de judic.* Toutefois parce qu'en France l'on a reçû contre les regles du droit des Romains, que d'une seule personne soient plusieurs patrimoines & hereditez; comme *verbi gratia* l'une des meubles,

meubles, l'autre des conquêts, l'autre des propres paternels, l'autre des propres maternels ; & selon cette distinction de patrimoines, aussi il a été reçû que les dettes & affaires du défunt soient supportez par chacun heritier selon la valeur des biens qu'il a : & à la suite de cette raison on a reçû aussi que les legataires d'une université de biens soient tenus aux dettes par proportion : Je croi aussi que le donataire de cette université de meubles & conquêts, qui est un patrimoine, est tenu des dettes par proportion ; non pas pour être convenu directement & precisément, comme un heritier ; car les creanciers n'ont action ni contre le legataire, ni contre le donataire, non plus que contre l'acheteur de l'heredité, *l. 2. C. de hered. vel act. vend.* mais pour être tel donataire, ou legataire recherché & poursuivi par l'heritier, afin de venir contribuer au païement des dettes hereditaires, ou bien endurer que les dettes hereditaires soient prises & écumées de ladite masse & université des biens donnez ou leguez avant que le donnataire ou legataire les prenne. A quoi semble incliner *Steph. Bertr. cons. 3. & consil. 162. vol. 3. quamvis loquatur de usufructuario omnium bonorum* : car au cas de present c'est université de biens & patrimoine distinct. Ainsi est verifié ce qui se dit, *quòd æs alienum non sequitur singularem successorem ad effectum, ut creditor agat contra eum, quià personaliter obligatus non est. Cæterum quià universitatem bonorum habet, & bona dicuntur quæ supersunt deducto ære alieno, sive sit contractus onerosus, veluti ex dote. l. mulier bona ff. de jure dot. sive sit contractus lucrativus, l. ult. ff. de usufructu legato. Et generaliter l. subsignatum. §. bona. ff. de verb. signif. rectè subinfertur, quod eatenus donatum vel legatum videatur, quatenus deducto ære alieno superest.* Aussi il se doit dire que tel legataire, ou donataire n'est tenu aux dettes, comme seroit un heritier ; ains jusques à la concurrence & valeur des biens donnez ; *sicut dicimus, quandò bona ad fiscum perveniunt, l. 1. §. an bona. ff. de jure fisci : & quià non fit confusio patrimoniorum, sicut in hæreditate, cùm hæres eadem persona cum defuncto censeatur, l. pater. ff. de privileg. credit.* Ainsi se dit, combien que tous les legs doivent être avec le gain & profit du legataire ; toutefois si à aucun est leguée une banque, tel legataire est tenu à toutes les charges de la banque, & en doit aquiter l'heritier, *l. cùm pater §. mensæ. ff. de legat. 2.* Ainsi se dit *etiam* au legataire particulier, ores qu'il ne soit tenu aux dettes de l'heredité ; toutefois il est tenu aux charges qui specialement ont été destinées sur la chose leguée ; *d. l. si fideicommissum. §. tractatum. vers. quid tamen. ff. de judic.* Or est-il que les dettes mobiliaires ordinairement sont faites pour dettes & affaires mobiliaires, ou pour païer les conquêts ; & seroit contre la raison qu'aucun prît l'émolument & profit sans porter les charges. Pour ces raisons il me semble qu'l seroit assés à propos d'en dire autant, quand la donation mutuelle est par le traité de mariage. Car jaçoit que selon l'opinion d'aucuns Docteurs le don mutuel ne soit donation ; mais comme ils disent, *datio ob causam, ut tractant in l. licet. C. de pact.* Toutefois les Ordonnances de l'insinuation des donations du 4. Mars, de l'an 1549. & de Moulins, de l'an 1566. article 58. comprennent les donations mutuelles entre les donations.

SI LE SURVIVANT DES DEUX mariez en negligeant de rembourser les heritiers du premier decedé, quand l'heritage de son estoc a été aquis, peut prejudicier aux autres lignagers ?

CXXXIX.

La regle pour le retrait lignager est generale, quand l'heritage est aliené à prix de deniers à un étranger, que le lignager peut venir au retrait, afin de conserver l'heritage en la ligne. Quand durant le mariage est aquis un heritage, qui est de l'estoc de l'un des deux mariez, il est en suspens tant que le mariage dure, si l'heritage demeure conservé à la ligne : car aprés le mariage dissolu le survivant lignager, ou les heritiers du premier decedé lignager peuvent dedans l'an de la dissolution faire remboursement de la moitié du prix à celui qui n'est du lignage ; & ce faisant l'heritage demeure pour le tout au lignage. Aussi si le remboursement ne se fait dedans l'an, la moitié de l'heritage aquis demeure conquêt à celui qui n'est du lignage ; au chapitre *Des droits appartenans à gens mariez*, articles 28. & 30. Et semble que délors que cét an de remboursement est passé, l'heritage commence de sortir hors de la ligne ; & partant la voïe soit ouverte au lignager, pour le retraire sur le survivant non lignager, ou heritiers du decedé non lignager. Ce qui peut être soûtenu par bonnes raisons, selon la Coûtume, tant que le mariage dure, l'heritage est censé demeurer en la ligne, parce que l'un des deux mariez est lignager, & l'heritage se dit propre à lui par argument de la Coûtume, au chapitre *Des Communautez & associations*, article 7. Aussi la nouvelle Coûtume de Paris, articles 155. & 156. dit au cas susdit, *Que dedans l'an aprés la dissolution du mariage, la moitié de l'heritage ainsi aquis est sujet à retrait* ; & ne donne pas la prerogative de rembourser par le survivant lignager, ou heritier du predecedé lignager. Vrai est qu'audit article 156. il se dit, que s'il y a des enfans dudit mariage, qu'il n'y a point de retrait contre celui des deux mariez, qui n'est du lignage. Et c'est pour l'esperance qui est, que lesdits enfans succederont à celui des deux lignagers qui n'est du lignage ; iceux enfans étans du lignage. Et auparavant ladite nouvelle Coûtume l'ancienne en l'article 184. disoit simplement, *Qu'aprés la dissolution du mariage la moitié de l'heritage étoit sujete à retrait.* Mais la Cour par Arrêt du Vendredi de relevée sixiéme Mai de l'an 1552. en la cause de Maître Robert Alaire, jugea ledit article n'avoir lieu quand du mariage y avoit enfans. Qui est ce que ledit article 156. Or en nôtre Coûtume y a raison particuliere, pour admettre le lignager aprés l'an du remboursemenr passé : à sçavoir, parce que lors de l'expiration de l'an, l'heritage commence à sortir de la ligne, entant qu'il commence d'être & demeurer conquêt à celui des deux mariez, qui n'est du lignage; audit chapitre *Des droits appartenans à gens mariez*, article 31. Et encore parce que cét an de remboursement est *ad instar* d'une faculté de réemeré. Et nôtre Coûtume veut que l'an du retrait ne coure sinon aprés le réemeré expiré; au chapitre *De retrait*, article 9. Et auparavant ladite Coûtume, la Cour l'avoit ainsi jugé és enquêtes, en la cause du Seigneur de la Trimoüille par Arrêt du septiéme Septembre, de l'an 1532. ainsi que j'ay vû és Memoires de Monsieur Maître Guillaume Bourgoing, Conseiller en ladite Cour, mon oncle.

QUAND LE SURVIVANT DES deux mariez est tuteur de ses enfans, & il ne rembourse pas dedans l'an, si l'heritage sera conquêt à son avantage?

CXL.

LA Coûtume au chapitre *Des communautez & associations*, article 7. & *Des droits appartenans à gens mariez*, article 30. veut, quand durant la communauté, ou mariage aucun heritage a été aquis, qui est de l'estoc de l'un des communs, ou mariez, qu'il soit heritage du lignager; & que le remboursement se fasse dedans l'an aprés la dissolution de communauté, ou mariage. Lequel an est *ad instar* de l'an du retrait lignager; entant que tous les parsonniers & les deux mariez sont aquereurs, & le lignager retrait & fait l'heritage sien, en remboursant les autres. La Coûtume au chapitre *De retrait*, article 10. dit, que l'an court contre mineurs & autres privilegiez sans esperance de restitution. Mais si le lignager, qui est tenu de rembourser, se trouve mineur sous la tutelle & administration de celui, auquel le remboursement se doit faire; je croi que si tel tuteur ou administrateur a fonds & moïen des biens dudit mineur pour faire le remboursement qu'au prejudice de lui; & pour la peine de sa mauvaise foi & negligence, le mineur pourra en quelque temps aprés, étant venu à ses droits, pretendre ledit heritage être sien, ou en remboursant son tuteur, ou en lui accordant qu'il precompte sur les deniers de la tutelle, les deniers qu'il convenoit rembourser: *quòd fiet non directâ actione, quià deficit*, étant icelle perie par le laps de l'an; *sed utili actione propter dolum, vel magnam negligentiam tutoris; nam plerumque actio de se inutilis, confirmatur & fit utilis per doli replicationem adversus eum qui excipit contra actorem; quòd actio ei non competat, l. rem alienam. ff. de pignorat. act. Vel etiam si diceremus deficere utilem actionem, actio de dolo competeret adversùs eum, cujus fraude & dolo contigit ut actionis dies exiret, l. 1. §. Idem Pomponius. & §. si quis ff. de dolo. Sed etiam potest dici quòd tutor actione tutelæ præstare debeat pupillo id quod contra alium facere debuisset, si ipse tutor adversus se non fecit, l. altius. ff. si servit. vend. l. frater à fratre. §. porrò. ff. de condict. indeb.*

SI L'UN DES COHERITIERS FAIT seul le remboursement, sera-t'il tenu d'en faire part aux autres, & dans quel temps?

CXLI.

IL est certain que celui des deux mariez, auquel le remboursement peut être fait dedans l'an, és cas des deux questions precedentes, n'est tenu de recevoir ledit remboursement par percelles. La regle est generale, *ne quis creditor teneatur & cogatur admittere solutionem partis, quià partium solutio non minima habet incommoda, l. planè. ff. famil. hercisc. l. tutor. §. Lucius. ff. de usuris.* Doncques il semble que l'un des heritiers de celui qui étoit lignager n'est recevable à faire le remboursement pour sa part, s'il ne plaît au non lignager. Mais aussi si ce coheritier veut rembourser le tout, je croi que ledit non lignager sera tenu de recevoir le tout, & lui délaisser le tout, en promettant par ledit coheritier de dédommager celui qui reçoit les deniers envers ses coheritiers, par la raison de la loi 1. *§. si pecunia. ff. depositi: & ad instar* de ce qui se dit en retrait lignager, que le premier & plus diligent lignager qui se presente, peut retraire pour le tout. Dont resulte autre question, si ce coheritier aïant ainsi remboursé pour le tout, sera tenu de faire part en l'heritage recouvré à ses autres coheritiers, en le remboursant chacun *pro rata* & dedans quel temps? Surquoi je pense qu'il peut être contraint à se rembourser, *eò quòd negotium hæreditarium videatur gessisse; & cùm actio familiæ herciscundæ sit bonæ fidei, dicendum est bonæ fidei convenire, ut potiùs negotium commune videatur gessisse, quàm jus cohærendum voluisse sibi præripere. Imò eo nomine habet actionem ad repetendum à cohæredibus, quià id gessit quod pro parte expedire non potuit, l. hæredes. §. si unus. l. his consequenter. §. si filius. ff. famil. hercisc. Et ratio communionis efficit ut negotium commune gessisse videatur; ideòque cogi possit ad communicandam eam utilitatem, l. ult. §. quatuor. ff. de legat.* 2. Du Luc en son recueïl d'Arrêts *sub tit. de litigiosis, qui est 7. lib.* 11. recite un Arrêt du 14. Aoust de l'an 1526. faisant à ce propos. Mais je croi que ce remboursement ne se peut étendre aprés l'an, en prenant une même proportion au remboursement, qu'il y a eu au déboursement.

LES FRUITS DE L'HERITAGE sujet à remboursement, comme se doivent distribuër?

CXLII.

LA Coûtume de l'an 1534. au chapitre *Des droits appartenans à gens mariez*, article 28. dit que celui qui n'est lignager tiendra l'heritage retrait, ou aquis, & en fera les fruits ſiens, ſans être tenu de les precompter, juſques à ce qu'il ſoit rembourſé. Mais s'il avient que la ſaiſon de percevoir tous les fruits avienne avant le rembourſement, & aïent été perçûs, ou bien que le rembourſement ſe faſſe la veille des moiſſons, ou vendanges; je croi que ſi le rembourſement ſe fait aprés quelque notable eſpace de temps, à compter du jour de la diſſolution du mariage, les fruits devront être partis *pro rata temporis*, ſoit que les fruits ſoient induſtriaux, ou naturels, ou civils, comme les redevances; ou bien devront être païez les interêts des deniers. Car en ce cas c'eſt legitime interêt, puis que le negoce n'eſt pas de ſimple prêt mais de recouvrement & joüiſſance d'heritage, qui de ſa nature apporte fruit & profit, par la raiſon de la loi *curabit. Cod de actionibus empti, & l. Julianus. §. ex vendito. ff. eodem titulo.* Vrai eſt que ſi lors du decés & diſſolution du mariage, ou bien avant le rembourſement, les fruits ſe trouvoient en tel état que par là Coûtume ils fuſſent reputez meubles, comme les blés noüez en un tuiau, les prés aprés la fête de Nôtre-Dame de Mars, & les vignes fuſſent foüies, il faudroit dire que les fruits de l'année ſe partiroient entre le ſurvivant & les heritiers du premier decedé, ſelon les portions de la communauté de meubles, qui a été entre les mariez. Et en tout cas il faut dire que les frais qui ont été faits pour cultiver les heritages, & faire venir les fruits depuis la diſſolution du mariage, doivent être rembourſez *pro rata* à celui qui les a avancez: *quia nullus caſus intervenire poteſt, qui hoc genus deductionis impediat, l. fundus qui ff. famil. hercif. & fructus dicuntur id quod ſupereſt deductis ſumptibus, qui fiunt quærendorum, colligendorum & conſervandorum fructuum cauſa, l. ſi à domino. §. ult. ff. de petit. hæred.*

SI L'HERITAGE ACHETÉ DES deniers iſſus de la vente de l'heritage du mari, ou de la femme, eſt en nature d'heritage propre quant à tous effets; *ſi des mêmes deniers, ou bien tôt aprés la vente?*

CXLIII.

L'Heritage aquis durant le mariage des deniers procedans de la vente de l'heritage ancien de l'un des mariez, eſt propre à celui duquel l'heritage a été vendu, és cas, & ſelon qu'il eſt dit au trent'uniéme article de la Coûtume au chapitre *Des droits appartenans à gens mariez.* L'un des cas eſt, ſi l'achat eſt fait des mêmes deniers procedans de la vente. L'autre cas eſt, ſi en vendant & en remploïant le vendeur a declaré ſa volonté pour remploïer. Et chacun deſquels cas l'on croit que l'intention du vendeur n'a pas été de vendre, ſinon pour avoir un autre heritage de ſemblabe nature. Ce qui ſe dit, *ſi c'eſt des mêmes deniers*, ſe peut étendre, ſi peu de temps aprés la reception des deniers, autre heritage eſt acheté, & ſi les ſommes de deniers conviennent. Car ſi la proximité du temps, la loi preſume que ce ſoient les mêmes deniers, *l. ſi ventri §. ult. ff. de privileg. cred.* & ce qui ſe dit *incontinent*, ſe doit entendre avec quelque intervalle de temps, ſelon la nature du negoce, & commodité d'icelui expedier, *l. quoties ff. ſoluto. matrim.* Or la deſtination ſoit tacite, *ex proximitate temporis, vel identitate corporum nummorum*, ſoit expreſſe par la declaration, fait que l'heritage eſt de la nature de laquelle on veut qu'il ſoit. Car la deſtination du pere de famille, en ce qui eſt de ſa famille & ménage, & à l'égard de ceux qui ont droit & cauſe de lui, a force de loi, *l. quod in rerum. §. ſi quid poſt. ff. de legat. 1. l. prædiis. §. Titio. & §. balneas. ff. de legat. 1. & 3. l. quæſitum. §. ſi quis. ff. de fundo inſtructo.* Et d'ailleurs il ſe dit que la choſe ſubrogée eſt cenſée être de même nature, qu'étoit celle au lieu de laquelle elle vient; *l. Imperator. §. cùm autem. & l. ſed quod. ff. de legat. 2. & l. pater. ff. de aliment. vel cibariis leg.* Il eſt bien certain que tel heritage ainſi acheté eſt propre à celui des deux mariez, duquel l'heritage a été vendu; & n'eſt reputé conquêt de la communauté. Mais il eſt à douter s'il eſt propre de même nature qu'étoit l'autre heritage, quant à ſucceſſion, quant à retrait lignager & quant à la faculté d'en diſpoſer par teſtament, comme de conquêt, ou comme d'heritage. Sur laquelle queſtion me ſemble, que ſi la deſtination apparoît bien évidente, ſoit tacite, ou expreſſe, que tel heritage eſt propre quant à tous ces effets, comme nous diſons de l'heritage compermuté; tant parce que la ſubrogation fait qu'il ſoit cenſé un même corps, *l. qui filium. ff. de legat. 3. l. ex facto. §. rerum. ff. de hæred. inſtit.* comme auſſi parce que nos Coûtumes attribuent pluſieurs faveurs de droit ſpecial pour conſerver les heritages és familles. Mais ſi l'emploi des deniers de la vente ſe faiſoit fort long-temps aprés, & ſans avoir declaré ſon intention lors de la vente, je croi que cét heritage acheté ſeroit reputé vrai conquêt pour tous ces effets; horſmis pour tomber en la communauté d'entre le mari & la femme. Et me ſemble tres-juſte & politique la Nouvelle Coûtume de Paris, article 232. qui dit, que les deniers procedans de la vente de l'heritage de l'un des mariez, ſe doivent reprendre ſur la maſſe de la communauté aprés la diſſolution du mariage, ores que lors de la vente le vendeur n'ait declaré ſa volonté. Auparavant ladite Coûtume, du Molin en l'annotation ſur le 296. article de la Coûtume d'Anjou, a tenu cette même opinion, non pas ſi generale; car il dit, *ſi les deniers ſont extans, ou ſont dûs, ou clairement apparoiſſe qu'ils ayent été employez au profit de la communauté.* En quoi il y a tres-grande raiſon pour éviter la fraude que les mariez pourroient faire à la loi, qui prohibe les donations entre mari & femme. Il y a trent'ans que les ſçavans du Palais n'étoient pas de cette opinion, & eſtimoient qu'il n'écheoit recompenſe à celui des mariez, duquel heritage avoit été vendu, ſi elle n'étoit ſtipulée lors de la vente. Et à ce ſe rapporte la Coûtume de Bourbonnois, articles 238. & 239.

SI LE DOUAIRE COUSTUMIER est de tous immeubles, ou seulement des heritages propres. Quoy? des conquêts entre le premier & second mariage. Quoy? s'il n'y a enfans du premier mariage?

CXLIV.

La Coûtme dit que la femme est doüée de la moitié des heritages, que possede le mari le jour de la solemnité des nopces. On demande, si en ce lieu le mot *heritage* signifie indefiniment tous meubles, *etiam* aquêts; ou si specialement il signifie les immeubles venus par succession? La Coûtume en plusieurs endroits appelle *heritage* tout ce qui est immeuble, au chapitre *Des cens*, article 11. *Des bordelages*, article 1. au chapitre, *Quelles choses sont reputées meubles*, art. 1. & 2. *Des Communautez & associations*, articles 10. & 13. & en plusieurs autres lieux. En plusieurs autres endroits *heritage signifie* ce qui est avenu par succession, & qui est propre. Au chapitre *des droits appartenans à gens mariez*, article 18. au chapitre *Quelles choses sont reputées meubles*, article 13. *Des testamens*, article 1. *Des successions*, article 7. & 16. Ainsi au droit Civil des Romains il se trouve des actions, qui servent de nom general; & derechef signifient l'une des especes comprises sous ce nom general, *l. 1. ff. de adopt. l. 1. & 2. §. mutui. ff. si cert. pet.* Or parce que nous sommes en matiere favorable; car doüaire est une assurance pour les enfans, quelque fortune qui avienne aux pere & mere; & partant doit recevoir extension & être prise au large. Item à prendre l'ancienne observance, qui se retient és paroles solemnelles & prescrites, qui se disent par le comandement du Prêtre à la porte de l'Eglise, lors que le mariage se solemnise, qui sont, *De mes biens je te doüe.* Item que la Coûtume de Paris ancienne & nouvelle, qui est semblable à la nôtre, pour faire le doüaire heritage des enfans, comprend au doüaire les conquêts, qui appartiennent au mari lors qu'il épouse sa femme, article 253. Doncques nous devons dire, que le doüaire comprend toutes sortes d'immeubles, qui appartiennent au mari lors qu'il épouse; soit qu'il les ait eûs par succession, soit qu'il les ait aquis auparavant. De vrai nôtre Coûtume en plusieurs endroits, quand elle parle d'immeuble venu par succession elle dit, *heritage ancien*, au chapitre *Des communautez, & associations*, article 6. *Des droits appartenans à gens mariez*, articles 27. & 28. *De retrait lignager*, article 1. *Des testamens*, article 5. *Des successions*, articles 5. 8. & 16. Et autres Coûtumes se disent *heritrges propres*, ou *propres* simplement, ceux qui sont avenus par succession, ou qui symbolisent à iceux, comme biens donnez par un ascendant. La question est; Du premier mariage ne sont aucuns enfans, & à ce moïen le doüaire coûtumier, qui est de la moitié, est fait caduc par le decés de la femme; si la seconde femme, qui est au doüaire coûtumier, aura le quart des immeubles, ou la moitié? Semble qu'elle devra avoir la moitié, nonobstant ce qui est dit au cinquiéme article de la Coûtume, chapitre *De doüaire*. Car ledit article, selon l'analogie & proportion de la moitié, du quart, & du huitiéme, suppose que ce soit en chacun mariage la moitié de ce qui reste en la proprieté du mari, entant que les enfans du premier lit emportent la moitié; les enfans du second lit ont la moitié de ce qui reste au pere, qui est le quart; & les enfans du tiers lit ont aussi la moitié de ce qui reste, qui est le huitiéme. Ainsi c'est toûjours la moitié. Quand donc du premier mariage ne sont aucuns enfans, je croi que la seconde femme, ou les enfans du second lit ont la moitié de tous les immeubles, & les enfans du tiers lit le quart. A quoi n'est contraire la nouvelle Coûtume de Paris, article 254. car elle parle en un cas, quand les enfans du premier mariage étoient vivans lors du second mariage, & sont decedez pendant icelui. Car il se figure que le doüaire du premier mariage leur étant aquis *in spe radicata*, & le doüaire de la seconde étant établi au quart ne peut *ex eventu & post facto* être augmenté.

QUE LE CHOIX DU DOUAIRE coûtumier, ou prefix est transmissible aux heritiers.

CXLV.

Les privileges & faveurs attribuez aux mariez, ores qu'ils soient purs personnels, comme est celui, *ne teneantur nisi in quantum facere possunt*, sont transmissibles aux enfans du même mariage; & ne se transmettent à toutes sortes d'heritiers, *l. etiam. ff. soluto matrim. l. assiduus. C. qui potiores in pignore hab.* Ce qui se dit quand la seule consideration de l'amitié, ou honneur de la personne est cause de lui octroïer ce droit, *l. penult. ff. de servit. legata, l. cùm patronus. ff. de legat. 2.* Où il est parlé des dispositions testamentaires, & a lieu aussi bien és contrats, *l. Lucius. ff. de servit. rust. præd. in omnibus. 69. ff. de regul. jur.* Cessant cela, la regle est generale, que tous droits qui sont aquis par paction & convenance, sont transmissibles aux heritiers: parce que, dit la loi, qu'il est vrai-semblable que chacun desire bien à son heritier, comme à soi-même, *l. si pactum. ff. de probat. l. si necessarias. §. penult. ff. de pignor. act.* Selon nôtre Coûtume, doüaire de mere est heritage aux enfans du même mariage, & aprés eux à leurs parens du côté paternel; au chapitre *De doüaire*, article 8. Si donc il est convenu par le contrat de mariage, que la femme aura le choix de prendre le doüaire coûtumier, ou le prefix; ce choix appartiëndra non seulement à la femme & aux enfans du même mariage; mais aussi à l'heritier étranger desdits enfans du côté paternel. Et ainsi fut jugé par Arrêt solemnel prononcé par Monsieur le Maître premier President le Mercredi 23. jour de Decembre 1551. entre de Gasperne, Massot & le Grand, en l'heredité de Charlotte Thibaut. Et par le même Arrêt fut jugé, que le doüaire est heritage paternel.

DOUAIRE EST DEU A LA femme, ores qu'elle n'ait apporté sa dot.

CXLVI.

DEPUIS quelque temps en ça a esté pratiqué de faire le doüaire avec quelque proportion de la dot, même és lieux où le doüaire est à volonté, & n'est pas sujet à la limitation de nôtre Coûtume, qui veut que le doüaire prefix ne puisse estre plus grand que le coûtumier. Ceux d'Auxerre, ores qu'ils n'ayent le doüaire que viager, en la nouvelle reduction de leur Coûtume, ont pratiqué cette limitation, comme bien raisonnable. Or nôtre Coûtume pour le doüaire n'a aucunement consideré la dot, ains les immeubles du mari ; & en attribuant la moitié des immeubles à la femme pour son doüaire, & faisant ce doüaire heritage des enfans, elle a representé l'excellence du Sacrement & lien de mariage, par lequel deux personnes sont faites comme une chair & un corps, à cause de l'amitié grande, dont les anciens disoient, que mon ami c'est un autre moi-même ; & le mariage estant dissolu par la mort du mari, qui est le chef, la femme representant la moitié de ce corps mistique, doit avoir dequoi s'entretenir commodément, & en la personne d'elle estre reconnû & ramentû, tant qu'elle vivra, qu'elle a esté la femme, & la moitié du corps & de l'ame de feu son mari. Horace parlant de Virgile son tres-grand ami, il l'appelle la moitié de son ame. La même Coûtume de ce païs a pourvû aux enfans du même mariage, par lesquels est representé la dignité d'icelui mariage, & a voulu qu'ils fussent asseurez, quelque inconvenient qui puisse avenir à leurs pere & mere en la perte de leurs biens, entant que cette moitié d'immeubles est faite heritage pour eux, & ne peut estre alienée par les pere & mere. Ces deux provisions pour la femme & pour les enfans sont tres-saintes, pleines d'honneur & de parfaite amitié, sont politiques & servans à la conservation des familles. Pourquoi en considerant la cause essentielle desdites provisions, je croi qu'ores que la femme n'apporte aucune dot à son mari, neanmoins elle aura le doüaire ; jaçoit que par l'Authentique *De non eligendo secundo nubentes, cap. ult. coll.* 1. soit dit, que la femme qui n'apporte dot, ne doit avoir la donation, que l'on dit ante-nuptiale : mais je ne croi pas que nôtre doüaire soit même chose que cette donation ante-nuptiale. Aussi cette Authentique est de Justinien, faite en Grece, lors que les Gaules n'obeïssoient plus aux Romains, & que la Monarchie des François estoit ja établie és Gaules. Toutefois si la femme par dol & fraudation avoit promis la dot, qu'elle sçavoit ne pouvoir payer, je croi qu'à son égard, & pour son usufruit elle devroit estre privée du doüaire, sans prejudicier au droit des enfans.

SI LA FEMME QUI A FORFAIT par adultaire, ou dedans l'an du deüil perd sa dot & son doüaire. Et quoy de celle qui estant veuve, aprés l'an du deüil, forfait en sa pudicité ; même si palàm ?

CXLVII.

LES Jurisconsultes Romains ont trouvé bon, & leur intention a esté loüée par les Empereurs, de faire interpretation, extension, ou restriction du texte des loix selon la vraisemblable intention des Legislateurs, & selon la raison d'icelle, si elle est declarée par la même loi, *l. quoties. ff. de leg. l. de pretio. ff. de Publiciana in rem act. l. illud. ff. ad legem Aquil.* Et nous faisons bien de pratiquer ainsi en nos Coûtumes, qui sont nôtre droit civil. Les loix en general ont estimé indignes de recevoir bien-fait ceux qui sont ingrats envers leurs bienfacteurs ; & comme le donateur vivant peut revoquer à soi les choses donnés pour l'ingratitude du donataire, *l. ult. C. de revoc. donat.* Ainsi aprés la mort on doit tenir pour revoquée la donation pour cause de mort, l'institution d'heritier, ou le legs qui est fait à celui qui se trouve ingrat envers le défunt, quand l'ingratitude est notable : comme s'il a médit & diffamé le testateur avec attrocité & gravité d'injures. S'il a esté negligent à faire traiter & penser le défunt malade, & par cette negligence sa mort soit avenuë. S'il est negligent de poursuivre par justice la mort & homicide du défunt, *l. 3. l. si inimicitia. l. hæredem. ff. de his quib. ut indig.* Si la mere, ou le futur heritier n'est soigneux de faire pourvoir de tuteur au pupille, *l. omnem. C. ad senatusc. Tertull. l. sciant. C. de legitim. hæred.* Qui a essayé de faire declarer serf, & de servile conditon un pupille, *l. si impuberi. §. quamvis. ff. de tutorib. & curat. datis ab iis.* Cela se dit és dispositions & ordonnances de derniere volonté, & és successions ab intestat. Mais quant aux donations entre-vifs, la difficulté est plus grande, parce qu'en la loi premiere & en la loi finale, *Ce de revoc. donat.* il se dit, que les heritiers du donateur ne peuvent revoquer, si le donateur durant sa vie n'a fait declaration de sa volonté. Selon le texte desdites donations, semble qu'il se doit entendre, si le donateur a sçû cette ingratitude depuis la donation. Car s'il l'a sçûë, on tiendra vrai-semblable qu'il l'a pardonnée. Ce qui peut se recueillir par le mot *passus*, qui est en ladite loi finale ; *multò magis*, entre Chrétiens, ausquels est bien-seant, *imò* necessaire de pardonner les offenses. *Et quià regula est, injuriam dissimulatione aboleri, l. non solùm. §. ff. de injur. & nuda voluntate aboletur, l. sed si unus. §. si cùm ante. ff. eod.* Celui qui n'a rien sçû, ne sera pas estimé avoir pardonné : pourquoi je croi si l'injure, ou ingratitude est grandement atroce & notable, *vel ea fit, ut publicè intersit non tolerari*, que l'heritier seroit bien recevable de revoquer, comme il est à croire que le défunt eût fait, s'il eût sçû. Et en cas semblable, la loi commande de suppléer la presompte volonté du défunt, pour faire croire que s'il l'eût sçû, il l'eût ainsi voulu, & ordonné, *l. in confirmando. & l. utilitatem. ff. de confirmando. tut.* Doncques pourra l'heritier du mari accuser la veuve d'adultere, si le mari n'en a rien sçû; non pas pour la faire punir des peines exemplaires, mais pour la faire declarer indigne des bienfaits de son mari; comme du doüaire, ou donations; mais non pas de sa dot, comme eût pû faire le mari durant le mariage. J'ay autrefois entendu qu'ainsi avoit été jugé contre la veuve de l'huissier de Themenay. *Alex. cons.* 180. *vol. 6.* dit que les heritiers du mari peuvent accuser la femme d'adultere commis pendant la vie du mari, pour lui faire perdre sa dot, si le mari vivant à blâmé, ou s'est plaint de l'impudicité de sa femme, & allegue *Joan. de Imola in l. cùm mulier. ff. soluto matrim.* Ou bien si le mari ne l'a pas sçû; ou s'il l'a sçû, & n'a pas eu commodité d'en prendre vengeance: & allegue Salicet *in l. ult. C. de adult.* Et quant à la femme, qui s'est abandonnée impudiquement dedans l'an du deüil, je croi qu'elle peut être accusée par l'heritier, pour lui faire perdre son doüaire, & tous les avantages que le mariage lui a apportez; parce que la loi presume que dés le vivant de son mari elle vivoit impudiquement; *in Auth. de restit. & ea quæ parit undecimo mense, cap. ult. collat. 4. Et tradit Paul. Castr. in l. sororem C. de his quib. ut indig. & Molin. in consuet. Paris. §. 30. nu. 142. Idem Castr. cons. 147. vol. 2. & Steph. Bertr. consil. 122. vol. 3.* tiennent que la veûve vivant impudiquement doit perdre sa dot; comme par adultere durant le mariage: car elle a encore l'honneur du mariage, elle joüit des privileges du mari; si elle est pauvre, doit être nourrie des biens de feu son mari, *Cynus in l. ult. C. de bonis maternis: & quià fit injuria defuncto, l. 1. ff. de his quib. ut indig. nec defertur dos fisco, sed proximis mariti, idem Castr. d. cons.* 147. Mais il y a grande raison de dire que si elle vit impudiquement, *etiam* aprés l'an du deüil étant veûve, qu'elle doive perdre le doüaire. Car la vraie cause du doüaire est pour representer l'honneur & la dignité, qui a été au mariage au temps qu'il duroit. Et comme le mari peut accuser sa femme d'adultere, pour être separé d'elle, la faire reclure en un Monastere, & lui faire perdre sa dot, *Auth. sed hodie. C. ad legi Jul. de adult.* qui est observée en France: ainsi, si le mari s'abandonne à adulterer, ou tient une concubine, sa femme peut requerir être separée de lui *à thoro*, & demander restitution de sa dot; mais non pas accuser son mari pour le faire punir, *cap. 1. ext. ut lite non contest. Et ibi not. Abbas, & Decius. consil. 330. vol. 4.* Toutefois il est commun aux deux mariez, que si le mari accuse sa femme d'adultere, ou la femme le mari; & l'accusé objecte & prouve que l'accusateur mari, ou femme a aussi adulteré, cette exception empêche l'effet de l'accusation, *cap. penult. & ult. extr. de adult. & stupro*: où est mise cette raison, qu'il y a compensation de délits, quand ils sont pareils, *l. viro atque uxore. ff. soluto matrim.*

QUE MESME PAR PRETEXTE *de donation le doüaire prefix ne peut être plus grand que le coûtumier.*

CXLVIII.

LA Coûtume dit que le doüaire prefix ne peut être fait plus grand que le Coûtumier, & que les parties ne peuvent déroger à cette Coûtume. Et à bonne raison; parce que cela regarde les bonnes mœurs & l'honnêteté des mariages, afin que par un trop grand doüaire le mari ne diminuë par trop ses biens au prejudice de tous ceux qui auroient à traiter avec lui, qui ne sçauroient les clauses du traité de son mariage: & parce aussi que les avantages, autres que les ordinaires, ont plus d'apparence de venalité, que d'honnête amitié: pourquoi ne doivent être jugez par sa seule regle de volonté, *sed ex causa*, & par la raison, *l. si ita stipulatus. §. si tibi nupsero. ff. de verbor. oblig.* Et encore parce qu'étant le doüaire de la premiere femme si grand, & avenant qu'elle decede avec un ou deux enfans, le mari survivant, qui sera jeune, ne trouvera parti pour son second mariage selon la dignité; parce qu'on sçaura que les droits de la premiere femme, & le doüaire emporteront presque toute sa substance; & lui étant jeune sera en peril de se marier folement, ou indignement, ou paillarder. Aussi que les enfans de ce mariage, auquel son tous avantages, seront semons de mépriser leur pere, sur lequel ils auront si grande prise, & espereront peu, ou point de son heredité. Et est bien-seant que non seulement le devoir de pieté semonne les enfans; mais aussi l'esperance que chacun peut avoir en faisant service à son pere d'aquerir ses bonnes graces, & esperer bienfait de lui, *l. nec ei. ff. de adopt.* Pour ces causes je croi que nôtre Coûtume étant introduite pour bien, & pour éviter le mal, est precise, & que par couleur exquise & pretexte de donation le mari ne peut faire avantage à sa femme, pour frauder la prohibition de la loi; & que la donation seroit nulle, comme faite *in fraudem legis, l. si libertus minorem. ff. de bonis libert. & quo pacto derogari non potest legi prohibitoriæ, quæ ex causa honoris & bonorum morum prohibet, ut per Doct. in rubr. C. ne fidejussores dotium dentur.* mais si un tiers autre que le pere, ou ascendant vouloit faire le doüaire plus grand ou faire autre donation, je croi qu'elle vaudroit. Je dis autre qu'ascendant: car quand l'ascendant donne, il est precompte à l'enfant, à cause du rapport. Ainsi en effet c'est lui qui donne.

SI TOUTES DONATIONS EN traité & faveur de mariage, même de mariez l'un à l'autre, sont valables?

CXLIX.

NOSTRE Coûtume a grandement favorisé les donations, & autres dispositions faites en faveur de mariage, & jusques à permettre les convenances de succeder, que communément on appelle *institution d'heritier*, mais plus proprement se disent *convenances de succeder*. Aussi en un autre endroit la Coûtume dit *l'heritier conventionnel fait en traité de mariage*. Et je croi que la Coûtume est generale en France, ores qu'elle ne soit écrite, que les convenances de succeder soient permises en faveur de mariage. Comme il se peut recüeillir en la loi des Lombards pour les femmes *in cap. de filiis natis ex matrimon. ad Morgan. contracto*. où vers la fin est faite mention de la loi Salique, qui est l'ancienne loi des François. Vrai est que Boërius en une decision veut appliquer cette Coûtume seulement entre les nobles; parce que le fait posé audit chapitre parle d'un noble: ce qui a été selon la contingence du fait; mais je croi qu'il s'étend aussi bien aux roturiers. Et ainsi il a été jugé par la Cour en la succession d'un Bourrachot; le contrat duquel portant convenance de succeder, étoit auparavant la redaction de la Coûtume de l'an 1534. & l'ancienne Coûtume ne parloit aucunement de ces convenances de succeder; & avoit été verifié audit procés, par l'extrait du procez verbal de la nouvelle redaction, que ledit article étoit nouvelle Coûtume. Dont resulte que la Cour a jugé, ores qu'il n'y ait Coûtume écrite, que telle convenance vaut en faveur de mariage. Quand la convenance de succeder est mutuelle & reciproque entre les mariez, il y a plus d'apparence, à cause du douteux évenement; & semble que ce n'est pas vraïe donation, tant parce que c'est vraïe permutation d'esperance contre esperance, & nul ne peut dire qu'il reçoive avantage, à cause du douteux évenement. Aussi la glose *in l. licet. C. de pact.* dit, que la vicissitude fait que ce n'est vraïe donation. A quoi sert la raison de la loi *de fideicommisso. C. de transact.* Et la loi met pour bonne & juste cause du contrat, si l'incertitude d'une condition est terminée par paction, *l. 1. C. de pact.* Suivant ce, toutes les Coûtumes, qui défendent si étroitement les avantages d'entre mari & femme, permettent la donation mutuelle; comme si ce n'étoit pas vrai avantage. Doncques la convenance de succeder, qui se trouve au traité de mariage de l'un des mariez à l'autre, semble être bonne. Mais ores qu'il n'en soit rien exprimé, je croi que la tacite condition y doit être entenduë, si le premier decedant ne laisse point d'enfans. Car la presomption de droit est que ceux qui se marient, esperent & attendent avoir des enfans. Et la même presomption est, qu'ils aiment mieux laisser leurs biens à leurs enfans, qu'au survivant d'eux deux. Cette presomption est mise *in l. cùm acutissimi. C. de fideicom. & in l. pactum. §. ult. ff. de pact. l. ult. ff. de hered. instit.* Mais quand la donation est simple, & non mutuelle, si c'est d'un tiers, qui en faveur de mariage donne aux mariez, ou à l'un d'eux, je croi que c'est le vrai cas auquel il convient favoriser la donation en faveur de mariage. Que si l'un des mariez en faveur & par le contrat de mariage, fait donation & avantage à l'autre, je croi qu'il n'est pas bon de dire indistinctement que la donation soit bonne, ni qu'il convienne y appliquer les faveurs que les Coûtumes donnent aux donations en faveur de mariage. Ains il les faut juger *ex causa*, selon les âges & qualitez des deux personnes, & selon la qualité & quantité des choses données; & selon mon avis, il faut plûtôt incliner à la part de non valoir, que de valoir. Car tout ainsi que les loix disent, que durant le mariage l'amitié se doit entretenir & conserver par honneur, & en l'interieur du cœur, & non pas par dons; ainsi l'amitié pour le mariage avenir doit être aquise par vertu & honneur, sans mettre à l'encant au plus offrant ce joyau si precieux, qu'il n'y a aucun prix, qui le puisse estimer; c'est l'amitié conjugale. Helene, toute bonne compagne qu'elle étoit, répondant à Pâris qui la sollicitoit d'amour impudique, avec les presens, disoit qu'elle conserveroit à toûjours- mais son honneur sans aucune tâche; ou qu'elle se laisseroit aller à lui, plûtôt qu'à ses dons & presens. Les vers Latins sont,

Aut ego perpetuò famam sine labe tenebo?
Aut ego te potiùs, quàm tua dona, sequar.

Et Enone au même Pâris, dit que pour aimer elle ne demande bagues d'or ou joyaux; & qu'un corps gentil & franc ne se doit acheter par presens. Le Latin est,

Nec pretium stupri gemmas, aurúmque poposci:
Turpiter ingenuum munera corpus emunt.

Si donc les femmes pour accorder leur mariage demandent des donations & grands avantages, autres que les convenances ordinaires & accoûtumées, il ne se peut dire autrement, sinon que l'avarice leur commande plus que l'honneur. Si un homme genereux, & de valeur, & de parti pareil pretend une femme, elle lui doit faire connoître qu'elle aime plus sa vertu & valeur que ses biens; & doit craindre, si elle fait marcher le respect des biens le premier, qu'elle donne opinion d'elle (qui facilement entrera au cœur des bien-avisez) que tout est à vendre chez elle, & auprés d'elle. Doit aussi penser, si elle est genereuse, que celui qui veut gagner ses bonnes graces par dons, est quelque homme de foible cœur, & de peu de valeur, qui ne sent en soi-même de la suffisance assez pour de par soi la meriter; & doit avoir à dédain d'épouser un homme ainsi composé. Le Jurisconsulte Romain nommé Celsus *in l. si ita stipulatus. §. si tibi nupsero. ff. de verb. obligat.* a estimé raisonnable, que telles promesses d'avantages du futur à la future épouse en faveur de mariage, ne fussent approuvées indistinctement; mais jugées selon les circonstances. Suivant ce, je croi que telles donations ne doivent être reputées favorables, sinon avec connoissance de cause. Comme *verbi gratia*, si une vieille hors d'âge d'enfans épouse un jeune homme, & elle lui fasse grands avantages en faveur de mariage; je dirai que telle donation est nulle, comme fondée sur un sujet deshonnête, entant que la vieille achete son fol & insensé plaisir, & le jeune homme se vend vilainement, jettant sa semence en terre sterile. Mais si la femme se marie, qui a des enfans de son premier mari, l'Ordonnance Roïale de François II. de l'an 1560. qui a mis en vigueur la loi, *hac edictali. C. de secundis nupt.* a pourvû à la forme des donations, qu'elle peut faire à son second mari; qui est de ne lui pouvoir donner plus qu'à l'un des enfans de son premier mari, à prendre exemple par celui qui en a le moins. Et quand on ôtera au second mari ce qui est donné de plus, outre la portion de l'enfant, qui en a le moins, accroîtra aux enfans seuls, & ne sera distribué *pro rata* au mari pour les faire tous égaux. *Ita tenet Corneus & amplè tractat consil.* 44. *& consil.* 118. *vol.* 1. *contra opinionem glos. in d. l. hac edictali. & vide Alex. consil.* 158. *vol.* 5. *cum annotatione Molinæi. Cui addendum est, quòd antequàm fiat illa comparatio & proportio æqualitatis inter vitricum & privignos filios primi matrimonii, debet prius detrahi legitima tanquam æs alienum, & in reliquo fiet computatio. Decius consil.* 246. *vol.* 2. *& allegat glos. in §. optimè in Auth. de nupt. & Aymo Cravetta consil.* 194. *qui allegat Paulum Castr. consil.* 348. Mais si la femme veûve n'use pas du mot de donation envers son second mari; ains elle qui sera dame de grands biens l'associera en iceux, le mari étant pauvre ou beaucoup moindre, soit par communauté coûtumiere, qui est entre mari & femme, soit par association és immeubles ja à elle appartenans; je croi que telle association, en ce qu'elle excede les facultez du second mari, doit être reputée donation à l'egard desdits enfans du premier lit; & il ne se faut pas arrêter que l'association de sa nature est contrat onereux. Et telle est la regle, quand aucun qui n'a pas la liberté entiere de disposer & donner *respectu* de certaine personne; *ut attendatur quod sit in rei veritate, non quæ sit formula verborum, vel quod nomen contractus, l.* 1. *§. si quis in fraudem. ff. si quid in fraudem pater. l. qui testamentum. ff. de probat. l. cùm quis decedens. §. Titia. ff. de legat.* 2.

QUAND LE MARI VIENT à pauvreté, si la femme aura provision de son doüaire; pour en joüir durant la vie de son mari?

CL.

PAR la Coûtume de l'an 1534. au chapitre *De doüaire*, art. 6. il est dit, si le mari vient à pauvreté par mauvais ménage, est banni, ou absent long-temps, ou chet en un autre inconvenient, la femme peut demander provision de son doüaire. La Question est, si c'est provision pour en joüir dés le vivant de son mari. Surquoi est à considerer que le mot de *provision* selon l'usage commun emporte execution pour la commodité de la personne, à qui elle est ajugée, en attendant que ses droits soient connûs & liquidez diffinitivement, avec plus grand loisir. Ainsi dit-on provision d'alimens, provision sur contrat authentique nonobstant l'opposition, provision de recreance. Or quand le mari devient extrémement pauvre, & qu'il n'a moyen d'entretenir son ménage, la femme, selon le remede du droit Civil des Romains, peut recouvrer sa dot, ores que le mariage dure; non pas pour en disposer par elle à son plaisir, mais pour des fruits & profits entretenir son mari & elle, & leurs enfans. Ainsi se dit *in l. ubi adhuc. Cod. de jure dot.* Et outre selon l'article de cette Coûtume, peut demander joüissance personnelle de son doüaire, comme si elle estoit veuve: car elle est destituée du secours & moyens, qu'une femme mariée peu attendre de son mari. Et puis qu'il y a parité de raison au cas de viduité, & au cas d'extréme pauvreté du mari, il est bien seant que l'un des cas soit étendu à l'autre, *l. quoties. ff. de legib. l. illud. ff. ad leg. Aquil.* Vrai est, parce que le doüaire n'échet proprement, sinon par la mort du mari (car femmes doüairieres & femmes veuves se disent en même signification) la Coûtume en ce cas attribuë la provision, & non pas ajudication diffinitive. Aussi pourra avenir que meilleure fortune arrivera au mari, & cette provision cessera. Et seroit chose superfluë, si la femme avoit seulement droit de poursuivre l'ajudication de son doüaire, sans en avoir la fruition: car elle ne peut en vertu d'une sentence asseurer son droit de doüaire plus qu'il est par le traité de son mariage. Quant à bannissement, s'il est perpetuel, il emporte mort civile; & combien que nôtre Coûtume parle expressément de mort naturelle, je croi qu'il faut étendre cet article en mort civile. Et ainsi fut jugé par Arrest solemnel prononcé par Monsieur le President Seguier le 14. d'Aoust de l'an 1567. pour Anne Spifame femme de Maître Jean Meusnier, qui avoit esté condamné à mort Civile; & par ledit Arrest fut jugé non seulement le recouvrement de sa dot *præsenti pecunia*, mais aussi du doüaire. L'Arrest comme il est enregistré au Greffe, & comme je l'ay vû par extrait, ne porte pas en ces mots, *præsenti pecunia*; mais ledit sieur President prononça ainsi. Je le sçay, parce que j'étois present. Doncques j'entens du doüaire non seulement pour l'usufruit de la veuve; mais aussi pour la proprieté des enfans, si la mere est decedée; parce que le mari banni à perpetuité a perdu tout ce qui est de droit civil, même tous ses biens, & doivent la veuve & le fils estre preferez aux fisque. Toutefois en la loi *Statius. §. ult. ff. de jure fisci*, semble avoir esté jugé autrement par l'Empereur en un fideicommis, qui devoit estre restitué par l'heritier lors de son decés: & là se dit la raison; parce qu'il se peut faire que le fideicommissaire moura avant la mort naturelle de l'heritier. Mais la solution est en la même loi: car quand il est dit que la mere heritiere pouvoit aquerir autres biens, il est demontré qu'elle n'étoit pas déportée, ou bannie à perpetuité; mais que par irrogation de peine particuliere elle avoit esté privée de ses biens sans mort civile. Puis ladite loi parle en fideicommis laissé sous condition ; auquel cas le fideicommissaire n'a aucun droit *ante eventum conditionis* ; *l. legata. ff. de condit. & demonstr.* Mais la veuve & les enfans ont droit au doüaire dés le vivant du mari & pere, *& ante eventum conditionis creditores sunt*, *l. his qui. ff. de actionib. & obligat.* Vrai est qu'en certain cas la mort civile n'est pas tenuë pour mort naturelle, comme si ce qui est à faire gît en la seule & naturelle volonté de celui qui est condamné. Ainsi se dit que celui qui est banni à perpetuité ne perd pas la faculté de choisir l'un de ceux auquel le fideicommis est laissé à son choix, *l. cùm pater. §. hereditatem. ff. de leg. 2. l. ex facto. §. si quis rogatus. ff. ad Senatusconsf. Trebell.*

QUAND LA FEMME EST *separée* à thoro propter sævitiam mariti, vel propter adulterium mariti; *si elle aura provision de dot & doüaire ?*

CLI.

Le droit Canonique, qui a toute puissance au fait des mariages, pour le lien qu'on dit *in causa fœderis*, n'a pas expressément permis à la femme mariée de se separer de la compagnie & lit de son mari, pour la trop grande sævice & outrages rigoureux ; mais bien a ordonné que si la femme pour telle occasion s'etoit retirée, elle doive être contrainte de retourner à son mari, en baillant suffisante caution & seureté de ne l'offenser point : & si la sævice & le doute sont si grands, que la femme ne puisse se tenir asseurée, elle n'est tenuë de retourner à lui ; ains si elle est jeune, doit estre commise à la garde d'une femme honnête, *cap. ex transmissa. cap. literas. in fine, ext. de restitut. spoliat.* La question est, si audit cas elle pourra repeter sa dot, & demander son doüaire ? Quant à la dot, il y a grande raison ; puis qu'en cas de mauvais ménage des biens, il est permis de repeter sa dot. Quant au doüaire, il y auroit plus de difficulté ; car la justice pourroit contraindre le mari à lui faire provision pour ses alimens & entretenemens. Mais quant à la dot & au doüaire, semble être expressément decidé *in Authent. de nup. cap. 15. §. si igitur mulier.*, avec le §. precedent, *colla. 4.* & la expressément permis à la femme de divertir d'avec son mari. De même, si le mari paillarde & s'abandonne ordinairement à autre qu'à sa femme, la femme peut requerir estre separée de sa compagnie par le jugement de l'Eglise ; non pas qu'elle se puisse marier autre part ; non plus que le mari ayant accusé & convaincu sa femme d'adultere, & l'aïant fait reclure il ne se peut remarier à une autre tant qu'elle vivra, *propter spem reconciliationis, & propter verbum Domini, quod Deus conjunxit, homo non separet* ; *can. 1. & 2. 32. quæst. 7.* Mais la femme s'étant ainsi separée de son mari, elle ne peut estre contrainte de retourner en sa compagnie, ains pourra repeter sa dot, & demander son doüaire, *l. consensu. Cod. de repud. & cap. 1. ext. ut lite contest.* Et sur ce est à considerer, que le mari peut accuser sa femme d'adultere, tant pour se separer d'elle, que pour la faire punir par reclusion de sa personne, & perdition de dot & doüaire : & quant à la separation du lit & compagnie, le mari doit s'adresser pardevant le Juge Ecclesiastique ; & pour la punition d'elle, & perdition de sa dot & doüaire pardevant le Juge lay, *cap. tuæ, ext. de procurat.* Toutefois si la femme objecte à son mari & fasse preuve que lui-même a commis adultere, elle fera qu'il ne sera recevable à l'accuser, *cap. significasti. ex de divort. l. si uxor. §. judex. ff. ad leg. Jul. de adult.* Et ainsi il est dit par S. Augustin, *in can. nihil. can. si dicturi. & cum indignantur. 32. quæst. 6.* où il blâme grandement les maris, & les montre estre plus coupables, & devoir estre punis plus rigoureusement pour adultaires, que ne doivent estre les femmes.

SI LE DOUAIRE SE DOIT *prendre en preciput par les enfans de chacun lit ; ou s'il est confondu, quand ils sont heritiers ?*

CLII.

Cette question a esté fort agitée entre nous. Les uns disans par argument de la Coûtume de Paris, où doüaire de mere est heritage d'enfant, que si l'enfant est heritier, le doüaire est confondu en l'heredité. Et ainsi il se dit au 251. article de la nouvelle Coûtume, que nul ne peut être heritier & doüairier. Les autres disans, qu'il ne faut tirer argument de la Coûtume de Paris, qui ne commande au peuple de ce païs. Aussi qu'il y a dissimilitude de raison és deux Coûtumes. Car par celle de Paris, article 303. pere & mere ne peuvent avantager l'un de leurs enfans plus que l'autre, quand ils viennent à leurs successions. Mais nôtre Coûtume de l'an 1534. au chapitre *Des donations*, article 7. permet aux peres & meres d'avantager leurs enfans, sauve la legitime ; & permet aussi les donations par preciput audit chapitre, art. 11. A quoi sert l'opinion de Maître Charles du Molin en l'annotation sur la Coûtume de Senlis, article 186. quand il dit, que l'enfant quittant l'heredité, & prenant le doüaire, ne prend au doüaire que sa virile portion ; & non les portions des autres enfans heritiers. Parce, dit-il, que les portions au doüaire desdits enfans heritiers ne sont pas en défaillance pour appartenir par droit d'accroissement, & ne les perdent pas pour être heritiers ; mais par voïe d'exception ne sont tenus de les conferer. Dont resulte, que si c'étoit preciput non sujet à collation, ils ne laisseroient d'être heritiers, & prendre le doüaire. Aussi que l'ancienne Coûtume de l'an 1491. au chapitre *Des successions*, parlant des enfans de divers lits, dit qu'ils succedent par têtes, sinon au doüaire de leurs meres. Aucuns disent même qu'en la Coûtume de Paris fut appointée au Conseil la question, si le doüaire se prend par preciput ; sur une plaidoirie du sixiéme Mai de l'an 1544. entre les enfans de la Croix : & fut allegué par Beugnier Avocat plaidant, un Arrêt donné au profit du Conseiller Anjorant, par lequel lui fut ajugé le preciput de cent soixante livres de rente pour le doüaire de sa mere. Et sur le debat qui en étoit pour la Coûtume de ce païs, fut jugé par l'Arrêt entre Julite Mige, fille du premier lit de feu Maître François Mige l'aîné, & François Mige fils du second lit, donné le 22. Aoust de l'an 1568. Et ainsi nous l'observons. Et combien qu'il sembleroit assez expedient, si nôtre Coûtume étoit revûë, d'y ajoûter un article semblable à celui de Paris, pour éviter la grande inégalité qui se trouve quand il y a des enfans de plusieurs lits; & souvent avient qu'il y en a plusieurs du second & tiers lit; & n'y en a qu'un du premier: Toutefois, selon que l'usance est, elle se peut soûtenir avec ces raisons, que le doüaire est un avantage & bienfait, dont la Coûtume assure les enfans de chacun mariage; en sorte que délors de la celebration du mariage, l'esperance & attente leur en est aquise; qui prend racine en la personne de chacun enfant; en sorte que l'ancienne Coûtume de ce païs faisoit le pere seulement usufruictier de la part des heritages sujets au doüaire. Du Molin en l'annotation sur le sixiéme article de nôtre Coûtume dit, qu'il fut ainsi jugé par Arrêt du quatorziéme Aoust de l'an 1510. au profit de Maître Charles Berthier sieur de Bizy. Lequel bienfait à eux attribué avec aquisition de droit *in re*, ne leur peut être ôté par la survenance d'autres mariages du pere: comme aussi ne leur doit être ôtée ni diminuée l'esperance de succeder en l'heredité, comme l'un des autres enfans; *cùm sint jura diversa*.

COMME S'ENTEND CE QUI SE dit que les collations des benefices sont in fructu *? Et du droit du Roy en cas de regale.*

CLIII.

EN la grande ancienneté de l'Eglise ne se disoit que les collations, ou presentations de benefices fussent *in fructu*; parce que les Evêques, & autres collateurs de benefices n'avoient aucun égard, pour gratifier les uns ou les autres; ains comme chacune Eglise eût nombre certains de clercs voüez au service Ecclesiastique, *l. non plures. C. de sacros. Eccles. & in Authent. ut determinatus sit numerus clericorum, coll.* 1. lesdits clercs montoient par degrez des ordres inferieurs aux superieurs; & enfin les Diacres étoient faits Prêtres, pour servir à l'Autel, & administrer les Sacremens. Mais sur le commencement du troisiéme grand an, à compter depuis l'incarnation de nôtre Seigneur, qui fut en l'an 1065. & autres années suivantes, aprés que les Papes par saintes exhortations & par excommunications & interdits ôterent aux Princes & Seigneurs temporels l'autorité qu'ils avoient usurpée sur les Eglises tant au fait des collations, que des dîmes, & autres droits spirituels; & rétablirent l'Eglise en la puissance que toûjours depuis elle a conservée, iceux Papes, les Evêques & autres superieurs en l'Eglise prindrent la libre & volontaire deposition des benefices & délors on commença à dire, que les collations des benefices sont *in fructu*, & en consequence de ce, que vaquant le siege Episcopal le Chapitre ne faisoit les fruits de l'Evêché siens, ains étoit tenu de les reserver au futur Evêque. Fut aussi constitué que le Chapitre *vacante sede* ne confereroit les benefices, comme il appert par la Decretale, *in cap. illa, ext. ne sede vacante*: qui est d'Honorius troisiéme de ce nom Pape, qui fut environ l'an mil deux cens, & en même temps commença à être pratiqué, que les collations des benefices seroient reputées comme fruits de l'Evêché, ou autre dignité superieure. Et en consequence de ce, comme il se dit que le possesseur de bonne foi fait les fruits siens, sans être tenu de les restituer; aussi fut dit que celui qui est possesseur du benefice superieur, auquel appartient la collation, élection ou presentation, pouvoit conferer, élire, ou presenter. Et ores que par aprés en petitoire il fut évincé de la dignité, en vertu de laquelle il auroit conferé, élû, ou presenté, neanmoins ce qu'il auroit fait tiendroit, sans pouvoir être revoqué, *cap. consultationibus. ext. de jure patro. cap. querelam. ext. de elect.* Par la même consequence les Rois de France, ausquels à cause de la Regale, quand elle est ouverte, appartiennent les fruits de l'Evêché, depuis ledit temps ont conferé les benefices, qui sont à la collation des Evêques; conferé, *inquam*, *pleno jure*, & privativement au Pape, & autres superieurs Ecclesiastiques. Vrai est, comme les Rois ont toûjours exercé leur puissance avec raison & temperament, ils n'ont étendu leurdit droit à la collation des Cures & Eglises Paroissiales, comme étant droit pur spirituel, dépendant de l'imposition des mains, & de l'ordination que l'Evêque fait des Prêtres; lequel droit ne peut appartenir à autres qu'à Evêques, & ne se peut deleguer ni transferer, *cap. venerabilem. ext. de elect. cap. aqua. ext. de consecrat. Eccles. vel altar.* Et est à noter que le Pape ne peut par ses collations, ou mandats déroger au droit que le Roi a de conferer les benefices. Car le droit de Regale est beaucoup plus ancien, que n'est pas le droit que les Papes se sont attribuez de conferer par prevention & par concurrence avec tous les Ordinaires. Et au commencement les Papes prioient, & commandoient aux ordinaires de conferer le benefice à tel, qui étoit nommé; & sur ce faisoient expedier jusques à trois sortes de lettres, monitoires, preceptoires, & executoires; *ut per glo. in cap. ex insinuatione, ext. de rescript.* Et enfin ils se sont attribué la puissance toute entiere de conferer eux-mêmes. Vrai est que par le Concile de Trente a été aucunement retablie cette ancienne forme de mander aux Ordinaires de conferer, qui est ce qu'on appelle, *in forma dignum*: mais le droit est aquis à l'impetrant délors de la date de l'expedition de Rome, & non pas de la date de la provision *ad partes*. En autres endroits du droit Canonique il se voit que les Papes ne conferoient les benefices *ad partes*, sinon quand par la negligence des inferieurs par les semestres ordonnez, la collation étoit devoluë au siege Apostolique, selon les statuts du Concile de Latran, ainsi qu'il est rapporté *in cap. licet. ext. de supplenda neglig. Prælat. in cap. qui adversitatem, ext. de concess. præbendæ.*

COMME SE DOIVENT PARTIR les fruits du benefice entre les heritiers du beneficier predecesseur, & le successeur?

CLIV.

EN ce Diocese de Nevers il se trouve une constitution faite par un Evêque Bertrand que vulgairement on appelle *la Bertrandine*; par laquelle sont declarez les temps & saisons esquels les beneficiers gagnent les fruits des moissons & vendanges, & les ayans gagnez les transmettent à leurs heritiers, laquelle n'a pas bien été observée: & du temps de nos prochains predecesseurs se disoit que le beneficier, qui se trouvoit possesseur, lors que chacun fruit étoit cueilli, le gagnoit indistinctement. Ainsi qu'il se dit en l'usufruictier, que s'il decedoit la veille des moissons, n'auroit droit aux blés; s'il decedoit le lendemain, les gagneroit tous, *l. defuncta. ff. de usufructu, l. si usufrct. messem. ff. quib. mod. usufruct. amitt.* De nôtre temps il a été prise une autre opinion, confirmée par raison de droit & par autorité. Et de vrai il est loisible d'en raisonner, & prendre parti en opinions, quand il n'y a point d'Ordonnance expresse, aïant force de loi. Doncques nous disons, que les fruits sont dûs au beneficier, non pas de par soi, mais pour cause; parce qu'il dessert le benefice & administre les Sacremens, & fait autre devoir appartenant à sa charge; (s'il ne le fait, mal pour lui; mais nous parlons de ce qui se doit faire) il est certain que les fruits des benefices sont destinez pour ceux qui y servent, *cap. cùm secundum. ext. de præbend.* qui est tiré des Epitres de saint Paul, *Qui sert à l'Autel, doit vivre du revenu de l'Autel.* Si les fruits sont dûs à cause de la charge, c'est la raison qu'ils soient distribuez à ceux qui font la charge *pro rata* du temps qu'ils ont emploïé à faire ladite charge. Ainsi disent les loix Civiles, que le mari gagne les fruits de la dot de sa femme, & les fait siens *pro rata* du temps que le mariage a duré; parce quil les gagne à cause des charges du mariage qu'il supporte, *l. divortio. aliàs, l. fructus. §. 1. ff. soluto matrim.* aussi les fruits de la dot sont destinez aux charges du mariage *l. dotis fructus. ff. de jure dot. l. pro. oneribus. C. eod.* & y sont tellement destinez, que s'il avient qu'autre que le mari supporte les charges de mariage, le mari ne peut demander les fruits de la dot, ou les interêts des denires promis, *l. pater pro filia. ff. de except. doli. l. creditore. §. si inter. ff. mand.* Or parce que les fruits des benefices, même les dîmes, sont dîmes, comme dit est, pour les alimens du beneficier, & que tous alimens doivent être païez par avance, parce que le vivre de l'homme ne peut attendre séjour; & suivant ce, les loix disent que les legs destinés pour alimens, qui se disent en Latin *annua*, sont dûs dés le commencement de l'an, *l. nec semel. ff. quandò dies leg. l. à vobis. l. in singulos. ff. de ann. leg.* je dirai que les dîmes, aprés la perception, doivent être reservées pour nourrir le Curé ou autre beneficier depuis le commencement de la moisson, en laquelle ils sont cueillis, jusques au commencement de la moisson de l'année suivante. Et si le Curé a vécu *verbi gratia*, trois mois aprés le commencement de la moisson, lui, ou ses heritiers auront un quart de dîmes, & le Curé successeur les trois quarts, pour les neuf mois qu'il devra déservir. La Cour au fait de la Regale l'a jugé ainsi par Arrêt entre l'Evêque de Meaux & les Chanoines de la sainte Chapelle, aïans les fruits de la Regale du 19. jour de Juin 1557. entant qu'elle distribua les fruits *pro rata temporis* entre lesdits de la sainte Chapelle, & l'Evêque successeur.

EN QUELLE DIFFERENCE L'Usufruictier, le mari faisant les fruits siens, & le Seigneur feodal, prennent les profits d'un bois taillis, ou d'autres heritages, dont le fruit ne se perçoit tous les ans, ni en chacune saison de l'an, Et quid *de la doüairie?*

CLV.

L'USUFRUICTIER gagne les fruits *nullo respectu habito ad aliud*, sinon qu'il a droit de les gagner. Et par droit singulier est dit, qu'il ne les gagne, sinon qu'ils soient separez du fonds, & cueillis par lui, ou au nom de lui: & ne suffit que *quoquomodo* ils soient cueillis, *l. qui scit. vers. prætereà. ff. de usur. l. si fur. ff. de usufr.* Et n'est à considerer en quel temps la pension; ou loïer promis par un fermier pour lesdits fruits doive être païée, mais suffit de considerer le temps que les fruits ont été cueillis & separez du fonds, *l. defuncta. ff. de usufr.* Et si c'est l'usufruit d'un bois taillis, ou d'un étang, dont les fruits ne se perçoivent, je ne voi pas diversité de raison pourquoi il se puisse dire autrement, sinon que c'est bonheur ou malheur à l'usufruictier, s'il se trouve vivant, ou decedé lors que les fruits *ipso facto* se perçoivent. Et parce que l'usufruictier ne fait les fruits siens, sinon quand ils sont separez du fonds par lui, ou autre en son nom, je croi qu'en consequence de ce; il faut dire que s'il decede aprés une partie du bois coupé, l'autre partie étant debout, ou, l'étang étant à demi pêché, que l'heritier de l'usufruictier prendra seulement le bois coupé, ou le poisson hors de l'étang. Et en ce nous ne suivrons ce qui est dit du vassal & du Seigneur feodal, que les fruits sont tenus pour perçûs pour le tout; quand on a commencé à exploiter réellement, au chapitre *Des fiefs*, article 57. Car la loi en l'usufruit considere le pur fait de la collection, & non la destination, ni l'intention;

ut quatenus de facto processum est, eatenus dominium fructuum acquiratur. Quant au mari faisant les fruits siens de la dot de sa femme, la loi est expresse qui dit, qu'il les gagne *pro rata* du temps que le mariage a duré. Partant, soit que la coupe du bois taillis, ou la pêche de l'étang soient faites durant le mariage, ou aprés, il y prendra part *pro rata* du temps que le mariage aura duré. Comme si la coupe se fait de quinze ans, & le mariage a duré trois ans, il aura la cinquiéme partie de la coupe qui se fera durant le mariage, ou aprés icelui dissolu. De même en l'étang, *l. divortio. §. quod in anno. ff. soluto matrim.* Et si une même terre se laboure deux années de suite, l'une de froment, l'autre de menus blés, on prendra les deux années pour une seule culture; car le labourage & les graisses de la premiere année servent à la seconde; qui est ce que les laboureurs de Nivernois disent, suivre les fretis: & par consequent sera fait état du fruit de deux années, comme d'une seule: & ainsi Bartole *in d. §. quod in anno.* Quand au Seigneur feodal qui saisit le fief mouvant de lui, il y a consideration diverse de l'usufruictier, & du mari. Car le Seigneur feodal a plus de droit au fief saisi, que n'a pas l'usufruictier; parce que le Seigneur feodal est Seigneur direct, & de sa propre autorité se met à joüir de son fief, comme le reprenant en ses mains *jure suo, & domini loco habetur*, tant que sa saisie dure, sauf qu'il ne peut aliener, ni deteriorer le fonds; mais l'usufruictier fait les fruits siens *beneficio alieno, non jure suo.* Et parce que le vassal avant la saisie feodale, exploite comme vrai Seigneur *jure suo*; & le Seigneur aussi, aprés la saisie exploite aussi comme vrai Seigneur *jure suo*; en chacun d'eux est bien séant de dire, que leur destination commencée à executer vaut & a effet, comme si tout étoit fait. *Destinatio enim patrisfamilias vim legis habet, maximè si quid cœptum sit geri, l. nam & Servius. §. si vivo. ff. de negot. gest. l. 1. §. prodest. ff. quod legatorum.* Donques au fait d'entre le Seigneur feodal, & le vassal, il semble que si le Seigneur feodal aprés sa saisie trouve le bois prêt à couper, & il commence à couper sans fraude, avant que le vassal fasse son devoir, il prendra le profit entier de toute la coupe: & de même si le vassal a commencé à couper avant la saisie, j'entens de la coupe à faire selon le ménagement d'ancienneté accoûtumé à faire, comme si le bois n'avoit accoûtumé d'être coupé à dixhuit ans, pour y faire écorce à tanneurs, ou autre occasion, le Seigneur feodal ne coupera pas à douze, ni à quinze ans, ores que le bois se puisse couper. Et si le bois a accoûtumé d'être vendu pour être coupé en deux, ou trois années, ou tant d'arpens à la fois; le Seigneur suivra cette coûtume; *l. item si fundi. vers. nam etsi. ff. de usufr. l. defuncta. in fi. ff. de usufr. leg.* & coupera en saison, fera garder le bois coupé, & laissera les baliveaux selon l'Ordonnance: car cela est de bon ménage accoûtumé. Ainsi se dit en l'Ordonnance du Roi Philippes le Bel, de l'an 1302. articles 2, 3. & 4. au fait des Regales, & saisies feodales. Il y a une autre sorte de gagner les fruits par le Seigneur feodal, qui n'est pratiquée par nôtre Coûtume. Et plusieurs Coûtumes la pratiquent, & s'appelle *droit de relief, ou rachât*; qui est quand le fief échet par succession collaterale, quand il change de main par donation, ou échange, ou autrement que par vente. En tels cas il prend le revenu d'un an, qui doit être proportionné aux autres années, afin d'en faire une commune. Car il se peut faire qu'aprés plusieurs années steriles il en viendra une fertile; & aprés une fertile plusieurs steriles. Du Molin en l'annotation sur le 38. article de l'ancienne Coûtume de Paris semble admettre cette distinction, quand le Seigneur saisit à faute d'homme, & gagne les fruits simplement durant la saisie. Ce que je ne penserois pas; car je croi qu'il peut & doit prendre les fruits tels qu'ils se trouvent au hasard. Quand à la doüairiere je ne voudrois pas la comparer en toutes choses à l'usufruictiere; parce que le doüaire lui tient lieu comme d'alimens & entretenement honnête & commode, pour representer & soûtenir l'honneur & la dignité de la maison de son mari; & parce qu'il y a correspondance des fruits à son entretenement; je croi qu'elle devra avoir les fruits de l'année commençant, ou finissant *pro rata* du temps, sans être sujete au bonheur ou malheur, comme l'usufruictier: *fit enim distributio pro rata, cùm commodum competit propter onus, l. serò. ff. de annuis legat. d. l. divortio ff. soluto matrim.*

DES BAUX A FERME FAITS Par l'usufruictier, ou par la doüairiere.

CLVI.

Cy-dessus question 23. a été dit des baux à ferme faits par le vassal, si le Seigneur saisissant est tenu de les observer, & des baux faits par le beneficier, si son successeur au benefice en est tenu: ici est la question des baux à ferme faits par l'usufruictier, ou par la doüairiere. Semble que nôtre Coûtume compare & met à parti pareil la doüairiere & l'usufruictier, au chapitre *De doüaire*, article 9. mais selon mon avis ce n'est pareil par tout, comme il est dit ci-aprés en la question 286. Quant à la question particuliere de l'usufruictier, semble qu'elle est decidée au droit civil des Romains, *l. si quis domum. §. hic subjungi. ff. locati.* Toutefois, selon que le texte est, semble qu'il parle seulement de l'obligation de l'heritier de l'usufruictier, en ce qu'il est dit, que ledit heritier n'est tenu de faire joüir, & qu'il ne dit pas que le conducteur ne se puisse défendre contre le proprietaire, qui le voudroit chasser. Mais il me semble qu'il faut dire que la resolution du bail est de la part du conducteur; parce que le conducteur *ad medicum tempus* n'a aucune action *in rem*, pour se maintenir en la joüissance, ains a seulement l'action personnelle contre le locateur, pour le faire joüir, *l. cùm in plures. §. messem. ff. locati.* Toutefois il se peut appliquer quelque temperament à la rigueur dudit paragraphe *hic subjungi*, selon l'équité tirée d'autres loix: A sçavoir, que si le conducteur sous l'usufruictier avoit son bail fait en bon ménage & pour prix raisonnable, que le proprietaire doive endurer qu'il parachevе l'année commencée, à la charge de payer la ferme ou moisson, *quia totius temporis, quod est inter proscissionem agri, quæ est prima cultura, & messem, una videatur cultura; cujus non potest dici aliqua pars esse utilis, nisi à principio continuatio fiat usque ad finem: & quia tota hæc opera, quæ solet in quindecim, vel octodecim menses extendi, una res est, ità connexa & individua, ut utiliter separari non possit. Et propter individuitatem, qui semel cœpit cum bona fide, sicut adperficiendum tenetur quod inchoavit; ità etiam tolerari debeat in continuatione & perfectione operis, ne obligatio videatur claudicare, l. tutores. §. qui se. & l. tres tutores. ff. de administ. tut. l. nam & Servius. §. si vivo. ff. de nego. gest.* Vû mêmément que si c'étoit un pur étranger, qui sans aucune permission eût commencé à labourer la terre, il pourroit continuer, à la charge de payer champart, selon nôtre Coûtume, au chapitre *Des champarts*. Pour les années suivantes la rigueur dudit paragraphe *hic subjungi* pourroit estre observée. Sauf que si ce conducteur avoit fait des frais, qui rendissent l'heritage meilleur & plus fructueux, & dont le proprietaire pût recevoir le profit; je ne voudrois pas dire indistinctement, que ledit conducteur n'en dût avoir aucune recompense, selon ces mots étans aud. paragraphe, *quia hoc evenire posse prospicere debuit.* Ains me semble estre bien seant de faire cette distinction, que si se sont impenses faites par le conducteur, dont l'heritage ne soit amendé, comme s'il a fait apprêts de chevaux ou bœufs, ou de valets, ou s'il a vendu les dépleures pour cinq ans, le proprietaire successeur de l'usufruictier n'en soit tenu; car le conducteur à dû penser que l'usufruictier pouvoit mourir avant le temps fini. Mais s'il a fait impenses, dont l'heritage soit fait meilleur, & dont le profit n'ait pû estre recueilli par lui, au moyen du retranchement de la ferme, comme d'avoir fumé les terres; avoir essarté les terres & prés, qui fussent en buisson, avoir provigné és vignes outre l'ordinaire; je croi que le proprietaire seroit tenu d'en faire recompense, *cùm etiam malæ fidei Possessor ejusmòdi impensas recuperet; & quia iniquum est aliquem locupletari cum aliena jactura, l. planè. ff. de petit. hæred. l. domum. C. de rei vend.*

Quant à la doüairiere, selon mon avis, il ne faut tenir ainsi à l'étroit les baux à ferme qu'elle a faits. Car si elle a baillé les heritages accoûtumez à bailler à ferme, ou qui par bon ménage se pouvoient bailler, & pour moisson, ou loyer raisonnable, & pour le temps ordinaire & accoûtumé, & elle decede avant le temps fini, le proprietaire successeur doit entretenir le bail pour le temps qui reste. La Coûtume de l'an 1534. au chapitre *De doüaire*, article 9. semble y être formelle, qui permet à la doüairiere le bail à temps jusques à neuf ans. Et peut aussi y avoir raison particuliere; parce que la doüairiere a esté femme du proprietaire, & pour l'honneur du mariage passé, durant lequel deux estoient un par amitié excellente, les actes de la doüairiere doivent estre respectez & tenus en quelque compte par l'heritier du mari.

Si le mari laisse par testament sa femme usufruictiere de tous ses biens après son decés, voire la laissé dame & maîtresse, en cas qu'il y ait des enfans du mariage, doit estre entendu pour gouverner la maison, comme elle gouvernoit du vivant du mari, & en effet y avoir seulement ses alimens, & ne devenir proprietaire de l'épargne de l'usufruit, & estre tenuë de nourrir & entretenir les enfans, ainsi que tiennent tous les Docteurs ultramontains. & alleguent pour autorité la Coûtume observée en la Cour de Bulgarus ancien Docteur, qui exerçoit jurisdiction: laquelle Coûtume, disent-ils, est fondée sur la presompte volonté du défunt. Ce que dessus a lieu pour le temps que les enfans vivent, & eux decedez l'usufruit se reprend par la veuve en vrai usufruit: & est traité *per glos. & Doct. in Auth. hoc locum C. si secundò nupserit, & in l. Titia. §. ult. ff. de legat. 2. Mar. Socinus junior, cons. 85. 86. & 94. vol. 1.*

QUELLE DECEPTION EST requise, pour rescision de partage?

CLVII.

LA Glose & les Docteurs *in l. majoribus. C. comm. utriusque judicii*, disent que pour faire rescinder un partage fait entre majeurs de vingt-cinq ans, la deception d'outre moitié de juste valeur est requise *ad instar* de la rescision de vente & permutation, dont il est parlé *in l. si rem. C. de rescind. vendit.* Mais la Cour de Parlement par plusieurs Arrests a declaré & jugé que pour la rescision ou reformation du partage, suffit qu'il y ait notable lesion, sans venir à la portion d'outre moitié. On allegue un ancien Arrest de l'an 1483. entre Maître Jean Charlet & Maître Achilles Jacques; & porte ledit Arrest l'alternative, que les parties viendront à nouveau partage, ou que supplément sera fait au demandeur pour la lesion. De même par autre Arrest de la prononciation de la Chandeur de l'an 1524. entre René de Cont, & Loüise de Sillas. & de mon temps en l'an 1547. au rapport de Monsieur Bourgoing mon oncle au profit de Luillier, sieur de la Mote d'Esgri contre Lapithe, sieur de Courances. La raison, selon mon avis, est que le partage n'est pas contrat ni commerce; ains est un expedient inventé par le droit civil, pour representer à chacun des communs separément & à part la vraye valeur de la portion indivise qu'il avoit, pour éviter *les discordes ou nonchalances*, qui ordinairement se trouvent en l'administration des heritages & biens communs, comme il est dit *in l. cùm pater. §. dulcissimus. ff. de legat. 2. & l. sancimus. §. ne autem. C. de donat.* Ez vrais contrats de commerce la volonté des parties y a le principal commandement, pour établir le prix; parce que les loix politiques n'ont établi prix certain aux heritages; aussi ne peuvent-elles. Car selon la bonté des heritages, richesse & aise des habitans du lieu & autres circonstances, les prix & estimations sont plus hautes ou plus basses, *l. pretia. §. ult. ff. ad leg. Falcid.* Aussi quelquefois la commodité de l'acheteur est considerée, si l'heritage lui est voisin. *l. si cui fundus. ff. de legat. 2.* Et en somme la volonté y commande; ainsi qu'il est dit *in l. si voluntate. Cod. de rescind. vend.* Et en tels contrats les Empereurs ont donné quelque bride aux volontez, non pas avec recherche si exacte; mais en ont fait la limitation jusques à la moitié du juste prix. Et si la lesion est outre cette moitié; ils ont jugé raisonnable, que la plainte fut oüie de celui qui est lesé. Qui est la matiere proprement de la loi seconde, *C. de rescind. vend.* Mais le partage n'est pas de cette nature. Car la propre essence du partage est de representer en la portion divise, la vraïe valeur de la portion indivise: & ne se traite pas de constituer prix ou estimation en la chose partagée *ad effectum* de commerce; ains le prix qui est fait des heritages à partir, & est afin de mieux égaler les portions, *non ad effectum emptionis*; ainsi qu'il se dit en la loi *servos. ff. famil. hercisc.* Pourquoi nul ne dira que l'intention des partageans ait été precisément de constituer tel prix chacun à sa portion; ains plûtôt d'avoir une portion divise, valant autant que valoit la portion indivise. Contre laquelle essence & propre nature du negoce ne doit être presumé que les partageans aïent voulu pactioner. *Imò*, quand ils auroient voulu, la paction seroit nulle, *l. cùm precario. ff. de precario. Nec potest dici alteruter consensisse in id, cujus contrarium mente agitabat.* Doncques pour faire rescinder un partage *ad effectum* de venir à nouveau partage, ou le reformer *ad effectum* d'avoir supplément, il suffit que la lesion soit notable, ores qu'elle soit au dessous de la moitié de juste prix. Et ainsi se doit entendre la loi *majoribus*, ci-dessus alleguée. *Marianus Socinus nepos in consil.* 48. *num.* 42. *vol.* 1. allegue ces raisons, qu'en la division & partage on entre comme en compte & raison pour estimer & sçavoir la valeur des biens communs: or le compte auquel il y a erreur doit être reduit à la rectitude de raison, *l. error. C. de jur. & facti ignor. l. calcularii. ff. de adm. tut. & erronea divisio errore probato non nocet dividenti, l. si post divisionem. C. de jur. & fact. ignor. Obiter* sera noté, combien que selon les regles communes de droit le mineur ne puisse provoquer à division d'immeubles, *l. inter omnes. Cod. de prædiis minorum*: toutefois, s'il est en communion de biens avec un qui soit fâcheux, prodigue, ou nonchalant, il peut avec l'autorité de son tuteur, ou curateur provoquer à partage, *Bart. in l. inter pupillos. ff. de auctor. tut. & in l. si pupillorum. ff. de reb. eorum. Cynus in l. jubemus nulli. Cod. de sacrosf. eccl. Alex. consf.* 7. *vol.* 5. *& Mar. Socinus junior, præceptor meus, consf.* 48. *vol.* 1. L'un des principaux expediens pour empêcher la lesion en partage, & la plainte qui s'en ensuit, est que les lots soient dressez du consentement commun des parties, ou par l'avis de personnes expertes accordées par les parties, & les lots étans ainsi dressez & communiquez aux parties, soient jettez au sort. Car le hazard du sort fera que chacun des partageans sera soigneux que les lots soient égaux, ne sçachant lequel lui devra avenir: & le sort ôte toute suspicion de grâce, faveur, ou male-façon. Et a été cette raison considerée par la loi *generaliter. §. quos ergò. ff. de fideicomm. libert. & l. si duobus. C. comm. de legat.* Aussi le douteux évenement empêche qu'on ait occasion de se plaindre de la reception, *l. de fideicommisso. C. de transact. l.* 1. *C. de pact.* Aucuns ont voulu dire, que le plus âgé doit faire les lots, & le plus jeune choisir; à l'exemple d'Aabraham & de Lot: *& tractant Doct. in cap.* 1. *ext. de paroch.* Nôtre Coûtume dit que celui qui demande partage doit faire les lots, & s'ils ne sont que deux, l'autre choisira, s'ils sont plus de deux, ils choisiront par sort. Mais s'il y a des mineurs, le choix est mal-aisé à appliquer: car le tuteur ne sçait pas de quelle profession, ou volonté sera son mineur. Et le choix dépendant de volonté purement est tres-personnel: *ut etiam servo competat, nec ad dominum transferatur, l. si servus. quæ est* 141. *ff. de verbor. oblig.* On peut avenir que celui qui doit faire les lots, les fera si bizarres & incommodes, que l'on ne sçauroit choisir sans soi endommager. Pourquoi le plus seur est que les lots soient dressez par personnes connoissantes, & jettez au sort: ou bien, s'ils sont tous majeurs; qu'aprés les lots dressez par le choix soit encheri, & octroïé à celui qui donnera le plus.

EN QUELS CAS ET SAISONS les blés pendans par les racines sont reputez meubles selon la Coûtume?

CLVIII.

Les loix des Romains prenant exactement la constitution des choses au naturel, ont dit que les fruits pendans sont portion du fonds & sol, & que par nature il ne se peut faire que ce soient deux choses, *l. obligationum ferè §. placet. in fi. ff. de actionib. & oblig.* Et en consequence on dit, que l'un ne peut être aquis par usucapion, sans l'autre, *l. nunquam. ff. de usucap.* Et ailleurs dit la loi, que le fruit est perçû & gagné par aucun, non pas à cause de la semence, mais à cause du fonds & sol, *l. qui scit. ff. de usur.* Ce qui se dit selon la subtilité & raison naturelle étroitement prise; comme si on parloit entre Physiciens & Philosophes. Mais nos Coûtumes plus fondées en une pratique politique en ont jugé autrement; & ont attribué droits aux fruits à autre qu'à celui qui est proprietaire du fonds, & ce à cause de la culture & de la semence. Comme s'il avient qu'un laboureur laboure la terre d'autrui, qu'il voit sans culture; il devient Seigneur proprietaire d'une partie des fruits: laquelle portion est en usage selon la bonté de la terre, & abondance des laboureurs. En aucun endroits de ce païs le droit du laboureur est un des deux tiers; en autres il est des trois quarts (& c'est le commun) en autres est de quatre cinquiémes, ou de cinq sixiémes portions: & le tiers, ou le quart, ou le cinquiéme, ou le sixiéme des blés est le droit du proprietaire de la terre. Ainsi nos majeurs ont conjoint politiquement ce qui est de nature avec ce qui est de l'artifice de l'homme; & les fruits qui viennent par le naturel de la terre & par l'industrie de l'homme, sont reputez être produits par les deux: & à cette raison ils en font partage chacun *jure suo*, ores qu'il n'y en ait aucune paction ni convenance, *& uterque vendicat quasi rem suam, & suam rectè dicit colonus: quià beneficio ju-*

ris proprietas acquiritur ei pro parte. Aussi de vrai à proportionner par juste estimation les frais que fait le laboureur, entant qu'il lui convient acheter & nourrir des bœufs pour labourer, entant qu'il emploïe ses journées à faire le labourage, à boûcher & à sarcler, & y emploïer son blé pour semence; à proportionner, *inquam*, selon l'estimation des fruits qui en proviennent, il se trouve que le laboureur a emploïé les deux tiers, ou les trois quarts, ou les quatre cinquiémes, ou les cinq sixiémes de la valeur & estimation des blés. Selon cette raison & proportion nôtre Coûtume juge les blés en terre être meubles en certaines saisons; jaçoit que naturellement ils soient encore portion du fonds. Ainsi qu'il se dit de l'enfant au ventre de la mere, dont la loi dit qu'il fait portion de la mere, & de ses entrailles, *l.* 1. *§. ex hoc. ff. de ventre insp̃ic.* Car entre laboureurs communs parsonniers, délors que les blés sont semez, *imò* les labourages parfaits, les blés sont reputez meubles, & se partagent entr'eux par têtes & viriles portions, selon le nombre des parsonniers, & non pas selon les portions que chacun d'eux a en la proprieté du fonds, au chapitre *De partage de gens communs*, article 2. Pour deux raisons; l'une que les façons & frais emploïez jusques alors emportent & sont de plus grand prix; que n'est pas le profit tout nud de la terre, selon la deduction ci-dessus. Et parce que lesdites façons & frais sont mobiliers *&* *pecunia funguntur*, le total est jugé & censé de la nature de ce qui est le plus, par la raison de la loi *quæritur ff. de statu hominum.* L'autre, parce que les laboureurs ont mis leur attente à ce labourage par destination probable; & seroit trop tard à chacun d'eux de commencer autre labourage pour avoir des blés. Pourquoi le labourage qu'ils y ont fait avec leur destination, leur donne part aux blés qui en doivent provenir. Entre autres personnes que laboureurs les blés ne sont reputez meubles, sinon aprés qu'ils sont noüez & en tuiau, l'herbe des prés aprés la Fête de nôtre-Dame de Mars, les vignes aprés qu'elles sont foüies, c'est à dire labourées du fossour, ou de la pioche, qui est une façon de Mars ou d'Avril. La raison de nos majeurs a pû être, parce que par destination du ménage en ces temps on fait état des fruits, pour la provision de chacun en sa maison: & aprés ledit temps il est trop tard de s'en pourvoir, si ce n'est en achetant par les menus, ou avec grands frais; ou parce que lors les grands & principaux frais qui sont à faire pour la culture, sont ja faits.

SI EN TOUS CAS LES MEUBLES doivent être reglez par la coûtume du domicile de celui à qui ils appartiennent?

CLIX.

LA commune opinion des Praticiens & la determination particuliere d'aucunes Coûtumes, est que les meubles, en quelque region & Province qu'ils se trouvent, sont reglez par la Coûtume du domicile de la personne à qui lesdits meubles appartiennent: qui est ce qu'on dit, *Que les meubles suivent la personne.* Cette opinion a été cause que nos ancêtres ont dit, que comme les personnes des Clercs vivant clericalement étoient privilegiées, & ne pouvoient être prises par gens laïs; aussi leurs biens meubles ne pouvoient être pris par execution, ni saisis par leurs dettes, sinon pour amende de crime; parce que leurs personnes en ce cas sont sujetes à prison. Et ainsi a été observé en pratique, jusques à l'Edit d'Orleans fait és Etats de l'an mil cinq cens soixante, par lequel il est dit, *Que les seuls habits, livres, & autres meubles destinez au service d'Eglise seront privilegiez, & seront les gens d'Eglise executables en leurs autres meubles.* De là est aussi, qu'il est dit en nôtre Coûtume, que le Clerc condamné à prison perpetuelle, confisque ses meubles au profit de son Evêque. Le contraire a plus grande raison, comme j'ai dit ci-dessus, question 19. Or és lieux où la Coûtume n'est pas telle que les meubles, quelque part qu'ils soient, suivent la personne & son domicile, je croi qu'il en faut raisonner & croire avec distinction & temperament, selon qu'il est dit au droit Civil des Romains. Selon lequel la destination du pere de famille a total & entier pouvoir pour faire la nature & état de chacun de ses biens, non seulement és immeubles, *ut unus ager alterius pars vel accessio esse dicatur, & sub eo comprehendatur, l. si cui ædes. l. prædiis. §. Titio. & §. balneas. ff. de legat.* 3. *l. quod in rerum. §. si quis. ff. de legat.* 1. mais aussi és meubles & choses mouvantes: comme si le pere de famille a des serfs destinez au ménage des champs, bœufs & autre bétail, ils seront censez être & faire portion du domaine à l'exercice duquel ils sont destinez, jaçoit que peut-être pour l'heure ils n'y soient pas presens, *l. quæsitum. §. si quis. & §. idem. respondit. l. de grege. ff. de fundo instructo.* Et quant aux serfs, il a été étendu si avant, que les serfs qui étoient destinez & appliquez à un domaine des champs, pour le faire valoir, étoient censez non seulement être instrument, mais aussi faire portion du domaine, *l. longè. ff. de diversis & tempor. præscript.* Et la même prohibition qui étoit de ne vendre l'immeuble de l'Eglise, étoit de ne vendre tels serfs ainsi destinez, *l. jubemus nulli. Cod. de sacros. Eccles. Imò* & à l'égard de toutes personnes, *etiam* non privilegiées ne pouvoient être vendus sans le domaine auquel ils étoient destinez, *l. quemadmodum. C. de agricol. & censitis, lib.* 11. *l. si quis inquilinus. ff. de legat.* 1. Par lesquels argumens il se voit que tous meubles & mouvans de leur nature sont tels, à cause de la destination sont censez d'autre nature: si grande est la force de la destination. Pourquoi il me semble que bonnement ne se peut dire que tous meubles suivent la personne, & se doivent regler selon la Coûtume du lieu, où est la personne domiciliée. Ains il seroit mieux à propos de dire, que les meubles, qui sont destinez pour être en un lieu pour demeure perpetuelle, & pour l'agencement perpetuel de ce lieu, soient censez en faire portion, & comme s'ils étoient attachez & affichez à ce même lieu, ores que facilement ils se pûssent mouvoir, *l. fundi. §. Labeo ff. de actionib. empti. l. cætera. §. hoc. Senatusconsultum. ff. de legat.* 1. Comme si aucun pere de famille avoit diverses maisons en diverses Provinces & divers Domaines ; & eût ses maisons meublées de meubles communs destinez pour y être perpetuellement, pour accommoder le maître quand il y va séjourner ; ou du bétail destiné pour exercer le labourage : je croi qu'il seroit assés à propos de dire que tels meubles fussent jugez comme faisans portion du fonds, & pour être reglez selon la Coûtume du même lieu.

SI LES IMMEUBLES DONNEZ à un parent, ores qu'il ne fût prochain pour succeder, sont conquêts, ou propres ?

CLX.

NOSTRE Coûtume, au chapitre, *Quelles choses sont reputées meubles*, article 14. dit, que les immeubles avenus à aucun par aquisition à titre lucratif, sont censez conquêts ; sinon que ce soit donation faite par celui à qui le donateur eût pû succeder lors de la donation. Donc aucuns ont tiré comme une regle, que toutes choses données à parens en autre degré que proche à succeder, soient vrais conquêts, tant pour succession, que pour retrait lignager, que pour disposer par testament. Ce que je ne croi pas être vrai indistinctement. Car si nôtre Coûtume repute être heritage propre & non conquêt, ce qui est acheté à prix d'argent du lignager, au chapitre *Des droits appartenans à gens mariez*, article 28. vers la fin (car le remboursement dedans l'an & jour aprés le mariage dissolu, audit chapitre, article 28. & 30. est *ad instar* du retrait lignager : partant se doit entendre ledit article de tous lignagers jusques au sixiéme degré ;) *multò magis*, ce qui est donné par un lignager à son lignager dedans ledit sixiéme degré ; quand c'est donation de pure liberalité ; d'autant que la seule & vraie cause d'icelle donation est l'amitié du donateur, & l'amitie doit être presumée, à cause du lignage ; *quò fit ut videatur donasse quasi propinquo, & ut in gente, vel familia prædium remaneat, arg. cap. requisisti. ext. de testament. in Antiq. Nam si lex præsumit quasi ab arrogatore profectum id quod cognatus arrogatoris donavit filio arrogato, l. sed si plures. §. in arrogato. ff. de vulgari & pupill. substit. multò magis præsumendum est quandò ipsemet, qui nobis est cognatus, donat, ratione cognationis donasse.* J'entens quand ce sont donations pures & simples, qui n'ont aucune cause exterieure de services, ou merites ; mais sont fondées en pure liberalité du donateur. Ainsi le decide *Marianus Socinus junior. consil.* 77. *vol.* 2. & ajoûte cette limitation, sinon que par conjectures certaines il apparût que la donation fût faite pour merites, & comme à un étranger. Pourquoi je voudrois interpreter ledit quatorziéme article, selon le 33. & 34. au chapitre *Des fiefs* : c'est à dire, quand la donation est faite à charge, ou pour recompense de merites à celui qui n'est prochain capable à succeder, que telle donation soit conquêt ; parce que la charge ou les merites peuvent être estimez en deniers, & la cause de la donation est *opera vel industria donatarii ; quo casu quæstus dicitur, l. quæstus. ff. pro socio* : duquel mot sont venuës les dictions, aquêts & conquêts. Et audit cas la donation est censée faite comme à étranger ; aussi la Coûtume charge le donataire de païer le quint denier. Mais quand elle est faite au proche à succeder, *etiam* avec charge ou recompense ; neanmoins la chose donnée soit reputée heritage propre au donataire : *multò magis*, quand elle est pure & simple. Doncques, il semble que la donation d'heritage propre, faite à lignager du côté dont l'heritage est propre ; qui soit dedans le sixiéme degré de lignage ; qui n'est fondée sur aucune cause estimable en deniers, est vrai heritage propre au donataire, pour succession, pour retrait & pour disposition testamentaire. *Hoc ampliùs*, que si elle est faite au proche à succeder avec charge, ou par recompense, neanmoins l'heritage sera reputé propre, selon ledit 34. article, au chapitre *Des fiefs*.

DES EDIFICES SUR SEUL, Pressoir, Cuves, & autres tels. Si sont meubles ; ou immeubles ?

CLXI.

NOSTRE Coûtume de l'an 1534. au chapitre *Quelles choses sont reputées meubles*, art. 12. dit que l'édifice sur seul, cuves & pressoir sont reputez meubles. Mais je croi qu'il n'est raisonnable de le dire ainsi indistinctement. Car si l'artillerie & autres engins de guerre, destinez pour la tuition d'un Château, sont reputez immeubles en l'article 10. dudit chapitre ; *multò magis*, les choses qui de par soi subsistent & sont destinées à usage perpetuel & inseparable du lieu, ou bâtiment où elles sont posées. Ez Villages & autres lieux, où l'on n'a pas commodité de pierre, sable & chaux pour massonner, on construit des maisons, granges & autres édifices grands & spacieux, qui n'ont aucun fondement en terre, & sont posez sur grosses pieces de bois toutes entieres, qui touchent à la superficie de la terre, à effet de perpetuité, & non avec destination de les remuer d'un lieu à l'autre ; je diray volontiers & avec grande raison, que tels bâtimens sont vrais immeubles, & *solo cedunt, cui sunt imposita.* Et quand la loi dit, *quòd ædificium solo cedit.*, elle n'ajoûte pas, que tels bâtimens ayent fondement en dedans terre, mais se contente qu'ils soient posez sur la terre, qui est le Latin *imposita, vel superposita, l. quod conclave. ff. de damno infecto, l. si area. ff. de legat.* 2. Et une muraille seche qui n'est liée avec massonnerie est estimée immeuble, comme un édifice, *& solo cedit. Ita dicit Marianus Socinus, cons.* 76. *vol.* 2. *& allegat text. & glos. in l. si precario. ff. commu. præd.* Aussi se dit que les tuilles de la couverture d'un bâtiment, ores qu'elles ne soient attachées, ains simplement posées, toutefois elles sont part du bâtiment, *l. nam origo. ff. quod vi, aut clam.* Et par regle mise par Labeon

beon Jurisconsulte, ce qui est mis à l'usage perpetuel d'une maison, ores qu'il ne soit attaché à icelle, fait portion d'icelle, *l. fundi.* §. *Labeo. ff. de actionib. empti.* Ceux qui tiennent selon ledit 12. article indistinctement, se fondent sur la loi *Titius ff. de adq. rer. domin.* & la loi *granaria. ff. de act. empti:* où se dit, que si les pieces principales ne sont fichées en terre, que le bâtiment est meuble. Mais par ladite loi *granaria*, est assez fait entendre, que la destination du pere de famille y commande : car quand il fiche en terre les principales pieces, il montre que son intention est que ce soit pour perpetuelle demeure : mais si par autres argumens son intention apparoît, il suffit, & en ce n'y a pas une seule sorte de preuve : & se peut la destination prouver par plus d'une façon. Laquelle destination commande & sert de regle pour juger, si c'est meuble ou immeuble, selon la raison de la loi *debitor. ff. de pignorib.* Même se dit *in l. malum.* §. *ult. ff. de verb. signif.* que si c'est chose qui par fois soit ôtée & remise, elle est neanmoins reputée faire portion de la maison; *& sic* immeuble, si elle est destinée à usage perpetuel. A plus forte raison voudrois-je ainsi dire, quand un bâtiment est destiné exprés pour y tenir à couvert, & en usage un pressoir & des cuves à faire vin, à tenir cuves & chaudieres d'une tannerie, ou autres instrumens à autre usage, que le tout ensemble, tant le bâtiment, que le pressoir, cuves & chaudieres, soit reputé une même chose & chose immeuble; combien que ce soient corps non affichez ni attachez; & qui de soi soient distans & separez l'un de l'autre. Pour deux raisons; l'une, que selon l'usage commun tout cela entendu ensemble est appellé pressoir, vinée, cellier ou tannerie, ou autre nom, qui est nom collectif comprenant plusieurs choses sous un seul intellect, dont il est parlé *in l. rerum mistura. ff. de usucap. & in l. proponebatur. ff. de judiciis.* L'autre, que la principale intention du pere de famille est pour avoir l'usage du pressoir & des cuves avec commodité; & par consequent le bâtiment n'est qu'accessoir, & fait pour les conserver de la chaleur & de la pluye, qui les gâteroient. *Atque non ex pretio neque ex qualitate rei judicamus; quid sit principale; sed quid cujus rei causa factum esse dicatur: ut quod alterius causa factum esse dicetur, sic accessio; etsi ea accessio pretiosior sit suo principali, l. si in emptione. in princip. ff. de contrah. empt. l. etsi non sunt.* §. *perveniamus. &* §. *ult. ff. de auro & arg. leg.* Doncques je voudrois entendre ce 12. article avoir lieu, quand c'est un édifice leger, qui facilement & par usage commun a accoûtumé d'être remué de lieu en autre; ou de pressoir & cuves, qui ne sont pas destinées pour demeurer toûjours en un même lieu.

SI LA DONATION ENTRE-VIFS, faite par celuy qui est en vrai semblable peril de mort, vaut comme entre-vifs, ou seulement pour cause de mort?

CLXII.

LES loix des Romains ont jugé les donations pour cause de mort autrement que nos Coûtumes. Aussi il y a autre raison en nos Coûtumes, entant qu'elles ne permettent pas de donner par testament, ou pour cause de mort, plus que la cinquiéme de l'heritage ancien : & par les loix des Romains, qui ne font distinction de meubles, conquêts & propres, chacun dispose librement de toutes sortes de biens, soit entre-vifs ou pour cause de mort. Et parce que facilement pourroit être faite fraude à la Coûtume; si celui qui se voit prochain de la mort donnoit entre-vifs tout son heritage ancien, la Coûtume a jugé telles donations faites par les prochains de mort, estre donations pour cause de mort, & non entre-vifs. La Coûtume de l'an 1534. au chapitre *Des donations*, article 5. a usé de ce mot, *est censée: quæ dictio adjudicium & jus pertinet, non ad opinionem, vel presumptionem.* Et ainsi fut jugé par Arrest à la prononciation solemnelle de Pentecôte, le 4. jour de Juin 1568. en la succession de Maître Jean Thioust Avocat en Parlement : au moins ledit Arrest étoit sur l'execution d'autre Arrest, par lequel la donation conçûë entre-vifs, faite par ledit Thioust fut declarée valoir seulement pour la cinquiéme de l'heritage propre. Et quand l'interest & difficulté de la donation est sur cette faculté de disposer des propres, je croi que la prescription ou jugement de la Coûtume *est juris, & de jure*: & que par artifice, quel qu'il soit, le donateur ne peut la faire valoir autrement que pour cause de mort. Mais si le donateur dispose des meubles & conquêts, & de la cinquiéme partie de l'heritage propre, dont il peut aussi librement disposer pour cause de mort, comme entre-vifs; je croi, ores qu'il soit moribond, ou en état & peril de mort, qu'il peut librement donner entre-vifs, si son intention est, que délors il soit effectuellement *ex proprio*: & en ce cas peut avoir lieu la loi *Seia.* §. 1. *ff. de donat. causa mortis*; où il est dit, que celui qui donne estant en extremité, s'il donne entre-vifs, n'est censé donner pour cause de mort. Comme aussi la seule mention de mort ne fait la donation pour cause de mort. Ainsi se dit en la loi *ubi ita. ff. de mortis causa donat. ubi mentio mortis non ponitur ut causa finalis, & quia apparet, quòd donator voluit donationem non esse revocabilem.* Dont appert que donation pour cause de mort est celle, que le donateur ne feroit s'il pensoit revenir à convalescence : qui est ce que la loi dit que le donateur aime mieux avoir pour soi, & aprés soi aime mieux qu'il soit au donataire, qu'à son heritier, *l. 1. ff. de donat. causa mortis.*

DE LA LEGITIME. SI LES quatre cinquiémes d'heritages propres sont la legitime, ou au lieu de la Falcidie? Et de la maniere de demander la legitime.

CLXIII.

LEGITIME, selon la proprieté de la langue Latine, se dit ce qui est introduit par la loi civile. Et combien que la loi de nature commande à tous animaux d'aimer leurs petits, & leur pourchasser à vivre, & à plus forte raison aux hommes de pourvoir à leurs enfans: & ainsi se dit en la loi *cùm ratio. ff. de bonis damnat.* que la raison, comme une loi tacite, ajuge & destine aux enfans les biens de leurs peres: toutefois la loi civile à cet égard à introduit un temperament, qui est de n'ôter aux peres la totale disposition de leurs biens; de peur qu'ils ne fussent en miserable servitude, s'ils avoient les mains liées, fussent contraints de laisser tous les biens à leurs enfans: & seroit provoquer l'ingratitude & indevotion des enfans envers leurs peres; aussi ne permettre pas aux peres la disposition de tous leurs biens. En quoi ladite loi civile a établi mesure & limite d'une certaine cotité, qui estoit la quarte partie, selon les anciennes loix des Romains. Justinian par ses Novelles Constitutions a augmenté cette cotité selon le nombre des enfans, à sçavoir que ce soit la tierce partie, quand ils sont quatre enfans ou moins; & la moitié, quand ils sont cinq enfans ou plus. La tierce, la quarte & la moitié, s'entendent la tierce, quarte ou moitié de la portion que l'enfant auroit, si le pere ou la mere n'avoient rien donné. Cette proportion introduite par Justinian, semble n'estre pas bien proportionnée: car les enfans au nombre de quatre auront chacun un douziéme, qui est le tiers d'un quart; & au nombre de six auront semblablement chacun un douziéme; & au nombre de cinq entre deux auront chacun un dixiéme. La nouvelle Coûtume de Paris, article 298. a ordonné en tous cas & nombre d'enfans, quel qu'il soit, la moitié de la portion que l'enfant auroit, s'il n'y avoit point de donation. Et pour compter le nombre des enfans, & si les filles mariées & appanées sont comptées, il est traité ci-dessous en la prochaine question. Mais si l'ayeul est decedé, delaissant plusieurs petits fils, d'un seul fils, ils seront comptez selon le nombre des têtes, comme autant d'enfans: & s'ils succedent avec leur oncle, fils en premier degré, ou bien qu'ils soient enfans de divers fils, la legitime sera comptée, comme si les fils en premier degré vivoient tous, *Alexand. cons. 63. vol. 2.* Doncques legitime se dit, la cote portion des biens du défunt, introduite par la la loi, dont les pere & mere ne peuvent frustrer leurs enfans par donations, ou autres contrats, contenans en effet donation, qui par artifice & pretexte sont deguisez. Car par regle generale és personnes, qui n'ont pas libre & parfaitement entiere faculté de disposer de leurs biens, à l'égard de certaines autres personnes, il ne se faut arrêter aux noms & aux figures, que chacun voudroit bailler aux contrats qu'il fait, & n'est crû en la declaration qu'il fait, ains doit être examinée avec rigueur la verité du fait. Comme si sous pretexte de vente on fait meilleur marché à l'acheteur; ce qui est de valeur outre le prix nombré, sera jugé avoir esté donné. Comme si aucun se dit estre detteur de celui, auquel il ne peut donner, ou ne peut tant donner comme il voudroit bien, sa declaration ne fait rien: mais faut venir à la preuve exacte. Ainsi se dit *in l. 1. §. si quis in fraudem. ff. si quid in fraudem patr. l. qui testamentum. ff. de probat. l. cùm quis decedens. §. Titia. ff. de legat. 3. l. Lucius Titius. 2. §. quisquis. ff. de legat. 2.* On excepte un cas, si le testateur avoit juré par son testament estre debiteur, qu'en ce cas la partie pourroit estre demandée comme dûë, & non pas comme leguée, *d. l. cùm quis decedens. §. codicillis de legat. 3.* Toutefois je ne serois pas d'avis de dire ainsi indistinctement. Car si le legataire estoit de telle condition & qualité que la loi: *ob bonos mores & utilitatem publicam, vel in ejus odium,* resistât au bienfait, que le testateur lui voudroit faire, je croi que le serment du testateur ne devroit pas estre crû: *quia quandò lex resistit, jusjurandum non validat quod à lege prohibitum est, l. non dubium. Cod. de legib.* Mais quand la loi ne resiste pas precisément, mais n'assiste pas, ou quand il n'y a que l'interest de l'heritier, comme pour la Falcidie, je croi que l'heritier, pour la reverence qu'il doit à la memoire du défunt, ne soit recevable à impugner sa disposition jurée: & de même voudrois-je dire quand à la legitime des enfans. Doncques la portion és biens du défunt, qui est dûë aux enfans, s'appelle proprement legitime, qu'aucuns Docteurs disent dûë par droit de nature. L'enfant peut & doit demander sa legitime, comme heritier; aussi le droit Romain veut qu'elle lui soit delaissée par le titre d'institution, qui est honorable, *c. p. aliud quoque. in Auth. ut cùm de appell. cognosc. 4. etiam* que le pere testât entre ses enfans, *Salic. in Auth. novissima. C. de inoff. testa.* Et outre l'honneur qui y est, le profit y est, à cause du droit d'accroissement, & des remedes & provisions possessoires introduites par nos Coûtumes en faveur des heritiers; qui ne sont en faveur des legataires. Doncques l'enfant qui n'a pas sa legitime remplie, prendra qualité d'heritier en sa legitime, & requerra estre maintenu & gardé en possession d'icelle, & afin de recreance. Non pas pour se dire heritier simplement, mais pour endurer avant qu'il prenne, que les frais funeraux & dettes du défunt soient tirez de la masse: puis de ce qui reste soit computée & prise la legitime; & aprés icelle prise l'heritier institué prend sa Falcidie en ce qui reste, quand il y a des legataires. Et si le fils avoit simplement repudié l'heredité de son pere, il ne seroit recevable à demander la legitime, *Cynus in l. hæres instituta. C. de impub. & aliis substitut.* Et si aucun heritage par bienseance & honnête affection est commode à l'enfant, il le peut pretendre pour sa legitime jusques à concurrence d'icelle, par l'argument de la loi *libertus qui solvendo. ff. de bonis. libert.* où le patron peut pretendre un heritage certain pour son droit sur les biens de ſon libertin, & l'heritier ſujet à reſtitution peut imputer en ſa Trebellianique l'heritage qu'il a aliené, *l. Marcellus. §. res quæ. ff. ad ſenatuſc. Trebell. Ludo. Roma. conſ.* 277. Et s'il demande ſon ſupplément en corps hereditaires il pourra s'adreſſer contre les detenteurs heritiers & legataires. S'il ſe contente de l'eſtimation, il s'adreſſera aux ſeuls heritiers, *Paul. Caſtrenſ. conſ.* 204. *vol.* 2. Et n'eſt pas à dire qu'il demande part en chacun corps hereditaire : car l'incommodité de communion, & incommodité de l'avoir en parcelles en aviendroit : mais *arbitrio boni viri* doit être aviſé de la lui delaiſſer en un ſeul corps avec ſa commodité, comme il eſt dit *l. poteſt ff. de legat.* 1. En la legitime eſt compté non ſeulement ce que le pere a donné, mais auſſi ce que l'étranger a donné au fils par contemplation du pere, *per l. ſed ſi plures. §. in arrogato. ff. de vulgari & pupill. ſubſtitut. vel ſi pater gratia, vel precibus procuraverit filio aliquod benefactum, quamvis gratuitò conceſſum ſit*; *Alex. conſ.* 179. *vol.* 5. *Et ſi legatum filio factum ſit; ut imputetur legitimæ, non ſit caducum; ſed tranſmittitur ad hæredem filii præmorientis*; *Molin in annot. conſ. Alex.* 109. & 142. *vol.* 2. Aucuns ont eſtimé que les quatre cinquiémes dûs aux heritiers, dont le pere de famille ne peut diſpoſer par teſtament, ſoient la legitime. Mais je croi qu'ils s'abuſent : car la vraïe legitime n'eſt dûë qu'aux deſcendans & aux aſcendans, *l. nam etſi parentibus. ff. de inoff. teſtam.* & les quatre cinquiémes ſont dûs aux heritiers collateraux, auſſi bien qu'aux deſcendans. *Item*, ſi nous diſons que les quatre cinquiémes fuſſent la legitime, il n'y auroit point de legitime pour les enfans de celui, qui n'a que des meubles & conquêts. Et toutefois la verité eſt que la legitime eſt dûë aux enfans à prendre ſur toutes ſortes de biens, & en chacune ſorte de biens de la ſubſtance paternelle, *l. ſcimus. §. repletionem. C. de inoff. teſtam.* Pourquoi je dis volontiers, que ces quatre cinquiémes ſont *ad inſtar* de la Falcidie, introduite par le droit des Romains, qui étoit la portion, dont le teſtateur ne pouvoit fruſtrer ſon heritier, afin que le nom d'heritier ne demeurât nul ſans aucun profit. Entre nous il y a quelque autre conſideration : car par la loi des François les heritages venus de nos majeurs ſont affectez à ceux du lignage, & ne ſont en la libre diſpoſition du proprietaire : dont vient le rettait lignager, dont vient la regle en ſucceſſion *paterna paternis*, dont vient auſſi cette bride aux teſtateurs des quatre cinquiémes. Mais auprés des Romains ſe diſoit, que les heritages n'étoient affectez au lignage ; qui eſt ce que dit Ciceron en l'oraiſon *pro Cornelio Balbo, prædiorum nullam eſſe gentem, ea ſæpe ad alienos homines, non ſicut tutelas legibus venire.* Pourquoi je croi que prenant ces quatre cinquiémes pour la Falcidie, nous devons dire que les quatre cinquiémes ne ſont ſujets aux legs teſtamentaires ; mais ſont ſujets aux dettes, vraïes dettes du défunt, par proportion de l'eſtimation deſdits quatre cinquiémes, & de l'eſtimation des meubles, & conquêts & cinquiéme d'heritage. C'eſt à dire, que ſur toute la maſſe de toutes ſortes de biens, & ſur chacune ſorte de biens par proportion ſeront priſes les dettes ; non ſeulement ce qui eſt dû aux étrangers, mais auſſi ce qui eſt dû à l'heritier ; qui n'a que les quatre cinquiémes ; & les prendra-t'on au prejudice des legataires, *per l. in imponenda. C. de lege Falcid.* & devra ledit heritier avoir les fruits des quatre cinquiémes dés & depuis le decés du défunt, *l. quod de bonis. §. fructus. ff. ad legem Falc.* Ainſi decide Marian Socin le jeune *conſ.* 170. *vol.* 2. & *allegat Paul. Caſtr. in l. ab omnib. §.* 1. *ff. de leg.* 1. Et aprés avoir ainſi écumé, ce qui reſtera de meubles & conquêts & cinquiéme d'heritage viendra aux legataires : & s'il n'y a aſſés pour fournir à tous tout ce qui leur ſera legué, on fera tare & dechet ſur chacun *pro rata*; & par contribution ; & ce qui reſtera des quatre cinquiémes viendra à l'heritier. Qui eſt la pratique du *§. cùm autem. Inſtit. de lege Falcidia.* J'ai tenu cette opinion en la ſucceſſion de feu maître Jacques Maignan, en l'an 1567. qui lors ſembloit nouvelle & abſurde. Depuis aucuns l'ont ſuivie, & ſont intervenus jugemens en ce Bailliage de Nivernois. Enfin la Coûtume de Paris nouvelle nous y a confirmez article 295. vers la fin.

SI LES FILLES APPANE'ES DOIvent être comptées pour la legitime?

CLXIV.

LA Coûtume dit que la fille qui a été mariée & dotée, ou appanée par pere & mere, ne peut venir à la ſucceſſion, tant qu'il y a frere, ou enfant de frere d'elle. Et parce qu'elle eſt excluſe de ſucceſſion, il ſembleroit qu'elle dût être tenuë pour étrangere, & non comptée au nombre des enfans, quand on fait état de la legitime. Mais la verité eſt, qu'elle doit être comptée au nombre des enfans, pour compter les portions de la legitime. Car elle n'eſt pas excluſe en haine d'elle, comme eſt exclus celui qui eſt desherité par ſon pere ; ains eſt excluſe en faveur de ſes freres. Auſſi par la Coûtume elle eſt reçûë à demander ſupplément de ſa legitime, ſi par ſa dot la legitime n'eſt pas remplie. Qui fait connoître qu'elle doit être comptée au nombre des enfans. Et pour faire le calcul de la legitime, faut faire une maſſe *in intellectu* tant des biens délaiſſez par le pere à ſon decés, comme auſſi des mariages païez aux filles dotées & appanées & des donations, que le pere a faites entre-vifs, qui ſont de ſomme ou choſe notable ; & ſuivant l'eſtimation de ladite maſſe, & aprés que ſur icelle auront été pris les frais funeraux, dettes & charges hereditaires à titre onereux ; ſe prendra ſur ladite eſtimation la portion legitime, qui avient à chacun des enfans, ſelon qu'ils ſont en nombre. Et ſi la fille dotée n'eſt remplie, lui ſera parfourni. Et leſdites legitimes priſes & diſtraites, tout le reſte des biens appartiendra à ceux des enfans, à qui le pere a voulu faire avantage. Pourquoi il faut dire que les filles appanées ſont comptées entre les enfans, pour faire état à quoi monte la legitime de chacun. Les Docteurs ultramontains ont disputé la question, si la fille qui est excluse de l'heredité de ses pere & mere doit être comptée, pour connoître quelle est la legitime. *Corneus consil.* 197. *vol.* 1. allegue les opinions des Docteurs, dont la diversité procede des labyrinthes & infrascations des statuts, qu'ils ont en Italie, lesquels leur servent d'alembics à cervaux. Paul de Castre selon sa Coûtume s'en resout mieux au conseil 286. vol. 1. disant, que si la fille est excluse, à cause de la dot qui lui est constituée, lors elle est comptée par la legitime; car sa dot lui tient lieu de legitime: mais si simplement, & sans aucun respect particulier elle est excluse, elle ne doit être comptée, comme étant inhabile. Mais ce second membre est comme une chimere: car la fille qui n'est pas ingrate, & n'est és termes d'exheredation, ne peut être simplement excluse, qu'elle n'ait ou portion hereditaire, ou dot tenant lieu de legitime, *l. qui liberos. ff. de ritu nupt. l. ult. C. d: dotis promiss.*

SI L'INSINUATION DE DONAtion est requise à l'égard de ceux, qui ont sçû la donation? Et la raison pourquoy l'heritier est recevable à impugner la donation à faute d'insinuation.

CLXV.

Nous avons tiré ce mot *insinuation* du droit écrit des Romains *in l. in hac*, & autres, *C. de donat.* plus proprement eût été dit, *publiées & enregistrées.* Car l'effet de l'insinuation est pour faire sçavoir à tous, qui peuvent avoir interêt à la donation, que tel donateur a donné telle chose: & pour éviter aux fraudes, *l. data. Cod. eod.* Il avient souvent que ceux qui donnent, retiennent à eux l'usufruit des choses données; & les creanciers qui les voïent toûjours joüissans, & la même face & figure de patrimoine demeurer comme elle étoit, pourroient être trompez en prêtant, ou faisant autres contrats. Et afin qu'on pût éviter telles fraudes le Roi François I. par l'Ordonnance de l'an 1539. article 132. & 133. a mis les insinuations des donations, afin que les plus soigneux & meilleurs ménagers eussent moïen avant que contracter, de s'enquerir & sçavoir, si celui avec lequel ils veulent traiter a donné. La seule publication en jugement est transitoire; mais l'enregistrement commandé par l'Ordonnance sert d'instruction perpetuelle. Et tel registre doit être public, & se doit communiquer à toutes personnes qui le requierent avec leger interêt, & affirmation par serment qu'ils y ont interêt, *sic enim summatim cognosci debet, an intersit ejus qui petit exhibitionem. ut per glos. in l.* 3. *§. sciendum in verb. summatim. ff. ad exhib. quæ allegat l. thesaurus eod. tit.* Aprés cette Ordonnance de l'an 1539. & autant celle de Moulins de l'an 1566. art. 58. le doute a été grand, si l'heritier du donateur étoit recevable à impugner la donation, comme nulle, à faute d'insinuation. Les gens de conseil en Bourbonnois disoient, que l'heritier n'étoit recevable, se fondans sur ce que l'heritier est censé la même personne que le défunt. Et comme le donateur ne peut revoquer à cause de sa promesse & obligation personnelle, dont il est lié; ainsi ne peut l'heritier. Nous qui en ce temps nous emploïons à conseiller, disions que l'heritier étoit bien recevable à impugner la donation à faute d'insinuation, aussi bien que le creancier. Les uns des nôtres allegoient une raison de Federic de Siene qui dit, qu'en tel cas l'heritier n'impugne pas le fait du donateur, mais blâme la negligence du donataire. Les autres des nôtres du nombre desquels j'étois, disoient que l'heritier y a interêt pareil que le creancier: car en se disant heritier il oblige tout son patrimoine, *etiam ultra vires hæreditarias*; & se rend sujet au peril de tous ses biens à païer les dettes du défunt. Pourquoi il a notable & raisonnable interêt d'être averti des donations, que le défunt aura faites; avant que se declarer heritier. Sur ces differences d'opinions survint ledit Edit de Moulins, qui en Bourbonnois jugea contre l'opinion de ceux de Bourbonnois. Or cette publication & insinuation avec enregistrement se fait pour prejudicier à tous qui peuvent avoir interêt. Auquel cas suffit la publication, quand celui qui y peut avoir interêt n'est pas connu, selon la doctrine de Bartole, *in l. si eo tempore. C. de remiss. pignor.* Et à ce fait ce qui est dit *in cap. ult. §. ult. ext. de elect. in Sexto.* Et parce que cette formule de publication & insinuation est seulement pour faire sçavoir & rendre certains ceux qui y ont interêt, je croi que ceux qui sont nommez témoins en l'instrument de la donation, ou qui sont bien certains du contenu, ne sont recevables à impugner la donation à faute d'insinuation, par la regle *eum qui certus* 31. *de Regul. juris in Sexto.* Et ores que la donation ne soit insinuée, le donateur est obligé personnellement, & ne peut revoquer. Ainsi fut jugé par Arrêt solemnel de la prononciation de Noël faite par Monsieur le President le Maître le 23. Decembre 1551. entre ceux de Caluze appellans & intimez. La raison est, que la donation en soi dépend de la seule volonté du donateur, & par l'acceptation sa volonté est liée avec celle du donataire. Mais l'insinuation est en dehors pour l'interêt de tierces personnes.

Mais si la donation est faite à absent, l'Ordonnance de l'an 1539. audit article 133. dit qu'elle n'a aucun effet, jusques à ce qu'elle ait été acceptée en presence du donateur. L'Ordonnance du 4. Mars de l'an 1549. veut qu'elle puisse être acceptée en son absence, pourvû que la donation soit inserée dedans l'acte d'acceptation, & que ce soit du vivant du donateur. La difficulté est plus grande si le donateur, avant l'acceptation faite, peut revoquer? mêmement si la donation est faite au cas de la loi seconde, *Cod. de donat. quæ sub modo.* Aucuns Docteurs disent, que si le Notaire a stipulé pour l'absent, que l'action utile est aquise à l'absent, *quia notarius servus publicus est, l. 2. ff. rem pupilli salvam fore* Et en cette opinion sont *Carolus Ruinus consil.* 119. *vol.* 1. *& Marianus Socinus junior cons.* 118. *vol.* 2. Mais je croi qu'eux & les autres s'abusent grandement en ce qu'ils allegent *de notario servo publico*: & vient leur erreur d'avoir ſans diſtinction adheré à la gloſe, *in d. l. 2. C. in §. cum autem. Inſtit. de adopt.* Car ce ſerf public, dont il eſt parlé, étoit un vrai ſerf appartenant à la Republique, du miniſtere duquel on s'aidoit pour aquerir une obligation, ou action au citoïen de la même Ville, abſent ou pupille qui n'avoit point de ſerf propre à lui. Car par les loix Romaines nul libre ne pouvoit aquerir à autrui, ſinon le fils de famille à ſon pere; mais le ſerf pouvoit aquerir à ſon Seigneur l'obligation, ou action directe. Mais je croi avant que l'abſent ait accepté; ores que le Notaire ait ſtipulé, que le donateur peut librement revoquer, comme n'étant aucun droit aquis à l'abſent. Ainſi le tient Bartole *in l. qui Romæ. §. Flavius. ff. de verbor. oblig. & Paulus Caſtrenſis conſ. 195. vol. 2. & allegat gloſ. ult. in l. ſi ego. ff. de nego. geſt. & l. cum quis. §. 1. ff. de ſolut. & Decius conſ. 598. vol. 4. & allegat dictum conſ. Pauli Caſtr. Ego aliquandò notavi. l. ſi quis hac. ff. de ſervis exportandis & hanc rationem, quòd non priùs voluntas noſtra alterius voluntati obligata & addicta ſit; quàm eæ duæ voluntates per mutuam copulationem junctæ ſint: ſicut conjunctione maris & fœminæ alia ſimilis creatura producitur ita; ex conjunctione voluntatum obligatio producitur.*

AN LIBERI, POSITI IN CONDITIONE, videantur tacitè vocati ex præſumpta voluntate?

CLXVI.

LA queſtion a été diſputée par les Docteurs *in l. Lucius, quæ eſt 85. ff. de hæred. inſtit.* où il ſemble que les enfans mis en condition, *s'il decedera ſans enfans*, ſoient appellez par le teſtateur. De vrai la regle eſt commune, que celui qui eſt mis en condition, n'eſt en diſpoſition, & ne ſe peut dire heritier ou legataire, *l. ſi quis ſub conditione ff. ſi quis cauſa teſt.* Suivant ce, la gloſe *in d. l. Lucius.* qui eſt ſuivie par Bartole & autres, *& Guido Papæ quæſt. 39.* qui diſent que l'opinion de la gloſe eſt la commune; qui eſt qu'en ladite loi *Lucius*, les enfans viennent à l'heredité par droit d'inteſtat, & non par la diſpoſition du teſtateur. Les Docteurs en ont été en grande altercation. Les plus anciens ont été de l'opinion de la gloſe *in d. l. Lucius, quòd ſuccedunt ab inteſtato*; & on dit que c'étoit la commune opinion. *Paul de Caſt. conſ. 86. & conſ.* 410. *vol.* 1. dit, qu'il n'y a aucun texte en droit pour l'opinion de la gloſe; & qu'en point de droit l'opinion contraire à la gloſe lui a plû. *Imò* que le texte de ladite loi *Lucius* eſt contraire à la gloſe. Marian Socin le jeune, que j'ay oüi liſant à Padouë, en ſes conſeils 141. 158. & 174. vol. 2. dit que *Oldrad. & Salic. in l. 1. C. de condit. inſert.* ont tenu contre la gloſe, & la commune. Et dit que cette opinion que les enfans viennent *ex voluntate, & non ab inteſtato*, eſt la plus vraye & équitable: & que ſi autrefois la commune opinion eſtoit ſelon la gloſe, que peut-eſtre aujourd'hui la contraire opinion eſt plus commune; & qui jugera ſelon icelle ſera ſans bleſſer ſa conſcience & ſon honneur: & que toutefois il n'a jamais oſé tenir contre cette opinion de la gloſe. Et neanmoins audit conſeil 158. il reſoût contre la gloſe. Or parce qu'en nôtre Coûtume il n'y a point de vraye inſtitution d'heritier, parce que nous ne pratiquons les teſtamens, comme ils ſont introduits par le droit des Romains, figurons le cas en une convenance de ſucceder en faveur de mariage. Le futur époux ſera inſtitué heritier, & s'il decede ſans enfans, le donateur veut que ſes biens parviennent à ſon couſin (j'entens des biens dont il peut diſpoſer par teſtament: car cette ſubſtitution ne vaut pour faire ce couſin heritier, ains legataire, ou donataire pour cauſe de mort.) on demande, ſi les enfans qui naîtront de ce mariage ſont cenſez avoir eſté ſubſtituez, ou quaſi, enſorte que leur pere n'ait pû aliener les biens qu'il aura eus par cette convenance de ſucceder. Combien que ce ne ſoit vraye inſtitution, ni ſubſtitution; car c'eſt diſpoſition entre-vifs & irrevocable ſelon nôtre Coûtume: toutefois il eſt aſſez à propos d'y accommoder aucunement les regles du droit des Romains, *quatenus compati poſſint.* Mêmement pour juger la nature de la diſpoſition *ex præſumpta voluntate defuncti, quæ voluntas maximè in conditionibus attendenda eſt potius quàm verba. vel figura & forma loquendi, l. in conditionibus. & l. pater Severinam. in princip. & §. conditionum. ff. de condit. & demonſtr.* Or celui qui en faveur de mariage fait heritiers les deux mariez, ou l'un d'eux, dreſſe proprement ſon intention aux enfans, qui doivent naître dud. mariage; & non pas ſeulement devers la perſonne de celui qui ſe marie. Car les mariages ont leur deſtinatination & du droit naturel, & du droit civil pour engendrer enfans, *l. 1. ff. ſoluto matrim. l. hoc modo. ff. de cond. & demonſt.* Pourquoi je croi qu'en faiſant mention des enfans, il fait aſſez entendre ſa volonté, que ſes biens parviennent auſdits enfans, & qu'il charge les pere & mere de les leur garder. A quoy ſert la raiſon de ladite loi. *Lucius.* 85. *in fi. ff. de hæred. inſtit. & quià ideò matrimonia contrahuntur, ut per ſuſceptionem liberorum diuturnitatis nobis memoriam in ævum relinquamus, l. liberorum. in fine, ff. de verb. donatio ſignif. Quòd ſi vel legatum, vel cauſa mortis cum ſubſtitutione fieret; (nam fieri poteſt, l. ut hæredibus. ff. de legat. 2.* (*& ſubſtitutio eſſet, ſi ſine liberis decederet; credo eo caſu liberos non eſſe in diſpoſitione, ſed in mera conditione; maximè ſi legatarius vel donatarius non eſt in numero deſcendentium à teſtatore, vel donatore:* toutefois *maximè attendenda eſt præſumpta voluntas, diſponentis, ut per Angel. in l. in legatis. C. de legat.*

QUAND LES BIENS DONNEZ par l'aſcendant lui retournent, s'ils retournent ſans charge d'hipoteques faites par le donataire?

CLXVII.

LA Coûtume de l'an 1534, au chapitre *Des donations*, article 9. & au chapitre *Des ſucceſſions*, art. 5. dit, que les heritages donnez par le pere à ſon enfant, ſoit en faveur de mariage ou autrement, retournent au pere, si l'enfant decede sans enfans. Du Molin en l'annotation sur la Coûtume de Montargis, au chapitre *Des successions*; article 9. dit, que la Coûtume est generale en France, que les biens donnez par les ascendans à leurs descendans leur retournent, si les enfans decedent sans enfans; & use du mot general, *biens*, & se peut dire qu'elle n'a pas parlé des meubles; parce que par autre article le pere est heritier. La question est, si l'enfant, aprés la donation accomplie, peut disposer des biens donnez, soit par alienation *ex causa onerosa, vel ex causa lucrativa, vel causa mortis*. Ce qui fait la difficulté est qu'esdits deux articles est parlé de retour & non pas d'heredité. Retour est ce que les Latins disent *reversion* qui emporte, que la chose reprenne son ancien état, auquel elle estoit avant qu'elle en partît premierement, *l. si unus. §. quod in specie. ff. de pact.* La diction *re* en composition emporte repetion & remise de la chose en son premier état, comme *restitution* emporte de rétablir à chacun son droit en l'état ancien auquel il étoit avant qu'on y touchât, *l. quòd si minor. §. restitutio ff. de minorib. & l. ait Prætor. §. prætereà. ff. quæ in fraud. cred.* Ce mot *revertatur* est mis *in l. si unquam. C. de revoc. donat. & in l. si totas. C. de inoff. donat.* & disent la glose & les Docteurs, que ce mot a son effet *ipso jure*, pour la proprieté, mais non pour la possession. Toutefois je ne voudrois pas dire que le fils donataire fût en totalle interdiction de pouvoir aliener, hipotequer, ou autrement disposer des biens que son pere lui a donnez. Car il est vrai-semblable que le pere en donnant n'a pas pensé que son fils dût mourir avant lui; *quæ cogitatio, cùm ominosa & ad tristem evantum spectet, non est præsumenda; l. cùm tale. in princip. ff. de condit. & demonst.* & puis qu'il n'y a pensé, il est à croire qu'il n'a entendu donner sous cette condition de retour. Si est-ce qu'ores que le pere donateur n'y ait pensé, il est bien seant qu'avec l'aide de nôtre loi, qui est la Coûtume, cette reversion ne soit renduë illusoire; attendu que ce seroit double dueil au pere, de perdre son enfant, & les biens qu'il luy auroit donnez: dont peut être ja ancien pourroit avoir faute & disete: à quoi il n'auroit pensé pour l'asseurance que son fils survivant lui fourniroit toutes ses commoditez. Doncques je croi que le fils donataire peut par contrats entre-vifs, autres que de donation ou d'alienation universelle, disposer desdits biens donnez; mêmement pour les obliger au doüaire & assignaux de sa femme: *nam etiam bona restitutioni obnoxia in eam causam obligari possunt, in Auth. res quæ. C. commu. de legat. multò magis*, si la donation est faite en faveur de mariage: car lors de la donation les pensées de toutes les personnes contractantes sont directement adressées au mariage, & à ce qui en dépend. Et encore peut ledit fils donataire vendre, échanger & hipotequer, selon que le besoin, ou la commodité de ses affaires le desire. Mais s'il donnoit tous lesdits biens à lui donnez, ou grande partie d'iceux à personnes étrangeres, encore que ce fût entre-vifs, je croi que le pere pourroit revoquer la donation, comme faite en fraude de lui ores que le donataire du fils ne fût participant de la fraude. Car la donation de tout, ou la plûpart n'est pas sans suspicion de fraude, *l. omnes. §. Lucius. ff. quæ in fraudem. cred.* Et ce *ad instar* du patron auquel doit venir la quarte partie des biens de son libertin decedé sans enfans, par recompense du bienfait de son patron, qui en l'affranchissant lui a donné moïen d'aquerir & retenir des biens à lui propres. Et se dit que le libertin peut donner entre-vifs mediocrement à celui de ses amis qui l'a merité; & se doit entendre competemment selon les merites, & non pas indistinctement donner, *l. vivus. ff. si quid in fraudem patro. l. patronus. juncta glos. ff. de probat.* Et si par contrats à titre onereux le fils donataire dissipoit & ménageoit mal les biens à lui donnez, je croi que le pere par voïe d'impartition d'office pourroit requerir interdiction être faite à son fils d'aliener au prejudice dudit retour; & obtenir sequestration, pour emploïer les fruits au profit dudit fils, par l'argument de la loi *Imperator. ff. ad Senatusc. Trebell. l. si creditores. ff. de privileg. credit.* Aussi je croi que ledit fils donataire ne pourroit leguer, ou donner pour cause de mort, ni le tout, ni partie desdits biens donnez au prejudice dudit retour, par la raison de la loi *vivus ff. si quid in fraudem patro.* Et si le fils en fraude dudit retour avoit alienė, & l'aquereur ne fût participant de la fraude, je croi que l'alienation tiendroit: mais le pere seroit recompensé sur les autres biens du fils de l'estimation de ladite chose alienée, *per rationem l. ult. ff. de legat. 2.*

QUELS FRAIS FAITS PAR LE *pere pour son fils, sont sujets à rapport & collation?*

CLXVIII.

AUCUNES Coûtumes ont grandement enserré ou plûtôt anneanti la liberté des peres & ascendans en la disposition de leurs biens entre leurs enfans, en leur ôtant tout pouvoir de faire du bien à l'un plus qu'à l'autre, & s'il y a quelque avance du bienfait, pour la rendre sujete à rapport. Qui est une miserable servitude, à laquelle on les a rendus sujets & plus sujets, quand ils ont bien travaillé & ménagé pour les faire esclaves en leur propre bien. La raison commune qu'on rend en ces Coûtumes, est afin qu'il n'y ait envie, & par consequent discorde entre les enfans. Cette solution par inconvenient n'est pas bien équitable: car comme les affaires de ce monde sont, on ne peut éviter tous les inconveniens, dont le nombre est plus grand, que les remedes. Il est plus à propos par bonne & fonciere raison permettre à chacun la liberté de son bien; la liberté étant la chose la plus chere qu'un homme de bon cœur puisse avoir *libertas inæstimalis res est, l. 106. ff. de reg. jur.* & comme disent les Poëtes,

Non benè pro toto, libertas venditur auro.

Et de contenir les enfans en devoir, afin que chacun d'eux par honnête émulation se parforce à qui mieux & plus agreablement servira, & sera obsequieux envers ses pere & ascendans: car les loix approuvent bien cette esperance que chacun enfant prend de semondre par bon service son pere à lui faire du bien, *l. nec ei circa finem. ff. de adopt.* Et au contraire de la servitude & contrainte des peres & ascendans resulte autre inconvenient, aussi dangereux que celui d'envie & discorde: car ils entrent en nonchaloir & indevotion de faire service, quand ils sçavent qu'on ne leur peut rien ôter, & se contentent de ne commettre cas d'ingratitude pour être exheredez; & cependant les pauvres vieillards demeurent destituez d'aide & secours: voire que quelquefois les enfans ennuïez de leur trop longue vie, les font declarer être diminuez de sens, pour les mettre en curatelle & interdiction. Or soit en la Coûtume, qui donne liberté aux ascendans de disposer, sauve la legitime, si lesdits ascendans n'ont rien donné par preciput; soit en la Coûtume, qui tient en servitude & sujetion lesdits ascendans, s'il y a eu quelque bienfait dudit ascendant, il est sujet à rapport en venant à succession de celui de qui est le bienfait. On demande si toutes sortes de bienfaits sont sujets à collation & rapport? Aucunes Coûtumes du nombre de celles qui assujetissent les ascendans, disent que les frais des festins de nopces & fiançailles ne sont sujetes à rapport; mais bien les habits nuptiaux: qui est distinction équitable. Car les frais des festins & assemblée des parens regardent l'honneur de toute la maison, & sont censez profiter à tous également. Aussi qu'il n'en demeure rien de reste, à quoi on puisse dire que les enfans profitent; car le repas ne porte son utilité sinon depuis le dîner jusques au souper. Les habits profitent particulierement à ceux, à qui ils sont donnez, & sont de durée. La question est plus forte des frais, que le pere fait pour faire étudier son fils, pour le faire apprendre métier, ou autre moïen de gagner sa vie: car le fruit qui provient de ces frais est permanent à l'enfant, & lui vaut quelquefois mieux que l'heritage que le pere lui laisse. Mais je croi que tels frais ne sont sujets à rapport; pourvû qu'ils aïent été moderez selon les facultez du pere, & nombre des enfans. Car comme le pere est tenu par droit de nature de nourrir ses enfans étans en un âge qu'ils n'ont moïen de se nourrir; aussi est-il tenu de leur faire apprendre métier, ou science selon ses facultez & moïens. *Nam etsi nomine alimentorum non veniant impensæ in studia & eruditionem regulariter. l. legatis. ff. de alim. & cibariis legatis: tamen quandò est quæstio alimentorum, respectu habito inter patrem & filium, hoc nomine alimentorum veniunt impensæ in studia & disciplinam, l. de bonis. §. non solùm. ff. de Carbon. edicto, l. si quis à liberis. §. non tantùm. ff. de liber. agnosc.* Pourquoi je dirai, que comme les alimens fournis par le pere à ses enfans ne sont sujets à rapport; aussi ne sont sujets les frais des études: & est assez demontré *in l. quæ pater. 2. ff. famil hercisc.* en pesant ces mots, *pietate debita ductus.* J'ai dit ci-dessus, pourvû qu'ils soient moderez selon les facultez du pere; laquelle limitation j'ai tirée de la loi *utrum. ff. de donat. inter vir. & ux.* Car si le pere étant de moïennes facultez, voïant son fils de bon & aigu entendement, propre à comprendre les sciences se parforce de l'avancer, & fournisse pour lui si grands frais que vrai-semblablement son revenu ne puisse porter sans diminuer grandement son bien; je croi que cét enfant, qui aura fait cette grande dépense, sera tenu rapporter, ou precompter ce qu'il a dépensé plus, que vrai-semblablement les facultez de la maison ne portoient: sinon que le pere par declaration expresse les lui eût voulu donner par preciput: *& quod ex quantitate & gente impensæ judicetur an pater voluerit donare. Tenet Anto. de Brutio. cons. 38.* Comme aussi, si le fils par l'occasion des études avoit fait la débauche & n'eût rien appris, je croi qu'il devroit rapporter, comme aïant fait directement contre l'intention du pere. Je croi aussi que si le pere faisant frais mediocres, selon la portée de ses moïens, pour faire étudier son fils, declaroit son intention & volonté être qu'il les conferât, le fils seroit tenu conferer par la raison de la loi *Nesennius. ff. de negot. gest.* L'autre question est de l'office que le pere aura acheté à son fils. On a voulu distinguer des offices venaux: ce qui étoit bon à dire au temps que certains offices étoient venaux *re & nomine*; auquel temps les offices de judicature ne se donnoient pour argent. Mais de present qu'on prend argent de tous offices Roïaux, je croi qu'il se doit dire que tous offices venus aux enfans par le moïen des peres sont sujets à rapport, ores que l'office se soit perdu és mains de l'enfant. Comme il fut jugé par Arrêt du quatorziéme Aoust de l'an 1564. entre les Gaïots de Patras & Guerard; car le fils aîné fait grenetier par son pere, avoit mal ménagé, & par son decés ledit office perdu, lui aïant délaissé des enfans qui n'étoient heritiers de lui, & vouloient être heritiers de leur aïeul, il fut dit qu'il rapporteroient ledit office, ores qu'ils ne fussent heritiers de leur pere, selon la loi *illam. C. de collat.* Ce que dessus se dit à l'égard des enfans, s'ils sont tenus rapporter. L'autre question est, le pere a entretenu son enfant aux études, ou a fait quelque frais pour son avancement & honneur, s'il en doit recompense à ses parsonniers. *Ludo. Rom. cons. 145.* tient que recompense en doit être faite; parce que la dépense est volontaire, & le profit en est à l'enfant seul qui étudie, & est avancé; & n'en revient rien de profit à la societé. *Et. allegat l. cùm duobus. §. per contrarium, l. jure societatis ff. pro socio, l. ex parte. §. filius, l. filia. §. idem scribit. ff. famil. hercisc. Ruinus Consil. 101. vol. 1.* tient contre Romanus; & me semble qu'il est plus foible en raisons. Mais si la dépense étoit seulement pour l'honneur, comme le festin des nopces du fils, ou de l'un des parsonniers, je croi que telle impense n'est sujete à recompense, ni entre enfans, ni entre parsonniers. Car c'est l'honneur de la maison, auquel tous ont interêt. Et ainsi le tient *Corneus, cons. 285. vol. 1.*

SI LE FILS AUQUEL LE PERE *aura donné par preciput, devra payer des dettes & charges hereditaires, plus que ses autres fréres?*

CLXIX.

SI le fils se tient à la donation sans être heritier, il ne sera tenu personnellement dés dettes. Mais si le don étoit si grand, que le reste des biens ne pût fournir à payer les dettes, & fournir aussi la legitime des autres enfans, il faudroit retrancher la donation, & faire en sorte que les dettes étans prises & écumées sur tout le patrimoine du défunt, y compris les biens donnez, les autres enfans ayent leur legitime en ce qui resteroit de tout ledit patrimoine, *l. Papinianus. §. quarta. ff. de inoff. testam.* Mais si le fils, auquel la donation a esté faite par preciput, veut outre la chose donnée, venir partir en l'heredité, sans conferer la chose donnée (ce que nôtre Coûtume permet) la question est, s'il payera des dettes du défunt à proportion de la valeur des biens qu'il prend, ou seulement pour sa portion hereditaire semblable, comme l'un des autres. Selon le droit des Romais, celui des heritiers à qui le testateur a prelegué & donné par preciput, paye les dettes pour sa portion hereditaire, & non selon la valeur de l'émolument qu'il prend, *l. 1. C. si cert. petatur.* Aussi par nos Coûtumes est observé entre nobles & fiefs nobles que l'aîné prenant son droit d'aînesse, qui quelquefois emporte les deux tiers ou la moitié paye les dettes selon sa portion hereditaire semblable à celle de ses puînez, & non pas selon la valeur de son preciput Chopin *in tract. de privileg. rustic. lib. 3. cap. 10. num. 1.* allegue un Arrest donné entre les Lorrains du 28. Février 1535. Quand l'avantage de donation est fait au fils par contrat entre-vifs, il y a moins de doute, car le droit est aquis au fils dés le vivant du pere, & ces biens donnez ne sont jamais reputez de l'heredité. Mais si le pere par testament, ou par partage divise tous ses biens entre ses enfans, & il fasse le lot & la part de l'un plus ample que des autres; ores qu'il use du mot de *privilege* ou *preciput*, toutefois il faut mettre le tout pour la portion hereditaire de celui à qui il donne plus; & ne pourroit prendre ce privilege, sans prendre qualité d'heritier, *l. filio. cum duabus seq. & l. quid ergò. ff. de legat. 1. l. Sextiam. ff. de legat. 3.* Et si en sa disposition il ne divise pas tous ses biens, ains seulement legue aucuns d'iceux à ceux qui doivent estre ses heritiers, ils pourront prendre ce prelegs sans être heritiers, *d. l. filio. d. l. Sextiam.* Suivant ce, si tous les biens du testateur, ou pere de famille sont entrez au partage ou autre disposition, qu'il fait entre ses heritiers, & à ce moïen ne puissent rien prendre sans la qualité d'heritiers, je croi qu'ils payeront les dettes selon la valeur des biens que chacun prendra, *ad instar* que s'il avoit divisé son patrimoine par cotes portions inégales: comme, *verbi gratia*, si entre trois heritiers il avoit fait l'un heritier pour la moitié, & les deux autres chacun pour un quart, auquel cas sans difficulté les dettes se payent selon les cotes portions, *l. 2. Cod. de hæred. actionib.* de même voudrois-je dire (si le testateur, ou pere de famille avoit par le partage delaissé à l'un des heritages & autres biens valans la moitié de la substance, & aux deux autres à chacun la valeur d'un quart) que les dettes se payassent par moitié & deux quarts. De vrai selon la subtilité du droit des Romains, il ne se dit pas ainsi, *quià hoc posteriori casu testator jus non divisit, sed bona; & quandò ex certis rebus sunt instituti hæredes, tamen omnes æqualiter hæredes sunt, l. quoties. §. hæredes. & §. si duo. l. ex facto, 35. ff. de hæred. instit. Sed hoc est in meris apicibus juris. In quo genere plerumque sub auctoritate juris scientiæ perniciosé erratur, l. si servum. §. sequitur. ff. de verbi oblig. & bonæ fidei non convenit de apicibus juris disputare, l. si fidejussor. §. quædam. ff. mandati. Et cùm in universalibus pretium succedat loco rei, l. si & rem. ff. de petit, hæred. potest dici eum, qui valorem semissis hæreditatis habet, habere ipsum semissem. Et sicut in familia herciscunda perindè est si quis unam rem tanti æstimatam acceperit, ac si quotam partem hæreditariam in singulis corporibus hæreditariis acceperit; l. potest. ff. de legat. 1. Ità etiam dicendum sit; cùm testator dividit bona inter futuros hæredes; quià judicium testatoris arbiter familiæ hercìscundæ debet sequi, l. qui non militabat. ff. de hæred. instit. & l. si filia. §. si pater. ff. famil hercisc.*

QUAND LE PERE A CONSTITUE' *doüaire à la femme de son fils, si c'est donation faite au fils?*

CLXX.

QUAND le fils, qui a pere & mere vivans, & n'a aucuns biens propres à lui, se marie, les parens de la femme ont accoûtumé de desirer que le pere constituë doüaire à sa belle fille; car l'attente de la succession des ascendans à écheoir durant le mariage, n'est pas certaine: & si le fils decedoit le premier, sa veuve demeureroit sans doüaire. Si donc le pere ou la mere assignent sur leur bien doüaire à la femme de leur fils, c'est tout autant, que s'il donnoit à son fils cet heritage ou rente pour y assigner le doüaire de sa femme. Car ce qu'il en fait, est en contemplation de son fils, qui est tout autant, que si le pere donnoit à son fils, & aprés la donation le fils y assignât le doüaire de sa femme, par la raison de la loi, *dotem. ff. de collat. bon. hoc enim quæritur, cujus contemplatione, & in cujus favorem factum sit, l. sed si plures. §. in arrogato. ff. de vulgari & pupill. substit. l. aditio. ff. de adq. hæred. Perindè est enim ac si pater filio donaret, & donatione facta filius super ea re doarium constitueret, l. 3. §. ult. ff. de donat. inter vir & uxor.* Pourquoi je croi qu'en cas de partage entre les enfans le fils doit precompter sur sa part la valeur du doüaire de sa femme. Et ainsi est expressement decidé *in l. ut liberis. C. de collationib.*

QUAND

QUAND PAR LE TRAITÉ DE mariage de deux, autres personnes avec les deux sont instituez heritiers, si l'institution vaut quant à tous, & s'il y a accroissement?

CLXXI.

NOSTRE Coûtume ne permet l'institution d'heritier, ou convenance de succeder universellement, sinon en faveur de mariage, & pour les mariez, au chapitre *Des donations*, article 12. & *Des successions*, article 29. Il a été dit ailleurs, que telle disposition n'est institution d'heritier selon le droit des Romains, par lequel il se dit que les hereditez ne se donnent par pactions, *l. ex eo. C. de inutil. stipul. l. pactum dotali. C. de pact. convent.* & l'institution d'heritier ne se peut faire sinon en testament; & le testament ne vaut sans institution d'heritier, *l. 1. in fin. ff. de vulgari & pupill. substitut.* Aussi l'institution d'heritier est revocable, comme est le testament. Tout cela est dissemblable à nos convenances de succeder. Doncques ces convenances ne sont pas vraies institutions d'heritiers, ains sont vrais contrats obligatoires & irrevocables: pourquoi de prime-face sembleroit qu'en telles convenances le droit d'accroissement n'a lieu, selon la regle de droit, *quòd in contractibus non est locus juri accrescendi*, *l. si mihi & Titio. ff. de verb. oblig.* Et les Docteurs mettent pour exception, certains cas particuliers de contrats esquels le droit d'accroissement n'a lieu. Toutefois sembleroit que la distinction doit être faite par regles generales, & non pas faire une regle generale pour y appliquer des exceptions. La loi *si mihi & Titio* est fondée sur la regle de droit, *alteri stipulari neminem posse*; & est exprimée en icelle loi. Et parce que ce sont deniers stipulez en ladite loi, qui de leur nature sont divisibles *in certas & proportionatas partes*, il se dit que la stipulation de dix écus faite par aucun pour lui & un autre absent, vaut pour lui seul; parce qu'elle ne peut valoir pour l'autre absent. Mais si la chose stipulée est individue, ou par sa nature, ou pour l'interêt des contractans; en ce cas, parce que la promesse ne peut & ne doit consister pour une partie, elle consiste pour le tout en la personne de celui qui a stipulé pour soi & pour autrui, *l. fundus ille. ff. de contrah. empt.* parce que l'interêt du vendeur est de ne vendre pour partie, *& ne invitus in communionem incidat*, *l. tutor. §. curator. ff. de minorib. l. si non sortem. §. si centum. ff. de condict. indeb.* Et en ce cas il ne se dira pas que ce soit droit d'accroissement; mais droit de non decroître, c'est à dire, que l'obligation consistant pour le tout en la personne de l'un, il n'en sera rien diminué pour la part de l'autre, qui est ajoûté à l'obligation; parce qu'elle est inutile à son égard. Doncques si nous figurons un cas, auquel le contractant puisse aquerir droit & action à un autre absent; ou bien par le benefice de la loi puisse être aquis droit; je dirai, que si cét absent refuse d'y avoir droit, ou par aucune façon il ne vüeille y avoir droit, que tout l'effet du contrat consistera en la personne de celui qui est contractant, comme au cas de la loi *quoties. C. de donat. quæ sub mod.* Quant aux dispositions de derniere volonté, esquelles, selon la commune opinion des Docteurs, sans difficulté le droit d'accroissement a lieu, j'y voudrois appliquer les mêmes raisons qui sont celles ci-dessus és contrats; A sçavoir quand une même chose est leguée à plusieurs, ou plusieurs sont instituez heritiers ensemblement, qui sont dits être conjoints, parce que tous ensemble sont reputez comme une même personne, *l. plane, in princip. ff. de legat. 1. l. unica, §. his ita. C. de caduc. toll.* On entend comme si à chacun d'eux étoit donné le total de l'heredité, ou le total du legs, *l. conjunctim. ff. de legat. 3.* Ainsi par la repudiation de l'un ne decroît rien à l'autre, ou bien à dire plus grossierement, lui accroît la portion repudiée. Et ce que dessus a lieu, à cause de l'individuité, qui est, ou en la chose, ou en la volonté du testateur. En la chose, si un heritage a été legué, qui de soi n'est dividu, & n'a ses parts proportionnées. En la volonté du défunt, entant que l'amitié qu'il porte aux heritiers nommez, ou aux legataires, & à chacun d'eux le meut à leur faire du bien, & l'ôter à ceux à qui il devroit venir, s'il n'avoit disposé. Cette amitié est censée individuë: car le testateur aime ceux qu'il a nommez mieux que ses heritiers *ab intestat*, ou autres qui sans la disposition devroient avoir: *quò fit ut solidum competat cuique eorum, quos testator dilexit.* Et si la chose leguée est de tous points dividuë, il n'y aura droit d'accroissement, *l. si Titio & ei. ff. de legat. 2.* Au cas present du traité de mariage, si quatre se marient, & soient faits heritiers par un tiers, je croi que si aucun d'eux decede sans enfans avant le testateur, sa portion accroîtra aux autres selon la presomptive volonté du donateur. Mais si en la convenance de succeder sont entremêlez autres, qui ne se marient, il semble qu'à l'égard de ceux-là, la disposition vaudra comme donation pour cause de mort, & jusqu'à la concurrence de ce qu'il est permis de leguer; & sera revocable, & n'y aura droit d'accroissement entre eux & les mariez, *quia diverso jure succedunt*, *l. cum patrono. in princ. ff. de bon. poss.*

QUAND LES MARIEZ SONT instituez heritiers, & ils decedent avant le cas échû, s'ils transmettent l'esperance de succeder à leurs enfans?

CLXXII.

CE que nous appellons *institution d'heritier en faveur de mariage*, est improprément, comme il a été dit ci-devant question 19. Mais par les loix anciennes de nôtre France il est loisible de faire heritier en faveur de mariage l'un des deux mariez, ou tous deux, ou les enfans du même mariage. Et ne se doit appeller institution d'heritier, *mais convenance de succeder* : & ainsi est dite par nôtre Coûtume, au chapitre *Des donations*, article 12. & au chapitre *Des successions*, article dernier, tel heritier est appellé *conventionnel.* Aucuns Docteurs François, comme Boërius en ses decisions, ont estimé que cette *convenance de succeder par faveur de mariage*, avoit lieu seulement entre nobles. Et croi qu'il prend son argument de ce qui est dit *in cap. un. de filiis natis ex matrim. ad Morgan. contracto* : où le cas est posé d'un noble, & est faite mention de la loi Salique, qui est l'ancienne loi des François. Mais je croi que la Coûtume est generale en France, tant entre nobles, que roturiers, de pouvoir faire heritiers les mariez en faveur de mariage. Si ce n'est que les Coûtumes y resistent, comme celle de Berri; mais elle est passée sous l'autorité de Monsieur le President Lizet, lequel, comme il étoit excellemment sçavant au droit civil des Romains, aussi étoit-il grand sectateur d'icelui, & de tout son pouvoir le tenoit pour loi en France; & de son temps au Palais on l'appelloit *le droit commun.* Et ce qui se trouve introduit par les loix de France contre ledit droit, il le prenoit à l'étroit, comme feroient ceux qui sont sujets au droit écrit des Romains. Aprés ledit Lizet le Palais changea d'opinion ; même du temps de Monsieur le President de Thou, & l'on commença à dire du droit des Romains que c'est *la raison écrite, & non le droit commun.* Doncques és Provinces où les Coûtumes n'en disent rien, l'institution des mariez pour heritiers, ou à mieux parler, *la convenance de succeder en faveur de mariage*, est valable; comme étant Coûtume ancienne generale en France. Et ainsi fut jugé pour la veuve Bourachot de Nevers par Arrêt de la Cour : de laquelle le contrat étoit auparavant la redaction de la Coûtume de 1534. Et par l'ancienne Coûtume de ce païs étoit dit simplement, *Qu'institution d'heritier n'a point de lieu*; & n'étoit parlé des *convenances de succeder.* Nôtre Coûtume donne le privilege de saisine à tels heritiers instituez, comme elle donne aux heritiers *ab intestat.* Et si les deux sortes d'heritiers se trouvent concurrentes, l'heritier institué sera preferé tant en plein possessoire, qu'en la recréance, par la raison de la loi *quamdiù. 39. ff. de adq. hæred.*

La grande question est, si ces mariez instituez heritiers decedent avant ceux qui les ont instituez heritiers, si ce droit de succeder est transmis à leurs enfans ? A quoi semble resister la decision du droit civil des Romains, qui met telle institution *in causa caduci.* Mais parce que c'est une *convenance de succeder* avec paction en forme de contrat obligatoire, je croi que l'esperance de succeder est transmissible aux heritiers, par la raison du paragraphe *ex conditionali. Instit. de verbor. obligat.* Non pas à toutes sortes d'heritiers, mais aux enfans du même mariage : car c'est toûjours la faveur du même mariage : *imò*, c'est l'essence du mariage que la procreation de lignée. Ainsi qui donne aux mariez en faveur de mariage, il jette son œil & son affection sur les enfans qui naîtront du même mariage. Mais cette esperance ne se transmettra pas à autres heritiers des mariez ; parce qu'en eux la faveur du mariage cesse, laquelle seule est cause de valider cette *convenance de succeder*, qui autrement seroit nulle. *Nec enim minus attendenda est mens legis, quàm verba ipsa legis, l. stare. §. aliud. ff. de excus. tut.* Ainsi dit-on que le legs qui est fait par le pere à l'enfant, qui doit tenir lieu de legitime, & dont l'enfant devroit se contenter pour sa legitime, n'est pas fait caduc, si le fils meurt devant le pere ; ains est fait transmissible aux heritiers dudit enfant, tout ainsi que seroit sa portion hereditaire. Ainsi ledit du Molin en l'annotation sur le conseil d'Alexand. 142. *vol. 2. & ad cons. 109.* Ainsi peut-on dire que l'esperance de succession future est probable, quand la concession ou disposition a été faite pour aucun & pour les siens, & qu'il y a charge de restitution, *l. cùm Artemidoram. C. ut in poss. legatorum.*

SI L'INSTITUTION D'HERITIER *en faveur de mariage est donation, & si elle doit être insinuée ?*

CLXXIII.

APRE'S l'Ordonnance de l'an 1539. les Praticiens ont été bien d'accord que la nullité de la donation à faute d'insinuation n'est pas precise & de par soi, mais en ce que touche l'interêt d'autrui. De fait le donateur ne peut revoquer sa donation, & peut être contraint de prêter consentement pour l'insinuation, ainsi qu'il fut jugé par Arrêt solemnel prononcé par Monsieur le President le Maître, le Mecredi 23. jour de Decembre 1551 entre Pierre & Antoine de Caluze. Par quelque temps on a estimé que le seul creancier pouvoit faire ce debat, & non l'heritier du donateur. L'Edit de Moulins de 1566. y a reçû l'heritier comme ci-dessus question 165. La question est, si l'institution d'heritier ou convenance de succeder est donation, & si elle est sujete à insinuation ? De primeface il sembleroit que ce ne fût donation, attendu qu'une heredité peut avoir des charges aussi-bien que du profit ; & qui est heritier, rend ses biens propres venus d'ailleurs sujets aux dettes du défunt : Aussi le Jurisconsulte Julian *in l. si hæreditatem. ff. mandati*, fait distinction entre l'heredité & le legs testamentaire, parce que le legs ne peut être sinon avec profit, & l'heredité peut être dommageable. De là est que le pupille, qui sans autorité de tuteur peut stipuler à son profit, toutefois ne se peut dire heritier aucunement, sans autorité de son tuteur : & y est si precisément requise ladite autorité, qu'un curateur créé specialement à cét effet, ne seroit reçû, *l. obligari. ff. de auct. tut. & Alexand. consil. 144. vol. 6.* tient que l'heredité n'est pas titre lucratif, & outre lesdites textes allegue la loi *quià poterat. ff. ad Senatusc. Trebell.* D'ailleurs peut être consideré que le creancier du donateur n'a interêt en la convenance de succeder ; car si la convenance vient à effet, le creancier à un heritier qui doit satisfaire aux dettes non seulement au peril des biens hereditaires, mais aussi de tous ses autres biens. Comme aussi n'y a interest l'heritier *ab intestat*: car si l'heritier conventionnel accepte l'heredité, l'autre heritier du sang n'y a que voir, & n'est tenu des dettes du défunt, qui fait cesser son interest en l'insinuation. Car le seul interest de l'heritier en l'insinuation est que s'il sçavoit les donations il ne se mettroit au hazard de l'heredité, à cause de laquelle il peut être tenu outre & par dessus la valeur des biens hereditaires. Pour ces raisons il semble que l'institution d'heritier ou convenance de succeder n'est pas donation: & quand bien seroit donation; nul ne se trouveroit recevable avec interest pour la débatre à faute d'insinuation. Mais si celui qui institue les mariez; ou l'un d'eux ses heritiers de tous ses biens, on demande si telle convenance de succeder lui ôte la faculté de tester. Car selon les regles du droit Civil des Romains, les donations ou autres dispositions, par lesquelles aucun se prive des moyens de tester, sont nulles, *l. stipulatio hoc modo. ff. de verb. oblig. l. ex. eo. C. de inutil. stipul.* Et à la suite de cette raison les Docteurs communément tiennent que la donation entre-vifs de tous biens presens & à venir ne vaut & alleguent ladite loi *stipulatio hoc mod.* Ils mettent une limitation, si ce n'estoit que le donateur se reservât aucuns biens, dequoi pouvoir tester. Encore disent-ils qu'il ne suffisoit, s'il se reservoit petite somme ou chose de peu de valeur, à l'égard de ce qu'il donne; & que la reservation soit pour en disposer librement, & non pas à certain particulier effet. Ainsi le decide Alexandre & du Molin en l'annotation du Conseil 59. vol. 5. Et ne seroit la reservation bonne s'il se reservoit seulement l'usufruit des choses données: car l'épargne se trouveroit lors du decés comprise en l'annotation, Alexandre au lieu cy-dessus, & *Decius cons.* 30. *vol.* 1. Or pour la question qui se presente, je croi que selon nos Coûtumes il ne faut pas faire si grand état des testamens, comme faisoient les Romains; auprés desquels c'étoit chose infame de ne pouvoir tester; & le testateur faisoit tel heritier qu'il vouloit choisir, qui representoit sa personne & sa famille, comme son enfant; & les testamens sont proprement du droit Romain. Aussi ledit droit y a appliqué des ceremonies plus qu'en aucune autre action des hommes: & à nous en païs coûtumier n'est pas pareil; car nous n'usons point de testamens en leurs propres formes. Tant y a que la Coûtume nous permet d'enserrer & brider nôtre liberté au fait de nos successions par convenances en traité de mariage. Ce que le droit des Romains avoit en horreur, *l. pactum dotali C. de collat. & d. l. ex eo.* Et puis que nos Coûtumes le permettent, il faut inferer que cette regle des dispositions, qui éteint la libre faculté de tester, n'a lieu en païs Coûtumier; par consequent les donations de tous biens presens & à venir faites pour cause probable valent, comme aussi vaut la convenance de succeder en tous biens. Vrai est que par telles dispositions la faculté de disposer moderément à causes pies, ou pour remunerer ceux desquels on a reçû plaisir & & service, n'est pas ôtée. Car en la generalité n'est pas compris ce que vrai-semblablement on ne voudroit specialement disposer, *l. obligatione. ff. de pignor. l. bonis. ff. de privileg. cred.*

SI LE MAISTRE EST TENU du délit de ses serviteurs?

CLXXIV.

Les Maîtres doivent être soigneux de choisir des serviteurs qui ne soient vicieux, larrons, querelleux, ou avec telles autres imperfections. Car si à leur écient, les ayans connûs tels, ils les endurent à leur service, ils pourront estre tenus de leurs fautes civilement: ce qui se doit entendre si lesdits serviteurs delinquent en la charge en laquelle leur Maître a accoûtumé de les employer; & non pas si en un autre negoce. Ainsi se dit *in l. si servus servum. §. si fornicarius. §. Proculus. ff. ad leg. Aquil. l. videamus. in princip. ff. locati; & l. debet. in princip. ibi, si extra navim, licet à nauta, non præstabit. ff. nautæ, caupones, stabularii:* Esquels deux lieux est par exprés remarquée la faute du Maître, quand il n'est soigneux de bien choisir, ou qu'à son écient il retient des serviteurs vicieux. *Ita tenet Ludovic. Roman. cons.* 11. *& allegat Bart. in l.* 1. *§. familiæ. ff. de publican: ut civiliter tantùm teneantur glos. in l. observare. §. proficisci. ff. de offic. proconf. Romanus addit, quòd si exhibet delinquentem, dominus liberatur; & allegat l. cùm exhibuisset. ff. de publican. quod ego non existimo usquequaque verum esse: quid enim si sciens habet apud se servum noxium? maximè si dominus teneatur ex contractu erga eum qui damnum accepit, d. l. videamus. ff. locati. Aliud autem, si is qui damnum accepit simpliciter agat ex lege Aquilia ob damnum sibi datum: quià eo casu is qui damnum passus est; non habet dominum obligatum ex contractu, sed ex delicto, vel quasi. Corneus consil:* 40. *vol.* 1. *hoc addit, quòd si famulus aliquid faciat pro interesse domini, censetur facere ejus mandato, per tex. & glos. in cap. constitutus.* 1. *ext. de testib. Ego addo id quod solet allegari à Cicerone in oration. Cassium illum Romanum Senatorem verissimum & sapientissimum consuetum esse inquirere, Cui bono fuisset? quià vita hominum sic est, ut nemo ad maleficia conetur sine spe emolumenti accedere; in orat. pro Roscio Amerino & in Philipp.* 2. Et s'ils delinquent hors la charge que leurs Maîtres ont accoûtumé de leur donner, il n'y a raison d'en rendre les Maîtres responsables; car il n'y a rien de leur faute. Mais quand il les a vicieux, & qu'ils les employe en telle charge, en laquelle ils prenent occasion de delinquer par leur vice, le Maître est à blâmer. Quant à l'amende du crime, je croi que le Maître n'en est tenu, sinon en cas qu'il eût recelé son serviteur, sçachant bien qu'il étoit recherché par justice: ou bien si aprés le délit fait, le Maître bien sçachant auroit fait voye à son serviteur. Le pere est plus excusable à l'égard de ses enfans qui delinquent. Car tels qu'ils sont, ils sont siens necessairement, & ne les peut abdiquer: pourquoi en lui cesse la raison susdite du Maître, qui est mal soigneux de choisir des serviteurs. La loi par similitude de raison admet cette distinction, en ne punissant pas si rigoureusement le Maître pour le délit de son serf, que pour le delit du serviteur mercenaire. *l. ult. §. servo* *rum ff. nautæ, caupones stabularii.* Duquel titre il faut prendre une ampliation de ce qui est dit cy-dessus, que les hôteliers & mariniers ou bâteliers sont plus exactement tenus de la faute de leurs valets, parce qu'ils prennent salaire de ceux qu'ils logent & reçoivent:& parce que telles gens communément sont en mauvaise reputation, même en Italie. En France il y a plus d'honnêteté & fidelité ; & toutefois il y a bien souvent des fautes.

S'IL EST EXPEDIENT, OU necessaire de pourvoir de tuteur aux enfans mineurs, qui sont és communautez des villages. Et s'il est besoin de faire Inventaire?

CLXXV.

EN ce païs de Nivernois les maisons de village sont entretenuës en bon ménage, quand la famille & communauté demeure en son entier. Et ordinairement avient, quand il y a partage, que la ruïne s'en ensuit. Pourquoi il n'est pas expedient que l'on y fasse des tutelles & des Inventaires, sinon avec raison & connnoissance de cause sommaire. Les Officiers de Justice bien souvent charchans des pratiques suscitent le Procureur de la Seigneurie, pour requerir tutelle & Inventaire par l'occasion des mineurs, & tous y vont repaître, & n'oublient pas leurs salaires. Ce que nous Officiers generaux de ce Duché avons empêché, blâmé & corrigé au mieux que nous avons pû, non pas indistinctement ; mais avec temperament. Comme, si aucun parent des mineurs qui sont en une communauté, ou le Procureur Fiscal de son office, apperçoit qu'il y ait du mauvais ménage en cette communauté, en sorte qu'il y ait peril que les mineurs perdent bonne partie de leur bien, si le gouvernement dure comme il est. En ce cas aprés sommaire connoissance, doit estre ordonné par les Officiers de Justice, que les mineurs seront pourvûs de tuteur, qui fera faire Inventaire, & contrôlera le maniément de leur bien, ou bien lui même l'administrera. Les inconveniens qui peuvent communément avenir de ces tutelles, sont trois. L'un que par l'occasion de la tutelle, le tuteur qui est comptable, voudra avoir à part le bien du mineur, pour l'administrer lui-même, afin d'en compter. Et ce sera un partage de la famille, qui est ordinairement la ruïne. Le second est, que par le moyen de l'inventaire plusieurs verront tout le secret de la maison, & sera occasion aux Seigneurs Justiciers & directs, ou autres personnes curieuses de profiter au bien d'autrui, d'y faire des recherches ; ou l'envie y sera, si la maison se trouve opulente. Cette consideration à esté bien prise par les Romains en leurs loix, *in l. 2. C. quandò, & quibus quarta pars. lib.10.& in l. 2. C. de alim. pup. præst.* Le tiers inconvenient est, parce que presque toutes les maisons de village tiennent leurs heritages des Seigneurs à bordelage, ou à charge de main-morte ; & la separation de famille les rend incapables de succeder les uns aux autres. Aussi Bartole en la loi *tutor qui repertorium. ff. de admi. tut.* par le même texte dit ; qu'il n'est pas toûjours necessaire que le tuteur fasse Inventaire, même au cas susdit, Quand il y a peril de découvrir les secrets d'une maison. Et selon qu'il est dit en lad. loi *tutor*, il se pourroit pratiquer de faire des tuteurs aux mineurs des maisons de village, sans faire Inventaire : car ladite loi en certains cas dispense le tuteur de faire Inventaire, à sçavoir, que le tuteur fût donné comme contrôlleur & observateur de l'administration du maître de communauté, en sorte qu'és affaires importantes le maître ne pût rien faire, sans prendre l'avis du tuteur, pour l'interêt des mineurs. Et si le maître étoit si mauvais ménager qu'il gâtât tout, le tuteur le deferât, ou demandât partage.

SI LE TUTEUR LEGITIME EST volontaire ; ou s'il a besoin de s'excuser?

CLXXVI.

AUcuns ont estimé, parce que la tutelle legitime, qui par la loi & Coûtume est deferée à la mere & à l'aïeule, est volontaire, c'est à dire, que la mere & l'aïeule la peuvent accepter, ou la refuser, selon que bon leur semble, *l. 2. & glo. in auth. matri. C. quandò mulier tutelæ officio fungi potest.* qu'ainsi doive être des autres tutelles, qui par la loi sont deferées aux ascendans, & partant sont appellées legitimes ; lesquelles tutelles legitimes par nôtre Coûtume ne son deferées qu'aux ascendans. Mais la verité est, que les ascendans, soit pere, ou aïeul, quand la tutelle de leurs descendans est deferée, doivent proposer excuses s'ils en ont ; & s'ils n'en ont de pertinentes, & telles qui de droit soient reçûës és tutelles datives, ils doivent être contraints à prendre la charge. J'ai remarqué aucuns textes en droit esquels est dit, que celui à qui la tutelle legitime est deferée, doit proposer excuses en cas qu'il ne veüille prendre la charge, *l. frater. in verb. si non alia juri cognita excusatione. C. de legit. tutela, l. amicissimos. §. Lucius. & l. Jurisperitos. §. qui privilegio. ff. de excusat. tut.* Et sera noté qu'audit paragraphe *Lucius*, semble que l'excuse du pere & aïeul ne doive être indistinctement reçûë ; même si c'est excuse qui soit en pure faveur & privilege dudit ascendant, & qui n'emporte empêchement necessaire. Comme ; *verbi gratia*, le nombre d'enfans, Magistrat, ou dignité qui donne excuse en faveur de celui qui l'a ; le pere, ou aïeul à cause de son affection naturelle ne doit être reçû à les proposer audit paragraphe *Lucius.* Mais si l'excuse est fondée sur l'impuissance du pere, ou aïeul, s'il a soixante-dix ans, s'il a telle maladie perpetuelle qui l'empêche de vaquer à ses affaires, & autres telles, je croi qu'il les peut proposer, & s'en aider pour être excusé.

ger ces affections communes; pourquoi avec privilege ils furent semons de se marier, & procréer enfans.

DES EXCUSATIONS DE TUTELLE pour nombre d'enfans ; & si nous faisons bien de nous tenir au nombre de cinq ?

CLXXVII.

NOus François en plusieurs endroits avons été trop grands observateurs du droit écrit des Romains, en faisant autant de déchet à l'honneur, que nous François avons eu de n'obeïr aux Romains, & d'avoir conquêté sur eux cette belle & riche Province des Gaules, que nous tenons il y a onze cens ans & plus, & les Romains ne l'ont gardée qu'environ cinq cens ans, ou moins. La faute en est remarquable au cas de present. Les loix des Romains disent que le Citoïen de Rome est privilegié, quand il a trois enfans; celui qui demeure en Italie, au nombre de quatre; & qui est és autres Provinces hors l'Italie est privilegié au nombre de cinq enfans. Et comme si la Gaule étoit toûjours sujete aux Romains & Province sous leur Empire, nous nous sommes rangez à la diminution de privilege tel que les Gaulois avoient du temps qu'ils étoient sujets aux Romains. Je ne trouverois pas bon aussi que l'on fit la distinction *ad instar*, comme prenant Paris au lieu de Rome; & le reste de la France au lieu de l'Italie, pour y appliquer le nombre de trois ou quatre enfans. Car Paris ne fut jamais *ad instar* de Rome; Rome étoit la source & fondement de l'Empire Romain : les Citoïens de Rome, & le peuple de Rome étoient les Seigneurs de l'Empire Romain; & tous les commandemens avoient leur principe en cette cité; aussi les conquêtes avoient été faites par eux. Mais le peuple de Paris est comme le peuple d'une des autres Villes : & de fait ont leurs Etats & leurs Coûtumes, qui n'ont pouvoir sinon en la Prévôté & Vicomté de Paris. Vrai est que les Rois pour la plûpart du temps y ont fait leur séjour, & y ont établi le principal siege de leur Monarchie : pourquoi elle a été honorée pour se dire premiere Ville de France : qui est mieux dit que Ville Capitale. Aussi és Etats Generaux d'Orleans, sur ce que les Deputez du tiers Etat de Paris pretendoient la presidence & premiere seance *suo jure*, leur fut resisté par les Deputez des autres Provinces, qui leur accorderent bien la premiere place; mais pour presider & conclure, leur accorderent comme s'ils avoient été élûs à ce par les autres Deputez. Pourquoi il me sembleroit être mieux à propos, que toute la France fût au privilege de trois enfans; ou bien les Princes & autres tenans les premieres Dignitez de ce Roïaume en heredité fussent au nombre de trois, & le reste de la France au nombre de quatre enfans. Vrai est qu'en France la même raison du privilege des Romains pour le nombre d'enfans cesse; car les François, vrais François aiment le mariage, aiment laisser posterité : mais les Romains, lors qu'ils furent enyvrez d'honneurs, biens, delices & voluptez, commencerent à negliger ces affections communes; pourquoi avec privilege ils furent semons de se marier, & procréer enfans.

QUELLE DIFFERENCE est entre tuteur, & curateur ?

CLXXVIII.

EN cét endroit nos Praticiens ont été aussi trop soigneux sectateurs du droit des Romains. Les Romains en leur ancien établissement ne connoissoient que les tuteurs, la charge desquels duroit jusques à la puberté : aussi les contrats faits par pupilles impuberes sans autorité de tuteur, sont nuls. Les contrats faits par les puberes & adultes, qui n'emportent alienation de leur heritage ne sont pas nuls; mais sujets à restitution en entier, avec connoissance de cause, s'ils sont deçûs. Aussi il n'y a point d'action propre contre le curateur comme il y a action propre contre le tuteur, qui est appellée *tutelæ*, Et contre le curateur l'action est avec le nom general, *negotiorum gestorum*; qui sert à toutes autres personnes. Qui montre que ces curatelles des adultes ne sont pas de l'ancienne & premiere institution des loix Romaines. Aussi lesdites loix disent que le mineur adulte ne peut être contraint de prendre curateur, sinon pour plaider; & c'est au mineur de les demander, *§. 1. vers. item inviti. Instit. de curat. l. 1. & l. matris. C. qui petant tutores.* Mais nous en ce païs avons tenu la regle semblable par toute la minorité jusques à vingt-cinq ans, soit avant les quatorze ans, ou aprés. Car nôtre Coûtume de l'an 1534. au chapitre *Des tutelles*, articles 8. & 9. dit que le mineur demeure en sujetion jusques à vingt-cinq ans, & celui qui étoit tuteur demeure curateur jusques à vingt-cinq ans. Vrai est que nos predecesseurs ont fait une distinction superficiaire, en nommant tutelle jusques à la puberté, & curatelle depuis la puberté jusques à vingt-cinq ans; qui est une distinction sans effet. Car au 9. article il est dit, que celui qui est adulte est contraint de prendre curateur par la nomination de ses parens aussi bien que s'il étoit impubere : ce qui est bien raisonnable. Aprés la redaction de laquelle Coûtume de l'an 1534. les Juges & Praticiens mal à propos ont continué le vieil erreur, de faire que les mineurs adultes vinssent en jugement nommer leurs curateurs, & sur leur nomination fussent confirmez par l'avis des parens. A quoi resiste ledit 9. article. Bien trouverois-je raisonnable que si le mineur adulte étoit ja avancé en âge, comme de vingt-ans, auquel âge il pût obtenir du Prince benefice & dispense de son âge, qu'icelui fût oüi par les parens électeurs, & conferât avec eux pour reconnoître celui de ses parens qui lui seroit plus utile. Ce qui peut être reçû, *tum* parce que la loi reçoit les adultes à deferer leurs curateurs suspects, *§. impuberes. Instit. de suspect. tut. tum* parce qu'en cét âge il peut avoir connoissance de son utilité & dommage. Pourquoi je desirerois que nous eussions un pareil article, que ceux d'Auxerre ont en leur nouvelle Coûtume, *Qu'entre tuteur & curateur il n'y a aucune difference.* Mais je desirerois qu'on ajoûtât, *curateur ayant charge universelle*, pour la distinction des curateurs en cause, des curateurs pour certaines affaires, & autres tels.

COMMENT LE TUTEUR EST *tenu de la tutelle aprés la tutelle finie, avant qu'il ait rendu compte?*

CLXXIX.

LA commune opinion entre les Praticiens en ce païs est, que le tuteur aprés la tutelle & curatelle finie, qui n'a encore rendu compte, peut encore être convenu, & doit répondre en jugement pour les affaires du mineur. Et se fondent sur la loi *tutor. ff. de appell.* Mais au même titre sont deux autres loix, qui semblent être contraires, *l. negotium. §. ult. l. ult. ff. eod. tit.* En l'une desquelles il se dit que le jadis curateur n'y est tenu; en l'autre il se dit, que pour cause il y peut être contraint. Or toutes lesdites loix parlent au fait de plaidoirie, & principalement au fait des appellations; & en ce y peut avoir raison, *ut ex causa quondam tutor, vel curator cogatur exequi, veluti* pour la connoissance grande qu'il a du negoce, qui de soi est intriqué & envelopé. Ainsi se dit *in l. tutores qui post. §. tutores pubere. ff. de administ. tut.* Et en general il se dit, que non seulement le jadis tuteur, mais aussi l'heritier du tuteur, combien que la tutelle soit finie de tous points quant à l'administration, neanmoins est tenu de faire & accomplir les negoces ja commencez, & qui sont conjoints & connexes avec ceux que le jadis tuteur a traitez; conjoints, dis-je, en telle sorte qu'ils ne se puissent separer sans grande difficulté, ou dommage, *l. 1. ff. de fidejuss. tut. l. si tutor. ff. de tut. & rat. distrah. l. tres tutores. & l. si tutoris. ff. de administ. tut. Et hoc efficit ratio conexitatis, l. cum actum. ff. de nego. gest. l. si quis ità libertatem. §. si duo servi. ff de statulib.* Doncques je ne dirai pas simplement que le tuteur, ou curateur aprés sa charge finie, soit tenu d'administrer jusques à ce qu'il ait rendu compte; mais avec ces deux modifications de connoissance de cause, que le Juge interposera, à sçavoir *ob notitiam rei, d. l. tutores qui post. §. tutores pubere. ff. de administ. tut.* ou pour la connexité, qui est telle entre ce qui est fait, & ce qui reste à faire, que bonnement on ne puisse en faire separation, *l. tutorem qui ff. eod. tit.* Aussi seroit mal à propos de dire simplement & indistinctement que le jadis tuteur, ou curateur dût administrer. Car il n'auroit aucune qualité & personne legitime, avec laquelle il pût ester en jugement, pour representer le mineur. A quoi aide ce qui est dit *in l. unica. C. ut causa post pubertatem adsit tutor*, où il ne se dit pas que le jadis tuteur doive demener le procés comme principale partie, ains seulement y assister, c'est à dire, pour être joint à la cause.

SI CELUI QUI EST LEGITIME *par rescript, ou subsequent mariage, peut venir à retrait lignager?*

CLXXX.

IL y a bien grande difference des droits du bâtard, qui est legitimé par mariage subsequent, & de celui qui est legitime par rescript du Prince, comme il est traité *suprà* questions 28. & 29. Celui qui est legitime par mariage subsequent avec toutes les conditions requises, à sçavoir que tous deux fussent en état & liberté pour se pouvoir épouser, *cap. tanta ext. qui filii sint legit.* que la femme fût en la compagnie ordinaire de l'homme, voüée à lui seul, & qu'il y ait confection d'instrumens dotaux; tel legitimé est reputé legitimé quant à tous effets, tant pour les successions directes & collaterales, que pour l'honneur & dignité de la maison, que pour le retrait lignager, qui correspond au droit d'heritier & de succeder. Dont la raison est, parce que la loi le declare legitime, tant au droit des Romains, que par nôtre Coûtume, au chapitre *Des fiefs*, article 26. *Cùm lex plenissimum effectum habeat, circa personas, actiones & res nostras, dicendum est filium qui ipso jure sit legitimus, consequiò omnia jura quae per legem tribuuntur filiis legitimis & legitimè natis.* Mais celui qui est legitimé par rescript du Prince, aquiert ce droit par privilege. Tous privileges sont de droit étroit, parce qu'ils sont introduits contre les regles communes de droit; *privilegium quasi privata lex:* & doivent estre interpretez sans extension, & qu'il fassent aucun prejudice au droit d'autrui, *l. si quandò C. de inoff. testa. l. nec avus. C. de emancipat. liberorum, l. fideicommissaria. §. etiam ff. de fideicom. libert. cap. ex. multiplici. ext. de decimis.* Pourquoi ce legitimé par privilege doit être censé legitimé seulement à l'égard de ceux qui ont consenti à sa legitimation. Comme si sur la supplication de ses pere & mere il a esté legitimé, il succedera seulement ausd. pere & mere, & ne succedera en collaterale si les parens collateraux n'ont consenti à sa legitimation. Aucuns disent qu'ils suffit en ce cas que les plus proches collateraux soient appellez, *quos proxima spes successionis tangit.* Et allegue-t'on la loi *sententiam ff. de collus. deteg. & l. 1. §. denuntiari. ff. de ventre inspic.* Mais je croi que si lors du cas de succession écheant, ceux-ci du prochain degré qui ont consenti estans défaillis sont descendans, que ceux du degré plus lointain; qui lors se trouveroient plus prochains, seroient recevables à contredire. Car leur interêt n'est pas encore créé au temps de la legitimation, ains seulement au temps de la succession échüe, pour la raison de la loi seconde, *§. interdum. ff. de vulgàri & pupill. subst.* Les Docteurs ont dit indistinctement, qu'il n'est besoin d'appeller les parens collateraux, qui seroient les plus prochains; *quia probabilem spem non habent*; mais bien les enfans legitimes ausquels la succession des pere & mere est düe, *l. cùm ratio. ff. de bon. damn.* Et disent la raison des collateraux; parce que le pere sans eux pourroit donner tout son bien à qui il voudroit: *quae est opinio Bart.*

in l. Gallus. §. & quid si tantum. ff. de liber. & posth. Alex. consil. 2. vol. 1. Decius. cons. 307. vol. 2. dit que c'est la commune opinion, & consil. 393. vol. 3. Ce qui semble bon à dire pour faire que l'enfant succede à son pere, qu'il l'a fait legitimer ; mais non pas pour succeder en collaterale à ceux qui n'ont consenti à sa legitimation. Car les privileges ne se doivent étendre au prejudice d'un tiers, ni pour alterer ce qui est de droit Civil, comme sont les successions ab intestat, qui viennent aux parens, desquels la consanguinité est témoignée par mariage solemnellement fait : mais le témoignage de la procuration des enfans naturels n'a certitude, sinon par l'opinion que le pere en a pris, & quelquefois pour complaire à la concubine, de l'amour de laquelle il est assoti. A quoy il se peut appliquer la raison de la loi *si quandò. C. de inoff. test. nec solen. privilegia jus alienum minuere, l. 2. in fine, ff. de natalibus rest. l. cùm filius familias. ff. de militari testa. l. etiam ff. de bonis libert.* Pourquoi je pense que tels legitimez par rescript ne succedent pas à leurs parens qui n'ont consenti à la legitimation, combien qu'aucuns Docteurs tiennent le contraire. Même *Decius cons. 307. & 316. vol. 2. & marianus Socinus junior cons. 142. vol. 1.* Et par consequent viennent au retrait en collaterale. *Decius consil. 275. vol. 2.* que le droit du retrait lignager n'apartient à ceux qui sont legitimez.

SI LE TUTEUR AQUIERT un heritage, dont son pupille est lignager, & avoit fonds en la tutelle pour aquerir ?

CLXXXI.

LE tuteur est tenu de faire en la tutelle tout ce qu'un bon ménager feroit, & doit de lui-même se semondre à son devoir & office, jaçoit que ce soit contre lui-même ; & ce qu'il devroit faire contre un tiers, il doit le faire *etiam* contre lui-même, & peut-être plus, *l. quoties. §. item si ff. de administ. tut. & l. altius. ff. si servit. vend.* Et en general il se dit, que le tuteur est tenu non seulement si par dol, ou coulpe il a fait chose dommageable à son pupille ; mais aussi, s'il a obmis à faire ce qui étoit utile au pupille ; ou s'il a obmis à aquerir pour lui ce que commodément il pouvoit faire, *l. quidquid. C. arbit. tutel. l. 1. ff. de tutela & rat. distrab.* Et les tuteurs doivent tel soin & diligence és affaires des pupilles comme un pere de famille bon ménager pourroit emploïer és siennes propres, *l. à tutoribus. ff. de admin. tut.* Si donc le tuteur durant la tutelle aquiert un heritage, qui n'est de son lignage, & est du lignage du pupille, & il eût fonds en la tutelle pour pouvoir l'acheter & païer commodément des biens du pupille, & tel heritage fût commode au pupille ; je croi que le pupille fait majeur pourroit dedans l'an aprés la tutelle finie, & compte à lui rendu, recouvrer l'heritage par retrait lignager, nonobstant que l'an & jour fût passé : & que par la Coûtume l'an & jour du retrait coure contre les mineurs & autres privilegiez. Mais en ce cas, si le tuteur ajourné en retrait lignager, alleguoit la fin de non recevoir de n'être venu dedans l'an, le jadis pupille par replication de dol élideroit ladite exception. *Plerumque enim actio de se inutilis & inefficax, confirmatur & fit utilis, ne reus qui contradicit, fraudis vel mendacii arguatur, l. rem alienam. in fi. ff. de pignor act. Hoc remedio actio quæ de sui natura temporalis erat, potest fieri perpetua, l. 1. in fin. l. & eleganter. ff. de dolo.*

SI L'AQUEREUR A FAIT IMPENSES utiles non necessaires, dans l'an, les doit-il perdre ? ou comment les recouvrer ?

CLXXXII.

LA Coûtume, au chapitre *De retrait lignager*, article II. dit, que l'aquereur qui est évincé par retrait peut recouvrer les reparations necessaires, & non autres. Les reparations necessaires doivent être entenduës non seulement celles, sans lesquelles l'heritage seroit ruïné, & peri, comme à faute de mettre une poûtre au lieu de celle qui est cassée, ou refaire une muraille principale qui a pris coup ; mais aussi celles sans lesquelles l'heritage empireroit de la nature & état auquel il étoit, *l. impensa. ff. de verb. signif.* Comme és vignes de provigner ; renouveller & curer les arbres fruictiers, faire des lévées de terre pour détourner les eaux qui gâteroient les heritages, refaire les chemins. Ainsi se dit *in l. 1. 2 & 3. & l. impensa. ff. de impens. in res dot. fact.* Et par argument des exemples ci-dessus, je mettrai au rang des reparations necessaires, si le lieu acheté par son ancien état étoit destiné à moulin, qui fût en bonne assiette, & l'aquereur l'ait trouvé ruiné ; si c'est une métairie, & la grange propre à loger les blés & foins soit tombée ; si c'est un pré, que les épines & buissons aïent gagné ; & l'aquereur repare & remette cét heritage en son état ancien avec impenses mediocres, selon la qualité de l'heritage & le revenu qui en peut être tiré. Esquels cas, ou semblables je croi que le retraïant soit tenu de rembourser les frais & impenses ; *& quia nihil novi factum esse videtur, sed res reduci ad pristinam formam & statum, l. si unus §. quod in specie. ff. de pact.* Or si les impenses des reparations ne se trouvent pas necessaires, selon que dit est, *vel præcise vel ob causam* ; ains seulement se trouvent utiles, c'est à dire, qui rendent l'heritage de plus grand prix & de plus grand revenu : car ainsi sont définies les impenses utiles *in dicta l. impensa. ff. de verb. signif. & in l. quod dicitur. §. si dos. ff. de impens. in res dot. fact.* l'aquereur qui les a faites, est censé les avoir faites de mauvaise foi : pourquoi il n'en doit avoir repetition, ni retention ; mais pourra démolir & ôter ce qu'il a bâti & ajoûté ; pourvû qu'il remette la chose au premier & ancien état, auquel elle étoit avant la reparation, & sans deterioration de l'heritage. Ainsi qu'il se dit *in l. domum. C. de rei vend. l. si fine. §. interpositio. ff. de administ. tut. l. utiles. ff. de petit. hæred.* Ce qui s'entend, pourvû que les choses qui seront démolies puissent faire quelque profit audit aquereur qui les avoit faites. Car si c'étoit une peinture, ou autre reparation dont le corps ne consiste de par soi, ne seroit enduré qu'il les ôtât, entant qu'il voudroit nuire à autrui sans en recevoir profit; *l. pro voluptariis. ff. de impens. in res dot. & l. in fundo. ff. de rei vend.* Aussi s'entend que si le retraïant s'accorde de païer à l'aquereur qui a fait les impenses utiles tel prix que les materiaux étans démolis pourroient valoir, il empêchera la démolition, & ne sera permis à celui qui a fait la reparation, d'exercer cette animosité sans profit, *d. l. in fundo. vers. constituimus.* Aussi est à considerer que si le retraïant proposoit cét heritage retrait en vente, comme sans difficulté lui seroit permis de l'aliener à un autre lignager, & par cette vente au moïen desdites reparations utiles, l'heritage dût être vendu à plus haut prix; en ce cas il seroit tenu de païer telle somme, dont l'heritage seroit crû de valeur; par la raison de la loi *quòd si hæres. ff. de impens. in res dot. l. sin autem. in fi. & l. nisi. ff. de rei vend. Nam sicut voluptuariæ impensæ eo casu censentur utiles, sic per analogiam utiles censeri debent quasi necessariæ; & quia iniquum est cum locupletari cum aliena jactura.*

SI LE RETRAÏANT DOIT rembourser en mêmes especes de monnoye ? Et des Coûtumes du temps de forte monnoye & foible monnoye.

CLXXXIII.

Les monnoïes doivent être considerées par les sujets selon la marque & le prix, & selon le taux de la mise que le Souverain y donne, sans enquerir la bonté intrinseque; qui est ce que dit la loi premiere *ff. de contr. empt.* que telle nature aïant la marque publique, satisfait à l'usage & proprieté des hommes par sa quantité, & non par sa substance. Aussi il sembleroit que ce fût aucunement entreprendre sur l'autorité du Souverain, s'il étoit loisible au sujet de faire essai de la bonté de l'or ou de l'argent; & seroit contrôler & blâmer le témoignage que le Roi par sa marque a donné à la valeur de chaque piece. Pourquoi le retraïant n'est tenu de païer en mêmes sortes d'especes que l'achat a été fait; comme *verbi gratia*, s'il avoit été fait en écus vieux du poids de trois deniers, ou en francs d'or du poids de deux deniers vingt grains, le retraïant seroit quite en baillant des écus au soleil selon la proportion de la valeur extrinseque & mise que le Roi a octroïé aux unes & aux autres especes. Et sur le debat qui une fois avint entre Madame Marie d'Albert, Duchesse de Nivernois, Comtesse de Dreux, voulant exercer la retenuë feodale, & un Gentilhomme aquereur d'un fief, qui avoit fait le païement en écus de France à la marque du porc-épic le muffle contremont: car il y en a d'autres esquels le porc-épic est passant au-dessous de l'écu, & l'une & l'autre marque est du Roi Loüis XII. & vouloit être remboursée en écus de même marque; il fut jugé par Arrêt qu'il se rembourseroit en écus au Soleil du coing du Roi. De grande ancienneté, même du temps du Roi Philippes le Bel, qui pour un temps empira & affoiblit ses monnoïes, qui a donné cause à Dante Poëte Italien de l'appeller falsificateur de monnoïe, les sujets de ce Roïaume faisoient leurs marchez & convenances à forte & foible monnoïe; & en ce temps lesdits sujets demandoient & prenoient raison entr'eux sur la bonté intrinseque, pour connoître de quelle loi chaque piece étoit. En plus grande ancienneté, quand les grands Seigneurs de France avoient droit de forger & battre monnoïe, ils traitoient avec leurs sujets de la loi, qui est la bonté intrinseque, du poids & de la mise des monnoïes. J'ai vu le double d'un traité à ce même effet entre le Comte de Nevers & le chapitre de l'Eglise dudit lieu. Ou bien les marchez se faisoient à monnoïe de tel, ou tel lieu, selon que les contractans sçavoient la loi & bonté des monnoïes des lieux, comme à livres de Nevers, livres de Gyen, livres de Troïes. Mais si le païement avoit été fait en écus, ou autre sorte de monnoïe d'or ayant cours, & que le contrat en fût chargé, & le témoignage en fût certain, je croi que le retraïant pourroit être contraint de rembourser en monnoïe d'or ayans cours, bonne & loïale, & ne seroit tenu l'aquereur recevoir monnoye blanche ou de billon. Car il pourroit alleguer son interêt, que telle monnoye est de plus difficile port, tant pour le poids, que pour la montre, entant qu'il est perilleux d'aller par pays avec apparence de porter deniers: aussi il y va plus de temps à compter, à peser & examiner si les pieces sont loïales; ou s'il en a affaire en pays étrange. Qui est ce que dit la loi *Paulus ff. de solut. non est cogendus creditor in aliam formam nummos accipere, si in ea re damnum aliquod passurus sit.*

QUAND LE SEIGNEUR DIRECT fait grace du quint, ou lods & ventes à l'aquereur, si le retrayant doit avoir la même grace?

CLXXXIV.

Le quint denier, & les lods & ventes sont établis & arrêtez par la Coutume à somme certaine, correspondante au prix, quand le vendeur & l'acheteur ont été d'accord. En la grande ancienneté, quand le Seigneur ne pouvoit vendre sans le consentement du Seigneur, à peine de Commise, *[illegible] miles. in cap. de feudo sine [illegible]* les Seigneurs vendoient ce consentement selon le prix dont ils pouvoient être d'accord avec les Seigneurs utils. Et en ce temps là je croi que le retrayant devoit avoir la même composition : car telle composition n'avoit autre pié, ni fondement [illegible]

[illegible]

commun accord des deux : *& hoc erat verum pretium ad conſenſum obtinendum*, comme il eſt raiſonné *in l. ſi voluntate. C. de reſcind. vend.* Mais depuis par bonne police, & afin de faciliter les commerces pour la conſervation de la ſocieté des hommes, ces compoſitions ont été reduites à proportion certaine, à ſçavoir du quint denier en fief, & du douziéme denier en cens, qui ſont les lods & ventes : & dés lors on a commencé à dire, que les fiefs étoient patrimoniaux, & qu'ils pouvoient être alienez ſans peril de Commiſe, dont eſt parlé en l'article 17. au chapitre *Des fiefs*, de la Coûtume 1534. Puis que le prix de l'inveſtiture eſt certain, le Seigneur ne fait tort au vaſſal de lui faire païer le taux de la Coûtume. S'il lui en remet quelque partie, il fait grace à l'aquereur, dont il eſt obligé au Seigneur, pour le bienfait reçû. Toutes graces & bienfaits ſont perſonnels, & n'outrepaſſent la perſonne qui les a reçûs, *l. Lucius. in verb.* CARIZOMAI, *ff. de ſervit. ruſt. prad. l. cùm patronus. ff. de legat.* 2. Pourquoi il faut dire que le retraïant doit rendre à l'aquereur le quint denier tout entier, ſans joüir de la même grace ; car l'aquereur tient cette grace *in recondito*, pour s'en ſouvenir, & à toûjours en ſçavoir gré & rendre ſervice au Seigneur duquel il l'a reçûë. Je mettrois volontiers une exeption, ſi le Roi, ou autre grand Seigneur aïant Chambre de Comtes, avoit donné pouvoir general aux gens de ladite Chambre, ou bien à autres perſonnes ſingulieres de recevoir les hommages, & faire grace d'un tiers, ou d'un quart des quints deniers. Car en ce cas la liberté du Roi ou autre Seigneur étant generale ſe doit auſſi bien étendre envers le retraïant, comme envers le premier aquereur ; parce qu'il n'y a gratification d'aucune perſonne en particulier, *& quod indefinitè dictum eſt, generaliter eſt intelligendum. l. ſi ſervitus. ff. de ſervit. urb. prad.*

QUAND LES PARENS EN *pareil degré & pareille diligence ſont reçûs à retraire par égales portions, ſi on ſera reçû à retraire* pro parte, *ou outre le gré de l'aquereur ?*

CLXXXV.

L'ARTICLE 17. au chapitre *De retrait lignager*, de l'an 1534. dit que ſi pluſieurs parens ſe trouvent en même degré de lignage & même diligence pour retraire, qu'ils retrairont par égales portions. Cela eſt fondé en la raiſon de droit écrit, qui eſt quand aucun droit eſt aquis à pluſieurs perſonnes, à chacune ſolidairement & pour le tout ; ſi ces perſonnes ſe trouvent concurrentes, par la concurrence elles font part l'une à l'autre, & ſe font les portions égales, *l. ſi finita. §. ſi ante. ff. de damno infecto, l. conjunctim. ff. de legat. 3. l. 1. §. interdum. ff. de uſufr. l. unica. §. ſi verò non omnes. C. de caduc. toll.* que ſi à pluſieurs ainſi concurrens le retrait a été ajugé, la queſtion eſt, ſi l'un des lignagers ſe preſente pour retraire la moitié, & l'autre ne ſe preſente, l'aquereur ſera-t'il tenu de delaiſſer la moitié à celui qui ſe preſente ? De prime-face ſembleroit, puis que la Coûtume les reçoit chacun par moitié, que celui-ci ne puiſſe être contraint de retraire plus que ſa moitié. Mais la verité eſt que l'aquereur n'eſt tenu ſe deſiſter d'une partie, ſinon en prenant par le lignager le tout, & païant auſſi tout le prix ; *quià niſi totum prædium empturus non erat, l. tutor. §. 1. ff. de minorib. & ne invitus incidat in communionem, l. ſi non ſortem. §. ſi centum. ff. de condict. indeb. & quià plerumque ex communione ſolent oriri contentiones & diſcordiæ, l. cùm pater. §. dulciſſimus. ff. de legat. 2. l. ſancimus. §. ne autem. C. de donat. Et quià prædium totum emit, propinquus aut totum retrahat, aut à toto abſtineat, arg. l. Celſus. §. item. ff. ad exhib. & l. ſi impubes. ff. de Carbon. edicto.* Ainſi fut jugé par Arrêt ſolemnel ſur un appel venant de Blois le 14. jour d'Aouſt de l'an 1568. Monſieur le Preſident de Harlai prononçant. La queſtion ſeroit plus grande ſi l'aquereur ne vouloit delaiſſer le tout, ſe contentant de delaiſſer la moitié, & ledit lignager voulût retraire le tout. Mais je croi que ſi l'un deſdits deux lignagers concurrens vouloit retraire le tout, qu'il contraindroit l'aquereur de lui delaiſſer le tout, *tum quià ſi ab initio ſolus ad retractum acceſſiſſet, ſolus totum abſtuliſſet ; tum quià, ſingulis propinquis ſolidum jus eſt quæſitum, & per accidens, nempè per concurſum partes invicem ſibi faciunt ; quo concurſu ceſſante ſupereſt jus primarium quod ſolidum cuique attribuit : tum quià hoc ut partes faciant eſt introductum in favorem propinquorum concurrentium, non in favorem ejus cui prædium per retractum aufertur.*

SI RENTE CONSTITUÉE A PRIX *d'argent peut être faite fonciere, & non rachetable ?*

LCXXXVI.

LES rentes volantes, qui ſont conſtituées à prix d'argent, ont été inventées & tolerées pour faciliter les commerces, & donner occaſion de faire trotter l'argent, & pour temperer la grande rigueur des Canoniſtes au fait des uſures, ſelon laquelle rigueur preſque tous les contrats des hommes étoient ſujets à recherche. Les mêmes Canoniſtes y ont apporté un temperament, en autoriſant les rentes conſtituées à prix d'argent, par les deux Extravagantes *regimini de empt. & vendit.* Car ces rentes ſont *ad inſtar* des uſures, entant que le denier engendre profit, mais la titannie du creancier eſt coarctée, en ce qu'il ne peut repeter ſon ſort principal, & le detteur le païe quand il veut. Les Romains indifferemment ont toleré les uſures, *etiam* en prêt de deniers, pourvû que ce fût avec ſtipulation ; parce que la nature du contrat de prêt rejette les uſures, étant le prêt gratuit, *l. quamvis. C. de uſur. l. Titius. ff. de praſcript. verb.* & és contrats de bonne foi & en faveur des mineurs quand il y a demeure de païer, *l. in bona fidei. C. eod. de uſur.* Même les Empereurs Chrétiens ont toleré les usures en tous contrats, mais avec certaines regles & avec mesure selon la qualité des negoces & des personnes ; ainsi qu'il est traité *in l. eos §. super usurarum. C. de usur.* qui est de Justinian. Les rentes constituées à prix d'argent, si elles sont en deniers douziéme du sort principal, elles répondent à peu prés aux usures que les Romains apelloient *besses* : si elles sont au denier quinziéme, elles répondent à peu prés aux usures qu'ils appelloient *semisses*. La distance & difference de la proportion vient de ce que les Romains stipuloient & prenoient leurs usures à raison de tant par mois, *l. lecta. ff. si cert. petatur* : mais nous le prenons à raison de tant par an. Les Romains appelloient l'usure centiéme, qui par chacun mois rapportoit la centiéme partie du sort principal ; c'est douze pour cent par an. L'usure *besse* étoit qui rapportoit les deux tiers de la centiéme par mois ; car *bes* fait les deux tiers des *as*, qui est composé de huit onces, qui font les deux tiers de douze ; c'est huit pour cent par an. Ainsi l'usure semisse fait la moitié de la centiéme ; car *semis* fait la moitié de *as*, qui font six onces ; c'est six pour cent. Mais la proportion du denier pour douze fait huit & un tiers pour cent par an ; & la proportion d'un denier pour quinze, fait six & deux tiers pour cent, lesquels taux d'un pour douze, & d'un pour quinze sont les plus communs & accoûtumez en fait de rentes constituées : qui est un autre argument, que ces rentes constituées à prix d'argent sont subrogées au lieu des usures. Aussi quand on y applique quelque clause, pour les rendre plus avantageuses au profit du creancier, elles sont dites usuraires & réprouvées, *quia facilè degenerant in crimen usurarum* ; même quand la faculté de racheter n'est pas en la pure & entiere liberté du detteur. Mais quand le profit qu'on en doit prendre, n'est pas *ad instar* des usures & du profit engendré par deniers, ains correspondant au profit que communément on prend du revenu des heritages, je croi que telles rentes ne sont sujetes aux regles de rentes constituées à prix d'argent. Comme, *verbi gratia*, l'estimation commune d'un heritage se fait selon le revenu que l'heritage peut apporter en vingt ans ; comme il se peut recueillir par calcul subtil, *in l. Papinianus. §. undè. ff. de inoff. testa.* & il se dit plus clairement *in Authent. de non alienand. cap. quià verò Leonis. 5. coll. 2. & glossa ult. in Auth. perpetua. C. de sacros. Eccles.* Aussi selon le revenu annuel l'heritage doit être prisé & estimé, *l. si fundum. 2. ff. de legat. 1.* S'il avient qu'aucun desirant aquerir rente fonciere, baille au proprietaire de l'heritage qui a affaire d'argent, autant que son heritage peut valoir à vendre pour une fois, ou approchant ; & moïenant cette somme de deniers il stipule, & lui est promis rente correspondante au vingtiéme denier du sort principal par lui déboursé, avec paction que telle rente sera fonciere & non rachetable ; je croi que telle paction est licite & valable, comme contenant vrai achât de proprieté. Aussi il se dit, qu'il n'y a chose qui défigure plus une vente, que la grande vilté de prix, & qui la fasse plûtôt degenerer pour être reputée vicieuse. Ainsi dit-on quand il se trouve écrit que l'un vend son heritage à vil prix, & par le même traité il y a réemeré, & le vendeur reprend son heritage à titre d'accense, l'accense correspondant au sort principal selon le taux commun des rentes constituées ; que tel contrat n'est reputé vente, mais pignoratif, ou comme constitution de rente à prix d'argent rachetable à toûjours : qui est la pratique de la loi troisiéme, *C. plus valere quod agitur* ; & ainsi a accoûtumé de juger la Cour de Parlement.

QUAND LE RETRAYANT devient Religieux profez, ou meurt délaissant heritiers qui ne sont au degré de retrait, avant le retrait ajugé.

CLXXXVII.

L'Action de retrait lignager n'est pas proprement comptée au rang des biens & facultez du parent ; parce qu'elle n'est en commerce : & n'est octroyée pour interêt pecuniaire, ains seulement pour l'affection que le lignager peut avoir de recouvrer un heritage qui a appartenu à ses ancêtres. Pourquoi selon les regles de droit l'heritier ne succede pas au droit de telle action, sinon que l'action ait été contestée par le défunt, ou que l'heritier se trouve en tel degré, que de son chef il soit recevable au retrait ; auquel cas il n'y viendra pas comme heritier ; mais comme lignager. Par les loix Romaines la contestation d'une cause oblige les deux collitigans l'un à l'autre, comme par contrat : qui est ce qu'on dit *judicio quasi contrahitur*, *l. licet. §. idem scribit. ff. de peculio* : & par cette raison selon lesdites loix, les actions qui n'ont accoûtumé de passer aux heritiers, aprés la contestation sont faites hereditaires, comme si c'étoit droit aquis par contrat, *l. ult. in fi. ff. de fid juss. tut. l. omnes. & l. sciendum. ff. de act. & oblig. l. unica. C. ex delict. defunct.* Combien que la contradiction des litigans fasse proprement la contestation, *l. rem non novam. §. patroni. C. de judic. cap. bonæ 2. ext. de elect.* Toutefois la nouvelle Coûtume de Paris, article 104. a interpreté la contestation être, lors que le Juge, aprés avoir oüi les parties en leur contention & controverse, appointe icelles parties, & les regle. Et il semble qu'il se diroit plus proprement que le Juge en ce cas declare la contestation être close, que non pas de dire que lors soit la contestation, d'autant qu'à bien dire les parties contestent. Doncques l'action de retrait lignager simplement intentée & non contestée n'appartiendra pas à l'heritier *jure hereditario*, ainsi que par lesdites loix Romaines il se dit que les droits & actions, qui consistent en la seule affection du demandeur ne passent pas aux heritiers, sinon aprés contestation, *l. ut si cui. 12. ff. de verb. signif. l. penult. ff. de popular. act. l. injuriarum. 13. ff. de injur. & in genere, quæ jura personas personaliter respiciunt, ad heredes non transeunt, l. cùm patronus. ff. de legat. 2. l. penult. ff. de servit. legata, l. in omnibus. 69. ff. de regul. jur.* Pourquoi si le retrayant decede avant conteſtation, l'action demeurera perie ; ſi ce n'étoit que l'heritier de ſon chef ſe trouvât en degré habile, pour exercer le retrait. L'enfant qui eſt au ventre de la mere, dedans l'an du retrait, *etiam* qu'il ne fût conçû lors de la vente, eſt recevable au retrait, & peut le pere au nom de ſon enfant intenter l'action du retrait, qui toutefois aura ſon effet ſuſpendu juſques à la naiſſance, par laquelle ſe connoîtra s'il étoit conçû au temps que le retrait a été intenté. Car le droit de retrait eſt concedé au lignage, & ceux qui ſont au ventre de leur mere ſont tenus pour naîs, quand il eſt queſtion de leur profit.

SI L'HERITAGE RETRAIT PAR lignage eſt heritage propre quant à tous effets, pour ſuceſſion, pour teſtament, pour autre retrait?

CLXXXVIII.

Le principal effet du retrait lignager eſt pour remettre & faire rentrer au lignage l'heritage, qui en a été mis dehors. Si eſt-ce que le retraïant, qui par ſon labeur ou épargne ſe trouve avec deniers comptans, qu'il pourroit emploïer, s'il vouloit en achât d'heritage étranger, qui lui ſeroit vrai conquêt, dont il pourroit diſpoſer librement, ne doit être enſerré & coarcté en ſa liberté, pour être preciſément adſtraint de ne pouvoir diſpoſer de cét heritage, non plus que d'ancien heritage propre. La Coûtume nouvelle de Paris, article 139. par bonne & raiſonnable police a temperé cette liberté pour la ſucceſſion ; à ſçavoir que l'heritier des propres y ſuccedera, mais ſera tenu dedans l'an & jour païer à l'heritier des conquêts, le prix dudit heritage. Car il eſt à croire que celui qui aquiert, deſire laiſſer ſon aquêt à celui qui par la Coûtume y doit ſucceder, *l. conficiuntur. ff. de codicill.* & par ce temperament l'un & l'autre heritier ſe doit tenir ſatisfait. Je croi qu'il eſt bien à propos qu'en nôtre Coûtume ainſi ſoit jugé : non pas que la Coûtume de Paris nous doive ſervir de loi ; car le peuple de la Prévôté de Paris n'a aucune ſuperiorité ſur le peuple de ce païs ; & en fait d'Etats & de Coûtume ils ſont à parti pareil. Mais comme en la France coûtumiere nous nous ſervons des loix des Romains, pour la raiſon politique qui y eſt ; ainſi la Coûtume de Paris aviſée, deliberée, & directée par perſonnages de grand & excellent ſçavoir & de grande experience, nous doit ſervir de raiſon pour juger és cas, eſquels nôtre Coûtume ne diſpoſe rien. Quant à teſtament, je croi que l'heritage retrait par lignage doit être cenſé vrai conquêt, en ſorte que le retraïant en puiſſe diſpoſer pour le tout, à qui bon lui ſemble, comme de ſon vrai aquêt, venu de ſon épargne ; en quoi il a pleine & entiere liberté. Et n'eſt conſiderable ce qu'on voudroit dire, qu'il le met hors du lignage. Car celui à qui l'heritage eſt venu par ſucceſſion, & pour lequel avoir n'y a rien de ſon labeur, induſtrie & épargne, peut toutefois par donation entre-vifs donner ſondit heritage à qui bon lui ſemble, ſans que le lignager ſoit reçû à le contredire, ni à le recouvrer. Par même raiſon peut être loiſible à l'aquereur de donner pour cauſe de mort, ou en teſtament, l'heritage qu'il aura eu par retrait : car en effet c'eſt ſon aquêt. Quant à retrait lignager, la Coûtume y eſt formelle en l'article 24. que ſi le retraïant vend l'heritage par lui retrait à autre qui ne ſoit du lignage, il eſt ſujet à retrait. Et ſi derechef il étoit vendu par ce ſecond retraïant, je croi que le premier vendeur ne ſeroit recevable au retrait lignager, par l'argument de la loi *cùm pater. §. libertis. ff. de legat. 2.* & en ces mots *perabſurdum eſt ut ab altero partem alienatam petat, cùm partem ſuam alienando perdiderit ; fideicommiſſum erat ut in familia remaneret.*

QUAND HERITAGES PARTIE retrayables, partie non, ont été accommodez l'un avec l'autre, ſi le retrayant eſt reçû à demander l'un ſans l'autre?

CLXXXIX.

Nostre Coûtume eſt fort à l'étroit, quant au retrait lignager : car elle ne l'octroïe ſinon dedans le ſixiéme degré de lignage, & à ceux qui ſont deſcendus en ligne directe de l'aquereur de l'heritage. Or il ſe pourra faire que le vendeur, ou ſon pere, duquel le retraïant ne ſera deſcendu, aura accommodé quelques heritages de nouveau à cét heritage anciennement aquis, & non ſeulement par ſimple deſtination, mais par union & conſolidation les aura tellement conjoints, que la ſeparation rendroit l'un, ou l'autre inutile, ou grandement incommode. Cela avenant, on demande, ſi le retraïant ſera recevable à vouloir retirer ce qui ſera ancien, & delaiſſer à l'aquereur ce qui eſt de nouveau accommodé. Ou bien, en cas que le retrayant veüille bien tout retraire, ſi l'aquereur pourra retenir ce qui eſt de nouveau non ſujet à retrait, & delaiſſer ſeulement l'ancien. Surquoi je voudrois prendre les conſiderations ci-aprés ; ſi ce qui eſt d'ancien, eſt la principale piece de ce total tenement, ou domaine ; comme *verbi gratia*, la maiſon ſera ancienne, & de nouvel on y aura agencé un jardin, une étable, ou autre aiſance ; en ce cas je croi que ni le retrayant, ni l'aquereur ne pourront ſeparer, ſinon avec le gré l'un de l'autre, ains devra l'un tout retraire, & l'autre delaiſſer tout ; le tout ayant été acheté par une ſeule vente & un ſeul prix ; car le jardin, ou l'étable eſt acceſſoire, & fait portion de la maiſon, *tum* par la deſtination du pere de famille, *tum* par le moïen de la commodité & de l'uſage, *l. prædiis. §. Titio. §. balneas, & §. ſeq. ff. de legat. 3. l. ſi cui ædes. eod. tit. Et generale eſt ut acceſſio ſequatur naturam principalis, & ut una res prævalentiam aliam rem ad ſe trahat, ut ex duobus, quæ aliquandò ſeparata fuerunt, fiat unum corpus, & una res, & fiat dominus totius, qui aliquandò fuerit dominus principalis rei sub onere satisfaciendi in pecunia, l. in rem. §. in omnibus. ff. de rei vendicat. Id quòd non solùm locum habet in corporibus, quæ per artificium hominis in unam massam rediguntur & coagmentantur, ut est domus navis; sed etiam in corporibus distantibus, & quæ sibi invicèm connnexa non sunt, sed alterum ad alterius usum ex ratione civili necessariò paratum est; sicut dicimus villam, id est ædificium quod ruri habetur, fundi accessionem esse, & fundi partem esse, l. fundi. ff. quib. mod. usufr. amitt. l. si ita testamento. §. ult. ff. de fundo instructo* : & par cette occasion se doit dire que la chose est individuë, *non natura, sed ex civili ratione*. Comme aussi la même raison civile fait individuës aucunes choses, qui de soi se peuvent separer, à cause de l'interêt de celui qui a contracté de bonne foi, & n'eût voulu aquerir une partie sans aquerir le tout; auquel cas se dit qu'il faut ou lui ôter tout en le remboursant, ou lui laisser tout, *l. tutor. §. 1. ff. de minorib. l. si quis aliam. ff. de solut. l. si impuberes. §. quoties. ff. de Carbo. edict.* Et ailleurs se dit, quand la separation apporte incommodité, non pas d'interêt pecuniaire, mais d'affection, que la separation ne se doit faire, *l. quæsitum. §. sed an instrumenti. ff. de fundo instructo.* Doncques me semble que si ce qui a été agencé est de telle nature, que sans icelui ce qui est d'ancien heritage soit inutile, ou grandement incommode, & que cét agencement ne soit pour appporter profit de par soi, qui fût considerable, selon l'état des choses que le retraïant sera tenu de prendre tout, si l'aquereur veut le tout delaisser. Et s'il ne vouloit le tout delaisser, que le retraïant le peut à ce contraindre par l'office de Juge, *ne malitiis hominum indulgeatur, qui pluris habent alteri nocere, quàm sibi prodesse.* Ce que la loi rejette, *l. in fundo. ff. de rei vend. Et quià etiam in divisione rei communis, si res commodè dividi non potest, cogitur alter æstimationem rei suæ recipere; quamvis alioqui quoquomodo dividi posset, l. ad officium. C. comm. divid.*

QU'EN EXECUTION DE BIENS meubles, il y a deux sortes de garnison de main : l'une de la main de justice; & l'autre de la main du creancier.

C X C.

AUPARAVANT l'Ordonnance de l'an 1539. article 68. on pratiquoit simplement la garnison de la main de justice, c'est à dire, que le Sergent prenoit & saisissoit les meubles du detteur sous la main de justice; les déplaçoit, & les mettoit en depôt en tierce main. Par lad. Ordonnance de l'an 1539. audit art. 68. autre garnison estoit ordonnée, pour estre faite és mains du creancier en baillant caution : auquel effet les meubles sont vendus pour en faire deniers, que le creancier recevra en forme par garnison de main. La sequestration se peut faire par le Sergent, quand il execute en vertu d'instrument autentique; & n'est tenu de recevoir le detteur à opposition, jusqu'à ce que la main de justice soit garnie; & peut passer outre à garnir, nonobstant opposition ou appellation, par l'Ordonnance du Roy Cherles VII. article 12. Mais l'autre garnison qui se fait és mains du creancier aprés la vente des meubles, doit estre ordonnée par le Juge aprés sommaire connoissance de cause, c'est à dire, aprés avoir vû l'obligation autentique, où sedule reconnuë, & sans y recevoir exceptions du detteur,, qui soient sujets à longue inquisition, *l. 3. §. idem. ff. ad exhib. l. si is à quo. ff. ut in possess. legat.* Et si le detteur requiert le serment du creancier pour verifier l'exception par lui alleguée, le Juge recevra cette requête, pourvû que le creancier ne soit demeurant en grande distance du lieu. Et ainsi fut jugé par Arrêt en plaidant, le Vendredi 21. Juin 1568. sur un appel venant des Presidiaux de Bourges; la sentence desquels fut infirmée, & celle du Prevôt de Bourges confirmée, par laquelle il avoit jugé la provision, sans avoir égard à la requête du serment, le creancier étant demeurant à vingt-cinq lieuës. Comme aussi provision ne doit estre faite sur un contrat, duquel le vice apparoît à l'œil; comme si c'est alienation de bien d'Eglise sans decret; par Arrest, plaidans Robert & Dupui, du Mardy 8. Juillet 1544. De même, si le contrat ou obligation se voit estre prescripte, & on ne montre sur le champ l'interruption; par Arrest du 25. Janvier de relevée 1543. La premiere sorte de garnison est vray sequestre, comme en main & sous l'authorite de justice. La seconde sorte de garnison est *ad instar* de recreance, d'autant que durant le procez on rend le creancier joüissant de ce qu'il demande, comme ayant son droit clair & apparent Vrai est que la caution qu'il baille, & la constitution par laquelle il il se rend depositaire de biens de justice, sujet à emprisonnement, en cas que par la diffinitive il faille restituer, font que le creancier est comme un tiers. Cette provision par la vente des meubles pris par execution & consignation de deniers és mains du creancier, est tres-raisonnable. Car si autrement estoit, les meubles demeurans toûjours sequestrez seroient sujets à peril de perte & deterioration. Auquel cas les loix commandent la vente des meubles, en attendant la décicision du principal. Et proprement en est la décision *in l. si magistratus. ff. de privileg. cred.* où il est parlé non seulement de la vente des meubles, mais aussi de la deposition des deniers és mains du creancier. Et quant à la vente des meubles perissables, il en est dit *in l. Aristo. in fi. & in l. seq. ff. de jure delib. l. is cui. §. qui legatorum. ff. ut in poss. l. lex quæ. in fi. C. de adm. tut.*

COMME SE PEUT FAIRE execution sur les biens d'un decedé?

C X C I.

L'EXECUTION qui se fait és biens d'aucun à deux chefs principaux; l'un pour la saisie des meubles & sequestration ou dépôt d'iceux en main tierce; l'autre pour la vente d'iceux au dixiéme jour, s'il n'a opposition, ou autre empêchement. La sequestration se fait pour éviter que le detteur, ayant toûjours les meubles en sa puissance, ne les distraye & les détourne, & rende l'execution illusoire;& encore parce que le creancier ne peut aquerir droit réel de gage, ou hypoteque sur les meubles par la seule parole, mais il est besoin qu'il y ait transport ou déplacement par la raison de la loi *non est mir. ff. de pig. act.* & par la regle de la pratique de la France, *Meuble n'a suite par hypotheque*. Aussi il se dit, que de deux creanciers faisans executer, celui qui premier fait déplacer les meubles saisis, est à preferer. A l'égard de la sequestration je croi qu'il ne faut suivre la regle, qui dit, que toute execution cesse par la mort du detteur. Ains il est bien à propos de dire, que le creancier peut faire saisir & sequestrer les biens meubles qui sont de l'heredité de son detteur, pour s'en asseurer & aquerir droit de gage sur iceux, & avec sa diligence estre preferé à un autre creancier. Et de vrai celui qui est heritier, ou est habile à l'estre, ne peut avoir dequoy se plaindre: car s'il est heritier, on ne lui fait point de tort, il doit; s'il n'est pas heritier, il n'a que voir esdits biens hereditaires. Et nul n'est recevable à se plaindre sans interest. Ce qui est pratiqué de faire declarer l'obligation executoire contre l'heritier, a lieu quand le creancier veut avoir son execution parée pêle mêle, sans distinction sur les biens de l'heredité, & sur les biens propres de l'heritier venans d'ailleurs que de l'heredité, parce que par l'adition d'heredité se fait confusion des deux patrimoines, qui deviennent un seul. Et à cet égard par l'Edit du 4. jour de Mars de l'an 1549. a esté abrogé l'article 72. de l'Ordonnance de l'an 1539. qui permettoit au creancier d'executer celui qu'il vouloit maintenir être heritier. Aussi nôtre Coûtume de l'an 1534. au chapitre *Des executions*, article 2. permet au creancier de saisir les biens hereditaires, quand il n'y a aucun heritier apparent. Et en l'article 12. dudit chapitre, permet de même, quand l'heritier est absent. Et seroit grand prejudice aux creanciers, s'il faloit differer la saisie des biens hereditaires, jusques aprés la declaration d'heritier. Car cet heritier fuyard pourroit cependant distraire & détourner les meubles, ou bien gratifier l'un des creanciers, en attendant de faire sa declaration, quand il le sentiroit prêt de saisir. Quant à l'autre chef d'execution, qui est pour la vente des meubles saisis, de vrai il est non seulement expedient, mais necessaire qu'il y ait un heritier declaré, ou au refus, ou delay de la declaration, qu'il y ait un curateur à biens vacans, qui soit legitime defenseur de l'heredité, pour connoître si ce poursuivant est vrai creancier, si sa dette est legitime, & s'il a reçû aucune chose. Et à cet égard, je croi que l'execution doit cesser par la mort du detteur, jusques à ce qu'il ait heritier, ou curateur à l'heredité jacente.

QUEL PRIVILEGE A LE SEEL Royal. Et s'il y a soûmission expresse, ou generale. Et pourquoi le séel emporte execution parée. Et que c'est de seel Autentique en l'Ordonnance de 1539?

CXCII.

Aucuns ont autrefois estimé que les executions réelles, qui se font en vertu d'obligations sous séel autentique, soient de droit étroit & odieuses, parce qu'elles sont contre le droit commun *quod vetat ab executione incipi*, *l. 1. C. de execut. rei judic.* & parce que selon le droit commun les instrumens n'ont execution parée, *l. minor annis 25. cui fideicomm. 40. ff. de minorib.* Et ainsi le disoit Monsieur le President Lizet, qui alleguoit ladite loi *minor*; & appelloit le droit commun le droit civil des Romains. Ses successeurs, mêmes Monsieur le President de Thou, n'ont pas estimé que le droit des Romains fût le droit commun: ains ledit sieur de Thou l'appelloit la raison écrite; parce que les loix des Romains n'ont force auprés de nous que pour la raison. Mais à prendre l'antiquité de nôtre France plus haut, nous trouverons que ce n'est pas l'instrument comme instrument qui emporte execution parée; ains l'execution se fait comme pour chose jugée. En cette grande ancienneté l'usage des Notaires n'étoit pas, ou n'étoit pas si commun. On se contentoit pour témoignage du contenu en l'instrument d'apposer le séel: & se voient encore plusieurs instrumens auparavant deux cens ans, tant de contrats passez sous séel autentique, que mandemens & lettres de Princes & grands Seigneurs, esquels il n'y a autre témoignage de l'autenticité que le séel. En ce temps-là les contractans de droite voye alloient devers le garde du séel aux contrats, & pardevant lui faisoient leurs convenances, à l'observation desquelles ledit garde du séel les condamnoit comme en Jurisdiction volontaire. Ce stile ancien est encore demeuré en Poitou & Angoumois, où la condamnation est, & tant esdites Provinces qu'en autres, le garde du séel use de ces mots, *Comparans en droit & jugement pardevant nous, &c.* Et se voit encore au Duché de Bourgogne qu'il y a un Juge particulier destiné pour la Chancelerie, qui connoît de tous contrats. De ce même temps l'usage est venu que tels contrats passez sous séel autentique emportent execution, comme en chose jugée. Joint que *etiam* selon le droit civil des Romains *in jure confessi pro judicatis habentur*, *l. debitoribus. ff. de re judic.* Et en consequence a été observé qu'un Sergent ne pouvoit executer en vertu d'une obligation, si elle n'étoit séellée. Et sur la Requête du Procureur General du Roi fut ainsi ordonné és Grands-Jours de Moulins, le 14. jour d'Octobre 1550. Rebuffe en son Commentaire sur les Ordonnances, *tract. de litter. obligat. art. 2. gl. unica num. 84. tomo 1.* allegue un vieil Arrêt de l'an 1352. du premier Decembre. Depuis peu de temps y a eu des Edits & des Arrêts de la Cour au profit des Gardes des seaux, qui ont renouvellé lesdites défenses & nullitez des executions, qui se feroient en vertu de contrats non séellez. Pourquoi il semble que nous devons juger les executions, qui se font en vertu d'instrument sous séel autentique, comme les executions qui se font en vertu de sentences & choses jugées : & est mal à propos qu'en pratique nous usions du mot, *garentigionata instrumenta*, dont usent les Docteurs ultramontains ; puis que nous avons des dictions propres en nôtre langue, & que nos loix ne sont semblables à leurs loix, ni à leurs statuts. De ce que dessus dépend ce qui est dit en l'Ordonnance de l'an 1539. article 66. Que le séel non Royal n'est autentique pour avoir execution parée sur celui, qui lors de l'obligation n'étoit domicilié au lieu où le séel autentique. Comme s'il vouloit, dire la garde du séel est Juge volontaire incompetant sur celui qui n'est pas domicilié en son détroit. Aussi de ce que dessus dépend ce qui est de long-temps observé, que les contrats passez sous séel Ecclesiastique entre laïs n'ont aucune execution parée, ni hipoteque, ni provision. Ainsi le jugea la Cour par Arrêt entre Corbin & Pelisson, le Lundi 12. jour de Mai 1533. On a voulu inferer que le séel attribuoit Jurisdiction, c'est à dire, que le Juge du séel doit connoître des debats qui interviennent sur l'accomplissement des obligations & contrats, comme un Juge connoît de l'execution de ses jugemens. Et de fait, les gens du Roi disent, que le séel Royal emporte soûmission tacite. Mais en une plaidoirie du Lundi 9. jour de Février 1550. à laquelle j'assistois, fut jugé au contraire pour les Religieuses de Chelles, appellantes du Bailli de Valois, & le Procureur General du Roi prenant la cause pour son Substitut audit Bailliage : & fut dit, mal jugé par ledit Bailli, qui avoit dénié au sujet desdites Religieuses le renvoi requis par lui & elles, sous pretexte que ledit sujet étoit convenu en vertu d'instrument passé sous séel Royal, qui ne portoit soûmission expresse à la Jurisdiction Royale. Et aprés l'Arrêt prononcé, Monsieur le President le Maître fit cette distinction, quand un sujet du Roi se soûmet à autre Juge aussi Royal que la soûmission ne vaut. Mais quand le sujet du Seigneur inferieur se soûmet par aprés à la Jurisdiction Royale, que la question avoit été appointée au Conseil. Ce fut és grands-Jours de Moulin, de l'an mil cinq cens cinquante entre Monseigneur le Duc de Nivernois & le Chapitre de Nevers. Esdits grands-Jours le Samedy vingt-cinquiéme jour d'Octobre de l'an mil cinq cens cinquante, furent faites défenses aux Notaires de ne mettre aux contrats clauses obligatoires, même par les soûmissions, sans en être requis expressément par les parties. Ce fut en la cause de Monsieur le Duc de Montpensier. Vrai est qu'on tient pour certain que le séel de la Prévôté de Paris emporte de soi soûmission Autant en dit on du petit séel de Montpelier, & du séel des foires de Brie & Champagne. Mais cela s'entend entre les mêmes contractans, & non si un tiers étoit convenu, comme detenteur de l'heritage mentionné au contrat : & fut ainsi jugé par Arrêt du sixiéme jour de Mars de l'an 1542.

COMME LES CLERCS SONT *executables en leurs meubles, & s'ils peuvent s'obliger par prison?*

CXCIII.

L'Opinion qui a été autrefois prise, que les meubles suivent la personne, a engendré une autre opinion, que comme les personnes des Clercs vivant clericalement, ne peuvent être prises par le Juge lay ; aussi ne le peuvent leurs meubles. Et suivant ce, il y a une Ordonnance du Roi Philippes le Bel, du mois de Mars de l'an 1302. Depuis ce temps-là les coërtions & contraintes dont le Roi, les Cours de Parlement & Juges Royaux usent contre les personnes Ecclesiastiques ont été ainsi modifiées par saisie de leur revenu temporel, qui s'entend de leurs immeubles. Aussi de tout temps on a tenu en France, que les immeubles des Clercs sont de la Jurisdiction laye, & nullement de la Jurisdiction Ecclesiastique. Qui fait que l'Evêque n'a droit de saisie, ou prehension, ni de mission en possession sur les biens immeubles des Clercs, comme il est dit par une Ordonnance du Roi Philippes III. de l'an mil deux cens septante quatre du Mecredi veille de saint André. Cette opinion de ne saisir les meubles des Clercs pour leurs dettes, a été tenuë en pratique jusques à l'Edit d'Orleans de l'an 1560. & jusques aux redevances qui leur étoient dûës étoit pratiqué, qu'on ne pouvoit saisir les arrérages échûs, qui sont meubles ; mais bien les arrérages à échoir. On exceptoit un cas, quand le Prêtre ou Clerc étoit condamné en amende, ou en interêt civil pour crime ; que tout ainsi que sa personne pouvoit être apprehendée pour tenir prison, aussi pouvoient être pris ses meubles. Et ainsi fut dit par un Arrêt du deuxiéme jour de Juin, de l'an 1548. en plaidant. Mais par l'Edit d'Orleans fait és Etats, article 28. fut ordonné, que les personnes Ecclesiastiques pourioient être contraintes & executées indifferemment en leurs meubles, sauf és ornemens servans & destinez à l'Eglise, leurs livres & vêtemens ordinaires & necessaires. Ce qui a été aucunement renouvellé par l'Edit de Blois, article 57. Par lequel l'Edit de Blois se peut connoître & recueillir, que l'on n'a pas tenu les Etats d'Orleans pour bien legitimes, entant que plusieurs articles sont infirmes, autres renouvellez, comme si par cette nouvelle loi on leur eût donné force de loi, & qu'ils ne l'eussent pas auparavant. Doncques aujourd'hui les personnes Ecclesiastiques peuvent être executées en leurs meubles, autres que ceux exceptez par l'Edit d'Orleans & l'Edit de Blois. Celui de Blois parle un peu plus amplement. Celui d'Orleans excepte leurs livres & vêtemens ordinaires & necessaires. Celui de Blois dit en general, *meubles pour leur usage necessaire & domestique* ; & comprend lits, vaisselle, linge, & autres ustensiles

Ce qui semble bien raisonnable ; *quia publicè expedit ne homines ejus ordinis vel nimiam paupertatem, vel ignominiam patiantur.* Par ledit Edit de Blois, audit article 57. est dit, que les personnes constituées és ordres sacrés ne pourront être emprisonnées suivant l'Edit de Moulins de l'an mil cinq cens soixante six qui est l'Edit des quatre mois. Surquoi y avoit ja declaration & Arrêt de la Cour, dont la raison peut être, que sous une constitution generale ne sont comprises les personnes privilegiées, s'il n'y en a declaration expresse, ou clause generale bien pregnante, *l. obligatione. ff. de pignorib. l. bonis. ff. de privileg. cred.* Mais si l'homme d'Eglise par paction expresse s'oblige à la prison pour sa dette, il pourra être emprisonné à faute de païer. Vrai est qu'il devra tenir prison en la prison de son Evêque, & non pas en la prison laye. Et s'il étoit amené en la prison laye, le Juge lay le doit envoïer en la prison Ecclesiastique, & non pas l'élargir simplement. Suivant ce, le Samedi 14. jour de Février de l'an 1544. à la Tournelle fut dit, *Mal jugé par le Juge lay qui avoit élargi le Prêtre*, & fut dit qu'il seroit renvoyé és prisons Episcopales, pour y tenir prison jusques au payement. La question peut être, si nous devons pratiquer que les gens d'Eglise ayent le privilege qu'avoient les Gens-d'armes Romains, *ne teneantur, nisi in quantum facere possunt.* La glose & les Docteurs, *in l. miles. ad verbum facere potest. ff. de re judic.* tiennent qu'ils ont même privilege. Mais la Cour a modifié cette opinion, pour avoir lieu és dettes faites par le Prêtre pour l'utilité de son Eglise. Et qu'és autres dettes ils pratiqueroient, si bon leur sembloit, le chapitre *Odoardus. ext. de solut.* qui est une espece de cession. L'Arrêt fut pour les Barthons à la prononciation du 9. jour de Mars de l'an 1531. au rapport de Monsieur Bourgoing, mon oncle ; & je l'ai tiré de ses Memoires.

SI LA FEMME MARIE'E PEUT s'obliger par prison, & si elle est sujete à la rigueur de l'Edit des quatre mois ?

CXCIV.

Aucuns ont douté, si l'obligation par corps pour tenir prison est valable, & se fondoient sur la loi *ob æs. C. de act. & obligat.* Mais là il est parlé de la prison privée, qui autrefois a été en usage à Rome à faute de païer la dette, & le detteur étoit livré au creancier en servitude à temps, *Gellius. lib. 20. cap. 1.* Et en effet fait mention par Tite-Live, livre 6. decade 1. & depuis par autre loi fut dit, que nul ne pourroit être contraint par corps, sinon pour delit, comme recite ledit Tite-Live, livre 8. decade 1. Mais depuis les Romains ont mis en usage la prison pour dette, & ont aussi mis le remede, la cession de biens pour éviter la prison, *l. 1. C. de cess. bonorum.* Et nous l'avons ainsi pratiqué en France pour tenir prison en lieu public sous l'autorité de Justice, & non chez le creancier, qui est ce que défend la loi *ob æs. C. de actionib. & oblig.* Or la femme mariée doit service personnel à son mari ; pourquoi sembleroit qu'au prejudice de ce devoir, qui est inherent & de l'essence du mariage, elle ne pense s'obliger par prison. Car si la femme ne peut faire vœu *etiam* pour chose sainte, sans le congé de son mari *can. manifestum. can. est ordo. 23. quæst. 5.* il se peut dire qu'elle ne peut se soûmettre à la prison sans le consentement de son mari. Mais si le mari & la femme s'obligent ensemblement & par corps, je croi que l'obligation de la femme est valable, si autre chose n'y resiste. Car étant ensemblement prisonniers, ils ailderont l'un à l'autre de consolation ; & quand bien la femme seule seroit prisonniere, le mari n'auroit dequoi se plaindre, qui l'auroit consenti. Mais quand la femme n'est obligée par paction expresse à tenir prison, je croi qu'elle n'est pas sujete à l'Edit des quatre mois ; parce qu'il n'est pas vrai-semblable qu'elle soit comprise sous la loi generale ; attendu qu'il y a raison particuliere en elle. Ce que je voudrois entendre, quand elle est femme mariée, à cause de l'interêt de son mari. Mais si elle n'est mariée, je croi qu'elle n'est sujete à l'Edit des quatre mois. Car qui doit & ne tient compte de païer ou faire cession de biens, n'est pas sans suspicion de dol.

DE LA COERTION PAR CORPS, quand il y a dol, & quand la cession de biens ne delivre le detteur audit cas.

CXCV.

J'Ay autrefois appris de Monsieur Maître Gabriel de Marillac, Avocat du Roi au Parlement de Paris, (que je nomme avec tout l'honneur que je puis, tant pour sa prud'hommie & sçavoir, tous deux excellens, que pour le zele qu'il avoit étant en cét état d'enseigner les jeunes assistant aux plaidoiries,) Que par l'observance generale en France le dol est sujet à coertion par corps, ores qu'on agisse civilement & non criminellement : & ainsi fut jugé au fait d'un dépôt, qui se traitoit par action civile, le Jeudi 22. Janvier de l'an 1550. en la cause de l'execution testamentaire de l'Evêque de Conserans. Ce qui se rapporte assez aux loix des Romains, par lesquelles il se dit, quand le tuteur est convaincu d'avoir fait aucune chose en la tutelle par malefaçon, qu'il doit être puni exemplairement, *l. quamvis. ff. de reb. eorum. l. 1. §. ult. l. 3. §. tutores qui. ff. de suspect. tut. l. ob fænus. ff. de admin. tut.* Aussi en ce que la faute avec dol commise en certains contrats & negoces qui requierent abondance de bonne foi, rend infame celui qui a failli, aussi bien comme il seroit infame par le larcin, ores que les actions soient civiles, comme les actions *mandati pro socio tutelæ, & depositi, l. 1. ff. de his qui not. infam.* Et comme l'honneur étoit en recommandation aux Romains, ils ont estimé que toute cause qui importoit à l'honneur étoit capitale, *l. licet capitalis. ff. de verb. signif.* Ainsi il se dit du detteur, qui se trouve fraudateur, c'est à dire, qui à écient détourne & cache ses biens & moïens, pour frauder ses creanciers, qu'il doit être retenu prisonnier, sans être delivré par la cession, & en ce cas la prison lui est pour peine, *l. ult. ff. quæ in fraudem credit.* Combien qu'il se dise que la prison est établie pour la garde des prisonniers, & non pour la peine, *l. aut damnum. §. solent. ff. de pœnis.* Et dit la loi *in l. offa. ff. de religios. quòd is qui dolo fecit, sit extra ordinem plectendus.* Aussi disent les Jurisconsultes és delits privez, qui sont au rang du dol, (*quatuor enim sunt delicta privata quæ infamant, furti, vi bonorum raptorum, de injuriis, & de dolo*) que de leur temps vint en usage de les punir extraordinairement, combien qu'auparavant on en demandât raison, *l. ult. ff. de injur. l. ult. ff. de furt.* Or nous tenons en France que qui est condamné en amende pecuniaire envers le fisque, ou en reparation pecuniaire envers partie civile pour delit, qui n'est reçû à faire cession de biens pour éviter la prison : on allegue un Arrêt du 21. Octobre de l'an 1536. Et selon qu'il se dit en droit Civil, que ceux qui sont pauvres & n'ont moïen de païer l'amende pecuniaire, afin que leur pauvreté ne soit cause du contentement de la loi, doivent être punis en leurs corps à l'arbitrage du Juge, *l. 2. in fine, ff. de pœnis. l. si quis id quod. ff. de jurisd. omnium jud. l. ult. ff. de in jus voc. l. quicumque. C. de servis fugit.* Ainsi par l'Edit du mois de Mars de l'an 1549. sur le fait de la Justice criminelle, article 7. est dit que si aprés perquisition de biens il se trouve que les condamnez n'ayent moyen de payer, la peine pecuniaire doit être commuée en peine corporelle.

QUE L'OBLIGATION D'UN SEUL pour le tout a lieu en plusieurs cas sans convenance.

CXCVI.

SELON les anciennes loix Romaines, quand deux personnes ensemblément s'obligeoient pour une même chose, ores que ce fussent deniers, qui de leur nature sont dividus, chacun d'eux pouvoit être convenu pour le tout, *l. creditor. C. de duob. reis.* La Novelle constitution de Justinian reputée en l'Auth. *hoc ità*, a limité cette obligation solidaire, pour avoir lieu quand il y a convenance expresse qu'ils soient obligez un seul pour le tout. Les Docteurs disent outre, que s'ils ne renoncent expressément au benefice de division, ils en peuvent user ; mais nôtre Coûtume, au chapitre *Des executions*, article 10. a retranché cette difficulté, entant qu'elle dit, s'ils se sont obligez un seul pour le tout, ils ne peuvent user de benefice de division, combien qu'ils y ayent renoncé. Ce que dessus s'entend és negoces, affaires & choses dividuës, comme sont les deniers. Mais si la chose promise, ou le negoce dont on a traité, est individu ou de sa nature, ou pour l'interêt des contractans, il semble que chacun des detteurs est obligé pour le tout, ores qu'il n'y ait promesse expresse d'un seul pour le tout. Comme, si plusieurs sont compagnons & associez en une negotiation & marchandise, comme chacun des creanciers peut agir pour le tout, ainsi chacun des detteurs peut être convenu pour le tout. Ainsi fut jugé par Arrêt en plaidant le Mardi de relevée, premier Decembre, de l'an mil cinq cens cinquant'un. La raison y est, *quià socii omnes sunt vice unius persona, & perindè habetur quasi cum uno contractum sit ; & interest ejus qui credidit, ne per partes sibi debitum persequatur.* A quoi fait la loi *si unus. in princip. ff. de pactis.* Où si plusieurs ont promis faire un bâtiment, ou autre besogne individuë, je croi que chacun d'eux peut être convenu pour le tout, ores qu'il n'y ait promesse solidaire, *l. stipulationes non dividuntur. l. in executione. §. secunda. ff. de verb. obligat.* Toutefois en ce cas il est raisonnable de donner delai à celui qui est convenu seul, pour contraindre ses coobligez, & le temps passé il pourra être contraint pour le tout, *l. fideicommissa. §. si in opere ff. de legat. 3.* Mais si à faute d'accomplir la promesse il y a condamnation de dommages & intereêts, chacun des obligez y sera tenu pour sa virile ou contingente portion, *l. hæredes. §. in ea. ff. famil. hercisc.* De même si plusieurs sont obligez pour une redevance fonciere, chacun est tenu pour le tout par la Coûtume au chapitre *Des rentes & hipoteques*, article dernier. Mais si l'un des obligez est convenu pour le tout, & en païant lui est faite cession, ou en vertu de la loi la cession soit tenuë pour faite, il n'agira pas contre chacun des autres pour le tout, ains seulement contre chacun pour sa part, *ut in text. & glos. l. cùm pupillus. ff. de tutela & rat. distrah. & l. si plures. ff. de administ. tut.*

SI LE PROCUREUR PEUT retenir les pieces de sa partie pour son salaire ?

CXCVII.

LES Procureurs de plaidoiries ne doivent pas être censez comme ceux, à l'égard desquels *actio mandati directa, vel contraria competit* ; car ils reçoivent salaires, & sous l'attente d'iceux s'emploïent pour les parties. Ce qui est contraire au mandat. Car tout mandat est gratuit, & a sa source d'honnêteté & amitié ; & c'est chose contraire à amitié que le salaire, *l. 1. ff. mandati.* Doncques le negoce, qui est entre la partie & son Procureur, *magis spectat ad locationem operarum propter mercedem.* Et toutefois, parce que location est contrat de bonne foi, & que les Procureurs sont établis avec inquisition & sous l'autorité publique, semble qu'ils sont tenus de s'emploïer avec exuberance de bonne foi plus avant que ne feroit un simple mercenaire. Et parce que les instrumens & pieces des procez leur sont commises avec quelque assurance de fidelité, il sembl semble qu'ils ne les peuvent retenir pour leurs salaires. Il y en a ordonnance formelle, qui est d'un Roi Charles VII. en l'an 1453. articles 43. & 44. Mais s'ils ont fait quelques frais au procés, qu'ils ayent avancés de leur bourse, ils peuvent retenir les pieces pour lesquelles ils ont avancé, *l. quæ omnia. §. ult. cum l. seq. ff. de procurat.* Aussi la retention n'est octroyée de droit, sinon pour les frais faits à la conservation & amendement d'icelle. Ou bien si pour juste cause correspondante à droit de proprieté, la chose est mise en puissance d'autrui; pour le premier cas est le texte *in l. in hoc. ff. commun. divid. l. creditoris. in fine, ff. de furt. l. quod dicitur. ff. de impensis in res dotales fact.* Pour le second cas est le texte *in l. si non sortem. §. si centum. ff. de condict. indeb. l. per retentionem. C. de usur. l. un. C. etiam ob chirograph. pecuniam.* Le Procureur est quasi comme depositaire des pieces servantes au procés, que sa partie lui a mises en main, & les doit rendre sans difficulté. Même parce qu'il a action pour être payé de ses droits & salaires, & la retention est introduite, quand il n'y a point de propre action pour repeter ses frais, *l. si in area. ff. de condict. indeb. d. l. in hoc. ff. commun. divid.* Cette distinction pour la retention des pieces par le Procureur pour les frais par lui avancez, & la non-retention pour ses salaires fut jugée par Arrêt au rapport de Monsieur Bourgoing en 1547. entre Rouher & du Chesne ayant succedé à la pratique de Poyraud Procureur, & un nommé Moreau.

COMME SE DOIVENT PRATIquer les loix qui donnent retention, & non pas action pour les impenses faites en chose d'autruy?

CXCVIII.

EN aucunes loix des Romains se trouve que celui qui à ses dépens a édifié, ou fait autre melioration en l'heritage d'autrui, s'il a ce fait étant possesseur de mauvaise foi, il n'a point d'action pour repeter tels frais, ains seulement peut user de retention de la chose jusques à ce qu'il soit remboursé. Et ainsi est dit *in l. si in area. ff. de condict. indeb. l. Paulus. ff. de except. doli.* Ou bien quand il a fait des impenses en l'heritage d'autrui, qu'il pensoit être sien; il a droit de retention, & n'a point d'action; parce que son intention n'a pas été d'obliger aucun à soi, *l. in hoc. ff. communi divid. Joanes & Bulgarus* anciens Glossateurs, ausquels Accurse semble adherer, ont tenu cette opinion étroitement. Martinus & Azo aussi anciens Glossateurs ont dit que de vrai selon le droit étroit pour tels frais il n'y a point d'action directe, mais que l'action utile est octroyée pour repeter telles impenses: laquelle action ils disent être l'action utile *negotiorum gestorum*, parce que la directe n'appartient sinon quand de bonne foi on s'est employé à faire les affaires d'autrui, & au nom d'autrui. Et pour cette opinion est la loi *si pupulli. §. sed & si quis negotia. ff. de negot. gest.* pour repeter lesdits frais, non pas tels precisément comme ils ont été faits; mais entant que la chose en est meliorée. *Ità tenet Corneus consil. 69. vol. 1. & allegat. l. in fundo. l. sin autem. §. ult. ff. de rei vend. Ità tamen ut fructus percepti compensentur cum impensis, l. sumptus. & l. emptor. eod. tit.* Car naturellement il est raisonnable que nul ne soit enrichi avec le dommage d'autrui, *l. nam hoc natura. ff. de condict. indeb.* Et à ce propos sont plusieurs autres loix, esquelles l'action est attribuée utile pour cette seule consideration, que celui contre lequel elle s'adresse, ne doit s'enrichir avec le dommage d'autrui. *l. rescriptum. §. 1. ff. de distract. pignor. l. at si quis. §. mandato. ff. de religios. l. si pupilli. ff. de solut. & in l. si longius. §. 1. ff. de judic.* l'action utile est octroïée avec cette raison, que si on ne donnoit action il souffriroit dommage mal à propos. Et ailleurs se dit *quandò actio civilis deficit, dari actionem in factum, propter naturalem potiùs quàm civilem æquitatem, l. 1. §. 1. ff. si quis testam. lib.* Aussi avient quelquefois qu'aucun n'aïant point d'action, neanmoins soit reçû à agir, quand sa partie adverse se trouve non recevable à resister à son action, c'est à dire, qu'il ne peut y resister sinon en se rendant coupable de fraude, *l. rem alienam. in fi. ff. de pignor. act.* En certains autres cas Martin ancien Glossateur s'est trouvé de contraire opinion à Joannes, en la distinction des actions directes & utiles. Car Joannes a tenu pour regle, *quòd ex pacto alterius actio non detur*, & que ce sont cas speciaux & particuliers, quand il est dit, *quòd ex pacto tertii actio datur.* Martin au contraire a mis deux regles toutes deux generales: l'une, *quòd ex pacto tertii non datur directa actio*, & ainsi s'entendent toutes les loix qui disent *actionem non dari.* L'autre, *quòd ex pacto tertii datur utilis ratione æquitatis.* Toutes ces deux regles sont recueillies du texte qui est exprés *in l. si res. C. ad exhib. & in l. non quasi. ff. rem pupilli salvam fore. Plerùmque etiam actio utilis datur adversus eum, penes quem est emolumentum ejus rei de qua agitur: vel si is contra quem directa competebat, fiat non solvendo, l. à patre. ff. de legat. 3. l. nec ullam. §. si quis sciens. ff. de petit. hæred. l. uxor. marito. ff. de donat. inter vir & uxor. l. si maritus. ff. de fundo dot. l. pater. ff. de dote præleg.* Le sieur du Moulin a estimé l'opinion de Martin plus consonante aux raisons de droit, & je suis de même avis selon les autoritez ci-dessus. Partant qu'és cas où la loi dit; que celui qui a fraïé n'a point d'action, ains seulement retention; soit entendu de l'action directe; & neanmoins qu'il puisse exercer l'action utile, pour repeter les impenses, qui est l'action utile *negotiorum gestorum. Imò*, quand aucun qui pouvoit user de retention de la chose, s'en est departi sans être remboursé, il a son action à ce que la joüissance lui soit rétablie, *l. quòd si nulla. ff. de condict. indeb.*

SI LES FRAIS DES CRIÉES sont portion du prix à l'effet du quint denier & des lods & ventes?

CXCIX.

PAR l'Edit des criées de l'an 1551. article 12. est dit que toute ajudication par decret d'heritages criés se fera à la charge des frais des criées. Auparavant il étoit observé que les frais des criées étoient pris & païez sur le prix du decret avant tous creanciers, comme dette privilegiée, *& quià deductis iis sumptibus æstimatur quanti res sit, l. quantitas. ff. ad leg. Falcid. l. ult. §. in computatione. C. de jure delib.* Or ledit Edit veut que l'ajudicataire se charge de païer ces frais, & qu'outre ce, son enchere soit à certaine somme de deniers. La question est, si pour arbitrer & proportionner le quint denier, ou lods & ventes dûs à cause dudit decret, ou pour le remboursement qui est à faire en retenuë; ou retrait lignager, il faut faire état & compte non seulement du prix du decret, qui se distribuë entre les creanciers hipotecaires; mais aussi de la somme, à quoi montent lesdits frais des criées? Surquoi il me semble que lesdits frais sont une vraïe & essentielle portion du prix de l'achat. Car le prix se dit, ce que l'acheteur débourse necessairement pour être fait Seigneur proprietaire de la chose achetée, *l. debet. ff. de Ædil. edicto.* Et il ne faut pas regarder seulement ce que le vendeur reçoit, mais principalement faut regarder ce que l'acheteur débourse, & quelle charge il prend sur soi, *sive id onus sit in pecunia numerata, seu sit æstimabile pecunia, l. fundi. ff. de contrah. empt. l. si quis putans. §. arbitrum. ff. communi dividundo.*

DE L'EFFET DE LA SAISIE des fruits pendans.

CC.

AUCUNS vulgaires Praticiens en ce païs ont estimé que les fruits pendans ne peuvent être saisis par les creanciers, sinon quand par la fiction de la Coûtume, ils sont meubles, c'est à dire, les blés quand ils sont noüez & en tuïau, les foins aprés la Fête de Nôtre-Dame de Mars, & les fruits des vignes, aprés qu'elles sont foüies. Et ont estimé que celui qui saisit aprés ledit temps, est à preferer pour sa diligence & prevention, s'il a fait brandonner l'heritage, tout ainsi que celui qui a fait saisir un meuble vrai meuble avec déplacement. Mais je croi que la fiction que la Coûtume a introduite en faisant meuble ce qui est encore portion du fonds, ne doit avoir son effet perpetuel simple & absolu; ains selon la regle commune des fictions, mise par Bartole, *in l. nec utilem. ff. ex quib. caus. major.* que toutes les fictions ont leur respect à quelque cause, *& habent duo extrema, unum à quo, alterum ad quem, quibus cessantibus cessat effectus fictionum.* Doncques les Auteurs de nôtre Coûtume connoissans qu'il y va plus du labeur & des frais de l'homme pour faire venir des fruits industriaux (en signe de ce le champart, ou la partie, qui est le droit du proprietaire est toûjours moindre que le droit du laboureur) nôtre Coûtume a voulu, aprés que les principaux frais qui sont à faire pour les fruits industriaux, ont été faits par le laboureur, que les fruits, ores qu'ils soient encore pendans; soient reputez meubles, selon qu'il est déduit cidessus en la Question 159. Doncques je croi que tels fruits ne doivent être reputez meubles, sinon à l'égard des personnes qui ont interêt aux frais qui ont été faits pour le labourage & culture de l'heritage; comme les mêmes laboureurs, comme tous communs parsonniers, ores qu'ils ne soient laboureurs, comme les heritiers, quand aucuns sont heritiers des meubles, les autres des immeubles; & autres cas semblables. Mais un creancier de celui à qui appartient la terre & le blé, n'a aucun interêt considerable, pour se debatre des frais qui ont été faits pour la culture: pourquoi à son égard je ne dirai pas que les blés soient meubles, quand ils sont noüez, les vignes quand elles sont foüies, ains que ce sont fruits de la même nature, que tous autres fruits pendans. Je ne voudrois pas aussi soûtenir que tels fruits soient immeubles de tous points, même pour y observer à la vente d'iceux tout ce qui est requis par la vente des heritages par decret. Car selon la destination du pere de famille, qui se rapporte à la disposition naturelle, tels fruits qui viennent tous les ans, ne peuvent être appellez que fruits aïans leur attente pour être recueillis & consumez; qui est le contraire du vrai immeuble, qui est disposé pour servir perpetuellement; *& quòd fructus pendentes propter destinationem, & quià de proximo fieri sperantur mobiles, veniant nomine mobilium, tenet Paul. Castr. cons. 132. vol. 1. & allegat. Bart. in l. ult. ff. de requir. reis. Idem tenet Ruinus. cons. 234. vol. 1.* Soit consideré, quand il est question de la terre emblavée, que c'est une seule raison des fruits & de la terre; *nec potest haberi separata ratio soli & superficiei, l. obligationum ferè. §. placet. ff. de act. & oblig. veluti cùm agimus de muliere gravida; quià fœtus portio matris est, l. 1. §. ex hoc. ff. de ventre inspic. Tamen aliquando consideramus fœtum separatim, cùm de commodis ejus quæritur. l. qui in utero. ff. de statu hom.* Pourquoi je croi que tels fruits peuvent être saisis délors que la terre en est chargée; & que la saisie en est aussi bonne, avant qu'ils soient reputez meubles par la Coûtume, comme aprés, & que le plus diligent qui premier a saisi, doit être preferé; pourvû que le Sergent se soit transporté sur chacune piece, & y ait mis un brandon, ou autre marque de la main de justice. *Non enim aliter constituitur pignus judiciale, nisi in rem ipsam ventum sit, & res ipsa apprehensa sit, l. non in mirum. ff. de pignor. act.* Ainsi qu'on dit que l'execution en meubles, vrais meubles, n'a aucun effet, s'il n'y a déplacement c'est à dire, si le detteur n'est depossedé par sequestre. *Ad instar* de ce que dessus, nous voïons être pratiquées & tolerées les saisies des arrérages de redevances à écheoir, qui sont reputez immeubles. Mais je croi que si aprés telle saisie des fruits pendans, autre creancier faisoit saisir le fonds, pour être vendu par criées & decret ; la saisie du fonds par sa prevalance emporteroit les fruits, & seroit le creancier aïant saisi les fruits contraint de s'opposer pour avoir rang avec les creanciers hipotecaires. Car autrement les creanciers posterieurs pourroient par telles saisies faire tort à l'hipoteque des creanciers anterieurs. Pour revenir au propos de la saisie des fruits pendans, je croi que le creancier y doit ménager tout ce que bonnement y peut être fait par un bon pere de famille, pour les faire vendre à prix competent ; *cum actio pignoratitia quæ debitori adversus creditorem competit, sit bonæ fidei, §. actionum. Instit de actionibus.* C'est à dire, de faire vendre les fruits, quand ils sont ja tous apparens, & presque assurez ; qui est quand le gain y est : car auparavant à cause du hasard, ils seroient moins vendus. Item, de mettre le terme du païement à temps competent, pour batre le blé, de peur que l'acheteur étant pressé du jour au lendemain en vüeille avoir meilleur marché, *l. ea igitur. ff. de pignor. act.*

DES DETTES PRIVILEGIE'ES EN cas de déconfiture de meubles, & si le creancier du prix de la chose venduë est preferé ?

CCI.

Le cas de déconfiture est declaré par la nouvelle Coûtume de Paris, article 180. quand les biens du detteur, tant meubles qu'immeubles ne suffisent pour païer les creanciers apparens. Et audit cas de déconfiture chacun creancier vient à contribution au sol la livre sur les biens meubles du detteur ; & il n'y a point de preference pour celui qui a fait saisir le premier. La même Coûtume, articles 181. & 182. dit que la deconfiture n'a lieu, quand le creancier se trouve saisi du meuble qui lui a été baillé en gage ; n'a lieu aussi en dépôt, quand le dépôt se trouve en nature. Cette matiere de déconfiture est la pratique de la loi *pro debito. C. de bonis auct. jud. possid.* en y joignant la pratique de France, *Que meuble n'a suite par hipoteque* ; c'est à dire, que l'hipoteque sur le meuble ne se constituë pas par nud consentement. Car ainsi disant au fait des meubles tous creanciers sont chirographaires, & viennent par contribution, selon qu'il est dit en ladite loi *pro debito.* Or combien que selon la regle commune de pratique en execution & saisie de meubles, le plus diligent, qui premier a fait déplacer, soit à preferer ; *quià eo modo videtur acquisivisse pignus Pratorium, vel judiciale, quod non nisi per apprensionem acquiritur, l. non est mirum. ff. de pignor. act.* Toutefois nos majeurs pour bonnes & justes causes ont ordonné, quand le detteur se trouve en faillite, qu'on appelle déconfiture, que la diligence ne soit pour rien comptée ; dont les raisons peuvent être que le detteur, qui sçait bien n'être pas solvable, voudroit gratifier l'un de ses creanciers, & l'avertiroit de faire saisir le premier en fraude des autres. La loi des Romains a reputé cette gratification frauduleuse ; & nonobstant la prevention, admet tous les creanciers à venir prendre part, *l. si non expedierit. §. si pupillus. ff. de bonis auct. jud. possid. & l. pupillus. ff. quæ in fraud. credit.* Item qu'en tel cas, quand il n'y a autres biens, l'un des creanciers faisant pour soi doit être censé & reputé faire pour tous les autres, *ex ordine juris, l. cùm unus. ff. eod. de bonis auct. jud. possid. Item cùm debitor solvendo non est, creditoribus datur, vel utilis, vel restitutoria actio adversus eos, qui bona debitoris habent, licet justo titulo habeant, l. ult. ff. de eo per quem factum erit. l. uxor marito. ff. de donat. inter vir. & uxorem, l. in causæ. 1. §. ult. ff. de minorib. Quæ restitutoria actio hoc operatur, ut creditor qui non fuit diligens in pignoribus capiendis, perinde habeatur ac si cum cæteris creditoribus concurrisset. Et in casu concursus, omnes pariter pro rata debiti admittuntur, l. si finita. §. si ante. ff. de damno infecto, l. pupilli. §. cum eodem. ff. de solut.* L'une des exceptions de la déconfiture est, quand le creancier se trouve saisi du gage ; *quià eo casu verè pignus contrahitur, cùm pignus à pugno dictum sit propter apprehensionem, l. si rem. §. propriè. ff. de pignor. act.* Mais je desirerois que le gage eût été baillé délors que la dette auroit été contractée, ou en temps bien éloigné de l'execution, *ne fraus fiat legi.* L'autre exception de la déconfiture est en cas de dépôt, quand la chose est en nature. Mais cette exception semble superfluë : car le depositeur demeure proprietaire, & peut vendiquer la chose deposée comme sienne en quelque main qu'il l'a trouve, *l. si ventri. §. in bonis. ff. de privileg. cred.* & par consequent peut empêcher la vente. Outre lesdits cas, il me semble q'uon peut excepter certains cas privilegiez, comme si entre les meubles se trouve un cheval, ou autre meuble vendu à credit au detteur ; combien que selon aucuns textes de droit, tel creancier qui n'a retenu l'hipoteque sur la chose venduë, soit sujet à contribution, *l. procuratoris. §. planè. ff. de tributor. act. Sicut & is cujus pecunia res est empta, l. quamvis. 3. C. de pignoribus.* Toutefois il se peut dire que le credit a été extorqué du creancier avec le dol par le detteur, qui sçavoit n'être pas solvable, & partant le vendeur peut vendiquer la chose venduë, par la raison de la loi *si quasi ff. de pignor. act. & ità decidit Angel. in l. si cùm dotem. si mulier. 1. ff. soluto matrim.* & par la raison ci-dessus *de restitutoria actione.* Joint que tel creancier a privilege, quand bien il n'auroit hipoteque, *l. qui in navem. ff. de paivileg. cred. Et fuit opinio Joannis, ut per glo. in l. licet. C. qui pot. in pig. hab.* De même il se doit dire, si le detteur exerce deux sortes de negotiations, se trouvera un creancier qui aura prêté ou fait credit sur l'une des negotiations, il sera preferé sur la marchandise de cette negotiation, à celui qui aura fait credit sur l'autre, & n'y aura contribution, *l. procuratoris. §. si plures :* où sont ces mots, *unusquisque eorum* merci magis, quàm persona credidit, ff. de tribu-tor. act. L'autre cas qui pourroit être excepté, est si les meubles étans dedans la maison loüée au detteur étoient vendus : car le locateur tant de droit, que par la Coûtume a privilege & hipoteque privilegiée sur iceux. Aussi que le locateur proprietaire & possesseur de la maison loüée, par consequent semble avoir en sa possession lesdits meubles, & incumbit pignori. L'autre cas, si les fruits provenus d'un heritage sont saisis, & le proprietaire demande sa rente fonciere, ou son accense, ou si par exprés il a prêté les blés pour semer. Pour les deux premiers cas est l'article 9 au chapitre *Des executions*, en nôtre Coûtume : aussi la loi donne hipoteque tacite, *l. si. in lege. §. 1. ff. locati*, *l. in prædiis ff. in quib. caus. pig. vel hypoth.* Pour le tiers cas est la loi *interdum. & l. hujus. ff. qui potior. in pignore hab.*

SI L'HERITAGE BAILLE' A loüage, ou à cense est vendu, le conducteur pourra-t'il être dechassé ?

CCII.

LA regle du droit des Romains est, que l'acheteur de l'heritage n'est tenu d'ester au loüage fait par le vendeur, *l. emptorem. C. locati.* La raison est que par la location il n'y a qu'obligation personnelle ; de laquelle le successeur à titre singulier n'est tenu, *l. 1. §. si heres. ff. ad Senatusconf. Trebell. l. venditor. ff. comm. præd.* Les Docteurs exceptent un cas, qui est en la loi *si creditor. §. ult. ff. de distract. pignorum*, quand le creancier aïant hipoteque, stipule de son detteur qu'il ne pourra vendre la chose hipotequée ; car en ce cas la vendition qu'il en feroit seroit nulle. Les mêmes Docteurs en disent autant quand l'heritage baillé à loüage est hipotequé au conducteur pour l'entretenement du loüage ; parce disent-ils que le conducteur *habet jus in re, nec sola personali actione nititur.* Mais je ne voudrois ainsi dire indistinctement. Car si l'hipoteque étoit seulement generale, comme est celle qui resulte des contrats passez pardevant Notaires de Cour laïe, je croi que l'acheteur ne seroit contraint d'entretenir le loüage ; d'autant que l'hipoteque generale n'empêche l'effet de l'alienation. Et si l'hipoteque étoit speciale, comme si le locateur par la location avoit hipotequé specialement l'heritage loüé pour l'entretenement de la cense, je croi que l'acheteur seroit tenu d'y ester. Cette distinction est prise de la loi *ab eo. C. de servo pignori dato manum.* Aussi ce conducteur en vertu de l'hipoteque generale ne pourroit s'adresser hipotecairement contre le detenteur, pour avoir joüissance de la chose hipotequée *jure pignoris*, sinon aprés avoir discuté le locateur personnellement obligé, *Auth. hoc si debitor. C. de pinorib.* Je voudrois aussi excepter, si le conducteur avoit avancé & fraïé deniers pour les reparations de la maison loüée ; ce qu'il peut bien faire, *l. Ædiles. §. quicumque. ff. de via publica.* Car tel conducteur non seulement a hipoteque sur la chose reparée, *l. 1. ff. in quib. caus. pig. vel hypoth.* mais aussi a droit de retention pour n'être tenu de se departir de la joüissance, sinon le remboursant des frais par lui avancez, *l. si is qui rem. & l. creditoris. in fi. ff. de furt.*

SI LE LOCATEUR DE L'HERItage peut saisir les fruits avant le terme échû ?

CCIII.

DE'LORS que les fruits de l'heritage baillé à accense sont perçûs & recueïllis, la pension promise pour iceux est dûë, ores que le terme de païer la pension ne soit échû. La regle est generale en toutes obligations, esquelles y a jour certain pour païer, qu'incontinent la chose est dûë ; mais si elle est demandée devant le jour échû, le detteur se défend par exception, *l. non tamen. ff. ut legat. vel fideicomm. nomine*, *l. 1. in fi. ff. quandò dies ususfr. leg. cedat.* Et en particulier au fait des locations d'heritages se dit que le droit de la pension est aquis du jour que les fruits sont perçûs, jaçoit que le terme du païement de la pension ne soit échû. *l. defuncta. ff. de ususfr.* La raison est, parce que le terme de païer n'est pas de l'essence de l'obligation ; mais regarde l'execution d'icelle, qui est à considerer pour l'effet de l'obligation, *l. ex his verbis. C. quando dies legati vel fid.* Et est le terme apposé pour la commodité du detteur, afin qu'aprés les fruits cueïllis il ait moïen de les mettre à point, ordonner son ménage, & aviser à faire son païement ; & non pas pour apporter dommage au creancier. Doncques si le proprietaire voit que son accenseur & fermier fait mauvais ménage, comme s'il vend ses débleures & fruits, s'il les déplace & transporte, ou donne quelque autre occasion de croire qu'il n'y a point de seureté en l'attente ; je croi que le proprietaire, qui a baillé son heritage, peut faire saisir les fruits de son heritage, pour asseurer sa dette, non pour faire vendre incontinent afin d'en recevoir les deniers ; mais pour proposer au fermier la condition de choisir l'un des trois. Ou qu'il baille caution bourgeoise pour païer la dette aprés que le terme sera venu, suivant la loi *in omnibus. ff. de judic.* Ou qu'il endure que la chose demeure sequestrée, & en main tierce jusques au jour que le terme écherra, suivant la loi *si fidejussor. §. ult. ff. qui satis. cog. l. postquam. §. 1. vers. sed si nec ff. ut legat. vel fideicom. nomine.* Ou bien s'il y a doute que les fruits deperissent, il soit dit qu'ils seront vendus, & les deniers deposez en main tierce, en attendant le terme, par la raison de la loi *mandatis. ff. de requirendis reis.*

SI LE FERMIER ACCENSEUR en tous cas peut exercer les privileges du Seigneur proprietaire ?

CCIV.

LE Fermier general du revenu d'une terre est reputé comme Procureur du Seigneur locateur, aussi par la loi de la location, ores qu'il n'en soit rien dit, il est tenu de pourvoir que l'heritage loüé, & les droits y appartenans ne deperissent ou soient deteriorez, *l. videamus. §. item prospicere. ff. locati.* Et par la nature du contrat de location il est tenu de la garde, *l. nauta. ff. nauta, caupones, stabularii. l. 1. in fin. cum l. seq. ff. usufructuarius quemad. caveat.* Et puis qu'il a la garde & le soin, il doit être tenu comme Procureur du Seigneur *& in rem domini, & in rem suam; facilè enim mandatum ex voluntate tacita præsumitur, l. semper qui non ff. de regul. jur.* Pourquoi semble que le Fermier peut exercer les mêmes actions & contraintes pour être paié des redevances & droits annuels de la Seigneurie; avec tel privilege que feroit le Seigneur, s'il joüissoit par ses mains en prenant sa qualité d'accenseur, laquelle qualité emporte comme s'il étoit Procureur du Seigneur à l'effet de la perception des fruits, comme pour faire contrainte sans obligation & sans commission pour les droits anciens domaniaux, selon la Coûtume, au chapitre *Des executions,* article 15. pour faire saisir les fruits, des heritages pour le paiement des redevances ou accenses particulieres, & les poursuivre s'ils sont transportez, & être preferé à tous autres creanciers, selon la Coûtume, article 19. audit chapitre. Et prenant par lui cette qualité d'accenseur & Procureur, avec laquelle le nom & le droit du Seigneur sont representez, il évitera les difficultez qui sont en droit, si le colon peut agir pour les fruits, qui sont été dérobez, *vel furti, vel conditione furtiva*; & s'il doit presser le Seigneur d'agir quand de lui-même il ne peut agir. Dont les disputes sont *in l. cùm in plures. §. messem. ff. locati, l. si apes. in fi. & l. fullo. §. 1. ff. de furt.* Mais la question seroit plus douteuse, à sçavoir si ledit Fermier, aprés la ferme finie, pourroit agir, pourroit executer, & pourroit user de privileges du Seigneur? Quant à l'action je croi quand il a paié le Seigneur du loïer de sa ferme, qu'il peut agir contre ceux qui doivent de reste, ores qu'il n'ait cession d'actions, par la raison de la loi seconde, *§. actio autem. ff. de administ. rerum ad civit. pertin.* où l'action est octroyée sans cession à celui, qui a payé pour autrui. Mais je croi qu'il ne peut exercer les contraintes privilegiées, ni s'aider des autres privileges, qui competent aux Seigneurs, sinon pour autant de temps que sa ferme dure. Car puis que sa ferme est finie, le mandement & charge qu'il a du Seigneur est finie: *nam quæ respectu certæ causæ conceduntur, ea finita revocata censentur. Et mandatarius, etsi mandatum revocatum non sit, tamen si causam existimandi habeat se invito domino facturum, pro revocato habetur, l. si cùm Cornelius. ff. de solut.* Multò magis si le Seigneur ou le nouveau fermier se trouve en concurrence de poursuite avec cét ancien fermier, je croi que cét ancien n'aura aucun privilege à leur prejudice; mêmement parce que les fruits de chacun an doivent proprement la redevance de la même année avec privilege, *l. neque stipendium. ff. de impens. in res dotal. fact.*

QUELLE SOCIETE' DE CONTRAT est métairie, an societas, an contractus innominatus : *Et si les métayers meurent leurs heritiers seront-ils tenus de continuër ?*

CCV.

PAR premiere apparence semble que le contrat de métairie soit contrat de societé; parce que le proprietaire confere ses terres & ses soins, & ordinairement fournit le bétail, & le métayer fournit son labeur, son industrie & son soin, & tous deux fournissent les semences par moitié, & partissent aussi par moitié les fruits. Le Jurisconf. *in l. si merces. §. vis major. ff. locati,* attribuë ce contrat à societé, *cùm loquitur de colono partiario; sed utitur nota improprietatis* en ces mots, *quasi societatis jure.* D'autre part il se peut dire, *quod sit contractus innominatus, qui proximè accedat ad naturam sociatatis; sicut in simili dicimus in rustico, qui suscepit pascenda pecora partiaria, ea conditione ut fœtus certis portionibus dividantur. Nam in l. si pascenda. C. de pactis, dicitur esse contractus innominatus. Sed in l. cùm duobus. §. si in coëunda. ff. pro socio, censetur esse societas, cùm pecus in commune pascendum datur. Nec novum est ut propter diversas circumstantias, & varietatem pastorum in cintinenti & in ipso negotio appositorum, emergant contractus promiscuæ naturæ, & quasi Hermaphroditi, ut in l. 1. §. quòd si rem. & §. idem Pomponius. ff. depositi. ubi actiones mandati & depositi concurrunt.* La glose en ladite loi premiere, *§. si quis servum. in verb. non datur.,* dit que contre le métayer, *qui est colonus partiarius, datur alterutra, actio, vel pro socio, vel præsciptis verbis* : qui montre que le contrat n'est pas vraye societé. Aussi est à considerer que pour juger la nature d'un contrat & d'un negoce, il faut avoir égard au premier mouvement & intention des contractans, *l. si procuratorem. in fi. ff. mandati, & d. l. 1. §. idem Pomponius. ff. depos.* L'intention du proprietaire d'un domaine des champs est de recueïllir en espece de grain le fruit de son domaine. L'intention du métaïer laboureur est de recueïllir le fruit de son labeur & industrie; & n'est pas l'intention de l'un & de l'autre d'entrer en negotiation. Doncques le profit que recueïlle le métaïer, c'est comme le loïer de son labeur & industrie : *sed quià merces non est in pecunia numerata, locatio & conductio non est, d. l. 1. §. si quis servum. Et tamen quià propter subtilitatem juris locatio non est, dicemus contractum esse innominatum, qui proximè ad locationem accedat, & eisdem regulis censeatur. l. naturalis. §. sed si facio. in fi. ff. de præscript. verb. l. eum qui. §. 1. ff. commod.*

& Bart. in d. l. 1. §. si quis servum. ff. depos. Par consequent, puis que c'est ad instar de location, la métairie ne finira par la mort du métaïer, sicut in societate dicitur, quòd morte finitur; adeò ut nec pacto fiat transitoria ad heredes socii, l. adeò. ff. pro socio. Mais les heritiers du métaïer seroient tenus de continuer l'exercice de la métairie, comme il se dit en location & conduction, l. viam. C. locati. Aussi il y a diversité de raison : car en la société chacun des associez choisit la foi & industrie de son compagnon; laquelle considération est trés-personnelle, cap. ult. ext. de offic. de leg. l. inter artifices. ff. de solut. Ce qui ne se doit dire en la métairie, parce que le labourage & la nourriture du bétail ne sont choses d'industrie exquise, & la fonction en est vulgaire, commune & aisée. Toutefois si les hommes qui ont entrepris la métairie viennent à deceder, & ne laissent que des femmes, ou petits enfans, je croi que le proprietaire ne devra pas contraindre ces survivans à l'exercice de la métairie. On dira que l'impossibilité n'y est pas, ains la seule difficulté. Car la veuve & tuteurs peuvent la faire exercer par valets, & quia difficultas præstationis non impedit effectum obligationis, l. continuus. §. illud. ff. de verb. oblig. Sed certè d. §. illud loquitur in stipulatione, quæ est stricti juris. At hic loquimur in contractu bonæ fidei, in quo ea omnia veniunt, & quæ ex bono & æquo sunt, super quibus verisimile est, si contrahentes rogati fuissent, ita consensuros, l. quià tantumdem. ff. de neg. gest. Pourquoi je croi que si la veuve, ou heritiers mineurs ne peuvent continuër sinon avec grande difficulté, qu'ils doivent être quitez de la métairie, encore qu'il ne soit dit expressément par le bail à métairie en quel état le métaïer doit laisser les terres, il se doit entendre, qu'il les doit laisser labourées, & semées, selon que la saison, en laquelle le métaïer finit, requiert; mêmement s'il l'a trouvée en même état. Parce que par la nature du contrat; il est tenu à la conservation du droit du Seigneur. Ità tenent Federicus Senensis consil. 110. & Ruinus Consf. 80. & 88. vol. 1. Et allegant l. si merces. §. conductor. l. & hæc distinctio. §. ult. ff. locati, l. in lege. §. si domus. & l. dominus. §. ult. ff. eod. Ego addo l. videamus. §. item prospicere. ff. eod. Comme par même raison il doit laisser les pailles, foins & fourages, qui ont leur destination pour l'exercice de la métairie. Quand au bétail baillé à chattel pour l'exercice de la métairie, je croi qu'il n'est pas sujet à être exigué par le bailleur, ni à être saisi par le creancier du bailleur quolibet tempore, comme seroit le bétail d'un autre chattel; ains faut attendre la fin de la métairie : car le bail de la métairie & bail à chattel sunt ad aliquid, & connexa sunt, per rationem l. tutor. §. 1. ff. de minorib. l. cum actum. ff. de negot. gest.

DE L'ESTIMATION quanti plurimi, & de quel temps doit être prise l'estimation des especes de fruits ?

CCVI.

L'Estimation *quanti plurimi*, c'est à dire, pour estimer le grain, ou autre espece à la plus haute valeur en deniers, qu'il a été, est pratiquée à cause de la demeure du detteur. Les fortes questions ont été de quel temps doit être prise la demeure, que les Jurisconsultes appellent *mora*; ou dés le jour certain, auquel le paiement a dû être fait, ou du jour qu'il y en eu interpellation simple, ou du jour qu'il y en a eu demande en jugement? Or en la loi *mora. ff. de usur.* il est dit, qu'il ne se peut donner regle certaine de quel temps est la demeure, & que la question est plus de fait, que de droit. Et je croi aussi que selon la qualité du negoce, & des personnes il faut juger de quel temps est la demeure, pour engendrer cette estimation du plus haut prix. Comme si le blé, ou le vin a été trafiqué entre marchands par vraye negotiation & marchandise sans déguisement je croi que délors que le terme est échû, même s'il y a lieu certain destiné pour le payement, si le detteur est en demeure esdits jour & lieu, qu'il doit payer l'estimation du plus haut prix selon lequel le creancier eût pû vendre le blé, ou autre espece promise. Car entre marchands il est bien seant en estimant l'interêt d'avoir égard au gain qu'on eût pû faire; car leur profession est en trafiquant de gagner, *l. 2. in fine, ff. de eo quod certo loco, & in l. unica, C. de sentent. quæ pro eo quod interest.* Je n'entens pas dire pour étendre ce cours de plus haute valeur à beaucoup de temps, mais seulement pour le temps dedans lequel le marchand creancier eût pû le vendre & trafiquer : car si c'étoit quelque marchand douteux & cendrier, qui ait accoûtumé de garder ses denrées jusques en l'arriere saison pour les vendre à prix excessif, il ne faudroit avoir égard au gain qu'il auroit pû faire avec ce dessein, *tum* parce que tel marchand n'est pas vrai marchand, ains regratier & souhaiteur de mâle-aventure, *tum* parce que le prix des deniers ne doit pas être estimé selon la valeur d'une particuliere saison, mais selon que communément il a valu & vaut, *l. pretia. §. nonnunquam. ff. ad leg. Falcid.* Si le blé, ou le vin est dû par prêt, & non pour trafic de marchandise, je croi en ce cas; ores qu'il y ait jour certain pour païer, neanmoins le plus haut prix ne sera dû sinon du jour de l'interpellation soit en jugement, ou pardevant Notaire ou témoins; & ne suffiroit pas une simple demande hors jugement pour rendre le detteur contumax frauduleux. Et que l'interpellation ainsi faite pardevant Notaire & témoins ait force de demande judiciaire, se preuve *in l. 2. in his verbis, testatione complecti oportet, ut pro petitione id cedat, ff. de naut. fœnore.* Qu'aussi une simple semonce ne soit suffisante, ains soit requis qu'elle soit faite avec forme, pour faire connoître que c'est à bon écient, est prouvé *in l. ait Prætor. §. si quis particeps. in verb. testato. ff. quæ in fraud. cred. l. si procuratorem. §. si ignorantes. in verb. testato, ff. mandati, & in l. aut qualiter, in verb. perfunctoriè, ff. quod vi, aut clam.* Et audit cas de prêt sera consideré, que tout prêt est gratuit de sa nature: *undè fit ut etiam jure civili usura in mutuo deberi non possint, nisi per stipulationem, nec sufficiat pactum, etiam in continenti appositum, l. Titius. ff. de præscript. verb.* Puis donc que le prêt procede d'amitié & office, il n'y faut pas faire les recherches d'interêts avec si grande rigueur. Or en cas de prêt; quand il n'y a vraïe demeure du detteur, qui soit convaincuë par la façon ci-dessus, le detteur est quite en rendant autant de l'espece, qui lui a été prêtée en semblable bonté intrinsequa & naturelle, soit que la bonté extrinseque soit crûë, ou diminuée de prix: car la nature du prêt est de païer l'espece en semblable quantité & bonté. Pourquoi audit cas de l'interêt *quanti plurimi*, le creancier doit demander l'espece promise, & non pas l'estimation: car l'espece est en obligation, mais par l'interêt on demandera en deniers ce que le blé, ou vin a plus valu qu'il ne vaut, *ut per glo. magnam, circa finem, in l. vinum. ff. si cert. pet.* La question est, si cét augment de plus haute valeur aura son hipoteque du jour de l'obligation. *Ludovic. Roman. cons.* 507. dit simplement que non; parce que l'augment vient de la demeure du detteur, & non de l'obligation. Comme aussi il dit que le fidejusseur n'en est pas tenu. Mais je croi que si l'espece est dûë par marché fait entre marchands à livrer à jour certain, que l'hipoteque est pour l'augment; comme aussi le fidejusseur en est tenu, par la raison de la loi *quæro. ff. locati.* parce que le marché entre marchands de sa nature emporte l'interêt du gain cessant, *l. 2. in fin. ff. de eo quod certo loco.* Si le blé, vin, ou autre espece est dû pour redevance fonciere, si c'est en la même année que la redevance, faut païer en espece, avec l'estimation du plus haut prix, depuis la demande faite comme dessus, Si c'est pour arrérages d'autres années, faut prendre l'estimation commune de chacune année: & ne seroit pas le Seigneur recevable de demander les arrérages en espece en une année de cherté, *l. nulli. C. de erogat. milit. annona, lib.* 12. si ce n'étoit qu'en chacune année y eût eu interpellation telle que dessus. Aussi si le Seigneur en l'année fort chere n'a pas fait demande du blé, & és années subsequentes il demande cette appretiation commune de l'année chere, je croi que le detteur sera quite en payant du blé. Et ladite loi *nulli* parle au cas contraire, quand en l'année de vilté on ne demande pas, & en l'année de cherté on demande du blé en espece. *Et ut dictum est, frumentum est in obligatione, est in petitione, condemnatione & solutione.* Et le haut prix ne se peut demander, sinon à cause de la demeure jointe avec vraye contumace.

DES CAS ESQUELS RESPIT N'A lieu, ni la cession de biens; & les raisons?

CCVII.

SELON l'ancienne pratique de France, tous pauvres detteurs, qui desiroient avoir respit & delai de payer, s'adressoient à la Chancelerie du petit séel, & obtenoient Lettres de respit à un, ou à cinq ans. Le respit à un an s'adressoit à tous Officiers de Justice Royaux, ou non Royaux. Le respit à cinq ans aux Juges Royaux, & non autres. Le respit à un an étoit avec ces mots, *pour éviter la vile distraction de ses biens*: & le respit à cinq ans, *pour éviter la miserable cession de biens.* Celui à cinq ans portoit la condition, pourvû que la plus grande part des creanciers selon la quantité de toutes les dettes y consentît, selon qu'il est dit en la loi finale, *C. de cessione bon.* Par l'Edit d'Orleans de l'an 1560. article 61. est dit, qu'on ne se pourvoira plus en Chancelerie, mais par requête pardevant les Juges ordinaires des lieux. Seroit expedient qu'en toutes provisions qui sont de droit, les parties pûssent se pourvoir pardevant les Juges ordinaires, même en celles qui gisent en connoissance de cause, sans être besoin d'aller en Chancelerie; puis qu'aussi bien les Lettres soient sujetes à être debatuës d'incivilité. Grande partie des Coûtumes de ce Royaume, même celles qui de nagueres ont été revûës, mettent plusieurs cas esquels le respit, & la cession de biens ne sont reçûs. Et je croi que pour les raisons, qui sont annexées à chacun desdits cas, la regle s'en peut prendre generale. L'un des cas est pour loüage de maison, accense, ou moison d'heritages, à cause de la faveur de la dette; parce que le proprietaire *ut plurimùm* a l'attente de sa nourriture & entretenement fondée sur tel revenu; & n'est raison qu'il jeûne, aprés que le conducteur aura mangé son bien. Joint que tel revenu ne peut avoir été consommé par le conducteur, sinon avec fraude & mauvaise foi. Le second cas est dette d'arrérages de redevances foncieres, qui est fondé sur les mêmes raisons que le precedent; & à ce fait la loi *cùm possessor. §. ult. ff. de censib.* Le tiers cas est pour dettes dûës à mineur, contractées durant sa minorité. Ce qui est fondé sur une clause, qui étoit ordinaire és Lettres de respit, à sçavoir pour les creanciers puissans d'attendre; c'étoient les mots du formulaire; c'est à dire, qui commodément peuvent attendre. Or le mineur n'a aucune resource ni moyen en sa personne, pour faire moyens afin d'attendre: pourquoi il est bien à propos de dire que ce qui lui est dû precisément doit être payé sans attente. Le quatriéme cas est pour dettes d'Eglises, & lieux pitoyables, parce qu'ils ont les privileges des mineurs, *cap. 1. ext. de restit. in integ.* Le cinquiéme cas est de dépôt, qui de tout temps a été estimé privilegié; de même auprés des Grecs; quand aprés une grande confusion avenuë par les guerres civiles on faisoit une quitance generale de toutes dettes; qu'ils appelloient *rescision de dettes*; & les Romains disoient *nouvelles tables*. La dette pour dépôt étoit toûjours exceptée. Et au droit civil des Romains en cas de déconfiture le depositaire ne venoit à contribution, *l. si ventri. §. in bonis. ff. de privileg. cred.* parce que le depositaire ne peut faillir sans dol & infamie, *l. qui depositum. C. depos.* & peut être coërcée par prison, s'il ne rend le dépôt, comme il fut jugé par Arrêt du Jeudi 22. jour de Janvier de l'an 1550. en la cause de l'execution du testament de l'Evêque de Conserans; or és delits les respits n'ont lieu. Le sixiéme cas est, quand la dette est pour alimens: car alimens n'ont accoûtumé d'être leguez, ou ordonnez sinon à personnes, qui ont peu de moïen, *l. cùm hi. §. si in annos. ff. de transact.* & telles personnes n'ont pas puissance d'attendre. Le septiéme cas est dette pour achat d'heritage: *qui enim re empta fruitur, non potest non videri dolo facere, si ad pretii solutionem dilationem petat.* Et ainsi fut jugé par Arrêt du vingt-uniéme jour de Janvier de l'an 1523. Le huitiéme cas est, si le detteur est distrait, détourné & caché ses biens, *quià dolo fecit, & extra ordinem coërcendus est, l. ult. §. ult. ff. quæ in fraud. cred.* Le neuviéme cas est pour reliqua de compte, *nam si solvere non potest, intervertisse videtur pecuniam creditoris, & extra ordinem plecti debet, l. ob fœnus. ff. de adm. tut.* Le dixiéme cas est, si le detteur demande respit contre son fidejusseur, qui a été contraint de païer; & ainsi fut jugé par Arrêt pour Maître Philbert Ryon de Nevers, contre Maître Guillaume Godard de saint Pierre le Monstier. L'onziéme cas est ajoûté par nôtre Coûtume, si aucun est debiteur pour rachat de blé, vin, bétail & autres victuailles, au chapitre *Des executions*, article 22. à cause de la faveur de la dette, & parce qu'il en a vécu. Le douziéme est en condamnation pecuniaire procedant du crime.

En aucuns desdits cas la cession de biens n'est reçûe *ea ratione, quià ejusmodi debitores non carent dolo, vel ob delictum tenentur.* Comme du dépôt pour condamnation pecuniaire procedant de crime, pour achat d'heritage; sinon qu'il rende l'heritage en aussi bon état; pour reliqua de compte; & quand le fidejusseur a païé: & par ledit Arrêt fut ainsi jugé, si le detteur est fraudateur, *d. l. ult. §. ult. ff. quæ in fraudem cred.*

QUAND LE LABOUREUR VEND blé à livrer, de quel temps on doit prendre l'estimation?

CCVIII.

PAR l'Ordonnance du Roi Loüis XI. du mois de Juillet mil quatre cent quatre-vingt-deux, est défendu d'acheter des blés en verd, ni d'en faire provision, ou amas, si ce n'est en plein marché, autrement que pour la provision de sa maison. Aucuns ont estimé que par cét Edit il est seulement prohibé d'acheter les fruits pendans de certaines terres. Mais selon que l'Edit est conçû, je croi qu'il porte défenses d'acheter du laboureur blé à livrer moïennant une somme de deniers avancée comptant, comme il se peut recueillir par ces mots, *sur le plat païs & en faire amas.* A laquelle interpretation aide l'Edit du Roi Charles IX. sur la police generale du Royaume, du 29. Novembre de l'an 1577. verifié en Parlement le second de Decembre ensuivant, au chapitre *Des grains*, qui défend d'acheter grains en verd, ni les arrher avant la cueïllette. Et en un autre article est dit, qu'il n'est permis au laboureur faire trafic, ou marchandise de grains. Qui n'emporte pas que le laboureur ne puisse vendre ses grains qu'il a recueïllis: car ce n'est pas marchandise: marchandise se dit acheter pour revendre, & non quand aucun vend ses denrées. Aussi il ne faut pas si étroitement prendre cette interdiction, qu'il ne soit permis au laboureur de faire quelque negotiation, & de trouver quelque expedient pour recouvrer deniers quand il en a affaire. Car il n'avient pas toûjours qu'il ait du blé en grenier prêt à vendre; & si on le mettoit si fort à l'étroit en ce qui est du commerce, au lieu de le favoriser on lui feroit grand dommage, & en son besoin demeureroit sans secours: jaçoit que par la loi par tous moyens ait voulu procurer les avantages des laboureurs. Qui est la même raison que le Jurisconsulte met au mineur, de ne rescinder facilement les contrats faits avec lui, *l. quòd si minor. §. non semper. ff. de minoribus.* Doncques sont à blâmer ceux qui achetent d'eux à vil prix, ou qui par certains artifices, quand ils ont acheté du laboureur blé à livrer, trouvent moyen d'en tirer deux ou trois fois plus d'argent qu'ils ne lui ont baillé. Comme, *verbi gratia*, le creancier, qui ne voudra pas prêter argent, se fera vendre quantité de blé au temps qu'il vaut peu d'argent, ne pressera son detteur pour le temps que la vilté sera, & comme il verra le blé être devenu cher, il le fera apprecier en la saison qu'il verra la plus haute valeur, ou bien attendra à presser & contraindre le detteur au temps qu'il sçaura qu'il est plus encombré d'affaires. Or pour resoudre cette question, je croi quand le marché de blé à livrer est fait avec le laboureur, que l'estimation ne se doit faire au *quanti plurimi*, quelque interpellation qu'il ait; & que le creancier n'est recevable à demander satisfaction avec trop grand avantage, quelque hasard qui soit avenu au blé; parce que le laboureur n'est pas vrai marchand, & toûjours il se faut contenter de gain mediocre avec lui; par la raison mise en l'Auth. *ne quis quod agricolæ. coll. 4. tit. 13.*

SI

SI DISCUSSION EST REQUISE *contre le perſonnellement obligé, quand la rente conſtituée à prix d'argent eſt aſſignée ſpecialement?*

CCIX.

LA ſpeciale hipoteque que doit avoir quelque effet plus que la generale, ſelon la regle du droit, que ce qui eſt ſpecial eſt toûjours plus urgent que le general, *cap. ſi adverſus. ext. de haret. l. item apud. §. hoc edictum. ff. de injur.* La faveur de la ſpeciale hipoteque eſt que par icelle eſt empêchée l'alienation, qui éteint la choſe, comme la manumiſſion, *l. 2. C. de ſervo pignori dato manum.* La défaveur eſt en ce que le creancier, qui a ſpeciale hipoteque eſt tenu la diſcuter avant que de s'adreſſer à la generale, *l. 2. C. de pignoribus.* Et parce qu'ordinairement on ne reçoit deux ſpecialitez en un même ſujet, il eſt bien raiſon que celui qui a hipoteque ſpeciale ſur un heritage, qui eſt poſſedé par un tiers, ne ſoit tenu à diſcuter celui qui eſt perſonnellement obligé; attendu qu'à cauſe de cette ſpecialité, il eſt ja ſujet à autre diſcuſſion; & ce lui ſeroit double difficulté, s'il lui convenoit diſcuter les perſonnellement obligez; & aprés les avoir diſcutez, être derechef ſujet à diſcuter la ſpeciale hipoteque, avant que de venir à la generale. Ce qui ſe doit dire principalement és rentes conſtituées à prix d'argent, qui ſont aſſignées ſpecialement. Et ſemble qu'ainſi il ſoit decidé par nôtre Coûtume au chapitre *Des executions*, article 11. quand la diſcuſſion eſt requiſe, le creancier ne comptera en aquit de ſa partie tout ce qu'il aura reçû du perſonnellement obligé: mais déduira & rabatra ſur ce qu'il a reçû les frais qu'il a faits pour la diſcuſſion; & ladite deduction faite reconnoîtra avoir reçû ſeulement l'outre plus. *Ita decidit Paul. Caſtr. conſil. 239. vol. 1.* Surquoi je voudrois alleguer pour autorité la loi *quod privilegium. ff. depoſ. & l. quantitas. ff. ad legem Falcid.*

SI LA DISCUSSION DES MEU- *bles d'un mineur eſt preciſément neceſſaire avant que ſaiſir & crier ſes heritages?*

CCX.

LA défenſe qui eſt és loix des Romains ſur la vendition de l'heritage des mineurs eſt de l'Empereur Severus, miſe *in l. 1. ff. de reb. eorum qui ſub tutela*, & mentionnée *in l. 1. C. de prædiis minorum.* Et il ſe dit de l'alienation, & non pas de la ſeule ſaiſie ni des criées. Vrai eſt que les criées ſe font à l'effet de vendre par decret, & purger les hipoteques. Aucuns ont eſtimé quand le mineur eſt detteur, que la diſcuſſion de ſes meubles & autres moïens eſt neceſſaire avant les criées; & ont tiré ſi avant cette neceſſité, qu'à la certification des criées, ils ont pretendu faire declarer les criées nulles. Mais j'ai toûjours tenu l'opinion contraire, que pour les ſolemnitez des criées, en ce qui eſt de la ſaiſie de l'établiſſement de Commiſſaire, des proclamations, des affiches, & de la certification, la diſcuſſion n'étoit encore neceſſaire; & qu'il ſuffit qu'elle ſoit faite avant l'ajudication par decret; c'eſt à dire, avant la vente & alienation. Ceux qui tiennent la premiere opinion diſent, que toutes ces expeditions conjointes, compris le decret, eſt un ſeul negoce, qui deſire la diſcuſſion prealable, que ſi la diſcuſſion ſe fait durant les criées, & il ſe trouve que le mineur ait moïen d'ailleurs, qu'il eſt intereſſé en ce qu'on a réveillé tous ſes creanciers, que ſon heritage eſt ſaiſi ſous la main de Juſtice, & lui depoſſedé. Mais à ce y a réponſe, quand aucun doit, ce ne lui eſt honte, puis que la raiſon y eſt, que ſes dettes ſoient connuës, que quand bien l'heritage ne ſeroit ſaiſi pour vendre, le creancier ſans aucune diſcuſſion auroit pû faire ſaiſir les fruits, & y établir Commiſſaire, que les frais ne ſont pour tomber ſur le mineur, ſi par la diſcuſſion il ſe trouve que le mineur ait moïen d'ailleurs pour païer: car le creancier avance de ſa bourſe, & il n'eſt rembourſé, ſinon aprés l'ajudication par decret. Sera conſideré qu'en cette affaire pour dette de mineurs il y peut avoir deux ſortes de decret; l'une de decret, qui ſe fait ſur criées, qui eſt commun à majeurs & mineurs; & il n'y a rien plus à faire à l'un qu'à l'autre. L'autre ſorte de decret eſt, quand le tuteur même expoſe un heritage en vente, ce qui eſt proprement le cas dont il eſt parlé au titre *De rebus eorum.* Et en ce decret eſt neceſſaire la connoiſſance de cauſe par le Juge, qui gît à ſçavoir, ſi le mineur eſt preſſé par ſes creanciers, & s'il n'a moïen d'ailleurs pour païer, ſinon pour la vente de ſes immeubles. Dont eſt venu le mot de *decret*, qui ſignifie ſentence donné par le Juge avec connoiſſance de cauſe; & la ſentence par écrit, prononcée par lui ſéant en ſon ſiege accoûtumé, qu'on appelle *tribunal*, qui ſelon l'ancien établiſſement doit être plus haut que le lieu où l'on marche: & à cette occaſion eſt appellé en langue Grecque Bima qui ſignifie degré. *Nam cum his circunſtantiis decretum à judice interponi debet, & generale eſt in omnibus ſententiis, quæ cauſæ cognitionem deſiderant, l. nec quicquam, §. ubi decretum. ff. de officio proconſ. & legati. & magis apertè in l. 3. §. ſi cauſa. ff. de honor. poſſeſſ. & l. 2. ff. quis ordo in bono. poſſeſſ. l. naturali. in fi. ff. de confirmando tutore.* Et par comparaiſon des jugemens que le Juge donne étant aſſis, & en lieu haut, qu'on dit *Pro tribunali*; les jugemens que le Juge donne étant ſur pied, en ſe promenant, & en lieu plain, ſe diſent être donnez *de plano*, ſans entiere & exacte connoiſſance de cauſe, *d. l. 3. ff. de bono. poſſ. & d. l. 2. ff. quis ordo. l. à procedente. C. de dilat. in iis verbis, cognitio cauſæ non interpellatione planaria, ſed confidente magis judice.* De cette ſource eſt l'étimologie des Juges pedanées, qui n'ont point droit de tenir ſiege judiciaire *pro tribunali*, & oïent les parties étans ſur pied, & en lieu plain.

QUAND IL Y A DES HYPOTEques generales & speciales, si on peut faire saisir tous les heritages, en se reservant d'exposer en vente préalablement les specialement hypoteques; & quand aucuns heritages hypotequez se trouvent en main tierce par alienation?

CCXI.

LA loi premiere *quamvis. C. de pignorib.* dit, qu'il faut discuter & faire vendre les heritages specialement hipotequez, avant que de venir aux heritages hipotequez generalement au même creancier, & hipotequez specialement à un autre: mais en la même loi la charge y est, pourvû qu'il soit connu que les heritages de speciale hipoteque puissent suffire. Or quand on saisit des heritages pour criées, & pour les faire ajuger par decret, tous creanciers sont appellez, & par les encheres se connoît ce que chacun heritage vaut, & peut être vendu. Et l'expedient pour pratiquer l'équité de ladite loi est qu'il soit ordonné par le Juge que les heritages seront encheris & ajugez separément: & si par les encheres il se connoît que les heritages specialement hipotequez puissent suffire au premier creancier poursuivant, on s'abstienne de vendre les heritages specialement hipotequez au second creancier opposant. Et s'ils ne peuvent suffire, soient reçûës les encheres: & faite la vente desdits heritages de generale hipoteque. Quoi faisant, sera pratiquée ladite loi, & seront épargnez les frais & les longueurs qui surviendroient, s'il faloit distraire des criées ces heritages generalement obligez pour les remettre en autres criées, en cas que les specialement obligez ne suffiroient. Et c'est le profit du second creancier opposant en deux sortes. Car les frais des criées diminuent le prix des heritages, qui se vendent; & en sont d'autant affoiblis les creanciers. Aussi que ce second creancier doit desirer qu'il soit connu s'il y a d'autres hipoteques precedentes la sienne; & qu'il soit assuré & païé de sa partie: ce qui ne peut être que par criées & decret: car il faut croire que le detteur qui laisse mettre ses heritages en criées sans païer ses creanciers, se sent bien encombré d'affaires: pourquoi est expedient pour la seureté des creanciers que tous ses biens en general passent par l'estamine des criées & du decret.

Ce même expedient sembleroit être bien necessaire quand un detteur se trouve encombré de plusieurs dettes; & qu'aucuns qui ont eu affaire avec lui ont acheté des heritages, dont ils joüissent, leur achât étant fait aprés plusieurs hipoteques constituées, & autres creanciers se trouvent qui ont simples hipoteques. Car selon la rigueur de l'Autentique *hoc si debitor. C. de pignorib.* Il faut discuter les biens qui sont en la puissance du detteur & ses fidejusseurs, avant que de venir aux tiers detenteurs des heritages obligez. Or quand un creancier se presente, je croi & me semble raisonnable qu'il puisse faire saisir tous les heritages hipotequez à sa dette, tant detenus par son detteur, que par le tiers aquereur; avec ce temperament en faveur du tiers aquereur joüissant réellement, qu'il ne fût depossedé par le Commissaire durant les criées, selon qu'il se trouve reservé par la modification de la Cour de Parlement sur le 4. article de l'Edit des criées, du 3. Septembre 1551. Et pour plus grande indemnité de ce tiers detenteur, qui seroit opposant afin de distraire, fût ordonné que les heritages seroient encheris separément; & en premier lieu seroient exposez en vente ceux desquels le detteur étoit joüissant lors des criées; & si le prix desdits heritages pouvoit suffire aux creanciers qui ont leurs hipoteques precedentes à l'achât & titre de ces tiers detenteurs, lors leur fût ajugée la distraction: s'il ne pouvoit suffire, lors il fut dit qu'il seroit passé outre à l'ajudication par decret desdits heritages detenus par le tiers, comme aprés discussion. Quoi faisant seroient épargnez les frais & les longueurs du second decret; & ne seroit le tiers detenteur endommagé, attendu qu'il n'est depossedé quant aux fruits.

SI LE SERGENT PAR SON RAPport doit être crû de tout ce qu'il rapporte avoir fait, ou avoir été fait en sa presence?

CCXII.

LEs Officiers ont été établis d'ancienneté chacun à la charge particuliere attribuée à l'office: & afin qu'il n'y ait confusion & desordre, chacun doit s'emploïer à l'exercice de la charge dépendante de sondit Office: & est cét établissement non seulement de bien-séance, mais aussi de necessité. Car l'officier n'a pouvoir de personne publique, & n'est reputé pour tel, si ce n'est quand il s'emploïe à ce à quoi il est destiné. C'est pourquoi quand celui qui est en magistrature excedant les termes de ce qui est convenable fait tort & injure à quelqu'un, il peut être convenu comme personne privée, *l. nec magistratibus. ff. de injuriis.* Et si aucun Magistrat étant hors de son territoire, ou bien qui a Office par delegation & non ordinaire, est offensé, combien qu'il y ait Jurisdiction, pour châtier celui qui l'a offensé étant en l'exercice de sa charge, jaçoit qu'autrement il ne soit fondé de jurisdiction sur lui, *cap. 1. ext. de offic. deleg. in Antiq.* toutefois il doit par sa commission & par sa procedure exprimer la qualité du fait, pour faire connoître que c'est des dépendances de sa Jurisdiction; *alioquin impunè non paretur.* Suivant ce, fut reçû en Parlement un appel interjetté de la Cour des Aides, qui est souveraine; mais avec puissance déleguée & limitée, entant que ladite Cour avoit decrété ajournement personnel contre un qui avoit offensé Maître Thierri du Mont, Conseiller en icelle Cour étant par païs, executant un Arrêt de la Cour. Parce qu'au decret n'avoit été exprimée la qualité du fait, & le privilege de l'excés fait à un Conseiller executant. L'Arrêt est du 17. Mars 1543. Et à ce propos par l'Ordonnance du Roi Philippes le Bel de l'an 1302. est commandé aux Juges Royaux d'exprimer en leurs commissions le cas privilegié Roïal, ou de ressort quand ils commandent d'executer és terres des Seigneurs. C'est donc une regle, que nul Officier ne doit outrepasser ce qui est de sa charge, & hors la destination dudit Office il n'est reputé personne publique : pourquoi faut inferer que si le Sergent par son Exploit fait rapport des injures à lui dites, ou excés à lui faits, ou autre chose qui n'est de sa charge, son Exploit ne doit faire foi. Ainsi fut jugé par Arrêt du Mardi 15. Mars 1551. à l'Audience pour Robidon appellant, entant que le Juge avoit decreté pour une recousse sur le rapport du Sergent exploitant : mais depuis il y a eu Edit, par lequel, quand le rapport est témoigné de deux témoins, le Juge peut decreter jusques à ajournement personnel.

DU DEVOIR DES COMMISSAIres à bien criez ; s'il leur faut fournir deniers d'avance ; & à quelle fin le sequestre se fait ?

CCXIII.

L'Etablissement des Commissaires à biens saisis sous la main de Justice & criez, a quelque correspondance à ce qui étoit du droit des Romains de la mission en possession és biens du detteur, ou autre défendeur contumax. Mais selon le droit des Romains, le creancier même étoit mis en possession, & quand c'étoit par le second decret, la contumace croissant, le creancier gagnoit les fruits, *& instar domini habebatur*, & par long espace de temps devenoit proprietaire comme par prescription, *l. Fulcinius. §. ult. ff. quib. ex caus. in poss. l. sed si res. ff. communi divid.* Ou bien ledit établissement de Commissaires a été introduit comme sequestration à l'une des deux fins, on à toutes deux ; à sçavoir afin que le detteur se voïant depossedé de la jouïssance de ses heritages, se semonne de soi-même à faire raison & païer ; qui est ce que la loi dit, *ut tædio affectus, juri parere & rationi satisfacere cogatur, cap. 2. ext. de dolo & contumac. l. is cui. ff. ut in poss. legat.* L'autre fin est, à ce que publiquement & comme notoirement soit manifesté à tous quels biens sont saisis & en criées ; & à cette occasion les pretendans interêt puissent mieux être avertis de leurs droits & pretentions. Et par l'Edit des criées de l'an 1551. article 4. la nullité des criées est declarée, quand il y a faute d'établissement de Commissaire. Doncques les Commissaires doivent être soigneux de faire proclamer tous les heritages contenus en la saisie, être à bailler à ferme & accense. Du Molin en l'annotation sur la Coûtume de Monstruëil, article 45. dit que la jouïssance du Commissaire est necessairement requise, à peine de nullité des criées, afin que ceux qui y ont interêt puissent être avertis.

DU TIERS DETENTEUR QUI peut joüir nonobstant l'établissement de Commissaire : Et s'il est tenu à restitution de fruits ?

CCXIV.

L'Edit de criées de l'an 1551. parle avec grande rigueur contre ceux qui troublent les Commissaires établis aux biens saisis. La Cour de Parlement en verifiant l'Edit a mis une exception, *sinon que le tiers opposant afin de distraire fût joüissant réellement lors & par avant la saisie.* Cette exception est fondée en grande raison : car tout ainsi que celui qui est possesseur paisible d'an & jour, jaçoit qu'il ne soit Seigneur proprietaire, peut former complainte contre celui qui le trouble en sa possession, combien que peut-être ce turbateur soit proprietaire ; *multò magis* comme par voïe d'exception & retention de jouïssance il peut se défendre contre le creancier, qui par vertu de l'hipoteque veut l'évincer au principal ; & cependant le deposseder selon la regle, *cui actionem damus, multò magis exceptionem : & plus cautionis est in retentione, quàm in actione, l. si is qui rem. ff. de furt.* Le creancier qui exerce son action hipotecaire contre un tiers, *agit ad instar rei vendicationis* ; & la loi appelle l'action hipotecaire, *vendicationem pignoris, l. si fundus. §. in vendicatione. ff. de pignor. & Serviana actio in rem est, & nudam possessionem avocat, l. si cùm venditor. in princip. ff. de evictionibus & in actionibus in rem & vendicationibus hoc perpetuum est, ut reus sit possessor. l. 1. C. de alienat. jud. mut. causa, l. qui petitorio. ff. de rei vend. Imò*, selon le stile d'aucunes Cours, celui qui est convenu en action petitoire peut proposer fin de non recevoir contre le demandeur, si par le fait du demandeur il se trouve non joüissant. De là vient aussi la pratique generale en France, que celui qui a été évincé au possessoire, n'est recevable au petitoire, jusques à ce que le possessoire soit fourni & executé tant en principal qu'accessoires. Et ainsi fut jugé par Arrêt en la succession de la maison d'Espagne, le Lundi 26. Janvier 1550. paravant le 13. Mai de l'an mil cinq cens quarante quatre. A quoi fait ce qui est dit *in cap. ult. vers. undè vobis extr. de judic.* Doncques le tiers detenteur joüissant réellement lors de la saisie & criées ne doit être depossedé par le Commissaire, & peut joüir jusques à ce que par l'issuë du procés il soit évincé. Joint qu'il n'y a raison de faire sequestration à son égard, puis qu'il n'est obligé personnellement, étant la sequestration odieuse, *l. unica. C. de probib. sequest. pecun.* Et ne doit être faite sinon avec connoissance de cause, au moins sommaire : car la saisie qui se fait sur les obligez sous scel autentique est *ad instar executionis rei judicatæ*, comme il a été dit ailleurs. Aussi combien que les formulaires anciens des complaintes portassent commission de sequestrer la chose contentieuse, toutefois la Cour par plusieurs Arrêts ne l'a trouvé bon, sinon pour le sequestre verbal, remettant à être ordonné par le Juge sur le sequestre réel. Ainsi fut jugé par Arrêt en plaidant le Jeudi dix-huitiéme Juin de l'an mil cinq cens cinquant'un. Ce tiers detenteur, qui est toleré en sa joüissance, ne gagne pas pourtant les fruits; ains par l'issuë des criées doit être condamné à la restitution d'iceux dés & depuis la contestation, *ad instar* de l'action petitoire de reivendication, *l. certum. C. de rei. vendic.* Ou bien doit rendre les fruits perçûs dés & depuis que par le rapport des criées il a pû connoître que l'heritage par lui tenu est sujet à l'hipoteque, *d. l. si fundus. §. in vendicatione. vers. interdum.* où il se dit que les fruits doivent être restituez *à die litis inchoatæ*, *ff. de pignoribus.* Lesquels fruits seront distribuez aux creanciers selon leur ordre de priorité, *ad instar* que les fruits perçûs par le Commissaire: car ce tiers detenteur souffert en sa joüissance est comme recredentiaire.

SI LE COMMISSAIRE A BIENS criez se trouve non solvable, qui en sera tenu?

CCXV.

ORDINAIREMENT les creanciers poursuivans criées laissent en la liberté des Sergens executeurs des criées de choisir & établir le Commissaire. Ce qui n'est pas prudemment fait; parce que souvent les Sergens, peuple tel qu'on connoît, prennent argent de ceux qui craignent être établis étans riches & aisez. Or je croi que si le Sergent fait faute à bien choisir, que celui qui l'a mis en besoigne en doit répondre; parce qu'il a dû nommer au Sergent le Commissaire: ou bien s'il a connu, ou pû connoître que ce Commissaire fût non solvable, a dû être soigneux d'en faire établir un autre. Car si les nominateurs & électeurs de tutelle sont tenus quand ils ont élû un tuteur non solvable; ainsi doit être tenu le creancier, qui nomme & choisit, ou endure que son Sergent choisisse un Commissaire non solvable. Et de tant plus a dû être soigeux, puis qu'il a depossedé son detteur, & a fait sequestrer ses heritages. *Nam in jure, qui non satis diligens & curiosus est in eligendis ministris, tenetur si quid contigerit damni eorum culpa quos elegit, l. si servus. §. si fornicarius. ad leg. Aquil. l. debet. §. hoc autem. ff. nautæ, caupones stabularii.* Ainsi se dit du creancier, qui tient en gage, ou hipoteque le meuble, ou heritage de son detteur, qu'il est tenu de procurer toutes choses qu'un pere de famille bien diligent feroit au sien propre, & est tenu de dol & de coulpe, *l. ea qua. ff. de pignor. act. l. sicut vim. C. de pignor.* Mais si le Commissaire étoit bien solvable, lors qu'il a été établi, ou bien étoit en reputation communément d'être riche & aisé, le creancier devra être excusé par l'argument de la loi *ex persona. C. de probat. l. qui sub conditione. in fi. ff. de condit. & demonstr. l. si res. ff. de adminis. tut.* Pourvû que le creancier ait été soigneux de faire rendre compte souvent audit Commissaire, & lui faire deposer en main tierce & seure le reliqua. Pourvû aussi que lors qu'il se sera apperçû, ou que vrai-semblablement il aura pû appercevoir que ce Commissaire devinst, ou apparût non solvable, il ait été soigneux d'en faire subroger un autre. *Nam cum ejusmodi prehensio tractum habeat, etiam tractum habere debet diligentia & cura quam creditor præstare debet; & præsumitur scivisse id quod scire potuit, l. ult. ff. quis ordo in bon. possess.*

SI LE COMMISSAIRE PEUT REquerir être déchargé, quand les criées durent long-temps?

CCXVI.

AUCUNS ont tenu que les Commissaires à biens criez doivent être cherchez volontaires, selon ce qui est dit *in l. 2. §. quæritur. ff. de curatore bonis dando*: mais nous l'observons autrement, & prenons telle charge comme publique & necessaire, à laquelle aucun peut être contraint, s'il n'a causes d'excuse. Et selon le même droit des Romains il semble que telle charge étoit necessaire, & étoit comptée *inter personalia civilia munera, l. 1. circa finem. ff. de munerib.* où il est parlé de ceux qui sont ordonnez pour gouverner le bien d'autrui, qui ne peut être manié par le proprietaire pour son absence, ou autre empêchement: aussi audit paragraphe *quæritur*, il se dit que pour juste cause on peut contraindre aucun de prendre telle charge. Ce qui peut être tiré au general, parce que l'on n'en trouve point de volontaires. Et parce que nos Rois par aucuns Edits ont attribué le privilege à certaines personnes, comme taverniers publics, d'être exempts des commissions, il s'ensuit que le droit commun est au contraire, & que la charge n'est pas volontaire, *arg. l. 1. ff. ad Municipal.* Puis donc que le Commissaire peut être contraint à prendre cette charge, & qu'il n'y est pas volontaire, il semble qu'il est raison que ce soit avec temperament, & en sorte qu'il ne soit, ou perpetuellement, ou fort long-temps retenu en cette charge. Car si és autres charges publiques, & par autorité & par utilité, il y doit avoir des vacations & intervalles, sans les continuër és mêmes personnes, *l. 1. & 2. C. de munerib. & honorib. non continuandis, lib. 10.* il n'y a raison que par telles charges continuées en mêmes personnes, icelles personnes soient affoiblies & de moïens & de commoditez, *l. & qui. §. præses. ff. de munerib. & honorib.* il semble aussi raisonnable, que quand les criées durent fort longtemps, comme cinq, six, huit, ou dix ans, que le Commissaire puisse requerir être déchargé, afin que ce devoir ne lui soit dommageable par une longue sujection, & pour le doute que chacun doit avoir de laisser en sa maison des charges comptables : *nemini enim officium suum debet esse damnosum, l. si servus communis. §. quod verò. ff. de furt.*

L'ORDONNANCE DIT, QU'IL suffit en general saisir le fief & appartenances. Quid si *le vassal a démembré, & l'aquereur joüit?*

CCXVII.

L'Edit des criées de l'an 1551. dit, que le Sergent executeur des criées doit specifier & saisir tous les heritages par le menu, horsmis és fiefs & Seigneuries, où il suffit de saisir le principal manoir, en y comprenant toutes les appartenances. Nôtre Coûtume au chapitre *Des executions & criées*, article 33. dit ainsi és métairies & autres domaines, qui sont composez par leur destination de plusieurs pieces, pour faire un seul corps & université. Et semble y avoir même raison selon les regles de droit Mais puis que l'Ordonnance nous enserre, étant faite depuis ladite Coûtume, il faut suivre l'Ordonnance. Cette Ordonnance, quant aux Seigneuries, se doit entendre des appartenances, non seulement celles qui sont de la même teneure & mouvance feodale ; mais aussi pour y comprendre ce qui a été agencé & accommodé par le proprietaire *ad instar* du pere de famille, *per destinationem usus perpetui, non etiam si ad tempus; quià destinatione patrisfamilias fundorum nomina constituuntur, ut is ager censeatur pars fundi, quem paterfamilias adjecit fundo, sive in contractibus, l. si cùm venditor. in fine, ff. de actionib. empti; sive in ultimis voluntatibus, l. quod in rerum. §. ult. ff. de legat. 1. l. prædiis. §. Titio. & §. balneas. ff. de legat. 3. sive in concessionibus principum, l. siquando. 1. ff. de usucap. Dixi hoc verum. si perpetui usus causa adjectus sit ager; non etiam, si ad tempus commodioris culturæ causa, l. Caius. ff. de legat. 2. l. Seiæ. §. Tyrannæ. ff. de fundo instructo; vel alia de causa ad tempus duratura. l. cætera. §. hoc Senatusconsultum. ff. de legat. 1. l. fundi. §. Labeo. ff. de actionib. empti.* La question est, le proprietaire de cette Seigneurie, ou domaine Seigneurial a démembré quelques pieces auparavant la saisie, ou a aliené quelques redevances, qui sont de son fief, & l'aquereur en a joüi actuellement paravant la saisie ; si ces pieces & choses démembrées & alienées seront censées avoir été saisies, & si elles seront comprises en l'ajudication par decret sous le nom de la Seigneurie? Je croi que si lesdites pieces n'ont été specialement saisies, & si le detenteur n'en a été depossedé par le Commissaire, ou par l'accenseur & Fermier, ledit aquereur detenteur ne doit être depossedé par l'executeur du decret : car il se peut dire, qu'il n'y a rien jugé avec lui, & qu'étant joüissant réellement & non le detteur, il a convenu l'appeller *nominatim*, ou le deposseder : *cùm enim certus est adversarius, & corpore possidet, non sufficit eum vocari publica proclamatione, ut notant Doctores in l. si eo tempore. C. de remiss. pignor.* Ainsi fut prejugé par Arrêt en plaidoirie le 26. jour de Novembre 1543. entant que sur un appel de decret, le fait proposé par l'appellant fut reçû, qui étoit que l'appellant, lors de la saisie, avoit la possession réelle & naturelle de partie de l'heritage saisi, & n'avoit été appellé nommément. Aussi la saisie & sequestre par établissement de Commissaire sont mis en necessité precise par l'Edit des criées, entant qu'à faute de ce elles sont declarées nulles. Ce qui est non seulement pour deposseder le detteur proprietaire ; *ut tædio affectus juri parere, debitoribus satisfacere, vel prædii sui pati venditionem cogatur*; qui est la raison mise *in cap. 2. ext. de dolo & contum.* mais aussi afin que publiquement soit connu à tous quelles choses sont saisies ; & doivent être venduës. Ce qui se fait par la joüissance d'un Fermier accenseur qui a encheri. Pourquoi le plus seur est de le faire appeller par exprés, afin de venir dire les moïens, s'il en a, pour empêcher que ce dont il joüit ne soit compris au decret.

LE SEEL ECCLESIASTIQUE FAIT foi, mais ne donne hipoteque. Et quid si hypótheca sit ex vi legis?

CCXVIII.

Les Notaires de Cour d'Eglise peuvent recevoir testamens & autres dispositions pour causes Ecclesiastiques, & pitoïables, en y observant la forme prescripte, qui est d'y appeller deux témoins, & faire séeller du séel Episcopal, ou d'autre Prelat ayant droit de séel. Ce qui est de fort ancienne observance, *etiam* és contrats pour choses prophanes. Et se dit que tels instrumens font foi *ad effectum probationis*; mais n'ont point d'execution parée, & n'emportent hipoteque : quant à l'execution parée, si ce n'est entre personnes Ecclesiastiques pour les censures, *ex eo constat* que l'execution qui se fait en vertu de séel autentique *est vi rei judicatæ*, selon l'ancienne observance de ce Roïaume, que les contractans pardevant le garde du séel aïant jurisdiction au fait dudit séel, accordoient leurs convenances, comme en droit & jugement (c'étoient les mots dont on usoit) & la garde du séel les condamnoit à l'observance ; *& quià confessi in jure pro judicatis habentur, l. debitoribus. ff. de re jud.* Or le Juge d'Eglise n'a aucune jurisdiction sur les personnes laïes ; sinon pour Sacremens & negoces purs spirituels, & est si fort incompetent, que sa Jurisdiction *etiam ex voluntate* ne peut être prorogée. Dont s'ensuit que les contrats passez sous le séel Ecclesiastique ne peuvent avoir execution, *cùm non habeant vim rei judicatæ.* Quant à l'hipoteque, moins ledit séel la peut former ; car selon l'ancienne observance de ce Roïaume les Juges Ecclesiastiques ne peuvent aucunement s'entremettre en ce qui est de realité, non seulement en immeubles, mais *etiam* en meuble. Et ainsi fut jugé par Arrêt sur un appel comme d'abus, venant de l'Official de Josas, le Mardi 5. jour d'Avril 1551. avant Pâques : ledit Official avoit connu entre personnes Ecclesiastiques *super restitutione*, & incidemment *de exceptione tacita hypotheca ob pensionem locationis non solutam.* Et fut dit mal & abusivement procedé, aprés que le Procureur du Roi eut interjetté appel sur le champ, & fut tenu pour bien relevé. La question est, le Notaire de Cour d'Eglise a reçû un testament contenant legs pitoïables ou autres ; si le legataire, en vertu de ce testament, peut agir hipotecairement contre le detenteur de la chose leguée ? Je croi qu'il peut intenter telle action, en fondant son hipoteque non pas sur la force du séel, ou de l'obligation faite par le testateur de tous ses biens ; mais en vertu de l'hipoteque tacite que la loi donne aux legataires, & sous les conditions de telle hipoteque que la loi fait divisible contre la nature commune des hipoteques, *l.* 1. *C. communia de legatis.*

SI L'EXECUTION FAITE A JOUR ferié est nulle ?

CCXIX.

EN la loi *dies festos. C. de feriis* il est dit, qu'à jour de Dimanche doivent cesser toutes executions & procedures avec connoissance de cause, & les proclamations par le preconiseur. Il en est dit presque autant *in cap. ult. ext. de feriis* : qui ajoûte les autres jours qui sont Fêtes en l'honneur de Dieu & des Saints. Dont aucuns ont voulu inferer que ce qui est fait au contraire est nul, *cùm lex prohibeat simpliciter, nec ultrà procedat.* Aucuns ont distingué les Dimanches des autres Fêtes, parce que la loi *dies festos* parle seulement du Dimanche ; mais par ledit chapitre final, je croi qu'il en faut autant dire des Fêtes solemnelles, comme des Dimanches ; & non pas de toutes Fêtes indistinctement. Aucuns ont dit que de vrai c'est mal fait, & est peché de faire execution à jour de Dimanche ; mais que l'acte pourtant n'est pas nul, quand c'est simple execution sans connoissance de cause. Et ainsi dit *Panor. in cap. ult. num.* 22. *ext. de judic. & allegat. Feder. de Senis, cons.* 139. mais en mon livre le nombre est 144. Or je croi qu'une simple execution, qui ne gît qu'en parole, se peut faire à jour de Dimanche, ou autre Fête ; comme signifier une sentence, faire commandement sans passer outre, poser un ajournement, dont l'assignation échet à autre jour : & ainsi se pratique ordinairement sans scandale, nonobstant que *Alex. cons.* 159. *vol.* 2. dise qu'une recommandation de prisonnier ne se puisse faire à jour de Fête. *Guido Papa quæst.* 215. passe plus outre, & dit que les executions, *etiam* avec prehension de personnes & de biens se peuvent faire à jour de Fêtes, autres que de Dimanche. Sauf toutefois que les encans & ventes publiques des biens par execution ne se doivent faire à jour de Fêtes, parce qu'en ladite loi *dies festos* est dit, *praconis horrida vox silescat.* Mais je ne voudrois pas suivre son avis. Ains me semble que toute execution réelle, en laquelle y a prehension de biens, ou de personne, doit cesser és jours de Fêtes ; parce que tels actes ne se font ordinairement sans ministere & œuvre, que les Theologiens appellent *servil* ; & encore parce que communément cela seroit scandaleux. Sauf s'il étoit question de prendre prisonnier un delinquant, qui pourroit évader, ou si c'étoit un detteur fuyard, qui aisément ne peut être apprehendé ; ainsi que dit Bartole *in l. ait Prætor.* §. *si debitorem. ff. quæ in fraudem credit.* à la charge de prendre permission du Juge, *Alexand. d. consil.* 159. *vol.* 2. Aussi audit chapitre final, *ext. de feriis*, est excepté le cas de necessité. Et audit cas, quand le Juge permet d'apprehender le detteur suspect de fuite, suffit qu'il y ait preuve sommaire, *etiam* par le serment du creancier. Mais aprés la prehension il faut qu'il apparoisse de la dette pleinement : la raison est, car avant la capture il y a peril de l'évasion, & partant le privilege y est, *Alex. cons.* 19. *vol.* 3. *& allegat Angel. in l. nemo. C. de exact. tribut. lib.* 10.

OPPOSANS AUX CRIE'ES ES mains des Sergens, doivent élire domicile.

CCXX.

PAR l'Edit de Blois de l'an 1580. article 175. le Sergent executeur doit declarer le domicile que le creancier poursuivant la saisie aura élû au même lieu où se fait l'execution, à peine de nullité de l'exploit. Et il y a bien raison, afin que le detteur executé, ou un tiers aïant interêt à l'execution sçache où s'adresser. Par l'Ordonnance de l'an 1539. article 23. est dit, que les parties litigantes demandeur & défendeur éliront ou declareront leur domicile au lieu où est le procés pendant, à peine d'être declarez déchûs, le demandeur de sa demande, le défendeur de ses exceptions & défenses. Par même raison se doit dire, que celui qui volontairement se presente opposant aux criées és mains du Sergent executeur desdites criées, doit élire, ou declarer son domicile au lieu où les heritages sont assis, auquel se font les criées, si c'est un lieu frequenté de peuple ; ou bien en la ville plus prochaine, ou bien au lieu où les criées doivent être rapportées pour être jugées. Et à faute d'élire ou declarer son domicile, le Sergent peut & doit refuser de le recevoir à opposition ; & cela est de l'Office du Sergent. Car jaçoit que l'on die le Sergent être pur executeur, & n'avoir aucune connoissance de cause, si est-ce qu'il doit prendre garde de bien & dûëment faire ce qu'il fait : & telle est la clause ordinaire des mandemens, que les Juges font au Sergent. Et comme le Sergent de son Office ne doit recevoir opposante une femme mariée, sans autorité de son mari, ou de Justice ; ni un enfant & personne qui soit en bas âge ; un qui se dit Procureur, & n'exhibe aucune procuration, (& ainsi est ordinairement pratiqué ;) ainsi ne doit-il recevoir un étranger qu'il ne connoît, ou qui n'a domicile au lieu, sans lui faire élire, ou declarer son domicile. Car l'aïant reçû à opposition, il en doit charger son Exploit, & rapporter en Justice cette oposition; qui est un encombre & obstacle empêchant le cours de la cause. Et s'il n'y a point de domicile élû, les parties demeureront confuses, sans pouvoir faire prendre issuë à la cause. pour la même raison est ordonné par l'Edit des criées article 9. que les encherisseurs éliront domicile, autrement leur enchere ne sera reçûë.

SI LE JUGE DES HERITAGES criez, ou du domicile du detteur, ou qui a donné le jugement en vertu duquel on saisit, doit connoître des criées?

CCXXI.

DEPUIS qu'on a commencé en France de faire état aux maisons des profits, qui viennent de la judicature comme de principale profession de ceux qui s'en mêlent; chacune Cour, chacun Siege, chacun Juge a avisé tous moïens, par lesquels sous pretexte de droit on attireroit les causes. Comme és Cours de Parlement, aprés un Arrêt donné, combien qu'il soit diffinitif de tous points, & ne soit plus question de tout ce qui a été traité en la cause, on y a attiré les criées qui se font pour être païé des sommes, ou choses ajugées par les Arrêts; & contenuës és executoires de dépens. On y a retenu les redditions de comptes, les liquidations de fruits, & autres telles questions, qui de vrai prennent leur source du principal, mais n'ont rien de commun avec ledit principal. Ez Requêtes du Palais, où ne doit être connu que d'actions personnelles, & possessoires, on a attiré les actions qu'on dit mixtes de personalité tant petit soit, combien qu'elles soient vraïement réelles, comme le retrait lignager, la main-mise feodale. Ez Sieges Roïaux ordinaires en matiere de rescision de contrats, combien que le seul remede rescindant leur soit attibué, par les Lettres Royaux ils ont attiré le rescisoire. En fait de Terriers, combien que le seul preparatif soit adressé au Juge Roïal, à cause de l'ancienne usance de ce Roïaume, par laquelle le Roi n'adresse jamais ses Lettres sinon à ses Officiers: toutefois le Juge Roïal sous ce pretexte connoît du debat d'entre le Seigneur & son sujet sur le fait de la redevance, qui est de Jurisdiction ordinaire: ainsi en autres cas. Je ne voudrois pas prendre cette maniere d'user pour bonne regle, tant parce que la raison de droit ni est pas; comme aussi parce que la pratique en est suspecte; même depuis qu'on a mis les Offices de Judicature en venalité, & que chacun a fait état de son Office, comme de son patrimoine. Pour le fait qui se presente, qui est des criées, il semble que le Juge qui a ajugé la somme, ou chose pretenduë, qui a ajugé & taxé les dépens, qui a ajugé les fruits ou dommages & interêts, n'a plus que voir aux contraintes, pour faire païer, ni à la liquidation des fruits & des dommages & interêts. Car même és dépens se dit que la taxe n'en appartient au Juge qui les a ajugez, si par exprés il ne se reserve ladite taxe. Et de fait l'usance en est de reserver. Aussi és dépens y a plus d'apparence de retenir & reserver par le Juge, qui a instruit la cause, & sçait mieux toutes les occurrences intervenuës en icelle. Les criées qui se font en vertu de jugemens, ou d'obligations sont *ad instar* d'actions hipotécaires réelles, esquelles se doit dire, qu'il est au choix du demandeur de s'adresser au Juge du domicile, ou au Juge de la chose, comme il est dit *in l. 2. C. ubi in rem actio*: laquelle, selon l'interpretation de la Cour, a lieu és actions personnelles écrites *in rem*, & mixtes de realité & personnalité; & même quand on cumule la personnelle, & l'hipotecaire. Vrai est entant que touche la saisie & mainmise, qui sont réelles, qu'elles se doivent faire par commission du Juge de la chose; comme aussi la mission en possession de celui qui est l'ajudicataire par decret, selon ce qui est dit *in l. cum unus. §. is qui. ff. de bonis auct. jud. possid. & cap. postulati. exi. de foro compet.* Mais le fait de plaidoirie pour juger sur la validité des criées & debats entre le demandeur poursuivant, le proprietaire, & les opposans, & l'ajudication par decret, tout cela peut être utilement & competemment traité pardevant l'un ou l'autre, soit le Juge du domicile, ou le Juge de la chose, selon l'adresse que le demandeur en fera, *d. l. 2. C. ubi in rem actio, l. à Divo Pio. §. 1. ff. de re judic. l. 1. 2. & 3. ff. de bonis auct. jud. possid.* Or il semble qu'il n'y a aucune raison d'attirer la connoissance des criées qui se font en vertu de jugemens, pardevant le Juge qui a donné le jugement, *eo pretextu* que c'est l'execution de son jugement: car c'est une action séparée: en laquelle ne se traite aucunement de ce qui a été traité & decidé par ledit jugement. Et ainsi il est dit *in l. Argentarium. §. nomine pupillæ. ff. de judic.*

DECRET S'AJUGE SOUS CHARGE de droits & devoirs Seigneuriaux: Quid si l'heritage est chargé de cens & bordelage?

CCXXII.

SELON nôtre Coûtume le bordelage emporte directe Seigneurie, comme fait le cens. Et toutefois les doctes Praticiens sont d'accord, quand le cens & le bordelage concurent sur un même heritage, que le cens est reputé plus ancien, plus noble, & de plus grande efficace. Car le cens ne se païe pas tant pour profit de bourse au Seigneur, que pour reconnoissance de superioté; aussi ordinairement il est de petite somme. Mais le bordelage est ordinairement gros, & a quelque correspondance avec les fruits, aussi il consiste en païement de ce qu'on ménage és villages, comme grains, œufs & poules: & le mot *bordelage* vient de la déduction de *borde* qui en ancien langage François signifie domaine aux champs, & le François vient de l'Aleman *bor*, qui signifie même chose. La censive represente plus l'ancienne autorité de Seigneur, & la liberté du peuple; & le bordelage est plus servil, aïant beaucoup de correspondances avec la main-morte de servitude: car le cens a ses conditions douces & gracieuses, & le bordelage les a rudes & barbares. Le cens a pris son appellation dés le temps des Romains. En la Republique de Rome étoient les Censeurs qui de cinq en cinq ans faisoient revûë de tout le peuple, & connoissoient les facultez de chacun, pour selon icelles les charger au fait de la guerre, & les honorer aussi de même és affaires & dignitez publiques: cela s'appelloit faire le cens. Et les peuples qui étoient venus en leur sujetion par douce & gracieuse confederation, étoient seulement chargez de pensions de cens legeres, comme pour reconnoissance de superiorité. Mais les peuples qui étoient vaincus par grande & vive force d'armes, tenoient tous les heritages tributaires & stipendiaires, en grain & autres especes, pour la nourriture & entretenement des soldats en l'armée. Doncques le cens étant plus ancien & plus noble doit être reputé de plus grande efficace & du nombre des devoirs, pour lesquels communément se dit, *que nul ne peut tenir terre sans Seigneur*. Et comme és heritages tenus noblement le fief est presumé comme ordinaire, ainsi és heritages en roture le cens est presumé comme solite & ordinaire. Tellement que celui qui vend un heritage franc & quite sans charge quelconque, n'est pas tenu de le garantir allodial & exempt de fief, ou cens, ains seulement garantir de prestations & charges non ordinaires, comme rentes foncieres, hipoteques, fondations. C'est pourquoi nos Coûtumes de France, ausquelles l'Edit des criées s'est conformé, ont voulu que la Justice de son office fit ce qu'un bon ménager doit faire, de vendre sous la charge des droits & devoirs Seigneuriaux. Ce qui s'entend des droits anciens, fonciers, ordinaires & accoûtumez. Pourquoi je croi quand un même heritage est chargé de bordelage & cens, que le Seigneur bordelier doit s'opposer. Aussi quand le Seigneur bordelier est seul Seigneur direct, s'il n'a point de presomption commune pour lui, comme s'il n'est pas Seigneur Justicier, ou vassal d'un territoire & finage qui soit ample & compris sous un nom universel, au lieu où l'heritage est assis; je croi aussi qu'il doit s'opposer pour la declaration & conservation de son droit; autrement l'adjudicataire ne sera tenu du bordelage.

QUELS SONT, ET EN QUOY consistent les frais des criées?

CCXXIII.

Es frais des criées sont privilegiez; parce qu'ils se païent au poursuivant criées avant tous autres frais: & se dit en droit, que l'heritage est estimé valoir la somme de deniers, qui reste aprés les frais pris, qui ont été faits pour expliquer & executer la vente d'iceux, *l. quantitas. ff. ad legem Falcid.* Et comme l'on dit que les frais qui se font directement pour la conservation de l'heritage, comme pour la refection d'icelui, sont privilegiez, & outre le privilege l'hipoteque y est, *l. interdum. ff. qui potiores in pignore hab. l. qui in navem. ff. de privileg. cred.* Aussi les frais qui se font en general pour mettre l'heritage en état d'être vendu, afin de païer chacun creancier, & faire raison à chacun pretendant interêt, sont privilegiez: *quia etsi non in rem ipsam, tamen in negotium commune impenduntur, & necessariò impenduntur; & deductis iis sumptibus bonorum calculus solet subjici, l. quod privilegium. ff. depos.* Et s'il n'y avoit moïen de prendre lesdits frais sur la chose qui est exposée en vente, chacun des creanciers opposans y contribueroit *pro rata* de la somme par lui pretenduë, *l. ult. §. ut autem. C. de bon. act. jud. poss. l. sorori. ff. si pars hæred. petatur.* Or par l'Edit des criées & par nôtre Coûtume se dit, que les heritages criez doivent être vendus, à la charge des frais & mises des criées, lequel païement precede tous les creanciers. Nôtre Coûtume de l'an 1534. au chapitre *Des criées*, article 46. dit que les frais des criées sont ceux qui se font pour la saisie, vente & ajudication par decret, façon de peremptoires, & interposition, expedition & delivrance de decret. Mais il me semble qu'elle parle trop confusément & indistinctement. Car les frais de l'expedition du decret sont purement à la charge de l'ajudicataire: puis que c'est son titre & ce qui est à faire, depuis qu'il s'est trouvé dernier encherisseur, est purement à sa bourse. Mieux seroit selon mon avis, de dire que les frais du commandement, saisie des heritages, établissement de Commissaire, apposition d'affiches & panonceaux, criées, rapport & certification ou verification d'icelles, sont frais de criées privilegiez. Ausquels on peut ajoûter les frais qui se font, pour faire dire par le Juge que les heritages seront vendus; les frais qui se font pour faire pourvoir de tuteur aux enfans mineurs, qui sont detteurs, & pour faire discuter leurs meubles, afin de parvenir à la vente des heritages. Car sans ces preparatoires les heritages ne pourroient être vendus. Les frais, qui se font pour discuter les oppositions ne sont frais des criées; car ils ne concernent le general de la cause, ains l'interêt des particuliers.

S'IL Y A FAUTE EZ CRIE'ES, qui en doit répondre? & que veut l'article de la Coûtume qui dit, Qu'en criées éviction n'a lieu?

CCXXIV.

L'On tient communément en Pratique, s'il y a faute és criées pour n'y avoir observé les formes & solemnitez, que le demandeur poursuivant doit répondre de la faute, & en satisfaire à ceux qui sont interessez. Mais je croi que cela n'est pas vrai indistinctement: car il n'a contrat, ni promesse

promesse avec les opposans, pour être tenu de leur faire valoir ce negoce ; & il fait l'affaire comme pour soi-même seul, ne sçachant pas s'il aura de compagnons. Vrai est que la loi dit que ce qu'il fait profite à tous les creanciers, encore qu'il ne fasse en leur nom & qu'il n'ait mandement d'eux, *l. cùm unus. ff. de bon. auct. jud. possid. Et cùm id non agat ut negotium alienum gerat, imò suum proprium, sed fortuitò accidit ut negotium alienum geratur, non est dicendum quod teneatur actione negotiorum gestorum, l. creditor. §. 1. ff. mandati : in quam actionem venit præstatio doli, & lata & levis culpæ, l. tutori. ff. de nego. gest. credo non teneri eum, nisi quatenus dolo, vel lata culpa, & supina negligentia aliquid perperam factum esset, quo id negotium inutile fieret ; idque respectu aliorum creditorum.* Mais à l'égard du detteur proprietaire, qui par la faute commise au fait des criées seroit interessé & endommagé, je croi que le demandeur poursuivant criées en est tenu, *etiam de levi culpa, ad instar pignoratitiæ actionis.* Car le poursuivant, *etsi non incumbat pignori, tamen quià habet rem obligatam & hypothecæ obnoxiam, & jure hypothecæ eam procurat prehendi, sequestrari, & vendi, æquum est eum teneri perindè atque creditor tenetur, qui rem pignori accepit, & in ejus administratione & conservatione ex bona fide agere debet, & ea præstare quæ diligens paterfamilias in rebus suis præstaret, l. ea quæ ff. de pignor. act.* Pourquoi si la saisie est mal & tortionairement faite, & telle declarée, le detteur proprietaire aura outre la main-levée ajudication de dommages & interêts. Ce qu'on dit *qu'en criées éviction n'a point de lieu*, doit être ainsi entendu, que l'ajudicataire par decret, s'il est évincé par le mineur, ou autre proprietaire, qui fera annuller le decret, n'a son secours de dommages & interêts contre le poursuivant, comme un acheteur auroit contre son vendeur ; si ce n'est, comme il a été dit ci-dessus, si par dol, ou negligence lourde, la nullité des criées fût avenuë : encore audit cas ce ne seroit pour avoir simplement ajudication de dommages & interêts, ains pour recouvrer les frais qu'il auroit faits, qui lui demeureroient inutiles & en pure perte, comme *verbi gratia* des frais des criées, qu'il auroit païés, & frais du decret. A ce que dessus fait la loi *emptorem. §. deniquè. ff. de actionib. empti, l. etsi is. ff. de distract. pignor.* Et quand au recouvrement des deniers déboursez par l'ajudicataire pour son enchere, si tant est que celui qui fait casser le decret, ne soit condamné à les restituer, les creanciers qui les ont reçûs sont tenus de les rendre, *quasi indebitam pecuniam solutam* ; ou le detteur, qui en été aquité, si tant est que *revera* il dût, *quasi ipse debitor vendidisset, l. rescriptum. §. 1. ff. de distract. pignor. l. si ob causam. C. de evict. l. antepen. ff. eod.*

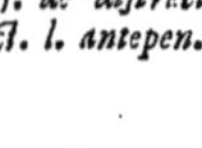

QUE LES QUATRE CINQUIÉMES d'heritage, dont il n'est permis de disposer par testament, sont comme la Falcidie. Et comme se payent les dettes, quand aucun legue tous ses meubles & conquêts, & cinquiéme d'heritage ?

CCXXV.

Aucuns ont estimé que les quatre cinquiémes sont comme la legitime : mais le contraire est verité. Car la legitime n'est dûë qu'aux ascendans & descendans, & les quatre cinquiémes viennent aussi bien aux heritiers collateraux. Aussi quand le pere aïant enfans ne laisse que meubles & conquêts, la legitime est dûë sur iceux à ses enfans ; car la legitime se prend sur toutes sortes de biens. Doncques il est mieux à propos de comparer ce droit des quatre cinquiémes à la Falcidie introduite par le droit Romain à cét effet, que le testateur ne soit en peril d'être sans heritier, s'il avoit legué tous ses biens. Or par ledit droit Romain quand les legs étoient si grands qu'il étoit besoin de rechercer le benefice de la Falcidie, premierement sur toute la masse de l'heredité & sur toutes sortes de biens étoient pris les frais funeraux, & les dettes dûës par le défunt, & se faisoit cette delibation & abstraction *vel reipsa, vel in intellectu*, en estimant tous les biens, & faisant un calcul à part de toutes les dettes, pour ôter les dettes à la diminution de tous lesdits biens, & en ce qui restoit, l'heritier prenoit son quart pour la Falcidie, & tous les legataires les trois quarts, qu'ils départoient entr'eux pour y perdre chacun *pro rata*, si ces trois quarts n'étoient suffisans pour les satisfaire tous. Ainsi est dit *in §. cùm autem ratio. Instit. de lege Falcid.* Aussi par lesdites loix Romaines est dit, que les dettes du défunt doivent être païées & aquitées avant que les legataires prennent aucune chose, *l. 1. C. de bonis auct. jud. poss. l. si universæ. Cod. de legatis.* Ce que dessus a lieu, ores que les legs soient particuliers, & ne soient pas de droits universels, comme de tous les meubles, ou de tous les conquêts, & par quote portion de l'heritage ancien. Car s'ils sont tels que par iceux en effet tous les meubles & conquêts, & cinquiéme de l'heritage ancien puissent être épuisez, l'heritier pourra dire que telle façon de leguer est en fraude de lui, pour par lui seul faire supporter toutes les dettes ; & en ce faisant il n'auroit pas sa Falcidie, & seroit faite fraude à la loi & à l'heritier. Jaçoit que selon la regle vulgaire & commune, le legataire particulier ne soit tenu à porter les dettes : ce qui s'entend quand les legs ne sont immenses & frauduleux. Mais si les legs sont de droit universels, ou par quotes portions d'iceux droits ; comme si aucun legue tous ses meubles, ou tous ses conquêts, ou la cinquiéme de son heritage propre, en ce cas non seulement par le moïen de la

Falcidie, *sed ipso jure & statim* tels legataires sont contribuables aux dettes du défunt selon la valeur des biens leguez en les comparans aux autres biens qui demeurent à l'heritier. Car étant l'usance de ce Roïaume telle, que plusieurs patrimoines peuvent être d'une seule personne, & plusieurs sortes d'heredités, comme nous disons l'heritier des meubles, l'heritier des conquêts, l'heritier des propres paternels, l'heritier des propres maternels ; ce qui est contre les regles du droit des Romains, auprés desquels étoit une seule heredité d'une personne, & par privilege pouvoient être deux hereditez de l'homme de guerre, *l. si certarum. §. 1. ff. de milit. test.* Ainsi faut-il dire que le legataire d'un patrimoine & heredité est tenu des dettes comme heritier, étant par effet heritier de ce patrimoine. Et parce qu'un droit universel, ores qu'il soit transferé à titre particulier emporte avec soi les charges, *ad instar* que s'il étoit transferé à titre universel, *l. cùm pater. §. mensa. ff. de legat. 2. l. si quis servum. §. si cui certam. eod. tit. & Instit. de fideicomm. hæred. §. post quod Ludovic. Romanus, cons.* 189. met certains cas esquels les legataires sont tenus aux charges hereditaires, si c'est un legs d'universîté : *allegat. l. cùm filius. §. Lucio. & d. l. cùm pater. §. mensæ. ff. de legat. 2. Si accidat ut solutione facta legatariis, hæreditas appareat non solvendo, l. ult. §. licentia. Cod. de jure delib. Si tractetur de supplemento legitimæ filii, l. si libertus. 1. §. libertus. ff. de bon. lib. & si res ipsa hypothecata creditori legata sit ; & allegat. l. debitorem. C. de pignorib. Decius consil.* 237. *vol.* 2. & 387. *vol.* 3. tient l'opinion contraire, & dit que le legataire universel de tous biens, ni d'une quote portion n'est tenu des dettes, par ce que c'est disposition à titre particulier ; & dit-il, *quòd eo nomine non comprehenduntur nomina* : & allegue Bartole *in l. ult. ff. de usuf. leg.* & dit que les loix contraires, comme la loi seconde, *C. ad legem Juliam de vi, & l. 1. C. de fideicom.* parlent quand les biens viennent *ex dispositione legis.* Mais j'ay toûjours estimé que cette distinction est sophistique, *quod nomina non comprehendantur sub nomine mobilium, vel immobilium.* Parce que selon la destination ils doivent être jugez mobiliers, la destination aïant son effet tout entier pour faire juger de quelle nature est chacune chose ; *l. quæsitum. §. si quis. & §. idem. ff. de fide instr. & quià bona dicuntur deducto ære alieno, sive in dispositione inter vivos, sive in ultima voluntate.* Et ce qui se dit, que les dettes ne suivent pas le singulier successeur est vrai pour le dire *ipso jure* ; *sed per remedium jurisdictionis vel utiliter, vel ope exceptionis*, qui a tous les biens, ou qui a quote portion de l'universîté, est tenu des dettes, ores qu'il l'ait *tituto singulari, l. à patre. ff. de legat. 3. l. nec ullam. §. si quis sciens. ff. de petit. hæred.*

SI AUCUN PEUT LEGUER L'Usufruit de tout son heritage au lieu de la proprieté de la cinquiéme ?

CCXXVI.

IL a été dit que les quatre cinquiémes de l'heritage propre & ancien du testateur sont *ad instar* de la Falcidie, dont le testateur par son testament ne peut frustrer son heritier. La Falcidie fut introduite par les Romains en faveur des testateurs, à ce quils ne fussent en peril de n'avoir point d'heritiers, si par legs testamentaires ils épuisoient toutes leurs facultez, ainsi qu'il est dit és Instituts *de lege Falcidia in princip.* Et ils estimoient à deshonneur & injure si aucun n'avoit point d'heritier, *§. licet. in fi. Instit. quib. ex caus. manumittere non licet.* Nos Coûtumes ont consideré encore un autre raison, qui dépend du propre droit des François, qui est à ce que l'heritage ancien ne soit mis hors de lignage. Car toutes nos Coûtumes ont fait état de la conservation des heritages anciens és maisons, dont vient le retrait lignager ; dont vient la forme de succeder és heritages paternels par les heritiers du côté paternel, & és maternels par les maternels : dont vient aussi que l'heritage pris par échange devient de même nature que l'heritage baillé en échange étoit. Ce qui est contre l'usance des Romains, *apud quos nulla erat gens prædiorum*, ainsi que dit Ciceron en l'oraison *pro Cornelio Balbo.* Puis donc que cette interdiction de leguer les quatre cinquiémes est tant en faveur du testateur, & de sa memoire, que de son lignage ; il faut dire & inferer que le testateur ne peut par moïens obliques faire fraude à la loi ; & aussi bien est nul ce qui est fait en fraude de la loi, comme ce qui est fait directement & apertement contre la loi, *l. si libertus minorem. ff. de jure patron.* Ce qui feroit, s'il lui étoit loisible de leguer l'usufruit de tout son heritage ancien ; jaçoit que la proprieté nuë fût assurée à l'heritier pour demeurer au lignage. Car le legataire pourroit être de tel âge, & de telle disposition que l'estimation de l'usufruit viendroit à l'estimation de la proprieté ; attendu que par la loi *computationi. ff. ad leg. Falcid.* si l'usufruictier est âgé de trente ans, ou au dessous, l'usufruictier est estimé le revenu de trente ans : & communément ont estimé la valeur d'un heritage pour une fois être le revenu de vingt ans, en calculant subtilément, *l. Papinianus. §. undè. ff. de inoff. testa. & in Auth. de non alien. cap. quià vero Leonis. 5. collat. 2. tit. 1.* & aviendroit que l'heritier se voïant frustré de la joüissance dudit heritage pour si long-temps, se dégoûteroit, & repudieroit l'heredité. Aussi en la Falcidie la loi Romaine desire que l'heritier ait non seulement la quarte, mais aussi les fruits de la quarte, *l. quòd de bonis. §. fructus. ff. ad leg. Falcid.* Aussi la Coûtume use de ces mots, *peut disposer de la cinquiéme, & non ultrà* : pourquoi il semble que le testateur n'ait aucun pouvoir de disposer en façon que ce soit des quatre cinquiémes, & qu'elles doivent venir à l'heritier franches de l'usufruit. Et combien que le droit des Romains die que le testateur peut prohiber la detraction de la Falcidie, *Auth. sed cùm testator. C. ad leg. Falcid.* toutefois je croi qu'il ne le peut selon nôtre Coûtume, qui parle prohibitivement. Aussi que les nouvelles de Justinian, pour les raisons dites ailleurs, n'ont pas telle force auprés de nous, qu'ont les autres loix faites du temps que les Romains commandoient és Gaules. Et quant à la Trebellianique, si elle peut être prohibée par le testateur, aucuns Docteurs ont tenu que si, & dit-on que c'est la commune opinion. Mais Marian Socin *consilio* 170. *num.* 24. tient qu'en point de droit il est plus vrai qu'elle ne peut être prohibée.

COMME PEUT TESTER CELUI qui a des biens en diverses Coûtumes, dont l'une permet tester d'une façon, & l'autre d'autre façon?

CCXXVII.

LES Docteurs sont en diversité d'opinions, si tous statuts sont réels, soit qu'ils soient conçûs *in personam*, *vel in rem*; ou s'il faut faire la distinction susdite. *Alexander consil. 17. vol. 1. dicit quòd communis conclusio est, quod sive in rem, sive in personam loquantur, habeant effectum in bonis sitis in eo territorio, non in aliis. Molinæus in annot. dicit ità practicari, & quod omnes consuetudines sunt reales. Sed vix est ut possim amplecti eam opinionem; non quòd existimem præcisè distinguendum esse an sin concepta in rem, vel in personam; quoad modum loquendi; plerumque enim verbis vulgaribus & usui populari accommodatis usi sunt, qui Consuetudines composuerunt; quasi inter vulgus, non quasi inter doctos sermonem facientes. Sed potius attendendum esse mentem & rationem legis, quæ verbis ipsis potior est; ut si consuetudo respiciat directò utilitatem, vel honorem, vel existimationem personarum, liget eas personas, ne possint disponere de bonis in alio territorio sitis, quià personâ ei legi alligata personaliter, eò quòd domicilium in eo territorio habet, non potest exercere voluntatem suam in disponendo ultra quàm ei sua lex permittat. Veluti consuetudo Parisiensis prohibet viro & uxori mutuo sibi legare in testamento: quod ideò fit ne per occasionem lucri plus, vel minus sese invicem ament. Nec malè quis dixerit eandem esse rationem donationis inter vivos, & causâ mortis; nam etsi hæc revocari possit, efficiet donatarius blanditiis, vel timore donatoris, ne minus ametur, ut donatio non revocetur.* Pourquoi il semble que cette prohibition de donner par testament regarde les bonnes mœurs, & sert à la conservation de la sincere & nette amitié entre les mariez, qui est directement à l'utilité des personnes, qui comme dit est, ont leurs volontez sujetes à la Coûtume de Paris, & à ce moïen n'ont pouvoir de disposer de leurs biens, ores qu'ils soient assis en la Providence où il est permis à mari & femme de donner. Car la disposition & donation prend sa source essentielle de la volonté de celui qui donne: & si cette volonté est en interdiction, elle ne peut produire aucun effet en un lieu, non plus qu'en un autre: *omnes enim contractus ab initiis & ab ipsa origine considerandi sunt, & directò à persona contrahentium vim accipiunt, l. si filiusfamilias. ff. de verb. oblig. l. quæcumque. ff. de act. & oblig.* Ainsi en general il se doit dire, que les dispositions & actes, qui ont leur vraïe origine de la volonté d'aucun se doivent regler par la Coûtume du lieu auquel il est domicilié. Que si la Coûtume ne regarde point directement les bonnes mœurs, utilité & honneur des personnes, comme si elle dispose de choses comme moïennes & indifferentes, je voudrois bien croire que le contrat, ou testament auroit son effet és biens de chacune Coûtume, selon que ladite Coûtume permet. Comme tous les Docteurs sont bien d'accord, que quand le droit s'aquiert immediatement par la disposition de la Coûtume, & non par la disposition de la personne, il faut avoir égard à la Coûtume de chacun lieu où sont les biens, comme en succession, en retrait lignager, en confiscation. Comme si une Coûtume en faveur des lignagers ne permet de disposer par testament de plus du quart de tous ses biens, comme Bourbonnois, ou de plus de la cinquiéme d'heritage, je croi que les immeubles sujets ausdites Coûtumes affectez au lignage ne peuvent être leguez par celui qui est domicilié au païs, où il peut plus, ou tout leguer.

SI LE MINEUR DE VINGT CINQ ans en âge de puberté peut tester, même de son heritage ancien?

CCXXVIII.

SELON les loix des Romains le pubere mâle à quatorze ans, la femelle à douze peut tester, pourvû qu'il ne soit enfant de famille en puissance de pere, *l. qua ætate. ff. de testam.* Aïant puissance de tester, il peut faire toutes choses appartenantes à testament, comme d'instituer son heritier qui bon lui semble; car selon les mêmes loix un testament ne peut valoir sans institution d'heritier, *l. 1. in fin. ff. de vulgari & pupill. subst.* & peut aussi leguer de ses biens selon que bon lui semble. Et en ce fait n'est à considerer la prohibition que la loi fait au mineur de vingt-cinq ans d'aliener son immeuble sans decret, & la nullité que la loi declare en l'alienation. Car le testateur ne devient jamais plus pauvre par ses dispositions testamentaires, qu'il peut revoquer quand bon lui semble, & qui n'ont jamais effet qu'aprés sa mort; ainsi le mineur n'en est jamais lezé ni interessé. Et que l'adulte puisse tester de ses immeubles est decidé *per Bart. in l. Aurelio. §. Caius. ff. de liberat. legata. & Bald. in l. illud. C. quandò decreto opus non est, & in l. si frater. C. qui testam. facere possunt: & allegant l. cùm pater. §. curatoris. ff. de legat.* 2. Cette permission du droit Romain dépend de l'ancienne usance qui étoit à Rome dés le temps des douze Tables, selon laquelle autre minorité n'étoit considerée que la pupillarité & impuberté ; & ne se parloit de curateurs aux adultes ; & l'Edit du Preteur pour la restitution des mineurs adultes, & l'oraison de l'Empereur Severus valant loi sur l'alienation des immeubles des mineurs adultes n'étoient encore faits. La marque qui en est par les loix écrites est, que la tutelle se finit par la puberté de quatorze & douze ans, & ne se continuë de soi-même aprés cét âge ; & qu'il n'y a point d'action propre civile, pour faire rendre compte & raison au curateur, comme il y a action pour faire rendre compte au tuteur, qui est l'action *tutelæ*, ainsi nommée : & contre le curateur on emprunte le nom de l'action generale *negotiorum gestorum* ; parce qu'il n'y a point d'action particuliere. Qui montre que cette charge de curateur n'est pas de l'ancien établissement des loix de Rome, auquel temps les formules étoient observées, & y avoit nombre certain d'actions avec noms certains & particuliers. Doncques comme tous contrats & actes civils étoient permis aux puberes, comme majeurs par ces anciennes loix ; aussi leur étoit permis le testament comme à majeurs. Aussi nous voïons que la majorité, *etiam* par nos Coûtumes de France n'est pas par tout en semblable âge. Nos Rois sont faits majeurs avec puissance d'administrer le Roïaume au quatorziéme an de leur âge, ce qui est declaré par l'Edit du Roi Charles cinquiéme : & ne dit pas, à quatorze ans accomplis, comme les Romain, disoient de la puberté, *d. l. qua ætate.* En aucunes Coûtumes la majorité est à vingt, & à seize ans, en autres à dix-huit & à quinze. Or les Romains ont bien donné des remedes pour les adultes mineurs de vingt-cinq ans, non pas pour declarer nuls leurs contrats ; mais pour les restituer en entier, s'ils étoient deçûs, fors en alienation d'immeubles, où la nullité est quand il n'y a cause d'aliener & decret. Mais par les nouvelles loix il n'a été touché à l'ancienne loi des testamens, qui ont été tant favorisez qu'ils ont été censez de droit public comme étoient les adoptions ; parce que tous les deux actes servoient à perpetuer la memoire, la dignité & la famille. Aussi les testamens doivent être dépendans immediatement de la seule volonté du testateur sans aide, ou remede venant d'ailleurs ; pourquoi ont été rejettées les institutions captatoires remises en la volonté d'autrui, *l. illa l. captatorias. ff. de hæred. instit.* Ont été aussi rejettées les pactions, promesses, ou autres charges par lesquelles la libre faculté de tester, ainsi qu'on veut, est ôtée, *l. stipulatio hoc modo. ff. de verb. oblig. l. ex eo. C. de inutil. stipul.* Pourquoi est ridicule l'opinion d'aucuns qui ont voulu appliquer aux testamens des autres l'autorité d'un curateur ou son assistance, pour conseiller le mineur testateur. Doncques les Romains pour n'enfraindre ces loix anciennes des testamens n'ont voulu par les nouvelles loix appliquer aucun remede pour valider les testamens des adultes, comme ils ont fait pour valider leurs contrats, ains sont leurs testamens simplement & précisément bons. En France se voit és Coûtumes redigées depuis cinquante ou soixante ans, qu'il a été établi & ordonné âge pour tester plus grand, que la puberté, és unes de vingt ans, és autres de dix-huit ans, qui est la pleine puberté selon le droit des Romains. La nouvelle Coûtume de Paris a arrêté vingt ans pour les meubles & conquêts, & vingt-cinq ans pour les immeubles propres. Et avec grande raison il a été ordonné âge de maturité, pour éviter les suggestions, blandices & inductions, ausquelles le jeune âge est plus sujet. Et puis que nôtre Coûtume n'en dit rien, il est bien à propos que nous nous aidions de cette Coûtume de Paris, non pas comme nous tenant lieu de loi ; mais pour la raison qui y est ; *ad instar* que nous nous aidons du droit des Romains.

SI LES EXECUTEURS TESTAmentaires peuvent sans appeller l'heritier, payer tous les legs, & les dettes ?

CCXXIX.

LEs Coûtumes de France ont donné grand pouvoir aux executeurs testamentaires ; parce que leur principale charge est d'aquiter & décharger l'ame du défunt. Le plus seroit & les mieux avisez Chrétiens font ainsi, de faire raison durant leur vie des torts qu'ils ont faits, d'aquiter leurs dettes, d'executer les fondations qu'ils veulent ; en somme de disposer de leurs propres biens ; pour le temps qu'ils en sont Seigneurs & maîtres : qui est le vrai merite, quand on se dépoüille pour donner, sans attendre à les donner quand on y a plus rien. Or parce que l'amour que chacun de nous porte à soi-même, & la crainte que chacun de nous a d'avoir faute, nous reduit à ordonner pour être executé aprés la mort ; & que l'heritier, qui dés le vivant par esperance a fait état de l'heredité, mal volontiers s'adonne à démordre, le pouvoir des executeurs y sert de contrainte. Le vrai pouvoir des executeurs est pour les frais funeraux, & pour la delivrance des legs à œuvres saintes & pitoïables. Et à cét égard ils doivent s'emploïer sans se soucier beaucoup des heritiers. Mais quand au païement des legs qui ne sont ainsi qualifiez, & païement des dettes, les executeurs font bien de n'executer sans interpeller l'heritier de dire, s'il a aucune chose à dire, & montrer promptement, ou avec peu de delai, qui doive & puisse empêcher le païement ; même quand ce sont sommes notables ou choses d'importance. On allegue à ce propos un Arrêt en plaidant du trent'uniéme jour de Juillet de l'an 1522. Et soit vûë l'annotation du sieur du Molin sur la Coûtume de Blois, article 177. *& allegat l. ult. C. de edicto Divi Adriani toll.* Soit noté que si l'executeur du vivant du testateur, & lui non sçachant étoit devenu non solvable, & sa charge fut de grand maniement, on le pourroit contraindre à bailler caution, *l. liberto. §. largius. ff. de annuis leg. l. Firmio §. 1. ff. quandò dies legati.* Item que l'un des executeurs peut vaquer seul à l'execution, si l'autre est absent; ou ne veut en prendre la charge; ou est decedé, *cap. Religiosus. §. 1. de testam. in Sexto.*

LE LEGATAIRE N'EST SAISI: s'il faut que l'heritier soit saisi réellement, pour delivrer au legataire. Ou si le legataire doit être saisi brevi manu?

CCXXX.

LE legataire en acceptant les legs devient proprietaire, *effectu retrotracto ad tempus mortis testatoris.* Car la loi dit, *quòd recta via ab eo qui legavit ad eum cui legatum est transit dominium rei legatæ, l. à Titio. in fi. ff. de furt.* mais pourtant il n'est pas possesseur: qui est ce que nôtre Coûtume dit qu'il n'est pas saisi; *imò*, & il ne peut de son autorité en apprehender la possession selon le droit des Romains en ces mots, *nemo sibi jus dicere debet occupatis legatis, sed ab hærede petere debet.* A cét effet est l'interdit, *quòd legatorum. l. 1. ff. quod legat.* Dont la raison est, afin que l'heritier étant saisi, & aïant en sa puissance les biens hereditaires, puisse par ses mains retenir la Falcidie, sans être sujet à la demander, *l. unica in fine C. quod legatorum.* La glose sur ladite loi, *in verb. ut retentione*, dit, que si l'heritier ne se plaint, ou ne se doit plaindre de la Falcidie; qu'il ne se peut aider dudit interdit. Or parce qu'aujourd'hui la Falcidie n'est en usage, sinon à l'égard de l'ancien heritage; dont les quatre cinquiémes tiennent lieu de la Falcidie, auquel cas l'heritier n'a besoin de rien retenir (car le legataire n'est fondé à pretendre que la cinquiéme) il faut faire moins de difficulté sur cette saisine réelle de l'heritier, sinon qu'il allegue interêt notable, dont la preuve soit sommaire & prompte. Vrai est que nous devons tenir la regle, que le legataire n'est pas saisi; saisi s'entend *ministerio juris & consuetudinis*, comme est l'heritier sans apprehension de fait: car le legataire ne peut intenter la maintenuë & garde possessoire. Mais la question est, s'il peut de soi-même apprehender la joüissance; ou bien requerir la delivrance à l'heritier *brevi manu*, c'est à dire, sans que l'heritier doive être saisi réellement de la chose leguée; icelui heritier *verbo* fasse delivrance au legataire, & à son refus le Juge fasse la delivrance de son Office. La Coûtume dit, *le legataire n'est saisi*, mais doit prendre par les mains de l'executeur, ou heritier. Et aprés sont ces mots, *si le testateur n'en a autrement disposé.* Pourquoi je croi que si le testateur par le testament a permis au legataire de prendre la joüissance de la chose leguée, qu'il le peut faire, non seulement si la volonté expresse du testateur est declarée, *ut in l. Titia cum testamento. §. 1. ff. de legat. 2. & ibi Bart. sed etiam si tacita voluntas testatoris appareat, veluti si legatarius sit idem executor testamenti. Ità tenet Marianus Socinus junior, cons. 86. vol. 1. & allegat Bald. in l. non dubium. C. de legib. per l. fistulas. §. fundum. ff. de contrah. empt.* Sinon que l'heritier montre promptement la nullité du legs. Et si le testateur n'a rien ordonné, le legataire peut par justice contraindre l'heritier d'en faire delivrance *brevi manu*; n'étant besoin que l'heritier soit saisi réellement par le moïen de sa maintenuë & garde. Car la regle, *dolo facit qui petit quod statim restituturus est, habet locum in interdicto retinendæ, per Dynum in regula, dolo exi. de regul. jur. in Sexto.*

COMME S'ENTEND QUE INSTITUTION d'heritier n'a point de lieu; & en cas de legs universels, si la Falcidie a lieu, quand il n'y a que meubles & conquêts?

CCXXXI.

EN la France coûtumiere n'ont été reçûës les formules ordonnées par le droit écrit des Romains au fait des testamens; par lesquelles nul testament ne pouvoit valoir, s'il ne contenoit institution d'heritier, *l. in fine. ff. de vulgar. & pupill. substit.* Aussi l'institution d'heritier ne pouvoit être faite sinon en testament solemnel & legitime; ni même par codicille, ni par nuë volonté & encore moins par pactions, *l. hæreditas. C. de pactis conventis, l. hæreditatem. C. de his quib. ut indign. l. licet. l. pactum dotali. C. de pactis.* Mais au païs coûtumier le testament peut être fait en la même forme que les autres instrumens se font pour faire foi, sans y appliquer sept témoins puberes citoïens Romains; & n'est besoin de faire heritier. Car aussi bien celui qui doit être heritier par la voïe d'intestat est heritier, & la nomination de lui faite en testament est superfluë, & non necessaire. Et si un autre est nommé heritier, il ne le peut être par le moïen de cette institution. C'est pourquoi lesdites Coûtumes disent que *institution d'heritier n'a point de lieu*; qui s'entend pour valoir par les formes & avec les solemnitez requises par le droit des Romains. L'exception qu'aucuns Praticiens mettent disans, Institution d'heritier ne vaut sinon en faveur des mariez par le contrat de leur mariage, est mal à propos. Car telle disposition de faire un heritier en contrat, n'est pas institution d'heritier, tant parce qu'elle n'est pas faite en testament; comme aussi parce qu'elle est irrevocable; & toutes institutions d'heritier sont revocables & ambulatoires jusques au dernier soûpir. Il se dit plus proprement que c'est *convenance de succeder*, qui selon nos Coûtumes vaut en faveur de mariage: nôtre Coûtume appelle tels heritiers *conventionnels*; dont il a été parlé ci-dessus questions 171. 172. & 173. S'il avient qu'aucun par testament, ou autre ordonnance de derniere volonté institué heritier celui qui ne peut être son heritier par la voïe d'intestat, il sembleroit selon ladite Coûtume, que telle institution seroit inutile. Mais il se doit dire que tel heritier ne sera pas de vrai heritier; ains prendra selon la volonté du testateur tout autant que la Coûtume permet à aucun de disposer par testament,

& prendra comme legataire, & non en qualité d'heritier. Ce qui est pris des raisons du droit civil des Romains, pour favoriser la volonté du testateur en tout ce que bonnement faire se peut, & pour faire la disposition ne pouvant valoir *jure directo*, *valeat jure utili & obliquo*; ainsi qu'il est dit *in l. Scævola. ff. ad Senatusconf. Trebellian. l. pater. §. ult.* en ces mots, *peto ut coheredem velis tibi recipere in fundo, ut l. cùm quis decedens. §. Seiam ff. de legat.* 3. Choppin *in tract. de privileg. rust. lib. 3. cap. 7. num.* 2. allegue deux Arrêts de la Cour confirmatifs de cette opinion du 24. Mars de l'an 1567. & du 22. Mai de l'an 1574. Ainsi dit Maître Charles du Molin en l'annotation sur la Coûtume ancienne de Paris, article 121. & sur la Coûtume de Mante, article 258.

L'autre question est quand aucun n'a en ses facultez que meubles & conquêts, & il les legue universellement & pour le tout à aucun, qui n'est son parent plus proche habile à lui succeder, si la Falcidie, introduite par le droit des Romains, aura lieu en faveur de celui qui voudra se dire heritier par la voïe d'intestat ? La raison du droit des Romains est pour la Falcidie. Mais je croi qu'elle ne doit être pratiquée ni avoir lieu, tant parce que nôtre Coûtume indistinctement permet à chacun de disposer de ses meubles & conquêts entierement; comme aussi parce que nos Coûtumes n'affectent & ne destinent à l'heritier intestat, qui toûjours est parent, sinon les heritages propres qui sont de la même ligne dont il est parent: comme si l'entretenement & conservation de la maison & famille dépendoit principalement de la proprieté desdits heritages propres : pour garder lesquels és maisons sont introduites les Coûtumes de retrait lignager, de la succession *paterna paternis*; de la subrogation des heritages échangez, pour être en même nature, dont dépend l'usance entre les Gentilshommes, qui plus souvent & plus honorablement sont remarquez & connus avec les noms de leurs Seigneuries, qu'avec leurs noms de lignager. Et il se voit aussi en la maison de France que les descendans des puînez ne portent autre surnom que celui du Duché, ou Comté de leur apppanage. Qui fait connoître que nos majeurs ont fait grand compte des heritages anciens des maisons.

SI AUCUN PEUT ESTRE HERITIER & legataire; heritier, & donataire entre-vifs?

CCXXXII.

L'Article onziéme au chapitre *Des testamens* a été tiré des autres Coûtumes, & semble que ç'ait été sans avoir bien posé l'effet d'icelui; comme plusieurs autres articles en ont été tirez, qui ne s'accordent bien avec les autres articles. De vrai és Coûtumes voisines cét article est bien séant, parce que par icelles on ne peut faire avantage à l'un de ses heritiers plus qu'à l'autre, Lorris, Auxerre, Paris, Bourbonnois, si ce n'est en faveur de mariage. Mais nôtre Coûtume au chapitre *Des donations*, article 7. permet aux peres & meres d'avantager les uns de leurs enfans, sauve la legitime; & en l'article 11. permet de donner par preciput sans être sujet à rapport. Et au chapitre *Des successions*, article 17. permet à chacun de faire partage & assignation de ses biens entre ses futurs heritiers: ce mot *assignation*, ajoûté outre le mot de *partage* montre que le testateur n'est pas adstraint precisément à égalité; par consequent qu'il peut avantager. Ces articles s'entendent non seulement des donations entre-vifs; mais aussi des dispositions de derniere volonté en testament, ou autrement. Car ledit septiéme article use de ces mots, *par donation quelconque*; & le dix-septiéme par necessité s'entend de derniere volonté; car la disposition est ambulatoire & revocable. Pourquoi il me semble que cét article pourroit être retranché, en laissant le negoce à la disposition de la raison écrite, qui est le droit civil des Romains. Aucuns doctes Praticiens en ce païs en admettant ledit article, l'ont interpreté selon ledit droit écrit, selon lequel nul heritier ne peut prendre legs de soi-même: & partant si le testateur legue à celui qu'il institue son heritier, le legs est inutile pour la portion hereditaire de lui, & vaut seulement pour la portion de son heritier, *l. legatum est delibatio. §. 1. & l. qui filiabus. §. 1. ff. de legat.* 1. Le même droit civil permet au testateur de preleguer à l'un de ses heritiers; & en ce cas celui qui en vertu de prelegs prend plus, n'est pas pourtant chargé des dettes hereditaires, plus que pour sa portion hereditaire, *l. 1. C. si certum petatur*. Vrai est que le testateur en voulant avantager l'un de ses heritiers plus que l'autre, pourtant ne pourroit par disposition de derniere volonté disposer de son heritage ancien plus avant que selon la permission de la Coûtume : car les quatre cinquiémes sont du tout hors la puissance du testateur, & doivent écheoir selon que la Coûtume les adresse par succession. Bien pourroit-il par donation entre-vifs disposer comme bon lui sembleroit, non seulement de ses meubles & conquêts; mais aussi de ses propres, entre ceux qui devroient être ses heritiers, pourvû que, si c'étoient enfans, la legitime ne fut lesée; & faire avantage à l'un de ses heritiers, qui en ce cas pourroit être heritier & donataire entre-vifs; car la chose donnée entre-vifs n'est plus de l'heredité; sinon quand l'heredité appartient aux enfans: auquel cas les biens donnez entre-vifs sont rapportez en effet, ou par intellect & en calcul pour faire la computation de la legitime, *l. 1. & l. si pater. Cod. de inoff. donat.* Ez Coûtumes esquelles l'article de ne pouvoir être heritier & legataire est en vigueur, on a ajoûté un temperament & limitation que quand il y a des heritiers de divers patrimoines, comme l'un des meubles, l'autre des propres paternels, l'autre des propres maternels, celui qui est heritier en un patrimoine peut être legataire en l'autre. Ou bien quand aucun a des biens en diverses Coûtumes, il pourra être heritier és biens d'une Coûtume, & être legataire en l'autre. Mais du Molin en l'annotation sur la Coûtume de Montfort, article 92. dit avoir été ainsi jugé en jugement de l'an 1563. entre les heritiers de Maître Pierre Bureau Avocat en Parlement.

SI L'ECRITURE EST NECESSAIrement requise en testament?

CCXXXIII.

NOSTRE Coûtume de l'an 1534. au chapitre *Des testamens*, article 13. semble requerir pour la forme essentielle du testament qu'il soit écrit, & ledit écrit soit témoigné, ainsi qu'il est ordonné par ledit article. Il est utile qu'ainsi soit, afin d'éviter les inconveniens qui aviennent, quand il convient prouver aucune chose par témoins; dont il est parlé en l'Edit de Moulins de l'an 1566. article 54. & parce que souvent il avient que les hommes tiennent plusieurs propos qui ne sont à vraïe intention de disposer, & pourroient être pris par les témoins pour disposition: ce qui a été remarqué par les loix des Romains; même és testamens militaires, qui ont toutes les faveurs & ne sont sujets aux formules introduites par les loix. A l'égard desquels testamens la loi requiert qu'il apparoisse que serieusement & en vraïe intention de disposer il ait été ainsi ordonné par le testateur, qu'à cét effet il ait requis les témoins d'y assister, & de s'en souvenir; disant icelle loi, que c'est l'interêt du testateur que sa volonté ne soit prise autrement que selon qu'il en a ordonné, *l. Divus. ff. de milit. testam.* Aussi la même loi dit, que les témoins doivent être requis d'assister & témoigner, *Auth. rogati. C. de testib.* Du Molin en l'annotation sur l'article de nôtre Coûtume excepte deux cas esquels l'écriture n'est pas requise au testament, à sçavoir au temps de peste, & en la milice, à cause de la necessité. Aucuns exceptent, si le testament est fait *ad pias causas, ut in cap. relatum. 1. ext. de testam.* Mais toûjours faut-il que la preuve soit entiere; & pour le moins de deux témoins, *l. Lucius. ff. de milit. testam.* & qu'il apparoisse que les propos aïent été dits en vraïe intention de tester & ordonner, *d. l. Divus.* Pourquoi ce n'est pas assez que les témoins déposent du fait & de la parole nuë, s'ils ne deposent aussi des autres circonstances par lesquelles se connoisse l'intention du défunt: *non enim qualibet verba sufficiunt, sed hoc inspiciendum est qua mente quid dicatur, & ad quem effectum, l. si privatus. ff. qui & à quibus manum. l. in totum. ff. de regul. jur. Obiter.* sera noté que les témoins qui sont prohibez de déposer & témoigner en jugement, ne doivent être admis témoins és testamens, *l. qui testamento. 20. §. eum qui ff. de testam. & facit l. ult. C. si cert. pet. ubi testes instrumentarii debent esse probatæ opinionis.* Il ne seroit mal à propos d'appliquer à cét article ce qui est dit au droit Romain, que quand le pere teste entre ses enfans, que le testament ne doit être blâmé par défaut de solennité; pourvû que la volonté soit prouvée par preuve commune, *l. hac consultissima. §. ex imperfecto. C. de testam.* & doit-on presumer en tel testament, que la clause codicillaire y soit, *ut valeat meliori modo, &c. Ità dicit Marianus Socinus junior consil. 144. & 147. vol. 2. & allegat gloss. in l. cohaeredi. §. qui filio. in verb. non valent. ff. de vulgari & pupill. substit. Quæ regula vera est, dummodò in favorem filiorum disponat, & eis bona sua æqualiter distribuat; non etiam quandò est nimia inæqualitas: quo casu testamentum imperfectum non debet censeri jure factum. Ità decidit Molinæus in annot. ad consil. 168. Alexandri de Imola. vol. 5. & allegat Romanum consil. 179. ità etiam Decius, consil. 249. vol. 3. qui etiam allegat. consil. Romani: & rursum consil. 631. vol. 5.*

SI L'HERITIER PEUT INTENTER complainte aprés l'an & jour du decés? & de la difference de complainte, & de maintenuë.

CCXXXIV.

LA regle commune de Pratique est, *comme la possession s'aquiert par an & jour, aussi elle se perd par an & jour.* Cela est vrai és possessions *quæ sunt facti.* Mais quand la possession & saisine est de droit, qu'on appelle *juris*; comme est la possession que la Coûtume donne à l'heritier, sans apprehension de fait, & aux Seigneurs directs en cas de reversion, il n'est pas à propos de dire indistinctement qu'elle se perd par an & jour passez aprés la saisine deferée. Car ores qu'il se dise que la possession est aquise *statim in momento mortis*, dont il se dit, *le mort saisit le vif*; si est-ce que l'heritier n'est pas saisi, sinon aprés qu'il a declaré sa volonté d'être heritier; *non enim acquiritur hæreditas nisi volenti.* Il faut donc que la volonté soit jointe avec le ministere de la Coûtume: ainsi aviendra que si l'heritier est absent, & ignore que l'heredité lui soit deferée, l'an & jour ne lui courra point, si ce n'est qu'un autre avec qualité d'heritier, *& animo hæredis* occupe les biens de l'heredité, & en joüisse par an & jour. Car en ce cas il auroit interverti & usurpé la saisine du vrai heritier absent, & auroit icelle aquise pour lui; sans que l'absent *etiam Reipublicæ causa, etiam pupillus*, pût être restitué: d'autant que les possessions, *quæ sunt facti*, ne reçoivent le remede de restitution en entier, *l. denique. ff.* ex *quib. caus. major.* où il est parlé de la restitution, *quæ habet multò pleniorem effectum, nempè ex lege Cornelia de post liminio, quàm restitutio ex edicto Prætoris, cùm illa sit juris, hæc jurisdictionis.* Doncques la saisine de droit aquise à l'heritier par le benefice & ministere de la Coûtume est conservée par lui *animo; quià per regulas juris possessio semel legitimè acquisita animo retinetur*; jusques à ce qu'elle soit intervertie par possession contraire apprehendée de fait. Que s'il avient que celui qui de fait apprehendera les biens de l'heredité, soit pere ou frere, ou autre personne, qui vrai-semblablement porte affection d'amitié à l'absent, en joüisse par an & jour, je ne dirai pas qu'il ait interverti la saisine de son fils, frere & grand ami absent, pour icelle aquerir à son profit. Mais si c'est comme le frere, qui ait semblable part en l'heredité comme l'absent, je dirai qu'en conservant sa saisine il a voulu conserver celle de l'absent, plûtôt que de l'intervertir, & usurper par cette noble & honnête presomption mise en la loi *meritò ff. pro socio, & in l. penult. ff. quod falso tutore, l. 1. ff. de distract. pign.* Joint que *in interdicto uti possidetis locum habet exceptio, vel replicatio doli. Dynus in cap. dolo facit. ext. de regul. jur. in Sexto.* De même, si l'heritage tenu à bordelage échet au Seigneur à faute d'hoir, & le Seigneur ne soit averti de la mort de son bordelier, il pourra aprés l'an & jour requerir être maintenu & gardé en la possession de la Seigneurie utile; mêmement s'il n'est intervenu aucun acte apparent public & notoire, par lequel il puisse être connu qu'un tiers non capable à succeder ait interverti la possession du Seigneur, direct. Car és possessions, dont les exercices peuvent facilement être inconnus à ceux qui ont interêt, celui qui de fait joüit, n'interrompt pas & n'intervertit la possession, sinon que ledit legitime possesseur en ait été averti, *l. quamvis saltus. & l. peregrè. ff. de adq. poss. l. 2. C. de servit. & aqua.* J'entens averti, ou bien que vraisemblablement il ait pû le sçavoir, *l. ult. ff. quis ordo in bon. poss. l. Servius. ff. quod vi, aut clam.*

Pour la forme des actions possessoires, *ad instar* de l'interdit. *uti possidetis*, est à remarquer qu'en aucuns sieges la formule est de complainte en cas de saisine & de nouvelleté; & autres sieges est de maintenuë & garde possessoire: & les deux sont de même effet selon que vulgairement on en use: mais à parler proprement, *la complainte* est quand il y a trouble precedent actuel, dont le possesseur se plaint, disant être en saisine, & qu'on lui a fait nouvelleté; & requiert reparation du trouble, avec dommages & interêts. *La maintenuë & garde* est quand aucun possesseur de fait, ou de droit sans trouble precedent, desire que sa possession soit confirmée, & en icelle être maintenu & gardé, pour semondre ceux qui voudront pretendre au contraire de venir avant pour s'opposer, ou dire ce que de raison, & afin qu'avec eux ladite possession soit confirmée. Aucuns Praticiens en ce païs ont voulu faire distinction *de maintenir & entretenir en possession*, disant que *maintenir* suppose trouble, *& entretenir non.* Mais je croi que cette distinction procede de l'erreur, selon lequel aucuns estiment que maintenuë & garde & complainte, soient une même chose. L'erreur est convaincu par la proprieté des mots. Car *maintenir & entretenir* c'est tout un; & tous deux signifient conserver.

SI UN HOMME FRANC A SES plus proches parens serfs, & les plus éloignez sont francs, comme on succedera?

CCXXXV.

LA Coûtume au chapitre *Des successions*, article 2. dit, *Que le parent serf ne succede à son parent franc, ni le franc au serf.* La raison peut-être à cause de l'état de la personne, *ut habeatur servus quasi capite minutus maxima capitis minutione*, à l'égard de tous autres, horsmis de ceux de sa même condition. Et parce que ceux de la même condition *magis succedunt ex vi primaria concessionis facta per dominos, quàm ex vi cognationis*; ainsi qu'on fait distinction des heritiers feodeaux & bordeliers, & des heritiers communs. Aussi par les loix des Romains il n'y avoit communication pour succession ou legs testamentaire, sinon de Citoïen Romain à Citoïen Romain. *l. 1. ff. ad leg. Falcid. l. 1. C. de hæred. instit.* Encore se peut dire que tout ainsi que celui qui est manumis & affranchit perd tous les biens qu'il tient à cause de la servitude, & sont aquis à son Seigneur; au chapitre *Des servit. personnelles*, article 36. ainsi il perd toute esperance de succeder à ses parens serfs, desquels il abandonne la condition. La question qui se presente est, celui qui decede sans enfans est franc; il a ses parens plus proches serfs, & a autres parens francs, mais ils sont plus éloignez; sçavoir si le parent plus éloigné succedera, ou le Seigneur Haut-Justicier, comme en biens vacans? Je croi que le parent plus éloigné, qui est franc succedera. Car la définition d'heritier est du plus prochain habile à succeder, & ne suffit pas de dire plus prochain, mais faut dire *plus prochain habile.* Doncques l'habilité n'étant pas au plus prochain du sang, il se dit que le plus éloigné qui est franc, & plus prochain habile. Ainsi avons-nous dit ci-dessus au fait des bordelages, quest. 58. Le sieur Chopin *in tract. de privileg. rustic. lib. 3. cap. 8. num. 2.* dit qu'à la même raison le parent regnicole plus éloigné en degré de lignage fut preferé au parent plus proche étranger, qui depuis la succession deferée avoit obtenu lettres de naturalité, par Arrêt qu'il allegue de la prononciation de Septembre, de l'an 1535. A la suite de la même raison, quand le défunt n'a délaissé aucuns parens du côté paternel, les parens du côté maternel peuvent succeder és heritages propres paternels, & exclurre le fisque. Ainsi que ledit Chopin dit avoir été jugé par Arrêt audit traité, *lib. 3. cap. 3. num. 3.* Et du Molin en l'annotation sur la Coûtume de Berri, titre *Des successions*, article 1. Coûtume de Monstrüeil, article 10. & Bourbonn. article 328.

SI

QUE LE CREANCIER N'EST TENU de discuter toutes sortes d'heritiers, pour rendre sur eux pro modo emolumenti ; *mais peut les poursuivre pour les viriles portions, & sur les biens hereditaires pour le tout.*

CCXXXVI.

EN plusieurs lieux du droit civil des Romains il est dit, que la survenance de l'heritier ne doit en rien alterer, ou diminuër la condition du creancier, *l.* 2. *§. ex iis. ff. de verb. obligat. l. Pratoriæ. §. incertam. ff. de Prætor, stipul.* ores que l'heritier soit pupille, ou autrement favorisé & privilegié, *l. Polla. C. de his quib. ut indignis :* dont vient que le temps du rachât conventionnel commencé contre le majeur vendeur, court contre le mineur son heritier, sans esperance de restitution en entier, *l.* 2. *C. si adversus vendit. pignor. & Bart. in l. Æmilius. ff. de minorib.* Et a été reprouvé par aucuns Arrêts de la Cour le remede que ledit Bartole y applique, *ut minor restitui possit ex generali clausula, Si qua mihi justa causa videbitur.* Doncques si le detteur decede delaissant plusieurs heritiers en divers patrimoines, l'un des meubles, l'autre des propres paternels, & l'autre des propres maternels, le creancier ne sera tenu de s'arrêter à la discussion de l'émolument que chacun des heritiers prend en l'heredité, & à l'estimation de chacun patrimoine. Car ce qui se dit & tient par opinion, qui aujourd'hui est arrêtée & commune, & par cy-devant estoit douteuse, que divers heritiers sont tenus aux charges hereditaires *pro modo emolumenti*, (dont il sera parlé *infrà quest.* 294.) au lieu & doit estre pratiqué entre les heritiers, pour proportionner entre eux les charges hereditaires, & non à l'égard du creancier, le droit duquel ne doit estre alteré par cette survenance, *l.* 2. *§. ex his. ff. de verb. oblig. l. Pratoriæ. §. incertam. ff. de Prat. stipul.* Ce que j'entens quand le creancier s'adresse sur les biens hereditaires ; Auquel cas quand il s'adresse sur les biens hereditaires sans rechercher les biens qui sont propres d'ailleurs à l'heritier ; je croi que le creancier peut s'adresser pour le tout contre chacun des heritiers, *etiam* par la voïe personnelle, sans être sujets de les prendre chacun à part pour leurs portions hereditaires. Et ne leur est point fait de tort, car l'heredité doit, & les biens hereditaires sont directement affectez aux dettes du défunt. Si les biens hereditaires sont indivis, *nemini hæredum fit injuria*, (voy ce qui est dit *in simili quest.* 191. cy-dessus) car le corps de l'heredité doit. S'ils sont divisez entre les heritiers, les heritiers par leurs pactions n'ont pû diminuër, ou affoiblir le droit du creancier, *l. debitorum. C. de pact.* Aussi les heritiers bons ménagers, ont accoûtumé avant que partager, de mettre à part en une masse aucuns meubles, ou autres biens hereditaires pour satisfaire aux dettes. A laquelle opinion n'est contraire ce qui est dit *in l. pacto successorum. C. de pact. & in l. pro hæreditariis. C de hæredit. act.* car lesdits loix parlent quand par la declaration des heritiers, ou adition d'heredité le patrimoine du defunt & celui de l'heritier sont confondus & faits un seul patrimoine : auquel l'heritier qui est tenu personnellement, & au peril de toutes sortes de biens qu'il a, ne peut être convenu que pour sa portion hereditaire ; car il ne represente le défunt que pour cette portion. Le sommaire de ce que dessus est, qu'en l'un des cas l'heredité est recherchée, qui est celle qui doit : & en l'autre l'heritier est recherché *quatenus* il represente le défunt. Le doute seroit en ce cas, quand le creancier recherche les heritiers *pro hæreditariis portionibus*, & il y a diverses hereditez & patrimoines d'une seule personne, s'il les doit rechercher *in viriles & æquales portiones* ; ou bien selon que les biens de chacun patrmoine valent. Sur quoi semble qu'il se peut dire, qu'il doit conclurre contre eux pour égales portions & viriles ; car chacun d'eux est heritier, & represente le défunt : & parce quil n'est pas liquide & connu de quelque valeur est chacun patrimoine, *in illo dubio partes æquæ & pares fieri debent*, *l. legata inutiliter. in fine. ff. de legat.* 1. Sauf aux heritiers de proportionner entr'eux à quelle raison chacun d'eux est tenu selon qu'est l'émolument qu'il prend en l'heredité. Et de cette opinion est Maître Charles du Molin en l'annotation sur le 81. article de la Coûtume de Vitri.

SI LA SUCCESSION DES MEUBLES, en quelque part qu'ils soient, se regle selon la Coûtume du domicile du decedé?

CCXXXVII.

LA commune opinion des Praticiens est, *que les meubles suivent la personne, & se reglent selon la loi du domicile de la personne.* Et sur cette ancienne opinion étoit fondée l'usance, qui a été long-temps en France, que comme la personne du clerc vivant clericalement ne pouvoit être prise par le Juge laï ; ainsi ne pouvoient être pris ses meubles par execution ; & s'étendoit à toutes sortes de meubles, *etiam* aux arrérages de rentes échûs. Aussi en consequence de ladite regle se disoit, qu'és cas esquels la personne du clerc pouvoit être prise & tenir prison, comme pour amende, procedant de delit, aussi pussent être pris les meubles dudit clerc, *argumento ducto à persona ad mobilia* Et a été ainsi pratiqué jusques à ce que par l'Edit d'Orleans, article 28. il a été permis d'executer les clercs en leurs meubles, sauf és ornemens servans & destinez à l'Eglise, leurs livres & vêtemens ordinaires. *suprà quest.* 159. & 193. Or je croi qu'il ne se doit pas dire indistinctement, que les meubles se doivent regler par la loi du domicile de la personne ; ains qu'il faut avoir égard à la destination du pere de famille de qui étoient les meubles au temps qu'ils étoient siens en pleine liberté : & que s'il avoit destiné aucuns meubles (en executant sa destination par effet) pour être en une maison ou domaine aux champs, ou autre lieu pour y demeurer perpetuellement, que tel meubles doivent être jugez par la Coûtume du lieu, où ils sont selon ladite destination. J'ai un avis du Conseil, signé de Nonthelon, Poïet, Charmoluë, & Laloïau, de l'an 1522. lesquels en ce temps étoient des plus fameux Avocats du Palais de Paris, deux desquels depuis ont été Avocats du Roi, Presidens, & l'un Chancelier, & l'un Garde des Séaux de France; lesquels sont de même avis, & n'alleguent les textes de droit y servans. Ceux que j'ai remarqué y servans, sont *in l. in fundi. §. Labeo. ff. de act. empti*, où il se dit que les choses qui sont en un édifice pour l'usage perpetuel d'icelui, sont censées faire portion de l'édifice. Et ainsi *in l. longæ. ff. de diversf. & tempor. præscript.* où il se dit que les serfs & esclaves destinez pour la culture & exercice d'un domaine és champs sont censez faire portion dudit domaine; jaçoit que par leur nature ils soient meubles, ou mouvans. Et selon la destination du pere de famille les choses doivent être censées être d'un lieu, ou d'un autre, même és meubles, *l. ex facto. 35. §. rerum. ff. de hæred. instit. l. si ita legatum. ff. de legat. 3. l. quæsitum. §. si quis. ff. de fundo instructo*, *l. qui filium. ff. de legat. 3.* Nôtre Coûtume de l'an 1534. au chapitre *Des confiscations*, article 2. donne les meubles au haut-Justicier du lieu où ils sont trouvez, lors de la confiscation: ce qui se doit entendre non pas trouvez fortuitement, mais y étans pour demeure perpetuelle; par la raison de la loi *debitor. ff. de pignor.* Mais ledit article sert d'argument que les meubles ne suivent pas la personne; car le Seigneur Haut-Justicier prenant la confiscation, est *ad instar* de l'heritier; & toutefois il ne prend pas tous les meubles du delinquant, si le delinquant avoit son domicile en sa Justice. Et de cette opinion est du Molin *in annot. ad consil. Alex. 16. vol. 1.* Par ces raisons il me semble qu'en fait de succession les meubles doivent être reglez selon la Coûtume du lieu auquel ils sont avec destination de perpetuelle demeure, & non pas indistinctement, selon le domicile du défunt. *Et quòd mobilia ordinata ad immobilia, censeantur immobilia tenet Marianus Socinus præceptor meus in consil. 65. vol. 1. & allegat cap. nulli. cum ibi not. ext. de reb. Eccl. non alien. & Innoc. in cap. cùm ad sedem. ext. de restit. spol. Sed magis facit d. l. longæ. ff. de diversf. & temp. præscript. & d. l. fundi. §. Labeo. ff. de act. empti.* Toutefois semble que la Coûtume en cas de confiscation ne regarde la destination. Car elle use de ce mot *trouvez*, qui represente l'état fortuit. Aussi audit cas la destination du pere de famille n'a aucun effet; & n'est pas comme quand les meubles appartiennent par la disposition, ou volonté tacite du pere de famille; esquels cas la destination est considerable.

La question est à quelle Coûtume seront sujets les credits & dettes actives du défunt? Aucuns disent que c'est à la Coûtume du domicile du creancier; parce qu'en icelui se doit païer la partie dûë. Autres disent que c'est à la Coûtume du lieu où est le domicile du detteur. Et je suis de cét avis, par la raison & argument de la loi *Titium. §. tutores*, où se dit, que la charge de la dette dûë par celui des la province est à la charge des tuteurs provinciaux, & non des tuteurs de Rome, où étoit le domicile du creancier, *l. tutores 39. §. 3. ff. de admin. tut.* Et encore parce que la dette, *quòd est jus afficit personam debitoris, & ei inhæret; quià ab illa initium obligationis fuit*, *l. quæcumque ff. de act. & oblig.* Aussi le creancier, quand il fait demande, doit aller rechercher le domicile du detteur. *Et quià jura loco non continentur*; il faut dire, en ce qui se peut dire en tel cas, que la dette est au lieu où est la personne qui doit; parce que la dette est attachée à sa personne. *Contrà sentiunt Alex. consil. 13. vol. 1. & Paul Cast. consil. 319. vol. 1. qui dicunt quòd nomen & jus actionis est penes creditores: quod quidem verum est. Sed res ipsa, id est res decreta, vel jus debitum est in persona debitoris, & ejus personæ adhæret. Porrò in comparatione juris & actionis quæ datur ad persequendum, & rei ipsius quàm persequimur per actionem, potius est attendenda res ipsa, quæ naturalem causam habet, quàm jus actionis quod ex jure civili competit, cùm in concursu causæ naturalis & civilis causa naturalis præferatur, l. filio quem. ff. de lib. & posth. l. non putavit. §. si quis emancipatum. ff. de bon. poss. contra tab. Deindè jura jubent ibi petit rem ubi est, sive personali, sive reali actione agatur, l. quod legatur. ff. de judic. l. si res. cum l. seq. ff. de rei vend. Atqui creditor petit sibi debitum in loco domicilii debitoris, l. 2. C. de juris. omn. jud. l. ult. C. ubi in rem actio. Ergo consequens est ut dicamus rem debitam esse in eo loco uti debitor habet domicilium.*

QU'EN NOSTRE COUSTUME heritage *quelquefois signifie simplement immeuble, & quelquefois le propre & ancien?*

CCXXXVIII.

Le mot *heritage* est diversement pris en nôtre Coûtume. Car aucune fois il signifie simplement & indefiniment *immeuble*; autrefois il signifie l'immeuble, qui est venu par succession, ou retrait par droit de lignage; qu'aucunes Coûtumes appellent *propres*. De vrai le mot *heritage* vient de l'heredité; *sed usus non ita strictè accepit.* Doncques faut dire le mot *heritage*, *genus est, cujus duæ sunt species, quarum una nomen proprium habet*, qui sont conquêts, *& altera assumit sibi idem nomen generis*, qui est l'immeuble venu par succession. Ainsi en droit civil voyons-nous *adoptionem genus esse, cujus duæ species, una adrogatio, & altera adoptio, nomine generis sibi retento, l. 1. ff. de adopt. Sic in credito, l. 1. & l. 2. §. mutui. ff. de reb. cred.* Nôtre Coûtume par endroits entend le mot *heritage*, toutes sortes d'immeubles sans distinction, comme au chapitre *Des confiscations*, article 6. *Des fiefs*, 41. & 42. *Des cens*, 9. 11. 23. & 24. *Bordelages*, articles 1. 22. 23. 27. & 29. *Rentes & hypoteques*, 1. 2. & 9. *Communautez & associations*, articles 10. & 13. *Droits appartenans à gens mariez*, articles 29. 31. & 32. *De doüaire*, articles 1. & 5. *Quelles choses sont reputées meubles*, articles 1. 2. & 6. *Des criées*, articles 23. 24. & suivans. *Prescription*, article 6. En autres endroits l'heritage se dit le propre, qui est venu par succession; au chapitre *Des confiscations*, article 4. *Des communautez & associations*, article 9. *Droits appartenans à gens mariez*, article 4. 17. & 18. *De doüaire*, article 8. *Quelles choses sont reputées meubles*, article 9. & 13. *De retrait*, article 28. *Des testamens*, article 1. & 4. *Successions*, article 4. & 7. En autres endroits est ajoûté le mot *anciens*, heritages anciens, *Des communautez & associations*, article 6. *Des droits appartenans à gens mariez*, article 27. *De retrait*, article 1. & 18. *Successions*, article 8. 9. & 16. Et en un endroit le conquêt est nommé *heritage*, au chapitre *Des communautez & associations*, article 13. Pourquoi selon la nature du sujet il faut interpreter l'heritage pour *ancien & propre*, ou pour *immeuble* indefiniment. Et si de la nature du sujet, ou d'ailleurs on ne peut rien recüeillir, il faut prendre heritage pour *immeuble* en la signification generale. Voi la question 144. *suprà*.

DE L'ARTICLE, QUE SUCCESSION en heritage ancien ne monte point en collateral. De l'ancien erreur, de l'éclaircissement d'icelui, & de l'autre erreur procedant de n'avoir bien entendu le texte des Novelles de Justinian.

CCXXXIX.

CET article, qui est le huitiéme, au chapitre *Des successions*, a esté pratiqué cydevant avec une intelligence sans raison, & l'usage à donné tel cours à l'erreur, que ceux qui connoissoient cet erreur n'ont osé, ou bien n'ont pas eu le credit de le reformer, jusques à ce que la Cour de Parlement par deux Arrests avec son autorité a fait connoître & a aboly ledit erreur. L'un est en l'heredité de la Maison de Guerchi de Marafin, du dernier Juillet 1575. L'autre, en la succession de Jacques Blaire le jeune, du 20. Juillet 1577. par lesquels a esté jugé que l'oncle devoit venir à la succession de son neveu plûtôt que le cousin germain; & le grand oncle, plûtôt que les enfans des cousins germains. Selon ledit erreur les oncles & grands oncles estoient exclus en succession des heritages anciens, & y estoient plûtôt appellez les cousins germains, & ceux qui étoient encore plus éloignez en décendans collateralement. Et à prendre l'article sainement & purement, comme il est couché, il s'entend ainsi qu'en échoite & succession d'heritage ancien, le neveu du défunt qui est descendant collateral au tiers degré, succede plûtôt que l'oncle, qui est ascendant collateral aussi au tiers degré, & que l'enfant du neveu du défunt, qui est au quart dégré, & plus éloigné d'un dégré, doit exclure l'oncle qui est au tiers dégré: qui est la vraye espece du fait qui est decidé par ledit article: & tout convient bien. Mais ne convient pas bien, quand on prefere le cousin germain du défunt à l'oncle, car le cousin germain n'est pas descendant collateral: il est en pareil degré que le défunt. Or encore, selon l'intelligence dudit article en sa propre texture, qui est que le neveu est preferé à l'oncle, ores qu'ils soient en pareil degré: de vrai *ità jus est*; parce que les Estats de ce païs l'ont ainsi rapporté & avisé, & que d'ancienneté il a esté observé. Mais il se peut dire en meditant sur icelui; que cette loi vient de l'opinion d'aucuns Docteurs anciens, même de Balde *in Auth. post fratres*, qui ont estimé qu'en la Novelle Authentique *de hæred. ab intestato. cap. 3. versic. si autem cum fratribus. coll. 9.* le versicule *illud palam*, qui est vers la fin dudit chapitre 3. fut une disposition subsistante de par soi; jaçoit que ce ne soit qu'une appendice du precedent, Et pour connoître, il faut prendre le versicule *quandòquidem*, pour commencement de la disposition & clause en cette sorte, *quandòquidem igitur fratris & sororis filiis tale privilegium dedimus, ut in propriorum parentum succedentes locum soli in tertio constituti gradu, cum iis in secundo gradu sunt, ad hæreditatem vocentur: illud palam est quià thiis, id est petruis, avunculis, materteris & amitis defuncti præponuntur, etiamsi illi tertium cognationis similiter gradum obtineant.* Comme s'il vouloit dire en faisant repetition de la disposition precedente, qu'estans ainsi que les neveux du défunt representans leur pere viennent à la succession de leur oncle decedé, avec leur autre oncle survivant, il se cõnoît qu'iceux neveux étans au tiers degré sont preferez aux oncles du défunt, qui aussi sont au tiers dégré; Qui est en effet la repetition du cas de representation, & non pas une nouvelle disposition. Ce qui dépend de la phrase & façon de parler Grecque plûtôt Asiatique que Laconique, qui est fort en usage en ces Novelles, selon l'usage des Grecs dudit temps abondans en langage, & qui ne se peuvent contenter de dire une fois sans le repeter: lequel stile se connoît en comparant les loix faites par les Empereurs Romains, lors que le siege de l'Empire étoit à Rôme, & par les Empereurs depuis que le siege fut transferé à Constantinople. Car les loix de ces derniers sont tedieusement & superfluément longues, & les loix des autres sont sentencieuses avec peu de paroles. Doncques ce qui est dit depuis le versicule *Quandò quidem*, jusques à la fin du chapitre en comprenant ces mots, *illud palàm*, fait une seule periode & une clause. Et se voit que ce n'est pas un nouveau cas pour mettre en comparaison quand le défunt délaisse d'une part ses oncles ou tantes, & d'autre part delaisse ses neveux ou niéces sans aucuns freres ou sœurs d'icelui défunt: Ainsi est le cas de representation repeté, à sçavoir quand le defunt a laissé son frere survivant, & les enfans de son autre frere decedé: auquel cas lesd. neveux enfans du frere, ores qu'ils soient au tiers dégré, excluent les oncles du defunt, qui sont aussi au tiers degré: mais c'est par le benefice de feu leur pere, lesquels ils representent & succedent au lieu de lui, tout ainsi que s'ils étoient au même degré de leur pere, qui est le second. Cette même phrase & façon de repeter ce qui ja a esté dit, se trouve és Institutes de Justinian au titre *de actionib. §. aquè, vers. sanè uno casu.* Et par faute d'entendre ce stile de verbosité des Grecs, les Docteurs se sont distillez le cerveau estimans que ce versicule, *Sanè uno casu*, fut un autre cas,

& par diverses façons ont voulu deviner que l'autre cas c'estoit auquel le possesseur peut agir ; mais en effet ce n'est que la repetion du cas precedent, qui est de l'action negatoire de servitude. Comme s'il vouloit dire, *Sanè uno illo casu suprà expresso, qui est de actione negatoria, is qui possidet, agit.* Doncques sembleroit expedient, s'il y avoit reformation par la revision de cette Coûtume, que cet article fut simplement aboli & rayé ; & que l'on prit même raison en l'heritage ancien, que l'on doit prendre és meubles & conquêts. Car nous avons tenu en ce païs, & a esté jugé contradictoirement sans appel, qu'és meubles & conquêts l'oncle du defunt & le neveu du defunt viennent en concurrence à la succession par moitié, comme estans chacun aux tiers degré: & il n'y a pas autre raison en l'heritage ancien. Et qu'audit cas, quand il y a oncle du defunt d'une-part, & neveu du defunt d'autre-part, que tous succedent également, parce que tous sont au tiers degré, est decidé *per Ludo. Rom. consil. 196. & allegat versicul. hujusmodi, in ead. Auth. de hæred. ab intest. dicto cap. 3.*

DE LA REPRESENTATION en ligne collaterale en un seul cas.

CCXL.

SELON le droit Romain és Digestes & au Code, representation pour succession n'a aucunement lieu en ligne collaterale, ains seulement a lieu en ligne directe : tellement que le neveu du defunt ne vient à la succession de son oncle, quand le defunt a delaissé son frere survivant, *l. consanguinitatis. C. de legit. hæred.* Justinian par ses Novelles Constitutions a introduit la representation, quand le defunt a delaissé un frere & les enfans de l'autre frere paravant decedé, & ordonné qu'audit cas les neveux prendront telle portion, qu'eût pris le defunt frere du defunt, s'il eût survêcu: cette representation fait que lesd. enfans succedent *in stirpem.* Ce qui est rapporté en l'Authent. *cessante*, apposée auprés de ladite loi *consanguinitatis.* Ces Novelles, comme il a esté dit ailleurs, ont esté faites par Justinian longtemps aprés que la Monarchie des François fut établie és Gaules. Car Justinian commença à regner environ l'an 530. aprés l'Incarnation de Nôtre-Seigneur, & la Monarchie des François estoit établie cent ans auparavant. Aussi lesd. Novelles furent écrites en langue Grecque, qui estoit peu connuë & frequentée par deça, en l'Empire Occidental ; & ne furent mises en Latin, que plus de cinq cens ans aprés, lors que la France avoit ses Coûtumes bien certaines & arrêtées. Aucunes d'icelles tirées des loix des Romains écrites en Latin : les autres fondées sur les loix que les François avoient apportées avec eux, quand ils conquêterent les Gaules. De fait, les Coûtumes de France, dont l'usage se trouve le plus ancien, n'ont admis la representation en collaterale, sinon à la redaction nouvelle faite de nôtre temps, comme Paris, Sens, Lorris, & autres. Cette representation de grande ancienneté estoit si peu pratiquée, que même en ligne directe elle n'avoit lieu, même és païs où a esté le premier siege des François és Gaules, comme en Picardie, Artois & Flandres, & de grande ancienneté en la Coûtume de Lorris. Quant à Artois, il y en a une histoire memorable en la succession de Robert d'Artois, qui avoit son fils Philippes, qui fut Connestable de France, & fut tué en la funeste bataille de Nicopolis contre les Turcs l'an *1396.* Il mourut avant son pere delaissant Robert son fils. Ce petit fils neveu en ligne directe fut exclus de la succession de son ayeul au Comté d'Artois, & fut ajugée à Mahaut d'Artois sa tante, fille en premiere ligne, qui étoit femme de Othelin Comte de Bourgogne. Par la même raison Robert Comte de Flandres aïans deux fils Loüis & Robert ; & voyant Loüis son aîné n'être de ferme santé, fit renoncer à Robert son second fils au droit d'heredité, moïennant certaines pactions, sur lesquelles aprés le decez de l'ayeul y eut debat, ledit Loüis aisné estant decedé avant son pere: mais le fils de Loüis aussi nommé Loüis fut soûtenu en la succession de son ayeul par le moyen de la paction, & par la faveur qu'il eut en Parlement, ayant épousé Marguerite de France fille du Roi Philippes le Long. Pour revenir au propos, la representation en ligne collaterale ayant esté introduite en un seul cas, quand le deffunt a delaissé un frere & ses neveux enfans de l'autre frere decedé, il ne la faut étendre à autre cas: même quand le deffunt n'a laissé aucun frere, & a seulement delaissé ses neveux enfans de deux ou plusieurs freres : tant parce que la loi nouvelle corrige le droit ancien, pourquoi la faut prendre étroitement ; comme aussi parce que quand tous ceux qui se presentent sont en pareil degré, chacun d'eux *suo & proprio jure succedit*, & ne lui est besoin de representer. Ainsi tous viennent par têtes & égales portions, & non par lignes. En sorte que si un des freres a laissé quatre enfans, & l'autre un seul, la succession se partira en cinq égales portions. La glose, & aprés elle Bartole, Balde & autres ont tenu l'opinion contraire, disans que la representation a lieu. Mais Azo tient qu'ils succedent par têtes sans representation. Balde reconnoît bien, que cette opinion d'Azo est plus conforme à raison ; mais l'authorité de la glose le retient au contraire. La Cour de Parlement les Chambres assemblées, a jugé selon l'opinion d'Azo, & a arresté comme pour loi, que d'oresnavant seroit ainsi jugé ez lieux, où les Coutûmes ne resistent. L'Arrêt est au procez d'entre René Collet, & Marguerite de Quatrelivres; le jugé est du 23. Decembre 1526. Et sur la requeste d'Adrian de Launai fut ordonné par Arrêt, que ledit retenu & arrêté seroit delivré par extrait à toutes parties ce requerans. Cét Arrêt est au Registre du Conseil du 14. Mars 1550. & dedans l'Arrêt est inseré ledit retenu ou arrête, qui fait mention expresse de l'opinion d'Azo. Du Molin en l'annotation sur le conseil 55. d'Alexandre volume 4. s'est tenu à l'opinion de la glose contre Azo & en autres lieux il le tient: mais il est en la faute qu'il blâme ez autres Docteurs d'estre trop grand sectateur de la glose & de la commune opinion: ledit conseil 55. est d'un Docteur nommé And. Barbatias grand causeur, & qui présumoit beaucoup de soy; & peu des autres docteurs comme l'on voit en sa Joannine sur le chap. *Rainaldus. ext. de testam.*

POUR L'INTELLIGENCE DU quatorziéme Article, si l'exclusion de la sœur par le frere a lieu hors les termes de representation.

CCXLI.

L'Ancienne Coutûme de l'an 1491. dit, *qu'en succession collaterale le mâle forclôt la femelle en pareil degré*. Celle de l'an 1534. dit, *Que le frere forclôt sa sœur, & que les enfans du frere forcloent leur tante & ses enfans*. Long-temps durant on a pratiqué cét article ainsi cruément en toutes successions collaterales, *etiam* hors les termes de representation. Ce qui est bien rude & déraisonnable. Pourquoi les modernes examinans de plus prés l'Article, comme il est conçû, & comme étant appendice du precedent, & aussi par le témoignage d'aucuns dignes de foi, qui ont rapporté l'avoir ainsi entendu de Maître Guillaume Bourgoing, l'un des Commissaires à la redaction de ladite Coutûme, ont estimé que cette exclusion estoit seulement ez termes de representation; c'est à dire quand le defunt a delaissé ses freres & sœurs, ou enfans de ses freres & sœurs. Et suivant cette opinion les Avocats de nôtre tems ont conseillé, & les Juges ont jugé. Cette opinion n'est pas fondée en la seule équité que chacun de nous voudroit mediter en son entendement, car nous n'avons pas puissance de faire la loi: mais elle resulte de l'intelligence du texte dudit article, en ce que vers la fin il est dit, *Que les enfans de la tante sont forclos par leurs cousins enfans de l'oncle comme representans leur pere*. Or est-il que par nôtre Coutûme en l'Article treiziéme, *la representation a lieu entre freres & sœurs & enfans de freres & sœurs du defunt*. Il ne se dit pas *in infinitum* que representation ait lieu entre freres & sœurs & enfans de freres & sœurs; mais il y a limitation *des freres & sœurs du défunt*. Qui est la representation en collaterale, telle comme elle a été introduite par les Constitutions Novelles de Justinian. Et sur la Coûtume de Bourbonnois qui dit indefiniment, étant consulté autrefois j'ai donné avis, qu'elle devoit recevoir la limitation selon le droit des Romains, puis que l'article est tiré dudit droit des Romains. Doncques il est bien seant de dire, que cette exclusion de la sœur par son frere est seulement és termes de representation, c'est à dire, quand ce sont freres & sœurs & enfans de freres & sœurs du défunt. Aussi que l'endroit dudit article, qui parle des meubles, fait mention de la tante plus prochaine de la chair du défunt, és mêmes termes comme il est audit treiziéme article: tellement qu'il semble que c'est une repetition, ou appendice dudit article treiziéme.

SUR LE QUINZIE'ME ARTICLE, quelle difference il y a entre Prévôté & Châtelenie, Clamecy, Monceaux, S. Leonard?

CCXLII.

SELON l'ancienne usance de ce païs, qui est presque generale en France, Prévôté se dit la Jurisdiction en premiere instance, & des causes ordinaires. Bailliage se dit la Jurisdiction par ressort en causes d'appel. Nôtre même Coûtume de l'an 1534. chapitre *Des justices*, article 24. dit, qu'aucun Seigneur n'a droit d'avoir Bailliage, s'il n'a droit de Châtelenie. Maître Charles du Molin és Commentaires sur la Coûtume de Paris, *article 1. glos. 5. num. 51.* dit qu'il est observé ordinairement en ce Roïaume que le Seigneur qui a sa justice en Châtelenie a droit de Jurisdiction en premiere & seconde instance en cas de ressort, & d'avoir deux Juges, Prévôt & Bailli: mais par l'Edit d'Orleans, article 50. & par l'Edit de Roussillon du mois de Janvier 1563. verifié en Parlement le dix-neufviéme Decembre 1564. article 24. est ordonné qu'en un même lieu il n'y aura qu'un siege de Jurisdiction. Cela fut ordonné pour toutes sortes de Jurisdictions Roïales & autres, le Roi s'est dispensé, & a rétabli tous les Officiers: les Seigneurs Justiciers sont demeurez sujets à la loi generale. Doncques les Seigneurs, ausquels par lesdits Edits est donnée faculté d'opter, ont retenu le Siege du Bailliage, qui connoît en premiere instance des causes des sujets du lieu; & encore lui-même connoît par appel des causes des inferieurs, qui d'ancienneté ressortissoient en son Bailliage, La même Coûtume, article 25. dit, qu'aucun Seigneur n'a droit d'avoir Châtelenie, s'il n'a séel aux contrats, Prieuré, ou Maladerie, foires & marchez; ou de cinq les trois, dont le séel Autentique doit être l'un. Mieux eût été de dire que lesdites cinq choses, ou les trois sont les marques du droit de Châtelenie. L'autre marque, qui est presque generale en France, est d'avoir le signe patibulaire à trois piliers, comme les Barons ont à quatre piliers. De grande ancienneté n'étoit loisible à tous Seigneurs Justiciers d'avoir Châteaux, ains en devoient prendre la permission du Seigneur de la Province; & les Seigneurs en concedant ce droit avoient accoûtumé de retenir à eux, que le Château leur fût jurable & rendable; c'est à dire, que le Seigneur d'icelui juroit de n'en aider aux ennemis dudit Seigneur concedant; & promettoit aussi de lui en aider à son besoin. Depuis on a tenu que les Seigneurs Justiciers peuvent d'eux-memes faire Châteaux forts, c'est à dire avec fossez & pont-levis. Car sans ces deux marques, ce sont plûtôt maisons fortes, & non Châteaux. Chopin au traité *de privileg. rustic. lib. 3. cap. 12. num. 4.* dit avoir été jugé par Arrêt, que les simples Seigneurs aïans fiefs nobles sans Justice, peuvent fortifier leurs maisons comme leur semble, ledit Arrêt prononcé en robes rouges, est du 23. Decembre 1566. Mais sera noté que cette ancienne observance étoit du temps que les Seigneurs avoient droit de faire guerre les uns aux autrres, & pour icelle convoquer leurs vassaux. Ce droit étant abrogé, les Seigneurs tant grands soient-ils n'ont plus d'interêt au fait de ces Châteaux. Ce seroit au Procureur du Roi à en faire instance. En cette grande ancienneté toutes maisons fortes n'étoient pas appellées Châteaux, mais motes, ou autrement. Car la vraïe marque étoit d'avoir trois sortes de forteresses, la basse-court, le Château, & le donjon; donjon étoit le dernier recours aprés tout le reste pris, & en icelui souloit être le moulin à bras à moudre blé. Aussi selon l'ancienne observance en Italie & France, *Châteaux* se disoient Villes closes, non aïans Eglise Cathedrale. Et celles qui avoient Evêques étoient nommées *Citez*; comme se dit des quatre Châteaux renommez en Italie, qui sont quatre bonnes Villes, Prato en Toscane, Crême en Lombardie, Fabriano en la Marque, Barlette en la Poüille. Doncques le droit de Châtelenie comprend un grand territoire, auquel sont plusieurs Seigneurs Justiciers sujets par appel & ressort au Siege de la Châtelenie. Ainsi nôtre Coûtume en l'article 15. au chapitre *Des successions*, parle des Châtelenies de Mets, Monceaux le Comte, & Neuffontaines, pour comprendre toutes les Justices dont les appellations ressortissoient esdits lieux, quand esdits lieux il y avoit Lieutenant du Bailli de Nivernois. Aprés ledit Edit de Roussillon de l'an 1564. feu Monseigneur Jacques de Cleves Duc de Nivernois retint un seul Siege de Bailliage à Nevers, auquel fut unie la Jurisdiction de la Pairie. Et en toutes les autres Châtelenies, esquelles y avoit Lieutenant du Bailli, se contenta d'avoir un Juge ordinaire avec son Lieutenant. A Clameci ne se dit pas Châtelenie, comme és autres; combien qu'il y ait droit de Châtelenie : mais pour montrer que les Justices inferieures, qui souloient ressortir à Clameci ne sont comprises en l'exception dudit quinziéme article. La raison de la difference de cét article d'avec le general peut être, que tous ces lieux sont hors l'Evêché de Nevers; car Clameci est d'Auxerre : & les autres sont d'Authun. Esquels Dioceses les Coûtumes admettent les femelles comme les mâles en successions collaterales.

SI LE FRERE UTERIN OU PATERNEL EXCLURA LA SŒUR GERMAINE DES MEUBLES & CONQUÊTS?

CCXLIII.

LA Coûtume de l'an 1534. au chapitre *Des successions*, article 16. ne donne aucune prerogative, ou avantage à la germanité des freres & sœurs, sinon pour les meubles & conquêts : parce que les meubles & conquêts s'adressent par proximité de sang, & non par ligne; & les heritages anciens suivent la ligne. Ainsi le frere germain en l'heritage paternel n'a aucun avantage ni faveur plus que le frere paternel : car la conjonction du côté maternel ne vient en aucune consideration. La même Coûtume audit article 16. met en comparaison les mâles l'un à l'autre, & les femelles l'une à l'autre : c'est à dire, compare les freres germains aux freres paternels ou uterins; & en les comparans prefere les germains. Par aprés à défaut des mâles compare les sœurs germaines aux sœurs paternelles ou uterines, & prefere les germaines. Mais ne dit aucunement que la sœur germaine doive être preferée au frere paternel ou uterin quant à meubles & conquêts. Et puis qu'à cét égard n'y a regle particuliere; je croi qu'il faut suivre la regle generale, qui est, au 14. article de ce même chapitre, où il se dit, qu'en succession collaterale le frere forclôt sa sœur. *Frere* signifie autant bien celui qui est de l'un des côtez seulement, comme celui qui est des deux, *l. Jurisconsultus. §. secundo gradu. ff. de gradib.* Aussi se dit, que quand il est question de la faveur du lignage, pour conserver la famille par masculinité, que sous le nom de *frere* n'est pas compris le frere uterin, *Marianus Socinus junior præceptor meus, cons. 23. num. 32. vol. 1.*

QUEL EFFET A LE PARTAGE de biens fait par celui de qui est l'heredité. Et s'il y a inégalité de lots?

CCXLIV.

LA Coûtume de l'an 1534. chapitre *Des successions*, article 17. permet aux peres & meres & autres, qui doivent laisser heredité, de faire partage & assignation de leurs biens, entre leurs futurs heritiers. Ce qui est conforme au droit écrit des Romains, *in l. si filia. §. si pater. ff. famil. hercisc.* jaçoit que le pere de famille ait disposé par forme de legs ou autre disposition, qui de sa nature n'est universelle, pourvû qu'il ait disposé de tous ses biens & droits : *quià censetur divisisse hereditatem; & quod quisque capit ut hæres, capit non ut legatarius; & nisi hæres sit, capere non potest, l. filio cum duabus seq. & l. quid ergò. ff. de legat. 1. l. cùm pater. §. evictis. ff. de legat. 2. Sed si quædam legaverit, & de omnibus non disposuerit, potest quod legatum est acceptari sine titulo hæredis, d. l. quid ergò & l. Sextiam. ff. de legat. 3.* Aussi nôtre Coûtume au chapitre *Des successions*, article 17. dit, qu'ils sont *saisis* : ce qui montre qu'ils doivent prendre en qualité d'heritiers, & non de legataires. Car l'heritier est *saisi*, & le legataire non. Et est beaucoup plus grande l'utilité & l'honneur de prendre en qualité d'heritier, à cause du droit d'accroissement, & des titres de la maison. Aussi la loi dit que les hereditez sont deferées avec titre plus honorable, & droit plus ample, *l. filium quis. §. sed etsi. ff. de bon. poss. contra tab.* Et encore, parce que les heredítez ſe peuvent demander poſſeſſoirement avec le remede de recreance en cas de delai ; ce qui n'eſt pas à un legs. Et combien que l'une des Novelles & Authentiques ſe contente, que la legitime ſoit delaiſſée à l'enfant à quelque titre que ce ſoit, *etiam ſingulari*, *in Auth. de triente & ſemiſſe*, *tit.* 5. *cap.* 1. *coll.* 3. toutefois une Authentique ſuivante dit être neceſſaire, que la legitime ſoit dalaiſſée à titre hereditaire, *in Auth. ut cùm de appell. cognoſc. tit.* 16. *cap. aliud quoque.*3. *coll.* 8. Surquoi le ſieur du Molin donne conſeil, que les enfans qui veulent avoir raiſon de leur legitime, ſe pourvoient par action poſſeſſoire *ad inſtar hæredum*, afin d'avoir les avantages que les actions poſſeſſoires apportent. Mais la grande queſtion eſt, ſi le pere de famille, ſoit pere, ou autre qui fait ce partage, eſt tenu d'obſerver égalité, *ad inſtar* qu'il ſe dit que c'eſt de l'eſſence du partage qu'il y ait quelque analogie des portions : qui fait qu'en partage quand il y a leſion notable, ores qu'il ſoit fait entre majeurs, il eſt permis de le faire reſcinder ou reformer, qui eſt le vrai intellect de la loi *majoribus. C. comm. utriuſque jud.* Mais je croi qu'il n'eſt tenu d'obſerver cette égalité ; *etiam* que ce ſoit entre ſes enfans. Car nôtre Coûtume permet d'avantager l'un des enfans plus que l'autre, juſques à la legitime ſauve, au chapitre *Des donations*, article 7. Et ſi le pere de famille n'ordonne rien du païement des dettes hereditaires, ils païeront tous par égales & viriles portions, jaçoit que la part de l'un ſoit de plus grande valeur, *l.* 1. *C. ſi certum pet.* Ce qui s'entend quand il a diviſé ſes biens par corps & eſpeces ſingulierement. Car s'il avoit diviſé le droit & titre hereditaire par quotes portions ; chacun païeroit ſelon ſa portion.

SI LE PERE DISPOSE POUR LE droit maternel de ſa fille ja échû ; la fille ſera-t'elle tenuë d'y eſter ?

CCXLV.

IL eſt certain que le pere ne peut ôter, ni diminuër à ſa fille le droit ja à elle échû ; même quand elle ne l'a par le bienfait de ſon pere. Mais quelquefois ce qui ne peut directement être fait, ſe peut faire par ce moïen. Comme, *verbi gratia*, aprés la femme morte, ſans avoir diſpoſé entre ſes enfans, le mari veut établir & conſtituër l'état de ſa maiſon entre tous ſes enfans par forme de partage, ou aſſignation de biens ; ce que la Coûtume lui permet au chapitre *Des ſucceſſions*, article 17. conformément au droit écrit *in l. ſi filia. §. ſi pater. ff. famil. herciſc.* Il peut en la ſucceſſion de lui pere ordonner que la fille ſera contente de ſa legitime : afin d'ôter l'incommodité des recherches par le menu, il pourra ordonner une dot & appanage raiſonnable à ſa fille pour tous ſes droits paternels & maternels, qui comprendra la valeur entiere des biens maternels, & és paternels plus que la legitime, priant, ou commandant à ſa fille de l'avoir agreable par forme de fideicommis. *Nam valet fideicommiſſum de bonis communicandis ; etiam iis quæ fideicommiſſarius aliundè habet ; quàm à teſtatore, l. ult. §. Lucius. ff. de legat.* 2. Et pourra ajoûter la clauſe, ou ſi elle n'eſt ajoûtée, ſe pourra entendre, que ſi elle veut exactement rechercher & demander ſes droits maternels, elle ſe doive contenter de la legitime és biens du pere. Car le pere qui pouvoit reſtraindre le droit de ſa fille a la legitime, peut en lui laiſſant plus que la legitime, la charger de quiter quelque choſe du bien à elle propre, ſi elle veut prendre le profit de ce que ſon pere lui laiſſe, plus qu'il n'eſt tenu par la loi *filiusfamilias. §. apud. ff. de legat.* 1. *Nam & is qui heres eſt, poteſt gravari ut rem quæ propria eſt ipſius heredis, & quam aliundè habet quàm à teſtatore, reſtituat & præſtet ei, cui teſtator benefacere voluit, l. unum ex familia. §. ſi rem tuam. ff. de legat.* 2.

SI CELUI QUI FAIT PROFESSION en Religion peut à l'inſtant d'icelle donner autrement que pour cauſe de mort ?

CCXLVI.

LA Coûtume de l'an 1534. au chapitre *Des donations*, article 5. dit, que la donation eſt cenſée à cauſe de mort, quand elle eſt faite par perſonne qui eſt malade de la maladie dont il meurt aprés ; ou quand l'effet & execution eſt remiſe aprés la mort, & que telle donation eſt revocable, nonobſtant la clauſe d'irrevocabilité. Le droit Canonique & nos loix de France tiennent & reputent celui qui fait profeſſion en Religion, comme s'il mouroit à l'inſtant de la profeſſion quant aux biens de ce monde, & autres choſes dépendantes du droit civil : en ſorte que ſes parens lui ſuccedent tout ainſi que s'il mouroit naturellement à l'inſtant, par nôtre Coûtume au chapitre *Des ſucceſſions*, article 19. Pourquoi il ſembleroit que la donation que fait celui qui eſt en voïe & proche de faire profeſſion monaſtique, & la fait, doit être reputée comme donation pour cauſe de mort, *etiam* qu'elle ſoit qualifiée comme donation entre-vifs. Car quant à la mort naturelle, il eſt certain que ſi celui qui eſt malade de maladie mortelle donne avec expreſſion que ce ſoit entre-vifs, toutefois ſa donation eſt cenſée pour cauſe de mort, & ne vaut non plus qu'un legs teſtamentaire : auſſi la Coûtume audit article 5. uſe de ce mot *cenſé*, qui a effet de droit, & non de ſimple opinion. Et ainſi fut rapporté par un Arrêt ſolemnel de la prononciation de Pentecôte, du 4. Juin 1568. ſur l'execution d'autre Arrêt donné en la ſucceſſion de Thiouſt Avocat en Parlement. Ainſi il eſt raiſonnable de dire à l'égard de celui qui va mourir au monde par profeſſion monachale ; car les mêmes raiſons y ſont. Il donne ce qu'il ne peut retenir & emporter avec lui ; il aime mieux l'avoir pour lui que pour ſon heritier : qui eſt la marque & deſcription de la donation pour cauſe de mort, §. 1. *Instit. de donat.* est à croire, s'il avoit opinion & volonté de demeurer au monde, qu'il ne voudroit donner & se dépoüiller. Par consequent je croi que telles donations ne valent que pour les meubles, les conquêts, & la cinquiéme partie d'heritage. Et sera consideré que peu de personnes attendent à faire profession en Religion aprés les 25. ans. Et il est bien certain qu'un mineur de vingt-cinq ans, ne peut donner entre-vifs *etiam* avec decret, *l. ult. C. si major factus alienat*, pourquoi quand bien tel donateur voudroit donner entre-vifs, il ne pourroit, & sa donation se doit prendre *quatenus* par les loix elle peut valoir, *l. si quandò. ff. de legat.* 2.

DES PROFESSIONS MONASTIques; & à quel âge se peuvent faire : & des professions expresses, ou tacites?

CCXLVII.

LA profession monastique de vrai est grandement favorable, parce qu'elle est toute fondée en oraisons & contemplation : & en a été le commencement à l'exemple de saint Jean Baptiste, qui a été suivi par les Anachoretes & Hermites, qui fuïans les delices & affaires du monde se retirerent à part en lieux deserts lointains de la frequentation des hommes, & vivoient separément. Saint Basile a été le premier qui les a appellez & assemblez en congregation, étant persecuté & chassé de son Diocese par les heretiques ses adversaires. Depuis cette vie monastique a été épanchée sous divers Ordres & Instituts, presque tous derivez des Ordres de saint Augustin & de saint Benoît, mais chacun Ordre aïant des regles particulieres, & habits distincts. La regle commune de tous les Ordres est, que celui qui fait profession fait les trois vœux, ausquels il s'oblige pour toute sa vie, de continence & celibat, de pauvreté pour n'avoir rien de propre, & d'obedience pour quiter ses volontez, & les rendre sujetes au commandement du Superieur. Aussi avant que faire la profession avec lesdits vœux, est ordonné l'an de probation, introduit tant en faveur de la congregation, afin qu'elle connoisse les mœurs de celui qui desire y être agregé; comme aussi en faveur de celui qui veut être du nombre, afin qu'il essaïe & connoisse s'il voudra & pourra porter le faix & les charges qui sont au Monastere, *cap. ad Apostolicam. ext. de regular.* Toutefois audit chapitre est dit, que la profession faite avant l'an tient & vaut. Mais par l'Edit du Roi Henri III. fait en consequence des Etats de Blois, article 28. il est dit, que les professions ne pourront être faites devant l'an de probation aprés l'habit pris : qui n'est pas une défense precise emportant nullité de ce qui est fait au contraire; car peut-être se diroit que le Roi n'a cette puissance d'abolir les anciens decrets. Mais en ce qui est du fait politique, le Roi declare nulles les dispositions qui auroient été faites, à cause d'icelle profession, & permet à tels profés de disposer de leurs biens échûs ou à échcoir au profit de leurs parens, ou autres amis du monde. Par le même Edit est porté, que la profession monastique ne peut être faite avant l'âge de seize ans accomplis, qui est conformément au Concile de Trente. Jaçoit que par l'Edit fait par le Roi Charles IX. és Etats d'Orleans, article 19. la profession ne peut être faite par les mâles avant l'âge de vingt-cinq ans, & par les femelles avant l'âge de vingt ans. Et ne parle pas precisément; mais ajoûte la peine semblable à l'Edit de Blois. Ce grand âge sembleroit être bien requis pour l'importance du vœu qui lie pour toute la vie. Les anciens Canonistes s'étoient contentez de l'âge de premiere puberté, qui est de quatorze ans aux mâles, & douze aux filles, *cap. ad nostram. ext. de regularib.* horsmis qu'és Religions, dont l'observations est austere & avec dureté, étoit requis l'âge de dix-huit ans, *cap. quià ext. eod.* qui est la pleine puberté definie par les loix, *in l. adrogato. ff. de adopt. l. Mela. ff. de alimentis vel cibariis legat.* Le Concile de Trente, comme dit est, a temperé à seize ans. Or quant à la profession, les Canonistes l'ont étenduë pour obliger ceux qui tacitement font profession, c'est à dire, qui par quelques actes exterieurs sans parole expresse font entendre que leur volonté est d'être profés. Et ont fait cette extension, selon qu'il semble, avec trop grande licence, qui pourroit facilement causer la deception en jeunes personnes infirmes d'âge & de sens, & sans experience. Car les circonstances qu'ils y appliquent ne sont pas propres pour être discernées par les personnes sans jugement & sans experience : les mieux avisez y seroient assez empêchez; comme il se peut voir *in cap. is qui de regular. in Sexto. in Clement. eos qui eod. tit. in Clementin.* qui parlent de la distinction des habits. Aussi en France ces professions tacites n'ont été reçûës pour obliger précisément, s'il n'y a quelque autre marque qui soit imprimée davantage en l'entendement de la personne, comme s'il accepte & joüit d'un Benefice regulier, ou Office Claustral, qui ne peut être tenu que par un Religieux profés d'un même Ordre ou Monastere. Ledit de Moulins de l'an mil cinq cent soixante-six, article cinquante-cinq fait assez connoître, que ces professions tacites, qui se doivent prouver par témoins, ne sont pas reçûës que par écrit & non par témoins. Aussi selon les anciens decrets, les professions devoient être faites expressément & par écrit, qui fût signé & marqué de la main de celui ou celle qui font les professions, *can. vidua. 20. quæst. 1. can. omnes fœminæ. 27. quæst. 1.* Et est repeté en cas d'élection d'un Religieux pour avoir une dignité reguliere, *cap. nullus. ex. de elect. in Sexto.*

SI LE BENEFICIER A FAIT aquisition & payé des deniers propres de son Eglise, l'aquêt appartiendra-t'il à son Eglise?

CCXLVIII.

LES Canonistes ont tenu que les fruits du benefice, qui sont extans lors du decés du beneficier, & les aquisitions faites par ledit beneficier des deniers provenans de l'épargne qu'il a faite des fruits de son benefice, appartiennent à l'Eglise. Mais en France nous n'avons suivi ni leurs decisions, ni leurs opinions; ains nous avons tenu indistinctement, que le beneficier transmet à ses heritiers les fruits du benefice, qu'une fois il a faits siens; & en semblable les conquêts immeubles qu'il a faits de sadite épargne. Vrai est que ses heritiers sont tenus des ruines avenuës au Benefice, & des autres interêts avenus à son Eglise par son mauvais ménage. Car étant tenu de procurer le bien de son Eglise, même si le revenu d'icelle peut porter les frais, il est obligé de reparer ce qui est avenu par sa faute. Arrêt du 12. Juillet de l'an 1544. entre Maître Valeran de la Haïe, & Nicolas d'Origni. Ainsi que ce seroit l'heritier de l'usufruictier, si à faute d'entretenir l'heritage duquel il a l'usufruit, il y étoit avenu dommage, *l. sed cùm fructuarius. ff. de usufructu.* Nôtre Coûtume de l'an 1534. au chapitre *Des successions*, article 21. pour ôter le doute qui étoit à cause desdites constitutions Canoniques, a dit, que les prochains lignagers des gens d'Eglise seculiers leur succedent, si c'étoit un Prieur Commendataire d'un Prieuré dépendant d'une Abaïe. Arrêt du 22. Mars de l'an 1526. entre les heritiers Pigeat & l'Abbé de Colon. Les Canonistes ont disputé si un homme d'Eglise seculier pouvoit tester des fruits & épargne qu'il a faite du revenu de son Eglise. *Hostiens. in cap. ult. ext. de pecul. cleric. Alii aliter dixerunt, ut per Cardin. in Clem. gratiæ. ext. de rescript.* Le beneficier seculier fait tellement les fruits siens, que si les deniers provenans de l'épargne du revenu Ecclesiastique, il aquiert en son nom un heritage, l'heritage est propre à lui, & aux siens. *Imò*, s'il emploïe sadite épargne à retenir par puissance de fief une Seigneurie mouvante de son Eglise, il deviendra vassal de son Eglise, & transmettra ladite Seigneurie à ses heritiers. Et ainsi avint quand l'Evêque de Nevers nommé d'Estampes retint la Baronnie de Druï sur ceux qui l'avoient aquise. Mais si ledit Beneficier avoit emploïé les deniers propres de son Eglise destinez à être emploïez au profit de son Eglise, & en eût aquis l'heritage au nom de lui, je croi que l'heritage seroit aquis à l'Eglise, *ad instar*, du pupille *qui prædium sua pecunia emptum à tutore vendicare potest. l. 2. ff. quandò ex facto tut. l. si curatorem. C. arbit. tut.*

L'HERITIER DU BENEFICIER est tenu aux reparations, & dommages avenus par la faute de son prédecesseur.

CCXLIX.

LE Beneficier tient lieu du Seigneur proprietaire; ainsi qu'il se dit du tuteur és biens du pupille, *qui loco domini est, l. interdum. §. qui tutelam. ff. de furt.* Et doit être soigneux du bien de son Eglise. Par l'ancien établissement les biens de l'Eglise se doivent partir en quatre portions; l'une pour l'Evêque; l'autre pour les Clercs deservans; l'autre pour les pauvres, l'autre pour les fabriques & reparations des bâtimens, *can. quatuor. 11. quæst. 2.* Quant à la portion des pauvres, les Beneficiers n'en répondent aujourd'hui que devant Dieu. Quant aux reparations on les y contraint par justice, pourvû que le revenu soit tel qu'aprés leur entretenement honnête pris il y ait quelque chose de reste, *cap. de his. ext. de Eccles. ædific.* Et s'ils ne l'ont fait durant le temps qu'ils tiennent les benefices, leurs successeurs les y peuvent contraindre; & s'ils sont decedez, leurs heritiers. Ce qui s'entend toûjours avec la moderation & temperament susdit, s'il y avoit moïen de faire épargne. Et quant aux grands & opulens Benefices, comme Evêchez; la Cour a accoûtumé de condamner l'Evêque vivant à contribuër pour un quart aux reparations de son Eglise, & les heritiers du trépassé, quand lui vivant y a défailli. Et doit le successeur Evêque faire les poursuites contre le predecesseur, ou ses heritiers. Ainsi fut jugé par Arrêt entre l'Evêque & le Chapitre d'Angers en plaidant le vingt-deuxiéme Février de l'an 1536. Contre les heritiers du Beneficier fut jugé entre Valeran de la Haïe & Nicolas d'Origni, par Arrêt en forme de jugé du douziéme Juillet de l'an 1544. *Ea ratione autem tenentur hæredes, quià quasi ex contractu tenebatur decessor, nempè quià fructus percepit, & suos fecit, & locupletiorem hæreditatem suam ex iis fecit vel facere potuit.* Mais si le Beneficier est Religieux profés, lequel n'a point d'heritier, quelle provision sera pour l'Eglise qui n'a été reparée ni entretenuë? Je croi que l'Abbé ou autre Superieur dudit Religieux, qui aura pris sa dépoüille, sera tenu ausdites reparations, & autres obligations de son Religieux, jusques à la concurrence des biens de ladite dépoüille. Ou bien en seront tenus ceux qui ont reçû aucuns bienfaits & liberalitez notables dudit Religieux. Car le Superieur qui a permis administration à son Religieux, s'oblige aucunement au fait de ladite administration, *arg. l. 1. C. de Decurionib. lib. 10. & l. 2. ff. ad Municip.* Puis en cette dépoüille vrai-semblablement est l'épargne que le Moine a faite, qui n'y fut, s'il eût fait son devoir de reparer. Et quant à ceux qui ont reçû les liberalitez, c'est selon ce qui est dit *in l. qui autem. §. simili. ff. quæ in fraud. cred.*

QUAND LE BENEFICIER EST Religieux, & ayant Benefice il a aquis au nom de ses parens ou autre, ou leur a donné, si la disposition leur profitera?

CCL.

LE Religieux Profés en un Ordre approuvé, ne peut avoir aucun propre bien: car en faisant la profession il voüe pauvreté, obedience & chasteté, *cap. Joannes ext. de regularib. cap. 2. & cap. cum ad monasterium, ext. de statu monach.* Et est l'abdication de proprieté tellement contraire & incompatible avec le vœu de Religion, que contre icelle le Pape ne peut dispenser, *d. cap. cùm ad monasterium.* Aussi ne peuvent les simples Religieux s'obliger ni faire aucun contrat, si ce n'est par la licence & congé de leur Superieur: ou bien que ce fût pour leur provision ordinaire, ou qu'il en dût revenir quelque profit au Monastere, duquel ils sont Religieux, *cap. quod quibusdam. ext. de fidejuss.* Comme aussi ne peuvent ester en jugement, *quià pro mortuis habentur, & comparantur servis, quatenus non habent communionem juris civilis: etiam si* c'est un Prieur claustral, dont il est parlé *in cap. cùm ad monasterium. §. Prior. ext. de statu monach.* car tel Prieur a seulement pouvoir au fait de la discipline reguliere, & non pas des biens. Mais si le Religieux par le congé de son Superieur va aux études, il peut étant audit exercice d'étude agir pour le fait de ses neceffitez & commoditez, & peut aussi emprunter moderément & competemment, & en obliger son Monastere & son Superieur, *per l. si longiùs. §. 1. ff. de judic. & latè confirmatur per Felin. in cap. cùm dilecta. num. 15. art. monachus. Fallent 6. ext. de rescript.* Cette dispense est particuliere en ce qui concerne le fait de l'étude & de l'entretenement competent audit étude: car s'il y avoit fait quelque acte, qui fût hors le fait de l'étude, le Moine seroit reputé comme vrai Moine au Cloître. Aussi si le Religieux étoit pourvû par son Superieur de quelque Prieuré, ou autre Benefice manuel & obedienciaire sujet à revocation, tel Religieux en tous les affaires concernans ledit benefice à lui commis, pourroit contracter & ester en jugement, sans autre autorité ou congé particulier de son Superieur, *cap. cùm deputati. cum ibi notatis, ext. de judiciis.* Retenu toûjours à entendre, pourvû que les contrats & actes que ledit Religieux feroit, n'excedent ce qui est d'administration & gouvernement, c'est à dire, qu'il n'y ait alienation, deterioration, ou diminution des droits & profits du Benefice; & qu'il ne fasse rien en forme de donation, ou autre mauvais ménage, *ad instar* de ce qui est dit en droit du serf, ou fils de famille, auquel est octroïée la libre administration de son pecule, *l. contra. §. si filius. ff. de pactis. l. si pater. ff. quæ in fraudem cred. l. 3. ff. ad Senatusconf. Macedon.* Que si le Rigieux est pourvû d'un Benefice en titre, comme aujourd'hui sont la plûpart des Prieurez, dépendans des Abbaïes, lesquels de grande ancienneté souloient être manuels & obedienciaires; ou bien qu'avec dispense du Pape il soit pourvû en Commande perpetuelle d'un Benefice seculier; je croi que son pouvoir en l'administration des fruits dudit Benefice est plus ample. J'ai dit des fruits; car en ce qui concerne le fonds tous Beneficiers, ou Administrateurs des Benefices & lieux Religieux sont à parti pareil. Desquels fruits ledit Religieux ainsi pourvû peut disposer comme bon lui semble; avec le respect que la crainte de Dieu & sa conscience lui peut apporter, en se souvenant que ce qui est de reste aprés son entretenement honnête & commode est destiné aux pauvres & autres œuvres de charité. S'il ne le fait, c'est charge à sa conscience: mais la disposition qu'il en a faite par disposition entre-vifs, qui n'a apparence de fraude doit tenir, & ne peut son Abbé, ou autre Superieur de Religion l'en contredire. Car à l'égard de l'administration dudit Benefice, il est hors la puissance de son Abbé, & est au même rang que sont tous autres Beneficiers, lesquels selon les loix de France ont pleine & entiere disposition des fruits de leurs benefices. Ce qui se peut comparer aucunement au pecule castrense, ou quasi castrense dont parlent les loix des Romains. Car le fils de famille en tel pecule est reputé comme pere de famille pour en disposer: & s'il avient qu'il n'en ait disposé, le pere par sa mort prend le pecule non pas comme heritier, ou comme lui étant delaissé par son fils; mais comme ne lui étant ôté par son fils, & comme si le pere en eût été Seigneur en arriere, *l. servum filii in princip. ff. de legat. 1. l. 1. §. si is qui bona. ff. de collat.* La difference en est, que le Religieux Beneficier ne peut tester, parce qu'il est Moine; & le Beneficier seculier peut tester des fruits de son Benefice & de l'épargne qu'il en a faite selon les loix de France dissemblables aux Constitutions de Droit Canon à cét égard. Mais le Religieux Beneficier en titre ou Commande perpetuelle peut entre-vifs donner à ses parens, s'il en a aucuns pauvres & meritans bienfait, & pour entretenir les jeunes mâles aux études, & pour marier les filles; car ce sont œuvres de charité. Ainsi est dit, *in can. probanda. 86. dist.* tiré de saint Ambroise, que la liberalité est à loüer, quand on ne méprise les prochains de son lignage, qui sont en indigence; & qu'il est mieux séant d'aider aux siens, qui peut-être sont honteux à demander, non pas pour les faire riches de ce qui est destiné aux pauvres. Car tu ne t'es pas dedié à Dieu pour les faire riches, mais afin que tu rachete tes pechés par le prix de ton aumône. Car le tuteur, *etiam* qu'il soit comptable, & par la regle commune n'ait que simple administration, sans avoir pouvoir de donner, toutefois peut donner pour les alimens & institution des freres & sœurs de son pupille, *l. qui filium. ff. ubi pupillus educari vel morari debeat. l. 1. §. de servis. ff. de tutele & rationib. distrah.* Et à ce fait ce qui est dit *in l. tutor secundum. ff. de administ. tut.* Soit noté ce que dit *Steph. Bert. cons. 296. vol. 3. quòd beneficiarius in vita comparatur fructuario, in morte usuario: quò fit ut possit donare inter vivos: sed causa mortis, non nisi ad eleemoſynam, vel compenſationem ſervitiorum ſibi impenſorum. Et allegat Hoſtienſ. & Joan. And. in cap. cùm eſſes. ext. de teſtam. & Joan. de Imola in cap. ult. ext. de pecul. cler.*

QUAND L'AUBAIN EST NATURALISÉ, & a ſon frere Aubain non naturaliſé; les biens du naturaliſé appartiennent au Seigneur Haut-Juſticier comme biens vacans. Et s'il y a difference entre aubaine, & biens vacans?

CCLI.

LES gens du Roi, comme il a été dit autre part, depuis le temps du Roi Philippes Auguſte ont eſſaïé par divers moïens d'abaiſſer les grandeurs des Seigneurs, & diminuër leurs droits. Et il ſe peut bien faire que l'Etat du Roïaume n'en a pas mieux valu, quand les Charges & Dignitez ont été attribuées à hommes nouveaux. Parce qu'au Roi ſeul appartient de naturaliſer les Etrangers, c'eſt à dire, leur donner privilege & faculté de pouvoir aquerir biens, & les retenir en ce Roïaume, comme s'ils étoient naturels François. Car par les anciennes loix de ce Roïaume les Etrangers ne peuvent y aquerir, ni retenir biens immeubles, non pas même tenir Benefices ſans y avoir diſpenſe du Roi, qu'on appelle *Lettres de naturalité.* Ce qui correſpond aucunement aux anciennes loix des Romains, ſelon leſquelles le peregrin, c'eſt à dire l'Etranger qui n'étoit Citoïen Romain, n'étoit capable de tenir biens à Rome, ni même d'accepter l'heredité, ou un legs d'un Citoïen Romain. Comme il ſe voit *in l. 1. C. de hæred. inſtit.* Et par la Loi des douze Tables, *Quod civis Romanus civi Romano legaſſet, uti legaſſet, ità jus eſto.* Par cette occaſion des Lettres de naturalité les gens du Roi ont pretendu qu'au Roi ſeul appartenoit la ſucceſſion des Aubains, c'eſt à dire, des Etrangers qui ont des biens en ce Roïaume. Mais à prendre ſelon la verité en ſoi, il y a ſemblable raiſon és Aubaines, & és biens vacans. Car les biens de l'Aubain & Etranger ſe trouvent biens vacans, quand les parens de lui étrangers ſe trouvent non capables à lui ſucceder. Auſſi il y a eu Arrêt que j'ai vû, donné au profit de l'Abbé de ſainte Geneviéve de Paris, qui a Haute-Juſtice dedans Paris en certains lieux, pour la ſucceſſion d'un Eſcoſſois mort en dedans ſa Juſtice prés le Mont ſaint Hilaire contre le Procureur General du Roi. L'Arrêt eſt du 13. Mars 1506. Et ainſi le tient Maître Charles du Molin, qui toutefois n'allegue pas ledit Arrêt, en l'annotation ſur la Coûtume d'Anjou, article 41. La queſtion qui ſe propoſe eſt d'un Aubain naturaliſé, demeurant en ce Roïaume. Cette queſtion avint en ce païs en la ſucceſſion de Fabie Clementine Italien naturaliſé, auquel Clement Clementine ſon frere vouloit ſucceder. Par Arrêt du 8. Janvier 1575. fut jugé pour Charles de Guerlai ſieur Doſnai Haut-Juſticier contre le Procureur General du Roi, & contre ledit Clement. De vrai ce n'étoit Aubaine, puis qu'il n'étoit naturaliſé. Au fait deſdites Aubaines eſt à ſçavoir, que ſi un Etranger prend femme en France, qui ſoit Françoiſe, & avec elle il y tienne ſon domicile, & en ait enfans, les enfans regnicoles ſuccederont à pere & à mere; & ne leur eſt beſoin de Lettres de naturalité. Mais ſi aucuns deſdits enfans ſont naïs hors du Roïaume, ils ne ſuccederont. Ainſi fut jugé par Arrêt en la Chambre du domaine entre le Procureur General du Roi, & de la Riviere, en l'an 1548. Les païs, dont le Roi ne joüit, mais pretend lui appartenir, ſont reputez toûjours être de l'obeïſſance du Roi, & ne leur eſt beſoin de Lettres de naturalité, comme ſont Flandres, Artois, Milan. Le Roi Loüis XI. par Charte du mois de Septembre 1482. enregiſtrée en la Chambre des Comptes *libro chartarum, fol.* 297. declara ceux de la Franche-comté de Bourgogne être naturels de France, & n'avoir beſoin de Lettres de naturalité. Ces Lettres furent preſentées en Parlement le 24. jour de Septembre audit an, & fut ordonné qu'elles ſeroient preſentées le Parlement ſéant. Mais en ladite Chambre des Comptes ſe trouvent pluſieurs Lettres particulieres à cét effet, pour Hubert Pelerin du 7. Novembre 1547. pour Anatole & Pierre Roze du 7. Mars 1548. és Regiſtres de Parlement à Dijon; pour Philbert de Roïe au Livre des Edits 1527. Comme des biens temporels ſe dit, ainſi ſe dit des Benefices, que les Etrangers n'en peuvent tenir en France ſans Lettres de naturalité; par Ordonnance du Roi Charles VII. publié en Parlement lors ſéant à Poitiers le 8. Avril 1430. & un an avant Pâques. Et en eſt fait mention en l'Ordonnance du Roi Loüis XII. de l'an 1499. és modifications, article penultiéme. Et par l'Edit de Blois, article 4. eſt dit, quelque diſpenſe qu'il y ait, qu'un étranger ne pourra tenir Archevêché, Evêché, ou Abbaïe chef d'Ordre en ce Roïaume. Et doivent telles Lettres de diſpenſe contenir juſques à quelle ſomme de deniers de revenu ils puiſſent tenir Benefices.

LA SUCCESSION DES BATARDS appartient au Seigneur Haut Juſticier, comme de biens vacans.

CCLII.

IL a été dit ci-deſſus, que ſur le declin de la vigueur de la Monarchie en la lignée de Charlemagne, les Dignitez ont été faites hereditaires; comme auſſi a été le droit d'exercer Juſtice, & les profits qui dépendent de la Juſtice, comme ſont confiſcations, amendes, biens vacans. Non pas que ce droit qui de ſoi eſt Roïal & inſeparable de la Couronne, ait été transferé aux vaſſaux, mais ſeulement l'utilité d'icelui, la Seigneurie directe demeurant toûjours au Roi; en reconnoiſſance de laquelle Seigneurie directe les vaſſaux ſont ſervice au Roi en ſon

Arriere-ban à leurs dépens, selon la valeur de leurs fiefs. A cause de cette Seigneurie utile les Segneurs Haut-Justiciers prennent les biens vacans qui se trouvent en leur Justice, soient meubles ou immeubles, comme espaves; ou comme biens delaissez, ou dont nul n'est reconnu Seigneur, ou quand aucun meurt sans heritiers. Et par la même raison que les Seigneurs Hauts-Justiciers prennent les biens de ceux qui decedent sans heritiers, comme biens vacans; aussi à eux appartiennent les biens des bâtards qui decedent sans enfans legitimes procréez d'eux, car selon nos loix de France les parens des bâtards ne leur succedent point. Et il ne semble aucune difference de l'un à l'autre. Toutefois les Officiers du Roi pretendent que les biens des bâtards appartiennent au Roi, au prejudice des Seigneurs Justiciers, sinon qu'en trois circonstances concurrent, à sçavoir *que les bâtards soient naïs en la Justice desdits Seigneurs Justiciers*; l'autre, *qu'ils y soient domiciliez*; & la tierce, *qu'ils y soient decedez*. Lesquels trois cas concurrens, les Seigneurs Justiciers leur peuvent succeder, & en autres cas le Roi y doit succeder. Et disent qu'il y en a une Ordonnance enregistrée en la Cour de l'an 1372. & suivant ce, fut jugé par Arrêt solemnel prononcé par Mr. le President Minard le 7. Septembre 1545. pour la succession du bâtard des Barres contre le Seigneur de Culant. Mais presque toutes les Coûtumes de France y resistent; lesquelles donnent la succession des bâtards aux Seigneurs Hauts-Justiciers; la nôtre de Nivernois, au chapitre *Des successions*, article 23. Neanmoins lesdits Officiers du Roi tirent tout ce qu'ils peuvent à occasion pour diminuër les droits des Seigneurs; comme ja aucuns leur ont été ôtez du tout, le droit de monnoïe, droit de faire statuts en leurs terres, dresser armes & faire guerres pour leurs debats particuliers, octroïer foires & marchez. Les autres droits ont eté bien ébranlez, comme les droits de garde des Eglises autres qu'Episcopales, amortir heritages au profit des Eglises (duquel droit appartenant au Comte de Nevers y a Arrêt du Roi du Parlement de Pentecôte 1290.) donner permission de faire forteresses. L'abolition d'aucun desdits droits a été bonne & politique selon que le temps a montré l'experience du mal qui en avenoit. Mais bien semble que lesdits Officiers du Roi feroient bien de laisser aux Seigneurs les marques & exercices de grandeur, dont leurs predecesseurs ont usé. Le succés a fait connoître en ce Roïaume que les grandeurs hereditaires ont apporté plus de profit, honneur & secours à la Couronne, que non pas l'abaissement des Grands, pour mettre les Dignitez és mains des personnes que les Rois peuvent choisir & changer. Car la lignée de Charlemagne, sous laquelle les Dignitez étoient personnelles, n'a pas duré cent ans en sa vigueur; & les miseres avenuës aux Rois pour le reste du temps que cette lignée a duré, ont été si grandes, que pour un cœur Roïal seroit plus à souhaitter de n'être Roi, que d'être Roi avec telles miseres. Et au contraire nous voïons que la lignée de Hugues Capet, sous laquelle les Dignitez ont été hereditaires, a prosperé, & dure encore il y a six cens ans. Aussi il est à croire que les Seigneurs qui sont naïs Grands, & de predecesseurs Grands, & nourris en grandeur, ont les esprits & actions plus heroïques, avec plus de generosité, avec plus d'amour de bien faire, & crainte de mal faire, que ne peuvent avoir gens de bas & moyen lieu; qui bien souvent par mauvais art viennent à aquerir la grace des Rois, pour être avancez par eux.

SI LES ENFANS LEGITIMES d'un Bâtard decedent sans enfans, qui leur succedera?

CCLIII.

AU bâtard qui se marie legitimement succedent ses enfans és biens esquels tous autres de peres legitimes peuvent succeder. Et si les enfans du bâtard, aprés avoir succedé à leur pere, viennent à deceder sans enfans, la question est, à qui leurs biens devroient appartenir; il est certain que leurs parens du côté de leur pere ne leur succederont pas. Car selon nos loix la cognation habille à succeder n'y est pas. Les conquêts du pere bêtard auront esté faits heritage propre à ses enfans legitimes; heritages *inquam* paternels. Et puis que la ligne paternelle defaut, sembleroit de prime-face que les biens tombassent en vacance, comme venans de bâtardise. Mais s'il y a des parens de ce bâtard du côté de la mere, qui soient de ligne legitime à la mere, ils succederont aux biens propres paternels dud. enfant de bâtard, & non le fisque. Car ils sont parens legitimes dudit bâtard. Et la regle *paterna paternis, materna maternis*, n'est pas precise & absoluë; ains est respective aux personnes, en faveur desquelles elle est faite; c'est à dire, tant qu'il y a parent du côté paternel habile à succeder, combien qu'il soit plus éloigné en degré, il exclûra le parent du côté maternel plus prochain és immeubles paternels. Mais defaillant ce respect & cette faveur de la ligne paternelle, c'est à dire, quand il n'y a parent habile, ou qui veüille heritier, en ce cas les parens de la ligne maternelle succederont, comme parens simplement. Ainsi dit du Moulin estre general en France en l'annotation *ad Quæst.* 88. *Joannis Galli*, & sur la Coûtume de Reims, article 316. Chopin au traité *de privileg. rustic. lib.* 3. *cap.* 3. *num.* 3. dit avoir ainsi esté jugé par Arrest, au rapport de Mr. de Haqueville, en l'an 1537. contre le sieur de la Trimoüille.

S'IL EST VRAY INDISTINTEMENT, que pour payer les dettes du defunt, ou ses frais funeraux, on devienne heritier?

CCLIV.

L'Article de nôtre Coûtume, qui est le 26. au chapitre *des successions* dit, sans distinction, *que qui paye les dettes & frais fune-*

raux. ou s'entremet à l'administration des biens devient heritier, s'il est habile à succeder. Toutefois le droit des Romains dit, & dit bien, *quòd gerere prò hærede non tam est facti, quàm animi; & cùm hæreditas obliget hæredem æri alieno defuncti, etiam ultra vires hæreditatis, satis æquum videtur in re magni momenti non facilè admitti præsumptionem pro plena probatione.* Aussi ledit droit des Romains ne dit pas que toutes entremises és biens de l'heredité fassent heritier celui qui s'entremet. Comme si celui qui est habile à succeder, durant le temps de deliberer prend garde que les biens hereditaires soient conservez, soient vendus s'il sont perissables, ou autrement ménagez; il ne fait pourtant acte d'heritier, *l. Aristo. §. si mino. ff. de jure delib.* Et sera noté la circonstance qui est en ladite loi, d'en avoir demandé permission au Juge, *& l. pro hærede. §. servos ff. de adq. hæred.* Comme s'il intente l'action *sepulchri violati*, ores que le sepulcre soit hereditaire, parce que de cette action ne lui revient aucun profit, *cùm non sit rei persecutoria, sed ad pœnam & vindictam, d. l. pro hærede. §. ult. ff. eod.* Comme si par pieté il s'employe aux frais funeraux, & à solliciter les exeques honorables à son pere, ou autre personne proche, voïant que nul ne s'y entremet, lequel acte la loi dit ne vouloir pas gestion d'heritier; toutefois lad. loi conseille pour abondance, & non pas par necessité, que l'on fasse protestation que ce n'est en intention de se faire heritier, *l. at si quis. §. plerique. ff. de relig. & sumpt. funerum*: & parce qu'un tiers, *etiam* étranger, en faisant lesdits frais funeraux s'acquiert action pour les repeter, ores qu'il y en ait priere ny promesse, *d. l. at si quis. §. generaliter, & §. quòd si pupillus. ff. de religios.* Mêmement si tels actes se font publiquement & par toute façon de bonne foi; car celui qui fait clandestinement, ou par personne interposée manie les biens hereditaires, ou qui soûtrait & détourne iceux, ores que par aprés il declare n'estre heritier, & qu'il repudie, il est neanmoins reputé heritier, *l. si servum quis. §. Prætor. vers. hæc verba, & l. si is qui bonis. ff. eod. de adq. hæred.* Comme s'il paye les dettes hereditaires de ses propres deniers, & non des biens hereditaires; *nam solvendo quis pro alio etiam invito & ignorante eum liberat: & possunt etiam geri negotia hæreditaria eo tempore quo hæreditas jacet, ut adquiratur actio negotiorum gestorum, l. ait Prætor. §. hæc verba. ff. de neg. gest.* Doncques, suivant le droit des Romains, se peut & doit dire que les actes font l'heritier, quand ils sont de telle qualité, qu'ils ne peuvent être faits sans le nom & titre d'heritier. Ainsi est dit *in d. l. pro hærede. §. Papinianus in fine, ff. de adq. hæred.* Toutefois avec les circonstances aucun peut être tenu pour heritier par actes, qui ne sont pas ainsi precis & exprés, & qui peuvent estre pris en l'une ou en l'autre part: selon l'opinion d'Azo, qui est suivie par Bartole *in d. l. pro hærede. §. servos, in glo. ad verb. quid.* à sçavoir par la qualité des personnes, qualité des actes & des choses qui ont esté maniées. Pourquoi l'article, ainsi qu'il est couché & pris indistinctement, semble estre grandement captieux, même en ces deux point, *payer les dettes & les frais funeraux*: si ce n'estoit qu'on y ajoûtât que ce payement se fit avec les deniers de l'heredité, ou provenus de la vente des biens hereditaires. Veu que, comme dit est, payer les dettes d'autrui, payer les frais funeraux, est chose qu'un étranger peut faire sans mandement & charge, & en avoir action pour la repetition. Et si ce presomptif heritier avoit fait une protestation avant que s'entremettre, que son intention ne fût pas de faire acte d'heritier, semble que l'acte suivant ne le feroit pas heritier, *d. l. at si quis.* Et je ne serois pas de l'avis de Marian Socin, *cons.* 107. *vol.* 2. où il dit, que s'entremettant aprés la protestation, il est censé avoir renoncé à la protestation; & que les Docteurs ainsi le tiennent *in l. pro hærede. §. Papinianus. ff. de adq. hæred.* & par ce brocard vulgaire, *protestatio contraria actui, non relevat*: mais je voudrois dire que la protestation sert pour empêcher l'action, sinon qu'on alleguât aucune chose avoir esté faite clandestinement, ou par dol & fraude. A quoi sert grandement la decision de la loi *si is qui bonis. ff. de adq. hæred. veluti si per interpositam personam emat: nam eo ipso dolo facere videtur, l. pupillus. §. sed et si. ff. de auctor. tut.* ou bien que l'acte d'heritier ne pût recevoir aucune excuse probable, par laquelle on peut croire, qu'il eût fait pour autre cause, que pour s'entremettre comme heritier. De vrai, *cùm gerere pro hærede magis sit animi, quàm facti*, & l'intention des personnes se puisse manifester par les actes, il en faut juger selon la circonstance particuliere, sans y appliquer precisément une regle certaine.

SI EN DOUAIRE DE MERE, qui est heritage des enfans, y a droit d'aînesse?

CCLV.

Autrefois a esté disputé, si le doüaire, qui est heritage propre des enfans du mariage, est heritage paternel, ou maternel. Ceux qui soûtenoient que ce fut heritage maternel se fondoient sur ce que l'on dit, que doüaire de mere est l'heritage des enfans; comme si par le bien-fait du pere il étoit transmis à la personne de la mere, & de la personne d'elle aux enfans. Mais la verité est que le droit de proprieté n'a oncques resîdé en la personne de la mere, ains seulement l'attente, ou joüissance d'un usufruit. Et la proprieté du doüairé est transferée directement de la personne du pere à la personne de l'enfant, & est heritage profectice. Aussi la Cour par Arrest solemnel, prononcé par Monsieur le Maître premier President, le Mercredy 23. jour de Decembre, de l'an 1551. entre de Gasperne, Massot, & le Grand, a jugé que le doüaire est heritage paternel, & furent déboutez les heritiers maternels de Charlote Thibaut de la succession du doüaire coûtumier, qui étoit échû à lad. Charlote, fille de Florent Thibaut en la Coûtume de Paris. Par nôtre Coûtume droit d'aînesse n'a lieu en la succession de la mere, ains seulement du pere; quand sa chevance vaut cent livres de rente. Or quand les enfans repudient la succession du pere, & s'arrêtent au doüaire de leur mere; je croi que si c'est en maison noble vivant noblement, que le fils aîné aura droit d'aînesse audit doüaire, si tant est que ledit doüaire vaille cent livres de rente : car c'est de la substance du pere. Et ainsi fut jugé par Arrêt à la prononciation solemnelle de Noël de l'an 1532. entre les Gentians, dits de l'Hermitage, au rapport de Monsieur de Lage Conseiller. Le memoire duquel Arrêt j'ai tiré des Memoires de Monsieur Bourgoing mon oncle, qui étoit audit temps Conseiller en la tierce Chambre des Enquêtes. Toutefois Maître Charles du Molin en l'annotation sur l'ancienne Coûtume de Paris, article 137. dit qu'il a été jugé par plusieurs Arrêts, qu'il n'y a droit d'aînesse entre enfans prenant le doüaire de leur mere pour leur heritage : même dit avoir été jugé en la maison de Montmorenci. La Coutûme d'Estampes est au contraire, article 132. Sera noté que l'on tient que l'enfant ne peut prendre droit d'aînesse sans être heritier ; comme il sera dit ci-aprés question 257. Or est-il que selon la Coûtume de Paris on ne peut prendre les deux droits d'heredité & de doüaire en la nouvelle Coûtume, article 251. Et n'est pas pareil en nôtre Coûtume, *sup.* question 152.

DES CAS POUR LESQUELS aucun perd sa Noblesse à temps, ou perpetuellement.

CCLVI.

LA Noblesse, comme nous la pratiquons aujourd'hui vient par naissance & lignée du côté du pere, & non du côté de la mere. Ce qui se rapporte au droit des Romains, selon lequel, ce qui est de dignité de la personne est aquis aux enfans de la part du pere ; & ce qui est de l'état essentiel, & de la liberté, ou servitude de la personne avient aux enfans du côté de la mere, *l. partum. C. de rei vend. l. Paulus. ff. de statu hominum.* Ce qu'aucunes Coûtumes de France representent par ces mots, *Verge ennoblit, ventre affranchit.* Vrai est qu'en certains cas la Noblesse est requise tant du côté du pere que de mere : comme pour avoir dispense de la longueur de temps d'étude, en l'Ordonnance du Roi Loüis XII. de l'an 1499. article 5. & és Concordats, au titre *De collationibus.* Mais quand l'enfant est bâtard il ne doit emporter la Noblesse par la seule naissance : car la dignité venant par race n'est aquise, sinon quand l'enfant naît en legitime mariage ; & si autrement l'enfant suit la condition de la mere, *l. cùm legitimæ ff. de statu hominum.* Toutefois cela n'est pas exactement observé en France : car on tient que les bâtards des Princes & Grands Seigneurs Gentilshommes sont Nobles ; jaçoit qu'ils n'aïent aucune part en la succession : & de fait portent les armes & écussons de la maison du pere, qui est marque de la Noblesse, avec la difference de la barre, à cause de la bâtardise. Mais és maisons des Princes & Nobles qui sont bien reglées, les bâtards ne sont pas admis indistinctement à cette dignité ; ains on attend jusques à ce qu'ils soient en quelque vigueur, pour appercevoir & connoître en eux par leurs déportemens & demonstrations, s'ils tiennent de la generosité & valeur de la maison, dont la mere dit qu'ils sont issus. Et lors le pere, ou s'il est decedé, ceux de la maison le reconnoissent pour fils naturel, & est cheri en la maison & y tient rang en moindre degré que les legitimes. C'est un bon & assez certain témoignage de la generation selon le mot ancien,

Fortes creantur fortibus & bonis ;
Est in invencis, est in equis patrum
Virtus nec imbellem feroces
Progenerant Aquilæ columbam. Horat. Od. 4. lib. 4.

Mais ceux qui naissent en mariage sans être sujets à cét essai, tels qu'ils se trouvent, sont tenus & reputez enfans legitimes, étans couverts du manteau de mariage. Pourquoi au temps que la Ville de Rome étoit en sa pleine grandeur de domination, & au plus haut degré aussi de débordement en tous vices, les Grands Seigneurs n'avoient cure de se marier pour avoir enfans, doutans l'inconvenient de l'emprunt, & aimoient mieux adopter les enfans qu'ils choisissoient bien naïs & genereux, qui prenoient les noms, & toute la dignité de la maison avec les biens comme enfans legitimes ; & disoient que ce choix leur étoit plus assuré que le hazard de la naissance. Les Docteurs Italiens parlant des bâtards ont contraire opinion à nous au fait des bâtards : car ils disent que les bâtards des Nobles sont plus à mépriser & rejetter que les bâtards des autres personnes ; & ne leur attribuënt la Noblesse. Cette Noblesse vient par an & ligne masculine, comme dit est, & peut aussi être aquise par vertu, principalement par faits d'armes. Car selon l'ancien établissement de France & des autres Nations qui ont établi les Roïaumes conquêtez sur l'Empire Romain, en l'Ordonnance des legionaires du Roi François I. de l'an 1534. est dit, que le soldat, qui par sa vertu & par degrez parvient à l'état de Lieutenant de la compagnie devient Noble. Les François & les Goths ; aprés avoir conquêté les Gaules, l'Espagne & partie d'Italie, desarmerent les Romains anciens habitans, & retindrent à eux seuls l'usage des armes. Dont vient qu'en France nul ne peut tenir fief sans dispense, s'il n'est Noble : parce que les fiefs sont destinez pour ceux qui font service à la guerre. Et en est raporté autant *in usib. feud. titulo de pace tenenda. §. similes rusticum.* Dont est à nous la pratique de la finance des franc-fiefs & nouveaux aquêts, que le Roi leve. La Noblesse aquise, ou par lignage, ou par vertu, peut être perduë à toûjours, ou effacée à temps ; effacée à temps, si aucun Noble exerce marchandise, ou état vil, comme de Notaire ou Procureur, ou d'Artisan, ou de Tavernier : car en quitant l'exercice il peut reprendre sa Noblesse. Et a-t'on accoûtumé d'obtenir Lettres en Chancelerie pour assurer le retour : qui sont aisément obtenuës, & en ai vû octroïer au petit séel du Parlement. Elle se perd à toûjours, si aucun est banni à perpetuité : car il perd les droits de la Cité & de l'origine, & est fait étranger, *l. quidam. ff. de pœnis.* Item, quand aucun par vilté & lâcheté de cœur fuit en bataille, ou rend une place forte, dont la garde lui a été commise, ores qu'il n'y ait dol. Ainsi le jugea le Roi François I. contre un Gentilhomme auquel il avoit commis la garde de Fontarabie. Item, s'il avient qu'un Gentilhomme avec les armes spolie la Justice, lui ôte un prisonnier. Ainsi jugea la Cour contre un Gentilhomme du païs Chartrain, le 23. Novembre 1528. Ainsi voudrois-je dire, quand un Gentilhomme est condamné pour delit, qui emporte infamie; même si c'est delit procedant de vilté, comme de larcin. De fait, quand un Noble est jugé à mort pour larcin, il est pendu, & non decapité. Et pour l'infamie procedant d'atrocité de delit, que la Noblesse se perd, il est prouvé, *in l. Divus. ff. de injur. l. ad tempus. ff. de Decurionib.* Et sera noté que les enfans qui sont naïs, ou conçûs au ventre de leur mere, avant que le pere perde sa Noblesse demeurent Nobles, *l. Paulus. ff. de statu hominum, l. emancipatum. §. si quis. ff. de senatorib.*

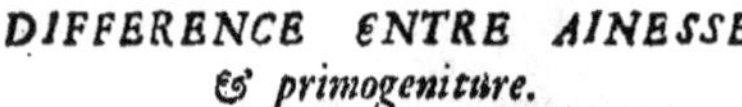

DIFFERENCE ENTRE AINESSE & primogeniture.

CCLVII.

CEs mots *aîné & puîné* ont leur composition tirée de deux anciennes dictions Françoises, *ains* & *puis*, qui representent les Latines *anteà & posteà*: comme qui diroit *anteanatus & posteanatus.* Selon la loi de l'ancien Testament le droit de primogeniture emportoit privilege & sanctification; & s'entendoit du premier enfant mâle, qui avant tous autres sortoit vif de la matrice de la mere: en saint Luc chapitre 2. ainsi qu'il est recité en l'Evangile que l'on chante en l'Eglise le jour de la Purification Nôtre-Dame. Mais à nous l'aînesse ne se prend avec tant de circonstances: car l'aîné se dit celui des enfans mâles qui se trouve le plus âgé lors du decés du pere; ores qu'il y ait une femelle vivante, qui le precede en âge, & ores qu'il y ait eu plusieurs enfans naïs avant lui, qui soient decedez avant le pere. Dont appert qu'en nos Coûtumes n'est considerée cette faveur de Dieu, qui vraîment est faveur quand le premier enfant en ordre de naissance est mâle, & qu'il servit le pere. Et suffit être le plus âgé lors du decés du pere, pour avoir les privileges d'aînesse: lesquels privileges en la plûpart des Coûtumes de ce Roïaume sont tels, que l'aîné porte les armes pleines de la maison, & peut contraindre les puînés de prendre leurs armes avec quelque difference, ou diminution, comme de les porter écartelées des armes de la mere, si le puîné a quelque terre venante du côté de la mere, d'y ajoûter les lambeaux, des bords dentelez, ou decoupez, ou simples, qui soient d'autre couleur que le champ, ou autre difference. Aussi l'aîné doit avoir la meilleure maison, qui soit en la succession avec son pourpris; & a autres avantages selon la diversité des Coûtumes. Mais tous ces avantages d'aînesse ne peuvent être pris par l'aîné, sans prendre qualité d'heritier du pere: & toutefois ores qu'il prenne plus grande part, il ne paie des dettes hereditaires sinon pour sa virile & égale portion: parce qu'il ne prend avantage par quote portion du corps de l'hoirdité, mais en certaine espece de biens, par la raison de la loi premiere, *Cod. si cert. pet.* La qualité d'heritier est si necessaire pour accueillir le droit d'aînesse, que si l'aîné repudie l'heredité de son pere, le second aprés lui se disant heritier prendra le droit d'aînesse. Ainsi fut jugé par Arrêt solemnel prononcé par Monsieur le President Seguier, le Jeudi 14. d'Août 1567. en la succession de Maître Bertrand Rat, de Poitiers. Et par le même Arrêt fut jugé pour le privilege des Maires de Poitiers, qu'ils aquierent Noblesse à leur posterité.

QUE C'EST DES APPARTENANces & pourpris d'une maison, tant pour le droit d'aînesse, que pour autres effets?

CCLVIII.

LA destination du pere de famille est principalement à considerer, pour juger quelles choses sont des appartenances d'une maison, d'un domaine aux champs, ou autre heritage. J'entens en tous negoces & actes, qui dependent de la disposition du pere de famille: car sa destination ne peut & ne doit operer ni à l'avantage, ni au desavantage d'un tiers. Comme, *verbi gratia*, si le vassal a accommodé son fief d'aucuns heritages, qu'il y a unis ou accommodez pour en faire un seul corps, le Seigneur feodal ne pretendra son fief être accrû; mais l'heritier, ou celui qui a droit & cause du pere de famille, qui a ainsi exercé sa destination, y est sujet soit à gain ou à perte; *l. quod in rerum. §. si quid post. ff. de legat.* 1. Cette destination se demontre par plusieurs argumens. Ou quand aucune chose y est jointe, annexée & adherente par main & artifice d'homme, *l. librorum. §. sed si bibliothecam. ff. de legat. 3. l. cætera. §. hoc senatusconsultum. ff. de legat.* 1. Ou bien, ores qu'elle soit disjointe, si elle est accommodée à l'usage de la maison & bâtiment, *l. sicut ædes. ff. de legat.* 3. Ou si l'entrée & accés à ce lieu ajoûté est par dedans la maison ancienne & principale, *l. prædiis. §. balneas. & §. qui domum. ff. de legat. 3. l. quod conclave. ff. de damno infecto, l. Olympico. ff. de servit. urba. præd. Nam si ex publico additus esset, domus separata videri posset, l. 3. §. sed si supra ædes. ff. uti possidetis.* Ou si le pere de famille par son papier Journal & de raison, ou par son papier de recepte, & par les accenses & fermes qu'il a faites de l'heritage & domaine, avoit accoûtumé d'y comprendre ces ajonctions, *d. l. prædiis. §. Titio. ff. de legat. 3. l. cùm fundus. ff. de legat.* 2. Ou si cette ajonction a été faite pour decorer, embellir & rendre en plus grande amenité & plaisir ledit lieu principal, *d. l. prædiis. §. qui domum. l. is qui in puteum. §. si quis de monu-*

mento. ff. quod vi, aut clam. Ou bien si c'est bâtiment aux champs, qui serve à loger les fermiers, receveurs, métaïers ou valets, ou qui serve à recueïllir, loger & mettre à couvert le bétail & les fruits; qui est ce que les loix disent, *quod villa sit accessio fundi, l. fundi. ff. quib. mod. usus f. amitt. l. si ità testamento. §. ult. ff. de fundo instr.* Doncques je comprendrai non seulement sous le nom d'appartenances, mais aussi sous le nom de la maison, domaine ou lieu principal, tout ce qui se trouvera accommodé à icelui selon les argumens ci-dessus; jaçoit qu'il ne soit attenant & contigu; *Bart. in l. Seiæ. §. Tyrannæ. ff. de fundo. instru. Marianus Socinus junior, præceptor meus Patavii, consil. 65. num. 28.* J'ai dit ci-dessus qu'il faut attendre pour tous effet qui dépendent de la disposition du pere de famille; comme s'il a vendu, s'il a donné ou legué. Mais quand au droit d'aînesse, la Coûtume a particulierement disposé; & faut suivre ce qu'elle en dit.

SI AUCUN AVEC MAUVAISE FOI peut prescrire. Et de la distinction de mauvaise foi.

CCLIX.

SELON les loix des Romains le laps de temps n'est pas la maniere d'aquerir la proprieté des choses; mais est requis le titre, ou l'occupation de la chose vacante, *quæ nullius in bonis est, vel habita est pro derelicta, l. obligationum ferè. §. placet. ff. de actionib. & obligat.* Aussi selon l'ancien droit la prescription étoit pour l'exception, c'est à dire, que celui qui avoit joüi par temps suffisant, avoit droit de se défendre par fin de non recevoir contre celui qui lui demandoit la restitution de la chose possedée. Et de fait le mot de *prescription* signifie proprement exception. Mais l'effet de cette prescription s'est étendu jusques à donner l'action utile pour demander; s'il avient que celui qui a joüi par longtemps soit depossedé. Et à la suite de ce, on a attribué plein droit de proprieté à celui qui a prescrit par temps suffisant, même aprés que la distinction des actions directes & utiles n'a plus été en usage, *l. si inter. ff. de donat. inter vir. & uxor. Per legitimum tempus dominium fuit quæsitum.* Lesdites loix Romaines ont fait entre autres, deux principales manieres de prescription de choses immeubles; l'une qu'ils appellent de long-temps, dix ou vingt ans, pour laquelle est requis avoir titre, & être en bonne foi; comme quand on aquiert par achât d'un qui est possesseur, & qu'avec juste occasion on pense être Seigneur proprietaire. Et faut que cette opinion soit probable & avec apparence, & non pas legere, & sans aucun fondement de certitude, *l. ult. ff. pro socio, l. justo. §. filius. ff. de usucap. l. quod vulgò. ff. pro emptore*; & que cette bonne foi soit au temps de l'achât & au temps de la tradition, *l. si aliena. in princip. ff. de usucap.* L'autre prescription qu'on appelle de fort long-temps, qui est de trente ans, ne desire pas le titre, ni si exactement cette bonne foi; parce, dit-on, qu'elle est plus fondée sur la negligence de celui qui se pretend proprietaire, *qui ex eo videtur habuisse rem pro derelicta*; & parce qu'il est utile à la conservation de la societé des hommes, que la proprieté des choses ne demeure en incertitude si long-temps, *l. 1. ff. de usucap.* Ciceron en l'oraison *pro Cæcina* dit que l'usucapion, qui est la prescription de chose mobiliaire, & la fin de tout soin & sollicitude, & de tout peril de procés. Selon cette consideration du bien public, fut jugé sur la premiere plaidoirie à l'ouverture des grands Jours de Clermont 1562. Que sans avoir égard à la paction convenuë, il n'y auroit prescription; neanmoins la joüissance de trent'ans avoit rendu assûré le possesseur par droit de prescription. *Et quòd pacto non possit renuntiari præscriptioni longissimi temporis, tenet Bart in l. nemo. ff. de legat. 1. & Marianus Socinus junior cons. 145. vol. 1. dicit hanc esse communem opinionem.* Cette prescription de trent'ans est appellée odieuse par les Docteurs, parce qu'elle est introduite en haine des paresseux & nonchalans. Si est-ce que *ut plurimùm* la prescription est fondée *super tacito consensu ejus, qui tandiu tacendo & negligendo videtur à se abdicasse jus, & ei rei consensum ac fidem accommodasse, l. si sub specie. C. de postul. l. cùm post. in princip. ff. de jure dot. cap. ad id. ext. de sponsal.* Et ce long-temps fait presumer païement en l'action personnelle, & titre d'aquisition pour l'action réelle, dont les preuves par le temps soient deperies. *Ità ratiocinatur Raphaël Cumanus cons. 67.* & dit que les anciens Docteurs ont tenu que la regle *possessor* n'avoit lieu en Cour laïe, *& dicit ità se tenuisse publicè Patavii.* Nôtre Coûtume a reçû seulement cette prescription de trent'ans. Et combien que le titre & la bonne foi ne soient si exactement requis en icelle; si est-ce qu'il est necessaire que la mauvaise foi, qui est avec mauvaise conscience, en soit eloignée. Il y a eu discord entre les Docteurs de droit Civil, & de droit Canon: Les Docteurs Civils disans, que la mauvaise foi du défunt nuit à son heritier, non seulement s'il use de l'accession du temps de son predecesseur, mais aussi si de par soi il veut commencer à prescrire. Mais les Canonistes disent que la mauvaise foi du défunt ne nuit à l'heritier, qui commence la prescription, *Bart. in l. cùm hæres. ff. de diversis & temp. præscript. Anto. de But. & Abb. in cap. si diligenter. ext. de præscrip.* Les Docteurs Civils disent que la mauvaise foi de l'heritier ne lui nuit point pour accomplir la prescription, si le défunt étoit de bonne foi. Les Canonistes disent en quelque temps que la mauvaise foi survienne, qu'elle empêche la prescription, *Dyn. in cap. possessor. de reg. jur. in Sexto.* Du Molin *in annot. ad cons. 4. Alexand. vol. 2.* dit, qu'en effet il n'y a difference entre le droit Civil & Canon: & la raison peut être, sur ce qu'ailleurs il fait distinction de la mauvaise foi qui est positive, formelle, & avec mauvaise conscience; & la mauvaise foi, qui est presumée, & qui empêche l'heritier comme heritier; parce qu'il est tenu des vices personnels du défunt. Ce qui se dit ci-dessus de l'heritier, se doit entendre du donataire, ores qu'il ait

titre

titre particulier. *Ità tenet Marianus Socinus consil. 69. vol. 1. num. 54. & allegat Auth. malæ fidei. C. de præscript. longi temporis. Nota quòd donatarius tenetur de mala fide donantis, l. ignoti. C. de revocandis iis quæ in fraud. l. apud §. si quis autem. ff. de doli except.* Aussi les Avocats qui articulent faits pour prescription, alleguent quelque titre vrai-semblable, dont pour le laps de temps on ne peut bonnement justifier; mais par la joüissance de trent'ans le titre est presumé: qui est la presomption de droit valant titre. Cette pratique est mise *per Bart. in l. cùm de in rem verso. ff. de usur.* Aussi est necessaire que le commencement de la joüissance soit avec opinion du possesseur, & apparence exterieure; que ce soit comme de chose sienne, & comme dit la loi, avec opinion d'être proprietaire. Car si le commencement de la joüissance est comme de precaire, ou de possession pignoratrice, ou de possession sous le nom d'autrui, cette cause & origine de posseder sera censée avoir été continuée, & ne sera presumé le possesseur avoir eu intention de prescrire; selon la regle de droit, que nul ne peut de soi-même changer la cause de sa premiere possession; & cette cause est presumée avoir été continuée, si d'ailleurs il ne survient quelque autre cause, *l. cùm nemo. C. de adquir. poss. l. qui bona. §. 1. ff. eod.* La prescription ne peut aider sans possession, *cap. sine de regul. jur. in Sexto.* Et la possession, comme dit est, doit être avec opinion & apparence d'être proprietaire, *l. pignori. ff. de usucap. l. quocumque. §. 1. ff. de Publician. l. qui jure. ff. de adq. poss.* Suivant ce fut jugé pour la Reine mere du Roi au fait du Comté de Clermont en Auvergne contre l'Evêque du lieu; parce qu'il apparoissoit que Robert Evêque avoit reçû de Gui son frere Comte de Clermont, la Ville de Clermont en garde, que les Evêques successeurs, qui avoient joüi par plus de cent, voire deux cens ans n'avoient prescrit; parce que le commencement de la joüissance étoit precaire. De même il se dira, que le frere qui en l'absence de son frere pour les études, a joüi par plus de trent'ans du total de leurs biens n'aura prescrit; parce que la presomption est, qu'il a commencé à joüir pour eux d'eux, & pour conserver à son frere son droit, plûtôt que d'avoir voulu l'intervertir, *l. meritò. ff. pro socio.* Et celui duquel la mauvaise foi est formelle avec mauvaise conscience ne peut dire être legitime possesseur; pourquoi il ne peut prescrire. Mais si la mauvaise foi a quelque excuse, voile, ou pretexte; comme d'avoir ignoré la subtilité de droit, *cujus ignorantia excusat à dolo, l. sed etsi. §. scire. ff. de petit. hæred.* le possesseur prescrira. Comme fut jugé par Arrêt pour le Seigneur de Faïe en Nivernois, contre le Seigneur de saint Gatian. Le sieur de Faïe avoit joüi durant trent'ans d'une rente constituée à prix d'argent, qui appartenoit à sa seconde femme; & depuis son decés, & par leur traité de mariage lui survivant devoit gagner les meubles; & il avoit crû, que cette rente tint lieu de meubles. Il fut jugé qu'il avoit prescrit.

DE LA FACULTE' DE RACHETER ex natura contractûs, vel ex pacto.

CCLX.

LEs rentes constituées à prix d'argent au dessous du denier vingt, sont rachetables de leur propre essence & premier établissement; comme il se voit par l'Extravagante *regimini. ext. de empt. & vend.* qui fait que telle faculté ne se peut prescrire par trente, quarante, ni cent ans. Ainsi qu'on dit *in deposito, & in pignore. In deposito*, il a été jugé par Arrêt pour la Reine mere du Roi contre l'Evêque de Clermont au fait de la Cité de Clermont, aprés plus de deux cens ans. *Quià cursus possessionis censetur continuatus secundum formam, quàm ab initio accepit; & nemo causam possessionis sibi ipsi mutare potest, nisi causa aliqua extrinsecus accidente, l. cùm nemo. C. de adq. poss.* Aussi que toute prescription est fondée *super tacito consensu, qui ex lapsu temporis præsumitur, l. cùm pact. ff. de jure dot. l. si sub specie. C. de postul.* Dont s'ensuit *quòd ea quæ pacto & consensu fieri non possunt, non sint obnoxia præscriptioni. Atqui non valet pactum quod est contra essentiam & primariam naturam contractus, l. cùm precariò. ff. de precar.* Aussi fut jugé par Arrêt du 13. Mars 1547. entre Faron Charpentier, & Thomas Rapponel, sieur de Bandeville, que la faculté de racheter telles rentes constituées à prix d'argent ne se prescrit par trent'ans, ni autre plus long-temps. Mais si la faculté de racheter est, purement *ex pacto*, comme en vraïe vendition d'heritage, qui n'est simulée, ni déguisée; car telle paction licitement peut être adherente à contrat de vendition, *l. 2. C. de pact. inter empt. & vendit. compos.* il se doit dire, ores que la faculté soit pour racheter toutefois & quantes; qu'elle se prescrit par trent'ans, parce qu'elle est purement en vertu de la paction accessoire, & non de l'essence du contrat; pourquoi est sujete à prescription. *Imò*, s'il étoit convenu expressément que la prescription de cette faculté de racheter ne pourroit avoir lieu par trent'ans, la paction seroit nulle à l'égard d'un tiers acquereur de bonne foi. Ainsi fut jugé par Arrêt és grands Jours de Clermont de l'an mil cinq cent quatre vingt deux, en Septembre; & fut la premiere plaidoirie à l'ouverture desdits grands Jours. La distinction se fait telle, que quand la faculté subsiste simplement de par soi, ne procedant pas de convention, il n'y a prescription. Mais si elle procede purement de convention adherente à un contrat, elle peut être prescrite, comme le principal. Ainsi dit *Marianus Socinus junior, consf. 145. vol. 1. & allegat Bart. in l. viam. ff. de via public. & in l. pignori. ff. de usucap.* En passant on demande si telle faculté de racheter qui est convenuë *ex pacto* en vraïe vendition d'heritage prise par un majeur vendant son heritage, acheve de courir contre le mineur heritier, qui succede au vendeur. *Bart. in l. Æmilius. ff. de minorib.*

& in l. 2. C. si advers. vendic. pignor. dit qu'elle acheve de courir. Et ainsi fut jugé par Arrêt au rapport de Monsieur Desmier, à la prononciation de la Magdelaine de l'an mil cinq cens vingt-huit, pris des Memoires de Monsieur Bourgoing Conseiller, mon oncle. Bartole audit lieu met un remede de restitution *ex generali clausula. Si qua mihi justa causa videbitur* : mais il n'est pratiqué. Aussi il n'y a raison : car le défunt pouvoit vendre precisément, & la survenance d'un mineur heritier ne doit rien diminuër ou changer du contrat, ou negoce fait avec le majeur son predecesseur, *l. Polla. C. de his quib. ut indig. l. 2. §. ex his. ff. de verb. oblig. l. Prætori. §. incertum. ff. de Prætor. stipul.*

SI LA FACULTÉ DE RACHETER dans trent'ans, est perpetuelle par simple action ; sans offre réelle ?

CCLXI.

LA question se presenta à moi entre Damoiselle Magdelaine Dagobert, femme du Seigneur de saint Polgue, & le Seigneur de Thory sur Abron. Ladite Dagobert en vertu d'une faculté de racheter, octroïée toutefois & quantes, par contrat de l'an mil cinq cens quarante-six, fait appeller le Seigneur de Thori en jugement dans les trent'ans, en l'an mil cinq cens septante cinq, par exploit libelle afin de retrait conventionnel ; mais ne fait aucune offre de deniers à découvert, & se passent les trent'ans avant que le défendeur voïe les offres réelles. Elle continuë son action, & soûtient être bien recevable, remontrant que la prescription de trent'ans avoit été interrompuë par exploit libelle contenant ajournement, comme il est dit *in l. sicut vers. aut in judicio postulatione deposita, &c. C. de præscript. 30. vel 40. ann.* J'ai soûtenu qu'elle n'étoit recevable faisant ses offres aprés les trent'ans ; & disois que ladite loi *sicut* parle quand il est question du simple exercice d'action, qui se fait par demande, défenses & appointement du Juge, auquel cas l'ajournement libellé fait interruption, comme auparavant faisoit la contestation. Mais au cas qui se propose, il n'est question d'exercer action en demandant, défendant, plaidant, & écrivant ; ains est question d'executer un fait de bourse, qui est de presenter deniers à découvert & les païer. Ce qui peut & doit être expedié hors jugement : car le Juge n'y a que faire, sinon quant il y a debat incident, dont les parties ne se peuvent accorder. Le rachat & numeration de deniers étant purement *in faciendo* : & pour constituer son adversaire en demeure, il faut que le provoquant de soi-même fasse ce qui est à faire par lui, qui rendroit le negoce complet, si l'adversaire se rendoit prêt à faire ce qu'on requiert de lui, *etiam* que ledit adversaire fit défaut : ainsi il se dit *in l. servus si heredi. §. Imperator. ff. de statulib.* Aussi quand l'obligation est reciproque, comme à l'un de bailler deniers, & à l'autre de faire revente, celui qui provoque doit le premier satisfaire à ce qu'il est tenu, avant qu'il puisse constituer son adversaire en demeure, *l. Ædiles etiam. in fi. ff. de Ædil. edicto, vulg. l. Julianus. §. offerri. ff. de act. empti : & per quos modos aliquod negotium contrahitur, per eosdem dissolvitur.* Et au cas de present fait la loi *si rem. 1. §. ult. ff. de pignor. act.*

EN QUELS CAS LES FRAIS sont supportez par viriles & égales portions, ou selon le profit que chacun prend au negoce.

CCLXII.

AU Palais on tient pour regle, que frais & dépens sont personnels, c'est à dire autant de parties qui se trouvent, autant sont de portions égales & viriles. Mais je n'ay jamais peu acquiescer à cette regle, pour la tenir sans distinction, par les raisons suivantes. Aucuns frais & dépens sont employez directement pour la melioration de la chose commune, ou du negoce commun ; comme pour refaire un bâtiment ; & tels dépens se doivent payer par chacun ayant part, selon & *pro rata* de la part qu'il y a, *l. sorori. §. sumptus. ff. si pars hered. petatur : & quià deducto eo sumptu, bonorum calculus subjici solet, id est, ut tanti res æstimetur, quantum superest post eam impensam deductam, l. quod privilegium. ff. depos. Ideò dicitur quòd impensa necessariæ ipso jure dotem minuunt, l. si is qui. ff. de jure dot. sic fit ut per eas impensas pars cujusque ex sociis minatur.* Autres frais ne se font directement pour la melioration de la chose, mais pour la conservation du droit que chacun y'a ; comme quand les creanciers en commun font saisir, & poursuivent les criées des heritages de leur detteur, qui leur est hipotequé ; ou quand un Inventaire se fait des biens communs, il faut ainsi dire que chacun paye des frais qui ont esté faits selon l'émolument qu'il prend au negoce. Ainsi il se dit *in l. cùm unius. vers. ut autem. in iis verbis, expensas secundum debitorum quantitatem persolvant eis qui sententias consecuti sunt, C. de bonis auctor. jud. possid. Sic etiam in cæteris oneribus solemus dicere, quemque debere contribuere secundum emolumentum quod ex re percipit, l. 1. §. qui minorem. ff. ut legat. vel fideic. nomine.* Mais quant aux dépens de procez, esquels aucun est condamné pour sa temerité par l'issuë du procez, je croi qu'ils sont personnels ; & que si plusieurs sont condamnez l'un plaidant au principal pour une huitiéme, l'autre pour un quart, l'autre pour la moitié, chacun en doit une pareille & égale portion que l'autre, sans avoir égard aux droits pretendus en la chose plaidée. Pour deux raisons principalement ; l'une parce que quand plusieurs par une sentence sont condamnez sans declaration des portions, la loi presume qu'ils sont condamnez en viriles & égales portions, *l. Paulus 2. ff. de re. judic.* A quoi j'estimerois une limitation estre bien seante & necessaire ; Sinon quand ceux qui sont condamnez sont tenus & obligez *ab initio.* chacun d'eux solidairement, *vel ex nat. negotii, si id sit individuum, v.-*

luti, operis effectus, vel servitus : vel si sententia fundata sit super obligatione, in qua singuli contrahentes pro solido voluerunt obligari. Non enim solet sententia novare obligationem, sed potius adjicere, l. aliam. ff. de novat. L'autre raison est, parce que la condamnation de dépens procede directement de la temerité, du plaideur, l. eum quem temerè. ff. de judic. Et pour convaincre cette temerité, & pour demener le procez on dépend autant à l'égard de celui qui n'a qu'une douziéme, que l'on fait contre celui qui a la moitié. Et facit l. Pratoris. §. si plures. ff. de damno infecto. Toutefois en tels dépens de procez un tuteur qui a plusieurs pupilles est censé pour une personne, quià loco domini est. Aussi en la Chancelerie il ne paye qu'un séel, quamvis alioqui autant que sont de personnes, autant de seaux se payent. Ainsi le mari & la femme ne sont comptez que pour un, sinon quand ils sont defendeurs en matiere criminelle; car les crimes sont tres-personnels.

DU DROIT DE BLAIRIE.

CCLXIII.

LE droit de Blairie en soi est droit de haute Justice, dépendant de Regale dont l'exercice & profit par ancien établissement a esté attribué aux Seigneurs, non pas pour l'avoir *optimo jure, & ex se*, mais pour en avoir l'utilité sous la reconnoissance de la superiorité & souveraineté du Roi. Car de vrai le droit de Regale consideré de par soi est inalienable & inseparable de la Couronne: mais les utilitez & profits, & l'exercice desd. droits pour les prendre par les Seigneurs par leurs mains, on pû être alienez. Les droits de Regale sont le droit d'exercer justice, qui est hereditaire, le droit de confiscation, droit de peage, droit de biens vacans, le droit des voyes publiques & fleuves navigables, peages, aides, minages, barrages, droit de bannalité ou bannie, droit des espaves & autres tels. Lesquels par le plus ancien établissement appartenoient aux seuls souverains, & depuis ont esté concedez par les souverains à leurs inferieurs en fief; laquelle concession emporte *quòd non jus ipsum quale in se est, sed utilitas juris cum facultate exercendi ea qua pertinent ad perceptionem, concessa & translata sunt*. Doncques le droit de Blairie est du nombre de ceux qui selon les loix des Romains estoient de droit public, desquels il se dit, *quòd non sunt propria cujusque; sed privatorum usibus deserviunt jure civitatis, vel municipii, nec sunt in dominio populi, sed in publico usu habentur, l. 2. ff. ne quid in loco publico, l. sed Celsus. ff. de contrh. empt.* Le droit de Blairie pour un des chefs consiste au pâcage des bêtes és grands chemins publics, & autres lieux, qui ne sont en la proprieté d'aucun. Et en l'autre chef est pour le pâcage des bêtes és heritages, qui sont propres aux particuliers; & ce pour le temps que lesdits heritages ne sont de defense, comme és prez, quand ils sont dépouillez de la premiere & seconde herbe; és terres non labourées, ni ensemencées; és bois, pour le temps qu'ils ne sont de garde. Pourvû que tels heritages ne soient clos ni fermez: car audit cas ils sont de défense en tout temps. Ce qui dépend de l'ancienne loi politique non écrite, par laquelle pour le profit public estoit loisible à chacun de faire pâcager son bétail en heritage d'autrui, pour le temps qu'il n'est de garde; contre les regles vulgaires, par lesquelles nul n'a droit d'entrer en l'heritage d'autrui, *l. ult. Cod. de pact.* & nul ne peut estre empêché de faire au sien ce qu'il veut, *l. sicuti. §. sed interdum. ff. si servit. vendic.* Et parce qu'aucuns plus par envie & mauvaise volonté, que pour desir de profiter à eux-mêmes empêchoient le pâcage des bêtes d'autrui en leurs heritages sans eux-mêmes en faire profit; (ce que la loi a reprouvé:) aussi pour l'utilité publique à l'effet de la nourriture du bétail, même en ce païs dont le plus grand fruit & profit est du bétail; il fut avisé que tels heritages non defensables seroient en usage public: les Seigneurs Justiciers se sont attribué le profit de ce droit public par usurpation, ou bien les Souverains leur en ont fait concession, comme du droit de bannalité, de pêche en riviere, qui de soi est public. Et par cette occasion les Seigneurs Justiciers ont mis-sus le droit de prendre certaine redevance pour cette permission de faire pâcager les bêtes esdites vaines pâtures: car ainsi s'appelle le pâcage és terres & heritages, pour le temps qu'ils ne sont defensables. Ce droit est tel que les sujets d'une justice ne peuvent envoyer leurs bêtes pâcager en autre justice sans permission du Seigneur Justicier du lieu où est le pâcage. Ce droit a esté appellé *Blairie*, ou parce que la prêtation se fait en bled, ou parce que le pâcage *ut plurimùm* est és païs de bleds aprés les terres dépouillées. Combien que le droit en soy soit de haute justice, entant que le profit est pour le droit public; toutefois en plusieurs lieux les bas justiciers en jouïssent en ce qui est de l'utilité; parce que les amendes n'excedent soixante sols, & les profits sont de petit revenu: mais il faut presupposer que la basse justice est un éclipsemement de partie des droits de la haute. Tant y a que la Coûtume dit, que *nul ne peut avoir droit de Blairie, s'il n'a droit de justice*: car de vrai ce droit dépend de justice, comme il a esté dit cy-dessus.

SI LE SEIGNEUR FEODAL *peut saisir les seuls profits, quand la foy ne défaut: & s'il fait audit cas les fruits siens.*

CCLXIV.

SELON le premier établissement des fiefs, le benefice étoit personnel: parce que les Seigneurs concedoient certain territoire à hommes habiles à porter les armes, à la charge d'accompagner & assister à la guerre lesdits Seigneurs. Par aprés les fiefs & benefices furent concedez à personnes choisies, pour eux & leurs enfans mâles. Et encore par aprés en France les fiefs furent faits patrimoniaux pour y estre succedé indifferemment, tant en ligne directe que collaterale; & tant par femelles que par mâles; horsmis és fiefs baillez en appanage aux enfans de France; lesquels ne viennent aux filles, ni en succession collaterale, sinon que le parent collateral fût descendu mâle en ligne directe de celui à qui la concession auroit été faite. Par les mêmes anciennes loix il n'étoit loisible au vassal d'aliener son fief sans le congé, ou le refus du Seigneur à peine de Commise. Tous ces droits anciens on été abolis en la France Coûtumiere, non pas simplement & précisément, mais avec certaines marques qui representent ce qui est de l'antiquité, pour representer les concessions qui étoient pures personnelles & à la vie du vassal, se reconnoît que par la mort du vassal, ores qu'il ait laissé des enfans, le Seigneur peut saisir & mettre en sa main le fief, comme s'il lui étoit retourné & aquis par le decés de son vassal : & fait les fruits siens, & dispose dudit fief en qualité de Seigneur proprietaire avec cette reservation, qu'il ne peut aliener, démembrer, ni diminuër le fief en son corps & essence, à cause de l'espoir de la reprise, que le vassal en fera. Et dure cette disposition jusques à ce que l'heritier, ores qu'il soit fils, se soit presenté au Seigneur, offert & fait son devoir de faire la loi, & renouveller le serment de fidelité. Ce qui se dit par aucunes Coûtumes *reprendre le fief*, comme si le Seigneur faisoit nouvelle concession à ce fils heritier. Quand le Seigneur gagne les fruits durant cette saisie, il se dit qu'il les gagne *jure suo*, plûtôt que par le moïen de la contumace de son vassal ; entant qu'il prend son fief en ses mains comme vacant, *ad instar* qu'il se faisoit quand les concessions étoient personnelles ; avec cette reserve retenuë *in mente*, qu'il doit en investir le fils, quand il se presente en son devoir. Si le vassal ne delaisse enfans, mais un heritier en ligne collaterale, selon aucunes Coûtumes le Seigneur prend le revenu d'un an, qu'on appelle *droit de relief* ou *de rachât* : en quoi est representé l'autre droit ancien, selon lequel les fiefs n'appartenoient qu'aux enfans. Mais en faisant les fiefs patrimoniaux, la composition pour l'indémnité des Seigneurs fut faite en forme de Coûtume, que les Seigneurs prendroient le revenu d'un an, pour relever la concession qui étoit chûte & éteinte ; pourquoi s'appelle *relief* : ou pour racheter du Seigneur le droit de reversion à lui aquis, qui s'appelle *rachât*. Si le vassal vend ou aliene le fief ; la composition pour l'indemnité du Seigneur, qui par l'ancien établissement eût pris le fief par Commise, a été ordonnée du quint denier du prix, quand c'est vente ; & quand c'est autre alienation en aucunes Coûtumes, c'est le revenu d'un an ; en nôtre Coûtume c'est le quint denier de l'estimation de la chose alienée. Quand telle mutation d'homme avient, le Seigneur par representation de ce droit ancien de reversion prend le fief en ses mains, & en gagne les fruits *jure suo*, comme de fief vacant, comme dessus est dit. Par les deductions ci-dessus appert que le Seigneur gagne proprement les fruits, quand son fief est en défaillance d'homme, & par consequent de foi. Nôtre question est, si le Seigneur aïant reçû son vassal en foi, & lui aïant donné surséance de païer les profits, ou bien lors de la reception, il ne sçavoit qu'aucuns profits lui fussent dûs, peut par aprés faire saisir, pour être païé desdits profits, & si audit cas il fera les fruits siens. Je croi que si le Seigneur sçachant que le profit lui fût dû, a donné surséance du païement, qu'il peut bien saisir le fief : car c'est une dette réelle, & specialement assignée : mais il ne fera les fruits siens, *quià fidem habendo de pecunia solvenda, videtur ipse in creditum, & commercium contraxisse, l. quod vendidi, junctâ gloss. ff. de contrah. empt. & facit l. ad solutionem. C. de re judic.* S'il a reçû en foi, ne sçachant que le profit lui fût dû, semble qu'il peut saisir & faire les fruits siens, comme si l'investiture avoit été extorquée de lui par dol & mâle-façon, *arg. l. si quasi. ff. de pignor. act. & per ea qua notat Angelus in l. si cùm dotem. §. si mulier. ff. soluto matrim.*

QUAND LA MUTATION EST OCculte, si la retenuë se perd pour le Seigneur par trent'ans. Et de même quant aux autres profits ?

CCLXV.

La regle commune est, que toutes prescriptions sont reduites à trent'ans, & contre l'Eglise à quarant'ans, au chapitre *Des prescriptions*, article 1. en la Coûtume. En particulier il est dit pour les droits de retenuë feodale ou censuelle, quint deniers, lods & ventes, au chapitre *Des fiefs*, article 16. & *Des cens*, article 22. Ce qui se dit, quand le nouvel aquereur n'exhibe pas son titre d'aquisition au Seigneur, & ne fait le devoir requis par lesdits articles. Mais si l'alienation n'est apparente par mutation de joüissance, comme s'il y a donation entre-vifs, & le donateur ait retenu à lui l'usufruit de la chose donnée ; ou bien si le vendeur a repris de l'acheteur le même heritage vendu à titre d'accense ; ou bien l'heritage qui souloit être de tout temps accensé, demeure toûjours és mains de l'ancien accenseur, ou de ses heritiers, qui en païent le loïer au nouvel aquereur. En tous lesquels cas & autres semblables le Seigneur n'a aucune occasion de sçavoir qu'il y ait eu mutation d'homme, pour être semons à exercer ses droits Seigneuriaux de retenuë ou profit. La question est, si la prescription de trente ou quarant'ans l'exclûra de demander lesdits droits ? Surquoi je dis, que la prescription est fondée sur la possession legitime de l'aquereur, & sur la negligence de celui à qui il est dû. L'aquereur par la seule cessation de se presenter au Seigneur & exhiber son titre, ne peut dire être entré en possession de liberté, pour n'être tenu à païer les profits : car la seule cessation ne cause le trouble & n'interrompt la possession du tiers ; ainsi que dit *Joan. Fab. in §. retinendæ. Instit. de interd. Nam dominus retinet animo possessionem exercendi jura dominicalia, quamdiu contradictio non fit. Sed nec simplex dubitatio debitoris interverteret possessionem domini, si qua alia causa esset dubitandi, vel differendi, quàm animus intervertendi, l. si quis rem. ff. de adquir. possess.* Et de fait, aprés les dix ans,

& vingt ans, *voire & aprés les vingt-neuf ans, pourvû que ce fût avant les trent'ans accomplis*, le Seigneur direct pourroit requerir en justice être maintenu & gardé en possession & saisine d'exercer ses droits Seigneuriaux de retenuë ou de quint denier contre le nouvel aquereur, qui ne lui en auroit fait contradiction expresse depuis son aquisition; jaçoit que ledit nouvel aquereur eût joüi par ses mains publiquement & apparemment. Car cét aquereur, qui incontinent aprés son aquisition n'a fait aucun acte apparent pour entrer en possession de liberté, n'a pû de par soi sans survenance d'autre accident changer le premier état de sa possession, & doit être censé avoir icelle continuée en ce même état, qui étoit dés le commencement, pour reconnoître le Seigneur être en possession d'exercer ses droits, *l. 2. §. 1. ff. pro hærede, l. cùm nemo. Cod. de adquir. possess. l. non solùm. §. 1. ff. de usucap.* Reste donc l'autre moïen d'avoir prescrit, qui est par la negligence du Seigneur à qui les droits Seigneuriaux sont dûs: qui est le fondement commun de la prescription de trent'ans; *& quià qui tanto tempore neglexit, videtur jus suum habuisse pro derelicto.* Mais le Seigneur ne peut être dit & reputé negligent qui n'a sçû, ni eu moïen apparent pour sçavoir que l'heritage mouvant de lui eût changé de main, entant qu'il n'y a eu aucune nouveauté en la joüissance. Et semblable raison se dit en Droit Canon, que le temps de six mois ne court au collateur ordinaire pour faire la devolution au superieur en cas de negligence; sinon qu'il ait sçû la vacation du benefice, *cap. quià diversitatem. in fi. ext. de concess. præbend. cap. licet. ext. de supplenda neglig. Præl. Sic etiam in præscriptione jurium, quorum exercitium non est quotidianum & facilè apparens, requiritur scientia ejus contra quem præscribitur, l. 2. C. de servit. & aqua, l. quamvis saltus. & l. peregrè. ff. de adquir. possess. Scientia autem præsumi debet, cùm verisimile est aliquem scire potuisse, l. ult. ff. quis ordo in bonorum possess. l. si Titius. ff. de fidejuss. Nec requiritur exacta & scrupulosa inquisitio à parte illius, quem dicimus scire debuisse, ne nimium curiosus videatur: quod lex non probat, l. doli mali. in fine ff. de novat. sed nec supina ignorantia excusatur, ne melioris conditionis sint stulti, quàm periti, l. Servius. ff. quod vi aut clam.* Doncques je dis qu'en tels cas, quand la mutation & changement de main n'est apparente, ni telle que le Seigneur ait pû vrai-semblablement la sçavoir, qu'il n'est sujet à la prescription de trent'ans; & nonobstant les laps de temps exercera ses droits Seigneuriaux.

TRANSPORT D'HERITAGE FAIT pour meubles non appreciez, si c'est vraye vente sujete à retrait lignager, & à retenuë?

CCLXVI.

SELON les regles de droit, vente ne se dit, sinon quand il y a prix certain convenu en deniers; ou bien quand il y a heritage, ou espece mobiliaire estimée en deniers entre les contractans; car l'estimatimation fait que ce soit autant comme si c'estoient deniers baillez; *l. si pro mutua. C. si certum pet.* Suivant ce, la Coûtume de Paris dit, que l'heritage baillé sous charge de rente fonciere, rachetable pour certaine somme de deniers, est sujet à retrait lignager; comme s'il estoit vendu; parce que la rente est estimée à certaine somme. Non seulement si l'estimation est convenuë à somme certaine; mais aussi si la chose est proposée venale & exposée en vente, & avec telle intention est baillée par le proprietaire en contre-échange d'autre heritage & espece; combien que de prime-face semble permutation & échange, toutefois a l'effet & vigueur de vente, *l. 1. C. de rerum permutat. l. pretii. Cod. de rescind. vend.* Et ailleurs se dit, que les contrats; qui selon leur nature exactement considerée, ne sont pas tels comme ils sont décrits par le droit Civil; ains se disent contrats non nommez; parce que le droit Civil ne leur a point baillé de non special; toutefois doivent estre censez & jugez de la nature du contrat nommé, duquel ils approchent le plus. *l. 1. §. si quis servum. ff. depos.* Or quand aucun pour un heritage, qui lui est cedé & transporté, baille des meubles, la question est si c'est vrai échange quant à tous ses effets. Si les meubles sont estimez, la chose est sans doute que c'est vente. Mais si les meubles ne sont pas estimez, je croi que si ce sont meubles communs, & qui sont en commerce commun, & qui selon le commerce estant en usage ont leur estimation certaine; que ce soit tout autant que si on avoit baillé des meubles estimez, ou de l'argent comptant. Et ainsi dit la Coûtume de Bourbonnois, article 451. Que tel heritage est sujet à retenuë envers le Seigneur direct, comme de vraye vente. Car de vrai, en tels meubles ne gît aucune affection, comme elle peut estre en heritages, qui pour diverses considerations peuvent mouvoir les volontez; & partant ne sont recompensables en deniers: ce qui ne se peut dire en ces meubles communs, & de facile recouvrement: car avec deniers en main on en peut recouvrer qui seront du tout pareils à ceux qui ont esté baillez, *ut perindè sit dari pecuniam.* Mais si c'estoient meubles rares, fort precieux, & qui ne fussent en commerce commun & facile; je croi qu'il ne faudroit ainsi dire: parce qu'on peut avoir consideration particuliere pour les desirer, qui sera affection probable, & qui ne recevra estimation au gré raisonnable de celui qui a contracté sur iceux. *Nam plerumque lex admittit considerationem affectionis, ac si pecuniariter interesset, l. 1. §. quòd si rem. ff. si quid in fraudem patro. l. si in emptione. ff. de minorib.*

LE FIEF SERVANT, QUANT AUX profits, est regi par la Coûtume du lieu où il est assis; & quant à l'honneur ou service, par la Coûtume du lieu du fief dominant. Et que tous fiefs ne sont de concession?

CCLXVII.

SI en France tous fiefs de leur origine étoient par concession & bail fait par le Seigneur feodal à son vassal, il y auroit raison de dire, que le Seigneur par le bail auroit pû apposer telle condition que bon lui auroit semblé; il se pourroit aussi dire, que le fief servant comme démembré du fief dominant devroit être reputé de même nature, *sicut in accessionibus dicimus, l. prædiis. §. Titio. & §. balneas. ff. de legat. 3.* Mais la verité est que la plûpart des fiefs ont été faits du temps qu'il étoit loisible aux Seigneurs de faire guerre les uns aux autres, pour la conservation ou repetition de leurs droits, & il n'y a pas trois cens ans que l'usance en est abolie. En ce temps-là les Grands Seigneurs, ou par impression, ou moïenant deniers, ou pour être protecteurs aux plus foibles, recevoient leurs voisins & autres pour être leurs vassaux des heritages qu'ils tenoient allodialement. Et par le moïen de cette superiorité le Seigneur aïant guerre à faire, mandoit ses vassaux, pour lui assister & aider selon la valeur de leurs fiefs. Aussi les vassaux avoient recours à leurs Seigneurs, pour être gardez de l'oppression d'autres. Pourquoi horsmis ce fait de la guerre & de l'honneur, demeuroient en pleine liberté de leurs biens pour être reglez selon la Coûtume du lieu où ils sont assis: même parce qu'en France on tient que toutes Coutûmes sont locales, & affectent non seulement les biens assis, mais aussi les personnes demeurantes au détroit. Aussi la commune opinion est, quant aux profits de fief qui sont dûs au Seigneurs aïans estimation pecuniaire, comme des quints deniers, des reliefs, rachats, retenuës, & autres tels, que le Seigneur les doit prendre selon la Coûtume du lieu où les fiefs servans sont assis, & non selon la Coûtume du lieu où est assis le fief dominant: parce que le Seigneur les prend *in re ipsa*, & c'est proprement la chose qui les doit selon ce qui se dit *in l. Imperatores. ff. de publican. & vectig. non tam persona, quàm res conveniuntur.* Mais en ce qui est de l'honneur du service, du serment, & autres devoirs personnels, que le vassal doit à son Seigneur, comme anciennement étoit le droit d'accompagner son Seigneur à la guerre, je croi que la Coûtume du fief dominant doit être suivie: car c'est proprement la personne du vassal qui les doit; & le vassal est tenu d'aller vers son Seigneur en son domicile, au moins au fief dominant, lui prêter le serment de fidelité, se presenter à lui en armes pour l'accompagner à la guerre, & autre service auquel il est tenu, & faire autres actes, par lesquels il lui represente l'honneur qu'il lui doit. Ces devoirs étans destinés proprement au lieu du fief dominant, il est bien raisonnable que la Coûtume du lieu où ils sont dûs soit suivie par la raison de la loi *si fundus. ff. de evictionib.* & selon la regle vulgaire, que chacun se doit regler és actes personnelles selon la loi du lieu où il est. Et ainsi disoit saint Ambroise, quand il étoit à Rome il commençoit le Carême le Mercredi jour des Cendres, étant à Milan en son Diocese il le commençoit le lendemain de la Quadragesime, dont sont les vers vulgaires.

Si fueris Romæ, Romano vivito more:
Si fueris alibi, vivito sicut ibi.

QUAND L'HERITAGE TENU A cens est baillé à rente, & il y a vente, quelle sera la retenuë du Seigneur censier?

CCLXVIII.

LA Coûtume de l'an mil cinq cens trente-quatre, au chapitre *Des cens*, article 23. semble permettre au détenteur d'heritage chargé de cens, de le bailler à rente: comme aussi elle permet au vassal de bailler le fief rural, ou partie du fief noble à titre de cens ou bordelage, au chapitre *Des fiefs*, articles 27. & 28. Mais il se doit entendre que tels baux ont leur effet pour autant de temps, & pour tel droit que le vassal, ou possesseur censier ont en l'heritage. Et que si l'heritage vient és mains du Seigneur direct, par vertu & puissance de sa Seigneurie directe, soit par reversion perpetuelle, ou temporelle, il joüira de l'heritage sans ladite charge de cens, bordelage, ou rente. Si ce n'étoit qu'il eût pris le quint denier, ou les lods & ventes des baux, qui en ont été faits. Et n'est tenu le Seigneur, si bon ne lui semble, d'investir le preneur & approuver tels baux, ores que le preneur offre de païer le quint denier, ou lods & ventes; ainsi qu'il est dit au 25. article au chapitre *Des fiefs*, auquel les conjonctions *&*, & *ou*, sont transposées: car il doit être écrit, *peut contredire & empêcher, ou prendre le quint denier.* Toutefois je croi que si le vassal avoit baillé partie de son domaine à cens ou bordelage sans entrage de deniers, & que la prestation fut assez haute, & aïant quelque correspondance aux fruits qui en peuvent revenir aprés tous frais precomtez, ou approchant, le Seigneur ne pourroit contredire tels baux, comme étans plûtôt ménagement & administration; que non pas alienation ou empirement. De vrai il n'est pas raisonnable de le contraindre à infeoder telle rente & l'approuver; & la reception du quint denier, ou lods & ventes vaut approbation de bail. Aussi s'il l'avoit approuvée par ladite reception dû profit, il seroit sujet d'agréer le bail, si la chose venoit en ses mains par reversion perpetuelle ou temporelle. C'est à dire, que si le vassal vend le cens, ou le bordelage dû sur son fief, le Seigneur feodal aura la retenuë ou le quint denier de la vente. Mais si le detenteur qui a pris du vassal vend le fonds, ledit vassal aura la retenuë ou le profit de bourse sans que le Seigneur feodal y prenne rien. Et audit cas de bail à rente de l'heritage tenu à cens, si le Seigneur censier a approuvé la rente par la reception des lods & ventes, & le detenteur censier vende la rente, le Seigneur censier aura retenuë ou lods & ventes de ladite vente. Et si l'heritage vient és mains du Seigneur censier par retenuë, ou autrement en vertu de sa directe; il sera sujet à la rente. Mais s'il n'en a pris lods & ventes, ou autrement ne la approuvée, il ne sera tenu à la rente, & possedera l'heritage franc d'icelle.

EN QUEL ESTAT DOIT ESTRE entretenu l'heritage tenu en fief ou à cens?

CCLXIX.

LA Coûtume a tenu les detenteurs d'heritages sujets à bordelage plus à l'étroit, que les detenteurs d'heritages tenus en fief ou à cens, parce qu'en plusieurs manieres nôtre Coûtume a comparé le bordelage à l'emphiteose, & l'emphiteote par obligation expresse est tenu d'amender; ce que sonne le mot dont il est deduit, qui est Grec, & signifie planter; & ce qu'il a amendé il ne le peut ôter ni empirer. Ainsi est dit au chapitre *Des bordelages*, article 15. Le censier & le vassal sont Seigneurs proprietaires & avec plus ample droit, peuvent couper les arbres fruictiers, peuvent démolir & changer la face des heritages qu'ils tiennent, sans qu'ils en puissent être blâmez par le Seigneur direct. Ce qui s'entend avec temperament; dont la raison se doit prendre de la regle generale, par laquelle le Seigneur util est tenu de conserver l'heritage, dont bail lui a été fait en son entier; attendu que par le bail la garde lui en est commise & le soin; & est Procureur du Seigneur direct *in eam rem, l. 1. in fine, cum l. seq. ff. usufructuarius quemad. caveat. l. 1. in fine. ff. de novi oper. nuntiat. l. videamus. §. item prospicere. ff. locati.* Doncques si le bail est fait d'une maison, ou d'un moulin, ou d'un bois de haute-fûtaïe, comme étant le principal membre du tenement, ou que le tenement consiste en cette seule piece, je croi que le vassal, ou detenteur censier ne peut démolir la maison & moulin, ni abatre les bois de haute-fûtaïe; parce que telle superficie étant ôtée, la forme & essence de la chose n'est plus. *Imò*, & par faute d'entretenement la maison & le moulin étoient démolis, le Seigneur util pourroit être contraint à les reparer, *eò quòd sunt necessaria impensa, quibus non factis res perit, vel in sui essentia minuitur; & quarum nomine tenetur is qui non fecit, qui fructus ejus rei lucratur, & custodiam rei habet, l. & in totum. l. 1. 2. & 3. ff. de impens. in res dotalet factis*, (sauf quant au bois de haute-fûtaïe, si le fonds est tel, ou le bois tel qu'étant coupé il puisse revenir, pour être mis en taillis & coupes ordinaires; parce que c'est plûtôt ménagement, que deterioration du fonds) je croi que le vassal, ou censier n'en pourroit être empêché ni recherché par le Seigneur direct. Joint que l'Ordonnance commande de laisser huit ou dix ballivaux pour arpent; qui est l'esperance de remettre le bois ou bonne partie en haute-fûtaïe. Ce que dessus est dit quand le fief consiste en un seul article de maison, moulin, ou bois de haute-fûtaïe, ou telle autre sorte de superficie; ou bien quand c'est le principal membre du fief, ou du tenement. Mais si le fief ou le tenement est composé de plusieurs membres & pieces, & que telles sortes de superficie ne soient les principaux membres; ou bien si le bail originaire n'a été fait à la charge d'y établir telle superficie, ou de l'entretenir; je croi que le vassal, ou le detenteur censier peuvent démolir les bâtimens, abatre les bois de haute-fûtaïe: & ne sont tenus de reparer les bâtimens qui sont ruinez par nonchalance, ou vetusté; pourvû qu'il n'y ait circonstance, qui fasse juger que cela soit en fraude de la Seigneurie directe: & encore quant au cens, pourvû que le tenement soit en état passable, & tel que la redevance & les droits du Seigneur ne soient en peril d'être perdus. A quoi se rapporte le 19. article de la Coûtume, au chapitre *Des cens*. Et à ce fait l'annotation de Maître Charles du Molin sur le 81. article de la Coûtume d'Amiens.

QUE CELUI QUI QUITE AU SEIgneur direct, ou rentier, l'heritage mouvant de lui, doit païer la redevance de la prochaine année à échoir.

CCLXX.

LA Coûtume de l'an mil cinq cens trente-quatre, au chapitre *Des cens*, article 20. & *Des bordelages*, article 16. permet au detenteur Seigneur util quiter & delaisser l'heritage qu'il tient à rente ou bordelage, en païant les arrérages. Ce que nos Praticiens ont entendu & entendent des arrérages échûs lors du delaissement. Mais aucunes Coûtumes nouvelles, même celle de Paris, article 109. disent que celui qui quite l'heritage doit païer le prochian terme à écheoir: ce qui a grande raison, pour éviter les fraudes, qui se peuvent commettre par les detenteurs malicieux, ou nonchalans, qui viendroient à quiter l'heritage peu de temps avant que le terme du païement échût, & le Seigneur seroit frustré de sa redevance pour ladite année. Et quand bien le delaissement se feroit assez long-temps devant le terme échû, *imò etiam* le lendemain du terme échû il y a grande raison de dire qu'il doive le prochain terme à écheoir mêmement si ce sont terres labourables: car à la fête saint Martin, ou environ ce temps que les redevances se païent, il est déja trop tard de bailler ses terres à labourer, pour y recueillir fruit és prochaines moissons suivantes: & feroit le

Seigneur frustré du fruit de sa terre, ou de sa redevance de l'année prochaine aprés le delaissement. Et parce que les fruits des heritages proprement & en leur essence doivent la redevance fonciere, *l. Imperatores. ff. de publicanis & vectig. l. neque stipendium. ff. de impens. in res dot. fact.* le detenteur est à blâmer s'il n'a labouré la terre, *& ex eo capite* est tenu à l'interêt du Seigneur, les droits duquel il a dû conserver pour le temps qu'il étoit detenteur, *l. 1. in fi. cum l. seq. ff. usufructuarius quemad. caveat.* l'interêt du Seigneur est de la redevance pour le terme à écheoir. Mais si lors de son delaissement, l'heritage étoit emblavé, & le Seigneur par le moïen des fruits pût être païé de sa redevance; je croi qu'il n'auroit dequoi se plaindre. Aussi si le detenteur avoit perçû les fruits, & aprés il vint à quiter l'heritage, il n'y auroit aucune raison qui fût quite de la redevance prochaine à écheoir; laquelle, comme dit est, est dûë par les fruits. Or pour éviter les difficultez qui peuvent avenir selon les diverses saisons, esquelles le delaissement se feroit, & pour coërcer les fraudes des detentenrs, il est bon de dire indistinctement, qu'ils doivent la redevance prochaine à écheoir.

SI LE NOUVEL AQUEREUR EST *tenu payer les arrérages non échûs de son temps, ou autres profits, que ceux de son aquisition ?*

CCLXXI.

Le nouvel aquereur, qui a acheté l'heritage à la charge de la redevance, sans difficulté est tenu personnellement; c'est à dire par action personnelle au païement de la rente. Car la stipulation du vendeur Seigneur util aquiert l'action au Seigneur direct absent, comme étant le Seigneur util Procureur du Seigneur direct *in eam rem*, comme il a été dit ailleurs. Mais s'il n'a acheté sous expression de la charge de redevance; je croi que personnellement il n'est tenu; mais bien peut le Seigneur direct faire saisir les fruits de l'heritage, qui doit la redevance, au chapitre *des rentes & hypoteques*, article 3. en la Coûtume. Ou bien peut agir hipotecairement contre le detenteur, à ce qu'il ait à déguerpir & quiter l'heritage, si mieux il n'aime païer. Or s'il a acheté sous la charge de redevance fonciere, la Coûtume au chapitre *Des cens*, article 21. dit que le Seigneur n'est tenu d'investir cét aquereur, sinon en lui païant les arrérages de la redevance, & les lods & ventes. La question est, si cela s'entend des arrérages échûs, depuis l'aquisition, ou des arrérages échûs auparavant icelle; & si c'est des lods & ventes dûs pour cette derniere aquisition, ou des lods & ventes dûs à cause d'autres aquisitions precedentes. De même si le detenteur Seigneur util voulant delaisser & quiter l'heritage au Seigneur, est tenu de païer les arrérages qui ne sont échûs de son temps, les lods & ventes dûs pour autres aquisitions precedentes, & reparer les ruines qui ne sont avenuës de son temps ? Car il semble que la Coûtume parlant indistinctement desdits droits se doive entendre generalement. Mais je croi que ce nouvel aquereur, aïant aquis à charge de la redevance ne peut être contraint par action personnelle à païer les arrérages non échûs de son temps, ni à reparer les ruines non avenuës de son temps, ni à païer les profits des aquisitions precedentes : Ains seulement peut le Seigneur pour lesdits arrérages, lods & ventes, & reparations du precedent, agir hipotecairement contre ce nouvel aquereur detenteur. Et de vrai la Coûtume donne l'action hipotecaire pour tels droits au chapitre *Des cens*, article 3. & par le moïen de l'hipoteque sera tenu le detenteur de déguerpir l'heritage au Seigneur, si mieux il n'aime païer & satisfaire. Cette action hipotecaire n'est sujete à discussion; *dominus enim non tam rem alienam, quàm suam persequitur; & eo casu non tam personæ, quàm res conveniuntur, l. Imperatores. ff. de publican. & vectig.* Aussi la Coûtume audit article 3. dit energiquement, *adresser à la terre, ou au detenteur.* Du Molin en l'annotation sur le 73. article de l'ancienne Coûtume de Paris dit, que ce nouveau detenteur est tenu des arrérages passez jusques à la concurrence des fruits, qu'il a perçûs depuis contestation en cause, ou depuis le temps qu'elle a dû être contestée : ce qui s'entend quand il n'a pas acheté à la charge de cette redevance fonciere. Ce qui est bien distingué par la nouvelle Coûtume de Paris, articles 102. & 103. & y est decidé qu'avant contestation s'il quite l'heritage, il n'est tenu des arrérages du passé, ni de la restitution des fruits. Ce qui se rapporte à ce qui est du droit Civil des Romains en l'action hipotecaire, où il se dit qu'aprés l'action intentée le Juge condamne le detenteur à la restitution des fruits, *l. si fundus. §. in vendicatione. vers. interdum. ff. de pignorib.* Mais là il se dit, que les fruits viennent en condamnation délors que la cause est condamnée.

SI POUR LA COMMISE EN CAS *de cessation de payement par trois ans, suffit que trois payemens soient échûs; ou s'il est requis que 1095. jours soient passez ?*

CCLXXII.

Par la Coûtume de l'an 1534. au chapitre *Des Bordelages*, article 5. il est dit que si le detenteur bordelier cesse de payer la redevance par trois ans continuels & consecutifs, il commet & perd le tenement bordelier. La Question est, Ce nouvel aquereur est investi du Seigneur bordelier en Avril, ou en May; Par consequent est chargé de payer au prochain terme S. Martin suivant, auquel il ne paye, ni és deux années suivantes. La question est, si aprés le troisiéme terme échû, le lendemain ou peu de jours aprés le Seigneur peut exercer sa Commise; attendu qu'il n'y a trois ans entiers, & qu'il n'a cessé par trois ans entiers & continuels. & prenant chacun an

de trois

de trois cent soixante & cinq jours, & les trois ans pour mil nonante & cinq jours, se peut dire que la contumace du detteur est punie ;& puis que la loi est penale qu'il la faut restraindre, & non l'élargir ; *& quià lex odiosa est, in odium non solventis constituta*, *l. qui exceptionem. ff. de condict. indeb.* Et la regle est *odia restringi.* Aussi la Coûtume parlant de trois ans continuels, semble entendre de trois ans entiers. Mais selon mon avis, ces deux mots *continuels* & *consecutifs*, sont synonimes, & tous deux signifient trois années, qui touchent & tiennent l'une à l'autre, & se suivent sans intervalle. Le mot *continuel* vient du Latin *continuus*, qui se dit *à simul tenendo*, quand entre deux il n'y a point d'intervalle, *l. continuus. ff. de verb. obligat.* Et en cette question faut regarder l'interêt du Seigneur d'une part, & la contumace du detenteur d'autre. Il est certain qu'en la troisiéme année aprés le terme échû, la demeure du detteur est parfaitement accomplie ; car à chacun des termes il pourroit être contraint : le Seigneur en chacun des termes reçoit son incommodité & mal aise, étant privé de son revenu, sur lequel son vivre & entretenement est assigné : laquelle incommodité, jointe avec la contumace du detteur, est cause de la Commise. Aussi en droit quand on parle d'années en choses, qui ne sont pas purement naturelles, elles ne s'entendent pas precisément à trois cens soixante-cinq jours ; mais selon la perception des fruits ; ainsi est dit *in l. divortio. §. quod in anno. & §. non solùm vers. nam & hic. ff. soluto matrim.* Doncques je croi que le lendemain du troisiéme terme échû, le Seigneur pourra exercer sa Commise, sans attendre que les mil nonante-cinq jours soient passez.

EN QUEL LIEU DOIT ESTRE *payée la redevance censuelle, ou bordeliere, & quid si le Seigneur a alièné ?*

CCLXXIII.

LA Coûtume au chapitre *Des bordelages*, article 10. dit, que si par le bail ou reconnoissance il n'y a lieu certain destiné pour le paîement de la redevance, elle doit être portée au lieu du domicile du Seigneur ; pourvû qu'il ne soit distant de quatre lieües. Ce qui semble déraisonnable ainsi pris generalement & indistinctement : & ores que la Coûtume ne fasse la distinction, semble qu'elle doit être faite *ex bono & æquo*, selon les regles du droit écrit des Romains, que nous pouvons alleguer pour raison au temperament, ou interpretation de nos Coûtumes. Doncques je dirai que si la redevance est dûë sur un tenement faisant membre & portion d'une Seigneurie ou territoire, & que ce soit une redevance fonciere, & la premiere aprés le fonds ; que le detteur la doit païer au lieu Seigneurial à ses dépens, pourvû qu'il ne soit distant de plus de quatre lieües selon ledit article : à quoi est conforme ce qui est dit *in l. forma. §. si verò. ff. de censib.* & ainsi dit Balde *in l. ult. C. de condit. insertis*, que si la prestation se paîe par droit de superiorité ou d'honneur, qu'elle doit être portée en la maison du Seigneur. De même dirai-je, combien qu'il ne semble bien consonant audit droit écrit, mais parce que la loi qui est nôtre Coûtume, & ainsi écrite, si dés le commencement du bail, ou de fort grande antiquité le domicile du bailleur Seigneur bordelier étoit en une Ville, ou en certain lieu aux champs, sans avoir titre de Seigneurie, qui ne fût distant de plus de quatre lieües du tenement sur lequel est dû le bordelage, que le detenteur seroit tenu porter la redevance audit domicile : soit parce que la Coûtume le dit ainsi ; soit parce que les redevances bordelieres, qui sont ordinairement grosses & avec grain & plume sont destinées pour l'entretenement du ménage : qui fait croire que les bailleurs ont baillé leurs tenemens pour avoir dequoi eux nourrir en leur domicile. Mais si le Seigneur bordelier change son domicile, ou s'il a des heritiers qui soient domiciliez autre part, ou aliene sa Seigneurie directe, je croi que le detenteur bordelier ne pourra être contraint de porter sa redevance plus loin qu'est le lieu de l'ancien domicile du bailleur. Car la survenance d'un nouveau Seigneur, non pas même d'un heritier, ne peut & ne doit changer ni innover la condition de la premiere concession & obligation, *l. 2. §. ex his. ff. de verb. obligat. l. Prætoria. §. incertam. ff. de Prætor. stipul.* Que si le Seigneur d'une Seigneurie (dont la censive ou bordelage dépend) démembre sa Seignerie, & vend portion des censives & bordelages, ou par partage entre coheritiers les redevances aviennent à autre qu'à celui auquel demeure la maison Seigneuriale ; je croi que le detenteur Seigneur util n'est tenu de porter sa redevance plus loin, que la distance de la maison Seigneuriale. Si c'est une simple rente, qui n'emporte Seigneurie directe, je croi que si par le contrat il n'est dit en quel lieu elle doive être paîée, que le paîement en doit être fait au domicile du detteur, & il n'est tenu la porter chez le creancier : ainsi le tient Balde *in d. l. ult. Cod. de condit. insertis.*

DES FRUITS DES ARBRES, *qui sont és confins d'heritages, à qui ils appartiennent ?*

CCLXXIV.

L'ARBRE appartient en proprieté à celui à qui appartient la terre, en laquelle il se trouve planté, & il a ses racices, *l. adeò. §. ult. ff. de adquirendo rerum dominio.* Mais s'il avient que l'arbre soit au confin, ou proche le confin de deux heritages appartenans à deux personnes, & peut-être le tronc & principale tige qui sort de terre se trouve entierement en dedans l'un des heritages, mais les racines dont l'arbre est substanté & nourri se trouveront és deux heritages ; ou peut-être les principales racines seront en l'heritage voisin, auquel le tronc ne surgit pas ;

la question est à qui l'arbre devra appartenir ? La premiere presomption est, que l'arbre appartienne à celui en l'heritage duquel le principal tronc sort hors de terre ; jaçoit que parties des racines soient en l'heritage voisin : ainsi se doit entendre la loi *si plures. §. ult. ff. arborum furtim cæsarum*, en ces mots, *si radicibus vicini arbor alatur, tamen ejus est in cujus fundo origo ejus fuerit. Origo*, c'est la premiere sortie & issuë hors de terre ; *sicut dicimus in origine fontis, sicut dicimus oriri Solem ibi ubi primum apparet*. Et parce que les racines qui s'étendent en l'heritage voisin, sont accessoires au principal de l'arbre, & suivent la nature du principal, *l. si vitem. in fine, ff. quod vi, aut clam*. Ainsi faut dire quand d'ailleurs il n'appert pas en quel heritage sont les principales racines. Car l'autre regle du droit est, que l'arbre ne peut être censé appartenir à autre personne, qu'à celui en l'heritage duquel ses racines sont assises, *d. l. adeò. §. ultim. ff. de adquir. rerum dom.* Doncques si le confin a deux heritages se trouve en pendant, ou bien que l'arbre de soi soit courbe & pendant, en sorte que par l'inspection du dehors se puisse connoître que toutes les racines, ou la plûpart soient en l'heritage plus bas, jaçoit que le commencement du tronc qui sort de terre, apparoisse du tout en l'heritage haut ; je croi que l'arbre appartiendra à celui en l'heritage duquel sont toutes les racines ou les principales. Vrai est que celui en l'heritage duquel l'arbre du voisin panche, pourra par action contraindre sondit voisin de retrancher son arbre, & faire en sorte qu'il n'occupe l'heritage du demandeur, *l. ult. ff. de arborib. cæd.* Mais si par l'exterieur il ne peut apparoir des argumens cidessus, il faut dire que l'arbre est commun aux deux voisins, chacun par moitié, *l. arbor. ff. communi divid.* Ce que dessus se dit pour la proprieté. Mais quant aux fruits de l'arbre, de vrai la loi Romaine dit, que les fruits appartiennent à celui à qui est l'arbre ; & si le fruit tombe en l'heritage voisin, le proprietaire de l'arbre peut par action contraindre son voisin de lui prêter patience de trois jours l'un d'entrer en son heritage, pour amasser son fruit, en donnant ordre qu'il ne fasse aucun dommage à son voisin, *l. unica. ff. de glande legenda. l. Julianus. §. glans. ff. ad exhibendum.* Or le voisin, à qui l'arbre propre à son voisin nuit par son ombrage, peut contraindre le voisin à retrancher les branches quinze pieds hors de terre par l'interdit *de arboribus cædendis, l. 1. §. deindè. ff. de arbor. cæd.* Nos gens de village en ce païs pratiquent un autre expedient, que je trouve assez raisonnable ; quand un arbre est proche du confin, que celui en l'heritage duquel l'arbre surgit, & auquel il appartient seul puisse monter sur l'arbre pour abatre, ou cuëillir les fruits : mais ce qui tombe desdits fruits en l'heritage du voisin non proprietaire de l'arbre, lui appartienne, & puisse être cuëilli par lui. Qui semble être une recompense du dommage que l'arbre peut porter par son ombre ; & pour éviter l'inconvenient de faire retrancher l'arbre.

SI INDISTINCTEMENT IL EST défendu au détenteur bordelier de couper les arbres fruictiers qui sont en son tenement ?

CCLXXV.

La Coûtume de l'an 1534. au chapitre *Des bordelages*, article 15. a dit, que le detenteur bordelier ne peut empirer l'heritage. Et en particulier est dit, quil ne peut abatre les arbres fruictiers, jaçoit qu'il ait planté les arbres. Aucuns zelateurs des bordelages pour y exercer toutes rigueurs, ont estimé & tenu que ledit detenteur ne peut couper aucuns arbres fruictiers indistinctement. Mais je croi que la distinction & le temperament y sont necessaires & raisonnables : & en est la raison fondée sur les regles du droit écrit des Romains, que nous François pouvons alleguer pour raison écrite. Doncques je croi que le detenteur bordelier peut occuper des arbres de haute-fûtaye, pour bâtir & reparer au même tenement, dont dépend le bois. Car puis qu'il est permis à l'usufruictier de couper gros arbres pour refaire le bâtiment des champs, *l. arboribus, vers. materiam* ; (où il sera noté le mot *succidere*, qui contredit à la glose disant que le texte parle des arbres arrachez) *ff. de usufr.* l'usufruictier ayant le simple droit de percevoir les fruits, *multò magis* il est permis au detenteur bordelier, *qui perpetuum jus habet, & qui certis respectibus fundi dominus est*. Vrai est qu'il devra couper avec bon ménage, c'est à dire en saison dûë, & ne prendre pas plusieurs arbres proches l'un de l'autre ; mais és lieux plus épais pour éclaircir le bois de haute-fûtaye : s'il est tel qu'étant coupé & gardé il puisse revenir ; & que le profit de tenir le bois en coupe ordinaire, puisse apporter autant, ou plus de profit, ou approchant, que ne feroit la paisson du glan par année commune ; je croi que le detenteur bordelier pourra faire ce ménagement, nonobstant la contradiction du Seigneur direct ; mêmement en delaissant huit ou dix balliveaux par chacun arpent, comme l'Ordonnance commande ; car par le moïen des balliveaux le bois taillis avec le temps aquiert la forme de bois de hautefûtaïe en tout, ou partie. Et pour cette opinion sera noté le commencement de l'Article qui doit servir de raison & interpretation à tout le reste d'icelui, que le bordelier peut amender ; & ne peut empirer le tenement : ce n'est pas empirer que de mettre en autre état qui soit de semblable valeur ou approchant. En un autre cas je croi qu'il peut abatre arbres fruictiers. Comme, *verbi gratia*, l'heritage est baillé sous titre & qualité de vigne ; en la vigne y a des noïers, dont l'ombre froide de soi & épaisse nuit à la vigne ; & les racines spacieuses amaigrissent la terre ; je croi que le detenteur bordelier pourra couper les noyers, même ceux qui devers le midi ombragent la vigne : car cela est amender la vigne en état de vigne, qui est son principal état. De même dirai-je des chênes, qui se trouvent és pâtureaux ; si lesdits chênes ne sont bons à porter gland, que le detenteur en peut abatre une partie, pour donner plus d'air & de soleil à l'herbe, & la rendre plus savoureuse & profitable au bétail, qui y pâcage. Aussi dirai-je que si par le tronc des arbres il apparoit que le bois ait été autrefois coupé, & soit revenu ; combien que le detenteur ait demeuré plus de vingt ans sans le couper, & à ce moïen on veüille dire qu'il ait aquis qualité de bois de haute-fûtaïe, selon qu'il est dit en la Coûtume, au chapitre *Des bois & forêts*, article 8. toutefois je croi que ledit detenteur le peut couper, & le remettre en son ancien état de bois taillis ; si tant est que le bois soit propre à revenir : car ledit article huitiéme a son operation *quò magis, non quò minùs* ; & n'empêche pas qu'aprés les vingt ans le proprietaire ne le puisse remettre en état de bois taillis : & ledit article parle *per modum facultatis*, en ces mots, *s'il veut* ; & aprés, *le pourra faire*. Aussi il sera noté quant aux arbres fruictiers propres à l'usage de l'homme, comme poiriers, pommiers, que le detenteur peut démolir & couper les vieux arbres, ou ceux qui se meurent, pour en substituer d'autres, *l. in fraudem. §. conductor. ff. de jure fisci. & facit l. vetus. cum seq. ff. de usufru.*

DES BORDELAGES DEUS *sur Maisons, & autres heritages en la Ville de Nevers.*

CCLXXVI.

PAR la Coûtume de l'an mil cinq cens trente-quatre, au chapitre *Des bordelages*, article 30., est dit, que desormais ne pourront de nouvel estre chargez bordelages sur maisons & heritages en la ville de Nevers, & autres Villes du païs de Nivernois, à ce que les Villes soient mieux bâties, & les bâtimens entretenus : toutefois si les bordelages ja créez échéent aux Seigneurs par mort, ou autrement, ils pourront les bailler à lad. charge. Par le texte de cet article est assez témoigné que les bordelages sur maisons de Ville, sont cause qu'elles sont mal bâties, à cause des dures & rigoureuses conditions des bordelages. De vray, le bordelage sur maison de Ville semble estre contre l'essence du bordelage : car bordelage proprement est dû sur un domaine aux champs, comme il appert par l'étimologie : car *borde* en ancien langage François est un domaine és champs & vient de l'Alemen *bor*, qui signifie la même chose. Et se reconnoît encore par la forme de la prêtation, qui consiste en argent, en bled, poules ou oyes ; qui procedent du ménage des champs. Mais l'avarice des anciens habitans de ce pays a fait voler les bordelages jusques aux Villes. Cet article est venu bien tard pour le remede ; parce que ja la plûpart des maisons des Villes en estoient encombrées ; & à la redaction de la Coûtume de l'an 1534. il étoit mal-aisé d'y donner bon ordre ; car les principaux des trois ordres d'Etats, en la puissance desquels estoit la réformation de la Coûtume, y avoient interest domestique, tant ceux d'Eglise, de la Noblesse, que du tiers Etat, & les deputez du tiers Etat n'avoient esté choisis du menu peuple, qui est celui qui doit les bordelages. Mais Monseigneur Ludovic de Gonzague, & Madame Henriette de Cleves son épouse Duc & Duchesse de Nivernois, desirans l'embelissement de leur Ville de Nevers, ont pourchassé l'abolition de ces bordelages, & en ont esté donnez trois Arrests au Conseil privé du Roi à leur instance & poursuite contre le Chapitre de Nevers, l'Abbé de saint Martin de Nevers, le Prieur de la Charité, & tous autres ayans des bordelages en la Ville de Nevers, appellez à cri public. Lesdits Arrests datez des 16. Aoust de l'an 1577. 14. May de l'an 1578. & 2. Juillet de l'an 1579. Par ce dernier l'indemnité des Seigneurs bordeliers est liquidée, à sçavoir quant au bordelage simple, qui se trouve estre la premiere redevance, qu'il demeure converti en cens avec augmentation du tiers ; c'est à dire, de quarante sols à soixante sols ; & seront les lods & ventes de trois sols quatre deniers par livre, qui est le sixiéme denier : & le tiers d'augmentation perpetuel, quant aux Eglises & lieux pitoyables, & quant aux laïs ledit tiers rachetable au denier vingt-cinq ; quand aux bordelages partis & non partis, reduits en cens, l'augmentation sera de six à sept ; comme si l'ancienne redevance est de six livres, elle sera de sept, avec mêmes lods & ventes, & l'augmentation rachetable, ou non rachetable comme dessus. Quant aux bordelages chargez sur cens, sont commuez en rentes foncieres, avec l'augmentation du tiers comme dessus : l'augmentation non rachetable quant à l'Eglise ; rachetable quant aux laïs au denier vingt. Les bordelages qui ne sont de vrai bail d'heritage, & sont constituez à prix d'argent, seront rachetables à toûjours, nonobstant prescription. Cette abolition, commutation & augmentation est declarée generale, & avec contrainte, & non en la liberté & volonté des detenteurs d'heritages. Ce remede est excellent, procedé de la grande amour, que mesdits Seigneur & Dame ont de toûjours portée à leurs sujets ; & du grand desir de decorer & embellir ladite Ville de Nevers, qui est la capitale de leur pays, Ville Episcopale, grande & bien assise pour toutes les cômodités necessaires à la vie & usage de l'homme. Et a esté mieux à propos de faire cette abolition & indemnité par voye judiciaire, parties oüis, que par Edit, pour la rendre plus ferme & solide. Et de vray le Magistrat peut contraindre les particuliers à aliener leur patrimoine avec indemnité, pour les necessitez & utilitez publiques, *l. item si verberatum. §. & si fortè. ff. de reivend. l. Lucius. ff. de evict. Sic & statutum est, ut si via publica fluminis impetu, vel ruina amissa est, vicinus proximus per suum agrum præstet iter, l. si locus. in fine, ff. quemadm. servit. amitt. Et ne publicus aspectus deformaretur, statutum est Romæ, ne liceret commercii causa vendere, vel legare ea quæ ædibus juncta sunt ; l. cætera. ff. de legat. 1. l. 2. C. de ædificiis privatis. Et servus, qui per conventionem expressam manumitti non potest ; tamen ob necem domini detectam, libertatem consequatur : quià in commune utile est eam necem detegi, l. si quis gravi. §. is quoque. ff. ad Senatusconsultum Syllan.*

QUEL EFFET ONT LES LETtres de Terrier, qu'on prend en la Chancelerie du Roy? & autres points concernans ladite Chancelerie?

CCLXXVII.

SELON les anciennes Ordonnances de ce Royaume, au Roi seul appartient octroyer Lettres de commission generale : & les Baillifs Royaux, & autres Seigneurs Justiciers, ou leurs Juges ne peuvent octroyer commissions sinon particulieres, une pour chacun negoce & affaire. Et à ce propos est l'Ordonnance du Roi Loüis XII. de l'an 1512. article *60.* qui défend de bailler debitis & sauve-gardes en termes generaux, & par Arrest du 8. Juin de l'an 1588. fut dit, Bien appellé d'un debitis en termes generaux octroyé par le Baillif de Mont-ferant. Et par autre Arrest du 13. May de l'an 1530. entre Maître Augustin de Thou, appellant du Prevôt d'Estampes, & Messire François du Monceau Chevalier, Seigneur de Saint Sire, fut dit, mal octroyé, mal executé en saisie feodale en vertu d'une commission generale octroyée par le Prevôt d'Estampes. C'est pourquoi il est observé que les Seigneurs qui ont amples territoires, & beaucoup de redevances, droits & devoirs, obtiennent Lettres du Roi en Chancelerie, pour faire appeller pardevant le Notaire à ce commis tous les debiteurs desdites redevances & devoirs, afin de reconnoître & en passer Lettres en forme autentique, afin d'estre redimez de la vexation qui seroit, si pour chacun article convenoit obtenir une commission du Juge du lieu. Et parce que par autre observance venuë en usage depuis sept ou huit-vingt ans le Roi n'adresse Lattres expediées en Chancelerie, sinon à ses Officiers (ce qui n'estoit de grande ancienneté, comme il sera dit cy-aprés) il est avenu aussi que telles Lettres de commission generale pour Terrier sont adressées à Juges Royaux : jaçoit que les Seigneuries & les heritages ne soient assis en territoire sujet en premiere instance à la Jurisdiction Royale. Et en est l'adresse faite à Juge, & non au seul Sergent; parce qu'en telles Lettres y a pouvoir de mettre un Notaire, ou Tabellion pour la confection du Terrier, & telle commission desire l'autorité du Juge. Par l'ancien stile & formulaire de Chancelerie n'étoit pas mandé precisement de commettre un Notaire Royal; ains en termes generaux un Notaire, ou Tabellion de Cour laïe. Mais les Juges Royaux ausquels, comme dit est, l'adresse de Lettres de Terrier est faite, jaloux de leur jurisdiction & de leur profit, même depuis que les Offices ont esté faits venaux & mis en commerce, ont esté soigneux de ne commettre à la confection des Terriers autres que Notaires Royaux, afin que sous pretexte du seel Royal la connoissance des debats qui intervien-droient fût attribuée au siege Royal. Car lesdits Juges Royaux se sont figuré que le seel Royal est attributif de Jurisdiction, & ont esté supportez & confortez en cette opinion par les gens du Roi en Parlement, qui par cabale ancienne ont essayé par tous moyens de deprimer, diminuer & mettre au neant la Jurisdiction des Seigneurs Justiciers ; estimans que tels droits leur eussent esté aquis par usurpation, lors que la lignée de Charlemagne, ayant decliné de sa valeur, la lignée de Hugues Capet fut appellée à la Couronne : mais en ce ils s'abusent. Car du temps de la lignée de Charlemagne, quand la Justice estoit administrée par envoyez, qui estoient personnages deputez par chacun an pour aller és Provinces, tout alloit mal au fait de la Justice. Aussi cette lignée ne dura gueres en prosperité, & fut le regne transferé. Mais depuis que les Justices furent concedées hereditaires & patrimoniales aux Seigneurs, pour estre incorporées & unies avec leurs fiefs ; les Seigneurs, qui par race estoient genereux & amateurs de vertu & d'honneur, prenoient garde que la Justice fut bien administrée à leurs sujets, & avoient meilleur moyen de le faire estans sur les lieux. Aussi l'experience a montré que cette lignée de Hugues Capet, durant laquelle la Justice a esté bien administrée, a duré en prosperité prés de trois fois autant que la lignée de Charlemagne. La parole de Dieu est, *Qu'il transfere les Royaumes, à cause des injustices & iniquitez.* Doncques il semble que mieux eût esté de laisser aux Seigneurs Justiciers leurs droits anciens de Justice, sans les affoiblir par tant de moyens obliques & exquis ; & comme chacun jour on en invente de nouveaux, afin que les parties casuelles en la venalité des Offices soient augmentées. Tant y a que par Arrest donné en plaidant, entre les Religieuses de Chelles appellantes du Ballif de Valois, le Procureur General du Roi prenant la cause pour son substitut à Crespi en Valois, le Lundi 9. Février de l'an 1550. fut dit, mal jugé par le Ballif de Valois, qui avoit refusé le renvoy au sujet de la Justice desdites Religieuses, estant appellé audit Siege Royal en vertu d'une obligation passée sous le seel Royal. Aussi tient-on que seulement les seaux de la Prevôté de Paris, des Foires de Brie & Champagne & de Montpeller, emportent attribution de jurisdiction, & non autres. Or les Juges Royaux, ausquels sont adressées telles Lettres de Terrier, ne se contentans de faire passer les reconnoissances sous seel Royal, retiennent à eux la connoissance des debats, qui adviennent entre les Seigneurs & leurs sujets ; jaçoit qu'il ayent la seule connoissance de ce qui est de l'enterinement des Lettres pour la forme & ordination ; & que quand le droit du Seigneur est mis en debat, le renvoy doive estre fait au Juge ordinaire : car de vray il n'y a aucune occasion d'y figurer cas Royal, & és debitis obtenus én Chancelerie, combien qu'ils soient adressans à un Sergent Royal, neanmoins par clause expresse est mandé en cas d'opposition de donner assignation pardevant le Juge à qui la conoissance en appartient : qui montre bien que la seule execution de lettres Royaux n'attribuë pas la connoissance au Juge Royal, si le cas de soi n'est Royal ;

Sed scimus longas Regibus esse manus.

Se trouve par les anciennes expeditions de Chancelerie, que les Rois adreſſoient leurs commiſſions à Chevaliers, non Officiers Roïaux, & aux Dignitez des Egliſes Cathedrales, & autres notables perſonnes, non ſeulement pour enquêtes & actes de Juſtice, mais auſſi pour autres affaires. Bien ſe trouve écrit que les Papes n'adreſſent leurs delegations à toutes ſortes de Dignitez Eccleſiaſtiques, ains ſeulement aux Chanoines des Egliſes Cathedrales & Dignitez en icelles ; & aux premieres Dignitez des Egliſes Collegiales, & Prieurez conventuels, *cap. ſtatutum. §. 1. de reſcript. in Sexto.*

QUAND PLUSIEURS SONT PRENEURS d'un heritage, ſans que la clauſe de ſolidité y ſoit, s'ils ſont tenus ſolidairement ?

CCLXXVIII.

IL y a difference, quand lors du contrat pluſieurs s'obligent pour une même choſe ; & quand un ſeul s'eſt obligé premierement, & il laiſſe pluſieurs heritiers. Car au premier cas il ſemble que l'obligation eſt diviſée ſelon le nombre des perſonnes, & ſemble que chacun ait voulu ſe charger pour ſa part. Au ſecond cas la ſurvenance d'heritiers par accident ne doit pas alterer l'état premier de l'obligation. Cette diſtinction eſt miſe *in l. cui fundus. ff. de cond. & demonſt.* A quoi fait la loi *hujusmodi §. ult. ff. de legat.* 1. & ce qui eſt dit *in l. 2. §. ex his. ff. de verb. oblig. & in l. Prætoria. §. incertum. ff. de Præt. ſtipul. quòd ex perſona hæredum, conditio obligationis non immutatur.* Pourquoi ſembleroit, quand pluſieurs ſont preneurs d'un heritage par nouveau bail, ſans qu'il y ait obligation expreſſe pour les obliger un ſeul & pour le tout qu'ils ſoient tenus chacun ſeulement pour ſa portion au payement de la redevance & autres charges ; & qnant aux redevances, l'opinion commune du pays de droit écrit eſt que chacun detenteur de l'heritage eſt tenu de payer la redevance *pro rata*, & ſelon la quantité qu'il en tient. Ce qui ſemble être decidé *in cap. conſtitutus. ext. de religioſ. domib. & in l. indictiones. C. de annonis & trib. lib.* 10. Mais ſelon que nôtre Coûtume parle au chap. *Des rentes & hypoteques*, article 10. & comme il eſt obſervé preſque par tout en la France coûtumiere, les rentes & redevances ſont indiviſibles, & chacun des detenteurs peut être pourſuivi pour toute la redevance, ſauf ſon recours contre les codetenteurs. Ce qui ſe doit entendre, ſelon mon avis, quand on procede par ſaiſie des fruits d'heritages chargez de la rente & redevance. Car ſi pluſieurs étoient preneurs d'un tenement, ſans la clauſe d'obligation ſolidaire, je croi qu'ils ne pourroient pas être executez en leurs autres biens meubles ou immeubles qui ne ſeroient du bail, chacun pour le tout. Auſſi ledit article 10. & dernier au chapitre *Des rentes*, demontre aſſez qu'il ſe doit entendre de la pourſuite qui ſe fait *in rem*, ſelon ce qui eſt dit *in l. Imperatores. ff. de publicanis, quòd magis res, quàm perſonæ conveniuntur, cùm de ſolvendo vectigali agitur. Et quià ejuſmodi penſiones fundiariæ, fructuum ſunt impendia, l. neque ſtipendium. ff. de impenſ. in res dot. fact.* La cauſe de l'individuité n'eſt pas *ex natura, vel eſſentia præſtationis, quæ de ſe diviſionem admittit, ſed propter intereſſe domini directi, cujus reſpectu diviſio fundi vectigalis fieri non poteſt, ne præſtatio vectigalis confundatur, l. communi. ff. commu. divid. Et hoc eſt in eo genere obligationum & ſolutionum, quæ pro parte quidem præſtari poſſunt, ſed niſi ſolidæ ſolvantur, liberationem non pariunt : veluti ſi pœna promiſſa ſit, l. hæred. §. in illa ff. famil. herciſc. l. ſtipulationum aliæ §. ult. & l. in executione. ff. de verb. oblig. Sic & aliis caſibus propter intereſſe ejus cui debetur, res alioqui dividua fit individua, l. tutor. §. 1. de minor.* La queſtion quelquefois a été agitée, ſi un frere ou autre perſonne, qui puiſſe avoir affection prend par bail à bordelage certain heritage pour lui ; & pour tels & tels abſens, & il avienne avant que les abſens ratifient, que l'un d'eux vienne à deceder ſans hoirs habiles à ſucceder en bordelage, la portion dudit decedé viendra-t'elle au Seigneur, ou ſi le tout demeurera au preneur ? Surquoi il eſt à conſiderer que le Seigneur bailleur ne tient pas obligé celui qui n'a pas ratifié : & parce que l'obligation mutuelle, ſi elle n'a point d'effet d'un côté, elle n'en a point de l'autre, *ne contractus claudicet.* Aucuns ont diſtingué ſi le bail ſe faiſoit *ex cauſa lucrativa, ut eo caſu jus acquireretur abſenti*, par la deciſion de la loi *quoties. C. de donat. quæ ſub modo.* Et s'il ſe faiſoit *ex cauſa onerosa*, que le tout du bail & de l'effet d'icelui demeurât en la perſonne & au profit du preneur par la deciſion de la loi *fundus ille. ff. de contrah. empt. Alexand. conſil.* 24. *vol.* 5. met cette diſtinction *ex Bart. in l. ſi mihi & Titio. ff. de verb. oblig.* Mais je croi qu'en chacun des cas le droit total demeure au preneur preſent & acceptant, & que par le decés de l'abſent il n'eſt rien aquis au Seigneur, *tum* parce que tels baux à bordelage ne doivent être cenſez lucratifs, ores que le Seigneur ne prenne argent d'entrage, pour faire le bail : car le preneur qui eſt chargé de païer redevance, & d'entretenir l'heritage en bon état ne peut être cenſé donataire, & doit être cenſé avoir droit à titre onereux ; *tum etiam*, parce que quand bien ſe feroit titre lucratif, & que le tiers eût droit ſelon ladite loi *quoties*, il ſe doit entendre pour y avoir droit, s'il le veut avoir, & pour pouvoir exercer action contre celui qui a reçû la donation, pour la reſtituer à lui tiers, non pas *ut ipſo jure acquiratur illi tertio ante acceptationem.* Et de fait celui qui a ainſi donné peut revoquer avant que ce tiers ait accepté, *l. ſi quis hac. ff. de ſervis export. & tractatur in l. qui Romæ. §. Flavius. ff. de verb. oblig.* Et pour cette opinion que le total du droit demeure pardevers le preneur, ſi le tiers abſent decede avant que d'avoir ratifié, fait la loi *ſi abſentis. C. ſi certum pet.*

QU'EN CE PAYS NE SONT AUCUNS fiefs, sinon par naissance : & de la fille franche mariée en maison serve, meubles portant.

CCLXXIX.

AU païs de Bourgogne, qui est nôtre proche voisin, si aucun, ores qu'il soit franc, tient feu & lieu par an & jour en terre mainmortable, il devient homme de main-morte. Aussi en quitant & abandonnant au Seigneur tous ses biens meubles & immeubles, il devient franc : qui est ce qu'on dit audit païs, que nuls ne sont serfs de corps. En ce païs de Nivernois est autrement : car nul qui est né franc ne peut devenir serf, par quelque moïen que ce soit, *etiam* qu'il devienne proprietaire d'un tenement de main-morte & servitude ; & sont les serfs par naissance. Vrai est que nous tenons la naissance plus rigoureuse en servitude que n'avoient les Romains, car selon les loix le pere serf ne faisoit l'enfant serf, ains seulement la mere serve. Mais à nous, soit que le pere soit serf, & la mere franche ; ou la mere serve, & le pere franc, l'enfant est serf, en la Coûtume, au chapitre *Des servitudes personnelles*, article 22. Ainsi étoit par la loi des Lombards recitée par la glose *in l. ult. C. de murilegul. lib.* 11. & aussi par la loi des Theutoniques, recitée *per Isidorum & glos. in cap. liberi.* 23. *quæst.* 4. Mais s'il avient que le pere qui étoit serf lors de la conception de l'enfant au ventre de la mere, devienne franc avant la naissance devrons-nous admettre la decision du droit Romain qui dit, qu'il suffit que en quelque temps, tant petit soit-il, que l'enfant est au ventre, la mere ait été franche, pour faire l'enfant franc ? Je dis que non : parce qu'il n'y a similitude de raison. Délors que le pere a jetté sa semence au ventre de la mere, dont l'enfant doit venir, il n'y a plus rien procedant du pere pour avancer l'enfant, & tout ce qui doit être de la part du pere y est. Ainsi disent les loix des Romains en ce qui peut être aquis du pere à l'enfant, qui est la dignité & la noblesse, que délors & à l'instant de la conception de l'enfant il lui est aquis, *l. emancipatum. §. si quis. ff. de senat.* & ailleurs dit la loi, *cùm de statu liberorum est dubitatio, non conceptionis, sed partus tempus inspici, nisi iis casibus quibus conceptionem magis considerari infantium conditionis utilitas magis expostulat, l. nuper. Cod. de natural. liber.* Mais à l'égard de la mere c'est autrement : car non seulement au temps de la conception l'enfant prend & tient de la mere ; mais aussi en tout le temps que l'enfant est au ventre : & se dit *quòd fœtus in utero, mulieris portio est, vel viscerum, l.* 1. *§. ex hoc ff. de ventre inspic.* Aussi quand la provision se fait en faveur de l'enfant qui est au ventre, elle se fait à la mere à cause de l'enfant, & des biens de la part de l'enfant, *l.* 1. *§. toties. ff. de ventre in poss. mitt.* Pourquoi s'il avient que le pere soit franc, & la mere serve lors de la conception, & que la mere soit affranchie avant qu'elle accouche de l'enfant, l'enfant sera franc ; *quià sufficit partui liberam matrem vel tantillo tempore uteri habuisse, Instit. de ingenuis, in fine.*

Aucuns ont estimé que la fille franche qui est mariée en lieu serf, meubles portant par pere ou mere devient serve ; selon le 16. article au chapitre *Des servitudes pers.* vers le milieu en ces mots, *& si elle est mariée à un homme de condition.* Mais le texte ne dit pas cela : car ce pronom *elle* se rapporte au precedent, où il est parlé de la fille serve par naissance, qui est mariée meubles portant en lieu franc par pere ou mere : doncques ladite clause, *& si elle*, s'entend de la fille de la même condition serve, qui est mariée en lieu serf, laquelle devient serve du Seigneur de son mari. *Nam qualitas in principio posita, censetur in sequentibus repetita, l. Titia. ff. de verb. oblig* Jointe la faveur de la liberté, & la regle de ce païs, que nul n'est serf que par naissance : *cùm hodiè non admittatur usus mancipiorum, ut quis bello captus servus fiat.*

EN QUEL CAS LE SEIGNEUR prenant la maintenuë de son homme serf est tenu payer ses dettes ; & à quelle raison ?

CCLXXX.

LEs serfs dont nôtre Coûtume traite, ne sont pas à si rigoureuse condition comme étoient les serfs du temps de l'Empire des Romains. Car ils ont la communion du droit civil, peuvent contracter legitimes mariages, peuvent vendre, acheter & faire tous autres contrats & dispositions entre-vifs ; *etiam* des donations, pourvû que par les circonstances elles n'apparoissent faites en fraude de la main-morte envers le Seigneur direct. Seulement la Coûtume leur défend de disposer par testament outre soixante sols, au chapitre *Des servitudes personn.* article 32. *Imò* la Coûtume leur permet les contrats entre-vifs, articles 18. 19. & 31. Doncques ils peuvent faire dettes, & par consequent y obliger leurs biens meubles & immeubles. Le fort de la question est, si l'homme serf vient à deceder sans hoir commun, & tous ses biens soient aquis au Seigneur par droit de main-morte, le Seigneur sera tenu à païer ses dettes jusques à la concurrence des biens, *ad instar* qu'il se dit du Seigneur Haut-Justicier qui prend les biens vacans d'aucun decedé sans heritiers. Surquoi il me semble que les heritages du tenement servil doivent retourner au Seigneur de la servitude sans aucune charge de dettes ou hipoteques, parceque lors de la concession premiere le Seigneur en fait bail à son homme pour lui & sa posterité avec tacite condition, si la posterité vient à défaillir que l'heritage retournera au Seigneur ; par la raison de la loi *l. lex vectigali. ff. de pignorib. & quià concessio & jus dicti servi resolvitur ex causa primæva & inhærente originariæ concessioni, l. si ex duobus. §. sed & Marcellus. ff. de in diem addict. l.* 3. *ff. quib. mod. pig. vel hypoth. sol.* Mais le

Seigneur qui prend les meubles & conquêts & l'heritage qui n'eſt pas du tenement ſervil, & non tenu à bordelage par droit de main-morte, eſt tenu des dettes & affaires du défunt contractées ſans fraude, juſques à la concurrence de la valeur des biens ſuſdits, & non plus avant. A quoi fait la loi *ſi quis presbyter. C. de epiſcop. & cler.* Et ſera noté que l'un des anciens cahiers de la Coûtume dit ſimplement que l'homme ſerf ne peut teſter, mais que le Seigneur prenant à main-morte eſt tenu de païer les frais funeraux ſelon l'état du défunt; & encore païer les dettes tant que les meubles & conquêts peuvent fournir: que ſi l'homme ſerf a pluſieurs Seigneurs, chacun deſquels prend part en la main-morte des meubles & conquêts & autres heritages, qui ne ſont du tenement ſervil, & non tenus à bordelage, chacun d'eux païera des dettes *pro rata* de la valeur des biens qu'il prendra; parce que chacun d'eux en eſt tenu à cauſe des biens. Encore quant au tenement ſervil, il ſe trouvoit que le ſerf eût emprunté deniers ſpecialement & par deſtination expreſſe, pour bâtir & meliorer l'heritage du tenement ſervil, ou bien ſans convention, que les materiaux ou deniers du creancier euſſent été emploïez à la melioration du tenement ſervil; je croi que le Seigneur prenant ledit tenement en ſeroit tenu juſques à la concurrence, non pas des frais de la melioration, mais de ce que l'heritage en ſeroit fait de plus haut prix; par la raiſon de la loi *interdum. & l. hujus. ff. qui pot. in pignor. hab. & propter exceptionem, vel replicationem doli, Quòd iniquum ſit dominum locupletari cum aliena jactura; quo caſu non ſolùm exceptio, ſed etiam utilis actio danda eſt in factum, ex æquitate naturali, l. reſcriptum. §. 1. ff. de distract. pignor. l. ſi pupilli. ff. de ſolut. quæ actio in factum tunc competit, cùm civilis actio deficit, propter naturalem potiùs, quàm civilem æquitatem, l. §. 1. ff. ſi quis teſtam. maximè*, ſi les meubles & conquêts ne ſont ſuffiſans pour payer ce dette, *quo caſu datur ſubſidiaria actio in rem ipſam; quandò is qui ſiviliter debet ſolvendo non eſt, l. ult. in princip. ff. de eo per quem factum erit, l. uxor marito. ff. de donat. inter vir. & uxorem.*

QUAND LE FRANC A AQUIS DU *ſerf, & le Seigneur le contraint de vuider ſes mains, s'il vend, devra-t'il profit au Seigneur? Et de même du bordelier, qui a démembré le tenement?*

CCLXXXI.

LE tenement ſervil qui doit taille à volonté, ou taille abonnée, qu'on appelle taille réelle, ne doit aucun profit au Seigneur pour mutation d'homme par vente, ou autre alienation: ſeulement doit le ſerf aliener és mains d'un autre ſerf de la même ſervitude. Et s'il aliene és mains d'un franc, le Seigneur a le remede par la Coûtume, de contraindre l'aquereur de vuider ſes mains; & mettre en main habile. Mais ſi le tenement ſervil doit bordelage au Seigneur même de la ſervitude, & le detenteur vend à un homme franc, qui ſoit contraint de les remettre és mains d'un ſerf de la même ſervitude; je croi qu'il ne ſera dû profit au Seigneur bordelier, ſinon de cette ſeconde alienation, qui eſt la remiſe du tenement en main habile; & n'en ſera dû de la vente que l'homme ſerf a faite à l'homme franc, parce que telle alienation n'eſt agréée par le Seigneur. Auſſi le profit ſe paîe au Seigneur pour approuver l'alienation faite, & la mutation d'homme, *l. ult. §. & ne avaritia. C. de jure emphyt.* Et comme dit a été ailleurs, les profits de mutation, que les Seigneurs directs reçoivent ont été introduits; comme par compoſition publique, au lieu du conſentement, que de grande ancienneté il falloit tirer du Seigneur pour l'alienation à peine de Commiſe. Ainſi le Seigneur en recevant tiers denier du franc nouvel aquereur, par même moïen approuveroit ſon aquiſition, & par conſequent ne le pourroit contraindre à vuider ſes mains. Mais l'alienation que le franc fait és mains d'un homme ſerf, par forme de remiſe en main habile eſt l'alienation avec efficace & plein effet, ſubrogée au lieu de celle que pouvoit faire l'homme ſerf par ſa premiere alienation. A la ſuite de cette raiſon, je dis que ſi le detenteur bordelier démembre ſon tenement, & il eſt contraint par le Seigneur bordelier de le réünir, il ne devra tiers denier, ni pour la premiere alienation de démembrement, ni pour le recouvrement qu'il fera pour réünir, parce que le démembrement eſt declaré nul par la Coûtume au chapitre *Des bordelages*, article 11. & n'eſt dû profit de l'alienation qui ſe trouve nulle de droit. Et encore parce que le Seigneur la contredit; & comme dit a été, le tiers denier eſt dû à cauſe de l'approbation que fait le Seigneur de la vente & alienation. Et pour la réünion de même n'eſt rien dû; car ce n'eſt mutation, ains rétabliſſement de la choſe en ſon état ancien.

DES GENS DE CONDITION ABſens pour étude, ou état Eccleſiaſtique par long. temps, s'ils ſont reputez partis?

CCLXXXII.

LA Coûtume de l'an mil cinq cens cinquante-quatre au chapitre *Des ſervitudes perſonnelles*, articles 9. & 14. dit, que les enfans de maiſon ſerve ne ſuccedent à leurs pere & mere, quand ils ont demeuré à part tenans feu & lieu par plus d'an & jour. Et que quand les ſerfs ſont partis, ils ne ſuccedent les uns aux autres. Ledit 14. article excepte, ſi l'enfant étoit demeurant autre part par ſervice, ou ſemblable occaſion. Mais s'il eſt abſent pour cauſe des études, & ſe trouve demeurant en Univerſité, & y demeure par plus de dix ans, lequel temps fait preſumer qu'il eſt devenu incole & domicilié au lieu des études, *l. 2. C. de incolis, lib. 10.* Et ſi même audit lieu des études il tient ménage, comme s'il devient Recteur d'un college, regent, ou pedagogue tenant des enfans en pension; pour laquelle occasion se pourroit dire qu'il tinst feu & lieu, jaçoit qu'il fût en maison de loüage: car le loüage n'empêche pas que ce soit domicile, *l. lex Cornelia. §. domum. ff. de injur.* Et à Paris ceux qui tiennent maison à loüage ne laissent de devenir bourgeois de Paris. Pour tout cela je croy que ledit étudiant ou regent ne doit être tenu pour party à l'effet de l'exclûre de la succession de ses pere & mere, & autres parens; pourvû qu'il n'y ait point eu de partage de biens, ou declaration expresse de ne vouloir plus être commun. Car celui qui est és études hors le lieu de sa demeurance est censé y être *ad tempus*: & combien que par les Concordats & Pragmatique sanction y ait temps certain prefini pour prendre degré en chacune faculté, si aucun y demeure davantage, y ait presomption qu'il y demeure à autre occasion que de l'étude: toutefois, parce que souvent avient qu'aucuns n'ont pas l'esprit si prompt à comprendre & demeureront dix ans à comprendre ce qu'autres comprendroient en quatre: Ou bien, parce que le desir d'apprendre a acocoûtumé de croître & augmenter aux personnes qui sont nées propres pour les lettres; comme disoit un Philosophe, que tout vieil qu'il étoit il prenoit plaisir à apprendre; & le Jurisconsulte Pomponius *in l. apud Julianum. ff. de fideic. libert.* recite dudit Julian, qu'il souloit dire, Ores qu'il eût l'un des pieds au tombeau, neanmoins qu'il voudroit toûjours apprendre quelque chose: Il faut dire qu'il n'y a aucune mesure de temps certain pour faire presumer que celui qui est és études, y soit en intention de demeure perpetuelle, & que les ans s'enfilent l'un aprés l'autre sur la deliberation qu'il prend de se retirer; & s'il tient forme de ménage à feu & lieu, que c'est toûjours pour cette occasion temporelle de l'étude: aussi dit la loi, que le serf qui est tiré d'un lieu pour être envoïé à l'étude, doit être censé comme s'il étoit toûjours au lieu dont il a été tiré, *l. quæsitum. ff. de legat. 3. l. Seiæ. §. Pamphilæ. ff. de fundo instructo.*

La difficulté est plus grande d'un Prêtre né en maison serve. Car ores qu'il ne doive se faire Prêtre sans congé de son Seigneur, au chapitre *Des servitudes*, article dix-sept toutefois celui qui est promû à l'ordre de Prêtrise, demeure tel, combien qu'il soit serf: or il avіendra que ce Prêtre serf aura un benefice en titre, auquel il residera; ou bien se rendra Vicaire, accenseur, ou habitué pour déservir un benefice; & en cét état aura demeuré un, trois, six ou dix ans sans venir demeurer en la maison paternelle; on demande s'il perd l'esperance de succeder à ses gens, & ses gens de lui succeder. Quant à celui qui a benefice titulé, la difficulté est plus grande; car il aquiert domicile au lieu de son benefice, *cap. dilectus. 2. ext. de rescript. in Antiq.* Aussi que celui qui a Benefice titulé ne peut par sa volonté abdiquer & renoncer le benefice, ains doit le remettre és mains du Superieur, qui doit accepter & agréer sa renonciation, & l'en décharger, *cap. admonet. ext. de renunciat.* & combien qu'aucun puisse avoir domicile en divers lieux, & au lieu de sa naissance, & au lieu de son incolat & demeurance, *l. assumptio. §. juris. & l. Labeo. ff. ad Municip.* toutefois parce que la Coûtume tient pour separé & incapable à succeder celui qui tient feu & lieu à part par an & jour, combien qu'il n'y ait partage des biens, au chapitre *Des servitudes personnelles*, je croi que tel beneficier titulé ne succederoit aux siens, ni les siens à lui. Mais si cét homme d'Eglise étoit Vicaire & accenseur d'un benefice, ou avoit aucune administration manuelle non titulée; je croi que par la seule demeurance hors la maison de sa naissance, *etiam* par dix ans ou plus, il ne perdroit la faculté de succeder & d'être succedé; d'autant qu'il est censé absent occasionnellement, & non pour cause de demeure perpetuelle, *l. debitor. ff. de pignorib.*

SI LE SERF QUI EST FAIT PRESTRE, ou Moine, ou Evêque, est delivré de servitude?

CCLXXXIII.

AU temps que la servitude étoit rigoureuse, selon qu'elle est décrite par le droit des Romains, la loi étoit, que si le serf étoit fait Prêtre ou Moine sans le sçû de son Maître, le serf s'étant rendu fugitif; il étoit deposé de l'Ordre, & rendu à son Maître, *cap. de servorum. ex concilio Toletano. ext. de servis non ordinand.* Mais les serfs qui sont de present, qui ont quelques conditions de servitudes les moins fâcheuses, s'ils sont faits Prêtres ou Moines, sans le sçû de leur Seigneur, ils demeurent en cét état, & ne sont rendus à leurs Maîtres. Vrai est quant aux Prêtres, qu'ils ne sont tenus de faire les corvées en personne, mais peuvent les faire par substitut & personne de science idoine, *l. quisquis. C. de Episcop. & cler.* Et si le Seigneur est personne Ecclesiastique, il peut commuër les corvées des œuvres rustiques à œuvres spirituelles; comme d'ajder à son Seigneur au service de l'Eglise, *cap. nullus ext. de servis non ordin.* Aussi tel Prêtre fait sans le congé de son Seigneur demeure sujet aux prestations, qui s'expedient par la bourse, comme tailles à volonté & abonnées, & sont sujets à main-morte, s'ils decedent sans heritiers communs. Et quant aux Moines, s'ils sont faits profés aprés l'an de probation, délors de leur profession tous leurs biens sont aquis au Seigneur de la servitude, tout ainsi que si lors ils decedoient naturellement. Car selon tout droit par la profession ils sont reputez morts civilement: & encore par raison particuliere ils perdent leur bien au profit du Seigneur, à cause de leur dol, pour s'être faits Moines sans le sçû de leurs Maîtres, *Gelasius Papa in can. ex antiquis. 54. distinct.* Les autres rigueurs qui sont traitées en ladite distinction, même és Canons *frequens de servorum. si servus absente. si servus sciente. 54. distinct.* ne sont en usage; parce que les servitudes de present ne sont si profitables aux Seigneurs, & la liberation ne leur

est

eſt tant dommageable. Quant aux Evêques, l'Autentique *Episopalis. C. de Episcp. & cler.* dit, que par leur ordination ils ſont delivrez de la ſervile condition : mais je croi que cela s'entend quant aux rigueurs perſonnelles de la ſervitude ; mais non quant à la main-morte. De fait j'ai vû és chartes de la Chambre des Comtes à Nevers la lettre de manumiſſion de Meſſire Germain Clerc Evêque de Châlon, par le Seigneur de la Perriere, duquel il étoit homme ſerf ; & approuvée par le Comte de Nevers Seigneur ſuperieur feodal.

SI LE SEIGNEUR PEUT REVOquer l'affranchiſſement par lui fait, par reſtitution en entier à cauſe de minorité, ou autre cauſe ?

CCLXXXIV.

Les Romains, comme les ſervitudes étoient auprés d'eux à dures conditions, ainſi ils ont favoriſé tant qu'ils ont pû la liberté, & ont introduit pluſieurs droits ſinguliers, & de privilege pour icelle ; dont il eſt parlé *in l. generaliter. §. ſi quis ſervo. ff. de fideicom. libert. in bello. §. manumittendo. ff. de captivis & poſt lim. reverſ.* Et pour les faveurs particulieres il dit, que la liberté, qui eſt une fois octroïée, ne ſe peut revoquer, *etiam* qu'elle ait été octroïée en vertu d'un teſtament, qui depuis eſt declaré faux, *l. cùm ex falſis. ff. de manu. teſta. l. ſi filius. §. ult. de jure patronatus. etiam.* qu'un mineur ait manumis ſon ſerf ; parce que les reſtitutions en entier n'ont lieu contre la manumiſſion, ſoit pour le chef de minorité, ou pour le chef de dol, *l. 2. C. de adverſ. libert. l. ſi ex cauſa. in fi. ff. de minorib. l. 4. §. ſi is qui. ff. de fideicom. libert. l. & eleganter. ff. de dolo : etiam* ſi le teſtament a été declaré inofficieux, & par conſequent nul, *l. Papinianus. §. ult. ff. de inoff. teſt.* Et encore en ce cas, quand les voix des Juges, ou depoſitions des témoins ſont en pareil nombre, on doit prononcer pour la liberté. Et de ce y avoit loi expreſſe dite *Junia Petronia, l. lege Junia. ff. de manumiſſ.* Vrai eſt que la même loi établiſſoit un prix certain en deniers pour l'indemnité du Seigneur, qui étoit de vingt écus, *d. l. cùm ex falſis.* La queſtion eſt, ſi ces faveurs peuvent être pratiquées aujourd'hui au fait des ſervitudes, qui ne ſont à ſi dures conditions, & qui pour la plûpart ne conſiſtent qu'en choſes eſtimables en deniers, & ne chargent ſi fort les perſonnes. Surquoi je voudrois diſtinguer, que s'il n'y a que l'interêt de celui qui eſt manumis & affranchi, & ſa manumiſſion ait été extorquée & tirée du Seigneur par mâlefaçon & dol de celui qui eſt manumis, en ce cas par reſtitution en entier il puiſſe être retenu en ſervitude, *ne ei ſuus dolus proſit, cap. de ſervorum. ext. de ſervis non ordin.* Mais ſi la manumiſſion eſt faite ſans dol, par la ſeule infirmité de l'âge du Seigneur mineur, je croi que le Seigneur en ſe faiſant reſtituer, n'obtiendra pas la nullité de l'affranchiſſement pour le remettre en ſervitude ; mais devra ſe contenter de prendre ſon indemnité en deniers, ſelon qu'elle ſera arbitrée par perſonnes connoiſſantes, en y appliquant le remede de lad. loi *cùm ex falſis. ff. de manu. teſtam.* Que ſi la manumiſſion eſt faite en faveur de mariage, & le mariage eſt accompli, je croi que l'affranchiſſement ne pourra être revoqué. Car ores qu'il ſemble que les Canons permettent à celui qui ignoramment a épouſé une femme ſerve, de la pouvoir quiter & delaiſſer, ſi-tôt qu'il eſt averti de la ſervitude, *cap. ad noſtram. ext. de conjugio ſervorum* : toutefois parce que cette diſſolution ne peut être que ſcandaleuſe & ignominieuſe, je croi que le Seigneur en quelque cas que ce ſoit ne pourroit retraire en ſervitude la perſonne, qu'il auroit affranchie, & qui comme franche ſe ſeroit mariée ; *& quià publicè intereſt matrimonia non dirimi ; & in caſu ſimilis rationis propter publicam utilitatem ſervus fit liber, qui alioqui per conventionem manumitti non poteſt, l. ſi quis gravi. §. is quoque. ff. ad Senatuſconſ. Syllan. Et multa in jure civili contra ſtrictam rationem pro utilitate communi recepta ſunt, l. ita vulneratus. ff. ad legem Aquil.* Mais je croi que telle perſonne affranchie ne ſeroit tenuë à l'indemnité du Seigneur en deniers.

QUE LA MERE VEUVE DOIT faire pourvoir de tuteur à ſes enfans, & ſatisfaire à la loi, avant la foy baillée au ſecond mari. Autrement doit encourir les peines de non ſucceder.

CCLXXXV.

La Coûtume de l'an 1534. au chapitre *Des Tutelles*, article 7. charge la mere veuve qui a pris tutelle de ſes enfans, de leur faire pourvoir de tuteur avant ſes ſecondes noces ; & uſe de ſes mots, *Quelle eſt tenuë de leur faire pourvoir de tuteur.* Qui emporte que ce n'eſt aſſez d'avoir ſollicité l'élection, mais qu'il eſt beſoin que la confirmation de tuteur ſoit faite, avant qu'elle vienne à ſecondes noces. Auſſi la loi des Romains deſire que la mere y employe un plein & entier devoir ; voire juſques à faire juger les excuſes de celui qui ſeroit élû ; & en general, de ne procurer cette affaire par aquit, qui ſe dit en Latin *defunctoriè, l. 2. §. ſi mater. & §. non ſolum ff. ad Senatuſconſ. Tertyllianum.* Aucuns Docteurs ajoûtent, que la mere eſt tenuë de procurer que le tuteur faſſe inventaire, admiſtre & faſſe tout le reſte qui appartient à la charge, *Marianus Socinus junior, conſ. 16. vol. 2.* Ce que je voudrois entendre avec ce temperament, que le tuteur fut confirmé avant le ſecond mariage de la mere ; & pour le reſte du ſoin, qu'il fût continué par elle, ores qu'elle fût mariée. Ledit Socin ajoûte que cela a lieu au tuteur datif, & non au tuteur legitime ou teſtamentaire ; & dit que c'eſt la commune opinion. Si elle ne le fait, & vienne à ſecondes noces avant l'avoir fait, la loi des Romains punit la mere, en la privant de la ſucceſſion de ſon enfant, en cas qu'il vienne à mourir en âge de pupillarité & impubere : & ne ſe contente la loi en ce cas que la provision du tuteur soit faite, mais desire aussi que le compte de la tutelle precedente de la mere soit rendu, & le reliqua payé, *l. omnem. C. ad Senatusc. Tertyll.* & d'avantage veut que les biens du second mari soient tacitement hipotequez au payement du reliqua, *l. si mater. C. in quib. caus. pig. vel hypoth. tacitè. contrah.* Aucuns Docteurs ont estimé que la mere qui est mineure de vingt-cinq ans peut estre excusée, *Ludo. Roma cons.* 278. *& dictus Socinus, cons.* 8. *vol.* 1. *& allegat Bart. in l. eisdem. C. de second. nup.* Ce que je ne voudrois pas admettre indistinctement, comme s'il y avoit une grande negligence de la mere, à laquelle Nature enseigne d'aimer son enfant, aussi facilement qu'elle lui enseigne de le faire & le mettre au monde. Car en ce cas, comme le pubere est tenu de dol; aussi est-il de ce qui approche de dol, *l. excipiuntur. ff. ad Senatusc. Syllan.* Combien que ce soit une loi penale, & que selon la commune opinion des Praticiens les loix penales des Romains ne soient observées en France: Toutefois parce que cette peine, dont la loi charge la mere, n'est pas en dommage de bien ôté, qu'elle est en cessation de gain; & que la succession des enfans déferée aux meres est pour leur consolation de la perte de leurs enfans: ainsi qu'il est dit *in §.* 1. *instit. de Senatusconf. Tertyll.* Car avant l'Empereur Claudius elles ne succedoient à leurs enfans: & depuis au temps de l'Empereur Adrian fut fait le decret du Senat, dit Tertillian, par lequel estoit plus amplement pourvû ausdites meres. Aussi que les meres venans à secondes noces sans faire pourvoir de tuteur à leurs enfans, semblent mettre leursd. enfans à nonchaloir, & les délaisser même à la merci de leurs seconds maris; ausquels bien souvent, & selon la presomption de la loi, elles abandonnent non seulement les biens, mais aussi la vie de leurs enfans du premier lit, *l. lex quæ vers. lex enim. C. de administ. tut.* il semble estre bien raisonnable, & pour les raisons cy-dessus nous devons embrasser la loi des Romains, pour ôter aux meres la succession de leurs enfans. Car puis que la loi, qui leur a premierement deferé la succession, est avec expression de raison, à sçavoir, pour consoler, les meres, de la perte de leurs enfans; on doit, quand la raison defaut de leur part, & par leur faute, leur ôter le benefice de la loi, *l. penult. §. & licet. ff. de jur. & facti ignor.* Or il ne se peut dire que la mere, qui cherche nouvelle consolation de lit & d'enfans avec un second mari, ait besoin de consolation pour la perte des enfans du premier mariage. Et encore, parce que les heréditez *ab intestat* sont deferées par proximité selon l'ordre de dilection, *l. conficiuntur. ff. de codicillis*, il n'est pas raisonnable que la mere, qui demontre n'aimer pas ses enfans, ait leur succession: aussi la loi audit cas la declare indigne, pour n'avoir bien aimé ses enfans, *l.* 2. *ff. qui petant tutor.* & à plus forte raison se doit dire à nous, qui sommes en païs Coûtumier, selon lequel la femme vient en la puissance de son second mari, & estant mariée ne peut plus ester en jugement, ni procurer le bien de ses enfans du premier lit. Pour étendre ce devoir de la mere envers ses enfans, semble estre raisonnable de rendre la mere sujette aux mêmes peines, si elle baille sa foi & promesse de mariage: comme son corps demeure en la puissance du second mari par le mariage accompli; ainsi son cœur & son entendement sont en la puissance de celui, qu'elle s'asseure d'avoir pour mari: & sont ordinairement les amours des veuves de moyen âge plus ardentes, que des filles qui sont en fiançailles; même, aprés qu'elles ont jeûné un an aprés le decés de leurs maris, comme est la coûtume. Et cette amour ordinairement les contraint à desirer tout le desir, tout le bien qu'elles peuvent avoir aux seconds maris: qui emporte consequence de ne plus se soucier du premier mariage. Ovide, maître de l'art, dit au livre 2. que cet âge de vingt cinq ans aux femmes est leur grande fureur d'aimer, en ces vers,

Utilis ô juvenes, aut hæc, aut serior ætas,
Quæ citò post septem lustra venire solet.

& les autres vers qui ensuivent.

Ce qui est dit en la loi *omnem. C. ad Senatusconf. Tertyll.* que la mere privée de l'heredité de son enfant, s'il decede en pupillarité: je croi qu'à nous se doit entendre, *etiam* s'il decede adulte, mineur toutefois de vingt-cinq ans; & en tel âge qu'il ne puisse tester. Car les loix des Romains ont permis aux puberes âgez de douze & quatorze ans de tester. *l. qua ætate. ff. de testam.* Et à ce même âge finissoient les tutelles. La loi des Romains a voulu suppléer à l'impubere, ce que l'enfant pubere en testant devroit vrai-semblablement faire; d'ôter sa succession à sa mere, puis qu'elle l'abandonne en son bas âge, quand il a plus de besoin d'aide. Or le pubere, qui peut tester, en n'ôtant pas sa succession à sa mere, est censé la lui donner & delaisser, *l. conficiuntur. ff. de codic.*

Et à nous, puis que le mineur ne teste pas (& que la tutelle ou curatelle ne finit qu'à vingt-cinq ans, au chapitre *Des tutelles*, art. 9.) par similitude de raison il faut dire, que la mere doit perdre la succession, aussi bien si elle est negligente en âge de puberté comme en pupillarité; pourvû que l'enfant soit en tel âge, qu'il ait besoin de curateur.

SI LA FEMME NE VEUT accepter l'employ fait par son mari de ses deniers dotaux, le plus seur est, que tous deux employent.

CCLXXXVI.

QUAND par le traité de mariage est dit, que partie des deniers dotaux sera employée en achat d'heritage propre pour la femme, qui est l'effet des deniers sortissans nature d'heritage; le mari qui les reçoit, qui est maître & administrateur de la famille & ménage, *quasi procurator in eam rem constitutus*; doit estre soigneux de faire audit employ ce qu'un bon ménager feroit, *l. in rebus.* 1. *ff. de jur. dot.*: où se dit la raison, *parce qu'il reçoit profit de la dot, entant qu'il fait les fruits siens.* En quoy il prendra consideration d'acheter de personnes, qui puissent prêter la garantie d'acheter à la commodité de la femme, & selon sa qualité, si elle est noble, d'acheter un lieu és champs & noble; si elle est roturiere, acheter heritage noble ou roturier, selon que les deniers peuvent porter. Autrement je croi que la femme ou ses heritiers, aprés le mariage dissolu, ne seroient tenus d'accepter tel employ; & nonobstant icelui pourroient repeter les deniers dotaux, qui doivent sortir nature d'heritage; Le plus seur est, quand tel employ se fait, que le mari ne fasse rien sans la volonté & consentement de sa femme, & que tous deux de commun accord & par ensemble fassent le marché & achat, & contractent. Aussi bien la loi commande au mari, qu'és affaires de la dot de sa femme, quand aucune chose d'importance se presente, de ne rien faire sans le consentement d'elle, *l. servus dotalis. ff. soluto matrim.*

SI LES PERE ET MERE Prennent les Meubles de leurs enfans franc de toutes dettes, même des deniers dotaux de la veuve du fils, & des Charges de la communauté?

CCLXXXVII.

NOSTRE Coûtume de l'an 1534. au chapitre *Des successions*, article 4. dit, quand l'enfant decede sans enfans, que les pere, mere, aïeul ou aïeule prennent les meubles & conquêts à la charge des dettes & frais funeraux. Et s'ils se veulent contenter des meubles, ils les prennent franchement & sans païer dettes & frais funeraux. La question a été si les ascendans doivent prendre franchement, *etiam respectu* des creanciers, & en sorte que les creanciers ne puissent s'adresser à eux, sinon *in subsidium*, aprés avoir discuté les autres biens: ou bien si c'est *respectu* des heritiers qui sont tenus parfournir aux ascendans la valeur des meubles, dont les creanciers les auront évincez? Et de prime-face, selon que l'article est couché, il semble que ce soit franchement à l'égard du creancier & de tous. Mais depuis trent'ans en ça & de nôtre temps, cette question étant agitée & examinée entre les doctes de ce païs, il leur a semblé, & suivant ce a été jugé que ce mot *franchement* se doit entendre au respect de l'heritier, & non du creancier. Car selon la raison des loix Romaines, ausquelles se rapporte la raison naturelle & politique, la survenance de l'heritier ne peut & ne doit diminuër le droit du creancier, *l. 2. §. ex iis. ff. de verb. oblig. l. Pretoriæ. §. incertum. ff. de Pretor. stipul. etiam* que l'heritier soit privilegié comme pupille, *l. Polla. C. de his, quib. ut indign. Sic & fiscus, cùm in jus privati succedit, pro anterioribus negotiis jure privati utitur, non suo, l. fiscus. ff. de jure fisci.* Or ce seroit une grande incommodité au creancier s'il lui convenoit discuter & faire vendre les immeubles du défunt son detteur, avec les frais, la longueur & le hazard des criées; sans qu'il pût s'adresser *recta via* aux meubles du défunt qui sont de facile discussion. Doncques il est bien à propos de dire, aprés que les heritiers sont declarez, & que l'obligation est declarée executoire, que le creancier du défunt enfant peut faire saisir & vendre les meubles, & n'en peut être empêché par l'ascendant heritier: lequel aprés avoir interpellé les heritiers des immeubles de faire cesser la poursuite du creancier, & conclu contre lui afin de lui faire valoir les meubles franchement, doit accorder la vente desdits meubles; sauf son recours. Ce que dessus a lieu, quand la dette est telle, qu'elle regarde universellement tout le patrimoine de l'enfant défunt. Car si la dette étoit telle qu'elle regardât par respect & destination particuliere les meubles du défunt, & fût comme inherente & attachée specialement à iceux; je croi que l'ascendant prenant les meubles, seroit sujet à supporter telles dettes, & n'en devroit être aquité par les heritiers des immeubles; par la raison & decision de la loi *si fideicommissum. §. tractatum. vers. quid tamen. ff. de judiciis.* Comme *verbi gratia*, l'enfant défunt a acheté des meubles, & est encore debiteur envers le vendeur pour le prix d'iceux; je croi que ce meuble affecté audit païement, ne vient au pere, sinon à la charge de ladite dette. Car selon la raison naturelle il n'appartient au défunt, sinon aprés la dette païée, *quamvis itum esset in creditum; quia bona dicuntur ea quæ supersunt deducto ære alieno, & licet ratio civilis stricta videatur resistere, quandò itum est in creditum, ne sit locus privilegio, l. Procuratoris. §. planè. ff. de tributor. act. tamen magis est ut dicamus privilegio locum esse; per l. quod quis. ff. de privil. cred.* mêmement en ce cas, quand le meuble acheté est encore extant en l'hérédité de l'enfant, *& nisi itum esset in creditum, vendicari posset. l. quod vendidi. ff. de contrah. empt. l. si quasi. ff. de pignor. act.* Mais audit paragraphe *planè*, le cas n'est semblable; car le proprietaire baille sa marchandise à quelqu'un pour la vendre, puis fait credit à ce proxenete du prix qui est issu de la vente, en sorte que la chose venduë est és mains d'un tiers: pourquoi la raison n'est pas semblable. Car au cas de present, le meuble vendu est encore extant és mains de l'acheteur, ou de son heredité, qui le represente. La Coûtume nouvelle de Paris, qui nous doit servir de raison écrite, donne le privilege au vendeur en tels cas, article 177. Item si le fils, auquel le pere succede, étoit commun parsonnier, & associé en une communauté de meubles, en laquelle, *verbi gratia*, il y a un tiers, ou un quart, je croi que le pere heritier n'est recevable à demander le tiers, ou le quart des meubles extans en cette masse de communauté; ains seulement prendra le tiers ou le quart de ce qui restera aprés les dettes & affaires de la communauté aquitées. *Nam id dicitur esse in societate, quod restat omni damno deducto, l. Mutius. ff. pro socio: & in juribus universalibus, is qui capit, cum onere capit, etiam si alioqui non teneatur capere, nisi cum lucro, l. cùm pater. §. menses. ff. de legat. 3.* De même dirai-je, si le pere prend les meubles de son fils qui étoit marié & avoit reçû la dot de sa femme, laquelle il faut rendre; parce que les deniers de ladite dot, ou ce qui est subrogé au lieu d'iceux, sont encore en la masse des meubles ; je croi que le pere endurera que les deniers dotaux soient pris sur cette masse sans aucun recours, avant qu'il prenne rien. Aussi és masses & universitez toûjours est censée être la même chose par subrogation, *l. Lucius Titius, ff. de legat.* 2. *l. qui filium. ff. de legat.* 3. *l. Imperator. §. cùm autem. de legat.* 2.

QUAND IL N'EST DIT PAR LE contrat de mariage quelle portion de deniers dotaux doit sortir nature d'heritage ; si une partie devra être censée de cette nature ?

CCLXXXVIII.

LE contrat & les convenances de mariage sont au nombre des contrats de bonne foi ; car l'action qui en vient est de bonne foi, *§. fuerat. Instit. de actionib.* Or és contrats de bonne foi le Juge de son office doit suppléer & entendre avoir été dit & accordé ce que par raison & équité est bien seant d'avoir été accordé, *l. quià tantumdem. ff. de negot. gest.* & mêmement si c'est chose qui ordinairement ait accoûtumé d'être accordée, *l. quòd si nolit. §. quià assidua. ff. de Ædil. edicto. Et cùm non apparet quid actum sit, consequens est ut id sequamur quod in ea regione frequentatur, l. semper.* 35. *ff. de regul. jur. & arg. l. si prius. §.* 1. *ff. de aqua pluvia arc.* Doncques si par le traité de mariage ne se trouve convenu quelle partie de la dot devra sortir nature d'heritage propre pour la femme ; nous ne dirons pas simplement & indistinctement que toute la dot, qui est en deniers, & qui de leur nature sont meubles, demeurent en leur nature mobiliaire pour entrer en la communauté du mari ; mais *ex bono & æquo* le Juge en doit arbitrer. Comme, *verbi gratia*, les pere & mere constituent dot à leur fille par forme d'appanage, pour l'exclurre de leur succession en faveur de leur fils ; ou bien durant leur vie, sans marier leur fille, ordonnent ledit appanage : ou bien aprés la succession échûë à la fille, le frere dote sa sœur en deniers ; & la fait renoncer ; & par le contrat n'est dit quelle portion de ladite dot doit sortir nature d'heritage ; je croi qu'il doit être arbitré que la moitié ou le tiers de ladite dot devra sortir nature d'heritage propre pour elle : & sera dit moitié ou tiers, ou autre quote portion, selon l'état & qualité du mari, & selon que la Coûtume & usance plus commune du lieu se trouve. Mais si avec deniers on baille heritages en dot à celle qui se marie, je croi qu'il n'est besoin d'y appliquer le remede ci-dessus ; parce qu'il semble avoir été pourvû par paction expresse à ce qui doit être heritage, & à ce qui doit être meuble. *Porrò in iis quæ certa sunt, non est locus conjecturæ, vel officio judicis, l. continuus. §. cùm ità in fine. ff. de verb. obligat.* Or outre les raisons susdites, si la fille mineure de vingt-cinq ans aïant droit aquis en meubles & immeubles est dotée en deniers pour tous ces droits ; necessairement il faut dire que partie de sa dot doit sortir nature d'heritage propre pour elle : car les deniers provenans de l'alienation de l'immeuble d'un mineur, *etiam* en cas licite, doivent être censez en nature d'heritage propre ; par la raison de la loi, *quid ergò. §. quid ergò. ff. de contrar. & utili act. tut.*

SI MARI ET FEMME DURANT leur mariage ; peuvent donner pour cause de mort, ou leguer l'un à l'autre ; ores qu'ils ayent des enfans ?

CCLXXXIX.

LA Coûtume de ce païs de l'an 1534. au chapitre *Des droits appartenans à gens mariez*, article 27. dit, que gens mariez ne peuvent contracter l'un au profit de l'autre, ni eux avantager par contrats entre-vifs, sinon par don mutuel, par la forme & aux conditions y declarées : Puis que ledit article ne défend les dispositions testamentaires & pour cause de mort ; & que le droit civil des Romains les permet, lequel nous sert de raison quand nos Coûtumes défaillent, nous avons observé jusques à present que telles dispositions valent. Joint que la Coûtume en prohibant les contrats entre-vifs est censée permettre les donations pour cause de mort, *arg. l. cum Prætor. ff. de judic.* & il se trouve Arrêt de la prononciation de Noël de l'an 1531. entre Michelle Rollet & Picot, par lequel le legs de mari à femme est confirmé : jaçoit que la plûpart des Coûtumes de France par disposition expresse prohibent aux mariez de tester l'un au profit de l'autre. Et semble que par raison nous en dûssions dire autant. Car puis que la principale cause de la prohibition est, à ce qu'il ne semble que l'amitié & concorde entre mari & femme se doive acheter & conserver à prix de biens donnez ; & parce que la vraïe amitié est par honneur & au cœur, & non par ces moïens exterieurs, il se peut dire que le mari faisant son testament est flaté & induit par sa femme, & par crainte de lui déplaire, ou d'être mal traité par elle, il n'osera revoquer le legs testamentaire, qui de soi est revocable. Ainsi la même cause de prohibition sera. Or parce que par longue usance nous avons admis telles dispositions, sans en disputer autrement, je propose la question, si telle disposition vaut, en cas qu'ils aïent des enfans ? Surquoi est à considerer que ladite Coûtume qui permet le don mutuel aux mariez, dit par exprés, s'ils ont des enfans de leur mariage, ou d'autre qu'ils ne peuvent donner. Mais cét article parle de don mutuel, qui est irrevocable & oblige les donataires : & ici nous parlons de dispositions pour cause de mort, qui sont revocables. Et par une seconde consideration, quand le testateur examine de plus prés l'état de ses affaires, il peut revoquer la donation faite au prejudice de ses enfans. Toutefois pour m'en resoudre, je croi que si c'est simple donation d'usufruit, voire de proprieté de meubles & conquêts, à la charge d'entretenir les enfans de leur mariage aprés le decés du testateur, & avec demonstration expresse ou tacite, que le survivant ménagera ces biens donnez pour le profit des enfans du mariage, & pour les leur conserver; & pourvû que le survivant ne se remarie, que telle donation pour cause de mort, ou testamentaire peut valoir: parce qu'elle sert aux enfans doublement; & pour les retenir en leur devoir de crainte honnête & d'obeïssance & à bien faire; & pour donner meilleur cœur au survivant d'aimer les enfans; & leur conserver le bien. J'ai dit, demonstration expresse ou tacite. Car si le testateur a par quelque apparence tant petite soit, fait entendre qu'il donnoit en consideration de l'esperance qu'il a de l'amitié du survivant envers leurs enfans, semble que c'est un tacite fideicommis; & que le survivant est tenu de conserver les biens donnez aux enfans communs; par la raison de la loi *fideicommissa. §. hæc verba. ff. de legat. 3. l. unum. §. ult. l. cùm pater. §. filius. ff. de legat. 2.* Que si c'est une donation de la proprieté de meubles & conquêts universellement fondée sur la seule volonté du testateur; même s'il se connoît que le survivant n'employe son affection toute entiere envers les enfans, soit en se remariant, soit en refusant d'estre leur tuteur; ou faisant autre demonstration: je croi que les enfans peuvent debattre le legs; par la même raison de la Coûtume, qui ne permet aux mariez de donner l'un à l'autre, sinon en cas qu'ils n'ayent point d'enfans. Car j'estime le don mutuel plus favorable que la donation testamentaire, à cause du douteux évenement de la survivance: qui fait que ce n'est pas proprement donation, ains commerce & permutation d'esperance à esperance; qui fait croire que ce n'est vrai contrat lucratif., *ut per gloss. in l. licet. C. de pact. & l. de fideicommisso. C. de transact.* Et si la loi en disposition plus favorable ne permet pas la donation, quand il y a des enfans, il faut inferer qu'elle n'a entendu le permettre en cas moins favorable. Jointe la presomption qui resulte, à cause que la plûpart des Coûtumes prohibent telles donations.

SI LE DOUAIRE DE LA VEUVE est reputé usufruit, quant à tous effets, même pour le gain des fruits?

CCXC.

SELON les loix des Romains l'usufruit a telle nature, que les fruits appartiennent à celui qui se trouve usufruictier, ou plein proprietaire lors qu'ils sont separez du fonds: tellement que si l'usufruictier decede la veille des moissons, ses heritiers n'auront rien à la moisson. Aussi ores qu'elle eût esté baillée en accense, & que le terme du payement échût aprés le decés de l'usufruictier, si la moisson estoit faite de son vivant, son heritier auroit le loyer de l'accense. Et encore n'est assez que les fruits soient simplement separez du fonds pour estre gagnez par l'usufruictier; mais est requis qu'ils ayent esté cueillis par lui; ou par autre en son nom. Ce sont les regles communes de l'usufruit mises *in l. si usufructuarius messem. ff. quib. mod. usufr. amitt. l. qui scit ff. de usur. l. defuncta. ff. de usufr.* La question est si la doüairiere doit estre reputée usufruictiere pour les effets susdits. Ce qui sembleroit de premiere apparence; parce que nôtre Coûtume en quelques articles met la doüairiere & l'usufruictiere à pari pareil: aussi que les deux droits ont plusieurs correspondances, mais je croi que le doüaire ne doit estre reputé usufruict à l'effet de gagner ou perdre les fruits au moment de la perception d'iceux; par les raisons cy-aprés. Et quant à autres effets, parce que le doüaire n'estoit pas connû par le droit des Romains en la façon que nous le pratiquons, je croi qu'il faut appliquer la nature du doüaire aux autres proprietez, qui sont attribuées à l'usufruict par le droit des Romains, parce qu'il n'y a negoce en tout le droit des Romains, qui plus corresponde au doüaire que l'usufruit: & partant le doüaire se doit regler quant à la veuve, comme l'usufruit. Les raisons qui me meuvent pour croire que le doüaire n'est sujet à cette regle de la perte, ou gain des fruits, est que le doüaire est constitué à la femme, à ce qu'estant veuve destituée de la presence & du secours de son mari, elle ait moyen de representer l'honneur de la maison de son mari, comme ayant esté, & estant la femme, la moitié individuë de ce corps mistique composé par mariage, qui fait qu'ils sont deux en une chair, & afin qu'elle ait moyen de se nourrir & entretenir en viduité. Estant donc le doüaire aucunement *ad instar.* d'alimens, & attribué pour l'entretenement de la veuve; comme les alimens & autres frais d'entretenement se distribuent par chacun jour, il faut par comparaison de l'un à l'autre que les fruits du doüaire soient distribuez *pro rata* du temps de l'année; que la veuve aura vêcu. *Nam ex modo comparationis, quod in uno dicitur, dici debet in altero, l. Seio. in verb. cùm tam labor quàm pecunia divisionem recipiant. ff. de annuis leg. l. 1. ff. de reb. dub.* Et par la même raison se dit, que le mari, qui fait les fruits de la dot siens, parce qu'il supporte les charges de mariage, gagne les fruits de l'année *pro rata* du temps que le mariage a duré, *l. divortio. ff. soluto. matrim.* & telle est la regle de la proportion & analogie de deux choses comparées. Je ne voudrois pas dire que le doüaire fut comparé à ce qui se dit en droit *de annuo legato*, qui est pour alimens ou en faveur des alimens, il est dit que tel droit se paye par avance; & qui a le droit au premier jour de l'année, s'il meurt le second jour, laisse toute l'année à son heritier, *l. à vobis: l. in singulos. ff. de annuis legat.* Car tel legs ne se faisoit ordinairement sinon à personnes miserables, n'ayans moyen, ou sens de vivre d'ailleurs, comme il se peut recueillir *in l. cùm hi. §. si in annos. ff. de transact.* où il se dit, quand il se fait legs, *in annos singulos* à un homme d'état & lieu honnête, qu'il n'est pas censé estre fait pour alimens. La doüairiere doit estre tenuë avec tel rang d'honneur, comme estoit la maison de son mari. Pourquoi j'estime qu'elle doit gagner les fruits de son doüaire *pro rata* de temps. Et comme il se dit des fruits; ainsi la charge des frais, que la veuve vivante a faits, ou qui restent à faire aprés le decés d'elle pour la recollection des fruits de l'année, doit eſtre ſupportée par le proprietaire, & par l'heritier de la veuve, *pro rata*, de la part que chacun prend aux fruits, *eò quòd ejuſmodi impenſæ diminuunt ipſum corpus fructuum ; quià fructus dicuntur id quod ſupereſt poſt ejuſmodi impenſam deductam, l. ſi à domino. §. ult. ff. de petit hæred. l. fructus ff. ſoluto matrim.* Bien eſt vrai que le doüaire en pluſieurs conſiderations eſt ſemblable à l'uſufruict : comme ſi le doüaire conſiſte en meubles, la doüairiere doit bailler bonne & ſuffiſante caution ſelon la Coûtume, article 11. auſſi l'uſufruict en meubles ſans caution emporteroit la proprieté ; parce que le proprietaire ne pourroit s'aſſurer qu'aprés l'uſufruict fini la proprieté lui dût retourner. A cette raiſon les Romains ont par leurs loix declaré que l'uſufruict des meubles, qui en ſe ſervant d'iceux ſe conſument, ne peut ſubſiſter ſans caution. Telle caution ne peut eſtre remiſe ni quitée, parce que ſe ſeroit contre l'eſſence du negoce, par la raiſon de la loi *cùm precario ff. de precar. & quia daretur occaſio fraudis committendæ.* Ainſi ſe dit que le teſtateur leguant l'uſufruit ne peut décharger le legataire de bailler caution, *l. ſcire. ff. ut in poſſeſſ. legat.*

QVAND LE MARI, LORS du mariage n'a aucuns immeubles, quel ſera le doüaire de la femme ?

CCXCI.

LA Coûtume permet de conſtituër le doüaire en deniers : ce qui ſe doit pratiquer quand le mari lors du mariage n'a aucuns immeubles propres à lui. Mais ſi par le contrat n'eſt faite mention de doüaire, ſi le mari a des immeubles, le doüaire eſt coûtumier ; & s'il n'a aucuns immeubles, la queſtion eſt, s'il y aura doüaire, & quel ? Surquoi me ſemble attendu l'ancienne formule des paroles qui ſe diſent à la porte de l'Egliſe, & ſont acceſſoires à l'eſſence du mariage par paroles de preſent, quand le mari dit à la femme, *Je te prens à femme, de mon corps je t'honnore, de mes biens je te doüe, mes aumônes & bienfaits je te recommande* ; qu'il eſt bien à propos de croire que la femme doive être doüée ſur telle ſorte de biens, que le mari a, & lui appartiennent lors du mariage : même de la moitié des meubles, s'il n'a que des meubles, pour en être fait ſelon que la Coûtume dit en l'article 3. au chapitre *De doüaire*, quand par paction expreſſe le doüaire eſt conſtitué en deniers, ou choſe mobiliaire. Ces mots que les Latins appellent *verba concepta & præſcripta*, ſont de la ceremonie eſſentielle du mariage. Ainſi qu'il ſe lit és loix des Romains, que la ceremonie de l'eau & du feu appliquée au mariage étoit eſſentielle, & declaroit le mariage être délors en effet accompli, *l. Seia. §. 1. ff. de donat. inter vir. & uxorem.* A quoi peut être appliqué ce qui eſt dit en l'Authent. *preterea Cod. unde vir & uxor.* Que ſi le mari decede avec moïens, delaiſſant ſa femme pauvre, elle doit avoir le quart des biens de ſon mari : lequel quart ne lui eſt ôté, ores que par aprés lui échéent aucuns biens ; car quand l'effet eſt une fois conſommé & accompli ; ores que la cauſe ceſſe, l'effet ne ceſſe pas, *Decius conſil. 24. vol. 1.* Mais s'il avient que lors de l'accompliſſement du mariage ; le mari n'ait aucuns immeubles en ſa proprieté preſente, ains en ait aquis aucuns avant le mariage ſous condition qui n'eſt encore avenuë, ou lui aïent été leguez ſous condition encore pendante, ou le mari ſoit en attente du doüaire de ſa mere, qui par la Coûtume eſt heritage des enfans ; & la condition, quant aux deux premiers cas, avienne durant le mariage ou aprés ; & quant au tiers cas, le doüaire échû avant ou aprés la mort de ce mari, qui eſt en attente du doüaire ; la queſtion eſt, ſi le doüaire s'étendra à tels biens ? Surquoi je dis quant au premier cas, que la condition avenant eſt tirée en arriere, pour avoir effet du jour du contrat ; qui eſt regle generale és contrats conditionnels, *l. ſi filiusfamilias ff. de verb. oblig.* ainſi tel heritage ſera ſujet au doüaire : *imò etiam* ſi elle avient aprés le mariage diſſolu, en cas que d'icelui il y ait des enfans, *§. ex conditionali. Inſtit. de verb. oblig.* Au ſecond cas l'heritage legué ſous condition ne ſera ſujet au doüaire : car la condition ne tire ſon effet en arriere, *l. legata. ff. de condit. & demonſt.* Quant au tiers cas, ſi le doüaire de la mere du mari échet durant le mariage de l'enfant, ce doüaire eſt ſujet au doüaire de la femme dudit enfant ; car c'eſt heritage qui avient en ligne directe au chapitre *De doüaire*, article 1. Mais s'il échet aprés la mort dudit enfant mari, encore je croi s'il y a des enfans de ce dernier mariage, que la femme de cét enfant ſon mari aura ſon doüaire ſur tel doüaire, par la raiſon de l'article 6. au commencement.

SI TOUTES DONATIONS SONT revoquées par ſurvenance d'enfans, ſoient entre-vifs, ou pour cauſe de mort ?

CCXCII.

LEs Docteurs communément diſent que la loi *ſi unquam. C. de revoc. donat.* eſt fondée ſur la conjecture de la volonté des pere & mere qui n'euſſent donné s'ils euſſent penſé avoir par aprés des enfans : *nemo enim præſumitur voluiſſe alienas ſucceſſiones propriis anteponere, l. cùm acutiſſimi. C. de fideicommiſſis. Et quià quiſque omnia ſua bona liberis ſuis ex voto parat, l. penult. verſ. facilior. ff. de bonis libertorum : & quià ex ratione naturali bona parentum ſunt debita liberis ex legitimo matrimonio procreatis, l. cùm ratio. ff. de bonis damnat. Decius. conſ. 366. vol. 3.* étend cette revocation pour avoir lieu en faveur des enfans naturels naïs aprés la donation & legitimez du vivant du pere. Ce que je voudrois admettre, ſi la legitimation étoit par ſubſequent mariage : mais non, ſi elle étoit par reſcrit du Prince, *quià eo modo revocatio dependeret ex voluntate donantis, qui undecunque poſſet* enerere liberos in fraudem donatarii. Puis qu'ainsi est, que les donations entre-vifs, qui sont acceptées, ne sont revocables par la seule volonté du donateur) toutefois par le remede de la loi sont revoquées par la survenance d'enfans) à plus forte raison seront tenues pour revoquées les donations testamentaires, ou pour cause de mort; lesquelles se peuvent revoquer par la seule volonté du testateur ou donateur, & de leur nature sont revocables. Et encore parce que les donations testamentaires sont tenuës pour revoquées non seulement par revocation expresse, mais aussi par presomption & conjecture de volonté, qu'on appelle revocation tacite, *l. 3. §. ult. & l. rem legatam. ff. de adimend. vel transf. legat. l. uxori. ff. de auro & argento leg.* A la suite de cette raison la loi presume la volonté des pere & mere avoir été pour instituer leurs enfans leurs heritiers, ores qu'ils en aïent institué d'autres, & semblent les avoir preterits & oubliez; à cause de la conjecture de la pieté & amitié paternelle & maternelle, qui fait croire (& c'est une presomption de droit qui vaut preuve entiere) que si lesdits pere & mere eussent sçû certainement l'état de leur maison tel qu'il s'est trouvé par leur decés, c'est à dire de laisser enfans à eux survivans, ils eussent disposé autrement qu'ils n'ont fait. Les decisions en sont bien notables *in l. ult. ff. de hered. instit.* du pere qui faisant son testament pensoit son fils qu'il avoit unique, être mort à la guerre. Et de même à l'égard de la mere, *l. cum mater. ff. de inoffic. testam.* Ainsi est dit *in l. tale pactum. §. pater. ff. de pactis*, du pere qui en mariant sa fille avoit stipulé la reversion de sa dot, au profit du frere de lui pere, & en ce temps il n'avoit aucuns autres enfans; si par aprés lui surviennent enfans, cette paction vaudra au profit desdits enfans depuis survenus. Comme aussi s'il avient que la mere étant en couche d'enfant, meure sans instituer son heritier l'enfant dont elle devoit accoucher, cét enfant sera reputé heritier pour mêmes portions que les autres enfans instituez; par la conjecture de la pieté maternelle qui a été prevenuë par la mort, *l. si mater. C. de inoff. testam.* Doncques pour resolution il est bien à propos de dire, que les dispositions testamentaires, & pour cause de mort, qui sont faites par celui qui lors n'avoit enfans, soient revoquées par la survenance d'enfans en loïal mariage. Et ainsi le tient *Paul. Castr. cons. 434. vol. 1. & allegat Bart. in l. filio præterito. ff. de injusto rupto. Carolus Ruinus* tient le contraire *cons. 123. vol. 1.* & dit la raison, parce que donation pour cause de mort n'est vraïe donation. Mais cette raison est foible qui prend sa force de la superficie des paroles; jaçoit que la loi soit fondée en la volonté tacite & presompte du testateur. Les Docteurs avec grande altercation & contrarieté d'opinions ont disputé si le donateur pouvoit renoncer, & par exprés deroger à cette revocation par survenance d'enfans; & si le donateur lors de la donation a eu pensée des enfans qui pouvoient survenir, si la donation est revoquée? *Bart. in l. Titia. §. Imperator. ff. de legat. 2. Stephan. Bert. cons. 220. vol. 3.* disent que le donateur y peut renoncer & déroger. Et Bertrandi, dit que c'est la commune opinion. Et autant, disent-ils, s'il appert que le donateur en donnant ait eu pensée d'enfans à venir, comme si ceux qui se marient donnent l'un à l'autre au traité de mariage. Ainsi le tient *d. Bertr. dicto consil. & Marianus Socinus junior. cons. 128. vol. 1.* Mais l'opinion contraire est tenuë *contra Bart. per Joan. And. in addit. ad Speculum, tit. de instru. edit. §. porrò. Lud. Roma. cons. 269. Oldradus cons. 173. in fine Salic. in l. 1. C. de inoff. donat.* Et disent la raison, parce que la revocation est introduite en faveur des enfans. Je tiendrois volontiers cette derniere opinion, & voudrois ajoûter cette raison; puis que ladite loi *si unquam* est fondée sur la presompte volonté du donateur, il faut croire que lui n'aïant point d'enfans n'a point encore essaïé combien est grande l'affection du pere envers ses enfans, & s'il l'eût essaïée & connuë, jamais il n'eût donné à leur prejudice. On a disputé aussi, si la donation est d'aucuns biens en particulier, si elle est revoquée par survenance d'enfans? Surquoi se dit, que si c'est donation d'une chose particuliere de grande valeur, que le donateur *secundum arbitrium boni viri* n'eût voulu donner au prejudice de ses enfans, s'il eût pensé en avoir, & en quoi sont à considerer les facultez du défunt, & la dilection qu'il avoit envers le donataire. Ainsi le tiennent *Decius consil. 366. vol. 3. Marianus Socinus junior, cons. 113. vol. 1. & cons. 79. vol. 2. Ruinus cons. 124. vol. 1.* Aussi on a disputé si les donations remuneratoires étoient sujetes à cette revocation? & communément disent les Docteurs que non, parce que ce n'est vraïe donation, *sed magis datio ob causam.* Et ainsi le dit *Roman. cons. 26.* Mais je croi que la même distinction y doit être appliquée, comme és cas esquels la liberté n'est pas entiere à aucun de disposer & donner, comme il veut: à sçavoir que la seule declaration du donateur qui confessera les merites ne suffit pas; ains doivent les merites être prouvez, & selon qu'ils seront prouvez, & qu'ils seront estimez *arbitrio boni viri catenus* la donation ne soit revoquée; en ce qui est plus, soit revoquée comme vraïe donation, par la raison de la loi premiere. *§. si quis in fraudem. ff. si quid in fraudem patro. l. qui testamentum. ff. de probat. & huc inclinat. Decius cons. 366. vol. 3. Idem Decius cons. 20. vol. 1. Alexand. cons. 54. vol. 1.* dit qu'il doit apparoir des merites, autrement que par la confession du donateur: *alleg. Bart. in l. si fortè ff. de castr. pecul. & quòd merita debent æquipollere donationi cap. relatum 2. §. licet. ext. de testam. & Jo. And. in adnot. ad Specul. tit. de reb. Eccles. non alien.*

QUE LE TESTAMENT NE VAUT s'il n'est procedé du premier mouvement du testateur: Et des testamens que les Notaires apportent tous écrits?

CCXCIII.

LA volonté de l'homme est proprement sienne, n'aïant source d'ailleurs que du premier mouvement que chacun de nous a & prend en soi-même. L'origine de la volonté, comme de toutes affections, est au cœur qui est en perpetuelle motion, & lui-même auteur de sa motion. Les Grammairiens rendans raison pourquoi l'imperatif n'a point de premiere personne, disent parce que la volonté à chacun est libre. Les Jurisconsultes reconnoissans bien cette liberté, ont dit que les serfs & esclaves dépoüillez de toute communication de droit civil, ont toutefois leur volonté à eux. En sorte que le serf qui par sa stipulation aquiert directement le droit à son Seigneur, s'il stipule telle ou telle chose, laquelle il voudra & choisira, le serf même voudra & choisira, & non son Seigneur, *l. si servus*, 141. *& l. si ita stipulatus fuero. ff. de verb. oblig.* Or de toutes les actions de l'homme, il n'y en a point qui plus requiere la libre volonté que le testament, *ea potissimùm ratione*, que quand il commence à avoir son effet, celui qui l'a fait n'y est plus pour declarer sa volonté. Ainsi il se dit *in l.* 1. *C. de sacros. Eccles.* Pourquoi il est bien seant de dire que la volonté de tester & l'execution d'icelle volonté doivent proceder du premier mouvement du testateur; c'est à dire que lui-même doit le premier sans aucun avertissement precedent, dire que sa volonté est d'ordonner par testament telle & telle chose, sans qu'il y ait des interrogations & semonces precedentes, s'il veut pas donner & leguer à tel? qui est vraïe suggestion. Les Docteurs pour regle estiment que le testament fait par interrogation est bon, même si c'est par l'interrogation de personne publique, *secundùm text. & glos. in l. jubemus. C. de testam. Molin. in annot. ad consil.* 12. *Alex. de Imol. vol.* 1. *limitat, dummodò constet testatorem esse sanæ mentis, & articulatè loqui, & quandò ab initio testamentum est scriptum de jussu testatoris: & allegat Joann. And. in annot. ad Specul. de testam. §.* 1. *& Romanum cons.* 306. *Et tamen semper admittendæ sunt conjecturæ ex circunstantiis.* Cette façon de suggerer est blâmée *in l.* 1. *§. qui quæstionem. ff. de quæstionib.* Et ne faut prendre argument au contraire par ce qui est dit *in l. ult. ff. si quis aliquem test. prohib.* où il est parlé du mari qui par gracieuses paroles appaisa sa femme courroucée, afin qu'elle prît affection de lui leguer. Car en ladite loi & en la loi finale, *C. eod.* se dit seulement en general, que le mari pourchassoit d'être és bonnes graces de sa femme, afin que le courroux qu'elle avoit ne l'empêchât pas de leguer, & non pas que particulierement il la sollicitât de donner. Ces suggestions sont de tant plus à blâmer, quand le testateur est malade, & que son traitement est en la puissance de ceux qui le sollicitent de donner. *Est enim species vis, quià timet se ægrum destitui*, par la raison de la loi *medicus. ff. de var. & extraord. cognit.* Aussi dit-on que la Cour par aucuns Arrêts a jugé contre les legs, qui avoient été suggerez & sollicitez. Aucuns Docteurs distinguent si l'interrogation est faite par personne privée, suspecte, & aïant interêt, ou si par le Notaire, qui est personne publique: comme *Socinus junior. cons.* 183. *vol.* 2. *&* 144. *vol.* 1. *Sed ego magis existimo inspiciendum esse, cui bono, & undè prima origo procedat.* A plus forte raison il se doit dire le testament être nul, quand le Notaire apporte le testament tout dressé, le lit au testateur, & se contente de l'interroger s'il le veut ainsi. Et ainsi est decidé *per eund. Marianum Socinum juniorem, præceptorem meum, cons.* 156. *& consil.* 183. *vol.* 2. *allegat. Castrens. & Aret. in l. hac consultissima. §. sed cùm humana. C. de testam.* Même quand le testateur est malade. Mais bien se peut faire que le testateur fasse entendre sa volonté au Notaire, puis le Notaire l'écrive, & en lisant son écrit au testateur lui demande si telle a été, & est sa volonté.

QUE LES DETTES DU DEFUNT doivent être païées par toutes sortes d'heritiers, selon le profit que chacun prend. Et de la diversité des opinions, qui a été sur ce point.

CCXCIV.

IL a été traité ci-dessus de cete question, sur la question 236. Ici il se peut ramentevoir la difference qui est entre le droit des Romains, & nôtre droit François és païs Coûtumiers, Car selon le droit Romain une seule heredité & un seul patrimoine étoit d'une personne; & qui se trouvoit le plus proche succedoit à toutes sortes de biens, sans avoir égard de quel côté & ligne procedoient les biens. Qui est ce que dit Ciceron en l'oraison *pro Cornelio Balbo, apud Romanos nullam fuisse prædiorum gentem.* Certains cas étoient esquels d'une seule personne étoient deux hereditez; mais c'étoit par privilege de la milice; parce que les gens de guerre avoient ce privilege de n'être sujets aux formules du droit positif, mais à la seule raison de leur volonté: pourvû que ce ne fût volonté en chose mauvaise & reprouvée; car en tel cas leur privilege ne leur servoit de rien, *l. mulierem. ff. de his quib. ut indig. l. si à milite. §.* 1. *&* 2. *ff. de milit. testam.* Le privilege étoit tel de tester ainsi qu'ils vouloient, ainsi qu'ils pouvoient, & suffisoit leur nuë volonté, *l.* 1. *ff. de milit. testam.* Ainsi pouvoient-ils faire un heritier de leurs biens aquis à cause de la milice, qui se disoient castrenses; & autre heritier de leurs autres biens non castrenses: & les charges hereditaires, procedans de la milice suivoient l'heritier des castrenses; les autres charges suivoient l'autre heritier, *l. si certarum. ff. de milit. testam.* A la suite de cete raison, parce que selon nos Coûtumes se trouvent deux ou trois hereditez d'une seule personne, autrefois a été tenuë l'opinion, que l'heritier des meubles devoit païer toutes les dettes mobiliaires; & quelquefois le Palais a ainsi jugé; & de là est, que par aucunes Coûtumes l'heritier des meubles doit païer les dettes mobiliaires. Mais à bien examiner la raison, cét avis n'étoit bien proportionné: car il se pourra faire qu'aucun voulant faire un conquêt, ou voulant décharger ou affranchir son heritage ancien & propre, sans declarer sa volonté, empruntera cent écus par obligation personnelle, qui a forme d'obligation mobiliaire, & selon cét avis l'heritier des conquêts & l'heritier des propres ne seront sujets à telle dette. D'autre part est à considerer que le creancier qui prête, ores qu'il se contente d'une obligation personnelle, & en forme mobiliaire, neanmoins jette l'œil & regarde plûtôt l'heritage & immeuble de son detteur, que ses meubles. Et il est vrai-semblable aussi: car la seureté sur l'immeuble est permanente & fixe; mais la seureté sur les meubles est glissante, & facilement perissable. Pourquoi à bonne raison l'autre opinion a été reçûë, comme plus équitable; quand il y a diverses sortes d'heritiers, qu'ils païent les dettes *pro modo emolumenti*, & selon la valeur des biens, qu'ils recueillent en l'heredité. La premiere fois que je le vis ainsi juger, fut en la plaidoirie entre le Procureur General du Roi prenant la cause pour les pauvres, & Michelle Bouchard le dix-septiéme Mars de l'an 1550. Les Coûtumes qui de n'agueres ont été reçûës & homologuées, l'ordonnent ainsi; même celle de Paris, article 334. Et selon cette opinion est decidé *per Alexand. consil. 31. vol. 1. & allegat l. Celsus. cum leg: seq. ff. de religios. & l. si vir. uxori. ff. ad leg. Falcid.* Ce qui ne se doit entendre pour contraindre les creanciers à attendre que les heritiers aïent proportionné entr'eux pour quelle cotité ils païeront les dettes. Car je croi qu'incontinent le creancier peut s'adresser indistinctement aux biens hereditaires, par la façon qu'il eût pû du vivant de son detteur: car la survenance de l'heritier ne doit alterer la condition du creancier. *l. 2. §. ex his. ff. de verb. oblig. & l. Pretoriæ. §. interim. ff. de pret. stipul.* Et sauf aux heritiers leurs recours les uns contre les autres pour la recompense.

DENIERS PROCEDEZ DE VENTE des heritages d'un mineur sont censez immeubles.

CCXCV.

SELON le droit commun; & à l'égard de personnes non privilegiées, quand l'argent est converti en achat d'heritage, ou autre espece; ou quand l'heritage, ou espece sont convertis en deniers; ou que la chose change de main, la premiere nature n'est retenuë, & n'y a subrogation au même droit & état; qui étoit auparavant la conversion & commutation. Comme si un tiers ayant mes deniers en main, les employe à acheter un heritage en son nom, moi proprietaire des deniers n'auray aucun droit en l'heritage; *l. si ex ea C. de rei vend. l. si patruus. C. communia utriusque jud. l. si maritus. C. de distract. pignor.* Ainsi se dit *quòd res empta de pecunia furtiva, furtiva non est, l. qui vas. in fine ff. de furt.* Mais en certain cas le prix qui provient de la chose venduë, & la chose achetée des deniers d'autrui, sont censez de même nature & condition, comme estoit la chose dont elle est provenuë, ores qu'il n'y en ait point de convenance. Comme il se dit és droits universels, du nombre desquels est l'heredité, que le prix de la chose hereditaire venduë est subrogé & censé hereditaire, comme estoit la chose venduë, *l. si rem & pretium. ff. de petit. hered.* Et la raison en est mise *in l. venditor. ex hereditate. ff. de hered. vel. act. vend. quià ut heres & nogotium hereditatis gerens videtur vendidisse, non tanquam quilibet.* Aussi à cause du privilege des pupilles, si le tuteur employe les deniers pupillaires en achat d'heritage, pour estre propre au tuteur, la loi permet au pupille de pretendre la chose achetée estre sienne, en suppleant par la loi le devoir du tuteur, & comme si le tuteur l'avoit ainsi convenu; ou bien si mieux aime le pupille, la chose ainsi achetée de ses deniers, lui est specialement hipotequée pour recouvrer ses deniers, *l. si curator. C. arbitrium tutelæ, l. 2. C. quandò ex facto tut.* Si c'est un étranger non tuteur qui ait employé les deniers pupillaires au nom de lui étranger, le pupille n'aura pas ce privilege sinon subsidiairement, quand il n'a pas moyen de recouvrer autrement ses deniers, *l. filiæ. in fine, ff. de solut.* La même distinction se fait quand aucun heritage est acheté des deniers dotaux de la femme par le mari au nom de lui mari, que l'heritage ainsi aquis n'appartient pourtant à la femme, *l. ex pecunia. Cod. de jure dot.* si ce n'est subsidiairement en cas que le mari ne soit solvable pour la restitution de la dot, *l. uxor marito. in fine, ff. de donat. inter vir. & uxorem.* Lequel droit d'action subsidiaire utile est octroyée par les loix sur la chose même, quand celui qui est tenu par l'action directe & ordinaire est non solvable, *etiam* à l'égard des personnes non privilegées, *l. ult. in princip. ff. de eo per quem factum erit. l. itaque. ff. de furt.* Toutesfois en ce cas des deniers dotaux, il faut distinguer autrement sur nos Coûtumes. Car si les deniers dotaux, qui doivent sortir nature d'heritage propre pour la femme, ou doivent être employez par le mari en achat d'heritage, sont employez par le mari en son nom, sans qu'ils les employe suivant leur destination; neanmoins la femme pourra pretendre l'heritage comme sien: soit qu'il se prouve que l'achat ait esté fait des mêmes deniers dotaux, par la Coûtume au chapitre *Des droits appartenans à gens mariez*, art. 31. *verbo. En prouvant que ce sont les mêmes deniers*; ou que le payement ait esté fait par le mari peu de temps aprés la reception desd. deniers dotaux, *l. si ventri. §. ult. ff. de privileg credit.* soit que l'emploi n'ait pas esté fait si soudain, neanmoins la femme pourra pretendre l'heritage propre pour elle. Chopin *in tract. de privileg. rust. lib. 3. cap. 10. in marg.* dit avoir ainsi esté jugé par Arrest, qu'il allegue entre du Bellay & de Renti, du 14. Août de l'an 1574. Comme si en ce cas la loi dût suppléer le devoir du mari, & tenir pour fait ce qu'il a dû faire. Ce que la loi presume & supplée en plusieurs cas, *etiam* contre la volonté de celui qui fait, *l. 2. ff. de distract. pignor. l. si mandato. §. Paulus. ff. mand. l. meritò. ff. pro socio.* Pour la question qui se presente : si l'heritage propre du mineur est vendu en cas permis de droit, comme si le défunt, duquel il est heritier, l'a ordonné, où il a esté vendu par decret, & il y a des deniers de reste, ou le tuteur a esté vaincu par licitation d'heritage, qui ne pouvoit estre parti. Ces deniers selon leur nature sont destinez pour estre employez en autre heritage de même nature, & partant fortissent nature d'heritage propre, *l. quid ergò. §. quid ergò. ff. de contrar. act. tut. & res alioqui mobiles destinatæ rei immobili ad perpetuum usum censentur immobiles., l. longæ. ff. de divers. & tempor. præscript.* Et si desdits deniers sont achetez autres heritages ; ils seront de même nature que les premiers par subrogation, *l. Imperator. §. cùm autem. & l. sed quod. quæ est sequens, ff. de legat. 2. l. Lucius Titius. ff. eod. l. pater. ff. de adimendis vel transfer. legat.*

DES FRUITS, QUE LES DOCteurs appellent Civils.

CCXCVI.

LA diction *fruit* en sa signification plus large comprend toute utilité, commodité & profit, que l'on peut prendre d'une chose sans la diminution de la substance d'icelle; *fruit naturel* s'appelle celui que Nature produit, ou de soi-même sans l'aide de l'homme, ou avec l'aide & industrie de l'homme. Autres fruits sont, qui ne proviennent pas naturellement, mais par les pactions, commerces & autres inventions faites par les hommes pour la conservation de la societé humaine : lesquels fruits les Docteurs ont appellez civils par comparaison des naturels, *ad instar* qu'en certain, autres cas la loi met pour distinction les mots *naturel* & *civil*, comme en la possession, en l'obligation. Le Jurisconsulte en la loi, *si navis. ff. de rei vendicat.* dit de tels fruits civils, comme l'usure, *quòd non natura, sed jure proveniunt* : & en la loi *usura pecuniæ. ff. de verborum significat.* dit que l'usure n'est pas proprement *in fructu, quià non ex ipso corpore pecuniæ, sed ex alia causa provenit.* Doncques *fruits civils* sont ceux qui par le remede du droit civil, & par les pactions ou inventions des hommes sont pris & perçûs : & sont en diverses sortes ; comme les pensions & loüages des maisons & autres heritages; pensions de chevaux, & autres animaux qu'on a accoûtumé de loüer à prix d'argent ; les loüages de navires, bateaux & autres choses non aimées, qui sont mobiliaires, *l. in venditione. §. 1. ff. de bonis auct. jud. possid. l. mercedes. l. ancillarum ff. de petit. hæred. d. l. si navis. ff. de rei vend.* Sont autres fruits civils, comme les arrerages de redevances foncieres, & de rentes constituées à prix d'argent ; en la perception desquels arrerages il y a difference : car celui qui fait les fruits siens au jour auquel le payement échet des redevances foncieres, gagne l'arrerage entier, selon nôtre Coûtume au chapitre *des Fiefs*, articles 57. & 58. mais des rentes constituées, les arrerages se gagnent *pro rata temporis.* Et la raison de la diversité est, que la rente constituée à prix d'argent à proportion certaine & analogique avec le sort principal & le temps, comme quand on dit que la rente c'est le douziéme denier du sort principal par an. Et comme les Romains souloient stipuler leurs usures à raison de tant pour mois, dont est dite *l'usure centesime*, comme il se recueille en la loi *lecta. in iis verbis, in dies triginta in nummos centenos singulos nummos. ff. si cert. pet.* Et parce qu'il y a proportion certaine, la division *pro rata* y doit estre introduite, *l. Scio. ff. de annuis. legat.* Aussi on met au rang des fruits civils les parties casuelles, qui aviennent à cause de la Seigneurie directe & la Justice ou autre droit de superiorité ; comme quints deniers en fief, tiers deniers en bordelages, lods & ventes en cens, quand il y a mutation : car tels profits sont sans diminution ni alteration de la Seigneurie directe, & ne touchent le fonds. Autrement est des Commises, retenuës & autres reversions de la Seigneurie utile; quand elle est consolidée avec la directe; car tels droits ne sont au rang des fruits ; parce qu'il y va du fonds & y a réünion de la proprieté utile avec la proprieté directe, en vertu du droit retenu en la premiere concession. Ce qui est bien distingué par nôtre Coûtume, aux chapitres *Des Doüaires*, article 9., *& des Fiefs*, articles 57. & 58. Et quand aux Commises, n'est à propos ce qu'on allegue de la loi *usufructu legato. ff. de usufru.* où il se dit, qu'à l'usufruictier appartient la Commise de la maison ruineuse ajugée *ex secundo decreto ; quià non cavebatur damni infecti.* Car telle commise ne procede pas du fonds, ou droit foncier de la maison ; mais de cause exterieure, pour la contumace de celui qui ne baille seureté à son voisin à cause de la ruine éminente ; & parce que telle contumace est à l'interest de l'usufruictier. Aussi disons-nous que la confiscation acquise au Seigneur haut-Justier des biens assis en sa Justice, qui appartiennent à celui qui a été executé à mort, est au nombre des fruits de la Jurisdiction ; comme aussi sont les amendes. Ainsi le tient Bartole *in l. ult. ff. soluto matrim.* Mais si le fief est aquis au Seigneur feodal, parce que le vassal a tué, ou griévement offensé son Seigneur feodal, ores que le Seigneur feodal soit haut-Justicier, il le prendra par reversion franc de debtes & hipoteques, & non pas par confiscation ; & ne sera au rang des fruits : car la Commise est en vertu de la premiere concession, & de la Seigneurie directe. Aussi disons-nous que presentations & collations d'Offices & Benefices sont mises au nombre des fruits ; & ainsi est dit par nôtre Coûtume au chapitre *Des fiefs*, articles 57. & 58. & *Des doüaires*, article 9. Ce qui est prouvé par le droit Canonique *in cap. ex literis. ext. de jure patro.* où il se dit, que celui qui fait les fruits siens de la Seigneurie, presente le benefice, qui est de patronage ; lequel chapitre *ex literis*, se doit entendre au profit de ceux qui ont droit en la chose qu'on dit *in re* ; comme sont ceux qui ont la Seigneurie utile, *vel qui conduxerunt ad longum tempus*, & non de ceux qui sont conducteurs pour peu de tems. *Ità decidit. Paul. Castrens. consil. 361. vol. 1. & in cap. illa. ext. ne sede vacante :* où en consequence de ce que le Chapitre ne fait les fruits de l'Evêché siens *sede vacante*, aussi il ne confere les Benefices : & est noté par les Docteurs *in cap. cùm Bertoldus. ext. de sent. & re jud. cap. cùm olim. ext. de major & obedien. & in cap. querelam. ext. de elect. & in cap. consultationibus. ext. de jure patro.* toutefois si l'office est destiné proprement pour la conservation de la proprieté de la chose ; l'usufruictier n'en aura la nomination, ni collation, comme dit la loi *in saltuario & insulario*, le gruïer des forêts & le concierge de maison, *l. si ità legatus. §. 1. ff. de usu & habit.*

DE LA DIFFERENCE ENTRE LA *servitude de vûë, & de la clarté ou lumiere. Et que la Coûtume de Paris est plus politique que la nôtre.*

CCXCVII.

LES Compilateurs & Docteurs de la redaction de nôtre Coûtume, selon mon avis, ont pris trop au large la liberté que chacun peut avoir en son heritage. Et ont pris aussi trop à l'étroit le fait des servitudes, pour les raisons ci-aprés déduites. De vrai chacun est libre administrateur & gouverneur de ce qui est sien, & ainsi se dit *in l. jure. C. mand.* Ce qui s'entend quand à la volonté qui naturellement est attribuée libro à chacun : mais l'exercice de nôtre volonté est sujette aux loix civiles, qui approuvent aucunes de nos actions, & en reprouvent d'autres. La necessité requiert qu'ainsi soit pour la conservation de la societé des hommes. Car selon que nous sommes naïs, autant de têtes autant d'opinions : & naturellement chacun de nous est adonné de prendre avis contraire à celui d'autrui, comme il se dit en la loi *si unus. §. principaliter. ff. de recept. arbit.* Et pour faire qu'un corps mistique & politique composé de plusieurs personnes, se trouve d'un accord & consens en tous ses membres, qui se dit *concors discordia rerum*, il est necessaire qu'une & semblable loi commande aux volontez de tous, pour les faire pareilles l'une à l'autre. Doncques cette liberté qui est à chacun de nous, doit être enserrée & coarctée, pour obeïr au bien public ; mêmement és Villes closes qui ont droit de corps & communauté. Et il est raisonnable que nul ne fasse en sa maison, & és espaces à lui appartenans chose qui puisse nuire à son voisin, si tant est qu'autrement il s'en puisse passer ; car tous citoïens doivent vivre en union & amitié. La Coûtume de Paris ancienne & nouvelle és articles 200. & 202. de la nouvelle regle & ordonne quelles ouvertures, & de quelle façon chacun peut faire en son heritage propre, & ne permet indistinctement à celui à qui le mur est propre de l'ouvrir pour avoir vûë ou clarté sur son voisin. Nôtre Coûtume de l'an 1534. au chapitre *Des servitudes réelles*, article 9. permet à chacun d'ouvrir le mur qui lui est propre en telle façon qu'il lui plaît, pour avoir vûë ou clarté sur son voisin ; & permet au voisin d'empêcher cette vûë ou clarté par bâtiment au contraire. Cette liberté de nôtre Coûtume donne occasion d'animositez & fâcheries des voisins l'un contre l'autre : même parce que bien souvent avient que celui qui a son mur propre, fera ouverture plûtôt pour déplaire à son voisin que pour necessité ou utilité qu'il en ait. Et avient aussi que le voisin ou irrité de la discourtoisie de son voisin, ou par un naturel mal plaisant, s'avisera de faire muraille en son heritage non necessaire, pour empêcher l'entreprise de son voisin. Ainsi chacun d'eux recevra déplaisir & perte. Doncques il seroit mieux à propos, selon ladite Coûtume de Paris, article 200. que nul en son mur propre joignant à l'heritage d'autrui ne peut faire ouverture, sinon à neuf ou à sept pieds au dessus du soulier, & à verre dormant. Car par ce moïen il reçoit la clarté du Ciel, & n'a moïen de regarder en l'heritage & maison de son voisin. Aussi les Anciens ont blâmé ceux qui sont curieux de ce qui se fait en la maison d'autrui ; le proverbe Latin tiré du Grec est,

Ædibus in nostris quæ recta, aut prava geruntur.

Et le Jurisconsulte Paulus blâme la curiosité qu'aucuns a és affaires d'autrui, *l. doli. ff. de novat.* Suivant ce il seroit expedient de reformer nôtre Coûtume. Encore il se peut dire és termes de nôtre Coûtume, que combien que la liberté soit de hausser ; toutefois si le voisin le fait par animosité sans aucune sienne utilité, il peut être empêché, *Alexand. consil. 174. vol. 2. & allegat Cynum, & Salic. etiam in l. altius. C. de servit. & aqua.* Cette sujection de ne pouvoir faire par chacun ce qui lui plaît au sien n'est pas droit de servitude ; ains est une loi politique servant en commun, & propre pour faire vivre les citoïens en amitié les uns avec les autres : *quæ vera libertas est, cancellos habens certis & æquis legibus compactos.* Nos loix remarquant ainsi quelques droits qui semblent servitudes, & ne le sont pas ; comme de la sujection en laquelle est l'heritage en plus basse assiette, à l'égard de celui qui est en plus haute, *l. 1. §. sed etsi unius. ff. de aqua pluv. arc.*

Or ce ne sont servitudes ni droits semblables, vûë & clarté. Le droit & servitude de vûë que les Latins disent *jus prospectus*, est quand aucun a droit d'avoir ouverture sur son voisin à la hauteur de la ceinture, pour regarder & voir en l'heritage de son voisin. La servitude de clarté ou lumiere est pour recevoir la clarté du Ciel sans avoir droit de regarder. Comme il se dit en l'article 200. de la Coûtume de Paris ; avoir l'ouverture à neuf ou sept pieds de haut ; qui excede la hauteur de la personne. Ce que les Latins appellent *jus luminum.*

A QUI DOIT ESTRE CENSE'E appartenir la haye ou fossé entre deux heritages ?

CCXCVIII.

LA commune usance en ce païs est, que celui qui fait un fossé au confin de son heritage pour le garder, jette la terre issant dudit fosse de son côté ; en sorte que le bord du fossé de l'autre côté fait l'extrémité du Confin. Dont vient la regle que le fossé appartient pour le tout à celui du côté duquel est le ject, c'est à dire, la terre qui a été jettée hors du fossé. Et si le ject du fossé se trouve tant d'une part que d'autre, auquel n'apparoisse aucun ject, la presomption est que le fossé est commun entre les deux voisins. La raison peut être au premier cas, qu'il n'est à propos que le ject serve de confin ; parce qu'en jettant, la terre s'étend & épanche en quelque endroit plus, en autre endroit moins ; & partant ne pourroit faire un confin bien proportionné ; mais le bord du fossé du côté dont le ject n'est pas, est tiré à ligne droite, & fait un confin certain jusques à un doigt prés. Vrai est que par la loi de Solon, donnée aux Atheniens, & recitée en la loi derniere, *ff. finium regund.* Celui qui fait fosse ou sepulchre au confin d'un heritage, doit laisser autant d'espace par delà la fosse ou sepulchre, comme il y a de profondeur en la fosse. La même loi dit, si aucun plante une haïe au confin, qu'il ne doit outrepasser la limite. Mais l'usance est, comme est pour planter une haïe vive, de faire un fossé, & sur le ject du fossé d'enterrer le plant, dont on veut faire la haïe : car en terre nouvellement jettée ledit plant prend plus aisément racine. Quant à la haïe vive, si le fossé fait par l'occasion & façon que dessus, apparoît être par delà, la haïe sera presumée appartenir pour le tout à celui du côté duquel elle est, icelle haïe étant entre l'heritage & le fossé : car, comme dit est, le bord du fossé est le bout du confin. Et si par le milieu de la haïe apparoît une concavité, montrant qu'il y ait eu fossé, la haïe sera presumée commune. Et s'il n'apparoît aucunes des marques susdites, ou autres marques, comme de borne ou bonde, l'on doit presumer de la proprieté de la haïe selon la nature des heritages ausquels elle sert de clôture. A sçavoir, si elle est entre une terre labourable, & un jardin, ou une vigne ; la presomption sera que la haïe appartienne à celui qui est proprietaire du jardin ou de la vigne ; parceque telle sorte d'heritage a plus de besoin de clôture, & par chacun an, & par chacune saison de l'an. De même si c'est entre la terre labourable & le pré, car le pré a besoin de clôture tous les ans ; & encore contre les porcs en toutes saisons de l'an. Et selon cette raison ainsi és autres heritages, par la raison de droit *in juribus prædiorum, ut illa quæ ferè in consuetudine esse solent, etiamsi nihil sit nominatim comprehensum debeant subintelligi, l. si priùs. §. 1. ff. de aqua pluvia arcenda, & arg. l. qui luminibus. ff. de servit. urb. præd.*

DU DROIT SINGULIER DE CE pays, d'être crû de la prise de bêtes en dommage.

CCXCIX.

CE païs de Nivernois par sa constitution naturelle est plus propre à nourriture de bétail, qu'à aucun autre ménage rustique ; & neanmoins est mêlé pour avoir toutes autres commoditez des champs : mais la nourriture du bétail est le plus. Aussi il n'y a Province en France qui ait tant d'articles de Coûtume concernans le bétail & le ménage des champs, qu'à nôtre Coûtume. Et par ce que le païs est couvert & n'est pas grandement peuplé, & partant il est mal-aisé de recouvrer témoins à chacune fois que les bêtes font dommage, il a été besoin par loi singuliere & exorbitante des regles communes de droit, de permettre à chacun de prendre en son dommage les bêtes d'autrui, & ordonner que le preneur seroit crû de sa prise. Mais pour executer ce privilege, il est besoin que ces diligences se fassent presentement sans divertir à autres actes ; & que le preneur ait en sa puissance, ou mette en main de Justice les bêtes prises. Ou bien que promptement il se plaigne & rapporte ses diligences qu'il a faites de prendre les bêtes en dommage, quand il n'a pû les prendre. Car ces exploits fait soudainement & comme en sang boüillant sont plus croyables qu'ils ne seroient si le lendemain ou autre temps aprés il venoit rapporter le dommage qui lui est fait. Ainsi quand la loi permet à aucun de se venger lui-même du tort qui lui est fait, il doit tout promptement executer, & avec témoignage de clameur & plainte, comme il se dit *in fure nocturno, & in adultero, l. 4. ff. ad leg. Aquil. l. quod ait. §. ult. & l. capite. ff. ad leg. Jul. de adult.* Ainsi en certains cas la loi permet à chacun prendre vengeance du tort qu'il a reçû, *l. 1. & 2. C. quandò licet cuique sine jud. se vind.*

DES RAPPORTS QUI SE FONT par Experts.

CCC.

SELON les regles de droit, quand aucune question se presente devant le Juge qui gît en science mechanique, ou d'art manufactrice, ou qui n'est de la science du Jurisconsulte, le Juge doit prendre l'avis des ouvriers, artisans & autres, qui font profession de la science, par laquelle telle question doit être jugée. Ainsi se dit *in l. comparatione. C. de fide instrum. l. 1. & seq. ff. si mensor falsum modum dix.* Et est accoûtumé que le Juge semond les parties litigantes de convenir d'experts ; ou bien ordonne que chacune des parties en nommera un, & tous deux ensemble conviendront d'un tiers ; & à leur discord, refus, ou delai d'en convenir, le Juge doit nommer le tiers de son office, *l. ult. §. sin autem verf. electione. Ce de judiciis*, *& l. si quis super. C. finium regund.* Et est expedient que le nombre soit non pair, comme de 3. ou 5. afin que la plus grande part puisse emporter la moindre ; ce qui ne seroit, si le nombre estoit pair : & suffit que la plus grande part soit d'un avis, *l. 1. §. & notandum. ff. de vend. inspic.* Et si le Juge en nomme de son office, les parties peuvent proposer reproches ou recusation, pour empêcher qu'ils soient reçûs, *cap. causam ext. de probat.* Et doit la visitation & le rapport estre fait par autorité & examen du Juge de la cause, *l. semel. C. de re militari, lib.* 12. Et si le Juge connoît estre besoin, il doit lui-même se transporter sur le lieu contentieux, & le voir & visiter à l'œil avec lesdits experts, *l. si irruptione. §. 1. ff. finium regund. cap. quia ex præscript.* Tels experts doivent prêter serment pardevant le Juge, *d. l. compartiones. C. de fide instrum.* Et leur assertion peut estre non precise ; c'est à dire qu'il suffit qu'ils témoignent, & rapportent qu'ainsi leur semble : qui est ce que disent les Latins *ità sibi videri*, & non pas precisément qu'insi soit, *l. 1. §. 1. ff. de ventre inspic.* Et si on ne peu recouvrer des experts en nombre de deux, ou plus, on peut se contenter d'un seul, *cap. 3. versic. quod autem. in Authent. de non alienand. collat.* 2. Toutefois audit cas, quand il n'y en a qu'un, le plus seur est d'appeller avec lui deux ou trois notables personnes, qui par l'instruction & remonces que fera ledit expert, puissent comprendre ce qui est de l'affaire, & en dire leur avis avec raison probable. Aussi la Coûtume est à Paris & autres bonnes Villes qu'avec les massons & charpentiers, & autres experts on appelle un ou deux notables bourgeois, pour éviter la suspicion contre ceux de l'art, qui ordinairement sont prompts à trouver moyens pour être employez en leur manufacture. Les salaires de tels experts doivent être payez par les parties *pro rata*, & pour la portion que chacun a ; ou pretend en la chose visitée, *l. 4. §. sed etsi mensor. ff. finium regund.* Et combien qu'il soit dit *in d. l. 1. ff. si mensor falsum mod.* que l'arpenteur ou mesureur est seulement tenu de dol & non de coulpe : toutefois parce que ladite loi & les surviuantes ajoûtent la raison ; en ce qu'il est employé par honneur, & son salaire à cette cause s'appelle *honoraire*, je croi que ladite decision auroit seulement lieu auprés de nous à l'égard des bourgeois & autres notables, qui seroient appellez avec les massons & charpentiers. Mais à l'égard des massons & charpentiers, le labeur desquels a accoûtumé d'être payé par journées & salaires *ad instar*; de location, je croi qu'ils seroient tenus de leur coulpe, *etiam* de leur imperitie ; *l. illicitas. §. sicuti. ff. de offic. præsid.* La Coûtume & l'usance presque generale de ce Royaume a admis & reçû, que l'une des parties puissent requerir l'amendement du rapport par la visitation qu'autres experts feront ; en la Coûtume de l'an 1534. au chapitre *Des servitudes réelles*, article 17. Et il se rapporte à ce qui est dit *in l. societatem. §. arbitrorum. ff. pro socio, & in l. si quis arbitratu. ff. de verb. oblig.* Mais je croi que cette seconde visitation doit être faite aux dépens du requerant ; sauf à recouvrer en fin de cause, s'il est trouvé que les premiers experts eussent doucement, ambitieusement ; ou ignoramment rapporté.

SI LE BOIS DE HAUTE-FUTAYE sont vaine pâture hors le temps de glandée ? & de même le bois taillis aprés les quatre ans ?

CCCI.

PAR les Coûtumes de l'an 1491. & 1534. en celle-cy, au chapitre *Des bois & forests*, article 4. Les bois de haute-fûtaye, qui ne sont clos ni fossoyez, sont reputez vaine pâture au temps que les bois ne sont de défense ; comme aussi il est rapporté au chapitre *De blairie*, article 5. Mais ores que le Seigneur reçoive la redevance accoûtumée pour la blairie, il n'est pas tenu pourtant de fournir heritages en vaine pâture ceux qui par la Coûtume sont en vaine pâture. Car ce droit de vaine pâture *facultatis est*, *non juris*, *vel servitutis.* C'est à dire, que si les propproprietaires des heritages les veulent delaisser en vaine pâture, pour le temps qu'ils ne sont de défense, il soit loisible d'y envoïer ses bêtes pâcager. Mais lesdits proprietaires peuvent, si bon leur semble, les tenir en garde & défense, ores que par la Coûtume ils ne soient de garde. Comme il se voit au chapitre *Des prés & rivivres*, article 2. en ces mots, *Qui bouche, il garde.* Et ne peut nuire au Seigneur foncier & proprietaire, si lui-même est Seigneur Justicier, prenant le droit de blairie. Car la blairie ne se paye pas pour quelques heritages particulierement ; mais pour la permission de pâcager és heritages, qui fortuitement, ou par la volonté des proprietaires se trouvent en vaine pâture. Autrement seroit, si le Seigneur recevoit quelque redevance, dont la charge fût destinée specialement pour le pâcage en telle terre : car en ce cas le Seigneur seroit tenu precisément fournir le pâcage en icelle, & ne pourroit la tenir en défense. Le droit de blairie semble avoir pris son origine des droits publics, dont les Seigneurs Justiciers par l'ancienne usance de ce Royaume ont pris les profits, comme de la bannalité és rivieres navigables, & autres perpetuelles. Car au rang des vaines pâtures sont les grands chemins & terres vacantes, dont la loi par le droit des Romains estoit telle, que les lieux publics servoient à l'usage de chacun par le seul droit d'estre citoyen, & non comme propres à ceux qui s'en servoient *in l. 2. ff. nequid in loco publico*, *l. sed Celsus. ff. de contrah. empt.* Mais en France les Seigneurs Justiciers se sont approprie ce qui n'étoit en la proprieté d'aucun particulier, comme le droit de pâcage és grands chemins. Et parce que l'heritage pour le temps qu'il n'est de défense, & qu'il n'est clos ni bouché, semble estre tenu *pro derelicto* quand au pâcage, les Seigneurs se sont attribuez ce droit de pâcage cōme vacant, & en ont tiré la redevance dite blairie ; qui est pour la souffrance de pâcager les bêtes és heritages qui ne sont en défense. Doncques le Seigneur proprietaire d'un bois de haute-fûtaie peut le tenir en dé fense en toutes saisons de l'année, pourvû qu'il fasse publier bien competemment & sous l'autorité de Justice avec une sommaire connoissance de cause, que tel bois est, & sera de défense en tout temps. La cause pourra être qu'il veut repeupler son bois s'il est dépeuplé, ou le renouveller s'il est vieux. Car quand le gland ou faîne ou autre fruit d'arbre chet & s'enterre, il produit du revenu : & si les bêtes y vont quand le revenu est encore jeune & tendre, elles le broutent & il se perd. Ce qui avient és mois esquels le bois n'est clos pour la paisson. Car la clôture pour la paisson est depuis la saint Michel jusques au commencement de Février. Et és autres mois le fruit enterré jette & le bois boute : & c'est le temps qu'on appelle, *vaine pâture*. Et quand la volonté du Seigneur est ainsi declarée & l'Ordonnance bien & dûëment publiée, je croi que le bois est de défense en tout temps, ores qu'il ne soit clos ni bouché. Car chacun qui a du bétail doit lui donner bonne garde, pour empêcher qu'il ne voise en dommage. Autant en doit-on dire des bois taillis aprés les quatre ans, dont il est parlé par la Coûtume.

EN QUEL CAS IL SE DOIT DIre la garde faite du bétail faisant dommage?

CCCII.

LA *garde faite* est proprement, quand le pasteur à son écient tient son bétail pâcageant en l'heritage d'autrui au temps qu'il est de défense : l'amende de garde faite est ordinaire de soixante sols. La Coûtume de Bourbonnois, article 531. distingue mieux que la nôtre le cas de garde faite; comme si le pasteur débouche l'heritage qui est clos pour donner moïen à son bétail d'y entrer, & il y entre; ou s'il est proche du lieu dont il puisse voir son bétail, & ne le détourne pas. Et en general il se doit dire quand il met son bétail en l'heritage ou à son écient le souffre en icelui : *Nam in omni jure is tenetur, qui impedire debet, & sciens non impedit, & est perindè ac si faceret, vel juberet, l. scientiam. ff. ad leg. Aquil.* Parce que la garde faite implique dol & furt : car c'est furt, si aucun se sert ou prend profit & usage du bien d'autrui sans & outre le gré du proprietaire; & telle est la définition *ipsius rei, vel usûs ejus.* La preuve de la garde faite doit être par deux témoins autres que le preneur, & ne passe par la regle commune, que le preneur est crû de la prise. Or j'estime que l'on doit juger pour *garde faite*, quand aucun est coûtumier de laisser aller son bétail sans garde. Car il peut & doit sçavoir que les bêtes par leur mouvement naturel vont au lieu où le pâcage est le plus favoureux, qui est ordinairement l'heritage qui est en défense. Joint que la raison est, & par un article de l'ancienne Coûtume il est dit, que chacun doit prendre garde à son bétail : ainsi est à croire qu'il est sçachant & consentant du mal & dommage que fait son bétail; pourquoi il en tenu, comme aïant non seulement donné occasion, mais aussi donné cause au dommage. Aussi par la Coûtume de Meaux sont mis à parti pareil la garde faite, & le bétail sans garde. *Et magna negligentia in doli crimen cadit, l. 1. §. is quoque. ff. de actionib. & oblig.* & ailleurs dit le Jurisconsulte *culpam latiorem dolum esse, l. quod Nerva. ff. depos. & quòd lata culpa dolum repræsentat, l. 1. §. non autem. ff. si quis testam. liber esse dic.* Pourquoi je pense que les compilateurs de la Coûtume de l'an mil cinq cens trente-quatre, en plusieurs endroits ont failli de mettre en même rang d'amende la prise par échapée, & la prise à bandon. Car *l'échapée* est quand le bétail s'échape & se détourne de la vûë & de la garde du pasteur; mais *à bandon* est, quand il est abondonné & sans garde. Pourquoi il seroit bon que l'amende du bandon & sans garde fût pour le moins la moitié de la garde faite. Et s'il est coûtumier d'envoïer son bétail sans garde, que l'amende fût entiere de la garde faite.

SI LE DROIT D'USAGE PEUT être vendu par l'usager, & de la maniere d'user?

CCCIII.

L'USAGE selon le droit des Romains, est personnel, & octroïé pour la seule commodité de la personne à laquelle il est octroïé & pour sa vie durant. Et ne peut l'usager vendre ni transporter à autre personne les fruits de la chose dont il est usager, *l. denique, l. usus pars. ff. de usu & habit.* Fors qu'en certains cas quand l'usage seroit inutile à l'usager s'il ne lui étoit permis de vendre le fruit : car en tel cas l'usage emporte l'usufruit, *l. Divus. ff. eodem.* Mais selon nôtre Coûtume & plusieurs autres de France, les usages de bois & pâcages sont réels, & sont concedez par les Seigneurs à leurs sujets ou à leurs voisins en consideration des maisons qui appartiennent ausdits usagers : *sic fit ut debeantur rei à re*, & sont hereditaires : en telle sorte toutefois que si l'usager transfere sa demeurance en autre part, il perdra son usage. De grande ancienneté les Seigneurs voïans leurs territoires deserts & malhabitez, concederent les usages à ceux qui y viendroient habiter, pour les y semondre; & à ceux qui ja y étoient pour les y conserver, & retindrent quelque legere prestation plûtôt en reconnoissance de superiorité, qu'en profit pecuniaire. Pourquoi il me semble que de present il n'est pas à propos de regler les usages si étroitement, comme l'on dit avoir été donné plusieurs Arrêts en la Chambre des Eaux & Forêts à Paris : parce qu'il semble que la concession n'a pas été purement gratuite & avec liberalité. Toutefois il est passé comme pour regle generale, que si les bois sujets à usage sont de fort grande étenduë, l'usage soit restraint au tiers ou au quart desdits bois selon le nombre des usagers; & l'outre plus soit delaissé au

Seigneur proprietaire pour en diſpoſer ainſi que bon lui ſemblera: Ce qui ſemble être fondé en raiſon: mais depuis que les uſages ont été reglez par Ordonnances & Edits generaux, & que la charte aux Normands pour la declaration de mort-bois a été reçûë au Parlement de Paris par Edit du quatriéme d'Octobre de l'an mil cinq cens trente-trois, auſſi eſt-il expedient que les uſagers ménagent les bois de telle façon que feroit un bon ménager ſes bois propres: quoi faiſant le tiers fournira ce que le total ſouloit fournir: qui eſt ce que porte l'ancien proverbe, la moitié eſt plus que le tout. Or par l'Edit ſur le fait des bois & forêts de l'an 1516. article 46. eſt dit, que les uſagers pour ardoir ne peuvent uſer ſinon ainſi que l'état du bois peut porter, & ſelon la qualité des perſonnes. Et en l'article 47. pour s'en aider au lieu pour lequel ils ſont uſagers. Et s'il avenoit que l'uſager devint beaucoup plus riche, & ſon ménage & ſa famille augmentât par moïens venans d'ailleurs que de ſa premiere famille, ſon droit d'uſage ſeroit reſtraint à l'état ancien, *cap. quanto. ext. de cenſib. l. non modus. Cod. de ſervit.* Et ſi un ménage ſe part en deux, chacun aura ſon droit, en ſorte toutefois que l'uſage ne ſeroit ſurchargé, *l. ſi partem. ff. de ſervit. ruſt. præd. & facit. l. damni. §. ſi is qui vicinas. ff. de damno infecto.* Auſſi il ſe doit dire, que ſi l'uſager vend le tenement pour raiſon duquel il eſt uſager, que le droit d'uſage appartiendra à l'acheteur; & ne pourroit vendre ledit droit d'uſage ſeparément, parce qu'il eſt adherent au tenement; & en vendant l'univerſité & corps, les droits y adherens ſont transferez, qui ſeparément ne pourroient être vendus, *l. quædam. ff. de adquir. rerum. dom. l. in modicis. ff. de contrah. empt. cap. ex literis. ext. de jure patro.* Pourvû toutefois que l'acheteur ne ſoit de plus grande qualité pour plus charger le bois qu'étoit le vendeur par ladite Ordonnance de l'an 1516. article 88.

COMME SE DOIVENT PARTIR *les fruits de l'année en cas de retrait?*

CCCIV.

LES fruits pendans ſont portion du fonds, *l. fructus. ff. de rei vend.* Et ſelon la ſubtilité de droit on ne peut prendre raiſon ſeparée de la ſuperficie & du fonds ou ſols, ains doivent être cenſez même choſe, *l. obligationum ferè §. placet. ff. de act. & oblig. l. nunquam. ff. de uſucap.* Surquoi eſt fondée l'opinion de ceux qui diſent que le retraïant lignager ou conventionnel doit prendre l'heritage en l'état qu'il le trouve lors de l'adjudication: & fût-ce la veille des moiſſons ou vendanges, par la raiſon de la loi *Julianus. §. ſi fructibus. ff. de actionib. empti.* Maître René Chopin au traité *de privileg. ruſt. lib. 3. cap.* 5. dit avoir été jugé par Arrrêt du 31. de Mai 1566. que le vendeur qui rachete dans le temps à lui prefix par le réemeré, prend les heritages avec les fruits en l'état qu'il les trouve. Mais nous ne voïons pas quel étoit le fait particulier qui a été decidé par ledit Arrêt. Et ſe peut faire que l'heritage ait été vendu en pareil état, & pareille ſaiſon quant aux fruits, comme il étoit au temps du rachât. Et ſi ainſi étoit celui qui eſt évincé par rachât ſe trouveroit ſans interêt. Ou bien qu'il y eût autre raiſon particuliere qui eût mû la Cour d'ainſi le juger: car de vrai ſelon la ſubtilité de droit, *& ex ſummo jure fructus pendentes cedunt fundo: ſed ſecundùm æquitatem (æquitatem, inquam, in jure fundatam, non à me inventam & excogitatam) mihi videtur; quòd ſi propinquus accedat ad retractum tempore proximo ante collationem fructuum, & fundus emptus eſſet diù antè, & emptoris induſtria & ſumptu benè cultus; vel ſi ejuſmodi fructus eſſet, qui ſine magna operâ, vel induſtria proveniat; doli mali exceptione repellendum eum, qui totos fructus advocare ad ſe velit, ſola impenſa reſarta, quæ fructuum cauſa facta eſſet. In quam opinionem adducor auctoritate Regii edicti ſuper redemptione fundorum Eccleſiaſticorum, menſe Januario 1563. publicati in Parlamento 27. die ejuſdem menſis*, article 7. par lequel eſt dit, qu'és rachâts que l'Egliſe fera des heritages alienez, ſuivant les Edits precedens, les fruits de l'année du rachât ſe partiront *pro rata* de temps entre les acheteurs & l'Egliſe. Et ſera noté que par le preambule dudit Edit appert que cette faculté de rachât eſt accordée à l'Egliſe *ad inſtar* de retrait lignager. Et encore parce que les fruits ont correſpondance avec les profits que les deniers peuvent licitement produire. Car l'acheteur prenant opinion d'acheter heritage, deſtine d'en recouvrer les profits par la perception des fruits de l'heritage. Et n'eſt pas comme de celui qui prête deniers: car le prêt de ſon naturel doit être gratuit; mais l'heritage par ſon naturel apporte profit. Doncques l'acheteur qui a formé ſa deſtination licite pour recouvrer profit de ſes deniers n'en doit être fruſtré. Et c'eſt la raiſon de la loi *curabit Cod. de actionib. empti.* Et dit la gloſe *quod hoc caſu petitur uſura, non ut uſura, ſed ut legitimum intereſſe debitum etiam jure Canonum.* A la ſuite de cette raiſon je croi que le retraïant devroit avoir le choix, ou de païer les legitimes interêts des deniers débourſez par l'aquereur depuis le jour du débourſement, juſques au jour du rembourſement; ou de partir les fruits *pro rata* de temps avec l'aquereur évincé par retrait: *Nam qui fructus prædii percipit, æquum eſt eum uſuras pretii pendere, l. Julianus. §. ex vendito. ff. de act. empti. Et uſuræ comparantur, & eadem ratione debentur quâ fructus percipiuntur, l. filius. ff. de collat. dotis: ideòque uſura plerumque petitur loco ejus quod intereſt, l. ſocium. ff. pro ſocio.*

QUE LE RETRAIT LIGNAGER *peut estre exercé aprés l'an & jour, quand il y a eu dol de l'acquereur.*

CCCV.

L'Action & le droit du retrait lignager ne dure que par an & jour aprés la possession réelle prise par l'aquereur. Et dit la Coûtume, que les mineurs, les absens pour la cause de la Republique, & autres personnes sujetes à restitution en entier ne sont restituées contre cette prescription d'an & jour, au chapitre *De retrait*, article 10. qui est contre la constitution du droit Canon, *in cap. constitutus. ext. de restit. in integ.* Mais les constitutions Canoniques és affaires temporelles, qui ne sont de la donation temporelle du Pape & de l'Eglise Romaine, n'ont aucun pouvoir. *cap. causam. 2. cap. per venerabilem. ext. qui filii sint legit.* Doncques ores qu'il y ait eu collusion, dol & fraude entre l'aquereur & le retrayant, l'action du retrait est perie *ipso jure* par le laps d'an & jour. Mais le lignager pourra intenter l'action *de dolo* contre cet aquereur fraudateur, par le moyen de laquelle il requerra estre reçû à intenter l'action de retrait, nonobstant le laps d'an & jour; & par même moyen conclura audit retrait. Car l'action *de dolo* est un remede subsidiaire, quand par le dol de partie adverse le temps de l'action s'est passé, *l. §. idem Pomponius. ff. de dolo malo.* Et s'il y avoit remede de restitution en entier, il s'en faudroit aider sans venir à l'action *de dolo.* Ce qui s'entend, pourvû que ce lignager vienne à son action incontinent aprés, ou tout au plus dedans l'an aprés que le dol s'est découvert. *Nam cùm hæc actio sit subsidiariâ ad restitutionem in integrum, non debet habere plus temporis, quàm haberet primaria actio. Restitutio enim fit ad tantumdem temporis, quantum perierat, l. sed etsi. §. quoties. ff. ex quib. caus. majores.* Ou bien sans agir par l'action *de dolo,* si le lignager exerce l'action de retrait, & que le possesseur fasse objection de l'an & jour, par la replication de dol le demandeur pourra confirmer & rendre son action utile, qui de soi estoit inutile, par la raison de la loi *rem alienam. ff. de pignor. act.* Je conseillerois aux lignagers, quands ils voyoient une prevention qu'ils doutent estre frauduleuse, d'intervenir en la cause, faire une declaration de leur volonté de retraire, & protester, si aucun dol ou collusion se découvre, d'y pouvoir venir, par la raison de la loi *de pupillo. §. si quis ipsi. ff. de novi. oper. nunt.* Les fraudes & simulations ordinairement ne se peuvent découvrir que par conjectures & presomptions, *l. dolum. C. de dolo : & quià ii qui fraudem meditantur, hoc potissimùm agunt, ut quàm occultissimè agant, ut proprium est fraudis, ut sub specie boni malum irrepat. Notum est carmen Horatii,* lib. 1. Epist.

> *-----pulchra Laverna,*
> *Da mihi fallere, da justum sanctumque videri*
> *Noctem peccatis, & fraudibus obiice nubem.*

Les Docteurs alleguent certains argumens propres à descouvrir la fraude, quand au contrat sont clauses insolites; *Bald. in l. si quis sub. conditione. ff. de condit. instit. Ubi abundant cautulæ, ibi abundat fraus; Bald. in cap. ex literis. ext. de consuet. Vel diligentia insolita, vel si sint instrumenta separata. Ita Molin. in addit. ad consil. Alexand. 28. vol. 1. Possunt addi & hæ conjectura, si persona tertia sit interposita, l. non existimo. ff. de adminiſt. tut. l. pupillos. §. item vers. sed etsi ff. de auct. tut. si sit consuetus fraudare, vel in alio contractu fraudem commiserit, l. 3. §. item erit. ff. de susp. tut. si is qui se alienasse dicit reperiatur possidere, l. sicut. §. supervacuum. ff. quib. mod. pig. vel hypo. sol. vel si quid moliatur sub prætextu juris stricti, quod sibi non prosit & alteri noceat, l. virilis. §. si adjecit. ff. de legat. præstand.*

SI COMPENSATION PEUT ESTRE *proposée sans lettres Royaux?*

CCCVI.

Compensation n'est pas un remede qui emporte grace, ains un expedient qui a été trouvé par les Jurisconsultes, fondé sur une raison politique, propre à conserver la societé & amitié entre les hommes, & pour éviter les animositez, frais & longueurs qui peuvent intervenir; quand chacun creancier poursuit le paîement de sa dette, & le detteur executé veut rendre la pareille à son creancier. Les anciens Praticiens avoient reçû cette regle, que le Juge ne pouvoit contraindre les parties à compenser sans lettres Roïaux, & ainsi étoit usité. Puis quelque temps les Juges se sont élargis non seulement à cét égard, mais en plusieurs autres cas, esquels on avoit accoûtumé d'avoir recours en Chancelerie, comme pour mettre à execution une sentence surannée à charge d'opposition. Cét usage nouveau a été confirmé par la nouvelle Coûtume de Paris de l'an 1580. article 105. qui admet compensation de dette liquide à autre dette liquide. Ce qui s'entend quand les causes des dettes procedent de diverses sources. Car si le contrat ou negoce est tel qu'il soit sujet à rendre compte & à examiner recette & dépense, comme est és cas esquels l'action est double, *una directa, altera contraria, veluti in tutela, in mandato, in negotiis gestis,* la compensation se fait *ex necessitate negotii;* & la partie liquide doit attendre la liquidation de la partie non liquide. Et jusqu'à ce que tous les articles tant en recette que dépense aïent été examinez, discutez & diffinis, il ne se peut dire que le rendant compte doive aucune chose, & audit cas la compensaton se fait de non liquide avec le liquide. Il semble que les loix permettent la compensation, quand l'une des dettes n'est pas tout promptement liquide; mais se peut liquider dedans peu de temps, *ut in l. aufertur. §. compensationem. ff. de jure fisci;* où il est parlé du delai de deux mois, *etiam in causa fisci. Compensatio etiam admittitur in rebus quæ non habent æstimationem certam, si proportio partium certa est, ut l. 1. §. item si cum. ff. si pars hæred. pet. Fit etiam plerumque*

compensatio

compensatio delicti cum delicto, si delictū sit merè in personam, & propter proportionatam conjunctionem, ut in viro & uxore, l. viro. ff. soluto matrim. Sic etiam dolus dolo compensatur, l. ultim. §. penult. ff. de eo per quem factum erit, & negligentia negligentia, l. si ambo. ff. de compensat.

COMME S'ENTEND CE QUI SE dit en pratique, Que reconvention n'a point de lieu en Cour laye?

CCCVII.

LEs Canonistes meilleurs Praticiens que Theologiens, ont plus enseigné la pratique & maniere de demener les procez, que les Docteurs de droit Civil. Aussi par leurs decisions ils ont fort embroüillé la plaidoirie, entr'autres ils ont étendu bien largement le droit des reconventions, qui aucunement étoit introduit par le droit Civil, *in l. cùm Papinianus. C. de sentent. & interlocut.* où sont ces mots, *cujus in agendo quis observat arbitrium, eum habere & contra se judicem in eodem negotio non dedignetur* : & combien que la loi dise *in eodem negotio*; les Docteurs & les Canonistes ont étendu *etiam* aux causes d'autre nature & d'autre qualité; *etiam* que le Juge de la cause soit delegué, & non ordinaire, comme il se dit *in cap. 1. ext. de mutuis petit.* & ont mis une exception, si le Juge étoit incompetent precisément du fait de la reconvention; comme si c'étoit un Juge laï, & la reconvention fût pour chose spirituelle. Cette permission étant en usage donneroit occasion de rendre tous procés sans fin, ou les mettroit en longueur & en difficulté; entant que celui qui seroit convenu en une action dont l'expedition de sa nature seroit aisée, pourroit mettre avant une action de grandes longueurs & difficultez, & seroit l'une empêchée & retardée. Pourquoi à grande raison nos predecesseurs ont pratiqué en Cour laïe, que reconvention n'a point de lieu. Et ainsi il est dit au stile du Bailliage de Nivernois, au titre *De l'ordination des causes civiles*, article 13. Mais par la nouvelle Coûtume de Paris, article 106. est dit que reconvention a lieu, quand elle dépend de l'action premiere, & que la demande en reconvention est la défense contre l'action premierement intentée. Et en ce cas le défendeur par le moïen de ses défenses se peut rendre demandeur. Qui est proprement suivre le texte *in d. l. cùm Papinianus in verb. in eodem negotio.* Et à ce se rapportent les loix qui parlent des moïens qu'aucun peut proposer, & par action s'il veut commencer; & par exception s'il est prevenu, *ut in l. si autem. §. si quocunque. ff. de nego. gest. sic in l. necnon. §. penult. ff. ex quibus causis majores, & l. Papinianus. §. si filius. ff. de inoffic. testam.*

QUE LES OBLIGATIONS SANS declarer les circonstances particulieres ne sont valables.

CCCVIII.

LEs loix Romaines par le moïen des grandes raisons & bien politiques, sur lesquelles est leur fondement, à bon droit ont été reçûës par nous, pour nous aider quand les Constitutions de nos Rois, ou nos Coûtumes nous défaillent, ou pour interpreter nos Coûtumes. Et les grands effets provenus du gouvernement politique de Rome font connoître que ce peuple par don de Dieu avoit la lumiere de l'entendement bien nette & le cœur bien franc. Entre autres loix generales desdits Romains, l'une est que par une seule & nuë volonté nul ne perd la proprieté de son bien, nul n'est obligé a autrui, ains ait besoin que la volonté soit accompagnée de quelque cause, ou titre approuvé par le droit Civil, *l. si quis vi. §. differentia. ff. de adquir. possess. l. nuda. ratio. ff. de donat. l. nuda. ff. de contrah. empt. l. jurisgentium. §. sed cùm nulla in verb. cùm nulla sub se causa præter conventionem, id est, cùm nihil aliud exprimitur, nisi quià ità vult. ff. de pact.* De vrai c'est chose perilleuse & pleine de caption & insidiation, que toutes paroles des personnes soient prises comme dites à bon écient & serieusement; parce que souvent en devisant, ou par autre occasion, ou en riant beaucoup de propos sont tenus. Ainsi se dit *in l. Divus. de militari test. l. si privatus. ff. qui, & à quib. manumissi, &c.* où il est parlé du Seigneur d'un esclave, qui pour le sauver du foüet avoit declaré que son serf étoit libre; & pourtant n'est fait libre, parce que l'intention de son maître n'étoit pas de l'affranchir : ainsi il se dit *in l. ult. ff. quod falso tutore.* Pourquoi les mêmes loix ont dit qu'il ne faloit guetter les paroles, mais plûtôt avoir égard à la volonté & intention, *l. ult. C. quæ res pignori oblig. l. ad exhibendum. ff. ad exhib.* Et à cette cause cét excellent Jurisconsulte Papinian dit, que les sages ont rejetté & brisé l'effet des liberalitez captieuses, c'est à dire, quand l'occasion des paroles on veut tenir pour obligé celui qui n'a voulu être obligé, *l. cùm Aquiliana. ff. de transact.* Le moïen plus propre pour faire connoître que la volonté & intention d'aucun est directement dressée pour aliener, ou s'obliger, est quand aucune cause particuliere est alleguée & exprimée, laquelle soit telle que le droit Civil l'ait approuvée. Car quand on vient à la consideration du particulier, il y a plus de raison de croire, que c'est à bon écient; *nam quæ specialiter declarantur, magis afficiunt, cap. si adversus, ext. de hæret. l. item apud §. hoc edictum. ff. de injur.* A cette cause il est dit, que si aucun instrument d'obligation est passé sans exprimer avec quelque certitude particuliere la cause de l'obligation, que le crediteur n'a son intention fondée par ledit instrument, & doit prouver d'ailleurs, *l. cùm de indebito. §. si autem. ff. de probat. cap. si cautio. ext. de fide instrum.* Les raisons susdites generales; mais en particulier il se peut dire que pour éviter les fraudes & inventions, dont les usuriers & autres personnes de mal-engin ont accoûtumé d'user pour couvrir leurs méchancetez, il est expedient qu'és obligations & contrats soient declarées les causes par circonstances particulieres. Comme *verbi gratia*, ce n'est assez de dire que tel confesse devoir à tel pour cause de compte & accord fait de plusieurs affaires, qu'ils ont eu ensemble ; mais il se doit dire telle somme par argent prêté, ou tant de blé vendu en tel temps. Ou ce n'est assez de dire, il a vendu moïenant la somme de cent écus, qu'il a confessé avoir ci-devant reçûë ; ains il se doit dire en quel temps, & pour quelle cause. Et ainsi és autres semblables. Car cette façon generale de parler couvre & sert de voile à toutes les fraudes, & empêche les preuves qui se pourroient faire par le pauvre detteur. Pourquoi il semble que l'intention des creanciers n'est pas fondée valablement par telles confessions generales, ne contenans description particuliere. Mêmement quand il y a quelque suspicion contre le creancier. Suivant ce *Paul. Castr. consil. 169. vol. 2.* dit que si l'instrument contient quelque chose douteuse & obscure, qui se puisse adapter à cause efficace ou non efficace, que tel instrument n'est obligatoire & allegue la loi seconde, *§. circa. ff. de except. doli.*

SI LE MARI, RECTEUR D'EGLISE, ou tuteur, peut faire bail de l'heritage échû & consolidé à la Seigneurie directe sous les charges anciennes?

CCCIX.

FAIRE bail nouveau par premiere apparence, semble être acte d'alienation, *l. ult. C. de reb. Eccles. non alien.* & sont les alienations interdites aux administrateurs, sinon en certains cas permis de droit, & avec les formes prescriptes. Les Canonistes ont apporté un temperament *in cap. 2. ext. de feud.* à sçavoir combien qu'il soit défendu au Recteur d'Eglise de faire baux & alienations, néanmoins lui est permis de faire bail nouveau de l'heritage retourné & échû à l'Eglise, qui avoit accoûtumé d'ancienneté d'estre baillé, sans qu'il lui soit d'avoir l'autorité, ou le decret de son superieur. Et s'entend accoûtumé être baillé, quand le bail auroit été fait y a plus de quarante ans; & à la charge que le bail nouveau ne soit fait à plus puissant, ou à une communauté ; *Molin. in annot. ad cons. Alex. vol. 3. Sed idem Alex. consil. 5. vol. 5.* dit que pour le moins deux fois durant lesdits quarante ans il y ait eu concession. Ce que je voudrois entendre és baux qui se font en dix ans, ou plus : car communement on tient que tels baux emportent alienation; & non pas des baux, qui sont à perpetuité; auquel cas suffit qu'il y ait eu un bail auparavant quarante ans. Dont resulte que telles concessions sont plûtôt actes d'administration, que d'alienation. Ainsi le Pape, nonobstant le decret *regularia regularibus*, contre lequel il ne dispense plus depuis le Concile de Trente, baille *in Commendam*, à clercs seculiers les benefices reguliers, qui ont accoûtumé d'estre baillez en Commande. Ainsi se dit, que le gesteur de negoces, ou le Procureur est censé gerer utilement, quand il se gouverne selon la Coûtume de celui de qui sont les affaires, *l. vel. universorum. ff. de pignor. act. l. si negotia. ff. de negot. gest. Sic in tutore, qui consuetudinem defuncti patrisfamilias est secutus, l. si fine. §. Modestinus 2. & §. Lucius. ff. de admittut.* Doncques il semble que quand un tenement accoûtumé d'ancienneté d'estre baillé à bordelage échet, & retourne à faute d'hoir, que non seulement le recteur d'Eglise, mais aussi le tuteur & le mari, quand la Seigneurie directe appartient à sa femme, en peuvent faire bail nouveau, sous les charges anciennes, & à la maniere accoûtumée ; pourvû qu'il n'y ait rien de dol, fraude, ou grande culpe, ou negligence. Comme, si cet heritage ainsi échû & retourné, avoit esté autrefois aliené, par mauvais ménage, ou par occasion depuis survenuë, il se trouvât necessaire, ou grandement utile à l'Eglise, ou au pupille, ou à la femme, pour la proximité, ou autre grande commodité. Tel administrateur pourroit estre blâmé de l'avoir abandonné ; & en ce cas il en seroit tenu en son nom *ratione doli, vel culpæ latæ.* Pourtant ne seroit nul le bail par lui fait, qui se trouveroit fait en un cas permis : mais le mineur, ou l'Eglise pourroient être relevez, non pas *ex capite nullitatis, sed ex capite læsionis : cùm enim Ecclesia jure minoris censeatur, cap. 1. ex de restit. in integ. minor. autem soleat restitui, non solum quandò non utiliter sibi gessit, sed quandò omisit per facilitatem ætatis; quod sibi utile erat, l. etsi sine. ff. de minorib.* Ainsi dit la loi que le mineur peut estre restitué contre la vente faite és cas permis ; ores qu'il n'y ait dol, ni collusion, *l. penult. ff. de minorib.* Mais quant au mari, il me semble qu'il ne doit indistinctement faire tel bail, puis qu'il a sa femme en sa compagnie, avec laquelle il peut facilement conferer, & ne la doit tant mépriser, *etiam si jure suo id facere posse videretur*, qu'il ne prenne son avis. Ce que la loi ordonne aux maris és choses qui sont d'importance, combien que seuls ils les puissent faire, *l. servus dotalis. ff. soluto matr.* Les Docteurs ultramontains ont traité avec anxieté la question non seulement, si le bail nouveau de ce qui est échû & retourné en vertu de la Seigneurie directe se peut faire ; mais aussi si le Seigneur direct est tenu de faire nouveau bail aux proches parens de celui qui la generation est faillie. Les aucuns tiennent qu'il peut être contraint à ce, & alleguent Bartole *in l. 1. §. permittitur. ff. de aqua quot & activa, & in l. 1. ff. de privilg. cred. Et ita tenet Decius cons. 131. vol. 1. & allegat. Ludo. Roma. cons. 22.* qui dit, que c'est la commune opinion des Docteurs : Jaçoit qu'il dise au commencement du conseil, qu'il ne se peut sçavoir laquelle opinion est plus veritable & commune. Au contraire *Paul. de Castro consil. 32. vol. 1.* dit que le Seigneur ne peut y estre contraint. Et ce qui s'en dit est plûtôt d'équité & benignité, que de rigueur & precise necessité, & le prouve par ledit chapitre 2. *ext. de feud.* Et je croi que telle est la verité: car autrement la reversion seroit inutile. *Alex. consil.* 10. *vol.* 3. dit que plusieurs doutent si ladite decision de Bartole *in d. §. permittitur*, est veritable. Et si elle étoit veritable, encore seroit-il necessaire que ceux qui demandent, fussent heritiers du défunct. Ceux qui tiennent la premiere opinion, exceptent si le Seigneur vouloit retenir l'heritage pour soy-même, *Abb. in cap. bona* 2. *ext. de postul. prælat. Et si allegatur per Ruinum consil.* 152. *vol.* 1. Et quant à la question, si le successeur au benefice est tenu d'ester à la location faite par son predecesseur, on allegue communément la glose *in cap. vlt ext. ne prælati vices suas*, qu'il n'y est pas tenu, sinon que la location ait été faite pour l'utilité. Mais je croi que si le benefier n'a pas accensé le principal manoir & domaine, ains un domaine, ou membre accessoire, accoûtumé d'ancienneté d'être accensé, parce que la perception des fruits est mal-aisée à faire par ses mains, & qu'il ait accensé à temps de trois ou cinq ans, & à prix raisonnable, ou approchant, que le successeur est tenu d'y ester, *qui à hoc censetur utiliter fieri, quòd solitum est fieri, l. si negotia ff. de nego. gest. & l. si sine §. Modestinus & §. Lucius. ff. de adminis. tut. Et ità tenet Zabarella cons.* 95. *& allegat. cap.* 2. *ext. de locato, & cap. ult. cum glos. ext. de pecul. cleric.*

QU'IL EST EXPEDIENT EN UNE Republique que les Grandeurs soient hereditaires ; même ès Monarchies.

CCCX.

J'Entens parler de la Nation Françoise ; car chacune Nation étant d'autres complexions & compositions d'humeurs que les autres, aussi les Gouverneurs doivent être divers. Et quand il a plû à Dieu d'élever & faire durer une Nation en Grandeur, il a permis & voulu que le commandement fût selon la complexion d'humeurs de ceux qui devoient lui obeïr. Le peuple Romain, qui a été la plus genereuse Nation de toutes qui jamais aïent été, en ce qui est de la police humaine, avoit un cœur genereux & honnête, qui étant commandé par bonne façon obeïssoit volontiers. Aussi en leur Republique quand elle étoit bien établie, les Dignitez étoient attribuées par degrez, & selon les merites : Et nul, tant petit fût-il, n'étoit reculé, qu'il n'eût moïen d'être emploïé aux affaires publiques. En l'élection des Magistrats tout le peuple, tant grand que petit, tant riche que pauvre, avoit voix : & ceux qui par leur valeur au fait des guerres avoient aquis credit & reputation auprés des autres citoïens, étoient appellez aux honneurs & Dignitez ; & y étoit une regle, qu'il n'y avoit moïen de parvenir ausdites Dignitez & Magistrats, sinon aprés avoir fait service à la Republique ès guerres : & de ce service nul grand ou petit n'étoit excusé ; & étoit le degré necessaire pour monter aux honneurs & charges publiques ; lequel degré étoit ouvert à ceux de basse maison, comme à ceux de haute maison. Qui faisoit que ce peuple amateur, voire jaloux de sa liberté & de l'honneur obeïssoit volontiers aux citoïens de la même Ville, s'assurans & esperans que quelque jour aprés long service ils commanderoient. Car tous ces Grands qui ont pris les fondemens, & ont établi cette grande Monarchie des Romains étoient citoyens de Rome. Il n'en faut pas dire ainsi des François ; qui de vrai est une Nation genereuse ; & qui de soi a le cœur addonné à honneur ; mais comme il a plû à Dieu la composer en sa nature, elle est obeïssante à ses Superieurs, même à ses Rois : qui n'est pas obeïssance servile, mais obeïssance produite de debonnaireté & mansuetude ; qui plûtôt a enduré que de lever la main contre son Roi : a enduré, dis-je, non pas par foiblesse de cœur ; car en l'Europe il n'y a pas peut-être autre Nation plus valereuse ; mais par respect avec amitié qu'elle porte à ses Rois & Superieurs. Ce qui dût rendre les Rois & autres Grands Seigneurs, plus enclins à aimer & gracieusement traiter leur peuple & leurs sujets : & s'ils ne le font, ils doivent craindre que Dieu qui est juste, patient & tardif en ses jugemens & vengeances, exerce sa Justice sur eux : car de vrai ils n'ont autre Superieur que Dieu ; mais aussi quant à Dieu il n'y a rien grand ni petit, & le grand est sujet à sa Justice aussi bien que le moindre du peuple. L'experience a fait connoître en cette Republique Françoise, que les Grandeurs hereditaires sont plus propres que les Grandeurs temporelles & aquises. Il y a onze cens ans que le Gouvernement des Rois est hereditaire, venant par ligne de pere en fils. Vrai est qu'il y a eu trois lignées ; la premiere a duré environ cent ans, & elle s'est perdue pour avoir donné les grandes & premieres Charges à ceux que les Rois mêmes choisissoient, ausquels ils se fioient tant, qu'eux Rois ne s'emploïoient qu'à leurs plaisirs ; & cependant ceux qui étoient ainsi choisis aqueroient credit parmi le peuple, & enfin se sont faits Rois, ou ont mis la Couronne sur les têtes de leurs enfans, comme fit Charles Martel, grand pere de Charlemagne, duquel se dit, *qu'il ne vouloit pas être Roi, mais se contentoit de commander au Roi.* La seconde lignée descenduë dudit Charles Martel a duré environ cent ans en grandeur, & autres cent ans en declinant : aïant en son declin reçû tant d'afflictions & d'indignitez, que mieux lui eût été de porter titre de simple Seigneur sans telles afflictions, que de Roi avec telles afflictions. Les premiers de cette lignée qui ont esté les Grands ont commandé imperieusement, ont donné les grandes Charges à qui bon leur a semblé, & ont pris plaisir d'abaisser les Grands : qui a esté cause de tant de mécontentement, qu'enfin leurs propres Sujets se sont élevez, & les ont deprimez. La tierce lignée commençant à Hugues Capet a plus sagement commandé, car elle a fait les Grandeurs & les Dignitez hereditaires, comme les Duchez, Marquisats & Comtez. Car il est certain que les enfans naïs en maisons grandes ont le cœur plus genereux par naissance & par éducation les peres sont soigneux d'entretenir & accroître cette valeur ; outre que l'exemple de leurs predecesseurs les y semond : avec cette naissance & nourriture ils sont soigneux par le seul mouvement à faire bon & loïal service à leurs Rois, & ne se soüillent jamais de cette vilaine tache d'avarice; sont rigoureux aux méchans, rompent la tête aux rebelles, ont pitié des pauvres oppressez, qui est cause qu'ils aiment le peuple. Mais un homme venu de petit lieu qui, par la faveur de son Roi viendra soudain aux Grandeurs, apportera avec soi le cœur foible de sa maison, voudra confirmer sa Grandeur par grands biens, parce que par valeur il ne peut, sera envieux contre les Grands, aïans leurs Grandeurs hereditaires, & par ces occasions emplira la tête de son Roi de mauvaises & pernicieuses opinions. Car il n'avient pas toûjours que tous ceux qui gagnent la faveur des Rois soient les plus gens de biens, parce qu'ils essaïent d'y venir par flateries, & non pas toûjours par vraïe vertu. L'experience a fait connoître que les Grandeurs hereditaires ont fait durer & prosperer cette lignée de Hugues Capet par le temps de prés de six cens ans, & plus que les autres lignées ensemble.

QUE LES GRANDS SEIGneurs sont sujets de leurs sujets.

CCCXI.

TOus hommes, en ce qui est de nature & naissance, sont de pareille condition. Les enfans des Rois & autres grands naissent avec douleur de la mere, avec besoin d'aide d'autrui, jusques à ce qu'il soient grands, & avec les autres incommoditez, ausquelles les enfans des hommes sont sujets, autant des riches, que des pauvres: desquels l'infirmité à cét égard est plus grande que tous autres animaux, dont les petits s'aident d'eux-mêmes incontinent qu'ils sont produits en lumiere, comme d'aller prendre le tetin de la mere, marcher & se conduire. Mais la femme ne peut seule se delivrer de son enfant, l'enfant seul ne peut aller prendre le tetin de sa mere, ny s'aider, & tous deux se prendroient s'ils n'étoient secourus d'autre personne. Ainsi dés nôtre naissance, Nature nous enseigne que tous hommes ont affaire les uns des autres, & qu'il est necessaire qu'il y ait societé & amitié des uns envers les autres, & cét enseignement se continuë en tout le reste de nôtre vie. Qui fait que les Rois & autres grands doivent penser qu'ils ne sont pas grand d'eux-mêmes, ni en eux-mêmes: car ils sont hommes semblables aux autres, mais leur grandeur se montre & entretient en ce que plusieurs autres personnes leur obeïssent & les respectent: & l'origine est de la bonne volonté de leurs sujets, qui s'addonnent à cette obeïssance. Bien vrai est qu'ordinairement les Rois, Princes & grands ont le sens & l'entendement & le cœur plus grand, subtil & genereux que les autres hommes: & ce bon sens leur fait connoître qu'ils ont besoin d'aide d'autrui pour exercer leur grandeur, leur fait connoître aussi qu'à chacun homme sa volonté est libre & franche pour aider & faire secours où bon lui semble, & s'en abstenir aussi. D'où vient qu'il leur est necessaire de penser les moyens par lesquels ils pourront exciter, semondre & entretenir les volontez de ceux desquels ils pensent pouvoir tirer service, & de choisir les serviteurs chacun selon sa capacité: même que pour faire grands effets il est besoin d'employer les plus habiles, intelligens & valeureux qui se peuvent trouver: & tant plus il y a de suffisance à celui duquel le Prince se veut servir, il faut croire que le desir de ce serviteur est tant plus d'être recompensé & caressé. Car ordinairement les cœurs genereux se conduisent mieux pa caresses & honêtes façons, que par presens & bien-faits: & neanmoins chacun desire naturellement être recompensé non seulement de caresses, mais aussi par bien-faits. Le Roi donc, ou autre Prince devra se rendre sujet à caresser & recompenser ceux qu'il veut attirer & entretenir à son service. Plus il est grand, & plus grand nombre de serviteurs lui convient avoir, & de plus de sortes: parce que les affaires d'un grand Seigneur sont en plus d'une maniere. En ce grand nombre de serviteurs il doit prendre garde de distribuer ses faveurs & bien-faits avec telle proportion que l'envie ne cause un mécontentement au cœur de celui qui aura eu moins, & lui semblera qu'il meritoit autant, ou plus que l'autre qui aura eu plus que lui: duquel mécontentement plusieurs inconveniens peuvent avenir: car en affaires d'Estat une personne intelligente ne doit jamais être estimée foible ennemi. Donc si ce Roi ou Prince, ou grand Seigneur veut bien faire ses affaires, il faut qu'il se rende sujet à contenter tous ses serviteurs, & tant plus il a de serviteurs, plus grand est son soin, & plus grande est la sujection: & encore de tant plus grande, parce qu'il ne faut pas faire à tous de même façon; les uns des serviteurs meritent plus que les autres, les uns sont d'une humeur, les autres d'une autre. Et selon le naturel des hommes, chacun aime & prise soi-même; aussi je dis que ce Roi, Prince, ou grand Seigneur est plus sujet que pas-un de ses serviteurs. Chacun de ses serviteurs a son principal soin pour plaire au Roi, & faire chose qui lui soit agréable: mais le Roi doit avoir soin de plaire à une infinité de serviteurs de divers degrés & humeurs: & ce soin lui est en plus grande anxieté & peine, parce qu'il faut qu'il se tienne sur la reputation, & ne montre à face, ou bouche ouverte tout ce qu'il a en pensée.

QUE LES FEMMES, QUI SE marient principalement pour avoir donations de leurs maris, n'ont leur honneur entier.

CCCXII.

PAR la loi divine il se connoît que le premier & principal bien du mariage est l'amitié quand nôtre Seigneur dit, *Qu'il n'étoit point bon que l'homme fût seul, & qu'il convenoit lui faire une aide semblable à lui.* Le second bien du mariage est pour avoir lignée; quand aprés que nôtre Seigneur les eût assemblez leur dit, *Croissez & multipliez, & emplissez la terre.*

Et nôtre Seigneur en l'Evangile dit qu'ils seront deux en une chair. *Mathai cap. 9. vers. 6.* Ce que les Jurisconsultes Ethniques ont aucunement reconnu, quand ils ont dit, que la conjonction de l'homme & de la femme par mariage est compagnie pour toute la vie, & communication de droit divin & humain, *l. 1. ff. de ritu nup.* Puis que l'amitié & l'amour honnête y doivent principalement commander, la venalite & le commerce en doivent être éloignez, comme du tout contraires & incompatibles. Car l'amitié prend sa source aux deux premieres & principales fonctions qui sont en l'homme, à sçavoir l'intellect & la volonté: l'intellect juge & discerne quelle personne doit être aimée & desirée, & le juge par raison; parce qu'en la personne qu'on se propose d'aimer on y connoît du bien, de la vertu, & autres choses qui meritent d'être aimées. Aprés que l'intellect a jugé cette personne être digne d'être aimée, la volonté s'accommode à l'aimer, & à desirer d'en joüir; & en avoir la fruition, & s'étudie à tous honnêtes exercices pour être aimé de celui, ou celle qu'il veut aimer; afin que l'amitié étant reciproque & mutuelle, & la liaison de deux volontez se trouvant en concurrence, l'amitié soit en sa perfection & consommation. Et s'il avient que l'amitié sorte hors le sujet de la personne aimée, & se jette en dehors, déja ce n'est plus aimer la personne; mais c'est aimer ce qui est dehors; & par ce moïen l'amitié n'est plus amitié, mais flaterie, aïant le masque d'amitié. En particulier au fait des femmes, il se dit vulgairement & sans contredit, quand une femme s'abandonne à l'homme hors mariage que ce n'est pas amitié ni vrai amour; car l'homme cherche son fol plaisir, & icelui accompli, il en fait comme d'un pot à pisser: & la femme cherche à gagner, & par blandices essaïe d'attirer ceux desquels elle espere profiter, & s'accommoder à faire tout ce dont elle se peut aviser pour leur complaire, afin d'attirer leur argent, & autres bienfaits. Et de là ont esté dites par les Latins *meretrices*; parce que par leur artifice elles essaïent de gagner le bien d'autrui: & comme dit Horace, *lib. 1. epistol.*

Nota refert meretricis acumina, sæpè catellam,
Sæpè periscelidem raptam sibi flentis.

& comme les Comedies de Plaute & de Terence sont pleines des inventions que telles Dames ont pour attraper les biens de ces fols amoureux; soit par telles paroles, soit par feintises de courroux, ou d'un corrival pour donner martel en tête, soit pour complaire lors de la copulation des deux personnes, comme dit Lucrece,

Idque sua causa consuerunt scorta moveri,
Ne complerentur crebrò gravidæque jacerent,
Et simul ipsa viris Venus ut concinior esset,
Quod nil conjugibus nostris opus esse videtur.

Or je dis que les femmes, qui par l'occasion des mariages cherchent les moyens de se faire donner, & d'être enrichies, ne sont pas en autre condition que les femmes susdites: *imò* leur condition est de tant plus à blâmer, parce qu'elles prennent un voile & pretexte de chose sainte, qui est le mariage, honoré en nôtre Eglise pour être Sacrement; & elles en font un maquignonage. Car non seulement aux pourparlers elles marchandent pour avoir tant, ou tant; mais par petits artifices essaïent d'être aimées, & faire appassionner ceux qui les desirent: & quand elles sentent qu'ils sont engluez, lors elles proposent les conditions des avantages; sçachans bien que le jugement & la raison ayans perdu leur rang elles tireront ce qu'elles voudront. Et le mariage accompli continuent toutes leurs bonnes graces envers leurs maris, pour attraper autres avantages. Car comme nous tous en ce monde nous sentons naïs, plus nous avons, plus nous desirons d'avoir; & ce desir va toûjours en augmentant. La difference qui peut être entre les autres & celles-cy est, que les autres prennent par les menus, & à diverses fois; celles-ci prennent en gros & tous gros morceaux à la fois, avec grande suspicion, puis qu'elles aiment tant à prendre qu'un autre que le mari pourroit avoir part en leurs bonnes graces en donnant beaucoup. Les anciens Poëtes encore ont-ils remarqué au fol amour; que cette façon de prendre dons & presens n'est à propos. Helene dit à Paris,

Aut ego perpetuò famam sine labe tenebo,
Aut ego te potiùs, quàm tua dona sequar:

disant qu'elle le veut aimer, & non ses presens. Et un autre dit, qui est Oenone en l'Epître envoïée à Paris,

Nec pretium stupri gemmas aurúmque poposci:
Turpiter ingenuum munere corpus emunt,

Ovide Auteur de l'Art d'aimer, dit, *lib. 1. amor. eleg. 10.*

Quæ Venus ex æquo ventura est grata duobus,
Altera cur illam vendit, & alter emit?

Puis qu'il y a plaisir égal pour les deux, quelle raison y a-t'il que l'un achete & l'autre vende?

SI CELUI QUI COMPOSE AVEC les Officiers de Justice étant accusé de crime, ou qui compose sur crime capital est infame?

CCCXIII.

COMMUNEMENT il se dit, que celui qui compose de crime est infame, quand c'est pour deniers, ou chose équipolente à deniers: parce que comme dit la loi, assez confesse le crime qui compose, *l. quoniam. ff. de his qui not. infa.* & s'entend quand l'offense ne lui est pas gratuitement remise, ains moyenant deniers, ou autre chose, *l. non damnatos. C. ex quibus causis inf. irrogetur.* Mais cela se dit és quatre crimes privez, qui emportent infamie, comme de furt, de biens violemment ravis, de dol & d'injure. Il ne se dit pas ainsi és crimes publics, que la composition rende infame celui qui compose, ains seulement est dit, que les condamnez de tels crimes deviennent infames; *l. 1. vers. qui judicio. ff. de his qui not. infam. l. 3. §. lege. ff. de testib. l. infamem. ff. de publ. jud.* *Imò* la loi permet quand c'est crime public qui emporte la vie, de transiger par celui qui est accusé, horsmis en crime d'adultere, qui au temps de ladite loi des Romains estoit crime capital, *l. transigere. C. de transact. l. de crimine. C. ad leg. Jul. de adult.* La raison est ajoûtée au même droit des Romains; parce qu'il est à pardonner à celui qui en quelque maniere qu'il peut rachete sa vie, *l. 1. ff. de bonis eorum qui ante sentent.* Et en consequence de ce l'accusé, qui par presens gagne & corrompt son accusateur en tel crime de sang, n'est tenu pour convaincu, combien qu'en autres crimes il seroit tenu pour convaincu, *l. ult. ff. de prævaric. l. in fisci. §. ejus qui. ff. de jure fisci.* Puis que la loi permet la composition en tels crimes de sang, il faut inferer que l'infamie n'y est pas. Joint que la loi ne parle que des condamnez : Mais si le crime estoit public, & n'emportât peine de sang, la question seroit si par la composition avec l'accusateur il deviendroit infame, parceque la loi le tient & repute comme convaincu du crime, *d. l. ult de prævar.* Surquoi je pense que la composition seroit suffisante pour le condamner de crime, & avant la condamnation il ne seroit infame; *neque infamia retrotraheretur ad diem pactionis factæ, etsi posteà condemnatus esset*; par la raison de la loi *ejus qui. ff. de jure fisci*, qui desire qu'il y ait sentence avant qu'il soit tenu pour convaincu. Or en France les considerations sont à prendre autrement. Car la partie civile, qui a esté offensé, n'est pas reçûë à accuser pour conclure à la peine publique & exemplaire; ains seulement à conclure pour son interest civil & pecuniaire : le Procureur du Roi ou du Seigneur haut-Justicier est la vraye partie, qui conclud à mort, ou à autre peine exemplaire ou pecuniaire. Or il est défendu aux Seigneurs, à peine de perdre leurs Justices, de composer des crimes; & aux Officiers de Justice de se laisser corrompre à peine de concussion. Pourquoi semble moins à propos de dire que telles compositions & corruptions rendent *ipso facto* infames les accusez : mais bien suffisent pour condamner & punir tant les Officiers que l'accusé; & lors par la sentence viendra l'infamie.

QUE LA PLUSPART DE NOS *Coûtumes sont introduites depuis le regne de Hugues Capet, Roy de France.*

CCCXIV.

Cy-dessus a esté raisonné que les François & Bourguignons se firent Seigneurs des Gaules, Celtique & Belgique comme conquerans, & entretinrent en paix le peuple dudit pays conquis, pour les laisser vivre selon les loix qu'ils avoient, qui estoient les loix des Romains. Il se voit par écrit és loix des Bourguignons & Salique, que les Romains devoient estre jugez par les loix Romaines. Enfin les François & anciens Gaulois devinrent du tout même peuple, qui fut reglé par mêmes loix. Aucunes desquelles estoient propres des François, comme les droits d'aînesse, la distinction des heritages paternels & maternels, le retrait lignager; les convenances de succeder en faveur de mariage, communauté d'homme & femme mariez, doüaires : Le mort saisi le vif. Autres estoient tirées des loix des Romains. Et de ces loix anciennes ont esté tirées les Coûtumes de chacune Province. Mais je croi que toutes nos Coûtumes, qui sont vrayes Coûtumes des François non tirées du droit Romain, ne sont pas toutes prises en cette grande antiquité; ains ont été introduites depuis le regne de Hugues Capet; mêmement celles qui concernent les droits Seigneuriaux, que les Seigneurs Justiciers prennent sur leurs sujets. Car auparavant le regne de Hugues Capet, même avant le declin de la ligne de Charlemagne, il n'y avoit fisque que celui du Roi : nul Seigneur n'avoit droit d'exercer Justice, sinon par commission du Roi, & ne l'avoit hereditairement : & au Roi seul appartenoient tous les droits de fisque, comme confiscations, espaves, biens vacans, peages & autres tributs, le droit de rivieres publiques, droit de battre monnoye, bailler privileges, établir Corps & Communautez licites : qui sont les droits d'ancienneté dits Royaux, & dont mention est faite au titre *quæ sunt regalia*; *in usibus feud.* J'en ay un argument tres-certain & infaillible és Coûtumes, qui parlent de la taille és quatre cas, qui est en plusieurs Provinces de ce Royaume. Dont l'un des cas est le voyage d'outre-mer en la Terre Sainte. Car ces voyages commencerent à la premiere Croisade projetée au Concile de Clermont sous le Pape Urbain en l'an 1097. Il faut donc dire, que l'aide & taille audit cas a esté introduite depuis ladite premiere entreprise de la Terre Sainte, qui fut depuis le regne de Hugues Capet. Aussi qu'il se voit par les histoires du temps de Charlemagne & Loüis son fils, que la Justice estoit exercée par commissions sous le nom du Souverain. Et comme en Alemagne, environ l'an mil aprés l'Incarnation de Nôtre Seigneur, les fiefs & dignitez commencerent d'estre hereditaires; ainsi fut pratiqué en France, & les Seigneurs commencerent à avoir hereditairement droit de Justice, & en consequence tous les droits en dépendans, comme les confiscations & biens vacans, les peages, bannalitez, & autres droits; qui en leur essence sont droits Royaux. Aussi les Seigneurs les tiennent en fief du Roi, & en sont Seigneurs utiles sous la Seigneurie directe du Roi, qui en est le vray Seigneur en essence par la même raison du droit des Romains, qui tient pour vrai Seigneur & proprietaire celui qui est Seigneur direct, *l. si domus. §. ult. ff. de legat.* 1. Pourquoi je pense que toutes les Coûtumes, parlans de justice des Seigneurs & autres droits Seigneuriaux en dépendans, sont introduites depuis ledit regne de Hugues Capet.

QUE C'EST MAUVAIS MESnage à un Homme d'épouser femme beaucoup plus riche, ou de plus grand lieu qu'il n'est.

CCCXV.

CETTE proposition est vrai parodoxe en ce temps, auquel la vertu & l'honneur sont en peut de compte: Car ce qu'on appelle aujourd'huy honneur en plusieurs endroits n'est que fumée, & non-vraïe substance: d'autant que l'honneur doit avoir son fondement en vertu, & en bien faire: Mais la plûpart des hommes devenus comme par metemphychose du naturel des femmes, sont du tout adonnez aux apparences exterieures & aux nouveautez; qui est une marque de vif-argent au cerveau & de legereté. Celuy qui fait état de ce qui est ferme, solide & permanent, ne s'arrête point à ce qui apparoît beau & specieux selon l'opinion commune des hommes: ains à part soi retenu en cervelle, avec du plomb, considere & pese toutes les circonstances de l'affaire qu'il entreprend; même quand cét affaire de grande importance. Je ne dis pas avec une si exacte & curieuse anxieté comme font ceux qu'on estime les grands sages de ce monde, ausquels il avient souvent qu'en leurs plus grandes & importantes affaires ils font les plus grandes, plus lourdes & irremediables fautes. Et une fois que je mis en avant cette proposition en presence de quatre, tous quatre bien fort intelligens, avint à l'un d'eux qu'on estimoit le plus avisé des quatre, de dire qu'ainsi lui en étoit avenu souvent. En quoi tout sage qu'il étoit, il se mécomptoit en se mettant de lui-même au rang des bien-sages & bien avisez. Bien à peine peut-il avenir à l'homme une affaire de plus grande importance que son mariage, soit pour se perpetuer & rendre immortel en ce monde par subrogation de ses enfans, qui sont un autre lui-même: soit pour son contentement durant sa vie, afin qu'aïant une aide semblable à lui, il puisse en cette societé se rejoüir du bien qui lui avient, & être consolé & secouru en l'affliction qui lui peut échoir, soit pour avoir moyen de s'employer chacun en l'état auquel il est appellé; ce que mieux se fait quand on est secondé de parti pareil, soit pour avoir occasion de se garder d'offenser Dieu, en se mêlant avec autre femme que la sienne épousée. Qui sont les principaux biens du mariage. Il a plût à Dieu de créer les femmes plus infirmes, & ayans moins de solidité en leur jugement, entreprises & actions que les hommes. Et elles qui sentent bien en elles cette diminution, & qu'elles de par elles, & en elles n'ont pas dequoi être respectées, jettent le principal de leur soin à tout ce qui est exterieur, comme à être bien vêtues, à être honorées & applaudies, & aux vengeances contre ceux qui ne les honorent pas selon leur gré, ou qui autrement font choses qui ne leur plaisent pas, & pour le comble de leur infirmité, à se priser elles-mêmes, & mettre en degré superlatif tout ce qui leur semble de bien en elles, ou de par elles. De là vient qu'une femme qui sera riche de dix mil francs apportera à son mari un cœur de vingt-mil francs, & desirera être vêtuë & accompagnée de même. Si le mari n'est riche à l'équipollent, voire beaucoup plus (car selon l'opinion des femmes le tournois d'elles vaut le parisis) sa femme le méprisera comme moindre qu'elle: du mépris avient que l'amitié n'est pas telle qu'elle doit être, ny de la part de la femme, qui doit estimer être mal mariée, quand son mari est moindre qu'elle: ny de la part du mari, car si ce n'est un cœur de laine, nul ne peut aimer celui qui le méprise. Quand l'amitié entre les deux mariez n'est pas excellente, la lignée en vaut moins; parce qu'ils ne se mêlent pas de toutes leurs affections, & quelquefois il avient que l'un, ou l'autre, ou tous deux distrayent leur amour en autre part, qui est le comble des mal-heurs. Si la femme a méprisé son mari, elle fera peut de compte des enfans qu'elle a de lui. Ce qui sera cause qu'avenant le decés de son mari elle fera un saut en ruë, se mariera folement à son plaisir, ou vieille à un jeune homme, ou à homme de moindre condition, comme on en a vû aucunes veuves de grands Seigneurs, qui ont épousé des medecins, leurs maîtres-d'hôtel, leurs fauçonniers. Et par cette façon tout le labeur du mari deviendra à rien, ou bien sa maison recevra écorne. Tant d'exemples qui en ont été vûs des Anciens & de nôtre temps, ne détournent point les autres de present. Ce qui avient par l'outrecuidance & presomption de celui qui se pense être plus sage que ses devanciers, voit les fautes de ses predecesseurs, & n'essaïe de se donner garde de tomber en pareilles, mais se precipite en fautes d'autre sorte plus lourdes & plus grandes. La commune opinion est que le vrai moïen de s'avancer est d'avoir des biens. De vrai on se mocque de ceux qui n'ont rien, tant sçavans & vertueux soient-ils.

Unde habeas quærit nemo, sed oportet habere: dit Juvenal Satyr. 14.

Mais il est bien seant à chacun, ou se contenter de ce que son predecesseur lui a laissé; ou par son industrie & labeur en acquerir d'avantage. Et au contraire, c'est une vraïe marque de cœur foible & moins que d'homme, de fonder son avancement sur le bien d'une femme, pour être méprisé d'elle, pour être valet en sa maison, être commandé d'un maître intollerable, & avoir tout ce mal là domestique, & à tous les jours, & à toutes heures du jour. Ainsi disoit bien Plaute le Comique *in Asinar. act.* 1. *sc.* 1. que le mari qui reçoit l'argent de la dot de sa femme, est comme le vendeur, & la marchandise qu'il vend pour cét argent, c'est sa liberté, & la puissance de commander. Martial en ses Epigrammes dit de soi qu'il ne veut épouser femme riche, parce qu'il ne veut être comme femme de sa femme. Et que pour faire les deux mariez bien pareils, il faut que la femme soit moindre que son mari. Que si on veut regarder le fait des biens, je dis que le mari ne peut plus honnêtement vendre son heritage, que d'épouser une femme plus riche que soi. Car elle estant riche, ses parens aviseront au traité de mariage non seulement d'assurer sa dot, mais aussi d'y procurer des avantages de parisis au lieu des tournois ; des assignaux, de grands doüaires. Ces pactions avantageuses sont comme un cancer couvert, qui mange sans être apperçû. Cette femme ayant apporté cette grande dot voudra être somptueusement vêtuë, changer d'habits à chacune nouveauté, avoir des bagues de grande valeur ; avoir suite de chambrieres, litieres, carrosses & haquenées. Le mari de sa part voudra dépenser : bien souvent cela passe le revenu. Puis quand se vient à compter, qui est par la dissolution du mariage, aprés que tous les droits & avantages de sa femme sont pris, se voit un mari, ou des enfans coquins.

FIN.

QUESTIONS, RÉPONSES ET MEDITATIONS SUR LES ARTICLES DES COÛTUMES.

TABLE

DU CONTENU EN ICELLES.

femme

pressés,

Fin de la Table des Questions & Réponses.

www.ingramcontent.com/pod-product-compliance
Lightning Source LLC
Chambersburg PA
CBHW030014220326
41599CB00014B/1805

* 9 7 8 2 0 1 3 7 3 5 5 6 8 *